GLOSSARIUM

MEDIÆ ET INFIMÆ LATINITATIS.

TOMUS VII.

GLOSSARIUM
MEDIÆ ET INFIMÆ LATINITATIS

CONDITUM A CAROLO DUFRESNE

DOMINO DU CANGE

CUM SUPPLEMENTIS INTEGRIS

MONACHORUM ORDINIS S. BENEDICTI

D. P. CARPENTERII

ADELUNGII, ALIORUM, SUISQUE

DIGESSIT

G. A. L. HENSCHEL.

———

Tomus Septimus,

CONTINET GLOSSARIUM GALLICUM, TABULAS, INDICES AUCTORUM ET RERUM,
DISSERTATIONES.

PARISIIS,

EXCUDEBANT FIRMIN DIDOT FRATRES,

INSTITUTI FRANCIÆ TYPOGRAPHI.

1850.

AVIS

CONCERNANT LE SEPTIÈME ET DERNIER VOLUME.

Le grand nombre d'astérisques placés en tête des mots ajoutés au Glossaire français, qui fait suite au Glossarium mediæ et infimæ latinitatis, et les additions non moins considérables enfermées entre parenthèses, indiquent le nouveau travail de M. Henschel; ces additions ont accru du double l'ancien Glossaire français, extrait de Ducange, par dom Carpentier.

Ce nouveau travail, aussi savant que consciencieux, ne sera pas moins apprécié que l'a été celui dont le Glossaire latin est également redevable à M. Henschel (1). Par une sage réserve, il s'est gardé d'adjoindre au Glossaire français de Ducange des mots dont l'authenticité ne pouvait être constatée par de bons exemples tirés de sources certaines; il a donc cru devoir laisser aux hypothèses tout mot, toute explication dont le sens ou l'origine offrait des doutes, se renfermant ainsi dans le système suivi par dom Carpentier, qui s'exprime en ces termes dans la préface :

« Je ne donne que les anciens mots français contenus dans le Glossaire latin de Ducange et
« dans le Supplément, et ne leur attribue que le sens où ils me paraissent avoir été employés
« dans les passages auxquels je renvoie, pour que le lecteur puisse juger lui-même de la justesse
« de mon interprétation. J'ai tâché d'être court, sans que la clarté des explications en souffrît. »

A la suite de ce Glossaire français, nous avons pensé qu'il serait utile

(1) M. Pardessus, membre de l'Académie des inscriptions et belles-lettres, a rendu compte, en 1846, dans le *Journal des savants*, des six volumes dont se compose notre édition du *Glossaire latin*. Nous croyons convenable de reproduire ici le jugement qu'il en porte ; car on trouvera dans ce savant article des renseignements neufs, instructifs et intéressants.

d'ajouter tout ce qui, dans les observations de Ducange, sur l'histoire de saint Louis par Joinville, pouvait être extrait et servir à composer un nouveau Supplément au Glossaire. A cet effet, ces observations écrites en français par Ducange ont été rangées dans l'ordre alphabétique.

Mais ce qui ajoutera un grand prix à notre édition, c'est la reproduction des QUARANTE-CINQ INDEX disposés, par Ducange, par ordre de matières.

Ces Index, qui ne se trouvent que dans la première édition (1), donnée par Ducange, la rendent indispensable aux savants, auxquels ils facilitent toute espèce de recherche ; cette édition est maintenant très-rare.

On ne conçoit pas le motif qui a pu engager les Bénédictins à supprimer un travail aussi précieux, dans l'édition qu'ils ont donnée, en 1733, du GLOSSARIUM MEDIÆ ET INFIMÆ LATINITATIS, si considérablement accru par leurs soins (2), et on ne s'étonne pas moins que dom Carpentier, dans son Supplément en 4 volumes in-folio, publié en 1756, ait négligé de reproduire ces Index, qui, complétés des mots nombreux dus aux travaux postérieurs à Ducange, auraient rendu un grand service à la science. Il serait même à désirer que l'exemple donné par l'illustre lexicographe français, digne continuateur des travaux de Robert et de Henri Estienne, fût généralement adopté pour tout grand répertoire lexicographique.

Nous avons réparé cet oubli de nos prédécesseurs, et sans nous borner à reproduire textuellement le beau et utile travail de Ducange, nous avons ajouté à ses Index tout ce qu'offraient de nouveau les travaux supplémentaires des Bénédictins, de dom Carpentier, d'Adelung et, enfin, de M. Henschel, à qui la nouvelle édition est redevable de tant d'importantes additions, et qui, pour compléter ces Index, a relu la plume à la main le Glossaire latin tout entier.

Les astérisques placés en tête de chaque mot font juger du nombre des additions dont les Index se sont enrichis ; ils égalent presque le travail primitif de Ducange.

Ces Index, ainsi complétés, peuvent donc être considérés comme autant d'Encyclopédies par ordre de matières, où l'ordre alphabétique permet de retrouver facilement dans notre édition tout mot concernant au moyen âge *les Mœurs et les Coutumes, l'Agriculture, les Arts et métiers, l'Histoire naturelle, les Dignités et emplois, la Liturgie, les Fêtes et les jeux, la Magie et les*

---

(1) 3 vol. in-fol. 1678. Paris. *Balaine.*
(2) 6 vol. in-fol. 1733. Paris. *Osmont;* plus 4 vol. in-fol. du Supplément, par dom Carpentier.

*superstitions, la Médecine, l'Art militaire, la Navigation, la Musique, les
Poids et mesures, les Monnaies, les Vêtements, les Impôts, la Chasse, la
Jurisprudence, etc., etc.*

Nous avons cru devoir reproduire dans notre édition les Dissertations relatives aux médailles et monuments concernant les Empereurs de Byzance, et
nous avons fait graver de nouveau les planches qui accompagnaient ces dissertations, en corrigeant les dessins d'après les monuments qui existent
encore.

Ces dissertations :

1° *De Imperatorum constantinopolitanorum numismatibus Dissertatio ;*
2° *Constantini Imp. Byzantini numismatis argentei Expositio ;*
3° *Sappirus Constantii Imp. Aug. Exposita ;*

se rattachent plus naturellement au *Glossarium mediæ et infimæ Græcitatis*
du même auteur; cependant, comme il les a données à la suite de son *Glossarium mediæ et infimæ Latinitátis*, nous n'avons pas voulu que cette omission fût reprochée à notre édition, bien que nous espérions pouvoir donner
un jour une nouvelle édition du Glossaire Grec de Ducange qui complète la
série des grands travaux lexicographiques sur la langue grecque et latine dont
la France a le droit de se glorifier (1).

(1) Aucune nation n'a produit une série de monuments lexicographiques tels que :

Roberti Stephani *Thesaurus linguæ Latinæ*, Paris, 1531-1532 ; ce célèbre imprimeur en donna trois
éditions : la dernière, de 1543, forme 4 volumes in-folio ; — une autre édition a été imprimée à Lyon
en 1573, 4 volumes in-folio ; — une autre à Bâle, par les soins de Birrius, 4 volumes in-folio, 1740-43 ;
— les Anglais en ont publié une autre édition, avec de nombreuses additions, en 1734-37, 4 volumes
in-folio ; — enfin, Gesner et Forcellini ont mis à profit les immenses travaux de Robert Estienne ; mais
le premier en lui rendant toute justice, et en n'offrant son travail que comme une nouvelle édition du
Thesaurus linguæ latinæ de R. Estienne, tandis que l'autre ne le mentionne même pas dans sa préface,
et cependant Forcellini a mis largement à profit les travaux de Robert Estienne et de ses prédécesseurs.

Henrici Stephani *Thesaurus Græcæ linguæ*, Paris, 1572, 4 volumes in-folio, réimprimé, sinon totalement, du moins partiellement, par H. Estienne. Une nouvelle édition en a été donnée à Londres, *in
œdibus Valpianis*, avec de nombreuses additions, 8 volumes in-folio, 1815-1825 ; la nouvelle édition,
rangée par ordre alphabétique, imprimée à Paris, formera 9 volumes in-folio.

Ducange, *Glossarium mediæ et infimæ Latinitatis*, Paris, 1678, 3 volumes in-folio, réimprimés à
Francfort-sur-le-Mein en 1679. — Les Bénédictins en ont donné une édition très-augmentée en 6 volumes, Paris, 1733 ; deux autres réimpressions en ont été faites, l'une à Venise, 1737, l'autre à Bâle, 1762 ;
le Supplément de dom Carpentier, en 4 volumes in-folio, 1766, complète l'édition des Bénédictins.

Ducange, *Glossarium mediæ et infimæ Græcitatis*, imprimé par Anisson à Lyon en 1688 ; l'Appendice a été imprimé à Paris par Cramoisy (1).

Lacurne de Sainte-Palaye, *Glossaire de l'ancienne langue française, depuis son origine jusqu'au*

(1) On trouvera à la Bibliothèque nationale, dans la correspondance entre Anisson et Ducange, des renseignements intéressants
pour l'histoire de l'Imprimerie et de la Librairie à cette époque.

Ainsi donc, indépendamment des nouveaux travaux de M. Henschel, notre édition réunira tous les avantages, 1° de la première édition donnée par Ducange; 2° de l'édition des Bénédictins; 3° du supplément de dom Carpentier; 4° des additions d'Adelung.

Enfin, le public nous saura gré d'avoir joint à notre édition les Dissertations de Ducange sur l'histoire de saint Louis. C'est un trésor d'érudition qui complète encore le vaste Répertoire littéraire et scientifique du moyen âge dont nous sommes redevables à cet illustre érudit auquel la France, par une souscription nationale, vient d'élever une statue dans la ville qui s'honore de sa naissance (1).

AMBROISE FIRMIN DIDOT.

siècle de Louis XIV. L'impression de ce beau travail, dont deux manuscrits existent à la Bibliothèque nationale, l'un en 31 volumes in-folio, à deux colonnes, l'autre, plus complet, en 61 volumes in-4°, a été interrompu lors de la révolution de 1792. Quelques exemplaires des 735 pages du tome Ier ont échappé à la destruction qui a été faite de ce volume. L'impression s'est arrêtée au mot *Asseurée.*

ACADÉMIE FRANÇAISE, en 2 volumes in-4°. Son Dictionnaire, borne au langage usuel et écrit, a puissamment contribué à fixer notre langue, dont il est le code et dont il maintient l'unité.

Le Grand Dictionnaire *historique de la langue française*, dont l'Académie française s'occupe maintenant, sera un des monuments littéraires qui fera le plus d'honneur à notre pays. Dans cet immense travail, l'Académie française, profitant des notions nouvelles acquises à la science étymologique, marquera la filiation graduelle, les transformations de chaque terme, et les suivra dans toutes les nuances d'acception, en les justifiant par des exemples empruntés aux diverses époques et à toutes les autorités du langage littéraire. Le premier essai de ce vaste Répertoire en montrera bientôt tout le piquant intérêt et l'utile nouveauté.

(1) Nous avons cru devoir reproduire, en l'abrégeant et le simplifiant, et en le sauvant ainsi de l'oubli, l'Éloge de Ducange par M. J. Léon Baron, qui remporta le prix de l'Académie d'Amiens en 1764, et qui parut sous le pseudonyme de Lesage de Samine. On y trouvera le vœu émis, il y a près d'un siècle, pour que la France érigeât une statue à Ducange, et que ses ouvrages manuscrits ne restassent pas inédits.

On trouvera, à la suite de cet Éloge, une partie des discours prononcés à Amiens, le 19 août 1849, lors de l'inauguration de la statue de Ducange.

COMPTE RENDU

DES SIX VOLUMES, LETTRES **A** à **Z**,

DU

GLOSSARIUM MEDIÆ ET INFIMÆ LATINITATIS DE DU CANGE;

PAR M. PARDESSUS,

MEMBRE DE L'ACADÉMIE DES INSCRIPTIONS ET BELLES-LETTRES.

Le plus habile grammairien de l'Université entendrait et surtout traduirait très-difficilement une grande partie des auteurs du moyen âge; et certainement il ne comprendra jamais une seule chartre s'il ignore le sens des mots et des locutions employés par les rédacteurs de ces actes, s'il ne connaît pas les institutions sous l'empire desquelles les parties ont fait leurs conventions, ou les usages que ces mêmes conventions supposent et sous-entendent.

Les savants des seizième et dix-septième siècles, qui entrèrent les premiers dans la voie de la publication des documents relatifs à l'histoire et à la législation de la France au moyen âge, les frères Pithou, Bignon, Sirmond (1), reconnurent la nécessité de glossaires dans lesquels seraient données des explications des mots de basse latinité, ou romano-barbares, qui se trouvaient en abondance dans ces documents; et déjà, grâce à leurs travaux, on pouvait entrevoir la méthode qu'il fallait suivre pour comprendre les auteurs du moyen âge par eux-mêmes, pour pénétrer dans le sens et l'esprit des institutions sociales et en suivre les développements successifs. Mais personne n'avait essayé de réunir et de thésauriser en quelque sorte les résultats de toutes ces recherches, surtout de les compléter.

La fin du dix-septième siècle vit paraître enfin un ouvrage dont tous les savants sentaient la nécessité, et qu'ils n'osaient presque espérer. Du Cange en conçut le plan et eut le courage de l'exécuter. Il sentit qu'il ne fallait pas se borner, comme les Étienne l'avaient fait pour les études classiques, à recueillir les mots et à en indiquer les diverses significations; il crut qu'à l'aide et à l'occasion de ces mots, il se rait utile de faire connaître le fond des choses qu'ils désignaient, les usages, l'organisation sociale et religieuse, l'état des personnes et des biens; ce qui concernait l'agriculture, les arts, etc.

Son Glossaire, qui parut en 1678 (3 vol. in-f°), fut accueilli

avec une grande faveur. Dès le mois d'août de la même année le *Journal des Savants* en fit l'éloge dans un article dont l'auteur se borne à rendre un compte détaillé de la préface, qui est elle-même un excellent morceau d'histoire littéraire, du plan et de l'ensemble de l'ouvrage, et de quelques articles en forme de dissertations sur des usages très-curieux et peu connus du moyen âge.

C'était tout ce qu'on pouvait dire encore. Un glossaire n'est pas un livre de nature à être lu d'une manière suivie, qui permette de l'analyser et de le faire connaître dans toutes ses parties; il ne peut qu'être consulté au besoin; le temps seul peut en révéler le mérite et en assurer la réputation.

Cette épreuve ne tarda pas à être favorable à du Cange. Le célèbre Mabillon, à qui le genre de ses travaux donna promptement occasion de consulter le Glossaire, en proclama le mérite et l'utilité, et, dans la préface de son traité *De Re Diplomatica* (1681), s'adressant à du Cange, il désigne le Glossaire par ces expressions : « Amplissimus liber, omnibus apertus, de « omnibus agens, ex quo, quantum profecerim, malo alios « quam te judicare. »

Ce n'était pas seulement dans sa patrie que du Cange obtenait ces justes éloges; ils lui furent décernés dans les pays étrangers. Bayle s'en rendit l'interprète lorsque, dans la préface de la première édition du Dictionnaire de Furetière, qui a paru en 1691, il s'exprima ainsi : « Où est le savant, parmi les nations les plus fameuses pour l'assiduité au travail et pour la patience à copier et à faire des extraits, qui n'admire làdessus les talents de M. du Cange, et qui ne l'oppose à tout ce qui peut être venu d'ailleurs en ce genre-là? Si quelqu'un ne se rend pas à cette considération, on n'a qu'à le renvoyer *ad pœnam libri*; qu'il feuillète ses dictionnaires, et il trouvera,pour peu qu'il soit connaisseur, qu'on n'a pu les composer sans être un des plus laborieux et des plus patients hommes du monde! »

L'édition du Glossaire donnée à Paris en 1678, sous les yeux de du Cange, et une réimpression faite à Francfort-sur-

---

(1) On les trouve dans la collection des Capitulaires par *Baluze*.

le-Mein en 1679, se trouvaient épuisées au commencement du dix-huitième siècle; mais, en même temps que le besoin d'une édition nouvelle se faisait sentir, on ne se dissimulait pas que des additions étaient devenues nécessaires.

La science marche toujours, pour me servir d'une expression assez à la mode : Mabillon (1), Martène (2), Dachery (3), les frères Sainte-Marthe (4), Baluze (5), Muratori (6), avaient fait paraître leurs grands ouvrages à la fin du dix-septième et au commencement du dix-huitième siècle ; les jésuites des Pay-Bas continuaient, avec autant de persévérance que de succès, leur vaste entreprise des *Acta Sanctorum*, commencée en 1643 (7) ; les deux premiers volumes de la collection des Ordonnances de la troisième race venaient de paraître en 1723 et 1729 (8), et fixaient l'attention publique; D. Bouquet préparait celle des Historiens de la Gaule et de la France (9), et, pour consulter ou pour perfectionner ces ouvrages, si riches en documents du moyen âge, on éprouvait sans cesse le besoin de recourir au Glossaire et de le voir compléter.

Des bénédictins de la congrégation de Saint-Maur conçurent et exécutèrent le projet d'une nouvelle édition considérablement augmentée, avec le secours des ouvrages publiés depuis 1678, et d'observations critiques que le fils du célèbre Adrien de Valois avait insérées dans le *Valesiana*, d'après les notes et

les conversations de son père (1). Cette édition, qui a paru en six volumes in-f°, de 1733 à 1736, fut suivie, en 1766, d'un supplément en quatre volumes, par D. Carpentier.

L'impulsion que les travaux historiques ont reçue depuis quelque temps, et qu'une nouvelle organisation dans l'enseignement de l'École des Chartes ne peut manquer d'accroître, a rendu et doit rendre l'usage du Glossaire de plus en plus indispensable. Mais deux causes s'opposaient à ce que les savants en tirassent tout le parti désirable : 1° la rareté et par conséquent le prix très-élevé de l'ouvrage ; 2° la perte de temps qu'entraîne une double recherche dans les six volumes publiés de 1733-36, et dans les quatre du supplément de 1766.

Une nouvelle édition, qui, en remédiant à la rareté et au prix excessif du Glossaire, aurait encore l'avantage d'avoir inséré les articles supplémentaires à leur place naturelle, et de n'offrir qu'un seul ouvrage à consulter, dans un format moins embarrassant que l'in-folio, était généralement demandée.

MM. Didot, dont le zèle rappelle les beaux temps des Étienne et des autres imprimeurs célèbres qui ont rendu de si grands services à la littérature ancienne, n'ont pas hésité à repondre au vœu général.

Le travail d'une nouvelle édition ne pouvait être confié qu'à un seul éditeur. Si pour la rédaction du nouveau *Thesaurus Linguæ Græcæ* (2), entreprise qui seule immortaliserait les presses de MM. Didot, on a pu admettre plusieurs collaborateurs, et cependant en très-petit nombre, et encore sous la direction supérieure de l'un de nos plus célèbres hellénistes, c'est que le *Thesaurus* n'est, par son objet, qu'un recueil de mots, des acceptions diverses de ces mots, des passages des auteurs qui en constatent le sens grammatical et l'usage philologique.

Mais il n'en est point ainsi du Glossaire de du Cange : la philologie, toute importante et étendue qu'elle y est, n'en est pas la partie la plus considérable, je dirais presque la plus essentielle. La plupart des mots réunis dans ce Glossaire constatent l'existence d'institutions, d'usages généraux ou locaux, quelquefois même des faits historiques; et toutes ces notions doivent être coordonnées, autant du moins que le permet l'ordre alphabétique : il arrive très-fréquemment que les notions données sous des mots qui appartiennent aux premières lettres de l'alphabet trouvent leur développement et leur complément sous des mots qui appartiennent aux dernières lettres. Un grand nombre de mots ont entre eux des points de contact immédiat; très-souvent ils sont la représentation les uns des autres, en réalité synonymes, et se trouvent dans une mutuelle dépendance, non-seulement par cette synonymie, mais surtout parce qu'ils se rattachent au même sujet.

MM. Didot, convaincus, d'après ces considérations, que la nouvelle publication du Glossaire devait, par la nature de l'ouvrage, être confiée à un seul éditeur, l'ont trouvé dans M. Henschel, que d'excellentes études des auteurs classiques, des langues, de l'histoire et de la littérature du moyen âge, faites dans les universités d'Allemagne; des recherches non interrompues dans les bibliothèques de Paris ; une ardeur infatigable pour le travail; un commerce habituel avec les membres les plus distingués de l'Académie des Inscriptions, désignaient à leur confiance.

Le nouvel éditeur a dû méditer mûrement et consulter sur

---

(1) *Jo. Mabillonii* Vetera Analecta. Lutet. ; Paris, 1675-1685, 4 vol. in-8° ; ed. IIe, Paris, 1723, in-fol. — Museum Italicum; Paris, 1687, 2 vol. in-4°. — Annales ordinis Sancti Benedicti, ab anno 480 ad ann. 1151, tomi V ; Paris, 1703-1713 ; tomus VI, ab ann. 1116 ad ann. 1157, variis additionibus ad tomos præcedentes exornatus ab Edm. Martene; ibid., 1739, in-fol.; ed. IIe. Leon. Venturini, Lucæ, 1736, 6 vol. in-fol. — *Jo. Mabillonii et Luc. Dacheryi*, Acta. SS. Ordinis S. Benedicti, ab anno 480 ad ann. 1100; Paris, 1668 à 1701, 9 vol. in-fol., recus. Venetiis, 1733.

(2) *Edmundi Martene*, Veterum Scriptorum et Monumentorum ad res eccles., monastic. et politic. illustr. Collectio nova, tom. I ; Paris, 1700, in-4°. — *Edmundi Martene et Ursini Durand* Thesaurus novus Anecdotorum ; Paris, 1717, 5 vol. in-fol. — Veterum Scriptorúm et Monumentorum Amplissima Collectio, tom. I à III; Paris, 1724, tom. IV à VI, 1726; tom. VII et VIII, 1733, in-fol.

(3) *Lucæ d'Achery* Spicilegium veterum aliquot Scriptorum, qui in Galliæ bibliothecis latuerunt ; Paris, de 1655 à 1677, 13 vol. in-4°. Novissima editio, per *Lud. Fr. Jos. de la Barre*, III tomi in-fol. Scriptorum varias lectiones collegerunt *Steph. Baluzius* et *Edm. Martene*; Paris, 1723, 3 vol. in-fol.

(4) Gallia Christiana....... *fratrum Scævolæ et Ludovici Sammarthanorum*; Paris, 1656, 4 vol. in-fol. Une nouvelle édition, non terminée, a été publiée, sur un plan plus étendu, par Denys de Sainte-Marthe; Paris, 1715 à 1785, 13 vol. in-fol.

(5) *Steph. Baluzii* Capitular. Regum Francorum ; Paris, 1677, 2 vol. in-fol., ed. IIe, 1780. — Miscellanea ; Paris, 1678-1715, 7 vol. in-8°. Il en a été donné une nouvelle édition, par Mansi *Lucæ*, 1761, 4 vol. in-fol. — Innocent. III, pontif., Epistolæ; Paris, 1682, 2 vol. in-fol. — *Petrus de Marca*, De Marca Hispanica, a *Steph. Baluzio* edita; Paris, 1688, in-fol. — Vitæ Paparum Avenionensium ; Paris, 1693, 2 vol. in-4°. — Histoire généalogique de la maison de la Tour-d'Auvergne ; 2 vol. in-fol., Paris, 1708.

(6) *Lud. Anton. Muratori*, Rerum Italicarum Scriptores; Mediol., 1723 à 1751, 25 vol. in-fol. — Trattato delle Antichità Estensi ed Italiane; Modena, 1717 et 1740, 2 vol. in-fol. — Antiquitates Italicæ medii ævi. Mediol. 1730, 6 vol. in-fol.

(7) *Jo. Bollandi, God. Henschenii, Dan. Papebrochii*, etc., Acta Sanctorum ; Antuerp., 1643 et suiv. Cet ouvrage, suspendu en 1794, après la publication du t. LIII, est continué depuis l'année 1846.

(8) Cette collection, exécutée successivement par Laurière, Secousse, de Bréquigny et de Pastoret, forme 20 vol. in-fol. Le t. XXI est sous presse.

(9) Scriptores Rerum Gallicarum et Francicarum, opera *D. M. Bouquet*, etc. Cet ouvrage, continué par MM. Brial, Daunou et Naudet, jusques et y compris le t. XIX, est maintenant rédigé par MM. Guiniaut et de Wailly.

(1) *Valesiana*, ou les pensées critiques, etc., de M. de Valois ; Paris, 1694, 1 vol. in-12.

(2) Thesaurus Græcæ linguæ ab Henr. Stephano constructus, tertio ediderunt *C. B. Hase*, instituti regii socius, *Guillielmus* et *Ludovicus Dindorfii*; Paris, a. Didot in-fol., 1831 et suiv.

le plan qu'il était convenable d'adopter. Ce que j'ai dit plus haut de la manière dont le Glossaire avait été commencé et successivement augmenté ne permet pas de se dissimuler qu'on n'y trouve un peu de désordre, et j'oserais dire d'incohérence et de disparate.

Si du Cange, lorsqu'il préparait sa première édition, avait eu dans les mains la totalité des matériaux que les bénédictins ont réunis et employés pour l'augmenter, ou si ce savant avait vécu à l'époque où le besoin d'une édition nouvelle s'est fait sentir, et s'il l'eût rédigée lui-même, évidemment il y aurait apporté cet esprit de méthode qu'il possédait à un bien plus haut degré que ses continuateurs; surtout l'édition eût été moins diffuse. Eût-il adopté les raisons que les bénédictins ont données pour combattre son opinion sur quelques points, et certainement sa bonne foi connue est une garantie qu'il ne les aurait pas repoussées par pur amour-propre, il se serait corrigé, et les détails dans lesquels sont entrés les nouveaux éditeurs eussent été inutiles. Eût-il persisté dans sa première opinion, ces détails eussent été également inutiles; tout au plus il aurait, dans quelques lignes, prévenu et détruit les objections possibles. Même pour des mots dont l'existence et l'usage lui auraient été révélés par les recherches des bénédictins, et qu'il aurait cru convenable d'admettre, du Cange, fidèle à son plan primitif de ne pas faire des citations trop longues, se serait borné à indiquer les documents relatifs à ces mots, à en extraire les seuls passages nécessaires, sans les transcrire avec une prolixité qui fatigue et détourne l'attention du lecteur.

Surtout, il aurait rejeté un grand nombre de mots qui surchargent l'édition des bénédictins sans utilité réelle. La basse latinité n'étant que la dépravation d'une langue classique, et, par sa nature même, la dépravation ne connaissant pas de règles, le nombre des formes corrompues des mots latins devient infini, précisément à cause du défaut de règles fixes dans la grammaire et l'orthographe au moyen âge. Chercher à réunir toutes ces formes de mots *estropiés*, ainsi que les bénédictins l'ont fait trop souvent, serait une entreprise infinie et inutile. Même en bornant les recherches aux documents qu'ils ont consultés, et, à bien plus forte raison, en scrutant ceux qui ont paru depuis 1766 et ceux qu'on pourrait trouver inédits, je ne serais pas surpris qu'on parvint à réunir plus de vingt mille mots, qui la plupart ne nous apprendraient rien, sinon l'ignorance des copistes en fait d'orthographe et de syntaxe. Un certain tact, une érudition étendue, sûre et variée, peuvent seuls conduire à faire un choix des formes les plus communes de celles qui ont produit des mots ou des locutions dans les langues modernes, ou dont on peut logiquement déterminer l'origine.

Je viens d'expliquer ce que du Cange aurait certainement fait s'il eût pu présider à l'édition de 1733-36 et au supplément de 1766.

Mais M. Henschel pouvait-il se substituer à cet illustre savant et à ses continuateurs, qui, malgré beaucoup d'inadvertances, étaient des hommes d'un vrai mérite? Devait-il tenter de refaire le Glossaire? J'avoue franchement que je n'aurais osé le lui conseiller. S'il existait de nos jours un savant égal, et même, si l'on veut, supérieur en mérite à du Cange, qui formât une telle entreprise, je doute qu'elle obtint un succès *actuel*.

Quoique, sans contredit, l'auteur d'une rédaction nouvelle telle que je la suppose n'eût pas manqué d'y insérer la majeure partie de ce qui a été composé par du Cange et par ses continuateurs, il ne l'aurait plus offerte que comme son ouvrage propre. Les savants n'y auraient plus trouvé, désignés par des signes auxquels ils sont accoutumés, les articles de du Cange, qui sont à leurs yeux une autorité décisive, et ceux des bénédictins, qu'ils consultent avec plus de circonspection; ils auraient eu un nouveau Glossaire, mais non le Glossaire de du Cange, et ce n'est pas ce qu'ils demandaient. Le nouveau travail ne se serait pas produit entouré de cette confiance qui depuis un siècle et demi s'est attachée au nom de *Glossaire de du Cange*.

Le seul plan qui pût satisfaire le public était évidemment celui qui consistait à réimprimer l'édition de 1733-36, en y insérant à la place convenable les articles du supplément de 1766.

Mais M. Henschel devait-il supprimer les documents que les bénédictins et Carpentier ont fait imprimer *in extenso*, à l'occasion de mots qu'il suffisait d'expliquer par de courtes observations et par des citations concises, ainsi que du Cange l'a fait généralement?

On ne peut se dissimuler que pour la plupart ces documents, et même quelques-uns que du Cange a publiés *in extenso*, sans que la nécessité en fût bien démontrée, sont réellement des hors-d'œuvre; souvent même ils sont assez mal amenés, dans le supplément de Carpentier, à l'occasion d'étymologies très-contestables pour la plupart, et qu'il semble n'avoir proposées, à l'aide des formules *huc spectare existimo*, ou bien *aliud autem est*, etc., que pour avoir l'occasion de publier les documents qu'il avait trouvés aux archives de la Cour des Comptes et au Trésor des Chartres.

Toutefois, il est juste de le reconnaître, la plupart de ces documents, que je crois avoir le droit d'appeler hors-d'œuvre, étaient inédits, et même ceux que Carpentier a copiés aux archives de la Cour des Comptes sont d'autant plus précieux aujourd'hui que la plupart des originaux ont été incendiés.

Je crois même que M. Henschel n'aurait pas bien fait de supprimer ceux de ces documents qu'on trouve maintenant à leur véritable place dans les volumes de la collection des ordonnances de la troisième race qui ont paru depuis 1766. Outre que l'économie d'impression eût été peu considérable, il faut respecter jusqu'aux plus petites susceptibilités du public. Il se défie, et non sans raison, des éditions abrégées; et, dès qu'on lui aurait annoncé quelques suppressions, toutes peu nombreuses, toutes bien motivées qu'elles eussent été, il aurait craint que l'arbitraire n'eût présidé à cette sorte d'*élagage*.

La nouvelle édition rédigée par M. Henschel reproduit donc intégralement les dix volumes de la précédente. Mais il s'en faut que cette opération ait été purement matérielle; je vais, dans un court exposé, mettre les savants à même d'en juger.

On a tout lieu de croire que les bénédictins, pour réimprimer le texte de du Cange, se sont servis d'une édition faite en 1679, à Francfort, plus commode dans sa forme que celle de Paris, parce qu'on y a mis à leur place les suppléments que ce savant avait ajoutés à la fin de chaque volume. Malheureusement, ils ne se sont pas aperçus que cette édition de Francfort fourmille de fautes, dont un grand nombre ne tendent à rien moins qu'à prêter à du Cange des erreurs qu'il n'a pas commises. M. Henschel, au contraire, a fait usage de l'édition de Paris, exécutée sous les yeux de l'auteur, ce qui est une amélioration dont on ne saurait refuser de lui tenir compte.

Il a fait mieux. A l'époque où du Cange faisait imprimer le Glossaire, Baluze n'avait point encore publié son édition des *Capitulaires* (les deux ouvrages ont été imprimés pendant le même temps), et le Glossaire ne cite ces documents, ainsi que les lois barbares, que d'après les anciennes éditions de du Tillet, Hérold, Pithou, Lindenbrog. On pouvait, avec raison, désirer que la nouvelle édition indiquât où les textes cités se trouvent dans la collection de Baluze et dans celle de M. Pertz, plus récente et plus parfaite encore. M. Henschel est allé au-devant de ce vœu, et, de plus, il a soumis à une nouvelle vérification les citations que du Cange a faites. Il agit de même pour les textes du droit romain, que l'édition précédente cite d'après l'ancien système, c'est-à-dire par le premier mot du fragment, sans indication du livre ni du titre.

Un grand nombre de passages d'autres auteurs ont été vérifiés aussi. A cet égard il se présentait une difficulté que M. Henschel me paraît avoir résolue d'une manière très-judicieuse. Lorsque, par l'effet d'une vérification dans l'édition même qui avait fourni un texte, il a trouvé la leçon citée, qui cependant lui paraissait vicieuse, il l'a laissée subsister, et dans une note il a fait sa remarque, soit d'après son opinion propre, soit d'après celle d'auteurs qu'il ne manque jamais de nommer. Mais lorsque l'édition qui avait fourni le passage cité lui a démontré qu'une erreur avait été commise dans les citations, il n'a point hésité à en faire la correction, parce qu'évidemment il n'a pu entrer dans la pensée de du Cange ou de ses continuateurs d'altérer les textes; parce qu'on doit attribuer la faute ou à un copiste, ou à un ouvrier typographe, et que rétablir le texte véritable c'était se conformer à leurs intentions.

L'édition précédente contient beaucoup de renvois d'un mot à un autre, et cela est indispensable dans un ouvrage du genre du Glossaire. M. Henschel a considérablement augmenté le nombre de ces renvois, et ce n'est pas un médiocre service rendu aux personnes qui seront dans le cas de consulter la nouvelle.

Indépendamment de ces améliorations, qui suffiraient seules pour assurer à cette édition une supériorité incontestable sur la précédente, il en est d'autres que je dois faire connaître avec plus de détails.

On sait que les documents de la première race, et même de la seconde, contiennent un grand nombre de mots qui sont des traductions en formes latines de termes appartenant à la langue des Francs. Des hommes fort instruits, et je nomme particulièrement Wendelin et Eccard, en avaient proposé les explications. Les bénédictins ont transcrit, avec une prolixité fatigante, toutes celles que ce dernier surtout avait données dans ses commentaires sur les lois Salique et Ripuaire. Les travaux modernes de MM. Eichhorn, Graff, Grimm et autres, dont l'Allemagne a le droit de se glorifier, ont démontré l'erreur et l'insuffisance de ces explications, et personne ne les admet plus maintenant.

M. Henschel, d'après son plan, qui était de ne rien retrancher de l'édition exécutée de 1733-36 et du supplément de 1766, a laissé subsister ce que les bénédictins avait écrit; mais il a eu soin d'y ajouter des notes pour indiquer les interprétations et les étymologies nouvelles fournies par les savants que je viens de nommer. Il en a donné un assez grand nombre qui lui appartiennent, rédigées avec une concision qui n'ôte rien à la clarté. Les unes et les autres sont marquées d'un signe particulier, pour laisser la plus grande liberté au jugement des lecteurs.

Le nombre des ouvrages dans lesquels M. Henschel a puisé des observations et des additions n'est pas considérable; mais le choix en est excellent. Je ne parlerai pas d'Adelung, qui, dans un abrégé du Glossaire, publié à Halle, de 1772 à 1783, en six volumes in-8°, avait inséré un assez grand nombre de remarques, de corrections, même de mots nouveaux. M. Henschel a reproduit les unes et les autres, en considérant ce savant comme un continuateur de du Cange, et je crois qu'il a bien fait.

Haltaus est, parmi les auteurs de glossaires modernes, ce-lui qui lui a fourni le plus de secours. Son lexique (1) a mérité d'être considéré comme un digne pendant de celui de du Cange. Il se distingue par une érudition choisie et pleine de goût, par une critique saine et circonspecte; il va droit au fond des choses, sans chercher à briller par une fausse recherche de nomenclature.

Deux autres glossaires, celui de Scherz (2) et celui de Wachter (3), offraient moins de secours. Le premier a réuni, sans distinction et sans critique, toute sorte de mots, le second s'occupe plus particulièrement d'étymologies; mais les nouvelles publications ont infiniment surpassé ces deux ouvrages.

L'*Elucidario*, publié en Portugal par Santa-Rosa de Viterbo (4), a été beaucoup plus utile à M. Henschel, et il en invoque souvent l'autorité, en même temps qu'il lui emprunte un assez grand nombre de passages.

Je viens d'indiquer sommairement les principaux caractères de supériorité que la nouvelle édition du Glossaire a sur la précédente : c'est par l'usage seulement qu'on reconnaîtra de plus en plus cette supériorité dans les détails. Mais, après avoir rendu avec un véritable plaisir cette justice à M. Henschel, qu'il me soit permis de faire la part de la critique : elle ne peut porter que sur quelques omissions.

J'indiquerai d'abord le mot *Appellatio*. Du Cange n'avait pas cru devoir y consacrer un article : il s'en référait sans doute aux connaissances dont il supposait que devaient être munies les personnes qui consulteraient le Glossaire. Cet ouvrage en effet n'est pas un livre purement élémentaire; il est destiné à venir au secours de ceux qui savent déjà, à compléter leurs connaissances, mais non à leur en donner les premiers rudiments.

Toutefois, après y avoir bien réfléchi, je crois qu'un article sur les appels n'eût pas été dépourvu d'utilité. Sans doute tout le monde sait que l'appel est la voie par laquelle un plaideur agit pour obtenir la réformation du jugement qui l'a condamné; mais cette voie a-t-elle été toujours usitée, en France surtout, pendant le moyen âge? N'y a-t-il pas eu un temps où les jugements rendus par les *rachimbourgs*, les *scabins*, sous la présidence du comte, *grafio*, ou, dans les affaires de peu d'importance, du centenier, *tunginus*, et ressemblant beaucoup aux décisions de nos jurés actuels, n'étaient pas, de leur nature, susceptibles d'appel? Cependant à cette même époque n'était-il pas permis de s'adresser au roi pour obtenir la réformation d'un jugement contraire à la loi, c'est-à-dire à la coutume notoire? Le nombre assez considérable de passages qu'on trouve à ce sujet dans les lois de la première et de la seconde race pouvait fournir matière à traiter ces questions.

Qu'arriva-t-il lorsque, la classe des hommes indépendants ayant presque entièrement disparu, le régime féodal attribua aux seigneurs de chaque partie du territoire l'exercice de tous les pouvoirs publics, notamment du pouvoir judiciaire? Les jugements rendus dans les cours de ces seigneurs ne furent-ils pas d'abord rendus en dernier ressort? Quand et par quelles causes fut introduit l'appel de ces jugements devant le suzerain, et en définitive devant le roi? Cette question et celles qui en dérivent ne sont pas de simples questions de jurisprudence

(1) *Ch. G. Haltaus*, Glossarium Germanicum medii ævi ; Lipsiæ, 2 vol. in-fol.

(2) *J. G. Scherzii* Glossarium Germanicum medii ævi edidit J. J. Oberlinus; Argentorat., 1781, 2 vol. in-fol.

(3) *J. G. Wachteri* Glossarium Germanicum; Lipsiæ, 1737, in-fol.

(4) Elucidario das palavras, termos e frases que em Portugal antiguamente se usarao, por *Fr. Joaquim de Santa Rosa de Viterbo* ; Lisboa, 1798, 2 vol. in-fol.

et de procédure; elles tiennent intimement à l'histoire et à l'état politique. C'est au moyen des appels que les rois ont rétabli un pouvoir qui était réellement anéanti lorsque Hugues Capet mit sur sa tête la couronne du dernier des Carlovingiens.

La résistance des seigneurs à cette importante conquête de la royauté est attestée par une multitude de documents; elle prouve qu'ils y voyaient très-bien la ruine future de leur autorité et du régime féodal. L'histoire de cette lutte et de ses résultats aurait même pu offrir à du Cange la matière d'une dissertation du genre de celle qu'il a faite sur les épreuves, plus utile et plus instructive que celle qui concerne le *Laghan*, dont je n'entends pas, du reste, contester le mérite, car tout ce qui est sorti de la plume de ce savant est précieux. Lui-même a dit quelque chose sur les appels aux mots *Alsare, Apostoli*; il donne quelques notions plus développées au mot *Falsare judicium*. Mais ces articles supposent l'usage et la pratique des appels dans certains cas; ils seraient mieux compris si du Cange les avait complétés par des développements sur la matière principale.

Les bénédictins n'ont point évidemment suppléé au silence de ce savant par un article qu'ils ont intitulé *Appellationes Laudunenses*, espèce particulière et locale d'appels, qu'on ne peut apprécier si l'on ne connaît les appels en général.

Cette sorte d'appels, connue particulièrement dans le Laonnais et le Vermandais sous le nom d'*appeaux frivoles* ou *volages*, et qui a été l'objet d'un assez grand nombre de lois des treizième et quatorzième siècles, insérées au recueil des ordonnances de la troisième race, était un abus né du droit légitime d'appel. Au moment où un procès était introduit dans une justice seigneuriale, la partie assignée déclarait qu'elle appelait, par appel volage, devant le bailli du roi, et par cela seul le juge du seigneur était dessaisi de la connaissance de l'affaire (1). L'introduction de ces appels était un des nombreux envahissements que les baillis royaux ne cessaient de faire sur les justices seigneuriales; c'était, je le répète, un abus : mais l'abus d'une chose en suppose l'existence légale, et cette chose, c'est-à-dire le droit d'appel en lui-même, est ce qu'il aurait été important de faire connaître.

J'ai déjà dit que les documents ne manquaient pas à cet égard; on les eût trouvés réunis et réduits en pratique dans un ouvrage composé au quatorzième siècle, sous le titre de *Stilus curiæ Parlamenti*, qui, longtemps manuscrit, eut au seizième siècle plusieurs éditions fort incorrectes, et qui a été réimprimé d'une manière défectueuse par Dumoulin (*Opp.*, t. II, p. 409). Ce style avait reçu une sorte de sanction législative par l'ordonnance du mois de décembre 1344, et par celle du 28 octobre 1446, qui s'y réfèrent et le modifient en quelques points (2).

Ces réflexions m'amènent à parler des articles contenus dans le Glossaire sous le mot *Stilus* ou *Stillus*. On sait qu'au moyen âge on appelait *stiles* les ouvrages qui exposaient la procédure observée dans les tribunaux et les règles les plus usitées du droit et de la jurisprudence. Du Cange n'avait point admis ce mot dans son édition : peut-être avait-il eu tort, parce que *stilus*, pris dans ce sens, n'est point de la bonne latinité, et n'appartient qu'au moyen âge. Les bénédictins l'ont trouvé dans plusieurs documents, et même avec des acceptions très-variées; ils les ont compris dans leurs additions, et avec raison. Mais les exemples qu'ils donnent à l'appui de leurs définitions

ne sont pas toujours bien choisis, ni surtout bien appliqués.

Au mot *Stillus* n° 4, qu'ils définissent *consuetudo, mos*, ce qui rentrerait dans ce que je viens de dire, ils citent uniquement un passage d'une enquête de 1288 concernant des devoirs auxquels des hommes de certaines professions étaient tenus envers un monastère. Certainement ce passage ne répond point à la définition donnée dans le numéro que je viens de citer.

Au mot *Stilus*, ils citent une ordonnance de Charles V de 1370 (en juillet), relative à la ville de Cahors, par laquelle le roi confirme « omnes consuetudines, libertates, saisinas, et « stilos in seu de quibus usi sunt pacifice ab antiquo; » c'était évidemment à *stillus* n° 4 que cette citation devait être faite : les bénédictins disent, au contraire, que *stilus* dans l'ordonnance dont il s'agit signifie *titre*, ce qui est formellement contredit par le texte, où il n'est possible d'entendre *stilos* que dans le sens de coutumes, usages, formes de procéder; on peut s'en assurer en lisant le t. V des ordonnances, p. 324.

A l'article *Stillus* n° 1, où ils ont défini ce mot par *methodus conficiendi acta judicialia*, ils n'auraient pas dû omettre de dire quelques mots non-seulement du *Style du Parlement*, dont il vient d'être question, mais de plusieurs autres ouvrages du même genre composés au moyen âge, la plupart inédits, et notamment du *Style du Châtelet*, dont il est très-expressément question dans deux ordonnances du 3 juin 1391 (t. VIII, p. 438 et 785), rendues précisément pour réformer ce style (1).

Je regrette que M. Henschel, ou par trop d'égards pour les savants dont il réimprimait le travail, ou par une trop grande défiance de ses propres forces, n'ait pas corrigé ces erreurs et rempli ces lacunes.

Puisque j'en suis à parler de législation, qu'il me permette aussi de lui reprocher de n'avoir pas fait une note pour rectifier la définition que les bénédictins ont donnée du mot *Committimus*.

On appelait ainsi au moyen âge, et l'usage en a subsisté jusqu'à nos jours, le privilége que le souverain accordait à des établissements ecclésiastiques ou civils, même à des particuliers, de n'être pas tenus de reconnaître la juridiction ordinaire et locale, et de n'avoir d'autres juges que ceux que désignait le privilége, quelquefois même le parlement seul. D'après la définition donnée par les bénédictins, le *committimus* aurait attribué à celui qui l'avait obtenu le droit de choisir la juridiction dans laquelle il lui plaisait de faire juger son procès, ce qui est diamétralement opposé à la législation en cette matière.

En signalant l'erreur des bénédictins, M. Henschel aurait pu parler de l'origine des *committimus*, qui remonte à la première race; des motifs qui les ont fait établir, des ordonnances qui eurent pour objet d'en prévenir et d'en corriger les abus.

Je crois devoir encore indiquer à M. Henschel une plus importante rectification, qu'il aura le moyen de faire très-facilement dans l'une des tables du dernier volume qu'il nous promet. Elle concerne la liste des chartres de communes que du Cange a donnée sous le mot *Commune, Communia*, et à laquelle ses continuateurs n'ont ajouté que peu de chose.

Les documents indiqués dans cette liste sont de deux sortes.

Les uns émanés de seigneurs, sans qu'on sache si les rois les ont autorisés ou confirmés : les recueils, les histoires imprimés, en contiennent un très-grand nombre dont la liste du Glossaire ne fait pas mention.

Les autres sont des concessions ou des confirmations royales. Presque toutes celles que la liste fait connaître ne sont indi-

___

(1) Bouthillier, *Somme rurale*, liv. II, t. XIV.

(2) On les trouve dans la collection des Ordonnances de la troisième race, t. II, p. 210, et t. XIII, p. 471. Dumoulin, dans sa préface, a, par erreur, donné la date de 1444 à l'ordonnance de 1446.

(1) Secousse avait donné au premier de ces documents la date de 1389; mais il a depuis reconnu son erreur.

quées que d'après des manuscrits. Mais on les trouve aujourd'hui, et même avec beaucoup d'autres, dans les volumes de la collection des Ordonnances de la troisième race qui ont paru depuis 1766.

Il serait à désirer que M. Henschel en eût donné l'indication dans la nouvelle édition du Glossaire. Le silence à cet égard peut faire supposer que ces chartres sont encore inédites, ce qui a deux inconvénients : 1° les lecteurs qui désireront les connaître resteront persuadés qu'on ne les trouve qu'à la Bibliothèque nationale ou aux Archives, et se croiront obligés d'aller chercher bien loin ce qui est sous leur main dans toutes les bibliothèques; 2° ceux qui auront l'espoir de bien mériter des savants en les publiant seront exposés à faire imprimer comme inédites des pièces qui ont vu le jour.

Il s'en faut d'ailleurs que la liste du mot *Commune, Communia*, indique toutes les chartres de communes que du Cange a citées dans le Glossaire. Ce savant en a prévenu ses lecteurs; il leur annonce la nécessité d'en faire la recherche dans les différents mots où il les cite, et ne leur dissimule pas la difficulté de ces recherches en disant : « tametsi in mergitum « acervo acum quærere sit ». Cela est excusable dans un homme qui, composant une des premières lettres de son premier volume, n'était pas sûr encore de ce qu'il dirait dans les autres, et où il le dirait.

Je ne dois pas terminer sans parler des critiques qu'on lit dans le *Valesiana*. Elles sont, en général, exprimées en termes peu convenables, que Valois aurait probablement adoucis et modifiés s'il eût adressé un écrit au public, au lieu de s'expliquer dans de simples conversations.

Une de ces critiques consiste à reprocher à du Cange d'avoir *donné comme des mots de basse latinité des mots imaginaires et faux, fondés sur quelque passage corrompu*.

Si l'édition de 1733-36 et le supplément de 1766 avaient été connus de Valois, il y aurait trouvé un bien plus grand nombre d'occasions de faire ce reproche, et avec assez de fondement; je me suis expliqué plus haut à cet égard. Mais, adressé à du Cange d'une manière générale, le reproche semble bien sévère et même tout à fait injuste, puisque le *Valesiana* n'en donne qu'un exemple : c'est le mot *Aulaicus*, qu'on trouve dans un passage cité comme extrait du cartulaire de Brioude, *Tabularium Brivatense*, chapitre 437, en ces termes : *Si vero abbas, aut comes* AULAICUS, *aut clericus*. Valois prétend qu'on doit lire *aut laicus*, et que du Cange a eu tort de présenter le prétendu mot *aulaicus* comme un terme de basse latinité. J'ai fait ce qui a dépendu de moi pour parvenir à une vérification. Mon savant et obligeant confrère M. Guérard a eu la bonté de rechercher les copies du cartulaire de Brioude que possède la Bibliothèque nationale : malheureusement elles sont incomplètes, et ne dépassent point le chapitre 341. Mais les armoires de Baluze contiennent la copie d'une donation faite à l'église de Brioude, où précisément se trouve la phrase citée par du Cange, et on y lit *aut laicus*. Quoique ce ne soit pas l'original, une copie faite par les soins de Baluze m'inspire assez de confiance pour ne pas douter de la leçon, qui justifie la conjecture de Valois, et que d'ailleurs la construction de la phrase semble commander.

Mais avant de critiquer du Cange il faut se mettre à sa place. En ne considérant que les trois volumes qui constituent la première édition, le Journal des Savants du mois d'août 1678 portait le nombre des passages cités à *cent quarante-quatre mille*. Or du Cange ne les a pas tous copiés sur les originaux; il en a reçu la majeure partie, et il a dû croire à l'exactitude des correspondants qui les lui fournissaient. Il a lu dans l'extrait qu'on lui envoyait du cartulaire de Brioude le mot *aulaicus*, qu'il a pu, avec vraisemblance, prendre pour une corruption d'*aulicus*.

Un homme non moins savant, Mabillon, a été entraîné, précisément par la même cause, dans des erreurs de ce genre et bien plus évidentes. On connaît les *Formulæ Andegavenses*, dont il a été le premier éditeur, d'après un manuscrit unique existant alors à Wingharten. Il s'en était fait adresser une copie; et voici comment, d'après cette copie, il a imprimé les premières lignes de la première formule : « Hic est testamen- « tum quarto regnum domini nostri Childeberto regis quod « fecit missus ille Chestantus; » ces derniers mots l'ont conduit à dire que sous Childebert il avait existé un *missus regius* appelé *Chestantus*.

Des circonstances qui me touchent personnellement, et qu'il est inutile de raconter, ayant donné lieu à faire venir en France le manuscrit qui appartient maintenant à la bibliothèque de Fulde, on a reconnu qu'il porte : HIC EST IESTA (pour *gesta*), titre ou rubrique de la première formule, laquelle commence ensuite par les mots : « Annum quarto re- « gnum domini nostri Childeberto regis quod fecit minsus « (pour *mensis*) ille, dies tantus, etc.; » leçon qui, sauf les solécismes, a un sens parfaitement conforme à celui d'un assez grand nombre d'autres formules constatant des *gesta*, c'est-à-dire des dépôts d'actes à la curie. Dans la formule XLe du même recueil, qui est celle d'une donation entre époux, Mabillon a imprimé *cæteri hæredes* FATTIDEN, ce qui n'offre aucun sens et suppose l'existence d'un mot de basse latinité dont on ne trouve aucun autre exemple. L'original ayant été exploré avec soin, on a reconnu qu'il portait *succidant* (pour *succedant*), et le sens de la formule est alors très-clair (1).

Faut-il aussi taxer Mabillon d'ignorance? Il n'a fait, comme du Cange, rien autre chose que reproduire une copie qu'il avait reçue.

Je peux, précisément encore pour ce qui concerne le Glossaire, donner un autre exemple d'erreur du même genre, et produite par une cause semblable, que Valois n'a pas connue, et dont il n'aurait pas, sans doute, manqué de profiter. C'est le mot *Intraha*. Du Cange l'a recueilli, non pas même sur la foi d'un correspondant : il l'a trouvé deux fois imprimé dans deux documents publiés par Marquard Freher (2), où on lit : « Tradimus civitatem nostram Laudemburg, palatium nos- « trum... cum omni ustensilitate in omni pago Laudemburgi « et undique in *intraha*, in pascuis, materiamine, aquas, aqua- « rumque decursibus. »

Que signifiait *intraha*? Les mots par lesquels on désignait, dans les actes de ventes, de donations, la consistance des choses, ce que nos notaires appellent *appartenances* et *dépendances*, étaient si variés, si bizarres, si divers selon chaque localité, que du Cange, sous peine de négliger le mot *intraha*, qu'il trouvait dans des documents imprimés, a dû le recueillir; mais, comme il ne l'avait vu nulle autre part, il n'a point essayé de l'expliquer. Carpentier, dans son Supplément, a dit qu'*intraha* signifiait un héritage labouré, *ager qui trahendo*

(1) La nouvelle édition de ces *Formulæ Andegavenses*, que M Eugène de Rozière, élève de l'École des Chartes, a donnée en 1843, et que M. Giraud, membre de l'Académie des Sciences morales, a insérée dans le tome II de son *Histoire du Droit Français au moyen âge*, fournit un très-grand nombre d'exemples d'erreurs semblables.

(2) Ces documents ont été reproduits par Lecointe, *Annales Francorum Ecclesiasticæ*, t. II, p. 786; dans le *Gallia Christiana nova*, t. V, instr. p. 451 ; par Schannat, *Historia episcoporum Wormatensium*, p. 309. Ce dernier, ne devinant pas ce que signifiait *intraha*, a imprimé *intrantia*.

aratrum colitur; c'est une explication comme une autre. Mais les deux documents ayant été publiés de nouveau dans le tome VII, p. 61, des *Mémoires de l'Académie Théodoro-Palatine,* d'après les originaux, il est devenu certain que le texte porte *in Jutraha,* petite rivière du *pagus Laudemburgensis,* laquelle est indiquée sur la carte annexée à la page 41 de ce volume, comme tombant dans le Necker (1). De cette manière les documents s'expliquent sans peine. Le roi donne tout ce qui lui appartient dans le *pagus,* IN JUTRAHA, c'est-à-dire jusqu'à la rivière ou le long de la rivière *Jutraha :* on sait que *in* se prend souvent pour *ad* dans la bonne latinité.

On voit par ces explications comment il a dû arriver que du Cange ait recueilli quelques mots dont la découverte de textes plus exacts que ceux dont il avait fait usage a révélé l'erreur. Mais ces mots fussent-ils infiniment plus nombreux, il ne mériterait aucun reproche : les erreurs de lecture ne sauraient lui être imputées, surtout pour les mots qu'il a trouvés dans des livres imprimés.

Je n'entends pas dire cependant que, même dans ce dernier cas, on ne doive pas user d'une certaine critique pour examiner si les éditeurs que l'on cite n'auraient pas lu inexactement; si le mot ne serait pas une simple faute d'impression dans les éditions dont on fait usage. En voici un exemple que fournit le Supplément de Carpentier, au mot *Anis,* que ce savant a recueilli sans essayer de l'expliquer. On lit dans Martène, *Amplissima Collectio,* tome VII, col. 24 : « Si omnes se- « cundum legem domini, sive nobiles, sive innobiles uxores « legitime sortitas habent, non uxores ab aliis dimissas, non « Deo sacratas, *non anes.* » La véritable leçon est *nonanes,* mot qui, tantôt écrit par un *n,* tantôt par deux, dans les Capitulaires et dans d'autres documents, désignait des religieuses, que nos vieux écrivains français ont appelées *nonains.* Le sens raisonnable de la phrase conduisait à cette correction; elle était justifiée par toutes les citations qu'on trouve dans le Glossaire aux mots *Nonanes* et *Nonnanes;* aucun exemple fondé sur des textes, aucune analogie ne conduisait à croire, comme Carpentier le suppose, qu'il ait existé dans la basse latinité un mot *anis,* faisant à l'accusatif pluriel *anes,* et pouvant avoir un sens dans la phrase citée d'après Martène. Aussi M. Henschel n'a-t-il pas manqué de relever cette erreur.

Le mot *castra* a fourni à Valois l'occasion d'une critique dont je reconnais le fondement, sans en approuver la forme et le ton.

On donnait au moyen âge en Italie le nom de *castra* (subst. fém.) à une espèce de navire dont il est parlé dans l'histoire du siége de Jadra (Zara), et, sans le moindre doute, du Cange est dans le vrai lorsque, d'après le texte qu'il a transcrit, il interprète *castra* par *navis italicæ species.* Mais, par un surcroît d'érudition malheureusement employé, il cite le vers de l'Énéide :

« Dat clarum puppi signum, nos *castra* movemus. »

Rien ne prouve (et le contraire est même évident) qu'au temps de Virgile *castra* servît, comme *liburna, triremis,* à désigner une espèce de navire. S'il en eût été ainsi, Virgile aurait dû dire *castras,* ce qui ne faisait pas son vers et n'exprimait point sa pensée.

Mais, de même qu'on avait appelé *castra* les lieux où une armée était campée, de même on disait *castra navalia* pour désigner les lieux où une flotte était en station (Cæsar, *De*

Bello Gallico, lib. V, cap. XXII). C'est ce qui explique le *castra movemus* de Virgile, et n'a rien de commun avec *castra,* substantif féminin, désignant un navire du moyen âge.

Toutefois, Valois ne devait pas accuser du Cange d'*ignorance;* ce reproche ne saurait être adressé à un tel homme : il pouvait lui reprocher un abus de science, une citation étrangère à son objet, mais c'est tout ce qui était permis.

Au surplus, les bénédictins ont recueilli et traduit en latin toutes les observations de Valois, et par conséquent on les trouvera dans la nouvelle édition. Peut-être cependant ont-ils été trop dociles en accédant sans réserves à toutes ces critiques, dont quelques-unes pourraient être justement contestées. Je craindrais d'allonger trop cet article si je les discutais; je me bornerai à un seul exemple, qui n'offre pas une simple question de mots et de *lexicographie,* mais qui se rattache à un point véritablement historique.

Du Cange, au mot *Consul,* n° 3, s'exprime ainsi : « Consules in civitatibus, qui in aliis *scabini* vocantur, quorum dignitas antiqua, » et, pour justifier cette assertion de l'ancienneté du nom de consul donné dans la Gaule à une fonction municipale, il cite les deux derniers vers de la description de Bordeaux, par Ausone :

« Diligo Burdigalam, Romam colo ; civis in illa,
« Consul in ambabus; cunæ hic, ibi sella curulis. »

« M. du Cange, lit-on dans le *Valesiana,* n'a pas bien pris le sens d'Ausone : il croit qu'Ausone, disant qu'il est consul dans les deux villes, Rome et Bordeaux, ne veut dire autre chose, sinon que, comme il avait été fait consul ordinaire à Rome par l'ordre de l'empereur Gratien, qui avait été son disciple, de même à Bordeaux, sa patrie, il avait obtenu la première dignité de la ville, qu'on appelait aussi le consulat.... Les consulats, échevinages ou mairies, n'ont été établis dans les villes des Gaules que plus de huit siècles après le temps d'Ausone..... Ausone qu'il aime Bordeaux parce qu'il y est né, qu'il a Rome en vénération parce qu'il y a reçu la dignité consulaire, ce qui l'a rendu non-seulement à Rome, mais aussi à Bordeaux et dans tout l'empire, la seconde personne de l'État; et tel est le sens des deux vers cités, ou il n'y en a pas du tout. »

Cette critique de Valois se divise, comme on le voit, en deux parties : 1° du Cange a eu tort de croire qu'Ausone a voulu dire qu'il eût été revêtu à Bordeaux de la magistrature municipale qu'on appelait *consulat;* 2° il s'est trompé en avançant que du temps d'Ausone cette sorte de magistrature existait dans des villes de la Gaule.

A l'appui de la première de ces assertions, savoir, qu'Ausone a été consul de la ville de Bordeaux, on pourrait invoquer ce que dit Scaliger, qu'il a vu : « Vetus saxum in prædio amplis- « simi præsidis Josephi Cassiani effossum. Diu mecum egi an « possem illius inscriptionem in memoriam revocare, quia obi- « ter, et ut illud fit, aliud agens, illam legeram neque aliter « quicquam pensi habui. Tamen, nisi vehementer fallor, vi- « detur mihi ita habuisse : DEC. AUSONIUS COS. OLYMPIADE « LXXXIII. Si quid a me erratum est, erit fortasse in ultimis « numeris, nam utrum octogesimo III, aut IIII in ea inscrip- « tione fuerit, non plane memini. Igitur hoc monumento si- « gnificatur consulatus municipalis, non consulatus Romæ. »

Mais il ne me semble pas qu'on doive ajouter une grande foi à ce souvenir de Scaliger, dont aucun des savants qui ont publié des recueils d'inscriptions ne paraît avoir fait mention. Nous n'avons donc pour ce qui concerne le consulat d'Ausone à Bordeaux d'autre témoignage que les deux vers cités, et le sens en est obscur. S'il est vrai que quelques biographes,

---

(1) Voir la description de ce *pagus* dans le tome Ier des *Acta Academiæ Theodoro-Palatinæ,* p. 215 et suivantes.

quelques commentateurs de ce poëte en aient conclu qu'il avait été revêtu de cette magistrature municipale, si telle est, notamment, l'opinion de Bonamy, dans le t. XVII, p. 19, des anciens *Mémoires de l'Académie des Inscriptions*, et de M. de Savigny, dans une note du § 21 du chapitre II du t. Ier de son *Histoire du Droit Romain au moyen âge*, je dois convenir que les derniers mots du second vers laissent subsister quelque incertitude ; il semble qu'Ausone s'y résume à dire qu'il doit la naissance à Bordeaux, et que c'est à Rome qu'il doit la dignité consulaire.

Mais quand il serait vrai que du Cange se fût trompé sur cette circonstance de la vie d'Ausone, il ne s'ensuivrait pas que Valois ait été fondé dans le second point de sa critique, et que du Cange ait eu tort de dire que le nom de consulat, donné dans la Gaule à une magistrature, était très-ancien, et en usage au temps d'Ausone. Il existait dans le midi de cette contrée des villes municipales administrées par un sénat et par des chefs connus sous différents noms. Bordeaux notamment avait un sénat : Ausone l'atteste dans le troisième vers de son poëme : *Insignis procerum senatu.* Si cette ville avait un sénat, elle devait avoir des magistrats chargés de l'administration. Dans la plupart des villes municipales, ces magistrats étaient appelés *duumviri ;* mais il en était où on leur donnait des titres de magistratures romaines, *édiles, questeurs, censeurs, préteurs, consuls,* même *dictateurs,* et cela dans un temps où Rome, n'étant pas encore soumise à un empereur, devait être jalouse de ne point laisser les magistrats des villes de province s'attribuer les titres de ceux de la république. Un grand nombre d'inscriptions, qu'on trouve dans Gruter, présentent des dénominations de consul données à des magistrats municipaux de diverses villes, dans les provinces. On peut consulter à ce sujet Noris, *Cœnotaphia Pisana*, dissert. I, cap. III, et Éverard Otto, *De Consulibus extra Italiam*, cap. II.

Je crois donc qu'au temps d'Ausone, et même plus anciennement, il y avait hors de l'Italie des villes municipales dont les premiers magistrats portaient le nom de consuls ; que le reproche fait à du Cange par Valois n'est pas fondé, et que les bénédictins y ont adhéré trop facilement. M. Henschel paraît n'être pas de leur sentiment ; mais peut-être eût-il dû s'expliquer d'une manière plus formelle qu'il ne l'a fait en se contentant de renvoyer à l'ouvrage de M. de Savigny, qui n'a pas discuté la question et s'est borné à énoncer, sur la foi des vers cités plus haut, que la magistrature municipale de Bordeaux s'appelait *consulat.*

Valois a adressé à du Cange un autre reproche plus général, par lequel je vais terminer.

« Il a, dit-il, fait entrer dans son Glossaire plusieurs remarques sur diverses choses tant ecclésiastiques que autres, sur lesquelles il ne sera jamais consulté, d'autant qu'on n'attend pas d'un glossaire ni d'un grammairien ou critique l'éclaircissement de ces matières, sur quoi nous avons des volumes entiers écrits par des gens versés dans l'histoire ecclésiastique. »

Cette censure prouve que Valois ne s'était pas fait une juste idée de l'entreprise de du Cange, du besoin auquel ce savant avait cru qu'il importait de pourvoir, et de son plan, qui cependant était très-bien expliqué dans la préface.

Sans doute nos bibliothèques sont remplies de volumes écrits par des personnes très-habiles *sur les matières ecclésiastiques et autres* concernant le moyen âge, que les savants pourront et devront toujours consulter, et l'intention de du Cange n'a pas été que son Glossaire en tînt lieu. Mais lorsque ces ouvrages fournissaient des mots de basse latinité, que, d'après son plan, du Cange devait recueillir, et dont il devait aussi faire connaître l'usage, pouvait-il, à moins de courir le risque de n'offrir qu'une nomenclature aride et quasi inintelligible, se dispenser de donner quelques explications sur les institutions ecclésiastiques et civiles, sur les usages du moyen âge auxquels se rapportaient les passages qu'il citait? C'était précisément ce que le public avait le plus besoin de connaître et de comprendre, ce qui, par le fait, a produit le grand succès du Glossaire et l'indispensable nécessité où l'on est sans cesse d'y recourir. Aussi l'expérience a-t-elle démenti la singulière prédiction de Valois, que cet ouvrage *ne sera jamais consulté sur les matières ecclésiastiques et autres* que du Cange y a rassemblées. Peu d'années après qu'il eut paru, Mabillon et Bayle en proclamaient la très-grande utilité, précisément sous le rapport critiqué par Valois : *Omnibus apertus, de omnibus agens,* disait Mabillon.

Ce n'est pas de ce qu'il en contenait trop qu'on croyait avoir à se plaindre ; le succès de l'édition de 1733-36, et du supplément de 1766, nonobstant quelques défauts que je n'ai pas dissimulés, en est la preuve. Lorsque de nos jours une édition nouvelle a été réclamée avec empressement, personne ne demandait la suppression des choses que Valois reproche à du Cange d'avoir admises ; tout le monde, au contraire, désirait qu'on les reproduisît, que le nombre en fût accru, complété ; et M. Henschel en répondant à ce vœu général a rendu un très-grand service à la science.

Concluons donc que le Glossaire est le plus vaste, le plus utile ouvrage qu'on ait jamais fait pour faciliter et propager l'étude des documents et des institutions du moyen âge, et que toujours consulté, nonobstant le pronostic de Valois, il ne cessera jamais d'atteindre le but que du Cange s'est proposé.

L'édition nouvelle, exécutée avec une célérité qui n'a pas nui à l'exactitude (1), servira, sans le moindre doute, à perpétuer cette réputation, en même temps qu'elle fera honneur au savant qui l'a entreprise et accomplie, ainsi qu'aux célèbres imprimeurs qui n'ont point reculé devant les dépenses qu'elle exigeait.

PARDESSUS.

(1) L'impression, commencée en 1840, a été terminée en décembre 1850, après trois années de travaux préparatoires.

ÉLOGE

DE

CHARLES DUFRESNE,

SEIGNEUR DU CANGE.

Discours qui a remporté le prix de l'Académie d'Amiens, en 1764.

C'est le sort des hommes illustres d'être loués difficilement; ils ne peuvent même l'être, dit Cicéron, que par ceux qui sont louables eux-mêmes : ainsi l'éloge de M. du Cange est tout à la fois celui de l'Académie qui l'a proposé. Sa patrie lui devait cet hommage; ce n'est pourtant point à elle que se borne l'illustration qui rejaillit de la mémoire de ce compatriote savant; ce n'est pas seulement l'homme de la province, c'est celui de la nation, c'est celui qu'elle citera aux autres nations quand elle voudra leur prouver sa supériorité, « aucun savant chez elles ne « pouvant être opposé à notre illustre Français pour la « continuité du travail, la profondeur des recherches et « l'étendue des connaissances (1). » Honorons donc la mémoire de cet homme laborieux, de ce héros paisible, pour user encore des termes de l'orateur de Rome, plus recommandable à plus d'un égard que ces héros bruyants qui ont gouverné ou défendu l'État, et dont tant d'autres ont partagé le mérite. Le sien, et qui lui appartient tout entier, est d'avoir éclairé son siècle et ceux qui le suivront, en retrouvant et conservant la lumière des siècles qui les ont précédés. M. du Cange s'est rendu d'autant plus digne de l'honneur d'un éloge public, que la probité, la simplicité de ses mœurs égalait la modestie et l'éminence de ses talents, union qui seule mérite les véritables louanges, suivant la belle idée de cet ancien qui, bâtissant des temples à chaque divinité, et les joignant l'un à l'autre, les disposa de manière qu'il fallait passer par ceux de la Vertu et de la Science avant que d'entrer dans celui de la Gloire.

Le mérite de la naissance est un préjugé, mais ce préjugé est respectable; il est un hommage continué à la mémoire de ceux qui ont ennobli leur famille : il suppose une succession presque physique des mêmes talents, des mêmes vertus, dont l'éducation a développé le germe et l'a rendu plus fécond encore (2). La noblesse de M. du Cange, ayant sa source dans les services militaires, avait, pour ainsi dire, changé son cours par des emplois civils. Les descendants de ceux qui avaient défendu la patrie crurent la servir aussi bien en lui administrant la justice; et M. du Cange, ainsi que ses illustres frères, crut la servir mieux encore en travaillant à l'éclairer.

Sans doute il fut entraîné par le charme invincible d'une inclination forte, exempte du mélange de toute autre inclination qui l'altérât, par l'attrait d'une passion dominante, unique, par l'amour de l'étude enfin ; il lui dut le plan d'une vie égale, uniforme. Quatorze heures de travail au moins étaient son travail ordinaire, qu'interrompait à peine la distraction la plus permise, ou toute autre occupation utile (1). Une de ses journées les représentait toutes, excepté ces jours qui, par des nuits studieuses, rejoignant sans interruption les jours suivants, lui formaient une possession continue et délicieuse de ce qu'il aimait uniquement. Quel exemple, ou plutôt quel reproche pour ceux qui dans leurs premières années n'ont d'autre occupation que le plaisir, et ne font d'autres études que quelques lectures frivoles ou dangereuses; qui dans un âge plus avancé ne souhaitent que les richesses et ne désirent que les honneurs! Admirez M. du Cange, qui n'eut de la jeunesse que l'ardeur d'apprendre et la force de soutenir beaucoup de travail; qui dans la suite de sa vie n'eut d'autre ambition que celle d'un grand savoir, et peut-être l'amour de la gloire qui y est attaché, pourvu

---

(1) Bayle, Préface du dict. de Furetière.

(2) Charles Dufresne, sieur du Cange, naquit à Amiens, le 18 décembre 1610, de Louis, seigneur de Froideval, prévôt royal de Beauquesne, et d'Hélène de Reli, tous deux nobles de race.

On voit dans la dernière édition de Moreri une généalogie des Dufresne, qui paraît vraie, d'autant qu'elle a été faite principalement d'après les recherches de M. du Cange.

Jean Dufresne, frère de Charles, avocat célèbre au parlement de Paris, a commencé le Journal des Audiences : il a fait aussi un commentaire sur la coutume d'Amiens.

Un autre de leurs frères s'est distingué dans l'Église : quelques-uns des articles ecclésiastiques du Glossaire de M. du Cange sont de lui. Leur père passait aussi pour homme de lettres.

(1) On dit que le jour de son mariage M. du Cange étudia six ou sept heures.

même qu'il ne s'en aperçût pas! suivez-le dans son cabinet, contemplez-le dans le silence de cette solitude où la sagesse l'avait conduit. La lampe d'un sage éclaire un monde avant lui plongé dans les ténèbres.

Bientôt M. du Cange eut surmonté les difficultés et les dégoûts attachés aux éléments des premières langues savantes, pour pouvoir puiser la science à sa source et tenir la vérité de la première main; et dès qu'il eut saisi suffisamment le mécanisme et l'esprit de ces langues, il entreprit de lire, mais avec ordre, les orateurs, les poëtes, les philosophes, les théologiens, les jurisconsultes, les médecins, les historiens, enfin tout ce qu'il était possible de lire. Cette lecture, aussi universelle qu'assidue, loin d'apporter la confusion dans sa mémoire, l'enrichit immensément, et il en appliqua les résultats principalement au genre le plus utile de l'érudition, à l'histoire, mais à l'histoire prise dans ses temps les plus difficiles.

Une immense lacune séparait l'histoire ancienne et l'histoire moderne. « Quand on jetait les yeux sur cet « abîme, il semblait que tout était mer, et que les rivages « mêmes manquaient à la mer : il ne restait que quelques « écrits froids, secs, insipides et durs, qu'il fallait dévorer, « comme la fable dit que Saturne dévorait les pierres (1). » Des siècles de barbarie, d'ignorance, de révolutions, avaient interrompu la marche de l'esprit humain; à peine en apercevait-on quelques vestiges, à peine retrouvait-on quelques traces historiques qui pussent conduire dans les détours d'un labyrinthe couvert d'une obscurité effrayante. Les auteurs du moyen âge, qui avaient écrit en barbares dans les deux langues, et les historiens du Bas-Empire étaient les seuls qui, au milieu de ces ténèbres épaisses, avaient conservé quelque lueur sombre, mais bien éloignée d'être de la lumière. L'histoire n'était presque plus que dans les légendes : les fables avaient envahi les chroniques. C'est du milieu de cette inondation fabuleuse qu'il fallait tirer quelques vérités historiques qui surnageaient. Il n'y avait qu'un esprit attentif, mais d'une attention profonde et laborieuse, qui pouvait démêler dans ce qu'on appelait histoires quelques notions des faits, des lois, des mœurs, ou plutôt des usages et des opinions incertaines des peuples vainqueurs et vaincus. Les auteurs barbares, à l'exemple des conquérants destructeurs, semblaient avoir voulu détruire la vérité par les mensonges, dans leurs récits obscurcis par la malice et l'ignorance. Il fallait d'ailleurs commencer par entendre leurs langages, corrompus comme leurs chroniques. C'était la domination des Latins, c'était celle des Grecs; mais ce n'était plus la langue ni des uns ni des autres. « L'Empire transféré à Constantinople, « et bientôt réduit à ses faubourgs, avait fini comme le « Rhin, qui n'est plus qu'un ruisseau quand il se perd dans « l'Océan (2). » Les langues grecque et latine s'étaient aussi perdues dans un langage barbare; c'était d'abord en se mélant qu'elles s'étaient gâtées : de chacune il en était sorti une autre, qui n'était ni grecque ni latine, et dans laquelle

(1) Montesquieu, Esprit des Lois, liv. III, ch. 11.
(2) Montesquieu, Considérations sur les Romains.

se trouvaient écrites les histoires du temps : il fallait donc en expliquer les mots avant que de discuter les faits.

Il aurait fallu au plus habile, au plus patient, un dictionnaire, et ce dictionnaire n'était pas fait. Scaliger l'avait souhaité, Meursius l'avait promis, Spelman et Vossius (1) l'avaient entrepris; mais après eux l'entreprise était neuve encore. Il semblait que la république des lettres attendait M. du Cange, et son érudition immense et son travail infatigable, pour avoir le Glossaire de la moyenne et basse latinité. On est effrayé seulement quand on pense qu'il a fallu que ce savant lût et relût plus de six mille écrivains dont les ouvrages ne présentaient de la langue latine tout au plus qu'une terminaison vicieuse; quand on pense que ce savant a non-seulement remonté jusqu'à l'étymologie de toutes ces expressions corrompues, mais qu'il en a suivi les variations, qu'il en a donné toutes les explications, qu'il en a fourni les diverses acceptions. Au reste, ce n'est là, pour ainsi dire, que le mérite grammatical de l'ouvrage de M. du Cange. Un dictionnaire d'une langue ancienne, et surtout d'une langue dégénérée, paraît ne pouvoir être qu'une nomenclature vide de choses; c'est ordinairement un tombeau obscur, qui semble ne pouvoir renfermer que des cendres froides. Le Glossaire latin de M. du Cange a conservé de la lumière, on pourrait dire de la chaleur. « Cent quarante mille passages nourrissent le « corps de ce grand ouvrage (2). » La préface seule est un prodige de travail et d'érudition; c'est la porte qui annonce un édifice immense, hardi, riche, bien ordonné, et qui annonce mieux encore, le génie de l'architecte le plus habile. Il cherche cependant à en dissimuler le mérite. Sous le titre simple de Glossaire M. du Cange avait caché modestement d'excellents traités sur presque toutes les sciences. Il semble qu'il ne lui suffise pas d'avoir tenté de diminuer l'éclat de tant et de si belles dissertations, que la vanité de tant d'autres écrivains eût tâché d'augmenter; son humilité (3) prétend que les autres lisent pour tirer des livres ce qu'il y a de bon, mais que pour lui il ne les a lus que pour en prendre ce qu'il y a de mauvais; que les autres font leur travail sur les plus belles pensées, mais que pour lui il ne s'est attaché qu'à des mots corrompus; qu'enfin les autres imitent les abeilles, mais que pour lui il a contrefait l'araignée ou la sangsue. Ce qu'il dit est vrai sans doute, et n'en est pas moins l'éloge de son travail; mais nous dirons encore plus vrai en ajoutant qu'il a communiqué à ce qu'il appelle les méchants extraits une bonté plus utile que celle qui se rencontre dans les meilleurs morceaux des auteurs les plus brillants. Aussi M. du Cange est-il bien plus que ce qu'il a voulu paraître; et celui qui ne s'est donné que pour un simple philologue se trouve le critique le plus éclairé, l'historien le plus sûr, enfin le savant le plus universel et le plus profond. O vous,

(1) *Henrici Spelmanni, Angli, Glossarium Archæologicum.....* 1626.
Gerardi Vossii, Batavi, de Vitiis Sermonis et Glossematis Latino-Barbaris.... 1645.
(2) Journal des Savants, septembre 1678.
(3) Voyez la préface du Glossaire latin.

qui devez toute votre science à M. du Cange; ô vous, cénobites savants, qui dans son ouvrage avez appris à le continuer, à l'augmenter, à le corriger même; ô vous tous enfin, qui ne deviendrez savants qu'en lisant et relisant jour et nuit le Glossaire latin, attestez la profondeur et l'étendue des connaissances de son auteur! Et quand vous n'en connaîtriez que cet ouvrage, mettez-le, sans aucune prévention nationale, au-dessus de tous les savants de notre âge et même au-dessus des savants des autres siècles.

En composant son Glossaire latin, M. du Cange en avait mieux senti toute l'utilité, et aussi la difficulté d'un pareil travail sur la langue grecque. Par les mêmes causes elle avait essuyé la même décadence, et peut-être plutôt encore par ses divers dialectes, dont l'attique, au grand scandale de tous les savants, était devenu le plus vicieux. Cette corruption n'effraya point M. du Cange, semblable au médecin habile que n'arrête point la contagion, mais qui la brave, s'en préserve et sauve une ville ou une province qui l'ont appelé (1). Le Dictionnaire de Meursius, la Grammaire de Simon, l'Eucologe de Goar, les anciens Glossaires, quoique M. du Cange en eût lui-même donné l'édition, ne lui avaient point paru expliquer avec assez de clarté ni d'étendue les termes grecs des auteurs du Bas-Empire; il en relut, confronta, étudia les textes, tant imprimés que manuscrits, dont les titres et les noms, pour la plupart, n'étaient pas même connus, et ne le seront peut-être jamais que de lui; et il en fit ce dictionnaire que plus de cent années auparavant un savant (2) souhaitait et demandait, comme un service à rendre à tous les autres savants. C'est dans ce vocabulaire, aussi difficile qu'utile, qu'outre la véritable signification des mots qui le composent, on retrouve la religion de l'Empire grec et sa liturgie, sa jurisprudence et ses lois, la tactique et les noms des armes ou des machines propres à cette science, la médecine et la botanique, avec presque tous leurs termes originaux tirés des livres arabes leur première source, la chimie et les mathématiques, avec leurs nombres, leurs caractères, leurs signes et leurs hiéroglyphes; enfin presque toute l'histoire de l'Empire d'Orient, et même les médailles de ses empereurs. Voilà l'idée, imparfaite encore, de l'exécution du Glossaire grec digne supplément du Glossaire latin, et supplément de gloire pour leur auteur (1).

L'histoire de Constantinople sous les empereurs français; la conquête de Constantinople écrite par Ville-Hardouin (2), qu'il a commenté, éclairci, continué; des notes sur Anne Comnène, Nicéphore de Bryenne, Cinname, Grégoras, Zonare, et d'autres historiens de Constantinople, dont il fut l'éditeur; enfin toute l'Histoire Byzantine, avec un commentaire qu'il appelle pragmatique, généalogique, topique et chronique, et qui peut en servir à tous les auteurs byzantins : tels sont les ouvrages imprimés qui, avec des manuscrits et plus nombreux et non moins travaillés, prouvent ce que nous ne pouvons qu'annoncer, l'érudition vaste de M. du Cange sur l'histoire du moyen âge; érudition d'autant plus glorieuse, qu'elle n'appartenait qu'à lui, parce qu'il n'y avait que lui qui eût lu dans leurs langues originales tous les auteurs du Bas-Empire, et qui eût ainsi pu porter dans les annales obscures de l'Europe le flambeau de celles de l'Asie.

Ainsi chargé des dépouilles de l'Orient, comme l'a dit un grand poëte (3) pour une occasion plus brillante et moins utile, M. du Cange revint en enrichir l'Occident et son pays. Il avait, pour ainsi dire, couvert sa marche, et l'avait rendue plus sûre en paraissant ne s'occuper que de l'histoire des autres nations; mais c'était la gloire de la sienne, la majesté du nom français, enfin l'histoire générale de la France, qui avait toujours été son objet principal. On ne peut douter de ce dessein arrêté, soit que l'on consulte ses manuscrits immenses, contenant une description historique et géographique des Gaules ancienne et moderne, soit que l'on voie tous les matériaux qu'il avait amassés pour une histoire de France, pour les dignités, ou qu'on ait recours à ses recherches sur la généalogie de nos rois et au Nobiliaire général de la France, ouvrage neuf et intéressant, même pour toute l'Europe : on en est encore plus convaincu en lisant son Histoire du règne de

---

(1) Cabasilas, archevêque de Thessalonique au quatorzième siècle, auteur de plusieurs ouvrages sur la liturgie grecque, fait monter à soixante-dix les divers dialectes de cette langue.

J. Meursius a donné en 1614 un dictionnaire de grec corrompu.

Simon Portius, qui était de Rome, et docteur en théologie, a fait sur les différences qui se rencontrent entre le grec ancien et le vulgaire, une grammaire qu'il dédia au cardinal de Richelieu.

J. Goar, missionnaire dominicain, qui avait acquis dans l'île de Chio une connaissance assez exacte des termes de la liturgie grecque, a donné en 1648 un Eucologe très-estimé, et d'autres ouvrages sur la croyance et les coutumes des Grecs.

Les anciens Glossaires, que les érudits appellent les vieilles Gloses, sont un recueil grec et latin que Vulcanius donna à Leyde en 1600, et dont Charles l'Abbé avait préparé une autre édition, qui fut publiée en 1679 par M. du Cange, avec une préface curieuse, où il fait l'histoire de ces Gloses.

(2) Wolfius, éditeur des Annales de Zonare en 1557. « *Rogo autem* « *eos qui corruptæ linguæ periti sunt, ut propter scriptores in* « *quibus subinde barbara vocabula occurunt barbaricum lexicon* « *conficiant, vocibus barbaris præpositis et græcis subjunctis, ne* « *veteris duntaxat linguæ periti ab eorum lectione deterreantur.* »

(1) M. de la Monnaie, connu par ses poésies latines, a fait ce distique, en hommage à l'auteur des deux Glossaires :

> *Ausonios postquam graiosque effusa per agros*
> *Barbaries Romam pressit utramque diu,*
> *Cangius hanc vinclis qui tandem et carcere frænet.*
> *Res mira! e Gallis ecce Camillus adest.*

(2) Ville-Hardouin, maréchal de Champagne, a donné l'histoire de la prise de Constantinople par les Français en 1204.

Anne Comnène, princesse illustre par son esprit et son savoir, fille de l'empereur Alexis Comnène l'Ancien, a écrit l'histoire de son père.

Nicéphore de Bryenne, mari d'Anne Comnène, qui a eu la qualité de César et d'Auguste, est auteur de différents ouvrages et d'une partie de l'histoire de Constantinople.

Cinname, Grec du douzième siècle, a fait celles des Règles de Jean et Emmanuel Comnène.

Zonare, dans le même siècle, exerçait des emplois considérables à la cour des empereurs de Constantinople; il fut ensuite moine de Saint-Benoît. Il a donné des annales qui vont jusqu'en 1118.

Nicéphore Grégoras, historien du quatorzième siècle, bibliothécaire de l'église de Constantinople, qui fut désigné au patriarchat, auquel il serait parvenu sans les intrigues de ses ennemis, a fait une histoire de cet empire depuis 1204 jusqu'en 1341.

(3) Virgile.

saint Louis (1); époque principale, et pour la nation et pour la maison auguste qui la gouverne, en y joignant surtout les dissertations savantes qui servent à expliquer ce qu'il y a de plus important à savoir sur les époques qui les concernent; si l'on y ajoute enfin toutes les pièces originales qu'il avait recueillies pour le même objet, et qu'il avait presque toutes dérobées à la poussière et au mépris de notre siècle pour l'érudition. On s'aperçoit alors que c'étaient les parties d'un tout historique, qui, quoique séparées, offrent mutuellement tant de rapports et de dépendance, qu'il semble qu'après avoir été détachées, par une espèce de violence, les unes des autres, elles cherchent naturellement à se réunir : on sent aussi que pour leur réunion il n'a manqué que le temps à leur auteur, qui de notre histoire savait si bien toutes les grandes choses et tous les détails qui les aggrandissent encore.

Un ministre qui pensait à tout, Colbert, avait pensé à procurer à la France le Recueil de ses historiens. Tous les savants furent consultés sur ce dessein, et le plus savant de tous, M. du Cange, fut chargé de l'exécution. Il était si plein de son objet, que bientôt il eut fait la préface, qui contenait les noms des auteurs, leur caractère, leur style, le temps où ils avaient écrit, et la place qu'ils devaient occuper dans le Recueil. Le ministre, prévenu contre ce plan, fit répondre qu'il en fallait un autre; mais M. du Cange, trop peu courtisan pour suivre des ordres dans une partie qui n'en admet point, refusa d'accepter celui qui eût nui à sa réputation, et surtout à l'ouvrage. Il abandonna à ceux qui l'avaient conseillé un plan qu'ils ne purent exécuter eux-mêmes, ce qui était un premier hommage au sien. M. du Cange, qui n'avait été sensible qu'à l'inexécution d'un projet qu'il jugeait utile et glorieux à la nation, eût été consolé de cette espèce de disgrâce littéraire s'il eût pu savoir qu'un demi-siècle plus tard un de ses compatriotes serait digne d'être chargé de reprendre le même dessein (2), et qu'il le remplirait sur son plan même; double éloge pour la patrie commune.

Dans son travail sur l'histoire générale de sa nation, M. du Cange n'avait point oublié l'histoire particulière de la province où il était né; celle des comtes d'Amiens, de ses évêques, de ses vidames, de ses gouverneurs, de ses baillis; l'état de la ville, un traité historique sur l'un des objets pieux de la vénération singulière du diocèse; enfin des mémoires nombreux sur toutes les parties, soit ecclésiastiques, soit civiles, de l'histoire de la Picardie, avaient acquitté sa reconnaissance envers sa patrie, et lui ont bien mérité celle de ses compatriotes. Ceux d'entre eux dont il a été le précurseur pour les sciences pourraient-ils payer autrement leur part de ce tribut de reconnaissance, qu'en publiant bientôt les ouvrages de M. du Cange qui sont achevés, ou en achevant ceux qui sont restés impar-

(1) Par Joinville, sénéchal de Champagne, qui avait accompagné saint Louis dans ses expéditions : M. du Cange a donné en 1668 une édition de cette histoire avec des notes et dissertations.

(2) Dom Bouquet, religieux bénédictin, qui était d'Amiens et honoraire de l'Académie de cette ville, a donné en 1733 le Recueil des historiens de France.

faits; du moins en donnant une notice exacte et raisonnée de ces ouvrages, tellement nombreux, que l'énumération seule formerait une œuvre très-considérable et très-digne de ceux qui la feraient et de ceux pour qui elle serait faite? C'est le vœu que l'univers savant adresse par notre voix à une compagnie qui doit regarder les ouvrages de M. du Cange comme son patrimoine.

Nous avons passé sous silence un très-grand nombre d'ouvrages particuliers, qui auraient peut-être suffi pour l'éloge d'un autre, tel que la Chronique pascale (1), qu'il a traduite, corrigée, augmentée, et dont les additions peuvent servir à perfectionner la chronologie générale; mais il reste un ouvrage qui paraît comprendre tous les autres, et dont les bornes de ce discours ne nous permettent que d'annoncer le titre : il suffira cependant pour faire juger du travail, quand il est celui de M. du Cange, et quoique ce ne soit presque qu'un projet : c'est celui d'un dictionnaire universel, qu'on pourrait appeler Encyclopédie, en la prenant même dans la signification du mot la plus étendue, et qu'on doit regarder comme l'ouvrage du génie, qui dispose de toutes les richesses de l'érudition.

Nous aurions pu aussi, nous aurions même dû compter parmi ses travaux un commerce de lettres prodigieux avec tous les grands de l'Europe qui aimaient l'érudition, et avec tous ceux qui étaient grands parce qu'ils étaient érudits. C'étaient les Lamoignon, les Leibnitz, les Valois, les Bollandus, les Paperoc, les Baluze, les Renaudot, les d'Acheri, les Mabillon, tous, ses amis, il est vrai; mais des amis savants sont peut-être la partie du public la plus sévère : aussi les lettres savantes qu'il leur écrivait ne sont-elles pas les moins travaillées de ses ouvrages, et sont aussi dignes d'être louées que d'être lues.

Tant et de si beaux ouvrages, soit manuscrits, soit imprimés, étaient bien dignes d'entrer dans le dépôt savant de tous les ouvrages du monde, dans le sanctuaire de toutes les sciences, dans les archives des lettres et des arts, enfin dans la première bibliothèque de l'univers, dont ils sont devenus un des premiers ornements.

En recevant les ouvrages de du Cange dans sa bibliothèque, Louis XV, imitant la libéralité du grand roi qui avait récompensé l'auteur, a continué cette récompense dans un sage de sa famille, et pendant sa vie lui a confié la direction des études de la jeune noblesse de son royaume, à l'instruction de laquelle contribuera cet esprit laborieux, qui par une transmission aussi heureuse influera sur toute la nation. C'est au milieu de cette école dirigée par un

(1) La Chronique pascale, ou d'Alexandrie, est un recueil de faits mémorables, estimé pour l'exactitude des dates; elle contient une supputation pour trouver les jours auxquels on doit célébrer la Pâque et les autres fêtes mobiles. Ces calculs se faisaient ordinairement à Alexandrie, où les ecclésiastiques étaient plus habiles dans l'astronomie : ils les envoyaient aux autres églises, et on les attachait au cierge pascal pour que le peuple pût les y lire. M. du Cange, dans l'édition qu'il avait préparée de cette Chronique, l'avait enrichie de notes propres à perfectionner la chronologie générale. Voyez ci-après la notice des ouvrages de M. du Cange.

Dufresne, c'est dans cette bibliothèque enrichie des ouvrages de du Cange, c'est dans toutes les académies que je voudrais voir aussi élever et multiplier sa statue. Ainsi la statue de Varron et celles d'autres savants étaient placées dans le temple qu'Auguste avait dédié à Apollon, afin qu'on pût voir dans le même lieu respirer par le marbre et les métaux les plus précieux les images de ces hommes immortels dont les âmes y parlaient encore par leurs ouvrages (1).

L'éloge de M. du Cange ne finit point à ses ouvrages; nous aurions dû le commencer par ses vertus. Il était né avec cette simplicité, cette candeur, cette ingénuité qui caractérisent presque tous les grands hommes; les qualités précieuses de cette âme honnête furent fortifiées encore par la longue habitude d'avoir eu moins de commerce avec les autres hommes qu'avec les livres, et de connaître bien plus son cabinet que le monde. Des mœurs pures étaient chez M. du Cange une disposition à ce lien sacré qui remplit seul le triple vœu de la nature, de la société et de la religion; cinquante ans d'une union toujours heureuse, où l'estime et la tendresse n'avaient jamais été altérées, sont une double louange toujours très-rare, même dans d'autres siècles que le sien et le nôtre (2). Par le désir d'être utile, qui avait toujours été son premier désir, M. du Cange avait pris une charge dont les fonctions, remplies avec exactitude, ne nuisaient point à ses études, qui servaient seulement à la lui faire mieux exercer (3) : on a bien du temps quand on sait bien l'employer; d'ailleurs il n'en perdit jamais, ou dans les agitations insensées du plaisir, ou dans les courses ambitieuses des honneurs, ou dans les vaines inquiétudes des richesses. Né avec un bien suffisant, son désintéressement venait de son cœur, et surtout de son esprit, qui ne souhaitait que des livres. Si l'ambition avait eu quelque place dans son âme, il n'eût pas manqué d'occasions de la satisfaire, par la connaissance des grands et des ministres, auprès desquels la réputation de son savoir l'appelait plus souvent qu'il ne le voulait peut-être.

Pour les plaisirs, M. du Cange n'en connaissait point d'autres que les charmes innocents d'une société domestique, où il était le plus heureux et le plus tendre des maris, des pères, des amis. Cependant il n'avait rien de cette humeur austère ou sombre dont l'étude est souvent ou la cause ou l'effet. De ce cabinet où son esprit venait d'être occupé des études les plus sérieuses, il sortait avec cette sérénité que donne à l'âme la satisfaction d'un travail heureux; c'était chez lui l'expression continue de la félicité attachée à une raison épurée, à une conscience tranquille, et surtout à la douceur de l'âme.

(1) *Si quidem non solum ex auro, argentove, aut certe ex marmore dicuntur illi quorum immortales animæ in locis iisdem loquuntur* (Pl., liv. III, c. 2.)

(2) M. du Cange avait épousé, en 1638, Catherine Dubos, fille de Philippe Dubos, écuyer, seigneur de Drancourt. L'abbé Dubos, de l'Académie Française, était de cette famille noble. Elle survécut six ans à son mari.

(3) M. du Cange fut reçu en 1642 trésorier de France au bureau d'Amiens.

La modestie de M. du Cange s'était toujours conservée inaltérable, quoique tout le monde parût conjuré contre elle. Un étranger, animé du même esprit, qui d'un bout de l'Asie à l'autre avait amené le philosophe Apollonius dans l'école du brahmane Yarka, et qui des extrémités de la terre avait conduit à Padoue un admirateur de Tite-Live, était venu à Paris rendre hommage aux savants français, et s'éclairer de leurs lumières. On l'adressa au plus savant de tous, à du Cange, qui lui dit : *C'est Mabillon que vous devez aller voir et consulter ;* mais Mabillon le renvoya dans l'instant, en lui répondant : *Retournez à du Cange, il a été, il est mon maître, et il sera le vôtre.* Ce combat touchant d'une préférence réciproque n'était pas un discours, c'était un sentiment; et ces deux savants n'eussent pas été également grands s'ils n'eussent pas été également modestes. C'est par cette modestie de sentiments, comme par l'élévation de ses talents, que M. du Cange avait mérité cette sorte de respect qui lui survit.

Il n'est point de vieillesse pour le sage, ou du moins la vieillesse, ce don que la nature avare ne fait aux autres qu'à des conditions si dures, lui vient avec de nouveaux avantages : cet âge, qui est pour les autres un temps d'humiliation et de dépérissement, est pour lui un temps de perfection et de triomphe; c'est alors surtout qu'il profite de la science qu'il a acquise, non comme un avare, à son âge, jouit de son trésor, qui n'est que pour lui seul, mais en la partageant avec les autres, ce qui est la véritable jouissance. Cette facilité de se communiquer particulière à M. du Cange lui avait aussi produit, plus qu'à aucun autre, cette considération d'autant plus flatteuse; qu'elle est personnelle : un savant communicatif est presque un prince libéral. M. du Cange se trouvait de plus un magistrat souverain, quand, consulté sur d'anciens titres, l'explication qu'il en donnait allait décider de la fortune des familles : aussi exerçait-il cette espèce de magistrature savante avec une intégrité d'autant plus scrupuleuse, que, possédant seul les lumières nécessaires pour la remplir, il devenait un arbitre unique. Un de ses ouvrages (1) lui a continué l'honneur d'être souvent le juge même des autres juges. Sa délicatesse équitable, quand il jugeait les riches, avait le même principe que son humanité charitable quand il secourait les pauvres. D'autres vertus encore... Mais il vaut mieux laisser deviner ces suites nécessaires du caractère que nous avons représenté, que de nous rendre suspects de le vouloir charger de trop de perfections.

Toutes ces vertus de M. du Cange étaient assurées, fortifiées, perfectionnées par celles qui sont les seules véritables, par les vertus de la religion : elle lui avait appris que toute la science de l'homme n'est qu'ignorance; que ses lumières ne sont que ténèbres, et que le corps est un voile qui cache la vérité éternelle à l'âme d'un philosophe chrétien. C'est dans cette disposition que M. du Cange en

(1) Messieurs de la chambre des comptes ont toujours sur leur bureau le Glossaire latin de M. du Cange pour y recourir sur les difficultés que présentent les anciens titres.

vit la séparation, qu'il en fut le spectateur tranquille, et qu'il consola même ceux qui pleuraient autour de lui (1). D'ailleurs, une vie telle que la sienne était bien digne de finir par un sentiment de confiance dans la bonté et la justice de l'Être suprême, auquel il allait offrir soixante et dix-huit ans de travail et de vertu.

Tel fut « cet homme extraordinaire, suscité pour dé- « livrer huit ou neuf siècles de la tyrannie des barbares, « et les mettre en état de faire quelque envie aux siècles « les plus florissants (2). » Tel fut ce savant courageux qui, marchant à travers des ruines du Bas-Empire et des ténèbres du moyen âge, y trouva de quoi rétablir les an-

(1) M. du Cange mourut le 23 octobre 1688, et fut enterré à Paris, dans l'église de Saint-Gervais, où se lit une épitaphe digne de lui.

Il a laissé quatre enfants. Un seul, François Dufresne, fut marié : il eut deux fils, l'un mort sans postérité, l'autre encore vivant (en 1764), chanoine régulier de Saint-Victor à Paris, et une fille, mariée à M. de Torcy, maréchal de camp, commandant à Nanci.

(2) Baillet, Jug. des savants, tome II, Gramm. n. 573.

nales de son pays, et de quoi rendre le corps de son histoire presque partout également lumineux. Tel fut cet homme laborieux qui a tant lu, qu'on est étonné comment il ait pu tant écrire, et qui a tant écrit, qu'il est incroyable qu'il ait pu tant lire. Tel fut le célèbre du Cange, qui, plus docte que Varron, lui ôta la prééminence dont il était en possession, et qui doit jouir à plus juste titre de la gloire de donner son nom à tout savant d'une science universelle et profonde. Tel fut enfin ce savant vertueux, dont les louanges ne doivent avoir d'autres bornes que celles de la vertu et de la science même. Nous n'avons peut-être dans cet éloge, simple et modeste comme celui qui en est l'objet, donné qu'une faible image de ses vertus, ou qu'une idée imparfaite de ses ouvrages; mais nous sommes comme cet antiquaire qui partit de son pays, arriva en Égypte, jeta un coup d'œil sur les pyramides, et s'en retourna dans le silence de l'admiration.

Mirantur ut unum.

HORAT. *Sat.* VI, L. II.

NOTICE DES OUVRAGES DE DU CANGE.

IMPRIMÉS.

Glossarium ad Scriptores mediæ et infimæ Latinitatis; 3 vol. in-fol.

Les religieux bénédictins en ont donné une nouvelle édition en 1733.

Glossarium ad Scriptores mediæ et infimæ Græcitatis; 2 vol. in-fol.

Cyrilli, Philoxeni, Aliorumque veterum Glossaria Græco-Latina et Latino-Græca; in-fol.

Histoire de la conquête de Constantinople, par Ville-Hardouin; *in-folio.*

On l'a trouvée dans les manuscrits de M. du Cange, revue, corrigée et augmentée; en sorte que l'on peut dire que c'est un ouvrage neuf, qui mériterait d'être réimprimé.

Joannis Cinnami Historiarum Lib. VI, et Pauli Silentiarii Descriptio Sanctæ Sophiæ, cum notis in Bryennium, Annam Comnenam; in-fol.

Historia Byzantina, duplici Commentario illustrata; in-folio.

Joannis Zonaræ Annales, cum notis; 2 vol. in-folio.

Traité historique du chef de Saint-Jean Baptiste; *in-quarto.* M. du Cange y prouve que s'il existe une tête de ce saint, elle est à Amiens.

Histoire de Saint Louis, roi de France, par le sire de Joinville, avec des observations et dissertations; *in-folio.*

Chronicon pascale sive Alexandrinum, cum notis; in-fol. Baluze veilla à cette édition, que la mort de l'auteur avait laissée imparfaite.

Nicéphore Grégoras, avec une addition de six livres tirés de la bibliothèque du roi, et une Histoire des Français qui ont possédé la Morée, écrite en grec barbare, avec des observations. M. Boivin en a donné l'édition en 1702, avec des notes de M. l'abbé Capperonnier.

Lettre sur cet auteur au père Papebroc.

Caroli Dufresne, Domini du Cange, Illyricum vetus et novum.... Cet ouvrage a été donné en 1746, par le comte Joseph Keglewich de Buzin, qui a pris pour base de son travail les familles Dalmates et Sclavones, insérées dans l'Histoire Byzantine.

MANUSCRITS.

Esquisse d'une Géographie universelle de la Gaule et de son Histoire Naturelle; 2 *vol. in-fol.*

Projet d'une géographie historique, ancienne et moderne, de tous les pays compris dans l'ancienne Gaule, avec une liste des divers ordres religieux établis en France, et une dissertation pour prouver que saint Denis, évêque de Paris, n'est point l'aréopagite; 6 *vol. in-quarto.*

Matériaux pour l'histoire de France, par les dignités, papes français, cardinaux, connétables, maréchaux de France, ambassadeurs, premiers présidents, gouverneurs, baillis, etc.

Recherches et matériaux pour l'histoire des grands fiefs de la couronne.

Histoire des principautés et royaumes de Chypre, d'Arménie, de Jérusalem; celle de Godefroy de Bouillon et de ses successeurs; la Syrie sainte; les grands maîtres du Temple, etc.

Les familles d'Orient et les familles Normandes; ouvrage relatif à l'Histoire Byzantine.

Recueil de mille à onze cents corrections sur les Chroniques de Monstrelet.

Carte généalogique des rois de France, depuis Pharamond jusqu'à Louis XIV, sur vélin, portant douze pieds de haut et sept de large, d'un caractère net et d'un dessin élégant.

Nobiliaire de la France, par ordre alphabétique ; *trois portefeuilles in-folio.*

Autre *volume in-folio* sur le blason, les armoiries, les généalogies des diverses familles souveraines et particulières.

Traité des armoiries, en quatre livres et dix-huit chapitres.

Portefeuilles pour un nobiliaire de Picardie.

Histoire de Picardie, divisée en vingt et un livres, avec les preuves manuscrites par l'auteur lui-même.... Cette histoire paraît achevée : elle a même passé en 1713 sous les yeux des censeurs. 8 *vol. in-folio et* 3 *volumes in-quarto.*

Mélanges d'extraits de divers ouvrages, chartres, cartulaires, archives, inscriptions ; 1 *volume in-fol.*

Vingt-cinq manuscrits d'anciens romans, et d'autres ouvrages, chargés de notes.

Recueil intitulé *de Oraculis,* en soixante-onze chapitres, avec les citations des auteurs grecs, latins, etc.

Qui n'aurait vu que ce recueil de M. du Cange croirait qu'il a passé sa vie uniquement à lire les anciens.

Pièces détachées sur l'histoire d'Angleterre, des Pays-Bas, et sur plusieurs parties de l'histoire ancienne et moderne.

Trois volumes *in-folio* d'extraits, sans ordre, de différentes lectures.

Projet d'un Dictionnaire universel, exécuté depuis la lettre *A* jusqu'à la lettre *V;* 2 *vol. in-fol.*

Portefeuille des lettres des grands et des savants avec lesquels M. du Cange était dans une relation suivie.

Un gros recueil *in-quarto.* C'est un répertoire qui est la clef de tous les recueils, et dans lequel se trouvent les renvois, soit aux imprimés, soit aux manuscrits.

INAUGURATION DE LA STATUE DE DU CANGE

A AMIENS.

Le 19 août 1849 a été inaugurée sur l'une des places d'Amiens la statue en bronze de Dufresne du Cange, né dans cette ville, le 18 décembre 1610, mort à Paris, le 23 octobre 1688.

L'Institut avait envoyé auprès de la Société des Antiquaires de Picardie une députation composée de M. Magnin, président, et de MM. Naudet, Stanislas Julien, Paulin Pâris, Reynaud, Lenormand, Hase, de la Saussaye, de Luynes et Langlois, membres de l'Académie des Inscriptions et Belles Lettres.

M. Génin, chef de division au ministère de l'instruction publique et des cultes, délégué par le ministre de l'instruction publique pour le représenter à cette cérémonie, après avoir témoigné les regrets de M. le ministre de n'avoir pu assister à la cérémonie, a pris le premier la parole en ces termes :

« Messieurs,

« Élever des statues au talent, au génie, c'est stimuler à son égard l'admiration populaire de tous les instants ; c'est créer l'émulation, le plus bel hommage peut-être qu'on puisse lui rendre. Il est cependant une autre manière de l'honorer, et qui n'est pas moins digne de lui ; c'est de répandre ses œuvres, c'est de ne pas souffrir que l'oubli dévore une partie des résultats précieux achetés par tant de veilles. Conformément à cette pensée, M. le ministre a décidé qu'un volume des œuvres posthumes de du Cange serait publié aux frais de l'État, dans la *Collection des documents inédits de l'histoire de France.*

« En effet, sans parler de dix autres ouvrages, dont un seul suffirait à fonder la réputation d'un érudit moderne, du Cange s'est chargé de dresser l'inventaire complet des ruines des deux antiquités. Le relevé des richesses des deux langues grecque et latine au temps de leur plus grande opulence et de leur plus florissant éclat eût coûté beaucoup moins de temps et de peines, car les idiomes se décomposent sous la main du temps de la même façon que ces palais magnifiques dont les débris écroulés couvrent une étendue de terrain bien autrement vaste et considérable que ne faisaient jadis les monuments debout, dans toute leur gloire.

« Si l'on a raison d'admirer le premier architecte, quel génie ne faudra-t-il pas reconnaître à celui qui aura su recueillir tous ces fragments informes, les interpréter l'un par l'autre, et de cet amas de décombres par lui coordonnés faire sortir l'histoire politique, civile et religieuse, les institutions, les mœurs, les usages des peuples transformés ou disparus ?

« Aucune nation, pas même la patiente et laborieuse Allemagne, ne peut se vanter d'un savant ayant construit à lui seul deux ouvrages comme le Glossaire de la basse Grécité et le Glossaire de la basse Latinité. Ce sont deux colonnes lumineuses, éclairant au loin tout le moyen âge et jusqu'aux profondeurs les plus reculées du Bas-Empire ; et l'imagination s'effraye de songer que ces deux glossaires, bases impérissables de la gloire de du Cange, n'ont été pour ainsi dire que les distractions de ses travaux administratifs. Oui, du Cange offrit à l'Europe savante l'intéressant spectacle d'un historien-magistrat rivalisant, du fond de son cabinet isolé, avec l'illustre congrégation de Saint-Maur.

« Si la France est justement fière d'avoir donné du Cange au monde savant, à son tour la ville d'Amiens doit être fière d'avoir donné du Cange à la France. Encore le nom de du Cange n'est-il pas l'unique titre de la ville d'Amiens à la reconnaissance des savants et des lettrés de tous les âges et de tous les pays.

« Des amis de l'étude sérieuse ont manifesté au ministre le désir que le nom de du Cange fût attaché au principal établissement d'instruction publique de cette ville. Paris avait donné l'exemple de cette consécration des gloires locales : deux grandes cités viennent de le suivre. Amiens n'aura rien à leur envier ; au lycée Corneille de Rouen, au lycée Descartes de Tours, Amiens dès aujourd'hui peut opposer sans désavantage son lycée du Cange.

« Puisse, Messieurs, cet illustre patronage porter bonheur à vos écoles ; du sein de votre lycée, pour lequel j'ai doublement le droit de faire des vœux (1), puisse ce patronage susciter à du Cange un émule et un successeur. »

M. Magnin, président de l'Académie des Inscriptions et Belles Lettres, a pris ensuite la parole en ces termes :

« Messieurs,

L'Académie des Inscriptions et Belles Lettres ne pouvait rester indifférente à la solennité qui nous rassemble ; elle s'y associe pleinement, Messieurs, et le nombre de ses membres qui se pressent autour de ce monument le prouve mieux que mes faibles paroles. L'Académie partage votre vénération filiale pour le grand critique né dans vos murs, et salue en lui un de ses plus éminents précurseurs. En effet, par les voies qu'il a ouvertes, par les instruments d'investigation qu'il a créés, par les belles et innombrables applications qu'il a faites des plus excellentes méthodes, du Cange a renouvelé et agrandi le champ des études historiques. Il a, avec Hadrien de Valois, Denys Godefroy et Baluze, fondé parmi nous l'érudition laïque et fait sentir la nécessité de confier à des compagnies savantes le dépôt et la culture de ce précieux héritage. Oui, les beaux exemples de ces hommes admirables ont préparé et dicté en quelque sorte les règlements qui, en 1701, ont définitivement constitué l'Académie des Belles Lettres.

« Les caractères distinctifs des œuvres et du génie de du Cange sont la hardiesse et la fécondité. Nul n'a pressenti de plus loin ni discerné d'un coup d'œil plus sûr les questions qui devaient occuper et intéresser l'avenir.

« Le moyen âge, par exemple, qui attirait à peine un

(1) M. Génin est né à Amiens et a fait ses études au lycée de cette ville.

regard au seizième et au dix-septième siècle, et que la science et même la mode explorent dans tous les sens aujourd'hui, le moyen âge nous a été ouvert par du Cange. Aurions-nous pu faire un seul pas dans ces routes obscures, si nous n'avions eu pour nous guider le secours de ses deux admirables Glossaires ? Personne (je ne crains pas qu'on le conteste) n'a compulsé, déchiffré, interprété plus de documents originaux, secoué la poussière de plus de chartres pour en tirer la connaissance des lieux, des institutions, des mœurs et des idiomes. Je ne prétends point, à Dieu ne plaise ! contester ni affaiblir les services rendus à notre histoire par les congrégations religieuses ; mais enfin l'étude des chartres avait pour les monastères un intérêt direct et domestique. Les religieux cherchaient surtout à constater des droits utiles dans la lecture et la copie des actes. Du Cange et les érudits laïques du dix-septième siècle ont défriché les ronces et les épines des temps barbares, sans autre mobile que l'amour désintéressé du vrai et le pur dévouement au génie sévère de l'histoire.

« Je ne citerai point les nombreux ouvrages imprimés de du Cange, ni les manuscrits non moins nombreux qu'il a laissés, et dont la simple nomenclature, dressée par une main pieuse, semble le catalogue d'une bibliothèque. Je remarquerai seulement qu'il a exécuté ses immenses travaux sans préjudice d'aucun des devoirs de la vie civile. Il a pendant vingt-trois ans (vous le savez mieux que moi) rempli avec assiduité dans cette ville une charge importante d'administration et de finance ; il a été, durant sept années, auprès de son père infirme, un modèle accompli de piété filiale ; enfin dans le cours d'une union prospère, qui a duré plus d'un demi-siècle, il a eu à élever dix enfants. Les facultés heureuses et bien dirigées de ce grand esprit ont suffi à tout sans efforts. Par caractère, d'ailleurs, il recherchait les tâches difficiles. Ce grand homme, qui avait préparé tant de matériaux sur l'ensemble et sur tous les détails de notre histoire, a terminé de préférence et a imprimé ou mis en état d'être imprimées les parties qui exigeaient la réunion des connaissances les plus rares et les plus variées.

« Ainsi les croisades, l'empire latin, l'occupation française et normande de la Grèce et de la Sicile, ces épisodes lointains et compliqués de notre activité conquérante, ont trouvé dans le laborieux et modeste magistrat un annaliste dont l'autorité ne sera point surpassée. C'est parmi les ouvrages inédits de cette classe que le goût éclairé de M. le ministre de l'instruction publique nous promet de puiser les éléments d'une nouvelle et prochaine publication. Grâce à cette généreuse pensée, l'*Histoire des Familles d'outre mer*, publiée aux frais de l'État, sera le digne complément du monument que nous inaugurons aujourd'hui. »

GLOSSAIRE FRANÇAIS.

A pour En. *Dire à secret*, en secret. Gl. *A secretis.*

* A AJS, A poil. Gl. *Aisientia.* Voyez *Ais.*

À CAU, En cachette. Gl. *Acau.* [Statuts de Montpellier.]

* AABATRE. Voyez *Abatre.* Roquef., Suppl., a un passage de Beaumanoir où ce mot signifierait *déduire;* mais dans l'édit. de M. Beugnot on lit, chap. 17, § 18, *rabatu,* au lieu de *aabatu.* Voyez Halliwell, au mot *Abate*, 1.

AACHEMANT, Appât, amorce; et

AACHIER, Attirer, engager. Gl. *Allectatio.* [La racine de ces deux mots est le lat. *Esca.* Voyez *Aeschier*, et Rayn. tom. III, pag. 142¹, aux mots *Adesc* et *Adescar.*]

* AAFINANCE, Injure sanglante. Chron. des ducs de Normandie, tom. 1, pag. 407, vers 9398 :

> Bernart, à braz, tot en oiance
> M'avez dit honte e aafinance.

Faut-il lire *Aasmance?*

AAGE, La durée de la vie [majorité]. Gl. *Ætas,* [et *Minorennis.* Partonopeus de Blois, vers 329 :

> Mais quant il vint en son aage
> Tant sorsamble Hector et Paris.]

AAGEMENT, Majorité.

AAGER, Déclarer majeur; et

AAGIÉ, Majeur. Il se dit aussi des animaux sevrés. Gl. *Aagiatus,* [*Ætas Baroniæ*] et *Sequela,* 7.

AAGNER, Contredire, contester avec chaleur, disputer. Gl. *Atia,* 463².

* AAIGE, Majorité. Gl. *Aagiatus.*

* AAIGIÉ, Voyez *Aagié.*

* AAINNEECHE. Voyez *Ainsneece.*

* AAIRER (S'), Se nicher. Li Congié Baude Fastoul d'Aras, vers 469 :

> Cuers en cui grans anuis s'aaire.

Voyez Roquef. Suppl.

* AAISE, Richesse, aisance. Traduct. de Guill. de Tyr, dans le Glossaire de Joinville: *Il leur dourait assez plus que il n'avoient là, et seroient plus à honour et à greignour aaise.*

* AAISER, AAISIER, Donner de l'aise,

GANGII GLOSS. — T. VII.

mettre à l'aise, soulager. Chastel. de Couci, vers 3130 :

> Si l'a mené en un destour
> Et l'a grandement aaisiet,
> Puis li a quinze solz bailliet.

Roman de Garin le Loherain, tom.1, pag. 296 :

> En la cité ne se puet aaisier
> Tant a léans Alemans e Baviers.

Flore et Blanceflor, vers 1430 :

> Puis establerent lor cevaus,
> Moult les fisent bien aaisier
> E de litiere et de mangier.

Chron. des ducs de Normandie, tom. 11, pag. 214, vers 21621 :

> Une mais nus hom de son saveir
> Si n'aaisa ses enemis
> De lui damagier, ce m'est vis.

Pag. 220, vers 21854 :

> Mais oi puet son cors aaisier.

Flore et Jehane, pag. 55 : *Et elle ot esté bagnie et tifée et aaisie de tous poins les xv jours.* Garin le Loherain, tom. 1, pag. 242 :

> Mais Isores qui tant fist à prisier
> Derrier se mest por les siens aaisier.

Le Reclus de Moliens, dans le Glossaire de Joinville :

> Une heure se mesaaisoit
> Por lui à toujours aaisier.

Voyez Rayn. tom. 11, pag. 42¹, au mot *Aisar.*

* AAISIÉ, Qui est à son aise, riche. Roman de Renard, tom. 1, pag. 46, vers 1190 :

> Et mesire Costant Desgranges
> Un vavassor bien aaisié.

Agile, aisé à conduire. Chron. des ducs de Normandie, tom. 1, pag. 410, vers 9480 :

> Sur le cheval bauzan Gascon
> Fort e isnel e aaisié.

AAISIER, Accorder l'usage de quelque chose, prêter. Gl. *Aaisientia.*

AAISSIER, Aider, donner des secours. Gl. *Aaisientia.*

* AAMER, Aimer. Agolant, vers 1288 :

> Voit le la dame, si l'a tot aamé.

Voyez Rayn. tom. 11, pag. 66¹, au mot *Adamar.*

* AAMPLIR, Remplir, accomplir. Chron. des ducs de Normandie, tom. 1, pag. 547, vers 13504 :

> De lui, del regne e de la gent
> Puez tost aamplir ton talent.

Voyez *Aemplir.*

AANCRER, Mettre à l'ancre. Gl. *Anchorisare.* [Roi Guillaume, pag. 81 :

> Là fu aancrée la nés.]

* AARDRE. Voyez *Aerder.*

* AASAER, Assiéger. Chron. des ducs de Normandie, tom. 11, pag. 102, vers 18278 :

> Quant ce unt fait, s'ont conseil pris
> D'aasaer à force Paris.

Voyez *Asaer.*

* AASMANCE, Honte, peine. Chron. des ducs de Normandie, tom. 11, pag. 220, vers 21872 :

> Li reis Lohiers, plein d'aasmance,
> Plein de dolor et de pesance.

Voyez *Aafinance.* Rom. des Empereors de Rome, cité par Roquef. Suppl. :

> Duc Ferris, sachiez sanz doutance,
> Encor vous plore en aasmance.

* AASME. Voyez *Esme.*

* AASMEMENT, Pensée, attente. Sermon de saint Bernard, cité par Roquef. : *Ensi acrast assi en mi et dolor et crimor li aasmenz de la medicine.* En lat. *medicinæ æstimatio.*

* AASMER. Voyez *Aesmer.*

* AASTIE. Voyez *Aatie.* Chastel. de Couci, vers 7440 :

> Car Sarrasin par aastie
> Les menaçoient chascun jour
> D'occire à duel et à tristour.

AASTIR, Animer, inciter, irriter, [exciter.] Gl. *Atia,* 463¹. [*S'aastir*, Chastel. de Couci, vers 4888 :

> Ains s'est mallement aastie
> Et de parolles aqueillie.

Vers 1464 :

> Là ot des bien faisans parlé,
> Et dient que bien ont jousté

1*

Cil de Fère. . . . .
Cil qui encor jousté n'avoient
De ce forment s'aastissoient
De lendemain tel chose faire, etc.]

+ **AATE**, Agile. Partonop. de Blois, vers 3183 :

Moult sont andui buen cevalier
Et moult aate et moult legier.

La Chanson de Roland, stance 113, vers 4 :

Li destrers est e curanz e aates.

Voyez stance 283, vers 4, et ci-dessous, s'*Aster*.

AATIE, Haine, querelle. Gl. *Atia*. [Provocation, engagement, lutte. Partonop. de Blois, vers 9585 :

Or m'a devant vos aati,
Et tant buen cevalier voi ci
Qui bien oent ceste aatie.

Vers 9509 :

Cis paiens fait grant aatie
De pris et de cevalerie.

Gérard de Vienne, vers 1293 :

Oit aveiz ke prise est l'aiatie
De la bataille que grande iert à devise.

Vers 1803 :

Mais ce n'iert jai, se deus ne m'en aïe,
Por la bataile don j'ai fait l'aatie
Vers Olivier de Genes.

Vers 1769 :

Lors recommance molt fiere l'aiatie,
Lancent et getent par molt fort aramie.

Voyez vers 1776.]

1. **AATINE**, Fâcherie, querelle, contestation. Gl. *Atia*, pag. 463¹.

2. **AATINE**, Hâte, empressement. Gl. *Atia*, pag. 463¹. [Entreprise. Gilles de Viniers, Laborde, pag. 232 :

Douz gentis cuers, Genevre la roïne
Fist Lanceloz plus preuz et melz vaillant ;
Pour li enprist mainte dure aatine
Et s'en souffri paines et travaux granz.]

* **AATIR**. Se hâter. Voyez *Aastir* et *Aatie*. Roman de Renart, tom. IV, pag. 29, vers 782 :

Andoi vinrent tout aatit
Au vilain. . . . .

Gérard de Vienne, vers 1525 :

Un mes s'en torne poignant toz aatis.

S'engager à un combat, accepter une provocation. Gérard de Vienne, vers 1831 :

Estez vos ceu Rollan dont j'ai oï,
Ke vers mon fraire vos estez aati ?

Lutter, combattre. Chron. des ducs de Normandie, tom. I, pag. 552, vers 13659 :

Sachant d'un grant jeu aatir,
D'eschès, des dés et de escremir.

* **ABACO**, Arithmétique. Raynouard, t. ii, pag. 11¹, au mot *Abac*.

* **ABAERESSE**, ABAIARESSE, Convoiteuse. Roman de Renart, tom. I, pag. 6, vers 137 :

Se l'une iert mestre abacresse
Et l'autre mestre lecharesse.

Abaiaresse, au vers 151.

ABAHIER, Aboyer. Gl. *Latria*, 2.

* **ABAI**, terme de chasse, Aboi. Partonop. de Blois, vers 590 :

Li sainglers. . . . .
Tresqu'al bas vespre lor fui,
Dont à primes abai soufri.
Partonopeus premiers i vient,
Et en son poing son espiel tient.
Li sainglers a l'abai ronpu
Se li est tost seure coru, etc.

Chron. des ducs de Normandie, vers 5610, tom. I, pag. 278 :

Kar cil d'amont sunt mult cuilvert
E mult apris d'estre en esmai
E de soffrir un grant abai.

Tom. II, pag. 21, vers 15866 :

N'en puet aler Aigrouz li reis
Ce dient, lui ne ses Daneis. . . . .
Folient le , mais bien le sai
Que mult prise poi lor abai.

Voyez Halliwell, aux mots *Abay* et *Bay*, 9.

* **ABAIE**, Forêt de sapins. Le Renard contrefait, Robert, tom. II, pag. 200 :

An un destour d'une abaie
Qui semblait bien estre erbaie.

Voyez Rayn. tom. II, pag. 13¹, au mot *Abadia*, 2, et ci-dessous, *Abiete*.

ABAIETE, Sentinelle, vedette, celui qui fait le guet. Gl. *Bayeta*.

ABAIGNER, Baigner, mettre dans le bain. Gl. *Balneria*.

ABAILLER, Atteindre, rejoindre, rattraper. Gl. *Attendere*, 4. [Voyez *Bailler*, 1.]

ABAISSER HONNEUR, Manquer au respect dû à quelqu'un , ou à sa charge. Gl. *Abassare*.

ABAISSER LA MAIN, expression figurée pour signifier Se modérer, parler et agir avec douceur. Gl. *Abassare*.

* **ABANDÉ**, Associé, uni. Gl. *Bandum*, 3.

* **ABANDON**, Voyez *Bandon*.

* **ABANDONÉ**, Qui se livre sans retenue à quelque chose, qui désire vivement. Voyez Rayn. tom. II, pag. 177², au mot *Abandon*. Partonop. de Blois, vers 8661 :

Li rois de France a l'escu pris,
Si s'est devant les autres mis,
Abandonés est de juster
Qu'il vialt faire de soi parler.

Roi Guillaume, pag. 80 :

Molt estes ore abandonnée
De mentir, si n'en avés honte.

Garin le Loherain, tom. I, pag. 81 :

Tex se fait ore de guerre abandonné,
Se l'emperere estoit là aroutés
Jà n'i mestroit un denier monéé.

Chastel. de Couci, vers 380 :

Fausse drue abandonnée
Veut les nos et puis les lour.

Roi Guillaume, pag. 85 :

Par terre fis ma destinée
Vix et commune abandonée ,
Que nus n'en aloit refusés.

ABANDONNÉEMENT, Impérieusement, d'un air d'autorité. Gl. *Abandonnare*, 2, p. 6². [*Abandonéément*, tout à fait, sans réserve. Voyez Rayn. tom. II, pag. 178¹, au mot *Abandonadamen*. Li dus de Braibant, Wackern. pag. 57 :

On tient plus chier la chose desirrée,
Ke ceu c'om ait abandonéément.]

* **ABANDONS**, Certaine coutume à Compiègne, abolie par saint Louis. Gl. *Abandum*, pag. 5³.

ABANGUE, Petite monnaie, moindre que la maille. Gl. *Abenga*.

ABARROS, Outil de tonnelier, p. e. le barroir, ou bien Foret, vrille. Gl. *Forctum*.

ABASTONNÉ, Armé, muni, garni d'arme offensive. Gl. *Basto*.

ABATAIGE, Visite d'un pourceau pour voir s'il n'est pas ladre, et le droit dû au seigneur pour cette visite. Gl. *Abatare*. [Roquef. écrit *Abatligne*.]

* **ABATEIZ**, Carnage, massacre. Chron. des ducs de Normandie, tom. I, pag. 280. vers 5661 :

Une mais si faiz rocleiz,
Ne si estrange abateiz
N'oïstes retraire en tant d'ore.

Ibid. tom. II, pag. 115, vers 18701 ; page 210, vers 21553.

ABATISON, L'action d'abattre par terre. Gl. *Battitura*, sous *Battere*, 1.

ABATRE, Abolir, supprimer, décrier, Gl. *Abatare*. [Rabattre, refouler. Parton. de Blois, vers 8770 :

Soupris les ont et réusés
Dusqu'el marcié enmi les prés ;
S'es ont si durement ferus
Qu'ès rues les ont abatus.

Comparez *Rabattre le gibier* dans le Dict. de l'Académie. Gérard de Vienne, vers 52 :

Son oisel jete li damoiselz cremus , .
Pris ait deus aines, deus mellars abatus.]

ABAUBIR, Étonner, effrayer, épouvanter. Gl. *Attonare*. [Chastel. de Couci, vers 185 :

Lors le voit morne et abaubit.

Vers 4559 :

Le cuer a tristre et abaubit.

Voyez Halliwell, aux mots *Abave*, *Abaw*, 2. *Abaved* et *Abobbed*.]

* **ABAUDIR**. Variante de *Esbaudir*. Chron. de Jordan Fantosme, stance 167, vers 6.

ABBAT, pour Abbé [en Béarn]. Gl. *Abbas*, pag. 14¹.

1. **ABBATRE**, Abolir, supprimer, décrier. Gl. *Abatare*, p. 8¹.

2. **ABBATRE**, Défoncer ou vider un tonneau. Gl. *Abatare*, pag. 8¹.

ABBAYE, Mauvais lieu. Gl. *Abbas*, pág. 16².

* **ABBÉ DES CONARDS, DE LIESSE**. Gl. *Abbas*, pag. 12² et 13³.

ABBÉ MORT. D. Mabillon, dans la préf. sur la première partie du troisième siècle Bened., pag. lxxx, observe qu'à Reims, par une prononciation vicieuse, on nomme ainsi un certain tintement de cloche, qui annonce la mort de quelqu'un ; ce qui vraisemblablement se pratiquait autrefois, comme on le fait encore en quelques endroits, pour inviter les fidèles à prier pour le malade qui était à l'agonie, qu'on appelait l'*Abboi de la mort*.

ABBEESSE, Nom prostitué à celles qui président à un mauvais lieu. Gl. *Abbas*, 16¹.

ABBETER, Inciter, animer. Gl. *Abbetator*.

* **ABBILLEMENT**. Voyez *Abillement*.

ABBORTIF, Avortement. Gl. *Abortire*.

* **ABBREGEMENT**, Abrégement. Rayn. tom. II, pag. 257², au mot *Abreviamen*.

* **ABBUSION**. Voyez *Abusion*.

ABECOY, ABC, Alphabet. Gl. *Abcdarium*.

ABEILLAGE, ABEILLON, Droit sur les abeilles. Gl. *Abollagium*.

ABELES, Ruche. Gl. *Abeilla*.

ABELIR, Plaire, être agréable. Gl. *Abelimentum*. [Rayn. tom. II, pag. 207², au mot *Abelhir*. Chastel. de Couci, vers 4128. *Abellist*.]

* **ABENDER**, Joindre, unir, se liguer, être de même bande. Gl. *Bandum*, 3.

ABENGE, ABENGHE, Petite monnaie, moindre que la maille. Gl. *Abenga*.

ABENSTE, Qui est obligé de s'absenter. Gl. *Absentare*, pag. 31¹.

* **ABERGIER**, Héberger, loger. Roman fr. de Gérard de Roussillon, cité par Roquef. Supplem. :

> Or n'y a que chanoine qui Dieu servent et prient,
> Ils sont abergiés et clous de bonne pierre, etc.

* **ABESSIER.** . . . . . . Guill. Guiart, tom. 1, pag. 112, vers 2385 (2777) :

> Et fait à touz les iex crever
> D'une brochette à l'abessier.

ABESTIR, Traiter quelqu'un avec beaucoup de mépris, lui parler comme à une bête. Gl. *Bestialis*.

ABET, ABETE, Instigation, l'action d'exciter; ruse, finesse qu'on emploie pour engager quelqu'un à faire une chose. Gl. *Abettum*. [Rayn. tom. 11, pag. 13¹, au mot *Abet*.]

* **ABETER**, Tromper. Roman de Renart. tom. 1, vers 784 :

> Et Renart qui le siecle abete.

Voyez Rayn. tom. 11. pag. 13², au mot *Abetar*, et la Chron. des ducs de Normand. tom. 11, pag. 104, vers 18352.

ABEVETER, Tromper, donner le change. Gl. *Abettum*.

* **ABEVRER**, Abreuver, remplir, enivrer. Guill. Guiart, tom. 11, vers 10132 (19113) :

> . . . . Une autre nef Flamenche,
> Qui de gent plaine et abevrée
> Rest de la graut flote sevrée.

Chon. des ducs de Normandie, tom. 11, pag. 348, vers 41060 :

> E li marinier fol e sort
> E ivre e abevré et lort.

Voyez Rayn. tom. 11, pag. 218¹, au mot *Abeurar*.

ABEUVRAGE, Droit sur les boissons. Gl. *Abevragium*, 1.

ABEUVRAIGE, Droit seigneurial, qui se paye en sus et à raison de la principale redevance, comme le pourboire dans les marchés. Gl. *Abuvragium*.

ABEUVRON, ABEUVROUER, Verre, tasse ou gobelet à boire. Gl. *Abevragium*.

ABEYANCE, Bien vacant et abandonné, dont le propriétaire n'est pas déclaré par droit ou par la justice. Gl. *Abeyantia*.

ABIELIR. Plaire, être agréable. Gl. *Abelimentum*.

* **ABIETE**, Forêt de sapins. Chanson, Wackern. pag. 44 :

> Lonc un vert bouset, pres d'une abiete.

Voyez *Abaie*.

ABILLEMENT, Terme pour signifier en général tout ce qui est propre ou nécessaire à la chose dont il s'agit. Gl. *Abilhamentum*.

* **ABILLER** *les chevaux*, les soigner. Gl. *Intertenere*, 1. pag. 870².

1. **ABILLIER**, Habiliter, rendre propre à quelque chose. Gl. *Abilitare*.

* 2. **ABILLIER**, Arriver en hâte. Guill. Guiart, t. 11, pag. 464, vers 12047 (21029) :

> Par devers Tibaut de Cepoi
> En reveissiez abiller
> Maint cent charchié, maint milier.

Voyez *Biller*.

* **ABISSE**, Lin très-fin, lat. *byssus*. Anc. trad. de la Bible, Exode, chap. 26, vers 1 :

> Dys cortins de abisse de retorte et de jacinte.

* **ABIT** *de meschanse*. Gl. *Mescadere*.

* **ABITEOR**, Habitant. Chron. des ducs de Normandie, tom. 1, pag. 337, vers 7316; pag. 549, vers 13587; pag. 287, vers 23898.

* **ABJURATION**, Serment de quitter le pays et de s'exiler. Gl. *Abjuratio*, 1.

* **ABLAI**, ABLAY, Blés, fruits des champs. Gl. *Rentagium*.

ABLAIER, Semer, ensemencer. Gl. *Abladiare*. [Rayn. au mot *Abladar*, tom. 11, pag. 226¹.]

'**ABLAIS**, Grains coupés, et même une espèce de grain. Gl. *Abladare*. [Voyez Gl. *Abladium*.]

ABLASMER, Blâmer, désapprouver, condamner. Gl. *Blasphemare*. [Rayn. au mot *Ablasmar*, tom. 11, pag. 225².]

ABLE, pour *Hable*, Havre. Gl. *Hablum*.

ABLÉE, Terre ensemencée. Gl. *Abladare*.

ABLERE, ABLERET, ABLIERE, Espèce de filet à pêcher. Gl. *Ableia*.

* **ABLETE**. Voyez *Ablere*.

ABLO, Terme usité dans le Comingeois pour animer et exciter. Gl. *Allot*.

ABLOCHIER, ABLOCQUIER, Soutenir les solives, qui forment un bâtiment de bois, par un mur de deux pieds ou environ. Gl. *Blesta*.

* **ABOBED**, Effrayé, lâche. Voyez *Abaubir*. Variante de la chronique de Jordan Fantosme, stance 132, vers 1289.

ABOC, Terme bourguignon, Cri qui se fait dans un tumulte. Gl. *Allot*.

ABOCAGE, Statut, règlement. Gl. *Autorium*.

ABOCQUIÉ, Rempli de bois, de broussailles. Gl. *Aboscatus*.

* **ABOESTER**, ABOETER, regarder. Roman du Renard, tom. 111, pag. 17, vers 20210 :

> La fouse est moult grant et parfonde ,
> N'a si hideuse en tot le monde.
> Qui orendroit desor vauroit
> Et dedanz aboesteroit,
> N'i a chose ne detornast
> Que de ci au fonz n'esgardast.

Ibidem, pag. 71, vers 21703 :

> Atant iet Renart le gangler
> Qui à l'uis vit aboeter
> Un fol vilein et enrievres, etc.

ABOILLAGE, Droit sur les abeilles. Gl. *Abollagium*.

ABOIVREMENT, Ce qu'on paye pour le droit de bienvenue ou de réception dans une société, et qui s'emploie souvent à un repas. Gl. *Abuvragium*.

ABOLÉ, Enflammé, amoureux. Gl. *Abolere*.

ABOMINABLE, Celui qui a des nausées. Gl. *Abominatio*, 1.

ABOMINATION, Dégoût, nausée. Gl. *Abominatio*, 1.

ABOMMAGE, Droit de bornage. Gl. *Abomagium*.

ABONIAGE, ABONNAGE, Abonnement. Gl. *Aboonagium*.

1. **ABONNER**, Convenir par *abonnement*. Gl. *Abonare* 2.

* 2. **ABONNER**, Rencontrer, approcher, être voisin de. Guill. Guiart, tom. 11, pag. 183, vers 4710 (13699) :

> Li quens de Hollande et son fiz
> De mort traitreuse abonnez ,
> Furent cel an emprisonnez, etc.

Voyez pag. 277, vers 7203. (16183). *S'abonner*, avec la même signification que *s'assembler*, en venir aux mains, pag. 198, vers 5111 :

> Là où li combatant s'abonnent.

Pag. 267, vers 6921 :

> De ferir courageusement
> Sur ceus o lesquiex il s'abonnent.

ABOQUIÉ, Empli de bois, de broussailles. Gl. *Aboscatus*.

* **ABORTIR**, Avorter. Rayn. tom. 11, pag. 172², au mot *Abhortir*.

ABOSMÉ, Abonné. Gl. *Abominatio*, 1.

ABOSMER, Avoir envie de vomir, avoir mal au cœur, être dans l'état de ceux qui ont cette maladie. Gl. *Abominatio*, 1. [*Abosmé*, *Abosmi*, *Abosmié*, triste, accablé. Roquef. au mot *Abosmé*, Rayn. au mot *Ablesmar*, tom. 11, pag. 227¹. Voyez Roman de Roncevaux, éd. Monin, pag. 62. Roman d'Aubri le Bourg. vers 115. Chat. de Couci, vers 2727, 7542, 7673. Chron. des ducs de Normandie, tom. 1, pag. 287, vers 5889; tom. 111, pag. 443, vers 28615. *Abomey*, Gérard de Vienne, vers 722. *Abomeiz*, vers 3241.

ABOTI, Blotti, tapi, caché. Gl. *Abobsitus*.

* **ABOVERER**, comme *Abeverer*. Sermon de saint Bernard, au Glossaire de Joinville : *Si serons abovereit del tuit de son deleit.*

ABOULT, comme *About* ci-après. Gl. *Adboutamentum*.

* **ABOURNAGE**. Voyez *Abournement*.

ABOURNEMENT, Bornage ; et **ABOURNER**, Borner. Gl. *Abonare*, 2.

ABOURTÉ, Avorté. Gl. *Abortire*.

ABOUSER, Détruire, renverser. Gl. *Abosatio*.

* **ABOUSNER**. Gl. *Stancarium*. Voyez *Abouser*.

ABOUT, Fonds assigné à un créancier par tenants et aboutissants ; d'où :

ABOUTER, Assigner ce fonds, faire un *About*. Gl. *Adboutamentum* [et *Abbotum*.]

* **ABRANDER**, et *s'Abrander*, S'allumer, s'enflammer, selon Rayn. tom. 11, pag. 251¹, au mot *Abrandar*. Chron. des ducs de Normandie, tom. 1, pag. 107, vers 739 :

> . . . Si tost cum l'aube abrande.

Tom. 11, pag. 25, vers 16014 :

> L'aube abrande lieve et esclaire.

Ibid. pag. 233, vers 22248 :

> Armez ains que l'aube s'abrande.

Ce mot signifie peut-être s'élancer, s'ébranler. Voyez *Brandir*, et Grimm. Mythol. pag. 431.

ABRASEMENT, Démolition, destruction; et :

1. **ABRASER**, Démolir, raser. Gl. *Arrasare*.

* 2. **ABRASER**, Enflammer, allumer. Roman d'Agolant, vers 366 :

> Com se ce fusent x cierges abrasés.

Voyez Rayn. tom. 11, pag. 252¹. Chron. des ducs de Normandie, tom. 1, pag. 497, vers 1217 :

> Dedenz le quor li gist le duel
> De la toute de Musteruel;
> Abrascz fu e plein de mal
> De la laide fure infernal.

* **ABRE**, Arbre. Voyez Roquef. Supplem.

* **ABREGIÉ.** Voyez *Fief abregié.*

ABRIET, *Abrier,* le bois de l'arbalète. Gl. *Arboreta.*

* **ABREVIER,** Abréger. Rayn. tom. II, pag. 257, au mot *Abreviar. S'abrevier,* se rendre petit. Sermon de saint Bernard, cité par Roquef. : *Li besoigne par koi li sire de maiesteit s'umiliest et s'abreviest ensi.*

* **ABRICONER,** Tromper. Roman du Renard, tom. II, pag. 132, vers 15875 :

Maint prodome ai-ge deceu
Et maint sage ai abriconé.

Chanson, Le Roux de Lincy, Chansons historiques, tom. I, pag. XLVIII :

Amors est et male et bone
Le plus mesurable enivre
Et le plus sage abriconne.

Voyez *Bricon,* et Roquef. au mot *Abriconner.*

1. **ABRIER,** Fust ou bois de l'arbalète. Gl. *Arboreta.*

2. **ABRIER,** Couvrir, mettre à l'abri. Gl. *Abrica.* [Guill. Guiart, tom. I, pag. 214, vers 5108 (5421) :

Le terrestrien paradis.
D'un fruit qui là iert abriez
Que devée leur aviez, etc.

Tom. II, pag. 342, vers 6891 (17873) :

Qui des Flamens verité dient
Dont l'ost s'iert au pont abrie.

Ibid. pag. 142, vers 3669 (12651) :

Remournt, guères ne tarja,
Ses plaies de mort l'abrierent.

Ibid. pag. 185, vers 4786. (13773) :

Le mestre d'eus de mort abrient,
Et son frère autresi oient.

1. **ABRIEVER,** Ameuter, exciter, courir sur. Gl. *Abreviare.* [Rayn. tom. II, pag. 260¹, au mot *Abrivar. Abrivé,* Rapide, vif, prompt, adj. et adv. Garin le Loher. tom. I, pag. 6 :

Et faites tant, que il soient armés
De bians chevaus courans et abrivés.

Roman du Renard, tom. II, pag. 253, vers 16457 :

Por ce vient ci toz abrivez.

Tom. III, pag. 103, vers 22582 :

Lors virent venir abrivé
Liemers, leviers et brachez.

Ibid. pag. 115, vers 22914 :

Et Renart est tant avalé
Qu'il saut en la nef abrivé.

Voyez Gérard de Vienne, vers 567. Chron. des ducs de Normandie, tom. I, pag. 410, vers 9483, pag. 204, vers 3481 :

Felz e irez e abrivez.

Tom. II, pag. 448, vers 28307. Roquef. Supplém. au mot *Abrivé.*

2. **ABRIEVER,** Mettre par écrit; proprement, Écrire en note, en abrégé. Gl. *Abreviare.*

ABRIVER, comme *Abriéver,* 1. Gl. *Abreviare.*

ABRONE, Aurone, plante médicinale. Gl. *Abrotanum.*

ABROQUEMENT, Terme de manufacture d'étoffe, sorte de brochure qu'il est aisé d'apercevoir, et qui fait connaître la qualité de l'étoffe. Gl. *Abrocare.*

ABROUSTURE. Le droit de faire brouter par le bétail certaines terres dans des temps marqués et sous les conditions convenues. Ce terme est principalement connu en Normandie. Gl. *Abrostura.*

ABSCONSÉEMENT, Secrètement, en cachette. Gl. *Absconse.*

ABSCONSER, Cacher. Gl. *Dispatriare.*

ABSCOULTER, Écouter attentivement. Gl. *Abscultare.*

ABSENTATION, ABSENTEMENT, Absence, retraite. Gl. *Absentandus.*

ABSEULÉ, Abandonné, séparé, privé. Gl. *Absacitus.*

ABSOLUTION, Indulgence, pardon. Gl. *Absolutio* 1.

ABSTINENCE [ABSTENANCE], Suspension d'armes, trêve. Gl. *Abstinentia,* 1, [et *Attenantia.*]

ABUCHER, Heurter, chopper. Gl. *Boutare.*

ABUISONNER, Abuser, tromper, séduire, chercher à faire donner quelqu'un dans le panneau. Gl. *Busio.*

ABUISSEMENT, Achoppement, occasion de faute, sujet de chute. Gl. *Boutare.*

ABUISSER, Heurter, chopper. Gl. *Boutare.* [Ancienne chronique dans une note de la Chron. des ducs de Norm. tom. III, pag. 83 : *Un garçon à pié passa par devant eus, qui s'abuissa d'un piet et à l'autre se retint.* Voyez Roquef. au mot *Abuissement.*]

ABULLETER, Donner ou recevoir un bulletin. Ceux qui prêtaient le serment de fidélité recevaient un bulletin pour certificat de leur obéissance. Gl. *Bulleta.*

* **ABUNDOS,** Abondant. Chron. des ducs de Normandie, tom. I, pag. 187, vers 3015 :

Cum l'eve est bloie e arzillose
Et pleintéive e abundose.

Voyez Rayn. tom. IV, pag. 371², au mot *Habundoz.*

ABUSER D'UN OFFICE, L'exercer sans y avoir été admis avec les cérémonies ordinaires; d'où :

ABUSEUR, Celui qui l'exerce ainsi, et,

1. **ABUSION,** ce même exercice. Gl. *Abusor.*

2. **ABUSION,** Tromperie, fraude. Gl. *Abusio,* 2.

ABUSSAL, Achoppement, occasion de faute, sujet de chute. Gl. *Boutare.*

ABUSSONNER, Abuser, tromper; ou p. e. forcer quelqu'un à coucher en plein champ, sous un buisson. Gl. *Busio.*

ABUTER, Régler, arrêter, mettre but à but. Gl. *Abbocatio.*

ABUTINER, Associer au butin, le partager avec quelqu'un. Gl. *Abotinare.*

ABUVREMENT, Ce qu'on paye pour le droit de bienvenue ou de réception dans une société, et qui s'emploie souvent à un repas. Gl. *Abuvragium.*

ABUVRER, pour Abreuver, Gl. *Abecerare.*

ABUVROIR [ABUVOIR], Verre, tasse ou gobelet à boire. Gl. *Abecragium,* 1.

ACABAR, Achever, accomplir, finir. Gl. *Actuare.* [Ce mot est provençal; voyez Rayn. tom. II, pag. 319¹.]

AÇAINDRE, Enceindre, entourer. Gl. *Accincta.* [Guill. Guiart, tom. II, pag. 146, vers 3760 (12745) :

Vers les illes de Guernesi
Que mer parfonde açaint et lie.]

AÇAINTE, Enceinte, clôture. Gl. *Accincta.*

ACANNER, Dire des injures. Gl. *Acannizare.* [Voyez Rayn. tom. III, pag. 421², au mot *Ganhar.*]

ACAP, ACAPIT, ACAPTE, Droit de relief. Gl. *Accaptare,* pag. 40². [Voyez Rayn. t. II, pag. 19², au mot *Acapte,* etc.]

* **ACAREMENT.** Voyez *Accaration.*

ACARIER, Charrier, voiturer. Gl. *Carreare,* 2.

ACAT. Achat, acquisition. Gl. *Accatum.*

ACATER, Acheter. Gl. *Accaptare,* p. 40². [Voyez Rayn. tom. II, pag. 275², au mot *Acaptar.*]

* **ACATERE,** ACATIERRE, ACETERE, acheter. Beaumanoir, chap. 34, § 12, etc.

AÇATOUR, Acheteur, acquéreur. Gl. *Accatum.*

AÇAUDRE, Assaillir, faire rébellion. Gl. *Assaldare.*

AÇAUTER, Heurter, chopper, tomber. Gl. *Assopire,* pag. 454¹.

ACCARATION, Confrontation de témoins; et :

ACCARER, les confronter. Gl. *Accaratio,* et *Incarare.*

ACCAREMENT. Voyez *Accaration.*

ACCEDIAKRE, Archidiacre. Gl. *Archidiaconus,* pag. 371³.

ACCENSE, ACCENSEMENT, Bail à cens. Gl. *Accensa.*

ACCENSEUR, Celui qui donne à cens. Gl. *Accensa.*

ACCENSISSEMENT, Bail à cens. Gl. *Accensa.*

ACCESSADEUR, Fermier, celui qui tient à cens. Gl. *Accessamentum.*

ACCESSEUR, Assesseur, officier de ville, subtitut. Gl. *Accessor,* 1.

ACCIDE, Ennui, tristesse. Gl. *Acedia.* [Voyez Rayn. tom. II, pag. 20¹, au mot *Accidia.* Testament de Jehan de Meung, vers 1639 :

Qui se pert par peresce, que clers clament accide.]

ACCLOSAGIER, Fermer, clore de murs ou de haies. Gl. *Acclausum.*

* **ACCOILLIR,** ACOILLIR, Reunir, rassembler. Garin le Loher. tom. I, pag. 165 :

Par mi les chans véissiez gens fuir
Les pastoriaus lor bestes accoillir.

Pag. 167 :

Par la champagne vit la proie acoillir.

Gérard de Vienne, vers 338 :

Les bors gastés et la proie acoillic.

Voyez *Acueillir,* et Rayn. tom. II, pag. 434², au mot *Acuelhir.*

ACCOINTAIRE, Vaisseau pour aller à la découverte, et avertir de ce qui se passe. Gl. *Advisare.*

ACCOINTER, Avertir, donner avis. Gl. *Advisare.*

ACCOISER, ACCOISIER; Réprimer, arrêter, apaiser, rendre coi. Gl. *Acquitare,* 1.

ACCOMMICHER, ACCOMMUSCHIER, Communier. Gl. *Accommunicare.*

ACCOMPAGNER, ACCOMPAINGNER, Associer à quelque chose, en donner part ou la moitié : dans le langage des Coutumes, *Faire pariage.* Gl. *Associare,* 2.

* **ACCOMPLIR,** Être au complet. Garin, tom. I, pag. 165 :

Le grant charroi veissiez accomplir,
Muls et somiers arouter et venir.

Acompli, Entier, p. e. *à compli*, pag. 32 :
  Hervis enchauce une liue acompli.

1. ACCOMPLISSEMENT, Ornement, ce qui sert à rendre une chose accomplie. Gl. *Complectissime*.

* 2. ACCOMPLISSEMENT DE JUSTICE, Exécution d'une sentence, punition du crime. Gl. *Complementum justitiæ*.

ACCON, Échéance de payement, ou compte. Gl. *Acconcium*. [Acompte?]

ACCONISON, Accusation, blâme, plainte. Gl. *Accusio*.

ACCONSUIVRE, Atteindre, rejoindre, rattraper. Gl. *Attendere* 4.

ACCORDANCE, Accord, convention. Gl. *Accordia*.

ACCORDEMENT, Lods., droit qui est dû au seigneur dans les mutations des fonds. Gl. *Accordamentum*, 2, et *Adcordabiles denarii*.

ACCOUDRE, Attacher, joindre une chose à une autre avec un lien. Gl. *Acouplare*.

* ACCOUPIR, comme *Acoupir*, Pastourelle, Laborde, pag. 217 :
  Sire, je n'iroie pas hors de Paris,
  J'auroie perdu honeur mès à touz dis,
  Mès ici l'accoupiral, se trouver puis
  Nus qui me veuille amer.

ACCOURSE, Crue d'eau, torrent. Gl. sous *Puthcus*.

ACCOURSIER, Chaland; et
ACCOURSERIE, Chalandise, pratiques. Gl. *Acursus*.

* ACCOUSTRER, Préparer, parer. Rayn. tom. II, pag. 21¹, au mot *Acotrar*.

ACCOUTER (S'), S'appuyer du coude. Gl. *Accubitare in Accubitus*, 1.

* ACCRAVENTER. † Gl. *Sternere*, 1. Voyez *Craventer*.

ACCROIRE, Donner et prendre à crédit, prêter et emprunter. Gl. *Accredere* 2.

ACCRUES DE BOIS. Gl. *Accessa*, 2.

ACCUEILLIR, Louer des valets, des gens de journée, des compagnons de métier. Gl. *Accolligere*.

ACCUIT, pour Acquit. Gl. *Acquitum*.

ACCULITE, Récolte, revenu, produit. Gl. *Collecta*, 9.

ACCUSEMENT, Accusation; et
ACCUSEUR, Accusateur, dénonciateur. Gl. *Accusio*. [*Accuséeur*. Trésor de Jehan de Meung, vers 1340 :
  Ne sçay comment il est asseur
  Et ose vivre sanz paeur,
  Car il sent son accuséeur
  Qui tout prise à juste balance.]

ACCUSON, Accusation, reproche, blâme, plainte. Gl. *Accusio*.

ACÉE, Bécasse. Gl. *Accia*.

ACÉEMENT, Ornement, parure, atours de femme. Gl. *Scema*, 1.

* ACEINDRE, Attaquer, investir. Chron. des ducs de Normandie tom. II, pag. 98, vers 18180 :
  Beau li comence sa favele,
  De loinz l'aceint et l'acembele.
Voyez *Açaindre*.

* ACEINT, Entouré. Guill. Guiart, tom. II, pag. 119, vers 3053, (12033) :
  D'un cheval chay près de là
  De douleur et d'angoisse aceinte,
  Comme cele qui iert enceinte,
  Ysabel, femme au roi de France.
Voyez *Açaindre*.

* ACELER, Celer, cacher. Gérard de Vienne, vers 246 :
  Sire, fait il, aceler nel vos quier.
Voyez vers 1103, etc. Rayn. tom. II, pag. 372², au mot *Encelar*.

* ACEMBELER, Attaquer, faire une fausse attaque, tromper. Voyez *Aceindre*, et Rayn. tom. II, pag. 374², aux mots *Cembel*, piége, tromperie et *Assembelhar*. Chron. des ducs de Normandie, tom. I, pag. 400, vers 9184 :
  Bien conoissom la fauve asnele
  Et cco de qu'il nes acembele.

* ACEMÉEMANT, ACEMER. Voyez *Aceméement*, *Acesmer*.

ACENCE, Consentement, aveu. Gl. *Assenciæ*.

* ACENEMENT. Voyez *Acener*.

* ACENER, Faire signe de venir. Roman du Renard, tom. I, pag. 15, vers 385 :
  Si le rapele de rechief
  Et acene à son grelle doit.
Partonopeus de Blois, vers 7510 :
  Car à moult poi de bel semblant
  Qu'el li fesist d'acenement
  Revenist il joiossement,
  Moult à grant droit, ce m'est avis,
  Car se j'estoie en paradis
  Et la bele m'aceneast fors etc.
Voyez *Achainer* et *Assener*, 2.

ACENGLER, Environner, investir. Chron. des ducs de Normandie, tom. I, pag. 293, vers 6043 :
  Tut acenglent, tot avironnent.

ACENSEMENT, Bail à cens. Gl. *Accensa*.

ACENSER, Donner et prendre à cens ou à ferme. Gl. *Accensare* in *Accensa*, pag. 41³.

ACENSIE, ACENSIÉE, Prix du bail à cens, ce qu'il rend. Gl. *Accensatio* in *Accensa*, pag. 42¹.

ACENSIR, Donner et prendre à cens ou à ferme. Gl. *Accensare* in *Accensa*, pag. 41³.

ACENSISSEMENT, Bail à cens. Gl. *Accensamentum* in *Accensa*, pag. 41³.

* ACENTER, Accentuer. Gl. *Accentuare*.

* ACERIN, Acéré. Roman d'Agolant, pag. 170² :
  Conbatez vos o li bran acerin.
Voyez Rayn. tom. II, pag. 20², au mot *Acerin*, et ci-dessous *Acherin*. Chron. des ducs de Norm. tom. II, pag. 29, vers 16135.

* ACERTAINER, Assurer. Voyez *Acerter*.

ACERTENÉ, Certain, instruit, assuré. Gl. *Assertive*.

* ACERTER, S'assurer, être sûr. Partonop. de Blois, vers 3505 :
  Rois Sornegur est angoissos
  Qu'il n'a Partonopeus rescos;
  Quand nel puet od les siens trover
  As Français vait por acerter.
Voyez Rayn. tom. II, pag. 385¹, au mot *Acertar*.

* ACERTES, Certainement, sérieusement, Voyez *Certes*, et *Adecertes*, Rayn. tom. II, pag. 385², au mot *Acertas*; Parton. de Blois, vers 938; Guil. Guiart, tom. II, pag. 359, vers 9326. (18307).

* ACESMÉEMENT, En brillant équipage, en grand appareil. Gl. *Scema*, 1. Gérard de Vienne, vers 426 :
  Chauses de fer et esperons d'arjent
  Chauseit li bers moult acemeemant.

ACESMEMENT, Ajustement, parure, atours de femme. Gl. *Scema*, 1. [Thierry de Soissons, Laborde, pag. 221 :
  Quand je regard son doux viaire cler
  En son gent cors de bel acesmement.]

ACESMER, Ajuster, orner, parer. Gl. *Scema*, 1. [Rayn. tom. V, pag. 207², au mot *Assermar*. Partonop. vers 10650. Chatel. de Couci, vers 149. Chron. des ducs de Normandie, tom. II, pag. 476, vers 29102. Guill. Guiart, tom. I, pag. 88, vers 1640. (2137). Aubri le Bourg. pag. 158². Se préparer. Guill. Guiart, tom. I, pag. 303, vers 6910 (7741) :
  Vont s'en Tyois; chascun s'acesme
  De prendre au tost fuir son esme.

Tom. II, pag. 248, vers 6428 (15408) :
  De François grever se racesme.

Tom. II, pag. 425, vers 11045. (20027) :
  Se vont cil de Flandre logent,
  Qui tant orent en leur flo gent,
  C'on les péust à l'acesmer
  A plus de CCM esmer,
  Dont nul n'a talent qu'il se rendent.
  Paveillons drecent, tentes tendent, etc.]

ACEUDRE, Assaillir, faire violence. Gl. *Assaldare*.

ACEUELLE, Écuelle. Gl. *Escutella*.

ACHABLER, Frapper, blesser. Gl. *Cabulus*, pag. 10³.

* ACHAINER, comme *Acener*. Renart le Nouvel, tom. IV, pag. 139, vers 357 :
  Orgbilleus ens ou cief se sist
  De la table; à son doit achaine
  Renart, et il ne li fu paine
  K'il n'i venist, etc.

ACHAINTE, Enceinte, enclos. Gl. *Accincta*.

* ACHAISON. Voyez *Acheson*.

ACHAISONNÉ, Accusé, coupable. Gl. *Occasionare*, 1.

* ACHAISONER. Voyez *Achoisonner*.

* ACHAISONOS, Chicaneur. Chron. des ducs de Norm. tom. II, pag. 73, vers 17449 :
  Nul n'estait si achaisonos,
  Si morteus, ne si envios, etc.
Ibid. pag. 353, vers 25664 :
  Mult est li deables grignos
  E mult par est achaisonos.

* ACHAISUNEMENT, Prétexte, détour. Chron. de Jord. Fantosme vers 284 :
  Rende-lui sun humage senz achaisunement.
Voyez *Acheson*.

ACHANAU, Chenal, courant d'eau. Gl. *Chenalis*.

* ACHANTELER (S'), S'incliner. Partonop. de Blois, vers 1294 :
  Et il vers li tot s'achantele.

ACHAPIT, ACHAPPIT, Sorte de bâton, p. e. Échalas. Gl. *Acheletus*.

ACHAPTER, Acheter. Gl. *Acaptare*. [Voyez Rayn. tom. II, pag. 275, au mot *Acaptar*.]

ACHARIER, Charier, voiturer. Gl. *Carreare* 2. [Placer sur un char. Agolant, vers 641 :
  Et Mahomet qui font acharoier
  Tot por la loi tenir et essaucier.]

* ACHASTELER, Loger. Chron. des ducs

de Norm. tom. ii, pag. 178, vers 20547 :

Là ù plus orguil s'achastele,
E plus tost s'i desamoncele.

Ibidem, pag. 531, vers 30516 :

Si fu li orguiz craventez
Qui en eus ert achastelez.

* ACHATER, ACHETER, Payer (au figuré). Guil. Guiart, tom. ii, pag. 140, vers 3600 (12583) :

L'un renc en l'autre se scelle,
Lances cele assemblée achatent,
Unes rompent, autres esclatent,
Pluseurs en ra là défferrées.

Tom. ii, pag. 197, vers 5094 (14083).

Mès si tost comme il leur souvient
Des emprises jà achetées,
Il giétent les mains aus espées, etc.

* ACHAUVEITER, Faire le guet. Voyez Eschilguaitier.

ACHELER, Pour ESCHELER, Escalader. Gl. Ascalare.

ACHELETTE, Clochette. Gl. Acillare.

ACHENAU, Chenal, courant d'eau. Gl. Chenalis.

ACHENSSER, pour Agencer, Accommoder, ajuster, convenir de quelque chose. Gl. Accensare in Accensa, pag. 42¹.

ACHERIN, Ferme, constant, inébranlable. Gl. Acherure.

* ACHERTER, Assurer. Voyez Rayn. tom. ii, pag. 385¹, au mot Acertar, et ci-dessus Acerter.

ACHÉRURE, l'Action d'acérer. Gl. Acherure.

ACHESMANT, Honnête, poli, complaisant. Gl. Scema, 1.

ACHESMEMENT, Ajustement, parure, atours de femme. Gl. Scema, 1.

ACHESMER, Ajuster, orner, parer. Gl. Scema, 1.

ACHESON, Droit injustement exigé. Gl. Acheso. [Cause, prétexte, raison, occasion, motif. Voyez Rayn. tom. ii, pag. 359², au mot Occasio. Parton. de Blois, vers 5692 :

Que diroiz vos, quel achoison
Avez de moi trahir trovée ?

Roman du Renard, tom. i, pag. 25, vers 671 :

Or en avez oï la voire,
Si m'en devez à itant croire,
Se vos controver ne volez
Achoison, si com vos solez.

Chanson du Chatel. de Couci, Laborde, pag. 272 :

Et dis que mort m'avez sanz achoison.

Pag. 270 :

Mes or sui siens, si m'ocit sans reson,
Et c'est por ce que de cuer l'ai amée,
Ne set autre acheson.

Pag. 276 :

Je chantasse volontiers liement
Se j'en trovasse en mon cuer l'acheson.

Pag. 220, chanson de Thierry de Soissons :

De bien amer ai mult bele acheson
Et de chanter trop biau commencement.

Achaison. Chron. des ducs de Norm. tom. i, pag. 189, vers 3072; pag. 342, vers 7443; pag. 343, vers 7480; tom. ii, pag. 362, vers 25934; t. iii, pag. 35, vers 32790; pag. 44, vers 33079. Achesoun. Vie de S. Thomas, après la Chron. des ducs de Normandie, tom. iii, pag. 629, vers 1258.

ACHESONNER, Accuser, vexer, tourmenter. Gl. Acheso.

ACHET, ACHETEMENT, Achat. Gl. Achetum.

* ACHETABLE, †. Gl. Emax.

* ACHEYOLLES, Nom d'une association de négociants. Gl. Societas, 4.

* ACHIOL, Accueil. Voyez Rayn. tom. ii, pag. 434², au mot Acuelh. Parton. de Blois, vers 2272 :

Et il lor fait si beaus achiols
Qu'il est tenus al plus cortois.

* ACHIOLT. Voyez Acuellir.

* ACHOISON. Voyez Acheson.

ACHOISONNER, Accuser, vexer, tourmenter. Gl. Achoisonare. [Chron. des ducs de Normand. tom. ii, pag. 179, vers 20559:

Eissi senz cupe achaisonanz
Fu li queus Tiebauz màuvoillanz
Al duc Richart, etc.]

ACHOPAIL, Achoppement, occasion de faute, sujet de chute. Gl. Boutare.

ACHOPER, Arrêter, suspendre, surseoir. Gl. Assopire.

ACHORÉ, Affligé, abattu, sans force, à qui le cœur manque. Gl. Acorarius. [Voyez Rayn. tom. ii, pag. 477², au mot Encorar, et 477¹ au mot Acorar.]

ACHOU, Hachette, petite hache [en Auvergne]. Gl. Achonus et Angones.

* ACIE, Bécasse. Guill. Guiart, tom. ii, pag. 197, vers 5079 (14067) :

Plus tost qu'esmérillon ne vole
Ou esprevier après acies.

Voyez Acée.

* ACIER, Lance. Garin le Loher. tom. i, pag. 263 :

Et Begons s'arme o le visage fier
D'aubert et d'iaume et d'espée et d'acier.

Voyez pag. 30, 31, et 265.

ACIERÉ, pour ATIERÉ, Equippé. Gl. Atirimentum.

ACIN, ACINT, Enclos, enceinte. Gl. Ascinus.

ACIRÉ, pour ATIRÉ, Équippé. Gl. Atirimentum.

ACIS, Ais, planche. Gl. Axa.

* ACLASSER, Râler? Chron. des ducs de Normandie, tom. i, pag. 33. vers 848 :

E les dechace e les consiut,
Cum sunt li chien le cerf alasse,
Qui del tut estanche aclasse,
E cels qu'il prent oscit maneis.

* ACLIN, Soumis, attaché, partisan. Parton. de Blois, vers 7162 :

Si venront autre Sarasin
Qui pas ne sont à lui aclin.

Vers 7258 :

Li Gascon et li Poitevin
Sont de buen cuer à lui aclin.

Vers 2503 :

Tos siecles est à lui aclins.

Agolant, pag. 174¹ :

Girars covint que fust en lui aclin.

Voyez Souplier, Encliner, la Chron. des ducs de Norm. passim, et Rayn. tom. ii, pag. 414², au mot Aclis.

* ACLINER (S'), S'incliner, s'attacher. Agolant, vers 1258 :

Dont s'est Balan sor Naymon acliné
Molt doucement l'en a arçoné.

Chanson de Gace, Laborde, pag. 197 :

Que je ne pense al
Fors là ou mes cuers s'aclioc.

ACLINOUER, Lit de repos, canapé. Gl. Acclinatorium.

ACLIQUETER, Cliqueter, Faire du bruit comme avec des cliquettes, en frappant sur quelque chose, p. e. sur un bassin. Gl. Clingere, 2.

ACLORRE, Clorre, fermer. Gl. Acludere.

ACOCHER. Voyez Acoucher.

* ACOILLEIT, Accueil. Chron. des ducs de Normandie, tom. i, pag. 486, vers 11676 :

Nul bel semblant, nul accoilleit
Ne li a fait, cum il solait,
Huc le Maine, etc.

Ibid. pag. 552, vers 23685 :

Mult orent malveis acoilleit.

* ACOINTANCE, Arrangement, promesse, alliance. Chanson, Wackern. pag. 3, et Romancero de P. Paris, pag. 32 :

Dolente sens consoil com puis haïr lou jor,
Ke premiers ou d'Ugon l'acointance et l'amor,
Per coi je perderai l'acoentance et l'onor.
Dou duc, qui entressait veult ke l'aie à signor.

Chron. des ducs de Normandie, tom. i, pag. 179, vers 2795 :

E l'acointance qu'ele vout faire
Pur son seignor de prison traire.

* ACOINTEMENT, Rencontre. Voyez Acointier. Agolant, vers 1023 :

Ge l'encontrai et il moi enssement
Molt perent bien li nostre acointement.

Voyez Rayn. tom. ii, pag. 466², au mot Acundamen.

ACOINTIER, Avertir, donner avis. Gl. Advisare. [Faire connaissance, rencontrer. Garin le Loher. tom. i, pag. 130 :

Sire Fromons, ce dist Garins li fiers,
Bien avez fait quant m'avez acointié,
De traïson ne vous puis blastengier.

Partonop. de Blois, vers 1801 :

Dame, fait-il, j'irai cacier
Por le forest miols acointier.

Vers 2309 :

En France n'a bon cavalier
Ne viegne à lui par acointier.

Vers 3746 :

Li est avis qu'à mal ëur
L'avoit acointié ne véus.

Chron. des ducs de Normandie, tom. ii, pag. 48, vers 16733 :

Alas! si mal les acointai!

Aubri le Bourg. pag. 166¹ :

Gardeiz, n'i ait serjant ne escuier
Ke voist devant le danzel acointier,
Car je vodrai parler à lui premier.

Pag. 160² :

Vilainement vos faites encauchier
Bien duissiés à no gent acointier.

Gérard de Vienne, vers 1099 :

A comteiz (sic) s'est de bele Aude au visclein.

Flore et Blanceflor, vers 405 :

Certes, fait il, la damoisele
Mar acointa ceste novele.

Roman du Renard, tom. i, pag. 8, vers 201 :

Une riens vos voil acointier.

Chron. de Jordan Fantosme, vers 1581 :

Ainz ad pris Appelbi, dunt jo forment m'en duil,
E le chastel de Bure, bien acuinter vus voil.

Vers 1069 :

Mes, sire, d'une rien ore seiez acuintié.

Voyez Lai d'Eliduc de Marie de France, vers 278. Rayn. tom. II, pag. 466², au mot *Acoindar.*]

ACOISER, Apaiser, rendre coi. Gl. *Acquitare*, 1.

* **ACOISON**, comme *Acheson*. Rom. du Renard, tom. I, pag. 5, vers 128.

ACOISONNER, Vexer, faire de la peine. Gl. *Achoisonare*.

1. **ACOLE**, pour AEOLE ou AIOLE, Aïeule, grand'mère. Gl. *Aviones*.

2. **ACOLE**, MARBRE ACOLE, Espèce de drap. Gl. *Marbretus*.

* **ACOLER**, Embrasser, enfermer, contenir. Gl. *Inicere*. Guill. Guiart, tom. I, pag. 206, vers 4894, (5208) :

Brioude, le Puy, la Tourniole
Et tous les lieus qu'Auvergne acole.

Roman du Renard, tom. III, pag. 78, vers 21905 :

Que moult vos siet bien ceste estoie,
Qui le vostre bel col acole.

Voyez Rayn. tom. II, pag. 436², au mot *Acolar.*

ACOMMICHIER, Communier. Gl. *Accommunicare*.

ACOMMUNER, Associer en quelque chose, mettre en commun. Gl. *Accommunicare*.

ACOMPAIGNEMENT, Association, partage. Gl. *Associatio*.

ACOMPAIGNER, ACOMPAIGNIER, Associer à quelque chose, faire pariage avec quelqu'un. Gl. *Associare*, 2.

ACOMPARAGIER, Comparer, mettre en parallèle. Gl. sous *Consuener*. [Voyez Rayn. tom. IV, pag. 418², au mot *Acomparar*. Chron. des ducs de Norm. tom. I, pag. 418, vers 9723.]

ACOMPTER, Estimer, faire cas. Gl. *Compotum tenere* sous *Computus*, 1, pag. 505¹.

* **ACONTÉ**. Voyez *Acointier*.

ACONCEPVOIR, ACONCEVOIR, Atteindre, rejoindre, rattraper. Gl. *Attendere*, 4. [Voyez *Aconsuivre*.]

ACONCUEILLIR, Assembler, ramasser. Gl. *Conciliare*.

ACONGNIENTURE, Fèces, marc, saleté. Gl. *Concagatus*.

* **ACONSER**. Voyez *Asconser*.

ACONSUIVRE, Atteindre, rejoindre, rattraper. Gl. *Attendere*, 4. [Partonop. de Blois, vers 337 :

Et si tost com ele en voit liu
S'enfuit vers les mons de Mougiu,
Et el fu dusque là sëue,
Mais ne fu pas aconsue.

Voyez Rayn. tom. V, pag. 181¹, au mot *Acosseguir*.]

* **ACONTE**, Compte. Vie de S. Thomas de Canterbury, vers 559 :

Qui aconte li rent des evesqués.

ACONTER, Raconter. Gl. *Computare*, 1. [Roman du Renard, tom. I, vers 1 :

Seignor, oï avez maint conte
Que maint conteres vos aconte.

Parton. de Blois, vers 1415 :

Dame, fait-il, vostre merci
De quanque vos acontés ci.

Flore et Blanceflor, vers 1204 :

Ne vous puis pas, ne ne me plest
A aconter que cascune est.

Voyez Rayn. tom. II, pag. 454², au mot *Acontar*. Compter. Vie de S. Thomas de Canterbury, vers 1291 :

Nul ne savercit aconter
Ne les miracles anombrer, etc.

Acunter, dans la Chron. de Jordan Fantosme, vers 1358, 1887, 1889.

A-COP, A-COUP, Aussitôt, dans le moment, tout à coup. Gl. *Escapiamentum*.

AÇOPER, Achopper, heurter. Gl. *Assopire*.

* **ACORAGIÉMENT**, Hardiment, Parton. de Blois, vers 7902 :

Je voi, fait-il, deux cevaliers
Venir miols que ceste autre gent
Et plus acoragiément.

Chron. des ducs de Normandie, tom. II, pag. 425, vers 27628 :

Ne quit que ovre fust emprise
Plus trés acoragiément.

* **ACORCIER**. Voyez *Acourchier*.

* **ACORDE**, Accord, conciliation. Parton. de Blois, vers 3803 :

Et fut losenge quanqu'il fist,
Et par losenge acorde quist.

Guil. Guiart, tom. I, pag. 120, vers 2590 (2980) :

Et li ot envoyé li pape
Ausi cum par misericorde,
Pour metre entre les roys accorde.

Voyez Rayn. tom. II, pag. 482¹, au mot *Acordi*.

* **ACORDEMENT**, comme *Acorde*. Parton. de Blois, vers 3446.

ACCORDENCE, Accord, transaction. Gl. *Accordia*.

ACORDER, Convenir, arrêter. Gl. *Accordare*. [Parton. de Blois, vers 3761. Garin le Loher. tom. I, pag. 218 : *Je m'i acors*. Voyez Rayn. tom. II, pag. 483¹, au mot *Acordar*.]

ACORER, Affliger, fâcher, percer le cœur. Gl. *Acorarius*. [Voyez *Achoré*. Chron. des ducs de Normandie, tom. I, pag. 180, vers 2818 :

Si grant dol a, pur poi n'acore.

Tom. III, pag. 131, vers 35541 :

Par poi li quers ne li acore.

Tome II, pag. 257, vers 22369 :

E ces acore e espoente
Qu'il ne sevent queu part aler.

Tom. I, pag. 438, vers 10273 :

Que sempres toz ne nos devorent
Si cume lous qu'aigneaus acorent.

Pag. 211, vers 3685 :

C'est merveille cum tu viz ore,
Que tuz li poeples ne t'acore.

Voyez Halliwell aux mots *Acore* et *Acorye*.
* **ACORS**, société, parti. Chatel. de Couci, vers 3298 :

Vermendizien et Champenois
Et tout li acors des François.

ACORVÉ, Prêt, en état ; p. e. pour *Arrée*. Gl. *Arraiare*.

---

* **ACOST**, Accointement, voisinage, hospitalité. Parton. de Blois, vers 1187 :

Sire, fait-ele, alés ent tost,
Car jo n'ai soing de vostre acost.

Chron. des ducs de Normandie, tom. I, pag. 580, vers 14475 :

Maudit sei oi le lor acost.

Tom. II, pag. 74, vers 17473 :

N'i trovent acost ne eise
Fors faim e lasté e meseise.

Voyez Rayn. tom. II, pag. 501², au mot *Acostament*.

1. **ACOSTER**, Tenir par le côté. Gl. *Acostare*.

2. **ACOSTER (S')**, Se placer à côté. Gl. *Acostare*. [Agolant, vers 396 :

Vit un desrube qui molt fit à doter
Là se cuida et prendre et acoter.

Aubri le Bourg. pag. 158 :

Molt près de li s'est alés acoter.

Voyez *Acouté*.
3. **ACOSTER**, Arranger, placer côte à côte. Gl. *Acostare*.

4. **ACOSTER**, Côtoyer, ranger la côte. Gl. *Acostare*.

* **ACOTER**. Voyez *Acoster*, 2.

ACOUARDI, Couard, timide, lâche, sans cœur, sans courage. Gl. *Acorarius*.

ACOUBLER, Attacher ensemble les deux jambes d'un cheval, pour empêcher qu'il ne s'éloigne. Gl. *Acouplare*.

ACOUCHER, Se mettre au lit, se coucher ; *Acoucher malade*, tomber malade. Gl. *Accubarare*. [*Acocher*. Chron. des ducs de Normandie, tom. I, pag. 561, vers 13917.]

ACOULPER, Accuser, déclarer coupable. Gl. *Inculpare*.

1. **AÇOUPER**, Achopper, heurter. Gl. *Assopire*.

2. **AÇOUPER**, Détourner, empêcher. Gl. *Assopire*.

ACOUPIR, Faire *couppeau*, débaucher la femme d'autrui. Gl. *Curuca*, 2.

1. **ACOUPLER**, Se jeter sur quelque chose. Gl. *Acouplare*.

2. **ACOUPLER (S')** avec quelqu'un, Aller de compagnie avec lui. Gl. *Acouplare*.

* 3. **ACOUPLER**, Attacher des chiens à la couple. Gérard de Vienne, vers 3482 :

Fait son cor panre, acoupler ses livreiz.

Descoupler, vers 3488.

ACOUPPAUDIR, Faire *couppeau*, débaucher la femme d'autrui. Gl. *Copaudus*.

ACOURCHIER, Abréger. Gl. *Acurtare*. [Chron. des ducs de Normandie, tom. I, pag. 461, vers 10999 :

Si li leu furent acorcié
E descréu e abregié.

* **ACOURÉ**, comme *Achoré*. Guil. Guiart, tom. II, pag. 401, vers 10420 (19402). Fabl. et Cont. tom. III, pag. 65.

ACOUREMENT, Course, l'action d'accourir. Gl. *Accurimentum*.

ACOURSÉ, Achalandé, accrédité, celui chez qui il y a *Accours* ou affluence de marchands. Gl. *Acursus*.

ACOURTER, Abréger, rendre court. Gl. *Acurtare*.

ACOUSER, pour *Aconser* ou *Aconsuivre*, Atteindre. Gl. *Attendere*, 4.

* **ACOUSTRER**, Accoutrer, équiper, pa-

rer. Guill. Guiart, tom. ii, pag. 151, vers 3901 (12885) :

Que la mauviz ses chanz acoustre.

Pag. 280, vers 7265 (16245) :

Si tost con devant eus s'acoustrent.

Voyez Rayn. tom. ii, pag. 21¹, au mot *Acotrar*.

ACOUSTUMÉEMENT, Acoustumièrement, De coutume, d'ordinaire. Gl. *Consuenter*.

ACOUSTUMEMENT, Coutume, usage, façon d'agir. Gl. *Consuenter*.

ACOUTÉ, placé à côté de quelqu'un. Gl. *Acostare*.

ACOUTER (S'), Se prosterner sur les coudes, [s'appuyer des coudes.] Gl. *Accubitare se*, sous *Accubitus*, 1. [Chron. de Jord. Fantosme, vers 1957. Lai de l'Ombre, vers 888, dans Lais inédits, pag. 77. Roman de Tristan, dans le Glossaire de Joinville : *Quant la royne entendit ce, si se remet en sa chambre, et Haadinas entra et la trova goste son lit, assise en un faudestuel, les deux bras acoutez sor l'apuial dou faudestuel, etc.* Gérard de Vienne, vers 974 :

Au maistre dois est Gerars acouteiz....
Au meistre dois est uleiz apoier.

Voyez Rayn. tom. ii, pag. 427², au mot *Acoudar*.]

ACOUTRER, comme *Acoustrer*. Guil. Guiart, tom. ii, pag. 215, vers 5559 (14539.)

* **ACOUVERTER**, Orner, couvrir de tapisseries. Gl. *Cooperatus*.

ACOUVETER, Couvrir, remplir. Gl. *Acclapare*. [Agolant, pag. 163² :

Et fu trestost de fer acoveté.

Vers 464 :

Cors et cheval avoit acoveté.]

* **ACOVRIR**, Couvrir. Fabl. et Cont. t. iv, pag. 27 :

Le prestre de l'avaine acuevrent.

ACOYS, Arc-boutant, éperon, appui. Gl. *Acoys*.

ACQ, p. e. par abréviation pour *Acquit*. Gl. *Aquatia*.

ACQUEREMENT, Acquêt, acquisition. Gl. *Acquerementum*.

ACQUERIR, Exciter, provoquer. Gl. *Acquirere*.

ACQUEST, Espèce de cruche ou de seau. Gl. *Acqueversium*.

ACQUESTER, Acquérir. Gl. *Aquistare*.

* **ACQUESTERESSE**, Femme qui fait une acquisition. Gl. *Acquistare*.

1. **ACQUIT**, Sorte d'impôt, et le bureau où on le paye. G. *Acquitum*.

2. **ACQUIT**, Manoir, qui exempte celui qui le possède du droit de gavenne. Gl. *Acquitum*.

ACQUITER, Quitter, laisser, abandonner. Gl. *Acquitare* 1. [Resigner le fief. Garin le Loher. tom. i, pag. 143 :

Prenez Sissons la grant cité de pris,
Elle siet bien et je la vous acquis.

Pag. 144 :

Et, s'il vous plaist que la volliez tenir,
Vers tout le mout, bons rois, la vous aquis.

Délivrer, purger la contrée d'ennemis. Pag. 12 :

Que Charlons vint por la terre acquiter.

Pag. 276 :

Se bien n'acquis la terre et le païs
Jamais nul jour ne soiez mes anmis.

Pag. 278 :

Begons a bien aquittés les chemins.

Voyez pag. 18, et Rayn. tom. 5, pag. 24 ¹, au mot *Aquitar*, et ci-dessus *Acoiser*.

ACRE, Certaine mesure de terre. Gl. *Acra*.

ACREANTEMENT, Promesse, assurance, serment qu'on exécutera ce qu'on demande. Gl. *Accreantatio*.

* **ACRÉANTER**, Promettre, assurer. Voyez *Acréantement*. Roman du Renard, tom. i, pag. 19, vers 500 :

Ja se péust Hersent doloir,
Se ne l'eust acréanté
Tot son bon et sa volenté.

Flore et Blanceflor vers 1931 :

Cou vous os bien acreánter.

* **ACREIS**, Accroissement, augmentation; *d'acreis*, de plus, en outre. Chron. de Jordan Fantosme, vers 1443 :

Ne rendra le chastel pur or ne pur argent
Ne pur Escoce d'acreis, se il l'aveit en present.

Voyez Rayn. tom. ii, pag. 512¹, au mot *Accreisser*.

ACRESSER, Agacer, attaquer, provoquer. Gl. *Agressus*.

ACREUSE, Enchère, à cause des augmentations de prix qu'on fait à l'envi. Gl. *Accrescentia*.

ACROIRE, Donner et prendre à crédit, prêter et emprunter. Gl. *Accredere*. [Fabl. et Cont. tom. iv, pag. 28 :

On doit très bien paier la gent
De cho quant on l'a acréue.

Voyez tom. i, pag 361.]

ACROISSANS, Auguste; titre des empereurs. Gl. *Augustus* 5.

ACROISSEUX, Dernier enchérisseur. Gl. *Accrescentia*.

ACROUPI, Monnaie de Flandre, ainsi nommée apparemment à cause de la posture de quelque figure qui y était représentée. Gl. *Acroupi*.

ACROUPIE, Adoration, génuflexion, action par laquelle on rend des respects et des honneurs par une posture humiliée. Gl. *Acroupi*.

ACROUPIR, Abaisser, rendre petit, humilier. Gl. *Acroupi*.

ACTABER, Terme de l'Agénois, pour signifier achever, mettre à mort. Gl. *Actuare*.

ACTAINDRE, pour Atteindre, parvenir à la connaissance de quelque chose, avérer, constater. Gl. *Atingere*, 2.

ACTUAUTÉ, Acte, action, exécution, accomplissement. Gl. *Actuatio*.

ACTURER (S'), Terme de l'Agénois, Se rendre petit, se raccourcir, pour se mieux cacher. Gl. *Acurtare*.

ACUBE, Tente. Gl. *Accubitus* 5. [Chron. de Jordan Fantosme, vers 601, 629, 1278.]

ACUEILLAGE, Engagements, louage. Gl. *Accolligere*.

1. **ACUEILLIR**, Associer à quelque chose, y donner part. Gl. *Accolligere*.

2. **ACUEILLIR**, Accepter, aquiescer. Gl. *Accolligere*.

3. **ACUEILLIR**, Engager, louer des valets

---

et servantes, des compagnons de métier, des gens de journée. Gl. *Acolligere*.

ACUEILLIR a soi, Se charger, prendre sur soi. Gl. *Acolligere*.

* **ACUEL**, Accueil. Roman de Roncevaux, pag 61 :

Li douze pers a mis en mal acuel.

Voyez Rayn. tom. ii, pag. 434², au mot *Acuelh*.

* **ACUELLIR**, Acueillir, Terme de chasse, se mettre à la poursuite, poursuivre. Parton. de Blois, vers 609 :

Ont un grant saingler esméu
Tuit l'ont acuelli li fol chien.

Ibidem, vers 617 :

Li chien ont le porc acuelli,
Moult par i corent à bel cri.

Voyez Halliwell au mot *Acquill*. Chron. des ducs de Normandie, tom. ii, pag. 259, vers 22997 :

Kar trop m'aveient acoilleit,
S n'oi de rien teu desier
Cume de lor orguil baissier.

Tom. ii, pag. 273, vers 23433 :

Que issi m'aveit l'om acoilli
E de totes parz envaï.

Partonop. de Blois, vers 5504 :

P enièrement, à larges toises
Mal honte ait, qui mal lor violt
E qui por mal domes achiolt.

Se mettre à, commencer. Ibid., vers 6156 :

Maruc i achiolt à entendre.

De là les locutions : *acueillir sa voie, son cemin, son erre, sa jornée.* Voyez Rayn. tom. ii, pag. 434², au mot *Acuelhir*, et la grammaire d'Orell, pag. 152.

* **ACUERER**, Convoiter, désirer. Roman du Renard, tom. iv, pag. 30, vers 812 :

Que convoiteus moult se dechoit
Qui a bien çou qu'à lui afiert,
Et dont puis par euvie acuert
Chose, dont il vient en la fin
A vilain blasme et à hustin,
Ausi con font çà mainte gent,
Qui cuerent menu et sovent
Meillour pain c'à ious n'apartient.

Pag. 35, vers 956 :

Ne fine jà de chevauchier,
Si aies fait çou que te cuer.

ACUET, pour Acœut, du verbe *Açeudre*, Assaillir, faire violence. Gl. *Assaldare*.

* **ACUINTEMENT**, Accointance, connaissance, rapport. Chron. de Jord. Fantosme, vers 399 :

A cumencier barate en vient acuintement.

Voyez *Acointance*, et Rayn. tom. ii, pag. 466², au mot *Acundamen*. Accueil. Marie de France, Lai d'Eliduc, vers 298 :

Od duz semblent, od simple chère,
Od mut noble acuntement,
Si parla mut afaitement.

Voyez Rayn. ibidem, au mot *Acoindansa*.

* **ACUINTIER**, Voyez *Acointier*.

ACUIT, pour Acquit. Gl. *Acquitum*.

* **ACULVERTIR**, Asservir, Parton. de Blois, vers 2783 :

Ne fust ore vostre venue
Tote éussons France perdue,
Et s'ore i perdiés la vie
Dont scroit-ele aculvertie.

Chron. des ducs de Norm. tom. ii, pag. 16, vers 15726 :

> Ne que issi seit Normendie
> Par Raol Torte mais honie
> Ne issi del tot acuvertée.

Voyez *Culvert* et *Acouardi*.

*ACUMINIER, Communier. Chanson de Roland, stance 282, vers 3 :

> Oent lur messes e sunt acuminiez.

Voyez *Accommicher*.

*ACUMPERER, Payer. Voyez *Achater*. Chron. de Jord. Fantosme, vers 1872, var. :

> Mar vit icele guerre, il acumpera mult chier.

*ACURAGIÉ, Courageux. Voyez *Acoragiément*. Chron. de Jord. Fantosme, vers 1210 :

> Flamenc esteient hardiz e mult acuragiez.

Voyez le Congié Baude Fastoul d'Arras, vers 355.

*ACURER. Voyez *Acorer*.

*ACUTÉ. Voyez *s'Acouter*.

*ACUVERTÉ. Voyez *Aculvertir*.

*ACUPIR, comme *Acoupi*. Roman du Renard, tom. i, pag. 27, vers 721.

*ACUSEMENS, Accusation. Beaumanoir, chap. 6, § 34 : *Il fu jugié que sitost comme li acusemens fu fes de fausseté, etc.*

ACUSON, Accusation, reproche, blâme, plainte. Gl. *Accusio*.

*ADAIGNER, Estimer, juger digne. Partonop. de Blois, vers 4821 :

> Ses maus li croist tant et engraigne,
> Que joie ne confort n'adaigne.

ADAMAGIER, Endommager, porter ou causer du dommage. Gl. *Addempnare*.

ADANS, Prosterné, ayant le visage contre terre. Gl. *Indentare*, 2. [*Adenz*, Roman du Renard, tom. i, pag. 32, vers 833 :

> Sor les paniers se gist adenz.
> Si en a un overt ne denz.

Guill. Guiart, tom. i, pag. 102, vers 2090 (2500) :

> Aval les chans gisent li mort,
> Tout en fussent li plus osté,
> Envers, adenz et de costé.

Tome ii, pag. 70, vers 70002 (15992) :

> Gissent, sanz ce c'on les en oste,
> Uns adenz et autres de coste.

Roi Guillaume, pag. 75 :

> Qu'il caï as dens en la place.

Voyez Chron. des ducs de Norm. tom. i, pag. 155, vers 2101 ; tom. ii, pag. 43, vers 16568 ; Rayn. tom. iii, pag. 25², au mot *Adens*, et ci-dessous *Adenter*, i.]

ADANT, Appentis, parce qu'il est composé de morceaux de bois qui s'enchâssent les uns dans les autres. Gl. *Indentare*, 2.

ADARLÉ, Innocent, niais. Gl. *Addicio*.

ADART, pour ADANT, Appentis. Gl. *Indentare*, 2.

ADAVINEMENT, Augure, divination ;

ADAVINEUR, et

ADAVINIER, Devin. Gl. *Divinus*, i.

*ADCENSE. Voyez *Accense*.

ADCENSEMENT, Bail à cens. Gl. *Accensa*.

*ADCENSEUR. Voyez *Accenseur*.

ADDEVINEMENT, L'action de provoquer quelqu'un. Gl. *Divinus*, i.

ADDICTÉ, Énoncé, stipulé. Gl. *Addictare*.

ADEBONNAIRIR, Rendre débonnaire, doux, adoucir. Gl. *Mansuetarius*.

*ADECERTES, Mais. Voyez *Certes*. Josué, chap. 7, vers 1 : *Les fils adecertes de Israel fauserent le commandement* (lat. *filii autem Israel praevaricati sunt mandatum*). Genèse, P. Paris, Catal. de la Bibl. Roy. tom. i, pag. 3 : *El commencement créa Dieu ciel et terre ; la terre adecertes estoit vain et voide.*

*ADEMETTRE (S'), Avancer tête baissée, se baisser, s'ébattre. Parton. de Blois, vers 2221 :

> Al tierc trestor fort s'adement
> Si lor ocit le bel Sauret.

Vers 9869 :

> Il s'ademet par grant vertu
> Fiert le sodan sur l'elme agu.

Vers 9649 :

> L'espiel alongié, l'escu pris
> Parmi le pré s'est ademis.

Roman de Roncevaux, pag. 40 :

> En la grant presse s'est li cuens ademis.

Gérard de Vienne, vers 504 :

> Fiert le premier k'à lui fuit ademis.

Voyez vers 1449, 1481, 2229, etc. Chastel. de Couci, vers 2441 :

> Puis s'est devers le bosquet mis
> Et vers l'uisset s'est ademis.

Roman de Renart, tom. i, pag. 218, vers 5901 :

> Je le voi là, ce m'est avis,
> Les le fassé tout ademis,
> Où il se gieue et cort et saut.

Tom. iii, pag. 326, vers 28759 :

> Quant je le vi vers moi venir,
> Adonques ne me poi tenir,
> Ainz ving à lui toz ademis.

Comparez *Esdemetre* et *Esdemessa*, chez Rayn. tom. iv, pag. 226².

ADEMNEUR, Qui porte dommage. Gl. *Addempnare*.

ADEMPLIR, Accomplir, exécuter. Gl. *Implementum*. [Voyez Rayn. t. iv, p. 570², au mot *Ademplir*.]

ADEMPRE, En Provence et en Languedoc, Toute espèce de redevance. Gl. *Ademprum*. [Voyez Rayn. tom. ii, pag. 162¹, au mot *Azempriu*.]

ADENERER, Vendre, convertir sa marchandise en deniers. Gl. *Adaerare*, i, et *Denariata*.

i. ADENTER, Appuyer son visage contre quelque chose, renverser quelqu'un le visage contre terre. Gl. *Indentare*, 2. [Guill. Guiart, tom. ii, pag. 246, vers 6363 (15343j) :

> Les mainent le plus mal qu'ils pèvent ;
> A terre pluseurs en adentent.

Tom. i, pag. 81, vers 1450 (1947) :

> D'ommes envers et adentez.

Chron. des ducs de Norm. tom. ii, pag. 36, vers 16333 :

> Là s'adentent teus cent François,
> Dunt ne releverent puis trei.

Pag. 401, vers 27282 :

> Mais sovent chet, sovent s'adente.

Voyez *Adans*.]

2. ADENTER, Mettre l'embouchure d'un vaisseau en bas et le cul en haut. Gl. *In-*dentare 2. [Renverser une chose. Voyez *Adans*. Guill. Guiart, tom. ii, pag. 369, vers 9579 (18559) :

> Mès pour leur afaire empirier,
> Les fait Dieu le puissant virier ;
> Par la force du vent qui vente
> Emmi leur flote les adente
> Vers la queue si roidement
> Que la fiambe, etc.

Tom. i, pag. 93, vers 1874 (2283) :

> Ne laisse un seul abriement,
> Tourelle ne défiement,
> Qu'il ne face jus adenter.

Pag. 3, vers 2353 (2745) :

> Font touz les murs jus adenter.

Tom. ii, pag. 448, vers 11638 (20622) :

> Soudoiers çà et là palir
> Sus qui quarriaus aguz s'adentent.]

ADENTI, Livré, asservi, attaché. Gl. *Indentare*, 2.

*ADENZ. Voyez *Adans*.

ADEQUER, Ajuster, égaler, rendre pareil. Gl. *Adaequantia*.

ADERRIERER, Demeurer derrière. Gl. *Apostare*. [Voyez Rayn. tom. v, pag. 80¹, au mot *Aderairar*.]

*ADES, ADIES, Incontinent, aussitôt, sans interruption, sans cesse, toujours. Partonop. de Blois, vers 13 :

> Li solaus se torne al serain,
> Et s'enbielist et soir et main ;
> Li ciels est clers, li airs est purs,
> Adiès s'en vait li tans oscurs,
> L'ore est et soef et serie.

Vers 1059 :

> Et voit deux cierges alumés,
> Qui vers le cambre vont adès.

Vers 2029 :

> Li somier vont vers Blois adès.

Vers 1777 :

> Sire, fait-ele, or atant pès,
> De ce reparlerons adès.

Rom. du Renard, tom. iii, pag. 85, vers 22075 :

> Or le querez donques adès.

Partonop. de Blois, vers 31 :

> Li roseigniols ses lais organe
> Qui del canter adiès s'ahane...
> Ciel nos semont d'amer adès.

Vers 44 :

> Et tos jors adiès d'esploitier.

Chat. de Couci, vers 66 :

> A toute honneur faire à son temps
> Fu adiès et de tous biens plains.

Parton. de Blois, vers 3861 :

> Moult avés longes sis en pès,
> Si avés pensé tot adès.

Chron. des ducs de Normandie, tom. i, pag. 552, vers 13665 :

> A son mangier servait le rei
> E la reine tut adès.

Joinville, pag. 150 : *Accoustumé estoit, que le roy partout où il aloit, que six vingt povres feussent tout adès repeu en sa meson.* Voyez Rayn. tom. ii, pag. 25¹, au mot *Adès* ; Orell, pag. 295 ; Diez, tom. ii, pag. 394 ; Roquef. au mot *Adès*.

i. ADESER, Toucher, attoucher. Gl. *Adatictus*. [Aubri le Bourg. pag. 155 :

> Laissiés le en pes, ja mar l'adeserès.

Roman du Renard, tom. ii, pag. 284, vers 17328 :

> A un cop le cuida trenchier
> La teste, mès il a failli;
> Hermeline si haut sailli,
> Qu'ele n'iert pas trop enrestée,
> Que le cop ne l'a adesée.

Parton. de Blois, vers 9782, 9799. Chron. des ducs de Norm. tom. i, pag. 337, vers 7310, 7312; pag. 339, vers 7387; pag. 341, vers 7425, 7432; tom. ii, pag. 355, vers 25716 :

> A une femme alout gesir
> Que li aveit fait encovir;
> Mais n'aveit à li adesé,
> Fors de corage et de pensé.

Partonop. de Blois, vers 10236 :

> Se vos avoie à seul trovée
> A mon loisir, en recelée,
> Por faire quanque je volroie,
> Saciés ne vos adeseroie
> Fors d'acoler et de baisier
> Et de parler et d'embracier.

Voyez Roi Guillaume, pag. 91; Rayn. au mot *Adesar*, tom. ii, pag. 252.

2. ADESER, S'attacher à quelqu'un, se mettre à sa suite. Gl. *Adens*.

* ADESERTIR, comme *Deserter*, Ruiner, ravager. Roman du Renard, tom. ii, pag. 113, vers 12633 :

> Quant Renart vit adesertir
> Son castel gaste et enhermir, etc.

ADESTRER, Être à la droite. Gl. *Addextrare*. [Aubri le Bourg. pag. 169 :

> Guibor adestre Gascelins li frans hom
> Et Tiebelins qui molt estoit prodom.]

* ADETIZ, Adonné, dévoué. Chron. des ducs de Norm. tom. i, pag. 309, vers 6565 :

> A ton servise ert adetiz.

Pag. 465, vers 11083 :

> Li uns ordres est adetiz
> A ce que Deus en seit serviz.

Tome ii, pag. 105, vers 18380 :

> Cum de deceivre est hoem hardiz
> Dès que onques s'i est adetiz
> E de mentir tot en apert.

Comparez *Addicté*.

ADEVANCER, Devancer, prendre le devant. Gl. *Ante-ambulo*.

ADEVANCHER, Prévenir, aller au-devant. Gl. *Ante-ambulo*.

ADEVINAL, Énigme, ce qu'on propose à deviner. Gl. *Divinus*, 1.

ADEVINER, Attaquer, agacer, faire de la peine ; d'où :

ADEVINEMENT, L'action de provoquer quelqu'un. Gl. *Divinus*, 1.

ADEXTRER, Être à la droite. Gl. *Addextrare*.

ADHERDANT, Adhérent, associé, attaché à un même parti. Gl. *Adhœrere*, 3.

1. ADHERDRE, Prendre, saisir, empoigner. Gl. *Adhœrere*, 3.

2. ADHERDRE, Assigner, hypothéquer. Gl. *Adhœrere*, 3.

3. ADHERDRE, Adhérer. Gl. *Adhœrere*, 3. [Voyez Rayn. tom. ii, pag. 252, au mot *Adherir*].

* ADHERIR. Voyez *Adherdre*, 3.

ADHÉRITER, Adhireter, Mettre en possession. Gl. *Adhœredare*.

ADHÉRITION, et ADHERMENT, Adhésion. Gl. *Adhœrere*, 3.

ADJACIER, Être d'accord, avoir des liaisons et des alliances. Gl. *Adjencium*.

ADJECEMENT, Augmentation, perfection. Gl. *Adjanciamentum*. [Voyez Rayn. tom. iii, pag. 463¹, au mot *Agensamen*.]

ADJEUNER, Jeûner, s'abstenir de manger. Gl. *Dejejunare*.

ADIMENDRISSEMENT, Amoindrissement, diminution, dommage, perte. Gl. *Aminuere*.

ADJONCTIONS, Appartenances, dépendances. Gl. *Adjunctiones*.

ADJORNER, Commencer à faire jour. Gl. *Adjornare*, 3.

ADJOUB, Champ de genêts. Gl. *Adjotum*.

* ADJOURNAMENT, Ajournement, assignation. Gl. *Mannitio*, sous *Mannire*.

ADJOURNÉE, Adjournement, le point du jour;

1. ADJOURNER, Commencer à faire jour. Gl. *Adjornare*, 3. Voyez *Ajorner*.

* 2. ADJOURNER, Ajourner, assigner. Gl. *Submonere*, pag. 411¹.

ADIRÉ, Égaré, perdu. Gl. *Adirare*.

* ADIS, Interdit, égaré. Froissart, le joli Buisson de Jonece, pag. 351 :

> Et comment pour s'amour jadis
> J'ai esté souvent si adis
> Qu'à painnes me pooie aidier.

Pag. 391 :

> Un peu en fui premiers adis
> Et esbahis pour l'aventure.

ADJURÉ, Qui est lié par un serment. Gl. sous *Adjurare*.

ADJUSTAGE, Adjustement, Droit d'Ajuster ou étalonner les mesures. Gl. *Adjustamentum*.

1. ADJUSTER, Marquer, étalonner les mesures. Gl. *Adjoustare*.

2. ADJUSTER, Enfanter, accoucher. Gl. *Ajustare*. [Rayn. tom. iii, pag. 583¹, au mot *Ajazer*.]

ADJUSTEUR, Celui qui étalonne les mesures. Gl. *Adjoustare*.

ADMENAGE, Amenage, voiture, l'action d'amener. Gl. *Admenare*.

ADMESSURE, Fait, action, délit. Gl. *Amessura*.

ADMESUREMENT, Règlement, fixation. Gl. *Admensurare*, 1.

ADMINISTRARRESSE, Gouvernante, femme qui administre. Gl. *Administratorius*.

ADMINISTREUR, Administrour, Qui régit et administre. Gl. *Administratorius*.

ADMODIATEUR, Admodiour, Fermier, intendant, régisseur. Gl. *Admodiare*, 2, pag. 85¹.

ADMODIER, Admoisonner, Donner à ferme. Gl. *Admodiare*, 2.

ADMONESTATIF, Qui exhorte, qui excite. Gl. *Admonitio*, 2.

ADMONESTERESSE, Celle qui donne des avis, qui fait des remontrauces. Gl. *Admonitio*, 2.

ADMUIDIER, Convenir, traiter, s'accommoder. Gl. *Amodium*.

ADNICHILER, Réduire à rien, anéantir. Gl. *Annichilare* [et *Exinanire*.]

ADNULLEMENT, L'action par laquelle on annulle. Gl. *Annichilare*.

ADNULLIER, Administrer l'extrême-

onction, donner les saintes huiles. Gl. *Inoleare*.

ADOBE, pour Chevalier. Gl. *Adobare*, 2.

ADOBER, Armer quelqu'un chevalier. Gl. *Adobare*, 2.

ADOLÉ, Triste, chagrin. Gl. *Adolere*. [Guill. Guiart, tom. i, pag. 43, vers 475; (971.) Roman de la Violette, pag. 112, vers 2283; *Adulé*, Chron. de Jord. Fantosme, vers 129.]

ADOLER, Affliger, chagriner, faire de la peine. Gl. *Adolere*. [Gérard de Vienne, vers 723.]

* ADOLS, Adous, Ados, Armes, armure. Guiteclin de Sassoigne :

> Quant il issi de Rune as adols qu'ot vestiz.

Tristan, tom. i, pag. 9, vers 111 :

> Molt les vi jà taisant et muz
> Quant li Morhot fu aveuoz,
> Où n'en i out un d'eus tot soul
> Qui osast prendre ses adoul.

Roman de la Violette, pag. 211, vers 4465 :

> Au mort tos les ados osta,
> Puis est armés isniclement,
> Et est montés hastivement.

Roman de la Prise de Jérusalem, dans une note du Roman de Garin le Loherain, tom. i, pag. 65 :

> L'empereres de France dessendi à ses très,
> Illuec se désarma des adous qu'ot porté.

Voyez Rayn. tom. ii, pag. 27², au mot *Adob*.

* ADOMINER, Dominer, maîtriser. Agolant, pag. 173¹ :

> Einz ne pout mes son cuer adominer.

ADOMMAIGIÉ, Qui a souffert quelque dommage. Gl. *Addempnare*.

* ADONC, Adons, Adont, Adunc, alors. Roman du Renard, tom. ii, pag. 372, vers 19761 :

> De sa pel si con il est lous.
> Cele sourit et jeue adons
> Et dist, etc.

Partonop. de Blois, vers 1472 :

> Trosq'adont m'aiés espousée
> Est entre nos l'amors privée;
> Adont serai jo vostre espose.

Marie de France, tom. ii, pag. 250 :

> Adunc jura qu'il les prenroit.

Voyez Rayn. Choix de poésies des troubadours, tom. i, Introd. pag. 24, not. iii; Lexique Roman, tom. iii, pag. 73², au mot *Adonc*; Diez, tom. ii, pag. 391; Orell. pag. 300, ci-dessous *Donc*.

* ADONT, d'où. Chat. de Couci, vers 3445 :

> Adont venoient li semblant
> De son dous vis et atraiant,
> Quant li cuers par dedens est faus?

Comparez vers 3814, Rayn.; tom. iv, pag. 374², au mot *Ont*, ci-dessous *Dont*.

ADORNEMENT, Ornement, parure. Gl. *Adornare*.

* ADOS, Appui, soutien. Parton. de Blois, vers 2431 :

> François ont esté en repos,
> Et ont de socors bon ados.

Vers 8922 :

> Et puet plus c'uns povres valoir,
> Qui n'a ne per ne compaignon,
> Ne nul ados, se de soi non.

Chron. des ducs de Normandie , tom. ii, pag. 400, vers 26963 :

> Recet u'i aureit ne ados.

ADOSER, Adosser, Mettre derrière le dos, mépriser, laisser, abandonner. Gl. *Apostare*, 1. [Agolant, vers 803 :

> Ensus se traist cel œvre ont adosée.

Voyez *s'Entradosser*.]

* **ADOUBEMENS**, Armure. Fabl. et Cont. tom. iv, pag. 91 :

> Molt fu ses adoubemens beax.

Création de Chevalier. Guill. Guiart, t. ii, pag. 184, vers 4764. (13752) :

> Fist-il le jour de Penthecouste,
> Duquel volentiers m'esjoïs,
> Chevalier son frère Lois...
> Tost après cel adoubement, etc.

Voyez Rayn. tom. ii, pag. 27 ², au mot *Adobament*.

1. **ADOUBER**, Réparer, rétablir, remettre en état. Gl. *Adobare*, 1. [*Aduber une afere*, dans la Vie de saint Thomas , pag. 622².]

2. **ADOUBER**, Armer quelqu'un chevalier. Gl. *Adobare*, 2. [Armer, revêtir d'armes. Parton. de Blois, vers 2976 :

> Partonopeus r'est bien armés,
> A loi de François adoubés,
> Cauces de fer a bien tailliés , etc.

Gérard de Vienne , vers 2193 :

> Et li quens est maintenant adoubeiz
> Il vest l'auberc , lasce l'elme gemmé
> Et saint l'espée a poing d'or noelé.

Adoubé, Chevalier. Ibidem , vers 961 : .

> N'aureiz besoing en estrainge raigné
> Ne vos secoûre à trois mil d'adoubé.

Voyez *Adobé*, et Rayn. tom. ii, pag. 27¹, au mot *Adobar*.]

ADOUCHIER, Adoucier, Adoucir. Gl. *Dulcare*. [*Adocier*, Chron. des ducs de Normandie, tom. ii, pag. 262, vers 23092 :

> L'orguil dunt sunt cruel e fier
> Covendreit mult à adocier.

S'aducier, ibid. pag. 274, vers 23479; *Aducié*, tom. i, pag. 244, vers 4659; *Adulcié*, ibid. pag. 181, vers 2864 ; *Adulcé*, pag. 387, vers 8799. Voyez Rayn. tom. iii, pag. 66, au mot *Adolcir*.]

ADOULER, Affliger, chagriner, faire de la peine ; d'où.

ADOULÉ, Triste, chagrin. Gl. *Adolere*.

ADOURÉ, Adoré. *Le Vendredi adouré*, Le Vendredi saint , où l'on adore la Croix. Gl. *Dies adoratus*.

ADOVRIR Cour, Ouvrir les plaids, donner audience, permettre qu'on plaide une cause. Gl. *Aperire Curiam*.

ADRAS, Amende pour défaut. Gl. *Adramire*.

ADRECE, Chemin de traverse. Gl. *Adrateria*.

* **ADRECEMENT**, Réparation, satisfaction. Joinville, pag. 107. Roman de Perceval, dans le Glossaire, ibidem :

> Sire, fait Gauvains, nos loons
> Que vos prenez l'adrescement
> Et l'ommaije et l'amandement
> Que devant moi vos a ofert.

1. **ADRECER**, Adrecier, Faire droit, rendre justice. Gl. *Adresciare*. [Rendre droit,

---

remettre en son état, rétablir. Roman de Rou, pag. 27 :

> Et se il a le tort, bien li adrecera
> Hautement en sa court , si com il li ploira.

Gérard de Vienne, vers 1173 :

> S'il ait mesfait, pres est de l'adressier.

Vie de saint Thomas de Canterb. vers 350 :

> Et si vus mespris de ren avez
> Vers seinte église ci l'adrecez.

(al. *Esdrescez*.) Le joli Buisson de Jonece, Poésies de Froissart, pag. 378 :

> Oil , ce respondi Jonece,
> Il n'est-riens de quoi on n'adrece.

Roman du Renard, tom. i, pag. 21, vers 566 :

> Renart le vit si adreciez
> Ne s'ose à lui abandonner.

Chat. de Couci, vers 3971 :

> S' une piere i trouvez drechie
> Dont est no besongne adrechie.

2. **ADRECER** (S'), Tâcher, s'efforcer. Gl. *Adresciare*. [Se diriger. Gérard de Vienne, vers 2352 :

> Qui donc veïst l'un vers l'autre adrescier.

Chron. des ducs de Normandie, tom. i, pag. 219, vers 3916.]

3. **ADRECER**, Disposer, mettre en ordre, ranger. [Préparer un moribond.] Gl. *Adresciare* [et *Inoleare*.]

4. **ADRECER**, Abonder ; on se sert de ce terme lorsque l'année est abondante en fruits. Gl. *Adresciare*.

ADRECHIER, Arrêter, mettre la main sur quelqu'un. Gl. *Adresciare*.

ADRECIER. Voyez *Adrecer*.

ADRENER, Tenir un cheval par les rênes. Gl. *Adregniare*.

ADRESCE, Adresse, Chemin de traverse. Gl. *Adrateria*. [Roman du Renard, tom. ii, pag. 350, vers 19145.]

ADRISIER, Réparer, redresser, remettre en état. Gl. *Adresciare*.

ADROIT, pour Adjoint. Gl. *Adjutores*.

ADVANCER, Devancer, prendre le devant. Gl. *Ante-ambulo*.

* **ADUCEMENZ**, Adoucissement. Chron. des ducs de Norm. tom. i, pag. 6, vers 97 :

> Ne r'ait entre els aducemenz
> E concorde e ajostemenz.

ADVENAGE, Droit qu'on paye en avoine. Gl. *Avenagium* , 1.

ADVENAMMENT, Inopinément, par aventure. Gl. *Evenienter*.

* **ADVENANT**. Voyez *Mariage advenant*.

ADVENANT de Fief, Portion de fief, qui garantit de l'hommage dû au seigneur suzerain , l'acquéreur d'une partie du même fief. Gl. *Advenamentum*.

ADVENAS, paille d'avoine. Gl. *Advena*.

ADVENIR, Parvenir, arriver, atteindre. Gl. *Attingere*. [Voyez Orell, Grammaire, pag. 162.]

ADVENTURE, Eschoite, droit dû à un seigneur de terre en certains cas , qui arrivent comme par hasard. Gl. *Adventura*.

ADVENTURER, Échouer, faire naufrage. Gl. *Adventura*.

ADVENTUREUX, Les juges des tournois. Gl. *Adventurerius*.

ADVENTURIER, Sorte de fantassin. Gl. *Adventurerius*.

ADVERTICENCE, Avertissement. Gl. *Advertissamentum*.

* **ADVERSIER**. Voyez *Aversier*.

1. **ADVERTIR**, Considérer, réfléchir, reconnaître. Gl. *Advertere*.

2. **ADVERTIR**, Se advertir, Se ressouvenir. Gl. *Advertere*.

ADVESPREMENT, Le soir, la chute du jour. Gl. *Vesperatus*.

ADVEST, Investiture. Gl. *Advestitus* et *Vestire*, 1, pag. 789².

1. **ADVESTI**, Qui est mis en possession, qui jouit. Gl. *Advestitus* et *Advestitura*, sous *Vestire*, 1, pag. 789².

2. **ADVESTI**, Champ garni de grains. Gl. *Advestitus*.

1. **ADVESTURE**, Investiture, possession. Gl. *Advestitus* et *Advestitura*, sous *Vestire*, 1, pag. 789².

2. **ADVESTURE**, Grains dont une terre est couverte. Gl. *Advestitus*.

ADVEU, Complainte. Gl. *Adventum*.

ADVILLER, Avilir, abaisser. Gl. *Avillare*.

ADVINEUR, Devin. Gl. *Divinus*, 1.

* **ADUIRE**, Emmener, emporter. Chron. des ducs de Normandie, tom. i, pag. 41, vers 1052 :

> Devis e parti e espars
> Se sunt pur le païs destruire
> E pur le graut aveir aduire.

Voyez Rayn. tom. iii, pag. 83¹, au mot *Aduire*.

* **ADVIS**. *Jour d'advis*, Délai accordé pour préparer la défense. Gl. *Consilium*, 1.

ADVISER, Regarder avec attention. Gl. *Avidere*, 2.

* **ADUIT**, Accoutumé, instruit. Testam. de Jehan de Meung, vers 641 :

> Li graindre anemi Diez si sunt li renoié,
> Quant il sunt à mal faire aduit et avoié.

Voyez *Duit*, et Rayn. tom. iii, pag. 83¹, au mot *Aduire*.

ADULTERER, Commettre un adultère. Gl. *Adulterare*. [Rayn. tom. ii, pag. 29², au mot *Adulterar*.]

ADUNIR, Réunir. Gl. *Adunare*.

ADVOATEUR, Celui qui réclame ou reconnait quelque chose pour sien. Gl. *Advacati*, pag. 112¹.

ADVOCASSEL, Sorte d'injure, terme de mépris. Gl. *Abogadus*.

ADVOCATION, Profession d'avocat. Gl. *Advocatia*, sous *Advocati*, pag. 112².

ADVOEIS, Maïeur, maire de ville. Gl. *Advoatus*.

ADVOIRIE, Biens destinés au soulagement des pauvres et administrés sous la direction de l'*advoé* au maire. Gl. *Advoatus*.

ADVOLÉ, Aubain , étranger au pays où il se trouve. Gl. *Advoli*.

ADVOQUER, Évoquer. Gl. *Advocare*, 5.

1. **ADVOUÉ**, Maïeur, maire de ville. Gl. *Advoatus*.

2. **ADVOUÉ**, Protecteur, et celui qui est protégé. Gl. *Advocati*.

ADVOUERIE, Dignité, office d'*Advoué*; les émoluments attachés à cette charge. Gl. *Advocati*, pag. 112²-113².

ADVOUEUR, Celui qui intente une action pour réclamer son bien. Gl. *Advocutum*.

ADVOULTER, Avorter ; d'où

ADVOULTON, Avorton. Gl. *Abortire*.

ADVOULTRE, Bâtard, fils illégitime. Gl. *Adulterium*.

ADURCHIR, Endurcir, rendre dur. Gl. *Orbitare*.

ADURÉ, Endurci, accoutumé au travail, infatigable. Gl. *Adurere*. [Parton. de Blois, vers 2760 :

> Et Sornegur n'est pas vallés,
> Bons cevaliers est et provés
> Soufrans et fors et adurés.

Gérard de Vienne, vers 3753 :

> Mille de Puille à l'aduré tallant.

Vers 2695 :

> Ke Hautecleire avoit à non l'espée,
> Munificans l'avoit fait adurée.

Voyez Garin le Loherain, tom. i, pag. 65, not. Chron. des ducs de Normandie *passim*, et Rayn. tom. iii, pag. 90², au mot *Abdurar*.

ADWOUSON, Droit de présentation à un bénéfice. Gl. *Advocatio*, pag. 113³, et *Aspicere*, i.

ADZEMPLE, Bagage, ou le mulet qui porte le bagage. Gl. *Azemila*. [Ce mot est catalan.]

AÉ, Age, durée de la vie. Gl. *Ætas*. [Parton de Blois, vers 5614 :

> Et useras tot ton aé
> Se diex plaist en benéurté.

Garin le Loherain, tom. i, pag. 86 :

> Cil iert preudons se il vit par aé.

Voyez pag. 66. Flore et Blanceflor, vers 199 :

> De lor aé en nule terre
> Plus biax enfans n'estéust querre.

Voyez Gérard de Vienne, vers 2545, 3080.]

*****AEFIE.** . . . . Enfants Haymon, vers 781 (c'est une prière adressée à la sainte Vierge) :

> Cité en hault fondée et de biens aefie.

AEISEMENS, Usages, communes. Gl. *Aisentiæ*.

AEL, Aïeul. Gl. *Aviones*.

*****AEMPLIR**, Emplir, remplir. Chron. des ducs de Norm. tom. i, pag. 386, vers 8778 :

> Or ne sunt de rien desirant,
> Ne mais de faire tun talant
> Et de aemplir ta volenté.

Voyez le Glossaire de Joinville.

AENEAGE, Ainesse, le droit de l'aîné. Gl. *Ainescia*.

AENSAUCHIER, Accroître, augmenter. Gl. *Augmentare se*. [Voyez Rayn. tom. ii, pag. 60², au mot *Eyssausar*.]

*****AEOLE.** Voyez *Acole*.

*****AER**, Air. Voyez Rayn. tom. ii, pag. 29², au mot *Aer*.

AERDER, AERDRE, Prendre, saisir, s'attacher, attaquer, se jeter sur quelqu'un. Gl. *Adhærere*, 3. [Vie de la sainte Vierge, Chron. des ducs de Normandie, tom. iii, pag. 528, vers 575 :

> Et bordeliere fait de s'âme
> Clers qui s'aurt à fole fame.

Pag. 529, vers 629 :

> Qui s'i aart, qui s'i apuie
> Le porcel resemble et la truie.

Voyez Rayn. tom. ii, pag. 25², au mot *Aderdre*, et le Glossaire de Joinville.]

AERDRESSE DE BATAILLE, L'action par laquelle on accepte le duel, en prenant le gage du défi. Gl. *Adhærere*, 3.

*****AERIN**, Aérien. Rayn. tom. ii, pag. 30², au mot *Aerenc*.

AES, Ais, planche. Gl. *Aes*.

AESCHERI, Qui est suivi de peu de monde. Gl. *Escharcellus*. [Garin le Loher. tom. i, pag. 120, 152, 226, 279, 280 :

> Vit sa contrée de gens aescheri
> A poine pot son regne maintenir.

Comparez Rayn. tom. iii, pag. 147², au mot *Escarir*, délaisser, abandonner.]

AESCHIER, Amorcer, mettre un appât. Gl. *Allectatio*. [Voyez *Aachier*. Faire goûter. Guil. Guiart, tom. i, pag. 216, vers 5160 (5474.) :

> Commençastes à préeschier
> En Judée, pour aeschier
> La loi que nous ores tenons.]

Voyez *Esmer*.]

2. **AESMER**, Estimer, croire, présumer. Gl. *Esmerare*.

*****AESSER**, comme *Aeschier*. Roi Guillaume, pag. 90 :

> Qui le cuer monsignor aesse.

AEULLER, AEULLIER, Remplir un tonneau jusqu'à l'œil ou bondon. Gl. *Implagium*, 2.

*****AEURER**, comme *Aorer*. Roman de Guill. d'Orange, dans une note de la Chron. des ducs de Normandie, tom. i, pag. 159 :

> Le deu en jure que il aeure et prie.

*****AFAIRE.** Voyez *Affaire*.

AFAITEMENT, Ornement, parure. Gl. *Affaytamenta*. [Manière, façon. Parton. de Blois, vers 5571 :

> Por aprendre l'us del païs,
> Et de François l'afaitement.

Voyez Rayn. tom. iii, pag. 266¹, au mot *Afaitament*, et la Chron. des ducs de Normandie, tom. i, pag. 521, vers 12723 et suiv.]

*****AFAITER**, AFAITIÉ, Dresser, instruire, préparer, apprêter, apaiser. Partonop. de Blois, vers 1793 :

> Dont verés venir liemiers
> Et chiens gentils et bons levriers
> Jà ne verés miols afaitiés,
> Ne de lor mestier plus haities.

Vers 4572 :

> Si prist grant cure et grant conroi
> De moi afaitier et garnir
> Por l'empire par sens tenir.

Aubri le Bourg. pag. 161² :

> Que li Borgon est prous et afaités
> Et de ses armes coragus et proisiés.

Voyez Roi Guillaume, pag. 93. Gasse Brulés, chez Roquefort :

> Amor set afaitier
> Ces qui li font ligance.

Chron. des ducs de Normandie, tom. i, pag. 360, vers 7996 :

> Cist sont toz bons afaitemenz
> E toz les bons enseignemenz,
> Dunt haute riens est enseignée
> Ne aprisse e afaitiée.

Pag. 456, vers 10843 :

> Les quereles e les clamors
> Dont l'om li a faites plusors,

> Rafenies e afaitées,
> Concordées e apaisées.

Pag. 542, vers 13349 :

> As close met entention
> Qui pas n'aloent à raison :
> Asigne-les si e assene
> Qu'en pais les afaite a ordene.

Tom. ii, pag. 59, vers 17070 :

> Les leis que Rous avait donées
> A son poeir renovelées,
> La terre afaite e reconforte
> Qui tote esteit destruite e morte.

Voyez pag. 163, vers 2314, et 224, vers 4076. Roman de Roncevaux, pag. 5 :

> S'il velt estajes, faites li envoier
> Ou quinze ou vint, pour lui miex afaitier.

Roman du Renard, tom. iii, pag. 401, vers 22530 :

> Si en a le sengler overt
> Qui tot estoit de sanc covert,
> Tost l'ont afaitié à son droit,
> As levriers a doné lor droit, etc.

Flore et Jeanne, pag. 26 : *Si fist sa plaie afaitier.* Voyez *Affaiter*, le Glossaire de Joinville, et Rayn. tom. iii, pag. 265², au mot *Afaitar*.

*****AFAITER** (S'), Se mettre en état, se disposer, se préparer. Roman du Renard, tom. i, pag. 47, vers 1229 :

> Dant Constant a l'espec traite,
> Et por grant cop ferir s'afaite.

Gilote et Johanne, chez Jubinal, Fabliaux, tom. ii, pag. 33 :

> Afeytez-vus, file, afeytez-vus, fole,
> Vus estes mynz sage, venez à l'escole.

Voyez Rayn. tom. iii, pag. 265², au mot *Afaitar*.

AFAUL, Bouchon de taverne, fait de feuilles ou branches d'arbres, et qu'on met à une maison pour montrer qu'on y vend du vin en détail et à pot. Gl. *Affuiagium*.

*****AFAUTRER** (S'), Se joindre, s'appuyer. Voyez *Fautrer* et *Afeutrer*. Guill. Guiart, tom. ii, pag. 254, vers 6593 (15573) :

> La prémeraine (*eschiéle*) à l'assener
> Dut cil de Courtesiex mener ;
> Maint hardi homme s'i afautre.

AFEBLOIER, S'affaiblir, perdre ses forces, se décourager. Gl. *Indebilitatus*. [Chron. des ducs de Normandie, tom. iii, pag. 173, vers 36650 :

> Afebloia li reis Ewart,
> Si qu'ainz que trespassast li marz
> Fu morz, etc.

Tom. i, pag. 221, vers 3983 :

> Mult est queus Reinouz regretez.....
> Trop sunt de lui afebleié.

Voyez Rayn. tom. iii, pag. 296², au mot *Afeblir* et suiv.]

*****AFELONNIR.** Voyez *Afféllonner*.

AFELTRÉ, Harnaché. Gl. *Feltrum*. [Partonop. de Blois, vers 5528 :

> Quier moi, fait-il, un palefroi
> Bon et soef et sains derroi ;
> Et quant tuit erent endormi
> Tot afeltré l'amaine ci.

Voyez Rayn. tom. iii, pag. 319, au mot *Afeltrar*.]

AFERIR, Appartenir, convenir. Gl. *Afferere*. [Flore et Jeanne, pag. 14 : *Je sui trop povre piersonne pour avoir si haute pucielle, ne si riche ne si bielle com ma damoisielle est, ne je n'afiere pas à li, etc.* Voyez Rayn.

tom. II, pag. 31², au mot *Aferir;* Orell. Gramm. Franc. pag. 170; Halliwel au mot *Affere,* I.]

AFERISANT, Convenant, bienséant. Gl. *Affirere.*

AFERMAGE. Engagement, louage d'un valet ou apprenti. Gl. *Firmatus.*

* **AFERMER,** Affermir, rendre ferme et stable. Chron. des ducs de Normandie, t. I, pag. 3o5, vers 6426 :

> U nos devrons entr'assembler
> Par cest ovre si afermer
> Qu'en pramesse n'en covenance
> N'ait devers nos nule dotance.

Voyez le Glossaire de Joinville, Rayn. tom. III, pag. 314¹, au mot *Affermar.*

* **AFERNÉ,** Pourvu de bride, harnaché, Partonop. de Blois, vers 963o :

> L'on li amaine un bon ceval,
> Poi valut mains de Bucifal,
> Moult fu bien fais et assés grans,
> Et fors et isneaus et corans,
> Bien afernés et aaisiés
> Et fers et en dos et en piés, etc.

Peut-être pour *afrenés,* voyez Rayn. tom. III, pag. 396¹, au mot *Afrenar.* Ou faut-il lire *Afermés?*

AFETARDIR, Ralentir, retarder, devenir plus lent, se négliger. Gl. *Fetica.*

* **AFEUTRÉ,** comme *Afeltré. Mule afeutrée,* Roman du Renard, tom. II, pag. 356, vers 193o1. *Mul affautré,* Roman de Roncevaux, pag. 6o. *Selle afeutrée,* Agoland, pag. 169². Appuyé. Guill. Guiart, tom. II, pag. 175, vers, 4514 (135oo.) :

> Lances à arçons afeutrées.

Voyez *Fautre.*

AFEUTREMENT, Harnachement. Gl. *Feltrum.*

* **AFEUTRÉURE,** comme *Afeutrement.* Roman du Renard, tom. II, pag. 185, vers 14582 :

> Son écu et s'autre armeúre
> Tot a quise et afeutréure.

* **AFEYTER.** Voyez *s'Afaiter.*

AFFAILLIER, Affaiblir, devenir plus faible, plus débile. Gl. *Fallere.*

AFFAINEUR, Ouvrier, manœuvre, homme de journée. Gl. *Affanator.* [Voyez Rayn. tom. II, pag. 31², au mot *Affanaire.*]

AFFAIRE, État, condition. Gl. *Affare,* I. [Chatel. de Couci, vers 3148 :

> A chastelain de noble afaire,
> Preus as armes, sage et courtois,
> Man'ce salus, etc.

Voyez vers 799, et Rayn. tom. III, pag. 263², au mot *Afar.*

AFFAITER, Affaitier, Accommoder, raccommoder, apprivoiser. Gl. *Affait, Affaitare,* 2. [Voyez *Afaiter.*]

AFFAITIÉ, Affable, poli. Gl. *Affaitare,* 2. [Bien élevé. Voyez *Afaiter.*]

* **AFFANER,** Gagner en travaillant à la journée. Gl. *Affanator.* [*S'Affaner,* s'efforcer. Voyez Rayn. tom. II, pag. 31², au mot *Afanar,* et ci-dessous *Ahaner.*]

AFFANOUR, comme *Affaineur.*

AFFAR, Ferme, métairie. Gl. *Affarium,* I. [Voyez Rayn. tom. III, pag. 263², au mot *Afar.*]

AFFAUTRÉ, Harnaché. Gl. *Feltrum.* [Voyez *s'Afautrer.*]

* **AFFÉAGER,** Donner en fief. Gl. *Affi-*cavagium. [Voyez Rayn. tom. III, pag. 295¹, au mot *Affeuar.*]

AFFEBLOIER, Affaiblir, ralentir, décourager, énerver. Gl. *Indebilitatus.*

I. **AFFECTIÉ,** Accommodé, mêlé, falsifié. Gl. *Affaitare,* 2.

2. **AFFECTIÉ,** Armé, garni. Gl. *Affaytatus.* [Ban des Eschev. de Douai de 1262, dans le Supplém. de Roquefort, au mot *Afaitie : Ki il porte coutiel ameure ne broke quele qu'ele soit afaitie pour mal faire,* etc.]

AFFELLONNER, Affelonnir, Irriter, mettre en courroux. Gl. *Fello,* 2, pag. 220². [Voyez Rayn. tom. III, pag. 3o1¹, aux mots *Enfelonir* et suiv. Devenir furieux. Guill. Guiart, tom. II, pag. 92, vers 2367 (11343) :

> Se prennent à afelonnir,
> Pour les uns les autres honnir,
> Non pas comme personnes mates
> Fierent sus escuz et sus plates.

AFFERIR, Appartenir, concerner, convenir. Gl. *Affirere.* [Voyez *Aferir.*]

AFFERMÉEMENT, Affirmativement. Gl. *Affirmare,* 4.

AFFERUE, Afferure, Proportion. *Selon l'afferue,* à proportion. Gl. *Afferentia.*

AFFETIER, Raccommoder. Gl. *Affaitare,* 2.

AFFETTER, Affettier, Fouler, mettre les draps à la presse. Gl. *Affaitare,* 2. [Voyez Rayn. tom. III, pag. 266¹, au mot *Afaitar.*]

AFFEURAIGE, Droit seigneurial pour la taxe des denrées. Gl. *Afforagium.*

AFFEURER, Taxer, fixer le prix d'une marchandise. Gl. *Afforare.* [Voyez Rayn. tom. III, pag. 362¹, au mot *Aforar.*]

AFFIAGE, Affialle, Assurance, sûreté. Gl. *Affidagium.* [Voyez *Afier.*]

AFFIAILLÉS, Affialles, Affiances; Fiançailles. Gl. *Affidare,* 3.

AFFICAVAGE, ou *Afficanage,* Certain bail à cens, [dans le comté de Toulouse.] Gl. *Afficavagium.*

AFFICE, Affichail, Affiche, Boucle, agrafe. Gl. *Affectura, Firmaculum* [et *Fixula.*]

* **AFFICHÉ** (terme de blason), Attaché. Chat. de Couci, vers 716 :

> Escu d'or affiché d'asur.

Voyez *Aficher.*

AFFICHÉEMENT, Fixement. Gl. *Affixire.* [Chanson de Roland, stance 225, vers 8 :

> Puis si chevalchet mult afichéement.

Voyez *s'Aficher.*]

AFFICTEMENT, Bail à cens, louage, fermage. Gl. *Affictamentum,* sous *Afictus,* pag. 128³.

AFFIENSSER, Fumer, engraisser les terres avec du *fient* ou fumier. Gl. *Exfelcorare.*

AFFIER, Assurer, donner sa foi, fiancer. Gl. *Affidare,* 1,3, [et *Fiduciare,* sous *Fiducia,* pag. 289¹. Voyez *Afier.*]

I. **AFFIÉS,** Parents ou amis, qui assistent aux fiançailles. Gl. *Affidare,* 3.

2. **AFFIÉS,** Étrangers qui font foi et serment à un autre seigneur que celui dont ils sont nés sujets. Gl. *Affidati.*

AFFIN, Allié. Gl. *Affinare se,* 3. [*Mon cousin et bien-affin,* dans un testament de 1469, dans le Supplém. de Roquefort, au mot *Affin.*]

AFFINER, Arrêter, apurer un compte. Gl. *Affinare,* 2. [Voyez *Afiner.*]

* **AFFINITÉ,** Pays voisins. Chron. des ducs de Normandie, tom. I, pag. 128, vers 999o :

> Sa duchée, suu tenement,
> Ne guvernout pas solement,
> Qui totes les affinitez
> Qui à son regne erent justez, etc.

AFFIQUE, Boucle, agrafe. Gl. *Affectura.*

AFFIXER, Attacher, amarrer. Gl. *Affixire.* [Voyez Rayn. tom. III, pag. 32o², au mot *Aficar.*]

AFFLEBOIEMENT, Diminution. Gl. *Indebilitatus.*

AFFLEBOIER, Affaiblir, diminuer. Gl. *Indebilitatus.* [Voyez Rayn. tom. III, pag. 296², au mot *Aflebeiar.*]

AFFLIRE, Abattre, accabler. Gl. *Affligere.* [Chron. des ducs de Normandie, tom. I, pag. 94, vers 349. *Afliz,* pag. 76, vers 2081; pag. 129, vers 1362. *Aflite,* pag. 80, vers 19. *Affliz,* pag. 296, vers 6143. *Afluire,* pag. 248, vers 476o. *Aflis,* Flore et Jeanne, pag. 33.]

* **AFFOAGE,** Chauffage, comme *Affouage.* Gl. *Confoagium.*

AFFOER, Faire du feu. Gl. *Affocare.* [Voyez Rayn. tom. III, pag. 346², au mot *Afogar.*]

AFFOIBLISSEMENT, Diminution. Gl. *Indebilitatus.*

AFFOIBLOYER, Affaiblir, décourager. Gl. *Indebilitatus.*

AFFOLEMENT, Blessure. Gl. *Affolamentum.* [Voyez Rayn. tom. II, pag. 33¹, au mot *Afolamen.*]

I. **AFFOLER,** Blesser. Gl. *Affolare.* [Voyez Rayn. tom. II, pag. 33¹, aux mots *Afolar* et *Afoliar.*]

2. **AFFOLER (S'),** p. e. pour *Affoloier,* Vivre licencieusement avec des femmes. Gl. *Follis,* 3. [Voyez Rayn. tom. III, pag. 351², au mot *Afolir.*]

AFFOLLONNIR, Irriter, mettre en courroux. Gl. *Fello,* 2, pag. 220². [Voyez *Affellonner.*]

AFFOLURE, Blessure. Gl. *Affolare.*

AFFONDER, Couler à fond, enfoncer. Gl. *Affondare.* [Voyez *Afonder.*]

AFFORAGE, Afforage, Droit seigneurial, pour la taxe que le seigneur met au vin ou aux autres denrées. Gl. *Afforagium* et *Afforare.*

AFFORAIN, Étranger, forain. Gl. *Afforaneus.*

AFFORCER, Renforcer, augmenter. Gl. *Afforciare* [Voyez Rayn. tom. III, pag. 377¹, au mot *Enfortir.*]

AFFOREMENT, Estimation, prisée. Gl. *Afforamentum,* 2.

AFFORER, Mettre à prix et à *feur,* taxer. Gl. *Afforare.* [Voyez Rayn. tom. III, pag. 362¹, au mot *Aforar.*]

AFFOUAGE, Affouaige, Chauffage. Gl. *Affoagium* et *Affuiagium.*

AFFOUIR, Accourir, venir promptement et en hâte. Gl. *Affugere.* [Voyez Rayn. tom. III, pag. 406¹, au mot *Afugir.*]

AFFOULER D'ENFANT, Avorter, accoucher avant terme. Gl. *Affollare,* 2.

AFFOURER, Affourrer, Donner du fourrage aux bestiaux. Gl. *Foragare* [et *Es-*

saium, 2. Voyez Rayn. tom. III, pag. 371², au mot *Forre*.]

AFFRANCHY, p. e. l'instrument dont se servent les charretiers pour retirer leurs voitures d'un mauvais pas et le leur faire franchir. Gl. *Affrancamentum*.

*AFFREANT, pour *Afferant*, Convenable. Voyez *Aferissant*. Chatel. de Couci, vers 6340 :

> Il a une chambre céens
> Vées-la là, et un lit ens
> Petit, qui n'est pas affréans
> A vous, dame, ne souffissans.

* AFFRENER, Afrener, Mettre un frein, brider, dompter. Chron. des ducs de Normandie, tom. I, pag. 140, vers 1661 :

> E del empire e des Engleis
> Tint les regnes cume bons rois,
> E afrena solunc dreiture
> Cum enseign sainte escriture.

Tom. II, pag. 72, vers 1743¹ :

> Lor mautez savait afrener
> Vengier, apaisier e dampner.

Voyez Rayn. tom. III, pag. 369¹, au mot *Afrenar*.

AFFRESTER, Tenir à un *frés*, chemin ou voie publique, rue. Gl. *Frostium*.

1. AFFRONTER. Aboutir par la partie supérieure. Gl. *Affrontare*, 1. [Voyez Rayn. tom. III, pag. 402¹, au mot *Afrontar*.]
2. AFFRONTER, Attaquer. Gl. *Affrontare*, 1. [Voyez *Afronter*.]
3. AFFRONTER, Mettre vis-à-vis, confronter. Gl. *Affrontare*, 1.

AFFRUITIER, User, se servir. Gl. *Frudiare*. [Voyez Rayn. tom. III, pag. 404², au mot *Afruchar*.]

AFFUBLER, Vêtir, couvrir. Gl. *Affibulare*.

AFFUIR, Accourir, se réfugier quelque part. Gl. *Affugere*. [Aubri le Bourg. pag. 168¹ :

> Et je m'en sui à vo terre afuis.

Voyez pag. 153¹.

AFFUITIER, Accommoder, construire. Gl. *Affaitare*, 2. [Voyez Rayn. tom. III, pag. 411², au mot *Fustar*.]

AFFULEURE, Affulooir, Affulure, Coiffure, habillement de tête. Gl. *Affibulare*. [Voyez Rayn. tom. VI, pag. 24², au mot *Afublalh*.]

AFFUSTER, Présenter un bâton ou un arme contre quelqu'un. Gl. *Fustare*.

AFFUTAIGE, Ce que chaque compagnon payait au maître ou à ses camarades du même métier pour sa bienvenue. Gl. *Fusta*, 1.

* AFIANCÉ, Confirmé par une promesse, rassuré. Chron. des ducs de Norm. tom. II, pag. 467, vers 28898 :

> Tote cissi fu l'ovre apaissée
> E de deus pars afiancée
> A tenir perpetuaument.

Tom. I, pag. 150, vers 1978 :

> Veiant eus se sunt alé
> Ascuré e afiancé.

Pag. 571, vers 14205 :

> Ascuré e afiancié
> A de lui pris Bernart congié.

Voyez Rayn. tom. III, pag. 291¹, au mot *Afiansar*.

*AFIANCER, Rassurer. Chanson de Roland, stance 3, vers 18 :

> S'en volt ostages, e vos l'en enveiez
> U dis u vint pur lui afiancer.

AFICHE, Boucle, agrafe. Gl. *Affectura*.

AFICHER, Publier, enseigner hautement. Gl. *Affixire*. [Gérard de Vienne, vers 2884 :

> Hontouz en fuit, ce puix bien afichier.

Guill. Guiart, tom. I, pag. 28, 184, 231, 246, vers 88, 4223, 5538, 5923, (583, 4635, 5864, 6243.)]

*AFICHAR (S'), s'Aficer, s'appuyer, se fixer. *S'aficher sor les estriers*. Voyez Rayn. tom. III, pag. 320², au mot *Aficar*. Aubri le Bourg. pag. 160¹ :

> Quant eles voient Aubri si afichier
> Et si destendre sor l'auferrant corsier.

Agolant, pag. 179¹ :

> Espée as bone, bien t'en puez afichier.

S'efforcer, s'obstiner. Partonop. de Blois, vers 7321 :

> Et Bataillos, la grant, la rice,
> Qui de nos grever moult s'afice.

Guill. Guiart, tom. I, pag. 254, vers 6148 (6467) :

> Aveuc lui le dux de Sessoingne
> Qui de François grever s'afiche.

Tom. II, pag. 359, vers 9319 (18302) :

> Là est li enfés de Hénaut
> O grant gent, pour Flamens requerre,
> Qui s'afiche que de sa terre
> (Qu'il puisse) ne leur fera lais.

Voyez tom. I, pag. 136, vers 3011 (3403); pag. 289, vers 6849 (7379); Partonop. de Blois, vers 3035; Chanson de Roland, stance 189, vers 1 :

> Puis qu'il l'ad dit, mult s'en est afichet,
> Que ne lairat pur tut l'or desuz ciel
> Que il ainz ad Ais, o Carles soelt plaider.

Afiché, ibidem, stance 246, vers 10 :

> La bataille est mult dure e afichée.

Voyez *Afichéement*.

AFICHIÉMENT, Affirmativement, sans réserve. Gl. *Affixire*. [Voyez *Affichéement*.]

*AFIÉ, Qui a fait une promesse, juré, allié. Chron. de Jordan Fantosme, vers 142 :

> Mès Raül de Feulgière est vers mei revelez,
> Li cuens Huge de Cestre en est sis afiez.

Chron. des ducs de Normandie, tom. I, pag. 524, vers 12820 :

> Jurez e afiez amis.

Tom. II, pag. 24, vers 15982 :

> A son home lige afié.

Gérard de Vienne, vers 3063 :

> Lai sont andui plevi et afié
> De compaignie en trestot lor aé.

* AFIER, Promettre, assurer, affirmer. Gl. *Affidare*, 1. Partonop. de Blois, vers 9031 :

> Cest afi-je por jugement
> S'en ferai le desraisnement.

Roman du Renard, tom. I, pag. 20, vers 521 :

> Si vos afi ensorquetot
> Que mon pooir ferai de tot
> De ce que vodrez conmander.

Fiancer, promettre mariage. Partonop. de Blois, vers 4817 :

> Cele respont qu'el n'est s'amie
> S'il ne l'espouse une lafie.

Voyez vers 3973, 4018, 4166. Faire une convention, faire la paix. Chron. des ducs de Normandie, tom. II, pag. 25, vers 16025 :

> Si esgarde con faitement
> Vers eus te voudras contenir,
> De eus *afier* u d'envaïr,
> Se feras ce qu'il requerront
> E que vers tei demanderont,
> U si od eaus assembleras
> E si tu les *desfieras*.

Avoir confiance, se fier. Chron. de Jord. Fantosme, vers 1402 :

> Si vus cest ne graantez pur lui desheriter,
> Ne devez en nul lieu en sun cors afier.

Roman du Renard, tom. I, pag. 21, vers 552 :

> Renart qui point ne s'afia
> L'a bien oï et entendu,
> Si s'enfuist à col estendu.

Rayn. tom. III, pag. 290², au mot *Afiar*.

*AFIERT. Voyez *Afferir*.

AFIERTRÉ, Accommodé, ajusté. Gl. *Affaitare*, 2. [et *Lambricare*. V. *Affaitier*.]

AFILER (S'), Couler en filets. Chanson de Roland, stance 124, vers 5 :

> Sur l'erbe verte li cler sancs s'en afilet.

AFINER, Mettre à fin, à mort. Gl. *Affinare*, 2. [Mourir. Chron. des ducs de Normandie, tom. I, pag. 55, vers 1486 :

> Mult desire estre crestien;
> E se ci muert e ci afine
> Eisi cume chacuns devine,
> Misericorde aiez de lui.

Finir, terminer. Pag. 186, vers 2993 :

> Là tent to ses devinemenz,
> Ses sors e sis pramettemenz,
> Là afinera sa travaille
> Senz mescréantise et senz faille.

Chanson de Roland, stance 286, vers 16 :

> Il ne poet estre qu'il seient désevrez,
> Seinz hume mort ne poet estre afinet.

* AFINER (S'), Se proposer une fin, un but. Guill. Guiart, tom. II, pag. 216, vers 5593 (14575) :

> Que Challes et ceus de sa suite,
> Qui à guerre mener s'afinent,
> Vers Maldenguien se racheminent.

AFIQUE, comme *Afiche*.

* AFIT, Insulte. AFITER, Insulter. Roi Guillaume, pag. 80 :

> Se nus le laidenge n'afite,
> Jà por afit ne por laidenges
> N'ert de lui servis plus estranges.

AFLEBOIER, Affaiblir, diminuer de force. Gl. *Indebilitatus*.

AFLIT, Maigre, décharné. Gl. *Affligere*. [Voyez *Afflire*.]

* AFLUBER, comme *Affubler*.

* AFOLÉ, Téméraire. Gl. *Temeraritas*.

1. AFOLER, Blesser. Gl. *Affolare*. [Tuer. Flore et Blanceflor, vers 3019 :

> Et qu'en dira on, s'il l'ocit?
> N'est pas grans los, si con je cuit
> Se il les deus enfans afole.

Voyez Gérard de Vienne, vers 774, 2204; Agolant, vers 452; le Glossaire de la Chron. des ducs de Normandie, et celui de Joinville, ci-dessus *Affoler*, 1.]

* 2. AFOLER, Tromper. Chron. des ducs de Normand. tom II, pag. 276, vers 23529 :

> Qu'est ce dunt tu nos aparoles?
> Tot apertement nos afoles.

Partonop. de Blois, vers 2547 :

> De lui ai esté afolés

Ja ne sera mais mes privés.

Devenir fou. Miracles de Saint-Louis, pag.
454 : *Ladite Ponce fu si afolée et hors de son
sens que ele ne parloit pas à droit.* Parton.
de Blois, vers 2580 :

> Mes gentils homes a destruis...
> Afolé sont de moutalent.

Guill. Guiart, tom. II, pag 392, vers 10196
(19176) :

> Quant Gui de Namur a véues
> Trois de ses nés si tost perdues
> Qu'o les autres là amena,
> Tel duel et tel courrouz en a
> Que tout en rougist et afouc.

Voyez *Affoler* 2.]

AFONDER, Couler à fond, enfoncer. Gl.
Affondare. [Voyez Rayn. tom. III, pag. 359²,
au mot *Afonsar. Afondre,* aller à fond, s'enfoncer, couler bas. Roman du Renard,
tom. I, pag. 326, vers 18478 :

> Tot entor lui à sis archiées
> Fait un fossé d'eve parfont,
> Riens n'i puet entrer qui n'afont.

Pag. 91, vers 12018 :

> La cuve ot auques de parfont,
> Par dessus noe qu'il n'afont.

Voyez le Glossaire de Joinville.

AFORER, Mettre le *feur* ou prix à quelque denrée, taxer. Gl. *Afforare* [et *Ataumare*].

*AFOUER. Voyez *Afoler.*

AFOUIR, Comme *Affouir.*

AFRANCQUIR, Affranchir. Gl. *Affranquire.* [Voyez Rayn. tom. III, pag. 385¹, au
mot *Afranquir.*]

*AFRARIR (S'), Se promettre une fra-
ternité mutuelle. (Voyez Gl. *Fraternitas*, 3.)
Roman du Renard, tom. IV, pag. 437, vers
7467 :

> En tel fourme Frère Menu
> Avoient parlement tenu,
> Tant que il se sunt acordé,
> Entrebaisié et afié
> Et afrari par sierement.

*AFRONTÉ, Effronté. Gl. *Epudoratus.*
[Voyez Rayn. tom. III, pag. 402², au mot
Afrontar et suiv.]

*AFRONTER, Assommer. Guil. Guiart,
tom. II, pag. 263, vers 6808, (15799) :

> Maint bon serjant i deschevauchent
> Dont les chevaus sont afrontez.

Voyez Roquefort et *Affronter*, 2.

*AFUBLER, comme *Affubler.*

AFULEURE, comme *Affuleure.*

AGACHIER, Cri de l'*Agache* ou pie. Gl.
Agazia. [Voyez Rayn. tom. III, pag. 414², au mot *Gacha.*]

AGACHIES. FRÈRES AGACHIES, Religieux
dont l'habit était blanc et noir. Gl. *Fratres
Pyes*, pag. 401².

AGAIT, Aguet, embûche, guet-apens.
Gl. *Agaitum.* [*Insidiæ*, *Wactæ*, pag. 901².]
Chât. de Couci, vers 5752 :

> Puis la prent par la main et sache
> Vers le lieu où fu li agais,
> Et dont dist : Dame c'est souhais, etc.

Vie de saint Thomas, après la Chronique
des ducs de Norm. tom. III, pag. 619 :

> Deu le defende de mal aguait
> E de treisoun.

Chanson de Gaces, Wackernagel, pag. 9 :

> En agait son li envious.

Partonop. de Blois, vers 170 :

> Ains l'orent servi par amor;
> Puis le servirent par péor
> En duel, en pouerte, en deshet,
> Sor cuer tos jors et en aguet.

Voyez Rayn. tom. III, pag. 417¹, au mot
Agach.]

AGAITANT, Difficile, regardant, épiant.
Gl. *Agaitum.*

*AGAITHER, Agaiter, Épier, tendre des
embûches. Roman du Renard, tom. I,
pag. 7, vers 175 :

> Ceus qui sont plain de felonie,
> Qui ne firent del agaitier
> Con puissent autrui engingnier.

Chron. des ducs de Normandie, tom. III,
pag. 82, vers 17733 :

> M'unt maint message esté trâmis
> De lui traïr e d' agaitier
> E de querre son destorbier.

Pag. 461, vers 25904 :

> Gardez-vos or mais de fou plait
> Que sus la planche ne vos agait.

Voyez Rayn. tom. III, pag. 416². au mot
Agaitar.

AGAL, Canal, conduit pour faire couler
l'eau. Gl. *Aguale.* [Dans une charte latine
de Montpellier.]

AGAN, p. e. pour Encan. Gl. *Inquantare.*

AGAR. C'est la même chose que l'interjection admirative *Aga*, dont on se sert
encore dans plusieurs provinces, pour signifier *Regardez, voyez un peu.* Gl. *Avidere*,
2. [Voyez Rayn. tom. III, pag. 424¹, au
mot *Agarar.*]

AGARÇONNER, Traiter quelqu'un de
Garçon, c'est-à-dire de fripon, de débauché,
d'homme de néant, ce que ce terme a signifié,
après avoir servi à désigner les valets, et
principalement ceux qui suivent l'armée,
que nous appelons aujourd'hui goujats.
Gl. *Garcio*, pag. 479². [Voyez Rayn. t. III,
pag. 436², au mot *Agarissonar.*]

AGARDER, Regarder, voir. Gl. *Avidere*,
2. [Voyez Rayn. tom. III, pag. 426², au mot
Agardar.]

*AGAS, Plaisanterie, raillerie. Chron.
des ducs de Normandie, tom. I, pag. 200,
vers 3368 :

> A gius, n'à certes, n'à agas.

Voyez *Gas.*

AGASTER, Vieillir, passer sa vie dans
quelque emploi. Gl. *Gastare.*

AGASTI, Demeuré en *Gast*, en friche.
Gl. *Guastus*, sous *Guastum*, 3. [Chron. des
ducs de Normandie, tom. II, pag. 249,
vers 22740 :

> Arses sunt les cités garnies
> Craventées e agasties.

Tom. I, pag. 250, vers 4837 :

> Les terres lor a agasties
> E roboées e apovries.

Voyez Rayn. tom. III, pag. 438¹, au mot
Gast.

AGASTINER, Faire dégât, ravager, piller. Gl. *Guastare* sous *Vastum*, I, pag. 746³.

AGASTIS, Délit fait dans une forêt. Gl.
Guastare, sous *Vastum*, I, pag. 746³.

AGELONGNER (S'), S'agenouiller, se mettre à genoux. Gl. *Aggeniculare.* [Voyez Rayn.
tom. III, pag. 457¹, au mot *Agenolhar.* Ro-

man de Floire et Blanche-Flore, cité par
Roquefort, Supplém. pag. 10 :

> Se l'fiert du poig et de l'espée
> Si qu'il le fist ageloignier.

AGENCEMENT, Augment de dot, don
nuptial. Gl. *Agentiamentum.* [Voyez Rayn.
tom. III, pag. 463¹, au mot *Agensamen.*]

*AGENCI, Agréable, accompli, ou agile.
Guill. Guiart, tom. I, pag. 195, vers 3583
(3985) :

> Li roys et Guillaume de Barres
> Qui fu vistes et agenci.

AGENER, Offenser. *Crime de majesté Age-
née*, crime de lèse-majesté. Gl. *Gehennæ.*

*AGENOLLER † Gl. *Suffraginare. Age-
noillons*, à genoux. Voyez Orell. pag. 295,
Roquef. Supplém. pag. 10¹.

AGENT DU ROI, Procureur du roi. Gl.
Agentes.

AGER, Champart, terrage. Gl. *Agrarium.*

AGÉS, Chemins, détours. Gl. *Aggestus.*
[Voyez *Agiz.*]

AGGRAPPER, Prendre avec vivacité et
force. Gl. *Arrapare.*

AGGREGI, p. e. pour *Aigrest*, Vert, aigre. Gl. *Græcum vinum.*

*AGGRELLIR, Devenir grêle, mince. Fa-
bliau du vallet aux douze fames, dans le
Supplém. de Roquef :

> Que le cors li amenuisa
> Et le col li aggrellia
> Qui soulait estre gros et plains.

Voyez *Agrellir.*

AGGRIFFER, Égratigner. Gl. *Grifare.*

AGHAIS. MARCHÉ A AGHAIS. Laurière,
dans son glossaire, l'explique d'après Galland, d'un marché fait à termes de payement et de livraison, que doit *Aghaiter* ou
observer celui qui veut en profiter. Gl.
Agaitum. [Voyez Gl. *Aguayt.*]

*AGIEZ, Age, vieillesse. Roman du Re-
nard, tom. II, pag. 291, vers 17516 :

> . . . Cil se r'est couchiez
> Qui auques est à son agiez
> Et fu assez tost endormi.

*AGIEZ, Dards. Chanson de Roland,
stance 152, vers 10 :

> E wigres e darz e museras e agiez e gieser.

La leçon est évidemment fautive; comparez
stance 158, vers 10.

*AGETER (S'), Se jeter. Chanson de
Roland, stance 181, vers 19 :

> Serpenz e guivres, dragun e averser,
> Grifuns i ad plus de trente millers;
> Ne n'i ad cel à Franceis ne s'agiet.

Enfants Haymon, vers 837 :

> A genoux s'ageta et dist : Dieu par ton gré, etc.

1. AGISTEMENT, Impôt, tribut. Gl.
Agistare.

2. AGISTEMENT, L'action de se coucher, de se mettre au lit; et

AGISTER, et s'AGISTER, Se coucher. Gl.
Accubarare.

AGIZ, Tours et détours d'une maison.
Gl. *Agea*, I. [Voyez *Agés.*]

AGLAN, Glandée, Gl. *Aglanderata.*
[Voyez Rayn. tom. III. pag. 473², au mot
Aglan.]

AGLEISE, Église. Gl. *Escalentia.*

*AGLENT, AIGLENT, Églantier. Chanson de Retrus Aidefrois, Wackernagel, n. 1 :

Aleis moi dire Ugon sens nul arestement,
K'en mon pere vergier l'atandrai sous l'agient.

M. P. Paris, Romancero, num. 1, lit *Aiglent.* Voyez Rayn. tom. II, pag. 39¹, au mot *Aiglentino,* et pag. 35², au mot *Aguilen.*

AGLETER, Accrocher, attacher. Gl. *Aglutinare.*

AGNEAU, Anneau, entraves. Gl. *Annulus.*

* AGNEL, Certaine monnaie. Gl. *Moneta,* pag. 489². [Voyez Rayn. tom. II, pag. 33², au mot *Agnel.*]

AGNENCE, p. e. Une certaine quantité de laine. Gl. *Agnacia.*

AGOLÉ, Qui a une goule ou collet. Gl. *Gula mantelli,* sous *Gula,* 3, pag. 594¹.

* AGOUCER, Harceler, irriter. Guill. Guiart, tom. II, pag. 189, vers 4868 (13856) :

Quarrians qui preunent à voler
Hors des deux rens, qui s'entr'agoucent;
Maintes personnes i couroucent.

AGOUST, Canal, évier, égout. Gl. *Agotum.* [Voyez Rayn. tom. III, pag. 486¹, au mot *Degot.*]

AGOUSTER, Jeter ou faire couler l'eau, dessécher. Gl. *Agotare* et *Agotum.* [Voyez Rayn. tom. III, pag. 486², au mot *Agotar.*]

* AGOUT †, Égout. Gl. *Fractellum.*

* AGRAANTER, Accorder, approuver, agréer. Chron. des ducs de Normandie, tom. I, pag. 186, vers 2997 :

Itens fu li conseilz donez
E de trestoz agraantiez.

Voyez *Agréable.*

AGRAFINEURE, Égratignure, coup d'ongle. Gl. *Grifare.* [Voyez Rayn. tom. III, pag. 492¹, au mot *Grafinar.*]

AGRAGIER, Gréver, blesser. Gl. *Aggregiare.* [Voyez Rayn. tom. III, pag. 510², au mot *Agreviar.*].

AGRAINER, Produire, apporter. Gl. *Agranare.* [Voyez Rayn. tom. III, pag. 496², au mot *Granar.*]

1. AGRAPPER, Prendre avec vivacité et force. Gl. *Arrapare.* [Sermon de saint Bernard, Roquef. tom. I, pag. 36¹, au mot *Aggrapper : Si aucune gent viennent à ols por ols à soscorre, si plongent ensemble ols ceos k'ils puyent agrappeir.*

2. AGRAPPER, Frapper, battre. Gl. *Arrapare.*

* AGRAVENTER, Renverser, ruiner, détruire. Voyez *Craventer.* Chronique de Jordan Fantosme, vers 1244 :

La pierre de la funde à peine reversa
E un de lurs chevaliers à terre agraventa.

Vers 1593 :

Le Noef-Chastel-sur-Tine serrad agraventez.

Voyez vers 604.

AGRÉABLE, Complice, consentant, qui agrée une chose. Gl. *Agreabilis.*

AGRÉER, Payer, satisfaire à ce qu'on doit, donner contentement. Gl. *Agreare.*

AGREFFER, Saisir, prendre tout d'un coup et avec effort. Gl. *Arrapare.*

AGREGEMENT, Aggrave, aggravation, censure ecclésiastique. Gl. *Infortiatus.*

AGREGIER, Accabler, attaquer vivement.

Gl. *Aggregiare.* [Chron. de Jordan Fantosme, vers 1269 :

Certes, ceste faisance et cuer forment m'agriege.

Voyez *Agolant,* vers 493. Rayn. tom. III, pag. 510², au mot *Agreviar,* Halliwell aux mots *Agreg* et *Agreve,* et Roquef. aux mots *Agregier, Aggrever* et *Agrever.*]

AGRELLIR †, Rendre *grêle,* menu, mince et délié. Gl. *Grieillare.* [Voyez *Aggrellir.*]

AGRENET, Aigre, vert, qui n'est pas dans sa maturité. Gl. *Agrana.*

AGRERE, Champart, terrage. Gl. *Agrarium.*

AGRESLIER, Rendre grêle, émincer. Gl. *Grieillare.*

AGRESSER, Attaquer. Gl. *Agressus.*

AGRÉVANCE †, Peine, chagrin qui aggrave et accable. Gl. *Exaggatio.*

AGRIER, AGRIERE, Champart, terrage. Gl. *Agrarium.* [Voyez Rayn. tom. II, pag. 35¹, au mot *Agreira.*]

AGRIPPER, Prendre avec vivacité et force, ou avec les griffes. Gl. *Arrapare.*

* AGROI, Harnais, équipage. Partonop. de Blois, vers 7803 :

Là porcheçai lui cest agroi
Por aler à cest grant tornoi.

Roman de l'*Atre périlleux,* cité par Le Roux de Lincy, Chants historiques, tom. I, pag. 32 :

Au matin, quand il fut grand jor
Furent paié li jongléor;
Li un orent un biax palefrois
Beles robes et biax agrois,
Li autre selonc ce qui estoient;
Tuit robes et deniers avoient.

Voyez *Argroier.*

AGUAYT, Aguet, l'action d'une personne qui en épie une autre. Gl. *Aguayt.* [Voyez *Agait.*]

AGUE, subst. masc. p. e. Auvent, parce qu'il garantit de l'eau. Gl. *Auventus.*

* AGUET POURPENSÉ, Guet-apens. Gl. *Pensabiliter. Aguet appensé.* Lettre de 1410, dans le Supplém. de Roquef. pag. 10² : *A tué et murtry de fait et d'aguet appensé.*

AGUETÉ †, La pointe de quelque chose que ce soit. Gl. *Acuitas.*

* AGUICIER, Polir. Chastel. de Couci, vers 1058 :

Poitraus mettre et chevaus couvrir,
Et ces fors escus agnicier,
Et à mainte selle atachier
Ses culieres et ses houriaux.

Voyez Rayn. tom. II, pag. 36², au mot *Agusar.*

AGUIER, Assurer, donner sûreté en justice. Gl. *Guidare,* sous *Guida,* pag. 588³.

AGUILANNEUF, pour *Au-gui-l'an-neuf.* Borel, Ménage, et le Dictionnaire de Trévoux ont suffisamment parlé de l'antiquité de cette fête et des cérémonies dont elle était accompagnée : je n'ajouterai ici que ce qui peut servir à montrer jusqu'à quel temps elle a continué dans différentes provinces, et ce qui peut faire connaître de quelle manière on la célébrait. Lett. de gr. de 1473. Reg. 195, du Tr. des Chart. pièce 977 : *Le suppliant oyt des chalumeaulx ou menestriers, ... et trouva des varletz ou jeunes compaignons, ... qui aloient par illecques près querant Aguillenneu le dernier jour de décembre.* Autres de 1472. Reg. 197, pièce

302 : *Le jeudi vigille de la Circonsion* (Circoncision) *plusieurs compaignons faisans grant chere pour l'honneur de la feste, que l'en appelle communément Aguilloneu.* Autres de 1480. Reg. 207. pièce 4 : *Le derrnier jour de décembre le suppliant avec les bacheliers de la parroisse de la petite Boissiere* (Bas-Poitou) *et ung menestrier fut par les villaiges de ladite parroisse.... pour prandre et recevoir les aumosnes des bonnes gens qu'ilz ont acoustumé danner pour l'entreténement d'une lampe et de seize lamperons, ainsi que de coustume est de faire de tout temps la vigille de l'an neuf, et s'appellent lesdiz dons Aguillanneuf. Lesquelles lampes et lamperons sont pendans en l'église dudit lieu de la petite Boissiere devant l'image du Crucifix, et ont accoustumé estre alumées, c'est assavoir laddite lampe seule ès jours des dimenches et les festes annuelles, durant que on fait le divin service ; et lesdiz lamperons et lampe ensemble ès festes annuelles.... estoient lesdiz dons, rilles et oreilles de porceaux et autres pièces de char.... vendues publicquement après vespres au plus offrant et derrenier enchérisseur.*

Ce même terme, ou d'autres qui lui sont synonymes, et qui n'en different que par la manière de les écrire, ont été aussi appliqués aux présents qu'on faisait aux jeunes gens la veille de quelques autres fêtes de l'année, pour se divertir et se réjouir le jour de la fête, comme on peut le voir dans ce qui suit : Lett. de gr. de 1397. Reg. 153, pièce 110 : *Comme la veille de l'Apparicion, le suppliant et six autres jeunes hommes de la parroisse dudit lieu de Chevannes se feussent assemblez,.... et eussent entreprins d'aler par ledit lieu par bonne compaignie et esbatement, comme jeunes gens ont acoustumé à faire en ladite veille pour querir leur Guillenleu.* On lit *Haguirenleux* dans d'autres lettres toutes sembles à celles-ci de l'an 1399. Reg. 154, pièce 201; Lett. de gr. de 1408. Reg. 162, pièce 276 : *Comme le suppliant et Pierre Pelluel feussent alez soupper en l'ostel de* (la) *mere d'icelui suppliant,... tantost après arriverent devant ledit hostel Colin le Masnier et autres,.... lesquelz en maniere de dérision commencerent à crier à haulte voix, je m'en lo du past madame : et lors ledit Pierre Pelluel yssi hort dudit hostel en criant Haguimenlo,* etc. *Hanguevelle* dans d'autres lettres de 1409. Reg. 164, pièce 670. Autres de 1474. Reg. 195, pièce 1328 : *Vous m'avez promis me donner mes Haguillennes, ne me escondissez pas.*

Je trouve encore ce même usage désigné sous le mot *Héler* et *Héller.* Lett. de gr. de 1374. Reg. 106, pièce 331 : *Comme le darrain jour de décembre lesdiz de Frincourt avec plusieurs personnes de la ville de Cuc sur le mer se feussent assemblez pour jouer et Héler, comme il est accoustumé de faire chacun an icelui jour à la nuit.* Autres de 1387. Reg. 131, pièce 240 : *Comme ou mois de fevrier ou environ l'exposant et autre de sa compaignie par maniere d'esbatement et de consolation, ainsi que en la terre de Saint Amand en Peule et ou pays d'environ est acoustumé oudit temps de aler veoir ses amis ou voisins pour avoir par courtoisie de leurs biens ou monnoye courtoisement, affin de boire ensemble, qui est l'usage du pays, et lequel usage est appellé Héller,* etc.

On peut voir dans les Origines de Brieux plusieurs autres dénominations de la même chose. Consultez aussi la Dissertation de Basnage dans son Histoire des ouvrages des Sçavants. [Voyez le Supplém. de Roquefort au mot *Aguilan.*]

AGUILER, Piquer avec un aiguillon. Gl. *Aguillada.*

AGUILLADE, Aiguillon, bâton armé d'une pointe, dont on se sert pour conduire les bœufs. Gl. *Aguillada.* [Voyez Rayn. tom. II, pag. 37¹, au mot *Agulion.*]

AGUILLANEUF. Voyez ci-dessus *Aguilaneuf.*

* 1. **AGUILLE**, Terme d'architecture, Aiguille. Gl. *Aguilla*, 1.

* 2. **AGUILLE**, Aiguille, maladie du faucon. Voyez le Supplém. de Roquef. pag. 12¹, et Rayn. tom. II, pag. 37¹, au mot *Agullia.*

AGUILLÉE, comme *Aguillade.* Gl. *Aguillada.*

AGUILLENNEU. Voyez ci-dessus *Aguilanneuf.*

AGUILLER, Aiguillier, étui où l'on met les aiguilles. Gl. *Agullium.*

AGUILLETE, Aiguillette. Gl. *Aguileta.*

AGUILLIER, Aiguillier. Gl. *Agullium.* [Chastel. de Couci, vers 1361 :

> Donner lor doit-on par soulas
> Manches et aguilliers et las,
> Les savoureus baisiers promettre,
> Par fine amour dame jour mettre.]

AGUILLON, Aiguillon. Gl. *Aguillada.* [et *Stiga.* Roman de Renart, tom. I, pag. 9, vers 221. Voyez Rayn. tom. II, pag. 37¹, au mot *Agulion.*]

* **AGUILLONER** †, Piquer avec un aiguillon, *Stigare.* Gl. *Stiga.* Voyez *Aguiler.*

AGUILLONEU. Voyez ci-dessus *Aguilanneuf.*

* **AGUILLONEUSEMENT**, D'une façon piquante. *Lettres aguilloneusement escriptes,* dans le Triomphe des neuf preux; Roquef. Supplém. pag. 12¹.

AGUISE, Aiguillon, dont on pique les bœufs. Gl. *Aguillada.*

AGUISEMENT †, l'Action d'aiguiser, de rendre pointu ou aigu. Gl. *Acutio.* [Voyez Rayn. tom. II, pag. 36², au mot *Aguzament.*]

AGULENCIER † [mot provençal. Voyez Rayn. tom. II, pag. 35², au mot *Aguilancier,* églantier], Arboisier. Gl. *Arbustus.*

AGULHADE, **AGULLADE**, Aiguillon, dont on pique les bœufs. Gl. *Aguillada.*

AGUMENT †, D'une façon aiguë ou subtile et adroite. Gl. *Acutio.* [Voyez Rayn. tom. II, pag. 36¹, au mot *Agudament.*]

* **AHAIT**, Allégresse, ou peut-être Hâte, empressement. Vie de saint Thomas de Canterb. vers 366 :

> Al muster à joie menerent
> Et à Cantorbiri s'en alerent
> A grant ahait.

Il y a *Ahaitement,* Partonop. de Blois, vers 10034 :

> Et faisait sovent faus briés faire
> Por moi ahaitement atraire.

Mais il est évident qu'on doit lire *à haitement.*

1. **AHAN**, Peine, travail forcé, chagrin,

ennui, mort. Gl. *Ahenagium.* [Partonop. de Blois, vers 411 :

> A pais vesqui et sains ahans,
> Si moru plains de jors et d'ans.

Chanson, Wackern. pag. 82 :

> Dont plor et sospir,
> Et plaing mes ahans,
> K'il m'estuet soffrir
> Por celi cui j'aim.

Voyez Rayn. tom. II, pag. 31¹, au mot *Afan.*]

2. **AHAN**, Terre labourable, ensemencée. Gl. *Ahanare.*

AHANABLE, Labourable. Gl. *Ahanare.*

AHANAGE, Labourage. Gl. *Ahenagium.* [Chron. des ducs de Normandie tom. II, pag. 390, vers 26693 :

> Gaainz, labors e uoreture,
> N'ahanages, n'anz plenteis,
> Ne les deffent d'estre chaitis.]

* 1. **AHANER (S')**, Se fatiguer, prendre peine. Partonop. de Blois, vers 32 :

> Li rosegnols ses lais organe
> Qui del canter adiès s'ahane.

Voyez Rayn. tom. II, pag. 31², au mot s'*Afanar.*

2. **AHANER**, Labourer, cultiver. Gl. *Ahenagium.*

* **AHARDIR**, Donner du courage, rendre hardi. Prison d'Amours, fol. 18¹, dans le Supplém. de Roquefort :

> Les plus hardis accoardist
> Et les plus coars ahardist.

* **AHASTIE**, Empressement, vitesse. Guill. Guiart, tom. II, pag. 35, vers 885, (9851) :

> Li rois est en une bargète ...
> Un autre vessel les devance ...
> Et quel ...
> Sont li frère au roi en estant,
> Qui ne vont mie contrestant
> Cèle ahastie, ainçois la loent.

* **AHATIE.** Voyez *Aatie.*

* **AHATINES**, comme *Ahastie.* Renart, le Nouvel, vers 570 :

> Lors s'esmuevent par ahatines
> Li nouviel chevalier avant.

Voyez *Aatine.*

* **AHATIR**, S'empresser, se hâter. Chastel. de Couci, vers 1055 :

> Lor mesnies communaument
> Véissiés partout ahatir.

AHAUX, Immondices, ordures. Gl. *Ascobatum.*

AHAYER, Haïr, avoir de l'aversion pour quelqu'un. Gl. *Odiosus.* [Voyez Rayn. tom. II, pag. 163², au mot *Azirar,* et tom. III, pag. 575², au mot *Airar.*]

* **AHENER**, Labourer. Gl. *Ahanare.*

AHENNAGE, Labourage. Gl. *Ahenagium.*

AHENNER, Labourer. Gl. *Ahenagium.*

AHENNIAUS, De labourage. Gl. *Ahenagium.*

AHENNIER, Labourer. Gl. *Ahenagium.*

* **AHERDIR.** Voyez *Aherdre.*

1. **AHERDRE**, Prendre, saisir, empoigner, s'attacher. Gl. *Adhærere*, 3.

2. **AHERDRE**, Adhérer, se joindre à un parti. Gl. *Adhærere,* 3. [Voyez Rayn. tom. II, pag. 25², au mot *Adherir.*]

AHERMIER, pour *Ahennier,* Laboureur. Gl. *Ahenagium.*

AHERS, Attaché, qui tient fortement à quelque chose. Gl. *Adhærere,* 3.

1. **AHEURER**, Employer à propos, profiter du moment. Gl. *Ahorus.*

2. **AHEURER (S')**, S'absenter, se retirer, abandonner. Gl. *Ahorus.*

* **AHIE**, Exclamation. Roman de Renart, tom. I, pag. 47, vers 1212 :

> Ha! ha! le leu! ahie! ahie!

AHIERDRE, Prendre, soutenir quelqu'un. Gl. *Adhærere,* 3. [Roman de Renart, tom. IV, pag. 13, vers 343 :

> Renars s'est jà mis à la voie
> Quant cil abiersent lor bastons.

Voyez *Aerder.*]

AHIERS, Pris, entouré. Gl. *Adhærere,* 3.

* **AHIR**, Courage, force. Partonop. de Blois, vers 5647 :

> Partonopex sovent chaïst
> Se cil à cheval ne l tenist;
> Il a tant perdu son ahir
> Qu'il ne se puet par soi tenir.

Voyez *Aïr.*

* **AHOGE**, Ahuge, Énorme. Chron. des ducs de Normandie, tom. I, pag. 459, vers 10945 :

> Un sengler a chascié le jor
> Grant e ahoge e quartenor.

Tom. II, pag. 327, vers 25059 :

> Out une biere merveillose
> E laide e ahoge e hisdose.

Pag. 330, vers 25147 :

> Un chandeler de fer mult grant
> Agu e ahoge e pesant.

Livre des Rois, éd. Le Roux de Lincy, pag. 62 : *La hanste fud grosse e ahuge cume le suble as teissures.*

* **AHONIR**, comme *Ahonter.* Partonop. de Blois, vers 2617 :

> Ains se laissascent tot morir
> Qu'ils me soufrissent ahonir.

Chron. des ducs de Normandie, tom. I, pag. 380, vers 8581 :

> E se quident de nos partir
> Nos aviler, nos ahonir.

AHONNIER, Aplanir, rendre égal, unir. Gl. *Aplanare.* [Voyez *Aonnier.*]

AHONTER, Ahontir, Déshonorer, couvrir de honte. Gl. *Dehonestare.* [Voyez Rayn. tom. II, pag. 83¹, aux mots *Aontar* et *Ahontir.*]

AHOQUIER, Accrocher, enchaîner, attacher. Gl. *Hoccus.* [Flore et Jeanne, pag. 25 : *Ses esporons ahoka à la sarge au coron du lit.*]

AHORS, Cri qui se fait dans un tumulte. Gl. *Allot.*

AHUCHIER, Appeler, mander. Gl. *Hucciare.* [Voyez Rayn. tom. V, pag. 443¹, au mot *Ucar.*]

AHUER, Appliquer..... Partonop. de Blois, vers 83 :

> As tables et as eschiés juent
> E en ço lur entente ahuent.

AHUR, Voleur, celui qui surprend et emporte. Gl. *Bahudum* [Le passage de Guill. Guiart est tom. II, pag. 254, vers 6579 (15559). Du lat. *fur.* Espagn. *Hurtar,* voler.]

AIABLE, Aisé, facile. Gl. *Aisitus.*

3

* **AJANCER**, Arranger. Guill. Guiart. tom. II, pag. 128, vers 3287 (12268) :

Tant fit qu'avenc lui emmèua
Pierre (qu'en rimes ajançon)
Frére au roi, conte d'Alençon.

Voyez Rayn. tom. III, pag. 463¹, au mot *Agensar*.

* **AICHOU**, Hache [en Auvergne]. Gl. *Angones*. [Voyez Rayn. tom. II, pag. 101¹, au mot *Apcha*.]

* **AIDABLE**, Secourable. Chron. des ducs de Normandie, tom. I, pag. 417, vers 9704 :

Proz est e hardiz e aidables.

Pag. 427, vers 9982 :

Aidables est e secoranz
A humles e à bien voillanz.

Voyez Rayn. tom. III, pag. 609¹, au mot *Ajudable*.

AIDABLETÉ †, Aide, secours, assistance. Gl. *Auxiliabilitas*.

AIDABLEMENT †, Secourablement. Gl. *Auxiliabilitas* [et *Auxiliamen*].

AIDANCE, Secours, aide. Gl. *Aidare*. [Voyez Rayn. tom. III, pag. 609², au mot *Ajudansa*.]

***AIDE**. Voyez *Ayde*.

AIDER, Payer l'impôt appelé *Aide*. Gl. *Aidare*.

* **AIDERE**, Auxiliaire, qui aide. Chron. des ducs de Normandie, tom. I, pag. 451, vers 10693 :

Icco vos otrei, mei vivant,
Mei aidere e defendant.

Où le manuscrit de Tours porte *ajuerre*. Voyez le Supplement de Roquefort au mot *Aideor*, Rayn. tom. III, pag. 610¹, au mot *Ajudayre*.

***AIDIS**, Aide, celui dont on reçoit du secours. Chanson du Comte de Bar, Le Roux de Lincy, tom. I, pag. 49, et Laborde, pag. 161 :

Sachiez por voir, se vos m'estes aidis,
Vostres serai de bon cuer toz dis.

Chron. des ducs de Normandie, tom. I, pag. 403, vers 9258 :

Sorveer vout ses enemis
Saveir se il e ses aidis
Les porreient aler ferir.

Pag. 233, rubrique :

Ici prent Rous conseil, ci r'assaillent Paris,
Puis vait en Engleterre securanz e aidiz.

AIE, Aide, secours. Gl. *Aidare*. [Partonop. de Blois, vers 2019 :

Et deus vos gart et face aïe
Que la France ne soit honie.

Voyez vers 175, et Rayn. tom. III, p. 610², au mot *Ahia*. Chron. des ducs de Normandie, tom. II, pag. 201, vers 21262 :

Armées sunt bien lors aïes
E totes lor granz compaignies.

Aides, impôt, pag. 391, vers 26703 :

Aïes querent e taillées
E achaisons de chevauchées.]

AIER, Fils, héritier, ayant cause. Gl. *Affectus*, 1.

* **AIER**, Aider. Chron. des ducs de Normandie, tom. I, pag. 244, vers 4651 :

..... Sauves nos vies ;
E si tu à cco nos aïe
Ton lige serom mais demeine.

Dex aïe, cri de guerre des Normands, Roman de Rou, vers 9095, etc. *Si m'aïst Diex*, Garin le Loher. tom. I, pag. 6, etc.

* **AIERS**, Arrière. Gérard de Vienne, vers 2541 :

Si deus ce done, ki le monde ait formé,
C'aiers* m'en aile en vie et an santé.

Voyez Orell, pag. 330.

AIESEMENT, Usage, faculté d'user de quelque chose. Gl. *Aisantia*, pag. 157¹.

* **AIGLEL**, Certain ornement des manteaux et des casques. Partonop. de Blois, vers 10695 :

Bien fu vestue Melior
De siglaton à cercle d'or,
Par roies entor les aigleaus
Fu trestos parés li manteaus
De pieres de pluisors manières.

Chron. des ducs de Normandie, tom. I, pag. 125, vers 1252 :

E de baume riche de grant pris...
D'or e de pierres principaus
L'aigliau desus e li esmaus
E li cercles de ovre mirable.

* **AIGLENTIER**, Églantier. Voyez Rayn. tom. II, pag. 39¹, au mot *Aiglentina*.

AIGLETTE, Petit aigle, aiglon. Gl. *Aquileta*. [Aiglet. Voyez Rayn. tom. II, pag. 38², au mot *Aiglos*.]

AIGLIER, Aigle, pupitre, lutrin. Gl. *Aquila*.

AIGNE, Bête à laine, mouton, brebis. Gl. *Aignelinus*. [Voyez Rayn. tom. II, pag. 33², au mot *Agnel*.]

AIGNELER, Agneler. Gl. *Aignelinus*.

AIGNELIN, Laine d'agneaux et de jeunes moutons, toison. Gl. *Aignelinus*.

AIGNOS, C'est le nom que l'auteur d'une pièce qui se trouve dans les Mémoires de Condé, tom. III, pag. 241. édition in-4°, donne à ceux que l'on commençait alors à appeler *huguenots*. L'éditeur observe, dans une note d'après Spon, qu'en Savoie on nommait *Eignots* les citoyens de Genève, qui avoient accepté la bourgeoisie de Fribourg; et qu'il paraît en effet par la suite que ce mot venait de Genève.

AIGOUL, Canal, évier, égout. Gl. *Agotum*.

AIGRAT, Raisin aigre, qui n'est pas dans sa maturité. Gl. *Acerba*.

AIGRE, Apre, avide. Gl. *Afrontare*, 1. [Roman de Renart, tom. I, pag. 6, vers 131 :

Que si par est aigre d'aubler
Bien puet cele Hersent senbler.

Aigret. Guill. Guiart, tom. II, pag. 147, vers 3779 (12763) :

Comme genz à mal faire aigretes
Embrasent maisons et vilètes.

AIGRESSE †, Amertume, aigreur. Gl. *Acritudo*.

AIGREST, Raisin aigre. Gl. *Acerba*, [et *Agresta*. Voyez Rayn. tom. II, pag. 34², au mot *Agras*.]

AIGREVIN, Vinaigre. Gl. *Vinum agasatum*.

AIGROIER, Animer, exciter, piquer. Gl. *Acritudo*.

AIGRUN, Toutes sortes d'herbes et fruits aigres. Gl. *Acrumen*.

AIGUAGE, Droit qu'on paye pour avoir

de l'eau pour ses jardins ou prés. Gl. *Aquagium*.

AIGUE, Eau. Gl. *Aiguerium*. [Voyez Rayn. tom. II, pag. 39², au mot *Aigua*. Aigue-rose. Partonop. vers 10846 :

Prisent l'aigue en dorés bacins,
Aigue-rose tot à fuison,
Onques d'autre n'i lava-on.

Voyez Rayn. ibid. au mot *Aigua-rosa*.]

AIGUER, Arroser, donner de l'eau. Gl. *Aiguerium*.

AIGUET, Aiguier, Canal par lequel l'eau s'écoule. Gl. *Aiguerium* et *Aquarium*, 2.

AIGUILLE, Poisson. Gl. *Aiguilla*, 2.

AIGUILLON, Petite aiguille de tête. Gl. *Acucula*, 1.

AIHUE, Tout ce dont on peut s'aider et servir. Gl. *Aidare*.

* **AIKES**, comme *Alques*. Gérard de Vienne, vers 1159 :

Si vos dirai aikes de mon avis.

AILAGES, Champs qui sont le plus près d'une ville, d'un bourg, etc. Gl. *Aalagia*.

1. **AILEVIN**, Aillevan, Enfant abandonné par ses parents, et qu'on enlève pour en avoir soin, enfant trouvé. Gl. *Allevaticius*.

2. **AILEVIN**, Étranger, qui est d'ailleurs. Gl. *Allevaticius*.

3. **AILEVIN**, Terme de mépris, par allusion aux *alevins*, petits poissons de rempoissonnement. Gl. *Allevaticius*.

AILLEMONT, Canton du diocèse de Soissons. Gl. *Aillemontius*.

AILLEURE, Alliage. Gl. *Alaia*.

* **AIMAS**, Diamant. Marbodus de Gemmis, dans le Glossaire de Roquefort, à ce mot :

Aimas est pierre ital
K'ele est clér cume cristal, etc.

Voyez Rayn. tom. II, pag. 162², au mot *Aziman*, *Ayman*, etc.

* **AIMMES**, pour *Ainsmes*, Dorénavant. Ancien chant, Wackernagel, pag. 71 :

De la grant ardure
D'enfer, ke tous tens dure,
Deffendeis nos aimmes.

1. **AIN**, Hameçon. Gl. *Hamatores*. [Chastel. de Couci, vers 139 :

Li vales vint au chastelain,
Que amours avoit pris à l'ain.

Roman de Mahomet, pag. 16, vers 316 :

Mais quant la mors l'ot pris à l'ain.

Chron. des ducs de Normandie, tom. II, pag. 263, vers 23130 :

Plusors de France de mal pleins
Par qu'i diable tent ses ains.]

Voyez Rayn. tom. II, pag. 62¹, au mot *Ama*.]

2. **AIN**, Maille, petit anneau de fer. Gl. *Hamatores*.

3. **AIN**, An. Gl. *Elourdatus*.

* **AINC**, Jamais. Partonop. de Blois, vers 158 :

Ne fu teus hom ainc puis ses jors.

Chanson du Vidame de Chartres, Laborde, pag. 179 :

Ainc fame, fors vous, ne me fist.

Voyez Rayn. tom. II, pag. 80², au mot *Anc*.

* **AINÇOIS**, Avaut, auparavant. Voyez Orell, pag. 333, et Rayn. tom. II, pag. 92¹, au mot *Anceis*. Mais, au contraire. Chron. des ducs de Normandie, tom. I, pag. 277, vers 5590 :

> E dunt l'onor n'en ert pas nostre,
> Ainceis sera quitement vostre.

AINE, p. e. Ainesse, droit de l'aîné. Gl. *Ainescia*.

* **AINE**, comme *Ane*, Canard. Gérard de Vienne, vers 53 :

> Pris ait deux aines etc.

1. **AINGNE**, Laine d'agneaux et de jeunes moutons. Gl. *Aignelinus*.

2. **AINGNE**, Aine. Gl. *Bocia*, 4.

AINGRÉER, Payer, satisfaire, donner contentement. Gl. *Agreare*.

AINMI, Hélas. Chastel. de Couci, vers 2592 :

> Lors se replaint et dit : ainmi!
> Las! pourquoi onques y pensai?

* **AINS**, Avant. Gl. *Æsnecia*. [Voyez Orell, pag. 333. Rayn. tom. II, pag. 92, au mot *Ant*. Partonop. de Blois, vers 7994 :

> Et vait bien ains jors al mostier.

Flore et Blanceflor, vers 838 :

> Arrier est cascuns retornés
> Dedens la sale, qui ains ains.

Jamais. Agolant, vers 1244 :

> Je sais tres bien qu'ainz n'out en volenté.

* **AINSE**, Ainsse, Aise, Aisse, Anxiété, angoisse, peine. Chron des ducs de Normandie, tom. II, pag. 479, vers 29200 :

> Soffert tel aise e teu haschée.

Pag. 492, vers 29565 :

> Tote s'aisse, son estoveir
> Li a mandé e fait saveir.

Pag. 503, vers 29868 :

> Longe vie, prosperité
> Senz aisse e senz aversité.

Dans tous ces passages le manuscrit de Tours lit *ainse* ou *ainsse*, mais tom. I, pag. 99, vers 491, il porte :

> Plen d'aisse e de dolur e d'ire.

Voyez Rayn. tom. II, pag. 41¹, au mot *Ais*.

AINSGNÉAGE, Ainsnage, Ainsnéage, Ainesse, droit de l'aîné. Gl. *Ainescia*.

AINSNE, Marc, ce qui reste des raisins après qu'ils ont été pressurés. Gl. *Esna*.

AINSNÉ, Aîné. Gl. *Annatus*, 1. [*Antenatus*, et *Æsnecia*.]

* **AINSOS**, Aissos, Dans l'anxiété. Chron. des ducs de Normandie, tom. II, pag. 360, vers 35891 :

> Trop avez esté, ce m'est vis,
> Enuit ainsos e entrepris.

Pag. 378, vers 26338 :

> Hauz dux, veiz-ci ta genz ainsose.

Le manuscrit de Tours porte *aissos*, vers 5634 et 17668, où l'autre manuscrit a *angoissos*. Voyez *Ainse*.

* **AINZ**. Voyez *Ains*.

AIONER, Bégayer. Gl. *Aiones*.

AJONSION, Adoption. Gl. *Adjunctus*.

AJOOUS, Espèce de genêt, ajoncs. Gl. *Adjotum*.

* **AJORNÉE**, Ajournée, Ajurnée, Point du jour. Chanson de Roland, st. 271, vers 9 :

> La noit le guaitent entresqu'à l'ajornée.

Partonop. de Blois, vers 7330 :

> Odil, demain à l'ajornée
> - En ferai le commencement,
> S'en adouberai plus de cent.

Voyez Garin le Loher. éd. P. Paris, tom. I, pag. 271, et comparez *Anuitée*.

AJORNER, Ajourner, commencer à faire jour. Gl. *Adjornare, Diescere* [et *Lucinare*. Voyez Rayn. tom. III, pag. 589², au mot *Ajornar*. Chanson de Roland, stance 158, vers 2 :

> Cum pesmes jurz nus est hoi ajornez.

Roman du Chevalier du Cygne, dans une note de la chronique des ducs de Normandie, tom. I, pag. 472 :

> En estant ierent là dès ci qu'à l'ajorner.

Garin le Loher. tom. I, pag. 215 :

> La nuit s'en va et l'ajorner reviat.

Chronique des ducs de Normandie, tom. I, pag. 566, vers 14068 :

> Tot dreitement en l'ajornant...
> Dunc parisseit l'aube del jor.

Roman de Renart, tom. II, pag. 137, vers 13269 :

> Tote jor ajornée errerent
> Par la forest.

* **AJOURNEMENT†**, Commencement du jour. Gl. *Crepusculum*.

AJOUS, Espèce de genêt, champ qui en est rempli. Gl. *Adjotum*.

AJOUSTER, s'Ajouster, S'attacher. Gl. *Ajustare*. *Ajoter*, Joindre, unir. Partonop. de Blois, vers 1256 :

> Deus totes dames beneïe
> Et face amer sans vilonie
> Et à cascun une en ajort
> Qu'à nul autre home ne s'amort.

Voyez Rayn. tom. III, pag. 593¹, au mot *Ajostar*. Voyez *Ajuster*.]

* **AIR**, Force, violence, haine. Partonop. de Blois, vers 491 :

> Il conquist plus par son air
> Que ses oirs ne pot maintenir.

Vers 1017 :

> Fors qu'en la coupe al damoisel
> N'a or ni argent ne noel,
> Car elle est tote d'un safir;
> Entosche i perdroit son air.

Vers 2177 :

> Partonopeus le voit venir,
> Le ceval point par grant air,
> L'espiel li plante en son escu.

Voyez Flore et Blanceflor, vers 454. Guill. Guiart, tom. I, pag. 225, vers 5385 (5711) :

> Enz el milieu de sa bataille
> Va tant comme il puet plus d'air.

Chron. des ducs de Normandie, tom. I, pag. 215, vers 3826 :

> Quant oil le fiert par mi le cors
> D'air si del glaive en lunçant
> C'une puis ne pout aler avant.

Tom. III, pag. 126, vers 35379 :

> Kar ainz que lor gent fust levée
> Unt la vile tot alumée;

> Granz fu la flambe e grant l'air.
> N'i pout nule riens garantir,
> Par tot esprist e arst mancis.

Voyez Rayn. tom. II, pag. 163¹, au mot *Azir*, et tom. III, pag. 575¹, au mot *Air*.

AIRCHE, pour *Arche*, Coffre. Gl. *Archia*, 1.

1. **AIRE**, Nid. Gl. *Area*, 4. [Voy. Rayn. tom. II, pag. 29², au mot *Aire*. Origine. Chronique des ducs de Normandie, tom. II, pag. 388, vers 26636 :

> Toz jorz retraient vers l'aire
> E vers l'oriue...

2. **AIRE**, Terrain vague, jardinage, pépinière. Gl. *Area*, 1, pag. 382³ et 383¹.

* 3. **AIRE**, Air, manière, façon. Chronique des ducs de Normandie, tom. I, pag. 333, vers 7203 :

> Vilain, fait-ele, de mal aire.

Pag. 591, vers 14815 :

> Ne nos seies plus de mal aire,
> Kar benignes e humilianz
> Sumes à faire tes talanz.

Tom. II, pag. 398, vers 26915 :

> Feus e cuilverz e de mal aires.

* 4. **AIRE**, Hâte. Voyez *Erre*. Vie de St-Thomas de Canterburi, après la Chron. des ducs de Normandie, tom. III, pag. 623 :

> Mout tout le erchevesque le bref list,
> E au aire arere escrist
> Si lur maundad, etc.

* **AIRÉEMENT**, Avec vigueur, courageusement. Guill. Guiart, tom. I, pag. 222, vers 5309 (5635) :

> François, qui airéement
> Viennent le pas, serréement.

Chronique de Jordan Fantosme, vers 1035 :

> E vait ferir Flamens mult airéement.

Chronique des ducs de Normandie, tom. I, pag. 412, vers 9529 :

> Ja ne sera mais reconté
> Que plus très-airéement
> S'alast combatre nule gent.

Voyez le Supplément de Roquefort au mot *Airement*.

* 1. **AIREMENT**, Ardeur, acharnement, dépit, chagrin. Flore et Jeanne, pag. 36 : *La dame se confiesa à lui et li dist tout son airement, et li dist ke elle estoit molt courecie,* etc. Chronique de Jordan Fantosme, vers 660 :

> Des ambesdous parz ont grant airement.

Voyez le Supplément de Roquefort au mot *Airemant*.

* 2. **AIREMENT**, comme *Airement*. Voyez Rayn. tom. II, pag. 141², au mot *Atrament*.

* **AIRER (S')**, Se courroucer. Fabliau de Male-Honte, dans le Glossaire de Roquefort :

> Li rois s'aïre, si l'esgarde,
> Vilains; fet-il, li maus feu t'arde, etc.

* **AIRIÉ**, Ardent, acharné. Chronique des ducs de Normandie, tom. I, pag. 176, vers 2703 :

> Une n'oïstes mais à nul jor
> Asembler plus felun estor
> Plus airié, plus senz merci.

Voyez pag. 268 et 492, vers 5323 et 11855.

* **AIRISON**, Colère. Gérard de Vienne, vers 194 :

> Oliviers l'ot, si taint com un charbon,
> Se li respont par grant aïrison.

* **AIROS**, Ardent, violent. Chron. des ducs de Normandie, tom. II, pag. 360, vers 25882 :

> Del feu qu'il out fait aïros.

AIRURE, Labour, culture. Gl. *Arura*, 2.

AIS. *Monter un cheval à ais*, p. e. à poil. Gl. *Aisientia*. [Poésies de Froissart, pag. 361 :

> Tout à esdos, sans gehorel,
> Sans selle, sons frain et sans bride,
> Par le monde chevauce et ride.]

* **AIS-LI**, Ais-vos, Voici. Chanson de Roland, stance 175, vers 10 :

> Ais-li un angle ki od lui soelt parler.

Stance 279, vers 4 :

> Ais-li devant un chevalers gentilz.

Stance 247, vers 8 :

> Ais-vos le caple e dulurus e pesmes.

Voyez *Es-vos*.

1. **AISE**, Volonté, gré, fantaisie. Gl. *Aisamenta* [et *Edia*, 1. Voyez Rayn. tom. II, pag. 41², au mot *Aize*].

* 2. **AISE**. Voyez *Ainse*.

AISEMENS, Ustensiles, bijoux, tout ce qui est utile ou nécessaire à quelqu'un, suivant son état ou sa profession. Gl. *Aisamenta* [et *Aasamentum*. Coutumes du Beauvoisis, chap. 49, art. 3 : *Por refere pons, ou cauchiés, ou moustiers, ou aucuns aisemens communs*].

1. **AISEMENT**, Gré, volonté, plaisir, usage. Gl. *Asamentaum*, *Aisamenta*, et *Aisimentum* sous *Aisantia*. [Voyez Rayn. tom. II, pag. 41², au mot *Aizimen*.]

2. **AISEMENT**, L'action par laquelle on se décharge le ventre, et le lieu qui est destiné à se soulager. Gl. *Aisamenta*.

* 3. **AISEMENT**, comme *Aiesement*.

* 4. **AISEMENT** †, Convenablement. Gl. *Localiter*. Voyez Rayn. tom. II, pag. 42¹, au mot *Aizidamen*.

1. **AISER**, Donner le nécessaire, mettre quelqu'un à son aise, lui procurer ses aises, garnir, servir. Gl. *Aisamenta*. [Voyez Rayn, tom. II, pag. 42¹, au mot *Aisar*. *S'Aizer*. Chastel. de Couci, vers 6690 :

> Orc se refont et si s'aizent,
> De tous leurs meschiés se rapaisent.]

2. **AISER**, Prêter. Gl. *Aisamenta*.

3. **AISER**, Panser. Gl. *Aisamenta*.

4. **AISER**, Aller à la garde-robe. Gl. *Aisamenta*.

AISETTE, Petite hache, à l'usage des tonneliers. Gl. *Aissata*. [Voyez Rayn. tom. II, pag. 101¹, au mot *Apcha*.]

AISIÉ, Celui qui peut ou qui veut faire quelque chose. Gl. *Aisatus*.

AISIELS, Aisiers, Aisil, Vinaigre. Gl. *Acceptabulum*, 2. [Roman de Renart, tom. IV, pag. 68, vers 1874 :

> Aisil atendoumes pour baume,
> Fiel destempré arons pour miel.

Voyez Roquefort au mot *Aisil*.]

AISIER, comme *Aiser*, 1, Gl. *Aisamenta*. [Voyez Rayn. tom. II, pag. 42², au mot *Aizir*.]

* **AISIL**, comme *Aisselle*. Tournoyement d'Antechrist, dans le Glossaire de Roquefort, au mot *Aisceau* :

> Si cras c'on lui poust conter
> Les costes tutes sens mesconter,
> E couvrir de tuil ou d'aisil,
> Ausi com s'il venist d'essil.

* **AISIVEMENT**, Facilement. Alars de Cambray, dans le Supplément de Roquefort :

> Qui œvre selonc ce qu'il voit
> Moult aisivement se porvoit.

Voyez *Aisement*.

* **AISMER**, Comparer. Chastel. de Couci, vers 5203 :

> Ne un ne deulz ne saroie nommer
> Qui à lui se peuist aismer.

Voyez *Esmer*.

AISNAGE, Aisnéage, Aisnesse, Aisneté, Aînesse, droit de l'aîné. Gl. *Ainescia*.

AISSADE, Houe, instrument à labourer la terre à la main. Gl. *Aissada*. [Voyez Rayn. tom. VI, pag. 3², au mot *Aissada*.]

AISSAULE, Petit ais à couvrir les toits. Gl. *Aessella*, [et *Panna*, 2].

* **AISSE**. Voyez *Ainse*.

AISSELLE, Petit ais à couvrir les toits et les livres, dosse. Gl. *Aissella*. [Voyez *Aisil*.]

AISSENNE, comme *Aisselle*. Gl. *Aissella*.

AISSETE, Aisette, Petite hache, à l'usage des charpentiers et tonneliers; p. e. aussi planche ou armoire. Gl. *Aissata*.

* **AISSIELLE**, comme *Aisselle*. Gl. *Aissella*.

AISSIER, comme *Aiser*, 1. Gl. *Aisamenta*.

AISTRE, Maison et le lieu où l'on fait le feu. Gl. *Astrum*.

* **AIT**, Hâte, empressement. Chanson de Roland, stance 90, vers 15 :

> Brochent ad ait pur le plus tost aler.

Voyez *Ahuit*.

AJUDE, Aide, secours. Gl. *Aiuda*. [Voyez Rayn. tom. III, pag. 609¹, au mot *Ajuda*.]

* **AJUE**, comme *Ajude*. Roman de Renart, tom. I, pag. 3, vers 68 :

> Qant Eve vit qu'ele a perdue
> Sa brebiz, s'ele n'a ajue.

Chronique des ducs de Normandie, tom. I, vers 2603 :

> Qu'il n'i aveient mais defense
> Conseil, ajue, ne despense.

Voyez pag. 205, vers 3508, et pag. 233, vers 4317.

* **AIVE**, Aivel, Aives, Aïeul. Chron. des ducs de Normandie, tom. I, pag. 21, vers 541 :

> Uncle e nevo e frere e aive.

Pag. 97, vers 440 :

> Vos muet tut d'aive e de tresaive.

Pag. 316, vers 6743 :

> Qu'onques sis peres ne sis aives
> Sis ancestres ne sis besaives, etc.

Pag. 490, vers 11809 :

> Qu'ainz fu revistez son aivel.

* **AJUER**, Aider. Chronique des ducs de Normandie, tom. I, pag. 180, vers 2823 :

> De sun seignor merci crier
> Qu'il ajuent à delivrer.

Pag. 234, vers 4361 :

> Porrum en Engleterre aler
> Le rei securre e ajuer.

Pag. 584, vers 14582 :

> Eissi le me feit ostagier
> Que j'à ce faire li aju.
> Ci oncor pas ne m'en remu, etc.

Pag. 432, vers 10113 :

> Qu'il li ajut vers ceux de France.

Tom. II, pag. 3, vers 15367 :

> Dites que j'aju à Richart
> E li tienge mun serrement.

* **AJUEMENT**, Aide, secours. Chron. des ducs de Normandie, tom. II, pag. 87, vers 17839 :

> S'il sol ma fille vout e prent,
> Pere, conseil, ajuement
> Li serai mais vers tote gent.

* **AJUEOR**, Aide, auxiliaire, complice. Chronique des ducs de Normandie, tom. III, pag. 186, vers 36900 :

> Tu e tes faus ajueors,
> Cuilverz, renciez, traitors.

Voyez *Aidere*.

AJUME, Heaume, armure de la tête. Gl. *Helmus*, 1.

AJURER, Conjurer, prier instamment. Gl. *Adjurare*. [*s'Ajurer*, se lier par serment. Vie de Saint Thomas de Canterbury, vers 506 :

> Ceo fu la fin, qué tuz granterent
> La volenté le rei et si s'ajurerent
> Par serment.

* **AJUSTÉE**, Assemblée, rencontre. Chanson de Roland, stance 240, vers 18 :

> Unkes nul hom ne vit tel ajustée.

Stance 246, vers 11 :

> Une einz ne puis ne fut si fort ajustée.

Disputoison du cors et de l'ame, vers 134, cité dans le Glossaire de la chanson de Roland :

> Deable renoias
> Et od Deu t'ajestas;
> Mais d'icelle ajostée
> Fu briève la durée.

* 1. **AJUSTER**, Joindre, se rejoindre, assembler, ranger; rejoindre pour combattre. Comparez *Assembler*. Chanson de Roland, stance 72, vers 4 :

> Devant Marsilie as altres si s'ajust.

Stance 66, vers 11 :

> Quatre cent milie en ajustet en trois jurs.

Stance 89, vers 18 :

> A cez paroles vunt les oz ajustan t.

Stance 215, vers 11 :

> Icez esc'ieles bon les vunt ajustant.

Stance 260, vers 3 :

> Cil sunt vassal ki les oz ajusterent.

Chronique des ducs de Normandie, tom. I, pag. 571, vers 5407 :

> E veit ses genz trop envaïr
> E de totes parz assaillir,
> Ferdre, partir e desevrer
> Serz recovrer, senz ajoster.

Pag. 153, vers 2060 :

> De là ù mers est plus parfunde
> S'en sort, e emfle e lieve sus
> Si cum uns ars trait haut e plus;
> Fent sei pur mi par tut sorbir,
> Al ajoster se fait oïr
> De dis liues loinz e de mais.

Chanson de Roland, stance 90, vers 18 :

> Francs e paiens os-les-vus ajuster.

Gérard de Vienne, vers 622 :

> Au fer des lances serons hue ajusté.

Vers 2528 :

> C'andui ensamble sommes si ajusté,
> Ceste bataille ferons en champ mellé.

Voyez *Juster* et Rayn. tom: III, pag. 592¹, 593¹ aux mots *Jostar* et *Ajostar.*

2. AJUSTER, Étalonner les poids et les mesures. Gl. *Ajustare.*

* AJUTOIRE, Aide, assistance. Chron. des ducs de Normandie, tom. I, pag. 569, vers 14143 :

> Quel ajutoire aureit de vos.

AJUWE, Aide, secours. Gl. *Ajutum.*

AL, Autre chose, autrement. Roman d'Aubri, pag. 175¹ :

> Le fist jeter ens en se chartre aval,
> A grant dolor, ne sai que je di al...
> Cascun jor soit batus d'un fut poignal,
> Et de pain d'orge gardés ne mangut al.

Voyez Orell, pag. 66, Rayn. tom. II, pag. 44¹, au mot *Al.*

ALACAYS, Sorte de gens de guerre, arbalètriers. Gl. *Lacinones.*

ALACHER, Avancer, approcher, présenter, porter quelque chose contre quelqu'un en le menaçant. Gl. *Allucere.* [Voyez Halliwell au mot *Alacche.*]

ALAGUES, comme *Alacays.*

ALAIAUTER, Se purger par la loi ou par serment d'un crime dont on est accusé. Gl. *Adlegiare.*

* ALAINS, ou *al ains*, Au plus vite. Renart, tom. II, pag. 314, vers 18143 :

> A son tref vient et si s'atorne
> Alains qu'il puet et s'apareille.

Voyez tome IV, pag. 93, vers 2567; pag. 29, vers 784.

ALAMBASTRE, pour *Albatre*, Gl. *Alabaustum.*

* ALASCHIER, Lâcher, relâcher. Roman de Renart, tom. I, pag. 26, vers 693 :

> Un petitet s'est tret arriere,
> Il voit qu'ele est en la chariere,
> Si s'est un petit alaschie.

Voyez Rayn. tom. IV, pag. 33¹, au mot *Laxar*, et ci-dessus *Alacher.*

* ALASSE, Malheureux, fatigué. Voyez le passage sous *Aclasse.*

ALAYER, Diviser un bois en plusieurs parties, que l'on distingue par des *lées* ou marques faites à des arbres. Gl. *Laia.*

ALBARE, Quittance, acquit. Gl. *Albara*, 2. [Voyez Rayn. tom. II, pag. 50¹, au mot *Albaran.*]

ALBE, pour *Aube*, Vêtement d'église. Gl. *Alba.* [Voyez Rayn. tom. II, pag. 48², au mot *Alba.* Vie de Saint-Thomas de Canterbury, vers 529 :

> Des armes u treit defension,
> Amit, alb, stol et fanos
> Si se fit armer.]

ALBEJOTS, Albigeois. Gl. *Albigenses.*

* ALBERC, ALBERJON, Haubert, haubergeon. Gl. *Alberc*, 1, et *Gambeso*, pag. 470³.

ALBERON, Espèce de froment. Gl. *Alberon.*

ALBUN, Blanc d'œuf. Gl. *Albura.* [Voyez Rayn. tom. II, pag. 49¹, au mot *Album.*]

* ALCAN, Quelques-uns, comme *Alquant.*

ALCARERRIA, Ferme, métairie hameau [en Basque]. Gl. *Alcheria.*

ALE, Aile d'armée, corps de troupes. Gl. *Alæ*, 3.

ALEAUTER, comme *Alaiauter.*

ALEBIQUEUX, Pointilleux, difficile, querelleur, qui s'offense aisément. Gl. *Alloquax.*

ALECRET, pour HALECRET, Espèce de corselet léger fait de mailles. Gl. *Halsberga* [et *Lacinones*].

* ALECTOIRE, Pierre alectorienne. Voyez Rayn. tom. II, pag. 53², au mot *Alectori.*

1. ALÉE, Galerie, corridor. Gl. *Alea*, 2.

2. ALÉE, Voyage, départ. Gl. *Ales*, 1.

* ALÉEUR, comme *Alée*, 1, Guill. Guiart, tom. II, pag. 371, vers 9649. (18630) :

> Li garrot le chastel tresperce,
> Dont el front sont les aléeurs,
> Et se fiert sus les trompeeurs.

Voyez *Aloir* et *Aleor.*

ALEGEMENT, l'Action de décharger un vaisseau. Gl. *Alegium.*

ALEGER, ALEIER, comme *Alaiauter.*

ALEGER, comme *Alejer.*

ALEGIER UN VAISSEAU, Le décharger d'une partie de ses marchandises, pour lui faciliter l'entrée du port. Gl. *Alegium.*

* ALEGRANCE, Allégresse. Chronique des ducs de Normandie, tom. I, pag. 206, vers 3547 :

> Joios, haitié, plein d'alegrance.

Voyez page 449, vers 10629; tom. II, pag. 15, vers 15699.

* ALEIÉ, comme *Alée*, 1.

* ALEIER, Gouverner selon la loi et la justice. Chronique des ducs de Normandie, tom. I, pag. 83, vers 88 :

> Sire, funt-il, veiés cest mal
> Qui en cest regne multeplie.
> Riens nule el siecle n'i aleie,
> Chose demeine ne comuné
> N'i est à nul suene une.

Pag. 468, vers 11179 :

> Li ordres lais par ceste vait,
> Cil qui là hors al siecle estait;
> Chanoine e clerc qui ceus aleient,
> Qui mult soventes feiz desveient;
> Soz ices vit li ordres lais.

Pag. 472, vers 11307 :

> Ausi est cum soriz en meie
> Poples que justice n'aleie.

Roman d'Aubri, pag. 164¹ :

> Ci a prodome por sa jent alegier,
> Cis doit onor et terre justisier.

ALEJER, Guérir, recouvrer la santé. Gl. *Levigare*, 2.

* ALEIGNE, Poinçon. Gl. *Graphium*, 1. *Alesne*, Parton. de Blois, vers 2969,

2988. Voyez Rayn. tom. II, pag. 53², au mot *Alena.*

ALEMANDE, Sorte de ragoût liquide, espèce de chaudeau. Gl. *Alimanda.*

ALEMARCHE, Armoire. Gl. *Almarchia.*

ALEMELLE, ALEMIELLE, Alumelle, tout instrument de fer qui est tranchant. Gl. *Alemella, Trialemellum* [et *Hacheta*].

ALEMOIRE, Sorte de bateau. Gl. *Almarium.*

ALENAS, Poinçon, petit poignard. Gl. *Alenacia.*

ALENBY, Alambic. Gl. *Alambinum.*

ALENER, Pour *Haléner*, Infecter quelqu'un de son haleine. Gl. *Alenhare.* [Voyez Rayn. tom. II, pag. 84¹, au mot *Alenar.* Chronique des ducs de Normandie, tom. I, pag. 576, vers 14355 :

> Cum cil qui d'amertor alcine
> Od alme de diables pleine.]

ALENNIER, Étui à alênes. Gl. *Alenacia.*

ALENT. *L'alent d'une lieue*, l'espace d'une heure. Gl. *Leuca*, 2.

ALENTER, Ralentir, rendre plus lent. Gl. *Adlentare.*

* ALEOR, comme *Aloir*, Galerie. Chron. des ducs de Normandie, tom. II, pag. 133, vers 19236 :

> Par cent leus sus les aleors,
> Sus les portaus e par les tors.

Garin le Loher. tom. I, pag. 169 :

> Alez aus murs les aleoirs garnir.

* ALERION, Aiglon. Partonop. de Blois, vers 10323 :

> Chiute de dum d'alerion.

ALÉS, Sardines ou anchois. Gl. *Ales*, 1.

* ALESNE. Voyez *Aleigne.*

* ALEUER, comme *Aleier?* Guill. Guiart, tom. II, pag. 235, vers 6091 (15072) :

> Hardie gent ra vers la queue
> Que Jaques de Saint-Pol aleue.

1. ALEVER, Commencer, établir. Gl. *Alevamum.*

2. ALEVER, Imposer une faute ou un crime à quelqu'un. Gl. *Alevamum.* [Voyez Rayn. tom. II, pag. 64², au mot *Allevar.*]

3. ALEVER, Lever un impôt. Gl. *Allevamentum*, 1.

* 4. ALEVER, Élever, placer dans un haut rang. Partonop. de Blois, vers 425 :

> Ains alevait fils à vilains.

Gérard de Vienne, vers 3687 :

> Toz ses lignaiges an seroit aleveiz.

Chronique des ducs de Normandie, tom. I, pag. 452, vers 10706 :

> Cil que vous i vodreiz amer
> E escreistre e alever, etc.

Tom. II, pag. 534, vers 30608 :

> Mal espleite, qui tel alieve
> Qui apres l'en damage e grieve.

ALEUR, Voyageur, qui court le pays. Gl. *Peragrator.*

* ALÉURE, Train, pas. Roman de Renart, tom. I, pag. 3. vers 65 :

> Grant aléure et granz galos
> S'en va li leus fuiant au bos.

ALEUTIER, Tenancier, celui qui possède le domaine utile des héritages, dont la directe appartient au seigneur. Gl. *Alodis*, pag. 200³.

* ALGEIR, ALGIER, AGIEZ, Dard. Chanson de Roland, stance 32 fin, et 33 commencement :

Un algier tint ki d'or fut enpenet
Férir l'en volt se n'en fust deturnet.
Li reis Marsilies ad la culur muée,
De sun algeir ad la hanste crollée.

Stance 152, vers 10 :

Il lor lancent e lances e espiez
E wigres e darz e museras e agiez.

Voyez Halliwell, au mot *Algere*.

* ALGORISME, Art du calcul. Voyez Rayn. tom. 11, pag. 54¹, au mot *Algorisme*; et le Supplém. de Roquef. pag. 15.

ALIANCHE, Liaison, société. Gl. *Aliancia*.

* ALIBORON, Nom d'uné plante. Comparez *Aliborum* dans le Glossaire. Roman de Renart, tôm. 11, pag. 356, vers 19307 :

Et herbes i trova assez
Dont li rois sera respassez,
Aliboron i a trové
Que plusors genz ont esprové;
Qui est bone por eschaufer.
Et por fievres de cors oster.

ALIE, Fruit de l'alisier, suivant Borel; p. e. aussi que c'est l'ail. Gl. *Alida*. [Roman des Sept Sages, édit. de Le Roux de Lincy, pag. 22 : *En mi la forest avoit un prael, au milieu de ce prael si ot un alier qui fu grans et merveilleus et bien chargiez d'alies meures.* Flore et Blanceflor, vers 2023 :

Il n'a sous ciel n'arbre tant cier,
Benus, plantoine, n'alyer,

Chronique de Jordan Fautosme, vers 395 :

N'aurez de mun cunquest vaillant à un alie.

Vers 1625 :

Ne dute les Flamengs vaillant à uu alis.

Voyez Gérard de Vienne, vers 1310, 2791, 3314. Roman de Renart, tom. IV, pag. 84, vers 2353 :

. . . . . S'il ne seut partir
Le bien don mal, qui vansist mie
En singoorage une alie.]

* ALIEMENT, Alliance. Chronique des ducs de Normandie, tom. 1, pag. 432, vers 10091 :

D'amor facent aliement.

Pag. 450, vers 10670 :

E teus seit nostre aliement
Qu'entre nos dous nuls ne se mette.

ALIENE, ALIENNE, Étranger, même celui qui n'est pas de la banlieue. Gl. *Alienigena*. [Partonop. de Blois, vers 2589 :

Or ai en cest ost cevaliers,
Ce dist l'on, quatre cens milliers :
Li cent mile ne sout pas mien,
Ains me sunt trestot alien :
Or ont éu lor livrisons, etc.

Chronique des ducs de Normandie, tom. III, pag. 351, vers 41107 :

E cum les joies terrienes
Sunt estranges e aliènes
Fausses, decevanz e muables.

* ALIER (S'), Se rallier. Partonop. de Blois, vers 2213 :

Quant Sarasin contr'aus s'alient
Et des brans espiols les desfient.

Chastel. de Couci, vers 303 :

Adont ses cuers à ce s'alie.

* ALIESON, Alliance. Chronique des ducs Normandie, tom. 11, pag. 90, vers 17930 :

Ensemble unt fait alieson.

ALIEU, Louage, engagement, ce qu'un apprenti paye à son maitre. Gl. *Allocatus*, 3.

ALIGER, Se lier, s'engager. Gl. *Adjencium*.

ALIGNAIGER, ALINAGIER, Prouver parenté, établir par preuves sa descendance. Gl. *Lignagium*, 3.

ALIGNIÉ, Recherché dans son maintien, qui affecte de se tenir droit. Gl. *Aligneamentum*. [Partonop. de Blois, vers 9171.]

ALINER, Ranger sur une même ligne. Gl. *Aligneamentum*.

ALINGNANCE, District, ressort, étendue d'une juridiction. Gl. *Aligneamentum*.

ALIZ, Compacte, serré; d'où, *Pâte alixe*, qui n'est point levée, ce qui la rend compacte. Gl. *Panis*, t. 11, pag. 58² et 52¹. Romance d'Aidefrois, vers 9 :

Vestue fut la dame per coentixe,
Moult iert belle graile et graisse et alixe.

P. Paris, Romancero, pag. 7, *Alise*. Guill. Guiart, tom. 1, pag. 148, vers 3309 (3691.) :

Au desus el travers de Sainne
Estoient en cele semaine
Ordenéement, comme aliz,
Endroit Gaillart trois granz paliz
Atouchanz l'une et l'autre rive.

ALLAGAIER, Élaguer, émonder. Gl. *Adminundare*.

ALLAIER, Donner à l'or et à l'argent l'alloi requis et ordonné par le prince. Gl. *Alleium*.

ALLE, Espèce de bière. Gl. *Ala*, 4.

ALLEDE, Espèce d'oiseau. Gl. *Ales*, 2.

ALLEGE, Vaisseau destiné à porter une partie de la charge d'un autre, lorsqu'il en est besoin. Gl. *Allegium*.

ALLELUIE, Partie de l'office divin, et le temps où l'on chante Alleluia. Gl. *Alleluia*, pag. 187².

ALLENÉ, Hors d'haleine, fatigué, harassé. Gl. *Alenhare*.

ALLER A GARANT, Se sauver, se cacher, pour se garantir de ce qu'on craint. Gl. *Garantus* sous *Garantire*.

ALLER ENTRE DEUX, Faire l'office de médiateur. Gl. *Medius*.

ALLÉS, comme *Alés*. Gl. *Caquus*.

ALLETES, Certaine coutume ou droit de la vicomté d'eau de Rouen. Gl. *Alletes*.

ALLEUCHON, Alluchon, le bout ou la dent d'un hérisson. Gl. *Aleuba*.

ALLEVINER, Empoissonner, mettre des alevins dans un étang. Gl. *Alleviare*.

ALLEUVIER, Vider un étang. Gl. *Alleviare* [pour *Alleviner*].

ALLIGUEUR, Grand parleur, qui n'a que du verbiage. Gl. *Alloquax*.

ALLOCHON, comme *Alleuchon*.

ALLOEIRE, Aleu, héritage. Gl. *Alodis*, pag. 198².

ALLOEUF, pour *Aleu*. Gl. *Alodis*, pag. 199³.

ALLOGE, Horloge; d'où,

ALLOGEUR, Horloger. Gl. *Allogiæ*.

ALLOIERE, Gibecière, bourse. Gl. *Alloverium*. [Chastel. de Couci, vers 1029 :

La dame dist qu'elle est faite (*la mance*);
Hors d'une aloiere l'a traite,
Que elle à sa ceinture avoit.]

ALLONGUEMENT, Délai, prolongation. Gl. *Allongare*, 1.

ALLOT, Terme usité en Languedoc pour animer et exciter. Gl. *Allot*.

ALLOUANCE, Approbation, ratification. Gl. *Allocare*, 1. [Angl. *Allowance*.]

ALLOUÉ, Compagnon, ouvrier qui s'engage à un maître. Gl. *Allocatus*, 3.

1. ALLOUER, Employer, dépenser. Gl. *Allocare*, 3.

2. ALLOUER, Louer, prendre à loyer. Gl. *Allocare*, 1.

ALLOUVIERE †, Piége à prendre loups. Gl. *Pedica*, 1.

ALLOUYERE, ALLOYERD, Gibecière, bourse. Gl. *Alloverium*.

ALLUEZ, Aleu, héritage. Gl. *Alluetum*.

ALLUMERIE, Illumination. Gl. *Alumenare*, 1.

* ALMAILLE. Voyez *Aumailles*.

* ALME, Ame. Chron. des ducs de Normandie, tom. 1, pag. 300, vers 6255 :

Alme as, cele ne murra mie.

ALMOIGNE, Aumône, bien donné à l'église. Gl. *Eleemosyna pura*.

* ALO, Aleu, héritage, Chronique des ducs de Normandie, tom. 1, pag. 22, vers 705 :

Qu'il unt e tenent en alo.

* ALOCAL, Admissible. Gl. *Juramentum*, pag. 932³.

ALOE, Alouette. Gl. *Alauda*. [Voyez Rayn. tom. 11, pag. 48¹, au mot *Alauza*.]

ALOÉ, Celui qui agit pour et au nom d'un autre, procureur. Gl. *Allocatus*, 1.

1. ALOER, Tenancier, celui qui possède le domaine utile des héritages, dont la directe appartient au seigneur [en Catalan]. Gl. *Alodis*, pag. 201¹.

2. ALOER. Voyez *Aluer*.

ALOET, Sorte de redevance. Gl. *Alo*.

ALOEUF, Aleu, héritage. Gl. *Alodis*, pag. 198², 199³.

ALOGEMENT, Logement. Gl. *Alogiamentum*, 2.

ALOHER, comme *Aloer*, 1.

ALOIANCE, Alliance. Gl. *Alloiare se*.

ALOIERE, comme *Alloiere*.

ALOIGNIER, Allonger. Gl. *Allongare*, 1. [S'éloigner. Chanson du duc de Brabant, Wackernag. pag. 57 :

C' amors ait si la dame abandonée,
Dites s'amours vait por ceu aloignant.

Retarder. Chronique des ducs de Normandie, tom. 1, pag. 279, vers 5629 :

Ne sai qu'os aloignasse plus.

ALOINE, Absinthe. Gl. *Alonia*.

ALOINGNE, Retard, délai. Gl. *Allongare*, 1.

ALGIR, Corridor, passage d'un lieu à un autre dans une maison. Gl. *Allorium*. [Voyez *Aléeur*, 3.]

ALOISYE, Absinthe. Gl. *Alonia*.

ALON, p. e. pour *Aloir*. Gl. *Allorium*.

ALONGE, Aile d'un bâtiment. Gl. *Allongare*, 1.

ALONGNÉ, ALONGNEMENT, Allongement, délai, retardement. Gl. *Allongare*, [*Faire alonge*, chercher des délais. Roman de Renart, tom. II, pag. 173, vers 14245 :

> Je n'ai mestier de faire alonge
> Ne de controver ci menconge :
> De traïson te proverai, etc.

ALONGNER, Allonger. Gl. *Allongare*, 1.

ALOPECIE, Maladie, autrement *Pelade*. Gl. *Alopeciosa*.

ALORI, Attaché, lié. Gl. *Allorium*.

ALOSER, Louer, applaudir. Gl. *Allocare*, 1. et *Losinga*. [Être loué. Partonop. de Blois, vers 9533 :

> Si voloit que il s'avançast
> Et enchierist et alosast
> Et conquesist pris et honor.

Voyez Rayn. tom. IV, pag. 31', au mot *Alauzar*.]

ALOU, Aleu, héritage. Gl. *Alodis*, pag. 1993.

1. ALOUER, Louer, prendre et donner à louage. Gl. *Allocagium*.

2. ALOUER, Traiter, parler de ses affaires. Gl. *Allocare*, 3.

ALOURDÉ, Étonné, étourdi par un coup qu'on a reçu. Gl. *Elourdatus*.

ALOURDEMENT, Séduction, surprise, tromperie. Gl. *Elourdatus*.

ALOURDER, Surprendre, séduire. Gl. *Elourdatus*.

ALOYER, Hypothéquer. Gl. *Alloiare se*.

* ALOYERE, comme *Alloiere*.

ALPHONCIN, Monnaie des rois d'Espagne, qui souvent portaient le nom d'Alphonse. Gl. *Alphonsinus*.

ALQUANT, Serviteur, soldat. Gl. *Lacinones*. [*Alquant*, dans le passage allégué, signifie Quelques-uns, *quidam*. Voyez la Gramm. d'Orell, pag. 68.]

* ALTAIGNE, Élevée. Chanson de Roland, stance 1, vers 3 :

> Tresqu'en la mer cunquist la tere altaigne.

Roman de Roncevaux, pag. 4 :

> Conquis la terre jusque la mer altegne.

ALTARISTE, Chapelain. Gl. *Altarista*.

ALTÉRÉ, Imbécile, hébété. Gl. *Alteratus*.

ALTERQUER, Contester, quereller. Gl. *Altergare*. [Voyez Rayn. tom. II, pag. 45², au mot *Altercar*.]

* ALTRER, comme *Autrier*, L'autre jour. Chanson de Roland, stance 229, vers 2 :

> Li altrer fut ocis le bon vassal Rollans.

ALUCHER, Cultiver, labourer avec un louchet. Gl. *Alucari*.

1. ALUCHIER, Établir, fixer sa demeure. Gl. *Alucari*.

* 2. ALUCHIER, p. e. pour *Alachier*. Gl. *Alucari*.

* ALVE, Partie de la selle. Chanson de Roland, stance 123, vers 13 :

> Del orée sele se dons alves d'argent.

Stance 283, vers 9 :

> Les alves turnent, les seles cheent a tere.

Voyez au Glossaire *Alba*, 8, et *Alva*.

ALUEF, ALUEL, Aleu, héritage. Gl. *Alodis*, pag. 1993. [Voyez Rayn. tom. II, pag. 57², au mot *Aloc*.]

* ALUER, Placer. Chanson de Roland, stance 207, vers 8 :

> L'anme del cors me seit oi departie,
> Entre les lur aluée e mise.

Gérard de Vienne, vers 2705 :

> Ainz pues n'oït nuns parler de l'espée
> Juse'ai cele oure ke il l'ait presantée
> A Olivier, où bien fut aloée.

ALVINE, Absinthe. Gl. *Alonia*.

* ALVINER, comme *Alleviner*.

1. ALUMER, Brûler des chandelles à l'honneur de Dieu ou des saints. Gl. *Alumenare*.

2. ALUMER, Éclairer quelqu'un. Gl. *Alumenare*. [Voyez Rayn. tom. 4, pag. 105', au mot *Alumenar*. Recouvrer la lumière, la vue. Agolant, pag. 185' :

> Cil ne vit goute qui li ala donner,
> Qui sanc et augne fist à son poing coler.
> Terst a ses euz; dex le fist alumer.

* 3. ALUMER, Enflammer, passionner. Partonop. de Blois, vers 1322 :

> Se jo de vos sui alumée
> N'a moi n'en doit nuls mals venir.

Vers 4019 :

> Et il en est si alumés
> Que faire en violt ses volentés.

Vers 4835 :

> Et dient que feme a costume,
> Quant ses talens auques l'alume
> Qu'al pior done ses amors.

Agolant, vers 1289 :

> De la biauté qu'en lui out regardé
> Out si le cuer espris et alumé, etc.

ALUMERIE, Illumination. Gl. *Alumenare*.

AMAIGE, Droit sur les *atmes* ou tonneaux mis en perce, pour être vendus en détail. Gl. *Ama*, 3.

AMAINRIR, Amoindrir, diminuer. Gl. *Aminuere*.

AMAIRE, Bibliothèque, archives. Gl. *Armaria*, 3.

* AMAISER, Pacifier, accorder. Chron. des ducs de Normandie, tom. I, pag. 503, vers 12230 :

> Qu'od nos vout faire pais e fin,
> E s' amaiscron Herbin.

Tome II, pag. 170, vers 20355 :

> En nul leu ne sordeit malice
> Qu'à sun plaisir ne fust traitée
> E concordée e amaisée.

Tome III, pag. 145, vers 35963 :

> Unt tant parlé que pais cercherent
> E le duc vers lui amaiserent.

Roman de Rou :

> Ne voil lessier la gent, ne le regne essillier,
> Oez comme je voil moi et Rou amaissier.

Voyez Halliwell, Dict., au mot *Amese*.

AMALADIR, Devenir malade. Gl. *Amorbari* [et *Malatus*].

* AMANCE, Amour. Voyez Rayn. tom. II, pag. 64', au mot *Amansa*.

AMANDISE, Amende, réparation, satisfaction. Gl. *Amendisia*. [Gérard de Vienne, vers 3588.]

AMANDRIR†, Amoindrir, diminuer. Gl. *Aminuere* [et *Exinanire*].

AMANENIZ, AMANEVIS, agréable, charmant. Gl. *Amœnium*. [Prompt, empressé. Gérard de Vienne, vers 488 :

> De l'autre part son espié recolli,
> Et de joster s'estoit amanevis.

Vers 819 :

> Il garde avant, vit un espié forbi,
> Il s'abaisait, maintenant l'ait saisi,
> Et de joster fut bien amanevis.

Voyez vers 855, 1462, 2863. Chastel. de Couci, vers 683 :

> Li Flamenc vienent aveuc li
> Qui d'armes sont amenevi.

Roman de Renart, tom. IV, pag. 52, vers 1416. Voyez Rayn. tom. IV, pag. 144², au mot *Amanavir*. Dans le Supplém. de Roquefort, pag. 19', on trouvera des exemples de formes, *Amani* et *Ameni*.]

AMANNETTE†, Menotte. Gl. *Manuleu*.

1. AMANT, Juge des causes civiles, officier de justice. On appelle de même les notaires dans le pays Messin. Gl. *Amannus*, 2.

* 2. AMANT, Aimant. *Diu le roi amant*, Gérard de Vienne, vers 3801. Agolant, pag. 78². Garin le Loher. tom. I, pag. 22. Aubri, pag. 167². *Reamant*, ibidem :

> Et jure Dieu le pere reamant.

AMANTEUMENT. Voyez *Amenteument*.

AMARER, Entrer dans un port pour s'y mettre à l'ancre et y décharger des marchandises. Gl. *Amarrare*.

AMASEMENT, Bail à cens, ou à charge d'*amaser* un héritage. Gl. *Amasatas*.

AMASER, Bâtir sur un héritage une maison ou un autre édifice. Gl. *Amasare*, 3. [*Admasare* et *Amasatus mansus*. Voyez *Amasuer* au Supplém. du Gloss. de Roquefort.]

AMASSAGES, Redevance, qui se paye en vin. Gl. *Amasagium*.

* AMASSÉE, Rassemblement. Chron. des ducs de Normandie, tom. I, pag. 408, vers 9416 :

> Ausi cum dessevra Sanson
> Par force la gule al liun,
> Desseverrai lor amassée.

Voyez Rayn. tom. IV, pag. 164², au mot *Massa*. *Amasser bestes*, ibid. pag. 289, vers 5939. *Amasseiz*, amas, pag. 289, vers 5947. *Amassement de busche*, dans une traduction de Guill. de Tyr, au Glossaire de Roquefort.

AMASSERES, Qui amasse des richesses, avare. Gl. *Amassator*.

AMASSOUER, Instrument qui sert à amasser. Gl. *Amassator*.

AMATI, Abattu, accablé, chagrin. Gl. *Amaturire*. [Affaibli, insensé. Chanson de Fournival, Laborde, pag. 156 :

> Honor et pris
> En est mult forment amatiz.

Partonop. de Blois, vers 4409 :

> Servés le en crieme et en amor,
> Joie en aurés et grant honor.
> S'ensi nel faites amati
> Vos verons en la fin boni.

Garin le Loher. tom. I, pag. 148 :

> Com vous esta, que vous voi amati.

AMATICLE†, Sorte de pierre précieuse. Gl. *Almacia*.

AMATITRE, pour *Amethiste*, Pierre précieuse. Gl. *Amatixus*. [Voyez Rayn. tom. II, pag. 56², au mot *Almatist*.]

*** AMAZER (S')**, S'établir dans une habitation. Enfants Haymon, vers 358 :

Quant le chastel fu fait, que Mont Essor ot non,
Ilecque s'amazerent les quatre fils Aymon,
Puis serchierent Ardenne de cy jusqu'à Bouillon.

Voyez *Amaser*.

AMBAXEUR, Ambassadeur. Gl. *Ambasciator*, sous *Ambasciare*.

AMBER. Enjamber. Gl. *Gamba*, 1.

*** AMBES**, Deux. Chronique des ducs de Normandie, tom. II, pag. 29, vers 52 :

D'ambes parz i fu granz l'asemblée.

D'où, *Ambes-as*, ibid. tom. I, pag. 608, vers 15296 et Roman de Renart tom. IV, pag. 166, vers 1052, Voyez Halliwell, Dict., aux mots *Ambes-as* et *Ames-ace*.

AMBESDUI, L'un et l'autre, tous deux. Gl. *Peciatus* sous *Pecia*. [Voyez la grammaire d'Orell, pag. 41. Rayn. tom. III, pag. 80², au mot *Abdui*. Roquefort, aux mots *Ambedeux* et *Ambsui*. Chanson de Roland, stance 204, vers 15 :

Trait ses crignels pleines ses mains amsdous.

Ambesdous, dans la Chron. des ducs de Normandie, tom. I, pag. 176, vers 2706, etc. *Amdui*, ibid. tom. I, pag. 434, vers 10166. *Andui*, pag. 319, vers 6830. *Tuit andui*, Chansou, Wackernagel, pag. 5. *Andoi*, Roquefort, *Ansdous*, Chanson de Roland, stance 202, vers 10. *Andeleus*, Partonop. de Blois, vers 7671. *Amoi*, Flore et Blancefior, vers 2487 :

Gloris les garde en boine foi,
Et si les sert mout bien amoi.

AMBLAI, Espèce de claie, dont on entoure une charrette, pour y pouvoir voiturer certaines choses. Gl. *Amblacium*.

AMBLE, Certaine allure de cheval. Gl. *Ambulare*, 3. [*Ambléour*, qui va à l'amble. Voyez Rayn. tom. II, pag. 72¹, au mot *Amblador*.]

*** AMBLER**, Aller à l'amble. Chronique de Jordan Fantosme, vers 1926 :

N'i ad nul n'i ait un amblant palefrei.

Voyez Rayn. tom. II, pag. 71², au mot *Amblar*.

AMBLÉURE, Amble. Gl. *Ambulatura*. [Partonop. de Blois, vers 5240 :

Si s'en vait petit ambléure.

Fabl. de la Bourse, pleine de sens, cité par Roquefort au mot *Amble* :

Lors chevaucha grant aléure,
Les grans tros, non pas l'ambléure.

Partonop. de Blois, vers 7755 :

Puis en vait la grant anbléure
Com hom qui n'a d'atargier cure.

Monture. Roman de Renart, tom. II, p. 157, vers 13792 :

Or n'aura il mes de moi cure
Quant il a perdu s'anbléure.

Voyez Rayn. tom. II, pag. 71², au mot *Ambladura*. Chronique des ducs de Normandie, tom. I, pag. 350, vers 7692 ; et pag. 568, vers 14121.

AMBLEY, comme *Amblai*.

*** AMBORE**, AMBURE, L'un et l'autre, tous deux. Chron. des ducs de Normandie, tom. I, pag. 276, vers 5535 :

Cist amena riches compaignes,
Fieres, hardies e grifsuines,
Chevaliers e serganz ambore.

Poëme Anglo-normand de Charlemagne, ibid. pag. 593, note :

E si dient ambure e saver e folage.

Vie de Saint-Thomas de Canterbury, vers 823 :

Ceo esteit par ses compaiunonz
Ambur conte et barons.

Chanson de Roland, stance 259, vers 7 :

Qu'ambure cravente en la place devant sei
E le dragun e l'enseigne le rei.

Voyez stance 118, vers 10; et 123, vers 15. Congié de Jeh. Bodel Roquef. Supplém. pag. 19¹ :

Pitiés, salue de ma part
Robert Audent, lui et Bernard ;
Quar toz-jors m'ont esté ambeure
Amiable et de bonne part.

*** AMBOUR**, comme *Aubor*, Aubier. Voyez Rayn. tom. II, pag. 50¹, au mot *Alborn*.

AMBOURG, Sorte de bière. Gl. *Hamburgus*.

AMBOUSCHURE, Mélange d'une chose de moindre qualité avec une autre qui est très-bonne. Gl. *Imbotare*.

AMBRACIER, Brasser, faire de la bière. Gl. *Pondoxare*.

*** AMBRUSÉ**, Embraser. Gérard de Vienne, vers 1875 :

Rollan l'enfant, à poc n'est forscueiz
De mautalent est tainz et ambruseiz.

Voyez Rayn. tom. II, pag. 251², au mot *Bruzar*, ci-dessous *Embruir*.

AMCONBRER, pour *Encombrer*, Charger. Gl. *Emconbrare*.

AMECHER, Garnir d'une mèche. Gl. *Myxa*.

*** AMECITE**, Sorte de pierre précieuse. Flore et Blanceflor, vers 657 :

Pelles, coraus et crisolites
Et diamans et amecites.

AMEGROIER, Amaigrir, rendre maigre. Gl. *Magrus*.

AMEIAULEMENT, Amiablement, amiable, avec douceur. Gl. *Amicaliter* sous *Amicalis*.

AMENAGE, Voiture, l'action d'amener, sorte de service dû au seigneur par son vassal. Gl. *Admenare*.

1. AMENDEMENT, Réparation. Gl. *Amendamentum*.

2. AMENDEMENT, Réforme. Gl. *Amendamentum*.

3. AMENDEMENT, Engrais. Gl. *Amendamentum*. [Voyez Halliwell, au mot *Amendement*.]

1. AMENDER, Réparer. Gl. *Amendamentum*. [Rendre meilleur, perfectionner, Partonop. de Blois, vers 10686 :

Que t'en samble, se dex t'ament ?

Voyez vers 564, et 1314.

2. AMENDER, Engraisser. Gl. *Amendamentum*.

AMENDEUR, Celui qui engraisse. Gl. *Amendamentum*.

AMENDISE, Amende, réparation, satisfaction. Gl. *Amendisia*.

AMENDRIR, Amoindrir, diminuer. Gl. *Aminuere*. [Voyez *Ameurir*. *Amender*, Manquer. Guill. Guiart, tom. I, pag. 13, vers 195 :

Li roys de France
Est li plus dignes couronnez

Sanz ce qu'aucun riens i ament,
Qui vive sous le firmament.]

AMENÉ, Mesure de grains, la même que l'hémine. Gl. *Amina*.

*** AMENÉE**, Action de conduire, entrée solennelle. Roman de Renart, tom. IV, pag. 147, vers 542 :

Cent cor souoer à l'amenée
Fist Orghius pour lui esbaudir.

AMENICLER, Mettre les *menicles* ou menottes. Gl. *Manicia*.

*** AMENISTREUR**, Administrateur, curateur. Coutumes du Beauvoisis, tom. II, pag. 34 : *Et el tans du mehaing doivent il avoir procureur et amenistreur de lor besongnes.* Roquef. Supplém. pag. 19², lit *Aministréeur*.

AMENRIR, Amoindrir, diminuer. Gl. *Aminuere*. [Enfants Haymon, vers 766 :

Et sans virginité estre en toy ameorie.

Vers 775 :

Et fu la ternité en vó corps herbergie
Sans estre deité ès saints cieulx amendrie.

AMENRISSEMENT, Diminution. Gl. *Aminuere*.

*** AMENTEIVRE**, AMENTEVEIR, Rappeler, faire souvenir. Chronique des ducs de Normandie, tom. I, pag. 453, vers 10739 :

Ce vos sei bien ci ameinteivre.

Tom. II, pag 83, vers 17758 :

E si vos sei bien amenteivre,

Pag. 140, vers 19474 :

Si te volum amenteveir.

*** AMENTÉU**, Mentionné. Partonop. de Blois vers 8925 :

Par eo sont li povre téu
E li rice home amentéu.

Aubri, pag. 155² :

Mais or me dites, foi que vos me devés,
Qu'est Aubris que vos amentu avés?

AMENTEUMENT, Conseil, sollicitation, instigation. Gl. *Amentare*, 1.

AMENUISER, comme *Amendrir*. Gl. *Aminuere* [et *Minorare*, 1].

*** AMERCIER**, Remercier, rendre grâce. Fabl. d'Estrubert, Roquef. Suppl. pag. 19² :

La dame Trubert embraça,
Et plus de cent fois l'amercie,
Et toute la chevalerie
L'amercient por lor seignor.

AMERESSE †, Femme qui aime. Gl. *Amasia*. [Voyez Rayn. tom. II, pag. 63², au mot *Amaressa. Ammeres*, amant, ibid. pag. 63¹ au mot *Amaire*. Fabl. et cont. tom. III, pag. 118 :

Et si cuidast bien li donsiaus
Estre ammeres de dames beles.

Voyez Roquefort, au mot *Ameor*, et ci-dessous *Amierres*.]

AMERMER, Diminuer. Gl. *Minorare*, 1 [et *Feudum*, pag. 272². Voyez Rayn. tom. IV, pag. 199²; au mot *Amermar*.]

*** AMERTOR**, AMERTUR, Amertume. Chron. des ducs de Normandie, tom. I, pag. 8, vers 164 :

Pour ceo ne n'a en eus duzur,
Si desfei non e amertur.

Pag. 106, vers 695 :

Plein de venim, plein d'amertor.

Voyez Rayn. tom. II, pag. 68 [2], au mot *Amartal*.

AMESSEMENT, l'Action d'entendre la messe, relevailles, dont la messe faisait la principale partie. Gl. *Admissatio*.

1. **AMESSURE**, Mauvais usage, abus. Gl. *Amessura*.

2. **AMESSURE**, Querelle, contestation, dispute. Gl. *Amessura*.

AMESUREMENT, Mesure, modération, proportion. Gl. *Admensurare*, 2.

AMESURER, Régler avec mesure, proportionner. Gl. *Admensurare*, 2.

* **AMESURÉ**, Plein de mesure, prudent. Gérard de Vienne, vers 1284 :

De ceo fut molt Rollan amesuré
K'il ne vot faire chose dont fust blameiz.

Chronique des ducs de Normandie, tom. II, pag. 190, vers 20918 :

Paisible ert e amesurez
Encontre granz aversitez.

Pag. 364, vers 25988 :

Od lui ses privées maisnées
Riches e bien apareillées
Sor totes bien endoctrinées
E sor totes amesurées.

AMETTE, Espèce d'auge. Gl. *Ametum*.

AMETURE, Ce qui entre dans la composition de quelque chose, ce qu'on y emploie, ce qu'on y met. Gl. *Admissum*.

* **AMEURE**. Voyez *Amure*.

AMI, Parent, proche. Gl. *Amicus* [et *Linea*, 3].

* **AMIAL**, Croc, du lat. *hamus*. Agoland, vers 235 :

Les aigues trove qui chient du rochal;
Richiers s'i fiert : ce fu folie et mal...
Mes nostre sire li donne secors tal
Que il se prist à deus mains à un pal.
Tant s'efforça li baron natural
Que à deus mains se mist à l'amial.

AMIAULEMENT, Amiablement, à l'amiable, avec douceur. Gl. *Amicaliter* sous *Amicalis*. [Voyez Rayn. tom. II, pag. 65 [1], au mot *Amigalmens*.]

AMIENS. *Mal d'Amiens*, espèce de maladie. Gl. *Morbus Ambianensis*.

* **AMIER**, Broyer, écraser. Gérard de Vienne, vers 1779 :

Fiert un Gascon sor l'elme de Pavie,
Ke tot le cercle li desfroise et amie.

AMIERRES, Amateur. Gl. *Promotor*, 1. Voyez *Ameresse*.

AMIETE, Terme de galanterie, diminutif d'*amie*, maitresse. Gl. *Amasia*.

AMINAGE, **AMINAIGE**, Droit sur les grains mesurés à l'hémine. Gl. *Aminagium*, et *Eminagium* sous *Hemina*, pag. 644 [2].

AMINOIS, Amiénois, territoire d'Amiens. Gl. *Picardia*, pag. 243 [2].

AMIRAL, **AMIRANT**, **AMIRAUT**, **AMIRÉ**, Prince, gouverneur de ville ou de province, amiral. Gl. *Amir*. [Voyez Rayn. tom. II, pag. 72 [2], au mot *Amiran*, et Roquefort au mot *Amire*. Dans la Chanson de Roland *Amiracle*, *Amirafles*, *Amiraill* et *Amurafles*.]

* **AMIS**, **AMIT**, Amict. Gl. *Tiara*, 2. Voyez ci-dessus *Albe* et *Ammithe*; Halliwell, Dict., aux mots *Amice* et *Ammis*. Couverture ou espèce d'étoffe. Voyez *Amitun*. Partonop. de Blois, vers 7782 :

Es chevax a vermeilles seles
Qui bien taillées sont et beles,

Covertes de vermeil samit,
E il resont covert d'amit.

Roman de Perceval, chez Roquefort :

Après vint un vallet moult gent,
Qui tint un tailleor d'argent,
Envelopé en un amit
Riche et bel d'un vermoil samit.

AMISSION, Peine pécuniaire prononcée en justice. Gl. *Amissionem tenere*.

1. **AMISTÉ**, Amitié. Gl. *Amicitia*, pag. 228 [1]. [Aubri le Bourg. pag. 174 [2] :

Lie la dame qui l'auroit à son gré.
Qui une fois en aurait l'amisté,
Miex li vauroit que cent mars d'or pesé.

Pag. 162 [1] :

Ele se coche, et li dus est cochiés :
Il s'entracolent et font lor amitiés.

Voyez Rayn. tom. II, pag. 65 [1], au mot *Amistatz*.]

2. **AMISTÉ**, Commune de ville, échevinage, corps de ville. Gl. *Amicitia*, pag. 228 [1].

* **AMITUN**, Espèce d'étoffe. Chronique des ducs de Normandie, tom. II, pag. 235, vers 22286 :

Vestent les sus les aucotons
De cendaus freis e d'amituns.

Voyez *Amis*.

* **AMMANT**. Voyez *Amant*.

* **AMMERES**. Voyez *Ameresse*.

AMMESTRE, Consul, échevin. Gl. *Amannus*, 2.

AMMITHE, Aumusse, vêtement qu'on mettait sur la tête, amict. Gl. *Caloniacus*.

AMODERATION, Modération, diminution, proportion. Gl. *Admensurare*, 2.

1. **AMODERER**, Modérer, diminuer, proportionner. Gl. *Admensurare*, 2.

2. **AMODERER**, Modérer, apaiser, calmer. Gl. *Admensurare*, 2.

3. **AMODERER**, Essayer, faire une tentative. Gl. *Admensurare*, 2.

* **AMOI**. Voyez *Ambesdui*.

AMOIGNE, Aumône, Gl. *Eleemosyna*, 1.

AMOINDRISSANCE, l'Action d'amoindrir, diminution. Gl. *Minorare*.

AMOINDRISSIER†, Amoindrir, diminuer. Gl. *Minorare*, 1.

* **AMOIRE** . . . . , . . Partonop. de Blois, vers 6693 :

Urake dit : N'est pas amoire
Donc ge parol, mais chose voire.

AMOISONNER, Donner à quelque chose la mesure qu'elle doit avoir. Gl. *Amensurare*, 2.

AMOISSONER (S'), Faire des conventions, un marché. Gl. *Amoissonata tallia*.

AMOISTIR†, Rendre moite, humide, mouiller. Gl. *Austerare*.

AMOLLIER, Émoudre, aiguiser. Gl. *Ammolare*.

AMOLOIER, Adoucir, rendre plus doux. Gl. *Mitificare*. [*S'amoleier*, s'amollir, s'adoucir. Chronique des ducs de Normandie, tom. II, pag. 49, vers 16772 :

Mult se fu cil amolcié
Plein de duçor et de pitié.

Tom. I, pag. 336, vers 7294 :

Qui deu corre ne s'amoleie.

Roman de Rou :

Miex veut qu'à glaive muire ou que en eve nit
Qu'il s'amolit vers Rou, ne que de pais le prit.

Roman de la Rose, vers 3295 :

Moult a dur cuer qui n'amolie
Quant il trove qui l'en suplie.

AMONCHELER, Élever un bâtiment. Gl. *Amulgare*.

* **AMONE**, comme *Aumone*. Gérard de Vienne, vers 3601 :

Si bien me faites, grant amone i arois.

AMONIERE, Bourse. Pastourelle, Wackernagel, pag. 77 :

Por plux tost s'amor avoir
Li donai de mon avoir
Et mon amoniere.

Voyez *Aumoniere*.

* **AMONESTEOR**, **AMONESTERE**, Conseiller. Chronique des ducs de Normandie, tom. I, pag. 400, vers 9179 :

E de cest mal porchaceor
E faitre e amonesteor.

Pag. 484, vers 11620 :

Mais l'amonestere infernal.

Tom. II, pag. 79, vers 17647 :

Vos qui li estes aideor
E maistre e amonesteor.

AMONNESTEUR, Sergent, huissier, porteur de semonces. Gl. *Admonitor*.

* 1. **AMONT**, A mont, en haut. Partonop. de Blois, vers 704 :

Une nef i voit arivée
Tant bele con se fut faée,
Et voit fors apoié le pont
Par u on puet monter amont.

Voyez Orell, pag. 297. Rayn. tom. IV, pag. 259 [2], au mot *Amon*, Roquefort, au mot *Amont*.

* 2. **AMONT**, Haut. Aubri, pag. 174 [2] :

Et seje fuisse en estor por ferir,
Je ne quit onc de si amont espir,
Qui puet mie me ruistes cops sofrir,
Que ne fesisse jus de cheval chair.

1. **AMONTER**, Appartenir, dépendre. Gl. *Admontare*.

2. **AMONTER**, Élever, exalter. Gl. *Admontare*.

* 3. **AMONTER**, Monter. Chronique de Jordan Fantosme, vers 857 :

Dehé ait ki vus dute l'amuntaut d'un denier.

Vers 1676 :

Itant cum annuntast à un denier d'argent.

Élever, survenir, naître. Enfants Haymon, vers 497 :

Je feroye tantost telle guerre amonter,
Dont on verroit briefment cent mil hommes tuer.

AMORAL, Aimable, beau, joli, mignon. Gl. *Amoratus*, 1.

AMORAVIS, Peuples de l'Afrique et de la Moravie, [espèce de chevaux] Gl. *Amoravie*. [Voyez Rayn. tom. IV, pag. 261, au mot *Amoravit*.]

* **AMORDRE**, Mordre, goûter; amorcer, attacher. Roman de Renart, tom. I, pag. 41, vers 1059 :

Encore un seul car m'en donez ,
Biau doz conpere, por amordre
Tant que je fusse de vostre ordre.

Tom. II, pag. 206, vers 15173 :

Poissons li done por amordre.

Rutebeuf, tom. 1, pag. 179 :
> Cil diex qui par sa mort volt la mort d'enfer mordre,
> Me vueille s'il li plest, à son amors amordre.

S'Amordre, s'attacher, s'acharner. Partonop. de Blois, vers 1258 :
> Deus totes dames beneïe
> Et face amor sans vilonie,
> Et à cascun une en ajort
> Qu'à nul autre home ne s'amort.

Guill. Guiart, tom. 1, pag. 318, vers 7283 (8125) :
> Aus Grezois grever si s'amort
> Que seize rois leur mist à mort.

Roman de Renart, tom. 11, pag. 308, vers 17972 :
> Et le faites metre en prison,
> Jà n'en doit avoir raençon,
> Que li autre ne s'i amordent.

Tom. 111, pag. 9, vers 19990 :
> Je ne voil pas que nus s'amorge
> A moi reter de felonie.

Rutebeuf, tom. 1, pag. 48 :
> Ne crient maladie ne mort
> Qu'à lui de cuer amcir s'amort.

Voyez Orell, pag. 135, Rayn. tom. 11, pag. 73 1, au mot *Amorsar*.

* AMORS, Adonné, acharné. Chronique des ducs de Normandie, tom. 11, pag. 361, vers 25903 :
> L'alme vos aveit trait del cors
> Qu'à iten geu est toz amors.

Tom. 111, pag. 333, vers 40684 :
> C'est qu'à un pecchié t'ies amors
> Qui de là sort e de là vient.

Pag. 372, vers 41660 :
> N'i aveient leu ne entrée,
> Ainz mainte feiz as plus amors
> Espandeit l'om les sancs del cors.

Guillaume Guiart, tom. 11, pag. 474, vers 12318 (21300) :
> A celi point refu là mors
> Le Brun de Verneuil, qui amors
> Iert à bien, se voir ne refrain.

Voyez *Amordre*.
AMORTIR, Éteindre une chandelle. Gl. *Admortizare*. [Voyez Rayn. tom. 11, pag. 72 2, au mot *Amorsar*.]
AMOUETIR†, Rendre moite, humide, mouiller légèrement. Gl. *Lavire*.
AMOUR, Galanterie, courtoisie. Gl. *Amor*, 5.
* AMOURÉ. Vide *Amure*.
AMOURER, Aimer avec passion. Gl. *Amoratus*, 1.
AMOUREUSE, Maîtresse, femme galante. Gl. *Amoratus*, 1.
1. AMOUREUX. Le prince des amoureux, c'est le titre que les jeunes gens de Chauni donnaient à celui d'entre eux qu'ils se choisissaient pour chef le jeudi gras de chaque année. Gl. *Amoratus*, 1.
* 2. AMOUREUX, Ardent. Guill. Guiart, tom. 11, pag. 381, vers 9907 (18888) :
> Et tant a Flamens entour eus
> Que vain sont li plus amoureus.

AMOYENNER, Traiter, accommoder une affaire. Gl. *Amodium*.
AMPAREMENT, Fortification, rempart. Gl. *Amparamentum*, 1.

AMPARLERIE, Fonction, ministère d'avocat, ou l'auditoire où parle un avocat. Gl. *Amparlarii*.
AMPARLIER, Avocat. Gl. *Amparlarii*.
AMPERER, Remparer, fortifier. Gl. *Emparamentum*, 2.
AMPIERE, Empire. Gl. *Imperium*, pag. 775 1.
AMPLAISTRE, AMPLASTRE, Mesure de terre, place vide propre à être bâtie, emplacement. Gl. *Amplastrum*.
AMPLEER, Accroître, agrandir. Gl. *Ampliare*. [Augmenter. Chronique des ducs de Normandie, tom. 1, pag. 121, vers 1129 :
> De tutes parz ampluet lur genz.]

AMPLIER, Courtier, entremetteur de marchandises. Gl. *Prozenetarius*.
AMPRAIL, Terre en pré. Gl. *Apradatum* sous *Appradare*.
AMPUTER, Accuser un homme ou une femme de débauche et de prostitution. Gl. *Putagium*.
AMUIR, Rendre muet. Gl. *Amusus*. [Miracle de la sainte Vierge, vers 345, dans la Chronique des ducs de Normandie, tom. 111, pag. 521 :
> A tant sont mat et amui
> A tant sont toz esvanui.

AMULONNER, Mettre en mule. Gl. *Amulgare*.
* AMURE, Lame. Chanson de Roland, stance 89, vers 4 :
> Mais sun espiet vait li bers palmeiant,
> Cuntre le ciel vait l'amure turnant.

Stance 97, vers 5 :
> Del bon espiet el cors li met l'amure.

Stance 179, vers 8 :
> Asez savum de la lance parler
> Dunt Nostre Sire fut en la cruiz naffret.
> Carles en ad l'amure, mercit Deu !

Stance 287, vers 4 :
> Del brant d'acer l'amure li presentet.

Voyez stance 115, vers 14; stance 240, vers 24. *Coutiel, ameure ou broke*, dans le Ban des Eschevins de Douai de 1262. Roquefort, Supplém. aux mots *Afaitié* et *Ameure*. Guill. Guiart, tom. 1, pag. 156, vers 3505 (3907) :
> Aus roides lances amourées
> S'entreperceent piz et courées.

AMURER, Fermer de murs. Gl. *Murare*, 1.
AMURIR, Pour *Amenrir*, Amoindrir, diminuer. Gl. *Aminuere*.
ANACAIRE, Espèce de tymbale ou de tambour. Gl. *Nacara*, 1.
* ANAIENTER. Voyez *Anoienter*.
* ANAMER, comme *Aamer*. Gérard de Vienne, vers 2572 :
> Je voi conbatre mon freire en ecle préc,
> Et mon amin ke m'avoit anamée.

* ANAP, comme *Hanap*, Grande coupe. Gl. *Hanapus*. Chronique des ducs de Normandie tom. 11, pag. 468, vers 28913 :
> Aneaus, coupes e anas.

* ANBLER, Dérober, enlever. Roman de Renart, tom. 1, pag. 6, vers 130 :
> La louve que si est haïe,
> Qui si par est aigre d'anbler.

S'Anbler, s'éloigner, s'enfuir. Partonop. de Blois, vers 5633 :
> Puis se vorra de li anbler.

Vers 5676 :
> Puis est si com il puet montez
> Et d'Anselet s'en est anblez.

Voyez ci-dessous *s'Embler*, et Raynouard, tom. 111, pag. 112 12, au mot *Emblar*.
* ANBRIER, pour *Aubrier*? Gérard de Vienne, pag. 166 1 :
> Ke plus est blanc ke n'est foille d'anbrier.

* ANBRONCHER, Baisser. Gérard de Vienne, vers 884 :
> Rollans l'entant, si anbronchait le vis.

Voyez vers 1150. Vers 1364 :
> Por les chavolz le voit à lui sachier,
> Si durement k'il le fist anbronchier.

Vers 1374 :
> Par les deus tanples le vait à lui sachier
> Si ro demant, tot le fist anbronchier.

Voyez *Enbroncher*.
ANÇAINTE, Enceinte, femme grosse. Gl. *Inciacta*.
* ANCEIS, ANCEIZ, Avant, auparavant. Voyez Rayn. tom. 11, pag. 91 2, au mot *Anceis*; et Orell, pag. 318.
* ANCEISOR. Voyez *Ancesseur*.
* ANCEISORIE. Voyez *Anchiserie*.
ANCELE, Servante. Gl. *Ancilla*, 2. [Chronique des ducs de Normandie, tom. 11, pag. 564, vers 31436. Partonop. de Blois, vers 6208. Chanson de Jacques de Cambrai, Wackernagel, pag. 66 :
> De la virge pucelle
> Ei meire est et ancelle.

Voyez Rayn. tom. 11, pag. 81 2, au mot *Ancella*, et le Glossaire de Roquefort.]
ANCEFE, Sorte de cave. Gl. *Anceria*, 1.
ANCESSEUR, ANCESSOR, Ancêtre. Gl. *Ancessor*. [*Anceisor, Anceisur*. Chronique des ducs de Normandie, tom. 1, pag. 377, vers 8473; pag. 248, vers 4777. *Ancissor*, Partonop. de Blois, vers 346. *Ancissour*, Hommes des temps passés, anciens. Flore et Blanceflor, vers 505 :
> S: le dona en Lombardie
> A Lavine qui fu s'amie;
> Pais l'orent tot li ancissour
> Qui de Rome furent signor
> Dusqu'à Cesar.

Ancestre, Aïeul. Gérard de Vienne, vers 2516 et 1195. Voyez Rayn. tom. 11, pag. 97 2, au mot *Ancessor*, ci-dessous *Ancisseur*, et Roquefort, au mot *Ancesseur*.
ANCEUTE†, Instrument propre pour frapper. Gl. *Feritorium*.
ANCHE, Cellier, cuve. Gl. *Alcha*.
ANCHELE, Servante. Gl. *Ancella*.
ANCHESSERIE, Noble et ancienne race. Gl. *Ancessor*.
ANCHISERIE, Origine, succession, héritage venant des ancêtres. Gl. *Ancessor*. [Chronique des ducs de Normandie, tom. 11, pag. 433, vers 27860 :
> Adonc out Chunuz la corone
> Qu'anceisorie e dreit li done.]

ANCHOIS, Avant. Gl. *Abladare*.
* ANCIENOR, Très-ancien. Voyez Rayn. tom. 11, pag. 98 2, au mot *Ancian*, et Orell, pag. 37.

ANCIENS, Sorte d'armure. Gl. *Ancianus.*

ANCISSEUR, Ancêtre. Gl. *Soistura.* [Voyez *Ancesseur.*]

ANCITEMENT, Excitation, suggestion, l'action d'exciter à quelque chose. Gl. *Instigator.*

ANCONE, Image. Gl. *Ancona.*

ANCRAGE, Droit d'ancrage. Gl. *Anchoragia.*

ANCREUIL, ANCROEUL, Beccard, femelle de saumon. Gl. *Anchora, 1.*

✝ **ANCROER**, Pendre. Gl. *Hardes.*

ANCUERLER, s'ANCUERLER, Prendre quelque chose fort à cœur, en être vivement touché. Gl. *Acorarius.*

* **ANCUI**, Aujourd'hui. Flore et Blancefìor, vers 1932 :

> Com vous orrés ancui conter.

Guill. Guiart, tom. I, pag. 265, vers 6426 (6746) :

> A cest besoing vous secourrons
> Ou touz ensemble ancui mourrons.

ANDABLE, Affaibli, qui a perdu ses forces. Gl. *Indebilitatus.*

ANDAIN, Fauchée de pré. Gl. *Andellus.*

ANDANSE ou ANDAUSE, Serpe. Gl. *Andasium.*

1. **ANDEIN**, Landier, chenet. Gl. *Andena, 1.*

2. **ANDEIN**, Espace compris entre les deux jambes d'un homme, qui les tient écartées. Gl. *Andena, 2.*

ANDEVAISAIRE, Anniversaire. Gl. *Anniversarium.*

ANDIER, Landier, chenet. Gl. *Anderius.* [Voyez Halliwell, Dict., au mot *Andirons.*]

ANDOILLES, Cloison, mur de terre. Gl. *Andetus.*

* **ANDUI**. Voyez *Ambesdui.*

* **ANE**, Canard. Roman de Renart, tom. I, pag. 49, vers 1273 :

> Anes, malarz et jars et oes.

Voyez Rayn. tom. II, pag. 85², au mot *Anet.* Guill. Guiart, tom. I, pag. 155, vers 3678 (3879) :

> Et plus serrez qu'en vivier jons,
> Ileuc endroit où l'anne pont.

ANEANTEMENT, Anéantissement, destruction. Gl. *Annichilare.*

* 1. **ANEL**, ANEAU, Anneau. Gl. *Annulus*, pag. 267², et *Sigillum*, pag. 246². Voyez Rayn. tom. II, pag. 83², au mot *Anel. Anelet*, petit anneau, Ibidem, et dans le Suppl. de Roquefort. Voyez ci-dessous *Aniax.*

* 2. **ANEL**, Aîne. Roman de Renart, tom. I, pag. 48, vers 1245 :

> Vers la qeue descent l'espée,
> Tot rès à rès li a coupée
> Près de l'anel, n'a pas failli.

* **ANEMIS**, Diable. Voyez Gl. *Inimicus, 2.* Miracle de la sainte Vierge; d'après la Chronique des ducs de Normandie, tom. III, pag. 513, vers 82 :

> L'ame de lui à molt grant joie
> Ont ravie li anemi.

Pag. 519, vers 268 :

> As anemis qui tienent l'ame
> Iriement a dit la dame.

Aversier est également très-usité au plu-

---

riel; dans le poëme de Boëce on lit, vers 18, li satan.

* **ANET**, Aune (l'arbre). Gl. *Anetus.* Voyez *Anoit.*

ANETEL ✝, Petit du canard, caneton. Gl. *Anatinus.*

ANETTE, Cane. Gl. *Aneta.*

* **ANFANTON**, Enfant. Gérard de Vienne, vers 2828 :

> Dedans la virge preis anuntion,
> Si en naskis en guise d'anfanton.

ANFAUTRÉ, Fourré. Gl. *Mus Peregrinus.*

ANFERS, Ceux qui sont dans les fers, prisonniers, ou p. e. infirmes, malades. Gl. *Inferrare.*

ANFOUR, Monnaie d'Alphonse. Gl. *Anfours.*

ANGAR, Lieu couvert, qui est ouvert de tous côtés. Gl. *Angarium.*

ANGARDE, Avant-garde Gl. *Antegardia.* [Chanson de Roland, stance 57, vers 12 :

> E ki serat devant mei en l'ansguarde?

Antgarde, Agolant, vers 693, 1253.]

ANGELE, Ange. Gl. *Angelotus.* Voyez Rayn. tom. II, pag. 86², au mot *Angel.*

* **ANGELIAL**, ANGELICAL, ANGELIN, Angélique. Chron. des ducs de Normandie, tom. II, pag. 383, vers 26509 :

> En l'angelial compaignie.

Voyez Rayn. tom. II, pag. 87¹, au mot *Angelical*, et le Supplément de Roquefort au mot *Angeline.*

* **ANGELOT**, Petit ange, monnaie. Gl. *Moneta*, pag. 495². Partonop. de Blois, vers 5561 :

> Li vallés ót nom Guillemos
> Et fu beaus com uns angelos.

* **ANGLE**, Ange, monnaie. Gl. *Moneta*, pag. 491¹.

ANGENINE, Monnaie de Lorraine. Gl. *Angenina.*

ANGEVIN, Monnaie des comtes d'Angers. Gl. *Andegavenses denarii* sous *Moneta baronum*, pag. 518². [Voyez Rayn. tom. II, pag. 87², au mot *Angevi.*]

AGEVINE, Fête de la nativité de la Vierge. Gl. *Festum nativitatis S. Mariæ*, sous *Festum, 1.*

ANGHET, Coin, lieu caché. Gl. *Angetum.*

* **ANGIN**, Instrument de pêche. Gl. *Ingenium, 5.* Instrument de guerre, Gérard de Vienne, vers 3273.

1. **ANGLE**, Certain canton du bailliage de Sens. Gl. *Angula.*

* 2. **ANGLE**, ANGLIER, Coin de la table du jeu d'échecs. Roman d'Alexandre, dans une note de la Chronique des ducs de Normandie, tom. II, pag. 515, col. I :

> E je vous dirai coi en l'angle tout dernier,
> D'un villain en courant por le roi justicier.

Pag. 516, col. 2 :

> Vous serés mas en l'angle, o, s'il vous plaist, en voie.

Roman d'Ogier, ibidem, pag. 517, col. 2 :

> Bauduinet li dit mat en l'anglier...
> Li fieus le roi fu forment aïrés
> Quant il se voit si forment enanglé.

1. **ANGLÉE**, Coin, lieu retiré. Gl. *An-*

---

glare. [Voyez Rayn. tom. II, pag. 86¹, au mot *Anglada.*]

2. **ANGLÉE**, Certaine mesure de terre. Gl. *Angula terræ.*

ANGLER (S'), Se retirer, se cacher dans un coin. Gl. *Anglare.*

ANGLET, Coin, l'angle extérieur ou intérieur. Gl. *Anglare.*

ANGLISE, pour *Église.* Gl. *Alodis*, pag. 199³.

* **ANGLON**, Petit angle. Fabliau d'Estrubert, Supplément de Roquefort :

> Cil met son chief en la mèson,
> Si a véu en un anglon
> Un croücefix au mur drécié.

ANGOINE, Ennui, peine, chagrin. Gl. *Anguara.*

ANGOISSER, Causer de la douleur, du chagrin, rendre triste. Gl. *Angustiari.* [Miracle de la sainte Vierge; d'après la Chron. des ducs de Normandie, tom. III, pag. 526, vers 508 :

> Trop en i a de hastivel
> E trop d'entées seur angoisse
> E trop deables les angoisse.

Chanson de Roland, stance 266, vers 2 :

> Paien s'en fuient e Franceis les anguissent.

S'Angoiser, être en angoisse, stance 183, vers 5 :

> La destre main a perdué tresttute,
> Del sane qu'en ist se pasmet e angoiset.

Voyez *Anguisables*, Rayn. tom. II, pag. 88¹, au mot *Angoissar.* Orell, pag. 105.

ANGOISSOLLES, Nom d'une société de négociants. Gl. *Societas, 4.*

ANGONNE, Aine. Gl. *Anguinalia.*

ANGORISME, Langueur, affliction d'esprit, chagrin. Gl. *Anguara.*

ANGOULER, Engloutir, avaler. Gl. *Gula, 3.*

* **ANGRE**, pour *Angele*, Ange, dans le manuscrit de Tours de la Chronique des ducs de Normandie, vers 23697. Voyez aussi la variante après le vers 25739.

ANGROTER, Être malade. Gl. *Amorbare.*

ANGUARA, Corvée, service de chevaux, voitures, etc. Gl. *Anguara.*

ANGUENGNE, Chagrin, peine. Gl. *Anguara.*

ANGUENNE, Aine. Gl. *Anguinalia.*

* **ANGUISABLES**, ANGUISSABLES, Dans les angoisses, pénible. Chanson de Roland, stance 20, vers 7 :

> E li quens Guenes en fut mult anguissables.

Stance 251, vers 1 :

> Naimes li dux tant par est anguisables.

Stance 226, vers 6 :

> E cez porfunz valées, cez destreiz anguisables.

Voyez *Angoisser.*

* **ANGUISSUS**, comme *Anguisables.* Chanson de Roland, stance 64, vers 10 :

> Sur tuz les altres est Carles anguissus.

Stance 160, vers 15 :

> Le meie mort me rent si anguissus.

Stance 202, vers 11 :

> Sur lui se pasmet, tant par est anguissus.

Angoissus, dans la Chronique des ducs de Normandie, tom I, pag. 279, vers 5634. *Anguissos*, ibidem, tom. II, pag. 399, vers 26949. Voyez Rayn. tom. II, pag. 88², au

4.

mot *Angoissos*, et Roquefort au mot *Angois-seux*.

* **ANGUISSUSEMENT**, Avec instance. Marie de France, lai des deux amants, vers 74 :

> Anguissusement li requist
> Que s'en alast ensemble od lui.

ANHET, Agneau. Gl. *Anhellus*. [Mot provençal. Lisez *Anhel*, et voyez Rayn. tom. II, pag. 33², au mot *Agnel*.]

ANIAX, Anneaux. Gl. *Fermeilletum*. [Voyez le Glossaire de Roquefort. Agolant, pag. 181¹ :

> Li vieus Galindres fist li rois demander...
> Esperons d'or li fist es piez fermer
> Et les aniaus ès oreilles clouer.

ANICHIER, Nicher, faire son nid. Gl. *Nidalis*. [Chronique des ducs de Normandie, tom. I, pag. 137, vers 1605 :

> Ceo que li oisel s'aniocnt
> E les rameaus que il portoent.]

ANICHILLER, Réduire à rien, anéantir. Gl. *Annichilare*.

ANIÇOTE, Béquille, bâton dont se sert un estropié. Gl. *Anire*.

ANIENTER, Anéantir, réduire à rien. Gl. *Annichilare* [et *Exinanire*. Chronique de Jordan Fantosme, vers 858 :

> Encore est vifs en terre li bon reis dreiturier,
> Ki fera vostre guerre mult tost anienter,

Voyez vers 775. Roman d'Alexandre dans une note de la Chronique des ducs de Normandie, tom. II, pag. 515, col. 2 :

> Porce que il voloit la chose anianter.]

* **ANME**, Ame. Chanson de Roland.

1. **ANNE**, p. e. pour *Ante*, Tante. Gl. *Avuncula*.

* 2. **ANNE**. Voyez *Ane*.

* 3. **ANNE**, Aune. Compte de l'hôpital de Saint-Jean de 1332, dans le Supplém. de Roquefort : 13 *s. por six annes et demi de noef drap.*

1. **ANNÉ**, Messes que l'on dit pour un mort pendant le cours d'une année. Gl. *Annalis*.

2. **ANNÉ**, Récolte, revenu d'une année. Gl. *Annata*, 3.

* 3. **ANNE**, comme *Ainsné*, Aîné. Gérard de Vienne, vers 3577 :

> Harnaus mes freires, ki est annés de moi,
> Doit estre sires en toz leuz de sor moi.

Vers 3391 :

> Et mes deus fils seront desaretei,
> Savariez et Bueves li anneiz.

* 4. **ANNÉ**, Vin vieux. Flore et Blanceflor, vers 1674 :

> En bon vaissiaus d'or et d'argent,
> Cler vin et piument et claré
> . Et boin bogeraste et anné.

Voyez Rayn. tom. II, pag. 76¹, au mot *Annat*.

ANNEAU, Carcan. Gl. *Annulus*, pag. 267³.

* **ANNÉE**. *Feste annéc*, Annuelle, qui revient tous les ans. Joinville, pag. 105 : *Toutes les festes annécs je semonnoie touz les riches hommes de l'ost.* Pag. 228 : *Commanda que il fu mis et estendus toutes les festes annéus par-dessus des cors des glorieus martirs.* Ce sont probablement les fêtes que dans les Établiss. des mestiers de Paris, fol.

6g^v, on appelle *Les quatres festes annicx.* Ordonnance de Philippe le Bel de 1285 : *Le potier.... mangera sus à la cour, et n'y aura nul voires, se ce n'est aux fétes annueus.*

* **ANNELAGE**, Redevance payée pour les agneaux. Gl. *Annelage*.

ANNIEUX, Anniversaire. Gl. *Annuale*, pag. 266.

* **ANNONCHEMENT** †, Annonciation. Gl. *Angelium*.

ANNONERIE, Marché au blé. Gl. *Bladaria*, sous *Bladum*, pag. 696³.

* **ANNOR**. Voyez *Anor*.

ANNOTIF, Annuel, qui revient chaque année. Gl. *Pascha annotinum*, pag. 116¹.

ANNUITIE. *Brief de Annuitie*, Exploit pour demander le payement d'une rente. Gl. *Annuitas*.

ANNULIER. Administrer les saintes huiles, donner l'extrême-onction. Gl. *Inoleare*.

ANNUNCEUR, Crieur public. Gl. *Annunciatorium*.

ANOIENTER, **ANOIENTIR**, Anéantir, rendre nul, réduire au néant, à rien. Gl. *Annichilare* [*Anaienter*, s'anéantir, périr. Chronique des ducs de Normandie, tom. III, pag. 293, vers 39718 :

> E tote nature se lasse,
> Tot anaiente e tot tresvait.

Ancientez, anéanti, ibid., tom. I, pag. 260, vers 5095. Voyez *Anienter*.]

ANOIS, Ennui, peine, chagrin. Gl. *Picardia*, pag. 243² [*Anoier*, être ennuyé, se fâcher. Chanson du roi de Navarre, Laborde, pag. 228 :

> Li célers me guerroie ;
> Se li di, ele anoie,
> Tost dira, fui de ci.

Villehardouin : *Et quant li Empereres oï ces nouvelles si li anoierent mout durement.* Gérard de Nevers : *Com ores me doit anoier quant mon anelet est perdu.* Voyez Rayn. tom. IV, pag. 343, au mot *Enojar*, etc.]

ANOIT, Aunaie, lieu planté d'aunes. Gl. *Annetum*, 2.

* **ANOITIER**. Voyez *Anuiter*.

* **ANOMBRER**, Énumérer. Vie de saint Thomas de Canterbury, vers 1291 :

> Nul ne saveroit aconter
> Ne les miracles anombrer
> Que deus i fait.

* **ANOMMER**, comme *Anombrer*. Gérard de Vienne, vers 919 :

> Les riches mes ne vos quier anommer.

* **ANONBRER** (S'), Devenir homme. Chronique des ducs de Normandie, tom. II, pag. 68, vers 17308 :

> La virgine en que Deus s'anonbra
> Prie e requiert de quor parfond.

Voyez *Aombrer*.

ANONCELLE, Sorte de poisson de mer. Gl. *Arnoglossus*.

ANONCEUR, Délateur, dénonciateur. Gl. *Annunciatorium*.

* **ANONCHALI**, Nonchalant, indifférent. Guill. Guiart, tom. I, pag. 157, vers 3543 (3945) :

> L'ost se rendort ; chascun s'acquoise
> Ausi com genz anonchalies.

Voyez Rayn. tom. II, pag. 293², au mot *Nonchalansa*.

* **ANONCIER**, Interpréter. Gérard de Vienne, vers 1965 :

> Molt fu joians l'emperere à vis fier,
> Kant ot le songe si à bien anoncier.

1. **ANOR**, Honneur, respect. Gl. *Honor*.

2. **ANOR**, Fief, domaine. Gl. *Honor*.

ANORER, Honorer, porter honneur. Gl. *Honor*. [*Annoré*, chez Roquefort, au mot *Anorer*.]

* **ANPRÈS**, Après. Chanson de Roland, stance 60, vers 9 :

> Anprès iço i est Neimes venud.

ANQUERGER, Enquérir, informer. Gl. *Inquestare*.

ANSAIGE, Entrée ou reception dans un corps ou communauté, et le droit qu'on paye à cette occasion. Gl. *Hansatus* sous *Hansa*, 2.

* **ANSDOUS**. Voyez *Ambesdui*.

ANSEI, Sorte de vaisseau propre pour la vendange ; ainsi nommé apparemment parce qu'il avait des anses. Gl. *Ansa*, 1.

* **ANSEIGNE**, Drapeau, étendard, cri de guerre. Gl. *Investitura*, pag. 891³, et *Signum*, 10.

ANSEOR, pour *Asseor* ou *Asseour*, Arbitre, qui *assied* ou assigne ce qui appartient à chacun. Gl. *Inquestare*.

1. **ANSER**, Instruire, dresser à quelque chose. Gl. *Hansatus* sous *Hansa*, 2.

2. **ANSER**, Recevoir quelqu'un dans une société ou compagnie de marchands. Gl. *Hansatus* sous *Hansa*, 2.

3. **ANSER**, Présenter un ouvrage à l'examen ce la *Hanse* ou corps de métier, pour voir s'il est fait suivant les règles de l'art. Gl. *Hansatus* sous *Hansa*, 2.

ANSERY, *Heure de l'Ansery*, le jour tombant, le soir. Gl. *Hora seralis* sous *Hora*, 3.

* **ANSES**, Assigné. Gl. *Anses*.

* **ANSGUARDE**. Voyez *Angarde*.

ANSSITE, Image, figure. Gl. *Ancona*.

* **ANSTE**, comme *Hanste*, Bois de lance. Chronique des ducs de Normandie, tom. II, pag. 230. vers 22153 :

> Par mi le gros de la peitrine
> Li fist passer s'anste fraisnine.]

ANTAIN, Tante, sœur du père ou de la mère. Gl. *Avuncula*.

ANTALENTIR †, pour *Entalenter*. Gl. *Affectare*.

ANTAN, Ci-devant, autrefois. Gl. *Antecessus*. [Voyez Rayn. tom. II, pag. 76², au mot *Antan*. *Anten*, Partonop. de Blois, vers 2489 :

> Anten nos vint dire en Norois
> Que sains segnor erent François.]

1. **ANTE**, **ANTEIN**, Tante, sœur du père ou de la mère. Gl. *Avuncula*. [Voyez Rayn. tom. II, pag. 72¹, au mot *Amda*.]

* 2. **ANTES**, comme *Anthaisons*. Gl. *Entare*.

ANTENEORS, Entonnoir. Gl. *Anteneors*.

ANTENOIS, Chevreau d'un an. Gl. *Anniculus*.

ANTER, Enter, réduire en état de culture. Partonop. de Blois, vers 515 :

> . . . . Ardene ;
> Ele estoit hisdouse et faée
> La disme pars n'en est antée.

ANTESCHANGER, Donner en contre-change. Gl. *Escangium*.

ANTHAINE, Antienne. Gl. *Antiphona*, 2.

ANTHAISONS, Jeunes arbres nouvelle-ment entés. Gl. *Entare*.

ANTIBULLE, Bulle donnée par un anti-pape, ou qui est réputé tel. Gl. *Antibulla*.

ANTICEMENT, pour *Ancitement*. Gl. *Instigator*.

ANTIDOTAIRE, Livre qui traite de la composition des remèdes. Gl. *Antidotarius*.

***ANTIF**, Antis, Agé, ancien, antique, vieux. Partonopeus de Blois, vers 77 :

> Cil clerc dient que n'est pas sens
> Qu'escrive estoire d'antif tens,
> Quant jo nes escris en latin.

Aucassin et Nicolette :

> Qui vauroit beaus vers oïr
> Del deport viés et antif.

Roman de Rou, tom. i, pag. 136 :

> Fauces fu niés Riouf, ki fu vieil et antis.

Chronique de Jordan Fantosme, vers 41 :

> Ki puisse porter armes, u ne seit si antis.

Vers 615 :

> De la grant tur antive ferez le devaler.

Chronique des ducs de Normandie, tom. i, pag. 138, vers 1615 :

> Les murs e les palais antifs
> Redresceront par les païs.

Roman de Guillaume d'Orange, ibidem, pag. 159, en note, col. 2 :

> En tor de marbre, tant soit fort ne antive.

Roman de Roncevaux, pag. 90 :

> Cler luit la lune par la cité antie.

Aubri, vers 174 : *Tor antie*. Flore et Blancefl. vers 1812 : *Tor d'antiquité*. Gérard de Vienne : *Citeit antie*, vers 334, 1242, 1603. *Mur antif*, vers 877, 1846. Garin le Loher. tom. i, pag. 259 : *Fromont de Bordelle l'antif*. Gérard de Vienne, vers 1745 :

> Et les fors tors ke sont d'antiquitey,
> Ke paien firent par lor grant poestey.

Vers 3225 :

> Haut sont li mur ke paien ont fermé.

Garin le Loher. tom. i, pag. 88 :

> El palais montent que firent Sarrasin.

Gérard de Vienne, vers 3627 :

> Nos en irons, ainz k'il soit avespré,
> Droit à Viane, l'amirable cité.
> Par une cave de vielle antiquité,
> Paien la firent, molt lonc tans ait passé.

Vers 1605 :

> Un bois i ot de grant aucesserie.

Garin le Loher. tom. i, pag. 233 :

> Dreciez les forches desoz ce pin anti.

Pag. 203 :

> En un val entrent qui fu grans et antis.

Pag. 195 :

> El pinel entrent dedans ung val antif.

Pag. 289 :

> Li essars fu grans et gros et antif.

Pag. 99 :

> S'ourent chevaus grans et fors et antis.

Roman d'Anséis, cod. reg. 7191, fol. 17² :

> Mort le trebuce del bon destrier antaine,
> Puis trait Joiouse ki fu roi Karlemaine.

Phil. Mouskes, pag. 209 :

> Cevaus proisiés, cevaus hardis...
> Plus fust uns cevaliers seurs
> Sor toi, qu'en tors à trebles murs.
> Ha vious antis, qui serviras?
> Quant je me muir, que devenras?

Voyez Rayn. tom. ii, pag. 97², au mot *Antic*.

ANTIN, Le bien qui provient de la tante. Gl. *Avuncula*.

ANTOINE, Antienne. Gl. *Antiphona*, 2.

* **ANTROIGNE**, Tromperie. Gautier de Coinci, Supplément de Roquefort :

> Jà ne m'aïent patrenostres
> Ne prières ne miséreles ;
> Miex aim sornes à pastoreles
> Que je ne face telz antroignes.

ANTRUPERIE, Tour de passe-passe. Gl. *Trahere*, 5.

ANUABLE, Facile, qui accorde aisément. Gl. *Adnue*. [*Amiable* ?]

* **ANUIANCHE**, Ennui, mauvaise humeur. Fabliau de Longue-Nuit, vers 958 :

> Plains de grand ire et d'annuianche
> S'en est venus sans ariestanche
> En la cambre ù li vesques dort.

* **ANUIT**, comme *Ennuit*, Cette nuit, aujourd'hui. Chronique de Jordan Fantosme, vers 138 :

> Od la lune serie anuit eschilguaitiez.

Chronique des ducs de Normandie, tom. i, pag. 133, vers 1461 :

> Seignors, anuit en mun dormant.

Partonop. de Blois, vers 1195 :

> En vostre francise ai espoir
> De seul anuit ci remanoir.

Voyez Rayn. tom. iv, pag. 318¹, au mot *Noit* et Orell, pag. 297.

ANUITER, Faire nuit. Gl. *Adjornare*, 3. [Chronique des ducs de Normandie, t. ii, pag. 145, vers 19633 :

> Mais mult li targe l'avesprer
> E l'anoitier por soir s'en.

Joinville, pag. 19 : *Mut de Joingville à l'a-nuitier*. Pag. 55 : *A l'anuitier revenimes de la perilleuse bataille*. Pag. 260 : *Et ala tant que à un anuitier il se logièrent près de leur anemis*. Garin le Loher. tom. i, pag. 55 :

> A Cambrai vint ains qu'il dut anuitir.

Chronique des ducs de Normandie, tom. i, pag. 49, vers 1304 :

> I pristrent port en l'anuitant.

Pag. 119, vers 1065 :

> I est entrez vers l'anuitant.

Tom. ii, pag. 278, vers 23597 :

> Sempres quant il anuitera
> E tote gent se dormira.

Chronique de Jordan Fantosme, vers 2018 :

> Baruns, esveilliez vus ; bor vus fut anuitié.

Le dit du povre chevalier, Jubinal, Con-tes et Fabliaux, tom. i, pag. 140 :

> Sire por quoi plorez toute nuit anuitie.

Enfants Haymon, vers 148 :

> Grand fu l'esbatement en la salle voultie
> De chanter, de danser toute nuit anuitie ;
> Puis alèrent coucher jusqu'à l'aube esclairie.

Voyez Rayn. tom. iv, pag. 319², aux mots *Anuchir* et *Anoitar*, Orell, pag. 138.

ANWILLE, Anguille. Gl. *Anwilla*.

ANWISON, Espèce de poisson. Gl. *Anwilla*.

* **AOES**. Voyez *Oès*.

* **AOI**. Voyez *Avoi*.

1. **AOIRE**, Oie. Gl. *Auca*, pag. 477¹.

* 2. **AOIRE**, Augmenter, accroître. Re-clus de Moliens :

> Qui por seue hiauté aoire
> Se paint com ymage marmoire.

Chronique des ducs de Normandie, tom. iii, pag. 145, vers 35954 :

> Teus quide sa honte venger
> Qui en dobles l'aoite e creist.

Où le manuscrit de Tours porte *Aoist*. Voyez Rayn. tom. ii, pag. 142¹, au mot *Auger*.

AOMBRER, Couvrir de son ombre. Gl. *Sufflare*, 2. [*S'Aombrer*, devenir homme. Voyez s'*Anonbrer*. Gérard de Vienne, vers 1068 :

> Ki an la virge se doignait aombrer.

Gautier de Coinci, dans le Glossaire de Joinville :

> Com fist Gabriel li Archangles
> Quant me dist que li rois des Angles
> S'aombreroit en mes sains flancs.

Guill. Guiart, tom. i, pag. 216, vers 5150 (5464) :

> En la glorieuse pucele
> Le qui bien nul ne set nombrer
> Vous vousistes, sire, aombrer.

Couvrir. Pag. 189, vers 4344 (4756) :

> Le fort mur à miner commencent
> Et font le chat si aombrer
> Que riens ne le puist encombrer.

Pag. 227, vers 5423 (5749) : ¹

> Pour estre plus tost mal-bailliz
> Est hardiement assailliz ;
> Si grant plenté de gent l'aombre
> Que je n'en sai dire le nombre.

Voyez Rayn. tom. iv, pag. 369², au mot *Azombrar*.

AONNIER, Unir, aplanir, rendre égal. Gl. *Aplanare*.

AORBIR, Retirer, rétrécir. Gl. *Orbitare*.

* **AORCE**, Ensemble. Voyez *Aorser* et *Aourger*. Roman de Renart, tom. ii, p. 317, vers 18211 :

> Le grant troton s'en vait à force
> La matinée tote aorce,
> Bien set tenir la voie droite.

* **AORDENE**, Ordre, ordonnance, dispo-sition. Partonop. de Blois, vers 10703 :

> Defors fu orlés de rubis,
> Trestos d'un grant aordene assis,
> Et fut moult bien al col fremés.

Voyez Rayn. tom. iv, pag. 382¹, au mot *Adordenamen*.

* **AORDRE** (S'), Se régler, se conformer, prendre pour modèle. Roman de Charles-Martel Rayn. tom. i, pag. 175 :

> Et pour ce au latin me veulz du tout aordre,
> Que en plusieurs moustiers le lisent la gent d'ordre.

Voyez Rayn. tom. iv, pag. 380, au mot *Adordenar*.

AORER, Adorer, prier. Gl. *Adorare*.

[Partonop. de Blois, vers 10298 et 10300. Chron. des ducs de Normandie, tom. 1, pag. 467, vers 11151, etc. Voyez le Glossaire de Roquefort et Rayn. tom. 11, pag. 281, au mot *Adorar*. Aoremenz, adoration, culte. Chronique des ducs de Normandie, tom. 1, pag. 467, vers 11163.

AORGER (S'), S'arrêter, se retenir à quelque chose. Gl. *Arrestare*, 5. [Voyez Rayn. tom. 11, pag. 261, au mot *Aorser*.]

* **AORNE**, En ordre, l'un après l'autre. *Tot aorne*, tout à fait, de tous les cotés. Roman de Renart, vers 1247, tom. v, pag. 64 :

> Saut en travers, plus n'y séjorne;
> Les chiens mordant trestot aorne.

Tom. 1, pag. 48, on lit :

> Trestoz les chiens mordent à orne.

Guill. Guiart, tom. 11, pag. 356, vers 9252 (18234) :

> A greveuse peine et à male
> Cheminoent par ileuc aourne;
> Car li floz qui va et retourne
> Leur fait là si graut destourbance, etc.

Chronique des ducs de Normandie, tom. 1, pag. 249, rubrique :

> Ci part Rou d'Engleterre, ariere s'en retorne,
> Ci tramet par les terres qu'il prent totes e aorne.

Pag. 253, vers 4900 :

> Cist reaumes dunt reis esteie
> E que jeo governer deveie
> Defist, perist, à neient tornie,
> Eissi que je l' part tot aorne,

Tristan, tom. 1, pag. 188, vers 3913 :

> Li rois Artus cele port torne
> E li autre trestot aorne.

* **AORNER**, Disposer. Chronique des ducs de Normandie, tom. 11, pag. 283, vers 23767 :

> Après vout Deus le munt former
> E les clemenz diviser;
> E quant il out tuit aorné, etc.

Aornement, dans les sermons de S. Bernard. Voyez le Glossaire de Roquefort.

AOUE, Oie. Gl. *Auca*, 1, pag. 477¹. [Voyez Rayn. tom. 11, pag. 142¹, au mot *Auca*.]

* **AOVERT**, Ouvert. Chroniques des ducs de Normandie tom. 1, pag. 525, vers 12829 :

> Que de la dolerose perte
> Li fust graut honur aoverte.

AOURER, Honorer, révérer, prier. Gl. *Adorare*. [*Vendredy de crois aouré*. Voyez Gl. *Crux*, pag. 676¹, et le Glossaire de Roquefort au mot *Aoré*. Roman de Tristan, cité au Glossaire de Joinville : *Lendemain matin se met la damoiselle en la voye et vint à Tristan et lui aoure le bonjour*.]

* **AOVRER**, Accomplir, faire. Chronique des ducs de Normandie, tom. 1, pag. 466, vers 11137 :

> N'est biens ne faiz ne aovrez.

AOURNEMENT, Ornement. Gl. *Adornare*. [*Epiphia* et *Latria*, 2.]

AOURSE, Fatigué, harassé. Gl. *Burdillus*. [*S'Aourser*, s'attacher, s'acharner. Guill. Guiart, tom. 1, pag. 60, vers 906 :

> Ses os à grant haste remande,
> La gent qui à guerre s'aourse
> Se refiert en Berry la course.

Voyez *s'Aorger*, et le Glossaire de Roquefort au mot *Aorsé*.]

AOUST, Le temps de la moisson, la moisson même. Gl. *Augustus*, 1. [Voyez Rayn. tom. 11, pag. 341, au mot *Agost*.]

AOUSTAGE, Rente qui se payait à la mi-août. Gl. *Aostagium*.

AOUSTER, Faire la moisson. Gl. *Augustare* [et *Autumnare*, 1. Guill. Guiart. tom. 1, pag. 62, vers 762 (1459) :

> Refont leurs granz os ajouster
> Et non mie pour aouster,
> Ne pour les vignes vendengier.]

AOUSTEUR, Moissonneur. Gl. *Augustare*.

AOUSTRÉ, Adultère, infidèle. Chastel. de Couci, vers 5688 :

> Avoir cuidai ami loyal
> Et je l'ay trouvé desloyal
> Qu'il a jà fait ailleurs amie...
> Or est il aoustré souduis.

Voyez *Avoutère*.

AOUVRIR LOI, Admettre, recevoir à plaider. Gl. *Aperire curiam*.

APACTIR, Faire pacte, traiter, convenir de quelque chose, et surtout des contributions ou des rançons, que les ennemis exigent. Gl. *Apatuare*.

APAER, Apaier, Payer, satisfaire, rendre content. Gl. *Apacare*. [Apaiser, accorder. Gérard de Vienne, vers 2300 :

> Por Deu vos pri.....
> Ke ceste guerre feissiez apaier.

Chronique des ducs de Normandie, tom. 1, pag. 211, vers 3690 :

> Pur sa très-grant ire apaier.

Pag. 244, rubrique :

> Com Rous au roi Engleis ses enemis apaie.

Pag. 254, vers 4945 :

> Et si vers Dampne-Deu t'apaies
> Que sa lei tienges Crestiens.

Joinville, pag. 77 : *L'amiral se tindrent bien apaié du serement le roy.* Pag. 95 : *Si le faites aquiter du treu que il doit à l'Ospital et au Temple et il se tendra apaié de vous.* Pag. 101 : *Je vous départirai le gaing si bien et si loialement, que chascun s'en tendra apaié.* Voyez Rayn. tom. 1v, pag. 456², au mot *Apagar*, et Halliwell aux mots *Apaid* et *Apayen*.]

APAIER, Attirer, engager. Gl. *Apacare*.

* **APAIIER**. Voyez *Apaer*.

* **APAISANTER**, Satisfaire. Sermons de S. Bernard chez Roquefort : *Cist est li sacrifices ki apaisantet nostre Signor*. Voyez *Apaer*.

APAISENTEUR, Arbitre, juge choisi par les parties pour accommoder un différend. Gl. *Paciarii*.

* **APAISIER**, Réconcilier. Joinville, pag. 172 : *En tele manière fu apaisiés li cuens de Champagne au roy Loys de France, de l'orguel que il avoit commencié et enpris contre lui.* Miracles de S. Louis, pag. 468 : *Saches que je ai eu grant poine pour toi d'apaisier toi à la benoiete Vierge Marie, etc.* Miserere du Reclus de Molien :

> Au jour que Diex tenra ses plais
> Tu emporteras mout grief fais
> S'anchois n'es à lui apaisiez.

Voyez *Apaisanter*.

APALIR, Affaiblir, énerver, engourdir. Gl. *Apalus*.

APANAGE, La portion d'héritage qui est donnée aux puinés ou aux filles, pour tout patrimoine. Gl. *Apanare*, pag. 310¹².

APANAGER, Apaner, Assigner l'*apanage*. Gl. *Apanare*.

APANEMENT, comme *Apanage*. Gl. *Apanare*, pag. 310².

APAPELARDIR, Faire le papelard, contrefaire l'homme de bien. Gl. *Papelardus*.

APARAGEOR, Celui qui tient en parage. Gl. *Paragium*, 2. pag. 813³.

* **APARAGER** (S), Traiter de pair. Partonop. de Blois, vers 2299 :

> Nus n'est si povres, s'il le voit,
> Ne li est vis que ses pers soit;
> Il est si humles et si dous
> Qu'il s'aparage à trestous.

* **APARANT**, *Cop aparant*, Plaie ouverte. Gl. *Ictus apparens*, pag. 751¹.

* **APARCEVOIR**, Reconnaître. Chastel. de Couci, vers 6617 :

> Et si bien se deffigura
> Hors de son communal estour
> C'on ne l'aparcéust nul jour
> Qui moult près ne s'en prenist garde.

Joinville, pag. 151 : *Dès le commencement que il vint à son royaume tenir et il se sot aparcevoir, il commença à édefier moustiers, etc.* Agolant, vers 301 :

> Narmes est molt de sens aperceu.

APARCHIS, Lieu où l'on élève des perches, sur lesquelles on place les draps pour les lainer. Gl. *Pegia*.

APAREILLEMENT, Appareil. Gl. *Aparamenta navis*. [Voyez Rayn. tom. 1v, pag. 417², au mot *Aparelhamen*, et ci-dessous *Apareillier*.]

* **APAREILLIER**, Aparellier, Préparer, faire des préparatifs pour arranger, disposer, apparciller, choisir. Chronique des ducs de Normandie, tom. 1, pag. 327, vers 7032 :

> Quant li dus senz delaiement
> Out fait sun aparellement
> E sun convive festival,
> (N'out bon ami ne bon vassal
> Qui là ne fust apareilliez
> Joinsement e bauz e liez)
> Ad Gille sa femme espusée.

Tom. 11, pag 74, vers 15669 :

> Sempres tot erranment comande
> Que l'on apareil sa navie.

Tom. 1, pag. 366, vers 8174 :

> Ainz, si cum Deus l'apareillout
> Senz demore, si cum li plout, etc.

Partonop. de Blois, vers 2325 :

> Or s'apparelle de bataille.

Vers 2977 :

> Cauces de fer a bien tailliés
> Et bien de soie aparelliés.

Vers 9611 :

> Li sedans eut armes noveles.....
> Qu'i ot faites aparellier
> Legieretes por tornoier.

Gérard de Vienne, vers 1981 :

> Toutes ses armes li vait aparilier.

Garin le Loher. tom. 1, pag. 263 :

> Bordelois issent qui sunt bon chevalier
> Aparillié de lor honte vengier.

Agolant, vers 1184 :

Se je vos puis à mes deus poins baller
Je vos cui si ennuit aparellier
Toz vos lignoages i aura reprovier.

Voyez vers 1133. Flore et Blanceflor, vers 1233 :

Il et li cambrelens conseillent
Et lor jornées apparellent.

Vers 1362 :

De l'aler s'est aparilliés.

Miracles de S. Louis, pag. 469 : *Je suis apparilliez d'amender tout par vostre conseil.* - Voyez Rayn. tom. IV, pag. 416², au mot *Aparelhar;* Roquefort, au mot *Aparailler,* dans le Glossaire et le Supplément; Halliwell, au mot *Apparail,* ci-dessous les mots *Appareil,* suiv. et *Aparlier.*

* APARIR (S'), Apparoir, apparaître, se montrer. Chronique des ducs de Normandie, tom. II, pag. 127, vers 19057 :

Une ne le meudre ne le pire
Ne vont fors porte remaneir,
Ne ne se voudrent aparcir;
Dedenz les murs s'esterent quei.

Voyez Rayn. tom. IV, pag. 428², au mot *Aparer,* et Orell, pag. 217, 218.

APARET, Ce qui ferme un pré et qui empêche d'y entrer. Gl. *Ampara.*

* APARISSANCE, Apparence, indice. Chronique des ducs de Normandie, tom. I, pag. 282, vers 5729 :

Mais n'est pas certe aparissance
Qu'od eus aiez grant malvoillance.

* APARISSANT. FAIRE APARISSANT, Montrer, prouver. Chronique des ducs de Normandie, tom. I, pag. 408, vers 9423 :

Seignors, fait-il, si or m'amez,
Si l' me faites aparissant.

Voyez Garin le Loher. tom. I, pag. 22; Orell, pag. 251.

* APARLEMENZ, Paroles, conversations. Chronique des ducs de Normandie, tom. I, pag. 541, vers 13337 :

Eisi par tels aparlemenz
E par si faiz decevemenz
Sunt tuit decéu li Normant.

* APARLIER, comme *Apareillier.* Joinville, pag. 177 : *Si apparelierent leur erre sanz le conseil du commun et dou roy ; et chevauchierent, quant il furent aparlié, parmi la terre, etc.* Pag. 181 : *Mais pour ce qu'il n'estoit pas aparliés à ostoier, il se départi d'iluec.*

APARLLER, Parler ensemble, traiter d'une affaire. Gl. *Arrationare.* [Voyez *Aparoler.* Flore et Blanceflor, vers 2155 :

Car vous m'avés bien acueilli,
Bel aparlé, vostre merci.

Chronique des ducs de Normandie, tom. I, pag. 353, vers 7764 :

N'aparla pas, od lui li dux.

Voyez Orell, pag. 122.]

* APARMAIN, Sur-le-champ. Roman de Roncevaux, pag. 32 :

Et dist Gautiers : Aparmain le saurez.

Fabliau de sire Hains, Roquefort, au mot *Comperer :*

Ne fust por ma chose haster
Por aler au marchié demain,
Tu le comparisse aparmain.

Voyez Orell, pag. 297, et ci-dessous *Apertement.* Dans la traduction des sermons de S. Bernard on lit dans le même sens, *A-per-mismes, A-per-mêmes.*

APAROLER, Adresser la parole à quelqu'un. Gl. *Arrationare.* [Voyez *Aparller.* La vie de S. Nicholai, pag. 233 : *Li concilles respondi au saint evesque : Sers Dieu par coi m'aparoles-tu en tel manière ?* Chronique des ducs de Normandie, tom. II, pag. 276, vers 23529 :

Qu'est-ce dunt tu nos aparoles ?
Tot apertement nos afoles.]

* APARTENIR, Égaler. Chastel. de Couci, vers 5830 :

Et non pourquant si belle estoit
Que de biauté apartenoit
A la dame de Fayel.

APASTELLER, Fournir la pâtée ou pâture. Gl. *Pastus.*

APASTIS, Pacte, traité, convention; la chose convenue, [vassal par convention]. Gl. *Apatisatio.*

APATICHER, APATISSER, Faire un accord, traiter, convenir. Gl. *Appatisatio.* [Voyez Halliwell, au mot *Appatized.*]

APAU, Bail à cens. Gl. *Apeamentus.*

* APAUTEOR, Censier. Gl. *Apeamentus.*

* APAUTER, Donner à cens. Gl. *Apeamentus.*

APAYSEMENT †, Adoucissement. Gl. *Expiare,* 3.

APAYSIER †, Adoucir. Gl. *Expiare,* 3. [Voyez *Apaisier.*]

* APEL, APIAX, APPIAUS, Appel. Gl. *Appellatio,* 1, pag. 329¹. Roman de Renart, tom. III, pag. 68, vers 21612 :

Et qu'est-il orc de l'apel
Que ge avoie envers vos fet?
Comment est del aler au plet?

Voyez Rayn. tom. II, pag. 102¹, au mot *Apel.* Garin le Loher. tom. I, pag. 166 :

Li apiaus sonne, tuit en sunt estormis.

Li Moniages Renouart, dans une note de la Chronique des ducs de Normandie, tom. I, pag. 529 :

Au grant berfroi fu li apiax souez.

Voyez Gl. *Appellatio,* 2. Invocation, prière. Miracles de S. Louis, pag. 451 : *Par le seul apel du benoiet S. Loys... il fut einsi soudainement gueri.* Voyez ci-dessous *Apeler.* Ce mot paraît avoir été employé dans le sens d'*Appareil.* Partonop. de Blois, vers 7596 :

Si vienent trosqu'en lor castel,
U on lor fait moult rice apel
De beaus mangiers et de bons vins.

Vers 7090 :

Mais je prist poi trestot le mont,
Et quanqu'el siècle est bon et bel,
Envers dame qui set d'apel
Et de joir et de juer
Et de rire et de bel parler.

* APELER, Invoquer, prier. Miracles de S. Louis, pag. 394 : *La mère les sivoit en apelant S. Marie, etc.* Pag. 400 : *Par les merites du benoiet S. Loys et parce que ele apela s'aide.* Fabl. de Prestre et Alizon :

Par toz les sains, qu'on apele à Gisors.

* APELER DE BATAILLE, Accuser quelqu'un d'un crime qu'on offre de prouver par combat judiciaire. Gl. *Duellariter.*

APENDEIS, Appentis. Gl. *Appendaria.*

APENDRE, Dépendre, appartenir. Gl. *Appendere.* [Aubri, pag. 167² :

Il tint Borgogne, une terre pesant,
E Genevois sunt à lui apendant.

Gérard de Vienne, vers 459 :

A Karlemaine cui douce France apant.

Garin le Loher. tom. I, pag. 123 :

Quant vous chaciez devant Mont Meliant
En la forest qui à celui appant.

Pag. 199 :

Riche abéie qui apent à Clugni.

Partonop. de Blois, vers 2109 :

Mandés, fait-il, tote le gent
Qui al reigne de France apent.

Vers 10538 :

Tot quanque à l'onor apent.

Chronique des ducs de Normandie, tom. I, pag. 326, vers 7021 :

Dune al setme jur Brenneval
Od quanque del lieu i apent.

Pag. 145, vers 1831 :

Par tot le regne qiu m'apent.

Pag. 429, vers 10024 :

Kar ce set bien certainement
Que tot le regne li apent.

Partonop. de Blois, vers 9553 :

Li outres de l'eslection
N'apent à nul se à vos non.

Roman de Renart, tom. I, pag. 43, vers 1116 :

Feré ce que à l'ordre apent.

Tom. II, pag. 307, vers 17947 :

Ne s'en doivent pas merveillier
Cil qui devers Renart s'apendent.

Voyez Rayn. tom. IV, pag. 493¹, au mot *Apendre;* Halliwell, aux mots *Apent* et *Append.*]

* APENSE. Voyez *Appensé. Guet apensé.* Gl. *Pensabiliter.*

* APENSÉEMENT, Avec réflexion, Beaumanoir, chap. I, § 6 : *Li sages hardis, si est cix qui sagement et apenséement monstre son hardement.* Voyez Rayn. tom. IV, pag. 498², au mot *Apessadamen.*

APENSEMENT, Réflexion, méditation. Gl. *Apensamentum.*

* APENSER (S'), Réfléchir, penser. Joinville, pag. 31 : *S'apensa que il iroit confondre le soudanc de Hamant.* Pag. 122 : *Il s'apensa que le menu peuple de la ville ne s'auroit pooir de deffendre.* Annales, ibidem, pag. 268 : *Si s'apensa de rechief d'aler outre mer.* Flore et Jeanne, pag. 61 : *Coument elle se peut apenser de çou faire, etc.* Fabl. de Gautier d'Aupais :

Lors s'apense e porpense, si a cui dira son bon.

Fabl. du Prevost à l'aumuche :

Puis s'apensa en soi meisme
S'en pooit eubler une pièce.

Voyez Rayn. tom. IV, pag. 498¹, au mot *Apensar.*

* APENTICH, comme *Apendeis.* Gl. *Appendaria.* Voyez Roquef. Supplém.

* APERCEVANCE, Action, air de s'aper-

cevoir. Chronique des ducs de Normandie, tom. 1, pag. 560, vers 13874 :

> Ne de tot ceo, ne tant ne quant,
> Ne facez chere ne semblant ;
> S'en fesiez apercevance, etc.

Marie de France, Lai de Milun, vers 93 :

> Tant la cela, tant la covri,
> Unques ne fu apercevance
> En parole ne en semblance.

* **APERCEVOIR**, pour *Percevoir*, prendre, recevoir. Gl. *Accipere*, 1. [Voyez Rayn. tom. 11, pag. 279, au mot *Apercebre*. Orell, pag. 131. Haliwell, au mot *Apperceive*. Dans un autre sens ci-dessus *Apurcevoir*.]

APERCHER, Soutenir avec des perches. Gl. *Pegia*.

* **APERECER**, Devenir paresseux. Chronique des ducs de Normandie, tom. 11, pag. 453, vers 28467 :

> Li flanc li batent de lassesce,
> Mult s'alentist e aperece.

Tom. 1, pag. 380, vers 8590 :

> Quident seiom aperecié.

* **APERMESMES.** Voyez *Aparmain*.

* 1. **APERT**, Évident, connu, public. Roman de Renart, tom. 1, pag. 24, vers 645 :

> N'i convient nule coverture,
> Tot est aperte l'aventure.

Chronique des ducs de Normandie, tom. 1, pag. 152, vers 2021 :

> Adunc fu Rous en remembrance
> Del aperte signefiance
> Del songe, etc.

Pour *En apert*, ibidem, pag. 278, vers 5607 :

> Si ta valor n'as esprovée
> Ne de la gent qu'as amenée
> Iceu porras vecir apert.

Voyez Rayn, tom. 11, pag. 103', au mot *Apert*. Dans un sens différent, Roman de Renart, tom. 11, pag. 226, vers 15710 :

> S'or m'en blasme forment et chose
> De ma folie et de ma perte
> Bounmatin la bele, l'aperte,
> Ne m'en doit mie merveillier.

Voyez *Appert*, 1.

2. **APERT**, *En apert*, À découvert, publiquement. Gl. *Apparentia*, 3. [Chronique des ducs de Normandie, tom. 1, pag. 214, vers 3772 :

> Dunc se mostrerent en apert
> Cil devers Rou.

Pag. 475, vers 11409 :

> Haut en oiance ne en apert
> A son corage descouvert.]

APERTE, Fait d'armes, belle action. Gl. *Apparentia*, 3. [Voyez Halliwel, au mot *Aperte*.]

* **APERTEMENT**, Ouvertement. Chronique des ducs de Normandie, tom. 1, p. 467, vers 11147 :

> Si t'iert apertement mostré
> Ceo qu'as enquis e demandé.

Tom. 11, pag. 216, vers 21739 :

> Veit que or set la traison
> Apertement senz coverture.

Vivement, sans relâche. Contes et Fabliaux publiés par Jubinal, tom. 1, pag. 176 :

> Alés, dist le chanoine, tost et apertement.

Fabl. d'Estrubert :

> Mestres feites apertement
> Car je sui ci en grant torment,
> Ne l' puis longuement endurer.
> Sire, ne me puis plus haster.

Voyez Rayn. tom. 11, pag. 103², au mot *Apertemen*, et ci-dessus, *Aparmain*.

APERTINANT, Allié, parent. Gl. *Pertinere*. [Enfants Haymon, vers 676 :

> Grant reproche y aroient tous nos apertenant.

Aubri, pag. 167² :

> Mi cosin ierent et mi apertenant.]

APERTISSE, Adresse, dextérité. Gl. *Apparentia*, 3.

APETICIER, Diminuer, apetisser, devenir plus petit. Gl. *Apetissare*.

APICQUOTEUR, Difficile, querelleur, fantasque. Gl. *Appiglantia*.

APIECER, Attacher ensemble plusieurs pièces ou morceaux. Gl. *Appire*.

APILETTÉ, Apilletté, Qui a une pointe comme celle du javelot ou dard, qu'on appelait autrefois *pile* ou *pilet*. Gl. *Pilatus*.

APINIAULX, p. e. Farceurs, bouffons. Gl. *Apinarii*.

APITER, Toucher, attendrir. Gl. *Pictosus*.

APLAIGNER, Caresser du plain de la main. Gl. *Aplanare*. [Roman de Renart, tom. 11, pag. 303, vers 17834 :

> Li mostre d'amor bel semblant,
> Moult l'aplaigne et si le loe.

Tom. 111, pag. 58, vers 11340 :

> Mès dites vespres, qu'il est tart.
> Lors aplaigne Tybers son chief,
> Si recommence, etc.

Voyez Rayn. tom. 1v, pag. 552², au mot *Aplanar*.]

* **APLAISSER**, Abattre, dompter. Chronique des ducs de Normandie, tom. 11, pag. 109, vers 18508 :

> Ma grant espée Loherenge,
> Qui tanz orguilz aplaisse e venge,
> Rapaisera le lor orguil.

Voyez *Plaisser*.

APLAIT, Harnais de cheval. Gl. *Aploidum*. [Voyez Rayn. tom. 11, pag. 104², au mot *Apleg*.]

APLANIR, Polir, rendre uni, ajuster. Gl. *Aplanare*.

APLANOIIER, comme *Aplanir*. Gl. [*Aplanare* et] *Tintinnabulum*.

APLAUDIR, Couvrir, cacher. Gl. *Applausivus*.

* **APLEIER.** Voyez *Aploier*.

* **APLEJER**, Aplegier, Procurer en se portant caution. Joinville, pag. 86 : *Il m'apleja en la ville ce qu'il me failli pour vestir et pour moy atourner.*

APLEITAGE, Place où l'on dépose les marchandises débarquées ou à embarquer. Gl. *Plactata*.

* **APLETS.** Voyez *Applect*.

* **APLEUVANZ**........Guill. Guiart, tom. 1, pag. 122, vers 2639 (3031):

> Mort dont nul ne set la venue
> Li fist ceste descouvenue;
> L'an mil, se droit est apleuvanz,
> Cent quatre-vingt et dix-neuf anz.

* **APLOMÉE.** Voyez *Plommée*, 1.

* **APLOMMER (S')**, Venir en grand nombre. Guill. Guiart, tom. 11, pag. 257, vers 6646 (15638) :

> Endroit ceus qui viennent serrez
> Et armés d'arméures chières
> En a es chans deus grans et fières
> Où grant flo de Flamens s'aplomme.

Voyez Roquefort, au mot *Aplomer*.

APLOIER, Se plier à ce qu'on souhaite de vous, acquiescer, condescendre. Gl. *Aplegiare*. Chronique des ducs de Normandie, tom. 11, pag. 281, vers 23687 :

> A ma parole e à mes diz
> Si apleiez vos esperiz.]

APLOVOIR, Aplouvoir, Venir en grand nombre, en affluence. Gl. *Pluvinare*. [Roman de Rou, vers 12836 :

> Li vilain des viles aplovent
> Tels armes portent, com il povent.

Chronique des ducs de Normandie, tom. 11, pag. 216, vers 21745 :

> De la grant gent qui est venue
> E de par tot vient et apluet.

Pag. 239, vers 22416 :

> E cil qui furent apléu
> R'aut desur eus levé le hu.

Pag. 157, vers 20000 :

> Que de par tot s'apluec lor gent,
> E la lor à fuir entent.

Venir soudain, on ne sait d'où, Partonop. de Blois, vers 2497 :

> Sor çó lor est puis apléus
> Uns diables qui fu perdus,
> Qui plus est duis d'armes porter
> Que n'est aronde de voler.]

APOIAL, Appui, soutien. Gl. *Apodiamentum*.

1. **APOIER**, Payer, satisfaire, rendre content. Gl. *Apacare*. [Le livre de Justice et de Plet, f° 66 : *Si seremenz doit estre gardez en totes manières contre celui qui se tint apoiez quant il le lessa fere.* Voyez *Apaier*.]

* 2. **APOIER**, Dresser, lever. Partonop. de Blois, vers 600 :

> Partonopens trait son espié,
> Si l'a ters et sus apoié.

Vers 703 :

> Et voit fors apoié le pont
> Por ù on puet monter amont.

Voyez *Puier*, 1.

* **APUIER (S')**, S'appliquer, se livrer. Guill. Guiart, tom. 11, pag. 366, vers 9517 (18497) :

> Et qu'aucun ë ce ne s'apuie
> Que sa nef guerpisse et s'enfuie.

Pag. 18, vers 434 (9400) :

> Anglois, qui ce ce s'espoventent
> Et à paour de mort s'apuient.

APOIGNER, Empoigner, prendre à pleine main. Gl. *Arpugare*.

APOINDRE, Donner des éperons, se hâter. Gérard de Vienne, vers 1664 :

> Comment vos est de la joste que vi
> Del chevalier qui apoignoit vers ti.

Chronique des ducs de Normandie, tom. 1, pag. 348, vers 7612 :

> Od faite paix, senz nule fei
> Vint apoignant contre le rei.

Roman de la Violette, pag. 140, vers 1791 :

    A itant Gerars voit apoindre
    Un Saisne, puis vait à lui joindre.

Voyez Rayn. tom. IV, pag. 587² et 588², aux mots *Punger* et *Ponhar*.

APOINTIER, Panser, avoir soin d'un malade ou blessé. Gl. *Aptare*, 2. Voyez *Appointier*.

APOINTON, Instrument pointu, propre à piquer ou à percer. Gl. *Punctorium* sous *Punctare*, pag. 518¹.

APOISONER, Empoisonner. Gl. *Empoysonare*.

APOPELISIE, Apoplexie. Gl. *Apoplecticus*.

APORCHER, Apporter, présenter, servir. Gl. *Apportus*.

* **APORTER**, Porter, induire, exciter à qqche. Roi Guillaume, pag. 51 :

    Et se vostre cuers vos aporte
    Que vos n'aiés mais de vos cure, etc.

* **APOSTE**, Exprès. Voyez Orell, pag. 314.

APOSTEILAT, APOSTOLE, APOSTOILE, Pape. Gl. *Apostolicus*, 1, pag. 323²³. [Voyez Rayn. tom. II, pag. 106¹, au mot *Apostol.*]

* **APOSTILLER**, Éclaircir par des notes. Gl. *Postillare* sous *Postillæ.*

* **APOSTOLIAL**, Apostolique, papal. Chronique des ducs de Normandie, tom. I, pag. 469, vers 11217 :

    Ceste est l'apostolial vie
    De Deu mult prochoine e amie.

Tom. III, pag. 181, vers 36800 :

    L'apostoile se fist mult liez,
    Dunt si s'esteit humiliez;
    Apostolial outreiance,
    Son le pocir de sa puissance, etc.

Voyez Rayn. tom. II, pag. 106², au mot *Apostolical.*

* **APOSTOLITÉ**, Papauté, dignité de souverain pontife. Gl. *Apostolatus* sous *Apostolicus*, 1.

1. **APOSTRES**, C'est le nom qu'on donne dans le diocèse d'Amiens aux prêtres qui sont employés à desservir les cures vacantes. Gl. *Apostoli*, 5.

2. **APOSTRES**, Lettres dimissoires données à un appelant par le juge dont on appelle. Gl. *Apostoli*, 1.

* **APOVRI**, APOVREIÉ, Ruiné, appauvri, réduit à la misère. Chronique des ducs de Normandie, tom. I, pag. 250, vers 4837 :

    Les terres lor a gastiées
    E roboées e apovries.

Pag. 251, vers 4863 :

    Que al pé le rei erent venu
    Apovreié e confondu.

Voyez Rayn. tom. IV, pag. 460², au mot *Apaubrir.*

APPAILLARDIR, Se livrer à la débauche, commettre l'adultère. Gl. *Paillardus.*

APPAISENTEUR, APPAISENTIER, APPAISEUR, APPAISITEUR, Arbitre, juge choisi par les parties pour accommoder un différend. Gl. *Paciarii.*

APPANAGER, Faire paître les glands d'une forêt par ses pourceaux. Gl. *Appanagium.*

APPANER, Donner en apanage. Gl. *Apanare.*

APPANSEMENT, Délai, temps accordé en justice pour consulter et répondre sur une demande. Gl. *Appensamentum.*

APPARAGÉ, Celui qui jouit de la part qui lui appartient dans un héritage. Gl. *Apparagium* sous *Paragium*, pag. 81³.

APPARÇONNER, Associer, se mettre ensemble. Gl. *Parcennarii.*

APPARE, Paroi, mur, cloison. Gl. *Paries*, 6.

APPARÉEMENT, Visiblement, évidemment. Gl. *Apparenter*, 1.

APPAREIL, Terme générique pour signifier tout ce qui est nécessaire pour faire une certaine chose. Gl. *Apparamenta*, 2.

APPAREILLEMENT, Ornement, parure. Gl. *Apparatura.*

* **APPAREILLER**, Raccommoder, rapiécer. Gl. *Repezzare.*

APPAREILLIÉ, Tout prêt, disposé. Gl. *Apparamenta*, 2.

APPARÉMENT, Visiblement, évidemment. Gl. *Apparenter*, 1.

APPARECRE, APPARREUBE, Montre, échantillon, ce qui sert à parer la marchandise. Gl. *Apparatura.*

APPARIAGE, Apanage, la portion de l'héritage que l'aîné assignait à ses cadets. Gl. *Apparagium* sous *Paragium*, pag. 82¹.

APPARITION, Épiphanie, la fête des rois. Gl. *Apparitio*, 2. et *Festum Apparitionis.*

APPARLER, Adresser la parole à quelqu'un. Gl. *Arrationare.*

APPARNAIGER, p. e. pour *Appannaiger*, permettre à quelqu'un de faire paître par ses pourceaux les glands d'une forêt, moyennant une certaine redevance. Gl. *Appanagium* [et *Herbergamentum.*]

APPAROY, Paroi, mur, cloison. Gl. *Paries*, 6.

APPARSONNER, Associer, se mettre ensemble. Gl. *Parcennarii.*

* **APPART**, *En appart.* Voyez *Apert.*

APPARTENANMENT, Avec liaison, rapport, affinité. Gl. *Attinenter.*

APPASTELER, Terme bas et populaire, pour signifier couper la gorge. Gl. *Pastus.*

APPATIS, Rançons, contributions. Gl. *Appatissamentum* [et *Apatuare.*]

APPATISSIER, Régler, convenir des contributions. Gl. *Appaticire.*

APPATRONNER, Comparer avec le patron, le modèle, étalonner, Gl. *Patronare*, 2.

* **APPAUS**, Pièces à l'appui, pièces de comptabilité. Compte de l'hôpital de Saint-Jean de 1332, Supplém. de Roquefort : *Se qu'il appert par tous les appaus sur lesquels li compte ladite Margueritte sont fondés.*

APPEL VOLAGE, Terme de notre jurisprudence. Gl. *Appellatio*, 1, pag. 328³. [*Appiaus au voirre*, au même mot, pag. 329¹.]

APPENDEIS, Appentis. Gl. *Appendaria.*

APPENSÉ. *De fait appensé*, de guetapens. Gl. *Appensatus.* [Voyez Gl. *Appensata.*]

APPENTIS, Dépendance d'un chef-lieu. Gl. *Appendaria.*

* **APPERCHEVÁBLE** †. Gl. *Advertibilis.*

APPERDU, Éperdu, qui a le cerveau troublé, hors de sens. Gl. *Perditus.*

1. **APPERT**, Adroit, industrieux, habile en sa profession. Gl. *Apparentia*, 3. [Roman de Renart, tom. IV, pag. 138, vers 320 :

    Cascuns des fius Timer se paine
    C'on parolt d'eaus. Li fil Tybiert,
    Le cat, i sont si tres apiert.

Voyez *Apert*, et Halliwell, au mot *Apert*, 2.

2. **APPERT**. *En appert*, à découvert, publiquement. Gl. *Apparentia*, 3.

APPERTESE, APPERTISE, Industrie, dextérité, tour d'adresse. Gl. *Apparentia*, 3. [Histoire de Charles VII dans le Supplém. de Roquefort : *Fist de belles vaillances et appertises d'armes contre les Anglois.* Voyez Halliwell, au mot *Appertyces.*]

APPESART, Cauchemar. Gl. *Apesator.*

* **APPIHALOS**, Nom d'un animal. Gl. *Autalops.*

APPIPAUDER, Parer avec affectation et recherche. Gl. *Piola.*

APPITOYER, S'attendrir, être touché. Gl. *Pietosus.*

APPLECT, Harnais d'animal qui tire une voiture. Gl. *Aploidum.*

APPLEGEMENT, Cautionnement et complainte en justice. Gl. *Applegiare* sous *Plegius*, pag. 303²³.

APPLEGER (S'), APPLÉGIER, Donner plége ou caution, former complainte. Gl. *Applegiare* sous *Plegius*, pag. 303²³.

APPLIQUER, *S'Appliquer de paroles*, se prendre de paroles, quereller. Gl. *Applicare*, 2.

APPLOIER (S'), Baisser la tête par crainte ou par respect. Gl. *Aplegiare.*

APPLOIT, Filets et tout ce qui est nécessaire pour la pêche. Gl. *Aploidum.*

APPOIÉE, APPOIEMENT, Appui, accoudoir, bras d'un siége ou fauteuil. Gl. *Appodiatorium.*

* **APPOIER** †, Allumer. Gl. *Sufflare*, 1.

APPOIEUR †, Soutien, ce qui sert à s'appuyer. Gl. *Podium*, 2, pag. 317².

APPOIGNER, Empoigner, prendre à pleine main. Gl. *Arpagare.*

1. **APPOINTEMENT**, Traité, convention. Gl. *Appointamentum.* [Voyez Rayn. tom. IV, pag. 599¹, au mot *Apontamen.*]

2. **APPOINTEMENT**, Jugement, décision d'arbitre. Gl. *Appunctamentum.*

APPOINTEUR, Celui qui est chargé de traiter une affaire. Gl. *Appointamentum.*

APPOINTIER, Préparer, arranger. Gl. *Appunctare*, 1. [Enfants Haymon, vers 450 :

    Au matin se leverent, si se vont apointier.

APPORFONDIR, Approfondir, rendre plus profond. Gl. *Approfundare.*

1. **APPORT**, Cens, redevance. Gl. *Apportum*, 2.

2. **APPORT**, Le bien que la femme apporte en dot à son mari. Gl. *Apportum*, 2.

3. **APPORT**, Offrande, aumône. Gl. *Apportus.*

4. **APPORT**, Affluence de peuple. Gl. *Apportus.*

APPORTIONNER, Donner à quelqu'un la portion de bien qui lui appartient. Gl. *Apportionari.*

APPRATIR, Mettre en pré. Gl. *Apprayere.*

APPREINGNER, Presser, serrer. Gl. *Attidere.*

APPRESAGEMENT, APRISAGEMENT, Appréciation, estimation. Gl. *Appressio*, 2; et *Appretiare*.

APPRÉSAGIER, APPRISAGIER, APRISAGIER, Apprécier, estimer. Gl. *Appretiare*.

APPRISE, Ordonnance d'un juge supérieur, dans laquelle il prescrit à son subalterne la forme de la sentence qu'il doit prononcer. Gl. *Apprisia*.

APPROCHEMENT, Embrassement, témoignage, marque d'amitié. Gl. *Appropinquare*, 1.

APPROCHER, APPROCHIER, Accuser, appeler en justice. Gl. *Appropinquare*, 1.

APPROFITER, Profiter, tirer du profit de quelque chose. Gl. *Approfiamenta*.

APPROPRIER, Unir, annexer, incorporer. Gl. *Appropriare*, 1.

* APPROUCHIER, Voyez *Approcher*.

APPROUVANDEMENT, Fourniture de ce qui est nécessaire à la vie. Gl. *Præbenda*, pag. 390[3].

APPUNCTEMENT, Traité, convention. Gl. *Appunctuamentum* sous *Appunctare*, 3.

APRENDRE QUELQU'UN, Enseigner, instruire. Gl. *Apprehendere*, 1.

APRESAGIER, Apprécier, estimer. Gl. *Appretiare*, 1.

APRESSER, Presser, serrer de près, poursuivre vivement. Gl. *Appressio*, 1.

APRESTISE, Exercice du corps, dextérité, adresse. Gl. *Apparentia*, 3.

* APRÉSURE. . . . . Lai d'Aristote, chez Roquefort, au mot *Appressure* :

    Nenil, quar amors l'efforça,
    Qui sa voleoté li donna,
    Sor toz et sor toutes ensemble,
    Dont n'a li mestres ca me semble
    Nule coupe en sa mespresure,
    Ne l'a pas fet par apresure,
    Mais par droiture droite et fine.

Voyez le Supplément du même, au mot *Apresure*.

* APRIENDRE, Opprimer, comprimer. Chronique des ducs de Normandie, tom. II, pag. 405, vers 27104 :

    Por ce funt bien à chastier
    E à laidir e à apriendre,
    Qu'en les face doter e criendre.

Tom. I, pag. 549, vers 13567 :

    Destreig e aprien les Normanz
    Qui el regne sunt abitanz.

Voyez Rayn. tom. IV, pag. 623[1], au mot *Apremer*. Halliwell, au mot *Appressed*, et ci-dessus *Appreingner*.

* APRIENT, APRENT, Opprimé, envahi, attaqué. Chronique des ducs de Normandie, tom. I, pag. 20, vers 507 :

    Quel merveille ert si genz ert oriente,
    Kar meinte terre aveit apriente?

Pag. 342, vers 7458 :

    E pur le paisible estement
    Qu'aprientz n'esteit de nule gent.

Pag. 393, vers 8955 :

    Tuz les tendreit puis en servage.
    Aprient, destruit e miserin.

Pag. 232, vers 4284 :

    Li coilvert, reneit traïtor,
    L'unt si aprent e si chargié
    E si mortelment guerreié
    Qu'il ne li laissent fortelesce.

* APRIMER. Voyez *Aproismier*, 1.

A-PRIMES, Pour la première fois. Gl. *Adprimitus*.

APRINSE, Apprentissage. Gl. *Apprenticiatus*.

APRISAGEMENT, Appréciation, estimation, Gl. *Appressio*, 2.

1. APRISE, Enquête juridique pour parvenir à la juste estimation de quelque chose. Gl. *Aprisia*, 1.

2. APRISE, Apprentissage. Gl. *Apparentia*, 3, et *Apprenticiatus*. [Voyez Halliwell, au mot *Apprise* et *Aprise*, 1.]

* 3. APRISE, Entreprise, aventure. Gilote et Johane, chez Jubinal, Fabliaux et Contes, tom. II, pag. 39 :

    Et quant vus avez lu tote ceste aprise
    Priez a Dieu de ciel, etc.

Voyez Halliwell, Dict., au mot *Aprise*, 2.

* APRISMER. Voyez *Aproismier*, 1.

1. APRISON, Ce que l'on retient par force. Gl. *Aprisio*.

2. APRISON, Apprentissage; habitude. Guill. Guiart, tom. I, pag. 91, vers 1801 (2209) :

    Faisoit enfanz endoctriner
    Pour lui ocire et afiner,
    Qui jà ierent touz emburniz
    Et de tele Aprison garniz
    Que chascun d'eux homme occist
    Tel con son mestre ù déist.

Roman de la Rose, vers 1964 :

    Il ne puet en li demorer
    Vilanie ne mesprison
    Ne nule mauvese aprison.

APRISONNER, Mettre à prix, rançonner. Gl. *Aprisonare*.

APRISSANCE, Prééminence, avantage. Gl. *Antelatio*.

* APRIVER, Apprivoiser, Roman de Renart, tom. I, pag. 4, vers 91 :

    Cele beste si retenoient
    Quele que fust et aprivoient.

Vers 98, *Aprivoisoient*. Voyez Rayn. t. IV, pag. 648[2], au mot *Aprivadar*.

APROCHEMENT, Attouchement. Gl. *Appropinquare*.

APROCHER, Accuser, appeler en justice. Gl. *Appropinquare*, 1.

* APROCIÉ, Avancé, qui approche de sa conclusion. Partonop. de Blois, vers 10407 :

    Vostre seror violt prendre à feme....,
    Et cl le violt, s'en est moult lié,
    Bien en est à l'uevre aprocié.

1. APROISMIER, Approcher. Gl. *Approximare*. [*S'aproismier*, Flore et Blancefl. vers 2940. Chronique des ducs de Normandie, tom. I, pag. 290, vers 5963. *S'aproismer*, ibidem, pag. 197, vers 3275; *Aprosmier*, pag. 510; vers 12407. *S'aprosmier*, pag. 134, vers 1506; pag. 173, vers 2624. *Aprismer*, pag. 213, vers 3739. *Venir aprismant*, Roman de Rou, tom. II, pag. 215, vers 13156. Chronique de Jordan Fantosme, vers 1018. *Aprimer*, Roman de Renart, tom. II, pag. 322, vers 18366; Roman de la Rose, vers 1750. Voyez Rayn. tom. IV, pag. 656[1], au mot *Aprosmar*. Roquef. Suppl. au mot *Aprocheir*.]

2. APROISMIER, Accuser, appeler en

justice. Gl. *Appropinquare*, 1. [Chastel. de Couci, vers 8147 :

    Et de ce se croint durement
    Que si ami ne l'aproimassent
    Et de ce fait l'ocheisonnassent.].

* APROMI, Coupable. Voyez *Aproismier*, 2. Enfants Haymon', vers 756 :

    Et Dieu, qui par pitié de sa gent apromie,
    Voult venir acomplier en vous le prophecie.

* APROP, Près, proche. Traduction de l'évang. de saint Jean, chez Raynouard, Choix, tom. VI, pag. 323 : *Aprop Nerun l'empereur*. Voyez ibidem, tom. I, pag. 88 et 90; Lexique Roman, tom. IV, pag. 655, au mot *Aprop*; Orell, pag. 318, et Roquefort, aux mots *Aprob* et *Aprop-si*.

* APUIAL, Appuis. Voyez *s'Acouter*.

* APUY. Voyez *Manuel*.

AQUAIRE, *Fil d'aquaire*, fil d'archal. Gl. *Auriculatum*.

* AQUANTER, Compter, nommer. Chronique des ducs de Normandie, tom. III, pag. 122, vers 35277 :

    Od ceus que li livres aquante
    Se fu li reis traiz à Maante.

Voyez *Aconter*.

AQUEREAU, Espèce de machine de guerre. Gl. *Arganella*.

AQUERIR, Exciter, provoquer. Gl. *Acquirere*.

* AQUES, Un peu. Chronique des ducs de Normandie, tom. I, pag. 355, vers 7827 :

    Qu'aques mei 'n feist sage e mestre
    Eunoia li, ce fist semblant.

Voyez *Alques*.

AQUESTER, Acquérir, faire des acquêts. Gl. *Aquistare*.

AQUETON†, Hoqueton, casaque. Gl. *Bombacinium*. [Gérard de Vienne, vers 2493 :

    Et desrompu li hauberc fremilon,
    Si ke desouz peirent li aqueton.

Voy. Rayn. tom. II, pag. 52[2], au mot *Alcoto*.

1. AQUEULLIR, Associer, donner part à quelque chose. Gl. *Accolligere*. [*Aquillir la preie*, piller. Chronique des ducs de Normandie, tom. I, pag. 223, vers 4046 :

    La preie acuillirent maneis
    De par treatote la contrée.

Pag. 504, vers 12249 :

    Senz toute e senz preie aquillie
    Senz terre arse ne envaïe.

* 2. AQUEULLIR, Se mettre à, commencer, prendre. Voyez ci-dessus *Acuellir*. Roman de Renart, tom. III, pag. 44, vers 20942 :

    Lors aquelt à esperoner
    Tant que delui pert la véue.

Pag. 47, vers 21025 :

    Lors se r'aquelt à esbagir.

Tom. II, pag. 37², vers 19754 :

    Et Renart aquiaut sa parole
    Et si li dit, et si li conte, etc.

Pag. 292, vers 17528 :

    Sire Liétart s'aparcilla,
    Son sac enprès ses bués aquieut,
    Tot droit à son essart esquieut.

Tom. III, pag. 37, vers 20760 :

    Bastons aque t moult à trenchier.

Pag. 111, vers 22812 :

> Vit Renart pendre à la hardiere,
> Les meins gete, prendre le veut,
> Et Renart envers li s'aqueut,
> Au hardel par les piez se pent.

Dans les variantes, tom. v, pag. 247 :

> La main gietie, pearre le vault,
> Renars le choisi, si s'escourt,
> Et au piés à la hart se pent.

Partonop. de Blois, vers 5803 :

> Fuiz s'en est trusqu'à la mer;
> Iluec ne se volt arester,
> Le gravier uquelt à soir
> Et ne sine onques de henir.

* **AQUEUTER (S')**, S'accouder. Gl. *Accubitare se* sous *Accubitus*, 1.

AQUIAUT, Troisième personne du présent de l'indicatif du verbe *Aqueullir*. Gl. *Accolligere*.

AQUILANT, Brun ou alezan. Gl. *Aquilinus*.

AQUINCTER, Pencher, baisser d'un côté. Gl. *Guillator*.

* **AQUINTER**, comme *Acointier*. Marie de France, Lai d'Eliduc, vers 494 :

> . Damoisele, à cest chevaler
> Vus devriez bien aquinter
> E fere lui mout grant hunur;
> Entre cinc cenz n'en ad meillour.

AQUIS, Fatigué, réduit à l'extrémité. Gl. *Acquitare*, 2. [Gérard de Vienne, vers 1181. Garin le Loher. tom. 1, pag. 70, 71; ci-dessus *Acquiter*. Chronique de Normandie, tom. 1, pag. 274, vers 5482.]

* **AQUISÉ**, Aquoisié, Calmé, rendu coi, tranquille. Chanson de Roland, stance 18, vers 12 :

> Franceis se taisent, as-les-vus aquisez.

Chastel. de Couci, vers 6800 :

> Et furent endormi briément.
> Quant toutes pars sont aquoisié, etc.

Voyez Rayn. tom. v, pag. 22², au mot *Aquezar*.

AQUIT, Sorte d'impôt. Gl. *Acquitum*.

AQUITER, Donner, céder. Gl. *Escahentia*. [Délivrer. Guill. Guiart, tom. 11, pag. 90, vers 2299 (11275) :

> Prisonniers el champ aquité
> Ront li François grant quantité.

Voyez Halliwell au mot *Aquite*.

ARABI, Arabe. *Chevaux Arabis*, que nous appelons Barbes. Gl. *Farius*, 2, [*Equus*, pag. 68². Voyez *Destrier*, et Rayn. tom. 11, pag. 108², au mot *Arabi*. Halliwell, au mot *Arrabys*. Rapide. Voyez *Arabis*. Garin le Loherain, tom. 1, pag. 22 :

> Sors leurs chevaus arrabis et corans.

Voyez pag. 165, 170, 253. *Mal arrabi*, pag. 70, 207. *Rous arrabi*, pag. 220. Voyez le passage de Gérard de Roussillon cité par Rayn. tom. 11, pag. 201, au mot *Bausan*. Roman de Roncevaux, pag. 33 :

> Tors et Hermins, Arrabis et Jahans.

Agolant, vers 132 :

> Irai parler à Persanz arrabis.

ARABIANT, Qui est d'Arabie. Gl. *Aurum Arabicum*, pag. 503³. [Flore et Jehanne, pag. 54 : *Reube.... de soie, ki fu bendée de fin or arabiois.*]

ARABIS, Se dit d'un fleuve dont le cours est fort rapide. Gl. *Farius*, 2.

1. **ARABLE**, Qui sert au labourage. Gl. *Arabilis*, 2.

2. **ARABLE**, Érable. Gl. *Arablius*.

ARABUSTER, Importuner, tourmenter. Gl. *Arbustaritiæ*.

ARACEMANT, Arrachement, déracinement. Gl. *Avancare*.

ARAGE, Araige, Terre labourable. Terrage, champart. Gl. *Aragium*. [Halliwell, au mot *Arrage*, 1.]

* **ARAGER**, Tomber avec rage. Chronique des ducs de Normandie, tom. 11, pag. 257, vers 22934 :

> Si ne savum certainement
> A quei, ne si faiterement,
> Cest ovre pesme e aîrée,
> Sor autres escumeniée,
> Vient e par tei sor nos arage.

Voyez Halliwell, au mot *Arrage*, 2. *Aragie*, Enragée. Aubri, vers 181.

ARAIGNIER, Raisonner, discourir. Gl. *Areniare*.

ARAIN, Airain, cuivre. Gl. *Vispilio*. [Roman de Renart, tom. iv, pag. 102, vers 2803 :

> Plonc ne estain, arain ne al.

Voyez Rayn. tom. 11, pag. 109¹, au mot *Aram*.]

1. **ARAINE**, Trompette. Gl. *Arainum.*

* 2. **ARAINE**. Voyez *Arayne*.

ARAINGIER, p. e. Ouvrier en airain. Gl. *Arainum*.

ARAJOINTES, Nom d'une foire qui se tenait à Château-Chinon. Gl. *Arajointes*.

ARAIRE, Espèce de charrue à labourer. Gl. *Arar*. [Voyez *Dental*, et Rayn. tom. 11, pag. 109², au mot *Araire*.]

ARAISNIER, Ranger, mettre en ordre de bataille. Gl. *Araiare*. [Voyez Rayn. tom. 11, pag. 82¹, au mot *Arengar*.]

* **ARAISON**. Voyez *Araisonner*, 2.

ARAISONNEMENT †, Abouchement, entretien avec quelqu'un. Gl. *Affamen*.

1. **ARAISONNER**, Parler à quelqu'un, lui adresser la parole. Gl. *Arrationare* et *Affamen*. [*Araisner, Araisnier, Areisoner, Aresnier, Aresoner, Aresounner*. Chronique des ducs de Normandie, tom. 1, pag. 544, vers 13430 :

> Oiez coment l'om l'araisone :
> Sire, funt-il, duz et verais, etc.

Pag. 376, vers 8451 :

> Araisnerent cil premerain.

Partonop. de Blois, vers 9547. Chronique des ducs de Normandie, tom. 1, pag. 486, vers 11683 :

> Vilment jà ne fust regardez,
> Quis, n'araisniez, ne apelez.

Pag. 425, vers 9903 :

> E li dus après l'areisone.

Pag. 446, vers 10550 :

> A la Danesche parléure
> Le comença à aresnier.

Chastel. de Couci, vers 6977 :

> Lors se coumence à aresnier
> Du tournoy, etc.

Vie de saint Thomas de Canterbury, vers 685, variantes, et pag. 622². Gérard de Vienne, vers 745. *S'araisoner*, Chronique des ducs de Normandie, tom. 1, pag. 348, vers 7614 :

> Humlement vers lui s'araisone,
> Dit qu'en son chastel à Perrone
> Vienge, ce prie, hebergier.

Voyez *Araignier*, *Aranier*, *Arraisonner*, Rayn. tom. v, pag. 54², au mot *Arrazonar*, Roquefort, au mot *Aresoner*.

2. **ARAISONNER**, Demander, faire rendre compte. Gl. *Arrationare*. [Flore et Blancellor, vers 2197 :

> Es vous l'uissier qui l'arasone
> Si roidement que tot l'estone.

Vers 2123 :

> Li portiers a le cuer felon
> Sempres vous metra à araison.

Voyez vers 2671.]

3. **ARAISONNER**, Citer, appeler en justice. Gl. *Areniare*.

ARAMIE, Guerre déclarée. Gl. *Adramire*, pag. 91¹. [Gérard de Vienne, vers 1297, 1770.]

* **ARAMIR**, Promettre en donnant un gage, promettre, attester, prendre à témoin, obtenir au moyen de promesses. Gl. *Adramire*. *Aramir bataille*, pag. 96³. *Aramir tournois*, pag. 91¹. Roman de Renart, tom. 1, pag. 24, vers 637 :

> Et por moi et por lui desfandre
> Tot par là où le vodrez prendre,
> Un sairement vos aramis
> Au los de voz meillors amis.

Chronique des ducs de Normandie, tom. 1, pag. 180, vers 2836 :

> Desur la fei de baptisteire,
> Que crestien deivent tenir,
> Jure, ne peut plus aramir,
> Tot li enveie entierement.

Pag. 602, vers 15153 :

> Repairerom od tant des noz,
> Que si nos i trovum les voz,
> Por mort s'i porrunt aramir.

Chronique de Jordan Fantosme, vers 158 :

> Dunc oïssiez Deu aramir li vielz Henri li reis.

Chronique des ducs de Normandie, tom. 111, pag. 293, vers 39725 :

> Ci n'en pout pas dis aramir
> A lui porter ne enfoir.

Voyez Rayn. tom. 11, pag. 109¹, au mot *Aramir*, et ci-dessous *Arramier*. Roquefort, au mot *Arramir*. Guill. Guiart, tom. 1, pag. 120, vers 2572 (2964) :

> Pour biau néant s'est arami
> D'avoir mandé tante personne.

Tom. 11, pag. 239, vers 6192 (15172) :

> Chevaliers versent en la bourbe
> Con gent de doutance aramie.

* **ARANIER**, comme *Araisonner*, 1. Gérard de Vienne, vers 3338 :

> Aranié l'ait comme bien anseiguie.

ARAP, Rapt, vol, larcin. Gl. *Arap*, 1. [Voyez Rayn. tom. v, pag. 42¹, au mot *Rap*.]

ARAPER, Prendre, saisir avec force. Gl. *Arrapare*. [Voyez Rayn. tom. v, pag. 43², au mot *Arrapar*, Roquefort, au mot *Arrabler*.]

ARATOIRE, Propre au labourage. Gl. *Bos*.

ARAULE, Labourable. Gl. *Aralia*.

ARAYNE, Sable, gravier, et p. e. sublière. Gl. *Arena*, pag. 384¹. [Partonop. de Blois, vers 6904 :

> Si se sont iluec en mer mis
> Partonopeus et ses gardaines;

> Par une nuit sont ès araines
> Desos Chief-d'Oire, ens el sablon.

Chron. des ducs de Normandie, tom. II, pag. 288, vers 23903 :

> Icist sul Deus omnipotent...
> La mer liá à ses areines.

Voyez Rayn. tom. II, pag. 118¹, au mot *Arena*.

ARBALESTE. Différentes sortes d'arbalètes. Gl. *Balista*, pag. 553¹³. [— *de cor*, pag. 552³ — *à bersaux*. Gl. *Arbalista*, 1. Voyez Rayn. tom. II, pag. 173², au mot *Arbalesta*; Halliwell, aux mots *Arblast* et *Alblast*.]

ARBALESTÉE, ARBALESTRÉE, Portée d'arbalète. Gl. *Arbalista*, 1. [Partonop. de Blois, vers 9682. Voyez Rayn. tom. II, pag. 173², au mot *Arbalestada*.]

ARBALESTIERE, Sorte de fenêtre longue et étroite. Gl. *Arbalisteria*. [*Arbalastere*, meurtrière. Chronique des ducs de Normandie, tom. I, pag. 221, vers 3986 :

> Mangoneans drecent e pereres,
> E mult firent arbalasteres
> Barres, lices, retenemenz.

Voyez le Supplément de Roquefort, au mot *Arbalestière*.

* **ARBALESTRIER**, Arbalétrier. Gl. *Balista*, pag. 553². *Arbalestier*, Partonop. de Blois, vers 2333. *Arbelastier*, *Arblastier*, Chronique de Jordan Fantosme, vers 1191. Voyez Rayn. tom. II, pag. 174¹, au mot *Arbalestrier*; Halliwell, au mot *Arblastir*, et *Arcubalister*.

ARBAN, ARBAU, Corvée, service corporel. Gl. *Herebannum*, pag. 654³.

ARBERNAIGNE, pour *Allemaigne*. Gl. *Arbernannia*.

ARBITRATEUR, Juge choisi par les parties pour terminer à l'amiable un différend. Gl. *Arbitrator*. [Voyez Rayn. tom. II, pag. 110², au mot *Arbitrador*.]

ARBITREUS, comme *Arbitrateur*.

ARBOIE, Lieu planté d'arbres, bosquet. Gl. *Arboreta*.

ARBOUT, Arc-boutant. Gl. *Arvoutus*. [Mot limousin. Voyez Rayn. tom. II, pag. 113¹, au mot *Arc-vout*.]

* **ARBRER**, Se cabrer. Partonop. de Blois, vers 3065 :

> Li noirs cevals arbre et ernue.

* **ARBRES** *Chargans et non chargans*. Gl. *Arbor*, 1, pag. 362¹. *Arbre seche*, Voyez Rayn. tom. II, pag. 112², au mot *Albre sec*.

ARBRIER, Monture de l'arbalète. Gl. *Arboreta*. [Voyez Rayn. tom. II, pag. 112¹, au mot *Arbrier*.]

ARBRIERE, Lieu planté d'arbres. Gl. *Arboreta*.

ARBROYS, Buissons, broussailles. Gl. *Arboreta*.

ARBRUISSEL, Arbrisseau, jeune arbre. Gl. *Arboreta*.

* **ARC** *d'aubour*. Arc à galées. Gl. *Arcus*, pag. 380². Voyez Rayn. tom. II, pag. 49², au mot *Alborn*. *Ars getanz*, Guill. Guiart, tom. II, pag. 73, vers 1867 (10843.) :

> Sarrazins, qui braient et crient,
> Aus ars getanz se r'estudient.

Pag. 101, vers 2590 (11567) :

> Par cremetilleuses visées
> Volent saiètes empenées
> Quant des ars getanz se desmalent.

Arc de cor, Joinville, pag. 124 : *Li apportèrent ars de cor, dont les coches entroient à vis dedans les ars*. *Arçon*. Voyez *Arson*.

ARCANGELE, Archange. Gl. *Angelotus*,

ARCAU. Voyez ci-après *Areau*, 2.

ARCE, Palissade, ou p. e. *Herse*. Gl. *Arcaturia*.

ARCEBER, Terme béarnais, qui signifie *Recevoir*. Gl. *Arcetum*.

ARCEDECLIN, Maître d'hôtel. Gl. *Architriclinus*, 2. [Voyez Roquefort, Supplém. au mot *Arceteclin*.]

ARCEPRESTRE, Archiprêtre, grand Prêtre. Gl. *Archipresbyter*, pag. 376¹.

ARCEUT, Droit de gîte. Gl. *Arcetum*. [Mot béarnais.]

ARCHAUX, p. e. Pieux mis dans une rivière pour rompre l'effort de l'eau. Gl. *Arcaturia*.

ARCHEBRIKE, par dérision, Archevêque ou archiadiacre. Gl. *Archidiaconus*.

* **ARCHEDECIRE**, Archidiacre. Vie de Saint-Thomas de Canterbury, vers 90. Voyez Rayn. tom. III, pag. 442, au mot *Archidiaque*.

ARCHEDECLIN, comme *Arcedeclin*.

ARCHEDIACRÉ, Archidiaconé. Gl. *Archidiaconatus* sous *Archidiaconus*, p. 372¹.

ARCHÉE, Portée d'arc. Gl. *Arbalista*, 1. [Chronique des ducs de Normandie, tom. I, pag. 410, vers 9482, etc. *Archie*, Roman de Renart, tom. I, pag. 30, vers 785 :

> Tu bien long'd'eus près d'une archie.

Archiée, tome II, pag. 326, vers 18476 :

> Tot entor lui à sis archiées
> Fait un fossé d'eve parfont.

Gérard de Vienne, vers 534, 1558. Le Roman de Roncevaux, éd. Monin. pag. 22 :

> En sus se traient une archiée et demie.

ARCHÉER, Chasser de l'arc, tirer de l'arc. Gl. *Arcuare*. [Chronique des ducs de Normandie, t. II, p. 71, vers 17399 :

> Nuls ne sout plus de riveier,
> Nul mouz traire ne archeier,
> Nuls ne sout onc plus de berser.]

ARCHEGAYE, ARCHEGAIEZ, Sorte de lance, pique ou épée. Gl. *Archegaye*.

* **ARCHER**, S'arquer, se courber. Gérard de Vienne, vers 2361 :

> Si s'antrehurtent li vaillant chevalier
> Ke desoz aus archoient li destrier.

Voyez *Arcoier*, 2.

ARCHERIE, Gibier chassé à l'arc. Gl. *Arcuare*.

* **ARCHET**, Instrument dont se servent les tailleurs de pierre. Gl. *Archetus*, 1.

ARCHET, Étui, diminutif d'*Arche*, coffre. Gl. *Archetus*, 2. [*Archete*. Chronique des ducs de Normandie, tom. I, pag. 513, vers 12490 :

> Nis la cuoule e l'estamine
> En aveit-il eu un archete
> Que desfermout ceste clavete.

Voyez Rayn. tom. II, pag. 114¹, au mot *Archa*.

ARCHIDIACREY, Archidiaconé. Gl. *Archidiaconatus* sous *Archidiaconus*.

ARCHIER, Ouvrier, faiseur d'arcs. Gl. *Archerius*.

ARCHIER, Archer. Gl. *Archerius* et *Arcarii*. [Partonop. de Blois, vers 2334. Voyez Rayn. tom. II, pag. 112², au mot *Arquier*.]

ARCHIERE, Espèce de fenêtre, creneau. Gl. *Archeria*, 1. [Roman de Renart, tom. II, pag. 327, vers 18485 :

> Les archieres sont as querniax
> Par où il trairont les quarriax
> Por damagier la gent le roy.

Voyez Rayn. tom. II, pag. 113¹, au mot *Arquiera*; Roquefort, au mot *Archière*.

* **ARCHIERE**, Carquois. Gl. *Larcerium*.

ARCHIGAIE, comme *Archegaye*.

ARCHITRICLIN, Maître d'hôtel. Gl. *Architriclinus*, 2. [Voyez Rayn. tom. II, pag. 114¹, au mot *Architriclin*. Halliwell, au mot *Archideclyne*.]

ARCIEN, Étudiant en philosophie. Gl. *Ars*, 2.

ARCIEUT, ARCIÙT, Droit de gîte. Gl. *Arcetum*. [Mot béarnais.]

ARCIGAYE, comme *Archegaye*.

1. **ARCOIER**, Tirer de l'arc, chasser à l'arc. Gl. *Arcuare*.

* 2. **ARCOIER**, comme *Archer*. Aubri, pag. 161¹ :

> Froisent les lances, les fers font arcoier.

ARCONNEUR, Ouvrier qui arçonne la laine, etc. Gl. *Arçonnare* [et *Arconnarius*].

* **ARCUBE**. Voyez *Aucube*.

ARDAUSE, p. e. comme *Arde*.

ARDE, Certain bâton d'une charrette. Gl. *Arda*.

ARDEUR, Incendiaire. Gl. *Ardere*, 2. [Garin le Loher. tom. I, pag. 170, 165.]

ARDI, ARDIC, Petite monnaie, liard. Gl. *Ardicus*. [Voyez Rayn. tom. II, p. 116¹, au mot *Ardit*.]

ARDILIER, Lieu rempli de broussailles. Gl. *Ardillaria*.

ARDILLE, Argile. Gl. *Ardilha*.

ARDIT, comme *Ardi*.

* **ARDIZ**, Hardiesse. Chronique des ducs de Normandie, t. II, p. 449, vers 28336 :

> Por tel lor en creist lor ardiz.

Voyez Rayn. tom. II, pag. 115², au mot *Ardit*.

ARDOIR, ARDRE, Brûler, mettre le feu. Gl. *Ardere*, 2. [Voyez Rayn. tom. II, pag. 116², au mot *Ardre*, Orell, pag. 280.]

ARDRILLE, pour *Ardille*, Argile. Gl. *Ardilha*.

ARDRILLOUX, † Argileux. Gl. *Ardilha*.

ARDS, Brûlé, ou de couleur noire. Gl. *Ardicus*.

1. **ARE**, Présentement. Gl. *Are* [à Marseille].

2. **ARE** DE VENT, plus ordinairement *Air* ou *Aire*, Terme de marine. Gl. *Area*, 6.

1. **AREAU**, Charrue à labourer, Gl. *Arar*.

2. **AREAU**, Lieu vague dans une forêt, s'il ne faut pas lire *Arçau*, hart. Gl. *Areale* sous *Area*, 1, pag. 383¹.

* **AREDNER**, comme *Aregner*. Chronique des ducs de Normandie, tom. II, pag. 327, vers 25052 :

> Aredné a son chaceor.

1. **ARÉE**, Labourage. Gl. *Bos*. [Roman de Renart, tom. II, pag. 200, vers 15544 :

> Ses bués aresta en l'arée.

Chronique des ducs de Normand. tom. iii, pag. 310, vers 40149 :

> C'une n'i deslia bof d'arée.

Champ labouré, tom. i, pag. 332, vers 7191 :

> Ala dreitement en l'arée.

Guill. Guiart, tom. ii, pag. 199, vers 5146 (14134); tom. i, pag. 43, vers 461 (957). Chronique des ducs de Normandie, tom. i, pag. 332, vers 7168; pag. 338, vers 7336. Rayn. tom. ii, pag. 110¹, au mot *Arada*.]

2. ARÉE, Sillon que fait la charrue en labourant. Gl. *Arar*.

3. ARÉE, Aire, place où l'on bat les grains, Gl. *Area*, 1, pag. 382².

* 4. ARÉE, Emplacement du camp. Guill. Guiart, tom. ii, pag. 194, vers 5008 (13997) :

> Li mareschaus qui l'ost devance
> Va les arées pourprenant.

Voyez *Arreer*, 1.

ARÉÉ, Armé, équipé. Gl. *Arraiare*.

* ARÉER, Arranger, disposer, préparer. Joinville, pag. 57 : *En ces choses arée mist il jusqu'à midi*. Pag. 64 : *Quant la berbacane fu arée*. Fabl. ibidem, dans le Glossaire :

> La baisselle esveillée fu,
> Son huis ouvri, si fi du fu,
> Si vait son hostel aréer.

Voyez *Arréer*, 1.

AREGNER, Attacher par les rênes ou la longe. Gl. *Areniare*. [Voyez Rayn. tom. v, pag. 69¹, au mot *Aregnar*.]

* AREINE. Voyez *Arayne*.

* ARENAUDIR, Interpeller. Guill. Guiart, tom. i, pag. 306, vers 6964 (7807) :

> Il ne pense mie à deniers,
> N'a gent de vile arenaudir.

Voyez *Araisonner*, et Rayn. tom. v, pag. 34², au mot *Rainar*.

ARENE, pour *Araine*, Trompette. Gl. *Arainum*.

ARENGERIE, Lieu d'assemblée tumultueuse. Gl. *Arengaria*.

* ARENGIER, Ranger. Aubri, pag. 183¹ :

> Vit outre l'eue le Flameus arengier.

Roman de Renart, tom. i, pag. 38, vers 982 :

> Tant que li moine aient mengié
> Qui as tables sont arengié.

Voyez pag. 17, vers 443, et Halliwell, au mot *Arenge*. S'arenger, se ranger, s'aligner. Partonop. de Blois, vers 8301 :

> Et cil defors sont assamblé,
> Si s'arengent parmi le pré.

Voyez Agolant, vers 90. Rayn. tom. v, pag. 82¹, au mot *Arengar*.

* ARER, Labourer, cultiver la terre. Chronique des ducs de Normandie, tom. i, pag. 253, vers 4901 :

> La terre est morte et cissillie,
> N'est arée ne gaaignée.

Pag. 303, vers 6354 :

> Kar povrement est coiltivée,
> N'est gaaignée ne arée.

Pag. 592, vers 14831 :

> Que li vilain puissent arer
> E si la terre gaaigner.

Miracles de saint Louis, pag. 457 : *Les che-*

vax aroient. Roman de Perceval, dans le Glossaire de Joinville :

> Et va là où li herceor
> Herçoient les terres arées.

Voyez Rayn. tom. ii, pag. 109², au mot *Arar*.

ARERE, Charrue à labourer. Gl. *Arar*. [Voyez Rayn. tom. ii, pag. 110¹, au mot *Arere*; Roquefort, Supplém. au même mot.]

ARES, Présentement, tout à l'heure. Gl. *Are*.

ARESGNER, Arrêter un cheval par les rênes. Gl. *Areniare*.

ARES-METYS, Tout à cette heure. Gl. *Are*.

* AREST, Espèce de drap. Gl. *Arest*.

ARESTE, L'angle extérieur d'un édifice. Gl. *Aresta*, 3.

* ARESTER, S'arrêter. Partonop. de Blois, vers 2515 :

> A ço que Marés a parlé
> Sont à son consel aresté
> Trestot li autre Sarasin.

* ARESTEUL, ARESTUEL, ARESTOL, Manche, fût de la lance, poignée de la lance. Guiteclin de Sassoigne. . . . . . . :

> Les arestouls des lances font en l'aigue fichier,
> Por ataindre le fons, mais n'i pueent touchier.

Roman d'Erec et d'Enide :

> Sa lance torna derrière
> Le fer et l'arestuel devant.

Roman de Floiremont :

> D'un arestol l'a féru.

Voyez Garin le Loher. tom. i, pag. 256. Rayn. tom. ii, pag. 119¹, au mot *Arestol*, et Roquefort, au mot *Arescuel*.

ARESTIER, Tuile propre pour les angles des couvertures. Gl. *Aresta*, 3.

AREUR, AREUX, † Laboureur. Gl. *Aratura*, 1.

AREURE, † Culture, labourage, Gl. *Aratura*, 1.

AREYRE, Charrue à labourer. Gl. *Arar*.

ARGALH, Égout, puisard, puits perdu. Gl. *Argalia*.

ARGANETTE, Machine de guerre propre à jeter des matières combustibles. Gl. *Arganella*.

ARGANT, Sorte d'habit long. Gl. *Arganum*, 3.

* ARGANT. *Feu argant*, pour Ardent. Roman de Renart, tom. iv, p. 56, vers 1540 :

> Coment paser en celui gart
> Qui enclos est de feu argant.

* ARGENT *Le Roy*, *Argent fin*. Gl. *Argentum regis*, pag. 389¹. [Sec argent, argent comptant. Chastel. de Couci, vers 3123 :

> Garçon ainme joiel noient
> Il aiment plus le sec argent,
> Ainsois li donray quinze saus.

Voyez Rayn. tom. ii, pag. 119¹, au mot *Argent*.

ARGENTFRES, Frange d'argent. Gl. *Argentifrigium*.

* ARGENTIER, Caissier. Gl. *Argentarii*, pag. 388³. [Voyez Rayn. tom. ii, pag. 119², au mot *Argentier*.]

ARGOUIRER, Railler, se moquer. Gl. *Argutio*.

* ARGROI, Parure, arrangement. Partonop. de Blois, vers 657 :

> Il a péor et faim et soi,
> Si a dur lit sains nul argrois.

Voyez *Agroi*.

1. ARGU, Blâme, reproche, dispute, querelle. Gl. *Argutio*.

* 2. ARGU, AGU, Augure, présage. Partonop. de Blois, vers 4659 :

> Mes peres par argu fu cers,
> Desco que fu petis en bers,
> Qu'il n'aurait nul autre oir que moi.

Vers 4602 :

> Qu'il sace bien agus et sors,
> Et fisique et astronomie.

Voyez Rayn. tom. ii, pag. 143¹, au mot *Arguriador*.

ARGUER, Faire des reproches, blâmer, dire des injures. Gl. *Argutio*. [Voyez Rayn. tom. ii, pag. 120², au mot *Arguir*.]

* ARGUER, ARGROIER, Piquer, aiguillonner, exciter. Roman d'Anséis :

> Le ceval broce, des esperons l'argue.

Roman de Roncevaux, pag. 43 :

> Quant Rollans voit que la mort si l'argue.

Chastel. de Couci, vers 351 :

> Mès encor n'estoit pas ferue
> Du dart d'amours, de coi argue
> Les siens.

Partonop. de Blois, vers 6769 :

> S'en est à la cambre venue
> Dont ses cuers le haste et argue.

Vers 7396 :

> Urrake l'esvelle et argroie.

Dans ce dernier passage, *argroier* signifie peut-être *équiper*; d'*Argroi*, équipement. Voyez Roquefort, au mot *Arguer*.

ARGUEUX, Contentieux, qui sent la dispute. Gl. *Argutio*.

ARGUMENTATIF, Ingénieux, qui raisonne bien. Gl. *Argumentosus*, 1.

ARIOLE, Devin. Gl. *Ariolus*.

ARISCLE, p. e. Planche propre à faire des portes. Gl. *Ariscla*.

ARITER, Mettre en possession. Gl. *Hæreditare*, 3. [*Arité*, Terre, fief. Gérard de Vienne, vers 1730.]

* ARIVEISON, Arrivage, abord des navires au rivage. Chronique des ducs de Normandie, tom. ii, pag. 462, vers 28723. Voyez Rayn. tom. v, pag. 92¹, au mot *Aribamen*.

ARRIVER, v. a. Conduire. Flore et Blanceflor, vers 1364 :

> Et il li a bien otroié
> Qu'il à cel port l'arivera.

ARIVOUER, Port, bord, rivage où l'on aborde aisément. Gl. *Arious*.

ARLOT, Fripon, coquin, homme sans aveu. Gl. *Arlotus*. [Voyez Rayn. tom. ii, pag. 122¹, au mot *Arlot*.]

* ARMAIRE, Armoire. Gl. *Almaria*. Voyez Rayn. tom. ii, pag. 123¹, au mot *Armari*.

ARMAIRIER, ARMARIER, Dignité ecclésiastique, chantre, celui qui a soin des livres d'église. Gl. *Armarierius*.

ARMALINE, p. e. pour *Animaline*. Gl. *Animalina bestia*.

ARMAZI, Terme languedocien, Armoire. Gl. *Armazium*.

ARME, Ame. Gl. *Vitula*, pag. 861¹.

[Partonop. de Blois, vers 1121. Chronique des ducs de Normandie, tom. 1, pag. 248, vers 4778. Voyez Rayn. tom. II, pag. 89¹, au mot *Anna*, Roquefort, au mot *Arme*.

ARMERET, Galant, poli, qui cherche à plaire. Gl. *Amoratus*.

* **ARMES** *Emoulues, pleines*, etc. Gl. *Arma*, pag. 394²³. *A l'arme*, Voyez Rayn. tom. II, pag. 122², au mot *Ad armas*. *D'armes*, armé, Guill. Guiart, t. I, pag. 85, vers 1570 (2042) :

> Il fit cinq anz, à ses despens,
> De sa gent outre mer remaindre...
> Dix mille à pié et cinq cents d'armes.

Tom. II, pag. 199, vers 5147 (14137) :

> Aloient les criz escoutant
> Douze Alemauz d'armes ou tant.

ARMIGNAGOIS, Armagnacs; nom qu'on donnait à ceux qui étaient attachés au duc d'Orléans, gendre du comte d'Armagnac, contre la faction des Bourguignons. Gl. *Armeniacenses*.

ARMILLE, Bracelet, Gl. *Armillum*, 1. [Chronique des ducs de Normandie, tom. I, pag. 341, vers 7418 :

> Ses armilles, qu'om hous apele,
> Od odure preciose e bele
> D'or e de pierres grant e gent.

Ibidem, tome II, pag. 186, vers 20792. Voyez Rayn. tom. II, pag. 123², au mot *Armilla*. Halliwell, au mot *Armyll*.

ARMIOLE, Vaisseau propre à mettre du vin. Gl. *Armillum*, 2.

ARMOGAIRES, Troupes espagnoles, célèbres par leur courage. Gl. *Almugavari*.

ARMOIE, Mot générique pour signifier tous les ustensiles propres à une chose. Gl. *Arminium*.

ARMOIER, **ARMOYER**, **ARMOYEUR**, Armurier, ouvrier en armes. Gl. *Armeator*.

ARMOISEUR, Ouvrier ou marchand d'étoffe et de taffetas, appelé *Armoisin*. Gl. *Ermisinus*.

ARMOISIN. Voyez *Armoiseur*.

ARMURE, Homme armé. Gl. *Arma*, 2.

* **ARMONE**, Aumône. Gérard de Vienne, pag. 173¹.

ARNAN, p. e. pour *Arvau*, arcade, voûte. Gl. *Arvoutus* [mot limousin].

ARNAUD. Voyez *Arnauder*.

ARNAUDEN, Sorte de monnaie, p. e. des vicomtes de Lomagne. Gl. *Arnaldensis* [mot provençal].

ARNAUDER, Chercher querelle, tourmenter quelqu'un; du nom d'*Arnaud*, qui a signifié un débauché, un coquin, un homme sans aveu. Gl. *Arnaldus*.

ARNOIX, Cuisses, terme obscène. Gl. *Arnitus*, 2.

ARNONCELLE, Sorte de poisson de mer, Gl. *Arnaglossus*.

* **AROCHANZ**, Présomptueux. Chronique des ducs de Normandie, tom. III, pag. 35, vers 32792 :

> Uns fous, uns desvez nou sachanz
> Toz seuz raisou, toz arochanz.

Voyez Rayn. tom. II, pag. 127¹, au mot *Arrogan*.

AROER, Rouir le lin, le chanvre. Gl. *Aroagium*.

* **AROIE**, Aroiz, Élevé, qui est en érec-

tion. Roman de Renart, tom. IV, pag. 88, vers 2441 :

> Quant li prieus sent et oï
> Que Renart eurent aroiï
> Et esléa sur tous à roi.

Tom. III, pag. 317, vers 28512. Voyez Rayn. tom. II, pag. 117², au mot *Areis*, et Roquef. Supplém. au mot *Aroidier*.

AROILLE, p. e. pour *Aureille*, Oreille. Gl. *Auditus*, 2.

AROMATISER, Embaumer. Gl. *Aromatizare*, 2.

ARONDE, **ARONDEL**, Hirondelle, oiseau. Gl. *Hirundella*. [Chanson de Roland, stance 115, vers 10 :

> Plus est isnels que esprever ne arunde.

Chronique des ducs de Normandie, tom. I, pag. 154, vers 2069 :

> Puis redevolent plus isnel
> Que ne vole faucs n'arondel.

Ibidem, tom. II, pag. 206, vers 21400. Voyez Rayn. tom. III, pag. 550², au mot *Hyrunda*.

ARONDELE, Hirondelle, poisson de mer. Gl. *Rondela*.

ARONDELLE, Espèce de petit bouclier. Gl. *Hirundella*.

* **ARONDILLER**, Murmurer. Bible histor. Deutéron. chap. I, v. 26. Roquefort : *Arondillastes en vos tabernacles et deistes : Nostre seignor nous haist*. En lat. *murmurastis in tabernaculis vestris*.

* **AROUSER**, Entourer, environner. Guill. Guiart, tom. I, pag. 213, vers 5067 (5381) :

> Murel, que cele gent arouse,
> Siet en l'eveschié de Thoulouse.

Pag. 26, vers 21 (519) :

> Cils Loys, qui lors le tenoit,
> Qui bien et honneur arousa,
> Trois nobles dames espousa.

AROUTÉEMENT, En troupe. Partonop. de Blois, vers 10785 :

> Et li autre aroutéement
> Venoient en renc noblement.

Roi Guillaume, pag. 160 :

> Lendemain i sont amassé,
> Et la roïne i est venue.
> Ne puis n'i ot resne tenue,
> Ains s'en vient aroutéement.

Voyez *Arouter*.

AROUTER, Marcher, s'acheminer, prendre sa route vers un lieu. Gl. *Routare*. [Assembler, ranger. Roman d'Alexandre, dans une note de la Chronique des ducs de Normandie, tom. II, pag. 515² :

> Tout entor l'eschequier s'alerent arouter.

Garin le Loher. tom. I, pag. 59, 81, 165. *Aroster*, Roman de Renart, tom. III, pag. 104, vers 22604 :

> Et cil vienent en es-le-pas
> Et sont dedenz la porte entré
> Li uns après l'autre arosté.

Aroter, Ibidem, pag. 34, vers 20657 :

> S'or venoient ci aroté
> Tuit li chen Guillaume Bacon.

Gérard de Vienne, vers 3818. Voyez Rayn. tom. v, pag. 116², au mot *Arotar*.]

ARPADE, Poignée. Gl. *Arpauda*.

ARPE, Harpie, oiseau fabuleux. Gl. *Arpa*, 2.

ARPENT. On nomme ainsi à Arles un grand compas de bois dont se servent les arpenteurs pour mesurer les terres. Gl. *Arpendium*.

ARQUABOT, Débauché, libertin, Gl. *Arlotus*.

* **ARQUEIRE**, comme *Arquiere*.

ARQUEMIE, Alchymie. Gl. *Arquemia*.

ARQUEMIEN, Alchymiste. Gl. *Arquemia*.

ARQUIERE, Archure d'un moulin. Gl. *Arquetus*.

* **ARQUIET**, comme *Arquiere*.

ARRAFLER, Égratigner; on dit encore *Érafler*, écorcher légèrement. Gl. *Esgratineura*.

ARRAIER, Ranger, mettre en ordre. Gl. *Arraiare*.

ARRAIGNIER, Citer, appeler en justice. Gl. *Areniare*.

ARRAINIER, Contraindre, forcer, exiger avec autorité. Gl. *Arrainaré*.

ARRAIOUR, Maréchal de camp, sergent de bataille ou de compagnie. Gl. *Arraiator*.

ARRAISNER, comme *Arraignier*.

ARRAISONNER, Parler à quelqu'un, lui adresser la parole. Gl. *Arrationare*.

ARRAMIE, Accusation. Gl. *Adramire*, pag. 91³, 92¹.

ARRAMIER, S'obliger devant le juge à quelque chose. Gl. *Adramire*, pag. 91³.

ARRAMINE, Amende pour défaut. Gl. *Adramire*, pag. 91³.

ARRANÇONNEUR, Qui rançonne, qui exige ce qui ne lui est pas dû, pillard. Gl. *Ranso*.

ARRANTÉ, Celui qui tient à rente. Gl. *Arrentare*.

ARRAPER, Prendre, saisir avec force et vivacité. Gl. *Arrapare*.

ARRASER, Raser, détruire de fond en comble. Gl. *Arrasare*.

ARRASTLE, Espèce de hoyau ou bêche à Marseille. Gl. *Arrastle*.

ARREANCHE, Ordre, arrangement. Gl. *Arraiatio*.

1. **ARRÉER**, Préparer, disposer, arranger. Gl. *Arraiare*. [Voyez Fierabras, éd. Bekker, pag. 157¹. Rayn. tom. II, pag. 126¹, au mot *Arret*, et tom. v, p. 82², au mot *Aresar*, Roquef. au mot *Arréer*.]

2. **ARRÉER**, Labourer. Gl. *Arratorius*.

ARREFOUAGE, pour *Arrière-fouage*, Second fouage, droit payé pour chaque feu, ou les arrérages de ce droit. Gl. *Foagium*, 1, pag. 329³.

ARREGARDER, Regarder attentivement. Gl. *Avidere*, 2.

* **ARREMENT**, Encre. Chanson de Roland, stance, 142, vers 2 :

> Ki plus sunt neirs que ne n'est arrement
> Ne n'unt de blanc ne mais que sul les denz.

Roman de Renart, t. III, p. 109, vers 2275 :

> Cheveus et noirs conme arrement.

Voyez Aubri, vers 190. Rayn. tom. II, pag. 141¹, au mot *Atrament*.

ARRENÇONNEMENT, Rançonnement, contribution, pillerie. Gl. *Ranso*.

ARRENDER, Prendre et donner à rente ou à ferme. Gl. *Arrendare*.

ARRENDEUR, **ARRENDADEUR**, Celui qui prend à rente ou à ferme, fermier. Gl. *Arrendator*.

ARRENER, Éreinter, briser les reins. Gl. *Renitiosus*.

ARRENTEMENT, ARRENTISSEMENT, Bail à rente. Gl. *Arrendatio*, 2, et *Arrentare*.

ARRENTER, Donner ou prendre à rente. Gl. *Arrendatio* et *Arrentare*.

ARRER, Harnacher un cheval. Gl. *Arraiare*.

* **ARRERAI**, ... Guill. Guiart, tom. 1, pag. 247, vers 5967 (6283) :

Li rois , ces choses ainsi faites ,
Fist les nés qu'on ot là atraites,
Quant vit ses arrerais fuir,
A feu et à flambe bruir
Comme courageus et hardi.

ARRESGIER, Arracher. Gl. *Arrancare*.

ARREST, Appointement. Gl. *Arrestum*, 2. [*Ville de loy et d'arrest*. Gl. *Arrestum*, 1, pag. 413³.]

ARREYRAGEICH, *Arriereguet*, Guet de nuit, patrouille. Gl. *Retrogachium* [mot provençal].

1. **ARRIE**, Titre, enseignement, la preuve par écrit de quelque chose. Gl. *Arramentum*, 1.

2. **ARRIE**, Arrêt, saisie. Gl. *Arrestum*, 1.

* **ARRIEREBAN**, ARIEREBAN. Gl. *Retrobannus*. Partonop. de Blois, vers 2143. Gérard de Vienne, vers 3272, 3377.

ARRIEREFOUAGIER, Faire payer les arrérages du droit appelé *Fouage*. Gl. *Foagium*, 1, pag. 329³.

ARRIEREGUET, Guet de nuit, patrouille, ronde. Gl. *Retroexcubiæ* [et *Eschiffa*.]

* **ARRIERER**, Revenir. Roman de Renart, tom. 11, pag. 289, vers 17460 :

Grant joie fet et si s'envoisse
De ce que sa charrue arriere.

* **ARRITE**, Petite monnaie en usage dans le comté de Bigorre. Gl. *Ardicus*.

1. **ARRIVAGE**, Rive où l'on aborde facilement. Gl. *Arrivagium*.

2. **ARRIVAGE**, Droit qu'on paye pour aborder à un port ou rivage. Gl. *Adripare*.

ARRIVAIGE, Voiture, transport par eau. Gl. *Arrivagium*.

ARROGER, ARROGUER, Parler avec arrogance, harceler, agacer. Gl. *Arrogare*, 1.

ARROUTER, Marcher, s'acheminer, prendre sa route vers un lieu. Gl. *Routare*.

ARROY, Ordre, arrangement. Gl. *Arrayamentum*, pag. 408³, et *Arredia*.

* **ARROYER**, ARRAYER, Mettre en ordre, ranger. Gl. *Araiare*.

* 1. **ARS**, Arc. Chronique des ducs de Normandie, tom. 1, pag. 153, vers 2062, etc. Garin le Loher. tom. 1, pag. 265, etc.

* 2. **ARS**, Brûlé. Partonop. de Blois, vers 276, et souvent

* 3. **ARS**, n. pl. Partie de devant du cheval, poitrail. Aubri, pag. 182² :

Larges les ars et le cors molt legier
Et le crepon bien taillié par derier.

ARSEGAYE, Sorte de lance, pique ou épée. Gl. *Archegaye*.

ARSEIZ, Bois brûlés par accident. Gl. *Arseia*.

ARSEURE, Brûlure. Gl. *Arsura*, 3.

ARSILLE, Argile. Gl. *Ardilha*.²

ARSIN, Incendie. Gl. *Arsina*, 1.

ARSINS, Bois brûlés par accident. Gl. *Arseia*.

* **ARSIS**, comme *Arsin*. *Arssiz*, Guill. Guiart, tom. 1, pag. 187, vers 4316 (4728) :

Més quant voient l'arssiz chéoir
Et que la grant flambe apetice, etc.

Tom. 11, pag. 419, vers 10882 (19866) :

Verrouz et clouz et tiex bereles
Qu'il orent trouvez en la cendre
Des arsiz, et les veulent vendre.

Ardeur. Chronique des ducs de Normandie, tom. 111, pag. 127, vers 35411 :

Icist glaives et cist arsiz
E cist dolerus feréiz
Dura, etc.

ARSOIR, Hier au soir, Gl. *Ab heri*.

1. **ARSON**, Petit arc. Gl. *Arsellus*. [Annales de saint Louis, pag. 234 : *Icil enfans alerent jouer un jour par le bays de l'abbaye à tout arsons et saiettes ferrées pour bercer et occire connins.* Roi Guillaume, pag. 105 :

Commande à prendre au garçon
Ses sajetes et son arçon.
Cil prent les sajetes et l'arc.

2. **ARSON**, Incendie. Gl. *Arsina*, 1. [Chronique des ducs de Normandie, tom. 1, pag. 153, vers 2058 :

Que foildres volent e arson.

Tom. 11, pag. 162, vers 20134 :

Mais un jor leva un tempier
E un vent merveillos e fier
Grant chaut faiseit e grant arson.

Tom. 1, pag. 385, vers 8738 :

Par pluseurs leus sunt les occises
E les granz arsons e les prises.

Pag. 45, vers 1163 :

Lasse d'occises et d'arsuns
E de destruire regions.

Pag. 108, vers 750, pag. 110, vers 824. *Arsion*. Voyez Rayn. tom. 11, pag. 117¹, au mot *Arcio*.]

ART, ARS, Ruse. Partonop. de Blois, vers 1769 :

Se tant me faites de bonté,
Que devant nostre jor nomé
De moi véoir ne soit ars quise
Ne par vos ne soie souprise.

Chronique des ducs de Normandie, tom. 11, pag. 111, vers 18578 :

Pris e donez conseiz et arz.

Pag. 524, vers 30318 :

Les arz, les enginz, les conseilz
De ses hauz homes plus feeilz
Teneit à cert mult ententis.

Voyez Rayn. tom. 11, pag. 127², au mot *Art*.

ARTEILLERIE, Tout ce qu'on lance contre l'ennemi. Gl. *Artillaria*, 2.

* **ARTEILLOS**, ARTILLOS, Fin, habile, rusé. Chronique des ducs de Normandie, tom. 111, pag. 187, vers 36942 :

Cist sage e cointe e arteillos.

Pag. 231, vers 37983 :

Del siecle esteit mult artillos
E sage e vezié e engignos.

Pag. 352, vers 41139 :

N'est pas sages ne artillos
Qui d'un damage se fait dous.

Voyez *Artilleux*.

ARTICULEUR, Celui qui dressait les requêtes en forme de plaintes. Gl. *Articulus*, 1.

ARTICULIEREMENT, Distinctement, par articles, d'une façon détaillée. Gl. *Articulariter*.

1. **ARTIFICE**, Art, métier. Gl. *Artificium*, 3. [Voyez Rayn. tom. 11, pag. 127², au mot *Artifici*.]

2. **ARTIFICE**, Instrument, outil, ce qui sert à faire quelque chose. Gl. *Artificium*, 7.

* **ARTIIEN**, comme *Arcien*.

* **ARTIIER**, Ouvrier. Le dit de Merlin Mellot, Jubinal, Contes et Fabliaux, t. 1, pag. 128.

ARTILLER, ARTILLIER, Fortifier, munir, garnir de tout ce qui est nécessaire. Gl. *Artillaria*, 2. [Voyez Roquefort, au mot *Artiller*.]

1. **ARTILLERIE**, Chariot chargé de toute espèce d'armes. Gl. *Artillaria*, 2, pag. 422¹.

2. **ARTILLERIE**, Toutes sortes d'armes. Gl. *Artillaria*, 2, pag. 422¹². [Voyez Rayn. tom. 11, pag. 130², au mot *Artillaria*; Roquefort, au mot *Artillement*; Halliwell, au mot *Artelries*.]

1. **ARTILLEUR**, Ouvrier en armes, armurier. Gl. *Artillator*.

2. **ARTILLEUR**, Ingénieur, celui qui préside à l'artillerie. Gl. *Artilliator*.

ARTILLEUX, Fin, rusé, adroit. Gl. *Artilus*. [Voyez Roquefort, au mot *Artilleux*.]

* **ARTIMAGE**, comme *Artimal*. Flore et Blanceflor, vers 459 :

D'un blanc esmail fu fais l'image
Assise en l'or par artimage.

* **ARTIMAL**, Magie. Chanson de Roland, stance 106, vers 11 :

E l'arcevesque lor ocist Siglorel
L'encantéur ki jà fut en enfer :
Par artimal li cundoist Jupiter.

Voyez Roquefort, au mot *Artumaire*.

ARTISIEN, Monnaie des comtes d'Artois. Gl. *Artesiani* sous *Moneta Baronum*, pag. 518².

* **ARTOS**, Habile, savant. Partonop. de Blois, vers 7220 :

Et cil d'Egipte li artos,
Qui fuit par droite astronomie
Maint grant sens et mainte clergie.

Mal artos, rusé, perfide. Ibidem, vers 7153 :

Cil Ernols
De Marbréon, li mal artos, etc.

Vers 8103 :

Fors et fornis, lais et hisdos,
Cruels et fel et mal artos.

Chronique des ducs de Normandie, tom. 1, pag. 397, vers 9086 :

Se il est cointe e engignos
E veziez e mal artos, etc.

ARTUIT, Past, repas, droit de gite. Gl. *Artuit*.

ARVALE, Mauvais dessein. Gl. *Arva*, 2.

ARVAU, Arcade, voûte. Gl. *Arvoutus*.

ARVE, Place vague, propre à bâtir. Gl. *Arva*, 2.

* **ARUNDE**. Voyez *Aronde*.

ARVOUT, Arc-boutant. Gl. *Arvoutus*. [*Arvol*. Flore et Blanceflor, vers 1917, 2453, 2580. *Arvolt*. Voyez Rayn. t. 11, p. 113³, au mot *Arc-voltutz*.]

ARZ, Harts, liens de bois menu et tortillé. Gl. *Arces*.

* **ARZILLOS**, Qui forme des arcs, qui

serpente. Chronique des ducs de Normandie, tom. I, pag. 187, vers 3015 :

> Cum l'eve est bloie e arzillose
> E pleinteive e abundose,
> Cum ele est suvent flechisantz, etc.

* **ASAER**, ASEER, ASEEIR, ASSAEIR, Assiéger. Chronique des ducs de Normandie, tom. I, pag. 263, sommaire :

> Ici est ci cum Rous vait Chartres asaer.

Voyez pag. 398, sommaire; t. II, p. 179, vers 20597 :

> Por aseer lor forz citez
> Closes de murs e de fossez.

Tom. I, pag. 243, vers 4620 :

> Aseeir virent lur citez.

Pag. 169, vers 2492 :

> N'i a cité, chastel, ne tur
> Qu'il n'aut u assaeir u prendre.

Voyez pag. 208, vers 3595; pag. 218, sommaire; pag. 243, vers 4606; ci-dessous *Assessir*, et Rayn. tom. v, pag. 219 2, au mot *Assezer*. Roquefort, aux mots *Aserrer*. Orell, pag. 220. *Asis*, assiégé. Chronique des ducs de Normandie, tom. I, pag. 217', vers 3882; pag. 233, vers 4327; *Assis*, pag. 494, vers 11940; Roman de Rou, tom. I, pag. 136, Partonop. de Blois, vers 2141.

* **ASANT**...... Roman de Rou, tom. I, pag. 288 :

> Rez e saetes fist porter
> E chienz asant, s'ala berser;
> As veneors e as varletz
> Fist mener toz ses brachez
> E liemiers.

ASASER, Rassasier, remplir. Gl. *Assazare*. [*Asazé, Assazé, Asessei*, Fertile, riche. Chronique des ducs de Normandie, tom. I, pag. 22, vers 562 :

> Terre asazée e plentivose.

Pag. 222, vers 411 :

> En fu la grant preie amenée
> Dunt l'ost fu pleine e asazée.

Pag. 87, vers 199 :

> Si plentéis de tutes riens
> E si assazez de luz biens.

Voyez pag. 31, vers 796; pag. 301, vers 6302; pag. 499, vers 12099. Roi Guillaume, pag. 79. Partonop. de Blois, vers 5411 :

> De vivre sui toz asazez
> Car g'ai vescu moult plus qu'assez.

Chanson, Wackernagel, pag. 63 :

> Tuit sont riche e asescei.

Voyez Rayn. tom. v, pag. 162 2, au mot *Asaziar*.]

ASAUDRE, Assaillir, attaquer, Gl. *Assaldare*. [Roman de Renart, tom. I, pag. 23, vers 623 :

> Ahi Renart ! or belement,
> Par les sainz Dieu, mar l'asausites !

Voyez Orell, pag. 184, et ci-dessous *Assaudre*.]

ASAVORER, Goûter, essayer, jouir. Gl. *Adsaparare*. [Chanson d'Aidefrois, Romancero de P. Paris, num. 2; et Wackernagel; pag. 1 :

> Bien sont asavoreit li mal
> C'on trait par fine amor loiaul.

Voyez Rayn. tom. v; pag. 129 2, au mot *Assaborar*.]

* **ASAUVAGIR**, Devenir sauvage. Roman de Renart, tom. I, pag. 4, vers 97 :

> Les Evain asauvagisoient
> Et les Adam aprivoisoient.
> Entre les autres en issi
> Le gorpil, si asauvagi.

Voyez *Assauvagir*.

* **ASAYER** *le jeu d'amour*. Gilote et Johanne, Jubinal, Contes et Fabliaux, tom. II, pag. 33 :

> E quant le gu d'amour avez asayée
> Sys foibt ou seel à vostre voleutée.

Voyez Rayn. tom. III, pag. 193', au mot *Essaiar*.

ASCANCE, Rémission, absolution. Gl. *Assenciæ*.

* **ASCENTIR**..... Chastel. de Couci, vers 76 :

> L'ot amours jà à son oes pris
> Et si griés maus li fist sentir,
> Si que cuer et corps ascentir
> Li fist et loiaument amer.

* **ASCEOIR**, † Commencer. Gl. *Asscescere*.

ASCHIN, Aissin, certaine mesure de blé. Gl. *Aissinus*.

ASCHIOLES, Nom d'une compagnie de marchands. Gl. *Achioli* [et *Societas*, 4].

ASCIN, Enclos, enceinte, clôture. Gl. *Ascinus*.

ASCLE, Pièce, morceau de quelque chose. Gl. *Exacisclare*.

ASCON, Petite nacelle. Gl. *Ascus*.

* **ASCONDER**,..... Roman de Renart, tom. IV, pag. 73, vers 2010 :

> Sire Tygres à vos m'asconde
> Que vos moi vengiés d'Isengrin.

ASCRIPTICE, Celui qui est tenu de labourer les terres de son seigneur, et qui n'est pas libre de le quitter. Gl. *Ascriptitii*.

ASCUR, Tranquille, qui ne craint rien, ou qui prend courage. Gl. *Assecurare*, 1, pag. 439 3.

* **ASDENZ**. Voyez *Adans*.
* **ASEGUREMENT**. Voyez *Asseguranche*.
* **ASEGREZIER**. Voyez *Assegreier*.
* **ASEMBLEISON**. Voyez *Assemblée*, 2.
* **ASEMONCER**, Assigner, sommer de comparaître devant le juge. Gl. *Submonere*, pag. 410 3.
* **ASEMOURER**, pour *Asemoncer*.
* **ASENER**, ASSENER, Diriger vers, disposer, mettre à sa place, assigner. Chastel. de Couci, vers 85 :

> Mais cilz se doit loer d'Amour,
> Qu'il asena à la meillour.

Agolant, vers 582 :

> Il tient l'espée et l'escu embraça,
> Fiert le premier, mult très-bien l'asena,
> Tote la teste du but li desevra.

Voyez vers 574. Gérard de Vienne, vers 769. Roman de Roncevaux, pag. 37 :

> Ses chevox fut en vingt lieus assenez,
> Entre ses cuisses fu soz lui mort gietez.

Partonop. de Blois, vers 592 :

> Et en son poing son espiel tient.
> Li sainglers a l'abai rompu,
> Se li est tost seure coru
> Et il ens en l'esclot l'asene.

Vers 3057 :

> Trop a son espiel bas porté
> Si a en la teste assené
> Le noir ceval, etc.

Vers 1215 :

> Ne sauroie quel part aler
> Ne nès à vostre huis assener.

Ancien Roman, Fierabras, éd. Bekker, pag. 157 1 :

> Fors tant c'onques ne sorent l'emperiére aviser
> L'estre de son neveu, ne comment apeler
> Le devoient la gent n'i sorent assener.

Roi Guillaume, pag. 140 :

> N'i laissa vaillant une pume,
> Ains prist, se asener i pot,
> Le millor avoir qu'il i ot.

Chronique des ducs de Normandie, tom. I, pag. 80, vers 8 :

> . . . Deus,
> Qui tutes riens vivanz asene.

Pag. 98, vers 477 :

> E li dui frere les ordenent
> E establissent e asenent.

Pag. 542, vers 13351 :

> Asigne les si e assene
> Qu'en pais les afaite e ordene.

Guill. Guiart, tom. II, pag. 254, vers 6590 (15570) :

> D'entr'eus touz cinc eschièles faites,
> La prémeraine à l'assener
> Dut cil de Courtesiex mener.

Pag. 367, vers 9540 (18521) :

> Furent leur vessiaus ordenez.
> Gui de Namur r'a assenez
> Des siens les seconz et les tiers.

Pag. 309, vers 8037 (17018) :

> En sera Gravelingues pire
> S'an tertre pevent assener.

Tom. I, pag. 72, vers 1237 (1733) :

> Que de vostre suer ordenez
> Et d'autre mari l'assenez.

Fabl. des droits du clerc de Voudrai. . . :

> Que puis que fame est mariée
> Qu'on ne lui doit querre houtage
> Puis qu'ele est par bien assenée
> A celui cui on l'a donée.

Roi Guillaume, pag. 65, 49. Assises de Jérusalem, chap. 73 : *Assener le jour de bataille*. Beaumanoir, chap. 34 : *Le court doit regarder et assener jour convenable*. Annales de saint Louis, pag. 241 : *Et puis leur assena grans rentes*. Voyez *Assener*. Assené, pourvu. Guill. Guiart, tom. II, pag. 309, vers 8016 (16996) :

> Les compaingnies et les routes
> Que l'amiraut ot amenées
> D'arméures bien assenées.

Voyez pag. 443, vers 11505 (20487) ci-dessus *Acener*, et Rayn. tom. v, pag. 196 1, au mot *Assenat*.

* **ASENSER** (S'), Se déterminer. Chronique des ducs de Normandie, tom. II, pag. 400, vers 26979 :

> En cent manières se porpense,
> Mais tant ne quant ne s'i asense
> Qu'il deie faire n'où aler.

Voyez *Assens*.

* **ASENT**. Voyez *Assenz*.
* **ASEOIR**, Placer, établir. Chanson, Wackernagel, pag. 47 :

> Delivre est et je seux pris;
> Maix ce n'est pais droite prise,
> Car bien déust estre mise
> El leu où elle m'ait mis.

Ainsi l'ait amors asisse;
Et teils est la loi asize
Ke la femme soit conquise,
Pues k' elle ait l'ome conquis.

Voyez *Asseoir*, 4.

* **ASERIR, ASSERRER**, Devenir tard, faire tard. Chanson de Roland, stance 55, vers 1 :
Tresvait le jur, la noit est ascrie.

Voyez stance 268, vers 1; stance 293, vers 4. Roman de Roncevaux, pag. 90, 91. Roi Guillaume, pag. 144. Chronique des ducs de Normandie, tom. II, pag. 233, vers 22245 :
Sempres quant tot iert asserré
Passerom Seigné quoiement.

Voyez *Asserement*, *Assegreiés*, et Rayn. tom. V, pag. 206¹, au mot *Aserar*.

ASERVISER, Donner une terre à charge de service. Gl. *Asservisare*.

* **ASESSEI.** Voyez *Asaser*.

* **ASFLUIRE**, Affliger. Chronique des ducs de Normandie, tom. I, pag. 248, vers 4759 :
M'en retornerai ariere eu France
Asfluire e veintre quant porrai
Mes enemis, etc.

* **ASFUBLER**, Attacher, se couvrir du manteau. Partonop. de Blois, vers 5083 :
Puis li asfuble son mantel.

Vers 10597 :
Li cevalier se sont levé
Vestu, caucié et asfublé.

Voyez *Affubler*.

ASGOUT. *Eau d'asgout*, Eau de pluie, ou qui s'égoutte des terres voisines dans un lieu bas. Gl. *Agotum*.

ASIER, Faire ou fournir ce qui est nécessaire. Gl. *Aisamenta*.

* **ASIERI**, En cachette. Voyez *Seri*.

* **ASINDE.** . . . . Roman de Renart, tom. IV, pag. 63, vers 1742 :
D'une contrée deviers Inde
Daxus elephans lor asinde.

* **ASME**, Colère, chagrin. Roman de Renart, tom. IV, pag. 34, vers 932 :
De cesti chose eut Nobles asme
Et en entra engrant riote.

Pag. 51, vers 1402 :
Ba! sire rois, cil trop mefet
Qui sour autrui met nesun blasme,
Dont en la fin puist avoir asme
Nus prodom qui à bien entende.

Asme est une maladie des faucons. Voyez Rayn. tom. II, pag. 132, au mot *Asma*.

* **ASMER, AASMER**, Tâcher, viser. Chanson de Roland, stance 34, vers 3 :
Mal nos avez baillit
Que li Franceis asmastes à férir.

Chronique des ducs de Normandie, tom. II, pag. 260, vers 23053 :
C'est cil à qui l'om rien n'en emble
Qui tost asme e fiert ensemble.

Où le manuscrit de Tours porte *aasme*. Voyez *Aesmer* et *Esmer*.

1. **ASNE**, p. e. Imposition volontaire, partagée également entre ceux qui conviennent de la payer. Gl. *Asinus*, 3.

2. **ASNE.** Usage de faire monter à rebours sur un âne le mari qui se laissait battre par sa femme, et de le promener ainsi par la ville. Gl. *Asinus*, 3.

1. **ASNÉE**, La charge d'un âne, et même d'un cheval, certaine mesure de solides et de liquides. Gl. *Asinata*.

2. **ASNÉE**, Répartition d'une imposition volontaire, appelée *Asne*. Gl. *Asinus*, 3.

* **ASNELE**, Anesse? Chronique des ducs de Normandie, tom. I, pag. 400, vers 9182 :
Que ne nos puit mais rien offrir
Par qu'il nos puisse enfolatrir;
Bien conoissum la fauve asnele
E ceo de qu'il nos acembele.

* **ASNER**, Anier, celui qui conduit les ânes. Gl. *Asinitas*.

* **ASNERIE**, Droit seigneurial payé par les meuniers, qui reportaient sur des ânes la farine à ceux à qui elle appartenait. Gl. *Asinitas*.

* **ASNIER †**, comme *Asner*. Gl. *Agaso*.

* **ASOAGIER**, Soulager, adoucir, diminuer les maux du corps. Gl. *Potio Galeni*. [Chronique des ducs de Normandie, tom. I, pag. 477, vers 11470 :
Torna li dux à garison
Asuagiez est e gariz

Voyez *Assoager*.]

* **ASOMMER**, Dire tout à fait, exprimer complètement. Partonop. de Blois, vers 4247 :
Cil diols ne puet estre asommés
Ne par nul home devisés.

Voyez Rayn. tom. V, pag. 201¹, au mot *Assomar*.

ASOMPTION, Ascension. Gl. *Assumptio*, 1.

* **ASOPLIR (S')**, S'assouplir, se fléchir, devenir triste; se calmer. Chronique des ducs de Normandie, tom. I, pag. 181, vers 2844 :
A ceo prie que s'asopleit.

Lai de Melion, pag. 44, vers 37 :
Quant Melion ice oï,
Molt durement s'en asopli.

Aubri, pag. 168¹ :
Li quens les ot et entendi lor dis,
Set que est voirs, si s'en est asoplis,

Asopli, humilié, triste. Lai de Melion :
Molt fu dolans, molt asopli.

Partonop. de Blois, vers 7235 :
Moult a été France asoplie
De joie et de cevalerie,
Por le duel et por le deshet
Que nos avons tuit por vos tret.

* **ASOR**, Chronique des ducs de Normandie, tom. II, pag. 177, vers 20540 :
Trenchez mei la ronce u l'ortie,
Si i naistra dunc asor brie;
Tot autresi est des porvers... .
Por un destruit en sordent set.

ASORBIR, Éteindre, anéantir, crever. Gl. *Absorbere*. [Priver de la lumière. Partonop. de Blois, vers 5198 :
C'est li soleus, c'est la clartés,
Dont li monz est si asorbés
Par mon orgueil, par ma folie.

Voyez Rayn. tom. IV, pag. 377², au mot *Eissorbar*.]

ASOREILLER, Nettoyer, curer ses oreilles. Gl. *Auris*, pag. 502³.

ASOTER, Devenir sot, imbécile, perdre le sens. Gl. *Assotare*. [Rendre sot, trom-per. Chronique des ducs de Normandie, tom. I, pag. 575, vers 14319 :
Asotez-le par vostre sen.]

ASOUAGEMENT, Émancipation. Gl. *Solatium* 3.

ASOUAGIER, Adoucir, apaiser, apprivoiser. Gl. *Mansuetarius*.

ASOUL, Satisfait, à qui l'on a payé ce qui lui était dû. Gl. *Absolutus*, 11, et *Apacare*.

ASOUPPER, Chopper, heurter. Gl. *Assopire*.

* **ASPERATIF**, Apéritif. Eustache Deschamps, pag. 168 :
Que toutes choses laxatives
Et qui seront asperatives.

Voyez Rayn. tom. II, pag. 134², au mot *Asperatiu*. Comparez *Asfubler*, *Asprier*, etc.

* **ASPIRER**, Inspirer. Chronique des ducs de Normandie, tom. II, pag. 185, vers 20744 :
Teu parole unt le duc nonciée
Si cum Deus les out aspirez.

Voyez tom. I, pag. 361, vers 8032. *Aspirement*, ibidem, pag. 325, vers 6978. Voyez Rayn. tom. III, pag. 176², au mot *Aspirar*.

* **ASPORT**, Enlèvement; d'où

ASPORTER, Enlever, emporter. Gl. *Asportare*, 1.

* **ASPRE**, Vaillant. Ancien poëme, Fierabras, éd. Bekker, pag. 157² :
Se trouvé ne l'eussent si aspre champion.

ASPRESSE, Sévérité, rigueur, dureté. Gl. *Asperitas* 1. [*Asprece*, Chronique des ducs de Normandie, tom. II, pag. 238, vers 22402. Voyez Rayn. tom. II, pag. 134², au mot *Aspreza*.]

ASPRETÉ, Toute espèce d'exaction, imposition. Gl. *Asperitas*, 1.

ASPREUR, Aigreur dans l'esprit ou dans le discours. Gl. *Asperitas*, 1.

* **ASPRIER**, Prier. Chronique des ducs de Normandie, tom. II, p. 481, vers 29271 :
Quant li dux veit qu'eissi l'aspreic
Trestot bonement li ottreie.

Voyez Rayn. tom. IV, pag. 622¹, au mot *Apregar*.

* **ASRAGIER**, Devenir furieux. Aubri, pag. 183¹ :
De mautalent quide vis asragier.

Voyez *Esrager*.

* **ASRAZ, ARRAZ, ARAZ**, Cri de guerre des Flamands. Roman de Rou, vers 4667 :
Flamenz crient Asraz, e Angevin Valie.

Chronique des ducs de Normandie, tom. II, pag. 215, vers 21695 :
Bauduin e Flamenc Arraz.

Chronique de Jordan Fantosme, vers 1216 :
Flamens. . .
Jamès ne crierunt Araz, mort sunt et enterrez.

Vers 1799 :
Jamès en lur païs ne crierunt mès Aras.

Voyez Rayn. tom. II, pag. 126¹, au mot *Arrat*.

ASSADE, Houe, instrument à labourer la terre. Gl. *Aissada*.

ASSAGIR, Devenir sage, prudent, avisé. Gl. *Sapire*, 2.

ASSAILLIE, Assaut, attaque. Gl. *Adsalire.*

ASSAINFMENT, Assignation, hypothèque. Gl. *Assenatio.*

ASSAISSONNÉ, Qui est dans sa maturité, dans sa saison, qui est à son point. Gl. *Assaxonare.*

ASSAMBLE, Monceau, tas. Gl. *Assemblare.*

ASSAMBLEMENT, Troupes assemblées et en ordre de bataille. Gl. *Assembleia.*

ASSAMBLER, S'approcher de quelqu'un en faisant semblant de le frapper et en le menaçant. Gl. *Assemblare.* [Se joindre à qqn. Roi Guillaume, pag. 65, et souvent. Voyez *Assembler.*]

ASSAMPLE, Exemple. Gl. *Atemplare.*

ASSANGONNÉ, Rempli de sang. *Plaie assangonnée,* où le sang a séjourné. Gl. *Sanguinare,* 2.

* ASSANNETER, pour *Assavanter.*

ASSAVANTER, Faire savoir, avertir. Gl. *Scibilis.*

1. ASSAUDRE, Assaillir, attaquer. Gl. *Assaldare.*

* 2. ASSAUDRE, ASSAURE, ASAUDRE, Absoudre. Fabl. dudit du Barizel. . . . :

> Quant li bons hom vit qu'il fit termes
> De li assaudre, si l'assaut.

Roman de Rou. . . . :

> A l'apostoile envoieront
> Du veu assaure le feront.

Joinville, pag. 76 : *Je vous asols de tel pooir comme Dieu m'a donné.* Gautier de Coinsi, liv. 1, chap. 28 :

> Quant li pechieres vint à Rome...
> Ne puet trouver qui l'asousist.

Voyez ci-dessus au mot *Asaudre.*

ASSAULER, Assembler, convoquer. Gl. *Aperire.*

ASSAVOURER, Assaisonner, donner du goût. Gl. *Adsaporare.* [Voyez *Asavorer.*]

1. ASSAUVAGIR, Rendre une terre sauvage, inculte. Gl. *Sylvaticus.*

2. ASSAUVAGIR, Étranger quelqu'un d'une maison, l'en chasser, faire en sorte qu'il y aille moins souvent. Gl. *Sylvaticus.* [Voy. *Asauvagir.*]

* ASSAUVALGIR. Voyez *Assauvagir.*

ASSAY, Essai, épreuve. Gl. *Assagium,* 2.

* ASSAZ, Content, satisfait. Chronique des ducs de Normandie, tom. 1, pag. 341, vers 7414 :

> Là s'asistrent, la unt mangé
> Joios e assaz e lié.

Voyez Rayn. tom. v, pag. 162², au mot *Assatz.*

ASSEAU, Assette, essette ou hachette de charpentier. Gl *Ascilus.*

ASSÉE, Bécasse. Gl. *Accia* et *Volatus,* 1.

ASSÉEUR, Celui qui fait l'assiette d'un écot, de la taille, d'une imposition. Gl. *Assidator.*

ASSEGNÉE, But, point marqué, auquel on se propose de tirer. Gl. *Assieta,* 2.

* ASSEGREIER, Devenir tard, faire nuit. Chronique des ducs de Normandie, tom. 1, pag. 238, vers 4484 :

> Quant anques fu assegreié
> E li Daneis orent mangié, etc.

Où le ms. de Tours porte *Asegrezié.* Voyez *Aserir.*

ASSEGRISER, Adoucir, apaiser, tranquilliser. Gl. *Assecuratus,* 2.

ASSEGURANCHE, Assurance, promesse solennelle. Gl. *Asseguramentum.* [*Asegurement.* Chronique des ducs de Normandie, tom. 1, pag. 435, vers 10208.]

ASSEICHER, Devenir à sec. Gl. *Asseviare.*

ASSEILLE, Petit ais dont on couvrait les livres. Gl. *Ascella,* 2.

1. ASSEMBLÉE, Choc, combat. Gl. *Assembleia.*

2. ASSEMBLÉE, Union, commerce qu'on a avec une femme. Gl. *Assembleia.* [*Asembleison,* Chronique des ducs de Normandie, tom. 1, pag. 426, vers 9956. *A Assemblée,* en corps. Gl. *Assembleia.*]

ASSEMBLÉEMENT, Ensemble, de compagnie. Gl. *Assembleia.*

* ASSEMBLER *à quelqu'un,* Engager un combat avec lui. Gl. *Assemblare.* Joinville, pag. 43 : *A celle gent assembla le roy de Sezile et les deconfist.* Voyez le Glossaire de Joinville, et Rayn. tom. v, pag. 374 ², au mot *Assemblehar,* ci-dessus *Assambler.*

* ASSEMER, comme *Acesmer,* Habiller, parer. Joinville pag. 9 : *En se doit assemer en robes et en armes, etc.*

ASSENE, ASSENEMENT, Assignation, hypothèque. Gl. *Assenamentum* et *Assennatio.*

ASSENER, Saisir, arrêter les biens d'un débiteur. Gl. *Assenare.* [*Assennare* et *Assidere,* 1. Voyez *Asener,* et Rayn. tom. v, pag. 228¹, au mot *Assignar.*]

ASSENETE, But, point marqué, auquel on se propose de tirer. Gl. *Assieta,* 2. [Le passage de Guill. Guiart se trouve tom. II, pag. 18, vers 447, (9413)].

1. ASSENNE, Ais, planche. Gl. *Aes.*

2. ASSENNE, Assignation, hypothèque. Gl. *Adboutamentum.*

* ASSENS, Renseignement, trace, direction. Chronique des ducs de Normandie, tom. II, pag. 147, vers 19684 :

> Qui son seignor quert c'est folie
> Ne trocve qui assens l'en die.

Pag. 342, vers 25324 :

> Ses assenz prent e ses avis.

Tom. III, pag. 44, vers 33067 :

> Mult les esloigne, et mult les seivre
> D'icele part, d'icel assen
> Par unt li dux vait e li suen.

Voyez *s'Asenser.*

ASSENSÉ, Qui est de bon sens, qui est tranquille, de sang froid. Gl. *Sensatus.*

ASSENSIR, Donner à cens. Gl. *Assensare.*

ASSENZ, Accord, consentement. Gl. *Assentimentum.* [Roman de Renart, tom. IV, pag. 141, vers 410 :

> Adont fu li tournois criés
> Par l'assens de Noblon de roi.

Vie de saint Thomas de Canterbury, après la Chronique des ducs de Normandie, t. III, pag. 621 ² :

> A une abbeie de moinnes gris
> Par le ascut le rei Lewis,
> De bone gent,
> Iloc demora en cel païs.

1. ASSEOIR, Assiéger. Gl. *Assediare.*

2. ASSEOIR, Fixer sa demeure, son domicile. Gl. *Assetare,* 3.

3. ASSEOIR, pour ARSOIR, Hier au soir. Gl. *Ab heri.*

* 4. ASSEOIR, Placer, établir. Guill. Guiart, tom. II, pag. 377, vers 9803 (18785) :

> Per quoi aus chailloz eslinder
> Qu'il font souvent entr'eus chéoir
> Et à leur quarriaus asseoir
> Sus visages nuz et sur cos, etc.

Pag. 447, vers 11627 (20610) :

> Là véissiez quarriaus voler
> Qui s'assieent en pluseurs places
> Sus visages nuz et sus faces.

Voyez pag. 377, vers 9805 (18786) et *Assiète,* dans un sens analogue, pag. 378, vers 9830 (18811). Comme terme de musique. Partonop. de Blois, vers 601 :

> Puis sonne son cor et justice,
> Si assiet bien les mos de prise.

Terme de chasse, Mettre sur la trace, vers 1820 :

> Par els sont assis li levrier
> Et il a pris le liemier.

Voyez Rayn. tom. v, pag. 219 ¹, au mot *Assezer.*

ASSEOUR, Officier qui met sur table. Gl. *Assessor ferculorum.*

ASSEREMENT, † Sûreté donnée devant le juge. Gl. *Crepusculum.*

ASSERISIER, Apaiser, calmer, tranquilliser. Gl. *Assecuratus,* 2.

ASSERMENTER, Cueillir, ramasser le sarment, en faire des fagots. Gl. *Sermens.*

ASSERTER, Essarter, défricher. Gl. *Assartare* sous *Exartus,* pag. 127 ³.

ASSERTIVEMENT, Affirmativement, avec assurance. Gl. *Assertive.*

ASSESSIR, Assiéger. Gl. *Assidere,* 2.

* ASSEVER, Purger, délivrer. Guill. Guiart, pag. 119, vers 2548 (2940) :

> Je croi que nostre roy de France
> Fu pour ce lores si pelez,
> Qu'il ot les juïs rappelez
> Dont ainz avoit France assevée.

Tom. II, pag. 350, vers 8560 (17541) :

> Ont les routes d'eus assevées
> Vers le pont, banières levées.

Voyez *Desevrer.*

ASSEUERRE DE CUL, Terme injurieux et de mépris. Gl. *Assidator.*

ASSEVIER, Dessécher. Gl. *Asseviare.*

ASSEUREMENT JURATOIRE, Assurance donnée avec serment. Gl. *Assecuracio.*

ASSEURENTER, Assurer quelqu'un devant le juge. Gl. *Assecurare.*

* ASSEURER, Donner assurance. Gl. *Assecurare.* 1, pag. 439 ³. Chronique des ducs de Normandie, tom. 1, pag. 539, vers 13261. *S'asourer,* accepter l'assurance, se rassurer, se reposer. Chanson de Roland, stance 102, vers 2 :

> Li quens Rollans mie ne s'asoüret,
> Fiert del espiet tant cume hanste li duret.

Guill. Guiart, tom. II, pag. 156, vers 4016 (13001) :

> L'estrif qui commence à complie
> Et tant ne quant ne s'asséure
> Toute la nuit entière dure.

Voyez Rayn. tom. v, pag. 185 ¹, au mot *Assegurar.*

ASSEURTÉ, Assurance donnée en justice. Gl. *Asseurare.*

ASSEYMER, comme ACESMER, Ajuster, orner, parer. Gl. *Scema* 1.

* **ASSEYNIER**, pour *Asseymer.*

* **ASSEZIS**, Assez. Pastourelé ; Wackernagel, pag. 81 :

    Assezis poroie museir
    Asi mignot amiu.

Voyez *Asaser.*

ASSICHE, Pieu, pilotis. Gl. *Assigia.*

ASSIECTE, pour *Assiette*, Imposition, taille. Gl. *Assieta* 3.

ASSIELLE, Petit ais, planche. Gl. *Aissella.*

1. **ASSIETTE**, Ressort, juridiction, district. Gl. *Assiagium.*

2. **ASSIETTE**, Assignation de fonds pour le payement d'une rente. Gl. *Assidatio.*

3. **ASSIETTE**, ASSIETE, Chambre de cabaret, où l'on est assis à son écot. Gl. *Assieta*, 3.

4. **ASSIETTE** ou ASSIETE DE COULONS, Volet, petit colombier. Gl. *Assieta*, 3.

ASSIGNANCE, Assignation, hypothèque. Gl. *Assignamentum*, 1.

* **ASSIGNE**, Estimation, évaluation. Gl. *Assieta*, 2.

ASSIL, Exil, bannissement. Gl. *Exiliare.*

ASSIN, Enclos, enceinte, clôture. Gl. *Ascinus.*

ASSIS, Imposition, taxe, taille. Gl. *Assisa*, pag. 449 [3].

1. **ASSISE**, Assemblée de juges, et le jugement prononcé par eux. Gl. *Assisa.*

2. **ASSISE**, Taxe, imposition, taille. Gl. *Assisa.*

ASSISIAGE, Ressort, district, étendue de la juridiction d'une *Assise.* Gl. *Assisiagium.*

ASSOAGER, † Adoucir, apaiser, apprivoiser [accoutumer]. Gl. *Mansuetarius.* [*Asoager.* Chronique des ducs de Normandie, tom. I, pag. 408, vers 9430 :

    Crient vers lui seit mult irascuz
    Mult enchaeiz e offenduz
    Ceo qu'il puet vers lui l'asoage.

Voyez pag. 500, vers 12118. S'asoager, pag. 184, vers 2937 :

    Gar qu'aies pais, si t'asoage.

S'assouager, pag. 317, vers 6748. Assuagié, pag. 75, vers 2035. Asuager, pag. 362, vers 8041 ; pag. 387, vers 8790. Voyez *Assouager.*

ASSOCIER, Arranger, mettre ensemble les choses qui doivent y être. Gl. *Associare*, 3.

ASSOCIÉTÉ, Association, société. Gl. *Associatio.*

ASSOLEIR, Garantir un fonds. Gl. *Assolare*, 2, et *Ainescia*, pag. 155 [3].

ASSOLER, Cultiver et ensemencer les terres suivant l'ordre et l'arrangement ordinaire. Gl. *Adsolare.*

* **ASSOLU.** Voyez *Solu.*

ASSOMMER, Sommer, réduire à une somme, faire un total, compter, nombrer. Gl. *Assummare.*

ASSONNYER, Travailler avec soin un ouvrage. Gl. *Soniare*, pag. 298 [1].

ASSOPER, Chopper, heurter. Gl. *Assopire.*

ASSORBIR, Diminuer, affaiblir, anéantir. Gl. *Absorbere.*

ASSOREILLER, Nettoyer, curer ses oreilles. Gl. *Auris.*

ASSORTER, Munir, fortifier, réparer, mettre en bon état. Gl. *Assortare.*

ASSORTIR, S'associer, se mettre de compagnie. Gl. *Assortare.*

ASSOSSÉ, Absout, déchargé, exempt. Gl. *Absolutus*, 2.

ASSOTEMENT, † Sottise, folie ; et **ASSOTER**, † Devenir sot, perdre le sens. Gl. *Assotare.*

ASSOTIR, Rendre sot, faire, devenir fou. Gl. *Assotare*, et *Stultizare.*

ASSOUAGEMENT ?, Soulagement, consolation ; d'où :

ASSOUAGER, ASSOUAGIER, Soulager, consoler, amadouer, flatter par des paroles douces et attirantes. [Calmer. Guill. Guiart, tom. II, pag. 398, vers 10332 (19314) :

    Fuient çà et là desconfites,
    Riens ne les puet assouagier.

Se calmer, diminuer. Ibidem, pag. 386, vers 10022 (19002) :

    Bien set que leur ost est retraite
    Aus criz qu'il oït assouagier.

Assouagié, calme, en sûreté, tom. I, p. 187, vers 4293 (4705) :

    Léanz sont il assouagiez
    Et si enclos et encagiez
    Comme un cors saint en une fierce.

Voyez Rayn. tom. v, pag. 281 [2], au mot *Assuauzar*, et ci-dessus *Assoager.*] Gl. *Mansuetarius.*

ASSOUFFIR, ASSOUVIR, Fournir ce qui est suffisant et nécessaire. Gl. *Sufficientia*, 3. [Achever, venir à bout de quelque chose. Annales de saint Louis, p. 240 : *Et celles aussi qui estoient commenciees il fit assouvir.* Voyez pag. 1 et 117. Proverbes ruraux, au Glossaire de Joinville :

    Fox commence, qui ne peut assouvir.

Villehardouin, num. 221 : *Ensi fu la convenance faite et assovie et la pais faite.* Garin, tom. I, pag. 245 :

    Et que fait dont li miens freres Garins,...
    Quant ceus de là ne puevent assovir ?...
    Avant aura ceste cité conquis...
    Je irai là quant l'aurai assovi.

ASSOUPEMENT, Achoppement ; et **ASSOUPER**, Chopper, heurter. Gl. *Assopire.*

ASTAINERIE, Fâcherie, dépit, courroux. Gl. *Atia.*

* **ASTELE**, Éclat, morceau. Chronique des ducs de Normandie, tom. I, pag. 164, vers 2361 :

    I ont mil lances en asteles.

Guill. Guiart, tom. I, pag. 183, vers 4736 (13724) :

    Une bonne ville essilla
    Que flambe et feu mist par astèles.

Voyez Rayn. tom. II, pag. 136 [2], au mot *Astela.*

* **ASTELER**, Voler en éclats. Partonop. de Blois, vers 8215 :

    Se 'l fiert en l'escu de Castele
    Que sa lance tote i astele.

Chronique des ducs de Normandie, tom. II, pag. 206, vers 21411 :

    Ci est tens comenciez li gieus
    Que mil lances i en astelent.

Roman de la Violette, pag. 96, vers 1907 :

    Lor lanches toutes en astelent.

Voyez Rayn. tom. II, pag. 137 [1], au mot *Astellar.*

ASTELLE, Bâton de pique. Gl. *Astella*, 1. [Voyez *Astele.*]

ASTELLET, diminutif d'ASTELLE, Planche de bois qu'on met au-devant du collier d'un cheval de tirage, ordinairement *Attelle.* Gl. *Astella*, 1.

ASTELLIER, pour Atelier, ouvroir. Gl. *Operatorium.*

* **ASTENANCE**, ASTINANCE, Abstinence. Chronique des ducs de Normandie, tom. II, pag. 191, vers 20943. Chastel. de Couci, vers 7124.

* **ASTENIR**, Abstenir. Chanson de Roland, stance 203, vers 11 :

    Carles se pasmet, ne s'en pout astenir.

Voyez le Glossaire de cette chanson à ce mot ; Chastel. de Couci, vers 514 ; ci-dessous *Atenir*, et Rayn. tom. v, pag. 334 [2], au mot *Abstener.*

* **ASTER** (S'), Se hâter. Chanson de Roland, stance 166, vers 7 :

    Met sei en piez e de curre... s'astet.

Roman de Roncevaux, pag. 13 :

    Vers douce France à la reisne astée.

Voyez Rayn. tom. II, pag. 137 [2], au mot *Astiu.*

ASTIER, Broche Gl. *Hastator.*

ASTOIS, Longe, partie d'un animal. Gl. *Astis.*

ASTONNÉ, Lance. Gl. *Asta*, 4.

ASTOU, Autour. Gl. *Astur.* [Mot provençal. Voyez Rayn. tom. II, pag. 152 [2], au mot *Austor.*]

* **ASTRAINGIER**, Étranger. Gérard de Vienne, vers 1099 :

    Acomteiz s'est de bele Aude au vis cleir,
    Ne li ait fait de son cors astraingier.

ASTRE, Foyer, maison. Gl. *Astrum.*

ASTROLOGIEN †, Astrologue. Gl. *Astrale.* [Voyez Rayn. tom. II, pag. 138, au mot *Astrologian.*]

ASTURCIER, Autoursier, celui qui a soin des autours. Gl. *Astur.*

ASURE, Couleur d'azur. Gl. *Asur.* [Voyez Rayn. tom. II, pag. 168 [2], au mot *Azur.*]

ATACHE, Échalas. Gl. *Atacheia.* [*Atace*, *Atache*, Agrafe, fibule. Partonop. de Blois, vers 4901 :

    Un mantel...
    D'ataces bones est garnis,
    Dont on le pent al cors gentis.

Vers 10114 :

    Cemises, cotes et manteaus
    Et ataches et aumosnières.

ATACHEUR, Ouvrier qui fait de petits clous qui servent d'ornement. Gl. *Atachia.* [Voyez le livre des metiers, éd. Depping, pag. 64.]

ATAHIN, Haine ; d'où *Atahina*, Haïr [en Breton]. Gl. *Atia*, pag. 462 [3].

ATAIGNE, Fâcherie, dépit, courroux. Gl. *Atia*, pag. 463 ¹.

ATAIN, Parent, proche. Gl. *Attinentes*.

* ATAINDRE, Toucher, approcher, contester. Partonop. de Blois, vers 6293 :

> S'el l'aime, à rien ne li ataint,
> Qu'il le seit bien et si s'en faint.

Voyez Orell, pag. 167. Chastel. de Couci, vers 151 :

> Et elle estoit si fine belle,
> Que n'avoit dame ne pucelle
> Ens el païs qui l' ataindist.

Roi Guillaume, pag. 107 :

> Mais Loviax sor tel ronci sist
> K'en molt peu d'eure l'a atuint.
> Marins le voit, tot a ataint
> Lovel de honte...

Guill. Guiart, tom. II, p. 122, vers 3129 (12109) :

> Cil iert (coment que l'en l'ataingne)
> Conte de Brie et de Champaigne.

Ataint, voyez *Attainte*. Voyez Rayn. t. II, pag. 140², au mot *Ateigner*.

* ATAINE, comme *Atayne*.

ATAINER, Faire du mal, nuire. Gl. *Atia*. [*Ateïné*, qui nuit à tous. Roman de Renart, tom. II, pag. 341, vers 18873 :

> Li ribaus, li atéïnez,
> Fust ou penduz, ou traïnez, etc.

ATAINTE. FAIRE ATAINTE D'UNE CAUSE, Gagner un procès. Gl. *Atingere*, 1.

ATALENTER, Avoir pour agréable, approuver, tâcher de faire quelque chose. Gl. *Talentum*, 2. [Partonop. de Blois, vers 4447 :

> Tot m'atalente e tieng à bien
> Quanqu'est de li, fors d'une rien.

Chronique des ducs de Normandie, tom. I, pag. 455, vers 10833 :

> E li dux r'a mise s'entente
> En ceo qui mult li atalente.

Absolu, désirer. Chanson de Guiot de Prouvins, Wackernagel, pag. 27 :

> Mon fol cuer atalente
> Maix jai n'aurait de moy merci.

Voyez Rayn. tom. v, pag. 297¹, au mot *Atalentar*.]

* ATANT. Voyez *Tant*.

ATAPIR †, Cacher, couvrir, dérober à la lumière. Gl. *Deluscere*. [Chronique des ducs de Normandie, tom. II, pag. 456, vers 28538 :

> Au pastor dit qu'il ne s'en isse
> Mais en latuiet s'atapisse

Voyez Rayn. tom. v, pag. 302², au mot *Tapin*. Joinville, pag. 292 : *Et pource que la clarté de ses œvres ne demeure atapie en ombres ne en tenebres*. Voyez le Glossaire de Joinville.

ATARGER, ATARGIER, Retarder, arrêter, retenir. Gl. *Athargrati* [et *Targa*, pag. 509³]. Aubri, pag. 167¹ :

> Et Gascelin ne se vait atarjant.

Roman de Renart, tom. I, pag. vers 1259. Voyez Rayn. tom. v, pag. 303³, au mot *Tardar*.]

* ATARJANCE, Retard. Chronique des ducs de Normandie, tom. I, pag. 232, vers 4294 :

> Kar n'i aureit os atarjance.

ATAVERNER Tenir taverne, vendre du vin en détail. Gl. *Tabernare*.

ATAYNE, Fâcherie, querelle, dispute. Gl. *Atia*.

* ATE, Avantage, usage. Partonop. de Blois, vers 1811 :

> Après disner a le cor pris
> C'on ot al dois devant lui mis,
> Bien fait le voit et moult à ate.

Voyez Rayn. tom. II, pag. 140¹, au mot *At*. Ce mot paraît être adjectif vers 5071 :

> Puis a estroit et bien canciés
> Ses beles gambes et ses piés
> De cauces de soie bien ate
> Et de buers sorcaus d'escarlate.

ATEINZ, Convaincu. Gl. *Atingere*, 2.

ATELE, ATELLE, Éclat, morceau de bois, bûche. Gl. *Astula*, 1.

ATELER, Lier et soutenir avec des *Ateles* des os fracturés. Gl. *Astula*, 1.

* ATEMPRANCE, Modération, tempérance. Roman de Renart, tom. IV, pag. 176, vers 1313 :

> Atemprance, sens et raisons
> Font moult de tribulations
> Aire et envie, etc.

Voyez Rayn. tom. v, pag. 318², au mot *Atempransa* et *Atemprer*.

* ATEMPRER, Arranger. Aubri, p. 159¹ :

> Mais le contesse ne s'est mie arestée,
> Ains a sa cose belement atemprée.

Voyez le Glossaire de Joinville.

ATENANCHE, Suspension d'armes, trêve. Gl. *Astenantia*.

* ATENANT, Parent, proche. Voyez *Atain*. Enfants Haymon, vers 118 :

> Duc Naimes de Bavière et tous vous atenans.

* ATENDANS.... Chronique des ducs de Normandie, tom, I, pag. 151, vers 199 :

> Mult trovent beles rivières
> D'oiseaus garnies e plenieres
> E segures et atendanz.

* ATENDUE, Attente, halte. Guill. Guiart, tom. I, pag. 43, vers 476 (972) :

> Les montées, les descendues,
> Et les greveuses atendues
> Où l'en se cuide ralier.

Voyez Rayn. tom. v, pag. 324², au mot *Atenduda*.

ATENIR, Abstenir, se contenir. Gl. *Culverta*. pag. 697¹. [Voyez *Astenir*. Roman de Renart, tom. II, pag. 208, vers 15221 :

> De char ne me puis atenir.]

* ATENTIS, Qui attend, qui espère. Chanson de Guiot de Prouvins, Wackernagel, pag. 27 :

> En longue atente me seux mis,
> Sens ceu ke trop m'en plaigne
> Se me tolt mon jeu et mon ris.
> Ke nuls c'amors desdaigne
> N'iert joi atentis.

ATENURIR †, Atténuer, affaiblir, diminuer. Gl. *Grieillare*.

ATERMENT, Arpenteur, celui qui d'office pose des bornes. Gl. *Aterminator*.

* ATERMÉ, Borné, entouré. Guill. Guiart, tom. I, pag. 196, vers 4644 (4958) :

> La ville assiéent,
> Qui lors estoit bel atermée
> De deus paire de murs fermée.

ATERMER, Ajourner, assigner un jour. Gl. *Aterminare*, 1. [Voyez Rayn. tom. v, pag. 350¹, au mot *Atermenar*.]

ATERMINEMENT, Atermoiement, délai. Gl. *Aterminare*, 1.

* ATERMINER. Voyez *Atermer*.

ATERRER, Terrasser, soutenir avec de la terre. Gl. *Aterrare*. [Gérard de Vienne, vers 163 :

> Tel voz donrai de l'espée dou ley
> Ke mervelle iert si n'i estes aterreiz.

[Renverser. Guill. Guiart. tom. I, pag. 10, vers 2040 (2450) :

> Chevaus feruz jusqu'ès bouèles,
> Comment qu'il se sachent serrer
> O leurs conduiteurs aterrer.

Humilier. Chronique des ducs de Normandie, tom. I, pag. 580, vers 14468 :

> Eissi atterron les Normanz
> Les orgoillos, les sorquidanz.

Voyez Rayn. tom. v, pag. 353¹, au mot *Aterrar*.]

ATERRIR, Remplir de terre, combler. Gl. *Aterrare*.

ATESTAR, Porc châtré, à qui on a ôté les testicules. Gl. *Atestar*.

ATESTATION, Serment, jurement, quand on prend Dieu ou ses saints à témoin. Gl. *Attestatio*, 1.

* ATICEMENT. Voyez *Enticement*.

* ATICER. Voyez *Atiser*.

* ATIE, Haine, irritation, colère. Chronique de Jordan Fantosme, vers 361 :

> Jà dirrunt tel parole de guerre par atie,
> Dunt cil plurrunt encore qui rien n'en unt oïe.

Vers 1725 :

> Ainz ardent lu païs chascun d'els par atie.

Vers 185 :

> Tel conseil en pernum, senz estrif de atie.

Voyez *Attie* et *Aatie*.

ATIERER, Équiper, Appareiller. Gl. *Atirimentum*.

ATINE, Dommage, l'action d'animer, exciter dispute, querelle, peine, chagrin. Gl. *Atia*.

ATINER, Chagriner, causer de la peine, nuire, faire du mal. Gl. *Atia*.

ATINTER, Préparer, disposer, ajuster. Gl. *Attare*.

ATIREMENT, Ordonnance, règlement; Gl. *Atirimentum*.

ATIRER, Ordonner, régler, Arranger, disposer, équiper, harnacher. Gl. *Atirimentum* [Partonop. de Blois, vers 7600 :

> Fers que Partonopeus s'ocit
> Del jor del tornoi desirer
> Et de ses armes atirer.

Flore et Jehanne, pag. 29 : *Et fut autresi atirés com uns eskuiiers*. Pag. 43 : *S'en vint en Acre et atira son passage*. Pag. 68 : *Si atira li rois Flores son oire*. Voyez le Glossaire de Joinville. Guill. Guiart, tom. II, pag. 8, vers 197 (9161) :

> A lui merci crier s'atire.

Tom. I, pag. 142, vers 3145 (3537) :

> D'assembler sa gent se r'atire
> Li roys Phelippes, etc.]

ATISEFEU, Fourgon. Gl. *Atticinari*.

ATISER, Animer, exciter, provoquer. Gl. *Atticinari* [et † *Astipulari*. *Aticer*.

Roman de Renart, tom. 1, pag. 47, vers 1224 :

> Li venéor les chiens atice
> Et amoneste durement.

Chronique des ducs de Normandie, tom. 1, pag. 500, vers 12121 :

> Fai remaindre la grant malice
> Qui ès cors des felons s'atice

Romance d'Aidefrois, Romancero, pag. 6, et Wackernagel, pag. 7 :

> La vostre amor me destraint et atixe.

Voyez Roi Guillaume, pag. 90. Fierabras, éd. Bekker, pag. 166². Rayn. tom. v, pag. 367¹, au mot *Atizar*, et le Glossaire de Joinville.

ATISEUR, Fourgon. Gl. *Atticinari.*

* ATISIER FEU †, comme *Atiser*. Gl. *Atticinari.*

* ATOIVRE, ... Partonop. de Blois, vers 4305 :

> Car nus ne voit sa bele nef
> Ne son atoivre ne son tref.

Roman de Renart, t. 1, p. 44, vers 1137 :

> Fors tant c'un pertuis i avoit
> Qui des vilains fait i estoit,
> Où il menoient lor atoivre
> Chascune nuit juër et boivre.

· ATOR, Appareil, préparatif, disposition, meubles, ustensiles. Gl. *Atornare* et *Villani*, pag. 829. [Romance d'Aidefrois Romancero, pag. 6, et Wackernagel, pag. 7 :

> Et porquiert ensi son ator
> Ke il puist movoir à brief jor.

Partonop. de Blois, vers 1949 :

> Partonopeus fait son ator
> Par matinet al oel del jor
> Et por errer son aparel.

Gérard de Vienne, pag. 173² :

> Cinq mil estoient ensemble d'un ator.

Roman de Renart, tom. 1, pag. 17, vers 437 :

> Hersent a la cuisse haucie,
> A cui moult plesoit cel ator.

Pag. 36, vers 918 :

> Si filz li font moult grant ator.

Partonop. de Blois, vers 7473 :

> Ses vis n'a soing de miréor,
> Ne ses gens cors de bel ator.

Vers 10691 :

> L'empereris fu d'autre ator,
> Qui miols valut que tot li lor.

Chanson de Collin Muset, Laborde, pag. 209 :

> Et son gent cors amoureuset
> Et si d'ator.

Chronique des ducs de Normandie, tom. 1, pag. 338, vers 7344 :

> Que as-tu fait de cel ator
> Que tu emblas à ton seignor?
> Où est li socs e li cureies ?]

ATORNÉ, ATORNY, Procureur, celui qui agit au nom d'un autre. Gl. *Atturnatus.*

ATOUCHANT, Qui est proche, qui touche. Gl. *Attinere.*

1. ATOUR, Ornement de tête pour les femmes. Gl. *Atour.*

2. ATOUR, Sorte de vase. Gl. *Atour.*

ATOURNÉ, Officier de ville. Gl. *Atturnatus.*

* ATOURNEIR PISON †, Gl. *Dimembrare.*

---

1. ATOURNER, Toilette. Gl. *Atorna.*

2. ATOURNER, Cultiver, ensemencer. Gl. *Atornare.*

3. ATOURNER, Tourner. Gl. *Atournare.* [Gérard de Vienne, vers 1936 :

> Et prie Deu le roi omnipotent
> K'à bien atort cest fort songe pesant.

Partonop. de Blois, vers 76 :

> Se je me geu sains vilonie
> Ne l' m'atornès pas à folie.

Vers 1118 :

> N'a nul talent de somellier
> Péors l'atorne al vellier.

Chronique de Jordan Fantosme, vers 790 :

> Od Flamens e od Francéis e od gent devers Frise
> Aturnerad Engleterre tut à sa cumandise.

Chronique des ducs de Normandie, tom. 1, pag. 513, vers 12518 :

> Ont atorné son monument
> A senestre tot dreitement.

Pag. 502, vers 12193 :

> Chose ne fait au siecle nus
> Que à sei n'en atort le plus.

* 4. ATOURNER, Préparer, disposer, équiper, habiller, mettre en état de défense. Roman de Renart, tom. III, pag. 106, vers 22645 :

> Puis commande que l'en atort
> Bel et cortoisement la cort.

Agolant, pag. 181¹ :

> Li rois le fist richement atorner,
> Esperons d'or li fist ès piez fermer, etc.

Gérard de Vienne, pag. 173¹ :

> Or tost, anffanz, feit il, de l'atorner,
> Je vos voudrai or endroit adouber.

Roi Guillaume, pag. 104 :

> N'es mie encor bien atornés,
> Aparilliés à mon talant.

Voyez pag. 62, 78, 105. Garin, t. 1, p. 240 :

> Les bons chevaus atorner et covrir.

Chronique des ducs de Normandie, tom. 1, pag. 236, vers 4400 :

> Chascons atorne sa defense.

Pag. 221, vers 3985 :

> Ainz se garnirent e uvrerent
> E ceo qu'il porent se aturnerent.

Pag. 328, vers 7085 :

> Dunt il refirent les cloisons
> Les chasteaus e les fermetez
> Tost fu li regnes atornés.

Pag. 238, vers 4488 :

> Les nefs furent tost aturnées.

Partonop. de Blois, vers 3962 :

> Dementres me faites livrer
> Deux beaus bouceaus de bon vin cler,
> J'atornerai l'un à mon fils.

Roi Guillaume, pag. 112 :

> Tot trois furent serjant et keu
> De leur venison atorner.

Garin, tom. 1, pag. 267 :

> La plaie atornent, si ont l'emplatre mis.

Flore et Blanceflor, vers 3214 :

> Et vous bele très-douce mère,
> Qui si malement m'atornastes,
> Quant mon père consel donastes.

Voyez le Glossaire de Joinville.

---

* ATOUT, ATUT, Avec. Chanson de Roland, stance 160, vers 8 :

> Par uns e uns les ad pris el barun
> Al arcevesque en est venuz atut,
> Si's mist en reng de devant ses genuilz.

Chronique des ducs de Normandie, tom. 1, pag. 320, vers 6847 :

> Atout li dux Robert ses mains
> Des fonz le lieve cum parrains.

Garin le Loh. tom. 1, pag. 85 :

> Mont bien li siet l'escus enluminés,
> Cil qui l'esgardent cuident qu'atout soit-nés.

Flore et Jehanne, pag. 68 : *S'esmut atout grant gent.* Roi Guillaume, pag. 70.

* ATRAINER, Traîner vers. Guill. Guiart, tom. II, vers 10663 (19645) :

> Là véissiez rainsiaus tranchier
> Et aus serjanz atrainer.

* ATRAIRE, Attirer, se procurer, gagner, préparer. Chronique des ducs de Normandie, tom. 1, pag. 324, vers 6972; tom. II, pag. 390, vers 26695; pag. 397, vers 26680. Chronique de Jordan Fantosme, vers 544. Partonop. de Blois, vers 4398. Roman de Roncevaux, pag. 9. Roi Guillaume, pag. 170, 63. Voyez Rayn. tom. v, pag. 401¹, au mot *Atraire*, et le Glossaire de Joinville.

* ATRAIT, ATRET, Préparatifs. Partonop. de Blois, vers 298 :

> Ancbiess à ses nés en vait
> Puisqu'il ot là fait son atrait.

Chronique des ducs de Normandie, tom. II, pag. 461, vers 28688 :

> Li navies e li atraiz
> Fu en assez poi d'ure faiz.

Pag. 367, vers 26070 :

> Dunc furent josté li atrait
> Qui mult par i furent grant fait.

Partonop. de Blois, vers 1731 :

> Li casteaus est ci por vos fes
> Li hors et tos li beaus atres.

Vers 10348 :

> . . . . . Fenis
> Un moult grant fu d'esperes fait
> Et puis volant vers le ciel vait,
> De la calor d'amont esprent
> Et puis en son atrait descent;
> Iluecques art en son atret.

* ATRAVÉ, p. e. campé, de *Tref*. Agol. vers 695 :

> Soixante mille du roi furent esmé.
> Prennent le leu où il sunt atravé.

ATRAVEILLER, Chagriner, tourmenter, persécuter. Gl. *Laborare*, 3.

* ATTAIER †, Attiser. Gl. *Sufflare.*

* ATRAVELLIÉ, Fatigué. Partonop. de Blois, vers 1573 :

> Mais tant le sent atravellié
> Ne l' puet esvellier de pitié.

* ATRAVERSER, Se mettre en travers, attaquer de côté. Partonop. de Blois, vers 8025 :

> Trait à eschiec contre le soir
> Por gaaignier, por pris avoir,
> Trestot et laissié le joster
> Por les justans atraverser.

Vers 8673 :

> A une fois qu'il ot josté
> L'ont Alemant atraversé,

Tant l'ont bouté, tant l'ont feru,
Qu'od le ceval l'ont abatu.

Voyez Rayn. tom. v, pag. 525[2], au mot *Atraversar*.

1. ATRE, Cimetière. Gl. *Atrium*, 1.

2. ATRE, Foyer, maison. Gl. *Astrum*.

ATREVER, Faire trêve, donner sûreté. Gl. *Treugare*.

ATTRIBLER, Battre, accabler, écraser. Gl. *Triblagium*. [Chronique des ducs de Normandie, tom. II, pag. 99, v. 18196.]

ATRIE, Parvis d'église, ou cimetière. Gl. *Atrium*, 1.

* ATRIER, comme *Autrier*. Gérard de Vienne, vers 2253 :

Car bien me manbre ancores de l'atrier,
Kant ma serour, etc.

ATRIEVER, Faire trêve, donner sûreté, assurer en justice. Gl. *Treugare*. [Agolant, vers 996 :

Et dist Gorban : Or somes atrivé.]

* ATRIQUER, ... Guill. Guiart, tom. I, pag. 160, vers 3608 (4010) :

Li kaillo qui issent des fondes
Qu'aucuns, pour droit jeter, atriquent,
Et li quarrel qui en l'air cliquent.

* ATROCHE, comme *Atouchant*. Guill. Guiart, tom. I, pag. 57, vers 846 (1342) :

Et conquis Baruch et Damas
Et toute l'autre terre atroche.

* ATROPELER (S'), Se réunir en troupe. Chronique des ducs de Normandie, tom. I, pag. 274, vers 5486 :

Un cor sonerent pur apel
Entreignent sei e entr'apelent,
Conrei funt d'eus, si s'atropelent.

ATRUPER, Tromper par des tours de passe-passe. Gl. *Trahere*, 5. [Voyez *Trufer*.]

ATTACHE, Échalas. Gl. *Atacheia*.

ATTAGNÉ, Parent, proche. Gl. *Attinentia*, 1.

* ATTAIER †, Attiser. Gl. *Sufflare*.

ATTAINE, Querelle, dispute, fâcherie. Gl. *Atia*.

ATTAINER, ATTAINNER, Fâcher, irriter, courroucer. Gl. *Atia*. [et *Eschargaita*, pag. 84[1].]

ATTAINEUX, Querelleur, qui aime à disputer. Gl. *Atia*, pag. 463[2].

* ATTAINS, Convaincu. Gl. *Attaintus*.

ATTAINTÉ, LETTRE D'ATTAINTE, Billet qui assigne le payement d'une somme. Gl. *Assidatio*, 2. [Guill. Guiart, tom. II, pag. 60, vers 1532 (10508) :

El tesmoing de laquèle chose
Il fist mettre en la lètre atainte
De son propre séel l'empainte.]

ATTAQUER, ATTAQUIER, pour Attacher, dans la prononciation picarde. Gl. *Attachare*.

* ATTARGER. Voyez *Atarger*.

ATTARGEASSION, ATTARGEATION, Retardement, délai. Gl. *Athargrati*, pag. 462[1].

ATTAYNEMENT, Ennui, chagrin, peine. Gl. *Atia*.

ATTAYNER, Fâcher, irriter, courroucer. Gl. *Atia*. [Voyez le Glossaire de Joinville, au mot *Atteiner*.]

ATTEFIT, Jeune arbre qu'on laisse croître, baliveau, saule, peuplier, etc. Gl. *Attefectum*.

ATTEMPRESÉ, Qui est à son temps, à son point, dans sa maturité. Gl. *Assaxonare*.

ATTENANCE, ATTENANCHE, Suspension d'armes, trêve. Gl. *Attenantia*.

ATTENDRE, Faire attention, avoir égard. Gl. *Attendere*, 1 [et *Tenda*, 1, pag. 533[3]. Roi Guillaume, pag. 65 :

Bien est or tox dame assenée
Qui à tel pautonnier s'atant.

Chanson du comte d'Anjou, Laborde, pag. 153 :

Douce dame, à cui mes cùers s'atent.]

ATTENDUE, Défaut, faute de comparoir à une assignation. Gl. *Attenta*.

ATTENIR, Appartenir à quelqu'un comme parent ou allié. Gl. *Attinentes*.

ATTERRISSEMENT, Amas de terre, sable et limon formé par les eaux. Gl. *Atterrissamentum*.

* ATTESTATION. Voyez *Atestation*.

ATTIE L'action d'animer, d'irriter. Gl. *Atia*.

ATTINTELER, Préparer, disposer, orner. Gl. *Attare*.

ATTIQUET, Billet, bulletin. Gl. *Attiqueta*.

ATTIREMENT, Ordonnance, règlement. Gl. *Atirimentum*.

ATTIRER, Ordonner, régler. Gl. *Atirimentum*.

* ATTORNÉ, ATTORNEYE, comme *Atorné*. Gl. *Atturnatus*, pag. 473[1].

ATTORNEMENT, Procuration. Gl. *Atturnatus*, pag. 472[3].

ATTOURNANCE, ATTOURNEMENT, Reconnaissance des sujets ou vassaux nouvellement acquis. Gl. *Atturnatus*, pag. 472[3].

ATTRAHIERE, ATTRAIERE, Droit seigneurial d'attirer à soi et de s'approprier les biens des criminels, aubains, bâtards et serfs. Gl. *Attractus*, 2 [et *Estrajeviæ*, pag. 109[2]].

ATTRAIRESSE, Femme qui trompe, qui leurre. Gl. *Attrahere*.

ATTRAITTIER, Entretenir. Gl. *Attrahere*.

ATTREMPANCE, Modération, adoucissement. Gl. *Adtemperies*.

ATTREMPÉ, Retenu, réservé, modéré, doux. Gl. *Adtemperies*.

ATTREMPÉEMENT, Modérément, avec douceur. Gl. *Adtemperies*.

ATTREMPEMENT †, Tempérament, adoucissement, modération. Gl. *Intemperium*.

ATTROSSER, Adjuger à l'encan. Gl. *Attribuere*.

ATUISER, ATUTÉER, Tutoyer. Gl. *Tuisare*.

AVABLE, Qu'il faut avoir, nécessaire. Gl. *Habilius*.

AVAILLE, Torrent. Gl. *Eslaveidium*.

* AVAINDRE, ... Chanson du roi de Navarre, Wackernagel, pag. 43 :

Bone aventure avaigne fol espoir
Ke les amans fait vivre et resjoir.

Comparez *Avenger*.

* AVAINNE, Champ d'avoine. Roi Guillaume, pag. 109 :

Li dains a le cop atendu,
Qui pasturoit en une avainne.

AVAL, Lieu bas. Gl. [*Aval*,] *Avalare* et *Avalterræ*.

AVAL. Voyez *Clers d'Aval*. *Aval*, adv. Voyez Rayn. tom. v, pag. 462[1], et Orell, pag. 298.

AVALAGE, AVALESON, AVALISON, Le droit d'avoir un gort, de mettre des nasses pour prendre anguilles et autres poissons. Gl. *Avalagium* et *Avalare*.

AVALANCHE, AVALANGE, Chute des neiges qui se détachent des montagnes. Gl. *Lavanchia*.

* AVALER, s'AVALLER, AVALLER, Descendre. Gl. *Avalare*. Roman de Renart, tom. I, pag. 47, vers 1217 :

Car Dant Costant venoit après
Sor un cheval à grant eslès,
Qui moult s'escrie à l'avaler,
Lesse, va tost, les chiens aler.

Voyez Rayn. tom. v, pag. 461[2], au mot *Avalar*, et ci-dessous *Avallée*.

AVALLÉE, Roulement. Gl. *Avalare*, 1. [Flore et Blanceflor, vers 863 :

Et harpe le lai d'Orphey :
Onqques nus hom plus n'en oi
Et le montée et l'avalée.

Roman de Renart, t. II, p. 148, vers 13556 :

De bien chanter chascun se peine
L'urs à l'autre son chant avale.]

AVALOERE, Qui est en pente, descente. Gl. *Avalantia*.

AVALOIR, Gort, pêcherie. Gl. *Avaloriæ*.

AVALOIS, Habitants des Pays-Bas. Gl. *Avalterræ*.

AVALOUERE, AVALUIRE, Partie du harnais d'un cheval qui tire, qu'on place sur la croupe, *Culeron*; en Champagne *Culiere*. Gl. *Avalantia*.

* AVALTERRE. Voyez *Avauterre*.

AVALUEMENT, Diminution. Gl. *Avaluacio*.

AVANCER, Devancier, prédécesseur. Gl. *Antenatrs*.

AVANCIER, Se dit des gardes jurés d'un métier, qui veillent à la bonté des ouvrages. Gl. *Promotor*, 1.

* AVANCIER †. Gl. *Anticipare*, 2.

AVANCIERRE, Celui qui procure l'avancement de quelque chose, qui veille aux intérêts et aux droits d'un autre, procureur. Gl. *Promotor*, 1.

AVANDROYS, Espèce de cens. Gl. *Avandroys*.

AVANT, Or çà, courage; d'où, *Se mettre avant*, faire quelque chose de soi-même, de son chef, hasarder. Gl. *Antevenire*.

1. AVANTAGE, Pot-de-vin, vin du marché. Gl. *Avantagium*, 6.

2. AVANTAGE, Présent que l'usage veut qu'on fasse dans certaines occasions. Gl. *Avantagium*, 7.

3. AVANTAGE, Avance, saillie. Gl. *Avantagium*, 8.

4. AVANTAGE, Pillage, exaction. Gl. *Aventagium*, 5.

5. AVANTAGE, pour Avantageux, qui tire avantage de tout. Gl. *Aventagium*, 5.

AVANTAGER (S'), Parler insolemment, avec hauteur. Gl. *Aventagium*, 5.

AVANTAGIER, Ce qui est en deçà. Gl. *Avantagium*, 8.

* AVANTAIGE, AVANTAGE †. Gl. *Anticipare*, 2.

AVANTAIGEUX, Se dit de ce qui donne

un avantage certain au jeu, comme de dés pipés. Gl. *Aventagium*, 5.

AVANT-BATAILLE, Avant-garde. Gl. *Antegardia.*

AVANT-BRAS, Armure qui couvre la partie du bras qui est depuis le coude jusqu'au poignet. Gl. *Antebrachia.*

*** AVANTIER**, Avant-hier, l'autre jour, comme *Autrier.* Agolant, vers 1049 :

> Un poi de terre me dona avantier.

AVANTPARLIER, AVANTPARLEUR, Avocat, qui parle bien et avec éloquence. Gl. *Antiloquus* [et *Prælocutor*].

AVANTPIÉ, Sorte de chaussure, galoche. Gl. *Antepedes*, 2. *Antipedale* †, et *Pedules.*

*** AVANPIECH**, Parapet [à Nîmes]. Gl. *Antepectus.*

AVANT-SEIGNEUR, Le premier, le principal, seigneur suzerain. Gl. *Dominus principalis*, pag. 918[1].

AVANT-SOLIERS, Porche. Gl. *Avantsoliers* et *Antesolarium.*

AVANTVENT, Auvent. Gl. *Antevanna.*

AVAUTERRE, Pays-Bas. Gl. *Avalterræ.*

AVAUTVENT, p. e. pour *Avantvent*, Auvent. Gl. *Auvanna.*

AUBAIN, Étranger dans le lieu qu'il habite. Gl. *Albani*, 1.

AUBAINETÉ, AUBANIE, AUBANITÉ, Droit d'aubaine. Gl. *Albani*, 1, et *Aubana.*

AUBARDE, Coite de matelas. Gl. *Albarda.*

*** AUBE**, Habit blanc des baptisés. Gl. *Alba*, 4. *Aube à parement.* Gl. *Alba parata*, pag. 163[2]. Chronique des ducs de Normandie, tom. I, pag. 326, vers 7022 :

> En l'uitme, si com nos lisum,
> Le jor de s'expiation,
> Mist son cresmal dreitement jus,
> Fors fu d'aubes, n'i esta plus.

1. **AUBÉ**, Clerc, à cause de l'aube, qui est l'habit clérical. Gl. *Alba*, 3.

2. **AUBÉ**, Offrande qu'on faisait pour la bénédiction des aubes des baptisés ou confirmés. Gl. *Dealbatus.*

AUBEJOIS, Albigeois. Gl. *Albigenses.*

AUBELESTE, AUBELESTRE, Arbalète. Gl. *Albalista.* [*Aubelestier*, Arbalétrier. Garin le Loher. tom. I, pag. 169.]

AUBELIERE?, Licou, muselière. Gl. *Albarda.*

AUBELIQUE, Terme de mépris; p. e. diminutif d'*Aubé*, Clerc, enfant de chœur. Gl. *Alba*, 3, pag. 163[2].

AUBENAGE, Droit d'aubaine. Gl. *Aubenagium.*

AUBERGIRE, Aunaie, lieu planté d'aunes. Gl. *Alberia.*

AUBERJON, Cotte de mailles. Gl. *Halsberga.*

*** AUBERIT**, Vêtement ecclésiastique. Titre de 1235, chez Roquefort, au Supplément, pag. 29[2] : *Il devront venir as solempnités S. Amet et S. Morant nos patrons en auberit chorial.*

AUBEROIE, comme *Aubergire*, et l'arbre même. Gl. *Alberia.*

AUBIJOIS, Albigeois. Gl. *Albigenses.*

*** AUBMAILLES**, comme *Aumailles.* Gl. *Manualia*, 3.

AUBOR, Aubour, aubier. Gl. *Arcus*, 2. [Voyez Rayn. tom. II, pag. 49[2], au mot *Albar.*]

AUBORAIGE, Le droit qu'on payait au seigneur pour la permission de prendre l'aubour. Gl. *Aubor.*

AUBRAIE, Lieu planté d'aunes ou d'arbres blancs. Gl. *Albareta.*

AUBUN, Blanc d'œuf. Gl. *Albura.*

AUC, Oie, en Languedoc. Gl. *Auca*, 1.

AU-CERTAIN, Assurément, certainement. Gl. *Assertive.*

*** AUCHOR**, Élévation. Roman de Roncevaux, pag. 11 :

> Les roches dures e pui de grant auchor.

Voyez Rayn. tom. II, pag. 59[2], au mot *Altura.*

*** AUCOTON**. Voyez *Aucton.*

AUCQUES, Aussi. [Un peu, assez.] Gl. *Acquitare*, 1. [Chronique des ducs de Normandie, tom. I, pag. 98, vers 463 :

> Aukes li ert souvage e grief
> A traire ceo qu'il quiert à chief.

Chronique de Jordan Fantosme, vers 779 :

> Si Dames Deus l'agrée
> Par lui et par sa force d'aukes serrad vengée.

Flore et Jeanne, pag. 16 : *Et li ont moustré aukes bien la besongne.* L'ortographe la plus commune est *Auques.* Voyez Rayn. tom. II, pag. 53[1], au mot *Alques.* Agolant, vers 139, 148. Roman de Renart, tom. I, vers 665, 676, 830, 837, 882, etc.]

AUCQUETTE, Portion de terre labourable, entourée de fossés ou de haies. Gl. *Auca*, 2.

AUCTENTIQUE, Celui qui est fort versé dans les novelles de Justinien, qu'on appelait *Authentiques.* Gl. *Authenticus*, 1.

AUCTON, pour HOQUETON, Sorte de casaque militaire. Gl. *Auquetonnus.* [AUCOTON, AUCOTUN. Chronique des ducs de Normandie, tom. I, pag. 164, vers 2348 :

> Puis revestent les aucotons
> Et les haubers blans e tresliz.

Pag. 209, vers 3624 :

> Dune vestirent les aucotuns
> E les haubers desus tresliz.

Voyez Rayn. tom. II, pag. 52[2], au mot *Alcoto*, et ci-dessus *Aqueton* et *Auqueton.*]

AUCTORISÉ, Qui a l'approbation de tout le monde. Gl. *Auctorabilis*, 2.

AUCTORISIÉ, Bien établi, qui a tout ce qui lui est nécessaire. Gl. *Auctorabilis*, 2.

AUCUBE, AUCUBLE, ARCUBE, Tente, pavillon. Gl. *Accubitus*, 5. [Roman de Renart, tom. IV, pag. 160, vers 923 :

> . . . Puis vont entendre
> As très et as aucubes tendre.

Voyez Garin le Loh. tom. I, pag. 58. Agolant, vers 649 :

> Treis e arcubes, destrier, mant dromadaire.

AUCUNEMENT, Un peu, en quelque façon. Gl. *Acquitare*, 1, et *Mesnagium*, 3.

AUDESSEMENT, Audacieusement. Gl. *Audaciter.*

AUDIENCE DE FRANCE, La chancellerie. Gl. *Audientia*, 8.

AUDITEUR, Notaire. Gl. *Auditores*, 3.

AUDITOIRE, Juridiction, tribunal. Gl. *Auditorium*, 1.

AVEDALT, AVEDANT, p. e. Lieu planté de noisetiers. Gl. *Avedaltum.*

AVEDIER, Sorte de mesure, autant que la main peut contenir. Gl. *Havata*, 1.

AVÉEMENT, Autorisation ; et

AVÉER, Autoriser. Gl. *Advocare*, 3, pag. 104[3].

AVEINNIERE, Champ d'avoine. Gl. *Avenariæ.*

AVEL, Volonté, désir, envie. Gl. *Averare*, 1. [Partonop. de Blois, vers 4481 :

> Ist de le nef, entre el castel
> U tant a éu son avel.

Vers 1566 :

> La dame a moult de ses aveaus.

Vers 9154 :

> Conquerre i cuide ses aveaus.

Voyez vers 958, 1722, 1894, 6203. Chronique des ducs de Normandie, tom. I, pag. 46, vers 1187; tom. II, pag. 391, vers 26718 ; pag. 398, vers 26907; Jordan Fantosme, vers 1130, 1182, 1830. Pastourelle de Jocelin de Bruges, Wackernagel, pag. 80.]

AVELETS, Les enfants des enfants. Gl. *Abiaticus* sous *Avius*, 1.

AVELOT †, p. e. Lieu planté de noisetiers. Gl. *Avellatorium.*

AVENAGE, Droit qu'on paye en avoine. Gl. *Avenagium*, 1.

AVENANCE †, Convenance. Gl. *Afferentia.*

*** AVENANCE**, AVENANCEMENT. Voy. *Avenantement.*

AVENANMENT, A proportion, convenablement. Gl. *Advenantare.* [Partonop. de Blois, vers 9376, 9651, 10716, 10731, 10761. Flore et Blanceflor, vers 32, et 55. Voyez *Avenaument.*]

*** AVENANT**, Convenable, à proportion. Roman de Roncevaux, pag. 19 :

> Car li corners n'est mie avenans.

Agolant, vers 810 :

> De frain à or et de sele d'argent,
> Estrieux i ot qui molt sunt avenant.

Aubri, vers 68 :

> Dame, dist-il, vos parlés avenant,
> Mais ne lairoie, etc.

Gérard de Vienne, vers 3767 :

> Andui ensamble seront bien avenant
> Car el est bele et il belz ansimant.

Vers 3787 :

> Se cil de l'ost ke por lui sont dolant
> Séuxent ore com li est avenant
> Molt pluis à aise en fuissent li auquant.

Voyez *Avenir*, 1. *Mariage avenant.* Gl. *Maritagium*, pag. 297[1].

AVENANTEMENT, Estimation, prisée ;

AVENANTER, AVENANTIR, Priser, estimer ; et

AVENANTOUR, Estimateur, celui qui évalue et fixe le prix des choses. Gl. *Advenantare.*

*** AVENANTER**, Échoir au seigneur. Gl. *Aventata.*

AVENARIE, Terre qui n'est propre qu'aux avoines. Gl. *Avenariæ.*

AVENAUMENT, A proportion, convenablement. Gl. *Auxilium* pag. 514[1]. [Chron. des ducs de Normandie, tom. I, pag. 104, vers 647 :

> Cil qui cest message porterent
> La distrent Rou et recounterent
> Mult bel e mult avenaument.

Voyez *Avenanment.*]

1. **AVENEMENT**, Toute espèce de biens

qui arrivent à quelqu'un, et qu'on nomme *biens adventifs* ou *Aveniers*. Gl. *Avenius.*

2. AVENEMENT, Avanie, droit injuste, exaction. Gl. *Avenius.*

AVENESNE, Terre qui n'est propre qu'aux avoines. Gl. *Avesna.*

* AVENGER, ... Chronique des ducs de Normandie, tom. II, pag. 261, vers 23081 :
> Cum j'en porreie vers païens
> Ovrer n'avenger à nul sens.

* AVENGIER, Venger. Chronique des ducs de Normandie, tom. III, pag. 416, vers 9264 :
> Quan ne puet son cuer avengier.

AVENIER, Contrôleur de l'écurie. Gl. *Avenariœ.*

1. AVENIR, Convenir, être avenant. Gl. *Avenire.* [Gérard de Vienne, vers 635 :
> Ele ot le jor un mantel afublé
> Un poc fut cors, si li avint asseiz.

Partonop. de Blois, vers 4883 :
> Mais bele est et bel se contient
> Et quanqu'ele fait li avient.]

2. AVENIR, Bannir, exiler, chasser quelqu'un d'une ville. Gl. *Avenire.*

AVENTAIL, Partie de l'armure de devant. Gl. *Aventailles.* [Voyez Halliwell, au mot *Aventaile.*]

* AVENTIS, Bâtard. Roman de Rou, tom. I, pag. 225 :
> Mult somes tuit hontous
> De Richart, cel Normant, cel aventis, cel rous.

Chronique des ducs de Normandie, tom. I, pag. 72, vers 1961 :
> Que hunte de chens aventiz.

AVENTURE, Toute espèce de biens qui arrivent à quelqu'un, et qu'on appelle *Biens adventifs* ou *Aveniers.* Gl *Aventura*, 3.

AVENTURER, Faire naufrage. Gl. *Aventurerius.*

AVENTUREUSEMENT, Par aventure, par cas fortuit. Gl. *Aventurerius.*

AVENTUREUX, Enfants perdus. Gl. *Aventurerius.*

* AVER, Désirer ardemment. Chanson, Wackernagel, pag. 35 :
> Eucelui n'ait mesure ne raixon
> Ki ceu cognoist, s'il n'ave a vangier
> Ceauls ki par deu sont delai en prixon.

Voyez *Averer*, 1.

AVERAGE, Service ou corvée, que les tenants doivent à leur seigneur avec leurs bœufs, chevaux et autres animaux, qu'on nommait *Avers*, et ce qu'on payait pour être exempt de cette servitude. Gl. *Averagium* sous *Averium*, 488¹.

AVERAIGE, Avarie; s'il ne faut pas lire *Arivaige.* Gl. *Averagium* sous *Averium*, pag. 488¹.

* AVERAIZ, Avoir, butin. Chronique des ducs de Normandie, tom. II, pag. 410, vers 27234 :
> Le jor aveient entendu
> A metre fiens et à destruire
> E as granz averaiz conduire.

Pag. 528, vers 30432 :
> Preie, prisons e averaiz
> Aveient mult des viles traiz.

* AVEREMENT, *Appel en averement.* Gl. *Averamentum.*

1. AVERER, Désirer avec ardeur, vouloir

quelque chose fortement. Gl. *Averare*, 1. Voyez *Aver.*

* 2. AVERER, Devenir vrai, s'accomplir. Chron. des ducs de Normandie, tom. I, pag. 308, vers 6514 :
> Qu'or aveire l'avision.

Tom. II, pag. 567, vers 31516 :
> Si n'a tel avision véue
> Qui hautement aveira puis.

Voyez Rayn. tom. v, pag. 503¹, au mot *Averar.*

1. AVERS, Animaux domestiques, comme chevaux, bœufs, etc. Gl. *Averium*, p. 487³.

* 2. AVERS, Païen. Chanson de Roland, stance 186, vers 1 :
> Granz sunt les oz de cele gent averse.

Stance 239, vers 5 :
> Dist Baligant : la meie gent averse,
> Car chevalchez pur la bataille querre.

Partonop. de Blois, vers 7159 :
> Et dist que li sodans de Perse
> I amenra sa gent averse.

Vers 4567 :
> Fors seul le fier sodant de Perse
> Car se ricoise est trop averse.

Chronique des ducs de Normandie, tom. I, pag. 377, vers 8477 :
> Ce savum bien que Rous li dux,
> Funt-il, tis pere ad genz averse
> Forz e bataillos e desperse, etc.

Pag. 471, vers 11299 :
> ... De gent averse
> Paienne e sauvage e disperse.

Contraire. Pag. 231, vers 4275 :
> Cui fortune serreit averse
> Laide e oscure e pale e perse.

* 3. AVERS, Avare. Garin le Loher. tom. I, pag. 239 :
> Nuns avers princes ne puet monter en pris.

Chronique des ducs de Normandie, tom. II, pag. 191, vers 20954 :
> N'iert pas avers ne boubanciers
> Ainz en ert larges despensiers.

Pag. 73, vers 17450 :
> Nul n'esteit si achaisonos
> Ne si avers ne si eschars.

Roman de Renart, t. IV, p. 129, vers 102 :
> Li asnes ki n'estoit avers
> Ne escars de paistre cardons.

Voyez Rayn. t. II, p. 155², au mot *Avar.*

* 4. AVERS, En comparaison, contre. Chronique des ducs de Normandie, tom. I, pag. 437, vers 10270 :
> Trop sunt poi gent avers la lor.

Partonop. de Blois, vers 9335 :
> Que beauté ne bonté d'autrui
> Prisent poi avers que de lui.

Voyez Rayn. tom. v, pag. 516, aux mots *Ves*, *Avas*, *Enves.*

* AVERSER, Diables, démons, monstres. Chanson de Roland, stance 116, vers 9 :
> L'aume de lui enportent aversers.

Stance 189, vers 19 :
> Serpenz e guivres, dragun e aversor.

Gérard de Vienne, vers 3956 :
> Mais Sarazin e paien adveriser.

Voyez *Avers*, 2.

AVERTIN, Vertige, épilepsie, sorte de maladie dont les accès aliènent l'esprit. Gl. *Adversatus.*

* AVERTRE (S'), S'apercevoir. Chron. des ducs de Normandie, tom. I, pag. 527, vers 12895 :
> Tant que li norriçons s'avert
> Conoist e veit tot en apert, etc.

Voyez Rayn. tom. v, pag. 518¹, et le Glossaire de Joinville, au mot *Avertir.* S'avertir, reprendre ses esprits. Chron. des ducs de Normandie, tom. I, pag. 460, vers 10960 :
> E quant il se fu averti
> E la dolor li fu passée.

AVESPRANT, La chute du jour, le soir. Gl. *Vesperatus.* [Chronique des ducs de Normandie, tom. I, pag. 122, vers 1173 :
> Que si ne fust pur l'avespraut
> E pur l'oscur de l'anuitant, etc.

Pag. 275, vers 5532 :
> Comment ce jor ainz l'avesprer
> Vint Ebalus etc.

Pag. 350, vers 7683 :
> Jà esteit auques avespré.

Voyez Rayn. tom. v, pag. 527², au mot *Avesprar*, Roman de Renart, tom. III, pag. 56, vers 21293. Fierabras, vers 288. not. Flore et Blanceflor, vers 1501.

AVESPREMENT, Veillée, assemblée du soir. Gl. *Vesperœ.*

AVESPRER, AVESPRIR, Commencer à faire nuit. Gl. *Vesperatus.* [Agolant. p. 174² :
> A peine sai quant il doit avesprir.]

AVESPRY, ÊTRE AVESPRY, Être surpris par la nuit. Gl. *Vesperatus.*

AVETTE, Abeille. Gl. *Abollagium.*

AVEULE, Aveugle. Gl. *Avoculatus.*

AVEURÉ, Transporté de colère. Gl. *Adversatus.*

1. AUFERRANT, Semblable, qui a les mêmes proportions. Gl. *Afferentia.*

2. AUFERRANT, Cheval de guerre ou de bataille. Gl. *Farius*, 2. [Guill. Guiart, tom. I, pag. 309, vers 7067 (7907) :
> Ferraut portent dui auferrant
> Qui tous deux sont de poil ferrant,
> Ainsi s'en va lié en fer
> Li quens Ferrant en son enfer.
> Li auferrant de fer ferré
> Emportent Ferrant enferré.

Voyez Garin, tom. I, pag. 21, 22, 279. Gérard de Vienne, vers 231, 295, 1569. Agolant, vers 809. Roman de Roncevaux, pag. 26; la chronique des ducs de Normandie, tom. I, pag. 402, vers 9243; tom. II, pag. 204, vers 21342. Chronique de Jordan Fantosme vers 1880. Roman de la Violette, pag. 126. Rayn. tom. II, pag. 58², au mot *Alferan*, ci-dessous *Ferrant.*]

AUFFEIRTRURE, Acte de justice, contrainte ou obligation, en vertu de laquelle un sergent peut enlever à un débiteur la valeur de ce qu'il doit. Gl. *Admonitor.*

* AUFIN, AUFFIN, AUPHIN, Le fol, pièce du jeu des échecs. Gl. *Alphinus.* Voyez Halliwell, au mot *Aufyn.*

AUGARDE, Avant-garde. Gl. *Protutela.*

* AUGE. Voyez *Huge.*

* AUGMENT, Gl. *Augmentum.*

AUGMENTEUR, Bienfaiteur, qui augmente les biens de quelqu'un. Gl. *Augmentarius.*

* **AUGUE**, Eaue. Agolant, vers 35 :

    Et ciel et terre, mer et augue et champaigne.

AUGUSTAIRE, Monnaie d'or des empereurs d'Occident, frappée pour la première fois sous Frédéric II. Gl. *Augustarius* sous *Augustalis*, 2.

AU-GUY-L'AN-NEUF. Voyez ci-dessus *Aguilanneuf.*

* **AVIAIRE.** Voyez *Viaire.*

AVIAUS, Aïeux. Gl. *Aviones.*

AVICTUAILLEUR, Celui qui fournit des vivres et les choses nécessaires pour en user. Gl. *Avitaillare.*

* **AVIER** †. Gl. *Coequa.*

AVIGNIER, Mettre une terre en vignes. Gl. *Advinare.*

* **AVILANCE**, Avɪʟᴛᴀɴᴄᴇ, Mépris. Chronique des ducs de Normandie, tom. 1, pag. 583, vers 14555 :

    De chose dunt trestote France,
    Vos éust en tel avilance.

Pag. 432, vers 10113 :

    Qu'il li ajut vers ceus de France,
    Qui torné l'unt en aviltance.

* **AVILEMENT**, Avilissement. Chronique des ducs de Normandie, tom. 1, pag. 296, vers 6161 :

    Sire, en Rou n'a avilement
    Qu'il n'est pas nez de basse gent.

* **AVILER**, Avilir, outrager, abaisser. Guill. Guiart, tom. 1, pag. 151, vers 3387 (3778) :

    L'ost de François qui nous avile.

Tom. 11, pag. 191, vers 4943 (13931) :

    Si fu (se ge le voir n'avile)
    Li chamberlens de Tancarville.

Voyez tom. 1, pag. 210, vers 5009 (5323), et tom. 11, pag. 231, vers 5973 (14953). Rayn. tom. v, pag. 545, au mot *Avilir.*

AVILLE, Abeille. Gl. *Avillarium.*

AVILLER, Avilir, abaisser. Gl. *Avillare.*

* **AVINER**, Rendre ivre. Partonop. de Blois, vers 7304 :

    Qui de bon vin fort les avine.

AVIGNIER, Mettre une terre én vignes. Gl. *Advinare.*

* **AVIRANCE**. Gl. *Attornatio*, pag. 172³.

* **AVIRON**, Environs, lieux d'alentour. Chron. des ducs de Normandie, tom. 1, pag. 260, vers 5085 :

    Li vilain de tot l'aviron
    E de tote la region.

Voyez pag. 129, vers 1375, pag. 281, vers 5714.

AVIRONNEMENT †, Enceinte, enclos. Gl. *Avirunatus.*

1. **AVIRONNER** †, Environner, entourer. Gl. *Avirunatus.* [Partonop. de Blois, vers 1758, 2947. Flore et Blanceflor, vers 652, 2010. Voyez Rayn. tom. v, pag. 551², au mot *Avironar*, et le Glossaire de Joinville, au mot *Avironner*.]

2. **AVIRONNER**, Tournoyer, aller à l'entour. Gl. *Avirunatus.* [Roman de Rou...

    Rou s'en torna de l'Escharde, la terre avironna
    En Normendie vint et amont Sainne sigla.

Voyez *Avironner*, 4. Chronique des ducs

de Normandie, tom. 1, pag. 375, vers 8430 :

    Par les termes, par les devises,
    Là ù les bodues furent mises
    Avironout maintes fiées.

Voyez Rayn. tom. v, pag. 551², au mot *Environar.*]

3. **AVIRONNER**, Parcourir. Gl. *Avirunatus.* [Chronique des ducs de Normandie, tom. 1, pag. 382, vers 8630 :

    Puis unt Bretaigne avironnée
    Si cum el ert et longe e lée.]

4. **AVIRONNER**, Ramer, se servir d'avirons; d'où

AVIRONNEUR, Rameur. Gl. *Avirunatus.*

1. **AVIS**, La portion de biens qu'un père assigne à ses puînés. Gl. *Avisum.*

* 2. **AVIS**, ᴅ'ᴀᴠɪs, En ajustant, en visant, en face. Guill. Guiart, tom. 11, pag. 23, vers 574 (9540) :

    Lancent d'avis et escremissent.

Pag. 87, vers 2228 (11204) :

    Ne se contiennent pas comme yvres
    Ainz font d'avis ce qu'il maneuvrent.

Pag. 391, vers 10164 (19146) :

    Gièteut entr'eus li galiot
    (D'avis, non pas aus aventures)
    Chailloz cornus et pierres dures.

Pag. 105, vers 2700 (11680) :

    Ceus qui vers eus puient d'avis.

Pag. 264, vers 6845 (15837) :

    Que nous povons véoir d'avis
    Et qui, selonc le nostre avis,
    N'ont d'issir nule volenté.

Voyez Rayn. tom. v, pag. 536¹², aux mots *Avisar* et *Avizadamen.*

AVISÉEMENT, Avec réflexion, de propos délibéré. Gl. *Advisate*, pag. 100³.

1. **AVISION**, Apparition, vision. Gl. *Avidere*, 2. [Roi Guillaume, pag. 43.]

* 2. **AVISION**, Avis; reconnaissance. Enfants Haymon, vers 381 :

    Or me dites, seigneurs, la vostre avision.

Vers 523 :

    Dont il print la duchesse la soe avision.

AVITIN, Ce qui vient des aïeux. Gl. *Avius*, 1.

AVIVER, Croître, augmenter, se fortifier. Gl. *Avivare* [et † *Coequa*].

* **AUKES.** Voyez *Aucques.*

AUKETON, Hoqueton, sorte de casaque militaire. Gl. *Auquetonnus.*

AULANIE, Noisette. Gl. *Aulanerium.* [en Auvergne].

AULE, Halle, place couverte, où l'on tient le marché. Gl. *Aula*, 4 [et *Haulla*].

AULELUIE, Le temps pascal où l'on chante *Alleluia.* Gl. *Ensigne.*

AULMARE, Armoire. Gl. *Almaria.*

* **AULMONIERE**, comme *Aumosniere.* Deslier aulmonière, dans une chanson du roi de Navarre, Laborde, pag. 222. Voyez Rayn. tom. 111, pag. 109², au mot *Almosnìera.*

* **AULNOIZ**, comme *Aubergire. Auneis*, Chron. des ducs de Normandie, tom. 1, pag. 107, vers 737; tom. 11, pag. 446, vers 28246.

* **AULO**, Aleu. Chronique des ducs de

Normandie, tom. 1, pag. 46, vers 1203 :

    U saiserom un des païs...
    En fin aulo senz sciguorage.

Voyez *Alo.*

AULTON, La paille qui reste après que le blé a été battu, et les vannures. Gl. *Halto* et *Hauto.*

* **AUMAÇOR**, Aʟᴍᴀᴄᴜʀs, Titre de dignité chez les Sarrasins. Chanson de Roland, stance 66, vers 9; stance 71, vers 1 ; stance 96, vers 1. Agolant, pag. 184'. Flore et Blanceflor, vers 304, 1804, 2698.

AUMAILLES, Aᴜᴍᴀɪʟᴇs, Bᴇsᴛᴇs Aᴜᴍᴀʟɪɴᴇs. Gros bétail, surtout bœufs et vaches. Gl. *Animalia* [et *Manualia*, 3. Voyez *Almaille*].

* **AUMAIN**, Demain. Gérard de Vienne, vers 2990 :

    Jusc'ai aumain au vespre commancier.

* **AUMAIRE**, Armoire. Gl. *Aumarium* et *Armamentum*, 1.

AUMELIN, Bᴇsᴛᴇ Aᴜᴍᴇʟɪɴᴇ, Celle qu'on met au nombre des *Aumailles.* Gl. *Almelinus.*

AUMOGNE, Aumône. Gl. *Eleemosyna*, 1.

AUMONNIE, Aᴜᴍᴏsɴᴇ, Hôpital, hôtel-Dieu. Gl. *Eleemosyna*, 3, pag. 24².

AUMORNE, pour Aumône. Gl. *Eleemosyna*, 1.

1. **AUMOSNE**, Action louable, bonne œuvre. Gl. *Eleemosyna*, 1. [Partonop. de Blois, vers 6662 :

    Mais il est grant aumosne, espoir,
    D'ocirre un gentil chevalier,
    Qui ses amors ne sait changier.

Voyez le Châtelain de Couci, vers 6603. Chanson du Trésorier de Lille, Laborde, pag. 202 :

    Li pri de merci acueillir,
    Aumosne li est et honors.

Pitié. Chanson du Châtelain de Couci, ibidem, pag. 277 :

    Dès que mes cuers ne s'en veut revenir
    De vous, dame, pour qui il m'a guerpi
    Aumosne aurez se 'l daignez retenir.

Voyez Rayn. tom. 111, pag. 109², au mot *Almosna.*]

* 2. **AUMOSNE.** *Valet de l'aumosne du roy.* Gl. *Serviens*, pag. 210², et *Valeti*, 728³.

AUMOSNIÈRE, Bourse, gibecière. Gl. *Almonaria* sous *Eleemosyna*, 3, pag. 24³.

* **AUMUCE**, Aᴜᴍᴜssᴇ. Gl. *Almucium.* Voyez Rayn. tom. 11, pag. 57¹, au mot *Almussa.*

AUMUSSETTE, Petite aumusse. Gl. *Aumucella.*

* **AUN**, Ensemble. Chronique des ducs de Normandie, tom. 11, pag. 545, vers 30930 :

    Pensez de vos tenir aün
    Eissi qu'au grant chaple commun
    Ne seiez dotanz n'esbahis.

* **AUNADE**, Assemblement, réunion. Chanson de Roland, stance 197, vers 6 :

    Jo te cumant de tute mes oz l'aünade.

(Mais ce vers a deux syllabes de trop et l'assonance manque.)

* **AUNE** de terre. Gl. *Ulna*, 2.

* AUNÉE, AUNIE, Assemblée, réunion. Partonop. de Blois, vers 2883 :

Demain soit nostre gent armée
Et soit ès caos nostre aünée.

Roman de Tristan, vers 910 :

Mex veut sallir, que jà ses cors
Soit ars, voiant tel aünée.

Roman de Rou, tom. II, pag. 102 :

Maiz je sai bien k'il estrangla
D'un morsel ke li rois chigna
A l'aünie u il mainga.

AUNER, Assembler, réunir, mettre en un. Gl. Adunare. [Voyez Rayn. tom. v, pag. 449[1], au mot Aunar.]

AUNETTE, Aunaie. Gl. Alneta.

AUNTEIN, Tante. [Aunte. Voyez Rayn. tom. II, pag. 72, au mot Amida.] Gl. Avuncula.

* AUNTIF, AUNTIVEMRNT. Chronique des ducs de Normandie, tom. I, pag. 468, vers 11185.

AVOCASSIE, Profession d'avocat, l'art de plaider. Gl. Advocatia sous Advocati, pag. 112[2].

* AVOE, Eaue. Agolant, vers 1202 :

S'or me volez livrer ce pautonier
Je l'irai jà en tele auoc noier.

1. AVOÉ, Champion, celui qui se bat pour un autre. Gl. Campiones, pag. 65[12].

* 2. AVOÉ, Protecteur, défenseur, seigneur. Partonop. de Blois, vers 3657 :

Car il ont à Marcs reté
Qu'il ont perdu lor avoé.

Chronique des ducs de Normandie, tom. I, pag. 401, vers 9201 :

Que jà ne serom mais si home
N'il à nos sire n'avoé.

Vie de saint Thomas de Canterbury, v. 392 :

Deu del ciel en ad loé
Lur creatur,
Qui nus permeient en trinité
Et demeines l'Église est avoué
E chef seignur.

Roman du comte de Poitiers, pag. 62, vers 1500 :

Bien cuide avoir por sa biauté
L'empereor à avoé.

Voyez Rayn. tom. v, pag. 575[2], au mot Avocat. Aubri, pag. 175[2]. Avoué, administrateur. Aubri, pag. 168[2] :

Le quens li donc de sa terre les clés,
Dorenavant sera ses avoés,
Et marechaus de sa terre clamés.

Chronique de Jordan Fantosme, vers 1385 :

Messagier sui le rei, il est mun avoué.

Chanson de Roland, stance 9, vers 16 :

Là vos suirat, ço dit mis avoez.

Voyez stance 10, vers 15. Chronique des ducs de Normandie, tom. I, pag. 140, vers 1681 :

Rous nostre cher prince avoé,
Le meillor home qui seit né,
Te salue par nos mil feiz.

* AVOEISON, Vœu, promesse. Chronique des ducs de Normandie, tom. III, pag. 145, vers 35957 :

E par itel avoeison
Que, se c'est veirs que nos lison,

Unques puis nul jor de sa vie
Les piez ne mist en Normendie.

* AVOERIE, Protection. Chronique des ducs de Normandie, tom. I, pag. 504, vers 12238 :

Ne remaindras, fait li il, mie
De rien fors de m'avoerie.

AVOESTRE, Illégitime, bâtard, adultérin. Gl. Adulterium.

AVOIÉ, Qui est en bon chemin. Gl. Deviare, pag. 827[3].

AVOIEMENT, Insinuation, suggestion. Gl. Avoiare.

1. AVOIER, Autoriser. Gl. Advocare, 3, pag. 104[3].

* 2. AVOIER, AVEIER, Diriger, indiquer la route, mettre en chemin. Roman de Renart, tom. III, pag. 144, vers 23724 :

..... le roi
En son mesage m'envoia;
Mès celi qui çà m'avoia
Me dit que c'estoit sa meson.

Chronique des ducs de Normandie, tom. II, pag. 456, vers 28556 :

Diva, funt-il, aveie nos.

Gérard de Vienne, pag. 173[1] :

Je proiroie par toi, ou que je soie
Nostre seignor Jesus que il t'avoie.

Roi Guillaume, pag. 62 :

Et tantost à la voie se met
Et prie Dieu que il l'avoit.

Voyez pag. 53, Flore et Blanceflor, vers 1639 :

Maint engien a amors trové
Et avoié maint esgaré.

Exciter. Chastel. de Couci, vers 4966 :

En ce pensant amours l'avoie
Que par li soit fais nouvaus chans.

Chanson de Guiot de Prouvins, Wackernagel, pag. 26 :

Car fine amor me semont et avoie.

Irriter. Chanson de Jean de Neuville, Laborde, pag. 210 :

Ma dame n'os proier
Tant la dout,
Tant la crient avoier.

Roman de Renart, tom. III, pag. 11, vers 20060 :

Se por la pès ne remenoit
Que li rois m'a fait fiencier,
Se ne li quidasse avoier, etc.

Voyez Rayn. tom. v, pag. 541, aux mots Aviar, Enviar, Esviar. S'avoier, se mettre en route, se mettre dans la bonne route, se diriger, s'occuper de quelque chose. Chronique des ducs de Normandie, tom. I, pag. 471, vers 11286 :

A duc, fait-il, por quei desvoie
Qui s'aviier pot o bien faire?

Roman de Renart, tom. II, pag. 343, vers 18948 :

Cil prent les letres, si s'avoie.

Partonop. de Blois, vers 281 :

Pais avoit qui as nés aloit
Et qui par le serf s'avoioit

Roman de Renart, tom. IV, p. 79, vers 2194 :

Quant nos tuit soumes avoié
Pour vos prier à Diu le grant.

AVOIR, Toute espèce de biens, soit meubles, soit immeubles. Gl. Averium. [Gérard de Vienne, vers 3907. Voyez Rayn. tom. II, pag. 158[2], au mot Aver, Halliwell, au mot Avoir.]

AVOIR DU MEILLEUR, Avoir le dessus, être le plus fort. Gl. Habere melius sous Habere, 4 [et Melius. Avoir loi, avoir le droit. Gl. Legem habere, pag. 88[1]. Avoir poids. Gl. Mercatrix, et Glossaire de Joinville, aux mots Avoir de poiz].

* S'avoir, se comporter. Annales de saint Louis, pag. 199 : Le jour de Noel furent avec le roy de France à la messe... et s'i sorent bien et hounourablement avoir, en la manière de Crestiens. La manière de confesser, dans le Glossaire de Joinville :

Un traitiet par c'on puest savoir
Coment prestre ne puet avoir
Qui confession viaut oïr.

AVOLÉ, Étranger, celui qui est venu d'ailleurs. Gl. Advoli.

AVOLER, S'envoler. Gl. Avolatio. [Arriver en volant. Chronique des ducs de Normandie, pag. 136, vers 1573 :

Par les oiseals qui avolaient
Qu'en la fonteine se baignoent.

Voyez le Supplément de Roquefort, pag. 32[2].]

AVONSELLE, pour Anoncelle ou Arnoncelle, Sorte de poisson de mer. Gl. Arnoglossus.

AVORTON, Peau d'animal né avant terme. Gl. Avotroni.

AVORTURE, Adultère. Gl. Adulterium.

AVOUÉ, Champion, celui qui se bat pour un autre. Gl. Campiones, pag. 65[1].

AVOUERIES, Les droits dûs à l'Avoué. Gl. Advocati, pag. 113[2].

AVOUGLETÉ†, Aveuglement. Gl. Avoculatio.

* AVOUHER, Avouer. Gl. Advocare, 3, pag. 104[3].

AVOUL, Aveu, l'action par laquelle on avoue, on reconnaît qu'on tient une chose de quelqu'un. Gl. Advocamentum, pag. 104[1].

AVOULDRE, Illégitime, bâtard, adultérin. Gl. Adulterium.

* AVOURRY, AVURY, Homme méchant. Gl. Aborris.

AVOUTERE, AVOUTIRE, AVOUTRERIE, AVOUTERIE, Adultère. Gl. Adulterium, pag. 101[2] [et Cugus. Avoiltire, Chronique des ducs de Normandie, tom. II, pag. 352, vers 25619. Voyez Rayn. tom. II, pag. 28[2], au mot Adulteri, et le Glossaire de Joinville, aux mots Avoutire, etc.].

AVOUTRE, Illégitime, bâtard, adultérin. Gl. Adulterium, pag. 101[2]. [Avostre, Roman de Renart, tom. I, pag. 17, vers 450. Adultère, amant d'une femme mariée. Gilote et Johanne, Jubinal, Contes et Fabliaux, tom. II, pag. 37 :

E un autre homme ad choysy
En manere d'avoutre ou d'amy,
E se fet demorer o son avoter
Un demi-an, ou un an enter, etc.

Voyez Rayn. tom. II, pag. 29[1], au mot

Avoutre, et Halliwell, aux mots *Avetrol, Avoutrer, Avoutrye.*]

AVOWESONS, Les droits dûs à l'*Avoué.* Gl. *Advotia.*

AVOY, Ha ha! interjection admirative. Gl. *Avidere,* 2.

AVOYÉ, Être avoyé, Être dans la disposition de continuer à faire quelque chose. Gl. *Avoiare.*

AVOYEMENT, Enquête, commencement de procédure. Gl. *Avoiare.*

AUPINCON, p. e. Sorte de petite monnaie. Gl. *Aupincon.* [Il faut peut-être lire *Aux pinçons.*]

** AUQUANT*, Quelques-uns, aucuns. Gérard de Vienne, vers 3784. Chronique des ducs de Normandie, tom. 1, pag. 353, vers 7772. Roman de Renart, tom. III, pag. 74, vers 21794. Voyez Rayn. tom. II, pag. 53¹, au mot *Alquant,* et Orell, pag. 69.

** AUQUES.* Voyez *Aucques. Auquetes,* Chronique des ducs de Normandie, tom. 1, pag. 14644:

Fu totes veies resjoiz
Anquetes li quens de Saint-Liz.

AUQUETO, Oie en languedocien. Gl. *Auca.*

AUQUETON, Hoqueton, sorte de casaque militaire. Gl. *Aketon.*

** AURE*, Vent, souffle. Partonop. de Blois, vers 10577 :

Par matin, al aube esclarcie
Li airs fu purs, l'aure serie.

Chronique des ducs de Normandie, tom. III, pag. 191, vers 37027 :

Kar l'aure venta duce e queie
Eissi que li mers trop n'ondeie.

Voyez tom. 1, pag. 144, vers 1787, pag. 152, vers 2015. Rayn. tom. II, pag. 147¹, au mot *Aura.*

** AURER*, comme *Aorer.* Chanson de Roland, stance 9, vers 3; stance 32, vers 5.

AUREVELLIER, Orfévre en provençal. Gl. *Aurivellerius.* [Rayn. tom. II, pag. 145², au mot *Aurevelhier.*]

AURILLADE, Un coup sur les oreilles. Gl. *Auricida.*

AVRILLEOR, Celui à qui appartiennent les essaims d'abeilles, dont le droit s'appelle *Avrillerie.* Gl. *Apicularii.*

AVRIOL, Maquereau, ainsi appelé à Marseille, du mois d'avril, qui est le temps où on le pêche le plus ordinairement. Gl. *Avriolus.*

AUROGRAFE, Toute espèce de chartre et titre. Gl. *Aurigrafus.*

AUSE, Toison. Gl. *Aussus.*

AUSÉ, Accoutumé, qui a contracté une habitude. Gl. *Usuatus* sous *Usuare,* 2. [Chronique des ducs de Normandie, tom. 1, pag. 120, vers 1101 :

Einsi cum il ert aüsez
É de bataille acoustumez, etc.]

AUSEMENT, Aussi, de même, pareillement. Gl. *Perseverentia.* Voyez *Aussiment.*

AUSINC, De même, pareillement. Gl. *Besana,* 1. [Voyez Orell, pag. 297.]

** AUSMAILLES*, comme *Aumailles.* Gl. *Manualia,* 3.

AUSMONIER, Exécuteur testamentaire. Gl. *Eleemosynaria,* 7.

AUSSI-QUE, Comme, ainsi que. Gl. *Divinus,* 1.

AUST, pour Août. Gl. *Augustus,* 1.

** AUSTEL*, Devant de boutique. Chastel. de Couci, vers 3992 :

Lors se coucha dessous l'austel
D'un boulengier sus la chaucie.

Vers 4030 :

Et ly paillars qui se gisoit
D'encosté l'uis sous les degrés.

AUSTÉRITÉ, Fureur, emportement violent ; d'où

AUSTEREUX et *Austers,* Furibond, furieux, emporté. Gl. *Austeritas,* 1.

AUSTOR, Autour. Gl. *Astur* [en catalan].

1. **AUTAN**, Vent du midi, ou du sud-est, ou du sud-ouest. Gl. *Altanus,* 2.

2. **AUTAN**, pour ANTAN, Ci-devant, autrefois. Gl. *Antecessus.*

** AUTEL*, AUTEU, Tel, pareil. Chronique des ducs de Normandie, tom. 1, p. 564, vers 14013 ; tom. III, pag. 96, vers 34558. Voyez Orell, pag. 71.

AUTELAGE, AUTÉLAIGE, Menue dîme. Gl. *Altalagium.*

1. **AUTENTIQUE**, Noble, possesseur d'un franc-fief. Gl. *Autentus,* 2.

2. **AUTENTIQUE**, Édit revêtu de l'autorité royale. Gl. *Authenticum* sous *Authenticus,* 1.

** AUTER*, Autel. Chronique des ducs de Normandie, tom. II, pag. 513, vers 30107 :

E s'il fu large del doner
Jeo plus del metre sur l'auter.

Ibidem, tom. III, pag. 622¹. Vie de saint Thomas :

Après la messe mult se oura
Devont le auter.

Pag. 496, vers 1652 :

Envers le auter son viz torné.

Voyez Rayn. tom. II, pag. 60², au mot *Altar.*

AUTIME, Très-haut. Gl. *Altissimus.* [*Autisme,* Chronique des ducs de Normandie, tom. 1, pag. 137, vers 1597, etc. Voyez Rayn. tom. II, pag. 59¹, au mot *Alt.*]

** AUTOR*, Élevé. Chronique des ducs de Normandie, tom. II, pag. 131, vers 19185 :

... El grant palais autor.

Voyez Rayn. tom. II, pag. 59¹, au mot *Autor,* et ci-dessus *Auchor.*

** AUTRESI*, De même. AUTRETANT, Autant. AUTRETEL, Pareillement. Voyez Rayn. tom. II, pag. 45¹, aux mots *Atressi* et *Atretal.* Orell, pag. 296, 67, et 71.

AUTRIER, qu'on doit écrire *Autr'ier,* L'autre jour. Gl. *Ab heri.* [Voyez Rayn. tom. II, pag. 44², au mot *Altre.* Orell, pag. 303.]

AUTRUCIER, Autoursier, celui qui dresse ou fait voler les autours. Gl. *Asturcus* sous *Astur.*

** AWAN*, En cette année. Roi Guillaume, pag. 119 :

Jà ne perdrai marciés ne foire
Là ù jou puisse mais awan...
Gaaignerai awan assés.

AUVE, Certaine mesure de Flandre. Gl. *Avotus.*

AWE, Oie. Gl. *Foucagium.* [Jubinal, Contes et Fabl. tom. 1, pag. 178 :

Pour tant qu'awes sauvages i avoit à foison
Le chanoine lessa voler un sien faucon.

AUVENT, Avent, le temps qui précède Noël. Gl. *Adventus,* 2.

** AUVERGIER*, Espèce de champ. Gl. *Advergergia.* (Lisez *Advergeria.*)

** AVULLE*, Aveugle. Partonop. de Blois, vers 8421 :

S'il estoient et sort et miu
Tosjors auroient joie et giu,
Qui bien lor violt si pric et ort
Qu'il soient tuit avulle et sort.

Voyez Roquefort, au mot *Avuler.*

AWET, pour AGUET, L'action d'une personne qui en épie une autre. Gl. *Aguaitum.*

AVULE, Aveugle. Gl. *Avoculatus.*

AUVOIRIE, p. e. pour *Avoutrie* ou *Avoutire,* Adultère. Gl. *Adulterium.*

AUWIERE, p. e. Vivier ou Pré bas ; d'où *Auwier,* Redevance pour une *Auwiere.* Gl. *Augere.*

AUXIR, Augmenter, accroître. Gl. *Auciare.*

** AUZIBET*, Pruneau sec. Gl. *Azebit.*

AWUE, Aide, secours. Gl. *Bestancium.*

** AXELE*, Aisselle. Gérard de Vienne, vers 2416 :

A poc li cuers ne li part souz l'axele.

AY, Cri de guerre. Gl. *Signum,* 10.

AYABLE, Capable, propre à quelque chose. Gl. *Aisitus.*

AYDANT, Monnaie de Flandre, autrement dite *Denier blanc.* Gl. *Denarius albus,* pag. 797².

AYDE. Voyez les différentes impositions faites sous ce nom, au mot Gl. *Auxilium.*

AYDEUR, Celui qui aide un autre à faire quelque chose, qui lui donne du secours. Gl. *Ayda,* 2.

** AYÉ*, comme *Aé,* Age. Enfants Haymon, vers 848.

AYER, Fils, héritier, ayant cause. Gl. *Affectus,* 1.

AYGRIN, Aigreur, âcreté. Gl. *Aygracium* [et *Agrumen*].

** AYGRUN.* Voyez *Aigrun.*

AYME, Mesure de vin, bière, et autres liqueurs. Gl. *Ama,* 3.

AYMER, Dresser, présenter, ajuster, faire mine de quelque chose. Gl. *Esmerare.*

AYMETERIE, L'art de faire l'émail. Gl. *Aymellum.*

AYR, Ire, colère ; d'où *Ayrer,* Se mettre en colère, se fâcher. Gl. *Iratus,* 1.

AYRAUT, Aire, place vague propre pour bâtir. Gl. *Ayrale.*

** AYRE*, Aire. Gl. *Area,* 4.

AYREAU, Charrue à labourer. Gl. *Arar.*

AYRER (S'), Se fâcher. Voyez *Ayr.*

AYRETER, Donner l'investiture, mettre en possession ; d'où

AYRETANCE, Investiture. Gl. *Adhereditare* et *Hoereditare,* 3.

AYSE, Ce dont on a droit d'user et de s'aider. Gl. *Aiacis,* 2 [et *Estella*].

AYSIL, Vinaigre. Gl. *Acceptabulum*, 2. [Voyez Halliwell, au mot *Ayselle*.]

AYSINE, Toute sorte d'instruments, vases et ustensiles. Gl. *Aysina* [en provençal].

AYSSADE, Houe, instrument à labourer la terre. Gl. *Asada* [en Languedoc].

AYSSIN, Mesure de grains. Gl *Assinus*.

AYVÉ, Inondé. Guill. Guiart, tom. II, pag. 447, vers 11604 (20585) :

Cel fossé qui est devant eus
Fait leur flo plus espoventeus
Que s'en lieus fussent ayvez.

AZE, Aise, facilité, occasion. Roman de Roncevaux, pag. 90 :

Cil qui ot aze en ot greignor partie.

AZINE, Charge d'un âne, certaine mesure de grains. Gl. *Azina*.

AZUR D'ACRE, C'était autrefois l'Azur le plus estimé. Gl. *Lazur*.

BAALLIER †, comme *Beer*. Gl. *Iniari*. *Baailler*, bâiller. Voyez Rayn. tom. II, pag. 166¹, au mot *Badaillar* et *Badar*.

BAANCE, comme *Beance*, Attente. Chanson du comte de Bar, Laborde, pag. 161 et le Roux de Lincy, Chants historiques, tom. I, pag. 48 :

Toz jors i sui de la mort en baance.

Voyez Roquefort, au mot *Baanche*.

BAASTER, Niaiser, perdre son temps. Guill. Guiart, tom. II, pag. 189, vers 4889 (13877) :

Un seul d'entr'eus plus ne baaste,
Vers le pont destèlent à baste.

Comparez Rayn. tom. II, pag. 166², au mot *Badeiar*, et ci-dessous *Baate*, *Baater*.

BAAT, Bast. Gl. *Baat*.

BAATE, Sentinelle. Chronique des ducs de Normandie, tom. II, pag. 112, vers 18596:

Quant les baates de la tor
Virent les enseignes de lor, etc.

Voyez Rayn. tom. II, pag. 165², au mot *Bada*.

BAATER, Guetter, observer à dessein de nuire. Chronique des ducs de Normandie, tom. I, pag. 595, vers 14907 :

Mais jà ne si baatera
Que l'om ne le prenge ès sons laz.

Pag. 598, vers 15020 :

Celui qui à toz jors baate
Coment ta corone t'abate.

BABEKIN, Soufflet. Gl. *Buffa*.

BABIOLES, Joyaux. Gl. *Baubella*.

BABUIN, Babouin, gros singe. Gl. *Babewynus* [et *Baboynus*. Guill. Guiart, tom. I, pag. 124, vers 2698 (3090)].

BACAIGE, Ce que l'on paye pour le passage d'un bac. Gl. *Bachium*.

BACELER, BACHELER, Bachelier. Gl. *Baccalarii*, 2. [Voyez *Bachelier*.]

BACHE †, Ce qui sert aux femmes à couvrir leurs cuisses, caleçon. Gl. *Bache*.

BACHELERIE, L'ordre des bacheliers; association des jeunes gens, qu'on appelait aussi *Bacheliers*. Gl. *Baccalarii*, 2. pag. 542².

BACHELETE, Jeune fille à marier. Gl. *Baccalarii*, 1.

1. **BACHELIER**, Jeune homme qui n'est pas marié. Gl. *Baccalarii*, 1. [Voyez Rayn. tom. II, pag. 164², au mot *Bacalar*. Jeune homme, béjaune. Partonop. de Blois, vers 2449 :

Mais Faburin que demandés,
Que baceler par gab només,
Quant l'apelastes baceler
De sens le voisistes blasmer.

Voyez vers 2428.]

2. **BACHELIER**, Celui, dans les corps de métiers, qui agit sous la direction des jurés et gardes, et qui le devient à son tour. Gl. *Baccalarii*, 1.

3. **BACHELIER**, Celui qui aspire au rang de chevalier ou de docteur. Gl. *Baccalarii*, 2 et 3 [et *Equi appretiati*].

4. **BACHELIER**, Religieux profès, qui n'est point encore prêtre. Gl. *Baccalarii*, 1.

BACHINAGE, Droit sur le sel, qu'on prend avec un bassin. Gl. *Bacinagium* sous *Bacca*, 2, pag. 523¹. [Lieu d'où sourdent plusieurs sources. Voyez le Supplém. de Roquefort, pag. 34.]

BACHINE, Espèce de poêle de cuivre, ou bassinoire. Gl. *Bachinator*.

BACHINER, Frapper sur un bassin pour annoncer quelque chose. Gl. *Bachinator*.

BACHNIET, pour *Bachinet*, Bassinet, armure de tête. Gl. *Bacinetus*.

BACHOE, BACHOLR, Espèce de panier ou de hotte. Gl. *Bacholata*, et *Busta*, 2.

BACHON †, Gl. *Pusio*.

BACIN, Bassinet, armure de tête. Gl. *Bacinetum*. [Voyez Rayn. tom. II, pag. 165¹, au mot *Bacin*. Halliwell, au mot *Bacyn*.]

1. **BACINET**, Petit bassin. Gl. *Bacignetus*, 2.

2. **BACINET**, Armure de tête, bassinet. Gl. *Bacinetum* [et † *Bonbicinium*].

BACLOIS, Nom d'un peuple différent des Français. Gl. *Baclois*.

BACON, Porc engraissé et salé : lard salé et fumé; d'où *Morue-Baconnée*, qui est salée et séchée. Gl. *Baco*. [Voyez Rayn. tom. II, pag. 165², au mot *Bacon*, et le Glossaire de Joinville au même mot.]

BACOULE, Belette, fouine. Gloss. Lat. Fr. de 1352 de la Bibl. du roi. cot. 4120 : *Mustella, Bacoule*.

BACUL, Bâton appartenant à la herse. Gl. *Baculus*, 2, pag. 532¹.

BACULER, Frapper sur le derrière de quelqu'un avec une poêle, ou frapper le derrière de quelqu'un contre le pavé ou contre la terre, espèce de châtiment. Gl. *Baculare*.

1. **BADE**, Terme de monnaie. Gl. *Bada*, 1 [et *Recursus*, 1].

2. **BADE**, Badinerie, plaisanterie. Gl. *Bada*, 1. [Voyez Rayn. tom. II, pag. 166¹, au mot *Bada*.]

BADAILLER, Bâiller [à Marseille]. Gl. *Badals*. [Voyez Rayn. tom. II, pag. 166¹, au mot *Badaillar*.]

BADATGE, Droit seigneurial sur les bœufs propres au labourage. Gl. *Badatgium*.

BADEL, Bedeau, huissier. Gl. *Badellus*.

BADELAIRE, BADELARE, Coutelas, épée courte et un peu recourbée. Gl. *Badelare*.

BAÉE, Ouverture, fenêtre. Gl. *Beare*.

BAELE, Matrone, sage-femme ou nourrice. Gl. *Bajula*, 1.

1. **BAER**, Ouvrir. *Geule baée*, Bouche ouverte, *béante*. Gl. *Beare*.

2. **BAER**, Avoir dessein, volonté, se proposer, prétendre. Gl. *Beare*. [Chanson, Wackernagel, pag. 49 :

Pjes c'amors m'ait teil sen doneit
Com de baicir à tel honor, etc.]

3. **BAER**, Rire, se moquer de quelqu'un. Chanson du Châtelain de Couci, Laborde, pag. 264 :

Aï, frans cuers qui tant convoit
Ne baez à ma foleté.

Voyez Rayn. tom. II, pag. 166¹, au mot *Badar*.

BAERIE, Air niais, stupidité. Gl. *Beare*.

BAFFE, Faisceau, fagot, paquet. Gl. *Baffa*.

BAFFRAI, Beffroi, tour de bois pour l'attaque et la défense d'une place. Gl. *Belfredus*, 1.

BAGAMART, pour BRAGAMART. Gl. *Bragamardus*.

BAGATELLES, Joyaux. Gl. *Bauga*.

BAGAU, Espèce de filet, dont on se sert sur la Garonne. Gl. *Bagau*.

BAGNAUDES, Fadaises, sornettes, niaiseries. Gl. *Bagarotinus.*

BAGNAUT, Ce qui est défendu par un ban. Gl. *Bannalis.*

BAGNIÉ, Messier, garde d'un territoire [en provençal]. Gl. *Bannejare,* 2.

BAGNIR, pour *Bannir,* Publier, dénoncer. Gl. *Bannum,* 1, pag. 571¹.

BAGNOIRE, Couverture d'une baignoire. Gl. *Bagnaressus.*

BAGOS, Ribaud, débauché, homme sans cœur. Gl. *Bagori.*

BAGOULER, Parler beaucoup, babiller, dire des sottises. Gl. *Bagori.*

* BAGUE, Bagage, équipage. Gl. *Baga,* 1, et *Bauga,* 1. Voyez Rayn. tom. 11, pag. 168¹, au mot *Bagua.*

BAGUÉ, Équipé, garni, fourni. Gl. *Baga,* 1.

* BAGUENAUDES. Voyez *Bagnaudes.*

BAGUER, Plier bagage. Gl. *Baga,* 1.

BAHARIZ, Gardes du Soudan. Gl. *Bahagnia.*

* BAHUR, Coffre. Gl. *Bahudum.* Guill. Guiart, tom, 11, pag. 254, vers 6580 (15560).

* BAJARSE. Voyez *Baiasse.*

BAIASSE, Suivante, femme de chambre. Gl. *Baila* [et *Bajula,* 1].

BAIDRE, Assigner, hypothéquer. Gl. *Bailleta.*

BAIEN, Brun. *Pois baïen,* Espèce de pois. Gl. *Beretinus.*

BAIESSE, Servante, suivante, femme de chambre. Gl. *Baila.*

BAIEUS, pour *Baïen.* Gl. *Beretinus.*

* BAIF, Ébahi, étonné. Chron. des ducs de Normandie, tom. 1, pag. 268, vers 5321 :

Ne sui lisanz c'une mais nul jor
Jostast si angoissos estur....
N'i sunt estraier ne baïf,
Par sus les morz passent li vif.

Partonop. de Blois, vers 8867 :

Li tornois est maltalentis
N'i a mestier vasaus bois.

* BAIGNER (Se), Se délecter. Partonop. de Blois, vers 1098 :

Nus clers ne vos poroit descrire
Ne le matire ne l'ovraingne,
Qui celi voit soef se baigne.

Voyez Rayn. tom. 11, pag. 179¹, au mot *Banhar,* et ci-dessous *Banoier,* 2.

BAIGNERIE, Sorte d'armes. Gl. *Balneria.*

BAIGNIE, Ban, défense. Gl. *Bagnum,* 2.

BAIGNIER, Terme honnête pour signifier le commerce d'un homme avec une femme. Gl. *Balneria.*

BAIGNOTE, Petite cuve. Gl. *Bagnaressus.*

1. BAIL, Tutèle, tuteur. Gl. *Bajulus,* 3.

2. BAIL, Première défense d'une ville, barrière, palissade, cour. Gl. *Bailleium,* et *Ballium,* 1.

3. BAIL, L'action de donner, de mettre quelque chose entre les mains d'un autre. Gl. *Bailleta.*

1. BAILE, Celui qui est chargé de l'administration de quelque chose. Gl. *Bailia,* 1.

2. BAILE, Lieu fermé de murs, cour. Gl. *Bailleium.* Voyez *Baille,* 1.

BAILLANCE, L'action de donner, de mettre quelque chose entre les mains d'un autre. Gl. *Bailleta.* [Voyez Rayn. tom. 11, pag. 169¹, au mot *Balhansa.*]

BAILLARGE, BAILLART, BAILLARK, Espèce d'orge. Gl. *Bailhargia.*

1. BAILLE, Lieu fermé de palissades, première défense d'une ville, les pieux qui la forment. Gl. *Bailleium,* et *Ballium,* 1. [Garin le Loher. tom. 1, pag. 230 :

Passent les haies, si ont le baile pris.

Où une variante porte *la barre.*] Lai de l'Ombre, vers 272, dans Lais inédits, pag. 52 :

Il ont le premier baile outré
Clos de fosses et de palis.

Voyez la Chronique de Jordan Fantosme, vers 1242, et 1282.]

2. BAILLE, Nourrice ou sage-femme. Gl. *Baila.*

* 3. BAILLE, Couleur de cheval; tacheté. Guill. Guiart, tom. 11, pag. 106, vers 2718 (11698) :

Et destriers de pris benissanz
Blans, noirs, bruns, bais, baucens et bailles,
Que tout li renc et les batailles, etc.

Voir Le Duchat, au mot *Baillet.*

BAILLÉE, Assignation, hypothèque. Gl. *Bailleta.*

1. BAILLER, Toucher, manier. Gl. *Baillagium,* 2. [Chronique des ducs de Normandie, tom. 1, pag. 341, vers 7424 :

Treiz anz i furent senz tucher
Senz adeser e senz baillier.

Atteindre, joindre. Ibidem, tom. 111, pag. 150, vers 36096 :

Mais s'il péust Osmunt baillier
Mar éust empris teu folie.

Roman d'Agolant vers 1133 :

Mes se ge u puis o mes ij poins baillier
Ge le cui si viment aparellier, etc.

Roman de Renart, tom. 1, pag. 34, vers 891 :

Li marcheant vont après lui
Mès il nel bailleront mes bui.

Roi Guillaume, pag. 78 :

Li rois n'a talent qu'il le baillent,
Ains s'enfuit, etc.

Prendre. Gérard de Vienne, vers 544 :

Outre s'en passeit à guise d'ome fier
K'il ne doignait le boin cheval baillier.

Vers 1033 :

Tot son harnois li firent rendre arier
Et plus asseiz, s'il le doignaist baillier,

Chronique des ducs de Normandie, tom. 1, pag. 220, vers 3937 :

Od si faites turs bataillées
Jà n'ierent prises ne baillées.

Voyez *Abailler.* Porter, manier. Fragment d'Aubri, après le Fierabras, éd. Bekker, pag. 160² :

Dist l'une à l'autre : cis set armes baillier.

Ibidem, pag. 158² :

Et tant avés de noviaus chevalier
Qui sevent bien lor garnemens baillier.

Se je vos voie des vos armes baillier.

Voyez pag. 151², 152², Gérard de Vienne vers 1897 :

Li gentis roi ke molt fu travilliez
De colz doner et des armes baillier.

Voyez vers 1996. Fragment de Gérard, après le Fierabras, éd. Bekker, pag. 166² :

Sor cele perche me met son espervier
K'il ne le scit ne tenir ne baillier.

Gérard de Vienne, vers 414 :

S'il vos tenoit, ne tenir ne baillier,
Toz l'ors del mont ne vos aurait mestier,
Ne voz pandist comme lairon forsier.]

* 2. BAILLER, Gouverner. Roman de Roncevaux, éd. Monin, pag. 5 :

Trestote Espaigne en terez à bailier.

Pag. 38 :

Vous fustes fiuls au bon comte Renier
Qui tint la marche et l'honnor à bailler.

Ogier le Danois, dans une note de la Chronique des ducs de Normandie, tom. 11, pag. 517¹ :

Ke Karlemaines qui France ot à ballier
Fu à Laon en son palais plenier.

Voyez Rayn. tom. 11, pag. 169², au mot *Baillir.*

BAILLETE, Bail à cens. Gl. *Bailleta.*

* BAILLI, Traité. Chronique des ducs de Normandie, tom. 1, pag. 252, vers 4895 :

Veez, fait-il, cum sui bailliz,
Cum sui baissiez e afebliz.

Fabliau du noir palefroi, vers 622 :

Se il savoit certainement
Comment son oncle l'a bailli
Et ce qu'il a à moi failli.

Voyez Rayn. tom. 11, pag. 169², au mot *Baillir.*

BAILLIAGE, Tutelle, administration des biens d'un mineur. Gl. *Bajulus,* 3.

BAILLIE, Gouvernement, protection. Gl. *Bajulia* sous *Bajulus* 4. [Partonop. de Blois, vers 208 :

Et por le grant cevalerie
Qui se tenoit en lor baillie.

Voyez Rayn. tom. 11, pag. 170¹, au mot *Bailia.*]

BAILLIER, Affermer, donner à bail. Gl. *Baillagium,* 2.

BAILLISTRE, Tuteur, administrateur des biens d'un mineur. Gl. *Bajulus,* 3.

* BAINCHERE, Lisez et voyez *Bainchete.*

BAINCHETE, Espèce de nasse. Gl. *Bansella.*

BAIOE, Espèce de panier ou de hotte. Gl. *Bacholata.*

BAISÉ, Oreiller. Gl. *Baufualium.*]

BAISEDOY, BAISEMAIN, Ce qu'on donne en allant à l'offrande, où au lieu de la patène, le prêtre présentáit sa main ou son doigt à baiser; et encore ce qu'on paye en prenant possession d'une charge, dignité, ou de quelqu'autre chose. Gl. *Baisemain* et *Offerenda.*

BAISSELETE, Jeune fille à marier. Gl. *Baccalarii,* 2.

BAISSELLE, Servante, suivante, femme de chambre. Gl. *Baila.*

* BAISSIERE, Lie du vin. Gl. *Baissiere.*

BAIVIAU, Baliveau. Gl. *Baivarius.*

* BAL, *Que l'en chante à coucher la bru.* Gl. *Epythalamum.*

BALAIS, Ce qui reste après que le grain a été vanné ou criblé; criblures, le blé qui est tombé dans la grange. Gl. *Balleium.*

*** BALANCE**, Incertitude. Chanson, Wackernagel, pag. 51 :

> Me covanrait vivre en ceste balance?

Pag. 44 :

> Paor de mort, dont je sui en bellance.

Rutebeuf, tom. 1, pag. 114 :

> Seront jamais par vos tensei
> Cil d'Acre qui sunt en balance
> Et de secorre en esperance?

Roi Guillaume, pag. 131 :

> La nef tot à plain abandone,
> Si l'a laissie en la balance.

BALANCIER, Officier de la monnaie, qui pèse dans les balances d'essais. Gl. *Balança*.

BALANDRAN, BALANDRAS, Espèce de manteau. Gl. *Balandrana*.

*** BALBIER**, Balbutier. Partonop. de Blois, vers 7245 :

> Nel puet nomer et neporquant
> Balbié l'a en souglotant,
> Parto... Parto... a dit sovent.

Voyez Rayn. tom. 11, pag. 173 4, au mot *Balbt*.

*** BALDEMENT**, Hardiment. Partonop. de Blois, vers 4045 :

> Si s'entredient baldement
> Quenconques lor vient à talent.

Voyez *Baudement*.

BALEN, Couverture de laine pour un lit. Gl. *Balinja* [en breton].

BALENIER, Vaisseau de guerre ou de corsaire, et celui qui le monte. Gl. *Balanèria*.

BALER, Danser, sauter. Gl. *Balare*, pag. 546³. [Voyez Rayn. tom. 11, pag. 174¹, au mot *Ballar*.]

BALERIE, Danse. Gl. *Balare*, pag. 547¹.

BALESTEL, Farceur, bateleur. Gl. sous *Balare*, pag. 547².

BALESTIAUS, Danse accompagnée de chant. Gl. *Balare*. pag. 547². [C'est le pluriel de *Balestel*.]

BALET, Espèce de portique, galerie, boutique de marchand ou d'artisan. Gl. *Baletum*.

BALEUR, Danseur, sauteur. Gl. sous *Balare*.

BALINGE, Berceau, langes, maillot d'enfant, layette. Gl. *Balinja*.

BALINGER, Marquer avec des balises les endroits dangereux d'un passage en mer ou sur une rivière. Gl. *Balisagium*.

*** BALINIERE**, comme *Ballenier*. Gl. *Balaneria*.

BALLANCE, Un poids fixe et déterminé. Gl. *Balança*.

BALLE, Nourrice ou sage-femme. Gl. *Baila*. [Voyez Rayn. tom. 11, pag. 169², au mot *Baylla*.]

*** BALLE**. *Pain ballé*. Gl. *Panis tornatus*, pag. 58².

*** BALLENDIER**, Brelandier, joueur. Gl. *Belencus*.

BALLENIER, Vaisseau de guerre ou de corsaire. Gl. *Balaneria*. [*Ballenger*. Gl. *Balingaria*.]

BALLET, Espèce de portique, galerie, boutique de marchand ou d'artisan. Gl. *Baletum*.

BALLISEUR, Tuteur, administrateur des biens d'un mineur. Gl. *Bajulus*, 3.

BALLOIER, Balayer. Gl. *Amassator*.

BALME, Grotte, caverne. Gl. *Balma*, 1.

BALNIER, Vaisseau de guerre ou de corsaire. Gl. *Balaneria*.

BALOIER, Flotter, voltiger. Gl. *Balare*. [Flore et Blanceflor, vers 2849 :

> Cief ot bien fait et crigne bloie
> Desci au braiel si baloie.

Voyez Rayn. tom. 11, pag. 172², au mot *Balaiar*. Guill. Guiart écrit *Balier*, tom. 1, pag. 255, vers 6166 (6485), et tom. 11, pag. 385, vers 10000 (18981).]

BALOIS, Ce qui reste après que le grain a été vanné ou criblé, criblures, le blé qui est tombé dans la grange. Gl. *Balleium*.

*** BALZ**, comme *Baile*, 1. Villehardouin, pag. 161 : *Henris li balz de l'empire*. Voyez Rayn. tom. 11, pag. 169¹, au mot *Baile*.

BAMBAIS, Toile de coton. Gl. *Bambaxium*.

1. BAN, Étendard, enseigne, drapeau. Gl. *Bandum* 1.

2. BAN, Publication d'une ordonnance ou d'une défense. Gl. *Bannum*, 1, pag. 568², 569 12.

3. BAN, Étau de boucher. Gl. *Bancagium*.

4. BAN, Le droit que les jeunes gens demandaient à un nouveau marié le soir de ses noces, en faisant une espèce de charivari. Gl. *Bannum*, 5.

BANAIGE, Droit de banalité, ce qu'on paye au seigneur pour ce droit; l'étendue de la banalité. Gl. *Banagium*.

BANASTE, BANASTRE, Corbeille, panier, espèce de hotte, bachou. Gl. *Banastum*.

BANCAGE, Juridiction, district. Gl. *Bannum*, 3.

BANCART, Espèce de tombereau. Gl. *Banchart*.

BANCHAGE, Étalage, droit qu'on paye pour le *banc* ou la place où l'on étale. Gl. *Bancagium*.

BANCHART, Brancard ou flèche d'un carrosse. Gl. *Banchart*.

BANCHE, Boutique, étude d'un notaire. Gl. *Bancha*, 4.

BANCHERESSE. COIGNÉE BANCHERESSE, Certaine cognée à l'usage des charpentiers et charrons. Gl. *Banchart*.

1. BANCHIER, La couverture d'un banc. Gl. *Banchale*, et sous *Bancus*, pag. 561².

2. BANCHIER, Celui qui est commis pour lever le droit de *ban-vin*. Gl. *Bancharius*.

BANCIER, Marchand, qui tient boutique. Gl. *Bancha*, 4.

BANCLOCHE, BANCLOQUE, La cloche du beffroi, qu'on sonne pour assembler la commune du même *ban* ou district. Gl. *Campana bannalis*, sous *Campana*, 2, pag. 60³.

BANCQUET, Sorte d'arme. Gl. *Balneria*.

BANCQUIER, La couverture d'un banc. Gl. *Banchale*.

BANDAYRAMENT, Droit de pâturage et d'usage dans un territoire. Gl. *Bandairagium*.

BANDE. Voyez *Escu*.

BANDELER†, Envelopper de bandes. Gl. *Instilare* sous *Instila*.

BANDEZ, On appelait ainsi en 1410 ceux qui étaient attachés au parti du duc de Berry, à cause d'une *bande* ou écharpe qu'ils portaient pour se distinguer des autres. Gl. *Banda*, 1.

BANDIER, Messier, celui qui garde un *ban* ou territoire. Gl. *Banderius*.

BANDIMENT, Publication d'un ban, saisie. Gl. *Bannimentum*, 3 [et *Bannum*, pag. 571². Voyez Rayn. tom. 11, pag. 176², au mot *Bandimen*].

BANDOLIER, Toute espèce de vagabond. On a appelé *Bandouliers* les voleurs des grands chemins, qui vont en troupe ou bande. Gl. *Bandum*, 1, pag. 564¹.

1. BANDON, Ban, proclamation. Gl. *Abandum*.

2. BANDON, Abandonnement. Laisser à *Bandon* quelque chose à quelqu'un, l'en laisser le maître absolu. Gl. *Abandum*. [Roman de Roncevaux, éd. Monin, pag. 9 :

> Tote sa terre vos metra à bandon.

Marié de France, tom. 1, pag. 488 :

> M'amer li metrai à bandun.

De là à *bandon* ou *abandon*, librement, fortement, tout à fait. Roi Guillaume, pag. 123 :

> Et serjant en lor maison prisent
> A bandon quanqu'il i troverent.

Gérard de Vienne, vers 1563 :

> Grant cop li done sor l'escu à bandon.

Vers 1570 :

> Et sor la croupe de l'auferrant Gascon
> L'ait enversé li rois tot à bandon.

Voyez vers 1583. Partonop. de Blois, vers 286 :

> Li rois fu ocis el doignon
> Et trestuit si fil à bandon.

Chronique des ducs de Normandie, tom. 1, pag. 172, vers 2599; pag. 270, vers 5363; pag. 367, vers 8194. Chastel. de Couci, vers 5368 :

> Tenes de cechi vous fas dou
> Et avoec ce don abandon
> C'à nul jour mais ne vous faudray.

Voyez Rayn. tom. 11, pag. 177², aux mots *Bandon* et *Abandon*. Orell, pag. 295.

3. BANDON, Bannier, celui qui est sujet au ban d'un seigneur. Gl. *Bandius*.

BANDOR, pour *Baudor*, Joie, allégresse. *Baudose* [et *Bandositas*].

BANDREY, Le fer avec lequel ou bandait l'arbalète. Gl. *Bendare*, 1.

BANEE, Banalité. Gl. *Bannia*, 2.

BANERIE, Territoire, district. Gl. *Baneria*. [Voyez *Banaige*.]

BANIE, Ban, publication, criée. Gl. *Banerias*, 3. [Partonop. de Blois, vers 495 :

> Des Chicrebore dusqu'en Rossie
> Faisait l'on tote se banie
> Et dusqu'en Ardene le grant
> Faisait l'on trestot son commant.]

BANIER, Sergent, celui qui dénonce un ban, qui fait une semonce. Gl *Banerius*, 3. [Partonop. de Blois, vers 2935 :

> Atant font les baniers crier
> Que trestot s'aillent desarmer.]

BANIERE, pour *Banerie*, Territoire, district. Gl. *Baneria*.

* **BANIR**, comme *Bannir*, 2. Gl. *Bannire*, pag. 570[3].

BANLEFFRE, ʙᴀɴʟɪᴇᴠʀᴇ, Le tour de la bouche. Gl. *Banlauca*. [Voyez *Baslevre* et *Baulevre;* la forme *Banlevre* ne se trouve que dans un seul passage.]

BANMOLIN, Droit de banalité pour le moulin. Gl. *Bannum moltæ*, pag. 570[2].

BANNAGE, Droit de Banalité, ou celui d'imposer et lever des amendes. Gl. *Banagium*.

BANNALMENT, Par droit de ban. Gl. *Bannaliter*.

BANNAR, Messier, garde, d'un *ban* ou territoire. Gl. *Bannerii* sous *Bannum*, 1, pag. 572[2].

1. **BANNE**, Sorte de panier. Gl. *Banna*, 1.

* 2. **BANNE**, Bannière. Guill. Guiart, tom. 11, pag. 274, vers 7114 (16084):

> Ainz qu'il partist bernois ne bannes.

Pag. 107, vers 2757 (11737), cité au mot *Banna*, 1 :

> Du siècle guerpirent la banne.

BANNÉE, Banalité. Gl. *Bannia*, 2 [et *Bannum*, pag. 571[2]].

BANNER, Publier. Gl. *Banerius*, 3, pag. 565[1].

* **BANNIE**, Proclamation, publication. Gl. *Banerius*, 3. pag. 565[1]. [*Bannum*, pag. 571[2]. Vente publique, Gl. *Banerius*, 3.]

1. **BANNIER**, Celui qui est obligé de moudre son blé au moulin et de cuire son pain au four de son seigneur. Gl. *Banarii* sous *Bannum*, 1, pag. 571[2] [et *Homo motarius*, pag. 689[3]].

2. **BANNIER**, Banal. Gl. *Banderius furnus*.

3. **BANNIER**, Messier, garde d'un *ban* ou territoire. Gl. *Banerius*, 2. [Voyez Rayn. tom. 11, pag. 176[1], au mot *Bandier*.]

1. **BANNIR**, Crier, vendre à l'encan. Gl. *Banerius*, 3.

2. **BANNIR**, Défendre par un ban public. Gl. *Bannerius*, 3.

* 3. **BANNIR** sᴏɴ Oꜱᴛ, Oꜱᴛ ʙᴀɴɴɪᴇ, Convoquer son armée, armée réunie. Gl. *Bannum*, pag. 571[1]. Chanson de Roland, st. 112, vers 3, Gérard de Vienne, vers 345.

* 4. **BANNIR**, Confisquer, saisir. Gl. *Bannum*, pag. 568[2].

BANNOIS, Espèce de banne, vaisseau propre à conserver le poisson. Gl. *Banna*, 1.

BANNYE, Le droit de faire publier un ban. Gl. *Bannum vindemiarum* sous *Bannum*, 1, pag. 469[3].

* 1. **BANOIER**, comme *Bâloier*. Guill. Guiart, tom. 11, pag. 341, vers 8849 (17830):

> Banières, et penons banoient
> Quant encontre le vent se plient.

* 2. **BANOIER**, comme *Esbanoier*, S'amuser. Roman d'Aubri, après le Fierabras, éd. Bekker, pag. 169[1]:

> Or fu Basin alés por rivoier,
> Son fil laissa sus el palais plenier;
> O se maratre le laisse à banoier.

Chanson de Colin Muset, Wackernagel, pag. 73 :

> Car à grant joie
> Vit et s'en banoie
> Cui amors maistroie.

Comparez *Se baigner*, et pour les deux significations. Rayn. tom. 11, pag. 177[1], aux mots *Bandeiar*, *Baneyar*.

BANON, Pâture commune. Gl. *Bano*.

BANQUE, Banc, siége. Gl. *Banqus* [et *Lingua staterœ*, pag. 123[1]. Voyez Rayn. tom. 11, pag. 178[1], au mot *Banca*. *Banket*, Partonop. de Blois, vers 7439 :

> Et cle estoit sqr un banket
> De blanc yvorie petitet.] .

BANQUELE, p. e. Petite bande. Gl. *Benda*, 2.

BANQUERIE, Trésorerie. Gl. *Bancharius*.

BANQUETTE, Selle de cheval. Gl. *Banqus*.

BANQUIER, La couverture d'un banc. Gl. *Banchale*.

BAN-VIN, Le droit qu'a un seigneur d'arrêter pour un temps la vente du vin de ses vassaux, pour vendre le sien. Gl. *Bannum*, 1, pag. 569[3], 570[2].

BANZ, pour ʙᴀᴜᴢ, Tutelle, administration des biens d'un mineur. Gl. *Baulum*.

BAONNOIS, Espèce de blé. Gl. *Bladum*.

* **BAPTESTAL**, Punition, jugement sévère, querelle. Roman de Roncevaux, éd. Monin, pag. 60 :

> C'on la detraie à coe de cheval...
> De son service recevra baptestal.

Partonop. de Blois, vers 2253 :

> Partonopeus cace devant
> Trosqu'al castel les va ferant...
> Partonopeus trosqu'el val
> Ne fine de son baptestal.

Vers 4939 :

> Se sentissiés les maus que sent,
> Vos parlissiés tout autrement;
> S'un poi aviés de ma cure
> Moult perderiés l'envoiséure,
> N'en tenriés tel baptestal.

Voyez le Roman de Renart, tom. 1, pag. 255, vers 6892, et Rayn. tom. 11, pag. 197[1], au mot *Batestau*.

BAPTESTIRE, Baptême. Gl. *Baptisterium*.

BAPTEUR, Nom de femme, Balthilde. Lett. de 1366, tom. 1v, des Ordon. pag. 679.

BAPTISEMENT, ʙᴀᴘᴛɪꜱꜱᴇᴍᴇɴᴛ, Baptême. Gl. *Baptisamentum* et *Baptisare*.

BAPTISIER, Faire, bâtir; d'où

BAPTISSEMENT, L'action de bâtir, construction. Gl. *Baptisamentum*.

BAPTIZOERE, p. e. Robe dont on revêtait un baptisé. Gl. *Baptizatus*.

BAPTOIER, Baptiser. Gl. *Baptisare*.

* **BAQUENAS**, Tempête. Joinville, p. 39 : *Dedans les trois samedis fu si grant baquenas en la mer devant Damiete, etc.* Hist. de l'établissement de la fête de la Conception de la Vierge, dans le Glossaire de Joinville :

> Li vent vint à la nef devant
> O torment et baquenas grant,
> De toutes pars la mer lor saut.

BAQUET, Terme de mépris, petit, menu. Gl. *Buquetus*.

BARABAN, Bassin de cuivre, sur lequel on frappe pour annoncer quelque chose. Gl. *Bachinator*.

* **BARAGE**, Péage. Gl. *Gruagium*.

BARAIL, ʙᴀʀᴀʟ, Baril, espèce de mesure. Gl. *Barallus*.

BARAL, ʙᴀʀᴀᴛ, Fraude, tromperie. Gl. *Barataria* sous *Baratum*, 1, pag. 583[2]. [Voyez Rayn. pag. 183[1], tom. 11, au mot *Barat*, etc.]

* **BARATE**, Confusion, embarras. Chanson des Saxons, tom. 11, pag. 30 :

> Or set bien que il est dedanz l'ost perceuz,
> Ja i aura barate et granz criz et granz huz.

Partonop. de Blois, vers 10665 :

> Al lier fu la grans barate,
> Or est trop haute, or est trop plate,
> Or i a trop d'escoverture.

Chronique des ducs de Normandie, t. 111, pag. 65, vers 33698 :

> N'a cure plus de lor barate;
> La rien dont-il plus or se baste
> C'est d'eus esloignier, de fuir.

* **BARATER**, Tromper. Gl. *Barretors* sous *Baratum*, 1, pag. 583[2], et *Barare*. Voyez Rayn. tom. 11, pag. 183[2], au mot *Baratar*.

BARATEUR, Traître, trompeur. Gl. *Baratator* sous *Baratum*, 1, pag. 583[3].

BARATERIE, Échange. Gl. *Barattaria*, 2.

* **BARATRON**, Nom d'une divinité des Sarrasins. Agolant, vers 908 :

> Dehez ait hui Terragan et Mahon
> Et Apolin et tes diex Baratron.

Roman de Blanchaudin, chez Roquef. Supplém. pag. 36[2] :

> Sadoine fait porter Mahon
> Et Apolin et Baratron.

Voyez Rayn. tom. 11, pag. 184[2], au mot *Baratro*.

BARATTERIE, Altération des denrées ou marchandises. Gl. *Barataria*, 3.

BARAU, Baril, espèce de mesure. Gl. *Barallus*.

BARBACANE, Ouvrage avancé pour la défense d'une ville, d'un fort, d'un pont, etc. Gl. *Barbacana*, et *Antemurale*. [Roman de Renard, tom. 11, pag. 327, vers 18495 :

> Hordéiz et et bon et bel,
> Par defors les murs dou chastel
> Ses barbacanes fist drecier
> Por son chastel miauz enforcier.
> Sodoiers mande por la terre
> Qu'il vaingnent à li por conquerre,
> Sergens à pié et à cheval :
> Tant en i vint que tot un val
> En fu covert, grant joie en fist
> Renart, et maintenant les mist
> Es barbacanes por deffense.

Chronique des ducs de Normand. tom. 1, pag. 402, vers 11888 : *Barbequennes*. Chron. de Jordan Fantosme, vers 657 : *Barbecan*. Voyez le Glossaire de Joinville, et Rayn. tom. 11, pag. 186[1], au mot *Barbacana*.]

BARBADOUIRE, Masque. Gl. *Barbator*.

BARBARIME, Pays étranger. Gl. *Barbarus*, pag. 588[2].

BARBARIN, Étranger, ennemi. *Langue Barbarine*, la Teutonique. Gl. *Barbarus*, pag. 588[2].

BARBAUT, Masque. Gl. *Barbator*.

BARBE, Eɴ ʙᴀʀʙᴇ, En face, à la barbe de quelqu'un. Gl. *Barba*, 1, pag. 584[3].

BARBE Fᴏᴜʟʟᴇ, Poil follet. Gl. *Barba*, 1, pag. 584[3].

BARBÉ, Jeune homme portant barbe. Gl. *Barbescere*. [Voyez Rayn. tom. II, pag. 185[1], au mot *Barbat*. *Naimes li berbeiz*, le vieux, Gérard. de Vienne, vers 1742.]

BARBEAULX, Dents ou pointes. Gl. *Barbelatus*.

RARBEIL, Barbillon, poisson. Gl. *Barbiolus*, et † *Lubellus*. [Roman de Renard, tom. I, pag. 44, vers 1146 :

> Et li engin où nos peschons
> Les anguilles et les barbiaus
> Et autres poissons bons et biaus.]

BARBELOTE †, Petit insecte, formicaleo. Gl. *Mirmicoleon*.

BARBEQUENNE. Voyez *Barbacane*.

BARBERIE †, Boutique de barbier. Gl. *Barbitondium*.

BARBETTE, Sorte de guimpe, dont les religieuses couvrent leur sein : à Remiremont, c'est un mouchoir de cou, qu'on donne aux dames à leur réception et à leurs funérailles; elles le mettent encore lorsqu'elles officient et qu'elles communient. Gl. *Barbetus*.

BARBIER, Raser, faire la barbe. Gl. *Barbescere*.

BARBIERE, Mentonnière. Gl. *Barbetus*. [Chastel. de Couci, vers 1345, 1650.]

BARBIERÉ, Ce qui concerne le métier de barbier. Gl. *Barbescere*.

BARBILLÉ, Monnaie des vicomtes de Limoges. Gl. *Barbarini*. [Voyez Rayn. t. II, pag. 185[2], au mot *Barbari*.]

BARBIN, Habitant d'une *Barbiniere*, Lieu planté d'arbres. Gl. *Barbaritani*.

BARBOIER, Raser, faire la barbe. Gl. *Barbescere*.

BARBOIRE, Masque, à cause de la barbe qu'on y attachait, mascarade. Gl. *Barbator*.

BARBOTARD, Fait en façon de *Barbote*. Gl. *Barbota*.

BARBOTE, Sorte de vaisseau couvert. Gl. *Barbota*.

BARBOUCHET, Barbouquet, Soufflet ou coup de la main sous le menton. Gl. *Barba*, I, pag. 584[3].

BARBOUILLAIRE, Stupide, hébété. Gl. *Baburrus*.

BARBUCE ou Barbute, Armure de tête; d'où

BARBUÉ, Soldat armé d'une *Barbute*. Gl. *Barbuta*.

BARBUQUET, Soufflet ou coup de main sous le menton. Gl. *Barba*, I, pag. 584[3].

BARCHE, Meule, tas de foin, de paille, etc. Gl. *Berga*.

I. **BARDE**, Ornement de cheval, bât. Gl. *Barda*, I. [Voyez Rayn. tom. II, pag. 187[1], au mot *Bardel*.]

* 2. **BARDE**, Hache. Gérard de Vienne, vers 1997 :

> Pluis en est duiz ke maistres charpentiers
> N'est de sa barde ferir et chaploier,
> Kant il veut faire saule ou maison dressier.

Voyez Gl. *Alabarda*, et Benecke, tom. I, pag. 90[2], au mot *Barte*.

BARDER, Paver; d'où *Bardement*, Pavement. Gl. *Bardatus*, I.

BARDIC, Chanteur, joueur d'instruments [en breton]. Gl. *Bardicatio*.

BAREGNON, Bourse, gibecière. Gl. *Baragnus*.

BAREIL, Baril, tonneau. Gl. *Trepalium*.

BARETÉE, Altération des denrées ou marchandises. Gl. *Barataria*, 3.

* **BARETELE**, Colifichet. Partonop. de Blois, vers 10117 :

> A lor menues bareteles
> R'entendoient ces damoiseles,
> De guimples et de crioreaus,
> De vidoires et de freseaus.

BARETER, Échanger, faire un troc. Gl. *Baratare*, I. Voyez *Barater*.

BARETERRES, Traître, trompeur; d'où *Bareteresse* pour le féminin. Gl. *Baratum*, pag. 583[2]. [Voyez Rayn. tom. II, pag. 184[1], aux mots *Baratiers* et *Baratairitz*.]

BARGAIGNER, Marchander. Gl. *Barcaniare*.

BARGAIN, Bargainne, Marché, accord, convention. Gl. *Barcaniare*, pag. 592[1]. [*Bargaigne*, Action de marchander; hésitation, retard; affaire. Partonop. de Blois, vers 2609 :

> De sodoier est tot bargaigne
> N'est riens qui à segnors remaigne.

Chastel. de Couci, vers 1433 :

> D'autre part sans faire bargaigne
> Vint sires Arnoulz de Mortaigne.

Vers 6749 :

> Cilz respont sans faire bargangne.

Roman de Renard, tom. I, p. 17, vers 439 :

> Puis s'est mis Renart el retor
> Qui n'a cure de cel bargaigne,
> Qu'il crient que Ysengrin ne viengne.

Chronique des ducs de Normandie, tom. II, pag. 113, vers 18641 :

> Dunc commença teus la bargaigne
> Cum de grosses lances fraisnines.

Chron. de Jordan Fantosme, vers 192 :

> Ki juster volt à cumpaignun, tost i trova bargaigne.

Voyez Rayn. tom. II, pag. 187[1], au mot *Barganh*.

BARGAULT, Le gras de la jambe, le mollet. Gl. *Berga*, et *Raba*.

I. **BARGE**, Barque. Gl. *Barga*. [Voyez Rayn. tom. II, pag. 186[2], au mot *Barca*.]

2. **BARGE**, Meule, tas de foin, de paille, etc. Gl. *Berga*.

BARGINER, Marchander. Gl. *Barcaniare*.

BARGINGNIER, Rechercher, priser. Gl. *Barcaniare*.

* **BARGIS**, Bouffi. Roman de Renart, tom. III, pag. 6, vers 19906 :

> Si fu enflez, bargis et gros
> Q'à poine puet un pas passer.

BARGOT, Bargotte, Barque, navire, vaisseau de guerre. Gl. *Barca*, et *Barga*.

BARGUIGNEMENT †, L'action de marchander. Gl. *Barginhare*.

BARGUIGNER, Barguiner, Disputer de prix, marchander. Gl. *Barcaniare*. [Voyez Rayn. tom. II, pag. 187[2], au mot *Barganhar*.]

BARILAT, Faiseur de barils, tonnelier [à Marseille]. Gl. *Barrarelius*.

BARILLEULX, Baril, tonneau. Gl. † *Amphora*, I.

BARILLIER, Officier de l'échansonnerie chez le Roi. Gl. *Barillarius* sous *Barile*.

BARJUS, Baril, tonneau. Gl. *Barile*.

* **BARIZEL**, Barisel, Petit baril. Voyez le Fabliau du *Chevalier au Barizel*.

I. **BARNAGE**, Corps ou assemblée de

---

la noblesse, naissance illustre, grandeur d'âme. Gl. *Barnagium* sous *Baro*, pag. 602[3], et *Barnagium*, I. [Voyez Rayn. tom. II, pag. 181[2], au mot *Barnage*. Partonop. de Blois, vers 9262. Chanson de Roland, stance 39, vers 16 :

> De tel barnage l'ad Deus enluminet
> Meilz voelt murir que guerpir sun barnetz.

2. **BARNAGE**, Barnaige, Redevance due pour la nourriture des chiens de chasse du seigneur. Gl. *Barnagium*, I.

BARNÉ, Baron, noblesse. Gl. *Barnatus* sous *Baro*. pag. 603[1]. [Chanson de Roland, stance 70, vers 6 :

> Fust chrestiens, asez aüst barnet.

Stance 82, vers 3 :

> Succurrat nos li reis od sun barnet.

Agolant, vers 685, 688. Voyez *Barnage*, Rayn. tom. II, pag. 181[2], au mot *Barnat*.

* **BARNEL**, comme *Barnage*, I.

* **BARNILMENT**, Noblement. Marie de France, tom. II, pag. 439 :

> Barnilment t'estuet contenir.

I. **BARON**, Homme, mari. Gl. sous *Baro*, pag. 597[2]. [Voyez Rayn. tom. II, pag. 180[2] au mot *Bar*. Roquefort, au mot *Baron*. Seigneur; grand, illustre guerrier. Gl. *Barò*, pag. 597[23], et † *Heroicus*. Partonop. de Blois, vers 433 :

> Rois Marowels fu fils Ludon...
> Por sa proece et por ses mors
> Orent li roi, enprés ses jors,
> Marovels lonc tans à sornum
> Por ramenbrance del baron.

Gérard de Vienne, vers 2581 :

> Granz fu li coux dou baron chevalier.

2. **BARON**, Sot, hébété, mari dont la femme est infidèle. Gl. sous *Baro*. p. 597[1].

* **BARONIE**, comme *Barnage*, I. Gl. *Baro*, pag. 598[2], 602[12]. Voyez Rayn. tom. II, pag. 182[2], au mot *Baronia*.

BARONNESSE, La femme d'un baron. Gl. *Baronissa* sous *Baro*, pag. 598[1].

BAROUESTE †, Brouette, espèce de chariot. Gl. *Barrota*, et *Epirhedium*.

BARQUENNIER, Disputer de prix, marchander. Gl. *Barcaniare*.

BARQUIAU, Bassin, réservoir d'eau [à Marseille]. Gl. *Barquelius*.

BARR, Barre, barrière [en celtique]. Gl. *Barræ*, pag. 603[3].

BARRAGE, Le même droit que celui de jaugeage. Gl. *Barragium*, 2.

BARRAGOUIN, Barbare, étranger. Gl. *Barginna*.

* **BARRAIGE**, Droit payé aux barrières. Gl. *Barragium*, pag. 604[3].

I. **BARRE**, Barreau, juridiction. Gl. *Barræ*, L.

2. **BARRE**, En terme de droit, Exception, défense, fin de non-recevoir. Gl. *Barræ*, 4. [Guill. Guiart, tom. I, pag. 122, vers 2643 (3035) :

> Mort, dont nul ne set la venue
> Li fist ceste desconvenue...
> N'i valut barre ne barrel.]

* 3. **BARRE**, Retranchement, clôture. Voyez Gl. *Barræ*, I, pag. 604[1], et ci-dessous *Barri*. Partonop. de Blois, vers 2270 :

> Quant cuide à ses bares iscir
> Moult en a trové mal loisir.

Li rois i est venus devant
Et od lui li François vaillant...
La barre li ont si tenue
Qu'il n'en puet avoir nule issue.

Garin le Loher. tom. 1, pag. 142 :

Li Loherenc chevauchent à estris
Parmi la barre, les pons et les postis
Et par les guez que il trovent petis.

Pag. 229 :

Les haies place, si a le pas garni,
Fossés a fait, barres et rolléis.

Roman de Renart, tom. 11, pag. 350,
vers 19148 :

... Renart
Vit Grinbert, si en fu moult liez.
Tantost sanz autre chose fere
Conmanda la barre en sus trere
Por son cousin fere venir.
Ez-vos Grinbert en la ferté.

Fabl. du Prestre et de la Dame, vers 31 :

Il s'en vint droit devant la porte,
Si la trova molt bien fermée,
Que la barre est tote coulée.

Voyez *Barra tornadissa*, Rayn. tom. 11,
pag. 188¹, au mot *Barra*, ci-dessous *Barri*.

BARRER, Débattre, contester. Gl. *Barrare* sous *Barra*, pag. 605².

1. **BARRES**, Certaine mesure de terre en Auvergne. Gl. *Barra*, 8.

2. **BARRES**, Sorte de jeu. Gl. *Barræ*, 10.

BARRETE, Espèce de charrette. Gl. *Barrota*.

BARRETERESSEMENT, Faussement, d'une manière trompeuse. Gl. *Barrataria*.

BARREZ. LES FRÈRES BARREZ, Les carmes et les célestins. Gl. *Barrati Fratres*, pag. 606³.

BARRI, Faubourg, certain quartier d'une ville, ou château, muraille. Gl. *Barrium*, pag. 608¹. [Voyez *Barre*, 3.]

BARRIAN, Habitant d'une ville, château ou faubourg. Gl. *Barrium*.

BARRIER, Portier, celui qui est chargé d'ouvrir et fermer les *barrieres* d'une ville ou château. Gl. *Berrarius* sous *Barra*, pag. 605¹.

BARRILLIER, Officier de l'échansonnerie chez le roi. Gl. *Barillerius*.

BARROIER, en terme de droit, Défense, exception, fin de non-recevoir. Gl. *Barræ*, 4.

BARROIS, Foret, vrille. Gl. *Foretum*.

BARROISE, Femme débauchée, celle qui prostitue les autres. Gl. *Barrizare*.

BARROLLE, p. e. Le bureau, la société des sergents, ou de ceux qui perçoivent les droits aux barrières. Gl *Baroseli*.

BARRONNIER, Outil de charpentier, p. e. le barroir, espèce de tarière. Gl. *Barrarelius*.

BARROTE, Espèce de charrette. Gl. *Barrota*.

BARROYER, Débattre, discuter, contester. Gl. *Barrare* sous *Barra*, pag. 605¹. [Voyez Rayn. tom. 11, pag. 182², au mot *Barreiar*.]

* **BARRUIER**. Nom donné dans le roman de Gérard de Vienne à *Lanbers*, vers 726 :

Cuens de Baris et de Borgoigne ney.

Vers 978 :

Adonc l'apelle Lanbers le Barruier.

Vers 997 :

Aler s'en doit Lanber le Berruier.

Voyez vers 2243.

BARRUYER, p. e. Sorte de chariot. Gl. *Barrotium*.

BARSEUL, Berceau d'enfant. Gl. *Berciolum*.

BART, Moellon, pavé. Gl. *Bart*.

BARTE, Buisson, bouquet de bois. Gl. *Barta*. [Voyez Rayn. tom. 11, pag. 189², au mot *Barta*.]

BARTER, Échanger, faire un troc. Gl. *Baratare*, 1.

BARTHOLOMISTE, Partisan de Barthélemi Prignani, pape sous le nom d'Urbain VI. Gl. *Bartholomistæ*.

BARZIC, Chanteur, joueur d'instruments [en breton]. Gl. *Bardicatio*.

1. **BAS**. FILS DE BAS, Bâtard, fils illégitime. Gl. *Bastardus*, pag. 614³. [*Frère de Bas*, pag. 615¹. *Venir de Bas*, Gl. *Venire de basso*. Flore et Blanceflor, vers 1075 :

Nos voliemes que Blanceflor
N'éust à toi plus nule amor
Por cou que Crestyene estoit,
Poure cause de bas endroit.

Comparez vers 99.
2. **BAS**, Espèce de filet. Gl. *Batuda*, 1.
* 3. **BAS**, BASSET, Effilé, mince. Garin le Loher. tom. 1, pag. 298 :

La dame ert gente et de cor et de vis...
Hanches bassetes, blans et vermeil li vis.

Partonop. de Blois, vers 569 :

Basse a le bouce à bien baisier,
Si a le col lonc et plenier,
Basses espaules et bras drois,
Blances les mains et lons les dois,
Le pis espés et gens les flans,
Les hances bases sor les pans
Et a longe la forcéure.

Vers 3989 :

Bouce petite, auques bassete,
Lèvre sanguine, auques grossete,
Col lonc et blanc, espaule basse.

* 4. **BAS**, *Basse tenure*. Gl. *Socagium*, *Basse main*. Gl. *Manus*, pag. 263¹. *Basse heure*. Voyez *Heure*.

BASANIER, BASANNIER, Vendeur de cuir et de souliers. Gl. *Basanium*.

BASCHOUIER, Celui qui conduit des chevaux chargés de *Baschoës*, officier de la paneterie chez le roi. Gl. *Bacholata*.

BASE, BASELEIRE, Sorte d'épée courte, coutelas. Gl. *Basalaria*. *Baselard* †. Gl. *Basillardus*.

BASGAWD, BASGED, Corbeille, panier [en breton]. Gl. *Bascaudæ*.

* **BASILES**. *Cos basiles*, Basilic. Renart le Nouvel, tom. IV, pag. 205, vers 2077 :

Mors-soudaine li cos basiles
I vint et de plus de dis viles
Ocist les gens de son regart.

Voyez Rayn. tom. 11, pag. 192¹, au mot *Basilisc*.

BAS-LEVRE, pour *Banlévre*, Le tour de la bouche. Gl. *Banlauca*. [Roman de Renart, tom. 1, pag. 148, vers 3954 :

Por plutost la gent enginier,
Si a son balevre retret,
Les culz clot et la langue tret.

Voyez Le Duchat, aux mots *Balafre*, *Balèvre* et *Bajoues*.]

1. **BASME**, Grotte, caverne. Gl. *Balma*, 1.

* 2. **BASMES**, Baume. Flore et Blanceflor, vers 625 :

Car de l'un basmes decouroit
Et de l'autre cresmes caoit.

BASQUIER, Le maitre d'un bac, le batelier qui le conduit. Gl. *Baquerius*.

1. **BASSE**, Bast. Gl. *Bassum*, 1.

2. **BASSE**, BASSELLE, Servante, femme de chambre. Gl. *Vassus*, 2, pag. 742³. [Voyez Roquef. Supplém. au mot *Bassele*.]

BASSET, Petite table. Gl. *Bassetum*.

BASSIÈRE, Ce qui se peut hausser et baisser, particulièrement dans une écluse. Gl. *Bassiare*.

BASSIN, Branche, fourchon. Gl. *Bassinus*, 2.

BASSINAGE, Droit sur le sel et autres denrées, qu'on lève avec un bassin. Gl. *Bacinagium* sous *Bacca*, 2, pag. 523¹.

BASSYE, Latrines, lieux secrets. Gl. *Bacia*.

1. **BAST**, pour *Ban*. Gl. *Bannum*, 5.

2. **BAST**, Bâtard, fils illégitime. Gl. *Bastardus*, pag. 615¹.

BASTAGE, Droit seigneurial sur les marchandises portées à bast. Gl. *Bastagium*, 2, et *Basta*, 1.

BASTARD, pour Batardeau. Gl. *Bastardus*, pag. 616².

BASTARDAGE, Naissance illégitime, bâtardise. Gl. *Bastardagium*, et *Bastardus*, pag. 615¹.

BASTARDE, Pièce de bois d'une moyenne grandeur. Gl. *Bastarda*.

BASTARDEAU, Sorte de couteau. Gl. *Bastardus*, pag. 616².

BASTARDIE, Naissance illégitime, bâtardise. Gl. *Bastardus*, pag. 615¹.

* **BASTARDON**, Petit bâtard. Chron. des ducs de Normandie, tom. III, pag. 8, vers 31985 :

Kar vil chose ert e honte e laiz
Si de neient nos sosmetom
A un neeptel bastardon.

1. **BASTART**, MOULIN BASTART, Moulin banal. *Vin bastart*, Vin mélangé, qui n'est pas pur. [Gl. *Muscatellum* et *Vinum* pag. 842¹.] *Coustel bastart*, espèce de couteau. *Charrete bastarde*. Gl. *Bastardus*, pag. 616².

2. **BASTART**, Jart, la pointe de la laine, qu'on coupe d'abord pour rendre le reste égal et uni. Gl. *Bastardus*, pag. 616².

BASTAYS, Bast. Gl. *Basta*, 1.

BASTE, Chaton, enchâssure. Gl. *Basta*, 3. [Gérard de Vienne, vers 166¹ :

Des seles furent tuit doré li arçon
A flors à baste pointuré environ.]

1. **BASTEAULX**, JOUEUR DE BASTEAULX, Bateleur, jongleur, joueur de gobelets. Gl. *Bastaxius*.

2. **BASTEAULX**, p. e. pour Boisseau, mesure de grain. Gl. *Bastaxius*.

BASTIDE, BASTIE, Tour, château, forteresse. Gl. *Bastia*, pag. 617³.

BASTIERE, Espèce de sac où l'on met des provisions, et qui est attaché au chariot. Gl. *Basteiare*.

1. **BASTILLE**, Tour, château, forteresse. Gl. *Bastia*.

2. **BASTILLE**, Siége d'une ville ou d'un château. Gl. *Bastillus*.

BASTILLER, Assiéger, mettre le siége devant une ville, etc. Gl. *Bastillus*.

* **BASTIR**, Composer, établir, former. Garin le Loher. tom. 1, pag. 281 :

> Il les (letres) devise, cil les met en escrit;
> Quant ce fu fait, saélé et basti.

* *Bastir son plait*. Gl. *Placitum*, pag. 281³. Gérard de Vienne, pag. 1859 :

> Biaz niez, dist-il, kel plait aveiz basti,
> Vers la pucele, où je parler vos vi ?

Partonop. de Blois, vers 267 :

> Si basti un porparlement
> As Grius defors céléement,
> Qu'il les lairoit de nuit entrer.

Voyez Rayn. tom. 11, pag. 194¹, au mot *Bastir*.

BASTOER †, Lieu où l'on bat quelque chose. Gl. *Bastitorium*.

1. **BASTON**, Toute espèce d'arme offensive ou défensive. Gl. *Basto*. [Chanson de Guiot de Prouvins, Wackern. pag. 30 :

> Bien m'orient sens arme et sens baston
> Quant je les voi ensemble consillier.

Chanson de Cunes de Bethune, ibid. pag. 42 :

> Si vait de moi comme du champion
> Ki de lonc tens aprant à escremir,
> Et quant ce vient ou champ à cols ferir
> Se ne seit riens d'escut ne de baston.

Le dit du pauvre chevalier, Jubinal, Fabliaux, tom. 1, pag. 143 :

> Mais qui sert l'ennemi, qui ne fait se mal non,
> Il en a eu la fin le honni du baston.

Voyez Rayn. tom. 11, pag. 194², au mot *Baston*.

* *Jeu du Baston*. Gl. *Basto*. *Baston Bergerez*. Voyez *Bergeret*. *Baston à hostoier*, Gl. *Hostilicatus*. *Baston appellé Hache Danoise*. Gl. *Intendere*. *Baston aux gelines*. Gl. *Rova*, 1. *Baston de Ybenns*. Gl. *Ybenns*. Voyez Gl. *Investitura*, pag. 885³.

2. **BASTON**, Geôlier [en Anglais]. Gl. *Bastonicum*. [Voyez Halliwell, au mot *Baston*, 3.]

BASTONCEL, Petit bâton, houssine. Gl. *Basto*. [Chronique de Jordan Fantosme, vers 2032.]

BASTONNÉ, Armé, muni d'armes offensives ou défensives. Gl. *Basto*.

BASTONNER, Jouer aux bâtons. Gl. *Basto*.

BASTONNIER, Celui qui a soin du bâton d'une confrérie et qui le porte en procession. Gl. *Bastonerius*.

* **BASTOUER** †. Voyez *Batouer*.

BASTOUOIR, Lieu où l'on bat quelque chose. Gl. *Bastitorium*.

BASTURE, L'action de battre, coup. Gl. *Battere*, 1.

BAT, Bateau, nacelle. Gl. *Batus*, 2.

BATAIL, La partie du moulin par où tombe la farine. Gl. *Batillus*, 2. [Voyez Rayn. tom. 11, pag. 196¹, au mot *Batalh*.]

* 1. **BATAILLE**. *Faire bataille*, Faire du bruit, se plaindre de quelque chose. Gl. *Batallia*, 2. *A Bataille*, Partonop. de Blois, vers 35 :

> Cil nos semont d'amer adès,
> Et d'entendre i del tot asés,
> Et nuit et jor tot à bataille.

2. **BATAILLE**, Corps de bataille. *Grosse bataille*, Principal corps d'armée. Gl. *Ba-* tallia, 2. [Voyez Rayn. tom. 11, pag. 197², au mot *Batalha*.]

BATAILLE CAMPAL, Bataille rangée. Gl. *Bellum*, pag. 642². [*Bataille campel*, Partonop. vers 2601, 9796. Chanson de Roland, stance 227, vers 10. *Bataille champal*, Chron. des ducs de Norm. tom. 111, pag. 253, vers 38608; pag. 267, vers 38959. *Estor champel*, tom. 1, pag. 251, vers 4860. Voyez Rayn. tom. 11, pag. 303², au mot *Campal*.]

BATAILLE NOMMÉE, Combat, dont le sujet et le jour sont indiqués. Gl. *Batallia*, 2.

BATAILLÉ, Fortifié, remparé, mis en état de défense. Gl. *Batailliæ* et *Batailliatus*.

BATAILLEUR, **BATAILLIER**, Guerrier, soldat. Querelleur. Gl. *Batallia*, 2. [Voyez Rayn. tom. 11, pag. 198¹, au mot *Batalhier*.]

BATAN, Moulin à fouler les draps. Gl. *Batannum*.

1. **BATANT**, Tempe, partie de la tête où bat l'artère. Gl. *Batare*.

2. **BATANT**, Tout courant, très-vite, en diligence. Gl. *Batare*.

BATARDE, Espèce de charrette. Gl. *Bastardus*.

BATART. Voyez *Bastart*, 1.

BATEAUX. JOUEUR DE BATEAUX, Bateleur, jongleur, joueur de gobelets. Gl. *Bastaxius*.

BATEFFON, Machine de guerre, propre à l'attaque et à la défense. Gl. *Batifollum*, 1, pag. 623¹.

BATEICE, VILLE BATEICE, Celle qui n'a point de commune. Gl. *Baticius* [et *Villa*, pag. 827³].

* **BATKIER**, Baptiser. BATESTIRE, Baptême. Chronique des ducs de Normandie.

1. **BATEILLER**, Combattre. Gl. *Bataliare*.

2. **BATEILLER**, Piler, broyer. Gl. *Battare*.

BATEILLEROUS, BATEILLOUS, Belliqueux, guerrier, vaillant. Gl. *Bataliare*.

BATEILLIEISSE, VILLE BATEILLIEISSE, BATEISSE, BATELIERESCHE, Celle qui n'a point de commune. Gl. *Baticius*.

* **BATÉIS**, Battant. Partonop. de Blois, vers 8577 :

> Traire sospirs lons et plaignans
> A cuer batéis et taignans.

1. **BATEL**, Bateau. Gl. *Batellus* sous *Batus*, 2. [Voyez Rayn. tom. 11, pag. 195², au mot *Batelh*.]

2. **BATEL** †, La partie du moulin par où tombe la farine. Gl. *Batillus*, 2.

BATEMENT, Batterie, querelle. Gl. *Batallia*, 2.

BATEOR, Moulin à draps, à tan, etc. Gl. *Bateor*.

BATERIE, Ustensiles de cuivre ou de fer à l'usage de la cuisine. Gl. *Bateria*.

BATEUR A LOYER, Celui qui pour de l'argent épouse la querelle d'autrui, champion qu'on paye pour se battre. Gl. *Batitores*.

BATEURE, Malheur, infortune, échec. Gl. *Battitura* sous *Battere*, 1.

1. **BATEYS**, Juridiction, ressort. Gl. *Baticium*.

2. **BATEYS**, Taillis. Gl. *Basticium*.

BATILLER, Combattre. Gl. *Bataliare*.

BATILLEUR, Guerrier, soldat, combattant. Gl. *Batallia*, 2.

BATILLIÉ, Fortifié, remparé, mis en état de défense. Gl. *Artillaria*, 2. Voyez *Bataillé*.

BATISON, L'action de batre quelqu'un jusqu'à le tuer, coup mortel. Gl. *Battitura* sous *Battere*, 1.

BATIZON, L'action de jeter quelqu'un dans l'eau. Gl. *Adulterium*, pag. 102².

* **BATOIL**, comme *Batel*, 2. Gl. *Taratantara*.

BATOIRE, Battant ou ventail. Gl. *Batorium*.

BATOUER † [lisez *Bastouer*], Battoir, instrument à battre. Gl. *Battere*, 1.

BATRAIE, Sorte d'armure ou d'arme, p. e. Massue. Gl. *Bastoria*.

* **BATRE SA COURPE**, Confesser ses péchés en se frappant la poitrine. Agolant, pag. 186² :

> Jesu reclaiment le pere roinant,
> Batent lor courpes, à deu se vont rendant.

Marie de France, tom. 11, pag. 27. Roi Guillaume, pag. 44. Chanson de Roland, stance 172, vers 3 :

> A l'une main si ad sun piz bastud :
> Deus, meie culpe vers les tues vertuz
> De mes peccbez, des grauz et des menuz.

BATTENS, Contestation, procès. Gl. *Bastancium*.

BATTERIE, Ustensiles de cuivre ou de fer à l'usage de la cuisine. Gl. *Bateria*.

BATTIZON, Manière de pêcher en battant l'eau. Gl. *Batuda*, 1.

BATTURE, Signal qu'on donne avec les trompettes pour aller au combat, la charge. Gl. *Battitura* sous *Battere*, 1.

BATU, *Bien batu, mal batu. Batu paye l'amende*. Gl. *Battitura* sous *Battere*, 1, et *Bauderius*, 2.

BATUES, Le grain battu, et qui est encore mêlé avec la paille. Gl. *Battare*.

BATURE. Voyez *Basture*.

1. **BAU**, Rocher escarpé. Gl. *Baussium*. [Mot provençal.]

2. **BAU**, DIRE BAU, façon de saluer ou de répondre au salut. Gl. *Bela-cara*.

BAUBE, Levée, chaussée. Gl. *Balbus*.

BAUBES, Bègue; d'où *Baubeter*, *Bauboier*, Bégayer. [Voyez Rayn. tom. 11, pag. 172², au mot *Balbt*.]

* **BAUBETERRE**, Bègue. Gl. *Balbuzare*.

BAUCEANT, BAUGENT, Pavillon, enseigne. Gl. *Baucens*.

BAUCENS, Cheval taché de noir et de blanc. Gl. *Baucens*. Cheval pie. *Bauçant*, *Bauzan*, dans la Chron. des ducs de Normandie, *passim*. *Bauchant*. Chastel. de Couc., vers 1279 :

> Et séoit sus un bauchant sor.

Destrier bauchant, vers 1107. Renart le Nouvel, vers 300, tom. IV, pag. 137. Voyez Rayn. au mot *Bausan*, tom. 11, pag. 201¹; ci-dessus *Baille*, 3, et ci-dessous *Bausant*.

BAUCH, Sot, nigaud [en provençal]. Gl. *Deboyschatus*.

BAUCHE, Esseau, bois pour couvrir les maisons. Gl. *Baudatum*.

BAUCROLLE, Banderole. Gl. *Baucens*.

BAUDEKIN, Petite monnaie. Gl. *Baldakinus*, pag. 549², et *Moneta*, pag. 530³.

BAUDELAIRE, Coutelas, sorte d'épée courte. Gl. *Badelare*.

BAUDEMENT, Avec audace et insolence. Gl. *Baldantia*. [Voyez le Glossaire de Joinville; ci-dessus *Baldement* et *Bauz*.]

BAUDEOIR, Baudoyer, Quartier de Paris. Gl. *Bauderius*.

***BAUDOR**, Joie, allégresse. Chanson de Colin Muset, Laborde, pag. 208. Wackernagel, pag. 74 et 75. Flore et Blanceflor, vers 875. Chronique des ducs de Normandie *passim*. Voyez Rayn. tom. II, pag. 201², au mot *Bauzor*.

1. **BAUDRÉ**, Baudrier. Gl. *Baldrellus*, et *Baudreius* [Voyez Rayn. tom. II, p. 200², au mot *Baudrat*. Garin le Loher. tom. I, pag. 85 :

Gros par espaules, graisles par le baudré.

Le même vers se trouve dans la Chanson de Belle Eremborg, stance 5.]

2. **BAUDRE**, Courroie, bande de cuir. Gl. *Baudrerium*.

BAUDRÉE, Vieux morceau de cuir. Gl. *Baudrerium*.

BAUDROIER, Baudroyeur; d'où *Baudroierie*, L'art de faire des baudriers. Gl. *Baudreius*.

BAUDROY, Espèce de poisson. Gl. *Baudroy*.

BAVEREL, Bavette. Gl. *Salivarium*.

BAUFFRÉE, Baufrée, Soufflet. Gl. *Buffa*.

BAUGE, Serpe. Gl. *Baugium*, 3.

BAUHIER, Marchand de porcs. Gl. *Boaterius*, 2.

BAVIERE, Visière, la partie antérieure du casque. Gl. *Baveria*.

BAUKE, Esseau, bois pour couvrir les maisons. Gl. *Baudatum*.

BAULEVRE, Baulievre, p. e. pour *Banlévre*, Le tour de la bouche. Gl. *Banlauca* [et *Superlabium*. Voyez *Baslevre*].

BAULLIER, Danser, sauter. Gl. *Balare*.

BAULLIIER, Flotter, voltiger. Gl. *Balare*.

BAUME, Baumo, Grotte, caverne. Gl. *Balma*, 1.

BAUNAULE, Celui qui est sujet à la banalité. Gl. *Bannalis*.

BAUPTIZEMENT, Baptême. Construction. Gl. *Baptizamentum*. [Voyez Rayn. tom. II, pag. 179², au mot *Batejamen*.]

BAUSANT, Cheval marqué de taches noires et blanches. Gl. *Baucens*.

BAUTESME, Bautestire, Baptême. Gl. *Baptisamentum*, et *Baptisterium*. [*Bautisier*, Baptiser, Flore et Blanceflor, vers 19. *Baustoier*, Gautier de Coinsi, Roquef. Suppl.]

BAUX, Bail, Tuteur. Gl. *Baulum*.

***BAUZ**, Joyeux, hardi, assuré. Roman de Renart, tom. I, pag. 20, vers 531 :

Isangrin fu bauz et haitiez.

Pag 35 , vers 912 :

Gai et joienz et liez et bauz.

Tom. v, pag. 62, vers 1144 :

Ne onques ne vos redoutez,
Soiez bauz et asséurez.

Partonop. de Blois, vers 2741 :

Il list le brief, car il r'est clers
Et de bien lire baus et fiers.

Voyez Rayn. tom. II, pag. 201², au mot *Bautz*.

BAYCHE, Bêche. Gl. *Bessa*, 2.

BAYERIE, Baillage, juridiction, exercice de la justice. Gl. *Baylia*.

BAYHARD, Bay. Gl. *Bayhardus*.

BAYNAUBLE, Qui est défendu par un ban. Gl. *Bannalis*.

BAYNEAU, pour *Bayviau*, Baliveau. Gl. *Baivarius*.

BAYSAT, Nom de dignité chez les Turcs. Gl. *Bassa*, 1.

BAYSSE, Bêche. Gl. *Bessa*, 2.

BAYVIAU, Baliveau. Gl. *Baivarius*.

BAZE, Bazelaire, Sorte d'épée courte, coutelas. Gl. *Badelare*, *Basalaria* et *Bazelare*.

BAZENNE, Basane. Gl. *Bazena*.

BEAL, Bealaige, Canal, fossé creux, où l'eau coule continuellement le lit d'une rivière. Gl. *Bealera* et *Bedale*.

***BEALTÉ**, Beaté, Beauté. Chron. des ducs de Norm. tom. I, pag. 226, vers 4138, 4147. *Biaulteit*, *Biateit*, Wackernagel, pag. 41, 42.

BEANCE, Intention, désir, espérance. Gl. *Beare*. [Chastel. de Couci, vers 3274 :

Cuer et volenté de béance
Avoit de faire grant journée.]

BEASSE, Servante, femme de chambre. Gl. *Beassa*.

BEAU, Faire par beau, Faire volontiers, de bon cœur. Gl. *Bela-cara*.

BEAUÇANT. Voyez *Bauçans*.

BEAUFROY, Beffroi. Gl. *Belfredus*, pag. 640².

BEAU-PÈRE, Confesseur, directeur. Gl. *Pater spiritualis*.

BEAU-SIRE, Terme injurieux, le mari dont la femme est infidèle. Gl. *Siriaticus turgor*.

BEAUVOISIENNE, Fenestre Beauvoisienne. Gl. *Fenestra*, pag. 225¹.

BEC-DE-CANE, Espèce de souliers. Gl. *Poulainia*.

BEC-DE-CORBIN, Bec-de-faucon, Sorte d'arme, ainsi nommée à cause de sa ressemblance avec le bec d'un corbeau ou d'un faucon. Gl. *Becalerius*.

BEC-D'OYE, Marsouin. Gl. *Berellus*.

BECHET, Brochet, poisson. Gl. *Becchetus*.

***BECHIER**, Becqueter. Roman de Renart, tom. II, pag. 128, vers 13021 :

Là où je savoie hautins
De gelines et de pocins
Il me venoient pooillier
Et entre les jambes bechier.

Voyez Rayn. tom. II, pag. 205¹, au mot *Bechar*.

BECHOLE, Portion ou mesure de terre, p. e. autant qu'un homme en peut bêcher dans une journée. Gl. *Beciaria*.

BECQUET, Brochet. Gl. *Becchetus*.

BECQUOYSEL, Sorte d'arme qui ressemble à un bec d'oiseau. Gl. *Becalerius*.

BECUIT, Biscuit. Gl. *Drasqua* sous *Drascus*.

BEDEL, Bedeau, sergent. Gl. *Bedelli*.

BEDOIL, Sorte d'arme en façon d'une serpe, bâton ferré. Gl. *Badillus*.

1. **BEDON**, Poulin, jeune cheval. Gl. *Bedogius*.

2. **BEDON**, Tambour; d'où *Bedonneur*, Joueur de *Bedon*. Gl. *Fistulare*.

BEDUIN, Bedoyn, Paysan, pâtre de l'Arabie ; Turc de la secte de Haly. Gl. *Beduini*.

BÉE, Ouverture d'une fenêtre, par où on peut *Béer* ou voir. Gl. *Beare*.

BEE-GUEULLE, Terme injurieux, appliqué aussi à un homme; niais, sot, Gl. *Beare*. [Dit du roi Guillaume, pag. 191 :

. . . . Mais il fu fols et bée.]

***BEELENGHE**, lisez et voyez *Reelenghe*.

***BEELLEYAN**, Sénatus-consulte velléien. Gl. *Velleyanum*.

BÉER, Avoir dessein, volonté, désirer ardemment quelque chose. Gl. *Beare* [et *Abeyantia*. Flore et Jeanne, pag. 17 : *En non Dieu! respondirent cil, nous n'i beons mie tant à mauté*. Chanson de Colin Muset, Wackernagel, pag. 72 :

Cil est trop fols ki si haut beie
C'om n'i ose aprochier.]

BEFFE, Moquerie. Rayn. t. II, pag. 167², au mot *Bafa*.

BEFFER, Beffler, Se moquer de quelqu'un , le tromper. Gl. *Beffa*, et *Bifax*.

BEFFROY, Tocsin, parce qu'on le sonne au beffroi. Gl. *Betfrerius* [et *Belfredus*, 1].

BEGE, Tirant sur le roux, roussâtre. Gl. *Bigera*.

BEGÉE, Espèce de grain. Gl. *Bregniatus*.

BEGINAGE, Institut des Béguines. Gl. *Beguinagium* sous *Beghardi*, pag. 638². [Voyez Rayn. tom. II, pag. 205 ², au mot *Beguinatge*.]

BEGNE, Espèce de panier. Gl. *Banna*, 1.

BEGUDE, Hôtellerie, cabaret. Gl. *Beguta*, 2.

BEGUE, Sorte de poisson. Gl. *Begra*.

BEGUIN, Dévot, celui qui mène une vie réglée à l'extérieur. Gl. *Beguini*.

BEGUINE, Espèce de religieuse. Gl. *Beguini*.

BEHAIGNON, Bohémien, qui est de Bohême. Gl. *Bahagnia*.

BEHORDEIS, Joute, combat, course de lances; d'où le verbe *Béhorder* et *Béhourder*, Faire cet exercice. Gl. *Bohordicum*, pag. 712³. [Voyez Rayn. tom. II, pag. 211² et 212¹, aux mots *Bordei* et *Beordar*.]

BEHOU, Certaine perche de bois. Gl. *Bohordicum*. pag. 712³.

BEHOURDICH, Behourdiz, Le premier dimanche de carême. Gl. *Bohordicum*.

BEHOURT, Joute, combat, course de lances. Gl. *Bohordicum*. [Voyez Rayn. tom. II, pag. 211¹, au mot *Beort*.]

BEJANE, Bejaune, Niais, sot. Gl. *Beanus* et *Bejaunium*.

BEIRAGE, pour Barrage, Le même droit que celui de jaugeage. Gl. *Barragium* pag. 605¹.

***BEISIER**, Baiser. Gl. *Osculum*, pag. 712¹.

BEL, A mon bel, A mon aise, à la première occasion favorable. Gl. *Bonum latus*. [Voyez Rayn. tom. II, pag. 206¹, au mot *Bel*.]

BELAINGE, Tiretaine; drap de fil et de laine grossière. Gl. *Balinja*.

BELEEN, La croix de Beleen, p. e. de Belley ou Bellême. Gl. *Crux*, pag. 762.

***BELEFROY**, Beffroi. Gl. *Campana*, pag. 61¹.

8.

* **BELEMANT**, Doucement. Agolant, vers 371 :

> . . . Cele part est alé
> Tot belement, ne s'est mie hasté.

Voyez Rayn. tom. II, pag. 206 ², au mot *Bellamen*.

BELFAIT, Beau fait, sans reproche, ce qui est dans les règles. Gl. *Bela-cara*.

BELFROIT, Belfroy, Beffroi, tour de bois propre pour l'attaque et la défense. Gl. *Belfredus*, pag. 640 ¹.

BELIE, Lieu où l'on nourrit des moutons, brebis, etc., qu'on appelait *Bestes belines*. Gl. *Balens*.

BELLAINGE, Tiretaine, drap de fil et de laine grossière. Gl. *Balinja*.

* **BELLANCE**. Voyez *Balance*.

BELLANDIER, Brelandier, joueur de profession, qui fréquente les brelands. Gl. *Belencus*.

1. **BELLE**, p. e. pour *Baille*, Première défense d'une ville ou d'un château. Gl. *Ballum*, 6. [Passavant, partie des vaisseaux. Gl. *Bellatorium*.]

2. **BELLE**, sans addition, Belle-mère, marâtre. Gl. *Bela-cara*.

BELLE-ANTE, Belle-tante, femme de l'oncle. Gl. *Avuncula*.

BELLE-EUVRE, Pelleterie apprêtée ou ouvrée. Gl. *Bela-cara*.

BELLEFROY. Voyez *Beaufroy*.

BELLENT, Breland, jeu de hasard. *Bellengier*, Qui tient ce jeu. Gl. *Belencus*.

BELLEUBRE, Bélitre, pleutre, lourdaud, sot. Gl. *Balens*.

BELLICATIF, Bellicoseux, Belliqueux, Querelleur. Gl. *Bellicosus*.

BELLIÈRE, Anneau auquel est suspendu le battant de la cloche. Gl. *Belleria*.

* **BELLINE**, comme *Bellivant ?* Chastel de Couci, vers 966 :

> Des armes Hauvel
> De Quivrein viendrai bien à chief
> Dou deviser, d'or à un chief
> Atachié en belline assis,
> Et d'argent, de geulles le vis.

* **BELLIVANT**, En *bellivant*, de travers. Guill. Guiart, tom. II, pag. 454, vers 11790 (20773) :

> Françoys se metent és rueles,
> Que Flamens, comme genz senées,
> Orent és charroiz ordenées,
> En bellivant, en mie droites,
> Si greveuses et si estroites, etc.

Voyez *Besleier*.

* **BELLOIS**, Injustice. Partonop. de Blois, vers 5747 :

> Mais ce selt estre l'aventure,
> Que cil vit trop qui n'en a cure,
> Et qui velt vivre, il muer manois;
> Tel est li siecles de bellois.

Chevalerie Ogier, tom. I, pag. 67, vers 1619 :

> Ne nos menguiés à tort et à bellois.

Voyez Rayn. tom. IV, pag. 38 ¹, au mot *Beslei*, et ci-dessous *Besloy*.

BELLOYE, Sorte de bâton. Gl. *Bellosus*.

BELLUE, Habitant, voisin des forêts. Gl. *Belues*.

BELOCIER, Sorte de prunier. Gl. *Balosius*.

BELOINCHEX, Fabricateur d'un drap nommé *Balose* ou *Belose*. Gl. *Balosius*.

BELS, Terme de l'Albigeois, pour animer et exciter au carnage. Gl. *Bels*.

BELUGUE, p. e. Une machine de guerre ayant la forme de quelque bête, ou un Hameau. Gl. *Belues*.

1. **BELUTEL** †, Bluteau. Gl. *Barutelum*. [*Polentrudium, Pulsatile ;* BELUTER †, Bluter, Gl. *Exarocrare*.]

2. **BELUTEL**, Jatte, écuelle. Gl. *Bultellus*.

BENADE, Vanne, bonde. Gl. *Benna*, 3.

BENARDE. Voyez *Bernarde*.

BENATE, Sorte de panier ou hotte. Gl. *Banastum*.

BENAY, Bienheureux. Enfants Haymon, vers 579 :

> On treufve en l'escripture, que li seint benay
> Ont faite et ordonnée, si coim dieu l'estably.

Moines benéis, Beni, Garin, le Loher. tom. I, pag. 47.

BENDER, pour Bander, voiler. Gl. *Bindare*. [Entourer de quelque chose. Partonop. de Blois, vers 3008 :

> La hanste est de pumier fretée
> Ne puet brisier tant est bendée.

Flore et Blanceflor, vers 41 :

> Li pailes ert ourés à flors
> Dindés, tirés, bendés et ours.

Voyez Rayn. tom. II, pag. 210 ², au mot *Bendar*.]

BENEFICIER, Donner un bénéfice. Gl. *Beneficiare*, 2.

BENEICHON, Beneiçon, Beneisson, Bénédiction. Gl. *Benedictio*, 1. [*Messe de Benisson*, de mariage. Gl. *Missa*, pag. 435 ³.]

BENEISTRE †, Bénir. Gl. *Benedictio*, 1. [Voyez Orell, pag. 146.]

BENEL, Beniaus, Sorte de chariot, tombereau. Gl. *Benellus*.

BENEVIS, Bail à rente. Gl. *Benevisa*.

BENEURÉ, Heureux ; d'où *Béneurtie*, Béatitude. Gl. *Beatizare*, et † *Felicare*.

BENISTRE, Bénir. Gl. *Benedictio*.

BENIVOLENCE, Bienveillance. Gl. *Benivolentia*.

BENNAGE, Droit seigneurial sur le vin vendu, en certain temps de l'année, dans l'étendue du *ban* ou territoire d'un seigneur. Gl. *Bannum vendagii vini*, pag. 570 ².

BENNIE, Territoire défendu par la publication d'un ban. Gl. *Banerius*, 3.

* **BENNIE**. Voyez *Ost bennie*. Benni, Banni. Enfants Haymon, vers 355.

1. **BENNIER**, Sujet au droit de banalité. Gl. *Bennarius*.

2. **BENNIER**, Messier, gardien d'un territoire. Gl. *Banerius*, 2 et 3.

BENOISTIER, Bénitier. Gl. *Benedictarium*.

BENOIT, Béni, saint. Gl. *Benitus*.

BENURÉ, Heureux. Gl. *Beatizare*.

* **BENUS**, Espèce d'arbre, p. e. ébène. Flore et Blanceflor, vers 615 :

> Cix arbres a à non benus,
> Ja un seul point n'en ardra fus.

Voyez vers 1865, 2024.

BEQUE, Bequet, Brochet. Gl. *Becchetus*.

BEQUEREAULX, Agneaux d'un an révolu. Gl. *Bequereaulx*.

BER, Baron, homme de cœur et d'un courage distingué. Gl. *Ber*, 2. Voyez *Bers*.

* **BERBEIZ**. Voyez *Barbé*.

BERBIS, Brebis. Gl. *Berbix*, 1. [Voyez Rayn. tom. II, pag. 212 ², au mot *Berbitz*.]

BERCE, Bêche, pelle à remuer la terre. Gl. *Berca*.

BERCELET, Berch, Berceau d'enfant. Gl. *Berciolum*.

BERCHE, Berge, bord élevé d'une rivière. Gl. *Berga*.

* **BERCHIER**, Berger. Gl. *Locare*, 1.

BERCHIERE, Fonds de terre assigné en dot à une femme. Gl. *Bercheria* [et *Vercheria*].

BERCUEL, Berceau d'enfant. Gl. *Berciolum*. [*Berçol*, Chron. des ducs de Normandie, tom. II, pag. 534, vers 30585.]

BERÉLE, Berelle, Dispute, contestation, querel e. Gl. *Berellus*. [Escarmouche. Guill. Guiart, tom. II, pag. 257, vers 6650 (15642) :

> Poi a à Bergnes remes homme
> Qui de bataille amonnestez
> Ne soit là endroit arestez,
> Pour François metre en la bérèle.

Voyez Rayn. tom. II, pag. 182 ¹, au mot *Baralha*.]

BERGAIN, Convention, traité, marché. Gl. *Barcaniare*.

BERGAMAN, Coutelas, espèce d'épée courte. Gl. *Bragamardus*.

BERGERET, Baston Bergerez, Houlette. Gl. *Bergerius*.

BERGERETTE, Danse au chant d'une chanson de bergers. Gl. *Bergeretta*.

BERGINE, Brebis. Gl. *Berbix*, 1.

BERGUE, Barque. Gl. *Barga*.

BERGUIGNER, Marchander, disputer sur le prix de quelque chose. Gl. *Barcaniare*.

BERIC, Bergerie. Gl. *Bergaria*.

BERICLE, Cristal. Gl. *Bericlus*.

BERIE, pour *Blérie*, Office de messier ou garde des blés. Gl. *Blaerius*.

* **BERLENS**, Brélend. Gl. *Berlenghum*.

* **BERLIERE**, comme *Belliere*. Gl. *Berleria*, et *Cingula*, 2.

BERLONGUE, Sorte de cuve, p. e. de forme ovale. Gl. *Bislongus*.

BERMAN, Bermen, Courtier, commissionnaire. Gl. *Bermarius*.

BERNABO, Terme employé pour animer, exciter. Gl. *Bernabos*.

BERNADET, Espèce de poisson. Gl. *Centrina*.

1. **BERNAGE**, Suite, équipage d'un grand seigneur. Gl. *Bernagium* sous *Bren*, pag. 767 ³. [Galien Restoré, après le Fierabras, édit. Bekker, pag. 164 ² : *Charlemaigne entreprirst son voiage et fist apareiller son bernaige*. Pag. 165 ¹ : *Et s'en vait lui et les XII pers sans autre bernaige*. Genre de vie d'un grand seigneur. Chanson de Colin Muset, Wackern. pag. 74 :

> Car j'ain moult tribu martel
> Brut et bernaige et baudor.]

2. **BERNAGE**, Ce que fournissent les vassaux à leur seigneur pour la nourriture de ses chiens de chasse. Cette redevance, qui d'abord se payait en son, qu'on nom-

mait *Bren*, fut appelée *Bernage* ou *Brenage*; elle a été ensuite évaluée en avoine et autres grains, ou en argent, sans changer de nom. Gl. *Brenagium* sous *Bren*, pag. 767 [3].

BERNARDE, SERRURE BERNARDE, Le dictionnaire de Trévoux écrit *Bénarde*, Serrure dont la clef n'est point percée, et qui s'ouvre des deux côtés. Gl. *Bernarius*.

BERNART, Sot, niais, hébété, imbécile. Gl. *Bernarius*.

BERNE, Espèce d'habillement, cape. Gl. *Berniscrist*.

BERNER. Gl. *Sagus*, 2.

BERNICLES, Supplice usité chez les Sarrasins, dont Joinville fait la description, pag. 72, édit. du Louvre. Voy. la XIXe dissertation de M. du Cange sur cet auteur.

BERNIER, Celui qui était chargé de la nourriture des chiens de chasse, ou qui l'exigeait de ceux qui devaient la fournir. Gl. *Bren*, pag. 768 [1].

BERONHE, Guerre, expédition, p. e. pour *Besonhe* ou *Besogne*. Gl. *Bisonium*.

BERQUIER, Berger. Gl. *Bergaria*.

BERRIE, Campagne unie et sans éminences, plaine. Gl. *Beria*. [Voyez Rayn. tom. II, pag. 213 [1], au mot *Berja*.]

BERROICHE, Instrument propre à la pêche. Gl. *Bertavellus*.

BERRUYER, Sorte d'arme. Gl. *Berroerii*, pag. 662 [2].

1. **BERS**, Baron, homme de cœur et de courage. Gl. *Baro*, pag. 598 [1], 602 [123], et *Ber*, 2. [Garin le Loher. tom. I, pag. 207 :

    Vous me donna, sire, je vous le dis;
    Bers, ne porchasse que tu soies honnis.

Voyez ci-dessus *Baron*, 1. Pag. 13 :

    Hervis de Mès i feri comme ber.

Flore et Blanceflor, vers 2935 :

    Li dus qui lor anel trova
    Rendre lor va, moult fist que her.

Le dit du povre chevalier, chez Jubinal, Fabliaux, tom. I, pag. 138 :

    Tous ceulz qui volentiers oent de Dieu parler
    Et de sa douce mère, qui tant a le cuer ber.

Voyez Rayn. tom. II, pag. 181 [1], au mot *Bar*.

* 2. **BERS**, Berceau, Gl. *Bersa*, 1, et † *Crepudium*. Partonop. de Blois, vers 4570 :

    Des ço que fui petis en bers.

Vers 289 :

    Et fors un autre en bero petit.

Voyez Rayn. tom. II, pag. 255 [1], au mot *Bers*, et le Glossaire de la Chron. des ducs de Normandie.

BERSAIL, BERSEIL, But, blanc auquel on vise; le lieu même où l'on s'assemble pour tirer au blanc. Gl. *Bersa*, 1, pag. 663 [1], et *Muta*, 8.

BERSEILLER, BERSER, Chasser, percer de flèches. Gl. *Bersa*, 1, pag. 662 [3]. [Tirer. Garin le Loher, tom. I, pag. 27 :

    Là véissiez les uns aus ars berser.

Guill. Guiart, tom. II, pag. 236, vers 6104 (15084) :

    Vers leur ennemis aler lessent
    Quarriaus, desquiex la flote bille
    Plus espessement que gresille,
    Et qui, selonc ce qu'il se bercent,
    Targes et chieres nues percent.

Voyez pag. 267, vers 6909 (15901), et le Glossaire de la Chronique des ducs de Normandie, Roi Guillaume, pag. 112.]

BERSEIUL, Nom d'une prison. Gl. *Bersa*, 1, pag. 663 [1].

BERSEL, METTRE AU BERSEL, Exposer à un danger, au supplice. Gl. *Bersa*, 1, pag. 663 [1].

BERTART, Bâtard, illégitime. Gl. *Bastardus*, pag. 615 [1].

BERTAUDER, BERTODER, Couper inégalement les cheveux, à la façon des anciens moines. Gl. *Berta*, 3. [Gérard de Vienne, vers 155 :

    Et tu serais tondus et bertoudeiz.

Voyez Rayn. tom. II, pag. 243 [2], au mot *Botoisar*.]

BERTHOULI, Barthélemi. Gl. *Bartholomistæ*.

BERTONEAU, Turbot. Gl. *Rhombus*.

BERTREMER, Barthélemi. Gl. *Bartholomistæ*.

* **BES**, composé avec un autre mot, Mal. Gl. *Bestancium*.

BESAGUE, Hache à deux taillants, sorte de marteau. Gl. *Bisacuta* [et *Rasticucium*. Partonop. de Blois, vers 2173, 2235, 2966, 2989.]

BESAINE, Essaim ou ruche d'abeilles. Gl. *Besana*, 1.

* **BESAIVE**, Bisaïeul. Chron. des ducs de Normandie, tom. I, pag. 316, vers 6744; pag. 451, vers 10690.

BESAL, Canal, conduit d'eau, fosse. Gl. *Besale*.

BESANCHE, Morceau, pièce, fragment. Gl. *Bissantia*.

BESANNE, Essaim ou ruche d'abeilles. Gl. *Besana*, 1. [Voyez Rayn. tom. II, pag. 219 [1], au mot *Bezana*.]

BESANT, Monnaie d'or des empereurs de Constantinople. Gl. *Byzantius*, et *Talentum*, pag. 493 [2].

BESANTE, Grand'tante. Gl. *Besavus*.

BESAY, BESAYE, Bêche, houe, pioche. Gl. *Besogium*.

BESCHE. BANNIR SUR LA BESCHE, Sous peine d'être enfouie. C'était le supplice pour les femmes, qu'il n'était pas d'usage alors de pendre. Gl. *Becca*. [*Service de Besche*. Gl. *Fossatum*, 2.]

BESCHECLEU, Ouvrier en fer, forgeron, faiseur de bêches et clous. Gl. *Becca*.

BESCHERON, Bec, pointe. Gl. *Becchetus*.

BESCLE, Foie. Gl. *Kalendæ*, pag. 960 [1].

BESCOCHIER, Tromper, escamoter. Gl. *Biscatia*.

BESEEL, Bisaïeul. Gl. *Besavus*.

BESENAGE, Droit provenant des ruches d'abeilles. Gl. *Besenagium*.

BESGOIER, Bégayer, parler comme un homme ivre. Gl. *Balbuzare*.

BESIAT, Oiseau tout jeune, qui n'est presque pas encore sorti du nid. Gl. *Bejaunium*.

BESIL, Peine, vexation, chagrin; d'où *Besiller*, *Besiler*, Tourmenter, vexer, dépérir, s'altérer, Gl. *Besilium*. [Voyez Rayn. tom. II, pag. 205 [2], aux mots *Becilh* et *Besillar*.]

BESISTRE, FAIRE BESISTRE, Manœuvrer avec la corde nommée *issas*. Gl. *Besilium*.

* **BESJUGER**, Juger injustement. Chron. des ducs de Normandie, tom. III, pag. 239, vers 38181 :

    Mult fu par tote Normeudie
    Idunc la bone gent garie;
    N'erent raent ne besleié,
    N'à tort mené ne besjugé.

BESIVRE, Fort ivre, accablé de vin. Gl. *Bestancium*.

BESLONC †, Qui est oblong. Gl. *Bislongus*.

BESLOY, MENER A BESLOY, Écarter de la loi, de ce qui est juste. Gl. *Bestancium*. [Roman de Renart, tom. II, pag. 173, vers 14257 :

    Mes conperes estes en loi,
    Si m'avez mené a besloi
    Plus de cent fois que je n'en mente.

Chron. des ducs de Normandie, tom. I, pag. 230, vers 4233 :

    . . . . Les genz le rei
    A dol, à honte et à beslei
    Perncient les aveirs par tot.

Pag. 347, vers 7586 :

    Fu ennioz à rei
    A grant tort et à grant beslei.

Voyez ci-dessus *Bellois. Beslcier*, voyez *Besjuger*.]

BESOCHE, BESOG, BESOTCHE, Bêche, houe, pioche, boyau. Gl. *Besogium*.

BESOIGNABLE, Nécessaire; du verbe *Besoigner*, Être nécessaire, dont on a besoin. Gl. *Bisonium*. [Voyez Rayn. tom. II, pag. 214 [2], au mot *Besonhar*.]

BESOIGNEMENT †, Travail, occupation. Gl. *Negotiata*.

BESOIGNEUS, Qui est dans le besoin, pauvre, indigent. Gl. *Bisonium*. [Voyez Rayn. tom. II, pag. 215 [1], au mot *Besonhos*.]

* **BESOING**, BESONS, Nécessité. Gérard de Vienne, vers 3370 :

    Puis li ait dit : Madame ke quereiz?
    Est ceu besons ? gardeiz nel me celeiz.

Garin le Loher. tom. I, pag. 153 :

    Moult me merveil où vous alés ici,
    Est-ce besoing, dist li quens, biaus amis?

Pag. 52 :

    A grant besoing vos ai ici requis.

Voyez pag. 53. Agolant, vers 510, Rayn. tom. II, pag. 214 [1], au mot *Besonh*.

BESOLZ, Hoyau, bêche. Gl. *Besogium*.

BESONCLE, Grand-oncle. Gl. *Besavus*.

* **BESONGNE**, Affaire. Gl. *Negotium*, 1. [Voyez Rayn. tom. II, pag. 214 [2], au mot *Besonha*.]

BESOT, PORTER BESOT, Porter malheur. Gl. *Bissextus*, 1.

BESOTE, Petite bêche. Gl. *Becca*.

BESOUCH, BESOUTZ, BESOY, Hoyau, houe, bêche, pioche. Gl. *Besogium*.

BESQUE, Bêche. Gl. *Becca*.

BESSACHE, Besace. Gl. *Besaccia*.

BESSAULT, Espèce d'arbre, p. e. Houx. Gl. *Biscus*.

1. **BESSE**, Instrument propre pour la pêche. Gl. *Bessa*, 1.

2. **BESSE**, pour Bêche. Gl. *Bessa*, 2.

3. **BESSE**, Lieu bas, marécageux, plein de broussailles. Gl. *Baissa*, 2.

BESSER, Bêcher, travailler avec la *besse*. Gl. *Bessa*, 2.

BESSIERE, Lieu bas, marécageux, plein de broussailles. Gl. *Baissa*, 2.

BESSIN, Terme injurieux. Gl. *Bisseni*.

BESSON, Pionnier, celui qui remue la terre avec la *besse*; dont le métier s'appelle *Bessonnerie*. Gl. *Bessa*, 2.

BESTANCE, Suffisance, abondance. Gl. *Bestancium*.

BESTANCIER, Contester, disputer; de Bestant, Contestation, procès. Gl. *Bestancium*. [Chanson, Wackern. pag. 51 :

> S'amors voloit et li venoit en greit,
> Tout le bestans de nos dous meteroie
> Sors la belle, k' ensi nos ait melleit.

Voyez Rayn. tom. II, pag. 221, aux mots *Bistens* et *Bistensar*.]

BESTARD, Bâtard, illégitime. Gl. *Bastardus*, pag. 615 [1].

BESTE, Cheval. Gl. *Bestia*. [*Beste de séjour*. Gl. *Sejornare* et *Animalia Sejorni*, pag. 260 [1].]

BESTE Bise, *Blanche*, *de Fer*, *Traihent*, etc. Gl. *Bestia* [et *Animalia. Beste Porcine. Porchine*, *Porcheline*, Gl. *Porcinus. Beste Mue*, Gl. *Muta*, 3].

BESTELETTE, Petite bête. Gl. *Zentala*.

BESTENS, Mauvais temps. Gl. *Bestancium*.

BESTERIE, Bêtise, stupidité. Gl. *Bestialitas*.

* **BESTIAL**, Bétail. Voyez Rayn. tom. II, pag. 216 [1], au mot *Bestial*.

BESTORS, Restorte, Oblique, tortueux. Gl. *Bestalinus*.

BESTOURNER, Mal tourner, renverser. Gl. *Bestornatus*. [Guill. Guiart, tom. 1, pag. 121, vers 2621 (3013) :

> Et trouva l'eure bastournée.

C'est-à-dire *malheureuse*. Tom. II, pag. 369, vers 9596 (18576) :

> Après vint le flo de la mer
> Qui la rivière a bestournée.

BESUCHER, Ménager, épargner. Gl. *Bestancium*. [S'amuser à des niaiseries. Mettez un point après *Bésuchent*, dans le passage de Guill. Guiart cité au Gl., qui se trouve tome II, pag. 198, vers 5109 (14097). Voyez Rayn. tom. II, pag. 219 [1], au mot *Bezucar*.]

BETAGE, Sorte de redevance ou de corvée. Gl. *Binnum*.

BETE, Capuchon noir à l'usage des hommes aux enterrements. Gl. *Beta*, 1.

BETER, Emmuseler. Gl. *Beta*, 2. [Chasser, poursuivre. Roman de l'Escouffle, cité dans le Glossaire de la Chron. des ducs de Normandie :

> On fit as noces beter ors
> Et vers et à chiens et à viautres.]

BETUMIER, Lieu rempli de *Betuns*, immondices, vidanges. Gl. *Betunium*. [Chronique de Jordan Fantosme, vers 1065 :

> Ma dame la cuntesse ad la veie acuillie
> E trova une fosse ù ele près se nie,
> Enz en mi le betumei ses ancus i ublie;
> Jamès ne serrunt trovez en treslute sa vie.

BEUBANT, Beubance, Vanité, magnificence outrée, ostentation, orgueil, arrogance; d'où *Beubenchier*. Celui qui a ces

---

vices. Gl. *Bobinator* sous *Bobinare*, 2. [Partonop. de Blois, vers 4719 :

> Vos estiés tos mes delis
> Mes preus, m'onors et mes profis,
> Et ma nob1ece et ma beubance.

Pastourelle du duc de Brabant, Laborde, pag. 173 :

> Ne vostre beubau
> N'ameroie,
> Vos don ne prendroie,
> Ne si autrement
> Vostre argent.

Voyez Rayn. tom. II, pag. 229, aux mots *Boban* et *Bobansa*, ci-dessous *Boban*.]

BEUDY, Étable à bœufs [en Écosse]. Gl. *Beudum*.

BEVERE, Buveur, ivrogne. Gl. *Tremerellum*.

BEVERIE, Ivrognerie. Gl. *Bevragium*.

BEVIER, Mesure de terre. Gl. *Bivarium*.

BEURAGE, Sorte de cens ou de redevance. Gl. *Beuragium*.

BEVRAGE, **BEUVERAGE**, L'action de boire, régal en vin. Gl. *Biberagium*. [Voyez Rayn. tom. II, pag. 217, aux mots *Beurage*, etc.]

BEVRATGE, Sorte de boisson, piquette. Gl. *Beuvenda* et *Abevragium*, 1.

BEURRÉ, Pot à beurre. Gl. *Buttur*.

BEUSAIL, Fourchon. Gl. *Bicellus*.

BEUVERAGE, Présent en boisson. Gl. *Biberagium*.

BEUVERIE, Ivrognerie. Gl. *Bevragium*.

* **BEX**, Nom d'un animal. Partonop. de Blois, vers 1071 :

> Bien est orlés li covertors
> De peaus de bex entor és ors;
> C'est une peaus qui moult miols iolt
> Que nule espice oloir ne siolt;
> La beste qui porte est blance
> Plus que n'est nois novele en brance.
> A toute rien est debonaire,
> Fors qu'à serpens siut moult mal faire;
> Serpens ocit, de ce se pest,
> Jà n'ert si grans qu'ele nel plest.

BEYSSE, Bêche. Gl. *Bessa*, 2.

BEZAINE, Brebis. Gl. *Berbix*, 1.

BEZANNE, Bezeine, Bezenne, Ruche à miel. Gl. *Besana*, 1. [Voyez Rayn. tom. II, pag. 219 [1], au mot *Bezana*.]

BEZANS, Monnaie. Gl. *Byzantius*, et *Moneta*, pag. 521 [3]. [Voyez Rayn. tom. II, pag. 218 [2], au mot *Bezan*.]

BEZOCHE, Bêche, houe, pioche. Gl. *Besogium*.

BIAFORE, Cri par lequel on invoque le secours public. Gl. *Biafora*.

BIAIN, Bian, Corvée, tant d'hommes que de bêtes. Gl. *Biennum*.

BIANNAUX, Ceux qui doivent le *Bian* ou la corvée. Gl. *Biennarii* sous *Biennum*, pag. 677 [3].

BIAUBERT, Vain, fanfaron. Gl. *Bobinator*.

BIAULANDE, Cri de guerre. Gl. *Signum*, 10.

* **BIAULTEIT**, Biateit. Voyez *Beaté*.

BIBELOT, Jeu des Bibelots, Jeu de dés ou d'osselets. Gl. *Biscatia*.

BIBETE, Bluette, étincelle. Gl. *Bibete*.

BIBLE, Machine de guerre pour jeter des pierres. Gl. *Biblia*, 1.

BIBLIEN, Professeur en Écriture sainte. Gl. *Biblicus*.

BICHAT, Faon de biche. Gl. *Bicha*.

1. **BICHE** †, Haut-de-chausses, ce qui sert aux hommes à couvrir leurs cuisses. Gl. *Bache*.

2. **BICHE**, Sorte de poisson. Gl. *Glaucus*.

BICHENAGE, Droit sur ce qui se vend au *Bichet*, droit de mesurage. Gl. *Bichetus*.

BICHERON, Fourchon. Gl. *Bicellus*.

BICHET, Sorte de mesure pour les grains. Gl. *Bichetus*.

BICHETAT, Faon de biche. Gl. *Bicha*.

BICHIER, Mesure des liquides. Gl. *Bicarium* [et *Bitterius*].

BICHONAGE, Droit sur ce qui se vend au *bichot*, droit de mesurage. Gl. *Bichonus*.

BICHOT, Mesure des grains. Gl. *Bichetus* [et *Gellus* in *Gillo*].

BICOQUET, Ornement de tête, espèce de chaperon. Gl. *Bigacia*.

BICORNE, Cuve à deux cornes. Gl. *Bicorna*.

BICQUES, Sorte de jeu, qui, p. e., se faisait avec des piques : car je trouve *Bique* pour Pique. Gl. *Biglæ*.

BIDAUX, Soldats dont les principales armes étaient deux dards. Gl. *Bidaldi*.

* **BIEC**, Bec. Partonop. de Blois, vers 3235 :

> Li rois sa besague tient
> Et vers Partonopeus en vient;
> Par som le pene del escu
> L'a del biec en l'elme feru, etc.

BIEF, Canal qui conduit l'eau au moulin, biez. Gl. *Bedum*. [Roman de Renart, tom. III, pag. 17, vers 20219 :

> Sire, ce n'est marliere viez
> Ne grant fousez ne parfont biez,
> Ainz est ahimes vroiement.

Chronique des ducs de Normandie, tom. II, pag. 391, vers 26711 :

> De faire bieus, murs et fossez.

1. **BIEN**, Argent, monnaie. Gl. *Bonum*, 1.

2. **BIEN**, Corvée, tant d'hommes que de bêtes. Gl. *Biennum*.

3. **BIEN**, Fort. *Très-bien*, très-fort. Gl. *Payla*. [Voyez Rayn. tom. II, pag. 209 [1], au mot *Ben. Être bien de quelqu'un*, Être en grâce auprès de qqn. Garin le Loher. tom. I, pag. 50 :

> Qui moult fu preus et chevaliers gentis,
> E moult fu bien del riche roi Pepin.

Mau bien, Malheur. Roman de Renart, tom. I, pag. 34, vers 885 :

> Ha, font li marchéant, Renart,
> Moult par estes de male part,
> Mau bien vos puissent-cles fere !]

BIENALÉE, Ce que paye celui qui s'en va, qui quitte le pays. Gl. *Benevenuta*.

BIENANANS, lisez *Bienavans*.

BIENAVANS, Les principaux d'un lieu ou d'un pays. Gl. *Benenati*.

* **BIENESTANCE**, Bonne harmonie, paix. Chronique des ducs de Normandie, tom. I, pag. 532, vers 13043 :

> Kar od le maire n'od le mendre
> Ne li lo pas à contendre :
> Paiz, bienestance, docement
> Requier à tuz comunaument.

Voyez tom. II, pag. 170, vers 20361, etc.

1. **BIENFAIT**, La portion des puînés dans

les biens paternels et maternels. Gl. *Bene-factum* 1.

** 2.* **BIENFAIT**, Beau fait d'armes. Chastel. de Couci, vers 345 :

> Et recordoient sa biauté,
> Et sa prouece et honnesté
> Que il avoit, et les bienfais
> Que il faisoit et avoit fait.

Donation faite à une église, *aumone.* Garin le Loher. tom. 1, pag. 7 :

> Tort en avez, arcevesques gentis,
> Qui les bienfais volez oster de ci.

* **BIENFAITURE**, Bonne construction. Marie de France :

> Quand li chevalier entrez fud
> En la sale, si s'arestud ;
> Resgardé a la bienfaiture
> De la sale, et la pourtraiture.

* **BIENHÉURTEZ**, Bonheur. Gl. *Faustitudo.*

BIENNABLES, Biennaux, Ceux qui doivent la corvée appelée *Bien.* Gl. *Biennum.*

BIENVEIGNANT, Faire Bienveignant, Faire bon accueil, bien recevoir quelqu'un qui vient ou arrive. Gl. *Benevenuta.* [Roi Guillaume, pag. 212 :

> Se li escrient bienvigoant.

Pag. 160 :

> Et li dist : Dame bienviegnans.]

BIENVIENGNER, Bienvignier, Féliciter quelqu'un sur son heureuse arrivée, le bien recevoir. Gl. *Benevenuta.* [Chastel. de Couci, vers 121 :

> Quant en la salle fu entrés
> Chascuns s'est contre lui levés,
> Moult le bienviegnent et festient.

Voyez Orell, pag. 167.]

* **BIENVEUILLANT**, Bienvoillant, Partisan, ami. Agolant, vers 1117 :

> Karlon vos mande et tot si bienvoillant.

Enfants Haymon, vers 135 :

> Car les bastieux ne vallent la monte de deus guns,
> Aussi tost courrient sus un de leur bienveuillans
> Comme leurs ennemis.

Voyez Rayn. tom. v, pag. 464[1], au mot *Benvolent.*

BIER, Sorte de boisson. Gl. *Biera.*

BIERBAN, Droit qu'on paye pour vendre de la bière en gros ou en détail. Gl. *Bierbannum.*

BIERE, Latte ou morceau de bois qui sert à une charrette. Gl. *Biera.*

* **BIESAGUE**. Voyez Besague.

BIESTE, Bête. Gl. *Bannum Augusti* sous *Bannum*, 1, pag. 569[2].

* **BIEVRE**, Peau de castor. Gl. *Bever.*

BIEZ, Lieu rempli de bouleaux ou de roseaux. Gl. *Biezium.*

* **BIFACE**. Voyez Bife.

BIFE, Biffe, Sorte de drap et de vêtement. Gl. *Biffa*, 1. [Roi Guillaume, pag. 167 :

> Samit ne porpre ne biface
> Ne voir, ne gris, ne sebelin, etc.]

* **BIGARRÉ.** Gl. *Bigera*, pag. 680[2].

* **BIGAUNE**, Béguine. Gl. *Fratres Pyes*, pag. 401[2].

* **BIGNET †**, Petit gâteau. Gl. *Crespellæ.* Voyez *Bingue.*

BIGNON, Instrument propre pour la pêche. Gl. *Bigo.*

BIGNOT, Bêche, houe, marre, pioche. Gl. *Bigo.*

BIGORGNE, Sorte de massue, bâton ferré. Gl. *Biscorna.*

1. **BIGOT**, Nom donné aux Normands, terme injurieux. Gl. *Bigothi.*

2. **BIGOT**, Bêche, houe, marre, pioche. Gl. *Bigo.*

BIGRE, Garde forestier, celui principalement qui a le soin de recueillir les essaims d'abeilles. Gl. *Bigrus.*

BIGRERIE, Lieu où l'on tient les ruches à miel. Gl. *Bigrus.*

BIGUARRIE, Office de *bigre* ou de garde forestier. Gl. *Bigurrius.*

BIHORE, Cri par lequel on invoque le secours public. Gl. *Biafora.*

BILHETE, Billet, obligation par écrit. Gl. *Billa*, 1.

BILLE, Boule, quille. [Guill. Guiart, tom. II, pag. 149, vers 3843 (12827) :

> Par paix n'en veust mès une bille.]

D'où :

1. **BILLER**, Jouer à la boule, au mail. Gl. *Billa*, 3 [et *Quillia*].

* 2. **BILLER**, Billier, S'en biller, S'en aller, s'enfuir, se précipiter. Roman de Renart, tom. III, pag. 30, vers 20564 :

> Fuiez, si me lessiez dormir,
> Ge n'ai or de noise mestier,
> Fuiez d'ici, alez billier.

Guill. Guiart, tom. 1, pag. 142, vers 3158 (3550) :

> Fames braient, vilains s'en billent.

Pag. 334, vers 7708 (8552) :

> Lors se resmuet plus tost que foudre ;
> Et Turpins, quant l'en vit billier
> Reprist son syaume à versillier.

Tom. II, pag. 103, vers 2639 (11618) :

> Que Sarrazin fuiant s'en billent.

Pag. 156, vers 4024 (13008) :

> Jehan de Saint Jehan s'en-bille.

Pag. 236, vers 6105 (15085) :

> Quarriaus, desquiex la flote bille
> Plus espessement, que gresille.

1. **BILLETE**, Pancarte ou tarif des impôts publics. Gl. *Billeta* sous *Billa*, 1.

2. **BILLETE**, Diminutif de *Bille*, boulette. Gl. *Billa*, 3.

1. **BILLON**, Bille, boule. Gl. *Billa*, 3.

* 2. **BILLON**, Billonner, Billoneur, Gl. *Portare Tubulas*, pag. 360[3]. Rabelais liv. IV, chap. 46.

BILLOT, Pancarte ou tarif des impôts publics. Gl. *Billonus*, 2.

BILLOTE, Bilote, Bille, boule. Gl. *Billa*, 3.

BILLOTEAUX, Sorte de souliers. Gl. *Billonus*, 2.

BILLOUER, Billard. Gl. *Billa*, 3.

BILOTER, Partager le bois en *billots* ou morceaux. Gl. *Billonus*, 2.

BIME, Jeune vache, génisse. Gl. *Bimanis.*

* **BINAGE**, Espèce de redevance. Gl. *Binagium.*

BINDE, Trébuchet. Gl. *Binden.*

BINEOIR, p. e. le même que *Bingue*, qui suit.

BINGUE, Petit gâteau, galette. Gl. *Binota.*

BINGU-EN-DOS, Coup bien appliqué sur le dos ou les épaules. Gl. sous *Bigo.*

* **BINNER**, Biner. Gl. *Gascaria.* Voyez *Binoir.*

BINOIR, Houe, marre ; d'où *Binoter, Binotter*, Remuer la terre avec cet instrument, lui donner un second labour ; et *Binotich*, Terre qui a été *binotée*. Gl. *Binota.*

BIORE, Cri par lequel on invoque le secours public. Gl. *Biafora.*

BIQUET, Pied qui soutient quelque chose, appui. Gl. *Custoda.*

BIQUOQUET, Ornement de tête, espèce de chaperon. Gl. *Bigacia.*

BIRBARÉ, Bigarré. Gl. *Birrus*, pag. 687[3].

BIRETTE, Barrette. Gl. *Birretum.*

BIRMANNE, Petite monnaie de Liége. Gl. *Birmandus.*

BIRRETE, Sorte de pierre, p. e. Cristal. Gl. *Birreta.*

BIS, Bisets, Frères Mineurs, ainsi nommés de la couleur de leurs habits. Gl. *Bizochi.*

* **BIS**, Noir, gris. Gl. *Bisa* et *Bisus.* Brun, Rayn. tom. II, pag. 220[2], au mot *Bis.* [*Elme bis*, Aubri, pag. 159[2]. Garin le Loher. tom. 1, pag. 109. *Escu d'azur bis*, pag. 108. *Marbre bis*, Parton. de Blois, vers 796, 834. *Pierre bise*, Chanson du Châtelain de Couci, Laborde, pag. 280.]

* **BISARME**, comme *Gisarme.* Gl. *Gisauma.*

BISETE, Sorte de dentelle. Gl. *Bisetus.*

BISIEUTRE, pour Bissexte. *Porter Bisieutre*, Porter malheur. Gl. *Bissextus*, 1.

* **BISME**, pour *Abisme.* Guill. Guiart, tom. 1, pag. 218, vers 5195 (5511) :

> Pere, pour celui sauc meisme,
> Fendi la pierre jusqu'en bisme.

BISPE, Evêque. Gl. *Bispia.* [A Nimes. Voyez Rayn. tom. III, pag. 237[2], au mot *Bisbe.*]

BISQUINS, p. e. pour Biscaïens, ou autres peuples. Gl. *Bisseni.*

BISSE, Biche. Gl. *Bissa*, 1. [Chron. des ducs de Normandie, tom. 1, pag. 151, vers 1981 ; tom. II, pag. 71, vers 17403. *Bisce*, Partonop. de Blois vers 522.]

BISSEXTE, Infortune, malheur. Gl. *Bissextus*, 1.

BISSONNIER, Vagabond, voleur de grands chemins. Gl. *Bissonus.*

* **BISTARDE**, Outarde. Flore et Blanceflor, vers 1682 et 3186. Voyez *Buitarde.*

BISTORIE, Bistorit, Poignard. Gl. *Bastoria.*

BLAATERIE, Droit sur le mesurage des blés. Gl. *Bladeria.*

BLACAS, Jeune chêne [en Provence et en Dauphiné]. Gl. *Blacha.*

BLACHE, Plan de jeunes chênes ou châtaigniers, plantés à une assez grande distance les uns des autres pour qu'on puisse y labourer [en Dauphiné]. Gl. *Blachia.*

BLACON, Écu, bouclier. Gl. *Buccula*, 1.

BLADADE, Droit de pâturage sur les terres qui ont porté du blé, redevance en blé. Gl. *Bladada* sous *Bladum*, et *Blaeria* [en Languedoc].

*** BLADE**, Flatterie, Renart le Nouvel, tom. IV, pag. 170, vers 1164 :

> De boisdie estoit li entrée
> Et de blades li pavemens.

*** BLADER**, comme *Blandir*. Renart le Nouvel, tom. IV, pag. 251, vers 3160 :

> Renart li fist cent loupes
> En derrière et tant le blada,
> Que trestout le doel oublia.

1. **BLADERIE**, Marché au blé. Gl. *Bladaria* sous *Bladum*, pag. 696[3]. [Voyez Rayn. tom. II, pag. 226[1], au mot *Bladaria*.]

2. **BLADERIE**, Droit de mesurage sur les blés. Gl. *Bladeria*.

1. **BLADIER**, Marchand de blé. Gl. *Bladerius*.

2. **BLADIER**, Messier, garde des blés. Gl. *Bladerius*.

BLAER, Ensemencer une terre en blé. Gl. *Bladare* sous *Bladum*, pag. 696[2].

BLAFEMEUR, Blasphémateur. Gl. *Bandolier* sous *Bandum*, I, pag. 564[1].

BLAIER, Garde des blés, messier. Gl. *Blaerius*.

BLAIERIE, Le temps où l'on garde les blés ou autres fruits. Gl. *Blaerius*.

BLAIRIE, Certain nombre de gerbes de blé qu'on donne au seigneur pour qu'il établisse des *Blaiers* ou messiers. Gl. *Blaeria*.

BLAISTRE, Poignée ou motte de terre. Gl. *Blesta*.

1. **BLANC**, Sorte de monnaie. Gl. *Albus*, 2, *Blancus*, 2. *Moneta*, pag. 495[1] et 503[3]. *Espero* et *Signum*, 17.

2. **BLANC**, La partie d'un papier qui est écrite. Gl. *Album*.

*** 3. BLANC**, Tarif de péage. Gl. *Albus*, 3.

1. **BLANCE**, Le plus pur froment. Gl. *Brace*, pag. 753[3].

2. **BLANCE**, pour Blanche. Gl. *Campagnia*.

*** BLANCHART**, Nom d'un cheval. Gl. *Blanchardus*.

BLANCHE, Surnom qu'on donnait aux femmes d'une rare beauté [et aux veuves]. Gl. *Blanca*, I.

BLANCHE-EUVRE, C'est le nom que l'on donne à certains outils de tonnelier. Gl. *Foretum*.

BLANCHÉE, Valeur d'un blanc. Gl. *Blancus*, 2.

BLANCHÉEN, Le plus pur froment. Gl. *Brace*.

1. **BLANCHET**, Sorte de camisole. Gl. *Blanchetum*.

2. **BLANCHET**, Sorte d'étoffe. Gl. *Blanchetus*.

3. **BLANCHET**, Blanc, but auquel on vise en tirant. Gl. *Blanchetus*.

BLANCHEUR, Flatteur, flagorneur, doucereux. Gl. *Blandiosus*.

BLANCHON, pour PLANCHON ou PLANÇON, Sorte de pique, épieu ou bâton de défense. Gl. *Plansonus*.

BLANCHOR, Blancheur. Gl. *Pascio*. [*Blançor*, Partonop. de Blois, vers 556. Voyez Rayn. tom. II, pag. 222[2], au mot *Blancor*.]

BLANCQUE, Pancarte ou tarif des droits qu'on doit payer. Gl. *Albus*, 3.

BLANCS-CHAPERONS, Nom d'une association à Gand. Gl. *Albi*.

*** BLANS-MANTEAUX**, Nom d'un ordre de chevalerie. Gl. *Ordo*, pag. 730, et *Servi B. Mariæ*, pag. 225[3].

1. **BLANDE**, Droit qui est dû sur chaque feu, maison ou famille. Gl. *Blanda*, I.

2. **BLANDE PAROLE**, Douce, belle, agréable. Gl. *Blandiosus*.

BLANDICIEUX, Flatteur, caressant. Gl. *Blandiosus*.

BLANDILALIE, Espèce de pomme blanche que nous appelons Haute-Bonté. Gl. *Blandectus* [en Poitou].

BLANDIR, Flatter, caresser, gagner par de belles paroles ; d'où *Blandissant*, Flatteur, caressant. Gl. *Blandiosus*. [Roman du Renard, tom. I, pag. 17, vers 457 :

> Si les a blandiz et proiez.

Chron. des ducs de Normandie, tom. II, pag. I, vers 15312 ; pag. 283, vers 23748. Vie de saint Thomas de Canterb. pag. 623[1] :

> Ne por corouz ne por blaundir.

Voyez Rayn. tom. II, pag. 223[2], au mot *Blandir*.]

BLANDUREL, Le même que *Blandilalie*. Gl. *Blandectus*.

BLANGE, Blâme, réprimande ; d'où *Blanger*, Blâmer, reprendre. Gl. *Blasphemare*.

BLANQUE, pour Blanche. Gl. *Blakmale*.

BLANQUERIE, Blancherie, lieu où l'on blanchit les toiles, etc. Gl. *Blanqueria*.

1. **BLARIE**, Blé provenant du droit de terrage. Gl. *Blaeria*.

2. **BLARIE**, Office de *blaier* ou messier. Gl. *Blaerius*.

BLASON, Écu, bouclier. [Roi Guillaume, pag. 149 :

> Ambedoi comme guerroier orent
> Genoillieres et wanbisons
> Lances, espées et blasons.]

D'où :

BLASONNIER, Celui qui les fait. Gl. *Blazonare*, et *Buccula*, I.

BLASONNEMENT, Dérision, moquerie ; ou, Affront, outrage. Gl. *Blazonare*.

BLASMER, Blasphémer. Gl. *Blasphemare*, pag. 700[3]. [Voyez Rayn. tom. II, pag. 225[1], au mot *Blasmar*.]

BLASPHEME, Blâme, reproche. Gl. *Blasphemare*, pag. 701[1].

*** BLASTENGE**, comme *Blaspheme*. Chron. des ducs de Norm. tom. I, p. 406, vers 9370 :

> Li dux Guillaumes ot ces blastenges,
> Ces reproches e ces laidenges.

BLASTENGER, BLATENGER, Blâmer, faire des reproches, dire des injures, outrager. Gl. *Blasphemare*. [Voyez Rayn. tom. II, pag. 224[2], au mot *Blastenjar*. Garin le Loher. tom. I, pag. 130 :

> De traison ne vous puis blastengier.

Partonop. de Blois, vers 5111 :

> Moult le blatengent et laidient.

Chron des ducs de Norm. tom. I, pag. 406. Rubr.]

BLAT, Blé [en Gascogne]. Gl. *Blat*. [Voyez Rayn. tom. II, pag. 225[2], au mot *Blat*, et Choix de poésies des Troubadours, tom. I, pag. 35.]

BLATIER, BLATRIER, Regrattier, mar-

chand de blé en détail. Gl. *Bladarius* sous *Bladum*, pag. 696[2].

BLATON, p. e. pour Laiton ou Léton, sorte de métal. Gl. *Lato*.

BLATRIER, Revendre en détail le blé acheté en gros, faire le négoce de *blatier* ou *blatrier*. Gl. *Bladerius*.

BLAUDE, Sorte de vêtement. Gl. *Bliaudus*.

BLAVERIE, Droit sur le blé qu'on amène au marché. Gl. *Blaeria*.

BLAVETIER, Marchand de blé ou regrattier. Gl. *Bladerius*.

BLAVIER, SERGEANT BLAVIER, Messier, celui qui garde les blés. Gl. *Blava*, I.

BLAVOTINS, Nom d'une faction en Flandre. Gl. *Isengrinus*.

BLAYER, Celui qui a le droit de *blarie* ou terrage. Gl. *Blaeria*.

BLAZAS, Gerbe. Gl. *Bladum*, pag. 696[1].

BLAZOS, Écu, bouclier. Gl. *Buccula*, I. [Voyez Rayn. tom. II, pag. 228[1], au mot *Blezo*.]

BLEALMENT, Sous le nom ou en façon de blé. Gl. *Bladum*.

*** BLECHE**, comme *Bleste*. Gl. *Turba*, I.

BLÉE, Nom d'une fête ou foire. Gl. *Bladum*, pag. 695[2].

1. **BLÉER**, Ensemencer une terre en blé. Gl. *Debladare* sous *Bladum*, p. 696[3].

2. **BLÉER**, BLEIER, Garde des blés, messier. Gl. *Blaerius*.

BLÉERIE, Se dit des blés qui sont sur pied. Gl. *Blaeria*.

*** BLEF**, comme *Bleiu*. Chron. des ducs de Normandie, tom. II, pag. 367, vers 26077 :

> Beaus fu li quers, bele la nef,
> D'or et d'azur, d'inde e de blef
> I ont mainte bele ovre peinte.

BLEIF, pour Blé, toute espèce de grain. Gl. *Solus*, 2. [*Blef mestueil*. Gl. *Mestillium*. *Blé tiercerain*. Gl. *Tertionarium*.]

BLEITE, Toupet. Gl. *Blesta*. [Mot limousin.]

BLEIU, Bleu. Gl. *Blavatus*.

BLENEL, Tombereau. Gl. *Benellus*.

BLERIE, Office de *Bleier* ou messier. Gl. *Blaerius*.

BLESAECE, p. e. la même chose que *Blaverie*. Gl. *Blaeria*.

BLESE, Mèche. Gl. *Blesta* [en provençal].

BLESMEURE, Fraction, rupture. Gl. *Borgum*.

*** BLESMIR**, Froisser, blesser. Partonop. de Blois, vers 2995 :

> Li espiols al costé li frie,
> Un poi li a le car blesmie,
> Hurte le bien si qu'il cancele.

Chanson de Roland, stance 43, vers 10 :

> La gent de France iert blecée e blesmie.

BLESSEMENT, Blessure, plaie. Gl. *Bluso*.

*** BLESTANGER**, comme *Blastenger*. Marie de France, tom. II, pag. 133.

BLESTE, Motte de terre. Gl. *Blesta*.

BLESTREUS, Couvert de haillons. Gl. *Blesta*.

BLEYER, Garde des blés, messier. Gl. *Blaerius*.

BLIAUT, Sorte de vêtement. Gl. *Bliau-dus.* [Partonop. de Blois, vers 9861 :

> L'espée avale, el pis descent,
> L'àuberc trence, le bliaut fent.

Chanson de Roland, stance 159, vers 8 :

> Si li tolit le blanc osberc léger,
> E sun blialt li ad tut détrenchet,
> En ses granz plaies les pans li ad butel.

Voyez le Roman de Roncevaux, pag. 33; Partonop. de Blois, vers 10609 :

> Lor bliaut sont tuit d'or brodé,
> Al col et as poins bien paré
> De bons safirs et de jagonses,
> Et en cascun ot d'or vint onces.

Aubri, vers 118 :

> Ele ont vestu un hermin engolé,
> Et par desore un bliaut geroné ;
> Si ont mantel d'escarlate afublé.

Chron. des ducs de Norm. t. II, p. 556, vers 31233 :

> Ce que ne covri sis bliauz
> Des piez e des jambes parurent.

Chanson de Roland, stance 20, vers 9 :

> De sun col getet ses grandes pels de martre,
> E est remes en sun blialt de palie.

Partonop. de Blois, vers 9168 :

> Desfublés fu en un bliaut.

Vers 10779 :

> Tos desfublés en un bliaut.

Garin le Loher. tom. I, pag. 297 :

> Desafublée en fut en un samis.

Voyez pag. 265. Rayn. tom. II, pag. 227², au mot *Blial.* Vie de saint Thomas de Canterb. pag. 473, vers 377 : *Bliad.*

BLOCHE, Motte de terre. Gl. *Blesta.*

BLOE, Bleu. Gl. *Bloius.*

BLOETE, Étoffe bleue. Gl *Bloius.*

BLOI, Bleu et blond. Gl. *Bloius.* [Partonop. de Blois, vers 552, 1860, 3987, 6253. 6656. Flore et Blanceflor, vers 2849. Voyez Rayn. tom. II, pag. 228², au mot *Bloi.* Pâle, blème. Partonop. vers 5877 :

> Tant ont cremu l'enchanteor
> N'osent dormir por la poor.
> Marue n'en est ne fax ne blois,
> Toz premiers s'en entra el bois.]

BLOIRE, L'action de couvrir les yeux des oiseaux de proie. Gl. *Bloire.*

BLONDIR, User d'art pour paraitre blond ou blanc. Gl. *Blundus.* [Et *Aplanare.* Guill. Guiart, tom. II, pag. 261, vers 6767 (15759). Rayn. tom. II, pag. 228², au mot *Blondir.*]

1. **BLOQUEAU**, Tronc, boîte ou petit coffre où l'on met de l'argent. Gl. *Blocus.*

2. **BLOQUEAU**, Billot, tronchet. Gl. *Blocus.*

1. **BLOQUELET**, Petit billot. *Jeu des bloquelez.* Gl. *Blocus.*

2. **BLOQUELET**, p. e. Billette, en terme de blason. Gl. *Blocus.*

BLOQUIER, Blouquier, Bouclier. Gl. *Bloquerius.* [Voyez Rayn. tom. II, pag. 228¹, au mot *Bloquier.*]

* **BLOQUIR**, Certain jeu. Gl. *Bloquerius.*

* **BLOS**, Dépouillé, privé, Partonop. vers 2457 :

> Se baceler sont de sens blos.

Voyez Rayn. tom. II, pag. 229¹, et Diez *Altromanische Sprachdenkmale,* pag. 51.

BLOU, Bleu. Gl. *Bloius.*

BLOUQUETTE, Petite boucle. Gl. *Buccula,* 3, et *Subtalares,* pag. 418².

BLOUSTRE, Bloute, Motte de terre. Gl. *Blesta.*

BOAICHIER, p. e. Gabion [dans Sanutus]. Gl. *Boachiers.*

1. **BOAGE**. Terre en boage, En jachère. Gl. *Boagium,* 2.

2. **BOAGE**, Boaje, Boalage, Redevance, qui se paye à raison du nombre de bœufs qu'on emploie au labour. Gl. *Bovagium.* [A Marseille. Voyez Rayn. tom. II, pag. 245², au mot *Boada.*]

BOBAICHE, Chaussure qui couvre et garantit le soulier, galoche. Gl. *Bobatterius.*

BOBAN [Bobant], Pompe, faste, grand appareil, luxe [présomption, ostentation, grand bruit]. Gl. *Bobinator* [et *Pompa,* 1. Garin le Loher. tom. I, pag. 124 :

> Mais je voi bien que orgueil i a grant
> Et felonnie et mervillons bobant.

Aubri, vers 46 :

> Il ot le noise, le cri et le bohant
> Que Sarrazin demenoient si grant.

Partonop. vers 6639 :

> Dont n'est-ce vostre cuer d'anten
> Qui vos meine or cest boban ?

Voyez Rayn. tom. II, pag. 229¹, au mot *Boban,* ci-dessus *Beubant.*]

* **BOBANCE**, comme *Boban.* Roman de Roncevaux, pag. 50 :

> Là i vint Naymes et Fochier de Valence
> Li dus Ogiers qui fu de grant bobance.

Partonop. vers 7253 :

> Après si dist qu'à grant bobance
> I vient iriés li rois de France.

Voyez *Beubant,* Rayn. tom. II, pag. 229², au mot *Bobansa* et *Bobancier,* le Glossaire de la Chron. des ducs de Normandie.

BOBAUCHIER, pour Bobanchier. Gl. *Bobinator.*

BOBE, Babiole, bagatelle, fadaise. Gl. *Leonini versus.* [G. Guiart. tom. I, pag. 11. v. 144.]

BOBELIN, Bouvier, vacher. Gl. *Bobulcus.*

BOBENCIER, Bobers, Fier, hautain, fanfaron, orgueilleux. [Prodigue.] Gl. *Bobinator.* [*Boubancier,* Chron. des ducs de Norm. tom. II, pag. 191, vers 20954 :

> N'iert pas avers ne boubanciers.

Pag. 397, vers 26870 :

> De sorfaiz pleins e boubanciers.

Voyez Rayn. tom. II, pag. 229², au mot *Bobancier.*]

1. **BOCE**, Bouche. Gl. *Buca,* 2. [Rayn. tom. II, pag. 231¹, au mot *Boca.*]

2. **BOCE**, Milieu élevé du bouclier. Gl. *Buccula,* 1.

3. **BOCE**, Bosse, charbon pestilentiel. Gl. *Bocia,* 4. [Rayn. tom. II, pag. 242¹, au mot *Bossa.*]

*4. **BOCE**, Buche. (Voyez Gl. *Buca,* 1.) Roman de Renart, tom. III, pag. 109, vers 22742 :

> Ses braz sembloit boce de sap.

* **BOCEAU**. Voyez *Boucel.*

BOCHE, Bouche. *Boche d'Avie,* Le détroit des Dardanelles. Gl. *Bucceavia.*

BOCHET, Sorte de boisson. Gl. *Bochetus.*

* **BOCHU** †. Gl. *Gilbosus.*

BOCKHOU, Hareng fumé ou soret, qu'on appelle en Hollande *Bocking.* Gl. *Harengeria* [à Liège].

BOCLE, Le milieu élevé du bouclier. Gl. *Buccula,* 1, pag. 795¹. [Rayn. tom. II, pag. 228¹, au mot *Bloca. Escu boclé,* Gérard de Vienne, vers 1762. var. *Escus buclez,* Chron. de Jord. Fantosme, vers 1204. Voyez *Bucle* et *Bucler.*]

* **BODNE**, Borne. Chron. des ducs de Normandie, tom. I, pag. 375, vers 8428 :

> Kar entor les devisions
> Qui partcient les regions,
> Par les termes, par les devises,
> Là ù les bodnes furent mises.

Voyez *Bosme.*

* **BODON**, Flèche. Agolant, vers 205 :

> Et quant il vole, si meine tel tenton
> Qu'en l'oïst bien le tret à un bodon.

Voyez *Bouzon.*

BOE, Pus. Gl. *Bocius,* 2.

1. **BOEL**, Trompe de l'éléphant. Gl. *Botellus,* 1, pag. 740³.

2. **BOEL**, Boele, Boyau. Gl. *Botellus,* 1. [Et *Boelli,* 1. Rayn. tom. II, pag. 268², au mot *Budel.* Chanson de Roland, stance 164, vers 2 : *Buele.*]

BOELLON, Ciselure, relief. Gl. *Bolinus.*

BOEN, Boene, Bon, bonne. Gl. *Amentare,* 1.

BOERIE, Ferme, métairie. Gl. *Boeria,* 1.

BOESMIEN, Coureur, vagabond. Gl. *Ægyptiaci.*

BOESSERÉE, Mesure de terre, qui produit ou rend au propriétaire ou au seigneur un boisseau de grain. Gl. *Boicellata.*

BOESSIÈRE, Lieu planté de buis. Gl. *Buxeria.*

* **BOFEI**, Arrogance, présomption. Chron. des ducs de Normandie, tom. II, pag. 99, vers 18194 :

> Par besoin m'a à toi tramis
> Que cel orguil e cel bofei
> Qui en cus est et cel renei
> Vienges confundre e atribler.

BOFFOIS, Bofois, Bruit, rumeur, vacarme. Gl. *Buffa* et *Domigerium.*

* **BOFU**, Boffu, Sorte d'étoffe. Agolant, vers 1101 :

> Et un mantel d'un molt riche boffu.

Partonop. vers 10017 :

> Sor un kievecuel de bofu.

* **BOGERASTE**, comme *Borgeraste.* Flore et Blanceflor, vers 1675 :

> Cler vin et piument et claré
> Et boin bogeraste et auné.

BOGUE, Sorte de poisson. Gl. *Boca,* 2. [Et *Bogua.* Voyez Rayn. tom. II, pag. 269², au mot *Buga.*]

* **BOGUERANT**, comme *Bougheran.* Agolant, pag. 185² :

> Le braz Saint Jorge lor vet à toz mostrant ;
> Envolepé en un chier boguerant,

BOHADE, Corvée ou service qu'un vassal doit faire avec ses bœufs. Gl. *Bohada* sous *Bovagium.* [Mot provençal. Voyez Rayn. tom. II, pag. 245², au mot *Boada.*]

BOHORDEIS, Bohourt, Joute, combat

simulé, course de lances; d'où *Bohorder*, Jouter. Gl. *Bohordicum*. [Rayn. tom. ii, pag. 212¹, au mot *Beordar*.]

BOICHE, Entrée de cellier ou cave. Gl. *Clareria*. [Voyez *Boce*, 1.]

BOICHEE, Espèce de nasse. Gl. *Boicheta*.

BOICHIER, Celui qui fait des nasses. Gl. *Boicheta*.

BOIDIE, Fraude, tromperie, trahison, félonie. Gl. *Baudia* sous *Bausia*, pag. 629³. [Rayn. tom. ii, pag. 202², au mot *Bauzia*.]

1. **BOIER**, Cloaque, égout. Gl. *Botis*.

2. **BOIER**, Broyer, rompre. Gl. *Botoerum*.

BOIETTE. Devenir Boiettes, Se dit des yeux qui s'éteignent et s'obscurcissent. Gl. *Boieta*.

BOIGNET, Fauchet, espèce de rateau. Gl. *Falcetus*.

BOIHEDIE, Certaine mesure de terre, autant que deux bœufs peuvent labourer dans un jour. Gl. *Bovata* pag. 745¹.

BOILLE, p. e. Buisson, bois taillis. Gl. *Boclea*.

* **BOILLIR**, Bouillir, se répandre en bouillonnant, faire chaud. Guill. Guiart, tom. ii, pag. 165, vers 4256 (13242) :

Sanc saut del corz, cervéles boillent.

Chanson de Roland, stance 164, vers 3 :

Desuz le front li buillit la cervele.

Voyez *Boudre*, Rayn. tom. ii, pag. 270², au mot *Bulhir*, et Orell pag. 146. Garin le Loher. tom. i, pag. 177 :

Ce fu à feste del baron Saint-Martin, C'est li boillans, qu'il fait chaut et seri.

La fête de la Translation de Saint-Martin a lieu le 4 juillet. Voyez Gl. *Festum*, pag. 252³, et Roquef. au mot *Boillant*.

BOILLON, Ciselure, relief. Gl. *Bolinus*.

* **BOJON**, Trait d'arbalète. Roman de Renart, tom. iii, pag. 35, vers 20691 :

Ne vos metent de lor bastons De lor arz et de lor bojons.

Voyez *Bodon*.

BOIRADE, Corvée ou service qu'un vassal doit faire avec ses bœufs. Gl. *Boirada* [en Auvergne].

BOIRAT, Bouvier, celui qui a soin des bœufs. Gl. *Boirada* [dans le Forez].

1. **BOIRE**, Bise. Gl. *Bisa*.

2. **BOIRE**, Ferme, métairie. Gl. *Bovaria* 1.

BOIRE A LA SEIGLE, Boire au seau. Gl. *Bibere*.

BOIRES-DIEU : On appelle ainsi l'eau des puits qui étaient dans quelques églises ou chapelles célèbres. Gl. *Puteus*, 1.

* **BOIS**. Voyez *Deffens*, *Deffense*, *Deffensable*, *Vetez*. Bois mort. Gl. *Boscus mortuus* pag. 737¹.

* **BOIS** Hourdy, Gl. *Bohordicum*, pag. 712³.

BOISCHET, Sorte de boisson. Gl. *Bochetus*.

BOISDIE, Félonie, trahison, fraude, tromperie. Gl. *Bausia*. [Rayn. tom. ii, pag. 202², au mot *Bauzia*.]

* **BOISDIVEMENT**, Frauduleusement. Sermon de Saint-Bernard, cité par Roquefort : *Et qui boisdivement demanderent*

altrui vestimenz. (Lat. *et qui fraudulenter vestimenta quærebant aliena*.)

BOISE, Bûche, gros bâton. Gl. *Boisia*.

BOISEOR, Boiseour, Boiseur, Boisiere, Faux, trompeur, celui qui viole son serment, qui manque à sa foi. Gl. *Arma reversata* pag. 396², et *Bausiare*, pag. 630². [Rayn. tom. ii, pag. 203², au mot *Bauzaire*.]

BOISER, Boisier, Tromper, violer sa foi et son serment, commettre le crime de félonie. Gl. *Bausiare*, pag. 630¹². [Rayn. tome ii, pag. 202, au mot *Bauzar*.]

* **BOISIERE**, Bois, clairière. Roman de Rou, tom. i, pag. 288 :

En la boisière volt véir

* **BOISINE**, Trompette. Roman de Rou, vers 13135 :

Moult oissiez grayles soner Et boisines et cors corner.

Chron. des ducs de Normandie, tom. i, pag. 284, vers 5783 :

Boisines cornent e granz corz.

Tom. ii, pag. 126, vers 19048 :

Al avenir sonent boisines E corns e graisles e troïnes.

Voyez Rayn. tom. ii, pag. 268¹, au mot *Buccina*, et ci-dessous *Buisine*.

* **BOISSE**, Enveloppe, capsule. Roi Guillaume, vers 1150 :

Ne savés-vos que la castenge Douce, plaisans, ist de le boisse Aspre, poignans, de grant angoisse.

1. **BOISSEAU**, Bouteille, vase à mettre du vin. Gl. *Boissellus* 2 [et *Vassellus*].

2. **BOISSEAU**, Lieu d'assemblée. Gl. *Boissellus* 2.

1. **BOISSEL**, Espèce de nasse. Gl. *Bocella* 2.

2. **BOISSEL**, Boisseau, mesure. Gl. *Boissel*, 1. [Rayn. tom. ii, pag. 242¹, au mot *Bossel*.]

BOISSELAGE, Office de mesureur de blé. Gl. *Bossellagium*.

BOISSELÉE, Mesure de terre, qui produit ou rend au propriétaire ou au seigneur un boisseau de grain. Gl. *Bussellata terræ* sous *Butta* 3, pag. 829¹.

BOISSELLE, Petite boite. Gl. *Boistia*.

BOISSES, Branches d'arbres, ou broussailles. Gl. *Boisonus*.

* **BOISSIERE**. Voyez *Boiseor*.

BOISSIERE, Lieu planté de buis. Gl. *Buxeria*.

1. **BOISSON**, Buisson, bois taillis. Gl. *Boissonnium*. [Rayn. tom. ii, pag. 241¹, au mot *Boisson*.]

2. **BOISSON**, Piquette, sorte de boisson. Gl. *Beuvenda*.

BOISTART, Boite ou boitillon, morceau de bois qui est emboité dans l'œillet de la meule. Gl. *Boistellus*, 1.

BOISTE, Certain droit, ou péage. Gl. *Boisjia*.

BOISTEAU, Boistel, Boisseau. Gl. *Boistellus*, 2, et *Bustellus* sous *Butta*, 3, pag. 829¹. [Voyez Gl. *Bacus*, 2.]

BOITE. Estre en Boite, Être ivre. Gl. *Bevriotus*. [Voyez Gl. *Vinum Expensabile*, pag. 842².]

BOITELÉE. Mesure de terre, qui produit ou rend au propriétaire ou au seigneur un boisseau de grain. Gl. *Boicellata*.

BOITIAU, Boisseau Gl. *Boistellus*, 1.

BOITIER, Celui qui recueille et garde l'argent de la boîte ou bourse commune. Gl. *Boistia*.

BOITTEAU, Boite ou boitillon, morceau de bois qui est emboité dans l'œillet de la meule. Gl. *Boistellus*, 1.

BOITTEL, Boisseau. Gl. *Boistellus*, 1.

BOITTELÉE, Mesure de terre, qui produit ou rend au propriétaire ou au seigneur un boisseau de grain. Gl. *Boicellata*.

BOIVIAU, pour Baiviau, Baliveau. Gl. *Baivarius*.

* **BOIVRE**, Boire. Partonop. vers 4163 :

Ma male mère, par un boivre Me fist à se niece deçoivre.

Voyez vers 4183. Vers 1015 :

Al maistre dois li escançon Ne missent boivre s'en or non.

Voyez Rayn. tom. ii, pag. 216², au mot *Beure*, Roquef. au mot *Boivre*, Orell, pag. 230. Chanson de Richard de Furnival, Wackern. pag. 59 :

Cil ait à boivre la meir Ki teil riote maintient.

BOKAIGE, Droit sur le bois employé par les boulangers. Gl. *Boscagium*, 1.

BOLADE, Massue. Gl. *Bola* 3.

BOLAIE, Bouleau. Gl. *Bolum*.

BOLBESTRE. *Montesquieu en Bolbestre*, dans des lettres de grâce de 1395. Reg. 148, du Tr. des Chart. pièce 202. Les Gascons disent *Volbestre*, Petit pays arrosé par la rivière de Volpe, dans le comté de Foix, diocèse de Rieux.

BOLIR, Bouillir, supplice usité autrefois. Gl. *Caldaria*, pag. 29¹.

BOLLADE, Massue. Gl. *Bola* 3.

1. **BOMBARDE**, Instrument de musique, p. e. la Basse. Gl. *Bombarda*. pag. 719¹.

2. **BOMBARDE**, Ornement des manches aux habits de femmes. Gl. *Bombarda*, pag. 719¹.

BOMBARDELLE, Diminutif de Bombarde, Canon. Gl. *Bombarda*, pag. 719¹.

BOMMER, Borner, poser des bornes. Gl. *Abomagium*, 1.

BON, Droit, qui est du côté droit. Gl. *Bonum latus*. [*Bonnes Pasques*. Gl. *Pascha*, pag. 116². *Bone gent*. Gl. *Boni homines* pag. 723¹. Voyez *Gent*. Bon argent, Gl. *Moneta*, pag. 506³. Bons à la raine, Gl. *Moneta*, pag. 489¹. A bonne fin. Gl. *Bonus. Bon mal*. Gl. *Malum bonum*.]

* **BON**, Plaisir, gré, ce qu'on désire, ce qui plait. Agolant vers 1078 :

Sire, dist Naymes, trop avez à aler, Se vos volez toz vos bons achever.

Flore et Blancefior, vers 749 :

L'uns à l'autre son bon disait En latin, nus ne l'entendait.

Voyez vers 600, Roman de Renart, tom. i, pag. 19, vers 512 :

Tot son bon et sa volenté.

Belle Beatris, Wackern. pag. 2 :

Pues li ait son voloir et son boen enchairgié... Et quant li cuens enfant son voloir et son bon.

Aubri, pag. 159² :

Quant urent fait lors bons et lor plaisirs.

Partonop. vers 3937 :

> En samblant de feme se mist
> Et al dolant tos ses bons fist.

Vers 5429 :

> Tu aimes cels et fais lor bons
> Qui ont les cuers cruels, felons.

Vers 7417 :

> Qui voit dame tant desirée...
> Et dont il a ses bons éus.

Vers 9949 :

> Ore eurent il moult de lor buens
> Quant el fu soie et il fu suens.

Voyez le Glossaire de la Chron. des ducs de Normandie, aux mots *Bon* et *Buen*.

BONAIGE, Droit qu'on paye pour le bornage des terres. Gl. *Bonagium*.

* **BONAVENTUROS**, Heureux. Chron. des ducs de Normandie, tom. II, pag. 505, vers 29909 :

> Quant toz li regnes ert joios
> E liez e bonaventuros.

BONCERON, Boutique à conserver le poisson. Gl. *Bondinge*.

1. **BONDE**, Borne. Gl. *Bondula*.
2. **BONDE**, Nombril. Gl. *Bodellus*.
3. **BONDE**. JEU A LA BONDE, Jeu de la paume. Gl. *Bondula*.

* **BONDIE**, Bond, rejaillissement. Guill. Guiart, tom. I, pag. 147, vers 3295 (3687) :

> La grosse pierre aréondie
> Demainne à l'aler grant bondie.

Retentissement. Roman de Roncevaux, pag. 22 :

> De l'olyfant a faite la bondie.

Voyez *Bondir* et le Glossaire de la Chanson de Roland, au mot *Bundist*.

BONDIER, Boutique à conserver le poisson. Gl. *Bondinge*.

* **BONDIR**, Retentir. Chanson de Roland, stance 225, vers 10 :

> Sur toz les altres bundist li olifant.

Guill. Guiart, tom. II, pag. 261, vers 6768 (15760) :

> Tabourz et buisines bondir.

Pag. 319, vers 8280 (17262) :

> Et tabourz dont l'escrois grondist
> Tant que touz li airs en bondist.

Pag. 396, vers 10293 (19275) :

> Borz de nés et targes bondissent,
> L'air et la rivière tentissent.

Sonner, corner. Enfants Haymon, vers 157 :

> Le desjeuner fu pres, on a l'yaue bondie.

Voyez Rayn. tom. II, pag. 236², au mot *Bondir*, ci-dessus *Bondie* et *Bondonner*.

BONDONNAL, Bondon. Gl. *Bondonus*. [Rayn. tom. II, pag. 236², au mot *Bondonel*.]

* **BONDONNER**, comme *Bondir*, Retentir. Guill. Guiart, tom. II, pag. 255, vers 6627 (15607) :

> Trompes tentissent clerement
> Dont les voiz en bondonnant issent.

Pag. 410, vers 10642 (19624) :

> Tabourz croissent, trompes bondonnent.

Pag. 370, vers 9611 (18592) :

> Tabours croistre, corz bondonner.

Pag. 396, vers 10295 (19279) :

> Instrumenz refont si granz noises
> Par les vessiaus en bondonnant,
> Que l'en n'i oïst Dieu tonnant.

Faire retentir. Pag. 251, vers 6494 (15474) :

> Sonner commande la trompète
> Qui, toute foiz qu'en la bondonne,
> Signe de hors chevaucher donne.

* **BONEGNE**, Borne, limite, comme *Bonne*, 1. Agolant, vers 1105 :

> La terre est nostre jusqu'as bonegnes Artu.

On doit peut-être lire *Bougnes*, le vers ayant une syllabe de trop.

* **BONER**, Tenant. Gl. *Bonarii*, pag. 725².

BONETE, Malle, valise. Gl. *Bonecta*.

* **BONEURÉ**, BONURÉ, Bienheureux. Chron. des ducs de Normandie tom. II, pag. 384, vers 26537 :

> La sue alme boneurée.

Pag. 501, vers 29813 ; tom. III, pag. 362, vers 41402 :

> Fu puis toz jors boneurée.

Vie de saint Thomas de Canterb. vers 802 :

> De seint Alban le bonuré.

* **BONÉURTÉ**, Félicité. Chron. des ducs de Normandie, tom. II, pag. 296, vers 24175 :

> Là en ses granz bonéurtez.

BONGE, Botte. Gl. *Bongia*.

BON-HOMME, Expression regardée comme une injure. Gl. *Boni-homines*, pag. 723¹.

BON-HOMMEL, Sorte de jeu de cartes. Gl. *Bonum latus*.

BONISSIER, pour BOUTILLIER ou BOUTIER, Officier de l'échansonnerie chez le roi. Gl. *Bonisserius*.

BONITON, Espèce de poisson. Gl. *Byza*.

1. **BONNE**, Borne, limite. Gl. *Bonna*, 2. [Guill. Guiart, tom. II, p. 1, vers 13 (8979) :

> Hors de cest siècle trespassa
> Où toute créature ha bonne.

Pag. 148, vers 10855 (19857). Station, pag. 138, vers 3541 (12523) :

> En Arragon, devant Gironne
> Où pour logier fichent leur bonne.

Pag. 403, vers 10458 (19441) :

> A un lieu c'on nommoit les Dunes
> Sus la mer avoient leur bonnes
> Mil cinq cents et quinze personnes.

Pag. 410, vers 10651 (19633); pag. 313, vers 8124 (17105). But, pag. 369, vers 9590 (18571) :

> Cel feu ardant de quoi les branches
> Se férirent ès nés Flamanches,
> Où le vent les mist comme à bonne.

2. **BONNE**, Écluse, bonde. Gl. *Bonna*, 3.

BONNEER, Borner, poser des bornes. Gl. *Bonna*, 2.

BONNERET, pour BOUVERET, Labourage, culture des terres. Gl. *Boverius*.

* **BONNET**, Espèce de drap. Gl. *Bonetus*.

BONNETE, Malle, valise. Gl. *Bonecta*.

BONNIER, Certaine mesure de terre. Gl. *Bonnarium*.

BONNIVENT, Sorte de pelisse ou de drap. Gl. *Beneventanum*.

BONOIZON, Bénédiction. Gl. *Benedictio*, 1.

BONTÉ, Droit seigneurial, que doivent les vassaux dans certains cas. Gl. *Bonita*. [*Rendre la bonté*, Payer de retour, rendre la pareille. Guill. Guiart, tom. I, pag. 48, vers 601 (1097) :

> Por la bonté au conte rendre
> Remétent le païs en cendre.

Tom. II, pag. 66, vers 1680 (10656) :

> Cil qui cele bonté leur rendent...
> Relancent bas trez et chevrons.

* **BONUREEMENT**, Bienheureusement. Chron. des ducs de Normandie, tom. III, pag. 344, vers 40933 :

> Bonuréement regna.

Lisez *Bonéuréement*.

BOOL, Bouleau. Gl. *Bolum*.

BOONNE †, Borne; d'où *Boonner*, Poser des bornes. Gl. *Bonna*, 2.

BOOPE, Sorte de poisson. Gl. *Bogua*.

BOORDER, Jouter, combattre à la lance. Gl. *Bohordicum*, pag. 712². [*Boort*, Joute. Aubri, pag. 158² :

> Ainc ne vos vi un boort commencier.

Voyez Rayn. tom. II, pag. 211¹, aux mots *Beort*, etc.]

BOQUELLE, Repas médiocre. Gl. *Boquetallum*.

BOQUESPAN, Corvée ou service qu'un vassal doit faire avec ses bœufs. Gl. *Boquetallum*.

* **BORBETER**, Barboter. Miracl. de la sainte Vierge, après la Chron. des ducs de Normandie, tom. III, pag. 529, vers 638 et suiv.

BORBOSSADE, Aiguillon dont on se sert pour piquer et faire marcher les bœufs, espèce de fourche. Gl. *Aguillada*.

* **BOR**. Voyez *Buer*.

BORD, Poignard, sorte de grand couteau. Gl. *Bord*. [Mot hongrois.]

BORDAGE, Condition du *bordier*, possesseur ou fermier d'une *borde*. Gl. *Bordagium*, pag. 729¹.

BORDALLÉ, Bordelais, qui est de Bordeaux. Gl. *Franci*, 1.

1. **BORDE**, Espèce de massue, bâton propre à se défendre et à attaquer. Gl. *Borda*, 1, et *Bordæ*.
2. **BORDE**, Petite maison, ferme, métairie. Gl. *Borda*, 5. [Rayn. tom. II, pag. 237², au mot *Borda*, 2.]
3. **BORDE**, Sorte de drap rayé. Gl. *Borda*, 6.

* 4. **BORDE**. Voyez *Bourde*, 2, et Rayn. tom. II, pag. 237², au mot *Borda*, 1. Partonop. vers 7256.

BORDEILLE, Espèce d'aiguillette. Gl. *Bordarius*.

BORDEL, BORDELET, Petite maison, chaumière; lieu de débauche. Gl. *Bordellum* sous *Borda*, 5, pag. 729³, 730¹. [Flore et Blanceflor, vers 1021 :

> Mix ne vausist estre mesel
> Et ladres vivre en un bordel,
> Que mort avoir ne le trespas.

Chronique des ducs de Normandie, tom. I, pag. 543, vers 13389 :

> E l'omicide, le mesel,
> Qu'ardeir ferai en un bordel.

Voyez Partonop. vers 807, et Rayn. tom. 11, pag. 238 1, au mot *Bordil.*

BORDELER, Fréquenter les lieux de débauche. Gl. *Bordellum* sous *Borda*, 5. pag. 73o1.

1. **BORDELIER,** Propriétaire ou fermier d'une *borde.* Gl. *Bordelarius* sous *Borda*, 5, pag. 729 3.

2. **BORDELIER, BORDELIERE,** Homme et femme débauchés. Gl. *Bordellum* sous *Borda*, 5, pag. 730 1. [Et *Gynæceum*, pag. 603 1. Rayn. tom. 11, pag. 238 2, au mot *Bordelier.*]

1. **BORDER,** Déborder, n'avoir point les bords égaux. Gl. *Bordatus*, 3.

2. **BORDER,** Jouter, combattre à la lance. Gl. *Bohordicum*, pag. 712 2.

3. **BORDER,** Se jouer, badiner, s'amuser à des bagatelles. Gl. *Burdare.* [Rayn. tom. 11, pag. 212 1, au mot *Bordir.*]

1. **BORDERIE,** Ferme, métairie. Gl. *Bordaria* sous *Borda*, 5, pag. 728 3.

2. **BORDERIE,** Badinage, l'action de folâtrer. Gl. *Burdare.*

* **BORDES,** Premier dimanche du carême. Gl. *Bordæ.*

BORDEUR, Farceur, baladin. Gl. *Burdare* [et *Hiraudus*].

BORDEURE, Broderie. Gl. *Brusdus*, pag. 790 1.

BORDIAU, Maisonnette, chaumière, cabane. Gl. *Bordelum.*

BORDIERE, Bord, limite. Gl. *Borderes.*

BORDIERES, Les terres qui bordent ou entourent une ville, un bourg ou village. Gl. *Aalagia.*

BORDON, Bourdon, bâton de pèlerin. Gl. *Burdo*, 5. [Rayn. tom. 11, pag. 239 1, au mot *Bordo.* Aubri, pag. 158 1 :

En non Diu, dame, il est en mon celier,
Si garde l'uis au bordon de mellier.]

* **BORDONER,** Voltiger, flotter. Ago lant, vers 13 :

Et tant enseigne qui vers le ciel bordone.

* **BORDOUN,** Bourdon, grosse cloche. Gilote et Johane, Jubinal, Fabliaux, tom. 11, pag. 36 :

Je vus froy venyr un geouene clersoun,
Qe de geu vos trovera grant foissum,
De meyne et de tresble et de bordoun.

BORDRE, pour **BOIDIE,** Fraude, tromperie. Gl. *Bausia*, pag. 630 1.

BOREOTE, Étable à bœufs. Gl. *Boateria*, 2.

BORGE, Sorte de toile, p. e. Bougran; d'où *Borgier,* Celui qui la fabrique ou qui la vend. Gl. *Borgesia.*

BORGERASTRE, Sorte de boisson composée. Gl. *Borgerastre.* [Chron. des ducs de Normandie, tom. 1, pag. 596, vers 14946 :

Vins, borgerastres e clarez.

Voyez *Bogerastre.*]

BORGISIE, Bourgeoisie. Gl. *Borjoisia.* [Rayn. tom. 11, pag. 237 2, au mot *Borguesia.*]

BORGNE, Espèce de panier pour pêcher. Gl. *Borgnus.*

BORGNETE†, Mal aux yeux, chassie; d'où *Borgnier,* Être chassieux. Gl. *Lippido.*

BORGNON, Le même que *Borgne.* Gl. *Borgnus.*

BORGUEZIE, Hérésie des Albigeois. Gl. *Bulgari.*

BORIE, Ferme, métairie. Gl. *Boria*, 2. [Rayn. tom. 11, pag. 238 1, au mot *Boria.*]

***BORJOIS,** Bourgeois. Gl. *Burgenses* Garin le Loher. tom. 1, pag. 151. Rayn. tom. 11, pag. 237 1, au mot *Borges.*

* **BORNAGE,** Action de poser les bornes. Gl. *Bonna*, 2.

* **BORNIR,** Brunir, polir. Roman de Roncevaux, pag. 34 :

Tint Durandart, dont li poins fu bornis.

Au figuré, Roman de Renart, tom. 1, pag. 25, vers 657 :

Si vaut à la chose bornir,
C'on ne puet par force fornir.

Voyez Rayn. tom. 11, pag. 266 2, au mot *Brunir.*

BORPIS, Mal lu pour **BORJOIS,** Bourgeois. Gl. *Burgenses.*

BORRAS, BORRASSE, Gros linge. Gl. *Borazius.*

BORREAU, Bourrelet, partie et ornement de la coiffure des hommes et des femmes. Gl. *Borreletus.*

BORROCHE, Bourroche, sorte de panier. Gl. *Bertavellus.*

* **BORROFLEMENS,** Bagarre. Garin le Loher. tom. 1, pag. 126 :

Iluec comence li grans borroflemens;
Dont furent mort chevalier ne sais quant,
Chasteau brisie et villes à noient, etc.

Voyez Rayn. tom. 11, pag. 237 1, au mot *Borola.*

BORRUGAT, p. e. pour **BOOMGAT,** Espèce de poisson de mer, que nous appelons *maigue.* Gl. *Piscis regius.*

BORTER, Se servir de la lance pour combattre. Gl. *Borto.* [Voyez *Border*, 2.]

BORTROLE, Tige, branche d'un chandelier. Gl. *Bornellus.*

BOS, Bois. Gl. *Boscus.* [Partonop. vers 352, Rayn. tom. 11, pag. 240 2, au mot *Bos.*]

BOSCAGE, BOSCHAGE, Bois, forêt. Gl. *Boscagium*, 1, et *Forestarius* sous *Foresta*, pag. 354 1. [Rayn. tom. 11, pag. 241 1, au mot *Boscatge.*]

* **BOSCAIN†,** Habitant de forêt. Gl. *Sylva.*

1. **BOSCHET,** Bosquet, petit bois. Gl. *Bochetus.* [Garin le Loher. tom. 1, pag. 223 :

Se sunt logié en un buschet flori.

Ce qui, pag. 225, est appelé *vergier,* et pag. 251, *jardin.*]

2. **BOSCHET,** Sorte de boisson; d'où, *Boschier,* Celui qui vend ou qui fait cette boisson. Gl. *Bochetus.*

BOSDIE, Félonie, trahison, tromperie. Gl. *Bausia*, pag. 630 1.

BOSME, BOSNE, Borne, limite. Gl. *Bosina.*

BOSO, Machine de guerre pour battre les places. Terme languedocien ainsi expliqué par un auteur du milieu du xive siècle, tom. 11, de l'Histoire de Languedoc.

BOSOCHE, Bêche, houe, pioche, p. e. pour *Besoche.* Gl. *Besogium.*

BOSQUAGE, Bois. Gl. *Boscagium*, 1.

BOSQUEILLON, Bucheron. Gl. *Boscaderius.*

1. **BOSSE,** Apostume, tumeur, charbon pestilentiel. Gl. *Bossia.* [Rayn. tom. 11, pag. 241 1, au mot *Bossa.*]

2. **BOSSE,** Ciselure, relief. Gl. *Bolinus.* FENESTRE A BOSSE. Gl. *Fenestra*, pag. 225 1.

* 3. **BOSSE.** Voyez *Boce*, 2.

BOSSIL, La partie relevée d'un fossé. Gl. *Bossia.*

BOSSUETÉ†, Éminence, ce qui fait bosse. Gl. *Gibbositas.*

BOSTELIER, Botteleur. Gl. *Bostillator.*

* **BOSTON.** Voyez *Boton.*

* 1. **BOT.** Voyez *Debout.*

* 2. **BOT.** Gl. *Gitagium.*

BOTARGUE, pour Boutargue. Gl. *Lupus*, 3.

BOTEAU, Pommeau. Gl. *Botellus*, 1, pag. 740 5.

* **BOTEAUX, BOTIAULX.** Voyez *Boucel.*

BOTELLE, Petite boîte. Gl. *Bussoletus* sous *Bussola.*

* **BOTEILLER, BOTEILLIER,** Boutillier, échanson. Aubri, pag. 158 1. Rayn. tom. 11, pag. 242 2, au mot *Boteillier.*

* **BOTER †.** Gl. *Heusia.*

BOTEREL, Crapaud. Gl. *Botta*, 1.

1. **BOTERON,** Sorte de panier. Gl. *Boteronus.*

* 2. **BOTERON,** Petit bout. Rom. de Renart, tom. 11, pag. 264, vers 16747 :

Les denz en la coe li bote
Que il li a rompue tote,
Et par dejoste le crepon
N'i remest que le boteron.

* **BOTIIS.** Voyez *Bouteis.*

BOTILHONS, Garde forestier. Gl. *Boscaderius.*

BOTINER, Partager le butin. Gl. *Botinum.*

BOTIR PAIN, Lui donner une mauvaise façon. Gl. *Boutare*, pag. 749 2.

BOTOER, Moulin à drap, à tan, etc. Gl. *Botoerum.*

BOT-OISLAULX, Terme injurieux en Lorraine. Gl. sous *Bot*, 3.

* **BOTON,** Bouton, bourgeon. Negat. explet. Rom. de Renart, tom. 111, pag. 51, vers 21128 :

Ne me sot respondre un boton.

Pag. 25, vers 20448 :

N'i valent mie troi boston.

Roman de Maugis, Fierabras, pag. 168 2 :

Dont il ne sevent mie la monte d'un bouton.

Voyez Rayn. tom. 11, pag. 244 1, au mot *Boton.*

* **BOTONNEURE.** Voyez *Boutonneure*, 1.

BOTTE, Crapaud. Gl. *Botta*, 1.

* **BOU,** Bracelet. Second livre des Rois pag. 121 : *Pris la curune de sun chief e le bou de sun braz.* Chron. des ducs de Normandie, tom. 1, pag. 341, vers 7418 :

Ses armilles, qu'om bous apele.

Voyez pag. 340 rubr., vers 7449, etc., et ci-dessous *Buie.*

BOVATGE, Redevance qui se paye à raison des bœufs de labour que l'on a. Gl. *Bovagium.* [Mot catalan.]

* **BOUBANCIER.** Voyez *Bobencier.*

BOUCAIGE, Redevance due sur les vignes qui ne sont pas tenues en fief. Gl. *Boncagium.*

BOUCASSIN, Sorte d'étoffe. Gl. *Boucassinus.*

BOUCAUT, Bouche d'une rivière. Gl. *Bucceavia.*

BOUCEL, Bouchel, Vase propre à mettre du vin. Gl. *Boucellus*, et *Buza* sous *Butta*, 3, pag. 828 [1]. [Gérard de Vienne vers 2611 :

Et un boucel de vin ou de claré.

Vers 2634, 2649, 2714. Partonop., vers 3968 :

Dementres me faites livrer.
Deux beaus bouceaus de bon vin cler ;
J'atornerai l'un à mon fis....
Nos beurons de l'autre picier.

Chron. des ducs de Normandie, tom. 1, pag. 342, vers 7444 :

Qu'enz jeta plein boceau de vin.]

BOUCHE, Botte ou fagot de chanvre. Gl. *Boteronus.*

BOUCHER, Lier, mettre le blé en gerbes. Gl. *Bouchellus.*

BOUCHERIE, Nom d'une prison ou cachot à Paris. Gl. *Boucheria.*

BOUCHET, Sorte de boisson. Gl. *Bochetus.*

BOUCHETE, Petite boucle. Gl. *Boucleta.*

BOUCHETER, Étriller, battre, maltraiter. Gl. *Bouchellus.*

BOUCHETON. SE METTRE A BOUCHETON, S'appuyer des mains sur ses genoux. Gl. *Bouchellus.*

* **BOUCHIAUS**, Bouciaus. Voyez *Boucel.*

* **BOUCHIE**, Bouchée, Roman de Renart, tom. 1, pag. 14, vers 364 :

A chascun donait sa bouchie.

BOUCHIERE, Lieu planté de buis. Gl. *Buxeria.*

BOUCHON, Bouchot, Botte ou fagot de chanvre. Gl. *Boteronus.*

BOUCIER, Officier de l'échansonnerie. Gl. *Buza*, pag. 828 [2].

* **BOUCLE**, Centre du bouclier. Gl. *Buccula*, 1.

BOUCLEGE, Petite boucle. Gl. *Boucleta.*

BOUCLER, Bouclier. Gl. *Boclerus* et *Bouclarius*. [Rayn. tom. 11, pag. 228 [1], au mot *Bloquier*, ci-dessous *Bucler. Jouer au Bouclier*, Gl. *Gladius*, 4.]

* **BOUDRE**, Bouillir, comme *Boillir*. Guill. Guiart, tom. 1, pag. 110, vers 2317 (2707) :

Cuers desmentir, cerveles boudre.

Tom. 11, pag. 378, vers 9828 (18808) :

Par les durs chailloz, au voir dire,
Voit on bien les cerveles boudre.

S'agiter vivement. Roi Guillaume, pag. 91 :

Mais ès noeces ot joie molt,
Toute li cours fremist et bout,
Toute nuit dansent et carolent.

1. **BOVE**, Certaine mesure de terre, autant que deux bœufs peuvent en labourer dans un jour, qui cependant est différente dans chaque pays. Gl. *Bovata.*

2. **BOVE**, Cave, lieu souterrain et profond. Gl. *Bova*, 4. [Agolant vers 359 :

Vit une bove de viel antiquité...
Dedens se vit un grant serpent cresté.]

BOUEAU †, Boyau. *Boucau Cuilier,* Boyau culier, colon. Gl. *Boelli*, 1.

BOVEL, Bovelet, Caveau, petite cave. Gl. *Bova*, 4.

BOUELE, Bouelle †, Boyau. Gl. *Botellus*, 1.

BOVÉRÉE, Corvée ou service, qu'un vassal doit faire avec ses bœufs. Gl. *Bovera*, 2.

BOUERESCHE, Instrument en forme de panier propre pour pêcher. Gl. *Bertavellus.*

BOVERIE, Ferme, métairie. Gl. *Bovaria*, 1. [Rayn. tom. 11, pag. 245 [2], au mot *Boaria.*]

BOUÉSINE †, Trompette. Gl. *Classica*, 2.

* **BOUESSEL** †, Gl. *Capisterium*, 1.

BOUFFEAU, Soufflet. Gl. *Buffa.*

BOUFFEL, Bouffiel, Branche d'arbre, pour indiquer du vin à vendre en détail, et le droit dû au seigneur pour mettre cette espèce d'enseigne. Gl *Bufetagium.*

BOUFOIS, Bouffois, Bruit, rumeur, vacarme. Gl. *Buffa.*

BOUGARASSIN, Bougran. Gl. *Bougueranus.*

1. **BOUGE**, Cuisine, salle à manger. Gl. *Bougius*, 2.

2. **BOUGE**, Faucillon, serpe. Gl. *Bougius*, 2.

* 3. **BOUGE**. Gl. *Custus*, 2.

* 4. **BOUGE**..... Guill. Guiart, tom. 11, pag. 364, vers 9448 (18429) : *Les nefs...*

Jointes se tiennent en leur bouges.

Voyez Jal, tom. 11, pag. 51.

BOUGENIER, Celui qui faisait les flèches qu'on appelait *Bougons*. Gl. *Bolzonus.*

BOUGERIE, Bestialité, crime qui se commet avec des bêtes Gl. *Bulgari.*

BOUGERONNER, Commettre le péché de sodomie. Gl. *Bulgari.*

BOUGHERAN, Bougran. Gl. *Bougueranus*. [Rayn. tom. 11, pag. 232 [1], au mot *Bocaran.*]

BOUGLE, Boucle. Gl. *Boucleta.* [Agolant, vers 602 :

As deus sesi la bougle de l'escu.

Voyez *Bocle.*]

* **BOUGLÈTE**. Gl. *Plustula.*

BOUGLIER, Bouclier ; d'où *Bougleour,* Celui qui fait des boucliers. Gl. *Bouclarius* et *Pelta.*

1. **BOUGON**, Verrou, verge de fer. Gl. *Bolzonus.*

2. **BOUGON**, Sorte de flèche ou trait d'arbalète, matras. Gl. *Bolzonus.* [Chastel. de Couci, vers 1275 :

Piet el destrier plus droit que fleiche ;
Ne se desroie ne desfleiche,
Mes aussi droit come uns bougons
Es estriers affichiés et lons, etc.

Voyez *Bouzon.*]

BOUGONNEUR, Maître et garde, ou juré de la draperie. Gl. *Boujonator.*

1. **BOUGRE**, Hérétique, et principalement Albigeois. Gl. *Bulgari.*

2. **BOUGRE**, Bougran. Gl. *Bougueranus*, 1.

BOUGRERIE, Bestialité, crime qui se commet avec des bêtes, Gl. *Bulgari*, pag. 801 [2], et *Peccatum.*

* **BOUGUERANT**. Voyez *Bouquerens.*

BOUGUERIE, Hérésie, secte des Albigeois. Gl. *Bulgari.*

BOUGUETE, Espèce de poisson à Marseille. Gl. *Pastinaca.*

BOUHER, Bouvier. Gl. *Boverius.*

BOUHERIE, Ferme, métairie. Gl. *Bovaria*, 1.

BOUHOCHE, Sarcloir. Gl. *Berrinia.*

BOUHORDEIS, Joute, combat simulé, course de lances. Gl. *Bohordicum*, pag. 712 [2]. [Rayn. tom. 11, pag. 211 [2], au mot *Beort.*]

BOUHORDIS, Bouhourdiich, Bouhourdis. Le jour du bouhordis, Le premier dimanche de Carême. Gl. *Bohordicum*, pag. 712 [2].

BOUHOUR, Bâton ou lance, pour *Bouhourder,* jouter. Gl. *Bohordicum*, pag. 712 [2].

* **BOUHOURDER**, Jouter. Enfants Haymon, vers 248 :

Là firent un bouhourt de molt noble fasson
Ly uns encontre l'autre bouhourde de randon.

Vers 255 :

Toute jour bouhourderent li noble princier.

Voyez Rayn. tom. 11, pag. 212 [1], au mot *Beordar*, et ci-dessus *Bohordeis.*

1. **BOUILLON**, Certaine mesure ou poids. Gl. *Bullionum.*

2. **BOUILLON**, Ornement d'habits de femmes. Gl. *Bugulus.*

BOVIN, Bestail bovin, Bœufs et vaches. Gl. *Bovinus.* [Rayn. tom. 11, pag. 244 [2], au mot *Bovin.*]

1. **BOUJON**, Sorte de flèche ou trait d'arbalète, matras. Gl. *Bolzonus*, et *Intendere*, 9.

2. **BOUJON**, Échelon. Gl. *Bolzonus.*

3. **BOUJON**, Statuts de la draperie. Gl. *Boujonator.*

BOUJONNEUR, Maître et garde, ou juré de la draperie. Gl. *Boujonator.*

BOUKE, Bouche, ouverture. Gl. *Buca*, 2. [Rayn. tom. 11, pag. 321 [1], au mot *Boca.*]

BOUKET, Espèce de chanvre. Gl. *Bouket.*

BOUKIUS, Verroux. Renart le Nouvel, tom. 1v, pag. 195, vers 1822 :

De la fosse tous deffremés
Les boukius trueve et les clés ens.

Comparez *Bougon.*

BOUL, Bouleau. Gl. *Bolum.*

BOULADE, Massue. Gl. *Bola*, 3.

BOULAIE, Boulaye, Boule. Gl. *Bola*, 3.

BOULAYE, Massue. Gl. *Bola*, 3.

BOULDURE, Sorte de marcassite, pierre d'une mine de fer. Gl. *Bullionum.*

1. **BOULE**, Astuce, tromperie. Gl. *Boula*, 2. [Rayn. tom. 11, pag. 244 [2], au mot *Boula.*]

2. **BOULE**, Massue. Gl. *Bola*, 3.

BOULÉEUR, Trompeur, rusé. Gl. *Boula*, 2.

BOULENGHIER, Boulanger ; d'où *Boulengherie*, Le métier de boulanger, boulangerie. Gl. *Boulengarius.*

BOULENS, Boulanger. Gl. *Bolendegarii.*

1. **BOULER**, User de finesse, tromper. Gl. *Boula*, 2.

2. **BOULER**, Jouer à la boule. Gl. *Bola*, 3.

3. **BOULER**, Rouler comme une boule en tombant, choir. Gl. *Bola*, 3.

BOULEROT, Espèce de poisson, goujon. Gl. *Paganellus.*

BOULERRES, Adroit, rusé, trompeur. Gl. *Boula*, 2.

1. BOULET, Nombril. Gl. *Bodellus*.

* 2. BOULET †, Gl. *Aspergus* et *Fungus*, 2.

BOULETAN, Bouline. Gl. *Acostare*, pag. 58[2].

BOULETTE, Petite massue. Gl. *Bola*, 3. [Certain jeu. Gl. *Bouleta*.]

BOULIE, Boulier, sorte de filet fait comme une seine. Gl. *Aboleiare*.

1. BOULIEUX, Nom de quelques habitants d'Annonay, dans le haut Vivarais; p. e. parce qu'ils demeuraient près d'un lieu planté de bouleaux. Gl. *Boula*, 1.

2. BOULIEUX, Qui aime beaucoup la bouillie; ce qu'on attribue aux Normands. Gl. *Polenta*, 2.

BOULIR, Bouillir, genre de supplice autrefois en usage. Gl. *Caldaria*, pag. 29 [1], [et *Bullire*, 3. Or Bouli. Gl. *Aurum*, pag. 504[1]. Coraige Boullant. Gl. *Calidameya*.]

BOULLACRE, Terme fort injurieux en Saintonge. Gl. *Bulgari*, pag. 801[2].

BOULLETE, Petite massue. Gl. *Bola*, 3.

BOULLISEURE †, Décoction, liqueur des choses qu'on fait bouillir. Gl. *Bulligo*.

BOULLOIRE, Jeu de boule. Gl. *Bola*, 3.

1. BOULLON, Certaine mesure de sel. Gl. *Bullio*, 2.

2. BOULLON, Bouillon, certain ornement d'habits de femmes. Gl. *Bugulus*.

BOULON, Bourbier ou fondrière. Gl. *Bullio*, 2.

BOULONOIRE, Boule. Gl. *Bola*, 3.

BOULOUERE, Jeu de boule. Gl. *Bola*, 3.

BOULOYE, Massue. Gl. *Bola*, 3.

BOULVERCH, Boulevard. Gl. *Bolvetus*. [Rayn. tom. ii, pag. 147[2], au mot *Balloar*.]

BOULZ, Bouleau. Gl. *Boulus*.

BOUQUACIN, Sorte d'étoffe. Gl. *Borda*, 6.

BOUQUE, Merelle. Gl. *Bouquetus*.

BOUQUELER, Bouqueller, Bouclier. Gl. *Bouquelerius*. [et *Boquellarius*.]

BOUQUERANT, Bougran. Gl. *Boquerannus*.

BOUQUESMANT, Terme injurieux; p. e. Puant comme un bouc. Gl. *Boquinus*.

BOUQUET, Chenet. Gl. *Bouquetus*.

BOUQUETTE, Chèvre. Gl. *Bulquetta* [en Auvergne].

BOUQUIER, Fenêtre, soupirail. Gl. *Bouquerium*.

BOUR, Canard, cane. Gl. *Boureta* [en Picardie].

BOURBETEIR †, Barboter, fouiller dans la bourbe. Gl. *Balbutire*, 2.

BOURBOIGNONS, Certains pillards; p. e. pour Bourgoignons ou Bourguignons. Gl. *Bracbançonnes*.

BOURBONNOIS, Sorte de bourrelet et garniture d'un chaperon, apparemment en usage dans le Bourbonnais. Gl. *Borboniensis*.

BOURC, Bâtard, enfant illégitime. Gl. *Burgi*.

BOURCAIGE, Petit bourg. Gl. *Burgellus*.

1. BOURDE, Sorte de bâton, bourdon, massue. Gl. *Bohordicum*, pag. 712 [3].

2. BOURDE, Badinerie, plaisanterie, conte, sornette. Gl. *Burdare*.

BOURDEAU, Boule. Gl. *Borda*, 1.

1. BOURDELAGE, District du seigneur Bordier. Gl. *Bordelagium* sous *Borda*, 5, pag. 729[1].

2. BOURDELAGE, Redevance due au seigneur bordier. Gl. *Bordelagium* sous *Borda*, 5.

BOURDELAGIER, Bourdelier, Propriétaire ou fermier d'une borde. Gl. *Bordelarius* sous *Borda*, 5, pag. 729[3].

BOURDELE, Lieu où travaille un tisserand. Gl. *Gynæceum*; pag. 602[1].

BOURDELLERIE, L'action de favoriser la débauche, commerce infâme. Gl. *Bordellum*, pag. 730[1].

1. BOURDER, Border, mettre un bord. Gl. *Bordatus*, 1.

2. BOURDER, Dire des bourdes, des sornettes, mentir. Gl. *Burdare*. [Chastel. de Couci, vers 1940 :

'Et sachiés à l'eure de lors
Ne pensast nulz que il l'amast,
Mes si comme as autres bourdast.]

* 3. BOURDER, Jouter ? Guiart, tom. ii, pag. 196, vers 5066 (14054) :

Là ne les puet nul assaillir
Sanz merveilleus encombrement,
Fors ès frontières seulement,
Où tuit li miex esprouvé bourdent.

BOURDERESSE, Bourdeur, Femme ou homme qui dit des mensonges, qui parle mal des autres. Gl. *Burdare*.

BOURDEUR, Farceur, baladin, qui débite des sornettes. Gl. *Burdare*. [*Bourdon* †, *Vafer*. Gl. *Vafa*.]

BOURDICH, Le premier dimanche de carême. Gl. *Bohordicum*.

BOURDIGUE, Parc fait de roseaux ou de cannes, pour prendre et conserver le poisson. Gl. *Bordigala*.

BOURDIL, Ferme, métairie. Gl. *Bordile* sous *Borda*, 5, pag. 730[1].

BOURDILLANDE, Bois de bourdillande, Celui qui est propre à faire des pieux ou soliveaux. Gl. *Bordenale*.

BOURDOIRE, Plage bourdoire, Le lieu où l'on bourdoit ou joutait. Gl. *Bohordicum*, pag. 712[3].

1. BOURDON, Bâton de pèlerin. Gl. *Burdo*, 5. [Chastel. de Couci, vers 6613 :

Et un petit bourdon ferré
Pour soutenir sous son panier,
Si comme il convient à mercier.

Voyez Rayn. tom. ii, pag. 239[1], au mot *Bordo*.]

2. BOURDON, Bondon. Gl. *Burdus*, 2.

BOURE. Le dimanche des boures, Le premier du Carême. Gl. *Buræ*.

* BOURE. Voyez *Garmoz*.

* BOUREL, Bourrelet, partie du harnais. Chastel. de Couci, vers 1058 :

Et à mainte selle atachier
Ses culieres et ses bour ûns.

Vers 1353 :

Et li bourel sont defroissié
Car roidement orent froié.

BOURELET, Massue. Gl. *Bourletta*.

BOURESCHE, Instrument en forme de panier pour pêcher. Gl. *Bertavellus*.

BOURG, Bâtard, enfant illégitime. Gl. *Burgi*. [Rayn. tom. ii, pag. 238[2], au mot *Bort*.]

BOURGAGE, Bienvenue. Gl. *Bourgagium*.

* BOURGAIGE, comme *Bourghesie*. Gl. *Burgagium liberum*, pag. 811[2].

BOURGAIGNEAU, Droit que les habitants d'un bourg payent au seigneur du lieu. Gl. *Bourgagium*.

BOURGEOIS Fieffez, Francs, Grands, Petits. Gl. *Burgenses*. [Pain bourgeois. Gl. *Panis*, pag. 58[2]. Bourgeois, Bourgois, Petite monnaie d'argent. Gl. *Burgensis* et *Moneta*, pag. 501[3].

* BOURGESIE, comme *Bourghesie*, Gl. *Burgesia*, pag. 811[3].

BOURGFRIDE, Paix. Gl. *Burgfrida*.

BOURGHESIE, Droit seigneurial sur les bourgeois d'une ville. Gl. *Burgencia*, i.

BOURGIN, Sorte de filet pour la pêche. Gl. *Broginus*.

1. BOURGOISIE. Faire bourgoisie, Se reconnaître bourgeois de quelqu'un. Gl. *Burgencia*, 1.

2. BOURGOISIE, Droit seigneurial sur les bourgeois d'une ville. Gl. *Burgencia*, 1.

BOURGUIGNON Salé, Terme injurieux, ou plutôt qui désigne les Bourguignons; qui n'a certainement pas pour origine le massacre des Bourguignons à Aigues-Mortes en 1422. Gl. *Burgundiones*.

BOURIGNON, Sorte de filet pour prendre de petits poissons. Gl. *Broginus*.

* BOURJOISIE. Voyez *Bourghesie*.

* BOURJON. Gl. *Turio* et † *Vitulamen*.

* BOURJONNER, Se répandre. Guill. Guiart, tom. i, pag. 36, vers 282 (780) :

Iert leur créance bourjonnée
En plusieurs lieus par le royaume.

Voyez Boutonner.

BOURLARDER, Remparer, palissader, p. e. pour *Boulvarder*. Gl. *Bolcrestare*.

BOURLETTE, Espèce de massue. Gl. *Bourletta*.

BOURLEUR, Engeoleur, séducteur, trompeur. Gl. *Burlare*.

BOURLOS, Plaisanterie, raillerie, dérision, Gl. *Burlare*.

BOURLOTE, Espèce de massue. Gl. *Bourletta*.

BOURNAGE, Bornage. Gl. *Bornagium*.

BOURNAX, Essaim. Gl. *Bugazolus* [et *Examinare*, 1].

BOURNEAU, Tuyau. Gl. *Bornellus*.

BOURNERIE, Bornage, le droit de régler les bornes. Gl. *Bornagium*.

BOUROUAITE, Brouette, chariot à deux roues. Gl. *Birotum*.

BOURQUE-ESPINE, Sorte d'épine noire. Gl. *Pepula*.

BOURRACHE, pour Bourroiche, Instrument en forme de panier pour pêcher. Gl. *Bertavellus*.

BOURRAS, Grosse toile faite d'étoupes de chanvre. Gl. *Bouratium*. [Rayn. tom. ii, pag. 240[1], au mot *Borras*.]

BOURRE, Certaine pièce d'un moulin. Gl. *Propinnaculum*.

BOURREAU, Bourrée, Bourrelet, Partie et ornement de la coiffure des hommes et des femmes. Gl. *Borreletus*.

BOURRÉE, Espèce de poisson. Gl. *Borreletus*.

BOURROICHE, Instrument en forme de panier pour pêcher. Gl. *Bertavellus*.

* **BOURSAL.** Fief boursal, Boursier. Gl. *Feudum Bursæ, Bursule,* pag. 261³ 262¹.

BOURSE, Fisc, trésor royal. Gl. *Bursa,* 7.

Fief de Bourse. Gl. *Feudum Bursæ,* pag. 261³.

Marchié par Bourse. Gl. *Forum Bursæ, Mercatum,* pag. 367², et *Revocare ratione Bursæ,* pag. 819³.

Demourer en Bourse. Gl. *Bursa,* 2.

Être Compaignons d'une Bourse. Gl. *Bursa,* 8.

BOURSELET, Bourselot, Bourset, Petite bourse. Gl. *Bursellula* sous *Bursa,* pag. 820¹. [Et *Bursa,* 1. *Bourcete,* Dit du roi Guillaume, pag. 188.]

BOURSERON de foin, Certaine quantité de foin. Gl. *Postea.*

1. **BOURSIER,** Trésorier. Gl. *Burserius* sous *Bursa,* pag. 820¹.

2. **BOURSIER,** Officier de vaisseau, écrivain. Gl. *Bursarius* sous *Bursa,* pag. 820².

BOURSIER. Voyez *Boursal.*

BOURSIERE, Bourse. Gl. *Bursa,* 1.

BOURT, Frère bourt, Frère lai, convers. Gl. *Burs,* 1.

BOUS, Sorte de grande bouteille ou vase à mettre du vin. Gl. *Butta,* 3.

* **BOUSET,** Bosquet, petit bois: Chanson, Wackern. pag. 84 :

> Lonc un vert bouset, pres d'one abiete.

* **BOUSNE,** Borne, roche. Roman de Roncevaux, pag. 43 :

> Il esgarda, une bousne a véue,
> Durandart hauce, si l'a dedens feruc.

Voyez *Bosme.*

1. **BOUSON,** Boue, fange. Gl. *Bosa.*

2. **BOUSON,** Sorte de flèche, trait d'arbalète, matras. Gl. *Bolzonus.*

BOUSSEAU, Boussel, Espèce de nasse ou panier d'osier. Gl. *Bocella,* 2.

BOUSSER, Pousser, heurter avec force. Gl. *Boutare.*

BOUST, Bouleau. Gl. *Boulus.*

1. **BOUT,** Espèce de poisson. Gl. *Luna.*

2. **BOUT,** Point ou douleur de côté. Gl. *Punctura,* 2.

3. **BOUT,** Espèce de hotte. Gl. *Boteronus.*

4. **BOUT,** Bouteille. Gl. *Butta,* 3, pag. 825². [Et *Buza,* pag. 828¹. Voyez Rayn. tom. ii, pag. 230², au mot *Bot*].

* 5. **BOUT.** Voyez *Debout.*

BOUTAGE, Droit sur le vin vendu en gros et en détail. Gl. *Botagium* sous *Butta,* 3, pag. 828² [et *Veheria* sous *Veherius*].

BOUTAILLE, Espèce de grand panier, banne. Gl. *Alletes* et *Boutaillia.*

BOUTAS, Espèce de chanvre. Gl. *Bouket.*

BOUTE d'esteuble, Gerbe ou botte de chaume. Gl. *Boteronus.*

1. **BOUTÉ,** Vin bouté, Vin poussé, gâté. Gl. *Boutare* [et *Vinum,* pag. 842¹].

2. **BOUTÉ,** Bout, morceau de terre. Gl. *Buteria,* 2.

1. **BOUTÉE,** Hottée, plein un *bout* ou une hotte. Gl. *Boteronus.*

2. **BOUTÉE,** Charrue. Gl. *Boutare.*

BOUTEHACHE, Fouine, instrument de fer à deux ou trois fourchons. Gl. *Fuscina.*

BOUTEHORS, Bouter-hors, Sorte de jeu. Gl. *Boutare.*

BOUTEILLAGE, Droit sur le vin vendu en gros et en détail. Gl. *Botellagium.*

BOUTEILLERIE, Échansonnerie. Gl. *Butta,* 3, pag. 826. [*Bouteiller,* pag. 826¹.]

1. **BOUTEIS.** Pain bouteis, Mal façonné qu'on disait aussi autrefois *Métourné.* Gl. *Boutare.*

2. **BOUTEIS,** Boutement, Choc, l'action de pousser. Gl. *Botare.*

BOUTER, Pousser, heurter. Gl. *Botare.* [Et *Boutare.* Voyez Rayn. tom. ii, p. 243¹, au mot *Botar. Soleil boutant.* Gl. *Sol,* 1.]

BOUTEREZ, Moulins bouterez, Moulins à draps. Gl. *Botoerum.*

BOUTERIE de feu, Incendie, l'action de mettre le feu. Gl. *Boutatura.*

BOUTERIS, Tonneau, vase à mettre du vin. Gl. *Boutellus.*

BOUTEROLE, Ce qu'on met pour servir d'ornement ou de garniture au bout de quelque chose. Gl. *Bouteria,* 1.

BOUTERON, Sorte de panier, manne. Gl. *Boteronus.*

BOUTESACQUE, Perche qui soutient un filet tendu. Gl. *Boutoir.*

1. **BOUTEURE,** Choc, l'action de pousser. Gl. *Boutare.*

2. **BOUTEURE,** Ce qu'on met pour servir d'ornement ou de garniture au bout de quelque chose. Gl. *Bouteria,* 1.

BOUTI, Mal façonné. Gl. *Boutare.*

1. **BOUTICLE,** Mauvais lieu, lieu de débauche. Gl. *Botigia.*

* 2. **BOUTICLE,** Boutique. Gl. *Fenestra,* pag. 225¹.

BOUTIER, Officier d'échansonnerie chez le roi. Gl. *Bouterius.*

BOUTIERE, Ce qui termine le drap dans sa largeur. Gl. *Bouteria,* 1.

BOUTILLE, Pommeau. Gl. *Botellus,* 1.

1. **BOUTILLERIE,** Échansonnerie. Gl. *Butta,* 3, pag. 827². [*Boutiller,* pag. 827¹.]

2. **BOUTILLERIE,** Droit sur le blé qui se vend au marché. Gl. *Botagium* sous *Butta,* 3, pag. 828³.

BOUTILLETE, Petite bouteille. Gl. *Buticula* sous *Butta,* 3, pag. 825³.

BOUTOIR, Sorte de filet ou certaine façon de pêcher. Gl. *Boutoir.*

BOUTON, Ornements d'habits de femmes. Gl. *Bugulus* [et *Butones*].

BOUTONE, Garniture de boutons. Partonop. vers 10363 :

> Moult par fu bons li orelliers ....
> As quatre cors et boutonés
> De quatre safirs roondés,
> Qui moult i furent bien assis
> Par mi percié à fil d'or mis.

Voyez *Bouterole.*

BOUTONNER, Garnir de boutons. Gl. *Botonatus* sous *Botones,* pag. 742². [Former quantité de boutons. Agolant, vers 12 :

> Et li escus où li or fin boutone.

Comparez *Bourjonner.*]

1. **BOUTONNEURE,** Garniture de boutons. Gl. *Bottonatura.*

2. **BOUTONNEURE,** La marque du bouton qu'on a appliqué à un cheval. Gl. *Bottonatura.*

BOUTOUGIR, Moulin à draps. Gl. *Botoerum.*

* **BOUVANDE.** Gl. *Vinum Expensabile,* pag. 842².

BOUVART, Bouveau, Jeune bœuf. Gl. *Bovetta.*

BOUVERET, Labourage, culture des terres. Gl. *Boverius.*

* **BOUVERIE** †, *Estable à buefs.* Gl. *Bostar.*

BOUVET, Bouvillon, jeune bœuf. Gl. *Bouvellus.*

* **BOUX,** comme *Bous.* Gl. *Botaria,* 2.

* **BOUXON,** Petit bois, buisson. Pastourelle de Jocelin de Bruges, Wackern. pag. 79 :

> L'autrier pastoure scoit
> Lonc un bouxon.

Voyez *Bouset.*

BOUYANT, Facile à mettre en mouvement. Gl. *Bullire,* 1.

BOUYLLE, p. e. Bout, extrémité, pointe. Gl. *Butus,* 3.

1. **BOUZON,** Sorte de flèche, trait d'arbalète, matras. Gl. *Bolzonus.*

* 2. **BOUZON,** Buisson ? Renart le Nouvel, tom. iv, pag. 235, vers 2793 :

> N'afiert à roi, s'il ne se het,
> K'il voist de bouzon escorner
> En tel liu sous et par si noir.

On dit des cerfs qu'ils prennent le buisson quand ils quittent la compagnie des autres.

* **BOXEOUR,** comme *Boiseor.* Gérard de Vienne, vers 2760 :

> Ancui auroit li dus Gerars paour
> Qui tient Vienne à loi de boxeour.

BOYLE, Chèvre. Gl. *Boyl.*

* **BOYSSEAX,** Boisseaux. Gl. *Quarteneræ.*

BOZINE, Tuyau ou canal d'un privé. Gl. *Bozina.*

* **BRAC,** Braic, Braz, Bras. Partonop. vers 7465 :

> Si brac sont fors par les manicles,
> Qui sont faites d'or et d'onicles,
> Et sont li brac et lonc et droit
> Vestu de blanc cainsil estroit.

Flore et Blanceflor, vers 1501 :

> Au tiercé jor devant l'avesprer
> Parvinrent à un brac de mer.

Braz, Agolant, vers 932, et Gérard de Vienne, pag. 173². Voyez Roquef. Suppl. au mot *Brach,* Rayn., tom. ii, pag. 252², au mot *Bratz.*

BRACATGE, Orge. Gl. *Bracatge.*

* **BRACE,** comme *Brac.* Chanson de Roland, stance 103, vers 6 :

> Sanglant en ad e l'osberc e le brace.

Stance 128, vers 8 :

> Se puis veeir ma gente sorur Alde,
> Ne jerreiez jamais entre sa brace.

Partonop. vers 4695 :

> Molt li est poi que l'autre face
> Quant le novele a en se brace.

Chron. des ducs de Norm., tom. i, pag. 532, vers 13049; tom. ii, pag. 168, vers 20302. Voyez Rayn. tom. ii, pag. 253¹, au mot *Brassa.* Chron. des ducs de Norm. tom. i, pag. 160, vers 2253 : *Brase.*

* **BRACEIER.** Voyez *Brachoier.*

* **BRACER,** Bracier, Embrasser. Voyez Rayn. tom. ii, pag. 253¹, au mot *Braissar.*

BRACEROLE, Manche, vêtement du bras. Gl. *Almucium,* pag. 195².

BRACH, Bras d'une balance, les deux côtés du fléau. Gl. *Branchea*.

BRACHE, Certaine mesure de terre, autant qu'un homme peut en labourer à bras dans un jour. Gl. *Brachiera*.

BRACHELES [Bracheus], Brassard, armure du bras. Gl. *Brachiale*. [*Bracheus*. Roman de Cléomades cité, Chron. des ducs de Normandie, tom. 11, pag. 450, not. 1 :

> Misericordes et fauchons
> Et bracheus et bouclers roons.]

BRACHER, Celui qui est chargé du soin des chiens appelés *Bracs*. Gl. *Bracco, Braconarii*, pag. 753¹.

BRACHET, Brac, espèce de chien de chasse. Gl. *Bracco*. [Rayn. t. 11, p. 246¹, au mot *Brac*, 1.]

BRACHOIER, Marcher les bras ballants. Gl. *Brachium*, 2. [*Braceier*, Agiter les bras. Chronique des ducs de Normandie, tom. 11, pag. 350, vers 25560 :

> Braceie e beit, crie e pantoille.

Tristan, vers 3780 :

> Ostez ces manteaus de vos cous,
> Si braçoiez par mie le tai.]

BRACHONNIER, Veneur. Gl. *Braconarii* sous *Bracco*, pag. 753².

BRACON, Brac, espèce de chien de chasse. Gl. *Bracco*.

BRACONAGE, Droit du seigneur sur les filles qui se marient; d'où *Braconner*, User de ce droit. Gl. *Braconagium*.

BRACONNIER, Veneur, celui qui est chargé du soin des chiens appelés *Bracs*. Gl. *Bracco*, pag. 753₂. [Roman de Renart, tom. 1, pag. 47, vers 1221 :

> Li braconier les chiens descoplent
> Et li brachet au leu s'acoplent.]

1. **BRACONNIERE**, Redevance, que doivent au seigneur ceux qui veulent chasser avec des *bracs*. Gl. *Braconarii* sous *Bracco*, pag. 753³.

2. **BRACONNIERE**, Brassard, armure du bras. Gl. *Brachiale*.

BRACQUEMART, Braquemart, sabre, épée courte et large. Gl. *Braquemardus*.

BRACQUONNIER, Celui qui est chargé du soin des chiens appelés *Bracs*. Gl. *Braconarii* sous *Bracco*, pag. 753².

BRAE, Brael †, Braie, haut-de-chausses. Gl. *Brachæ* sous *Bracæ*, pag. 752¹.

BRAELLIER, p. e. Faiseur de haut-de-chausses ou caleçons. Gl. *Brachæ* sous *Bracæ*, pag. 752¹.

BRAGAMAS, Sabre, épée courte et large. Gl. *Bragamardus*.

BRAGE, Brague, Haut-de-chausses. Gl. *Bragæ* sous *Bracæ*, pag. 752². [Rayn. tom. 11, pag. 247¹, au mot *Braia*.]

BRAGONIERE, Brassard, armure du bras. Gl. *Brachiale*.

BRAGUER, Faire bragues, Se parer avec affectation, tirer vanité de ses ajustements. Gl. *Bragare*, 1, et *Bragatio*.

BRAGUESTE, Braie, brayette. Gl. *Bragueta*.

BRAHAIGNE, Il se dit principalement d'une jument ou d'un autre animal femelle qui est stérile, qui ne porte point. Gl. *Brana* [et *Stiricus*].

* **BRAHOLES**. Voyez *Brasholes*.

* **BRAIDI**, Fougueux, furieux. Chron.

des ducs de Normandie, tom. 1, pag. 175, vers 2639 :

> Puis muntent és chevals braidis

Roman du Chevalier au Cygne, cité au Glossaire sur cette chronique :

> Commandés à bierser ces ours ensavegis
> Et combatre ces viers et ces destriers braidis.

Fabl. et Cont. tom. 11, pag. 7 :

> Moult ert li vallez biax et genz...
> Mès déables tant lou laidi
> Et tant lou fist sot et braidi
> Qu'amor le fist.

Voyez Rayn. tom. 11, pag. 249¹, au mot *Braidiu*, et ci-dessous *Bresdir*.

1. **BRAIE**, Sorte de grain pour faire de la bière. Gl. *Brace*, pag. 754².

2. **BRAIE**, Instrument pour pêcher. Gl. *Brace*, 754².

3. **BRAIE**, Basse enceinte. Gl. *Braca*, 1.

* 4. **BRAIE**, comme *Brais*, 1. † Gl. *Feminalia*. Rayn. tom. 11, pag. 247¹, au mot *Braia*. Roman de Renart, tom. 1, pag. 24, vers 633 :

> Né dras levez ne braics traites.

* **BRAIEL**, Braijel, Braier, Ceinture placée au-dessus des braies. Flore et Blanceflor, vers 2849 :

> Cief ot bien fait et crigne bloie
> Desi au braiel si baloie.

Partonop. vers 6273 :

> Et tissent de totes manieres
> Et las et braieus et lasnières.

Vers 10603 :

> Ne vos quier or faire devise
> Ne de braies, ne de cemise,
> Ne de braiels, ne de lasnière.

Roi Guillaume, vers 2434 :

> Un anelet....
> L'ot à son braijel oublié
> A un lac de soie noué.

Chron. des ducs de Normandie, tom. 1, pag. 512, vers 12479 :

> Une clef d'argent unt trovée
> A son braiol estreit noée.

Gerard de Vienne, vers 2993 :

> Mais la suor les fait si angoisier
> Ke lor avalc contre val le braier.

Voyez Rayn. tom. 11, pag. 247², au mot *Braguier*. Gl. *Bracæ*, pag. 752¹.

BRAIL, Manière de prendre des oiseaux. Gl. *Brenexellus*.

BRAINE, Jeune vache, génisse. Gl. *Brana*.

* **BRAION**. Voyez *Braon*.

* **BRAIRE**, Crier. Gl. *Braiare*. Gérard de Vienne, vers 2533. Partonop., vers 5722 :

> Ses poinz detort, ses cheveus trait,
> Pleure, demente, crie et brait.

Vers 5755 :

> El rocher ot deux lions braire.

Roi Guillaume, vers 1742 :

> Loviar droit le maistre vaine
> Del cuer le fiert, et li duins brait.

Voyez Rayn. tom. 11, pag. 248¹, au mot *Braire*. Orell, pag. 261. Brere, Agol., vers 637. Renart, tom. 1, pag. 3, vers 69.

1. **BRAIS**, Haut-de-chausses. Gl. *Bragæ* sous *Bracæ*.

2. **BRAIS**, Sorte de grain pour faire de la bière. Gl. *Brace* [et *Brassagium*].

* **BRAIT**, Cri, clameur. Garin le Loher. tom. 1, pag. 39, et 261 :

> Il oï la noise et les brais et les cris.

Chronique des ducs de Normandie, tom. 1, pag. 204, vers 3490 :

> Il aut noises et braiz e cris.

Pag. 209, vers 3641, etc. Voyez Rayn. tom. 11, pag. 248¹, au mot *Brais*, et ci-dessous *Bret*.

* **BRAITERIE**, Criaillerie. Guill. Guiart, tom. 11, pag. 412, vers 10701. (19685) :

> Ribauz, qui portent les berleaz,
> Ne resont pas de jouer lenz,
> Moult demainent grant braiterie
> A chascune baraterie.

BRAKENIER, Veneur, celui qui est chargé du soin des chiens appelés *Bracs*. Gl. *Braconarii* sous *Bracco*, pag. 753².

BRAME, Poisson de mer, dorade. Gl. *Aurata*.

BRAN, Sorte de pâtisserie, gâteau. Gl. *Torta*, 1 ?

1. **BRANC**, Épée, sabre. Gl. *Branca*, 1. [*Brans, Brant*, Partonop. vers 2184, 2235, 3084, 3142, 8130. *Branc de color*, Gérard de Vienne, vers 2766. Voyez Rayn. tom. 11, pag. 249¹, au mot *Bran*.]

2. **BRANC**, Sorte de vêtement de femme, cape. Gl. *Branca*, 1, pag. 760³.

BRANCE, Espèce de froment très-pur. Gl. *Sandalis*.

BRANCHER, Celui qui a une portion dans quelque chose, qui est de société avec un autre. Gl. *Branchia*, 2.

BRANCHIER, Oiseau de proie, qui se perche sur les branches des arbres. Gl. *Brancare* sous *Branca*, 1.

BRANCHIERE, Poteau, où l'on attache la pancarte des droits de péage. Gl. *Billonus*, 2.

BRANCHIR †, Avoir des branches ou feuilles. Gl. *Frondere*. [Roman de Renart, tom. 111, pag. 95, vers 22345 :

> Qu'il ont levé un cerf branchu
> De quatre branches et membru.

Voyez Rayn. tom. 11, pag. 250¹, aux mots *Brancut* et *Brancar*.]

BRAND, Bouchon de paille, ou penuon aux armes du seigneur, qu'on met sur les héritages saisis. Gl. *Brando*, 2.

BRANDE, Bruyère, broussailles. Gl. *Branda*, 2.

BRANDELER, Remuer. Guill. Guiart, tom. 11, pag. 359, vers 9332 (18312) :

> Targes, banières, penonceaus,
> Selonc ce que les nés brandèlent
> En mil parties i fretèlent.

* **BRANDER**, S'agiter, trembler. Chron. de Jord. Fantosme, vers 958 :

> Tute la terre brande, pensez del espleitier,

Voyez Rayn. tom. 11, pag. 250², au mot *Brandar*, et ci-dessus *Abrander*.

BRANDIR, Branler, darder, lancer. Gl. *Palpare*.

BRANDON, Bouchon de paille. *Le dimanche des Brandons*, le premier du Carême. Gl. *Brandones* sous *Brando*, 1.

BRANDONNEMENT, L'action d'apposer un *brandon* en signe de saisie ou arrêt. Gl. *Brandonare* sous *Brando*, 2.

1. **BRANDONNER**, Saisir, arrêter, mettre sous la main du seigneur ou de la justice en apposant un *brandon*. Gl. *Brandonare* sous *Brando*, 2.

2. **BRANDONNER**, Dimanche brandonner, Le premier dimanche du carême. Gl. *Brandones* sous *Brando*, 1.

BRANLE d'un Moulin, Ce qui sert à le mettre en mouvement. Gl. *Garrotus*.

* **BRANLOUERE †**, Gl. *Oscillum*.

BRANQUIART, Bûche, grosse branche d'arbre. Gl. *Branchia*, 1.

BRAON, Le gros de la fesse. Gl. *Naticæ*. [Roman de Roncevaux, pag. 58. Roman de Renart, tom. III, pag. 10, vers 20023. Roi Guillaume, pag. 60, 148. Agolant, vers 423. Rayn. tom. II, pag. 247², au mot *Brazon*.]

BRAQUEMENT, Braquemart, sabre, épée courte et large. Gl. *Braquemardus*.

* **BRASE**. Voyez *Brace*.

BRASERET, Moulin braseret, Celui qui moud le grain propre à faire la bière, appelé *Braie*. Gl. *Molendinum*, pag. 467¹.

* **BRASHOLES**, Braholes, Broussailles. Chron. des ducs de Normandie, tom. III, pag. 272, vers 39127 :

> N'en rocherciz ne en brasholes.

Comparez Rayn. tom. II, pag. 264², au mot *Bruelha*.

BRASSAGE, Frais de la fabrication des monnaies. Gl. *Brazeagium*.

BRASSE, Bière. Gl. *Brassium*.

BRASSÉE, Certaine mesure de terre, autant qu'un homme en peut labourer à bras dans un jour. Gl. *Brachiera*.

BRASSELET, Ornement de manche. Gl. *Brasseleres*.

BRASSERESSE, Brasseuse, femme qui fait ou vend la bière en gros. Gl. *Braxatrix* sous *Brace*, pag. 754³.

BRASSIE, Brassée. Gl. *Brosasta*.

BRASSIER, Laboureur à bras, homme de journée, manouvrier. Gl. *Brasserius*.

BRASSIN, L'action de *brasser* et de faire la bière. Gl. *Brassinus*.

BRAST, p. e. pour Boust, Détour, tournant d'une rue. Gl. *Buttus*.

BRAU, Taureau, jeune bœuf. Gl. *Brana* [à Toulouse].

BRAY, Boue, limon, fange. Gl. *Braium*. [Rayn. tom. II, pag. 246², au mot *Brac*, 2.]

BRAYDONNE, Femme débauchée, prostituée. Gl. *Braydum*.

1. **BRAYE**, Partie de rivière resserrée entre deux digues, pour faciliter la pêche du poisson. Gl. *Braga*.

2. **BRAYE**, Sorte de filet. Gl. *Brayia*.

3. **BRAYE**, Sorte d'armure, qui garantit le bas du ventre. Gl. *Brayia*.

* **BRAYER**. Voyez *Braier*.

BRAYOIRE, Brayon, Ce qui sert à briser le chanvre, tout instrument propre à broyer ou à battre. Gl. *Brayia*.

* **BRAZ**. Voyez *Brac*.

BREBIAGE, Droit qui se prend sur les brebis. Gl. *Berbiagium*, pag. 657³ [et *Hercia*, 1].

BREBIAIL, Troupeau de brebis. Gl. *Berbiagium*. pag. 657³.

BREBITAIRE, Presbytère, la maison d'un curé. Gl. *Brebenda*.

* **BREDONNER**, comme *Bresdir*. Guill.

Guiart, tom. I, pag. 282, vers 6878 (7198) :

> Là véissiez escuz tenir
> Chevaus bredonner et henir, etc.

Voyez *Braidi*.

BREGIE, Sorte de grain. Gl. *Bregniatus*.

BREGIER, Berger. Gl. *Bergerius*. [Garin le Loher. tom. I, pag. 133 :

> Il n'i vint pas come villain bregier.

Voyez Rayn. tom. II, pag. 212², au mot *Bergier*.]

BREGIN, Sorte de filet en usage sur la Méditerranée. Gl. *Broginus*.

BREGUIERE, Sorte d'herbe. Gl. *Brigeria*.

BREHAINE, Impuissant, incapable des actes du mariage; d'où *Brehaigneté*, stérilité. Gl. *Brana*.

BREIER, Broyer. Gl. *Breiare*.

BREIL, Buisson, taillis. Gl. *Brolium*, 1.

BREIZ, Espèce de grain pour faire de la bière. Gl. *Breschia*.

BRELENC, Breleng, Table et le lieu où l'on joue au brelan. Gl. *Berlenghum*.

1. **BREMAS**, Arme ou bâton pour attaquer et se défendre. Gl. *Briemardum*.

2. **BREMAS**, Sorte de boisson, espèce de bière. Gl. *Briemardum*.

BREMIE, ou p. e. Brennue, Lieu où l'on exécute les criminels. Gl. *Banlauca*.

BREN, Son. Gl. *Bren*. [Rayn. tom. II, pag. 254², au mot *Bren*.]

BRENAGE, Brenaige, Ce que doivent les vassaux à leur seigneur pour la nourriture de ses chiens de chasse. Cette redevance qui se payait d'abord en son, appelé *Bren*, fut nommée *Brenage;* elle a été ensuite évaluée en avoine et autres grains, ou en argent, sans changer de nom. Gl. *Brenagium* sous *Bren*.

BRENEUX, Brenoux, Mari dont la femme est infidèle. Gl. *Brenacus* sous *Bren*.

BRENUE. Voy. ci-dessus *Brémie*.

BREORE, Violent, impétueux, qui brise et renverse. Gl. *Breiare*.

* **BRERE**. Voyez *Braire*.

1. **BRÉS**, Espèce de grain pour faire de la bière Gl. *Bresium*.

2. **BRÉS**, Berceau d'enfant [en provençal]. Gl. *Bressœ*.

* 3. **BRÉS**. Voyez *Brief*.

1. **BRESCHE de miel**, Rayon de miel. Gl. *Brisca*. [Rayn. tom. II, pag. 256, au mot *Bresca*.]

2. **BRESCHE**, Faible, dégarni. Gl. *Breschia*.

BRESDIR, Hennir. Gl. *Bragire*. Voyez *Bredonner*.

BRESILLÉ, Teint avec du brésil. Gl. *Brasile*.

BRESMEL, Brême, poisson. Gl. *Bresmia*.

BRESMEN, Courtier, commissionnaire. Gl. *Bermarius*.

BRESQUE, p. e. Broussailles, terre inculte. Gl. *Broca*, 2.

BRESSINE, Moulin à moudre le *brés*. Gl. *Braisina*.

BRESSOLLET, Berceau d'enfant. Gl. *Berciolum*. Voyez *Berçuel*.

* **BRET**, Piége, appeau. Voyez Rayn. tom. II, pag. 255², au mot *Bretz*, et ci-dessus *Broi*.

BRETAGE, comme Bretechr, ci-dessous. Gl. *Bretagiæ*, pag. 769³.

BRETAGNE Bretonnant, Basse Bretagne, où l'on parle le bas breton, par opposition à *Bretagne Gallot*, qui est la Haute Bretagne, où l'on parle français. Gl. *Brito*.

BRETEAUX, C'est le nom qu'on donne aux îles du Rhône. Gl. *Brotellus*, 1.

BRETECHE, Bretesche, Bretreske, Bretheche, etc. Tour de bois garnie de créneaux, dont on se servait pour attaquer ou défendre les villes et châteaux; lieu public où l'on faisait les cris et proclamations de justice. Gl. *Bretachiæ*. [*Berthesca †* et *Palla*, 1. Voyez Rayn. tom. II, pag. 213², au mot *Bertresca*, et Gloss. de la Chron. des ducs de Normandie, au mot *Bretesce*.]

* **BRETEQUER**, Proclamer. Gl. *Berthesca*.

BRETESCHER, Fortifier, garnir de créneaux. Gl. *Bretachiæ*, pag. 769³.

BRETONNERIE, La Basse Bretagne. Gl. *Brito*.

1. **BRETONS**, Monnaie des ducs de Bretagne. Gl. *Brito*.

2. **BRETONS**, Les conseillers de ceux qui se battaient en duel. Gl. *Brito*.

BREVE, Terme des monnayeurs. Gl. *Breva*.

BREUIL, Breuillet, Buisson, lieu planté d'arbres, pré. Gl. *Brolium*, 1.

BREUILLE, Boyaux, intestins. Gl. *Burbalia*.

BREULLAT, Brouillard. Gl. *Brolhardus*.

BREYON, Ce qui sert à broyer la pâte. Gl. *Brayia*.

BRIBÉRESSE, Briberresse, Mendiante, coureuse. Gl. *Briba*.

BRICART, Qui parle beaucoup et d'une façon embarrassée. Gl. *Brigosus* sous *Briga*, 1.

1. **BRICHE**, Machine à jeter des pierres, espèce de fronde. Gl. *Bricola*. [Dans le passage de Guill. Guiart (tom. II, pag. 364, vers 9456 al. 18436), cité par D. Carpentier, le mot *Briche* désigne des projectiles en terre cuite, des briques, pag. 373, vers 9686 (18668) :

> Et ceus dés hauz mas entremctre
> D'entre leur ennemis semer,
> Les genz le roi, cbailloz de mer
> Plus durs qu'acier, gros comme miches,
> Et ceux devers le Flamens briches.

Pag. 378, vers 9829 (18810) :

> Et les briches devienent poudre.

Voyez vers 9819 (18800); pag. 383, vers 9940 (18921); pag. 396, vers 10288 (19270).]

2. **BRICHE**, Sorte de jeu. Gl. *Bricola*.

3. **BRICHE**, Tronc, grosse bûche. Gl. *Bricola*.

* 4. **BRICHE**, Trappe, piége. Roman de Renart, tom. II, pag. 187, vers 14650 :

> Ysengrin metra en la briche
> Renart, s'il puet, en la bataille
> N'i valdra sis engins maaille.

Tom. I, pag. 46, vers 1200 :

> Ysengrin remest en la briche.

* 5. **BRICHE**, Miette ou Brique? négat.

explét. Guill. Guiart, tom. 1, pag. 146, vers 3261 (3653) :

Nul assaut ne doutent la briche.

Tom. II, pag. 57, vers 933 (9899) :

Le peril n'en doutent la briche.

Voyez *Briche*, 1, et Rayn. tom. II, pag. 260¹, au mot *Briza*.

BRICOLLE, Machine à jeter des pierres, espèce de fronde. Gl. *Bricola*. [Et † *Spingarda*. Voyez Gl. *Vercolenum*.]

BRICON, Impudent, imposteur. Gl. *Briga*, 1. [Vantard, sot, malavisé. Partonop. vers 7262 :

Loial cevalier sont Breton
Et buen, mais auques sont bricon
Et fol parlier sains felonie.

Gérard de Vienne, vers 2386 :

Dist Oliviers : Or oi plait de bricon.

Vie de saint Thomas, vers 937 :

Le quatre fu le Breton,
Qui ad ovré cum bricon
Par l'enemi.

Partonop. vers 5986 :

Qu'alés à un garçon parlant,
A un bricon, à un musart.

Roman de Renart, tom. III, pag. 35, vers 20687 :

Se vos lor i tréez sarmon
Vos vos i tendrez à bricon.

Flore et Blanceflor, vers 834 :

Lor se tienent por mal bricon.

Voyez Rayn. tom. II, pag. 258², au mot *Brico*, et ci-dessus *Bries*.]

BRICQUE, Sorte de jeu. Gl. *Bricola*.

* BRICS, Malavisé, sot. Chron. des ducs de Normandie, tom. II, pag. 359, vers 25857 :

Aura semblé fous, brics e nice.

Flore et Blanceflor, vers 2672 :

Qui estes qui tant estes bris
K'osastes entrer en ma tour?

Voyez Rayn. tom. II, pag. 258², au mot *Bric*, et ci-dessus *Bricon*.

BRIDURE, Terme de manufacture de draps, pour marquer un défaut dans l'étoffe. Gl. *Gratus*, 4.

BRIEF, pour Bref, brevet. Gl. *Brevis*. pag. 771¹³, 772¹. [Rayn. tom. II, pag. 258¹, au mot *Breu*. Gloss. de la Chron. des ducs de Normandie, aux mots *Bref* et *B-és*, *Bries*.]

* BRIEFF. Gl. *Galoer*.

BRIEMAS, BRIEMART, Sorte de boisson, espèce de bière. Gl. *Briemardum*.

BRIEVE, Terme des monnayeurs. Gl. *Breva* et *Brevia*.

* BRIEVET, Petite lettre. Chastel. de Couci, vers 6555 :

Ce brievet li reporteras,
Que tu de par moy li douras...
Et li dirés que sans oublit
Ferai ce qu'en ce brief a escrit.

BRIGADE, Troupe, compagnie, assemblée de gens. Gl. *Brigada*.

BRIGANDER, Faire le métier de brigand, voler à main armée, piller; d'où *Briganderie*, Volerie, pillerie, brigandage. Gl. *Brigandi*.

BRIGANDIN, Brigantin, sorte de vaisseau léger et vite. Gl. *Brigentinus*.

BRIGANDINE, Haubergeon, cotte de mailles. Gl. *Brigancii* et *Brigandina*

BRIGANDINIER, L'ouvrier qui fait les *brigandines*, et le soldat qui en est armé. Gl. *Brigancii* et *Brigandina*.

BRIGANDISE, Brigandage, pillerie. Gl. *Brigandi*.

BRIGANS, Sorte d'infanterie légère; pillards, voleurs. Gl. *Brigancii*.

BRIGOLE, Machine à jetter des pierres, espèce de fronde. Gl. *Bricola*.

BRIGUEUR, BRIGUEUX, Querelleur. Gl. *Brigosus* sous *Briga*, 1.

BRILLEUS, Celui qui chasse de nuit aux oiseaux à la lumière, ce qu'on appelle *Briller*. Gl. *Brilleus*.

BRIMBE. On dit encore *Bribe* dans quelques provinces : Morceau de pain ou de viande; d'où *Brimbeur*, Mendiant, à qui l'on ne donne que des morceaux ou des restes. Gl. *Briba*.

* BRIN, Force, impétuosité, orgueil. Agolant, pag. 170² :

De m'avangarde vos ai ballié le brin.

Pag. 185² :

Puis li escrient tout ensemble à un brin.

Pag. 186¹ :

Auques avon abatu de lor brin.

Voyez Rayn. tom. II, pag. 259², au mot *Briu*.

BRIQUETEUR, Briquetier, faiseur de briques. Gl. *Brica*, 3.

BRIQUOQUET, pour BIQUOQUET, Ornement de tête, espèce de chaperon. Gl. *Bigacia* et *Huca*.

1. BRIS, Fracture, rupture. Gl. *Brisare*.

* 2. BRIS. Voyez *Brics*.

BRISCHE, Sorte de jeu. Gl. *Bricola*.

BRISE, Soufflet. Gl. *Cervica*.

BRISEFOY, Celui qui manque à sa parole, qui ne tient pas ce qu'il a promis. Gl. *Fidefragus* sous *Fides*. pag. 288¹.

BRISER LE MARCHÉ, Empêcher que les denrées ne viennent au marché, ou ne s'y vendent librement. Gl. *Brisare*. [*Brisié*. Voyez Ban. Pais Brissiez. Gl. *Pax*, pag. 158².]

BRISEUS, pour BRILLEUS. Gl. *Brilleus*.

1. BROC, Fourche. Gl. *Broca*, 4.

2. BROC, Charrette. Gl. *Brocius*, 1.

BROCANTEUR, Sorte de marchand. Gl. *Abbrocamentium*.

BROCART, Sorte de vase qui verse la liqueur par un tuyau ou robinet. Gl. *Brocheronnus*.

BROCE, Broussailles. Gl. *Broca*, 2. [Roman de Renart, tom. I, pag. 23, vers 617 :

Ez-vos poignant parmi la broces
Ysengrin qui s'enbat as noces.

Tom. 5, pag. 57, vers 339 :

Par une broce haut et grant
Entre un tertrel et un pendant.

Voyez Rayn. tom. II, pag. 264¹, au mot *Brossa*.]

BROCERON, Tuyau, robinet. Gl. *Brocheronnus*.

BROCH, Fourche. Gl. *Broca*, 4.

* BROCHAT, Mesure de vin. Gl. *Brochata*.

1. BROCHE, Cannelle, fontaine qu'on met à un tonneau pour en tirer la liqueur. Gl. *Broca* sous *Brocca* [et † *Crepsedra*].

2. BROCHE, Broussailles. Gl. *Broca*, 2.

3. BROCHE, Fourche ou pieu pointu, pointe. Gl. *Broca*, 4.

* 4. BROCHE, Pique, lance. Gl. *Veru* et *Brochia*, 2.

BROCHÉE, Bourrée, fagot. Gl. *Brochata*.

* BROCHER, Piquer, éperonner. Chron. des ducs de Normandie, tom. II, pag. 42, vers 16544. Guill. Guiart, tom. 2, pag. 74, vers 1888 (10864); pag. 78, vers 2004, (10980); pag. 87, vers 2217 (11193). Voyez Rayn. tom. II, pag. 262¹, au mot *Brocar*. Chanson de Colin Muset, Wackern. pag. 75 :

Ki bien broiche lou poutrel.

BROCHIER, Percer. Gl. *Brochia*, 2.

BROCHON, Pieu pointu. Gl. *Brocca*.

BROCHONNU, Noueux, qui est plein de nœuds. Gl. *Broca*, 4.

BROCHOUER, Brochoir, instrument de maréchal. Gl. *Brocheronnus*.

BROCIER, Sorte de vase qui verse la liqueur par un tuyau ou robinet. Gl. *Brocheronnus*.

BROCQUE, Broche. Gl. *Brocalium*.

1. BRODE, PAIN DE BRODE, Demi-blanc, fait de froment et de seigle. Gl. *Broda* [et *Panis*, pag. 58²].

2. BRODE, Terme d'injure, galeux, teigneux. Gl. *Broda*.

BRODEURE, Broderie. Gl. *Broderia*.

* BROEL, BROIL. Voyez *Brueil*.

* BROHUN..... Chanson de Roland, stance 182, vers 3 :

En dous chacines si teneit un brohun;
Devers Ardene veeit venir trente urs,
Cascun parolet altresi cume hum,
Diseient li : Sire, rendez-le nus,
Il ne n'est dreiz que il seit mais od vos.

* BROI, BROION, Piége. Gérard de Vienne, vers 3593 :

Que si sont pris com oiselet à broi.

Partonop., vers 9017 :

Si se tenront en nostre loi
Tant qu'il nos aient pris al broi.

Roman de Renart, tom. II, pag. 115, vers 1261 :

Renart i fu, si ot véuz
Le jor devant deus las tenduz
Et un broion en terre encloz.

Pag. 116, vers 2725 :

Il est chéuz enz el broion
Qui chevilliez fu el roion.

Voyez *Bret*.

BROICHE, Broche, fontaine qu'on met à un tonneau pour en tirer la liqueur. Gl. *Cassedra*.

BROIE, Ce qui sert à broyer la pâte. Gl. *Brayia*.

BROIGNE, BROINGNE, Cotte de mailles. Gl. *Brunea*. [*Broine*, *Bruine*, Chanson de Roland, Chronique des ducs de Normandie. Rayn. tom. II, pag. 262², au mot *Brenha*.]

BROILLET, BROILLOT, Buisson, lieu planté d'arbres. Gl. *Brolium*, 1.

BROISSE, Broussailles. Gl. *Brossa*.

BROISSERON, Tuyau, robinet. Gl. *Brocheronnus*. [Rayn. tom. II, pag. 261², au mot *Broissa*.]

BROISSETE, Sorte de vase qui verse la

liqueur par un tuyau ou robinet. Gl. *Brocheronnus.*

BROKE, Pieu pointu. Gl. *Broccœ.*

BROMARDIER, Buveur, ivrogne, qui s'enivre de la liqueur appelée *Bromars.* Gl. *Briemurdum, Bruma et Celia,* pag. 266 1.

BROMESTS, Grosse grappe de raisin. Gl. *Bromests.*

BRONCHE, Buisson, broussailles. Gl. *Brossa.*

BRONDE, Branche d'arbre. Gl. *Sbrondatus.*

BRONQUIER, Bouclier. Gl. *Broquerius,* 1.

BROQUE, Pointe. *Ferir à Broque, Broquier,* Frapper d'estoc. Gl. *Brochia,* 2. [Rayn. tom. II, pag. 262 1, au mot *Broca.*]

BROSSE, Buisson, broussailles. Gl. *Bossa* et *Bruscia.*

BROSSERON, Sorte de vase qui verse la liqueur par un tuyau ou robinet. Gl. *Brocheronnus.*

BROSSONNEUX, Noueux, qui est plein de nœuds, qu'on appelait *Broz.* Gl. *Broca,* 4.

* BROST, Pousse, jet d'arbre. Partonop. vers 528 :

> Que saingler encraissent de nois,
> De nois, de glans et de favine,
> Le brost desdaigne et le racine.

Voyez *Broz, Broust,* et Rayn. tom. II, pag. 263 2, au mot *Broto.*

BROTEAUX. C'est le nom qu'on donne aux îles du Rhône. Gl. *Brotellus.*

BROUAILLES, Boyaux, intestins. Gl. *Burbalia.*

BROUAZ, Gelée blanche. Gl. *Bruma,* 2.

* BROUDEL, comme *Breuil.* Chanson de Colin Muset, Wackern. pag. 75 :

> Et verdure et broudelz
> Et li douls chans des oixels
> Me remet en grant badour.

BROUESSE, Machine pour passer ou broyer le lin ou chanvre, seran. Gl. *Brustia,* 2.

BROUET, Chaudeau, et ce que les nouveaux mariés donnaient à leurs compagnons pour boire le jour de leurs noces. Gl. *Brodum.*

BROUGIDOUR, Canal, le bras d'une rivière. Gl. *Robina* [à Aigues-Mortes].

BROUIR, Brûler. Gl. *Bruscare.* [Chanson de Raoul de Soissons, Laborde, pag. 218 :

> Autresi conme l'arsure
> Fet quanqu'ele ataint brouir.

Voyez *Bruir.*]

BROULLEUR, Charlatan, celui qui mêle plusieurs drogues ensemble. Gl. *Imperia.*

BROULLIZ, Brouillerie, querelle, débat. Gl. *Brothardus.*

* BROUSEQUIN. Voyez *Marbre.*

BROUSSE, Buisson, broussailles. Gl. *Brossa.*

1. BROUST, Coque ou écaille verte de noix. Gl. *Brustum.*

2. BROUST, Pâturage. Gl. *Brustum.*

BROUTÉE, Charge ou voiture d'une brouette. Gl. *Broueta.*

BROUTIER, Chasse-marée; apparemment parce qu'il menait le poisson dans une voiture appelée *Brouete.* Gl. *Broueta.*

BROUVAIGE, Boisson. Gl. *Bruvagium.*

* BROZ, Nœuds d'arbre. Gl. *Broca,* 4. Voyez *Brost.*

* BRU, Jeune mariée. Gl. *Epythalamum.*

BRUAILLE, Menu bois, propre à chauffer le four, bourrée. Gl. *Bruscale.*

BRUCIN, p. e. Buis. Gl. *Brucinus.*

BRUCROY, pour *Brueroi,* Bruyère, broussailles. Gl. *Brua.*

BRUE †, p. e. Bruyère. Gl. *Brua.*

BRUEIL, Brueille, Bruel, Buisson, bosquet. Gl. sous *Brolium,* 1. [*Bruel, Bruil, Broel, Broil, Bruiz, Bruille.* Chanson de Guiot de Provins, Wackern. pag. 24 :

> Contre le novel tens
> Ke florissent cil bruel,

Gérard de Vienne, vers 2679 :

> Il là perdit él Bruel soz lè ramée.

Chron. des ducs de Normandie, tom. I, pag. 40, vers 1020 :

> Avis esteit que fust un bruilz.

Pag. 204, vers 3474 :

> E de lances s'espés bruil.

Tom. III, pag. 51, vers 33256. Roman de Rou, tom. I, pag. 291 :

> Demanda li ki ele esteit
> En cel broil sule ke fasoit.

Chron. des ducs de Normandie, tom. I, pag. 113, vers 914 :

> A unes haies d'uns granz bruiz.

Voyez Rayn. tom. II, pag. 264 2, au mot *Bruelh.* Partonop., vers 10589 :

> Moult par en est li tans seris,
> Par bruelles et par plaiséis.

Chanson du Châtelain de Couci, Laborde, pag. 274 :

> Que n'oï chanter par bruille
> Oisel ne main ne soir.

Rayn. au mot *Bruelha.*

BRUEILLE, Boyaux, intestins. Gl. *Bruellœ.*

* BRUELLEIZ, Endroit brûlé. Tristan, vers 3000 :

> En une lande à une part
> Ourent ars li vilains essart,
> Li rois s'estut el bruelléiz.

Voyez *Brulas.*

BRUELLET, Petit buisson, bosquet. Gl. *Bruillium.* [Chron. des ducs de Normandie, tom. I, pag. 177, vers 2734 :

> Et dedenz un bruillet entré.

Voyez Rayn. tom. II, pag. 264 2, au mot *Brulhet*].

BRUEROI, Bruyère, Gl. *Brua* [et *Bruarium*].

BRUESCHE, Sorcière. Gl. *Broxœ.*

BRUGER, Pousser, heurter. Gl. *Brugaria.*

BRUGIER, Beugler, mugir. Gl. *Brugitus.*

BRUHIER, Brutier, oiseau de proie. Gl. *Buhors.*

BRUIL, Buisson, bosquet. Gl. *Bruillium.* Voyez *Brueil.*

* BRUILLET. Voyez *Bruellet.*

* BRUINE. Voyez *Broigne.*

* BRUIOT, comme *Bruellet.* Roi Guillaume, pag. 53 :

> Hors de bruiot grant aléure,
> U il avoient sejorné,
> Sont vers une forost entré.

Le dit du roi Guill. pag. 181, a *un lonc jardin.*

* 1. BRUIR, Bruire, retentir. Garin le Loher. tom. I, pag. 167, 195 :

> Riches banières ondoier et bruir.

Roman de Roncevaux, pag. 24 :

> Bruient li mont et li vauls resona..

Roman de Renart, tom. III, pag. 113, vers 22864 :

> De li a ses gernons torchiez
> Si en a fait ses joes bruire.

Voyez Rayn. tom. II, pag. 265 2, au mot *Bruzir.*

* 2. BRUIR, Brûler. Garin le Loher. tom. I, pag. 144 :

> Jà la verrez et ardoir et bruir.

Pag. 200 :

> Le feu jetèrent por la ville bruir.

Brui, pag. 201, 236. Voyez Rayn. tom. II, pag. 252 1, au mot *Bruslar.*

* BRUISEIZ, Bris, action de briser. Chron. des ducs de Normandie, tom. I, pag. 411, vers 9514 :

> Poez saveir grant bruiséiz.
> Ont sur les escuz à verniz.

Pag. 444, vers 10491 :

> Ariere turne al bruiséiz
> E au très-fier complotéiz.

* BRUISER, Bruisier, Briser. Chron. des ducs de Normandie. Voyez Rayn. tom. II, pag. 260 2, au mot *Brisar.*

* BRUIZ. Voyez *Brueil.*

BRULAS, Dégât, ravage, pillerie. Gl. *Bruxare.* [Chron. des ducs de Normandie, tom. III, pag. 271, vers 39088 :

> Ainz lez le bruillat d'unes plaignes.

Voyez *Bruelleiz.*]

* BRULET, Brullé, Chastel. de Couci, vers 1165 :

> Mes Geffroi de Losengnon
> A l'escu brulet au lion.

Vers 1465 :

> Il avait un escu brullé
> D'argent et d'asur bien ouvré.

BRULIER, Messier, garde des biens de la terre. Gl. *Bruillium.*

BRULLIAU, Sorte de poisson. Gl. *Bruillium.*

BRUMAN, Gendre, celui qui a épousé la fille d'un autre. Gl. *Bruma,* 3.

BRUMAT, Sorte de boisson, espèce de bière. Gl. *Briemardum.*

BRUMAZ, Gelée blanche. Gl. *Bruma,* 2.

BRUMENT, Allége, bateau. Gl. *Bruma,* 3.

BRUNEL, Minot, qui pèse cent livres. Gl. *Brunellus.*

* BRUNETE †, Gl. *Sanare.*

BRUNETTE, Espèce de drap. Gl. *Bruneta.* [Rayn. tom. II, pag. 266 2, au mot *Bruneta.*]

* BRUNIE. Voyez *Broigne.*

BRUNISANT, Poli, brillant. Chanson de Roland, stance 123, vers 19 :

> Franceis i ferent des espiez brunisant.

Voyez Rayn. tom. II, pag. 266 2, au mot *Brunir.*

BRUNQUIER, Broncher, tomber à demi. Gl. *Broquerius,* 1.

BRUSCHET, Bréchet ou brichet. Gl. *Brucus*, 2.

* **BRUSLER LES SOURIS**. Gl. *Sorilegus*.

BRUSSELLES, Drap qui se fabriquait à Bruxelles. Gl. *Bruxellensis*.

* **BRUT**, Certaine fête défendue. Gl. *Brut*, 1.

* **BRUTESCHE**. Voyez *Breteche*.

BRUVAGE, Boisson. Gl. *Bruvagium*.

* **BRUUR**, Bruit, vacarme, ou comme *Bohourt* ? Chanson de Roland, stance 78, vers 5 :

> Devers Espaigne vei venir tel bruur.

* **BRUYANT**. Voyez *Noel*.

BRUYERE, p. e. Bronze, ou argent bruni. Gl. *Bruscatus*.

BU, Buste du corps humain, tronc. Gl. *Bustum*, 3. [Rayn. tom. II, pag. 272¹, au mot *Busts*. *Buc*, Chanson de Roland, stance 238, vers 11 :

> Desur le buc la teste perdre en deit.

Chron. des ducs de Normandie, tom. I, pag. 160, vers 2243 :

> Lor vont trencher les chés des bucs
> Set cens lor en unt mort e plus.]

BUAILLE, pour **BRUAILLE**, Menu bois, propre à chauffer le four, bourrée. Gl. *Bruscale*.

BUANDIERE, Blanchisseuse. Gl. *Buanderia*.

* **BUBANCIER**, comme *Bobencier*. Chron. des ducs de Normandie, tom. II, pag. 172, vers 20393.

* **BUBE**, Bubon. Voyez Rayn. tom. II, pag. 267², au mot *Buba*.

BUBINS, Mal bubins, Celui qui produit des bubons. Gl. *Buba*. [M. Michel, Chron. des ducs de Normandie, tom. III, pag. 574, vers 463, écrit *Bubuis*.]

BUCALLÉE, p. e. Le droit qu'on paye pour le pâturage. Gl. *Buccallum*.

* **BUCE**, Espèce d'embarcation. Chron. des ducs de Normandie, tom. I, pag. 424, vers 27624 :

> Nés, sauntines, buces e bas.

Voyez *Busse*.

BUCHAIGE, Droit sur les *bûches* ou bois qu'on mène pour vendre. Gl. *Buscagium* sous *Boscus*, pag. 737³.

BUCHATIER, Bûcheron. Gl. *Buchia*.

BUCHERET, **BUCHIERE**, Instrument pour pêcher. Gl. *Buchia*.

BUCHIER, Bûcheron, ou marchand de bois. Gl. *Buchia*.

* **BUCLE**, Bosse, milieu du bouclier. Voyez *Bocle*. Chanson de Roland, stance 94, vers 3 :

> Si bons escuz un dener ne li valt,
> Tute li freint la bucle de cristal.

Stance 181, vers 14 :

> E ces escuz jesqu'as bucles d'or mier.

Voyez stance 260, vers 11, et 261, vers 6.

* **BUCLÉ**. Voyez *Bocle*.

* **BUCLER**, A bosse. Voyez *Bocle* et *Bucle*. Chanson de Roland, stance 39, vers 7 :

> Tans cols ad pris sur sun escut bucler.

Stance 145, vers 4 :

> Trenchet cez hanstes e ces escuz buclers.

BUDE, Butte, ou but contre lequel on tire. Gl. *Buda*, 2.

BUDINE, Nombril. Gl. *Bodellus*.

BUÉE, Vase à mettre du vin ou autre liqueur. Gl. *Buheterius*.

* **BUEL**, *Buele*, Boyau. Voyez *Bouele*. Chronique des ducs de Normandie, tom. I, pag. 125, vers 1232 :

> Qu'od gaveloz, od dardeiaus
> S'entrepercent les bueaus.

Gaimar, ibidem, tom. III, pag. 80, not. 1 :

> Le gros buel li orent treit
> Od agoilles k'aveient feit ;
> Là le firent tant entur aler
> Par sa buele desramer
> K'il ne pot mes ester en piez.

* **BUELE**. Voyez *Boel*, 2.

* **BUEN**. Voyez *Bon*.

1. **BUER**, Laver, nettoyer, purifier. Gl. *Buanderia*. [Rayn. tom. II, pag. 270¹, au mot *Bugadar*.]

* 2. **BUER**, Bor, Heureusement, bien. Gérard de Vienne, vers 4012 :

> Com buer fuit neiz qui en tal ost ira
> Por tel pardon conquerre.

Partonop. vers 7843 :

> Sire, fait cil, vostre merci,
> Buer vos encontraisse-jo hui.

Vers 6083 :

> Urrake, je sui vostre sers,
> Buer i passase-jo les mers.

Vers 8829 :

> Portonopeus sace l'espée
> Qui buer fust el sarciu trovée.

Chron. de Jordan Fantosme, vers 2018 :

> Baruns esveilliez-vus, bor vus fust anuitié,
> Tele chose ai oïe, dont jo vus frai haitié.

Comparez *Mar*, et voyez Orell, pag. 298.

* **BUFETAGE**, Impôt sur le vin. Gl. *Criagium*, 1.

1. **BUFFE**, La partie du casque qui couvre les joues. Gl. *Buffa*.

2. **BUFFE**, **BUFFEAU**, Coup sur la joue, soufflet. Gl. *Buffa*.

BUFFER, Bouffer, enfler les joues. Gl. *Buffare*.

1. **BUFFET**, Vin de buffet, Vin accommodé et composé. Gl. *Bufetarius*.

2. **BUFFET**, Coup sur la joue, soufflet. Gl. *Buffa*.

3. **BUFFET**, Le devant de la tête. Gl. *Buffa*.

4. **BUFFET**, Le seuil de la porte. Gl. *Buffetus*, 2.

5. **BUFFET**, Chambre, cabinet, bureau. Gl. *Buffetus*, 2.

* **BUFFETEIZ**, comme *Buffois*.

BUFFETER, Souffleter, donner des coups sur les joues. Gl. *Buffa*.

BUFFETIER, Marchand du vin qu'on appelait *Buffet*. Gl. *Bufetarius* [et *Vinum*, pag. 842¹].

BUFFIER, **BUFFOIER**, Donner des soufflets. Gl. *Buffa*.

BUFFOIS, Bruit, rumeur, vacarme. Gl. *Buffa*.

BUFOIER, Donner des *buffes* ou soufflets. Gl. *Buffa*.

BUGHE, Pâturage. Gl. *Bugia*, 3.

BUGLE †, Buffle, bœuf sauvage. Gl. *Bubalus*.

BUGNE, Tumeur, contusion. Gl. *Buba*.

BUGNON, Ruche à miel. Gl. *Bugazolus*.

BUHE, Buire, cruche ; d'où *Buhetier*,

L'ouvrier qui les fait ou les vend. Gl. *Buheterius*.

BUHORIAUX, Butors, espèce de héron. Gl. *Buhors*.

BUHORS, p. e. Le droit qu'on payait au seigneur pour la permission de prendre des *Buhoriaux* ou de chasser avec. Gl. *Buhors*.

* **BUHOT**, Tuyau. Gl. *Buheterius*. [Roman de Renart, t. IV, p. 30, vers 820 :

> Ne leur plaist sainnie de vainne
> Si se font sainnier à buhot.

Voyez *Buiot*.

BUIES, Entraves, ceps, fers qu'on met aux pieds et aux mains des prisonniers. Gl. *Boia*. [Rayn. tom. II, pag. 232², au mot *Boia*, et ci-dessus *Bou*. Glossaire de la Chron. des ducs de Normandie.]

BUIGNE, Tumeur, contusion. Gl. *Buba*.

BUIGNON, **BUILLON**, Morceau, bouchée. Gl. *Builio*.

* **BUILLE**, comme *Bouele*, Boyaux. Chron. des ducs de Normandie, tom. II, pag. 206, vers 21414 :

> N'i a cel d'eus qui ne se duille,
> U qui del cors n'isse la buille.

Tom. III, pag. 216, vers 37623.

* **BUILLIR**. Voyez *Boillir*.

BUILLOT, Sorte de panier, manne. Gl. *Buiolium*.

BUION, Buire, cruche, pot. Gl. *Buheterius*.

* **BUIOT**, Conduit, tuyau. Roman de Renart, tom. II, pag. 155, vers 13747 :

> En sa meson n'ot nule entrée
> Fors un buiot, quant est fremée.

Voyez *Buhot*.

* **BUIRE**, De *Burel* ? ou *brun* ? Roi Guillaume, pag. 104 :

> Cil li done une cape buire.

* **BUIRES**. Voyez *Bure*, 2.

1. **BUIRON**, Instrument pour pêcher. Gl. *Buireta*.

* 2. **BUIRON**, Gl. *Musnare*.

* **BUIS**, comme *Buies*.

* **BUISART**, Busard, buse (oiseau de proie). Les proverbes au vilain, cités dans le Glossaire des ducs de Normandie, au mot *Busart* :

> Jà de buisart ne fera l'en esprevier.

Fables Ysopet, ibidem :

> Car la raine que l'ot tuée
> Fu tost du buisart devorée.

Jordan Fantosme, vers 1056 :

> Desur lur cors descendent corneilles e busart.

BUISE, Canal, conduit. Gl. *Busa*, 1.

1. **BUISINE**, Espèce de trompette ; d'où *Buisiner*, Sonner de la *buisine*. Gl. *Fretella* et *Businare*. [Rayn. tom. II, pag. 268², au mot *Bucina*. *Busine*, Chron. des ducs de Normandie, tom. I, pag. 491, vers 11850. Chron. de Jordan Fantosme, vers 1307. Voyez *Boisine*.]

* 2. **BUISINE**, **BUSUINE**, Besoin. Chron. de Jord. Fantosme, vers 769, 916, 929, etc.

BUISNART, Sot, hébété, imbécile ; d'où *Buisnardie*, Sottise, bêtise. Gl. *Busio*.

BUISSIER, p. e. Bûcher, ou le lieu où l'on trait les vaches. Gl. *Buccetum*.

BUISSIERE, Lieu planté de buis. Gl. *Buxeria*.

BUITARDE, Outarde, que les Champenois nomment *Bitarde*. Gl. *Buitarda*.

BULE, Feu en signe de réjouissance. Gl. *Buræ*.

BULETEIL, Bluteau. Gl. *Buletelus* et *Polentrudium*.

1. **BULETTE**, Certificat, bulletin. Gl. *Bulleta*.

2. **BULETTE**, Juridiction, qui a le droit de sceller les actes. Gl. *Buletinum*.

BULLEITE, **BULLETE**, Petit sceau. Gl. *Buletinum*.

BULLETE, Bulletin, certificat. Gl. *Bulleta*.

BUNCHETTE, Sorte de mets en Vivarais. Gl. *Bunchetta*.

* **BUNDE**, pour Bonde. Gl. *Stopa*, 3.

BUNDIR. Voyez *Bondir*.

BUNIER, Certaine mesure de terre, *bonnier*. Gl. *Buna*. +

BURACHE, pour BOURROICHE, Instrument en forme de panier pour pêcher. Gl. *Bertavellus*.

BURC, Bourg. Gl. *Burcum*.

* **BURDE**, comme *Bourde*, 2. Chron. de Jordan Fantosme, vers 1251.

BURDELOIS, Bourdelais. Gl. *Burdegalium*.

* 1. **BURE** †, Lessive. Gl. *Bura*, 1.

2. **BURE**, LE DIMANCHE DES BURES, Le premier du carême. Gl. *Buræ*.

BUREAU, Grosse étoffe de laine. Gl. *Burellus* sous *Birrus*, pag. 687³. [Roman de Renart, tom. 11, pag. 227, vers 15742 :

> Tex porte burel ou maçue
> Grant et pesant desor son col, etc.

Pag. 164, vers 13993 :

> O maçues et o tiniaus
> Li ont bien auné ses buriaus.

Voyez Rayn. t. 11, p. 271², au mot *Bureus*.

BURELÉ, Tas, monceau. Gl. *Burellus*.]

BURESSE †, Laveuse, blanchisseuse. Gl. *Bura*, 1.

BURETELE, Morceau, lambeau de *bureau*, ou petite bourse. Gl. *Burallus*.

BURGAGE, Droit dû au seigneur par ses bourgeois. Gl. *Burgagium*.

BURGALAISE, **BURGALESE**, Pique, lance. Gl. *Burgalaisia*.

BURGEOIS, Bourgeois, celui qui doit le *burgage*. Gl. *Avenagium*, 1.

BURGER, Pousser, heurter. Gl. *Brugaria*.

BURGESSOUR, Voleur qui entre de force quelque part. Gl. *Burgaria*.

BURGOINNE, Bourgogne. Gl. *Principalis dignitas*.

BURGUER, Pousser, heurter. Gl. *Brugaria*.

BURINE, Querelle où il ne se dit que des injures. Gl. *Burina*.

BURLETE, p. e. Petite bourse. Gl. *Burla*, 2.

BURNEIS, Bruni, poli; du verbe *Burnir*, pour Brunir. [*Burni*, Chron. des ducs de Normandie, tom. 1, pag. 355, vers 7835; tom. 11, pag. 29, vers 16142.] D'où *Burnisseresse*, Femme qui brunit et polit l'argent. Gl. *Brunitus* et *Brunus*.

BURRE, Vêtement de l'étoffe appelée *Bure*. Gl. *Burra*, 1. [Flocon, Gl. † *Flocus*, 1.]

1. **BUSART**, Vaisseau à mettre du vin ou autre liqueur. Gl. *Boucellus* sous *Butta*, 3, pag. 828².

* 2. **BUSART**. Voyez *Buisart*.

BUSCAGE, Droit sur les bûches ou le bois qu'on mène pour vendre. Gl. *Buscagium* sous *Boscus*.

BUSCAIGE, Servitude ou corvée qu'un vassal doit à son seigneur pour couper le bois à son usage. Gl. *Boscagium*, 2.

1. **BUSCHE**, Sorte de grand bateau. Gl. *Bussa*.

2. **BUSCHE**, p. e. Espèce de filet pour prendre des lapins. Gl. *Buschia*.

* 3. **BUSCHE**, Bûche. Gl. *Busca*, et *Molla*, 1.

BUSCHE-GREFFE, Espèce de couteau. Gl. *Cultellus*, pag. 694².

BUSCHER, Abattre du bois, faire des bûches. Gl. *Boscairare*.

1. **BUSE**, Soupirail. Gl. *Busa*, 1.

2. **BUSE**, Sorte de vaisseau ou navire. Gl. *Bussa*.

BUSETE, Diminutif de *Buise*, Canal, conduit. Gl. *Busa*, 1.

BUSHELE, Boisseau. Gl. *Bussellus* sous *Butta*, 3, pag. 829¹ [en anglais].

* **BUSINE**. Voyez *Buisine*, 1.

BUSQUE, Broussailles. Gl. *Buscarium*.

BUSQUER, Heurter, frapper à une porte, pour la faire ouvrir. Gl. *Butare*, 1. [Rayn. tom. 11, pag. 272¹, au mot *Burcar*.]

BUSQUET, Touffe. Gl. *Buschetus*.

BUSSART, BUSSE, Vaisseau à mettre du vin; en Anjou une demi-pipe. Gl. *Buza* sous *Butta*, 3, pag. 828¹.

BUSSE, Sorte de grand bateau. Gl. *Bussa*. [Voyez *Buce*.]

BUSSEBRAN, Terme de raillerie pour un boulanger; p. e. ventre de son. Gl. *Busus*, 1.

BUSSEL, Boisseau. Gl. *Bussellus* sous *Butta*, 3, pag. 829¹.

BUSTAIL, Bois de lit. Gl. *Busta*, 1.

BUSTE, Bûche. Gl. *Busta*, 1.

BUSTINER, Partager le butin. Gl. *Botinum*.

* **BUSUINE**. Voyez *Buisine*, 2.

BUTALHE, pour BUCALLÉE, p. e. Droit de pâturage. Gl. *Bucallum*.

BUTÉ, Pot, cruche. Gl. *Butar*.

BUTEAU, Tombereau, brouette. Gl. *Butar*.

BUTEILLER, Celui qui fait les essais des vins à vendre. Gl. *Buticularius* sous *Butta*, 3, pag. 827².

* **BUTER**. Voyez *Bouter*.

BUTERIE, L'art de faire des *bous*, vaisseaux à mettre du vin. Gl. *Buteria*, 2.

BUTICLE, Boutique, sorte de bateau. Gl. *Buticula* sous *Butta*, 3, pag. 825³.

BUTIERE, Ouverture, canal, par où les particuliers qui ont droit d'arrosage prennent l'eau, suivant la mesure réglée. Gl. *Boteria* [en Provence].

BUTIN, JOUER A BUTIN, Être de moitié au jeu avec quelqu'un, en partager le gain ou la perte. Gl. *Botinum*.

BUTINER, Partager le butin. Gl. *Botinum*.

BUTINIER, Dépositaire du butin, et celui qui en fait le partage. Gl. *Botinum*.

* **BUVER**, Bouvier. Chron. des ducs de Normandie, tom. 1, pag. 260, vers 5099 :

> N'i remaint vilain ne buver
> Ne nul autre home de mester.

BUVERIE, Repas, festin. Gl. *Buverium*.

BUVRAIGE, p. e. Labourage; ou Gouté. Gl. *Buverium*.

* **BUXAT**, BUYAT, *Vin boté*. Gl. *Buxat*.

* **BUYNE**. Voyez *Buigne*.

BUYS, Forme de soulier. Gl. *Buxum*.

BYAUT, Sorte de vêtement fort léger, plus communément appelé *Bliaut*. Gl. *Bialdum*.

BYON, Espèce de vase. Gl. *Buheterius*.

BYSE, Bise, grise, brute. Chanson de Roland, stance 168, vers 4 :

> De devant lui od une perre byse.

* **ÇA**, Interjection. Chron. des ducs de Normandie, tom. 11, pag. 456, vers 28547 :

> As oueilles garder entent
> Ça hei, ça hei! lor dit sovent.

Le ms. de Tours porte *Ça tro. Cha*, Ça pour Cela. Flore et Blanceflor, vers 510 :

> Et por Blanceflor le donerent;
> Cha ont doné par droit marcié
> Et il s'en font joiant et lié.

Voyez Rayn. tom. v, pag. 163², au mot *Sai. Caiens*, Orell, pag. 299.

1. **CAABLE**, L'action d'abattre et de jeter par terre. Gl. *Cabulus*, pag. 10³. [Coup. Guill. Guiart, tom. 11, pag. 477, vers 12396 (21379) :

> Cil de Bretaingne et de Bourgoingne
> I refierent à droit caable.

Voyez *Caple* et *Chaable*.]

2. **CAABLE**, Arbre ou branche abattue et rompue par le vent ou autrement. Gl. *Cabulus*, pag. 10².

* 3. **CAABLE**, comme *Chaable*, 1. Voyez *Cadable*.

* **CAAIGNON**, Voyez *Chaignon*.

* **CAASTÉ**, Chasteté. Flore et Blanceflor, vers 738 :

> Desor vos ne fu onques née

Qui portast si bien cassté ;
S'aviez la forme de biauté.

Voyez Rayn. tom. II, pag. 253 [1], au mot *Castitat*.

CAAGE, Droit qu'on paye pour l'entretien des quais, pour pouvoir y charger et décharger les marchandises. Gl. *Caya*, pag. 261 [3].

CABAL, Capital, les fonds ou biens de quelqu'un. Gl. *Cabale*. [Voyez Rayn. tom. II, pag. 325 [2], au mot *Cabal*.]

CABALMENT, Entièrement. Gl. sous *Caballum*. [En provençal. Voyez Rayn. tom. II, pag. 326 [2], au mot *Cabalmen*.]

CABANNE, Écurie. Gl. *Cabanacum*.

CABAR, Clou à tête, caboche. Gl. *Cabironalis*.

1. **CABARET**, Raquette ou battoir. Gl. *Cabaretus*.

2. **CABARET**, Lieu fermé de barreaux en forme de cage. Gl. *Cabia*, 3.

CABARETEUR, Cabaretier. Gl. *Cabaretus*.

CABATZ Rabatu, Terme injurieux pour une femme. Gl. *Cabatius*.

CABAU, Capital, les fonds ou biens de quelqu'un. Gl. *Cabale* [à Bordeaux et Bayonne].

CABAUST, Lieu fermé de barreaux en forme de cage. Gl. *Cabia*, 3.

CABESTRAGE, Droit seigneurial en usage en Provence, qu'on paye en dédommagement des juments que les seigneurs prêtent à leurs vassaux pour fouler leurs grains. Gl. *Cabestragium*.

CABILLAU, Nom d'une faction en Hollande. Gl. *Cabelgenses*.

CABLE, Arbre ou branche abattue et rompue par le vent ou autrement. Gl. *Cabulus*. pag. 10 [2].

* **CABOCE**, Caboche, tête. Chronique des ducs de Normandie, tom. II, pag. 235, vers 22298 :

Qu'ainz perdreit chascon la cabocc
S'il en aveit poeir e force.

Tom. III, pag. 267, vers 38975 :

Que cel n'i out, tant éust force
Qui 'n portast point de la caboce.

CABOCEAU, Cabociau, Mesure de grain, de sel, etc. Gl. *Cabocellus*.

CABOT, Chabot, poisson. Gl. *Cabos* et *Capito*, 3. [Voyez Gl. *Fratillum*.]

CABOZ, Sorte de petite bourse. Gl. *Cabos*.

CABUCEAU, Couvercle [à Marseille]. Gl. *Cabusellus*.

CABUSER, Tromper, surprendre ; d'où *Cabuserie*, Tromperie, supercherie ; et *Cabuseur*, Trompeur, fourbe. Gl. *Cabusator* [et *Hoquelator*].

CABUSSER, p. e. Courbure ou élévation. Gl. *Cabusator*.

CACE, Trou d'une aiguille. Gl. *Camela*.

* **CACEOUR**. Voyez *Chaceor*.

1. **CACHE**, Incursion, course sur une terre ennemie. Gl. *Cachia*, 3.

2. **CACHE**, Poursuite en justice ; ou Amende. Gl. *Cachia*, 3.

3. **CACHE**, Coffre, cassette. Gl. *Cacia*, 1.

CACHÉEMENT, Secrètement, en cachette. Gl. *Repositus*.

CACHEFÉS, Levier. Gl. *Cacellus*.

1. **CACHER**, Percevoir, lever, exiger un droit. Gl. *Cachia*, 3.

2. **CACHER** (SE), Se blesser. Gl. *Cachia*, 3. [Voyez Rayn. tom. II, pag. 350 [1], au mot *Cassar*.]

CACHEREAU, Cartulaire, papier terrier. Gl. *Cacherellus*.

CACHERIE, Chasse, le droit de chasser. Gl. *Cacheria*.

CACHEURE, Blessure, plaie. Gl. *Cachia*, 3. [Voyez Rayn. tom. II, pag. 350 [1], au mot *Cassadura*.]

CACHIER, Chasser, mener les bestiaux au pâturage. Gl. *Chacea*, 2. [*Cacier*, Chasser. Roi Guillaume, pag. 142, Rayn. tom. II, pag. 350 [2], au mot *Cassar*.]

CACLUTER, Publier, proclamer au bruit de quelque chose. Gl. *Clingere*, 2.

CACOU, Terme injurieux en Basse Bretagne. Gl. *Cagoti*, pag. 19 [1].

* **CADABLE**, Machine de guerre, comme *Chaable*, 1, Chanson de Roland, stance 8, vers 3 :

Od ses cadables les turs eh abatied.

Stance, 16 , vers 8 :

Od vos caables avez fruiset ses murs.

CADEFAUT, Échafaud. Gl. *Cadafalus*.

CADELLER, Conduire, mener. Gl. *Capdelare*. [Chanson de Roland, stance 73, vers 6 ; stance 206, vers 12. Garin, tom. I, pag. 10. Voyez Rayn. tom. II, pag. 325 [1], au mot *Capdelar*, ci-dessous *Chadeler*.]

CAENNE, p. e. Quai. Gl. sous *Caya*, pag. 261 [3]. [P. e. Chaîne. Voyez Gl. *Catena*, 5. Chanson de Roland, stance 272, vers 2 :

Guenes li fels en cacines de fer.

Stance, 182, vers 3 :

En dous chaeines si teneit un brohun.

Voyez Rayn. tom. II, pag. 285 [1], au mot *Cadena*.]

* **CAFFARD**. Gl. *Coquibus*.

CAGAREL, Sorte de poisson. Gl. *Sclave*.

CAGE, Espèce de filet pour la pêche. Gl. *Cagia*, 1.

CAGETE, Petite cage ou boîte. Gl. *Cagia*, 2.

CAGOTS, Habitants du Béarn et de quelque partie de la Gascogne, méprisés et haïs du reste du peuple. Gl. *Cagoti*.

CAHARIE, Le droit qu'on lève pour l'entretien des quais. Gl. sous *Caya*, pag. 261 [3].

CAHOER, Chandelle de cire, flambeau. Gl. *Quarrellus*, 3.

CAHS, Sorte de vaisseau ou navire. Gl. *Gatus*, 1.

CAHUET, Espèce de bonnet, la partie de l'aumusse ou de la chape qui couvrait la tête. Gl. *Belveria* et *Cahouetus*.

* **CAIAGE**, Caiaage, comme *Caage*, Gl. *Caya*, pag. 261 [3].

CAIELLER, p. e. pour *Cadeller*, Conduire, mener. Gl. *Capdelare*. [Voyez *Chaeler*. Roman de Renart, tom. IV, pag. 212, vers 2256 :

De la quinte (eskiele) ne me doi taire
Celi li rois caiielle et guie.]

CAIER, Chandelle de cire, flambeau, torche. Gl. *Quarrellus*, 3.

1. **CAIGE**, Toile pour prendre les sangliers. Gl. *Cagia*, 1.

2. **CAIGE**, Sorte de filet pour la pêche. Gl. *Cagia*, 1.

* **CAIGNET**. Voyez *Marbre*.

1. **CAILLIER**, Tasse, gobelet, vase à boire. Gl. *Caillier*.

2. **CAILLIER**, Machine pour prendre les cailles. Gl. *Caillier* [et *Mazer*, pag. 232 [3], 333 [3]].

CAINAGE, p. e. pour Caiage, le droit qu'on lève pour l'entretien des quais. Gl. sous *Caya*, pag. 261 [3].

* **CAINDRE**, Ceindre, revêtir, être revêtu. Gérard de Vienne, vers 3275 :

Cainte ot la chair de l'auberc c'ot vestu.

Vers 2569 :

Le millor home ke ainz cainsist d'espée.

Partonop. vers 2967 :

Et sa mescricorde a cainte,
D'orfrois etoit par le heut cainte.

* **CAINE**. Partonop. de Blois, vers 2320 :

Les ont soixante mil esmés,
Et ains que past la quarenthine
l'assient cent mil à caine.

Le manuscrit. 1239 porte :

Jà sont cent mile à esquaine.

* **CAINSE**, Cainsil. Voyez *Chainse*, *Chainsil*.

CAINT, Ceinture, écharpe. Gl. *Fermeilletum*. [Voyez *Chaint*.]

* **CAINTURE**, Ceinture. Partonop. vers 10651 :

Devant torment les overtures
Et les pendans de lor caintures.

Voyez *Chainture*.

* **CAISNE**, Chaisne, Chêne. Partonop. vers 649 :

Il s'est dessous un caisne assis.

Roi Guillaume, pag. 149 :

Ains fuit vers un caisne à retrait...
Si fait du caisne son escu.

Partonop. vers 5759 :

Li chaisnes ert porriz par soi.

Chron. des ducs de Normandie, tom. I, pag. 341, vers 7422. Voyez Gl. *Casnus*, Rayn. tom. II, pag. 352 [1], au mot *Casser*.

* **CAITIF**, Captif. Partonop. vers 283, 378, 1185. Voyez Rayn. tom. II, pag. 275 [1], au mot *Captiu*. Garin le Loher. tom. I, pag. 166 : *Ghetis*.

* **CAITIVETET**. Voyez *Chaitiveté*.

CALABRE, Machine de guerre pour assiéger les places. Gl. *Calabra*.

CALABRIEN, Calabrin, Carabin, sorte de troupe légère. Gl. *Calabrinus*.

CALAMAY, La fête de la Chandeleur. Gl. *Candelaria*, 1.

* **CALAMINE**, Certaine pierre. Gl. *Calammaris*. *Caramite*, Rayn. tom. II, pag. 332 [1], au mot *Caramida*.

* **CALANDRE**, Alouette. Chron. des ducs de Normandie, tom. II, pag. 133, vers 19244. Voyez Roquef. au mot *Calendre*, Gl. *Calandria*, 1.

CALANGAGE, Aller en calangage, Entreprendre sur autrui. Gl. sous *Calumnia*, 1, pag. 38 [2].

CALANS, Sorte de bateau, chaland. Gl. sous *Chelandium*. [*Calans*, *Caland*. Chanson de Roland, stance 188, vers 2 ; stance 192, vers 5 ; stance 176, vers 10.]

CALCIAGE, Le droit qu'on lève pour

l'entretien des chaussées. Gl. *Calcagium* sous *Calcea*, pag. 25[1].

CALENES, On appelle ainsi à Marseille la veille de Noël, et le repas qu'on y fait ce jour-là. Gl. *Festum Calendarum* sous *Festum*, 1.

CALENGE, Demande en justice. Gl. *Calumnia*, 1. [*Faire chalonge*, Provoquer, attaquer. Chron. des ducs de Normandie, tom. II, pag. 35, vers 16319 :

> Ne quit que genz mais plus irée
> Alassent lor faire chalonge.

Calenge metre, Contester, disputer. Flore et Blanceflor, vers 2110 :

> Par mon cief, calenge i metrai.

Roi Guillaume, pag. 83 :

> Jà puis qu'ele vos ert livrée
> Et de ma gent asséurée,
> N'ert honnes qui calenge i mece.

Chron. des ducs de Normandie, tom. II, pag. 66, vers 17230 :

> Eisi s'en est del tot demis
> Senz chalenge que mais l'en face.

Voyez Rayn. tom. II, pag. 295[2], au mot *Calonja*.]

CALENGER, Former une demande en justice. Gl. *Calumnia*, 1. [*Chalenger, Chalonger*, Demander, contester, provoquer, attaquer, défendre, refuser, prohiber, blâmer. Chanson de Roland, stance 262, vers 4 :

> A mult grant tort mun païs me calenges.

Aubri, vers 60 :

> Que nostre terre nos vont si calengant.

Agolant, vers 1 :

> Karlon quemande que l'ost soit aprestée...
> A Sarrazins chalengier la contrée.

Voyez vers 103, et pag. 172[1]. Chronique des ducs de Normandie, tom. I, pag. 202, vers 3430; pag. 381, vers 8621 :

> N'ont pas esfors à eus sofrir
> N'à chalenjer lur le païs.

Pag. 407, vers 9392 :

> Jà fust la cité chalongée.

Gérard de Vienne, vers 2290 :

> Si suix venus Viane chalongier.

Vers 1315, 539 :

> Or ne laroit por les manbres tranchier
> Ke ne li voist sa vie chalongier.

Agolant, vers 777 :

> Petit s'en faut, ne li vois chalengier.

Chanson de Colin Muset, Wackern., pag. 72 :

> Et quant si grant chose enpris
> Com de vostre amor chalongier.

Gérard de Vienne, vers 1322 :

> Ke bien la cuis envers vos chalongier.

Roi Guillaume, pag. 103 :

> N'à soing de prester à usure
> Que sa nature li caloigne.

Chron. des ducs de Normandie, tom. I, pag. 402, vers 9230 :

> La defiance e le devié
> Et com il li unt chalengé
> Qu'en la cité puis n'arestace.

Tom. III, pag. 438[2], vers 25739 :

> Ce veit le deiable e odtreie
> N'i chalange ne n'i desveie
> Parole que li angre ait dite.

Partonop. vers 4319 :

> Et seit ses dons bien aséoir
> Et doner as bons par savoir,
> Et as autres si sains dangier
> Que ne l'en puet nus calengier.

Vers 5707 :

> Mais certes ge cuit qu'à grant tort
> Vos chaloig et mesdi si fort.

Roman de Renart, tom. II, pag. 96, vers 12175 :

> Li rois m'en a doné congié
> Et conmandé et chalangié.

Chronique des ducs de Normandie, tom. I, pag. 221, vers 3991 :

> E li Daneis se sunt logié,
> Si lour ot esté chalengié.

Voyez Rayn. tom. II, pag. 295[2], au mot *Calonjar*.]

CALETTE, Sorte de bonnet. Gl. *Calestra*.

CALEVRES, Trompeur, dissimulé, fourbe. Gl. *Calvere*.

CALIBURNE, Nom de l'épée du roi Artus. Gl. *Caliburne*.

* **CALIMIEL**, Chalumeau. Roman de Renart, tom. IV, pag. 166, vers 1068 :

> En Malpertuis sounent tabour,
> Flabustes, tymbre et calimiel,
> Trompes, araines, etc.

Voyez Rayn. tom. II, pag. 295[1], au mot *Calamel*.

CALIVALY, Charivari. Gl. *Chalvaricum*, pag. 303[1].

CALLATE, Rue qui va en baissant. Gl. *Calata*, 2.

CALLECTOIRE, Sorte de jeu. Gl. sous *Calletia*.

CALLENGE, Demande formée en justice. Gl. *Callengia*.

CALLIQUES, Espèce de sardine. Gl. *Aphya*.

CALMINER, Crépir, couvrir d'un enduit. Gl. *Imbutamentum*.

CALOBE, p. e. pour *Colobe*, Sorte de vêtement sans manches, ou avec des manches fort courtes. Gl. *Colobium*.

* **CALOTTE**. Voyez *Carotte*.

CALPHADEUR, Calfateur, celui qui calfate un vaisseau. Gl. *Calefactus*.

CALTRE, Draperie. Gl. *Calteria*.

CALVAGUETE, Service militaire à cheval. Gl. *Cavalgata* sous *Caballus*, pag. 6[2].

CAMAHEU, Camahier, Camaïeu. Gl. *Camahotus* sous *Camœus*.

CAMAIL, Habillement de tête, sorte d'armure. Gl. *Camelaucum*, pag. 47[3], et *Mantus*. [Voyez Rayn. tom. II, pag. 321[2], au mot *Capmalh*.]

CAMBAGE, Cambaige, Le droit qu'on paye pour faire ou vendre de la bière et autres boissons. Gl. *Cambagium* sous *Camba*, 3.

CAMBE, Brasserie. Gl. *Camba*, 3.

* **CAMBELLENS**. Voyez *Chambellains*.

CAMBGEUR, Cambiador, Changeur, banquier. Gl. *Cambitor*.

CAMBIER, Brasseur, celui qui vend ou fait de la bière, dont la femme est appelée *Camberiere*. Gl. *Camberius* sous *Camba*, 3, pag. 41[3], 42[1].

* **CAMBOURIERE**, Chambrière, femme de chambre. Renart, tom. IV, pag. 193, vers 1774 :

> Vint dame Emme, car les novieles
> Li ot dit une cambourière.

Voyez *Chamberier*.

* **CAMBRE**. Voyez *Chambre*.

CAMBRELAIGE, Office et droits du chambellan; ou ce qui est dû à la *chambre* du seigneur à chaque mutation. Gl. *Cambellanus*, pag. 43[1].

* **CAMBRETE**, Chambrette. Partonop. vers 6908 :

> En lor nef ot une maison,
> Une moult bien painte cambrete,
> C'Urrake nome gloriete;
> Un entreclos a petit
> U il ne peut avoir c'un lit.

Voyez Jal, Archéol. navale, tom. II, p. 422. Rayn. tom. II, pag. 300[2], au mot *Cambreta*.

CAMBRIER, Celui qui est sujet aux droits de la chambre du seigneur. Gl. *Hospes*, pag. 700[3].

CAMBRY, Voûte. Gl. *Camera*, 10.

* **CANDELARBRE**, Candélabre. Partonop. vers 1698, 10764. Voyez Rayn. tom. II, pag. 212[1], au mot *Candelabre*.

CAMEILL, Sorte d'armure pour la tête. Gl. *Camelaucum*, pag. 47[3].

CAMEL, Chameau ou cable. Gl. *Camela*.

CAMELIN, Sorte d'étoffe. Gl. *Camelotum*.

CAMELINE, Certaine sauce. Gl. *Camelotum*, pag. 48[2].

CAMINADE, Chambre où il y a une cheminée. Gl. *Caminata*, pag. 55[3].

CAMISE, Chemise, sorte d'habillement. Gl. *Camisa*, pag. 56[2].

CAMOCAS, Camochat, Sorte d'étoffe riche. Gl. *Camoca* et *Camocatus*.

CAMOISIÉ, Couvert de plaies. Gl. *Camocatus*. [Couvert de taches, de souillure. Gérard de Vienne, vers 896 :

> Camousiez fu del auberc c'ot vesti.

Roman de Renart, tom. III, pag. 163, vers 24238 :

> Et Ropnel fiert, ce vos di,
> Grant cop quanqu'il pot de son pié,
> Que tot a le vis camoissié.

Chron. des ducs de Norm. tom. II, p. 131, vers 19192 :

> Del osberc fu tot chamoissiez.]

CAMOISIER, Camoisser, Préparer une peau comme le chamois. Gl. *Camocatus*.

CAMOSÉ, Ciselé. Gl. *Camocatus*.

CAMP, Combat, bataille. Gl. *Campus*, 1.

* **CAMP FLORI**, Séjour des bienheureux. Flore et Blanceflor, vers 785 :

> M'ame le m'amie siyra
> En camp flori le trovera,
> U el keut encontre moi flors...
> Ele m'ara proçainement
> En camp flori ù el m'atent.

* **CAMPAL**, Campel. Gl. *Bellum campale*, pag. 642[2]. Voyez *Bataille*.

CAMPANE, Cloche. Gl. *Campana bannalis*, pag. 60[3]. [Et *Tintinnabulum*. Voyez Rayn. tom. II, pag. 305[1], au mot *Campane*].

CAMPANIER, Clocher. Gl. sous *Campana*, 2, pag. 61[3].

* **CAMPART**, Champart. Gl. *Villenagium*, pag. 832[2].

CAMPELET, Petit champ. Gl. *Campelus*.

CAMPENART, Clocher. Gl. sous *Campana*, 2, pag. 61[3].

CAMPESTRE, Champ labourable, et le laboureur même. Gl. *Campestris*. [Voyez Rayn. tom. II, pag. 304[1], au mot *Campestre*.]

CAMPIE, Messier, celui qui est chargé de veiller à ce qu'il ne soit fait aucun dommage aux fruits des champs. Gl. *Camperius* [en Provence].

CAMPIESTRE, Qui est de la campagne. Gl. *Campestris*.

CAMPIGER, Camper, tenir la campagne. Gl. *Campizare*.

* **CAMPIUNS**, Champion. Chanson de Roland, stance 163, vers 21 :

> Par granz batailles e par mult bel sermons
> Cuntre paiens sur tuz tens campiuns.

Voyez Rayn. tom. II, pag. 304[1], au mot *Campion*.

CANABASSEUR, Celui qui fait ou vend de la toile, ou autre chose faite de chanvre. Gl. *Canabaserius*.

* **CANCELER**, Renfermer. Pour *Concele?* Partonop. vers 4591 :

> Puis apris de divinité
> Si que j'en seuc à grant plenté ,
> Et la viés loi et la novele
> Qui tot le sens del mont cancele.

CANCELURE, Se dit des lignes qu'on tire sur un acte pour l'annuler. Gl. *Cancellatura*.

CANCHEL, Enceinte, clôture de murs. Gl. *Cancellus*, 1, pag. 86[1].

* **CANDALIE**, Chandelier. Gl. *Candalies*.

CANDELABRE, Chandelier. Gl. *Candelabra*. [Voyez *Candelarbre*.]

1. **CANDELIER**, La fête de la Chandeleur. Gl. *Candelaria*, 1.

* 2. **CANDELIER**. Voyez *Chandelier*.

CANDELLE, Confrairie. Gl. *Candela*, 2.

CANDELLERIE, CANDELLIÈRE, La fête de la Chandeleur. Gl. *Candelaria*, 1.

CANDOILE, Chandelle. Gl. *Pecia candelæ*, pag. 163[2]. [Voyez Rayn. tom. II, pag. 311[2], au mot *Candela*.]

CANEL, Trame. Gl. *Canela*.

* **CANES**, Cheveux blancs. Voyez Roquef. et Rayn. tom. II, pag. 317[1], au mot *Canas*.

CANESTIAU, Échaudé, sorte de pâtisserie. Gl. *Canistellus* [en Flandre].

* **CANESTREL**, Corbeille. Genèse, chap. 14, vers 16 : *Jeo vi un sounge que je avois treis canestreux*.

CANET, Banc. Gl. *Canetum*.

CANEVIERE, Chènevière. Gl. *Canaveria*.

CANEYNE, Lieu rempli de cannes ou roseaux. Gl. *Caneria*.

CANGE, Gale. Gl. *Impetigo*.

CANGEOUR, Changeur, banquier. Gl. *Cambitor*. [Rayn. tom. II, pag. 299[1], au mot *Cambiare*.]

CANIBOTE, Chènevotte, le tuyau du chanvre. Gl. *Canevale*.

CANIVELLE, Chemise. Gl. *Canifellus*.

CANIVET, Couteau, canif. Gl. *Cani-*

---

vetus. [Et *Artavus*. Partonop. vers 5067 :

> De venerie i a ostius
> Li canivés et li fuisius,
> Et li tondres od le galet
> Et mitaines de mutabet.

Joli Buisson de Jonece, pag. 326 :

> Encre et papier et escriptoi re
> Cauivet et penne taillie.

Voyez Rayn. tom. II, pag. 310[2], au mot *Canivet*.]

CANOGNE, Chanoine. Gl. *Canonicus*, pag. 105[1].

CANOISIE, Chapitre de chanoines. Gl. *Canonia*, pag. 105[2].

CANOLE, Trachée-artère, le canal de la respiration. Gl. *Cannolla*. [Roman de Renart, tom. IV, pag. 165, vers 1030 :

> Kéi del mur, si que brisie
> Ot et quisse et bras et canole.]

1. **CANON**, Loyer, cens, redevance. Gl. *Canon*, 1. [Rayn. tom. II, pag. 310[2], au mot *Canon*.]

2. **CANON**, Flûte, chalumeau. Gl. *Canon*, 6.

CANONE, Chanoine. Gl. *Hæreditare*, 3 [et *Regularis*, 3].

CANONGE, Le revenu d'un canonicat. Gl. *Canongia*. [*Mesons canoniaus*. Gl. *Canonicalis rector*, pag. 106[2].]

CANONNE, Chanoine. Gl. *Canonicus*, pag. 105[1].

CANTATOURS, Nom de certains brigands. Gl. *Coterelli*, pag. 638[1]. [Guill. Guiart, tom. I, pag. 41, vers 417.]

CANTÉE, Sorte de mesure. Gl. *Centum*, 2.

CANTEL, Quartier, morceau. *Tenir en Cantel* ou *Cantiel*, Tenir, porter de côté, sur le côté. Gl. *Cantellus*. [Partonop. vers 3380 :

> Li rois met son escu devant,
> Il l'en abat un grant cantel.

Chastel. de Couci, vers 716 :

> Escu d'or, affiché d'asur,
> Au lioncel vermel passant
> Bordés ens ou chantel devant.

Voyez Rayn. tom. II, pag. 316[2], au mot *Cantel*. Garin le Loher. tom. I, pag. 168 :

> L'escu au col en cantel l'a assis.

Chron. des ducs de Normandie, tom. I, pag. 125, vers 1257 :

> L'escu lur a mis en chantel.

Roman de Renart, tom. IV, pag. 146, vers 548 :

> Ysengrin l'escu en cautiel
> Tenoit moult fort par les enarmes.

Agolant, vers 508 :

> Vente et gresille, si ne fet mie bel,
> Deves le vent mist l'escu en chantel.

Lai de l'Ombre, vers 274 :

> Li sire avait devant son vis
> Formé son mantel en chantel.

Voyez le Roman de la Violette, pag. 78, not. 3.]

CANTON, Angle, encoignure. Gl. *Canto*, 1. [Rayn. tom. II, pag. 316[1], au mot *Canton*.]

CANTONNIÈRE, Prostituée, femme débauchée, qui se tient aux coins des rues pour débaucher les passants. Gl. *Canto*, 1.

CANTUARIE, Bénéfice de chantre. Gl. *Cautuarium*.

* **CANU**. Voyez *Chanu*.

CANVRE, Prononciation picarde, pour Chanvre. Gl. *Canvum*.

* **CAOIR**, Choir, tomber. Rayn. tom. II, pag. 345[2], au mot *Cazer*. *Chaant*, levant, Partonop. vers 4231. 5218.

CAOURSIN, Le pays de Cahors. Gl. *Caorcini*, pag. 117[3]. [Rayn. tom. II, p. 391[2], au mot *Chaorcin*.]

CAPAGE, Capitation, tribut imposé sur les personnes et sur les têtes, ou sur chaque maison. Gl. *Capitatio*, 1. [Voyez Rayn. tom. II. pag. 317[2], au mot *Cap*.]

CAPAYROU, Sorte de chaperon. Gl. *Capayrona* [en Languedoc].

CAPDAL, CAPDAU, Chef, seigneur, nom de dignité. Gl. *Capitalis*, 1, pag. 142[3].

CAPDET, Cadet, puiné. Gl. *Capdets*.

CAPDEULH, Chef ou principal manoir, château. Gl. *Capdolium*.

1. **CAPE**, Conduit d'eau. Gl. *Capa*, 2 [à Arles].

* 2. **CAPE**, CHAPE, Manteau, cape. Partonop. vers 3208, 5126. Roi Guill. pag. 99, 104. Roman de Renart, tom. II, pag. 171, vers 1190. Voyez Rayn. tom. II, pag. 320[2], au mot *Capa*, ci-dessous *Chape*.

CAPECEUR, Voleur, celui qui prend; ou Recors, aide de sergent. Gl. *Rogatum*, 2.

* **CAPEL**, CHAPEL, Chapeau. Aubri, pag. 154[2] :

> Li capel prist, le quebe et le doblier
> Et le bordon, grant, gros et plenier

Voyez Rayn. tom. II, pag. 321[1], au mot *Capel. Chapel Marterin*. Gl. *Martures*. *Chapel setelin*, Agolant, pag. 173[2], 174[1]. Couronne de fleurs ou de feuille. Roman de Renart, tom. III, pag. 45, vers 20986. Wackern. pag. 75.

* **CAPELER**, Coiffe que l'on portait sous le casque. Chanson de Roland, stance 250, vers 4 :

> Si fiert Naimun en l'elme principal,
> L une meitiet l'en fruissed d'une part,
> Al brant d'acer l'en trenchet cinq des laz.
> L capelers un dener ne li valt,
> Trenchet la coife entresque à la char.

Fierabras en provençal, vers 1004 :

> E desus lo capel si fetz l'elme lassar.

Voyez Rayn. tom. II, pag. 321[1], au mot *Capel*.

CAPELERIE, Chapelle, bénéfice simple. Gl. *Capellania*, 1.

CAPELINE, Armure de tête, espèce de casque. Gl. *Capellina*, 3.

CAPELLAN, Prêtre, curé. Gl. *Capellani*, 2. [Voyez Rayn. tom. II, pag. 329[2], au mot *Capelan*.]

CAPETER, Vexer, tourmenter. Gl. *Cupetus*.

CAPIAULX, Chapeau. Gl. *Capellus*, 1.

* **CAPIEL**, Chef. Gl. *Glotonus*.

CAPILAIRE, pour Scapulaire. Gl. *Capulcrium*.

CAPISCOL, Écolâtre, dignité ecclésiastique. Gl. *Capischolus* sous *Caput*, 3, pag. 165[2].

CAPISTRE, p. e. Sorte d'étoffe. Gl. *Capizolus*.

CAPITAGE, Cens dû au seigneur chaque année par ses hommes de corps. Gl. *Capitagium*, 1.

CAPITAIN, Gouverneur. Gl. *Capitaneus generalis*. [Voyez Rayn. tom. 11, pag. 327², au mot *Capitani*.]

1. **CAPITAU**, Capital, le sort principal. Gl. *Capitale*, 2.

2. **CAPITAU**, Chef, seigneur, nom de dignité. Gl. *Capitalis*, 1.

CAPITELE, Chapitre, lieu où s'assemblent les chanoines et les moines. Gl. *Capitulum*, 4, pag. 151¹. [Voyez Rayn. tom. 11, pag. 322², au mot *Capitol*.]

CAPITOLIER, Capituleur, Capitullier, Capitoul, échevin. Gl. *Capitulum*, 5.

* **CAPLE**, Caplets, Caploi. Voyez *Chaple*, 2.

* **CAPLER**. Voyez *Chapler*.

* **CAPLISON**. Voyez *Chapleison*.

CAPLOIER, Combattre, frapper avec l'épée. Gl. *Capulare*.

CAPOULIÉ, Chef, conducteur; et plus spécialement, celui qui conduit les moissonneurs. Gl. *Caporalis* [en Provence].

CAPPE, Voûte. Gl. *Capa*, 5.

* **CAPPEL**, Chapeau. Gl. *Capellus Beverinus*, pag. 132³.

CAPPELINGE, Armure de tête, espèce de casque. Gl. *Capellina*, 3.

CAPPILAIRE, pour Scapulaire, habit de moine. Gl. *Capularium*.

CAPPITLE, Chapitre. Gl. *Capitulum*, 4.

CAPPITULIER, Capitoul, échevin. Gl. sous *Capitulum*, pag. 151³ [à Toulouse].

CAPSINE, Poignée, autant que la main peut contenir. Gl. *Capunta*.

CAPSOOL, Capsou, Le droit dû au seigneur sur le prix de la vente de ce qui relève de lui. Gl. *Capisolidum* et *Capsol*. [Voyez Rayn. tom. 11, pag. 321², au mot *Capsol*.]

CAPTAL, Captau, Chef, seigneur, nom de dignité. Gl. *Capitalis*, 1, pag. 142². [Voyez Rayn. tom. 11, pag. 322², au mot *Captal*.]

CAPTALIER, Entrepreneur, fermier, celui qui a la conduite de quelque chose. Gl. *Captalerius* [en catalan].

CAPTIONNER, Mettre en prison. Gl. *Captio*.

* **CAPUIS**, Nom d'une faction en Auvergne. Gl. *Caputiati*, pag. 167².

CAPULAIRE, pour Scapulaire, sorte d'habit. Gl. *Scapulare*.

* **CAPUSER**. Voyez *Chapler* et *Chapuiser*.

CAQUEHAN, Cabale, conspiration. Gl. *Caquus*.

CAQUEHARENC, Hareng en caque. Gl. *Caquus*.

CAQUEUX, Caquins, Espèce d'hommes, regardés et traités comme Juifs en Bretagne. Gl. *Cagoti*.

CAQUIN, Caque, petit tonneau. Gl. *Caquus*.

* 1. **CAR**, Donc, or. Partonop. vers 7519 :

 Moult a grant tans que ne le vi,
 Et Deus, car fusce-je ore od li !

Chanson anon. Laborde, pag. 306 :

 Car venist or la mort por moi destraindre !

Garin le Loh. tom. 1, pag. 29 :

 Sainte Marie, ce dit li dux Hervis,
 Car priez ore, en cest jor, vostre fil.

Pag. 151 :

 Et dit Fromons : Or avez-vous bien dit,
 Car empensez que nel sache Pepins.

Pag. 82 :

 Et respont Begues : Car faire le devez.

Roman de Renart, tom. 1, pag. 39, vers 1016 :

 Mes car me faites osteler,
 Huimès ne saroie où aler.

Que Roi Guillaume, pag. 43 :

 Faites crier tost orendroit
 Se nus vos set que demander,
 Car près estes de l'amender.

Chastel. de Couci, vers 5403 :

 Servant que dame veult haïr
 Car mar fait estre ne servir.

Voyez Gérard de Vienne, note, au vers 2040. Diez, tom. 11, pag. 411; tom. 111, pag. 195. Orell, pag. 544. Rayn. tom. v, pag. 51, au mot *Quar*.

* 2. **CAR**, Carn, Charn, Char, Chair. Chanson de Roland, stance 157, vers 8 :

 Ne vos lerrai pur nul hume de car.

Stance 207, vers 10 :

 E ma car fust delez el enfuie.

Stance 263, vers 4 :

 Met li l'espée sur les chevels menuz
 Prent de la carn grant pleine palme e plus.

Voyez *Carnaie*. Stance 94, vers 5 :

 L'osberc li rumpt entresque à la charn.

Voyez st. 124, v. 4; 250, v. 8. *Ma char*, comme *mon corps*, Moi. Enfants Haymon, vers 821 :

 Afin que ma chat soit de par luy conseillie.

Voyez Rayn. tom. 11, pag. 339², au mot *Carn*.

3. **CAR**, Char, chariot. Gl. *Carreta*, 2. [Voyez Rayn. tom. 11, pag. 337¹, au mot *Car*.]

* **CARABIN**. Gl. *Calabrinus*.

* **CARACQUE**, Espèce de navire. Gl. *Caraca*.

* **CARACTE**, comme *Caraie*. Chronique des ducs de Normandie, tom. 1, pag. 27, vers 709 :

 L'aveit issi aparilliez,
 D'arz enchanté e primseignez,
 E sur lui tant caractes fait,
 Que jà d'armes n'en fust sanc trait.

CARAIE, Espèce de sortilége, billet écrit en caractères magiques. Gl. *Caraula*.

CARAMOT, Salicoque, crevette. Gl. *Squilla*.

CARATERE, Le champ d'un sceau. Gl. *Caracter*, 3.

CARAVANIER, Métayer, qui fait valoir des terres, vignes, etc., à moitié des fruits. Gl. *Caravellis*.

CARAUDE, Caraux, Espèce de sortilége, billet écrit en caractères magiques. Gl. *Caurala*.

CARAUDESSE, Caraulde, Sorcière, qui emploie des *Caraudes*. Gl. *Caraula*.

CARAYROL, Carayrou, Sentier, en Languedoc et en Provence. Gl. *Careironum*. [Voyez Rayn. tom. 11, pag. 338², au mot *Carrairon*.]

CARBONNAGE, Le droit de faire ou prendre le charbon nécessaire pour son usage. Gl. *Carbonagium* sous *Carbo*, 3. [*Carbon*, Rayn. tom. 11, pag. 332², au mot *Carbo*.]

CARBONNÉE, Charbonnée, morceau de chair grillée. Gl. *Carbonca*, 2, et *Carbonata*.

* **CARBUNCLE**, Escarboucle. Chanson de Roland, stance 187, vers 5 :

 Asez i ad lenternes e carbuncles,
 Tute la noit mult grant clartet lur dunent.

Voyez stance 186, vers 4, stance 113, vers 15. Rayn. tom. 11, pag. 232², au mot *Carboncle*.

CARCAIRE, p. e. Éperon. Gl. *Calcar*, 1, pag. 233.

* **CARCAN**, Collier. Aubri, pag. 175¹ :

 Le duc emeiuent el font estroit loier,
 Un grant carcant li font el col lacier,
 Si le leverent sor un roci trocier.

Roman de Renart, tom. 11, pag. 192, vers 1739 :

 ... Les prisons ont remis
 En le fosse ù il furent pris,
 En buies et en grans carcans.

CARCE, Prison. Gl. *Carcellaria*.

CARCELLIER, Geôlier. Gl. *Carcellaria*.

* **CARCHERE**, Prison. Enfants Haymon, vers 372. Voyez Rayn. tom. 11, pag. 333¹, au mot *Carcer*.

* **CARDEMOINE**, Cardamome. Roi Guill. pag. 93 :

 En l'une a girofle e canele
 Et cardemoine et nois muscades.

Voyez Rayn. tom. 11, pag. 334¹, au mot *Cardamomi*.

CARDINAL, Nom du chef des jeunes gens élu chaque année à Boulogne-sur-Mer. Gl. *Cardinalis*, pag. 176³.

CARDONNAL, Cardinal, dignité ecclésiastique. Gl. *Cardinalis*, pag. 176².

CARDONNEREULE, Chardonneret. Gl. *Acathalantis*.

* **CARE**, Carre, Char. Chanson de Roland, stance 9, vers 10; stance 13, vers 7; stance 3, vers 10. Voyez Rayn. tom. 11, pag. 237¹, au mot *Carre*.

CAREE, Charretée. Gl. *Carea*.

CARESME des femmes, Terme de quarante jours à compter de la mort du mari, pendant lequel on doit assigner le douaire à la veuve. Gl. sous *Quarentena*, 4, p. 543³.

CARESMENTRANT, Caresmeprenant, Le mardi gras, ou le premier dimanche de carême. Gl. *Carementrannus*.

* **CARETÉ**, Charrette. Gl. *Careta*, pag. 179³.

* **CARETIL**, Charrette. Roman de Renart, tom. v, pag. 58, vers 824 :

 Si l'ont au caretil lancié.

Tom. 1, pag. 31 :

 En la charete l'ont chargié.

Pag. 33, vers 870 :

 Cil saillirent au charretil.

CARETON, Charretier. Gl. *Caretonus*.

* **CARETTEE**, Charrette. Gl. *Carreta*, 2.

CARGUE, Charge, imposition, redevance. Gl. *Chargia*, 3. [Voyez Rayn. tom. 11, pag. 336¹, au mot *Carga*.]

CARIAGE, p. e. Grosse toile, serpillière, canevas. Gl. *Cariagium*, 2.

CARIBARY, Charivari. Gl. *Caria*, 2.

CARIER, p. e. pour Carder. Gl. *Caria-gium*, 2.

1. CARIN, CARINLIER. Gl. *Carena*, 1. [Roman de Renart, t. IV, p. 160, vers 912 :

Lors s'armerent tout ce que miex mius,
Lor carins et lor soumiers font
Devant eaus aler.

* 2. CARIN, comme *Charaie?* Enfants Haymon, vers 646 :

Du pavillon issy, et trois tours... tourna,
Il a fait un carin, et puis ung sort getta.

CARION, Le dixième de la dîme, que prenait celui qui la conduisait à la grange du décimateur. Gl. *Cario*.

CARITÉ, Le vin du marché. Gl. *Caritas*, 1. [Voyez *Charité*.]

CARLIN, CARLY, Petite monnaie en usage dans la Navarre et dans le Bigorre. Gl. *Carleni*.

CARME, Prononciation picarde, pour Charme, arbre. Gl. *Carmus*.

CARMENTRAN, Le mardi gras ou le premier dimanche de carême. Gl. *Carementrannus* [en Provence].

* CARNAIL, Chair, gras. Partonop. vers 9873 :

Od le carnail trence l'orelle.

Voyez Rayn. tom. II, pag. 341¹, au mot *Carnal*, ci-dessus *Car*.

CARNAL, CARNAU, Droit seigneurial sur les bêtes prises en dommage. Gl. *Carnale*, 3, et *Carnaus* [en Béarn].

* CARNALAIGE, Impôt sur la viande. Gl. *Carnalegium*.

CARNALER, User du droit appelé *Carnal*. Gl. *Carnale*, 3.

CARNALITÉ, Chair, corps. Gl. *Carnalitas*. [Voyez Rayn. tom. II, pag. 339², au mot *Carnolitat*.]

CARNAU. Voy. ci-dessus *Carnal*.

CARNE, pour *Carme*, Charme, arbre. Gl. *Carmus*.

* 1. CARNEL, CARNER, Charnier, cimetière. Chanson de Roland, stance 208, vers 5 :

En un carnel cumandez que hom les port.

Stance 209, vers 4 :

Ad un carner sempres les unt portet.

Voyez Rayn. tom. II, pag. 340², au mot *Carnier*.

* 2. CARNEL, Créneau. Gl. *Quarnellus*. Roman de Renart, tom. III, pag. 103, vers 22573 :

Si se vont esbatre en la tor,
As fenestres vout tot entor,
Et le chevalier tint l'espié,
A un carnel s'est apuié.

Voyez Rayn. tom. II, pag. 506¹, au mot *Cranel*.

CARNEUS HOME, Homme de chair, un mortel. Gl. *Carnalis*, 3. [Partonop. v. 6860 :

El siecle n'est nus hom carneus
Qui tant vos doie com je doi.

Voyez *Charnel. Carnelment*, Rayn. tom. II, pag. 341², au mot *Carnalment*.]

CARNIER, Boucher, celui qui vend de la chair. Gl. *Carniceria*.

CARNILIER. Gl. *Carena*, 1.

CARNIQUET, Terme de gaieté, de belle humeur. Gl. *Gamba*, 1.

* CARGIER, CARIER, CHARROIER, Charrier. Roman de Roncevaux, pag. 5 :

Cinquante chars li faictes caroier.

Chanson de Roland, stance 3, vers 10 :

Cinquante carre qu'en ferat carier.

Garin, tom. I, pag. 246 :

... Fai mon ost estaublir
Et mon charroi charroier et garnir
Et de viandes et de pain et de vin.

1. CAROLE, Danse ; d'où *Caroler*, Danser. Gl. *Carola*, 2. [Et *Charolare*. Chastel. de Couci, vers 990, 1926, sqq.]

* 2. CAROLE, Palais fait par enchantement. Voyez Gl. *Caraula*. Fierabras, note, au vers 3311, pag. 182² :

Lai ait une estruture de pieres...
Carole des jeans, se l'ystoire ne ment...
A mont en sont alci la carolle veir.

CARONGNE, Charogne, le corps humain. Gl. *Caronia*, 2.

CAROTTE. RETOURNER CAROTTE, Changer de parti. Gl. *Caravira*.

CARPANT, Hachis. Gl. *Carpeia*.

CARPENTEMENT, Charpente. Gl. *Carpentura*, pag. 194³.

CARPENTIER. ENVOYER LES ROUGES CARPENTIERS, Mettre ou faire mettre le feu à une grange, à une maison. Gl. *Carpentarii*.

CARPIERE, Réservoir de carpes et d'autres poissons. Gl. *Carpana*.

CARPITE, Tapis, sorte de drap. Gl. *Carpita*.

CARQUAIS, Carquois, sorte d'armure. Gl. sous *Gambeso*, pag. 470³ [et *Turcasia*].

CARQUE, Charge, poids. Gl. *Carrecta*, 2.

CARRAIROL, CARRAIROU, Chemin, sentier. Gl. *Carreria*, 1, pag. 199³. [Voyez *Carayrol*.]

CARRE, Char, sorte de voiture. Gl. *Marcellum*. [Voyez Rayn. tom. II, pag. 337¹, au mot *Carre*.]

CARREAU, Outil de tonnelier, tarière. Gl. *Careda*.

1. CARRÉE, Certaine mesure, p. e. la même que la Quarte. Gl. *Carraria*, 4.

2. CARRÉE, Bouge, petite chambre. Gl. *Carta*, 3.

CARREFEU, pour CERREFEU, Couvre-feu. Gl. *Ignitegium*, pag. 760².

* CARREI, Charroi. Rayn. tom. II, pag. 338¹, au mot *Charrei*.

CARREIGNON, Cachet, sceau. Gl. *Ceraculum*.

1. CARREL, Place publique. Gl. *Carretum*, 2.

* 2. CARREL, Grande flèche. Gl. *Quadrellus*, 1, pag. 534². Voyez Rayn. tom. II, pag. 287¹, au mot *Cairel*.

CARRELER, Garnir. Gl. *Carola*, 1 [et *Subtalares*, pag. 418¹].

CARRETAGE, Le droit qu'on lève sur les chariots. Gl. *Carreagium*, 2.

CARRETE, p. e. Vrille, villebrequin, tarière. Gl. *Careda*.

CARRETTE, Prononciation picarde, pour Charrette. Gl. *Carrecta*, 2. [Voyez Rayn. tom. II, pag. 337², au mot *Carreta*.]

CARRIE, p. e. Catafalque. Gl. *Caricalum*.

CARRIERE, Chemin, par lequel peut passer un char. Gl. *Carreria*, 1. [Roi Guillaume, pag. 54 :

Ne tienent voie ne cariere.

Partonop. vers 667 :

Et si s'en cuide aler ariere
Mais il mesprent moult la cariere.

Vers 7738 :

Et s'arestut en la charrière.

Chron. des ducs de Norm. tom. I, pag. 287, vers 5879 :

Tres par mi l'ost funt lor charrere.

Tristan, vers 1492 :

Husdent aqueut une chariere,
De la rote molt s'esbaudist.

Roman de Renart, t. I, p. 26, vers 694 :

Il voit qu'ele est en la chariere.

Voyez Rayn. tom. II, pag. 338¹, au mot *Carriera*.

* CARRIERÉ. *Juge Carrieré*. Gl. *Paritaderius*.

CARROLER, Garnir ; p. e. pour *Carreler*. Gl. *Carola*, 1.

CARRON, Charron. Gl. *Caronnius*.

CARROS, Chariot qui portait le principal étendard de l'armée. Gl. *Carrocium*, pag. 202². [Voyez Rayn. tom. II, pag. 337¹, au mot *Carros*.]

CARROUEIL, CARROUGE, Carrefour. Gl. *Carrouellum* et *Carubium*.

1. CARROY, Rue, place. Gl. *Carretum*, 2.

* 2. CARROY, comme *Carretage*. Gl. *Carreagium*, 2.

CARRUÉE. Voyez *Caruée*.

CARSONNIER, Sorte d'emploi dans un vaisseau. Gl. *Carcionarius*.

* CART, CARTE, CARTON, comme *Cartarenche*. Gl. *Quarta*, 1.

CARTARENCHE, Certaine mesure de grain, la même que la Quarte. Gl. *Cartarenchia*.

CARTAS, p. e. Flèche, javelot. Gl. *Carrotus*.

CARTEL, CARTELLET, Petit billet, bulletin. Gl. *Cartellus*, 1.

CARTELÉE, Quartier, la quatrième partie d'un arpent. Gl. *Cartata*.

1. CARTERIER, Geôlier. Gl. *Carcerarius*. [Roman de Renart, tom. IV, pag. 184, vers 1530.]

2. CARTERIER, CARTIER, Infirme, qui ne peut sortir de la maison, qui est enfermé. Gl. *Carcer*, 2.

CARTIERE, Certaine mesure de grain, la même que la Quarte. Gl. *Quarteria*, 2.

CARTON, Charretier. Gl. *Caretonus*.

* CARTRE, Charte. Chanson de Roland, stance 123, vers 14 :

Il est escrit ès cartres e ès brefs.

Voyez Rayn. tom. II, pag. 343¹, au mot *Carta*. Gérard de Vienne pag. 174¹.

CARTRIER, Prisonnier. Gl. *Carcer*, 2.

CARTULAIRE, Ce qu'on paye pour l'enregistrement des marchandises, et celui qui tient ces registres. Gl. *Cartularium*, 2.

* CARUAGE, Impôt payé par *Caruée*. Gl. *Carrucagium*, 1.

CARVANE, pour Caravane. Gl. *Caravanna*.

CARUBLE. *Payer par Carubles à chascun son avenant*, dans les Assises de Jérusalem, ch. 195. *Varouble*, dans le même sens, ch. 199. Payer au marc la livre.

CARUÉE, Certaine mesure de terre, autant qu'une charrue en peut labourer dans une année. Gl. *Carrucata*.

CARY, Cri usité dans le Boulenais, pour exciter à courir sus à ceux qui lèvent des impôts que le peuple regarde comme injustes. Gl. *Caria*, 2.

* **CAS**. Voyez *Fortunel*.

1. **CASAL**, Place vague, où l'on peut bâtir une maison ou faire un jardin, etc. Gl. *Casal*.

2. **CASAL**, Hameau, ferme, métairie. Gl. *Càsale*, pag. 212.2. [Partonop. vers 6520. Rayn. tom. 11, pag. 348.1, au mot *Casal*.]

CASALÉ, Serf, homme de corps attaché à une métairie. Gl. *Casati* [en Béarn].

CASALET, Petit bassin, sorte de plat. Gl. *Casalet*.

CASCAVEL, Grelot, sonnette. Gl. *Cascavellus* [en provençal].

CASÉ, Fieffé, celui qui tient un fief à titre de *Casement*. Gl. *Casati*, pag. 215.2. [Flore et Blanceflor, vers 1800 :

> En Babiloine ça dedens
> A tors faites plus de sept cens,
> U maiuent li baron casé.

Partonop. vers 1332 :

> Car vint rois ai de moi casés.

Vers 4560 :

> Je sui fille l'empereor
> Qui fu casés de ceste honor,
> De Costantinoble fu sire,
> Quanqu'i apent fu son empire.
> Moult fu cremus et moult amés
> Et moult fu ricement casés.

Vers 6213 :

> Et fille le roi de Milete
> Qui fu casés de tote Crete.

Chasé, vers 6463. *Chascé*, Gérard de Vienne, vers 3866. Chronique des ducs de Normandie, t. 111, p. 243, vers 38332 :

> Oï ce que son fil out chasé,
> Robert, de tote Normandie.

Roman de Renart, tom. 1v, pag. 125, vers 19 :

> Car par avoir voit-on avoir
> Orguel, wardés se je di voir ;
> Roi et conte, prince et casé,
> Sont pour ce point plus que casé.]]

Guill. Guiart, tom. 1, pag. 131, vers 2882 (3274) :

> François vont Gournai assegier,
> Qui petit doute leur afaire,
> Car forz murs ot entour, trois paires
> De bonnes tours très-bien chasez.

Voyez Rayn. tom. 11, pag. 348.2, au mot *Casar*.]

CASEMENT, Terre, château tenu en fief sous certaines conditions. Gl. *Casamentum*, 1. [Gérard de Vienne, vers 455 :

> Ki veult de moi tenir son chasement.

Partonop. vers 179 :

> Et cil avoit à ses parens
> Donés les amples casemens.

Vers 6503 :

> Ma dame à toutes genz marchist,
> Ses chasemenz en tant leus gist.

Voyez Rayn. tom. 11, pag. 348.2, au mot *Casamen*.]

CASENIER, Habitant, domicilié. Gl. *Casana*, 3.

CASIER, Laiterie, le lieu où l'on fait le fromage. Gl. *Casiatum*.

CASSAL, Place vague, où l'on peut bâtir une maison, ou faire un jardin, etc. Gl. *Casal*.

CASSANIER, Habitant, domicilié. Gl. *Casana*, 3.

1. **CASSE**, Châsse, reliquaire. Gl. *Capsa*, 1.

2. **CASSE**, Vaisseau de cuivre pour la cuisine, poêlon, casserole. Gl. *Cassa*, 7.

3. **CASSE**, Caisse. Gl. *Cassa*, 8.

4. **CASSE**, Chêne, en Languedoc ; d'où *Cassenat*, Jeune chêne. Gl. *Casnus*.

CASSENIER, Habitant, domicilié. Gl. *Casana*, 3.

CASSERON, Espèce de poisson de mer. Gl. *Casseron*.

CASSOATA, Chêne, dans le comté d'Armagnac. Gl. *Cassoata*.

1. **CASSON**, Certaine mesure de terre, la quatrième partie d'un arpent. Gl. *Cassero*.

2. **CASSON**, Motte de terre. Gl. *Cassero*.

CASSOT, Lépreux, de race sujette à la lèpre, en Auvergne. Gl. *Mezellus*.

* **CASTAIGNE**, Châtaigne. Flore et Blanceflor, vers 1688 :

> Et avoec fu moult boins li boires,
> Peskes, castaignes à plenté.

Roi Guillaume, pag. 86 :

> Ne savés-vos que la castenge
> Douce, plaisans, ist de le boisse
> Aspre, poignans, de grant angoisse ?

Pag. 45 :

> Que le vaillant d'une castaigne
> De tos moebies ne vos remaigne.

Voyez Rayn. tom. 11, pag. 353.1, au mot *Castanha*.

* **CASTAL**, comme *Captal*. Gl. *Capitalis*, pag. 142.2.

CASTELAGE, Le droit qu'on paye pour l'entrée et la sortie d'un château où l'on a été prisonnier. Gl. *Castellagium*.

CASTELERIE, pour CAUTELERIE, Astuce, finesse, chicane. Gl. *Castellaria*, pag. 223.3.

CASTELLAN, Poignard. Gl. *Castellanus*, 6, pag. 223.1 [et *Punhalis*].

CASTELLERIE, Châtellenie, fief, office de châtelain. Gl. *Castellaria*, pag. 223.3.

CASTICE, CASTICHE, Chaussée, digue. Gl. *Casticia*.

CASTICHEMENT, Le même. Gl. *Casticia*, pag. 225.3.

CASTICHEUR, CASTICHIER, Celui qui construit les *Castiches*. Gl. *Casticia*, pag. 225.3.

CASTIERESSE, Celle qui châtie et corrige. Gl. *Castigatus*.

CASTIERS, Correction, changement. Gl. *Castigatus*.

CASTIJER, Se corriger, changer. Gl. *Castigatus*.

CASTILLE, Querelle, différend. Gl. *Catillare*, 1.

CASTIS, Chétif, terme de mépris. Gl. *Allevaticius*.

CASTLEGARDE, Le service de garde ou de guet que doit un vassal à son seigneur.

Gl. *Guetagium* sous *Wactæ*, pag. 901.3.

CASTOIER, Se corriger, changer de vie. Gl. *Castigatus*. [Comme *Chastier*, 1. Aubri, pag. 161.1 :

> Li quens a pris sa gens à castoier
> Que il se tienent tot coi sans atargier.

Voyez Rayn. tom. 11, pag. 354.1, au mot *Castiar*. Choix des poésies des Troubadours, tom. 11, pag. 18, not.]

CASTRAT, Mouton. Gl. *Castratus*.

CASTRIMARGINARIEN, Bécasse. Gl. *Castrimarginarius*.

CASTRIS, Mouton. Gl. *Castritius*. [Castre, Mouton châtré. Gl. *Anniculus*.]

CASUESNE, p. e. Chouette. Gl. *Cauanna*.

CASURE, Chasuble, habit sacerdotal. Gl. *Casularius*.

* **CAT**, Chat. Roi Guillaume, pag. 119 :

> En piaus de cas gaies et noires
> A tous ces deniers emploiés.

Roman de Renart, tom. 1v, pag. 189, vers 1670 :

> Et c'est drois, car on dire siut,
> Tout surke quanque de cat ist,
> Dont on par maintes fies dist,
> Car qui des boins est soef flaire.

Tom. 1, pag. 6, vers 144 :

> Se l'une est chate, l'autre est mite,
> Moult a ci bone conpaignie.

Agolant, pag. 170.1 :

> Que li vilains le dit en ses respiz,
> Li fiz au chat doit prendre la souriz.

Voyez Rayn. tom. 11, pag. 356.2, au mot *Cat*, et Gl. *Caudatus*.

* **CATAIGNE**, comme *Chataigne*. Partonop. vers 7962. Voyez Rayn. tom. 11, pag. 327.2, au mot *Capitani*. Chanson de Roland, stance 137, vers 5 et 9 ; stance 169. v. 5 ; st. 205, v. 4 ; st. 223, v. 2. *Catanie*, st. 270, v. 5.

CATEL, Biens mobiliers, de quelque nature qu'ils soient. Gl. *Catallum*. [Roi Guillaume, pag. 139 :

> Que molt est povres cis cateus.]

CATELLIER, Harceler, attaquer. Gl. *Catillare*, 1.

CATEPON, Celui qui est chargé en chef de quelque chose. Gl. *Catapanus* [et *Messis*, 2].

CATERNE, Cahier. Gl. *Caternus* sous *Quaternio*, 1.

CATHEDRATION. FESTE DE LA CATHEDRATION DE S. PIERRE, que nous nommons de la Chaire de S. Pierre. Gl. *Festum S. Petri epularum*, sous *Festum*, 1.

CATHICE, CATHICHE, Chaussée, digue. Gl. *Casticia*.

CATHONNET, Alphabet, livre où les enfants apprennent à connaître leurs lettres. Gl. *Pars*, pag. 108.3.

CATILLIER, Harceler, attaquer. Gl. *Catillare*, 1.

* **CATIR**, Presser, serrer fort. Guill. Guiart, tom. 11, pag. 467, vers 12148 (21131) :

> Que, par cops roidement catir,
> Les font sus les Piquarz flatir.

CATTEL. DROIT DE MEILLEUR CATTEL, Ce que le seigneur a droit de prendre dans les effets mobiliers de son vassal après sa mort. Gl. *Catallum*.

CAVAGE, Capitation, tribut imposé sur les personnes et sur les têtes, ou sur chaque maison. Gl. *Cavagium* sous *Capitale*, 5, pag. 141².

1. CAVAIN, Çavée, chemin creux, vallée. Gl. *Cava*, 1.

2. CAVAIN, Jeu ou espèce de joute, qui se faisait le jour des brandons; p. e. parce qu'elle s'exécutait dans une plaine. Gl. *Cava*, 1, pag. 248¹.

CAVALET, Chevalet. Gl. *Cavalletus*, 1 [à Marseille].

CAVARAS, Creux, trou. Gl. *Cava*, 1.

CAUCADOIRE, Sorte de vaisseau où l'on foule le raisin avant que de le jeter dans la cuve. Gl. *Calcadoyra*.

* CAUCE, Armure qui couvre la jambe, chausses. Partonop. vers 2955 :

    En cauces est sa unes fraites,
    Bones et fors et legierètes;
    Cauces de fer a puis cauciés
    De las de soie bien laciés.

Vers 2977, 6787. Garin le Loher. tom. I, pag. 168. Partonop. vers 10607 :

    Cauces de palie escarimant
    Et escapins à or luisant.

Aubri, pag. 183² :

    Sor un brun paile fit sa chauces lacier.

CAUCEMENTE, Chaussure. Gl. *Calceus*, pag. 26².

CAUCH [Cauc], Chaux. Gl. *Caucinarius*. [Partonop. vers 2119 :

    Pontoise est casteaus bon et bel
    De mur de cauc et de quarel.

Cax, Roman de Rou, vers 10211. Voyez Rayn. tom. II, pag. 298¹, au mot *Calz*.

CAUCHE, Prononciation picarde, Chausse. Gl. *Calceus*. [*Cauche de fer* †, Gl. *Ocrea*, 2. Voyez *Cauce*.]

CAUCHEMENTE, Chaussure. Gl. *Calceus*, pag. 26².

CAUCHER, Ranger, tasser. Gl. *Calcare*, 2. [Sermon de saint Bernard, ... : *Mesure, dist-il, aemplie et chaucheie et sorussant.* (Lat. mensuram, inquit, confertam et coagitatam et supereffluentem.)]

CAUCHETIER, Marchand ou faiseur de chausses. Gl. *Chauceterius*.

CAUCHIE, Chaussée. Gl. *Calciator*.

1. CAUCHIER, Soulier. Gl. *Calceus*.

2. CAUCHIER, Chausser, fournir la chaussure. Gl. *Calceus*, pag. 26² [et *Lignambulus*].

3. CAUCHIER, Paver; d'où *Cauchieur*, Paveur. Gl. *Calciator* [et *Puisotum*].

CAUCIAGE, Le droit qu'on lève pour l'entretien des chaussées. Gl. *Calcagium* sous *Calcea*, pag. 25¹.

CAUCOIRE, Fête de village. Gl. *Caucus*, 2.

CAUDEMELLE, Caudemellée, Querelle vive, batterie émue subitement et sans dessein prémédité. Gl. *Calidameya* et *Mesleia*.

CAUDERETTE, Petite chaudière. Gl. *Cauderia*.

1. CAUDERON, Prononciation picarde, Chauderon. Gl. *Cauderia*.

2. CAUDERON, Espèce de poisson. Gl. *Cauderia*.

CAUDESTREPE, Chiendent. Gl. *Cauda*, 8.

CAUDRELACH, Caudrelas, Airain, cuivre. Gl. *Caudera*.

CAUDRELIER, Chaudronnier. Gl. *Cauderarius*.

CAUDUNS, Extrémités des animaux, issues, tripes. Gl. sous *Cauda*, 8.

* CAVÉ, Creux. Roman de Renart, tom. I, pag. 14, vers 354 :

    Quant il vit la cavée roche.

Flore et Blanceflor, vers 1883 :

    El moien estage a un huis
    En une loge, qui vait juis,
    Tot à degrés à val cavé.

Voyez Rayn. tom. II, pag. 366¹, au mot *Cavar*.

CAVECHEUL, Cavecheux, Cheval qu'on mène par le licou, pour le distinguer de celui qui est attelé à une charrette. Gl. *Cavestrum*.

* CAVEÇURE, Chevetre. Flore et Blanceflor, vers 1199 :

    La caveçure estoit d'or,
    Les pieres valent un tresor,
    Qui à blanc esmeil sont assises
    De lius en lius par entremises.

Roquefort a *Cavechiere*, les anciens dictionnaires, *Cavecheure*.

* CAVERNIER, Qui prend soin de la cave. Aubri, pag. 158¹ :

    Pieça ne vi si riche cavernier.

CAVEL, Cheville de bois. Gl. *Cavile*.

* CAVELICHE, Capitation, certain cens. Gl. *Cavelicium*, pag. 141³.

CAVERON, Chevron. Gl. *Caveriata*.

CAVESTRE, Cavettre, Pendard, coquin, qui mérite la corde. Gl. *Cavestrum*.

CAVETIER, Çavetonnier, Savetier, faiseur de souliers de basane, celui qui raccommode les souliers. Gl. *Chavateria*.

CAUFFOIR, Chaufour; d'où *Cauffourer*, Construire un chaufour; et *Cauffourier*, Chaufournier, ouvrier qui fait la chaux. Gl. *Calidusfurnus*.

* CAUFRAIN, Chanfrein, bride. Aubri, pag. 161¹ :

    Prist le cheval par le caufrain d'or mier.

Voyez Rayn. tom. II, pag. 324¹, au mot *Chapfrenar*, et tom. III, pag. 397¹, au mot *Chatfrenar*.

CAVILLEUX, Fin, subtil, rusé. Gl. *Cavilantia*. [Voyez Rayn. t. II, pag. 369², au mot *Cavilhos*.]

CAULDIERE, Chaudière. Gl. *Cauderarius*.

CAULE, Sorte d'impôt. Gl. *Caula*, 3.

CAULT, Fin, rusé. Gl. *Cautelose*, pag. 259².

1. CAURE, Chêne. Gl. *Cor*, 2.

* 2. CAURE, Chaleur. Partonop. vers 7457 :

    Ele a une jupe porprine,
    Bien faite à oevre sarasine,
    Saingle est por le caure d'esté.

CAURESSE, Sorcière, qui emploie des caraudes pour faire des sortiléges. Gl. *Caraula*.

CAURETAGE, pour Courtage. Gl. *Corratagium*.

CAURRETIER, Courtier, celui qui fait commerce de blé, blatier. Gl. *Corratarius*.

CAUSER, Mettre en cause, accuser. Gl. *Causare* sous *Causa*, 4, pag. 257². [Voyez

---

Rayn. tom. II, pag. 359², au mot *Causeiar*.]

CAUSSET, Cachot. Gl. *Caussetus*.

* CAUTELE, Ruse. Gl. *Imprægnare*. Voyez Rayn. tom. II, pag. 364², au mot *Cautela*.

CAUTELLER, Agir avec trop de précaution. Gl. *Cautelose*, pag. 259².

CAUTEMENT, Avec prudence et circonspection. Gl. *Cautelose*, pag. 259².

CAUTILLEUSEMENT, Cauteleusement, avec ruse. Gl. *Cautelose*, pag. 259².

* CAX, Chaux. Rayn. tom. II, pag. 298¹, au mot *Calz*. Voyez *Cauch*.

CAYMANT, Cayment, Mendiant, coquin, vagabond. Gl. sous *Quæsta*, pag. 539².

CAYR, Choir, encourir. Gl. *Cadere*.

CEAU, Suif. Gl. *Ceuxum*.

CEBERON, Sorte de bois pliant. Gl. *Ceberus*.

CEDERIE, Soierie, marchandise ou commerce de soie. Gl. *Cederia*.

* CEDULLE Tourner. Gl. *Tornare*, 4.

CEGNAIL, Chambre haute. Gl. *Cellarium*.

* CEINSE de fame veuve †. Gl. *Theristrum*.

CEINSIST, pour Ceignit, du verbe Ceindre. Gl. sous *Cingulum*, 1. [Voyez Rayn. tom. II, pag. 376¹, au mot *Cenher*.]

CEINT, Lange, dont on ceint ou enveloppe un enfant. Gl. *Cinctura*, 2.

* CEINTE. Voyez *Aceinte*.

* CEINTURE. Gl. *Corrigia*, 3. Ceinture *la royne*. Gl. *Zona*, 3.

CELDAL, pour *Cendal*, Étoffe de soie. Gl. sous *Cendalum*.

CELÉEMENT, En cachette, secrètement. Gl. *Celamentum*. [Et *Absconse*. Partonop. vers 227, 268. *A celé, à celée*. Voyez Rayn. tom. II, pag. 372¹, aux mots *Celar* et *Celadament*. *Faire celée*, Agolant, pag. 172². *Faire celison*, Enfants Haymon, vers 383. Cacher, celer.]

CELERAGE, Droit sur les celliers et sur les vins. Gl. *Celeragium*.

CELERIER, Buvetier. Gl. *Cellerarius*.

CELERIN, Sorte de poisson de mer, semblable à la sardine. Gl. *Celerinus*.

* CELESTIAL, Céleste. Voy. Rayn. t. II, pag. 371², au mot *Celestial*.

CELET, pour Seillet, espèce de seau. Gl. *Cedellus*.

CELLERAGE, pour Scesterage ou Stellerage, Le droit de mesurage des blés. Gl. *Sestairagium*.

CEMBEL, Joute, tournois. Gl. *Cembellum*. [*Cembiel*, Roman de Renart, tom. IV, pag. 160, vers 921. Chastel de Couci, vers 464. Enfants Haymon, vers 1010. Guill. Guiart, tom. I, pag. 288, vers 6809 (7839). Voyez Rayn. tom. II, p. 374, au mot *Cembel*.]

* CEMETAIRE, Cimetière. Voyez Rayn. tom. II, pag. 375¹, au mot *Cementeri*.

CEMONCE, Cemonceur, pour Semonce et Semonceur. Gl. *Submonitor* sous *Submonere*, pag. 412¹.

CENAGE, Droit pour la permission de pêcher dans la Cene ou Cesne. Gl. *Cenagium*.

* CENBEL, comme *Cembel*.

CENCHET, Ceinture. Gl. *Cenchetum*.

CENDAL, Étoffe de soie. Gl. *Cendalum*. [Voyez Rayn. tom. II, pag. 375², au mot *Cendal*. *Cendal de Candie*, Garin le Loher.

tom. 1, pag. 95. *Cendal d'Inde*, Partonop. vers 7774. *Palies de cendaus*, vers 10791.]

*CENDÉ, comme *Cendal?* Garin, t. 1, p. 97 :

> Sor une coute vermeille de cendé.

CENDRÉE, Cendre propre à affiner l'argent. Gl. *Cendreia*.

CENDREUS, Vil, méprisable, lâche. Gl. *Cendreia*.

CENDRINS, CENDROUS, Cendré, couleur de cendre. Gl. *Cendreia* et *Saxaroli*.

CENELE, CENELLE, Fruit du houx, ou Prunelle sauvage; chose vile et de nul prix. Gl. *Cenitus*. [Roman de Renart, tom. 11, pag. 217, vers 15468. Roi Guillaume, pag. 56.]

* CENELIER, Office claustral, celui qui est chargé des provisions. Roi Guillaume, pag. 111 :

> Molt trova le cenelier large,
> Que riens née ne li vea.

Pag. 78 :

> Cis est, je cuic, maistres de l'ordre
> Des omecides, des murdriers,
> Abés en est u ceneliers.

Voyez *Cevelier*.

CENER, Manger, faire un grand repas. Gl. *Cœnaticum*. [Voyez Rayn. tom. 11, pag. 375², au mot *Cenar*.]

CENGLE, Enceinte. Gl. *Cinctada*.

CENGLER, Sanglier. Gl. *Cenglaris*.

CENHER, Ceindre, mettre une ceinture. Gl. *Cenchetum* [en provençal].

CENIER, Office claustral, celui qui est chargé du repas du soir pendant l'été. Gl. *Cœnator*.

* CENNELIER †. Gl. *Cenentarius*. Voyez *Cenelier*.

CENS, Redevances de différentes espèces. Gl. *Cènsus*. [*Chier Cens*. Gl. *Census carus*, pag. 275¹. *Cens Cotaige*. Gl. *Census cotarius*, pag. 275¹. *Cens Perier, Cens do Ponton*. Gl. *Census*, pag. 276³.]

CENSAIGE, Cens ou redevance annuelle due au seigneur. Gl. *Censa*, 4.

1. CENSAL, Courtier. Gl. *Censarius* [et *Sensales*].

2. CENSAL, Cens, redevance à titre de cens. Gl. *Censalis* sous *Census*, pag. 277².

CENSAULE, Qui est sujet au cens, qui doit le cens. Gl. *Censalis* sous *Census*, pag. 277².

CENSE, Taille, imposition. Gl. *Censa*, 4 [et *Census*, pag. 277¹].

CENSEABLE, Qui est sujet au cens, doit le cens. Gl. *Censalis* sous *Census*, pag. 277².

CENSEL, Cens, redevance à titre de cens. Gl. *Censile* sous *Census*, pag. 277².

CENSEUR, CENSIER, Fermier, celui qui tient à cens. Gl. *Censerius*, 2.

CENSIER, Officier d'un monastère, qui a soin des censes ou métairies qui en dépendent. Gl. *Censerius*, 1.

CENSIF, Le territoire qui est sujet au cens. Gl. *Censaria*, 2.

CENSIFVE, CENSIVIERE, Terre chargée de cens. Gl. *Censiva terra* sous *Census*, pag. 278¹.

CENSIR, Donner à cens. Gl. *Censire* sous *Census*, pag. 277³.

CENSIVE, p. e. Servante. Gl. *Censiva*.

CENSSEL, Cens, redevance à titre de cens. Gl. *Censalis* sous *Census*, pag. 277².

1. CENT, Certaine mesure de terre. Gl. *Centum*, 2.

2. CENT, Sorte de jeu. Gl. *Centum*, 2.

* CENTAIN, *Plet centain*. Gl. *Placitum*, pag. 279¹.

CENTEE, Sorte de mesure. Gl. *Centum*, 2.

CENTINE, Espèce de petit bateau ou nacelle sur la Loire. Gl. *Centina*.

* CENUS. Voyez *Chanu*.

* CEOINGNOLE, Trappe. Roman de Renart, tom. 11, pag. 321, vers 18312 :

> Il garde et voit soz une haie
> Une ceoingnole tendue.

Voyez *Cooignole*.

1. CEP, Soc de la charrue. Gl. *Cippus*, 1 [et *Jaugia*].

* 2. CEP, Lien. *Cep portatif, Cep volant*. Gl. *Cippus*, 1, pag. 357¹. Roman de Renart, tom. 1v, pag. 25, 27, vers 685, 739.

CEPAGE, Droit ou office de geôlier, geôlage. Gl. *Cippus*, 1, pag. 357².

CEPIEL, Cep, entrave. Gl. *Cippus*, 1.

CEPIER, CEPPIER, CEPER, Geôlier. Gl. *Cippus*, 1.

CERANCIER, pour *Serancier* ou *Serancer*, passer le lin ou le chanvre par les serans. Gl. *Pessale*.

CERCEAU, Enseigne de vin à vendre en détail. Gl. *Circulagium*.

CERCELÉ, Frisé ou crêpé. Gl. *Cercenatus*.

CERCELLE, Espèce d'insecte volant, papillon. Gl. *Cercella*.

1. CERCHE, Tournée, ronde. Gl. *Cercha*.

2. CERCHE, Cercle, cerceau. Gl. *Cerchium*. [*Cerciaus à vin*. Gl. *Amphiteatrum*.]

1. CERCHIER, Dignité dans l'église de Metz. Gl. *Circator*, pag. 358³.

2. CERCHIER, Parcourir, aller de tous côtés. Gl. *Cercha*. [*Cercher*. Gl. *Circa*, 3, pag. 359¹. Voyez Rayn. tom. 11, pag. 382², au mot *Cercar*.]

1. CERCLE D'OR, Couronne des impératrices d'Occident. Gl. *Circulus aureus*, 1 [et *Corona*, pag. 612³].

2. CERCLE DE NUIT, p. e. pour *Cerche*, Celui qui est chargé de faire le guet ou la ronde pendant la nuit. Gl. *Cercha*.

CERCLOUERE, p. e. Sarcloir. Gl. *Cerclarius*.

CERCUS, Sorte de vêtement, *surcot*. Gl. *Surcotium*.

* CERDON..... Agolant, vers 445 :

> Grosse out la jambe com l'anste d'un cerdon.

CERE, Nom d'un vent. Gl. *Circius* [en Auvergne].

CERESS, CERETZ †, Soie. Gl. *Mataxa*.

CERJAT, Sorte d'outil. Gl. *Cernea*.

CERIE, p. e. Paquet, ballot d'un poids déterminé. Gl. *Cerrus*.

CERILIGION, Porc-épic, espèce de hérisson. Gl. *Chirogryllus*.

CERIS, Faucille dentelée. Gl. *Serra*, 4.

CERKEMANAGE, CERKEMANERIE, CERQUEMANAGE, CERQUEMANEMENT, Enquête juridique pour parvenir à faire un bornage; du verbe *Cerquemaner*, Mettre des bornes; d'où *Cerquemaneur*, Celui qui avait droit de poser et fixer les bornes, dont était question. Gl. *Cerchemanare*, et *Circamanaria*.

CERMEAU, Sorte de serpe. Gl. *Cerminiculum* [et *Ferramentum*].

CERNE, Cercle, rond, enceinte. Gl. *Cernea*. [Guill. Guiart, tom. 1, pag. 142, vers 3664; tom. 11, pag. 16, vers 388 (9353); pag. 464, vers 12068 (21051), pag. 118, vers 3045 (12025) :

> Ces trois mist la mort en son cerne.

Chanson de Guiot de Prouvins, Wackern. pag. 24 :

> Si i fui enteotis,
> Ke tout ades cuidai,
> Ke fuisse el cerne mis.]

CERNELIERE, Cercle. Gl. *Cernea*.

CERNOER, CERNOIRE, CERNOUER, Instrument à cerner les noix. Gl. *Cernea*.

CERQUEMANAGE, etc. Voyez ci-dessus *Cerkemanage*.

CERRE, Pois chiche. Gl. *Pisum*.

CERREFEU, Couvrefeu, signal pour se retirer chez soi. Gl. *Ignitegium*, pag. 760².

CERS, Nom d'un vent. Gl. *Circius*.

* CERTAIN. *Au certain* †. Gl. *Certitudinaliter*.

CERTAINERIE, p. e. Le nom d'un quartier de la ville de Chinon; ou, s'il fallait lire *Cettainerie*, Un droit levé sur les marchandises de soie. Gl. *Certificatio* sous *Certificare*, pag. 294².

CERTAINETÉ, CERTANITÉ, Certitude, vérité assurée. Gl. *Certificatio* sous *Certificare*.

CERTES. A CERTES, Sérieusement, de propos délibéré. Gl. *Certive*. [Chanson de Quênes de Béthune, Romancero, pag. 107:

> Par Dieu, vasal, jel dis por vous gaber,
> Cuidiés-vous dont qu'à certes le vos die?

Laborde, pag. 194. Roi Guillaume, pag. 89. Flore et Jeanne, pag. 14. *A droites certes*, Guill. Guiart, tom. 11, pag. 772, vers 7201 (16181). Voyez Rayn. tom. 11, pag. 385², au mot *Acertas*. *Cert*, Certain, pag. 383², au mot *Cert. Certement*, Certainement, pag. 384¹.]

CERVE, Biche. Voyez Rayn. tom. 11, pag. 386¹, au mot *Cervia*.

CERVELIERE, Sorte d'armure de tête. Gl. *Cervellerium*.

* CERVIS, Cerveau, tête. Rayn. tom. 11, pag. 386², au mot *Cervoiz*.

1. CERVOISE, Boisson différente de la bière, et dont on faisait plus de cas. Gl. *Cerevisia*.

2. CERVOISE, Brasserie, ou lieu où l'on vend de la *cervoise*. Gl. *Cerevisia*, p. 290².

CERVOISIER, Brasseur de *cervoise*, ou celui qui la débite. Gl. *Cerevisia*, pag. 290².

1. CÉS, Aveugle; du latin *Cœcus*. Gl. *Epistolæ farcitæ* sous *Farsia*. [Voyez Rayn. tom. 11, pag. 370², au mot *Cec*.]

2. CÉS, Interdit, censure ecclésiastique, qui suspend pour un temps l'office divin et l'administration des sacrements dans un lieu. Gl. *Cessatio*.

CESME, Suite, cortége. Gl. *Coesse*.

1. CESSER, Prononcer le *Cés*, l'interdit. Gl. *Cessatio*.

2. CESSER, Céder, laisser, donner. Gl. *Cessus*, 2.

CESTIER, Mesure de grain, setier. Gl. *Quarteria*, 2.

CETIF, Captif, prisonnier. Gl. *Captivare*, 2.

1. CEU, Snif. Gl. *Ceuxum.*
* 2. CEU, Comme. Chanson d'Amaris de Craon. Wackern. pag. 13 :

> Car teils ceu est li desirs c'on ateut
> Covient estre la joie c'on en preut.

L'édition de M. Trebutien porte :

> Quer teus com est, etc.

* CEVALIER, Chevalier. Gl. *Miles*, pag. 404², 405³.

CEVECHEL, Chevet, oreiller. Gl. *Capitacium.*

CEVELET, Ornement d'habit de femme, p. e. Collet. Gl. *Ceverium.*

CEVELIER, Officier monastique, le même que le cellérier. Gl. *Cellarius* [et *Extopare*]. Voyez *Cenelier.*

CEURE, Coutume, loi municipale ; d'où *Ceurier*, Juge, échevin. Gl. *Cora.*

1. CEX, Cez, Censure ecclésiastique, interdit, qui suspend pour un temps l'office divin et l'administration des sacrements dans un lieu. Gl. *Cessatio.*
* 2. CEZ, Cession. *Cez et decez.* Gl. *Cessus*, 2.

CEZE, Pois chiche. Gl. *Ceza.*

* CHA. Voyez *Ça.*

1. CHAABLE, Perrière, machine de guerre pour jeter de grosses pierres. Gl. *Cabulus.*
2. CHAABLE, Arbre ou branche abattue et rompue par le vent ou autrement. Gl. *Cabulus.*
3. CHAABLE, Meurtrissure, contusion. Gl. *Cabulus*, pag. 10³.
4. CHAABLE, Chablr, Câble. Gl. *Chaablis* [*Cabulus* et *Huna*].

* CHAAFAUZ, Échafaudages. Chron. des ducs de Normandie, tom. 1, pag. 491, vers 11832 :

> Seit li feus mis ès chaafauz.

* CHAAGNON. Voyez *Caagnon.*

* CHAAIGNON. Voyez *Chaignon.*

CHAALONS, Monnaie des évêques de Châlons-sur-Marne. Gl. *Moneta Baronum*, pag. 521².

* CHAAITE, Chaete, Ce qui doit échoir, redevance, chute. Chron. des ducs de Normand. tom. 1, pag. 608, vers 15294 :

> Sor s'esjoist e s'or se haite,
> Uncor r'aura de la chaaite
> Meins d'ambesas, se li dux poet.

Tom. III, pag. 351, vers 41111 :

> Par quei s'esjot nul trop ne haite
> Quant il ne conoist sa chaaite.

Pag. 361, vers 41379 :

> N'i out une puis saette traite,
> Dès qu'il conurent lor chaette.

Pag. 290, vers 39628 :

> Si veut que tuit cil aient paix ,
> Lor dreiz, lor rentes, lor chaaites.

Tom. II, pag. 36, vers 16347 :

> E ci fu tote la chaete
> Del honor et de la vergoine.

Voyez Rayn. tom. II, pag. 345², au mot *Escazenza.*

* CHAANCE, Chance, événement. Chron. des ducs de Normand. tom. 1, pag. 573, vers 14249 :

> La reïne point ne se paie,
> La chaance tient trop à laie
> E à lor oès trop damagose.

Tom. III, pag. 51, vers 33256 :

> Là atendent le bruil des lances
> E l'aventure des chaances.

Voyez *Meschaance.*

CHAATON, Morceau de cristal ou de verre, dont on se servait au lieu de pierre précieuse. Gl. *Chasto*, 2.

CHABENE, Cabane, loge. Gl. *Chabena.*

CHABLE, Meurtrissure, contusion. Gl. *Cabulus*, pag. 10³.

CHABLEUR, Celui qui doit fournir les câbles nécessaires pour tirer un bateau, ou celui qui est chargé de le conduire ou passer. Gl. *Chaablum.*

CHABRIOT, Chevron. Gl. *Cabrio.*

CHABUTZ, Collet, partie de l'habillement qui joint le cou. Gl. *Cabes.*

CHAÇAIGE, Impôt qu'on est en droit d'exiger. Gl. *Cachia*, 3.

CHACE, L'action de poursuivre vivement. Gl. *Chacia.*

CHACELEU, Louvetier, celui qui est chargé de chasser les loups. Gl. *Luparius*, pag. 162¹.

CHACEOR, Chaceour, Cheval pour la chasse. Gl. *Caçor* sous *Caciare*, pag. 13². [Partonop. vers 611, 666., 686, 776, 5639. Roman de Renart, tom. II, pag. 243, vers 16161. Chron. des ducs de Normand. tom. II, pag. 327, vers 25052 ; pag. 342, vers 25327. Roi Guillaume, pag. 145 :

> Enseler fait ses caceours
> Et atorner ses vencours.]

CHACEPOL, Sergent, celui qui lève les impôts. Gl. *Cacepollus.*

CHACERIE, Chasse, droit de chasser. Gl. *Cacheria.* [Forêt. Gl. *Chaceria*, pag. 13².]

CHACHAGE, Impôt qu'on est en droit d'exiger. Gl. *Cachia*, 3.

CHACHE, Cognée, hache. Gl. *Chacia calida.*

CHADELER, Conduire, mener. Gl. *Capdelare.* [Rayn. tom. II, pag. 325¹, au mot *Capdelar.* Garin, tom. 1, pag. 196.]

CHADELERRES, Chef, capitaine. Gl. *Capdelare.*

* CHADAINE, Capitaine, chef. Chron. des ducs de Normand. tom. 1, pag. 206, vers 3533 :

> Chascun prince, chascun chadaine
> En recunduit ses genz enmaine.

Tom. II, pag. 105, vers 18373 :

> Des plus vaillanz de ses compaignes ;
> Princes, evesques e chadaines.

Pag. 217, vers 21778. Voyez Rayn. tom. II, pag. 327², au mot *Capitani*, et ci-dessus *Cataigne.*

* CHADEL, Chef. Chronique des ducs de Normand. tom. 1, pag. 170, vers 2536 :

> Kar jeo me vaut bien , ciauz tuz ,
> Que j'iere à dreit prince e chadel.

Pag. 274, vers 5494 :

> Les autres en virent aler
> E lor enseigne e lor chadel.

Voyez Rayn. tom. II, pag. 324², au mot *Capdel.*

* CHAELER, comme *Chadeler.* Chron. de Jord. Fantosme, vers 243 :

> Mais icil les cunforte, ki trestuz les chaele.

Vers 2027 :

> Ki salue sun seignur ki s es leiaus chaele.

Partonop. vers 6247 :

> Jà Deus ne doinst, qui tot chaele,
> Que trop caste fème soit bele.

Voyez *Caieller.*

* CHAENÉ, Enchaîné. Chron. des ducs de Normand. tom. 1, pag. 40, vers 1027 :

> Fur les genz prises, ferliées
> Chaénées e embuiées.

Voyez Rayn. tom. II, pag. 285², au mot *Cadenar.*

* CHAENETE, Chaînette. Partonop. vers 10625 :

> Od chaenetes d'or delgies
> Bien ovrées et bien taillies
> Furent athacié li mantel.

Voyez Rayn. tom. II; pag. 285¹, au mot *Cadena.*

* CHAER, Produire, rendre. Chronique des ducs de Normandie, tom. 1, pag. 194, vers 3177 :

> Quels est la terre à chaer blé
> Si est guaignée e cultivée.

* CHAERE, Chaiere, Chaire. Gl. *Moneta*, pag. 490¹, 492², 489¹. Chaire, chaise. Partonop. vers 1089 :

> Une chaiere a près del lit,
> Dont li pecol sont d'or bien cuit.
> Li enfes vient à la chaiere
> U il s'asiet tot sains proiere.

Voyez Rayn. tom. II, pag. 286¹, au mot *Cadera*, ci-dessous *Chayere.*

* CHAEUS, Chef, comme *Chadel.* Partonop. vers 7961 :

> Li empereres d'Alemaiogne
> Est dedens chaeus et cataine.

CHAFAUT, Échafaud. Gl. *Chaufarium.*

CHAFFAUT, p. e. Appentis. Gl. *Chaaffallum.* [Rayn. tom. II, pag. 285¹, au mot *Cadafale.*]

CHAFRESNER, Reprendre avec force, faire une vive réprimande. Gl. *Frœnarii.*

CHAGRINEUX, Fâcheux, chagrin, de mauvaise humeur. Gl. *Melencolia.*

CHAIEL, Chaielle, Petit chien, petite chienne. Gl. *Canis Alanus.* [Roman de Renart, tom. 1, pag. 92, vers 2448; pag. 223, vers 15607; tom. III, pag. 111, vers 22808. Rayn. tom. II, pag. 307¹, au mot *Cadel.*]

CHAIGNON, Chignon, le derrière du cou. Gl. *Cervix.* [Agolant, vers 199. *Chaaignon*, Roman de Renart, tom. III, pag. 16, vers 20187; pag. 21, vers 20319; pag. 77, vers 21876. Agolant, vers 910. *Caagnon*, *Chaagnon*, Corde attachée au cou d'un pendu. Roman de Renart, tom. III, p. 78, vers 21907 :

> Que moult vos siet bien ceste estole
> Qui le vostre bel col acole....
> Qu'ele resemble chaagnon
> A quoi l'en ait pendu laron.

Tom. IV, pag. 249, vers 3095 :

> Car bien matin fu traïnés.
> Dusqu'as fources, et fu montés
> Amont l'eskiele au casignon,
> Ni faloit se l'eskiele non
> A tourner , k'il ne fust pendus.

* CHAILLY. *Pain de Chailly.* Gl. *Panis*, pag. 533³ et 58².

CHAIMBE, Jambe. Gl. *Cambagno.*

* CHAINE. Gl. *Pedica*, 1, et *Maura.*

CHAINGLE, Enceinte, parc fermé de mur ou de haie. Gl. *Cinctada*.

CHAINSE, Chainsil, Sorte de vêtement. Gl. *Camisa*, pag. 58[1]. [Partonop. vers 8003 :

> Il pert bien à lor vestéure
> Que eles n'ont mais d'amer cure;
> N'usent mais blans cainses ridés,
> Ne las de soie à lor costés.

Vers 7467 :

> Et sont li brac et lonc et droit
> Vestu de blanc cainsil estroit.

C'est proprement le nom d'une étoffe. Voyez Rayn. tom. II, pag. 310[1], au mot *Cansil*, ci-dessous *Chaisel*. Marie de France (tom. 1, pag. 76) écrit *Cheisil*.]

CHAINT, Ceinture. Gl. *Cinctum*, 2. [Roman de Renart, tom. IV, pag. 29, vers 773.]

CHAINTRE, Terre entourée d'une haie. Gl. *Cinctada*.

CHAINTURE, Ceinture. Gl. *Cingulum*, 1.

CHAISEL, Sorte de vêtement. Gl. *Campsilis* sous *Camisa*, pag. 58[1].

CHAISNE. Voyez *Caisne*.

CHAISTERON, Chétron, petite layette en forme de tiroir, qu'on fait au haut d'un des côtés d'un coffre. Gl. *Chartothesium*.

* **CHAISTI**, Chaistiement. Voyez *Chastoy*.

* **CHAITIF**, Captif, malheureux, chétif. Chronique des ducs de Normandie, tom. 1, pag. 68, vers 1835 :

> Seient en oil mené chaitif
> Qui i serront bel trové vif.

Pag. 226, vers 4115 :

> Qu'ocis i sunt et à dol mis
> E li plusors menez chaitis.

Pag. 447, vers 10571 :

> Mei pristrent e menereut pris,
> Longement fui entr'eus chaitis.

Pag. 70, vers 1889; pag. 84, vers 121; pag. 225, vers 4115, etc. Voyez Rayn. tom. II, pag. 275[1], au mot *Captiu*. Chétif, Garin, tom. 1, pag. 5, 166, 172.

* **CHAITIVER**, Captivité, misère. Chronique des ducs de Normandie, tom. II, pag. 74, vers 17480 :

> Coment de si fait chaitiver,
> Qu'à sa gent fait Raol sofrir.

Tom. III, pag. 252, vers 38573 :

> Qu'en chartres vifs e en liens
> Les tindrent en grant chaitiver.

CHAITIVETÉ, Chetivoison, Captivité, bassesse, faiblesse, chose de peu de valeur. Gl. *Captivare*, 2. [Voyez Rayn. tom. II, pag. 274[2], au mot *Captivitat*.]

CHAIZ, Petite maison, cabane, loge. Gl. *Caya*.

* **CHALAMELER**. Voyez *Chameller*.

CHALANER, Réclamer, former une demande en justice. Gl. *Calumniare* sous *Calumnia*, 1.

1. **CHALAN**, Bateau où l'on nourrit le poisson, boutique. Gl. *Chelandium*, pag. 322[2].

2. **CHALAN**, Chalant, Chaland, espèce de bateau. Gl. *Chelandium*, pag. 322[2]. [Garin le Loher. tom. 1, pag. 159 :

> Et fu remés entre lés Sarrasins
> Devant Bordelle, en un chaillant corsif.]

CHALANDAS, Qui est disputé, ce qu'on s'efforce d'obtenir. Gl. *Calumnia*, 1.

CHALANDRE, Chaland, espèce de bateau. Gl. *Chelandium*, pag. 322[1].

* **CHALANGIÉ**. Voyez *Calenge*.

CHALANT, Ami déclaré d'une femme, son amant. Gl. *Chelandium*, pag. 322[2].

CHALBINDER, Terme obscène. Gl. *Calbares*.

CHALDEL, Certaine partie d'un navire. Gl. *Chalcidium*.

CHALEIL, Lampe, vaisseau propre à faire brûler de l'huile ou de la graisse pour éclairer. Gl. *Crassa*, 2.

CHALEMASTIT, Terme de mépris qui paraît désigner un emploi fort bas. Gl. *Calamites*.

* **CHALEMEL**. Voyez *Challemelle*.

CHALEMELER, Jouer de la flûte; d'où *Chalemelloin* †, Joueur de flûte. Gl. *Calamella*, 1. [Chron. des ducs de Normandie, tom. II, pag. 133, vers 19238. Voyez Rayn. tom. II, pag. 295[2]. au mot *Calamellar*.]

CHALEMINE, Calamine. Gl. *Calammaris*.

CHALENDELER †, Jouer du chalumeau, de la flûte. Gl. *Calamizare*, 2.

CHALENÉE, La charge d'un chaland. Gl. *Chelandium* ?

CHALENER, Conduire un chaland. Gl. *Chelandium*. pag. 322[2].

CHALENGE, Demande en justice. Gl. *Calumnia*, 1. [Voyez *Calenge*.]

CHALENGER, Chalengier, Réclamer, demander quelque chose comme son propre. Gl. *Calumnia*, 1, pag. 38[3]. [Voyez *Calenger*.]

CHALEREUSEMENT, Par un prompt mouvement de colère. Gl. *Calidameya*.

CHALEUREUX, Vif, prompt, sentant la colère. Gl. *Calidameya*.

* **CHALINE**, Chaleur. Chron. des ducs de Normandie, tom. II, pag. 133, vers 19245 :

> Ainz qu'el soleiz déust espandre
> Ses rais d'amunt e sa chaline,
> Qui dunc faiseit en cel termine.

Guill. Guiart, tom. 1, pag. 237, vers 5692 (6009); tom. II, pag. 455, vers 11829 (20812). Voyez Rayn. tom. II, pag. 291[1], au mot *Calina*.

CHALIVALI, Chalivari, Charivari, tumulte, émeute. Gl. *Catervanarium*, *Chalvaricum*. [Et *Noctivalia*. Voyez Rayn. t. II, pag. 332[1], au mot *Caravil*.]

CHALLE, Moule à faire pâtisserie, ou gaufres. Gl. *Rosola* ?

CHALLEMELLE, Challemie, Chalumeau, flûte. Gl. *Calamella*, 1. [*Chalemel*, Laborde, pag. 150, Garin, tom. 1, pag. 219. Voyez Rayn. tom. II, pag. 294[2], au mot *Calamel*.]

CHALLENGE, Demande en justice. Gl. *Callengia*.

* **CHALOINGE**. Voyez *Chalonge*.

* **CHALOIR**, Se soucier. Flore et Blanceflor, vers 368 :

> Mais ne li caut de riens qu'il oie,
> Par Blanceflor qu'il n'a s'amie
> En non caloir a mis sa vie.

Chanson du comte d'Anjou, Laborde, pag. 155 :

> Et à tout ce me met à non chaloir.

Voyez Rayn. tom. II, pag. 294[1], au mot *Noncaler*. Flore et Blanceflor, vers 102 :

> De lui ne caut à aus vif prendre,
> Ains l'ocient. . . .

Chronique des ducs de Normandie, tom. 1, pag. 202, vers 3440 :

> Qu'entre ses denz dist : Ne me chaut.

Roi Guillaume, pag. 50 :

> Lie! por quoi ? que vos causist
> Quant riens sans moi ne vos fausist?

Roman de Renart, tom. IV, pag. 442, vers 7603 :

> Ne li causist dont il venist
> Mais qu'en ses poes le tenist.

Chronique des ducs de Normandie, tom. 1, pag. 113, vers 910 :

> Se sul n'éust perdu Guirin
> Poi li chausist de trestut l'al.

Chanson de Roland, stance 108, vers 2 :

> De ço qui calt ? n'en aurunt securance.

Stance 141, vers 1 :

> De ço qui calt se? Fuit s'en est Marsilies.

Stance 173, vers 37 :

> De ço qui chelt, quant nul n'en respundiet.

Partonop. vers 637 :

> Tant ont corné que tuit sont las,
> Cui caut de ço ? nel trouvent pas.

Garin, tom. 1, pag. 243 :

> Cui chaut de ce ? il ne lor a mestier.

Roi Guillaume, vers 1276 :

> Cui caut ? face çou que li plest.

Chronique des ducs de Normandie, tom. II, pag. 399, vers 26926 :

> Trop se repent de son forfait,
> Qui chaut? c'ert mais chose passée.

Voyez Orell, pag. 221.

1. **CHALON**, Chaland, sorte de bateau. Gl. *Chelandium*, pag. 322[2].

* 2. **CHALON** †, Gl. *Carabus*.

1. **CHALONGE**, Espèce de monnaie. Gl. *Chalongia*.

* 2. **CHALONGE**. Voyez *Calenge*.

CHALOUREUSEMENT, Par un prompt mouvement de colère, avec vivacité. Gl. *Calidameya*.

CHALUC, Espèce de poisson de mer. Gl. *Labeo*.

CHAMBALON, Courge, bâton dont on se sert pour porter de l'eau. Gl. *Cambagno*.

CHAMBARERIE, Office, dignité de *Chambarier* ou Chambrier. Gl. *Cambrerius*, 2.

CHAMBELLAGE, Chambellenage, Ce qui est dû à la *Chambre* du seigneur féodal à chaque mutation. Gl. *Chamberlagium*.

CHAMBERECHE, Cens ou rente que la *Chambre* du seigneur lève sur les terres de ses vassaux. Gl. *Cambellanus*, pag. 43[1].

CHAMBERIE, Office, dignité de chambrier. Gl. *Camerarius*.

* **CHAMBERIER**, Valet de chambre. Agolant, vers 1198 :

> Sachez cil est serjanz ou chamberier,
> Ou aucuns hons qui sert d'aucun mestier.

Voyez Rayn. tom. II, pag. 300[2], au mot *Chambrier*, ci-dessus *Cambouriere*.

CHAMBERLAGE, Ce qui est dû à la

Chambre du seigneur féodal à chaque mutation. Gl. *Chamberlagium*.

CHAMBERLAIN, CHAMBERLENG, Chambellan. Gl. *Abatis, Cambellanus, et Camerarius*. [Enfants Haymon, vers 563 :

  En une chambre vint, son chamberlin lucba.]

CHAMBERT, La partie du derrière du cou. Gl. *Cervix*.

CHAMBION, Pied ou jambon. Gl. *Cambagno*.

1. CHAMBRE, Fisc, domaine. Gl. *Camera*, 3. [Chanson de Roland, stance 169, vers 21 :

  E Engleterre que il teneit sa cambre.

Voyez stance 205, vers 2. Gérard de Vienne, vers 4027 :

  Mon fort de Rome ke l'on clame ma chambre.

(Comparez le leçon citée au Gl.) Garin le Loher. tom. 1, pag. 143 :

  Prenez Sissons la grant cité de pris...
  Quant tornerez de Loon à Paris
  Et vous vourez à Biauvais revenir,
  S'iert vostre chanbre o vos pourez dormir.

Voyez pag. 209. *Chambre d'abbé*. Gl. *Camera abbatis*, pag. 50¹.]

2. CHAMBRE, Ce qui est accordé à la femme, comme meubles, après la mort du mari. Gl. *Camera*, 8.

3. CHAMBRE. CHAMBRE BASSE, COURTOISE, COYE, Privé, latrines. Gl. sous *Camera*, pag. 50¹. [*Chambres aisiées*. Gl. *Aisamenta*.]

* 4. CHAMBRES, plur. Appartement dans l'intérieur du palais. Partonop. vers 418 :

  Por ço se cremoit et doutoit
  Et en ses cambres se muçoit.

Flore et Blanceflor, vers 674 :

  Isoelement es cambres entre.

Voyez Rayn. tom. II, pag. 300², au mot *Cambra*. *Chambre estorée*. Gl. *Serpol*.

CHAMBRELAGE, Ce qui est dû à la *Chambre* du seigneur féodal à chaque mutation. Gl. *Cambellanus*, pag. 43¹.

CHAMBRELENS, Chambellan. Gl. *Ostiarius*.

CHAMBRILLOUR, Compagnon, qui est de la même chambrée. Gl. *Chambrelania*.

CHAMELLAN, Chambellan. Gl. *Cambellanus*.

CHAMELLER, Jouer du chalumeau, de la flûte. Gl. *Calamella*, 1. [*Chalameler*, Voyez Rayn. tom. II, pag. 295², au mot *Calamellar*.]

CHAMENTE, Sorte de vêtement; si cependant on ne doit pas lire *Chevance*. Gl. *Camigia*.

CHAMERANDE, Enduit. Gl. *Cameratus*.

CHAMERLAIN, Chambellan. Gl. *Cambellanus*.

* CHAMIN, Chemin. Gérard de Vienne, vers 3644, 3646. Voyez Rayn. tom. II, pag. 302¹, au mot *Cami*.

CHAMION †, Camion, haquet. Gl. *Campolus*, 2.

* CHAMOISIÉ. Voyez *Camoisié*.

CHAMON, p. e. Terre en friche, qui n'est pas cultivée. Gl. *Chamo*.

1. CHAMP, Camp. Gl. *Campus*, 2.

2. CHAMP, Duel qui se fait en champ clos. Gl. *Campus*, 3. [Bataille, journée. Agolant, pag. 171² :

  Se de ce champ traient païen à fiu
  Jamais en France n'orra messe à matin.

Chron. des ducs de Normandie, tom. 1, pag. 270, vers 5385 :

  Tuit sunt segur deu champ finer
  E de la terre delivrer.

Pag. 263, vers 5171 :

  Achevez fu icil jornauz
  E afinez li chans mortaus
  Si doleros etc.

Voyez pag. 172, vers 2588. Rayn. tom. II, pag. 303¹, au mot *Camp*.]

CHAMPAGNE, Champ, fonds d'une étoffe, etc. Gl. *Campania*, 3.

CHAMPAIER, pour CHAMPOIER. Gl. *Champeare*, [et *Camparius*.]

CHAMPAIGE, Champ à mettre paître les bestiaux, pâturage. Gl. *Champagium*.

CHAMPAIGNE, [CHAMPAINE], Campagne, plaine. Gl. *Campania*, 1. [Agolant, vers 39 :

  Tant voit li ost le pui et la champaine
  Qu'Aspremunt voient et la large champaigne.

Roman de Rou, tom. 1, pag. 288 :

  En la forest ad une plaine,
  Environ ert grant la champaine.]

* CHAMPAL. Voyez *Bataille*.

CHAMPARER, Lever le droit de champart. Gl. *Champardum*.

* CHAMPART. Gl. *Campipars, Terragium, Champardum. Champartaige*, Gl. *Campipartagium. Champarter, Champartir*, Gl. *Campipartiri*, pag. 70³.

CHAMPELET, Petit champ. Gl. *Campellus*.

CHAMPESTRE, Qui est de la campagne, paysan. Gl. *Campestris*.

CHAMP-ESTROIT, Sorte de jeu. Gl. *Campus arctus*, pag. 74¹.

CHAMPIL, CHAMPIS, Bâtard, soit incestueux, soit adultérin. Gl. *Campenses*.

CHAMPINEUL †, Champignon? Gl. *Pungus*.

CHAMPISSE, Fille ou femme débauchée. Gl. *Campenses*.

1. CHAMPOIER, Faire paître ses bestiaux dans les champs. Gl. *Champeare*.

2. CHAMPOIER, Garnir, orner le champ ou fonds de quelque chose. Gl. *Champeare*.

3. CHAMPOIER, Se battre avec quelqu'un. Gl. *Champeare*.

CHANAL, Bois, forêt. Gl. *Canale*.

* CHANCEL, CHANCIEL, Balustrade, clôture. Roman de Renart, tom. III, pag. 57, vers 21298 :

  Ovrez les huis de cest chancel.

Voyez Canchel. Gl. *Cancellus* 1, pag. 86¹.

CHANCELLE, Chambre de la femme, meubles et habits. Gl. *Camera*, 8.

CHANCER, Jouer à la chance aux dés. Gl. *Grangium*.

CHANCERE; Dot assignée sur un fonds de terre [en Auvergne]. Gl. *Percheria* [Rayn. tom. II, pag. 391¹, au mot *Chancera*.]

* CHANÇON DE SIECLE. Gl. *Sæculum*, pag. 202².

CHANDEILLE, Espace de temps dans la nuit. Gl. *Candela*, 4 [et † *Cucomeres*].

CHANDELIER SAINT DENIS, Espèce de serf. Gl. *Candela*, 3.

CHANDELIERE, Branche de la ferme du grand poids à Rouen. Gl. *Candelaria*, 3.

CHANDELLE, Espace de temps dans la nuit. Gl. *Candela*, 4. [*Feste de la Chandelle*, Chandeleur, Gl. *Festum Candelæ* et *Candela*, 2.]

CHANE, CHANEL, Canal, lit d'une rivière. Gl. *Chanecia*. [Garin le Loher. tom. 1, pag. 19 :

  Les eves douces repairent es chancls.

Voyez Roquef. et Rayn. tom. II, pag. 308, aux mots *Canel, Canal*.]

CHANEL, Sorte de mesure. Gl. *Chanecia*.

CHANESIE, Canonicat, prébende d'un chanoine, p. e. pour *Chanoisie*. Gl. *Canonia*, pag. 105².

CHANETIER, Espèce de vase. Gl. *Canneta*, 1.

CHANETTE, Burette à l'usage d'église. Gl. *Canneta*, 1.

CHANEVACERIE, Négoce, commerce de toiles de chanvre. Gl. *Canava*, 2?

CHANEVACIER, CHANEVASSIER, Marchand ou fabricant de toiles de chanvre. Gl. *Canabaserius*.

* CHANEVIS, Chènevis, graine de chanvre. Roman de Renart, tom. III, pag. 3, vers 19821 :

  Moult drue chanvre i croistrait
  Qui chanevis i semeroit.

CHANGE, Chemise; p. e. pour *Chainse*. Gl. *Camisa*, pag. 56².

* CHANGEOR. Gl. *Campsor*, pag. 45¹, et *Escampsor. Change tourner*. Gl. *Tornare*, 2.

CHANGOINT, Sorte de mesure pour le sel. Gl. *Cana*, 3.

1. CHANGON, Cérémonie qui précédait le jour du mariage, assemblée des parents et amis des futurs époux, entrevue. Gl. *Changia*.

2. CHANGON, Terme injurieux. Gl. *Changia*.

CHANLANT, pour CHALANT, Gl. *Chelandium*, pag. 322¹.

CHANNÉE, Espèce de mesure, autant que contient le vase appelé *Canne*. Gl. *Cana*, 3.

CHANNETEIL †, Chanson bruyante? Gl. *Sidelia*.

CHANOINIE, Chapitre de chanoines. Gl. *Canonica* sous *Canonicus*, pag. 106¹. [*Chanoinerie*: Voyez Rayn. tom. II, pag. 311¹, au mot *Canorgua*.]

CHANOLE, CHANOLLE, Trachée-artère, e canal de la respiration. Gl. *Cannolla*.

CHANOYER, Sorte de danse. Gl. *Crochetus*, pag. 666¹.

* CHANS, Fame de chans, Prostituée. Gl. *Cheminus*, 2, pag. 324¹.

* CHANT, Mélodie. Chanson anonyme, Laborde, pag. 306 :

  Li chastelains de Couci ama tant
  Qu'ainz por amor nus n'en ot dolor graindre,
  Por ce ferai ma complainte en son chant.

La chanson du Châtelain que le poëte imite se lit pag. 300.

CHANTE, pour Jante. Gl. *Canta*.

CHANTEAU, Morceau, partie de quelque chose. Gl. *Chantellus*. [*Chantel de pain* †. Gl. *Temeratum*.]

CHANTEL, Le dos de la main, sa partie extérieure. Gl. *Chantellus*.

CHANTELAGE, Droit sur le vin vendu en détail. Gl. *Chantelagium*.

* **CHANTELET**, Petite chanson. Chanson de Gilbert de Berneiville, Wackern. pag. 55 :

    Amors, je vos cri-merci
    Ke me doncis teil penseir,
    C'aucun chantelet joli
    Li puisse faire à son grei.

CHANTEMENT, Enchantement; du verbe *Chanter*, pour Enchanter, jeter un sort, ensorceler. Gl. *Cantatores*.

CHANTER, Célébrer la messe, même à voix basse. Gl. *Cantare*, 6.

CHANTERÉL, Livre d'église; p. e. Celui qu'on appelle *Graduel*. Gl. *Canterellus*.

CHANTERIE, Office solennel des morts. Gl. *Cantare*, 3.

CHANTERRE, Chanteur. Gl. *Canterma*. [Rayn. tom. II, pag. 313², au mot *Cantaire*.]

CHANTIÉE, Droit sur le vin vendu en détail. Gl. *Chantelagium*.

CHANTIER, Place vague, cour. Gl. *Chantérium*.

CHANTILLE, Morceau, partie de quelque chose. Gl. *Chantellus*.

CHANTRERIE, Office solennel des morts. Gl. *Cantare*, 3.

CHANU, Qui a les cheveux blancs de vieillesse. Gl. *Canutus*. [Chanson de Roland, stance 37, vers 3 :

    E Blancandrins i vint al canud peil.

Stance 150, vers 14 :

    Li niés Drouu al viell e al canut.

Stance 168, vers 12 :

    Que Carles tient, ki la barbe ad canue.

Stance 267, vers 7; stance 290, vers 8. Gérard de Vienne, vers 3694, 3713. Roman de Renart, tom. II, pag. 113, vers 12624 :

    Et de Rolant et d'Olivier
    Et de Charlon le ber chanu.

Voyez Rayn. tom. II, pag. 316², au mot *Canut*, ci-dessus *Canes*.

CHAOUNEZ, p. e. Sorcier. Gl. *Caoetus*.

CHAOURSE, **Chaorse**, p. e. Caours, ville de Piémont. Gl. *Caorcini*.

CHAOURSIER, Usurier. Gl. *Caorcini*.

CHAPE, Voûte, lieu voûté. Gl. *Capa*, 5. [Gl. *Capa*, 1, pag. 118¹², Chanson de Roland, stance 40, vers 9 :

    N'at tel vassal suz la cape del ciel.

Voyez *Cape*, et Rayn. tom. II, pag. 320², au mot *Capa*.]

1. **CHAPEL**, Hangar. Gl. *Capellus*, 5.

* 2. **CHAPEL**. Voyez *Capel*.

CHAPELERIE, **Chapellerie**, Chapelle, bénéfice simple. Gl. *Capellania*, 1.

1. **CHAPELET**. **Par manière de chapelet**, Par ordre, à son tour. Gl. *Capelletum*.

* 2. **CHAPELET**, Petit chapeau. Gl. *Circulus*, 1, pag. 362³. Garin, tom. I, pag. 298 :

    En son chief ot un chapelet petit
    D'or et de pieres qui mout bien li avint.

* **CHAPELIER**, Partie inférieure du casque. Agolant, vers 1033 :

    Trenchié son hiaume desi qu'el chapelier.
    Sor les espaules en gisent li quartier.

1. **CHAPELLE**, Couvercle d'un alambic chez les chimistes. Gl. *Capella*, 11.

* 2. **CHAPELLE**. Gl. *Vicaria*, pag. 807².

CHAPEREZ, p. e. Équarri. Gl. *Chapero*.

* **CHAPERON**, **Chapperon**. Gl. *Caparo*. *Chaperon à Moigne*†. Gl. *Trogulus*.

CHAPERONNÉE, Autant que peut contenir un chaperon. Gl. *Capayrona*.

CHAPERONNEUSE d'Anjou, Chaperon propre aux Angevines. Gl. *Capayrona*.

* **CHAPIGNER**, Frapper. Roman de Renart, tom. II, pag. 292, vers 17547 :

    Parmi le col le housepigne
    Durement le mort et chapigne.

* **CHAPITELE**, Chapitre. Vie de saint Thomas de Canterb. pag. 625² :

    Al terz jour en chapitele entrad.

1. **CHAPLE**, Blessure faite avec une arme qui taille. Gl. *Capulatura* sous *Capulare*.

2. **CHAPLE**, **Chapleis**, **Chaplement**, Combat à l'épée. Gl. *Capulatura* sous *Capulare*, pag. 160². [Chanson de Roland, stance 245, vers 13 :

    Durs colps i fierent, mult est li caples granz.

Voyez stance 85, vers 17; stance 125, vers 8; stance 247, vers 8. Partonop. vers 3389 :

    Or est li caples fors et griés.

Vers 3767 :

    Là veimes le caple grief.

Vers 975 :

    Entr'aus deux fu li capléis.

Vers 8229 :

    Porquant parmi tot lor caploi]
    Est montés el ceval le roi.]

Voyez Fierabras, notes, aux vers 1203 et 1239; le Glossaire de la Chron. des ducs de Normandie; Rayn. tom. II, pag. 391², au mot *Chaple*.]

CHAPLECHO, Instrument de musique dans le Lyonnais. Gl. *Capriola*.

* **CHAPLEISON**, **Chaplison**, Carnage, massacre. Aubri, pag. 175¹ :

    Là véisiés des Turs grant caplison.

Chron. des ducs de Normandie, tom. I, pag. 122, vers 1171 :

    En la fuie ont grant chapleison
    E si mortel occision, etc.

CHAPLER, **Chaploier**, Combattre, frapper avec l'épée. Gl. *Capillare* sous *Capulare*, pag. 160². [Chanson de Roland, stance 254, vers 3 :

    De lur espiez bien i fièrent et caplent.

Stance 252, vers 12 :

    N'i ad celoi que n'i fierge o n'i capleit.

Partonop. vers 8151 :

    Si grant colp done al grant vasal
    Qu'il le trebuce del ceval;
    Tant a feru, tant a caplé,
    Tant i a mis et tant doné, etc.

Vers 8835 :

    Tant fiert, tant caple, tant capuse,
    Que le Persan en sus réuse.

Jordan Fantosme, vers 1867 :

    Al partir de la bataille le saurad l'um loer
    Ki mielz i fiert d'espée e mielz fait caplier.

Gérard de Vienne, vers 1997 :

    Pluis en est duis ke maistres charpentiers
    N'est de sa barde ferir et chaploier,
    Kant il veut faire saule ou maison dressier.

Voyez Rayn. tom. II, pag. 392¹, au mot *Capolar*, et *Capuzar*.

CHAPOTOIS, Sorte de monnaie. Gl. *Chapotensis moneta*. [Voyez Rayn. tom. II, pag. 392¹, au mot *Chapotes*.]

CHAPOULER, Couper, tailler. Gl. *Capulare*.

CHAPPE de plonc, Sorte de supplice. Gl. sous *Capa*, 1, pag. 120³.

* **CHAPPEL de fer**, Casque. Gl. *Capellus ferreus*, pag. 133¹.

* **CHAPPELAIN fermier**, Desservant. Gl. *Capellanus Firmarius*, pag. 130³.

CHAPPELET, Petit chapeau. Gl. *Capelletum*.

CHAPPELINE, Armure de tête, espèce de casque. Gl. *Capellina*, 3.

CHAPPELLIER de fleurs, Celui qui faisait les chapeaux de fleurs. Gl. *Capellus rosarum*, pag. 133². [*Chapellière*. Gl. *Capellus*, 1.]

* **CHAPPELIS**. Voyez *Chapple*.

CHAPPELLUS, Clou à grosse tête. Gl. *Capus*, 4.

CHAPPERONS rouges, Les chanoines de la congrégation de Saint-Maurice en Vélay. Gl. *Caparo*. [Voyez Rayn. tom. II, pag. 320², au mot *Capairo*.]

CHAPPIN, Espèce de petit couteau. Gl. sous *Cultellus*, pag. 694².

CHAPPITRER, Tenir chapitre, être assemblés en chapitre. Gl. *Capitulare*, 5, sous *Capitulum*, 4.

CHAPPLE, **Chapplis**, Plaie, blessure faite avec une arme qui taille. Gl. *Capulare*, pag. 160².

CHAPPUIZ, Billot à l'usage des tonneliers, appelé Tronchet ou Trouchet. Gl. *Chapuisare*.

CHAPPUSER, Tailler du bois de charpente pour le mettre en état d'être assemblé. Gl. *Chapuisare*.

CHAPT, Terme injurieux. Gl. sous *Capestrum*.

CHAPTEL, Biens mobiliers de quelque nature qu'ils soient. Gl. *Catallum*. [Bail à *Chaptel*. Gl. *Capitale*, 2. Voyez Rayn. t. II, pag. 325², au mot *Captal*.]

CHAPUCIER, Couper, tailler. Gl. *Capulare*.

CHAPUIS, **Chapuiseur**, Charpentier, ouvrier en bois. Gl. *Chapuisare*.

CHAPUISER, Tailler du bois de charpente pour le mettre en état d'être assemblé. Gl. *Chapuisare*. Voyez ci-dessus *Chapler*.

1. **CHAR**, Race, famille. Gl. *Caro*, 6.

* 2. **CHAR**, comme *Chère*, Visage. Chronique de Jordan Fantosme, vers 5 :

    Gentil rei d'Engleterre à la char tres hardie.

Voyez Rayn. tom. II, pag. 331², au mot *Cara*; ci-dessous, *Chiere*.]

* 3. **CHAR**, **Charn**. Voyez *Car*.

CHARAIE, Espèce de sortilège, billet écrit en caractères magiques. Gl. *Caraula*.

CHARAUDERESSE, Sorcière, celle qui emploie des *caraudes*. Gl. *Caraula*.

CHARBONAGE, Droit ou redevance

pour le charbon dont on use. Gl. *Carbonagium*, sous *Carbo*, 3.

* CHARBONNEE. Gl. *Carbonea*, 2. † *Frixa*, † *Assatura*.

* CHARBOUCLE, Escarboucle. Rayn. tom. II, pag. 332², au mot *Carboncle*.

CHARCHANT, Carcan. Gl. *Carcannum*.

1. CHARCHE, Charge, ce qui cause de la peine. Gl. *Charchia*. [Masse, nombre. Guill. Guiart, tom. I, pag. 269, vers 6538 (6857) :

Car trop en i mourut graut charche.]

2. CHARCHE, p. e. Ce qu'on paye pour le guet ou la garde de quelque chose. Gl. *Cercha*.

* CHARCHER, CHARGER, Confier. Guill. Guiart, tom. I, pag. 346, vers 8016 (8860) :

Au roi fait-on leur faiz enteudre ,
Qui à son mareschal gent charche
Et le tramet vers cele marche.

Voyez pag. 134, vers 2946 (3338); tom. II, pag. 232, vers 6018 (14998). Gérard de Vienne, vers 1211 :

Chargeroit moi vingt mil homes armeiz.

* CHARCHERE, Prison. Enfants Haymon, vers 372 :

Tres tous les riches hommes que truevent environ,
Amenent en le tour en le charchere en prison.

CHARDONAL, Cardinal. Gl. *Cardinalis*.

CHAREI, Espèce de sortilége, billet écrit en caractères magiques. Gl. *Caraula*.

CHAREIL, Lampe, vaisseau propre à faire brûler de l'huile ou de la graisse pour éclairer. Gl. *Crucibulum*.

CHARETÉE, Espèce de tonneau, et ce qu'il contient. Gl. *Charetillus*.

CHARETON, Charretier. Gl. *Carraterius*, 1.

CHARGAGE, CHARGAIGE, Droit dû pour charger sur un chariot des tonneaux de vin, et les transporter ailleurs. Gl. *Chargiagium*.

CHARGANT, ARBRE CHARGANT, p. e. Arbre portant fruit. Gl. *Arbor*. [Voyez Rayn. tom. II, pag. 335², au mot *Cargar*. *Cargant*, Pesant. Partonop. vers 3238 :

Là del bice en l'elme feru
Un colp si dur et si cargant
Qu'à paines remaint en estant.]

CHARGEE, Charge, une certaine quantité. Gl. *Chargia*, 2.

CHARGEOIR, Machine à porter le fumier. Gl. *Chargatorium*.

CHARGEOUR, Espèce de grand plat. Gl. *Chargeour*.

CHARGNE, p. e. Celui qui reçoit pour le seigneur le droit appelé *Charnage*. Gl. *Carnaticum*.

* CHARIERE. Voyez *Carriere*.

* CHARIERESSE. Voyez *Charrieresse*.

CHARINER, † Se moquer, railler, tourner en ridicule. Gl. *Carina*, 1.

* CHARIOT BRANSLANS. Gl. *Carrocium*, pag. 202³.

CHARIOTÉE, CHARIOTTÉE, Espèce de tonneau, et ce qu'il contient. Gl. *Charetillus*.

1. CHARITÉ, Réfection, repas, festin.

Gl. *Caritas*, 3. [Roman de Renart, tom. III, pag. 32, vers 20610 :

Ge t'ai véu carité prendre
Deus foiz sanz aler au mostier.

Voyez Rayn. tom. II, pag. 330², au mot *Caritat*.]

2. CHARITÉ, Le vin du marché, ce qu'on donne au delà du prix convenu. Gl. *Caritas*, 1.

3. CHARITÉ, La fête d'un lieu, foire, parce qu'on y boit et mange. Gl. *Caritas*, 13.

4. CHARITÉ. On appelait *Charitez* les biens donnés à une église ou à un monastère, à charge de prières, aumônes et repas extraordinaires le jour de l'anniversaire de la mort de quelqu'un. Gl. *Caritas*, 2 et 3.

* CHARLATAN. Gl. *Cerretani*.

CHARLERIE, Le métier d'un *Charlier*, ou ouvrier de charrue. Gl. *Carlarius*.

1. CHARME, Sorte de redevance. Gl. *Charmea*.

* 2. CHARME, Gémissement. Guill. Guiart, tom. II, pag. 39, vers 992 (9958) :

Tiex criz et si doulereus charmes.

CHARMEGNERESSE, Sorcière, femme qui fait des charmes. Gl. *Carminare* sous *Carmen*, 1.

* CHARMEI, pour *Chaume* ou *Herme*. Gl. *Planum*, 1.

CHARMER UNE PLAIE, User de charmes pour la guérir. Gl. *Carminare*, sous *Carmen*, 1. [Maltraiter, Guill. Guiart, tom. II, pag. 458, vers 11908 (20891) :

Maint homme i est à mort charmé.

Pag. 468, vers 12172 (21155) :

Jà seront laidement charmez.]

CHARNAGE, CHARNAIGE, Droit seigneurial sur les troupeaux qui passent ou paissent sur les terres d'un seigneur. Gl. *Charnagium* sous *Carnaticum*.

CHARNALITÉ, Passion déréglée, débauche. Gl. *Carnalitas*.

CHARNEL, Parent, qui est de la même race ou famille. Gl. *Carnalis*, 1. [Gérard de Vienne, vers 3936 :

Donciz la moi, Karle li respondi,
A oes Rollant le mien charnel ami,
Ne la demant por autre ke por li.

Voyez *Carnel*, Rayn. tom. II, pag. 341¹, au mot *Carnal*.]

CHARNEUMENT, Charnellement. Gl. *Carnaliter*. [Orell, pag. 292. Rayn. tom. II, pag. 341², au mot *Carnalment*.]

* CHARNEUX, *Pasques Charneux*. Gl. *Pascha*, pag. 116².

CHARNIER, Saloir, vaisseau où l'on conserve les viandes salées. Gl. *Charnerium*.

CHAROIZ, Espèce de sortilége, billet écrit en caractères magiques. Gl. *Caraula*.

CHAROLLE, Danse. Gl. *Charolare*.

CHARONIER, Charron, ou celui qui conduit la charrue. Gl. *Charronnerius*.

1. CHARPE, Charme, arbre. Gl. *Charmen*.

2. CHARPE, Instrument de fer pour couper et tailler. Gl. *Charpa*.

* CHARPENTER, Frapper comme un

---

charpentier. Guill. Guiart, tom. II, pag. 270, vers 6986 (15978) :

L'oc·sion là recommance;
Flamens, sus qui François charpentent,
Maint bon destrier i ensanglautent.

Comparez *Chaploier*, et Gl. *Carpentarius*, sous *Carpentum*.

CHARPINER, Carder. Gl. *Cardare*.

CHARRAL, Espèce de tonneau. Gl. *Carrale*, sous *Carreda*, pag. 199¹.

CHARRAN, Chemin par où peut passer un char. Gl. *Carreria*, 1, pag. 199².

CHARRASSON, en Limousin et ailleurs, Échalas mis debout et en travers pour soutenir les ceps de vigne, espèce de treillage. Gl. *Carratium*.

1. CHARRÉE, Charretée. Gl. *Charrea*.

* 2. CHARRÉE, Lessive. Guill. Guiart, tom. II, pag. 457, vers 11883 (20866) :

Frès d'eus fu le fossé à l'eve,
Cui celi jour iert ausi trouble
Comme charrée, ou plus au double.

CHARRET, Rouet. Gl. *Charetum*.

CHARRETÉE, Espèce de tonneau. Gl. *Charetillus*.

* CHARRETIL. Voyez *Caretil*.

CHARRETIN, CHARRETY, Le corps de la charrette posé sur l'essieu. Gl. *Charretium*.

CHARRETON, Charretier. Gl. *Carraterius*. [Voyez Rayn. tom. II, pag. 337², au mot *Cariato*.]

CHARREY, Charroi, sorte de corvée qu'on doit faire par charroi. Gl. *Charrerium* [et *Carreda*. Rayn. tom. II, pag. 338¹, au mot *Charrei*. Partonop. vers 6965 :

Celer vos en cuidiés vers moi,
Mais je sai trop de tel charoi.]

1. CHARRIÈRE, Bac, bateau propre à passer des charrettes. Gl. *Charreria*, 1. 2.]

2. CHARRIÈRE, Chemin par où peut passer un char, rue. Gl. *Carreria*, 1. [Voyez Rayn. tom. II, pag. 338², au mot *Carriera*.]

CHARRIERESSE, Sorcière, femme qui emploie des *Charaies*. Gl. *Caraula*.

CHARROIABLE, Celui qui doit à son seigneur la corvée des charrois. Gl. sous *Carropera*, pag. 203¹.

CHARROIE, Espèce de sortilége, billet écrit en caractères magiques. Gl. *Caraula*.

CHARROTE, Charrette à deux roues. Gl. *Charriotum*.

CHARROUSSÉE, Charretée. Gl. *Charrec*.

CHARROY, Espèce de sortilége, billet écrit en caractères magiques. Gl. *Caraula*.

CHARRUAIGE, Autant de terre qu'une charrue peut en labourer dans un an. Gl. *Carruata terræ*.

CHARRURIE, Tout ce qui concerne char ou charrue. Gl. *Charretarius*.

CHARRY, Lieu couvert, où l'on serre les charrettes, charrues, et autres choses servant au labour, chartil. Gl. *Carrucia*, 1.

CHARTELAIGE, Ce qu'on paye pour l'enregistrement des marchandises. Gl. *Cartularium*, 2.

CHARTERIER, Geôlier, celui qui a la garde des *chartres* ou prisons. Gl. *Carcerarius*.

CHARTIE, Charte, acte public et authentique. Gl. *Charta*, 1, pag. 131³.

1. **CHARTIN**, Le corps de la charrette posé sur l'essieu. Gl. *Charretium.*

2. **CHARTIN**, Espèce de monnaie. Gl. sous *Moneta.*

CHARTON, Charretier. Gl. *Calceia.*

CHARTRENIER, Geôlier. Gl. *Carcerarius.*

CHARTRER, Accorder une *Chartre*, un privilége. Gl. *Chartis-donatio.*

1. **CHARTRIER**, Prisonnier, celui qui est en *chartre*. Gl. *Carcer*, 2. [Chronique des ducs de Normandie, tom. III, pag. 288, vers 3957ɪ :

> Preierent por les chartrez
> Qui esteient emprisonez.]

2. **CHARTRIER**, Geôlier. Gl. *Carcerarius.* [Voyez Rayn. tom. II, pag. 333², au mot *Carcerier.*]

CHARTRIME, p. e. Celui qui tient registre de quelque chose. Gl. *Cartularium*, 2.

CHARTRON, Chétron, petite layette en forme de tiroir qu'on fait au haut d'un des côtés d'un coffre. Gl. *Chartothesium.*

CHARUAGE, Terres labourables. Gl. *Carrucagium*, 2.

* **CHARUBLE**, pour *Chasuble.* Gl. *Casularius.*

* **CHARUÉE**, comme *Carruée.*

CHAS, Cuisine, lieu où l'on cuit et prépare les viandes. Gl. *Chassum.*

1. **CHASAL**, Masure, maison qui tombe en ruine. Gl. *Casalenum.*

2. **CHASAL**, Ferme, métairie. Gl. *Casale* et *Chasellum.* [Voyez Rayn. tom. II, pag. 348ɪ, au mot *Casal.*]

CHASBIQUEL, Chefecier, dignité ecclésiastique. Gl. *Capiceriatus.*

CHASCEOR, Cheval propre pour la chasse. Gl. *Chaçaator.*

* **CHASDELER**, comme *Chadeler.*

CHASÉ, Celui qui tient un fief, une maison, etc., en *Chasement.* Gl. *Casati.* [Voyez *Case.*]

CHASEMENT, Terre, château tenu en fief sous certaines conditions. Gl. *Casamentum*, 1, et *Casati*, pag. 215². [Voyez *Casement.*]

CHASGNON, Certaine partie d'une charrue, l'échelle. Gl. *Casnus* [et *Jaugia*].

1. **CHASIER** †, Sorte de panier pour faire égoutter le fromage. Gl. *Casearius.*

* 2. **CHASIER**, comme *Chasé.*

CHASNAISSES, Menues branches de chêne ou d'autre arbre, fagots. Gl. *Casnus.*

CHASSAIN, Espèce de bois, p. e. Chêne. Gl. *Casnus.*

1. **CHASSE**, Poursuite en justice; ou Amende. Gl. *Cachia*, 3.

2. **CHASSE**, p. e. pour **CHAUSSE**, Instrument pour pêcher. Gl. *Chassa.*

CHASSEMENT, Terre, château tenu en fief sous certaines conditions. Gl. *Cassamentum.* [Voyez *Chasement.*]

CHASSER, Pêcher. Gl. *Chassiare.*

CHASSETE, Chaton, ce qui enchâsse. Gl. *Chassicia.*

CHASSE-VILAIN, Oiseau, vaisseau qui sert à porter le mortier dans les ateliers. Gl. *Chacea*, 2.

CHASSEURE, Chassoire, fouet. Gl. *Chacea*, 2.

CHASSIER, Celui qui tient en fief, à titre de *Chassement.* Gl. *Chazati.*

CHASSIPOLE, Sergent, celui qui lève les impôts. Gl. *Cacepollus.*

CHASSOUERE, Chassoire, fouet. Gl. *Chacea*, 2.

CHASTÉE, Chasteté. Gl. *Castimonium.* [Pastourelle, Laborde, pag. 152 :

> Belle, douce mère,
> Hé! Gardez-moi ma chastée.

Voyez Rayn. tom. II, pag. 353ɪ, au mot *Castitat.*]

1. **CHASTEL**, Biens mobiliers, de quelque nature qu'ils soient. Gl. *Catallum.*

2. **CHASTEL**, Gain, profit. Gl. *Catallum*, pag. 234² [et *Crescentia*, 3. Voyez *Chatel*, 2].

* 3. **CHASTEL**, Château sur les mâts. Guill. Guiart, tom. II, pag. 350, vers 9085 (18066); pag. 361, vers 9378 (18358); pag. 364, vers 9453 (18434); pag. 387, vers 10048 (19028). Voyez Jal. Archéol. Nav. tom. I, pag. 438.

CHASTELAINE, Dame de château. Gl. *Castellum*, 1. [Chanson de Gilles de Viniers, Laborde, pag. 231 :

> Douce dame, comtesse chastelaine
> De tout vouloir, qui sevrance m'est griez.]

* **CHASTELET**, Château des proues et des poupes. Guill. Guiart, tom. II, pag. 387, vers 10043 (19024). Voyez Gl. *Castellum*, 3.

CHASTELLAIN, Commandant dans un château. Gl. *Castellanus*, 2.

CHASTELLERIE, Châtellenie, fief, office de châtelain. Gl. *Castellaria*, sous *Castellum*, 1, pag. 223³. [Chronique des ducs de Normandie, tom. II, pag. 441, vers 28100 : *Chastelerie.*]

1. **CHASTIER**, Remontrer, reprendre, donner des avis, faire des reproches. Gl. *Castigatus.* [Chanson de Roland, stance 130, vers 3. Voyez Rayn. tom. II, pag. 354ɪ, au mot *Castiar.* Chanson de Thibaut de Navarre, Laborde, pag. 225.]

2. **CHASTIER**, **CHASTOIER**, Se corriger, changer de vie. Gl. *Castigatus.*

* **CHASTOIRES**, Ruches d'abeilles. Roman de Renart, tom. v, pag. 65, vers 1285 :

> Assez i ot pomes et poires
> Et d'autre part sunt les chastoires.

Voyez *Chetoire.*

CHASTON, Morceau de cristal ou de verre, dont on se servait au lieu de pierre précieuse. Gl. *Chasto*, 2.

CHASTOY, **CHASTROY**, Correction, châtiment. Gl. *Castigatus.* [*Chaisti, Chaistiement.* Chanson de Richard de Furnival, Wackern. pag. 59 :

> France prise pou et crient
> Chaisti de gent paipelairde.

Chanson de Chrestien de Troies, pag. 17 :

> Por ceu ains sens fauceteit
> Ne jai por chaistiement.

Voyez Rayn. tom. II, pag. 354², aux mots *Castic, Castei*, etc.]

CHASTRE, Manteau de cheminée. Gl. *Chasto*, 2.

CHASTRÉ, **TRUIE CHASTRÉE**, Bouclée, qui ne saurait engendrer. Gl. *Casto*, 2.

CHASTRI, **CHASTRON**, Mouton. Gl. *Casto*, 2. [Garin le Loher. tom. I, pag. 248.]

1. **CHAT**, Certain gros vaisseau, navire. Gl. *Gatus*, 1.

2. **CHAT**, Machine de guerre pour mettre à couvert ceux qui attaquent. Gl. *Catus*, 2.

* 3. **CHAT**, *Maille au chat.* Gl. *Chatus* et *Mallia*, 1.

CHATAIGNE, **CHATAINE**, **CHATAINGNE**, Capitaine, celui qui est chargé en chef de quelque chose. Gl. *Cataneus* sous *Capitaneus*, pag. 144².

CHATE, **CHATEL**, **TENIR A CHATE OU CHATEL**, Tenir à condition de partager le profit avec le bailleur, sauf le capital. Gl. *Catallum.*

1. **CHATEL**, Homme de corps, qui doit le cens capital. Gl. *Capitales homines.*

2. **CHATEL**, **CHATEZ**, Biens mobiliers de quelque nature qu'ils soient. Gl. *Catallum* [et *Capitale*, 4].

3. **CHATEL**. Voy. ci-dessus *Chate.* [Roman de Renart, tom. II, pag. 216, vers 15422 :

> Que je voudrai mon buef avoir,
> Que je tieug promesse à chatel

Voyez Rayn. tom. II, pag. 324², au mot *Capdel*, et 325², au mot *Cabal.*]

* **CHATELLET**, Petit château. Gl. *Castelletum*, pag. 224³.

* **CHATEPELOSE** †, Gl. *Eruca.*

* **CHATIEN**, Soutien, secours, assistance. Chron. des ducs de Normandie, tom. II, pag. 499, vers 29740 :

> E des povres n'ert oblianz,
> Merveilles lor faiseit granz biens,
> C'ert lor refui et lor chatiens.

Tom. III, pag. 24, vers 32467 :

> Del rei de France prist chatien,
> Si garni un chastel mult bien.

CHATILLON, Lamproie, à Toulouse. Gl. *Lampetra.*

* **CHATIVOISON**, Captivité. Voyez Rayn. tom. II, pag. 274², au mot *Captivatio.*

CHATTE, pour **CHASSE**, Instrument pour pêcher. Gl. *Chassa.*

CHATTEL, Biens mobiliers, de quelque nature qu'ils soient. Gl. *Catallum.*

* **CHATTI**, **FLORIN CHATTI**. Gl. *Chatus.*

CHAVAIGE, Cens dû au seigneur tous les ans par chaque tête de ses hommes de corps. Gl. *Chevagium* sous *Capitale*, 5. pag. 143³.

CHAVAIGNE, Sorte de corvée due au seigneur par chacun de ses vassaux, et le rachat en argent de cette servitude. Gl. *Capitagium*, 1. [Roman de Roncevaux, pag. 16 :

> Asez voil miex devancier mon éaige
> Que cist paien aient de noz chavaigne.

Voyez *Chevaige.*]

CHAVALER, Tomber à la renverse, comme un cheval les quatre fers en l'air. Gl. *Cavalcare* sous *Caballus*, pag. 5ɪ.

CHAVATERIE, Rue ou quartier des savetiers, qu'ils appelaient *Chavatiers.* Gl. *Chavateria.*

* **CHAUCE**, Chausse. Chron. des ducs de Normandie, tom. III, pag. 37, vers 32828. Garin, tom. I, pag. 168. Voyez ci-dessus *Cauce*, et Rayn. tom. II, pag. 296ɪ, au mot *Calsa.*

CHAUCEAU, Sorte d'habillement ou de chaussure. Gl. *Chaucelletus.*

CHAUCEMENTE, Chaussure. Gl. *Calceus*, pag. 263.

CHAUCERIE, Le métier de *Chaucier*, celui qui fait des chausses. Gl. *Chauceterius.*

CHAUCHA, Sorte de vase, en Rouergue. Gl. *Casiatum.*

* **CHAUCHE, Ferir a chauche**..... Guill. Guiart, tom. 1, pag. 302, vers 6879 (7710) :

> Li combatant s'entresemonnent
> De férir plus souvent à chauche,
> Cops dont li uns, l'autre chevauche.

* **CHAUCHER**, Chausser. Agolant, vers 902 :

> Le meilleur roi qu'ainz chauchast d'esperon.

Chanson de Roland, stance 282, vers 6 :

> Lor esperuns unt en lor piez calcez.

Stance 189, vers 14 :

> Si l'en dunez cest guant ad or pleiet,
> El destre poign si li faites chalcer.

Voyez Rayn. tom. II, pag. 296², au mot *Caussar.*

* **CHAUCHIER**, Chasser, repousser. Guill. Guiart, tom. 1, pag. 228, vers 5456 (5782) :

> Maugré tous les Arragonnois,
> Qui en deffendant sont chauchié,
> Ont là le roi deschevauchié.

Pag. 291, vers 6884 (7414) :

> Et tresperce en autel maniere
> Ses ennemis, au bien chauchier,
> Com ot fait le comte Gauchier,

CHAUCHIÈRE, p. e. Four à chaux. Gl. *Chalcheria.*

CHAUCIER, Marchand ou faiseur de chausses. Gl. *Chauceterius.*

* **CHAUDE chace, cole, suite, Chaut sang, Chaudemelle**. Gl. *Chacia calida, Calidameya* et *Mesleia.*

CHAUDEIRE, Chaudière. Gl. *Caldaria*, pag. 29¹.

CHAUDEL, Chaudelet, Chaudeau, sorte de bouillon, bouillie. Gl. *Calenum.* [Et † *Sorbicium.* Agolant, pag. 186¹ :

> Il en jura Mahon et Jupitel
> Que il fera crestiens mau chaudel.]

CHAUDERÉE, Chaudière. Gl. *Chauderea.*

CHAUDIERE. Valet de chaudiere, Office de cuisine. Gl. *Chauderea.*

CHAUDRELAS, Airain, cuivre; d'où *Chaudrelier*, Celui qui travaille ces matières, chaudronnier. Gl. *Caudera* et *Cauderarius.*

CHAUDUNS, Extrémités des animaux, issues, tripes. Gl. sous *Cauda*, 8.

* **CHAVEIRES** †. Gl. *Cambis.*

* **CHAVELU**, Chevelu. Gérard de Vienne, vers 3158 :

> Ainz dient tuit et chauf et chavelu.

Voyez la note. Aubri, vers 110 :

> N'i enteroit ne caus ne cavelu.

Guill. Guiart, *passim.* Rayn. tom. II, pag. 297², au mot *Calv.*

CHAVENACIER, Marchand ou fabricant de toiles de chanvre. Gl. *Canabaserius.*

CHAVENYS, pour **Chanevis**, Chènevis. Gl. *Cana*, 4.

CHAVER, Creuser, faire une fosse. Gl. *Cava*, 1.

CHAVERIN, Chevreau. Gl. *Caprollus.*

CHAVESSAILLE, La partie de l'habit qui entoure le cou, collet. Gl. *Chevessellia.*

* **CHAVESSE**, comme *Chavessaille*. Gl. *Capitium*, 1.

CHAVESSIER, Chefecier, dignité ecclésiastique. Gl. *Capitiarius* sous *Capitium*, 2, pag. 147¹.

CHAVESTRAGE, Le droit du palefrenier quand on achète un cheval. Gl. *Chavestragium.*

CHAVETERIE, Le métier de *Chavetier* [Gl. † *Pittaciarius*], ou *Chavetonnier*, Celui qui faisait des souliers de basane, savetier. Gl. *Chavateria.*

CHAUFECIRE, Officier de la chancellerie et de la fruiterie chez le roi. Gl. *Calefactor ceræ.*

CHAUFECON, Espèce de cheminée. Gl. *Chaufeçon.*

CHAUFFAUDER, Échafauder. Gl. *Chaufarium.*

CHAUFFAULT, Espèce de tour de bois, machine de guerre propre à l'attaque et à la défense. Gl. *Chaufaudus.*

CHAUFFAUT, Échafaud. Gl. *Chaufarium.*

CHAUFFOUR, Certain droit de passage, péage. Gl. *Calidus-furnus.*

CHAUFFRITE, Chaufferette. Gl. *Chaufeta.*

CHAUFOUR, Espèce de cheminée. Gl. *Calfatorium.*

CHAVIGNON, p. e. Cheville, ou l'échelle d'une charrue. Gl. *Cavigia.*

CHAVISSIER, Pêcherie, gord. Gl. *Nasserium.*

CHAULE, Bille, boule. Gl. *Choulla.*

* **CHAULT. Mal chault.** Gl. *Morbus calidus*, pag. 545².

* **CHAUMEI**, Champ où le chaume est encore sur pied. Chronique des ducs de Normandie, tom. II, pag. 41, vers 16492 :

> Furent li champ e li erbei
> E li garait e li chaumei
> Si plein, etc.

Voyez tom. 1, pag. 261, vers 5121. Chron. de Jord. Fantosme, vers 159.

CHAUMETTE, Espèce de faucille propre à couper le chaume. Gl. *Calma*, 2.

CHAVRETAGE, Droit que payent ceux qui ont des troupeaux de chèvres. Gl. *Caprinum.*

* **CHAUS**. Garin le Loher. tom. 1, pag. 31 :

> Li fers fu chaus ne pot l'acier sofrir,
> Parmi l'eschine li fait le fer sentir.

CHAUSA, Sorte de vase, en Rouergue. Gl. *Casiatum.*

CHAUSIER, Marchand ou faiseur de chausses. Gl. *Chauceterius.*

CHAUSOIR, Chausson, espèce de chaussure. Gl. *Pedana*, 1.

CHAUSSÉE, Droit pour l'entretien des chaussées par où l'on passe. Gl. *Calcagium* sous *Calcea*, et *Calceia.*

1. **CHAUSSES**, Présent, honoraire, salaire. Gl. *Calceradigum.*

2. **CHAUSSES**. Sorte de filet pour la chasse et la pêche. Gl. *Caligæ alatæ* sous *Caliga*, pag. 32².

CHAUSSETIER, Marchand ou faiseur de chausses. Gl. *Chauceterius.*

CHAUSSEUR, Celui à qui l'on paye le droit de *Chaussée*. Gl. *Calcagium* sous *Calcea.*

CHAUSSIE, Droit pour l'entretien des chaussées par où l'on passe. Gl. *Calceia.*

CHAY, Cellier, cabaret, boutique. Gl. *Cayum* sous *Caya.*

* **CHAYERE**, Chaise. Gl. *Rota*, 9. Voyez *Chaere.*

CHAZÉ, Chazier, Fieffé, celui qui tient à titre de *Chazement*. Gl. *Casati*, pag. 215², *Chazati* et *Feodalis*, pag. 273³.

CHAZEMENT, Terre, château tenu en fief sous certaines conditions. Gl. *Tenementum* sous *Tenere*, 1, pag. 536³.

* **CHEABLES** †, Qui tombe facilement. Gl. *Toda.*

CHEAINE, Chêne, arbre. Gl. *Casnus.*

CHEANNE, Chaîne. Gl. *Pedana*, 1.

1. **CHEAU**, Petit d'une chienne, et par métaphore l'enfant d'une femme libertine. Gl. *Canis alanus*, pag. 93³.

2. **CHEAU**, Rejeton. Gl. *Capriolus*, 4.

CHECHAL, Celui qui ordonne d'une fête, pour *Séchal*, abrégé de *Sénéchal*. Gl. *Senescalcus*, pag. 183³.

* **CHEF. De chef et de corps.** Gl. *Servus*, pag. 221³.

* **CHEF de bestail**, etc. Gl. *Caput*, 2.

CHEF de bourg, Lieu principal. Gl. *Caput burgi* sous *Caput*, 3, pag. 162². [Voyez Rayn. tom. II, pag. 318¹, au mot *Cap.*]

CHEFAU, Maison, principale demeure. Gl. *Capmansium*, pag. 164¹.

CHEF-MEZ, Chef-mois, Chef d'heritage, Chef-lieu, principal manoir. Gl. *Caput mansi* sous *Caput*, 3, pag. 163³.

CHEILLIER, Cellier. Gl. *Celerium*, 1. [et *Gardignagium*].

CHEINCERIE? Lingerie. Gl. sous *Camisa.*

CHEINSE, Chensil, Sorte d'habillement de toile. Gl. *Campsilis* sous *Camisa*, p. 58¹. [Voyez Rayn. tom. II, pag. 310¹, au mot *Cansil.*]

CHEITE, Chute, perte d'un procès. Gl. *Cadere.*

CHEITIF, Chétif, qui est de petite valeur; d'où *Cheitivement*, *Cheitiveté*. Gl. *Captivare*, 2, et ci-dessous *Chetiveté.*

CHELEVALET, Charivari. Gl. *Chalvaricum.*

CHEMBEL, Joute, tournois. Gl. *Cembellum.*

CHEMIER ou **Chemiez**, Chef de famille, de maison. Gl. *Caput mansi* sous *Caput*, 3, pag. 163¹.

1. **CHEMIN**, Péage, droit sur les voitures qui passent par le grand chemin. Gl. *Cheminus*, 2, pag. 323³.

2. **CHEMIN. Demander chemin royal**, C'est demander d'y passer sans que la justice puisse vous arrêter. Gl. sous *Cheminus*, 2.

3. **CHEMIN. Femme de chemin**, Femme ou fille débauchée, de mauvaise vie, qui se tient sur les chemins pour débaucher les passants. Gl. sous *Cheminus*, 2, p. 324¹.

4. **CHEMIN voisinal**, Chemin de traverse. Gl. *Via convicinalis*, sous *Via*, 1. **Chemin chastellain, forain, ferré**; etc. Gl. *Via*, pag. 798¹², 799¹.]

CHEMINAGE, Droit pour le passage sur le grand chemin, péage. Gl. *Cheminagium* sous *Cheminus*, 1.

CHEMINE, CHEMINEL, Chenet. Gl. *Chiminale.*

CHEMINÉE. CHEVALIER DE CHEMINÉE, Nom donné par dérision à un chambellan qui reste auprès de son maître lorsque les autres chevaliers vont à la guerre. Gl. *Caminata,* 1, pag. 55[3].

* **CHEMINET,** Sentier. Gl. *Cheminellus.*

1. **CHEMISE DE CHARTRES,** Sorte de cotte de mailles. Gl. sous *Camisa,* p. 57[1].

2. **CHEMISE, CHEMISETE,** Couverture de livres. Gl. sous *Camisa,* pag. 57[1].

CHENAIL, Grange, grenier. Gl. *Chenalis.*

CHÉNAL †, Cheneau, gouttière. Gl. *Canale.*

CHENBEL, Joute, tournois; d'où *Chenbeler,* Jouter. Gl. *Cembellum.*

CHENEL, Petit chien. Gl. *Canis alanus.*

CHENELEE, ou **CHEVELÉE,** Provin. Gl. *Chenellus.*

CHENEVAS, Corbeille. Gl. *Canestella.*

CHENEVEL, Espèce de poisson. Gl. *Cheneverium.*

CHENEVEUX, Chènevis, graine de chanvre. Gl. *Cheneverium.*

* **CHENEVIÈRE.** Gl. *Cannabaria* et *Canabetum.*

CHENEVOTE, Chènevotte, paille de chanvre. Gl. *Lumera.*

CHENEVRAU, CHENEVREAU, CHENEVRIL, CHENEWIS, Chènevière. Gl. *Cheneverium.*

CHENEX, Gouttière. Gl. *Chenalis.*

CHENGLUIS, p. e. Chènevis. Gl. *Cheneverium.*

CHENILLE, Terme employé pour avertir les gardes des vignes qu'on y vole du raisin. Gl. *Vinearius.*

CHENNEWIS, Chènevière. Gl. *Cheneverium.*

CHENOIGNE, Chanoine. Gl. *Canonicus.*

CHENOLLE, Trachée-artère, le canal de la respiration. Gl. *Cannolla.*

* **CHENS,** Cens. Gl. *Bladum,* pag. 696[1].

* **CHENSEL.** Voyez *Censel.*

CHENU, Qui a les cheveux blancs de vieillesse. Gl. *Canutus.* [Partonop. vers 6479 :

Un grant, un vielz, un lonc chenuz.

Vers 208. Garin, tom. 1, pag. 80.]

* **CHEOIR.** Voyez *Caoir.* Orell, p. 213. *Cheoir à paulmes, à paumettons.* Gl. *Palma,* 4. *Que que me chie,* Roi Guillaume, pag. 60. *Mal de quoi l'on chiet.* Gl. *Epilencia.*

CHEOLLER, Jouer à la chole. Gl. *Cheolare.*

1. **CHEP,** Fers qu'on met aux pieds et aux mains des prisonniers, pour *Ceps.* Gl. *Cippus,* 1.

2. **CHEP,** La partie d'un champ, par laquelle il aboutit à un autre. Gl. *Capus,* 3.

* **CHEPAGE,** comme *Cepage.* Gl. *Turris,* pag. 705[2].

CHEPIER, Geôlier. Gl. *Cipparius* sous *Cippus,* pag. 357[2].

CHEPTEL. TENIR A CHEPTEL, Tenir à condition de partager le profit avec le bailleur, sauf le capital. Gl. *Catallum,* pag. 234[1].

CHER, Char, chariot à quatre roues. Gl. *Charriotum.*

CHER CENS, Le même que **CHEF CENS.** Gl. *Census carus* sous *Census,* pag. 275[1].

CHERAGE, p. e. pour **CHEVAGE,** Écot, ce qu'on paye par tête. Gl. sous *Capitagium,* 1.

* **CHERBONNÉE,** comme *Charbonnée.*

CHERCEL, Espèce de houe, bêche ou pioche. Gl. *Cerchium.*

CHERCHE, Religieuse qui fait la ronde dans le monastère, pour voir s'il ne s'y passe rien contre la règle. Gl. *Circa,* 3. pag. 358[1].

CHERCHEL, Cercle. Gl. *Cerchium.*

CHERCHEMENEMENT, Enquête juridique pour parvenir à un bornage, le bornage lui-même. Gl. *Circamanaria.*

CHERCHER, Parcourir, aller de tous côtés. Gl. *Cercha.*

CHERCHET, Espèce de mesure pour les grains. Gl. *Cherchet.*

CHERCLE D'OR, Couronne, ornement de tête. Gl. *Circulus.* [*Chercle de tonnel †.* Gl. *Amphiteatrum.*]

CHERDENERUES †, Ornements de chandeliers. Gl. *Florentius.*

CHERE, Le visage, la tête. Gl. *Chara,* 2, et *Cara,* 1. [Voyez *Chiere.*]

CHERFOIR, Serfouir, donner un labour avec la *Serfouete.* Gl. *Excodicare.*

CHERFUEL, Cerfeuil. Gl. *Porcada.*

CHERGABLE, Ce qui est à la charge et contre quelqu'un. Gl. *Chargia,* 4.

CHERKEMANANT, Juge des bornes et partage des terres, et quelquefois d'autres causes. Gl. *Circamanaria,* pag. 360[1].

CHERKEMANERIE, Enquête juridique pour parvenir à un bornage. Gl. *Cerchemanare.*

CHERQUELER, Faire le partage des terres, assigner à chacun ce qui lui en appartient. Gl. *Circamanaria,* pag. 360[1].

CHERQUEMANAGE, CHERQUEMANEMENT, CHERQUEMINEMENT, comme *Cherkemanerie* ci-dessus. Gl. *Circamanaria.*

CHERQUEMENER, Fixer les bornes d'une terre. Gl. *Cerchemanare.*

CHERQUER, Parcourir, voyager dans plusieurs pays. Gl. *Reversatus,* 2. [Enfants Haymon, vers 992 :

Or diray de Regnault, s'il vous plest et agrée, Qui par grant povreté cherqua mainte contrée.]

CHERQUIJER, Chercher, examiner avec soin. Gl. *Cercare,* 2. [Voyez Rayn. tom. 11, pag. 382[1], au mot *Cercar.*]

CHERRIERE, Chemin par où peut passer un char, rue. Gl. *Carraria,* 3.

CHERSEL, CHERSSEL, Cerceau, enseigne de vin à vendre en détail, et le droit qu'on paye pour mettre cette enseigne. Gl. *Circulagium* et *Serchellum.*

1. **CHERUE,** Navette, petit vaisseau où l'on met l'encens. Gl. *Cassella,* 2.

* 2. **CHERUE,** Charrue, Gl. *Dentales.*

* **CHERVE,** Chanvre. Gl. *Chevarderia.*

CHERVOISE, Sorte de boisson. Gl. *Cerevisia.*

1. **CHESEAU,** Fieffé, celui qui tient à titre de *Chasement.* Gl. *Cheseati.* [Voyez *Chezeau.*]

2. **CHESEAU,** Botte, fagot. Gl. *Cheseati.*

CHESNÉE, Mesure de terre contenant vingt-cinq pieds, qu'on appelle communément *Perche.* Gl. *Cathenata.*

CHESNIN, Qui est de chêne. Gl. *Chesnus.*

CHESSAL, Celui qui ordonne d'une fête. Gl. *Senescalcus,* pag. 183[3].

CHESSAU, Fieffé, celui qui tient à titre de *Chasement.* Gl. *Cheseati.*

CHESTIS, Chétif, qui est de petite valeur. Gl. *Captivare,* 2.

CHESTRON, CHESTON, Chétron, petite layette en forme de tiroir qu'on fait au haut d'un des côtés d'un coffre. Gl. *Chartotesium.*

CHETEL. TENIR A CHETEL, Tenir à condition de partager le profit avec le bailleur, sauf le capital. Gl. *Catallum.*

CHETIF. SEIGNEURS DES CHETIFS, Nom du chef d'une société appelée *Chetiveté.* Foire des Chetiz à Reims. Gl. *Captivare,* 2.

CHETIVETÉ, CHETIVOISIN, CHETIVOISSON, Captivité, bassesse, chose vile et de peu de valeur. Gl. *Captivare,* 2, pag. 159[1].

CHETOIRE, Ruche d'abeilles, dans un Gl. Lat.-Fr. MS. de la Bibl. du roi, cot. 4120[1] : *Alveare, Chetoire.* [Voyez *Chastoires.*]

CHEVAGIER, Serf, homme de corps, qui doit le cens capital. Gl. *Capitales homines.*

CHEVAIGE, Cens dû au seigneur tous les ans par chacune tête de ses hommes de corps. Gl. *Capitagium,* 1, pag. 139[1], et 141[2]. [Chanson de Roland, stance 27, vers 7 :

Vers Engleterre passat-il la mer salse, Ad oès seint Pere en cunquist le chevage.

Voyez Rayn. tom. 11, pag. 323[2], au mot *Capage.*]

CHEVAIGNE, Sorte de corvée due au seigneur par chacun de ses vassaux, et le rachat en argent de cette servitude. Gl. *Capitagium,* 1.

CHEVAIS, Chevet, la partie de l'église qui est derrière le chœur. Gl. *Capitium,* 2.

CHEVAL DU REGNE, Coursier du royaume de Naples. Gl. *Regnum,* 2. [*Cheval Malet.* Gl. *Maletus. Cheval de service,* Gl. *Servitium,* pag. 220[1]. *Grands Chevaulx.* Gl. *Valeti,* pag. 729[1]. Voyez ci-dessous *Cheviller* et *Lymonnier.*]

CHEVALÉE, La charge d'un cheval. Gl. *Caballata* sous *Caballus,* pag. 43.

1. **CHEVALER,** Monter un cheval, le charger de quelque chose. Gl. *Cavalcare* sous *Caballus,* pag. 5[1].

2. **CHEVALER,** Suivre quelqu'un de près. Gl. *Cheminare.*

CHEVALEREUX, Brave, courageux. Gl. *Caballarius* sous *Caballus,* pag. 42. [Voyez Rayn. t. 11, pag. 367[2], au mot *Cavalairos.*]

* **CHEVALERIE.** Gl. *Miles,* pag. 402[3], et *Servitium,* pag. 268[3]. Rayn. tom. 11, pag. 368[1], au mot *Cavalaria.*

CHEVALEROT, Homme à cheval, cavalier. Gl. *Cavailherii* sous *Caballus,* pag. 42.

1. **CHEVAL-FEUST,** Chevalet à l'usage de plusieurs ouvriers. Gl. *Cavalletus,* 1.

2. **CHEVAL-FEUST,** Chevalet, espèce de supplice. Gl. *Cavalletus,* 2.

* **CHEVALIER.** Gl. *Miles,* et *Equi appretiati. Chevalier banneret, de l'abbé, d'armes, lay, en loix de loix, de lectures, le roi, du roi, de l'ostel, sans reproche, du croissant.* Gl. *Miles,* pag. 406[2]. *Chevalier de Guillaume.* Gl. *Milites rotundi. Saint-Pierre*

aux chevaliers. Gl. *Festum S. Petri ad equites.* .

CHEVALIER DE CHEMINÉE, Nom donné par dérision à un chambellan qui restait auprès de son maître lorsque les autres chevaliers allaient à la guerre. Gl. *Caminata,* I, pag. 55³.

CHEVALIERE, Fief de chevalier. Gl. *Cavalaria* sous *Caballus?*

* **CHEVAUCHÉE** †, comme *Chevauchie.* Gl. *Exercitus.*

1. **CHEVAUCHEUR,** Office de l'écurie chez le roi. Gl. *Caballerius* sous *Caballus,* pag. 4². [Cavalier. Gl. *Caballus,* pag. 4¹, Chevaucheresse †. Gl. *Equitissa.* Voyez Rayn. tom. II, pag. 367¹, au mot *Cavalcaire.*]

2. **CHEVAUCHEUR,** Sorcier, qui va au sabbat à califourchon sur un balai. Gl. *Caballarii* sous *Caballus,* pag. 4¹.

CHEVAUCHIE, L'obligation de monter à cheval pour servir en guerre son seigneur. Gl. *Chevaucheia* sous *Caballus,* pag. 6². [Flore et Blanceflor, vers 67 :

> Ne fu nus jors k'o sa maisnie
> Ne fust li rois en chèvaucie.]

CHEVECE, Le chef, la tête. Gl. *Capitium,* 2.

CHEVECEL, Chevet, oreiller. Gl. *Capitacium.*

CHEVECERIE, Habitation du *chevecier.* Gl. *Capiceria.*

CHEVECHAILLE, Collet, la partie de l'habit qui entoure le cou. Gl. *Chevessellia.*

CHEVECHEL, CHEVECIEL, Chevet, oreiller. Gl. *Capitacium.*

CHEVECHIER, CHEVECE, CHEVESTRE, Coquin, pendard, qui mérite la corde. Gl. *Cavestrum.*

1. **CHEVEL.** FIEF CHEVEL, Celui qui relève nûment du roi. Gl. *Feudum capitale* sous *Feudum.*

2. **CHEVEL,** Capital, principal. Gl. *Caput mansi* sous *Caput,* 3.

* **CHEVELAGE,** comme *Chevaige.* Gl. *Cavelicium,* pag. 141³.

CHEVELÉE, Mot douteux, Provin. Gl. *Chenellus.*

* **CHEVELER,** Écheveler. Gl. *Depilare.* Voyez Rayn. tom. II, pag. 323², au mot *Descabelhar.*

CHEVELIER, Officier d'un monastère, le même que Cellérier. Gl. *Cellarius.*

CHÉVELISE, Territoire où l'on peut exiger le cens capital. Gl. *Chevenaceria.*

CHEVENEAU, Espèce de poisson. Gl. *Cheneverium.*

CHEVENERI, Chènevière. Gl. *Chevenerinum.*

CHEVENOIR, p. e. Chanvre, ou Chènevis, graine de chanvre. Gl. *Chevenerinum.*

CHEVER, Creuser. Gl. *Cava,* I. [Roman de Renart, tom. II, pag. 268, vers 16860 :

> Quant trovai un chesne chevez
> Près de terre où je me repos.

Voyez Rayn. tom. II, pag. 366¹, au mot *Cavar.*]

CHÉVERSEUL, Le dossier d'un lit. Gl. *Capitacium.*

CHEVESCE, CHEVESSAILLE, Gl. Chaperon, collet, la partie de l'habit qui entoure

---

le cou. Gl. *Capitium,* I, et *Chevessellia.* [Roman de Renart, tom. I, pag. 53, vers 1396 et suivants.]

CHEVESSE, L'ouverture supérieure de la jupe d'une femme. Gl. *Capitium,* I.

CHEVESSEL, Chevet, oreiller. Gl. *Capitacium.*

CHEVESTRAGE, Droit pour les licous appelés *Chevestres.* Gl. *Capistragium* et *Capistrium.*

1. **CHEVESTRE,** Licou, bride. Gl. *Cavestrum.* [Voyez Rayn. tom. II, pag. 324¹, au mot *Cabestre.* Roman de Renart, tom. I, pag. 9, vers 224 :

> Des esperons le destraingnoit
> Et du chevestre le feroit.]

2. **CHEVESTRE,** comme ci-dessus CHEVECHIER. Gl. *Cavestrum.*

* **CHEVET,** chef; partie de l'église. Gl. *Capitium,* 2.

CHEVETAIN, CHEVETAINE, Capitaine, celui qui commande en chef; d'où *Chevetainerie,* Dignité de *Chevetaine.* Gl. *Cheuptanus.*

* **CHEVETEAU,** Gl. *Cucullus,* I.

CHEVILLER. CHEVAL CHEVILLER, Limonier. Gl. *Limonerius.*

1. **CHEVIR,** Traiter, composer, transiger. Gl. *Cheviare.*

2. **CHEVIR,** Se tirer d'embarras. Gl. *Cheviare.* [Chastel. de Couci, vers 4773 :

> Dist li sires : Encor ne say
> Com faitement m'en cheviray.

Roman de Renart, tom. III, pag. 36, vers 20724 :

> S'or ne se chevist par barat
> Jà i porra tost escoter.

Tom. II, pag. 372, vers 19751 :

> Sa fàme qui savoir voloit
> Comment au roi chevi avoit.

Garin, tom. I, pag. 160 :

> Or dites donc coment pourons chévir.

Gilote et Johane, Jubinal, tom. I, pag. 31 :

> Vus estes terrene o si ne savez
> Coment à drein vus-meismes cheverez.]

3. **CHEVIR,** Se défaire de quelque chose, la vendre. Gl. *Cheviare.*

4. **CHEVIR,** Se rendre maître de quelqu'un. Gl. *Cheviare.*

CHEVISSANT, Traité, accord, convention. Gl. *Chevisantia.*

CHEVOISTRE, *Chevestre,* licou. Gl. *Capistrium.*

1. **CHEVRETTE,** Crevette, salicoque. Gl. *Squilla.*

2. **CHEVRETTE,** Espèce d'instrument de musique. Gl. *Capriola.*

* **CHEVRIZ** †, Chevreau. Gl. *Capriolus,* I. Voyez Rayn. tom. II, pag. 282¹, au mot *Cabrit.*

CHEVRONNEUSE, Espace qui est entre les chevrons. Gl. *Chevro.*

CHEUVAIGE, Cens dû au seigneur tous les ans par chaque tête de ses hommes de corps ou serfs. Gl. *Capitagium,* I.

* **CHEZE,** Habitation. Gl. *Casa,* I.

CHEZEAU, Habitation, manoir, avec une certaine portion de terre à cultiver. Gl. *Casale.*

CHIBOIRE, Espèce de dais, soutenu par

---

quatre colonnes au-dessus d'un autel. Gl. *Ciborium.*

CHICHEUS †, Chassieux. Gl. *Cassida,* 2.

1. **CHIEF.** HOMME DE CHIEF, Celui qui doit le cens capital. Gl. *Capitales homines.*

* 2. **CHIEF,** Chez. Gérard de Vienne, vers 2839 :

> La Madelaine feïs verai pardon,
> Kant à vos piez vint plorer chief Simon.

Voyez Diez, tom. II, pag. 404.

* **CHIEF** DE CHAMBRE. Gl. *Caput Cameræ.* — Des *Églises.* Gl. *Caput Ecclesiæ.* — De *guerre,* de *bataille.* Gl. *Caput Guerræ.* — D'escadre. Gl. *Caput Scaræ.* — D'ostel. Gl. *Capitalis,* I. *Au Chief de,* Rayn. t. II, pag. 382², au mot *Cap.*]

CHIEFVETAINE, Capitaine, celui qui commande en chef. Gl. *Cheuptanus.*

CHIENAILLE, Chenil. Gl. *Chenaria.*

CHIENERIE, Redevance due au seigneur pour la nourriture de ses chiens de chasse. Gl. *Chenaria.*

CHIENES, Sorte de petite monnaie. Gl. *Chienes.*

CHIENESSE, Meute de chiens. Gl. *Canaria.*

1. **CHIENNET,** Petit chien. Gl. *Canis alanus.*

2. **CHIENNET,** CHIENNEZ, Chenet. Gl. *Chenetus.*

* **CHIER** CENS. Gl. *Census carus,* p. 275¹.

CHIERCHAINE, Enquête juridique. Gl. sous *Cercha.*

CHIERE, Le visage, la tête. Gl. *Cara,* I. [Voyez Rayn. tom. II, pag. 331², au mot *Cara,* ci-dessus *Char,* et Orell, pag. 26.]

CHIEREMENT, Fortement, avec instance. Gl. *Cheviare.*

CHIERKEMINAGE, Enquête juridique pour parvenir à un bornage. Gl. *Circamenaria.*

1. **CHIERTÉ,** Dépens, frais. Gl. *Caritia,* I.

2. **CHIERTÉ** †, Cherté. Gl. *Caristia,* 2. *Chierté de temps.* Gl. *Caritudo,* 2.

CHIEVAGE, CHIEVAIGE, Cens dû au seigneur tous les ans par chaque tête de ses hommes de corps ou de serfs. Gl. *Capitagium,* I.

CHIEVER, Creuser. Gl. *Cava,* I.

* **CHIEVES,** Chevet. Partonop. v. 10331 :

> Un oreiller ot al chievès
> De mellor n'orés parler mès.

Voyez Rayn. tom. II, pag. 319², au mot *Cabes.*

CHIEUVRETE, Espèce d'instrument de musique. Gl. *Capriola.*

CHIFFONIE, CHIFONIE, Espèce d'instrument de musique; d'où *Chifonieux,* Celui qui joue de cet instrument. Gl. *Symphonia.*

CHIFFRES, Zéro, chose inutile. Gl. *Cifræ,* pag. 348³.

* **CHIGATON.** Voyez *Ciglaton.*

* **CHIGNER,** Signer, marquer du signe de la croix. Roman de Rou, t. II, p. 102 :

> Maiz jo sai bien k'il s'estrangla
> D'un morsel ke li rois chigna.

CHIME, Ciment, mortier. Gl. *Cimentum,* I.

CHIMENTIERE, Cimetière, l'enceinte qui est devant une église. Gl. *Cimiterium* sous *Cœmeterium.*

CHINCELIER, Baldaquin, dais, tente, rideau, tour de lit. Gl. *Cincinerium.*

CHINCHERIE, Lingerie. Gl. *Camisa,* pag. 58¹.

* CHINEE, Nuque. Aubri, pag. 159² :

  Mais ains que jors traic à le vesprée
  Ara Aubris peor de sa chinée.

CHINGLE, Enceinte. Gl. *Childa.*

CHINQUAU, Amas de gerbes par cinq. Gl. *Cinquina.*

CHIOUERE, Latrines, privé. Gl. *Cloacarius,* sous *Cloaca.*

CHIPHOENE, Sorte d'ellébore. Gl. *Veratrum.*

CHIPHONIER, Jouer de l'instrument musical appelé *Chiffonie.* Gl. *Symphonia.*

CHIPHRE, Instrument pour la pêche. Gl. *Ciphus.*

* CHIPPE, Chiffon. Guill. Guiart, tom. I, pag. 28, vers 74 (571) :

  Ses fiz le nom de conte port
  Qui n'iert mie vestuz de chippes.

CHIRAT, Monceau de pierres amassées dans une terre nouvellement défrichée. Gl. *Chirat.*

CHIRCEAMBER, CHIRCEOMER, Sorte de cens dû aux églises en Angleterre. Gl. *Ciricsetum.*

CHIRER, p. e. Clos, verger. Gl. *Chiostra.*

CHIROGRAFFE, Acte passé devant des officiers publics et qui n'est pas scellé. Gl. *Chirographum.*

CHIROGRAPHE, Écrit double entre des parties. Gl. *Chirographum.*

CHIRON, Monceau de pierres. Gl. *Chierrat.* [Voyez *Chirat.*]

CHIRSEED, Sorte de cens dû aux églises en Angleterre. Gl. *Ciricsetum.*

CHISEL, Ciseau. Gl. *Cisellus.*

CHITOUAL, Zédoaire, espèce de gingembre, épice. Gl. *Zedoaria.*

* CHIVE, CIVE, Oignon. Aubri, p. 155² :

  Il vit porter les chives enpevrés.

Roman de Renart, tom. II, pag. 262, vers 16692 :

  Ne pris pas deus foilles de cives
  Ton menacier ne ton vanter.

Voyez Rayn. tom. II, pag. 370¹, au mot *Ceba.*

* CHIUTE, Partonop. de Blois, v. 10014 :

  Li rois Lohiers sist à hel feu
  Sor le chiute d'un palie bleu.

Vers 10323 :

  Chinte de dum d'alérion
  Envolsé d'un blanc siglaton
  Ot par desus le cordéis,
  Qui fu de soie lacéis;
  Coverte fut de kiute pointe
  Qui bien faisoit à dame cointe.

CHOAISIE, Choix. Gl. *Choisire.*

1. CHOE, pour *Choue,* Halle. Gl. *Choua.*

*2. CHOE, Chouette. Voyez Rayn. tom. II, pag. 392², au mot *Chavana.*

CHOESNE, Choine, pain blanc et délicat. Gl. sous *Panis,* 2, pag. 53³.

* CHOILE de *Celer.* Renart le Nouvel, tom. IV, pag. 185, vers 1539 :

  Qu'en feroies? nel choile pas.

Coile, Flore et Blanceflor, vers 3015.

CHOISIR, Apercevoir de loin, découvrir, ne pas voir clairement. Gl. *Choisire.* [Chastel. de Couci, vers 6626. Guill. Guiart, tom. II, pag. 202, vers 5216 (14204). Voyez Rayn. tom. II, pag. 362², au mot *Causir,* et la Chron. des ducs de Normandie.]

* CHOISISSEOR, Voyant. Chron. des ducs de Normandie, tom. I, pag. 136, vers 1551 :

  Dont de la tierce part menor
  N'erent ti oïl choisisseor.

CHOIST. *Estre choist,* Être abattu, tombé. Gl. *Excussare.* [Lisez ainsi au lieu de *choisi.*]

* CHOL, COL, Chou. Voyez Rayn. t. II, pag. 358¹, au mot *Caul.*

CHOLE, CHOLER, CHOLOIRE, Espèce de jeu de mail. Gl. *Choulla,* et *Cheolare.*

CHOLET, Boule pour le jeu de la *chole.* Gl. *Choulla.*

CHOMAGE, Cessation, discontinuation. Gl. *Chomare.*

CHOMER, Se reposer, dormir. Gl. *Chomare.*

1. CHONIN, p. e. pour CHAORSIN, Banquier. Gl. *Caorcini,* pag. 117³.

1. CHOPE, Sorte de manteau. Gl. *Chopa.*

* CHOPER, Couper. Flore et Jeanne, pag. 52 : *Et feri monsegneur Raoul de toute sa forche sour son iaume, et li chopa par mi, si ke l'une moitiés l'en chéi sour les espaules, et chopa la coife de fier, et li fist grant plaie en la tieste.* Voyez pag. 50, 51. Pag. 29 : *La dame... avoit fait choper ses bielles traices, et fu autresi atirés com uns eskuiiers.*

CHOPPET, L'action de choquer quelqu'un pour le faire tomber à terre. Gl. *Assopire.*

CHOQUE, Souche, bûche. Gl. *Choca.*

CHORIAL, Chantre, clerc ou prêtre qui chante au chœur. Gl. *Choralis.*

CHORUM, Espèce d'instrument de musique. Gl. *Chorus,* 3.

CHORUN, Coin, encoignure. Gl. *Coronnus.*

CHOSE, Terme obscène. Gl. *Chosia.* [Roman de Renart, tom. II, pag. 103, vers 12365; pag. 105, vers 12410.]

CHOSER, Désapprouver, blâmer. Gl. *Causare* sous *Causa,* 4, pag. 257². [Roman de Renart, tom. II, pag. 226, vers 15710; tom. I, pag. 27, vers 695. Voyez Rayn. tom. II, pag. 359², au mot *Causeiar.*]

CHOT, Chouette. Gl. *Cauanna.*

CHOTIER, L'endroit d'une cuisine où on lave la vaisselle. Gl. *Excaldare.*

CHOU POUR CHOU, Expression qui désigne un échange pur, fait but à but. Gl. *Cauleria.*

CHOUAGE, Le droit de hallage; de *Choue,* Halle. Gl. *Choua.*

CHOUCAGE, Ce qu'on paye au seigneur pour la permission de prendre des *choques* ou souches dans ses bois. Gl. *Chocagium.* sous *Choca.*

CHOUE, Halle. Gl. *Choua.*

CHOUEN, Hibou, chat-huant. Gl. *Cauanna.*

CHOULE, Espèce de jeu de mail; d'où *Chouler,* Jouer à ce jeu. Gl. *Choulla.* [*Chouller.* Gl. *Cheolare.*]

CHOULOIL, Sorte de lampe. Gl. *Lucibrum.*

CHOUQUET, Diminutif de *Choque,* Souche, bûche. Gl. *Cheoca.*

CHOX, Choux. Gl. *Disclaudere.*

CHOYS, Taux, prix. Gl. *Choisire.*

* CHOYSEL. *Molendinum ad Choysel.* Gl. *Molendinum,* pag. 467².

CHRESTIENNETÉ, CHRESTIENTÉ, Baptême, cérémonies du baptême. Gl. *Christianitas,* pag. 341², 342². [Juridiction ecclésiastique, pag. 342¹. *Chrestienner,* Baptiser, pag. 342². *Très-Chrestien.* Gl. *Christiani,* pag. 341³.]

CHRISTIAN, Chrétien. Gl. *Christiani.*

CHUCRE, Sucre. Gl. *Chucrum.*

* CHUER, Crier. Roman de Renart, tom. III, pag. 78, vers 21897 :

  Li est venuz Renart devant
  En sa voie parfont chuant :
  Abi! fait-il, etc.

Voyez *Huer.*

CRUNCHIER, Conchier, remplir d'ordures. Gl. *Concagatus.*

CHUPIER, dont le métier s'appelait *Chupperie,* paraît être le même que Courroyeur. Gl. *Coiratorium.*

CRUQUER, Espèce de jeu de billard. Gl. *Chuca* [en Languedoc].

CHURRIAUS, Morceaux usés de drap ou d'étoffe. Gl. *Pannuceus.*

CHYNGLE, Enceinte. Gl. *Cinctada.*

CHYPHONIE, Instrument de musique. Gl. *Symphonia.*

CIBOIRE, Tabernacle, armoire sur l'autel, où l'on garde le saint sacrement. Gl. *Ciborium,* pag. 346¹.

CICHAROU, Poisson, espèce de maquereau. Gl. *Saurus,* 2.

* CICLATOUN, comme *Ciglaton.* Chanson de Roland, stance 66, vers 6. Voyez la note 2, pag. 11, du Roman de Mahomet, et la Chron. des ducs de Normandie.

CIEF, Suif. Gl. *Ceuxum.*

CIEL, Ce qui couvre les murs d'une chambre, tapisserie. Gl. *Cœlum.*

CIERCE, Nom d'un vent. Gl. *Circius.*

CIERCER, Parcourir, aller de tous côtés. Gl. *Circare* sous *Circa,* 3, pag. 359¹.

* CIERCHEVERIE, Certaine redevance foncière. Gl. *Tertiaria,* 3.

CIERE, Visage; d'où *Faire ciere,* Faire mine. Gl. *Chara,* 2. [*Ciere feit morne,* Renart le Nouvel, tom. IV, pag. 179, vers 1400.]

CIERGIER †, Marchand, ou ouvrier en cire. Gl. *Cerarius.*

CIERQUIER, Chercher. Gl. *Cercare,* 2

CIERS, Certain, assuré. Gl. *Certive.*

CIEU, Suif. Gl. *Ceuxum.*

CIEURGIEN, Chirurgien. Gl. *Physicus.*

* CIEUS, CIUZ, Aveugles. Chron. des ducs de Normandie, tom. II, pag. 293. vers 24080 :

  Les cieus véeir, et oïr cler
  Les sorz, e si parler les muz.

Vie de saint Thomas de Canterb. vers 1289 :

  Les surz oïr, les muz parler;
  E cius veanz.

La Résurrection, vers 145, Théâtre fr. au moyen âge, pag. 15 :

> Car ainz fut cius e ore veit.

CIF, Suif. Gl. *Ceuxum.*

CIFFRE, Instrument pour la pêche. Gl. *Cifræ.*

CIGLATON, Sorte de vêtement d'étoffe précieuse. Gl. *Cyclas.*

* CIMAU, Droit de prendre les cimes des arbres dans une forêt. Gl. *Cheminus,* I, pag. 323².

CIMBOUL, Clochette, grelot. Gl. *Cimbolum* [en Languedoc].

CIMBRE, pour *Timbre,* Instrument de musique. Gl. *Cimber,* 2.

CIMETIERE, Église où l'on enterre. Gl. *Cœmeterium.*

CIMITOIRE, Cimetière. Gl. *Abjuratio,* I.

CINADE, Espèce de crevette ou salicoque. Gl. *Squilla.*

CINCE, Ceinture. Gl. *Cincta.*

CINCELIER, Baldaquin, dais, tente, rideau, tour de lit. Gl. *Cincinerium.*

CINCENAUDE, CINCENELLE, CINCERELLE, Petite mouche, cousin; d'où *Cincenaudier,* Cousinière. Gl. *Zinzala.*

CINCHE, Espèce de massue. Gl. *Cinctorium.*

CINIL, Sorte de légume. Gl. *Cinile.*

CINQUANTENIER, Officier d'un quartier dans une ville. Gl. *Cinquantina.*

* CINSNEOR, Brigand. Chron. des ducs de Normandie, tom. I, pag. 340, vers 7400 :

> Si a gaires des embleors
> Des larrons ne des ciusneors.

CINTRAIGE, Sorte de redevance. Gl. *Cintrum.*

CINTURE, Queue. Gl. *Centura.*

CION, pour Scion, menu brin de bois. Gl. *Sium.*

CIRCONCIS, Prépuce. Gl. *Circumcisio,* 2.

CIRCUE, Lien ou corde qui tient le bœuf attaché au timon de la charrette. Gl. *Barrota.*

CIRCUITE, CIRCUITUDE, Circuit, enceinte. Gl. *Circuitus.*

* CIRE, Cierge. Chron. des ducs de Normandie, tom. I, pag. 57, vers 1531 :

> Là sunt alumé li grant cire.

CIREAU, CIRIAU, Geste de mépris, coup de la main sous le menton. Gl. sous *Barba,* I.

CIREIRIER, pour CUEIRIER, Juge des causes civiles, échevin. Gl. *Chora.*

CIRIMANATGE, CIRMENAGE, Espèce de redevance dans le Béarn. Gl. *Cirmanagium.*

CIROGRAFFE, CIROGRAIFE, Acte coupé en deux, dont on remettait les deux portions aux parties contractantes. Gl. *Chirographum.*

CIROGRAPHE, Acte passé devant des officiers publics et qui n'est pas scellé. Gl. *Chirographum.*

CIRURGIE, CIRURGIEN, pour Chirurgie et Chirurgien; d'où *Cirurgier,* Panser un blessé, exercer la *Cirurgie.* Gl. *Chirurgicus.*

* CIS, Cité, ville. Partonop. vers 10594 :

> Tote la cis en tramble et frime.

Voyez vers 10767, et Rayn. tom. II, pag. 399², au mot *Cit.*

CISAILLES, Gros ciseaux. Gl. *Cisellus.*

* CISE. Voyez *Assise.*

CISEAU, Le morceau de fer qui est au bout d'une flèche. Gl. *Cisellus.*

CISEL, Ciseau. Gl. *Sciselum.*

* CISME, Schisme, dispute. Chron. des ducs de Normandie.

CISNE, Cygne. Gl. *Cignitus.*

CISTEYAUZ. DROIT DE CISTEYAUZ, Le droit civil et municipal. Gl. *Civilis.*

CISTRE, Cidre. Gl. *Cistra.*

CITADINAGE, Le droit de bourgeoisie. Gl. *Citadanagium.*

CITIEN, Citoyen, bourgeois. Gl. *Citanaticum.* [*Citaain, Citeein,* Chron. des ducs de Normandie.]

CITOIEN, Civil. Gl. *Civilis.*

CITOLE, Sorte d'instrument de musique. Gl. *Citola.* [Enfants Haymon, vers 508.]

CITOLET, CITOLLET, Sorte de boisson faite avec du grain. Gl. *Sitonicum.*

CITOUAL, Zédoaire, espèce de gingembre, épice. Gl. *Zedouria.* [Flore et Blanceflor, vers 381 :

> Et tant doucement li flairoit
> Qu'encens ne boins citouans
> Ne giroffles, ne garingans,
> A cele odour rien ne prisoit.

Voyez vers 2030.]

* CITRE, Cidre. Gl. *Pomata.*

CIVADIER, CIVAIER, CIVIER, Certaine mesure de grain, la huitième ou la seizième partie du setier. Gl. *Civaderium,* I, p. 368³ [et *Quarteria,* 2].

CIVARE. FAIRE DE CIVARE, Vanter beaucoup, priser. Gl. *Cluere.*

* CIVE. Voyez *Chive.*

CIVIL, Adroit, subtil, rompu dans les affaires; d'où *Civilité,* Habileté, subtilité. Gl. *Civilis.*

CIVILEMENT, Au civil, par opposition au criminel. Gl. *Civiliter* sous *Civilitas,* 2.

CIZAILLE, Ce qui reste d'une lame de métal quand on en a coupé ce qu'on en veut prendre. Gl. *Cisellus.*

CLACELIER, CLACELLIER, CLACHELIER, Celui à qui l'on confie les clefs de quelque chose. Gl. *Clavicularius.*

CLACERIERE, Portière. Gl. *Clavicularius.*

CLAIE, Le dos ou le revers de la main. Gl. *Cleia.*

CLAIMER, Nommer, appeler. Gl. *Clamare,* I. [Proclamer, crier, réclamer, se plaindre. Gérard de Vienne, vers 4027 :

> Mon fort de Rome ke l'on clame ma chambre.

Vers 775 :

> . . . Frans hom ne m'ocieis
> Veeiz m'espée, je me rant pris clameiz.

Voyez vers 685. Partonop. vers 4066 :

> Sospire et plore tenrement,
> Claime sa coupe et se repent.

Chanson de Roland, stance 163, vers 8; stance 171, vers 10; stance 173, vers 9; stance 123, vers 16 :

> Et cil d'Espaigne s'en cleiment tuit dolent.

Stance 79, vers 10 :

> Et cil de France le cleiment à guarant.

Stance 193, vers 8 :

> . . . Espaigne
> Quite li cleim, se il voelt avoir.

Stance 105, vers 23; stance 277, vers 8 :

> Que Guenelun cleimt quite ceste feiz.

Ruteb. tom, I, pag. 28 :

> Li dé m'ont pris et emparchié
> Je les claim quite.

Partonop. vers 1172 :

> Puis vinc permi ceste cité
> Cui vos clamés en ircté.

Chanson de Roland, stance 174, vers 4 :

> N'i ad eschipre qu'il cleimt se par loi nun.

Chanson du Châtelain de Couci, Laborde, pag. 270 :

> Car qui Amors destruit et deshirete
> L'en ne set où clamer.

Roman de Renart, tom. I, pag. 28, v. 739 :

> Là nos irons de lui clamer.

Voyez Rayn. tom. II, pag. 400², au mot *Clamer,* 2, et ci-dessus *Clamer.*]

CLAIN, Demande juridique pour réclamer quelque chose. Gl. *Clameum.* [Amende. Gl. *Clama,* pag. 371³, Voyez *Clam.* Chron. des ducs de Normandie.]

CLAIRER, Déclarer, exposer clairement. Gl. *Clarum facere.*

CLAKE, Sorte de vêtement, manteau. Gl. *Cloca,* 3.

CLAM, Demande juridique pour réclamer quelque chose. Gl. *Clameum.* [Voyez Rayn. tom. II, pag. 401², au mot *Clam.*]

CLAMER, Former une demande en justice. Gl. *Clamare,* 2, pag. 372³.

CLAMEUR, CLAMOR, Demande juridique pour réclamer quelque chose. Gl. *Clamor,* 2. [Plainte, Roman de Renart, tom. I, pag. 25, vers 674 :

> Je ne cuit clamors en soi faite.

Voyez Rayn. tom. II, pag. 401², au mot *Clamor.*]

CLAPET, Crécelle. Gl. *Clapetum.*

CLAPOIRE, Mauvais lieu. Gl. *Claperius* sous *Claperia,* pag. 376³.

CLAPON, Porc. Gl. *Clapo.*

1. CLAPPIER, Monceau de pierres. Gl. *Claperius.*

2. CLAPPIER, Mauvais lieu, lieu de débauche. Gl. *Claperius* sous *Claperia,* pag. 376³.

CLAQUE, Soufflet. Gl. *Claca.*

CLAQUIN, Monnaie de Flandre. Gl. *Clicquardus.*

CLAR, pour Glas, en Auvergne. Gl. *Clarum* et *Classicum.* [Voyez Chron. des ducs de Normandie, Rayn. tom. II, p. 401², au mot *Clas.*]

CLARAIN, CLARANT, CLARE, Clarine, sonnette qu'on attache au cou des animaux qui sont en pâture. Gl. *Clarasius.*

CLARE, CLAREI, Hypocras. Gl. *Claretum.* [Clairet. Gl. *Vinum,* pag. 842². Gérard de Vienne, vers 2611, 2634, 3746. Partonop. vers 1048. Voyez Garin le Loher. tom. I, pag. 81, not. I. Rayn. tom. II, pag. 403², au mot *Claret;* Chron. des ducs de Normandie. *Vin cler,* Partonop. vers 3964. Flore et Blanceflor, vers 496.]

CLAREQUIN, pour CLAQUIN, Monnaie de Flandre. Gl. *Clicquardus.*

CLARIFFIER, Expliquer, éclaircir. Gl. *Clarificatio,* pag. 378².

CLARIN, Clarine, sonnette. Gl. *Clarasius.*

* **CLAROIER**, S'éclaircir, devenir moins épais. Garin le Loherain, tom. 1, pag. 242 :

> Quant Garins point, les rens feit claroier.

Pag. 264 :

> Par devant lui fait les rens claroier.

Partonop. vers 2201 :

> Li rene clairoient endroit lui.

Voyez Rayn. tom. 11, pag. 404¹, au mot *Clareiar*.

CLARUISE. METTRE A CLARUISE UN FOSSÉ, Le nettoyer, en sorte que l'eau y soit claire. Gl. *Clarum facere.*

CLASEAU, Clarine, sonnette. Gl. *Clarasius.*

* **CLAU.** *Coustel à Clau.* Gl. *Cultellus magnus*, pag. 694³.

* **CLAVAIN**, CLAUEN, Haubert. Voyez *Clavel*, 2. Renart le Nouvel, tom. IV, p. 151, vers 668 :

> Car desmaillié et desronpu
> Sont lor escu et lor clavain.

Chanson des ducs de Normandie, tom. 1, pag. 95, vers 375 :

> Clavains, broiues forsz e massices.

Roman de l'Escouffle, fol. 8, v° :

> Cil se vestent et cil se chaucent
> Et cil endossent lor clavains.

Fol. 83, v° :

> Vestus ont les clavains et les chiers coterels.

Agolant, pag. 184² :

> Percié li a son clauen le meillior,
> Mort le trebuche entre ciuq cens des lor.

Pag. 181¹ :

> Clauen ot bon et biaume peint à flors,
> Targe roonde bandée de colors,
> Lance trenchant, gofanon orguellios.

CLAVAIRE, Officier chargé du recouvrement et de la garde des deniers publics, dont l'office est appelé *Clavairie*. Gl. *Clavarius*, pag. 381², 382¹ [et *Clavaria*].

CLAVE, Massue. Gl. *Clava*, 2.

CLAVÉ, Garni de têtes de clou. Gl. *Buccula*, 1.

1. **CLAVEL**, Instrument pour la pêche. Gl. *Clavus*, 2.

* 2. **CLAVEL**, Clou, clavette qu'on met dans une cheville. Chron. des ducs de Normandie, tom. 1, pag. 125, vers 1258 :

> N'i a broine si fort clavel
> Qui vers sa lance ait garantise.

Roman de Vespasianus, fol. 83, r° :

> Et très qu'il est armés del hauberc à clavel.

Raoul de Cambrai, pag. 109, vers 1 :

> Et de l'auberc li rompi le clavel.

Roman de Renart, tom. 111, pag. 295, vers 17913 :

> Au gelinier en vint corant,
> Le clavel prist tot maintenant,
> Si l'a moult tost pris et lié.

Voyez le Glossaire de la Chron. des ducs de Normandie. Rayn. tom. 11, pag. 406², au mot *Clavel*, et Gl. *Clavellare*.

* **CLAVELLER**, Clouer. Rayn. tom. 11, pag. 406², au mot *Clavellar.*

CLAVER, Pétrir la terre qui doit former la chaussée d'un étang. Gl. *Clava.*

CLAVERELEUX, Clavelé. Gl. *Clavelus.*

* **CLAVETE**, Petite clef. Chron. des ducs

---

de Normandie, tom. 1, pag. 513, vers 12492.

CLAVETER, Heurter à une porte. Gl. *Clavare*, 3.

CLAVEUCHE, Petit clou pour servir d'ornement. Gl. *Clavatura.*

CLAVEURE, Serrure; d'où *Claveurier*, Serrurier. Gl. *Clavatura* et *Clavicularius.*

CLAVIER, Portier, qui a les clefs de la maison. Gl. *Clavicularius.* [Chron. des ducs de Normandie.]

CLAUSATGE, Clos, lieu fermé. Gl. *Clausatga* [en Poitou].

CLAUSELE, Clause, réserve, exception. Gl. *Clausula*, 2. [Voyez Rayn. tom. 11, pag. 408², au mot *Clausula.*]

CLAWIER, Pieu. Gl. *Clawa.*

CLAYE, Le dos ou revers de la main. Gl. *Cleia.*

CLAYQUIN, Monnaie de Flandre. Gl. *Clicquardus.*

CLEDE, Claie. Gl. *Cleda*, 2. [Voyez Rayn. tom. 11, pag. 412², au mot *Cleda.*]

CLEMENTIS, Chapelains de l'église de Rouen, ainsi nommés de Clément VI, leur fondateur. Gl. *Clementini.*

CLENCHE, Verrou. Gl. *Clingere*, 1 [et *Pessulum*, 2].

1. **CLER**, Sorte d'étoffe. Gl. *Clara.*

2. **CLER**, pour Clerc. Gl. *Clerici.*

CLERC. Voyez les différentes acceptions de ce mot sous *Clerici.* [*Clerc Saucier.* Gl. *Salsarius. Vin du Clerc.* Gl. *Vinum*, pag. 842¹.]

1. **CLERE**, Blanc d'œuf. Gl. *Clara.*

2. **CLERE**, p. e. Vallée. Gl. *Clara.*

CLEREMENT, En petit nombre. Gl. *Clarum.*

CLERGASTRE, Ecclésiastique méprisable. Gl. *Reliquiæ*, 1. [*Clergaste*, Partonop. vers 5489.]

* **CLERGE** †, Ecclésiastique. Gl. *Clericaliter.* Garin le Loher. tom. 1, pag. 5 :

> Seignor clergie, quel conseil me donez?

CLERGEAUMENT †, Doctement, savamment. Gl. *Litteraliter*, 1.

CLERGESSE, Femme qui cultive les sciences. Gl. *Clerici*, pag. 393³. [Voyez Rayn. tom. 11, pag. 413², au mot *Clergua.*]

CLERGEUMENT, CLERGIAUMENT, Cléricalement. Gl. *Clericaliter.*

1. **CLERGIE**, Science, littérature. Gl. *Clerici*, pag. 393³. [Athis et Prophilias, P. Paris, Catal. de la Bibl. roy. tom. 111, pag. 195.]

> Ne fut pas sages de clergie,
> Mais des autors savoit la vie,
> Moult mostra selon sa memoire.

C'est-à-dire : il ne savait pas lire. Partonop. vers 2741 :

> Il list le brief, car il n'est clers.

Voyez Rayn. tom. 11, pag. 414¹, au mot *Clercia.*]

2. **CLERGIE**, Bénéfice clérical. Gl. *Clericatura*, 1.

3. **CLERGIE**, Greffe, office de greffier. Gl. *Clergeria.*

CLERGON, CLERJON, Enfant de chœur. Gl. *Clerici*, pag. 395¹, et *Clergonus.* [*Clerçon, Clerzon*, Petit clerc. Chron. des ducs de Normandie. Rayn. tom. 11, pag. 413¹, au mot *Clerczon.*]

CLERIN, CLERON, Clarine, sonette

---

qu'on attache au cou des animaux qui sont en pâture. Gl. *Clarasius.*

CLERKOIS, La langue latine à cause qu'elle est pour les sciences. Gl. *Clerici*, pag. 393³.

CLEUFICHER, Clouer, attacher avec des clous. Gl. *Clavellare.*

CLEUZER, ou CLEUZEUR, Sorte de lampe. Gl. *Lucibrum* [en Bretagne].

CLICART, Crosse, mail. Gl. *Clicha.*

* **CLICE**, Éclisse. Chron. des ducs de Normandie, tom. 1, pag. 280, vers 5683 :

> Por aporter fetes e clices
> E laz e mairiens e palices.

* **CLICHE** †, Clisse, terme de chirurgie. Gl. *Plumaceus.*

CLICHOUERE, Rigole par où l'eau s'écoule, évier. Gl. *Goterius.*

CLICORGNE, De côté, de travers, ou en clignotant. Gl. *Clingere*, 1.

CLIDE, Claie. Gl. *Cleda*, 2.

CLIDER, Glisser, en Saintonge. Gl. *Clidare.*

CLIER, CLIHIER, CLITER, Lieu fermé de claies. Gl. *Cloea.*

* **CLIN.** FAIRE CLIN, S'incliner. Gérard de Vienne, pag. 174¹ :

> Si a fet chartre de rommanz en latin,
> Si com Girars descendi el chemin
> Encontre Karle, et com il li fist clin,
> Com li tendi son chapel sebelin.

Pag. 173² : *Profont l'encline à Karlon.* Voyez Rayn. tom. 11, pag. 414¹, au mot *Clin*, et ci-après *Cliner.*

* **CLINER**, Incliner, courber, baisser, saluer. Chanson de Roland, stance 271, vers 5 :

> Alde la bele est a sa fin aléc...
> Desur les espalles ad la teste clinée.

Roman de Roncevaux, pag. 29 :

> Desor le col dou cheval est clinnez.

Roi Guillaume, pag. 107 :

> Lors a Marins les iex dreciés
> Que vers terre clinés avoit.

Chastel. de Couci, vers 1355 :

> Non pourquant ne sont pas cliué.

Guill. Guiart, pag. 228, vers 5449 (5775) :

> Li hereges pour les cops clinent.

Chanson de Roland, stance 147, vers 20 :

> A icel mot l'un ad l'altre clinet.

Roman de Renart, tom. 111, pag. 104, vers 22616 :

> Li chevaliers li vient clinant.

Chronique des ducs de Normandie, tom. 1, pag. 88, vers 209; pag. 445, vers 10504. Voyez Rayn. tom. 11, pag. 414², au mot *Clinar*, ci-dessus *Clin.*

* **CLINES**, La partie du moulin par où tombe la farine. Gl. *Taratantara.*

CLINQUART, Sorte de monnaie de Flandre. Gl. *Clicquardus* [et *Leones*, 1].

CLINQUET. Voyez *Cliquet*, 2.

CLINSSER, Glisser. Gl. *Clidare.*

CLIPET, Battant de cloche. Gl. *Clypeus*, 2.

CLIPON, Bâton, espèce de massue. Gl. *Clypeus*, 2.

CLIQUART, Sorte de monnaie de Flandre. Gl. *Clicquardus* [et *Floreni*, pag. 325²].

13

* **CLIQUER**, Cliqueter. Guill. Guiart, tom. I, pag. 134, vers 2952 (3344):

> Sept vingt hommes d'armes cliquens.

1. **CLIQUET**, Le son de la cloche au matin. Gl. *Cliquetum.*
2. **CLIQUET**, Instrument pour la pêche. Gl. *Cliquetum.*
3. **CLIQUET**, Loquet. Gl. *Cliquetus.*

CLISTRER, Couvrir de *clustriaus* ou haillons. Gl. *Clustare.*

CLOANT, Ce qui tient quelque chose fermé, agrafe. Gl. *Cloeria*, 1.

CLOCETTE, Petite cloche. Gl. *Clocheta.* [*Cloquete.* Aubri, pag. 1832 :

> Unes cloquetes ot devant au poitrier.

Voyez *Cloche.*]

CLOCHE, Sorte de vêtement, manteau. Gl. *Cloca*, 3 [et *Colobium.* Chastel. de Couci. vers 930. *Clocette*, vers 690].

CLOCHEMANT, Sonneur. Gl. *Clocherius.*

CLOERE, Pile, vaisseau où l'on met les draps pour être foulés. Gl. *Cloeria*, 2.

CLOEUR, Celui qui enferme un champ de haies ou d'autre chose. Gl. *Clausagium.*

CLOFICHEURE, Trou fait par un clou. Gl. *Clavellare.*

CLOFICHIER, Clouer, attacher avec des clous. Gl. *Clavellare.* [Chastel. de Couci, vers 6937. *Claufichier*, Crucifier, Ruteb. tom. II, pag. 258.]

CLOIE, Claie. Gl. *Cleia.* [Lieu fermé de claies. Gl. *Cliaria.* Rayn. tom. II, pag. 4122, au mot *Cleda.*]

CLOIERE, Pile, vaisseau où l'on met les draps pour être foulés. Gl. *Cloeria*, 2.

CLOISON, Impôt pour enclore de murs une ville ou un château. Gl. *Clausura.*

* **CLOISTRIER**, Moine cloîtré. Roman de Renart, tom. III, pag. 46, vers 20995 :

> Il me resemble chevalier,
> Vois por le cuer beu mès cloistrier.

Cloistrer, Chron. des ducs de Normandie.

CLOISTRIERE, Fille ou femme de mauvaise vie. Gl. *Clausurœ.*

CLOKE, Sorte de vêtement, manteau. Gl. *Cloca*, 3.

* **CLOKETE**, Clochette. Gl. *Tintinnabulum.*

* **CLOKIER**, Clocher. Flore et Blancefl. vers 1817. Rayn. tom. II, pag. 4181, au mot *Cloquier.*

CLOP, Boiteux; d'où *Clopiner*, Boiter. Gl. *Cloppus.* [Voyez Rayn. tom. II, pag. 4122, au mot *Clop.*]

CLOQUE, Sorte de vêtement, manteau. Gl. *Cloqua.*

* **CLOQUETÉ**, Garni de clochettes. Gl. *Bursa*, 1, pag. 8192. Voyez *Clocette.*

CLOS, Boiteux. Gl. *Cloppus.* [Chastel. de Couci, vers 1312 :

> El destrier afichiement
> Séoit, et en l'escu ert clos,
> Et non pourquant estoit il clos,
> Mès hardis ert, et preus et fiers.]

CLOSAGE, Espèce de fief. Gl. *Closaria.*

CLOSELET, Petit clos. Gl. *Closellum.*

CLOSÉMENT, Entièrement, sans exception. Gl. *Clausim.*

CLOSERIE, Clos, lieu fermé de murs ou de haies. Gl. *Clausaria.*

* **CLOSES**, comme *Cluse.* Gl. *Pascha*, pag. 1153.

* **CLOSET**, comme *Closelet.*

1. **CLOSIER**, Concierge, celui qui a la garde d'une maison. Gl. *Closarius*, 1.
2. **CLOSIER**, Fermier, métayer. Gl. *Closarius*, 2.

* **CLOSTURE**, comme *Cloison.* Gl. *Claustura.* Voyez Rayn. tom. II, pag. 4091, au mot *Clausura.*

* **CLOTE**, Chambre. Gl. *Clota*, 1.

* **CLOTURE**, Avantage du fils aîné. Gl. *Præcipuitas.*

CLOUASTRE, Cloître. Gl. *Claustrum regulare*, pag. 3871.

CLOUER, Fermer. *Jour clouant*, Jour fermant ou tombant. Gl. *Cloeria*, 1. [Voyez Orell, pag. 262. Rayn. tom. II, pag. 4092, au mot *Claure.*]

CLOUETTIÈRE, Certaine quantité de clous. Gl. *Clavasona.*

CLOUP, Boiteux. Gl. *Cloppas.*

CLOUSURE, Clos, lieu fermé de murs ou de haies. Gl. *Clausa.*

CLOUYÈRE, Pile, vaisseau où l'on met les draps pour être foulés. Gl. *Cloeria*, 2.

CLOYE, Le dos ou le revers de la main. Gl. *Cledatum.* [Claie. Gl. *Cratheria.*]

CLOYSON, Enceinte d'une ville. Gl. *Clausura*, pag. 3883.

* **CLOZEL**, comme *Closelet.*

CLUD. FAIRE CLUD, Vanter, priser beaucoup. Gl. *Cluere.*

CLUNAGITER †, Remuer les fesses. Gl. *Clunagitare.*

CLUSE DE PASCHE, Clôture des fêtes de Pâques, le dimanche de Quasimodo. Gl. *Pascha clausum*, pag. 1152. [Partonop. vers 2143 :

> Mais il atent l'arriere-ban
> Qui vient à feste Saint-Johan,
> Dont estoit close Pentecouste.]

CLUSTRIAUS, Haillons. Gl. *Clustare.*

CLUT, Raclure, fragment. Gl. *Frustrare.* [Agolant, vers 946.]

CLYE. Lieu fermé de claies, Gl. *Cleda*, 2.

COADJUTEUR, Celui qui, conjointement avec un autre, a droit à quelque chose. Gl. *Coadjutores.*

COAGE, pour CAAGE, Droit qu'on lève pour l'entretien des quais. Gl. *Caiagium* sous *Caya* [et *Platagium*].

* **COARDER**, SE CUARDER. Le Roman de Roncevaux, pag. 17 :

> Fel soit li cuers puisqu'il weut coarder.

Chanson de Roland, stance 85, vers 15 :

> Mal seit del coer ki el piz se cuardet.

COART, Lâche, poltron. Gl. *Caudatus.* [Rayn. tom. II, pag. 4201, au mot *Coart.*]

COBILLON, Sorte de filet pour la pêche. Gl. *Cobla.*

* **COBLE.** Voyez *Couble.*

COBRE, Acquisition. Gl. *Cobrancia* [en Auvergne].

COBRER, Prendre, saisir, s'emparer. Gl. *Cobrare.* [Partonop. vers 7612, 8672. Voyez Rayn. tom. II, pag. 4222, au mot *Cobrar.*]

COCAINGNE, p. ê. Contestation, querelle. Gl. *Cocagium.*

COCATRIX, Espèce de basilic, crocodile. Gl. *Cocatrix.* [Rayn. t. II, p. 4271, au mot *Calcatrics.*]

COC-EN-PLEU, Avantageux, suffisant. Gl. *Gallus.*

COCHE, Truie. Gl. *Cocha*, 3.

* **COCHER**, Fendre, faire une entaille. Guill. Guiart, tom. II, pag. 292, vers 7572 (16553) :

> Arbalestiers vont quarriaus prendre . . .
> Aucuns d'eus, pleins d'enging ou d'art
> Près des fers à coutiaus les cochent.

1. **COCHET**, Présent en viande, vin, ou en argent, qu'un nouveau marié donnait à ses compagnons. Gl. *Cochetus*, 3.
2. **COCHET**, Sorte de bateau. Gl. *Cochetus* sous *Cogo*, pag. 4202.

COCHOIZ, Sorte de filet ou instrument pour la pêche. Gl. *Cobla.*

* **COCOUZ** †, Souillé. Gl. *Salebrare.*

COCQ-LIMOGES, Faisan. Gl. *Gallus.*

COCQUET, Caque, petit baril. Gl. *Caquus.*

CODE, Certaine quantité. Gl. *Coda.*

* **COE**, Queue. Rayn. tom. II, pag. 4182, au mot *Coa.*

COECATEUR, Celui qui est chargé de la répartition des tailles. Gl. *Cohecare.*

COEFFE, Casque ou espèce de calotte de fer ou d'acier. Gl. *Coifeta.*

COELLART, Animal qui n'est pas coupé. Gl. *Coiltum.*

* **COEMENT.** Voyez *Coi.*

* **COENTIXE**, Voyez *Cointise*, 2.

COESSIN, Coussin. Gl. *Coisinus.* [*Coeste de materats.* Gl. *Albarda.*]

COESTRON, Bâtard, fils illégitime. Gl. *Quæstuarius*, 2.

CŒUVRE, Cuivre. Gl. *Cuprum.*

COFEL, Certaine mesure. Gl. *Cofellus.*

1. **COFFE**, Sorte de vase. Gl. *Cofellus.*
2. **COFFE**, Coffre. Gl. *Cophrus.*

- **COFFERT**, Coffre. Gl. *Cofferum.*

1. **COFFIN**, Panier, corbeille. Gl. *Coffinus.* [Rayn. tom. II, pag. 4212, au mot *Cofin.*]
2. **COFFIN**, Terme injurieux. Gl. *Cofinus.*

COFFINEAU, Petit panier, corbeille. Gl. *Coffinellus* sous *Coffinus.*

COGAMENT, Secrètement. Gl. *Cogeus.*

COGENT, Nécessaire. Gl. *Cogeus.*

COGNOMER, Surnommer. Gl. *Cognomenans.*

COGNUSSANT. FAIRE COGNUSSANT, Faire savoir. Gl. *Arramiatio*, sous *Adramire*, pag. 913. [*Estre cognoissans*, Être connu. Chastel. de Couci, vers 2279 :

> Mes c'o vous ne soit demorans,
> Car plus tost seroit congnoissans.

Roi Guillaume, pag. 112 :

> Ne'estraignes, ne connissans.]

* **COGOLE**, Cagoule, vêtement monastique. Chron. des ducs de Normandie, vers 11367, 25855, dans le manuscrit de Tours. Voyez *Cuoule* et *Coule.*

COGUL †, Le mari dont la femme est infidèle, en provençal. [Voyez Rayn. t. II, pag. 4321, au mot *Cogul.*] Gl. *Cugus*, pag. 3891 [*Cocul* †. Gl. *Tucus*].

COHERCION, Le pouvoir de corriger et de punir ceux qui sont en faute. Gl. *Cohercio.*

COHOORTEUR, Cohoorterresse, Homme ou femme qui porte par la ville des marchandises, qu'il engage à acheter. Gl. *Cohortalis*.

COHUAGE, Le droit que paye un marchand pour sa place dans la *Cohue* ou halle. Gl. *Cohuagium* sous *Cohuæ*.

1. **COHUE**, Halle, lieu couvert où l'on vend les marchandises. Gl. *Cohuæ*.

2. **COHUE**, Auditoire, le lieu où s'assemblent les officiers de justice. Gl. *Cohuæ*.

COI, Paisible, tranquille. [Chastel. de Couci, vers 6603 :

> Car elle est coie fame et bonne.

Aubri, pag. 159[1] :

> Encor vaut miex coie amors acelée
> Que ne fait cele qui tant est esquilée.]

D'où *Coiement*, Paisiblement, tranquillement. Gl. *Coëtus*. [*Coement à celé*, Agolant, vers 1291, 1301.]

* **COICHES**, Broussailles. Roman de Renart, tom. III, pag. 2, vers 19788 :

> Firent un grant essart ensanble.
> Brichemers as cornes agues
> En a les coiches esméues,
> Et Ysengrin as forz eschines . . .
> En a gité les coiches hors

1. **COIFFE**, Soufflet. Gl. *Coifeta*.

2. **COIFFE**, Coiffette, Casque, ou espèce de calotte de fer et d'acier. Gl. *Coifeta* [et *Copha*, pag. 703[2]. Capuchon du haubert qui couvrait la tête, et par-dessus lequel on plaçait le casque. Flore et Jeanne, pag. 50 : *Et le fiert grant cop sour son heaume, si k'il li abati le ciercle, et li enbara juskes en la coiffe de fer, et li trencha tout ; mès la coife fu de fort acier, si ne le navra mie.* Gérard de Vienne, vers 1575 :

> Et fiert le roi desus son elme an son.
> Se deus ne fust et son saintime non
> Et la fort coife dou hauberc fremilon,
> Mort nos éust l'empereor Karlon.

Roman de Roncevaux, pag. 29 :

> Fiert sor le hiaume qui fu à or gemmez,
> Le maistre cercle en a jus avalé,
> Jusqu'au nazal li a esquartelé.
> Ne fust la coiffe dou blanc haubere saffré,
> Já fut Rollans et mors et afolez.

Partonop. vers 9826 :

> Et le hiaume li a trencié
> Trosqu'en la coife del hauberc.

Agolant, pag. 179[1]. Garin le Loher. tom. I, pag. 32. Rayn. tom. II, pag. 429[1], au mot *Cofa*.]

COIFFIERES, Marchand ou faiseur de *coiffes* à couvrir la tête. Gl. *Coifferius*.

COIGNER, Sceller, marquer avec un *coin* ou sceau. Gl. *Cognus*.

1. **COIGNIER**, Coignassier; quelquefois *Coignier*. Gl. *Coinus*, 1.

2. **COIGNIER**, Battre, frapper monnaie. Gl. *Coniare*.

* **COILE**. Voyez *Choile*.

COILLAGE, Ce qu'un nouveau marié donnait à ses compagnons le jour de ses noces, pour qu'ils le laissassent coucher avec sa femme. Gl. *Culagium*.

COILLART, pour Coullart, Machine de guerre pour jeter de grosses pierres. Gl. *Couleurina*.

COILLUT, Animal qui n'est pas coupé.

Gl. *Coittum*. [Voyez Rayn. t. II., pag. 433[2], au mot *Colhus*.]

COILYON, Aine. Gl. *Anguinalia*.

1. **COIN**, Sceau. Gl. *Cognus*, 2.

2. **COIN**. Avoir coin, Jouir du droit de battre monnaie. Gl. *Cuneus*, 2.

* **COING DU HIAUME**. Gérard de Vienne, vers 828 :

> Le coing don hiaume en terre li feri.

Voyez vers 271.

* **COINGNER (SE)**, Se lancer, se pousser. Guill. Guiart, tom. II, pag. 161, vers 4161 (13147) :

> Li marinier en mer se coignent,
> Voiles dreviéés terre esloingnent.

COINT, Ajusté, paré; du verbe *Cointer*, dans le même sens. Gl. *Cointises* et *Consutilii*. [*Coiute*, masc. Chastel. de Couci, vers 5642 :

> El parc n'ot si cointe le jour
> Car cuevrechief de noble atour
> Sour son elme le jour porta.

Gérard de Vienne, vers 1708 :

> Mais serons i ensamble maintenant
> Ke li pluis cointes n'ait de vanter talent.

Garin le Loher. tom. I, pag. 25 :

> Tous li plus cointes n'ot talent de chanter.

Pag. 237 :

> Tout le plus cointe fera-il esbahi.

Roman de Renart, tom. I, pag. 5, vers 101 :

> Rous ot le poil coume Renart
> Moult par fu cointes et gainguart.

Voyez la Chron. des ducs de Normandie; Rayn. tom. II, pag. 465[1], au mot *Conte*. *Cointement*, Avec grâce. Partonop. v. 41 :

> Et se taist fors dont seulement
> C'on doit pourvéir cointement
> S'aise et son lius de dosnoier.

Voyez Rayn. tom. II, pag. 465[2], au mot *Cointamen*.]

1. **COINTISE**, Discernement. Gl. *Cointises*.

2. **COINTISE**, Cointoiement, Ajustement, parure, ornement. Gl. *Cointises*. [Politesse, courtoisie, ruse. Partonop. 1203, 5711. *Cuintise*, Jordan Fantosme, v. 783. *Coentixe*, Wackern. pag. 7, 11. *Cointerie*, Rayn. tom. II, pag. 466[1], au mot *Cundezia*. Voyez pag. 465[2], au mot *Coindia*.]

1. **COINTOIER**, Orner, parer, ajuster. Gl. *Cointises*. [Chanson du Châtelain de Couci, Laborde, pag. 294 :

> La douce voix du rosignol sauvage
> Qu'oï nuit et jor cointoier et tentir.]

2. **COINTOIER (SE)**, Se complaire à ce qu'on fait, s'écouter, être affecté. Gl. *Cointises*. [Voyez Rayn. tom. II, pag. 466, aux mots *Coindeiar*, *Coindar* et *Cundir*.]

COIOIHERIE, p. e. pour Coiracherie ou Coiroiherie, Tannerie, lieu où l'on prépare les cuirs. Gl. *Coiratorium*.

COIPEL, Copeau. Gl. *Coipellus*.

* **COIS**, Choix. *Aler à cois*, Avoir la faculté de choisir. Partonop. vers 553 :

> Cevels ot si beaus et si blois
> Com il en fust alés à cois.

Vers 4829 :

> Tant pooit estre à cois alée.

Gl. *Coittum*. [Voyez Rayn. t. II., pag. 433[2], au mot *Colhus*.]

Vers 6522 :

> Qu'à cois puet aler de mari.

COISIER, Frapper, blesser. Gl. *Coisonum*.

COISIN, Coussin. Gl. *Coisinus*. [Voyez Rayn. tom. II, pag. 435[2], au mot *Coissi*.]

COISIR, Apercevoir, découvrir Gl. *Choisire*. [Remarquer, distinguer. Partonop. vers 2289 :

> Partonopeus ot fait le jor,
> Dont le coisisent al mellor
> C'onques véiscent de lor iols.

Voyez Rayn. tom. II, pag. 363[2], au mot *Escauzir*.]

COISONNER, Blâmer, faire des reproches. Gl. *Coisonum*.

* **COISPEL**, Partie de la gaine d'un couteau. Chron. des ducs de Normandie, tom. I, pag. 352, vers 7736 :

> De la gaine ert li coispel
> E li membre tot à neel.

Voyez Halliwell, au mot *Cosp*.

COISSE, Droit de mesurage. Gl. *Cossa*, 1.

1. **COISSER**, Coissier, Faire de la peine, incommoder. Gl. *Coisonum*.

2. **COISSER** tabours, Battre du tambour. Gl. *Coisonum*. [Lisez *Croisser*.]

1. **COITE**, Robe, sorte d'habit. Gl. *Coilta*.

2. **COITE**. A coite d'éperon, A toute bride. Gl. *Coisonum*. [Voyez le Gloss. sur la Chronique des ducs de Normandie. *Cuinte*, *Cuite*, Jordan Fantosme, vers 306. Voyez Rayn. tom. II, pag. 426[1], au mot *Coita*.]

1. **COITEUS**, Qui désire ardemment. Gl. *Coisonum*. [Voyez *Cuider*. Chanson de Guiot de Prouvins, Wackern. pag. 25 :

> C'onkes de riens ne fui si desirous
> Com d'onoreir ceu dont plux seux cuitous.

Voyez Rayn. tom. II, pag. 426[2], au mot *Coitos*.]

* 2. **COITEUS**, Rapide. Voyez *Coitier*, 2. Chron. des ducs de Normandie, tom. I, pag. 250, vers 4816 :

> Isnele, e hastive, e coituse.

1. **COITIER**, Serrer, mettre à couvert. Gl. *Gagnagium*, 1, pag. 458[1].

* 2. **COITIER**, Coiter, Aiguillonner, exciter, presser, hâter. Gérard de Vienne, vers 2354 :

> Et les destriers as esperons coitier.

Roman de Cléomades, Chron. des ducs de Normandie, tom. II, pag. 388[2] :

> Car sa nature à ce le coite
> Que plus a et il plus convoite.

Chron. des ducs de Normandie, tom. II, pag. 231, vers 22182 :

> Totes veies tant s'est coitiez
> Qu'al duc Richart est repairiez.

Ruteb. tom. II, pag. 246, 247. Voyez *Coite*, 2, et Rayn. tom. II, pag. 426[2], au mot *Coitar*.

COITIVER, Cultiver; d'où *Coitiveur*, Cultivateur, laboureur, et *Coitiveure*, Culture. Gl. *Cultivare* et *Cultura*, 1.

* **COITRART**, comme *Coestron*. Enfants Haymon, vers 538 :

> Pour dieu veuillés nous dire si nous sommes batart.
> Car Aymes de Dordonne nous a clamé coitrart.

COJURE, Espèce de ceinture. Gl. sous *Gambeso*, pag. 470³.

COL, Coup. Gl. *Colaphus*. [Partonop. vers 8138.]

COLACION, Harangue, discours. Gl. *Collatio*, 2.

COLAICE, Colaise, Coulisse, herse. Gl. *Colacius* et *Collissa porta*.

COLAYE, Charge, autant qu'on peut porter sur le cou. Gl. *Colerium*, 4.

1. **COLE**, Coule, habit de moine. Gl. *Coulla*.

2. **COLE**, Bile, humeur colérique. Gl. *Calidameya* [et *Mesleia*].

COLÉE, Coleie, Coup sur le cou, ou soufflet. Gl. *Alapa*, pag. 161², et *Colaphus*. [Partonop. vers 8124. Voyez Rayn. tom. II, pag. 436², au mot *Colada*, ci-après *Coler*, Chron. des ducs de Normandie.]

* **COLER**, Couler, glisser, s'écouler. Gérard de Vienne, vers 2556 : *L'espée*

> Jusc'au mei leu de la boucle est colée.

Partonop. vers 9872 :

> Li brans cole devers l'esclence,
> Od le carnail trence l'orelle;
> Aval s'en cole à grant merveille.

Roman de Renart, tom. I, pag. 47, vers 1235 :

> Le coup li cola en travers.

Voyez Rayn. tom. II, pag. 437¹, au mot *Colar*. Garin le Loher. tom. I, pag. 265. Chron. des ducs de Normandie.

1. **COLIER**, Se livrer à la mélancolie, être de mauvaise humeur. Gl. *Colera*, 3.

2. **COLIER**, Sorte d'armure pour couvrir le cou. Gl. *Coleria*. [Poitrail, armure qui couvre la tête et le poitrail du cheval. Roman de Perceval, dans le Glossaire sur Joinville :

> De cendaus avoient cropieres
> Et les colieres ensemiant.

Partonop. vers 9642 :

> Covers fu devant et deriere
> De fer ot coliere et crupiere,

Vers 3139 :

> Desos les iols fiert le ceval,
> Que le musel emporte aval,
> Et ne remaint por la coliere
> Que dusque es dens li brans ne fiere.

Voyez vers 2985, 6785. Joinville, pag. 58. Autre chose pourrait être *Culiere*, pag. 83. Voyez *Coliere*.

3. **COLIER**, Charge qu'on porte au cou. Gl. *Colerium*, 4.

COLIERE, Croupière, ce qui passe sous la queue du cheval. Gl. *Culeria*, 1.

COLIS, Coulisse, herse. Gl. *Colacius*.

COLIVIRINIER, pour Couleuvrinier, Bombardier, de *Coulevrine*. Gl. *Pixidarii*.

COLLACE, Certaine quantité de terre cultivée. Gl. *Colacium*.

1. **COLLATION**, Assemblée d'après souper, pour conférer de quelque chose. Gl. *Collatio*, 2.

2. **COLLATION**, Harangue, discours. Gl. *Collatio*, 2.

3. **COLLATION**, Communication. [Comparaison de la copie et de l'original, pour s'assurer de la conformité des deux pièces.] Gl. *Collatio*, 3.

COLLECTAIRE, Livre d'église qui contient les collectes. Gl. *Collectarium*.

COLLECTER, Cueillir, lever les impositions. Gl. *Collectare*.

COLLECTIER, Sorte de métier à Bruges, p. e. Traiteur [ou Culottier]. Gl. *Collectarius*, 3.

COLLEGEAT, Boursier d'un collège. Gl. *Collegiati*.

COLLETAGE, Colletaige, Collecte, levée des tailles et impositions. Gl. *Collectio* sous *Collecta*, 1.

COLLETERE, Livre d'église qui contient les Collectes. Gl. *Collectarium*.

* **COLLETIER**. Voyez *Collectier*.

1. **COLLIER**, Charge qu'on porte au cou. Gl. *Colerium*, 4.

2. **COLLIER**, Carcan. Gl. *Colare*, 5.

COLLOGUI, Louage, convention. Gl. *Collogium*, 2.

1. **COLOIER**, Affecter certains mouvements du cou ou de la tête. Gl. *Colaphus*. [Tourner la tête de côté et d'autre pour mieux voir. Roman de Renart, tom. I, pag. 29, vers 765 :

> El chemin se croupi Renarz
> Si coloie de toutes parz.

Tom. V, pag. 57, vers 354 :

> Moult li ert tart que dedanz voie,
> Tout entor va et si coloie.

Tom. III, pag. 18, vers 20259 :

> Durement coloioit céenz.]

2. **COLOIER**, Être de mauvaise humeur, se livrer à la mélancolie. Gl. *Colera*, 3.

3. **COLOIER**, Donner des coups sur le cou, ou souffleter. Gl. *Colaphus*.

COLOIGNE, Quenouille. Gl. *Conucula*.

COLOMBEL, Colombeus, Poteau, jambage d'une porte. Gl. *Columba*, 4.

* **COLOMBIN**, De colombe, de pigeon. Rayn. tom. II, pag. 439², au mot *Colombin*.

COLOMIER, Colombier. Gl. *Colombarium*.

COLONIERE, La maison de celui qui cultive un champ. Gl. *Colonia* sous *Colonus*, pag. 442².

* **COLP**, Coup. Rayn. tom. II, pag. 442², au mot *Colp*.

* **COLPER**, Inculper. Rayn. tom. II, pag. 442², au mot *Colpar*.

COLUMBE, Poteau, jambage d'une porte. Gl. *Columba*, 4.

COLUME, Petit colombier, volet, fuie. Gl. *Colombarium*.

COLUNGE, Métairie, et p. e. Terre nouvellement défrichée. Gl. *Columgerius* et *Columgia*.

* **COM**, Cum, Comme. Rayn. tom. II, pag. 445 et suiv. au mot *Com*.

COMAN, Grand seigneur d'un pays, comte. Gl. *Comes*, 2, pag. 450³.

COMARQUE, Frontière. Gl. *Commarchia*.

COMBATEMENT, Attaque. Gl. *Combattere*. [Voyez Rayn. tom. II, pag. 191, au mot *Combatemen*. *Se combatre*, ibid., au mot *Combattre*. (*Se conbatre à qn*. Partonop. vers 2858.) *Cumbateor*, *Combatteur*, au mot *Combatedor*.]

COMBATEUX, Querelleur, agresseur. Gl. *Combattere*.

COMBE, Vallée enfermée entre deux montagnes. Gl. *Cumba*, 2. [Voyez Garin, tom. I, pag. 96, note 1. Rayn. tom. II, pag. 447¹, au mot *Comba*.]

COMELE, Petite mesure, litron. Gl. *Comblus*, 1.

COMELELLE, Diminutif de *Combe*, Petite vallée. Gl. *Cumba*, 2.

COMBRE, Pêcherie faite de pieux fichés dans une rivière, pour y étendre des filets et y prendre du poisson. Gl. *Cumbra*.

COMBRER, Empoigner, prendre avec force. Gl. *Combri*, pag. 449¹. [Voyez *Cobrer*. Agolant, vers 557 :

> A ses deus mains l'a errament combré.

Vers 621 :

> Estreint la cengle, s'a la renne combrée.]

COMBRISEMENT, L'action de briser. Gl. *Tritio*. [*Combrisier* †, Écraser. Gl. *Maceratura*.]

COMBRISSABLE, Facile à briser, à écraser. Gl. *Tritile*.

* **COME**, Chevelure. Rayn. tom. II, pag. 447¹, au mot *Coma*.

COMMANCZANT le lettrin, Celui qui entonne au lutrin. Gl. *Incipere*, 3.

COMMANDACION, Droit qu'a le seigneur sur celui qui s'est mis sous sa protection. Gl. *Commandatio*, 2.

1. **COMMANDE**, Avertissement. Gl. *Mandatagium*.

2. **COMMANDE**, Ce qu'on paye au seigneur pour le droit de protection qu'il accorde. Gl. *Commenda*, 4, pag. 471³.

3. **COMMANDE**, Commandie, Commandite. Donner en Commande, etc. Donner pour un temps limité et à certaines conditions. Gl. *Commenda* 3, pag. 471², et *Societas*, 1.

COMMANDÉEUR, Certain officier d'un monastère. Gl. *Commendatorius*.

COMMANDEMENT, Procureur, celui qui agit au nom d'un autre. Gl. *Mandatum*, 3.

COMMANDER, Mettre sous la garde et protection d'un autre. Gl. sous *Commenda*, 3. [Partonop. vers 2130. Chanson de Roland, stance, 53, vers 28 :

> Jointes les mains iert vostre comandet.]

COMMANDIE. Gl. *Commenda*, 3, p. 471².

1. **COMMANDISE**, Commandement, ordre, jussion. Gl. *Commandesia*.

2. **COMMANDISE**, Dépôt. Gl. *Commenda*, 1.

COMMANDITE. Voyez ci-dessus *Commande*, 3.

1. **COMMANT**, Procureur, celui qui agit au nom d'un autre, officier subalterne de justice. Gl. *Mandatum*, 3.

* 2. **COMMANT**, Commandement, ordre. Partonop. vers 497 :

> Et dusqu'en Ardene le grant
> Faisoit l'on trestot son commant.

Gérard de Vienne, vers 3570 :

> En douce France vostre commant ferois.

Voyez Rayn. tom. IV, pag. 135², au mot *Coman*. Chron. des ducs de Normandie, tom. I, pag. 386, vers 8467.

COMMEMORABLE, Mémorable, digne de mémoire. Gl. *Commemorare*.

COMMENCHAILLE, Commencement. Gl. *Definitio*. [Rayn. tom. II, pag. 448², au mot *Comensailla*.]

COMMENDACES, Certaines prières pour les morts, différentes des vigiles ou de l'office des morts. Gl. *Commendationes.*

* 1. **COMMENDATION**, comme *Commendaces.* Voyez le Glossaire sur la Chron. des ducs de Normandie.

* 2. **COMMENDATION**, comme *Commendise.*

* **COMMENDE**, comme *Commande*, 3.

COMMENDISE, Ce qu'on paye au seigneur pour le droit de protection qu'il accorde. Gl. *Commendisa* [et *Commendisia*].

COMMETTRE, Encourir *commise*, manquer au devoir d'un vassal. Gl. *Committere*, 1.

COMMISE, Confiscation d'un fief. Gl. *Commissio*, 2.

COMMISSAIRE, Exécuteur testamentaire. Gl. *Commissarii.*

1. **COMMUN**, Droit que payent les communes au roi ou à leurs seigneurs pour leur établissement. Gl. sous *Commune*, 1.

2. **COMMUN**, Octroi, imposition accordée en faveur d'une commune. Gl. sous *Commune*, 1.

COMMUNAL, Communel, Commun, uni de biens, d'amitié, d'intérêt. Gl. *Communalis*, 1. [Chanson de Roland, st. 175, vers 4 :

> Tenent l'enchalz, tuit en sunt cumunel.

Voyez la Chron. des ducs de Normandie. Partonop. vers 2298 :

> De bel parler est communals,
> Nus n'est si povres, s'il le voit,
> Ne li est vis que ses pers soit.

Voyez Rayn. tom. iv, pag. 289¹, au mot *Cominal. Communaument*, Garin le Loher. tom. 1, psg. 197, 200.]

* **COMMUNIANT**, Commeniant. Gl. *Pascha*, pag. 116².

COMMUNIER, Habitant ou officier d'une commune. Gl. *Communerius.*

COMMUNIQUER, Approcher. Gl. *Communicare.*

COMMUNISTE, Officier d'une ville ou de commune. Gl. *Communalis*, 1.

COMPAGNER, Être en commerce ou familiarité avec quelqu'un. Gl. *Companium.*

COMPAGNON d'armes, Celui avec qui on a fait la guerre. Gl. *Compagus.* [*Par*, pag. 73³. *Service de compagnon.* Gl. *Servilium socii*, pag. 220².]

COMPAIGNABLE, Compagnon, jeune homme qui n'est pas marié. Gl. *Compagus.*

1. **COMPAIGNE**, pour Compagnie. Gl. *Compagna.* [Agolant, vers 83 :

> Qui nos péust en Aspremont monter
> Et les compaignes des Sarrazins esmer.

Garin le Loher. tom, 1, pag. 2. Flore et Blanceflor, vers 58. Voyez la Chron. des ducs de Normandie. Ruteb. t. 11, p. 236. Rayn. tom. iv, pag. 407², au mot *Companha. Cumpaigne*, Chanson de Roland.]

2. **COMPAIGNE**, Bonne compaigne, Femme d'un commerce aisé. Gl. *Companium* [et † *Paranympha*].

1. **COMPAIGNER**, Soutenir le parti de quelqu'un. Gl. *Companium.*

2. **COMPAIGNER**, Accompagner, faire cortége. Gl. *Companium.*

3. **COMPAIGNER**, Avoir commerce avec une femme. Gl. *Companium.*

1. **COMPAIGNIE**, Association, communauté de biens. Gl. *Communio*, 8.

2. **COMPAIGNIE fole**, Commerce illicite avec une femme. Gl. *Companium.*

1. **COMPAIGNON**, Sorte de monnaie de Flandre. Gl. *Compaignonus.*

2. **COMPAIGNON de cuisse**, Le concurrent du mari. Gl. *Companium.* [*Compaignon volage.* Gl. *Volagius*, 2.]

COMPAIN, Compagnon. Gl. *Companium.* [Flore et Blanceflor, vers 1561 :

> De nos deus pors somes compaing,
> Parmi partomes le gauing.

Voyez *Compaignon*, 1, et Rayn. tom. iv, pag. 406², au mot *Companh.* Garin le Loher. tom. 1, pag. 63, 80, notes. Chanson de Roland, stance, iii, vers 8; stance, 147, vers 12 et souvent.]

* **COMPAINGNESSE**, Qui accompagne. Ruteb. tom. 11, pag. 238 :

> Ma compaingnesse estoit séure
> Et le pais mult bien savoit.

1. **COMPAINGNON**, Associé, coparlageant. Gl. *Communio*, 8.

2. **COMPAINGNON**, Titre que les abbés de Corbie donnaient aux prévôts, religieux de leur abbaye. Gl. *Compagus.*

COMPANAGE, Ce qu'on donne dans un repas au delà du pain et du vin. Gl. *Companagium.*

COMPARAGER, Comparagier, Comparer, égaler. Gl. *Comparitas.* [Dit de Merlin, Jubinal, tom. 1, pag. 136 :

> Je puis bien tele gent au chien comparagier.]

COMPARANCE, Terme de droit, comparution. Gl. *Comparentia.*

COMPARER, Payer, être puni de quelque faute. Gl. *Comparare*, 3. [Partonop. vers 2607 :

> Et s'il ore mespaié sont
> Jel comperrai quant il poront.

Vers 6445 :

> Ne ssi proier d'ome desvé,
> Trop a voz amor comparé.

Vers 6846 :

> Vos enterrés en teus estris,
> En teus presses, en tels estors,
> U trop comperiés amors
> Se vostre espée vos ert loing.

Vers 7827 :

> Tres dont ai vescu de soldée
> Si l'ai sovent cier comperée.

Gérard de Vienne, vers 2901 :

> Hue est li jors ke le conparreiz cher.

Roman de Renart, tom. iii, pag. 76, vers 21830 :

> Jà conperrez, se Dex me saut,
> Se ma conoille ne me faut.

Chanson de Guiot de Prouvins, Wackern. pag. 28 :

> Trop sovant me fait compaireir
> Amors sa compaignie.

Roi Guillaume, pag. 132 :

> En ceste mer ont grant pooir
> Cist vent, bien le poons veoir ;
> Signeur en sont, bien i apert.
> Qui que lor descorde compert ;
> Il n'i aront jà nul damage.

Chanson de Roland, stance 122, vers 7 :

> Ki que 'l cumpert, venuz en sunt ensemble.

Stance, 33, vers 9. Voyez les Glossaires sur Joinville et sur la Chron. des ducs de Normandie. Rayn. tom. 11, pag. 452², au mot *Comprar.*]

* **COMPAS**, Ordre. Partonop. v. 10712 :

> Or vont les dames à l'église
> Par grant compas, per grant devise.

Vers 10760.

* **COMPASSÉ**, Pressé. Chastel. de Couci, vers 7019 :

> Sa besogne est si compassée,
> Si com pour mouvoir sans sejour
> Que li roys ot nommé le jour.

* **COMPASSERES**, Ordonnateur, qui dispose. Chron. des ducs de Normandie, tom. 1, pag. 155, vers 2114 :

> Qui del munde fut ordeneres
> Faitre e autor e compasseres.

* **COMPASSIS**, Lent. Gl. *Pieticus.*

COMPEINS, Compagnon, mari. Gl. *Compar.*

COMPELLIR, Contraindre. Gl. *Compellare.*

COMPENAGE, Dariole, sorte de pâtisserie. Gl. *Companagium.* [Roman de Renart, tom. 1, pag. 3, vers 56 :

> Ceste brebiz, si la gardez,
> Tant vos donra let et fromage,
> Assez i aurons compenage.

Tom. iv, pag. 29, vers 793.]

COMPERELLE, Ornement ou partie de la bride d'un cheval. Gl. *Scala*, 10.

COMPERAUMENT †, En compère. Gl. *Compaterniter* sous *Compater*, pag. 494².

COMPIENG, Bourbier. Gl. *Compiegnium.*

COMPILATION, Cabale, conspiration. Gl. *Compilatim.*

* **COMPLAIGNEMENZ**, Plaintes. Chron. des ducs de Normandie.

COMPLANT, Complent, Terre cédée par le seigneur ou le propriétaire pour y planter des vignes, à la charge d'une redevance appelée aussi *Complant* et *Complanterie.* Gl. *Complanatum*, et *Complantagium* sous *Complantare.*

COMPLEXIONNÉ, en parlant d'un pays; Qui est d'une certaine température. Gl. *Complexionatus.*

COMPLIR, Compléter, achever, finir. Gl. *Complere*, 2. [Chron. des ducs de Normandie.]

COMPORT, Proportion, rapport. Gl. *Comportus.*

COMPORTE, Vase propre à porter quelque chose. Gl. *Comportalitius.*

COMPORTER, Porter çà et là, colporter; d'où *Comporteur*, Colporteur, petit marchand qui porte ses marchandises par la ville. Gl. *Comportare* [et *Fenestra*, pag. 225¹].

COMPOSER, Imposer, taxer. Gl. *Componere*, 2.

COMPOSITION, Sorte d'impôt. Gl. *Compositio.*

COMPOSITIONNER, Taxer une amende, ou en composer. Gl. *Compositio.*

COMPOSTE, Sorte de confiture, compote. Gl. *Compositarius.*

COMPOSTURE, Compoture, Temps ou saison de l'engrais des terres. Gl. *Compostus.*

COMPOUST, Comput, supputation des temps. Gl. *Computus*, 1, pag. 505³.

COMPREHENSABLE, Qui est sujet ou soumis à quelque chose. Gl. *Comprehendalis*.

COMPRÉNDRE, Admettre, se soumettre. Gl. *Comprehendalis*.

COMPRINS, Compris, Enceinte. Gl. *Comprehendalis*.

COMPTAIGE, Ce qui est dû au *Compteur* du bois qu'on livre à l'acheteur. Gl. *Computator* sous *Computus*, 1, pag. 505¹.

COMPTE, pour Comte, le prévôt d'une confrérie. Gl. sous *Comes*, 2, pag. 462¹.

COMPTEUR, Trésorier. Gl. *Computator* sous *Computus*, 1, pag. 505¹.

COMPTOUER, Chambre ou cour des monnaies. Gl. *Computatorium*.

COMPTOUOIR, Comptoir, coffre ou cassette à enfermer de l'argent. Gl. *Computatorium*.

COMTÉ, Seigneurie, domaine. Gl. *Comitatus*, 4.

COMUN, Droit que les communes payent au roi ou à leurs seigneurs pour leur établissement. Gl. *Communis*, 2.

CONARDS, Société ou confrérie établie à Rouen et à Évreux, qui se permettait beaucoup de plaisanteries. Gl. *Abbas Conardorum*.

CONCELER, Cacher, celer par fraude; d'où *Concelement*, Fraude, l'action de celer. Gl. *Concelatio* sous *Concelium*.

CONCEPTION, Idée, projet. Gl. *Conceptio*, 2.

* **CONCEVEMENT**, Conception. Chron. des ducs de Normandie, tom. II, pag. 292, vers 24061 :

Plus virge après l'enfantement
Que d'avant le concevement.

Rayn. tom. II, pag. 277², au mot *Concebement*.

CONCHELEÉMENT, Fraude, surprise; du verbe *Concheler*, Celer, cacher. [Partonop. vers 6648]. Gl. *Concelumentum* sous *Conceilum*.

CONCHET, pour Cochet, Présent en viande, vin, ou en argent, que donnait un nouveau marié à ses compagnons. Gl. *Cochetus*, 3.

CONCHIEMENT, Mélange d'une chose médiocre avec une bonne. Gl. *Concagatus*.

CONCHIER, Souiller, salir, barbouiller. Gl. *Babewynus*, *Concagatus*. [*Gersa* et *Vinum*, pag. 843¹. Chanson de Hugues d'Oisi, Laborde, pag. 212 :

Ore est venuz son lieu reconchier.

Voyez Rayn. tom. II, pag. 284², au mot *Concagar*. Tromper. Roman de Renart, tom. I, pag. 5, vers 111 :

Se Renart set gens conchier.

Voyez les Glossaires sur Joinville et sur la Chron. des ducs de Normandie.]

* **CONCHIERE**, Trompeur. Chanson de Simon d'Athies, Laborde, pag. 158 :

A tel feme doit béer
Un conchieres de gent,
Qui par son chonchiement
La sache à son droit mener.

1. **CONCILE**, Conseil, assemblée. Gl. *Concilium*, 1. [Voyez Rayn. t. II, p. 462¹,

au mot *Concili. Concire*, Chron. des ducs de Normandie.]

2. **CONCILE**, Synode, assemblée des curés d'un canton. Gl. sous *Concilium*, 1, pag. 511².

CONCISTOIRE, pour Consistoire, Assemblée d'échevins. Gl. *Consistorium*, 4.

CONCITAIN, Concitoyen. Gl. *Concivium*.

* **CONCLUS**, Vaincu. Roman de Renart, tom. III, pag. 51, vers 21127 :

De soffime et de question
Ne me set respondre un boton.
Quant je l'oi fait dou tot conclus
Ge m'en parti, etc.

* **CONCREANCE**, Naissance, parenté. Chron. des ducs de Normandie, tom. II, pag. 296, vers 24149 :

Qui de lui orent nation
Descendèment no concreance.

* **CONCREIRE**, Confier. Chron. des ducs de Normandie, t. I, p. 58, v. 1553 :

Sa traïsunt e sa merveille
Lor dit e concreit e conseille.

Tom. II, pag. 97, vers 18139 :

Ne je n'ai ami si privé
Qui je cest ovre concreïsse.

Concreidre, Croire. Sainte Eulalie, vers 21 :

Aezo nos voldret concreidre li rex pagiens.

CONCUBIN, Débauché, qui vit avec des concubines. Gl. *Concubinarius*.

CONCUEILLIR, Concuilir, Cueillir, ramasser. Gl. *Conciliare*. [Voyez le Glossaire sur Joinville, et Rayn. tom. II, pag. 434¹, au mot *Concuelhir*. Garin le Loher. tom. I, pag. 100 :

Feble gent sunt, mauvais et concueillis.]

CONDESCENDRE. Se condescendre, Se soumettre. Gl. *Condescendere*, 1.

CONDIGNE, Proportionné. Gl. *Condignare*.

CONDIR, Accommoder, panser. Gl. *Cornetum*, 1. [Voyez Rayn. tom. II, pag. 457¹, au mot *Condicio*.]

1. **CONDITION**, Humeur. Gl. *Conditio*, 6.

2. **CONDITION**. Personne de condition, Serf. Gl. *Conditionati*.

CONDITIONÉ, Qui est de *condition*, serf. Gl. *Conditionales*.

CONDITIONNER, Stipuler, faire une convention, traiter des conditions d'un accord. Gl. *Conditionare*.

CONDOL, Condor, La partie élevée d'une ornière ou sillon. Gl. *Condis*.

CONDUCHER, Espèce de clerc de chanoine dans certaines églises; dans d'autres, c'est un chanoine du second rang : on appelle aussi de ce nom, dans quelques prieurés dépendants de Saint-Victor de Marseille, un clerc ou prêtre qui y est nourri et pensionné. Gl. *Conducharii* et *Conducherii*. [Voyez Rayn. tom. II, pag. 456², au mot *Conduchier*.]

CONDUCT, Conduict, Maison, habitation. Gl. *Conductus*, 3.

CONDUCTIER, Officier militaire qui conduit une troupe. Gl. *Conductor*, 5 [et *Caput scaræ*, pag. 165¹. *Conduisière*, Rayn. tom. III, pag. 83², au mot *Conductor*].

CONDUIL, Charretier. Gl. *Conductor*, 1.

CONDUIS, Sorte de cantique. Gl. *Conductus*, 11.

CONDUISÉEUR, Curateur, procureur, celui qui conduit les affaires d'un pupille. Gl. *Conductor*, 6.

1. **CONDUISEMENT**, Conduit, canal. Gl. *Conductus*, 4.

2. **CONDUISEMENT**, Conduite, direction. Gl. *Conductus*, 4.

CONDUISEUR, Charretier, celui qui conduit des voitures. Gl. *Conductor*, 1.

1. **CONDUIT**, Droit pour la conduite ou le transport des marchandises d'un lieu à un autre. Gl. *Conductus*, 2.

2. **CONDUIT**, Tuteur, curateur, celui qui conduit les affaires d'un pupille. Gl. *Conductor*, 6. [Chef, guide. Guill. Guiart, tom. I, pag. 154, vers 3453 (3846) :

A pié et à cheval tant errent
Li conduit et ceus qui les sivent
Qu'à l'ost au roy de France arrivent.

Conduite, protection. Roman de Renart, tom. II, pag. 371, vers 19734 :

Por ce vos pri en guerredon
Que vos tel conduit me bailliez
Que je n'i soie domagiez.

Sauf-conduit, permission, pag. 295, vers 17611 :

L quens, que volentiers destruit
Celui qui chace sanz conduit.

Voyez le Glossaire sur la Chron. des ducs de Normandie, et Rayn. tom. III, pag. 83³, au mot *Conduch*.]

CONESSANT. Faire conessant, Faire connaître, faire savoir. Gl. *Marchio*, pag. 284¹.

CONESTABLESSE, La femme du connétable. Gl. *Conestabularia* sous *Comes*, 2, pag. 462².

* **CONFANON**, Drapeau, étendard. Voyez *Gonfanon. Confenoiers*, Celui qui porte la bannière. Gérard de Vienne, vers 2304 :

En grant bataile et en estor plainier
Serai toz jors vostre confenoier.

CONFERMANCHE, Confermement, Confirmation. Gl. *Confirmarius*.

CONFERMENT, Droit qu'on paye au seigneur pour la confirmation de quelque privilége. Gl. *Confirmarius*.

* **CONFES**, *Se faire confès*, Se confesser. Garin le Loher. tom. I, pag. 42 :

Dieu reclama et bien confès se fist.

Voyez Rayn. tom. II, pag. 457², au mot *Confes*.

1. **CONFESSION**, Déposition, déclaration. Gl. *Confessio*, 1.

2. **CONFESSION**, Homme de confession, Habitant d'une ville. Gl. *Confessio*, 8.

CONFICHIER, Confisquer. Gl. *Confiscare*.

* **CONFIT**. Guill. Guiart, t. I, p. 162, vers 3665 (4067) :

Anglois ont là mauvais confit,
Vaincu s'en vont et desconfit.

CONFLAERIE, pour Confrérie. Gl. *Confraria*, pag. 535¹.

CONFOLER, Fouler, gâter avec les pieds. Gl. *Follare*.

* **CONFONDRE**, Détruire, ruiner. Partonop. vers 2631 :

> Si m'aît Deus, que il droit ont
> Quant jo por nient les confont.

Roman de Renart, t. 1, p. 41, vers 1076 :

> Tant que je fusse respassez
> De cest mal qui m'a confondu.

Gérard de Vienne, vers 716 :

> Bialz nies, dist il, grant paor ai éu
> Ke ne fuisiez ne mors ne confondus.

Voyez Rayn. tom. iii, pag. 356[3], au mot *Confondre*.

CONFONNE, p. e. Bornage ; ou *Consonne*, p. e. Convention. Gl. *Confinare*, 2.

* **CONFORS**, Consolation, soulagement. Flore et Blanceflor, vers 1734 :

> Ses confors fu regrés et plors.

Conforter, Consoler, soulager, vers 542. Roman de Renart, tom. 1, pag. 14, v. 372 :

> Mès Hersent qui moult s'en conforte.

Voyez Rayn. tom. iii, pag. 376[1], aux mots *Confortar, Confort*.

CONFORTEMENT, Soulagement, consolation. Gl. *Confortamen*. [Voyez Rayn. tom. iii, pag. 376[2], au mot *Confortament*.]

CONFRAIRIE, Association illicite, conspiration. Gl. *Confratria*, pag. 535[2].

CONFRARIE, pour Confrairie. Gl. *Confraria* [et *Vexillum*, pag. 697[1]. Roman de Renart, tom. iii, pag. 63, vers 21465. Voyez Rayn. tom. iii, pag. 383[2], au mot *Confrairia*].

CONFREMANCE, Confirmation. Gl. *Confirmarius*.

CONGÉER, Donner congé, chasser, bannir. Gl. *Congeare*. [Voyez Rayn. t. ii, pag. 449[2], au mot *Comjiur*, et la Chron. des ducs de Normandie.]

* **CONGIÉ**, Permission. Flore et Blanceflor, vers 403 :

> Del venir li done congié.

Voyez Rayn. tom. ii, pag. 449[1], au mot *Comjat*.

1. **CONGLE**, Ce qui joint les bœufs attachés à un chariot. Gl. *Conjugla*.

2. **CONGLE**, pour Congre, poisson ressemblant à l'anguille. Gl. *Conjugla*.

CONGNOISSAMENT, Congnoissaument, Avec connaissance. Gl. *Cognitionaliter*.

CONGRÉER, Agréer ensemble, convenir. Gl. *Congreare*.

CONGRIER, Clôture faite de pieux dans une rivière, pour y retenir le poisson. Gl. *Cogrerium*.

CONGUISE, pour Conquise, Acquisition. Gl. *Conquerementum*.

CONHET, Petit couteau à cerner les noix. Gl. *Conhassa*.

* **CONHOL**. Gl. *Panis*, pag. 53[3].

CONIL, Conin, Lapin. Gl. *Conillus*.

* **CONJOIR**, Congoir, Fêter, affectionner. Garin le Loher. tom. 1, pag. 250 :

> Il le baisa et cil le conjoit.

Pag. 239. Chastel. de Couci, vers 700 :

> Car bien affiert que festoiés
> Soient et par droit conjoiés.

Roi Guillaume, pag. 155 :

> Les rebaise andeus et congot...
> Que nos devons et par raison
> Moult honerer et congoïr.

Voyez Rayn. tom. iii, pag. 446[1], au mot *Conjoir*.

* **CONJUR**, Conjuration, enchantement. Flore et Blanceflor, vers 629 :

> Au planter tel conjur i firent
> Que tous tans cil arbre florirent.

Voyez Rayn. tom. iii, pag. 602[2], au mot *Conjur*.

1. **CONJURE**, Sémonce, avertissement. Gl. *Conjuramentum* sous *Conjurare*, 2, pag. 541[2].

2. **CONJURE**, Conjurement, Assemblée des échevins et jurés d'une ville ou commune. Gl. *Conjuratio* sous *Conjurare*, 2, pag. 541[3].

CONJUREMENT, Espèce de sortilége en usage autrefois pour guérir une blessure. Gl. *Conjurium*.

1. **CONJURER**, Chasser, bannir. Gl. *Conjurare*, 3.

* 2. **CONJURER**. Voyez *Conjure*, 1, 2.

CONJUROISON, Conjuration. Gl. *Appensatus*.

* **CONMU**, Excité, ému. Partonop. vers 5809 :

> En tot le ciel n'a noire nue,
> La mer après n'ert pas conmue.

Voyez Rayn. tom. iv, pag. 279[1], au mot *Escomover*. Saint Thomas de Canterb. vers 1092 :

> Tut ad comunu et tut trublé.

Lisez *Conmu*.

1. **CONNESTABLE**, Commandant des troupes qui sont en garnison. Gl. sous *Comes*, 2, pag. 459[3].

2. **CONNESTABLE**, Celui qui est chargé de l'administration de la justice dans une province ou une ville principale. Gl. sous *Comes*, 2, pag. 459[3].

3. **CONNESTABLE**, Sorte de commissaire pour la justice ou police. Gl. sous *Comes*, 2, pag. 459[3].

4. **CONNESTABLE**, Le chef d'une compagnie ou confrérie. Gl. sous *Comes*, 2, pag. 462[1].

* **CONNESTABLIE**, Troupe militaire. Gl. *Comes*, 2, pag. 459[3]. Voyez Rayn. t. iii, pag. 212[1], au mot *Conestablia*. *Chevaliers de grant connestablie*, Enfants Haymon, vers 178.

CONNIN, Lapin. Gl. *Conillus*. [Voyez Rayn. tom. ii, pag. 458[2], au mot *Conil*.]

CONNINEUR, Le fermier, ou celui qui a la garde d'une garenne. Gl. *Conillus*.

CONNOILLE, Quenouille. Gl. *Conucula*. *Conoille*, Roman de Renart, tom. iii, pag. 76, vers 21830.

CONNOISSANCE, Bannière, habit de guerre armorié. Gl. *Cognitiones*. [Voyez le glossaire sur la Chanson de Roland au mot *Cunoisances*, et celui sur la Chron. dés ducs de Norm. *Connoissance de court*, Gl. *Cognitio placiti*, pag. 418[2]. Partonop. vers 2912. Voyez Rayn. tom. iv, pag. 333[1], au mot *Conoissensa*.]

CONOINGNOLE, Outil de tisserand, p. e. Quenouille. Gl. *Conucula*.

* **CONOITRE**, Communiquer, faire connaitre. Roman de Renart, tom. iii, p. 142, vers 23659 :

> Mès ce que enchargié me fu
> Vos ai ci iluec conéu.

Roi Guillaume, pag. 115 :

> Et li forestiers li connut
> Le voir, que dire li estut.

Chastel. de Couci, vers 5272, 5285. Chron. des ducs de Norm. tom. 1, pag. 338, vers 7351. Voyez Orell, pag. 233.

CONOPEU, Conopieu, Voile, rideau. Gl. *Conopeum*.

* **CONPARER**. Voyez *Comparer*.

CONQUE, Sorte de plat, ou ustensile de cuisine. Gl. *Concha*, 1.

* **CONQUEILLIR**, Recueillir. Rayn. tom. ii, pag. 435[1], au mot *Concuelhir*.

CONQUERIR, Saisir, enlever. Gl. *Conquœrere*. [Voyez Rayn. tom. v, pag. 192[2], au mot *Conquerer*. Vaincre. Orell, pag. 182. Partonop. vers 6092. Garin, tom. 1, p. 121. Aubri, pag. 160[1]. *Conquerement*, Conquête. Chron. des ducs de Norm. tom. iii, p. 352, vers 41153. *Gent conqueutice*, Conquérante, ibid. tom. ii, pag. 22, vers 15920.]

CONQUEST, Profit, gain, avantage. Gl. *Conquestus*, sous *Conquestare*. [Partonop. vers 494. Voyez Rayn. tom. v, pag. 192[2], au mot *Conquist*].

* **CONQUESTER**, Acquérir. Rayn. tom. v, pag. 20[1], au mot *Conquistar*. Gérard de Vienne, vers 3253 :

> Ceu est grant chose d'un amin conquesté.

CONQUILLIR, Cueillir. Gl. *Conciliare*.

CONQUIS, Abattu, découragé. Gl. *Conquisus*.

CONQUISE, Acquisition. Gl. *Conquerementum*.

CONRAER, Conréer, Préparer, arranger, parer, bien recevoir quelqu'un et le traiter. Gl. sous *Conredium*, pag. 546[12]. [Garin le Loher, tom. 1, pag. 138. Flore et Blanceflor, vers 2526. Chants historiques, tom. 1, pag. 225. Roi Guillaume, pag. 108. Ranger, préparer pour le combat. Partonop. vers 2156, 2174, vers 2825 :

> Devant Chaars irés armé
> Et de bataille conréé.

Vers 2373 :

> De la bataille conréer
> Et des eschieles ordener.

Vers 2901 :

> Li rois de France vient devant
> Sa bele ost est moult bien conréant.

Voyez les glossaires sur la Chanson de Roland, au mot *Cunreer*, sur la Chronique des ducs de Normandie, et sur Joinville. Rayn. tom. ii, pag. 459[1], au mot *Conrear*.]

CONRASIER, Celui qui est chargé du soin de la table, dont l'office est appelé *Conraserie*. Gl. *Conresarius* sous *Conredium*, pag. 546[1].

* **CONRATIER**, Conreeur, etc. Corroyeur. Gl. *Conreatores*.

1. **CONROI**, Ordre, rang, troupe rangée. Gl. sous *Conredium*, pag. 546[2]. [Partonop. vers 2205 :

> Ils fuient dusc'à lor conroi,
> Col estendu, tot à desroi.
> Et li conrois bien les atent.

Vers 8762 :
> Tries les rens, les voit assambler
> Et en grans conrois arester.

Vers 2167 :
> Desci qu'il voit venir le roi,
> Deux mil armés en son conroi.

Soin, vers 4572 :
> Si prist grant cure et grant conroi
> De moi afaitier et garnir.

Vers 10037 :
> Se de moi n'éust conroi pris
> Jo ne fusce ore mie vis.

Vers 3728? Garin le Loher. tom. I, pag. 164. Voyez le Glossaire sur la Chronique des ducs de Normandie, au mot *Conrei*, et Rayn. tom. II, pag. 459¹, au mot *Conre*.]

2. **CONROI**, Repas, droit de gîte. Gl. *Conreus* sous *Conredium*, pag. 545³.

3. **CONROI**, Le droit de celui qui conduit des marchandises. Gl. sous *Conredium*, pag. 546².

* **CONROIER (SE)**, comme *Conraer*. Partonop. vers 2337 :
> Partonopeus partot enroie
> E de bataille se conroie.

CONRRYE, Clôture faite de pieux dans une rivière, pour y retenir le poisson. Gl. *Cogrerium*.

CONSAUL, Conseil, assemblée de juges. Gl. *Consilium*, 2. [Parton. vers 218 :
> Il ert consaus de tote Grice.

Chastel. de Couci, vers 6888 :
> Vostre consaus n'est pas vilains.

Vers 1977, 7122. Voyez le Glossaire sur Joinville.]

CONSEGUIN, pour CREUSEQUIN, Coupe, gobelet, vaisseau à boire ou à autre usage. Gl *Crusellus*, 1.

CONSEIL, Secret. Gl. sous *Consiliare*, pag. 551¹. [*A conseil*, A part, en secret, Roi Guillaume, pag. 83, 118. Renart le Nouvel, tom. IV, pag. 140, vers 362. *En conseil*, pag. 218, vers 2390. Roi Guillaume, pag. 82. Voyez Rayn. tom. II, pag. 460¹, au mot *Conselh*.]

CONSEILLER, Consulter. Gl. *Consiliare*, pag. 551². [*Conseller*, Faire confidence. Roi Guillaume, pag. 96. *Consillier*, Flore et Blancefl. vers 271, 748. Rayn. tom. II, pag. 460¹, au mot *Cosselhar*. *Consellement*, ibidem.]

* **CONSEILLIERS**. Gl. *Major domus*, pag. 192². *Conseiller secret*. Gl. *Auricularius*, 1.

* **CONSENCE**, Intelligence, accord. Partonop. vers 302 :
> Si n'avoit pas consence as Gris.

Vers 8912. Voyez Rayn. tom. v, pag. 198², au mot *Cosensa*, Roquef. au mot *Consens*, et la Chron. des ducs de Norm.

CONSENTEUR, Celui qui donne son consentement à quelque chose. Gl. *Consentanius* [et *Faucio*]

CONSEUL. METTRE A CONSEULX, Renvoyer à un plus ample informé. Gl. *Consilium*, 1.

CONSEUS, Projet, dessein. Gl. *Consilium*, 1.

* **CONSIEVRER (SE)**, Être séparé. Roman de Renart, tom. I, pag. 4, vers 87 :
> Ne savez beste pourpenser
> Miex ne s'en puisse consiévrer.

* **CONSIREE**, CONSIR, Désir, souci, pensée. Partonop. vers 7414 :
> Qui voit dame tant desirée
> Dont a fait si grant consirée.

Vers 4739 :
> Mes giendres et mes loos consirs
> Mes plors, mes larmies, mes sospirs.

Voyez Roquef. au mot *Consirée*, et ci-dessous *Consirer*.

* **CONSIRER (SE)**, Se consoler, se consoler de l'absence, se passer de quelque chose, être séparé de quelque chose, désirer. Gérard de Vienne, vers 675 :
> S'il voz en poise, bien m'en puix consirer.

Flore et Blanceflor, vers 1128 :
> Voelle u non, s'en consierra.

Chastel. de Couci, vers 7069 :
> Si nous en couvient consirer.

Vers 7089 :
> Lasse ! conment me consirray
> D'à vous parler et de véir.

Chron. des ducs de Normandie, tom. I, pag. 465, vers 11106, ms. de Tours :
> Ne s'en poent pas consirer
> Li tierz u sunt li chevalier.

Partonop. vers 8275 :
> Por ço s'en met el consirer
> De son estre trop demander,
> Ains dist por lui faire confort, etc.

Vers 60 :
> Solas de m'amor ramenbrer,
> Anui quant pens de consirer.

Vers 1897 :
> De lui véoir à desirer
> Ne s'en puet longes consirer.

Vers 4241 :
> Tel deduit a en consirer
> De la rien c'on puet plus amer.

Voyez ci-dessus *Consiévrer*. Considérer. Chronique des ducs de Normandie, tom. II, pag. 46, vers 16675 :
> Enz en son quor pense e consire.

Voyez Rayn. tom. II, pag. 463¹, au mot *Cossirar*.

CONSISTOIRE, Assemblée des États. Gl. *Consistorium*, 2.

CONSOLAT, Comté, ou juridiction d'échevins, qu'on appelait *Consuls*. Gl. *Consulatus*, 1.

CONSOLATION, Divertissement, récréation. Gl. *Consolatio*, 2.

CONSONNE. Voyez *Confonne*.

CONSSOUS, Échevin, officier de ville. Gl. *Consul*, 3.

CONSTRAIGNEMENT, CONSTRENTE, Contrainte. Gl. *Constringibilis*. [Voyez la Chron. des ducs de Norm.]

* **CONSUIVRE**, comme *Aconsuivre*, Atteindre, rejoindre. Guill. Guiart, tom. 1, pag. 162, vers 3661 (4063) :
> Tout quanqu'il a consuit esmonde.

Lisez *Aconsuit*. Partonop. vers 9863 :
> Deus par se pité le gari
> Que il en car vel consivi.

Chanson de Roland, stance 172, vers 7. Voyez Fayn. tom. v, pag. 180², au mot *Cosseguir*. Orell, pag. 257, et la Chron. des ducs de Norm. aux mots *Consect*, *Consiut*, *Conseuz*

CONSULAT, Le lieu où s'assemblent les consuls ou échevins, hôtel de ville, l'office ou dignité de consul. Gl. *Consulatus*, 6.

CONSUT. TOUTES SONT CONSUTES, Arrêtés, demeurés. Gl. *Consutitii*.

CONTAGIEUX, Sujet à différentes maladies, infirme. Gl. *Contagiatus*.

CONTEMPLE. EN CE CONTEMPLE, En ce même temps. Gl. *Contemporalis*.

CONTENÇON, Contestation, dispute. Gl. *Intentin* sous *Intendere*, 9.

CONTENDRE, Tâcher, faire ses efforts. Gl. *Contendere*.

CONTENEMENT, État, revenu. Gl. *Continentia*, 3. [Maintien, manière de se conduire. Chastel. de Couci, vers 1288 :
> Moult l'esgardent des bourdéis
> Dames pour son contenement.

Vers 5801. Partonop. vers 5570 :
> Por aprendre l'us del pais
> Et de François l'afaitement,
> Les mors et le contenement.

Voyez le Glossaire sur la Chron. des ducs de Normandie; Rayn. tom. v, pag. 335², au mot *Contenement*. *Cuntienement*, Jordan Fantosme, vers 411.]

* **CONTENIR (SE)**, Se conduire. Gérard de Vienne, pag. 167¹ :
> Sai vig veoir comment vos conteneiz.

Chastel. de Couci, vers 915 :
> Car tout cil baceler i vindrent
> Qui moult gentement se contindrent.

Garin le Loher. tom. I, pag. 44 :
> Or n'i a plus que del bien contenir.

CONTENS, Contestation, dispute, procès. Gl. *Contentia*. [Roman de Renart, tom. I, pag. 2, vers 19. Partonop. vers 306, 422, 7921 :
> Un poindre fissent cil dedens
> Cels defors chacent à contens.

Chastel. de Couci, vers 3333 : *Maugré son content*, Malgré lui. Voyez le Gloss. sur la Chron. des ducs de Norm. Rayn. tom. v, pag. 346¹, au mot *Conten*.]

CONTENTOR, Terme latin usité dans les actes écrits en français, pour marquer que le droit de registre a été payé. Gl. *Contentor*.

CONTEST, Procès, querelle, contestation. Gl. *Contestus*.

CONTEUR, Avocat. Gl. *Advocati*, pag. 112¹, et *Narratores*.

CONTHORAL, Femme, épouse. Gl. *Conthoralis*.

CONTIENNEMENT, Contenance, disposition. Gl. *Continentia*, 6.

1. **CONTINUE**, Suivant, qui vient après. Gl. *Continuare*, 2.

2. **CONTINUE**, Fièvre continue. Gl. *Continuare*, 2.

CONTINUENTÉ, Suite, continuité, dépendance d'une même chose. Gl. *Continuare*, 2.

1. **CONTOUR**, Conseiller, assemblée de conseillers ou juges. Gl. *Contorneriæ*. [Comtes. *Contor*. Partonop. vers 9469, 9912.

Cuntur, Chanson de Roland, stance 66, vers 10. Jordan Fantosme, vers 263, 436. Voyez Rayn. tom. II, pag. 453², au mot *Comtor*.]

2. CONTOUR, Marguillier. Gl. *Custos*, 1.

CONTRABOUT, Fonds de terre qu'on donne pour sûreté d'une rente ou d'un cens dû sur un autre fonds. Gl. *Adboutamentum*.

CONTRACT MOBILIAIRE, Qui concerne les choses réputées meubles. Gl. *Contractio* [et *Mobile*].

CONTRAIER, Contracter. Gl. *Contrahere*, 2.

CONTRAIGNEMENT, Contrainte, violence. Gl. *Constringibilis*.

CONTRAINTISVEMENT, Par contrainte, par force. Gl. *Constringibilis*.

1. CONTRAIRE, subst. Ennemi, adversaire. Gl. *Contrarius*, 2.

2. CONTRAIRE, Contracter. Gl. *Contrahere*, 2.

* 3. CONTRAIRE, Ennui, contrariété. Roi Guillaume, pag. 99 :

Et par anui et par contraire.

Chastel. du Couci, vers 546 :

Ne en ma vie n'oy talent
De vo corps feire nul contraire.

Roman de Renart, t. 1, p. 27, vers 731 :

Lessiez ester tot cest contrere,
Ce qui est fet n'est mie à fere.

Voyez Rayn. tom. II, pag. 568¹, au mot *Contrari*.

1. CONTRAIT, Contrat, convention. Gl. *Contractio*.

2. CONTRAIT, Contrefait, difforme, estropié. Gl. *Contractus*, 3. [Voyez Orell, pag. 272, et le Glossaire sur la Chron. des ducs de Norm. au mot *Contraiz*.]

CONTRAITURE, Contraction de nerf. Gl. *Contractoria domus*.

CONTRALIER, Contrarier, ne pas être de même avis. Gl. *Contrariari*. [Roman de Roncevaux, pag. 20. Gérard de Vienne, vers 3429. Aubri, pag. 161². Partonop. vers 1146, 5490, 9855, 6364 :

Et puis ai tel novele oïe
Que tot le cuer me contralie.

Contraloier, Aubri, pag. 161¹. Voyez le Glossaire sur la Chronique des ducs de Normandie. *Contralie*, Contradiction. Chanson de Gaces, Wackern. pag. 11 :

Lors me dist por contralie :
Quant ireis vos outre meir ?

Voyez Rayn. tom. II, pag. 468², au mot *Contraria*. *Contralision*, Aubri, pag. 155¹ :

Et cis respont par contralision.

Contralios, Contraire, contrariant. Flore et Blanceflor, vers 751 :

Ha mors, tant par es envieuse,
De pute part contralieuse.

Partonop. vers 5423 :

Ahi mors! con ies desdeignouse!
Ahi, con ies contraliouse !

Voyez le Glossaire sur la Chronique des ducs de Normandie. Rayn. tom. II, p. 468¹, au mot *Contrarios*.

CONTRAPLEGEMENT, CONTR'APPLEGEMENT, Caution que fournit le défendeur.

Gl. *Applegiare* et *Contraplegiamentum* sous *Plegius*, pag. 303².

CONTRASTER, S'opposer. Gl. *Contrastare*.

* CONTR'ATENDRE, Attendre. Partonop. vers 4288.

CONTRATEUR, Courtier. Gl. *Corraterius*.

1. CONTRE, Environ, vers. Gl. *Contra*, 1.

2. CONTRE, A cause, pour. Gl. *Contra*, 4.

* 3. CONTRE, A la rencontre, au-devant. Garin le Loh. tom. 1, pag. 85 :

Il a mandé dant Renaut de Baugi
Contre lui soient à Dijons samedi.

Agolant, pag. 185² :

Là nos atendent li anges en chantant
Contre vos ames vont grant joie menant.

Roman de Renart, tom. III, pag. 94, vers 22330 :

Por venoison apareillier
Contre ceus qui durent venir.

Pag. 105, vers 22644 :

Contre son père veult aler.

Voyez Rayn. tom. II, pag. 467², au mot *Contra*.

CONTRE-ADVEU, Opposition à une demande ou complainte; d'où *Contre-advouer*, Former cette opposition en justice, et *Contre-advoueur*, Celui qui la forme. Gl. *Adveutum*.

CONTRE-APOIAL, Barre d'une porte, ce qui appuie. Gl. *Apodiamentum*.

CONTRE-AVANT, Auvent, contrevent. Gl. *Auventus*.

* CONTREÇAINGLE,..... Flore et Blanceflor, vers 1191 :

Les estrivières et les çaingles
De soie avoec les contreçaingles.

CONTRECENS, Fonds donné pour sûreté d'un cens dû sur un autre fonds. Gl. *Adboutamentum*.

CONTRECURÉE, Armure qui défend le ventre, les intestins. Gl. *Corata*.

CONTREDAIGNER, Répliquer, contredire. Gl. *Groussare*.

* CONTREDAINGNER, Daigner, estimer. Guill. Guiart, tom. 1, pag. 68, vers 1112 (1609) :

Onques si filz n'i voudrent estre,
Car nul tant ne le contredaingne.

* CONTREDIS, Contradiction. Flore et Blanceflor, vers 2247 :

De cou soit il séurs et fis,
Que jà n'en iert fais contredis.

Garin le Loh. tom. 1, pag. 43 :

De mainte gent i ot grant contredit.

Contredisement, Rayn. tom. III, pag. 55², au mot *Contradisament*.

CONTREFERME, Serment fait en justice, pour affirmer son bon droit contre son adverse partie. Gl. sous *Firma*, 1, pag. 302¹.

CONTREFORCHIER, Résister, opposer la force à la force. Gl. *Fortia*, 2.

CONTREGAGE, Caution, nantissement. Gl. *Contragagiamentum* et *Contragagium*.

CONTREGAIGIER, User de représailles. Gl. *Contragagium*.

* CONTREGARDER (SE), Se garder. Flore et Blanceflor, vers 3030.

CONTREGUETTER, Veiller pour se garantir des insultes que quelqu'un cherche à nous faire. Gl. *Guaytare* sous *Wactæ*, pag. 901². [Ruteb. tom. II, pag. 240.]

CONTREMANT, Excuse légitime pour ne point comparaître en justice, proposée par un chargé de procuration, qu'on appelait *Contremanderes*. Gl. *Contramandare*, pag. 574³. [Flore et Jeanne, pag. 48 : *Li jours de la bataille prouonciés à quinsaine sans nul contremant*. Contremander. Roman de Renart, tom. II, pag. 308, vers 17963 :

Mandé l'avez, bien un mois a,
Mes onques taut ne vos prisa
Qu'il vos daingoast coutremander,
Ne jor ne respit demauder.]

* CONTREMONT, En haut, en amont. Agolant, vers 425, 471. Voyez le Glossaire sur la Chronique des ducs de Normandie. *Cuntremunt*, Chanson de Roland, stance 31, vers 6.

CONTREMONTER, Gagner, augmenter, faire des progrès. Gl. *Montare*, 3. [Monter, valoir. Guill. Guiart, tom. II, pag. 193, vers 4974 (13962) :

Qui bien set que ce contremonte.]

CONTREPANT, Fonds de terre assigné pour sûreté d'une rente ou d'un cens dû sur un autre fonds. Gl. *Contravadium*.

CONTREPANER, p. e. pour CONTREPACTER, Faire compensation. Gl. *Contropatio*. [Rentes contrepannées. Gl. *Contravadium*.]

CONTREPART, Partie adverse. Gl. *Contraria*.

* CONTREPASSER. Guill. Guiart, t. II, pag. 144, vers 3709 (12693) :

Cis rois, que mors contrepassa
Quant de ce siecle trespassa
Par le lancement de sa fonde.

CONTREPENSÉ, Réfléchi, médité. Gl. *Appensatus*. [Partonop. vers 5694.]

1. CONTREPLEGE, Caution. Gl. *Contraplegiatio*.

2. CONTREPLEGE, Le répondant de la caution. Gl. *Contraplegii*.

CONTREPOIDS, CONTREPOISER. On pesait autrefois les malades, et surtout les enfants, devant les reliques des saints, qu'on réclamait pour leur guérison ; auxquels on offrait autant de blé ou d'autres choses que pesait le malade, ou bien l'on donnait l'équivalent en argent, ce qu'on appelait le *Contrepoids*. Gl. *Ponderare*, 1.

* CONTREPOINTE. Gl. *Alberc* et *Gambeso* pag. 470³.

CONTRE-RABAT, Saillie de cheminée, le manteau. Gl. *Rabattere*.

CONTREROLEUR, Contrôleur. Gl. *Controrotulator*.

CONTRÉROLEUX, Critique, qui contrôle volontiers les actions d'autrui. Gl. *Controrotulator*.

CONTRESTER, Résister, s'opposer. [Chastel de Couci, vers 1151. Chanson de Roland, stance 179, vers 16. Voyez Orell, pag. 94. Rayn. tom. II, pag. 167¹, au mot *Contrastar*, et la Chron. des ducs de Normandie.] *Non Contrestant*, Nonobstant. Gl. *Contrastare*.

CONTRET, Contrefait, difforme, estropié. Gl. *Contractoria*.

CONTRETEMPESTE DE VENT, Ouragan. Gl. *Tempesta.*

CONTRETENEUR, Haute-contre. Gl. *Contratenens.*

1. **CONTRETENIR**, S'opposer, empêcher. Gl. *Contrastare.* [Retenir. Chanson du Trésor. de Lille, Laborde, pag. 202 :

> Ne festes vostre pris mentir
> Par trop merci contretenir.]

2. **CONTRETENIR**, Contenir, modérer. Gl. *Contrastare.*

* **CONTREVAL**, En bas. Chron. des ducs de Normandie.

* **CONTREVALOIR**, Égaler en valeur, équivaloir. Fabl. et Cont. t. II, p. 106 :

> Quant feme velt torner à bien
> Ne la puet contrevaloir rien.

Chanson de Roland, stance 146, vers 7 :

> Jamais n'iert hume ki tun cors cuntrevaillet.

Voyez Rayn. tom. v, pag. 465¹, au mot *Contravaler.*

CONTREVENGE, **CONTREVANGEMENT**, Vengeance, représailles. Gl. *Contravengia.*

CONTREVENGUER, Se venger, user de représailles. Gl. *Contravindicare.*

CONTROVERSION, Débat, différend. Gl. *Controversiones.*

CONTUMACION, Contumace, terme de pratique. Gl. *Contumacia.* [Rayn. tom. II, pag. 471¹, au mot *Contumax.*]

CONVAINCRE, Prendre, s'emparer, saisir; d'où *Convainerie*, Saisie, l'action de prendre. Gl. *Convadium.*

CONVALOIR, Recouvrer la santé, être en convalescence. Gl. *Convalescentum.*

CONVEANCE, Convention. Gl. *Convenentia.*

CONVENANCIER, S'engager à quelque chose par traité et convention. Gl. *Convenire*, 1.

1. **CONVENANT**, Convention, la chose convenue. [Chanson du duc de Brabant, Laborde, pag. 173 :

> Damoiselle, car prenez
> La çainture maintenant,
> Et le matin si raurez
> Trestout l'autre convenant.]

Mettre en Convenant, Convenir, être d'accord. Gl. *Convenientum*, *Convenire*, 1, et *Convenium.*

2. **CONVENANT**, Contenance, disposition. Gl. *Continentia*, 6.

CONVENCE, Convention. Gl. *Convenentia.*

CONVENEMENT, Convention par écrit. Gl. *Chirographum*, pag. 329².

CONVENENT, Marché, convention. Gl. *Convenium.*

CONVENIR, Appeler, citer en justice. Gl. *Convenire*, 2. [Appeler comme témoin. Chanson du comte d'Anjou, Laborde, pag. 154 :

> Jà envers vos n'iert par moi porpensée
> Desloiautez, douce dame avenant;
> La bonne foi qu'ai del cuer en convant.

S'adresser à quelqu'un, lui demander quelque chose. Roi Guillaume, pag. 58 :

> S'en estuet le roi convenir.

Ce qui peut arriver, hasard. Chron. des ducs de Norm. tom. I, pag. 154, vers 2085 :

> Uut mais tut mis au convenir.

CONVENT, Accord, convention, engagement. Gl. *Convenium* [et *Convenire*, 1. Chastel. de Couci, vers 3545. *Par convent*, Ruteb. tom. II, pag. 232].

CONVENTER, Faire une convention, convenir. Gl. *Convenire*, 1.

1. **CONVERS**, Converti, nouveau chrétien. Gl. *Conversio*, pag. 584¹.

2. **CONVERS**, Repaire, retraite de bêtes farouches. Gl. *Conversio*, pag. 584². [Partonop. vers 501, 518, 521, 5186, 5738. Voyez le Glossaire de la Chronique des ducs de Normandie. *Converser* se dit du séjour des bêtes farouches. Agolant, v. 361 :

> Dedens se vit un grant serpent cresté,
> Bien i avoit cc anz conversé.

Se dit également de la chasse. Gérard de Vienne, vers 354; Roi Guillaume, p. 117, comme *Convers.* Chron. des ducs de Normandie, tom. II, pag. 341, vers 25305.]

CONVERSION, Habitude, liaison, familiarité. Gl. *Conversio*, pag. 584².

CONVI, Convier, Repas, festin. Gl. *Convivium.* [Rayn. tom. II, pag. 472¹, au mot *Convit.*]

* **CONVICER**, Injurier. Chron. des ducs de Normandie, tom. III, pag. 195, vers 37194 :

> Son frere despit e convice.

CONVINE, Façon de vivre, état disposition d'une personne ou d'une chose, conspiration, projet. Gl. *Covina.* [Garin le Loher. tom. I, pag. 98.]

CONVINTAILLE, p. e. pour **CONVINÇAILLE**, Convention, accord. Gl. *Conventia*, 1.

CONVITOIEMENT, pour **COINTOIEMENT**, Ajustement, parure, ornement. Gl. *Cointises.*

1. **CONVIVE**, Repas, festin. Gl. *Convivium.* [Orell, pag. 26. Chron. des ducs de Normandie.]

2. **CONVIVE**, pour **CONVINE** ou **COUVINE**, Contenance, disposition. Gl. *Covina.*

CONVOIER, Conduire, accompagner. [*En convoiant*, Au départ, au congé. Partonop. vers 3733.] D'où *Convoiement* et *Convoy*, Compagnie, cortége. Gl. *Conviare.* [*Convoi*, Soin. Roman de Rou :

> Ne prenz convoi de t'ame plus que beste sauvage.]

* **COOIGNOLE**, Sorte de piége. Roman de Renart, tom. II, pag. 163, vers 13958. Voyez *Ceoignole.*

1. **COP**, Prisée, estimation. Gl. *Colpus*, 2.

2. **COP**. *A cor*, Aussitôt, dans le moment. Gl. *Colpus*, 2. [*A tout le cop*, Flore et Jeanne, pag. 26.]

3. **COP**, **COPE**, Sorte de redevance en blé, qu'on payait à la mesure de ce même nom. Gl. *Cupa*, 4.

COPE, Certaine mesure de grain et de sel. Gl. *Copa*, 2. [*Copponus* et *Cupa*, 4. Voyez Rayn. tom. II, pag. 525², au mot *Cubel.*]

COPEAU, Rigole, coupure, portion d'eau tirée d'une rivière. Gl. *Colpo.*

COPER LES FERMES, Les délivrer, les adjuger. Gl. *Copare*, 2.

COPER LES HARENS, Sorte de jeu ou de divertissement qui se faisait à la fin du carême. Gl. *Copare*, 2.

COPERE, **COPEREAU**, Mari qui souffre et favorise les infidélités de sa femme. Gl. *Copaudus.*

COPHE, Creux. Gl. *Cophrus.*

COPIE, Abondance, jouissance. Gl. *Copia.*

* **COPIEZ**. Chanson de Roland, st. 113, vers 4 :

> Li destrers est e curanz e aates
> Picz ad copiez e les gambes ad plates.

* **COPLER (SE)**, S'accoupler. Partonop. vers 4833 :

> Bien l'a ses talens sorportée
> Quant à un garçon s'est coplée.

COPOIER, Blâmer, accuser quelqu'un d'une faute. Gl. *Inculpare.*

COPON, Certaine mesure de grain. Gl. *Copponus.*

COPPAU, Mari qui souffre et favorise les infidélités de sa femme. Gl. *Copaudus.*

1. **COPPE**, Sorte de péage. Gl. *Copa*, 5.

2. **COPPE**, Haut, sommet, cime. Gl. *Coppa*, 4.

COPPÉE, Certaine mesure de grain. Gl. *Copata.*

COPPEGORGE, **COPPEGORGIAS**, Dague, poignard. Gl. *Copagorgius.*

COPPE-LE-TESTE. *Avoir coppe-le-teste*, Avoir le cou coupé. Gl. *Copagorgius.*

COPPETE, Petite coupe, tasse. Gl. *Coppetella.*

COPPETER, Copter, faire battre le battant d'une cloche seulement d'un côté. Gl. *Missa copetata*, pag. 436³.

1. **COPPON**, Tronçon, morceau. Gl. *Colpo.*

2. **COPPON**, Coupure ou pièce d'eau provenant d'une rivière, étang, etc. Gl. *Colpo.*

3. **COPPON**, Bougie, chandelle de cire. Gl. *Copallus.*

COPPUIEZ, **COPPUIS**, p. e. Le droit de couper les rejets des arbres. Gl. *Copellus*, 2.

COQ DE PARROISSE, Celui qui domine avec dureté et qui vexe ses semblables. Gl. *Gallus.*

COQUART, Mari dont la femme est infidèle, sot, nigaud. Gl. *Coquibus.*

1. **COQUE**, Sorte de bateau ou vaisseau. Gl. *Coccha.* [Rayn. tom. II, pag. 473², au mot *Coqua.*]

2. **COQUE**, Espèce de cerceau. Gl. *Cerchium.*

COQUEBERS, **COQUEBIN**, Sot, nigaud, impertinent. Gl. *Coquibus.*

COQUELOOTE, Pierre blanche taillée en forme d'œuf, qu'on met sous les poules pour les accoutumer à couver. Gl. *Cubare ova.*

COQUELUCHE, Coqueluchon, ce qui couvre la tête; d'où *Coquelucher*, Celui qui porte un coqueluchon. Gl. *Abbas*, col. 25, et *Coqucia.*

* **COQUENTIN**. . . . Agol. vers 1162 :

> Mais ne feroit por lui un coquentin,
> Plus het l'un l'autre que triacle venin.

COQUERELLE, Celle qui garde les dames chanoinesses de Remiremont depuis l'extrême-onction jusqu'à leur enterrement, dans les Mémoires de la Houssaie, tom. I, pag. 9.

1. **COQUET**, Caque, petit baril. Gl. *Caquus.*

2. **COQUET**, Petit bateau en forme de coquille, nacelle. Gl. *Coccha*, et *Cochetus* sous *Cogo.*

3. **COQUET**, Présent en viande, vin, ou en argent, qu'un nouveau marié donnait à ses compagnons. Gl. *Cochetus*, 3.

COQUIBUS, Coqueluchon. Gl. *Coquibus*.

COQUILLARD, Mari dont la femme est infidèle, sot, nigaud. Gl. *Coquibus*.

COQUILLE, Sorte de chaperon ou coiffure en forme de coquille. Gl. *Coquibus*.

COQUIN, Mendiant; d'où *Coquiner*, Mendier, et *Coquinerie*, Métier de mendiant. Gl. *Coquinus* [et *Cociones*].

COQUON. JEU DE COQUON. Gl. *Cucho*.

COQUSSE, Coqueluchon. Gl. *Coqucia*.

* 1. **COR**, Extrémité. Renart le Nouvel, tom. IV, pag. 173, vers 1240 :

> En un trosne d'or en un cor
> Del palais ont Orguel assis.

Pag. 189, vers 1665 :

> Que il seroit traïnés
> Louc mon roïaume dusqu'au cor.

Partonop. vers 265 :

> Cil avoit en Troie une tor
> Sur une maistre porte al cor.

Vers 7447 :

> Ele a son mantel deslacié
> Dont li cor li vinrent al pié...
> Li orlés est de sebelius...
> Si duroient desci ès cors.

Vers 10362 :

> As quatre cors ot boutonés
> De quatre safirs roondés.

Voyez Rayn. tom. II, pag. 486², au mot *Corn.*

* 2. **COR**, Cornier. Roman de Cléomades, Chron. des ducs de Normandie, tom. II, pag. 450 :

> Une arbaleste fait de cor.

Voyez ci-dessus *Arbaleste*.

* 3. **COR**, Choix, élection. Voyez Gl. *Chora*. Roman de Renart, tom. IV, pag. 80, vers 2210 :

> Pour çou je coumence au cor,
> Que prime vois je doi avoir,
> Et pour itant je fach mon hoir
> Del hireçon qui m'a vengié.

* **CORABLE**. FEUR CORABLE, Prix usuel. Gl. *Servus*, pag. 221³.

* **CORAGE**, Sentiment, volonté. Gl. † *Unicordia*. Roman de Renart, tom. I, p. 5, vers 114 :

> Et d'unes meurs et d'un corage.

Vers 125 :

> Et d'un pansé et d'un corage.

Voyez Rayn. tom. II, pag. 474², au mot *Coratge*, et la Chron. des ducs de Normandie. *Curage*, Chanson de Roland, stance 13, vers 12; stance 51, vers 4. *Corageux*, Qui a la volonté. Rayn. pag. 475¹, au mot *Coratier*.

CORAILLE, Intestins, entrailles, boyaux. Gl. *Corallum*, 1. [Roman de Renart, tom. III, pag. 101, vers 22532 :

> As levriers a doné lor droit
> Et le pomon et la coraille.

Voyez le Glossaire sur la Chronique des ducs de Normandie, Roquefort, le Glossaire sur la Chanson de Roland, au mot *Curaille*, et Rayn. tom. II, pag. 475², au mot *Corada*.]

1. **CORAL**, Chêne. Gl. *Corallus*. [Voyez Rayn. tom. II, pag. 419¹, au mot *Coron*.]

* 2. **CORAL**, Qui vient du cœur, sincère. Aubri, pag. 175¹ :

> Il se demente et fait un dol coral.

Voyez Rayn. tom. II, pag. 475¹, au mot *Coral.*

* 3. **CORAL**, Corail. Flore et Blanceflor, vers 618, 657.

* **CORB**, Corbeau. Rayn. t. II, p. 479², au mot *Corb*. Voyez *Corp.*

CORBAN, Couchant, habitant. Gl. *Cubantes.*

CORBARAN, Trésor, lieu où l'on garde le trésor. Gl. *Corbona.*

CORBAU, Sorte de poisson. Gl. *Coracinus.*

CORBEILLOGNEUR †, Faiseur de corbeilles. Gl. *Corbio.*

CORBEILLONNÉE, CORBELLONNÉE, Corbeillée, une corbeille pleine de quelque chose. Gl. *Corbellata.*

* **CORBEL**, Paysan, habitant. Chron. de Jordan Fantosme, vers 1081 :

> N'i aveit el païs ne vilain ne corbel.

Tristan, vers 3611 :

> Li corbel, qui sont plain de rage,
> Li font ennui et il est sage.

Voyez *Corban.*

CORBESSON, Joug, morceau de bois courbé où l'on attèle les bœufs. Gl. *Corba*, 3.

CORBET, Instrument de fer propre à couper du bois, serpe. Gl. *Corba*, 3.

CORBETE, Ornement de selle de cheval. Gl. *Corba*, 3.

CORBIERE, p. e. Lieu fermé de claies. Gl. *Corbitaria.*

CORBILLIER, Chanoine qui n'a qu'une demi-prébende dans l'église d'Angers. Gl. sous *Corbecula.*

CORBISIER, Marchand de corbeilles, ou celui qui porte sa marchandise dans une corbeille ou balle. Gl. *Corbio.*

1. **CORCIÉ**, Battu, maltraité. Gl. *Cabulus*, pag. 103.

* 2. **CORCIÉ**, Courroucé. Aubri, p. 162¹ :

> N'envers sa fame ne vers autrui corciés.

* **CORCION**, Bâtard. Enfants Haymon, vers 530 :

> Je suis Regnault, vous fils, de droite estracion,
> Mais je croy bien qu'ayés éu plus d'un baron,
> Car le duc de Dordonne m'a apellé corcion.

CORDAGE, CORDAIGE, Droit sur les marchandises mesurées à la *corde*. Gl. *Cordagium*, 2.

CORDAIL, CORDAILLES, Corde, cordages d'un vaisseau. Gl. *Cordagium*, 1.

CORDE, Sorte de mesure pour les terres. Gl. *Corda*, 1.

* **CORDÉ**, Grosse étoffe de laine. Roi Guillaume, pag. 167 :

> De gros aigniax et de cordé.

Voyez *Roquef.*

* **CORDÉIS**, Sangles du lit. Partonop. vers 10325 :

> Ot par desus le cordéis
> Qui fu de soie lacéis.

* **CORDÉLLE**, Cordon, cordelette. Chastel. de Couci, vers 4924 :

> Mes se vos poés acointier
> Gobiert et traire a vo cordelle.

Guill. Guiart. tom. I, pag. 253, vers 6129 (6448) :

> Qu'il ont atrait à leur cordele.

Roman de Renart, t. IV, p. 37, vers 1015 :

> Fors por moi metre à sa cordiele.

Voyez Rayn. tom. II, pag. 481¹, au mot *Corda.*

CORDER, Former le cordon d'un bâtiment, soit en pierres, soit en bois. Gl. *Cordonus.*

CORDIC, Corde ou lice d'un champ clos. Gl. *Corda*, 5.

CORDOAN, CORDOUAN, Espèce de cuir qui vient de Cordoue. Gl. *Cordebisus*. [Voyez Rayn. tom. II, pag. 485², au mot *Cordoan*].

CORDOANNIER, CORDOUANNIER, Celui qui prépare ou emploie le cuir appelé *Cordoan*. Gl. *Cordebisus.*

CORDON, Soliveau du cordon d'une charpente. Gl. *Cordonus.*

CORDURIER, Couturier, tailleur. Gl. *Cordurieyra.*

1. **CORE**, p. e. Cornet à encre. Gl. *Coreus.*

2. **CORE**, Juridiction des *Coremans* ou juges des causes civiles, et échevins. Gl. *Chora.*

CORÉE, Intestins, entrailles, boyaux. Gl. *Corata*. [Partonop. vers 9875. Voyez *Coraille.*]

* **CORÉOR**, Troupes détachées qui vont en avant du corps d'armée, coureurs. Garin le Loher. tom. I, pag. 165 :

> Li ardéor se sunt par devant mis,
> Les coréors maine Isorés li gris.

Pag. 166 :

> Li couréor ont partout le feu mis.

Ceval coreor, Partonop. vers 1626.

CORER, p. e. Collier. Gl. *Corea.*

CORET, p. e. L'ouverture du cornet à encre. Gl. *Corcus.*

COREUMENT, Cordialement, de tout le cœur. Gl. *Cordialiter.*

COREUX, Qui fait soulever le cœur, qui cause des nausées. Gl. *Cordia*, 3.

CORGE, Espèce de bâton ou d'arme offensive. Gl. *Corgo.*

CORGOSSON, Calendre. Gl. *Curculiunculus* [en provençal].

1. **CORIAL**, Chantre, clerc, ou prêtre chantant au chœur, enfant de chœur. Gl. *Choralis.*

* 2. **CORIAL**. . . . Flore et Blanceflor, vers 593 :

> En la tombe aut quatre corians
> A quatre cors bien fais et biaus,
> Et quant li quatre vent feroient
> Cascuns ausi com il ventoient.

CORIER, Celui qui fait ou vend des courroies. Gl. *Coriarius*, 2.

CORIERS, Échevins, juges des causes civiles. Gl. *Cora.*

CORINE, Colère, mauvaise humeur, dépit. Gl. *Corina.*

CORLIEUS, Courrier, messager. Gl. *Corerius*, 1.

* **CORLIU**. GENT CORLIUE, Au jeu d'échecs. Roman d'Alexandre, Chron. des ducs de Normandie, tom. II, pag. 516² :

> A cest mot traist son roi et sagement l'aliue
> Entre roi et aufin, derrier la gent corliue.

* **CORMORAGE** †. Gl. *Alcedo.*

* **CORN**, Cor. Chron. des ducs de Normandie. Rayn. tom. II, pag. 485².

* **CORNABUS**, Bête à cornes? Roman de Renart, tom. IV, pag. 112, vers 3073 :

> Voirs est dou mouton sage un priestre
> Et un abé d'un cornabus.

1. **CORNAGE**, Redevance en grains pour les bêtes à cornes. Gl. *Cornagium.*

2. **CORNAGE**. TENIR PAR CORNAGE, A charge d'avertir par le son du cornet des irruptions que tenteraient les ennemis sur la terre de son seigneur. Gl. *Cornagium*, pag. 605¹.

* **CORNARD**. Voyez *Conard.*

CORNARDIE, Condition, qualité de l'homme dont la femme est infidèle. Gl. *Coquibus.*

CORNART, Mari dont la femme est infidèle. Gl. *Cornu*, 8.

CORNAU, Quartier, canton. Gl. *Cornale* [en Gascogne].

CORNAY, p. e. Le temps où se payait la redevance appelée *Cornage.* Gl. *Cornagium.*

CORNE, CORNERE, Extrémité de quelque chose qui finit en pointe. Gl. *Cornu*, 6.

CORNEBER, Certain outil de tisserand. Gl. *Conucula.*

CORNÉER, Tympaniser, blâmer quelqu'un en public. Gl. *Cornare*, 2.

* **CORNEL**, Créneau, Jordan Fantosme, vers 1498 :

> Si 's pendi as cornels, lungement s'est tenuz.

Variante *Kerneaus.*

CORNEMUSEUR, Joueur de *cornemuse*, farceur, comédien ; et *Cornemusaresse*, Femme qui fait le même métier. Gl. *Cornamusator.*

CORNER, Jouer du cornet. Gl. *Cornare* et *Cornator.* [Aubri, pag. 162² :

> Quant tot fu prest, si fu l'eve cornée.

Chastel. de Couci, vers 1899 :

> Adont fist-on l'aigue corner,
> Si vont communaument laver,
> Et puis s'asisent au mengier.

Voyez *Bondir.* ° *Corner prise*, Gérard de Vienne, vers 3508. Voyez *Prise.* Voyez Rayn. tom. II, pag. 486⁴, au mot *Cornar.*]

CORNERIE, L'action de sonner du cor. Gl. *Cornare*, 1.

1. **CORNET**, Coin, angle. Gl. *Cornetum*, 1. [*Cornet de l'uel* †. Gl. *Acies*, 3.]

2. **CORNET**, Coin, pointe. Gl. *Cornetum*, 1.

3. **CORNET**, Coin, lieu retiré, caché. Gl. *Cornetum*, 1.

4. **CORNET**, La partie de la tête qu'on appelle temple. Gl. *Cornetum*, 1.

CORNETE, Vêtement et ornement de tête pour les hommes et les femmes. Gl. *Corneta.*

CORNETEAU, Redevance en grains pour les bêtes à cornes. Gl. *Cornagium.*

CORNEUR, Joueur de cornemuse, farceur, comédien. Gl. *Cornamusator.*

CORNIART, Cornet, espèce de trompette. Gl. *Corneta.*

CORNIER, Angulaire, qui fait le coin. Gl. *Corneirus.*

1. **CORNIERE**, Coin, extrémité de quelque chose. Gl. *Cornetum*, 1 [et *Corneria*].

2. **CORNIERE**, Vêtement et ornement de tête, comme *Cornete*. Gl. *Corneta.*

CORNU, Sorte de monnaie de France et d'autres pays. Gl. *Cornutus*, 3 [et *Moneta*, pag. 501³].

CORNUDE, Espèce de seau ou vase à deux anses. Gl. *Cornua*, 2 [à Marseille].

CORNUDEAU, Échaudé, gâteau fait en forme triangulaire. Gl. *Cornuta*, 2.

CORNUE, Espèce de seau ou vase à deux anses. Gl. *Cornuda.*

CORNUEL, Espèce de massue, bâton armé de pointes. Gl. *Cornuda.*

CORNUYAU, Échaudé, gâteau fait en forme triangulaire. Gl. *Cornuta*, 2.

COROÉ, Corvée, servitude corporelle qu'un vassal doit à son seigneur. Gl. *Coroada.*

CORON, Coin, encoignure. Gl. *Coronnus.* [Enfants Haymon, vers 389 :

> Se nous sommes ès bois entrés et à coron
> Je ne donroye de Karlon valissant un boton.

Vers 499 :

> Ne say à quel coron j'en pouroye tourner.

Flore et Jeanne, pag. 25 : *Ses esporons ahoka à la sarge au coron du lit.* Voyez *Cor*, 1.]

CORONNÉ, Clerc, tonsuré. Gl. *Corona clericalis.* [Gérard de Vienne, vers 3914 :

> Et clerc et preste et moine coroné.

Voyez la note, Rayn. tom. II, pag. 488², au mot *Corona*, et le Glossaire de la Chron. des ducs de Normandie.]

COROYETTE, Petite ceinture. Gl. *Corrigiola.*

CORP, Corbeau, espèce de poisson. Gl. *Coracinus.* [Chron. des ducs de Normandie, tom. II, pag. 208, vers 21491. Voyez *Corb.*]

CORPE, Faute, crime ; d'où *Corper*, Commettre une faute, faire un crime. Gl. *Culpare.*

CORPEL, Poignée d'une épée. Gl. *Corpellus.*

CORPORALIER, Boîte où l'on serre les corporaux. Gl. *Corporale.*

CORPORALLIER, Ciboire, vase sacré où l'on conserve le corps de N. S. Gl. *Corporale.*

CORPORER †, Donner du corps, engraisser. Gl. *Corporare*, 1.

CORPOREUS, CORPORU, Puissant, robuste, qui a de l'embonpoint, grand et gros. Gl. *Corporosus.*

1. **CORPS** DE NOTRE SEIGNEUR, Le saint sacrifice de la messe. Gl. *Corpus Christi.*

2. **CORPS**, Deuil, funérailles. *Corps naturel*, Cadavre. *Feste d'un Corps*, Repas qu'on donnait à ceux qui avaient assisté à un enterrement. Gl. sous *Corpus*, p. 613³.

* 3. **CORPS**, Personne. *Mon corps*, Moi. Garin le Loher. tom. I, pag. 47, 72. Enfants Haymon, vers 218, 560, 562, 566, 592. Chastel. de Couci, vers 1970 :

> S'entour vo gent cors repairier
> Me voient, il en parleront.

Garin le Loher. tom. I, pag. 142 :

> Au chastelet s'en est montés Garins
> Ses cors méismes s'est là descure mis.

Voyez Rayn. tom. II, pag. 494¹, au mot *Cors. Homme de corps.* Gl. *Homo*, p. 688².

CORRAGE, Sorte de redevance ou impôt. Gl. *Coragium*, 3.

CORRATIER, Courtier, maquignon. Gl. *Corratarius.*

* 1. **CORRE**, Verrou. Voyez *Courroil.* Roman de Renart, tom. II, pag. 101, vers 12295 :

> Lors s'en vint droit à la fenestre...
> Apoiée fu d'une corre,
> La nuit fu obliée à clorre.

* 2. **CORRE**, CORRER, Courir. Rayn. tom. II, pag. 489¹, au mot *Correr.*

CORRIGEMENT, Correction, avertissement. Gl. *Correctio.*

* **CORROI**, comme *Conroi*, Corps de troupes. Agolant, vers 704 :

> L'autre corroi sunt à cent mil nombre.

1. **CORROIE**, Corvée, servitude corporelle qu'un vassal doit à son seigneur. Gl. *Coroada.*

* 2. **CORROIE**, Courroie. Roman de Renart, tom. II, pag. 194, vers 14835 :

> Son baston afete et adresce
> En plusors sens le retornoie,
> En sa main la corroie ploie.

Vers 14857. Voyez *Cuiriée.* Ceinture. Pastourelle du duc de Brabant, Laborde, pag. 193.

CORRORE, Corrompre, suborner, séduire. Gl. *Corrumpere.*

* **CORROT**, Courroux. Roman de Renart, tom. III, pag. 101, vers 22510 :

> Que trestot aveglez estoit
> De lasseté et de corrot.

Correceux, Courroucé. Rayn. tom. II ; pag. 476², au mot *Corrossos.*

CORRUGIER, Corriger, punir, châtier. Gl. *Correctio.*

CORRUMPEMENT, Défloration d'une fille. Gl. *Corrumpere.*

CORRUMPRE, Abolir, annuler ; d'où apparemment *Corrumpre nature*, pour signifier les effets trop prompts d'un tempérament très-vif dans l'action du mariage. Gl. *Corrumpere.*

CORRUPTER, Violer, déflorer. Gl. *Corrumpere.*

CORRUSION, Corrosion, dépravation. Gl. *Corrosio.*

* 1. **CORS**, Cours. Rayn. tom. II, pag. 489², au mot *Cors.*

* 2. **CORS**, Corps. Rayn. t. II, p. 494², au mot *Cors.*

CORSABLEMENT, Communément, assez ordinairement. Gl. *Cursorie*, 2. [Voyez Rayn. tom. II, pag. 490², au mot *Corsable.*]

* **CORSAGE**, Taille du corps d'un homme. Aubri, pag. 160² :

> Le quens de Flandres le reconit premier
> Au grant corsage et au vis qu'il out cler.

Voyez *Corsus.*

CORSETIERE, Petit sac, ou bourse. Gl. *Corsatus.*

* **CORSIER**. Gl. *Equus*, pag. 69².

CORSIERE, Galerie, chemin des rondes. Gl. *Corseria.* [Voyez Rayn. t. II, p. 490¹, au mot *Corsieyra.*]

* **CORSIF**. Voyez *Challant.*

CORSON, Cours de ventre. Gl. *Continuare*, 2.

* **CORSOR**. Laz corsor, Nœud coulant. Chron. des ducs de Normandie, tom. III, pag. 64, vers 21505 :

> Des cordes fist un laz corsor
> A son col le mist tot entor.

Chanson de Jocelin de Bruges, Wackern. pag. 79. :

> Amors
> Pris m'avois à lais corsour.

CORSSIN, Corsin, Banquier. Gl. *Caorcini*, pag. 117³.

* **CORSUS**, Robuste. Partonop. v. 7627 :

> Uns cevaliers corsus et fors.

Vers 7763 :

> Un chevalier granz et corsuz.

Voyez *Corsage*.

* **CORT**, Cour. Rayn. tom. II, pag. 496², au mot *Cort*.

CORTE-LAINGUE, Languedoc. Gl. *Lingua*.

CORTIBAUT, Vêtement d'église, sorte de dalmatique. Gl. *Curcinbaldus*.

* **CORTIL**, Jardin, verger. Rayn. t. II; pag. 498¹, au mot *Cortil*.

CORTILLAGE, Jardin potager, verger. Gl. *Cortillagium*, pag. 626².

CORTINER, Orner un lieu de tapisseries. Gl. *Incortinare*. [*Cortine*, Tapisserie, draperie. Partonop. vers 10161. Chanson d'Audefroy, Romancero, pag. 21. Voyez Rayn. tom. II, pag. 498¹, au mot *Cortina*, et le Glossaire sur la Chron. des ducs de Normandie.]

* **CORTOIER**, Venir à la cour. Roman de Renart, tom. II, pag. 343, vers 18940 :

> Qu'il vaingne aprendre à cortoier
> Sanz achaison querre ne gile.

Voyez Rayn. tom. II, pag. 497², au mot *Cortejar*.

CORTOISIEN, Terme injurieux, p. e. Voleur de *courtils* ou potagers. Gl. *Curtillarius* sous *Cortis*, 1, pag. 626³.

CORVAGE, Corvaige, Corveyrac, Le droit d'exiger des corvées. Gl. *Corruagia* et *Corvagium*, pag. 630².

CORVOISIER, Cordonnier qui emploie de vieux cuirs, dont le métier s'appelle *Corvoiserie*. Gl. *Corvesarii*.

COS. Cos fendans, Coups de taille. Gl. *Ictus*.

COSEL, Chaumière, maisonnette. Gl. *Coscez*. [Lisez et voyez *Tousel*, Jeune garçon.]

COSER, Gronder, faire des réprimandes. Gl. *Causare* sous *Causa*, 4. [Partonop. vers 4825, 4841, 7131. Voyez *Choser* et Rayn. tom. II, pag. 359², au mot *Causeiar*.]

COSINAIGE, Parenté. Gl. *Cosinus*. [Jordan Fantosme, vers 377 :

> Ainz verra se li ferez amur e cusinage.]

COSINE, Mets apprêté à la cuisine. Gl. *Coquina*.

COSSOUS, Courtier, maquignon. Gl. *Corratarius*.

* **COST**, comme *Costage*. Rayn. tom. II, pag. 500¹, au mot *Cost*.

COSTAGE, Coût, frais, dépens. Gl. *Costagium* sous *Custus*, 1, pag. 729².

1. **COSTE**, Cotte, sorte d'habillement militaire. Gl. *Cota*, 1.

2. **COSTE**, Panier, corbeille. Gl. *Costa*, 5.

1. **COSTÉER**, Côtoyer, être au côté ou au long de quelque chose. Gl. *Costa*, 2.

2. **COSTÉER**, Qui est de même sang, issu de même race. Gl. *Costa*, 2.

COSTEMENT, Coût, frais, dépens. Gl. *Constamentum* sous *Custus*, 1, pag. 729³.

COSTENT, Certaine mesure. Gl. *Costerellum*.

* **COSTER**. Partonop. vers 3275 :

> Tot li a fait le vis sainglent
> Et as iols li coste forment.

Voyez *Couster*.

* **COSTEIR**. Chanson de Roland, stance 210, vers 1.

> Li emperere fait Rollant costéir.

Voyez le Glossaire.

COSTERÉ, Espèce de vaisseau ou hotte pour la vendange. Gl. *Costerellum*.

COSTEREAUX, Brigands, pillards. Gl. *Coterelli*.

COSTERET, Sorte de mesure de vin, ou d'autre liqueur. Gl. *Costerellum*.

COSTERIE. Voyez ci-après *Costre*, 2.

COSTET, Manche ou bras d'une civière. Gl. *Costerium*, 1.

1. **COSTIERE**, Côte maritime. Gl. *Costera*. [*Costère*, Chron. des ducs de Normandie, tom. I, pag. 29, vers 1285.]

* 2. **COSTIERE**, Côté. Partonop. vers 10304 :

> Les espondes furent d'ivorie
> Et les costières ensement.

* **COSTIZ**, Coteau. Chron. des ducs de Normandie, tom. II, pag. 454, vers 28497 :

> En un grant parc, les un costiz.

1. **COSTRE**, Coin. Gl. *Costris*.

2. **COSTRE**, Coutre, trésorier, dont l'office ou dignité se nommait *Costerie*. Gl. *Custodia*, 9. [Partonop. vers 10766 :

> Li costre i sonerent les sains.]

COSTUMEL, Redevance établie de temps immémorial. Gl. *Costumia* sous *Consuetudo*, 4, pag. 560¹.

COTAGE, Terre roturière. Gl. *Cotagium* sous *Cota*, 2.

COTAIGE. Cens cotaige, Surcens. Gl. *Census*.

COTE. Gens de cote, Ceux qui tiennent en *cotage* ou roture, à charge de cens, services et corvées. Gl. *Cotmanni* sous *Cota*, 2.

COTE-HARDIE, Cotelle, Sorte de vêtement commun aux hommes et aux femmes. Gl. *Cotardia* et *Cotella* sous *Cota*, 1. pag. 636² [et *Gonela*, 2. Voyez Rayn. tom. II, pag. 503², au mot *Cot*].

COTELLETTE, Petite cotte, diminutif de *Cotelle*. Gl. *Cotella* sous *Cotta*, 1, pag. 636².

2. **COTEREL**, Coteriau, Espèce de grand couteau, ou épée. Gl. *Costalarius* et *Coterelli*. [Fer de lance. Chastel. de Couci, vers 1258.]

* 2. **COTEREL**, Bandit, cottereau. Miracle de la sainte Vierge, Chron. des ducs de Normandie, tom. III, pag. 524, vers 450 :

> Ribauz, routier et coterel.

Gl. *Coterelli*.

COTERIE. Tenir en coterie, Posséder en roture, à charge de cens, services et corvées. Gl. *Coteria*.

COTHIDIAN, Ce qui est d'un usage journalier. Gl. *Cotidiana*.

COTIDIANNEMENT, Chaque jour. Gl. *Cotidie*.

COTIELLE, Cotte, sorte de vêtement commun aux hommes et aux femmes. Gl. *Cotella* sous *Cota*, 1. pag. 636².

COTIER, Celui qui tient en *cotage* ou roture. *Juge Cotier*, Celui qui connait des délits commis dans les blés, vignes, etc. Gl. *Cotarius* sous *Cota*, 2, et *Coterius*.

COTIN, Chaumière, cabane. Gl. *Cota*, 2.

COTIR, Cogner, battre. Gl. *Costris*.

COTTE-HARDIE, Cottelle, Sorte de vêtement commun aux hommes et aux femmes. Gl. *Cotardia* et *Cotella* sous *Cota*, 1, pag. 636². [*Cotte à armer, Cotte à plates*, pag. 636¹.]

COTTEREL, Espèce de grand couteau, ou épée. Gl. *Coterelli*.

COTTERIE, Roture. Gl. *Coteria*.

COTTIER. Cens cottier, Surcens. Gl. *Cotagius* sous *Cota*, 2.

COTU, Qui a plusieurs coins ou angles. Gl. *Cotulosus*.

COUAGE, Sorte de droit sur les vaisseaux qui portent des marchandises. Gl. *Couagium*.

* **COVAINE**. Voyez *Covine*.

COUANE, Fiente, excrément. Gl. *Fronssatus*.

* **COVANT**, Covens, couvent, comme *Convent*, Accord, engagement. Gérard de Vienne, vers 1953 :

> Por la bataille ke il ait en covant.

Flore et Blanceflor, vers 2269 :

> U bien m'en prenge, u mal m'en viegne,
> Ne lairai covens ne vous tiegne.

Flore et Jeanne, pag. 16 : *Kar je li ai en couvent, si li tenrai*. Voyez Rayn. tom. V, pag. 491², au mot *Convent*, et la Chron. des ducs de Normandie, tom. I, pag. 460, vers 10972.

* **COUARTÉE**, Certaine mesure de terre. Gl. *Cartalata*.

COUARD, Lâche, poltron. Gl. *Caudatus*. [Voyez Rayn. tom. II, pag. 420¹, au mot *Court*.]

COUARDEMENT, Avec timidité, avec crainte. Gl. *Caudatus*.

COUARDER, Agir en lâche, se comporter en poltron. Gl. *Caudatus*. [Voyez *Coarder. Coardie, Cuardie*, Couardise. Chron. des ducs de Normandie, tom. I, pag. 170, vers 2523. Chron. de Jordan Fantosme, vers 391, 1352, 1750. Chanson de Roland, stance 170, vers 14; stance 184, vers 11. Voyez Rayn. tom. II, pag. 420¹, au mot *Coardia*.]

COUARLLIER, Tasse, gobelet, vase à boire. Gl. *Caillier*.

COUARZ, Certains serfs qui devaient un cens seigneurial. Gl. *Caudatus*.

COUBLE, p. e. Solive, ou sorte de filet. Gl. *Coble*.

COUBRER, Prendre, saisir, s'emparer. Gl. *Cobrare*. [Gérard de Vienne, vers 790 :

> Per le nasel dou hiaume l'ait coubré.

Vers 2598 :

> Tout maintenant éust Rollan coubré
> A ses deus poinz, voiant tot le barné.

Roman de Renart, tom. II, pag. 160, vers 13883 :

> Les denz jeta por la coubrer.

Voyez *Cobrer* et *Combref*.

COUCHET, Présent en viande, vin, ou en argent, qu'un nouveau marié donnait à ses compagnons. Gl. *Cochetus*, 3.

COUCUOL, Mari dont la femme est infidèle. Gl. *Cucullus*, 2.

COUDÉE, Lien, ce qui sert à attacher; d'où *Couder*, Lier, attacher : ou p. e. Poignée, autant que la main peut contenir. Gl. *Cubitare*, 1.

COUDERC, Pâturage commun. Gl. *Coudercum*.

COUDIERE, La partie de l'habit qui couvre le coude. Gl. *Cubitale*, 2.

COUDOULÉ, Petit caillou, en provençal. Gl. *Cotulosus*.

* **COUDREIZ**, Bosquet de coudriers. Chron. des ducs de Normandie, tom. I, pag. 38, vers 981; tom. II, pag. 342, vers vers 25334.

COUDRIER, pour *Poudrier*, Plume pourrie et gâtée. Gl. *Coudreia*.

* **COUE** †. Gl. *Stertina*.

* **COUEIGNE**, Chignon. Roman de Renart, tom. III, pag. 21, vers 20341 :

> Et cele creste et cel coueigne.

* **COVENANCE**, Promesse; *Covenancer*, Promettre. Chron. des ducs de Normandie.

* **COVENANT**, comme *Covant*, Accord, ce qui a été convenu, ce qui convient. Partonop. vers 1478 :

> Car ensi est li covenans
> De moi à tos cels de m'onor.

Gilote et Johane, Jubinal, tom. II, pag. 38 :

> Douz sire baroun, tenez covenant.

Belle Beatris, d'Audefroy :

> Freire, vos aveis bien oït mon covenant.

Voyez Rayn. tom. V, pag. 492¹, au mot *Convinent*, ci-après *Covenir*, et la Chron. des ducs de Normandie.

* **COVENIR**, Convenir, disposer. Agolant, vers 185 :

> Sire, il covient sens, mesure et reson.

Chanson de Roland, stance 13, vers 13 :

> Dient Franceis : Il nous i cuvent guarde.

Roman de Renart, tom. I, pag. 9, vers 226 :

> Par force le coviut parler.

Pag. 26, vers 689 :

> Que il li covint par angoisse
> Que le pertuis derriere croisse.

Chanson, Wakern. pag. 49 :

> Jai por poene ne por dolor
> Ke il me covigne enduroir.

Belle Beatris, d'Audefroy :

> Car ne lairoie à moi touchier ne avenir
> Nul home fors Hugon, s'il m'en loist covenir.

Pastourelle de Jocelin de Bruges, Wackern. pag. 80 :

> Se n'i venissiés si tost
> Mal me fust covenant.

Gérard de Vienne, vers 3123 :

> Que saveiz vos com li est convenant?

Voyez Rayn. tom. V, pag. 493¹, au mot *Convenir*.

* **COVENT**. Voyez *Covant*.

COUERS, Mari qui souffre et favorise les infidélités de sa femme. Gl. *Copaudus*.

* **COVERTORS**, Couverture de lit. Partonop. vers 1071 :

> Bien est orlés li covertors.

Voyez Rayn. tom. II, pag. 424¹, au mot *Cubertor*, ci-dessous *Couverteur*, 2, et *Couvertoir*.

COUET, Espèce de bonnet. Gl. *Cahouelus*.

* **COVETER**, *Coveteir*, Convoiter, désirer. *Coveitiez*, *Coveitise*, Convoitise. *Coveitus*, Convoiteux. Chron. des ducs de Normandie, etc. Rayn. tom. II, pag. 421², au mot *Cobeitar*.

COUETTE, Paillasse. Gl. *Cottum*.

COUFFOURT, *Coufort*, Sorte de bâton ferré, demi-glaive, javelot. Gl. *Gaverlotus*.

COUGOT, Cagot, sot. Gl. *Cugus*.

COUGOURDE, *Couhourde* †, Courge. Gl. *Cucurbita*, 1.

COVIGNABLEMENT, A propos, à temps, convenablement. Gl. *Convenabilis*. [*Covenaulement*, Orell, pag. 293.]

COVIGNABLETÉ, *Covignance*, Convenance, conjoncture favorable. Gl. *Convenabilis*.

COUILLETTE. *Couteau a couillettes*. Gl. sous *Cultellus*.

COVINE, État, disposition d'une personne ou d'une chose, conspiration, projet. Gl. *Covina*. [Rapports, commerce secret. Partonop. vers 4815 :

> Et sevent jà tot le covine
> Del vallet et de la roïne.

Chron. des ducs de Normandie, tom. I, pag. 344, vers 7503 :

> Tut lur covine et tot lur estre
> Distrent au duc senz rien celer.

Tom. II, pag. 397, vers 26877 :

> Od felous out felon covaine.

COULAT, Alose, à Bordeaux. Gl. *Alosa*.

COULDIER, La partie de l'habit qui couvre le coude. Gl. *Cubitale*, 2.

* **COULE** †, Froc, habit de moine. Gl. *Cucullus*, 1, pag. 686², et *Culla*. Voyez la Chron. des ducs de Normandie.

* **COULÉE**. Voyez *Colée*.

COULEICE, Coulisse, herse. Gl. *Collise porta*.

1. **COULEIS**, Ce qui est à coulisse. Gl. *Colacius*. [Guill. Guiart, tom. I, pag. 145, vers 3233 (3626) :

> Pont leveiz d'euvre faitice
> Et porte à barre couleice.

Porte coulant. Gl. *Porta*, pag. 358².]

* 2. **COULEIS**, Certain mets. Chastel. de Couci, vers 8002 :

> Qu'il se paine efforciement
> D'un couléis si atourner,
> Que on n'i sache qu'amender,
> De gelines et de chapons.

COULETIER, Courtier. Gl. *Corratarius*.

COULIN, Mal lu pour *Tonliu*, Droit sur les denrées et marchandises. Gl. *Coulerum*.

COULIS, Inondation, débordement d'eaux. Gl. *Colare*, 2.

COULLAGE, *Coullaige*, Présent en viande, vin, ou en argent, qu'un nouveau marié donnait à ses compagnons, pour qu'ils lui laissassent la liberté de coucher avec sa femme. Gl. *Culagium*.

1. **COULLART**, Machine de guerre qui jetait de grosses pierres. Gl. *Coulevrina*.

* 2. **COULLART**. Voyez *Coillut*.

* **COULLE** †. Gl. *Ramix*, 1.

COULLETAIGE, Courtage, l'office ou le droit d'un courtier. Gl. *Corratagium*.

COULLETE. *Couteau a coulete*. Gl. sous *Cultellus*.

COULLIER, Lâche, poltron, sans cœur. Gl. *Caudatus*.

COULLU, Animal qui n'est pas coupé. Gl. *Coïtum*.

COULOMBAGE. *Bois a coulombage*, Celui qui est propre à faire des poteaux et jambages de portes, qu'on appelait *Coulombes*, *Coulombis* et *Coulomeaux*. Gl. *Columba*, 4.

* **COULON**, Pigeon, colombe. Rayn. tom. II, pag. 439¹, au mot *Colomba*.

COULOT, Conduit par où l'eau s'écoule. Gl. *Colare*, 2.

COULTRERIE, Office de *Coultre*, sacristain et clerc de paroisse. Gl. *Coulter*.

* **COUNISANCHE**, Flore et Jeanne, pag. 69 : *Et cant il plot à Dieu ke sa fins vint, si ot si bielle counisanche ke Dieu en ot une bielle ame.*

COUNTE, pour Comte. Gl. *Indentura*.

* **COUP** *orbe*, *volant*, *aparant*, *machat*, *le roi*. Gl. *Ictus*. Voyez *Cos*.

COUPAULE, Coupable. Gl. *Culpabilis*.

COUPAUT, Mari qui souffre et favorise les infidélités de sa femme. Gl. *Copaudus*.

* 1. **COUPE**, Faute. Chron. des ducs de Norm. tom. II, pag. 402, vers 27049.

* 2. **COUPE**.... Roi Guillaume, pag. 47 :

> Vaillant une coupe de voile
> De nul moeble n'a retenu.

COUPEL, Le haut d'un arbre, les branches. Gl. *Copa*, 4.

COUPEREAU, Mari qui souffre et favorise les infidélités de sa femme. Gl. *Copaudus*.

COUPERON, *Coupet*, Cime, la partie la plus élevée d'une montagne. Gl. *Copa*, 4.

COUPET, Chignon, partie du derrière du cou. Gl. *Cervix*.

* **COUPIÈRS**, Coupe, anse? Flore et Blanceflor, vers 491 :

> Li coupiers ert ciers et vaillaps,
> D'escarboucles resplendissans...
> D'or avoit descure un oisel.

COUPLEL. Couple, lien dont on couple les chiens. Gl. *Copula*, 1.

COUPLER. *Se coupler sur quelqu'un*, Se jeter sur lui avec violence, l'embrasser pour le renverser. Gl. *Acouplare*.

1. **COUPLET**, Le haut de la tête. Gl. *Copa*, 4.

2. **COUPLET**, Charnière. Gl. *Copula*, 1.

COUPOIER, Blâmer, accuser d'une faute. Gl. *Inculpare*.

1. **COUPON**, Certaine mesure de grain. Gl. *Copponus*.

2. **COUPON**, Certaine quantité de quelque chose. Gl. *Copallus*.

COUPPAUT, Mari qui souffre et favorise les infidélités de sa femme. Gl. *Copaudus*.

1. **COUPPE**, Certaine mesure de terre. Gl. *Copata*.

* 2. COUPPE, Ciboire. Gl. *Coppa*, p. 701².

COUPPEAU, Gâteau de miel. Gl. *Besana*, 1.

COUPPERE, COUPPEREAU, Mari qui souffre et favorise les infidélités de sa femme. Gl. *Copaudus*.

COUPPIER, Coupeau, branchage. Gl. *Copellus* 2 [et *Cuparia*].

COUPPLE, Lien qui tient deux choses jointes ensemble. Gl. *Copata*, 1.

COUPPLES, Droit d'amarrage. Gl. *Copula*, 1.

COUQUAGE, Couchage; du verbe *Couquer*, pour Coucher. Gl. *Couquacium*.

COUQUIOL, Mari dont la femme est infidèle. Gl. *Cucullus*, 2.

COURAGE, Dignité, rang, condition. Gl. *Coragium*, 2.

COURAGEUX, Fier, hautain, orgueilleux. Gl. *Coragium*, 2.

COURAIGE, Fâché, irrité, qui est en colère. Gl. *Coragium*. 2.

COURANCE, Courant d'eau. Gl. *Corratorium*.

COURATIER, Courtier, celui qui se mêle de faire vendre les marchandises. Gl. *Corraterius*.

COURAU, p. e. Corail. Gl. *Correlhare*.

COURAUX, Vaisseaux légers. Gl. *Cursoriæ*.

COURBEIL, COURBET, Serpe. Gl. *Corba*, 3.

COURCET, Sorte de coiffure de femmes. Gl. *Corcellus*.

COURCIERE, Petite cour entourée d'étables et autres bâtiments rustiques. Gl. *Courceria*.

COVRECIAUS, Vaisseau plat et étendu, couvercle, patène. Gl. *Patena*.

COURÉE, Intestins, entrailles, boyaux. Gl. *Corata*.

COUREGE, Courroie. Gl. *Correseyria*.

COUREIER, Juge ordinaire d'un seigneur. Gl. *Correrarius*.

COURRÉRIE, Course de gens de guerre, incursion. Gl. *Corsa*.

COURGÉE, Ce que contiennent deux seaux qu'on porte ordinairement avec une courge. Gl. *Corgo*.

COURGNON, Espèce de nasse. Gl. *Bertavellus*.

COURLONGE, Droit de gîte. Gl. *Correium*.

COURON, Coin, encoignure. Gl. *Coronnus*.

COURONNATION, Couronnement, la cérémonie de couronner un roi. Gl. *Corona*, pag. 612².

1. COURONNE, Tonsure des clercs; d'où ils étaient appelés *couronnés*. Gl. *Corona*. [*Lettre de Couronne*, pag. 611¹. Voyez Rayn. tom. 11, pag. 488², au mot *Coronar*; le Glossaire sur la Chron. des ducs de Normandie, au mot *Coronez*.]

2. COURONNE, Ornement de tête, commun aux hommes et aux femmes. Gl. sous *Corona*, 613³.

* 3. COURONNE. Escu a la couronne. Gl. *Moneta*, pag. 490³, 494³, 495¹, 510¹. Voyez Rayn. tom. 11, pag. 488¹, au mot *Corona*.

COUROYE, Courant d'eau. Gl. *Corratorium*.

COURPE, pour Coup, mauvais traitement. Gl. *Culpa*.

COURRATAGE, Courtage, droit de courtier. Gl. *Corratagium*.

COURRATERIE, Office, charge de courtier. Gl. *Corrateria*, 1.

* COURRATIER, Courtier. Gl. *Corraterius* et *Mercidius*.

COURRE, Câble, grosse corde. Gl. *Curreia*.

* COURRE DE LANCE. Gl. *Lancea*.

* COURREACIER †, Courroucer. Gl. *Infendere*.

COURREIL, Verrou. Gl. *Corale*, 1.

* COURREOUR †, Corroyeur. Gl. *Coreatores*.

COURRERIE, Course de gens de guerre, incursion. Gl. *Corsa*.

COURRESEUSEMENT, Avec colère. Gl. *Coragium*, 2.

COURRETAGE, Courtage, droit de courtier. Gl. *Courretagium*.

1. COURRIER, Celui qui chante l'office divin. Gl. *Cursus*, 2.

2. COURRIER, Juge ordinaire d'un seigneur. Gl. *Correrarius*.

COURROIE, Petit sac, bougette, portemanteau. Gl. *Corrigia*, 3. [Voyez Rayn. tom. 11, pag. 528², au mot *Coritja*.]

COURROIER, Ceinturier, celui qui fait et vend des *courroies* ou ceintures. Gl. *Coriarius*, 2.

COURROIL, Verrou. Gl. *Corale*, 1. [Voyez *Corre*, 1.]

COURROUCER, COURROUCIER, Frapper, battre, maltraiter. Gl. *Coragium*, 2.

* COURRUGIER, comme *Corrugier*.

COURS, Service de table. Gl. *Cursus*, 9.

* COURS. Le cours, En courant. Chastel. de Couci, vers 1506 :

> Que hiraut mainnent grant tintin.
> Par rues vont criant le cours :
> Or, sus, chevaliers, il est jours.

Guill. Guiart, tom. 11, pag. 136, vers 3489 (12471) :

> S'en va toute le cours fuiant.

Vers 3524 (12506) :

> S'en vont entr'eus fuiant la course.

Voyez Rayn. tom. 11, pag. 489², au mot *Cors* : *Ma volontat s'en vay lo cors*.

COURSABLEMENT, Communément, assez ordinairement. Gl. *Cursorie*, 2.

COURSEL, Tombereau, brouette. Gl. *Curellus*, 1.

COURSIERE, Galerie, chemin des rondes. Gl. *Corsseria*. [Rayn. tom. 11, pag. 490¹, au mot *Corsieyra*.]

COURSSON, Cours de ventre. Gl. *Continuare*, 2.

COURT, Juridiction, ressort. Gl. *Curia*, 4.

* COURTCAILLET, Instrument pour prendre les cailles. Gl. *Qualea*.

COURTE-HEUSE, Surnom de Robert, comte de Normandie, fils de Guillaume le Bâtard, à cause de sa taille grosse et courte. Gl. *Brevisocrea*.

* COURTELLER †, Jardinier. Gl. *Ortilio*.

COURTIBAULT, Vêtement d'église, sorte de dalmatique. Gl. *Curcinbaldus*.

COURTIL, Jardin potager, verger. Gl. *Curtile* sous *Cortis*, 1, pag. 626¹.

COURTILAGE, COURTILAIGE, COURTILLAGE, Jardin potager, verger, les fruits qui y croissent. Gl. *Cortilagium* sous *Cortis*, 1, pag. 626².

COURTILLEUR, Celui qui cultive un *Courtil*, jardinier. Gl. *Curtilarius* sous *Cortis*, 1.

1. COURTILLIER, Office monastique, celui qui est chargé du soin des *courtils* ou potagers, et de fournir les légumes nécessaires. Gl. *Curtilarius* sous *Cortis*, 1, pag. 626³.

2. COURTILLIER, Celui qui tient en *courtillage*, ou à la charge de se trouver à la cour et aux assises de son seigneur. Gl. *Curtilarius* ou *Cortis*, 1, pag. 627¹.

COURTILLIÈRE, Jardin potager; ou Jardinière. Gl. *Ceparia*, 2.

COURTOIS, Courtisan. Gl. *Corthesanus*.

* COURTOISIE, Don. Fabliau, Jubinal, tom. 1, pag. 175 :

> Le chevalier du sien por Dieu li demandoit
> Aucune courtoisie, quar mestier en avoit.

Voyez Gl. *Avantagium*, 7, et ci-dessous *Druerie*.

COURTOISIEN, Seigneur de Courtray. Gl. *Cortisani* sous *Cortis*, 1, pag. 627¹.

COURVAGE, Le droit d'exiger des corvées; ou ce qu'on paye pour en être exempt. Gl. *Corvagium*, pag. 630².

1. COURVÉE, Certaine mesure des terres. Gl. *Corvata*.

2. COURVÉE, Sorte de jeu, ou de combat simulé. Gl. *Corvehia*.

COURVOISIER, Cordonnier qui emploie de vieux cuirs, dont le métier s'appelait *Courvoiserie*. Gl. *Corvesarii*.

* 1. COUS, Queux, cuisiniers. Chanson de Roland, stance 135, vers 11. Voyez Rayn. tom. 11, pag. 504², au mot *Coc*.

* 2. COUS, Cocu, cornard. Voyez Rayn. tom. 11, pag. 432², au mot *Coutz*.

* COUSE, Touse? Guill. Guiart, tom. 1, p. 349, vers 8102 (8947) :

> Du païs pris metept leur bonpe,
> Tout en ait douleur mainte couse,
> A quatre lieues de Toulouse.

COUSEL. Tenir en cousel, Posséder en roture, à charge de cens, services et corvées. Gl. *Coteria*.

COUSIN Fraireur, Cousin germain. *Cousin en autre* ou *second*, Cousin issu de germain. *Cousin en tiers*, Cousin au troisième degré. Gl. *Cosinus*.

COUSINANMENT, Comme cousin, en parent. Gl. *Attinenter*.

COUSOIL. Dire a cousoil, En secret, à l'oreille. Gl. *Consilium*, 1. [Voyez *Conseil*.]

COUSSER, Coite, matelas, lit de plume. Gl. *Cottum*.

COUSTAGE, COUSTANGE, Coût, frais, dépens. Gl. *Costengia* et *Constangium* sous *Custus*, 1, pag. 729². [Voyez Rayn. tom. 11, pag. 500¹, au mot *Costatge*.]

COUSTANGÉ, Celui qui souffre des cousts et dépens extraordinaires. Gl. *Constangiatus*.

1. COUSTE, Coite, matelas, lit de plume. Gl. *Couta*, 1. [Rayn. tom. 11, pag. 501², au mot *Cota*.]

* 2. COUSTE, Coude. Parton. v. 8541 :

> A coustes, à genols aloit
> Querant erbes dont il sopoit.

Voyez *Coute*, 1.

* **COUSTEL** BASTART OU BASTARDEAU. Gl. *Bastardus*, pag. 616². A CLAU, A CROIZ, A COULLETES, A UN MOT, PARPAIN, PRAGOYS, PLAINPOING, SARRAGOCIEN, DE THOLOSE. Gl. *Cultellus. Au plus près du Coustel*, Certain jeu. Gl. *Cultellus*, pag. 695¹. Voyez Rayn. tom. II, pag. 444¹, au mot *Coltelh.*

* **COUSTELIER**, comme *Coustiller.*

COUSTELESSE, Coutelas, poignard. Gl. *Coutelarius.*

COUSTELET, Petit couteau. Gl. *Cultellinus*, 2.

1. **COUSTEMENT**, Coût, frais, dépens. Gl. *Coustamentum* sous *Custus*, 1.

2. **COUSTEMENT**, Tout ce qui est nécessaire à l'entretien de quelque chose. Gl. *Constamentum* sous *Custus*, 1, pag. 729³.

COUSTENGIÉ, Celui qui souffre des *cousts* et dépens extraordinaires. Gl. *Constangiatus.*

* **COUSTENGUE**, Frais, dépense. Chastel. de Couci, vers 8031 :

> I est la coustengue trop grande
> De atourner telle viande ?

Voyez *Coustage.*

COUSTENTINOYS, Habitant du Cotantin. Gl. *Constantinus.*

COUSTEPOINTE, Une des façons de donner la question. Gl. *Coustepointarius* [et *Quæstio*, 3].

COUSTEPOINTIER, Faiseur de *Coustepointes*. Gl. *Coustepointarius.*

* **COUSTER**, Voyez *Coster*. Roman de Renart, tom. II, pag. 261, vers 16664 :

> Quides me tu ainsi estordre
> Par tes berdes et eschaper ?
> Certes je te ferai couster
> En une manière ou en deus.

COUSTERET, Sorte de mesure de vin. Gl. *Costerellum.*

COUSTEUR, Coutre, sacristain, clerc de paroisse, magister. Gl. *Costurarius.*

COUSTICIER, COUSTIER, Faiseur de *cousts* ou matelas et lits de plume; dont le métier s'appelait *Cousterie* et *Cousticerie*. Gl. *Couta*, 1.

COUSTILLE, Coutelas, poignard. Gl. *Cultellus.*

COUSTILLER, COUSTILLEUR, COUSTILLIER, Gendarme qui portait pour arme principale une *Coustille*; Page d'un homme d'armes. Gl. *Cultellus.*

COUSTIVER, Cultiver. Gl. *Cultivare.*

COUSTUMABLE, Savant dans les coutumes. Gl. *Coustumarius* sous *Consuetudo*, 4, pag. 560².

1. **COUSTUME**, Corps de métier. Gl. *Consuetudo*, 1, pag. 558¹.

2. **COUSTUME**. CRIER COUSTUME, Exiger une dette. Gl. *Consuetudo*, 1, p. 558¹.

* 3. **COUSTUME**, Certain impôt. Gl. *Consuetudo*, 1, pag. 559¹, et *Consuetudo comitts. Coustume fausse*. Gl. *Costuma falsa*, pag. 559², et *Tolta*, 1, pag. 602².

COUSTUMÉ, Qui est dans l'usage commun. Gl. *Costumare* sous *Consuetudo*, 4. [Rayn. tom. II, pag. 502², au mot *Costumar*.]

COUSTUMÉEMENT, Selon la coutume et l'usage. Gl. *Consuenter.*

COUSTUMEMENT, Habitude, ce qu'on a coutume de faire. Gl. *Consuenter.*

COUSTUMENT, Coût, frais, dépens. Gl.

Custumentum sous *Custus*, 1, pag. 729³.

COUSTUMERIE, Redevance établie de temps immémorial. Gl. *Costumia* sous *Consuetudo*, 4, pag. 560¹.

1. **COUSTUMIER**, Savant dans les coutumes. Gl. *Coustumarius* sous *Consuetudo*, 4, pag. 560².

2. **COUSTUMIER**, Celui qui est chargé de maintenir les coutumes et usages d'un corps et d'une société. Gl. sous *Consuetudo*, 1, pag. 558¹.

3. **COUSTUMIER**, Celui qui lève le droit appelé *Coustume*. Gl. *Coustamerius* sous *Consuetudo*, 4, pag. 560³.

4. **COUSTUMIER**, Roturier, qui est sujet au droit de *coustume*. Gl. *Coustumarius* sous *Consuetudo*, 4, pag. 560².

COUSTURERIE, Office de coutre ou clerc de paroisse. Gl. *Costurarius.*

1. **COUTE**, pour Coude et Coudée. Gl. *Cubitare*. [Guill. Guiart, tom. 1, pag. 109, vers 2309 (2700), 3792 (4204).]

2. **COUTE**, Coite, matelas, lit de plume. Gl. *Couta*, 1 [et *Cottum*].

* 3. **COUTE**, COUTTE, Certain impôt. Gl. *Culcita.*

COUTELASSE, Coutelas, poignard. Gl. *Coutelarius.*

COUTELIERE, Étui à couteaux, gaine. Gl. *Coutelarius.*

* **COUTEMENT**, Frais. Gl. *Constamentum*, pag. 729³.

* **COUTIAU**, Terme de fauconnerie, la première penne de l'aile. Renart le Nouvel, tom. V, pag. 199, vers 1892 :

> Un tel cop que il li depart
> Jus les maistres coutiaus de l'ele.

Voyez Gl. *Cultelli*, pag. 694².

COUTILLE, Coutelas, poignard. Gl. *Cultellus.*

COUTIVER, Cultiver. Gl. *Cultivare.*

COUTOUFFLE, Bouteille. Gl. *Covele.*

* **COUTRE** (SE), Frapper. Guill. Guiart, tom. II, pag. 368, vers 9564 (18545) :

> Li garrot empené d'arain...
> Quant entre Flamens se vont coutre.

COUTURE, Lieu cultivé. Gl. *Cultura*, 1.

COUVELSQUE, Couvercle. Gl. *Covercellum*. [Rayn. tom. II, pag. 424², au mot *Cobresel*.]

COUVEN, Piquette, sorte de boisson. Gl. *Bibende.*

COUVERT. EN COUVERT, En cachette. Gl. *Couvertum.*

1. **COUVERTEUR**, Couvercle. Gl. *Covercla.*

2. **COUVERTEUR**, Couverture de lit. Gl. *Copertoria*, 1. [*Couverte*. Rayn. t. II, pag. 424¹, aux mots *Cuberta* et *Cubertor*. Voyez *Covertors*.]

COUVERTIZ, Droit qu'on paye pour la permission d'étaler ses marchandises sous une halle couverte. Gl. *Cooperta*, 2.

COUVERTOIR, Couverture de lit. Gl. *Copertoria*, 1.

COUVET, Vent lâché sans bruit par derrière. Gl. *Couvetz.*

COUVETZ, p. e. Espèce de grain. Gl. *Couvetz.*

COUVICE. GELINE COUVICE, Poule qui couve. Gl. *Cubare ova.*

COUVIGNABLE, Convenable, qui vient à temps. Gl. *Convenabilis.*

COUVIN, Piquette, sorte de boisson. Gl. *Bibende* [et *Vinum*, pag. 842¹].

COUVINE, État, disposition d'une personne ou d'une chose, conspiration, projet. Gl. *Covina.*

COUVRANCE, Acquisition. Gl. *Covrantia.*

COUVRECHEF, Ce qu'on met pour couvrir la tête. Gl. *Capitegium.*

COUVRECHIAS, Couvercle. Gl. *Covercla.*

COUVRETOIR, Couverture de lit. Gl. *Copertoria*, 1.

* **COUVRIR** LE FIEF. Gl. *Aperire*, 1. HÉRITAGE COUVERT. Gl. *Vestire*, 2.

COUX, COUYOL, Mari dont la femme est infidèle. Gl. *Cugus* [*Copaudus* et *Curuca*, 2].

COUYTE, Coite, matelas, lit de plume. Gl. *Coeta*, 1.

1. **COUZ**, Queux, pierre à aiguiser. Gl. *Cotella.*

2. **COUZ**, Mari dont la femme est infidèle. Gl. *Cugus.*

COYER, Attacher, joindre ensemble. Gl. *Coytare.*

COYE-VERITÉ, Jugement rendu sans enquête juridique et sans avoir entendu les défenses de l'accusé. Gl. *Veritas*, 1.

COYFIER, Faiseur ou marchand de coiffes. Gl. *Coyfia.*

COYS, Droit sur les vaisseaux qui échouent à la côte, ou le droit d'ancrage et amarrage. Gl. *Peceium.*

COYTAR, Dépêcher, en languedocien. Gl. *Coytare.*

COYVRE, Cuivre. Gl. *Covricum.*

COZINE, Dispute, querelle, contestation. Gl. *Cocinare* sous *Cocina.*

CRAANTER, Promettre, garantir, cautionner. Gl. *Creantare*. [Gérard de Vienne, pag. 173¹ :

> Molt doucement li craante et otroie.]

CRABACER, CRABASIER, Renverser, détruire, abattre. Gl. *Crabota*. [Guill. Guiart, tom. I, pag. 82, vers 1487 (1984); p. 94, vers 1883 (2292); tom. II, pag. 246, vers 6373 (15353). Voyez Rayn. t. II, p. 508², au mot *Crebassar*.]

CRABE, CRABOT, Chèvre, chevreau. Gl. *Crabota.*

CRACHE, Étable, écurie. Gl. *Craccia.*

CRAEIRE, p. e. Le droit qu'on paye au segneur pour la permission de tirer de la craie. Gl. *Craeria.*

CRAFFER, Écailler. Gl. *Cranare.*

CRAIER, Sorte de vaisseau de guerre. Gl. *Craiera.*

CRAMAIL, faute, pour TRAMAIL, Sorte de filet pour la pêche. Gl. *Crammale.*

CRAMELIÉ, Crémaillère. Gl. *Crammale*. [*Cramaillé.*† Gl. *Antipiryium. Cramillie*†. Gl. *Focale*, 5.]

CRAMIGNOLE, Espèce de bonnet ou toque. Gl. *Crammale.*

CRAMILLON, CRAMBIS†, Crémaillère. Gl. *Crammale.*

CRANEQUIN, Sorte d'arbalète, ainsi appelée de l'instrument dont on se servait pour la bander; d'où *Cranequinier*, Celui qui portait cette arbalète. Gl. *Crenkinarii.*

CRANNER, Boucher les *crans* ou fentes de quelque chose. Gl. *Cranare.*

* **CRANPI**, Recourbé, cramponné au corps. Roman de Renart, tom. 1, pag. 52, vers 1373 :

> L'un pie cranpi et l'autre droit.

CRANT, Crantement, Promesse, garantie, cautionnement. Gl. *Creantum*, p. 649².

CRAPAULT, Guichet, petite porte. Gl. *Crapaldus*.

CRAPIN, Criblure, le blé qui tombe du van, quand on le vanne. Gl. *Crapinum*.

CRAPOIS, Sorte de poisson de mer. Gl. *Craspiscis*.

CRAQUELIN, Pâtisserie fort sèche et cassante. Gl. *Compositarius*.

CRASSET, Lampe, vaisseau propre à faire brûler de l'huile ou de la graisse pour éclairer. [Gl. *Crassa*, 2. † *Lucubrum*, et † *Crucibulum*.

CRASSIER, Graissier, marchand de graisse, dont le commerce s'appelait *Crasserie*. Gl. *Crassarius*.

* **CRAST**, Il croît, il augmente. Gérard de Vienne, vers 3963 :

> Hé riches rois, ke France as à baillier,
> Poine te crast et mortelz enconbrier.

Voyez Orell, pag. 236.

CRASTIER†, Lampe, comme *Crasset*. Gl. *Crucibulum*.

CRASTIN, Lendemain. Gl. *Crastinum*.

CRASTINE, Lendemain d'une fête, où se tient une foire. Gl. *Crastina*.

* **CRAVANTE**. Gl. *Recredere*, pag. 632³.

* **CRAVENTER**, Renverser. Gérard de Vienne, vers 1733 :

> Ville, ne marche, ne tor, ne fermeté,
> Ki à le terre ne soit jus craventé.

Voyez *Crabacer*, et Rayn. tom. II, p. 508², au mot *Crebantar*. *Cravanter*, Chron. des ducs de Normandie.

- 1. **CREABLE**, Croyable, digne de foi. Gl. *Credibiles viri*.

* 2. **CREABLE**, Croyant. Chron. des ducs de Normandie, tom. 1, pag. 427, vers 9984 :

> A totes non créables genz
> Ert de bucos amonestemenz,
> E d'atorner les à creance
> Aveit ses quors grant esjoiance.

CREANCE, Crédit. Gl. *Creantia* [*Credentia*, 6, pag. 652³. *Lettre de créance*. Gl. *Creditivus*, 2. Guill. Guiart, tom. 1, p. 48, vers 593 (1089) :

> Mès n'ont pas ouvré à créance.

CREANT, Promesse, garantie, cautionnement. Gl. *Creantum*, pag. 649². [Roman de Renart, tom. III, pag. 155, vers 24031 :

> Au roi dient, ostages somes
> Par Roonel contre toz homes.
> Dist li rois : Bien estes creant.]

Roi Guillaume, pag. 43 :

> Tot son creant et tot son bien
> Fist à cascun au mix qu'il pot.]

CREANTE, Consentement, agrément. Gl. *Creantatio*.

CREANTER, Promettre, garantir, cautionner. Gl. *Creantare*, pag. 649¹. [Partonop. vers 273, 2821, 2881, 3743, 6622.]

CREANZ, Criblures. Gl. *Crapinum*.

CREAT, Esturgeon. Gl. *Creacus*. [Voyez Rayn. tom. II, pag. 507², au mot *Creat*.]

CREAULE, Croyable, digne de foi. Gl. *Credibiles viri*.

CREBE, Crèche. Gl. *Craccia*.

CRECHE, Cruche. Gl. *Creche*.

1. **CREDENCE**, Croyance, confiance. Gl. *Credentia*, 4. [Voyez Rayn. tom. II, pag. 509², au mot *Credensa*.]

2. **CREDENCE**. TEMOIN DE CREDENCE, Celui qui dépose simplement qu'il croit que la chose est ainsi. Gl. *Credentes*, 1.

CREDITEUR, Créancier. Gl. *Creditor*.

1. **CRÉER**, Sorte de vaisseau de guerre. Gl. *Craiera*.

* 2. **CREER**, Accorder, promettre. Gl. *Gratari*.

CRÉERRES, Créateur. Gl. *Creator*. [Voyez Rayn. tom. II, pag. 506², au mot *Creaire*.]

CREFFE, Écaille, gale. Gl. *Cranare*.

CREIL, Claie. Gl. *Cleia*.

CREISTRE, Accroître, augmenter. Gl. *Crescere*, 3.

CRELER VARGAIGNE, Passer un contrat, faire un marché, une convention. Gl. *Vargaigne*.

CREMAIL, Chèvre ou chevreau. Gl. *Cravarius*.

CREMER, Craindre, redouter, avoir peur. Gl. *Crematus*.

CREMEREUX, CREMETEUX, Timide, craintif, peureux. Gl. *Crematus*.

CREMETEUSEMENT, Avec crainte. Gl. *Crematus*.

* **CREMETILLEUX**, Redoutable. Guill. Guiart, tom. 1, pag. 43, vers 459 (955); tom. II, pag. 101, vers 2590 (11567).

CREMEU, CREMU, Qui se fait craindre, qui est à appréhender. Gl. *Crematus*.

CREMEUR, Crainte, inquiétude. Gl. *Torta*, 1. [*Cremor*. Gl. *Crematus*.]

* **CREMIE**†, *Pululatium*. Gl. *Pulularius*.

CREMILLIÉE, Crémaillère. Gl. *Cremale*.

CREMIR, Craindre, redouter [Guill. Guiart, tom. 1, pag. 72, vers 1223 (1719) :

> Roys que tous bons Crestiens aiment
> Et que Turs et Sarrazins craiment.

Se cremoit, Partonop. vers 416. *Creibront*, *Creinbreit*, *Crem*, *Cremoient*, *Cremus*, *Crenst*, *Criem*, *Crieme*, *Crienge*, *Crienst*, *Crient*, Chron. des ducs de Normandie. Rayn. tom. II, pag. 514², au mot *Cremer*.] D'où *Cremor*, Crainte. [*Creme*, *Cresme*, *Cremur*, Chron. des ducs de Normandie.] Gl. *Crematus*.

CRENELLE, Sorte de vaisseau de guerre. Gl. *Craiera*.

CRENEQUIN, Sorte d'arbalète, ainsi appelée de l'instrument dont on se servait pour la bander; d'où *Crennequinier*, Celui qui portait cette arbalète. Gl. *Crenkinarii*.

CRENQUENIER, Sergent, officier de justice. Gl. *Crenkinarii*.

CRENTER, Promettre, garantir, cautionner. Gl. *Creantiare*.

* **CRENU**, A crinière. Gérard de Vienne, vers 3283 :

> Dix lues puet courre un destrier crenu.

Chronique des ducs de Normandie, tom. II, pag. 219, vers 21814; tom. I, pag. 134, vers 1488. Voyez Rayn. tom. II, pag. 518², au mot *Crinut*.

CREPIN, Gaufre ou beignet; d'où *Cré-*

pillon, Repas où l'on mange de ces beignets ou gaufres. Gl. *Crespellæ*.

CREPON, Crépi, enduit de mortier qu'on met sur une muraille de moellon, etc. Gl. *Crepida*.

* **CREPON**, CRESPON, Croupe, croupion. Agolant, vers 428 :

> Le chief torna là où out le crepon.

Ancien poëme, Fierabras, pag. 157² :

> Et li pristrent à batre le dos et le crepon.

Aubri, pag. 155¹ :

> Qu'il garderunt si à foi sa maison
> Que oms estranges n'i metra le crepon.

Roman de Renart, t. 1, p. 9, vers 221 :

> Cil point l'asne del aguillon
> Par derriere sor le crespon.

Voyez Rayn. tom. II, pag. 521¹, au mot *Cropa*.

CREQUIER, Prunier ou cerisier sauvage, qui croît dans les haies, particulièrement en Picardie. Je crois qu'on ne sera pas fâché de trouver ici ce qu'un héraut d'armes, qui vivait sous Henri VI, roi d'Angleterre, observe sur cet arbre dans son traité MS. de l'Office des hérauts et poursuivants : *Créquiers sont arbres qui ont poy de feuilles et ont foison de picans, et en fait on volentiers cloture; car ils croissent communément en hayes, et sont leurs poignans tant crains, que personne n'ose bonnement toucher à la haye qui en est faite; et senefie que celuy qui premier les porta en armes estoit homme de pou de parolles, et poignant et agu contre son ennemi, et de lui faisoit on volentiers haye et cloture de bataille, pour la crainte que avoient les ennemis partout où il estoit, pour les pointures et vaillances de luy, qu'il faisoit en batailles, et sa nature estoit d'estre tousjours en déffense; comme la haye fait le jardin. La maison de Créquy porte cet arbre pour armes.*

CRESCHE, Étable, écurie. Gl. *Craccia*.

* **CRESMAL**, Espèce de bonnet qu'on mettait sur la tête des catéchumènes après leur baptême. Voyez Gl. *Chrismale*, pag. 339¹. Chron. des ducs de Normandie, tom. 1, pag. 58, vers 1547 :

> Aube out e en son chef cresmal.

Pag. 325, vers 6985, pag. 326, vers 7024.

CRESME, Juridiction ecclésiastique, son district. Gl. *Chrisma*.

CRESMEAU, CRESMIER, Vaisseau où l'on conserve le saint chrême ou les saintes huiles. Gl. *Chrisma*, pag. 339¹.

CRESMELER, Oindre du saint chrême, confirmer. Gl. *Chrismare* sous *Chrisma*, pag. 339³.

* **CRESMIER**, Nom d'un arbre. Flore et Blanceflor, vers 621 :

> Et d'autre part ot un cresmier
> Et à senestre un balsamier...
> Car de l'un basmes decouroit
> Et de l'autre cresmes caoit.

CRESPINIER, Ouvrier en crêpe. Gl. *Crespa*.

CRESPINOIS, Qui porte le nom de *Crespin*; ou qui a les cheveux frisés; du verbe *Crespir*, friser. Gl. *Crispicapillus*.

CRESSEMENT, Taillis, ou plant de jeunes

15

arbres. Gl. *Creissiamentum* [et *Incrementum*, 1].

CRESSOL, Sorte de tombereau. Gl. *Cotus*, 6.

CRESSONNIERE, Mare, amas d'eaux. Gl. *Cressonaria*.

CRESTE, Bois propre pour le comble d'une maison. Gl. *Cresta*, 2.

CRESTEAU, CRESTIAU, Créneau. Gl. *Cresta*, 3, et *Quarnellus*.

CRESTELÉ, Qui a des entailles en forme de dents. Gl. *Cresta*, 3.

CRESTER, Peigner, dans le sens qu'on le dit populairement, pour Maltraiter. Gl. sous *Cresta*, 2.

CRESTIENNEMENT, CRESTIENNETÉ, Baptême, cérémonies du baptême. Gl. sous *Christiani*, pag. 342². [*Crestiener*, Baptiser. Gl. *Christianare*. Flore et Blancefl. v. 3301. *Crestienté*, Christianisme, religion chrétienne. Gl. *Christianare*. Partonop. v. 489 :

> Si mist pais et crestienté
> Par trestote sa poesté.]

CRESTINE, Crue d'eau, débordement. Gl. *Cretina*.

CRESTON, Chevreau. Gl. *Cresto*.

CRETE, Terrain élevé ou inculte autour d'une maison de village. Gl. *Cresta*, 2.

* CRETEL, Créneau, comme *Cresteau*. Flore et Blanceflor, vers 1985 :

> De l'une part est clos de mur...
> Et dessus, encontre un cretel,
> Par devers destre, a un oisel.

CRETINE, Crue d'eau, débordement, inondation. Gl. *Cretina*. [Guill. Guiart, tom. 1, pag. 143, vers 3169 (3581).]

CRETON, Sorte de mets fait de graisse de porc hachée par petits morceaux et frite. Gl. *Cremium*.

CRETU, Bâton ou arme offensive qui a des entailles en forme de dents. Gl. *Cresta*, 3.

CRETURE, Crue d'eau, débordement, inondation. Gl. *Cretina*.

* CREVACE, Maladie des chevaux. Gl. *Crepatiæ*.

* CREVE. Gl. *Marca*, pag. 277¹.

CREVELLIERE, pour CERVELLIERE, Armure de tête. Gl. *Cervelleria*, 1, *Gorgale* et *Plata*, 1.

CREVEQUINERS, pour CRENEQUINIERS. Gl. *Crenkinarii*.

* CREVER. *L'aube est crevée.* Voyez Rayn. tom. 11, pag. 508², au mot *Crebei*, Grimm Mythol. German. pag. 431.

CREVISSE, pour ESCREVISSE, Espèce d'armure, cuirasse. Gl. *Cancer*, 4.

* CRÉUMENT, Cruellement. Chron. des ducs de Normandie, tom. 1, pag. 549, vers 13584.

CREUSEQUIN, Coupe, gobelet, vaisseau à boire, ou à autre usage. Gl. *Crusellus*, 1.

CREUSEUL, Espèce de lampe. Gl. *Lucibrum*.

CREUTE, Habitation creusée sous terre, maison souterraine. Gl. *Cruta*.

1. CRIAGE, Cri, publication. Gl. *Crida*, 1.

2. CRIAGE, Office de crieur public, ou de celui qui annonce quelque chose. Gl. *Cridatio*.

3. CRIAGE, Le droit dû pour le cri ou publication du vin à vendre en détail. Gl. *Criagium*, 1, et *Cridagium*, pag. 660³.

* CRIAL, Cruel. Chron. des ducs de Normandie, tom. 1, pag. 24, vers 620.

* CRIBUNEL, Haut de la tête. Roman de Renart, tom. 111, pag. 25, vers 20451 :

> Puis le prent par le cribunel.

CRIDE, Cri, publication. Gl. *Crida*, 1.

CRIÉE, Indice, marque. Gl. *Crieia*.

CRIEN, Le droit de celui qui voiture la dîme à la grange du décimateur. Gl. *Crientia*.

CRIEOUR, CRIERRES, Crieur public. Gl. *Campiones*, pag. 69¹, et *Cridatio*. [*Crieur de vin*. Gl. *Præco*, pag. 395³. Rayn. t. 11, pag. 517¹, au mot *Cridaire*.]

* 1. CRIER, Créer, CRIERES, CRIERRES, Créateur. Chron. des ducs de Normandie.

* 2. CRIER. Voyez *Coustume* 2. Rayn. tom. 11, pag. 516¹, au mot *Cridar*.

CRIESME, Crime. Gl. *Criminalitas*.

* CRIET, Creve. Partonop. vers 8414 :

> Mais male goute lor criet l'oel.

CRIMINEL, Malheureux, funeste. Gl. *Criminalitas*.

CRINCHON, Barbe, long poil qui est au bout des épis. Gl. *Crientia*.

CRINE, Crinière, chevelure. Gl. *Crines*. [*Crigne*. Gl. *Galo*, 1. Flore et Blancefl. vers 735 :

> Sa crigne, son cief, son visage.

Crignel, Chanson de Roland, stance 204, vers 15 :

> Trait ses crignels pleines ses mains amsdous.

Crignete, Crinière. Chanson de Roland, stance 113, vers 8 :

> Blanche la cue e la crignete jalne.

Voyez Rayn. tom. 11, pag. 518¹, au mot *Crin*.]

* CRIOREL,... Partonop. vers 10117 :

> A lor menues bareteles
> Rentendoient ces damoiseles,
> De guimples et de crioreaus
> De ridoires et de freseaus.

CRIQUE, Petit port sans art, ou baie. Gl. *Creca*.

CRIQUET, Bâton qui sert de but au jeu de boule. Gl. *Crieia*.

CRISTALLIER, Ouvrier en cristaux. Gl. *Cristallum* [et *Perreator*].

CROAVÉE, Corvée, servitude corporelle. Gl. *Corvagium*.

CROB, Cachot, cul de basse fosse. Gl. *Scroba*.

CROC, Instrument pour bander une arbalète. Gl. *Crocaretius*. [Rayn. tom. 11, pag. 519², au mot *Croc*.]

1. CROCHE, Crochet ou courson; c'est la branche de vigne taillée et raccourcie à trois ou quatre yeux. Gl. *Crocha*. [*Crocher*. Gl. *Uncire*].

2. CROCHE, Certaine mesure de sel. Gl. *Crocha*.

CROCHERE, Joug, morceau de bois courbé où l'on attelle les bœufs. Gl. *Crocha*.

1. CROCHET, Sorte d'échasse. Gl. *Crochetum*.

2. CROCHET, p. e. Recette d'un droit ou impôt. Gl. *Croceum*.

CROCHETEUR, Voleur, larron qui crochette les portes. Gl. *Crochetum*.

CROÇON, Croix de par Dieu, alphabet. Gl. *Croseta*.

CROEZ, Espèce de jeu. Gl. *Croiseta*.

CROICEFIZ, Crucifix. Gl. *Crucifixum*.

1. CROICHET, Sorte de jeu et de danse où l'on accroche les jambes les unes dans les autres. Gl. *Crochetum*.

2. CROICHET, Bâton qui tient ferme une charrette. Gl. *Crochetum*.

CROICIR, Augmenter, accroître. Gl. *Crescere*, 3.

CROIL, Verrou. Gl. *Corale*, 1.

CROILLE, Fourchette de cuisine. Gl. *Creaga*.

CROIRE, Vendre à crédit. Gl. *Credere*, 1.

* CROIS DU FRONT. Gérard de Vienne, pag. 166² :

> Gerard en fiert parmi la crois dou fron,
> Si li sanglante la bouche et le menton.

CROISADE, Pénitence monastique, l'action de tenir les bras en croix. Gl. sous *Crux*, pag. 677³.

CROISAIGE, Contribution qu'on paye à l'ennemi par convention faite avec lui. Gl. *Crosatus*.

* CROISANT, Croissant. Partonop. vers 855 :

> Soleil et lune, et ans et jors,
> Et les croisans et les décors.

CROISBET, L'action de hausser à quelqu'un le menton, en le lui faisant branler et claquer les dents; ce qui est une marque de mépris. Gl. *Barba*, 1, pag. 584³.

CROISÉE, Croisade. Gl. *Crosata*. [Voyez Rayn. tom. 11, pag. 522², au mot *Crozada*.]

CROISEMENT, CROISERIE, Croisade, l'action de se croiser et de s'engager à faire le voyage de la terre sainte pour combattre les infidèles. Gl. sous *Crux*, p. 680³. [Rayn. tom. 11, pag. 523¹, au mot *Crozamen*.]

CROISETTE, Sorte de jeu. Gl. *Croiseta*.

1. CROISIE, Ce qui partage quelque chose en croix, ou qui est fait en forme de croix. Gl. *Croiseia*.

2. CROISIE, Croisade. Gl. *Crosata*.

CROISIEU, Lampe de veille, ainsi nommée à cause de sa forme. Gl. *Crucibulum*.

CROISILLE, Petite croix plantée sur les chemins. Gl. *Cruciliæ*.

CROISON, Ce qui est en forme de croix. Gl. *Croiseia*.

CROISSEL, Lampe de veille, ainsi nommée à cause de sa forme. Gl. *Crucibulum*.

* CROISSER, Chasser la balle. Gl. *Crossare*.

CROISSIR, Craquer, le bruit que fait un vaisseau qui donne contre un écueil. Gl. *Cruscire*. [Roi Guillaume, p. 131. Voyez *Bordonner. Cruisir*, Faire du bruit, résonner. Chanson de Roland, stance 168, vers 6; st. 169, v. 2; st. 170, v. 3; st. 181, v. 16; st. 255, v. 5. *Croissir*, Casser, rompre. Garin le Loher. tom. 1, pag. 4, 14, 69. Gérard de Vienne, vers 872. Roman de Renart, tom. 11, pag. 274, vers 17024; pag. 288, vers 17418. *Croisir*, Partonop. vers 2186, 2999, 3018, 8060, 8313, 9732. Voyez Rayn. tom. 11, pag. 524², au mot

Crucir, et la Chron. des ducs de Normand. S'accoupler. Roman de Renart, t. 1, p. 19, vers 500; pag. 23, vers 601, et souvent.

CROIST, Augmentation, croissance. Gl. *Cressementum.*

CROISTRE, Craquer, comme fait un arbre prêt à tomber. Gl. *Cruscire.*

CROISUEL, Lampe de veille, ainsi nommée à cause de sa forme. Gl. *Crucibulum.*

1. **CROIX**, Procession de l'église, à cause des croix qu'on y porte. Gl. sous *Crux*, pag. 678².

2. **CROIX**, Manche, poignée, dont une partie est en forme de croix. Gl. *Croiseia.*

3. **CROIX**, Sorte de jeu. Gl. *Croiseta.*

4. **CROIX** Noires, Le jour de Saint-Marc, ainsi appelé des processions qu'on a coutume d'y faire, et des habits noirs dont se vêtaient en signe de pénitence ceux qui y assistaient. Gl. sous *Crux.*

* 5. **CROIX**. Gl. *Moneta*, pag. 497¹. *Crois partie*, De deux couleurs. Gl. *Crux*, p. 680³.

* 6. **CROIX DE CENS**. Gl. *Census*, p. 275¹. Partonop. vers 4022 :

Et promet lui de rentes crois.

Vers 5309 :

Qui vos doura de rentes crois.

1. **CROIZ**, BAILLER A CROIZ, Donner du bétail à la charge d'en avoir ou d'en partager le produit ou l'augmentation. Gl. *Crescentia*, 3.

2. **CROIZ**, Vent qui sort du corps par derrière avec bruit. Gl. *Cruscire.*

CROLLE, CROLLEYS, Secousse, tremblement. [Plait Renart de Dammartin, Jubinal, tom. II, pag. 24 :

C'est tout par vostre crolle et par vostre hochier.]

D'où *Croler* et *Croller*, Remuer, secouer, trembler. Gl. *Grollare.* [Gérard de Vienne, vers 945 :

Gerars l'oït, si ait le chief crolley.

Roi Guillaume, pag. 82 :

Or estoit si vix et crollans.

Roman de Renart, tom. III, pag. 120, vers 23041. Chronique des ducs de Normandie, Rayn. tom. II, pag. 520¹, au mot *Crollar.*]

CROLLER, Murmurer, chanter à voix basse. Gl. *Grollare.*

CROMBE, La même chose peut-être que *Crampe*, Espèce de goutte, ou engourdissement des muscles et des nerfs; celui qui est attaqué de cette maladie. Il se trouve encore dans un autre sens; mais qui m'est inconnu. Gl. *Crampa.*

CRONISER, Écrire l'histoire selon l'ordre des temps; ou noter ce qui mérite d'être remarqué. Gl. *Chronicans* [et *Historiare*, 1].

CROPET, Trapu, homme fort gras et de petite taille. Gl. *Cropa.*

CROPIE, Espèce de filet pour la chasse, et le temps où les lièvres et autres animaux vont le soir au gagnage. Gl. *Cruppa.*

CROQUE, CROQUEBOIS, CROQUEPOIS, CROQUET, Bâton armé d'un croc, ou qui est recourbé. Gl. *Croqum.*

CROQUIER, Faire le crochet, donner le croc en jambe. Gl. *Hancha.* [*Se croker sur le nés*, Roman de Renart, tom. IV, p. 15, vers 400.]

CROS, Creux, fossé. Gl. *Crosus*, 1. [Rayn. t. II, pag. 521², au mot *Cros.*]

CROSLER, Remuer, branler, trembler. Gl. *Grollare.*

* **CROSSE**, Bâton pour chasser la balle. Gl. *Crossare.*

CROSSER, Courber, plier. Gl. *Crossare.*

* **CROSTER**, Couvrir de croûtes. Chron. des ducs de Normandie, tom. 1, pag. 142, vers 1728 :

Dunc vint l'iver od ses glaçons
Od ses niefs e od ses gelées
Qui les terres ont si crostées.

1. **CROT**, Creux, fossé. Gl. *Crotum.*

* 2. **CROT**, Est accroupi ? Roman de Renart, t. III, pag. 134, vers 23447 :

Si a véu trestot debot
Renart qui seur un angle crot.

1. **CROTE**, Grotte, caverne. Gl. *Crota*, 2. [Souterrain. Garin le Loher. tom. 1, pag. 104 :

Lez une croûte de vielle antiquité.

Gérard de Vienne, vers 3467. Voyez Rayn. tom. II, pag. 521², au mot *Crota. Crute*, Chanson de Roland, st. 183, vers 11.]

2. **CROTE**, Cave, cellier. Gl. *Crota*, 3.

CROTÉ, SOUPPE CROTÉE, Espèce de potage ou ragoût. Gl. *Crotatus.*

CROTON, Cachot, cul de basse fosse. Gl. *Scroba.*

CROUCIT, Bâton ou perche armée par le bout d'un croc de fer. Gl. *Contassare.*

CROUÉE, Terre cultivée et enfermée de murs ou de haies, clos, et p. e. pour Corvée. Gl. *Croada*, 2, pag. 630², et *Croutura.*

CROUFTE, Clos. Gl. *Croftum.*

* **CROVIERE**, ... Partonop. vers 10587 :

Cascuns oiseaus, nes la crouière,
Fait cant u crie en sa manière.

CROULE, Secousse, tremblement. Gl. *Grollare.*

CROULER, Se remuer, se mouvoir. Gl. *Grollare.*

CROUPIE, Espèce de filet pour la chasse, et le temps où les lièvres et autres animaux vont le soir au gagnage. Gl. *Cruppa.*

* **CROUPIERE**, Couverture de fer ou de drap qui protége la partie de derrière du cheval. Partonop. vers 2985, 6785, 7711, 9642. Chastel. de Couci, vers 1201. Voyez *Colière.*

CROUPTE, Chapelle souterraine. Gl. *Crypta.*

1. **CROUSTE**, Grotte, caverne. Gl. *Crota*, 2.

2. **CROUSTE**, Voûte. Gl. *Crota*, 3.

3. **CROUSTE**, Mare, creux rempli d'eau. Gl. *Crusta*, 2.

CROUTEILLE, Espèce de gâteau. Gl. *Cripiscula.*

1. **CROYER**, Créer. Gl. *Creare*, 1.

2. **CROYER**, Sorte de vaisseau de guerre. Gl. *Craiera.*

CROZAT, Sorte de monnaie marquée à une croix. Gl. *Crosatus*, 2.

CRUCET, Lampe de veille, ainsi nommée à cause de sa forme. Gl. *Crucibulum.*

CRUCHON, Sorte de redevance, ou droit, impôt. Gl. *Crusellus*, 2.

* **CRUCIER**, Torturer. CRUCIEMENT, Tourment. Chron. des ducs de Normandie. Rayn. tom. II, pag. 523², au mot *Cruciar.*

CRUDELITÉ, Cruauté, férocité. Gl. *Crudellus.*

CRUEL, Redoutable, terrible. Gl. sous *Crudellus.*

CRUELTÉ, Cruauté. Gl. *Culverta.* [Rayn. tom. II, pag. 525¹, au mot *Cruzeltat.*]

CRUEUSEMENT, Cruellement, outrageusement. Gl. sous *Crudellus.*

CRUGEON, Cruchon, petite cruche. Gl. *Cruga.*

* **CRUISEL**, CROISEL, Creuset. Rayn. tom. II, pag. 524¹, au mot *Cruol.*

CRULURE, Criblure, le menu grain qui reste après que le blé a été vanné et nettoyé. Gl. *Crapinum.*

CRUPPÉE, Une volée de coups de bâton. Gl. *Crupa*, 1.

CRUSSET†, Lampe de veille, ainsi nommée à cause de sa forme. Gl. *Crucibulum.*

CRUYE, Cruche. Gl. *Cruga.*

* **CRUYERE**, Cruelle. Voyez Roquef. à ce mot.

CRUYSE, Tèt, morceau de pot cassé. Gl. *Cruga.*

* **CRUZ**, Croix. Chronique des ducs de Normandie.

CRY, Le droit de faire des proclamations publiques. Gl. *Cridatio.*

CRYE, Crieur public, celui qui annonce quelque chose. Gl. *Cridatio.*

* **CUARDIE**, Couardise. Chronique des ducs de Normandie.

CUAULDRE, Recueillir, faire la récolte. Gl. *Collecta*, 9.

CUBARIE, Cellier, lieu où l'on met les cuves. Gl. *Cuba*, 5.

CUBEL, Petit tonneau ou vaisseau pour mettre du vin. Gl. *Cubellus.*

* **CUCÉ**, Caché. Chronique des ducs de Normandie, tom. II, pag. 50, vers 16797 :

Repost e cucé e mucié.

Voyez *Culcer* et *Cuter.*

CUCHON, Mulon, tas de foin. Gl. *Cucho.*

CUCU, Coucou, oiseau. Gl. *Cugus.* [Roman de Renart, tom. IV, pag. 9.]

CUCUAULT, Mari dont la femme est infidèle. Gl. *Cucullus*, 1.

CUCUSER, Débaucher la femme ou la maîtresse d'autrui. Gl. *Cucusare.*

CUDE, pour CRIDE, Crieur public. Gl. *Cridatio.*

1. **CUEILLETE**, Récolte, moisson. Gl. *Collecta*, 9.

2. **CUEILLETE**, Taille, toute espèce d'imposition. Gl. *Collecta*, 1.

CUEILLETEUR, Collecteur, celui qui lève la taille ou une imposition. Gl. *Collectarius*, 2. [Rayn. tom. II, pag. 534¹, au mot *Culhidor.*]

CUEIRIER, Échevin ou juge des causes civiles. Gl. *Chora.*

CUELIEUR, Receveur d'un droit ou péage. Gl. *Collectarius*, 2.

CUELLÉE, Assemblée tumultueuse, sédition. Gl. *Collecta*, 4.

CUENS, Comte, dignité. Gl. sous *Comes*, 2. *Cuens Palais*, pag. 457³. [Rayn. tom. II, pag. 534¹, au mot *Coms*.]

* **CUER**, Cœur. *Cuers de roi*, expression de tendresse. Roman de Renart, tom. III, pag. 28, vers 20503 :

> Si li a dit : filz cuers de roi.

Sor cuer, Inquiet. Partonop. vers 169 :

> En duel, en poverte, en deshet,
> Sor cuer tos jors et en aguet.

De cuer, Volontairement. Flore et Blanceflor, vers 775 :

> Par diu, qui de cuer veut morir,
> Ne li pues pas longes guenoir.

Voyez Gl. *Profari*. Rayn. tom. II, pag. 474¹, au mot *Cor. Cuer tenir*, Soutenir, donner de la force. Roman de Renart, tom. III, pag. 62, vers 21448 :

> Cest dur aurez à vostre part,
> Que il est bon à cuer tenir.

CUERE, Juridiction des échevins ou juges des causes civiles. Gl. *Chora*.

* **CUERER**. Voyez *Acuerer*.

CUERFRERE, Homme soumis à la juridiction des *Cueriers*. Gl. *Chora*.

CUERIER, Échevin ou juge des causes civiles. Gl. *Chora*.

CUERSEUR, Femme soumise à la juridiction des *Cueriers*. Gl. *Chora*.

CUETTE, Coude. Gl. *Cubitale*, 2.

* **CUEVRE**, Carquois. Roman de Cléomades, Chron. des ducs de Normandie, tom. II, pag. 450² :

> Et un cuevre plain de quarriaus.

CUEVREFEU, Couvre-feu, signal de retraite. Gl. *Ignitegium*, pag. 760².

CUEURIER, Chantre, celui qui tient le chœur. Gl. *Chorarii*.

CUEUX, Queux, pierre à aiguiser. Gl. *Cotella*.

CUEZ, Queux, cuisinier. Gl. *Coquus*.

CUFFERE, La cérémonie ou le festin des relevailles. Gl. *Gesina*, 1.

CUFFET, Coiffe, couverture de tête. Gl. *Cuffa*.

CUGNET, Coin, ou pièce de terre terminée en pointe. Gl. *Cugnus*, 2.

CUGNIETE, Petite cognée. Gl. *Cugnieta*.

CUI, pour A qui, auquel. Gl. *Nabilis* et *Orgeria*. [Orell, pag. 60, 62.]

* **CUIEMEZ**. Gl. *Caput Mansi*.

* **CUIDER**, Penser, croire, redouter. Voyez Orell, pag. 125, Rayn. tom. II, pag. 430¹, au mot *Cuidar*.

CUIDIAUS, Instrument propre à la pêche. Gl. *Cuidens*.

CUIGNAT, **CUIGNATE**, Beau-frère, belle-sœur. Gl. *Cognatus*.

1. **CUIGNET**, Sorte de gâteau à plusieurs angles. Gl. *Cuneus*, 3.

2. **CUIGNET**, Pointe, coin, angle. Gl. *Cugnus*, 2.

CUIGNETE, Petite cognée. Gl. *Cugnieta*.

CUILLIE, Récolte, moisson. Gl. *Collecta*, 9.

* **CUILVERT**, Vilain, traître, lâche. Voyez *Culvert*.

CUIRE, p. e. pour **CUITE**, Condée, mesure. Gl. *Cubitus*.

CUIRÉE, Chasse de loup. Gl. *Cuirena*.

CUIRET, Peau dont la laine a été tondue, mais qui n'est point passée à la mégie. Gl. *Cuirena*.

CUIREUR, Ouvrier qui couvre de cuir les selles. Gl. *Cuirena*.

CUIRIE, Colletin, pourpoint sans manches. Gl. *Cuirena* [et *Quirée*].

* **CUIRIÉE**, comme *Corroie*, 2. Roman de Renart, tom. III, pag. 157, vers 24077.

CUIRIER, Couvrir de cuir, et même d'autre chose. Gl. *Cuirena*.

CUISAGE, Cuisson. Gl. *Cuechum*.

CUISIAUX, Cuissard, l'armure des cuisses. Gl. *Cuissetus*.

CUISINE, Mets apprêté à la cuisine. Gl. *Coquina*. [*Cuisiner* †. Gl. *Fulina. Cuisinerie* †. Gl. *Coquinaria*.]

CUISSEL †, **CUISSERE**, Cuissard. Gl. *Corale*, 3, et *Coxale*. [*Cuissière* †. Gl. *Femoralia*.]

CUISSETE, Ce qui couvre la cuisse de l'animal. Gl. *Cuissetus*.

CUISSEUX, Les côtés de la selle où posent les cuisses du cavalier. Gl. *Cuissetus*.

* **CUISSON**. Guill. Guiart, tom. II, pag. 241, vers 6248 (15228) :

> Ou François par mésaventure
> Recurent si mole cuisson.

CUISSOTZ, Cuissard, l'armure des cuisses. Gl. *Cuissetus*.

* **CUITAINNE**, comme *Quintaine*. Chansons histor., le Roux de Lincy, tom. I, pag. 149 :

> Savaris de Malicon
> Boens chiveliers à cuitainne.

* **CUITES**, Tranquille, acquitté, absolu. Roi Guillaume, pag. 48, 65, 82, 83, etc. Partonop. vers 7840 :

> Si m'en aurés à cevalier
> Vostre cuite tot ligement
> A trestot cest tornoiement.

(Voyez Gl. *Quietus*:) *Cuitement*. Roi Guillaume, pag. 130. *Cuitée*, Tranquillité, Chron. des ducs de Normandie.

CUIVERT, Homme de condition serve, infâme, perfide. Gl. *Culverta*.

CUL, Poignée, manche. Gl. *Culata*.

CULAIGE, Présent en viande, vin, ou en argent, qu'un nouveau marié donnait le jour de ses noces à ses compagnons, pour qu'ils le laissassent coucher avec sa femme. Gl. *Culagium*.

* **CULCER**, **CULCHER**, Coucher. Chanson de Roland, Chronique des ducs de Normandie.

CULDÉES, Moines, ceux qui sont consacrés au culte ou au service de Dieu. Gl. *Colidei*.

CULÉ, Chaton. Gl. *Culea*.

* **CULETER** †. Gl. *Clunagitare*.

CULEVRINE, Coulevrine. Gl. *Colubrina*.

* **CULIERE**, Voyez *Coliere*. Partonop. vers 7713. Chastel. de Couci, vers 1059. Gl. † *Postella*, 1.

CULLAGE, Droit prétendu par les seigneurs sur les nouvelles mariées la première nuit de leurs noces. Gl. *Marcheta* [*Culagium*, et *Collecta*, 1.]

CULLET, Espèce de drap ou de peau. Gl. *Cullicolum*.

CULLIR, Cueillir, lever la taille ou un impôt. Gl. *Culitia*.

CULLOT, Espèce de chien. Gl. sous *Canis*, 2.

CULOT, Sorte de bourse. Gl. *Cullicolum*.

CULTE, Coite, matelas, lit de plume. Gl. *Culta*, 2.

CULTIS, Courtil, jardin potager, verger. Gl. *Cultillus*.

CULTIVAGE, Labourage, culture des terres. Gl. *Cultivare*.

CULTIVEMENT, **CULTIVEURE** †, Le culte qu'on rend à Dieu ou aux saints. Gl. *Cultura* 2, et *Latria*, 1, [Rayn. tom. II, pag. 443², au mot *Coltivament*.]

CULVERT, Infâme, perfide, traître. Gl. *Culverta*. [Rayn. tom. II, pag. 529², au mot *Culvert*, Chronique des ducs de Normandie.]

* **CULVERTAGE**, Asservissement, esclavage. Partonop. vers 230. Chron. des ducs de Normandie, tom. II, pag. 47, vers 16706. Voyez *Cuvertise*.

CUMBEL, Vallon. Gl. *Cumbale*.

CUNARDIR, Entreprendre, se charger de l'exécution de quelque chose. Gl. *Cunitilare*.

CUNCHIÉ, **CUNCIÉ**, Souillé, gâté. Gl. *Concagatus*.

CUNTRAT, Estropié, contrefait. Gl. *ontractoria domus* [et *Farsia*].

* **CUOP**, comme *Coux*. *Willot*

* **CUOULE**, comme *Coule*. Chron. des ducs de Normandie.

* **CUPÉE**, Aloe *cupée* ou *coupée*, Espèce d'oiseau. Chron. des ducs de Normandie, tom. II, pag. 133, vers 19241 :

> Par les plains chante la cupée.

Pag. 559, vers 31314 :

> Kar ainz que seit clers li matins
> Ne que chant l'aloe cupée.

Manuscrit de Tours *Coupée*.

CUQUELIN, p. e. Certain poids ou mesure. Gl. *Coket*, 1.

CURACHE, Cuirasse. Gl. *Curacia*.

* **CURAILLE**, Exilé. Chron. des ducs de Normandie, tom. I, pag. 405, vers 9340 :

> Veuz mielz vivre d'autrui quartier
> Huniz, eschar, d'autres curaille.

Pag. 515, vers 12553 :

> Cum devez mais estre curaille
> Sor autre terre qui rien vaille.

Voyez *Coraille*.

CURALIER, Broussailles. Gl. *Curalha*.

CURATERESSE, Curatrice. Gl. *Curatela*.

CURATERIE, Curatelle. Gl. *Curatela*.

1. **CURATIER**, Tanneur, cordonnier, cureur de puits. Gl. *Curaterius*, 1.

2. **CURATIER**, Courtier. Gl. *Curaterius*, 2 [et *Corraterius*].

3. **CURATIER**, Curateur, celui qui a soin des biens d'un mineur. Gl. *Curatela*.

CURATRIE, Lieu de débauche. Gl. *Curia*, 2.

* **CURE**, Soin, souci. Flore et Blanceflor, vers 228, 238, 488. Ruteb. tom. II, pag. 253. Voyez Rayn. tom. II, pag. 530¹, au mot *Cura. Curer*, Avoir soin de quelque chose, Rayn. pag. 532¹, au mot *Curar*.

CUREAULX, Choristes, enfants de chœur. Gl. *Choralis*.

CUREBOISSON, Bêche, hoyau, instrument de fer pour ôter les racines. Gl. *Curata*, 3.

CURECTE, Curet, Curete, Instrument avec lequel on *cure* ou nettoie quelque chose. Gl. *Curata*, 3.

CURETTE, Cure-dent, cure-oreille. Gl. *Cureta.*

1. **CUREUR,** Curateur, celui qui gouverne les biens d'un mineur. Gl. *Curatela.*

2. **CUREUR,** Instrument avec lequel on *cure* ou nettoie quelque chose. Gl. *Curata*, 3.

CUREURE, Ordure, immondice. Gl. *Curata*, 3.

CURFU-BELL, Cloche qui annonce le couvre-feu. Gl. *Ignitegium.*

CURIALITÉ, Courtoisie, bon office. Gl. *Curialitas* sous *Curialis*, 4, pag. 715[3].

CURIAUX, Enfants de chœur, choristes. Gl. *Choralis.*

CURIE, Envie, désir. Gl. *Cura*, 6.

CURIEUX, Soigneux, vigilant, exact. Gl. *Curiosus*, 3. [Rayn. tom. II, pag. 531[2], au mot *Curios.*]

CURIHOL, Pain destiné pour les domestiques ou ceux de la cour d'un seigneur. Gl. *Panes curiales*, sous *Panis*, 2, pag. 54[1].

* **CURIUS,** Triste, soucieux. Chanson de Roland, stance 135, vers 7 :

E li Franceis dolenz e curius.

St. 136, vers 6. Voyez Rayn. t. II, p. 531[2], au mot *Curos*, et la Chron. des ducs de Normandie.

CUROTTE, Instrument avec lequel on *cure* ou nettoie quelque chose. Gl. *Curata*, 3.

CURRE, Chariot, sorte de voiture. Gl. *Carrocium*, pag. 202[3].

CURTAYSIE ou **Curtesie d'Angle-terre.** On appelle ainsi en Angleterre l'usage qui laisse à un mari la jouissance pendant sa vie d'un fief non noble que sa femme a apporté en mariage, après le dé-

cès d'elle et des enfants. Gl. *Curialitas Angliæ* sous *Curialis*, 4, pag. 716[1].

CURTIL, Courtil, verger, jardin potager. Gl. *Curticuli.*

CURTILLAIGE, Herbes potagères, légumes. Gl. *Cortillagium* sous *Cortis*, 1.

CURTIN, Courtil, verger, jardin potager. Gl. *Curtinus.*

CURTINER, Enfermer, enclore. Gl. *Incortinare* sous *Cortis*, 2.

CURTIU, Curtiul, Courtil, verger, jardin potager. Gl. *Curticuli.*

* **CUSANTOUS,** Frais. Gl. *Custus*, p. 729[2].

1. **CUSTODE,** Courtine, rideau. Gl. *Custoda*, et *Custodia*, 7.

2. **CUSTODE,** Coffre, armoire où l'on garde quelque chose. Gl. *Custoda.*

3. **CUSTODE,** Platine. Gl. *Custoda.*

* 4. **CUSTODE,** comme *Costre*, 2. Chron. des ducs de Normandie, tom. II, pag. 346, vers 25447 :

Iloc aveit un segrestein
Custode e garde e marrugler.

Voyez Rayn. tom. II, pag. 533[2], au mot *Custodi.*

1. **CUTE,** Cache, lieu secret; d'où *Cuter,* Cacher. Gl. *Cuta.* [Voyez *Cucé.* Chron. des ducs de Normandie, tom. III, pag. 272, vers 39125 :

Mais ne s'i sevent si esduire
Ne en cel leu cuter ne fuire.]

* 2. **CUTE,** Coude. Chron. des ducs de Normandie.

* **CUTURE,** Culture, terre cultivée. Roman de Renart, tom. III, pag. 52, vers 21166.

CUVAIGE, Cellier, lieu où l'on serre les cuves. Gl. *Cuvella.*

CUVELIER, Tonnelier, faiseur de cuves. Gl. *Cupius*, pag. 704[1].

CUVELLETTE, Petite cuvette. Gl. *Cuvella.*

CUVERT, Infâme, perfide, traître. Gl. *Culverta.* [Chron. des ducs de Normandie. Voyez *Culvert.*]

CUVERTIERE, Couverture, toit d'une maison. Gl. *Copertura.*

* **CUVERTISE,** Servage, asservissement. Guill. Guiart, tom. I, pag. 207, vers 4934. (5248) :

La nouvele partout aloit
Du grief et de la cuvertise
Ou Remon tenoit sainte yglise.

Voyez *Culvertage.*

CUYGNIÉ, Coin ou pièce de terre terminée en pointe. Gl. *Cugnus*, 2.

CUYRIEN, Taxe, impôt sur le cuir. Gl. *Cuirena* [et *Gresa* ?].

CUYSOT, Jambon. Gl. *Cuissetus*, 2.

CYBOINGNE, pour *Ciboire*, Tabernacle sur l'autel, dans lequel on garde la sainte Eucharistie. Gl. *Ciborium.* [*Cyboire* Gl. *Repositorium.*]

CYMAISE, Vase ou pot d'étain à mettre du vin ou autre liqueur. Gl. *Cimia.*

CYMEAULX, Les extrémités des branches d'un arbre. Gl. *Cimeyæ.*

CYMERON, Le bout ou globe du nez. Gl. *Cimerium.*

CYMOISE, Vase ou pot d'étain à mettre du vin ou autre liqueur. Gl. *Cimia.*

CYNAMOME, Cannelle. Gl. *Cinamomum.*

CYNELE, Fruit du houx, ou Prunelle sauvage, chose vile, de nul prix. Gl. *Cenitus.*

CYROGRAPHE, Signature. Gl. *Chirographum*, pag. 330[2].

CYSEAU, Flèche, dard, javelot. Gl. *Cisellus.*

CYTHOLOUR, Joueur de l'instrument musical appelé *Citole.* Gl. *Citola.*

CYTOAIN, Bourgeois, habitant d'une cité. Gl. *Corthesanus.*

CYTOAL, Zedoaire, espèce de gingembre, épice. Gl. *Zedoaria.*

* **DAARAIN,** Dernier. Voyez Roquef. *Pertuis daarains*, Roman de Renart, t. I, pag. 22, vers 592. Voyez *Darrains.*

DACE, Tribut, impôt. Gl. *Data*, 1.

DAGONE, p. e. Certaine quantité de cuir. Gl. *Dacra.*

1. **DAGUE,** Poignard, épée courte. Gl. *Dagger.*

2. **DAGUE,** Raillerie, parole piquante. Gl. *Dagha*, pag. 736[2].

* **DAHET,** comme *Dehait*, Peine, douleur. Roman de Renart, tom. I, pag. 16, vers 404. Garin le Loher. tom. I, p. 275, 283 : *Mal dahet ait, qui, etc.*

* **DAIERE,** Derrière. Sermons de saint Bernard. Voyez Roquef.

* **DAIL, Daille,** Faux, et surtout le fer de la faux. Gl. *Dalha.* [Voyez Rayn. tom. III, pag. 2[1], au mot *Dalh.*]

DAINE, Sorte de poisson. Gl. *Piscis regius.*

* **DAINTIÉ, Deintié,** Mets délicat, chose excellente. Aubri, pag. 152[1] :

Poons pevrés et capons et daintiés.

Roman de Renart, t. III, p. 87, v. 22138 :

A tant vindrent riche deintiéz,
Lardez de cerf et de sangler
Ot li chevalier au soper.

Tom. IV, pag. 10, vers 265 :

Pour çou que devant ai traitié
Sour ma matere, quel daintié
Renars avoit empris à faus.

Partonop. vers 9519 :

Ce dist Gaudins : Or oï daintié,
De droit nient arés pitié.

Gilote et Johane, Jubinal, tom. II, p. 35 :

E que vus avez Jehane ainsi consiliée
Que c'est grant joie e grant deutée.

Voyez Halliwell, aux mots *Dainty* et *Dayntel.*

* **DAIS,** comme *Dois*, Gl. *Dagus, Dalum, Deis, Dasium.*

DALPHINOIS, Partisans de Charles V. Dauphin de Viennois. Gl. *Navarreni.*

* **DAM,** Dommage. Rayn. tom. III, p. 6[1], au mot *Dam.*

DAMAGE, Damaghe, Dommage. Gl. *Damnamentum* [et *Damnatio.* Voyez Rayn. tom. III, pag. 6[1], au mot *Damnatge*].

DAMAIANT, Dommageable, nuisible, désavantageux. Gl. *Damnacius.*

DAMAIGER, Causer du dommage. Gl. *Damnare.* [Voyez Rayn. tom. III, pag. 7[2], au mot *Dampnatgar. Damajos,* Nuisible,

Chron. des ducs de Normandie. Rayn. tom. III, pag. 6², au mot *Dampnatjos.* Qui éprouve un dommage. Chron. des ducs de Normandie, tom. I, pag. 253, v. 4904 :

E trop nos unt faiz damajos.

DAMATICLE, Dalmatique, habit d'église. Gl. *Dalmatica.*

* 1. **DAME**, Femme mariée. Partonop. vers 5984 :

Ne sai s'estes dame u pucele.

Vers 7041 :

Dame seit bien com amors vet,
Mais pucele n'en sait un tret.

2. **DAME**, Belle-mère, celle dont on a épousé la fille. Gl. *Domina*, 11.

* 3. **DAME DE FILLES DE JOIE.** Gl. *Meretricalis.*

DAME-DIEU, Seigneur Dieu. Gl. *Domnus.* [Voyez Rayn. tom. III, pag. 33¹, au mot *Deus*, et 68², aux mots *Dame-Dieu* et suivants. Choix des Poésies des Troubad. tom. II, pag. 24. *Damlediu*, Flore et Blanceflor, vers 3276, 3339. *Nomini Dame*, Roman de Renart, tom. I, pag. 38, vers 990. Voyez la Chron. des ducs de Normandie.]

DAME GRANT, Grand'mère maternelle. Gl. *Domina*, 11.

DAMGE, Dommage. Gl. *Damnatio.*

DAMOISEL, Titre des fils de rois, princes et autres grands seigneurs qui n'étaient point encore armés chevaliers; Écuyer. Gl. *Domicellus*, 1, pag. 906¹.

DAMOISELLE, Fille de joie, et celle qui les gouverne. Gl. *Domicella*, 2 [et *Domicellæ*, 1].

DAMP, Dom, monsieur. Gl *Domnus.* [Voyez Rayn. tom. III, pag. 66², au mot *Don.* Chanson de Roland, *Damne*, *Dane*, *Danne.* Chron. des ducs de Normandie, au mot *Dam.*]

DAMPNISIER, Causer du dommage. Gl. *Damnare.*

DANCE. Les noms de différentes danses en usage autrefois. Gl. *Chorea.*

* **DANCEL**, DANZEL, DANCELE, DANZELE, Jeune homme, demoiselle. Chronique des ducs de Normandie.

DANCER EN LA MAIN, Mener quelqu'un par la main en dansant. Gl. *Chorea.*

DANDIN, Clochette qu'on met au cou des animaux, nommée ainsi à cause du son qu'elle rend par le mouvement continuel qu'elle fait. Gl. *Sonailla.*

DANDO, Maladie, espèce de coqueluche, dans le Journal de Paris sous l'an 1427. Comme qui dirait, *Dans le dos;* parce que cette maladie rendait le corps tout courbé. Voyez *Ducatiana*, part. II, pag. 316, et *Binguendos* sous *Bigo.*

DANGER. ÊTRE EN DANGER DE QUELQU'UN, Être son redevable ou obligé. Gl. *Dangerium*, 1. *Fief de danger*, ibid.

1. **DANGEREUX**, SERGENT DANGEREUX, Celui qui veille à la conservation des terres qui sont en défens, et des bois sur lesquels le roi a le droit de *Dangier.* Gl. *Damnum*, 2. *Dangerium*, 2 [et *Serviens*, pag. 210³].

2. **DANGEREUX**, Qui est en danger, infirme, malade. Gl. *Dangerium*, 4.

3. **DANGEREUX**, Difficile, épineux, de

mauvaise humeur, sentant la dispute. Gl. *Dangerium*, 4.

1. **DANGIER**, Terre en défens. Gl. *Damnum*, 2. [Terre domaniale. Gl. *Domigerium.*]

2. **DANGIER**, Droit qu'a le roi sur les forêts de Normandie, consistant en ce que les propriétaires ne peuvent les vendre ni exploiter sans sa permission et sans lui payer le dixième, sous peine de confiscation. Gl. *Dangerium*, 2.

3. **DANGIER**, Droit de confiscation sur les biens dont les charges ne sont point acquittées. Gl. *Dangerium*, 1.

4. **DANGIER**, Difficulté, contestation, opposition. Gl. *Dangerium*, 4. [Retard, manque, défaut, absence. Gérard de Vienne, pag. 173² :

Qui serviront de gré et sans dangier.

Pag. 166² :

Molt lor est ore petit de ton dangier.

Chastel. de Couci, vers 5370 :

Gobers a fait dangier du prendre,
Non pourquant s'i laisse descendre.

Partonop. vers 968 :

De mès n'i a dangier ne fautes.

Vers 654, 4712. *Sanz dangier*, Sans retard, immédiatement, volontiers. Partonop. vers 4321. Flore et Blancefl. vers 1260. Roman de Renart, tom. III, pag. 105, vers 22624. Chron. des ducs de Normandie, tom. I, pag. 562, vers 13930. *Faire dangier*, Retarder, refuser. Partonop. vers 24, 6644. Flore et Blancefl. vers 962. Chron. des ducs de Normandie, tom. I, pag. 380, vers 8566. Ruteb. tom. II, pag. 228. Enfants Haymon, vers 266. *Mostrer danger.* Chron. des ducs de Normandie, tom. I, p. 451, vers 10700. Voyez Rayn. tom. III, pag. 8², au mot *Dangier.*]

* 5. **DANGIER**, Possession, puissance. Gl. *Domigerium.* Partonop. vers 1230 :

De tot sui en vostre dangier.

Chastel. de Couci, vers 811 :

Bien l'a Amours en son dangier.

Roi Guillaume, pag. 94 :

Li enfant qui sont el dangier
As deus vilains qui les norissent.

Flore et Jeanne, pag. 64 : *Bien eureus seroit li rois ki poroit avoir le dangier de tel dame.* Fabliaux publiés par Jubinal, tom. II, pag. 24.

6. **DANGIER**, Détroit, défilé. Gl. *Dangerium*, 5.

DANJON, Donjon ou dongeon. Gl. *Dunjo.* [*Dangon*, Chron. des ducs de Normandie.]

DANRÉE, Valeur d'un denier. Gl. *Danrata.* [Voyez Rayn. tom. III, pag. 24², au mot *Denairada.*]

DANT, Dom, monsieur. Gl. *Domnus.*

DANZEL, DAMOISEL, Écuyer. Gl. *Domicellus*, 1, pag. 906². [Voyez Rayn. t. III, pag. 68¹, au mot *Donzel.*]

DAR, Dard, javelot. Gl. *Dardus.*

DARCIDOINE, p. e. Dardanie. Gl. *Dardena.*

DARDE, Dard, javelot, épée courte, poignard. Gl. *Dardus.*

DARDILLE, Petite *darde*, ou javelot.

Gl. *Dardus.* [*Dardeial*, Chron. des ducs de Normandie. tom. I, pag. 125, vers 1231.]

DAREMENT, Déclaration de guerre. Gl. *Daramare.*

* **DARERE**, Derrière, en arrière. Chanson de Roland, stance 240, vers 13.

DARIOLE, Sorte de pâtisserie. Gl. *Companagium.*

* **DARRAINS**, Dernier. Partonop. v. 145. Voyez Rayn. tom. V, pag. 79², au mot *Derrier.*

DART, Faux, et surtout le fer de la faux. Gl. *Dalha.*

DAT, En Languedoc et en Provence, Dé. Gl. *Decius.*

DATE, Pissat, urine. Gl. *Urinale.*

DATIL, Datte, fruit du palmier. Gl. *Datilis.*

DATOUR, Caution, répondant. Gl. *Datores.*

DAUCHERON, Outil de tonnelier, p. e. Doloire. Gl. *Doleria.*

* **DAUNOI**, Amour, plaisir. Aubri, pag. 159² :

Il et le dame demaine son daunoi.

Voyez *Dosnoi* et Rayn. tom. III, pag. 69¹, au mot *Domnei.*

DAUQUI-EN-AVANT, Désormais, à l'avenir. Privil. des habit. de Grancey de 1348, Reg. 161, du Tr. des Chart. pièce 69: *Et dauqui-en-avant seroit de la condition des autres habitans de la ville de Grancey.*

DAURADE, Sorte de poisson. Gl. *Aurata.*

DAUTIER, Parement d'autel. Gl. *Altarium*, 2.

DAUX, Faucille. Gl. *Dalha.*

DAUXE, Gousse d'ail; d'où *Dauxer*, Frotter avec une gousse d'ail. Gl. *Dalha.*

DAYER, Assemblée du soir, où les femmes travaillent. Gl. *Daeria.*

1. **DÉ**, Dieu. Gl. *Decius.*

* 2. **DÉ**, Deuil. Chron. des ducs de Norm. tom. II, pag. 390, vers 26697 :

Dé ne lor faut ne anz ne jor.

DEABLAGE, Redevance en blé. Gl. *Bladare* sous *Bladum*, pag. 696³.

DEABLIE, Diablerie, ce qui provient du diable. Gl. *Diabolicum.* [Voyez Rayn. tom. III, pag. 44¹, au mot *Diabla.*]

DEAMBULER, Parcourir, aller çà et là. Gl. *Deambulationes.*

DEAN, Doyen, dignité ecclésiastique. Gl. *Decanus*, 4.

DEANNE, Espèce de cens ou rente. Gl. *Datitia.*

DEARNE, Partie, portion, morceau. Gl. *Darnus.*

DEAUBLAGE, Redevance en blé. Gl. *Buscagium* sous *Boscus.*

DEAUL, Dé. Gl. *Digitarium* [et † *Theca*, 2].

DEBAGUER, Dévaliser, détrousser, voler. Gl. *Baga*, 1.

1. **DEBAILLER**, Découvrir quelque chose pour le mieux toucher et manier. Gl. *Obtractare.*

2. **DEBAILLER**, Dégager, retirer un gage. Gl. *Devadiare* sous *Vadium*, p. 720².

3. **DEBAILLER**, Lancer un dard, tirer d'une arbalète. Gl. *Desserare.*

* **DEBARETER.** Voyez *Desbareter.*

* **DEBATRE**, Frapper, agiter. Roman

de Renart, tom. III, pag. 71, vers 21711 :

  Et quant il vit Tybert le chat
  Qui si fort les cloches debat.

Voyez Rayn. tom. II, pàg. 199², au mot *Desbatre*. *Debatéis*, Action d'agiter. Roman de Renart, pag. 69, vers 21644 :

  Vos déussiez laissier ester
  Le debatéis de ces cloches.

DEBITE, **DEBITEMENT**, Impôt, taille, toute espèce de redevance. Gl. [*Debita*] et *Debitum*, 2.
DEBLAVER, Moissonner un champ, couper les blés. Gl. *Debladare* sous *Bladum*, pag. 696³.
DEBOENER, Oter ou changer les bornes. Gl. *Deboynare*.
*** DEBOISSER**, Dégrossir, sculptér. Chronique des ducs de Normandie, tom. I, pag. 444, vers 10476; tom. II, pag. 364, vers 25997; pag. 367, vers 26073. Voyez Rayn. tom. II, pag. 241², au mot *Deboissar*.
DEBONNEMENT, Traité, convention, abonnement; du verbe *Debonner*, Abonner, fixer un droit qu'on percevait d'une façon incertaine. Gl. *Abonamentum*.
DEBOUTEMENT, L'action de repousser, de chasser; du verbe *Débouter*, Repousser. Gl. *Debotare*. [Guill. Guiart, t. II, p. 78, v. 1995 (10971); pag. 379, vers 9837 (18817). Roi Guillaume, pag. 68. Voyez Rayn. tom. II, pag. 242², aux mots *Debotar*, *Debotamen*.]
*** DEBRISER †**, Briser. Gl. *Xerampinus*. Voyez Rayn. tom. II, pag. 261¹, au mot *Debrisar*.
*** DEBROISSER**, Faire retentir. Guill. Guiart, tom. II, pag. 106, vers 2723 (11703) :

  Menestriex leurs tons debroissent.

DEBRUSER, Briser, rompre. Gl. *Disbotare*. [*Debruïser*, Chron. des ducs de Normandie, t. II, p. 145, vers 19624. *Debruseiz*, Bris, tom. III, pag. 366, vers 41349. Voyez *Debriser*.]
DEBTEUR, Débiteur, créancier. Gl. *Debitis*. [Voyez Rayn. tom. III, pag. 37¹, au mot *Deveire*.]
*** DEBUSCHER**, Débusquer. Rayn. t. II, pag. 241², au mot *Deboscar*.
DECAIR, Déchoir. Gl. *Decatere*. [Chanson de Roland, stance 204, vers 11 : *Decarrat*.]
DECARNELER, Couper, tailler. Gl. *Decarnare*.
DECAUPER, Briser, mettre en pièces. Gl. *Circulatus*.
*** DECEIVRE**. Voyez *Decevrer*.
DECENDE, Sorte de vêtement. Gl. sous *Epidecen*.
DECEPTE, Fraude, tromperie. Gl. *Deceptiosus*.
DECEPTIF, Frauduleux, plein de fourberie. Gl. *Deceptiosus*. [Voyez Rayn. t. II, pag. 282¹, au mot *Deceptiu*.]
DECEPTIVEMENT, Frauduleusement, avec tromperie. Gl. *Deceptiosus*.
DECEPVERES, Trompeur, séducteur. Gl. *Deceptiosus*.
DECERCLER, Rompre les cercles qui soutiennent quelque chose. Gl. *Circulatus*.
*** DECEVANTMENT**, **DECEVAUMENT**,

D'une manière trompeuse. Chronique des ducs de Normandie.
DECEVEMENT, Tromperie, séduction. Gl. *Deceptiosus*. [Voyez Rayn. tom. II, pag. 278², au mot *Dessebement*.]
DECEVERER, Quitter, séparer, abdiquer. Gl. *Decevisset*.
1. **DECEVRER**, Tromper, séduire. Gl. *Adjungare*. [*Deceivre*, Rayn. t. II, p. 278¹, au mot *Decebre*. Orell, pag. 132. *Deçoivre*, Partonop. vers 4164. *Decevere*, Trompeur. Chron. des ducs de Normandie, tom. I, pag. 353, vers 7771.
2. **DECEVRER**, Séparer, casser un mariage. Gl. *Decevisset*.
DECHAIR, Oter, retrancher, diminuer. Gl. *Degueyra*.
DECHANT, Chant en faux-bourdon ou en parties. Gl. *Discantus*.
*** DECHANTER**, Cesser de chanter. Chanson de Hugues d'Oisi, Laborde, pag. 212 :

  Dechantez maiz, Quenes, je vous en prie,
  Car vos chansons ne sont mês avenanz.

Voyez Rayn. tom. II, pag. 314², au mot *Deschantar*.
DECHARONGNER, Déchirer, couper malproprement de la viande. Gl. *Caronia*, 2.
DECHEOIR, Quitter un emploi, sortir de charge. Gl. *Decessor*.
DECHERQUELER, Faire le partage des terres. Gl. *Circamanaria*.
DECHÉS, **DECHET**, Décès, mort. Gl. *Decessorium*.
DECIPLE, Disciple, qui est attaché à quelqu'un. Gl. *Discipulus*.
*** DECIPLINE**, **DECIPLINE**, Punition, peine. Gérard de Vienne, vers 3331 :

  Si prans Gérard, si en fai decipline
  A jugemant de ta chevalerie.

Guill. Guiart, tom. II, pag. 393, vers 10215 (19197). Carnage. Voyez *Discipline*.
*** DECLINER**, Achever? Chanson de Roland, stance 293, vers 15 :

  Ci falt la geste que Turoldus declinet.

Voyez Rayn. tom. III, pag. 416², au mot *Declinar*.
*** DECOLACE**. Gl. *Festum decollationis*.
DECOMPOTER, Changer le temps de l'engrais des terres. Gl. *Compostus*.
DECOPEMENT, Déchirement, démembrement. Gl. *Laceramen*.
DECOPPER, Blesser avec une épée en frappant de taille. Gl. *Copare*, 2.
DECOREMENT, Embellissement, décoration. Gl. *Decoramentum*.
*** DECORRE**, Découler. Rayn. tom. II, pag. 492¹, au mot *Decorre*.
*** DECORS**, Décroissance des astres. Parton. vers 856. Merlin Mellot, Jubinal, t. I, pag. 129 :

  De touz les temps du monde sui-je nez en decours.

Voyez Rayn. tom. II, pag. 492¹, au mot *Decors*.
DECOUCHER, Se lever du lit. Gl. *Decubare*.
DECOULOURABLE †, Dont la couleur est gâtée. Gl. *Discolor*.
DECOUPPER, Blesser avec une épée en

frappant de taille. Gl. *Copare*, 2. [*Decoupeure*. Gl. *Segmentatus*.]
DECOUREMENT †, Écoulement. Gl. *Rodos*.
*** DECOUVERT**. FIEF DÉCOUVERT. Gl. *Aperire*, 1.
*** DECOUVREUR**. Gl. *Peragrator*.
DECREACION, Dégradation, diminution, dans les Privil. de Peyrusse de 1368, tom. V, des Ordon. pag. 703.
DECREPITE, Décrépitude, faiblesse, langueur. Gl. *Décrépitas*.
DECRETALLE, Espèce de bâton. Gl. *Decretalis Monachus*.
*** DECROER**, Décrocher, descendre. Roman de Renart, t. III, pag. 35, v. 20685.
DECROIRE, Ne pas ajouter foi, ne pas croire. Gl. *Decredere*.
*** DEDERAIN**, Dernier. Chronique des ducs de Normandie.
DEDICASSE, Fête du patron d'un lieu. Gl. *Dedicatio*.
DEDICATION, Dédicace d'une église. Gl. *Dedicatio*. [*Dediscation*, ibidem.]
*** DEDIER**, Baigner, tremper. Guill. Guiart, tom. II, p. 78, vers 1990 (10966) :

  Gauvain, Barthelemieu, Jourdain,
  En leur propre sanc dediez
  Sont de François pris et liez.

DEDUIRE, Se divertir, se réjouir. Gl. *Deportare*, 2. [Se donner du mouvement, s'occuper de qqche. Guill. Guiart, tom. II, pag. 8, vers 176 (9141) :

  Serjanz au logier se deduisent.

Phil. Mouskes, vers 22186 :

  Et nos François moult se deduient
  A siergans prendre et cevaliers.

Voyez Orell, pag. 279. Rayn. tom. III, pag. 84¹, au mot *Desduire*.]
DEDUIT, Amusement, ce qui sert à amuser. Gl. *Deductus* sous *Deductio*, 2. [*Deduis d'escu et de lance*, Partonop. v. 468. Chasse. Roi Guill. pag. 142. *Pour mon deduit achever*, Chastel. de Couci, vers 5708. *Conter par deduit*, Roman de Renart, t. I, pag. 2, vers 24. Bijoux; Roi Guill. pag. 46 :

  Et ausi donc la roine
  Son vair, son gris et son ermine
  Et ses aniaus et ses deduis.

Voyez Rayn. tom. III, pag. 84¹, au mot *Desdug*.]
*** DEE**. JEU DE DEES. Gl. *Ludus*, p. 157², et *Decius*, pag. 763¹.
DEEL, Dé. Gl. *Digitabulum*.
DEESPOIR, Mépris, dédain. Gl. *Despitus*.
*** DEEZ**. Voyez *Dehait*.
DEFACION, Mutilation, perte d'un membre. Gl. *Diffacere*. [*Defaçon*. Vie de saint Thomas de Cantorb. vers 1257.]
DEFALQUER, Supprimer. Gl. *Deffalcare*.
DEFARDELER, Déballer, dépaqueter. Gl. *Diffardare*.
*** DEFARDESER**. Voy. et lisez *Defardeler*.
DEFAURRE, Défaillir, manquer. Gl. *Defectivus*, 2. [Roi Guill. vers 90 :

  Et li pelerin se defalent
  De combatre, tot li pluisor.

Finir. Fabliau, Jubinal, tom. I, pag. 14 :

  De nous deus defaudra en ce jor compaiguie.

Voyez Rayn. tom. III, pag. 254¹, au mot *Defalhir*.]

* **DEFAUT** DE DROIT. Gl. *Defectus*, 3.

DEFAY, Terre, bois, garenne ou étang dont l'usage n'est permis qu'à ceux auxquels le propriétaire l'accorde. Gl. *Deffaia*.

DEFECTIF, Celui à qui il manque quelque chose. Gl. *Defectivus*, 2.

* **DEFEIS**, DEFOIS, DEFFEIS, Défense, protection. Chron. des ducs de Normandie.

DEFEISANCE, L'action de défaire, d'annuler ce qui est fait, abolition ou abandon d'un fait. Gl. *Defesantia*.

DÉFÉNAL. MOIS DÉFÉNAL, Juillet. Gl. *Fenalis mensis*.

DEFENDERRES, Défenseur, protecteur. Gl. *Deffensivum*.

DEFENS, Forteresse. Gl. *Defensabilis*.

1. **DEFENSABLE**, Dont l'usage est prohibé et interdit. Gl. *Defensa*, 3.

2. **DEFENSABLE**, Qui est de défense. Gl. *Defensabilis*.

* **DEFERER**, Déferrer. Agol. vers 403, Voyez Rayn. tom. III, pag. 308¹, au mot *Desferrar*.

DEFERGER, Oter les chaînes ou entraves à quelqu'un. Gl. *Disferriare*.

1. **DEFES**, Terre, bois, garenne ou étang dont l'usage n'est permis qu'à ceux auxquels le propriétaire l'accorde. Gl. *Defesium*.

2. **DEFÉS**. ÊTRE DEFÉS, Être puni de mort, ou privé de quelque membre. Gl. *Diffacere*.

DEFFACER, DEFFACIER, Dévisager, défigurer le visage à quelqu'un. Gl. *Diffigurare*.

DEFFAÉ, Infidèle, païen, qui ne croit pas en Jésus-Christ. Gl. *Diffidatus*, 2. [Agolant, vers 684 :

Un Sarrazin de la loi deffaé.

Roman de Roncevaux, pag. 37, Garin le Loher. tom. I, pag. 19.]

1. **DEFFAIRE**, Abolir, supprimer. Gl. *Defacere*.

2. **DEFFAIRE**, Réparer, ôter les défauts. Gl. *Defacere*.

DEFFAIS, DEFFAIX, Terre, bois, garenne ou étang dont l'usage est prohibé et interdit. Gl. *Defensa*, 3, et *Defesium*.

DEFFARDELER, Déballer, dépaqueter. Gl. *Diffardare*.

* **DEFFAUTRER** (SE).... Guill. Guiart, tom. II, pag. 416, vers 10812 :

Devant est Ourri l'Alemant
Qui à tout gaster se deffautre.

DEFFEG, comme DEFFAIS ci-dessus. Gl. *Defesium*.

DEFFENDEMENT, Défense, secours. Gl. *Deffensivum*.

DEFFENDERRES, Défenseur, protecteur. Gl. *Deffensivum*.

* **DEFFENS**, DEFFENSE, comme *Deffais*. Gl. *Defensa*, 3, pag. 773³.

DEFFENSABLE, Dont l'usage est prohibé et interdit. Gl. *Defensa*, 3, pag. 773³.

* **DEFFERER**, Lisez *Deffreier*, Défrayer. Gl. *Defferratus*.

DEFFERGEMENT, L'action de délier, d'ôter les fers à quelqu'un ; du verbe *Defferger*, dans le même sens. Gl. *Disferriare*.

DEFFERMER, Ouvrir, lever ou ôter ce qui ferme quelque chose. Gl. *Diffirmare*

sous *Firmare*, 6. [Voyez Rayn. tom. III, pag. 315¹, au mot *Desfermar*.]

DEFFERRE, Vieux fers de chevaux. Gl. *Defferratus*.

DEFFESSE, Défense, moyen de droit. Gl. *Defensa*, 2.

1. **DEFFIAILLE**, Défi, appel. Gl. *Diffidatio*.

2. **DEFFIAILLE**, Dommage, préjudice. Gl. *Diffidatio*.

DEFFIANCE, Défi, appel. Gl. *Diffidatio*. [Inimitié, Roman de Renart, tom. I, pag. 2, vers 22. Voyez Rayn. tom. III, pag. 292¹, au mot *Desfiansa*.]

* **DEFFIER**. Gl. *Diffidare*, 1, pag. 853²³, et *Intendere*, 9.

DEFFIEUR, Batteur à gage. Gl. *Diffidatus*, 2.

DEFFLUER, Découler. Gl. *Aquarium*, 2.

DEFFOIS, Terre ou bois dont l'usage est interdit à d'autres qu'au propriétaire, ou à ceux auxquels il l'accorde. Gl. *Defensa*, 3, et *Deffaia*.

DEFFORCER, DEFFORCHER, Prendre ou retenir par force et contre justice, refuser ou dénier justice. Gl. *Difforciare*.

DEFFORE, Dehors. Gl. *Deforas*.

DEFFORTUNE, Infortune, accident malheureux. Gl. *Diffortunium*.

DEFFOSSÉ, Enceinte formée par des fossés. Gl. *Defacere*.

1. **DEFFOUIR**, Fouir, creuser, ôter quelque chose qui est en terre. Gl. *Disboscatio* et † *Extumulare*. [Roman de Renart, tom. IV, pag. 198, vers 1877.]

2. **DEFFOUIR**, S'enfuir, se retirer. Gl. *Defuga*.

DEFFOUQUIER, S'enfuir, se sauver. Gl. *Defuga*.

* **DEFFOURNER**. Voyez *Desfourner*.

DEFFRAITIER, Défrayer, payer la dépense d'un autre. Gl. *Deffrahere*.

* **DEFFRICHER**. Gl. *Derodere*.

* **DEFFROY**. Lisez *Deffois*. Gl. *Deffaia*.

DEFFUEURS, Dehors. Gl. *Deforas*.

DEFFUIR, S'enfuir, se cacher, éviter d'être vu. Gl. *Defuga*.

DEFFULER, Oter son chapeau ou bonnet pour saluer quelqu'un. Gl. *Defibulare*. [Deshabiller. Flore et Blanceflor, vers 2871 :

Deffulés fu joste s'amie,
Qui de biauté nel passoit mic.
Deffulée fu ensement,
U ele atent son jugement.

Comparez *Affubler*.]

DEFFÛMÉ, Glorieux, superbe, enorgueilli, dans Froissart, ch. 131, tom. 2.

* **DEFIN**, Fin. Ruteb. tom. II, pag. 255 :

S'eles péussent prendre fin
Ne de lor mal avoir defin.

DEFINAILLE, Fin. Gl. *Definitio*. [Le Bestiaire, Laborde, pag. 198 :

Guillaume, qui cest livre fist,
En la definaille tant dist
De sire Raol son seignor.]

DEFINER, Finir, achever. Gl. *Definitio*. [Roman de Renart, tom. I, pag. 13, 29, vers 337, 750. Agolant, vers 1076 :

De mort novele le ferai definer.

Voyez Chron. des ducs de Normandie, et Rayn. tom. III, pag. 331¹, au mot *Definar*.]

DEFLORATEUR, Celui qui ôte la virginité à une fille. Gl. *Deflorare*, 1.

* **DEFLUBER**, Oter le manteau. Gl. *Affibulare*.

DEFOIS, Terre ou bois en défens. Gl. *Deffaia*. [Roman de Renart, tom. II, p. 294 vers 17595 ; tom. III, pag. 32, vers 20620. Voyez Rayn. tom. V, pag. 475¹, aux mots *Deves* et suiv. *Metre en defois*, Défendre, interdire, proscrire. Roman de Renart, tom. III, pag. 80, vers 21940 :

Qu'il vos contredit, par mon chief,
Le mostier, ainz met en defois.

Tom. IV, pag. 215, vers 2337 :

Mais s'ensi estoit que li rois
Me vousist metre en son defois
Et ne me vousist pardonner.

Sans defois, Sans refus, sans retard. Flore et Blanceflor, vers 849 :

Cil dist : volentiers sans defois.

Chastel de Couci, vers 5529 :

Li chastelains sans lone defoy
Est montés et en chemin mis.

DEFOLER, Fouler aux pieds. Gl. *Defolcare*. [Voyez *Afoler*.]

DEFORCER, Prendre ou retenir par force et contre justice, refuser ou dénier justice. Gl. *Difforciare*, pag. 855³. [Quitter. Fabliau, Jubinal, tom. II, pag. 35 :

Mes bosoigne fet la voie deforcer.]

DEFORS, Dehors. Gl. *Deforas*. [*Deforain*, Du dehors. Chron. des ducs de Norm.]

1. **DEFOULER**, Mépriser comme quelque chose qu'on foule aux pieds. Gl. *Defolare*.

2. **DEFOULER**, DEFOULIER, Fouler aux pieds, jeter par terre. Gl. *Defolare*, et *Defolcare*.

DEFOURMÉ, Terme injurieux à Liége, p. e. Bâtard. Gl. *Deformosus*.

DEFRAICHIR, Défricher, arracher. Gl. *Defrondare*.

* **DEFRIPER** (SE) ; Se contrarier. Roman de Renart, tom. III, pag. 155, vers 24022 :

Lors se vet Renart defripant
Quant vit celui son gage tendre.

Guill. Guiart, tom. II, pag. 157, vers 4041 (13025) :

Tant soit ce qu'aucuns s'en defripent.

Pag. 186, vers 4814 (13802).

* **DEFROI**, Querelle. Aubri, pag. 159² :

Entre ces deus n'ot tençon ne defroi.

* **DEFROISSER**, Enlever en froissant. Chastel de Couci, vers 1353 :

Et li bourel sont defroissiés.

Voyez *Desfroiser*.

DEFUIR, S'enfuir, se retirer. Gl. *Defuga*.

DEFUNDRE, Enfoncer, faire naufrage. Gl. *Esguogozamentum* [et *Fundare*, 2].

DEGABEMENT, Mépris, raillerie ; du verbe *Dégaber*, Rire de quelqu'un, le tourner en ridicule, le mépriser, refuser. Gl. *Gabator*.

 DEGAGER. Gl. *Vadium*, pag. 720³.

DEGAN, Sergent messier, garde d'un territoire. Gl. *Deguarius*.

DEGASER, p. e. pour DÉGASTER. Gl. *Deguastare*.

DEGASTER, Gâter, détruire, ravager.

Gl. *Deguastare*. [*Degater, Degateté, Dega-*
teur. Gl. *Prodigere.*]

DEGETTER, Agiter, tourmenter. Gl.
Jactare, 2.

DEGIBIER, Se divertir avec agitation,
et en se donnant beaucoup de mouvement. Gl. *Gibetum*.

* **DEGIÉ**, Faible, délicat. Voyez *Delgié*.
Roi Guillaume, pag. 46 :

    Mande abecsses et prieuses,
    Mande povres, mande degiés.

Chron. des ducs de Normandie, tom. II,
pag. 192, vers 20971; pag. 293, vers 24083.

* **DEGOISER**, Crier, parler. Guill. Guiart,
tom. II, pag. 138, vers 3545 (12527), etc.

DEGOT, Gouttière. Gl. *Degot* † *Fractel-*
lum et † *Fratellum*. [Chron. des ducs de
Norm. tom. II, pag. 380, vers 26423.]

DEGRAS, FAIRE SES DEGRAS, Se décharger le ventre. Gl. *Degravare*, 2. [*Avoir ses*
degraz, Avoir satisfait son appétit. Roman
de Renart, tom. III, pag. 30, vers 20568 :

    Por ce s'ore avez vos degraz
    Et se vostre pance est or plaine.

* **DEGRATER (SE)**, S'amuser, s'agiter?
Guill. Guiart, tom. II, pag. 20, vers 499,
(9465) :

    Car pluseurs à mort se dégratent.

Tom. II, pag. 159, vers 4107 (13093) :

    Ribauz nuz, qui là se dégratent,
    De toutes parz les feus embatent.

Pag. 283, vers 6939 (15931) :

    Près des chevaus, joignnant des testes
    Sont touz jourz et poi se degratent.

DEGRÉPIE, Veuve. Gl. *Perea*.

DEGUEIR, Retrancher, diminuer. Gl.
Degueyra.

DEGUERPIE, Veuve. Gl. *Derelicta*, et
Relicta.

DEGUIEMENT, Bornage, limites posées
par la justice; du verbe *Déguier*, Poser des
bornes. Gl. sous *Deguarius* [et *Pennones*].

DEGUISÉ, Qui n'est point à l'ancienne
guise ou mode. Gl. *Deguisatus*.

DEHACHER, DEHACHIER, Mettre en
morceaux, hacher. Gl. *Dispecare* [et *Tu-*
cetum. Guill. Guiart, tom. I, pag. 177,
vers 4036 (4448). Gérard de Vienne, vers
1627].

DEHAIT, Maladie, incommodité, chagrin, peine. Gl. *Alacrimonia*. [Partonop.
vers 4157, 4743, 5293. Garin le Loher.
tom. I, pag. 209. Gérard de Vienne, vers
1406 :

    De ces glotons qui aient cent deheiz.

Agolant, vers 596 :

    Cent dehez ait qui jamés vous faudra.

Gérard de Vienne , vers 3460 :

    Mal dehait ait ke nos done à maingier.

Vers 192 :

    Dehait la faute ne vos menant prison.

Aubri, vers 180 :

    Dehait qui chant mes que soies garie.

Dehet, Chron. des ducs de Norm. Chanson
de Roland. Voyez ci-dessous *Haitié*, ci-dessus *Dahet*, et Halliwell, au mot *Datheit*.

* **DEHAITER (SE)**, S'affliger. Guill.

Guiart, tom. II, pag. 157, vers 4053
(13037) :

    Et de leur meschief se dehaitent.

Voyez *Deshaiter*.

DEHONTÉ, Honteux, confus, embarrassé. Gl. *Dehonestare*.

* **DEHUE**. Gl. *Perreria*, 1.

DEHURTER, Heurter, pousser rudement, renverser. Gl. *Hurtare*. [Roi Guillaume, pag. 130.]

DEICIER, Faiseur de dés. Gl. *Decius*,
pag. 763³.

DEINS-NÉ, Qui est né dans le pays. Gl.
Denizatio.

* **DEINTET**, Dignité, ou comme *Daintié ?*
Chanson de Roland, stance 3, vers 22.

* **DEINTIÉ**. Voyez *Daintié*.

* **DEJEUNER**. Gl. *Dejejunare*.

DEJOUXTE, Auprès, proche. Gl. *De-*
juxta.

* **DEIS** , comme *Dais*. Gl. *Deis*.

DEIS, Dé. Gl. *Digitarium*, et † *Theca*, 2.

* **DEIT**: Voyez *Duit*.

DEJUGIER, Juger, terminer un différend. Gl. *Dejudicare*.

* **DEHOCHER**..... Fabliau, Jubinal,
tom. II, pag. 24 :

    Ce est redoterie qui ainsi vous déhoche.

DEL, Dé. Gl. *Digitarium*.

DELASSER (SE), Se désoler, s'affliger
beaucoup. Gl. *Delaniare*.

DELAYEMENT, Délai, retardement; du
verbe *Délayer*, Différer, causer ou donner
du délai. Gl. *Dilatare*, 1. [Chanson de
Guiot de Prouvins, Wackern. pag. 30 :

    As amans font lor joie delaier...
    Maix ma joie me vait moult deleant. ?

Gérard de Vienne, vers 354 :

    De son barnaige nel doit on delaier.

Vers 391.]

* **DELECHER (SE)**, Se délecter, se réjouir. Guill. Guiart, tom. I, pag. 190,
vers 4373 :

    La gent de France remuée, .
    Qui d'entrer léanz se delèche.
    Du mur versé passent la brèche,
    De grant joie saillent et rient.

Voyez Rayn. tom. IV, pag. 52¹, au mot
Delectar.

* **DELECHIER**, Lécher. Roman de Renart, tom. I, pag. 37, vers 943 :

    Adonc conmença à fronchier
    Et ses guernons à delechier.

* **DELEZ**, A côté. Roman de Renart,
tom. I, pag. 20, vers 539 :

    Lez un essart, delez un clous.

* **DELGIÉ**, Delié, fin, délicat. Chanson
de Roland, stance 246, vers 7. Partonop.
vers 518, 4865, 10625. Vie de saint Thomas de Canterb. vers 1096 : *Dugé*, var.
Dolgé. Chron. des ducs de Normandie,
tom. I, pag. 125, vers 1248 : *Deulgé*.
Voyez Rayn. tom. IV, pag. 52², au mot
Delguat.

DELIBERATION, Délai, retard. Gl. *De-*
liberatio, 5.

DELICATIVETÉ†, Délicatesse; *Délica-*
tif†, Délicat, friand. Gl. *Lautia*.

DELICIEUX, Délicat, difficile. Gl. *Deli-*
ciosus.

DELINGANCHE, Abandonnement. Gl.
Delinquentia.

* **DELIRE**, Compter, faire l'appel. Guill.
Guiart, tom. II, pag. 115, vers 2957
(11936) :

    Que , sanz ceus qui noiez se sont,
    Lesquiex on ne pourroit delire.

* **DELISCE**, Friandise. Roi Guillaume,
pag. 51.

DELITABLE, Délectable, agréable, qui
plaît. Gl. *Atemplare*, et sous *Trufa*.

DELITER, Délecter, avoir de la joie, du
plaisir. Gl. *Deliciari*, 2. [Voyez Rayn.
tom. IV, pag. 52¹, au mot *Delectar*.]

DELIVER, pour DÉLIVRER, Expédier,
finir. Gl. *Deliberare*, 3.

DELIVRE. METTRE AU DELIVRE, Délivrer, rendre, remettre. Gl. *Deliberare*, 3.
[Roman de Renart, tom. I, pag. 13, vers
342 :

    Ses amis a bien confonduz.
    Car bien est des bacons delivre.
    Fuiant s'en vet tot à delivre.

Guill. Guiart, tom. II, pag. 353, vers 9168.
(18149) :

    Zélande rendre me povez
    Que toute ai perdue à delivre.]

DELIVRÉ, Délibéré, hardi, résolu. Gl.
Deliberare, 3. [DELIVRE, Délivré, libre,
privé; prompt, diligent, alerte. Roman
de Renart, tom. I, pag. 27, vers 717 :

    Quant Ysengrin la vit delivre,
    Haï, fet-il, pute nere vivre.

Chanson du comte de Bar, Le Roux, tom. I,
pag. 47; Laborde, pag. 161.

    Tant con je fui en delivre poissance.

Partonop. vers 65 :

    Et je sui jouenes et enginos
    Sains et delivres et joios.

Vers 7273 :

    Cil amenra buens cevaliers
    Fors et delivres et legiers.

Vers 6894, 7906 : *Ceval delivre et isnel.*
Vers 6151 :

    Al tierc jor ont un vent siglant,
    Fort et delivre et bien portant.

Vers 5471 :

    Par lirrer soi iluec à guivres
    Là est ses perils plus delivres.

Voyez Rayn. tom. IV, pag. 84¹, au mot
Deslivre.]

DELIVRÉMENT, Librement, sans empêchement. Gl. *Deliberate*. [Partonop. vers
10574. Voyez Rayn. tom. IV, pag. 85¹, au
mot *Deslivramen*.]

1. **DELIVRER**, Servir, être attaché à
quelqu'un. Gl. *Deliberare*, 3.

2. **DELIVRER**, Livrer par trahison. Gl.
Deliberare, 3.

DELUGE. MESTRE DU DELUGE, Celui qui
est chargé du soin des eaux et écluses. Gl.
Diluvii magister. [*Deluge*, Ruine, Guill.
Guiart, tom. II, pag. 465, vers 12085
(21069) :

    Et péureus de leur deluges
    Car il ne voient nus refuges.]

DELUGIER, pour DÉJUGIER, Juger. Gl.
Dejudicare.

* **DELUVE**, Déluge. Rayn. tom. III,
pag. 51², au mot *Diluvi*.

16

1. DEMAINE, pour Domaine. Gl. *Demanium.*

2. DEMAINE, Seigneur de fief, grand vassal. [Roman de Roncevaux pag. 17, Agolant, vers 31, pag. 171[1]. Partonop. vers 426, 1334, 1342, 2613.] Il se prend aussi adjectivement pour Souverain, principal, fils aîné. Gl. *Demanalis,* et *Dominicus* sous *Dominicum,* 3, pag. 916[2]. [Flore et Blanceflor, vers 358 : *Cambrelenc demaine.* Roi Guillaume, pag. 90 : *Canoine demaine.* Gérard de Vienne, vers 351 : *Demoine tref,* vers 357 : *Maistre tré.* Propre. Roman de Renart, tom. II, pag. 235, vers 15949 : *Chose demaine.* Flore et Blanceflor, vers 2452 : *Cambre demaine.* Guill. Guiart, tom. I, pag. 53, vers 741 (1237) : *Oncle demainne.* Chron. des ducs de Normandie.]

DEMAINEMENT, Conduite d'une affaire. Gl. *Dismanare.*

DEMANDER, Contremander, Gl. *Demandare,* 8. [Blâmer, accuser, reprocher. Partonop. vers 2449 :

> Mes Faburin que demandés
> Que baceler par gab només.

Chanson anonyme, Wackern. pag. 52 :

> La moie grevence
> Lor doi demandeir.

Voyez Rayn. tom. IV, pag. 138[2], au mot *Demandar.*]

DEMANDIERRES, Celui qui forme une demande en justice, demandeur. Gl. *Demandator.*

* DEMANIERES. Voyez *Manière.*

DEMANOIS, Noble, illustre. Gl. *Demanalis.* [DEMANES, A l'instant, incontinent, sans retard. Chron. des ducs de Norm. etc. Voyez Rayn. tom. IV, pag. 144, au mot *Demanes.*]

‡ DEMARCHIER, Marcher sur quelque chose, fouler aux pieds. Gl. *Defolare.*

DEMEINE, Seigneur de fief, grand vassal. Gl. *Demanalis.*

DEMEINNER, Agir, conduire. Gl. *Dismanare.* [*Demener,* Agiter, produire, manifester, faire éclater. Voyez Rayn. tom. IV, p. 190, au mot *Demener.* Le Glossaire sur Joinville, etc. Flore et Blanceflor, vers 635 :

> Tel melodie demenoient
> Li oisel qui illoec cantoient.

Mener rudement, maltraiter. Partonop. vers 2049 :

> Com si voisin l'out demenée
> Et com il l'ont desbaretée.

Garin le Loher. tom. I, pag. 190 :

> Moult le demaine dant Bernars de Naisil.

Chanson de Guiot de Prouvins, Wackern. pag. 28 :

> Maix ensi me desmainne
> La fois et l'esperance.]

* DEMEMBRER, Démolir, mettre en pièces. Garin le Loher. tom. I, pag. 12:

> Por le mortier ardoir et demembrer.

Voyez Rayn. tom. IV, pag. 188, au mot *Desmembrar,* et ci-dessous *Demembrance.*

DEMENCHÉE, DEMENCHIE, Certaine mesure de terre. Gl. *Demanchiata.*

* DEMENDIERRES, comme *Demandierres.*

DEMENER UN CHEVAL, Le monter, le conduire. Gl. *Caballus maletus.* [Voyez *Demeinner.*]

DEMENEURE, Domaine, seigneurie. Gl. *Demeneura.*

DEMENGUER, Manger, dévorer. Gl. *Mango,* 4.

DEMENIER, Seigneur domanier, propriétaire. Gl. *Demanalis.*

DEMENOIS, Seigneur de fief, grand vassal. Gl. *Demanalis.*

DEMENTER (SE), Se plaindre, se lamenter; d'où *Dementoison,* Plainte, pleurs. Gl. *Dementare* et *Rocta.* [Voyez le Glossaire sur Joinville.]

* DEMENTIERES, DEMENTIERS, Tandis que, pendant que. Partonop. vers 3375 :

> Et dementieres qu'il le prent.

Voyez Rayn. tom. IV, pag. 206[2], au mot *Dementre,* Orell, pag. 334. Chron. des ducs des Normandie.

DEMIAUS, Sorte de mesure de blé. Gl. *Demellus.*

DEMICAINT, DEMICEINT, Tablier. Gl. *Semicinctium.*

DEMIERKES, Mercredi; de *dé,* jour, et *mierkes,* mercredi. Gl. *Mercurinus dies.*

* DEMIGLAIVE, Javelot. Gl. *Glaviolus.*

* DEMI-LIGES. Gl. *Ligascia.*

DEMINEMENT, Saisie faite au nom du seigneur ou propriétaire; du verbe *Deminer,* Mettre sous la main du seigneur et propriétaire, ou réunir au fisc. Gl. *Dominicare.*

DEMION, Sorte de mesure, demi-setier. Gl. *Demionus.*

* DEMIS, Qui renonce, qui se désiste. Guill. Guiart. tom. II, pag. 210, vers 5425 (14405) :

> D'accordance et de paiz demis
> Assemblent à leurs ennemis.

Excepté. Chron. des ducs de Norm. tom. I, pag. 27, vers 695 :

> Od les altres fu exilliez,
> N'en fu demis n'esparniez.

Tom. III, pag. 78, vers 34083 :

> E li dizains fust sol demis.

Voyez Rayn. tom. IV, pag. 225[2], au mot *Demetre.* Fondu. Chanson de Roland, stance 112, vers 8.

* DEMISCAINT. Voyez *Demicaint.*

DEMI-TEMPS, Partie de bréviaire, celle d'hiver ou d'été. Gl. *Semissis.*

DEMOIGNE, Domaine, propriété. Gl. *Dominicum,* 3.

DEMOINE, Seigneur de fief, grand vassal. Gl. *Demanalis.* [Voyez *Demaine,* 2.]

DEMOISELLE, Fille de joie, et celle qui les gouverne. Gl. *Domicella,* 2.

DEMONCELER, Oter d'un monceau. Gl. *Exaggare.*

DEMONIACLE, Fol, insensé. Gl. *Dæmoniacus.*

DEMONIE, Obstacle, opposition, chose désagréable. Gl. *Dæmon.*

* DEMORER, Durer, tarder, retarder. Roman de Renart, tom. I, pag. 11, vers 273 :

> Ne demora mie granment
> Que Renart vint tot coiement.

Chanson de Guiot de Prouvins, Wackern. pag. 29 :

> Douce dame en pouc d'oure
> Fut ma joie accomplie,

> Se j'éusse le don,
> Ki tous jors me demore.

Demorée, Durée, retard. Partonop. vers 1806. Voyez Rayn. tom. IV, pag. 264[2], aux mots *Demorada* et *Demorar.*

* DEMOUNIR, Dépouiller, affaiblir. Guill. Guiart, tom. I, pag. 260, vers 6294.

1. DEMOURANCE, Résidence. Gl. *Remanentia,* I, pag. 694[23].

2. DEMOURANCE, Bien vacant par mort. Gl. *Remanentia,* 2.

DEMOURER, Repos. Gl. *Demorari.*

DEMOYNE, Domaine, propriété. Gl. *Dominicum,* 3.

DEMPREZ, Auprès, proche. Gl. *Ramale.*

DEMUCER, Dissimuler, chercher à éviter d'avouer quelque chose. Gl. *Demussare.*

DEMUSSER, Cacher. Gl. *Demussare.*

DEMY-CANON, Petite flûte, chalumeau. Gl. *Canon,* 6.

* DEMYE-OSTADE, Espèce de drap. Gl. *Meia-hosteda.*

* DEMYON. Voyez *Demion.*

DENARIAL, Étalon du poids de l'espèce de la monnaie que l'on fabrique. Gl. *Denariale.*

= DENIEES, lisez *Denrées.* Gl. *Denariata,* pag. 795[3].

* DENIERS. Gl. *Moneta,* pag. 503[3]. Voyez Rayn. tom. III, pag. 24[2], au mot *Dener.*

DENOMMEMENT, Dénombrement, déclaration qu'on fait au seigneur dominant de tous les fiefs, droits et héritages qu'on reconnaît tenir de lui. Gl. *Denombramentum.*

DENONCIATEUR, Courtier. Gl. *Denonciatio.*

DENQUI, Jusque. Gl. *Pergus.*

DENRÉE, Valeur d'un denier; certaine mesure de terre ou d'autre chose; toute espèce de marchandise, surtout celle vendue en détail. Gl. *Denariata.*

DENRENER, Négocier, exercer le commerce. Gl. *Denarietas,* 1.

DENTAL, Ce qui tient le coutre de la charrue. Gl. *Dentales.* [Voyez Rayn. t. III, pag. 25[2], au mot *Dental.*]

* DENTÉE, Coup sur les dents. Agolant, vers 804 :

> Salatiel emporte sa dentée.

Voyez vers 797, et ci-dessus *Daintié.*

* DENZ. Voyez *Adans.*

DEODANDE, Accident qui fait perdre la vie. Gl. *Deodanda.*

DEPAISIÉ, Qui est transporté de colère, furieux. Gl. *Dispacatus.*

DEPANÉ, DEPANNÉ, Déguenillé, déchiré, ce qui est en lambeaux. Gl. *Depanare.* [2e livre des Rois, chap. I, vers. 2. Roman de Roncevaux, pag. 37. Chastel. de Couci, vers 3327.]

DEPARAIGER, Mésallier. Gl. *Disparagare.*

DEPAROLER, Médire, parler mal de quelqu'un. Gl. *Disloqui.*

* DEPARTEMENT, Limite. Gl. *Bisinium.*

* DEPARTIE, Séparation, empêchement. Chastel. de Couci, vers 225 :

> Nulz escondis
> Ne pouroit faire departie
> De vous servir toute ma vie.

Chanson de Guiot de Prouvins, Wackern. pag. 29 :

> Font ceste departie]   †
> Losengier et felon.

Voyez Rayn. tom. IV, pag. 438², au mot *Departia.*

1. **DEPARTIR**, Départ, l'action de quitter un lieu. Gl. *Demorari.*

* 2. **DEPARTIR**, Séparer, quitter, partir, diviser, finir, distribuer. Roman de Roncevaux, pag. 20. Garin le Loher. tom. I, pag. 146, 165, 174, 181, 188, 217. *Se departir,* pag. 228. Voyez Roquef. le Glossaire sur la Chron. des ducs de Normandie, et Rayn. tom. IV, pag. 440¹, au mot *Departir.*

DEPECHEUR, Infracteur, transgresseur. Gl. *Depescare.*

DEPECHIER, DEPECIER, Déchirer, rompre, mettre en pièces. Gl. *Depescare.*

DEPECIER UN JUGEMENT, l'Annuler. Gl. *Depescare.*

DEPENDRE, Dépenser. Gl. *Dependitum.*

DEPERT, Perte, dommage. Gl. *Depertum.*

DEPESCHEMENT, Division, partage. Gl. *Feudum dividere* sous *Feudum,* p. 272².

DEPIÉS DE MEMBRE, Mutilation. Gl. *Depitare.*

DEPITÉMENT, DEPITEUSEMENT, Avec chagrin et colère. Gl. *Despectuose* et *Raffarde.*

DEPITTEAIRE, Qui se dépite aisément, colère. Gl. *Despitare.*

DEPLEABLE. TEMPS DEPLÉABLE, La saison où l'on retire des champs ce qui n'y sert qu'en été. Gl. *Deplere.*

DEPOINTER, Oter de place, priver d'un office ou de quelqu'autre chose. Gl. *Depunctare.*

DEPOPULER, Dépeupler, ravager, détruire. Gl. *Depopulare.*

1. **DEPORT**, Faveur, ménagement. Gl. *Deportare,* 1.

2. **DEPORT**, Badinage, raillerie. Gl. *Deportare,* 2.

1. **DEPORTER**, Favoriser. Gl. *Deportare,* 1.

2. **DEPORTER**, Supporter, donner du délai. Gl. *Deportare,* 2.

3. **DEPORTER**, Se divertir, se réjouir. Gl. *Deportare,* 2. [Flore et Blancefl. vers 35, 249. Partonop. vers 5598. Chanson de Colin Muset, Ruteb. tom. I, pag. 11. *Se deporter,* Garin le Loh. tom. I, pag. 78. Roi Guillaume, pag. 110. Voyez Rayn. tom. IV, pag. 608¹, au mot *Deportar.*]

* 4. **DEPORTER**, comme *Departir,* Séparer. Flore et Blanceflor, vers 278 :

> Que ne s'en puisse deporter.

* 5. **DEPORTER**, Desservir, administrer. Roman de Renart, tom. III, pag. 48, vers 21052 :

> L'iglise m'estuet deporter
> Jusqu'à huit jors por le provoire.

DEPRENDRE, Découvrir, surprendre, dans des lett. de 1314, tom. I des Ordon. pag. 537.

1. **DEPRIER**, Prier avec instance, supplier. Gl. *Deprecari.* [Guill. Guiart, tom. I, pag. 26, vers 32.]

2. **DEPRIER**, Composer pour avoir diminution du prix qu'on demande. Gl. *Despretium.*

DEPRIMER, Réprimer. Gl. *Defrangere.*

DEPRIS, Convention sur le prix de quelque chose. Gl. *Despretium* [et *Deprisus*].

DEPRIVER, Cesser de traiter familièrement quelqu'un. Gl. *Deprivare.*

DEPULIER, Publier, annoncer. Gl. *Depublicare,* 2.

DEPUTAIRE, Perfide, traître. Gl. *Despitare.*

DEPUTER, Accuser une femme de prostitution. Gl. *Putagium.*

DERAISNIER, Prouver son droit en justice. Gl. *Deresnare* [et *Ratio,* pag. 597¹. Voyez *Desraisnier.*]

DERIDER, DERISER, Se moquer, se railler. Gl. *Deludere.*

DERLIERE, Lieu où l'on tire de la terre, espèce de sablonnière dans les Revenus du Comté de Namur de 1289. Reg. de la Chamb. des Compt. de Lille, nommé le *Papier aux aysselles,* fol. 60, r⁰ : *Encor i a li cuens une derliere, c'est à savoir où on prent terre, de coi li bateur ovrent à Dynant et à Bouigne.*

DERODER, Cultiver. Gl. *Derodere.*

DEROMPRE, Déranger, débaucher. Gl. *Disrumpere.* [*Deront,* participe. Roman de Renart, tom. III, pag. 2, vers 19805 :

> Quant il orent par lor pechié
> Le bois deront et despecié.

Ou *Derout?* Voyez Orell, pag. 256.]

DERONPTURE †, Rupture, hernie. Gl. *Chetucola.*

DERRAMME, Serment fait en justice, par lequel on s'engage à prouver, et surtout par témoins, la vérité de ce qu'on avance. Gl. sous *Adramire,* pag. 91².

DERRIÈRE. ESTRE EN DERRIERE, Devoir beaucoup d'arrérages. Gl. *Dereragium.*

* **DERROI**. Voyez *Desroi.*

DERS, DERSELET, Dais. Gl. *Dagus.*

DERTRUYIE †, La maladie de *dartres,* grattelle. Gl. *Impetiginositas.*

* **DERUBANT**. Voyez *Desrubant.*

DERVÉE, Chênée, lieu planté de chênes. Gl. *Dervum.*

DERVER, Être insensé, extravaguer [endêver]. Gl. *Deviare.* [*Derver,* Parton. vers 3648, 7000. *Desver,* vers 6418, 6445. Gérard de Vienne, vers 794 :

> Karles le voit, pres n'ait le san dervé.

Dit de Merlin, Jubinal, tom. I, pag. 130 :

> Quant elle le vit rire, à poi que n'est dervée.

Renart le Nouvel, tom. IV, pag. 241, vers 2926. Garin le Loher. tom. I, pag. 27. Roman d'Alexandre, Chron. des ducs de Normandie, tom. II, pag. 515². Voyez *Desver.*]

DERVERLÉE, Folie, extravagance. Gl. *Deviare.*

DESAAIGE, Minorité. Gl. *Aagiatus.*

DESABELIR, Déplaire, être désagréable. Gl. *Abelimentum.* [Roi Guillaume, pag. 135. Voyez Rayn. tom. II, pag. 207, au mot *Desabelir.*]

DESACOINTIER, Désaccoutumer, rompre une liaison, cesser de vivre en familiarité avec quelqu'un. Ville-Hard. paragr. 108.

* **DESADJOURNER**, Révoquer un ajournement. Gl. *Adjornare.*

DESADNARDER, Défricher. Gl. *Derodere.*

DESADVOUER DIEU, Le renier. Gl. *Deadvoare,* 2.

* **DESACHIER**, Oter, repousser. Ruteb. tom. II, pag. 233.

* **DESACORAGIER**, Rendre contraire, faire perdre l'affection. Partonop. vers 2640.

* **DESACORDANCE**, Discord, contradiction. Rayn. tom. II, pag. 485¹, au mot *Dezacordansa.*

* **DESAERDRE**, Détacher. Chronique des ducs de Normandie, Roquefort. Voyez *Desaherdre.*

* **DESAFAITÉ**, Inconvenant. *Desafaitement,* Inconvenance. Chronique des ducs de Normandie. Voyez Rayn. t. III, p. 266², au mot *Desafaitar.*

DESAFEUTRER UN CHEVAL, Lui ôter le caparaçon, déharnacher. Gl. *Feltrum.*

DESAFFUBLER, Découvrir, dépouiller. Gl. *Defibulare.*

DESAFIER, Défier, faire un appel. Gl. *Diffidare,* 1.

* **DESAFRER**, Defaire le *safre.* Aubri, pag. 168¹ :

> Et maint haubere et rot et desafré.

Chanson de Roland, stance 249, vers 6 :

> De sun osberc les dous pans li desaffret.

DESAFUBLÉ, Déshabillé. Gl. *Scarpus.* [et *Affibulare.* Aubri, pag. 259¹. Voyez *Desfubler*].

DESAGIÉ, Mineur. Gl. *Aagiatus* [et *Sub annis*].

DÉSAHERDRE, Débarrasser, détacher. Gl. *Adhaerere,* 3. [Voyez *Desaerdre.*]

* **DESAJANCER (SE)**, Se déranger. Guill. Guiart, tom. II, pag. 201, vers 5204 (14193) :

> Lors esperonne et li renc meuvent,
> Uns et autres se désajancent.

DESAIER, Abuser. Gl. *Deabuti.*

DESAILLER, Desceller. Gl. *Desillare.*

* **DESAISE**, Malaise. Rayn. tom. II, pag. 43¹, au mot *Malaise.*

DESAMI, Fort ami, familier. Gl. *Diamicus.* [*Desamer, Desaimer,* Cesser d'aimer, haïr. Rayn. tom. II, pag. 66¹, au mot *Dezamar.*]

* **DESANCRER**. Gl. *Exancorare.*

* **DESAPARILLIER**, Séparer. Roi Guillaume, pag. 53 :

> Jà ne vos desaparilliés
> De moi ne de ma compaignie.

* **DESAPERTI**, Attristé. Voyez *Apert.* Guill. Guiart, tom. II, pag. 109, vers 2803 (11783) :

> Est lost li oz désapertiz
> En pleurs est leur deduit vertiz.

1. **DESAPOINTER**, Destituer quelqu'un d'une charge, d'un emploi; d'où *Desapointement,* la destitution même. Gl. *Desapunctare.*

2. **DESAPOINTER**, Déshabiller. Gl. *Desapunctare.*

DESAPPAREILLER, Oter l'appareil d'une plaie. Gl. *Apparamenta,* 2.

DESARER, Errer, aller çà et là. Gl. *Erare.*

* **DESARITER**, Déshériter, exproprier. Gérard de Vienne, vers 1202 :

Kant voz mon oncle voleiz desariter,
Pechiez fereiz, si vos le desarteiz.

Desireter, Garin le Loher. tom. I, pag. 37.

DESARRIVER, S'éloigner de la rive. Gl. *Arrivagium*.

* **DESARTIR**, Defaire. Comparez *Desafrer*. Gérard de Vienne, vers 1615 :

Et mainte targe deroute et desartie.

Garin, tom. I, pag. 173 :

Et le haubert derout et desarti.

Voyez *Desertir*.

DESASSAMBLEMENT, Déroute. Gl. *Assembleia*.

DESASSEMBLÉE, Assemblée. Gl. *Assembleia*.

* **DESASTRÉ**, Malheureux. Rayn. t. II, pag. 139¹, au mot *Desastrat*.

DESATEMPRÉ, Desatenpré, Immodéré, déréglé, excessif. Gl. *Distemperare*.

DESATOURNER, Oter ses atours, et tout ce dont on est vêtu. Gl. *Atour*.

* **DESATROCHER** (SE), comme *Desatropeler*, Rompre les rangs. Guill. Guiart, tom. II, pag. 14., vers 349 (9316) :

François adont se desatrochent,
Le murs et les portes approchent.

Pag. 384, vers 9972 (18954) :

Car joioz furent en aprochant,
Et or s'en vont desatrochant.

Voyez *Destrochier*.

* **DESATROPELER** (SE), Se détacher de la troupe, s'élancer en avant. Guill. Guiart, tom. II, pag. 265, vers 6875 (15867).

DESATTELER, Dételer. Gl. *Attelatus*.

DESATTIEZ, Maladie. Gl. *Alacrimonia*.

DESAVANCER, Retarder, différer. Gl. *Retardare*, 1.

DESAVANT, Qui s'écarte. *Desavant de son sens*, Qui est hors de sens. Gl. *Desavenans* et *Potare*.

DESAUBAGE, Repas, qu'on faisait le huitième jour après le baptême d'un enfant, et dans lequel les parents donnaient des gâteaux aux enfants. Gl. sous *Alba*, 4.

DESAUBER, Oter l'aube, ou la robe blanche. Gl. sous *Alba*, 4.

DESAVENANT, Malhonnête, indécent. Gl. *Desavenans*.

* **DESAVISER**, Être d'un autre avis, nier. Guill. Guiart, tom. I, pag. 68, vers 1132 (1629).

* **DESAVOIER**, Dérouter, repousser. Guill. Guiart, tom. I, pag. 117, vers 1509 (2901); tom. II, pag. 248, vers 6426 (15406).

DESAVOUER SEIGNEUR, Refuser de le reconnaître et de lui rendre ce qu'un vassal doit à son seigneur. Gl. *Deadvocare*.

* **DESAYVER**, ... Guill. Guiart, tom. I, pag. 144, vers 2307 :

Et sont environ adossez
De trois paires de granz fossez
Là faiz ou le plain desayve.

* **DESBARETER**, Tromper. Gl. *Baratum*, I, pag. 584¹. Vaincre, défaire. Guill. Guiart, tom. I, pag. 198, vers 4696 (5010); pag. 323, vers 7428(8272); tom. II, p. 113, vers 2916 (11896); pag. 171, vers 4420 (13406). Garin le Loher. tom. I, pag. 35. Partonop. vers 2050, 7228. Démolir, perdre. Guill. Guiart, tom. I, pag. 189, vers 4365 (4777) :

Vers le mur que li minéeur
Orent cuidié desbarester.

Pag. 218, vers 5219 (5535). Voyez le Glossaire sur la Chron. des ducs de Normandie, et Rayn. tom. II, pag. 184², au mot *Desbaratar*. *Débareté*, Garin le Loher. tom. I, pag. 19. *Desbarataison*, *Desbarateiz*, Déconfiture. Chronique des ducs de Normandie.

DESBASTONNER, Désarmer. Gl. *Basto*.

DESBLAER, Acquitter, débarrasser. Gl. *Debladire*.

DESBLAMER, Disculper, justifier. Gl. *Blasphemare*.

1. **DESBLAVER**, Nettoyer, déblayer; d'où *Desblavement*, Déblai, dégagement. Gl. *Debladire*.

2. **DESBLAVER**, Moissonner, couper les blés. Gl. *Debladire*.

DESBLÉE, Moisson, le temps de la moisson. Gl. *Debladare* sous *Bladum*, pag. 696³, et *Debladatio*.

DESBLÉER, Moissonner, couper les blés. Gl. *Debladare* sous *Bladum*, pag. 696³.

DESBLÉURE, Moisson, les blés encore sur pied, le temps de la moisson. Gl. *Debladatio* et *Debladare* sous *Bladum*, pag. 696³.

DESBOCHIER, Déraciner. Gl. *Disboscatio*.

DESBOURSER, Retirer un héritage des mains d'un acquéreur. Gl. *Revocatio per bursam* sous *Bursa*, 1.

DESBUSCHER, Oter les fers ou liens dont est entravé un cheval. Gl. *Imbogare*.

DESCAIER, Couper, scier. Gl. *Dissicio*.

DESCANTER, Chanter en faux-bourdon ou en parties. Gl. *Discantus*.

DESCARCHIER, Décharger, délivrer. Gl. *Discargare*.

DESCAUPER, Retrancher, diminuer. Gl. *Discopare*.

DESCENDEMENT, DESCENDUE, Succession, héritage de père ou de mère, et en ligne directe. Gl. *Descendua*.

DESCENIMENT, Sorte de défense [mot espagnol]. Gl. *Desceniment*.

DESCEPLINE, Discipline, punition corporelle. Gl. *Disciplina*. [Carnage. Chron. des ducs de Normandie. Voyez *Decipline*. Distraction. Dit du roi Guillaume, p. 192 :

Parmi l'ostel le roy ot des biens descipline.]

DESCERNER, Séparer, diviser. Gl. *Cernea*.

DESCHALLER, Défricher, mettre une terre en valeur. Gl. *Examplare* sous *Exemplum*, 2.

DESCHANT, Chant ou ramage des oiseaux. Gl. *Discantus*. [Roman de Renart, tom. III, pag. 59, vers 21373 :

Atant a Renart envoi
Un benedicamus farsi
A orgue, à treble et à deschant.

Voyez *Deschanter* et Rayn. tom. II, p. 314², au mot *Dechantar*.]

DESCHANTER, Chanter comme en faux-bourdon, ou en parties. Gl. *Discantus*.

DESCHARNER, Lâcher les charnières. Gl. *Copula*, 1.

DESCHARPIR, Échapper, dégager, débarrasser, séparer. Gl. *Discapire*.

* **DESCHAUCER** BRAIES. Gl. † *Debracare*.

DESCHAUFFAUDER, Oter un échafaud. Gl. *Chaufarium*.

DESCHAUSSAGE, DESCHAUSSAILLE, Ce qu'une nouvelle mariée, le jour de ses noces, donnait aux jeunes garçons pour boire. Gl. *Culagium*.

DESCHAUSSOERE, DESCHAUSSOIRE, DESCHAUSSOUERE, Houe, instrument à remuer la terre. Gl. *Discalcire*.

DESCHENDEMENT, Succession, héritage en ligne directe. Gl. *Descendua*.

DESCHEVACHER, pour DESCHEVAUCHER, Démonter. Gl. *Discavalcatus*.

DESCHEVAUCHER, DESCHEVAUCHIÉR, Démonter, ôter à quelqu'un son cheval. Gl. *Discavalcatus*.

DESCIREURE, Déchirure, plaie. Gl. *Discereura*.

DESCLAIRCIR, Prouver, montrer clairement. Gl. *Clarum facere*.

DESCLIQUER, Détendre, débander. Gl. *Clicha*.

DESCLOS, Ouvert, qui n'est pas fermé. Gl. *Disclaudere*.

* **DESCOCHER**, Partir, s'ébranler. Guill. Guiart, tom. II, p. 87, vers 2218; p. 237, vers 6140; pag. 315, vers 8176 (11194, 15120, 17156).

DESCOGNOISSANT DE RAISON, Déraisonnable, usant peu de sa raison. Gl. *Decognoscere*, 2.

DESCOLPE, Excuse, justification. Gl. *Descolpare*.

DESCOMBRER, Décharger, débarrasser, nettoyer. Gl. *Discombrare* [et *Combri*, pag. 449¹].

DESCOMLER. Gl. † *Suplodere*.

DESCOMPOTER, Changer le temps de l'engrais des terres. Gl. *Compostus*.

DESCONFÉS, Qui ne s'est point confessé, qui est mort intestat. Gl. *Intestatio*. [Rayn. tom. II, pag. 358¹, au mot *Descofes*.]

* **DESCONFIR**, Déconfire, détruire, ruiner. Rayn. tom. III, pag. 278¹, au mot *Desconfir*. Défier, faire tort, blâmer. Chanson de Quênes de Béthune, Le Roux, t. I, pag. 41 :

Il n'est pas droit que l'on me desconfise.

Desconfitour, qui défie, qui exerce des hostilités. Roi Guillaume, pag. 162 :

Cist furent li desconfitour
S'ont mes homes pris et raains.

DESCONGNOISSANCHE, Reconnaissance détaillée. Gl. *Decognoscere*, 2.

DESCONGNOISTRE, Se déguiser, se travestir. Gl. *Decognoscere*, 2.

* **DESCONNÉUE**, Mauvais traitement. Gérard de Vienne, vers 3724 :

Tost li feront une desconnéue.

* **DESCONNISSANCE**, DESCONGNOISSANCHE, comme *Connoissance*. Chastel. de Couci, vers 3273 :

D'unes armes pures d'argent
Sans nulle autre desconnissance.

Vers 3285 :

Et maint pignon et mainte manche
Et mainte autre descongnoissanche.

DESCONNOISSANCE, Méconnaissance, ingratitude. Gl. *Decognoscere*, 2.

DESCONNOITRE, Méconnaître. Gl. *Decognoscere*, 2.

* **DESCONRÉÉ**, Mal équipé. Gl. *Conrezatus*, pag. 546². Partonop. vers 4881 :

Por la noise s'est si hastée
C'un poi en vient desconréée.

* **DESCONSEILLER**, Mal conseiller. Partonop. vers 6498. *Desconsilliés*, sans conseil, découragé. Roi Guillaume, p. 52. Voyez Rayn. tom. II, pag. 461², au mot *Descosselhar*.

* **DESCONTER** (SE), Se séparer du gros de la troupe, avancer. Guill. Guiart, t. II, pag. 188, vers 5119 (14107); pag. 315, vers 8177, 8184 (17159, 17164). -

DESCONVENABLE, Qui n'est pas convenable, indécent. Gl. *Disconvenire*.

DESCONVENUE, Malheur, défaite. Gl. *Disconficere*. [*Mortel Desconvenue*, Roman de Renart, tom. I, pag. 29, vers 754.]

DESCORDABLE, Contentieux, qui-est en dispute. Gl. *Discordator*. [Discordant, en désaccord. Chron. des ducs de Normandie, tom. I, pag. 246, vers 4705. Voyez Rayn. tom. II, pag. 485¹, au mot *Desacordable*.]

DESCORDÉ, Le sujet du différend, ce qui est disputé. Gl. *Discordator*.

DESCORDÉEMENT, Avec discorde. Gl. *Discordiose*.

DESCORDER, N'être point d'accord, être d'un autre avis. Gl. *Concordare*, 2. [Voyez Rayn. tom. II, pag. 484², au mot *Descordar*.]

* **DESCORREILLER**, Déverrouiller, tirer le verrou. Voyez *Courroil*. Chronique des ducs de Normandie, tom. II, pag. 562, vers 31390 :

Li portiers fu aparcilliez
E li guichet descorreilliez.

* **DESCORT**, Sorte de poésie qui avait des couplets inégaux. Le Descort de Collin Muset, Wackern. pag. 73 :

En mon descort vos demant...
Mon descort
Ma dame aport.

Voyez Rayn. tom. II, pag. 484¹, au mot *Descort*, Diez, Poésie de troubadours, pag. 115.

DESCOTER, Porter un coup à travers les côtes. Gl. *Decotare*.

DESCOUCHER, DESCOUCHIER, Se lever du lit. Gl. *Decubare*.

DESCOUCHIER, Le lever, l'heure où l'on sort du lit. Gl. *Decubare*.

DESCOULPE, Excuse, défense, justification; du verbe *Descoulper*, Disculper, décharger un accusé. Gl. *Descolpare* [et *Inculpare*].

DESCOUPABLE, Innocent, exempt de crime. Gl. *Descolpare*.

DESCOUSTUMANCHE, Droit que la coutume autorise. Gl. *Consuetudo*, 4, pag. 558³.

* **DESCOUTRE**, DESCOUDRE, DESCOUSTRER, Séparer, découper. Chanson de Roland, st. 143, vers 7 :

Le blanc osberc li ad descust el cors.

Guill. Guiart, tom. I, pag. 148, vers 3308 (3700); tom. II, p. 320, vers 8317; p. 372, vers 9652 (17297, 18633); p. 174, vers 4495 (13481); tom. I, pag. 161, vers 3648 (4050);

tom. II, pag. 238, vers 6158 (15138); pag. 132, vers 3389 (12369).

* **DESCOUVERT**. HÉRITAGE DESCOUVERT. Gl. *Vestire*, 2.

DESCOUVREUR, Espion, qui va à la découverte. Gl. *Discooperatores*. [Voyez Rayn. tom. II, pag. 424¹, au mot *Descobrire*.]

DESCROIS. BAILLER AU DESCROIS, Donner au rabais. Gl. *Discrescere*. [Voyez Rayn. tom. II, pag. 512², au mot *Descreis*.]

DESCROISIER, Relever du vœu de se croiser. Gl. sous *Crux*, pag. 680².

-* **DESCROVER**, ...' Guill. Guiart, t. II, pag. 198, vers 5101 (14089) :

Et lessent courre au descrover
De quanque il ont de pover.

* **DESCUIT**, Cru, qui n'est pas cuit. Roman de Renart, tom. II, pag. 122, vers 23108 :

Un chapon manga tot descuit.

DESDEBTER, Acquitter ses dettes. Gl. *Debita*.

* **DESDEGNANCE** †. Gl. *Dedignantia*.

* **DESDIEMENT**. Gl. *Abdictio*.

* **DESDIRE**, Contredire, contester. Flore et Blanceflor, vers 2753 :

Mais ne porquant oïr devons,
Ains que jugement en faicons,
Se cil le voloit riens desdire.

Partonop. vers 2683 :

Qu'il n'osèrent, fust bien, fust mal,
De rien desdire le vasal.

Jubinal, Fabliaux, tom. I, pag. 177. Guill. Guiart, tom. II, pag. 70, vers 1791 (10767). Défier, p. 264, vers 6849; p. 379, vers 9854 (15841, 18825). Voyez Roquef. et Rayn. tom. III, pag. 55², mot *Desdire*.

* **DESDOLOIR**, Consoler, réjouir. Roman de Renart, tom. II, pag. 270, vers 16919. Orell, pag. 225.

* **DESDOMMAGE**. Gl. *Trespellius*.

* **DESDORMIR**, Réveiller. Flore et Blanceflor, vers 965 :

L'encantement a fait fenir
Et les chevaliers desdormir.

DESDRUIR, Affaiblir, rendre moins fort, moins robuste. Gl. *Druda*.

* **DESDUIRE**, DESDUIT. Voyez *Deduire* et *Deduit*.

DESEAGÉ, Mineur, enfant ou jeune homme. Gl. *Aagiatus*.

DESEMPARER, Démolir, détruire. Gl. *Desemparare*.

DESEMPECHER, Délivrer, lever l'empêchement mis. Gl. *Desembargatus*.

DESENCUSER, Justifier quelqu'un, le décharger d'une accusation. Gl. *Descolpare*.

DESENDRUIR, Affaiblir, rendre moins fort, moins robuste. Gl. *Druda*.

DESENGAGER, Prendre gage et assurance, saisir, arrêter pour sûreté d'une dette. Gl. *Disvadiare* sous *Vadium*.

DES-EN-QUI-EN-AVANT, Désormais, dans la suite, dans les Ordon. tom. IV, pag. 336, art. 9; et pag. 339. art. 5.

* **DESENSEIGNER**, Désapprendre, faire oublier. Chanson du Chastel. de Couci, Laborde, pag. 276 :

Pour ce ne puis fere lie chançon
Qu'Amors le me desenseigne.

Voyez Rayn. tom. V, pag. 231¹, au mot *Desensenhar*; et tom. IV, pag. 630², au mot *Desaprendre*.

DESENSELLER, Jeter quelqu'un hors de la selle de son cheval. Gl. *Sellare* sous *Sella*, 2. [Chron. des ducs de Normandie, tom. I, pag. 383, vers 8686.]

DESERPILLÉ, Qui est vêtu de mauvais habits. Gl. *Serpeilleria*.

DESERPILLER, Dépouiller, dérober. Gl. *Serpeilleria*.

1. **DESERT**, Ruiné, dépouillé de ses biens. Gl. *Desheredare*.

2. **DESERT**. ESTRE DÉSERT, Abandonné, abrogé. Gl. *Desertare*, 2.

DESERTATION, Abandonnement, délaissement. Gl. *Desertitudo*.

DESERTE, Mérite, récompense, salaire. Gl. *Deservire*, 2. [Chron. des ducs de Normandie.]

DESERTER, Gâter, ruiner, détruire. Gl. *Desertare*, 1.

DESERTINE, Désert, solitude. Gl. *Desertum*. [*Desertie*, Chron. des ducs de Normandie.]

DESERTIR, Rompre, détruire, ruiner. Gl. *Desertare*, 1.

DESERVEUR DE FIEF, Celui qui acquitte au nom d'un autre les devoirs d'un fief. Gl. *Deservire*, 1.

DESERVIR, Mériter. Gl. *Deservire*, 2. [Voyez le Gloss. sur Joinville, et Rayn. tom. V, pag. 213², au mot *Desservir*.]

DESESPERANCE, Désespoir. Gl. *Desperantia*. [Chastel. de Couci, vers 751. Ruteb. tom. II, pag. 240, 256. Voyez Rayn. tom. III, pag. 173¹, au mot *Desesperansa*.]

* **DESESTANCE**, Différence, contraste, différend, querelle. Chron. des ducs de Normandie.

* **DESESTOURMER**. Gl. *Stormus*.

DESEVEUZER, S'excuser. Gl. *Desavouare*.

DESEVRANCE, Déroute, défaite. Gl. *Decevisset*. [*Desevrée*, Trespas, mort. Gérard de Vienne, vers 2530 :

De Durendart ke bien fu esprovée
En Roncevols au male journée,
Kant de Rollan i fuit la desevrée. ·

Voyez Rayn. tom. V, pag. 173¹, au mot *Dessebransa* et Roquef. au mot *Desevraille*.]

* **DESÉUREIS**, Malheureux. Chanson de Guiot de Prouvins, Wackern. pag. 32 :

Elais com seux deséureis
Se celle n'ot ma proiere.

DESEVRER, Diviser, séparer. Gl. *Decevisset*. [*Deseveret*, Chanson de Roland, stance 91, vers 14; stance 145, vers 13.]

* **DESFAÉ**, Sans foi, déloyal. Chron. des ducs de Normandie, tom. II, pag. 420, vers 27512.

* **DESFAIRE**, Défaire, détruire. Roi Guillaume, pag. 154 : *Desfaire le cerf*. Chanson de Roland, stance 33, vers 10. Flore et Blanceflor, vers 2076. Voyez Rayn. tom. III, pag. 275², au mot *Desfar*.

* **DESFERMER**, Ouvrir. Dit du roi Guillaume, pag. 184. Voyez *Deffermer*.

* **DESFIANCER** (SE), Sortir de l'obéissance, cesser d'être vassal. Chron. des ducs de Normandie, tom. I, pag. 400, vers 9165.

* **DESFLECHER**, Fléchir. Chastel. de Couci, vers 1276.

DESFOIS, Terre ou bois, dont l'usage est interdit. Gl. *Deffaia*.

* **DESFOURNER**, Se retirer. Guill. Guiart, tom. II, pag. 182, vers 4692 (13679) :

Finant s'en vont au desfourner.

Pag. 278, vers 7211 (16291) :

Mès à la parfin se desfournent.

* **DESFROISER**, Défaire, comme *Defroisser*. Gérard de Vienne, vers 1778 :

Fiert un Gascon sur l'elme de Pavie
Ke tot le cercle li desfroise et amie.

Voyez Rayn. tom. III, pag. 400[1], aux mots *Desfrezar* et *Defreselir*.

* **DESFUBLER**, comme *Desafubler*, Oter le manteau. Gérard de Vienne, vers 1129 :

Si desfubla le riche mantel gris.

Partonop. vers 3995 :

Desfublée est en un samit.

Garin, tom. I, pag. 297 :

Desafublée eu fut eu un samis.

C'est-à-dire, sans manteau. Voyez *Bliaut*. Partonop. vers 3213, 4507, 9168, 10779.

DESGAGER, **DESGAIGER**, Faire payer l'amende pour dégât fait dans les champs; ou prendre gage pour sûreté de l'amende, ou d'une dette. Gl. *Desgagium* et *Disvadiare*, sous *Vadium*, pag. 720[2].

* **DESGÉUNER (SE)**, Se nourrir. Guill. Guiart, t. II, pag. 209, vers 5417 (14397); pag. II, vers 275; pag. 188, vers 4851 (9240, 13839).

DESGLAINER, p. e. Couper un épi, et par métaphore, Couper la gorge, tuer. Gl. *Degluere*.

DESGOUGENER, **DESGOUGONNER**, **DESGOUJONNER**, Oter les goujons ou chevilles de fer d'un coffre, etc. Gl. *Gojo*.

DESGREN, **DESGREN**, Le droit de moudre son grain avant les autres et sans payer la mouture; ce qu'on appelait *Degrener*. Gl. *Degranare*, *Degranum* [et *Hardinea*].

DESGUCHER, Faire retirer quelqu'un, l'obliger à quitter la place. Gl. *Deguastare*.

DESGUERAIN, comme ci-dessus *Desgrain*. Gl. *Degranum*.

DESHABILITER, Rendre ou déclarer inhabile. Gl. *Inhabilitare*.

* **DESHAITER**, Rendre triste. Partonop. vers 4953 :

Que monte cis diols et ceste ire
Qui nos deshaite et vos empire.

Voyez *Se Dehaiter*.

DESHAITIÉ, Malade, infirme. Gl. *Alacrimonia*, pag. 159[3].

* **DESHARNESKIER**, Déferler. Flore et Blanceflor, vers 1383 :

Le tref ont tost desharneskié.

* **DESHAUBERGIER (SE)**, Se dévêtir du haubert. Garin le Loher. tom. I, pag. 243 :

Desfors s'en vont par aus deshaubergier.

Voyez Rayn. tom. II, pag. 152[1], au mot *Ausberc*.

* **DESHERBERGER**, Décamper. Chanson de Rolaud, stance 53, vers 33 :

Franc desherbergent, font lur sumers trosser.

DESHERS, Ruiné, dépouillé de ses biens. Gl. *Desheredare*.

* **DESHET**, Chagrin, peine. Partonop. vers 169 :

Eu duel, en poverte, en deshet.

Chron. des ducs de Normandie. Voyez *Dehait*.

DESHOIRER, Déshériter. Gl. *Desheredare*.

DESHONESTER, Déshonorer. Gl. *Dehonestare*.

* **DESHONOR**, **DESENOR**, Déshonneur, opprobre. Partonop. vers 168, Roman de Renart, tom. I, pag. 2, vers 39. *Desonorance*, Chron. des ducs de Normandie, tom. II, pag. 422, vers 27572. Voyez Rayn. tom. III, pag. 536, aux mots *Deshonor*, et *Deshonorensa*.

DESHOUSER, Oter ses houseaux, se débotter. Gl. *Housellus*.

DESIER, Désir, volonté. Gl. *Diabolus*. [Chron. des ducs de Normandie.]

DESJEUNEMENT, Déjeuner. Gl. *Dejejunare*.

DESIEURIES, Demande en justice. Gl. *Desiderium*.

* **DESIGANCE**, Inégalité. *Desigaus*, Inégal. Chronique des ducs de Normandie. Voyez Rayn. tom. III, pag. 136[2], aux mots *Desegal* et *Deseguansa*.

DESIGNÉ, Orné de *signes* ou figures. Gl. *Designum*.

DESINGAL, Inégal. Gl. *Disæquare*.

* **DESINER**, Se défigurer, se gâter. Chastel. de Couci, vers 7539 :

Riens ne vaut que cil mire font
Ses corps desinist tous et font.

Voyez Rayn. t. v, p. 197[1], au mot *Dessenar*.

DESJOINTER, Rompre les joints de quelque chose. Gl. *Cernea*.

DESJOUGLER, Se moquer. Gl. *Deludere*.

* **DESIRANCE**, **DESIRIER**, **DESIRÉE**, etc. Désir, amour. Voyez Rayn. t. III, p. 40[2], aux mots *Desiransa*, etc. Chron. des ducs de Normandie, ci-dessus *Desier*.

DESIRÉ, Sorte de monnaie. Gl. *Desideratum*.

* **DESIRETER**. Voyez *Desariter*.

DESIRRIERS, Prières, actes de religion. Gl. *Desiderata*.

DESKEVILLAGE, Sorte de droit. Gl. *Cavile*.

* **DESLACIER** DES CORS, Détacher des coups. Guill. Guiart, tom. II, pag. 140, vers 3608; pag. 181, vers 4682 (12589, 13669) et souvent.

DESLARRÉ, Débraillé, celui dont les habits sont mal attachés. Gl. *Nodellus*.

DESLAVÉ, Qui n'est point lavé. Gl. *Delavatus*.

DESLÉEL, Déloyal, contraire aux lois. Gl. *Exlex*, 3. [*Desleié*. Chron. des ducs de Normandie.]

* **DESLEI**, **DESLAI**, Excès, crime. Chron. des ducs de Normandie.

* **DESLEIER**, Devenir déloyal. Chron. des ducs de Normandie.

DESLENGIER, Injurier de paroles. Gl. *Ladare* sous *Lada*, 1.

DESLIENER, Refuser, dénier. Gl. *Delere*.

* **DESLICER**, ... Chronique des ducs de Norm. tom. I, pag. 120, vers 1105 :

Mais qui le vair vos eu deslice.

* **DESLIER**, **DESLIVRER** †. Gl. *Exoccupare*.

* **DESLIEVER**, comme *Desliener*.

DESLIGEMENT, Acquit, payement. Gl. *Disligare*.

DESLITELER, Oter la lisière. Gl. *Listadus*.

1. **DESLOER**, Dissuader, déconseiller. Gl. *Dislaudare* sous *Laudare*, 2. [Blâmer, déprécier. Chastel. de Couci, vers 39 :

Mais cil ne les voellent loer
Qui tous biens seullent desloer.

Voyez Rayn. tom. IV, pag. 31[1], au mot *Deslauzœr*.]

2. **DESLOER**, Disloquer, démettre. Gl. *Disligare*, 1.

DESLOIER, Désunir, séparer. Gl. *Desligare*.

1. **DESLOUER**, Dissuader, déconseiller. Gl. *Dislaudare* sous *Laudare*, 2.

2. **DESLOUER**, Disloquer, démettre. Gl. *Disligare*, 1.

DESLOYAUTER, Manquer à la foi donnée. Gl. *Adlegiare*.

DESMABLE, Sujet à la dime. Gl. *Decimagium* sous *Decimæ*, pag. 761[1].

DESMAILLER, Briser les mailles d'une armure. Gl. *Peciatus* sous *Pecia*. [Partonop. vers 2994. Roman de Roncevaux, pag. 39. Guill. Guiart, tom. I, pag. 89, vers 1659. Chanson de Roland, Chronique des ducs de Normandie. Voyez Rayn. t. IV, pag. 131[2], au mot *Desmalhar*.]

* **DESMANEVER**, Perdre. Flore et Jeanne, pag. 28 : *Molt fu la bielle dame dolante cant elle ot ensi desmanevé son segnor.* Comparez *Amaneviz*.

DESMANTEMENT, Démenti. Gl. *Dementitio*.

DESMARCHER, **DESMARCHIER**, S'écarter, se ranger, marcher en arrière. Gl. *Demanere*.

DESMEMBRANCE, Démembrement, l'action de démembrer, couper. Gl. *Demembrare*. [*Desmembrer* †. Gl. *Exartuare*. Partonop. vers 3809. Fierabras, pag. 165[2]. Voyez *Demembrer*.]

DESMENTEMENT, Démenti. Gl. *Dementitio*.

* **DESMENTER (SE)**, Se lamenter. Chanson de Roland, stance 180, vers 6 :

Ne poet muer n'en plurt e ne s' desment.

1. **DESMENTIR**, Donner un démenti. Gl. *Dimentiri*.

* 2. **DESMENTIR**, Fausser, faire plier. Guill. Guiart, t. I, p. 107, v. 2251 (2642) :

Haubers desmentir, escuz fendre.

Tom. II, pag. 280, vers 7271 (16251) :

Targes croissent, armes desmentent.

Tom. I, pag. 223, vers 5329 (5655); t. II, pag. 267, vers 6930 (15922).

DESMENTISSEMENT, Démenti. Gl. *Dementitio*.

DESMENTOISON, Démenti. Gl. *Dementitio*.

* **DESMESURE**, Excès. Marie de France, tom. I, pag. 100 :

Kar bele esteit à desmesure.

Partonop. vers 551 :

Od ço ert beaus à desmesure.

Voyez Rayn. tom. IV, pag. 201[2], au mot *Desmesura*.

* **DESMESURER (SE)**, S'excéder. Partonop. vers 5339 :

> Et vienent à la volte oscure
> Où li frans hom se desmesure.

Voyez Rayn. tom. IV, pag. 202¹, au mot *Desmesurar.*

DESMERIE, Dîme, le droit de lever la dîme. Gl. *Decimagium* sous *Decimæ*, pag. 761¹².

DESMEUBLÉ, Appauvri, ruiné, dépouillé. Gl. *Mobile.*

DESMOUVOIR, Apaiser une émeute. Gl. *Demovere.*

DESMURER, Mettre hors de prison. Gl. *Immurare.*

* **DESNOQUER**, Lâcher la noix d'une arbalète. Gl. *Nux.*

DESNOUER, Disloquer, rompre. Gl. *Denodare.*

* **DESONER** †. Gl. *Assonare.*

DESOUBITER, Irriter, faire enrager quelqu'un. Gl. *Desubitare.*

DESOUCER, Dépouiller, piller. Gl. *Housellus.*

DESOYVRE, Bornage. Gl. *Dissire.*

DESPAISIÉ, Qui est transporté de colère, furieux. Gl. *Dispacatus.* [Chastel. de Couci, vers 7325.]

DESPAISIER, Aller hors de son pays, se dépayser. Gl. *Dispatriare.*

DESPANDRE, Dépenser. Gl. *Dispendere.*

DESPANER, Déchirer, mettre en pièces. Gl. *Depanare.*

DESPARAGER, **DESPARAGIER**, Mésallier. Gl. *Disparagare.* pag. 879¹². [Déprécier. Partonop. vers 26 :

> Mais ele en fait si grant marchié
> Que tot l'en a desparagié.]

DESPAREIL. A DESPAREIL, Dépareillé. Gl. *Disparilitas.*

* **DESPAULER** †, Enlever l'épaule. Gl. *Expatulari.*

DESPECHER, Briser, mettre en pièces. Gl. *Dispecare.*

DESPECHIER, Débarrasser, dépêtrer un cheval. Gl. *Intricare* [et *Depescare*].

DESPECIER UN MARCHÉ, Le rompre. Gl. *Depescare.*

DESPECIER LA NOISE, Apaiser la querelle. Gl. *Depescare.*

DESPEESCHEMENT, p. e. Expédition militaire. Gl. *Depescare.*

* **DESPENDRE**, Dépenser. Chronique des ducs de Normandie, Rayn. tom. IV, pag. 500², au mot *Despendre.* Dépendre, ôter ce qui est pendu, Roman de Renart, tom. I, pag. 10, vers 261.

DESPENSE, Petit vin pour les domestiques et les pauvres gens, piquette. Gl. *Despensa.*

DESPENSIER, Maître d'hôtel. Gl. *Dispensator.* [*Despenseur.* Gl. *Iconomus.*]

DESPERS, Désespéré. Gl. *Desperatus,* 2. [Cruel, féroce. Chronique des ducs de Normandie, tom. I, pag. 377, vers 8478 :

> . . . Tis pere ad genz averse
> Forz e bataillose et desperse.

Partonop. vers 7204 :

> Od els ert li sodans de Perse
> Et li rois d'Inde la desperse.]

* **DESPERSUNER**, Avilir, insulter. Chanson de Roland, stance 183, vers 12 :

> Tencent à lui, laidement le despersunent.

Voyez Rayn. tom. IV, pag. 524¹, au mot *Despersonar.*

DESPESCHIER, Décharger, libérer. Gl. *Depescare.*

DESPIÉ, Démembrement, division. Gl. *Dispecare.*

DESPINOS, Terme usité pour exciter un paresseux à travailler. Gl. *Despinare.*

DESPIRE, **DESPIRER**, Mépriser, dédaigner. Gl. *Despitus.* [Roi Guillaume, pag. 89, roi. Voyez Rayn. tom. III, pag. 29¹, au mot *Despechar. Despit,* Méprisable, méprisé. Roi Guillaume, pag. 80 :

> Ne refuse cose nesune
> Jà n'ert si vix ne si despite.

Pag. 85 :

> Garce sui vix et sui despite.

Despisans, Hautain. Pag. 90 :

> Et molt noble et molt despisans.

* **DESPIT.** Gl. *Despectio.*

DESPITÉMENT, Avec colère, d'un air fâché. Gl. *Despectuose.*

DESPITER, Mépriser, dédaigner. Gl. *Despitare* [*Despitus* et *Sangulentus*].

DESPITEUSEMENT, Avec colère. Gl. *Despectuose.*

* **DESPLAINDRE (SE)**, Se plaindre. Sermon de saint Bernard, Roquef. Supplém. pag. 53², au mot *Braxe : Mais maint gent se desplaignent par aventure* (lat., sed causantur multi fortasse).

* **DESPLAISANT**, Fâché, triste. Galien Restoré, Fierabras, pag. 165² : *Se vous aviez mal ou ennuy, j'en seroie moult desplaisant.*

DESPLAQUIER, Oter une *plaque* ou marque. Gl. *Dessigillare.*

DESPLIANCE DE MARCHANDISE, Étalage, et le droit qu'on paye au seigneur de la foire ou du marché pour y étaler. Gl. *Scavagium.*

DESPLOIER, Délier. Gl. *Deplicare,* 2.

DESPOILLE, Dépouille. Gl. *Manubla.*

DESPOINCTIER, **DESPOINTER**, **DESPOINTIER**, Destituer quelqu'un d'une charge, d'un emploi, le priver de quelque chose. Gl. *Depunctare* [et *Deampunctuare*].

DESPOISE, Mélange d'argent et d'étain pour diminuer le poids et la bonté de la monnaie. Gl. *Ponderatio.*

* **DESPONDRE**, Expliquer. Gl. *Deponere,* 2.

* **DESPORS**, Joie, contentement. De Nostre Dame, Wackern. pag. 70 :

> Tu ies li pors
> Et li despors,
> Li desdus et la joie.

Voyez *Deport* et Rayn. tom. IV, pag. 608¹, au mot *Deport.*

DESPOURVEUMENT, Sans réflexion. Gl. *Inpræmeditatus.*

DESPRIS, Méprisé, bafoué. Gl. *Depanare.* [Voyez Orell, pag. 254. *Despriser,* Déprécier, mépriser. Chanson de Quenes de Béthune, Le Roux, tom. I, pag. 42. Voyez Rayn. tom. IV, pag. 641¹, au mot *Desprezar.*]

DESQUARQUAIGE, Droit payé pour la décharge des vins. Gl. *Dechargiamentum.*

DESQUERQUIER, Décharger. Gl. *Cercare,* 2.

DESQUET, Panier pour vendanger. Gl. *Desca,* I.

DESRAINABLE, Déraisonnable. Gl. *Deresnare.*

DESRAINER, Plaider, défendre en justice. Gl. sous *Ratio,* I, pag. 597¹. [*Dérainier, Déresnier, Desresnier,* Partonop. vers 9085, 9492, 9557, 9589. Roman de Renart, tom. I, pag. 25, vers 678; tom. III, p. 30, vers 20558. Agolant, vers 104, Guill. Guiart, tom. I, pag. 61, vers 947. *Desranier,* Gérard de Vienne, vers 2356. Chanson de Chrétien de Troies, Wackern. pag. 15. *Desranger,* Gérard de Vienne, vers 1343. *Desrainement, Deraïsnement,* Défense, preuve d'innocence, combat judiciaire, Partonop. vers 9032, 9498, 9562. Gérard de Vienne, vers 2631.

DESRAINIER, Prendre par raison, choisir. Gl. *Deresnare.*

* **DESRAMER**, Déchirer. Gaimar, note de la Chron. des ducs de Normandie, tom. III, pag. 802² :

> Por sa buele desramer.

Partonop. vers 5125 :

> A sa sele la desramée.

Voyez Rayn. tom. V, pag. 382², au mot *Desramar.*

DESRAMME, Serment fait en justice, par lequel on s'engage à prouver, et surtout par témoins, la vérité de ce qu'on avance. Gl. sous *Adramire,* pag. 91².

* **DESREGNER**, Faire descendre un cavalier en prenant les rênes du cheval. Parton. vers 5250 :

> Tot à cheval i est venuz. . .
> Li chevalier quant véu l'ont
> Encontre lui drecié se sont,
> Desreguié l'ont, si l'ont tant chier.

DESREIGNER, Plaider, défendre en justice. Gl. sous *Ratio,* I, pag. 597¹.

DESRENE, **DESRESNE**, Action, discussion, plaidoyer; d'où *Desrener,* Plaider, défendre en justice. Gl. sous *Ratio,* I, pag. 597¹².

DESRENEMENT, Déplacement de quelque os, entorse. Gl. *Disligare,* I.

DESRENG, Séparation faite par une raie ou sillon. Gl. *Circamanaria.*

* **DESRENGER**, Avancer, s'ébranler, se mettre en mouvement. Guill. Guiart, tom. II, pag. 74, vers 1890; pag. 76, vers 1940 (10866, 10916) et souvent. Chanson de Roland, stance 63, vers 6 :

> Od mil Franceis de France la lur tere
> Gualter desrenget les destreiz e les tertres.

Voyez Rayn. tom. V, pag. 83¹, au mot *Derrengar.*

* **DESRENIER**, Dernier. Gl. *Impomentum.*

* **DESRENTER**, Éreinter. Guill. Guiart, tom. I, pag. 29, vers 111 (607). Voyez Rayn. tom. V, pag. 81¹, au mot *Desrenar.*

DESRESNIER, Rendre raison de quelque chose, l'expliquer. Gl. *Desresnare.*

DESRIEQUIR, Défricher. Gl. *Derodere.*

DESRISER, Se moquer, railler. Gl. *Deludere.*

DESROBEOR, Voleur, pirate. Gl. *Desrobare.*

DESROCHER, Abattre, détruire. Gl.

Derocare. [Partonop. vers 8640. Voyez Rayn. tom. v, pag. 100ᵉ au mot *Derocar*.]

DESROI, Désarroi, dommage. Gl. *Derotare*. [*Derroi*, *Desrei*, Désordre, défaut, faute, crime, choc, attaque. Partonop. vers 5527 :

Quier moi, fait-il, un palefroi
Bon et soef et sains derroi.

Vers 3786 :

Mais Marès ert mesfais le roi
De sorfait et de grant desroi.

Vers 4258, 4273. Flore et Blanceflor, vers 2792. Roman de Renart, tom. ı, pag. 28, vers 747. Chron. des ducs de Normandie, tom. ı, pag. 445, vers 10507; pag. 213, vers 3757 :

E Reinouz od le suen conrci
Comença le premier desrei.

Voyez Halliwell, au mot *Disray*. A desroi, En désordre, avec précipitation, démesurément, Partonop. vers 2157, 2206. Roi Guillaume, pag. 55. Chron. des ducs de Normandie, tom. ı, pag. 108, vers 761, etc. Chastel. de Couci, vers 6869. Jordan Fantosme, vers 1925. Voyez Rayn. tom. v, pag. 33, au mot *Desrey*.

* 1. **DESROIER**, **Desreier**, Exciter, irriter. Chron. des ducs de Normandie, tom. ıı, pag. 35, vers 16311. *Se desroier*, Sortir des rangs, se dérégler. Guill. Guiart, tom. ı, pag. 98, vers 1995 (2405). Dit de Merlin, Jubinal, tom. ı, pag. 128. Voyez Rayn. tom. v, pag. 34ᵗ, au mot *Desreiar*.

2. **DESROIER**, Composer pour avoir diminution du prix qu'on demande. Gl. *Despretium*.

DESROQUER, Jeter d'en haut, précipiter du haut d'un rocher. Gl. *Derochare*.

DESROTER, Retirer, enlever. Gl. *Derotare*.

* **DESROUYLLER** †, Fourbir, **Desrouylleur** †, Fourbisseur. Gl. *Erubiginare*.

DESROYAUTER, Oter la couronne à un roi. Gl. *Regalitas*, 1.

DESROYER, Changer la culture d'une terre. Gl. *Diroiare*.

* **DESRUBANT**, **Desrube**, Précipice, ravin. Gérard de Vienne, vers 3793 :

Par ces vallées et par ces desrubant.

Partonop. vers 5895 :

Es derubans li tygre maignent.

Agolant, vers 316 :

Vers un desrube se voloit aprocier.

Vers 396 :

Vit un desrube qui molt fit à doter.

Voyez Rayn. tom. ııı, pag. 26², au mot *Deruben*.

DESSAIGNIER, Oter un *signe*, ou marque. Gl. *Dessigillare*.

* **DESSAILLER**, Ouvrir. Gl. *Desillare*.

* **DESSAISIR**, **Dessaisine**, Gl. *Vestire*, pag. 789², et *Disagire*.

DESSAISONNER, Faire quelque chose hors de la saison et le temps convenable et ordinaire. Gl. *Satio*.

1. **DESSAMBLER**, Déguiser, changer la ressemblance. Gl. *Similare*.

2. **DESSAMBLER**, **Dessembler**, Séparer, diviser. Gl. *Assemblare*.

DESSARTER, Essarter, défricher. Gl. sous *Exartus*, pag. 127².

* **DESSAUCHAGE**, comme *Deschaussage*.

DESSENARDER, Défricher. Gl. *Derodere*.

* **DESSEOIR**, Déplaire. Nouveau Recueil de Fabl. et Contes, tom. ıı, pag. 143 :

Riens que voulez ne me dessiet.

DESSERPILLEUR, Voleur de grands chemins. Gl. *Serpeilleria*.

* **DESSERRER**, Détacher, défaire. Guill. Guiart, tom. ı, pag. 306, vers 6981 (7822); tom. ıı, pag. 123 , vers 3151 (12131). Agolant, vers 945, Roman de Renart, tom. ı, pag. 24, vers 629. Voyez Rayn. tom. v, p. 157¹, au mot *Dessarrar*.

DESSERTE, Mérite, récompense, salaire. Gl. *Deservire*, 2.

DESSERVIR, Mériter. Gl. *Deservire*, 2. [Agolant, pag. 185² :

Toz vo pechiez, sanz bouche regehir,
Voeil hui sor moi de par dien desservir,
La penitence sera de bien ferir.

Récompenser, punir. Gautier de Coinsi, dans le Glossaire sur Joinville :

Savoir poez que de Dieu l'ire
Desert moult tost et cele et cil
Qui preudome tient en pourvil.

Flore et Jeanne, vers 23 : *Elle feroit bien tant pour l'amour de li, s'il le devoit desiervir, ke elle le meteroit, etc.* Voyez Rayn. tom. v, pag. 213¹, au mot *Desservir*.]

DESSEVRAILLE, Séparation. Gl. *Decevisset*.

DESSEVRANCHE, **Dessevrée**, **Dessevrement**, Séparation ; du verbe *Dessevrer*, Séparer, rompre, casser un mariage. Gl. *Decevisset*.

DESSICEMENT, Déchirement. Gl. *Laceramen*.

DESSIR, Lever, arracher, démolir. Gl. *Dissire*.

DESSOIVRE, Bornage, limite, ce qui sépare. Gl. *Dissire*.

DESSONIER, Décharger, libérer. Gl. *Essonium*.

DESSOUBZ, A son **dessoubz**, A son avantage. Gl. *Desubter*. [**Fief par dessounz**. Gl. *Feudum suppositum*.]

DESSOUNIIER, Décharger, libérer. Gl. *Essonium*.

DESSOUS. **Mettre a son dessous**, Accabler, opprimer. Gl. *Desubter*.

DESSOUZ, La partie inférieure du dos, le derrière. Gl. *Desubter*.

1. **DESSUS**. A son **dessus**, A son avantage. Gl. *Desuper*, 2.

* 2. **DESSUS**, *Entrée de maison* †. Gl. *Superliminare*.

* **DESTAICHIER**, Détacher, ôter. Gl. *Præsentia*. Détacher, Être lancé, s'élancer. Guill. Guiart, tom. ı, pag. 178, vers 4076. (4488); tom. ıı, pag. 74, vers 1894 (10870); pag. 164, vers 4237 (13223) et souvent.

DESTAINDRE, Éteindre. Gl. *Stinctus*. [Voyez *Destendre*.]

* **DESTASSER** (SE), S'élancer. Guill. Guiart, tom. ıı, pag. 214, vers 5533 (14513). *Destasser*, Lancer, pag. 370, vers 9621 (18602). Voyez *Destaichier*.

* **DESTAUNCE**, Retard, délai. Jubinal, Fabliaux, tom. ıı, pag. 32. Voyez Halliwell, au mot *Distance*.

* **DESTELER**, S'ébranler, partir. Guill. Guiart, tom. ı, pag. 287 , vers 6802 (7332); tom. ıı, pag. 149, vers 3849 (12833); pag. 189, vers 4890 (13878).

* **DESTEMPRÉ**, Mêlé. Roi Guill. p. 94. Voyez Halliwell, au mot *Distempre*.

* **DESTENDRE**, S'élancer, partir. Aubri, pag. 160² :

Et si destendre sor l'auferrant corsier.

Guill. Guiart, tom. ı, pag. 287, vers 6796 (7326); pag. 303 , vers 6917 (7748); tom. ıı, pag. 90, vers 2301 (11277); pag. 175, vers 4516 (13502), etc. Roman de Renart, tom. ıv, pag. 25, vers 672. Lancer. Garin le Loher. tom. ı, pag. 125 :

N'en isteriez tant com un ars destent.

Guill. Guiart, tom. ı, pag. 77, vers 1354 (1850).

DESTERGIR, Diviser, partager. Gl. *Desteglare*.

* **DESTERRER**, Chasser du pays. Guill. Guiart, tom. ı, pag. 61, vers 940 (1437).

DESTESER, Abaisser une arme dont on menaçait quelqu'un pour l'en frapper. Gl. sous *Intendere*, 9.

DESTILPER, Vendre, débiter. Gl. *Distrahere*.

* **DESTINÉE**, Mauvaise action, malheur. Roi Guillaume, pag. 85. Ruteb. tom. ıı, pag. 259. Jubinal, Fabliaux, tom. ı, pag. 130.

* **DESTINER**, Prédire, conseiller. Roi Guill. pag. 96. Roman de Renart, tom. ıv, pag. 0, vers 240. Guill. Guiart, tom. ıı, pag. 247, vers 6411 (15391).

* **DESTOLIR**, Oter, détourner, empêcher. Chron. des ducs de Normandie, tom. ı, pag. 407, vers 9407; pag. 476, vers 11422; tom. ıı, pag. 183 , vers 20692. Chanson de Roland, stance 234, vers 4 :

Bataille i ert, se il ne s'en destolt.

Destolu, Ecarté. Voyez Rayn. tom. v, pag. 370², au mot *Destolre*.

DESTORBEIR, Détourner, empêcher. Gl. *Disturbare*.

DESTORBER, Détourner, empêcher [Roman de Renart, tom. ı, pag. 50, vers 1290. Voyez Rayn. tom. v, pag. 441², au mot *Destorbar*]; d'où *Destorbier*, empêchement, dérangement. [*Desturber*, Chanson de Roland.] Gl. *Desturbium*.

* **DESTORDRE**, Détourner. Partonop. vers 684 :

Il plore et crie à Deu merci
Qu'il prende de lui garde et cure
Et destort de male avanture.

Guill. Guiart, tom. ı, pag. 68, vers 1134 (1631). Flore et Blanceflor, vers 2314. *Destordre le gonfanon*, le déployer, Gérard de Vienne, vers 1635. Renart le Nouvel, tom. ıv, p. 147, vers 574. Guill. Guiart, tom. ıı, pag. 158, vers 4070 (13055). Voyez Rayn. tom. ıv, pag. 384², au mot *Destorser*.

* **DESTORSER**, Décharger. Flore et Blanceflor, vers 1429 :

Il font destorser les torsiaus.

DESTOULPER, **Destouper**, Déboucher, ouvrir. Gl. *Stupare*. [Roman de Renart, tom. ı; pag. 24, vers 630.]

DESTOURBER, Détourner, empêcher, troubler; d'où *Destourbier*, Empêchement, dérangement. Gl. *Desturbium* [et *Sunnis*, pag. 436². Flore et Blancéflor, vers 1403. Chastel. de Couci, vers 1785. Wackern. pag. 30, 35. Voyez Rayn. t. v, p. 441², au mot *Destorbier*].

*** DESTOUR**, Lieu isolé, coin. Belle Isabeaus, stance 3 :

> Que à sa dame en un destour
> A fait sa plainte et sa clamour.

Chastel. de Couci, vers 3208 :

> Lors en un destour se assist.

DESTOURNÉE, Conduit fait pour détourner l'eau de son cours ordinaire. Gl. *Desviatorium*.

DESTRAGE, p. e. pour Estrage, Maison, demeure. Gl. *Estaga* sous *Stagium*.

DESTRAINDRE, Arrêter, réprimer, punir sévèrement, forcer, contraindre par saisie des biens. Gl. *Distringere*, 1 et 2, pag. 888¹². [Presser, opprimer, maltraiter. Wackern. pag. 646. Chastel. de Couci, vers 803. Guill. Guiart, tom. 1, pag. 59, vers 885; tom. 11, pag. 305, vers 7930; pag. 322, vers 8374 (1381, 16911, 17355). *Destraindre des esperons*, Roman de Renart, tom. 1, pag. 9, vers 223; tom. 1v, pag. 187. Voyez Rayn. tom. 111, pag. 228², au mot *Destrenger*.]

DESTRAINS, Les différentes pièces d'un procès. Gl. *Distringere*, 2, pag. 888².

DESTRAIRE, Médire, décrier, calomnier. Gl. *Detractare*, 2.

DESTRAITTER, Débarrasser un cheval des traits dans lesquels il est empêtré. Gl. *Intricare*.

DESTRAL, Cognée, hache. Gl. *Dextralis* [et *Mangia*, 2. Voyez Rayn. tom. v, pag. 77², au mot *Destral*].

*** DESTRAMPÉ**, Désordonné. Roman de Renart, tom. 11, pag. 364, vers 19529. Voyez Rayn. tom. v, pag. 318², au mot *Destemprar*.

DESTRAPER, DESTRAPPER, Dégager, débarrasser, dépêtrer. Gl. *Trappa*.

*** DESTRAVER (SE)**, S'éloigner, se mettre en marche. Guill. Guiart, tom. 11, p. 290, vers 7535; pag. 437, vers 11362 (16515, 20343).

DESTRAU, Cognée, hache. Gl. *Dextralis*.

DESTRE, La main droite. Gl. *Dextrarii*.

DESTREIGNABLE, Saisissable, qui peut être saisi. Gl. *Distringibilis* sous *Distringere*, 3.

DESTRIC, Démêlé, contestation. Gl. *Districtus*.

1. DESTRIER, Cheval de distinction, cheval de bataille. Gl. *Dextrarii*. [*Destrier Norais*. Gl. *Norax*. Destriers *Séjournez*. Gl. *Sejournum*. Voyez Rayn. tom. v, pag. 77¹, au mot *Destrier*.]

2. DESTRIER, Sorte de marteau à l'usage d'une forge. Gl. *Dextralis*.

DESTRIZ, DESTROIZ, Amende prononcée en justice. Gl. *Districtus*, pag. 889².

*** DESTROCHIER**, Lancer, s'élancer. Guill. Guiart, tom. 11, pag. 136, vers 3495; pag. 188, vers 4865. pag. 296, vers 7675; (12477, 13853, 16657).

*** DESTROIT**, DESTREIT, Affligé, peiné, contraint. Chanson de Roland, stance 193, vers 3. Chron. des ducs de Normandie, tom. 1, pag. 102, vers 592 et souvent. Voyez

Roquef. au mot *Destroit*. Rayn. tom. 111, pag. 229¹, au mot *Destrenger*.

DESTROIT, Angoisse, détresse. Gl. *Distringere*, 2, pag. 888² [et *Hortatus*. Contrainte, force, embarras, trouble, malheur. Partonop. vers 2304, 2481, 3781, 3868, 5732, 6100. Gérard de Vienne, vers 3596, Roi Guillaume, vers 610. Chastel. de Couci, vers 242, 259. Laborde, pag. 154, 273, etc. Voyez Rayn. tom. 111, pag. 229², 230¹, aux mots *Destrey, Destric*, etc.]

DESTROITEMENT, Étroitement, exactement. Gl. *Plenitudo*, 1.

DESTRONCENER, Briser, mettre en pièces. Gl. *Troncire*.

*** DESTROUSSE**, pour *Destournée*. Gl. *Desviatorium*.

DESVÉE, La levée d'une défense. Gl. *Devezium*.

DESVER, Être fou, extravaguer; d'où *Desverie*, Manie, folie, extravagance. Gl. *Deviare* et *Mania*, 1.

*** DESVOIDEUR †**, Dévidoir. Gl. *Girgillus*.

DESVOIÉ, Fou, insensé. Gl. *Deviare*.

*** DESVOIER**, Détourner de la route, dérouter, tromper. Aubri, pag. 158² :

> De le contasse vos vorra aconter
> Cum cle set le conte desvoier.

Roman de Renart, tom. 1, pag. 30, vers 762. Chant des Croisés, Wackern. pag. 36 :

> Tous iert li pueples desvoiés
> Et torneis à perdition,
> Mais la croix les ait ravoiés.

Se desvoier, Roi Guillaume, pag. 54. Voyez *Avoier*, 2, et Rayn. tom. v, pag. 541², au mot *Desviar*.

DESVOINDIER, Revendre, débiter. Gl. *Devacuare*.

*** DESVOLEPER**, Oter l'enveloppe. Agolant, vers 760. Roi Guillaume, pag. 71. Voyez Rayn. tom. v, pag. 567², au mot *Desvolopar*.

DESVOUTOUERE †, Dévidoir. Gl. *Devolutorium*.

DESVOYDER, Dévider. Gl. *Exalabrare*.

DESVOYÉ, Écarté, éloigné de tout lieu public. Gl. *Deviare*.

*** DESVUIDER**, Lancer. Guill. Guiart, tom. 11, pag. 135, vers 3471 (12452).

DESWAIGIER, Dégager, prendre des gages. Gl. *Disvadiare* sous *Vadium*, pag. 720².

DETAILLERIE, Droit levé sur les marchandises vendues en détail. Gl. *Detaillum*.

DETAILLIER, Détailleur, qui vend en détail. Gl. *Detaillum*.

DETAYER, Oter la taie d'un oreiller. Gl. *Intectamentum*.

DETE, DETEAU, Caution, répondant. Gl. *Deyta*.

DETENIR UN COUP, Le retenir, le rompre. Gl. *Destornare*, 1.

DETERMINER, Terminer, finir. Gl. *Determinare*, 2.

DETESER, Abaisser une arme dont on menaçait quelqu'un pour l'en frapper. Gl. sous *Intendere*, 9.

DETIERRES, Caution, répondant. Gl. *Deyta*.

DETORDRE, Tordre. Gl. *Detorcere*. [Voyez *Destordre*, et Orell, pag. 137.]

DETOURBER, Détourner, empêcher. Gl. *Disturbare*.

DETRACTÉMENT, En blâmant, en médisant. Gl. *Invectiva*.

DETRAHENT. PAROLES DÉTRAHENS, Qui tendent à ôter la réputation à quelqu'un. Gl. *Detractare*, 2.

1. DETRAIRE, Médire, décrier, calomnier. Gl. *Detractare*, 2. [Voyez Rayn. t. v, pag. 402, au mot *Detraire*.]

*** 2. DETRAIRE**, Déchirer. Partonop. vers 1228 :

> Faire poés vostre plaisir
> De moi detraire et detrencier.

Vers 5755 :

> El rocher ot deux lions braire,
> Iluec se volt laissier detraire.

DETRAISE, Obligation, nécessité. Gl. *Distringere*, 2, pag. 888².

*** DETRERE †**, Gl. *Lictire*.

*** DETRI**, DETRIE, Retard, délai. Dit de la queue de Renart, Jubinal, tom. 11, p. 92. Enfants Haymon, vers 159, 179.

DETRIANCHE, Délai, prolongation, retardement. Gl. *Detricatio* [et *Tricare*, pag. 666²].

DETRIEMENT, comme *Detrianche*. Gl. *Detricatio*.

DETRIER, Différer, prolonger, refuser. Gl. *Detricatio* [et *Tricare*, pag. 666². Gérard de Vienne, vers 3420. Aubri, pag. 158². Wackern. pag. 34].

*** DETRIES**, De côté, de travers. Gl. *Gildum*, pag. 521².

DEU, pour Dieu. Gl. sous *Abatis*.

*** DEVALER**, Descendre, faire descendre, précipiter. Chronique des ducs de Normandie. Voyez Raynouard, tom. v, pag. 462², au mot *Davalar*.

DEVANCHIER, Devancier, prédécesseur, auteur. Gl. *Antenatus*.

DEVANT, Passer et repasser devant quelqu'un qui a été battu était une injure. Gl. *Ante-ambulo*.

DEVANTAIL, DEVANTEL, Tablier. Gl. *Antependium*.

1. DEVANTIER, Ornement qu'on met devant l'autel. Gl. *Dorserium*.

*** 2. DEVANTIER**, Tablier. Gl. *Limas*.

*** DEVEEMENT**, Défense. Gl. *Devetare*.

DEVÉER, DEVEIER, Défendre, prohiber. Gl. *Devetare* et *Forgia*, 1. [Chron. des ducs de Normandie, Joinville. Rayn. tom. v, pag. 474². *Devéus*, interdit. Renart le Nouvel, tom. 1v, pag. 158, vers 802.]

*** DEVEOUR †**. Gl. *Devolatorium*.

DEVESE, Pâturage réservé, défendu. Gl. *Devesia*.

DEVEST, Dessaisine, abandon; d'où *Dévestir*, Priver quelqu'un de ce qu'il possède. Gl. *Devestire* sous *Vestire*, 1, p. 789².

DEVESTISON, Droit seigneurial dans les mutations. Gl. *Vestitio*.

DEVET, Défense, publication pour interdire l'usage de quelque chose. Gl. *Devezium*.

DEVETTUERE †, Dévidoir. Gl. *Devolutorium*.

DEVIER, Mourir, sortir de la vie. Gl. *Deviare*. [Chastel. de Couci, vers 7699, 7744, 7968. Wackern. pag. 66. Roquef. Supplém. au mot *Abre*, pag. 3². *Deviement*, Mort. Garin le Loher. tom. 1, pag. 122.]

*** DEVILER**, Déprécier. Guill. Guiart, tom. 11, pag. 52, vers 1329 (10305).

DEVINAILLE, Devin, sorcier. Gl. *Divinus*, 1.

* DEVINEOR, Sorcier. Roman de Rou, vers 12658. Devineur, qui devine. Flore et Blanceflor, vers 337 :

> Car il sont bon devineour
> Tout cil qui aiment par amour.

* DEVINITÉ, Théologie. Gl. *Divinus*, 2.

1. DEVISE, Armes, armoiries. Gl. *Devisamentum*.

2. DEVISE, Testament. Gl. *Divisa*, 1. [Délibération, décision. Partonop. v. 9566, 10009. Ordre, perfection. *A devise*, Agolant, vers 740. Colin Muset, Laborde, pag. 209. Roquef. Chron. des ducs de Normandie. *A droite devise*, Guill. Guiart, tom. 1, pag. 67, vers 1094 (1591). *Par grant devise*, Partonop. vers 10710. Condition. Roman de Renart, tom. I, pag. 20, vers 518. *Devisiun*, Jordan Fantosme, vers 1398. Voyez Rayn. tom. III, pag. 38¹, au mot *Devisa*.]

3. DEVISE, Partage, division. Gl. *Divisa*, 1 et 3. [..... Partonop. vers 4889 :

> Par mi le las en la devise
> Pert la blançor de la cemise.

4. DEVISE, Borne, limite. Gl. *Divisa*, 4. [Voyez Rayn. tom. III, pag. 38¹, au mot *Devisa*.]

5. DEVISE, Volonté. Gl. *Divisa*, 5.

6. DEVISE, Robe de deux différentes couleurs. Gl. *Divisa*, 6.

DEVISEOUR, Juge, arbitre. Gl. *Divisor*, 1.

DEVISER, Disposer par testament. Gl. *Dividere* sous *Divisa*, 1. [Discerner, distinguer. Partonop. vers 112 :

> Mal et bien i doit l'on trover
> Por connoistre et por deviser.

Proposer, dicter. Roman de Renart, t. II, pag. 193, vers 14793 :

> Li rois...
> Del serement fait la devise;
> Dant Briehemer et Bruu li ors,
> Que l'en tenoit as deus meillors,
> Deviserent le serement.

Garin le Loher. tom. 1, pag. 281 :

> Faites unes letres orendroit, biaus amis...
> Il les devise, cil les met en escrit,

Se ranger. Pag. 11 :

> Charles Martiaus a fait sa gent armer
> Et ses batailles renger et deviser.

Pag. 196 :

> Begons sa gent fait à droit deviser.

Voyez Rayn. tom. III, pag. 39¹, au mot *Devisar*.]

* DEVOIR. Voyez *Doit*.

DEVOIS, Pâturage réservé, défendu. Gl. *Devesia*.

* DEVORER, Maudire. Partonop. vers 9771. Roman de Renart, tom. III, pag. 78, vers 21892.

DEVOTION, Prières, exercice de piété. Gl. *Devotiones*.

DEVOYER, Se réjouir, écarter la tristesse. Gl. *Deviare*.

DEX, Amende pour dommage fait aux fruits de la terre. Gl. *Dechi*.

1. DEXTRE, La main droite. Gl. *Dextrarii*, pag. 831³.

2. DEXTRE, Certaine mesure. Gl. *Dextri*.

DEYCIER, Faiseur de dés. Gl. *Decius*.

DEYTRAU, pour DESTRAU, Cognée, hache. Gl. *Dextralis*.

DI, Jour. Gl. *Dies*, 1. [Sermens : *D'ist di en avant*. Vers sur sainte Eulalie :

> Chi rex cret à cels dis soure pagiens.

Voyez le Glossaire sur la Chron. des ducs de Normandie, Diez, *Altromanische Sprachdenkmale*, pag. 56. Rayn. tom. III, p. 41², au mot *Dia*.]

DIABLER, Décrier quelqu'un, dire le diable de lui. Gl. *Diabole*.

DIACULON, Espèce d'onguent. Gl. *Diaquilon*.

DIASPRE, Jaspe. Gl. *Diasprus*.

DIASPRÉ, Sorte d'étoffe précieuse. Gl. *Diasprus*. [Voyez Rayn. tom. III, pag. 45¹, au mot *Diaspe*.]

DIAULES, Diable, démon. Gl. *Diabolus*.

DIBLER, Plat à servir les viandes. Gl. *Dibler*.

* DICTER, Composer. Rayn. tom. III, pag. 46¹, au mot *Dictar*. Dire, prononcer. Galien Restoré, Fierabras, pag. 165¹ : *Et aussi tost que Charlemaigne eut dicté son oraison*. Voyez Gl. *Dictare*, 1.

DICTIÉ, Écrit, livre. Gl. *Dictare*, 1. [Voyez Rayn. tom. III, pag. 46², au mot *Dictat*.]

DIEGUER, Faire une digue; d'où *Dieguerie*, L'action de la construire. Gl. *Dicare*.

DIEMENCE, DIEMENCHE, DIEMOINE, Dimanche. Gl. *Dominica*.

DIEN, DIENZ, Doyen, dignité ecclésiastique. Gl. *Decanus*, 4.

DIENSTMAN, Sergent, valet de ville, dont l'office s'appelle *Dienstmanschepe*. Gl. *Dienstmannus* [en Flandre, mot allemand].

DIERVÉ, Insensé, extravagant. Gl. *Deviare*.

DIESME, Dime. Gl. *Redecima*.

DIESTRE, Certaine mesure. Gl. *Dextri*.

DIEU, L'autel où l'on conserve l'Eucharistie et où l'on célèbre la messe. Gl. *Deus*.

DIEULER, Se plaindre, marquer son mécontentement. Gl. *Dolorare*.

DIFFALMEMENT, Diffamation, injure. Gl. *Diffamatio*. [Voyez Rayn. tom. III, pag. 258², au mot *Diffamament*.]

* DIFFAME, DISFAME, Opprobre, honte. Guill. Guiart, tom. II, pag. 79, vers 2021 (10997). Dit du roi Guillaume, pag. 177.

DIFFAMEUR, Diffamateur. Gl. *Diffamatio*.

DIFFERANCE, Différend, dispute, contestation. Gl. *Differentia*.

DIFFORMER, Défigurer, rendre difforme. Gl. *Difformatio*.

DIFFUGE, Chicane, mauvaise difficulté, subterfuge. Gl. *Diffugia*.

DIGART, p. e. Éperon. Gl. *Calcar*, 1.

DIGENOIS, Monnaie des ducs de Bourgogne frappée à Dijon. Gl. sous *Moneta Baronum*, pag. 519³.

DIGNANDIER, pour DINANDIER, Marchand de cuivre jaune, ou chaudronnier, dans le Liv. noir de S. Pierre d'Abbeville, fol. 18 r°.

DIGNER, Dîner, repas. Gl. *Dignerium*.

DIGNITÉ, L'image d'un saint. Gl. *Dignitas*, 5.

DIICCAGE, Digue. Gl. *Dicare* [et *Insetenys*].

DIICCER, Faire une digue. Gl. *Dicare*.

DIICWELLINGHE, L'action de rompre une digue. Gl. *Dicare*.

DIKAGE, Construction d'une digue. Gl. *Dicare*.

DILATION, Délai, retard. Gl. *Dilatare*, 1.

DILATOIREMENT, Avec les délais ordinaires ou convenus. Gl. *Dilatoria exceptio* sous *Dilatare*, 1.

DILIGER, Aimer. Gl. *Diligibilitas*.

DIMAINE, Dimanche. Gl. *Dominica*.

* DIMD. Voyez *Dund*.

DIMÉE, Le droit de dîme et la dîme même. Gl. *Decimagium* sous *Decimœ*, pag. 761¹.

DIMOINGE, Dimanche. Gl. *Dominica*.

* DINDER..... Flore et Blanceflor, v. 41 :

> Li pailes ert ovrés à flors,
> Dindés, tirés, bendés et ours.

DIOES, Dimanche. Gl. *Dominica*.

DIOLS, Deuil, affliction, douleur. Gl. *Dolorare*.

DIRE FEVES, Se moquer, railler, badiner. Gl. *Dicere*.

DIRE D'UNE FLUETTE, Jouer de la flûte. Gl. *Dicere*. [*Dire et chanter*. Gérard de Vienne, vers 2459 :

> Ains tel bataile ne vit nuns hom vivant
> Com ceste fuit don je vos di et chant.

Estre à dire, Manquer. Partonop. v. 7197 :

> Et tuit li roi de son empire
> Si que nesuns n'en ert à dire.

Voyez Rayn. tom. III, pag. 53¹, au mot *Dir*, et Orell, pag. 240.]

DIRRUER, Abattre, démolir. Gl. *Dirruimentum*.

DISCERNAL, Qui est à juger. Gl. *Epicaustorium*.

DISCERNER, Décerner, ordonner. Gl. *Discernere*.

DISCIPLE, Celui qui prête secours à un autre, recors. Gl. *Discipulus*.

DISCIPLINE, Correction, réprimande. Gl. *Disciplina*, 2.

DISCOMBRER, Juger, expédier un procès. Gl. *Discombrare*.

* DISCORDABLE, Contentieux. Gl. *Discordator*.

DISCRETION, Jugement, bon sens. Gl. *Discretio*, 2.

DISCRETISTE, Habile dans le *Décret*. Gl. *Decreta*, pag. 766¹.

DISEL, Dizeau. Gl. *Dixenerius*.

DISETEL, Pauvre, indigent, qui est dans la disette. Gl. *Desidius*.

DISEUR, Arbitre, juge choisi par les parties pour prononcer sur un différend. Gl. *Dictores*.

DISIQUES. Voy. plus bas *Disques*.

DISIRER, Désirer, vouloir. Gl. *Desiderare*.

DISITEUX, Pauvre, indigent, qui est dans la disette. Gl. *Desidius*.

DISMAGE, Le droit de dîme, et l'étendue du territoire sujet à ce droit. Gl. *Decimagium* sous *Decimœ*, pag. 761¹.

DISMERIE, Terre qui doit la dîme, ou l'étendue du territoire sujet à ce droit. Gl. *Decimaria* sous *Decimœ*, pag. 761².

DISMIER, Dîmeur, celui qui lève la dîme. Gl. *Decimator* sous *Decimœ*, p. 761³,

*DISNEE, Certaine mesure. Partonop. vers 6167 :

> Salence est un petis illés
> Et buens et beaus et purs et nés.
> Mais ne dure qu'une disnée,
> Se n'i a c'une seule entrée.

DISNERIE, Dîner, repas. Gl. *Disnare*, 2.

DISOUR, Arbitre, juge choisi par les parties pour prononcer sur une contestation. Gl. *Dictores*, 1.

DISPARAGEMENT, Mésalliance. Gl. *Disparagare*, pag. 879¹.

DISPARS, Dispersé. Gl. *Disparere*.

DISPATRIER, Expatrier. Gl. *Dispatriare*.

DISPATUER, pour DISPATRIER. Gl. *Dispatriare*.

DISPENSACION, Dispense, permission. Gl. *Dispensatio*, 2.

DISQUES, Jusques, dans Beaumanoir MS. ch. 21. C'est aussi comme on doit lire, au lieu de *Disiques*, dans les Ordon. t. II, pag. 348, art. 9.

DISSENSE, Dissension. Gl. *Dissensus*.

DISSIMULÉ, Déguisé. Gl. *Dissimulative*.

DISSINTERE, Dyssenterie. Gl. *Dissentericus morbus*.

DISSOLUTEMENT, Sans règle ni mesure. Gl. *Dissolutio*.

DISSOLUTION. FAIRE DISSOLUTION DE SON CORPS, Le prostituer. Gl. *Dissolutio*.

DISTER, Être distant, éloigné. Gl. *Distetit*.

DISTIRPER, Vendre, débiter. Gl. *Distrahere*.

DISTRESSE, La chose saisie. Gl. *Districtio* sous *Distringere*, 3.

DISTRIVER, S'éloigner, s'écarter, se débarrasser. Gl. *Scara*, 3.

DISTROIT, District, étendue de juridiction. Gl. *Districtus* sous *Distringere*, 3.

DIT, Offre, enchère. Gl. *Dictum*, 2.

DITER, Écrire, composer un ouvrage. Gl. *Dictare*, 1.

DICTEUR †, Habile écrivain, qui écrit et compose bien. Gl. *Dictare*, 1.

DITEY †, Ouvrage en vers, poême. Gl. *Dictare*, 1.

DITIÉ †, Ouvrage, traité, discours. Gl. *Dictare*, 1.

DITIER †, Écrire, composer un ouvrage. Gl. *Dictare*, 1.

DIVA, Interjection ordinairement au commencement d'une allocution. Chastel. de Couci, vers 4064. Flore et Blancheflor, vers 1705. Voyez Orell, pag. 347, et la Chron. des ducs de Normandie. *Disva*, Garin le Loher. tom. 1, pag. 295. *Divai*, Gérard de Vienne, pag. 166².

*DIVENRES, Vendredi. Rayn. tom. III, pag. 42¹, au mot *Divenres*.

DIVERS, Cruel, dur, méchant, insupportable. Gl. *Diversus*, 1. [Flore et Jeanne, pag. 30 : *La fortune, ki m'est asez divierse.* Voyez *Enviers*. Bizarre. Renart le Nouvel, tom. IV, pag. 158, vers 868 :

> Une maison.....
> Car tant est diverse que cius
> Ki i entre n'en set iscir.

Pag. 170, vers 1159.]

DIVERSER, Maltraiter, injurier. Gl. *Diversus*, 1.

DIVERSIFFIER, Diviser, partager, séparer. Gl. *Soula*.

DIVERSITÉ, Intempérie de l'air, mauvais temps. Gl. *Diversus*, 1.

DIVERSOIRE, Hôtellerie, auberge. Gl. *Diversoriarius*.

DIVINITÉ, Théologie. Gl. *Divinitas* sous *Divinus*, 2 [et *Theosophus*. Voyez Rayn. tom. III, pag. 34¹, au mot *Divinitat*].

1. DIVISE, Testament. Gl. *Dividere* sous *Divisa*, 1.

2. DIVISE, Borne, limite. Gl. *Divisa*, 4.

1. DIVISER, Faire un devis. Gl. *Dividere*, 1.

*2. DIVISER, Faire un testament. Gl. *Divisa*, 1.

DIVISION, Frénésie, folie. Gl. *Divisio*, 1.

DIZAINIER, Officier qui commande la dizaine. Gl. *Dixenerius*.

DOALE, Douaire. Gl. *Doalium*.

DOBLISE, DOBLOS, DOBLOUS, Espèce de bougie, p. e. à deux lumignons. Gl. *Doblos*.

DOCERESSE. ESCHINE DOCERESSE, Terme d'architecture. Gl. *Docare*.

DOCET, p. e. Paquet, Ballot. Gl. *Docare*.

DOCTORIFIER, Conférer le grade de docteur. Gl. *Doctorare*.

1. DOCTRINE, École publique, université. Gl. *Doctrinum*.

2. DOCTRINE, Châtiment, correction. Gl. *Doctrinare*.

DOCTRINÉEUR, Docteur, celui qui instruit. Gl. *Doctrinare*.

1. DOCTRINER, Instruire, enseigner. Gl. *Doctrinare*. [Partonop. vers 99. Voyez Rayn. tom. III, pag. 62¹, au mot *Doctrinar*.]

2. DOCTRINER, Châtier, corriger. Gl. *Doctrinare*.

DODASNE, Rivage, terre qui est au bord d'une rivière. Gl. *Dodus*.

DODE, Soufflet de l'arrière-main. Gl. *Dodus*.

DODIN, Sot, qui n'a point de maintien. Gl. *Dodus*.

1. DOE, Douve, fossé, canal. Gl. *Doa*, 1.

2. DOE, p. e. Ballot, paquet. Gl. *Doga*, 4.

DOELLE, Douve. Gl. *Doela*.

DOER, Douer, assigner un douaire. Gl. *Doalium*.

DOESSE, p. e. Ballot, paquet. Gl. *Doga*, 4.

DOIAN, Huissier, sergent. Gl. *Decanus*, 3.

DOICTÉE, Autant que l'on peut prendre avec les doigts. Gl. *Digitarium*.

*DOIGNON, Donjon, château. Partonop. vers 285 :

> Li rois fu ocis el doignon.

Flore et Blanceflor, vers 452 :

> Troies et le rice doignon.

Voyez Rayn. tom. III, pag. 71¹, au mot *Donjon*.

*DOILLE, Fâché. Roman de Renart, tom. IV, pag. 18, vers 489 :

> Et li vilains rudes et doilles.

1. DOIS, Dais. Gl. *Dagus*. [Voyez *Doyz*. Table. Flore et Blancêflor, vers 1715 :

> Les napes fait oster des dois.

Partonop. vers 7439 :

> Et ele estoit sor un banket
> De blanc yvorie petitet,
> Qui est assis devant le dois.

Vers 1602, 1686, 3843, 10835. Roman de Renart, tom. II, pag. 367, vers 19620. *Haut dois*, Partonop. vers 4486 :

> Blans doubliers sor haus dois dorés.

Vers 987 :

> El plus haut liu del dois s'asiet.

Vers 992 :

> Bien doit aséir à haut dois.

Vers 3836. *Maistre dois*. Vers 1015 :

> Al maistre dois li escançon
> Ne missent boivre s'en or non.

Vers 4144. Gérard de Vienne, vers 974, 977.]

*2. DOIS, Doiz, Conduit. Gl. *Digitus*. Source. Roi Guillaume, pag. 75 :

> Tu es la dois et la fontaine.

Fabliaux et Contes, tom. II, pag. 332 :

> Rome est la doiz de la malice.

Pag. 337 :

> C'est la fontaine, c'est la doiz
> Dont sortent tuit li let pechié.

Voyez Rayn. tom. III, pag. 76¹, au mot *Dotz*.

DOISIL, Fontaine de tonneau. Gl. *Clepsedra*. [Voyez Rayn. tom. III, pag. 76¹, au mot *Dozil*. *Doisiller*, ibidem.]

*DOIT, Signifie. Partonop. vers 6833 :

> Et li demande que ce doit.

Chastel. de Couci, vers 182 :

> Merveille soi moult que ce doit.

Roman de Renart, tom. I, pag. 15, v. 386 :

> Renart, Renart, ce que ce doit,
> Que soiez fel et depulaire, etc.

DOITE, Dette. Gl. *Tortus*, 1.

DOITTIER, Boîte, étui en forme du doigt. Gl. *Digitale*.

DOIZ MIRE, Le doigt appelé médecin ou annulaire. Gl. *Digitus medicus*.

DOLEIERE, Doloire. Gl. *Doleria*.

DOLEQUIN, Poignard, dague. Gl. *Dolequinus*.

DOLEREUX, Qui sent de la douleur. Gl. *Caballarius* sous *Caballus*.

DOLEROUS, Souffrant, infirme. Gl. *Dolorosus*. [Voyez Rayn. tom. III, pag. 63², au mot *Doloros*.]

*DOLEURE, DOLOERE, Copeaux. Gl. *Assula* et *Dolatura*.

DOLLEQUIN, Poignard, dague. Gl. *Dolequinus*.

DOLOIR, Se plaindre. Gl. *Dolorare*. [Aubri, pag. 167¹ :

> Et le contesse qui avoit bel samblant
> Qui puis se fit por Auberi dolant.

Voyez Rayn. tom. III, pag. 64¹, au mot *Doler*. Orell, pag. 223].

DOLOISON, Douleur, souffrance. Gl. *Dolorare*. [*Dolousement*, Flore et Blanceflor, vers 2941. Voyez Rayn. tom. III, pag. 64², au mot *Doloiramen*.]

DOLOSER, DOULOUSER, Se plaindre, s'affliger, lamenter. Gl. *Dolorare*. [Partonop. vers 4224, 5388. Wackern. pag. 44. *Doulourouser*, Voyez Rayn. tom. III, pag. 64², au mot *Doloyrar*.]

*DOLS, Doux. Partonop. vers 156. Voyez Rayn. tom. III, pag. 65¹, au mot *Dolz*. *Dolçor*, Douceur, pag. 66¹, au mot *Dolzor*.

*DOMAGE. Voyez *Dommager*.

DOMAGER, DOMAGIER, Causer du dommage. Gl. *Damnare* et *Domigerium*.

* **DOMAGEUX**. Gl. *Jacturarius*.

DOMATIQUE. TUNIQUE DOMATIQUE, Dalmatique. Gl. *Dalmatica*.

DOMENIER, Celui qui habite sur le domaine d'un seigneur, ou qui y possède des biens. Gl. *Domanerius*.

* **DOMESCHE**, Domestique, apprivoisé. Rayn. tom. III, pag. 70¹, au mot *Domesgue*.

* **DOMINO**, Couverture de tête. Gl. *Domino* et *Dominicalis*.

DOMMAGER, Surprendre et saisir une bête en dommage. Gl. *Damnum*, 2.

DON, Impôt exigé sous ce nom. Gl. *Donum*, 2.

DONAIRES, Notaire, secrétaire. Gl. *Donarius*, 2.

* **DONC**, DONT, Alors. Flore et Blancefl. vers 1228. Garin le Loher. tom. I, pag. 67. Parton. vers 41, 356, 501. Voyez Rayn. tom. III, pag. 73¹, au mot *Donc*. Orell, pag. 300. *Donc-ore*, tantôt-tantôt, Partonop. vers 723, 3304. D'où. Partonop. vers 520, 7793. Voyez *Adonc*.

DONDAINE, Flèche, trait d'arbalète. Gl. *Dondaine*.

DONDÉ, Engraissé. Gl. *Dondum*.

* **DONDRECQ**, Certaine monnaie. Gl. *Dondrecq*.

DONEOR, Notaire, secrétaire. Gl. *Donarius*, 2.

DONGESEUX, Dangereux, désavantageux. Gl. *Domigerium*.

DONGIER, Domination, puissance, gouvernement. Gl. *Domigerium*. [Chanson de Chrestien de Troies, Wackern. pag. 18 :

Cuers se ma dame ne t'ait chier,
J'ai por ceu ne la guerpirais,
Adés soiés en son doingier.]

* **DONIER**, Denier. Gérard de Vienne, vers 82 et pag. 166².

DONNE, Don, concession. Gl. *Dona*, 2.

1. **DONNÉ**, Serviteur perpétuel d'un monastère et d'un séculier. Gl. *Donati*, 2.

2. **DONNÉ**, Bâtard, fils illégitime. Gl. *Donati*, 1.

* **DONNER**, Frapper. Gérard de Vienne, vers 118 :

Hauce le poig, k'il li voloit donner.

Vers 163 :

Tel vos donrai de l'espée dou ley.

Agolant, vers 947 :

Naymon s'aire, tele li a donnée
Ke la teste li a tote estonnée.

Pag. 172² :

Dist à Ogier : Bone m'avez donée.

* **DONNIERRE**, Donneur. DONNEMENT, Donation. Rayn. tom. III, pag. 11¹, aux mots *Donament* et *Donaire*.

DONNISONS, Collation, droit de conférer un bénéfice. Gl. *Donatio ecclesiæ* sous *Donatio*.

DONOIER, Caresser une femme, faire l'amour. Gl. sous *Donati*, 1.

DONZELLE, Anse de fer où l'on suspend marmite ou chaudron sur le feu. Gl. *Donzella*.

DORADE, Sorte de poisson. Gl. *Aurata*.

DORAIGE, Celui qui lève un certain péage. Gl. *Doreium*.

DORCHUS, Couché, voûté. Gl. *Dorsum*, 3.

DORDONNOIS, Nom d'une épée. Gl. *Cartana*, 1.

DORDOREL, DORDORIZ, Monnaie d'or de la valeur d'un florin. Gl. *Dordorel*.

DORELOT, Ornement de femme, parure trop recherchée. Gl. *Doreloteria*.

DORELOTEUR, DORELOTIER, Rubanier, ouvrier en *doreloterie*, c'est-à-dire en rubans, franges, etc. Gl. *Doreloteria*.

DOREUS, Certaine mesure de grain. Gl. *Doretus*.

DORMENTERIE, Ancien office ecclésiastique qui subsiste encore dans l'église de Reims. Gl. *Dormentarius*.

DORMICION, DORMIE, Envie de dormir, sommeil. Gl. *Dormia*.

DORMILIONS, Poisson, torpille. Gl. *Occhiavella*.

* **DORMILLER**, Sommeiller. Flore et Blanceflor, vers 2529 :

En dormillant li respondi,
En eslepas se rendormi.

DORMITOIRE, Qui fait dormir. Gl. *Dormitabilis*.

DORSER †, Rompre le dos, couper. Gl. *Edorsare*.

* **DORVEILLE**, État d'une personne qui fait semblant de dormir. Roman de Renart, tom. III, pag. 66, vers 21574 : .

Vos me faites or la dorveille
Qui ici vos vois arcsuant.

1. **DOS**, Armure qui couvrait le dos. Gl. *Dorsum*, 3.

2. **DOS**. FAIRE BAS DOS, Se courber, s'abaisser. Gl. *Dorsum*, 3. [*Mettre arière dos sa foi*, la rompre. Partonop. vers 4060.]

DOSAINE, Payement de douze deniers. Gl. *Dozena*.

* **DOSIEN**. Voyez *Marbre*.

DOSIL, Fontaine de tonneau, robinet, cheville du robinet. Gl. *Duciculus*.

DOSIN, Mesure de blé, p. e. parce qu'elle est la douzième partie d'une plus grande. Gl. *Dosinus*, 2.

* **DOSNOI**, DONOI, Amour, plaisir, flatterie. Partonop. vers 7033 :

Se séusciés rien de dosnoi
Grans pités vos presist de moi.

Pastourelle, Wackern. pag. 80 :

Ne n'ai cure de donoi
De teil vaissaul.

Partonop. vers 6763 :

Sa suer li prie od grant dosnoi.

Voyez Rayn. tom. III, pag. 69¹, au mot *Domnei* et ci-dessus *Daunoi*. *Dosnoiement*, Rayn. pag. 69², au mot *Dompneyamen*.

DOSNOIER, Caresser une femme, faire l'amour. Gl. sous *Donati*, 1. [Partonop. vers 43, 10156, 10206. Aubri, pag. 158¹. Voyez Rayn. tom. III, pag. 69², au mot *Domneiar*.]

DOSSAGE, Droit dû par ceux qui vendent les fourrures appelées Petits gris. Gl. *Dossagium*.

DOSSAL, Dossier. Gl. *Dorserium*, p. 929³.

DOSSE, Hache, cognée. Gl. *Dossa*.

DOSSEL, Dossier. Gl. *Dorserium*, p. 929³.

1. **DOTER**, Craindre, avoir peur. Gl. *Dubitare*.

2. **DOTER**, Dompter. Gl. *Domitus*.

* **DOTRINEEUR**, Docteur. Gl. *Doctrinare*.

DOTTEUR, Celui qui fonde et dote une église. Gl. *Dotalitium*, 2, pag. 932².

DOUAGIERE, Douairière. Gl. *Doageria*.

DOUAIRE, Pension donnée à une fille par celui qui en a abusé, ne voulant pas l'épouser. Gl. *Dos*, 2. pag. 931³.

DOUALLE, Conduit de latrine. Gl. *Ductus*, 2.

1. **DOUBLE**, Amende ou taille doublée. Gl. *Dupla*, 2.

* 2. **DOUBLE**, Monnaie. Gl. *Duplex*, 2. et *Moneta*, pag. 490³, 500³, 502¹.

DOUBLÉE, Sorte de filet. Gl. *Dobletus*, 1.

* **DOUBLEL**. PAIN DOUBLEL. Gl. *Panis*, pag. 54¹. *Doubliau*, pag. 58².

1. **DOUBLER**, Sac, besace. Gl. *Doblerius*, 1.

2. **DOUBLER**, Jeter par terre. Gl. *Doblare*.

1. **DOUBLET**, Sorte de vêtement, houpelande. Gl. *Dobletus*, 1. [*Doubletarius* et *Duplodes*.]

2. **DOUBLET**, Espèce de filet. Gl. *Dobletus*, 1.

DOUBLETIER, Tailleur, ou ouvrier en doublets. Gl. *Doubletarius*.

* **DOUBLETTE**, comme *Doublet*, 1. Gl. *Doublette* et *Stuffare*.

1. **DOUBLIER**, Plat, assiette. Gl. *Dibler*.

2. **DOUBLIER**, Serviette, petite nappe. Gl. *Doublerium*, 1. *Duplarium*, 2 [et *Dibler*. Partonop. vers 889, 4486].

3. **DOUBLIER**, Sorte de vêtement, houpelande. Gl. *Dobletus*, 1. [Aubri, pag. 154².]

4. **DOUBLIER**, Sorte de tonneau. Gl. *Doublerium*, 2.

5. **DOUBLIER**, Doubleau, sorte de solive. Gl. *Doublerium*, 2.

* 6. **DOUBLIER**, Double. *Haubert doublier*, Gérard de Vienne, vers 393.

DOUBTANCE, DOUBTE, Crainte, peur. Gl. *Dubitantia*, 2, et *Dubitare*. [Doute, Roi Guill. pag. 50. Rayn. tom. III, pag. 87¹, au mot *Doptansa*.]

DOUBTIF, Timide, craintif; du verbe *Doubter*, Avoir peur. Gl. *Dubium*. [Voyez Rayn. tom. III, pag. 86², aux mots *Dopte* et *Duptar*.]

DOUCAINE, DOUCEINE, Instrument musical. Gl. *Dulciana*.

* **DOUCEINS**, Nom d'une société de négociants. Gl. *Societas*, 4.

DOVE, Le bord du fossé, où l'on a jeté la terre qu'on en a tirée. Gl. *Dova* sous *Doa*, 1. [Voyez Rayn. tom. III, pag. 62², au mot *Dogua*.]

1. **DOUELLE**, Douve. Gl. *Doëla*.

2. **DOUELLE**, Douille, le fer creux qu'on met au bout d'en bas d'une pique. Gl. *Doëla*.

DOUESIENS, Monnaie de Douai. Gl. *Duacensis moneta* sous *Moneta Baronum*.

DOUET, Canal, conduit d'eau. Gl. *Ductus*, 2.

DOUHE, Fossé. Gl. *Dova* sous *Doa*, 1 [et *Doha*].

DOUISIL, Fontaine de tonneau, robinet, cheville du robinet. Gl. *Duciculus*.

DOULCEMER, Instrument musical. Gl. *Dulciana*.

DOULLE, Ivre, plein de vin. Gl. *Doëla*.

DOULOUSER, Regretter, s'affliger, se plaindre. Gl. *Dolorare*.

DOULX, Le dos de la main. Gl. *Dodus*.

DOUR, Certaine mesure, la quatrième partie d'un pied géométrique. Gl. *Dornus*.

DOURDERE, Dourderet, Dourdret, Monnaie d'or du prix de 14 ou 16 sous, frappée à *Dordrecht*. Gl. *Dourdere*.

DOUSEUL, Espèce de tonneau. Gl. *Doublerium*, 2.

DOUSIL, Fontaine de tonneau, robinet, cheville du robinet. Gl. *Duciculus*.

DOUSSELLET, Doussier, Dais, ciel. Gl. *Dorserium*, pag. 930¹ [et *Orsa*].

DOUTE, Crainte, peur; du verbe *Douter*, Craindre, avoir peur. Gl. *Dubitare*.

* DOUTILZ..... Chastel. de Couci, vers 4383 :

> Car ce seroit trop granz perilz
> Pour cbe que chascuns soit doutilz.

DOUTRINEMENT, Enseignement, précepte. Gl. *Doctrinatio*.

DOUTRINER, Instruire, enseigner, apprendre. Gl. *Doctrinare*.

DOUVE, Fossé, ou le bord du fossé. Gl. *Douva* [et *Doha*].

DOUVRE, Fossé où l'eau séjourne. Gl. *Dovra* [et *Flachia*].

DOUYRE, Unir, aplanir. Gl. *Doleria*.

* DOUZAIN, Douss, Monnaie. Gl. *Dozenus* et *Moneta*, pag. 511³.

* DOUZAINE. Sergent de la douzaine. Gl. *Serviens*, pag. 210³.

DOUZENNE, Paquet de douze pièces. Gl. *Dozena*.

DOUZIL, Fontaine de tonneau, robinet, cheville du robinet. Gl. *Duciculus*.

DOUZIN, Mesure de blé, p. e. parce qu'elle est la douzième partie d'une plus grande. Gl. *Dosinus*, 2.

1. DOY, Sorte de taille due au seigneur. Gl. *Donum commune* sous *Donum*, 3.

2. DOY, Canal, conduit de quelque espèce qu'il soit. Gl. *Doitus*.

3. DOY medical, Le doigt annulaire. Gl. *Digitus*. [Metre doy †. Gl. *Verpus*.]

DOYEN, Huissier, sergent. Gl. *Decanus*, 3.

DOYENNESSE, Doyenne, la seconde ou troisième dignité dans les monastères de filles. Gl. *Decana* sous *Decanus*, 5.

DOYIN, Grand vase, cruche. Gl. *Doga*, 2.

DOYS, Distance fort petite. Gl. *Digitus*. [Voyez *Dois*.]

DOZAINE, Certaine mesure de terre. Gl. *Dozenum*.

DRAC, Dragon, en languedocien; d'où *Fa le drac*, pour Faire le diable. Gl. *Dracus*.

DRAGE, Sorcière qui a commerce avec le diable. Gl. *Dracus*.

* DRAGON, Signe dans les bannières. Gl. *Draco* et *Volare*, 2.

1. DRAP. Être aux draps, ou des draps de quelqu'un, Etre à son service, porter sa livrée. Gl. sous *Drappus*, pag. 938³. [Et *Pannus*, 3. Dras de relegion, Rayn. tom. iii, pag. 77¹, au mot *Drap*. Dras. Habits, Partonop. vers 1585. Dras Emperiaus. Roi Guillaume, pag. 136 :

> Dras emperiaus et orfrois.

Partonop. vers 1454 :

> Dras rices et emperiaus.

Voyez *Emperial*. Dras qui servaient de pavesade. Guill. Guiart, tom. ii, pag. 358, 359, vers 9299, 9329 (18280, 18310). *Draps de retour*. Gl. *Retornus*, 3. Voyez *Fenestrez*.

2. DRAP. Faire les draps des nopces, p. e. Préparer le lit. Gl. *Panni nuptiarum* sous *Pannus*, 2.

DRAPEL, Drapeau, chiffon, morceau de linge. Gl. *Drapellus*. [Dit du roi Guillaume, pag. 184. Rayn. tom. iii, pag. 77², au mot *Drapel*.]

DRAPIER, Laver et teindre le drap. Gl. *Drapare*.

DRAPPAILLE, Drappel, Chiffon, morceau de drap ou de linge. Gl. *Drapellus*.

1. DRAPPER, Faire du drap. Gl. *Drapare*.

2. DRAPPER, Drapeau, chiffon, morceau de drap ou de linge. Gl. *Drapare*.

DRAPPERIE, Impôt sur les draps. Gl. *Draparia*.

DRAPRIER. Coustel draprier, Sorte de couteau. Gl. sous *Cultellus*, pag. 694³.

DREIT, Droit. Gl. *Drictum* sous *Directum*, 3. [Voyez Rayn. tom. v, pag. 69¹, au mot *Dreit*.]

DRESSOIR, Buffet de table, où l'on étale ce qui doit servir à table. Gl. *Dressorium*.

DRESSOUOIR, Grande cuiller à servir. Gl. *Dressaderium*.

DRETURE, Droit, ce qui appartient à quelqu'un. Gl. *Drestura*.

DRIGUET, Dringuet, Sorte de jeu, p. e. Trictrac. Gl. *Dringuet*.

DROE, Drague, marc d'orge cuite. Gl. *Drasqua* sous *Drascus*.

DROITOIER, Comparaître en justice, être à droit, comme disent nos praticiens. Gl. *Directum*, 1.

DROITTOIER, Poursuivre son droit. Gl. *Directum*, 1.

DROITURE, Droit, ce qui est dû à quelqu'un. Gl. *Droitura* sous *Directum*, 3, pag. 867¹. [Offrande. Gl. *Directus*, 1.]

DROITURER, Égard, considération. Gl. sous *Abatis*.

DROITURES, Les sacrements et autres secours spirituels que tout fidèle et catholique a droit de demander à l'Église. Gl. *Droitura*.

DROITURIER seigneur, Vrai et légitime. Gl. sous *Dominus*, 11. [Voyez Rayn. tom. v, pag. 72², au mot *Dreiturier*.]

DROLÉE, Réserve qu'on fait dans un bail ou contrat. Gl. *Druaylia*.

DROMONT, Grand vaisseau de guerre. Gl. *Dromones*.

DROUILLE, Pot de vin d'un marché, sorte de présent. Gl. *Druillia* et *Druaylia*.

1. DRU, Drud, Drut, Druz, Ami, quelqu'un sur qui l'on peut compter, vassal. Gl. *Drudes*. [Partonop. vers 210, 8150. Gérard de Vienne, vers 3145. Roman de Roncevaux pag. 31, 32. Voyez les Glossaires sur la Chanson de Roland et la Chron. de Normandie. Galant, amant. Partonop. vers 1425, 6371. Drue, Amie, maîtresse. Flore et Blanceflor, vers 2412, 2532. Wackern. pag. 82. Voyez Rayn. tom. iii, pag. 79¹, aux mots *Drut* et *Druda*.]

2. DRU. [Dru, vigoureux, serré. Partonop. vers 6998. Agolant, vers 702. Gérard de Vienne, vers 2684, 3716. Roman de Renart, tom. iii, pag. 3, vers 19821. Chastel. de Couci, vers 1168. Chanson drue, Wackern. pag. 77. Voyez Rayn.

tom. iii, pag. 79², au mot *Drut*.] Le Dru de la joe, Le plein, le gros de la joue. Gl. *Druda*.

DRUERIE, Amitié, attachement, passion. Gl. *Druda*, *Drudaria* [et *Inamorari*. Amour, galanterie. Partonop. vers 4012, 4102. 9410, 10170, 10220, 10229. Flore et Blanceflor, vers 3107. Plaisir, vers 2520. Wackern. pag. 58. Voyez Roquef. Don, cadeau, Partonop. vers 6259 10614. Voyez *Courtoisie*, le Glossaire sur la Chron. des ducs de Normandie, et Rayn. tom. iii, pag. 79², au mot *Drudaria*.]

DRUGE, Fuite, retraite. Gl. *Druga*. [Guill. Guiart, tom. i, pag. 247, vers 5973 (6291); tom. ii, pag. 38, vers 907, (9933). Voyez Roquef.]

DRUGUEMENT, Truchement, interprète. Gl. *Turchimanneus* sous *Dragumanus*.

DRURIE, Amitié, attachement, passion. Gl. *Drudaria*.

DUCASSE, Fête du patron d'un lieu. Gl. *Dedicatio*.

DUCATION, Dédicace d'église. Gl. *Dedicatio*.

DUCHAME, Ducheaume, Duché. Gl. *Ducamen*. [Duché, Garin le Loher. tom. i, pag. 123.]

DUCHOISE, Duchesse, femme de duc. Gl. *Duchissa*.

1. DUEL, Licou. Gl. *Ductus*, 3.

* 2. DUEL, Deuil, douleur. Rayn. tom. iii, pag. 63¹, au mot *Dol*, Roquefort. *Dul*, Aubri, vers 50.

1. DUIRE, Apprendre, s'instruire. Gl. *Ductus*, 1 [et *Antevenire*. Instruire, conduire, Partonop. vers 3138 :

> Buens cuers le duit bien de meslée.

Chron. des ducs de Normandie, tom. i, pag. 65, vers 1762. Voyez Rayn. tom. iii, pag. 82¹, au mot *Duire*. Orell, pag. 279.]

2. DUIRE, Convenir, appartenir. Gl. *Ductus*, 1.

DUIT, Habile, expérimenté. Gl. *Ductus*, 1. [Partonop. vers 2499, 8660. Ruteb. tom. ii, pag. 242.]

DUITRES, Guide, conducteur. Gl. *Ducarius*.

* DUND, ou Dimd, Outil de tonnelier. Gl. *Fietus*.

* DUNS, Dum, Duvet. Partonop. vers 10323 :

> Chiute de dum d'alérion.

Vers 10333 :

> Un oreillier ot al chievès....
> Li duns ch fu tos de fenis.

DUPPE, Innocent, facile à tromper. D'où nous vient ce mot. Gl. *Duplicitas*.

DUQUES, Jusque. Gl. *Pergus*.

* DUR. Royaux durs. Gl. *Moneta*, pag. 489².

* DURANCE, Durée. Ruteb. tom. ii, pag. 253.

DURANDART, Nom de l'épée de Charlemagne, ou d'autres fameux guerriers. Gl. *Durissimus*.

DURDERE, Durdret, Monnaie d'or de la valeur de 14 ou 16 sous, frappée à *Dordrecht*. Gl. *Dourdere*.

DUREMENT, Fortement, beaucoup, extrêmement. Gl. *Duriter*.

DURENDAL, Nom de l'épée de Roland. Gl. *Durissimus*. [Voyez Fierabras, p. 178, note au vers 1027.]

* **DURER**, Vivre. Garin le Loher. tom. I, pag. 59. Roman de Renart, tom. I, pag. 20, vers 528. S'étendre, Partonop. vers 501, 518, 7456.

DURFEUS, Impudent, effronté. Gl. *Dodus* et *Durio*.

DUSNE, Dune, lieu élevé. Gl. *Dunum*.

DUSQUES, Jusque. Gl. *Mugulare*.

* **DUTER**, Redouter, craindre. *Dutance*, *Dutement*, Crainte. Chron. des ducs de Normandie, Rayn. tom. III, pag. 86², 87¹², aux mots *Duptar*, *Doptansa*, *Doptamen*.

DUYRE, Apprendre, dresser à quelque chose. Gl. *Ductus*, 1.

DYABLIE, Malignité, scélératesse. Gl. *Diabolicum*.

DYÉE, Certaines prières par lesquelles on termine les différentes heures de l'office, les jours de jeûne. Gl. *Dieta*, 3.

DYNAN, pour DINANDIER, Chaudronnier. Lett. de gr. de *1404*, Reg. 159 du Tr. des Chart. pièce 6: *Estienne de la Mare Dynan ou potier d'arain se louast à Gautier de Coux Dynan ou potier d'errain (sic) pour le servir jusques à certain temps.*

E, pour A, comme A pour E; *Le, me,* pour *La, ma; Auls*, pour *Eux*, dans plusieurs Cartulaires, et surtout dans les registres 21 et 23 de l'abbaye de Corbie.

EAIGE, Age. Gl. *Eagium*. [Voyez *Edage*.]

* **EAITIR**, comme *Aatir*, Avoir hâte. Roman de Merlin, Fierabras, pag. 182² :

Or vignent à l'avant qui soient eaitir
De lor force prover à corre et à saillir.

EAU ARDENTE, Potion ou breuvage fait avec de la rue. Gl. *Aqua ardens*, pag. 343³.

EAU GRASSE, Brouet, potage. Gl. *Adipata*.

EAUME, Heaume, casque, arme défensive qui couvrait la tête. Gl. *Helmus*, 1.

EBE, Reflux de la mer. Gl. *Ebba*.

EBÉE, Vanne qui contient l'eau d'un canal. Gl. *Ebba*.

* **ÉBOUELÉS**, Boyaux, tripe. Roman de Renart, tom. IV, pag. 107, vers 2936 :

Que bleue lainne n'ert pas pierse
N'ébouelés n'ert mie char.

ECCLESIASTE. JUSTICE ECCLESIASTE, Juridiction ecclésiastique. Gl. *Mundalis*.

* **ECHARGAITIER**, Faire le guet. Gl. *Scaraguayta*.

* **ECHE**, Mèche, amorce. Guill. Guiart, tom. I, pag. 156, vers 3510 (3912) :

Mes li François les feus alument
En moinz liens de chailloz et d'eche.

Voyez Rayn. tom. III, pag. 142¹, au mot *Esca*.

* **ECHOITE**, Biens dévolus au seigneur. Gl. *Escaeta*, pag. 77³. Voyez *Escheete* et *Escheeste*.

ECLISSER, Diviser, partager. Gl. *Feudum dividere* sous *Feudum*, pag. 272².

ECOTER, Étêter un arbre. Gl. *Excotere*.

ECOTIER, Nom qu'on donne à certain chantre dans quelques églises. Gl. *Maceconici*.

EDAGE, EDET, Age. Chanson de Roland, stance 20, vers 18 :

Qui durerat à trestut ton edage,

Stance 227, vers 32 :

N'i ad Franceis, si à lui veut juster,
Voeillet o nun n'i perdet sun edet.

Eé, Eez. Chron. des ducs de Normandie.

Voyez Rayn. tom. III, pag. 235², au mot *État*.

EDEL, Noble, illustre. Gl. *Edelingus*.

EDIFICIER, Édifier, bâtir à neuf. Gl. *Reparamentum*.

EDIFIEUR EN MEURS, Modèle de vertu. Gl. *Ædificator*.

EDITER, Publier, proclamer. Gl. *Edituere*.

EES, Essaims d'abeilles. Gl. *Apicularii*.

* **ÉÉSIEZ**, Qui a des facilités. Voyez *Aaisié*. Roman de Renart, tom. I, pag. 17, vers 432.

EFFACE,.... Partonop. vers 5753 :

Des lions connoist bien les traces
Et lor tesches et lor effaces.

EFFANT, Enfant. Gl. *Homicida*.

EFFEODER, Inféoder, donner en fief. Gl. *Feare* sous *Feudum*, pag. 274³, et *Infeodare*.

EFFESTUER, Quitter, abandonner, déguerpir; d'où *Effestukement*, L'action de déguerpir; ce qui se faisait en jetant un fétu. Gl. *Effestucare* et *Effestucatio*.

EFFEUILLEUR†, Celui qui cueille ou ôte les feuilles. Gl. *Frondare*, 1.

EFFICHER, Imaginer, penser. Gl. *Effigium*.

EFFOAIGE, Chauffage. Gl. *Effoagium*.

EFFONDÉMENT, Abondamment, largement. Gl. *Effusus*.

EFFONDER, EFFONDRER, Enfoncer, couler à fond. Gl. *Effrondare*.

* **EFFONDRE**. Voyez *Effoudre*.

1. **EFFONDRER**, Ouvrir avec une lancette ou autre instrument. Gl. *Effrondare*.

2. **EFFONDRER**, Éventrer. Gl. *Effrondare*.

* **EFFORCEMENT**, Effort, lutte. Garin le Loher. tom. I, pag. 126. Force, troupe. Guill. Guiart, tom. II, pag. 58, vers 1468 (10444).

EFFORCER, Devenir plus fort, augmenter, croître. Gl. *Efforciare*.

EFFORCIÉMENT, En forces. Gl. *Efforciate*.

EFFORCIER PEIS, Rompre, violer un traité de paix. Gl. sous *Pax*, pag. 158².

EFFORCIER UNE SERREURE, La forcer. Gl. *Efforciare*. [Voyez *Enforcier*.]

EFFORT, Aide, secours, main-forte. Gl. *Exforcium*.

EFFOUAGE, Chauffage. Gl. *Effoagium*.

EFFOUDRE, Éclair. [Chastel. de Couci, vers 1441 :

Lors vinrent bruiant comme effondre.]

D'où *Effoudrer*, Éclairer. Gl. *Fulgetra*.

EFFRAÉ, Fâché, irrité. Gl. *Efferatum*.

EFFRANCHE, Ridelle, pièce de bois qui règne le long des côtés d'un chariot ou d'une charrette. Gl. *Spranga*, 1.

EFFRÉER, Effrayer, épouvanter. Gl. *Effractus*.

. **EFFRESLER**, Briser, mettre en pièces. Gl. *Efrangere*.

EFFROY, Émeute, sédition. Gl. *Efferatum*. [Ce qui effraye, bruit. Roi Guillaume, pag. 44. Chastel. de Couci, vers 1411.]

EFFUSTUMENT, Charpente, toit de maison. Gl. *Fusta*, 1.

EFFUTAIGE, Bienvenue que paye un garçon charpentier à ses compagnons. Gl. *Fusta*, 1.

EFRACER, Déchirer, briser, mettre en pièces. Gl. *Efrangere*.

EFUCITION, Effusion. Gl. *Deviare*.

* **EGARD**, Inspecteur. Gl. *Warda*, p. 909³.

EGAUMENT, Également. Gl. *Egallatio* sous *Egalare*.

1. **EGENER**, Tromper, frauder. Gl. *Egaunnum*.

2. **EGENER**, Appauvrir, diminuer. Gl. *Egaunnum*.

EGIPTIEN, Que nous appelons plus ordinairement *Bohémien*, se dit de certains gueux errants et vagabonds qui vivent de larcins. Gl. *Ægyptiaci*.

EGLEGIE, Église, clergé. Gl. *Eglisia*.

EGLIPER, Glisser, couler. Gl. *Clidare*.

1. **EGLISE**, Le presbytère, la maison du curé. Gl. sous *Ecclesia*, pag. 3².

2. **EGLISE**, Ermitage, chapelle. Gl. sous *Ecclesia*, pag. 3².

* **EGRE**, comme *Aigre*, Avide. Partonop. vers 5770.

EGRUN, Toutes sortes de fruits ou d'herbes et légumes aigres. Gl. *Egrunum* [et *Acrumen*].

* **EGUILLE**, Aiguille, obélisque. Gl. *Agulia*, 2.

EHLOIGNE, Délai. Gl. *Elongatio*, 2.

EINFERMETÉ, Infirmité, maladie. Gl. *Infirmare.*

EIRAU, Maison rustique avec les bâtiments qui y appartiennent, ferme. Gl. *Hayrelium.*

EISSALET, Vent de sud-est, le Siroc sur la Méditerranée. Gl. *Eissalet.*

1. **EISSILLER**, Détruire, ravager. Gl. *Exilium*, 1.

2. **EISSILLER**, Exiler, bannir. Gl. *Impotionare.*

EISSIR, Sortir, aller dehors. Gl. *Pariformiter.* [Voyez Rayn. tom. III, pag. 570². au mot *Eissir.* Roquefort.]

* **EL**, Autre chose. Partonop. vers 6329. Chastel. de Couci, vers 146, 863. Agolant, vers 1067. Chron. des ducs de Normandie. Voyez *Al.*

ELAVASSE, Lavasse, crue subite d'eau. Gl. *Eslaveidium.*

ELENCHE, Titre d'un livre qui en est comme l'abrégé. Gl. *Elenchus.*

ELEUTRE, Certain métal de composition. Gl. *Electrum.*

ELIGIÉ, Estimé, apprécié. Gl. *Eligibilius.*

ELIN, Gentilhomme. Gl. *Edelingus.*

ELISEURS DE L'EMPIRE, Électeurs. Gl. *Electores.*

ELLES, pour AILLES, Rideaux dont on parait les ailes ou côtés de l'autel. Gl. *Alæ*, 2. [*Eles d'une nef*, Guill. Guiart. t. II, pag. 394, vers 10229 (19211).]

ELME, ELMETE, Heaume, casque, arme défensive qui couvrait la tête. Gl. *Helmus*, 1.

1. **ELS**, Yeux, dans les Établissements de saint Louis, ch. 15.

2. **ELS**, Abeilles. Gl. *Abollagium.*

EMAYOLER, Donner le may. Gl. *Mayum.*

EMBACINÉ, Armé d'un bacinet. Gl. *Bacinetus.*

EMBAISSEUR, Ambassadeur. Gl. *Embaxator.*

* **EMBALDIR.** Voyez *Enbaldir.*

EMBANNIR. METTRE EN EMBANNIE, Proclamer un ban ou défense. Gl. sous *Bannum*, 1, pag. 468³.

EMBARNIR, Engrossir, devenir gros, croître. Gl. *Ingrossari.* [Guill. Guiart, t. I, pag. 91, vers 1804 (2211).]

* **EMBARRER**, Pousser, placer, enfoncer. Guill. Guiart, tom. II, pag. 111, vers 2853 (11833) :

   Li rois Challes les siens atire
   Que joignant des autres embarre.

Pag. 383, vers 9960 (18942) :

   Chailloz et granz bastons quarrez
   Ront les bacinez embarrez.

Flore et Jeanne, pag. 50 : *Le fiert grant cop sour son heaume, si k'il li abati le ciercle, et li embara juskes en la coiffe de fer.*

EMBASSÁMER, EMBASSEMER, Embaumer; d'où *Embaussement*, de quoi embaumer. Gl. *Imbalsamare.*

EMBASTEIS, Partageable. Gl. *Imbastare.*

EMBASTONNEMENT, Bâton, toute arme offensive; d'où *Embastonné*, Armé, garni d'armes offensives. Gl. *Basto* [et *Anteambulo*].

* **EMBATRE**, Pousser, lancer, enfoncer. *S'embattre*, s'élancer sur qqche, s'y enfoncer, entrer. Voyez Roquef. le Glossaire sur Joinville, Rayn. tom. II, pag. 200¹, au mot *Embatre.* Chastel. de Couci, vers 3115 :

   Et le faites bien aaisier
   Privéement c'on ne le sache
   En un lieu où on ne s'embache.

Partonop. vers 4021. Roman de Renart, tom. I, pag. 13, 23, vers 346, 618. Guill. Guiart, tom. I, pag. 109, vers 2290 (2681); tom. II, pag. 355, vers 9231 (18212). *Embatu*, tom. II, pag. 198, vers 5113 (14101). Chastel. de Couci, vers 3378, 4236.

EMBATTRE LE FEU, Mettre le feu à quelque chose. Gl. *Estecha.* [Voyez *Embatre.*]

EMBAUSSEMENT. Voy. ci-dessus *Embassamer.*

EMBAXADEUR, Ambassadeur. Gl. *Embaxator.*

* **EMBEDUI**, comme *Ambesdui.* Orell, pag. 41.

EMBELETER, Embellir, rendre agréable. Gl. *Abelimentum.*

EMBESOINGNIER, Mettre en besogne, faire travailler. Gl. *Bisonium.*

EMBEU, Ivre, plein de vin. Gl. *Bevriotus.* [Flore et Blanceflor, vers 2178, 2239. Voyez Rayn. tom. II, pag. 218¹, au mot *Embiber.* Orell, pag. 232.]

EMBLABLE, Terre qui est en état d'être ensemencée. Gl. *Imbladiare.*

EMBLAEIR, EMBLAER, Embarrasser, empêcher. Gl. *Imbladare* sous *Bladum*, pag. 696³, et *Imbladiare.* [Aubri, p. 154¹ :

   Et des prisons amena tel minée,
   Encor en est vostre chartre emblaée.

Voyez Roquef. au mot *Enblaer.*]

EMBLAVER, Ensemencer; d'où *Emblaveure*, Terre ensemencée. Gl. *Imbladare* sous *Bladum*, pag. 696³.

EMBLAY, Instrument qui sert à faire tourner la vis d'un pressoir. Gl. *Imbilium.*

1. **EMBLER.** [Prendre, dérober. Roi Guillaume, p. 65, 107. Voyez Rayn. t. III, pag. 112¹, au mot *Emblar.* Gl. *Abigere.*] S'EMBLER, S'échapper. Gl. *Escapiamentum.* [*S'en Embler*, Garin le Loher. tom. I, p. 16. Partonop. vers 8564. Guill. Guiart, tom. I, pag. 140, vers 3101 (3493). *En Emblée*, Clandestinement. Guill. Guiart tom. I, pag. 261, vers 6320 (6640) :

   Et g'irai contre l'emperiere.
   En apert, non pas en emblée.

Pag. 190, vers 4377 (4789). Roi Guillaume, pag. 103 : *En enblée.*]

2. **EMBLER LE TONLIEU**, Frauder les droits, éviter de les payer. Gl. *Escapiamentum.*

EMBLURE, Terre ensemencée. Gl. *Imbladare* sous *Bladum.*

EMBOELLER, pour ESBOELER, Arracher les entrailles ou boyaux; sorte de supplice. Gl. *Exenteratio.*

EMBOER, Couvrir de boue. Gl. *Ellutare.*

EMBOIER, Percer de part en part. Gl. *Imboccare.*

EMBOIETÉ, Ivre, plein de vin. Gl. *Bevriotus.*

EMBOTER, Emboîter, enchâsser une chose dans une autre. Gl. *Imbotare.*

EMBOUCHER UN CHEVAL, L'attacher par la bride à quelque chose. Gl. sous *Imbogare.*

EMBOUCHEURE, EMBOUQUEURE, Mélange d'une chose de moindre qualité avec une autre qui est très-bonne. Gl. sous *Imbotare.*

* **EMBOUER** †, comme *Emboer.* Gl. *Ingersare.*

EMBOUGER, Mettre des poches à un habit. Gl. *Bulga.*

EMBOUQUIÉ, Corrompu, gâté. Gl. *Mescalia.*

EMBOURGHEBIERS, Espèce de bière. Gl. *Hamburgus.*

EMBOUSÈMENT, Enduit; d'où *Embouser*, Enduire, crépir. Gl. *Imbutamentum.*

EMBRACEOUR, EMBRASOUR, Solliciteur à gages et d'office des procès d'autrui. Gl. *Embracitores.*

EMBREVEURE, Registre. Gl. *Inbreviatura* sous *Brevis.*

EMBRIEFVER, Citer en justice. Gl. *Inbreviare.*

EMBRIEVER. S'EMBRIEVER, S'amortir, s'éteindre. Gl. *Inbreviare.*

EMBRIVER. S'EMBRIVER, S'empresser. Gl. *Abreviare.*

EMBROILOIR, Certain bâton avec lequel en tordant une corde on contient ce qui est sur une charrette. Gl. *Embrum.*

EMBRON, EMBRONC, EMBRUNC, Pensif, chagrin, colère. Gl. *Embrum.* [Baissé, en bas, la tête basse. Chanson de Roland, stance 15, vers 1, et stance, 60., vers 6 :

   Li empercre en tint son chef enbruno.

Stance, 237, vers 10 :

   Paien i bassent lur chefs e lur mentun
   Lor helmes clers i suzclinent enbrunc.

Chastel. de Couci, vers 1560 :

   Chascuns tint sa lance enpoigniée,
   Et fichiet dessous l'elme embrons
   Muevent chevaus des esperons.

Guill. Guiart, tom. II, pag. 285, v. 7397 (16379) :

   Tant vassal charchié d'arméures
   Embronc sus l'arçon de la sele.

Voyez Rayn. tom. II, pag. 262², au mot *Embronc*, le Glossaire sur la Chronique des ducs de Normandie, au mot *Enbrous*, Partonop. vers 1281, 5507.

EMBRONCHIÉ, Embarrassé, incertain, indécis. Gl. *Embrum.*

* **EMBRONCHIER**, Baisser, refrogner, s'affaisser, cacher. Chanson de Roland, stance, 255, vers 24 :

   Li amiralz en ad le helme enclin
   E en apres si'n enbrunket sun vis.

Stance 266, vers 13 :

   Pluret des oilz, tute sa chère embrunchet.

Stance 279, vers 2 :

   Mult l'enbrunchit e la chère e le vis.

Guill. Guiart, tom. I, pag. 259, vers 6274 (6584), pag. 226, vers 5414 (5740) :

   Qui lors le véist embronchier
   Contre ceus dont il a là tant.

Tom. II, pag. 310, vers 8044 (17025) :

   Serrez, ès targes embronchiez.

Pag. 77, vers 1955 (10931) :

   Mainz preudommes, aus cops qu'il jonchent,
   Sus les cols des chevaus embronchent.

Pag. 378, vers 9821 (18802) :

Refout maint serjant embronchier.

Voyez Roquef. Gloss. et Supplém. au mot *Embrunquiez*. Rayn. tom. II, pag. 263¹, au mot *Embroncar*, pag. 272¹, au mot *Abroncar*, ci-dessus *Anbroncher*, *Embron* et *Embronchier*.

EMBRUIR, Se mettre en colère, s'approcher de quelqu'un pour l'attaquer. Gl. *Embrum*.

EMBRUISSEMENT, Assaut, attaque. Gl. *Embrum*.

EMBRUNCHE, Embuscade. Gl. *Embuchiæ*.

EMBRUNCHER, EMBRUNCHIER, Embarrasser, entortiller; d'où *Embrunchement*, Entortillement. Gl. *Embrum*.

EMBRUNCHIER, Couvrir, cacher. Gl. *Inbricare*.

EMBUCHEMENT, EMBUSCHEMENT, Embuscade; du verbe *Embucher*, Embusquer, se mettre en embuscade. [Se placer. Agolant, vers 488. *Enbuisser*, Rayn. tom. II, pag. 241², au mot *Emboscar*.] Gl. *Embuchiæ*.

* **EMBULLETER**. Gl. *Bulleta*.

EMBUSCHER, Entraver, mettre des fers ou liens aux pieds. Gl. *Imbogare*.

EMBUT, Entonnoir. Gl. *Embutum*.

EMCHAPEMENT, Ce qui couvre quelque chose. Gl. *Capa*, 5.

* **EME**. FAIRE EME, Guetter. Roman de Renart, tom. I, pag. 273, vers 7350 :

Jà ne cuidé que féist eme
Cil fel etc.

Voyez *Esme*.

* **EMENDE** DE LOI. Gl. *Lex*, pag. 90¹.

* **EMERER**. Voyez *Esmerer*.

EMESSURE, Charge, accusation. Gl. *Enmessura*.

EMINÉE, Certaine mesure de terre, autant qu'en peut ensemencer une émine. Gl. *Hemina*.

EMIOUERE, Moulin ou machine propre à réduire en miettes ou en poudre. Gl. *Fratillum*.

EMMALER, Mettre en paquet. Gl. *Immallatus* [et *Mala*.]

EMMANTELER, Couvrir comme d'un manteau. Gl. *Immantare*.

EMMARER, Tomber ou enfoncer dans un marais. Gl. *Affondare*.

EMMENEMENT, Enlèvement, rapt. Gl. *Intrahere* [et *Raptus*, 1].

EMMENSISSURE, Dépérissement, altération. Gl. *Funtura*.

EMMENTELER, Couvrir comme d'un manteau. Gl. *Immantare*.

EMMESSURE, Charge, accusation. Gl. *Enmessura*.

* **EMMI**, A moitié, à demi, parmi, entre. Voyez Roquef. Rayn. tom. IV, p. 175², au mot *Mei*, Orell, pag. 321.

EMMINER, Emmener. Gl. *Elourdatus*.

EMMIUDREMENT, Amélioration. Gl. *Emeliorare*, 1.

EMMONER, Emmener. Gl. *Elourdatus*.

EMMURER, Renfermer, mettre en prison. Gl. *Immurare* [et *Murus*].

EMOIGNIER, Mutiler, estropier. Gl. *Emembrare*.

EMOLOGER, Homologuer. Gl. *Emologare*.

* **EMOUDRE**. Gl. *Molare*, 3. *Emoulu*, Gl. *Arma*, pag. 395¹.

EMPAGEMENT, Empêchement, embarras. Gl. *Impechementum*.

1. **EMPAINDRE**, Heurter, pousser. Gl. *Impingere*. [Partonop. vers 3349, 8120, 9749, 9787. *Empaindre et sachier*, Chastel. de Couci, vers 3322. Guill. Guiart, t. I, pag. 100, vers 2031 (2441). Roman de Renart, tom. I, pag. 25, vers 666. *S'empaindre*, s'élancer. Guill. Guiart, t. II, p. 242, vers :

Cil d'armes passent la rivière
Où tuit communément s'empaingnent.

Flore et Blanceflor, vers 1380 :

A tant se sont empaint en mer.

Empaindre en mer. Roquef. Chanson du Chastel. de Couci, Laborde, pag. 264. Rayn. t. II, pag. 114, au mot *Empenher*. le Gloss. de la Chron. des ducs de Normandie, au mot *Empeindre*.]

2. **EMPAINDRE**, Embarrasser, entortiller. Gl. *Impingere*.

EMPAINGER, Frapper, heurter, pousser. Gl. *Impingere*.

EMPAINTE, Tempête, ouragan, attaque, assaut. Gl. *Impeteius*. [Temps, époque. Guill. Guiart, tom. I, pag. 325, vers 7474; tom. II, pag. 351, vers 9123 (18104).]

EMPANERER, Mettre dans un panier. Gl. *Panerius*, 1.

* **EMPANGNE**. †. Gl. *Empedia*.

EMPARCHER, Enfermer dans un parc. Gl. *Imparcare* sous *Parcus*, 1. [..... Guill. Guiart, tom. I, pag. 128, vers 2793 :

Cils d'Angi et cils de la Marche
Que Jouhan orendroit emparche.

Tom. II, pag. 453, vers 11769 (20752) :

Bourgoignons qui leur duc emparchent.

Ruteb. tom. I, pag. 27 :

Li dé m'ont pris et emparchié.

Voyez Rayn. tom. IV, pag. 426¹, au mot *Emparchar*, et ci-dessous *Emparquer*.]

EMPAREMENT, Rempart, fortification. Gl. *Emparamentum*, 2.

EMPARENTÉ, Apparenté, qui a des parents nobles, riches ou puissants. Gl. *Parentatus* sous *Parens*. [Partonop. vers 8953, 9193.]

EMPARER, Remparer, fortifier. Gl. *Emparamentum*, 2.

1. **EMPARLÉ**, Qui parle bien et aisément, éloquent. Gl. *Prælocutor*.

2. **EMPARLÉ**, Causeur, qui parle trop. Gl. *Amparlarii* [et † *Affabilis*].

EMPARLERIE. Voyez ci-après *Emparlier*.

EMPARLEUR, Traquet de moulin. Gl. *Amparlarii*.

EMPARLIER, Avocat; d'où *Emparlerie*, Son office. Gl. *Prælocutor* [et † *Amparlarii*].

* **EMPARQUER** .... Guill. Guiart, t. II, pag. 190, vers 4907 (13893) :

... et o ceux que g'emparque
Le filz au conte de la Marque.

Voyez *Emparcher*.

EMPASTURER, Faire paître, mettre en pâture. Gl. *Pasturare*.

EMPAVENTER, Paver. Gl. *Pavare*.

* **EMPEESCHER**. ARMÉURES EMPEES-

CHANZ, Armes défensives. Guill. Guiart, tom. II, pag. 198, vers 5123 (14111).

EMPEINDRE, Heurter, donner contre quelque chose. Gl. *Impingere*. [Voyez *Empaindre*].

EMPEITOUS, Impétueux. Gl. *Impeteius*.

EMPENER, Condamner à une peine, punir, châtier en frappant. Gl. *Pœnare*.

EMPENSÉ, Réfléchi, pensé mûrement. Gl. *Impensatus*. [Agol. vers 1311. Flore et Blancefl. v. 473. Voyez Dietz, *Altr. Sprachdenkmæle*, pag. 54.]

EMPERE, pour EMPIRE, Juridiction. Gl. *Imperium*.

EMPERER, Remparer, fortifier. Gl. *Emparamentum*, 2.

EMPERERIS, Impératrice. Gl. *Imperatrix*.

EMPEREUR DES SOTAIS, Nom de celui qu'on élisait tous les ans à Nesle pour chef de la jeunesse. Gl. *Imperator*.

* **EMPERIAL**. Voyez *Drap*, 1.

EMPESCHE, Sorte de pêche, fruit. Gl. *Pesca*.

1. **EMPESCHER**. S'EMPESCHER, S'embarrasser. Gl. *Intricare*.

2. **EMPESCHER**, Déférer en justice, accuser; d'où *Empeschement*, Accusation. Gl. *Inpechiare*. [*Empestrer*. Gl. *Retire*.]

EMPETRER, pour Impétrer, obtenir. Gl. *Impetratio*.

EMPHITEOSE, Bail d'héritages à perpétuité. Gl. *Emphyteosis*.

EMPIENER, Obliger quelqu'un à marcher, à aller à pied. Gl. *Impedatura*.

EMPIENGNE, Empeigne. Gl. *Impedia*.

EMPIGER, Graisser, enduire de poix. Gl. *Gema*.

EMPIMENTER, Parfumer, rendre une odeur agréable. Gl. *Pigmentus*.

EMPIRANCE, Diminution ou corruption. Gl. *Empiramentum*.

EMPIREMENT, Tout ce qui peut gâter et rendre pire. Gl. *Empiramentum*.

EMPIRER, Décrier, décréditer. Gl. *Empiramentum*.

EMPIRIER, Nuire, endommager. Gl. *Empiramentum*.

1. **EMPLAGE**, Remplissage, addition. Gl. *Implagium*, 2.

2. **EMPLAGE**, Le total de quelque chose. Gl. *Implagium*, 2.

EMPLAIDER, EMPLAIDIER, Appeler en justice, intenter un procès. Gl. *Implacitare* [et *Placitum*, pag. 282³].

EMPLAISTRE, EMPLASTRE, Emplacement, place vide. Gl. *Amplastrum* et *Plastrum*, 1.

EMPLAITE, Entreprise, projet. Gl. *Empresia*.

* **EMPLER**, EMPLIR, Se remplir, être plein. Guill. Guiart, tom. II, pag. 41, vers 1044 (10010) :

Sarrazins, dous le païs emple.

Flore et Blanceflor, vers 2699 :

Tous emplist li palais le roi
De sa gent, etc.

Empler, Emplir, remplir. Voyez Orell, pag. 129.

EMPLEVER, p. e. pour Empirer. Gl. *Empiramentum*.

EMPLOE, Petit vase, burette. Gl. *Ampolleta*.

EMPLOITE, Espèce, nature. Gl. *Implicatura*.

EMPLOVOIR, Pleuvoir dessus. Gl. *Impluere*.

* **EMPLOYER**, Gl. *Implicare*, 1.

EMPLUMER, Plaisanterie dont on punissait un homme surpris avec une autre femme que la sienne. Gl. *Adulterium*.

. **EMPLUS**, Mouillé, imbu de pluie. Gl. *Implutus*. [Fabl. et Cont. tom. III, pag. 32. Chastel. de Couci, vers 2516.]

EMPOISONNER, Ensorceler, jeter un sort; d'où *Empoisonneresse*, Sorcière. Gl. *Empoysonare*.

1. **EMPORT**, Déport, faveur. Gl. *Deportare*, 1.

2. **EMPORT**. Avoir EMPORT, Emporter, obtenir d'autorité ou par son crédit. Gl. *Importare*, 2.

EMPORTEMENT, Déport, faveur. Gl. *Deportare*, 1.

EMPOTIONNEMENT, Potion médicinale. Gl. *Impotionare*.

EMPOUDRER, Remplir de poussière. Gl. *Pulveratus*.

* **EMPRÉ**, Après. Chastel. de Couci, vers 1803. *Enprès*. Partonop. vers 436. Voyez Orell, pag. 321.

EMPREINGNER, Engrosser. Gl. *Imprægnare*. [Flore et Blanceflor, vers 159 :

Dist de ce terme estoit enprains.

Vers 165 :

Vint li terme k'eles devoient
Eufanter çou qu'enpres avoient.

Voyez Rayn. tom. IV, pag. 636², au mot *Emprenhar*. Embraser, enflammer, éprendre. Joinville, pag. 58 : *Il li empristent la colière de son cheval de feu grejois*. Pitié l'emprent, Roman de Berte, pag. 69. *Pitiez l'emprist*, Roman de Renart, tom. I, p. 3, vers 47. *Emprenans*, Entreprenant. Roman du Brut, dans le Glóssaire sur Joinville. *Enprendans*, Partonop. vers 2385. *Empernanz*, *Enpernanz*. Chronique des ducs de Normandie. Voyez Rayn. t. IV, p. 630², au mot *Emprendre*. Orell, pag. 254.]

EMPRENDRE, Entreprendre. Gl. *Interprætendere* [et *Imprisa*].

1. **EMPRÈS**, Exprès, précis. Gl. *Beatizare*.

2. **EMPRÈS**, Auprès, proche. Gl. *Wap.*

* **EMPRESSER**, Presser, serrer de près. Garin le Loher. tom. I, pag. 132 :

Hardres l'empresse qui tint le branc d'acier.

Guill. Guiart, tom. I, pag. 346, vers 8028 (8872) :

Le chastel prennent, tant l'empresseut.

Tom. II, pag. 120, vers 3082 (11062).

1. **EMPRINSE**, Entreprise, projet. Gl. *Empresia*.

2. **EMPRINSE**, Partie de jeu. Gl. *Empresia*.

EMPRISE, Entreprise, projet. Gl. *Empresia*, [*Emprisia* et *Imprisa*.]

EMPROFONDIR, Approfondir, creuser. Gl. *Approfundare*.

* **EMPRUNTÉ**, Emprunté, embarrassé. Agolant, pag. 163² :

Ne semble pas chevalier empruté.

Pag. 172¹ :

Car ci François ne suat mie empruté.

Chastel. de Couci, vers 906 :

Furent maintes dames parées,
Pas ne sambloient empruntées.

Gl. *Impruntare*.

* **EMPUANCE**, Gl. *Inpuricia*.

EMPUÉ. COURONNE EMPUÉE, Sorte d'ornement de femmes. Gl. *Cevecellia*.

EMPULLENTIR, Empuantir, rendre une mauvaise odeur. Gl. *Inpuricia*.

EMPUNAISIER, Empuantir, corrompre. Gl. *Inpuricia*.

EMPUTER, Imputer, accuser, dénoncer; d'où *Emputement*, Dénonciation, accusation secrète; et *Emputeur*, Délateur, calomniateur. Gl. *Imputare*, 3.

EMPUTEUR DE GENS, Qui blesse ou qui tue les gens. Gl. *Tribulare*, 1.

* **EMZ**. Voyez *Ens*.

ENAAGER, ENAAGIER, Déclarer majeur. Gl. *Aagiatus*.

* **ENAMER**, Aimer, affectionner. Flore et Blanceflor, vers 2152 :

Je vous ai forment enamé.

Partonop. vers 1431 :

Car or vos ai tant enamée.

ENAMOURER (S'), Aimer, prendre de l'amour. Gl. *Inamorari*. [Voyez Rayn. t. II, pag. 67¹, au mot *Enamorar*.]

* **ENANGLER**, Cacher. Guill. Guiart, tom. I, pag. 33, vers 221 (719) :

Et à la parfin l'estrangloieut
En crotes, où il l'enaugloient.

S'enangler, Se faufiler, tom. II, pag. 395, vers 10253 (19253) :

Les galies aus nés assemblent
El grant flo se vont enanglant.

S'enenglaient, tom. I, pag. 10, vers 127. Voyez *Angler*.

ENARME, L'anse ou courroie d'un bouclier, par laquelle on le tenait ou suspendait. Gl. *Inarmare* [et *Giga*, 3. Toujours au pluriel : Les *enarmes*, Renart le Nouvel, tom. IV, pag. 146, vers 549. Gérard de Vienne, vers 238. etc.].

* **ENARMÉ**, Armorié. Guill. Guiart, tom. II, pag. 358, vers 9299 (18280).

* **ENARMEURES**, Armoiries. Guill. Guiart, tom. II, p. 359, vers 9329 (18310).

ENBALDIR, Publier, proclamer. Gl. *Imbannare*.

* **ENBARBELLÉ**. Gl. *Sagitta*, 2.

* **ENBARER**. Voyez *Embarrer*.

ENBARNIR, Engrossir, devenir gros, prendre de l'embonpoint. Gl. *Ingrossari*.

EMBASINÉ†, Embaumé. Gl. *Balsamare*. [*Enbasmer*, *Embasmer*, Rayn. tom. II, pag. 175², au mot *Enbasmar*. *Enbausemer*, Chastel. de Couci, vers 7858.]

ENBATRE, Abattre, jeter à bas. Gl. *Externare*. [*S'enbatre*. Voyez *Embatre*.]

ENBAUCHURE, Travée. Gl. *Quevro*.

ENBEGUINÉ, Ivre, plein de vin, coiffé. Gl. *Beguta*, 2.

ENBELIR, Plaire, être agréable. Gl. *Abelimentum*. [Pastourelle, Laborde, p. 188 :

Dex! tant m'enbeli
Quant seule la vi.

Voyez *Abelir*, Roquef. au mot *Embellir*; et la Chron. des ducs de Normandie.]

ENBESONGNER, Mettre en besogne,

---

faire travailler. Gl. *Bisonium*. [Partonop. vers 625 :

Partonopels del roi s'esloingne
De grant folie s'enbesoigne]

* **ENBLANCHIR**, Blanchir. Rayn. t. II, pag. 223², au mot *Emblanquezir*.

ENBOER, Remplir de pus, apostumer. Gl. *Bocius*, 2.

* **ENBORDER** (S'), S'embarrasser, se charger. Partonop. vers 2987 :

N'a cure de miséricorde
Ne d'alesne pas ne s'enborde.

ENBOUCHIER, Mixtionner, faire le mélange d'une bonne chose avec une médiocre ou mauvaise. Gl. *Imbotare*.

ENBOURROUMER, Se former en *boue* ou pus, apostumer. Gl. *Bocius*, 2.

* **ENBRAMI**, Courroucé. Roman de Renart, tom. I, pag. 22, vers 572 :

Qui vers lui vint si enbramie.

* **ENBUISSER**. Voyez *Embuchement*.

ENBULLETER, Donner un billet, un certificat. Gl. *Bulleta*.

ENCAL, pour SÉNÉCHAL, Bailli. Gl. sous *Senescalcus*, pag. 181³.

ENCAMALLIÉ, Tissu de mailles. Gl. *Camelaucum*, pag. 48¹.

* **ENCANTEMENT**, Musique. Flore et Blanceflor, vers 3195 :

La oïssiés les estrumens
Vieles et encantemens.

Enchantement. Rayn. tom. II, pag. 315¹, au mot *Encantamen*.

* **ENCANTEOR**, ENCANTERE, Enchanteur, escamoteur. Flore et Blanceflor, vers 805, 810. *Enchantéor*, *Enchanterre*, Rayn. tom. II, pag. 315², au mot *Encantaire*.

ENCANTEUR, Celui qui vend à l'encan, crieur. Gl. *Incantor* sous *Incantare*, 2.

ENCAPER, Couvrir d'une cape, donner une cape. Gl. *Capatus*, 1.

ENCARATER, Enchanter, ensorceler. Gl. *Caracter*, 2.

ENCARAUDER, Le même. Gl. *Caraula*.

ENCARCERER, Mettre en prison. Gl. *Incarceratio*. [*Enchartrer*, Rayn. tom. II, pag. 334¹, au mot *Encarcerar*.

ENCARIER, Charrier, voiturer. Gl. *Carreare*, 2.

ENCARKIER, Devenir grosse. Gl. *Chargia*, 4.

ENCARTER, Rédiger, passer un contrat. Gl. *Incartare*.

ENCASSILLER, Enchâsser. Gl. *Inchassillare*.

* **ENCASTRÉ**, Enchâssé. Gl. *Incastraturæ*.

ENCAVAGE, Droit sur les tonneaux qu'on met en cave. Gl. *Cava*, 1, pag. 248¹.

ENCAUCER, Poursuivre; d'où *Encauchier* et *Encaus*, Poursuite. Gl. *Encausar*. [Rayn. tom. II, pag. 351², au mot *Encaussar*, et pag. 351¹, au mot *Encaus*.]

ENCAVEURE†, Emboîtement, mortaise. Gl. *Incastatura*.

ENCENCIER, Encensoir. Gl. *Encenserium*.

ENCENDEMENT, Incendie, embrasement. Gl. *Incendiatio*.

ENCENGE, Certaine mesure de terre, p. e. parce qu'elle était enceinte de haies ou autre clôture. Gl. *Encengia*.

18

ENCENSIR, Donner à cens. Gl. *Setura*, 1.

ENCERCER, ENCERCHIER, Chercher avec attention, faire enquête. Gl. *Encercare*. [Roman de Renart, tom. III, p. 62, vers 21460 :

> Or m'avéz encercié à fol.

Voyez Rayn. tom. II, pag. 382², au mot *Ensercar*.]

ENCERVELEIZ, pour *Escervelé*. Gérard de Vienne, pag. 167¹ :

> Ke mors fuisiez et toz encerveleiz.

ENCHAINTE, Enceinte, grosse d'enfant. Gl. *Incincta*.

ENCHANDELISIER, p. e. pour ESCHANDELISIER, Répandre de mauvais bruits sur quelqu'un. Gl. *Scandalizare*.

* ENCHANSTER. Voyez *Enhanster*.

ENCHANTEMENT, Encan. Gl. *Incantare*, 2.

ENCHANTEUR, Celui qui vend à l'encan, crieur. Gl. *Incantor* sous *Incantare*, 2.

ENCHAPPERONNER, Couvrir d'un chaperon une muraille de clôture. Gl. *Incaputiatus* [et † *Capuciatus*, pag. 167²].

ENCHARAUDER, Ensorceler. Gl. *Caraula*.

* ENCHARGER, Imposer comme pénitence. Roman de Renart, tom. III, p. 125, vers 23184.

ENCHARGIER. AVOIR ENCHARGIÉ, Devenir grosse. Gl. *Chargia*, 4. [Guill. Guiart, tom. I, pag. 27, vers 67 (563) :

> Tost après cele avision
> Encharja l'enfant la royne.

Voyez Rayn. tom. II, pag. 336¹, au mot *Encargar*.]

ENCHARNER, Prendre chair, devenir homme, s'incarner. Gl. *Incarnare*.

ENCHARNEURE, Emboîtement, mortaise. Gl. *Incastraturæ*.

ENCHARTREMENT, Transaction, accord fait par écrit. Gl. *Incartamentum* sous *Inchartare*. [Voyez Rayn. tom. II, p. 344¹, au mot *Encartamen*.]

ENCHARTRER, Mettre en prison. Gl. *Incarceratio* [et *Inferrare*].

ENCHASSER, Courir après, poursuivre. Gl. *Encausar*.

ENCHASTELER. [Fortifier. Guill. Guiart, tom. II, pag. 359, vers 9315; pag. 363, vers 9436 (18297, 18418).] ENCHASTELER UN HERITAGE, Le mettre en valeur, le fournir de tout ce qui est nécessaire pour le faire valoir. Gl. *Incastellare*, pag. 790¹.

ENCHASTONNER, Enfermer dans un chaton. Gl. *Chasto*, 2.

* ENCHASTRE, Margelle. Roman de Renart, tom. II, pag. 230, vers 15825 :

> Qui ert apoiez à l'enchastre
> Del puis, qui ert volté de plastre.

ENCHAUCHER, ENCHAUSER, ENCHAUSSER, Poursuivre. [Aubri, pag. 183² :

> Bons à fuir et bons à enchaucier.]

D'où Enchaus et Enchaussement, Poursuite. Gl. *Encausar*. Voyez *Encaucer*.]

ENCHAUSSUMER, Répandre de la chaux sur quelque chose. Gl. *Calcinatium*.

* ENCHEOIR, ENKEOIR, Tomber dans. Orell, pag. 215.

* ENCHERCHER. Voyez *Encercer*.

ENCHERCHEUR, Qui cherche querelle. Gl. *Adagonista*.

ENCHERESSEMENT, L'action d'enchérir. Gl. *Incarioramentum*.

ENCHERIE, Enchère. Gl. *Incheria*.

* ENCHERRE, pour *Enquerre?* Rechercher, épier. Partonop. vers 8393 :

> Et il si ait qui 's encherra
> Et qui jamais en mesdira.

Voyez Roquef. au mot *Enquerrer*.

ENCHEUE, Succession, héritage. Gl. *Escahentia*.

ENCHEYSON, pour OCCASION; Amende, impôt. Gl. *Sac*. [Faute, Gilote et Johanne, Jubinal, tom. II, pag. 30 :

> Desolé et batu pour poi d'enchesoun.

Voyez *Encheoir*.]

ENCHIEREMENT, Enchère. Gl. *Incheria*.

ENCHIERISSEMENT, L'action d'enchérir une marchandise, de la vendre au delà de son prix. Gl. *Montare*, 2.

* ENCHISER, ENCISER, Couper, trancher, inciser. Partonop. vers 3318 :

> Li uns aciers à l'autre gront,
> Li uns bons aciers l'autre enchise,
> Devant le beut l'espée brise.

Roman de Renart, tom. II, pag. 368, vers 19627 :

> Si l'ont trenchié à un costel
> Bien ont encisée la pel.

ENCHOISONNER, Blâmer, faire des reproches. Gl. *Occasio*, 5. [Voyez le Gloss. sur Joinville, et Rayn. tom. II, pag. 360², au mot *Encaisonar*.]

ENCHOMER, Frapper, blesser. Gl. *Incombrare*, 2.

ENCIRAILLER, Couper par morceaux. Gl. *Incisilis*.

ENCIRER, Enduire de cire. Gl. *Cerare*, 1.

ENCIS, Meurtre d'une femme enceinte. Gl. *Encimum* [*Ensicium* et *Intuscisum*].

1. ENCLASTRE, Lieu fermé, grange, grenier. Gl. *Inclausura*.

2. ENCLASTRE, Chaton, ou la pierre enfermée dans le chaton. Gl. *Inclusor*.

ENCLEVE, Enclos, lieu fermé de murs ou de haies. Gl. *Inclausura*.

ENCLIN, Marque de respect qu'on donne en s'inclinant, salut, révérence; [Voyez *Clin*, et Rayn. tom. II, pag. 415, au mot *Enclin*. Baissé. Parton. vers 7762 :

> Pensis et quoiz, le chief enclin.

Soumis, comme *Aclin*. Agolant, pag. 171² :

> Soufferrez vos de vu gent tel train
> Que vostre lois soit à paiens enclin?]

D'où Encliner, Saluer respectueusement. Gl. *Acroupi* et *Encleticare*. [Encliner quelqu'un. Agol. pag. 172¹. Gérard de Vienne, pag. 173³. Ruteb. tom. II, pag. 251, Guill. Guiart, tom. I, pag. 210, vers 5013 (5327). Encliné, Baissé. Roman de Roncevaux, pag. 15, 28. Voyez Rayn. tom. II, pag. 416¹, au mot *Enclinar*.]

ENCLINOUER, Petite avance de bois qui tient à chaque stalle des chaises du chœur, appelée communément *Miséricorde*. Gl. *Inclinatorium*.

ENCLOISTRE, ENCLOSTRE, Enclos d'un monastère ou couvent. Gl. *Inclaustrum*.

* ENCLORE. *Enclooit*, Chastel. de Couci, vers 1834. *Encloant*, Ruteb. tom. II, pag. 241. *Enclous*, Roman de Renart, tom. I, pag. 20, vers 540. Voyez Orell, pag. 263, et Rayn. tom. II, pag. 411², au mot *Enclaure*.

ENCLUGE, Enclume. Gl. *Enclugia*.

1. ENCLUS, Reclus, solitaire. Gl. *Inclusi*.

2. ENCLUS, Inclus, compris. Gl. *Inclusor*.

* ENÇOIS, Avant, auparavant, Partonop. vers 5217 :

> Quar ge morrai ençois mes dis.

Voyez *Ainçois*, et Rayn. tom. II, pag. 91², au mot *Anceis*.

ENCOLPER, Accuser, déclarer coupable. Gl. *Inculpare*. [Voyez Rayn. tom. II, pag. 443², au mot *Encolpar*.]

ENCOMBRER, Embarrasser, mettre obstacle, empêcher. [Partonop. vers 8671, 8944. Rayn. tom. II, pag. 452¹, au mot *Encombrar*.] D'où *Encombrement*, Embarras, empêchement. Gl. *Incumbrare* sous *Combri*, pag. 449¹². [Rayn. pag. 451², au mot *Encombrament*. *Encombrer, Encombrier*, Dommage, embarras, péché. Roi Guillaume, pag. 62. Partonop. vers 3264. Jubinal, Fabliaux et Contes, tom. I, pag. 174; tom. II, pag. 29, 94. Voyez Rayn. p. 451², au mot *Encombrier*. *Encombre*, Chron. des ducs de Normandie, tom. II, pag. 394, vers 26796. *Encombros, Encombreux*, Embarassant, escarpé, tom. III, pag. 204, vers 37356; pag. 212, vers 37554. Rayn. pag. 451², au mot *Encombros*.]

ENCOMMENCER, Commencer; d'où *Encommencement*, Commencement. Gl. *Excommunicare* et *Inceptum*.

* 1. ENCONTRE, Contre, vers. Flore et Blanceflor, vers 787. Voyez *Contre*, 3, Orell, pag. 322; et Rayn. tom. II; p. 469², au mot *Encontra*.

2. ENCONTRE, Attaque, partie de jeu contre un autre. Gl. *Incontrum*.

ENCONTRÉE, Rencontre, combat. Gl. *Incontrum*.

ENCONTREPLEGER, Donner caution. Gl. *Contraplegiatio*.

ENCONTRER, Rencontrer. Gl. *Rigolamentum*. [Partonop. vers 6895 :

> S'il bien encontre à bon le tient.

Aubri, pag. 168² :

> Se il i vient, il i ert encontrés.

Voyez Rayn. tom. II, pag. 470¹, au mot *Encontrar*. *Encuntrement*, Rencontre, au mot *Encontramens*.]

ENCONVENANCER, S'engager, par convention. Gl. *Convenire*, 1.

ENCORDER, Garnir d'une corde. Gl. *Cordellatus*.

ENCORPER, comme ci-dessus *Encolper*. Gl. *Inculpare*.

ENCORREMENT, Confiscation. Gl. *Incurrementum*.

ENCORTINER, Tapisser, couvrir de tapis. Gl. *Incortinari*. [Voyez *Encourtiner*.]

= ENCOSTE, A côté, auprès. Rayn. tom. II, pag. 500², au mot *Costa*. Par encoste, Ruteb. tom. II, pag. 238.

*** ENCOVIR**, Convoiter, désirer. Partonop. vers 3999 :

> Moult a encovi le vallet.

Voyez Rayn. tom. ii, pag. 421², au mot *Encobir*, et la Chron. des ducs de Norm.

ENCOULPER, Encouper, Accuser, déclarer coupable. [Flore et Blanceflor, vers 2757. Guill. Guiart, tom. ii, pag. 3, vers 47 (9011).] D'où *Encoulpement*, Accusation. Gl. *Inculpare*.

ENCOURANCE, L'action d'encourir une peine. Gl. *Incursus* sous *Incurrimentum*.

ENCOUREMENT, L'amende encourue pour un délit. Gl. *Incurrementum.* [Voyez Rayn. t. ii, p. 492², au mot *Encorremen*.]

ENCOURS, L'action d'encourir une peine ou l'indignation de qqn. Gl. *Incursus*, 5.

ENCOURTINER, Tapisser, couvrir de tapis. Gl. *Incortinari.* [Aubri, pag. 170¹. Renart le Nouvel, tom. iv, pag. 170, vers 1170; pag. 218, vers 2410. Rayn. tom. ii, pag. 498², au mot *Encortiner.*]

ENCRAISSIÉ, Engraissé. Gl. *Arvinare.* [*Encraisser*, Partonop. vers 528.]

*** ENCOUTRE?** Frapper. Voyez *Coutre.* Orell, pag. 234.

ENCRAVER, Augmenter. Gl. *Incrementare.*

ENCREMER, Oindre du saint chrême. Gl. *Chrismare* sous *Chrisma*, pag. 339³.

ENCRENER, Faire des crains ou entailles. Gl. *Occare*, 2.

ENCRESCE, Accroissement. Gl. *Incrementatio.*

ENCREU. Beste encreue, Qui est pleine. Gl. *Incretus*, 2.

ENCREVER, Blesser, faire une plaie. Gl. *Ingredi.*

*** ENCRIESME**, Endurci dans le crime, Partonop. vers 5193 :

> Un vill garçon, fel et mauvés,
> Encrieme, félon et engrés.

Renart le Nouvel, tom. iv, pag. 152, vers 703 :

> Come encriesmes, fel, desloiaus.

Voyez la Chron. des ducs de Norm.

ENCROCHEMENT, Demande d'une redevance ou service plus considérable qu'il n'est dû. Gl. *Incrocamentum.*

ENCROER, Encrouer, Pendre au croc, accrocher. Gl. *Incrocare.*

*** ENCROISEMENT**, Augmentation. Partonop. vers 10447.

*** ENCROUTER.** Tomber malade. Encroutement.... Partonop. vers 1087 :

> Or puet mangier séurement
> Car n'i a point d'encroutement,
> Car nus hom de mangier n'encroute
> Qui de la coupe boive goute.

Voyez *Engrouter.*

ENCRUCHER, Lancer. Guill. Guiart, tom. i, pag. 189, vers 4369 (4781) :

> Tant de grosses pierres i gastent
> Et si souvent là les encruchent
> C'une grant partie en trebuchent.

Tom. ii, pag. 374, vers 9718 (18699) :

> Aus granz cos que sus eus encruchent.

S'encrucher, S'élancer. P. 339, vers 8798 :

> En haut ès clochiers des yglises
> En ra aucuns qui là s'encruchent.

Pag. 328, vers 8530 (17512) :

> Qui outre le pont les chacassent
> Quant la gent i fust encruchiée.

*** ENCUI**, Aujourd'hui. Roman de Renart, tom. i, pag. 8, vers 206. Voyez Rayn. tom. ii, pag. 80¹, au mot *Anc*, ci-dessus *Ancui*, et ci-après *Enqui.*

*** ENCUSER**, Accuser; Encusement, Accusation. Rayn. tom. ii, pag. 361²¹, aux mots *Encusar* et *Encusamen.* Gl. † *Accusio.*

ENCUTE, Occulte, secret, caché. Gl. *Repositus.*

ENCZAINTTE, Enceinte, grosse d'enfant. Gl. *Incincta.*

ENDABLE, Endeble, Faible, débile. Gl. *Indebilitatus.*

*** ENDEMAIN**, Lendemain. Guill. Guiart, tom. ii, pag. 344, vers 8923; pag. 376, vers 9774 (17904, 18755).

ENDEMENTIERS, Cependant, tandis. Gl. *Interdum.* [Orell, pag. 334.]

ENDENT, Se dit dans la principauté de Dombes de l'espace que parcourt la faux en un seul coup. Gl. *Andellus* sous *Andena*, 2.

1. **ENDENTER**, Appuyer le visage contre quelque chose, renverser quelqu'un le visage contre terre. Gl. *Indentare*, 2. [Chastel. de Couci, vers 8089 :

> Lors est à icel mot pasmée
> Par desus la table endentée.

Voyez *Adenter*, 1.]

*** 2. ENDENTER**, Pousser. Guill. Guiart, tom. ii, pag. 372, vers 9666 (18648) :

> Si serré les ont endentées.

Voyez *Adenter*, 2.

ENDENTURE, Écrit endenté, Transaction dentelée, dont les morceaux se rapportent en les rapprochant pour en justifier la vérité. Gl. *Indentura.*

ENDITÉ, Instruit, informé. Gl. *Indiciare.* [Jubinal, Fabl. tom. i, pag. 135. Ruteb. tom. ii, pag. 248. *Enditement*, Indication, conseil. Guill. Guiart, tom. ii, pag. 143, vers 3679 (12661).]

ENDITER, Accuser; d'où *Enditement*, Accusation faite sur enquête. Gl. *Indictare.*

ENDITIER, Indiquer. Gl. *Indiciare.*

ENDOAIRER, Assigner un douaire. Gl. *Doalium.*

ENDORMEUR, Imposteur, trompeur. Gl. *Dormitabilis.*

ENDORSSER †, Mettre sur le dos. Gl. *Indorsare.*

ENDOS, Citation, assignation écrite au dos d'un acte. Gl. *Indorsare.*

*** ENDOSSER...** Partonop. vers 5939 :

> Le col a lonc dès qu'il endosse
> Tresqu'à la teste, qu'il a grosse.

ENDOUERER, Assigner un douaire. Gl. *Doalium.*

ENDOWER, Le même. Gl. *Affidare*, 3.

*** ENDROIT**, Directement. Partonop. vers 5790 :

> Et il le fiert en ateignant,
> Nel parataint pas endroit, mes
> Porquant la quisse a conséue.

Devant, vis-à-vis. Vers 2201 :

> Li renc clairoient endroit lui

Vu que, eu égard à ce que. Roman de Renart, tom. i, p. 27, v. 728 :

> Sire, il est voir qu'il m'a fet honte,
> Mès n'i ai mie tant meffet,
> Endroit ce que force m'a fet.

Endroit moi, Endroit lui, Quant à moi,

---

quant à lui. Garin, tom. i. pag. 100. Partonop. vers 598. Vers. Gérard de Vienne, vers 3413 :

> Endroit le vespre aloit au treiz lancier.

Voyez Roquef. Orell, pag. 322.

ENDROITOIER, Poursuivre son droit en justice. Gl. sous *Directum*, 1.

ENDRUIR, Devenir fort et robuste. Gl. *Druda.*

*** ENDUI.** Voyez *Ambesdui.*

ENDUREMENT, Tolérance, patience, l'action d'endurer. Gl. *Indurare.*

ENEEISCHE, Aînesse, les droits de l'aîné. Gl. *Eilnecia.*

ENEGRIR †, Aigrir, tourner à l'aigre. Gl. *Acere.*

ENERGUERP, Le présent de noce. Gl. *Morganegiba.*

*** ENERMI**, Désert. Gérard de Vienne, vers 3716. Voyez *Enhermir.*

1. **ENERRER**, Arrher, arrêter un marché en donnant des arrhes. Gl. *Arrare*, 1.

*** 2. ENERRER**, Exciter, être excité. Guill. Guiart, tom. ii, pag. 44, vers 1125 (10091) :

> Pis nel péust on enerrer.

Pag. 108, vers 2805 (11785) :

> Qui d'estre dolenz les enorre.

Pag. 71, vers 1821 (10797) :

> De chaple souffrir enerrées.

Pag. 16, vers 389 (9355) :

> Qui de si grant douleur enerre.

Pag. 18, vers 432 :

> S'est d'aler après enerré.

ENESLEPAS, Incontinent, sur l'heure. Gl. *Incontinente.* [Orell, pag. 304.]

*** ENESLEURE**, Enesl'ore, Incontinent, comme *Eneslepas.* Chronique des ducs de Normandie, Orell, pag. 304.

ENESQUE, Sorte de vaisseau de charge. Gl. *Bussa.*

*** ENESSE**, comme *Eneslepas?* Roman de Renart, t. iv, pag. 71, vers 1958 :

> Dont me laidi, et fu enesses
> Que me préisse à ses templiers.

ENESSER, Exposer en vente. Gl. *Intabulare*, 2.

*** ENFANCE**, Enfantillage, folie. Partonop. vers 9280. Voyez Rayn. tom. iii, pag. 279¹, au mot *Enfansa.*

ENFANÇON, Petit enfant. Gl. *Infans*, pag. 822³.

ENFANGER, Enfoncer comme dans la fange. Gl. *Ellutare.*

ENFANT, Titre d'honneur qu'on a donné aux fils des rois, princes et grands seigneurs; le même que celui d'*Infant.* Gl. sous *Infantes.*

ENFANT D'AUBE, plus ordinairement, Enfant de chœur. Gl. sous *Infantes*, pag. 822².

ENFANTEMENT, Ensorcelement, maléfice, sortilége. Gl. *Phantasia*, 1.

ENFANTERRESSE, Accouchée, femme en couche. Gl. *Puerpera.*

ENFANTILLONGE, Action ou raisonnement d'enfant. Gl. *Infantiæ.*

ENFANTOMER, Enfantosmer, Ensorceler, enchanter. Gl. *Phantasia*, 1. [Partonop. vers 10055.]

ENFARDELER, Envelopper, mettre en ballot. Gl. *Fardellus*.

ENFARDELIER, L'endroit où l'on met les marchandises en ballot, douane. Gl. *Fardellus*.

ENFATROUILLER, Embarrasser pour surprendre et tromper. Gl. *Fatuare*.

ENFAXCIGNER, Enchanter, ensorceler. Gl. *Fascinare*.

* **ENFELLÉ**,.... Agolant, vers 618 :

La noïf ahat de la sele dorée
Et la gresille qui iert enz avalée,
Qui la nuit iert choete et enfellée.

ENFELONNER, Enfelonnir, Se mettre en colère, se fâcher. Gl. *Fello*, 2, pag. 220². [Voyez Rayn. tom. iii, p. 301¹, au mot *Esfelenar*.]

ENFENTETÉ †, Enfance; d'où *Enfentivement*, En enfant, et *Enfenture*, Enfantin. Gl. *Infantilitas*.

ENFENTURE, Enfantement, accouchement. Gl. *Fetare*.

ENFERGE, Chaîne; d'où *Enferger* et *Enfergier*, Mettre à la chaîne, aux fers. Gl. *Disferviare* et *Inferrare*.

ENFERMETÉ, Infirmité, maladie. Gl. *Infirmare*.

ENFERMIER, Infirmier, religieux qui a soin des malades. Gl. *Infirmare*.

ENFERRER, Mettre aux fers, enchaîner. Gl. *Inferrare*.

1. **ENFERS**, p. e. pour Enfect, Infect, corrompu, malsain. Gl. *Infectus*.

2. **ENFERS**, Infirme, malade. Gl. *Infirmare*. [Voyez Rayn. tom. iii, pag. 315², au mot *Eferm*. *Enferté*, Maladie. Roman de Renart, tom. ii, pag. 370, vers 19706.]

ENFÉS, pour Enfant, Titre d'honneur qu'on a donné aux fils des rois, princes et grands seigneurs; le même que celui d'*Infant*. Gl. sous *Infantes*.

ENFESTUCER, Mettre en possession par un fétu. Gl. *Infestucare* sous *Festuca*, pag. 248².

ENFEU, Cave pour la sépulture des corps morts. Gl. *Infoditus* [et *Fossa*, 3].

ENFEUCHER, Enfoncer. Gl. *Fundare*, 2.

ENFFANS Femeaulx, Filles. Gl. *Femellus*.

* **ENFIERIR** (S'), S'enorgueillir. Guill. Guiart, t. ii, pag. 297, vers 7704 (16685).

* **ENFLEZ**. Gl. *Tuberosus*. *Enflure* †, Gl. *Flegmen*.

ENFOLLER, Infatuer, troubler l'esprit. Gl. *Fatuare*.

1. **ENFONDU**, Mouillé, trempé, percé. Gl. *Infusidarium*.

2. **ENFONDU**, Garçon de cuisine, p. e. celui qui y fournissait l'eau, ou qui fondait les graisses. Gl. *Infusidarium*.

ENFORCEMENT, Fortification, tout ce qui rend fort un château. Gl. *Inforciamentum* [et *Dubitantia*, 2].

* **ENFORCER**, Renforcer, rendre plus fort; devenir plus fort, augmenter. Flore et Blancefl. vers 1802. Enfants Haymon, vers 272. *Cris enforciés*, Garin, tom. i, pag. 14. *Enforciés d'amis*, pag. 154. *Cort efforcée*, Roman de Merlin, P. Paris, Catalogue, tom. ii, pag. 344. Voyez Roquef. et Rayn. tom. iii, pag. 377¹, au mot *Enfortir*.

ENFORCEUR de femmes, Celui qui en abuse par violence. Gl. *Fortia*, 2.

ENFOSSER, Enterrer. Gl. *Fossa*, 3.

ENFOUER, Enfouir, supplice des femmes. Gl. *Fossa*, 1.

ENFOUIR, Enterrer, donner la sépulture à un cadavre. Gl. *Infoditus* [et *Suffocare*, 1].

ENFOURMOIR, Forme de soulier. Gl. *Forma*, 15.

ENFRAINTE, Bruit, tumulte. Gl. *Fragumen*.

ENFRANCHIR, Affranchir, rendre libre. Gl. *Franchire*, 2.

* **ENFRE**, Dès, entré. Aubri, pag. 160¹ :

N'ot plus isnel enfre ci c'à Paris.

ENFRENER, Mettre un frein ou mors à un cheval. Gl. *Fraenarii* et *Frenellatus*.

ENFRUCTUER, Enfruitter, Semer, ensemencer. Gl. *Infructuare*.

ENFRUME, Gourmand. Gl. *Infrunitus* et *Infrontatus*.

1. **ENFRUNS**, Courageux, audacieux. Gl. *Infrontatus* et *Infrunitus*.

2. **ENFRUNS**, Avare, gourmand. Gl. *Infrunitus*. [Dur, rude. Jubinal, Fabl. tom. i, pag. 132. Voyez Roquef.]

3. **ENFRUNS**, Adversaire, ennemi. Gl. *Infrunitus*.

ENFUSELER, Mettre autour d'un fuseau. Gl. *Infusare*.

ENGAIGERIE, Engagement, aliénation faite pour un temps. Gl. *Gagiata*.

ENGAIGNIER, Aigrir, irriter. Gl. *Enguaynare*.

ENGAIOLER, Mettre en geôle, emprisonner. Gl. *Gaiola*.

ENGANER, Enganner, Séduire, tromper. Gl. *Engannare* sous *Ingenium*, 1.

ENGARAIRE, Sujet à corvées et services manuels. Gl. *Angariarius*.

* **ENGARDE**, Hauteur, colline. Chanson de Richart de Furnival, Wackern. pag. 58 :

Cuers est monteis en l'engairde,
D'iluec provoit et esgairde
Per lai ou puist eschaipeir.

Avant-garde. Voyez *Angarde* et Rayn. t. iii, pag. 426², au mot *Angarda*.

ENGARENTIE, Caution, garantie, dénier à Dieu. Gl. *Garentigia*.

ENGASSE, Espèce de lampe. Gl. *Lucibrum*.

ENGENDRURE, Production de l'animal. Gl. *Generamen*.

ENGENRER, Engendrer, produire. Gl. *Generamen*. [Flore et Blancefior, vers 14 :

Uns roi payens l'engenui.

Voyez Rayn. tom. iii, pag. 460¹, au mot *Engenrar*.]

ENGET, Engagement, obligation. Gl. *Impignoratio*.

ENGEVELEIR, Enjaveler. Gl. *Gavella*.

ENGIEN, pour Engin, Machine de guerre. Gl. sous *Ingenium*, 2. [Adresse, ruse. Partonop. vers 1204. Flore et Blancefl. vers 234. Agol. vers 650. Chronique des ducs de Normandie. Voyez Rayn. t. iii, pag. 455², au mot *Engen*.]

ENGIERURE, Production de l'animal. Gl. *Generamen*.

ENGIGNER, Engignier, Tromper, duper. Gl. *Engannador* et *Engannare* sous *Ingenium*, 1. [*Engenier*, Partonop. vers 906, 930, 2004. Trouver quelque moyen, machiner. Vers 2511 :

Et se il nul offre ne font
J'engegnerai qu'il le feront.

Vers 4269 :

S'engengignoie vostre mort.

Voyez Rayn. tom. iii, pag. 456², au mot *Enginher*.]

ENGIGNEUR, Engignour, Ingénieur. Gl. *Engeniator* et *Ingeniosi* sous *Ingenium*, 2. [Gérard de Vienne, vers 1764. Flore et Blancefl. vers 1852, 2120. Voyez Fierabras, vers 3311, note p. 182¹; et Rayn. tom. iii, pag. 456¹, au mot *Enginhaire*.]

ENGIGNEUSEMENT, En gémissant. Gl. *Ingemositas*.

ENGIGNEUX, Ingénieux, industrieux. [Gl. *Geniosus*.] *Subtiliare*, 2. [*Engignos*, Partonop. vers 65. Rayn. t. iii, pag. 456¹, au mot *Enginhos*.]

ENGIN, Machine de guerre et autre. Gl. sous *Ingenium*, 2 [et *Magister Ingeniorum*].

ENGINE, Tout ce qui sert à quelque chose. Gl. *Ingenium*, 7.

ENGINER, Séduire, tromper, duper. Gl. sous *Ingenium*, 1.

* **ENGLACIER**, Geler. Roman de Renart, tom. i, pag. 45, vers 1163 :

L'iaue commence à englacier.

ENGLESCHE, pour Anglaise. Gl. *Englerius*.

ENGLISE, pour Église. Gl. *Guerrina terra* sous *Guerra*.

ENGLOUTEMENT, La bouche d'une rivière ou d'un fossé. Gl. sous *Gula*, 3.

ENGLUME, Enclume. Gl. *Englumen*.

* **ENGLUYER**. Gl. *Viscare*.

ENGNES, Nom propre, pour Agnès. Gl. *Successorie*.

* **ENGOIR** (S'), Se réjouir. Voyez Conjoir. Roi Guillaume, pag. 153 :

Li autres de çou que il ot
Desmesuréement s'engot.

ENGOLÉ, Engoulé, Qui est orné d'une *Goule* ou collet; et p. e. de gueule, c'est-à-dire de couleur rouge. Gl. *Gula mantelli*. pag. 594¹. [Aubri, vers 719.]

ENGORDELI, Engoudeli, engourdi, stupide. Gl. *Gurdus*.

ENGOULEMENT, La bouche d'une rivière ou d'un fossé. Gl. sous *Gula*, 3.

ENGOULER, Manger, avaler, engloutir. Gl. *Gula*, 3. [Roi Guillaume, pag. 70. Voyez Rayn. tom. iii, pag. 481², au mot *Engoullar*.]

* **ENGRAIGNER**, Augmenter, croître. Garin le Loher. tom. i, pag. 273 :

La noise engraigne et se lieve li cris.

Partonop. vers 4821 :

Ses maus li croist tant et engraigne.

ENGRAING, Accablement, pesanteur de tête causée par la maladie, et celui qui est dans cet état. Gl. *Ingravanter*.

ENGRANT. Estre engrant, Être porté à faire quelque chose, prendre en gré. Gl. *Gratum*. [*Engrans*, Désireux, acharné. Roi Guillaume, pag. 144. Chastel. de Couci, vers 6589. Renart le Nouvel, tom. iv, pag. 126, vers 38; pag. 205, vers 208. *Engrande*, pag. 236, vers 2830. Guill. Guiart, tom. ii, pag. 350, vers 9104 (18085).

Ruteb. t. ii, pag. 254. Partonop. v. 10548. Voyez le Glossaire sur Joinville. Rayn. tom. iii, pag. 494[1], au mot *Engrans*, ci-dessous *Engrés*.]

ENGRAVER, Graver. Gl. *Ingravare*. 1.

ENGRÉ. Estre Engré, Être fort empressé. Gl. *Gratum*.

ENGREGIER, Réaggraver une sentence d'excommunication. Gl. *Infortiatus*.

1. **ENGRÉS**, Opiniâtre, entêté. Gl. *Ingratitudo*, 2. [Partonop. vers 5194. Acharné, Roman de Renart, t. iii, pag. 78, v. 21883 :

Qui de lui ocire est engrez.

Voyez Rayn. tom. iii, pag. 128[1], au mot *Engres*, et ci-dessus *Engrant, Engré*.]

2. **ENGRÉS**, Violent, impétueux. Gl. *Ingratitudo*, 2.

ENGRESSER, Assaillir, attaquer. Gl. *Ingredi*.

ENGRIEGEMENT, Tort, dommage. Gl. *Gravantia*.

ENGRINÉ, Gangrené. Gl. *Incanceratus*.

ENGROUTER, Tomber malade. Gl. *Retare*.

ENGRUN, Toute espèce de fruits ou d'herbes d'un goût aigre. Gl. *Egrunum*.

ENGRUNATGES, Certaine redevance en fèves. Gl. *Engrunagium*.

ENGUIGNIERRES, Ingénieur. Gl. *Ingeniosi* sous *Ingenium*, 2.

ENGUINAILLE, Aine. Gl. *Anguinalia*.

ENGUISSE, Tribut, impôt. Gl. *Enguisse*.

ENHACHER, Enclaver; il se dit des terres dont les extrémités rentrent les unes dans les autres. Gl. *Enguaynare*.

ENHANER, Enhanner, Labourer; d'où *Enhannable*, Labourable. Gl. *Ahenagium*.

ENHANSSER, Enclaver, enchâsser. Gl. *Hansatus* sous *Hansa*, 2.

ENHANSTER, Embrocher. Gl. *Hasta*, 8.

ENHANTER, Emmancher. Gl. *Handseax*.

ENHARNESKIER, Enharnesquier, Harnacher un cheval. Gl. *Harnascha*, pag. 629[3].

* **ENHASER**, Entourer? Guill. Guiart, tom. ii, pag. 126, vers 3244 :

' Et par charbons ardanz qui bruient
Grant part de la cité destruient.
Si malement l'ont enhasée
Qu'assez tost fu toute embrasée, etc.

ENHASTER, Empaler, embrocher. Gl. *Hasta*, 8.

ENHENDEURE, Poignée d'épée. Gl. *Handseax*. [Lisez *Enheudeure*. Voyez *Heut*, et Roquef. au mot *Enherdure*. *Enhoudé*, *Enheldé*, Muni d'une poignée, emmanché. Gérard de Vienne, vers 2690 :

Et le poig d'or, dont el fu enhoudée.

Chanson de Roland, stance 75, vers 12 :

Veez m'espée ki d'or est enheldie.

Stance 282, vers 9 :

Ceinent espées enheldées d'or mier.

Stance 284, vers 5.]

ENHERBER, Empoisonner. Gl. *Inherbare* sous *Herba*, 1. [Agolant, vers 1320 :

Ne ja n'estra par magie enherbé.]

* **ENHERMIR**, Ruiner, dévaster. Voyez *Enermi* et Rayn. tom. iii, pag. 139[1], au mot *Aermar*.

1. **ENHERS**, Toute espèce de fruits que produit une terre labourée. Gl. *Adhærere*, 3.

2. **ENHERS**. Estre Enhers, Adhérer, consentir à quelque chose. Gl. *Adhærere*, 3.

ENHORT, Conseil, suggestion. Gl. *Instigator*.

ENHUILLER, Administrer l'extrême-onction. Gl. *Inoleare*.

ENIERBER, Empoisonner. Gl. *Herba*, 1.

ENINAAGE, Le droit d'aînesse. Gl. *Ainescia*.

ENJOELER, Enjoeller, Enjoiller, Donner des joyaux, des bijoux. Gl. *Enjoalare* et *Zoiellare*.

ENJOURNER, Le point du jour. Gl. *Adjornare*, 2.

ENJOUTER, Séduire, tromper, duper. Gl. *Adjungare*.

ENIVERSAIRE, Anniversaire. Gl. *Anniversarium*.

ENJUPER, Donner ou habiller d'une sorte de vêtement appelé *Jupe*. Gl. *Capatus*, 1.

ENKEMBELER, Jouter, combattre dans un tournois. Gl. *Cembellum*.

* **ENLACEURE**, Enlacement, treillis. Partonop. vers 10309 :

Et la trelle et l'enlaceure (du lit)
Fist moult soutive par figure.

1. **ENLANGAGER**, Baiser de la langue. Gl. *Lingua*.

2. **ENLANGAGER**, Dire des choses obscènes. Gl. *Linguatus*.

ENLARDER, Embrocher. Gl. *Illaridare*.

* **ENLATINIÉ**, Instruit dans les langues étrangères. Garin le Loher. t. i., pag. 97 :

Li mes parolent qui sunt enlatinié.

Voyez Rayn. tom. iv, pag. 261, au mot *Enlatinat*, et ci-dessous *Latin*.

ENLEVER, Relever en bosse, en relief; d'où *Enleveure*, Relief. Gl. *Elevare*, 2.

ENLIEGER, Défier, appeler quelqu'un en duel. Gl. *Inlegiare*.

ENLIGNAGER, Prouver sa descendance ou parenté. Gl. *Lignagium*, 3, et *Linea*, 3.

ENLIGNAIGÉ, Apparenté, allié. Gl. *Linea*, 3.

ENLOCONÉ, Beau parleur, bien embouché, éloquent. Gl. *Linguatus*. [*Enloquyné*, Jubinal, Fabliaux, tom. ii, pag. 35.]

ENLOIEMANT, Obligation, hypothèque. Gl. *Inligare*.

ENLOURDI, Étourdi d'un coup qu'on a reçu. Gl. *Elourdatus*.

ENLOYER, Lier, obliger, engager. Gl. *Inligare*.

ENMAILLIÉ, Émaillé. Gl. *Immallatus* [et *Dragerium*, pag. 937[2]].

ENMAIOLER, Donner le Mai. Gl. *Maium*.

* **ENMALADIR**, Devenir malade. Rayn. tom. ii, pag. 108[2], au mot *Emmalantir*.

ENMALER, Emballer, mettre dans une malle. Gl. *Mala*.

ENMASER, Mettre ensemble, entasser. Gl. *Mesus*.

ENMERCIMENT, Amende pécuniaire proportionnée à la faute. Gl. *Amerciare*.

* **ENMETRE (S')**, S'entremettre, Parton. vers 3566.

ENMUGELIR, Mettre en meule. Gl. *Muga*.

1. **ENNE**, Cane sauvage. Gl. *Enna*.

* 2. **ENNE**, N'est-ce-pas? Roi Guillaume, pag. 128 :

Enne paroit bien avenir
Que li rois perdus revenroit?

Roman de Renart, tom. iv, pag. 23, vers 612 :

Bien dis, fait Renars. Enne voire?
Fait Ysengrin, etc.

ENNEMISTIÉ, Inimitié, hostilité. Gl. *Inimicitiæ*.

ENNEMY, Le diable, qui est l'ennemi du genre humain. Gl. *Inimicus*.

ENNOLIEMENT, Les saintes huiles; du verbe *Ennolier*, Administrer l'extrême-onction. Gl. *Inoleare*.

ENNOR, pour Honneur, Domaine, seigneurie, fief. Gl. *Honor*. [*Ennorer*, Partonop. vers 309. *Ennorance*, vers 8964. Voyez Roquef.]

ENNORT, Ennortement, Conseil, suggestion. Gl. *Instigator*.

ENNOSQUIER, Mettre la flèche dans la noix de l'arbalète. Gl. *Nux*.

* **ENNUBLER**, Se couvrir d'un nuage. Roman de Roncevaux, pag. 54 :

Les els ennuble, li frons en paloî.

ENNUILIER, Administrer les saintes huiles, l'extrême-onction. Gl. *Inoleare*.

ENNUIT, Aujourd'hui. Gl. *Ennutigium*.

ENOLIER, comme ci-dessus *Ennuilier*. Gl. *Inoleare*.

ENPAIENÉ, Attaché à la religion païenne. Gl. *Paganizare*, sous *Pagani*.

* **ENPENÉ**, Empenné, emplumé. Garin le Loher. tom. i, pag. 66 :

Ausi va drois corp faucon enpené.

Voyez Rayn. tom. iv, pag. 491[2], au mot *Empennar*. Chanson de Roland, stance 32, vers 15; stance 158, vers 11.

* **ENPESKER**, Interroger, demander. Renart le Nouvel, tom. iv, pag. 181, vers 1464 :

. . . Et puis li enpeskent
Dont il vient et qu'il quiert si tart.

ENPIEUMENTER, Parfumer, rendre une odeur agréable. Gl. *Pigmentus*.

ENPIPAUDER, Piailler, criailler. Gl. *Pipulare*.

* **ENPLAIDIR.....** Chastel. de Couci, vers 470 :

La dame n'est pas enplaidie
Ains fu d'une manière coie.

ENPORTER, Obtenir par prière. Gl. *Impetratio*.

ENPOURRER, Poudrer, jeter de la poussière. Gl. *Pulveratus*.

ENPRENDRE, Entreprendre. Gl. *Interprætendere*.

* **ENPULLENTIR**. Gl. *Inpuricia*.

ENQUE, Encre. Gl. *Encaustum*.

ENQUEMANCER, Commencer. Gl. *Incipere*, 3.

* **ENQUENUIT**, Cette nuit. Roman de Renart, tom. i, pag. 32, vers 828. Rayn. tom. ii, pag. 80[1], au mot *Anc*.

* **ENQUERRE**. Gl. *Encercare*.

* **ENQUESTEUR**. Gl. *Inquisitores*.

* **ENQUESTONÉ**, Enchâssé. Partonop. vers 10624. Voyez Rayn. tom. iii, p. 124[2], au mot *Encastonar*.

* **ENQUI**, Enquoi, Aujourd'hui, ici,

comme *Encui*. Chanson de Roland, stance 196, vers 19 :

Li rois Marsilie enqui sera venget.

Stance 91, vers 7 :

Enquoi perdrat dolce France son los.

Stance 92, vers 11; stance 140, vers 16 :

Et de m'espée enquoi saveras le nom.

Garin le Loher. tom. 1, pag. 145 :

Iluec demourent et sejornent enqui.

Voyez Orell, pag. 301.

ENRABASSEUR, Fou, furieux, impudent. Gl. *Enare*.

ENRACLER. Les Picards disent *Enraquer* d'une charrette ou voiture tombée dans une ornière, dont on a peine à la retirer. Gl. *Rachia*.

ENRAGERIE, Rage, fureur. Gl. *Rabiditas*.

* ENRAJER, Enrager. Parton. v. 7211 :

Devers nos ert li rois d'Arcaje
E cil d'Almène ù nus v'enraje.

Voyez Rayn. tom. v, pag. 29', au mot *Enrabiar*.

ENRAVIESTIR, Remettre en possession. Gl. *Reinvestire*.

ENREDERIE, ENRESDIE, Effronterie, impudence. Gl. *Enare*.

* ENREGISTRER, Guill. Guiart, tom. 11, pag. 36, vers 924 (9890) :

Le front des batiaus vient à terre
Ou l'ost le roi les enregistre.

* ENRESTÉ, Retenu par des filets. Roman de Renart, t. 11, p. 284, vers 17326 :

Hermeline si haut sailli,
Qu'ele n'iert pas trop curestée,
Que le cop ne l'a adesée.

ENRESVÉ, Rêveur, soucieux, inquiet. Gl. *Inrisus*.

ENREVÉ, Opiniâtre, entêté. Gl. *Enare*.

ENRICHISSIERRES, Qui donne beaucoup, qui enrichit. Gl. *Fundare*, 1.

* ENRIEVRES, Endurci. Roman de Renart, t. 111, pag. 71, vers 21705 :

Un fol vilein, fel et enricvres
Hardiz autresi con un lievres.

Voyez *Enrevé* et la Chron. des ducs de Norm. au mot *Enreure*.

ENRISÉ, Rieur, qui rit facilement. Gl. *Inrisus*.

ENROISER, Mettre en la *roise* ou rouissoir le lin ou le chanvre. Gl. *Roissia*.

ENROLLER, Rouler autour de quelque chose. Gl. sous *Housellus*.

ENROMANCER, Rendre en français une autre langue. Gl. *Romancia*.

ENROSER, Arroser, asperger. Gl. *Vispilio*.

ENROSSINER, Piquer avec des ronces. Gl. *Runciæ*.

ENROTULER, Inscrire, comprendre dans un rôle. Gl. *Inrotulare*.

ENRUILLIER, Enrouiller, dans le sens figuré. Gl. *Rubiginare*.

ENS, Dedans. Gl. *Furator*. [Orell, p. 323.]

ENSAFRENÉ, Jaune, de couleur de safran. Gl. *Saffranare*.

ENSAIGNAL, Médaille. Gl. *Insignium*, 1.

ENSAIGNE, Pièce de monnaie, maille. Gl. *Insignium*, 1.

ENSAINNER, Répandre du sain ou de la graisse sur quelque chose. Gl. *Sainum*.

ENSAISINER, Se saisir, prendre. Gl. *Ensaisinare*.

ENSANGE, Certaine mesure de terre; p. e. parce qu'elle était enceinte de haies ou autre clôture. Gl. *Encengia*.

ENSARCHEMENT †, Recherche, examen, enquête. Gl. *Rimor*.

ENSARRER, Enfermer sous la clef. Gl. *Inserare*, 1.

* ENSAUCER (S'), S'élever. Garin le Loher. tom. 1, pag. 138 :

Bien vous devez lever et ensaucier.

Essaucier, Exhausser. Pag. 139 :

Mais por s'onor lever et essaucier.

Voyez Rayn. tom. 11, pag. 60², au mot *Esalsar*.

ENSAYMMER, Répandre du sain ou de la graisse sur quelque chose. Gl. *Sainum*.

ENSEELER UN NOM, Donner, imposer un nom. Gl. *Insigillare*.

* 1. ENSEGNE? Roi Guillaume, pag. 52 :

Faus est qui s'ensegne naistra.

2. ENSEGNE, Billet par lequel on indique celui qu'on choisit pour une charge. Gl. *Insignium*, 1.

ENSEI, Sorte de vaisseau qui sert principalement en vendange. Gl. *Ansa*, 2.

ENSEIGNABLE, Celui qui est attaché à une doctrine ou opinion. Gl. *Sequax*.

* ENSEIGNAL, Enseignement. Chanson, Wackern. pag. 61 :

Je lor ferai un si bel enseignal.

Comparez Rayn. tom. v, pag. 228', au mot *Assenhal*.

1. ENSEIGNE, Cri d'armes. Gl. *Intersignum*, 3. [Partonop. vers 3449. Compagnie. Agolant, vers 32 :

Deus mille hommes avoit bien en s'enseigne.

Gl. *Vexillum* pag. 797', *Auriflamma*, *Signum*, 10.]

2. ENSEIGNE, Pièce de monnaie, maille, médaille. Gl. *Insignium*, 1, et *Signum*, 17.

3. ENSEIGNE. [Ce qui sert à reconnaître quelqu'un. Flore et Blanceflor, vers 1551, 1581. Voyez Rayn. tom. v, pag. 229', au mot *Enseigna*.] FAIRE ENSEIGNE, Faire signe, donner un signal. Gl. *Insignare*, 1.

ENSEIGNÉ, Docte, savant. Gl. *Dogmaticus*.

ENSEIGNEMENT, Jugement, sentence. Gl. *Enseignamentum*.

* 1. ENSEIGNER, Désigner, indiquer. Aubri, pag. 153² :

Jà Auberis n'iert par moi enscigniés,
Ne sai ou est, tot de fi le saciés.

Roman de Renart, tom. iv, pag. 80, vers 2208 :

Car ains que muire, ensingnie
Veil que soit la courone d'or.

Voyez Rayn. tom. v, pag. 230², au mot *Enseignar*.

2. ENSEIGNER, Mettre ses enseignes, ses armes. Gl. *Insigna*.

ENSELLER, Mettre la selle à un cheval. Gl. [† *Sternere*, 1.] *Sellare* sous *Sella*, 2. [Voyez Rayn. tom. v, pag. 188', au mot *Ensellar*.]

ENSEMENT, Ensemble, en même temps.

Gl. *Suria*. [Ainsi. Chastel. de Couci, vers 8013 :

Je le ferai, ne vous doubtés,
Ensement que vous dit l'avés.

Voyez Orell, pag. 294.]

ENSENGNEMENT, Jugement, sentence. Gl. *Enseignamentum*.

ENSENIÉ, Sensé ou instruit, savant. Gl. *Sensatus*.

* ENSENS, ENSIENT, Science, ruse; avis. Chastel. de Couci, vers 5579 :

Que mes maris par nul ensens
Ne puist esgarder cest afaire.

Roman de Renart, tom. iv, pag. 436, vers 7452 :

Renardiaus fu plains d'ensient,
J'enteng d'engien.

Pag. 35, vers 959 :

Quant Ysengrins ot et entent
Que Nobles eut tel encient.

Voyez *Escient*.

ENSEPELIR, pour Ensevelir. Gl. *Sepulchrare*.

ENSEPOUTURER, ENSEPULCRIR, ENSEPULTURER, Enterrer, donner la sépulture, inhumer. Gl. *Sepulchrare* et *Sepultare*.

ENSERÉ, Qui est égaré de son chemin. Gl. *Serare*.

ENSERMENTER, Ramasser du sarment, en faire des fagots. Gl. *Sermens*.

ENSERVER, Assujettir à des servitudes, exiger des services. Gl. *Inservire*.

ENSEU, pour ENFEU, Sépulcre, tombeau. Gl. *Infoditus*.

ENSEYMER, Frotter, enduire de suif ou saindoux. Gl. *Sainum* et *Seupum*.

ENSGETER †, Jeter dedans, injecter; d'où *Ensgetement*, Injection. Gl. *Inicere* et *Initio*, 1.

ENSI QUE, Comme. Flore et Jeanne, pag. 33 : *Ke il fu ensi ke sour le point de la mort. N'ensi n'ensi,* D'aucune manière, Pastourelle, Wackern. p. 79. Voyez Orell, p. 297.

ENSIENNETE, Ancienneté. Gl. *Operare*.

ENSIGNE. ESTRE ENSIGNE, Se dit d'un prébendier auquel, quoique absent, on accorde les rétributions manuelles. Gl. *Patitur*.

ENSISER, Inciser, couper. Gl. *Incisilis*.

ENSOGNIE, Excuse, raison qu'on allègue pour s'excuser de n'avoir pas comparu en justice. Gl. *Essonia* sous *Sunnis*.

ENSOIGNANTE. FEMME ENSOIGNANTE, Concubine. Gl. sous *Sogneia*.

ENSOIGNÉ, Qui est dans l'embarras, accablé de soins. Gl. *Exoniare* sous *Sunnis*, pag. 437².

1. ENSOINE, Jugement contre un absent appelé en justice. Gl. *Essonia* sous *Sunnis*.

2. ENSOINE, Excuse, raison qu'on allègue pour s'excuser de n'avoir pas comparu en justice. Gl. *Sunnis* et *Ensoine*.

ENSOLER, Couvrir de pierres le sol d'une maison, paver. Gl. *Insolare*, 2.

ENSONGNER, Donner ses soins à quelque chose. Gl. *Soniare*, pag. 298'.

ENSONNIIÉ, Embarrassé. ESTRE *Ensonniié de debtes*, Être accablé de dettes. Gl. *Exoniari* sous *Sunnis*, pag. 437².

ENSONNIL, p. e. pour ENTONNIL, Entonnoir. Gl. *Embutum*.

* **ENSORCERÉ**, Ensorcelé. Agolant, vers 1324.

* **ENSORQUETOT**, Ensorketut, Surtout. Partonop. vers 1153. 6615. Roman de Renart, tom. i, pag. 20, vers 521. Chronique des ducs de Normandie, tom. ii, pag. 97, vers 18138. Voyez Roquef. Orell, pag. 301.

ENSOUDRER, Assaisonner. Gl. sous *Sapor*.

ENSOYER, Faire une ligne de soies de porc. Gl. *Insetare*.

* **ENSPRIS**, Allumé. Sermon de saint Bernard : *Il virent un for enspris* (lat. aspexerunt succensum clibanum). Livre de Job, pag. 443 : *Enspris de charror de droiture.* Pag. 444 : *S'ensprent-il à la convoitise.*

ENSUIGRE, Suivre, imiter, ressembler. Gl. *Sororisare* sous *Sororiare*.

ENSUIS, p. e. pour Encis, Meurtre d'une femme enceinte. Gl. *Encimum*.

* **ENT**, En. Partonop. vers 3603. Voyez Rayn. tom. iii, pag. 129², au mot *Ent*, Diez *Altrom. Sprach-Denkmale*, pag. 27.

ENTABLEMENT, Piédestal. Gl. *Tabulamentum*, i.

ENTABLER, Exposer sur une table. Gl. *Intabulare*, 2.

ENTABLISSEMENT, Entablement, chaperon d'un mur. Gl. *Tabulatum*, 3.

ENTAILLEUR, Entaillieres, Ciseleur, sculpteur. Gl. *Entalliatus* et *Taliare*. [*Entaillure*, *Entailléure*, Entaille, sculpture. Partonop. vers 851, 10162. Flore et Blancefl, vers 1185.]

* **ENTAITER**, comme *Entester*, Désirer, prier. Guill. Guiart, tom. ii, pag. 231, vers 584 (9551) :

> Li rois Henriz en Saintes entre
> Si con l'ost François li entaite.

ENTALENTÉ, Qui veut et a résolu de faire quelque chose. Gl. sous *Talentum*, 2. [Voyez Rayn. tom. v, pag. 297², au mot *Entalentar*.]

* **ENTALLE**, Rang. Guill. Guiart, t. ii, pag. 449, vers 11673 (20657) :

> Derrier les chars ses gens acoutre
> Dont longues furent les entalles.

ENTALLER, Tailler, découper. Gl. sous *Abatis*. [Gérard de Vienne, vers 2425 :

> Aude se pasme sus le marbre entaillié,
> Tant ait ploré ke tot en ait moillié
> Son fres bliaut et l'ermine entailié.

Vers 2537 :

> Il tint l'espée à poig d'or entailié.

Agolant, vers 280, 285. Enfants Haymon, vers 740. Partonop. vers 1657 :

> Li pons est deseur l'eve beaus,
> Bien entaillés, tos à creneaus.

Voyez Rayn. tom. iii, pag. 5¹, au mot *Entalhar*.]

* **ENTAN**, Autan, l'an dernier, jadis. Partonop. vers 6459 :

> Ci ot entan une assemblée,
> Puis que fustes de ci tornée.

Voyez Rayn. tom. ii, pag. 76², au mot *Antan*.

ENTANDIS, Cependant, pendant ce temps-là. Gl. *Interdum*. [*Entendis*, Roquef.]

* **ENTASCHER**, Diriger. Guill. Guiart, tom. ii, pag. 469, vers 12184 (21167) :

> Quarriaus et dars et pierres laschent
> Vers ceus qui viennent les entaschent.

Pag. 372, vers 9677 (18657); pag. 458, vers 11892 (20876). Voyez *Tasche* et *Enteser*.

* **ENTASSELÉ**, Entrelacé. Partonop. vers 4899 :

> De sebelins noirs est orlés
> Et de saphirs entasselés.

* **ENTASSER**, Pousser, poursuivre, acculer. Partonop. vers 8972, 8988. Guill. Guiart, t. ii, p. 479, vers 12454 (21437).

* 1. **ENTE**, Greffe, plante, arbre. Garin le Loher. tom. i, pag. 97. Flore et Blancefl. vers 378, 390, 2025. Ruteb. tom. i, p. 26. Chastel. de Couci, vers 7672. Voyez le Gloss. sur la Chron. des ducs de Normand. et ci-dessus *Anter*.

* 2. **ENTE**, Triste, peiné. Chastel. de Couci, vers 3220 :

> Ne cuidiés que ses cuers fust ente.

Vers 1769 :

> La manière gente
> Le chastelain pour qui est ente.

Vers 6739? *Enter*, Causer de la douleur. Vers 5691 :

> Car trop griefment en son cuer ente
> Le mal d'amours qui est enté.

ENTECHIÉ, Qui a de bonnes ou mauvaises qualités, bien ou mal disposé. Gl. sous *Tasca*, 2, pag. 514. [Voyez Rayn. tom. v, pag. 294¹, au mot *Entacar*.]

ENTENCIEUX, Attentif, appliqué, occupé. Gl. *Intentissime*.

1. **ENTENDABLE**, Facile à entendre. Gl. *Intellectibilis*.

2. **ENTENDABLE**, Intelligent, doué d'un grand entendement. Gl. *Intelligibilis*.

ENTENDANT. Faire **Entendant**, Faire entendre, donner à entendre. Gl. *Intendere*, 2. [Flore et Jeanne, pag. 48, 64. *Faire à entendre*, Flore et Blancefl. vers 331. *Être entendant*, Être attentif, regarder. Partonop. vers 7444.]

ENTENDEMENT, Intelligence, signification d'un mot. Gl. *Intendimentum*, 2.

ENTENDIBLE, Intelligible, qu'on peut aisément entendre; d'où *Entendiblement*, Intelligiblement. Gl. *Audibilis*.

* **ENTENDRE**, S'appliquer, s'affectionner, donner son attention, s'occuper, viser. Roi Guillaume, pag. 137 :

> Au cor regarder entendoit.

Partonop. vers 3376 :

> Li pros rois al escu entent
> S'el pent moult en haste à con col.

Vers 3348, 3403, 3634, 6149, 6156. Flore et Blancefl. vers 1274. Chanson anonyme, Wackern. pag. 47 :

> Certes mal atent ke pent;
> Maix lonc tens voldroie pendre,
> Por coi me volsist entendre
> Celle à cui mes cuers entent.

S'entendre, Flore et Blanceflor, vers 376 :

> Car grant duel a, à il s'entent.

Voyez Rayn. tom. v, pag. 325², au mot *Entendre*.

ENTENEBRER, Obscurcir, rendre sombre. Gl. *Tenebrare*.

* **ENTENTE**, Attention, intention. Chanson de Gaces, Wackern. pag. 11 :

> Aillors ait s'entente mise.

Roi Guillaume, pag. 137 :

> C'à çou estoit s'entente mise.

Chron. des ducs de Normandie, tom. i, pag. 455, vers 10833. *Entente livrer, bailler*, Donner de la besogne, attaquer. p. 270, vers 5369 Flore et Blancefl. v. 377. Guill. Guiart, tom. ii, pag. 453, vers 11760, pag. 447, vers 11605 (20743, 20589). Voyez Rayn. tom. v, pag. 326¹, au mot *Enten*.

ENTENTIEX, Attentif, qui écoute et entend. Gl. *Intendere*, 2. [Voyez Rayn. tom. v, pag. 328¹, au mot *Ententiu*. *Ententivement*, Flore et Blanceflor, vers 186. Partonop. vers 6811. *Entientiement*, Chastel. de Couci, vers 7454.]

ENTERCHIER, Mettre en séquestre ou main tierce. Gl. *Intertiare*.

ENTEREING, Entier, parfait, complet. Gl. *Integrare*, 3.

ENTERIETÉ, Intégrité, pureté. Gl. *Integraliter*, 2.

1. **ENTERIN**, Intègre, irréprochable, sincère. Gl. *Integraliter*, 2. [Garin le Loher. tom. i, pag. 56 :

> Ce dist li dux, conseil a enterin.

Voyez Rayn. tom. v, pag. 564², au mot *Enterin*.]

2. **ENTERIN**, Entier, qui n'est pas partagé. Gl. *Feudum integrale*.

ENTERINANCE, Caution, sûreté. Gl. *Interinare*, 2.

ENTERINÉMENT, Entièrement. Gl. *Pavagium*, 2.

1. **ENTERINER**, Accomplir, exécuter, achever. Gl. *Integrare*, 3.

2. **ENTERINER**, Cautionner, garantir. Gl. *Interinare*, 2.

ENTERINITÉ, Perfection, achèvement. Gl. *Integrare*, 3.

ENTERINSABLE, Se dit de ce qu'on passe ou insère à travers, comme la trame d'une étoffe ou toile. Gl. *Interinsilis*.

ENTERQUER, Enduire surtout de goudron appelé *Terque*. Gl. *Intrire*.

ENTERRAGE, Enterraige, Enterrement, sépulture. Gl. *Interragium* [et *Interrare*, 1].

* **ENTERRER**, Terrasser, fortifier par un amas de terre. Garin le Loher. tom. i, pag. 169.

* **ENTERVER**, Regarder, examiner. Guill. Guiart, tom. i, pag. 12, vers 173; p. 177, vers 4037; tom. ii, p. 36, vers 903 (9869). Voyez Rayn. tom. v, pag. 104², au mot *Entervar*.

ENTESER, Entezer, Tendre, bander, ajuster, lever une arme ou bâton contre quelqu'un pour l'en frapper. Gl. *Intendere*, 9. [et *Tensura*, 2. Voyez Rayn. t. v, p. 268¹, au mot *Entesar*. *Entoiser*, Gérard de Vienne, vers 2554. Enfants Haymon, v. 314. Guill. Guiart, tom. i, pag. 107, vers 2235 2626); t. ii, p. 280, vers 7267 (16247).]

* **ENTESNIER** (S'), Entrer dans sa tanière. Roman de Renart, tom. i, pag. 25, vers 677. *Entesnie*, Couchée, pag. 18, vers 478.

* **ENTESTER**. *Entesté*, Avide. Guill. Guiart, tom. ii, pag. 41, vers 1051 (10017);

pag. 425, vers 11039 (20621); pag. 455, vers 11822 (20805). *Entéstant*, sollicitant, pag. 104, vers 2657 (11637). *S'entester*, désirer vivement, p. 276, vers 7176, (16157). Voyez Rayn. tom. v, pag. 356², au mot *Entestar*.

* ENTEUS, Entendu, sage. Flore et Jeanne, pag. 65 : *Vostre rois n'est pas si enteus ne si courtois.*

ENTHE, Conduit. Gl. *Entare*.

ENTICEMENT, Instigation, impulsion, persuasion. Gl. *Instigator*.

* ENTICER, comme *Aticer*, Animer, exciter. Guill. Guiart, tom. 1, pag. 156, vers 3501. Voyez le Glossaire sur la Chronique des ducs de Normandie.

1. ENTIER, Intègre, irréprochable, sincère. Gl. *Integraliter*, 2.

2. ENTIER. HOME LIGES ENTIERS, Vassal, qui n'est attaché par le serment de fidélité qu'à un seigneur. Gl. *Solidus*, 1, pag. 289¹.

* ENTIERCER, ENTERCER, Reconnaître, considérer, découvrir. Partonop. vers 6853 :

Sains vos connoistre n'entercier.

Vers 5926, 5931. Guill. Guiart, tom. 11, pag. 371, vers 9648 (18629); pag. 378, vers 9809 (18790); pag. 400, vers 10405 (19387); p. 63, vers 1605 (10581); p. 297, vers 7724 (16704).

ENTIERCIER, Enlever un gage à son créancier et le mettre en séquestre ou main tierce; d'où *Entierceur*, Séquestre. Gl. *Intertiare*.

* 1. ENTOISER. Voyez *Enteser*.

* 2. ENTOISER, Parcourir rapidement, arpenter. Guill. Guiart, tom. 11, pag. 197, vers 5076 (14064) :

Car li destrier la terre entoisent.

Pag. 302, vers 7872 (16813).

ENTOMI, Engourdi, endormi. Gl. *Indormitus*.

ENTORSER, Faire un trousseau, mettre en paquet. Gl. *Trussare* sous *Trossa*, 3.

* ENTOSCHE, Poison. Partonop. v. 1019, 1022. Chron. des ducs de Norm. tom. 111, pag. 187, vers 36944, 36952. *Entoscher*, Empoisonner. Partonop. vers 6251. Voyez Rayn. tom. v, pag. 439¹, au mot *Entoyssegar*.

ENTOUR, Environ. Gl. *Denariata panis*. [Roman de Renart, tom. 111, pag. 151, vers 23907. Autour, auprès de. Marie de France, tom. 1, pag. 428 :

La ceinture ceint entur sei.

Aubri, pag. 175¹ :

Baivière assaillent entor et environ...
Le fu i botent entor et environ.

Enfants Haymon, vers 633. Aubri, p. 153¹ :

Qu'entor Henri, que de Dieu soit maudis,
Ai je des armes et de cheval apris.

Flore et Jeanne, pag. 31 : *Si siervirai là aucun prédomme entour cui j'aprenderai d'armes.* Voyez Rayn. tom. v, pag. 379¹, au mot *Entorn*, Orell, pag. 323.]

ENTOUSSÉ, Travaillé de toux, enrhumé. Gl. *Tussitus*.

ENTOYER, Envelopper d'une toile ou taie. Gl. *Intectumentum*. [*Entoié*, Partonop: vers 10361.]

ENTRACOULER, S'entre-frapper avec des lances. Gl. *Veru*.

ENTRAGE, Ce qu'on paye en entrant en possession d'un fief ou d'un bail à cens. Gl. *Intragium*, 1.

ENTRAICTURE, Rentraîture; du verbe *Entraire*, Rentraire. Gl. *Insutura*.

* ENTRAITE...... Partonop. vers 6342 :

Car dit m'avés tantes entraites.

Chastel. de Couci, vers 7032 :

Adont fist cbe chant envoisié
D'amoureuse pensée entraite.

ENTRAITTER (S'), S'empêtrer, s'embarrasser dans ses traits. Gl. *Intricare*.

ENTRANT, Ingrédient, ce qui entre dans la composition d'une médecine, etc. Gl. *Intrans*, 1.

ENTRASSAIER (S'), S'animer, s'exciter. Gl. *Insultus*.

ENTRAVERSER, Renverser un peu, faire pencher. Gl. *Invertescere*.

* ENTRE, Ensemble, conjointement, se dit surtout de deux personnes. Roi Guillaume, pag. 82 :

Entre lui et sa feme ensemble.

Garin le Loher. tom. 1, pag. 70, 120, 178, 225. Roman de Renart, t. 1, p. 21, vers 556, tom. 111, pag. 142, vers 23675. Chastel. de Couci, vers 7364, 7904. Fabliaux, Jubinal, tom. 1, pag. 140. Ruteb. tom. 1, pag. 2. Voyez Orell, pag. 324. Fierabras, vers 457, note, pag. 177². Flore et Blanceflor, vers 2359.

ENTREASSAMBLER, Se prendre l'un à l'autre pour se battre. Gl. *Assemblare*.

ENTREBÉE, Ouverture. Gl. *Beare*.

ENTREBENDE, Pièce de bois qui en soutient deux autres. Gl. *Benda*, 3.

ENTRECHAPLER, Se battre à l'épée. Gl. *Capulare*.

ENTRECHAUNGEABLEMENT, En échange. Gl. *Indentura*.

* ENTRECHENUS, Un peu gris. Partonop. vers 7764.

ENTRECHEVAUCHIER, Fouler aux pieds d'un cheval. Gl. *Cavalcare* sous *Caballus*, pag. 5¹.

ENTRECLOZ, Entrebaillé, à demi fermé. Gl. *Interclusus*.

ENTRECONTRER, Rencontrer. Gl. *Incontrum*. [Chastel. de Couci, vers 2562.]

ENTRECOURS, Convention entre deux seigneurs, en vertu de laquelle les sujets de chacun d'eux peuvent aller s'établir sur la terre de l'autre. Gl. *Intercursus*.

* ENTREDEUS, Terme d'escrime. Voyez le Glossaire sur la Chron. des ducs de Normandie.

1. ENTREDIT, Instruit, qui n'est pas encore baptisé. Gl. *Catechumeni*.

2. ENTREDIT, Interdit, censure ecclésiastique, qui suspend les fonctions des prêtres, l'administration des sacrements et tout exercice de religion. Gl. *Interdictum*.

1. ENTRÉE, Bienvenue, ce qu'on paye en entrant en charge. Gl. *Baisemain*.

2. ENTRÉE. ARBRE D'ENTRÉE, Dans la racine duquel la cognée entre aisément. Gl. *Intrata*, 1.

ENTREFAIRE COMPAGNIE, Fréquenter quelqu'un. Gl. *Companium*.

ENTREFUSEE, Le fil qui est devidé autour d'un fuseau, fusée. Gl. *Fusata*.

ENTREGET, Jeu de passe-passe, tour d'adresse. Gl. *Entrega*.

ENTREJETTERIE, Le même. Gl. *Entrega*.

ENTREIL, Entre-deux des sourcils. Gl. *Intercilium*.

ENTREINGNE, Aine, jointure du ventre et de la cuisse. Gl. *Intranea*.

ENTRE-LA, Cependant, pendant ce temps-là. Gl. *Interibi*.

ENTRELAISSIER, Interruption. Gl. *Interponere*, 1. [*Entrelaisser*, Interrompre, oublier. Flore et Blanceflor, vers 2207 :

Por çou qu'en lui vit tel biauté
Tote entrelaist sa cruauté.]

ENTRELIGNEUSE, Interligne. Gl. *Interlineatura* sous *Interlineare*.

* ENTREMEDLER, Causer ensemble. Fabliaux, Jubinal, tom. 11, pag. 28 :

Si oyd deus femmes entremedler.

ENTREMENTIERE, Fourniture. Gl. *Intretenire*.

ENTREMENTIERS, Cependant, pendant ce temps-là. Gl. *Interdum*.

* ENTREMESLER. BARBE ENTREMESLÉE, A demi grise ou blanche. Agolant, vers 795. Voyez *Entrechenus*.

ENTREMETTEUR, Métayer qui fait valoir des terres, vignes, etc., sous la condition d'en avoir la moitié des fruits. Gl. *Caravellis*.

ENTREMI, Entre-deux, espace qui est entre deux choses. Gl. *Intermedium*.

ENTREMOIEN, Cloison, séparation. Gl. *Intergeries*.

ENTREMUYE, Trémie, le lieu où elle est placée. Gl. *Entremutia*.

ENTREPASSABLE, Se dit de ce qu'on passe à travers, comme la trame d'une étoffe ou toile. Gl. *Interinsilis*.

ENTREPOIGNER, S'entre-donner des coups de poing. Gl. *Pugnata*, 2.

ENTREPOSÉEMENT, Petit à petit. Gl. *Interlidere*.

ENTREPRESURE, Contravention. Gl. *Interpresura* sous *Interprendere*.

* ENTREPRIS, Embarrassé, dérobé. Flore et Blancefl. vers 1756. Chanson de Guiot de Prouvius, Wackern. pag. 27. Garin le Loher. t. 1, pag. 3, 80, 166. Ruteb. tom. 1, pag. 6. Orell, p. 61,255. *Entreprendre*, Embarrasser. Roman de Renart, tom. 11, pag. 321, vers 18320. Voyez Rayn. tom. iv, pag. 632¹, au mot *Entreprendre*.

ENTRÉROMPRE, Interrompre, suspendre. Gl. *Interponere*, 1.

ENTRESAIN, Marque, trace, impression qui reste sur un corps. Gl. *Intersignum*, 1. [Voyez Rayn. tom. v, pag. 231¹, au mot *Entresenh*.]

* ENTRESAIT, ENTRESET, Certainement, de suite, inopinément. Roman de Renart, tom. 11, pag. 345, vers 19008. Partonop. vers 3748, 4676, 5213, 7475, 8844. Chastel. de Couci, vers 486, 7548. *Entreshet*, Chron. des ducs de Normandie, tom. 11, p. 204, vers 21248. Voyez Rayn. tom. 11, pag. 141¹, au mot *Atrasag*.

ENTRESEC, Arbre qui est sur le retour. Voy. *Intersiccum*.

ENTRESEGNE, Marque, trace, impression qui reste sur un corps. Gl. *Intersignum*, 1.

ENTRESSÉ, Arbre, qui est sur le retour. Gl. *Intersiccum*.

ENTRESUIVANT EN TEINTURE, Se dit d'un drap bien également teint. Gl. *Secta*, 4.

ENTRETANT, Cependant, pendant ce temps-là. Gl. *Interdum*.

ENTRETENANCE, ENTRETENEMENT, Entretien, réparation. Gl. *Intertinentia* sous *Intertinere*, 1, et *Retinere*, 2.

ENTRETERRER (S'), s'Atterrer, se renverser par terre. Gl. *Interrare*, 2.

ENTRINGNER, Accomplir, exécuter, achever. Gl. *Integrare*, 3.

1. **ENTRODUIRE**, Instruire, enseigner. Gl. *Introducere*, 1.

2. **ENTRODUIRE**, Engager, induire, séduire. Gl. *Introducere*, 1.

ENTRONIZER, Mettre en possession d'une charge ou dignité. Gl. *Incomitiare*.

ENTROUBLER, Embarrasser, embrouiller. Gl. sous *Majestas*.

ENTRUES, Tandis, pendant. Gl. *Interdum*. [Partonop. vers 8574. Chastel. de Couci, vers 3269. Ruteb. tom. II, p. 246, 257. Orell, pag. 335.]

ENTURLÉ, Fol, étourdi. Gl. *Lurdus*. [*Entullé*, Ruteb. tom. II, pag. 235.]

ENVAHISSEMENT, L'action d'envahir ou d'attaquer quelqu'un. Gl. *Invasibilis*.

ENVAIE, Attaque, choc, assaut. [Partonop. vers 8858. Gérard de Vienne, vers 1759, 2776]; d'où *Envaïr*, Assaillir, attaquer, charger. Gl. *Invasibilis*. [Partonop. vers 240, 8768, 8774. Garin le Loher. tom. I, pag. 4, 170. Aubri, vers 70. Roman de Renart, tom. II, pag. 59, vers 21373. Voyez Rayn. tom. v, pag. 472², au mot *Envazir*.]

ENVAISEMENT, Invasion. Gl. *Invasibilis*.

ENVAISSELER, ENVASSELLER, Enchâsser, enfermer. Gl. *Invasatus*, 1.

ENVAYER, Envahir, assaillir, attaquer, se jetter dessus. Gl. *Invasibilis*.

ENVELIMER, Se dit d'une plaie qui s'envenime. Gl. *Venenare*.

ENVELOPE, Drap, linceul. Gl. *Involumen*.

ENVENIMER, Empoisonner; d'où *Envenimeure* et *Envenimoison*, L'action d'empoisonner, poison. Gl. *Venenare*.

ENVENTRER, Avaler, engloutir, dévorer. Gl. *Inviscerare*.

1. **ENVERS**, Auprès, en comparaison. Gl. *In Contram*, pag. 801².

2. **ENVERS**, ENVERSÉ, Étendu sur le dos. Guill. Guiart, tom. I, p. 81, vers 1450; pag. 102, vers 2090 :

> Envers, adenz et de costé.

Roman de Renart, tom. I, p. 31, v. 813. Voyez Rayn. tom. v, pag. 522², aux mots *Envers* et *Enversar*, Gl. *Arma reversata*, pag. 396².

3. **ENVERS**,..... Roman de Renart, t. III, pag. 58, vers 21345 :

> Si ont chanté salmes et vers,
> Moult hautement à deus envers.

Pag. 59, vers 21361 :

> Tybert a dit après le vers,
> Renart li respout à envers.

ENVERSAIRE, Anniversaire. Gl. *Anniversarium*.

* **ENVIAILLE**, ENVIAL, Défi. Partonop. vers 38. Roman de Renart, tom. II, p. 12, vers 20080.

ENVIESIR, Se dit de ce qui s'use et périt par le temps; d'où *Enviesissure* et *Enviesure*, Vétusté. Gl. *Estoffa* et *Vetustare*.

ENVILLENER, Déshonorer. Gl. *Villonia*.

ENVILLENIR, Blesser grièvement, mutiler. Gl. *Vileniare*.

ENVIROLÉ, Garni d'une virole. Gl. *Invirolatus* [et *Virola*].

ENVIRON. [Autour. Gariu, t. 1, p. 175 :

> La cités est tote assise environ.

Pag. 58 :

> Sa gent se logent environ de tot lez.

Enfants Haymon, vers 829 :

> Qui la terre ont gasté environ et en lé.

D'environ, Chron. des ducs de Norm. t. III, pag. 336, vers 40781. Voyez Rayn. tom. v, p. 551¹, au mot *Environ*. Orell. pag. 324, et ci-dessus *Entour*.] A L'ENVIRON, A l'égard, envers. Gl. *Versus*, 2.

* **ENVIRONNER**, Faire le tour, parcourir. Roman de Merlin, Fierabras, p. 182² :

> Cant cil ont le païs trestout environneit,
> Droit à une fonteane ont Merlin encontreit.

Gilote et Johane, Jubinal, tom. II, p. 39 :

> Meynte bone terre si envyronerent.

Comparez Gl. *Gyrator* et *Gyrovagari*.

ENVIS [et A ENVIS], Malgré soi, contre son gré, à regret. Gl. *Involens*. [Difficilement, à peine. Flore et Jeanne, pag. 34 : *Envis en arai merci... Envis en cuidoit avoir pardon*. Pag. 45 : *A envis sera restorés mes damages*. Partonop. vers 335 :

> Mais il l'en croient à envis.

Garin, tom. I, pag. 38 :

> Qui là descent moult puet estre esbahis,
> Le remonter feroit-il à envis.

Voyez Rayn. tom. III, pag. 132¹, au mot *Envis*. Orell, pag. 301, Glossaire sur Joinville.]

ENUMBER, Se dit de Jésus-Christ, quand il a pris chair humaine dans le sein de la Vierge. Gl. *Lumbare*. [Voyez *S'Anonbrer*.]

* **ENVOISER**, ENVEISIER, Se divertir, s'amuser. Partonop. vers 7652 :

> Mais moult i envoisent petit.

Jordan Fantosme, vers 1299 :

> De juer ne d'enveisier ne vus defend-jo mie.

S'envoiser, *s'envoisier*, Partonop. vers 2131. 2228, 5254, 6264, 7379, 8018. Chastel. de Couci, vers 1477, 7448. Guill. Guiart, tom. I, pag. 263, vers 6385. (6705.) *S'enveiser*, Chanson de Roland, st. 76, vers 3. *Envoisié*, Gai, riant. Partonop. vers 547, 560, 7285. Chastel. de Couci, vers 184. Chron. des ducs de Norm. *Envoisie*, fém. Enfants Haymon, vers 750. Lai du conseil, vers 414, Lais inédits, pag. 102. *Envoiséure*, Joie, gaieté, plaisanterie. Partonop. v. 69, 4733, 7299, 833g. Chastel. de Couci, vers 109. *Enveisure*, Chron. des ducs de Norm. *Envoiserie*, Rutebeuf. tom. I, p. 7.

Voyez Roquef. *Enveiséement*, Joyeusement. Chron. des ducs de Normandie. Voyez Rayn. tom. III, pag. 131, aux mots *Envezar* et suivants.

* **ENVOLEPÉ**, ENVOLUPÉ, Enveloppé. Chanson de Roland, stance 30, vers 7. Roi Guillaume, pag. 58, 99, 100. Agolant, pag. 185². Voyez Rayn. tom. v, pag. 566², au mot *Envelopar*.

* **ENVOLSÉ**, Enveloppé. Partonop. vers 10323 :

> Chiute de dum d'alerion
> Envolsé d'un blanc siglaton.

ENVOULENTIF, Résolu, déterminé. Gl. *Involens*. [Voyez Rayn. tom. v, pag. 564¹, au mot *Envolontos*.]

ENVOULTER, ENVOUSTER, Ensorceler, enchanter. Gl. *Invultare*, 2.

* **ENVOUS**, Voûté, bombé, qui a une bosse. Chron. des ducs de Norm.

ENVOUTEMENT, Sortilége, maléfice. Gl. *Stellionatus*, 2.

ENVULTER, Faire l'effigie de quelqu'un en cire pour servir à des sortiléges. Gl. *Vultivoli*.

ENWAGEMENT, pour Engagement, hypothèque. Gl. *Invadiare* sous *Vadium*.

ENWAGIER, Engager. Gl. *Invagiare*.

ENWERPIR, Mettre en possession. Gl. *Infestucare* sous *Festuca*.

ENYNAGE, Droit d'aînesse. Gl. *Ainescia*.

* **ENZ**, Dans, dedans. Roman de Renart, tom. I, pag. 36, vers 923. Guill. Guiart, tom. I, pag. 181, vers 4146, 4157; t. II, pag. 342, vers 8878 (17859). Voyez *Ens*.

EPARSES, Rentes primordiales et seigneuriales, répandues en différents lieux. Gl. *Sparsarius*.

EPICAUSTERES, Cheminée. Gl. *Epicaustorium*.

EPIDIMIE, Épidémie, mal contagieux. Gl. *Epidemia*. [Voyez Rayn. t. III, p. 132², au mot *Epidimia*.]

EPILENSE, Épilepsie. Gl. *Epilensis*, sous *Epilepticus*. [Voyez Rayn. tom. III, pag. 133¹, au mot *Epilepcia*.]

EPILOGACION, Récapitulation, abrégé. Gl. *Epilogatio*.

EPINOCHE, Epinard, légume. Gl. *Spinarium*.

EPISCOPALITÉ, Les revenus d'un évêché. Gl. *Episcopatus*, 1.

EPISTICULE, pour EPICYCLE, dans le Songe du vieil pèlerin par Philippe de Maisières, l. 2. c. 59.

EPISTOLIER, Livre d'église contenant les épîtres, qu'on chante à la messe. Gl. *Epistolarium*.

EPITAFLE, Toute espèce d'inscription. Gl. *Epitaphium*, 2.

EPOIGNE, Sorte de gâteau. Gl. *Expogna*.

EPPARON, Lance, épieu. Gl. *Sparro*.

EQUE, Cavale, jument. Gl. *Equalia*.

EQUIPART, Instrument de fer pour remuer la terre, pioche. Gl. *Schippa*.

* **EQUIPER**, Naviguer. Gl. *Esquipare*.

EQUIPPE, Nautonnier, matelot. Gl. *Schippa*.

ERACHIER, Arracher. Gl. sous *Estocagium*. [Voyez *Esrachier*.]

* **ERBÉ**, Vin aux herbes. Partonop. vers 1047 :

> Après laver vienent erbé
> Et li piument et li claré.

ERBIER, ERBOIR, ERBOIS, Pré, pâturage, lieu couvert d'herbes. Gl. *Herbacia* et *Herbarium*. [Partonop. vers 952. *Erboi*, Aubri, pag. 159². *Erbei*, *Erbeie*, *Erbos*, Chron. des ducs de Normandie. Voyez Rayn. tom. III, p. 539², au mot *Erbos*.]

ERDANCE †, Attachement, jonction. Gl. *Inhærentia*.

ERDOICE, Ardoise. Gl. *Ardesius*.

ERDRE †, Etre attaché, joint. Gl. *Inhærentia*. [*S'erdre*, s'accoupler. Roman de Renart, tom. II, pag. 125, vers 12978. Voyez *Aerdre*.]

* **ERETIER**, Domicile, demeure. Enfants Haymon, vers 471 :

> Seigneurs, dont estes vous et de quel cretier.

ERICE, Terme de fortification, herse. Gl. *Ericius*.

ERIN, Irlande. Gl. *Erigena*.

* **ERME**. Voyez *Herm*.

* **ERMIN**, Arménien. Wackernagel, pag. 64. *Ermine*, Hermine, Roi Guillaume, pag. 46. *Ermil?* Agolant, vers 1220.

ERMOISE, Armoire. Gl. *Armazium*.

ERMOUFLE, Hermite. Gl. *Eremitœ*.

ERNEL, p. e. champ inculte. Gl. *Ermassius*.

* **ERNUER**, Hennir. Partonop. v. 3065 :

> Li noirs cevals arbre et ernue.

Cod. S. Germ. num. 1239 :

> Li noirs cevax cabre et hernue.

ERRAGER, Arracher, emporter par force. Gl. *Evellatus*.

ERRAMMENT, ERRAUMENT, Incontinent, aussitôt. Gl *Erramenta*. [*Erroment*, Roman de Rénart, t. II, p. 89, v. 11964. *Erranment*, Partonop. vers 1976.]

ERRANDONNER, Marcher sans ordre, avec confusion. Gl. *Erraticus*.

* **ERRANT**, Sans retard, comme *Erramment*. Flore et Blanceft. vers 1095. Partonop. vers 816, 5906. Chron. des ducs de Norm. Orell, pag. 301.

ERRE, Marche, voyage, ce qui y est nécessaire. [Guill. Guiart, tom. II, p. 21, vers 510 (9476) :

> Mainnent vos serjanz trop mal erre.]

D'où *Errer*, Marcher, voyager. Gl. *Erare*.

ERREDE, Déraisonnable, opiniâtre, extravagant. Gl. *Enare*.

ERREMENTER, Former en justice une demande contre quelqu'un. Gl. *Erramenta*.

ERRER, Conduire, mener, accompagner quelqu'un dans un voyage [voyager, marcher]. Gl. *Erare* et *Erraticus*. [Chron. des ducs de Normandie, Gloss. sur Joinville. Voyez *Erre* et *Esrer*.]

* **ERRUR**, Trouble, peine. Jordan Fantosme, vers 1945. Voyez *Esreur* et Rayn. tom. III, pag. 140², aux mots *Error* et *Erransa*.

ERSOIR, Hier. Gl. *Erinus*. [Orell, pag. 301.]

ERTAYE, Terre inculte et non labourable. Gl. *Hertemus*.

---

1. **ES**, Abeille. Gl. *Apiaster*. [Partonop. vers 121. Voyez *Ees*.]

* 2. **ES**, Ais, petite planche. Partonop. vers 3384 :

> D'un autre colp qu'il fiert après
> Empire del escu les ès.

Guill. Guiart, tom. I, pag. 233, v. 5582. Fourreau. Roman de Renart, tom. III, pag. 71, vers 21707 :

> Au costé ot s'espée ceinte,
> Qui de roil estoit tote teinte,
> Qui ne pooit issir des ès.

* **ESAUCHIER**, ESAUCIER, Accroitre. Garin le Loher. tom. I, pag. 90, 157. Voyez *Ensaucier*.

ESBABOYNER, Embabouiner, tromper en amusant, en faire accroire. Gl. *Baburrus* et sous *Fallita*, 2.

* **ESBAHIEMENT**, Avec admiration, Partonop. vers 7421. Voyez Rayn. tom. III, pag. 141², au mot *Esbair*.

* **ESBANIR**, Convoquer, rassembler. Chron. des ducs de Normandie.

ESBANOIER, Se réjouir, s'amuser; d'où *Esbanois*, Jeu, divertissement. Gl. *Erradiari*. [Voyez Rayn. tom. II, pag. 177¹, au mot *Bandeiar*; le Gloss. sur la chanson de Roland et celui sur la Chron. des ducs de Norm. aux mots *Esbaneier* et *Esbaneiz*. *Espanier*, Partonop. vers 5592. *Esbannier*, Enfants Haymon, vers 271.]

ESBATANT, Gai, gaillard. Gl. *Erradiari*.

ESBATEMENT, Amusement. *Hôtel d'Esbatement*, Belle et agréable maison. Gl. *Erradiari*.

ESBATICER, Se promener çà et là. Gl. *Erradiari*.

ESBATRE, Amuser, divertir les autres, se réjouir. Gl. *Erradiari*. [Voyez Rayn. tom. II, pag. 200¹, au mot *Esbatre*.]

* **ESBAUDIR**, Egayer, donner du courage, avoir du courage, élever, résonner. Partonop. vers 6868 :

> Si l'en a forment esbaudi.

Chron. de Jordan Fantosme, 1584 :

> Ço ad mult esbaudi voz mortels enemis.

Garin le Loher. tom. I, pag. 222 :

> Crient et braient por lor gent esbaudir.

Guill. Guiart, tom. I, pag. 110, v. 2323 :

> Fait si l'eschiele au roi de France
> Esbaudir là ou il flatissent.

Garin le Loher. tom. I, pag. 170 :

> Là oïssiez gresloier et tentir,
> Mainte buisine corner et esbaudir.

Pag. 261 :

> Là véissiez tant bons sautiers tenir
> Chanter ces moines et lor chans esbaudir.

Pag. 144 :

> Et les bretecbes haucier et esbaudir.

S'esbaudir, Chastel. de Couci, vers 3846. *S'esbaldir*, Chanson de Roland, stance 114, vers 15 :

> A icest mot, si s'esbaldissent Franc.

Esbaudi. Moniages Renouart, Chron. des ducs de Norm. tom. I, pag. 529² :

> Il issent hors, s'est la noise esbaudie.

Gérard de Vienne, vers 1767 :

> Il escrioit Monjoie l'esbaudie.

Voyez Rayn. tom. II, pag. 202¹, au mot *Esbalair*.

* **ESBAUDRÉ**, comme *Baudre*, 1. Aubri, pag. 174 :

> Dros par espaules, large par l'esbaudré.

ESBAUDEURÉ, p. e. Qui a les lèvres enfoncées. Gl. *Banlauca*.

ESBBART, pour ESWART, Jugement, sentence. Gl. *Esgardium*, 1.

ESBEU, ESBEUVRÉ, Ivre, plein de vin. Gl. *Bevriatus*.

* **ESBLEVIR** (S'), Blémir, s'évanouir. Roi Guillaume, pag. 42 :

> Et vit une si grant clarté.
> Que de luor tos s'esblevi.

Voyez Rayn. tom. II, pag. 227¹, au mot *Ablesmar*.

ESBLOCHER, Doler, unir. Gl. *Blocus*.

ESBOELER, Éventrer. Gl. *Esboellare* [et *Botellus*. Voyez Rayn. tom. II, p. 268², au mot *Enbudelar*.]

ESBONDER, Mettre des bornes. Gl. *Esbondatio*.

1. **ESBONNER**, Borner, planter des bornes; d'où *Esbonnage*, Bornage. Gl. *Exbonnatio*.

2. **ESBONNER**, Affranchir sous certaines conditions, dont on convient; d'où *Esbonnement*, Affranchissement accordé de la même manière. Gl. *Exbonnare*.

ESBOUCHAIRE, COGNÉE ESBOUCHAIRE, Celle dont se servent les charpentiers. Gl. *Esbuscare*.

ESBOUELER, ESBOULER, Éventrer, arracher les entrailles. Gl. *Esboellare* et † *Execreare*. [Voyez *Esboeler*].

ESBOUFFER, Rejaillir, éclabousser. Gl. *Buffare*.

* **ESBOULER** (S'), S'ébouler, se précipiter. Roi Guillaume, pag. 130 :

> Mais les ondes forment s'esboulent
> Qui la nef deburtent et foulent.

ESBOULLISSANT †, Bouillant, fort chaud. Gl. *Formum*. [Voyez Rayn. tom. II, pag. 271¹, au mot *Esbulir*.]

ESBOUTURES, Broussailles. Gl. *Esbuscare*.

ESBRANDIR, Allumer, mettre le feu. Gl. *Branda*, 1. [*Esbraser*, Embraser. Chrón. des ducs de Normandie.]

* **ESBRAONER**, Éventrer. Roquef.

ESBROUER, Oter du drap les fils, pailles et autres ordures qui peuvent s'y trouver. Gl. *Esborrare*. [Voyez le Suppl. de Roquef. au mot *Esbourer*.]

ESBROUIR (S'), Se troubler, s'épouvanter. Gl. sous *Brugitus*.

ESBRUIER (S'), Le même. Gl. sous *Brugitus*.

ESBURUCHER, Se ranimer, reprendre vigueur. Gl. *Electuarium*, 1.

ESBUSQUIER, Oter du drap les fils, pailles et autres ordures qui peuvent s'y trouver. Gl. *Esborrare*. [Voyez Gl. *Esbuscare*.]

ESCAANCHE, Succession, héritage. Gl. *Escaanchia*.

ESCABIEUSE, pour Scabieuse, plante. Gl. *Scabidus*.

ESCABORT, p. e. Trompeur, coquin. Gl. *Escabotum.*

ESCABOUE, Troupeau [en provençal]. Gl. *Escabotum.*

ESCABOUSSEUR, Trompeur, fripon. Gl. *Escabotum.*

ESCACHE, pour Estache, Droit d'amarrage. Gl. *Estecha.*

ESCADAFFAULT, Échaffaut. Gl. *Escadaffault.*

ESCADRE, Escadron, corps de troupes. Gl. *Scara*, 3.

ESCAFFIGNON, Escafignon, Sorte de chaussure légère. Gl. *Scafones.*

ESCAGNE, Dévidoir. Gl. *Scagna.*

1. **ESCAIGNE**, Écheveau. Gl. *Eschaota.*

* 2. **ESCAIGNE**, Escange, Échange. Roman de Roncevaux, pag. 12 :

> Dei, se jel pert, jà n'en aurai escaigne.

Chanson de Roland, stance 65, vers 15 :

> Deus, se jo l' pert, jà n'en aurai escange.

Voyez Rayn. tom. II, pag. 300¹, au mot *Escambis.* Roquef. au mot *Escange.*

ESCAILLE, Escaillière, Ardoise. Gl. *Scaliæ.* [*Escailleteur, Escailleur,* Couvreur d'ardoises. Roquef. Suppl.]

ESCAILLES, Armure de tête, faite en forme d'écailles de poisson. Gl. *Scalia*, 2.

ESCAINTE, Succession, qui échoit au seigneur au défaut d'héritier. Gl. *Scaeta.*

* **ESCAIR**, Écheoir, tomber en partage. Roquef. Suppl.

* **ESCAITIVÉE**, Prisonnière, malheureuse. Flore et Blancefl. vers 3295 :

> Car remese est escaitivée
> Dolante en estrainge contrée.

Chron. des ducs de Normandie, tom. I, pag. 259, vers 5081.

ESCALAVORGEMENT, Dérèglement; d'où *Escalavorgans*, Libertin. Gl. *Exlex*, 3.

1. **ESCALE**, Espèce d'amende, que l'on exige d'un prisonnier. Gl. *Scalare*, 3.

* 2. **ESCALE**, Écaille, Roquef.

* 3. **ESCALE**, comme *Escalle.* Roquef. Supplém.

ESCALETTE, Sonnette, cresselle. Gl. *Skella.*

* **ESCALGUAITE**, Voyez *Escharguete.*

ESCALLE, Escalier, degré. Gl. *Scalare*, 2.

ESCALOGNES, Certaines dents de cheval. Gl. *Scalones.*

1. **ESCALONGNE** †, Roquette, plante. Gl. *Eruca.*

2. **ESCALONGNE**, Échalotte. Gl. *Hinnula*, 2 [et *Cepola.* Voyez Roquef. au mot *Escalogne* et Suppl. au mot *Escaloigne.*]

ESCAME, Escabelle, petit siége de bois, marchepied. Gl. *Scamma*, 2. [*Escamel*, Chastel. de Couci, vers 6759. Partonop. vers 10369. *Escamal*, vers 10836. Voyez Roquef. et le Gloss. sur Joinville, au mot *Eschamel.* Rayn. tom. III, p. 142², au mot *Escaimel.*]

* **ESCAMOINE**, Scammonée. Roi Guillaume, pag. 94. *Escamonée*, pag 98. Voyez Rayn. tom. III, pag. 145¹, au mot *Escamonea.*

* **ESCAMPER**, Échapper. Rayn. t. II, pag. 305¹, au mot *Escapar. Escaper*, Partonop. vers 284, 287, 290. *Escapement*, Rayn. ibid. Roquef. *Escampée*, Roquef. Suppl.

ESCANDALH, Sorte de mesure des liquides [en provençal]. Gl. *Scandalium*, 1.

ESCANDALISER, Diffamer, déshonorer. Gl. *Scandalizare.*

* **ESCANDAU.** Voyez *Escandalh.*

ESCANDAYLLI, Certaine mesure de vin [en provençal]. Gl. *Scandale.*

1. **ESCANDE**, Sorte de bateau. Gl. *Scandea.*

2. **ESCANDE**, Échandole, petit ais à couvrir les toits. Gl. *Escenna.*

3. **ESCANDE**, Escandele, Éclat qui peut offenser et révolter, dispute, dissension. Gl. *Scandalum*, 1. [Voyez Roquef. et le Gloss. sur Joinville.]

ESCANDELIR, Escandeliser, Offenser, blesser, faire de la peine. Gl. *Scandalizare.*

ESCANDELISIER, Publier, divulguer; surtout quand il s'agit du mal. Gl. *Scandalizare.*

ESCANDELISSEMENT, Reproche, crime dont on est accusé. Gl. *Scandalizare.*

ESCANDILLIER, Échantillonner. Gl. *Escandilare.*

* **ESCANDILLONAGE**, Droit de faire jauger les mesures. Gl. *Eschantillare.*

ESCANDLE, Éclat qui peut offenser et révolter. Gl. *Scandalum*, 1. [Chron. des ducs de Normandie, aux mots *Escandle, Esclaundre.*]

ESCANPIERRE, Escalier. Gl. *Ascensorium.*

ESCANTAILLON, Échantillon, modèle. Gl. *Eschantillio.*

1. **ESCANTELÉ**, Escantellé, Se dit d'une massue, armée de nœuds ou pointes. Gl. *Cantellus.*

2. **ESCANTELÉ**, Escantellé, Mis en pièces, en morceaux, partagé. Gl. *Cantellus* et *Scantellatus.* [Voyez Rayn. tom. II, pag. 316², au mot *Escantelar.* Chanson de Roland, st. 98, vers 4.]

ESCAP, Échappatoire, Gl. *Escapiamentum*, pag. 80³.

ESCARAS, Échalas, pieu. Gl. *Escarreya.*

* **ESCARBUNER**, Jaillir. Chanson de Roland, stance, 261, vers 8 :

> Des helmes clers li funs en escarbunet.

ESCARCHON, comme *Escaras.* Gl. *Escharso.*

* **ESCARD**, Moyen de salut. Chron. des ducs de Normandie, tom. I, pag. 403, vers 9283 :

> Nul autre escard n'i sai trover.

ESCARDE, Carde, peigne de cardeur; d'où *Escarder*, Carder, et *Escardeur*, Cardeur. Gl. *Cardi* et *Cardator.*

ESCARDOILLIÉ, Se dit d'un vice ou maladie des yeux; p. e. de ceux qui sont rouges comme écarlate. Gl. *Sgarbellatus.*

ESCARGAITIER, Être en sentinelle, faire le guet. Gl. *Scaraguayta* [et *Eschargaita.*]

* **ESCARIMANT**, Partonop. vers 10607 :

> Cauces de palie escarimant
> Et escapins à or luisant.

ESCARIR, Dicter, suggérer. Gl. *Escariare.* [Partonop. vers 2928 :

> Si ont juré tot autresi
> Con li François l'ont escari...
> Après ont juré li François
> Ço qu'escarissent li Danois.

Voyez Rayn. tom, III, pag. 147¹, au mot *Escarir* et ci-dessus *Escharir.*]

ESCARLATE Brune, Pourpre. Gl. *Escallata.* [Voyez le Glossaire, sur la Chron. des ducs de Norm.]

* **ESCARMIE.** Voyez *Escremie.*

* **ESCARNELLÉ**, Crenelé. Roquef.

ESCARNI, Caché, secret, inconnu. Gl. *Celamentum.*

ESCARNIR, Blâmer, railler, se moquer, rire au nez de quelqu'un. Gl. *Carina*, 1. [Partonop. vers 990, 2138, 3578, 3926, 4693. Flore et Blancefl. vers 2262, 2384. Voyez *Escharnir.*]

ESCARPOISE, Sorte de bateau. Gl. *Escauda.*

* **ESCARRI.** Voyez *Eschars.*

1. **ESCARS**, Ménager, économe, mesquin, avare. Gl. *Escharcellus* et *Scardus.* [Voyez Roquef. au mot *Escar.*]

2. **ESCARS**, comme *Essart*, Roi Guillaume, pag. 145.

ESCARSEMENT, Au plus bas prix. Gl. *Escharcellus.*

ESCARSE, Qui ne paye pas volontiers ce qu'il doit. Gl. *Escharcellus.*

* **ESCART.** Voyez *Espart.*

ESCARTELAIGE, Ce qui est divisé en quartiers. Gl. *Excartellatus.*

ESCASSADOUR, Abreuvoir, réservoir d'eau. Gl. *Aiguerium.*

* **ESCAUDÉ**, Échaudé. Gl. *Escaudeis.*

ESCAUDIS, Sorte de pain peu cuit, échaudé; d'où *Escaudisseur*, Le boulanger qui fait ces pains. Gl. *Escaudetus.*

ESCAUVAUS, Canal, par lequel l'eau s'écoule. Gl. *Escheudus.*

* **ESCAVELÉ**, Échevelé. Flore et Blancefl. v. 2878. *Eschievelé*, Partonop. v. 4891. V. Rayn. t. II, p. 323², au mot *Descabelhar.*

* **ESCAVI**, Eschevi, Accompli, achevé. Chanson de Roland, st. 279, vers 6 :

> Heingre out le cors e graisle e eschewid.

Aubri, pag. 160¹ :

> Quant li hers fu armés et fervestis
> I fu molt biaus et si fu escavis.

Gérard de Vienne, vers 1771 :

> E vos Audain la bele, l'eschevie.

Garin le Loher. tom. I, pag. 85 :

> Aubris fu biaus, eschevis et molés.

Voyez pag. 239. Agolant, pag. 170². Roquef. au mot *Escavie*, Rayn. tom. III, pag. 143² au mot *Escafit.*

ESCERPE, Escerppe, Écharpe. Gl. *Escerpa.*

ESCERVELER, Casser la tête, faire sauter la cervelle. Gl. *Excerebrare.* [Chronique des ducs de Normandie. Rayn. tom. II. pag. 387¹, au mot *Esservelar.*]

ESCHABLETER, Blesser, meurtrir. Gl. *Cabulus*, pag. 103.

ESCHABOTER, Éclabousser, faire rejaillir de l'eau ou de la boue sur quelqu'un. Gl. *Ellutare.*

* **ESCHAC.** Voyez *Eschec.*

* **ESCHACE**, Béquille. Roman de Renart. tom. III, pag. 120, vers 23064 :

> Qu'Ysengrin i lessa le pié...
> Or li covient eschace fere,
> Autrement ne porroit aler.

Voyez Roquef. Rayn. tom. III, pag. 149²
au mot *Escasan*.

* **ESCHACHE**. Gl. *Cugnus*, 2.

* **ESCHADELER**, Conduire, mener. Roquef. Suppl.

ESCHAFFEURE, Colère, emportement, mouvement violent. Gl. *Calidameya*.

ESCHAGE, p. e. Sorte de redevance sur les terres. Gl. *Eschargaytare*.

ESCHAILLER †, Écailler. Gl. *Scamare*.

ESCHAILLON, Grosse et grande échelle. Gl. *Eschaillo*. [Échelon, degré. La voie de Paradis, Ruteb. tom. II, pag. 243 :

Ceste eschiele a sept eschaillons.

Voyez pag. 245, et Rayn. tom. III, pag. 144¹ au mot *Escalo*.]

ESCHAILLONGNE, Échalote. Gl. *Egrunum*.

ESCHAIR, Écheoir. Gl. *Castellaria*.

* **ESCHAITIVER**. Voyez *Escaitivée*.

ESCHALACIER, Échalasser, mettre des échalas dans une vigne. Gl. *Eschalacius*.

* **ESCHALE**, Écaille de poisson. Roquef.

ESCHALIS, Chalit, bois de lit. Gl. *Spondalis*.

ESCHALLE, Escalier, degré. Gl. *Scalare*, 2. [*Eschale*, Chron. des ducs de Normandie.]

ESCHALLEMENT, Échelle. Gl. *Eschallare*.

ESCHALLER, Mettre à l'echelle ou pilori. Gl. *Scalare*, 3.

ESCHALLEUR, Qui escalade. Gl. *Eschallare*.

ESCHALOINGNE, Échalote. Gl. *Ascaloniæ*.

ESCHALONGNE, Roquette, plante. Gl. *Eruca*.

ESCHALPRE, Instrument propre à inciser ou gratter. Gl. *Scalpellum*.

ESCHAMEL, Escabeau, marchepied. Gl. *Scamma*, 2. [Gloss. sur Joinville, Roquef.]

ESCHAMPÉE, Échappatoire, subterfuge. Gl. *Escapiamentum*, pag. 80³.

ESCHAMPELER, Blesser légèrement et en effleurant. Gl. *Capulare*.

ESCHAMPER (S'), s'Échapper, s'écarter. Gl. *Escapiamentum*, pag. 80³. [*S'eschampir*, Roquef.]

* **ESCHANDELE**, Scandale, esclandre. I livr. des Rois, ch. 18, vers 21 : *Pur ço que ele li seit à eschandele.* (lat. ut fiat ei in scandalum.) Voyez *Escandele*.

ESCHANTELLET, Coin, angle. Gl. *Cantonus*, 2.

ESCHAPELERIE, L'action de voler et de dépouiller quelqu'un. Gl. *Serpeilleria*.

ESCHAPIN, Escarpin, pantoufle. Gl. *Eschapolus* et *Scarpus*. [Chron. des ducs de Normandie.]

* **ESCHAPLER**, Tailler, briser. Guill. Guiart, t. II, p. 195, v. 5024 (14012) :

Aus cops prendre et aus cops paier
Sus les t urs que l'en eschiple
Péussiez lors véoir biau chaple.

Voyez *Chapler*.

ESCHAPPLÉ, Arbre ou branche d'arbre abattue par le vent ou autre accident. Gl. *Cabulus* [et *Capulare*.]

ESCHAQUER, Répartir également par un çalcul exact. Gl. *Scacarium* sous *Scacci*, I. pag. 84².

ESCHAQUETÉ, Échiqueté. Gl. *Banchale*.

1. **ESCHAR**, Dérision, moquerie. Gl. *Carina*, I. [Roman de Renart, tom. I, p. 39, vers 1004; p. 164, vers 4377. Guill. Guiart, tom. I, pag. 134, vers 2940; p. 145, vers 3222; pag. 330, vers 7590. Chron. des ducs de Normandie. Glossaire sur Joinville. Roquef.]

2. **ESCHAR**, Sorte d'habillement, casaque. Gl. *Eschapolus*. [*En eschar*. Voyez *Escard*.]

ESCHARCEMENT †, Avec ménage, en épargnant. Gl. *Escharcellus*.[*Escharsement*, Roquef. Suppl.]

ESCHARCER, Diminuer, affaiblir; d'où *Escharceté*, terme de monnoyeurs. Gl. *Escharcellus*.

ESCHARCETÉ †, Économie, épargne, ménage. Gl. *Escharcellus*.

ESCHARCON, ESCHARCHON, Échalas, pieu. Gl. *Escharso*.

ESCHARDE, Le même. Gl. *Escharso*.

* **ESCHARDER**, Diminuer, tordre. Guill. Guiart, tom I, pag. 142, vers 3155 :

Tout le païs de biens eschardent.

Tom. II, pag. 394, vers 10241 (19223) :

La repéust-on esgarder
Lances tronçonner et escharder.

Voyez Roquef.

ESCHARDEUR, Cardeur. Gl. *Cardi*.

ESCHARGAILE, pour ESCHARGAITE. Gl. *Eschargaita*.

ESCHARGAITE, Sentinelle; d'où *Eschargaitier*, Faire le guet. Gl. *Scaraguayta*. [et † *Manubiæ*. Voyez Roquef.]

ESCHARGE, p. e. Sorte de redevance sur les terres. Gl. *Eschargaytare*.

ESCHARGUETE, Sentinelle.[*Escalguaite*, Chanson de Roland, stance 178, vers 8.] D'où *Escharguéter*, Faire le guet. Gl. *Eschargaita* et *Scaraguayta*.

ESCHARGUETER, Tourmenter, chagriner, fâcher. Gl. *Eschargaytare*, pag. 84¹.

ESCHARIR, Assurer, affirmer. Gl. *Scarire*, 2. [Désigner, enseigner. Partonop. vers 137 :

Nos devisent de fin en fin
Trestot le mont en trois parties,
Si 's ont par nom bien escharies.

Voyez *Escarir*.]

ESCHARLAT †, Échalas. Gl. *Phalanga*, I.

ESCHARNIR, Blâmer, railler, se moquer, rire au nez de quelqu'un. [Partonop. vers 4081. Gérard de Vienne, vers 478, 1858. Voyez *Escarnir*, le Gloss. sur Joinville, Roquef. au mot *Escharner*. Chron. des ducs de Norm. et Rayn. tom. III, pag. 190¹, au mot *Escarnir*.] D'où *Escharnissement*, Raillerie, dérision. Gl. *Carina* I. [et † *Subsannatio*. *Escharnisseur*, Railleur, moqueur. Roquef.]

* **ESCHARPE** †. Gl. *Perula*, I. Voyez *Escherpe*, 2.

ESCHARPILLIE, L'action de voler et de dépouiller quelqu'un. Gl. *Serpeilleria*. [*Escharpillerie*, Roquef. *Escharpelerie*, Suppl. au mot *Escarpelerie*.]

ESCHARRER, Conduire une charrette. Gl. *Carreare*, 2.

ESCHARS, Économe, mesquin, avare. Gl. *Escharcellus* et *Scardus*. [Guill. Guiart, tom. I, pag. 330, vers 7603. A Eschars,

En petite quantité. Guill. Guiart, tom. II, pag. 467, vers 12131 (21114):

Et n'ot pas de gens à eschars.

Voyez *Aescheri*, et Rayn. tom. III, pag. 148¹, au mot *Escars*. *Escharseté*, ibid. pag. 149¹, au mot *Escarsetat*. *Escheri*, Épuisé, appauvri, Garin le Loh. tom. I, pag. 77, 207. Voyez le Gloss. sur la Chron. des ducs de Norm. au mot *Escarri*, *Eschari* et *Eschars*.

ESCHARSON, Échalas. Gl. *Escharso*.

ESCHARUETTE, pour ESCHAUGUETTE, Guet. Gl. *Eschargaita*.

1. **ESCHAS**, Bâtiment, vaisseau de charge. Gl. *Escauda*, et *Huisserium*. [Voyez *Eschiez*.]

2. **ESCHAS**, Homme de néant, qui ne mérite aucune considération. Gl. *Scarzo*.

3. **ESCHAS**, Échecs. Gl. sous *Scacci*, I. [Chronique des ducs de Normandie.]

* 4. **ESCHAS**, Butin. Chronique des ducs de Normandie. Voyez *Eschec*.

ESCHASLASSON, Échalas. Gl. *Escharso*.

ESCHASSÉ, Absent, éloigné. Gl. *Exicius*.

ESCHAU, p. e. L'endroit d'une cuisine où on lave la vaisselle. Gl. *Excaldare*.

ESCHAUCER, Éteindre une lampe en soufflant. Gl. *Admortizare*. [Remuer. Chron. des ducs de Norm. tom. II, p. 568, vers 31542. Voyez *Escurre*.]

* **ESCHAUCIRER**, Chroniques des ducs de Norm. tom. II, pag. 178, vers 20552,:

Deus feiz u treis u plus se point
Qui contre aguillon eschaucire..

ESCHAUDER, Échauffer, aigrir, irriter quelqu'un. Gl. *Excaldare*.

* **ESCHAUDET**. Gl. *Eschaudati*, *Eschaudetus*, † *Artocopa* et *Panis*, pag. 53².

ESCHAUFFAUDER, Échafauder, étayer; d'où *Eschauffaudement* et *Eschauffaudis*, Échafaudement. Gl. *Eschafaudus*.[*Eschaufaus*. Gl. *Scafaldus*. *Eschauffoulx*: † Gl. *Antemurale*.]

ESCHAUFFÉ, Étouffé par la chaleur. Gl. *Excaldare*.

ESCHAUFFETÉ, ESCHAUFFETURE, Colère, emportement; d'où *Eschauffément*, Avec chaleur, en colère. Gl. *Calidameya*.

ESCHAUGAITE, Sentinelle. Gl. *Scaraguayta*.

ESCHAUGNE, Échandole, bardeau, late, petit ais à couvrir les toits. Gl. *Essana*.

ESCHAUGUETER, Épier, guetter, être en sentinelle; d'où *Eschauguette*, Sentinelle, celui qui fait le guet. Gl. *Escharguaita*, et *Scaraguayta*.

ESCHAULE, comme ci-dessus *Eschaugne*. Gl. *Escenna*.

ESCHAVOIR, Devidoir. Gl. *Eschaota*.

ESCHAX, Echecs. Gl. sous *Scacci*, I.

ESCHAYTER, Écheoir. Gl. *Escaire*.

ESCHE, Charnière ou garniture du derrière d'un coffre. Gl. *Sceta*.

* **ESCHEALWAUTE**, ESCHIELGUAITE, comme *Eschalguete*. Jordan Fantosme, vers 715, et var. *Eschelgaite*, Chron. des ducs de Norm. tom. II, pag. 130, vers 19161.

ESCHEAMMENT †, Inopinément, par hasard. Gl. *Evenienter*.

* **ESCHEC**, ESCHAC, ESCHAS, Butin. Voyez les Gloss. sur la Chanson de Roland, et sur la Chron. de Normandie; Garin le

Loh. tom. 1, pag. 21; Partonop. vers 8205.

ESCHÉESTE, Succession, héritage. Gl. *Escahentia*.

ESCHÉETE, Saisie, confiscation. Gl. *Escaducha*. [Chron. des ducs de Norm. *Rscheit*. Roquef. *Eschéete*, Succession.]

* **ESCHEIOLLES**. Gl. *Societas*, 4.

* **ESCHEIR**, Échoir. Roquef.

ESCHEISON, Succession, héritage. Gl. *Escahentia*.

ESCHELEMENT, Escalade. Gl. *Eschallare*.

ESCHELER, Mettre à l'*Échelle* ou pilori. Gl. *Scalare*, 3.

ESCHELETTE, Étrier, ce qui sert à monter à cheval. Gl. *Scala*, 10. [Clochette, sonnaille, grelot. Agolant, pag. 163² :

> Et li poitrax fu à or estelé,
> Tot environ d'escheletes ovré.
> Quant li chevax a un petit alé
> L'or retentist et a un son geté.

Voyez *Eschelle*, 1. Gl. *Nola* et *Skella*, Roquef. au mot *Eschelete*. Rayn. tom. III, pag. 189², au mot *Esquelha*.]

* **ESCHELGAITIER**, ESCHEWAITER, ESCHIELGUAITIER, ESCHILGUAITIER, comme *Eschargueter*, 1. Chronique des ducs de Norm.

ESCHELIER, Escalader. Gl. *Eschallare*.

1. **ESCHELLE**, Petite cloche, sonnette. Gl. *Eschilla*.

2. **ESCHELLE**, Escadron, bataillon, corps de troupes rangées en bataille. Gl. *Scala*, 7. [*Eschele*, *Eschiele*, Chron. des ducs de Norm. tom. 1, pag. 261, vers 5134. Garin le Loh. tom. 1, pag. 25. Partonop. vers 2374, 2418, 2533, 2898. Voyez le Gloss. sur Joinville, Rayn. tom. III, p. 144¹ au mot *Escala*.]

ESCHELLER, Escalader. Gl. *Eschallare* [et *Habilimentum*].

* **ESCHELLON**, ESCHELONNER †. Gl. *Interscalare*.

* **ESCHENI**. Gl. *Præpositura*, pag. 408¹.

ESCHENO, Gouttière. Gl. *Chenalis*.

* **ESCHEPIE**. Voyez *Eschespie*.

ESCHEQUÉ, Écartelé, en terme de blason. Gl. *Scacatus*.

ESCHEQUER, Jeter de côté et d'autre. Gl. *Escheccum*.

ESCHEQUIER, Échiquier, cour souveraine en Normandie et en Angleterre. Gl. *Scacarium* sous *Scacci*, 1.

ESCHERBOTE, Sorte d'insecte ailé, escarbot. Gl. *Secubo*.

ESCHERGAITIER, Être en sentinelle, faire le guet. Gl. *Escharguaita*.

ESCHERNIR, Railler, se moquer, rire au nez de quelqu'un. Gl. *Carina*, 1.

1. **ESCHERPE**, ESCHERPETE, Écharpe. Gl. *Escharpia*.

* 2. **ESCHERPE** †. Gl. *Cassidile*. Voyez *Escharpe*, *Esciepe*.

ESCHERSON, Échalas. Gl. *Escharso* [et † *Phalanga*.]

ESCHERVELER, Casser la tête, faire sauter la cervelle. Gl. *Excerebrare*.

ESCHERUYS, Chervis, espèce de légume. Gl. *Poreta ?*

ESCHESPIE, Ciseau. Gl. *Scalpellum* [en Auvergne].

ESCHESSE, Bâton, échalas. Gl. *Escharso*.

1. **ESCHET**, Écheveau, paquet de fil. Gl. *Eschaota*.

2. **ESCHET**, Redevance annuelle. Gl. *Scazudia*.

ESCHETER, Acheter. Gl. *Estaulagium*.

ESCHEUE, Canal par lequel coule l'eau d'un moulin. Gl. *Escheudus*.

ESCHEVELLAGE, p. e. Cens capital, qu'on appellait *Chevage*. Gl. *Eschevellagium*.

1. **ESCHEVER**, Abonner, faire une convention. Gl. *Escheuta*.

2. **ESCHEVER**, Éviter. Gl. *Eschivire*. [Roquef.]

ESCHEVETE, Écheveau, paquet de fil. Gl. *Eschaota*.

ESCHEVIN, Procureur, celui qui fait les affaires d'un autre. Gl. *Scabinus*, pag. 82¹.

ESCHEVINAAGE, Étendue de la juridiction des échevins. Gl. *Esquevinagium*.

1. **ESCHEVINAGE**, Le lieu où s'assemblent les échevins, hôtel-de-ville. Gl. *Eschevinagium*.

2. **ESCHEVINAGE**, Le corps des échevins, l'étendue de leur juridiction. Gl. *Scabinagium* sous *Scabini*, pag. 82¹.

ESCHEURS, Cri qu'on faisait pour demander du secours dans les querelles publiques. Gl. *Escheurs*.

ESCHEUS, p. e. Querelleur. Gl. *Escheurs*. [Voyez *Eschis*, 2.]

ESCHIÉ, ESCHIEF, Redevance convenue entre le seigneur et ses vassaux. Gl. *Escheuta*.

ESCHIEF, Écheveau, paquet de fil. Gl. *Eschaota*.

1. **ESCHIELE**, Pilori, [Gloss. sur Joinville, Roquef.]; d'où *Eschieler*, Mettre au pilori. Gl. *Scala*, 1, et *Scalare*, 3.

2. **ESCHIELE**, Petite cloche, sonnette. Gl. *Eschilla*.

ESCHIELER, Escalader; d'où *Eschielement*, Escalade. Gl. *Eschallare*.

1. **ESCHIELLE**, Pieux rangés, sur lesquels on étend quelque chose; et le droit qu'on paye pour cela. Gl. *Stoc*.

2. **ESCHIELLE**, Petite cloche, sonnette. Gl. *Eschilla*.

3. **ESCHIELLE**, Escadron, bataillon, corps de troupes rangées en bataille. Gl. *Scala*, 7.

ESCHIELLEMENT, Escalade. Gl. *Eschallare*.

ESCHIERPE, Écharpe. Gl. sous *Burdones*. [Voyez *Escharpe*.]

ESCHIÉS, Bonde par où l'eau tombe et s'écoule. Gl. *Echudium*.

ESCHIEVER, Abonner, faire une convention; d'où *Eschiévement*, Abonnement, convention. Gl. *Escheuta*.

* **ESCHIEZ**, Esquifs. Chanson de Roland, stance 185, vers 17; stance 192, vers 6 :

> Eschiez e barges e galées curant.

Eschipre ? stance 117, vers 4. Voyez *Eschás*, 1, et *Eschoi*.

ESCHIF, Guérite pour une sentinelle. Gl. *Eschiffa*. [*Eschive*, Chron. des ducs de Normandie.]

1. **ESCHIFFE**, Maisonnette, échope. Gl. *Eschiffa*.

2. **ESCHIFFE**, ESCHIFFLE, Guérite pour un sentinelle. Gl. *Eschiffa*.

ESCHILLE, ESCHILLETTE, Clochette à manche, qu'on porte aux processions dans plusieurs endroits. Gl. *Chillæ*.

ESCHILLON, Se dit des bâtons disposés en forme d'échelle aux côtés d'un charriot ou d'une charrette, ridelle. Gl. *Scalare*, 2.

* **ESCHINÉE**, Échine, os. Partonop. vers 9876. Guill. Guiart, tom. 1, pag. 198, vers 4688 (5002). Agol. vers 797 :

> Si que des denz li brise l'eschinée.

Voyez Rayn. tom. III, pag. 190, au mot *Esquina*.

ESCHIPART, Instrument propre à la pêche. Gl. *Schippa*.

ESCHIPHE, Guérite pour une sentinelle. Gl. *Eschiffa*.

1. **ESCHIS**, Exilé, banni, proscrit. Gl. *Exicius*. [Roquef. au mot *Eschieu*.]

2. **ESCHIS**, Poltron, sans cœur, déshonoré. Gl. sous *Sella*, 2. [Comme *Eschis*, 1. Privé, séparé, étranger, absent, farouche, dur. Laborde, pag. 156 :

> Bien est traïz
> Cil, cele qui s'en fet eschis.

Pag. 161 :

> Por Dieu vos proi, ne me soiez eschis.

Pag. 276 :

> Fors qu'un petit li messiet, ce m'est vis,
> Ce que trop tient ses euz de moi eschis.

Chron. des ducs de Norm. t. III, p. 48, vers 33167 :

> Si d'aïe li fust eschis.

Partonop. vers 10195 :

> Et se vos trais de rien eschive,
> Tote dolors vers moi estrive.

Voyez Roquef. le Gloss. sur la Chron. des ducs de Norm. et Rayn. tom. III, p. 191², au mot *Esquiu*, ci-dessous *Eskiex*.]

* 3. **ESCHIS**, Guill. Guiart, tom. 1, pag. 212, vers 5058 :

> Si vint l'eschis de Carcassonne.

Pag. 225, vers 5391 :

> Et l'eschis des Carcassonnois.

ESCHISSER, Glisser, couler. Gl. *Clidare*.

ESCHIVER, Éviter, esquiver. Gl. *Eschivire*. [Guill. Guiart, t. II, pag. 111, v. 2839. (11819). Roman de Renart, tom. 1, pag. 15, vers 396. Garin le Loher. tom. 1, pag. 11. Partonop. vers 100, 109, 113. Chastel. de Couci, vers 5766. Laborde, pag. 278. Voyez Rayn. tom. III, pag. 191, au mot *Esquivar*. Chron. des ducs de Normandie.]

ESCHIVISSEMENT, Négligence, manque de soin. Gl. *Jarreia*.

ESCHOAISTE, ESCHOETE, Succession, héritage. Gl. *Escahentia*.

ESCHOI, Esquif, chaloupe, petit bateau. Gl. *Schippa* [Voyez *Eschiez*.]

ESCHOISON, Occasion, hasard. Gl. *Assopire*, pag. 454¹.

ESCHOPER, Chopper, heurter. Gl. *Assopire*.

* **ESCHOPIER**, Qui occupe une échoppe. Gl. *Escoparius*, *Eschoparius* et *Schoppa*.

ESCHUER, Celui qui a soin de la vaisselle. Gl. sous *Serviens*, pag. 211³.

* **ESCIENT**, ESCIENTRE. Voyez *Essient*.

ESCIENTIEUSEMENT, Sciemment, avec connaissance de cause. Gl. *Scientiose*.

ESCIENTIEUX, Sage, prudent, avisé. Gl. *Scientatus*. [*Escientreus*, Guill. Guiart, tom. 1, pag. 226¹, vers 3406. *Escientels*,

Escientos. Chronique des ducs de Norm. Rayn. tom. v, pag. 126, au mot *Escientos.*]

ESCIEPE, Poche, petit sac. Gl. *Capsidulus.* [Voyez *Escharpe.*]

ESCIERVELER, Casser la tête, faire sauter la cervelle. Gl. *Excerebrare.*

' ESCIL. Voyez *Essil.*

ˇ ESCILLIER. Voyez *Essilier.*

* ESCIRER, Déchirer. Chron. des ducs de Normandie.

+ ESCIRPER, Extirper. Roi Guillaume, pag. 95.

ESCLABOTER, Éclabousser; d'où *Esclaboteure,* Eclaboussure. Gl. *Ellutare.*

ESCLACE, Esclaz, Caillots? Chanson de Roland, st. 146, vers 3 :

  Li sancs tuz clers parmi le cors li raiet,
  Encuntre tere en chient li esclaces.

Chron. des ducs de Norm. — *Esclas,* comme *Eslic.* Éclats de bois. Chastel. de Couci, vers 1135. Voyez *Esclate.*

ESCLAF, Esclave, serviteur. Gl. *Misselli.*

ESCLAFFER DE RIRE, Éclater de rire. Gl. *Esclafare.*

ESCLAIDAGE, Impôt sur ce que l'on conduit en traîneau. Gl. *Esclichium.*

ESCLAIRE, Fenêtre, soupirail de cellier ou de cave. Gl. *Clareria.*

ESCLAIRIER, Examiner, éclaircir, expliquer. Gl. *Clarificatio,* pag. 378².

ESCLAMASSE, Plainte publique, accusation. Gl. *Exclamare.*

ESCLAN, Traîneau, à Lille. Gl. *Scleida.*

ESCLANCHE, Le bras gauche. Gl. sous *Esclava.* [Roman de Renart, t. iii, p. 128, vers 23269. *Esclence,* Partonop. vers 9872. *Esclenge,* Roman de Renart, t. ii, p. 171, vers 1418 :

  Renart se saigne à main esclenge.

Voyez *Esclenche.*]

1. ESCLANDE, Bruit, éclat, ce qui est contre l'ordre usité. Gl. *Scandalum,* 1.

2. ESCLANDE, Esclandre, Éclat qui peut offenser, déshonneur, honte. Gl. *Scandalum,* 1.

ESCLANDER, Esclandeliser, Publier, divulguer; surtout quand il s'agit de mal. Gl. *Scandalizare.*

ESCLANT Bras, Le bras gauche. Gl. sous *Esclava.*

ESCLAPOS, Escopette, petit arquebuse. Gl. *Sclapus?*

ESCLARCHIER, Éclaircir, expliquer. *Clarum facere.*

' ESCLARCIR, Éclairer, faire jour. Garin le Loher. tom. 1, pag. 69. Gérard de Vienne, vers 1241. *Esclairci,* Partonop. vers 751, 7374 :

  Le matinet à l'esclairci.

Voyez Rayn. tom. 11, pag. 404¹, au mot *Esclarzir,* et le Gloss. sur la Chron. des ducs de Normandie.

ESCLARDIR, comme *Esclarchier.* Gl. *Allucidare.*

ESCLARE, Éclair. Gl. *Fulgetra.*

* ESCLARIER, Esclairer, Esclargir, comme *Esclarcir.* Chanson de Roland, st. 52, vers 7; st. 135, vers 1. Gérard de Vienne, vers 1969. Garin le Loher. t. 1, p. 17. Roman de Renart, tom. iii, p. 89, vers 22186. Voyez Rayn. tom. 11, p. 404²,

au mot *Esclairar.* Soulager, réjouir, venger, Chron. des ducs de Norm. tom. 1, pag. 213, vers 3732 :

  Voudreit mult sun quor esclairier.

Chanson de Roland, st. 139, vers 12 :

  Et l'olifan ki trestuz les esclairet.

St. 265, vers 4 :

  Si esclargiez voz talenz e vos coers.

St. 75, vers 4, Roman de Rou :

  Du pere nos poon suz les fiz esclarier.

Partonop. vers 222 :

  Por esclairier ses marimens.

Chanson de Roland, st. 21, vers 6 :

  Que jo n'esclair ceste meie grant ire.

Stance, 284, 9; st. 293, vers 2.

ESCLARISSEMENT, Éclaircissement. Gl. *Clarificatio.*

ESCLAS, Esclave, valet. Gl. *Esclava.*

ESCLATE, Morceau de bois, échalas. Gl. *Sclata.*

ESCLAUCHE, Le bras gauche. Gl. sous *Esclava.*

1. ESCLAVINE, Esclavie, Sorte d'habillement ou casaque, propre aux Sarrasins ou Esclavons. Gl. *Sarrabæ* et *Sclavina.* [Roman de Renart, tom. ii, pag. 356, 359, vers 19314, 19403. Aubri, pag. 154², 159¹. Voyez Rayn. tom. iii, pag. 151¹, au mot *Esclavina.*]

2. ESCLAVINE. Espèce de dard ou javelot. Gl. *Sclavina.*

ESCLAUSE, Écluse. Gl. *Esclausa.*

ESCLAUT Bras, Le bras gauche. Gl. *Esclava.*

* ESCLEMIS, Partonop. vers 1055 :

  Il somelle tot en séant,
  Piecà n'ot mais de loisir tant,
  Et quant il se r'est esclemis
  Scit que mestier li avoit lis.

Le manuscr. num. 1239. porte *esperis.*

ESCLENCHE. La main gauche. Gl. sous *Esclava.* [Chron. des ducs de Nom. t. ii, pag. 2, vers 15327. Voyez *Esclanche.*]

ESCLERS, Esclavons. Gl. *Sclavina.*

ESCLESCHE, Portion, partie d'un tout. Gl. *Scalia,* 1.

*ESCLIC, Esclice, Tronçon de lance, éclat de bois. Partonop. vers 7294, 9732. Voyez le Gloss. sur la Chron. des ducs de Norm. et Roquef. *Escicle,* Chanson de Roland, st. 55, vers 7. Voyez *Eskiol.*

* ESCLICE. Gl. *Crispicapillus.*

ESCLICHER, Diviser, séparer. Gl. *Esclichium* et *Scalia,* 1.

* ESCLIER, Faire voler en éclats. Chron. des ducs de Normandie, tom. iii, pag. 64, vers 33666.

ESCLINCER, Glisser, couler. Gl. *Clidare.*

ESCLIPER, Mettre en mer, faire voile. Gl. *Esquipare.*

ESCLISCHEMENT, Partage, division, portion détachée d'un fief. Gl. sous *Scalia,* 1.

ESCLISIER, Séparer, diviser. Gl. *Esclichium.*

ESCLISSE, Traîneau; d'où *Esclissier,* Conduire sur un traîneau. Gl. *Esclichium.*

ESCLISSEMENT, Partage, division. Gl. *Esclichium.*

* ESCLISSER, comme *Esclisier.* Gl. *Feudum,* pag. 272².

ESCLISTRE, Éclair. Gl. *Fulgetra.* [Chastel. de Couci, vers 2429, 2434.]

ESCLOIE, Urine. Gl. *Urinale.*

ESCLOINNE, Querelle, fâcherie, colère, emportement. Gl. *Scandalum,* 1.

ESCLOP, Sabot. Gl. *Esclava* [et *Eschapolus*].

* ESCLORE, Manifester, faire connaître. Partonop. vers 8738. Voyez Orell. p. 263. Roquef. au mot *Escloer.*

1. ESCLOS, Esclave, valet, serviteur. Gl. *Sclavus.*

* 2. ESCLOS, Traces. Parton. v. 5720, 596? Garin le Loher. tom. 1, pag. 220. Voyez Rayn. tom. iii, pag. 150¹, au mot *Esclau.*

ESCLOTOUAIRE, Esclotoueres, Sorte de filet, traîneau. Gl. *Exclotoria* [et *Messis,* 2, où pour *moisson* il faut lire *poisson.*]

ESCLOTOUERE†, Esclotoure†, Écluse. Gl. *Cinociclotorium.*

ESCLOURRE un Moulin, Le faire cesser de moudre en baissant la palè. Gl. *Exclosorium.*

ESCLOUSURE, Écluse. Gl. *Esclausa.*

ESCLOUTOIRE, Sorte de filet, traîneau. Gl. *Exclotoria.*

ESCLUGNIER, Escluigner, Examiner avec soin, rechercher exactement; d'où *Escluignement* et *Esclung',* Recherche ordonnée par justice dans une maison soupçonnée de recéler le vol, et ce qu'on paye pour cette recherche. Gl. *Escligniatio.*

ESCLUSE de Pasques, Le dimanche de Quasimodo. Gl. *Paschu clausum,* pag. 115³.

ESCLUSER, Faire une écluse, un batardeau. Gl. *Esclusagium.*

ESCLUSIER, Éclabousser. Gl. *Esclusagium.*

ESCOAER, p. e. Oter l'écorce d'un arbre. Gl. *Scoarsare?*

ESCOBAT, Fouetté, battu de verges. Gl. *Escobare.*

* ESCOBERGE, pour *Escoperche.* Gl. *Escoparius.*

ESCOERIE, Marchandise de cuirs. Gl. *Escoeria.*

ESCOFFIER, Marchand de cuirs ou de peaux, cordonnier; d'où *Escoffraie,* La boutique de cet artisan. Gl. *Escofferius.*

ESCOFFLE, Vêtement, ornement de cuir ou de peau. Gl. *Moffula.*

ESCOHERIE, Marchandise de cuirs ou peaux; d'où *Escohier,* Celui qui la travaille ou qui la vend. Gl. *Escoeria.*

ESCOILLIÉ, Eunuque. Gl. *Escodatus,* 1.

ESCOIR, Marchandise de cuirs ou peaux, et le lieu où on la vend. Gl. *Escofferius.*

1. ESCOLAGE, Escolarge, Les privilèges accordés aux écoliers des universités. Gl. *Scholaritas.*

2. ESCOLAGE, Estre en Escolage, Être aux écoles, faire son cours d'étude. Gl. *Scholizare.*

1. ESCOLE, Avis, conseil, remontrance. Gl. *Scholari.*

2. ESCOLE, Confrérie. Gl. *Schola,* pag. 110³.

3. ESCOLE, La synagogue des juifs. Gl. *Scholæ,* pag. 111¹.

1. **ESCOLEITER**, Découper, tailler. Gl. *Scolatura*, 1.

2. **ESCOLEITER**, Découvrir le cou, décolleter. Gl. *Scolatura*, 1. [Rayn. tom. 11, pag. 437¹, au mot *Escolatar*.]

1. **ESCOLER**, Enseigner, instruire, former quelqu'un à quelque chose. Gl. *Scholari*. [Roman de Renart, tom. iv, pag. 90, vers 2495.]

* 2. **ESCOLER (S')**, Se glisser, pénétrer. Chron. des ducs de Norm. t. 11, p. 211, vers 21589. Voyez Rayn. tom. 11, p. 437², au mot *Escoloriar*.

ESCOLETÉ, Qui a le cou et la poitrine à découvert, décolleté. Gl. *Scolatura*, 1.

ESCOLLETÉ. SOULIERS ESCOLLETEZ, Découpés avec art vers le cou ou le haut du soulier. Gl. *Scolatus* et *Sotulares excolati* sous *Subtulares*.

ESCOLORIANT, Se dit d'une mémoire qui retient difficilement. Gl. *Scolarolum*. [*Escolarjable*, Trompeur. Chronique des ducs de Norm. tom. 1, pag 363, v. 8079 :

> Mais li siecle vain et muable
> Faus et à toz escolurjable.

Esculorjable, tom. 1, pag. 391, vers 8915. Voyez Rayn. tom. 11, pag. 437², au mot *Escoloriables*.]

ESCOMENIER, Excommunier. Gl. *Excommunicatio*. [Voyez le Gloss. sur la Chron. des ducs de Norm. aux mots *Escomege*, *Escomungie*, etc. Rayn. tom. iv, pag. 291², au mot *Escomeniar*.]

ESCOMINCHER, Communier. Gl. *Accommunicare*.

ESCOMMENIEMENT, Excommunication. Gl. *Excommunicatio*. [*Escommenier* †. Gl. *Prophanare*, 2.]

ESCOMMICHER, Communier. Gl. *Accommunicare*. [*Escommichans*, Gl. *Pascha*, pag. 116².]

ESCOMMINCHIER, Excommunier. Gl. *Excommunicatio*.

ESCOMMINGE, Excommunication. Gl. *Excommunicatio*.

ESCOMMINGIER, Communier. Gl. *Accommunicare*.

ESCOMMUVOIR, Émouvoir, exciter, animer. Gl. *Commotivus*.

ESCONCERIE, L'action de cacher ou de détourner les preuves de quelque demande formée contre soi en justice. Gl. *Absconcia*.

ESCONDER, (s'), s'Excuser, se retirer, s'enfuir. Gl. *Superundare*.

1. **ESCONDIRE (S')**, s'Excuser [prétexter des excuses], se purger d'une accusation. Gl. *Escondicere*. [Guill. Guiart, tom. 11, pag. 219, vers 5663 (14643). Voyez *Escondre*. Partonop. vers 3426, 3427, 3554. Roman de Renart, tom. 1, pag. 20, vers 516, 611. Chastel. de Couci, vers 4588. Voyez Rayn. tom. iii, pag. 152¹, au mot *Escondir*.]

2. **ESCONDIRE**, ESCONDUIRE, Empêcher, défendre; [repousser, refuser, contredire. Guill. Guiart, tom. 11, p. 397, v. 10309 (19291); tom. 1, pag. 183, vers 4197; pag. 239, vers 5758; tom. 11, pag. 374, vers 9724 (18705). Partonop. vers 9040, 5325. Roman de Renart, tom. 1, pag. 10, vers 266. Chastel. de Couci, vers 650. Laborde, pag. 194. Chron. des ducs de Norm.] d'où *Escondit*, Opposition, Gl. *Excondicere*, pag. 138¹.

ESCONDIST, Dédommagement, qu'on donne à la partie lésée. Gl. *Exconditum*, pag. 138¹.

ESCONDIT, Refus. Gl. *Exconditum*, pag. 138¹. [Justification, excuse. Chastel. de Couci, vers 4641 :

> Je suis près qu'en face orendroit
> Ou sairement, ou escondit.

Vers 224. Roman de Renart, tom. 1, p. 12, vers 329. Partonop. v. 2475, 6234. Chron. des ducs de Normandie. Voyez Rayn. t. iii, pag. 153¹, au mot *Escondig*.]

ESCONDRE, Se montrer, étaler. Gl. sous *Absconcia*. [Se cacher, comme *Esconser*. Guill. Guiart, tom. 11, pag. 13, vers 325 (9291); tom. 1, pag. 169, v. 3845; pag. 198, vers 4684, tom. 11, pag. 92, vers 2358 (11334); pag. 273, vers 7084 (16066); pag. 422, vers 10958 (19940); pag. 174, vers 4493 (13479). Voyez Rayn. tom. iii, pag. 153², au mot *Escondre*.]

ESCONDUIT, EN ESCONDUIT, A découvert. Gl. *Exconditum*, pag. 138¹.

* **ESCONLONRABLE**, Méconnaissable. Gl. *Excolidus*. Voyez *Escoloriant*.

EXCONMINGE, Excommunication. Gl. *Excommunicatio*.

ESCONSAIL, Abri, refuge. Gl. *Absconcia*.

ESCONSE, Lanterne sourde. Gl. *Absconcia* et *Absconsa*. [*Lieu d'esconse*, Endroit caché. Chastel. de Couci, vers 6332.]

ESCONSSER, Se cacher. *Soleil Esconssant*, Soleil couchant. Gl. *Absconcia*. [*Esconser*, Cacher. Gérard de Vienne, pag. 173¹. Guill. Guiart, tom. 1, pag. 151, vers 3395 :

> Mes qu'escoussée soit la lune.

Voyez *Escondre* et le Gloss. sur la Chron. des ducs le Norm.]

ESCONVENENCE, Convention, accord. Gl. *Convenentia*.

ESCONVENIR, Convenir, être à propos. Gl. *Arrivagium*.

ESCONVENUE, Provision nécessaire et suffisante. Gl. *Convenientia*, 2.

ESCOPASSE, Souquenille. Gl. *Escoparius*.

ESCOPÉ, Poltron, qui est sans cœur, déshonoré. Gl. sous *Sella*, 2.

ESCOPEL, ESCOPERCHE, Long bâton, perche. Gl. *Escoparius*.

ESCOPIR †, Cracher, cracher au nez de quelqu'un ; d'où *Escopissement* †, L'action de cracher. Gl. *Escopare*.

ESCORBERGE, Perche. Gl. *Escoparius*.

ESCORCER, Piller, ravager. Gl. *Robare* sous *Roba*, pag. 782³ [Voyez *Estorços*].

ESCORCHAGE, Droit qu'on paye pour faire des écorces dans une forêt. Gl. *Escorciare*.

* **ESCORCHEOR**, Couteau de chasse. Partonop. vers 5125 :

> Et com à sele à chacéor
> Le hausart et l'escorcheor.

ESCORCHER, Fustiger, battre de verges. Gl. *Excoriare*.

ESCORCHERIE, Sorte de filet pour pêcher au bord de la mer, traîneau. Gl. *Scorticaria*.

ESCORCHEURS, ESCORCHEUX, Certaine troupe de brigands militaires, qui, en 1437, s'abandonnaient à toutes sortes de pillages, et dépouillaient tous ceux qu'ils rencontraient. Gl. *Estorchera* et *Scoriarii*.

ESCORCHIÉ, Retroussé au moyen d'une ceinture. Gl. *Scordalus*.

* 1. **ESCORDEMENT**, Du fond du cœur. Roman de Roncevaux, pag. 50. Agolant. vers 543. Gérard de Vienne, vers 1925. *Escordusement*, Chanson de Roland, st. 224, vers 4. *Escortrement*, Partonop. vers 2904.

* 2. **ESCORDEMENT**, Accord, concordance. Gérard de Vienne, vers 1928 :

> Que cil oisel firent escordemant
> Et pais ensamble.

Voyez *Escourder*.

ESCORÉE, Corée, fressure de bêtes. Gl. *Corata*.

* **ESCORNOFLE**, Chron. des ducs de Norm. tom. 11, pag. 3, vers 15363 :

> Cuit m'a le reis de l'escornofle,
> Servi m'a d'estrange gastel.

1. **ESCORPION**, Espèce de fouet. Gl. *Scorpio*, 1.

2. **ESCORPION**, Sorte de Vaisseau. Gl. *Scorpio*, 2.

ESCORTE, ESCORTELLE, ESCORTOIRE. Baguette ou lien fait d'osier ou d'écorce, Gl. *Escorça*. [Voyez Gl. *Retorta*, 1].

* **ESCORUS**, Écoulé. Partonop. v. 695 :

> Ains qu'à la mer soit parvenus
> Est li jors del tot escorus.

Voyez Rayn. tom. 11, pag. 492², au mot *Escorre*. Orell. pag. 147.

* **ESCOS**, Secoué. Chron. des ducs de Norm. tom. 1, pag. 104, vers 9202 :

> Cest mais tot escos et balé.

ESCOSIERE, Partie d'un moulin. Gl. *Ginginicinoglorium* ?[Voyez le mot suivant.]

ESCOSIERES, Les dents molaires. Gl. *Gingivi*.

* **ESCOSSE**, Rescousse. Chron. des ducs de Norm. tom. 11, pag. 111, vers 18583; pag. 213, vers 21646. Voyez *Escouré*.

1. **ESCOT**, Écossais ou Irlandais. Gl. *Escotus* et *Scoti*.

2. **ESCOT**, Cens, redevance. Gl. *Scot*.

3. **ESCOT**, Dédommagement. Gl. *Scot*.

4. **ESCOT**, DONNER ESCOT, Écouter attentivement, épier. Gl. *Eschuta*, 2. Voyez *Escout*, 1.

5. **ESCOT**. CONTER ESCOT, Friponner, escamoter. Gl. *Computare*, 3.

* **ESCOTER**, Payer l'écot, être victime. Plait Renart de Dammartin, Jubinal, Fabliaux, tom. 11, pag. 24 :

> Sire, tant que g'i ai durement escoté,
> Tel foiz avez béu que je n'en ai gousté.

Guill. Guiart, tom. 11, pag. 307, vers 7978 (16959); pag. 371, vers 9628 (18609).

ESCOTH, Écot, ce qu'on paye pour sa part d'un repas fait à frais communs. Gl. *Scot*.

ESCOTIER, Celui qui doit payer sa part de quelque chose. Gl. *Scot*.

ESCOTU. BASTON ESCOTU, Taillé d'une certaine façon. Gl. *Scotatus*.

ESCOUBE, Balai. Gl. *Escobare*.

ESCOUBLE, Milan, oiseau de proie; p. e. pour *Escoufle*. Gl. *Escouble*.

ESCOUCHIÉE, Accouchée. Gl. *Elevare*, 5.

ESCOUDRE, Battre le blé. Gl. *Excotere*. [Batre, attaquer. Guill. Guiart, tom. 1, p. 66, vers 1068 :

> Mes adonc assaillir ne voudrent
> La mestre tour, qu'aucuns escoudrent.

S'Escoudre, s'Élancer, tom. II, pag. 112, vers 2875 (11855). *A l'escoudre*, En ramant? pag. 389, vers 10094 (19075). *A l'escourre*, pag. 369, vers 9573 (18555). Voyez *Escourre*.

* ESCOUER. Gl. *Excurtare*, 1.

* ESCOVERTURE, Couverture. Partonop. vers 10667. *Escovrir*, Couvrir. Nouv. Rec. de fabl. et cont. tom. I, p. 130.

ESCOUFFLE, Monnaie de Flandre. Gl. *Escouffle*.

ESCOUIR, Secouer, agiter. Gl. *Excussare*.

ESCOULERGEMENT, Écoulement du temps. Gl. *Scolarolum*.

ESCOULIER †, ESCOULLER, Rendre eunuque, arracher ou couper les testicules. Gl. *Escodatus*, 1, et *Excoliatus*.

ESCOULLOURGER, ESCOULOURGIER, Passer, s'écouler. Gl. *Scolarolum*.

ESCOULOURIER †, Glisser; d'où *Escoulouriable*, Glissant. Gl. *Lubricare*.

ESCOUPELER, Couper l'extrémité des branches d'un arbre. Gl. sous *Copa*, 4.

ESCOURCHIÉ, Retroussé au moyen d'une ceinture. Gl. *Scordalus*. [*Escourcié*, Chastel. de Couci, vers 5821. *Escourcer*, Roman de Berte, pag. 24. Voyez Rayn. tom II, pag. 496¹ au mot *Escortar*.]

ESCOURDER, Accorder, consentir. Gl. *Accortire*.

* ESCOURE, Enlever, reprendre. Gl. *Excutere* et *Rescussa*. *Escorre la preie*, Chronique des ducs de Norm. tom. III, pag. 9, vers 32017. Guill. Guiart, tom. I, pag. 141, vers 3127 :

De la grant richece qu'il truevent...
Chascun en prent, chascun s'en trousse,
Car de nul ne leur est escousse.

Pag. 312, vers 7139. *S'escoure*, Échaper. Chanson de Cunes de Betunes, Wackernagel, pag. 41 :

Et quant il jue si per pert si son san
K'il ne se seit escoure de maiteir.

Voyez *Escosse*.

1. ESCOURRE, Secouer, agiter. Gl. *Excussare*. [Roman de Renart, tom. I, pag. 14, vers 374; pag. 42, vers 1100; tom. III, pag. 96, vers 22390. Continuation du Brut, Chron. Anglo-Norm. tom. I, pag. 100 :

Du geron de son mantel
En air escuel le lumer.

Voy. *Escauchir*, et Rayn. tom. v, pag. 176¹, au mot *Escotir*. Lancer, frapper, Guill. Guiart, tom. II, pag. 44, vers 1107 (10073) :

Aus dures colées escourre.

Pag. 253, vers 6570 (15550) :

Et espées nues escourre
Sus garçons et sus sommetiers.

Voy. *Escoudre*.]

2. ESCOURRE LE BLED, Le battre. Gl. *Excotere*.

EXCOURSEUSE, Dévidoir. Gl. *Gigilla*.

ESCOURSUEIL, Espèce de sac de cuir. Gl. *Scortisarius*.

ESCOUSLON ou ESCROUSLON, La partie des tenailles avec laquelle on serre quelque chose pour le briser. Gl. *Clavatura*, 2.

ESCOUSSOUR, Fléau à battre le blé. Gl. *Excotere*.

ESCOUSSURE DE Loups, Bête étranglée par le loup. Gl. *Excussura*.

1. ESCOUT. FAIRE ESCOUT, Écouter attentivement, épier. Gl. *Eschuta*, 2. [*Être en escout*, Roi Guillaume, pag. 47. *Donner escout*, Donner audience, Chastel. de Couci, vers 7956. Voy. *Escot*, 4, et Rayn. tom. III, pag. 156², au mot *Escout*.]

* 2. ESCOUT. Gl. *Excutere* : *Pour soy eschapper s'estordi escout de lui.* Voy. *Esquoux*.

ESCOUTE, Espion. Gl. *Eschuta*, 2.

ESCOUTEMENT, Intelligiblement, de façon à être entendu. Gl. *Audibilis*.

ESCOUTETE, Sentinelle, celui qui fait le guet. Gl. *Eschuta*, 2.

ESCOUTETERIE, Office du *Scout*. Gl. *Escrawetus*.

* ESCOUTEUS, Écouteur, espion. Chastel. de Couci, vers 567. Voyez Rayn. tom. III, pag. 156², au mot *Escoutador*.

* ESCOUVÉ. Chastel. de Couci, vers 41 :

S'il avient que faire savoir
Le puist uns hom à peu d'avoir,
Lors diront cil a mal trouvé
Qui son ostel fait escouvé.

Voyez Rayn. tom. III, pag. 151², au mot *Escobar*.

ESCOUVERS, Criblures. Gl. *Scopaticum*.

ESCOU-VESTE, Brosse, vergette. Gl. *Excudia*.

ESCOUVI, p. e. Engourdi. Gl. *Scussus*.

ESCOUVILLON, Torchon de paille. Gl. sous *Brando*, 1.

1. ESCOUX, p. e. L'aire où l'on bat le blé; ce qu'ils appelaient *Escourre* le blé. Gl. *Excotere*.

2. * ESCOUX, Terrain pour bâtir. Gl. *Peaso*.

ESCRABOULLER, Éventrer ou Écraser. Gl. *Esboellare*.

ESCRÈGNE, Le lieu où s'assemblent les femmes et les filles pour la veillée. Gl. *Escrannia*.

ESCREMIE, Escrime, jeu de l'épée. Gl. *Ensiludium*.

ESCREMIR, Escrimer, se battre, se défendre. [Gl. *Ensiludium* et] *Egidiare*. [Gérard de Vienne, vers 2476. Chanson de Cunes de Betunes, Wackern. pag. 42. Voy. Rayn. tom. III, pag. 156², au mot *Escrimir*.]

* ESCREN †, Écran. Gl. *Antypira*. *Escrin* †. Gl. *Antipirgium*.

ESCREPPE, pour ESCERPPE, Écharpe. Gl. *Escerpa*. [*Escrepe*, Roman de Renart, tom. II, pag. 133, vers 13152, 13155.]

ESCRESSEMENT, Accroissement. Gl. *Incrementum*, 1.

* ESCREVENTER, Renverser. Gérard de Vienne, vers 1752 :

Par coi seront li mur escreventé.

Voyez *Craventer*, et Rayn. tom. II, pag. 508², au mot *Escrevantar*.

ESCREVER, Augmenter, aggraver ; ce qui se dit principalement d'un mal. Gl. *Agravare*, 1. [Crever, se rompre. Chastel. de Couci, vers 752 :

Avant ce convient mainte lance
Et maint escu faire escrever.

Escrevure. Gl. *Agravare*, 1.]

ESCREVISSE, Sorte d'armure, cuirasse faite en façon d'écailles. Gl. *Cancer*, 4.

ESCRIENNE, Le lieu où s'assemblent les femmes et les filles pour la veillée. Gl. *Escrannia*. [Atelier, ouvroir. Roi Guill. pag. 97. Comparez Gl. *Screo*.]

* ESCRIER, v. a. Crier, attaquer, poursuivre avec des cris. Garin le Loher. tom. I, pag. 272 :

Puis les escrient, que de près les ont prins :
Fis à putains, certes serez ocis.

Guill. Guiart, tom. II, pag. 22, vers 540 (9506) :

De touz lez à mort les escrient.

Pag. 372, vers 9671 (18652) :

Lors s'entrescrient à la mort.

Pag. 47, vers 1191 (10157); pag. 194, vers 5018 (4006). Garin, tom. I, pag. 197, 236. Guillaume, pag. 71. Voyez Rayn. tom. II, pag. 517¹, au mot *Escridar*.

ESCRIGNET, Petit écrin. Gl. *Genecerium*.

ESCRIGNIER, Faiseur d'écrins ou petits coffres. Gl. *Escrinium*.

ESCRILER, ESCRILLER, Glisser. Gl. *Clidare*.

1. ESCRIN, Coffre, cassette, reliquaire. Gl. sous *Scrinium*. [Jubinal, Fabl. tom. I, pag. 179. Galien Restoré, Fierabr. pag. 165², Roman de Renart, tom. I, pag. 2, vers 28. Wackern. pag. 64.]

* 2. ESCRIN. Voyez *Escren*.

ESCRINÉE, ESCRINET, Écrin, petit coffre; d'où *Escrinier*, Faiseur d'écrins. Gl. *Escrinium*.

* ESCRIPT. TOUR D'ESCRIPT. Gl. *Tornare*, 4.

1. ESCRIPTOIRE, Greffe. Gl. *Scriptoratus*. [Voyez Gl. *Scriptorium*, 2.]

2. ESCRIPTOIRE, Cabinet d'étude ou d'écriture. Gl. *Scriptorium*, 4. [Voyez Rayn. tom. II, pag. 158², au mot *Escriptori*.]

ESCRIPTOUERE, Étude de notaire. Gl. *Scriptoratus*.

1. ESCRIPTURE, Office de notaire, ou Greffe. Gl. *Scriptoratus*.

2. ESCRIPTURE, Caractère d'imprimerie. Gl. *Scriptura*.

ESCRIPVEINIE, ESCRIVENAGE, Greffe. Gl. *Scribania*.

* ESCRIT, Peint. Agolant, vers 815 :

Met à son col un fort escu pendant
Trois lipars ot escrit por de devant.

Flore et Blancefl. vers 557 :

N'a sous ciel beste ne oisel
Ne soit escrit en cel tombel.

1. ESCROE, Sorte de draps. Gl. *Escocia*.

2. ESCROE, Mémoire, état. Gl. *Escroa*.

3. ESCROE, Lien, bande de parchemin, tiret. Gl. *Escroa*.

ESCROELLES. Écrouelles, maladie. Gl. *Scroellæ*.

ESCROIS, Fracas, bruit éclatant. Gl. *Cruscire*. [Roman de Renart, tom. III, pag. 164, vers 24283. Roi Guillaume, pag. 42, 47, 49. Voyez *Croissir*, et Rayn. tom. II, pag. 524², au mot *Crois*.]

ESCROISSEMENT, Grincement, bruit aigu. Gl. *Cruscire*.

ESCROISTRE, Accroître, augmenter. Gl. *Excrementum*.

ESCROUE, Pièce de drap. Gl. *Escocia*.

ESCROUSER, Creuser, faire une ouverture. Gl. *Apicularii*.

ESCROUSLON. Voy. ci-dessus *Escouslon*.

ESCROUX, Conclusion d'un marché. Gl. *Escroa*.

ESCRUPIR, Cracher. Gl. *Escopare*.

ESCRUSSERIE, Façon d'accommoder le lin pour en ôter les chenevotes, et le lieu où cela se fait. Gl. *Escrannia*.

*****ESCU**. Gl. *Clypeus*, 1. *Scutum*, pag. 143¹-144. *Moneta*, pag. 490².

ESCU DE CARTIER, Écu posé sur le côté. Gl. *Scutum*.

ESCUAGE, Service militaire, quelquefois évalué en argent, que doivent certains fiefs. Gl. *Scutagium*, pag. 140²³.

ESCUALE, Ecuelle. Gl. *Escuallium*.

ESCUCEL, Partie d'une selle de cheval, p. e. Arçon. Gl. *Scala*, 10.

ESCUCENÉ, Escuchené, Chargé d'écussons. Gl. *Escuchonetus*.

ESCUCHE, Machine propre à secouer la poussière. Gl. *Escudis*.

ESCUCHIER, Faiseur d'*escus* ou boucliers. Gl. *Hostis*, 2. pag. 716¹.

ESCUCHON, Écusson. Gl. *Scucheo*.

ESCUCIAU, Écu, monnaie de France. Gl. *Scutatum*.

ESCUDELLE, Écuelle. Gl. *Scudella*.

*****ESCUEILLIE**. Guill. Guiart, tom. II, pag. 394, vers 10222 (19204) :

> La nef Gui de Namur première
> S'en va le cours aus escueillies.

Renart le Nouvel, vers 1087, tom. IV, pag. 167 :

> Ou gait à plain cours d'escueillie
> Feri Renart et sa maisnie.

ESCUEILLIER, Office, le lieu où l'on serre la vaisselle, les plats et assiettes. Gl. *Scutellarium*, sous *Scutella*, 1.

*****ESCUEL**, Escuil, Accueil. Chanson du roi de Navarre, Wackernagel, pag. 43 :

> Sovigne vos dame d'un douls escuel,
> Ke jai fut fais per si grant desirier.

Voyez Rayn. tom. VI, pag. 11¹, au mot *Escoill*, et ci-dessus *Esquel*.

1. ESCUELLE, Sorte de mesure. Gl. *Escuella* [et *Mensura*, 1].

2. ESCUELLE. JEU D'ENTRE DEUX ESCUELLES. Gl. *Escuallium*.

ESCUELLIER, Marchand d'écuelles. Gl. *Escuallium*.

*****ESCUELLIR**, Recueillir. Lai de Tristan, Wackern. pag. 19 :

> Un lai en escuel,
> C'est dou chievrefuel.

Voyez Orell pag. 152.

ESCUER, Garnir d'une espèce d'auvent, qu'on appellait *Escu*. Gl. *Escuare*.

ESCUERSER, Avoir mal au cœur, se trouver mal. Gl. *Excordatus*.

1. ESCUIER DE CHAMBRE, Valet de chambre. Gl. *Escuerius*. [*Escuier d'honneur*. Gl. *Armigeri*, pag. 402³. *Pain d'Escuiers*. Gl. *Panis*, pag. 522².]

2. ESCUIER, Mettre à l'écurie, à l'étable. Gl. *Escura*.

ESCUIERIE, Écurie. Gl. *Caballerius*, sous *Caballus*.

*****ESCUILLIÉ**, Châtré. Chronique de Jordan Fantosme, vers 1703. Voyez Rayn. tom. VI, pag. 11¹, au mot *Escolhat*.

ESCULER, Aller par escousses; de *Esculie*, pour Escousse. Gl. *Esculeum*.

ESCULIER, Office, le lieu où l'on serre la vaisselle, les plats et assiettes. Gl. *Scutellarium*, sous *Scutella*, 1.

1. ESCULLE, pour Estulle, Boule à jouer. Gl. *Esculeum*.

*****2. ESCULLE**. Gl. *Extersorium*.

*****ESCULTER**, Écouter. Chanson de Roland, Chron. des ducs de Norm.

*****ESCULURÉ**, Pale. Chanson de Roland, st. 36, vers 1. Voyez Rayn. tom. II, pag. 441², au mot *Escolorir*.

ESCUMENGE, Escumminge, Excommunication. Gl. *Excommunicatio*.

ESCUMENIEMANT, Le même; et *Escumenier*, Excommunier. Gl. *Excommunicatio*.

*****ESCUMER (S')**. Gl. *Estreciatus*.

ESCUMEUR, Pirate, corsaire qui fait des courses sur mer; d'où *Escumerie*, Course. Gl. *Escumator*.

ESCUMIEGÉ, Excommunié. Gl. sous *Treva*, pag 658¹.

ESCUNDIRE, s'Excuser, se purger d'une accusation. Gl. *Excondicere*.

ESCUPIR, Cracher au nez. Gl. *Escopare*.

ESCURÉ, Assuré, sans défiance. Gl. *Escurare*.

ESCUREL, Écureuil. *Mantel d'Escurels*, fourré, garni de peaux d'écureuil. Gl. sous *Capellus*, 1. [*Escureul* †. Gl. *Pirolus*, 2.]

ESCURER, Dégraisser, nettoyer. Gl. *Escurare*. [Roi Guill. pag. 95, 99. Voyez Rayn. tom. II, pag. 532¹, au mot *Escurar*.]

ESCURIEL, Écureuil. Gl. *Escurellus*.

ESCURNES, Le même. Gl. *Esperiolus*.

*****ESCURZIR (S')**, s'Obscurcir. Chron. des ducs de Norm. tom. II, pag. 551, vers 31096.

*****ESCUS**, Excuse. Chron. des ducs de Norm.

ESCUSSIAU, Espèce d'écuelle, où l'on met le feu d'un encensoir. Gl. *Escutella*.

ESCUTEL, Écusson d'armoiries. Gl. *Escutum*.

ESCUVILLON, pour Escouvillon, Ce qui sert à nettoyer le four. Gl. *Torsorium*.

*****ESDEMETRE**, s'Élancer. Chanson de Roland, st. 120, vers 6 :

> Sun bon ceval i ad fait esdemetre.

Voyez Rayn. tom. IV, pag. 226², au mot *Esdemetre*.

*****ESDEVENIR**, Arriver, advenir. Chron. des ducs de Norm. tom. II, pag. 387, vers 26618 :

> Ne cum ce pout esdevenir.

Voyez Rayn. tom. V, pag. 494¹, au mot *Esdevenir*.

ESDIRÉ, Égaré, perdu. Gl. *Adirare*.

*****ESDIT**, Interdit, muet d'étonnement. Chron. des ducs de Norm.

*****ESDORDISONS**, Étourdissement. Parton. vers 3049 :

> Li rois revint d'esdordisons;
> Bien s'est rasis en ses arçons.

Voyez *Estordoisons*.

*****ESDUIRE**, Écarter, éconduire, éloigner. Rayn. tom. III, pag. 85¹, au mot *Esduire*, Chronique des ducs de Normandie. *S'Esduire*, échapper, tom. I, pag. 124, vers 1213.

*****ESDUITE**, Fuite. Chron. des ducs de Norm. Voyez *Esduire*.

*****ESEMENT**, Pareillement, également. Chron. des ducs de Norm. Voyez *Ensement*.

ESEUQITEUR, Exécuteur testamentaire.

Gl. *Executor*. pag. 144², et *Testamentarius*.

*****ESFORBI**, Fourbi. Gerard de Vienne, vers 2774 :

> Tint Hautecleire tranchant et esforbie.

*****ESFORCEMENT**, Effort. Chron. des ducs de Norm.

*****1. ESFORCER**, Fortifier, renforcer. Chron. des ducs de Norm. Voyez *Enforcer*, et Rayn. tom. III, pag. 377², au mot *Esforsar*.

*****2. ESFORCER**, Exciter, exhorter. Chron. des ducs de Norm.

*****ESFORCET**, Augmenté, valant plus. Chanson de Roland, st. 270, vers 10 :

> Je t'en durei mult esforcet eschange.

Voyez *Enforcer*.

*****ESFORCIS**, Fort, en force. Chron. des ducs de Norm.

*****ESFORS**, Force, Partonop. vers 2134, 2140, 2620. Armée, vers 2494. Chanson de Roland. Chron. des ducs de Norm. Rayn. tom. III, pag. 377², au mot *Esfort*.

*****ESFRAÉ**, Esprée, Effrayé. Roman de Renart, tom. I, pag. 24, vers 631. Partonop. vers 709. Chanson de Roland, stance 32, vers 14. *Esfrois*, Effroi, Partonop. vers 607. *Esfréur*, Chron. de J. Fantosme, vers 1630. *Esfreissement*, Chron. des ducs de Norm. tom. I, pag. 286, vers 5870. *Esfréédement*, Comme gens effrayés. Chanson de Roland, st. 195, vers 3. Voyez Rayn. tom. III, pag. 394¹, au mot *Esfrei*.

ESGADOUR, Abreuvoir, réservoir d'eau. Gl. *Aiguerium*.

ESGAITER, Faire le guet, épier. Gl. *Gaitare*.

*****ESGARDE**, Égard, attention. Chron. des ducs de Normandie.

*****ESGARDEMENT**, Manière de voir, avis. Chron. des ducs de Normandie.

ESGARDER, Considérer, examiner, juger après un mûr examen, et Esgard, Esgart, Jugement, sentence, décision, [convention, arbitrage. Partonop. vers 2885, 2934, 3555, 6596. Roman de Renart, tom. II, pag. 334, vers 18693. Chron. des ducs de Norm. Rayn. tom. III, pag. 427², au mot *Esgart*. Glossaire sur Joinville.] Esgardour, Arbitre, juge. Gl. *Esgardium*. 1. [Regardeur, qui regarde. Chron. des ducs de Norm.]

ESGARDEURE, Aspect, regard. Gl. *Esgardium*, 2.

*****ESGARÉ**, Égaré, troublé. Agolant, vers 1335 :

> De vos repondre sui forment esgaré.

Chanson de Roland, stance 79, vers 9 :

> E lui méisme en est mult esguaret.

Esgaréement, d'une manière égarée. Chron. des ducs de Normandie, tom. I, pag. 555, vers 13750.

ESGARRADE, Plaie considérable, balafre. Gl. *Esgarrare*.

ESGARTER, Couper les jarrets. Gl. *Esgarrare*.

ESGASSADOUR, Abreuvoir, réservoir d'eau. Gl. *Aiguerium*.

ESGAUDER, Mettre du gibier dans un bois ou une forêt. Gl. *Gualdus*.

ESGAUDIR (S'), Chasser dans une forêt, s'y promener. Gl. *Gualdus*.

ESGELONNER, Se lamenter, se plaindre en criant. Gl. *Elegus*.

I. ESGENER, Tromper, frauder les droits ou impôts. Gl. *Egaunnum*.

2. ESGENER, Appauvrir, diminuer, priver. Gl. *Egaunnum*.

ESGERRETER, Couper les jarrets. Gl. *Esgarrare*.

ESGLINDER, Glisser, s'échapper. Gl. *Longisecus*.

ESGLISE, District et étendue d'une paroisse. Gl. *Ecclesia*.

ESGLISSER, Jeter de l'eau, dans laquelle il y a de la terre glaise, qu'ils appelaient *Glisse*. Gl. *Gliseria*.

ESGOELER, Nettoyer sa bouche, qu'ils nommaient *Goule*. Gl. sous *Auris*, p. 502³.

* ESGOSSÉ, Rompu, ruiné. G. Guiart, tom. I, pag. 196, vers 4645 :

La ville assiéent
Qui lors estoit bel atermée,
De deus paires de murs fermée,
Tout soient-il ore esgossez.

ESGOT, p. e. Tronc, souche, ou plutôt rejeton. Gl. sous *Estocagium*.

ESGRAFFER, Égratigner. Gl. *Esgratineura*.

ESGRETTE, Aigrette, oiseau. Gl. *Aigro*.

ESGRIFFER, Égratigner; d'où *Esgriffure* et *Esgrifure*, Égratignure, Gl. *Esgratineura*.

ESGRIN, ESGRUN, Nom général des légumes ou herbes potagères qui ont de l'âcreté. Gl. *Egrunum*.

* ESGROUNIR (S'), Torcher sa barbe. Renart le Nouvel, tom. IV, p. 437, v. 7474 :

Renardiaus atant s'esgrouni,
Tout se teurent et il parla.

ESGRUNER, Réduire en poudre. Gl. *Temperare*, I. [Voyez Rayn. tom. III, pag. 497², au mot *Esgrunar*, et le Gloss. sur la Chanson de Roland, au mot *Esgruignet*.]

ESGUET, Aguet, embuscade. Gl. *Aguaitum*.

ESGUILHADE, ESGUILLÉE, Aiguillon dont on pique les bœufs. Gl. *Aguillada*.

* ESHAUCIER, S'élever, s'exhausser. *Eshaucé*, Exhaussé, élevé. Chron. des ducs de Normandie. Voyez *Essaucer*.

ESHENDIR, Aider, animer, encourager; d'où *Eshendissement*, Aide, encouragement. Gl. *Exhibitio*.

ESHEURS, Cri qu'on fait pour demander du secours dans les querelles publiques. Gl. *Escheurs*.

ESJAMBER, Enjamber. Gl. *Gamba*, I.

ESJARETER, ESJARRER, ESJARRETER, Couper les jarrets, estropier du jarret. Gl. *Esgarrare*.

ESJAUGER, Jauger; d'où *Esjaugeur*, Jaugeur. Gl. *Jaugia*.

* ESJOIR (S'), Se réjouir, prét. *s'esgot*, Roman de Renart, tom. III, pag. 248, vers 16324. Roi Guillaume, pag. 154. *Esjoir par voix*. Gl. *Vitulare*. *Esjoys-toy* †. Gl. *Euge*. Voyez Rayn., tom. III, pag. 444¹, au mot *Esgauzir*. *Esjoiance*, Joie. Chron. des ducs de Norm. tom. I, pag. 428, vers 9987.

ESIL, Vinaigre. Gl. *Ignis Græcus*, pag. 758¹.

ESISTER A UN COUP, Le parer, l'éviter. Gl. *Ictus defensalis*.

ESKANDELER, Publier, divulguer, répandre de mauvais bruits sur le compte de quelqu'un, le diffamer. Gl. *Scandalizare*.

ESKAS [ESKIES], Échecs. Gl. sous *Scacci*, I. [Voyez *Eskiec*.]

* ESKEKIER, Échiquier, marqueterie. Voyez *Eskiec*. Flore et Blanceflor. vers 1179 :

La soussele est d'un paile cier,
Très bien ovré à eskekier.

Voyez Rayn. tom. III, pag. 143², au mot *Escac*.

ESKENÉ, Abattu, affligé. Gl. *Eschinare*.

ESKERISSÉEUR, Celui qui dicte ou suggère à un autre ce qu'il doit dire. Gl. *Escariare*.

* ESKIEC, Butin, gain, comme *Eschac*. Flore et Blanceflor, vers 131 :

Son eskiec lor depart li rois.

Renart le Nouvel, tom. IV, pag. 224, vers 2524 :

... Mil mars d'argent
Vaut l' eskiekiers od les eskiés.
Li rois dist que rices eskiés
Saroit de tel juel trouver.

Voyez *Eskas*.

* ESKIEKER, Enlever. Roi Guillaume, pag. 152 :

De l'aumosniere et des besans
Que li jeta li marceans
Et li aigles li eskieka.

* ESKIERMIE, Combat à l'épée. Flore et Jeanne, pag. 51 : *Or sont li doi chevalier venu à l'eskiermie ... et s'entresacent le sanc de lor cors as espées trençans*. Voyez *Escremie*.

ESKIEX, ESKIX, Exilé, banni. Gl. *Exicius*. [Voyez *Eschis*, I. *Eskiu*, Flore et Blanceflor, vers 767.]

* ESKIOL, Morceau de lance brisée, comme *Esclic*. Partonop. vers 3060 :

Que el cervel met les eskiols...
Li espiols brise entre ses mains.

ESKIPESON, Équipage, fourniture. Gl. *Esquipare*.

* ESLAIS, ESLES, Élan, choc, galop. Roquef. Chron. des ducs de Norm. aux mots *Eslais, Esles*. Voyez Rayn. tom. IV, pag. 19¹, au mot *Eslais*. Roman de Renart, tom. I. p. 22, vers 576, p. 46, vers 1218, tom. IV, pag. 150, vers 642. Gérard de Vienne, vers 2234.

ESLAISSER, ESLAISSIER, Lâcher, échapper, rompre une laisse. Gl. *Fulminatus*, *Laxa* et *Tornare*, 2. [Défaire un las, lancer. *S'eslaisser*, *s'eslesser*, Lâcher la bride, se précipiter, s'élancer, se laisser aller. Roman de Renart, tom. III, pag. 66, vers 21551 :

Quar o les piez li laz eslesse.

Guill. Guiart tom. II, pag. 217, vers 5627 (14607) :

Tant a là quarriaux eslessiez.

Pag. 336, vers 8734 (17715) :

Flamens de quarrious eslessier.

Roman de Renart, t. IV, p. 29, v. 772 :

Li fais pesa, aval s'eslaisse
Jusques au chaint.

Rutebeuf, tom. II, pag. 244 :

Et s' à mal fere ades t'eslesses.

Partonop. vers 9659, 9665. Gérard de Vienne, vers 1904, 2445. Roman de Renart, tom. I, pag. 44, vers 1142, tom. III, pag. 144, vers 23734. Rayn. tom. IV, pag. 19² au *Eslaissar*. Chron. des ducs de Norm. aux mots *Eslaissier*, *Eslessé*.

ESLAEDE, Gros bâton, sorte de levier. Gl. sous *Stalonnus*.

ESLARGESSEMENT, Délai. Gl. *Eslargamentum*.

* ESLARGIR, Agrandir. Garin le Loher. tom. I, pag. 90 :

Et vos devez de la terre eslargir.

S'élancer. Guill. Guiart, tom. II, pag. 442, vers 1489 (20471) :

Fu des destriers fiere la frainte,
Car les routes eslargissant
Vont en pluseurs lieus henissant.

Voyez Rayn. tom. IV, pag. 22² et 23¹, aux mots *Alargar* et *Eslargar*.

* 2. ESLARGIR, Gratifier. *S'eslargir*, Faire des largesses. Chron. des ducs de Normandie.

ESLASEMENT, Élargissement. Gl. *Elargare*, 3.

ESLAVASSE, Lavasse, crue subite d'eau. Gl. *Eslaveidium*.

ESLAVER, Essarter, défricher, arracher des broussailles. Gl. *Esluare*. [*Eslaver*, Laver, nettoyer, purifier. Rutebeuf, tom. II, pag. 260. Chron. des ducs de Norm. Rayn. tom. VI, pag. 29¹, au mot *Eslavar*. *Esluvement*, Lotion. Chron. des ducs de Norm.]

I. ESLE, Aïeule. Gl. sous *Heriotum*, pag. 662¹, [et *Nobilitatio*, pag. 631³].

2. ESLE, pour Aile, ce qui accompagne un corps de logis. Gl. *Ala*, 6.

ESLEECHIER, Se réjouir, être bien aise. Gl. *Lætifice*. [*Esleicier*, Réjouir, rendre content, Gérard de Vienne, vers 251 :

Se vos perdoie par aucun destorbier,
N'est hom, fait-il, ke me puist esleicier.

Esleecement, Joie, contentement. Chron. des ducs de Normandie. *Se Resléecier*, se réjouir. Chastel. de Couci, vers 251.]

* ESLEGER, ESLEGIER, ESLIGIER, ESLIGER, Payer, compenser. Chanson de Roland, stance 88, vers 12 :

Li reis Marsilie de nos ad fait marchet
Mais as espées l'estuverat esleger.

Stance 58, vers 8 :

Ne n'i perdrat ne runcin ne sumer
Que as espées ne seit einz eslegiet.

Flore et Blanceflor, vers 1293 :

Cou que as pris de cest mangier
Seroit legier à eslegier.

Agolant, vers 497 :

Se de ton vivre trovasse nul marchié
Volentiers fust à fin or esligié.

Chron. des ducs de Norm. tom. I, p. 54, vers 1461 :

Si que mandez qu'aiom marché,
Kar dreitement ert esligé;
N'i serra fait force ne tort
A nul qui riens nus aport.

Gl. *Eligibilius*.

* ESLEPAS. EN ESLEPAS, EN EISLORE, A l'instant même, sur-le-champ. Ch. des ducs de Norm. Partonop. vers 9217, 9805, 10185. Flore et Blanceflor, vers 2083, 2530, etc. Voyez Rayn. tom. III, pag. 98¹, au mot *Eis*. Gl. *Incontinente*.

ESLESE, Alèze. Gl. *Lenzonum*.

ESLETE, L'action d'élire, choix, option. Gl. *Eligibilius.*

* ESLEU. Aubri, vers 98 :

> Et je le di de bon cuer esléu.

ESLEVER (S'), Se délivrer, accoucher [*Élevée*, Accouchée]. Gl. *Elevare*, 5.

ESLEVURE, Relief. Gl. *Elevare*, 2.

ESLIDER, Glisser, passer légèrement. Gl. *Elidere.*

* ESLINDER, Lancer, fronder. Guill. Guiart, tom. II, p. 377, vers 9803 (18784):

> Par quoi aus chailloz eslinder.

Voyez *Eslingue.*

ESLINGOERE, Courroie, attache, longe. Gl. *Ligula* I.

ESLINGUE †, Fronde, machine qui jette loin; d'où *Eslingour* †, Celui qui s'en sert. Gl. *Fundibula.* [Chron. des ducs de Normandie. Voyez *Eslinder.*]

ESLIRE, Entendre, concevoir. Gl. *Eligibilius.* [Livre de Turpin, P. Paris Catal. tom. I, pag. 214 : *Or, si me proie que je le mete de latin en romans sans rime; par ço que teus set de lettre qui de latin ne le séust eslire.*]

ESLIS, Qui mérite d'être distingué. Gl. *Electi*, I. [Partonop. vers 150.]

ESLOCHER, Ébranler, déplacer, arracher en secouant. Gl. *Elochare.* [G. Guiart, t. I, pag. 49, vers 629; pag. 147, vers 3289; pag. 302, vers 6888. *S'eslocher*, S'ébranler, se déplacer, tom. II, pag. 315, vers 8175 (17155).]

ESLOIDES, Éclair. Gl. *Fulgetra.*

ESLOIGNANCE, Éloignement, retraite, fuite. Gl. *Elongare*, 2.

ESLOISSIÉ, Cassé, disloqué. Gl. *Disligare*, I.

ESLONGIER, Éloigner, écarter. Gl. *Elongare*, 2. [*Sans eslongier, sans eslongne*, sans aucun délai. Flore et Blanceflor, vers 301. Chastel. de Couci, vers 6529. Prolonger. Chron. des ducs de Norm. tom. II, p. 363, vers 25950. Allonger. G. Guiart, tom. II, pag. 454, vers 11798 (20781). Voyez Rayn. tom. IV, pag. 97² et 98², aux mots *Alonguier, Alongar*, et *Esloignar.*]

ESLOSCHER, Ébranler, déplacer, arracher en secouant. Gl. *Elochare.*

ESLOSSIÉ, Cassé, disloqué. Gl. *Disligare*, I.

ESLOURDEMENT, Étourdissement causé par un coup qu'on a reçu; d'où *Eslourdé* et *Eslourdi*, Étourdi, étonné. Gl. *Elourdatus.*

* ESMAI, Émoi, souci. Wackern. p. 53 :

> Fors lui dont seur en esmai.

Chron. des ducs de Norm. Rayn. tom. III, pag. 162², au mot *Esmai.*

* ESMAIER, Émouvoir, troubler, épouvanter. Partonop. vers 4256. Agolant, vers 1176. *Esmaer*, Chanson de Roland, stance 173, vers 38. *Esmaier, s'esmaier*, Se troubler. Guill. Guiart, tom. I, pag. 191, vers 4517; pag. 261, vers 6332. Gérard de Vienne, pag. 162². Roman de Renart, tom. I, pag. 29. 45, 47, vers 769, 1172, 1216. *Esmaiable, Esmaiance, Esmaiemenz, Esmovance*, Chron. des ducs de Norm. Voyez Rayn. tom. III, pag. 162², au mot *Esmaiar*, Wackern. pag. 131, et ci-dessous *Esmoier.*

* ESMAIL, Esmal, Émail. Parton.

vers 10792, 10835. Flore et Blanceflor, vers 459, 546, 572, 652, 2018 (espèce de pierre, ambre?) Voyez Rayn. tom. III, pag. 163¹, au mot *Esmaut.* Théophile, éd. de l'Escalopier, pag. 287. Gl. *Smaltum. Esmaillié*, Gl. *Esmalliatus.*

ESMAILLERIE, Ouvrage d'émail. Gl. *Esmaldus.*

1. ESMANCE, Opinion appuyée sur des combinaisons. Gl. *Esmerare.*

2. ESMANCE. FAIRE ESMANCE, Faire mine de vouloir quelque chose, présenter, ajuster, menacer de frapper. Gl. *Esmerare.*

ESMANCHÉ, Emmanché. Gl. *Giba.*

ESMANCHON, Manche, mancheron, partie de la charrue que le laboureur tient avec la main. Gl. *Mangia*, 2, et *Manica*, 4.

ESMANDE, Amende. Gl. *Esmenda.*

* ESMANVEILLÉ, Emerveillé, étourdi. Chron. des ducs de Norm. tom. II, pag. 26, vers 16047, var. *Esmavoillié.*

ESMARIR (S'), s'Étonner, être surpris, appréhender. Gl. *Marrire.* [*Esmari*, Troublé, attristé. Chastel. de Couci, vers 4782, 7802. Roi Guillaume, pag. 58. Voyez Rayn. tom. IV, pag. 160¹, au mot *Esmarir.*]

ESMAYER, Planter le mai, même un autre jour que le 1er du mois de mai; d'où *Esmayement*, L'action de le planter. Gl. sous *Maium.*

1. ESME, Poids; d'où *Esmer*, peser. Gl. *Esmerare.*

2. ESME, Estimation, évaluation, opinion. Gl. *Esmerare.* [Intention, but, calcul, action de viser. Partonop. vers 3133, 3166. Roman de Renart, tom. II, pag. 198, vers 14951, tom. I, pag. 67, vers 1744. Ruteb. tom. I, pag. 8. Voyez Rayn. tom. III, pag. 219¹, au mot *Esme.* Chron. des ducs de Norm. aux mots *Esme, Esmée.*]

1. ESMER, Estimer, évaluer, croire, penser. Gl. *Esmerare.* [Parton. vers 2320, 1336. Agolant, vers 83. (*proisier*, vers 89), 695, 716, 751. Flore et Blancefl. vers 1395. Voyez *Aesmer*, et Rayn. tom. III, pag. 219¹, au mot *Esmar.*]

2. ESMER, Dresser, présenter, ajuster, faire mine de vouloir quelque chose, menacer de frapper. Gl. *Esmerare.* [Roman de Renart, tom. I, pag. 299, vers 8021.]

ESMERER, Affiner, rendre pur. Gl. *Exmerare.* [Roi Guillaume, pag. 110. Flore et Blancefl. vers 2896. Partonop. vers 1597. *Esmeréement*, Laborde, pag. 276. Voyez Rayn. tom. IV, pag. 207¹, au mot *Esmerar.* Chron. des ducs de Normandie.]

ESMEUDRE, Émoudre, aiguiser. Gl. *Emolere.*

* ESMIER, Briser, broyer. Gérard de Vienne, vers 2778 :

> Kan k'en ataint, tot decope et esmie.

Se briser. Laborde, pag. 264 :

> Si con fait nes que venz guie
> Qui va là où il l'enpaint
> Si ke toute esmie et fraint.

Roman de Renart, tom. I, p. 40, vers 1037. Guill. Guiart, tom. II, pag. 243, vers 6284 (15264). Voyez *Amier.*

ESMIEURE, Miettes, petits morceaux. Gl. *Mica*, I.

ESMINAIGE, Droit sur les grains mesu-

rés à l'*Esmine.* Gl. *Eminagium*, sous *Hemina*, pag. 644²

ESMINE, Certaine mesure des grains. Gl. *Hemina.*

ESMIOERE, Instrument qui réduit en miettes ou petits morceaux. Gl. *Micatorium.*

* ESMOCHEOR, Chasse-mouche, queue, Roman de Renart, tom. II, pag. 147. vers 13520.

ESMOCHER, Escrimer, jouer de l'épée. Gl. *Ensiludium.*

ESMOIER, [Inquiéter, troubler; se troubler. Guill. Guiart. tom. II, pag. 273, vers 7089 (16067). Agolant, vers 492, pag. 170².] SE ESMOIER, Être en peine, en inquiétude. Gl. sous *Pavagium*, 2. [Ruteb. tom. I, pag. 6, 8, 16. Voyez *Esmaier.*]

ESMOLDRE, Émoudre, aiguiser; d'où *Esmoleur*, Emouleur, coutelier, taillandier. Gl. *Emolere.* [*Esmoulu.* Gl. *Arma*, p. 395².]

* ESMONDER, Rompre, se rompre. Guill. Guiart, tom. I, pag. 94, 162, vers 1884, 3661, tom. II, pag. 181, vers 4671 (13658). Voyez Rayn. tom. III, pag. 164¹, au mot *Esmondegar.*

* ESMONTER, Monter. Wackern. p. 49.

ESMOTAEUR, Sorte de bâton, p. e. Fléau. Gl. *Esmotaeur.*

ESMOTOUER, Instrument propre à briser les mottes de terre, herse. Gl. *Tribula*, 2.

ESMOUCHEMENT, Lieu où l'on se tient *mucé* ou caché. Gl. *Repositus.*

ESMOUCHER, Esmouchier, Escrimer, jouer de l'épée. Gl. *Ensiludium.* [Guill. Guiart, tom. II, pag. 204, vers 5276 (14254). Roman de Renart, tom. II, pag. 197, vers 14924 :

> Au baston se set esmochier.

ESMOUGNOUNER, Mutiler, estropier. Gl. *Emembrare.*

ESMOUTER, Prendre le droit de mouture. Gl. *Emolutum.*

* ESMOVANCE. Voyez *Esmaier.*

ESMOUVEMENT, Dispute animée, querelle. Gl. *Movimentum*, I.

ESMOUVENS, Esmouveur, Remuant, brouillon, querelleur, séditieux. Gl. *Motivus*, 2.

* ESMOUVOIR, Soulever, faire naître, faire lever, dépister. Partonop. vers 608 :

> Li chien....
> Ont un grant saingler esméu.

Guill. Guiart, tom. II, pag. 13, vers 304 (9270) :

> Cil qui r'esmuet la guerre amère.

Pag. 426, vers 11058 (20040) :

> Quant li voirs en fu esméuz.

Partonop. vers 1834. *Esmouvoir, s'esmouvoir*, s'émouvoir, se lever, Parton. vers 19 :

> La terre esmuet de mort à vie.

Roi Guillaume, pag. 145 :

> Tot li cien après lui s'esmuevent.

Voyez Rayn. tom. IV, pag. 278¹, au mot *Esmover. Esméuz*, Chron. des ducs de Normandie.

ESMOUVOIR LA MAIN, La lever contre quelqu'un, comme pour le frapper. Gl. *Movere*, 4.

ESMUCETE †, Mouchettes. Gl. *Muca-torium.*

ESMUTILER, Mutiler, estropier. Gl. *Depitare.*

ESMUYS, Muet, qui a perdu la parole. Gl. *Emutire.*

* **ESNASER**, Priver du nez; Chron. des ducs de Norm. Voyez Rayn. tom. IV, pag. 292², au mot *Esnasar.*

ESNECHE, ESNEKE, ESNEQUE, Sorte de vaisseau de charge. Gl. *Bussa* et *Naca*, 1. [Chron. des ducs de Normandie.]

* **ESNUER**, Dépouiller. Chron. des ducs de Norm. tom. II, pag. 390, vers 26695. *Esneié*, Debarrassé, purifié, tom. I, p. 404, vers 9299. Voyez Rayn. tom. IV, pag. 346¹, au mot *Denudar.*

ESPAALER, Étalonner les poids et les mesures. Gl. *Escandilare.*

ESPAARE, Barre. Gl. *Spara*, 2.

ESPAELER, Étalonner les poids et les mesures. Gl. *Escandilare.*

ESPAENTER (S'), S'épouvanter; Chanson de Roland, stance 123, vers 7:

  Ne poet muer qu'il ne s'en espaent.

Stance 109, vers 22. Voyez *Espoenter*, et Rayn. tom. IV, pag. 468¹, au mot *Espaventar.*

ESPAFUT, Sorte d'arme, p. e. une épée fort large. Gl. *Espafus.*

ESPAIGNIÈRE, Sorte de table ou maie à pétrir la pâte. Gl. *Appunctare*, 1.

ESPAILIER, Étalonner les poids et les mesures. Gl. *Escandilare.*

ESPAILLE, Broussailles. Gl. *Esbuscare.*

ESPAL, Étalon des poids et des mesures; d'où *Espaler*, Étalonner, échantillonner. Gl. *Escandilare.*

ESPALIÈRE, Épaulière, armure qui couvre les épaules. Gl. *Spallarium.*

ESPAME, Pâmoison, faiblesse. Gl. *Spasma* 3. [*Espanis*, *Espasmiz*, Pâmés. Chron. des ducs de Normandie.]

ESPAN, ESPANE, Empan, mesure de la main étendue. Gl. *Espannus*, *Spanna*, et † *Palmus*, 1.

* **ESPANDRE**, ESPANIR, Épandre, répandre; s'étendre, épanouir, se répandre; se lancer. Flore et Blanceflor, vers 1266:

  Vin aportent à espandant.

Partonop. vers 10133:

  Par matin al solel levant
  Que ses rais par le mont espant.

Vers 751:

  Mais quant li jors est esclarcis
  Et li solaus est espanis.

Vers 2362:

  Que li solaus clers s'espani.

Chanson de Raoul de Soissons, Laborde, pag. 218:

  Quant voi la glaie meure
  Et le rosier espanir.

Chant de Jacques de Cambrai, Wackern. pag. 66:

  C'une verge d'Égipte
  De Jesse espanie.

Roman de Roncevaux, pag. 97:

  Sa dolor tote li espant et engraigne.

Guill. Guiart, tom. I, p. 101, vers 2069;

  Par dures colées atandre
  Ne les voit-on gancher n'espandre.

Chanson de Simon d'Athies, Laborde, pag. 158:

  Car c'est cil qui sanz bon vent
  S'espant en la haute mer.

Voyez Rayn. tom. III, pag. 164¹², aux mots *Espandre* et *Espandir*. *Espanduement*, Pêle-mêle. Chron. des ducs de Normandie.

* **ESPANDRES**, Rumeur publique. Guill. Guiart, tom. II, pag. 221, vers 5709 (14689). Voyez Rayn. tom. III, pag. 164¹, au mot *Espandre.*

ESPANEIR, Subir la peine due à un crime. Gl. *Espannus*. [Expier, payer. Chron. des ducs de Norm. aux mots *Espanir*, *Espenir*, *Espanoir*, *s'Espanoir*. Enfants Haymon, vers 597: *Pechié espenni.* Voyez *Espenir* et *Espenoir.*]

ESPANER, Tenir entre ses deux mains. Gl. *Espannus.*

ESPANOIS, d'Espagne. Gl. sous *Animalia.*

* **ESPARDRE**, pour *Espandre?* Roman de Renart, tom. I, pag. 20, vers 532:

  Et dist, or iert Renart gaitiez
  Sovent ainz que la guerre esparde.

ESPARGOIER, ESPARGOUER, Aspersoir. Gl. *Sparsorium.*

ESPARJURE, Parjure, qui jure à faux. Gl. *Parjurus.*

* **ESPARN**, ESPERNE, ESPAIRNE, ESPAIRNANCE, Action d'épargner, quartier. Chron. des ducs de Normandie.

ESPARNABLETÉ †, Épargne, économie. Gl. *Escharcellus*. [*Esparnable*, Parcimonieux, économe. Roman de Renart, tom. II, pag. 212, vers 13327. Voyez Rayn. t. III, pag. 166¹, au mot *Esparniable*. *Espeirnable*, Miséricordieuse, qui épargne des peines. Chron. des ducs de Norm. tom. I, pag. 142, vers 1745.]

1. **ESPARRE**, La partie de la charrue qu'on appelle Oreille, qui sert pour tourner la terre que le soc a fendue. Gl. sous *Magister*, pag. 181².

2. **ESPARRE**, Barre. Gl. *Spara*, 2.

3. **ESPARRE**, ESPARRER, Sorte de dard ou javelot. Gl. *Sparro.*

ESPART, ESPARTISSEMENT, Éclair; d'où *Espartir*, Éclairer. Gl. *Fulgetra*. [Roi Guillaume, pag. 131.]

ESPARTIR, Éparpiller, répandre, Gl. *Expartatio*. [Guill. Guiart, tom. II, p. 177, vers 4578 (13564). *Esparti*, Isolé, tom. I, pag. 142, vers 3166. *Espart*, Epars, dispersé. Partonop. vers 5854. Degagé, vers 10680. *Esparsement*, çà et là. Partonop. vers 350. Voyez Rayn. tom. III, pag. 165¹, au mot *Esparger*.]

ESPARVAGE, Office de lamaneur ou pilote de rivière. Gl. *Esparvagum.*

ESPASIER, Fontainier, qui bâtit des aqueducs. Gl. *Espazerius.*

ESPASSE, Travée. Gl. sous *Spatium.*

ESPAUD, Défens, réserve dans une forêt. Gl. *Espaltum.*

ESPAUDE, Châlit, bois de lit. Gl. *Spondalis.*

1. **ESPAVE**, Saisie, confiscation. Gl. *Espavca.*

2. **ESPAVE**, Étranger, qui est d'un autre pays. Gl. *Espavus.*

* 3. **ESPAVE**, Animal égaré. Gl. *Epeva* et *Spaviæ.*

ESPAVIN, Éparvin, maladie de cheval. Gl. *Spavenus.*

* **ESPAULE**. Gl. *Espaules* et *Cornuagium.*

ESPAULÉ. DRAP ESPAULÉ, Dont la chaîne n'est pas meilleure que la lisière. Gl. *Exhæmeratus Pannus.*

ESPAULLE, Épaulière, armure qui couvre les épaules. Gl. *Spallarium*. [Voyez Gl. *Spatularia.*]

ESPAULLOIER, Se dit d'un mouvement affecté des épaules. Gl. sous *Brachium*, 2.

* **ESPAULX**, comme *Espan?* Gl. *Expallum.*

* **ESPAURE**, ESPOURE, Planchette. Gl. *Esporarius.*

ESPAUT, Défens, réserve dans une forêt. Gl. *Espaltum.*

ESPAUTER, Épouvanter, effrayer. Gl. *Spavandus.*

ESPAUVYER, Espave, ce qui est égaré. Gl. *Spaviæ.*

ESPCETIER, Mettre en pièces. Gl. *Depitare.*

ESPEC†, Petit oiseau, qui mange les abeilles. Gl. *Apiaster.*

ESPÈCE, Épice. Gl. sous *Species*, 6. [*Espesce*, Partonop. vers 4585. Voyez Rayn. tom. III, pag. 169², au mot *Especia*.]

ESPECER, Mettre en pièces. Gl. sous *Pecia.*

ESPÉCIALITÉ, Soin, attention particulière. Gl. *Specialitas*, 2.

ESPÉCIAUMENT, Spécialement. Gl. *Signoria*, 1.

ESPÉE [JEU DE L'ESPÉE A DEUX MAINS], Escrime, jeu de l'épée? Gl. *Ensiludium.*

* **ESPÉE A HAUT-TAILLIER**. Gl. *Gladius*, 4.

ESPÉE BATUE, Fleuret, épée émoussée, qui n'a pas de pointe. Gl. *Ensis* [et *Gladius*, 4].

ESPÉE DE JUSTICE, Celle que porte le bourreau. Gl. *Ensis.*

ESPÉECER, Mettre en pièces. Gl. sous *Pecia*, pag. 163².

ESPÉER †, Qui fait ou vend des épées, fourbisseur. Gl. *Espaerius.*

* **ESPEIER**, Percer, transpercer. Chron. des ducs de Norm. t. II, p. 463, v. 28767:

  Par les gros des cors les espeient
  Des glaives d'acer reluisanz.

Voyez Rayn. tom. III, pag. 168², au mot *Espadar.*

ESPEIGNOLLE, Épagneul. Gl. *Spanholes.*

* **ESPEISSE**. Voyez *Espoisse.*

* **ESPELER**, Dire. Glossaire sur la Chron. des ducs de Normandie, aux mots *Espeaut*, *Espel*, *Espeluns*. Flore et Jeanne, pag. 22. Expliquer. Roman de Rou:

  Cil espeloit le songe, si com il le disoit.

Voyez Rayn. tom. III, pag. 170², au mot *Espelhar.*

* **ESPELUCHIER**, Houspiller. Guill. Guiart, tom. II, pag. 93, 218, vers 2391, 5636. (11367, 14616.)

ESPENDOUERE, Espèce de fourche. Gl. *Espandagium.*

ESPENER, Blesser d'une flèche. Gl. *Empenare.*

ESPENIR, Châtier, punir. Gl. *Pœnire*. [Voyez *Espaneir*.]

ESPENOIR, Expier un crime en subissant la peine qu'il mérite. Gl. *Spendere*, 1. [Voyez *Espaneir*.]

ESPENSEMENT, Épars, çà et là. Gl. *Espandagium.*

ESPENUIER, Ouvrier, manœuvre, qui gagne sa vie avec peine. Gl. *Pœnare.*

* ESPERDRE (S'), S'éperdre, se troubler. Roi Guillaume, pag. 158. Partonop. vers 898, 3334. Roi Guillaume, pag. 153. Voyez Rayn. tom. IV, pag. 518 ¹ au mot *Esperdre.*

ESPERE, Sphère. Gl. *Spera,* 1.

ESPÉRER, Craindre, appréhender. Gl. *Sperare,* 2. [*Espérance,* Crainte. Guill. Guiart,tom.II,pag. 286. vers 7432.(16412.)]

ESPERIAGE, Office de lamaneur ou pilote de rivière. Gl. *Esparvagium.*

ESPÉRITÉS , Le Saint-Esprit. Gl. *Nuptiare.*

* ESPERIR, Éveiller, exciter. Partonop. vers 1577, 6924, 6931. Chron. des ducs de Norm. Guill. Guiart, tom. 1, pag. 284, vers 6721. Voyez Rayn. tom. III, pag. 175¹, au mot *Esperir.*

* ESPÉRITAL , ESPIRITAL, ESPERITABLE. Roman de Renart, tom. III, pag. 114, vers 22882. Roi Guillaume, p. 46. Agolant, pag. 176 ². Chronique des ducs de Norm. Roquefort. Voyez Rayn. tom. III, pag. 174², au mot *Espirital.* Gl. *Pater spiritualis.*

ESPERITUAULTÉ, Le spirituel, la règle d'un monastère. Gl. *Spiritualia,* 2.

ESPEROIT, Poignard, grand couteau. Gl. *Sponto.*

1. ESPERON, Sorte de monnaie d'Allemagne. Gl. *Espero.*

2. ESPERON, Bâton à l'usage d'une charrette. Gl. *Espero.*

ESPERONNE, Partie de la charrue à laquelle on attèle les chevaux. Gl. *Espero.*

ESPERRIGER, Réveiller, mettre en mouvement. Gl. *Expergescere.*

* ESPERT, Comme *Apert,* 2, Ouvert. Chastel. de Couci, vers 7013 :

Sa pensée ne moustre esperte,
Ainçois l'a celée et couverte.

Vers 7100 :

Biau semblant moustroit en espert.

Voyez Rayn. tom. II, pag. 103¹, au mot *Apert.*

ESPERTEMENT, Adroitement, Gl. *Experitus.* [Voyez *Appert,* 1.]

ESPESCHE , Terre ou pré dépouillé. Gl. *Pastica.* Voyez *Espleche.*

ESPEURIR, Épouvanter, effrayer. Gl. *Pavoratus.*

ESPICES, Dragées, confitures. Gl. sous *Species,* 6, pag. 320 ¹. [*Espicerie.* Gl. *Speceria.*]

ESPICIER, Officier chez le roi pour les dragées et autres sucreries. Gl. *Speciarius.* [Voyez Gl. *Specialis.*]

ESPIDIMIE, Attaqué de l'épidémie. Gl. *Epidemia.*

ESPIE, Espion. Gl. *Espia* et *Spio.* [Voyez Rayn. tom. III, pag. 180², au mot *Espia.*]

1. ESPIÉ, Sorte d'épices. Gl. *Espiciarius.*

* 2. ESPIÉ, En épi. Roman de Renart, tom. III, pag. 5, vers 19890 :

Que cil blez sont créu en haut
Et espié et tuit grenu.

Voyez Rayn. tom. III, pag. 181², au mot *Espigar.*

* 3. ESPIÉ, Voyez *Espiet.*

ESPIEMENT, L'action d'épier, embuscade. Gl. *Espia.*

ESPIER, Redevance en bled, due aux comtes de Flandre. Gl. *Spicarium,* 2.

ESPIET, Épieu, sorte d'arme. Gl. *Espietus* [et *Excipium. Espié, Espiel, Espiol.* Arme de chasse. Partonop. vers 592, 596, 599. Romau de Renart, tom. III, pag. 101, vers 22508, 22512. Lance. Garin le Loher. tom. 1, pag. 27, 36. Partonop. vers 2962, 2980, 8073, 8099, 9654, 2214. Gérard de Vienne, vers 3139? Jordan Fantosme, vers 235. Chanson de Roland. Voyez Rayn. tom. III, pag. 181², au mot *Espieut.*

ESPIEULER, Épiuglier. Gl. *Espinglarius.*

ESPIGACHIER, p. e. Parfumer, ou Rendre brillant. Gl. *Spicus,* 1.

ESPINACE, Pinasse, sorte de vaisseau. Gl. *Spinachium.*

* ESPINAZ, Épines. Roman de Renart, tom. 1, pag. 50, vers 1298. Voyez Rayn. tom. III, pag. 181¹, au mot *Espina.*

ESPINCEAU, ESPINCHAU, [ESPINCIAU, Boucle, agraffe, épingle. Gl. *Spineta,* 2.

ESPINCHER, Serrer avec des pinces. Gl. *Spingere,* 2.

1. ESPINETTE, Association célèbre par ses joûtes à Lille, dont le chef avait le titre de *Roi de l'Espinette.* Gl. *Spineticum.*

2. ESPINETTE, Maille d'argent, valant quinze deniers tournois. Gl. sous *Spineta,* 2.

ESPINGER, ESPINGLER, Sauter, danser en trépignant. Gl. *Cariolari.*

ESPINGLEUR, Épinglier. Gl. *Espinglarius.*

ESPINGLIER, Étui à épingles. Gl. *Espinglarius.*

ESPINILLE, La partie antérieure de la jambe. Gl. *Spinale.*

ESPINOCHE, Épinard, légume. Gl. *Spinarium.*

ESPINOCLE, Espèce de poisson médiocre, et qui a beaucoup d'arêtes. Gl. *Spinaticus.*

ESPINOIS, Clôture faite d'épines. Gl. *Spineticum.*

* ESPINOQUE, ÉPINOCHE. Gl. *Stincius.*

ESPIOT, Epieu. Gl. *Espietus.*

ESPIOTE, Épeautre, espèce d'orge. Gl. *Speltus,* sous *Spelta.*

ESPIR, Esprit, génie, démon. Gl. *Spiritus.* [Aubri, pag. 174² :

Je ne quit ome de si amont espir
Qui puet mie mes ruistes cops sofrir.

Pag. 174 :

. . . . Ne place au roi Jesu
Que por mon cors aic l'espir perdu.

Chanson de Merlin, Fierabras, pag. 182². Voyez Rayn. tom. III, pag. 173², au mot *Esperit.*]

* ESPIRE, Souffle. Roman de Renart, tom. IV, pag. 53, vers 1440 :

L'on ne savoit vent ne espire
De lui...

* ESPIREMENT, Évocation des esprits ou Expérience? Partonop. vers 4597 :

Après apris espiremens
Nigromance et encantemens.

Voyez Rayn. tom. III, pag. 243¹, au mot

Experiment. Espeiriment, Esperiment, Expérience, essai. Chron. des ducs de Norm.

ESPIRER , Inspirer, animer. Gl. *Inspiramen.* [Chron. des ducs de Norm., tom. 1, pag. 134, vers 1499 :

E espirez e pleins de fei.

Voyez Rayn. tom. III, pag. 175 ², au mot *Espirar.*]

ESPIRITAL, Volonté, dessein, projet. Gl. *Spiritalis.*

ESPIRITU, Spirituel, par opposition à temporel. Gl. *Spiritualia,* 2.

ESPIRITUALITÉ, Biens d'église, principalement les offrandes et ce qu'on donnait pour les sacrements. Gl. *Spiritualia,* 2.

ESPLECHE, Terre ou pré dépouillé. Gl. *Pastura,* 1.

* ESPLEIER, Éployer, étendre. Jordan Fantosme, vers 1281 :

Destendre ces paveillons e ces trefs despleir.

Var. *Espleier.* Voyez Rayn. tom. IV, pag. 566¹, au mot *Esplegar.*

1. ESPLÉIT, Revenu, produit d'une terre. Gl. *Porchaicia.* [Voyez Rayn. tom. III, pag. 183², au mot *Esplec.*]

* 2. ESPLEIT, ESPLOIT, Force, vigueur, rapidité, hâte, presse. Partonop. v. 4300 :

D'errer a fait hastif esploit.

A grant esploit, rapidement, largement, vers 738, 1827, 1962, 2847. Chanson de Roland, st. 259, vers 5, 17. Chron. des ducs de Normandie, Rayn. t. II, p. 105¹, au mot *Esplet,* et tom. III, pag. 184¹, au mot *Esplec.*

* ESPLEITER, Marcher, se hâter, travailler, réussir. Garin le Loher. tom. 1, pag. 178 :

Li mes esploite, tant que li jors revint.

Chanson de Roland, st. 159, vers 2 ; st. 267, vers 10. Partonop. vers 44. Jubinal, Fabliaux , t. 1, p. 140. Chronique des ducs de Normandie, Garin, p. 18. Rayn. t. III, pag. 184¹, au mot *Explechar.* Gl. *Explectare.*

ESPLOICTE, ESPLOIT, Instrument, outil, ce qui est utile ou nécessaire à quelque chose. Gl. *Explectum.* [Voyez Rayn. t. II, pag. 105¹, au mot *Esplet.*]

ESPODE, Sorte d'épicerie. Gl. *Espinairia.*

ESPOENTER, Épouvanter, effrayer. Gl. *Pavoratus.* [*Espoenteisun, Espoentus,* Chron. des ducs de Norm. Voyez *Espaenter.*]

* ESPOERIS, comme *Esforcis.* Gérard de Vienne , vers 500 :

Kant Oliviers chosi ses anemis
N'est pas mervelle s'il est espoeris.

ESPOINTAL, Épouvantail. Gl. *Territorium,* 3.

ESPOIR, Peut-être, vraisemblablement. Gl. *Esperatus.* [Orell. pag. 302. Chastel. de Couci, vers 6644. Roman de Renart, tom. III , pag. 44 , vers 20955.]

ESPOISSE, Épaisseur. Gl. *Spissum.* [*Espeisse,* Chron. des ducs de Normandie. *Espoisse,* s'épaissit. Roi Guillaume, pag. 131 :

Li ciex torble, li airs espoisse.

Voyez Rayn. tom. III, pag. 180¹, au mot *Espeissar.* Chron. des ducs de Norm. t. 1, pag. 382, vers 8653 : *Espeissent.*

ESPOIT, Épieu, sorte d'arme. Gl. *Espietus*.

ESPOLET †, Espoleste †, Fuseau de tisserand. Gl. *Spola*.

1. **ESPONDE**, Levée, chaussée, digue. Gl. *Sponda*, 3.

2. **ESPONDE**, Châlit, bois de lit, bord d'un lit. Gl. *Spondalis* [et *Esponderius*. Partonop. v. 10304. Voyez Rayn. tom. III, pag. 187¹, au mot *Esponda*.

1. **ESPONDRE**, Expliquer, interpréter. Gl. *Spondalis*. [Voyez Rayn. tom. IV, pag. 612², au mot *Exponer*.]

* 2. **ESPONDRE**, Promettre. Guill. Guiart, tom. II, p. 265, vers 6855 (15847). Chronique des ducs de Normandie.

* 3. **ESPONDRE**, Exposer, laisser, abandonner. Chronique des ducs de Normandie, Rayn. tom. IV, pag. 463², au mot *Expauzar*.

ESPONGE, Volontaire, libre. Gl. *Expontaneus*.

ESPONSE, Caution. Gl. *Expondere*.

ESPORLE, Droit de relief; d'où *Esporler*, Acquitter ce droit. Gl. *Esporlare* et *Sporta*, 2.

ESPORON, Éperon. Gl. *Spourones* [et *Calcaria*. Partonop. vers 687, 3032, 4311, 5078. *Esperoné*, portant des éperons. Gérard de Vienne, pag. 173² :

> Vestuz d'un paile, esperoné d'or fin.

Voyez Rayn. tom. III, pag. 178², au mot *Espero*.]

ESPORTULE, Salaire, honoraire, épices des juges. Gl. *Sportula*, sous *Sporta*, 2.

* **ESPOT**. Roman de Renart, tom. IV, pag. 26, vers 693 :

> Ne pour coi dis orc cest mot?
> Jel dis, fait, il, por cel espot
> Que tu or me déis isniel, etc.

ESPOTOILE, Le pape. Gl. *Apostolicus*, 1.

ESPOVENTEMENT †, Peur, crainte. Gl. *Formidines*.

ESPOUISSIER †, Épouser, se marier. Gl. *Glutire*.

* **ESPOURE**. Voyez *Espaure*.

ESPOURON, Éperon. Gl. *Spourones*.

ESPOUSAIGES, Épousailles, célébration de mariage. Gl. *Sponsamentum*. [*Espouserie*, Ruteb. tom. I, pag. 6. Voyez Rayn. tom. III, pag. 185¹, au mot *Esposalhas*.]

* **ESPOUSSER** (S'), Devenir poussif. Roi Guillaume, pag. 110 :

> Vont si courant que tot s'espoussent.

Guill. Guiart, tom. I, p. 274, vers 6657 :

> Ribaus reviennent tuit troussé
> Dont aucuns sont bien espoussé.

ESPOUSSETE, Sac ou Chiffon. Gl. *Espoussorium*.

ESPOUTRE, Poussière, les plus minces parties de quelque chose. Gl. *Expulverare*.

ESPOUVANTEMENT, Peur, crainte. Gl. *Pavoratus*.

ESPOY, Grande épée. Gl. *Espietus*.

ESPOYNE, Volontaire, libre, de bon gré. Gl. *Expontaneus*.

ESPRAHIR, Mettre en pré. Gl. *Appradare*.

ESPRAINDRE, Exprimer, tirer le jus de quelque chose en le pressant fort. Gl. *Expressare*. [Voyez Rayn. tom. IV, p. 623², au mot *Espremer*.]

ESPRAINTE, Empreinte, marque. Gl. *Expressare*.

ESPRAVER, pour Esparrer, Dard, javelot, demi-lance, épieu. Gl. *Sparro*.

ESPRAULE, p. e. Soliveau. Gl. *Espaules*.

* **ESPREKER**, Poindre, piquer. (En Flam. *Pricken*, stimulare; pungere.) Renart le Nouvel, tom. IV, p. 199, v. 1913 :

> Mebaus li agace et espreke.

* **ESPRENDRE**, S'éprendre, s'embraser, s'enflammer. Garin le Loher. tom. I, pag. 197, 200. Roman de Renart, tom. I, pag. 41, vers 1055, tom. III, pag. 99, vers 22462. S'*esprendre*, Flore et Blancefl. vers 640. *Esprandre*, Enflammer. Wackern. pag. 47. Voyez Rayn. tom. IV, 632², au mot *Esprendre*.

ESPRIET, Aviron, rame. Gl. *Espietus*.

* **ESPRIMENTER**, Expérimenter, avoir de l'expérience, juger. Partonop. v. 6333 :

> Se mes cuers à droit esprimente.

Voyez Rayn. tom. III, pag. 243², au mot *Experimenter*.

ESPRINGALE, anciennement Machine propre à jeter de grosses pierres, et plus récemment un moyen canon. Gl. *Spingarda*.

ESPRINGIER, Espringuer, Sauter, danser en trépignant. [Renart le Nouvel, tom. IV, pag. 223, vers 2511.] d'où *Espringerie*, Cette espèce de danse. Gl. *Cariolari*.

* **ESPRINGOT**, Nom d'un oiseau. Flore et Blancefl. vers 2002 :

> Et pinçones et espringos
> Et autres oisiaus...

ESPRINIER, Rejeton, scion, branche qu'on prend pour enter. Gl. *Sprocarius*.

ESPROUVEMENT †, Épreuve. Gl. *Examen*, 1.

ESPROUVEUR de Triacle, Opérateur, vendeur d'orviétan. Gl. *Experimentator*. [Voyez Rayn. tom. IV, pag. 652², au mot *Esproaire*.]

* **ESPROVÉ**, Éprouvé, connu. Wackernagel, pag. 64 :

> Qui tout sauroit lou laitin
> Kank' en seivent li lettrei,
> François et Greu et Ermin
> Et tout lingaige esprové.

Voyez Rayn. tom. IV, pag. 652¹, au mot *Esproar*.

ESPUER, Espuier, Appuyer, se soutenir sur quelque chose. Gl. *Apodiare*.

* **ESPULER**. Gl. *Essermentare*.

ESPURGE, Espurgement, L'action de se purger d'une accusation. Gl. *Purgatio*.

ESPY, Épieu. Gl. *Espietus*.

* **ESQUACHIÉ**, Foulé aux pieds, maltraité. Chronique des ducs de Normandie, tom. I, pag. 242, vers 4588, p. 397, vers 9085, tom. III, pag. 62, vers 33625, Voyez *Esquasser*.

ESQUALIER †, Égaler, aplanir. Gl. *Hostire*.

ESQUALLATE, Écarlate. Gl. *Escallata*.

ESQUANDALAR, La chambre de l'ar-

---

gousin dans une galère, ou le fond de cale d'un vaisseau. Gl. *Scandola*.

ESQUARMUNCHER, Escarmoucher, escrimer. Gl. *Ensiludium*.

* **ESQUARTERER**, Écarteler, faire voler en éclats. Chronique des ducs de Norm. Voyez Rayn. tom. V, pag. 10¹, au mot *Esquartelar*.

" **ESQUASSER**, Casser, briser. Chanson de Roland, st. 283, vers 7 :

> Tuz lur escuz i fruissent e esquassent.

Voyez *Esquachié* et *Esquatir*.

ESQUATIR, Aplatir, briser, rompre. Gl. *Squarzare*.

* **ESQUEL**, Intention, manière. Renart le Nouvel, tom. IV, pag. 433, vers 7384 :

> Par quoi il ont laissié le val
> De povreté par tel esquel.

Pag. 436, vers 7442 :

> Lor custodes à mal esquel
> Les en met trop...

Chron. des ducs de Norm. tom. I, pag. 548, vers 13549 :

> Mult i a gent de fort escuil.

Voyez Rayn. tom. VI, pag. 111, au mot *Escoil*, ci-dessus *Escuel* et *Acuel*.

ESQUELLE, Sonnette, petite cloche. Gl. *Esquilla* [et *Skella*].

ESQUEMBAUX †, Bottine, sorte de chaussure. Gl. sous *Osa*.

ESQUEMNESTE, pour Esquevinesse, Fourrure d'écureuil. Gl. *Esquevinessia*.

ESQUEPPART, Instrument de fer pour remuer la terre, pioche. Gl. *Schippa*.

ESQUERIR, Faire une recherche exacte. Gl. *Escligniatio*.

ESQUERMIR †, Escrimer, chamailler, s'entrebattre. Gl. *Ensiludium*.

ESQUERPE, Écharpe de pèlerin. Gl. *Escerpa*.

ESQUERRE, pour Esquerpe, Écharpe. Gl. *Escerpa*.

ESQUEVIN, pour Échevin; d'où *Esquevinage*, L'étendue de la juridiction des Échevins. Gl. *Esquevinagium*.

ESQUEVINESCHE, Esquevinesse, Fourrure d'écureuil. Gl. *Esquevinessia*.

* **ESQUEURE**, Lancer, secouer. Guill. Guiart, tom. II, pag. 246, vers 6360, (15340) :

> Aus lames et aus archegaies
> Que roidement sus eus esqueuent.

Pag. 300, vers 7794, pag. 319, vers 8285, pag. 451, v. 11732 (16776, 17266, 20715). Voyez Roquef. Rayn. tom. V, pag. 176¹, au mot *Escotir*, ci-dessus *Escourre*, 1.

ESQUEURE, Recourre, reprendre; d'où *Resquesse* et *Resqueusse*, Recousse, reprise. Gl. *Rescouare* et *Rescoussa* [Voyez Rayn. tom. III, pag. 156¹, au mot *Escosa*.]

ESQUIELLE, Corps de troupes en ordre de bataille. Gl. *Scala*, 7.

ESQUIER, Écuyer. Gl. *Hobellarii*. [Aubri, pag. 155². Chastel. de Couci, vers 130. Voyez Rayn. tom. III, pag. 161¹, au mot *Escudier*.]

ESQUIERRE, Escadron, corps de troupes. Gl. *Scara*, 3.

ESQUIEU, Esquif, chaloupe, petit vaisseau. Gl. *Schippa*.

ESQUIGIRONNÉ, Terme de blason, Gironné. Gl. *Escuchonetus*.

ESQUIGNER, Éclater de rire. Gl. *Ca-chinnosa vox.*

* **ESQUILÉ**, Annoncé à son de cloche, ébruité. Aubri, pag. 159[1] :

> Encor vaut miex coie amor acclée
> Que ne fait cele qui tant est esquilée.

Plus bas :

> Se por vos n'est, ne puet estre esquisée.

ESQUILLE, Sonnette, petite cloche. Gl. *Esquilla.*

ESQUILLEMETE, Aiguillette. Gl. *Aguileta.*

ESQUIPART, Instrument de fer pour remuer la terre, pioche. Gl. *Schippa.*

ESQUIPER, Mettre en mer, faire voile, s'embarquer. Gl. *Esquipare.*

* **ESQUIPER (S')**, **ESQUIPPER (S')**, S'esquiver, échapper. Roman de Renart, tom. iii, pag. 115, vers 22916. Guill. Guiart, tom. ii, pag. 149, vers 3839, (12823). Voyez *Esquiver.*

ESQUIPPE, Esquif, chaloupe, petit vaisseau. Gl. *Targia*, i.

1. **ESQUIPPER**, Éclabousser. Gl. *Esquipare.*

2. **ESQUIPPER**, Glisser; ou Rejaillir, sauter. Gl. *Esquipare.*

ESQUIRELLE, Fourrure d'écureuil. Gl. *Esquirolus.*

* **ESQUIVER**, S'esquiver. Roman de Renart, tom. ii, pag. 292, vers 17530 :

> Tot droit à son essart esquieut.

Voyez Rayn. tom. iii, pag. 192[2], au mot *Esquivar*, ci-dessus *Esquiper.* Gl. *Eschippere.*

ESQUOCERESSE, Femme débauchée. Gl. *Esguogozamentum.*

ESQUOT, Écot, ce qu'on paye pour sa part d'un repas fait à frais communs. Gl. *Scot.*

ESQUOUX, Se dit des fruits d'un arbre, qu'on a fait tomber en le secouant. Gl. *Excussare.*

ESRACHIER, **ESRAGER**, **ESRAGIER**, **ESRAJER**, Arracher, emporter avec effort. Gl. *Evellatus.* [Roman de Roncevaux, pag. 21. Roi Guillaume, pag. 95. *Esracer*, Chron. des ducs de Norm. Voyez Rayn. tom. v, pag. 312, au mot *Esraigar*.]

* **ESRAGER**, Enrager. Chanson de Roland. Chron. des ducs de Norm. etc.

* **ESRAJÉICE**, Furieuse. Chron. des ducs de Norm. tom. i, pag. 33, vers 867 :

> Lur fivre ardenz esrajéice
> E lur deslei e lur malice.

* **ESRAINIER**, Parler à quelqu'un. Voyez *Araisonner*, i. Agolant, vers 767.

ESRANMENT, Tout de suite, sur-le-champ. Gl. *Corsned.* [Flore et Blancefl. vers 81. *Esraument.* Chastel. de Couci, vers 1378, 1575. Voyez *Eramment.*]

* **ESREINE** †. Gl. *Depiga.*

ESRER, Voyager, marcher. [Aubri, pag. 169[2]. Partonop. vers 5657, 5768. Flore et Jeanne, pag. 15. Procurer, obtenir. Renart le Nouvel, tom. iv, pag. 437, vers 7479. *Esrure*, Temps qui s'écoule pendant qu'on parcourt un espace. Flore et Jeanne, pag. 57 : *Et furent ensi entracholé l'esrure de dix arpens de tiere ansois ke on les peuust desasanbler;*] d'où *Esrier*, Voyageur. Gl. *Erare* et *Escerpa.*

* **ESRERE**, *Esrese*, Usée, râpée, ruinée, dépouillée. Roi Guill. pag. 98 :

> El viés pan d'une cote esrese.

Voyez Roquef. Suppl. Chron. des ducs de Norm. Guill. Guiart, tom. ii, pag. 148, vers 10860 (198) :

> La terre ont si de biens esrese.

* **ESREUR**, **ESROUR**, Incertitude. Renart le Nouvel, tom. iv, pag. 154, vers 748. Chastel. de Couci, vers 3951. Voyez *Errur.*

ESRILER †, Cracher avec effort. Gl. *Excreare.*

* **ESRIN**, Écrin. Roman de Renart, tom. iv, pag. 107, vers 2942.

ESSADE, Instrument pour remuer la terre, houe. Gl. *Aissada.*

ESSAIE, Paille, fourrage. Gl. *Essaium*, 2. [Essai, petite portion de qq. ch. qui sert à juger du reste. Renart le Nouvel, tom. iv, pag. 249, vers 3118.]

ESSAIER, Examiner la capacité de quelqu'un. Gl. *Essaium.*

ESSAIEUR DE POURCEAUX, Langayeur. Gl. *Essaium*, i.

ESSAIGNER, Remplir de sang, ensanglanter. Gl. *Sanguinare*, 2.

ESSAIGOCERE, Rigole, tranchée pour faire couler l'eau. Gl. *Essaveria.*

ESSAISONNER, Changer l'ordre de la culture des terres. Gl. sous *Derodere.*

ESSALET, Vent de sud-est, le siroc sur la Méditerranée. Gl. *Eissalet.*

ESSALLE, Échandole, bardeau, late. Gl. *Essanna.*

ESSAMBLIR, Défricher, mettre une terre en valeur. Gl. *Essamplatus.*

ESSANNE, Échandole, bardeau, late. Gl. *Essanna.*

ESSANER, Perdre son sang. Gl. *Campiones*, pag. 69[3].

ESSARCIE, Agrès, tout ce qui est nécessaire pour équiper un vaisseau. Gl. *Exarcia.*

ESSART, Terre défrichée. Gl. sous *Exartus.* [Voyez *Escars.* Essartement, destruction, carnage. Roman de Renart, t. iii, pag. 2, vers 19788. Garin le Loher. tom. i, pag. 389. Guill. Guiart, tom. i, pag. 154, vers 3463. Flore et Jeanne, pag. 69. Chron. des ducs de Norm. Roquef. *Essarter*, Détruire, ravager. Guill. Guiart, t. i, p. 48, vers 604; pag. 150, vers 3352, etc. Chron. des ducs de Normandie.]

ESSAU, Évier, conduit par où les eaux sales d'une écurie s'écoulent. Gl. *Essaveria.*

* **ESSAUCER**, Élever, faire grandir, rendre plus fort. Garin le Loher. tom. i, pag. 19, 44. Gérard de Vienne, vers 2299. Agolant, vers 642. Wackern. pag. 18. Voyez *Ensaucer* et *Eshaucier*, Rayn. t. ii, p. 60[2], au mot *Esalsar.* Essaucement, Augmentation, prospérité, Garin le Loher. tom. i, pag. 25. Gl. *Inaltare.*

ESSAVER, s'Écouler. Gl. *Essavare.*

ESSAUGNE, **ESSAULE**, **ESSAULNE**, Échandole, bardeau, late. Gl. *Essanna.*

ESSAUPLE, Terre défrichée. Gl. *Exemplum*, 2.

ESSAY, Quai, endroit pour charger et décharger les bateaux. Gl. *Essayum*, 2.

ESSAYAU, Écoulement des eaux. Gl. *Essaveria.*

1. **ESSE**, **ESSEAU**, Écluse, bonde. Gl. *Essaveria.*

* 2. **ESSE**. Gl. *Essolium.*

* 3. **ESSE**. **EN ESSE**. Chastel. de Couci, vers 3590 :

> La chamberiere estoit en esse
> Del point atendre ue esgarder.

Voyez *Enessa.* Pour *Est-ce*, vers 7309, 8102.

ESSEAUER, Essuyer, dessécher. Gl. *Essaveria.*

ESSEAVER, Vider, emporter. Gl. *Essavare.*

ESSEAULNE, Échandole, bardeau, late. Gl. *Essanna.*

1. **ESSEGNER**, Perdre beaucoup de sang. Gl. *Saignare.*

2. **ESSEGNER**, Rouir le chanvre. Gl. *Aroagium.*

ESSÉGURER, Donner caution ou sûreté en justice. Gl. *Assecurare*, i.

ESSEHUREMENT, Assurément, caution ou sûreté donnée en justice. Gl. *Assecurare*, i.

ESSEIGNER, Saigner, rendre du sang. Gl. *Sanguinare*, i.

ESSELÉE, Clôture faite de petits ais ou échandoles. Gl. *Essella.*

ESSELER, Mettre en presse entre des éclats de bois. Gl. *Essella.*

ESSELLETE, Copeau, éclat de bois ; d'où *Esselleter*, Mettre entre des *Essellettes.* Gl. *Essella.*

ESSEMIE, **ESSEMÉR**, Terre ensemencée ; d'où *Lieu de petite Essemée*, Territoire où il y a peu de terres à ensemencer. Gl. *Seminatura*, i.

ESSÉMENT. Pareillement, de même. Gl. *Pariformiter.* [Voyez *Ensement.*]

* **ESSENGIER**, Ranger sous l'enseigne ? Guill. Guiart, tom. ii, pag. 140, vers 3598; pag. 242, vers 6265.

* **ESSENT**. Gl. *Assator.*

* **ESSEVER**, et **S'ESSEVER**, Prendre son cours, partir. Guill. Guiart, tom. ii, pag. 42, vers 1063; pag. 135, vers 3473; pag. 191, vers 4931 (10029, 12454, 13919), etc. *Essevant*, pag. 34, vers 849; pag. 249, vers 6442; pag. 253, vers 6558 (9815, 15432, 15538).

ESSERBER, Oter les mauvaises herbes, sarcler. Gl. *Essermentare.*

ESSERMENTER, Emporter d'une vigne les sarments taillés; ou Ébourgeonner. Gl. *Essermentare.*

ESSERPILERIE, **ESSERPILLIERE**, L'action de voler et de dépouiller quelqu'un. Gl. *Serpeilleria.*

1. **ESSEUL**, Échandole, bardeau, late. Gl. *Essanna.* [*Esseule.* Gl. *Essoulla.*]

2. **ESSEUL**, Essieu. Gl. *Essolium.*

ESSEULER (S'), s'Écarter. Gl. *Exsolare.* [Chastel. de Couci, vers 5610.]

ESSEULLE, Esseau, bois pour couvrir les maisons au lieu de tuiles. Gl. *Essoulla.*

ESSEUWER, Essuyer, dessécher. Gl. *Essavare.*

ESSIANCE, Chicane, détours, supercherie. Gl. *Tergiversari.*

ESSIAVER, s'Écouler. Gl. *Essavare.*

ESSIAVIERE, Bonde d'un étang, tout ce qui facilite l'écoulement des eaux. Gl. *Essaveria.*

ESSIAW, Évier. Gl. *Essaveria.*

* ESSIEN †, Gl. *Vesparium*.

* ESSIENT, Science, sens. Partonop.
vers 4577 :

Maistres oi de grant essient.

A essient, Avec intention, sciemment. Vers
326, 4966. Voyez Rayn. tom. v, pag. 125², au mot *Escien*. Orell. pag. 302. *Escientre*,
Chanson de Roland.

ESSIENTEX, Sage, prudent, avisé. Gl.
Scientiatus.

ESSIER, Tergiverser, chicaner, chercher
à tromper. Gl. *Tergiversari*.

ESSIEUTÉ, adv. Excepté, hormis. Gl.
Excepto.

ESSIEUTER, Excepter. Gl. *Exceptare*.

1. ESSIL, Esseau, bardeau, late. Gl.
Essanna. [Guill. Guiart, tom. ii, pag. 16,
vers 401; pag. 329, vers 8539 (9367, 17520).

2. ESSIL, Destruction, ruine, dégât.
Gl. *Exilium*, 1. [*Escil*, Partonop. vers 367.
Voyez Rayn. tom. iii, pag. 198¹, au mot *Es-
sil*; et tom. vi, pag. 18¹.]

3. ESSIL, Exil, bannissement. Gl. *Exi-
liatio*.

ESSILER, ESSILIER, Détruire, ravager
[Extirper, défricher. Partonop. vers 505.
Essilier la loi, Aubri, vers 13. Chron. des
ducs de Normandie. Voyez Rayn. tom. iii,
pag. 198¹, au mot *Issilhar*. Chron. des ducs
de Norm.]; d'où *Essileur*, Dissipateur. Gl.
Exilium, 1.

ESSOGNE, Droit seigneurial sur les successions des vassaux; d'où *Essoigner*, Payer
ce droit. Gl. sous *Soniare*, pag. 297³.

ESSOIGNE, Excuse, raison qu'on allègue pour s'excuser de n'avoir pas comparu
en justice; d'où *Essoigner*, Proposer cette
excuse. Gl. *Essonia* et *Essoniare*, sous *Sunnis*.

1. ESSOINE, Embarras, affaire. Gl. *Essonium*, sous *Sunnis*, pag. 437¹². [*Essonne*,
Chastel. de Couci, v. 3199, 3176. Chron.
des ducs de Norm. *Essoign*. Chanson de
Roland, st. 92, vers 20. Chron. des ducs
de Norm.

2. ESSOINE, Danger, péril, presse. *Mettre en Essoine de mort*, Mettre en danger
de mort. Gl. *Exoniare corpore*, sous *Sunnis*, pag. 437².

ESSOINER, ESSOINIER, Exposer en justice la raison pour laquelle on n'a pas
comparu au jour marqué; d'où *Essoinie-
ment*, Cette excuse, et *Essoinierre*, Celui
qui est chargé de la proposer au nom d'un
autre. Gl. *Essoniare* et *Essoniator*, sous
Sunnis, pag. 437².

ESSOLE, Esseau, petit ais pour couvrir
les toits. Gl. *Eleborium*.

* ESSOMBRES, Ombre, sombre. Ro-
man de Renart, tom. ii, p. 100, v. 12266.
Voyez Rayn. tom. iv, pag. 370¹, au mot
Enombrar.

ESSONGNE, Droit seigneurial sur les
successions des vassaux; d'où *Essougner*,
Payer ce droit. Gl. sous *Soniare*.

ESSONIE, Droit d'aubaine. Gl. *Espavus*.

ESSONIIER, ESSONNER, Exposer en justice la raison pour laquelle on n'a pas comparu au jour marqué. Gl. *Essoniare*, sous
Sunnis.

ESSOPIER, Qui occupe une échope.
Gl. *Eschoparius*.

* ESSORBER, Aveugler, Roman de Roux,
t. i, pag. 106. Voyez Rayn. t. iv, p. 377²,
au mot *Eissorbar*.

ESSORBIR †, Absorber, mettre à sec.
Gl. *Execare* [et *Ingenium*, 5].

* ESSORÉE, A cette heure? Guill.
Guiart, tom. ii, p. 264, vers 6843 (15835).

ESSOREILLIER, Couper les oreilles,
sorte de supplice. Gl. sous *Auris*, p. 502¹.
[Voyez Rayn. tom. ii, pag. 149¹, au mot
Yssaurelhiar.]

ESSORILLER, Couper un morceau de
quelque chose. Gl. sous *Auris*.

ESSOUL, Essieu. Gl. *Essolium*.

ESSOULIER, pour ESSORILIER, Couper.
Gl. sous *Auris*.

ESSOUMETE, Branche desséchée, bois
mort. Gl. *Intersiccum*.

ESSOYNE, Excuse, raison qu'on allègue
pour s'excuser de n'avoir pas comparu en
justice au jour marqué. Gl. *Essonia*, sous
Sunnis.

ESSOZILLER, Couper les oreilles, sorte
de supplice. Gl. sous *Auris*.

ESSUIER, ESSUYER, Évier, conduit par
lequel s'écoulent les eaux sales d'une cuisine. Gl. *Essaveria*.

ESSUYON, Torchon, ce qui sert à essuyer. Gl. *Extersorium*.

ESSYAVER, s'Écouler, en parlant d'eau.
Gl. *Goterius*.

ESTABLAGE, Étalage, le droit qu'on
paye pour la place où l'on étale ses marchandises. Gl. *Estallagium*, sous *Stallum*, 1.

1. ESTABLE, Garnison, gens de guerre
qu'on établit dans une place. Gl. *Stabilire*, 4.

* 2. ESTABLE, Stable. Partonop.
vers 9026, 9055 :

Mais segnor prendre est cose estable.

Voyez Rayn. tom. iii, pag. 204², au mot
Estable. Gl. *Ratitudo*.

* 3. ESTABLE, Écurie. Flore et Blancefl. vers 1594. Gl. *Equistatium*. *Establer*,
Mettre à l'écurie. Flore et Blancefl. v. 1241,
1430. Voyez Rayn. tom. iii, p. 211², 212¹,
aux mots *Estable* et *Establer*.

ESTABLERIE, Étau où l'on expose la
marchandise. Gl. *Esta*.

ESTABLETE, Petite étable. Gl. *Stabula*, 1.

ESTABLETÉ, Stabilité, solidité. Gl. *Stabilitas*, 4.

ESTABLI, Commis, constitué, procureur. Gl. *Stabilire*, 2.

1. ESTABLIE, Édit, ordonnance, règlement. Gl. *Stabilimentum*, 1.

2. ESTABLIE, Garnison, gens de guerre
qu'on établit dans une place. Gl. *Stabilire*, 4. *Stabilitas*, 3. et *Stabilita*, 2. Bataillon, compagnie, armée. Chron. des ducs
de Norm. *Estaublir*, Placer, ranger. Garin
le Loher. tom. i, pag. 246 :

Fai mon ost establir.

Partonop. vers 404. Voyez Rayn. tom. iii,
pag. 207¹, au mot *Establir*.]

3. ESTABLIE. BREF D'ESTABLIE, Sentence, qui met sous la main du roi un héritage contesté, jusqu'à jugement définitif.
Gl. *Estabilitas* et *Stabilia*, 2.

ESTABLIER, Étalier, qui expose sa
marchandise sur un étau. Gl. *Esta*.

ESTABLISSEMENT, édit, ordonnance
règlement. Gl. *Stabilimentum*, 1.

ESTABLISSEUR, Celui qui est chargé
de veiller à l'observation des statuts et rè-
glemens. Gl. *Stabilimentum*, 1.

ESTACE, Pieu, poteau. Gl. *Estecha*.

ESTACENEX, Changeurs, banquiers.
Gl. *Estaco*.

ESTACHE, Pieu, poteau, colonne,
mât. Gl. *Estecha*. [*Estagua* et *Staca*. Guill.
Guiart, tom. i, pag. 160, 180, vers 36₂₂,
4156. Chanson de Roland, st. 272, vers 4.
Jubinal, Jongleurs, pag. 59. Voyez Rayn.
tom. iii, pag. 199¹, au mot *Estachà*.]

ESTACHEIS, Combat et principalement
celui qui se donne aux palissades d'une
ville ou d'un château. Gl. *Estecha*.

ESTACHETTE, diminutif d'ESTACHE,
Pieu, poteau. Gl. *Estecha*.

ESTACHIER, Attacher à un pieu, qu'ils
appelaient *Estache*. Gl. *Estecha*.

ESTAÇON, Maison, boutique, bureau où
l'on se tient. Gl. *Estaco*.

1. ESTAGE, Maison, demeure, résidence. Gl. sous *Stagium*. [Habitation, partie
habitée d'une maison. Partonop. vers 387.
G. Guiart, tom. ii, pag. 133, vers 3420;
pag. 150, vers 3853 (12400, 12837). Voyez
Rayn. tom. iii, pag. 205¹², aux mots *Es-
tatge* et *Estatga*, et ci-dessous *Estagier*.]

2. ESTAGE, L'obligation de résider pendant un certain temps dans le château de
son seigneur pour le défendre. Gl. *Stagium*.
[Temps de service, Partonop. vers 2598.
Séjour. Chastel. de Couci vers 850.]

3. ESTAGE, Situation d'un homme qui
est debout sur ses pieds. Gl. *Status*, 2. [Flore
et Blancefl. vers 2705. Place. Partonop.
vers 9845.]

4. ESTAGE, pour ESTRAGE, Chemin public. Gl. *Stabilitas domus*, pag. 342².

ESTAGER, ESTAGIER, Vassal tenu de résider pendant un certain temps dans le château de son seigneur. Gl. sous *Stagium*,
pag. 348³.

ESTAGIÉ, Locataire d'une maison. Gl.
sous *Stagium*, pag. 348³. [Rayn. tom. iii,
pag. 205², aux mots *Estagier* et *Estadier*.]

1. ESTAGIER, Établi, domicilié en un
lieu. Gl. *Estagarius*, et *Estagiarii* sous *Stagium*. [Rayn. tom. iii, pag. 206¹, au mot
Estatgan.]

2. ESTAGIER, adject. *Maison Estagiere*,
Celle où l'on habite, domicile. Gl. *Estagilis*. Voyez *Estage*, 1.

ESTAGIEREMENT, A demeure, avec
établissement. Gl. sous *Stagium*, p. 348³.

ESTAIGE, pour ESTRAIGE, Chemin public. Gl. *Stabilitas domus*, pag. 342².

ESTAILLAGE, Étalage, le droit qu'on
paye pour la place où l'on étale sa marchandise. Gl. *Estalagium*.

ESTAILLE, Copeau, morceau ou éclat
de bois; d'où *Estaillerie*, L'endroit où on
les garde. Gl. *Estella*.

ESTAILLON, Certaine partie d'un charriot; p. e. Espèce de levier. Gl. sous *Stalonnus*.

ESTAIMYER, Potier d'étain. Gl. *Estagnum*.

ESTAIN, Étaim, laine cardée. Gl. *Stamen*
sous *Staminea*.

* ESTAINS †. Gl. *Forinseci*.

ESTAIRE, Être debout. Gl. *Estare*.

1. **ESTAIS**, Étamine, sorte d'étoffe. Gl. *Stamium.*

2. **ESTAIS**, Lent, paresseux, qui demeure les bras croisés. Gl. *Stantia*, 4.

* **ESTAL**, Place, séjour, arrêt, action de s'arrêter. *Estal doner, rendre, livrer*, S'arrêter pour se défendre, combattre. Chron. des ducs de Norm. tom. 1, pag. 460, vers 10947 :

> Un sengler a chascié le jor,
> Estal dona ...

Gérard de Vienne, vers 3502 :

> S'estoit li pors tot à estal rendu.

Guill. Guiart, tom. 1, pag. 224, vers 5365 :

> Onques Gauvin ne Perceval ...
> En guerre n'en tournoiement
> Plus hardi estal ne rendirent.

Pag. 300, vers 6841, pag. 435, vers 11291 (20273). Renart le Nouvel, tom. IV, p. 332, 345, vers 4946, 5270. Roman de Roncevaux, pag. 17 :

> Nos demorrous à estal por chapler.

Guill. Guiart, tom. II, pag. 274, vers 7125 (16105) :

> Touz à estal iluec s'esturent.

Prendre son estal, Prendre position, se placer, s'arrêter, pag. 316, vers 8212 (17193). Roi Guillaume, pag. 131 :

> Qu'il ne porent (lor) estal prendre.

A estal, En repos. Roman de Renart, t. III, pag. 50, vers 21110. Roi Guillaume, p. 124. Gl. *Stallium.* Voyez Rayn. tom. III, pag. 204¹, au mot *Estal*, et ci-dessous *Estaler.* Chanson de Colin Muset, Wackern. pag. 75 :

> Ki bien broiche lou poutrel
> Et tient l'escut en chantel,
> A comencier de l'estor,
> Et met la lance en estel, etc.

ESTALÉE, Construction de pieux fichés dans une rivière pour y tendre des filets et y prendre du poisson. Gl. *Estalaria.*

* **ESTALER**, s'Arrêter, résister, combattre. Guill. Guiart, tom. II, pag. 271, vers 7013 (16005) :

> A l'estaler et au poursivre.

Pag. 201, vers 5188; pag. 227, vers 5883 ; pag. 239, vers 6197; pag. 299, vers 7758 (14176, 14863, 15177, 16739). Voyez *Estal.*

ESTALLAGE, Étalage, le droit qu'on paye pour la place où l'on étale sa marchandise. Gl. *Estalagium* et *Stallum*, pag. 351³.

ESTALLER, Être assis dans les stalles du chœur d'une église. Gl. *Stallare*, 2.

* **ESTALLIER**, Etalagiste. Gl. *Stallum*, pag. 351³.

ESTALLIERE, Construction des pieux fichés dans une rivière pour y tendre des filets et y prendre du poisson. Gl. *Stalaria*, 2.

ESTALONNER, Laisser dans une coupe de bois suffisamment d'*étalons* ou baliveaux. Gl. *Estallus.*

* **ESTAMCHEMENT**, Digue. Gl. *Estachamentum.*

ESTAMINE, Espèce de chemise, vêtement de dessous. Gl. *Estamenha, Staminea* et *Stagmen*, 2.

ESTAMPERCHE, Longue perche qui est debout. Gl. *Etarchartea.*

ESTAMPOIS, Monnaie frappée à Étampes. Gl. *Stampensis moneta*, sous *Moneta Baronum*, pag. 529³.

* **ESTANCE**. Voyez *Bienestance.* Chron. des ducs de Norm. tom. 1, pag. 244, vers 4639; pag. 297, vers 6182 ; tom. II, pag. 195, vers 21067. Var. *buenne estance.*

* **ESTANCELE**, Étincelle. Gérard de Vienne, vers 2486. *Estanceler*, Guill. Guiart, tom. II, pag. 211, vers 5465 (14446). Agolant, vers 383 : *Estencelés.* Chanson de Colin Muset, Laborde, pag. 209 : *Bestincele.* Voyez Rayn. tom. III, pag. 215², au mot *Estencelar.*

ESTANCHAT, Digue, écluse. Gl. *Estanchia.*

1. **ESTANCHE**, Vivier, réservoir de poissons. Gl. *Estanchia.*

2. **ESTANCHE DE VIN**, Ban pendant lequel il n'est permis à personne qu'au seigneur de vendre du vin en détail. Gl. *Bannum vini*, pag. 570¹ [et *Stantia*, 3].

* **ESTANCHER**, S'arrêter, se dérober, faire retraite. Chron. des ducs de Norm. Voyez Rayn. tom. V, pag. 299², au mot *Restancar.*

ESTANCHIÉ, Héritier par succession collatérale. Gl. *Estancia.*

* 1. **ESTANCHIER**, **ESTANCIER**, Harasser, exténuer. Chron. des ducs de Norm. tom. III, pag. 40, vers 32929. Partonop. vers 644. Voyez *Estens.*

* 2. **ESTANCHIER**, Étancher, rassasier. Roi Guill. pag. 60. Voyez Rayn. tom. V, pag. 299¹, au mot *Estancar.*

ESTANDART, Étalon des poids et mesures. Gl. *Standardum*, 2.

ESTANDE, Bord, rivage de la mer. Gl. *Strand* [et *Hugha*].

ESTANCHERRE, p. e. Festin, repas. Gl. *Stagnum*, 4.

1. **ESTANT**. **ÊTRE EN ESTANT**, Être debout. Gl. *Estare.*

2. **ESTANT**. **FAIRE ESTANT**, Résider pendant un certain temps dans le château de son seigneur pour le garder et défendre. Gl. *Stagium.*

ESTANTAILLON, pour **ESCANTAILLON**, Échantillon, modèle, mesure. Gl. *Eschantillio.*

* **ESTAPLAGE**, Droit de marché. Gl. *Estapula.*

ESTAPLE, **ESTAPPLE**, Étaple, marché public, lieu où l'on vend les marchandises; d'où *Estappler*, Étaler, exposer en vente au marché. Gl. *Estapla.*

1. **ESTAPPE**, Pieu, pilotis. Gl. *Estapla.*

* 2. **ESTAPPE**, comme *Estaple.* Gl. *Stapula*, 1.

1. **ESTAQUE**, Auditoire, lieu où siègent des juges; ou Pilori. Gl. *Estaqua.*

2. **ESTAQUE**, Poteau blanc, ou but où l'on tire. Gl. *Estaqua* [et *Stagueta*].

ESTARE, Maison, habitation, lieu où l'on demeure. Gl. *Stare*, 3.

ESTASSEMENT, Certain droit qu'a une ville sur les biens d'un de ses bourgeois mort sans héritier, qui soit bourgeois de la même ville; ou lorsque ses biens sont vendus à un forain. Gl. sous *Taxare*, 1.

1. **ESTAT**, Ménage, famille, maison. Gl. *Status*, 7.

2. **ESTAT**, Appointement, pension. Gl. *Status*, 8.

3. **ESTAT**, Délai, trêve, suspension; d'où *Tenir en Estat*, Tenir en suspens. Gl. *Status*, 12.

4. **ESTAT**, **HOMME D'ESTAT**, Celui qui est d'un rang distingué : on le dit aussi d'un homme qui est bien établi. Gl. *Status*, 13 [et *Homo Status*].

* 4. **ESTAT**. **DE TOUS ESTAS**, De tout point. Chastel. de Couci, vers 1858, 5838. *Estat*, Relation, commerce de galanterie, vers 3549.

ESTATE, Ce qui est proposé en échange. Gl. *Evacuare* sous *Vacuus.*

* **ESTATURE**, Taille. Flore et Blancefl. vers 2891. Voyez Rayn. tom. III, pag. 206¹, au mot *Estatura.*

ESTAUCEURE, Habillement, ornement, parure; d'où *Estaucier*, Habiller, parer. Gl. *Estauramentum.* [Voyez Roquef.]

* **ESTAVAULS**, **ESTAVEUS**, Flambeaux. Roman de Roncevaux, pag. 51 :

> Grans fu li diaus la nuit en Ronscevauls
> La clartez luist, qui part des estavauls.

Partonop. vers 2831 :

> A nuit istrès de vos osteus
> Od cierges et od estaveus.

ESTAUDEAUX, Poulets élevés à la campagne. Gl. *Haistaldi.*

ESTAVE, Sorte de grands filets, et ce qu'on payait pour les pouvoir tendre. Gl. *Statua*, 1.

ESTAULAIGE, Étalage, ce qu'on paye pour la place où l'on étale sa marchandise. Gl. *Estaulagium.*

1. **ESTAULE**, Stable, permanent. Gl. *Stabilitas*, 4.

2. **ESTAULE**, Étable, écurie. Gl. *Stabula*, 1.

ESTAULIE, Établi de tailleur. Gl. *Tabulum.*

ESTAULIR, Établir, constituer. Gl. *Stabilire*, 2.

ESTAULLIER. **BASTON ESTAULLIER**, Qui soutient un étau. Gl. *Esta.*

1. **ESTAVOIR**, Provisions, tout ce qui est nécessaire à quelqu'un. Gl. *Estoverium.* [Roi Guillaume, pag. 145. Chastel. de Couci, vers 1326. Roman de Renart, tom. III, pag. 157, vers 24081. Guill. Guiart, tom. I, pag. 30, vers 135 : *Estouvoir.* Vie de St. Thomas, Chron. des ducs de Norm. t. III, pag. 621² : *Estover.*]

* 2. **ESTAVOIR**, **ESTEVOIR**, **ESTOUVOIR**, **ESTOVEIR**, Nécessité, devoir, besoin. Chastel. de Couci, vers 5641. Chron. des ducs de Norm. tom. 1, pag. 232, vers 4280, pag. 263, sommaire. *Par estavoir*, etc. Contraint. Chastel. de Couci, vers 4169, 4218. Gérard de Vienne, vers 1055. Garin le Loher tom. 1, pag. 26. Laborde, pag. 292. Guill. Guiart, tom. II, pag. 11, vers 255; pag. 249, vers 6447 (9219, 15427). Chron. des ducs de Normandie, tom. 1, pag. 231, vers 4264; pag. 272, vers 5451. Voyez Orell, pag. 225, et ci-dessous *Estui.*

ESTAUPPINEUR, Taupier, celui qui aplanit les taupinières d'un pré. Gl. *Taupia.*

ESTAURE, Fenêtre ou Étau. Gl. *Estra*, 3.

ESTAYÉ. **POURCEL ESTAYÉ**. Gl. *Estazos.*

ESTAYMIER, Potier d'étain. Gl. *Estagnum* [et *Stagnifaber*].

ESTE, Habit d'église, chappe. Gl. *Stauramentum.*

ESTECHEIS, Combat, et principalement celui qui se donne aux palissades d'une ville ou d'un château. Gl. *Estecha.*

* ESTÉE, Séjour. Chron. des ducs de Norm. tom. I, pag. 481, vers 11555; tom. II, pag. 162, vers 20147 (lisez *redotée* et *estée*).

ESTEIL, Poteau, jambage d'une porte. Gl. *Estella.*

* ESTEL. Voyez *Estal.*

* ESTELE, Éclat, morceau. Var. du passage de la Chron. des ducs de Norm. cité au mot *Astele.* Voyez *Estelle.*

ESTELEIGE, Étalage, le droit qu'on paye pour la place où l'on étale. Gl. *Estallagium*, sous *Stallum*, I, pag. 351[3].

ESTELER, Briller comme une étoile. Gl. *Stellare*, I. [*Estelé*, Étoilé, Roman de Renart, tom. I, pag. 44, vers 1133 :

    Li ciex fu cler et estelés.

Agol. vers 1251 :

    De dras de soie à fin or estelé.

Voyez Rayn. tom. III, pag. 215[2], au mot *Estelat.*]

ESTELLAIGE, Étalage, le droit qu'on paye pour la place où l'on étale. Gl. *Estalagium.*

ESTELLE, Morceau de bois fendu, bardeau, esseau, late. Gl. *Estella.*

ESTELLIN, Monnaie, poids et valeur. Gl. *Esterlingus.*

* ESTEMENT, ESTEEMENT, Repos, état tranquille, séjour. Chron. des ducs de Normandie.

ESTEMPEL, Course, où l'on propose un prix. Gl. *Estaqua.*

* ESTENDART. Gl. *Standardum*, I.

ESTENDE, pour ESCENDE, Bardeau, échandole, esseau. Gl. *Escenna.*

ESTENDELLE, Nappe, linge qu'on étend sur la table. Gl. *Extendere se.*

ESTENDELLIER, Étendre. Gl. *Extendere se.* [Roman de Renart, tom. II, p. 228, vers 15771. Voyez Rayn. tom. V, pag. 329[2], au mot *Estendilhar.*]

ESTENDRE, Estimer, apprécier. Gl. *Extendere.*

ESTENE, Le manche de la charrue. Gl. *Arar.*

ESTENET, Esseau, bardeau, late, bâton. *Estella.*

* ESTENS, Extenué. Roman de Renart, tom. V, pag. 60, vers 935 var. :

    De jéuner estoit estens.

Voyez *Estanchier.*

1. ESTER, Canal, où le reflux de la mer entre. Gl. *Esterium.*

2. ESTER, Façon de se tenir debout. Gl. *Demorari.*

* 3. ESTER, Se tenir debout, se tenir, rester, être. Rayn. tom. IV, pag. 202 au mot *Estar.* Orell, pag. 92. Chron. des ducs de Norm. *Com vous esta?* Comment allez-vous? Garin le Loher. tom. I, pag. 148, 268. *Mal li estait*, Il va mal. Flore et Blancefl. vers 290. *Faire ester*, Tenir roide. vers 1385. *Ester*, S'arrêter, Flore et Jeanne, pag. 42. *Esta*, Arrête. Orell. p. 92. *Laisser ester*, Laisser en repos, quitter. Flore et Blancefl. vers 1935. *A droit ester*, Comparaître, Partonop. vers 3827.

S'ester, Se tenir debout, se tenir, se comporter. Partonop. vers 3081. Chron. des ducs de Norm. tom. I, pag. 156, vers 2122; pag. 222, vers 4001. S'arrêter, Chanson de Roland, st. 154, vers 7. G. Guiart, tom. II, pag. 274, vers 7125 (16105). Roman de Rou, vers 6709. *En estant*, Debout, tout court, sur-le-champ, Gérard de Vienne, vers 1933. Aubri, pag. 167[2]. Flore et Blancefl. vers 73. Chron. des ducs de Norm. Rayn. tom. pag. 203[2]. Orell, pag. 93. Prétérit : *Estut*, Partonop. vers 248, 3111. Gl. *Estare.*

* ESTERÇOS. Voyez *Estorços.*

ESTERE, Querelleur, séditieux. Gl. *Estera.*

ESTERLIN, Monnaie, poids et valeur. Gl. *Esterlingus.*

ESTERNIR, Jeter à terre, épandre. Gl. *Externare.*

* ESTERNUER. Gl. *Pudoratus.*

* ESTES LES VOS, Les voilà. Partonop. vers 9679. *Estes le vous*, La voilà. Flore et Blancefl. vers 3333. *Este vos*, Le voilà. Roman de Renart, tom. I, pag. 18, vers 476. Voyez Orell, pag. 300.

ESTETE, Instrument de tonnelier. Gl. *Testa*, 2.

ESTEU, Certaine mesure des liquides. Gl. *Stopus* sous *Staupus.*

ESTEVENANS, ESTEVENONS, Monnaie des comtes de Bourgogne. Gl. *Stephanienses* sous *Moneta Baronum*, p. 519[3],520.

ESTEVENE, ESTEVENON, Étienne, Étiennette. Gl. *Estevenensis.*

ESTEULE, Chaume [Voyez Rayn. t. III, pag. 220[1], au mot *Estobla*;] d'où *Esteuler*, Ramasser les *esteules* ou chaumes. Gl. *Estoblagium*, et *Stubula.*

ESTEVOIR, Tout ce qui concerne quelqu'un, ou qui lui est nécessaire. Gl. *Estoverium.*

ESTEUR, Esteuf, balle du jeu de paume, ou ballon. Gl. *Cabaretus.*

ESTEURDRE (SE), Se débarrasser, se dégager. Gl. *Excutere.*

ESTEURSE, Détorse. Gl. *Extortura.*

ESTHAMME, Estame, fil qui sert de chaine au tisserand. Gl. *Stannum*, 5.

ESTIBADOU, Métayer, fermier, qui tient une terre à moitié des fruits. Gl. sous *Æstiva.*

ESTICQUETE, Petit pieu, qui sert de but à certains jeux. Gl. *Estaqua.*

ESTIER, Canal, où le reflux de la mer entre. Gl. *Esterium.*

ESTINCELLE, Paillette d'or. Gl. *Scintilla*, 2.

ESTIQUER, Frapper d'estoc ou de la pointe. Gl. *Estoquum.* [*Estiker*, Bâtonner. Chron. des ducs de Norm.]

ESTIQUETE, Petit pieu, qui sert de but à certains jeux. Gl. *Estaqua.*

ESTIVAIGE, Certain droit ou impôt sur le poisson. Gl. *Estivagium.*

ESTIVALL, Botte, bottine, sorte de chaussure. Gl. *Æstivalia, Estivalia* et † *Osa.*

ESTIVANDIÉ, Métayer, fermier, qui tient une terre à moitié des fruits. Gl. sous *Æstiva.*

ESTIVE, Instrument musical, connu particulièrement dans la Cornouaille, p. e. Cornemuse. Gl. *Stiva*, 2.

ESTIVELOT, Sorte de vase. Gl. *Estiva*, 2.

ESTIVER, Mettre les bestiaux pendant l'été dans les pâturages. Gl. *Æstiva.*

* ESTLOI, comme *Escloutoere.* Gl. *Cinocicloclutorium.*

ESTOBLAGE, Le droit qu'on paye pour faire paître les *esteules* ou chaumes aux pourceaux. Gl. *Estoblagium.*

ESTOC, Pieu, poteau, tronc d'arbre. Gl. *Estecha.* [Roman de Renart. tom. III, p. 4, vers 19862. Gl. *Ensis à estoc.*]

ESTOCAGE, ESTOCAIGE, Droit seigneurial sur les maisons, droit de relief. Gl. *Estocagium* et *Stoc.*

ESTOCER, ESTOCHIER, Frapper d'estoc ou de la pointe. Gl. *Estoquum.*

* ESTOET. Voyez *Estuet.*

ESTOFE, Matière, ce qui est mis en œuvre par les artisans. Gl. *Estoffa.*

ESTOFER, Approvisionner. Gl. *Estoffa.*

ESTOFERESSE, L'ouvrière qui fait ou garnit des bourses. Gl. *Estoffa.*

1. ESTOFFE, Matière, ce qui est mis en œuvre par les artisans. Gl. *Estoffa* [et *Stoffia*].

2. ESTOFFE, Gens d'Estoffe, De mérite, de courage. Gl. *Estoffa.*

* 3. ESTOFFE, comme *Estoffure*; et *Estoffer*, comme *Estofler.* Gl. *Stuffare.*

ESTOFFÉMENT, Se dit de quelqu'un qui est bien accompagné, et à qui rien ne manque. Gl. *Stuffare.*

ESTOFFURE, Garniture, ornement. Gl. *Estoffa.*

ESTOFLER, Meubler, garnir. Gl. *Gradalicantum.*

ESTOICAGE, Droit seigneurial sur les maisons, droit de relief. Gl. *Estocagium.*

ESTOIER, Garder, réserver. Gl. *Salvare*, I. [Roman de Renart, tom. II, p. 302, vers 17831, *Metre en estui*, tom. III, p. 62, vers 21452. Loenge N. Dame, Chroniques Anglo-Normandes tom. III, préface pag. 35 :

    Grant plenté de foi
    Dont en moi défaut
    As mise en estoi.

Mettre dans l'étui, serrer. Chanson, Laborde, pag. 212. Voyez Rayn. t. III, p. 234[2], au mot *Estuiar.* Chron. des ducs de Norm.]

ESTOILLE, Bûche, morceau de bois fendu, éclat. Gl. *Estella.*

1. ESTOIRE, pour Histoire. Gl. *Storia*, 2. [Enfants Haymon, pag. 151[1]. Aubri, vers 25.]

2. ESTOIRE, Flotte, armée navale. Gl. *Storium*, sous *Stolus*, 2. [Chron. des ducs de Norm. Voyez Rayn. tom. III, pag. 220[2], au mot *Estol.*]

ESTOIREMENT, Provision, fourniture. Gl. *Estoramentum.*

ESTOISER A LE LEY, Ester à droit chez nos praticiens, comparaître en jugement. Gl. sous *Abjuratio*, I.

ESTOITE, p. e. Cabane aisée à transporter, où l'on se met à couvert. Gl. *Botoerum.*

ESTOMBEL, Aiguillon, perche armée d'une pointe, pour piquer les bœufs. Gl. *Estaqua.*

* ESTONER, Étourdir, faire perdre con-

naissance, perdre connaissance. Partonop. vers 3039. Chastel. de Couci, vers 1099, 1157, 1386, 1690. Chanson de Roland, st. 250, vers 10. *S'estondist*, G. Guiart, t. 1, p. 185, vers 4245. Voyez Rayn. tom. v, pag. 380[1]; au mot *Estornar*. Graff, tom. vi, col. 724, au mot *Starnên*. Gl. † *Attonare*. Resonner? Roman de Renart, tom. 1, p. 23, vers 604.

ESTONPACIER, p. e. Mettre au carcan ou pilori. Gl. sous *Auris*.

* **ESTOPER**, comme *Destoulper*. Roman de Renart, tom. 1, pag. 22, vers 596. Voyez *Estouper*.

1. **ESTOQUAGE**, Droit seigneurial sur les maisons, droit de relief. Gl. *Stoc* [et *Extocare*].

2. **ESTOQUAGE**, Ce qu'on paye pour le droit d'étendre quelque chose sur des pieux afin de le faire sécher. Gl. *Stoc*.

ESTOQUAIGE, **Estoquese**, Ce qu'on paye au seigneur pour le droit de prendre les *Estocs* ou souches des arbres. Gl. *Stoc*.

1. **ESTOQUER**, Frapper d'estoc ou de la pointe. Gl. *Estoquum*.

2. **ESTOQUER**, Rompre, briser les mottes de terre. Gl. *Extocare*.

* **ESTOR**. Voyez *Estour*.

ESTORANCE, Augment de dot, don nuptial. Gl. *Agentiamentum*.

ESTORBAGE, Alarme, signal pour assembler des gens armés. Gl. *Stormus*.

* **ESTORBELLON**, Tourbillon, tempête. Chron. des ducs de Norm. tom. ii, p. 162, vers 20137. Parton. vers 7615. Voyez Rayn. tom. v, pag. 442[1], au mot *Estorbil*.

ESTORCER, Se donner une entorse. Gl. *Extorquere*.

* **ESTORÇOS**, **Esterços**, **Estorcenos**, Rapace, avare. Chron. des ducs de Normandie.

ESTORDOISON, Étourdissement. Gl. sous *Palma*, 3. [Voyez *Esdordison*.]

ESTORDRE, [**Estortre**, Dégager, extraire, délivrer, débarrasser. Partonop. vers 3021, 3023, 8828. Guill. Guiart, tom. 1, p. 92, vers 1847; tom. ii, p. 77, vers 1963 (10939), p. 197; N. 5097 (14085). Échapper, Partonop. vers 3201, 7686, 8330. Roman de Roncevaux, pag. 35. Gérard de Vienne, vers 2325. G. Guiart, tom. 1, pag. 265, vers 6434; t. ii, pag. 121, vers 3119 (12099). Chanson de Roland, st. 265, vers 8; stance 43, vers 13. Chron. des ducs de Norm. Voyez Rayn. tom. v, pag. 385[2], au mot *Estorser*.] Se **Estordre**, Se débarrasser, se dégager. Gl. *Excutere*. [S'échapper, se sauver. Renart le Nouvel, tom. iv, pag. 222, vers 2482. Roi Guillaume, pag. 52.]

ESTORÉE, Flotte, armée navale. Gl. *Storium*, sous *Stolus*, 2.

1. **ESTOREMENT**, Provisions, munitions, vivres. Gl. *Estoramentum*.

2. **ESTOREMENT**, Équipage, meubles, joyaux, ustensiles. Gl. *Estoramentum*.

ESTORER, [Créer, fonder, établir. Enfants Haymon vers 200. Gérard de Vienne, vers 2819, 4010. Chron. des ducs de Norm. tom. ii, pag. 387, vers 26623.] Meubler, garnir. Gl. *Estoramentum*. [Roman de Renart, tom. iii, pag. 26, vers 20471. Oustillement au Vilain, pag. 8, vers 25. Chambre *Estorée*. Gl. *Serpol*.]

ESTORMEY, Escrime. *Maistre d'Estor-*

mey, Maître en fait d'armes. Gl. *Stormus*.

* **ESTORMIAU**, Étourneau, Flore et Blancefl. vers 2001. *Estornele*, Rayn. t. iii, pag. 221[1], au mot *Estornelh*.

* 1. **ESTORMIE**, Cris. Flore et Blancefl. vers 2005 :

> Qui les sons ot et l'estormie
> Moult est dolans qu'il n'a s'amie.

2. **ESTORMIE**, Choc, combat; d'où *Estormir*, Escarmoucher, combattre; quelquefois simplement pour s'Assembler, s'attrouper. Gl. *Stormus*. [Donner l'alarme, éveiller. Garin le Loh. tom. 1, pag. 105, 166, 195, 240, 251. Parton. vers 2162, G. Guiart, tom. 1, p. 198, vers 4694; tom. ii, p. 134, vers 3458 (12438). Chron. des ducs de Norm. *Estormi*, Étourdi. Roman de Renart tom. iii, pag. 160, vers 24168. Voyez *Estour* et Rayn. tom. v, pag. 380[1], au mot *Estorntr*.]

ESTORON, Dédommagement, récompense. Gl. *Restaurum*.

1. **ESTORSE**, L'action de retirer du suc en pressant, pressurage. Gl. *Extortura*.

2. **ESTORSE**, Dernier effort. Gl. *Extortura*. [*Ce n'est l'estorse*, Il est impossible de nier. Partonop. vers 8732.]

ESTORTPACIER, pour **Estonpacier** ci-dessus. Gl. *Depitare*.

ESTORTRE (Se), Se débarrasser, se dégager. Gl. *Excutere*. [Voyez *Estordre*.]

ESTOSCÉMENT, Avec précaution. Gl. sous *Estornamentum*.

ESTOUBLE, Chaume; d'où *Estoublage*, Le droit qu'on paye pour faire paître les chaumes aux pourceaux. Gl. *Estoblagium*, *Estoublagia* [et *Garrigua*.]

ESTOUCQUET, diminutif d'Estoc, Petite souche ou pieu. Gl. *Stoc*.

ESTOUFFERRESSE, L'ouvrière, qui fait ou garnit des bourses. Gl. *Estoffa*.

ESTOVOIR, Tout ce qui concerne quelqu'un, ou qui lui est nécessaire. Gl. *Estoverium*.

ESTOUPE, Bourde, tromperie, d'où

1. **ESTOUPER**, Tromper, faire accroire. Gl. *Stupare*.

2. **ESTOUPER**, Fermer, boucher. Gl. *Stupare*. [*Estoper*, *Estuper*, Chron. des ducs de Norm.]

ESTOUPILLON, Bouchon. Gl. *Estopa*.

ESTOUPONNER, Rompre, briser, renverser. Gl. *Stoc*.

ESTOUR, **Estourmie**, Choc, combat. [Partonop. vers 157, 250, 2245, 3340, 3769, 8691, 8698, etc. Gérard de Vienne, vers 370, 1322, 3605. Agol. vers 1264. Flore et Jeanne pag. 51. Chastel. de Couci, vers 6617. Garin le Loher. tom. 1, p. 37, 170. Chanson de Colin Muset, Wackern. pag. 75. Chanson du Chatel. de Couci, Laborde, pag. 288. Roman de Renart, t. 1, pag. 1, vers 16; tom. iv, pag. 209, v. 2181. Chron. des ducs de Norm. *Estur*, Chanson de Roland. Voyez *Estormir* et Rayn. tom. v, pag. 380[1], au mot *Estorn* ;] d'où *Estourmir*, Escarmoucher, combattre. Gl. *Stormus*.

ESTOURNER, Se cacher, se sauver, s'éloigner. Gl. *Extorrens*.

ESTOUS, Insensé, furieux, [imprudent, stupide, méchant, Roman de Renart. t. 1, pag. 11, vers 290; pag. 19, vers 492 : *S'est d'ire estous*; tom. iv, pag. 222, vers 2494. Partonop. vers 2764, 7974, 8597. [Garin

le Loher. tom. 1, pag. 149. Guill. Guiart, tom. ii, pag. 164, vers 4231; pag. 175, vers 4527; pag. 212, vers 5495 (13217, 13513, 14475). Voyez Rayn. tom. iii, pag. 220[2], au mot *Estol*. Fougueux. Chron. des ducs de Norm. tom. 1, pag. 121, vers 1133]; d'où *Estoutie*, Folie, fureur. Gl. *Stultizare* et *Extolicus*. [Chastel. de Couci, vers 4612. Chron. des ducs de Normandie : *Estotie*, *Estoutie*, *Estutie*, *Estultie*. Chanson de Roland. *Estoutoier*, Maltraiter, traiter comme un sot. Garin le Loher. tom. 1, pag. 134, 137. Roman de Renart, tom. 1, pag. 18, vers 484. *Estoutiier*, Roi Guillaume pag. 68. Chronique des ducs de Norm. : *Estoteier*, *Estouteier*, *Estuteier*.]

ESTOUSSIR, Tousser. Gl. *Extussire*. [Voyez Orell. pag. 123.]

ESTOUVÉ, Garni, rempli. Gl. *Gagnagium*, 1.

ESTOUVIER, Provisions, tout ce qui est nécessaire à quelqu'un. Gl. *Estoverium*.

ESTOYNE, Certaine pièce de bois d'une charrue. Gl. *Arar*.

* **ESTRABOT**, Pièce de vers satiriques, espèce de serventois. Chron. des ducs de Normandie, tom. 1, pag. 288, vers 5911 :

> Vers en firent et estraboz
> U out aszez de vilainz moz.

Le mscr. de Tours porte *Estriboz*. Voyez Rayn. tom. iii, pag. 231[1], au mot *Estribot*.

ESTRACE, Extraction, origine, race. Gl. *Extracha*. [Qualité. Ruteb. t. 1, p. 22, 27. Guill. Guiart, tom. 1, pag. 146, vers 3247. Chronique des ducs de Norm. *Estracion*, *Estrasion*, Enfants Haymon, vers 236. Flore et Jeanne, pag. 19, 22, *Extraicte*, Née, Orell. pag. 272.]

ESTRADER, Battre *l'estrade*, aller et venir pour découvrir et voler les passants sur les grands chemins. Gl. *Estrada*.

ESTRADIOT, Sorte de milice. Gl. sous *Strategus*.

ESTRAGE, Appentis, maisonnette. Gl. *Estra*, 2.

ESTRAHERE, **Estrahiere**, Droit seigneurial sur les biens délaissés par mort ou autrement. Gl. *Estrajeriæ*.

1. **ESTRAIER**, Étranger, habitant d'un autre pays que le sien. Gl. *Extraterius*.

* 2. **ESTRAIER**, Errant, allant çà et là, isolé, seul. Chron. des ducs de Normand. tom. 1, pag. 384, vers 8692 :

> Tant bon cheval, tant bon destrer
> Par mi la bataille estraier.

Partonop. vers 1683 :

> Et a laissié son noir destrier
> Al pié des degrés estraier.

Vers 8852. Roman de Renart, tom. 1, p. 99, vers 2621. Ruteb. tom. ii, pag. 242 :

> Estraier et seul me lessièrent.

Chronique des ducs de Normandie, tom. 1, pag. 268, vers 5325; tom. ii, pag. 147, vers 29686; tom. iii, pag. 154, vers 36226. Voyez Rayn. tom. iii, pag. 224[1], au mot *Estraguar*.

* 3. **ESTRAIER**, Paille, chaume. Roman de Renart, tom. ii, pag. 208, v. 15233 :

> Les autres trois a mis en terre...
> Covert les a bien d'estraier.

Voyez *Estrain*.

ESTRAIERE, Droit seigneurial sur les biens délaissés par mort ou autrement. Gl. *Estraeria*, pag. 109³.

1. **ESTRAIGE**, Aire où l'on bat le blé. Gl. *Estra* 2.

2. **ESTRAIGE**, Chemin public. Gl. *Stabilitas*, 3, pag. 342².

1. **ESTRAIGNE**, Étrenne, le premier jour de l'an. Gl. *Estrena*.

2. **ESTRAIGNE**, Étranger. Gl. *Extrarius*.

ESTRAIJER, Droit seigneurial sur les biens délaissés par mort ou autrement. Gl. *Estraeria*, pag. 109³.

ESTRAIN, Paille, chaume. Gl. *Estramen*, et *Stramen*, 2. [Roman de Renart, tom. I, pag. II, vers 281; tom. IV, p. 197, vers 1847. Roi Guillaume, pag. 114. *Estraim*, Chron. des ducs de Norm.] ₁

* **ESTRAINDRE**, Étreindre, serrer, presser. Roman de Renart, tom. I, pag. 22, vers 587, 591. Partonop. vers 1275, 1288. Voyez Rayn. tom. III, pag. 225², au mot *Estrenher*. Orell, pag. 276. Réduire, restreindre, Chron. des ducs de Norm. t. I, pag. 604, vers 15203.

ESTRAINGNE, pour **ESCRAINGNE**, Lieu où s'assemblent les femmes et les filles pour travailler. Gl. sous *Gynæceum*.

ESTRAINNIERE, Étendart, drapeau. Gl. *Standardum*, 1.

ESTRAINTES, Sorte de vêtement, p. e. Caleçon. Gl. *Striga*, 4.

ESTRAINTURE, Etreinte, l'action de serrer fortement. Gl. *Strictio*, 2.

ESTRAMÉURE. Chron. des ducs de Norm. tom. I, pag. 468, vers 11199 :

L'autre veie...
Ceste vait fors estraméure.

ESTRANER, pour **ESTRAIJER**. Voyez ci-dessus.

1. **ESTRANGER**, Chasser, mettre dehors. Gl. *Extraneare*, 1 [et *Externare*. *Estrancy*, Chastel. de Couci, vers 2404. Voyez Rayn. tom. III, pag. 223², au mot *Estranhar*].

2. **ESTRANGER**, **ESTRANGIER**, Aliéner, mettre hors de sa main. Gl. *Extraneare*, 1.

ESTRANNERE, Étendart, drapeau. Gl. *Standardum*, 1.

* **ESTRASION**. Voyez *Estrace*.

ESTRAUNGÉ, Étranger. Gl. *Uncuth*.

ESTRAYEURE, **ESTRAYURE**, Droit seigneurial sur les biens délaissés par mort ou autrement. Gl. *Estraeria*, et *Estrajeriæ*.

1. **ESTRE**, Maison, appentis, maisonnette. Gl. *Estare* et *Estra*, 2. [Guill. Guiart, tom. I, pag. 104, vers 2160. Chastel. de Couci, vers 7445? ou *Estre*, 7. *Savoir les estres*. Gl. *Astrum*.]

2. **ESTRE**, Cour, lieu fermé et à découvert. Gl. *Estra*, 1.

3. **ESTRE**, Grand chemin, chemin public. Gl. *Estra*, 2.

4. **ESTRE**, Le lieu où l'on se tient. Gl. *Estra*, 3.

5. **ESTRE**, Fenêtre. Gl. *Estra*, 3. [Balcon couvert. Partonop. vers 7876. Roquef. Rayn. tom. III, pag. 222¹, au mot *Estra*.]

* 6. **ESTRE**, État, condition, sort, être, vie. G. Guiart, tom. I, pag. 228, vers 5466. Partonop. vers 3279. 8334, 9456. Wackern. pag. 68. Roman de Renart, tom. I, pag. 39, vers 999. Flore et Blancefl. vers 352, 826.

Ancien poëme, Fierabras, pag. 157¹. Voyez Roquef. Rayn. tom. III, pag. 194¹, au mot *Esser*. Gl. *Esse*, 1, et *Hæreticus*.

* 7. **ESTRE**, Hors, excepté, outre, contre. Parton. vers 2330, 2333, 7322, 7282, 9014, 9678. Flore et Blancefl. vers 1906. Chron. des ducs de Norm. Roquef. Voyez Rayn. tom. III, pag. 222¹, au mot *Estra*, Orell, pag. 324.

ESTRECHIER, Étrécir. Gl. *Estreciatus*. [*Estrecier*, *Estrecer*. Guill. Guiart, tom. I, pag. 167, vers 3796; pag. 185, vers 4250. Renart le Nouvel, tom. IV, pag. 436, vers 7435.]

1. **ESTRÉE**, Droit seigneurial sur les biens délaissés par mort ou autrement. Gl. *Estraeria*, pag. 109³.

2. **ESTRÉE**, Grand chemin, chemin public. [Chron. des ducs de Norm.] Gl. *Strata*.

3. **ESTRÉE**, Espèce d'oublie. Gl. *Supplicatio*.

ESTRÉER SON FIEF, Le remettre au seigneur suzerain. Gl. *Estraeria*, pag. 109³.

* **ESTREF**, **ESTRIF**. Gl. *Estrif*.

ESTREGNETZ, Étrennes, présents. Gl. *Encœniare*, sous *Encænium*.

ESTREIN, Paille, chaume. Gl. *Estramen*.

ESTREIT, Étréci. Gl. *Estreciatus*.

ESTREJURE, Droit seigneurial sur les biens délaissés par mort ou autrement. Gl. *Estrajeriæ*.

ESTRELIN, Monnaie, poids et valeur. Gl. *Esterlingus* [et *Moneta*, pag. 521³].

* **ESTRELOY**, Déloyauté. Chanson de Guiot de Provins, Wackern. pag. 28 :

S'en fait grant estreloy
Amors, où je me croie.

Loenge Nostre-Dame, Chroniques Anglo-Normandes, tom. III, préface pag. 35 :

Oevre est de ribaut
Quant li dés li faut
De dire estreloi.

ESTRENE, Sorte de redevance, qu'on exigeait sous le nom de présent. Gl. *Estrena*, [et *Encænia*. *Estraine*, *Estreine*, Étrenne. Paulin Paris, Catal. tom. II, pag. 103. Voyez *Estraigne*, 1, et Gl. *Strena*. Commencement du jour, du règne. Guill. Guiart, t. I, p. 176, vers 4029; tom. II, pag. 145, vers 3739 (12723). *A bone estraine, à estraine*, Amplement. Roman de Renart, tom. I, pag. 45, vers 1162; pag. 150, vers 4007, tom. III, pag. 355, vers 29577. *Par pute estreine*, pag. 76, vers 21827. Voyez Rayn. tom. III, pag. 225¹, au mot *Estrena*.]

ESTRENER, Contraindre, forcer. Gl. *Estreciatus*. [Étrenner, gratifier, maltraiter. Guill. Guiart, tom. II, pag. 100, vers 2559; pag. 336, vers 8716 (11536, 17697). *Estrainer*, pag. 43, vers 1095; pag. 236, vers 6121 (10061, 15101). (Comparez tom. I, pag. 165, vers 3748, *Estrainne*.) *Estranier*, Gratifier. Roman de Roncevaux, pag. 5. (*Esbanier?*) *Estriner*, Parton. v. 22, vers 6941. Voyez Gl. † *Strenarè*, Rayn. tom. III, pag. 225², au mot *Estrenar*.]

ESTREPER, Déraciner, détruire, ravager [Roman de Renart, tom. III, pag. 10, vers 20016. Voyez le Glossaire sur la Chronique des ducs de Normandie, Rayn. t. v, pag. 418¹, au mot *Estrepar*]; d'où *Estrepement*, Dégât, ravage, saccagement. Gl. *Estrepamentum* et *Stirpare*.

ESTRETTE, Extrait. Gl. *Extracta*, 2.

* **ESTREUL** †. Gl. *Piragra*. Voyez *Estule*.

* **ESTRIBOT**. Voyez *Estrabot*.

ESTRICQUE, Morceau de bois, qui sert de gaine à une faux. Gl. *Stricare*, 2.

1. **ESTRIE**, Ce qui sert à resserrer, à contenir. Gl. *Strictio*, 2.

2. **ESTRIE**, Sorcière, loup-garou, fée. Gl. *Stria*.

ESTRIEF, Étrier pour monter à cheval. Gl. *Strepa*. [*Estreu*, Chron. des ducs de Norm. Chanson de Roland. *Estrius*, pl. Partonop. vers 3035. *Estrier*, vers 3019. Gérard de Vienne, vers 430. Voyez Rayn. tom. III, pag. 231¹, au mot *Estreup*.]

ESTRIER, Suivre de près, presser. Gl. *Estreciatus*.

1. **ESTRIF**, Peine, chagrin, contrainte. Gl. *Estreciatus*. [Garin le Loher. tom. I, pag. 243 :

Par vous sui-je en paine et en estri.]

2. **ESTRIF**, Querelle, dispute, combat, bataille. Gl. *Estrif*. [Garin le Loher. t. I, pag. 146. Partonop. vers 5487, 6299, 8272. Flore et Blancefl. vers 1709. *Estrée*, Partonop. vers 9583. Voyez Rayn. tom. III, pag. 232¹, au mot *Estris*. Chron. des ducs de Norm.]

* 3. **ESTRIF**. A **ESTRIF**, Avec rapidité, vitesse. Garin le Loher. tom. I, pag. 227 :

Mandent lor hommes à force et à estri ...
Nagent et singlent à force et à estri.

Pag. 74 :

Et il i va à force et à estri.

Pag. 69 :

Et chevalcherent à force et à estrif.

Pag. 58, 101, 142. Voyez Rayn. tom. III, pag. 232¹, au mot *Estru*.

* **ESTRILLE** †. Gl. *Striliare*.

ESTRIS, Discussion, formalité. Gl. *Estrif*.

ESTRIVÉE, pour **ESCRINÉE**, Écrin, petit coffre. Gl. *Escrinium*.

ESTRIVEMENT, Querelle, dispute. Gl. *Estrif*. [Chron. des ducs de Norm. tom. II, pag. 205. vers 21386 :

Ci n'out tençon n'estrivement,
Mais tot issi très-durement
Cum porent aler li destrier
Se vunt les lances debruisier.]

ESTRIVER, Quereller, combattre. Gl. *Estrif*. [Lutter, s'efforcer, soutenir, disputer, débattre. Flore et Blancefl. vers 470. Partonop. vers 7617, 10196. Guill. Guiart, tom. I, pag. 147, vers 3291; tom. II, p. 153, vers 3935; pag. 172, vers 4426, pag. 236, vers 6109 (12919, 13412, 15089). Partonop. vers 8741 :

Partonopeus le fait cel jor
Si bien par tot, à cascun tor,
Que nus n'osse mais estriver
Qu'il ait éu le jor nul per.

Renart le Nouvel, t. IV, p. 439, v. 7523 :

Eles encontre aos en parlerent
En haut et si en estriverent.

Flore et Blanceflor, vers 747 :

Bele, forment nos entramieus
Et en estrivant consilliens.]

ESTRIVEUR, Querelleur. Gl. *Estrif*.

* ESTRIZE, pour *Hostise*. Gl. *Hospes*, pag. 702¹.

ESTROBLE, Esteule, chaume. Gl. *Estoblagium*.

ESTROER, Trouer, percer. Gl. *Estruere*. [Garin le Loher. tom. I, pag. 14, 27, 28. Chron. des ducs de Norm. Chanson de Roland. Roquef. Supplém.]

ESTROIS, pour ESCROIS, Fracas, bruit éclatant. Gl. *Cruscire*.

ESTROISSIER, Couper, proprement raccourcir, élaguer. Gl. *Apicularii*.

* ESTRONT. Gl. *Muscerda* et *Strundius*.

ESTRONTOIER, p. e. Attaquer, injurier. Gl. *Astrepere*.

* ESTROS, A ESTROS, A ESTROX, A ESTROUS. A l'instant, sur-le-champ, aussitôt, promptement. Flore et Blancefl. vers 291, 2108, Partonop. vers 2327, 4999, 5883. Agol. vers 848. *Tout à estros*. Roman de Renart, tom. I, pag. 19, 52, vers 506, 1347. Partonop. vers 5082, 5716. *A Estros*, Sans détour, franchement, définitivement, vers 4960, 6034, 7054, 7888, 8496. Roman de Renart, tom. III, p. 69, v. 21653. Voyez Chronique des ducs de Norm. Roquef. Rayn. tom. III, pag. 232², au mot *Estros*, et pag. 232¹, au mot *Estrus*. Orell, pag. 302. *Tot estrousement, tot estroséement*, Aucassin et Nicolette, pag. 389.

ESTROTEIR †, p. e. Piquer, irriter. Gl. *Astrepere*.

ESTROUSSE, Droit seigneurial, dû par ceux qui recueillent du foin. Gl. *Trossa*, I.

I. ESTROUVER, p. e. pour ESTRONNER ou ESTRONCER, Ébrancher, étêter. Gl. *Exbrancare*.

* 2. ESTROUVER. Gl. *Gagnagium*, I, pag. 457.

* ESTRUIEMENT. Voyez *Estrivement*.

* I. ESTRUIRE, Instruire, construire. Chron. des ducs de Norm. etc. Rayn. t. III, pag. 562¹, au mot *Estruyre*. Orell, p. 279.

* 2. ESTRUIRE, Détruire, renverser. Guill. Guiart, tom. I, pag. 132, v. 1908. Voyez *Estroer?*

* ESTRUIT, Garnitures, joyaux, ce qui sert à la parure. Chron. des ducs de Norm. tom. III, pag. 258, vers 38742 :

Tant riche orfreis, tant garnement
Et tant estruit d'or et d'argent.

Partonop. vers 10115 :

Et ataches et aumosnières
Et estruis de pluisors manières.

Vers 10598 :

Vestu, caucié et asfublé...
Des mellors estruis que il ot.

Voyez *Esturement*.

ESTRUMENT, Vaisseau, navire. Gl. *Strumentum*, [et ESTURMENT, Pilote. Flore et Blancefl. vers 1365 :

Son estrumant a moult proié.

Voyez le Glossaire de la Chron. des ducs de Norm.].

ESTRUSSER, Battre, frotter, étriller. Gl. *Strusare*. [Arracher, extorquer. Chanson de Roland, st. 55, vers 6. Voyez *Estordre*.]

I. ESTUDE, Université, école publique. Gl. *Studium*.

2. ESTUDE, Cabinet de livres, lieu retiré où l'on étudie. Gl. *Studium*.

* 3. ESTUDE, ESTUIDE, Étude, appli-

cation, soin. Partonop. vers 7916. Roman de Renart, tom. III, pag. 262, vers 16702. Voyez Rayn. tom. III, pag. 233², au mot *Estudi*.

ESTUDIOLE, Cabinet, lieu d'étude. Gl. *Studiolum*.

* ESTUET, verbe impers. Il faut, il convient. Partonop. vers 960, 2477, 8906. Garin le Loher. tom. I, pag. 183. Roman de Renart, tom. I, pag. 44, vers 1155. Chastel. de Couci, vers 785, 859. *Estoet*, Chron. des ducs de Norm. Chanson de Roland. *Estut*, Partonop. vers 1840, 2204, 2214. *Estéust*, Flore et Blancefl. vers 200. *Estevra*, Partonop. vers 2421. Chastel. de Couci, vers 7722. Garin le Loher. tom. I, pag. 116. *Estouira*, Partonop. vers 6617. *Estuece*, vers 8374. Voyez *Estavoir*. Orell, pag. 226. Rayn. tom. III, pag. 217², au mot *Estever*.

I. ESTUI, Boutique où l'on garde le poisson. Gl. *Estugium*.

* 2. ESTUI. Voyez *Estoier*.

* ESTULE. Roman de Renart, tom. IV, pag. 56, vers 1550 :

De gris, de martre, ne d'estule,
De poupes, ne d'escurieus.

ESTURDRE (SE), Se débarrasser, se dégager. Gl. *Excutere*.

ESTUREMENT, pour ESTOREMENT, Meubles, joyaux. Gl. *Estoramentum*.

* ESTURETER, Sonner *l'estor*, la charge? Roman de Roncevaux, pag. 95 :

Ne de ma bouche en doie estureter.

* ESTURION, Esturgeon. Partonop. vers 10660.

* ESTURMELÉ. Guill. Guiart, tom. II, pag. 133, vers 3413 :

Connestables atropelez
Et ribauz nuz esturmelez...
S'espandent aval la contrée. !

ESTURNES †, Étourneau. Gl. *Pirulus*, 2.

ESTURQUER, Heurter, pousser. Gl. *Extorquere*, I.

* ESTUTEMENT, Follement. Vie de saint Thomas, vers 999. Voyez *Estous*.

ESTUVAUX, Sorte de chaussure, botte, bottine. Gl. *Estivalia*, I.

ESTUVE, Bain [Voyez Rayn. tom. III, pag. 232², au mot *Estuba*.], d'où *s'Estuver*, Se baigner [Flore et Jeanne, pag. 49,] et *Estuveur*, *Estuveresse*, Baigneur, baigneuse. Gl. *Stuba*.

I. ESTUYER, Armoire, lieu où l'on serre quelque chose. Gl. *Estugium*.

2. ESTUYER, Mettre dans un étui, en grange, serrer. Gl. *Estugium*. [Voyez *Estoier*.]

ESVANTER, Prendre l'air, se rafraîchir. Gl. *Eventare*, I. [Partonop. v. 8173. Voyez Rayn. tom. V, pag. 500², au mot *Esventar*.]

ESVANTOIR, Bondon, l'ouverture d'un tonneau. Gl. *Eventare*, I.

ESVANUER, Saisir. Gl. *Esvanuare*.

ESVAUDIE, Querelle, dispute, criaillerie. Gl. *Evarei*.

ESUCALE, pour ESCUALE, Écuelle. Gl. *Escuallium*.

* ESVEL, Éveil, mouvement. Partonop. vers 10111 :

Melior est en grant esvel
De faire moult rice aparel.

* ESVELLER †. Gl. *Antiquare*.

* ESVENTER (S'), S'élancer. Guill. Guiart, tom. I, pag. 81, vers 1454; t. II, pag. 263, vers 6815 ; pag. 175, vers 4504; p. 332, vers 8635 (15807, 13490, 17615).

ESVENTEURE, Bondon, l'ouverture d'un tonneau. Gl. *Eventare*, I.

ESVENTOUR, Éventail, ce qui sert à donner du vent. Gl. *Eventare*, I.

ESVERTIN, Vertige, épilepsie, sorte de maladie, dont les accès aliènent l'esprit. Gl. *Adversatus*.

ESUITAIRE, Miette, petit morceau. Gl. *Mitatorium*.

ESWARDER, Regarder, examiner; d'où *Eswarde*, *Eswardeur*, Inspecteur, office municipal, et *Eswardage*, L'office ou le salaire de l'inspecteur. Gl. *Eswardiator* et *Guardatores*, sous *Warda*, pag. 909³, 910¹.

ESWART, Règlement, statut. Gl. *Esgardium*, I.

ETANÇOT, Tronc d'arbre coupé, souche. Gf. *Estocagium*.

* ETHALIERS. Gl. *Etarchartea*.

ETHIMOLOGUER, Homologuer. Gl. *Emologare*.

* ETOILLE. Gl. *Moneta*, pag. 506¹.

ETREMPLÉE, p. e. pour ÉTTEMPLÉE, Soufflet. Gl. *Buffa*.

* ETRICTE. Voyez *Etrille*.

ETRILLE, Détroit, passage resserré, gorge. Gl. *Stricta*, I.

EVADANT, Qui attaque, agresseur. Gl. *Evadari*.

EVAGINER, Dégaîner, tirer de la gaîne ou du fourreau. Gl. *Vaginatus*.

EVANGELIER, Le texte des Evangiles. Gl. *Evangeliarium*.

EVE, Eau. Gl. *Ewaria*. [Partonop. vers 974. Chron. des ducs de Normandie. *Eve-rose*, Partonop. vers 10660. Voyez *Aigue*. *Esve*, Garin, tom. I, pag. 32, 33.]

EVESQUE COMPAIN, Coadjuteur d'un évêque. Gl. *Coepiscopus*.

EVESQUE PORTATIF, Celui qui a un titre d'évêché dans les pays occupés par les infidèles, évêque *in partibus*. Gl. sous *Episcopus*.

EUF, pour OEuf. Gl. *Ovum*, I.

EULLAGE, Remplissage ; du verbe *Eullier*, Remplir jusqu'au bondon ou œil du tonneau. Gl. *Implagium*, 2.

* I. ÉUR, Sort, chance. Partonop. vers 4341 :

Por ce m'est vis qu'éurs n'est rien,
Grant ne petit, ne mal ne bien.

Vers 8327 :

C'est uns éurs que dames ont,
Que quanque eles por bien font
Lor notent males gens à mal

Vers 4322, 4325. *Euros*, Heureux, v. 2328.

* 2. EUR, Bord, lisière. Partonop. vers 3259 :

Hauce l'escu, le colp reçoit.
Partonopeus i fiert moult droit :
Haut l'a feru, et bien l'asene
En l'eur desus parmi la pene.

Voyez *Orée*.

* EURE, Heure. *A eure*, A propos. Chastel de Couci, vers 7558. Voyez Rayn. t. III, pag. 538¹, au mot *Hora*.

* **EURIEL**, Loriot. Partonop. vers 49 :

Euriels cante dous et bas,
Teus l'escoute et ne l'entent pas.

Le manuscr. 1830, porte *L'oriol.* Voyez Rayn. tom. II, pag. 151², au mot *Auriol,* et le Gloss. sur la Chron. des ducs de Norm. au mot *Orious.*

EURNEL, pour **ERNEL**, p. e. Champ inculte. Gl. *Ermassius.*

1. **EUSSE**, Esse, cheville de fer, qui retient la roue d'une voiture. Gl. *Eussinus.*

2. **EUSSE DE L'UEIL**, p.e. L'orbite de l'œil. Gl. *Eussinus.*

EUTAULE, Octave, espace de huit jours. Gl. *Octava,* 2.

EUVANGELISTE, Titre donné à saint Nicolas. Gl. *Evangelista.*

EUVANT, Auvent. Gl. *Euvannamentum.*

EUVE, Eau. Gl. *Stopa,* 3.

1. **EUVRE**, Autant de terre ou de vigne qu'un homme peut en travailler dans un jour. Gl. *Operæ,* pag. 713², et *Operata.*

2. **EUVRE**, Outil d'ouvrier. Gl. *Operæ.* pag. 713².

3. **EUVRE**, Bâtiment; d'où *Payeur des Euvres,* Trésorier des bâtiments. Gl. *Operarius,* 1.

* 4. **EUVRE DE LIMOGES**. Gl. *Limogia.* DE VENISE. Gl. *Venisia.*

EUVRER, Travailler, ouvrer. Gl. *Operare.*

EUX, Euz, Yeux. Gl. sous *Eussinus.*

EWAGE, Droit perçu sur les eaux ou rivières. Gl. *Ewaria.*

1. **EWE**, Loi, règlement. Gl. *Euvâ.*

2. **EWE**, Eau. Gl. *Ewaria.* [Chronique des ducs de Normandie. Voyez *Eve. Euwe.* Gl. *Rentagium.*]

EWER, Faire la comparaison de quelque chose à une autre. Gl. *Adhærere.*

* **EWETTE**, Abeille. Chron. des ducs de Norm. tom. I, pag. 14, vers 335. Voyez *Es,* 1.

EXACTIF, Qui exige injustement. Gl. *Exactivus.*

EXAIN, Essaim; d'où *Exainer,* Essaimer, jetter un essaim. Gl. *Examinare,* 1.

EXAVIN, Échevin, officier municipal. Gl. *Esquevinagium.*

EXCEGNER, Saigner un marais, le dessécher. Gl. *Essavare.*

EXCEPTÉ, préposition, Sauf, sans blesser. Gl. *Excepto.*

EXCEPTEUR DE PERSONNES, Qui fait acception des personnes. Gl. *Acceptator,* 1.

EXCERSITE, Exercice, pratique, usage. Gl. *Exercita.*

EXCERTER, Essarter, défricher. Gl. *Exartare.*

EXCESSIVETÉ, Excès. Gl. *Excessivitas.*

EXCHOITER, Hériter, succéder. Gl. *Escadere,* 3.

EXCOGITATION, Pensée, dessein, projet. Gl. *Cogitarium.*

EXCOMMENGEMENT, EXCOMMENIEMENT, EXCOMMUNIMENT, Excommunication. Gl. *Excommunicatio.*

EXCOMMUNIER, Maudire, faire des imprécations. Gl. *Excommunicare.*

EXCORIATION, Espèce de maladie. Gl. *Excoriare.*

EXCUSANCHE, Excuse. Gl. *Detricatio.* [Voyez Rayn. tom. II, pag. 362¹, au mot *Excuzansa. Excusations,* au mot *Excuzatio.*]

EXEMPIR, Essarter, défricher. Gl. *Exemplum,* 2.

EXEMPLER (S'), Prendre exemple. Gl. *Exemplare,* 5.

EXEMPLIR, Essarter, défricher. Gl. *Exemplum,* 2.

EXEQUES, Obsèques, funérailles, service solennel pour un mort. Gl. *Exequiæ.*

EXEQUTERRESSE, Exécutrice. Gl. *Executio,* 3.

EXERCITER, Exercer. Gl. *Exercitas.*

EXFRUIT, Usufruit, jouissance. Gl. *Exfructare.*

EXIGUER, Faire le partage du bétail donné à moitié du produit. Gl. *Exaquia.* [*Ychigare* et *Capitale,* 4.]

2. **EXIL**, Destruction, ruine, ravage. Gl. *Exilium,* 1.

2. **EXIL**, Échandole, bardeau, late. Gl. *Exendola.*

EXINETE, Broussailles. Gl. *Exinuare.*

EXOINE, Excuse, raison, qu'on allègue en justice pour s'excuser de n'avoir pas comparu à une assignation; d'où *Exoiner, Exonier,* Proposer cette excuse, et *Exoineur, Exoniateur,* Celui qui est chargé de la proposer. Gl. *Essonia, Essoniare* et *Essoniator,* sous *Sunnis,* pag. 437².

EXOINER. METTRE EN EXOINE DE SON CORPS, Maltraiter, jusqu'à mettre quelqu'un en danger de mort ou d'être mutilé. Gl. *Exoniare corpore,* sous *Sunnis,* pag. 437².

EXONE DE MALADIE, Raison de maladie alléguée en justice pour s'excuser de n'avoir pas comparu à une assignation. Gl. sous *Sunnis,* pag. 463³.

EXONIATEUR, Exonier. Voy. ci-dessus *Exoine.*

* **EXORIE** †. Gl. *Exoria.*

EXORILLER, Couper les oreilles, sorte de supplice. Gl. sous *Auris,* pag. 502¹.

EXPAISÉ, Chassé de son pays, expatrié. Gl. *Expatriare.*

EXPELLER, Repousser, écarter. Gl. *Expellere.*

EXPERIMENT, Expérience, connaissance acquise par l'étude et l'expérience. Gl. *Experimentatus.*

EXPERMENTER, Expérimenter, tenter, sonder. Gl. *Experimentare.*

EXPLECHE, Terre ou pré dépouillé. Gl. *Esplencha.*

EXPLÉE, Domaine. Gl. *Explegium,* sous *Expletum,* 2.

EXPLEIT, Revenu, produit d'une terre. Gl. *Expletum,* 2.

EXPLOICTEUR, Moissonneur, celui qui doit corvée, appelée *Exploit,* pour la moisson. Gl. *Expletator,* sous *Expletum,* 2, et *Expletum,* 3, pag. 163³.

EXPLOIT, Instrument, outil, ce qui est utile ou nécessaire à quelque chose. Gl. *Explectum.*

* **EXPLOITIER**. Voyez *Espleiter.*

EXPRESSER, Exprimer, énoncer. Gl. *Expressare.*

EXQUERIR, Faire une exacte recherche. Gl. *Escligniatio.*

EXQUIS, Extorqué, surpris. Gl. *Exquisitus.*

EXSIL, Gaîne, fourreau. Gl. *Exendola.*

EXSONIE, Excuse, raison, qu'on allègue en justice pour s'excuser de n'avoir pas comparu à une assignation. Gl. *Essonia,* sous *Sænnis.*

EXSTENCILLER, Meubler, garnir d'ustensiles de ménage. Gl. *Ustensilia.*

1. **EXTRAICT**, Billet, obligation. Gl. *Alloverium.*

* 2. **EXTRAICT**, Né, descendant. Voyez *Estrace.*

EXTRAJURE, Droit seigneurial sur les biens délaissés par mort ou autrement. Gl. *Estrajeriæ.*

EXTREMISER, Administrer l'extrême-onction. Gl. *Extremizare.*

EXUE, Revenu, produit. Gl. *Exitus,* 1.

EXUFFRUCTAIRE, Usufruitier. Gl. *Exfructare.*

EYRAL, Terre en friche, qui n'est pas labourée. Gl. *Eiraudus.*

EYSSUILET, Sifflet, coup de siflet. Gl. *Sibulus.*

EYTENE, Bûche, sorte de bâton pointu. Gl. *Estella.*

EYTRILLE, Détroit, passage resserré, gorge. Gl. *Stricta,* 1.

FAAUTÉ, Le serment que le vassal doit à son seigneur féodal de lui être fidèle. Gl. *Fidelitas.*

**FABE*, Fève. Gl. *Fave.*

* **FABLE**, Fable, mensonge, invention. *Dire fable*, Roman de Renart, tom. III, pag. 31, vers 20590. *Tenir à fable*, Partonop. vers 368. *C'est fauble*, Gérard de Vienne, vers 2334. *Sans fable*, Flore et Blancefl. vers 2508. Voyez Rayn. tom. III, pag. 246¹ au mot *Fabla.*

* **FABLEOR**, Fabuliste, qui écrit des fables. Gl. *Fabulo.*

* **FABLER**, Conter des fables, mentir. Chron. des ducs de Norm. tom. I, pag. 342, vers 7441. Roman de Rou, vers 4988. Rayn. tom. III, pag. 246², au mot *Faular.*

FABRICE, Revenu affecté à l'entretien d'une église. Gl. *Fabrica*, 4.

FABRICEUR, **FABRIQUEUR**, **FABRISSEUR**, Celui qui est chargé de l'administration de la fabrique ou du revenu d'une église. Gl. *Fabricerius.*

FACENDE, Terre, métairie. Gl. *Fazenda.* [Voyez Rayn. tom. III, pag. 287², au mot *Fazio.*]

FACHART, p. e. Fâcheux ou Porteballe; terme de mépris. Gl. *Fachinus.*

FACHE, **TERRE EN FACHE**, Qui n'est pas cultivée. Gl. *Faicia.*

* **FACHEOR**, Faucheurs. Gérard de Vienne, vers 2685.

FACHILLNER, Sorcier. Gl. *Fachineravius.* [Voyez Rayn. tom. III, pag. 282², au mot *Fachurier.*]

FACILLAGE, Tout ce qui se coupe à la fancille. Gl. *Facillatura.*

FACINIER, Sorcier, enchanteur. Gl. *Faccinerius.*

1. **FAÇON**, Face, visage. Gl. *Faço*, 2.

2. **FAÇON**, Petit levier d'un char. Gl. *Faço*, 2.

* 3. **FAÇON**, Forme, figure, image. Gl. *Factio*, 7. Voyez Rayn. tom. III, pag. 267¹, au mot *Faisso.*

FACONDE, Facultés, biens, richesses. Gl. *Facundia.*

FACTEUR, Celui qui appuie et favorise le crime. Gl. *Factores sceleris*, sous *Factor*, 2.

FAÉ, Enchanteur. Gl. *Fadus.* [Enchanté, doué de vertus surnaturelles. Partonop. vers 515, 702. *Faez*, Roman de Roncevaux, pag. 36. *Faeiz*, Gérard de Vienne, vers 2179. Voyez Rayn. tom. III, pag. 282², au mot *Fadar.*]

FAEL, Vassal, sujet. Gl. *Fidelis*, 2.

* **FAER**, pour *Finer?* Partonop. vers 5221 :

Morz ne velt pas longues durer.
Ainz selt as genz lors max facr.

FAERIE, Spectre, fantôme. Gl. *Fadus.* [Enchantement. Partonop. vers 809.]

FAEUILLE, p. e. Le droit de couper des branches d'arbre qui ont leurs feuilles. Gl. *Folium*, 4.

FAFELLUE, **FAFFEUER**, Conte fait à plaisir, bagatelle. Gl. *Famfaluca.* [Partonop. vers 10207 :

Tost ont pucele dechéue
Qui violt croire lor faufelue.

Voyez Roquefort.]

FAGEL, Sorte de vêtement, ou besace. Gl. *Magaldus.*

FAGNE, Faye, lieu planté de hêtres. Gl. *Fania.*

FAGOT, Bâton de fagot. Gl. *Fagotare*, 1.

FAGOTAILLE, Ce qui sert à remplir une digue ou chaussée. Gl. *Fagia*, 2.

FAGOTEUR, Terme de mépris, homme méprisable. Gl. *Fagotare*, 1.

FAGOTIER, Bûcheron, qui fait des fagots. Gl. *Fagotarii*, sous *Fagus.*

FAICTURERIE, Sorcellerie, art magique. Gl. *Factura*, 7 [et *Hæresis*, 3. Voyez Rayn. tom. III, pag. 283¹, au mot *Fachurar*].

FAIDER, Agir comme ennemi. Gl. *Faidire*, sous *Faida*, pag. 187³. [*Faide*, Guerre, inimitié. Roman de Renart, tom. IV, pag. 140, vers 381. *Faidieu*, Proscrit, ennemi, pag. 159, vers 888. Voyez Rayn. tom. III, pag. 249¹, au mot *Faidir.*]

FAIER, Inféoder, donner en fief. Gl. sous *Bajulus*, 4, pag. 545¹, et *Forestarius de feodo.*

FAIGNE, Faye, lieu planté de hêtres. Gl. *Fania.*

FAILHARD, Hêtre. Gl. *Faguus.*

FAILLANCHE, Faute, manquement. *Sans faillance*, Sans faute, sûrement. Gl. *Fallacia.* [*Faillance*, Chron. des ducs de Norm. Rayn. tom. III, pag. 254¹, au mot *Faillensa.*]

1. **FAILLE**, Falot, torche. Gl. *Falœ*, sous *Phalœ.* [Chron. des ducs de Norm. Rayn. tom. III, pag. 252², au mot *Falha.*]

2. **FAILLE**, Fausseté, tromperie, conte. Gl. *Fallita*, 2.

* 3. **FAILLE**, Pan, partie inférieure d'un vêtement. Roman de Renart, tom. I, pag. 54, vers 1405 :

Si que la teste iert en la faille
Et la queue en la chevecaille.

Voyez Rayn. tom. III, pag. 252¹, au mot *Falda.* Gl. *Falda*, 2, et *Fauda.*

SANS FAILLE, Sans faute, sûrement. Gl. *Fallum*, 1. [*Senz faillie*, Chron. de Jordan Fantosme, vers 702. Guill. Guiart, tom. II, pag. 367, vers 9527 (18507). *A failles*, En vain, tom. I, pag. 107, vers 2197 :

Ne les atendent mie a failles.

Voyez Rayn. tom. III, pag. 253¹, aux mots *Falha, Falhida.* Chron. des ducs de Norm.]

FAILLI, Homme sans cœur, ni honneur. Gl. *Fallitus.* [*Li couars fallis*, Flore et Jeanne, pag. 21. Wakern. pag. 60 :

Kè signors hoens et loiaulz ont,
Et sors ceaux aimment les failliz.

* **FAILLIR**, Manquer, faillir, ne pas réussir. Orell, pag. 168. Diez, *Altromanische Sprachdenkmale*, pag. 55. Rayn. tom. III. pag. 252², au mot *Falhir*, Se conduire mal. Wackern. pag. 61 :

Ades voit on le plux vaillant morir
Et li mavaix demorent por faillir.

Voyez *Failli.* Prendre fin. Partonop. vers 4416 :

Ci faut la fins de mon sermon.

Chanson de Roland, fin :

Ci falt la geste...

Triuwes falans, Renart le Nouvel, tom. IV, pag. 206, vers 2094. *Faillir de compaignie*, comme *Fausser compaignie*, Chanson de Chrétien de Troies, Wackern. pag. 16 :

Je lor faul de compaignie
N'i aient nulle atendue.

FAIN, Foin. Gl. *Carca.* [*Fainc*, Flore et Blanceflor. vers 1435. Voyez Rayn. tom. III, pag. 303¹, au mot *Fen.*]

FAINCTISE, Feinte, tromperie. Gl. *Fictitia.*

FAINDRE (**SE**), Se ménager, travailler nonchalamment. Gl. *Fingere se.* [Renart le Nouvel, tom. IV, pag. 174, vers 1261 :

Et nous aussi ne nous faignons.

Partonop. vers 6812 :

Car amors ne se faint niaut.

Vers 6832 :

Mais ne peut mucr ne s'en feigne.

Vers 8886 :

Li dus de Saisnes le fait bien
Qui ne s'i faint por nule rien.

Guill. Guiart, tom. I, pag. 111, vers 2361 :

Des biens gaster pas ne se faingnent.

Roi Guillaume, p. 107. *Se Feindre*, Roman de Renart, tom. III, pag. 85, vers 22081 ; pag. 150, vers 23878. Orell, pag. 274.

* **FAINE**, Voyez *Favine.*

* **FAINT**, **FAINI**, Faible, paresseux. Partonop. vers 642 :

De soi garir n'est mie fains.

Vers 686 :

Son chacéor forment somont
Et de verge et d'esporon
Et nel trova faint ne felon.

Rutebeuf, tom. I, pag. 2 :

Entre chier tens et ma mainie
Qui n'est malade ne fainie.

Voyez *Vain*, 2.

1. **FAIRE**, Fait, action. Gl. *Factum*, 4.

2. **FAIRE**, Foire, marché privilégié. Gl. *Feriæ*, 3.

3. **FAIRE** [Le faire], Être, se porter. *Faire que fol*, Agir comme un fou. Gl. *Facere*, 14. [Partonop. vers 1251 :

Il fait que dame et si fait bien.

Vers 4839. Agolant, vers 1216 :

Fait ensement, si feras que cortoi.

Fierabras, vers 825, note pag. 178¹. Orell, pag. 245.]

4. **FAIRE**. Se Faire a quelqu'un, Se dire domestique de quelqu'un. Gl. *Facere dominum*, sous *Facere*, 16.

5. **FAIRE a veoir**, Montrer, faire voir. Gl. *Faceri videri*, sous *Facere*, 16. [Partonop. vers 2448 :

Teis dis fait bien a loer.

Gérard de Vienne, vers 2012 :

Li dus Rollen fait molt à redouter.

Orell, pag. 245. *Faire à savoir*, Fabl. et Cont. tom. iv, pag. 3.

* 6. **FAIRE**. *Le faire*, Gérard de Vienne, vers 3589 :

Vassalz, dist Karle, dittes kel la ferois,
Fereiz voz pais ou vos garierois?

Vers 2510, 3612. Garin le Loher. tom. 1, pag. 256 :

Li queus Guillaumes moult durement le fist.

Pag. 257. Guill. Guiart, tom. 1, pag. 102, vers 2107 :

Si bien le font là cil de France.

Pag. 109, vers 2307. — Roman de Roncevaux, pag. 37 :

Lansons à li nos espiés accrez...
Et il si font dars et guivers assez.

Fierabras, vers 1571, note pag. 180. Rayn. tom. iii, pag. 262². — Roman de Renart, tom. 1, pag. 22, 53, vers 598, 609. Rayn. pag. 261². — Chastel. de Couci, vers 7614,

Hé Dieux, dist-il, con fait tresor
Ma douce dame me charga.

Si feit, Tel. Chron. des ducs de Norm. tom. 1, pag. 421, vers 9807. Voyez *Faitement*. — *Faire nature*. Gl. *Facere naturam*, pag. 178³. *Faire sanc*, Blessser. Gl. *Facere sanguinem*, pag. 178³.

1. **FAIS**, Botte, faisceau. Gl. *Faissus*.

* 2. **FAIS**, Force. Roi Guillaume, p. 94 :

Nature donc a si grant fais ;
Qu'ele set u bien u mauvais.

FAISABLETÉ †, Facilité dans l'exécution; d'où *Faisablement* †, Facilement, avec aisance. Gl. *Agibilis*.

1. **FAISANCE**, L'action et le moment de faire quelque chose. Gl. *Factum*, 4.

2. **FAISANCE**, Faisande, Redevance, rente, corvée, service que doit faire un vassal. Gl. *Fesancia*, [et *Factio*, 3. Voyez Rayn. tom. iii, pag. 264², au mot *Fazenda*].

FAISAUL, Sorte de panier d'osier propre à la pêche. Gl. *Fessina*.

* **FAISIERRE**, Facteur, fabricateur. Rayn. tom. iii, pag. 265¹, au mot *Faseire*. Voyez *Faitre*.

FAISIL, Ordure, vuidange. Gl. *Fasilia*.

FAISINE, Sorte de panier d'osier propre à la pêche. Gl. *Fessina*.

* **FAISNE**, comme *Fayne*.

FAISNIEUR, Gardien des corps morts. Gl. *Faisnator*.

FAISSE, Sorte de bâton, paisseau. Gl. *Faissus*.

FAISSELLE, Forme à faire des fromages, ou éclisse pour les égoutter. Gl. *Fiscina*, 2.

FAISSER, Panser, appareiller une plaie. Gl. *Fasciola*. [Voyez *Faissié*.]

FAISSETE, Pièce ou morceau de terre. Gl. *Faicia*.

* **FAISSIÉ**, Bandé. Chron. des ducs de Norm. tom. 1, pag. 127, vers 1300 :

Emportent del champ lur nafrez,
Faissiez, liéz et regardez
Furent sempres sans demorance.

Voyez Rayn. tom. iii, pag. 250², au mot *Faissar*, et ci-dessus *Faisser*. Terme de Blason, Fascé. Chastel. de Couci, vers 1119 :

Un escu avoit à deus pieces
Faissiet et de vair et de geulles.

FAISSINE, Sorte de panier d'osier propre à la pêche. Gl. *Fessina*.

FAISSOIR, Houe, instrument à labourer la terre. Gl. *Fasculum*, 2.

FAITEUL, Celui qui fait un crime. Gl. *Factores sceleris*, sous *Factor*, 2.

* **FAITEMENT**, Faiterement, Faitierment. *Com faitement*, De quelle manière. Partonop. vers 4368, 10023. *Si faitement*, De telle manière. Flore et Blancfl. vers 2932. Roman de Renart, tom. 1, pag. 7, vers 159. *Si fetement*, Renart de Dammartin, Jubinal, Fabliaux, tom. ii, pag. 24. *Il est si faitement*, Cela est ainsi. Chastel. de Couci, vers 8081. Chanson du duc de Brabant, Wackernagel, pag. 57. *Eisi faiterement*, De cette manière. *Con faiterement*, De quelle manière, comment. Chron. des ducs de Norm.

FAITEUR, Facteur, commissionnaire. Gl. *Factores*, sous *Factor*, 2. [Voyez Rayn. tom. iii, pag. 263¹, au mot *Factor*.]

1. **FAITIS**, Beau, bien fait, agréable. Gl. *Factura*, 2. [Chastel. de Couci, vers 1287, 5133. Chron. des ducs de Norm., tom. iii, pag. 18, vers 3228g. Voyez Rayn. tom. iii, pag. 263¹, au mot *Faitis*.]

2. **FAITIS**. Pain Faitis, Pain bis. Gl. *Panis tornatus*, sous *Panis*, 2, pag. 58².

* **FAITRE**, Faiseur, auteur. Chron. des ducs de Norm. Voyez Rayn. tom. iii, pag. 263¹, au mot *Factor*, et ci-dessus *Faisierre*.

FAITUEL, Celui qui fait un crime. Gl. sous *Factor*, 2.

1. **FAITURE**, Forme, figure, bonne grâce. Gl. *Factura*, 2. [Chastel. de Couci, vers 14, 110. Wackern. pag. 47. *Feture*, Roman de Renart, tom. iii, pag. 36, vers 20709. Voyez Rayn. tom. iii, pag. 265², au mot *Faitura*.]

2. **FAITURE**, Sortilége, maléfice. Gl. *Factura*, 7. [Voyez Rayn. tom. iii, pag. 282¹, au mot *Fachurar*.]

FAITURIER, Sorcier, qui fait des sortiléges et maléfices. Gl. *Factura*, 7.

FAKENIART, p. e. Valet de chiens. Gl. *Braconarii*, sous *Bracco*.

* **FALCHEISON**, Récolte de foin. Chron. des ducs de Norm.

FALCHINER, Sorcier, enchanteur, qui fait des sortiléges. Gl. *Fachinerarius*.

* **FALENIE**, Félonie, perfidie. Orell, pag. 49. Voyez Rayn. tom. iii, pag. 300¹, au mot *Fellonia*.

FALISE, Falaise, lieu élevé, bords de la mer ou d'une rivière. Gl. *Falesia*. [Agolant, vers 559.]

* **FALLEZ**, Société de négociants. Gl. *Falleti*.

1. **FALOISE**, comme *Falise*. Gl. *Falesia*. [Roman de Renart, tom. iii, pag. 97, vers 22416.]

2. **FALOISE**, Fausseté, tromperie, conte fait à plaisir. Gl. *Fallita*, 2.

FALODER, Tromper, duper, se moquer. Gl. *Fallita*, 2.

FALOT, Sorte de vêtement. Gl. *Falie*.

FALOURDE, Conte fait à plaisir. Gl. *Fallita*, 2. [Roman de Renart, tom. ii, pag. 260, vers 16656, tom. iv, pag. 109, vers 2989. Voyez *Falue*.]

FALTE, Haut-de-chausses, garde-chausses, habit militaire. Gl. *Fauda*.

* **FALUE**, comme *Falourde*. Partonop. vers 859 :

Ne vos vuel plus loer le rue
Que nel tenissiés à falue.

Comparez Rayn. tom. iii, pag. 246² au mot *Fal eta?*

FAMBRAY, Fumier, ordure. Gl. *Exfelcorare*.

FAMBRÉER †, Battre des platras pour en faire une espèce de mortier, et ensuite des planchers. Gl. *Eruderatus*.

FAMERER, Fumer, engraisser une terre. Gl. *Exfalcorare*.

FAMEILLEUS, Qui a grand faim. Gl. *Famescere*.

FAMEL, Le fer d'un javelot. Gl. *Famellus*.

FAMELIERES, Familier, conseiller intime. Gl. *Familiares*.

* **FAMENINE**, Qui tient de la femme. Roman de Renart, tom. ii, pag. 283, vers 17290 :

Trop par as esté famenine,
Fet-il, voirement es-tu fole?

FAMILIER, Qui est attaché au service de quelqu'un, domestique. Gl. *Familiarius*. [*Fils familier*. Gl. *Filius familiaris*, pag. 295³.]

FAMULAIRE, Caleçon. Gl. *Famulare*.

FANC, Fange, limon, boue. Gl. *Fangus*.

FANDACE, Fente, crevasse. Gl. *Fenditus*.

FANDOFLE, Machine de guerre à jeter des pierres. Gl. *Fandatus*.

FANFELUCHE, Fanfelue, Chose de peu de valeur, bagatelle. Gl. *Fanfaluca*.

FANGER, Couvrir de fange ou de boue. Gl. *Fangus*.

FANGIER, Fangis, Bourbier, cloaque. Gl. *Fangus*.

FANON, Ornement d'autel, tapis, rideau. Gl. *Festaculus*. [Vie de saint Thomas de Canterb. vers 530. C'est le *corporale*. Voyez Gl. *Fano*.]

* **FANOUL**, Fenouil. Gl. *Maratrum*.

FANTASTIC, Idiot, imbécile. Gl. *Fantasticus*, 2.

FANTIAU, Fantôme, esprit folet. Gl. *Ficarius*.

FANTOSME, Chose extraordinaire,

conte, fable. Gl. *Phantasia*, 2. [Partonop. vers 880. Roi Guillaume, p. 43. Voyez Rayn. tom. III, pag. 260¹, au mot *Fantasma*.]

* **FAON**, Petit d'un animal. Agolant, vers 206 :

... Un gripon...
En son le mont estoient si faon.

Faouner, Mettre bas. Vers 506 :

Là ot une orse faouné de novel.

Vers 555.

* **FAR**, Phare, détroit. Agolant, v. 559, 570.

FARAT, Amas, troupeau. Gl. *Farassia*.

FARCE, Garniture, ouate. Gl. *Farsetus*.

FARCHIEL, pour **FALCHIEL**, Faucille. Gl. *Falcilla*.

FARCHOLEZ, Espèce de bois. Gl. *Farassia*.

* **FARCIZ**, Chron. des ducs de Norm. tom. II, pag. 200, v. 21232 :

Franceis dotout et lor farciz.

FARDAGE, **FARDAIGE**, Fardeau, bagage. Gl. *Fardellus*.

FARDELER, Faire un paquet, mettre en ballot. Gl. *Fardellus*.

FARDELEUR, **FARDELIER**, Crocheteur, porte-faix. Gl. *Fardellarius* et *Fardellus*.

FARDOILLE, Conte fait à plaisir. Gl. *Fallita*, 2.

FARE, Sorte de filet; d'où *Faire la Fare*, Pêcher avec ce filet. Gl. *Fara*, 2.

FARINAGE, Droit de mouture. Gl. *Farinagium*.

FARINIERE, Coffre où tombe la farine moulue. Gl. *Farinosium*.

* **FARNESE**, Fournaise. Agolant, p. 178².

FARRAMAS, Terme injurieux pour une femme; p. e. Celle qui se prostitue à tous les étrangers. Gl. *Faramanni*.

FARRÉE, Soufflet, coup de poing. Gl. *Farreum*. [Agol. vers 796.]

* **FASANT**, **FAUSSANT**, Faux, trompeur. Chanson d'Amaris de Creon, Wackern. pag. 13 :

Et tout conquiert per son fasant lingaige.

Trebutien, pag. 7 : *Faussant*.

FASCHIEL, Fagot, fascine. Gl. *Fascia*, 2.

FASTRASIE, Vision, fantaisie, folie. Gl. *Fallita*, 2.

FASTROULLE, Fatras, fadaise, conte fait à plaisir, mensonge. Gl. *Fallita*, 2.

FATIGATION, Embarras, peine. Gl. *Fatigatio*.

FATROULLE, comme **FASTROULLE**; d'où *Fatroulleur*, Celui qui débite de pareilles sottises. Gl. *Fallita*, 2.

FATTRAS, Fracas, bruit. Gl. *Fatuare*.

FATUITÉ, Stupidité, imbécillité. Gl. *Fatuus*, 1.

FAVART, Sorte d'armure. Gl. *Faveria*.

FAUÇAGE, Ce qui a été fauché. Gl. *Falcatura*, 1.

* **FAUC**, Faucon. Chron. des ducs de Normandie.

FAUCET, Voix, chant. Gl. *Fausetum*.

FAUCHAR, Grande faucille. Gl. *Falcaustrum*.

FAUCHÉE, Ce qu'un homme peut faucher dans un jour. Gl. *Falcata*.

FAUCHEMENT †, **FAUCHERIE** †, L'action de faucher. Gl. *Falcatio*.

1. **FAUCHET**, Faucille. Gl. *Falcetus*.

2. **FAUCHET**, Espèce de rateau. Gl. *Falcetus*.

3. **FAUCHET**. FAIRE LE FAUCHET, Donner le croc en jambe. Gl. *Falcetus*.

FAUCHIÉE, Ce qu'un homme peut faucher dans un jour. Gl. *Faucheia*.

FAUCHILE, Faucille. Gl. *Faucilla*.

FAUCHON, Espèce d'épée recourbée. Gl. *Falcastrum*, 2, et *Faucho*.

FAUCILIER, Faucheur. Gl. *Falcarius*, 2.

* **FAUCILLAGE**, Sorte de redevance. Gl. *Falcillagium*.

FAUCILLER, Faucher, couper avec la faux ou faucille. Gl. *Falcarius*, 2.

FAUCILLON, Faux, faucille. Gl. *Faucilla*.

FAUCONNAGE, Sorte de redevance. Gl. *Falconagium*.

FAUÇONNERIE, Le crime du faux-monnayeur. Gl. *Falsoneria*.

FAUCQUET, Petite faux, faucille, sorte d'arme. Gl. *Falcetus*.

* **FAUCRE**. Voyez *Fautre*.

FAUDAGE, Le droit de faire parquer ses moutons. Gl. sous *Falda*, 1.

1. **FAUDE**, Parc ou lieu fermé de claies, appelées *Faudes*. Gl. *Falda*, 1. [Chron. des ducs de Norm. tom. II, p. 454, vers 28495 :

Une faude veit de berbiz
E un grant porc, lez un costiz.

En anglais *Fold*. Faldes de berbiz (lat. *caulas ovium*), 1 Liv. des Rois, ch. 24, v. 4.]

2. **FAUDE**, Sorte d'habit, haut-de-chausses, garde-chausses, tablier de femme. Gl. *Faldao*, et *Fauda*. [Voyez *Faille*, 3.]

3. **FAUDE**, Charbonnière; d'où *Fauder*, Faire du charbon. Gl. *Falda*, 1.

FAUDESTEUIL, **FAUDESTUEF**, **FAUDESTUEL**, Fauteuil. Gl. *Faldistorium*. [Gérard de Vienne, vers 3867. Voyez Halliwell, au mot *Faldingstool*; Chanson de Roland, aux mots *Faldestoed* et suiv.]

FAVELE, Flatterie, cajolerie [Discours. Chron. des ducs de Norm.]; d'où *Faveler*, *Faveller*, Flatter, dire des douceurs. Gl. *Favellare*, 2. [Parler. Partonop. vers 4003.]

* **FAUFELUE**. Voyez *Fafellue*.

FAUGIBE, Faucille. Gl. *Dalha*.

FAVIÈRE, Champ semé de fèves. Gl. *Favateria*.

* **FAVINE**, Faine. Partonop. vers 529 :

Après la feste Sainte-Crois,
Que saingler encroissent de nois,
De nois, de glans et de favine.

Faîne, Roi Guillaume, p. 56. Voyez *Fayne*, 2.

FAULCILLE. PAYER LA FAULCILLE, Couper les blés par corvée. Gl. *Falcatio*.

FAULCQUET, Petite faux, faucille, sorte d'arme. Gl. *Falcetus*.

FAULCYE, Ce qu'un homme peut faucher dans un jour. Gl. *Falcata*.

FAULDE, Claie, lieu fermé de claies. Gl. *Falda*, 1.

FAULDÉE, Charbonnière. Gl. *Falda*, 1.

FAULSER, Altérer, corrompre, falsifier. Gl. *Falsare*, 2.

FAULSONNERIE, Le crime d'un faussaire et celui du faux-monnayeur. Gl. *Falsoneria*.

FAULTRAGE, Le droit de faire parquer ses moutons sur les terres de ses vassaux. Gl. *Preagium*.

FAULX-VISAGE, Masque. Gl. *Masca*.

FAUNIER †, Bûcher, endroit où l'on met sécher le bois. Gl. *Focile*, 2.

FAUQUET, Petite faux, faucille, sorte d'arme. Gl. *Falcetus*.

* **FAUSART**, **FAUSSART**, comme *Fauchon*, Poignard. Renart le Nouvel, tom. IV, p. 198, vers 1865. Roman de Roncevaux, pag. 37. Voyez Roquef. Gl. *Falsarius*, 1.

* **FAUSSE CLAMEUR**. Gl. *Clamor falsus*,

* **FAUSSE COUSTUME**. Gl. *Tolta*, 1, p. 602².

FAUSSEEUR, Appelant d'un jugement. Gl. *Falsare*, 4.

FAUSSEMENT, Appel d'un jugement. Gl. *Falsare*, 4.

1. **FAUSSER LA COUR**, [JUGEMENT,] Appeler d'un jugement. Gl. *Falsare*, 4.

2. **FAUSSER**, Percer d'outre en outre, rompre tout à fait. Gl. *Falsificare*, 2. [*Fauser*, Partonop. vers 3242, 3332.]

* 3. **FAUSSER**. SANZ FAUSER, Sans interruption. Roman de Renart, t. III, pag. 105, vers 22631 :

Et se dormirent sanz fauser
Tant que li baus jors parut cler.

Voyez *Faute*.

FAUSSERERIE, [FAUSSAIRERIE], Le crime d'un faussaire, Gl. *Falsare*, 2.

FAUSSERRES, Appelant d'un jugement. Gl. *Falsare*, 4.

FAUSSILLIER, Faucher; d'où *Faussilleur*, Faucheur. Gl. *Falcarius*, 2.

FAUSSONNER, Faire de la fausse monnaie; d'où *Faussonnier*, Faux-monnayeur. Gl. *Falsus-saulnerius*.

FAUTABLE, Se dit d'un homme vrai et qui a bonne réputation, qu'il faut croire, qui a prêté serment de dire vérité. Gl. *Fautalis*.

FAUTE. A LA FAUTE, A l'extrémité, au bout, l'endroit où quelque chose finit. Gl. *Fallere*. [Intervalle, lacune. Guill. Guiart, tom. I, pag. 145, vers 3229 :

Li murs qui à ces fossez joignent
Ne sont mie garniz de fautes,
Mès de beles tours forz et hautes.

Tom. II, pag. 257, vers 6657 (15649) :

Les rengent à petit de fautes.

Tom. I, pag. 136, vers 3005 :

Sanz faire fautes ne retraites
Entrent ens les épées traites.

Tom. II, pag. 297, vers 7710 (16691) :

Sanz monstrer retraite ne-faute.

FAUTERIE, Le crime de ceux qui sont fauteurs d'une faction. Gl. *Fautoria*.

FAUTRE, Feutre, sorte d'étoffe. Gl. *Fautrum*, et sous *Feltrum*, pag. 221³. [Partie de la selle, Gérard de Vienne, vers 2372 :

Derrier l'arson consui l'Aragon.
Tranche le fautre dou vermeil siglaton
Et parmi coupe le boin destrier Gascon.

Chastel. de Couci, vers 1242 :

Chascuns a mis lance sour fautre.

Roman de Renart, t. II, p. 333, v. 18674 :

Chascuns tenoit lance sor fautre.

Partonop. vers 8057 :

Et il ront autres lances prises
Ses ront moult tost en feutre mises.]

FAUTRER, Chasser, mettre dehors. Gl. *Fautrum*. [Pousser. Guill. Guiart, tom. ii, pag. 399, vers 10355 (19337) :

> Chascun i fiert, chascun i foutre.]

* **FAUVE ASNESSE**, **FAUVAIN**, **FAUVEL**. Renart le Nouvel, tom. iv, pag. 159, v. 885 :

> Tout juent de la fauve asnesse
> Et de ghillain sa compaignesse.

Voyez la note, et ci-dessus *Asnele*. Pag. 174, vers 1257 :

> Partout ès cuers fauvain et ghille
> A mis Renart.

De la queue de Renart, Jubinal, Fabliaux, tom. ii, pag. 91 :

> Fauvel atrait à sa part
> Par son engin le regnart....
> Fauvel le sert an mengier
> Au lever et au couchier.

Voyez Roquef. au mot *Fauvel*, et Rayn. t. iii, pag. 246², au mot *Falveta*.

FAUX, L'endroit où quelque chose finit. Gl. *Fallere*.

FAUX DE PRÉ, Ce qu'un homme peut faucher dans un jour. Gl. *Faucheia*.

*\ **FAUXBOURG**. Gl. *Burgus*, pag. 816².

FAUXILLE, Faucille. Gl. *Faucilla*.

FAUX-VISAGE, Sorte d'habillement, visage contrefait, masque. Gl. *Masca*.

* **FAX**, Pâle, blème, ou pour *fols* ? Partonop. vers 5879 :

> Maruc n'en est ne fax ne blois
> Toz premiers s'en entra el bois.

Voyez Rayn. tom. iii, pag. 251¹, au mot *Falb*.

FAY, Écurie, étable. Gl. *Fayssa*.

1. **FAYNE**, Fouine, animal. Gl. *Faina*.

* 2. **FAYNE**, Faîne. Gl. *Fagina*, 2.

FEABLEMENT, Avec fidélité. Gl. *Fidelitatem facere*, sous *Fidelitas*, pag. 286².

FEAGE, **FEAIGE**, Fief, fonds de terre donné en fief. Gl. *Featum* et *Feodagium*, sous *Feudum*, pag. 274².

FEALTIE, Féauté, serment que le vassal doit à son seigneur féodal de lui être fidèle. Gl. *Fidelitas*, pag. 284¹. [*Féelté, Féableté*, Rayn. tom. iii, pag. 289¹, au mot *Fedeltat*.]

FEÇOIR, Houe, instrument à labourer la terre. Gl. *Fessorius*.

FÉE, Espèce de démon, femme à qui l'on attribuait un pouvoir extraordinaire. Gl. *Fadus*. [Aubri, pag. 192². Partonop. v. 4050. Rayn. tom. iii, pag. 282¹, au mot *Fada*.]

* **FEEL**, Fidèle, loyal. Partonop. v. 476. *Feaus*, fem. Chastel. de Couci, vers 3169, *Feus*, Chanson de Gilles de Viviers, Laborde, pag. 231 :

> ... Je vous seroie feus,
> Or soyez vrais comme fins amoureus.

Féeument, Feument, Fidèlement. Chron. des ducs de Normandie. *Féelment*, Partonop. vers 1053 1. Voyez Rayn. tom. iii, p. 289¹, au mot *Fizel*, etc., ci-dessous *Feiaul*.

FEIAUL, Vassal, sujet. Gl. *Fidelis*, 2. [*Fedeilz*, Chanson de Roland, Chron. des ducs de Norm. Voyez *Feel*.]

* **FEIÉE**, Fois. Chron. des ducs de Normandie. Voyez *Fié*.

FEIGNAS, Lieu planté de hêtres. Gl. *Fagia*, 1.

FEIGNEMENT, Prétexte, feinte. Gl. *Figmentum*.

FEILLIÉE, Tas de branches d'arbre avec leurs feuilles. Gl. *Foilliata*.

FEILLIER, Fagot d'épines, de bruyères. Gl. *Foilliata*.

* **FEILLONS**. Roman de Renart, t. iv, p. 14, vers 352 :

> Que li sans de ci à feillous
> Li raoit des cuisses aval.

* **FEIMENTI**, Qui a trahi sa foi. Chron. des ducs de Normandie. Voyez Rayn. t. iii, pag. 288², au mot *Fementit*, et ci-dessous *Foimenti*.

* **FEINDRE** (SE). Voyez *Faindre* (se).

* **FEINTÉ**, **FEINTIÉ**, Feinte, dissimulation. Chron. des ducs de Normandie.

FEIRE, Foire, marché privilégié. Gl. *Feriæ*, 3.

* **FEL**, Felon, perfide, cruel. Chron. des ducs de Norm. tom. i, p. 258, v. 5037. Roman de Roncevaux, pag. 17 (Chanson de Roland, st. 86, vers 15). *Feus*, Partonop. vers 164. Chron. des ducs de Norm. *Feul*, tom. ii, pag. 14, vers 15678. Rayn. t. iii, pag. 299², au mot *Fel*.

FELENESSE GENT, Nation perfide. Gl. *Fello*, 2. pag. 220². [*Fellenesse ost*, Guerre rude. Garin le Loher. tom. i, pag. 177. Voyez *Felonneusement*.]

FELONNEUSEMENT, Fortement, avec vigueur. Gl. *Felonice*, pag. 220². [*Felonnie*, Vigueur. Agolant, pag. 170² :

> Riches hons iestes, s'avez grant manantie
> Nobles et fiers et pleins de felonnie.

Voyez Rayn. tom. iii, pag. 300², au mot *Felonessament*.]

FEMBROY, Fumier, engrais. Gl. *Exfelcorare* [et *Marla*].

FEMÉ, Fumé, engraissé. Ruteb. tom. i, page 17. Voyez *Femier*.

FEMEAULX. ENFANS FEMEAULX, Filles. Gl. *Femellus*.

FEMELLE, Le fer qui tient le marteau d'une porte. Gl. *Fimella* [en Gascogne].

* **FEMENIE**. GENT DE FEMENIE, Gent feminine, les femmes, (par allusion au pays de Femenie. Agolant, vers 730 et pag. 172²). Le Roux de Lincy, Chants historiques, t. i, pag. 174 :

> Rois, ne crées mie
> Gent de Femenie,
> Mais faites ceus apeler
> Qui armes saichent porter.

FEMIER, Mauvais chemin, rempli de boue et de fumier. Gl. *Fimarium*, sous *Fimare*. [Fumier. Miracles de la sainte Vierge, vers 520, 582. Chron. des ducs de Norm. tom. iii, pag. 526, 528. Voyez Rayn. t. iii, pag. 301², au mot *Femorier*.]

FEMINAUX †, **FEMENINS** †, Adonnés aux femmes. Gl. *Femellarius*.

FEMME DE JOYE, DE MAL RECAPTE, DE PECHIÉ DE VIE [DE MESTIER], Tous termes pour désigner une femme débauchée. Gl. sous *Femina*, [*Peccatum* et *Prostantes*].

FEMOURIER, Fosse à fumier. Gl. *Femoracium*.

FENACIL, Tas de foin. Gl. *Fenacil*.

FENAGE, Droit exigé en foin, ou en argent. Gl. *Fenagium*.

FENAIL, **FENAL**, Qui concerne les foins. *Mois Fenal*, Juillet, où l'on fait les foins. Gl. *Fenalis mensis*.

FENCH, p. e. Tas de foin. Gl. *Fenacil*.

FENDACE, Fente, crevasse. Gl. *Fenditus*.

FENDON, Planche ou morceau de bois fendu. Gl. *Fenditus*.

FENELESCKES. Gl. sous *Naca*, 1.

FENERIER, Grenier à foin. Gl. *Fenerius*.

1. **FENESTRAGE**, Droit d'avoir des *fenêtres* ou ouvertures dans les hautes futaies, pour tendre aux bécasses. Gl. *Fenestra*, 4.

2. **FENESTRAGE**, **FENESTRAIGE**, Ce que l'on paye pour l'étalage des marchandises. Gl. *Fenestragium*, 1.

* 3. **FENESTRAGE**, Exposition des armes avant les tournois. *Fenester, Faire fenestres*. Gl. *Fenestragium*, 2.

1. **FENESTRE**, Armoire, tabernacle d'autel. Gl. *Fenestra*, 3.

2. **FENESTRE**, Boutique, lieu où l'on étale la marchandise à vendre. Gl. *Fenestra*, pag. 225¹².

3. **FENESTRE**, Ouverture dans les hautes futaies, où l'on tend des filets pour prendre des bécasses. Gl. *Fenestra*, 4.

* 1. **FENESTRÉ**, Pourvu de fenêtres. Partonop. vers 10819 :

> La sale fu et haute et lée
> De totes pars bien fenestrée,
> Et bien verrées les fenestres.

2. **FENESTRÉ**. HABIT FENESTRÉ, Taillladé, découpé. Gl. *Cultellare*.

* 3. **FENESTRÉ**, **FENETRÉ**. Voyez Gl. *Fenestrare*. Gérard de Vienne, vers 3672 :

> Au fier regart et à vis et au neiz,
> A chief devant, ke il ot fenestré.

Aubri, pag. 174¹ :

> Blont ot le poil meou recercelé
> A-uple viare et le fron fenetré.

FENESTRER, Faire le galant à la fenêtre de sa maîtresse. Gl. *Fenestrare*.

FENESTRETTE †, Petite fenêtre. Gl. *Festra*. [*Fenestrele*, Gérard de Vienne, vers 2410. Voyez Rayn. tom. iii, p. 305², au mot *Fenestrella*.]

FENESTRIER, Petit marchand. Gl. *Fenestra*, 1, pag. 225¹.

FENESTRIS, Ouverture en guise de fenêtre. Gl. *Fenestragium*, 3.

* **FENIE**, Saison. Chron. des ducs de Normandie, tom. iii, pag. 372, vers 41673.

1. **FENIS**, Parfait, accompli, fini. Gl. *Finus*.

* 2. **FENIS**, Phénix. Partonop. v. 10333. Roman d'Alixandre, Chron. des ducs de Norm. tom. ii, pag. 514². Voyez Rayn. tom. iii, pag. 306¹, au mot *Fenix*.

* **FENNE**, Femme. Chron. des ducs de Normandie.

1. **FENON**, Fanon, manipule, partie de l'habit sacerdotal. Gl. *Fano*.

2. **FENON**, p. e. Fourche, ou râteau pour faner le foin. Gl. *Fenula*.

FENTIS, Rompu, fendu. Gl. *Fenditus*. [Chron. des ducs de Norm.]

FENTURE, Fente, crevasse, ouverture. Gl. *Fenestragium*, 3.

FEODAL, Habitant dans l'étendue d'un fief. Gl. *Feodalis*.

FEODATOIRE, Qui appartient à un fief. Gl. *Féodale*, pag. 274³.

FEOFFEMENT, Inféodation ; du verbe *Feoffer*, Inféoder ; d'où *Féouffour*, Celui qui donne en fief. Gl. *Feoffamentum* et *Feoffator*, sous *Feudum*, pag. 275¹².

*** FEOR**, Prix. Chron. des ducs de Norm. tom. II, pag. 564, vers 31431 : *A nul feor,* A aucun prix, d'aucune manière. *A nul foer,* Chastel. de Couci, vers 656. Voyez *Feur, 1,* et *Fuer.*

FÉRABLE, Chômable, qui doit être fêté. Gl. *Feriatus dies,* sous *Feriæ, 2,* p. 230[1].

FERAIN, Bête sauvage. Gl. *Feramen.* [Voyez Rayn. tom. III, pag. 308[2], au mot *Feram.* Féroce, non noble. Partonop. vers 309 :

> France dame soit ennorée
> Qui à ferain est mariée, etc.

Var, Frarin. Vers 424 :

> Ains alevait fils à vilains
> Felons et cruels et ferains.]

FERART, Seau, vaisseau pour puiser et porter de l'eau. Gl. *Ferrata, 2.*

FERE, Férie, terme ecclésiastique pour désigner les jours de la semaine. Gl. *Feriæ, 2.*

FERÉIS, Choc, combat. Gl. *Feritum.* [Gérard de Vienne, pag. 160[1]. Partonop. vers 8976. Garin le Loh. tom. I, pag. 15.]

FEREMENT, Coup, l'action de frapper. Gl. *Feritum.*

1. **FERER**, Fêter, chômer. Gl. *Feriare,* sous *Feriæ, 2,* p. 229[3]. [Voyez Rayn. t. III, pag. 310[1], au mot *Feriar.*]

* 2. **FERER**, Ferrer. Gl. *Ferrum, 1.*

* **FERET**, Petite affaire. Roman de Renart, tom. I, pag. 197. vers 5307 :

> Je te feré bien ton feret.

Tom. II, pag. 138, vers 13307 :

> Jà féissent bien lor feret
> Se il fussent lessié en pes.

Afère, masc. tom. I, pag. 103, vers 2712. Voyez Rayn. tom. III, pag. 263[2], au mot *Afar.*

FEREUR, Celui qui frappe. Gl. *Feritores.* [Voyez Rayn. tom. III, pag. 311[1], au mot *Feridor.* Chron. des ducs de Norm. au mot *Fereor.*]

FERINAGE, Le droit de mouture. Gl. *Farinagium.*

* **FERIR**, Frapper, combattre. Rayn. tom. III, pag. 310[2], au mot *Ferir.* Orell. pag. 170. Glossaire sur la Chanson de Roland, au mot *Ferrant. Quant venra al ferir,* Partonop. vers 2507. *Estre al ferir,* v. 2830. *Ferir bataille,* vers 9549. *Li tornois est ferus,* vers 7960. *Se férir,* s'élancer, se jeter avec impétuosité. Gloss. sur Joinville. Garin le Loher. tom. I, pag. 22. Partonop. v. 8349, 8841. Gérard de Vienne, vers 3171. Roi Guillaume, pag. 148.

* **FERLIÉ**, Lié de fer. Chronique des ducs de Norm. tom. II, pag. 491, v. 29550 :

> En la chartre de Chaelons
> Le tint en buies fer-liez.

Tom. I, pag. 40, vers 1027.

FERLIN, Sorte de monnaie, la quatrième partie d'un denier. Gl. *Ferlingus.*

1. **FERMAIL**, Boucle, agrafe. Gl. *Fermalium, Fermeilletum* et *Firmaculum.* [*Fermalium, Firmale,* et *Fibulatorium. Fremail,* Partonop. vers 7463. Voyez Rayn. tom. III, p. 311[2], au mot *Fermalh. Fermal,* Crochet qui retient le verrou. Roman de Renart, tom. II, pag. 130, vers 13083 :

> Le fermal oste de la reille.]

2. **FERMAIL**, Cheville du pied. Gl. *Fermalium.*

FERMAILLE, Promesse, gageure, enjeu. Gl. *Fermalia.*

FERMAILLEUR, Faiseur de boucles et agrafes. Gl. *Fermalium.* [*Fermailler* †, Agrafe. Gl. *Firmicularius.*]

FERMANCE, Répondant, caution. Gl. *Firmancia.*

FERMANT, Outil de fer, serpe. Gl. *Ferramentum* [et *Corba, 3*].

FERME, Serment fait en justice pour affirmer qu'on a bon droit. Gl. sous *Firma, 1,* pag. 302[1].

FERMEAU, Outil de fer, serpe. Gl. *Ferramentum.*

FERMEILLE, Gageure, enjeu. Gl. *Fermalia.*

FERMENT, Outil de fer, serpe. Gl. *Ferramentum.* [*Ferremant,* Gérard de Vienne, vers 3226. Voyez Rayn. tom. III, pag. 307[1], au mot *Ferrament.*]

1. **FERMER**, Promettre, assurer avec serment. Gl. *Firmare, 1.*

2. **FERMER**, Rendre ferme, affermir. Gl. *Firmare, 1.* [Fixer, attacher. Rayn. tom. III, pag. 313[1], au mot *Fermar.* Aubri, pag. 159[1] : *Fermer la quintaine;* pag. 158[2], *drecier.* Agolant, pag. 181[1] :

> Esperons d'or li fist ès piez fermer.

Chronique des ducs de Normandie, Rayn. tom. III, pag. 313[1], au mot *Fermar,* ci-dessous *Fremer.*]

3. **FERMER**, Fortifier une ville, un château. Gl. *Firmare, 3.*

4. **FERMER**, Fiancer. Gl. *Firmare, 7* [et *Firma, 1,* pag. 302[1]].

1. **FERMETÉ**, Forteresse, château, fortification. Gl. *Firmitas, 4.* [Voyez Rayn. tom. III, pag. 313[1], au mot *Fermetat.* Chronique des ducs de Normandie.]

2. **FERMETÉ**, Impôt sur les denrées. Gl. *Firmitas, 5.*

3. **FERMETÉ**, Cadenas, serrure, ce qui sert à fermer. Gl. *Firmura.*

FERMETURE, Enceinte, clôture. Gl. *Firmitas, 4.*

FERMIER, Prestre Fermier, Vicaire, prêtre desservant une cure. Gl. *Firmarius.*

FERMILLERE, Boucle, agrafe. Gl. *Fermalium.*

FERMILLET, Petite boucle ou agrafe. Gl. *Fermalium.*

FERMOER, Boucle, agrafe. Gl. *Firmatorium, 1.*

FERMOILLET, Petite boucle, agrafe. Gl. *Fermalium.*

FERNI, Ferme, qui ne change point. Gl. *Fermentus.*

FERONGLE, Tumeur, enflure. Gl. *Ferunia.*

FERONNERIE, Lieu où l'on vend le fer. Gl. *Ferreria.*

FERPE, Sorte d'ornement, frange, houpe. Gl. *Frepatæ vestes.*

FERPERIE, Fripperie, commerce d'habits et de meubles. Gl. *Frepatæ vestes.*

FERPIER, Frippier. Gl. *Ferperius.*

FERRANT, [**FÉRANT**, Gris. Roman de Roncevaux, p. 7, 23. Guill. Guiart, t. II, pag. 223, vers 5765 (14745). Gérard de Vienne, vers 105, 3790.] Cheval qui a le poil blanc. Gl. *Ferrandus.* [Garin le Loher.

tom. I, pag. 168. Gérard de Vienne, v. 572. Chron. des ducs de Norm. tom. II, p. 111, vers 18560. Jordan Fantosme, vers 1787, 1852. Mantel mautaillé, vers 106 et 126. Voyez Fierabras, vers 730, note, pag. 177[?], Rayn. tom. VI, pag. 24[1], au mot *Ferrant* (*Feran,* tom. II, pag. 71[2], au mot *Amblar*) ci-dessus *Auferrant, 2*].

FERRAT, Seau, vaisseau pour puiser et porter de l'eau. Gl. *Ferrata, 2.*

FERRATIER, Forgeron, ouvrier en fer. Gl. *Ferraterius.*

FERRÉE, Houe, hoyau, instrument à remuer la terre. Gl. *Ferrea.*

FERRÉIS, Coup, l'action de frapper, choc, combat. Gl. *Ferita* [et *Feritum.* Chron. des ducs de Normandie. Voyez *Feréis*].

***FERREMANT.** Voyez *Ferment.*

1. **FERRER**, Mettre dans les fers. Gl. *Ferrare.*

2. **FERRER**, Marquer avec un fer. Gl. *Ferrare.*

3. **FERRER**, Battre, rompre, broyer. Gl. *Feritorium.*

FERRIER, Marteau à l'usage d'un maréchal. Gl. *Ferrator, 2,* pag. 237[3].

FERRIERE, Bouteille, vase à mettre du vin. Gl. *Ferreria, 2.*

FERRIEU, Seau, vaisseau pour puiser et porter de l'eau. Gl. *Ferria.*

FERRIN, Sorte de monnaie, p. e. pour *Ferlin.* Gl. *Ferlina.*

FERRON, Forgeron, maréchal, ouvrier en fer. Gl. *Ferro, 2.*

FERROT, Petite monnaie d'argent. Gl. *Ferlina.*

* 1. **FERS.** Garin le Loher. tom. I, pag. 31 :

> Li fers fu chaus, ne pot l'acier sofrir.

Pag. 122 :

> Au branc d'acier, dont li fer sunt tranchant.

Coup ? Voyez *Feréis.*

* 2. **FERS**, Fort, vigoureux, fier. Partonop. vers 2741 :

> Il list le bref, car il rest clers
> Et de bien lire haus et fers.

Vers 9634 :

> L'on li amaine un bon ceval...
> Bien afernés et aaisiés
> Et fers et en dos et en piés.

Voyez Rayn. tom. III, pag. 308[1], au mot *Fer,* et pag. 309[1], aux mots *Ferocitat, Feritat.* Chron. des ducs de Normandie, au mot *Fer.*

1. **FERTÉ**, Forteresse, château. Gl. *Firmitas, 4.*

* 2. **FERTÉ**, Fierté. Chron. des ducs de Normandie.

FERTIN, Petite monnaie d'argent. Gl. *Ferto.*

FERUE, Portion d'héritage, la part qui appartient à quelqu'un dans quelque chose. Gl. *Ferua.*

A LA **FERUE**, A mesure, à proportion. Gl. *Ferua.*

FERVEMENT, Avec ferveur, ardemment. Gl. *Fervorosus.*

FERVESTI, **FERVESTU**, Couvert d'une armure de fer. Gl. *Ferrebrachia.* [Garin le Loher. tom. I, p. 171. Gérard de Vienne, vers 911, 1520, 3837. Roman de Renart,

22.

tom. ii, pag. 372, vers 19739. *Fervestir*, Garin le Loher. tom. i, pag. 36, 39. Comparez *Ferlié*.

* **FES**, **Fais**, Faix, charge, fardeau, embarras, travail. Flore et Blancefl. v. 2462. Gilote et Johane, Jubinal, Fabliaux, t. ii, pag. 30. Garin le Loher. tom. i, pag. 195. Partonop. vers 1986, 3030, 3325. Chron. des ducs de Norm. t. i, pag. 408, v. 9437. *Se mettre à fais*, Se charger d'un travail, pag. 47, vers 1240. *A fes*, Pesamment, lourdement, Partonop. vers 3360, 5162. Absolument, vers 6370, 8002. *Tot à fais*, Tout à fait. Chron. des ducs de Norm. t. i, pag. 413, vers 9581. *Tous à un faix*, Tous en masse, Monstrelet, tom. i, fol. 136. Voyez Rayn. tom. iii, pag. 249², au mot *Fais*.

1. **FESANCE**, L'action et le moment de faire quelque chose. Gl. *Factum*, 4.

2. **FESANCE**, Redevance, rente, corvée, service que doit faire un vassal. Gl. *Fesancia*.

FESNE, Charme, ensorcellement. Gl. *Fascinare*. [*Fesner* †, Gl. *Fascinare*.]

FESSE, Fasce, terme de blason. Gl. *Fasciola*, pag. 210².

1. **FESSEL**, Faisceau, fagot. Gl. *Fessellus*.

* 2. **FESSEL**, Charge, fardeau, masse. Voyez *Fes*. Guill. Guiart, tom. ii, p. 43, vers 1093; p. 367, v. 9546 (10059, 18527).

FESSEUR, Fessoir, Fessooir, Houe, instrument à labourer la terre à la main. Gl. *Fessorius* et *Fossorium*.

FESSORÉE, Fessoriée, Certaine mesure de terre, autant qu'un homme, avec le *fessoir* ou houe, peut en labourer dans un jour. Gl. *Fessoriata*, sous *Fessorada*.

1. **FESSOUER**, Houe, instrument à labourer la terre à la main. Gl. *Fessorius*.

2. **FESSOUER**, Fessouoir, Instrument avec lequel on arrose les prés en Auvergne. Gl. *Fessorius*.

FESSOUL, Fessour, Houe, instrument à labourer la terre à la main. Gl. *Fessorius*.

FESSOURÉE, Certaine mesure de terre, autant qu'un homme avec le *fessouer*, ou houe, peut en labourer dans un jour. Gl. *Fessoriata*, sous *Fessorada*.

* **FEST**, Faîte? Fétu? Chronique des ducs de Normandie, tom. i, pag. 174, vers 2639 :

> Dunc vunt les terres si gastant
> Qu'il n'i lessent fest en estant
> Qui fust del fieu le duc Reinier.

Tom. ii, pag. 97, vers 18155.

FESTACLE, Ornement d'autel, tapis, rideau. Gl. *Festaculus*.

1. **FESTAGE**, Droit que le seigneur lève sur chaque maison ou famille. Gl. *Festagium*, 1.

2. **FESTAGE**, Cessation de travail. Gl. *Festagium*, 3.

3. **FESTAGE**, Aide due par le vassal à son seigneur en certains cas. Gl. *Festagium*, 6.

FESTAIGE, Festin, repas. Gl. *Festagium*, 4, sous *Festum*, 2, pag. 257².

1. **FESTE**, Cour, assemblée, festin. Gl. *Festum*, 2.

2. **FESTE**, Foire, marché privilégié. Gl. *Festum*, 4. [Roi Guillaume, pag. 119 120.]

3. **FESTE**, pour Faîte, comble. Gl. [*Festis*, 2, *Festagium*, 1.] † *Culmus*, 2 [et † *Doma*, 3. Partonop. vers 5198 :

> Car el est des dames la feste (??)

Fete, Perche. Chron. des ducs de Norm. tom. i, pag. 280, vers 5683, var. *Fece*. Charpente, ossements? Plait Renart de Dammartin, Jubinal, Fabliaux, tom. ii, pag. 26 :

> Ton cuir ferai oster des piez et de la teste
> Si c'on porra veoir à descouvrir le feste.]

4. **FESTE**, Espèce de cordage. Gl. *Festum*, 4.

5. **FESTE des bonnes Ames**, que nous nommons ordinairement *Des morts*. Gl. sous *Festum*, 1.

6. **FESTE du Regart**, p. e. Entrevue de mariage. Gl. sous *Festum*, 1.

7. **FESTE du Sacre N. S.**, La fête du saint Sacrement. Gl. sous *Festum*, 1.

8. **FESTE**, Sacre ou intronisation d'un évêque. Gl. *Festum*, 8.

* 9. **FESTE**. La queue de Renart, Jubinal, Fabl. tom. ii, pag. 89 :

> N'est duc ne si haut princier
> Qui de sa queue n'ait feste.

FESTÉE, Faîte, comble de maison. Gl. *Festum*, 5.

1. **FESTER** †, Mettre le faîte à une maison. Gl. *Culmare*.

2. **FESTER**, Être oisif, ne rien faire. Gl. *Festare*.

1. **FESTIER**, Régaler, donner un festin. Gl. *Festare*.

2. **FESTIER**, Jouter, combattre avec des lances. Gl. *Festare*.

FESTISSURE, Faîtière, tuile courbée dont on couvre le faîte des maisons. Gl. *Festissura*.

* **FESTIVAL**, De fête. Chronique des ducs de Normandie. Voyez Rayn. tom. iii, pag. 318¹, au mot *Festival*.

FESTOIER, Fête ou divertissement. Gl. *Festivare*, 3.

1. **FESTRE**, Faîte, comble. Gl. *Festrum* [et *Levatura*, 1].

* 2. **FESTRE**, Guill. Guiart, tom. i, pag. 138, vers 3054 :

> Par les cheveux blonds et luisanz
> Où il n'ot ne maleu ne festre.

FESTU. Rompre le Festu, Quitter, abandonner quelque chose. Gl. *Festuca*.

FETARDIE, Négligence, nonchalance, paresse; de *Fetart*, Paresseux, négligent. Gl. *Fetica*.

* **FETE**. Voyez *Fece*.

* **FETEMENT**. Voyez *Faitement*.

FETIS, Beau, bien fait, agréable. Gl. *Factura*, 2. [*Feture*. Voyez *Faiture*.]

FETIZ. Pain Fetiz, Pain bis. Gl. *Panis tornatus*, sous *Panis*, 2, pag. 58².

1. **FEU**, Droit que le seigneur lève sur chaque maison ou feu. Gl. *Foagium*, 1, pag. 329³.

2. **FEU**, Fief. *Donner à feu*, Inféoder, donner en fief. Gl. *Dare per feudum*, sous *Feudum*, pag. 275¹. [Chron. des ducs de Normandie. Voyez Rayn. tom. iii, p. 293², au mot *Feu*.]

1. **FEUAGE**, Le droit dû sur les bois qu'on amène à la ville. Gl. *Focagium*, sous *Foagium*, 1, pag. 330¹.

2. **FEUAGE**, pour Fouage. Voy. ce mot ci-après.

FEU-DIEU, Malade attaqué du feu sacré ou de Saint-Antoine, ardent. Gl. *Ignis divinus*, pag. 759¹.

* **FEUETÉ**, Fidélité. Gl. *Hominium*, pag. 686³.

FEVE. Dire Féves, Se moquer, badiner. Gl. *Dicere*.

FEUGAGE, Le droit dû sur les bois amenés à la ville. Gl. *Focagium*, sous *Foagium*, 1, pag. 330¹.

FEUILLARS, Certains brigands, ainsi nommés, ou d'une branche d'arbre qu'ils portaient à leurs chapeaux pour se reconnaître, ou parce qu'ils se retiroient dans les bois. Gl. *Foilliata*.

FEUILLE de Sauge, Espèce de pioche. Gl. *Foditare*.

FEUILLÉE, Feuillette, sorte de mesure. Gl. *Foliatim vendere*.

FEUILLETER, Pousser des feuilles. Gl. *Frondare*, 1.

FEUILLIOT, Branche d'arbre avec ses feuilles. Gl. *Foilliata*.

FEULEUX, Pierre qui fait feu. Gl. *Focale*, 2.

FEULINE, Falot, bouchon de paille allumé. Gl. sous *Brando*, 1.

FEULLE, Espèce de pioche. Gl. *Foditare*.

FEULPIER, Feupier, Frippier. Gl. *Dossagium* et *Ferperius*.

1. **FEUR**, Prix, valeur. Gl. *Forum*, 1. [*A nul feur*, A aucun prix, en aucune manière, Orell. pag. 303. Voyez *Feor* et *Fuer*.]

2. **FEUR**, Hors, dehors. Gl. *Foras*.

1. **FEURE**, Fourreau. Gl. *Forulus*.

2. **FEURE**, Ouvrier. Gl. *Faberculus*.

FEURERIE, Lieu où l'on garde les fourrages, grenier, magasin. Gl. *Foreria*, 1.

FEURMARIAGE, Ce qu'un serf payait à son seigneur pour pouvoir épouser une femme de condition libre, ou une serve d'un autre seigneur. Gl. *Forismaritagium*.

1. **FEURRE**, Paille, fourrage. Gl. *Fodrum*.

2. **FEURRE**, Fourreau. Gl. *Forulus*.

FEURREL, Paille, fourrage. Gl. *Fodrum*, pag. 334³.

FEURTRIER, Ouvrier en feutre, chapelier. Gl. *Feltrum*.

FEU-SAINT-FIRMIN, Espèce de maladie épidémique. Gl. *Ignis S. Firmini*, p. 759¹.

* 1. **FEUS**. Voyez *Feel*.

* 2. **FEUS**. Voyez *Fel*.

FEUSTREURE, p. e. L'endroit où l'on travaille le feutre. Gl. *Feutrum*, 1.

FEUTÉ, Féauté, serment que le vassal doit à son seigneur féodal de lui être fidèle. Gl. *Fidelitas* et *Feudum*, pag. 274³. [Roi Guillaume, pag. 92.]

* **FEUTRE**. Voyez *Fautre*.

FEUTRER, Travailler le feutre. Gl. *Feltrum* [et † *Filtrare*].

FEUTRIER, Ouvrier en feutre, chapelier. Gl. *Feltrum*.

FEUWAGE, Cens ou rente due sur une terre. Gl. sous *Feudum*, pag. 276³.

FEUWILLE, Bourrée, fagot. Gl. *Foilliata*.

PEX, Troupeau. Gl. *Fexa.*

FEYE, Brebis. Gl. *Feda*, 2.

FEYRE, Foire, marché privilégié. Gl. *Feriæ*, 3.

* FI, Fiz, Fis, Fisz, Certain, assuré, convaincu, plein de confiance. Chanson de Roland, st. 10, vers 7 :

> De cez paroles que vous avez ci dit,
> En quel mesure en purrai estre fiz?

Stance 87, vers 7; st. 238, vers 12. Chron. des ducs de Norm. tom. 1, p. 579, vers 14442 :

> Fait Loewis : Si g'ere fi
> Que de eus puisse traire ami.

Pag. 269, vers 5358 :

> De victorie fis e certains.

Pag. 33, vers 858 :

> Fisz poeit estre de morir.

Garin le Loher. tom. 1, pag. 247, 242. Roman de Renart, tom. 1, pag. 15, v. 380. Guill. Guiart, tom. 1, pag. 192, vers 4529; pag. 230, vers 5522. *De fi, De fit,* De science certaine, à ne pas en douter. Partonop. vers 8455 :

> Dont séust ele tot de fi.

Vers 323 :

> Et cuidoient la gens de fi
> Qu'il fust fils celi qui l' norri.

Chastel. de Couci, vers 2383 :

> Douce suer je sai de fit.

Chronique des ducs de Norm. tom. 1, pag. 414, vers 9616; pag. 431, vers 10144. Orell. pag. 302. Gl. *Fiducia*, pag. 289².

* FIABLE †, Qui mérite confiance. Gl. *Fiducia*, pag. 288³.

FIACHIER, Promettre, engager sa foi. Gl. sous *Accreantatio.*

FIAMBRER, Fumer, engraisser une terre. Gl. *Exfelcorare.*

1. FIANCE, Le serment de fidélité que le vassal doit à son seigneur féodal. Gl. *Fiducia.*

2. FIANCE, Promesse de mariage, serment. Gl. *Fiancialia* et *Fidancia.* [Confiance, gage, promesse, engagement. Chanson, Laborde, pag. 161. Chronique des ducs de Normandie. Voyez Rayn. tom. III, pag. 289², au mot *Fizansa.*]

1. FIANCER, Promettre, engager sa foi. Gl. *Fiducia*, pag. 289². [*Fiancier* †, p. 289¹. Voyez Rayn. tom. III, pag. 290², au mot *Fiansar.*]

2. FIANCER, Prendre des gages. Gl. *Fiancialia.*

FIANCIÉE, Fête des fiançailles. Gl. *Fiancialia.*

* FIANÇOS, Plein de confiance, certain. Chron. des ducs de Norm. Rayn. tom. III, pag. 290¹, au mot *Fizansos.*

FIANSAIGE, Fiançailles, promesse de mariage. Gl. *Fiancialia.*

FIANTER, Oter le fiens ou fumier des pieds des chevaux. Gl. *Fiens,* 1.

FICAR, Espèce de falot ou lanterne fichée au bout d'un bâton. Gl. *Ficare.*

1. FICHE, Pieu ou morceau de bois fiché en terre. Gl. *Ficare.*

2. FICHE, Ficheron, Instrument pour planter la vigne. Gl. *Ficare.*

* FICHET, Poche. Gl. *Cluniculum.*

---

* FICHIER en la Terre, Enterrer, inhumer. Garin le Loher. tom. 1, pag. 138. Voyez Rayn. tom. III, pag. 320¹, au mot *Ficar. Fichant musant,* Roman de Renart, tom. 1, pag. 30, vers 788.

1. FIÉ. Une Fié, Une fois. Gl. *Hapiola.* [*Fiée,* Chronique des ducs de Normandie. *A une fié,* A la fois. Chastel. de Couci, vers 527. *A le fie,* Renart le Nouvel, t. IV, pag. 217, vers 2371. Voyez *Feiée.*]

* 2. FIÉ, Fief, empire. Partonop. v. 236, 1195 : *Ne droit ne fié. Fiu,* vers 302, 1718, 6243. Gl. *Feudum,* pag. 261¹.

* 3. FIE, Figue. *Peler, peiler la fie,* Duper, tromper. Chron. des ducs de Norm. tom. 1, pag. 396, vers 9071, pag. 541, vers 13320. *Vendre la fie,* p. 600, v. 15079. Voyez Rayn. tom. III, pag. 322¹, au mot *Figa.*

FIÉFERME, Héritage noble ou roturier, donné à longues années sous certaines conditions, soit de rente, soit de service. Gl. *Feudofirma* et *Feudum firmum.*

FIEFFAGE, Fonds de terre donné en fief. Gl. *Feodagium,* sous *Feudum,* p. 274².

1. FIEFFÉ, Le possesseur d'un fief. Gl. *Feoffatus,* sous *Feudum.*

2. FIEFFÉ, Contrat, bail d'héritages en fief ou cens. Gl. *Feoffamentum,* sous *Feudum,* pag. 275².

1. FIEFFEMENT, Inféodation. Gl. *Feoffamentum,* sous *Feudum,* pag. 275².

2. FIEFFEMENT, Revenu d'un fief, ce qu'il produit. Gl. *Feoffamentum,* sous *Feudum,* pag. 275².

FIEFFER, Prendre à ferme perpétuelle. Gl. *Feare,* sous *Feudum,* pag. 274³.

FIEFFEUR, Celui qui donne en fief. Gl. *Feoffator,* sous *Feudum,* pag. 275².

FIEFVIER, Feudataire. Gl. *Fevator.*

FIEMBRER, Fumer, engraisser une terre. Gl. *Fiens,* 1.

1. FIEMENT, Fief. Gl. *Feudum capitale,* sous *Feudum.*

* 2. FIEMENT, Avec confiance. Ruteb. tom. II, pag. 257. Voyez *Fi.*

FIENCIER, Promettre, engager sa foi. Gl. *Fiducia.*

* 1. FIENS, Feins, Fiente, fumier. Chron. des ducs de Norm. Rayn. tom. III, pag. 301¹, au mot *Fem.* Gl. *Fiens,* 1.

* 2. FIENS, Foins. Gl. *Fodrum,* p. 334².

FIENTEUR, Ce qui porte du fumier. Gl. *Fimarius,* sous *Fimare.*

* FIER, comme *Fiancer,* 1. Gl. *Fiducia,* pag. 289².

FIERABRAS, Nom donné au démon. Gl. *Ferrebrachia.*

FIERAIN, Bête sauvage. Gl. *Feramen.*

FIERCE, Fierche, Fierge, Dame, reine, la seconde pièce des échecs. Gl. *Fercia.* [Chron. des ducs de Norm. Rayn. tom. III, pag. 316², au mot *Fersa.*]

* FIERCER (SE), Guill. Guiart. t. II, pag. 254, vers 6595 (15575) :

> Qui de Flamens grever se fierce.

Pag. 368, vers 9551 (18533) :

> Lessent aler quarriaus des serres
> Dont le grant flo d'eus se fiercist
> Si espès que l'air en nercist.

* FIERÉ, Ferré. Partonop. vers 2986. Voyez Rayn. tom. III, pag. 307², au mot *Ferrar.*

FIERTE, Châsse, reliquaire. Gl. *Feretrum,* 1.

FIERTÉ, Forteresse, château. Gl. *Firmitas,* 4.

FIERTON, Petite monnaie d'argent, certain poids. Gl. *Ferto.*

FIERTONNEUR, Officier des monnaies chargé d'examiner le poids des espèces. Gl. *Ferto.*

FIERTRE, Châsse, reliquaire. Gl. *Fiertra.*

FIETE, Outil de tonnelier. Gl. *Fietus.*

* FIEVER, Inféoder, recevoir comme vassal. Partonop. vers 461 :

> ... Buens cevaliers...
> Ses faisoit suens tot ligement
> Et fievoit od la soie gent.|

FIEUFER, Donner en fief, inféoder; d'où *Fieufement,* Inféodation. Gl. *Feodagium,* sous *Feudum,* pag. 274².

FIEUFFERME, Héritage noble ou roturier, donné à longues années, sous certaines conditions, soit de rente, soit de service. Gl. *Feudalis firma,* sous *Feudum.*

FIEUTE, p. e. Droit féodal. Gl. *Fieuta.*

FIEUX, Qui est attaqué de la maladie appelée *Fy.* Gl. *Ficus.*

* FIGE ... Aubri, pag. 183² :

> Unes cloquetes ot devant au poitrier
> Qui se tentisent quant on doit chevauchier,
> Cote ne fige n'i vaut mie un denier.

FIGÉ, Caillé, lait coagulé. Gl. *Figere,* 2.

FIGHE, Figue, fruit. Gl. *Fraellum.*

* FIIE, Enfants Haymon, vers 742 :

> Vierge, ç'a dit le roi, dame sainte fiie.

Voyez *Fi.*

FIL, Fy, maladie des bœufs, espèce de ladrerie. Gl. *Ficus.*

FILAILLE, Paquet de fil. Gl. *Filatura,* 2.

FILANCHE, Sorte de filet. Gl. *Filatum,* 1.

1. FILANDRE, Frange, sorte d'ornement. Gl. *Fermeilletum.*

2. FILANDRE, Sorte de filet. Gl. *Filatum,* 1.

FILARDEAU, Brocheton. Gl. *Filatum,* 1.

FILARRESSE, Fileuse. Gl. *Filatista.*

FILAT, Congre, poisson. Gl. *Filatum,* 1.

* FILATE, Nom d'une pierre précieuse. Flore et Blancefl. vers 659.

FILATHIERE, Filatiré, Reliquaire. Gl. *Filaterium* [et *Phylacteria,* pag. 240¹. *Filateire,* Chron. des ducs de Norm.]

* FILEMENT, Fileure †. Gl. *Filatus,* 1.

FILERESSE, Fileuse. Gl. *Filatrix.*

* FILETTE de pis. Voyez *Fillette,* 3.

FILIASTRE, Beau-fils, fils d'un autre lit, gendre. Gl. *Filiaster.* [Voyez *Fillastre.*]

FILIOLAGE, Présent qu'un parrain fait à son filleul. Gl. *Filiolagium,* sous *Filiolus.*

FILIOUL, Filleul. Gl. *Filiolagium.*

FILLACHERE, Marchand de fil, dont la profession s'appelait *Fillacherie.* Gl. *Filendarius.*

FILLANCHE, Sorte de filet. Gl. *Filatum,* 1.

FILLANDRIER, Marchand de fil. Gl. *Filendarius.*

FILLARDEAU, Brocheton. Gl. *Filatum,* 1.

FILLASTRE, Fillatre, Beau-fils, fils d'un autre lit, gendre. Gl. *Filiaster.* [Partonop. vers 299. Rayn. tom. III, pag. 327², au mot *Filhastre. Filiastre*, Bru. Orell. pag. 23.]

FILLATIERE, Filet plein de nœuds, que nous appelons *Cordeliere*. Gl. sous *Filaterium.*

FILLE DE BAST, Bâtarde, fille illégitime. Gl. *Bastardus.*

1. **FILLETTE**, Prieuré dépendant d'une abbaye. Gl. *Filiæ.*

2. **FILLETTE**, Petit baril, caque. Gl. *Folietta.*

3. **FILLETTE** DE PIS, Fille de joie. Gl. *Filheta.* [*Fillette de siècle.* Gl. *Sæculum*, pag. 20².]

FILLEULE, Palle, ce qui sert à couvrir le calice pendant la messe. Gl. *Filiola*, 2.

FILLEURAGE, FILLOLAGE, FILLOLIAGE, Présent qu'un parrain fait à son filleul. Gl. *Filiolagium.*

FILLOUER, Corderie. Gl. *Filatorium.*

1. **FILS**, Jeune homme. Gl. *Filius*, pag. 295².

2. **FILS**, Serviteur, valet. Gl. *Filius*, pag. 295².

3. **FILS** DE BAS ou BAST, Bâtard, fils illégitime. Gl. *Bas*, 1.

4. **FILS** DE LISCE, Bâtard, fils d'une femme publique. Gl. *Filius*, pag. 296².

* **FILLUES**, Filleul. Gérard de Vienne, vers 727. Rayn. tom. III, pag. 327², au mot *Filhol.*

1. **FIN**, District, territoire. Gl. *Finium*, 2. [Fin, borne, limite, paix, accord. Rayn. tom. III, pag. 328², au mot *Fin*, Chron. des ducs de Normandie. Flore et Jeanne, pag. 37 : *Car en nulle fin il ne voroient ke li roiaumes demorast sans oir.* Gérard de Vienne, vers 419 :

Sel seit per vos Dan Gerard le guerrier
An fin auriez perdue m' amistié.

Agolant, pag. 171² :

Se de ce champ traient paien à fin
Jamais en France n'orra messe à matin.]

* 2. **FIN**. Chastel. de Couci, v. 7474 :

Treicbes ouvrées de fins d'or.

* 3. **FIN**, Sincère. Comparez *Fi*. Chronique des ducs de Norm. tom. I, pag. 498, vers 12059; pag. 231, vers 4278; pag. 246, vers 4709. Ancien poëme, Fierabras, pag. 157² :

Et qu'il est fin, séur et trop amanevis.

Fin anui, Roman de Renart, tom. III, pag. 85, vers 22078. *Conseil fin*, Garin, tom. I, pag. 5, etc. Voyez Rayn. tom. III, pag. 332², au mot *Fin*. Gl. *Finus.*

FINABLEMENT, Finalement. Gl. *Finaliter*, 1.

FINAISON, Fin, accommodement, qui termine et finit une affaire. Gl. *Finis*, 1.

* 1. **FINANCE**, Fin, conclusion, convention. Guill. Guiart, tom. II, pag. 480, vers 12504 (21487) :

Poi après prist par mort finance
Jehanne ...

Pag. 453, vers 11780 (20763) :

Sans plait tenir d'autres finances.

Pag. 137, vers 3533 (12515).

* 2. **FINANCE**, Amende, argent. Guill. Guiart, tom. II, pag. 480, vers 12508 (21491). Rayn. tom. III, pag. 333, au mot *Finansa.*

FINÉ, Qui est forcé de quitter son pays. Gl. *Finare*, 2.

* **FINEMENT**, JOR DEL FINEMENT, Fin du monde, dernier jugement. Chronique des ducs de Normandie. Fin, Rayn. tom. III, pag. 329¹, au mot *Finimen.*

* **FINEMUNT**, Fin du monde, grand désastre. Chron. des ducs de Normandie.

1. **FINER**, Payer finance. Gl. *Finare*, 1.

2. **FINER**, Trouver. Gl. *Finare*, 2.

* 3. **FINER**, Mourir. Partonop. v. 1911. Garin le Loher. tom. I, pag. 27. Cesser, se désister, Roman de Renart, tom. I, pag. 7, vers 175; pag. 21, vers 568. Chronique des ducs de Norm. Rayn. tom. III, pag. 329², au mot *Finar*, Orell. pag. 128.

FINESSE, Tour méchant et malin. Gl. *Fictitia.*

* **FINETÉ**, Sincérité. Enfants Haymon, vers 857. Voyez *Fin*.

FIRONER, Agir en cachette, avoir de secrètes menées. Gl. *Furetus.*

* **FIRTÉ**, Fierté, supériorité. Agolant, vers 363 :

C'est une beste de tel nobilité
Sor totes autres velt avoir la firté.

Fiertet, Chanson de Roland, stance 90, vers 14; stance 158, vers 7. Voyez Rayn. tom. III, pag. 309¹, au mot *Fertat.*

FIRTONNEUR, Officier des monnaies, chargé d'examiner le poids des espèces. Gl. *Ferto.*

FISECHIEN, Physicien, médecin. Gl. *Fizicus.*

* **FISÉE**. Gl. *Drama*, 1.

FISINIER, Forgeron, ouvrier en fer. Gl. *Fusina.*

FISIQUE, Partie naturelle de la femme. Gl. *Fisica.*

FISSELIERE, Piége pour prendre putois ou chats sauvages, qu'ils appelaient *Fissiaux*. Gl. *Fissina.*

FIT, Assuré, certain. Gl. *Fiduciatus*, sous *Fiducia*, pag. 289². [Voyez *Fi*.]

FIVATIER, Le possesseur d'un fief. Gl. *Fevatarius*, sous *Feudum.*

* **FIZ**, Certaine maladie. Gl. *Fiz. Ficz* †. Gl. *Ficus.*

FIZONOMIE, Physionomie, mine. Gl. sous *Vultus.*

FLABIAX, Fables, contes. Gl. *Motetum*; d'où

FLABOIER, Conter des fables. Gl. *Fabulare.*

1. **FLACHE**, Lieu plein d'eau. Gl. *Flachia.*

2. **FLACHE**, p. e. Espèce de vase. Gl. *Flachia.*

3. **FLACHE**, Flèche de lard. Gl. *Fliches.*

FLACHEL, FLACHET, Espèce de bâton. Gl. *Flagellata.*

FLAEL, Fléau. Gl. *Flagellum*, 1. [Chronique des ducs de Normandie, Rayn. tom. III, pag. 335², au mot *Flagel*.]

FLAELER, Tourmenter, faire souffrir. Gl. *Flagellare*, 1. [Chronique des ducs de Normandie, Rayn. tom. III, pag. 335², au mot *Flagellar*. *Le cœur lui flayelle*, Enfants Haymon, vers 905.]

FLAGE, Bouge, cuisine. Gl. *Flagus.*

FLAGEAU, Fléau. Gl. *Flagellum*, 1.

FLAGEL, Flageolet. Gl. *Calamella*, 1; d'où

FLAGELER. †, Jouer du flageolet; et *Flagelour*, Celui qui en joue. Gl. *Fistulare.*

FLAGERADE, FLAGERON, Sorte d'arme offensive. Gl. *Flagellata.*

FLAGIEL, Flageolet. Gl. *Calamella*, 1. [*Flaguel* †, Gl. *Pantor*.]

FLAGOLLEMENT, Le son du flageolet. Gl. *Fistulare.*

FLAGOLLEUR, Joueur de flageolet. Gl. *Fistulare.*

FLAHUTEUR, Joueur de flûte ou flageolet. Gl. *Fistulare*. [*Flaihutel*, Flûte, fifre. Pastourelle, Wackern. pag. 75 :

Et cuant j'oï lou flaihutel
Soneir aveuc la tabor.

Voyez Rayn. tom. III, pag. 338², au mot *Flautel.*]

FLAIEL, Fléau. Gl. *Flagellum*, 1.

* **FLAIELEMENT**, Fléaux, flagellations. Chron. des ducs de Normandie.

FLAINE, Taie d'oreiller. Gl. *Fluma*, 2.

FLAIR, FLAIREUR, Odeur. Gl. *Fragran.*

FLAIRIE, Confrérie, association pieuse. Gl. *Frateria.*

FLAIRIER, Rendre une odeur. Gl. *Fragrare.* [Fleurer. Wackern. pag. 22. Rayn. tom. III, pag. 336¹, au mot *Flairar*.]

FLAIS, p. e. Fagot de menu bois pour pêcher; d'où *Flaitieur*, Celui qui s'en sert. Gl. *Flecta.*

FLAJOL, FLAJOT, Flûte ou flageolet; d'où *Flajoler*, Jouer du flageolet. Gl. *Fistulare.* [Wackern. pag. 78.]

FLAMANGE, Flamande. Gl. *Fenestra*, 1, pag. 225³.

* **FLAMANT**, Enflammé, brûlant. Chast. de Couci, vers 20. Voyez Rayn. tom. III, pag. 337¹, au mot *Aflamar. Flammanz*, lançant des flammes. Chron. des ducs de Norm. tom. III, pag. 153, vers 36219.

FLAMBARD, Flambeau, morceau de bois desséché et fendu par le bout, pour qu'on le puisse allumer. Gl. *Flambellum.*

* **FLAMBE**, FLAMBLE, Flamme. Chron. des ducs de Normandie. Voyez Rayn. tom. III, pag. 336², au mot *Flama.*

FLAMBETER, Flamber, passer légèrement sur la flamme. Gl. *Flambellum.*

FLAMER, Ouvrir avec l'instrument de chirurgie appelé *Flammette*. Gl. *Flammeriari.*

FLAMERON, Espèce de chandelle ou lampe. Gl. *Flambellum.*

FLAMICHE, Sorte de pâtisserie. Gl. *Flamica.*

* **FLAN**. Voyez *Flaon.*

FLANCHET, Flanc, côté. Gl. *Flanchus.*

FLANCHIAUX, Couvertures de lit. Gl. *Flassada.*

FLANCHIERE, Sorte d'armure, qui couvrait tout le corps. Gl. *Osbergum* sous *Halsberga.* [*Flancar.* Gl. *Flanchus.*]

FLANCHIR (SE), Porter la main à son flanc ou côté, ou le serrer de la main. Gl. *Flanchus.*

* **FLANTEUR**. Voyez *Flauteur.*

FLAON, Espèce de denier blanc; ou Pièce de métal plate, pour faire de la monnaie. Gl. *Flans.*

FLAQUE, Canal, petit bras de rivière. Gl. *Flascheta.*

FLASSADIER, Ouvrier qui fait les *Flassades* ou couvertures de lit. Gl. *Flassada.*

FLASSAR, Couverture de chevaux. Gl. *Flassada.*

* **FLAT**, Coup, tape. Roman de Renart, tom. II, pag. 219, vers 15513; tom. III, pag. 99, vers 22455.

FLATIR, Abattre, jeter par terre, précipiter. Gl. *Flatare.* [Garin le Loher. t. I, pag. 107, 142, 174. S'élancer, pag. 167. Tomber, Flore et Jeanne, pag. 52. *Se flatir,* S'élancer, Roi Guillaume, pag. 145. *Faire flatir,* Faire se précipiter, Garin, t. I, p. 42, 223, 232, 274. Guill. Guiart, t. I, p. 116, vers 2485 (*Flacir*). Voyez Roquef. au mot *Flastir.*]

FLAUNIARDE, Sorte de pâtisserie, flan. Gl. *Flantones.*

FLAUTELE, Flûte ou flageolet. Gl. *Flauta;* d'où :

FLAUTEUR, Joueur de flûte ou flageolet. Gl. *Fistulare.*

FLAUZON, Flan, sorte de pâtisserie. Gl. *Flantones.*

FLAYAU, FLAYEL, Fléau, barre de fer, qui sert à fermer une porte. Gl. *Flagellum,* 5.

FLECHIER, Faiseur de flèches. Gl. *Flecha.*

FLECHISSABLETÉ †, Flexibilité; d'où *Fléchissaument* †, En fléchissant. Gl. *Flexibiliter.*

FLECIERES, Branches d'arbres entrelacées. Gl. *Flecta.* [*Flekiere,* Roi Guillaume, pag. 67.]

FLEER, Battre avec un fléau. Gl. *Flagellare,* 2, sous *Flagellum,* 1.

* **FLEGARD**. Gl. *Fluctus,* 1.

* **FLEGIER**, Faiseur de flèches. Gl. *Flecha.*

FLEIRER, Flairer, sentir par l'odorat. Gl. *Fragrare.*

FLENE, Espèce de coutil. Gl. *Fluma,* 2.

FLEPIER, Frippier. Gl. *Ferperius.*

FLESPERIE, Fripperie, habits ou meubles raccommodés. Gl. *Ferperia.*

FLESQUE, Endroit plein de boue, mauvais pas. Gl. *Flachia.*

FLESTRE, Fistule, maladie fistulaire. Gl. *Fistula,* 2.

FLETTE, Nacelle, petit bateau. Gl. *Fleta,* 1.

FLEVE, Faible. Gl. *Flebilis.*

FLEUME, Flegme, pituite. Gl. *Fleuma.*

FLEURETTE, Sorte de monnaie. Gl. *Floretus,* 2.

FLEUREUR, Odeur, air. Gl. *Fragrare.*

* **FLEURINS A L'ANGELOT**. Gl. *Floreni.*

FLEURS DE LIS, Les Princes du sang. Gl. *Liliosus.* [Monnaie. Gl. *Moneta,* p. 492³.]

FLEURS NOSTRE DAME, Taches scorbutiques, ou érésipélateuses. Gl. *Flores,* 3.

1. **FLICHE**, Flèche de lard. Gl. *Fliches.* [Roman de Renart, tom. I, p. 49, v. 1281.]

2. **FLICHE**, Sorte de redevance payée en flèches de lard; ou par abonnement, en argent. Gl. *Fliches.*

FLICQUE, Flèche de lard. Gl. *Fliches.*

FLIEME †, Lancette. Gl. *Flammeriari.*

FLIQUE, Flèche de lard. Gl. *Fliches.*

FLOC, Mare. Gl. *Floda.*

FLOCHE †, Flocon. Gl. *Flocus;* d'où : **FLOCHETER** †, Tomber en flocons. Gl. *Floccare.*

FLOICHEL †, Flocon. Gl. *Flocus.* [*Flociaux* †, Gl. *Floccare.*]

FLONNE, Bouquet d'oignons ou d'aulx. Gl. *Flonis.*

FLOQUER, Flotter. Gl. *Floccare.*

* **FLOQUET**, Certain habit ecclésiastique. Gl. *Floquetus.*

* **FLORÉ**, Fleuré, bordé de fleurs. Flore et Blancefl. vers 1187 :

> La covreture de la sele
> Ert d'un brun paile de Castele
> Tote florée à flors d'orfrois.

FLORENCE, Florin, sorte de monnaie d'or. Gl. *Floreni* [et *Moneta,* pag. 490¹].

FLORETTE, Sorte de monnaie. Gl. *Floretus,* 2.

* **FLORI**, Blanc de cheveux et de barbe. Partonop. vers 1995. 3577. Garin le Loher. tom. I, pag. 53, 76, etc. Chanson de Roland, aux mots *Fluri, Flurit.* Chron. des ducs de Norm. Rayn. tom. III, pag. 343², au mot *Florir.* Nom d'un cheval, Gérard de Vienne, vers 832, et note pag. 162².

FLORON, Fleuron. Gl. *Floronus.*

FLOS, Terre inculte, pâturage. Gl. *Fraustum.*

FLOSSADE, FLOSSAIE, FLOSSOIE, Couverture. Gl. *Flassada.*

FLOT, Flux de la mer, et le droit sur tout ce qu'amène le flux. Gl. *Fluctus,* 1.

1. **FLOTE**, Train de bois. Gl. *Flauta.*

* 2. **FLOTE**. Partonop. v. 7585 :

> Od le montant en flote sont
> Et od le retraiant s'ent vont.

1. **FLOTTE**, Écheveau ou paquet de laine. Gl. *Fluctus,* 2.

2. **FLOTTE**. METTRE EN FLOTTE, Resserrer. Gl. *Flota,* 2.

FLOUIN, Vaisseau léger. Gl. *Fluentare.*

FLOUR, FLOURÉE, Farine, fleur de farine. Gl. *Flora.*

FLOURETTE, Sorte de monnaie. Gl. *Floretus,* 2.

* **FLOUTER**..... Chanson, Wackern. pag. 83 :

> Saius Juliens bers
> Rant moy Jullioute,
> Ferai teil chánteir
> Tous mes cuers en floute.

FLOYEL, Fléau, affliction. Gl. *Flagellare,* 1.

FLUET, Inondation, débordement d'eau. Gl. *Fluentare.*

* **FLUIE**, FLUIVE, Fleuve. Chron. des ducs de Norm.

FLUM, FLUN, Fleuve, rivière. Gl. *Flatare* et *Flumis.* [Chron. des ducs de Normandie, Rayn. tom. III, pag. 344¹, au mot *Flum.*]

FLUTE DOUBLE, Espèce de flûte. Gl. *Fistulare.*

FLUX, Certain jeu de cartes. Gl. *Centum,* 2. [*Flus.* Gl. *Glissis.*]

FOAGER, Exiger le droit appelé *Foage.* Gl. *Foagium,* 1 [et *Monetagium,* p. 532¹].

* **FOARRE**, Fourrages. Gl. *Fodrum,* pag. 334³.

FOC, Feu. *A foc, à foc,* Au feu. Gl. *Focus.*

1. **FOÉE**, Le droit dû au seigneur sur chaque feu. Gl. *Foagium,* 1, p. 329³.

* 2. **FOÉE**, Fois. Agolant, vers 499. *Foiht,* Gilote et Johane, Jubinal, Fabliaux, tom. II, pag. 33.

* **FOER**, Voyez *Feor.*

FOIAL, Féal, fidèle. Gl. *Fidelis,* 2. p. 283². [Chastel de Couci, vers 3544.]

FOIBLAGE, Terme des monétaires, pour marquer que l'espèce est plus faible de poids qu'il n'est ordonné. Gl. *Flebagium.* [Voyez *Moneta,* p. 484¹.]

FOIÉE. FAIRE FOIÉES D'AUTRUI, Acquitter les charges d'un autre. Gl. *Focata.*

FOIEGE, pour FOLAGE, Mouture. Gl. *Foulagium.*

FOIGNÉE, Redevance en foin. Gl. *Fenateria.*

* **FOIL**, Feuille. Chron. des ducs de Norm. Voyez Rayn. tom. III, pag. 353¹, au mot *Folh.*

* **FOILDRES**, Foudre. Chron. des ducs de Norm.

FOILLARS, Certains brigands, ainsi nommés, ou d'une branche d'arbre qu'ils portaient à leurs chapeaux pour se reconnaître, ou parce qu'ils se retiraient dans les bois. Gl. *Foilliata.*

FOILLIE, Sorte de gâteau. Gl. *Foliata,* 2.

* **FOILLIS**, Feuillu. Flore et Blancefl. v. 611. Rayn. t. III, p. 353², au mot *Folhos.*

FOILLOLER, Faire de folles dépenses. Gl. *Follis,* 3.

FOIMENTI, Parjure, qui manque à la foi qu'il a donnée. Gl. *Fidementitus,* sous *Fides.* [*Foimentie,* Miracle de la sainte Vierge. Chron. des ducs de Norm. tom. III, pag. 519, vers 283. Voyez *Feimenti.*]

FOINESUN, Le temps où les biches et les femelles des chevreuils mettent bas. Gl. *Fannatio.*

FOINGNIER, Marchand de foin. Gl. *Fenerius.*

FOIRER, Fêter, chômer. Gl. *Feriare,* sous *Feriæ,* 2.

FOIREUX, Homme sans cœur ni honneur, Gl. *Fallitus.*

* **FOIRIÉ**, Jour auquel a lieu la foire. Partonop. vers 6588 :

> Si soit li tornoiz conmenciez
> Le lundi enprès les foiriez.

Voyez vers 6555.

1. **FOIRIER**, Gouverneur d'une foire. Gl. *Feriari,* sous *Feriæ,* 3, p. 230³.

2. **FOIRIER**, Fêter, chômer. Gl. *Feriare,* sous *Feriæ,* 2. [*Foiriées de Noel,* pag. 229³.]

FOIS. FAIRE QUELQUE CHOSE SA FOIS, c'est-à-dire, A son tour. Gl. *Turnus,* 1. [*A la fois,* A son tour. Chastel de Couci, vers 1267.]

FOISIL, Fusil, morceau d'acier, qui sert à faire du feu, quand on le bat avec un caillou. Gl. *Fugillus.* [Rayn. tom. III, pag. 380¹, au mot *Fozil.*]

FOISNE, Faine, espèce de gland que porte le hêtre. Gl. *Fagina,* 2.

* **FOISON**, Force, résistance. Agolant, vers 227 :

> Ci voi ces aues corre de grant randon,
> Si ge i muef, jà n'i aurai foison.

Gérard de Vienne, vers 2482 :

> Lor escus tranchent et lor elmes an son,
> Li cercle d'or i ont poc de foison.

Vers 2813 :

> Contre lor cop n'ait nule arme foison.

Voyez ci-dessous *Fuison,* Diez *Altrom.* Sprachdenkmale, pag. 50. Rayn. tom. III, pag. 356¹, au mot *Foyson.*

FOISSON, ou FOISSOU, en albigeois,

Houe, instrument à labourer la terre à la main. Gl. *Fossorium*.

FOITABLE, Se dit d'un homme vrai et qui a bonne réputation, qu'il faut croire. Gl. *Fautalis*.

1. **FOL**, Hêtre, arbre. Gl. *Fagus*.

* 2. **FOL**. Partonop. vers 3378 :

> Partonopeus s'en tient à fol.

Voyez vers 3421. *Fol pensé*, Lai du corn, vers 236. *Fol natre*. Voyez *Natre. Fous naïs*. Voyez *Naïs*.

1. **FOLAGE**, Le droit de mouture dû au seigneur du moulin. Gl. *Foulagium*.

2. **FOLAGE**, Folie, sottise. Gl. *Follitia*, sous *Follis*, 3, pag. 341³. [Chastel. de Couci, vers 841. Chron. des ducs de Norm. Voyez Rayn. tom. III, pag. 351¹, au mot *Follatge*.]

* **FOLANT**, Flottant. Partonop. vers 5764 :

> Et laisse son cheval aler,
> Et il vait o son frain pesant
> Les regues as (a ?) ès pis folant.

FOLASTRE, Fol, hébété, imbécile. Gl. *Follis*, 3.

FOLE. Estre Fole de son cors, En user comme une femme débauchée. Gl. *Follis*, 3. [Voyez Gl. *Alitaria*.]

* **FOLEIZ**, Badinage, moquerie. Chron. des ducs de Norm.

FOLER, Être fol, extravaguer. Gl. *Follis*, 3. [Maltraiter. Partonop. vers 3595. Voyez *Afoler* ou *Fouler* ?]

FOLEREZ. Moulin Folerez, Moulin à fouler les draps. Gl. *Folare pannos*.

FOLESUYE, Jeu de pelote ou ballon. Gl. *Folasellum*.

* **FOLETÉ**, Folie. Chron. des ducs de Normandie, Rayn. tom. III, pag. 350², au mot *Folledat*.

FOLEUR, Sottise, folie, étourderie. Gl. *Follitia*, sous *Follis*, 3, pag. 341³ [*Folesse;* ibid.]

1. **FOLIER**, Extravaguer, faire des folies. Gl. *Follis*, 3. [Partonop. vers 4169 :

> Mais ains que foliasce en li.

Voyez Rayn. tom. III, pag. 351¹, au mot *Foleiar. Foleier*, Chron. des ducs de Norm.]

2. **FOLIER**, Mener une vie de débauche. Gl. *Follis*, 3.

3. **FOLIER**, Dire des injures. Gl. *Follia*, sous *Follis*, 3, pag. 341². [Railler, moquer, Chron. des ducs de Norm.]

FOLIEUSE, Femme débauchée. Gl. *Follis*, 3.

FOLIEUX, Fol, insensé, imbécile. Gl. *Follis*, 3.

FOLINGIER, Dire des injures, maltraiter de paroles. Gl. sous *Follis*, 3, pag. 341³.

FOLION, Feuille d'Inde. Gl. *Folia*, 3.

FOLLAGE, Le droit de mouture dû au seigneur du moulin. Gl. *Foulagium*.

FOLLAIN, Cocon de soie. Gl. *Folexellus*.

FOLLESSE, Folleur, Folie, sottise, étourderie. Gl. *Follitia*, pag. 341³.

FOLLOIER, Agir comme un fol. Gl. *Follis*, 3.

FOLOIER, Se tromper, s'égarer, agir en fol. Gl. *Fallire* et *Follis*, 3. [Ruteb. tom. I, pag. 6 :

> Fols qui ne foloie
> Pert sa seson.

Voyez Rayn. tom. III, pag. 351², au mot *Foleiar*.

* **FOLOR**, Erreur, folie, extravagance, débauche. Partonop. vers 612. Roman de Renart, tom. III, pag. 67, vers 21582. Belle Ysabiaus, Wackern. pag. 6, 7, 8. Chronique des ducs de Normandie. Voyez Rayn. tom. III, pag. 350¹, au mot *Folor*.

FOLOT, Esprit follet. Gl. *Ficarius*.

FONCHIERE, Fond creux. Gl. *Foncia*.

FONCHINE, Instrument pour la pêche. Gl. *Fronenezze*.

FONDATION, Produit des fonds. Gl. *Fundalitas*.

1. **FONDE**, Fronde, la corde qui chasse le trait. Gl. *Fonde*. [Guill. Guiart, tom. I, pag. 111, vers 2359 :

> Et de fondes dont il fondoient.

Voyez Rayn. tom. III, pag. 355¹, au mot *Fonda*.]

2. **FONDE**, Bourse des villes commerçantes, douane, magasin public. Gl. *Funda*, 1.

FONDÉ, Sçavant, très-instruit. Gl. *Fundatus*, 1. [*Fondé des ars*, Flore et Blanceſl. vers 208.]

FONDEFFLE, Fondefle, Fronde, machine de guerre pour jeter des pierres. Gl. *Fonde* et *Fundabulum*.

FONDEIZ, Fond, vallée. Gl. *Foncia*.

* **FONDEN**, Voyez *Fonde*, 1.

FONDERES, Fondeur, Fonderesse, Fondateur, fondatrice. Gl. *Fundare*, 1.

FONDIC, Magasin de marchandises. Gl. *Fundicus*, sous *Funda*, 1.

FONDOIRE, Fond, vallée. Gl. *Foncia*.

* **FONDU**, Effondré. Roi Guillaume, pag. 57 :

> Là ont une roche trovée
> Qui estoit fondue et cavée.

FONS, Fontaine. Gl. *Fonta*.

FONTAINE. [Eaue. Partonop. vers 5371, 5512, Rayn. tom. III, pag. 361³, au mot *Fontana*.] Faire ses Fontaines, Sorte de jeu, qui se faisait le quatrième dimanche de carême. Gl. *Fonta*.

FONTENIZ, Lieu marécageux. Gl. *Foncia* [et *Mariscus*. Fontaine, source. Chron. des ducs de Norm. tom. II, pag. 555, vers 31224 :

> Denz le ruissel d'un fontenil.

Voyez Rayn. tom. III, pag. 360¹, au mot *Fontanil*].

1. **FONTURE**, Fonte, l'action de fondre. Gl. *Funtura*.

2. **FONTURE**, Creux, enfoncement. Gl. *Funtura*.

FOOL, Soufflet. Gl. *Manticulus*.

* **FOR**, Prix. Chron. des ducs de Norm. Voyez *Feur*, Rayn. tom. III, pag. 361², au mot *For*.

* 1. **FORAGE**, Certain droit féodal. Gl. *Foragium*, 1.

* 2. **FORAGE**, Fourrages. Gl. *Fodrum*, pag. 335³.

FORAGIER, Celui qui a droit d'usage dans une forêt. Gl. *For*.

FORAIN. [Roman de Renart, tom. II, pag. 17, vers 10084; tom. III, pag. 26, vers 10476. Profane. Chron. des ducs de Norm. tom. II, pag. 385, vers 26578.] Rue Foraine, Rue détournée, écartée. Gl. *Fora-

---

neus*, 4. [*Chambre forain*, Latrines. Hugues de Lincoln, Wolf, pag. 447.]

FORBAN. Faire Forban, Bannir, exiler, reléguer. Gl. *Forisbannire*, pag. 358¹.

FORBANNISSEMENT, Bannissement, exil; d'où *Forbannir*, Bannir, reléguer. Gl. *Forisbannire*.

FORBIUS. Mettre en Forbius, Envoyer en exil. Gl. sous *Forisbannire*.

FORBOUR, Faubourg. Gl. *Forisbarium*.

1. **FORCE**, Pays fortifié et garni de forteresses. Gl. *Força*, 4. [Voyez Rayn. tom. III, pag. 374², au mot *Forsa*.]

* 2. **FORCE**, Ciseau. Chastel. de Couci, vers 7344 (*unes forces*). Roman de Renart, tom. I, pag. 55, vers 1447. Voyez Rayn. tom. III, pag. 373¹, au mot *Forsa*, et ci-dessous *Forcesces*.

* **FORCEL**, Forcelr, Poitrine. Chron. des ducs de Normandie. Chanson de Roland, st. 164, vers 4 :

> Desur sun piz, entre les dous furceles
> Crnisiedes ad ses blanches mains, les beles.

Voyez *Forchéure, Fourçel*, et Rayn. tom. III, pag. 362², au mot *Forsela*. *Jurer la forcelle Dieu*. Gl. *Juramentum*, pag. 939³.

FORCELER, Celer ce qu'on doit déclarer. Gl. *Foriscelatus*.

FORCELET, Petit fort. Gl. *Forcelletum*, sous *Fortia*, 3.

FORCENERIE. Voy. *Forsenerie*.

FORCERET, Coffre, cassette. Gl. *Forcerius*.

FORCESAINTE, p. e. Boucle, agrafe de ceinture, ou coffret à reliques. Gl. *Fermalium*.

FORCESCES, Forces, ciseaux. Gl. *Forceps*. [Voyez *Force*, 2.]

FORCETIER, Faiseur de *forciers* ou cassettes. Gl. *Forcerius*.

FORCETTES, Ciseaux. Gl. *Forceps*.

* **FORCEUR**. Voyez *Forçur*.

* **FORCÉURE**. Voyez *Forchéure*.

FORCHAT, Bâton fourchu. Gl. *Fourchata*.

1. **FORCHE**, Force, violence. Gl. *Fortia*, 2.

2. **FORCHE**, Fourche. Gl. *Fourchata*.

FORCHELE, Celui qui ne paye pas au jour marqué le cens qu'il doit. Gl. *Foriscelatus* [et *Folgare*].

FORCHELER, Celer ce qu'on doit déclarer; d'où *Forcheler les droits*, Les frauder, les dissimuler, les celer par fraude. Gl. *Foriscelatus*.

FORCHETTE, Fourche, proprement la partie de fer qui se divise en deux ou plusieurs fourchons. Gl. *Fourchata*.

FORCHEURE, Poitrine. Gl. *Furcatura*. [Enfourchure. *Forcéure,* Partonop. vers 575. Chanson de Roland, st. 127, vers 20; stance 102, vers 11 :

> . . . Si li trenchet
> Et tut le cors tresqu'en la furchéure
> Enz en la sele, ki est à or batue;
> El cheval est l'espée arestéue.

Voyez Fierabras, vers 980, note. pag. 178¹. Rayn. tom. III, pag. 363¹ au mot *Forcadura*. Comparez *Forcel*.

* **FORCHIE**, Certain usage de chasse. Après avoir dépecé la bête et avant de donner la curée aux chiens on mettait à part le foie, les poumons, etc., que l'on attachait

à un bâton fourchu. Roman de Rou, tom. 1, pag. 289 :

> Li cerf aveient escorchie
> Et fet aveient li forchie.

Voyez le Tristan allemand de Gottfried de Strasbourg, vers 2888 suiv.

FORCHIER, Forcier, Écrin, cassette, coffre. Gl. *Forcerius* [et *Forsarius*].

FORCOMANDEUR, Usurpateur, qui dépouille un légitime possesseur. Gl. *Ardere*, 2.

FORCONSEILLER, Donner un mauvais conseil, mal' conseiller. Gl. *Forisconsiliare.* [*Forsconseillez*, Chron. des ducs de Normandie, tom. 1, pag. 599, vers 15049.]

***FORCONTER (SE)**, Faire un faux calcul Guill. Guiart, tom. 11, pag. 149, vers 3845 (12829); pag. 186, vers 4806 (13796). *Forcontez*, tom. 1, pag. 115, vers 2457; tom. 11, pag. 242, vers 6255 (15235).

* **FORÇUR**, Plus fort. Jordan Fantosme, vers 268 :

> Karduil vos durrum, ke seiez plus forçur.

Voyez Rayn. tom. III, pag. 373², au mot *Forsor*, Orell, pag. 37.

FOREL, Fourreau. Gl. *Forellus.*

1. **FORER**, Aller au fourrage. Gl. *Foragium*, 2.

2. **FORER**, Gâter, piller, ravager. Gl. *Foragium*, 2.

* **FORES**, Forêt. Partonop. vers 513, 1451. *Foriès*, Flore et Jeanne, pag. 36. Voyez Rayn. tom. III, pag. 364¹, au mot *Forest.*

FORESCAPY, Droit sur les choses trouvées dans le fief du seigneur. Gl. *Forscapium.* [Voyez Rayn. tom. 11, pag. 275², au mot *Forcap.*]

FORESTAGE, Forestaige, Le droit d'usage dans une forêt, la redevance pour ce droit, et même toute espèce de droit ou exaction. Gl. *Forestagium*, [pag. 352³, 353¹, et † *Lucar.* Voyez Rayn. tom. III, pag. 364¹, au mot *Forastatge.*]

FORESTAIGE, Office de garde forestier. Gl. *Forestagium*, pag. 353².

FORESTERIE, Office de forestier. Gl. *Forestarius de feodo*, pag. 354¹.

FORETER, Forestier, garde de forêt. Gl. *Forestarius*, pag. 354¹.

FORFACTURE, Saisie, confiscation, amende. Gl *Forfactura*, sous *Forisfacere*, 1, pag. 360¹.

1. **FORFAIRE**, [Encourir la confiscation.] Forfaire son Fief, Le perdre pour avoir manqué en quelque chose à son seigneur. Gl. sous *Forisfacere*, 1. [*Se forfaire de mort*, Commettre un crime digne de mort, Partonop. vers 3811. *Forfaire l'amende*, Gl. *Forfectura*, pag. 360². Voyez Orell, pag. 245. Rayn. tom. III, p. 274², au mot *Forsfar.*]

* 2. **FORFAIRE**, Altérer, défigurer. S. Mathieu, chap. 6, vers 16 : *Il forfont lour faces qu'il apiergent as homes junantz.* (lat. *exterminant enim facies suas*). Roquefort.

FORFAIT, Amende, peine, punition. Gl. *Forfaitura*, sous *Forisfacere*, 1, [pag. 360². *Amende du fourfait.* Gl. *Forisfactum*, pag. 360³. Excès, délit punissable. Gérard de Vienne, v. 3571. Flore et Blancefl. vers 2763, 2765. *Forfait oïr*, Garin le Loher. tom. 1, pag. 44, 68. *Forfait dire*, Partonop.]

vers 3122. Voyez Rayn. tom. III, p. 275¹, au mot *Forfach. Forfeit*, Gl. *Præsens forefactum.*]

FORFAITURE, Saisie, confiscation, amende. Gl. *Forfectura*, sous *Forisfacere*, 1, pag. 360².

FORFAMILIER, Émanciper. Gl. *Forisfamiliare.*

FORFUYANCE, Ce qu'un serf payait à son seigneur, pour la permission de passer à un autre. Gl. *Fugitarius.*

FORGE, Fabrique, construction. Gl. *Forgia*, 1. [Roi Guillaume, pag. 96.]

FORGEMENT, Fabrication de monnaies. Gl. *Forgire.* [Voyez Gl. *Moneta*, pag. 496¹, et 518³.]

FORGERET, Coffre, cassette. Gl. *Forgerium.*

FORGHES, Forces, espèce de ciseaux. Gl. *Forficia.*

FORGIER, Coffre, cassette. Gl. *Forgerium.*

FORIERE, Terre destinée à la pâture des animaux. Gl. *Foreria*, 2, [et *Foraria*, 2.]

FORILLE, mal lu pour Feuille. Gl. *Folium*, 3.

FORIMARIGE, Ce qu'un serf payait à son seigneur pour pouvoir épouser une femme de condition libre, ou une serve d'un autre seigneur. Gl. *Forimatrimonium*, sous *Forismaritagium.*

FORJOUSTER, Bien joûter, se distinguer dans les joûtes. Gl. *Justa*, 1. [Chastel. de Couci, vers 5869 :

> Que ses amis l'autrier porta,
> Quant il la feste fort jousta.]

FORISCAPI, Le droit de lods et ventes. Gl. *Forscapium.*

* **FORISSIR**, Sortir, Orell, pag. 177. Voyez Rayn. tom. III, pag. 572¹, au mot *Foriessir.*

1. **FORJUGÉ**, Jugé par coutumace. Gl. *Forisjudicare.*

2. **FORJUGÉ**, Confisqué. Gl. *Forisjudicare.*

FORJUGER, Débouter par jugement quelqu'un de sa demande. Gl. *Forisjudicare.* [Rayn. tom. III, pag. 608², au mot *Forsjutgar.* Chron. des ducs de Norm. au mot *Forsjugier.*]

FORJURER, Quitter, abandonner, renoncer. Gl. *Forisjurare.* [Garin le Loher. tom. 1, pag. 54. Aubri, pag. 154¹. Enfants Haymon, vers 332, 335, 415. Voyez Rayn. tom. III, pag. 603², au mot *Forjurar.* Chron. des ducs de Norm. au mot *Forsjurer.*]

* **FORLONGER**, comme *Fourlongner.* Gl. *Paragium*, 1.

FORMALLER, Faire un acte dans toutes les formes prescrites par le droit ou l'usage. Gl. *Formiter.*

FORMARIAGE, Ce qu'un serf payait à son seigneur, pour pouvoir épouser une femme de condition libre, ou une serve d'un autre seigneur. Gl. *Forismaritagium.*

* **FORMÉ**, Bien fait. Aubri, pag. 174¹ :

> Et avenant et des membres formé.

Voyez Rayn. tom. III, pag. 365², au mot *Formos.*

FORMÉE, Lettres scellées du sceau royal ou public pour mettre une sentence à exécution. Gl. sous *Formatæ.*

1. **FORMENT**, Fort, beaucoup. Gl. *Forti-*

ter. [Rayn. tom. III, pag. 373², au mot *Fortment. Fortment*, Psautier de Corbie, ps. 103.]

* 2. **FORMENT**, Froment, blé. Chron. des ducs de Norm. etc. Voyez Rayn. t. III, pag 401¹, au mot *Fromen.*

FORMETE, Escabelle, petit banc. Gl. *Forma*, 14.

* **FORMIANS**, Rempli, fourmillant? Partonop. vers 513 :

> Ne por autres merveilles grans
> Dont la forès est formians.

Voyez Rayn. tom. III, pag. 369¹, au mot *Formir.*

* **FORMIS**, Mis dehors, chassés, dessaisis. Chron. des ducs de Norm. tom. III, pag. 159, vers 36412 :

> Ne les regnes ne les contrées
> Que il éussent delivrées,
> Dunt erent formis Longebort.

Voyez Gl. *Forismittere.*

FORMORT, Le droit qu'a le seigneur sur les biens des bâtards et autres, après leur mort. Gl. *Formortura.*

1. **FORMORTURE**, Héritage qui arrive par mort. Gl. *Formortura.*

2. **FORMORTURE**, Formoture, Le droit qu'a le seigneur sur les biens des bâtards, et autres après leur mort. Gl. *Formortura.*

* **FORN**, Four. Chanson de Roland, stance 224, vers 11. Voyez Rayn. tom. III, pag. 370¹, au mot *Forn.*

FORNAGE, Le droit que doivent au seigneur ceux qui sont obligés de cuire leur pain à son four bannal. Gl. *Furnagium.*

* **FORNESTURE**, Fourniture, ce qui est nécessaire pour vivre. Gl. *Furnire*, 1.

FORNICARESSE†, Femme débauchée et qui s'abandonne à la fornication. Gl. *Fornicatrix.* [Voyez Rayn. tom. III, pag. 371¹, au mot *Fornicairitz. Fornigans*, Forniquant. Enfants Haymon, vers 122.]

1. **FORNIER**, Cuire dans un four. Gl. *Furnire*, 2.

* 2. **FORNIER**, Préposé au four, boulanger. Gl. *Monetagium*, pag. 532¹.

* **FORNOIER**, Nier. Gl. *Forisnegare.*

FORPAISÉ, Qui est hors de son pays, soit volontairement, soit par bannissement. Gl. *Forispatriatus.*

FORPERIE, Friperie, habits ou meubles raccommodés, le lieu où ils se vendent. Gl. *Ferperia.*

FORPEX, Frippiers. Gl. *Forpæ.*

FORRAR, Haler un chien, le faire piller à d'autres. Gl. *Forrare.*

1. **FORRE**, Paille, fourrage. Gl. *Fodrum*, pag. 334³. [Voyez Rayn. tom. III, pag. 371², au mot *Forre* et ci-dessous *Fuerre*, 2. *Prendre lodgis per forrées.* Gl. *Fodrum*, pag. 335².]

* 2. **FORRE**, Fourreau. Agolant, v. 615. Chron. des ducs de Norm. Voyez *Fourre* et *Fuerre*, 1.

FORRIER, Fourrier, fourrageur, pillard. Gl. sous *Fodrum*, pag. 335¹².

1. **FORS**, Usages, coutumes d'un lieu. Gl. *Forus*, 2.

2. **FORS**, [Hors, dehors, excepté. Rayn. tom. III, pag. 372¹, au mot *Fors*, Orell. pag. 325. Chron. des ducs de Norm. Chastel. de Couci, vers 4739 :

> Mès je atant m'en soufferray
> Fors tant que m'en deliverray.

Fort seulement tant cum, Chron. des ducs de Norm. tom. 1, pag. 300, vers 6265. Roi Guillaume, pag. 62 :

> Qui si estoit povres et nus
> Qui ne sambloit fors que truant.

Guil. Guiart, t. 11, p. 260, vers 6732 (15724) :

> Ça! n'i a fors du desrengier.]

ESTRE DE FORS, Etre de dehors, d'un autre pays. Gl. *Foras*. [Garin le Loher. tom. 1, pag. 297 :

> A saint Germain qui siet de fors Paris.

Voyez Rayn. ibid. au mot *Defors*.]

* 3. FORS. Gl. *Moneta*, pag. 484¹.

FORSAGE, Violence faite à une fille. Gl. *Fortia*, 2.

* FORSCLORRE, Empêcher, exclure, empêcher de fuir. Chron. des ducs de Norm. Orell, p. 263.

* FORSENER, Rendre, devenir forcené, mettre hors du sens, être hors du sens. Chronique des ducs de Normandie. *Forsane*, Roman du Renart, tom. 11, pag. 100, vers 12282. Voyez Rayn. tom. v, p. 197¹, au mot *Forsenar*.

* FORSENERIE, FORCENERIE, FORSE-MENT, Furie, extravagance, frayeur. Chant, Wakernagel, pag. 65. Ruteb. tom. 11, pag. 255. Rayn. tom. v, pag. 197¹, au mot *Forsenaria*. Chron. des ducs de Norm. aux mots *Forsenerie* et *Forsenement*. Gl. † *Inergia*.

FORSERRE, Forgeron, ouvrier en fer. Gl. *Forsorium*.

* FORSIER, FOSSIER. *Lairon forsier*, Gérard de Vienne, vers 416, 1357, 2385. *Larron fossier*, Miracles de N. Dame, Chron. des ducs de Norm. tom. 111, pag. 520, vers 309. Roman de la Violette, pag. 62, vers 1198. *Ribaude fossière*, Nouveau recueil de F., et C. tom. 11, pag. 53, vers 1644. *Laron qui enble par fosse*, Roman du comte de Poitiers, pag. 23, vers 512. Michel : Qui viole les tombeaux. Voyez Rayn. t. 111, pag. 375¹, au mot *Forsaire*, Violateur.

* FORSLOIGNIER, Éloigner. Chron. des ducs de Norm. tom. 11, pag. 151, vers 19809 :

> Nos volent cissi forsloignier.

FORSPAISÉ, FORSPAYSIÉ, Qui est hors de son pays, soit volontairement, soit par bannissement. Gl. *Forispatriatus*.

FORSSELLE, p. e. Fourchette, ou ciseaux. Gl. *Furcina*.

* FORT, Château, fort. Gérard de Vienne, vers 4027 :

> Mon fort de Rome, ke l'on clame ma chambre.

Voyez Rayn. t. 111, pag. 373¹, au mot *Fort*.

FORTABLEMENT, Par force, avec violence. Gl. *Fortiter*.

FORTELESSE, Forteresse, château. Gl. *Fortecia*, pag. 375³.

FORTRAIRE, Séduire, suborner, enlever subtilement. Gl. *Trahere*, 1, [et *Abigere*. Partonop. vers 227. Voyez Orell, pag. 272.]

FORTRESCHE, Fortification, tout ce qui sert à fortifier et à défendre. Gl. *Fortecia*, pag. 375³.

FORTUNAL, Tempête, ouragan. Gl. *Fortunale*.

1. FORTUNE, Trésor trouvé par hasard. Gl. *Fortuna*, 2.

2. FORTUNE, Accident fâcheux, perte. Gl. *Fortuna*, 4.

3. FORTUNE, Tempête, ouragan. Gl. *Fortuna*, 3.

FORTUNEL, Arrivé par hasard, non médité. Gl. *Fortuna*, 4.

FORTUNEUSEMENT, Par accident, par malheur. Gl. *Fortuna*, 4.

FOSSE, Prison, cachot. Gl. *Fossa*, 2.

FOSSE COIE, Latrine, privé. Gl. *Fossa cæca*, sous *Fossa*, 3.

FOSSÉER, Entourer de fossés. Gl. *Fossare*, 2.

FOSSER UNE VIGNE, La cultiver, la labourer et fouir. Gl. *Fossare*, 2.

FOSSERÉE, Autant de terre qu'un homme en peut fouir dans un jour. Gl. *Fossoriata*.

FOSSEUR, Pioche, houe, instrument à fouir la terre. Gl. *Fossorium*.

FOSSIER, Celui qui fait des fossés. Gl. *Fossiator*.

FOSSIERRE, Houe, instrument à fouir la terre. Gl. *Fossorium*.

FOSSOER, Le même. Gl. *Fossorium*.

FOSSOIRIE, Métier de celui qui fait des fossés. Gl. *Fossiator*.

FOSSOUR, Houe, instrument à fouir la terre. Gl. *Fossorium*.

FOU, Hêtre. Gl. *Fagus*. [Ruteb. tom. 1, pag. 8.]

FOUACE, Espèce de pain blanc, un gâteau. Gl. *Fouhacea*, [et *Ignatia*. *Fouache*, Gl. *Focacia*.]

1. FOUAGE, Le droit dû au seigneur sur chaque feu. Gl. *Foagium*, 1, pag. 329¹.

2. FOUAGE, Façon de préparer le cuir, en le mettant dans la fosse au tan. Gl. *Fœuare* et *Fouagium*, 2.

FOUAIGE, Fouille, l'action de fouir. Gl. *Foallia*.

FOUAILLER, Faire la *fouaille* ou curée du sanglier. Gl. *Fuagium*.

FOUANE, Houssine, baguette. Gl. *Fuagium*.

FOUARON, FOUASSE, Espèce de pain blanc ou gâteau. [*Fouassier*, Qui fait ces pains.] Gl. *Fouhacea*.

FOUC, FOUCQ, Troupeau, principalement de brebis ou de pourceaux. Gl. *Foucagium*. [Bande. Ruteb. tom. 11, pag. 238 :

> Là vi un fouc de soteriaus
> Qui juoient aus tumberiaus.

Voyez Rayn. tom. 111, pag. 352², au mot *Folc*.]

FOUCHIERE, Fougère. Gl. *Foucheria*.

FOUDROIER, Effrayer, épouvanter. Gl. *Fulminatus*.

1. FOUÉE, Le droit dû au seigneur sur chaque feu. Gl. *Foagium*, 1, pag. 329³.

2. FOUÉE, Le droit dû sur les bois qu'on amène à la ville. Gl. *Focagium*, sous *Foagium*, 1, et *Focata*.

3. FOUÉE, Chauffage, fagot, bourrée. Gl. *Foagium*, 2.

4. FOUÉE. FAIRE FOUÉES D'AUTRUI, Acquitter les charges d'un autre. Gl. *Focata*.

1. FOUEL, Assemblée, troupe. Gl. *Foucagium*.

2. FOUEL, Fouaille, curée du sanglier. Gl. *Fuagium*.

FOUER, Mettre le cuir dans la fosse au tan. Gl. *Fœuare*.

FOUERRES, Marchand de paille et fourrage. Gl. *Gagnagium*.

FOUESIL, Fusil, morceau d'acier, qui sert à faire du feu quand on le bat avec un caillou. Gl. *Fugillus*.

FOUEUR, Celui qui fouit. Gl. *Foallia*.

1. FOUGER, Séduire, suborner, Gl. *Fuginare*.

2. FOUGER, Fouiller, comme fait le cochon. Gl. *Fogerare*.

FOUGIER, Fouir, labourer la vigne. Gl. *Fossare*, 2.

FOUILLE, Espèce de pioche. Gl. *Foditare*.

FOUINETTE, Petite fourche. Gl. *Fuscina*.

* FOUIR, Bêcher, creuser la terre. Merlin Mellot, Jubinal F. et C. tom. 11, p. 131.

FOUISSIS †, Fusil, morceau d'acier, qui sert à faire du feu quand on le bat avec un caillou. Gl. *Piricudium*.

FOUISSON, Buisson. Gl. *Foagium*, 2.

1. FOULAGE, Le droit de mouture dû au seigneur du moulin par ceux qui sont obligés d'y moudre leurs blés. Gl. *Foulagium*.

2. FOULAGE. VIN DE FORT FOULAGE, Bon, excellent. Gl. *Follare*.

FOULEREZ. MOULIN FOULEREZ, Moulin à fouler les draps. Gl. *Folare pannos*.

FOULEUR, Sottise, imbécillité. Gl. *Follitia*.

FOULLIE, Offense, blâme. Gl. *Foulfacere*.

FOULON, Folie, extravagance, étourderie. Gl. *Follitia*, sous *Follis*, 3, p. 341³.

FOURBENNI, Banni, exilé, proscrit. Gl. sous *Forisbannire*.

FOURBEUR, Fourbisseur. Gl. *Forbissator*.

1. FOURC, Botte, en languedocien. Gl. *Fureus*.

2. FOURC, Branche fourchue d'un arbre. Gl. *Furca*, 2.

FOURCEL, FOURCELLE, Poitrine, estomac. Gl. *Furcula*. Voyez *Forcel*.

1. FOURCELLER, Celer en fraude, tromper, frauder. Gl. *Foriscelatus*.

2. FOURCELLER, Tondre avec des forces ou ciseaux. Gl. *Forceps*.

FOURCHAT, Bâton fourchu. Gl. *Fourchata*.

FOURCHEFIERE, Sorte d'arme en forme de fourche. Gl. *Furcafera* [et *Glaviolus*].

FOURCHEGERBES, Fourche propre à mettre les gerbes sur un charriot. Gl. *Furcafera*.

FOURCHEL, Fourche, bâton fourchu. Gl. *Fourchata*.

FOURCHELLER, Celer en fraude, tromper, frauder. Gl. *Foriscelatus*.

FOURCHETTE, Fourche, proprement la partie de fer qui se divise en deux ou plusieurs fourchons. Gl. *Fourchata* [et *Intendere*, 9].

FOURCHIÉ, Terme de blason. Chastel. de Couci, vers 1559 :

> Li lions ot queue fourchiée.

Vers 1087 :

> Au lyon de geulles fourchié.

FOURCHIEL, FOURCHIER, Fourche, bâton fourchu. Gl. *Fourchata*.

* FOURÇOIIER, Résister. Flore et Jeanne,

pag. 38 : *Contre vo segneur ne contre ses barons vous n'avez pooir de fourçoier.*

FOURCONSILLIER, Donner un mauvais conseil. Gl. *Forisconsiliare.*

FOURCQ, L'endroit où quelque chose se partage en deux. Gl. *Furco*, 1.

FOURESTAGE, Le droit d'usage dans une forêt, et la redevance due pour ce droit. Gl. *Forestagium*, sous *Foresta*, pag. 352³, 353¹.

FOURESTIER, Celui qui fait une redevance pour le droit d'usage dans une forêt. Gl. *Foresteria*, sous *Foresta.*

FOURFAIT, Forfait, crime. Gl. *Forisfactum*, sous *Fortisfacere*, 1.

FOURGON, Fourchon. Gl. *Fuscina.*

* **FOURIER.** Voyez *Fourrier.*

FOURJUGIER, Priver par jugement ou sentence quelqu'un de quelque chose. Gl. *Forisjudicare.*

FOURJUR. Faire Fourjur, Fourjurer, Déclarer en justice et par serment, qu'on abandonne et qu'on renonce à quelque chose. Gl. *Forisjurare.*

FOURLASSEUR, p. e. pour Fourbisseur. Gl. *Forbissator.*

FOURLONGNER, Forligner, dégénérer. Gl. *Furlongus.*

FOURMAGIER, Marchand de fromages. Gl. *Fromagerius.*

FOURME, Banc, siége. Gl. *Forma*, 14.

FOURMÉ, pour Défourmé, terme injurieux à Liége, p. e. Bâtard. Gl. *Deformosus.*

FOURMENER, Battre, maltraiter. Gl. *Maletractare.* [Se *fourmener*, Se fatiguer. Chastel. de Couci, vers 1955 :

Iestes-vous blechiés durement ?
Gardés, trop ne vous fourmenés.]

FOURMENTAL, Qui concerne le froment. *Fuere Fourmental*, Paille de froment. Gl. *Frumentaticus.*

FOURMENTEL. Vin Fourmentel, Vin de cens et rente. Gl. *Frumentaticus.*

FOURMENTERIE, Marché au blé. Gl. *Frumentaria.*

FOURMETTE, Escabelle, petit banc. Gl. *Forma*, 14.

FOURMONT, Espèce d'outil, p. e. Tenailles. Gl. *Furminentum.*

FOURMORTURE, Le droit qu'a le seigneur sur les biens des bâtards et autres, après leur mort. Gl. *Formortura.*

FOURNAIGES, Pain et autres pièces de four. Gl. *Furnagium.*

FOURNEMENS, Ce que l'on est obligé de fournir tous les ans. Gl. *Furnire*, 1.

FOURNER, Cuire dans un four. Gl. *Furnare*, 1.

FOURNIAGE, Le droit, que doivent au seigneur ceux qui sont obligés de cuire leur pain à son four bannal. Gl. *Furnagium.*

FOURNIER, Cuire dans un four. Gl. *Furnire*, 2.

FOURNILLE, Menu bois propre à chauffer le four. Gl. *Fornilia.*

* **FOURNIR** L'assise. Gl. *Vadium*, pag. 720³.

FOURNIRON, Garçon fournier. Gl. *Furnairo.*

FOURQ, Chemin fourchu, l'endroit où il se partage en deux. Gl. *Fourcus.*

FOURQUE, Terre terminée en fourche et qui en embrasse une autre. Gl. *Furco*, 1.

FOURQUEFIERE, Fourche, dont les dents sont de fer. Gl. *Furcafera.*

FOURQUEFILLE, Sorte d'arme en forme de fourche. Gl. *Furcafera.*

FOURQUIER, Grande fourche. Gl. *Furculus.*

FOURQUILLON, Petite fourche. Gl. *Furculus.*

FOURRAGIER, Fourrageur, pillard. Gl. *Foragium*, 2.

FOURRE, Fourreau. Gl. *Fodrus.* [Voyez *Forre*, 2.]

FOURREL, Terme injurieux. Gl. *Fodrus.*

FOURRER, Fourrager, aller au fourrage. Gl. *Forrare*, sous *Fodrum.* [Renart le Nouvel, tom. iv, pag. 159, vers 896.]

FOURRIER, Fourrageur, pillard. Gl. *Foriarii*, sous *Fodrum*, pag. 335². [Flore et Blancefl. vers 79. Voyez Rayn. tom. iii, pag. 371², au mot *Folrier.*]

FOURSEH, Fossé sec. Gl. *Forsatum.*

FOURTRAIRE, Séduire, suborner. Gl. *Trahere*, 1.

* **FOUSE**, Fosse. Roman de Renart, tom. i, pag. 22, vers 586.

FOUSSOIR, Houe, instrument à labourer la terre à la main. Gl. *Fossorium.*

FOUSSOUER, Le même. Gl. *Fossare*, 2.

FOUTÉ, Fidélité, le serment que le sujet ou vassal fait à son seigneur de lui être fidèle. Gl. *Fidelitas.*

FOUTU, Parjure, qui a manqué à son serment de fidélité. Gl. *Fidelitas.*

FOUX, Soufflets de forge. Gl. *Folus.*

1. **FOUYER**, Certaine chasse, qui se fait au feu, fouée. Gl. *Focus.*

2. **FOUYER**, Imposer le droit, qui se lève sur chaque feu. Gl. *Foagium*, 1, pag. 329³.

FOUYNE, Fourche. Gl. *Fuscina.*

FOX, Soufflet de forge. Gl. *Folus.*

1. **FOY**, Le serment de fidélité, qu'un vassal doit à son seigneur féodal. Gl. *Fides ligia.*

2. **FOY.** Homme de Foy, Vassal. Gl. *Fidelis*, sous *Fideles.*

FOYAL, Féal, fidèle. Gl. *Fidelitas.*

FOYAUTÉ, Féauté, le serment, que le sujet ou vassal fait à son seigneur de lui être fidèle. Gl. *Fidelitas.*

FOYÉE. Faire Foyées d'autrui, Acquitter les charges d'un autre. Gl. *Focata.*

FOYEMENT, Exécuteur testamentaire. Gl. *Fideicommissum.*

FOYNE, Fourche, espèce d'arme, instrument de fer à deux ou trois fourchons, dont on se sert pour prendre le poisson. Gl. *Fuscina.*

FOYNEAULX, Terme de mépris, comme qui diroit, Destinés à remuer ou vuider le fumier d'une étable. Gl. *Fuscina.*

FOYNNETTE, Petite fourche. Gl. *Fuscina.*

* **FRA**, Fera. Chastel. de Couci, v. 1293. *Frad*, Vie de saint Thomas de Canterb. vers 711 var.

FRACON, Petit houx, arbrisseau. Gl. *Froncina.*

FRACTEUR, Infracteur, celui qui rompt un traité ou convention. Gl. *Fraiterius.*

FRACTION, Parcelle, petite partie. Gl. *Fractio.*

FRAEL, Balle, caisse. Gl. *Fraellum.*

FRAGON, Petit houx, arbrisseau. Gl. *Froncina.*

FRAI, Rompu, brisé. Gl. *Fragiatus.*

FRAIAUS, Cabas ou panier à figues. Gl. *Fraellum.*

FRAICHEUR, Commencement, nouveauté. Gl. *Frischus.*

FRAIÉ. Estre Fraié, Être constitué en frais. Gl. *Fractus*, 1 [et *Constangiatus*].

FRAIER, Fournir aux frais et à la dépense. Gl. *Fractus*, 1.

* **FRAIGNÉIS**, Bris, action de briser. Chron. des ducs de Norm. tom. iii, p. 57, vers 33448.

FRAIJON, Petit houx, arbrisseau. Gl. *Froncina.*

FRAINCHAR, Sorte de mesure de blé. Gl. *Francarium.*

FRAINDRE, Rompre, briser. Gl. *Fragiatus.* [*Freindrat*, Chanson de Roland, st. 170, vers 5. *Fraindre, Freindre, Fraing, Freigne*, Chron. des ducs de Norm. *Frait* (particip.) Gl. *Fraiterius.* Partonop. vers 2955, 3016, 7933. Chanson de Roland, Chron. des ducs de Norm. *Fret*, Rom. de Renart, t. ii, p. 170, v. 14158. Agol. vers 574. *Fraint*, Chron. des ducs de Norm. tom. i, pag. 366, vers 8181. Orell, pag. 276. Voyez Rayn. tom. iii, pag. 385², au mot *Franger.*]

FRAINTE, Bruit, tumulte, querelle. Gl. *Fragumen.* [Guill. Guiart, tom. ii, p. 18, vers 445 ; pag. 196, vers 5055.]

FRAIRE, Affaibli, débile. Gl. *Fragilitatus.*

FRAIREUR. Cousin Fraireur, Issu de germain. Gl. *Cosinus.*

FRAIRIE, Alliance, ligue, confrairie, association pieuse. Gl. *Frateria* et *Fratreia.*

* **FRAIRIN.** Voyez *Frarin.*

FRAISCHE, Frêne. Gl. *Frassinus.*

FRAISETE, Gland ou bouton en forme de fraise. Gl. *Fresellus.*

* **FRAISNIN**, Fresnin, De frêne. Chron. des ducs de Norm. Partonop. vers 6875. *Espié de frene*, Agolant, pag. 163². Voyez Rayn. tom. iii, pag. 383², au mot *Fraisse.*

FRAISSE, Frêne. Gl. *Frassinus.*

FRAISSENGUE, Truie, qui a mis bas. Gl. *Friscinga.*

* **FRAIT.** Voyez *Fraindre.*

1. **FRAITE**, Ouverture, brèche, fente. Gl. *Fracha.* [Roman de Renart, tom. v, pag. 61, vers 1119. Voyez Rayn. tom. iii, pag. 386², au mot *Fracha.*]

2. **FRAITE**, Canal, bras d'eau. Gl. *Fretum*, 1.

FRAITIER, Constituer en frais. Gl. *Fractus*, 1.

FRAITIN, Effraction, violence. Gl. *Fraiterius.*

FRAITTE, Brèche, ouverture, fente. Gl. *Fracha.*

* **FRAITURE**, Brisure, rupture. Partonop. vers 3009. Voyez Rayn. tom. iii, pag. 386², au mot *Fractura.*

FRAITY, Terre inculte, pâturage. Gl. *Fraus.*

FRAMEILLE, Agrafe, boucle. Gl. *Firmale.*

1. **FRANC**, Noble, ou de condition libre. Gl. *Franci*, 1. [Agol. vers 430, 469. Chanson de Roland, stance, 19, vers 2.

Francs de France, stance, 63, vers 2 (*Francis*, vers 6). Voyez Le Roux de Lincy, Chansons historiques, tom. 1, pag. 13, 14, 16. *Franci*, Loyal, sincère, généreux. Partonop. vers 156, 547. *France rien*, vers 1252. *France cose*, Flore et Blancefl. vers 2540. Voyez Rayn. tom. III, p. 384¹, au mot *Franc*. Francs *chiens et oiseaux*. Gl. *Canes Franci*, pag. 94².

2. FRANC, Monnaie de France valant vingt sols. Gl. *Franci*, 1. [*Franc à cheval*. Gl. *Moneta*, pag. 493¹, *Franc du Pape*. Gl. *Franchus*.]

3. FRANC, Étable à pourceaux. Gl. *Francum*.

4. FRANC. Au plus Franc, Jeu que nous nommons *Franc du quarreau*. Gl. *Francum*.

FRANCARTE, Sorte de mesure de blé. Gl. *Francarium*.

* FRANCEMENT, Noblement. Partonop. vers 450. Voyez Rayn. tom. III, pag. 384¹, au mot *Francament*.

FRANCHAR, comme *Francarte*. Gl. *Francarium*.

* FRANCHE matière, Mortier. Gl. *Materia Franca*, pag. 320¹.

FRANCHÉE, Valeur ordinaire de la monnaie appelée *Franc*, c'est-à-dire, vingt sols. Gl. *Franchus*.

FRANCHILECHES. Tenir en Franchileches, Tenir en franchise, sans devoir de cens ou autre redevance. Gl. *Franchileches*.

1. FRANCHIR, Affranchir, rendre libre. Gl. *Franchire*. [Anoblir. *Francir*; Partonop. vers 230, 2573. Voyez Rayn. t. III, pag. 384², au mot *Franquir*.]

2. FRANCHIR, p. e. pour Fianchir, Fiancer. Gl. *Franchire*, 2.

3. FRANCHIR une Rente, S'en délivrer en la rachetant. Gl. *Franchire*, 2.

1. FRANCHISE, La loi des nobles. Gl. *Franchisia*, 1. [Privilége, noblesse. *Francise*, Partonop. vers 405, 1871. Voyez Rayn. tom. III, pag. 384², au mot *Franquesa*.]

2. FRANCHISE, Lieu privilégié. Gl. *Franchisia*, 2.

FRANCHISSEMENT, L'extinction ou rachat d'une rente. Gl. *Franchire*, 2.

* FRANCMARCHIEF. Gl. *Estalagium*.

FRANC-MOLU, Franche mouture. Gl. *Francum-molitum* [et *Molta*, 2].

FRANÇOIER, Parler français, ou agir à la française. Gl. *Francisare*.

* FRANCOR. Geste Francor, Histoire, race des Francs. Chanson de Roland, st. 110, vers 6 :

    Il est ecrit en la geste Francor.

Stance, 236, vers 11 :

    Geste Francor 30. escheles i numbrent.

Partonop. vers 9269 :

    Vos fustes fils de sa seror
    De la haute geste Francor
    Et del lisage as Troiens.

Voyez *Geste*.

FRANCORINE, Qui est libre et franc d'origine. Gl. *Originales servi*, sous *Originarii*.

* FRANC-OSTE. Gl. *Hospes*, pag. 701².

* FRANDOILLER (SE). Roman de Re-

---

nart, tom. II, pag. 164, vers 13985 :

    Cil se frandoille et se detorne.

FRANGOMATE, Affranchi. Gl. *Franchire*, 1.

FRANQUIESME, Terre, qui n'est pas sujette à un cens. Gl. *Franchisia*, 1.

FRANQUISE, Franchise ; titre et qualification des nobles. Gl. *Franchisia*, 1.

* FRAPE, Piége. Roman de Renart, tom. III, pag. 147, vers 23815 :

    Et Renart est tornez en fuie
    Et lesse Belin en la frape.

Savoir de frape, Être rusé, avoir de l'adresse.

* FRAPER (SE), Se lancer. Guill. Guiart, tom. II, pag. 62, v. 1575; p. 226, vers 5853 ; pag. 298, vers 7731; pag. 307, vers 7975 (10551, 14833, 16712, 17956).

* FRAPIER. Se mettre a ou au Frapier, Fuir, s'échapper. Gérard de Vienne, vers 2742. Roman de Renart, tom. II, pag. 167, vers 14096; tom. III, pag. 99, vers 22460 et souvent.

FRAPPAIL, Bouches inutiles. Gl. *Frappa*.

FRARESCHE, Toute espèce de bien, qui vient par héritage. Gl. *Fraternitas*, 6.

FRARESCHEUR, Cohéritier. Gl. *Fraternitas*, 6.

FRARIE, Confrairie, association pieuse. Gl. *Frateria*.

FRARIN, Infortuné, misérable. Gl. *Frarii*. [Roman de Renart, tom. III, pag. 32, vers 20603. Wackern. pag. 63. De basse extraction. Partonop. vers 6209, 10845. Roi Guillaume, pag. 98. *Ventre frarin*, Roman de Renart, t. III, p. 8, vers 19958. *Escris frarins*, Partonop. vers 103. Odieux, lâche. Agolant, vers 1142 et p. 1702. Chronique des ducs de Normandie. Voyez Rayn. tom. III, pag. 381², au mot *Frairin*.]

FRASNEL, Rejeton de frêne. Gl. *Frassinus*.

FRATIN, Effraction, violence. Gl. *Fraiterius*.

FRATRIN, Fraternel. Gl. *Fraternalis*.

FRAU, Terre inculte, pâturage. Gl. *Fraustum*.

FRAUDOUSEMENT, Frauduleusement. Gl. *Fraudabiliter*.

FRAYEL, Cabas ou panier à figues. Gl. *Fraellum*.

FRAYSSE, Truie, qui a mis bas. Gl. *Friscinga*.

FRAZEURE, Ce qui sert à broyer, à mettre en miettes. Gl. *Micatorium*.

FREASCE, Sorte de droit ou impôt. Gl. *Freagium*.

FREAU, Cabas, panier. Gl. *Frayle*.

1. FREC, Frais, neuf; ou Beau, agréable, bien ajusté. Gl. *Frischus*. [*Frecque poursuite*. Gl. *Huesium*, pag. 726¹. Voyez *Fresque*.]

2. FREC, Pays, canton. Gl. *Frecum*.

FRECENGE, Frecengée, Droit qu'on payait en porc frais ou jeune, et souvent en argent. Gl. *Frecengia*.

FREDAINE, Fanfaronnade, vanterie. Gl. *Fredare*.

FREDIR, Maltraiter, battre. Gl. *Fredare*.

1. FREGON, Petit houx, arbrisseau. Gl. *Froncina*.

---

2. FREGON, pour Fourgon, ustensile de four. Gl *Furgo*.

* FREILLEUX †, Frileux. Gl. *Frigorosus*.

FREINDRE, Craquer, faire le bruit de quelque chose qui se rompt. Gl. *Fragumen*. [Voyez *Fraindre*.]

* FREIR, Frémir, trembler. Chron. des ducs de Norm. tom. 1, pag. 236, v. 4398.

FREISCHE, Terre inculte, pâturage. Gl. *Frescetum*.

* FRÉISENT, pour *Férissent*, Frappent. Flore et Jeanne, pag. 51 : *Et si il fréisent ausi grans cos comme il fasoient as premiers, tos éust li uns l'autre ocis*.

FREITON, Petite monnaie d'argent. Gl. sous *Ferto*.

FRELIN, Sorte de monnaie, la quatrième partie d'un denier. Gl. *Ferlina* et *Ferlingus*.

FRELOQUE, Espèce d'ornement en forme de houpe ; d'où *Freloquié*, Ce qui a cet ornement. Gl. *Flocus*, 2.

FRELUQUE, Frelusque, Petite monnaie noire. Gl. *Ferlina*.

FREMAIL, Boucle, agrafe. Gl. *Fermalium*. [Partonop. vers 7463. Voyez Rayn. tom. III, pag. 311², au mot *Fermalh*, ci-dessus *Fermail*, 1.]

FREMAILLE, Gageure, enjeu. Gl. *Fermalia*. [*Fremalla*, Flore et Jeanne, pag. 19.]

FREMAILLES, Fiançailles. Gl. sous *Firma*, 1, pag. 302¹. [Partonop. vers 10521 :

    Quant faites furent ces fremailles
    Pais parolent des esposailles.

Voyez Rayn. tom. III, pag. 312¹, au mot *Fermalha*.]

* FREMER, Fortifier. Partonop. vers 374, 330, 1660, 1742, 2053, 2072. Attacher, fixer, vers 6824, 6874. Cité *fremie*, Jordan Fantosme, vers 1350. Voyez *Fermer*. *Fremeté*, Fortification, vers 383. Voyez *Fermeté*.

* FREMILON, Fermilion, De mailles de fer ? *Hauberc fremilon*, Gérard de Vienne, vers 1577, 2492. *Hauberc fermilion*, Aubri p. 161². Voyez Rayn. t. III, pag. 394², au mot *Fremilo* (*Ac vestit un ausberc, gran, fremilo*.)

* FREMIR. Ondoyer, flotter. Garin le Loher. tom. 1, pag. 240 :

    Là véissiez ces banieres fremir.

* FREMUR, Frémissement, bruit. Chanson de Roland, stance 190, vers 8.

FREMURE, Ce qui sert à fermer, serrure. Gl. *Firmamentum*, 4.

FRENAISIEUX, Frenasieux, Frénétique. Gl. *Fren*.

FRENEYR, Frennier, Éperonnier, ouvrier qui fait les freins ou mors des chevaux. Gl. *Frenerius*.

FRENOISIEUSEMENT, Avec furie, en furieux. Gl. *Fren*.

* FREOR, Frayeur. Chronique des ducs de Normandie.

FREPPERIE, Fripperie, habits ou meubles raccommodés. Gl. *Freperia*.

FREQUENCE, Fréquentation, habitude de faire quelque chose. Gl. *Frequentare*, 3.

FRERAGE, Partage des biens patrimoniaux entre les frères ou cohéritiers; d'où *Frerager* et *Freragier*, Faire ce partage. Gl. *Fraternitas*, 6.

FRERASTRE, Beau-frère. Gl. *Frerester.*

FRERE DE BAS, ou DE BAST, Frère bâtard, né hors du mariage. Gl. *Bastardus* et sous *Frater.*

FRERE BOURT, Frère convers ou Donné, celui qui a soin de faire valoir la métairie d'un monastère. Gl. *Bars,* 1.

FRERE EN LAY, ou EN LOY, Beau-frère. Gl. sous *Frater.*

FRÈRES AUX SACS, Sorte de religieux, dont l'habit ressemblait à un sac. Gl. *Sacci.*

FRERES D'ARMES, Ceux qui servaient sous le même étendart. Gl. *Fratres armorum,* sous *Frater.*

FRÈRES DES ASNES, Les mathurins, parce qu'ils ne se servaient que d'ânes pour voyager. Gl. *Asinus,* 2.

* FRERES MENUS, MENOR. Gl. *Menudetæ.*

FRERES PYES, Sorte de religieux vêtus de noir et blanc, comme les pies. Gl. sous *Frater.*

FRERESCHE, Partage des biens patrimoniaux entre les frères ou cohéritiers; d'où *Frerescher,* Faire ce partage. Gl. *Fraternitas,* 6.

FREREUX. COUSIN FREREUX, Issu de germain. Gl. *Cosinus.*

* FRES, FREIS, Frais, qui a du lustre. Partonop. vers 7771 :

Et portent cinq lames letrées
De frès sinoples colorées.

Chron. des ducs de Norm. tom. II, p. 29, vers 16143 :

E d'escuz freis peinz à veruis.

Pag. 23, vers 15946, tom. I, pag. 440, vers 10348. Voyez Rayn. tom. III, p. 391², au mot *Fresc.*

FRESANGE, Jeune porc, et le droit qu'on en payait au seigneur. Gl. *Friscinga.*

FRESANGEAU, Jeune porc. Gl. *Friscinga.*

FRESAUDE, Sorcière, enchanteresse. Gl. *Dracus.*

FRESCENGAGE, Le droit qu'on payait en porc frais ou jeune, et souvent en argent. Gl. *Annelage.*

FRESCHE, Friche, terre inculte. Gl. *Fresceium* [et *Friscum*].

FRESCHEMENT, A l'instant, d'abord. Gl. *Frischus.*

* FRESEAUS, FREISEAUS, FRESELES, Franges, galons. Partonop. vers 10120 :

De ridoires et de freseaus.

Chron. des ducs de Norm. tom. II, p. 560, vers 31351 :

Bende son chef....
D'une bende laschcitement
Od uns freiseaus de fin argent.

Partonop. vers 10645 :

Vestues sont estroitement,
Od freseles d'or et d'argent
Dès les poins descique as hances, (mances ?)
Que molt orent beles et blances.

Voyez Rayn. tom. III, pag. 400¹, au mot *Fresadura.*

* FRESELER, FRETELER, Ondoyer, flotter. Chron. des ducs de Norm. tom. I, pag. 220, vers 3940. Guill. Guiart, tom. II, pag. 106, vers 2713; pag. 113, vers 2903, (11693, 11883).

FRESENGAGE, Le droit qu'on payait en porc frais ou jeune, et souvent en argent. Gl. *Fregsingarium.*

FRESENGE, Jeune porc, et le droit qu'on en payait au seigneur. Gl. *Friscinga.*

FRESH, Friche, terre inculte. Gl. *Friscum.*

FRESINE, Affranchie. Gl. *Frilazin.*

* FRESKE, Fraîche. Flore et Blancefl. vers 1436 :

Char salée, freske et poucins.

* FRESNIN. Voyez *Fraisnin.*

FRESPERIE, Fripperie, habits ou meubles raccommodés. Gl. *Freperia.*

FRESQUE, Soudain, subit. *Cas de fresque,* Se dit d'une querelle prise sur le champ et sans dessein prémédité. Gl. sous *Frischus.* [Voyez *Frec,* 1.]

FRESSENGE, Le droit qu'on payait en porc frais ou jeune, et souvent en argent. Gl. *Frisengagium,* sous *Friscinga,* p. 417¹.

FRESSIN, Jeune porc. Gl. *Fressenga.*

FRESSONGE, comme FRESSENGE. Gl. *Fressengia.*

FRESSOUOIR, Poêle à frire. Gl. *Frixorium,* 1.

FRESTAIGE, Redevance faite à un seigneur pour être protégé par lui. Gl. *Fretum,* 3.

FRESTE, Ouverture, brèche, passage. Gl. *Fracha.*

FRESTEL [FRESTELE], Sorte de flûte, flageolet. [Pastourelle, Laborde, pag. 190 : *Frestel, chalemel ot.* Autre, pag. 163 : *A dit en sa frestele.* Roman de Renart, tom. II, pag. 260, vers 16636 :

Fox vilains, trop as dit atant,
Or me represte le frestel.

Laissez-moi parler à mon tour. Voyez Rayn. tom. III, pag. 338², au mot *Flautel;*] d'où *Fresteler,* Jouer de la flûte ou du flageolet. Gl. *Fretella,* [et *Amasia.* Pastourelle, Laborde pag. 164. Voyez Rayn. tom. III, pag. 339¹, au mot *Frestelar.*

FRESTIZ, Friche, terre inculte. Gl. *Fresceium.*

FRESTRE, pour FESTRE, Faîte, comble. Gl. *Festrum.*

FRETAIGE, Redevance faite à un seigneur pour être protégé par lui. Gl. *Fretum,* 3.

FRETAIL, Soliveau. Gl. *Cordonus.*

FRETE, Espèce de flèche. Gl. *Frecta.*

FRETÉ [FRESÉ], Croisé, entrelacé. Gl. *Frecta,* et *Frestatus.* [Entouré de bandes, galonné, brodé. Partonop. vers 3007 :

La hanste est de pumier, fretée,
Ne puet brisier tant est bendée.

Chansons historiques, tom. I, pag. 170 :

Quens Tibaut, doré d'envie
De felenie freté.

Chron. des ducs de Norm. tom. II, p. 104, vers 18360 :

E mainte tente à or fresée.

Voyez Rayn. tom. III, pag. 399², au mot *Frezar,* et ci-dessous *Orfres.*]

FRETEL, Espèce de flûte ou flageolet. Gl. *Fretella.*

FRETELET, Petit bassin fait en losange. Gl. *Freteletus.*

FRETET, Redevance faite à un seigneur pour être protégé par lui. Gl. *Fretum,* 3.

FRETIL, Friche, terre inculte. Gl. *Fresceium.*

FRETILLET, Petit bassin fait en losange. Gl. *Freteletus.*

FRETIN, Petite monnaie d'argent, feuille d'argent. Gl. *Freto.*

FRETON, Petite monnaie d'argent. Gl. *Freto.*

FRETTE, Ouverture, brèche, passage. Gl. *Fracha.*

FREZANGE, Le droit qu'on payait en porc frais ou jeune, et souvent en argent. Gl. *Friscinga.*

FRICHETE, Friche, terre inculte. Gl. *Friscum.*

FRICQUEMENT, A l'instant, d'abord, lestement. Gl. *Frischus.*

FRIÉ, Friche, terre inculte. Gl. *Friscum.*

FRIENTE, Bruit, tumulte, sédition, [frayeur]. Gl. *Fragumen.* [Chronique des ducs de Normandie.]

* FRIER, FRAIER, Frôler, toucher légèrement. Partonop. vers 2995 :

Li espiols al costé li frie
Un poi li a le car blesmie.

Roman de Rou, tom. II, pag. 341 :

Mais la saete glacein
La fleche à un arbre freia.

FRIEUL, Poêle à frire. Gl. *Frixorium,* 1.

FRIEULEUS, Qui souffre du froid. Gl. *Frigorosus.*

FRILLER, Trembler de froid. Gl. *Frigutire.*

FRILLOUSETÉ †, Sensibilité au froid; d'où *Frillousement* †, Froidement. Gl. *Frigorositas* [et *Algorositas*].

* FRIMER, Frémir. Partonop. v. 10595.

FRIQUE, Frais, neuf; ou Beau, agréable, bien ajusté. Gl. *Frischus.*

FRIRE, Frémir, frisonner de peur. Gl. *Fricare.* [Guill. Guiart, tom. II, p. 121, vers 3105; p. 198, vers 5113 (12085.. 14101). Orell, pag. 282. Rayn. tom. III, p. 400², au mot *Frire.*]

FRISQUE, Poli, galant, qui a bonne grâce; d'où *Frisquement,* Agréablement, galamment. Gl. *Frischus.*

FRITELET, Écusson ou sorte d'ornement fretté. Gl. *Freteletus.*

FRIVOLEUX, Frivole, inutile. Gl. *Frivolis.*

FRIVORT. ESTRE FRIVORT, Faire froid. Gl. *Pellicia.*

FRIXOIR, Poêle à frire. Gl. *Frixorium,* 1.

FRIXURE, Friture. Gl. *Frixatura.*

FRO, Terre, qui n'est pas cultivée, ou chemin public proche d'une ville ou maison. Gl. *Fro.*

FROBERGE, Épée, sabre. Gl. *Froberga.*

FROC, Terre inculte, pâturage. Gl. *Fraustum.* [*Froc de ville.* Gl. *Fro* et *Antesolarium.*]

FROCCLET, pour FRETELET ou FRITELET. Voy. ces mots ci-dessus.

FROER, Briser, mettre en pièces. Gl. *Fragiatus.* [Chastel. de Couci, vers 1100.]

* FROGIER, FROUCHIER, Prospérer, profiter. Guill. Guiart, tom. I, p. 274, v. 6670. Plait Renart de Dammartin, Jubinal F. et C. tom. II, pag. 24. Voyez Rayn. tom. III, pag. 403¹, au mot *Fruchar.*

FROIDOUR, Frais, fraîcheur. Gl. *Friggedo*.

FROIER, Frotter. Gl. sous *Fragumen*. [Aubri, pag. 154².]

* FROION, Coup. Roman de Renart, tom. iv, pag. 13, vers 344 :

    L'asne ont doné tant de froions.

* FROISCIÉ, Froissé, brisé. Partonop. vers 8055. *Froisséiz*, Froissement, brisure. Roman de Rou, vers 13690. Voyez Rayn. tom. iii, pag. 393², au mot *Frois*, et p. 401¹, au mot *Froncir*.

FROMENTAGE, Droit qui ne fut levé d'abord que sur les terres à froment, et ensuite sur les autres. Gl. *Frumentagium*.

FROMENTÉE, Bouillie ou ragoût fait avec de la farine. Gl. *Farracum*.

FRONCE, Fronche, Ride. Gl. *Fronssatus*. [*Froncete*, Partonop. vers 4868.]

* FRONCHIER, Froncher, Froncer, être mécontent. Guill. Guiart, tom. ii, p. 177, vers 4569; pag. 196, vers 5054. Gl. *Gibetum*.

FRONCHIGNE, Instrument pour la pêche. Gl. *Fronenezze*.

FRONT. Faire Front, s'Opposer. Gl. *Frontose*.

FRONTEAU, Frontel, Ornement du front. Gl. *Fronteria*.

FRONTELET, Bandeau de religieuse. Gl. *Fronteria*.

FRONTIER, Ornement du front; ou Devant d'autel. Gl. *Fronterium*, 2.

1. FRONTIERE, Façade, frontispice d'une église ou d'autre bâtiment. Gl. *Frontispicium*, 1. [Premiers rangs. Guill. Guiart, tom. ii, pag. 134, vers 3444.]

2. FRONTIERE, Ornement du front. Gl. *Fronteria*.

FRONTOYER, Côtoyer. Gl. *Fronterium*, 1.

FRONTUEUSEMENT, Hardiment, avec effronterie. Gl. *Cruscire* et *Frontose*.

FRONX, Troupeau. Gl. *Frotta*.

FROQUIER, Voyer. Gl. *Procarius*.

FROS, Terre inculte, pâturage. Gl. *Fraustum*.

FROSSER, Bâtir sur le *fros* ou terrain public et inculte. Gl. *Fraustum*.

FROSTERIE, Redevance pour le droit d'usage dans une forêt; et *Frostier*, Celui qui doit cette redevance. Gl. *Foresteria* sous *Foresta*, pag. 353³.

* FROTER, Se toucher. Chastel. de Couci, vers 1688.

FROU, Terre inculte, pâturage. Gl. *Fraustum*.

FROUCHINE, p. e. Servante de cuisine. Gl. *Fratillum*.

FROUMAGE, Fromage. Gl. *Fromagerius*. [Garin le Loher. tom. i, pag. 205, not. 2.]

FROUMENTÉ. Vin Froumenteit, Vin de cens et rente. Gl. *Frumentaticus*.

FROUMIGERIE †, p. e. Espèce de bouillie. Gl. *Comedia*.

FROUSTE, Qui n'est pas cultivé. Gl. *Frostium*.

FROUSTIS, Froux, Terre inculte, pâturage. Gl. *Frostium*.

FROYRE, Meubles, ustensiles. Gl. *Froyre*.

FRUCHERIE, Fruiterie, marché aux fruits. Gl. *Frucharia*.

† FRUIANT. Pute Fruiant, Roman de

Renart, tom. ii, pag. 123, vers 12898.

FRUISSER, Froisser, rompre, briser. Gl. *Frussura*.

FRUITAGE, Toute espèce de fruits. Gl. *Fructuagium*

FRUITERIE, Office chez le roi; qui fournit le fruit, la bougie et la chandelle. Gl. *Fructuarius*, 1.

* FRUMAL, comme *Fremail*, Boucle, agrafe. Renart le Nouvel, tom. iv, p. 137, vers 294.

FRUME, Mine, contenance. Gl. *Frumen*.

FRUSTRER, Piller, dépouiller. Gl. *Frustrare*.

FRUTAGE, Fruit, revenu, produit. Gl. *Fructuarium*, 2.

FRUTTUAIRE, Usufruitier. Gl. *Fructuarius*, 2.

FUCE, pour Fuie, Fuite. Gl. *Fuga*, 3.

FUDOS, Nom du feu de la Saint-Jean. Gl. *Ignis dictus Fudos*, pag. 758².

FUEDALH, Émouchoir, chasse-mouche. Gl. *Camba*, 2.

* FUEIL, Fuel, Fuil, masc. Feuillet, lettre. Roman de Renart, tom. iii, p. 79, vers 21934. Du Chievre fuel, Wackern. p. 19. Chron. des ducs de Norm. tom. i, p. 384, vers 8707. *En autre sens torne or le fuil*, pag. 376, vers 8463. *Tot out aillors le fuel torné*, Parton. vers 4918. Voyez Rayn. t. iii, pag. 353¹, au mot *Folh*.

* FUEILLOLER, S'élancer dans les airs. G. Guiart, tom. i, pag. 178, vers 4080 :

    Carriaus et sajetes qui volent
    Au destachier très haut feuilloient.

1. FUELLES, Espèce de pioche. Gl. *Foditare*.

2. FUELLES, Épines, broussailles, menu bois sec. Gl. *Fualium*. [Le passage se trouve par erreur sous *Fuagium*.]

1. FUER, Prix, valeur. Gl. *Foragium*, 1. [Renart le Nouvel, tom. iv, pag. 440, vers 7560 :

    Dou roi qui fut de si grant fuer.

A nul fuer, A nul prix, en aucune manière, aucunement. Flore et Blancefl. vers 1926. Partonop. v. 4533, 6070, 6304. Chastel. de Couci, vers 316, 5242, (*fue*), 7274. Chron. des ducs de Norm. Voyez *Feor*, *Feur*, et Orell, pag. 303. *A nul fuor*, Chron. des ducs de Norm. tom. i, p. 449, vers 10633. *Au fuer de*, En guise de, à la manière de. Guill. Guiart, tom. i, pag. 71, vers 1194. Voyez Rayn. tom. iii, p. 361, au mot *For*.]

2. FUER, Mettre le prix aux denrées. Gl. *Forum*, 1.

3. FUER, Fuir. Gl. *Abjuratio*, 1.

1. FUERRE, Fourreau. Gl. *Forulus*. [*Fuere*, Partonop. vers 9894. Voyez *Forre*, 2, et *Furrer*. Chron. des ducs de Norm.]

2. FUERRE, Paille, fourrage. Gl. *Forrare*, sous *Fodrum*, pag. 335¹. [Flore et Blancefl. vers 1242. *Aler en fuere*, Aller fourrager. Agolant, pag. 184¹. Garin le Loher. tom. i, p. 271, 272. Voyez *Feurre*, 1, *Forre*, 1, et Rayn. tom. iii, pag. 371², au mot *Forre*. Chron. des ducs de Normandie.]

FUERS, Hors, dehors. Gl. *Foras*.

FUETE, Autant de terre, qu'en peut labourer ou fouir un homme dans un jour. Gl. *Fueta*.

FUETÉ, Féauté, le serment, qu'un su-

jet ou vassal fait à son seigneur de lui être fidèle. Gl. *Fidelitas*.

FUEUR, Prix, valeur. Gl. *Forum*, 1.

FUIE, Fuite. Gl. *Fuga*, 3.

FUILE, Feuille. Gl. *Minare*, 4.

FUILLE, Bourrée, fagot. Gl. *Foilliata*.

FUILLIE, Gâteau feuilleté. Gl. *Foliata*, 2.

1. FUIR, Fuite. Gl. *Fuga*, 3.

2. FUIR. Se Fuir, Se réfugier. Gl. *Fuga*, 3. [Fuir. Agolant, vers 708. Chron. des ducs de Norm. tom. iii, pag. 337, vers 40816. Orell, pag. 154. Voyez Rayn. tom. iii, pag. 405¹, au mot *Fugir*.]

FUIRET, Furet; d'où *Fuireteur*, Celui qui a soin de ces animaux, officier chez le Roi. Gl. *Furator*.

FUIRON, Furet. Gl. *Furo*, 2.

* FUISIE, Physique, médecine ? Roman de Renart, tom. iii, pag. 7, vers 19939.

FUISIL †, Fusil, morceau d'acier, qui sert à faire du feu quand on le bat avec un caillou. [*Fuisius*, Partonop. vers 5065 :

    De venerie i a ostius
    Li canivés et li fuisius.]

Gl. *Fugillus*.

FUISILLER †, Faire du feu de cette manière, ou faire des fusils. Gl. *Fugillus*.

* FUISON. Partonop. vers 2633 :

    Quanque lor toil, ne m'a fuison,
    Car je l'ai tot contre raison.

Vers 193. Voyez *Foison*.

* FUISTE. *Venir à fuistes*, Venir se réfugier. Renart le Nouvel, tom. iv, pag. 189, vers 1656.

FUITER, Mettre en fuite. Gl. *Fuga*, 3.

FUITIF, Fugitif. Gl. *Fugitarius*. [*Fuitis*, *Fuis*. Chron. des ducs de Norm. *Futis*, Aubri, pag. 168¹. Rayn. tom. iii, p. 405¹, au mot *Fugitiu*.]

FULCI, Fourni, garni. Gl. *Fulcitus*.

FULÉE, Gâteau feuilleté. Gl. *Foliata*, 2.

FULS. Chanson de Roland, stance, 110, vers 2 :

    Paien sunt morz à millérs et à fuls.

FULSIR, Affermir, assurer. Gl. *Fulcire*.

* FUM, Fun, Fumée. Chron. des ducs de Normandie. Roquef. Rayn. tom. iii, pag. 407², au mot *Fum*.

FUMAIGE, Redevance levée sur chaque cheminée. Gl. *Fumagium*.

FUMÉE, Colère; d'où, *Se Fumer*, Se mettre en colère, s'irriter, et *Fumeux*, Sujet à la colère. Gl. *Fumus*, 1.

FUMERY, Fournil, le lieu de la maison où est le four, ou la cheminée. Gl. *Fumerius*.

1. FUMIERE, Trou à fumier. Gl. *Fumus*, 2.

2. FUMIERE, Fumée. Gl. *Fumus*, 1.

* FUNAINS, Cordage, les câbles. Partonop. vers 759.

FUNCHIDE †, Trou à fumier. Gl. *Fimbriatum*.

* FUNDE, Fronde. *Fundeier*, Jouer de la fronde. Chron. des ducs de Norm. Voyez Rayn. tom. iii, pag. 355¹, aux mots *Fonda* et *Fondeiar*.

* FUNDRE, Confondre, détruire de fond en comble. Chron. des ducs de Normandie. Voyez Rayn. tom. iii, pag. 355¹, au mot *Fondre*.

* FUNEIAUS, Câbles. Chron. des ducs de Norm. tom. i, pag. 54, vers 1437.

FUNNE, p. e. Lieu où l'on fait les cordes. Gl. *Funifex*.

* **FUOR**. Voyez *Fuer*, 1.

* **FURCELE**. Voyez *Forcel*.

FURCELLE, Le col. Gl. *Furcula*. [Voyez *Forcel*.]

* **FURCHÉURE**. Voyez *Fourchéure*.

* **FURE**, Furie, fureur. Chron. des ducs de Norm. Rayn. tom. III, pag. 410¹, au mot *Fura*?

FURER, Dépouiller. Gl. *Furari*.

1. **FURGER**, Fourgonner, remuer avec une perche. Gl. *Furgo*.

2. **FURGER LES ONGLES**, Les couper ou nettoyer. Gl. *Furgo*.

* 3. **FURGER**, Fournir? Guill. Guiart, tom. I, pag. 344, vers 7955.

FURGON, Fourgon, ustensile de four. Gl. *Furgo*.

FURIBUNDEUX, Furibond, furieux. Gl. *Furire*.

FURILLER, Fureter, regarder, examiner avec soin. Gl. *Furetus*.

FURINE, Maladie de cheval. Gl. *Furma*.

FURIORITÉ, Furiosité, Fureur, folie furieuse. Gl. *Furire*.

. * **FURMAIGE**, Fromage, Rayn. t. III, pag. 365², au mot *Formatge*.

* **FURMEIRE**, Créateur. Jordan Fantosme, vers 1263.

* **FURMENT**, Froment, blé. Chron. des ducs de Norm.

FURRELIQUE, Petite monnaie noire. Gl. *Ferlina*.

* **FURRER**, Fourreau. Chanson de Roland, st. 33, vers 4. Voyez *Fuerre*, 1.

FURRON. Voyez *Fuiron*.

* **FURS**, Voleur, vol. Chron. des ducs de Normandie.

FURT, Vol, larcin. Gl. *Furtus*. [Rayn. tom. III, pag. 409², au mot *Furt*.]

FURTURE, Exaction, droit injuste et exigé par force. Ce qui me fait croire qu'il faudrait lire, *Forçure*. Gl. *Forcia*.

FUSCIAU, Fuseau, le bois d'une flèche. Gl. *Fusarius*, 1.

FUSÉE, Sorte de bâton de défense, ainsi appelée à cause de sa forme. Gl. *Fusarius*, 1.

FUSELIER, Faiseur de fuseaux. Gl. *Fusarius*, 1.

FUSSE, Soufflet, coup de la main sur la joue. Gl. *Fussina*.

* **FUST**, Fuz, Bois, fût, bâton de la lance, javelot. Chron. des ducs de Norm. Pallissade, tom. III, pag. 336, vers 40797 :

> Li reis out une aceinte faite...
> Et li autre furent as fuz.

Pan de fust. Gl. *Pannus*, 1. Voyez Rayn. tom. III, pag. 410², au mot *Fust*.

FUSTAGE, Toute sorte de bois ouvragé ou non ouvragé. Gl. *Fusta*, 1.

FUSTAILLERIE, Marchandise de futail-

les; d'où *Fustaillier*, Tonnelier, faiseur de futailles. Gl. *Fustaillia*.

FUSTAINE, Sorte de vêtement, apparemment parce qu'il était de futaine. Gl. *Fustana*.

FUSTALLE, Vaisseau de bois à l'usage de la table. Gl. *Fustaillia*.

FUSTE, Poutre, soliveau, pièce de bois. Gl. *Fusta*, 1.

FUSTEIL, Fustet, arbrisseau, dont se servent les teinturiers. Gl. *Fustetus*.

1. **FUSTER**, Piller, voler. Gl. *Fustare*. [Enfants Haymon, vers 355.]

2. **FUSTER**, Fustiger, battre de verges. Gl. *Fustare* [et *Excoriare*].

FUSTEREAU, Nacelle, petit bateau. Gl. *Fusta*, 3.

FUSTERIE, La place au bois. Gl. *Fusteria*.

FUSTIER, Charpentier. Gl. *Fusterius*.

FUSTIVE, Qui est de bois. Gl. *Fusteus*.

FUT-A-FUT, Mesure rase. Gl. *Fustare*.

FUYE, Espèce de colombier, dont les boulins vont jusqu'à terre. Gl. *Fuga*, 4.

FUYNE, Fourche. Gl. *Fuscina*.

FUZÉE, Sorte de bâton de défense, ainsi nommé à cause de sa forme. Gl. *Fusarius*, 1.

1. **FY**, Espèce de lèpre, maladie des bœufs. Gl. *Ficus*.

2. **FY**, Terme de mépris et d'aversion. Gl. *Ficus*.

GAABLIER, Receveur des impôts. Gl. *Gabellerius*, sous *Gablum*, pag. 453³.

GAAGNABLE, Terre labourable, propre à être cultivée. Gl. *Gagnagium*, 1.

GAAGNE, Le gain d'un procès. Gl. *Gaengnia*.

GAAGNERIE, Terre labourée et ensemencée. Gl. *Plénitudo*.

* **GAAIGNAGE**, comme *Gagnage*, 2. Gl. *Gagnagium*, 1, pag. 458¹. Chron. des ducs de Norm. Voyez Rayn. tom. III, p. 449², au mot *Gazanhatge*.

1. **GAAIGNE**, Gain, profit. Gl. *Gagnagium*, 2. [Voyez Rayn. tom. III, p. 449¹, au mot *Gazanha*.]

2. **GAAIGNE**, comme *Gaagnerie*. Gl. *Gaaignagium*.

GAAIGNER, Cultiver, labourer faire valoir. Gl. *Gaagneria*. [*Gaaignier*. Gl. *Gagnagium*, 1. Gagner, profiter. Aubri, pag. 155², 161¹. Voyez Rayn. tom. III, pag. 450¹, au mot *Gazanhar*. Chron. des ducs de Norm.]

GAAIGNERRES, **GAAIGNEUR**, Laboureur. Gl. *Gaagneria*. [Chron. des ducs de Norm.]

* **GAAIN**. Fromage de Gaain. Roman de Renart, tom. II, pag. 323, vers 18378. Voyez *Gain*, 1.

GAAING, Butin, ce qu'on a gagné ou pris sur l'ennemi. Gl. *Gagierius*. [Flore et Blancefl. vers 131 :

> Son eskieo lor depart li rois...
> Et por la part à la roine
> Done de gaaing la mescine.

Voyez Rayn. tom. III, pag. 448², au mot *Gazanh*. Travail des champs. Chron. des ducs de Norm.]

1. **GAAINGNAGE**, Gain, profit, utilité. Gl. *Gagnagium*, 1, p. 458¹.

2. **GAAINGNAGE**, Terre labourée et ensemencée. Gl. *Gagnagium*, 1.

1. **GAAINGNE**, Gage, profit. Gl. *Gagnagium*, 2.

2. **GAAINGNE**, Émolument, revenu. Gl. *Gaeria*.

3. **GAAINGNE**, Le gain d'un procès; d'où *Gaaingnier*, Gagner son procès. Gl. *Gaengnia*.

- * **GAB**, **GABBEMENT**, **GABIIS**, Plaisanterie, raillerie, moquerie. Chronique des

ducs de Normandie. Voyez *Gaber*, *Gas*, et Rayn. tom. III, pag. 412¹, au mot *Gab*.

GABARRE, Nacelle, petit bateau plat; d'où *Gabarrier*, Celui qui conduit un semblable bateau. Gl. *Gabarotus*.

GABELER, Payer l'impôt, appelé *Gabelle*. Gl. *Gabellare*, 2, sous *Gablum*, pag. 453³.

* **GABELÉS**, comme *Gabois*. Roman de Renart, tom. IV, pag. 5, vers 101 :

> Ne feri mie à gabelés.

GABELLATOR, Celui qui est sujet au droit appelé *Gabelle*. Gl. *Gabularii* sous *Gablum*, pag. 452³.

1. **GABELLE**, Toute espèce d'impôt. Gl. sous *Gablum*. [*Gabelle de vins*, p. 453¹. Voyez Rayn. tom. III, pag. 414¹, au mot *Gabela*.]

2. **GABELLE**, Ferme, bail. Gl. *Gabellati bajuli*, sous *Gablum*.

GABELLIER, Officier subalterne, préposé pour empêcher qu'on ne fraude l'impôt sur le sel. Gl. *Gabellare*, 2, sous *Gablum*.

GABER, Rire de quelqu'un, s'en moquer. [Roi de Guillaume, pag. 88 :

> Vos vos gabés, je croi, de moi.
> Gabés me vos? ne me celés.]

D'où *Gaberie*, dérision, moquerie. Gl. *Gabator*. [Voyez *Gab*, Rayn. t. iii, p. 413¹, au mot *Gabar*.]

* **GABERE**, GABEOR, Moqueur. Roman de Renart, tom. i, pag. 12, vers 313. Partonop. vers 7257. Voyez Rayn. tom. iii, pag. 413¹, au mot *Gabaire*.

* **GABET**, Facétie, ruse, trait. Roman de Renart, tom. i, pag. 181, vers 4855; pag. 240, vers 6473.

GABOIS, [GABEIS], Raillerie, plaisantesie, dérision, tromperie. Gl. *Gabator*. [Roi Guillaume, pag. 48. Voyez Rayn. tom. iii, pag. 412², au mot *Gabei*.]

GABUSER, GABUZER, Railler, tourner en ridicule, tromper; d'où *Gabuserie*, Imposture. Gl. *Gabator*.

GACHERTE. TERRE GACHERTE, Terre labourée et non semée. Gl. *Gacherare*. [Voyez Gl. *Warectum*.]

GACHIER, Espèce de gros drap. Gl. *Gachum*.

GACHIL, Guérite, espèce de fortification. Gl. *Guachile*.

GAENG, Butin, ce qu'on a gagné ou pris sur l'ennemi. Gl. *Gagierius*.

GAFFE, Bâton ou perche armée par le bout d'un croc de fer. Gl. *Gafare*. [Voyez Rayn. tom. iii, pag. 414², au mot *Gaf*.]

GAFFTELLEMENT, Sorte d'enduit. Gl. *Gafure*.

GAFNE, p. e. Endroit étroit et tortueux. Gl. *Gafare*.

1. **GAGE**, Butin, ce qu'on a pris sur l'ennemi. Gl. *Gagierius*.

* 2. **GAGE**. Gl. *Duellum*. *Gages ploié*. Gl. *Vadium*, pag. 719¹. *Gages oultrer*. Gl. *Vadium*, pag. 720¹. *Gageplege*, *Gaige plaigier*. Gl. *Vadium*, pag. 719¹. *Gaige jetté et couvert*. Gl. *Vadium*, pag. 720¹.

GAGEAILLE, Enjeu, gage. Gl. *Gaigeura*.

GAGEMENT, Promesse, engagement. Gl. *Gagiamentum*.

1. **GAGER**, Promettre, engager sa foi. Gl. *Gagiamentum* [et *Vadiare*, sous *Vadium*, pag. 719²].

2. **GAGER**, Prendre des gages par sentence du juge. Gl. *Vadiare*, sous *Vadium*, pag. 720³ [et *Gagiare*, 1].

3. **GAGER** L'AMENDE, La payer. Gl. *Gagiare*, sous *Vadium*, pag. 722¹ [et *Emenda*, pag. 57². *Gager la loi*, Promettre de la remplir. Gl. *Legem vadiare*, sous *Lex*, pag. 88¹. Chanson de Roland, stance 38, vers 4 :

> Guaz vos en dreit par cez pels sabelines,
> Melz en valt l'or que ne funt cinc cenz liveres,
> Einz demain noit en iert bele l'amendise.]

4. **GAGER** DE SERVICE, Déclarer à son seigneur qu'on lui refuse les devoirs de fief, jusqu'à ce qu'il ait rendu la justice qu'on lui demande. Gl. *Vadiare de servitio*, sous *Vadium*, pag. 720¹².

GAGIE, Aliénation, engagement. Gl. *Gagiata*.

1. **GAGIER**, Exécuteur testamentaire. Gl. *Gagiarius*, 2.

2. **GAGIER**, Le dépositaire des gages. Gl. *Gagiamentum*.

1. **GAGNAGE**, Terre labourée et ensemencée. Gl. *Gagnagium*, 1.

2. **GAGNAGE**, Les fruits dont la terre est couverte. Gl. *Gagnagium*, 1.

GAGNEAU. PREZ GAGNEAUX, Ceux qu'on laboure et ensemence tous les ans. Gl. *Gagnagium*, 1.

* **GAGONCE**, Nom d'une pierre précieuse. Roi Guillaume, pag. 138. Voyez Rayn. tom. iii, p. 415¹, au mot *Gagathes*.

GAHIN, L'automne, la saison où l'on cueille les fruits appelés *Gains*. Gl. *Gagnagium*, 1.

GAICHE, Gache, aviron. Gl. *Gachum*.

* **GAIE**. Roi Guillaume, pag. 119 :

> En piaus de cas gaies et noires
> A tous ses deniers employés.

* **GAJER**. Voyez *Gager*, 4. Guill. Guiart, tom. ii, pag. 250, vers 6491 (15471).

GAIF, Chose égarée et qui n'est réclamée de personne. Gl. *Gaivus*.

GAIGAILLE, Gageure. Gl. *Gaigeura*.

GAIGE-LEIGE, Gage, caution, que par la loi, ou la coutume, on est en droit d'exiger. Gl. *Gaigium*.

GAIGEMENT, Gage, nantissement. Gl. *Gagiamentum*.

GAIGE-PLEGE, Gage, caution, sûreté. Gl. *Gaigium*.

1. **GAIGIER**, Exécuteur testamentaire. Gl. *Gagiarius*, sous *Vadium*, pag. 722².

2. **GAIGIER**, Marguillier, celui qui administre les biens de la fabrique d'une église. Gl. *Gagiarius*, 1.

1. **GAIGNAGE**, Droit qu'on lève sur les fruits d'une terre. Gl. *Gaaingnagium*.

2. **GAIGNAGE**, Ferme, métairie. Gl. *Gaagneria*.

3. **GAIGNAGE**. PAYS DE GAIGNAGE, Pays ennemi, que le droit de la guerre autorise à piller. Gl. *Gagierius*.

4. **GAIGNAGE**, GAIGNAIGE, Terre labourée et ensemencée. Gl. *Gagnagium*, 1.

GAIGNART, Qui pille, voleur, fripon. Gl. *Gagierius*. [*Gaingnart*, Roman de Renart, tom. 1, pag. 5, vers 103.]

1. **GAIGNE**, Gain, profit. Gl. *Gagnagium*, 1 et 2. [Enfants Haymon, v. 1028.]

2. **GAIGNE**, Butin, ce qu'on a gagné ou pris sur l'ennemi. Gl. *Gagierius*.

GAIGNENT, Laboureur. Gl. *Gaagneria*.

GAIGNEPAIN, Sorte d'épée. Gl. *Gagnagium*, 2.

1. **GAIGNER**, Cultiver, labourer, faire valoir. Gl. sous *Gagnagium*, 1. [Gagner, profiter. Garin le Loher. tom. 1, pag. 45. Voyez *Ganignier*.]

2. **GAIGNER** L'AMENDE, La payer. Gl. *Gagiare*, 2. [Voyez *Gager l'amende*, 3.]

1. **GAIGNERIE**, Terre labourée et ensemencée. Gl. *Gagnagium*, 1.

2. **GAIGNERIE**, Ferme, métairie. Gl. *Gaagneria*. [*Guaignerie*, Gérard de Vienne, vers 341.]

GAIGNERRES, GAIGNEUR, Laboureur. Gl. *Gaagneria* [et *Gagnagium*, 1].

* **GAIGNON**, Chien, dogue. Chron. des ducs de Norm.

GAILLARDE, Sorte de monnaie. Gl. *Goliardus*, 2.

* **GAILLARS**, Gaillard, vigoureux, hardi. Chanson de Roland. Flore et Blancefl. vers 1529. Voyez Rayn. tom. iii, pag. 415¹, au mot *Gaillart*. *Gaillardement*, Richement, avec pompe. Chanson de Roland, st. 209, vers 9 :

> Gaillardement tuz les unt encensez.

GAILLOFRE, Méchant cheval ou de peu de prix. Gl. *Gallofero*.

1. **GAIN**, L'automne, la saison où l'on cueille les fruits, appelés *Gains*. Gl. *Gagnagium*, 1, pag. 458¹². [Roman de Renart, tom. ii, pag. 133, vers 13167 :

> De berbiz qui pessent gaïn.]

2. **GAIN**, Butin, ce qu'on a gagné ou pris sur l'ennemi. Gl. *Gagierius*.

GAINE [*Géaine*], Gehenne, tourment. Gl. *Grisilio*.

GAINGNER, Cultiver, labourer, faire valoir. Gl. *Gaagneria*.

* 1. **GAIOLE**, Roi Guillaume, pag. 65 :

> Ele est de vos toute gaiole.

* 2. **GAIOLE**, Cage. Gl. *Gaiola*. Prison. Partonop. vers 2570.

* **GAIRES**, Guère. Partonop. vers 519, 8092. Voyez Rayn. tom. v, pag. 56, au mot *Gaire*.

1. **GAIS**, Guet. Gl. *Gaitum*. [*Gait* porpensé. Gl. *Pensabiliter*.]

* 2. **GAIS**. Voyez *Gas*.

1. **GAITE**, Quartier d'une ville. Gl. *Gaita*.

2. **GAITE**, Celui qui fait le guet, sentinelle. Gl. *Gayta* et *Gueta*, sous *Wacta*, pag. 901¹. [Garin le Loher. tom. i, p. 219. Chron. des ducs de Norm. Voyez Rayn. tom. iii, pag. 416¹, au mot *Gaita*.]

* **GAITER**, GAITIER, Guetter, veiller. Gl. † *Specular*. Chron. des ducs de Normandie. Garin le Loh. tom. i, pag. 118. Flore et Blanceflor, vers 84. Partonop. vers 6930. Voyez Rayn. tom. iii, pag. 415², au mot *Gaiter*, ci-dessus *Agaitier*.

1. **GAL**, Bois, forêt. Gl. *Gualdus*.

2. **GAL**, Certain poids de laine. Gl. *Galdum*.

3. **GAL** [DE MER, Galet], Caillou. Gl. *Galcea*.

* 4. **GAL**, Coq. Chron. des ducs de Norm. Voyez Rayn. tom. iii, pag. 418¹, au mot *Gal*, et ci-dessous *Galz*.

GALANCE, pour Garance. Gl. *Garantia*, 1.

GALANDI, Ce qui garantit et met à couvert. Gl. *Galandra*.

GALANS DE FUEILLÉE, Certains brigands, ainsi nommés, ou d'une branche d'arbre qu'ils portaient à leurs chapeaux pour se reconnaître, ou parce qu'ils se retiraient dans les bois. Gl. *Foilliata*.

GALATINE, Gelée de viande ou de poisson. Gl. *Galatina*.

GALCHEUR, Moulin à fouler les draps. Gl. *Gauchatorium*.

1. **GALE**, Réjouissance, divertissement, jour de fête. Gl. *Galare*.

* 2. **GALE** DE CIRE. Gl. *Insignium*, 1.

GALECTE, Galette, petit gâteau plat. Gl. *Galectum*. [Voyez Rayn. t. iii, p. 419¹, au mot *Galeta*.]

GALÉE, Sorte de vaisseau. Gl. *Galea*. [*Arc à Galées*. Voyez *Arc*.]

GALEMART, Un grand couteau; proprement une écritoire. Gl. *Calamarium.*

GALENDER, Border, entourer. Gl. *Gallandus.*

GALENTINE, Gelée de viande ou de poisson. Gl. *Galatina.*

GALER, Se réjouir, se divertir, célébrer une fête. Gl. *Galare.*

GALERIE, Réjouissance, divertissement, joie bruyante. Gl. *Galare.*

* **GALET**, Silex, pierre à fusil. Partonop. vers 5067 :

> De venerie i a ostius,
> Li canivés et li fuisius .
> Et li tondres od le galet.

Voyez *Gal*, 3.

GALIACE, Sorte de vaisseau long et dont les bords sont plats. Gl. *Galeasia*, sous *Galea.*

* **GALICE**, Calice. Agolant, p. 169².

GALIE, Sorte de vaisseau. Gl. *Galea.*

GALIMART, Écritoire. Gl. *Calamarium.*

GALINAT, Poulet. Gl. *Gallinatus.*

GALIOPHILÉE, Giroflée. Gl. *Gariofilum.*

1. **GALIOT**, Sorte de vaisseau long et dont les bords sont plats. Gl. *Galio*, sous *Galea.* [Bâtiment de pirate. Partonop. vers 1745.]

2. **GALIOT**, Pirate, corsaire. Gl. *Galioti*, sous *Galea*, pag. 463¹. [Voyez Rayn. t. III, pag. 419², au mot *Galiot.*]

GALIOTTE, Sorte de vaisseau long et dont les bords sont plats. Gl. *Galeasia*, sous *Galea.*

GALIPPE, comme **GALIOTTE**. Gl. *Galeunculus*, sous *Galea.*

GALLANDE, Guirlande, couronne. Gl. *Gallanda.*

GALLEIE, Sorte de vaisseau long et dont les bords sont plats. Gl. *Galea.*

GALLIOT, comme **GALIOT**, 1. Gl. *Galio*, sous *Galea.*

GALLIOTAGE, Piraterie, métier de corsaire. Gl. *Galioti*, sous *Galea*, pag. 463¹.

GALLIOTS, C'est ainsi qu'on nomme dans la collégiale de Saint-Pierre à Lille les jeunes ecclésiastiques qui, en attendant une place de vicaire ou de chantre gagé, servent sans rétribution. Gl. *Galioti*, sous *Galea.*

GALLOIRE, Table pour jouer aux galets. Gl. sous *Galletus.*

GALLON, Mesure contenant deux pots. Gl. *Galo*, 1.

GALLOY, comme **GALOY** ci-dessous. Gl. *Galoer.*

GALOIE, comme **GALLON**. Gl. *Galo*, 1.

GALOIS, Fort, robuste, courageux. Gl. *Galletus.*

* **GALOIZ**, comme *Galoy.*

GALON, Mesure contenant deux pots. Gl. *Galo*, 1.

GALONNER, Tresser les cheveux, les accommoder. Gl. *Gallonnum.* [Partonop. vers 4891 :

> Et vient sains guimple, eschievclée,
> A un filet d'or galonée.

Vers 10709. Gérard de Vienne, vers 1773, var. :

> A un fil d'or tressie et galonie.

Gl. *Galo*, 1.]

GALOPIN, Goujat, bas valet, marmiton. Gl. *Galopinus.*

GALOU, Coquin, fripon. Gl. *Galiator.* [Voyez Rayn. tom. III, pag. 420², au mot *Galiaire.*]

GALOUNER, Tresser les cheveux, les accommoder. Gl. *Gallonnum.*

GALOY, Droit seigneurial sur les biens de ceux qui ne peuvent tester, ou qui meurent sans héritier légitime. Gl. *Galoer.*

GALOYS, Nom attribué à certains gendarmes. Gl. *Galletus.*

GALRIGACHE, Sorte de vin de liqueur, qui était blanc. Gl. *Garnachia*, 2.

GALVACHE, pour **GARNACHE**, La même espèce de vin. Gl. *Garnachia*, 2.

GALZ, Poulet. Gl. *Gallinatus.* [Voyez *Gal*, 4.]

GAMACHE, Sorte de chaussure et de vêtement. Gl. *Gamacha.*

GAMAFFRER, Frapper, blesser. Gl. *Gamacta.*

GAMBAGE, Le droit dû au seigneur sur les boissons. Gl. *Cambagium*, sous *Camba*, 3, pag. 412³.

GAMBAISEURE, Housse de cheval, piquée de laine ou coton. Gl. *Gambeso*, pag. 471¹.

* **GAMBAISON**, comme *Gambison.* Gl. *Gambeso*, pag. 470³.

GAMBARON, Sobriquet de Robert duc de Normandie, parce qu'il avait de grosses jambes toutes rondes. Gl. *Gambaron.*

* 1. **GAMBE**. Guill. Guiart, tom. 1, pag. 47, vers 581 :

> N'i lesseut hostel droit, ne gambe,
> Qu'ils ne mettent en l'eure en flambe.

* 2. **GAMBE**, Jambe. Chanson de Roland, stance 113, vers 5. Voyez Rayn. t. II, pag. 298¹, au mot *Camba.*

GAMBISÉ, Garni de laine ou coton piqué entre deux étoffes. Gl. *Gambeso.* pag. 470².

GAMBIERE, Armure des jambes. Gl. *Gamberia.*

GAMBISON, Espèce de vêtement contrepointé, long et pendant sur les cuisses, sur lequel on endossait la cotte de mailles. Gl. *Gambeso*, pag. 470².

GAMBOISÉ, **GAMBOISIÉ**, Garni de laine ou coton piqué entre deux étoffes. Gl. *Gambeso*, pag. 470³, 471¹.

GAMBOISON, comme **GAMBISON**. Gl. *Gambeso*, pag. 470³.

GAMBORSIÉ, pour **GAMBOISIÉ**. Gl. *Gambeso*, pag. 471¹.

GAMBROISIN, pour **CAMBROISIN** ou **CAMBRESIEN**, Monnaie de Cambrai. Gl. *Gambroisini.*

GAMEL, Ustensile de cuisine, p. e. Cuiller. Gl. *Gamelum.*

GAMELE, Sorte de vaisseau. Gl. sous *Galea.*

* **GAMENTER**, **GAIMENTER** (SE), Se plaindre, se lamenter, gémir. Wackern. pag. 79, 95, 3. Ruteb. tom. I, pag. 26. Voyez Rayn. tom. III, pag. 447², au mot *Gaymentar*, et ci-dessous *Garmenter.*

GAMION, Camion, haquet. Gl. *Campolus*, 2.

GAMVISUM, Espèce de vêtement contrepointé, long et pendant sur les cuisses, sur lequel on endossait la cotte de mailles. Gl. *Gambeso.*

* **GANCHER**. Voyez *Ganx.*

GANCHIR, Se détourner, esquiver, éviter avec adresse. Gl. *Guillator.* [*Gancher*, Guill. Guiart, tom. I, pag. 101, vers 2070, pag. 110, vers 2312. Voyez *Guenchir* ou *Gauchir.*]

* **GANDIE**, Tromperie, déloyauté. Parton. vers 2673 :

> Ensi vos sert-il de gandie.

Voyez Rayn. tom. III, pag. 422², au mot *Guandia.*

* **GANDILLIER**, Se détourner. Roman de Renart, tom. II, pag. 285, vers 17346 :

> Mes je me soi bien remuer
> Et gandillier et tressaillir.

Voyez Rayn. tom. III, pag. 422², au mot *Gandilh.*

* **GANDIR**, Échapper, se sauver. Partonop. vers 3409 :

> Ne qu'il li puisse pas gandir,
> Ne par ester, ne par fuir.

Vers 8907 :

> Lui estuet u vaincre u morir,
> Nel lait amors par el gandir.

Chron. des ducs de Normandie, Rayn. tom. III, pag. 422¹, au mot *Gandir*, et ci-dessous *Gaudir.*

GANE, Jaune. Gl. *Galnus.*

GANELON, Parjure, traître insigne. Gl. *Ganelo*, 1. [Chron. des ducs de Norm. Gloss. sur la Chanson de Roland, au mot *Guene.*]

GANGNER, Cultiver, labourer, faire valoir. Gl. *Gaagneria.*

GANGNERIE, Ferme, métairie. Gl. *Gaagneria.*

GANGUIL, Sorte de filet, bregin. Gl. *Ganguilo.*

GANIVE, **GANIVET**, Canif, couteau. Gl. *Ganiveta.*

GANIVIER, Coutelier, marchand de canifs ou couteaux. Gl. *Ganiveta.*

GANNEAU, Qui peut être labouré. Gl. *Gainare.*

GANT, Le droit qui est dû au seigneur à chaque mutation. Gl. *Chirothecæ.* [Voyez *Wantus.*]

1. **GANTE**, Jante. Gl. *Cantes.*

* 2. **GANTE**, Canard ou oie. Flore et Blancefl. vers 1681, 3185. Voyez Rayn. tom. III, pag. 423¹, au mot *Ganta.*

GANTELET, Armure de la main, gant de fer. Gl. *Chirothecæ.*

GANTEX, Gantier ou marchand de gants. Gl. *Ganterius.*

GANTIER, Chantier. Gl. *Gantarium*, 4.

* **GANX A GANCHER LES DRAPS**, Moulin à foulon. Gl. *Galitium.* Voyez *Galcheur* et *Gaucher.*

GAOLE, Prison. Gl. *Gaola*, sous *Geola.* [Chron. des ducs de Normandie.]

GAP, Fraude, tromperie. Gl. *Gabator.* [Voyez Rayn. tom. III, pag. 412¹, au mot *Gab*, ci-dessus *Gas.*]

* **GARAIT**, Guéret. Chron. des ducs de Norm. Voyez Rayn. tom. III, pag. 423¹, au mot *Garag*, et ci-dessous *Garet.*

GARANCIE, Couleur de cerf. Gl. *Garaneus.*

GARAND. SE METTRE A GARAND, En sûreté. Gl. *Garantire.*

* **GARANNAGE**, Droit d'avoir des garennes. Gl. *Garennagium.*

GARANNE, Vivier, lieu où la pêche est défendue. Gl. *Garenna*, 2.

* GARANT, Protecteur, chef, seigneur, maître. Aubri, pag. 172. Partonop. v. 2491. Garin le Loher. tom. 1, pag. 22. *Garantir le fief*, Protéger l'empire, pag. 52. Voyez Rayn. tom. 111, pag. 429¹, au mot *Garen*, et ci-dessous *Guerant*.

GARBAGE, Droit de gerbes. Gl. *Garbagium*, sous *Garba*, 1.

GARBE, Gerbe. Gl. *Garba*, 1.

GARBEJAR, Engerber, mettre en gerbes. Gl. *Garbeiare*.

GARBER, Voler, emporter des gerbes. Gl. *Garbeiare*.

GARBOUTEAU, Espèce de petit poisson; p. e. pour *Barbouteau*, diminutif de Barbeau. Gl. *Garbola*.

* GARBUM, Vent de sud-ouest. Gl. *Garbinus*, 1.

GARCAGE, Sorte de droit seigneurial. Gl. *Garcagium*.

GARCE, Jeune fille. Gl. *Garsiæ*, sous *Garcio*, pag. 479³.

GARCHAS, Gué. Gl. *Gadium*, 1.

GARCHONNIER, Fripon, vaurien, garnement. Gl. *Garcio*, pag. 479².

GARÇON, Valet, goujat, fripon, vaurien, débauché, homme de néant. Gl. *Garcio* [et *Jocare*. Chanson de Roland, stance 174, vers 20 : *Escuier ne garçun*. Partonop. vers 4828, 5986. Roman de Renart, t. 1, pag. 19, vers 503. Voyez Rayn. tom. 111, pag. 436¹, au mot *Garso*.]

GARÇONISER, Appeler quelqu'un *Garçon*, dans le sens qu'on vient de l'expliquer. Gl. *Garcio*, pag. 479².

GARÇONNAILLE, Une troupe de vauriens, de fripons. Gl. *Garcio*, pag. 479².

GARÇONNER, Appeler quelqu'un *Garçon*, c'est-à-dire fripon, débauché, garnement. Gl. *Garcio*, pag. 479².

GARD, Jardin, verger. Gl. *Gardignagium*.

* GARDAINE, Garde, gardienne. Partonop. vers 6905. *Gardain, Gardein, Gardeor*, Chron. des ducs de Norm.

1. GARDE, Dommage, tort. Gl. *Garda*, 1. [Danger, crainte. Chastel. de Couci, v. 1805. Renart le Nouvel, tom. 1v, pag. 156, v. 825. Garin le Loher. tom. 1, pag. 69, 70. Roman de Renart, tom. 1, pag. 22, vers 574. — *Se prendre garde*, pag. 31, vers 801. Chanson de Richard de Furnival, Wackern. pag. 59. — *Se donner garde*, Roman de Renart, tom. 1, pag. 37, vers 958.]

2. GARDE, L'obligation qu'a un vassal de faire le guet ou de garder le château de son seigneur. Gl. *Garda*, 4, [et *Wactæ*, pag. 901³. *Garde lige*. Gl. *Warda*, p. 908³.]

3. GARDE, Ferme, métairie. Gl. *Garda*, 6.

4. GARDE, Tuteur. Gl. *Garda*, sous *Warda*, pag. 907². [Voyez Rayn. tom. 111, pag. 425², au mot *Garda*.]

5. GARDE, pour Carde, peigne à carder. Gl. *Garda*, 8.

6. GARDE DES ÉGLISES, Droit royal ou seigneurial, pendant la vacance des églises, sur leur temporel. Gl. *Wardæ ecclesiarum*, sous *Warda*, pag. 907³ et 909¹.

* 7. GARDE, *Prevosts gardes* ou *en garde*. Gl. *Præpositi*, pag. 407². *Garde de la monnaie*. Gl. *Custos*, pag. 727². *Garde du scel*. Gl. *Sigillum*, pag. 246¹.

GARDE-BIEN, Guet, garde. Gl. *Garda*, 4.

GARDE-BRAS, Armure, qui couvre les bras. Gl. *Antebrachia*.

GARDE-CORPS, Sorte d'habillement qui couvrait la poitrine. Gl. *Gardecorsium* [et *Wardecosia*].

GARDE-HUCHES, Officier chez le roi, qui a soin du coffre où l'on serre le pain et les autres choses qui servent sur la table, dans une Ordon. de 1386. au Mémor. E. de la Ch. des Comptes, fol. 100, v°.

GARDELENDE, Sorte d'habillement. Gl. *Gardelenda*.

GARDEMANGER, GARDEMANGIER, Officier de table chez le roi. Gl. *Guardamanzerius*.

GARDENAPE, GARDENAPPE, Un rond d'étain ou de bois, sur lequel on mettait les pots et les verres pour ne point salir la nappe. Gl. *Gardenappa*.

GARDEOR, Gardien, le supérieur d'une maison religieuse. Gl. *Gardiánus* [sous *Gardia*, 1, pag. 481¹. Chron. des ducs de Norm. au mot *Gardain*].

GARDER LE CUER, Tenir le chœur, y présider. Gl. *Choreatius*.

* GARDER, Regarder. Flore et Blancefl. vers 1943. Voyez Rayn. tom. 111, pag. 424², au mot *Gardar*. Préserver, protéger. Dit du pauvre chevalier, Jubinal Fabliaux, tom. 1, pag. 141 :

Dieu pria de bon cuer et la vierge pucelle,
Que contre l'ennemi li garde sa querelle.

GARDEROBE, Le trésor des chartres. Gl. *Garderoba*, 2 [en Angleterre].

GARDE-VIN, Officier chez le roi, dans une Ordonn. au Reg. *Noster* de la Ch. des Comptes, fol. 119, r°.

GARDEUR, Tuteur. Gl. *Garda*, sous *Warda*, pag. 907².

* GARDEYN D'ANGLETERRE. Gl. *Custos*, 3.

1. GARDIER, Celui qui est sujet au droit de *garde* ou de protection. Gl. *Garderii*, sous *Warda*, pag. 909².

2. GARDIER, Celui qui est chargé de veiller à la conservation des droits de quelqu'un. Gl. *Gardiator*, sous *Gardia*, 1, pag. 481¹.

GARDIN, Jardin, verger. Gl. *Gardignagium*. [Chron. des ducs de Norm.]

GARDOIEN, Celui qui est sujet au droit de *garde* ou de protection. Gl. *Garderii*, sous *Warda*, pag. 909².

GARDONER, Médire, mal parler de quelqu'un. Gl. *Gardo*.

GARENNE, Vivier, lieu où la pêche est défendue. Gl. *Garenna*, 2 [et *Warenna*].

GARENTAGE, Garantie, caution. Gl. *Garentigia*.

GARET, Terre moissonnée, champ dépouillé de ses fruits. Gl. *Garrigua* [*Estoblagium* et *Veractare*, le Gloss. de la Chanson de Roland, au mot *Guaret*].

GARETIER, Labourer un guéret ou une terre en jachère. Gl. *Veractare*.

1. GAREZ, Le temps de la moisson. Gl. *Garrigua*.

* 2. GAREZ, Jarrets. Chron. des ducs de Norm.

GARGAITE, Gosier. Gl. *Gargata*.

GARGAMELLE, La gorge, le gosier. Gl. *Gargalio*.

GARGATE †, Gosier. Gl. *Gargata* [et *Gargula*].

GARGETON †, Gosier. Gl. *Gurgulió*.

GARGOULE, Gargouille, gouttière de pierre. Gl. *Gargoula*.

GARGOULLE, Figure d'un dragon. Gl. *Gargoula*.

* GARIER (SE), Guerroier, faire la guerre, Gérard de Vienne, vers 3590 :

Fereiz voz pais ou vos garierois ?

Voyez *Guerier*.

GARIMENT, Garantissement, garantie. Gl. *Garire*. [Salut, refuge. Chron. des ducs de Normandie.]

GARINGAL, Sorte d'épice. Gl. sous *Salsa*, 1. [Partonop. vers 1629. Flore et Blancefl. vers 382, 2029. Voyez Rayn. tom. 111, pag. 516¹, au mot *Guarengal*.]

GARIOL, Barrière. Gl. *Legariol*.

GARIR, Garantir, assurer et conserver à quelqu'un la possession de quelque chose. Gl. *Garire*. [Garin le Loher. tom. 1, pag. 142. Vivre en sûreté, être en sûreté. Partonop. vers 1083, 1893. Garin, pag. 152. Roi Guillaume, pag. 65. Guérir, amender, Partonop. vers 2544. Chron. des ducs de Norm. Orell, pag. 129. Rayn. tom. 111, pag. 431¹, au mot *Garir*. Gloss. sur la Chanson de Roland, au mot *Guarnir*.]

1. GARISON, Provision, tout ce qui est nécessaire. Gl. *Garnisio*, 1, sous *Garnire*, pag. 486². [Roman de Renart, tom. 1, pag. 29, vers 753. Enfants Haymon, vers 365. Chron. des ducs de Norm. Voyez *Garnison*, 1.]

2. GARISON, Champ garni de ses fruits, les grains qui sont encore sur pied. Gl. *Garactum*.

* 3. GARISON, Sûreté, sauveté. Roman de Renart, tom. 1, pag. 34, vers 1414. Partoncp. vers 747.

GARITE, Guérite. Gl. *Garita*. [Renart le Nouvel, tom. 1v, pag. 164, vers 1004. Voyez Rayn. tom. 111, pag. 432¹, au mot *Gueride*.]

GARITER, GARITIER, Garnir de guérites, espèce de fortification. Gl. *Garitæ*.

GARLANDE, Guirlande, couronne. Gl. *Gallanda* [et *Garlanda*, 1].

GARLANDEIZ, Couronne, la partie supérieure d'un bâtiment. Gl. *Garlanda*, 2.

1. GARMENTER, Se plaindre, marquer du mécontentement. Gl. *Querimoniare*. [Voyez *Gamenter*.]

2. GARMENTER, Se donner des soins. Gl. *Querimoniare*.

* GARMOS. Roi Guillaume, pag. 65 :

Ceste, dist-il, n'est pas fardée
N'i a ne boure, ne garmos.

1. GARNACHE, Habit long, espèce de manteau. Gl. *Garnachia*, 1.

2. GARNACHE, GARNACHE, Sorte de vin de liqueur, qui était blanc. Gl. *Garnachia*, 2.

1. GARNEMENT, Ornement, garniture d'habit, fourrure. Gl. *Garniamentum*, sous *Garnire*, 1, et *Garnimentum*.

2. GARNEMENT, Habit long, espèce de manteau, toute sorte d'habit. Gl. *Garnamentum*, 1. [Chron. des ducs de Norm.]

*** 3. GARNEMENT**, Armure, harnais. Enfants Haymon, vers 100 :

Car ils sont assez grands pour vestir garnement.

Agolant, vers 1015 :

Fors li escuz n'ostez plus garnement.

Aubri, pag. 158[2] :

Qui sevent bien lor garnemens bailler.

Voyez Rayn. tom. III, pag. 434[2], au mot *Garnimen*. Gl. † *Munitio*, 2. Gloss. sur la Chanson de Roland, au mot *Guarnement*.

GARNESTURE, Tout ce qui peut servir à la défense d'une place. Gl. *Garnestura*.

*** GARNI**, Riche. Roman de Renart, tom. I, pag. 49, vers 1275. *France la garnie*, Enfants Haymon, vers 188.

GARNIMENT, Toute espèce d'habit. Gl. *Garnamentum*, 1. [Partonop. vers 1922.]

*** 1. GARNIR**, Avertir, prémunir, instruire. Partonop. vers 4553, 4573. Gérard de Vienne, vers 2343. Chanson de Simon d'Athies, Laborde, p. 159. *Garnis*, Averti, prét. Garin le Loher. t. 1, p. 284. Roi de Navarre, chanson 56. Voyez Rayn. tom. III, pag. 434[1], au mot *Garnir*. Chron. des ducs de Norm.

*** 2. GARNIR (SE)**, Se mettre en sûreté. Garin le Loher, tom. I, pag. 221.

*** 3. GARNIR**, **GUARNIR**, Chanson de Roland, Rayn. ibid. Gl. *Manus*, p. 263[2].

1. GARNISON, Provision, tout ce qui est nécessaire, le lieu où l'on serre les provisions. Gl. *Garnisio*, 1, pag. 486[23]. [Enfants Haymon, vers 367. Voyez Rayn. tom. III, pag. 434[1], au mot *Garniso*, ci-dessus, *Garison*, 1].

2. GARNISON, Nom général qu'on donne à tout ce qui est utile. Gl. *Garnisio*, 2, p. 487[1].

3. GARNISON, Doublure, fourrure. Gl. *Garnisio*, 2, p. 487[1].

GARNISSEMENT DE SEAUS, L'action d'apposer les sceaux. Gl. *Garnimentum*.

GAROEZ, Le temps de la moisson. Gl. *Garrigua*.

GARRAT, Fagot, bourrée. Gl. *Gararius*.

1. GARROT, Trait d'arbalètre, matras. Gl. *Garrotus* [et *Quadrellus*, 1].

2. GARROT, Gros bâton, levier. Gl. *Garrotus*.

GARSER †, Scarifier, piquer ou inciser la peau avec une lancette en plusieurs endroits. Gl. *Garsa*.

GARSOIL, Gosier. *Boire jusqu'au Garsoil*, s'Enivrer. Gl. *Garsallum*.

GARSON, Valet, goujat, débauché, vaurien, homme de néant. Gl. *Garcio*. [*Garson plumet*. Gl. *Plumarius*.]

GARSONNER, Appeler quelqu'un *Garson*, dans le sens qu'on vient de l'expliquer. Gl. *Garcio*. [*Garsonnet*, Petit garçon. Garin le Loher, tom. I, pag. 281.]

GARVACHE, pour **GARNACHE**, Habit long, espèce de manteau. Gl. *Garnacha*.

GAS, Moquerie, dérision. Gl. *Gabator*. [Plaisanterie, dissimulation. Partonop. vers 1318, 2228, 7008. Chanson de Chrétien de Troie, Wackern. pag. 19. Flore et Blancefl. vers 1610. Voyez *Gab*, *Gap*. Chron. des ducs de Normandie.]

GASCHE, Aviron. Gl. *Gachum*.

GASCHIERE, Terre nouvellement labourée. Gl. *Gascaria* [et *Harmiscara*].

*** GASCON**, Cheval de Gascogne. Renart le nouvel, tom. IV, pag. 138, vers 324. Roman de Roncevaux, pag. 26, etc. Gl. *Gasconienses*.

GASILLIER, s'Entretenir, discourir. Gl. *Gazera*, 2.

GASQUERER, Jacherer, donner le premier labour à une terre. Gl. *Gacherare*.

GAST. **FAIRE GAST**, **METTRE A GAST**, Faire dégât, ravager. [Négliger. Roi Guillaume, p. 148 :

Ceste proiere est mise à gast.]

d'où *Gastadour*, Pillard, qui ravage. Gl. sous *Vastum*, 1, pag. 746[2], et [*Gastare*. Chron. des ducs de Norm. Voyez Rayn. tom. III, pag. 437[2], au mot *Gast*, 1.]

GASTE, Ce qui est inculte. Gl. *Gastum*, sous *Vastum*, 1, pag. 746[2] [*Gaste fossé*, Gérard de Vienne, vers 566. Voyez Rayn. tom. III, pag. 437[2], au mot *Gast*, 2. Gloss. sur la Chanson de Roland, aux mots *Guaste*, *Guastede*.]

GASTEBOISE, Terme de la fabrique des monnaies. Gl. sous *Gastare*.

GASTEL, Gâteau, sorte de pâtisserie. Gl. *Gastellus*, sous *Wastellus*.

GASTELERIE, **GASTELLERIE**, Le droit que payent au seigneur ceux qui font et vendent des gâteaux. Gl. *Gastellarius*.

GASTELLIER, Qui fait et vend des gâteaux. Gl. *Gastellarius*.

GASTEMAISON, Masure, maison ruinée. Gl. *Gastadomus*.

GASTEMENT, Dépense, perte. Gl. *Gastare*.

1. GASTER, Piller, dévaster, ravager. Gl. *Gastare*.

2. GASTER, Dépenser, consommer. Gl. *Gastare*.

GASTE-SAMIS, Étoffe de soie. Gl. *Stamesiricus*.

*** GASTEUR**, Garnisaire. Gl. *Comestores*.

GASTIEL, Gâteau, sorte de pâtisserie. Gl. *Gastellus*, sous *Wastellus*.

GASTIER. **SERGENT GASTIER**, Messier. Gl. *Gasterius* et *Gastum*, sous *Vastum*, 1, pag. 746[2].

GASTINE, Désert, solitude, terre inculte. Gl. *Gastina*, et sous *Vastum*, 1, pag. 746[3]. [Partonop. vers 351. Chron. des ducs de Normandie.]

GASTON, pour Baston. Gl. *G. nonnumquam mutatur in B.* et *Vertevella*.

GATE, Jatte, vaisseau rond. Gl. *Gatus*, 1 et 2 [*Gatte*. Gl. *Concha*, 1].

*** GATEIS**. Merlin Mellot, Jubinal, Fabliaux, tom. I, pag. 129 :

Certes vilain sui-je gatéis comme un ours.

GAU, Moulin à fouler les draps. Gl. *Gauchatorium*.

GAVARDINE, Sorte d'habit de dessus. Gl. *Garnacha*.

*** GAUBESON**, comme *Gamboison*. Gl. *Gambeso*, pag. 470[3].

GAUCHER, Fouler les draps. Gl. *Gauchatorium*.

*** GAUCHIR**. Voyez *Ganchir*.

GAUCHOIR, Moulin à fouler les draps. Gl. *Gauchatorium*.

GAUD, Bois, forêt. Gl. *Gualdus*.

GAUDENCE, Jouissance. Gl. *Gaudita*.

GAUDIN, Fable, conte, chanson gaillarde. Gl. *Motetum*.

GAUDINE, Bois, forêt. Gl. *Gualtina*, sous *Gualdus*. [Laborde, pag. 197. Voyez Rayn. tom. III, pag. 441[2], au mot *Gaudina*.]

GAUDIR, Gauchir, se détourner. Gl. *Gaudiosus*. [Guill. Guiart, tom. I, pag. 248, vers 5979. Voyez *Gandir*.]

GAUDISOUR, **GAUDISSEUR**, Séducteur de femmes. Gl. *Gaudiosus*.

GAUDOIER, Se réjouir, se divertir. Gl. *Gaudiose*.

*** GAVE**, Gosier. Renart le Nouvel, tom. IV, pag. 199, vers 1911. Voyez *Gaviete*.

GAVELOT, **GAVERLOT**, **GAULOT**, Javelot. Gl. *Gaverlotus*. [Voyez Gl. *Gaveloces*.]

GAVENE, Le droit de protection dû aux comtes de Flandre en qualité de gardiens ou *Gaveniers* du Cambresis. Gl. *Gavena*.

GAUFFRE, Gauffrier. Gl. *Gauffra*.

GAUGE, Bêche et la profondeur du fer d'une bêche. Gl. *Gauja*.

GAVIETE, **GAVION** †, Gosier. Gl. *Gargata* [Voyez *Gave*].

GAVIOT, p. e. Cheville. Gl. *Gavilium*.

GAULE, Impôt, taille, ce qu'on paye à son seigneur à titre de protecteur. Gl. *Gaulum*, sous *Gablum*.

*** 2. GAULE**. **GAULER**. **GAULERIE**. Gl. † *Vagari*.

GAUPPE, Femme débauchée. Gl. *Gausape*.

GAVREAL, Râpé. Gl. *Gaurea*.

GAVRELOT, Javelot. Gl. *Gaverlotus*.

GAURLOT, pour **GAVRELOT**, Javelot. Gl. *Gaverlotus*.

*** GAUSE**, Gousse ou sauce? Renart le Nouvel, tom. IV, pag. 23, vers 603 :

Deus chapons à la gause aillie.

GAUSLE, Machine pour tirer l'eau d'un puits. Gl. *Gaulina*.

*** GAUSNE**, Jaune. Flore et Blancefl. vers 567. Voyez *Gane*.

GAUT, Bois, forêt. Gl. *Gualdus* [et *Caula*, 2. Aubri, pag. 166[1]. Gérard de Vienne, vers 3294. Roman de Renart, tom. II, pag. 240, vers 16102; tom. IV, pag. 12, vers 308. Voyez Rayn. tom. III, pag. 441[1], au mot *Gaut*, et le Gloss. sur la Chanson de Roland, au mot *Gualt*.]

*** GAUTEAU**. Gl. *Gautocus*.

*** GAUZ**. Gl. *Gallinatus*.

1. GAY, Geai, oiseau. Gl. *Gaia*.

2. GAY, Abandonné, délaissé. Gl. *Gaivus*.

GAYABLE, Saisissable. Gl. *Gagiare*, 1.

GAYAR, Bâton ou perche, dont le bout est armé d'un croc de fer; d'où p. e. *Gayer draps*, Les suspendre à un *Gayar*. Gl. *Gajardus*.

GAYARD, Croc, crochet. Gl. *Gajardus*.

GAYF. **CHOSE GAYVE**, Qui est égarée, et qui n'est réclamée de personne. Gl. *Wayf*.

1. GAYN, Blé de cens ou de rente. Gl. *Gaagnium*.

2. GAYN, L'automne, la saison où l'on cueille les fruits, appelés *Gains*. Gl. *Gagnagium*, 1.

GAYNIER, Laboureur. Gl. *Gainare*.

GAYNNERIE, Le métier de gaînier. Gl. *Gaynerius*. [*Gayne* †, *Gaynier* †. Gl. *Faginare*.]

GAYOLE, Prison, cage. Gl. *Geola.*

GAYVETE, Canif, couteau. Gl. *Ganiveta.*

GAYWON, Chose égarée et qui n'est réclamée de personne. Gl. *Wayf.*

* GAZ, Plaisanterie, insultes. Chronique des ducs de Norm., tom. II, pag. 391, vers 26709 : *Des gaz deffenduz.* Voyez *Gas*, et le passage du Roman d'Athis sous Gl. *Vastum*, 1, pag. 746².

GAZILLER, s'Entretenir, causer, discourir. Gl. *Gazera*, 2. [Voyez Rayn. tom. III, pag. 448², au mot *Gazalhar.*]

GEALLOIE, Certaine mesure. Gl. *Jalleia*, sous *Galo*, 1.

* GEER, Aller à gué. Chronique des ducs de Normandie.

* GEET DE MER. Gl. *Rejectus.*

GEEZ, Jeton. Gl. *Gita.*

GEHINER, Tourmenter, donner la question. Gl. *Gehennæ.*

GEHIR, Confesser, avouer. Gl. *Gehennæ.*

* GEHYNE. Gl. *Quæstio*, 3.

GEIS, Répartition de deniers. Gl. *Gita.*

GEISTE, Gîte, le droit qu'a le seigneur de loger chez son vassal. Gl. *Gistum.*

GELDE, Société, compagnie; d'où *Geldon*, Compagnon. Gl. *Gilda.* [*Gelde, Geude.* Compagnie d'infanterie. Voyez le Glossaire sur la Chron. des ducs de Norm., et Rayn. tom. III, pag. 452¹, au mot *Gelda. Geldon*, Partonop. vers 2334. *Geudon*, Aubri, pag. 155¹. Enfances Roland, pag. 157².]

* GELDIERE. LANCE GELDIERE, Lance de fantassin. Gl. *Lancea*, pag. 22¹. Voyez *Gelde.*

GELINAGE, Le droit qui est payé en *Geline* ou poule. Gl. *Gelignagium.*

GELINE, Poule. Gl. *Gallinagium.*

GELINIER, Poulailler. Gl. *Gallinarium.*

GELLE, Mesure de vin. Gl. *Gella.*

GELOINGNIE, GÉLOINIE, GELONNGNIE, Certaine mesure pour les grains ou pour le sel. Gl. *Galo*, 1.

1. GEME, Poix ou goudron; d'où *Gemer*, Frotter avec de la poix. Gl. *Gema.*

* 2. GEME, Gemme, pierre précieuse. Flore et Blancefl. vers 499, 482 :

> Et Venus la plus bele feme,
> Qui de totes autres ert gemc.

Voyez Rayn. tom. III, pag. 434², au mot *Gemma*, et la Chron. des ducs de Norm.

GEMME, Gouvernante d'une jeune fille. Gl. *Gemmades.*

* GEMMÉ, GEMÉ, Orné de pierreries. *Elme gemmé*, Chanson de Roland, etc. Voyez Agolant, vers 945. Gérard de Vienne, vers 2370. Rayn. tom. III, pag. 453², au mot *Gemar. Gremmez à or?* Roman de Roncevaux, pag. 29.

GEN, Marc de raisins. Gl. *Gen.*

1. GENDRE, Genre, race. Gl. *Genera.*

2. GENDRE, Principal garçon d'un meunier ou d'un boulanger. Gl. *Junior.*

GENECIER, Étui, gaine. Gl. *Genecerium.*

GENELLE, Sorte de fruit sauvage, prunelle. Gl. *Genella.*

GENERAL, Repas, dans lequel chaque moine avait son plat. Gl. *Generale.*

GÉNÉRAUTÉ. EN GENERAUTÉ, En général. Gl. *Generalitas*, sous *Generales*, 3.

GENERET, Repas, dans lequel chaque moine avait son plat. Gl. *Generale.*

GENESCHIER, Sorcier, enchanteur. Gl. *Genitialii.*

GENESTAIRE, Sorte de lance ou javeline. Gl. *Geneteria.*

GENESTAYS, Genêt, arbrisseau. Gl. *Genesteium.*

GENESTE, Genette, espèce de fouine. Gl. *Geneta.*

GENESTRE, Genêt, arbrisseau. Gl. *Genesteium.*

GENETAIRE, Sorte de lance ou javeline. Gl. *Geneteria* [et *Lancea*, pag. 21¹].

GENETAIRES, Testicules du castor. Gl. *Genitalia.*

* GENEVER, Janvier. Chron. des ducs de Normandie.

GENEVOIS, Génois. Gl. *Souderarius*, sous *Solidata.*

GENGLER, Jouer, badiner, folâtrer, s'amuser. Gl. *Joculari.* [Railler. Partonop. vers 8364. Voyez Rayn. tom. III, pag. 421², au mot *Ganhar.*]

GENGLERES, Effronté, impudent. Gl. *Joculator*, 1, sous *Joculari.*

GENGLEUR, Farceur, bateleur. Gl. † *Epilogus*, 3, et *Joculator*, 1, sous *Joculari.* [*Genglour.* Gl. *Linguosus.*]

GENGLOIS, Tromperie. Gl. *Joculator*, 1, sous *Joculari.*

GENICIER, Sorcier, enchanteur. Gl. *Genitialii.*

GENIESTE, Genêt, arbrisseau. Gl. *Genesteium.*

1. GENITAIRES, Cavalerie légère. Gl. *Geneteria.*

* 2. GENITAIRES, Testicules. Flore et Blancefl. vers 1904. Voyez *Genetaires* et la Chron. des ducs de Norm.

GENITEUR, Père, celui qui a engendré. Gl. *Genitor.*

GENITILLES, Testicules, bourses. Gl. *Genitalia.* [*Genitailles*, Rayn. tom. III, pag. 458¹, au mot *Genitalias.*]

GENNE, Marc de raisins. Gl. *Gen.*

GENOLLON, Genou. Gl. *Genuculum*, 1.

GENOUIL, Degré de parenté. Gl. *Genuculum*, 2.

GENOUILLER, Plier les genoux. Gl. *Genuculum*, 1.

GENOUILLIER †, Armure des genoux, genouillères. Gl. *Genualia.* [*Genolliere*, Agolant, vers 281. Roi Guillaume, p. 149.]

GENOULLON. A GENOULLONS, A genoux. Gl. *Aggeniculare.*

1. GENS DE COTE, Roturiers, qui possèdent en roture. Gl. *Collaterii.*

* 2. GENS, GIENS. Voyez Diez, *Altrom. Sprachdenkm.* pag. 53. Rayn. tom. III, pag. 461¹, au mot *Gens.*

1. GENT, Beau, poli, gracieux. Gl. *Gentilis*, 1. [Voyez Rayn. tom. III, pag. 461², au mot *Gent*, 3. Chron. des ducs de Norm.]

* 2. GENT, Gent, peuple, homme. Partonop. vers 155, 256, etc. *Saint Pols li maistres de la gent*, vers 94. *Tote la gent manoient*, vers 349. *La gens cuidoient*, vers 322. *Combatre, assanler gent à gent*, Renart le Nouvel, tom. IV, pag. 205, 208; vers 2069, 2147. Voyez Rayn. tom. III, pag. 460², au mot *Gent.*

* 3. GENT, Gant, gage. Chanson de Amauri de Creon, Wackern. pag. 14 :

> Et per teil gent prist ele mon homaige.

1. GENTE, Jante. Gl. *Gentia.*

2. GENTE, Oie, oison. Gl. *Gantæ*, 2.

* GENTELISE, Noblesse, manières nobles. Partonop. vers 1367, 1499. *Genterise*, Chronique des ducs de Normandie. *Gentillece*, Parton. vers 1507. Voyez Rayn. tom. III, pag. 462¹, au mot *Gentileza.*

1. GENTIL, Noble. Gl. *Gentilis*, 1. [Partonop. vers 1507. Garin le Loher. tom. 1, pag. 6, 7. Rayn. tom. III, pag. 462², au mot *Gentil. Gentilhomme.* Gl. *Miles*, p. 406².

2. GENTIL, Poli, gracieux, qui a les manières nobles. Gl. *Gentilis*, 2.

GENTILCE, Noblesse, foi de gentilhomme. Gl. *Gentilia.*

GENTILFAME, Femme noble. Gl. *Gentilis*, 1.

GENTILISE, Noblesse, priviléges des nobles. Gl. *Gentilia.*

GENTILLESSE, Titre des nobles. Gl. *Gentilia* [et *Miles*, pag. 407¹].

GENULER, Se mettre à genoux. Gl. *Fidelitas.*

GENURE, Jeune, cadet, puîné. Gl. sous *Junior.*

GEOLLAGE, Le droit du seigneur sur ceux qui sont mis en la *geôle* ou prison. Gl. *Geolaria*, pag. 510³.

GEPTE, Taille, impôt. Gl. *Gita.*

GERBADGE, Droit de gerbes. Gl. *Garbagium*, sous *Garbal*, 1.

GERBE D'OIGNONS, Botte. Gl. sous *Garba*, 1.

GERBERIE, Droit de gerbes. Gl. *Gerberia*, 1.

GERBIE, Sorte de lance courte, demipique, javelot. Gl. *Gaverlotus.*

GERBIER, Amas de gerbes. Gl. *Gerberius.* [*Modulum* et *Columna.*]

* GERCE. Gl. *Hogaster.*

* GEREDON, GERREDON. GEREDONER. Voyez *Gueredon*, *Gueredoner*, etc.

GERET, Jarret. Gl. *Garettum.*

GERGERIE, Sorte de mauvaise-herbe, ivraie. Gl. *Zizanea.*

GERME, Jeune brebis, qui n'a point encore porté. Gl. *Germgia.*

* GERNON, comme *Grenon*, Moustache. Roman de Renart, tom. III, pag. 113, vers 22864 :

> De li a ses gernons torchiez,
> Si en a fait ses joes bruire.

Chron. des ducs de Norm. *Gernun*, Chanson de Roland.

GERON, Giron, sein. Gl. *Birus.* [Pan du *bliaut.* Aubri, pag. 161¹ :

> Et le contasse le prist par le geront.

Voyez Rayn. tom. III, pag. 468², au mot *Girc*, et ci-dessous *Giron.*]

GERONNÉE, Autant qu'un *Giron* ou tablier peut contenir. Gl. *Gyro*, 1. [Avec des larges pans. Aubri, vers 118 :

> Ele out vestu un hermin engolé,
> Et par desore un bliaut geroné.

Voyez Rayn. tom. II, pag. 468², au mot *Geronar.*]

GEROUWAIDE †, Devidoir. Gl. *Gigilla.*

* GERPIR. Voyez *Guerpir.*

GERROMET, pour GROUMET, Serviteur, garçon de marchand ou d'artisan. Gl. *Gromes.*

GERY, Certain arbre en Normandie. Gl. *Geria.*

* GESILLON, Gazouillement. Flore et Blancefl. vers 2038.

* **GESINE**, Tannière. Roman de Renart, tom. 1, pag. 15, vers 396.

1. **GESIR**, Etre couché. Gl. *Gesina*, 1. [Connaître charnellement. Roman de Renart, tom. 1, pag. 22, vers 583; pag. 19, vers 507. Voyez Orell, pag. 172. Rayn. tom. iii, pag. 582², au mot *Jazer*.]

2. **GESIR**, Être enterré. Gl. *Gesina*, 1.

3. **GESIR**, Être en couche. Gl. *Gesina*, 1. [Roman de Renart, tom. iii, pag. 29, vers 20614 :

> Et sa feme gist de gesine.

Voyez Rayn. tom. iii, pag. 583¹, au mot *Jassina*.]

GESKERECH, Le mois d'août. Gl. *Garrigua*.

1. **GESSE**, Espèce de légume. Gl. *Gessia*.

2. **GESSE**, Gouttière. Gl. *Gessum*.

GESSINE, La cérémonie et le festin des relevailles. Gl. *Gesina*, 1.

* 1. **GESTE**, Histoire, chronique. Chron. des ducs de Norm. Rayn. tom. iii, p. 465¹, au mot *Gesta, etc.* Gl. *Gesta*, 2.

* 2. **GESTE**, Race, lignée. Roman de Roncevaux, pag. 48 :

> Grans fu la perde de la geste Jupin.

Chanson de Roland, stance 61, vers 6 :

> Deus me confunde se la geste en desment.

Gérard de Vienne, pag. 166¹, 167¹ :

> Bien traiez à la geste.

Flore et Blancefl. vers 2094 :

> Que ses barons assanlera
> Tot icil qui sont de sa geste.

Queue de Renart, Jubinal, tom. ii, p. 92 :

> Boulengiers et espiciers
> Seront aussi de la geste.

Voyez les Glossaires sur la Chanson de Roland et sur la Chron. des ducs de Normandie. Gl. *Festa*, pag. 257¹.

GESTRE, Sorte de bois, p. e. Ébène. Gl. *Gestre*.

1. **GET**, Lien, attache, courroie avec laquelle on jette l'oiseau après le gibier. Gl. *Jactus*, 2. [Gérard de Vienne, vers 128 :

> Laise les ges, si lait l'oisel aler.

Voyez Rayn. tom. iii, pag. 465², au mot *Get*.]

* 2. **GET**, Jet. Agolant, vers 360. Voyez Rayn. tom. iii, pag. 470¹, au mot *Giet*. *Sans gez*. Gl. *Jactus*, 3.

GETOIER, Jetton. Gl. *Gita* [et *Summare*, 5].

GETOIRE, Pelle de bois. Gl. *Gitare*.

GETOUOIR, Jeton. Gl. *Gita*.

GETTAISON, L'action de jeter. Gl. *Jactus*, 6.

GETTE, Redevance, impôt, taille. Gl. *Gita*.

1. **GETTER**, Faire la répartition d'un impôt. Gl. *Gita*.

2. **GETTER** Canon, Le tirer. Gl. *Gitare*.

GETTOIRE, Pelle de bois. Gl. *Gitare*.

* **GEUDON**. Voyez *Geldon*.

GEVELINE, Javeline, demi-pique. Gl. *Gevelina*.

GEWIR, Être enterré. Gl. *Gesina*, 1.

GEYNDRE, Le principal garçon d'un meunier ou d'un boulanger. Gl. *Junior*.

GHASKERER, Labourer. Gl. *Gascaria*.

GHENCHIR, Se détourner, esquiver. Gl. *Guillator*.

GHERPIR, Abandonner, délaisser. Gl. *Guerpire*.

GHEUDE, Société, corps de métier, confrérie. Gl. *Ghilda*.

GHIESQUIERE, Gachère. Gl. *Gasqueria*.

GHILLE, Supercherie, mensonge, fourberie. Gl. *Guillator*. [Partonop. vers 3997. *Ghiler*, Laborde, pag. 154.]

GHISARME, Sorte d'arme, lance, demi-pique. Gl. *Gisauma*, pag. 524².

GHISELE, Otage. Gl. *Ghisele*.

GIBACIER, Bourse large et ornée qu'on portait devant soi. Gl. *Gibaçaria*.

GIBAULT, Instrument à remuer la terre; ou espèce d'arme. Gl. *Giba*, 2.

GIBBE, Instrument à remuer la terre, à arracher lés herbes; ou espèce d'arme. Gl. *Giba*, 2.

1. **GIBE**, comme GIBBE. Gl. *Giba*, 2.

2. **GIBE**, Sorte de paquet ou ballot. Gl. *Giba*, 2.

GIBECER, Chasser aux oiseaux. Gl. *Gibicere*.

GIBECIER, GIBECIERE, Bourse large et ornée qu'on portait devant soi. Gl. *Gibaçaria*.

GIBEER, GIBEIER, Chasser. Gl. *Gibicere*.

* **GIBELE**, Espèce de pâté. Flore et Blancefl. vers 3187.

1. **GIBER**, Se débattre des pieds et des mains, s'agiter, lutter. Gl. *Gibetum*.

2. **GIBER**. Aller en Giber, Chasser aux oiseaux. Gl. *Gibicere*.

GIBESSIER, Bourse large et ornée qu'on portait devant soi. Gl. *Gibaçaria*.

GIBET, Espèce de fronde ou d'arme. Gl. *Gibetum* [et *Fundibulum*].

GIBIER. Aller en Gibier, Chasser aux oiseaux. Gl. *Gibicere*.

GIBOYER, Chasser aux oiseaux. Gl. *Gibicere*.

GIEFFROY, Nom propre tourné en dérision. Gl. *Goffredus*.

GIEN. De Gien en Gien, p. e. En biais. Gl. sous *Gigilla*.

GIENNOIS, Monnaie du comte de Gien. Gl. *Giemensis*, sous *Moneta Baronum*.

GIERAUCIE, Hiérarchie, les chœurs ou ordres des anges. Gl. *Gerargha*.

* **GIESER**, Dards, piques. Chanson de Roland, stance 152, vers 10. Voyez *Gisarme*, Halliwell, au mot *Geserne*.

GIEST, Taille, impôt. Gl. *Gita*.

1. **GIET**, Lien, attache, courroie, avec laquelle on jette l'oiseau après le gibier. Gl. *Jactus*, 2. [Roi Guillaume, pag. 147 :

> Biau sire, par tel covenant,
> Fait la dame, vos doins congié
> De courre après le cerf, con gié
> Vos courrés; jou ne courrai pas.]

2. **GIET**, Ce que jette la mer sur le rivage. Gl. *Jactus*, 6.

3. **GIET**, Jeton. Gl. *Gita*.

GIETZ, p. e. Saillie, avance. Gl. *Gietz*.

GIEZ, Le seuil d'une porte. Gl. *Gietz*.

GIFFARDE, Servante de cuisine. Gl. *Giffardus*.

GIGE, Instrument de musique à cordes. Gl. *Giga*, 2.

GIGIMBRAT, Gingembre. Gl. *Electuarium*, 1.

* **GIGNOS**, Intelligent, adroit. Partonop. vers 5434. Voyez Rayn. tom. iii, pag. 455¹, au mot *Ginhos*.

GIGUE, Instrument de musique à cor-

des. Gl. *Giga*, 2. [Voyez Rayn. tom. iii, pag. 466², au mot *Gigua*.]

GIGUEOUR, Joueur de l'instrument appelé *Gigue*. Gl. *Giga*, 2. [*Gigneour d'Alemaigne*. Gl. *Fistulare*.]

GILBE, Instrument à remuer la terre et à arracher les herbes; ou espèce d'arme. Gl. *Giba*, 2.

GILDE, Société, communauté, confrérie. Gl. *Gilda* [et *Childa*].

GILE, GILLE, Supercherie, mensonge, fourberie; d'où *Giler* et *Giller*, Tromper, duper, fourber. Gl. *Guillator*.

* **GILFAUT** †, Gerfaut. Gl. *Herodius*. *Girfaus*, Partonop. vers 1738. Voyez Rayn. tom. iii, pag. 468², au mot *Girfalc*.

GILLERE, Trompeur, fourbe, qui est de mauvaise foi. Gl. *Guillator*.

GILLIERE, Bateleur, charlatan, bouffon, faiseur de tours. Gl. *Guillator*.

GIMGEMBRAT, Gingembre. Gl. *Gingiber*. [*Gingembras*, Chastel. de Couci, vers 476. Voyez Rayn. tom. iii, pag. 467¹, au mot *Gingebre*.]

GIPPONNIER, Tailleur, faiseur de jupons. Gl. *Gippo*.

GIRARME, pour GISARME, Sorte d'arme, lance, demi-pique. Gl. *Gisauma*.

* **GIRES**, Douleurs de l'enfantement. Enfants Haymon, vers 783 :

> Bries et sans sentir gires en futes acouchie
> Du fis qui à Noel nacqui de vous, Marie.

1. **GIRON**, La partie de l'habillement qui est à la ceinture. Gl. *Gyro*, 1. [Agolant, vers 190, pag. 152². Gérard de Vienne, vers 2368, 2785. Enfants Haymon, v. 631. Voyez *Geron*.]

2. **GIRON**, Partie d'une tente ancienne. Gl. *Gyro*, 1.

3. **GIRON**, Tour, circuit, enceinte. Gl. *Gyro*, 2.

GIRONNÉE, Autant qu'un *Giron* ou tablier peut contenir. Gl. *Gyro*, 1.

GIRVIE, Sorte d'arme, p. e. Lance, demi-pique. Gl. *Gieverina*.

GISARME, Sorte d'arme, hache, ou demi-pique, lance. Gl. *Gisauma* [et *Jesa*. Flore et Blancefl. vers 1916. Chronique des ducs de Norm.].

GISE, Aiguillon, dont on pique les bœufs. Gl. *Gisauma*.

* **GISTE**. Gl. *Gistum*, et *Procuratio*, 1, pag. 465².

GISTERNEI, Instrument de musique à cordes, guitare. Gl. *Guiterna*.

GITER, Faire la répartition d'un impôt. Gl. *Gita*. [Jeter, etc. Orell, pag. 119. Rayn. tom. iii, pag. 469¹, au mot *Gitar*.]

GITTAIGE, Redevance, impôt, taille. Gl. *Gitagium*.

GITTER de ruyne un pré, Le remettre en valeur. Gl. *Exartare*.

GITTEUR à Fonde, Celui qui lance avec une fronde. Gl. *Fundibalista*, sous *Fundibulum*.

GIU PARTI, pour Jeu parti, Alternative. Gl. *Jocus partitus*.

* 1. **GIUS**, Jeu. Partonop. vers 1734, 4036 :

> Et si quit bien que s'il fust nius
> Que fais i fust li comuns gius.

Vers 3035 :

> Moult est aficiés en estrius
> Car nel violt pas ferir à gius.

Chron. des ducs de Norm. tom. 1, pag. 200, vers 3368 :

> A gius, n'à certes, n'à agus.

Pag. 442, vers 10413. Voyez Rayn. tom. III, pag. 584¹, au mot *Joc.*

* 2. GIUS pour *Giuste.* Partonop. vers 1512 :

> Mais ce ne seroit mie gius.

1. GIUSTE, *Juste,* Sorte de mesure. Gl. *Justa,* 2.

* 2. GIUSTE, Juste, innocente. Flore et Jeanne, pag. 60.

GLACHER (SE), Détourner un coup, l'éviter. Gl. *Guillator.* [*Se glacer,* S'élancer. Guill. Guiart tom. II, pag. 269, vers 6979 (15971) :

> A grant haste après eus se glacent.] ·

GLACHIER, Glisser, faire un faux pas. Gl. *Acherure.* [*Glacier, Glaicier,* Glisser, pénétrer. Gérard de Vienne, vers 2779 :

> · Jusc' an ou cercle est l'espée glacie.

Vers 2443 :

> Desci el prei est li boius brans glaicié.

Chron. des ducs de Normandie.]

GLACHON, Sorte d'habit de guerre. Gl. *Glizzum.*

GLAÇON, Toile fort fine. Gl. *Glizzum.*

GLAGER DE FLEURS, D'HERBE, Répandre sur le pavé des fleurs ou des herbes. Gl. † *Florare* et *Herbare.*

GLAIAIRE, Glaïeul. Gl. *Gladiolum.*

* GLAIE, Glaïeul, iris. Chanson de Raoul de Soissons, Laborde, pag. 218 :

> Quant je vois la glaie mure
> Et le rosier espanir.

Voyez Rayn. tom. III, pag. 472², au mot *Glaya,* Chron. des ducs de Norm. au mot *Glai.*

GLAINE, Glane, gerbe. Gl. *Glana.*

1. GLAIVE, Lance, demi-pique; d'où *Glaive,* Homme d'armes, cavalier armé de lance. Gl. *Glavea* et *Glaivus.* [Voyez Rayn. t. III, p. 475¹, au mot *Glavi.*]

* 2. GLAIVE, GLEIVE, Frayeur, douleur, carnage, massacre. Chron. des ducs de Normandie, tom. 1, pag. 293, vers 6073 :

> De cest glaive, de cest esfrei
> Parla chascuns mult endreit sci.

Tom. II, pag. 55, vers 16922 :

> Kar reis Aigrouz od ses Dancis
> A fait cest gleive de Franceis.

Pag. 153, vers 19871 :

> Si fait glaive ne teu martire
> Ne fu mais sur deus reis oïz.

Voyez Rayn. tom. III, pag. 472², au mot *Glay.*

GLAMELOT, pour GLAVELOT, Demi-pique ou lance. Gl. *Glaviolus.*

GLANDAGE, Le droit de faire paitre ses porcs dans une forêt. Gl. *Glandagium,* sous *Glandis,* 2.

GLANDÉE, comme GLANDAGE. Gl. *Glandagium,* sous *Glandis,* 2.

GLANDURE, Espèce d'ornement. Gl. *Ancona.*

GLANE. AVOIR GLANE, C'est avoir droit de glaner dans un champ. Gl. *Glana.*

GLANNE. AVOIR QUELQU'UN EN SA GLANNE, En être le maître, lui faire faire tout ce qu'on veut. Gl. *Glana.* [Guill. Guiart,

---

tom. II, pag. 83, vers 2115 (11091). Voyez *Glaon* et *Glenner.*]

* GLAON, Hart, osier. Roman de Renart, tom. IV, pag. 28, vers 742 :

> C'un glaon el dens a fichié
> Et loïé desus les oreilles,

Voyez *Glenner.*

GLAS, Cri confus. Gl. *Glatilare.* [Voyez Gl. *Classicum,* 1. Rayn. tom. III, p. 474, au mot *Glat,* et tom. II, pag. 401¹, au mot *Clas.*]

GLASSER, Glisser, couler. Gl. *Clidare.*

GLASSOIR, Conduit pour écouler l'eau, évier. Gl. *Goterius.*

GLASSOUER, comme GLASSOIR. Gl. *Goterius* [et *Agotum*].

GLATIR, Aboyer comme font les chiens. [Roman de Renart, tom. III, pag. 36, vers 20716. Partonop. vers 605. Garin le Loher. tom. 1, pag. 91. Voyez Rayn. t. III, pag. 474², au mot *Glatir*]; d'où *Glatissement,* Le cri du chien. Gl. *Glatilare* [et *Classicum,* 1, pag. 379³. Voyez le Glossaire sur la Chanson de Roland.]

GLAVE, Lance, pique [Flore et Jeanne, pag. 50. Voyez Rayn. tom. III, pag. 475¹, au mot *Glavi*]; d'où *Glave,* Homme d'armes, cavalier armé d'une lance. Gl. *Glavea.*

GLAVELOT, Demi-lance, demi-pique. Gl. *Glaviolus.*

GLAUGIOL, Sorte de poisson, calmar. Gl. *Casseron.*

GLAVIOT, Demi-lance, demi-pique. Gl. *Glaviolus.*

GLAUS †, Sorte de plante, herbe au lait. Gl. *Justrio.*

GLAY, Cri confus de joie et de gaieté. Gl. *Glatilare.*

GLEBE, Terre assignée pour le fonds et la dot d'une église. Gl. *Gleba,* 1.

GLENNE. FAIRE SES GLENNES, Glaner. Gl. *Glena.*

* GLENNER, Lier avec une hart. Guill. Guiart, tom. 1, pag. 190, vers 4387 :

> O Rogier, que maugré sien glennent,
> Trente et six chevaliers i prennent.

Voyez *Glanne* et *Glaon.*

GLENNON, GLENON, Botte de quelque chose que ce soit. Gl. *Glena.*

GLETE, Ordure, corruption. Gl. *Glotonus.*

* GLETERON †, Glouteron, bardane. Gl. *Lappa,* 1.

GLIC, Sorte de jeu de cartes. Gl. *Glissis.*

GLICHOUERE, Conduit pour écouler l'eau, évier. Gl. *Goterius.*

GLICHY, Plate-forme. Gl. *Glatia.*

GLICQ, Sorte de jeu de cartes. Gl. *Glissis.*

GLINSER, Glisser, couler. Gl. *Clidare.*

* GLIOIRE, Partie de harnachement. Chastel. de Couci, vers 1352 :

> Ces glioires sont deslachiés
> Et li bourel sont defroissié.

GLISEUR, Marguillier, celui qui est chargé de l'administration de la fabrique d'une église. Gl. *Gliserius.*

GLISSE, Gravier, sable. Gl. *Gliseria.*

GLOC, pour GLOE, Bûche. Gl. *Gloa.*

GLOE, Bûche, poutre, pièce de bois. Gl. *Gloa.* [Guill. Guiart, tom. II, p. 377, vers 9789; pag. 378, vers 9831; pag. 383, vers 9943 (18770, 18812, 18924).]

---

* GLOIE, Glaïeul. Gl. *Carectum.*

GLOP, Boiteux. Gl. *Cloppus.*

GLORE, Gloire, le ciel. Gl. *Glos,* 1. [*Glorie,* Partonop. vers 6315, etc. Voyez Rayn. tom. III, pag. 475², au mot *Gloria.*]

GLORIETE, Petite chambre fort ornée. Gl. *Glarieta.* [Partonop. vers 6910.]

GLOS, Terme d'honneur, qualification donnée aux fils de rois. Gl. *Gloria,* 2. [Comme *Glout,* 1. Partonop. vers 3787, 8375, 3388, 9868.]

* GLOTON †, GLOUTONNIER †, Glouteron, bardane. Gl. *Lappa,* 1.

GLOTONIN, Libertin, débauché. Gl. *Glotonus.*

GLOUS, Égout, canal par lequel s'écoulent les immondices d'une maison. Gl. *Glotonus.*

1. GLOUT, Glouton, gourmand; d'où *Gloutement,* Goulument. Gl. *Glotonus* [et *Gluto.* Voyez Rayn. tom. III, pag. 477, aux mots *Glot* et *Gloto,* et la Chanson de Roland].

2. GLOUT, Vicieux, débauché, livré aux femmes. Gl. *Glotonus.*

GLOUTE PAROLE, Injure, reproche offensant. Gl. *Glotonus.*

GLOUTRENIE, Débauche, libertinage. Gl. *Glotonus.*

GLUER, Coller, frotter de glu. Gl. sous *Charte,* 1.

GLUI, Chaume, paille. Gl. *Gluen* [et *Gelima.* Renart le Nouvel, tom. IV, p. 197, vers 847.]

GLUIER, Ramasser du chaume et le mettre en botte. Gl. *Gluen.*

GLUY, Gerbe, botte. Gl. *Gluen.* [Plait Renart de Dammartin, Jubinal, Fabl. t. II, pag. 24 : *Glui de vèce.*]

GLUYER †, Coller, joindre ensemble. Gl. *Glutinus.*

GLUYETER, Ramasser du chaume et le mettre en botte. Gl. *Gluen.*

GLUYON, Botte de paille de seigle. Gl. *Gluen.*

GLUYOT, Chaume, paille de seigle. Gl. *Gluen.*

GLUYOTAGE, L'emploi du *Gluy* ou chaume. Gl. *Gluen.*

* GLUYZ, Glu. Gl. *Viscare.*

GOBAN, Gaieté, belle humeur. Gl. *Gobelinus.*

GOBE, Gai, poli, officieux. Gl. *Gobelinus.* [Ruteb. tom. 1, pag. 27 :

> Qui auques a, si fet le gobe.]

GOBELIN, Démon familier, lutin. Gl. *Gobelinus.*

GOBET, GOBETEI, Coup de cloche donné avec le battant et par intervalle. Gl. *Missa copetata,* pag. 436³.

GOCEON, Sorte d'habit de guerre. Gl. *Godebertus.*

* GODALE, Sorte de bierre. Gl. *Celia.*

GODANDART, Demi-pique ou longue javeline. Gl. *Godandardus.*

GODAUDAC, pour GODANDAR. Gl. *Godandardus.*

GODEBERT, Sorte d'habit de guerre. Gl. *Godebertus.*

GODENDAC, Terme de salut, pour dire Bon jour. Gl. *Godendac.*

GODENDART, Demi-pique, longue javeline. Gl. *Godandardus.*

* GODER, Réjouir. Renart le Nouvel,

tom. IV, pag. 435, vers 7404. Flore et Blancefl. vers 2481 :

La damoiscle bien le got.

Roi Guillaume, pag. 153, 154, 155 : *Engot, Esgot, Congot.* Voyez *Gaudoier*, et Gl. *Hourdare.*

GODINS, Certains brigands, qui se retiraient dans les bois. Gl. *Gualdus.*

GODON, Gourmand, goulu. Gl. *Glotonus.*

GOE, Serpe à tailler bois ou vignes. Gl. *Goia*, 1.

GOFFRE, Golfe. Gl. *Gaufra.*

GOGUE, Amusement, plaisir, plaisanterie, raillerie. Gl. *Gobelinus.*

GOHATEREAU, Goîtreux. Gl. *Gutturuosus.*

GOHERIAUS, Tombereau. Gl. *Gostarium.*

GOIART, Espèce de serpe. Gl. *Goyardus.*

GOIGNON, Goujon, cheville de fer ou de bois. Gl. *Gojo.*

GOIL, Espèce de serpe. Gl. *Goia*, 1.

GOILART, Sorte de monnaie. Gl. *Goilart.*

GOITRON, Gorge, gosier. Gl. *Gurgustium*, 2.

GOIZ, Sorte de serpe. Gl. *Goia*, 1.

GOLENÉE, Petite mesure de grain. Gl. *Golena.*

* **GOLIARD.** Voyez *Gouliart.*

GOLIARDIE, Fausseté, tromperie, friponnerie. Gl. *Goliardia.*

GOLLE, Bouche. Gl. *Golerium.* [Roman de Renart, tom. II, pag. 112, vers 12592 :

En haut en a sa gole trete.

Voyez Rayn. tom. III, pag. 480², au mot *Gola.* Chron. des ducs de Normandie.]

GOLLÉE, Collet d'un habit. Gl. *Golerium.*

GOLLENÉE, Petite mesure de grain. Gl. *Golena.*

GOLOT, Ravin, chemin creux. Gl. *Golla.*

GOMIR, **GOMISSEMENT**, Vomir, Vomissement. Gl. *Vomere.*

1. **GOMME**, Paquet, ballot. Gl. *Gumma.*

2. **GOMME**, Espèce de coffre ou nasse, où l'on conserve le poisson. Gl. *Gumma.*

3. **GOMME**, Le trou au-dessous de la roue extérieure du moulin. Gl. *Gumma.*

* **GONC**, Jonc. Aubri, pag. 162¹ :

En la chambre entre où li gonc sont jonciés.

* **GONE**, Robe de moine. Roman de Renart, tom. I, pag. 41, vers 1074. Voyez *Gonne, Gonelle;* et Rayn. tom. III, pag. 483¹, au mot *Gona.* Gl. *Meira.*

GONELLE, Sorte d'habillement, casaque d'homme, robe et cotillon de femme. Gl. *Gonela*, 2, et *Gunna*, 1. [Partonop. vers 5063. Roman de Renart, tom. I, p. 32, vers 829. Wackern. pag. 85, pour *Gonette?* Voyez *Gone*, et Rayn. tom. III, pag. 483¹, au mot *Gonella.* Chron. des ducs de Norm.]

GONFANON, Étendard, bannière à trois ou quatre pendants; d'où *Gonfannoier*, et *Gonfanongnier* et *Gonfanonier*, Celui qui porte cette bannière. *Gonfanon* est aussi une banderolle ou flamme, qui se mettait au-dessous du fer de la lance ou pique. Gl. *Gunfano.* [Voyez *Confanon;* et Rayn. t. III, pag. 483², au mot *Gonfano.* Chanson de Roland, aux mots *Gunfanun, Gunfanuner.*]

GONNE, Sorte d'habillement, fourrure, habit de moine. Gl. *Gonna*, sous *Gunna*, 1. Voyez *Gone.*

GONNELLE, Sorte d'habillement, casaque d'homme, robe ou cotillon de femme. Gl. *Gunella* sous *Gunna*, 1, pag. 595³. [*Grise Gonnele.* Agolant, vers 121 :

Em piez s'en drece dam Symon de Paris,
Grise gonnele, un duc de molt haut pris.

Gl. *Grisetus*, sous *Griseum.*]

GORD, Pêcherie. Gl. *Gordus.* [Partonop. vers 1966. Voyez Rayn. tom. III, pag. 484¹, au mot *Gorc.*]

GORDIN, Stupide, hébété, niais. Gl. *Gurdus.*

1. **GORGE**, Canal, conduit d'eau, rigole. Gl. *Gorga*, 1.

* 2. **GORGE.** Roi Guillaume, pag. 96 :

Honie soit tote me gorge
S'il furent onques, etc.

GORGENT. ARMET DE GORGENT, Armure de la gorge. Gl. *Gorgale.*

GORGEOUR, Gourmand, goulu. Gl. *Gorgia*, 1.

1. **GORGER**, Donner la pâtée aux oiseaux. Gl. *Gorgia*, 1.

2. **GORGER**, Railler, se moquer, insulter. Gl. *Gorgia*, 2.

GORGERETTE, Armure de la gorge. Gl. *Gorgale* [et *Gambeso*, pag. 470²].

GORGERY, Armure de la gorge. Gl. *Gorgale.*

GORGIAS, Plaisamment et ridiculement paré, vêtu à la manière d'une femme débauchée. Gl. *Gorgia*, 2.

1. **GORGIERE**, Armure de la gorge. Gl. *Gorgale.* [Voyez Rayn. tom. III, pag. 484², au mot *Gorgiera.*]

2. **GORGIERE**, Ornement dont les femmes couvrent ou parent leur gorge. Gl. *Gorgale.*

3. **GORGIERE**, Coup de poing, gourmade. Gl. *Gorgiata.*

GORGIEUR, Fanfaron, moqueur, railleur. Gl. *Gorgia*, 2.

GORGOIER, Railler, se moquer, insulter. Gl. *Gorgia*, 2. [*Gorgeier*, Chron. des ducs de Normandie. *Gorgocier*, Gronder, se plaindre. Roman de Renart, tom. I, p. 18, vers 471.]

GORIN, Petit cochon de lait. Gl. *Gorrinare.*

GORLÉ, Fin, rusé. Gl. *Gorrinare.*

GORMANDER, Manger immodérément. Gl. *Gorgia*, 1.

GORMÉ, Goitreux. Gl. *Gutteria*, 2.

* **GORPIL**, Renard. Roman de Renart, tom. I, pag. 4, vers 100 suiv. Voyez *Goupil.*

GORREAU, Cochon de lait. Gl. *Gorrinare.*

GORRIAU, Collier de cheval. Gl. *Gorgia*, 2.

GORRON, Cochon de lait. Gl. *Gorrinare.*

GORT, Golfe. Gl. *Gordus* [et *Gurges*]. Voyez *Gord*].

GOTZ, Les Normands qui ont ravagé la France. Gl. *Goti.*

GOUAYS, Certains séditieux ainsi nommés, parce qu'ils avaient une *Goy* pour arme. Gl. *Goia*, 1.

GOUBISSON, Espèce d'habillement contre-pointé, long et pendant sur les cuisses, sur lequel on endossait la cotte de mailles. Gl. *Gambeso*, pag. 470³.

GOUDALE, Sorte de bière; d'où *Goudalier*, Brasseur. Gl. *Godala.*

GOUDENDART, Demi-pique ou longue javeline. Gl. *Godandardus.*

GOUE, Grotte, caverne. Gl. *Gructa.*

GOUET, Instrument propre à tailler, serpette, couteau, etc. Gl. *Goia*, 1.

GOUFFORT, **GOUFFOURT**, Sorte de bâton ferré, demi-glaive, javelot. Gl. *Gaverlotus.*

GOUFFRONT, pour **GOUFFOURT**. Gl. *Gaverlotus.*

GOUFOURT, comme **GOUFFORT**. Gl. *Gaverlotus.*

GOUFRE, Golfe. Gl. *Gulfus.*

GOUGE, Sorte d'arme en forme de serpe. Gl. *Goia*, 1.

GOUGON, Goujon, cheville de fer ou de bois. Gl. *Gojo.*

GOULAFRE, Qui veut tout engloutir. Gl. *Gula*, 3.

GOULARDISE, Plaisanterie, raillerie. Gl. *Goliardus*, 1.

* **GOULDRAN**, **GOULTRAN**, comme *Goutron.* Gl. *Alquitranum.*

1. **GOULE**, Bourse, gibecière. Gl. *Gula*, 2.

2. **GOULE**, Commencement, le premier jour d'un mois. Gl. *Gula Augusti.*

3. **GOULE**, Collet, la partie de l'habillement qui joint le cou. Gl. *Gula mantelli*, pag. 594³.

* **GOULESER**, Désirer, convoiter. Gérard de Vienne, vers 648. Voyez *Goulouser.*

GOULET, Ruisseau. Gl. *Gouletus.*

GOULIARD, Débauché, homme de mauvaise vie. Gl. *Goliardus*, 1.

GOULIARDEUSEMENT, A la façon des *Gouliards* ou gens débauchés. Gl. *Goliardizare*, sous *Goliardus*, 1.

GOULIARDOIS, Bouffon, bateleur. Gl. *Goliardizare*, sous *Goliardus*, 1.

GOULIART, Goinfre, ivrogne. Gl. *Goliardizare*, sous *Goliardus*, [1 [et † *Estor*, 1].

GOULIERE, Poche, gousset, bourse. Gl. *Gula*, 2.

GOULOUSER, Jalouser, avoir envie, désirer ardemment. Gl. *Gelositas*, et *Gliscere.* [Voyez *Gouleser*, Rayn. tom. III, pag. 481¹.]

GOUME, pour *Gomme*, Paquet, ballot. Gl. *Gumma.*

GOUPIL, Renard; d'où *Gouppiller* et *Gouppilleur*, Celui qui fait la chasse aux renards. Gl. *Gopillator* [et *Vulpecula.* Voyez *Gorpil*, et Rayn. tom. V, pag. 467¹, au mot *Volp*].

GOURCE, Buisson épais, lieu couvert de buissons. Gl. *Gorga*, 2.

1. **GOURDAINE**, Engin pour pêcher. Gl. *Gordana.*

2. **GOURDAINE**, Le nom d'une prison à Paris. Gl. *Gordana.*

GOURDER, Prendre quelqu'un à la gorge, la lui serrer. Gl. *Gorgiata.*

1. **GOURDINE**, Courtine, voile, rideau. Gl. *Cortinula*, sous *Cortis*, 2, pag. 628¹.

2. **GOURDINE**, Grotte, lieu retiré. Gl. *Gructa.*

GOURFOLER, **GOURFOULER**, Maltraiter, battre fortement, meurtrir. Gl. *Affollare*, 2.

GOURGERIT, Ornement dont les femmes couvrent et parent leur gorge, ou la partie supérieure du sein. Gl. sous *Gorgale.*

GOURGON, Trait, flèche. Gl. sous *Ignis*, pag. 758¹.

GOURGOULER, Gourgousser, Murmurer, parler entre ses dents, marquer du mécontentement, gronder. Gl. *Groussare*, et *Reprochare*.

GOURGOUX. Mettre en Gourgoux, Remâcher en murmurant. Gl. *Groussare*.

GOURGOZ, Querelle, dispute. Gl. *Groussare*.

GOURGUE, L'endroit où tombe l'eau, après avoir fait tourner la roue du moulin. Gl. *Gurga*.

GOURMET, Commissionnaire, voiturier, ou garde des vins et marchandises pendant qu'ils sont en route. Gl. *Gromes*.

GOURNAL, Espèce de poisson de mer. Gl. *Gornus*.

GOURPILLE, Renard. Gl. *Vulpecula*.

1. **GOURT**, Gord, pêcherie. Gl. *Gurga*.

2. **GOURT**, Stupide, hébété, lourd. Gl. *Gurdus*. [Voyez Rayn. tom. iii, pag. 483¹, au mot *Gord*.]

* **GOUSSE**, Espèce de chiens. Gl. *Mastinus*. Voyez Rayn. tom. iii, pag. 488¹, au mot *Gossa*, et ci-dessus *Grous*.

GOUSTEMENT, Mets, viande. Gl. *Gustum*.

1. **GOUTE**, Figure qui représente une larme; d'où *Goutté*, Ce qui est chargé ou orné de cette figure. Gl. *Gutta*, 6.

2. **GOUTE**, Gouttière, évier. Gl. *Gota*.

GOUTE Blanche, Suif. Gl. *Gutta alba*, sous *Gutta*, 7.

GOUTE Felonnesse, Épilepsie, mal caduc. Gl. *Gutta caduca*, sous *Gutta*, 2.

GOUTEREL, Gouttière. Gl. *Gouteria*.

GOUTIÈRE, Sorte d'ornement d'un lit. Gl. *Gouteria*.

GOUTRON, Goudron, vieux oing; d'où *Goutrenner*, Graisser avec du *goutron*. Gl. *Gema*. [Voyez Rayn. tom. ii, pag. 58¹, au mot *Alquitran*.]

GOUVERNANCE, Manière de vivre, dépense. Gl. *Gubernantia*.

* **GOUVERNEMENT.** Femme de Petit Gouvernement, Femme publique. Gl. *Femina peccati*.

GOUVERNER, Entretenir, fournir les choses nécessaires. Gl. *Gubernantia* [et *Fossare*, 2].

GOUVERNERESSE, Femme qui gouverne. Gl. *Miro*, 2.

1. **GOUVERNEUR**, Curé, qui gouverne une paroisse. Gl. *Gubernator*, 2.

2. **GOUVERNEUR**, Favori. Gl. *Gubernator*, 2.

3. **GOUVERNEUR** de Noces, Celui qui était chargé du soin du repas des noces, et de recueillir l'écot d'un chacun. Gl. *Gubernator*, 2.

GOUYAULX, Ce sont les morceaux de pâte qu'on gratte du pétrin. Gl. *Grignolosus*.

GOUYER, Sorte de serpe. Gl. *Goia*, 1.

GOY, Sorte de serpe. Gl. *Goia*, 1, et *Legoy*.

GOYART, Sorte d'arme et de serpe. Gl. *Goyardus* [et *Volumen*].

GOYE, Sorte de serpe. Gl. *Goia*, 1.

GOYMEREZ, Ceux qui doivent des corvées avec la *Goy* ou serpe. Gl. *Goia*, 1.

GOYR, Jouir, être en possession; d'où *Goyrre*, Jouissance. Gl. *Godimentum*.

GOYS, Certains séditieux, ainsi nommés, parce qu'ils avaient une *Goy* pour arme. Gl. *Goia*, 1.

* **GRAANTEMENT**, Consentement. *Graanter*, Accorder. *Graanz*, Plaisir, volonté. Chron. des ducs de Norm. Voyez *Graunter*.

GRAARIE, Grurie. Gl. *Griatoria*.

1. **GRACE**, Titre d'honneur donné aux plus grands seigneurs. Gl. sous *Gratia*, 2.

2. **GRACE**, Renommée, réputation. Gl. *Gratia*, 3.

GRACES des Lombars, Le jeu de dés. Gl. *Gratiæ*.

* **GRACIE**, Grâce. Partonop. vers 1, 10. Voyez Rayn. tom. iii, pag. 490¹, au mot *Gracia*.

1. **GRACIER**, Faire grâce, remettre ce qui est dû. Gl. *Gratificare*, 2.

2. **GRACIER**, Rendre grâces, remercier. Gl. *Gratiare*. [Chastel. de Couci, vers 15, 1809. *Grassier*, Roi Guillaume, pag. 64.]

1. **GRAEL**, Graduel, livre d'église. Gl. *Gradalicantum*. [Voyez *Greel*.]

* 2. **GRAEL**, Gl. *Greagium*.

* **GRAELIER**, Griller? Gérard de Vienne, vers 2744 :

Je vos ferai ou pandre ou graelier.

* **GRAER**, Agréer, plaire, convenir, approuver. Ruteb. tom. ii, pag. 259 :

Nul part ne porront baer
A chose qui lor puist graer.

Partonop. vers 9993 :

Del termine del espouser...
D'iluec al tierc jor l'ont graé.

Gérard de Vienne, vers 3078 :

K'il ne le voile otroier ne graer.

Vers 3410 :

Jai fust li plais graieiz et otroieiz.

Voyez *Greer*; et Rayn. tom. iii, pag. 502², aux mots *Greiar* et *Grazir*. Chron. des ducs de Norm.

GRAFFON, Croc, crochet. Gl. *Graffonus*. [Voyez Rayn. tom. iii, p. 492¹, au mot *Grafio*.]

* **GRAFIER**, Graffier. Voyez *Grafe*.

GRAFIERE, Burin, stylet. Gl. *Stillare*.

* **GRAIEMENT**, Agrément, accord. Chron. des ducs de Norm.

* **GRAIER**, Chron. des ducs de Norm. tom. ii, pag. 6, vers 15429 :

Fist li reis maistre seneschal
Raol Torte, ce truis lisant
Graier e faus e soduiant.

* **GRAFE**, Graffe, Graife, Burin, style. Flore et Blancefl. vers 999 :

Un grafe tient de son grafier
D'argent bien faite...

Vers 1004 :

Dont parla à sa grafe Floire.

Vers 1050 : *D'une grafe;* vers 1013, 1052 : *Le grafe;* vers 263 :

Lor graffes sont d'or et d'argent.

Vers 1624 :

Que del graffe de ton graffier
Por li ocirre te vausis.

Quatrième livre des Rois, ch. 21, vers. 13 : *E aplanierai si cume l'um sult planier tables de graife.* (lat. sicut deleri solent tabulæ, et delens vertam et ducam crebrius stylum super faciem ejus.) Voyez Rayn. tom. iii, pag. 491², au mot *Graff*, ci-dessus *Grafiere*, et ci-dessous *Grefe* et *Greffe*, 2.

GRAIL, Grille. Gl. *Grata*.

1. **GRAILE**, Instrument, qui rend un son aigu. Gl. *Gracilis*.

2. **GRAILE**, La corneille noire. Gl. *Gracilla*. [Voyez Rayn. tom. iii, pag. 493², au mot *Gratha*.]

* **GRAILLE**, Graile, Graisle, Grelle, Svelte, délicat, mince. Partonop. v. 3991 :

Longe est et gente et graille et crase,
Loms a les bras et grailles mains.

Belle Ysabiaus, Wackernagel, pag. 7 :

Moult iert belle, graile et graisse et alixe.

Chanson de Roland, stance 327, vers 21 :

Graisles ès flancs e larges les costez.

Partonop. vers 558, 575. Guill. Guiart, tom. 1, pag. 296, vers 6728 :

Alemanz uns coutiaus avoient...
Grailles et aguz à trois qnierres.

Grelle, Roman de Renart, tom. 1, pag. 14, vers 370. *Grelle doit*, vers 385. Voyez Rayn. tom. iii, pag. 493¹, au mot *Graile*. Chron. des ducs de Norm.

GRAILLER, Le cri de la corneille. Gl. *Creticare*, 3.

1. **GRAIN**, Morceau, fragment. Gl. *Granum*, 4.

* 2. **GRAIN**, Aspérité de la peau. Partonop. vers 4868.

GRAINDRE, Plus âgé. Gl. *Grandus*. [*Graigne*, Plus grand. Chanson de Roland. *Graignor*, etc. Chron. des ducs de Norm.]

* 1. **GRAINE**, Écarlate, garance. Gl. *Granum*, 2. *Graingne* et *Grana*, 1. Chronique des ducs de Normandie, Rayn. tom. iii, pag. 496¹, au mot *Grana*.

* 2. **GRAINE**. Voyez *Marbre*.

* **GRAINS**, Triste, morne, fâché. Belle Ysabiaus, Wackern. pag. 6 : *Grains et marris*. Roman de Renart, tom. ii, pag. 322, vers 18349 : *Grainz. Grams*, Rayn. t. iii, pag. 494¹, au mot *Gram*. Voyez *Engrant* et *Greins*.

GRALOIER, Sonner de l'instrument appelé *Graile*. Gl. *Monetum*.

GRAMBILLE, Sorte de boisson, espèce de bière. Gl. *Granvalla*.

GRAMENTER, pour Garmenter, Se plaindre, être mécontent. Gl. *Querelare*? [Partonop. vers 5327 :

Ce li gramente et si le plaint.]

1. **GRANCHE.** Jeu de la Granche, Sorte de jeu de dés; p. e. pour Jeu de la chance. Gl. *Grangium*.

* 2. **GRANCHE** de oisel †. Gl. *Paparium*.

GRANCRENELLE, Nom d'une antienne de l'office de la Nativité de la Vierge. Gl. *Grancrenelle*.

GRANDEUR, Arrogance, insolence. Gl. *Granditudo*, 2.

* **GRANDIME**, Très-grande. Roman de Renart, tom. iii, pag. 22, vers 20374. Chron. des ducs de Norm.

* **GRANDITÉ**, Grandeur. Chron. des ducs de Norm.

GRANEQUIN, pour Cranequin, Sorte d'arbalète. Gl. *Crenkinarii*.

GRANGE, Métairie, ferme. Gl. *Grangia*, sous *Granea*, pag. 553³.

1. **GRANGEAGE**, Droit dû sur les granges. Gl. *Granchiagium*, sous *Granea*, p. 554¹.

2. GRANGEAGE, Métairie, ferme, hameau. Gl. *Grangiagium.*

GRANGERIE, Office monacal, dont le pourvu s'appelait *Grangier.* Gl. *Grangerius et Grangiarius,* sous *Granea,* pag. 553³.

GRANGIER, Métayer, fermier. Gl. *Grangerius.*

GRANIER. Le *fust* Granier, La trémie d'un moulin. Gl. *Tremodium.*

GRANMANT, Longtemps. Gl. *Granditas.* [*Granment;* Roman de Renart, tom. 1, pag. 11, vers 273. Chron. des ducs de Norm. Voyez Rayn. tom. III, pag. 498², au mot *Granmen;* Orell, pag. 292. *Grant,* Beaucoup. Roman de Renart, tom. 1, pag. 37, vers 963 :

Que por dieu li doint, sil commande,
Ou poi ou grant de sa viande.]

*** GRANS-PASQUES**, Gl. *Pascha,* p. 116².

GRANTEY, Payement de ce qu'on a pris à crédit. Gl. *Graantagium.*

*** 1. GRANT**, Grandeur. Partonop. vers 831 :

Li palais sont trestot d'un grant.

Vers 10316 :

Estoient d'un tor et d'un grant.

*** 2. GRANT-MAL.** Gl. *Morbus.*

3. GRANT-PIEÇA, Longtemps auparavant. Gl. *Foraneus ,* 4.

4. GRANT-SIRE, Beau-père. Gl. *Siriaticus.*

5. GRANT-TERRE. Seigneur des Chetifs ou de la Grant-terre, Le chef d'une société de jeunes gens appelés les *Chetifs. Captivare,* 2. [*Grant,* adjectif commun. Voyez Rayn. tom. III, pag. 497², au mot *Gran,* etc.]

GRANUE, Croc, crochet. Gl. *Graffonus.*

GRAPHIER, Greffier. Gl. *Graphista.*

GRAPIER, Ce qui reste du froment après qu'il a été vanné et nettoyé. Gl. *Graperium.*

GRAPIS ou **Grapris**, pour **Grapois**, Sorte de poisson de mer. Gl. *Craspiscis,* et *Graspeis.*

GRAPPER, Vendanger, cueillir le raisin. Gl. *Grapetura.*

GRARIE, Certain droit qu'on a dans les bois d'un autre. Gl. *Griaria,* sous *Gruarius,* 1.

GRAS Serment, Un gros jurement. Gl. *Grassus,* 3.

GRASAL, Jatte, sorte de plat. Gl. *Grasala.* [Voyez Rayn. tom. III, pag. 501¹, au mot *Grasal.*]

GRASET, Graisse, huile. Gl. *Grascia.*

GRATEINE, Ratière, souricière. Gl. *Grata.*

*** GRATER.** Roman de Rou :

Ne laissa nulle rien que il péust grater.

GRATISSE, Bourre, espèce de mauvaise laine. Gl. *Gratus,* 4.

GRATUÉ, Râpe, ustensile de cuisine. Gl. *Gratusa.*

GRATUISE, **Gratuisseur**, Bourre, espèce de mauvaise laine. Gl. *Gratus,* 4. [Voyez Rayn. tom. III, pag. 505², au mot *Gratuzar.*]

GRATUIT, Ce qui concerne l'esprit ou l'âme. Gl. *Gratuitas,* 1.

GRATUITÉ, Don, présent. Gl. *Gratuitas,* 1. [*Aydes gratieuses.* Gl. *Auxilium,* 1.]

GRATURSE, pour **Gratuise** ou **Gratuse**, Bourre, espèce de mauvaise laine. Gl. *Gratus,* 4.

GRATUSE, Râpe, ustensile de cuisine. Gl. *Gratusa.*

GRAVAGE, Gravier, bord de la mer ou d'une rivière. Gl. *Gravairo.*

*** GRAVANTER**, comme *Craventer,* Renverser. Roman de Rou :

Ses chasteaus fist abbattre et ses murs gravanter.

GRAVELE, **Gravelle**, Le sable de la mer, gravier. Gl. *Gravela* et *Gravella.* [Flore et Blanc. vers 2062. Roi Guillaume, pag. 110. Voyez Rayn. tom. III, pag. 506¹, au mot *Gravel.*]

GRAVELOT, pour **Gavrelot**, Javelot. Gl. *Gaverlotus.*

GRAVEREUS, Celui qui lève les impôts. Gl. *Gravaringus.* [*Graverens,* Chron. des ducs de Normandie, tom. 11, pag. 391, vers 26719 :

Faimes que teus seit mos li tens,
Que sor nos n'ait plus graverens.]

GRAVERIE, Exaction de toute espèce de droits. Gl. *Gravaria.*

GRAVEURE, Fente, petite ouverture. Gl. *Crebadura.*

*** GRAVIER**, Gravier, rivage. Partonop. vers 699, 799. Sable. Gérard de Vienne, vers 3469. Voyez Rayn. tom. III, p. 505², au mot *Gravier.*

GRAVIR, Monter un escalier. Gl. *Gradium.*

GRAULE, La corneille noire. Gl. *Gracilla.*

*** GRAUNTER**, Accorder, octroyer. Gilote et Johanne, Jubinal, Fabliaux, t. 11, pag. 41, 47. *Granter.* Gl. *Grantare* sous *Creantare,* pag. 649².

*** GRAX**, Ongles, griffes, serres. Agolant, vers 431 :

Si le leva et au bec et as grax.

GRAZAL, Jatte, sorte de plat. Gl. *Grazala.* Voyez *Grasal.*

1. GRÉ. Faire Gré, Payer, satisfaire à ce qu'on doit. Gl. *Gratum* [et *Gratus,* sous *Creantare,* pag. 649²].

2. GRÉ. Rendre Grez, Remercier, rendre grâces. Gl. *Gratiare.*

GREAGE, Droit sur la coupe des bois et sur les ouvrages faits de bois. Gl. *Greagium.*

GRÉE †, p. e. Vieille. Gl. *Glabella,* 2. [Pour *Greve,* 1.]

GREEL, **Greal**, Graduel, livre d'église. Gl. *Gradale,* 1. [Voyez *Grael,* 1.]

GRÉER, Agréer, approuver. Gl. *Gratari.* [Chron. des ducs de Norm.]

GREFE, Stylet à écrire. Gl. *Graphium,* 1. [Voyez *Grafe.*]

1. GREFFE, Crochet. Gl. *Graffonus.*

2. GREFFE, Stylet, burin. Gl. *Graphium,* 1.

GREFFERIE, Office ou charge de greffier. Gl. *Greffarius.*

*** GREGE**, Difficile, pénible, qui fait du tort. Guill. Guiart, t. 1, p. 34, vers 237 :

Une guerre avoit lors en France
Plaine de mauvaise créance
Et à la crestienté grèges ,
Que l'on nommoit par nom hérèges.

GREGIER, Faire tort, causer du dommage ou de la peine. Gl. *Greugia.* [Chron.

des ducs de Norm. *Engréger,* Devenir plus grave, plus meurtrier. G. Guiart, tom. 1, pag. 223, vers 5319. Voyez *Engregier,* et Rayn. tom. III, pag. 510, aux mots *Grevar* et *Agreviar.*]

GREGNIEUR, Le plus considérable. Gl. *Grandus.*

*** GREGOS**, **Grejos**, comme *Grege.* Chron. des ducs de Norm.

*** GREJANCE**, Peine. Chronique des ducs de Norm.

GREIGNAILLES, Toute espèce de menus grains. Gl. *Ruere.*

1. GREIL, Jatte, sorte de plat. Gl. *Grasala.*

2. GREIL, Grille. Gl. *Grata.*

3. GREIL, Gril, ustensile de cuisine. Gl. *Graticula.*

GREILLE, Instrument qui rend un son aigu. Gl. *Gracilis.* [*Graisle,* *Greisle,* *Grasle.* Chanson de Roland. *Graisle,* *Gredle,* *Greidle,* *Greille,* Chron. des ducs de Norm. Agolant, pag. 168² :

Fetes soner mes granz cors de laton.....
Quatre mil grelles i sonent la menée.

Pag. 184² :

Sonent à grelle ci cor et ci tabor.

Voyez Rayn. tom. III, pag. 493¹, au mot *Graile.*]

GREILLON, Grille. Gl. *Grata.*

GREINGNEUR, Plus grand. Gl. *Grandus.*

GREINS, Fâché, affligé. Gl. *Gravedo,* 1. [Chron. de Jordan Fantosme, vers 126. Voyez Rayn. tom. III, pag. 511², au mot *Grim,* et pag. 493², au mot *Gram;* ci-dessus *Grains.*]

GREIS †, p. e. Cresselle. Gl. *Dragdale.*

*** GREJOAIS**, Grec. Gl. *Ignis,* pag. 758 .

*** GRELLE.** Voyez *Graille* et *Greille.*

GRELLOIER, Sonner de l'instrument appelé *Greille.* Gl. *Grelare.* [Guill. Guiart, tom. 11, pag. 393, vers 10217 (19199). *Gresloier,* Garin le Loher. tom. 1, pag. 170.]

*** GRÉMENT**, Grièvement. Chronique des ducs de Norm.

*** GREMIER (SE)**, Être triste, gémir. Gérard de Vienne, vers 1766 :

Karles l'enfant, durement s'en gremie.

Voyez Rayn. tom. III, pag. 511², au mot *Grimar.*

GRENAILLES, Toute espèce de menus grains. Gl. *Ruere.*

*** GRENEQUIN.** Voyez *Granequin.*

*** GRENER**, Germer. Roi Guillaume, pag. 95 :

Onques de mauvaistié ne burent
Qui péust en lors cuers grener,
Ne reprendre ne rachiner.

GRENET, Grenat, pierre précieuse. Gl. *Grenatus.*

GRENETE, Le marché au blé. Gl. *Granateria,* 2.

GRENETÉ, Ce qui est orné de grains. Gl. *Grenatus.*

GRENETIER, Officier du grenier à sel. Gl. *Granetarius,* 2.

GRENIER, Banne, pièce de grosse toile. Gl. *Grenarium,* 2.

GRENONS, Moustache. Gl. sous *Grani.* [Voyez Rayn. tom. 11, pag. 518², au mot *Greno.*]

* GRESEILLI, Grésillé. Chastel. de Couci, vers 6320. Voy. Rayn. tom. III, pag. 506², au mot *Grazillar?*

GRESILLON, Menotte de fer. Gl. *Grisilio* [et *Gresillon*].

GRESLE, Instrument qui rend un son aigu. Gl. *Gracilis.*

* GRESSER, Roi Guillaume, pag. 147 :

   A le cri des ciens entendu
   Qui le cerf encaucent et gressent.

GRESSIN, Toute marchandise graisseuse. Gl. *Gresa.*

* GREVANCE, Peine, difficulté. Rayn. tom. III, pag. 510¹, au mot *Grevansa.*

1. GREVE, Cheveux partagés sur le haut de la tête, la ligne qui les partage. Gl. *Gravia*, 1. [Flore et Blancefl. vers 2877.]

2. GREVE, Bottine, armure des jambes. Gl. *Greva.*

* 3. GREVE †. Gl. *Verpus.*

* GREVER, Peiner, être hostile. Garin le Loher. tom. I, pag. 27. Wackern. p. 11, 65. Rayn. tom. III, pag. 510¹, au mot *Grevar.* Chron. des ducs de Norm. au mot *Griet.*

GREUERIE, Grurie. Gl. *Griatoria.*

GREVETTE, Bottine, armure des jambes. Gl. *Greva.*

GREVEUSSEUMENT, Avec dommage. Gl. *Gravantia.*

GREVIER, Canal, conduit d'eau. Gl. *Graverium.*

* GREVOUX, Pénible, désagréable. Partonop. vers 72. *Grevos*, Chron. des ducs de Norm.

GREULLON, Instrument à cerner les noix. Gl. *Cernea.*

GREUNIER, Grogner, le cri du pourceau. Gl. *Frendis.*

GREUSE, Plainte, mécontentement. Gl. *Greusia*, 1.

* GREZ. Voyez *Gré*, 1, 2.

GREZALE, Jatte, sorte de plat. Gl. *Grasala.*

* GREZOIS, comme *Grejoais.*

GRIAGE, Certain droit qu'on a dans les bois d'un autre. Gl. *Griagium*, sous *Gruarius*, 1.

GRIECHE, Charge, redevance. Gl. *Griechia.* [*Griesche*, Desagrément, inconvénient. Ruteb. tom. I, pag. 25, note 1.]

GRIEMENT, Remords, repentir. Gl. *Gravedo*, 1.

* GRIES, Grief, Gref, Pénible, difficile, sérieux. Partonop. vers 1526, 2728. Voyez Rayn. tom. III, pag. 508², au mot *Greu*, Chanson de Roland, et Chron. des ducs de Norm. aux mots *Gref*, *Greus*, *Grex*.

GRIESTÉ, Grief, dommage. Gl. *Gravedo*, 3.

1. GRIETÉ, Fâcherie, chagrin, peine d'esprit. Gl. *Gravedo*, 1.

2. GRIETÉ, Difficulté, peine. Gl. *Gravatum.*

3. GRIETÉ, En parlant d'une griève et dangereuse maladie. Gl. *Gravatum.*

GRIFAIGNE, Fier, résolu, intrépide. Gl. *Grifalco.* [Sauvage, rude, escarpé. Voyez les Glossaires sur la Chanson de Roland et sur la Chronique des ducs de Normandie. Rayn. tom. III, pag. 512¹, au mot *Grifaigne.* Roman de Roncevaux, pag. 3. Partonop. vers 4916.]

GRIFAU, Griffon, oiseau de proie. Gl. *Grifalco.* [Voyez Rayn. tom. III, pag. 512¹, au mot *Griffe.*]

GRIFER, Égratigner. Gl. *Grifare.*

GRIFFAIGNE, Fier, résolu, intrépide. Gl. *Grifalco.*

GRIFFONS, Grifons, Nom des Grecs soumis à l'empire de Constantinople. Gl. *Griffones.* [Partonop. vers 8686. Voyez Rayn. tom. III, pag. 507¹, au mot *Grifo.*]

GRIGIEUR, Terme injurieux, p. e. Lépreux. Gl. *Grigulosus.*

GRIGNETTE, Petite croûte de pain, prise du côté qu'il est le plus cuit. Gl. *Grignolosus.*

GRIGOIS, La langue grecque. Gl. *Græciensis.* [*Grijois*, Partonop. vers 8712. Gl. *Ignis*, pag. 758².]

GRILETE, Sorte d'animal, p. e. Grenouille. Gl. *Grillonus.*

1. GRILLE. Jeu a la Grille. Gl. *Grilla*, 1.

* 2. GRILLE, Décharnée. Miracle de la sainte Vierge, Chronique des ducs de Norm. tom. III, pag. 525, vers 481. Voyez *Graille.*

* GRIMAULT, Nom d'un cierge. Gl. *Grimaudus.*

* GRINGNOS. Chron. des ducs de Normandie, tom. II, pag. 353, vers 25666 :

   Mult est li deables gringnos
   E mult par ert achaisonos.

Voyez Rayn. tom. III, pag. 511², au mot *Grinos?* ou pour *Guignos?*

* GRIPON, Griffon. Agolant, vers 196.

* GRIPPES, Rapines, injustices. Guill. Guiart, tom. I, pag. 55, vers 787.

1. GRIS, pour Grec. Gl. *Græctensis.* [Parton. vers 8712. *Griu*, vers 134, 172, 186, etc. Voyez Rayn. tom. III, pag. 506², au mot *Grieu.*]

* 2. GRIS, Sorte de fourrure. Gl. *Griseum.* Belle Beatris, vers 1 :

   Enchainte sui d'Ugon, si qu'en lieve mes gris.

Chronique des ducs de Normandie.

GRISANCHE, Nom d'une grosse pièce de bois dans le Mâconnais. Gl. *Grisanchia.*

GRISLE, Instrument qui rend un son aigu. Gl. *Gracilis* [et *Menetum*].

GROCER, Grochier, Se plaindre, murmurer, parler entre ses dents. Gl. *Greugia.*

GROE, Lieu ou champ fermé de haies. Gl. *Groa*, 2.

GROENET, Espèce de fourchette de cuisine. Gl. *Grugnum.*

GROGNET, Sorte d'arme offensive. Gl. *Grugnum.*

GROHAN, Nom d'un château à la porte d'Angers, qu'on prétend avoir été bâti par César. Gl. *Groa*, 2.

GROIGNER, Murmurer, se plaindre, gronder. Gl. *Grunnire.*

GROIGNET, Sorte d'arme offensive. Gl. *Grugnum.*

* GROILLOIER, Grésiller. Agolant, vers 312.

GROING, Cap, langue de terre, qui avance dans la mer. Gl. *Grouinum.*

GROINGNET, Gourmade, coup de poing sur le groin ou visage. Gl. *Grugnum.*

GROISSE, Grossesse. Gl. *Gravatæ mulieres.*

GROLÉE, Certain repas. Gl. *Grolia.*

GROMET, Gromerel, Serviteur, garçon de marchand ou d'artisan. Gl. *Gromes.*

GROMME, Serviteur, voiturier ou garde des vins. Gl. *Gromes.*

GRONDILLER, Gronder, murmurer. Gl. *Grunnire.* [Voyez Rayn. tom. III, pag. 513¹, au mot *Grondilhar.*]

GRONDINE, Voile, rideau, cousinière. Gl. *Coropeum.*

* GRONDRE, Grondir, Murmurer, grogner. Roman de Renart, tom. I, pag. 42, vers 1082. Wackernagel, pag. 61. Voyez Rayn. tom. III, pag. 513¹, au mot *Gronhir.* Résonner. Partonop. vers 3318 :

   Li uns aciers à l'autre gront.

GRONEL. Terre Gronelle, Marécageuse. Gl. *Gronna.*

GRONGER, Frapper du poing sur le *groin* ou visage. Gl. *Grugnum.*

GRONGNET, Sobriquet de la maison de Vassé. Gl. *Grugnum.*

GRONS, Giron, tablier. Gl. *Gyro*, 1. [Voyez *Geron*, *Giron.*]

GRONSONEIR, pour Grousoneir, Murmurer, se plaindre. Gl. *Groussare.*

1. GROS, Largeur. Gl. *Grossum*, 5.

2. GROS, Le produit des impôts sur une ville. Gl. *Grossum*, 1.

* 3. GROS, Certaine monnaie. Gl. *Grossus*, 3, et *Moneta*, pag. 488³, 502³.

* 4. GROS, Mécontentement. Chron. des ducs de Norm. tom. I, pag. 97, vers 445 :

   A desdeig vos seit e à gros.

Voyez *Grouser.*

GROSLÉE, Certain repas. Gl. *Grolia.*

GROSSAIRE, Secrétaire, qui met en grosse les actes. Gl. *Grossa*, 2.

GROSSE, pour Crosse, bâton crochu, avec lequel on pousse une balle. Gl. *Crossare.*

GROSSEMENT, Amplement. Gl. sous *Grossus*, 1.

1. GROSSER, Murmurer, se plaindre, gronder. Gl. *Groussare.*

* 2. GROSSER, Grossoyer, copier. P. Paris Catal. tom. I, pag. 106, 108. Rayn. tom. III, pag. 515¹, au mot *Grossar.*

GROSSEUR, Grossesse. Gl. *Gravatæ mulieres.*

GROUAU, Grougnant, Sorte de poisson, rouget. Gl. *Lechan.*

* GROUCEMENT, Plainte. Rutebeuf, tom. II, pag. 253 :

   N'i a groucement ne murmure.

GROUCHER, Grouchier, Groucer, Groucier, Murmurer, se plaindre, parler entre ses dents, gronder. Gl. *Groussare* [et *Greugia.* Roman de Renart, tom. I, pag. 28, vers 744. Partonop. vers 8251, 8418. Guill. Guiart, tom. I, pag. 130, vers 2840].

GROUGNOIS, Sorte de fourrure. Gl. *Grundega.*

GROULIER, Savetier. Gl. *Grolerius* [en Provence].

GROUMET, Serviteur, garçon de marchand ou d'artisan. Gl. *Gromes.*

GROUS, Chien. Gl. *Grundega.* [Voyez *Goesse.*]

* GROUSELIER †, Groseillier. Gl. *Ramus*, 3, et *Rapinus.*

GROUSER, Grousoneir, Groussær, Groussier, Murmurer, se plaindre, gronder, se fâcher. Gl. *Groussare.*

GROUSSIER, Grossoyer, mettre au net. Gl. *Grossatio*, sous *Grossa*, 2.

GROYE, Lieu fermé de haies. Gl. *Groa*, 2.

GRU, Espèce d'orge propre à faire la bière. Gl. *Grutum*.

1. **GRUAGE**, Impôt ou droit d'entrée, barrage. Gl. *Gruagium*.

2. **GRUAGE**, Certain droit qu'on a dans les bois d'un autre. Gl. *Gruagium*, sous *Gruarius*, 1.

GRUE, p. e. Fraise de veau. Gl. *Grua*.

* **GRUEN**, Les grains qui tombent quand on vanne le blé. Gl. *Gruinum*.

GRUER, Mettre un impôt, ou p. e. pour *Grever*, Surcharger. Gl. *Gruagium*.

* 1. **GRUIER**, Gruyer, à grues. Partonop. vers 1673. Voyez Rayn. tom. III, pag. 515², au mot *Gruier*. Gl. *Commorsus*.

* 2. **GRUIER**. Voyez *Gruyer*.

GRUIS, Son. Gl. *Gruellus*.

GRUMELER, Murmurer, gronder, disputer, quereller. Gl. *Groussare*.

1. **GRUS**, Femme débauchée. Gl. *Grussus*.

2. **GRUS †**, Son. Gl. *Gruellus*.

GRUST, Espèce d'orge propre à faire la bière. Gl. *Grutum*.

GRUVE, Sorte de redevance. Gl. *Gruvium*.

GRUYER, Garde ou sergent d'une forêt. Gl. *Gruarius*, 1.

GRYACHE, Certain jeu de dés. Gl. *Gratiæ Lombardorum*.

GUAAINGNE, Émolument, revenu. Gl. *Gaeria*.

GUAGER, Prendre des gages par sentence du juge. Gl. *Vadiare*, sous *Vadium*, p. 720³.

GUAGEURE, Gageure. Gl. *Guaditura*.

GUAGOIN, p. e. Cochon de lait. Gl. *Gorrinare*.

GUAIGIERE, Gage, nantissement. Gl. *Gagiamentum*.

* **GUAIGNERIE**. Voyez *Gaignerie*, 2.

GUALIE, Galée, sorte de vaisseau. Gl. *Gualea*.

* **GUALT**. Voyez *Gaut*.

GUANIVET, Canif, petit couteau. Gl. *Genecerium*.

GUARAGNON, Cheval entier, étalon, en Languedoc et en Provence. Gl. *Waranio*.

* **GUARIR**. Voyez *Garir*.

* **GUARNEMENT**. Voyez *Garnement*.

GUARNISON, Provision, tout ce qui est nécessaire. Gl. *Garnisio*, 1.

GUARSACHE, Bail à moitié des fruits. Gl. *Gasalha*, sous *Gasalia*.

* **GUASTE**. Voyez *Gaste*.

* **GUASON**, Garçon, valet. Gérard de Vienne, vers 108 :

Je ne voil mie ke jai guason s'en vant
Ke il me toile valissant un besant.

Voyez Rayn. tom. III, pag. 436², au mot *Gasso*.

GUATE, Jatte, vaisseau rond. Gl. *Gatta*, sous *Gatus*, 1.

GUAYER, Chandelle ou flambeau de cire. Gl. *Puginata*.

GUAYN, L'automne, la saison où l'on cueille les fruits, appelés *Gains*. Gl. *Gagnagium*, 1, pag. 458².

* **GUAYTER**, Faire le guet. Gl. *Wactæ*, pag. 901².

GUÉDELLE, Guède, pastel. Gl. *Gueda*.

* **GUEISSEILLIER**, Ivrogner. Chron. de Jordan Fantosme, vers 979 :

Li Engleis sunt bon vantur, ne sevent osteer,
Mielz sevent as gros hanaps beivre é gueisseillier.

Voyez *Guersai*. En Angl. *Wassailer*, Ivrogne.

GUELINE, Poule. Gl. *Gaulina*.

GUENART, Denier blanc à l'écu. Gl. sous *Moneta*, pag. 507².

GUENCHE, Finesse, détour. Gl. *Guillator*. [*Faire guenche, faire la guenche*, Fuir, se dérober, abandonner. Chronique des ducs de Normandie.]

GUENCHIR, Guencir, Se détourner, esquiver, éviter avec adresse. Gl. *Guillator* et *Trestornatus*. [Partonop. vers 3014. Flore et Blancefl. vers 776. Tourner, faire le tour pour revenir à la charge, retourner, se diriger vers. Partonop. vers 3011 :

Et Sornegur li est guencis;
A lui violt joster li marcis;
Partonopeus le voit venir,
Nel volt eschiver ne guencir.

Vers 7941 :

Gaudins li blois guencist manois,
De sa lance fiert l'un des trois,
Si qu'il l'abat en son guencir,
Qu'en terre fait l'elme ferir.
Por ce que cil l'ont si bien fet
Guencissent cil defors à liet.

Vers 2232 :

Il lor guencist et vait ferir.

Gérard de Vienne, vers 810 :

Desus Francois sont à force guenchi.

Vers 833 :

Voit l'Olivers, tot droit à lui guenchi.

Partonop. vers 5337 :

Trestuit s'en sont vers Bloi guenchi.

Chanson, Wackern. pag. 52 :

Jai vos courrois ne fust vers moi guenchis
Se ne fuissent li felon losangier.

Partonop. vers 2724 : *Guencir à fort*. Vers 4768 : *Guencir de sa foi*. 4 Livre des Rois, chap. 22, vers 2 : *Il ne guenchi ne à destre ne à senestre* (lat. non declinavit ad dexteram sive ad sinistram). *Guencissant*, Adroit, souple, agile, Partonop. vers 6790. Voyez *Guenchir*, Gloss. sur Joinville. Chron. des ducs de Norm. Rayn. t. III, pag. 516¹, au mot *Guenchir*. Graff, tom. I, pag. 694², au mot *Wenkjan*.]

GUENELLE, p. e. Banderole. Gl. *Guella*.

GUENELON, Parjure, traître insigne. Gl. *Ganelo*, 1. [Voyez le Gloss. sur la Chanson de Roland, au mot *Guene*.]

GUENIVETE, Canif, petit couteau. Gl. *Ganiveta*.

GUENOCHE, Sorcière, enchanteresse. Gl. sous *Genitialii*.

GUERANCE, Garance, plante à l'usage des teinturiers. Gl. *Guarentia*, 2.

* **GUERANT**, Juge, arbitre. Chanson du duc de Brabant, Wackernagel, pag. 58. Voyez *Garant*.

GUERDE, pour Guesde, Pastel. Gl. *Guaisdium*.

GUERDON, Présent, récompense. Gl. *Guizardonum*.

* **GUERES**, Beaucoup. Roman de Renart, tom. I, pag. 50, vers 1310. Garin le Loher. tom. I, pag. 68. Voyez Rayn. t. v, p. 56², au mot *Gaire*, Orell, pag. 303. Diez, Grammaire, tom. II, pag. 376.

GUERGUE, pour Charge, dépense. Gl. *Guergueria*.

GUERIER, Faire la guerre. Gl. *Guerragare*, sous *Guerra*. [Voyez *Garier*.]

GUERIR, Entretenir, fournir à la dépense. Gl. *Guergueria*.

1. **GUERMENTER**, Guermentir (se), Se plaindre, être mécontent. Gl. *Querimoniare*.

2. **GUERMENTER** (SE), Se donner des soins, marquer qu'on désire quelque chose. Gl. *Querimoniare*.

GUERNART, Qui cherche à tromper. Gl. *Culverta*.

* **GUERNE**, Guernellier. Chants historiques, tom. I, pag. 301 :

Ils n'ont laissé porc, ne oue,
Ne guerne, ne guernellier
Tout enstour nostre cartier.

GUERNON, Moustache. Gl. sous *Grani*. [*Delechier ses guernons*, Roman de Renart, tom. I, pag. 37, vers 944. Voyez *Grenon*.]

GUERP, Abandonné, vacant. Gl. *Guerpus*, sous *Guerpire*.

GUERPIE, Guerpison, Cession, abandon; du verbe *Guerpir*, Abandonner, céder, quitter. Gl. *Guerpire*. [Gérard de Vienne, vers 1721. Voyez Rayn. tom. III, p. 516², au mot *Guerpir*. Chron. des ducs de Norm. au mot *Guiert*.]

GUERRE. [Gl. *Bellum privatum*, p. 643¹.] Estre de Guerre, pour Être en guerre. Gl. sous *Guerra*, pag. 586². [Partonop. vers 2092 :

En guerre ert s'autre terre mise,
N'en pooit avoir nul servise.

Faire sa guerre, vers 453.]

GUERREDON, Récompense, salaire; d'où *Guerredonner*, Récompenser. Gl. *Guiardonum*. [Voyez *Guerdon*. Gueredon, Partonop. vers 4374, 4401. Guerredon, Chastel. de Couci, vers 1037, 5561. Flore et Jeanne, pag. 12 : *Je te prie en tous gueuredons de ceste besongne*. Voyez Rayn. tom. III, pag. 450², au mot *Guazardon*. Gueredoner, Récompenser. Partonop. vers 10534. Rayn. pag. 451¹, au mot *Guazardonar*. Chron. des ducs de Norm. aux mots *Geredon*, *Geredoner*, *Gueredon*, *Gueredoner*.]

GUERRÉER, Guerrer, Faire la guerre. Gl. *Guerragare*, sous *Guerra*, pag. 587¹. *Guerroier quelqu'un*, Partonop. vers 174. Laborde, pag. 151. Voyez Rayn. tom. III, pag. 517², au mot *Guerreiar*.]

GUERRER, pour Garer, Amarrer. Gl. *Guerragare*, sous *Guerra*.

GUERRIABLE, Sujet aux injures de la guerre. Gl. *Guerrina terra*, sous *Guerra*, pag. 586³.

GUERRIE, Sorte de cens ou redevance. Gl. *Guerreria*.

* **GUERRIER**, Ennemi. Roman de Renart, tom. II, pag. 340, vers 18854 :

Ysengrin, qui fu ses guerriers
Et qui le haoit mortelment.

Guerrière, Ennemie. Chants historiques, tom. I, pag. 43 :

Car ainc en nule manière
Ne forfis
Que fuissiez ma guerrière.

Voyez Rayn. tom. III, pag. 517¹, au mot *Guerrier*. Gerrive, Guerrière. Chron. des ducs de Normandie.

GUERRIEUR, Homme de guerre. Gl. *Guerrerius*, sous *Guerra*, pag. 586². [Chro-

nique de Jordan Fantosme, vers 1420, 1947, etc.]

GUERRIR, Faire la guerre. Gl. *Guerragare*, sous *Guerra*, pag. 587[1].

GUERRULER, Quereller, dire des injures. Gl. *Guerriggiare*, sous *Guerra*, pag. 587[1].

* **GUERSAI**, GUERSOI. Gl. *Vesseil*. Voyez ci-dessus *Gueisseillier*. Roman de Renart, tom. 1, pag. 120, vers 3168 :

> Mes tieu le henap, si di bave
> Conpaingnon, je te di guersaï.

Guill. Guiart, tom. 1, pag. 304, v. 6935 :

> Anglois, qui de boire à guersoi,
> 'A granz henaz plains de godale
> Sevent la guise bonne et male.

* **GUERSE**, Guill. Guiart, t. 11, p. 163, vers 4202 (13188) :

> Et plain de personnes diverses
> Unes foles et autres guerses.

* **GUEST**. Gl. *Reguayta*. Guet. Gl. *Serviens*, pag. 210[3], et *Pensabiliter*.

GUESTIERE, pour GENESCHIERE, Sorcière. Gl. *Genitialii*.

GUESVER, Abandonner, délaisser. Gl. *Wayf*.

GUETABLE, Qui est obligé de faire le guet. Gl. *Gueta*, sous *Wactœ*, pag. 901[1].

* **GUETIER**, Prendre garde, faire attention. Agolant. vers 918.

GUEUDE, Société, troupe. Gl. *Gueuda*.

GUEULLE, Gibecière, bourse. Gl. *Gula*, 2.

GUEUSSON, Goût, qualité de la chose qu'on goûte. Gl. *Gustum facere*.

1. **GUICHE**, L'anse, ou la courroie de l'écu. Gl. *Giga*, 3. [Gérard de Vienne, vers 2773.]

2. **GUICHE**, Finesse, détour. Gl. *Guillator*.

GUICHEL, GUICHELET, Guichet, petite porte. Gl. *Guichetus*.

GUICOUR, pour GUIEOUR, Guide, conducteur. Gl. *Guidator*.

GUIDEL, Gord, pêcherie. Gl. *Giscellus*.

* **GUIEL**, BEL JOIIEL, Joyau.... Flore et Jeanne, pag. 27.

GUIENNE, Déguenillé, mal vêtu. Gl. *Depanare*.

GUIENNOIS, Monnaie des ducs de Guienne. Gl. *Guianensis*.

GUIEOR, GUIEOUR, Guide, conducteur. Gl. *Guidator*, pag. 590[3]. [Chron. des ducs de Norm.]

1. **GUIER**, Mettre des bornes et limites. Gl. *Guiare*, sous *Guia*.

2. **GUIER**, Conduire, mener. Gl. *Guiare*, sous *Guida*, pag. 589[1]. [Voyez Rayn. t. III, pag. 519[1], au mot *Guidar*. Chanson de Roland. Chron. des ducs de Norm. Gouverner,

Aubri, pag. 170[1]. Wackern. p. 21 ? *Guiant*, Chef. Guill. Guiart, t. II, pag. 228, v. 5911 (14891). *Guion*, tom. 1, pag. 347, v. 8051.]

3. **GUIER**, Donner assurément, promettre avec serment devant le juge de ne point nuire à quelqu'un. Gl. *Guidare*, sous *Guida*, pag. 588[3].

GUIERRES, Général d'armée. Gl. *Guicia*.

GUIGE, L'anse, ou la courroie de l'écu. Gl. *Giga*, 3. [Que l'on mettait autour du cou. Agolant, pag. 163[2]. Roman de Rou, vers 14050. Partonop. vers 3267.]

GUIGERNE, Sorte d'instrument à cordes, guitare. Gl. *Guiterna*.

GUIGET, Guichet. Gl. *Guichetus*.

GUIGNOCHE, Sorte de bâton. Gl. *Ginochium*.

GUILLADE, pour AGUILLADE, Aiguillon dont on pique les bœufs. Gl. *Aguillada*.

GUILLE, Supercherie, mensonge, fourberie. Gl. *Guillator*. [Chastel. de Couci, vers 4038. *Guile*. Roman de Renart, t. III, pag. 32, vers 846. Voyez Rayn. tom. III, pag. 519[2], au mot *Guila*. Chronique des ducs de Norm. au mot *Guilaz*.]

GUILLEMINS, Monnaie du Haynaut. Gl. *Guillelmus*.

GUILLENLEU, Présent qu'on faisait aux jeunes gens la veille de certaines fêtes de l'année. Gl. ci-dessus, *Aguilanneuf*.

GUILLEOR, Trompeur, fourbe, qui est de mauvaise foi; du verbe *Guiller*, Tromper, duper. Gl. *Guillator*.

GUILLOT, Monnaie de très-petite valeur. Gl. *Gigliati*.

GUIMPLE, Guimpe, morceau de toile ou d'étoffe, dont les femmes couvrent leur gorge; et partie de l'armure d'un chevalier. Gl. *Guimpa*. [Voile, couvrechef. Roi Guillaume, pag. 140 :

> Et la dame jus de son front
> Dusç'au menton se guimple avale.

Partonop. vers 4891. Aubri, pag. 159[1]. *Gimple*. Voyez Rayn. tom. III, pag. 467[1], au mot *Gimpla*. Chron. des ducs de Normandie, au mot *Guinple*.]

* **GUINAU**, Singe? Roman de Renart, tom. III, pag. 112, vers 3075. Voyez Rayn. tom. IV, pag. 520[1], au mot *Guiner*.

GUINBELET, Foret, outil propre à percer. Gl. sous *Vigiliæ*, pag. 825[3].

GUINCHER, Se détourner, esquiver. Gl. *Guillator*.

GUINDOLE, Espèce de cerise, griotte. Gl. *Guindolum*.

GUINGNAGE, Terre labourable. Gl. *Guanagium*.

GUINTERNE, Sorte d'instrument à cordes, guitare. Gl. *Guiterna*.

* **GUIONAGE**, Droit d'accorder des sauf-

conduits. Gl. *Guionagium*, pag. 589[13]. Sauf-conduit. Chron. des ducs de Normandie.

GUIPILLON, Goupillon. Gl. *Aspergitorium*.

GUISARME, Sorte d'arme, hache ou demi-pique, lance; d'où *Guisarmier*, Celui qui en était armé. Gl. *Gisauma* et *Guisiarma*. [Chron. des ducs de Normandie.]

GUISCHARD, Fin, rusé, adroit. Gl. *Guiscardus*. [Voyez Rayn. tom. III, p. 522[1], au mot *Guiscos*.]

* **GUISCOS**, Partonop. vers 3293 :

> Li estors est si perellos,
> Et si divers et si guiscos,
> Et à cascun de tel manière
> C'ore est avant et ore ariere.

GUISELER, Donner assurément en justice. Gl. *Guidare*, sous *Guida*, pag. 589[1].

GUITERNE, Sorte d'instrument à cordes, guitare. Gl. *Guiterna*. [Voyez Rayn. tom. III, pag. 522[1], au mot *Guitara*.]

* **GUITON**. Partonop. vers 632 :

> Si lor a conté del guiton.

* **GUITRAN**, Goudron. Gl. *Alquitranum*.

* **GUIVERE**, Guivre, Serpent. Chanson de Roland, stance 181, vers 19. Roman de Roncevaux, pag. 35, 37. Partonop. v. 512.

1. **GULE**, Commencement, le premier jour d'un mois. Gl. *Gula Augusti*, p. 594[1].

2. **GULE**, Collet, la partie de l'habillement qui joint le cou. Gl. *Gula mantelli*, pag. 594[1].

GULLE, Gibecière, bourse. Gl. *Gula*, 2.

GULPINE, Cession; du verbe *Gulpir*, Abandonner, quitter. Gl. sous *Guerpire*.

GUOLE, Sorte d'habillement ou de fourrure. Gl. *Gula mantelli*, pag. 594[1].

GUOPILLEUR, Celui qui chasse le renard. Gl. *Gopillator*.

* **GUORT**. Voyez *Gort*.

GUOY, Sorte de serpe. Gl. *Cala*.

GURPIR, Abandonner, céder, quitter; d'où *Gurpizon*, Cession, délaissement. Gl. sous *Guerpire*.

GUSYARMIER, pour GUYSARMIER, Celui qui était armé d'une *Guisarme*. Gl. *Guisiarma*.

GUTEREL, Gorge, gosier. Gl. *Gurgustium*, 2.

GUVE, GUVETTE, Chouette. Gl. *Guvus*.

GUYENNOIS, Monnaie des ducs de Guienne. Gl. *Guianensis*.

GUYETE, Celui qui fait le guet, et son salaire. Gl. *Gueytum*.

GUYSARMIER, Celui qui était armé d'une *Guisarme*. Gl. *Guisiarma*.

GUYSTERNER, Jouer de la *Guyterne* ou guitare. Gl. *Guiterna*.

* **GYRON**. Voyez *Giron*.

HAA, Terme employé pour signifier une épée, à cause apparemment de la surprise qu'on suppose qu'elle doit causer quand on la tire du fourreau. Gl. *Haa.*

HABANDONNÉEMENT, Abondamment, amplement. Gl. sous *Abandonnare*, 2. [Voyez *Abandonnéement.*]

HABER, p. e. s'Emparer, se saisir de quelque chose; ou Détruire, démolir. Gl. *Habere*, 3.

HABEREAU, Sorte d'habit. Gl. *Habilhamentum.*

1. **HABERGAIGE**, Habitation, logement, maison. Gl. *Habergamentum.*

2. **HABERGAIGE**, Étable, lieu où l'on retire les bestiaux. Gl. *Habergamentum.*

HABERGE, Tout lieu occupé par quelque chose. Gl. *Habergamentum.*

HABERGEMENT, Habitation, logement, maison. Gl. *Habergamentum.*

HABERGIER, Loger, retirer. Gl. *Habergamentum.*

* 1. **HABET**, Raillerie. Roman de Renart, tom. IV, pag. 83, vers 2302 :

Et pour çou dit-on ces habés :
Mouton ex re nomen habes.

Voyez *Abet.*

* 2. **HABET**. Roman de Renart, tom. IV, pag. 53, vers 1444 :

N'estoit mie encor retornés
D'iaus à soumonre par habet.

HABIER, Hallier, buisson. Gl. *Habia.*

HABILITER (SE), Se rendre habile et expert. Gl. *Habilitare*, 2.

HABILLE, Propre, suffisant. Gl. *Habilius.*

HABILLÉ, Qui est dans la disposition de faire une chose. Gl. *Habilitare*, 2.

HABILLEMENT, Tout ce qui est propre à quelque chose, machines de guerre. Gl. *Habilimentum.*

HABILLER, Préparer, apprêter. Gl. *Habilitare*, 2.

HABILLETER (SE), s'Armer en guerre. Gl. *Habilimentum.*

HABILLONNER, Rendre propre à une chose, disposer. Gl. *Habilitare*, 2.

HABITAIGE, Maison, logement. Gl. *Habitantia*, 4.

HABITANAGE, Le droit de bourgeoisie. Gl. *Citadanagium.*

HABITÉ, Domicilié, établi. Gl. *Habitantia*, 4.

HABITEMENT, Logement, lieu où l'on habite. Gl. *Habitantia*, 4.

HABITEUR, Habitant. Gl. *Parinus.*

HABITUÉ, Habillé, vêtu. Gl. *Habituare.*

1. **HABLE**, Propre, suffisant. Gl. *Habilius.*

2. **HABLE**, pour Havre, port. Gl. *Hablum* et *Haula.*

* **HABONDE**. Gl. *Diana.*

* **HABONDER**. Guill. Guiart, tom. II, pag. 173, vers 4459 (13445) :

L'estrange gent qui habonda
Li quens de Foirs, la seconde a.

HABOUT, Fonds de terre abandonné à un créancier, et désigné par ses tenants et aboutissants. Gl. *Abbotum.* [Voyez Gl. *Butum.*]

HACETE, Lancette. Gl. *Lanceola.*

HACHE DE CREQUI, DANOISE, LORROISE, Sorte d'arme. Gl. *Hacheta.* [*Danoise.* Gl. *Hostis*, 2, pag. 711², et *Secures Danicæ. Norroisse.* Gl. *Norrissa.*]

HACHÉE, Espèce de peine ou pénitence imposée en réparation d'un crime. Gl. *Hachia*, sous *Harmiscara.*

HACHEPIT, Sorte de bâton, p. e. Échalas. Gl. *Acheletus.*

HACHIE, HACIE, Peine, supplice. Gl. *Hachia*, sous *Harmiscara.* [Dit du roi Guillaume, pag. 183, 184, 189. Wackern. pag. 66. Laborde, pag. 264. Enfants Haymon, vers 183. Aubri, vers 177. Voyez *Haschie.*]

* **HACQUENÉE**. Gl. *Gradarius*, 1.

* **HAER**, Haïr. Roman de Renart, t. I, pag. 15, 16, 18, vers 402, 403, 464. Partonop. vers 2564. Gérard de Vienne, p. 167². Orell, pag. 155.

HAGUE, aujourd'hui *Hogue*, dans le Cotantin. Gl. *Hagha.*

HAGUILLENNE, Présent qu'on faisait aux jeunes gens la veille du nouvel an ou de certaines fêtes de l'année. Voyez ci-dessus, *Aguilanneuf.*

HAGUIMENLO, Le même. Voyez ci-dessus, *Aguilanneuf.*

HAGUIRENLEUX, Le même. Voyez ci-dessus, *Aguilanneuf.*

HAHA, HAHAY, Cri pour réclamer justice ou pour demander du secours. Gl. *Haro* [et *Allot*].

1. **HAIE**, Bois ou partie d'une forêt fermée de haies. Gl. *Haia*, sous *Haga.* [Roi Guillaume, pag. 109.]

2. **HAIE**, Monnaie de la Haye en Hollande. Gl. *Haia.*

* 3. **HAIE**, comme *Haise*. Roman de Renart, tom. I, pag. 47, vers 1215.

HAIER, HAITER, Chasser dans un bois, ou dans la partie d'une forêt fermée de haies. Gl. *Haiare.*

* **HAILLE**, Haie (en Picardie). Gl. *Hallus.*

HAIN, Hameçon. Gl. *Hamatores.*

HAINEUX, Odieux, fâcheux. Gl. *Odiosus* [et *Servitium servile*, pag. 220¹].

HAION, Espèce de claie, où l'on étale la marchandise, échoppe portative. Gl. *Haisellus.*

1. **HAIRE**, p. e. pour HAIE, Retranchement, sorte de fortification, palissade. Gl. sous *Haga.* [Haie, Garin le Lober. tom. I, pag. 229.]

* 2. **HAIRE**, Chastel. de Couci, v. 6803 :

Se leva, ne li fu point haire,
Et droit vers la chambre s'avoie.

* 3. **HAIRE**, Héritier. Gl. *Feudum simplex*, pag. 270².

HAIRON, Héron, sorte d'oiseau. Gl. *Hairo.* [Voyez Rayn. tom. III, pag. 530¹, au mot *Herodi.*]

* **HAIRONNIER**, Héronnier. Partonop. vers 1673 :

Dont li ostoir sont tot gruier
Et li faucon bon haironnier.

HAISE [HAISIN], Porte faite de branches entrelacées les unes dans les autres, en forme de claie. Gl. *Haisellus.* [*Les haiz du hourdéiz*, Guill. Guiart, tom. I, pag. 163, 164, vers 3701, 3709.]

HAISON, Espèce de claie, où l'on étale la marchandise, échoppe portative. Gl. *Haisellus.*

HAISTIÉ, HAITIÉ, Qui se porte bien, dispos, gai. Gl. *Alacrimonia.* [Partonop. vers 1104, 1794, 3045, 3084. Chastel. de Couci, v. 1485, 5140. Aubri, pag. 162¹. Roi Guillaume, pag. 93. Roman de Renart, tom. I, pag. 20, vers 531. Haitie, fém. Flore et Jeanne, pag. 55. Chron. des ducs de Norm.]

* **HAISTRIAUX**, Hêtres. Gl. *Haistria.*

HAIT, Joie, santé. Gl. *Alacrimonia.* [Chastel. de Couci, vers 2418. Partonop. vers 3299. *Hais*, vers 8580. Voyez *Dehait.*]

* **HAITEMENT**, Gaieté, courage. Partonop. vers 10033. Chronique des ducs de Norm.

* **HAITER**, Plaire, réjouir. Chronique des ducs de Normandie. Voyez *Haistié. Enhaiter*, Chanson de Roland, stance 126, vers 2.

HAIZ, Espèce de petit bouclier. Gl. *Tavolacius.*

HALAGUES, Sorte de gens de guerre, arbalétriers. Gl. *Lacinones.*

HALE, La maison de ville. Gl. *Hala*, 1.

* **HALÉIZ**, Guill. Guiart, tom. ii, p. 323, vers 8399 (1738i) :

> Où vaincu ont le poignéiz
> Cil de pié, à grant haléiz,
> Dont il ont prises les despoilles.

HALGAN, Sorte de petite monnaie. Gl. *Halga.*

HALIGOTE, Pièce, morceau d'étoffe. [Roman de Renart, tom. iv. pag. 44, vers 1215 :

> Et jou veil, dist Renars, ma cote
> Soit partie et harligote
> D'une chape à Jacobin.]

d'où *Haligoté,* Celui qui porte un habit ra piéceté. Gl. *Algotatæ.*

HALIGRE, Gai, joyeux. Gl. *Alacrimonia.*

HALLAGE, Le droit qu'on paye pour étaler et vendre sous la halle. Gl. *Hallagium,* sous *Hala,* 1.

1. **HALLE..TENIR HALLE**, Faire une assemblée. Gl. *Hala,* 1.

* 2. **HALLE**. Guill. Guiart, t. i, p. 108, vers 2272 :

> Cler fu le jour, greveus le halle
> Et fiers li huz près d'Aubemalle.

Pag. 111, vers 2348 :

> Poi persent à pluie n' à halle.

HALLEBARDE, Sorte d'arme, longue javeline. Gl. *Alabarda.*

HALLEBIC, Imposition qui se levait sur le poisson de mer. Gl. *Hallebic.*

HALLEBOUT, Cri pour faire courir sus à quelqu'un. Gl. *Hallebout.*

HALLEPIGUAILLE, Terme injurieux, voleur, qui pille les maisons. Gl. *Hala,* 1.

1. **HALLOT**, HALOT, Bûche, morceau de bois à mettre au feu. Gl. *Halotus.*

2. **HALLOT**, HALOT, Hallier ou saussaie. Gl. *Halotus.*

* **HALME**, HEALME, Heaume, casque. Glossaire sur la Chronique des ducs de Normandie.

* **HALSBERGOL**, Petit haubert. Gl. *Halsberga.*

* **HALT**, Séjour. Partonop. vers 5739 :

> Tant est alez, que nuit que jors,
> Qu'il est venuz el halt des hors
> Et des lions et de liéparz.

HAMBAIS, HAMBEIS, Espèce de vêtement contrepointé, long et pendant sur les cuisses, sur lequel on endossait la cotte de mailles. Gl. *Gambeso,* pag. 470[3].

HAMBOURG, Espèce de bière. Gl. *Hamburgus.*

HAMÉE, Manche. Gl. *Hamatile.*

HAMEQUIN, Sorte de mesure. Gl. *Hamelicus.*

HAMEUR, Engin pour pêcher, différent de l'hameçon. Gl. *Hamatores.*

* **HAMLET**. Gl. *Ham.*

HANAP, Coupe, vase avec anses et pied. Gl. *Hanapus.*

HANAPPERIE, L'art de faire des *hanaps* ou coupes, orfévrerie. Gl. *Hanapus.*

HANCE, Réception dans un corps de marchands ou d'artisans, ce qu'on paye à cette occasion, bienvenue. Gl. *Hansatus,* sous *Hansa,* 2.

HANCHE. LE TOUR DE HAUTE HANCHE, Le croc en jambe; d'où *Hanchier,* Faire ce tour. Gl. *Hancha.*

HANDHOUDER, Nom d'un officier municipal en Flandre. Gl. *Handhouder.*

HANEHOST, Délateur. Gl. *Hanehost.*

* **HANEPÉE**, comme *Henepée.* Gérard de Vienne, vers 2131 :

> De boins deniers une grant hanepée.

HANEPEL, Coupe, vase avec anses et pied. Gl. *Hanapus.*

HANEPIER, La partie supérieure de la tête, le crâne, et le casque qui couvre cette partie. Gl. sous *Hanapus.*

HANER, Laboureur. Gl. *Ahenagium.*

HANESELIN, pour HOUSSELIN, Robe longue. Gl. *Housia.*

HANGUEVELLE, Présent du premier jour de l'an, étrennes. Voyez ci-dessus, *Aguilanneuf.*

HANNAP. Voyez *Hanap.*

HANNEPIER †, Crâne, la partie supérieure de la tête. Gl. *Hanapus.*

HANNIER, Laboureur. Gl. *Ahenagium.* [et *Fiancialia*].

HANNON, La partie d'une charrue qu'on appelle coquille. Gl. *Hanones.*

HANON, Poisson de mer, merlus. Gl. *Hanones.*

HANOT, HANOYT. METTRE A HANOT ou HANOTER UNE MAISON, La détruire, en ôter la couverture et la charpente pour les brûler, en punition du crime du propriétaire. Gl. *Hanot.*

HANOTÉE, pour HAVOTÉE. Voy. ce mot, ci-après, et Gl. *Havotus.*

* **HANSAGER**, Défier. Jordan Fantosme, vers 381 :

> Si vus cel rei ne guerreiez ki par tel vus hansage.

Voyez le Diction. Anglo-Sax. de Bosworth, au mot *Andsacian.*

HANSE, Impôt sur l'entrée des marchandises. Gl. *Hansa,* 1.

HANSER, Recevoir quelqu'un dans un corps de marchands ou d'artisans. Gl. *Hansatus,* sous *Hansa,* 2.

* 1. **HANSTE**, HANTE, Bois de lance. Partonop. vers 3001, 9648. *Anste,* Gérard de Vienne, vers 764. Voyez *Anste. Hante,* Garin le Loher. tom. i, pag. 30. Roman de Renart, tom. iii, pag. 101, vers 22518.

* 2. **HANSTE**, Hanche. Partonop. vers 2986.

HANTE, Fréquentation, commerce, habitude. Gl. *Frequentare,* 3.

* **HANTIN**, Roman de Renart, tom. ii, pag. 128, vers 13021 :

> Là où je savoie hantins
> De gelines et de porins.

HANTIR (SE), Attaquer, se jeter dessus. Gl. *Hanteria.*

* **HAOR**, HAUR, Haine. Chronique des ducs de Normandie, Chanson de Roland.

HAPE, Hache. Gl. *Hapiola.*

HAPIETTE, diminutif de *Hape,* Petite hache. Gl. *Hapiola.*

HAPLE, Traîneau. Gl. *Trahale.*

HAPPIETTE, Petite hache, diminutif de *Hape.* Gl. *Hapiola.*

HAQUE. CHEVAL HAQUE, A moitié coupé, demi-hongre. Gl. *Haque.*

HARANS, Troupeau de cochons. Gl. *Hara.*

HARASSE, Sorte de grand bouclier. Gl. sous *Haracium.*

HARBALLEUR, Querelleur, chicaneur. Gl. *Diffidatus,* 2.

HARCELLE, Osier, lien. Gl. *Harcia.* [Enfants Haymon, vers 438 :

> Des harceles du bois vont les estriers faisant.]

HARCOURT, p. e. Qui a des haras de chevaux; ou Escarmoucheur, qui provoque l'ennemi au combat. Gl. *Haracium.*

HARDAILLE, Troupe de vauriens. Gl. *Hardellus.*

HARDE, Certain bâton d'une charrette. Gl. *Arda.*

HARDÉE, Botte. Gl. *Hardeia.*

1. **HARDEL**, HARDELLE, Coquin, fripon, vaurien. Gl. *Hardellus* [et † *Mandones*].

2. **HARDEL**, Une partie de l'habit. Gl. *Hardellus.*

* 3. **HARDEL**, Hart, lien. Roman de Renart, tom. iii, pag. 128, v. 23268, 23270.

* 4. **HARDEL**, HARDEILLON, Botte, paquet. Roman de Renart, tom. i, pag. 32, vers 847, 850, 865. Voyez *Hardée.*

HARDEMENT, Audace, hardiesse, courage. Gl. *Hardimentum* [et *Ardimentum.* Chastel. de Couci, vers 342. Voyez Rayn. tom. ii, pag. 116[t], au mot *Ardimen.* Chron. des ducs de Normandie. *Herdemens,* Wackernagel, pag. 42].

HARDI, HARDIT, Petite monnaie de cuivre. Gl. *Ardicus.*

HARDIAU, Coquin, fripon, vaurien. Gl. *Hardellus.*

HARDICORT, Escarmoucheur, qui attaque ou défie. Gl. *Hardimentum.*

HARDIE. ROBE HARDIE, Sorte de vêtement commun aux hommes et aux femmes. Gl. *Hardiata tunica.* [Voyez *Cote Hardie.*]

HARDIEMENT, Confiance, hardiesse. Gl. *Hardimentum.*

HARDIER, Attaquer, provoquer, escarmoucher, harceler. Gl. *Hardimentum.*

1. **HARDIERE**, Crémaillère. Gl. *Hardes.*

2. **HARDIERE**, Grosse corde, ou plusieurs cordes tortillées ensemble. Gl. *Hardes.* [Roman de Renart, tom. iii, p. 111, vers 22800.]

HARDINE, Sable, gravier. Gl. *Hardinea.*

HARDOIER, Attaquer, insulter, provoquer, escarmoucher, harceler. Gl. *Hardimentum.*

* **HARDOS**. Roman de Roncevaux, p. 44 :

> S'a coisi un fontenil rovent...
> Moult est hardos, si parfont et pulent.

HARE, Terme employé dans les proclamations qui se faisaient aux grandes foires. Gl. *Hare.*

HARELE, HARELLE, Association illicite, émeute, sédition. Gl. *Harela* [et *Monopolium*].

HARÉLEUX, Rebelle, séditieux. Gl. *Harela.*

HARENGERIE, Le marché au poisson. Gl. *Harengeria.*

HARENGIER, Marchand d'harengs et de poissons de mer. *Harengresse,* La marchande de ces mêmes denrées. Gl. *Harengeria* [et *Stallum,* pag. 361[3]].

HARENGUADE, Certain poisson de mer. Gl. *Aphya.*

HARER, Animer, inciter. Gl. *Harela.*

HAREU, Cri pour réclamer justice ou

pour demander du secours. Gl. *Haro*. [Wackern. pag. 80.]

HAREUSEMENT, Tumultuairement, séditieusement. Gl. *Harela*.

HARGAN, Espèce de petite monnaie. Gl. *Halga*.

HARGOTER, Ergoter, disputer avec opiniâtreté; d'où *Hargoteur*, Difficile, qui aime la dispute, entêté. Gl. *Argutio*.

HARGOULER, Prendre quelqu'un à la gorge, ou par la partie de l'habit qui joint le cou, et le secouer; d'où *Hargoulement*, Secousse. Gl. *Gula mantelli*, sous *Gula*, 3, pag. 594¹.

HARIGOTER, Terme obscène. Gl. *Argutio*.

HARIQUIDAM, Ce que payent les apprentis d'un métier pour leur bienvenue. Gl. *Hariquidam*.

HARLE, Hâle, air chaud. Gl. *Incanceratus*.

* **HARLIGOTE**. Voyez *Haligote*.

HARMERÉ DE MAUVAISTIÉ, Plein de méchanceté. Gl. *Harnesiatus*.

HARMIER, Brandir, ou présenter une arme à cuelqu'un, le menaçant de l'en frapper. Gl. sous *Harnesiatus*.

1. **HARNAS**, L'armure ou l'habillement d'un homme de guerre. Gl. *Harnascha* [pag. 629³. *Equus*, pag. 69³, et *Gamberia*. De chasse, Roi Guillaume, pag. 145. Voyez *Harnois*].

2. **HARNAS**, Toute espèce de meubles ou ustensiles. Gl. *Harnasium*.

3. **HARNAS**, Filet pour pêcher. Gl. *Harnasium*.

HARNICHEUR, Voiturier. Gl. *Harnascha*, pag. 629³.

1. **HARNOIS**, Épée, arme offensive. Gl. *Harnesium*, sous *Harnascha*. [Équipage de guerre, de tournois, etc. Chastel. de Couci, vers 884, 3264. Flore et Jeanne, pag. 41. Voyez Rayn. tom. ii, pag. 124¹, au mot *Arnes*, et ci-dessus, *Harnas*.]

2. **HARNOIS**, Bruit, tumulte, tracas. Gl. *Harnascha*, pag. 629³.

HAROU, Cri pour réclamer justice et demander du secours; et quelquefois pour marquer de l'horreur ou de l'affliction. Gl. *Haro*. [*Athat* et *Feudum de Haro*. Laborde, pag. 163.]

HAROUBLETTES, ou **HAROULLETTES**, Charivari. Gl. sous *Haro*.

HARPAILLE, Troupe de coquins et voleurs. Gl. *Harpagare*.

HARPEOR, **HARPEUR**, Joueur de harpe. Gl. *Harpa*, 1.

HARPEUR, Harponneur, celui qui pêche à l'harpon. Gl. *Harpagare*.

HARREBANNE, Fille ou femme débauchée. Gl. *Herebannum*, pag. 654³.

HARRIER, Molester, vexer. Gl. *Arrare*, 2.

HARRIVER, Garnir, meubler, fournir. Gl. *Arriare*.

HARSEGAYE, Demi-lance. Gl. *Archegaye*.

HARSEL, Porte faite de branches entrelacées les unes dans les autres, en forme de claie. Gl. *Haisellus*.

HART, Lien fait de plusieurs brins d'osier ou d'autres petites branches tortillées ensemble; le supplice du gibet. Gl. *Hardes*.

[Roi Guillaume, p. 67. Lai du chevrefeuil, Wackern. pag. 21 :

E ki nos veult departir
Male haïrt lou pande.]

HAS, Enjambée. Gl. *Hasta*, 5.

* **HASART**. La queue de Renart, Jubinal, Fab. et Cont. tom. ii, p. 90 :

Ne gros vair, ne les chevriaus
Ne valent pas un hasart
Vers la queue de Regnart.

Roman de Renart, tom. ii, pag. 159, vers 13860 :

Arière main jeta hasart
Fuiant s'en vet à longe alaine.

Voyez Rayn. tom. ii, pag. 160², au mot *Azar*.

HASCHE DANOISE, Sorte d'arme. Gl. *Secures Danicæ*.

HASCHÉE, **HASCHIE**, **HASCHIERE**, Espèce de punition ou supplice, toute espèce de peine. Gl. sous *Harmiscara*. [Chastel. de Couci, vers 1598, 3570, 6110. Laborde, pag. 205, 304. Ruteb. tom. ii, pag. 255. Chron. des ducs de Normandie. Voyez *Hachie*.]

HASÉ, p. e. Rustique, grossier. Gl. *Haistaldi*.

HASEAU, **HASEL**, Porte faite de branches entrelacées les unes dans les autres, en façon de claie. Gl. *Haisellus*.

HASER, Fâcher, irriter quelqu'un; p. e. pour *Hater*. Gl. *Atia*.

HASESINS, Assassins, nom d'un peuple soumis au prince qu'on appelait le *Viel de la montagne*. Gl. *Hassaseri*.

HASOY, Hallier, buisson, broussailles. Gl. *Halotus*.

HASQUIE, Peine, tourment; supplice. Gl. sous *Harmiscara*.

HASSESIS, Assassins, nom d'un peuple soumis à un prince qu'on appelait le *Viel de la montagne*. Gl. *Hassaseri*.

1. **HASTE**, Lance, pique, sorte d'arme. Gl. *Hasta*, 1 [et *Asta*, 5. Voyez Rayn. tom. ii, pag. 136¹, au mot *Ast*].

2. **HASTE**, Aiguillon dont on pique les bœufs pour les faire aller. Gl. *Hasta*, 1.

3. **HASTE**, Broche; d'où *Haste*, Viande cuite à la broche. Gl. *Hasta*, 2 [*Asta*, 1. *Veru*], et *Hastator*. [Roman de Renart, t. 1, pag. 10, vers 249; tom. iv, p. 22, v. 593. Voyez Rayn. tom. ii, pag. 135¹, au mot *Aste*.]

4. **HASTE**, Échinée de porc frais. Gl. *Hasta*, 4.

5. **HASTE**, Certaine mesure de terre. Gl. *Hasta*, 5.

* **HASTÉEMENT**, Promptement. Flore et Blancefl. vers 3315.

HASTELLE, Bûche, pieu, morceau de bois long. Gl. *Hasta*, 8.

HASTELLIER, Ce qu'on paye pour sa bienvenue ou entrée dans une société ou corps de métier. Gl. *Hariquidam*.

* **HASTÉMENT**, Hâtivement. Vie de saint Thomas de Canterbury, vers 1029.

HASTER, **HASTIR**, Fâcher, irriter quelqu'un. Gl. *Atia*. [Hâter, presser, avancer. Ruteb. tom. ii, pag. 254. Flore et Blancefl. vers 235, 484. Roman de Renart, tom. ii, pag. 105, vers 12421. Guill. Guiart, t. 1, pag. 217, vers 5497. Chanson de Roland, stance 76, vers 18.]

---

1. **HASTEREL**, Broche. Gl. *Hasta*, 2.

2. **HASTEREL**, Cou, le chignon du cou. Gl. *Hasterellus*. [Roman de Renart, t. 1, pag. 46, vers 1210. Voyez *Hatereau*.]

HASTEUR, Rôtisseur. Gl. *Hastator*.

HASTIER, Broche. Gl. *Hastator*. [Roman de Renart, tom. 1, pag. 36, vers 922.]

* **HASTILLE**, comme *Haste*, 4.

HASTIS, Vif, colère. Gl. *Hastivia*. [*Hastieu*, Enfants Haymon, vers 130, 135.]

HASTIVETÉ, Vivacité, premier mouvement. Gl. *Hastivia*.

1. **HATE**, Lance, pique, p. e. pour *Haste*. Gl. *Hasta*, 1.

* 2. **HATE**, comme *Haste*, 3. Gl. † *Assata*.

* 3. **HATE**, comme *Haste*, 5. Gl. *Asta*, 3.

HATEMENUE, Échinée de porc frais. Gl. *Hasta*, 4.

HATER, Fâcher, irriter quelqu'un. Gl. *Atia*.

HATEREAU, **HATEREL**, Cou, le chignon du cou. Gl. *Hasterellus* [et † *Cervix*. Roman de Renart, tom. 1, pag. 47, vers 1237. Partonop. vers 6262. Chastel. de Couci, vers 3308. Guill. Guiart, tom. ii, p. 211, vers 5454 (14434)].

HATEUR, Rôtisseur. Gl. *Hastarius*, sous *Hastator*.

* **HATIER**, comme *Hastier*. Garin le Loher. tom. 1, pag. 132.

HATIR, Disputer, quereller, dire des injures. Gl. *Atia*.

HATISSER, Lever un bâton ou une arme pour en frapper quelqu'un. Gl. *Esmerare*.

HATTAYNE, Querelle, dispute. Gl. *Atia*.

HAVAGE, **HAVAGIAU**, Le droit de prendre dans les marchés autant de grain que la main peut en contenir. Gl. *Havagium*, sous *Havadium*.

HAVAIRE, Banc de sable, et Havre. Gl. *Cruscire* et *Hablum*.

* **HAVAX**, Bagage, harnais. Chants historiques, tom. 1, pag. 213 :

Et lour havax mavaisement laixant.

Pag. 214 :

Puis perdirent il cuer, honor et harnax.

* **HAUBAN**, Certain impôt; et *Haubannier*, qui doit cet impôt. Gl. *Halbannum*, 1, 2.

HAUBBY, Haquenée. Gl. *Haqueneya*.

HAUBERC, Cotte de mailles. [*Blanc*, *doblentin*, *doublier*, *notis*.] Gl. *Halsberga*. [*Treslis*, Garin, tom. 1, pag. 3. Voyez Rayn. tom. ii, pag. 152¹, au mot *Ausberc*. *Fief de Hauberc*. Gl. *Membrum loricæ*, pag. 352¹. *Feudum capitale*, *militare*, *loricæ*.]

HAUBERCOT, Le même. Gl. *Halsberga*.

* **HAUBERGE**, Tente. Voyez *Herberge*.

* **HAUBERGER**, Mettre le haubert. Garin le Loher. tom. 1, pag. 263. Aubri, pag. 158², 160², 183². *Hauberjonner*. Gl. † *Loricare*.

HAUBERGERIE, Cotte de mailles. Gl. *Halsberga*.

* **HAUBERGIER**, Artisan qui fait les hauberts. Gl. *Alberguerius*.

HAUBERGION, Cotte de mailles. Gl. *Halsberga*.

HAUBERGON, Le même. Gl. *Halsberga*.

* **HAUBERJON**, Le même. Gl. *Gambeso*, pag. 170³.

HAUBREGON, Le même. Gl. *Halsberga.*

HAUCHER, Hausser, élever. Gl. *Haucire.*

* **HAUÇOR**, Hautor', Haltur, Très-haut. Chanson de Roland, stance 169, vers 24. Chron. des ducs de Norm. t. I, p. 427, vers 9970. Tristan, tom. I, p. 144, vers 2961. Voyez Rayn. tom. II, pag. 59¹, au mot *Alt.*

HAUDRAGUE, Instrument propre pour couper ou arracher les herbes dans une rivière ou un fossé; d'où *Haudrager* et *Haudraguier*, Se servir de cet instrument à cet effet. Gl. *Haudragua.*

HAVÉE, Le droit de prendre dans les marchés une poignée des denrées qui s'y vendent; cette poignée même. Gl. *Havata*, 1.

HAVENE, Havre, port. Gl. *Haula.*

HAVER, Arracher avec un croc appelé *Havet.* Gl. *Havetus.*

HAVESELIN, pour Housselin, Robe longue. Gl. *Housia.*

HAVET, Croc, crochet. Gl. † *Creaga*, † *Fuseina* et *Havetus.*

HAVETTE, pour Huvette, Espèce de chapeau à l'usage des hommes et des gens de guerre. Gl. *Huvata.*

* **HAVIE**. Guill. Guiart, tom. II, p. 186, vers 4807 (13797) :

Par guerre folement havie.

HAULAGE, Le droit qu'on paye pour étaler et vendre sous la *Haule.* Gl. *Haulla.*

HAULE, Halle, marché, lieu couvert où l'on étale les marchandises à vendre. Gl. *Haulla.*

HAVLE, Havre, port. Gl. *Haula.*

HAULSAIRE, Hautain, fier, arrogant. Gl. *Altitudo.*

HAULSE, pour Hausse, Certaine partie d'un habit. Gl. *Haucire.*

HAULTAIN, Celui qui tombe du haut-mal. Gl. *Alteratus.*

HAULTAINNETÉ, Hauteur, fierté, arrogance. Gl. *Altitudo.*

HAULT-BRET, Cri pour appeler du secours. Gl. *Haro.*

HAULTE, Hampe, le bois d'une javeline. Gl. *Hasclea.*

HAULTEMORT, Espèce de chat sauvage. Gl. *Cattinæ pelles*, sous *Catta*, 2.

HAUMANT, Commandant, capitaine. Gl. *Hoga.*

HAUME, Heaume, arme défensive, qui couvrait la tête. Gl. *Helmus*, 1.

HAUMER, Ajuster, mesurer. Gl. sous *Esmerare.*

HAUNIER, p. e. Le nom d'un métier. Gl. *Haunaigium.*

HAVOIR, pour Avoir. Gl. *Huare.* [Orell, pag. 74.]

HAVON, Certaine mesure de grain en Flandre. Gl. *Havotus.*

HAVONGNIE, Poignée, autant que la main peut contenir. Gl. *Havata*, 1.

HAVOS, Voleur, pillard. Gl. *Havotus.*

HAVOT, Certaine mesure de grain en Flandre. Gl. *Havotus.*

HAVOTÉE, Certaine mesure de terre, qu'un *Havot* peut ensemencer. Gl. *Havotus.*

* **HAVRES**, pour *Avers*, avare ? Guill. Guiart, tom. II, p. 193, vers 4984 (13971) :

Qui ne rient mesdisanz ne havres.

---

* **HAUSART**, comme *Fausart ?* Partonop. vers 5127 :

Et com à sele à chaceor
Le hausart et l'escorcheor.

HAUSMER, Ajuster, mesurer. Gl. sous *Esmerare.*

HAUSSAGE, Haussaige, Hauteur, arrogance, fierté. Gl. *Altitudo.*

HAUSSAIRE, Hautain, fier, arrogant. Gl. *Altitudo.*

HAUSSEPIED, Machine de guerre. Gl. *Spingarda.*

* **HAUT**, Haut, etc. Partonop. vers 3611 :

A vos me renc, s'en ert li drois
Si haus con prendre le volrois.

Haut et bas, Tout à fait, absolument, sans exception. Chastel. de Couci, vers 1820. Gl. *Alte et basse.* Rayn. tom. II, pag. 58², au mot *Alt. Haute eure, haut vespre*, Tard. Gérard de Vienne, vers 2023 :

Ce croi ke trop me faites demorer
Car jai serait haute oure.

Ruteb. tom. I, pag. 9 :

Et voist de haute eure gesir.

Roi Guillaume, pag. 114 :

Que de haut vespre sont venu.

Voyez *Heure basse.* — Chanson de Roland, stance 172, vers 12 :

Halz est li jurz, mult par est grant la feste.

— Agolant, vers 800 :

N'i a celui qui tant haut peigne espée...
Qui ne soit ars et la poudre ventée.

HAUTAINETÉ, Hauteur, arrogance, fierté. Gl. *Altitudo.*

* **HAUTBAN**, Hautbannier, comme *Hauban*, *Haubannier.*

HAUTECE, Titre d'honneur. Gl. *Altitudo.* [*Hautaice*, Flore et Jeanne, pag. 38.]

HAUTELICHE, Haute-lice. Gl. *Altilicium.*

HAUTISME, Très-haut. Gl. *Altissimus.* [*Haultisme*, Rayn. tom. II, pag. 59¹, au mot *Alt. Hautismes*, Partonop. vers 2792.]

HAUTON, Le menu grain qui reste après que le blé a été vanné. Gl. *Hauto.*

* **HAUTOR**, Élevé. Voyez *Haußor.*

* **HAUWIAUS**, Hoyaux, houes. Renart le Nouvel, tom. IV, pag. 162, vers 954 :

Pius, peles, hauwians en lor mains.

HAUVREDUCHE, p. e. Le haut de la tête. Gl. *Hauvreduche.*

HAX, Enjambée. Gl. *Hasta*, 5.

HAY, Cri pour appeler du secours. Gl. *Haro.*

HAYCERÉ, Garni d'acier. Gl. *Acherure.*

HAYE, Monnaie de la Haye en Hollande. Gl. *Haia.*

HAYER, Fermer de haies. Gl. *Heyare*, sous *Haga*, pag. 614³.

1. **HAYNE**, Panier à mettre de la volaille. Gl. *Haisellus.*

2. **HAYNE**, Henri, nom propre. Gl. *Haisellus.*

HAYNEUX, Ennemi, qui a de la haine contre quelqu'un, envieux. Gl. *Odiosus.*

HAYON, p. e. Hangar. Gl. *Hagha.*

HAYRONNIERE, L'endroit où l'on élève les *hairons* ou hérons. Gl. *Hairo.*

HAZ, Enjambée. Gl. *Hasta*, 5.

HAZARDÉ, Hardi, téméraire, qui hasarde volontiers. Gl. *Hazardor.*

HAZARDER, Aimer passionnémé[nt] jeux de hasard; d'où *Hazart*, Celui [qui aime] cette passion. Gl. *Hazardor.*

HAZETEUR, p. e. Meunier, ou mar[chand] d'huile. Gl. *Azenia.*

* **HÉ**, Haine. *Cueillir en hé*, Prend[re en] haine. Chronique des ducs de Norm[andie,] tom. II, pag. 468, vers 28929. Roma[n des] Sept Sages, pag. 66.

HEAAGE, Certaine redevance due à [...] de la maison qu'on habite. Gl. *Heag[...]*

HEAS, Verge, bâton. Gl. *Heisa.*

1. **HEAUME**, Arme défensive, qui [cou]vrait la tête. Gl. *Helmus*, 1. [*Hea[ume,]* Chanson de Roland. Voyez *Halme.*]

2. **HEAUME**, Sorte de monnaie de [...]rois, où était gravé un heaume. Gl. [*Hel]mus*, 3. [*Escus Heaumez*, Gl. *Mo[...]* pag. 494³.]

HEBERGEMENT, Logement, maison [Gl.] *Herbergagium.* [Rayn. tom. II, pag. 51[...] mot *Albergamen.*]

HEBERGER, Heberger, Bâtir, [cons]truire ou réparer un édifice. Gl. *Heber[...]*

HEBERGERIE, Hôtellerie. Gl. *H[erbe]ragium.* [Logement, campement. V[oyez] Rayn. tom. II, pag. 51¹, au mot *Alber[ge]ria. Herbegerie*, Gérard de Vienne, v. 3[...]

HEC, Demi-porte, dont usent encor[e les] paysans et les artisans. Gl. *Heket.*

HECQUER, p. e. Faire une pointe, [ren]dre aigu. Gl. *Heket.*

HECQUET, Porte de basse-cour. [Gl.] *Heket.*

* **HEÉ**, Age, années. Chron. de Jo[rdan] Fantosme, vers 137, 1392. var. V[oyez] *Edage.*

HEF, Sorte de bâton, en forme de [cro]chon, à l'usage des charretiers. Gl. *Hef[...]*

* **HEINGRE**. Chanson de Roland, st. [...] vers 6 :

Heingre out le cors e graisle e eschewid.

HEIREAU, Maison rustique, avec [les] bâtiments qui y appartiennent. Gl. *Ha[bi]lium.*

HEIRER, Aller, faire un voyage. Gl. [*Hai]mallatus.* [Voyez *Errer.*]

HEKET, Porte de basse-cour. Gl. *H[...]*

HEL, p. e. Champ fermé de haies. [Ver]ger. Gl. *Hayrelium.*

HELER, Boire ensemble, se réjo[uir] comme on fait à certaines fêtes de l'an[née.] Voyez ci-dessus, *Aguilanneuf.*

1. **HELLE**, Barrière. Gl. *Hayrelium.*

2. **HELLE**, Assemblée séditieuse. [Gl.] *Harela.*

HELLEBIC, Droit qu'on levait su[r le] poisson de mer vendu à Paris. Gl. [*Hel]lebic.*

HELLEBIT, Sorte de jeu. Gl. *Helleb[...]*

HELLEQUIN, Esprit follet, lutin. Gl. *Hellequinus.*

HELLER, Boire ensemble, se réjo[uir] comme on fait à certaines fêtes de l'an[née.] Voyez ci-dessus, *Aguilanneuf.* [*Hellir*, [quel.] Voyez *Guersai.*]

HELZ. Voyez *Heut.*

HEMER, Ajuster, mirer, viser. Gl. *E[sme]rare.*

HEMYE, Grosse corde, ou plusieurs [cor]des tortillées ensemble. Gl. *Hardes.*

HENAP, Coupe, vase avec anses et [pied.] Gl. *Hanapus.* [*Hehas*, Partonop. v. 1[...]

HENAPIER, Faiseur ou marchand de vases appelés *Hanaps*. Gl. *Hanapus*.

HENDEURE, Hendure, Poignée d'épée. Gl. *Handseax* [et *Scapulus*].

HENEL, Pieu, bûche, morceau de bois. Gl. *Hentich*.

HENEPÉE, Autant que contient un *hanap* ou une coupe. Gl. *Hanapus*. [Voyez *Hanepée*.]

*** HENEPIER**, Coupe et Crâne. Aubri, pag. 158¹ :

Teux i porroit jà au tonel sachier
Que il feroit voler le henepier.

Voyez *Hanepier*.

HENNAPIER, Faiseur ou marchand de vases appelés *Hanaps*. Gl. *Hanapus*.

HENNEPIER, Étui d'un *hanap* ou d'une coupe. Gl. *Hanaperium*, sous *Hanapus*.

HENT d'Espée, La poignée. Gl. *Scapulus*. [Voyez *Heut*.]

HENTICH, p. e. Clôture faite de pieux. Gl. *Hentich*.

HENU, p. e. Chauve, qui a peu de cheveux. Gl. *Latinarius*.

HENYAUS, Pieu, bûche, morceau de bois. Gl. *Hentich*.

HEOQUE, Sorte de filet à prendre des oiseaux. Gl. *Heck*.

*** HEOSE**, comme *Heuse*. Agolant, vers 449.

HEQUET, Le nom d'une prison à Rouen. Gl. *Heket*.

1. **HER**, Héritier. Gl. *Hæredes*, 1, pag. 611².

2. **HER**, Héraut, messager. Gl. *Heraldus*, pag. 649¹.

*** 3. HER**, Hier. Chron. des ducs de Normandie.

HERAGE, Race, lignée, extraction. Gl. *Hæredes*, 1, pag. 611².

1. **HERAUDIE**, Casaque, souquenille. Gl. *Hiraudus*.

2. **HERAUDIE**, Embarras, inquiétude; ou Malheur, infortune. Gl. *Hiraudus*.

HERAULDER, Animer, inciter. Gl. *Harela*.

1. **HERBAGE**, L'herbe d'un pré, lorsqu'elle est coupée. Gl. *Herbagium*.

2. **HERBAGE**, Le droit de faire paître à ses bêtes l'herbe des bois ou des prés. Gl. *Herbagium* et *Herbegage*.

HERBAGER, Mettre ses bêtes à l'herbage, pour les nourrir ou engraisser. Gl. *Herbajare*.

HERBAIGER, s'Abonner pour le droit d'herbage ou pâturage. Gl. *Herbergamentum*.

*** HERBALESTIERE** †, Meurtrière. Gl. *Propugnaculum*. Voyez *Arbalestiere*.

HERBAN, Corvée, ou ce qu'on paye pour en être exempt; mal corrigé *Herbau*. Gl. *Herebannum*, pag. 654¹³.

HERBAUMENT, Gaillardement, en folâtrant. Gl. *Herbatum*.

1. **HERBEGAGE**, Le droit de prendre dans une forêt le bois nécessaire pour construire ou réparer une maison. Gl. *Herbegage*.

2. **HERBEGAGE**, Le droit qu'on paye pour mettre du vin marchand en maison ou cellier. Gl. *Herbegage*.

HERBELÉE, Potion médicinale, faite de jus d'herbes. Gl. *Herbarii*, sous *Herba*, 1.

1. **HERBER**, Couper de l'herbe. Gl. *Herbajare*.

2. **HERBER** †, Joncher d'herbes. Gl. *Herbare*.

HERBERGAGE, Maison, logement, lieu où l'on habite. Gl. *Herbergagium*, sous *Hereberga*.

HERBERGAJE, Le même. Gl. *Herbergagium*.

HERBERGAUT, Habitable, logeable. Gl. *Herbergiare*.

HERBERGE, Tente. Gl. *Hereberga*, pag. 655¹. [*Hauberge*, Garin, tóm. 1, p. 118. *Heberge*, Agolant, vers 830. *Herbert*, Roman de Berte, pag. 52. Voy. Rayn. tom. 11, pag. 50², aux mots *Alberc* et *Alberga*.]

1. **HERBERGEMENT**, Maison, logement. Gl. *Heribergare*, sous *Hereberga*, pag. 656¹. [Chron. des ducs de Normandie.]

2. **HERBERGEMENT**, Ce qu'on paye pour le droit d'herbage ou pâturage. Gl. *Herbergamentum*.

HERBERGER, Loger, habiter. Gl. *Heribergare*, sous *Hereberga*, pag. 656¹.

HERBERGERIE, Auberge, hôtellerie. Gl. *Herbergeria*. Voyez *Hebergerie*.

HERBERGIER, Habiter. Gl. *Herbergiare*. [Cultiver. Partonop. vers 506.]

*** HERBERGUAL**, comme *Herbergaut*.

HERBERJAGE, Maison ou tente. Gl. *Herbergagium*, sous *Hereberga*, pag. 655².

*** HERBREGER**, comme *Herberger*.

*** HERBRIGIÉS**, Qui a mis le haubert. Aubri, pag. 161². Voyez *Hauberger*.

HERBU, Herbeux, garni d'herbes. Gl. *Herbacia*. [Chanson de Roland. Voyez Rayn. tom. 111, pag. 529², au mot *Erbos*.]

HERCHELLE, Brin d'osier. Gl. *Harcia*.

HERDE, Troupeau. Gl. *Herda*. [Chroniques anglo-norm. tom. 1, pag. 54 :

Si cum la herde trespassa
E le grant cerf à mes li vint.

Voyez Roquef. et Halliwell, au mot *Herd*, 3.]

*** HERDEIER**. Chronique des ducs de Norm. tom. 1, pag. 423, vers 9850 :

Qui vout, si pot aler chacer,
Curre, berser u herdeier.

1. **HEREAU**, Maison rustique, avec les bâtiments qui y appartiennent. Gl. *Hayrelium*.

2. **HEREAU**, p. e. Certain tonneau. Gl. sous *Heralis*.

HEREBOUT, Terme employé pour exciter et animer. Gl. *Herebannum*, pag. 654³.

HEREDITAL, Assigné sur des héritages ou fonds de terre. Gl. *Hæreditabilis*, 2.

HEREGE, Hérétique. Gl. *Heregia* et *Magister Hæreticorum*.

HEREMPS, Terre inculte. Gl. *Heremitas* et *Eremus*.

*** HERES**, Arrhes. Roi Guillaume, p. 167.

HERESIE, Sortilége, sorcellerie. Gl. *Hæresis*, 2.

HERGAUT, Habillement de dessus, à l'usage même des femmes. Gl. *Hergas*.

HERGNER, Se plaindre, se lamenter. Gl. sous *Harnascha*, pag. 629³.

*** HERIÇON**, Défense qu'on mettait aux passages pour servir de barrières, cheval de Frise. Chron. des ducs de Normandie. Gl. *Herico*.

HERIENER, Éréner, éreinter. Gl. *Renitiosus*.

HERIER, Terme obscène. Gl. *Heries*.

HERIQUET, Boutique, échoppe. Gl. *Herrid*.

HERITABLEMENT, Heritaulement, Héréditairement, par droit d'héritage et succession. Gl. *Hæreditabiliter*.

HERITE, Hérétique, et celui qui a commerce avec les bêtes. Gl. *Hæreticus*.

HERITÉ, Bien propre, possession. Gl. *Hæreditagium*, 2.

1. **HERITER**, Mettre en possession, faire jouir. Gl. *Hæreditare*, 3, et *Hæreditatus*.

2. **HERITER**, Prendre domicile, s'établir quelque part. Gl. *Hæredes*, 2.

HERLE. Sonner une cloche a Herle, Sonner le tocsin. Gl. *Herlinini*.

HERM, Terre non labourable. Gl. *Hermale*. [*Terre herme*. Gl. *Eremus*.]

HERME, Heaume, arme défensive, qui couvrait la tête. Gl. *Helmus*, 1.

HERMITAINS, Hermite, solitaire. Gl. *Heremita*.

HERNAULT, Nom d'un péage prétendu par les seigneurs de Partenay. Gl. *Hernaldum*.

HERNOIS, L'armure ou l'équipage d'un homme de guerre. Gl. *Harnesium*, sous *Harnascha*.

HERNOUX, Nom injurieux qu'on donnait au mari qui souffrait patiemment les infidélités de sa femme. Gl. *Arnaldus*.

HERPE, Harpe, instrument de musique. Gl. *Harpa*, 1.

HERRAYNE, pour Arayne, p. e. Sablière. Gl. *Arena*, pag. 384¹.

HERSOIR, Hier. Gl. *Erinus*.

HERTAYE, Hertoye, Terre inculte et non labourable. Gl. *Hertemus*.

HES, p. e. Houe, instrument propre pour remuer la terre. Gl. *Aissada*.

HESBARGEGE, Maison, logement, lieu où l'on habite. Gl. *Herbergegium*.

HESCAUDEL, Espèce de gâteau. Gl. *Escaudetus*.

HESE, Porte faite de branches entrelacées les unes dans les autres, en façon de claie. Gl. *Haisellus*. [Roman de Renart, tom. 1, pag. 34, vers 904.]

HESMIER, Ajuster, viser, mirer. Gl. *Esmerare*.

HESTAUS, Étau, table, banc où l'on étale la marchandise à vendre. Gl. *Hesta*.

HESTENSION, pour Ostension, montre, enquête, visite. Gl. *Ostensio*, 2, et *Visus*.

*** HET**, Joie, empressement. Partonop. vers 6280, 3469 :

Poignent de het as Sarasins.

Voyez *Hait*.

HEUCE, Aisse, cheville de fer, qui contient la roue. Gl. *Heuça*.

HEUCQUE, Sorte de robe, à l'usage d'homme et de femme. Gl. *Huca*.

HEUD, Certaine mesure de grain, en usage en Flandre. Gl. *Hodius*.

HEUER, Heuber, Houer, fouir la terre avec une houe. Gl. *Haware*.

HEUL, Aïeul. Gl. *Aviones*.

HEULLE, Le dos ou marteau d'une hache. Gl. *Houla*.

HEUQUE, Sorte de robe à l'usage d'homme et de femme. Gl. *Huca*.

1. **HEURE Basse**, Le soir. Gl. *Hora*, 3.

2. **HEURE du Ravaler**, L'après-dinée. Gl. *Hora*, 3.

3. **HEURE de Remontée**, De relevée, l'après-dinée. Gl. *Hora*, 3.

4. HEURE DE RIOTE, Du goûter. Gl. *Hora*, 3.

5. HEURE DE RISSUE, Le même. Gl. *Hora*, 3.

6. HEURE TARDE, Sur le soir, crépuscule. Gl. *Hora*, 3, et *Tardus*.

HEURIER, Chantre à gages dans l'église de Chartres. Gl. *Horarius*, 2.

* HEURTÉURE, Choc, coups. Gl. *Hortatus*.

HEUS, HEUSE, Aisse, cheville de fer, qui contient la roue. Gl. *Heuça* et *Jaugia*.

HEUSE, Sorte de chaussure, bottine. Gl. *Osa*.

HEUSER †, Mettre des *heuses* ou bottines. Gl. *Heusia* et *Osa*.

HEUSIAU, Sorte de chaussure, bottine. Gl. sous *Osa*.

HEUT, pour *Hent*, La garde d'une épée. Gl. *Handseax*. [Partonop. vers 2968. Agolant, vers 605. Gérard de Vienne, v. 2558, 2629 : *Heuz*, *Heux*. Chanson de Roland, stance 47, vers 5; stance 104, vers 14 : *Helz*. Voyez le Gloss. sur la Chron. des ducs de Norm. au mot *Heut*; ci-dessus, *Enhendeure*, et Graff, tom. iv, col. 930, au mot *Helza*.]

HEUTE, HEUTICH, Hutte, cabane. Gl. *Hutten*.

HEUX, Cri de plusieurs personnes, surtout pour arrêter un criminel. Gl. *Huestum*.

HEZE, Porte faite de branches entrelacées les unes dans les autres, en façon de claie. Gl. *Haisellus*.

HIDE, Frayeur, épouvante, effroi. Gl. *Hida* [pag. 668² et *Acedia*. Roman de Renart, tom. i, pag. 15, vers 392].

1. HIE, Instrument dont on se sert pour enfoncer le pavé; d'où *Hieur*, Celui qui s'en sert. Gl. *Hiator*.

* 2. HIE. Garin le Loher. t. 1, p. 135 :

> A hie fierent plus de cent chevalier,
> Si que les huis font des gons arrachier.

Roman de Renart, tom. iii, pag. 134, vers 23442 :

> A l'uis vienent plus que le pas,
> Si entrent enz à une hie.

Tom. iv, pag. 43, vers 1184 :

> Si trova que cil à grant hie
> Cantont de ceu qu'il n'orent pas.

HIERE, p. e. L'endroit où l'on nourrit les hérons; ou Étable à cochons. Gl. *Hairo*.

* HIERLEKIN, Arlequin. Renart le Nouvel, tom. iv, pag. 146, vers 532 :

> Ot cinc cent cloketes au mains
> Ki demenoient tel tintin
> Con li maisnie hierlekin.

HILLE †, Petit pavillon, qui couvre le saint ciboire; il se dit aussi des rideaux qui étaient à côté de l'autel. Gl. *Hilla*.

HINDART, Cabestan. Gl. *Indardus*.

HIRAUDIE, Casaque, souquenille. Gl. *Hiraudus*. [Mauvais habit, haillons. Les deux Bordeors, Chants Histor. tom. i, introd. pag. xxiv :

> Vez or en quel hiraudie
> Il s'est iluec cutortilliez.]

HIRAUX, Ceux qui récitaient publiquement les fables et les romans. Gl. *Hiraudus*.

HIRETAIGE, Héritage, biens fonds. Gl. *Hanot*.

HIRETAULEMENT, Héréditairement, par droit d'héritage et succession. Gl. *Hæreditabiliter*.

HIRIAUX, Ceux qui récitaient publiquement les fables et les romans. Gl. *Hiraudus*.

HIS, Sorte de casaque ou capote. Gl. *Hissus*.

* HISDOR, HISDUR, Épouvante. Chron. des ducs de Norm. *Hisdoux*, Effroyable. Partonop. vers 515, 3223.

HISTAR, Friche, terrain couvert de halliers. Gl. *Hirstis*.

HISTORIER, Raconter, composer une histoire. Gl. *Historiare*, 1.

HIVERNACHE, HIVERNAGE, Blé, qu'on sème avant l'hiver, seigle. Gl. *Hybernagium*.

HIVERNAGE, La saison d'hiver. Gl. *Hybernagium*.

* HIVERNER, Nourrir pendant l'hiver. Gl. *Æstiva*.

HO, Interjection, qui sert à imposer silence, ou à arrêter une action. Gl. *Ho*, 1.

HOBE, p. e. Cage à poulets. Gl. *Hobus*.

* HOBELÉIZ, Pillage? Chron. des ducs de Norm. tom. iii, pag. 200, vers 37246 :

> Ci n'a mestier hobeléiz,
> Mais od les branz d'acer forbiz
> Deffendre les cors et les vies.

Voyez *Houbeler*.

HOBELER, HOBILER, Cavalier qui monte un cheval appelé *Hobin*. Gl. *Hobellarii*. [Voyez Halliwell, aux mots *Hobeler* et *Hoblers*.]

* HOBENC, Hauban. Chron. des ducs de Norm. tom. i, pag. 154, vers 2081.

* HOBER, Sortir, s'en aller. G. Guiart, tom. i, pag. 95, vers 1901 :

> En la vile entrent à grant presse,
> Li fourrier, qui ainz qu'ilz en hobent
> L'ardent de touz poinz et desrobent.

Gl. *Glissis*.

HOBIN, Cheval d'Écosse, dont l'allure est très-douce. [Voyez Halliwell, au mot *Hobby*, 1.] D'où *Hobiner*, Celui qui le monte. Gl. *Hobellarii*.

HOBLER, Cavalier qui monte un cheval appelé *Hobin*. Gl. *Hobellarii*.

HOC, Croc, crochet. Gl. *Hoccus*.

HOCER, Hocher, remuer, secouer. Gl. *Hochia*.

1. HOCHE, Terre cultivée et enfermée de fossés ou haies. Gl. *Hochia*.

2. HOCHE, Espèce de jeu de hasard. Gl. *Hochia*.

HOCHER, Terme obscène. Gl. *Hochia*.

HOCKETTOUR, Trompeur. Gl. *Hockettour*.

HOCQUELER, Faire de mauvaises difficultés pour vexer quelqu'un; d'où *Hocqueleur*, Chicaneur, fourbe, querelleur. Gl. *Hoquelator*.

HOCQUENELLE, p. e. Empêchement, obstacle. Gl. *Hoquetus*, 1.

HOCQUET, Bâton de berger, houlette, fléau. Gl. *Hoquetus*, 1 et *Picare*, 3.

HOCQUETER, Ébranler en secouant. Gl. *Hoquetus*, 2.

HOE, Oui. Gl. *Ho*, 1.

* HOEILLES, Brebis, ouailles. Partonop. vers 5852 :

> Lions paisiles com hoeilles.

Voyez Rayn. tom. iv, pag. 392¹, au mot *Ovella*.

* HOESE, Botte. Chanson de Roland, stance 49, vers 8. *Hoesé*, Botté. Chron. des ducs de Norm. tom. iii, p. 335, v. 40757. Voyez *Huese*.

HOET, Certaine mesure de grain, en usage en Flandre. Gl. *Hodius*.

HOETE, HOETTE, Petite *hoe*, instrument pour remuer la terre. Gl. *Hoellus*.

* HOGE, Colline. 2 Livre des Rois, chap. 2, vers 25 : *El sumet de un hoge*. (lat. in summitate tumuli unius.)

HOGUEMENT, Commandant, capitaine. Gl. *Hoga*.

HOGUETTE, Certain petit tonneau. Gl. *Hogettus*.

HOGUINELE, Troupe de mendiants. Gl. *Coquinus*.

HOICHER, Étouffer. Gl. *Hochia*.

* HOIGNE, Plaisanterie. Chansons historiques, tom. i, pag. 301 :

> Je leur monstreray sans hoigne
> De quel poisant sont mes doigtz.

* HOILER, HOILLER, Crier, pousser des cris de joie. Roman de Renart, tom. ii, pag. 268, vers 16874 :

> Il ne hoilloit ne ne chantoit.

Pag. 271, vers 16950. Voyez *Heller*.

* HOINGNER, Plaisanter. Roman de Renart, tom. ii, pag. 129, vers 13064. Guill. Guiart, tom. i, pag. 313, vers 7149. Voyez *Hongner*.

HOIQUEMANT, Commandant, capitaine. Gl. *Hoga*.

* HOIRE, comme *Erre*. Flore et Jeanne, pag. 32 : *Lors s'en vont grant hoire à Mon-le-Heri*.

HOIRRERIE, Hoirie, succession. Gl. *Hæreditas*.

HOISCHON, HOISCHETON, p. e. Paysan, qui cultive ou possède une *Hosche*, ou pièce de terre fermée de fossés ou de huies. Gl. *Hoscha*.

HOISEZ, p. e. Houx ou Houssine. Gl. *Hueia*.

HOISSIER, Jouer au jeu appelé aux *Hoches*. Gl. *Hochia*.

HOISTE, Hostie, la sainte Eucharistie. Gl. *Hostia*, 1.

HOLIER †, HOLIERE †, Homme ou femme, qui vit dans la débauche; d'où *Holerie* †, Libertinage. Gl. *Hullarii*, pag. 728¹.

HOLLON, Éminence, rideau. Gl. *Hoga*.

* HOMAGE, Fief. Chron. des ducs de Norm. tom. i, pag. 246, vers 4697.

HOMAGÉ, Ce qui est tenu sous hommage. Gl. *Homagiales*, sous *Hominium*, pag. 686¹.

* HOMECE, Virilité, courage. Chron. des ducs de Norm. tom. ii, pag. 392, v. 26737 :

> S'or ne nos faut quers e homece.

HOMECIDE, pour Homicide. Gl. *Homicidium*, 2.

HOMENAGE, HOMENATGE, Hommage, serment de fidélité, que doit un vassal à son seigneur. Gl. *Hominagium*, sous *Hominium*. [*Hommanage*, Chron. des ducs de Norm.]

1. HOMMAGE, Redevance annuelle, due par des hommes de corps. Gl. sous *Hominium*.

2. HOMMAGE. RENDRE L'HOMMAGE QU'ON A FAIT, Y renoncer; ce que le vassal

était obligé de faire, avant de pouvoir défier son seigneur, dans le cas où le défi avait lieu. Gl. *Homagium gurpire*, sous *Hominium*.

HOMMAIGE, Ce qui est sujet à l'hommage ou à quelque service. Gl. sous *Hominium*, pag. 685³.

1. **HOMME**, Vassal. Gl. *Homo*.

2. **HOMME DE CORPS**, Qui est de condition serve. Gl. *Homo de corpore*.

3. **HOMME D'ESTAT**, Qui est de condition libre, qui est son maître. Gl. *Homo status*.

4. **HOMME DE FOY**, Vassal, qui doit foi et hommage à un seigneur. Gl. *Homo fidei*.

5. **HOMME DU FROMENT**, Celui qui doit des redevances en froment. Gl. *Homo frumenti*.

6. **HOMME DE JUSTICE**, Qui est soumis à la juridiction d'un seigneur, qui est son justiciable. Gl. *Homo justitiœ*.

7. **HOMME MOTIER**, Celui qui est sujet au droit de mouture. Gl. *Homo motarius*.

8. **HOMME NATUREL**, Celui à qui la nature n'a rien refusé pour être homme. Gl. *Homo naturalis*.

9. **HOMME DE POURSUITE**, Celui que son seigneur peut suivre et réclamer partout où il le retrouve. Gl. *Homo de prosecutione*.

HOMMÉE, Certaine mesure de terre plantée en vignes. Gl. *Homata* et *Hominata*.

* **HONESTRE**, Convenable, respectable. Partonop. vers 7217 :

> Devers nos ert cil de Palestre
> Qui amaine ost grant et honestre.

HONGNER, Murmurer, se plaindre tout bas. Gl. *Hugnare*. [Voyez *Hoingner*.]

HONNESTÉ, Honneur, dignité, rang. Gl. *Honestas*, 1, et *Juramentum*, pag. 932².

1. **HONNEUR**, Ce qui est dû au seigneur dans les mutations des fiefs. Gl. sous *Honor*.

2. **HONNEUR**, La marque ou le témoignage, qu'on donne à quelqu'un, de la considération ou du respect qu'on a pour lui. Gl. sous *Honor*.

HONOR, Domaine, fief. Gl. sous *Honor*. [Partonop. vers 2802. Gérard de Vienne, vers 2316, et note, pag. 164¹. Chronique des ducs de Norm. Chanson de Roland. Voyez Rayn. tom. III, pag. 534¹, au mot *Honor*.]

* **HONORER**, Gratifier, payer. Roman de Roncevaux, pag. 13 :

> Li arcévesque a la messe cantée...
> D'une once d'or l'a li cons honorée.

HONRAGE, Seigneurie, grand fief. Gl. *Honor*.

HONS, Homme. Gl. *Homo*.

* **HONTAGE**, Honte. Partonop. v. 10240. Guill. Guiart, tom. 1, pag. 347, vers 8041. Chron. des ducs de Norm. *Huntage*, Chanson de Roland, stance 84, vers 10. Jordan Fantosme, vers 59.

* **HONTOS**, Modeste. Partonop. vers 545 :

> Moult ert et pros et coragos
> Et dois et humles et hontos.

Voyez Rayn. tom. II, pag. 82¹, au mot *Anctos*.

HONTOYER (SE), Avoir honte. Gl. *Pudoratus*. [Chron. des ducs de Norm. Voyez Rayn. tom. II, pag. 82¹, au mot *Antar*.]

HOOLE, Le dos d'un couteau. Gl. *Houla*.

HOPPE, Houppe, bouffette, sorte d'ornement, qu'on attachait aux habits. Gl. *Houpeta*.

HOQUELERIE, Tromperie, fourberie. Gl. *Hoquelator*.

HOQUELEUR, Hoqueleux, Chicaneur, fourbe, querelleur. Gl. *Hoquelator*.

* **HOQUEREL**. Chron. des ducs de Norm. tom. II, pag. 13, vers 15634 :

> Nos le prendrom au hoquerel.

1. **HOQUET**, Bâton de berger, houlette. Gl. *Hoquetus*, 1.

2. **HOQUET**, L'action de faire lever le menton à quelqu'un, en lui portant la main par dessous. Gl. *Hoquetus*, 2.

HOQUETER, Ébranler en secouant. Gl. *Hoquetus*, 2.

* **HOR**, Héritage, terre. Agolant, v. 1127 :

> Por coi venez en son hor herbergier.

HORDER, Fortifier, garnir de palissades, [clore]. Gl. *Hourdure*. [Garin le Loher. t. 1, pag. 12. Roman de Renart, tom. 1, pag. 50, vers 1291.]

HORDIS, Hordots, Palissade. Gl. *Hordeicium*. [*Hordel*. Voyez *Hourdéis*.]

HORIS, Sorte de monnaie de Bretagne. Gl. *Hora*.

HORRAILLE, Partie d'une charrue. Gl. *Horrendius*.

HORRIBLETÉ, Chose horrible, qui fait horreur. Gl. *Horrendius*.

* **HORS**, Ours. Partonop. vers 5740.

HORSBORC, Faubourg. Gl. *Forisburium*.

HORSEPRISE, Exception, ce qu'on se réserve dans une cession. Gl. *Forprisa*.

HORT, Ce qui est tenu ou possédé par plusieurs, fonds dont il y a plus d'un propriétaire. Gl. *Parrana*.

HORTALESSIES, Toute espèce d'herbes potagères. Gl. *Hortalia*.

HORTRAIRE, Tirer dehors, emmener. Gl. *Forisbarium*.

HOSCÉLAIN, pour HOSTELAIN, Hôtelier, aubergiste. Gl. *Hostalerius*.

HOSCHE, Pièce de terre cultivée et fermée de fossés ou de haies. Gl. *Hoscha*.

HOSCHER, Marquer par des *hoches* ou entailles. Gl. *Occare*, 2.

HOSE, Sorte de chaussure, bottine. Gl. *Osa*.

HOSEQUE, pour Obsèques, funérailles. Gl. *Obsequiœ*.

1. **HOST**, Armée, expédition militaire. Gl. *Hostis*, 2.

2. **HOST**, Hôtel, maison. Gl. *Hospitisia*.

1. **HOSTAGE**, Certain droit dû sur les grains amenés à la grange du seigneur; ou p. e. Ter age, champart. Gl. *Hostagium*, 4, et *Rentagium*.

* 2. **HOSTAGE**, Otage, caution. Chron. de Jordan Fantosme, vers 48 :

> Bien sui prest de guerreior et de trover hostage.

Vers 633 :

> Mil i larrunt les testes par lur meisme hostage.

HOSTAGER, Paysan, habitant dans une métairie. Gl. *Hospes*, pag. 701².

1. **HOSTE**, Paysan, habitant de la campagne, sujet d'un seigneur féodal. Gl. *Hospes*.

* 2. **HOSTE †**, Hotte. Gl. *Gestatorium*.

1. **HOSTEL**, Toute espèce de maison ou de logement. Gl. *Hospitisia*. [Partonop. vers 7855 :

> Il n'ont pas hostel en maison,
> Ains l'ont en un bel pavellon.

Voyez Rayn. tom. III, pag. 544², au mot *Hostal*.]

2. **HOSTEL**, Famille, race. Gl. *Hospitisia*.

3. **HOSTEL**, Les troupes qui sont sous le commandement de quelqu'un. Gl. *Hospitisia*.

HOSTELAGE, Frais, dépense pour le logement des chevaux. Gl. *Hostalagium*.

HOSTELÉE, La compagnie qui habite une maison ou *hostel*. Gl. *Hospitisia*.

HOSTELER, Loger, recevoir quelqu'un dans sa maison. Gl. *Hostellarius*, 2.

HOSTELLAGE, Le loyer des boutiques occupées par des marchands forains. Gl. *Hostilagium*.

HOSTELLAIN, Hôtelier, aubergiste, cabaretier. Gl. *Hostalerius*.

HOSTELLER, Loger, recevoir quelqu'un dans sa maison. Gl. *Hospitare*.

HOSTIAGE, Querelle, dispute, chagrin. Gl. *Hostis*, 2.

HOSTICE, L'obligation d'aller à la guerre. Gl. *Hostiaticum*, sous *Hostis*, 2.

HOSTIEL, Certaine mesure de grain. Gl. *Hotellus*.

* **HOSTIER**. Gl. *Hostiarius*, 1.

HOSTIL, Outil, instrument. Gl. *Furnimentum*.

HOSTILLEMENT, Meuble, ustensile; d'où *Hostiller*, Garnir, munir. Gl. *Hustilimentum*.

HOSTISE, Demeure de celui qu'on appelait *Hoste*; et ce qu'il devait à son seigneur. Gl. sous *Hospes*, pag. 701³.

HOSTOIER, Faire la guerre; d'où *Baston à hostoier*, pour Arme offensive. Gl. *Hostilicatus*.

HOSTOUER, Autour, oiseau de proie. Gl. *Hostoarius*. [*Hostur*, Chanson de Roland.]

HOSTOYER, Faire la guerre. Gl. *Hostis*, 2.

HOSTRICIER, Celui qui est chargé du soin des *Hostouers* ou autours. Gl. *Hostoarius*.

1. **HOT**, Troupeau de moutons. Gl. *Hogetius*.

* 2. **HOT**, Roman de Renart, tom. IV, pag. 30, vers 822 :

> Ne sevent l'eure qu'ens el hot
> Sont embatut, où li vilains
> Chaï, dont or vos contai ains.

HOTER, Porter avec une hotte. Gl. *Hota*.

HOTEREAU, La partie du tombereau qui contient ce qu'on veut voiturer. Gl. *Hota*.

HOTERIL, Le même. Gl. *Hota*.

HOTIEL, Certaine mesure de grain. Gl. *Hotellus*.

HOTOIER, Autour, oiseau de proie. Gl. *Hostorius*.

* **HOUBELER**, Piller. Chastel. de Couci, vers 7493 :

> Tant que li Sarrazin un jour
> Surent que li rois à séjour
> Ert en un chastel à privé,
> Lors ont lor afaire abrievé
> Et vinrent là pour houbeler.

Voyez *Hobeler*, *Hobeléiz*, *Hubillier*.

HOUBILLER, Traire une vache. Gl. *Huba*, pag. 723[2].

HOUC, Hameçon ; le nom d'une faction en Hollande. Gl. *Cabelgenses*.

HOUCE, HOUCHE, Robe longue. Gl. *Housia*. [Roman de Renart, tom. IV, pag. 107, vers 2942. Flore et Jeanne, pag. 29. *Houcette d'un burel griés*, Chastel. de Couci, vers 6611.]

HOUCHIER, Couvrir, envelopper, comme fait une *Houche*. Gl. *Housia*.

1. HOUE [*de Burel*], Robe longue, p. e. pour *Houce*. Gl. *Housia*.

2. HOUE, Brebis de deux ans. Gl. *Hogettus*.

3. HOUE. MARCHAND DE HOUES, Voleur, fripon, coquin. Gl. *Hullarii*, pag. 728[1].

HOUETE, HOUETTE, Petite houe, instrument pour remuer la terre. Gl. *Hoellus*.

HOVIR, Paysan ; ou plutôt *Houir*, pour Hoir, héritier. Gl. sous *Huba*, pag. 723[3].

HOULE, p. e. pour CHOULE, Espèce de jeu. Gl. *Houla*.

HOULETTER, Se battre ou badiner avec des houlettes. Gl. *Holeta*.

HOULIER, Débauché, libertin. Gl. sous *Hullæ*. [Guill. Guiart, tom. I, pag. 142, vers 3152.]

HOULLERIE, Débauche, libertinage. Gl. *Hullarii*, pag. 728[1], et *Peccatum*.

HOULLIER, HOULLIERE, Homme ou femme qui vit dans la débauche. Gl. *Hullarii*, pag. 728[1].

HOUNERAULE, Honorable ; titre des magistrats civils ou de justice. Gl. *Honorabiles*.

* HOUPIUS, Renard. Renart le Nouvel, tom. IV, pag. 1280, vers 75, p. 205, v. 2075. Voyez *Goupil*.

HOUPPEGAY, Terme de jargon, pour signifier un vol fait avec adresse, un tour de filou. Gl. sous *Houpeta*.

1. HOUPPELLANDE, Sorte de cappe ou manteau. Gl. *Hopelanda*.

2. HOUPPELLANDE, Certaine monnaie, ainsi nommée d'une *Houppellande*, dont la figure du roi y était vêtue. Gl. *Hopelanda* [et *Moneta*, pag. 495[2]].

HOUPPENBIER, Espèce de boisson, sorte de bière. Gl. sous *Celia*. [Bière houblonnée.]

HOUQUET, pour HOQUET, Mauvaise difficulté, chicane. Gl. *Hoquetus*, I [et *Hucciare*].

HOUQUETON, Hausse-cou. Gl. *Hauqueto*.

HOUR †, Echafaud fait de claies. Gl. *Craticulatum*.

HOURDAGE, Toute espèce d'échafaud. Gl. *Hourdagium*.

HOURDEIS, HOURDEL, Palissade, fortification. Gl. sous *Hurdicium*. [Échafaud, siége, comme *Hourt*, Chastel. de Couci, vers 1073, 1288.]

HOURDEMENT, L'action de palissader. Gl. *Hordamentum*, sous *Hurdicium*.

HOURDER, Garnir de claies ; d'où *se Hourder*, pour se Renforcer [Chastel. de Couci, vers 4494] ; et *Hourdé*, Garni, fourni. Gl. *Hourdare* et *Hurdare*.

HOURIER, HOURIERE, Homme ou femme, qui vit dans la débauche et qui y entretient les autres. Gl. *Hullarii*, pag. 728[1].

HOURIEUR, Débauché, libertin. Gl. sous *Hullæ*.

HOURT, Échafaud, banc, siége. Gl.

Hourdum et *Hurdicium*. [Chastel. de Couci, vers 1296, 1341.]

* HOUSE, comme *Heuse*. Gl. *Osa* et *Ocrea*.

* HOUSELE. Guill. Guiart, tom. II, pag. 205, vers 5296 (14276).

HOUSER, Chausser des *houseaux*, mettre des bottines. Gl. *Housellus*.

HOUSET †, Houx, arbrisseau. Gl. *Hosseia* et *Biscus*.

HOUSIAUS, Sorte de chaussure, bottines. Gl. sous *Osa*. [*Husiaus*, Aubri, pag. 154[2].]

HOUSOUR, Palissade. Gl. *Housere*.

HOUSPAILLIER, Goujat, maraudeur. Gl. *Housia*.

HOUSPIGNER, Houspiller, tirailler quelqu'un par l'habit. Gl. *Housia*. [*Housepigne*, Roman de Renart, tom. II, pag. 292, vers 17547.]

HOUSPOUILLIER, Goujat, maraudeur. Gl. *Housia*.

HOUSSE, HOUSSELIN, Robe longue. Gl. *Housia* et *Epitogium*.

HOUSSEPILLER, Maltraiter, vexer. Gl. *Housia*.

HOUST, Guerre, expédition militaire. Gl. *Hostis*, 2.

HOUSTE, Sujet d'un seigneur féodal. Gl. *Hospes*, pag. 701[2].

HOUTILLEMENT, Meuble, ustensile. Gl. *Hustilimentum*.

HOUYER, Labourer avec la houe. Gl. *Fossare*, 2.

HOUZE, HOUZIAU, Sorte de chaussure, bottine. Gl. sous *Osa*.

HOY, Cri de plusieurs personnes, surtout pour arrêter un criminel ; L'obligation de le poursuivre. Gl. *Huesium*.

HU, Le même. Gl. *Huesium*. [Chronique des ducs de Normandie, aux mots *Hu* et *Huz*. Voyez Rayn. tom. V, pag. 444[1], au mot *Uc*.]

HUAGE, L'obligation de crier pour forcer l'animal qu'un seigneur veut chasser à sortir de son fort. Gl. sous *Huesium*, pag. 726[2].

HUAL, p. e. Un rayon de roue. Gl. *Huale*.

HUBILLIER, Houspiller, tirailler. Gl. *Housia*.

HUCEAU, Petite huche, coffre. Gl. *Hucellus*.

HUCER, Appeler à haute voix. Gl. *Hucciare*.

1. HUCHE, Sorte de navire. Gl. *Hucha*, I.

2. HUCHE, Valeur numérale. Gl. *Hucha*, I.

3. HUCHE, Dépôt de l'argent public. Gl. *Hucha*, I.

HUCHEAU, HUCHEL, Petite huche, coffre. Gl. *Hucellus*.

HUCHER, Appeler à haute voix. Gl. *Hucciare*. [*Huchier*, Rutebeuf, tom. II, pag. 237. Agolant, vers 1187. *Hucier*, Partonop. vers 2226. Voyez Rayn. tom. V, pag. 443[1], au mot *Ucar* ; et Poésies des Troubadours, tom. V, pag. 22. Chronique des ducs de Normandie.]

HUCOURS, Cri de plusieurs personnes. Gl. sous *Huesium*, pag. 726[2].

HUCQUE, Sorte de robe, à l'usage d'homme et de femme. Gl. *Huca*.

HUDEL, Espèce de charrette ou tombereau. Gl. *Hudera*.

1. HUE, Cri de plusieurs personnes, surtout pour arrêter un criminel. Gl. *Huesium*.

2. HUE, Oie. Gl. *Auca*.

* HUEC, Roman de Renart, tom. IV, pag. 71, vers 1963 :

Dist lirois : com t'as graut envie
Sour ce chaitif où jou t'envie
Que tu le me voises pour huec.

HUÉE, Certain espace, dans lequel on peut entendre un cri. Gl. sous *Huesium*, pag. 726[2].

* HUEIL, Yeux, Partonop. vers 5364 :

Il ne s'anuie de son duel
Jà n'auront mais repos si hueil.

Voyez Rayn. tom. IV, pag. 366[2], au mot *Olh*.

* HUER LES CHIENS, Les exciter par des huées. Partonop. vers 622, 1836.

HUERIE, Cri de plusieurs personnes. Gl. *Huesium*.

1. HUÉS, Profit, gain. Gl. *Usurare*. [Usage. Partonop. vers 5234. Voyez *Oes*, et Rayn. tom. V. pag. 452[2], au mot *Us*.]

2. HUÉS, pour NIÉS, Neveu. Gl. sous *Huesium*.

HUESE, Brodequin, sorte de chaussure, bottine. Gl. *Osa* et *Housellus*. [Partonop. vers 5075. Roi Guillaume, pag. 104. Gérard de Vienne, vers 3481. Voyez Rayn. tom. IV, pag. 390[1], au mot *Osa*, ci-dessus *Hoese*.]

HUET, Sot, benêt, nigaud. Gl. *Hugo*.

HUETTE, pour HUVETTE, Sorte de chapeau, à l'usage des hommes et des gens de guerre. Gl. *Huvata*.

HUGE, Huche, coffre ; d'où le diminutif *Hugette*, Petit coffre. Gl. *Hucha*, I.

HUGE-LANGE, Linge à mettre sur la huche ou le buffet. Gl. *Hucha*, I.

HUGUERIE, p. e. Hongrie. Gl. *Maisnile*.

HUHE, L'obligation de crier pour forcer l'animal qu'un seigneur veut chasser à sortir de son fort. Gl. *Huesium*, pag. 726[2].

* HUI, Aujourd'hui. Roi Guillaume, pag. 103 :

Que sage povre, hui est li jors,
Tieut-on por fol en totes cors.

Voyez Rayn. tom. IV, pag. 530[2], au mot *Hoi*. Orell, pag. 316.

HUICHIER, Faiseur de huches ou coffres. Gl. *Hucha*, I.

* HUIDIVE, Oisiveté, paresse. Ruteb. tom. II, pag. 239, 246.

HUIER TROMPES, Trompetter. Gl. *Huesium*.

HUIGNER, Murmurer, se plaindre tout bas, faire un bruit sourd. Gl. *Hugnare*.

HUIRIE, Cri de plusieurs personnes, surtout pour arrêter un criminel. Gl. *Huesium*.

HUIS, Porte, entrée. Gl. *Huisserium*. [Partonop. vers 3984, 4056, 4074. *Les huisses*, Saint Grégoire, Orell, pag. 105. *Hues*, Pierre de Langtoft, Chronique des ducs de Normandie, tom. III, pag. 329[1]. Voyez Rayn. tom. V, pag. 455[1], au mot *Us*.]

* HUISDIVE, Oiseuse, inutile, qui ne sert à rien. Partonop. vers 895 :

Mais tot li samble cose huisdive
Quant il n'y voit rien nule vive.

HUISELET, diminutif de Huis, Petite porte. Gl. *Huisserium.*

* 1. **HUISEUSE**, Plaisanterie, ce qui ne sert à rien. Chants historiques, tom. 1, pag. 115 :

Diex, taut avons été preus pas huiseuse,
Or verra-on qui à certes iert preus.

Roi Guillaume, pag. 144 :

Li dame fu sage et viseuse,
Si nel torna mie à huiseuse
Çou que ses sires pensé ot.

* 2. **HUISEUSE**, Oiseuse. Voyez *Huisdive.* Parton. vers 8449 :

L'empereris n'est pas huiseuse
De soie part, ains est penseuse.

HUISIER, Sorte de navire, propre pour transporter des chevaux. Gl. *Huisserium.*

HUISSERIE, Porte, entrée. Gl. *Huisserium.*

1. **HUISSIER**, Office et dignité dans la cour des comtes de Flandre. Gl. *Huisserius*, 2. [Voyez Gl. *Ostiarius.*]

2. **HUISSIER**, Navire propre pour transporter des chevaux. Gl. *Huisserium.*

HUITIEVE, Huittieve, Octave, espace ou le terme de huit jours. Gl. *Octava*, 2.

HUMAIZ, pour Huimaiz, d'Aujourd'hui, du jour. Gl. *Altitudo.*

1. **HUMANITÉ**, Le sexe, partie du corps humain qui fait la différence du mâle et de la femelle. Gl. *Humanitas*, 3.

2. **HUMANITÉ**, Avoir Humanité, Être en vie. Gl. *Humanitas*, 3.

HUMECTE, Sorte de jeu de cartes. Gl. *Humecte.*

HUMELES, Humble, modeste. Gl. *Humilis.* [Affable, doux. Chanson de Roland, stance 89, vers 12. *Humles*, Partonop. vers 476, 1921.]

HUMEURE, Potion, breuvage médicinal. Gl. *Humorositas.*

* **HUMILIANCE**, Humiliation. Chronique des ducs de Normandie.

HUMILIER (S'), Incliner la tête et le corps en signe de respect. Gl. *Humiliare*, 1.

HUMILITÉ, Bonté, clémence. Gl. *Humilitas.* [*Humilitié*, Chastel. de Couci, vers 518.]

HUNE, Câble. Gl. *Huna.*

* **HUNIR**, Honnir. Chanson de Roland. *Huntage.* Voyez *Hontage. Hunéisun*, Jordan Fantosme, vers 309. var.

HUON, Espèce de vêtement ou d'ornement. Gl. *Huveti.*

HUQUE, Sorte de robe, à l'usage d'homme et de femme. Gl. *Huca.*

HUQUER, Appeler à haute voix. Gl. *Uccus.*

HURCOITE, Espèce de houppe ou d'ornement d'habits. Gl. *Houpeta.*

1. **HURE**, pour signifier la tête d'un homme. Gl. *Hura*, 1. [Du loup. Roman de Renart, tom. 11, pag. 365, vers 19554; tom. 111, pag. 22, vers 20374; t. v, p. 57, vers 349.]

2. **HURE**, Certain signe de moquerie et de dérision. Gl. *Hura*, 1.

HUREBEC, Chenille de vigne, liset ou lisette. Gl. sous *Excommunicatio.*

HUREPAIS, Qui a les cheveux hérissés. Gl. *Horripilare.*

HUREPÉ, Hérissé. Gl. *Horripilare.*

HURIE, Cri pour appeler du secours. Gl. sous *Huesium.*

* **HURLEI**, Hurlement. Chronique des ducs de Normandie.

HURONS, Nom qu'on donnait aux factieux de la *Jacquerie;* et ensuite un terme d'injure et de mépris. Gl. *Jaquet.*

HURQUE, Sorte de navire. Gl. *Hulca.*

HURRIER, Débauché, libertin. Gl. *Hullarii*, pag. 728'.

1. **HURT**, pour Heurt. Choc [Gl. *Ictus*, 1], comme *Hurter*, pour *Heurter.* Gl. *Hurtare.* [Garin le Loher. tom. 1, pag. 257 :

Et se hurterent et de cor et de pis.

Chastel. de Couci, vers 1742 :

Qu'ambedoi leur lanches brisierent,
Puis hurtent depuis de chevaus.

Partonop. vers 2997 :

Hurte-le bien, si qu'il cancele.

Voyez Rayn. tom. v, pag. 452 ¹, au mot *Urtar.*]

2. **HURT**, Coup de cloche. Gl. *Hurtare.*

HURTAGE, Le droit d'ancrage. Gl. *Hurtagium.*

HURTEIS, Choc, batterie. Gl. *Hurtare.* [Chron. des ducs de Normandie. *Hurtée*, Coup. Roi Guillaume, pag. 74 :

Et si li dona tel hurtée
Des deus cles par mi la face
Qu'il cai as dens sur la place.]

* **HURTEMENT** †, Gl. *Cornupeta.*

HURTEPILLER, Houspiller, tirailler, maltraiter. Gl. sous *Housia.*

1. **HURTER**, Frapper, se battre. Gl. sous *Obstare.* [Voyez *Hurt*, 1.]

2. **HURTER**, Battre, renverser l'ennemi, le mettre en déroute. Gl. *Hortatus.* [Garin le Loher. tom. 1, pag. 26 :

Les deus batailles firent du champ torner
Et sur la tierce par estevoir hurter.

Partonop. vers 2209 :

Ainc les a si sor ceus hurtés.]

HURTIS, L'action de heurter à une porte. Gl. *Hurtare.*

HURTOUOIR, Partie d'une charrette. Gl. *Hurtare.*

HUS, Cri de plusieurs personnes, surtout pour arrêter un criminel. Gl. *Huesium.*

HUSTIN, Bruit, dispute, querelle. [Roman de Renart, tom. IV, pag. 8, vers 190; pag. 30, vers 814. Agolant, vers 27]; D'où *Hustiner*, Quereller, et *Hustineur*, Querelleur, fâcheux. Gl. *Hutinus.*

HUTIN, Querelle, dispute; d'où *Hutineux*, Querelleur. Gl. *Hutinus.* [Garin le Loher. tom. 1, pag. 28.]

* **HUTLAGE**, Proscrits, bannis. Chron. des ducs de Norm. Voyez Gl. *Utlaga.*

HUTRÉE, Cheville de fer qui contient la roue. Gl. *Arquillæ.*

* **HUVAGE**, Certain impôt. Gl. *Criagium*, 1.

HUVE, Sorte d'ornement de tête ou coiffure de femmes. Gl. *Huva*, 2.

HUVELES, pour Huvrelas, Auvent. Gl. sous *Huveti.*

HUVESTE, Espèce de chapeau, à l'usage des hommes et des gens de guerre. Gl. *Huvata.*

HUVET, Sorte d'ornement de tête ou coiffure de femmes. Gl. *Huva*, 2. [Houppe. Renart le Nouvel, tom. IV, p. 131, vers 174, pag. 221, vers 2468.]

HUVETE, Huvette, Espèce de chapeau, à l'usage des hommes et des gens de guerre. Gl. *Huvata.*

HUVRELAS, Huvrelau, Auvent. Gl. sous *Huveti* et *Antesolarium.*

HUY, Cri de plusieurs personnes, surtout pour arrêter un criminel. Gl. *Huesium.*

HUYDART, p. e. Décharge d'un moulin. Gl. *Huydardus.*

HUYER, Crier, appeler avec force. Gl. *Huesium.*

HUYHO, Le mari dont la femme est infidèle. Gl. *Huyho.*

HUYTIEME, Octave, espace ou le terme de huit jours. Gl. *Octava*, 2.

HYALME, Heaume, arme défensive, qui couvrait la tête. Gl. *Helmus*, 1.

HYNE, Cavale, jument; d'où *Hynerie*, Haras. Gl. *Hinniticus.*

JA. A ꝺA, pour A jamais. Gl. *Ja.* [Rayn. tom. III, pag. 578¹. Orell, pag. 303.]

JAASOU, Jaasour, Instrument dont se sert le laboureur pour ôter la terre qui s'attache à sa charrue. Gl. *Jaasou.*

JACKE, Petite casaque contre-pointée, qu'on mettait sur la cuirasse. Gl. *Jacke.*

JACOBINS, Certains hérétiques de l'O-rient. Gl. *Jacobitæ*, 1.

JACQUE, Petite casaque contre-pointée, qu'on mettait sur la cuirasse. Gl. *Jacke.* [*Jakke.* Gl. *Auffare.*]

JACTURE, Perte, dommage. Gl. *Jactura.*

* **JAFUER**, Plaisir, délices. Chron. des ducs de Norm. tom. III, p. 346, v. 41231 :

> Un lonc termine i esta puis
> A grant jafuer, si cum je truis.

Tom. III, pag. 107, vers 18436 :

> Jafuer e sejor e peresce
> Sunt mult contrailes à proesce.

Voyez Halliwell, aux mots *Jawer* et *Jaw*; Rayn. tom. III, pag. 579², au mot *Jafar.*

JAFUPIERE, Jachère. Gl. *Jascheria.*

JA FUST, Quoique. Gl. *Ja.* [*Jà soit ce que*, *Jaçoit.* Rayn. tom. III, pag. 578², au mot *Jà*, Orell, pag. 335.]

JAGLONNÉE, Botte. Gl. *Jaloneia.*

* **JAGONSES**, Pierre précieuse. Partonop. vers 10611. Flore et Blancefl. vers 655. Chron. des ducs de Norm. *Jacunces*, Chanson de Roland, st. 49, vers 5. Voyez *Gagonces.*

JAIANT, Géant. Gl. *Gigans.* [Voyez Rayn. tom. III, pag. 567¹, au mot *Gigant.* Chron. des ducs de Norm. Voyez le Gloss. sur la Chanson de Roland.]

JAILAGE, Jaillage, Le droit de jaugeage. Gl. sous *Jalagium.*

JAILLE, Sorte de vaisseau ou mesure. Gl. *Jalla*, et *Jalleia*, sous *Galo*, 1.

JALAIE, Certaine mesure des liqueurs. Gl. *Jalleata.*

* **JALAYE**, comme *Jailage.*

1. **JALE**, comme *Jalaie.* Gl. *Jalea.*

2. **JALE**, Boule. Gl. *Jalea.*

JALLAIE, Certaine mesure des liqueurs. Gl. *Jalleia*, sous *Galo*, 1.

JALLE, Sorte de vaisseau, seau. Gl. *Jalla.* [Guill. Guiart, tom. II, pag. 212, vers 5487 (14467).]

1. **JALOIS**, Certaine mesure de grain. Gl. *Jalotus.*

2. **JALOIS**, Certaine mesure de terre. Gl. *Jalotus.*

JALOY, Certaine mesure de grain. Gl. *Jalotus.*

JALOYE, Certaine mesure des liqueurs. Gl. *Jalleata.*

JAMBAYER, Marcher, se promener. Gl. *Gamba*, 1. [*Jamboier*, Se démener. Guill. Guiart, tom. I, pag. 164, vers 3716.]

JAMBE du Poux, On appelle ainsi en anatomie deux nerfs du bras. Gl. *Gamba*, 1.

JAMBER, Jambeer, Faire le Jambet ou la Jambette, Donner le croc en jambe pour jeter quelqu'un à terre ; et, en style figuré, tromper adroitement. Gl. *Gamba*, 1. [Roman de Renart, tom. II, pag. 184, vers 14559 :

> Tant sot Renart d'engins plusors,
> De luite, de jambet, de tors.

Chron. des ducs de Normandie, tom. II, pag. 350, vers 25569 :

> Mult li a tost fait le jambet.

Gl. *Abettum.*]

JAMBIERE †, Botte de cuir ou de fer. Gl. *Gamba*, 1.

JAMBLE, Écrevisse de mer. Gl. *Gambarus.*

1. **JAME**, Gomme, poix-résine. Gl. *Gema.*

* 2. **JAME**, Gemme, pierre précieuse. Roi Guillaume, pag. 134.

JAMELS, Chanson de Roland, st. 272, vers 6 :

> Très ben le batent à fuz e à jamels.

Voyez *Gamais.*

JANETAIRE, Javeline, demi-pique. Gl. *Geneteria.*

JANGLE, Mauvais discours, bavarderie ; du verbe *Jangler*, Jaser, caqueter, s'entretenir de bagatelles. [Guill. Guiart, tom. I, pag. 274, vers 6659; tom. II, pag. 316, vers 8221 (17199); tom. I, pag. 320, vers 7347 :

> Se ge contre le voir ne jangle.

Médire. Chanson de Colin Muset, Wackernagel, pag. 74. *Jangleor*, Médisant. Chanson de Guiot de Prouvins, Wackernagel, pag. 30. *Jenglos.* Moqueur. Voyez Rayn. tom. III, pag. 580, aux mots *Jangla*, *Janglaire*, *Janglos*, *Janglar*.] Gl. *Jangularia.*

JANNAIE, Jannière, Terre couverte de genêts. Gl. *Janestaria.*

* **JAOLE**, Geôle, prison. Chron. des ducs de Normandie. *Jayole* †, Gl. *Capiola.*

JAPERAILLE, Terme de mépris pour ce que dit quelqu'un. Gl. *Jangularia.*

JAQUE, Jaques, Petite casaque contre-pointée qu'on mettait sur la cuirasse. Gl. *Jacke* et *Jacobus*, 2.

JAQUERIE, Faction du peuple contre les nobles ; ainsi nommée d'un Jacques Bonhomme, qui en était le chef. Gl. *Jaquei.*

JAQUES, Grossier, sot. Gl. *Jaquei.*

JAQUET, Sorte de petite monnaie. Gl. *Jaquetus.*

JAQUIER, Grossier, sot. Gl. *Jaquei.*

1. **JARBE**, Botte de quelque chose que ce soit. Gl. *Jarba* [et *Escharso*].

2. **JARBE**, p. e. pour Jalle, Baquet, cuvier. Gl. *Jarba.*

JARIE, Sorte de mal. Gl. *Jarreia.*

JARION, Bâton de chêne. Gl. *Jarro.*

JARLE, Vaisseau à contenir les liqueurs, seau. Gl. *Jalla.*

JARRIGE, Terre inculte, pâturage. Gl. *Jarrigia.*

JARROCE, Espèce de vesce. Gl. *Jarrossia.*

JARRON, Jante. Gl. *Jarro.*

* **JARSE**, Ventouse. Guill. Guiart, t. II, pag. 395, vers 10255 (19237). Voyez cidessus *Garser*, Gl. *Garsa* et *Jarsa.*

JAS, Coq. Gl. *Jasia.* [*Jars.* Roman de Renart, tom. I, pag. 49, vers 1274; tom. II, pag. 114, vers 12662.]

JASCIERE, Jachère. Gl. *Jascheria.*

JASERAN, Cotte de mailles. Gl. *Jazeran.* [Chanson de Roland, stance 123, vers 12 :

> Trestut le cors e l'osberc jazerenc.

Gérard de Vienne, vers 2086 :

> El dos li vestent un hauberc jaserant.

Vers 2105 :

> Cil Eneas ot le bon jaserant.

Agolant, vers 886 :

> Car encor ai entier mon jazerant.

Voyez Rayn. tom. III, pag. 582¹, au mot *Jaseran* (*Jazerans*, adj.).]

JASQUE, Petite casaque contre-pointée, qu'on mettait sur la cuirasse. Gl. *Jacke.*

JASSEAU de Fain, Botte de foin. Gl. *Jassile.*

JAU, Coq : nom que les Bayonnais donnent à la dorade. Gl. *Jasia.*

JAVART, Maladie d'homme, chancre. Gl. sous *Javarina.*

* **IAVE**, Eau. Roman de Renart, tom. I, pag. 42, vers 1090, etc.

* **JAVELE**, Guill. Guiart, tom. II, p. 77, vers 1977 (10953) :

> L'estoc c'on a ramentéu
> Fait mètre Alemanz par javeles.

JAVELLE, Espèce de charbon ou de

bois qui n'est pas entièrement réduit en charbon. Gl. *Javellus.*

JAUGE, Partie d'une charrue, celle qui règle la profondeur du sillon. Gl. *Jaugia.*

JAUGIER un Huis, Rompre, briser une porte, en enlever le seuil. Gl. *Jaugia.*

1. **JAUGLE**, Botte. Gl. *Jaloneia.*

2. **JAUGLE**, Joute, combat simulé. Gl. *Jocus.* [Voyez *Jangle.*]

IAUME, Heaume, arme défensive, qui couvrait la tête. Gl. *Helmus*, 1.

JAVRELOT, Javelot, demi-pique, sorte de lance. Gl. *Gaverlotus.*

* **IAUS**, Yeux. Roman de Renart, t. 1, pag 19, 22, vers 505, 598.

* **JAUSE.** Chanson de Colin Muset, Ruteb. tom. 1, pag. 11. Voyez *Gause.*

JAZEQUENÉ, Fait en cotte de mailles. Gl. *Jazeran.*

JAZOUR, Instrument dont le laboureur se sert pour nettoyer sa charrue. Gl. *Jausou.*

* **ICIL**, Celui-ci. Chanson de Roland, etc.

* **IÇO**, Cela. Chanson de Roland, Chronique des ducs de Norm., etc.

* **IDONC**, **Idunc**, Alors. Chanson de Roland, Chron. des ducs de Normandie, etc.

IDONEITÉ, Aptitude, capacité. Gl. *Idoneitas*, sous *Idoneus.*

1. **JECT**, La terre qu'on tire d'un fossé. Gl. *Jactus*, 6.

2. **JECT**, Minute, projet d'un acte. Gl. *Jactus*, 10.

1. **JEHAN. S. Jehan chaude**, La fête du martyre de saint Jean l'Évangéliste, saint Jean Porte-Latine. Gl. *Joannes calidus.*

2. **JEHAN**, **Jehannot**, Sot, nigaud, mari dont la femme est infidèle. Gl. *Joannes calidus.*

IELME, Heaume, arme défensive qui couvrait la tête. Gl. *Helmus*, 1.

JELUIE, Geline, poule. Gl. sous *Jasia.*

* **JEMBLE**, Jeune. Roman de Rou.

JENGLERESSE †, Femme qui joue des farces. Gl. *Juglatores.*

JENNEVOIS, Génois. Gl. *Convencionatus.*

JENOILHON, Genou. Gl. *Emenda*, 5.

JENOILLER, Se mettre à genoux. Gl. *Genuclare.*

* **JENT**, **Jenz**, Gentillement, bien. Chron. des ducs de Normandie.

IEQUE, Cavale, jument. Gl. *Jasia.*

JERGERIE †, Mauvaise herbe, ivraie. Gl. *Jergeria.*

JESSERAN. Cotte de mailles. Gl. *Jazeran.*

IESTRE, Être, origine. Gl. *Glos*, 1. [Flore et Jeanne, pag. 20 : *Ke elle le méist en lieu et en iestre ke il peuust parler à madame Jehanne.*]

1. **JETTER**, Répartir une imposition, la taille. Gl. *Gita.*

2. **JETTER d'une Dague, d'une Épée**, Porter un coup d'estocade, allonger un coup. Gl. *Ictum ejicere.*

3. **JETTER la Pierre**, Sorte de jeu. Gl. *Jactare*, 2.

1. **JEU. Aller a Jeu**, Être en liberté, aller çà et là. Gl. *Jocare* et *Trespellitus.*

2. **JEU Parti**, Alternative. Gl. *Jocus partitus.*

3. **JEU des Sos**, Sorte de joute qui se faisait à Amiens. Gl. *Jocus.* [Différents Jeux. Gl. *Ludus*, *Natale*, 3. *Ovum*, 1. *Tertium*, 4. pag. 561[3]. *Vaccæ*, pag. 714[2].]

* **JEUDE**, Fantassin. Voyez *Gelde.* Chron. des ducs de Normandie.

JEUE, Joue. Gl. *Geusiæ.*

* **JEUERIE**, Synagogue. Wackern. p. 66. Voyez *Juierie.*

JEUGE, Qui est à jeun. Gl. *Jejunales dies.*

JEUMENT, Également. Gl. *Jeta.* [Lisez *Ivement.*]

JEUN. Estre Jeun, Être à jeun. Gl. *Jejunales dies.*

JEUNESSE, Action de jeune homme. Gl. *Juvenitudo.*

* **IFERNAL**, Infernal. Aubri, vers 201.

IGAUMENT, Également. Gl. *Jeta.* [*Igaus*, *Igal*, Égal. *Igance*, Égalité. Chronique des ducs de Normandie.]

IGLISE, Église. Gl. *Incortinare.*

* **IGNEL**, Rapide, prompt. Roman de Renart, tom. 1, pag. 34, vers 893. *Igneaus*, *Igneus*, *Ignel pas*, *Ignelemant.* Chron. des ducs de Normandie. Voyez *Isnelement.*

IGNISE, Épreuve par le fer chaud. Gl. *Juisium.*

IGNOTICION, Connaissance. Gl. *Ignotescere.*

ILLIDER, Enfreindre, détruire, anéantir. Gl. *Irrumpere.*

* **ILLENT**, Chastel. de Couci, vers 8065 :

> Li valés le coffre d'argent
> Li baillierent, et il le prent
> Et la illent la dame ouvert.

* **ILLIERS**, Entrailles? Miracles de la sainte Vierge, Chron. des ducs de Norm. tom. III, pag. 515, vers 130. Gl. *Eremitæ* :

> Mais quant tenons par les illiers
> Ces nonains, ces convers, ces moines.

Roman de Renart, t. IV, p. 71, v. 1960 :

> Dont l'ai ahiers par les illiers
> Et il moi par mes ospitaus.

* **ILLOC**, Là. Chanson de Roland, etc.

IMAGIER, Sculpteur, celui qui travaille au ciseau. Gl. *Imaginaria.*

IMBRINQUÉ, Embarrassé, caché. Gl. *Inbricare.*

IMMERITE, Qui ne mérite pas. Gl. *Immerite.*

IMMUNITÉ, Lieu privilégié. Gl. *Immunitas*, 2.

IMMUTER, Changer. Gl. *Immutatio.*

IMPARAGER, Faire un mariage convenable. Gl. *Disparagare*, pag. 879[2].

IMPEDIMIÉ, Épidémie; d'où *Impedimié*, Qui est attaqué de ce mal. Gl. *Epidemia.*

IMPENSER, Récompenser. Gl. *Impensio.*

IMPERE, pour Empire, juridiction. Gl. *Imperium*, pag. 774[3].

IMPERICE, Ignorance; impéritie. Gl. *Imperia.*

IMPERITÉ, pour **Imperice**, Ignorance. Gl. *Imperia.*

IMPERTINACITÉ, Candeur, franchise. Gl. *Impertinentia.*

IMPIDIMIÉ, Qui est attaqué d'épidémie, d'un mal contagieux. Gl. *Epidemia.*

IMPITIÉ, Dénaturé, qui est sans pitié. Gl. *Incompassivus.*

IMPORTABLE, Insupportable, injurieux. Gl. *Importibilis.*

IMPOSITEUR, Fermier des impôts. Gl. *Imposicionarius.*

IMPOTENCE, Mutilation, débilité, faiblesse. Gl. *Impotentia*, 1.

IMPOURTER, Emporter, emmener. Gl. *Importare*, 1.

IMPOURVEU, Dépourvu, privé de quelque chose. Gl. *Improcuratus.*

IMPRECIABLE, Qui n'a point de prix, inestimable. Gl. *Impretiabilis.*

IMPRESSER, Imprimer, empreindre. Gl. *Impressura.*

IMPRESSURE, Impression, marque. Gl. *Impedatura.*

IMPUTER, Accuser quelqu'un de débauche avec une femme. Gl. *Putagium.*

INADVERTI, Imprudent, qui agit sans réflexion. Gl. *Inadvertancia.*

INCANTER, Vendre à l'encan. Gl. *Incantare*, 2.

INCENDER, Mettre le feu, brûler. Gl. *Incendiare.*

INCIVIL, Injuste; d'où *Incivilement*, Injustement. Gl. *Incivilis*, 2.

INCOLLUMITÉ, Santé, bon état. Gl. *Inconvalescentia.*

INCOMMELIN, p. e. Aubain, étranger au pays qu'il habite. Gl. *Incommelinus.*

INCONTENT, Mécontent. Gl. *Incontentus.*

INCONTRE. A l'Incontre, A l'encontre. Gl. *In contram.*

INCONVENABLE, Qui n'est pas convenable. Gl. *Inconveniens.*

INCONVENIENTER, Incommoder, faire de la peine ou du mal, estropier. Gl. *Inconveniens.*

INCOULPABLE, Innocent, qui n'est pas coupable. Gl. *Inculpabilis.*

INCOURS, Confiscation. Gl. *Incursus*, 3.

INCREPER, **Incresper**, Reprendre, réprimander. Gl. *Increpare.*

INDART ou **Hindart**, Cabestan. Gl. *Indardus.*

INDE, De couleur d'azur. Gl. *Indus.* [Flore et Blancefl. vers 440, 1183. Partonop. vers 10827. Chron. des ducs de Norm. Voyez le Roman de la Violette, pag. 34, note 4. Rayn. tom. III, pag. 557[2], au mot *Indi.*]

INDEPENON, Pennon, étendard à longue queue. Gl. *Accubitus*, 5.

INDICTION, Imposition, taille, octroi. Gl. *Indictio*, 1.

INDIGNER, Dédaigner, mépriser; d'où *Indignation*, Dédain, mépris. Gl. *Indignare.*

1. **INDIRE**, Indiquer. Gl. *Indiciare.*

2. **INDIRE**, Faire une imposition. Gl. *Indictio*, 1.

INDISCUS, Non discuté, qui n'est point assez examiné. Gl. *Indiscussus.*

INDORMABLE, Qu'on ne peut endormir. Gl. *Insoporabilis.*

1. **INDUCE**, Vacance. Gl. *Inducium.*

2. **INDUCE**, Délai. Gl. *Inducium.*

3. **INDUCE**, Induction, instigation; d'où *Inducieux*, Ce qui induit à quelque chose. Gl. *Inductio*, 1.

* **INEL**, Prompt, vif. Chanson de Colin Muset, Wackernagel, pag. 74, 75. Voyez *Ignel.*

INFAME, Infamie, déshonneur. Gl. *Infamare*, 2. [Chron. des ducs de Normandie.]

INFAMEMENT, D'une manière infamante, ignominieusement. Gl. *Infamare*, 2.

INFAMIER, Couvrir d'infamie, déshonorer. Gl. *Infamare*, 2.

INFECTUEUX, Infect, corrompu. Gl. *Infectus.*

INFER, pour Enfer. Gl. *Infrunitus.*

1. **INFESTER**, Insulter, outrager. Gl. *Infestare.*

2. **INFESTER**, Presser, importuner. Gl. *Infestare.*

INFIEXER, Prendre ou donner à rente perpétuelle, inféoder. Gl. *Infiteos.*

INFIXER, Insérer. Gl. *Infixere.*

INFORSER, Forcer, faire violence. Gl. *Infortiare*, 3.

INFORTUNER, Rendre malheureux. Gl. *Infortunare.*

INFRAINTURE, Toute espèce de délit, tout ce qui enfreint les lois. Gl. *Infractura.*

INGAL, Égal. Gl. *Branchea.*

INGAUMENT, Également. Gl. *Egalare.*

INGRAT, Mécontent, qui ne trouve pas bon quelque chose. Gl. *Ingratus.*

INGRINS, Nom d'une faction en Flandre, du côté de Furnes et d'Ypres. Gl. *Iseugrinus.*

INGUINAIRE, Sorte de peste, qui attaque principalement les aines. Gl. *Inguinaria.*

INHABILITER, Déclarer quelqu'un inhabile à exercer une charge. Gl. *Inhabilitare.*

INJURIEUX, Qui fait tort et dommage. Gl. *Injuriari*, 1.

INJURIOSER, Injurier, offenser de paroles. Gl. *Injuriare*, 1.

INLEGITISME, Concubine, femme illégitime. Gl. *Illegitimatio.*

INNOCENT, Livre contenant les décrétales des papes, recueillies par l'autorité d'Innocent III. Gl. *Innocens*, 2.

INNUER, Signifier, faire entendre. Gl. *Innotare.*

INQUANT, Encan; d'où *Inquanter*, Vendre à l'encan. Gl. *Incantum*, sous *Incantare*, 2.

INQUESTER, Enquêter, interroger; d'où *Inquestacion*, Enquête. Gl. *Inquestare.*

INREPARÉ, Offensé, à qui on n'a fait aucune réparation. Gl. *Irreparabiliter.*

INREVERAUMENT, Indécemment. Gl. *Irreverens.*

INROTULER, Enregistrer, comprendre dans un rôle. Gl. *Inrotulare.*

INSANÉ, Qui rend furieux. Gl. *Insaniose.*

INSCIENCE, Ignorance. Gl. *Inscicia.*

INSELER, Occuper une stalle dans le chœur d'une église. Gl. *Installare.*

INSENCE, Folie, frénésie. Gl. *Insaniose.*

INSENSIBLE, Qui est hors de sens, fol, frénétique. Gl. *Insensibilis*, 2.

INSENSIF, Le même. Gl. *Insensibilis*, 2.

INSIGNIER, Illustrer, décorer. Gl. *Insignare*, 2.

INSINS, Ainsi. Gl. *Souderarius*, sous *Solidata.*

INSTANCIER, Former une instance, intenter un procès, plaider. Gl. *Instans*, 2.

INSTIGER, Exciter, pousser. Gl. *Instigator.*

INSTIGUER, Le même. Gl. *Instigator.*

INSTRUMENT Haut ou Bas, Dont le son est aigu ou grave. Gl. *Instrumentum.* [*Instrument naturel.* Gl. *Corrumpere.*]

INSUFFLER, Souffler dedans, faire entrer en soufflant. Gl. *Insufflare.*

INSULT, Bruit, tumulte, émeute. Gl. *Insultus.*

INSULTATION, Attaque, abord. Gl. *Insultus.*

INTELLECTIBILITÉ, Intelligence. Gl. *Intellectibilis.*

INTENDIT, Demande formée en justice. Gl. *Intentio*, 2.

INTENDU, Assigné, marqué. Gl. *Intendere*, 2.

1. **INTEREST**, Prix, valeur. Gl. *Interesse*, 1.

2. **INTEREST**, Dommage, perte, malheur. Gl. *Interesse*, 1.

INTERJETTÉ, Entremêlé, parsemé. Gl. *Frischus.*

INTERINENCE, Entérinement, enregistrement. Gl. *Interinare*, 1.

INTERINNER, Accomplir, exécuter. Gl. *Integrare*, 3.

INTERPRETATION, Jugement. Gl. *Interpretatio.*

* **INTERVARIEMENT**, Variation. Chron. des ducs de Normandie.

INTESTAT, Celui qui mourait sans avoir fait de testament, et encore sans s'être confessé et sans avoir reçu le Saint-Viatique. Gl. *Intestatio.*

INTITULER, Accuser, imputer quelque chose à quelqu'un. Gl. *Intitulare.*

* **INTOUSSIQE**, Poison. Chron. des ducs de Normandie.

INTRAIGE, Ce qu'on paye en entrant en possession d'un bail à cens. Gl. *Intragium*, 1.

INTRODITEMENT, Induction, instigation. Gl. *Introducere*, 1.

1. **INTRODUIRE**, Instruire, enseigner, donner de l'éducation. Gl. *Introducere*, 1.

2. **INTRODUIRE**, Engager, porter à quelque chose, séduire. Gl. *Introducere*, 1.

INTROJE, Droit d'entrée ou de prise de possession d'une terre, charge, etc. Gl. *Introgium.*

INTROITE, Entrée. Gl. *Introhitus.*

INVASÉ, Possédé ou obsédé par le démon. Gl. *Invasatus*, 2.

INVASEUR, Agresseur. Gl. *Invasibilis.*

INVASIBLE, Offensif, propre pour attaquer. Gl. *Invasibilis.*

INVAISSER, Assaillir, attaquer; d'où *Invaisseur*, Agresseur. Gl. *Invasibilis.*

INVOCATION, Enchantement, sortilége; d'où *Invocateur*, Sorcier, enchanteur. Gl. *Invocatio.*

INVOLUTION, Embarras, difficulté. Gl. *Involumen.*

JOBELOT, Sot, méprisable. Gl. *Jobagines.*

JOCULATOIRES, Sorte de jeu à lancer dards et javelines. Gl. *Jocus.*

JOÉE, Soufflet, coup sur la joue. Gl. *Gauta.*

JOENNE, Le maître garçon d'un boulanger ou d'un meunier. Gl. *Stumones*, [et *Junior.*]

* **JOFNES**, Jeune. *Jofnesce*, Jeunesse. Chronique des ducs de Normandie.

* **JOGLEOR**, Jongleur. Partonop. v. 2576 :

> N'i a mais nul qni ait deduis,
> Ne chien, n'oisel, ne jogléor.

Jogler, Chron. des ducs de Norm.

JOHAN. Faire Johan, Se dit d'une femme infidèle à son mari. Gl. *Joannes.*

* **JOIE**, Joyeuse. Flore et Blancefl. vers 3147 :

> Cele feste fu moult joie
> Et bele et boine et moult jolie.

JOIEL, Joyau. Gl. *Joellus.*

JOIETTE, Jouissance, usufruit. Gl. *Joissentia.*

JOIGNE, Jeune homme. Gl. *Junior.*

JOINCT, Près, proche. Gl. *Juxta.*

JOINDRAGE, Redevance pour le droit de faire paître les jeunes bestiaux. Gl. *Junior.*

1. **JOINDRE**, Conclure un marché en se donnant la main. Gl. *Junctura*, 1.

2. **JOINDRE**, Le maître garçon d'un boulanger ou d'un meunier. Gl. sous *Junior.*

* **JOINGNANT**, A Joingnant, A côté. Guill. Guiart, tom. II, pag. 434, vers 11275 (20258) :

> A joingnant de lui s'atropelent.

Voyez Orell, pag. 326.

1. **JOINT**, Affecté, gêné, trop recherché. Gl. *Juncte.* [Droit, qui se tient droit. Chastel. de Couci, vers 1102 :

> Puis vont oultre joint et seri.

Vers 1355 :

> Non pourquant ne sont pas cliné
> Ainchois sont joint oultre passé.

Vers 1421 :

> Plus joint qu'oisel oultre s'en vont.

Voyez Enpené.]

2. **JOINT**, Joug auquel on attelle les bœufs. Gl. *Jugum.*

JOINTE, Jointée, Poing, la main fermée. Gl. *Junctura*, 2.

JOINTOIANT. Aller Jointoiant, Avoir une démarche affectée, gênée et forcée. Gl. *Juncte.*

JOINTTEUR, Outil, qui sert au tonnelier pour *joindre* ou unir un fond de tonneau. Gl. *Junctor.*

JOINTTIER, Billot. Gl. *Junctor.*

* **JOÏR**, Jouir, se réjouir. Garin le Loher. tom. I, pag. 154 :

> De lonc respit ne vis onques joïr.

Joie, plaisir, pag. 45 :

> Duel sur dolor ne joie sor joïr
> Homme ne fame ne le doit maintenir.

Partonop. vers 4009 :

> La pucele li fait venir
> Et il le prent molt à joïr.

Réjouir, amuser, vers 2635 :

> Si lor commande bien servir
> Et lui ennorer et joïr…
> Car comment puet joïr altrui
> Qui son cuer a tot plain d'anui ?

Ruteb. tom. II, pag. 232 :

> Si me joït et acola.

Voyez *Got*, et la Chron. des ducs de Norm.

* **JOIS**, Honoré. Garin le Loher. tom. I, pag. 62, note.

JOISE, Joisse, Jugement. Gl. *Juisium.* [Roman de Renart, tom. I, pag. 20, v. 517. Partonop. vers 6443.]

JOLIER, Enjoliver, orner, parer. Gl. *Insigna.*

JOLIS, Joyeux, content, satisfait. Gl. *Jocare.* [Galant. Partonop. vers 4042 :

> Tant sui à m'amie enteotis,
> Ne puis vers autre estre jolis.]

JOLIVER, s'Abandonner à la débauche. Gl. *Jocare.*

JOLIVETÉ, Amour des plaisirs, des divertissements. Gl. *Jocare*. [Wackernagel, pag. 63 :

>Oxillon ki ont estei
>Por la froidure tapin,
>Si renvoixent à matin
>Espris de jolivetei.

Voyez Rayn. t. III, pag. 586², au mot *Jolivetat*.]

IOLS, Yeux. Gl. *Fragilitatus*. [Partonop. vers 560.]

JOLUIER, s'Abandonner à la débauche. Gl. *Jocare*.

* **JON** †. Gl. *Mergulus*.

* **JONCHAY**. Gl. *Livot*.

JONCHÉE, **JONCHIÉE**, Botte d'herbes, dont on se sert pour prendre le poisson et les écrevisses. Gl. *Juncheria* [et *Jaloneia*].

JONCHIÈRE, **JONCIÈRE**, Lieu marécageux, où il croit des joncs. Gl. *Juncaria*. [Roman de Renart, tom. I, p. 29, v. 761.]

JONCQUIER, Joncher, répandre sur la terre des herbes ou des fleurs. Gl. *Jonchare*. [Aubri, pag. 162⁷ :

>En le chambre entre où li gonc sont jonciés.

Partonop. vers 10826 :

>Et n'ert pas jonchié de jonc
>Mais d'Inde flor de violete, etc.]

* **JONE**, Jeune. *Jone et chanu*, Gérard de Vienne, vers 3265, 3832. *Jone et barbé*, Garin le Loher. tom. I, pag. 66. *Jone et viaus*, Wackern. pag. 22. Voyez *Jemble*, *Joule*.]

JONGLOIER †, Jouer des farces, comme font les *Jongleurs*. Gl. *Juglatores*.

JONQUIÉE, Herbes ou joncs qu'on répand par terre. Gl. *Jonchare*.

JONSSIÉE, Botte d'herbes, dont on se sert pour prendre du poisson et les écrevisses. Gl. *Juncheria*.

JOP, Timon, flèche d'un char. Gl. *Joppa*.

JOQUER, Etre en repos. Gl. *Jocare*.

* **JOR**, Jour. *Tote jor*, Roi Guillaume, pag. 77. Roman de Renart, tom. I, p. 181, vers 4869; tom. II, pag. 196, vers 14891; pag. 137, vers 13269. Enfants Haymon, vers 974. Marie de France, tom. I, pag. 168. Voyez Orell, pag. 72.

JORE, George, nom d'homme. Gl. *Amulgare*.

JORNAGE, Sorte de blé, le même qu'on appelle *Yvernage*. Gl. *Juornagium*.

* 1. **JORNAL**, JORNAUS, JORNAUZ, Jour, journée, bataille, combat. Chronique des ducs de Normandie.

* 2. **JORNAL**, Travail, peine. Agolant, vers 335 :

>Son destrier tremble, car il ot fort jornal.

Chanson, Wackernagel, pag. 61 :

>Bien puet sovent traire malvais jornal.

Guill. Guiart, tom. II, pag. 248, vers 6418 (15398) :

>Qu'oisillons à chanter s'essaient,
>Qui n'ont eure d'autre jornal.

Jour de la mort. Agolant, vers 238 :

>Tost fust venus Richars à son jornal,
>Mes nostre sire li donne secors tal.

Voyez Rayn. tom. III, pag. 589¹, au mot *Jornal*, 4.

* 3. **JORNAL**, Étoile du jour. De Nostre Dame, Wackernagel, pag. 70 :

>Tu ies solaus
>Tu ies jornals
>Et est si de marine.

Voyez Rayn. tom. III, pag. 589¹, au mot *Jornal*, 5.

JORNÉER, Voyager, faire de grandes journées. Gl. *Jornata*, 1.

JORNEL, Mesure de terre; qu'on peut labourer en un jour. Gl. *Jornale*, 1.

JORNOIER, Travailler à la journée. Gl. *Jornale*, 3.

JORRASIER, p. e. Prunier. Gl. *Jarrossia*.

* **JOSANT**, pour *Joiant*, part. de *Joïr* ? Joyeux, content. Chanson, Wackern. p. 33 :

>Et soffrirs fait maint irais josant.

Joiant, Chron. des ducs de Norm. tom. I, pag. 153, vers 2033.

* **JOSTE**, JUSTE, DE JOSTE, Près de. Chanson de Roland, stance 185, vers 18. Rayn. tom. III, pag. 591², au mot *Josta*. Orell, pag. 326.

* **JOSTER**, JOSTEOR, etc. Voyez *Jouste*.

JOUÉE, Soufflet, coup sur la joue. Gl. *Gauta*.

JOVEIGNOR, Puîné, cadet; d'où *Joveignorage*, Partage du puîné. Gl. *Junior*.

1. **JOUEL**, Joyau, bijou. Gl. *Joellus*.

2. **JOUEL**, Nom d'une maladie épidémique dans le Soissonnois. Gl. *Joellus*.

* **JOVENS**, JOVENT, JOVENTE, Jeunesse. Partonop. vers 63, 67. Flore et Blancefl. vers 759. Voyez Rayn. tom. III, pag. 594², au mot *Jovent*. Chronique des ducs de Normandie.

1. **JOUER**, s'Abandonner à la débauche. Gl. *Jocare*.

* 2. **JOUER**, S'amuser, prendre l'air. Chastel. de Couci, vers 5387. Roman de Renart, tom. I, pag. 44, vers 1137. Ruteb. tom. I, pag. 7. Voyez Rayn. tom. III, pag. 585¹, au mot *Jogar*.

* **JOUEUR DE L'ESPÉE**. Gl. *Magister Ensiludii*.

JOUG DE TERRE, Autant que deux bœufs en peuvent labourer en un jour. Gl. *Jugum terræ*.

JOVIAUX, Jeunes taureaux et genisses; ou Ceux qui les gardent, bouviers. Gl. *Joverius*.

JOUISE, Jugement, épreuve par l'eau ou le fer chaud. Gl. *Juisium*.

* **JOULE**, Jeune. Aubri, vers 103. Voyez *Jone*. *Joure*, Chron. des ducs de Norm.

JOUQUER, JOUQUIER, Jucher. Gl. *Jocare*.

1. **JOUR**, Temps, heure. Gl. *Dies*, 7.

2. **JOUR**, Autant de terre qu'un homme en peut cultiver en un jour. Gl. *Dies*, 3.

3. **JOUR**, Assise, séance. Gl. *Dies*, 6.

4. **JOUR DES BARONS**, L'assemblée des barons pour juger les causes de leurs vassaux. Gl. *Dies Baronum*.

5. **JOUR DES BURES**, Le premier dimanche de Carême. Gl. *Buræ*.

JOURNADE, Surtout, casaque. Gl. *Jornata*, 3.

JOURNAL, Livre à l'usage journalier des ecclésiastiques, diurnal, bréviaire. Gl. *Jornale*, 4.

1. **JOURNÉE**, Mesure de terre, qu'on peut labourer en un jour. Gl. *Jornata*, 2.

2. **JOURNÉE**, Salaire du travail d'un jour. Gl. *Jornata*, 3.

JOURNÉER, Voyager, faire de grandes journées. Gl. *Jornata*, 1.

JOURNÉEUR, Ouvrier de journée. Gl. *Jornalere*.

JOURNET, Livre à l'usage journalier des ecclésiastiques, diurnal, bréviaire. Gl. *Jornale*, 4.

JOUROUR, Juge appréciateur. Gl. *Extendere*.

IOUS, Yeux. Gl. *Superlabium*.

JOUSTE, Combat singulier avec des lances [Voyez Rayn. tom. III, pag. 592², au mot *Josta*. *Jouste de coqs*. Gl. *Gallorum pugna*, sous *Gallus*]; d'où *Jouster*, Combattre de cette façon [*Se joster à qqn*. Partonop. vers 2852. *Escut à joster*, Gérard de Vienne, vers 731], et *Jousteur*, Celui qui combat. [*Josteor*, Partonop. vers 7284.] Gl. *Jousta*, et *Justa*, 1.

JOUSTER, Joindre, approcher. Gl. *Juxtare*. [Assembler, rassembler, se mesurer, Voyez ci-dessus *Jouste*. Chanson de Roland, aux mots *Juster* et suiv. Chron. des ducs de Normandie, aux mots *Joster*, *Juster*. Voyez Rayn. tom. III, pag. 592¹, au mot *Jostar*.]

JOUSTICIER, Exercer les fonctions de juge. Gl. *Justitia*, 1.

JOUSTISE, Étendue de justice, de juridiction. Gl. *Justitia*, 1, pag. 950³.

* **JOUXTE**. Voyez *Joste*.

JOUZIOU, Sorte de poisson, limande. Gl. *Libella*, 2.

JOYE, p. e. pour JUSTE, Certaine mesure des liquides. Gl. *Justa*, 2.

JOYEUSE, Nom de l'épée de quelque fameux guerrier. Gl. *Curtana*, 1.

JOYEUSETÉ, Festin, réjouissance. Gl. *Jocositas*.

JOYSSEMENT, Jouissance, usufruit. Gl. *Joissentia*.

* **IRAIGNE**, Araignée. Partonop. v. 756. Voyez Rayn. tom. II, pag. 109², au mot *Aranha*.

* **IRANCE**, Colère, chagrin. Chanson de Roland, stance 137, vers 4. Voyez Rayn. tom. III, pag. 574¹, au mot *Iraissensa*.

* **IRASCU**, Irrité, fâché. Chanson de Roland, stance 60, vers 12. Jubinal, Fabliaux, tom. I, pag. 139. Voyez Rayn. tom. III, pag. 575¹, au mot *Irascer*, Chron. des ducs de Normandie.

* **IRE**, Colère, fureur, tristesse, chagrin. Partonop. vers 7561. Voyez Rayn. tom. III, pag. 573², au mot *Ira*.

* **IRÉ**, IRIÉ, Fâché, triste. Gérard de Vienne, vers 3670 :

>Dame Guibors ot mult le cuer iré.

Partonop. vers 1102 :

>Car nus hom n'ert jà tant iriés
>S'auques ie st ne soit haitiés.

Irié vers, Haï de. Ruteb. tom. II, pag. 257 :

>Ne feriens ne mal, ne pechié
>Dont nous fussiens vers Dieu irié.

Voyez la Chanson de Roland et la Chron. des ducs de Normandie. *Irais*, tom. I, pag. 412, vers 9557.

* **IRÉEMENT**, Avec colère, tristement. Chanson de Roland, Chron. des ducs de Normandie, Rayn. tom. III, pag. 575¹, au mot *Iradamen*.

* **IRER**, Irriter. Jordan Fantosme, vers 786 :

> Ne volt le rei d'Escoce irer en nule guise.

S'en Irer, S'irriter, se fâcher, être triste, vers 737 :

> Li reis l'entent, forment s'en est iré.

Roman de Renart, tom. I, pag. 16, v. 408 :

> Si m'en puis moult forment irier.

Roman de Rou, vers 1692 :

> Et quant il plus i perdent et il plus s'en irent.

Voyez Rayn. tom. III, pag. 574², au mot *Irar*. Traduct. ms. du Psautier, ps. 4, v. 5 : *Iraissez, e ne vuillez péécher* (lat. irascimini, et nolite peccare). Chron. des ducs de Norm. tom. I, pag. 445, vers 10498 :

> Od grant paour et od dutance
> Que li dux od eus ne s'iresse.

Voyez Rayn. tom. III, pag. 575¹, au mot *Irascer*.

IRETAULEMENT, Héréditairement, par droit de succession ou d'héritage. Gl. *Hæreditabiliter*.

IRETÉ, Héritage, le bien qu'on a de ses pères. Gl. *Retare*, sous *Rectum*. [Partonop. vers 1172. *Irité*, Aubri, pag. 154¹. Voyez Rayn. tom. III, pag. 527², au mot *Heretat*. *Iretaine*, Héritier. Gl. *Hæreditaria*.]

* **IRETER**, Investir, doter. Roman de Brut, tom. I, pag. 190 :

> Sa fille à feme li dona
> Et de sa terre l'ireta.

Partonop. vers 10495 :

> En France li doins deux contés
> Dout mes peres fu iretés.

Voyez Rayn. tom. III, pag. 528¹, au mot *Heretar*.

IREUR, Colère, emportement. Gl. *Iratus*, 1. [*Irur, Iror*, Roman de Renart, tom. III, pag. 86, vers 22092. Chron. des ducs de Norm. Chanson de Roland. Voyez Rayn. tom. III, pag. 573², au mot *Iror*.]

IREUSEMENT, D'une manière fâchée, en colère. Gl. *Iratus*, 1. [*Ireux*, G. Guiart, tom. II, pag. 95, 101, vers 2425, 2584, (11401, 11561). Voyez Rayn. tom. III, pag. 574¹, au mot *Iros*.]

IROIS, Irlandais. Gl. *Erigena* et *Irenses*.

* **IRRÉGULIERS**, Incapable. G. Guiart, tom. II, pag. 193, vers 4971 ; pag. 256, vers 6639 (13959, 15619).

IRREVERENDER, Manquer de respect. Gl. *Irreverens*.

IRRUER, Se ruer avec fureur. Gl. *Irrumpere*.

ISAMBRUN, Sorte d'étoffe. Gl. *Isembrunus*.

ISENGRIN, Loup. Gl. *Isengrinus*. [*Mal Isangrin*, le diable. Wackernagel, p. 64 :

> Ki le monde ait delivreit
> Des lais à mal Isangrin.]

Voyez la Mythol. Germ. de Grimm, p. 557.]

ISNELEMENT, Promptement. [Partonop. vers 3401. Gérard de Vienne, vers 2625, 2630;] d'*Isnel*, Prompt. [Partonop. v. 5174, 5334. Wackern. pag. 133. *Isnel le pas*, Promptement, sur-le-champ. Flore et Blancefior, vers 646. Orell, pag. 304.] Chron. des ducs de Norm.]; d'où *Isneleté*, Légèreté, vitesse. Gl. *Racachare*.

ISRAEL, Nom d'une pierre précieuse. Gl. *Israël.*

* **ISSIR**, **ISTRE**, Sortir. Rayn. tom. III, pag. 571¹, au mot *Eissir*. Orell, pag. 175. *Isci*, Partonop. vers 464. *Issus*, Flore et Blancefl. vers 119. Chron. des ducs de Norm.

1. **ISSUE**, Revenu, produit. Gl. *Exitus*, 1.

2. **ISSUE**, **DROITS D'ISSUE**, Lods et ventes, et ce que paye le vassal qui sort de dessous la juridiction de son seigneur. Gl. *Exitus*, 5.

3. **ISSUE**, Droit de sortie sur les vins et autres marchandises qu'on transporte ailleurs. Gl. *Isshac*.

4. **ISSUE**, Terme de guerre, sortie qu'on fait d'une place assiégée. Gl. *Isshac*.

* **ITANT**, Tant, autant. *Par seul itant*, Roman de Renart, tom. I, pag. 23, v. 610. *Por itant*, tom. II, pag. 178, vers 14402. *A itant*, tom. I, pag. 25, vers 670. Chronique des ducs de Norm.

* **ITEL**, Tel. Orell, pag. 71. Chanson de Roland, Chron. des ducs de Norm.

JU. **FAIRE JU**, Secourir, aider. Gl. *Jubare*.

JUBE, Sorte de vêtement, jupon, pourpoint. Gl. *Jubeus*.

JUBON, Le même. Gl. *Jubeus*.

JUDICATOIRE, Jugement, décision par arrêt ou sentence. Gl. *Judicatorium*.

JUDICATURE, Juridiction, droit de juger. Gl. *Judicatura*, 1.

JUDICIELLEMENT, Judiciairement, à l'audience. Gl. *Judicialiter*, 2.

* **JUEFNE**, **JUESNE**, Jeune. Chronique des ducs de Norm.

JUEL, Joyau, vase précieux. Gl. *Juellus*.

1. **IVEL**, Ivraie, mauvaise herbe. Gl. *Juellus*.

* 2. **IVEL**, Égal. Partonop. vers 7451 :

> La pene en est de blanc ermine
> Qui tot ivel al drap traïne.

Ivelment, vers 10830.

* **JUERE**, Joueur. Roi Guillaume, p. 79.

JUERIE, La nation juive. Gl. *Juderia*, sous *Judæi*, pag. 911³.

* **IVERN**, Hiver. Vie de saint Thomas de Canterb. vers 896.

IVERNAL, d'Hiver. Gl. *Ivergium*.

JUET, Mesure de terre, arpent. Gl. *Jugatum.*

JUGEMENT, District, étendue d'une juridiction. Gl. *Judicium*, 1.

JUGERIE, Juridiction d'un juge, ressort, territoire. Gl. *Jugeria*.

JUGIÉ, **JUGIET**, Jugement, arrêt, sentence. Gl. *Judicatorium*.

* **JUGIERRE**, Juge. Chronique des ducs de Normandie.

* **JUGLEIS**, Vanité, forfanterie. Chron. des ducs de Norm.

* **JUGLEOR**, **JUGLEIRE**, Jongleur. Agolant, pag. 152² :

> Ne vous diroit nul jugleor qui chant.

Gérard de Vienne, pag. 166² :

> Si jugleire ies ci ferais ton mestier...
> ies-tu jugleirs ? di nos une chanson.

Voyez Rayn. tom. III, pag. 585¹, au mot *Joglar*.

* **JUGLER**, Jongler, jouer par dessous la jambe. Chron. des ducs de Norm.

1. **JUGLERIE**, La troupe des jong ou bateleurs et des joueurs d'instrum Gl. *Joglaria*.

2. **JUGLERIE**, Ce que les jong payaient au seigneur du lieu, pour la mission d'y jouer leurs farces. Gl. *Jogl*

JUGN, Qui est à jeun, qui n'a pas m Gl. *Jejunales dies*.

* **JUGUET**, Roi Guillaume, pag. 9

> Mais de çou molt bien lor caï
> K'en un juguet furent nori,
> Si se connurent dès enfance.

Peut-être *Viguet*. Voyez *Wiguet*, Ru Gl. *Viculus*.

* **JUI**, Aujourd'hui. Chron. des duc Norm.

* **JUIE**. **GENT JUIE**, les Juifs. Wacl pag. 65.

IVIERE, Ivoire. Gl. *Invirolatus*.

JUIERIE, Le quartier d'une ville habitent les Juifs. Gl. *Juderia*, sous *Ju* pag. 911².

JUIFVERIE, Le même. Gl. *Judæa, Judæi*.

JUIGNET, Juillet, dans une chart 1282, au Cartulaire de l'arch. de P fol. 219.

JUIGNEUR, Puîné, cadet. Gl. sou *nior*.

JUILLE, Courroie, avec laquelle on c.ie le joug aux cornes des bœufs. Gl. *gum*.

JUINDRAGE, Le droit exigé par les tres garçons des meuniers ou des bo gers, qu'on appelait *Joindres*. Gl. *Jun*

JUIRIE, Le quartier d'une ville où habitent les Juifs. Gl. *Judæa*, sous *Judæi*

JUISARME, Sorte d'arme, hache demi-pique, lance. Gl. *Gisauma*. [*Juza* Roman de Roncevaux, p. 35, 37. V Rayn. tom. III, pag. 604¹, au mot *sarma*.]

JUISE, **JUISSE**, Jugement, épreuve le feu. Gl. *Juisium*. [Partonop. vers 3557, 6071, 6090. Voyez Rayn. tom. pag. 606², au mot *Judici*. Chron. des de Norm. aux mots *Juis, Juise*.]

JUISEL, L'enfant d'un Juif, un j Juif. Gl. sous *Judæi*, p. 911³.

JUIT, Mesure de terre, arpent. Gl. *gis*, sous *Jugia*.

JUITEL, L'enfant d'un Juif, un j Juif. Gl. sous *Judæi*, p. 911³.

JULHE, Courroie avec laquelle o tache le joug aux cornes des bœufs. *Jugum*.

* **JUMENTIER**, Goujat, valet d'éc Agolant, vers 1038 :

> Icit n'est mie ne garz ne jumentier.

JUPÉE, Distance dans laquelle on entendre un certain cri. Gl. sous *Jupa*

JUPER, Faire certain cri pour apf épouvanter, ou se moquer. Gl. sou *pa*, 2.

JUPON, **JUPPON**, Casaque, pourp souquenille. Gl. *Jupa*, 1.

JUPPEL, Le même. Gl. *Jupa*, 1. [Rayn. tom. III, pag. 600², au mot *J Jupe*, Partonop. vers 7457.]

JUPPER, Faire certain cri pour ler, épouvanter, ou se moquer. Gl. *Jupa*, 2.

JUPPONNERIE, Le métier de faire des jupons. Gl. *Juponerius*, sous *Jupa*, 1.

* JUQUE, Jusque. Agolant, vers 315, 494, 656. Orell, pag. 327, 336.

JURABLETTE, Le droit d'exiger le serment de fidélité. Gl. *Feudum jurabile* sous *Feudum*.

JURAGE, Commune, bourgeoisie. Gl. *Juraria*, 1.

1. JURÉ, Qui est attaché à quelqu'un par serment, vassal. Gl. *Juratus*, pag. 942[3].

2. JURÉ, Confédéré, allié. Gl. *Juratus*, pag. 942[3].

3. JURÉ, Échevin et bourgeois d'une ville. Gl. *Juratus*, pag. 943[1], et *Juredium*.

1. JURÉE, Commune, bourgeoisie. Gl. *Juraria*, 1. [Juridiction des échevins. Gl. *Juredia*.]

2. JURÉE, Redevance, que doit un bourgeois juré à son seigneur. Gl. *Jurata*, 3.

3. JURÉE, Promise, accordée en mariage. Gl. *Jurata*, 1.

4. JURÉE, Enquête juridique. Gl. *Jurea*, sous *Jurata*, 1.

5. JURÉE, METTRE EN JURÉE, Décréter, mettre à l'encan. Gl. *Juraria*, 2.

JURET, Redevance que doit un bourgeois juré à son seigneur. Gl. *Jurata*, 3.

JUREUR, Examinateur d'un fait qui est en litige et qui en donne son avis au juge. Gl. sous *Jurata*, 2.

JURGIEUX, Querelleur, hargneux. Gl. *Bellicosus*.

JURIDIQUE, Audience, séance. Gl. *Juridica*.

JURIE, Le quartier d'une ville où habitent les Juifs. Gl. *Judæa*, sous *Judæi*.

JUS, En bas, dessous. Gl. *Jusum*. [Orell, pag. 304. *Metre jus*, Mettre de côté, conserver. Roi Guillaume, pag. 99.]

JUSARME, JUSERME, Sorte d'arme, hache ou demi-pique, lance. Gl. *Gisauma* et *Inserma*.

JUSCLE, Espèce de poisson. Gl. *Sclave*.

JUS-PARTIS, Alternative. Gl. *Jocus partitus*.

JUSSARME, Sorte d'arme, hache ou demi-pique, lance. Gl. *Gessa*.

JUSTANCE, Usage, service. Gl. *Justantia*.

JUSTE, Sorte de mesure, pinte, pot, vase; d'où le diminutif *Justelette*. Gl. *Justa*, 2.

* JUSTÉ. Voyez *Joste*.

JUSTER. Voyez *Jouster*.

1. JUSTICE, Juge, chef de la justice, seigneur. Gl. sous *Justitia*, pag. 951[3]. [Partonop. vers 178, 388, 2484. *Justise*, Chron. des ducs de Normandie.]

2. JUSTICE, Toute espèce de droit et de redevance. Gl. *Justitia*, 1, pag. 951[1].

* 3. JUSTICE CAPITAL. Gl. *Parlamentum*, pag. 100[2]. Justice de champ de bataille, Gl. *Justitia*, pag. 951[3]. Justice sommiere, Gl. *Summarietas*. Espée de justice, Gl. *Ensis justitiæ*.

1. JUSTICIER, Gouverner, administrer, rendre la justice. Gl. *Justitiare*. [Voyez Rayn. tom. III, pag. 605[1], au mot *Justiziar*.]

2. JUSTICIER, Arrêter, saisir, mettre sous la main de la justice. Gl. *Justizare*.

JUSTIFICAULEMENT, Légitimement, avec justice. Gl. *Justicialiter*.

1. JUSTISER, Gouverner, conduire. Gl. *Justitiare*. [Belle Ysabiaus, Wackern. p. 7 :

Quant sot Girairs cui fine amor justise.

Partonop. vers 1284 :

Vers la bele qui le justise.]

2. JUSTISER, Égaliser, rendre égaux. Gl. *Baila*.

* 3. JUSTISER, Combattre, se mesurer? Gérard de Vienne, vers 210 :

Chevaliers voil por mon cors justicier.

Vers 2455 :

A lor espées si vont bien justisant.

Rendre justice, traiter une chose comme elle doit l'être. Chanson de Gillebert, Laborde, pag. 167 :

Qui fame justisera
Ja ne l'emera.

Partonop. vers 601 :

Puis sonne son cor et justise.
Si assiet bien les mos de prise.

1. JUSTISIER, Gouverner, administrer, rendre la justice. Gl. *Justitiare*. [Chronique des ducs de Normandie.]

2. JUSTISIER, Arrêter, saisir, mettre sous la main de la justice. Gl. *Justitiare*.

JUSTOIER, Étalouner une mesure, examiner si elle est juste. Gl. *Justare*.

JUTERIE, Le quartier d'une ville où habitent les Juifs. Gl. *Jutaria*, sous *Judæi*.

JUVÉ, Juif. Gl. *Farsia*.

JUVEIGNEUR, Puîné, cadet; d'où *Juveignerie* et *Juveignurie*, Partage du puîné. Gl. sous *Junior*.

JUVENTU, Jeunesse. Gl. *Juvenitudo*. [*Juvente*, Chanson de Roland. Voyez *Jovente*.]

JUYBET, Gibet, potence. Gl. sous *Justitia*, 1, pag. 950[3].

* JUZARME. Voyez *Juisarme*.

KAL

KACHÉ, Poursuite en justice, ou amende. Gl. *Cachia*, 3.

KACHIERE, Chasseur; du verbe *Kacier*, Chasser. Gl. *Cacherta*, et sous *Foresta*.

KAFIS, Mesure de grain en Espagne. Gl. *Kaficium*.

KAI, Barreaux, grille. Gl. *Kaia*.

KAIER, Chandelle de cire, flambeau. Gl. *Quarrellus*, 3.

*KAILLO, Caillou. Rayn. tom. II, p. 294[1], au mot *Calhaus*.

KAIR, Tomber. Gl. *Kays*.

KALAMAY, La fête de la Chandeleur. Gl. *Candelaria*, 1.

KALENDE, Nom qu'on donnait aux conférences des curés et aux confréries, qui se tenaient ou s'assemblaient le premier de chaque mois. Gl. *Kalenda*, 1, sous *Kalendæ*.

KALENDIER, Calendrier. Gl. *Kalendarium*, 1.

KAR

KANOISNE, Chanoine. Gl. *Canonicus*.

KANT, pour Quand, lorsque. Gl. *Solus*, 2.

KANTREF, Canton composé de cent villages. Gl. *Kantref*.

KAPPE, p. e. Sorte de petit tonneau, appelé *Caque*. Gl. *Kappe-Hette*.

KARESMEAULX, Les jours gras, le carnaval. Gl. *Karena*.

KARET, Terre couverte de ses fruits. Gl. *Garrigua* [et *Carretum*, 2].

* KARILLON. Gérard de Vienne, p. 167[1] :

J'en ai mes latres et en un karillon.

KARION, Le droit que prend sur la dîme celui qui la conduit à la grange du décimateur. Gl. *Cario*.

KARISEL, Sorte de tonneau. Gl. *Karida*.

KARLON, Charles. Gl. *Abatis*.

* KARNEL, Créneau. Gl. *Quarnellus*.

KAY

* KAROLE, Certaine danse. Voyez *Carole*, 1, et Wolf, *Uber die Lais*, pag. 185.

KARREAU, Mesure de terre, contenant vingt et un pieds. Gl. *Quarellus*, 6.

KARVANE, Caravane. Gl. *Caravanna*.

KAUCLIER, p. e. mal écrit, Bruit, tumulte. Gl. *Khukhan*.

KAVECHEUL, Oreiller, traversin. Gl. *Kavaticum*.

* KAUF, Chauve. Rayn. tom. II, p. 297[2], au mot *Calv*.

* KAUKAINS, Talons. Renart le Nouvel, tom. IV, pag. 171, vers 1186 :

Aus kaukains pries
Suiwent luxure et gloutenie.

KAUWELERIE, Redevance pour le rachat du service qu'on doit à son seigneur avec des chevaux. Gl. *Kavallus*.

KAYAGE, Le droit qu'on paye pour charger et décharger sur un *Kai* ou Quai. Gl. *Kaagium*.

KE, pour Que. Gl. *Ke*. [*Ke... ke*. Voyez Fierabras, note au vers 469, pag. 177².]

KEMANT, Procureur, celui qui agit au nom d'un autre. Gl. *Mandatum*, 3.

KEMIN, Chemin. Gl. *Keminus*. [*Kemin piré*. Gl. *Pirgius*. Voyez Rayn. tom. II, pag. 301², au mot *Cami*.]

* **KEMINÉE**, Cheminée. Flore et Blancefl. vers 1814 :

> Roonde come keminée.

KEMUN, Commun, général. Gl. *Fluentare*.

* **KENE**, Couenne? Partonop. vers 594 :

> Li sainglers a l'absi ronpu...
> Et il ens en l'esclot l'asene,
> Li bruns espiols li ret la kene.
> Si l'a ocis devant le roi.

KENÉE, Soufflet, coup sur la joue. Gl. *Quenneya*.

* **KENUS**, Blanc de cheveux. Roi Guillaume, pag. 87. Voyez Rayn. tom. II, pag. 316², au mot *Canut*.

* **KERCHIEF**, comme *Couvrechef*, Petite pièce d'étoffe. Jubinal, Fabliaux, t. II, p. 29.

* **KERKE**, comme *Kierke*.

KERME, Les Frères du Kerme, Carmes. Gl. *Carmelini*.

* **KERNU**, A crinière. Chronique de Jordan Fantosme, vers 1664. Voyez le Glossaire sur la Chronique des ducs de Normandie et ci-dessus *Crenu*.

KERUIER, Celui qui laboure à la charrue pour son compte. Gl. *Karruga*.

KESTE, Grille, barreaux. Gl. *Kays*.

* **KESTERE**. Gl. *Haisellus*.

KEUERIE, La charge du Grand-Queu de France. Gl. sous *Coquus*.

KÉVILLIER, Cheviller, clouer. Gl. *Kavilla*.

KEURBRIEF, Loi de la commune, coutume. Gl. *Chora*.

KEURE, Chêne. Gl. *Cerchium*.

KEURIER, Échevin, juge des causes civiles ; de *Keure*, Commune, loi municipale. Gl. *Keuren*.

1. **KEUTE**, Coite, matelas, lit de plume. Gl. *Couta*, 1.

2. **KEUTE**, Espèce de bière. Gl. *Couta*, 1 [et *Hamburgus*].

* 3. **KEUTE**, Coude. Flore et Blancefl. vers 1282 :

> De keute a son signor bouté.

KEUTESPOINTE, Grande couverture, espèce de tapisserie. Gl. *Couta*, 1.

* **KEX**, Pierre à aiguiser. Rayn. tom. II, pag. 503¹, au mot *Cot*.

* **KIELES**, Partonop. vers 9074 :

> Desploiés kieles cel savoir,
> Ja solés vos jugier si voir.

Flore et Blancefl. vers 2437 :

> Kielés, fait Blanceflor, Gloris,
> Ja est cou Floires, mes amis.

KIENERIE, Redevance due au seigneur pour la nourriture et le logement de ses chiens de chasse. Gl. *Chenaria*.

KIENNES, Sorte de monnaie de Liége. Gl. *Kiennes*.

KIERKE, Charge. Gl. *Kerka*.

KIERKIÉ, Chargé. Il se dit d'une terre cultivée et portant fruits. Gl. *Kerka*. [Flore et Jeanne, pag. 43 : *Et li kierka ses confie-*

seres en penitanche k'il rendist la tiere. Voyez Rayn. tom. II, pag. 335¹, au mot *Cargar*.]

* **KIEVECUEL**, Oreiller. Partonop. vers 10017 :

> Et furent acosté andui
> Sor un kievecuel de bofu ;
> Li uns vers l'autre tornés fu.

Voyez *Chevechel*.

KIEVRE, Cuivre. Gl. *Ferria*.

1. **KIEUTE**, Coite, matelas, lit de plume. Gl. *Couta*, 1. [*Kiute*, Partonop. vers 1069. *Kiute pointe*, vers 10327. Voyez *Keutespointe* et *Chiute*.]

2. **KIEUTE**, Espèce de bière. Gl. *Couta*, 1.

* **KIKEUSI**, Tandis. Aidefrois le Bâtard. Wackern. pag. 3 :

> Kikeusi fait son duel la belle a cuer irie.

P. Pâris : *Que qu'ensi*.

KIOLTE, Coite, matelas, lit. Gl. *Friggedo*.

KIRTEL, Sorte d'habillement. Gl. *Kirtel*.

KISIELLE, Façon de parler pour désigner tous les saints. Gl. *Kyrieles*.

KŒUR, Règlement, coutume, loi municipale. Gl. *Cora*.

* **KOUQUE**, Couche. Roi Guillaume, pag. 67 :

> S'on fait desous kouque et litiere.

KUQUS, Mari dont la femme est infidèle. Gl. *Cugus*.

KYRIELE, Sorte de chant joyeux. Gl. *Kyrie eleyson*.

KYRIELLE, Façon de parler pour désigner tous les saints. Gl. *Kyrieles*.

LABEAU, Frange, sorte d'ornement, qu'on mettait au bas de l'habit militaire. Gl. *Labiellus*. [Renart le Nouvel, tom. IV, pag. 147, vers 556 :

> Et teus armes en leurs escus
> K'Isengrins ot, mais que dessus
> De murdre i avoit un labicl,
> Tout pourfilé de piaus d'agniel.

Pag. 145, vers 521.]

* **LABOR**, Agolant, pag. 171¹ :

> Inde labor est de mon tenement.

Voyez *Major*.

LABOUR, Ouvrage, travail. Gl. *Laboragium*, 2.

1. **LABOURAGE**, Sorte d'impôt, dû sur les vins déchargés d'un bateau à terre. Gl. *Laboragium*, 2.

2. **LABOURAGE**, Ouvrage, toute espèce de travail. Gl. *Laboragium*, 2.

1. **LABOURER**, Travailler, faire. Gl. *Laborare*, 6. [Flore et Blancefl. vers 1641 :

> Li vilains dist que diex laboure,
> Quant il li plaist, en moult peu d'eure.

Chronique de Jordan Fantosme, vers 1578 :

> En poi d'ure deu labure, ço dit li mendiant.]

2. **LABOURER**, Se dit de tout ce qui peut chagriner et faire de la peine. Gl. *Laborare*, 3.

LABOUREUR DE VINS, Vigneron. Gl. *Laborator*. [*Laboureurs salinans*. Gl. *Salinare*.]

LABOURIER, Laboureur, celui qui cultive la terre. Gl. *Laborator*.

LACAYS, Sorte de gens de guerre, arbalétriers. Gl. *Lacinones*.

LACEUR, Faiseur de lacets. Gl. *Laqueatores*.

LACHES, Sorte de vêtement militaire, cuirasse, corset. Gl. *Lacinones*.

LACIER, Se lier, s'attacher par serment. Gl. sous *Ligius*, pag. 112². *Lacer*, Serrer. Partonop. vers 1289.

* **LACIÉS**, Lâchez ou Lancez? Renart le Nouvel, tom. IV, pag. 144, vers 473 :

> Au jour del tornoi au matin
> Péussiés oïr grant hustin

Des hiraus ki crient en haut :
> Laciés ! Laciés ! li jours vous faut.

Chastel. de Couci, vers 3268 :

> Hyraus crioient : Jà lachiés !

Voyez Rayn. tom. IV, pag. 19², au mot *Lansar*, et ci-dessus *Eslaisser*.]

LACIVIEUX, Folâtre, badin, débauché. Gl. *Lascivietas*.

* **LACUEILLONS**, Guill. Guiart, tom. II, pag. 110, vers 2835 (11814) :

> Vient aus plains et sa gent aüne
> Dont les rens sont en lacueillons.

* **LAECE**, **LAGUECE**, Largeur. Chron. des ducs de Norm.

LAEDER, Celui qui reçoit l'impôt nommé *Laide*. Gl. *Lesdarii*, sous *Leudis*, pag. 79¹.

1. **LAGAN**, Droit que les seigneurs avoient sur les marchandises et les vaisseaux qui faisaient naufrage, et dont la mer jetait les débris sur la côte. Gl. *La-*

gan. [*Aller à lagan*, Périr. Renart le Nouvel, t. IV, pag. 453, vers 7900 :

Sans nous ne poroient durer
Mie crestien demi an,
Ains alast li tiere à lagan.]

2. LAGAN, Abondance, quantité, multitude, largesse, don. Gl. *Lagan*, p. 14¹.

LAHUT, Barque, nacelle. Gl. *Lahutum.*

LAICTAN, Qui tette, qui est à la mamelle. Gl. *Lacticina caro.*

LAICTIERE. VACHE LAICTIERE, Qui donne du lait. Gl. *Lactans.*

LAID, Parole injurieuse, outrage. Gl. *Ladare*, sous *Lada*, 1. [*Laides paroles*. Gl. *Villania.*]

LAIDANGE, Le même [*Laidenge*, Chron. des ducs de Norm.]; d'où *Laidanger*, Injurier, outrager. Gl. *Ladare*, sous *Lada*, 1.

LAIDER, Receveur de l'impôt nommé *Laide*. Gl. *Lesdarii*, sous *Leudis*, pag. 79¹.

LAIDEUR, Le même. Gl. *Leuderius.*

LAIDIR, Dire des injures, outrager. Gl. *Ladare*, sous *Lada*, 1. [Chron. des ducs de Norm. Voyez Rayn. tom. IV, pag. 9², au mot *Laidir.*]

LAIDOIER, Le même. Gl. *Lada*, 1.

LAIDURE, Injure, outrage. Gl. *Lada*, 1.

* LAIE, Laide. Chronique des ducs de Normandie.

LAIER, Diviser un bois en plusieurs parties, qu'on distingue par des *Lées* ou marques faites à des arbres. Gl. *Laia* [Voyez *Laye*].

1. LAIGNE, Bûche, bois à brûler. Gl. *Laignerium.*

* 2. LAIGNE. Voyez *Lange*, 2.

1. LAIGNER, Bûcher, lieu où l'on serre le bois. Gl. *Laignerium.*

2. LAIGNER, Murmurer, gronder, reprendre. Gl. sous *Laignerium.*

1. LAIGNIER, Le droit de prendre son chauffage dans une forêt. Gl. *Lignagium*, 1.

2. LAIGNIER, Une voiture ou charretée de bois à brûler. Gl. *Laignerium.*

3. LAIGNIER, Bûcher, lieu où l'on serre le bois. Gl. *Laignerium.*

LAINERIE, Lieu où l'on vend la laine. Gl. *Lanaria.*

LAINGNE, Bûche, bois à brûler. Gl. *Laignerium.*

LAINGUE, Langue, pays, nation. Gl. *Lingua.*

LAINIER, Ouvrier en laine; ou Celui qui la vend. Gl. *Lanarii*, 1.

LAIRRENAILLE, Troupe de larrons ou de coquins. Gl. *Layroneria.*

1. LAIS, Testament, par lequel on laisse et donne son bien. Gl. *Divisa*, 1. [*Faire lais*, Accorder, abandonner. Partonop. vers 2773 :

Et dist que jà nel verra mes
Se de cest don ne li fait lais.]

Guill. Guiart, t. II, p. 359, v. 9321 (18303):

Qui s'afiche que de sa terre,
Qu'il puisse, ne leur fera lais.

Rutebeuf, tom. I, pag. 19 :

On en doit bien faire són lais,
Et tel gent lessier en relais.

Laisse. Chron. des ducs de Norm. tom. III, pag. 280, vers 39341 :

De ses laisses ne de ses dons.

Voyez Rayn. tom. IV, pag. 13², au mot *Laissa.*]

* 2. LAIS, LAI, Lai, pièce de poésie. Chanson du Chastel. de Couci, Laborde, pag. 300. Flore et Blancefl. vers 863. Partonop. vers 31. Voyez Wolf, *Uber die Lais*, pag. 4, suiv. Rayn. tom. IV, pag. 12, au mot *Lais.*

* 3. LAIS. Voyez *Las*, 1.

* LAISARDE, Lézard. Flore et Blancefl. vers 821.

LAISCHE, Lame de fer. Gl. *Lacinones.*

* LAISER, Lâcher, détendre. Gérard de Vienne, vers 128, 730.

* LAISNER, Voyez *Lanier.*

1. LAISSE, Lâche, faible, abattu. Gl. *Vanitas*, 2. [Voyez *Las*, 3. *Laise*, Le Roux de Lincy, Chants historiques, Introduction, pag. 46, 47. Voyez Orell, pag. 348.]

* 2. LAISSE. Voyez *Lesse.*

* 3. LAISSE. Voyez *Lais*, 1.

* LAISSER, Cesser. Partonop. v. 1041 :

Quant li mes laissent à venir.

* LAISSOR, LAISOR, Faculté, moyen, loisir, liberté. Partonop. v. 238, 2664. Aubri, vers 149. Chron. des ducs de Norm. Voyez Rayn. tom. IV, pag. 57, aux mots *Lezer* et *Lezor.*

1. LAIT, Parole injurieuse, outrage. Gl. *Ladare*, sous *Lada*, 1. [Roman de Renart, tom. I, pag. 11, vers 290.]

2. LAIT. FAIRE PAR LAIT, Malgré soi, à contre-cœur. Gl. *Bela-cara.*

3. LAIT. MENGIER DU LAIT A LA CUILLIER DE BOIS, Sorte d'amusement du mardi gras. Gl. *Karena.*

* 4. LAIT. Gl. *Leda*, 3, pag. 58².

LAITISSE, Fourrure ou pelisse grise. Gl. *Lactenus.*

LAITUAIRE, pour ÉLECTUAIRE, Sorte de médicament, terme de pharmacie. Gl. *Electuarium*, 1. [Wackern. pag. 69. Voyez Rayn. tom. III, pag. 108², au mot *Lectuari.*]

LAMBROIS, Lambris, plancher. Gl. *Lambroissare*, sous *Lambricare*. [*Lambre*, Partonop. vers 10142.]

LAMBROISSIER, Lambrisser. Gl. *Lambroissare*, sous *Lambricare*. [*Lambruschiez*, Chron. des ducs de Normandie.]

LAMBRU, Plancher; d'où *Lambrucher*, Planchéier. Gl. *Lambroissare*, sous *Lambricare.*

LAMBRUIZ, Planche. Gl. *Lambroissare*, sous *Lambricare.*

LAME, Roseau, canne. Gl. *Lamina*, 2.

LAME DE GERBES, Botte, gerbée. Gl. sous *Lamina*, 2.

LAMPESIER, Espèce de lustre de fonte à diverses branches. Gl. *Lampeserius*, 2.

LAMPIER, Lampe. Gl. *Lampadarius.*

LANÇADE, L'action de lancer ou porter un coup à quelqu'un. Gl. *Lanceare*, 3.

1. LANCE, Certaine mesure de terre. Gl. *Lancea sartatoria*, pag. 221.

2. LANCE, Celui qui combat avec la lance. Gl. *Lancea.*

3. LANCE. SERVIR SOUBZ LA LANCE, pour Servir sous la bannière ou drapeau de quelqu'un. Gl. *Lancea.*

LANCE A FEU, Machine de guerre qui lance du feu. Gl. *Lançare.*

LANCE GENETAIRE, Sorte d'arme, javeline, demi-pique. Gl. *Lancea.*

LANCEGAYE, Le même. Gl. *Lancea* [et *Gevelina*].

LANCEGÉ, Blessé d'une lance. Gl. *Lanceatus*, pag. 22².

* LANCÉIS, Action de lancer. Chron. des ducs de Normandie.

LANCEOUR, Créneau d'un mur, par où l'on peut lancer ou tirer des flèches. Gl. *Lanceare*, 2.

LANCERER †, Frapper ou jouter avec la lance. Gl. *Lancinare.*

LANCIS, pour l'ANCIS, l'Action de battre ou tuer une femme enceinte. Gl. *Encimum.*

LANDHOUDER, Officier municipal en Flandre, échevin, conseiller de ville. Gl. *Handhouder.*

LANDIE, Les parties naturelles de la femme. Gl. *Landica.* [Roman de Renart, tom. III, pag. 26, vers 20473. *Lendie*, pag. 20, vers 20312.]

LANDIT, Foire célèbre de Saint-Denis en France. Gl. *Indictum*, 3.

LANDON, Billot qu'on attache au cou des chiens pour les empêcher de chasser le gibier. Gl. *Landon.*

LANDYE, Les parties naturelles de la femme. Gl. *Landica.*

1. LANER, Apprêter la laine ou la mettre en œuvre. Gl. *Lanalis.*

2. LANER, Qui dégénère, lâche, qui est sans courage. Gl. *Lanarii*, 2.

LANEUR, Ouvrier en laine. Gl. *Lanator.*

1. LANGAGE, Peuple, nation. Gl. *Lingua.*

2. LANGAGE. ESTRE DE GRAND OU HAUT LANGAGE, Parler haut, avec arrogance, dire des injures. Gl. *Linguatus.*

LANGAGER, Parler, haranguer. Gl. *Linguatus.*

LANGAGEUR, Grand parleur, babillard. Gl. *Linguatus.*

LANGAGIER, Le même. Gl. *Linguatus.*

LANGAIS, p. e. Drap de laine, blanchet. Gl. *Langetum.*

LANGART, Grand parleur, babillard. Gl. *Linguatus.*

1. LANGE, pour LANGUE, Peuple, nation. Gl. *Lingua.*

2. LANGE, Chemise. Gl. *Lingius.* [Agolant, pag. 180². Enfants Haymon, vers 840. Rutebeuf, tom. I, pag. 7, 206. Chron. des ducs de Normandie. *Laigne*, Partonop. vers 2833 :

Par ces églises en irés
Nus piés, en laignes, vellerés
Et proicrés, etc.]

LANGEAU, Pot, sorte de vase, flacon. Gl. *Languella.*

LANGEUL, Drap de laine. Gl. *Langetum.*

LANGOIEMENT, L'action d'examiner la langue d'un porc; *Langoieur*, Celui qui d'office fait cet examen. Gl. *Essaium*, 1.

LANGOINE, LANGONÉ, Monnaie de Langres. Gl. *Langones*, et *Moneta Baronum*, pag. 524².

* LANGOR, Peine, souffrance. Wackern. pag. 50 :

S'aurai à son plaixir langor
Ou mercit, s'il l'en prent piteitz.

Voyez Rayn. tom. IV, pag. 16², au mot *Languor.*

LANGOYER, Examiner la langue d'un porc pour voir s'il n'est pas ladre. Gl. *Essaium*, 1.

LANGROUT, Langouste, écrevisse de mer. Gl. *Astase.*

1. **LANGUE**, Peuple, nation, pays. Gl. *Lingua.*

2. **LANGUE**, Languette, aiguille de balance. Gl. *Lingua stateræ* [et *Examen*, 1].

3. **LANGUE**, Banderole en forme de langue. Gl. *Lingua vexilli.* [Partonop. vers 7716. Voyez Rayn. tom. iv, pag. 46¹, au mot *Lengua.*]

4. **LANGUE DE BEUF**, Demi-pique, javeline. Gl. *Lingua bovis.*

LANGUEL. Voyez *Langeul.*

LANGUEBAULT, Terme de dérision, p. e. Qui fait le beau parleur. Gl. *Linguatus.*

LANGUEFRIDE, Sûreté des grands chemins, et l'office de celui qui en est chargé. Gl. *Landfrid.*

LANGUINE, Langueur, faiblesse. Gl. *Languitudo.*

LANIER, Lent, paresseux, qui dégénère, lâche, qui est sans courage. Gl. *Lanarii*, 2. [Roman de Roncevaux, pag. 58. Agolant, vers 1200. Partonop. vers 8918. Dit du pauvre Chevalier, Jubinal, Fabliaux, tom. i, p. 138. *Lainier*, Gérard de Vienne, v. 994, pag. 166². *Lasnier*, Dit du roi Guillaume, pag. 190. Voyez le Glossaire sur la Chron. des ducs de Normandie, et Rayn. tom. iv, pag. 16¹, au mot *Lanier.*]

LANNER, Apprêter la laine ou la mettre en œuvre. Gl. *Lanalis.*

LANNEUR, Ouvrier en laine. Gl. *Lanator.*

LANSAGE, Aliénation; d'où *Lansager*, Aliéner. Gl. *Lansagium.*

LANSSOT, Petit dard, javeline. Gl. *Lancietus.*

1. **LANTERNE**, Lieu fermé de barreaux de bois. Gl. *Lanterna ambulatoria*, sous *Laterna.*

2. **LANTERNE**, Les parties naturelles de la femme; d'où *Lanterner*, Y renvoyer quelqu'un pour l'injurier. Gl. *Laterna.*

LANTRENIER, Lanternier, ouvrier qui fait des lanternes. Gl. *Lanternerius*, sous *Laterna*, 1.

LANU, Couvert de laine. Gl. *Lanutus.*

* **LANURE**, Ouvrage de laine. Gl. *Planeus.*

* **LANZ**, Action de lancer. Chron. des ducs de Norm. tom. ii, pag. 333, v. 25223.

* **LAODS**, Lods. Gl. *Recognitio*, 4.

LAONNISIENS, Monnaie des évêques de Laon. Gl. sous *Moneta Baronum*, pag. 524¹.

LAQUAIZ, Sorte de gens de guerre, arbalétriers. Gl. *Lacinones.*

LARDAGE, Impôt sur le lard qu'on vend au marché. Gl. *Lardarium.*

* **LARDÉ**, Filet, morceau de viande piqué de lard. Roi Guillaume, pag. 112. Flore et Blanc. v. 1679. Roman de Renart, t. iii, pag. 87, vers 22139, 22779.

LARDEUX, Qui est plein de lard. Gl. *Lardosus*, sous *Lardum*, pag. 321.

1. **LARDIER**, Le lieu où l'on conserve le lard, garde-manger. Gl. *Lardarium*, sous *Lardum*, 2.

2. **LARDIER**, Impôt sur le lard qu'on vend au marché. Gl. *Lardarium.*

LARDOUER, Le lieu où l'on garde le lard, garde-manger. Gl. *Lardatorium.*

LARDOUERE, Lardoire. Gl. *Lardatorium.*

* **LARECIN. EN LARECIN**, Clandestine-ment. Roi Guillaume, pag. 103. *A larron*, Partonop. vers 5643. Voyez Rayn. tom. iv, p. 11¹, *a lairo*, au mot *Laire.* Voyez *Larron*, 2.

LARGE, Libéral, qui aime à donner. Gl. *Largus.*

LARGESSE, Largeur. Gl. *Largitio.* [Voyez Rayn. tom. iv, pag. 22¹, au mot *Largueza.*]

LARGIER, Sorte de redevance. Gl. *Cogrerium.*

LARGIR, Élargir, étendre. Gl. *Excrementum.*]

LARGUESCHE, Largeur. Gl. *Largitio.*

LARRECHINEUSEMENT, **LARRECINEUSEMENT**, En larron, en voleur. Gl. *Latrocinalis.*

LARRIS, Terre qui n'est pas cultivée. Gl. *Larricium.* [Terrain inégal, côte, colline. Chanson de Roland, stance 84, v. 4 :

Cuverz en sunt li val et les muntaignes
E li lariz e trestutes les plaignes.

Stance 87, vers 2 :

Sun cheval broche e muntet un lariz.

Dit du roi Guillaume, pag. 189. Voyez Garin le Loher. t. 1, p. 92, not. t. Halliwell, au mot *Lair*, et Bosworth, au mot *Las.*]

1. **LARRON**, AVOIR LE LARRON, Attribut de la haute justice, le droit de juger et punir les voleurs. Gl. *Latro.*

* 2. **LARRON. A LARRON**, Sans mot dire? Enfances Roland, pag. 157² :

Ains l'esgardoit el vis quoiement à larron.

Voyez *Larecin.*

LARRONCINEUSEMENT, En larron, en voleur. Gl. *Latrocinalis.*

LARRONNAILLE, Troupe de coquins. Gl. *Layroneria.*

LART, Porc engraissé et salé. Gl. *Lardum*, 2.

1. **LAS**, Lacet. Gl. *Laqueatæ vestes.* [Chastelain de Couci, vers 703 :

Vouroie une mance de vous,
Ridée as las, large dessous.

Partonop. vers 8005 :

N'usent mais blans-esinses ridés,
Ne las de soie à lor costés,
Ne oes longes mances ridées.

Gl. *Stigma*, 4. Voyez *Lassière.* *Lais*, Le Roux de Lincy, Chants historiques, Introduction, pag. 46 :

De larmes moillent li lais de son mantel.

Lacs, lacet. Wackernagel, pag. 64 :

Ki le monde ait delivreit
Des lais à mal Isangrin.

Pag. 79 :

Pris m'avois à lais corsour.

Roman de Renart, t. iii, p. 64, v. 21505, 21512. Voyez Rayn. tom. iv, pag. 4², au mot *Lacs.* Gl. *Pedica*, 1.]

2. **LAS**, Roturier, paysan. Gl. *Lassi.*

3. **LAS**, Languissant, qui est sans force et sans vigueur. Gl. *Lascivus.* [Voyez Rayn. tom. iv, pag. 23², au mot *Las.*]

LASCEURE, Lassière, travée d'une grange. Gl. *Laquearii.*

LASCHE. FAIRE LASCHE, Faire quelque chose négligemment, être trop bon. Gl. *Laxare*, 2. [*Lascheitement*, Négligemment. Chron. des ducs de Norm.]

LASCHEZ, Sorte de poisson. Gl. *Apltya.*

LASNEUR, Ouvrier en laine. Gl. *Lanator.*

* **LASQUE**, Lâche, large. Partonop. vers 430, 10669. Voyez Rayn. tom. iv, pag. 33¹, au mot *Lax.* Lasquent, Lâchent. Chanson de Roland, stance 283, vers 5.

* **LASSE**, LASSESCE, LASTÉ, Lassitude, Abattement, peine. Chronique des ducs de Normandie. Voyez *Lasté.*

LASSEURE, L'endroit d'une robe où est ce qui sert à la lacer. Gl. *Laqueare.*

1. **LASSIERE**, Lacet ou cordon, dont on laçait un habit. Gl. *Laqueare.* [*Lasnière.* Partonop. vers 6273 :

Et tissent de totes manières
Et las et braieus et lasnières,

Vers 10605.]

* 2. **LASSIERE**, comme *Lasceure.*

LAST, Certain poids. Gl. *Lasta*, 2.

LASTÉ, Lassitude, fatigue, incommodité. Gl. *Lassatio.* Voyez *Lasse.*

LASURE, Lacis, ouvrage fait en forme de filet ou de rézeuil. Gl. *Glizzum.*

LATAUMENT, Secrètement, en cachette. Gl. *Latere.*

LATE, Outil de tisserand. Gl. *Conucula.*

LATEUR, Ouvrier qui couvre les maisons de lattes. Gl. *Latare*, 2.

* **LATIN**, Langage, langue étrangère. Partonop. vers 2226. *Pluisors latins*, vers 3684. Roman de Renart, t. ii, p. 162, vers 13946. Roman de Horn, fol. 10. Voyez Orell, pag. 28. Fierabras, vers 345, note pag. 177¹. Rayn. tom. iv, pag. 25², au mot *Latin.* Grimm, *Reinhart Fuchs*, Introd. pag. 3. Gl. *Latina sufficientia.*

LATINIER, Interprète, truchement. Gl. *Latinarius.* [Voyez Rayn. tom. iv, pag. 26², au mot *Latinier.*]

LATITER, Cacher. Gl. *Foraneus*, 4.

LATTIER, Registre de certaines amendes appelées *Lates.* Gl. *Latare*, sous *Lata*, 1.

LATTRER, Aboyer. Gl. *Latria*, 2.

* **LATUI. EN LATUI**, EN LETUIET, Clandestinement. Chronique des ducs de Normandie.

LAVAICHE, L'endroit d'une rivière ou d'une mare où on lave le linge. Gl. *Lavatrina.*

LAVANGE, Lavasse, crue subite d'eau. Gl. *Lavanchia.*

LAUCET, Ce qu'on paye pour faire aiguiser les instruments du labourage. Gl. *Laucet.*

LAUDAIRE, Registre des impôts sur les marchandises. Gl. *Leuderium.*

LAUDE, Impôt qu'on lève sur les marchandises. Gl. *Leuda*, sous *Leudis*, pag. 78².

LAUDISME, Le droit du seigneur dans les mutations des fonds. Gl. *Laudimia*, sous *Laudare*, 4, pag. 43¹.

LAUDUMINIE, Le même. Gl. *Laudes*, sous *Laudare*, 4.

LAVEIDE, Lavasse, crue subite d'eau. Gl. *Eslaveidium.*

LAUFFAIZ, Fil préparé pour faire de la toile. Gl. *Laufetus.*

LAUNE, LAUNESTELUER, Petit bras de rivière. Gl. *Launa* et *Launestellus.*

LAVOER, Vaisseau, qui sert à laver. Gl. *Lavatorium*, 2.

LAVOIR. POT LAVOIR, Vaisseau dans

lequel on lave quelque chose. Gl. *Lavatorium*, 2.

* **LAUR**, Largeur. Chron. des ducs de Normandie.

LAUSENGEOR, Louangeur, flatteur. Gl. *Baustare*, sous *Bausia*. [Voyez Rayn. t. IV, pag. 30¹, au mot *Lauzengier*.]

LAUSET, Ce qu'on paye pour faire aiguiser les instruments du labourage. Gl. *Laucet*.

LAUSIME, Le droit du seigneur dans les mutations des fonds. Gl. *Laudes*, sous *Laudare*, 4.

LAUSISME, Consentement, permission. Gl. *Laus*, sous *Laudare*, 4.

LAUSSET, Ce qu'on paye pour faire aiguiser les instruments du labourage. Gl. *Laucet*.

LAUVISSE, Appartement qui est sous le toit d'une maison, espèce de grenier. Gl. *Laudissa* [en provençal].

LAUZEME, Le droit du seigneur dans les mutations des fonds. Gl. *Laudes*, sous *Laudare*, 4.

LAUZET, Ce qu'on paye pour faire aiguiser les instruments du labourage. Gl. *Laucet*.

LAY, Loi, coutume, usage. Gl. *Frater in lege*.

LAYDE, Impôt qu'on lève sur les marchandises. Gl. *Leydarius*.

* **LAYE**, Foret. Gl. *Laya*. *Layer*, Voyez *Laier*.

LAYEMENT, Comme un laïque. Gl. *Laicaliter*, sous *Laicus*.

LAYEUR, Largeur, étendue en large. Gl. *Largitio*.

LAYNAGE, Le droit de prendre dans une forêt le bois nécessaire à son usage et la redevance qu'on faisait au seigneur pour ce droit. Gl. *Laynagium*.

LAYNEUX, Ouvrier en laine. Gl. *Lanator*.

1. **LÉ**, Large, plat, qui n'est pas pointu. Gl. *Latus*, 5, et *Leda*, 3. [Partonop. v. 1622. 1667, 1666, 9681. Flore et Blanc. v. 2121. Chanson de Roland, stance 227, vers 12. Chronique des ducs de Normandie. Voyez Rayn. tom. IV, pag. 24¹, au mot *Lat*.]

* 2. **LÉ**, Gai, joyeux. Chronique des ducs de Normandie. Voyez Rayn. tom. IV, pag. 49², au mot *Let*, ci-dessous *Liez*.

LEAGE, Espèce de droit dû au seigneur d'une rivière sur laquelle on bâtit ou on réédifie un moulin. Gl. *Leagium*.

LEASSE, Peau de bélier ou de mouton. Gl. *Lear*.

LEAUMENT, Loyalement, avec vérité. Gl. *Legaliter*, 2.

LEBRET, pour **LEVRET**, Nom d'une maison et d'un canton de Gascogne, plus communément *Albret*. Gl. *Leporeta*.

LECEOUR, Glouton, débauché, libertin. Gl. *Lecator*.

LECHERIE, Gourmandise, débauche, libertinage, bouffonnerie; d'où *Lecheor*, *Lecheour*, *Lecheur* et *Lecherresse*, Celui ou celle qui a ce vice. Gl. *Lecator*. [*Lechierre*. Gl. † *Agagula*, † *Curro*, † *Valetro*. Voyez Rayn. tom. IV, pag. 35², au mot *Lecaria*.]

LECIERE, Qui tette. Gl. *Lactans*.

LECTRIN, Lutrin, pupitre. Gl. *Lectorinum*.

LECTRUN, Prie-Dieu, pupitre. Gl. *Lectrum* et *Lectrinum*.

LECTUAIRE, pour **ELECTUAIRE**, Terme de pharmacie. Gl. *Electuarium*, 1.

LECTURE, Commentaire, principalement sur les matières de droit. Gl. *Lectura*, 3.

LEDANGIER, Dire des injures, outrager. Gl. *Lada*, 1.

LEDENGE, Parole injurieuse, outrage. Gl. *Ladare*, sous *Lada*, 1. [*Ledure*, Rayn. tom. IV, pag. 10¹, au mot *Laidura*.]

LEDIR, Injurier, outrager. Gl. *Ladare*, sous *Lada*, 1.

* **LEDON**, Basse marée. Gl. *Ledo*, p. 59³.

LÉE, **LÉRD**, Largeur. Gl. *Leda*, 3.

* **LÉECIER**, Réjouir. Agolant, pag. 179¹ :

> Espée as bone...
> A grant mervelle te péust léecier.

Voyez *Léesser*.

* **LEEL**, Légal, qui est selon la loi. Gl. *Sunnis*, pag. 436¹.

LEESCE, **Leesche**, Joie, gaieté. Gl. *Lœtifice*. [Chastel. de Couci, vers 7984. *Léece*, Flore et Blancefl. vers 2843. Chronique des ducs de Normandie.]

LEESSE, Largeur, étendue en large. Gl. *Largitio*.

LEESSER, Se réjouir, être bien aise. Gl. *Lætifice*.

LEFFRE, Lèvre. Gl. *Leffrus*.

LEGAT, Legs, don fait par testament; d'où *Legater*, Léguer. Gl. *Legatum*, 1.

LEGÉE, Serment de fidélité, qui lie le vassal à son seigneur. Gl. *Ligascia*.

LEGENDIER, Livre d'église pour le service divin. Gl. *Legenda*, 1.

* **LEGERET**, Léger, qui ne pèse guère. Guill. Guiart, tom. II, pag. 182, vers 4697 (13683). Voyez Rayn. tom. IV, pag. 60¹, au mot *Leuzeret*.

* **LEGERIE**, Légèreté, frivolité, folie. Chanson de Roland, stance 129, vers 5 :

> Franceis sunt morz par vostre légerie.

Chastel de Couci, vers 4762 :

> Ne vers ma fame ne chasastes
> Amours, deduit ne légerie.

De légerie comme *De legier*. Chanson de Roland, stance 14, vers 14 :

> Loerent vos alques de légerie.

Stance 38, vers 2. Voyez Rayn. tom. IV, pag. 60³, au mot *Leujaria*.

LEGIER. DE LEGIER, Légèrement, facilement. Gl. *Leve*. [Aubri, pag. 158² ;

> Avés vos fait me besoigne esploitier?
> Oil voirs, sire, je le fis de legier.

Ruteb. tom. I, pag. 22. Roman de Renart, tom. IV, pag. 39, vers 1067.]

LEGISTE, **LEGISTRE**, Docteur en lois. Gl. *Legista*.

LEGNIER, Corvée que le sujet doit à son seigneur pour voiturer sa provision de bois. Gl. *Laignerium*.

* **LEGOY**, **LIGOY**. Voyez *Goy*.

1. **LEI**. EN LEI, En large. Gl. *Latus*, 2.

2. **LEI PLEINER**, Épreuve par l'eau ou par le feu. Gl. *Lex plenaria*.

* **LEJAU**, Conforme à la loi. Gl. *Legalis plaga*, sous *Legalis*.

LEIDESCE, Les parties naturelles de la femme. Gl. *Laterna*.

LEINGNIER, Provision de bois, l'obligation de la voiturer. Gl. *Laignerium*.

* **LEISAGE**. Gl. *Hercia*, 1.

* **LEISSE**, Lice, chienne. Rayn. tom. IV, pag. 44¹, au mot *Leissa*.

LEITURE. OPIATES LEITURES, Confection électuaire, terme de pharmacie. Gl. *Electuarium*.

LEMBROISSIER, Lambrisser, couvrir de planches. Gl. *Lambroissare*, sous *Lambricare*.

LENCHAS, Espèce de pieu. Gl. *Lena*, 4 [en Languedoc].

* **LENDEMAIN**. Voyez *Endemain*. Flore et Jeanne, pag. 49. Voyez Rayn. tom. IV, pag. 133¹, au mot *Lendeman*.

* **LENDIE**. Voyez *Landie*, et Gl. *Laterna*.

LENDIT, Impôt, péage. Gl. *Indictum*, 2.

LENGNIER, Provision de bois, l'obligation de la voiturer. Gl. *Laignerium*.

LENNER, Chardonner, tirer la laine sur une étoffe avec un chardon. Gl. *Lanalis*.

LENOINE, Le métier de débaucheur de femmes et de filles. Gl. *Lenonia*.

* **LENTILLOS**, Marqué de taches. Chron. des ducs de Norm. tom. II, pag. 172, vers 20397 :

> E s'ert pales e lentillos.

Roman de Renart, tom. I, pag. 6, vers 133 :

> Cele Hersent la lentilleuse.

Voyez Rayn. tom. IV, pag. 47¹, au mot *Lentillos*, et Gl. *Lenticula*, 3.

* **LENS**, Lentes, œufs de pou. Roman de Renart, tom. IV, pag. 72, vers 1977. Voyez Rayn. tom. IV, pag. 45², au mot *Lende*.

LENTRONGNEUR, Celui qui passe le bacq, passeur. Gl. *Lintrum*.

LENWAGIER, Engagiste. Gl. *Invagiare*.

LEONIMER, Versifier avec élégance. Gl. *Leonini versus*.

LEOUGE, Sorte de vaisseau dont la voile est triangulaire. Gl. *Laudus*, 1 [à Marseille].

* **LEPE**, Lèvre, lippe. Roman de Renart, tom. IV, pag. 39, vers 1067 :

> Voirs est movoir estuet grenon
> De legier cui la lepe pent.

LERERIE †, Larcin, vol. Gl. *Latro*.

* **LERMER**, Larmoyer, remplir de larmes. Agolant, vers 1338 :

> Andui li œil li sont el chief lermé.

Voyez Rayn. tom. IV, pag. 7², au mot *Lermar*.

LERRE, Voleur. Gl. *Latro*. [Agolant, pag. 153¹ :

> ... Tu es uns enemis,
> Par c'as ce fait leres dieu, fois mentis?

Ave Maria, Wolf, *Uber die Lais*, pag. 438 :

> Ki uus soit verray guarant
> Vers l'enfernal lere.

Chastel. de Couci, vers 1852 :

> Et cilz qui celer le voudroit
> Leres d'onnour embler seroit.

Voyez Rayn. tom. IV, pag. 11¹, au mot *Laire*.]

LERU, Nom d'une société de jeunes gens. Gl. *Captivare*, 2.

1. **LES**, Legs, donation par testament. Gl. *Laissa*.

* 2. **LES**. Voyez *Lez*.

* **LESCHE.** Gl. *Lescheria.*

LESCHERIE, Gourmandise, débauche, libertinage; d'où *Lescheor* et *Lescheur,* Celui qui a ce vice, et *Leschiere,* L'action d'un *Lescheur.* Gl. *Hullarii* et *Lecator.*

LESCIER, Laisser, donner par testament: Gl. *Lassare,* 1.

LESDANGIER, Injurier, outrager. Gl. *Ladare,* sous *Lada,* 1.

LESDENGEURE, Injure, outrage. Gl. *Ladare,* sous *Lada,* 1.

LESON, Sorte de banc. Gl. *Laiscum.*

LESSE, Air, chanson. Gl. *Lætifice.* [Roman de Renart, tom. IV, pag. 12, vers 313 :

Si chanterons entre nos doi
Une laisse de cuer joli.

Guill. Guiart, tom. II, pag. 295, vers 7662 (16643) :

Ceus dont j'ai dit en l'autre lesse.

Voyez Wolf, *Uber die Lais,* pag. 269, le Glossaire sur Joinville, et Rayn. tom. IV, pag. 43², au mot *Leisso.*]

LESSER DE L'EAUE, Lâcher de l'eau, pisser. Gl. *Laxare,* 1.

LEST, Certaine quantité de quelque chose. Gl. *Lasta,* 2.

LESTAIGE, comme *Letaige.*

1. **LESTE,** Sorte d'habit, surtout, casaque. Gl. *Lesta.*

2. **LESTE†,** Laite ou laitance. Gl. *Lactis.*

LESTICHE, Fourrure ou pelisse grise. Gl. *Lactenus.*

* **LET BÉE.** Gl. *Colustrum.*

LETAIGE, Impôt sur les marchandises qu'on amène en un lieu. Gl. *Lastingha.*

LETAU, Lithuanie. Gl. *Litus,* 2.

LETERES, Lettres. Gl. *Garentigia.*

LETERI, LETEBIL, Tribune. Gl. *Leterinum.*

LETICE, LETTICE, LETTICHE, Fourrure ou pelisse grise. Gl. *Lactenus.*

* **LETRÉ,** Couvert de lettres. Flore et Blanceflor, vers 661 :

Toute ert la tombe neolée ,
De l'or d'Arabe bien letrée.
Les letres de fin or estoient,
Et en lisant con racontoient, etc.

Roman de Roncevaux, pag. 29 :

Li cuens tint trait li brant qui fu letrez.

Partonop. vers 7771 :

Et portent cinq lances letrées.

Voyez le Roman de Roncevaux, pag. 29, not. 2. Fierabras, vers 3574, note pag. 183². Gérard de Vienne, vers 2689. Gl. *Literatus,* 2? Rayn. tom. IV, pag. 81², au mot *Listrar?*

LETREURE, Littérature, connaissance des belles-lettres. Gl. *Literatura.*

LETRI, Lutrin, pupitre. Gl. *Letricum.*

LETRIÉ, Le même. Gl. *Lectorinum.*

LETRIN, Le même. Gl. *Lectorinum.* [*Lestrin* †, Gl. *Sciestum.*]

LETRUN, Le même. Gl. *Letricum.*

LETTRIN, Espèce de catafalque. Gl. *Letricum.*

LETUE †, Laitue. Gl. *Latusca.*

LEU. ESTRE LEU, Être permis. Gl. *Licere.*

LEVADIER, Celui qui a soin de l'entretien des *levées* ou chaussées. Gl. *Levatarius,* sous *Levata,* 3.

LEVADIZ, Pont-levis. Gl. *Levadissus.*

LEVAGE, Droit qu'on lève sur les marchandises, qui sortent d'un lieu, ou qui y arrivent. Gl. *Levagium.*

LEVAILLES, Relevailles, cérémonie qu'on fait à l'église, quand une femme relève de couche. Gl. *Relevata.*

* **LEVANT ET COUCHANT.** Gl. *Levans.*

LEVATION, Élévation, la partie de la messe où le prêtre lève le corps de N. S. Gl. *Levatio,* 3.

LEUCE, Blanc. Gl. *Leucius.*

LEUDAIRE, Registre des impôts sur les marchandises. Gl. *Leudarium,* 2.

LEUDE, Impôt qu'on lève sur les marchandises. Gl. *Leuda,* sous *Leudis.*

LEUDERIE, Bureau où l'on reçoit l'impôt appelé *Leude.* Gl. *Leudarium,* 2.

LEVÉE, Voiture, charretée. Gl. *Levata,* 5. [Chaussée. Gl. *Murata,* 3, ci-dessus *Levadier.*]

LÉVÉÉMENT, Élévation, grandeur. Gl. *Levatio,* 3.

LEVEMENT †, Nouveau plan, qui commence à lever. Gl. *Levatorium,* 1.

* **LEVENQUE,** Lavande. Partonop. vers 10828.

1. **LEVER,** Tenir sur les fonts de baptème un enfant, le nommer. Gl. *Levare de sacro fonte,* pag. 75¹. [Agolant, vers 1068, 1129, 1265.]

2. **LEVER,** Emmener, enlever. Gl. *Levare de S. Fonte,* pag. 75².

3. **LEVER (EN),** Oter d'embarras quelqu'un, en payant pour lui, ou autrement. Gl. *Levare,* 10, pag. 743.

4. **LEVER BRUIT,** Faire parler de soi. Gl. *Levare laudem,* sous *Levare,* 10, p. 75¹. [Pousser des cris. — S'élever. Garin le Loher. tom. I, pag. 165, 167 :

La noise lieve et enforce li cris.]

5. **LEVER UN TESMOIN,** Le récuser. Gl. *Levare testem,* sous *Levare,* 10, pag. 75².

* 6. **LEVER,** Laver. Roi Guillaume, pag. 95. Flore et Blancefl. vers 1900.

LEVEUR †, Pont-levis. Gl. *Levatorius* et *Levatorium,* 1.

LEVEURE, Emplacement pour élever ou bâtir une maison. Gl. *Levatura* 1.

LEUN, Sorte de grain ou légume. Gl. *Leun.* [G. Guiart, t. I, pag. 258, v. 6247.]

LEURMEL, Certain droit sur les toiles. Gl. *Leurmel.*

LEU-WASTÉ, Terme injurieux, p. e. Loup-garou. Gl. *Lupus ramagius.*

* 1. **LEZ, LEY, LES,** Côté, flanc. Gérard de Vienne, vers 163 :

Tel voz donray de l'espée dou ley.

Roman de Rou, vers 644 :

L'espée el lez, l'haubert vestu.

Gérard de Vienne, vers 1275 :

Et coubatrons as espées des leiz.

Chronique des ducs de Norm. tom. II, pag. 234, vers 22251 :

Qui deus porta en ses beaus lez.

Chanson de Jacques de Cambrai, Wackern. p. 67 :

Si voirement k'en tes benéois leis
Fut li vrais deus conceüs et porteis.

Partonop. vers 1912, 2696 : *De tos lés.* Roman de Renart, tom. IV, p. 83, vers 2286 :

Et li moutons à l'autre lés.
Cil doi tinrent moult for lour lés,
Ensemble sont mis à conseil.

Voyez Rayn. tom. IV, pag. 26¹, au mot *Latz.*

* 2. **LEZ,** Loisir. Chanson de Roland, stance 145, vers 2 :

De lui venger jamais ne li ert lez.

Voyez *Lessor.* Ou comme *Lé,* 2 ?

LEZ-A-LEZ, A côté l'un de l'autre. Gl. *Abatis.* [Gérard de Vienne, vers 1226. Rayn. tom. IV, pag. 26², au mot *Latz,* Gl. *Latus,* 1.]

LEZE, Nom qu'on donne dans le Limousin à un champ qui est plus long que large. Gl. *Vismeria.*

LIAGE, Droit sur les lies des vins et sur les vins même. Gl. *Liagium.*

LIANCE, Le droit qu'a le seigneur sur son vassal lige. Gl. *Ligeancia,* sous *Ligius,* pag. 112¹.

* **LIARD.** Gl. *Moneta,* pag. 510¹ᵇ.

LIARRE, Larron, voleur. Gl. *Latro.*

LIART, Gris pommelé. Gl. *Liardus* 1. [Chants historiques, tom. I, pag. 65. Voyez Rayn. tom. IV, pag. 66², au mot *Liar.*]

1. **LIBERAL,** Libre, qui n'est point serf. Gl. *Franquare.*

2. **LIBERAL,** Libre, exempt de passion. Gl. *Liberalitas,* 1.

LIBERALEMENT, LIBERALLEMENT, Librement, volontiers, et bon gré. Gl. *Liberalitas,* 1.

LIBERAMENT, Facilement, aisément. Gl. *Mareare.*

1. **LICE,** Barrière, clôture faite de pieux, palissade. Gl. *Liciæ,* 1. [Chron. des ducs de Norm.]

2. **LICE,** Course, combat simulé, qui se fait dans un champ clos de pieux. Gl. *Licia* et *Liciæ,* 1.

3. **LICE,** Chaussée soutenue par des pieux. Gl. *Licia.*

LICEL †, Lisière, bordure. Gl. *Forago.*

LICES, Porche, vestibule à l'entrée des églises. Gl. *Liciæ,* 2.

1. **LICHE,** Barrière, clôture faite de pieux, palissade. Gl. *Liciæ,* 1.

2. **LICHE,** Lissoir, instrument qui sert à lisser; d'où *Licheur,* L'ouvrier qui lisse. Gl. *Licha.*

* **LICT,** Lit. Gl. *Servitium,* pag. 218¹.

LICTEAU, Linteau. Gl. *Lintellus.*

* **LIE.** Voyez *Liage.*

LIEGECE, Le serment de fidélité, qui lie un vassal à son seigneur. Gl. *Ligeancia.*

LIEGEOIS, Monnaie de Liége. Gl. sous *Moneta Baronum.*

LIÉMENT, Joyeusement, avec plaisir. Gl. *Lætifice.*

* **LIEMIER, LIEMER,** Limier. Partonop. vers 1819 :

Li liemiers s'en vait avant
Son lien el col, etc.

Vers 586, 1830. Roman de Renart, t. III, pag. 103, vers 22588. Voyez Rayn. tom. III, pag. 66², au mot *Liamers.* Halliwell, au mot *Lime-hound.*

LIENAGE, p. e. pour LOUAGE, Loyer. Gl. *Lienagium.*

LIENSE, Courroie qui lie le joug aux

cornes des bœufs quand on les attelle. Gl. *Liencia.*

* **LIEPRE**, Lɪᴇᴘᴀʀᴛ, Lɪᴘᴀʀᴛ, Léopard. Gérard de Vienne, vers 2812 :

> Et plus hardi ke liepre ni licon.

Vers 2478. Enfances Roland, pag. 157² :

> Mes si hardi ne virent ne liepart ne lyon.

Agolant, vers 816, et pag. 164¹. *Leuparz, Lepart.* Chanson de Roland, stance 56, vers 4, 9. Voyez Rayn. tom. ɪv, pag. 48², au mot *Leopart.*

LIEPROUS, Lépreux. Gl. *Dolorosus.*

1. **LIER**, Ensorceler, nouer l'aiguillette. Gl. *Ligationes.*

2. **LIER** ᴜɴᴇ Éᴘᴇ́ᴇ, La garnir de fils. *Ligare,* 2.

LIERE, Litre, ceinture funèbre. Gl. *Litra,* 2.

LIERRE, Lɪᴇʀs, Voleur, larron. Gl. *Latro.*

* **LIESSE**, Joie, contentement. Voyez *Abbé de Liesse.*

LIESTAGE, Sorte d'impôt sur les marchandises qui arrivent dans des vaisseaux. Gl. *Lastagium,* sous *Lasta,* 2.

LIEVART, Mesure de terre, la quatrième partie d'un arpent. Gl. *Livrale.*

LIEUE, L'espace ou la durée d'une heure. Gl. *Leuca,* 2.

LIEVER, Louer, prendre à louage. Gl. *Levare,* 8.

* **LIEVEURE**, Partie de la parure. Partonop. vers 10868.

LIEUMAGE, p. e. Terme générique pour signifier toutes espèces de légumes. Gl. *Locimaria.*

LIEVR, Livre. Gl. *Fidelitas,* pag. 284¹.

LIEVRADE, Mesure de terre, le quart d'un arpent. Gl. *Livrale.*

LIEVRE, Courroie avec laquelle on attache le joug aux cornes des bœufs. Gl. *Jugum.*

LIEUTENANCIE, Lieutenance. Gl. *Locumtenentia,* sous *Lociservator.*

LIEUTENANT, Le vicaire d'un curé. Gl. *Locumtenentia,* sous *Lociservator.*

*LIEZ, Lɪᴇᴛ, Lɪᴇ́, Joyeux, content. Chanson de Roland, stance 196, vers 14; st. 8, vers 1; st. 130, vers 9. Partonop. vers 8240. Flore et Blancefl. vers 127, 134. *Lie,* femin. Aubri, pag. 160², 174². Voyez Rayn. t. ɪv, pag. 49², au mot *Let,* ci-dessus *Lé,* 2.

1. **LIGE**, Vassal attaché à son seigneur par un serment particulier de lui être fidèle. Gl. *Ligius.* [*Demi liges.* Gl. *Ligascia. Liges hons sougis,* Chanson de Colin Muset, Wackern. pag. 72. Voyez Rayn. tom. ɪv, pag. 70¹, au mot *Litge.*]

2. **LIGE**, Ce qui est à quelqu'un sans réserve. Gl. sous *Ligius,* pag. 113¹.

3. **LIGE**, Continu, sans interruption. Gl. sous *Ligius,* pag. 113¹.

LIGÉE, Le serment de fidélité, qui lie le vassal à son seigneur. Gl. *Ligascia.* [Partonop. vers 2720.]

LIGEITÉ, Le même. Gl. *Ligeitas,* sous *Ligius,* pag. 112¹.

LIGÉMENT, Sans réserve, sans exception. Gl. sous *Ligius,* pag. 113¹². [Partonop. vers 461, 1231. *Ligément quite,* Chron. des ducs de Normandie, tom. ɪ, pag. 486, vers 11672.]

LIGENCE, Le serment de fidélité, qui

lie le vassal à son seigneur. Gl. *Ligencia,* sous *Ligius,* pag. 112¹. [*Ligance,* Chron. des ducs de Norm. Partonop. vers 329.]

LIGESSE, Le même. Gl. sous *Ligius,* pag. 110², 111².

LIGET, Le même. Gl. *Ligamen,* 3.

LIGETE, Sorte de redevance. Gl. *Ligete.*

LIGNAGE, Famille, parents. Gl. *Lignagium,* 3. [*Linage,* Partonop. vers 821. Voyez Rayn. tom. ɪv, pag. 78², au mot *Linhatge.*]

LIGNE. Aᴍɪ ᴅᴇ Lɪɢɴᴇ, Parent. Gl. *Linea,* 3.

LIGNER, Aligner, tirer une ligne droite. Gl. *Lineatim* et *Liniare.*

LIGNERE †, Linière, terre semée de lin. Gl. *Linetum.*

1. **LIGNIER**, Fagot, bourrée, ou bois propre à brûler. Gl. *Lignarium,* 1.

2. **LIGNIER**, Provision de bois, l'obligation de la voiturer. Gl. *Lignarium,* 1.

LIGNOLET, Sorte de chaussure ou galoche recherchée. Gl. *Lignambulus.*

LIGNUIS, Graine de lin. Gl. *Linigium.*

LIGOTE, Lien, petite courroie. Gl. *Ligula,* 1.

LIME, Pénitence, acte de piété. Gl. *Limen.* [Peine. Partonop. vers 7988. Chronique des ducs de Normandie, tom. ɪɪ, pag. 273, vers 23453 :

> La longe lime e le rennci
> Que tans aureiz teuu vers mei.]

LIMECHON †, Lumignon, mèche de chandelle. Gl. sous *Lichinus.*

LIMEIGNON, Le même. Gl. *Lumigenus.* [*Limegnon* †. Gl. *Cicindela,* pag. 347².]

LIMER, Regarder de travers et comme étant fâché. Gl. *Limare.*

*LIMOGES. Euvre de Limoges. Gl. *Limogia. Cocq Limoges.* Gl. *Gallus.*

1. **LIN**, Lignée. Gl. *Linea,* 3. [Partonop. vers 389. Agolant, pag. 173². *Lign,* Chanson de Roland, stance 173, vers 5. Voyez Rayn. tom. ɪv, pag. 78¹, au mot *Linh.*]

2. **LIN**, Felouque, frégate légère. Gl. *Lignum,* 2.

LINGE, Délié, mince, délicat. Gl. *Ligius.* [Voyez Roquefort, au mot *Linge.* — De lin, Levit. chap. 8, vers 6. Rayn. tom. ɪv, pag. 77¹, au mot *Lini.*]

LINGEANÉ, Qui est rendu léger, mince. Gl. *Lingius.*

LINIER, Marchand ou ouvrier en lin. Gl. *Linifex.*

LINIERE, L'art de travailler le lin. Gl. *Lineya.*

LINTIER, Église, le tombeau des apôtres saint Pierre et saint Paul. Gl. *Limen.*

LINUISE, Graine de lin. Gl. *Linusa* [en Picardie].

LION, Monnaie des comtes de Flandre et ducs de Bourgogne. Gl. *Leones,* 1, et *Moneta,* pag. 490².

LIONIME, Cadence d'un vers. Gl. *Leonini versus.* [Voyez Wolf, *Uber die Lais,* pag. 179. Rayn. tom. ɪv, pag. 48¹, au mot *Leonisme.*]

LIORAL, Certaine mesure des liqueurs, qui est évaluée à un pot. Gl. *Liorale.*

LIOZEL, Terme qui a rapport au suif fondu. Gl. sous *Liorare.*

LIPPE, Lèvre. *Faire la lippe,* Faire la moue, se moquer de quelqu'un. Gl. *Lipium.* [Guill. Guiart, tom. ɪ, pag. 96, vers 1950.]

LIQUE, Sorte de vaisseau. Gl. *Liqua.*

LISCE, Femme débauchée. Gl. *Filius matris suæ.* [Garin le Loher. tom. ɪ, p. 20. Voyez *Leisse.* Gl. *Letissa.*]

* **LISSE**, Tonneau. Gl. *Lissa.*

LISSEUR, Ouvrier qui lisse les étoffes. Gl. *Licha.*

LISTE, Bordé, qui a une lisière. Gl. *Lista.* [*Palais listeiz,* Gérard de Vienne, vers 3359. *Fenestre de marbre listée,* Aubri, pag. 159¹. *Tombe de rices listes listée,* Flore et Blancefl. vers 651. *Robe d'or listée,* Aubri, pag. 159¹. Voyez Rayn. t. ɪv, p. 81¹, au mot *Listar.* Gl. *Litra,* 2.]

LIT Mᴏʀᴛᴇʟ, Lit de la mort. Gl. *Lectus mortalis,* sous *Lectus,* 1. pag. 57³.

LITGE, comme Lɪɢᴇ. Gl. sous *Ligius.*

LITIS, Lithuaniens. Gl. *Litus,* 2.

LITISCONTESTATION, Procès commencé. Gl. *Contestatio,* 1.

* **LIUETE**, Petite lieue. Ruteb. tom. ɪɪ, pag. 233.

* **LIVOT**. Gl. *Livot.* Voyez *Livrot.*

LIVRAIRE, Bibliotheque. Gl. *Librarium,* 2.

LIVRAISON, Ce qu'on livre ou donne à quelqu'un, en argent, habits ou autres choses. Gl. *Liberatio,* sous *Liberare,* 2. [pag. 96². *Livrisons,* Partonop. vers 2058, 2593. Flore et Blancefl. vers 950. *Livroison,* Enfances-Roland, pag. 157². *Livreisun,* Chron. des ducs de Norm. Voyez Rayn. tom. ɪv, pag. 67², au mot *Liurazon.*]

LIVRE Sᴏᴜᴛɪᴠᴇ, La livre de douze onces. Gl. *Libræ subtiles,* pag. 101². [*Livre.* Gl. *Moneta,* pag. 501¹.]

1. **LIVRÉE**, Les habits que les rois ou grands seigneurs donnaient en certains temps de l'année à leurs enfants, domestiques ou autres, qui leur étaient attachés Gl. *Liberatio,* sous *Liberare,* 2, pag. 96².

2. **LIVRÉE**, Leurre, appât, avec lequel on prend du poisson en l'enivrant. Gl. *Lorra.*

3. **LIVRÉE** ᴅᴇ Tᴇʀʀᴇ, Terre qui rapporte une livre de rente. Gl. *Libra terræ,* sous *Libra,* 3, pag. 101³. [Chron. des ducs de Normandie.]

* **LIVREIZ**, Lévriers. Gérard de Vienne, vers 3482 :

> Fait son cor paure, acoupler ses livreiz.

LIVROISON, Certaine redevance annuelle. Gl. *Libratio.*

LIVROT, Mesure de grain dans le Forez. Gl. *Librorium.*

LIVROUER, Certaine mesure de grain. Gl. *Livrale.*

* **LIUTE** †, Lutte. Gl. *Gymnas.*

* **LOBE**, Tromperie. Chastel. de Couci, vers 4606. *Lober,* Tromper. Guill. Guiart, tom. ɪ, pag. 235, vers 5630. *Lobeur,* Trompeur. Roquef.

LOCENGNOST †, Rossignol. Gl. *Philomena.*

LOCERET, Tarière. Gl. *Tarrabrum.*

* **LOCHES**, Roman de Renart, tom. ɪɪɪ, pag. 69, vers 21646 :

> Meuz vos venist peschier as loches
> Qu'entremetre de tel mestier.

Voyez *Louche.*

LOCQUE, Sorte d'armes ou bâton de défense. Gl. *Lochea.*

LODE, Espèce d'impôt. Gl. *Laudaticum.*

LOÉE, L'espace d'une lieue. Gl. *Leucata,* sous *Leuca,* 1. [Flore et Blancefl. vers 2419. Partonop. vers 10089.]

LOEMENT, Conseil, insinuatiou, prière. Gl. *Laudamentum,* sous *Laudare,* 4, p. 43²³. [Garin le Loher. t. 1, pag. 284. Louange. Partonop. vers 5396. Chron. des ducs de Norm. Voyez Rayn. tom. iv, pag. 28¹, au mot *Laudament.*]

LOENGE, Consentement, permission. Gl. *Laus,* sous *Laudare,* 4.

LOENOIS, Monnaie des évêques de Laon. Gl. sous *Moneta Baronum.*

1. **LOER**, Conseiller, persuader. Gl. *Laudare,* 2. [Partonop. vers 580, 2400, 2401. Chronique des ducs de Norm. Voyez Rayn. tom. iv, pag. 29², au mot *Lauzer.*]

2. **LOER**, Être permis. Gl. *Licere.*

LOERRE, Leurre, appât, avec lequel on prend du poisson en l'enivrant. Gl. *Lorra.* [Voyez Rayn. tom. iv, pag. 93², au mot *Loire.*]

LOEVESIENS, Loevisiens, Monnaie des évêques de Laon. Gl. sous *Moneta Baronum,* pag. 524¹.

LOGETTE, Petite loge, maisonnette. Gl. *Logeta* [et *Hutten. Guill. Guiart,* tom. ii, pag. 21, vers 521 (9487)].

LOHEREGNE, Lohiriogne, Lorraine. Gl. *Liegancia* et *Marchio.*

1. **LOI**, Amende fixée par la loi. Gl. sous *Lex,* pag. 90¹.

2. **LOI**, Le corps de ville, office municipal. Gl. sous *Lex,* pag. 87¹. [*Ville de loy.* Gl. *Villa legis,* pag. 827³.]

3. **LOI D'Aousr**, Le droit de publier le ban de la moisson, ou de vendre du vin en détail à l'exclusion de tout autre, pendant le mois d'août. Gl. *Lex Augusti.*

4. **LOI Aperte**, Apparissant, Apparoissant, Épreuve par l'eau ou par le feu. Gl. *Lex apparens.*

5. **LOI Monstrable** et **Probable**, Celle qui oblige à prouver son droit par témoins. Gl. *Lex probabilis.*

6. **LOI Muée**, L'ancienne loi ou coutume corrigée, augmentée et éclaircie. Gl. *Lex mutata.*

7. **LOI Outrée**, Jugement rendu contre la loi ou le droit reçu. Gl. *Lex ultrata.*

8. **LOI Pariblé**, Épreuve par l'eau ou par le feu. Gl. *Lex paribilis.*

9. **LOI Vilaine**, Celle qui régit les roturiers. Gl. *Lex villana.*

10. **LOI**. Avoir Loi, Avoir droit de faire quelque chose. Gl. *Legem habere.*

11. **LOI**. Prendre Loi, Se soumettre à une juridiction. Gl. *Legem facere.*

* 12. **LOI**, Manière, façon. Gérard de Vienne, pag. 166² :

> La loi aveiz à gloutou losangier.

A **LOI**, Comme, à guise de. Garin le Loher. tom. 1, pag. 129 :

> En haut parole à loi de chevalier.

Roman de Renart, tom. ii, pag. 241, vers 16133 :

> Li dist à loi d'ome recuit.

Par mes lois, espèce de jurement. Parton. vers 1309.

LOIER, Présent, récompense. Gl. *Loerium* [et † *Commercium,* 4. Jubinal, Fabliaux, tom. 1, p. 138, 174. Prix d'argent,

---

payement. Partonop. vers 471, 2472. *Loivier, Luivier,* Wackern. pag. 15, 35, 36, 72. *Faus loiviers, faus lueir,* Wackern. p. 34, 60. Voyez Rayn. t. iv, pag. 92², au mot *Loguier,* et ci-dessous *Louier.*]

LOIGNET, Loin, de loin. Gl. *Longisecus.*

1. **LOIGNIER**, Éloigner, séparer, bannir. Gl. *Longinquare.*

2. **LOIGNIER**, Provision de bois, l'obligation de la voiturer. Gl. *Laignerium.*

LOINGNE, Bûche, bois à brûler. Gl. *Laignerium.*

LOINGNER, Provision de bois, l'obligation de la voiturer. Gl. *Laignerium.*

LÔINGNET, Loin, de loin. Gl. *Longisecus.*

LOINGNIER, Provision de bois, l'obligation de la voiturer. Gl. *Laignerium.*

LOINGNIER du Fief, Donner en arrière-fief une partie de son fief. Gl. *Longinquare.*

LOINJONNEUR, Mesureur de draps, officier préposé pour voir s'ils ont la longueur prescrite. Gl. *Longare.*

LOINSELET, Peloton de fil. Gl. *Loisellus.*

LOINTIEU, Éloigné. Gl. *Longisecus.*

LOIR, Être permis. Gl. *Licere.* [Voyez Orell, pag. 282.]

1. **LOIRE**, Leurre, terme de fauconnerie. Gl. *Longa,* 1 [et *Loyrum. Loirier,* Leurrer, dresser au leurre. Chastel. de Couci, vers 481].

2. **LOIRE**, Cuve de pressoir. Gl. *Loyra.* [Roman de Renart, tom. iv, pag. 103, vers 2841].

LOISSEL, Peloton de fil. Gl. *Loisellus.*

LOMBARDERIE, Ce que payaient les Lombards ou marchands italiens aux foires de Champagne, pour y faire leur commerce. Gl. *Langobardi.*

* 1. **LONC**, Selon. Ruteb. t. ii, p. 257. Roi Guillaume, pag. 43. Partonop. v. 360. Renart le Nouvel, tom. iv, p. 224, v. 2534 ; pag. 442, vers 7599 ; pag. 451, vers 7853. Wackern. pag. 24.

* 2. **LONC**, Loin. Partonop. vers 3920 :

> Moult est ses cuers lonc de ses dis.

Voyez Rayn. tom. iv, pag. 95², au mot *Long. De lonc,* A l'extrémité. Roman de Renart, tom. 1, pag. 25, vers 664 :

> Et la fosse a petite entrée
> Mes elle est de lonc auques graindre.

* 3. **LONC**, A côté, le long. Pastourelle, Wackern. pag. 79 :

> L'autrier pastoure seoit
> Lonc un bouxon.

Voyez Rayn. tom. iv, pag. 94², au mot *Long.*

* **LONDE** †. Gl. *Sylva.*

LONG. Estre au Long des Messes, Y assister jusqu'à la fin. Gl. *Egallatio,* sous *Egalare.*

LONGAIGNE, Longaingne †, Latrine, cloaque, voirie ; terme injurieux. Gl. *Latrina.*

LONGANIMITÉ, Longue distance, éloignement des lieux. Gl. *Longanimis,* et *Longanimitas.*

* **LONGE de Porc**. Gl. *Astis.*

* **LONGES**, Longtemps. Partonop. vers 485, 1484. Chron. des ducs de Norm.

LONGIERE, Nappe ou linge beaucoup plus long que large. Gl. *Longeria.*

LONGNIER du Fief, Donner en arrière-fief une partie de son fief. Gl. *Longinquare.*

LONGON, Cheville. Gl. sous *Longare.*

LONGUAIGNE †, Latrine, cloaque, voirie. Gl. *Latrina.*

LONGUAMIS, Sorte de fève longue. Gl. sous *Longare.*

* 1. **LONGUEMENT**, Longtemps. Gérard de Vienne, vers 518 :

> Vengerait s'an, si longuemant est vis.

2. **LONGUEMENT**, Longueur, délai, retardement. Gl. *Longare.*

LONGUET, Loin, éloigné. Gl. *Longisecus.*

LONS, Celui qui a la taille haute et belle. Gl. *Longus.*

LOOAIZ, Loué, qui est aux gages d'un autre. Gl. *Locare,* 1.

* **LOOR**, Lueur, clarté. Roman de Renart, tom. iii, pag. 105, vers 22633.

LOPIN, Pièce, morceau de terre. Gl. *Lopadium.*

LOPINER, Partager en lopins ou morceaux. Gl. *Loppare.*

1. **LOPPIN**, Coup, l'action de frapper. Gl. *Lopadium.*

2. **LOPPIN**, Pièce, morceau de terre. Gl. *Lopadium.*

LOQUE, Sorte d'arme, ou bâton de défense. Gl. *Lochea.*

LOQUENCE, Faculté de parler, éloquence. Gl. *Loquacitas.*

1. **LOQUETÉ**, Accommodé comme un *Loque,* Sorte de bâton de défense. Gl. *Lochea.*

2. **LOQUETÉ**, Se dit d'un habit déchiré, qui est en *loques,* et de celui qui le porte. Gl. *Depanare.*

LOQUETER, Remuer le loquet d'une porte. Gl. *Locetus.*

* **LOR**, Laurier. Roi Guillaume, p. 52 :

> Mix vos vient de lor et de mirre
> Encenser vos lis et vos cambres.

Lorer, Chanson de Roland, stance 188, vers 6. Voyez Rayn. tom. iv, pag. 27², au mot *Laur.*

LORAIN, Rêne, longe, guide. Gl. *Lorenum,* sous *Loramentum.* [Garin le Loher. tom. 1, pag. 297.]

LORANDIER, Valet de charrue. Gl. *Loranum,* sous *Loramentum.*

LORGNE, Maladroit, gauche. Gl. *Lunaticus.*

LORILART, Épieu, sorte de javelot. Gl. *Lorilardum.*

LORMIER, Ouvrier qui faisait ce que font en partie les selliers et éperonniers, dont le métier s'appelait *Lormotrie,* et les ouvrages *Loyemerie.* Gl. *Lormarius.* [*Monetarius* et *Merus.*]

LORRAIN, Rêne, longe, guide. Gl. *Lorenum,* sous *Loramentum.*

1. **LOS**, Consentement, approbation. Gl. *Laudum,* 3. [Rayn. tom. iv, pag. 28², au mot *Laus.*]

2. **LOS**, Réputation, gloire. Gl. *Laudum,* 3. [Chron. des ducs de Norm.]

3. **LOS**, Biens, possessions, héritages. Gl. *Lot.*

4. **LOS**, Sort. *Geter Los*, Tirer au sort. Gl. *Lot*.

5. **LOS**, Sorte de pêcherie. Gl. *Laus*, 1.

6. **LOS** et **VENTES**, Le droit du seigneur dans les mutations des biens. Gl. *Laudes*, sous *Laudare*, 4.

LOSANGE, LOSENGE, Louange, flatterie [Perfidie, intrigue. Partonop. v. 1531, 3217, 3448, 3803, 3803, 4425. Voyez Rayn. tom. IV, pag. 301, au mot *Lauzenja*]; d'où *Losengeour* et *Losengier*, Flatteur, trompeur. Gl. *Losinga* [et *Losengina*. Gérard de Vienne, pag. 1662].

***LOSENGIER**, Flatter, louer. Roi Guillaume, pag. 140, 170. Garin le Loher. tom. I, pag. 139. Partonop. vers 5673. Miracle de la sainte Vierge, Chron. des ducs de Norm. tom. III, pag. 515, vers 136.

LOT, Mesure pour les grains et les liqueurs. Gl. *Lottus*, *Lotum* [et *Acceptabulum*, 2].

* **LOTAIGE**, Distribution par lots. Gl. *Lothica*.

LOU, Luth. Gl. *Lautus*.

LOUADE, Impôt qu'on lève sur les marchandises. Gl. *Leuda*, sous *Leudis*.

LOUAGE, LOUAIGE, Maison qu'on tient à loyer, ou qui n'est donnée que pour un temps. Gl. *Locagium*, 2.

LOUCET, Houlette, bâton de berger. Gl. *Lochea*.

1. **LOUCHE**, Un droit domanial, qui se lève sur tous les grains qui se vendent à la halle de Namur. Gl. *Lochea*.

2. **LOUCHE**, Cuiller. Gl. *Lochea*.

LOUCHET, Houlette, bâton de berger. Gl. *Lochea* et *Fossiator*.

LOUCHETE, LOUCHETTE, Petite cuiller. Gl. *Lochea*.

LOUDIER, Terme de mépris, celui qui habite une cabane, qu'on appelait *Lodia*. Gl. *Lodia*, 2. [Roman de Renart, tom. IV, pag. 112, vers 3074. Voyez Rayn. tom. IV, pag. 921, au mot *Logadier*.]

1. **LOUER**, Conseiller. Gl. *Laudare*, 2.

2. **LOUER**, Récompenser, faire des présents. Gl. *Loerium*.

3. **LOUER**, Se plaindre ; d'où *Louenge*, Plainte. Gl. *Laudare*, 5.

LOUETE, p. e. l'Heure nommée *Entre chien et loup*, crépuscule. Gl. *Louete*.

LOUGAUGUES, Langueur, faiblesse de cerveau. Gl. *Languitudo*.

LOUIER, Loyer, récompense, présent. Gl. *Loetum*. [Voyez *Loier*.]

LOVISIENS, LOVIZIENS, Monnaie des évêques de Laon. Gl. sous *Moneta Baronum*, pag. 5241.

LOUP BEROUX, Loup-garou. Gl. *Lupus ramagius*.

LOUP RAMAGE, Le même que Loup cervier. Gl. *Lupus ramagius*.

* **LOUPE**, Renart le Nouvel, tom. IV, pag. 251, vers 251 :

> Renart le fist cent loupes
> En derrière.

Chronique ascendante, Chron. des ducs de Norm. préf. pag. XIV :

> A plusors i fait-on le coe lovinace.

1. **LOUPPE**, Nœud, bosse. Gl. *Loppa*.

2. **LOUPPE**, Pierre précieuse imparfaite. Gl. *Loppa*.

1. **LOURS**, Sot, hébété, lourdaut. Gl. *Lurdus*.

2. **LOURS**, Borgne, privé d'un œil. Gl. *Luscus*, 1.

LOUS, Consentement, approbation. Gl. *Laus*, sous *Laudare*, 4.

LOUSQUE, Borgne, qui n'a qu'un œil. Gl. *Luscus*, 1.

LOUSSE, Cuiller. Gl. *Lochea*.

LOUTRIER, Celui qui chasse la loutre. Gl. *Luter*, 2.

LOUVEGNOIS, Monnaie de Louvain. Gl. *Lovaniensis*.

LOUVETEUR, Louvetier, celui qui chasse le loup. Gl. *Lupparius*.

LOUVIERE †, Piége à loup. Gl. *Dicipula*.

LOUVIGNIS, Monnaie de Louvain. Gl. *Lovaniensis*.

LOUVISSEMENT, Comme un loup. Gl. *Glotonus*.

LOUZ, Le droit du seigneur dans les mutations des fonds. Gl. *Laudes*, sous *Laudare*, 4.

LOY. Voyez *Loi*.

LOYANCHE, Contrat, obligation. Gl. *Liga*, 1.

LOYEMERIE. Voyez ci-dessus *Lormier*.

LOYEURE, Lien, lanière, courroie. Gl. *Liga*, 2.

LOZENGIER, Flatteur, trompeur; du verbe *Lozengier*, Louer, flatter. Gl. *Losinga*.

LUBERNE, Panthère, ou la femelle du léopard. Gl. *Luberna*.

LUBIN, pour LUPIN, Loup, poisson de mer. Gl. *Lupus*, 3.

LUBRE, Sorte de monnaie bourguignonne. Gl. *Lubrum*.

LUCET, Louchet, pioche, hoyau. Gl. *Luchetum*.

LUCIDAIRE, Titre d'un livre, où l'on éclaircit plusieurs questions. Gl. *Lucidarius*.

* **LUÉE**, comme *Loée?* Heure. Gérard de Vienne, vers 2399. Voyez le Glossaire sur la Chron. de Norm.

* **LUES**, Aussitôt, tout de suite. Flore et Blancefl. vers 226, 1672, 2072. Roman de Renart, tom. I, pag. 21, vers 570. Chanson du Chastel. de Couci, Laborde, p. 294. Voyez Orell, pag. 305, 338. Rayn. tom. IV, pag. 901, au mot *Alloc*.

* **LUIRE**, Roman de Renart, tom. II, pag. 134, vers 13177 :

> Einz puis que soi beler ne muire
> Ne finai de ses berbiz luire.

* **LUISERNE**, Lumière, éclat. Chanson de Roland, stance 186, vers 5. Voyez Rayn. tom. IV, pag. 1091, au mot *Lucerna*.

LUISSEL, Peloton de fil. Gl. *Loisellus*.

* **LUITIER**, Lutter, s'efforcer. Roman de Renart, tom. I, pag. 60, vers 1301. *Loitier*, Chanson de Roland, st. 181, v. 28. Voyez Rayn. tom. IV, pag. 1032, au mot *Luchar*. Chron. des ducs de Norm.

LUMETTE, Allumette, tuyau ou paille de chanvre. Gl. *Lumera*.

1. **LUMIÈRE**, Fenêtre, ouverture. Gl. *Lumen*, 2.

2. **LUMIÈRE**, Lampe. Gl. *Lumera*.

* 3. **LUMIÈRE**, Embouchure. Roman de Roncevaux, pag. 21 :

> De l'olyfant la lumière dorée
> Mist en sa bouche.

* 4. **LUMIÈRE**, Visière. Chastel. de Couci, vers 1649 :

> Tout droit par devant la lumière
> Un poi desçure la barbierc.

Vers 1679 :

> Que son vis parmi la lumiere
> Del elme esgardoit, etc.

LUMINIER, Marguillier, celui qui administre les biens d'une fabrique, qu'on appelait *Luminaire*. Gl. *Luminariæ*, sous *Luminare*.

LUNAGE, Fou, insensé, lunatique. Gl. *Lunaticus*.

* **LUNER**, Long. Lai du Corn; Wolf, pag. 339, vers 514.

LUNETTE, Sorte d'armure de tête, ou partie de cette armure. Gl. *Lunula*, 2.

LUNGHURE, Longueur. Gl. *Leda*, 3.

LUOCTENENT, Lieutenant. Gl. *Locumtenentia*, sous *Lociservator*.

* **LUPARDIAUS**, Léopards. Chastel. de Couci, vers 1895. Voyez Rayn. tom. IV, pag. 482, au mot *Leopart*.

LUQUENNE, Lucarne, fenêtre. Gl. *Lucanar*, 2.

LUQUET, Cadenas. Gl. *Luchetum*.

1. **LUSEL**, Cercueil. Gl. *Lucellus*, 1.

2. **LUSEL**, LUSSEL, Brochet. Gl. *Luceus*.

LUSSERON, Lumignon, mèche. Gl. *Lumera*.

LUXE, Sorte de pelleterie. Gl. *Lux*.

LUYSABLE †, Qui luit, qui éclaire. Gl. *Lucibilis*.

LUYTEAU, Linteau. Gl. *Lintellus*.

1. **LUZ**, Luth, instrument de musique. Gl. *Lautus*.

2. **LUZ**, Brochet. Gl. *Luceus*. [*Lus*, Roman de Renart, tom. IV, p. 42, vers 1141. Partonop. vers 10559. Voyez Rayn. t. IV, pag. 1112, au mot *Luz*.]

LYMPSON, Limaçon. Gl. *Limaca*.

MAAILLE, Impôt ou redevance d'une maille. Gl. *Medala* [et *Macula*, 1. *Maaille d'or*, Gl. *Obolus*].

MAAISSE, Maasse, Cens ou redevance sur un *Mas* ou une métairie. Gl. *Massa*, 5.

MABRE, Espèce d'étoffe de différentes couleurs. Gl. *Marbretus* et *Mebretus*.

* MACABRE. Dance Macabre. Gl. *Machabæorum chorea*.

* MACAIGNE, Chronique des ducs de Normandie, tom. II, pag. 26, vers 16036 :

Sage est ceste jenz e macaigne.

MACAUT, Poche, besace. Gl. *Maca*.

MACE, Masse, sorte d'arme. Gl. *Maxuca*. [Monnaie. Gl. *Moneta*, p. 489¹.]

MACECLIER, Boucher. Gl. *Macelator* et *Machecarii*.

MACEFONDE, Machine de guerre pour jeter des pierres. Gl. *Matafunda*.

MACEL, Boucherie. Gl. *Macellum facere*.

MACELERIE, Boucherie. Gl. *Machecarii*.

MACELOTE, Petite masse ou massue. Gl. *Macha*.

MACELOTTE, La tête ou le gros bout d'un bâton. Gl. *Macha*.

MACHAT. Cop Machat, Coup de massue sans effusion de sang, meurtrissure. Gl. *Ictus machat*.

MACHAU, Grange sans toit; ou Meule. Gl. *Machale* [en Champagne].

1. MACHE, Masse ou massue, sorte d'arme. Gl. *Macha*. [Monnaie. Gl. *Moneta*, p. 489³.]

2. MACHE, Amas, monceau, meule. Gl. *Machale*.

MACHECLIER, Boucher. Gl. *Macelator*.

MACHELOTE, Petite masse ou massue. Gl. *Macha*.

* MACHER, Mater. Enfants Haymon, vers 275 :

Regnaut savoit du jeu assés et largement,
Par trois fois a maché Bertoulet au corps gent.

MACHEURE, Meurtrissure, contusion. Gl. *Macatura*.

MACHICOT, Officier de l'église de Notre-Dame de Paris, qui est moins que les bénéficiers, et plus que les simples chantres à gages. Gl. *Maceconici*.

MACHIER, Espèce de couteau. Gl. *Machia*.

MACHIGNER, Détruire, renverser. Gl. *Machinatus*, 2.

MACHINATION, Adresse, intrigue, artifice. Gl. *Machinare*, 1. [Voyez Rayn. tom. IV, pag. 112², au mot *Machinatio*.]

MACHINEUX, Qui machine ou médite quelque trahison. Gl. *Machinare*, 1.

MACHONNEMENT, Maçonnerie. Gl. *Machoneria*. [*Machon*, Maçon. Flore et Bl. vers 551.]

MACHUE, Massue. Gl. *Maxuca*.

MACHURE, Meurtrissure, contusion. Gl. *Macatura* [et *Maceratura*].

MACINAL, Certaine mesure de terre. Gl. *Macina*, 2.

MACIOLIZ, pour Machicoulis. Gl. *Machicolamentum*.

MACISSE. Torche Macisse, Qui est toute de cire. Gl. *Macissus*.

* MACLLE, Maille du filet. Gl. *Macula*, 2.

1. MAÇONNER, Bâtir, construire une maison. Gl. *Maçonetus*.

2. MAÇONNER, Fabriquer, forger. Gl. *Maçonetus*.

MACQUE, Espèce de massue, bâton qui a une grosse tête ou un nœud par un bout. Gl. *Macha*.

1. MAÇUE, Massue : d'où *Maçuete*, Petite massue. Gl. *Maxuca*.

2. MAÇUE. Faire la Maçue de quelqu'un, Se proposer de le battre. Gl. *Maçua*.

MADAGOIRE, Mandragore. Gl. *Mandragora*.

MADAISE, Écheveau. Gl. *Madascia*.

MADELINIER, Maderinier, Ouvrier des vaisseaux appelés *Maderins*. Gl. *Madelinarius*, sous *Mazer*.

MADERIN, Sorte de vaisseau à boire. Gl. *Madrinus* sous *Mazer*.

MADIER, Cloison faite de charpente. Gl. *Maderia*, 2.

MADRE, Sorte de matière dont on faisait les vaisseaux à boire. Gl. *Mazer*.

MADRINIER, Officier de l'échansonnerie, celui qui avait soin des vaisseaux appelés *Maderins*. Gl. *Madrinarius*, sous *Mazer*.

* MAELÉ, Maillé, à mailles. Chronique des ducs de Normandie, tom. I, pag. 214, vers 3768. Voyez *Mailhé*.

MAENERESSE, Médiatrice, arbitre. Gl. *Mediator*, 1.

MAERIE, Le levain qui sert à faire fermenter la bière pour la dépurer, et ce qu'on payait au seigneur qui le fournissait. Gl. *Maeria*, 4.

MAEUR, Maïeur, maire. Gl. *Maeria*, 1.

* MAFEZ. Voyez *Maufés*.

MAGALEZ, Nom d'une compagnie de marchands italiens. Gl. *Magaleti*, et *Societas*, 4.

* MAGARI. Voyez *Margari*.

MAGAUT, Poche, besace. Gl. *Magaldus*.

MAGDALEON, Espèce d'onguent. Gl. *Magdalium*.

MAGDELIN, Sorte de vaisseau à boire; d'où *Magdelinier*, L'ouvrier ou marchand de ces vaisseaux. Gl. *Madrelinerius*.

* MAGE. Gl. *Judices*, pag. 913².

MAGENDOMME, Receveur des deniers

publics. Gl. *Majores regii*, sous *Major*, 1. pag. 193³.

* MAGIER. Agolant, vers 646 :

Il n'a pas gent, s'en les poist magier
Don l'en poist toz ces com...ier.

MAGISTERIAL, Très-grand, très-élevé. Gl. *Magisterialis*.

MAGISTRAL, Altier, hautain, insolent. Gl. *Magisterialis*.

MAGLE, Marre, sorte de houe à labourer la vigne. Gl. *Maglius*.

* MAGNE, Grand. Chanson de Roland. Voyez Rayn. tom. IV, pag. 113², au mot *Magn*, et ci-dessous *Maine*, 1.

MAGNIEN, Chaudron. Gl. *Magninus*.

MAGRECHE, Maigreur. Gl. *Magrus*. [*Magre*, Maigre. Partonop. vers 777, 779. Voyez Rayn. tom. IV, pag. 119², au mot *Magre*.]

MAHAIN, Mutilation, blessure considérable. Gl. *Mahamium*. [*Mahaingner*, Blesser. Chron. des ducs de Normandie, t. I, pag. 160, vers 2250. Voyez Rayn. tom. IV, pag. 111², au mot *Macar*, et pag. 113¹, au mot *Maganhar*, ci-dessous *Mehaigner* et suiv.]

MAHELIN, Médaille de cuivre ou de bronze. Gl. *Mahona*.

MAHEMER, Blesser fortement, mutiler. Gl. *Mahamium*.

MAHERÉ, p. e. Échauffé. Gl. *Maheria*.

MAHOMERIE, Mosquée, toute espèce de temple du paganisme. Gl. *Mahomeria*, sous *Mahum*.

MAHOMMET, Toute espèce d'idole. Gl. *Mahum*.

1. MAHON, pour Mahomet. Gl. *Mahum*.

2. MAHON, Cuivre, bronze, ou médaille d'un de ces métaux. Gl. *Mahona*.

3. MAHON, en picard, Coquelicot, qui croît dans les champs; d'où *Mahonner*, Arracher le *Mahon*. Gl. *Mahona*.

MAHONER, en picard, Se battre à coups de poings. Gl. sous *Mahum*.

MAHOTE, Sorte d'ornement de l'habit militaire qu'on mettait aux épaules. Gl. sous *Maheria*.

MAHUIOTE, Nom de femme, formé de celui de Mathieu. Gl. *Altitudo*.

MAHUMERIE, Temple des faux dieux. Gl. *Mahum*. [Chanson de Roland, st. 268, vers 5. Voyez Rayn. tom. II, pag. 167², au mot *Bafomairia*.]

MAHURTRE, Mahutre, La partie du bras qui prend de l'épaule jusqu'au coude. Gl. sous *Maheria*.

* MAIAGE, Certaine redevance. Gl. *Maiagium*.

* MAICELLER, comme *Maiseller*.

MAIENIERRES, Entremetteur, médiateur. Gl. *Mediator*, 1.

MAIERE, Le levain qui sert à faire fermenter la bière pour la dépurer, et ce qu'on payait au seigneur qui le fournissait. Gl. *Maeria*, 4.

MAJESTAL, Qui concerne la majesté royale. Gl. *Majestativus*.

MAJESTÉ, Puissance, autorité. Gl. *Majestas*, pag. 188[3]. [*Dieu de majesté*, Garin le Loher. tom. I, p. 6, etc. Voyez Rayn. t. IV, pag. 115[2], au mot *Majestat*.]

MAJESTRE, Maître. Gl. sous *Magister*, p. 181[2]. [Voyez Rayn. tom. IV, pag. 116[2], au mot *Majestre*.]

1. MAIEUR, Le chef d'un corps de métier, ou de confrérie. Gl. *Major baneriæ*.

2. MAIEUR, Administrateur, celui qui est chargé de la régie de quelque chose. Gl. sous *Major*, 1.

* MAIGNABLE, Permanent. Chron. des ducs de Normandie.

MAIGNEN, Chaudronnier. Gl. *Magninus*.

MAIGNIE, Famille, maison, tous ceux qui la composent. Gl. *Maisnada*.

MAIGNIER, Chaudronnier. Gl. *Magninus*.

MAIGRESCE, MAIGRESSE, Maigreur. Gl. *Macillentia*.

MAIGUE, Poisson de mer. Gl. *Piscis regius*.

MAIL DE PLONC, Sorte d'arme, maillet armé de plomb. Gl. *Malleus*, 1.

MAILE [MAIL], p. e. Clos, lieu fermé de pieux. Gl. *Mail* et *Mainillum*.

MAILHÉ, Garni de mailles. Gl. *Macula*, 2. [*Maillié*, Partonop. vers 2979.]

MAILHÉE, MAILHERE, Mesure de terre faisant le quart d'un arpent. Gl. sous *Mailliolus*.

MAILHOCHE, Mailloche, maillet de bois. Gl. *Mailhetus*.

MAILHOL, Jeune plant de vigne. Gl. *Maleolus*. [*Malhol*. Gl. *Malholtius*. Voyez Rayn. tom. IV, pag. 121[1], au mot *Maillol*.]

MAILHU, Garni de mailles. Gl. *Macula*, 2.

* MAILLAUX. PAINS MAILLAUX. Gl. *Panis*, pag. 56[1].

MAILLE, Sorte d'arme défensive. Gl. *Macula*, 2. [Voyez Gl. *Halsberga*.]

MAILLE AU CHAT, MAILLE POSTULAT, Sorte de monnaie. Gl. *Maillia*, 1. [*Minuta*, 1, *Leones*, 1, et *Moneta*, pag. 501[1].]

* MAILLEGE. Voyez *Malage*.

* MAILLEI, Action de frapper avec des maillets, Chronique des ducs de Normandie, tom. II, pag. 213, vers 21638, var. :

> Teu feis, teu chaple, teu maillei.

MAILLER, Frapper d'un maillet ou d'une massue. Gl. *Malleare*, 1, sous *Malleus*, 1. [Roman de Renart, t. II, p. 329, v. 18543. Flore et Blancefl. vers 454. Voyez Rayn. tom. IV, pag. 130[1], au mot *Mallear*.]

MAILLÉS, MAILLIÉS, On appelait ainsi certains séditieux à Paris sous Charles VI, à cause des maillets dont ils étaient armés; et ensuite toute espèce de séditieux. Gl. *Malleti*.

MAILLIERE, Marlière ou marnière, fosse d'où on tire la marne. Gl. *Marla*.

MAILLIS, Pieu. Gl. *Mail*.

MAILLOTINS, comme ci-dessus *Maillés*. Gl. *Malleti*.

* MAILLOZ, Guill. Guiart, tom. II, pag. 364, vers 9458 (18439) :

> Sus leur mas en a mainz mailloz.

MAILOLE, Jeune plant de vigne. Gl. *Malones*.

1. MAIN, Matin. Gl. *Mane*. [Roman de Renart, tom. I, pag. 11, vers 282. Partonop. vers 14. Chastel. de Couci, vers 264. Roman de Renart, tom. II, p. 289, v. 17448 :

> Que le matin l'auras bien main.]

2. MAIN. GENS DE BASSE MAIN, De basse condition, la lie du peuple. Gl. sous *Manus*, pag. 262[2]. [Partonop. vers 2550.]

3. MAIN. LIVRER SES MAINS, Faire hommage, en mettant ses mains entre celles de son seigneur. Gl. sous *Manus*, p. 261[1].

4. MAIN. METTRE EN LA MAIN DIEU, Formule de serment. Gl. sous *Manus*, pag. 260[3].

5. MAIN BASSE, La main gauche. Gl. sous *Manus*, pag. 263[2].

6. MAIN MOLAIRE, Meule, qu'on tourne à la main. Gl. sous *Manus*, pag. 265[3].

7. MAIN POTE, La main gauche. Gl. sous *Manus*, pag. 263[2].

* 8. MAIN. DE BONE MAIN, Complaisant. Partonop. vers 2661 :

> Car c'est li drois neus del vilain,
> Qu'il soit tosjors de bone main
> Vers celui de qui a péor.

* 9. MAIN. PAIER AVANT LA MAIN, Payer d'avance. Gl. *Pacare*.

* MAINADERIE. Gl. *Mainaderia*, sous *Maisnadarii*.

MAINANT, Riche, qui est à son aise. Gl. *Massaritia*. [*Menant*, Wackernagel, pag. 62. Voyez *Manant*, 1.]

MAINBORNIR, Gouverner, administrer. Gl. *Mamburnire*, sous *Mamburnus*.

MAINBORNYE, MAINBOURNIE, MAINBURGNIE, Garde, tutelle; d'où *Mainbourg*, Tuteur. Gl. *Mamburnia*, sous *Mamburnus*, et *Mundiburdus*, et *Quenneya*.

MAINBURNIR, Gouverner, administrer. Gl. *Mamburnire*, sous *Mamburnus*.

* MAINCOT, Certaine mesure de blé. Gl. *Mencaldus*.

MAINDRE, Demeurer, habiter. Gl. *Mainamentum*. [Partonop. vers 1102, 5895. Ruteb. tom. II, pag. 236. Chron. des ducs de Normandie, aux mots *Maindre*, *Maignauz*, *Maigne*, *Maint*, *Maisist*, *Maistrent*, *Mest*. Chanson de Roland, au mot *Meint*. Voyez Diez Altrom. Sprachdenkmale, p. 23. Orell, p. 286, ci-dessous *Maner*, 2, et *Mes*, 3.]

* 1. MAINE, comme *Magne*, Grand. Agolant, vers 30 :

> Charlon chevauche, nostre emperere maine.

Voyez vers 822. — *Doit maine*, Roi Guillaume, p. 137[2]. (*Metre doy*, †. Gl. *Verpus*.)

2. MAINE, Manoir, maison, demeure, habitation. Gl. *Maina*.

MAINEMENT, Le même. Gl. *Mainamentum*.

* MAINER. Voyez *Mener*.

* MAINERS, Mains? Lais du Corn, v. 433.

* MAINGNÉE. Voyez *Maisnie*.

MAINMOLE, Le droit de mainmorte. Gl. *Manusmortua*, pag. 263[3].

MAINMORTABLE, Serf dont les biens appartiennent au seigneur. Gl. *Manumortabilis*, et *Manus*, pag. 263[3], 264[1].

MAINMUABLE, Espèce de serf, qui pouvait changer de seigneur. Gl. *Manumutabilis*.

MAINNAGE, Meuble, ustensile, ce qui sert dans une maison. Gl. *Mainagium*, 2. [Jubinal, Fabliaux, tom. I, pag. 136.]

MAINNET, Espèce de pomme. Gl. *Blandectus*.

MAINNIER, Sergent, huissier. Gl. *Maynerius*.

MAINPAST, Domestique, serviteur. Gl. *Manupastus*.

MAINPLANT, Nouveau plant, jeune plant de vigne. Gl. *Mailliolus*.

* MAINS, Moins. Partonop. vers 2420. Chron. des ducs de Normandie. Voyez Rayn. tom. IV, pag. 194[1], au mot *Mens*.

* MAINSNÉ, Mineur. Gl. *Mihorennis*.

* MAINTENANT, Aussitôt, sur-le-champ. Partonop. vers 9738, 10534. Garin le Loher. tom. I, pag. 158. Flore et Blancefl. vers 435. Chastel. de Couci, vers 143, 169 :

> Lors prist la dame par la main
> Tout maintenant le chastelain.

De maintenant. Roman de Roncevaux, pag. 35 :

> De maintenant nes osent approcher.

Orell, pag. 306. Rayn. tom. V, pag. 338[1], au mot *Mantenent*.

MAINTENEMENT, Défense, protection, secours, aide. Gl. *Manutenentia*. [Voyez Rayn. tom. V, pag. 338[2], au mot *Mantenemen*.]

MAINTENIR, [Protéger, soutenir, gouverner. Partonop. vers 394, 450. Voyez Rayn. tom. V, pag. 338[1], au mot *Mantener*.] MAINTENIR UNE FEMME, avoir un commerce illégitime avec elle. Gl. *Manutenere*, 3 [et *Desligare*].

* MAJORAU DE LA CABANE. Gl. *Majoralis*, 1.

1. MAIRE, Plus grand. Gl. *Merum examen*. [Chron. des ducs de Normandie. Principal, plus considérable. Agolant, p. 184[2] :

> Tot par deseure en l'estage major.

Tere major, la France. Voyez le Glossaire sur la Chanson de Roland, aux mots *Major* et *Majur*. *Inde major*, Agolant, pag. 171[1]. Aubri, vers 162. (*Inde la plus superior*, Agolant, pag. 184[2]. *Inde labor*, pag. 171[1]. *Inde la desperse*, Partonop. vers 7204.) Voyez Rayn. tom. IV, pag. 119[2], au mot *Majer*.]

2. MAIRE, Le chef d'un corps d'artisans ou de confrérie. Gl. *Major baneriæ*. [Roman de Renart, tom. IV, p. 67, vers 1832.]

3. MAIRE, Administrateur, régisseur. Gl. sous *Major*, 1, pag. 194[2]. [*Majors*, Parton. vers 354.]

MAIRE-AAGE, Majorité. Gl. *Majorennis*.

MAIRIE, Le droit qui appartient au maire. Gl. *Majoria*, 2.

MAIRIEN, MAIRRIEN, Mairain, bois de charpente. Gl. sous *Materia*, pag. 319[3].

1. MAIS, Maison de campagne, à laquelle il y a des terres attachées, métairie. Gl. *Mansus*, pag. 242[1].

2. MAIS, Espèce de coffre, où tombe la farine à mesure que le blé est broyé. Gl. *Farinosium*.

3. **MAIS**, Plus, davantage. Gl. *Mais.* [Roman de Renart, tom. III, pag. 24, vers 20408. Enfants Haymon, vers 735. Chastel. de Couci, vers 1172. *Mes car,* Agolant, vers 876. Roman de Renart, t. I, pag. 39, vers 1017. *Qui mais n'en puet,* Partonop. vers 8905. Voyez Orell, p. 338. Rayn. tom. IV, pag. 123², au mot *Mais.*]

MAIS QUE, Pourvu, à condition. Gl. *Corrumpere.* [*Ne mais que*, Excepté, hormis. Flore et Blanc. vers 1716. Partonop. vers 9685, 10103. *Ne mes*, vers 9314. Chanson de Roland, stance 28, vers 6. Renart le Nouvel, tom. IV, pag. 134, vers 216. *Ne mes que*, Aussitôt que, Roman de Renart, tom. I, pag. 42, vers 1088. Voyez Orell, pag. 338. Rayn. tom. IV, pag. 124², au mot *Mais.*]

1. **MAISE**, Caque, vaisseau, où l'on met les harengs. Gl. *Meisa*, 1.

* 2. **MAISE**. Roi Guillaume, pag. 115 :

Tot trois le saluent à maise.

MAISEL †, Boucherie. Gl. *Machecarii.* [Agolant, pag. 186¹. Voyez Rayn. tom. IV, p. 170¹, au mot *Mazelh*, ci-dessous *Mazel.*]

MAISELIER †, Boucher. Gl. *Macellator* et *Machecarii.*

MAISELIERE †, Boucherie. Gl. *Macera.*

MAISELLE, Joue. Gl. *Maxillares Dentes.* [*Maisele*, Gérard de Vienne, vers 2411, et la note, pag. 164¹. *Maissele*, Chronique des ducs de Norm. Voyez Rayn. tom. IV, pag. 125², au mot *Maissella.*]

MAISELLER, Dent machelière. Gl. *Maxillares dentes.*

MAISELOIRE †, Boucherie. Gl. *Machecarii.*

* **MAISEMENT**, Méchamment. Renart le Nouvel, tom. IV, pag. 189, vers 1651 :

En ont lor gent no coupaignon
Maisement et en traïson
Ocis.

Voyez pag. 208, vers 243.

MAISIERE, Mur de cloison. Gl. *Maceria*, 3 [et *Incastraturæ.* Voyez le Glossaire sur la Chronique des ducs de Normandie. Guill. Guiart, tom. I, pag. 348, vers 8068 :

Li rois fait aus creniaus lancier
Pour eu desrompre les mesières].

* **MAISMEMENT**, Surtout, principalement. Chron. des ducs de Normandie. Orell, pag. 293.

MAISNÉ, Puiné; d'où *Maisneté*, Le droit du puiné dans l'héritage de ses père et mère. Gl. *Majoratus*, 1.

MAISNIE, Famille, maison, tous ceux qui le composent. Gl. *Maisnada.* [Suite, troupe. Flore et Jeanne, pag. 12, 22. Chron. des ducs de Normandie, aux mot *Maisgnée, Maisnée*, etc.]

MAISNIER, Domestique, celui qui est attaché à la famille ou maison de quelqu'un. Gl. *Maisnada.*

MAISXIL, Ferme, métairie. Gl. *Mansionile.* [Garin le Loher. tom. I, pag. 166. Chronique des ducs de Norm.]

1. **MAISON** ESTAGIERE, Boutique. Gl. *Estagilis.*

2. **MAISON DE LE PAIS**, Hôtel de ville. Gl. *Bretechiæ*, sous *Bretachiæ*, pag. 769³.

* 3. **MAISON PLATE**, Non fortifiée. Gl. *Planus.*

MAISONCHELLE, Petite maison. Gl. *Mesoncella.*

MAISONNAGE, MAISONNÉE, Bois de charpente propre à la construction d'une maison. Gl. *Mansionare.*

1. **MAISONNER**, Bâtir, construire ou refaire une maison. Gl. *Mansionare* [et *Domificium*].

2. **MAISONNER**, Recevoir dans sa maison , loger. Gl. *Mansionare.*

3. **MAISONNER**, Bois de charpente propre à la construction d'une maison. Gl. *Mansionare.*

MAISSAIGE, Métairie, ferme, maison de campagne. Gl. *Masagium*, sous *Massa*, 5. pag. 312¹.

MAISSELETE, Joue mignonne. Gl. *Maxillares dentes.*

* **MAISSELLER**, comme *Maiseller.*

MAISTIRE, Maître. Gl. sous *Magister*, pag. 181².

1. **MAISTRE**, pour désigner un Capitaine, un médecin, le bourreau. Gl. sous *Magister*, pag. 181². [*Solennel maistre en théologie, en médecine.* Gl. *Solemnis. Maistre en divinité.* Gl. *Theosophus. Grant maistre*, Grand seigneur. Gl. *Magister Major. Maistre*, Client, commettant. Gl. *Magistri Procuratorum.*]

2. **MAISTRE** (LA), Partie d'une charrue, pièce de bois qui règne tout le long de la charrue appelée plus ordinairement *Haye.* Gl. sous *Magister*, pag. 181².

* 3. **MAISTRE**, Gouvernante, nourrice. Partonop. vers 334.

* 4. **MAISTRE**, Principal, premier, grand. *Mestre consellier*, Agolant, vers 1196. Flore et Jeanne , pag. 67. *Mestre consfeseur*, Dit du roi Guillaume, pag. 177. *Mestres portier*, Agolant, vers 1047. *Maistre os*, Gérard de Vienne , vers 1367. *Maistre vaine*, Roi Guillaume, pag. 109. *Mestre giron*, Agolant, pag. 152². *Mastres fermeteiz*, Gérard de Vienne, vers 1206. *Maistre donjon*, pag. 166¹. *Maistre manaige.* Gl. *Managium*, 2. *Maistre maison*, Aubri, pag. 161¹. Agolant, vers 113. *Maistre tré*, Gérard de Vienne, vers 357 (voyez vers 351). *Maistre cambre*, Partonop. vers 3518. *Maistre poste*, vers 266. Garin le Loher. tom. I, pag. 240. Gl. *Porta*, 6. *Mestre sé*, Vie de saint Thomas de Cant. vers 314. *Le plus mestre glise*, Partonop. vers 10127. *Le plus maistre dunjon*, Chron. des ducs de Normandie, t. I, pag. 110, vers 819. *Mestre abacresse, Mestre lecharesse, Mestre lerre*, Roman de Renart, tom. I, pag. 6, vers 137, 138 , 149. *Quatre mestre vents*, Joinville, pag. 9, etc. Voyez Rayn. tom. IV, pag. 116², au mot *Majestre.*]

MAISTREAULX, Mai, pétrin. Gl. *Magis*, 1.

1. **MAISTRE-ESCOLE**, Écolâtre, dignité ecclésiastique. Gl. *Magiscola.*

2. **MAISTRE-ESCOLE**, Titre du recteur de l'université d'Angers. [*Maistre-escolerie*, sa dignité.] Gl. *Magiscola.*

MAISTRER, Dominer, gouverner, conduire, maîtriser. Gl. *Magistrare.*

MAISTRIE, Arrogance, hauteur, fierté. Gl. *Magisterialis.* [Maîtrise , suprématie , doctrine, science. *Par maistrie*, d'autorité. Chronique des ducs de Norm. Voyez *Mestrie.*]

* **MAISTRIÈMENT**, Tutelle, autorité d'un maitre. Chron. des ducs de Norm.

MAISTRIER, Dominer, gouverner, conduire, maîtriser. Gl. *Magistrare.*

1. **MAISTRISE**, Arrogance, hauteur, supériorité qu'on a ou qu'on s'attribue sur quelqu'un. Gl. *Magisterialis.*

2. **MAISTRISE**, Art, industrie. Gl. *Magisterium*, 2. [Voyez *Mestrie*, 4. Wackern. pag. 6.]

MAISTRISIÉ, Expert, habile. Gl. *Magistrari.*

MAISTROIER, Dominer, gouverner, conduire, maîtriser. Gl. *Magistrare.* [Flore et Blancefllor, vers 181. *Mestroier*, Chastel. de Couci, vers 423. Voyez Rayn. tom. IV, pag. 118¹, au mot *Majestrar.* Chron. des ducs de Norm., aux mots *Maistrier* et *Mestreier.*]

* **MAIT**, comme *Mais*, 2. Gl. *Mait. Met* †, Gl. *Pissa.*

MAL. LE BEAU MAL, Épilepsie, mal caduc. Gl. *Morbus pulcher.*

LE BON MAL, Espèce de maladie. Gl. *Malum bonum.*

MAL S. AIGNEN, Espèce de maladie. Gl. *Morbus S. Aniani.*

MAL D'AMIENS, Érésipèle, feu sacré. Gl. *Morbus Ambianensis.*

MAL S. ANDRIEU, Le même. Gl. *Morbus S. Andreæ.*

MAL S. ANTOINE, Le même. Gl. *Morbus S. Antonii.*

MAL D'AVERTIN, Épilepsie, vertige. Gl. *Adversatus.*

MAL CHAULT ou DE CHALEUR, Fièvre chaude. Gl. *Morbus calidus.*

MAL S. ELOY, Abcès, apostume; ou Scorbut. Gl. *Morbus S. Eligii.*

MAL S. FIRMIN , Feu sacré, érésipèle. Gl. *Morbus Ambianensis.*

MAL STE. GENEVIEVE, Le même. Gl. *Morbus Genovefæ.*

MAL S. GERMAIN , p. e. Le même. Gl. *Morbus S. Germani.*

LE GRANT ou GROS MAL, Épilepsie, mal caduc. Gl. *Morbus grossus.*

MAL S. JULIEN, p. e. Abcès , apostume. Gl. *Morbus S. Juliani.*

MAL S. LADRE, Lèpre. Gl. *Morbus S. Lazari.*

MAL S. LEU ou S. LOUPT, Épilepsie, mal caduc. Gl. *Morbus S. Lupi.*

1. MAL S. MARTIN , Ivresse. Gl. *Morbus S. Martini.*

2. MAL S. MARTIN , Esquinancie. Gl. *Morbus S. Martini*, 2.

MAL S. MATHELIN ou MATHURIN, Vertige, étourdissement, folie. Gl. *Morbus S. Mathelini.*

MAL S. MESSENT, p. e. Érésipèle, feu sacré. Gl. *Morbus S. Maxentii.*

MAL S. NAZAIRE, Vertige, étourdissement, folie. Gl. *Morbus S. Nazarii.*

MAL NOSTRE DAME, Scorbut; ou Érésipèle. Gl. *Morbus B. Mariæ.*

MAL S. QUENTIN , p. e. Hydropisie. Gl. *Morbus S. Quintini.*

MAL S. SANTIN ou SAINTIN, Sorte de maladie. Gl. *Morbus B. Mariæ.*

MAL S. VERAIN , Érésipèle. Gl. *Morbus S. Verani.*

MAL S. VICTOR, Folie, frénésie. Gl. *Morbus S. Victoris.*

* **MAL** RESSEANT, MAL DE LIT, MALADIE RESIDENTE, Maladie qui empêche de comparaître. Gl. *Infirmitas de reseantisa*, sous *Residentes*, pag. 724[1], et *Sunnis*, pag. 436[3].

MALADER, Être malade. Gl. *Maladia*.

MALADEUX, Infirme, valétudinaire, malade. Gl. *Maladia*.

* **MALADIE** DE S. EUTROPE ou S. YTROPE, Hydropisie. Gl. *Morbus S. Eutropii*.

MALADIE OBSCURE, Épilepsie, mal caduc. Gl. *Morbus obscurus*.

MALADIER, Être malade. Gl. *Maladia*. [Voyez Rayn. tom. II, pag. 108[1], au mot *Malavejar*.]

MALADIS, Infirme, valétudinaire, malade. Gl. *Maladia*. [*Malaides*, Wackern. pag. 41. Voyez Rayn. tom. II, pag. 107[2], au mot *Mal apte*.]

MALAGE, Mauvaise santé, langueur, souffrance, maladie. Gl. *Maladia*. [Chanson de Cunes de Betunez, Laborde, pag. 181. Wackern. pag. 40 : *Maillege*.]

MALAMOUR, Indisposition contre quelqu'un. Gl. *Maliganitas*.

MALAN, Ladrerie, lèpre. Gl. *Malandria*. [Guill. Guiart, tom. I, pag. 127, vers 2775; pag. 138, vers 3055 : *Malen*.]

MALANDRAS, Voleur, pillard. Gl. *Maladrinus*.

MALARMAT, Poisson armé de deux cornes, ainsi nommé par antiphrase. Gl. *Malearmata*.

MALART, Le mâle des cannes sauvages. Gl. *Mallardus*. [Roman de Renart, tom I, pag. 49, vers 1274.]

* **MALARTOUS**, Fourbes, traîtres. Chron. des ducs de Normandie.

MALBAILLI, Maltraité, détruit, ruiné. Gl. *Maleabbiatus*. [Voyez Rayn. tom. II, pag. 169[2], au mot *Baillir*.]

MAL-DEHAIT, Imprécation par laquelle on souhaite du mal à quelqu'un. Gl. *Alacrimonia*.

* **MALDIRE**, Maudire, médire. Chanson de Roland, Rayn. tom. II, pag. 57[1], au mot *Maldire*. *Maledicence*, ibid. au mot *Maldizenssa*. *Maledicteur*, ibid. au mot *Maldizeire*.

* **MALÉ**, Assigné, cité. Agolant, p. 163[1] :

En son chief a un tiel hiaume fermé,
Pieres i a qui ont tel poesté,
Jà qui le porté en champ o lui malé
Ne crient coup, etc.

Chanson de Roland, stance 281, vers 6 :

Ben sunt malez par jugement des autres.

Voyez Gl. *Mallare*, pag. 209[2].

MALEDIEUX, Infirme, valétudinaire, malade. Gl. *Maladia*.

* **MALE-ERRE**, Mauvais traitement. Guil. Guiart, tom. I, pag. 33, vers 219 :

Lié, batu, mené male-erre.

MALEFAITE, Mauvaise action. Gl. *Malefacta*.

MALEGLOUTE, Se dit d'une femme malpropre et débauchée. Gl. *Glotonus*.

* **MALEHERE**. Voyez *Male-erre?* Partonop. vers 6227 :

Car castéés est cose avere
Eufrume et fière od malchere.

MALEIR, Maudire. Gl. *Culverta*. [Chron.

---

des ducs de Norm. tom. I, pag. 483, vers 11591 :

Maleit seit oi cil aucidenz.

MALEMENT, Malicieusement, à mauvais dessein. Gl. *Trencatum*.

MALEOIT, Maudit. Gl. *Maledicere*. [*Maleois*, Gérard de Vienne, vers 3594.]

MALEPAGUE, Nom d'une prison à Lodève, où l'on met les débiteurs. Gl. *Malpaga*.

MALESTRIN, p. e. Mal avisé, imprudent. Gl. *Maleavisitus*. [*Malestrene*. Gl. *Threnosus*.]

MALESTROUSSE, Droit seigneurial dû par ceux qui ont recueilli du foin. Gl. *Trossa*, 1.

MALET. CHEVAL MALET, Mallier. Gl. *Caballus maletus*, et *Maletus*.

* **MALETOSTE**. Gl. *Tolta*, 1, pag. 602[1].

* **MAL ÉUR**, Roi Guillaume, pag. 66 :

A mal éur quant il vos a
Et quant il vos a tant tenue.

Chastel. de Couci, vers 2593 :

Mal de l'eure que l'aquointay.

Voyez Rayn. tom. III, pag. 541[2], au mot *Malahur*. *Maléuré*, Malheureux. Chron. des ducs de Norm. Rayn. ibid. pag. 542[1], au mot *Malaurar*.

MALEYS, Fumier, engrais. Gl. *Mallare*, 2.

MALFAIT, Tort, dommage. Gl. *Malefacta*.

* **MALFAIZ**. Voyez *Maufes*.

MALGRÉ, Blâme, reproche. Gl. *Malægrates* [et *Malo-grato*, sous *Creantare*, pag. 649[3].]

* **MALGRÉIT MIEN**, Malgré moi. Chanson de Guiot de Prouvins, Wackernagel. pag. 24 :

Malgreit mien m'en estuet
Devant la gent plorcir.

Roman de Renart, tom. II, pag. 272, vers 16988. Voyez Rayn. tom. III, p. 502[1], au mot *Malgrat*. Maugré, Orell, pag. 328.

MALGROYER, Jurer avec imprécation que, malgré Dieu et ses saints, on fera telle chose. Gl. *Malegraciare*.

* **MAILHOL**. Voyez *Mailhol*.

MALICE, Fraude. Gl. *Malitia*, 1.

MALICHONS, Malédiction, imprécation. Gl. sous *Maledicere*.

MALIGEUX, Malingre, qui est d'une santé faible. Gl. *Maliginosus*.

MALIGNER, Tromper, frauder. Gl. *Malitia*, 1.

MALIGNOSITÉ, Malignité, méchanceté. Gl. *Maliganitas*.

MALINGEUX, Malingre, qui est d'une santé faible. Gl. *Maliginosus*.

MALINGNEUX, Maltraité, estropié. Gl. *Malignare*.

MALIVOLENCE, Malveillance, mauvaise volonté. Gl. *Maliganitas*.

MAL-LANGAGIER, Qui parle avec hauteur et insolence. Gl. *Linguatus*.

MALLART, Le mâle des cannes sauvages. Gl. *Mallardus*.

1. **MALLER**, Marler, mettre de l'engrais sur une terre. Gl. *Mallare*, 2.

2. **MALLER**, Frapper d'un maillet ou

---

massue, simplement pour Maltraiter, gourmer. Gl. *Malleus*, 1, pag. 207[3].

MALLEYS, Fumier, engrais. Gl. *Mallare*, 2.

* **MALLIERE**, Marnière. Gl. *Malleria*.

MALMETTRE, Dissiper, mesuser. Gl. *Malemittere*. [Vie de St. Thomas de Cantorbery, pag. 623[2]. Voyez Orell, pag. 248. Rayn. tom. IV, pag. 227[1], au mot *Malmetre*, ci-dessous *Maumetre*.]

MALOIT, pour MALEOIT, Maudit. Gl. *Maledicere*. [Wackern. pag. 84, 85.]

MALOSTRU, Mal avisé, imprudent. Gl. *Male-avisitus*. [Voyez Rayn. t. II, p. 139[2], au mot *Malastruc? Mal estruz*, Chronique des ducs de Normandie, tom. I, pag. 334, vers 7214. *Malostru et deshonieste*, Roman de Renart, tom. IV, pag. 82, vers 2249.]

MALPARLER, Médisance. Gl. *Misdicere*.

MALPRENDRE, Dérober, voler. Gl. *Misprendere*.

MALTALENT, Mauvaise volonté. Gl. *Talentum*, 2. [Colère, Chanson de Roland. *Maltalentis*, Acharné, courroucé, irrité. Chron. des ducs de Normandie, Partonop. vers 8867. Voyez *Mautalent*.]

MALUCASE, Terme de jeu de longue paume, quand la balle est mal servie. Gl. *Maluscasus*.

MALVEISINE, Machine de guerre. Gl. *Malveisin*.

MALVETIEZ, Malice, méchanceté. Gl. *Maliganitas*. [*Malvestie*, Wackern. pag. 59, 61.]

MALVISSÉE, Malevoisie. Gl. *Malvazia*.

MAMBOUR, Tuteur, administrateur, gouverneur. Gl. *Mamburnus*.

MAMELLIÈRE, Sorte d'armure qui couvrait la poitrine. Gl. *Mamillaria*.

MANABLE, Habitant, demeurant. Gl. *Managium*, 2.

MANACHER, Menacer. Gl. *Manaciare*.

MANAIDE, Pouvoir, volonté, discrétion. Gl. *Menagium*, 3. [Merci, miséricorde. Garin le Loher. tom. I, pag. 132, 286. Voyez *Manaie*.]

* **MANAIDER**, MANAIER, Ménager, avoir en son pouvoir. Partonop. vers 259. Chron. des ducs de Normandie. *Manoier*, Roman de Renart, tom. II, pag. 300, vers 17770. *Manier*, Gérard de Vienne, vers 1799.

MANAIE, Miséricorde, grâce. Gl. *Mercia*, 3. [Flore et Jeanne, pag. 53. Roman de Renart, tom. II, pag. 192, vers 14776; t. IV, pag. 128, v. 80. *Menaie*, Wackern. p. 13, ci-dessous *Menaje*. Voyez *Manaide*, *Manaye*, *Manoie*, la Chron. des ducs de Normandie, et Rayn. tom. IV, pag. 143[1], au mot *Manaya*.]

MANAIGE, Maison, habitation, demeure. Gl. *Managium*, 2.

MANANCE, Possession, jouissance. Gl. *Mainagium*, 1.

1. **MANANDIE**, Maison, habitation, demeure. Gl. *Managium*, 2.

2. **MANANDIE**, Richesses, biens. Gl. *Managium*, 2. [Roman de Roncevaux, p. 98. Partonop. vers 810, 10298. *Menandie*, Gérard de Vienne, vers 3311. Gl. *Maisnile*. Voyez *Manantie*.]

MANANDISE, Maison, habitation, demeure. Gl. *Managium*, 2.

1. **MANANT**, Riche, qui est à son aise.

Gl. *Managium*, 2 et *Massaritia*. [Agolant pag. 171² :

De graut richecc orgueillons et manant.

Flore et Blancefl. vers 416. Chron. des ducs de Norm. Voy. Rayn. t. IV, p. 150¹, au mot *Manent.*]

* 2. MANANT, Habitant, villain. Gl. *Manentes.*

MANANTIE, Biens, revenus, richesses, meubles précieux. Gl. *Managium*, 2, et *Massaritia*. [Agolant pag. 169². Chron. des ducs de Normandie. *Menantie*, Gérard de Vienne, vers 339, 332¹. Voyez *Manandie*, 2, et *Manentise*, Rayn. tom. IV, pag. 150¹, au mot *Manentia.*]

MANAYE, Puissance, possession. Gl. *Mainagium*, 1. Voyez *Manaie.*

MANBOTE, Le dédommagement dû au seigneur par celui qui avait tué un de ses sujets. Gl. *Manbota.*

MANBRE, Sorte d'étoffe de différentes couleurs. Gl. *Marbretus* et *Marbrinus.*

MANBURNIE, Tutelle, administration, gouvernement. Gl. *Mamburnia*, sous *Mamburnus.*

MANBURNIR, Administrer, gouverner, conserver. Gl. *Manbornia.*

* MANCELE, Manchon. Partonop. vers 292.

MANCELON, Manchette. Gl. *Mancella.*

MANCHEUR, pour MANECHEUR, Qui menace. Gl. *Manaciare.*

MANCHONNABLE, Menteur, faux, trompeur. Gl. *Mendaciloquus.*

MANCIP †, Laqueton. Gl. *Mancipiolum.*

MANÇOIS, Monnaie des comtes du Mans. Gl. sous *Moneta Baronum*, p. 521³.

MANDAGLOIRE, MANDAGOIRE, Mandragore. Gl. *Mandragora.* [*Mandegloire*, Flore et Blancefl. vers 244. Voyez Rayn. tom. IV, pag. 143², au mot *Mandragora; *Halliwell, au mot *Mandrake.*]

MANDE, Sorte de panier. Gl. *Manda*, 3.

1. MANDÉ, Étendue d'une juridiction ou ressort. Gl. *Mandamentum*, 2.

2. MANDÉ, Lavement des pieds, cérémonie ecclésiastique. Gl. *Mandatum*, 9, pag. 223³.

1. MANDEMENT, Territoire, étendue d'une juridiction, ressort. Gl. *Mandamentum*, 2.

* 2. MANDEMENT, Palais, château. Gl. *Mandamentum*, 2. Gérard de Vienne, vers 2097 :

Et trebuchiet tuit li haut mandement.

Voyez Rayn. tom. IV, pag. 135², au mot *Mandamen.*

MANECHEMENT, Menace. Gl. *Manaciare.*

MANECHEUR, Qui veut intimider par des menaces. Gl. *Manaciare.* [*Manecéor*, Roman de Renart, tom. II, p. 262, v. 16706. *Manechier*, Menacer, Partonop. vers 9376. Voyez Rayn. tom. IV, pag. 191², au mot *Menassaire.*]

MANÉE, Poignée, autant que la main peut prendre. Gl. *Manata.*

* MANENTISE, comme *Manantie.* Partonop. vers 5627.

1. MANER, Village, hameau. Gl. *Manerium.*

* 2. MANER, Demeurer, rester. Parto-

nop. vers 349, 2486, 4414. Roman de Renart, tom. I, pag. 49, vers 1276. Voyez *Maindre.*

* MANES, Promptement, sur - le-champ. Glossaire sur la Chronique des ducs de Normandie, au mot *Manais*. *Manais*, Orell, pag. 305. Rayn. t. IV, p. 144¹, au mot *Manes*. *Manes que*, Aussitôt que, Orell, pag. 339. *Manois*, Partonop. v. 1605, 1847, 1971, 2718, 5157, 5749, 794¹. *De manois*, vers 2346, 5606. *Menois*, Garin le Loher. tom. I, pag. 11.

* MANEVIZ, Prompt, empressé. Chanson de Roland, st. 156, vers 2 :

Taut se feit fort e fiers e maneviz.

Voyez *Amaneniz.*

MANEUVRE, Main d'œuvre, travail. Gl. *Manobrium*, sous *Manopera.*

MANFRONIER, Sorte de drap qu'on faisait à Louviers et à Tours. Gl. sous *Pannus*, 2, pag. 613.

MANGANIER, Boulanger forain. Gl. *Manganerius.*

MANGARTE, Le nom d'une prison des faubourgs de Londres. Gl. sous *Marescalcus*, pag. 292³.

MANGE, Manche. Gl. *Mangia*, 2.

* MANGEUR, Gl. *Comestores*, pag. 463². *Mangeresse* †, Gl. *Estrix.*

MANGIER, Repas. Gl. *Mangerium.*

MANGLER, Emmancher. Gl. *Mangulare.*

1. MANGON, Sorte de monnaie d'or. Gl. *Mancusa*, et *Mango*, sous *Manganum*, pag. 228¹. [Partonop. vers 1624. Gérard de Vienne, vers 2076, 2393 : *Livres de mangon.* Voyez le Gloss. sur la Chron. des ducs de Normandie et sur la Chanson de Roland, au mot *Mangun.*]

2. MANGON, Apprenti. Gl. *Mango*, 8.

MANGONIAU, Machine de guerre, qui jetait des traits et des pierres; on appelait du même nom tout ce qui était jeté par cette machine. Gl. sous *Manganum*, 2. [Voyez le Gloss. sur la Chron. des ducs de Normandie, au mot *Mangoneaus*, et Rayn. tom. IV, pag. 145², au mot *Manganel.*]

MANGONNETTE, Sorte d'offrande qui se faisait à Notre-Dame du Puy; ou le diminutif de *Mangon*, Monnaie. Gl. *Mangometa.*

MANGONNIER, Regrattier, revendeur, ou fripier. Gl. *Mangonarius*, sous *Mangonare.*

MANICLE, Brasselet. Gl. *Manica*, 2. [Partonop. vers 7465.]

MANIEMENT, MANIENCE, Possession, jouissance. Gl. *Maniamentum*, 1.

1. MANIER, Maltraiter, battre. Gl. *Maniare*, 1.

* 2. MANIER. Voyez *Manaider.*

* 3. MANIER. Voyez *Manoier.*

MANIES, Figures de cire, dont on se servait dans les sortiléges. Gl. *Maniæ.*

MANILLIER, Marguillier. Gl. *Maniglerius.*

MANNAGE, Meuble, ustensile de ménage. Gl. *Managium*, 2.

MANNAGER, Artisan, ouvrier. Gl. *Managerius.*

MANNÉE, Ce qu'on prend pour le droit de mouture. Gl. *Manata.* [Poignée. Gl. † *Manua.*]

MANŒUVRE, MANOEUVRÉE, Corvée, tra-

vail des mains, que les sujets doivent à leurs seigneurs. Gl. *Manopera.*

* MANOIE, comme *Manaie.* Chanson du Chast. de Couci, Laborde, p. 289: *Manie*, Galien Restoré, Fierabras, pag. 165¹. Wackern. pag. 50.

* MANOIER, MANIER, Habituel, habitué à, prompt. Gérard de Vienne, vers 237 :

Ke li véist son escu manoier
Per les enarmes lever et anbracier.

Partonop. vers 7907 :

Et cil samblent bien cavalier,
D'armes engignos et manier.

Agolant, pag. 152² :

A lui servir furent preu et manier.

Flore et Blancefl., vers 2579 :

Quant vint en la cambre maniere.

Voyez Rayn. tom. IV, pag. 141¹, au mot *Manier.*

* 2. MANOIER. Voyez *Manaider.*

MANOURABLE, Celui qui doit manœuvre ou corvée. Gl. *Manobrium*, sous *Manopera.*

MANOURC, Les outils d'un ouvrier. Gl. *Manobrium*, sous *Manopera.*

* MANOVRER, Fabriquer, forger, travailler. Agolant, pag. 179¹. *Manuverer*, Chanson de Roland, st. 179, vers 11. Voyez *Menovrer.*

MANSAIS, Monnaie des comtes du Mans. Gl. sous *Moneta Baronum*, p. 521³.

MANSAL, Commensal, attaché au service de quelqu'un. Gl. *Mensa.*

MANSAURS, TERRES MANSAURS, Celles qui étaient sujettes au cens, appelé *Maasse.* Gl. *Massa*, 5.

MANSEIS, Ce qu'on payait pour le droit de gite. Gl. *Mansionaticum.*

MANSES, Monnaie des comtes du Mans. Gl. sous *Moneta Baronum*, pag. 521³.

MANSION, Famille, ménage. Gl. *Mansio.*

MANSIONIER, Espèce de colon ou fermier, qui devait un cens pour ce qu'il occupait en maison et terres. Gl. *Mansionarii.*

1. MANSOIS, Monnaie des comtes du Mans. Gl. sous *Moneta Baronum*, p. 521³.

2. MANSOIS, Ce qu'on payait pour le droit de gite. Gl. *Mansionaticum.*

MANSOYÉE, Demi-charretée. Gl. *Mansoyata.* [Mansoie, Gl. *Massoda.*]

MANSSAR, Domestique, familier. Gl. *Mansionarii.*

MANT, Commandement, ordre. Gl. *Mandamentum*, 1. [Chastel. de Couci, vers 4404. Garin le Loher. tom. I, p. 246.]

MANTE, Sorte de vêtement, manteau. Gl. *Manta.*

MANTEAU, Mantelet, machine qui met à couvert les soldats. Gl. *Mantellus*, 3.

1. MANTEL, Robe ou habillement d'avocat. Gl. *Mantellum.*

2. MANTEL, Le bout de la pièce de drap du côté du chef, lisière. Gl. *Mantellum.*

* 3. MANTEL, Manteau. *Mantel d'un molt riche boffu*, Agolant, vers 1101. *Cort mantel ostorin*, pag. 173². — Partonop. v. 993² :

. . . Urrake vient,
Uns cuens par le mantel le tient.

Vers 10715 :

> Dai roi mainent l'empereris
> - Et li soslienent son mantel.

Voyez Rayn. tom. IV, pag. 152¹, au mot *Mantel.*

*** MANTELET. DENIER AU MANTELET.** Gl. *Moneta,* pag. 489³.

MANTIS, Sorte de toile. Gl. *Mantile.*

MANTIZ, Essuie-main. Gl. *Mantile.*

MANTOUSTE, Maletôte, impôt. Gl. *Maletollettum.*

MANUELE APUY, Étal, boutique. Gl. *Manualis,* 2.

MANUELLE, Anse. Gl. *Manicella.*

MANUMI, Affranchi, mis en liberté. Gl. *Manumittere,* pag. 259³.

MANUMITTER, Affranchir, donner la liberté. Gl. *Manumittere,* pag. 259³.

MANUYANCE, Jouissance, possession. Gl. *Maniamentum,* 1.

MAPPE, Nappe, linge, dont on couvre la table. Gl. *Mappa,* 6.

MAQUE, Bâton de berger, houlette. Gl. *Macha.* [*Maquet,* Gl. *Lochea.*]

MAQUELETTE, Petite massue. Gl. *Macha.*

MAQUERELERIE, Le métier de ceux qui prostituent des femmes et des filles. Gl. *Maquerellus.*

MAQUET, Monceau, amas, meule. Gl. *Machale.*

MAQUIER, Se servir du bâton de berger, appelé *Maque;* et *Maquie,* L'action d'en user. Gl. *Macha.*

MAR, pour Mal. Gl. *Mar,* 2. [Voyez Orell, pag. 306. Chron. des ducs de Normandie, etc.]

1. MARAGE, Pays qui borde la mer, côte. Gl. *Maritimœ.*

2. MARAGE. GENT MARAGE, p. e. Peuple habitant des marais. Gl. *Maragium,* 1.

*** MARAGLIER †,** comme *Mareglier.* Gl. *Campanerius,* pag. 62¹.

MARANCE, Faute légère, absence de l'office divin, la peine dont elle était punie; d'où *Marancer,* Condamner à cette peine. Gl. *Marancia.*

MARANCHE, Peine, punition. Gl. *Marancia.*

MARANDER, Faire collation, goûter. Gl. *Merendare.*

MARATE, Marais, lieu marécageux. Gl. *Mariscus?*

MARBOTIN, Monnaie d'or d'Espagne. Gl. *Marabotinus.*

MARBRE, Sorte d'étoffe de différentes couleurs. Gl. *Marbretus* et *Marbrinus.*

MARÇAICHE, Les menus grains qu'on sème au mois de mars. Gl. *Marceschia.*

MARCEINCHE, La fête de l'Annonciation, qu'on célèbre au mois de mars. Gl. *Marceschia.*

MARCELLE, Partie d'un charriot ou d'un carrosse, p. e. Le marchepied. Gl. *Marcellum.*

1. MARCESCHE, Les menus grains qu'on sème au mois de mars. Gl. *Marceschia.*

2. MARCESCHE, La fête de l'Annonciation, qu'on célèbre au mois de mars. Gl. *Marceschia.*

MARCHAGE. DROIT DE MARCHAGE, Le droit de pâture sur les terres qui confi-

---

neut à deux différents territoires. Gl. *Marchagium,* sous *Marcha,* 1, pag. 280¹.

MARCHAINE, Les menus grains qu'on sème au mois de mars. Gl. *Marceschia.*

MARCHAIZ, Marais, lac, étang. Gl. *Marchesium.*

MARCHANCES, pour MARCHAUCIE, Le droit que les seigneurs avaient de prendre de l'avoine, du foin, etc., pour leurs chevaux. Gl. sous *Marescalcus,* pag. 292¹.

MARCHAND DE HOUES, Coquin, fripon, voleur. Gl. *Hullarii.*

MARCHANDEMENT, Comme un marchand, en commerçant. Gl. *Marchandari.*

1. MARCHANDER, Commercer, faire la marchandise. Gl. *Marchandari.*

2. MARCHANDER, Conclure un marché. Gl. *Marchandari.*

MARCHANDISE, Marché, convention. Gl. *Marchandaria.*

MARCHANDOISE, Marchande. Gl. *Mercatrix.*

1. MARCHAUCIE. Voyez ci-devant *Marchances.*

2. MARCHAUCIE, Le nom d'une prison des faubourgs de Londres. Gl. sous *Mareschalcia,* pag. 292³.

1. MARCHE, Frontière, limites, confins. Gl. *Marcha,* 1, pag. 280². [Pays, contrée. Partonop. vers 7345. Voyez Rayn. tom. IV, pag. 156¹, au mot *Marcha.*]

2. MARCHE, Le bord d'un bois. Gl. *Marcha,* 1.

*** MARCHEANT.** Roman de Renart, t. II, pag. 227, vers 15727 :

> Or ne serai mes marcheant.

Flore et Blancefl. vers 1263 :

> La table fut moult marceande,
> Grant plenté i ot de viande.

MARCHEAU, Mare, amas d'eau. Gl. *Marchesium.*

*** MARCHÉIL,** Marché, place publique. Chron. des ducs de Norm. tom. I, p. 345, vers 7532. Voyez Rayn. tom. IV, pag. 210², au mot *Mercadal.*

MARCHEIS, Le bruit qu'on fait en marchant. Gl. *Marcheriœ.*

1. MARCHEPIÉ, Tapis de pied. Gl. *Marchipes.*

2. MARCHEPIÉ, Instrument à pêcher. Gl. *Marchipes.*

1. MARCHER, Marquer. Gl. *Marchare,* 1.

*** 2. MARCHER,** Fouler. Partonop. vers 10833 :

> Comme l'on plus marçoit la flor
> Tant en isseit plus bone odor.

MARCHESCHE, La fête de l'Annonciation, qu'on célèbre au mois de mars. Gl. *Marceschia.*

*** MARCHETER,** Faire le commerce. Gl. *Marcheare.*

*** MARCHIÉ,** Marchandises, vivres, marché, convention de prix d'une chose, commerce. Gl. *Mercatum,* p. 367², et *Forum,* 2, Garin le Loher. tom. I, pag. 91, 192. Flore et Blancefl. vers 425. *Faire grant marchié de quelque chose,* la donner en abondance, Partonop. vers 575. Voyez Rayn. tom. IV, pag. 210¹, au mot *Mercat.*

MARCHIR, Confiner, être sur les frontières du pays. [Guill. Guiart, tom. I, pag. 28, vers 91. Partonop. vers 6503.

Rayn. tom. IV, pag. 156², au mot *Marcar.* Chron. des ducs de Norm.] D'où *Marchis* [Voisin, Partonop. vers 6508], Gouverneur de frontière, aujourd'hui marquis, titre d'honneur. Gl. *Marchio,* pag. 284¹.

MARCHISER, MARCHISSER, Le même. Gl. *Marcha,* 1, pag 279¹?

*** MARCHISSANT,** Marchand. Partonop. vers 6549.

MARCIAGE, MARCIAIGE, MARCIER, Le droit qu'a le nouveau seigneur censivier et direct de prendre sur trois années une année des fruits de la terre, pour la terre même; ou la moitié des fruits pour les biens provenant d'industrie. Gl. *Marciagium,* 2.

MARCLIER, Marguillier. Gl. *Marcaclarius.*

MARCOT, Marcotte de vigne. Gl. *Malholhus.*

MARC-PESÉ, Le marc d'Allemagne. Gl. sous *Marca,* 1.

1. MARE †, Espèce de monstre. Gl. *Lama,* 2.

*** 2. MARE.** Voyez *Marre.*

*** 3. MARE,** Malheureux. Voyez *Mar.* Partonop. vers 9811 :

> Partonopeus, si mare fustes,
> Que vos si tost morir déustes.

Vers 9887 :

> Sodan, dist-il, tant marc fustes,
> Qui en deu créance n'éustes.

MARECHAUCIE, Écurie. Gl. *Mareschalcia.*

*** MARÉE.** Gl. *Maretinium.*

MARÉER, Gouverner un vaisseau sur mer, naviguer. Gl. *Mareare.*

MAREGLIER, marguillier. Gl. *Marcaclarius.*

*** MARELLES.** Gl. *Ludus S. Mederici,* pag. 157¹.

MAREMENT, MARIMENT. Voyez *Marrement.*

MARENDE, Repas de l'après-dîner, goûté. [*Marender,* Goûter.] Gl. *Merendare.*

MARENNE, Terre sur le bord de la mer. Gl. *Maritimœ.*

MARER, Gouverner un vaisseau sur mer, naviguer. Gl. *Mareare.*

MARESCAUX, Maréchal, la même dignité que celle de sénéchal. Gl. *Marescalcus,* pag. 289¹. [Aubri, pag. 168² :

> Le quens li dist ses avoés;
> Dorenavant sera ses avoés
> Et marechaus de sa terre clamés.]

MARESCHAT, Marais, lieu marécageux. Gl. *Mariscus.*

1. MARESCHAUCIE, Droit que les seigneurs avaient de prendre de l'avoine, du foin, etc., sur leurs sujets pour leurs chevaux. Gl. sous *Marescalcus,* pag. 292¹.

2. MARESCHAUCIE, Écurie. Gl. *Mareschalcia.*

MARESCHAUCIER, Ferrer ou panser un cheval. Gl. *Mareschalcia.*

MARESCHAUDE, Femme d'un maréchal. Gl. sous *Marescalcus,* pag. 292¹.

MARESCHAUSER, Ferrer ou panser un cheval. Gl. *Mareschalcia.*

MARESCHAUSIE, Droit que les seigneurs avaient de prendre de l'avoine, du foin, etc., sur leurs sujets pour leurs chevaux. Gl. sous *Marescalcus,* pag. 292¹.

MARESCHAUSSÉE, Écurie. Gl. *Mareschalcia*.

MARESCHE, p. e. pour MARCESCHE, Blé du mois de mars. Gl. *Marceschia*.

MARESCHERE, MARESCHERIE, MARESCHIERE, Marais, lieu marécageux. Gl. *Mariscus*, pag. 295³, 296¹.

MARESCHIER, Arroser un pré. Gl. *Mariscus*.

MARESQS, Marais. Gl. *Mariscus*.

MARESQUEL, Petit marais. Gl. *Marisculum*, sous *Mariscus*.

MARGAINON, L'anguille mâle. Gl. *Margainon*.

* **MARGARI**, MAGARI, Mécréant, infidèle. Partonop. vers 8973, 9775. Voyez Rayn. tom. IV, pag. 157², au mot *Margerit*. Gl. *Magarita*, sous *Magarizare* et *Margarizare*.

1. **MARGE**, Manche. Gl. *Marga*, 2.

* 2. **MARGE**, Part, côté. Guill. Guiart, tom. II, pag. 34, vers 863; pag. 386, vers 10034 (9829, 19015). Rebord, tom. I, pag. 145, vers 3243.

MARGIS, Marquis. Gl. *Marchio*.

MARGLERIE, Office de sacristain, ou de garde d'une église. Gl. *Mariglerius*.

MARGLIER, Celui qui a la garde d'une église et de tout ce qui en dépend. Gl. *Matricularii*, sous *Matriculariatus*.

MARGOILLOIER, Rouler dans la boue. Gl. *Marguillum*.

MARGOT, Nom d'une de ces compagnies qui ont ravagé si longtemps le royaume. Gl. *Margot*.

1. **MARIAGE**, Service de matelot, d'homme de mer. Gl. *Accolligere*.

2. **MARIAGE**. ROMPRE SON MARIAGE, Manquer à la foi conjugale. Gl. *Mariagium*, 2.

* 3. **MARIAGE**. *Ordre de mariage*, Gl. *Ordo*, 3. *Mets de mariage*, Gl. *Missus*, 1, pag. 443¹. *Mariage avenant*, Gl. *Maritagium*, pag. 297¹.

MARIAGER, Se marier. Gl. *Maritare*, 2.

MARIE, Terme ironique et de dérision. Gl. *Maria*.

MARIER. ESTRE MARIÉ EN FEMME, Avoir une épouse. Gl. *Maritare*, 2. [*Marier*, Epouser, Partonop. vers 7227.]

MARILLIER, Marguillier, sacristain. Gl. *Mariglerius*.

MARINAIRE, Marinier, homme de mer, matelot. Gl. *Mariniarius*.

MARINE, La mer. Gl. *Marina*.

MARINEL, Matelot, homme de mer. Gl. *Marinarius* et *Mariniarius*. [Chron. des ducs de Norm. t. III, pag. 349, vers 41053.]

MARINETTE, MARINIÈRE, Boussole. Gl. *Pyxis nautica*.

MARIOLE, Image de la Vierge Marie. Gl. *Mariola*.

* **MARION**. Dit du roi Guillaume, pag. 187 :

Je los qu'il soit batus à retour Marion.

Voyez Gl. *Robinetus*.

* **MARIR**. Voyez *Marrir*.

MARISON, Chagrin, affliction, plainte. Gl. *Murritio*. [Aubri, pag. 161². *Marisson*, Jubinal, Fabliaux, tom. I, pag. 177. Voyez Rayn. tom. IV, pag. 160¹, au mot *Marri*.]

MARISSAL, Maréchal, dignité militaire. Gl. *Heraldus*, pag. 646³.

MARITORNE, p. e. pour MALETOTE, Tribut, impôt. Gl. *Maritorne*.

MARLAGE, Le droit dû au *Marlier* ou sacristain. Gl. *Marrelarius*, 1.

MARLAYS, Marle ou marne. Gl. *Marla* [et *Exfelcorare*].

* **MARLIERE**, Marnière. Roman de Renart, tom. III, pag. 17, vers 20219.

MARMAU. BOIS MARMAU, Bois de charpente. Gl. *Materiamen*, sous *Materia*.

MARMENTAU. BOIS MARMENTAU, Le même. Gl. *Materiamen*, sous *Materia*.

* **MARMER**, MERMER, Diminuer. Chron. des ducs de Norm. t. 1, p. 156, vers 2129 :

Ne poot nus creistre ne marmer.

Var. *Mermer*. Voyez Rayn. tom. IV, p. 198², au mot *Mermar*.

1. **MARMITE**, Chatemite, qui affecte une douceur hypocrite. Gl. *Marmito*.

2. **MARMITE**. SAYE MARMITE, Espèce de soie. Gl. *Marmito*.

* **MARMITEUX**, Triste. Gl. *Marmito*.

MARMOUSERIE, Mélancolie. Gl. *Marmito*.

* **MARNÉE** †, comme *Marlays*. Gl. *Merges*.

MAROIER, Gouverner un vaisseau sur la mer, naviguer. Gl. *Mareare*.

MARONAGE, Le droit de couper du merrain ou bois de charpente. Gl. sous *Materia*, pag. 319³.

MARONNEL, Pirate, corsaire, homme de mer, matelot. Gl. *Marrones*.

MARONNER, Faire le métier de pirate, de corsaire ou de matelot. Gl. *Marrones*.

MARONNIER, Pirate, corsaire, homme de mer, matelot, batelier. Gl. *Marrones*. [*Maronier*. Gérard de Vienne, vers 2618, 2623, 2625. Partonop. vers 5828. Voyez Rayn. tom. IV, pag. 154¹, au mot *Marinier*.]

MARQUE, Lettres de représailles. Gl. *Marcha*, 1, pag. 280¹.

MARQUÉE, Rente d'un marc d'or ou d'argent. Gl. *Marcata*, pag. 277².

MARQUER, User de représailles. Gl. *Marcha*, 1, pag. 280¹.

MARQUIÇON, Marquis. Gl. sous *Capilli*, pag. 137³.

MARQUOT, Marcotte de vigne. Gl. *Malholhus*.

MARRAMAS, Espèce de drap d'or. Gl. *Mattabas*.

* **MARRE**. Guill. Guiart, tom. I, p. 271, vers 6590 :

De Senliz i rest l'esléu
Qui n'a mie serjanz à marres.

Voyez Gl. *Flagellum*, 1.

MARREGLERIE, Office de sacristain, ou de garde d'une église. Gl. *Mariglerius*.

MARREGLIER, Celui qui a la garde d'une église et de tout ce qui en dépend. Gl. *Matricularii*, sous *Matricula*, pag. 323³, et *Marcaclarius*.

* **MARRELE**. Voyez *Merrelle*.

MARRELLIER, Tablier sur lequel on joue aux merelles. Gl. *Marrella*.

MARREMENT, Chagrin, affliction, plainte. Gl. *Marritio*. [*Marement*, Partonop. vers 6624. Roman de Renart, tom. III, p. 33, vers 20640. *Martment*, Parton. vers 222. Voyez *Marison*, et Rayn. tom. IV, pag. 160¹, au mot *Marriment*.]

MARREN, Merrain, bois de charpente. Gl. *Mæremium*, sous *Materia*, pag. 319¹.

MARRENAGE, Le même. Gl. *Murrianum*.

MARRENEUR, Ouvrier qui laboure avec la marre. Gl. *Marrare*, 2.

MARRER, Labourer avec la marre; d'où *Marreux*, L'ouvrier qui s'en sert. Gl. *Marrare*, 2.

MARRIAN, Merrain, bois de charpente. Gl. *Mæremium*, sous *Materia*, pag. 319¹.

MARRIEN, Le même. Gl. *Marennum*. et *Mairien*, sous *Materia*, pag. 319³.

MARRIR, Faire de la peine, maltraiter, se chagriner, s'affliger. Gl. *Marrire*. [Gérard de Vienne, vers 1693 :

Karles le voit, pres n'ait le san marri.

S'égarer, se méprendre. Ruteb. tom. II, pag. 228 :

Mes onques chemin n'i mari.

Pag. 230 :

Ne jà chemin n'i mariras.

Ancien poëme, Fierabras, pag. 175² :

Aprentif jugléor et escrivain marri.

Maire, *Merre*, Chastel. de Couci, v. 2544 :

Ainssi amours le tient et maire
Que il ne se set conseillier.

Chron. des ducs de Norm. tom. II, p. 519, vers 30186 :

Quant grant dolor tient home e merre.

Se marrir, Se fâcher, se brouiller. Chron. des ducs de Norm. tom. II, pag. 400, vers 26962. Voyez Orell, pag. 131. Rayn. tom. IV, pag. 159, au mot *Marrir*.]

MARRIS, Maladie de la matrice, la matrice même. Gl. *Marritio* et *Ventosa*, 1.

MARROCHON, diminutif de Marre, espèce de houe. Gl. *Marra*.

MARRONER, Couper du merrain ou bois de charpente. Gl. sous *Materia*.

* **MARRUGLER**, Marguillier. Chron. des ducs de Norm. *Marruglerie*, Sa charge. Roman de Renart, tom. II, p. 69, vers 21651.

* **MARRY**. JEU SAINT MARRY. Gl. *Ludus S. Mederici*, pag. 157¹.

MARSAGE, MARSAIGE, Les menus grains qu'on sème au mois de mars. Gl. *Marceschia*.

MARSAUS, Le saule mâle. Gl. *Marsalix*.

MARSEILLEZ, MARSELLEZ, Monnaie de Marseille. Gl. *Massiliensis moneta*, sous *Moneta Baronum*.

* **MARSEL** †, MARSELIER †, MARSELOIRE †, comme *Masel*, etc. Gl. *Machecarii*.

MARSÉS, Les menus grains qu'on sème au mois de mars. Gl. *Marceschia* et *Tremesium*.

MARSINGE, Le même. Gl. *Marceschia*.

MARSOIS, Le même. Gl. *Marceschia*.

MARTEAU, pour MORTEAU, Nom d'un canton près d'Auxerre, et en même temps des fosses qu'on fait au travers des vignes, où les eaux se perdent. Gl. *Morta*, 1.

1. **MARTEL**, Épée. Gl. sous *Martus*, 1, pag. 306¹.

* 2. **MARTEL**, Marteau. Agolant, v. 518 :

Li dus out froit, si li trembla la pel,
La nuit n'out dent dont ne féist martel.

Voyez Rayn. tom. IV, pag. 161², au mot

Martellar. — Chanson de Colin Musez, Wackern. pag. 74 :

    Car j'ain moult tribu martel
    Brut et hernaige et baudor.

MARTELEIS, Coup d'épée. Gl. sous *Martus*, pag. 306[1]. [Succession de coups, combat. Chron. des ducs de Normandie. Voyez Rayn. tom. IV, pag. 161[2], au mot *Martelada.*]

MARTELOGE, Martyrologe. Gl. *Martilogium.*

MARTERIN, De martre. Gl. *Martures.* Voyez *Martrine.*

MARTEROR, La Toussaint. Gl. *Marteror.*

MARTIAUS, plus ordinairement Martel, Nom de Charles, père de Pepin. Gl. *Martellus*, sous *Martus*, 1.

1. **MARTINET**, Forge dont les marteaux sont mus par la force d'un moulin. Gl. *Martinetus.*

2. **MARTINET**, Machine de guerre pour jeter de grosses pierres. Gl. sous *Martinetus.*

MARTIRER, Tuer, faire mourir. Gl. *Marturiare* et *Martyrizare.*

MARTIRIER, Le même. Gl. *Martyrizare.*

1. **MARTRAY**, Tourment, supplice. Gl. *Martyrizare.*

2. **MARTRAY**, Place publique où l'on exécute les criminels. Gl. *Martreium.*

* **MARTRESSE**, Martyre. Enfants Haymon. vers 808 :

De la religion martresse autorisie.

Voyez Rayn. tom. IV, pag. 162[1], au mot *Martyr.* Roquef. *Martre.*

* **MARTRINE**, Peau de martre. Partonop. vers 10793. Voyez *Marterin.*

MARTRO, La Toussaint. Gl. *Martror.*

MARTROI, Place publique où l'on exécute les criminels. Gl. *Martreium.*

MARTYRE, Supplice, tourment [*Martyrie*, *Martirie*, Carnage, martyre. Chanson de Roland]; d'où *Martyrer*, Faire mourir, condamner au supplice. Gl. *Marturiare.*

* **MARVAUMENT**, Merveilleusement. Chron. des ducs de Normandie.

MARVOIÉ, Égaré, hors de la voie. Gl. *Deviare.*

MARZACHE, La fête de l'Annonciation, qu'on célèbre au mois de mars. Gl. sous *Festum*, 1, pag. 250[2].

1. **MAS**, en Auvergne, Languedoc et Provence, maison de campagne, métairie. Gl. *Mansus.*

* 2. **MAS**, **MAT**, Triste. Chastel. de Couci, vers 522, 4239, 4465. *Mate chière*, Jubinal, Fabliaux, tom. I, pag. 176. Voyez Rayn. tom. IV, pag. 167[1], au mot *Mat.* Glossaire sur la Chron. des ducs de Normandie, au mot *Maz.*

MASAGE, Maison, et souvent métairie. Gl. *Masagium*, sous *Massa*, 5, pag. 312[1].

MASAIGE, Pâturage. Gl. *Masquerium.*

MASAUS. Terres Masaus, Celles qui étaient sujettes au cens appelé *Maasse*. Gl. *Massa*, 5.

* **MASECLIER**, comme *Maselier.*

MASCHOT, Espèce de grange sans toit. Gl. *Maschotum.*

MASCLE, Mâle. Gl. *Recutitus.*

1. **MASE**, Troupe, compagnie. Gl. *Masu*, sous *Massa*, 5.

2. **MASE**, Maison, métairie. Gl. *Masa*, sous *Massa*, 5.

MASEL, Boucherie, lieu où l'on vend la viande. Gl. *Macellum facere.*

MASELIER, Boucher. Gl. *Massellarius.*

MASEMENT, Etendue d'une juridiction, ressort, territoire. Gl. *Massaditium.*

MASERIER, Boucher. Gl. *Massellarius.*

MASIP, Apprenti. Gl. *Mancipium*, 4. [En provençal. Voyez Rayn. tom. IV, pag. 142[1], au mot *Mancip.*]

1. **MASNAGE**, Maison, habitation, demeure. Gl. *Managium*, 2.

2. **MASNAGE**, Cens ou redevance sur une maison. Gl. *Masnagium.*

MASNIER, Habitant, manant. Gl. *Mansionarii.*

MASONAGE, Cens ou redevance sur une maison. Gl. *Mansionarii.*

MASONIER, Espèce de colon ou fermier, qui devait un cens pour ce qu'il occupait en maison et terres. Gl. *Mansionarii.*

MASSAIGE, Métairie, ferme, maison de campagne. Gl. *Masagium*, sous *Massa*, 5, pag. 312[1].

MASSART, Trésorier des deniers d'une ville. Gl. *Massarius*, pag. 314[1].

1. **MASSE** d'un Pont, Le massif; d'où le diminutif *Massele.* Gl. *Caput molendini*, sous *Caput*, 3, et *Massa*, 3.

* 2. **MASSE**. Grant Masse, Grandement, parfaitement. Roman du St. Graal, P. Pâris; Catalogue, tom. I, pag. 121 : *Par les paroles qui chi après seront dites, porés grant masse apiercevoir*, etc. — *A masse*, Roman de Renart, t. III, p. 76, v. 21841 :

Entor son braz tortoille à masse
Son mantel.

Rayn. tom. IV, pag. 164[2], au mot *Massa.*

MASSELLE, Joue. Gl. *Maxillaris.*

MASSONYER, Espèce de colon ou fermier, qui devait un cens pour ce qu'il occupait en maison et terres. Gl. *Mansionarii.*

MASSUETE, Massuette, Espèce de petite massue. Gl. *Massota.* [*Masselote.* Gl. *Crossare.*]

* **MAST**, Mât. Roi Guillaume, p. 136, 137. Voyez Rayn. tom. IV, pag. 166[2], au mot *Mat.* Le Glossaire sur la Chanson de Roland, au mot *Maz.*

MASTAU, Cens dû sur un mas ou métairie. Gl. *Massa*, 5.

MASTENÉE, Matinée. Gl. *Matinata.*

MASTIN, Dogue, gros et grand chien. Gl. *Mastinus.* [Voyez Rayn. t. IV, p. 166[1], au mot *Masti.* Mastins de la cuisine, Garin le Loher. tom. I.]

MASURAGE, Cens ou redevance sur une maison ou métairie. Gl. *Masuragium.*

MASUREAU, Masure, maison. Gl. *Masura.*

MASURETTE, diminutif de *Masure*, Maison. Gl. *Masura.*

MASURIER, Celui qui est sujet au cens appelé *Masurage.* Gl. *Masuragium.*

1. **MAT**, Triste, abattu. Gl. *Matare* et *Mattus.* Voyez *Mas.*

2. **MAT**, Terme du jeu des échecs. Gl. *Matare.*

MATABLE, Battant d'une cloche. Gl. *Matabulum* [en provençal].

MATE-FAIM, Sorte de pain fort rassasiant. Gl. *Matare.*

MATE-GRIFON, Nom d'un château bâti pour contenir les peuples appelés *Griffons.* Gl. *Griffones.*

MATELAS, Trait de grosse arbalète, p. e. pour *Matras.* Gl. *Matarus.*

MATER, Abattre, confondre, réduire à l'extrémité. Gl. *Matare.* [Gérard de Vienne, vers 623, 759, 3205. Partonop. v. 182. — Être mat, aux échecs. Chanson de Cunes de Betunes, Wackernagel, pag. 41. Voyez Rayn. tom. IV, pag. 166[2], au mot *Matar. Mati*, Gérard de Vienne, vers 2337.]

MATHE, Fosse, tombeau. Gl. *Matare.*

MATHELIN, pour Mathurin. Gl. *Mathelinus.*

* **MATICES**, Améthystes. Chanson de Roland, stance, 49, vers 5.

1. **MATIERE**, Mortier. Gl. sous *Materia*, pag. 320[3]. [Voyez Rayn. tom. IV, p. 167[2], au mot *Materia.*]

* 2. **MATIERE**, Matere, Roi Guillaume, pag. 86 :

Je sui tous tiens de si boin cuer
Qu'il n'i a plus de la matere.

Flore et Blancefl. vers 731 :

Nus hom ne porroit pas descrire
Vostre biauté, ne bouce dire ;
Car la matere tous seroit
Que nus hom à cief nel trairoit.

MATINEL, Repas du matin, déjeûner. Gl. *Matutinellum.*

MATINES, Livre d'église contenant les Matines, et surtout l'office de la Vierge; Heures, ou livre de prières. Gl. *Matutinale.*

MATINET, Matin, l'aurore. Gl. *Matutinatus.* [Partonop. vers 531.]

* **MATINEUX**. Messe Matineuse, Matynelle. Gl. *Missa*, pag. 438[1].

1. **MATINIER**, La partie de l'office divin appelée *Matines.* Gl. *Matutinarius.*

2. **MATINIER**, Chantre ou chapelain qui assiste à *Matines* et aux autres offices, chantre à gages. Gl. *Matutinarius.*

3. **MATINIER**, Matinal, qui se lève du matin. Gl. *Matutinatus.*

MATON, Gâteau. Gl. *Matonus.*

MATRASSE, Matras, trait. Gl. *Matarus.* [Voyez Rayn. tom. IV, pag. 168[1], au mot *Matrat.* Halliwell, au mot *Matress.*]

MATREMOIGNE, Maternel. Gl. *Matrimonium.*

1. **MATRIMOINE**, Biens maternels. Gl. *Matrimonium.*

2. **MATRIMOINE**, Mariage. Gl. *Matrimonium.*

MATROLOGE, Martyrologe, nécrologe. Gl. *Matrilogium.*

MATTABAS, Espèce de drap d'or. Gl. *Mattabas.*

MATURÉMENT, Promptement, avec diligence. Gl. *Maturaliter.*

MATZ, Métairie. Gl. *Massum*, 2.

MAUBAILLI, Maltraité, détruit, ruiné. Gl. *Maleabbiatus.* [*Maubaillir qqn.* Guill. Guiart, tom. I, pag. 194, v. 4590; p. 287, vers 6780. Voyez *Malbailli*, et la Chron. des ducs de Normandie.]

MAUBEUGE, Nom d'une cloche à Abbeville qui réglait les heures des ouvriers. Gl. *Maubeuge* et *Hora de remontée*, pag. 696[1].

* **MAUCHEF**, Malheur. Chronique des ducs de Normandie.

* **MAUCHEVAL.** Gl. *Equifer.*

* **MAUCHEUR.** Voyez *Manecheur.*

MAUDAASOIT, Maudit. Gl. *Maledicere.*

MAUDEHAIT, Imprécation par laquelle on souhaite du mal à quelqu'un. Gl. *Alacrimonia.* [*Maudehez,* Mantel Mautaillé, vers 689. *Maudehé,* Chron. des ducs de Normandie.]

MAUDEUEMENT, Indûment, à tort. Gl. *Indebite.*

MAUDIT, Ce qui est avancé mal à propos par un avocat dans la défense d'une cause. Gl. *Maledicus.*

MAUFAITIERES, Malfaiteur, criminel. Gl. *Malefactor,* 1.

* **MAUFEIRE,** Faire mal. Chron. des ducs de Norm. tom. 11, pag. 44, v. 16604. Voyez Rayn. tom. 111, pag. 271², au mot *Malfar.*

* **MAUFEISANT,** Farouche, malfaisant. Aubri, pag. 167².

MAUFERU, Maladie de cheval. Gl. *Maleferrutus.*

MAUFÉS, Mauvais, nom qu'on donne au diable. Gl. *Malus.* [Partonop. v. 1158, 1530, 4462, 9881. *Maufez,* Roman de Renart, tom. 11, pag. 233, vers 15907. Lai du Corn, vers 451. *Vis maufés,* Roi Guill. pag. 98. Partonop. vers 1120. Miracle de la Ste Vierge, vers 162, 287. Chron. des ducs de Norm. tom. 111, pag. 516, 519. — Bête féroce, monstre, Partonop. vers 525. *Malfaiz,* vers 5746. *Malfez,* vers 5752. *Mafez,* Agolant, pag. 172¹.]

MAUFFACTERRE, Malfaiteur, criminel. Gl. *Misfacere.*

MAUGE, Sorte de gros bâton, levier. Gl. *Populosus,* 2.

* **MAUGONIAUX.** Voyez *Mangoniaux.*

MAUGRÉER, Jurer avec imprécation que malgré Dieu et ses saints on fera telle chose. [*Maugratier,* Guill. Guiart, tom. 1, pag. 191, vers 4518.] D'où *Maugrement,* Cette espèce de jurement; et *Maugréeur* †, Celui qui le fait. Gl. *Malegraciare.* [*Maugré.* Voyez *Malgré, Malgreit.*]

MAVIS, pour Mauvis, espèce d'oiseau. Gl. *Maviscus.* Voyez *Mauviz.*

MAUL, Moulin. Gl. *Mola,* 2.

MAULE, Moule. Gl. *Crucibulum.*

MAUMETRE, Dépérir, tomber en ruine. Gl. *Malemittere.* [Avilir, maltraiter. Chron. des ducs de Normandie. Voyez *Malmettre.*]

MAUMETTRE SON VOEU, Le fausser, agir contre ce qu'on a promis solennellement. Gl. *Malemittere.*

MAUNAIGE, Droit de mouture. Gl. *Molagium.*

MAUPARANS, Qui a mauvaise mine. Gl. *Apparatura.*

* **MAUPARLER.** Gl. *Miskenning.*

* **MAUPENSÉ,** Mauvaise pensée. *Maupensis,* Malintentionné. Chron. des ducs de Normandie.

MAUPOINT, Mal marqué, frauduleusement pointé. Gl. *Punctare,* 7.

* **MAUQUERANZ,** Malveillant. Chron. des ducs de Norm.

MAURE, MAURRE, Moudre. Gl. *Molare,* 3.

MAUSSE, Sorte de monnaie. Gl. *Maussus.*

MAUTALANT, Mauvaise volonté [Colère, haine. Chron. des ducs de Normandie, Garin le Loher. tom. 1, pag. 8. Lai du Corn, v. 481. Voyez *Maltalent*]; d'où *Mautalenti,* Qui a mauvaise volonté. Gl. *Talentum,* 2.

* 1. **MAUTÉ,** Méchanceté. Chron. des ducs de Normandie.

* 2. **MAUTÉ,** Moitié. Flore et Jeanne, pag. 17.

* **MAUTENIR,** Maltraiter. Chron. des ducs de Normandie.

MAUTOULU, Ce qui est pris par force et contre justice. Gl. *Maletolletum.*

* **MAUTRAIBLE,** Dur au mal, à la peine. Chron. des ducs de Normandie.

MAUTROUX, Estropié, qui est fort blessé. Gl. *Maletractata.*

MAUVAIS. ESTRE Mauvais, Se dit des deniers qui restent à partager entre un plus grand nombre de paysans qu'il n'y a de deniers. Gl. *Malus-casus.* [*Mauvais morceau.* Gl. *Morsellum.* Denier-mauvais. Gl. *Malus-denarius.*]

* **MAUVEISIN,** MAVEISIN, Mauvais voisin. Chron. des ducs de Normandie.

✽ * **MAUVEISIR,** ENMAUVEISIR, Mal conseiller. Chron. des ducs de Normandie, tom. 1, pag. 334, vers 7212 (comparez vers 7216). Voyez Rayn. tom. v, p. 538¹, au mot *Malveziar.*

* **MAUVESTIÉ,** Mal habillé? Chastel. de Couci, vers 694.

* **MAUVIZ,** MAUVIS, Alouette? Chanson du Chastel. de Couci, Laborde, pag. 292. Voyez *Mavis. Mauvis* †. Gl. *Fidecula.*

* **MAUX,** plur. de *Mail,* Maillet, marteau. Gérard de Vienne, vers 1736.

1. **MAY,** Usage d'aller chercher le May au bois, et de le planter à la porte d'une jeune fille. Le coudrier et le sureau en étaient exclus. Gl. *Maium.*

2. **MAY,** Le temps où les arbres sont en feuilles. Gl. *Maium.*

3. **MAY,** Espèce de tournois. Gl. *Maium.*

* **MAYE,** Meule de gerbes, en Picardie. Gl. *Meta,* 1. Chron. des ducs de Normandie. *Meie.* Voyez *Meesse.*

MAYERE, Sorte de fruit qui vient dans un clos ou verger. Gl. *Majeria.*

MAYHEMER, Blesser fortement, mutiler. Gl. *Mahemiare,* sous *Mahamium,* pag. 186¹.

* **MAYRE,** Certaine maladie de la matrice. Gl. *Mayre.*

MAYSONNIER, Espèce de colon ou fermier, qui devait un cens pour ce qu'il occupait en maison et terres. Gl. *Mansionarii.*

MAZEL, Boucherie; d'où *Mazelier,* Boucher. Gl. *Macellum facere.* [Glossaire sur la Chron. des ducs de Norm. Voyez *Maisel.*]

MAZELOT, Petite habitation ou ferme. Gl. *Masellus.*

MAZER, Sorte de matière dont on faisait des vaisseaux à boire; d'où ces vaisseaux étaient appelés *Mazelins,* et *Mazerins.* Gl. *Mazer.* [Lai du Corn, vers 89.]

MEANEMENT, Entremise, médiation, sentence d'arbitre. Gl. *Mediator,* 1.

MEANT, Moyennant. Gl. *Medians.*

MECANIQUE, Artisan, ouvrier. Gl. *Mecanicus.*

MECELIER, Boucher. Gl. *Macelator.*

MECHAING, Blessure considérable, mutilation; d'où *Mechaigner,* Blesser, mutiler. Gl. *Mehaignium,* sous *Mahamium.*

* **MECHE.** Gl. *Myxa. Meiche,* Gl. *Cicendela,* pag. 347².

MECHIN, Jeune homme, serviteur, valet. Gl. *Mischinus.*

MECHINE, Médecine. Gl. *Medicina.*

MECHINER, Donner des remèdes et médecines à un malade. Gl. *Maladia.* [*Estre medeinez,* Être traité par un médecin. Chronique de Jordan Fantosme, vers 1315.]

MECION, Frais, mise, dépense. Gl. *Missiones.*

* **MECROIRE,** Ne pas croire. Gl. *Decredere.*

MEDECINÉE, Médecine, emplâtre. Gl. *Medicina.* [*Medecinal,* Chronique des ducs de Norm. tom. 1, pag. 482, vers 11586.]

* **MEDICAL.** Voyez *Doy,* 3.

* **MEDLER,** MEILLER, Mêler, brouiller, mettre en confusion. Chron. des ducs de Normandie. Voyez *Meller. Medlée,* Gl. *Fletwite.*

* **MEDNIÉE,** MEIDNÉE, comme *Maisnie,* Famille, suite. Chron. de Jordan Fantosme, vers 163, 208, 1014 var.

* **MÉE.** Gl. *Media.*

* **MÉE NUT,** Minuit. Le Roux de Lincy, Chants Histor. tom. 1, pag. 213.

MEEISNER, Juger comme médiateur. Gl. *Mediare,* 1.

MEENERRES, MEENEUR, Médiateur, arbitre. Gl. *Mediator,* 1.

MEENNER, Juger comme médiateur; d'où *Méennement,* Sentence arbitrale. Gl. *Mediator,* 1.

* **MEERITZ.** Gl. *Meeritz.*

MEESSE, Botte, gerbe. Gl. *Meisa,* 1.

MEEUR, Maïeur, maire. Gl. *Maeria,* 1.

MEFFAITE, Mauvaise action. Gl. *Misfacere.*

MEGEMENT, Médicament, remède. Gl. *Megeicharius.*

MEGIER, Appliquer des remèdes, guérir. Gl. *Megeicharius.*

MEGLE, Houe, instrument à labourer la terre. Gl. *Maglius.*

MEHAIGNER, Blesser considérablement, mutiler; d'où *Mehaigné,* Estropié. Gl. sous *Mahamium,* p. 186¹. [Roi Guillaume, pag. 118 :

De povreté est lais mehains
Et tu en es molt mehaigniés.

Partonop. vers 2767, 8882. Voyez *Mahain.*]

MEHAIGNEUR, Celui qui fait une blessure considérable. Gl. *Mahemiator,* sous *Mahamium,* pag. 186¹.

MEHAIN, MEHAING, Blessure considérable, mutilation. Gl. *Mahamium,* p. 185³, et 186¹.

MEHAINGNER L'HONNEUR DE QUELQU'UN, Le décrier, attaquer son honneur. Gl. *Mehaignare,* sous *Mahamium,* p. 186¹.

MEHENGNER, Blesser considérablement, mutiler. Gl. *Mahemiare,* sous *Mahamium,* pag. 186¹.

MEHENIER, Le même. Gl. *Mehennare.*

MEHLÉE, Querelle, débat, dispute. Gl. *Murdrum,* sous *Morth.* ? ? ?

MEHNÉE, Famille, maison, tous ceux qui la composent, domestiques. Gl. *Maisnada.*

MEIAN, Moyen, qui est au milieu. Gl. *Meianus,* 2, et *Aurata.*

*** 1. MEIE**, Mienne. Chron. des ducs de Normandie.

*** 2. MEIE.** Voyez *Maye*.

*** MEIENEL.** Voyez *Menuel*.

MEIGIER, Appliquer des remèdes, guérir. Gl. *Megeicharius*.

MEIGLE, Houe, instrument à labourer la terre. Gl. *Maglius*.

MEIGNAT, Domestique, serviteur. Gl. *Maynerius*.

MEIGNE, Famille, maison, tous ceux qui la composent. Gl. *Maisnada*.

MEILLEUR. Avoir du Meilleur, Avoir le dessus, être le plus fort. Gl. *Melius*.

MEIMBRE, pour **Reimbre**, Racheter. Gl. *Redimere*, 2.

MEIN, Matin. Gl. *Mane*.

MEINDRE, Moindre; d'où *Meindre d'aage*, Mineur. Gl. *Minorennis*.

MEIPLANT, p. e. pour **Meinplant**, Jeune plant, nouvelle vigne. Gl. *Mailliolus*.

*** MEIRE.** Gl. *Meira*.

MEISEL, Métairie, ferme. Gl. *Meystadaria*.

MEISSE, Caque, ou vaisseau où l'on met les harengs. Gl. *Meisa*, 1.

MEISSIAU, Blé méteil. Gl. *Medianus*, 1.

MEITAERS, Certaine mesure de blé. Gl. *Meiteria*, 2.

MEITERE, Certaine mesure de terre. Gl. *Meyteria*.

*** MEITEZ**, Moitié. Letabundus, Wolf, *Uber die Lais*, pag. 440 :

   Or bewom al dereyn
   Par meitez et par pleyn.

1. MEIX, en Bourgogne, Maison de campagne, métairie. Gl. *Mansus*.

2. MEIX. Terre en Meix, Terre cultivée, ou préparée pour la semence. Gl. *Messellæ* et *Messes*.

MELANCOLIEUX, Mélancolique. Gl. *Melencolia*.

MELANCOMOYER, Rêver, réfléchir. Gl. *Melencolia*.

1. MELE, Nèfle. Gl. *Melata*.

*** 2. MELE**, Maille. Gl. *Mella*, 3.

MELENCOLIEUS, Mélancolique. Gl. *Melencolia*.

MELEQUIN, Sorte de monnaie. Gl. *Meloquinus*. [*Muelekin*, Partonop. v. 1624.]

*** MELLAR**, Gérard de Vienne, vers 53 :

Pris ait deus aines, deus mellars abatus.

Voyez *Melle*, 3 et 4.

1. MELLE, Certaine mesure de grain. Gl. *Mella*, 1.

2. MELLE, Merle, sorte de poisson. Gl. *Melletus*.

3. MELLE, pour Merle, oiseau. Gl. *Merula*, 2.

4. MELLE, Milan, oiseau de proie; si cependant ce n'est pas pour Merle. Gl. *Milvius*.

*** 5. MELLE.** Gl. *Xerampelinus*.

MELLÉE, Querelle, dispute. Gl. *Mesleia*.

MELLER, Brouiller, mettre mal ensemble. Gl. *Melcare*. [Agolant, pag. 172. Wackernagel, pag. 50, 51. Voyez *Medler* et *Mesler*.]

MELLEYS, Querelleur, brouillon. Gl. *Meleare*.

MELLIER, Néflier. Gl. *Mellerius*, et *Pomerius*. [Aubri, pag. 158¹, 183². *Meillier*. Voyez *Mele*, 1. *Mesle*.]

MELLIF, Querelleur, brouillon. Gl. *Meleare*.

*** MEMBRANCÉ.** Partonop. vers 3291 :

   Moult par sont preu quant tel membrance
   A cascuns en sa mesestance.

Voyez Rayn. tom. iv, pag. 185¹, au mot *Membransa*.

*** 1. MEMBRES.** *Povres membres Dieu*, Dit du roi Guillaume, pag. 175. Miracle de la Sainte Vierge, vers 569. Voyez Rayn. tom. iv, pag. 187¹, au mot *Membre*.

*** 2. MEMBRE de Fieu de Hauberc.** Gl. *Membrum*, 2.

MEMBRER, Rappeler à sa mémoire, se ressouvenir. Gl. *Memorari*. [Chron. des ducs de Norm. tom. 1, pag. 13, vers 15651 :

   Membre li de la grant amor.

Miracle de la Sainte Vierge, vers 569, ibidem, tom. iii, pag. 527 :

   Car saint Pous dit, se bien m'en membre,
   De Jhesu-Crist somes tuit membre.

Agolant, vers 545 :

   Car de la piere li est esrant membré.

Vers 1296 :

   Jà d'Agolant n'i seroit mes membré.

Membré, Prudent, bien avisé, renommé. Mantel mautaillé, vers 123 :

   Quar molt fu sages et membrez.

Gérard de Vienne, vers 1260 :

   Li dus Gerars est chevaliers membreiz.

Chevaliers membrés, Garin le Loher. t. 1, pag. 103. Partonop. vers 9355. *Raison membrée*, Aubri, pag. 159². Agolant, v. 788. Jordan Fantosme, vers 440. *Chière membrée*, Roman de Roncevaux, pag. 14, 28. Agolant, vers 785. *Chière manbrée*, Gérard de Vienne, vers 2132, 2138. Voyez Rayn. tom. iv, pag. 184², au mot *Membrar*.]

MEMBRUS, Fort, vigoureux. Gl. *Membrositas*. [Roman de Renart, tom. iv, p. 94, vers 2591. Agolant, vers 1102 : *Cors membru*. Aubri, pag. 174¹ : *Ome membru*. Vers 80 : *Franc chevalier membru*. V. 101 : *Senescal membru*. Voyez Rayn. tom. iv, pag. 188¹, au mot *Membrut*.]

1. MEMOIRE, Sentiment, esprit, sens. Gl. *Memoria*, pag. 353³, 354¹.

2. MEMOIRE, Le derrière de la tête. Gl. *Memoria*, pag. 353³.

*** MEMORIAUX.** Gl. *Memoriales*.

MENADURE, Ajournement. Gl. *Mannitio*, sous *Mannire*.

1. MENAGE, Métairie. Gl. *Menagium*, 1.

2. MENAGE, Ménagement, égard, attention. Gl. *Mesnagium*, 2.

3. MENAGE, Volonté, pouvoir, discrétion. Gl. *Menagium*, 3.

1. MENAGER, Habiter une maison. Gl. *Mesnagium*, 1.

*** 2. MENAGER**, comme *Mesnager*, 1. Gl. *Iconomus*.

MENAJE, Pitié, compassion. Gl. *Mesnagium*, 2. [Lisez *Menaie* et voyez *Manaie*.]

*** MENANDIE.** Voyez *Manandie*.

*** MENANTIE.** Voyez *Menantie*, 2.

*** MENANT.** Voyez *Mainant*.

MENBRE. Tenir par Membre, Posséder à titre de partage. Gl. *Membrum*, 2, p. 352².

MENCASTRE, Espèce de jonc. Gl. *Stamesiricus*.

MENCHOIGNE, Mensonge, fausseté. Gl. *Mendaciloquus*.

MENCIEN, pour **Multien**, Territoire de Meaux. Gl. *Mencianus*.

MENCION, Frais, mise, dépense. Gl. *Missiones*.

MENCIONAIRE, Habitant, manant. Gl. *Mansionarii*.

MENCOIGNER, Mensonger, faux, trompeur. Gl. *Mendaciloquus*.

MENCONGIER, **Menchonnable**, Menteur. Gl. *Mendaciloquus*.

MENDILH, p. e. Sorte de vêtement. Gl. *Mandile*.

MENDIS, Mendiant. Gl. *Mendicaliter*. [Gérard de Vienne, vers 2333. Garin le Loher. tom. 1, pag. 60.]

MENDOIS, Monnaie des évêques de Mende. Gl. *Mimatensis*, sous *Moneta Baronum*.

MENDRE, Moindre. Gl. *Minorare*.

1. MENÉE, Poignée, autant que la main peut contenir. Gl. *Manata*.

2. MENÉE, Terme de venerie, la droite route de cerf fuyant. Gl. *Menetum*. [? Voyez *Menuel*. Fanfare. Chanson de Roland, stance 240, vers 6. Roman de Roncevaux, pag. 14, 21.]

*** 3. MENÉE.** Gl. *Menaria*.

*** MENEGAUL.** Chanson, Wackernagel, pag. 61 :

   Deuz com est folz ki à fame se prant
   Et ki en fait signor et menegaul.

MENEL, Moindre, moyen. Gl. *Maanellus*.

MENER, Régir, gouverner, faire l'office de tuteur. Gl. *Menare*. [Conduire, emmener. *Kel part nous menra Dieus ?* Où allez-vous? Flore et Jeanne, pag. 31. Rutebeuf, tom. ii, pag. 236 :

   De paradis : cil nous i maint
   Qui en la gloire del ciel maint.

Roman de Renart, tom. 1, p. 30, v. 773 :

   Marcheanz qui poisson menoient.

Mener à pis, Garin le Loher. tom. 1, p. 7. *Maine son engin*, Conduit son affaire, Partonop. vers 311. *Mainent joie et baudor*, Flore et Blancefl. vers 875. *Maine grant dolor*, Partonop. vers 749. *Maint travail*, Chastel de Couci, vers 268. *Mener à son hues*. Gl. *Usurare*. *Mener à gachère*. Gl. *Warectum*. Voyez *Moneir*, Rayn. tom. iv, pag. 188¹, au mot *Menar*. Diez, *Altromanische Sprachdenkmale*, pag. 54. *Menez*, Maltraité, malmené. Roman de Roncevaux, pag. 39.]

2. MENER par Court, Faire droit, rendre justice. Gl. *Superducere*.

MENESTRAUDER, Faire le métier d'un *Menestrel* ou bouffon. Gl. sous *Ministelli*.

MENESTRAUDERIE, **Menestraudie**, **Menestraudise**. L'art de jouer des instruments. Gl. *Menesterellus*.

1. MENESTRE, Ouvrier, homme de métier, artisan. Gl. *Menestriones*.

2. MENESTRE, Chanteur, joueur d'instruments. Gl. sous *Ministelli*.

1. MENESTREL, Officier de justice ou de police. Gl. sous *Ministeriales*, p. 416³.

2. MENESTREL, Qui est attaché au service de quelqu'un. Gl. sous *Ministeriales*, pag. 416³.

3. MENESTREL, Chanteur, joueur d'instruments. Gl. *Menesterellus* et sous *Ministelli*, pag. 414[23].

MENESTRER, Chanter, jouer des instruments. Gl. *Menesterellus*.

1. MENESTRIER, Ouvrier, homme de métier, artisan. Gl. *Menestriones*.

2. MENESTRIER, Chanteur, joueur d'instruments. Gl. sous *Ministelli* [et *Instrumentum*. *Menestriers de vielle*. Gl. *Vitula*.]

MENEVELLE, Manivelle. Gl. *Menevellus*.

MENEUR, Tuteur. Gl. *Menare*.

MENGER SUB LE SAC, Se disait chez le roi de ceux qui ne mangeaient point en salle. Gl. *Mangerium*.

* MENGEUR DE SOUPES. Gl. *Sopa*, 3.

MENGIER, Repas et le droit de prendre un repas chez quelqu'un; ce qu'on appelait *Procuration*. Gl. *Mangerium* et *Mengerium*.

MENGIER DE DIEU, Communier, recevoir le corps de J. C. Gl. *Mangerium*.

MENGOIRE, Sac, dans lequel on donne l'avoine à manger aux chevaux. Gl. *Manducarium*, 2.

MENGUE, Mangerie, vexation. Gl. *Mango*, 4, et *Mangiaria*.

MENICLE, pour Manicle, menotte. Gl. *Manicia*.

1. MENISTRE, Administrateur, régisseur. Gl. sous *Ministeriales*, pag. 416[3].

2. MENISTRE, L'office et les honoraires de l'officier de justice ou de police qu'on appelait *Menestrel*. Gl. *Mistralia*, sous *Ministeriales*, pag. 417[2].

3. MENISTRE, Celui qui est attaché au service de quelqu'un. Gl. sous *Minister*, 3.

* MENNIERE, Manière, façon d'agir. Chastel. de Couci, vers 275 :

Car je n'ay vouloir ne menniere
Que je face vostre prière.

MENNOUVRAGE, Travail, labour. Gl. *Manobrium*, sous *Manopera*, pag. 236[1].

* MENOIS. Voyez *Manes*.

MENOISON, Maladie, dévoiement, dysenterie. Gl. *Lienteria*.

1. MENOR, Manoir, habitation, Gl. *Manerium*.

2. MENOR, Petit, moindre. Gl. *Menorulus*.

3. MENOR, Mineur. Gl. *Menudetæ*.

MENOVRER, Travailler. Gl. *Manobrium*, sous *Manopera*, pag. 236[1].

MENOYER, Manier, toucher avec la main. Gl. *Maniare*, 3.

* MENSAL. Voyez *Mansal*.

MENSION, Frais, mise, dépense. Gl. *Missiones*.

MENSOÉE, MENSOIE, Voiture, charretée. Gl. *Massoda*.

MENSTREL, Officier de justice ou de police. Gl. sous *Ministeriales*, pag. 416[3].

* MENTI. Voyez *Foimenti*.

* MENTIR, Défaillir, manquer. Flore et Blancefl. vers 693 :

La color pert, li cuers li ment.

* MENTOIANT, Mentant. *Jà n'irai mentoiant*, Agolant, pag. 171[1].

* MENTON. BAISSER LE MENTON. Roman de Roncevaux, pag. 10. Aubri, pag. 161[2].

* MENU, Souvent, fréquemment. Roman

de Renart, tom. III, pag. 57, vers 21304 :

Et Renart aquelt à ses paumes
Plus menu ces fuels à torner
Que vos ne puissiez or conter.

Menu et souvent, Chanson Ire du roi de Navarre. Guill. Guiart, tom. II, pag. 162, vers 4167 (13153). *Menuit et sovant*, Gérard de Vienne, vers 3760. Voyez Rayn. tom. IV, pag. 197[1], au mot *Menut*.

MENUAILLE, Menu peuple. Gl. *Minutus*, 2.

MENUEL, Espèce de corps de chasse. Gl. *Menetum*. [Voyez le Gloss. sur la Chron. des ducs de Normandie, au mot *Meienel*; ci-dessous, *Moieniau*; ci-dessus, *Menée*, 2.]

MENUEMENT, En menu, en petit. Gl. sous *Grassus*, 1? [Souvent. Partonop. vers 8653 :

Partonopeus menuement
Es grans perius se joste prent.

Roman de Renart, tom. III, pag. 103, vers 22586 :

L'un d'aus à son col un cor ot
Qu'il vet menuement cornant.

Voyez *Menu*.]

MENUERIE, Petite curiosité, ouvrage recherché, bijou. Gl. *Minutia*, 2.

MENUIER, Diminuer, amoindrir. Gl. *Minuare*, 1.

MENUISE, Petit poisson. Gl. *Menusia*.

MENUISERIE. OUVRAGE DE MENUISERIE, Petite curiosité, ouvrage recherché, bijou. Gl. *Minutia*, 2.

MENURIE, Le même. Gl. *Minutia*, 2.

MENUS. FRERES MENUS, Frères mineurs, Cordeliers. Gl. *Menudetæ*.

MENUYER, Marchand détailleur. Gl. *Minutarius*.

MENUYSE, Petit poisson. Gl. *Menusia*.

MEQUAINE, Jeune fille, servante. Gl. *Mischinus*.

MER, Grand lac. Gl. *Mare*.

MERAIN, Chagrin, dépit, colère. Gl. *Merannia*.

MERALLERESSE, Sage-femme. Gl. *Merallus*.

MERANCOLIEUX, Mélancolique, difficile, fâcheux. Gl. *Mérencolicus*.

1. MERC, Marque. Gl. *Merca* et *Mercare*. [Pour désigner la limite d'une forêt, d'un champ clos. Partonop. vers 517, 639, 5737, 9684. Trace. Gl. *Convertere*, p. 584[2]. Signe, comme *Connaissance*, vers 9647. Voyez la Chron. des ducs de Norm. Rayn. tom. IV, pag. 156[1], au mot *Marca*.]

2. MERC, Marc de vin. Gl. *Marcum*, 1.

3. MERC, Le droit qu'on paye pour le bornage des terres. Gl. *Meeritz*.

MERCADIN, Marché, place publique. Gl. *Mercadale*.

MERCENAIRE, Prêtre attaché sans titre au service d'une église, et à qui on n'assigne qu'une certaine rétribution. Gl. *Mercenarius*, 2.

MERCHE, Marque; d'où *Mercher*, Marquer. [G. Guiart, tom. I, p. 58, v. 855 : *Se mercher de la croiz*.] Gl. *Mercare* et *Moneta Britanniæ*, pag. 519[2].

* MERCHI, Amende. Gl. *Misericordia*, 1.

MERCHIABLE, Compatissant, qui a de la pitié. Gl. *Mercia*, 3.

MERCHIER, Marquer. Gl. *Mercare*.

MERCHIER A TAULETTE, Mercier, qui étale sur une petite table. Gl. *Mercerius*.

MERCI. RENDRE MERCIS, Remercier, rendre grâces. Gl. *Merces*.

MERCIABLE, Qui a de la pitié et de la compassion, miséricordieux. Gl. *Mercia*, 3.

MERDAILLE, MERDE, Terme injurieux et de mépris. Gl. *Merda*.

1. MERE, Nourrice. Gl. *Mater*, 2.

2. MERE, p. e. pour MERC, Le droit qu'on paye pour le bornage des terres. Gl. *Meeritz* et *Mercare*.

3. MERE, Plus grand. Gl. *Merum examen*.

* 4. MERE. VEINES DE LA MERE. Gl. *Venæ matris*, sous *Vena*, 6.

* 5. MERE EMPERE. Gl. *Impérium mixtum*, pag. 774[3].

MEREAU, Terme injurieux. Gl. *Merellus*, pag. 365[3].

* MEREGOUTTE. Gl. *Vinum*, p. 843[3].

1. MEREL, Mereau. Gl. *Merallus*.

2. MEREL, Acquit. Gl. *Merellus*, p. 365[2].

MERELLIER, Tablier, sur lequel on joue aux merelles. Gl. *Marrella*.

MEREMELIN, pour Miramolin. Gl. *Miramomelinus*.

* MERENCOLIE, Folie, extravagance. G. Guiart, tom. I, pag. 222, vers 5303. *Mélancolie*, Chastel. de Couci, vers 8234.

MERESLE, p. e. Soufflet ou coup de poing. Gl. *Merella*.

MERETRICAL, Appartenant à femme débauchée. Gl. *Meretricaliter*.

MERGLE, Houe, instrument à labourer la terre. Gl. *Maglius*.

MERIANE, Midi. Gl. *Meridies*.

* MERIAUS, MERIAX, Coups. Guill. Guiart, tom. I, pag. 43, vers 483; tom. II, pag. 211, vers 5453; pag. 413, vers 10721. Voyez *Meresle*.

MERIE, Mairie, les droits de maire. Gl. *Meria*.

MERIENE, Méridienne, le sommeil d'après dîner. Gl. *Meridiana*.

* MERIN. Gl. *Merinus*, sous *Majorinus*, pag. 196[1].

MERIR, Payer, récompenser, rendre la pareille. Gl. *Merere* et *Remerire*. [Laborde, pag. 158, 179, 219, 272. Wackern. pag. 73. Chastel. de Couci, vers 1595. Roi Guillaume, pag. 124. Guill. Guiart, tom. I, pag. 221, vers 5278. *Meri*, Wackern. p. 14. Chastel. de Couci, vers 3440. Guill. Guiart, tom. I, pag. 160, 339, vers 3625, 7840. Voyez Orell, pag. 130. Chron. des ducs de Norm. Rayn. tom. IV, pag. 212[2], au mot *Merir*; ci-dessous, *Mire*.]

MERITA, Relique, partie d'un corps saint. Gl. *Meritum*, 3.

* MERITE, s. f. Bienfait, bonté, grâce. De Nostre Daime, Wackern. pag. 69 :

De toi fist sa pouse
Por sa grant merite.

Roman de Renart, t. II, p. 243, v. 16177. *Merite*, s. m. Recompense. Roi Guillaume, pag. 46. Voyez Rayn. tom. IV, pag. 213[1], au mot *Merit*.

MERITER, Récompenser, rendre un bienfait. Gl. *Merere*.

MERLETTE, p. e. La verge ou bâton d'un sergent. Gl. *Merletus*.

MERLIS, Querelleur, brouillon. Gl. *Meleare*.

MERME, Moindre [Voyez Orell, p. 38.
Rayn. tom. IV, pag. 198², au mot *Mermar*.]
D'où *Merme d'auge*, Mineur. Gl. *Minorennis*, et *Minoritas*, 1.

* MERMER, Ôter, ravir, dépouiller.
Chron. des ducs de Norm. Voyez Rayn.
tom. IV, pag. 198², au mot *Mermar*.

MERQUATOUR, Marchand, qui fait argent de tout. Gl. *Mercator*.

MERQUIER, Marquer, imprimer une
marque. Gl. *Merqua*.

* MERRAI, Menerai, fut. de *Mener*. Agolant, vers 883, 901, 997. Chron. des ducs
de Norm. Chanson de Roland, st. 231, v. 4.

* MERRELLE, Certain jeu. Gl. *Marrella*
et *Marella*. Wackern. pag. 48 :

> Et li miens cuers vait tous jors atandant
> N'onkes vers li ne traist fauce merrelle.

Voyez le Glossaire sur la Chron. des ducs
de Norm. au mot *Mereau*.

MERRER, Labourer avec la marre. Gl.
Marrare, 2.

MERRIEN, Merrain, bois de charpente.
Gl. sous *Materia*, pag. 319³.

* MERVAUMENT, D'une manière merveilleuse. Chron. des ducs de Norm.

* MERVEILLANCE, Étonnement, matière d'étonnement. Chron. des ducs de
Norm.

MERVEILLE. SE DONNER MERVEILLES,
s'Étonner, être surpris. Gl. *Mirabilis*, 1.
[*Merveilles avoir*, Chastel. de Couci, v. 4733,
8033.]

MERVEILLER, Le même. Gl. *Mirabilis*,
1. [Voyez Rayn. tom. IV, pag. 240¹, au
mot *Meravelhar*.]

MERVEILLETÉ, MERVEILLEUSETÉ, Humeur hautaine, fierté, arrogance. Gl. *Mirabilis*, 1.

1. MERVEILLEUX, Hautain, fier, insolent. Gl. *Mirabilis*, 1.

2. MERVEILLEUX, Étonné, épouvanté,
surpris. Gl. *Mirabilis*, 1.

MERVEILLIER, Admirer, s'étonner. Gl.
Mirabilis, 1.

1. MÉS, Messager, envoyé. Gl. *Missus*, 2.
[Voyez Rayn. tom. IV, pag. 223¹, au mot
Mes.]

2. MÉS. [Mets, plat. Flore et Blancefl.
vers 3173. Chastel. de Couci, vers 460.
Aubri, pag. 152¹. Voyez *Mez*, 1.] MÉS DE
MARIAGE, Droit seigneurial, par lequel le
vassal qui se marie, doit présenter à son
seigneur un plat de viande, du vin et du
pain. Gl. *Missus*, 1.

* 3. MÉS, Maison. Voyez *Mas*. Chastel.
de Couci, vers 2557, 3244. Rutebeuf, t. II,
pag. 248 : *Iluec*

> Estoit sa meson et son mez,
> Mult i avoit longuement mez.

* 4. MÉS, triste, maté, privé. Wackernagel, pag. 25 :

> Et mainte fois veult Amors ke je soie
> Mes et pensis, dolens et corresous.

Pag. 6 :

> Li dus est remonteis de joie mes et veus.

Voyez *Mat*, ou Rayn. tom. IV, pag. 230¹,
au mot *Mest*? (*Mes et de joie veus*?)

* 5. MÉS, terme de chasse. Chron. des
ducs de Norm. t. III, p. 336, vers 40801 :

> Là où li mes avint plus beiaus.

Chroniques Anglo-Norm. tom. 1, pag. 54 :

> E le grant cerf à mes li vint.

* 6. MÉS. Voyez *Mais*.

* MESAASMER, Mépriser, maltraiter.
Roman de Renart, tom. 1, p. 121, v. 12864.

MESAISIÉ, Malaisé, incommode, mal
à l'aise. Roi Guillaume, pag. 57. Chron.
des ducs de Norm. Voyez *Aaiser*.

MESALÉ, Corrompu, gâté. Gl. *Mescalia*.

* MESALER, S'égarer. Partonop. v. 808.

MESAMER, Ne point aimer, haïr. Gl.
Mesamare.

MESASURE, Saumure. Gl. *Meisa*.

MESATGIER, Envoyé, député, légat. Gl.
Messagerius.

MESAVOIR, Maltraiter, outrager. Gl.
Meshabere.

* MESBAILLER, MESBAILLIR, Mal gouverner, maltraiter. Partonop. vers 2652.
Chron. des ducs de Norm. Voyez *Bailler*, 2.

MESCAANCHE, MESCHANCE, Malheur,
accident, mauvaise fortune. Gl. *Mescadere*.
[Chron. des ducs de Norm. Rayn. t. II,
pag. 347¹, au mot *Meschasensa*.]

MESCHANTEMENT PARLER, Mauvaise
prononciation, causée par l'embarras de
la langue. Gl. *Linguatus*.

* MESCHATER, Mal acheter, perdre au
change, payer cher. Chron. des ducs de
Norm.

MESCHEOIR, Arriver malheur. Gl. *Mescadere*. [*Tant leur mescace*, Guill. Guiart,
tom. 1, pag. 157, vers 3537. *Mescheant*,
Malheureux, Chastel. de Couci, v. 608.
Voyez Rayn. tom. II, pag. 347¹, au mot
Mescazer.]

* MESCHEUE. PAIN MESCHEUE. Gl. *Panis*, pag. 541.

MESCHEVOIR, Essuyer un malheur,
échouer dans un projet. Gl. *Mescadere*.
[Voyez Rayn. tom. II, pag. 276¹, au mot
Mescabar.]

* MESCHIEF, MESCIEF, Malheur, mésaventure. G. Guiart, tom. 1, p. 31, v. 161.
Partonop. vers 3390, 3768. Voyez Rayn.
tom. II, pag. 276², au mot *Mescap*.

MESCHIN, Jeune homme [Garin le
Loher. t. 1, p. 33, 52. Agolant, v. 1155.],
et MESCHINE, Jeune fille, demoiselle.
[Vierge. Agolant, pag. 180² :

> Et outretant puceles de jovent
> Qui totes soient meschines chastement.

Concubine. Partonop. vers 5490. *Mescine
de mestier*, comme *Femme de mestier*, Fille
publique, vers 8377. Enfant du sexe féminin, Flore et Blancefl. vers 170 :

> Vallés fu nés de la payene
> E mescine est la crestyene.

Jeune femme, vers 110, 141. Roman de
Renart, tom. II, pag. 98, vers 12214 :

> Et à ma dame la roïne
> Qui tant par est gente meschine.

Chron. des ducs de Normandie.] Ensuite
pour Valet, servante, domestique : d'où
Meschinnage, Service, condition de celui
qui sert. Gl. *Mischinus*.

MESCHITE, Mosquée. Gl. *Meschita*.

* MESCHOISIR, Mal viser, perdre de
vue. Garin le Loher. tom. 1, pag. 220.
Chronique des ducs de Normandie. Voyez
Choisir.

MESCLAIGNE, Blé méteil. Gl. *Mesclelana*. [*Mescle*, *Meslure*. Gl. *Mescalia*.]

* MESCONSEILLER, Donner des mauvais conseils. Partonop. vers 2651. Voyez
Roquef.

* MESCONTER, Tromper, diminuer par
fraude. Guill. Guiart, tom. 1, p. 26, v. 16.
Oublier de compter, ne pas compter, t. II,
pag. 172, v. 4431, (13417). Roi Guillaume,
pag. 127 :

> Tost porroie si haut monter,
> Que on me feroit mesconter
> Trestons les degrés et descendre.

MESCONTERESSE, Femme qui cherche
à tromper, en faisant un compte. Gl.
Picta, 3.

MESCREANDISE, Incrédulité, paganisme. Gl. *Mescredentia*.

1. MESCROIRE, Soupçonner. Gl. *Mescredentia*. [*Mescréance*, Défiance. Rayn.
tom. II, pag. 511¹, au mot *Mescrezenza*.]

* 2. MESCROIRE, Ne pas croire. Flore
et Blancefl. vers 2478. Chastel. de Couci,
vers 3940. Partonop. vers 6970. Roman de
Renart, t. 1, pag. 16, vers 422. *Mescréuz*,
Mécréant. Chron. des ducs de Norm.
tom. 1, p. 23, vers 586. Voyez Rayn. t. II,
pag. 510², au mot *Mescreire*.

MESDEMAINNE, Domaine, seigneurie.
Gl. *Domenura*.

* MESDEVENIR, Arriver mal. Chron.
des ducs de Norm.

* MESDIS, Médisant. Garin le Loher.
tom. 1, pag. 149. Partonop. vers 6514 :
Mesdit?

MESE, Caque ou baril de harengs. Gl.
Meisa, 1.

MESEL, Lépreux [*Mesele*, fem. Partonop. vers 5195. Voyez Rayn. t. IV, p. 230²,
aux mots *Mezel* et *Mezella*], et *Mésellerie*,
Lèpre. [Rayn. pag. 231¹, au mot *Mezellaria*.] Gl. *Miselli* et *Mesclaria*. *Meselerie* †,
Hopital. Gl. *Presenta*.

* MESENTENDANT, Mal intentionné,
mal disposé. Fierabras, pag. 176¹ :

> Que li mesentendant en seront esbaahi
> Et li bien entendant en seront esjoï.

MESERER, Se tromper, errer, faire une
faute. Gl. *Meserare*.

MESERICORDE. Voyez *Misericorde*, 2.

MESERIL, p. e. pour MESNIL, Métairie,
ferme. Gl. *Meserolus*.

MESERRER, MESERTER, Errer, se tromper. Gl. *Meserare*. [G. Guiart, t. 1, p. 153,
v. 3453. *Messerrer*, t. II, p. 116, v. 2977
(11957). Mantel mautaillé, vers 204.]

MESESTANCE, Déplaisir, chagrin, peine.
Gl. *Malastantia*. [Malheur, contretemps,
mésintelligence. Partonop. vers 3292, 4744.
Wackern. pag. 28; Roman de Renart, t. II,
pag. 297, vers 17678; tom. 1, pag. 2, v. 21.
Partonop. vers 6470. Chron. des ducs de
Norm. Voyez Rayn. tom. IV, p. 208². au
mot *Malestansa*.]

* MESEURUS, Malheureux. Chron. des
ducs de Normandie.

* MESFAIRE, Méfaire, offenser. Partonop. vers 1773 :

> Dame, fait-il, trop fois seroie
> Se jo de ço vos mesfaisoie.

Mesfais, Criminel, persécuté, vers 3785 :

Meis Marés ert mesfais le roi
De sorfait et de grant desroi.

Flore et Jeanne, pag. 31 : *Car je sui si mesfais en mon païs, ke je n'i porai mès en pieche païs avoir.* Voyez Orell, pag. 245. Rayn. tom. III, pag. 272¹, au mot *Mesfar*.

MESGETTER, Se détourner, quitter sa direction. Gl. *Detournare*.

MESGINS, MESGIS, Peau passée en mégie. Gl. *Mesgicerius*.

MESGLE, Houe, instrument à labourer la terre. Gl. *Maglius*.

* **MESGNIE.** Voyez *Mesnie*.

MESGUERCHIER, Mégissier. Gl. *Mesgicerius*.

MESGUICHIER, Préparer en mégie. Gl. *Mesgicerius*.

MESIAUS, Lépreux. Gl. *Miselli et Mesclaria*.

1. **MESIERE,** Métairie, ferme, maison de campagne. Gl. *Maseria*.

* 2. **MESIERE.** Voyez *Maisiere*.

* **MESJEUER,** Tricher. Miracle de la Sainte Vierge, vers 212. Chron. des ducs de Norm. tom. III, pag. 517 :

Sovent nos mesjeue et mestrait.

MESIGIER, Messier, garde des fruits de la terre. Gl. *Messegarius*.

MESIL, p. e. Blé méteil. Gl. *Mescalia*.

MESION, Mise, frais, dépense. Gl. *Missiones*.

MESIRE, MESIRIER, Merise, merisier. Gl. *Messillus*.

MESLE, Nèfle. Gl. *Melata et Despensa*. [*Meslier*, Néflier. Gl. *Meslerius*, et *Flagellum*, 1. Voyez *Mellier*.]

1. **MESLÉE,** Querelle, dispute. Gl. *Mesleia*. [Combat. Partonop. vers 3138.]

2. **MESLÉE,** Troupe, foule, multitude. Gl. *Meslea*.

* **MESLER,** Brouiller. Partonop. 263, 3592, 4784. En venir aux mains. Roman de Roncevaux, pag. 22, et souvent. Voyez *Medler* et *Meller*.

MESLIEUX, Querelleur, brouillon. Gl. *Meleare*.

* **MESLIN.** Lai du Corn, vers 127 :

Sire, li meslin dist.

Mes lui?

MESLINGE, Étoffe médiocre. Gl. *Lingius*.

MESLIUS, Querelleur, brouillon. Gl. *Mesleia*.

MESMARIAGE, Ce qu'un serf payait à son seigneur pour pouvoir se marier à une femme de condition libre, ou, à une serve d'un autre seigneur. Gl. *Forismaritagium*, pag. 362¹³.

* **MESMARIER,** Mal marier. Partonop. vers 9399. Chron. des ducs de Norm.

MESMENER, Mal mener, maltraiter. Gl. *Menare*.

MESMONTANCE, Mutilation, blessure considérable. Gl. *Maleficium*, 3.

1. **MESNAGE,** Maison, habitation. Gl. *Mesnagium*, 1. [Voyez *Mesuage*.]

2. **MESNAGE,** Famille, enfants, domestiques. Gl. *Mesnagium*, 1.

3. **MESNAGE,** Meuble, ustensile de ménage. Gl. *Mesnagium*, 3, et *Mainagium*, 2.

1. **MESNAGER,** Maître d'hôtel, celui qui fait la dépense d'une maison. Gl. *Mesnagium*, 1.

2. **MESNAGER,** Habiter une maison, vivre en ménage. Gl. *Mesnagium*, 1.

3. **MESNAGER,** Faire le ménage, ranger la maison. Gl. *Mesnagium*, 3.

MESNAGIER, Chef de famille. Gl. *Mesnagium*, 1.

MESNAIGIER, MESNEIGIER, Le même. Gl. *Mesnagium*, 1.

MESNIE, Famille, maison, tous ceux qui la composent, domestiques. Gl. *Maisnada*. [Voyez *Maisnie*. Roman de Renart, tom. 1, pag. 18, vers 477, 483 (*Mesniée*). *Mesgnie*, Enfants Haymon, vers 165, 177, 191. *Mesnie Apollin*, Garin le Loher. t. 1, pag. 101. Voyez *Geste*, 2.]

MESNIER, Sergent, huissier. Gl. *Maynerius*.

MESNIL, Métairie, ferme, maison de campagne. Gl. *Mansionile*.

* **MESCŒVRER,** Mal agir. Roi Guillaume, pag. 157 :

Car molt mescœvre et molt mesprent
Qui vers sa mere guerre prent.

* **MESOÏR,** Fermer l'oreille, être sourd. Chron. des ducs de Norm. Orell, pag. 179.

MESON, pour Maison, Catafalque. Gl. *Domus*, 6.

MESONCELE, Maisonnette. Gl. *Mesoncella*.

* **MESPAIÉ,** Mal payé. Partonop. vers 2607.

MESPARLANCE, Discours déplacé, parole dite mal à propos ; d'où *Mesparlier*, Celui qui parle ainsi. Gl. *Maliloquium*.

* **MESPARLER,** Médire. Rayn. tom. IV, pag. 422¹, au mot *Mesparlar*.

* **MESPOINZ,** Marqués de faux points. Guill. Guiart, tom. II, pag. 412, vers 10705 (19687) :

Dez plains, dez widiez, des mespoinz,
Saillent aus ribauz hors des poinz.

MESPORTER, Se mal comporter, faire une mauvaise action. Gl. *Portare*, 1.

MESPRANTURE, Faute, délit, contravention. Gl. *Mesprisio*.

1. **MESPRENDRE,** Arriver mal à quelqu'un. Gl. *Mesprendere*.

2. **MESPRENDRE,** Faire une faute, faire tort à quelqu'un, l'offenser. Gl. *Misprendere*. [Commettre une offense, un délit. Vie de S. Thomas de Cantorbéry, Chron. des ducs de Norm. tom. III, pag. 622², 623¹. Mantel mautaillé, vers 334. Se tromper, vers 122. Voyez Rayn. tom. IV, p. 633¹, au mot *Mesprendre*. Diez, *Altroman. Sprachdenkm*. pag. 57.]

MESPRENTURE, Faute, délit, contravention. Gl. *Mesprisio*.

MESPRISON, Le même. Gl. *Mesprisio et Misprendere*. [Agolant, vers 231. Wackern. p. 51. Lais du Corn, vers 322. *Mesproison*, Partonop. vers 8522. *Mesprison*, Méprise, erreur, vers 6748. Chron. des ducs de Norm. Voyez Rayn. tom. IV, pag. 633², au mot *Mespreizo*.]

MESPRISURE, Le même. Gl. *Mesprisio*. [Erreur, méprise, Rutebeuf, t. II, p. 255.]

MESQUANCHE, Malheur, mauvaise fortune, accident fâcheux. Gl. *Mescadere*.

MESQUE, Houe, instrument à labourer la terre. Gl. *Maglius*.

MESREL, Jeton. Gl. sous *Merallus*.

* **MESRELE.** Voyez *Meresle*.

1. **MESSAGE,** Messager, qui porte quelque ordre ou nouvelle. Gl. *Messagarius et Missus*, 2, pag. 443². [Garin le Loher. tom. 1, pag. 67. Chron. des ducs de Norm.]

2. **MESSAGE,** Certaine redevance, due au messier ou au seigneur, pour la garde des fruits de la terre. Gl. *Messagium*, 2, sous *Messarius*, 1.

MESSAGIER, Huissier, garde de quelque chose, bedeau. Gl. *Messagerius*.

1. **MESSAIGE,** Procureur, celui qui est chargé des affaires d'un autre. Gl. *Messagarius*.

2. **MESSAIGE,** comme ci-devant *Message*, 2.

MESSAIGERIE, Message, envoi, commission. Gl. *Messajaria*, 2.

MESSAIGIER, Sergent, qu'on envoie faire quelque exécution. Gl. *Messagerius*.

MESSCÉ, Sorte de boisson. Gl. *Mixtum*, 1, pag. 452².

MESSE, Confrérie. Gl. sous *Missa*, 4, pag. 440³.

MESSE MATINEUSE, MATYNELLE, qui se dit de grand matin, au soleil levant. Gl. *Missa matutinalis*, sous *Missa*, 4, pag. 438¹. [*Messe coppetée*, pag. 436³. *Messe noittiere*, pag. 438¹. *Messe de benisson*, pag. 435³.]

MESSEILLIERE, Sergent, messier. Gl. *Messegerius*, 2.

MESSEL, Carnage, massacre. Gl. *Messella*.

MESSERIE. L'office de messier, l'étendue de sa juridiction. Gl. *Messaria et Messarius*, 1.

* **MESSERRER.** Voyez *Meserrer*.

MESSERVIR, Desservir, nuire. Gl. *Misservire*.

MESSEURE, Ce qu'on donne en nature au moissonneur pour son salaire. Gl. *Messura*.

MESSEY, Messier, garde des fruits de la terre. Gl. *Messaguerius*.

MESSIEN, Missel, livre pour la messe. Gl. *Messuale*.

MESSIER, Le même. Gl. *Missalis*.

* **MESSIER (SE),** S'élancer, se précipiter. Chron. des ducs de Norm. tom. 1, pag. 411, vers 9508.

MESSIERE, Mur de cloison. Gl. *Maceria*, 3.

MESSILIER, Messier, garde des fruits de la terre. Gl. *Messarius*, 1.

1. **MESSION,** Le temps de la moisson. Gl. *Messionagium*.

2. **MESSION,** Mise, frais, dépense. Gl. *Missiones*.

MESSON, Moisson, récolte. Gl. *Messis*, 2.

MESSONGNER, Serrer en grange la moisson. Gl. *Mansionare*.

MESSONNER, Moissonner, d'où *Messonnier*, Moissonneur. Gl. *Messonare*.

MESSOYER, Entendre la messe, y assister. Gl. *Messiare*.

* **MEST.** Voyez *Maindre*.

MESTAILLER, Mal tailler. Gl. *Taliare*, 1.

MESTARIE, MESTERRIE, Métairie, ferme. Gl. *Mediatoria*.

MESTER, Office divin. Gl. *Opus Dei*. Voyez *Mestier*, 8.

MESTEUL, Blé méteil. Gl. *Metallum*, 2.

1. **MESTIER**, Office, emploi. Gl. sous *Ministerium*, pag. 420³. [Partonop. v. 424. Agolant, v. 1199. Roi Guillaume, p. 63. Partonop. vers 7830. Jubinal, Fabliaux, tom. II, pag. 33, 34. Voyez Rayn. tom. IV, p. 236², au mot *Mestier*. — Chastel. de Couci, v. 1343 :

> Et cil qui furent el mestier
> Se vont si illuec aprochier.]

2. **MESTIER**, Territoire, district, étendue d'une juridiction. Gl. sous *Ministerium*, p. 421², et *Officium*.

3. **MESTIER**, Toute espèce de meuble, tout ce qui sert à quelque chose. Gl. *Ministerium*, pag. 420¹.

4. **MESTIER**, Espèce de mesure de grain. Gl. *Mestarium*, 1.

5. **MESTIER A HUILLE**, Moulin à huile. Gl. *Mestarium*, 2.

6. **MESTIER**. FAIRE MESTIER, Divertir, amuser, faire danser. Gl. *Menesterellus*. [*Feste des mestiers*. Gl. *Festum ministeriorum*.]

* 7. **MESTIER**, Besoin, service, usage, utilité, Partonop. vers 7857 :

> A lor mestier ont loges beles
> E as cevals toutes noveles.

Avoir mestier, Rendre des services, aider, être utile, être nécessaire. Joinville, p. 45 : *Ses prières nous orent bien mestier au besoing.* Agolant, vers 1008 :

> Par ce l'aim et tien chier,
> Qu'il m'a éu en maint besoig mestier.

Vers 148, 344, 408, 1037, 1197. Garin le Loher. t. I, p. 136, 171. Chastel. de Couci, vers 3674. Fabliaux, Jubinal, t. I, p. 129, 144. Partonop. vers 10491. Roman de Renart, tom. II, pag. 91, vers 12036; p. 283, vers 17295. Joinville, pag. 269. Partonop. vers 1058, 6565 :

> Et quant c'onques à chevalier
> Puet à tornoi avoir mestier.

Vers 219 :

> Quanque prodom avait mestier
> A pais faire et à guerroier.

Vers 7540 :

> Qant ert l'eure que cevalier
> Puisce procce avoir mestier ?

Garin le Loher. tom. I, pag. 18 :

> Secourez-les, qu'ils en ont grant mestier.

Ni a mestier, Est inutile, ne sert à rien. Partonop. vers 2870, 7618. Roman de Renart, tom. II, pag. 171, vers 14282. Roi Guillaume, pag. 56. Garin, tom. I, pag. 18, 135, 136. Partonop. vers 1782. Mantel mautaillé, vers 421. Wackern. pag. 41. Garin tom. I, pag. 82 :

> Laissiez la cort, que mestier n'i avez.

Il n'en avait nul mestier, Joinville, pag. 418. *Fust mestier*, Joinville, pag. 39, 57, 199. Voyez Rayn. t. IV, p. 236², au mot *Mestier*.

* 8. **MESTIER** DEU, SAINT MESTIER, Messe, service de Dieu. Chron. des ducs de Norm. Diez, *Altrom. Sprachdenkm.* pag. 25. *Le damedeu mestier*, Gérard de Vienne, vers 1974. Voyez Rayn. tom. IV, pag. 219², au mot *Mestier*. Gl. *Opus Dei*.

MESTILLON, Blé méteil. Gl. *Mestillium*.

MESTIVAGE, Le droit d'exiger une re-

devance appelée *Mestive*. Gl. sous *Mestiva*.

1. **MESTIVE**, Redevance en grain. Gl. *Mestiva*.

2. **MESTIVE**, Le temps de la moisson. Gl. *Mestiva*.

MESTIVER, Moisonner; d'où *Mestivier*, Moissonneur. Gl. *Mestiva*.

* **MESTIZ**, Métis. Gl. *Mestosus*.

MESTOURNÉ, Qui est trop petit. Gl. *Bestornatus*, et *Panis* pag. 52¹ et 58². [Oppressé, navré. Partonop. vers 4428 :

> Car ses cuers est tos mestornés.]

* **MESTRAIRE**. Voyez *Mesjeuer*.

MESTRE DES ENGINS, Ingénieur en chef. Gl. *Magister ingeniorum*. [*Mestre du déluge*. Voyez *Deluge*. *Mestre des paveillons*. Gl. *Magister pavilionum*.]

1. **MESTRIE**, Domination, souveraineté. Gl. *Magisterialis*.

2. **MESTRIE**, Maîtrise, charge des maîtres des eaux et forêts. Gl. *Magistria*, 2.

3. **MESTRIE**, L'art de guérir les plaies ou les maladies. Gl. sous *Magister*, p. 181².

* 4. **MESTRIE**, Habileté, artifice, art. Partonop. vers 10661. Voyez Rayn. tom. IV, pag. 117², au mot *Majestria*.

* **MESTROIER**. Voyez *Maistroier*.

MESTUEIL, Blé méteil. Gl. *Mestillium*.

1. **MESTURE**, Moisson, récolte. Gl. *Mestura*.

2. **MESTURE**, Blé méteil. Gl. *Mestura*.

MESUAGE, Métairie, principal manoir. Gl. *Messuagium* et *Maisnagium*.

MESVEICHER, Mégissier. Gl. *Mesgicerius*.

MESVOIER, Égarer, dérouter, mettre hors de la voie. Gl. *Meserare*.

* **MESURABLE**, Sensé. Chansons historiques, tom. I, introd. pag. 48. Partonop. vers 6541. Jordan Fantosme, v. 1291.

MESURAIGE, Droit seigneurial sur chacune mesure. Gl. *Mesuragium*.

1. **MESURE**, Nom d'une mesure en particulier. Gl. *Mensura*, 1.

2. **MESURE**. METTRE LES MESURES, Prescrire, ordonner de leur capacité. Gl. *Mensura*, 1.

MESURIERRES, Mesureur, arpenteur. Gl. *Mensurator*.

MESUS, Mauvais usage, abus. Gl. sous *Moneta Baronum*, col. 1323.

MESUSANCE, Tout ce qui se fait injustement. Gl. *Mesusagium*.

* **MET**. Voyez *Mait*.

METADENC, Blé méteil. Gl. *Mitadenquum bladum*.

METAINH, Certaine mesure de grain. Gl. *Meytencus*.

METE, Borne, limite. Gl. *Meta ferrata*.

METERE, Certaine mesure de terre. Gl. *Meyteria*.

METH, Le plancher d'un pressoir; ou table. Gl. *Maita*.

METOIERIE, Division, partage en deux. Gl. *Medietaria*. [*Metoier*, Associé. Gl. *Medietates*.]

* **METRE** Doy. Voyez *Doy*, 3.

METRIDAT, Mithridat, contre-poison, antidote. Gl. *Mithridatum*.

1. **METTE**, Borne, limite. Gl. *Meta ferrata*, *Wreckum* et *Hagha*.

2. **METTE**, Métal, étain ou cuivre. Gl. *Metalle*.

METTIVE, Le temps de la moisson. Gl. *Mestiva*.

METTOIER, Métayer. Gl. *Medietarius*.

1. **METTRE**, Dépenser, employer. Gl. *Missiones*. [*Metans*. Gl. *Largus*.]

2. **METTRE** EN EMBANNIR, Défendre, proclamer un ban. Gl. *Imbannire*, sous *Bannum*, 1.

3. **METTRE** EN N̄ê ou NY, s'Inscrire en faux, nier. Gl. *Ponere in negatum*, pag. 343³.

* 4. **METTRE** JUS L'ORELLE, Se coucher. Roi Guillaume, pag. 57 :

> Si s'endormi (ne fu mervelle)
> Dès qu'ele ot jus mise l'orelle.

* 5. **METTRE** SOR, S'en rapporter à un arbitre. Wackernagel, pag. 51 :

> Tous le bestans de nos dous metcroie
> Sors la bele k'ensi nos ait mellcit.

Plus bas :

> Dès ke sor vos ai mise la tensou.

Voyez Rayn. tom. IV, pag. 222² (*Metria en dos amic*), et comparez Gl. *Mittere se in aliquo* et *Mittere se in amicos*.

6. **METTRE** SUS, Établir. Gl. *Salinare*.

7. **METTRE** SUS, Rétablir, réparer. Gl. *Mittere supra*, pag. 451².

8. **METTRE** SUS, Abolir, éteindre, terminer. Gl. *Mittere supra*.

METURE, Blé méteil. Gl. *Mestura*.

METURGEMAN, Truchement, interprète. Gl. *Dragumanus*.

METZ. PRENDRE METZ, s'Associer pour manger ensemble. Gl. *Missorium*.

MEUBLAGE, Fourniture, provision. Gl. *Mobile*. [*Meuble partable*. Gl. *Salvatorium*, 1.]

MEULE. BIENS MEULES, Mobiliers. Gl. *Mobile*.

* **MEULE** A TAILLANT. Gl. *Mola*, 6.

MEULENGE, Vanne, palle, vautail. Gl. *Mulneda*.

MEULEQUINIER, Tisserand d'étoffe appelée *Moloquin*. Gl. *Melocineus*.

MEUR, Marais. Gl. *Mora*, 2.

* **MEURE**, MORE, Lame, pointe de l'épée, de la flèche. Partonop. vers 2241, 3179, 3541. Chron. des ducs de Norm. t. II, pag. 122, vers 1892. Guill. Guiart, t. II, pag. 77, vers 1959 (10935); pag. 320, vers 8301 (17282). Voyez *Amure*.

MEURON, Mûre sauvage. Gl. *Mora*, 5.

1. **MEURTÉ**, Maturité. Gl. *Maturitas*, 2.

2. **MEURTÉ**, Réflexion, sagesse. Gl. *Maturitas*, 2.

MEUTE, Guerre, entreprise militaire. Gl. *Mola*, sous *Movere*, 1.

MEUTEMACRE, Mutin, séditieux. Gl. *Meutmacher*.

MEUTIN, Certaine partie d'une charrue; p. e. Mouton. Gl. *Mutunus*.

MEUTURE, Droit de mouture. Gl. *Molendinatura*.

MEX, Maison. Gl. *Mesus*.

MEYENPRISE, Mainprise, saisie. Gl. *Meinprisa*.

MEYSEL, Métairie, ferme. Gl. *Meystadaria*.

MEYT, Maie, pétrin. Gl. *Madia*.

MEYTADENC, Certaine mesure de grain. Gl. *Meytencus.* Voyez *Miladenc.*

MEYTERE, Certaine mesure de terre. Gl. *Meyteria.*

MEYTERÉE, Le même. Gl. *Meyteriata.*

1. MEZ, Plat, ce qu'on donne pour un repas. Gl. *Missorium.* [Voyez *Mes,* 2.]

* 2. MEZ, Habitation. Rutebeuf, t. II, pag. 248. Voyez *Mas* et *Mes,* 3.

* MEZE. Voyez *Mese.*

MEZEILLADE, Sorte de petite mesure. Gl. *Mezellada.*

MEZEL, Lépreux, corrompu, sale. Gl. *Mezellus.* [*Loi mezelle,* Paganisme. Enfants Haymon, vers 912. Voyez *Mesel. Mezeu,* Gl. *Mezes.*]

MEZELLADE, Sorte de mesure des terres. Gl. *Mezellada.*

MEZELLERIE, Lèpre. Gl. *Mezellus.*

MI, Moi. Gl. *Mi.*

MI-CARESME, Le quatrième dimanche de Carême. Gl. sous *Dominica.*

MICHE, Sorte de petit pain; d'où le diminutif *Michotte.* Gl. *Mica,* 1. [Voyez Rayn. tom. IV, pag. 231², au mot *Micha.*]

MIDI, MIEDY, Sexte, heure de l'office divin. Gl. *Meridies.*

* MIE, Point, pas. Rayn. t. IV, p. 231¹, au mot *Mica.* Orell, pag. 307. Diez, t. II, p. 400, t. III, pag. 410. Agolant, vers 1113 :

> N'a en cet oste si bon mulet amblant
> Qui en trois mois poist mie aler tant.

Dit du roi Guillaume, pag. 189 :

> Je croi qu'il est nus hons qui le recordast mie.

Renart le Nouvel, tom. IV, pag. 276 : *Sans raison ki face mie à faire si grande emprise. Mie de,* Roi Guillaume, pag. 74 :

> Quant de l'enfant mie ne troeve.

Pag. 152 :

> De l'autre enfant n'i trova mie.

MIEGES, Médecin. Gl. *Megeicharius.* [*Miécine,* Médicament. Partonop. v. 1630. Voyez Rayn. tom. IV, pag. 173², au mot *Metge.*]

* MIER. Voyez *Ormier.*

MIERC, Marque, signe. Gl. *Intersignum,* 1.

MIÉS, Hypocras. Gl. *Mezium.*

MIESIER, Brasseur de la boisson appelée *Miez.* Gl. *Mezium.*

MIEUDRE, MIEULDRE, Meilleur, principal. Gl. *Meliores.*

MIEX, Maison. Gl. *Mesus.*

MIEZ, Sorte de boisson ou bière. Gl. *Mezium.*

MIGE, Qui est au milieu, à moitié. Gl. *Migeirius.*

MIGERAT, Sorte de trait ou dard. Gl. *Migerius.*

MIGNIER, Manger. Gl. *Mangerium.*

MIGNOT, Mignon, délicat. Gl. *Mignonetus.*

MIGNOTISE, Soin trop recherché, affection. Gl. *Mignonetus.*

MIGRAINE, Grenade. Gl. *Migrana,* 2.

MIL, Millet, sorte de grain. Gl. *Miletum.*

MILHAGEUX, MILHAGNEUX, Corrompu, gâté. Gl. *Meligniosus.*

* MILIAIRES, Millénaire. Gl. *Millenarium.*

MILIENDE, Sorte de vêtement; ou certaine partie de l'habit. Gl. *Milienda.*

MILIERE, Champ semé de millet. Gl. *Miletum.*

MILLARGEUX, pour MILHAGEUX ou MILHAGNEUX, Corrompu, gâté. Gl. *Meligniosus.*

MILLEGROUX, espèce de loup-garou. Gl. *Difformatio.*

MILLIERE, Champ semé de millet. Gl. *Miletum.*

MILODS, Se dit lorsqu'il n'est dû que la moitié des lods et ventes dans certaines mutations. Gl. *Mutagium,* sous *Muta,* 2. [*Milaods.* Gl. *Recognitio,* 4.]

* MILSOUDOR. Voyez *Misodour.*

* MIMORIE, Sens, art. Partonop. vers 10302 :

> Desos un lit à pecols d'or
> Qui moult fu fais par grant mimorie;
> Les espondes furent d'ivorie, etc.

Voyez Gl. *Memoria,* pag. 353³.

1. MINAGE, Droit seigneurial sur les grains mesurés à la mine. Gl. *Minagium,* 1.

2. MINAGE, Le marché où se mesure le grain à la mine. Gl. *Minagium,* 1.

3. MINAGE, Droit qui se levait sur les vins. Gl. *Minagium,* 1.

* 4. MINAGE, MINIAGE. *Tenir à Minage.* Gl. *Minagium,* 1.

MINAGÉEUR, MINAGER, MINAGEUR, Celui qui mesure à la mine et qui reçoit le droit appelé *Minage.* Gl. *Minagiator,* sous *Minagium,* 1.

* MINCE, Petite monnaie valant un demi-denier. Guill. Guiart, tom. II, pag. 109, vers 2809 (11787).

1. MINE, Certaine mesure de terre, demi-arpent. Gl. *Mina,* 3. [Mesure de grain. Roman de Renart, tom. II, pag. 273, vers 10713, 17016 :

> Et de mon orge plaine mine.

Voyez Rayn. tom. IV, pag. 233², au mot *Mina.*]

* 2. MINE, Certain jeu. Partonop. vers 10367 :

> Alquant à le mine et as deis
> Gaaignent et perdent assés.

* MINÉE, Troupe, masse, pour *Menée?* Aubri, pag. 154¹ :

> Et des prisons amena tel minée
> Encor en est vostre chartre emblaée.

MINEL, diminutif de MINE, Mesure de grain. Gl. *Minellus,* 1.

MINER, Ouvrir une mine. Gl. *Minare,* 4.

MINGNIER, Manger. Gl. *Mangerium.*

MINGRELINS, Faible, qui n'a ni force ni vigueur. Gl. *Minutus,* 3.

MINISTIER, Distribution d'aumônes. Gl. *Ministratio.*

MINORAGE, Minorité d'âge. Gl. *Minorennitas.*

MINOT, Certaine mesure de terre, la moitié d'une *Mine.* Gl. *Mina,* 3.

MINUTER, Minuter, écrire une minute. Gl. *Minuare,* 2.

* MIRABILOUS, Merveilleux. Gérard de Vienne, vers 1899 :

> Sonja un songe mirabilous et fier.

Voyez Rayn. tom. IV, pag. 240², au mot *Meravilhos. Mirable,* Admirable. Chron. des ducs de Norm. Rayn. pag. 239¹, au mot *Mirable.*

MIRACLE. JEU DE MIRACLE, Pièce de notre ancien théâtre. Gl. *Miracularius.*

MIRACLES DE S. WIDEVERT, Sorte de maladie, épilepsie, mal caduc. Gl. *Miracularius.*

MIRAILLIER, Miroitier. Gl. *Mirale.*

MIRAUDER, Regarder avec attention, examiner. Gl. *Mirare,* 1.

1. MIRE, Médecin, chirurgien, apothicaire. Gl. *Miro,* 2. [Chron. des ducs de Norm. *Doiz mire.* Voyez *Doy.*]

* 2. MIRE, Récompense; de *Merir. Diex le vos mire,* Roi Guillaume, pag. 100. Chastel. de Couci, vers 6750. Gl. *Merere.* Voyez le Glossaire sur la Chron. des ducs de Normandie.

MIRENCOULIE, Chagrin, peine. Gl. *Merencolicus.*

MIRER, Traiter, donner des remèdes, guérir. Gl. *Miro,* 2.

MIRGICINER, Le même. Gl. *Miro,* 2.

MIRMANDE, Petite ville. Gl. *Mirmet.*

MIRME, Espèce de petit vaisseau, chaloupe. Gl. *Mirmet.*

MIRMET, Petit. Gl. *Mirmet.*

MIROAILLIER, Miroitier. Gl. *Mirale.*

MIROUER, Miroir. Gl. *Mirale.*

MIRRESSE, Femme qui fait l'office de *Mire* ou médecin. Gl. *Miro,* 2.

MISAILLE, Gageure. Gl. *Misa,* 5.

MISCIE, District, juridiction. Gl. *Misa,* 5.

1. MISE, Arbitrage, sentence d'arbitres. Gl. *Misa,* 2.

2. MISE, Enjeu, gageure. Gl. *Misa,* 5.

* MISERACLE, Espèce d'arme. Moinages Renouart, passage cité dans le Glossaire sur la Chanson de Roland, au mot *Museraz* :

> S'ai miseracles et bons materas fez.

Voyez *Misericorde,* 2, et *Museraz.*

* MISERATION, Commisération. Chron. des ducs de Normandie.

MISERE, pour MISEUR, Arbitre. Gl. *Misa,* 2.

MISERELE, Le psaume *Miserere.* Gl. *Murmurium.* [Chron. des ducs de Norm.]

1. MISERICORDE, p. e. Salle des hôtes dans un monastère. Gl. sous *Misericordia,* 1.

2. MISERICORDE, Sorte de poignard. Gl. *Misericordia,* 2. [Renart le Nouvel, tom. IV, pag. 151, vers 685. *Mesericorde,* Partonop. vers 2967, 2987.]

MISERICORS, Miséricordieux, qui est susceptible de compassion. Gl. *Miseratris.* [Voyez le Gloss. sur la Chron. des ducs de Norm.]

* MISERIN, Misérable. Partonop. v. 5124. Voyez Rayn. tom. IV, pag. 241², au mot *Miserin.* Chron. des ducs de Norm.

MISEUR, Celui qu'on a chargé de suivre et exécuter une affaire. Gl. *Misa,* 2.

MISODOUR, MISSAUDOUR, Coursier, cheval de bataille. Gl. *Emissarius,* 2. [*Misodor,* Partonop. vers 8810. *Milsoudor,* Chron. des ducs de Norm. Voyez Rayn. tom. IV, pag. 233¹, au mot *Milsoldor. Nulsoudor,* Agolant, vers 525. *Nussoudor,* pag. 172¹, 184². *Nusoudor,* ibidem. *Musador,* Aubri, pag. 172¹.]

***MISPRISION**. Gl. *Misprisio.*

MISSIER, Le prêtre chargé de dire la messe. Gl. *Missarius*, 1.

MISSION, Mise, frais, dépense. Gl. *Missiones.*

MISSIONNER, Faire des frais à quel-qu'un. Gl. *Missiones.*

MISSOLE, Sorte de froment, dont l'épi n'a point de barbe. Gl. *Touzella.*

MISTEMENT, Artistement, avec art. Gl. *Misterium*, 1.

1. **MISTERE**, Ouvrage. Gl. *Misterium*, 1.

2. **MISTERE**, Métier. Gl. *Misterium*, 1.

3. **MISTERE**, Ministère. Gl. *Miste-rium*, 2.

1. **MISTRAL**, Morceau, pièce. Gl. *Mis-trale.*

2. **MISTRAL**, Bailli ou prévôt, celui qui lève les droits d'un seigneur, et veille à ses intérêts; d'où *Mistralie*, l'Office de *Mistral*. Gl. sous *Ministeriales*, pag. 417².

MISTRE, Maître des hautes œuvres, bourreau. Gl. *Minister sanguinis.*

1. **MITADENC**, Blé méteil. Gl. *Mitaden-quum bladum.*

2. **MITADENC**, Certaine mesure des grains. Gl. *Mitadencus.*

1. **MITAILLE**, Petite monnaie de cuivre. Gl. *Mita*, 2.

2. **MITAILLE**, Mitraille, ferraille. Gl. *Mita*, 2.

MITAN, Moitié. Gl. *Mitarius.*

MITANIER, Métayer, fermier. Gl. *Mita-rius.*

MITE, Monnaie de cuivre de Flandre. Gl. *Mita*, 2.

MITE-MOE, Qui affecte une douceur hypocrite. Gl. *Marmita.*

MITIÉ, Moitié. Gl. *Mitarius.*

MITON, Certaine mesure de grain. Gl. *Mitonnus.*

MITRE DE PAPIER, Punition pour dif-férents crimes. Gl. sous *Mitræ*, pag. 450².

MITTE, Petite monnaie de cuivre. Gl. *Mita*, 2.

* **MIU**, Muet. Partonop. vers 8421.

MIXTURE, Blé méteil. Gl. *Mixtum*, 2, et *Mescalia.*

MIZOTE, Espèce de foin ou fourrage. Gl. *Mezes.*

MOBEUGE, Le nom d'une cloche à Ab-beville, qui réglait le travail des ouvriers. Gl. *Maubeuge.*

MOBILIAIRE. CONTRACT MOBILIAIRE, Qui concerne les meubles. Gl. *Mobile.*

MOBLE, Meuble. Gl. *Mobile.*

MOCE, p. e. Colline, hauteur, éminence. Gl. *Moccus.*

MOCHÉ, Femme, épouse. Gl. *Mulier.*

MODEKIN, Sorte de mesure, muid. Gl. *Modekinus.*

MODERÉE, Mesure de terre qui con-tient la semaille d'un muid de grain. Gl. *Moiata*, p. 461².

MODOAL, Tuteur. Gl. *Mundualdus.*

MODURENGE, Blé de mouture. Gl. *Moduranchia.* [*Modure*. Gl. *Mousturangia.*]

MOE, Moue, grimace. Gl. *Moa*, et † *Val-gium.*

MOEBLE, Meuble. Gl *Mobile.* [Roi Guil-laume, pag. 145, 146. *Mouble*, Chron. des ducs de Normandie.]

MOÉE, Mesure de terre, qui contient un muid de semaille. Gl. *Moia.*

MOELIN, Moulin. Gl. *Hardinea.*

MOEMENT, Conséquence, force, valeur. Gl. *Momentum.*

MOENEL, Espèce de cor de chasse. Gl. *Menetum* et *Fretella.*

* **MOERSCHOUIN**, Marsouin. Gl. *Mar-supa.* *Mersuin*, Gl. *Mersuinus.*

MOESON, Le prix d'un bail à ferme. Gl. *Moiso*, 2.

MOETÉTÉ, Moiteur, humidité. Gl. *Uditas.*

1. **MOFFLE**, Moufle, espèce de gros gant. Gl. *Moffula.*

2. **MOFFLE**, Monceau, tas. Gl. *Moffula.*

MOFFLET, Pain mollet. Gl. *Mofflet.*

MOFLE, Monceau, tas. Gl. *Moffula.*

MOIBLE, Meuble. Gl. *Mobile.*

MOICTENRIE, Les fruits ou revenus d'une métairie. Gl. *Mediatoria.*

* **MOIE**, Meule. Gl. *Meta*, 1.

MOIÉE, Certaine mesure de terre. Gl. *Moia.*

" **MOIEMES**. Vos MOIEMES, Vous-même. Gérard de Vienne, vers 2205.

MOIENIAU, Espèce de moyenne trom-pette. Gl. *Monellus* [*Moienel*, Roi Guillaume, pag. 110. Voyez *Menuel* et *Moenel*.]

MOIENIERRES, Médiateur, entremet-teur. Gl *Mediator*, 1.

MOIENNEMENT, Médiation, entremise. Gl. *Mediator*, 1.

1. **MOIENNER**, Transiger, traiter. Gl. *Mediare*, 1.

2. **MOIENNER**, Partager par le milieu, séparer en deux parties égales. Gl. *Me-diare*, 2.

MOIETOIRIE, Ferme, métairie. Gl. *Moitoieria.*

MOIEUF, Moyeu, jaune d'œuf. Gl. *Mo-diolus*, 3.

MOIGNEANS, Mot mal lu, à ce que je crois. Gl. *Mogneria.*

MOIGNEUX, Office de cuisine chez le roi. Gl. *Mogneria.*

MOIJE, Mesure de terre, qui contient un muid de semaille. Gl. *Modiata*, sous *Modius*, 2, pag. 461².

MOILLER, MOILLIER, Femme épouse. Gl. *Mulier.*

MOILLERON, Sorte d'enduit fait avec de la *Moulée.* Gl. *Moleya.*

MOILLONNER, Enduire, crépir. Gl. *Mo-leya.*

MOILON, Coupe, grande tasse. Gl. *Mo-jolus.*

MOINE, Moineau. Gl. *Moinus.*

1. **MOINEL**, Moindre, moyen. Gl. *Maa-nellus.*

2. **MOINEL**, Espèce de moyenne trom-pette ou cor de chasse. Gl. *Menetum.*

MOINGNAGE, Profession monastique. Gl. sous *Monachi*, pag. 476³.

MOINGNE, Moine. Gl. sous *Monachi.*

MOINIAU, Espèce de moyenne trompette ou cor de chasse. Gl. *Monellus.*

MOINIOT, Enfant de chœur. Gl. *Munie.*

MOINNES, Moineau. Gl. *Moinus.*

1. **MOIS**, en Normandie, Maison de cam-pagne, à laquelle il y a des terres attachées, métairie. Gl. *Mansus*, et *Chief mois*, sous *Caput*, pag. 163³.

* 2. **MOIS**, MOISSART, Nigaud, niais. Chron. des ducs de Norm. Voyez *Musart.*

MOIS FENAL, Le mois de juillet. Gl *Fe-nalis mensis.* [*Mois de Pasques*, Gl. *Mensis*

Paschæ. Des *mois*, De longtemps. Orell, pag. 307.]

* **MOISI**, Rouillé. Guill. Guiart, tom. 11, pag. 273, vers 7090 (16070) :

    Mes cil ont leur lances tendues
    A pointes luisanz et moisies.

MOISNEAU, Moyenne cloche. Gl. *Mo-nellus.*

MOISNET, Moineau. Gl. *Moinus.*

1. **MOISON**, Mesure, forme. Gl. *Moiso*, 1.

2. **MOISON**, Espèce de bail à ferme, le prix ou revenu d'un tel bail. Gl. *Moiso*, 2.

MOISONNIER, Fermier, métayer. Gl. *Moiso*, 2.

MOISSERON, Mousseron, petit champi-gnon blanc. Gl. *Mussa*, 2.

MOISSINE, Marc de vin ou de raisin. Gl. *Moissina.*

1. **MOISSON**, Certaine redevance, qui se payait en fruits de la terre. Gl. *Messis*, 2.

2. **MOISSON**, Gerbe. Gl. *Messis*, 2.

1. **MOISTRE**, Emplâtre, remède. Gl. *Me-dicina.*

* 2. **MOISTRE**, Guill. Guiart, t. 1, p. 88. vers 1636 :

    Dontant qu'aucun ne l'occéist
    Par granz malaventures moistre,
    Ne s'osa onc faire connoistre.

MOITABLE, MOITABLE, Blé mé-teil. Gl. *Mitadenquum bladum.*

MOITAI. DONNER A MOITAI, A moitié des fruits. Gl. *Medietaria*, sous *Medieta-rius.*

MOITAIERE, Ferme, métairie. Gl. *Moi-toieria.*

MOITANGÉ. BLED MOITANGÉ, Méteil. Gl. *Mixtum*, 2.

MOITARIE, Moitié des fruits ou des re-venus. Gl. *Mediatoria.*

MOITÉEN. BLED MOITÉEN, Méteil. Gl. *Bladum mediastinum.*

MOITÉERIE. TENIR A MOITÉERIE, A moitié des fruits. Gl. *Mediateria*, sous *Me-dietarius.*

MOITEON, Certaine mesure de grain. Gl. *Moitonnus.*

MOITERIE, Ferme, métairie. Gl. *Moi-toieria.*

MOITESRIE, Moitié des fruits ou des revenus. Gl. *Mediatoria.*

MOITOIEN, MOITOIER, Métayer. Gl. *Me-dietarius.* [*Moitaier*, Métayer, associé. Ro-man de Renart, tom. 111, pag. 26, v. 20467.]

MOITOIERIE, Bail à moitié des fruits. Gl. *Mediateria*, sous *Medietarius.*

MOITOIRIE. DONNER A MOITOIRIE, A moitié des fruits. Gl. *Medietaria*, sous *Me-dietarius.*

MOITON, Certaine mesure de grain. Gl. *Moitonnus, Mensura*, 1, et *Modius*, 2, p. 460³.

MOITURIE. DONNER A MOITURIE, A moitié des fruits. Gl. *Medietaria*, sous *Me-dietarius.*

MOL, Mollet de la jambe. Gl. *Moleta*, 3.

MOLABLE. GRAIN MOLABLE, Qui doit être moulu au moulin du seigneur. Gl. *Molare*, 3.

1. **MOLAGE**, Droit de mouture. Gl. *Molegium.*

2. **MOLAGE**, Trémie. Gl. *Molarium*, 2.

MOLARD, Hauteur, éminence, tertre. Gl. *Molaris.*

1. **MOLE**, Botte, faisceau. Gl. *Mola*, 1.

2. **MOLE**, Meule. Gl. *Mola*, 2.

MOLECHIN, Étoffe de couleur de mauve. Gl. *Melocineus*.

1. **MOLÉE**, Espèce de ciment qu'on tire des auges des couteliers et taillandiers. Gl. *Moleya*.

2. **MOLÉE**, Suie ou noir de chaudière. Gl. *Moleya*.

MOLESTE, Inquiétude, embarras, opposition. Gl. *Molestatio*. [Chron. des ducs de Normandie.]

MOLET, Espèce de ciment qu'on tire des auges des couteliers et des taillandiers. Gl. *Moleya*.

MOLHÉ, MOLHER, Femme, épouse. Gl. *Mulier*.

MOLIER, Tireur et tailleur de meules. Gl. *Molarius*.

* **MOLIERE**, Terrain marécageux. G. Guiart, tom. 1, pag. 322, 323, vers 7403, 7413; tom. 11, pag. 328, vers 8510 (17491). Gl. *Moleria*, 1.

MOLIN BRASERET, Moulin à moudre le grain propre à brasser la bière. Gl. *Molendinum brasarium*.

MOLINEL, Petit moulin. Gl. *Molinellum*, sous *Molina*.

MOLINET, Sorte de bâton de défense. Gl. *Molinellum*.

MOLINIER, Meunier. Gl. *Molinarius*.

MOLLAGE, Le droit des mouleurs de bois. Gl. *Molla*, 1.

MOLLE, Moule, certaine mesure de bois. Gl. *Molla*, 1.

* **MOLLÉ**, Moulé, formé. Flore et Blancefl. vers 556, 574, 579. Chanson de Roland, st. 227, vers 22.

> Belemont est mollet.

St. 286, vers 2 :

> E tis cors ben mollez.

Moslé, Roman de Roncevaux, pag. 57. Beau, bien fait. Garin le Loher. tom. 1, pag. 85 :

> Aubris fu biaus, eschevis et molés.

Chastel. de Couci, vers 1271. Fait pour. Chansons historiques, tom. 1, pag. 171 :

> Ainçois estes mieux mollés
> A savoir de sirurgie.

MOLLÉE, Espèce de ciment qu'on tire des auges des couteliers et des taillandiers. Gl. *Moleya*.

MOLLEQUINIER, Tisserand ou marchand d'étoffe appelée *Moloquin*. Gl. *Melocineus*.

1. **MOLLER**, Femme, épouse. Gl. *Mulier*.

2. **MOLLER**, Mesurer le bois dans le *molle*, et *Molleur*, Celui qui le mesure. Gl. *Molla*, 1.

MOLLIER, Femme, épouse. Gl. *Mulier*. [Agolant, vers 1050.]

MOLNIER, Meunier. Gl. *Molinarius*, sous *Molina*, pag. 570¹.

* **MOLOI**, Roman de Renart, tom. 111, pag. 33, vers 20648 :

> Atant sont essu del moloi.

Voyez vers 20552.

MOLOQUIN, Étoffe de couleur de mauve. Gl. *Melocineus*.

MOLRE, Moudre. Gl. *Molare*, 3.

* **MOLT**. Voyez *Mont*.

MOLTE, Droit seigneurial qui se paye des fruits de la terre. Gl. *Molta*, 3.

1. **MOLU**. ARMES MOLUES, Pointues, affilées. Gl. *Arma quæ ad molas acuuntur*, pag. 395².

* 2. **MOLU**, Brisé, broyé. Gérard de Vienne, vers 3139 :

> Lors hanstes fraites et lor espiez molus.

3. **MOLU**, Droit de mouture. Gl. *Molta*, 2.

* **MOLY**. Gl. *Panis*, pag. 56².

MOMME, Mascarade; d'où *Mommer*, Faire une mascarade, et *Mommeur*, Masqué. Gl. *Momerium*.

1. **MOMMERIE**, Mascarade. Gl. *Momerium*.

2. **MOMMERIE**, Momon, défi de jeu de dés. Gl. *Momerium*.

* **MON**, Particule affirmative. Partonop. vers 9044. Roman de Renart, tom. 111, pag. 79, vers 21926; t. 1v, pag. 224, v. 2545. Aubri, pag. 161². *Mun*, Chron. des ducs de Normandie. Voyez Orell, pag. 307. Diez, tom. 11, pag. 399.

MONAUS, Ceux qui devaient le droit appelé *Monnage*. Gl. *Monancius*.

MONCEAU, Troupeau. Gl. *Farassia*.

MONDAIN. JUSTICE MONDAINE, La juridiction laïque. ŒUVRE MONDAINE, Servile, mercénaire, travail d'artisan. Gl. *Mundalis*.

MONEER, Monnoyer. Gl. *Monetare*. [*Moneis*, Recompensé? Wackernagel, p. 67 :

> Ki s'onor ait en honor et en pris
> Serait moneis el grant jor del juis.]

* **MONEIR**, Mener. Voyez ce mot. Wackernagel, pag. 25, 44, 58, 84.

MONGNIAGE, Profession monastique. Gl. sous *Monachi*, pag. 476³.

MONIAGE, Le même. Gl. *Moniacatio*. [Chron. des ducs de Norm.]

MONIAL, Monacal. Gl. *Moniacatio*. [Chron. des ducs de Norm.]

1. **MONJOIE**, Petite montagne, colline, monceau de pierres. Gl. *Mons gaudii*.

2. **MONJOIE**, Conciliateur, entremetteur de la paix. Gl. *Mons gaudii*. [Dans le passage cité des Miracles de la sainte Vierge lisez *Moinoie*, pour *est Monjoie*. Voyez *Moienner*. Enfants Haymon, vers 806 :

> Pour moyenne entre dieu et nature empirie.

— Sommet, perfection. Rutebeuf, tom. 11, p. 249 :

> Car c'estoit la droite Monjoie
> De paradis.

Chants historiques, tom. 1, pag. 143 :

> De biauté la monjoie.

Voyez le Gloss. sur la Chanson de Roland.]

3. **MONJOIE**, Cri de guerre des Rois de France. Gl. *Monsgaudii*. [Gérard de Vienne, v. 1767, 2381. Chanson de Roland, Chron. des ducs de Norm. Voyez Rayn. tom. 1v, pag. 257¹, au mot *Monjoi*.]

4. **MONJOIE**, Nom du roi d'armes de France. Gl. sous *Heraldus*.

1. **MONNAGE**, Ce que payaient les marchands forains au seigneur du lieu, soit en vendant, soit en achetant. Gl. *Monagium*, 1.

2. **MONNAGE**, Droit seigneurial sur ceux, qui usent du moulin du seigneur. Gl. *Monagium*, 1.

MONNEAGE, Redevance qui se payait tous les trois ans au roi pour qu'il ne changeât pas la monnaie. Gl. *Monetagium*, 2, pag. 532¹.

MONNÉE, Droit seigneurial sur ceux qui usent du moulin du seigneur. Gl. *Monagium*, 1.

* **MONNIER**. Gl. *Monetagium*, p. 532¹. Voyez *Monnoier*.

MONNOIAGE, Fonte de monnaie. Gl. *Monetagium*, 4.

MONNOIER, MONNOYER, Monnoyeur. Gl. *Monetarius*.

MONOIAGE, Redevance qui se payait tous les trois ans au roi, pour qu'il ne changeât pas la monnaie. Gl. *Monetagium*, 2, pag. 532².

MONOPOLE, Assemblée illicite, cabale, conspiration. Gl. *Monopolium*.

MONSTRANT, Avantageux, vain, orgueilleux. Gl. *Monstrare*.

1. **MONSTRE**, Descente sur les lieux contentieux, ordonnée par le juge, pour examiner les tenants et aboutissants. Gl. *Monstræ*, et *Ostensio*.

2. **MONSTRE**, Sorte de tasse, avec laquelle on fait l'essai des vains; [d'où *Monstrer*, Essayer.] Gl. *Monstra*, 4.

1. **MONSTRÉE**, Descente sur les lieux contentieux, ordonnée par le juge, pour en examiner les tenants et aboutissants. Gl. *Monstræ* et *Ostensio*.

2. **MONSTRÉE**, Coupe de bois, qui est montrée ou indiquée par la marque d'un marteau. Gl. *Monstrata*.

MONSU, Moussu, couvert de mousse. Gl. *Mussa*, 2.

1. **MONT**, Amas, monceau, troupe. Gl. *Ellutare*, et *Montonus*. [*En un mont*, Gérard de Vienne, vers 1689, 2444. Chastel. de Couci, vers 1442, 1745.]

2. **MONT**, Monde. Gl. *Morulare*. [Partonop. v. 62. Chron. des ducs de Norm. aux mots *Mund* et *Mound*. Voyez Rayn. tom. 1v, pag. 286¹, au mot *Mun*.]

* **MONTABLE**, Qui a du prix, de la valeur. Chron. des ducs de Norm. tom. 11, pag. 75, vers 16834.

MONTANAGE, Droit seigneurial, qui se lève sur les moutons. Gl. sous *Multo*.

MONTANCE, Valeur, prix, estimation. Gl. *Montare*, 1. [Voyez Rayn. t. 1v, p. 258¹, au mot *Montansa*.]

MONTANT DE TERRE, Certaine quantité de terre. Gl. *Montanum*.

1. **MONTE**, Intérêt, usure. Gl. *Montare*, 1. [G. Guiart, t. 11, p. 167, v. 4317, (133c1). Voyez Rayn. tom. 1v, pag. 258², au mot *Monta*.]

2. **MONTE**, Augmentation, accroissement. Gl. *Montare*, 3.

3. **MONTE**, p. e. Montagne, colline. Gl. *Montada*.

* 4. **MONTE**, Valeur, prix, importance, comme *Montance*. Roman de Roncevaux, pag. 40 :

> Quant ot olé la monte d'un arpent.

La monte d'une alie, Gérard de Vienne, vers 3314. *La monte d'un bouton*, Fierabras, pag. 168². *La munte d'un denier*, Jordan Fantosme, vers 537 var. vers 857. var. Voyez Rayn. tom. 1v, pag. 258², au mot *Monta*.

* 5. **MONTE**, Quantité. G. Guiart, t. 11, pag. 235, vers 6087, (15067).

1. **MONTÉE**, Augmentation du prix de quelque chose. Gl. *Montare*, 3.

2. **MONTÉE**, Certaine quantité d'eau propre à faire le sel. Gl. *Montatus*, 2, et *Montea*.

* 3. **MONTÉE**, Ascendance. Flore et Blancefl. vers 863 :

> Et harpe le lai d'Orphéy;
> Onques nus hom plus n'en oï
> Et le montée et l'avalée.

Voyez Rayn. tom. iv, pag. 259¹, au mot *Montada*.

MONTENAGE, Droit seigneurial, qui se lève sur les moutons. Gl. sous *Multo*.

MONTEPLIEMENT, Accroissement, agrandissement. Gl. *Multiciplium*.

MONTEPLOIER, Multiplier, augmenter ses fonds. Gl. *Montare*, 3.

MONTER, Concerner, toucher, appartenir. Gl. *Montare*, 1. [Avoir de l'importance, importer. Guill. Guiart, tom. ii, pag. 188, vers 4843; pag. 235, vers 6093; pag. 341, vers 8862 (13831, 15073, 17843); pag. 226, vers 5847 (14827). *A moi que monte?* Roman de Renart, tom. i, pag. 16, vers 414. *Ki bien set que ce monte de guerre*, t. iv, p. 213, vers 2286. *Noient ne monte*, Roi Guillaume, pag. 66.]

MONTINE, Sorte de jeu, p. e. Loterie. Gl. *Montina*.

* **MONTON**, Monceau, tas. Gl. *Montonus*.

MONTONAGE, Droit seigneurial, qui se lève sur les moutons. Gl. sous *Multo*.

MONTOUER, Escalier. Gl. *Monitorium*. [*Montéor*, Montoir, embarcadère. Roman de Renart, tom. iii, pag. 115, vers 22908.]

MOORRE, Moudre. Gl. *Molare*, 3.

* **MOQUOIS**. En Moquois, En se moquant, par moquerie. Chastel. de Couci, vers 29 :

> Et dient en moquois souvent.

* **MOQUER** *quelqu'un*, Se moquer de qqn. Chastel. de Couci, vers 2190. Flore et Jeanne, pag. 14. Roman de Renart, t. i, pag. 26, vers 682. Gl. *Subsannatio*.

* 1. **MOR**, Mur. Flore et Blancefl. v. 454.

* 2. **MOR**, Noir, brun. G. Guiart, t. ii, pag. 100, vers 2576 (11553) :

> Les deffendeeurs blons et mors
> Prennent ileuc de mort le mors.

Voyez Rayn. tom. iv, pag. 261², au mot *Moren*. *Morer?* Pays des Mores? Aubri, pag. 154² :

> Lors fu plus noirs que morc de morer.

MORAINE, La laine qu'on enlève de dessus les peaux des animaux morts de maladie. Gl. *Morina*, 1.

MORALITÉ, Espèce de farce ou d'action théâtrale. Gl. *Moralitas*, 2.

MORCEAU, Sortilége. Gl. *Morsellum*.

MORDANT, Agrafe, boucle garnie de son ardillon. Gl. *Mordantus*, et *Morsus*, 2.

MORDEMENT, L'action de mordre, morsure. Gl. *Rosim*.

MORDEN, Jambage. Gl. *Mordanus*.

MORDENS, Agrafe, boucle garnie de son ardillon. Gl. *Morsus*, 2.

* **MORDRIR**. Voyez *Murdrir*.

1. **MORE**, Sorte de boisson faite de miel et d'eau. Gl. *Moratum*. [Roman de Renart, tom. ii, pag. 246, vers 16263.]

2. **MORE**. Voyez *Meure*.

MOREL, Cheval noir. Gl. *Morellus*, 1, *Equus*, et *Hirundella*.

MORENE, Hémorroïde. Gl. *Moreca*.

MORENNE, Gland, sorte d'ornement. Gl. *Morena*, 3.

MOREQUIN, Sorte de drap noir. Gl. *Morelus*.

MORET, Sorte de boisson. Gl. *Moratum*.

MORFIER, Manger. Gl. *Morphea*, 1.

MORGANT, Agrafe, boucle garnie de son ardillon. Gl. *Morgarius*. [Voyez *Mordant*.]

MORGENGAVE, Le présent que le mari faisait à sa femme le matin du lendemain de ses noces. Gl. *Morganegiba*.

MORIE, Perte, dommage causé par mort. Gl. *Moria*, 1.

MORIER. Partonop. vers 5889 :

> Li ors sont tapiz ès rochiers
> E li dragon ès noirs moriers.

Voyez *Murgier*.

MORILLON, Moraillon. Gl. *Moralla*.

1. **MORINE**, Maladie, mortalité de bestiaux. Gl. *Moria*, 1.

2. **MORINE**, La laine qu'on enlève de dessus les peaux des animaux morts de maladie. Gl. *Morina*, 1.

MORISAGER, Apprécier; ou Abonner. Gl. *Morare*, 2.

MORISCLE, Monnaie d'Espagne. Gl. *Morikinus*.

MORISQUE, Sorte de danse à la manière des Mores. Gl. *Morikinus*.

MORNIE, Chair d'animal mort de maladie. Gl. *Moria*, 1.

MORRE, Moudre. Gl. *Molare*, 3.

MORREUL, Moraillon. Gl. *Moralla*.

1. **MORS**, Morceau. Gl. *Morsus*, 1. [*Morsiel*. Gl. *Corsned*.]

* 2. **MORS**, Mœurs. Partonop. vers 435. Flore et Blancefl. v. 2496. Chron. des ducs de Norm. *Mors* et *Murs*. *Mours*, Chastel de Couci, vers 7798.

MORS-NAMPS, Mortgage, tout autre gage que celui en bétail. Gl. *Namium*.

MORTABLE, Mortel, qui cause la mort. Gl. *Mortalia*, 1.

MORTAILLE, Droit seigneurial sur les biens des *mortaillables* et de ceux qui mouraient sans confession. Gl. *Intestatio*, p. 872², et *Mortalia*, 2.

MORTAILLES, Funérailles, enterrement. Gl. *Mortalia*, 1.

MORTALIER, Celui qui lève le droit appelé *Mortaille*. Gl. *Mortaillia*.

MORTEILE, Moutarde. Gl. *Mortella*, 1.

MORTEIS, Mortalité, destruction, perte considérable. Gl. *Mortarium*, 3.

MORTELAYRAS, p. e. Réservoir d'eau à faire le sel. Gl. *Moria*, 2.

MORTELLIER, Mortellier, Celui qui fait le mortier. Gl. *Mortarium*, 2.

MORT ET VIF, Droit seigneurial sur les bêtes à laine, qui se paye en nature ou en argent. Gl. *Herbagium*.

MORTREUX, Mélange de pain et de lait. Gl. *Mortea*.

* **MORTRIR**. Voyez *Murdrir*.

1. **MORTUAIRE**, On appelle ainsi dans l'ordre de Malte le revenu d'une commanderie, échu depuis la mort d'un titulaire jusqu'au 1er mai suivant. Gl. *Mortuarium*, 1, pag. 557².

2. **MORTUAIRE**, Mortalité, maladie épidémique. Gl. *Mortuarium*, 3.

MORTXION, Nom d'une monnaie d'argent. Gl. *Mortxion*.

MORVEL, Morve, excrément des narines. Gl. *Morium*.

MORUEMENT, Avec un air chagrin, tristement. Gl. *Morulare*.

MORUEUX, Paresseux, casanier, qui reste au coin de son feu. Gl. *Morulare*.

* **MOSCHET**. Voyez *Mouské*.

MOSE, Baril de harengs, qui sert de montre pour la vente des autres. Gl. *Monstra*, 4.

MOSNÉE, Le blé à moudre. *Mosneie*, Le droit de mouture. *Mosnant*, Meunier. Gl. *Musnare*.

MOSRRAGE, Mouture, l'action de moudre. Gl. *Mosta*.

MOSSEZ, Nom d'une compagnie de marchands Italiens. Gl. *Magaleti* et *Societas*, 4.

MOSTAIGE, Le temps où l'on paye la redevance qu'on doit en vin doux, appelé *Mout*. Gl. *Mustalis*.

MOSTER, Monastère. Gl. *Monasteria*.

MOSTIER, Église. Gl. sous *Monasteria*.

* **MOSTRANCE**, Démonstration, remontrance, action de montrer. Chron. des ducs de Norm.

* **MOSTREMENT**, Remontrance. Chron. des ducs de Norm.

* 1. **MOT**, Couteau a un mot. Gl. *Cultellus*, pag. 694³.

* 2. **MOT**, Son, accord. Partonop. v. 601 :

> Puis sonne son cor et justise
> Si assiet bien les mos de prise.

Voyez Roi Guillaume, pag. 148. Rayn. t. iv, pag. 276¹, au mot *Mot*. Diez, *Poesie de Troubadours*, pag. 85.

* **MOT A MOT**, Avec tous les détails, sans omettre aucune circonstance. Partonop. vers 187. Chron. des ducs de Norm. tom. ii, pag. 354, vers 25692. Voyez Rayn. tom. iv, pag. 276¹, au mot *Mot*.

1. **MOTAGE**, Motte de terre, et le droit d'en prendre, pour faire ou réparer des levées ou chaussées. Gl. *Mota*, 4, et *Motagium*, sous *Motaticum*.

2. **MOTAGE**, Obligation d'un vassal d'assister aux plaids de son seigneur, qui se tenaient ordinairement sur des *Motes* ou lieux élevées. Gl. *Motagium*.

1. **MOTE**, Chaussée, levée, digue. Gl. *Mota*, 4.

2. **MOTE**, Tertre, colline, château bâti sur une éminence, maison seigneuriale. Gl. *Mota*, 1, et *Servitiam de mota*, p. 219¹.

3. **MOTE**, Droit de mouture. Gl. *Molta*, 2.

4. **MOTE** †, Machine qui sert à transporter de pesants fardeaux. Gl. *Falanga*, 1.

* 5. **MOTE**, Espèce de composition poétique. Gl. *Motetum*.

MOTEAU, Motte, morceau de terre. Gl. *Mota*, 1.

MOTEIER, Nommer, déclarer. Gl. *Motire*.

MOTIAU, Botte, fagot, faisceau. Gl. *Mota*, 1.

* **MOTIER**, Redevable du droit de mouture. Gl. *Homo motarius*, pag. 689³.

MOTINE †, Machine qui sert à transporter de pesants fardeaux. Gl. *Falanga*, 1.

MOTIR, Avertir, déclarer. Gl. *Motire*, et *Motitio*. [Partonop. vers 9102. Voyez Rayn. tom. iv, pag. 276², au mot *Motir*.]

MOTISON, Déclaration, acte par lequel

on fait connaître quelque chose. Gl. *Motire.*

MOTISSEMENT, Déclaration, énonciation. Gl. *Motire.*

MOTTE, Tertre, colline, château bâti sur une éminence, maison seigneuriale. Gl. *Mota,* 1.

* MOTZES. Gl. *Motzes.*

MOUCHERON, Chandelle qui a été mouchée, bout de chandelle. Gl. *Muscatoria.*

MOUCHETE, MOUCHETTE, Essaim de mouches ou abeilles. Gl. *Muscale.*

MOUCHETTE, Ce que les machines de guerre lançaient contre les murs pour les abattre. Gl. *Muschetta.* [Guill. Guiart, t. II, pag. 333, vers 8657, (17638) :

    Et se queuvrent au miex qu'il pevent
    Pour les mouches qui entr'eus saillent.]

MOUCHOTE, Essaim de mouches. Gl. *Muscale.*

1. MOUDRE, Droit de mouture. Gl. *Molta,* 2.

2. MOUDRE, Émoudre, aiguiser. Gl. *Molere,* 3, et *Molere,* 2.

1. MOUE, Bouche, gueule. Gl. *Morsus,* 4.

2. MOUE, MOUÉE, Mesure de terre qui contient un muid de semaille. Gl. *Moia.*

MOVE, Mouvement, volonté. Gl. *Motu proprio,* sous *Motus terræ.*

MOUFFLE, d'où MOUFLETTE, Mitaine, gros gant. Gl. *Muffulæ.*

MOUFLE, Espèce d'ornement des manches d'un habit, parement. Gl. *Muffulæ.*

MOUFLET, Pain mollet. Gl. *Mofflet.*

MOUILLIER, Femme, épouse. Gl. *Mulier.*

MOULDRE, Émoudre, aiguiser. Gl. *Molare,* 3. [Orell, pag. 249.]

MOULÉE, Espèce de ciment, qu'on tire des auges des couteliers et des taillandiers. Gl. *Moleya.*

MOULEEUR, Celui qui est obligé de moudre son blé au moulin du seigneur. Gl. *Molendinarius,* 2.

MOULER (SE), Se remettre, se former. Gl. *Molare,* 4.

MOULIER, Femme, épouse. Gl. *Mulier.* [*Mulier,* Lai du Corn, vers 456, 569. *Muiler, Muiller,* Chanson de Roland.]

MOULIN A CHOISEL, Celui que fait tourner une eau ramassée et contenue par une écluse. Gl. *Molendinum choiseullum.*

MOULIN DRAPIER ou FOLEREZ, Moulin à fouler les draps. Gl. sous *Molendinum.*

MOULIN PASTELIER, Qui sert à piler le pastel ou la guède. Gl. *Molendinum pastellerium.*

MOULIN PENDU, Qui n'est pas fixe, qui est bâti sur un bateau. Gl. *Molendinum pendens.* [*Moulin bastart.* Voyez *Bastart,* 1. *Moulin parchonnier.* Gl. *Parcennarii.*]

MOULIR, Moudre. Gl. *Molare,* 3.

MOULLERS, Femme, épouse. Gl. *Mulier.*

MOULLEURE, pour Mouillure. Gl. *Ellutare.*

MOULNIER, Meunier. Gl. *Molinarius,* sous *Molina,* pag. 470.

* MOULT. A MOULT, A mont, en haut. Enfants Haymon, vers 462. (Comparez Gérard de Vienne, vers 2444.) *Moultjoie.* Gl. *Mons gaudii,* pag. 539.

1. MOULTE, Droit de mouture. Gl. *Molta,* 2.

2. MOULTE, Droit seigneurial, qui se paye des fruits de la terre. Gl. *Molta,* 3.

MOULTENT, Celui qui est obligé de moudre son blé au moulin du seigneur. Gl. *Monancius.*

MOULTURER, Prendre le droit de mouture. Gl. *Mouturare.*

MOUNANT, Celui qui est obligé de moudre son blé au moulin du seigneur. Gl. *Monancius.*

MOUNIMENT, Acte, pièce justificative. *Munimentum,* p. 579, et *Movimentum,* 2.

MOVOIR, Partir, se mettre en chemin. Gl. *Movere,* 1.

MOUQUER, Moquer, railler. Gl. *Narire.*

MOURDREUR, Meurtrier. Gl. *Murtrerius,* sous *Morth,* pag. 555.

MOURE, Moudre. Gl. *Molare,* 3.

MOURICLE, Monnaie d'Espagne. Gl. *Morikinus.*

MOURIE, Eau propre à faire le sel. Gl. *Segus.*

MOURINEUX, Se dit des moutons et brebis malades. Gl. *Morina,* 1.

MOURMAISTRE, Celui qui est chargé du soin des étangs et digues. Gl. *Mora,* 2.

MOURRE, Moudre. Gl. *Molare,* 3.

* MOUSCHE, Agrafe, boucle. Gl. *Nusca.*

MOUSCHE-NEZ, Mouchoir. Gl. *Muccinium.*

MOUSCORDE, Instrument de musique à une corde. Gl. *Monochordum.*

* MOUSKÉ, Émouchet. Flore et Blancefl. vers 3193. *Moschet,* Chron. des ducs de Norm. tom. 1, pag. 592, vers 14828.

MOUSQUE, Moustache. Gl. *Muccatus.*

MOUSQUE-MUE, Se dit de la mort, qui fait *muer* ou tomber la moustache. Gl. *Muccatus.*

* MOUSSU. Voyez *Monsu.*

MOUSTAIGE, Le temps où l'on paye la redevance qu'on fait en vin doux, appelé *Mout.* Gl. *Mustalis.*

MOUSTE, Droit de mouture. Gl. *Molta,* 2, et *Foulagium.*

MOUSTERANGE, Blé de mouture. Gl. *Mousdurachia.* [*Mousturenge.* Gl. *Mousturangia.*]

MOUSTILLE, MOUSTOILLE, Belette. Gl. *Mostayla.*

MOUSTRANCHE. FAIRE MOUSTRANCHE, Faire aveu et dénombrement. Gl. *Monstræ.*

MOUSTURENCHE, Blé de mouture. Gl. *Mousdurachia.*

MOUTARDELLE, p. e. Fourche, bêche, ou quelque autre instrument de labourage. Gl. *Mustracola.*

1. MOUTON, Monnaie d'or de France et d'autres pays. Gl. sous *Multo,* pag. 572, et *Moneta,* pag. 489.

2. MOUTON, Machine de guerre, qui jetait de très-grosses pierres. Gl. sous *Multo,* pag. 572. [Voyez le Gloss. sur la Chron. des ducs de Normandie, au mot *Multon.*]

MOUTONCHEL, diminutif de MOUTON, Monnaie d'or. Gl. sous *Multo,* pag. 572.

MOUTONNAGE, MOUTONNAIGE, Droit seigneurial, qui se lève sur les moutons, et toute espèce d'impôt. Gl. sous *Multo.*

MOUTONNET, MOUTONNEL, diminutif de *Mouton,* Monnaie d'or. Gl. sous *Multo,* pag. 572.

MOUTONNIER, Celui qui lève le droit seigneurial, appelé *Moutonnage.* Gl. sous *Multo.*

MOUTONNIÈRE, Prison plus resserrée, cachot. Gl. sous *Multo,* pag. 572.

* MOUVIMENT. Voyez *Mouniment.*

MOUVOIR, Se mettre en mouvement pour faire la guerre. Gl. *Movere,* 1. [Pour combattre. Partonop. vers 8211. Chastel. de Couci, vers 1178, 1325. Chanson de Roland, st. 102, vers 16. *Mouvoir guerre,* Chastel. de Couci, vers 4805. *Mouvoir à aller, Mouvoir,* Partir. Flore et Jeanne, pag. 12, 34, 18. Gérard de Vienne, vers 1512. Agolant, vers 228. Roman de Renart, tom. IV, p. 36, v. 982. Partonop. vers 520. *Se mouvoir,* vers 5598. Venir, prendre naissance. Wackern. p. 22, 23, 24 :

    De bone amor muet
    Ceu c'on ne puet celleir.

Roi Guillaume, pag. 100 :

    Si come de nature li muet.]

S'émouvoir, Partonop. vers 3396. Chastel. de Couci, vers 2030. Chron. des ducs de Norm. aux mots *Moü* et *Muet.* Orell pag. 189. Voyez Rayn. tom. IV, pag. 276, au mot *Mover.*

MOYAU, Cuve, tonneau. Gl. *Mojolus.*

1. MOYE, Amas, monceau. Gl. *Moia.*

2. MOYE, MOYÉE, Mesure de terre qui contient un muid de semaille. Gl. *Moia.*

MOYEN, Médiateur, entremetteur. Gl. *Medius.* [*Moyenne,* Enfants Haymon, vers 806.]

MOYEN-FILS, MOYEN-NÉ, Cadet, second fils. Gl. *Medioximus,* 1.

MOYENNE. EN LE MOYENNE, Au milieu. Gl. *Medioximus,* 2.

MOYETTE, Sorte de bâton. Gl. *Boisia.*

MOYSONNEUR, Fermier, métayer. Gl. *Moiso,* 2.

MOYTON, Certaine mesure de grain. Gl. *Moitonnus.*

MU, Muet, qui ne parle point. Gl. *Muttum.*

* MUABLE, Changeant. Chron. des ducs de Normandie.—*Hosturs muables,* Chanson de Roland, st. 13, vers 5. *Hosturs muers,* st. 3, vers 8. *Hosturs muez,* st. 9, vers 8. Voyez *Muiers* et *Muer.*

MUABLECE, Inconstance, facilité pour changer de sentiment. Gl. *Mutare,* 2.

MUAGE, Le droit dû au seigneur lorsque les fonds changent de propriétaire. Gl. *Mutagium,* sous *Muta,* 2.

* MUANCE, MUEMENT, Changement. Chron. des ducs de Normandie.

MUCE, Cache, lieu secret où l'on serre quelque chose, et surtout l'argent; d'où *Mucer,* cacher. Gl. *Abdicatorium* et *Mussia.* [Partonop. vers 418. Chron. des ducs de Norm.]

MUCÉEMENT, En cachette, secrètement. Gl. *Mussanter.*

MUCHE, MUCHEURE, Cache, lieu secret où l'on serre quelque chose, et surtout l'argent. Gl. *Mussia.*

1. MUE, Lieu de retraite, prison. Gl. *Muta,* 3. [Gérard de Vienne, vers 3697. Wackern. pag. 16. Roman de Renart, tom. II, pag. 126, vers 12981; pag. 277, vers 17112. Jubinal, Fabliaux, tom. II, pag. 26.]

2. **MUE**. Beste Mue, Sauvage, féroce. Gl. *Muta*, 3.

* 3. **MUE**. Guill. Guiart, t. II, p. 340, vers 8838 (17819):

Et touz ceus d'environ la mue
Du Neuf-port et de Diquemue.

MUEBLAIGE, Fourniture, provision. Gl. *Mobile*.

* **MUEF**, Motif. Roman de Renart, t. IV, pag. 36, vers 981.

* **MUELEKIN**. Voyez *Melequin*.

MUELIN, Moulin. Gl. *Molare*, 3.

MUELLE, Sorte de cuir fort. Gl. *Muellus*.

MUER, Changer. Gl. *Mutare*, 2. [*Ne puet muer ne*, Ne peut ne pas. Chron. des ducs de Norm. Partonop. vers 6832, etc. *Ne pot muer que ne*, Roman de Renart, t. I, pag. 14, vers 374. — *Grans cers mueiz*, Gérard de Vienne, vers 3652. Voyez le Gloss. sur la Chron. des ducs de Norm. au mot *Muer* et *Muier*, Rayn. tom. IV, pag. 281¹, au mot *Mudar*. Gl. *Lex Mutata*, pag. 87².]

1. **MUESON**, Mesure. Gl. *Moiso*, 1.

2. **MUESON**, Droit sur les vins vendus. Gl. *Mutaticum*, sous *Muta*, 2.

* **MUET**, Troisième pers. sing. prés. de *Mouvoir* et de *Muer*.

1. **MUETE**, L'action de se mouvoir, départ. Gl. *Mota*, sous *Movere*, 1. [Chron. des ducs de Norm.]

2. **MUETE**, Guerre, expédition militaire, Gl. *Mota*, sous *Movere*, 1.

3. **MUETE**, Impôt pour la guerre. Gl. *Mota*, sous *Movere*, 1.

4. **MUETE**, Meute de chiens. Gl. *Mota*, 6. [Partonop. vers 533.]

* 5. **MUETE**. Voyez *Muette*.

MUETEMAKERS, Séditieux, mutins. Gl. *Motivus*, 2.

MUETTE, Tour, donjon. Gl. *Mueta*, 1.

MUGE, Musc, ou plutôt Muguet. Gl. *Muscus*.

MUGLIAS, Espèce d'étoffe. Gl. *Muglias*.

MUGNAUTE. Noix Mugnaute, Muscade. Gl. *Muscata*.

MUGNIER, Meunier. Gl. *Mensura*, 1.

MUGUETTE, pour Mugnette ou Mugnaute. Gl. *Muscata*.

MUIAUS, Muet. Gl. *Mutere*.

MUIÉE, Mesure de terre qui contient un muid de semaille. Gl. *Modiata*, sous *Modius*, 2, pag. 461².

MUIEMENT, Mugissement. Gl. *Mugulare*. [Voyez Rayn. tom. IV, pag. 285², au mot *Mugimen*.]

MUIER. Faucon Muier, Qui a passé la mue. Gl. *Mutatus*, sous *Muta*, 3. [Chron. des ducs de Norm.]

* **MUIEUR**, Tenant à raison de *Muyage*. Gl. *Modiagium*.

* **MUILLON**, Petite meule de blé. Chron. des ducs de Norm. tom. II, pag. 227, vers 22064.

MUJOL, Espèce de poisson, mulet. Gl. *Muiolus*.

MUIR, Mugir, beugler. Gl. *Mugulare*. [Crier. Guill. Guiart, tom. I, pag. 286, vers 6759; tom. II, pag. 339, vers 8816 (17797). Voyez Rayn. tom. IV, pag. 285¹, au mot *Mugir*.]

* **MUIS**. Voyez *Muy*.

MUISI. Pain Muisi, Pain moisi. Gl. *Panis æstivatus*, sous *Panis*, 2.

MUISNAGE, p. e. Le droit de mouture. Gl. *Musnare*.

MUISON, Mesure. Gl. *Moiso*, 1.

MULDRIEUX, Meurtrier. Gl. *Murtrerius*, sous *Morth*, pag. 555².

MULERIE, Mariage. Gl. *Mulier*.

MULETIER des Chiens, Office chez le roi. Gl. *Mulaterius*.

MULIER, Enfant né en légitime mariage. Gl. *Mulier*. [Voyez *Moulier*.]

MULLEQUINIER, Tisserand ou marchand d'étoffe appelée *Moloquin*. Gl. *Melocineus*.

MULTE, Amende; d'où *Multer*, Condamner à l'amende, la faire payer. Gl. *Mulita*.

MULTRE, Meurtre. Gl. sous *Morth*, pag. 555³.

* **MUN**. Voyez *Mon*.

MUNIMENT, Acte, pièce justificative. Gl. *Munimentum*.

MUNITÉ, Lieu privilégié. Gl. *Immunitas*, 2.

MURAGE, Impôt pour la construction ou réparation des murs d'une ville ou d'un château. Gl. *Muragium*.

MURDRE, Meurtre, le droit d'en connaître et d'en faire justice. Gl. *Murdrum*, sous *Morth*, pag. 554². [*Murdrie*, Chanson de Roland, st. 112, vers 9.]

MURDREUR, Meurtrier. Gl. *Murtrerius*, sous *Morth*, pag. 555².

MURDRIR, Commettre un meurtre. Gl. *Murdrare*, sous *Morth*. [*Mordrir*. Partonop. vers 327. 6963:

Por coi mordristes cel sospir,
Que nel laissastes for iscir?

Chron. des ducs de Norm. au mot *Mordrir*.]

* 1. **MURE**. Voyez *Amure* et *Meure*.

2. **MURE**, Ornement de peau d'hermine. Gl. *Mus peregrinus*.

MURGIER, Monceau, tas de pierres. Gl. *Murgerium*.

MURIE, Chair d'animal mort de maladie. Gl. *Muria*, 1.

MURMELER, Murmurer, marmotter, parler indistinctement. Gl. *Murmurium*.

1. **MURMUREMENT**, Murmure, plainte. Gl. *Murmurium*, et † *Susurrium*.

2. **MURMUREMENT**, Bruit qui court et qu'on ne dit qu'à l'oreille. Gl. *Murmurium*.

MURMUREUR, Querelleur, qui aime à contester. Gl. *Murmurosus*, sous *Murmurium*.

* **MURS**, Mulets. Garin le Loher. tom. I, pag. 111. Partonop. vers 1450. Gl. *Animalia*, pag. 259³. *Muls*, Renart le Nouvel, tom. IV, pag. 425, vers 7166. Voyez Rayn. tom. IV, pag. 285², au mot *Mul*.

MURT, Murtre, Meurtre; d'où *Murtrir*, Faire un meurtre. Gl. *Murdrum*, sous *Morth*, pag. 554².

* **MURTRIE**, Assassinat. Roman de Renart, tom. I, pag. 6, vers 136:

Car moult set d'art de murtrie.

Voyez tom. II, pag. 265, vers 16781.

MUS, Muet. Gl. *Mutere*. [Renart le Nouvel, tom. IV, pag. 169, vers 1140. *Muele*, *Mueaz*, S. Bernard, Orell, pag. 97.]

MUSAGE, Inaction, oisiveté. Gl. *Reclusagium*. [Partonop. vers 884. Sottise. Ro-

---

man de Renart, tom. II, p. 230, v. 15808. Voyez Rayn. tom. IV, pag. 295², au mot *Musatge*.]

MUSART, Fainéant, paresseux, lâche, sot. [Garin le Loher. tom. I, pag. 282. Partonop. vers 5987. Gérard de Vienne, vers 2264. Flore et Blancefl. vers 1930. Roman de Renart, tom. I, pag. 22, vers 575. Voyez Rayn. tom. IV, pag. 295, aux mots *Musart* et *Musaire*, Chron. des ducs de Norm. au mot *Muisart*, ci-dessus *Mois*.] D'où *Musardie*, Paresse, fainéantise, sottise, imbécillité. Gl. *Musardus*.

MUSCADE, Raisin muscat. Gl. *Muscatellus*.

MUSCADET, Vin qui a quelque goût de muscat. Gl. *Muscatellum*.

1. **MUSE**, Musette, cornemuse. Gl. *Musa*, 1. [Chanson de Colin Muset, Laborde, p. 208:

Vien çà, si viele
Ta muse en chantant...
Si li ai chanté le muset.]

* 2. **MUSE**, Vaine attente, niaiserie. G. Guiart, tom. I, pag. 129, vers 2818:

Le tens vient, la journée passe,
Li roys de France fait la muse;
Jouhan ne vient, nul ne l'excuse.

Roman de Renart, t. IV, p. 103, v. 2838:

Com iestes or musart et fol
Qui de muse a depechiet fol?

Voyez Rayn. tom. IV, pag. 295², au mot *Musa*.

* **MUSEL**. Chanson de Colins Muzes, Wackern. pag. 75:

Deus confonde le musel
Ki n'aime joie et baudor.

MUSEQUIN, Sorte d'armure, qui couvrait le dos. Gl. *Musachinum*.

1. **MUSER**, Jouer de l'instrument appelé *Muse*. Gl. *Musa*, 1. [Laborde, p. 209. Voyez Rayn. tom. IV, pag. 294², au mot *Musar*.]

2. **MUSER**, Regarder fixement comme un sot. Gl. *Musare*, 2. [Partonop. vers 7437, 7462. Attendre vainement. Wackern. p. 81. *Fichant musant*, Roman de Renart, tom. IV, pag. 30, vers 788. Voyez Rayn. tom. IV, pag. 295¹, au mot *Musar*.]

* **MUSERAZ**, Espèce de projectile. Chanson de Roland, st. 158, vers 11:

Espiez e lances e museraz empennez.

St. 152, vers 10. Voyez *Miseracle* et *Matras*.

MUSERIE, Sottise, niaiserie, fadaise. Gl. *Musardus*.

MUSETEEUR, Paresseux, niais, stupide. Gl. *Musardus*.

MUSIQUE, Ouvrage à la mosaïque. Gl. *Musivum*.

MUSQUETTE, Mosquée. Gl. *Muscheta*.

MUSSE, Cache, lieu secret où l'on serre quelque chose, et surtout l'argent. Gl. *Mussia*.

MUSSÉEMENT, En cachette, secrètement. Gl. *Mussanter*.

* **MUSSER**, Cacher. Gl. † *Subfarcinare*.

* **MUSTIAUS**, Jarrets, devants de jambes. Voyez le Glossaire sur la Chron. des ducs de Norm.

* **MUTABET**, Certaine étoffe. Partonop. vers 5070 :

Et mitaines de mutabet.

Voyez Gl. *Mattabas.*

MUTE, But où l'on tire au blanc ; d'où le diminutif *Mutelete*. Gl. *Muta*, 8.

MUTILURE, Mutilation. Gl. *Muticulare.*

MUTRE, Meurtre. Gl. *Murdrum*, sous *Morth*, pag. 554².

MUY, Mesure de terre, qui contient un muid de semaille. Gl. *Modiata*, sous *Modius*, 2, pag. 460³, 461². [*Muy Pohier*. Gl. *Poheri*, pag. 328³.]

MUYAGE, Bail, louage fait moyennant certain prix ou redevance. Gl. *Modiagium.*

MUYOT, Monceau, tas. Gl. *Muiolus.*

MUYR, Beugler, mugir; d'où *Muyment*, Mugissement. Gl. *Mugulare.*

MUZ, Muet. Gl. *Mutere.*

MYGRE, Grenadier. Gl. *Migrana*, 2.

* **MYNAIGE**. Voyez *Minage.*

NAI   NAS   NAT

NABINE, Champ semé de navets. Gl. *Napina* [en Poitou.]

NAC, Sorte d'étoffe. Gl. *Nactum.*

NACAIRE, Espèce de timbale ou tambour. Gl. *Nacara*, 1.

NACELLÉE, La charge d'une nacelle ou bateau. Gl. *Nacella*, sous *Naca*, 1.

NACHE, Fesse. Gl. *Naticæ*, et *Naca*, 1.

NADRE, Terme injurieux. Gl. *Natrix?*

NAEURES, Particules d'or ou d'argent, raclures. Gl. *Nageum.*

* **NAFRER**, **NAFFRER**, Blesser, Chron. des ducs de Norm. Chanson de Roland. Voyez Rayn. tom. IV, pag. 297², au mot *Nafrar*. Gl. *Nauratus.*

NAGAIRE, Espèce de timbale ou tambour. Gl. *Nacara*, 1.

NAGE, Fesse. Gl. *Naticæ*. [Roman de Renart, tom. 1, pag. 48, vers 1249. Roi Guillaume, pag. 60. Voyez Rayn. tom. IV, pag. 298¹, au mot *Naggas*.]

NAGER, **NAGIER**, Naviguer, conduire un vaisseau, ramer, passer dans un bateau. [Garin le Loher, tom. 1, pag. 227. Parton. v. 1978, 4129, 4132, 5158. Flore et Blanc. v. 463, 490. Aubri, vers 18, 23. Chron. des ducs de Norm. *A nage*, En navigant, en navire, en bateau]; d'où *Nageur*, Rameur. Gl. *Nagare.*

NAGUAIRER, Jouer des *Nagaires*, ou timbales. Gl. *Nacara*, 1.

1. **NAIE**, Charpie. Gl. *Nageum.*

* 2. **NAIE**, Non. Roman de Renart, t. 1, pag. 39, vers 999; pag. 41, v. 1069. Flore et Blancefl. vers 2201. Voyez Orell, p. 309. Chron. des ducs de Norm. *Nai*, Roman de Renart, tom. II, pag. 94, v. 12113.

* **NAIENZ**, Rien. Roman de Renart, tom. 1, pag. 51, vers 1342. *Noienz*, t. III, pag. 84, vers 22036. *Noiant; noient*, t. II, pag. 296, v. 17655, 17681. *Noient, Néant*, Quelque chose. Wackern. pag. 59

Ki de l'autrui veult maix noient
Moult xordement est respondus.

Roi Guillaume, pag. 76 :

Jà tant n'ara que noiens ert.

Chants historiques, tom. 1, pag 41 :

S'on prent par droit d'un larron la justise
Doit-on desplaire as loiaus de néant?

Voyez *Nient.*

NAJER, comme ci-dessus **NAGER**. Gl. *Nagare*. [Gérard de Vienne, vers 2638.]

NAÏF, Serf de naissance ou d'origine. Gl. sous *Nativus.*

NAIGE, Fesse. Gl. *Naticæ.*

NAIRON, La croisée d'une hache ou d'autre instrument. Gl. *Nero*, 1.

⁎ **NAÏS**, Natif, né. Chron. des ducs de Norm. tom. 1, pag. 365, vers 8156 :

Il a un fiz uez de noz genz...
Qui devers sa mère est naïs
De nos, del regne e del païs.

Voyez *Natural*, et Gl. *Theam. Foux Naïs.* De naissance. Guill. Guiart, t. 1, p. 124, vers 2699. Voyez *Natre. Roche nayve*, Roc vif, naturel, brut. G. Guiart, t. 1, p. 144, vers 3210. Chron. des ducs de Norm. t. II, pag. 365, vers 25964 :

En la roche droite, naïve.

Nais, pour *gais?* Chastel. de Couci, v. 816, comparez vers 875.

NAISSEMENT, Naissance. Gl. *Nascentia*, 2. [Chron. des ducs de Normandie.]

* **NAÏTET**, Pays natal. Chron. des ducs de Norm. tom. 1, pag. 53, vers 1423.

NAÏVERIE, Servitude par naissance ou d'origine. Gl. *Nativitas*, sous *Nativus.*

NAM, Gage. Gl. *Namium.*

NAMPS, Gage. Gl. *Namium*, pag. 599¹.

NANCE, Nasse où l'on conserve le poisson. Gl. *Nanca.*

NANS, Gage. Gl. *Namium.*

NAPERIE, Office chez le roi, qui concerne le linge de table. Gl. *Naparia.*

NAPERON, Grande nappe. Gl. *Naperii.*

NAPTZ, Navets. Gl. *Nappa.*

NAQUAIRE, Espèce de timbale ou tambour. Gl. *Nacara*, 1, et *Tinctitare.*

NARCIZ, Narcissé. Gl. *Narcissus.*

NARE, Dérision, moquerie, plaisanterie. Gl. *Narire.*

NARILLE, Narine ; d'où *Nariller*, Froncer les narines, comme pour se moquer. Gl. *Narire.*

NARRAMIE, Blâme, reproche. Gl. *Narratio*, 1.

NASCION, Conception dans le sein de la mère, naissance. Gl. *Nativitas*, 7. [Ruteb. tom. 1, pag. 5. *Nascu*, Né, Chron. des ducs de Normandie.]

NASEL, La partie du casque qui cou-

vrait le nez. Gl. *Nasale*. [Gérard de Vienne, vers 790.]

NASSELLE, pour Nacelle, esquif ou vaisseau de charge. Gl. *Nassella*, sous *Naca*, 1.

NASSIER, Pêcherie, gort. Gl. *Nasserium.*

NASSON, Grande nasse, sorte de filet pour la pêche ; d'où le diminutif *Nasseron*. Gl. *Nasserium.*

NASTEN, Nacelle, petit bateau. Gl. *Nasserium.*

* **NAT**, Net, pur. S. Grégoire : *Li nat de cuer*, lat. *mundo corde*. *Nette*, Pure. De Nostre Dame, Wackern. pag. 69 :

Nete, glorieuse,
Virge pure et monde...
Tous jors nette et pure.

Pag. 71 :

Nette créature.

Fabliaux, Jubinal, tom. 1, pag. 173 :

En l'onneur de la dame qui est nette et polie.

Nesz, Chron. des ducs de Normandie, tom. 1, pag. 135, vers 1544. *Natéit*, Netteté, pureté. Roquef. au mot *Natéit*. *Netéez*, Ruteb. tom. II, p. 233. Voyez Rayn. tom. IV, pag. 313², au mot *Net.*

1. **NATAL**, Jour solennel. Gl. *Natalis*, 1, pag. 603³.

2. **NATAL**, Le présent qu'on fait au prêtre qui baptise. Gl. *Natalia.*

NATIER, Officier inférieur de vaisseau. Gl. *Natinneus.*

NATION, Famille, maison. Gl. *Natio*, 2. [Naissance. Chron. des ducs de Norm. Voyez *Nascion*.]

NATRE, Grand ménager, avare. Gl. *Natrix*. [G. Guiart, tom. II, pag. 9, v. 199, (9163) :

Quant tenu se fu pour sol natre.

Pag. 192, vers 4955 (13943) :

Là ne font pas comme fols natres.

Voyez *Naïs*, et Rayn. tom. IV, pag. 301¹, au mot *Natiu.*]

* **NATURAL.**, **NATUREL**, De naissance. *Li dui roi natural*, Agolant, pag. 171². *Li baron natural*, vers 241. *Li frans dus naturax*, vers 430. Enfants Haymon, v. 1006. Gérard de Vienne, vers 3402. *Mon seignor natural*, Agolant, vers 248, 533. *Homes liges naturaux*, Gl. *Naturales.* Voyez *Naïs, Na-*

turel, 1. Rayn. tom. iv, pag. 302², au mot *Natural. Messes naturaux?* Enfants Haymon, vers 1017.

NATURE. FAIRE NATURE, Consommer l'action du mariage. Gl. *Facere naturam,* sous *Facere,* 16.

NATURÉ, Natif. Gl. *Naturare.*

1. **NATUREL,** Serf de naissance et d'origine. Gl. *Naturales* et *Theam.*

2. **NATUREL. HOMME NATUREL,** Propre au mariage. Gl. *Natura,* 1.

* 3. **NATUREL.** Gl. *Quintum,* 4.

NATURER, Ressembler. Gl. *Naturare.*

* **NATURESCE,** Nature. Chron. de Jordan. Fantosme, vers 935.

NAVARROIS, Ceux qui étaient attachés au parti du roi de Navarre contre Charles V, régent du royaume, et ensuite roi. Gl. *Navarreni.*

1. **NAVAY,** Navire, bateau. Gl. *Navaculum.*

2. **NAVAY,** Havre, port. Gl. *Navaculum.*

1. **NAVÉE,** Flotte de guerre ou marchande. Gl. *Navata.*

2. **NAVÉE,** Charge d'un bateau. Gl. *Navata.*

NAVEL, Bateau, navire. Gl. *Navellus,* 1.

NAUFRAGER, Naviguer. Gl. *Naufragare.*

NAUFRER, Maltraiter, blesser. Gl. *Nauratus.* Voyez *Nafrer.*

NAVIAGE, L'office ou l'art de pilote. Gl. *Naviger.*

NAVIE, Flotte de guerre ou marchande. Gl. *Navilium,* 1. [Agolant, vers 633. Chastel. de Couci, vers 7428. Chron. des ducs de Norm. au mot *Naveiz.*]

NAVIERE, Champ semé de navets. Gl. *Napina.*

NAVIEUR, Pilote, maître de vaisseau. Gl. *Naviger.*

NAVIGAGE, Navigation. Gl. *Navigium,* 4.

1. **NAVILE,** Navire, vaisseau. Gl. *Navile.*

2. **NAVILE,** Flotte, équipement d'une flotte. Gl. *Navilium,* 1. [*Navilie,* Chanson de Roland, stance, 185, vers 19. Voyez Rayn. tom. iv, p. 304², au mot *Navili.*]

NAVINE, Champ semé de navets. Gl. *Napina.*

1. **NAVIRE,** Navigation. Gl. *Navigium,* 4.

2. **NAVIRE,** Flotte de guerre ou marchande. Gl. *Navilium,* 1. [*Navirie,* Navire, Chanson de Roland, st. 187, vers 4. Voyez *Navile,* 1.]

NAVISOLE, Nacelle, vaisseau de charge. Gl. *Nassella,* sous *Naca,* 1, et *Navis,* 5.

NAVISONE, Le même. Gl. *Navis,* 5.

NAVRAY, NAUVRAY, Navré, blessé. Gl. *Nauratus.*

NAVREURE, Blessure, plaie. Gl. *Nauratus.*

NAUSE, Pécherie, gort, où l'on emploie des nasses pour prendre le poisson. Gl. *Nassa.*

* **NAUTAL.** Voyez *Natal,* 1.

NAZAL, La partie du casque qui couvrait le nez. Gl. *Nasale.*

NAZIERE †, Le même. Gl. *Nasale.*

NAZILLE, Narine; d'où *Nazillier,* Froncer les narines, comme pour se moquer. Gl. *Narire.*

NE. METTRE EN NE, EN NY, s'inscrire en faux, nier. Gl. *Ponere in negatum.* p. 343³.

[Refuser, retenir. G. Guiart, t. ii, p. 155, vers 3988 (12972):

> Et sajetes de traire prestes
> Ne sont mie mis en ni là.

Plaidier parniz, Chercher des délais, p. 163, vers 4198 (13184):

> Cil ne pense pas à contendre
> N'à plaidier aus Anglois par niz.]

NECESSAIRE, Chaise percée, garde-robe. Gl. *Necessaria.*

* **NEEL, NOEL, NOIEL,** Nielle, émail? Flore, et Blancefl. vers 498:

> D'or avoit deseure un oisel
> A trifoire et à néel.

Chron. des ducs de Norm. t. i, p. 352, vers 7736:

> De la gaine ert li coispel
> E li membre tuit à néel
> D'or esmeré.

Partonop. vers 1017:

> Fors qu'en le coupe al damoisel
> N'a or, ne argent, ne noel.

Flore et Blancefl. vers 1196:

> Li estrier valent un castel
> D'or fin sont ovré à noiel.

Neelé, Niellé, vers 661:

> Toute est la tombe néelée
> De l'or d'Arabe bien letrée.

Chron. des ducs de Norm. tom. iii, pag. 152, vers 36162:

> E il as espiez neielez
> E as buens bransz d'acer letrez.

Lai du Corn, vers 182:

> E vist lettres en l'or
> Néelés de argent.

Vers 50:

> Desus out un anel
> Néelé ad argent.

Néeleure, Flore et Blancefl. vers 448:

> Une ciere coupe d'or...
> Et moult soutivement portraite
> Par menue néeléure.

Voyez *Noelé,* et Rayn. tom. iv, pag. 315², aux mots *Niel* et *Nielar.*

* **NEENTEL,** Homme de néant, vil. Chron. des ducs de Norm.

NEETTE, p. e. Mare, endroit où l'on met rouir le chanvre. Gl. *Neez.*

1. **NEF,** Sorte de vaisseau à boire, en forme de bateau. Gl. *Navis,* 2. [*Neif,* Gérard de Vienne, v. 2660, 2714, 2723, 3750.]

2. **NEF,** Neige. Gl. *Ninguidus,* et *Festum B. Mariæ de Nive.*

* **NEGER.** Voyez *Nager.*

NEGOCE, Affaire. Gl. *Negotium,* 2.

NEGOCIATEUR, Facteur, commis de négociant ou marchand. Gl. *Negotiator,* sous *Negotium,* 1.

NEGUELIGENCE, Négligence. Gl. *Retentio,* 6.

* **NEI,** Dénégation. Chron. des ducs de Norm.

* **NEIENTAGE,** Vaurien. Chron. des ducs de Norm.

NEIF, Serf de naissance ou d'origine. Gl. sous *Nativus.*

* **NEIFS, NEIS,** Neige. Chron. des ducs de Norm.

NEINO, Nain, petit enfant, morveux. Gl. *Natellus.*

NEIPLERANT, p. e. Un plant de néfliers. Gl. *Neplarius.*

1. **NEIS,** L'obligation ou servitude de nettoyer. Gl. *Nectesare.*

2. **NEIS,** Même, et même. Gl. *Necne.* [Partonop. vers 9982. *Nes,* vers 6501. *Nis,* vers 979, 2625, 9339. Aubri, pag. 158². Pas même. *Nis,* Partonop. vers 103. *Nes,* Gérard de Vienne, v. 3027. Chastel. de Couci, vers 3307. Orell. pag. 310. Voyez Rayn. tom. iv, pag. 312¹, au mot *Neis. Nes un,* Garin le Loher. tom. i, pag. 115. *Nis un,* Roman de Renart, tom. i, pag. 16, v. 405. Flore et Blanc. vers 1943, 2782. Chanson de Roland, st. 63, v. 4. Voyez Orell, p. 69. Rayn. tom. v, pag. 449², au mot *Negus.*]

NEKEDENT, NEQUEDENT, Cependant, néanmoins. Gl. *Nihilominus.* [Orell, p. 341.]

* **NENAL.** Voyez *Nonal.*

* **NEPOROC, NEPOROU, NEPUROC,** Pourtant, cependant, néanmoins. Roman de Renart, t. ii, p. 312, vers 18067. Chron. des ducs de Norm.

* **NEPORQUANT,** Le même. Orell, p. 341.

NERCHIR, Noircir, devenir noir. Gl. sous *Juramentum,* pag. 932³.

NERET, Petite monnaie de cuivre. Gl. *Neretus.*

NERON, La croisée d'une hache ou d'autre instrument. Gl. *Nero,* 1.

* **NERTÉ,** Noirceur. Roman de Renart, tom. iii, pag. 165, vers 24298. *Nerçor,* Chron. des ducs de Normandie.

* **NES.** Voyez *Neis.*

* **NESLE. GROS DE NESLE.** Gl. *Moneta,* pag. 512¹.

* **NESUN, NISUN.** Voyez *Neis.*

1. **NET,** Neveu. Gl. *Netus,* 2 [en espagnol].

* 2. **NET.** Voyez *Nat.*

NETAIEURE, Ordure, immondice. Gl. *Nectesare.*

NETOIEURE, Le même. Gl. *Nectesare.* [*Nettoyeure.* Gl. *Curata,* 3.]

NETTAIEURE, Le même. Gl. *Nectesare.*

NEUCTANTEMENT, De nuit, nuitamment. Gl. *Noctanter.*

* **NEVE,** Neuve. *Pasques neves.* Gl. *Pascha,* pag. 116³.

* **NEVELON,** Nom propre? Gérard de Vienne, vers 1633:

> Atant ez vos un donzel nevelon,
> Nevou Gérard dou miex de sa maison.

NEUFME. DROIT DE NEUFME, Le droit que les curés en Bretagne prétendaient sur les biens de ceux qui mouraient, lequel consistait en la neuvième partie. Gl. sous *Pneuma.*

NEULE, Sorte de pâtisserie fort déliée, oublie. Gl. *Nebula,* 2.

NEVOUL, Neveu. Gl. *Filiolagium.* [Glossaire sur la Chanson de Roland, aux mots *Nés, Néud, Nevold, Nevod,* etc.]

* **NI.** Voyez *Ne.*

NIAGE, L'action de nettoyer. Gl. *Nectesare.*

NIANCHE, L'action par laquelle on nie quelque chose. Gl. *Negantia.*

* **NIANT,** Néant; Non, pas, rien. S. Bernard: *Del niant atempreit et niant ordencit deleit* (lat. immoderatæ atque inordinatæ voluptatis). *Niant encerchaules* (lat. imper-

scrutabile). Orell, pag. 81, 309. Parton. vers 259 :

> Et cil nes manaidoit nient.

Vers 539 :

> Que nis son fil de sa moillier
> N'avoit il de nient plus cier.

Chron. des ducs de Norm. aux mots *Neient*, *Nent*.

NICE, Sot, niais, imbécile. Gl. *Nativitas*, 3, et *Nidering*. [Chron. des ducs de Normandie.]

NICETÉ, Sottise, simplicité, imbécillité. Gl. *Nativitas*, 3.

NICHE, Sot, niais, imbécile. Gl. *Nativitas*, 3. [Roi Guillaume, pag. 168.]

NICHEMENT, Follement, contre droit et raison. Gl. *Nativitas*, 3.

NICHETÉ, Sottise, simplicité, imbécillité. Gl. *Nativitas*, 3.

* NIÉE, Nuée, G. Guiart, t. 1, p. 178, vers 4081, ou Nichée, comme *Nyée*.

1. NIELE, Neige. Gl. *Ninguidus*. [Brouillard, G. Guiart, tom. 11, p. 174, v. 4499 (13485). *Niule*, Chron. des ducs de Norm. tom. 1, pag. 261, vers 5119. Voyez Rayn. tom. 1v, pag. 307[1], au mot *Neula*.]

* 2. NIELE, Nielle, plante qui croît dans les blés. G. Guiart, tom. 1, p. 81, v. 1462; tom. 11, pag. 426, vers 11079 (20061). Voyez Rayn. t. 1v, p. 315[2], au mot *Niela*.

1. NIER, Nettoyer. Gl. *Nectesare*.

* 2. NIER, Noyer, se noyer. Chanson de Gautier, de Coinsi, Wolf *Uber die Lais*, pag. 436 :

> Tant les het mon corages, je ne le puis nier,
> Si ere rois jes feroie tous en un puis nier.

Roman de Rou :

> Miex vaut qu'à glaive muire ou que en eve nit.

Neiet, *Neiez*, Chanson de Roland. Voyez Rayn. tom. 1v, pag. 308[2], au mot *Negar*.

NIERELLE, Bagatelle, chose de néant. Gl. *Nihilitas*.

NIÉS, Neveu. Gl. *Nepos*.

NIEULE, Sorte de pâtisserie fort déliée, oublie. Gl. *Nebula*, 2.

NIEULLIER, Celui qui fait les *nieules*, ou qui les fournit. Gl. *Nebularius*.

NIGEIRAL, Sorte de mesure à Clermont en Auvergne; p. e. celle du charbon. Gl. *Nigeiral*.

NIGOSSEUREMENT, Sottement, en ignorant. Gl. *Nativitas*, 3.

NIGREMANCHE, Nécromancie. Gl. *Nigromantia*. [Enchantement. Flore et Blancefl. vers 599.]

NIIER, Nettoyer. Gl. *Nectesare*.

NIQUE, NIQUET, Petite monnaie de cuivre, qui valait trois mailles. Gl. *Niquetus*.

NIQUET, Geste de moquerie. Gl. *Niquetus*.

NIS, Même, et même. Gl. *Necne*. Voyez *Neis*, 2.

NISI, Obligation, acte par lequel on s'oblige à quelque chose sous certaine peine. Gl. *Nisi*.

NISTE, mal lu pour *Viste*, Sorte de vase. Gl. *Vista*, 5.

1. NIULE, Sorte de pâtisserie fort déliée, oublie. Gl. *Nebula*, 2. [Flore et Blancefl. vers 3187.]

* 2. NIULE. Voyez *Nicle*, 1.

NIZ, Nez. Gl. *Denasatus*.

NO, Auge de moulin. Gl. *Noa*, 1. [*Nous* †. Gl. *Scariobala*.]

* NOALS, NOAUS, NOAUZ, NOVAUZ, Pire, moins. Chanson du Chastel. de Couci, Laborde, pag. 288 :

> S'en voudra mout noaus vostre valour.

Partonop. vers 4228 :

> Et après mal noaus avoir.

Vers 6457 :

> Et noauz que vos ne savez
> Ge vos dirai.

Vers 2513 :

> Miols vient avant guerre bon plaît
> Qu'atendre que noals soit Tait.

Vers 4768, 5212, 6120, 8420. Voyez le Glossaire sur la Chron. des ducs de Normandie, aux mots *Noauz*, et *Novauz*.

* NOBILE, Noble. Gérard de Vienne, v. 1985, 2261, 2297, 2727. Agolant, v. 86, 1208. Aubri, pag. 160[2]. *Nobilie*, Chanson de Roland. *Nobilite*, Noblesse. Garin le Loh. tom. 1, pag. 66. Agolant, vers 363. Aubri, pag. 174[1]. Voyez Rayn. t. 1v, p. 317[1], au mot *Nobilitat*.

NOBILITACION, Anoblissement. Gl. *Nobilitatio*.

NOBILITER, Anoblir, accorder les priviléges des nobles à un roturier. Gl. *Nobilitare*.

NOBLE, NOBLET, Monnaie d'Angleterre. Gl. *Nobile*.

NOBLECE, Droit de seigneur, prérogative. Gl. *Nobilitas*, 2.

NOBLESCE, Riche et magnifique présent. Gl. sous *Nobilitas*, 1.

NOBLESSE, Droit du seigneur, prérogative. Gl. *Nobilitas*, 2.

NOBLOIS, Magnificence, pompe, grand appareil. Gl. *Nobilitas*, 5.

NOC, Gouttière, plomb qu'on met sur les toits. Gl. *Noccus*.

NOÇAILLES, Ce que payaient les serfs à leur seigneur pour la permission de se marier. Gl. *Nuptiaticum*, pag. 662[3]. [*Noçailles*, *Noceiemenz*, Noces. Chron. des ducs de Norm.]

NOCES, FAIRE LES NOCES, Avoir affaire à une femme, la traiter comme une nouvelle mariée. Gl. *Nubere*.

NOCHE, ou p. e. VOCHE, Pétrin. Gl. sous *Vocamentum*.

* NOCHIÉ, Endommagé. Gérard de Vienne, vers 1605 :

> Vostre branc aceré...
> Ke ne puet estre nochiés ne n'agrevé.

NOCHOIER, Épouser, se marier. Gl. *Nuptiare*, pag. 662[3]. [*Nocier*, Flore et Blancefl. vers 2085. *Nocceier*, Chron. des ducs de Norm. Voyez Rayn. t. 1v, p. 350[2], au mot *Nupseiar*.]

NOCLIER, Nocher, pilote. Gl. *Nauclearius*.

NOCQ, Baquet, cuvier. Gl. *Noccus*.

NOCTER, p. e. Murmurer, soupçonner. Gl. *Noctare*, 3.

NOCTUE, Chouette ou hibou. Gl. *Noctividus*.

NOCTURNAL, L'office de nuit, matines, Gl. *Nocturnalis*, 2.

NODES, Sorte de monnaie du Puy. Gl. *Moneta Podiensis*, sous *Moneta Baronum*, pag. 527[3].

NOE, Espèce de pré bas ou pâturage. Gl. *Noa*, 1.

NOÉ, L'écorce verte de la noix. Gl. *Noguerius*, sous *Nogueria*, 1.

* NOÉE, Guill. Guiart, tom. 1; pag. 9, vers 87 :

> Bien sont de mentir à méismes
> Cil qui vont contant tiex noées.

Voyez *Nuée*.

1. NOEL, JEU DE NOEL, Réjouissance publique. Gl. *Ludus natalis*, et *Natale*, 3.

2. NOEL BACRE, NOEL LE BRUYANT, Noms d'une certaine fête. Gl. *Natale*, 4.

* 3. NOEL. Voyez *Néel*.

* 4. NOEL, Guill. Guiart, t. 1, p. 191, vers 4501 :

> De Chastiau-Gaillart les clostures,
> Qui iert le noel et l'escorce,
> La clef, le garant et la force
> Et le pouvoir de Normandie.

Voyez *Noé*.

NOELÉ, NOELLÉ, Noueux, plein de nœuds. [Niellé.] Gl. *Niellatus*, sous *Nigellus*, 1. [Gérard de Vienne, vers 692, 2195. Voyez *Néel*.]

1. NOER, Nager. Gl. *Nabilis*.

2. NOER, Nouer. Partonop. vers 2660 :

> Or vos a noé le droit neu.

NOERAYE, Noue, pré bas, pâturage. Gl. *Noiereta*.

NOERIE, Crue, abondance d'eau. Gl. *Noiereta*.

NOERRESCE, Serpent aquatique. Gl. *Natrix*.

NOETTE, Petite noue, pré. Gl. *Noiereta*.

NOGUIERRE, Gouttière. Gl. *Nogueria*, 2.

NOIAL, Nœud, ce qui sert à attacher, sorte d'ornement. Gl. *Nusca*. [Voyez *Noiel*. Partonop. vers 1822. Voyez *Nusche*.]

NOIANTIR, Anéantir, rendre nul. Gl. *Nullare*.

1. NOIEL, Bouton d'habit. Gl. *Nodellus*. [*Souliers à trois noyaux*. Gl. *Subtalares*, pag. 418[1].]

* 2. NOIEL. Voyez *Néel*.

NOIELÉ, Noueux, plein de nœuds. Gl. *Niellatus*, sous *Nigellus*, 1.

* NOIENT. Voyez *Naienz*.

NOIF, Neige. Gl. *Ninguidus*.

NOIRÉS, Monnaie des Comtes de Soissons. Gl. *Suessionum comitum denarii*, sous *Moneta Baronum*, pag. 529[3].

NOIS, Neige. Gl. *Ninguidus*.

NOISANCE, Disposition à nuire. Gl. *Insontia*.

NOISEMENT, Dommage, préjudice, perte. Gl. *Nocumentum*, 1.

NOISER, NOISIER, Avoir *noise*, contester, se quereller. Gl. *Noisia*.

NOISIF, Querelleur, qui cherche *noise*. Gl. *Noisia*.

NOLER, Boutonner, attacher avec des boutons. Gl. *Nodellus*.

NOLLURE, Garniture de boutons. Gl. *Nodellus*.

NOLZ, Auge, baquet. Gl. *Noccus*.

* NOM, Roman de Roncevaux, pag. 38 :

> Li arcevesques, cui dex mist en son nom.

NOMBLE, Longe de veau, échinée de porc. Gl. *Numbile*.

NOMBRAIGE, Droit dû à celui qui comptait les gerbes de la dîme ou du champart. Gl. *Numeragium*, sous *Numeratores*.

1. **NOMBRE**, Dénombrement, comme ci-dessous *Nommée*. Gl. *Numeramentum*.

2. **NOMBRE**, Tas, amas de choses de même espèce. Gl. *Numerus*, 1.

* **NOME**, Renommée. Roman de Renart, tom. IV. pag. 109, vers 2986.

NOMMÉE, Dénombrement, déclaration qu'on fait au seigneur dominant de tous les fiefs, droits et héritages qu'on reconnaît tenir de lui. Gl. *Nominatio*, 2.

NOMMER, Blâmer, reprendre, en nommant ou articulant les faits. Gl. *Nommare*.

* **NON FAIRE**, Ne pas faire. Agolant, vers 53 :

Se diex plest non feront.

Gérard de Vienne, vers 613 :

E no Deu non fereiz.

Vers 3260 :

Non ferai, sire.

Voyez vers 3540. Ou *Nou* pour *Ne le? Nu*, Chanson de Roland, stance 18, vers 4 :

Nu ferez certes.

4. Livr. des Rois, chap. 6, vers 22 : *Nu fras* (lat. non percuties). Voyez Diez, tom. III, pag. 402, et ci-dessous, *Nu*.

NON-AGE, Minorité. Gl. *Nonetas*.

* **NONAL**, **NANAL**, **NENAL**. Non, non pas, nenni. Wackern. pag. 80. Flore et Blancefl. vers 681. Chron. des ducs de Norm. t. 1, pag. 583, vers 14558, et au mot *Nenal*.

NONCER, Annoncer, faire savoir, apprendre. Gl. *Nuntiare*. [*Noncier*, Agolant, vers 934, 1167.]

* **NON-CHALEIR**, **NON-CHALOIR**, Négligence. *Metre en nonchaloir*, Mettre de côté, ne pas tenir compte, Lais d'Aélis, Wolf, *Uber die lais*, p. 480. Voyez *Chaloir*, Rayn. tom. II, pag. 294¹, au mot *Noncaler*, p. 223. Chronique des ducs de Normandie.

NONCHER, Déclarer, dire. Gl. *Nuntiare*.

1. **NONCHIER**, Apprendre, annoncer, faire savoir. Gl. *Nuntiare*.

2. **NONCHIER**, Indiquer, marquer, signifier. Gl. *Nuntiare*.

* **NONCUPATIF**. Gl. *Testamentum*, pag. 565¹.

* **NON-CURE**, Négligence, oubli. Partonop. vers 7127 :

Tot torne le siecle à non cure.

NONE, **NONNE**, Religieuse. Gl. *Nonnæ*, sous *Nonnus*. [Gérard de Vienne, v. 2546. *Nonnete*, Wackern. pag. 84.]

* **NON-FEIZ**, **NUN-FEIZ**, **NON-FOI**, Incrédulité, absence de bonne foi. Chron. des ducs de Normandie. Roman de Renart, tom. II, pag. 224, vers 15640.

NONNETIER, Espèce de meuble ou ustensile de ménage. Gl. *Nonnus*.

* **NON-NOISANCE**. Gl. *Insontia*.

NONOBSTANCE, Clause dérogatoire. Gl. *Nonobstancia*.

* **NON-PORQUANT**, **NON-POURTANT**, Cependant. Orell, pag. 341.

NON-PUISSANCE, Impuissance, faiblesse. Gl. *Pupillarietas*.

* **NON-SACHANT**, Peu sage. Enfants Haymon, vers 678.

* **NON-VOIANT**, **NON-VEANT**, Aveugle. Agolant, pag. 178². Partonop. vers 8392. Obscur. Gl. *Boia*, pag. 713².

* **NOON**, Partonop. vers 6162 :

Et met les noons as windas
Et fait la voile traire amont.

NORAIS, pour **NOROIS**, Qui est du Nord. Gl. *Norax*.

NORE, Bru, femme du fils. Gl. *Nora*.

* **NORIÇON**, **NORRIÇON**, Nourricier, gouverneur. Chron. des ducs de Norm. Voyez Rayn. tom. IV, pag. 352¹, au mot *Nuiridor*.

* **NORMANT?** Gérard de Vienne, v. 1911 :

Normant sonjai li rois en son dormant.

1. **NOROIS**, Homme du Nord. Gl. *Northus*.

2. **NOROIS**, Fier, hautain, orgueilleux. Gl. *Northus*.

NORRETURE, Bétail qu'on nourrit et qu'on élève. Gl. *Nutricatio*.

NORRIAGE, Le même. Gl. *Nutricatio*.

* **NORRIÇON**. Voyez *Noriçon* et *Norris*.

NORRIGUIÉ, Berger, celui qui nourrit et élève le bétail. Gl. *Norriguerius*.

NORRIN. **FAIRE NORRIN**, Faire des nourritures, élever du bétail. Gl. *Nutricatio*.

NORRIS, Familier, domestique. Gl. *Nutriti*. [Chron. des ducs de Norm. tom. II, pag. 308, vers 24562. *Norir*, Élever, entretenir du nécessaire. Chanson de Roland, st. 245, vers 6 :

Li mien baron, nurrit vos ai lung temps.

Stance 173, vers 6 :

De Carlemagne sun seignor ki l'nurrit.

Gérard de Vienne, vers 2327 :

Et randu Karle le roi ke m'ait nori.

Vers 3106 :

De mon nevou ke j'avoie norri.

Garin le Loh. tom. II, pag. 172 :

Quant vins encontre celui que ne norrit.

Norriçon, Éducation, instruction. Agolant, vers 271 :

Molt sui dolenz de vostre norriçon
Ge ai norri en vos molt mal glouton.

Enfances Roland, pag. 157² :

Comme ceus qui estoient de male nourreçon.

Voyez Rayn. tom. IV, pag. 351², au mot *Nurimen*.]

NORRITURE, Bétail qu'on nourrit et qu'on élève. Gl. *Nutricatio*. [Chron. des ducs de Normandie, tom. II, pag. 390, vers 26692.]

NORROISSE. **HACHE NORROISSE**, A l'usage des *Norrois* ou gens du Nord, faite dans ce pays. Gl. *Norrissa*.

NORVOIE, Norvége. Gl. *Godebertus*.

* **NOSCHE**. Voyez *Nusche*.

NOSSAILHES, Le temps où l'on peut se marier. Gl. *Nuptorium*, sous *Nuptiæ*, p. 662³.

* **NOSTRÉ**, Enfants Haymon, vers 971 :

Adonc leur demanda la duchoise nostrée.

NOTAILLE, mal lu pour **NOÇAILLE**. Gl. *Nuptiaticum*.

NOTAUBLE, Notable, distingué. Gl. *Notabilis*.

NOTE, Air, chant. Gl. *Nota*, 2. [*Noter*, Chanter. Wackern. pag. 79 :

En hault dist et si notoit
Un novel son.

Laborde, pag. 216 :

Oï dame bele et gente en un jardin
Ceste chançon noter.

(Fierabras, vers 2101 :

Dona, so dis Berart, cel que sap ben cantar,
Nota mot voluntiers per so mal oblidar.)]

NOTICE, Connaissance. Gl. *Notinus*.

* **NOTIS**. Voyez *Hauberc*.

* **NOTON**, Nocher, marin. Partonop. vers 5825. *Notonnier*, Gl. *Nabulum*.

NOTORIE, Office de notaire. Gl. *Notaria*, 2.

NOTULE, Minute. Gl. *Notula*.

NOU. A Nou, A la nage. Gl. *Nabilis*.

NOVAIN, La neuvième partie de quelque chose. Gl. *Novenus*.

NOVALITÉ, Nouvelleté, en terme de palais, innovation, trouble dans la possession de quelque chose. Gl. *Novalitas*.

* **NOUE**. Voyez *Noc*.

NOVEINE, Neuvaine. Gl. *Novena*, 1.

NOUEL, Bouton; d'où *Noueler*, Boutonner, attacher avec des boutons. Gl. *Nodellus* et *Capitium*, 1.

1. **NOVELER**, Entendre ou apprendre des nouvelles [Raconter]. Gl. *Novellare*, 3.

* **NOVELER**, **NOVELIER**, Changer, aimer le changement. Partonop. vers 4697 :

Amis mar vos vi novelier.

Chron. des ducs de Norm. tom. II, p. 190, vers 20909 :

C'est un vize repris e lait !
De corage trop novelier
Faus e muable e mençongier.

Chron. de Jordan Fantosme, vers 640 :

Mès trop fut acustumé de cunseilz noveler.

* **NOVELERIE**, Querelle, guerre. Agolant, vers 734. Voyez *Novalité*.

NOUELEURE, Garniture de boutons. Gl. *Nodellus*.

* **NOVELIERS**, Inexpérimenté, timide. Partonop. vers 4038. G. Guiart, tom. I, pag. 186, vers 4273.

NOUER, Nager. Gl. *Nabilis*.

NOUERDIER, Noyer, arbre. Gl. *Noerium*.

NOUEROIE, Lieu planté de noyers. Gl. *Nogadera*.

NOVIAUTÉ, Nouvelleté, en terme du Palais, innovation, trouble dans la possession de quelque chose. Gl. *Novalitas*.

NOUIAX, Nœuds. Gl. *Capitium*, 1.

NOVICE, p. e. Noviciat. Gl. *Novitiari*.

NOUILLEUX, Noueux, plein de nœuds. Gl. *Nodosus*.

NOVISSERIE, Noviciat. Gl. *Novitiari*.

NOULER, Boutonner, attacher avec des boutons. Gl. *Nodellus*.

NOULLON, L'écorce verte de la noix. Gl. *Noguerius*, sous *Nogueria*.

NOULLU, Noueux. Gl. *Nodosus*.

NOURETURE, **NOURRETURE**, Bétail qu'on nourrit et qu'on élève. Gl. *Nutricatio*.

NOURRETURE, Maison, famille. Gl. *Nutriti*.

NOURRIS, Nourrisson. Gl. *Nutricius*.

NOURRISSEMENT, Éducation. Gl. *Nutritura*.

NOURRISSON, Nourriture, le prix qu'on donne à la nourrice d'un enfant. Gl. *Nutritium*.

1. **NOURRITURE**, **NOURRETURE**, Maison, famille. Gl. *Nutriti*. [Guill. Guiart, tom. II, pag. 83, vers 2117 (11093).]

2. **NOURRITURE**, Éducation. Gl. *Nutritura*.

* **NOUS.** Voyez *No*.

NOUTEILLEUX, Noueux, plein de nœuds. Gl. *Nodosus*.

NOUVELIER, Nouvelliste, qui aime à entendre et à débiter des nouvelles. Gl. *Novella*, 3.

NOUVELLE, Procès, différend en cas de *nouvelleté* ou de trouble dans la possession de quelque chose. Gl. *Novalitas*.

NOUVELLETÉ, Nouviauté, Innovation, trouble. Gl. *Novalitas*, *Novitas*, 2, et *Nuntiatio*.

NOUVELLEUR, Amateur de nouveautés. Gl. *Novella*, 3.

NOXER, C'est faire un certain mouvement du talon en dansant. Gl. *Noxare*.

NOYFZ, Neige. Gl. *Ninguidus*.

* **NU,** Ne le. Agolant, vers 864, 893, 934. Jordan Fantosme, vers 22. Voyez *Non faire*.

NUBELLE, Instrument de musique. Gl. *Nubalis*.

1. **NUBLE,** Sorte de pâtisserie fort déliée, oublie. Gl. *Nebula*, 2.

2. **NUBLE,** Longe de veau, échinée de porc. Gl. *Nebulus*.

3. **NUBLE,** Qui ne voit pas clairement. Gl. *Nubilus*.

NUBLECE, Nublesse, Nuage, obscurité, ténèbres. Gl. *Nubs*.

* **NUÉE.** Aubri, pag. 159[2] :

> Bien soit a foi venus ceste nuée.

Voyez *Noée*.

NUESCES, Noces. Gl. *Nubtiæ*.

NUGACION, Mensonge. Gl. *Nuga*.

1. **NUISEMENT,** Dommage, préjudice, tort. Gl. *Manutenentia*.

2. **NUISEMENT,** Amende pour le dommage qu'on a fait. Gl. *Nocumentum*, 3.

1. **NUIT,** Veille, le jour qui précède une fête. Gl. *Nox*, 3.

2. **NUIT,** Le couchant. Gl. *Nox*, 4.

NUITANTRÉ, Par nuit, la nuit commencée. Gl. *Noctanter*. [*Nutanté*, Hugues de Lincoln, vers 46, 85.]

NUITIER, Nuittier, Le soir, la nuit commençant. Gl. *Noctanter*. [Aubri, p. 158[1] : *Nutier*. Chastel. de Couci, vers 2534 : *Nuitie*. Voyez *Anuitier*.]

NULLUI, Nully, Nul, personne, qui que ce soit. Gl. *Nullus*.

* **NULSOUDOR,** Nusoudor. Voyez *Misodour*.

NULUI, comme *Nullui*. Gl. *Dicare*.

[Orell, pag. 70. *Nuns*, Gérard de Vienne, v. 3728. Orell, pag. 69.]

NUMBLE, Longe de veau, échinée de porc. Gl. *Numbile*.

NURRETURE, Arrière-faix. Gl. *Nutritorium*.

* **NUSANCE,** comme *Nuisement*, 1. Gl. *Nocumentum*, 1.

* **NUSCHE,** Boucle. — Chanson de Roland, stance 49, vers 4. Jordan Fantosme, vers 1185. Voyez les notes de la première édition, p. 131. Gl. *Nusca*. Voyez ci-dessus *Noiai*.

NUSQUE, L'angle interne de l'œil. Gl. *Nusca*.

NUYRAGUIER, Berger, celui qui nourrit et élève du bétail. Gl. *Nurigarius*.

NUYTÉE, Service qu'on est obligé de faire pendant l'espace d'une nuit. Gl. *Nox*, 2.

NUYTIER, Le soir, la nuit commençant. Gl. *Noctanter*. Voyez *Anuitier*.

NY. Mettre en Ny, s'Inscrire en faux, nier. Gl. *Ponere in negatum*, pag. 343[3].

NYÉE, Nichée, couvée. Gl. *Nidalis*.

NYNNYN, Nom propre d'un homme. Gl. *Ninnarius*.

OBE

1. **O,** pour Avec, dans les Établissements de saint Louis, ch. 131, et partout ailleurs. Gl. sous *Palettus*. [Orell, p. 328.]

* 2. **O,** Oui. Aubri, pag. 155[1] :

> Mais por la dame ne disent o ne non.

Gérard de Vienne, vers 1596 :

> Karles l'entant ne dist ne n' o ne non.

* 3. **O.** Gl. *Moneta*, pag. 490[1].

* 4. **O,** A le, en le. Orell, p. 4.

* **OAN,** Ouan, Owan, Cette année, désormais, jamais. Chronique des ducs de Normandie, Orell, pag. 310. Rayn. tom. II, pag. 77[1], au mot *Ogan*. G. Guiart, tom. I, pag. 191, vers 4511 :

> Ni ceste année n'enc ouan.

Flore et Blancefl. vers 1533 :

> Tot ensement vic jou owan,
> N'a mie encore demi an, etc.

OANCE, Rente ou redevance qui se payait au jour indiqué à cri public. Gl. *Oiancia*.

OBCULTÉ, Obscurité, embarras. Gl. *Obscuriloquium*.

OBEANCIER, Obédienciaire, nom de la première dignité au chapitre de Saint-Just à Lyon. Gl. *Obedientiarius*, 1. [*Obeance*, ibidem.]

* **OBEDIENCE,** Obbedience, Obéissance. *Obbedient*, *Obedient*, Obéissant. Chronique des ducs de Normandie.

OBL

OBÉIR, s'Engager, se soumettre. Gl. *Obedire*.

OBÉISSAMMENT, Avec obéissance et soumission. Gl. *Obedientialiter*.

1. **OBÉISSANCE,** Hommage que doit le vassal à son seigneur. Gl. *Obedientia*, 4.

2. **OBÉISSANCE,** Redevance, service de vassal. Gl. *Obedientia*, 4.

3. **OBÉISSANCE,** Seigneurie, district, juridiction. Gl. *Obeissancia*.

OBÉISSEMMENT, Avec obéissance et soumission. Gl. *Obedientialiter*.

OBEL, Signe, but; ou État de boucher. Gl. *Obile*.

OBER du Lit, Sortir du lit, se lever. Gl. *Oberatus*.

OBICER, Objecter, opposer. Gl. *Obicere*.

OBIER, Sous-prieur, prieur claustral. Gl. *Obierus*.

OBIT, Mort, trépas. Gl. *Obitus*, 2. [Enfants Haymon, vers 338 :

> Moult fu bel le service, noble fu li obis.]

* **OBLATION,** Offrande. Chron. des ducs de Norm.

OBLAYERIE, Le métier de faire des oublies. Gl. *Obliarius*, sous *Oblata*, p. 673[1].

OBLIAU, Celui qui doit le cens appelé *Oublie*. Gl. *Obliarius*, sous *Oblata*, p. 673[2].

OBLIETÉ, Cachot, prison perpétuelle. Gl. *Oblivium*.

OCC

OBLOQUCION, Contradiction, contestation. Gl. *Misdicere*.

OBLOYER, Faiseur ou marchand d'oublies. Gl. *Obliarius*, sous *Oblata*, p. 673[1].

OBLYE, Oublie, sorte de pâtisserie fort déliee. Gl. *Oblata*, pag. 673[1].

* **OBOLE.** Gl. *Moneta*, pag. 501[3].

OBOLLE, Partie du marc, p. e. la même chose que le grain. Gl. *Obolus*.

OBRADOR, Ouvroir, boutique. Gl. *Operatorium*.

* **OBSCURE,** Maladies Obscures, Épilepsie. Gl. *Morbus obscurus*; pag. 546[1].

OBSTANT, Pour, à cause, parce que. Gl. *Obstantia*.

OBVENU, Revenu qui n'est fondé que sur les cas fortuits, casuel. Gl. *Obventio*.

* **OBUMBRATION,** Ombre, action de faire ombre. Chron. des ducs de Norm.

OCCASIONAUMENT, Par suggestion et conseil, indirectement. Gl. *Occasionare*, 1, sous *Occasio*, 5, pag. 691[2].

OCCASIONNÉ, Sujet, accoutumé. Gl. *Occasionatus*.

OCCHOISON, Intention, dessein. Gl. *Occasionare*, 1, sous *Occasio*, 5, p. 691[2]. [Rayn. tom. II, pag. 359[2], au mot *Occasio*.]

* **OCCISE.** Voyez *Ochission*.

OCCOT, Retard, empêchement. Gl. *Hoquetus*, 1.

OCCULTÉ, Obscurité, embarras. Gl. *Obscuriloquium*.

OCCUPER, Occupper, Accuser, charger quelqu'un d'un crime. Gl. *Occupatio*, 3.

* **OCCUPEUR**, Occupant. Gl. *Occupator.*

OCCUPPÉ, Qui est pris, qui est fait prisonnier, Gl. *Occupatio*, 3.

OCCURRE, Venir promptement au secours de quelqu'un. Gl. *Occurrere.*

OCEL, Petit vase. Gl. *Ocellus.*

OCHE, Terre labourable, entourée de fossés ou haies, jardin ou verger fermé de même. Gl. *Olca*, 1.

OCHER, Marquer par des hoches ou entailles. Gl. *Occare*, 2.

OCHIR, Occire, Tuer. Gl. sous *Villani.* [*Ocire*, Chanson de Roland. *Ocirre*, Roi Guillaume, pag. 150. Orell. pag. 284. Faire de la peine, Partonop. vers 1874 :

> Li parlers de lui moult m'ocit,
> Car il a tos biens de s'amie,
> Jo n'en ai riens qui ne m'ocie.

Vers 7423 :

> Moult l'ocit qu'il li a mesfet.]

OCHISSERES, Meurtrier, homicide. Gl. *Occisor.*

OCHISSION, Meurtre. Gl. *Occisor.* [*Ocisiun*, Chanson de Roland. *Occise*, Tuerie, Chron. des ducs de Norm.]

OCHOISONNER, Reprendre, blâmer. Gl. *Occasionare*, 1, sous *Occasio*, 5, p. 691². [Chastel. de Couci, vers 8148. Rayn. t. II, pag. 360², au mot *Ocaisonar.*]

* **OCIABLE**, De mort, qui exprime des angoisses de mort. Chron. des ducs de Norm. tom. III, pag. 328, vers 40597.

OCISSION, Meurtre. Gl. *Occisor.*

OCLAGE, Présent de noces que le mari faisait à sa femme en lui donnant un baiser. Gl. *Osculum*, 2, pag. 743².

1. **OCLE**, Le même. Gl. *Osculum*, 2, pag. 743².

2. **OCLE**, Ce que l'on donne à une veuve pour le deuil. Gl. *Osculum*, 2, pag. 743².

* **OCOISON**, Cause, faute, affaire, prétexte, occasion. Partonop. vers 4587 :

> Et de tos maus tote la cure
> Et l'ocoison et le figure.

Flore et Jeanne, pag. 33 : *Ki ensi estoient pierdu anbedui par l'ocoison de son malise.* Partonop. vers 3226 :

> Et por grant ocoison i sont.

Vers 1221 :

> Rien ne vos valt ceste ocoison.

Saint Grégoire : *Neie l'ocasion* (lat. oborta occasione.) Voyez *Acheson*, *Occhoison* et *Oquision*, Rayn. tom. II, pag. 360¹, au mot *Occasio.* Accuser. Rayn. p. 360². Voyez *Ochoissonner* et *Oquisonner.*

OCTEMBRE, Octobre. Gl. *Octimber.*

OCTOIVRE, Octobre. Gl. *Octimber.*

* **OCTRISES**, Lods. Gl. *Octrisiæ.*

OCTROYEMENT, Concession, permission. Gl. *Ottroium.* [Rayn. tom. II, p. 153¹, au mot *Autreiament.*]

* 1. **OD**. Voyez *O*, 1.

* 2. **OD**, comme *Ost*, 1. Chron. des ducs de Norm. tom. III, p. 88, vers 34341.

* **ODIL**, Oui. Partonop. v. 1315, 6129.

* **ODURE**, Chron. des ducs de Norm. tom. I, pag. 341, vers 7418 :

> Ses armilles, qu'on bous apele,
> Od odure preciose e bele
> D'or e de pierres grant e gent.

OE, Oie. Gl. *Occa* et *Auca*, 1. [Roman de Renart, tom. I, pag. 49, vers 1273.]

* **OEL**, Oil, OEil. Roi Guillaume, pag. 150 :

> Li rois, qui voit se mort à l'ocl, etc.

Partonop. vers 1950 :

> Par matinet al oel del jor.

Chron. des ducs de Norm. Voyez Rayn. tom. IV, pag. 366², au mot *Olh.*

OELLE, Huile. Gl. *Oleum*, pag. 708³.

OELMENT, Également. Gl. *Egallatio*, sous *Egalare.*

OENCHINE, Brasserie. Gl. *Camba*, 3.

OENDUIT, Sorte d'amende. Gl. *Oenduit.*

1. **OES**, OEufs. Gl. *Ovum*, 1. [Roman de Renart, tom. III, pag. 132, vers 2338g. *Of pelé*, Aubri, pag. 163¹.]

* 2. **OES**, Besoin, utilité, intérêt. *A mon oes, à son oes*, etc. Partonop. v. 2984, 10066. Flore et Blancefl. vers 1008. Mantel Mautaillé, vers 621. Roi Guillaume, pag. 90. Roman de Renart, tom. III, pag. 132, vers 23390; tom. IV, pag. 206, vers 2106. *A oez ma feme*, tom. III, p. 32, v. 20623. *Al vostre oes.* Partonop. vers 9309. Service. Chanson du Chatel. de Couci, Laborde, pag. 269 :

> Por ce qu'Amors le vuet à son oes prendre.

Pag. 284 :

> Si ne me veult à son eus retenir.

Pag. 294 :

> S'ele me daigne à son oes retenir.

Chastel. de Couci, vers 76 :

> L'ot Amours ja à son oes pris.

Voyez Roquef. Suppl. Rayn. t. IV, p. 375², au mot *Ops*, Orell. pag. 332.

ŒUF. Jouer a l'OEuf. Gl. *Ovum*, 1.

ŒUILLIAGE, Remplissage jusqu'à l'œuil, ou bondon du tonneau. Gl. *Implagium*, 2.

* **ŒVRE**, Affaire, chose. Partonop. vers 8460, 2467. OEuvre de nigremance, Flore et Blancefl. vers 822. OEuvres mondaines. Gl. *Mundalis.*

ŒVRER, Faire, agir. Gl. *Operare.*

1. **OFFENDRE**, Offenser, outrager. Gl. *Offendere.*

2. **OFFENDRE**, Contrevenir, pécher contre les lois et les coutumes. Gl. *Offendere.*

OFFICE, Officialité, cour ecclésiastique. Gl. *Officium*, pag. 704¹.

OFFICE DE MAGESTÉ, Droit royal et souverain. Gl. *Officium majestatis*, p. 705¹.

1. **OFFICIER**, Livre d'église, contenant les offices qu'on doit chanter. Gl. *Officiarium.*

2. **OFFICIER**, Exercer un office; plus particulièrement celui de sergent, exploiter. Gl. *Officiare*, 2.

OFFICIERS Fiesvez, Les grands officiers de la couronne. Gl. sous *Officium*, p. 704³.

OFFREUR, p. e. Receveur des impôts. Gl. *Offerentes.*

OFFRIR, Aller à l'offrande. Gl. *Offerenda*, pag. 698².

OFFROY, Espèce d'ornement à l'usage des femmes. Gl. *Offretum.*

OFICHE, Office, charge, emploi. Gl. *Campiones*, pag. 69.

* **OFIN**, Le fou du jeu des échecs. Chron. des ducs de Norm. Voyez *Aufin.*

OFRORIE, Certaine partie d'une maison Gl. *Offrator.*

OGRE, Orgue. Gl. *Discantus.*

OHUE, Ouie. Gl. *Oya.*

1. **OIANCE**, Rente ou redevance qui se payait au jour indiqué à cri public. Gl. *Oiancia.*

* 2. **OIANCE**, Oiant. *En oiance, Tot en oiance*, Devant témoins, publiquement. Partonop. vers 9196. Chron. des ducs de Norm. tom. I, pag. 310, vers 6597; p. 407, vers 9398 (*oiant tuz*, vers 9401). *Haut en otance*, pag. 475, vers 11409. *En oiant*, Agolant, pag. 152¹. Voyez Rayn. tom. II, pag. 149², au mot *Auzir.* (*Auzen de totz.*)

OICTIEVE, Le droit de prendre la huitième gerbe. Gl. *Octava*, 6.

OICTOUVRE, Octobre. Gl. *Octimber.*

* **OIDIVE**, Oisiveté, plaisanterie. G. Guiart, tom. 1, p. 148, vers 3304; p. 192, vers 4525; pag. 244, vers 5889. (*Oidiver*, pag. 67, vers 1083.) Voyez *Huidive.* — *Oiseuse*, Jean de Vignay, P. Paris, Catal. t. 1, pag. 56. *Oxouse*, Wackern. pag. 40 :

> Lonc tens avons estei prou par oxouse,
> Or li pairait ki à certes iert prous.

OIE, Ouie. Gl. *Oya.* [Son du cor. Chanson de Roland, stance 132, vers 5. Voix des chiens. Partonop. vers 628, 645.]

OIGNEMENT, Onguent, parfum. Gl. *Unguentum* et † *Smegma.*

OIGNONNETTE, Graine d'oignon. Gl. *Oignonnus.* [*Oignonnée* †. Gl. *Cepola.*]

OILLE, Huile. Gl. *Oleum*, pag. 708³.

OINGNACE, Celui qui fait des cochonneries, des choses indécentes. Gl. *Unctum.*

OINT, Pain d'*oint* ou de graisse de porc; ou la partie du porc dont on tire l'*oint.* Gl. *Unctum.*

OINTIER, Marchand d'*oint* ou de graisse. Gl. *Unctaria.*

1. **OINTURE**, Oint, graisse. Gl. *Unctura* et *Sagimen.*

2. **OINTURE**, Le droit dû sur l'*oint* qu'on vend au marché. Gl. *Unctura.*

* **OIR**, Héritier, successeur au fief. Gl. *Hæredes*, pag. 610³, 611¹. Partonop. vers 10520. Voyez Rayn. tom. III, p. 526², au mot *Her.*

OIRE, Oirre, Voyage, tout ce qui y est nécessaire [Flore et Blancefl. v. 1131. Partonop. vers 4140, 4286. *Baptizer en oirre*, vers 5666. *Cheminer moult bon oire*, Roman de Renart, tom. III, pag. 146, vers 23779]; d'où *Oirrer*, Aller, voyager. [Flore et Bl. vers 1605, 1608 (deuxième personne). Partonop. vers 315, 4113, 4127. Voyez *Erre* et *Errer.*] Gl. *Iterare.*

OISEL, Oiseau. Gl. *Avis.* [*Oiselet*, Flore et Blanc. vers 3188. Voyez Rayn. tom. II, pag. 155¹, au mot *Auzelet.*]

OISELER de Joie, Tressaillir de joie. Gl. *Oisellare.*

* **OISSEMENTE**, Ossements. Gl. *Ossamenta.* Voyez *Osselemente.*

* **OISSOR**, Épouse. Partonop. v. 1904, 10805. Chronique des ducs de Normandie. *Oixurs*, Chanson de Roland, st. 64, v. 8.

* **OISSUE**, Issue. Roman de Renart, tom. III, pag. 141, vers 23635.

OISTE, Hostie, la sainte Eucharistie. Gl. *Hostia*, 1.

* **OÏTANT**, Incontinent. Chron. des ducs de Normandie.

OITE, comme *Oiste.* Gl. *Hostia,* 1.

* **OLBLIER**, Oublier. Partonop. v. 620.

OLE, Grand pot ou vase à deux anses. Gl. *Olla,* 2. [Roman de Renart, tom. II, pag. 232, vers 15865. Voyez Rayn. tom. IV, pag. 366¹, au mot *Ola.*]

OLERIES, p. e. les Antiennes de l'avent, qui commencent par l'exclamation O. Gl. *O.*

OLIETTE, Olivette, plante, de la graine de laquelle on fait de l'huile. Gl. *Oleator.*

OLIEUR, Marchand d'huile ou meûnier d'un moulin à huile. Gl. *Oleator.*

OLIFANT, OLIPHANT, Trompette, clairon, cor de chasse. Gl. *Elephas.* [Garin le Loher. tom. I, pag. 20, 41, 107. Agolant, pag. 172¹². Lai du Corn, vers 112 : *Holifaunt,* vers 485 : *Olifaunt.* Éléphant, ivoire, vers 47 :

> Li corn estoit de iveure...
> Il fust fest de olifaunt.

Chron. des ducs de Norm. tom. I, pag. 355, vers 7849 :

> De blanc yvoire d'olifant
> Fu li manches.

Pag. 166, vers 2411; pag. 236, vers 4396. Chanson de Roland. Voyez Rayn. t. III, pag. 110², au mot *Olifan.*

OLLE, Marmite. Gl. *Olla,* 2.

* **OLOIR**, Sentir, exhaler de l'odeur. Partonop. vers 1073, 1074. Roman de Renart, tom. II, p. 280, vers 17194. Chron. des ducs de Norm. Voyez Orell, pag. 227. Rayn. tom. IV, pag. 366, au mot *Oler.*

* **OLTRE**, Au delà. Partonop. vers 521, 639. Voyez Rayn. tom. VI, pag. 33², au mot *Ultra.* *S'en passer oltre,* Partonop. vers 3005, 3009. *Se guenchir outre,* Garin le Loher. tom. I, pag. 155. *De là outre puier,* Agolant, vers 323. *Se faire outrenagier,* Gérard de Vienne, vers 3425. Voyez *Outrebrisier.*

* **OM**, Homme. Orell, pag. 64. Rayn. tom. III, pag. 531¹, au mot *Hom. Om de Teneure.* Gl. *Hominium,* pag. 680⁷.

OMAILLES, pour Aumailles. Gl. *Animalia.*

* **OMBRAGE**, Couvert, obscur, ombragé. G. Guiart, tom. I, pag. 156, vers 3508; tom. II, pag. 19, vers 469; pag. 38, v. 961 (9435, 9927).

OMBRAGIÉ, Lent, paresseux. Gl. *Umbræ.*

* **OMBROIER**, Donner de l'ombre, couvrir. G. Guiart, tom. I, pag. 294, v. 6975. *Se faire ombrier, s'ombreier,* Se mettre à l'ombre, se reposer, se cacher. Aubri, p. 183¹. Chron. des ducs de Norm. t. II, pag. 365, vers 26030. Voyez Rayn. t. IV, pag. 369², au mot *Ombrejar,* ci-dessus *Aombrer,* et ci-dessous *Umbrier.*

OMILÉE, Certaine mesure de terre. Gl. *Homata.*

OMINADE, Bosse, tumeur, abcès. Gl. *Ominada.*

ONAINE, Chenille. Gl. *Honnina.*

ONCE, Certain rang ou place parmi ceux qui tirent un bateau en remontant une rivière. Gl. *Oncia.*

ONCELÉE, Certaine mesure de vin, une bouteille. Gl. *Uncia,* 2.

ONCENOTTE, p. e. Espèce de vase. Gl. *Oncia.*

ONCHINE, ONCINE, Brasserie et tout lieu où plusieurs personnes travaillent à un même ouvrage. Gl. *Camba,* 3.

ONCIER, Mesurer par onces. Gl. *Unciare.*

ONCIN DE CHARRETE, Sorte de bâton crochu. Gl. *Uncinus.*

ONDÉE, Tranchée, douleur pour accoucher. Gl. *Undacio.*

ONDÉER, Ondoyer, jeter de l'eau sur la tête d'un enfant, en attendant les cérémonies du baptême. Gl. *Undeiare.*

ONGEMENT, Onguent, parfum. Gl. *Unguentum.*

ONIOT, Espèce de linge. Gl. *Onio.*

* **ONKELS**, Onques. Gérard de Vienne, vers 3172. *Onqui,* sainte Eulalie, vers 9. *Unkes,* Roman de Rou, vers 6147. Voyez Rayn. tom. II, pag. 80² et 81¹, aux mots *Anc* et *Oncas. Onc, Unc, passim. On,* Chron. des ducs de Norm. tom. I, p. 417, vers 9694. *Ons,* G. Guiart, tom. I, p. 289, vers 6843.

ONNI, Uni, égal. Gl. *Onio.* [G. Guiart, tom. I, pag. 278, vers 6758. Chastel. de Couci, vers 8170 :

> Onni de cuer et de bonté,
> Ouni de cuer, de volenté.]

1. **ONNIEMENT**, Onguent dont on panse les plaies. Gl. *Unguentum.*

2. **ONNIEMENT**, Également. Gl. *Egallatio,* sous *Egalare.* [Renart le Nouvel, t. IV, p. 223, v. 2520.]

ONOR, Domaine, fief, seigneurie. Gl. sous *Honor.* [Partonop. vers 1442, 1479, 2714.]

OPS, Choix, volonté. Gl. *Optio,* 2.

OPTACION, Sollicitation, induction. Gl. *Optatio.*

OPTAT, Souhait, désir. Gl. *Optatio.*

OQUE, Coche, entaille. Gl. *Occare,* 2.

OQUISENER, Vexer, faire de la peine, tourmenter. Gl. *Occasionare,* sous *Occasio,* 5.

OQUISION, Occasion, sujet. Gl. *Occasionare,* 1, sous *Occasio,* 5. [*Oquison.* Cause. Flore et Blancefl. vers 2710, 2801, 2572. *Okisons,* Occasion, vers 1159. *Oquoison,* Chastel. de Couci, vers 3165. Voyez *Ocoison.*]

OQUISONNER, Poursuivre en justice. Gl. *Occasionare,* 1, sous *Occasio,* 5.

* 1. **OR MUSIQUE.** Gl. *Musivum.* Partonop. vers 850. *Or cuit,* vers 1090, 1596. Voyez *Esmerer, Ormier,* Gl. *Aurum coctum. Or d'Arragon, d'Oriant,* etc. Enfants Haymon, vers 620, note, pag. 154¹.

* 2. **OR**, Maintenant, il est temps de, tantôt, or. Gérard de Vienne, vers 3458 :

> Seignor baron or de l'aparilier!

Aubri, pag. 168¹ : *Or de bien faire!* Agolant, pag. 173 : *Or tost de l'atorner!* — Garin le Loher. tom. I, pag. 9 :

> Or est assez, li dux Hervis a dit,
> Or aus églisos, aus chevaus, aus roncins!

Agolant, pag. 185¹ :

> Or nos doit or de dou bien remember !

Gérard de Vienne, vers 2293 :

> S'or estez prouz, or vos arait mestier.

Voyez Rayn. tom. III, pag. 539², au mot *Ar,* ci-dessous *Orans.*

ORACLE, Oratoire, lieu où l'on prie Dieu. Gl. *Oraculum,* 1.

ORAGE BEL, Bon vent, vent favorable. Gl. *Orago.*

* **ORANS**, ORAINS, Tout à l'heure. Gérard de Vienne, vers 187 :

> Orans vos vi, ce m'est vis, à cel pont.

Flore et Blanceflor, vers 2429 :

> Orains estiés vous deshaitie
> Mais or vous voi joians et lie...
> Orains ne le voliés veoir
> Or n'avés nul si cier avoir.

Roman de Renart, tom. II, pag. 325, vers 18437, 18449. Voyez le Glossaire sur la Chronique des ducs de Normandie, et *Or,* 2.

1. **ORATEUR**, Chapelain qui dessert un oratoire. Gl. *Orator,* 2.

2. **ORATEUR**, Suppliant. Gl. sous *Orator,* 1.

ORBATEUR, Batteur d'or; d'où *Orbaterie* et *Orbateure,* L'art ou l'ouvrage de cet artisan. Gl. *Orbator.*

ORBE, Ce qui ne paraît pas clairement. Gl. sous *Ictus orbis.* [Qu'on ne peut distinguer, sombre, aveugle. Partonop. v. 8689.

> Orbe et oscure est la meslée.

Flore et Blancefl. vers 493 :

> N'est sous ciel si orbes celiers.

Voyez Rayn. tom. III, pag. 377¹, au mot *Orbs.*]

ORBEMENT, Obscurément, d'une manière qui n'est pas claire. Gl. *Orbus.*

ORBETÉ, Privation de quelque chose. Gl. *Orbitudo.*

ORCEAU, ORCEL, Vase, pot. Gl. *Orcellus.*

* **ORCHAL**, Archal. Gl. *Auriculatum.*

* **ORCHE.** Roman de Renart, tom. IV, pag. 74, vers 2049 :

> Quant jou fui en ma vive forche
> Nus devant moi n'aloit à orche
> Que maintenant ne fust vengiés.

Voyez *Aorce.*

ORD, Sale, vilain, puant. Gl. *Ordus.* [*Ordalie,* Roman de Roncevaux, pag. 90. Voyez *Ort,* 2.]

ORDEINGNER, Disposer par testament. Gl. *Ordinare,* 1.

1. **ORDENANCE**, Ce que prescrit l'ordonnance. Gl. *Ordinantia,* 1.

2. **ORDENANCE**, Volonté, fantaisie. Gl. *Ordinantia,* 1.

* **ORDENE**, Ordre. Partonop. v. 9690 :

> Et environ en ordené assis.

Voyez *Aordene, Ordine* et *Ordon.*

ORDENÉ, Celui qui a reçu les ordres sacrés. Gl. *Ordinatus,* 1, et sous *Ordo,* 3, pag. 729¹.

ORDENÉEMENT, En bon ordre. Gl. *Ordinabiliter.*

ORDENEMENT, Ordonnance, règlement. Gl. *Ordinamentum.*

1. **ORDENER**, Administrer les derniers sacrements, et particulièrement l'extrême-onction. Gl. *Ordinare,* 4.

2. **ORDENER**, Panser, traiter une plaie. Gl. *Ordinare,* 5.

ORDENEUR, Ordonnateur, celui qui préside à quelque chose. Gl. *Ordinator,* 2.

ORDINE, Ordre, commandement. Gl. *Ordinamentum.*

ORDINÉEMENT. MOURIR ORDINÉE-

MENT, Mourir muni des Sacrements, et après avoir fait son testament. Gl. *Ordinatus*, 2.

ORDOIER, Souiller, profaner, couvrir ou remplir d'ordure. Gl. *Funestare* et *Ordura*.

ORDOIS, pour HORDOIS, Palissade. Gl. *Hordeicium*.

ORDON. A ORDON, Par ordre, par rang. Gl. *Ordinabiliter*. Voyez *Ordene*.

ORDONNANCE, Compagnie de femmes débauchées. Gl. *Ordinantia*, 2.

ORDONNANCES, Les derniers sacrements; d'où *Ordonner*, Les administrer, et particulièrement l'extrême-onction. Gl. *Ordinare*, 4.

ORDRE, Religion, profession monastique. Gl. sous *Ordo*, 6, pag. 729². [*La sainte ordre*, Roman de Renart, tom. 1, pag. 43, vers 1114.]

ORDRE DE MARIAGE, Le sacrement de mariage. Gl. *Ordo*, 3.

ORDRENANCE, Volonté, fantaisie. Gl. *Ordinantia*, 1.

ORDRENNER, Disposer par testament; d'où *Ordreneresse*, Testatrice. Gl. *Ordinare*, 1.

ORDURE, Femme débauchée. Gl. *Ordura*.

ORE, A ORE, Maintenant, à présent. Gl. *Já*. [Agolant, vers 1115, 1166. *Ore hui*, Partonop. vers 9511. Voyez Rayn. tom. 11, pag. 94², au mot *Enan*; tom. 111, p. 538², au mot *Hora*. Orell, pag. 311. Chron. des ducs de Normandie. *Une ore et autre*, deux fois. Roman de Renart, tom. 111, pag. 67, vers 21598.]

1. ORÉ, pour ORT, Jardin. Gl. *Oreum*.

* 2. ORÉ, ORIET, D'or, doré. Chanson de Roland.

1. ORÉE, Bord, lisière. Gl. *Oreria*. [Chron. des ducs de Normandie.]

* 2. ORÉE, Vent favorable. Chron. des ducs de Normandie. Voyez *Orés*.

1. OREILLE, Orée, bord d'un bois. Gl. *Aureria*.

2. OREILLE. DONNER OREILLE, Prêter l'oreille, écouter. Gl. sous *Auris*.

OREILLER, Couper les oreilles, sorte de supplice. Gl. *Auriculare*, 3.

OREILLETTE. PRENDRE DES OREILLETTES, Se boucher les oreilles. Gl. *Auriculares*, 1.

OREILLIER, Être attentif, s'appliquer. Gl. *Aurem dare*, sous *Auris*. [*Oreiller, oreller*, Être aux écoutes. Roman de Renart, tom. 11, pag. 241, vers 16116, tom. 111, pag. 132, vers 23380. Partonop. vers 2628. Jubinal, Fabliaux, tom. 1, pag. 131.]

* ORER, Prier. Sainte Eulalie, v. 26. Roi Guillaume, pag. 44. Partonop. vers 2356. Chron. des ducs de Normandie. Chanson de Roland. Partonop. vers 8423 : *Prie et ort*; vers 10731 :

Avenaument se sont orées.

Roman de Renart, tom. 111, p. 89, v. 22193 :

E cil li a oré bon jor.

Voyez Rayn. tom. 1v, pag. 376², au mot *Orar*. Gl. † *Proseucare*.

ORÉS, OREZ, Orage. Gl. *Orago*. [Vent. Partonop. vers 17, 4137 (fem.), 4295, 4466, 6155. Roi Guillaume, pag. 133. Chanson de Roland, aux mots *Ored*, *Orez*. Chron. des ducs de Normandie. Voyez *Orée*, 2. Rayn. tom. 11, pag. 147², au mot *Aurei*.]

OREUR, Héraut. Gl. *Festialis*.

ORFALISE, Orfroi, bordure. Gl. *Orfresium*.

ORFANTÉ, L'état d'un orphelin. Gl. *Orphanitas*.

ORFENE, Orphelin. Gl. *Orphanus*, 1. [*Orfe*, Garin le Loher, tom. 1, pag. 76. *Orphelin, Orfenin*, Privé, dépourvu. Wackern. pag. 64 :

Fist tout le monde orfenin
Des biens dont jeu ai pairleit.

Agolant pag. 186¹ :

De cent mil Turs l'avons fait orphelin.

Voyez Rayn. tom. 1v, pag. 384¹, au mot *Orfe*.]

ORFENTÉ, L'état d'un orphelin. Gl. *Orphanitas*.

OR-FORS, Dehors. Gl. *Ordus*.

ORFRASER, Garnir d'orfroi. Gl. *Aurifrigia*, pag. 501¹.

ORFRAYS, ORFROIS, Frange d'or, ornement d'or ou de soie, dont on borde quelque chose. Gl. *Aurifrigia* et *Orfresium*. [Partonop. v. 2968, 7460. *Offrois*, Chastel. de Couci, vers 2230. *Orfreis*, Chron. des ducs de Norm. Voyez Rayn. tom. 11, pag. 144², au mot *Aurfres*.

ORGANAL. VAINE ORGANALE, Qui est un des organes de la vie. Gl. *Organalis*.

ORGANER, Chanter avec certaine modulation. Gl. *Organare*, sous *Organum*, p. 733¹. [Partonop. vers 31.]

ORGANEUR, Organiste, joueur d'orgue. Gl. *Organarius*, sous *Organum*, 1.

ORGANISER, Jouer de l'orgue. Gl. *Organizare*, sous *Organum*, 1.

ORGERIE, Marché au blé. Gl. *Orgeria*.

ORGEUS, Orgueilleux, altier, superbe. Gl. *Orgeria*.

ORGOILLOS, Le même Gl. sous *Abatis*.

* ORGUE, Point d'orgue. Roman de Renart, tom. 111, pag. 59, vers 21375.

ORGUEILLEUX, Espèce de maladie. Gl. *Orgeria*.

ORGUENER, Jouer de l'orgue. Gl. *Organare*, sous *Organum*, pag. 735¹.

ORIER, Étole, ornement sacerdotal. Gl. sous *Orarium*.

ORIERE, Bord, lisière. Gl. *Oreria*. [Voyez Rayn. tom. 11, pag. 151¹, au mot *Auriera*.]

ORIERIE, Discours, propos déplacé. Gl. *Oricus*.

ORIFLAMBE. ORIFLOUR, Oriflamme. Gl. *Auriflamma*. [Gérard de Vienne, v. 3605. Agolant, p. 168². Aubri, p. 168³. *Orieflambe*, Chanson de Roland, st. 123, v. 10. (*Oret gunfanun*, st. 135, v. 5.) *Oriflan*, Agolant, v. 15. *Oriflor*, pag. 173². Voyez Rayn. tom. 11, pag. 144², 145¹, aux mots *Auria flor*, *Auriflor*, *Auriflan*.]

1. ORIGINAL, Origine, race, lignée. Gl. *Originalis*.

2. ORIGINAL. VEINE ORIGINALLE, Qui est comme l'origine et le principe de la vie. Gl. *Organalis*.

* ORIGINEL. VEINE ORIGINELLE, Le même. Gl. *Organalis*.

ORILLIER, Oreiller. [Garin le Loher, tom. 1, pag. 261. *Orellier*, Partonop. vers 1695, 10331. Voyez Rayn. tom. 11, p. 149¹, au mot *Aurelhier*.] Le droit des Orilliers,

Droit ou présent que les jeunes gens exigeaient des nouveaux mariés. Gl. *Ourilliera*.

* ORIN, D'or, doré. Rayn. t. 11, p. 144¹, au mot *Aurin*.

* ORINAL, Urinal. Roman de Renart, tom. 11, pag. 363, vers 19509.

ORINE, Origine, race, lignée; d'où *Péché orinal*, pour Péché originel. Gl. *Originalis* et *Originarii*. [Chron. des ducs de Normandie.]

ORIOL, Porche, espèce de galerie. Gl. *Oriolum*.

* ORIOUZ, Loriot. Gérard de Vienne, vers 3293. Voyez *Euriel*, le Glossaire sur la Chron. des ducs de Norm. Rayn. tom. 11, pag. 151¹, au mot *Auriol*.

* ORISON, Prière. Partonop. v. 10804.

* ORLES, Ourlet, garniture, bordure. Partonop. vers 7453. *Orler*, vers 1071; 7455. *Suaire orlé*, Enfants Haymon, vers 855. *Orléure*, Partonop. vers 10620. Roman de Renart, tom. 1, p. 55, vers 1449. Voyez Rayn. t. 1v, p. 386², aux mots *Orlar* et *Orladura*.

ORMIER, Or pur. Gl. sous *Merus*. [Partonop. vers 3880. Chronique des ducs de Norm. Voyez Rayn. tom. 11, pag. 144², au mot *Ormier*.]

* ORNE. Voyez *Aorne*.

ORNICLE, Sorte d'étoffe fort riche. Gl. *Manica*, 2.

ORO, p. e. Église, chapelle. Gl. *Oraculum*, 1.

ORPHENIN, pour Orphelin. Gl. *Orphanus*, 1.

1. ORS, Ours. Gl. *Orsa*. [*Orse*, Agol. vers 490, 506. *Orsel*, vers 507. Voyez Rayn. tom. 1v, pag. 387², au mot *Ors*.]

* 2. ORS, Bords. Partonop. vers 1071 :

Bien est orlés li covertors
De peaus de box entor es ors.

1. ORT, Jardin, verger, courtil, clos. Gl. *Orta*. [Flore et Bl. v. 2028. *Ors*, Partonop. vers 2364. Voyez Rayn. tom. 1v, pag. 387², au mot *Ort*.]

* 2. ORT, ORZ, Désagréable, insupportable. G. Guiart, tom. 1, p. 119, vers 2553 :

Au roy qui séjourne à Gisorz
Est le fait des anemis orz.

Pag. 343, vers 7929 :

Tout fust adonc cis faiz si ort.

Sale, horrible. Gloss. sur la Chron. des ducs de Norm. sous *Orz* et *Orre*.

ORTALESSIES, Toute espèce d'herbes potagères, légumes. Gl. *Hortalia*.

ORTAUS, Le même. Gl. *Ortaligium*.

ORTEL, Jardin, verger, courtil, clos. Gl. *Orta*. [Wackern. pag. 70 :

Tu ies li saverous orteis.]

ORTELAIN, Jardinier. Gl. *Ortilio*.

ORTENOIS, Nom d'un peuple du Nord. Gl. *Ortuga*.

ORTHOLAN, Jardinier. Gl. *Ortolanus*.

ORTIAL, Jardin, verger, courtil, clos. Gl. *Orta*.

ORTIVE, Ce qui est cultivé en jardin ou verger. Gl. *Ortivus*.

ORTOIER, Nettoyer avec un balai d'orties. Gl. *Ortica*.

ORTOLAILLES, Toute espèce d'herbes potagères, légumes. Gl. *Inortolagia*.

ORTOLLAN, Jardinier. Gl. *Ortolanus*.

ORTRON, pour **OTTRON**, terme d'injure. Gl. *Utrinare*.

ORTURE, Ourdissure, tissure. Gl. *Orditura*.

ORVEDE, Injure, tort, violence. Gl. *Orveyde*.

OS COURT, Le manche d'un jambon ou d'un gigot. Gl. *Ossosus*.

* **OS**, comme *Ost*, 1. Partonop. v. 2132.

* **OS**, Osé, hardi. Chron. des ducs de Normandie. *Ose*, Hardiment? Roman de Renart, tom. 1, pag. 2, vers 32. *Osart*, Audacieux, Aubri, p. 167¹. Voyez Rayn. t. 11, pag. 151², au mot *Ausar*.

OSANNE, Le Dimanche des Rameaux. Gl. *Dominica Osanna*.

* **OSBERC**, Haubert. Chron. des ducs de Norm. Chanson de Roland, etc.

1. **OSCHE**, Hoche, coche, entaille. Gl. *Occare*, 2. [Voyez Rayn. tom. IV, p. 390², au mot *Oscar*.]

2. **OSCHE**, Terre labourable, entourée de fossés ou haies, jardin ou verger fermé de même. Gl. *Olca*, 1.

* **OSCHÉ**, OSCHIÉ, Ébreché. Chron. des ducs de Normandie.

OSCLE, Présent de noces que le mari faisait à sa femme, en lui donnant un baiser. Gl. *Oscleia*, sous *Osculum*, 3. p. 743¹. [Voyez Rayn. t. IV, p. 390², au mot *Oscle*.]

* **OSCURDANCE**, Péché. Chron. des ducs de Norm. tom. 1, pag. 459, vers 10943 var. Voyez *Oskur*.

OSCURTÉ, Obscurité, embarras. Gl. *Obscuriloquium*.

OSEAULX, Houseaux, sorte de chaussure, bottines; d'où *se Oser*, Chausser des *oseaulx*, mettre des bottines. Gl. *Osa*.

* **OSKUR**, Flore et Jeanne, pag. 34 : *Car jou ai fait un pecié si lait et si oskur*. Voyez *Oscurdance*.

* **OSME**, Partonop. vers 915 :

> Mais s'il i voit viande u osme
> Tot tient à songe et à fantosme.

OSPITAUX, L'ordre des Hospitaliers de S. Jean de Jérusalem. Gl. *Templum*.

* **OSSELEMENTES**, Ossements. Gl. *Ossamenta*. Ossemente, Agolant, v. 475. Voyez *Oissemente*.

OSSEQUE, pour Obsèques, funérailles, enterrement. Gl. *Obsequiæ*.

1. **OST**, Armée, expédition militaire, service de guerre que doit un vassal à son seigneur. Gl. *Hostis*, 2, et *Ost*.

2. **OST**, Hôtel, maison. Gl. *Hospitisia*.

OSTADE, Sorte d'étoffe, estame. Gl. *Ostada*.

1. **OSTAGE**, Écot, dépense d'hôtellerie. Gl. *Hostalagium*. [Hospitalité. Flore et Blancefl. vers 1658.]

2. **OSTAGE**, Certain droit dû sur les grains amenés à la grange du seigneur; ou p. e. Terrage, champart. Gl. *Hostagium*, 4, et *Rentagium*.

3. **OSTAGE**. METRE OSTAGE, Donner caution. Partonop. vers 228. Voyez *Ostagier*, 2.

* 4. **OSTAGE** †, comme *Ost*, 1. Gl. *Acies*, 3.

OSTAGER, Rester en otage pour sûreté de l'exécution d'un engagement. Gl. sous *Hostagium*, 3.

1. **OSTAGIER**, Bourgeois, domicilié. Gl. *Ostalerius*.

2. **OSTAGIER**, Donner gage et caution. Gl. *Hostagiare*. [Chron. des ducs de Normandie. Délivrer, mettre en liberté. Gérard de Vienne, vers 981 :

> Per deus ostaiges me lairés ostegier?

Vers 590 :

> Li dus Gérard le venoit ostegier.]

OSTAIGE, Redevance ou cens qu'on doit sur son hôtel ou maison. Gl. *Ostageria*.

OSTAIGER, Donner gage et caution. Gl. *Hostagiare*.

OSTAL, Otage, caution. Gl. *Hostagiare*.

1. **OSTE**, Sujet d'un seigneur féodal. Gl. sous *Hospes*, pag. 701².

* 2. **OSTE**, Hôte. Roman de Renart, tom. 1, pag. 19, vers 508. G. Guiart, t. 11, pag. 200, vers 5167 (14155).

OSTEL. PRENDRE OSTEL, [Se loger. Roi Guillaume, pag. 111.] Se dit de Jésus-Christ, qui s'est incarné dans le sein de la Vierge Marie. Gl. *Hospitare*. [(Roman de la Rose, vers 19339 :

> Qui en la vierge s'ostela.)

— *Avoir ostel*, Être logé. Roman de Renart, tom. 1, p. 39, vers 1021. Voyez *Hostel*, 1. *Ostel tenir*, Partonop. vers 2148. Voyez Rayn. tom. 111, pag. 544², au mot *Hostal*. Flore et Blancefl. vers 1270 :

> Assés i mangierent et beurent ;
> Sovent dient par le bon vin
> Qu'il ont l'ostel saint Martin.]

OSTELAGE, Loyer, prix qui est dû pour le louage d'un magasin, etc. Gl. *Ostellagium*.

* **OSTELER**, Heberger, loger, demeurer. Partonop. vers 7861. Roman de Renart, tom. 1, pag. 39, vers 1017. Gérard de Vienne, vers 1205, 1887, var. Wackern. pag. 65. Voyez Rayn. tom. 111, pag. 545¹, au mot *Hostalar*, ci-dessus *Ostel*.

OSTELLEUR, Hôtelier, religieux qui préside à l'hôtellerie. Gl. *Hospitalaria*, sous *Hospitale*, 2, pag. 703³.

1. **OSTER**, Habiter, demeurer. Gl. *Ostare*.

2. **OSTER**, Ôter les plats et les tables, desservir. Chastel. de Couci, vers 1925.

* **OSTERIN**, OSTORIN, Flore et Blancefl. vers 439 :

> Et vingt mantiax vairs osterins.

Vers 3262 :

> Cent porpres et cent osterius.

Agolant, pag. 173² :

> D'un cort mantel affublé ostorin.

OSTIBLEMENT, Meuble, ustensile, ornement. Gl. *Ostilarium*.

OSTIL, Outil, instrument. Gl. *Ostilarium*. [Partonop. vers 5067.]

OSTILLEMENT, Meuble, ustensile, ornement. Gl. *Ostilarium*.

OSTISE, Demeure de celui qu'on appelait *Oste*, et ce qu'il devait à son seigneur pour son manoir. Gl. *Hospes*, pag. 701¹.

OSTOIER, Faire la guerre, attaquer son ennemi. Gl. *Hostis*, 2. [*Oster*, *Osteer*, Jordan Fantosme, vers 979. *Osteier*, Chanson de Roland.]

OSTOIOUR, Guerrier, militaire. Gl. *Hostis*, 2.

* **OSTOLAIN**, OSTELAIN, Étranger, ennemi. Chron. des ducs de Norm. tom. 11, pag. 132, vers 19228, pag. 155, vers 19444. Gl. *Hospes*, pag. 700³, et *Hostolenses*.

* **OSTOR**, Autour, oiseau de chasse. Agolant, pag. 184¹. Partonop. vers 1625, 1671, 1673. Gl. *Astur* et *Ancipiter*. Rayn. t. 11, pag. 152², au mot *Austor*.

OTEVOIE, p. e. Grand voyer. Gl. *Ort*, sous *Obstare*. [Fauconnier?]

OTHOINE, pour Antoine. Gl. *Morbus S. Verani*.

OTHOU, Autour, oiseau de proie. Gl. *Ostorius*, sous *Astur*.

OTRIER, Octroyer; se dit du consentement que le seigneur donne à la vente d'un fonds qui relève de lui. Gl. *Ottroium*. [*S'otroier*, s'abandonner. Flore et Jeanne, pag. 40 : *Je m'otroi del tout à faire vostre volenté*. Voyez Rayn. tom. 11, pag. 153¹, au mot *Autreiar*. Gl. *Otriare*.]

OTTEUME, Huitième. Gl. *Octava*, 6.

OTTHOUER, Le lieu où l'on nourrit et élève les autours. Gl. *Ostorius*, sous *Astur*.

OTTRON, Terme d'injure. Gl. *Utrinare*.

OTTRUCHER, Celui qui a soin des autours. Gl. sous *Astur*.

OUAIL, Oui. Gl. *Campiones*, pag. 69.

OUANCE, Rente ou redevance qui se payait au jour indiqué à cri public. Gl. *Audientia*, 7.

OUBAIN, Aubain; étranger au pays qu'il habite. Gl. *Albani*.

1. **OUBLÉE**, Hostie consacrée, la Sainte Eucharistie. Gl. *Oblata*, p. 671².

2. **OUBLÉE**, Sorte de pâtisserie fort déliée. Gl. *Oblata*, pag. 672. [Flore et Blancefl. vers 3187. *Oublieur*, qui la fait, pag. 673¹.]

OUBLIAGE. DROIT D'OUBLIAGE, Certaine redevance qui se payait en *oublies* ou en autre chose. Gl. *Oblata*.

OUBLIETE, Cachot, prison perpétuelle. Gl. *Oblivium*.

OUBLOYER, Marchand ou faiseur d'oublies; d'où *Oubloyerie*, Le métier d'oublieur. Gl. *Obliarius*, sous *Oblata*, p. 673¹. [*Pains oublierez*, Gl. *Panis*, pag. 563¹.]

OUBOURG, Sorte de bière, p. e. pour AMBOURG. Gl. *Hamburgus*.

OUCIN, Sorte de bâton crochu à l'usage d'une charrette. Gl. *Uncinus*.

OUE, Oie. Gl. *Occa*, et *Foucagium*, 3. [Aubri, pag. 174². Rayn. t. 11, p. 142¹, au mot *Auca*.]

OUEILLE, Brebis. Gl. *Ova*. [*Oue*, *Ouvaille*, Chron. des ducs de Normandie. *Ouille*, G. Guiart, tom. 1, pag. 109, v. 2302. Voyez Rayn. tom. IV, pag. 392¹, au mot *Ovella*.]

* **OUEL**, Yeux. Chastel. de Couci, vers 8134.

OUFFRAN, pour Vulfran, nom d'homme. Gl. sous *Paupertas*.

OUICT, Huit. Gl. *Occa*.

OULE, Cruche, vase à deux anses, calice. Gl. *Olla*, 2.

OULLAS, Jambage ou seuil de porte. Gl. *Ouliare*.

OULLE, Espèce de fourrure. Gl. *Olla*, 2.

OULLIER, Fouir, creuser. Gl. *Ouliare*.

OULTRAIGE, Excès. Gl. *Ultragium*, 1.

OULTRÉ, Mort, trépassé. Gl. *Ottragium*. [*Outreiz*, Gérard de Vienne, vers 3209. *La vie outrée*, vers 2945. *Outrée*, Passé. Roman de Renart, tom. 1, pag. 27, v. 733.

Outrer, Mourir, tom. IV, pag. 151, v. 673. Dépasser, Chron. des ducs de Norm. t. II, pag. 208, vers 37478. Voyez *Outrer*, 1.

OULTREBEU, Qui a trop bu, qui a bu outre mesure. Gl. *Ottragium*.

* **OULTREMEIRE**. VOIE D'OULTREMEIRE, Gl. *Via*, pag. 799[3].

OULTRER GAIGES, Exécuter un duel, pour lequel les gages ont été déposés. Gl. sous *Vadium*, p. 720[1].

OUMÉE, Certaine mesure de terre plantée en vignes. Gl. *Homata*.

OUPILLE, Flambeau de paille. Gl. sous *Brando*, 1.

* **OVRAIGNE**, Travail, ouvrage. Partonop. vers 755, 984, 10630. Chron. des ducs de Norm.

OURAILLE, Lisière, bord d'un bois. Gl. *Oreria*.

OURCE, Ursule. Gl. *Mento*.

OURCEL, Petit vase. Gl. *Ocellus*.

OURDEYS, Palissade. Gl. *Hurdicium*.

OURDIER, Observer, épier en allant autour. Gl. *Orditura*.

OURDIERE, Ornière. Gl. *Orditura*.

1. **OVRÉ**, Ouvrage, affaire. Gl. *Ovrata*. [*Lesser ovre*, Cesser, Roman de Renart, tom. I, pag. 45, v. 1178, pag. 32, vers 852.]

2. **OVRE**, Corvée, travail qu'on doit à son seigneur. Gl. *Operæ*.

* **OVRÉE**, OEuvre. G. Guiart, tom. II, pag. 215, vers 5570 (14550).

1. **OVRER**, Ouvrier, manœuvre. Gl. sous *Orarium*.

2. **OVRER**, Autant de vigne qu'en peut labourer un homme dans un jour. Gl. *Operata*.

* **OVRER**, Faire, agir, travailler. Partonop. vers 4518. Vie de S. Thomas de Cantorbery, vers 1307, 1358. Flore et Blancefl. vers 517, 146, 41. Voyez Rayn. t. IV, p. 355[1], au mot *Obrar*.

OURIEL, Osier. Gl. *Oserius*.

OURINE, Origine. Gl. *Originales servi*, sous *Originarii*.

OURME, pour Orme; d'où *Ourmetel*, Ormeau. Gl. *Ormaria*.

* **OURNE**. Voyez *Aorne*.

---

* **OURS**, Flore et Blanceflor, vers 41 :

> Li pailes est-ovrés à flors
> Dindés tirés bendés et ours.

Peut-être *es ours*. Voyez *Ors*, 2.

OURSIERE, Retraite de l'ours. Gl. *Ursaritius*.

OUSCHE, Terre labourable entourée de fossés ou de haies, jardin ou verger fermé de même. Gl. *Olca*, 1.

OUSCLAGE, Présent de noces que le mari faisait à sa femme en lui donnant un baiser. Gl. *Oscleia*, sous *Osculum*, 3.

OUSIER, Osier; d'où *Ouserie*, Oseraie. Gl. † *Vinimetum*.

OUSTER, Faire l'août, moissonner. Gl. *Augustare*.

OUSTILLEMENT, Meuble, ustensile. Gl. *Ostilarium*. [*Oustiz*, G. Guiart, tom. I, pag. 96, vers 1939.]

* **OUSTOR**, Autour. Gl. *Astur*.

OUTRAGE, Excédant, excès, surplus. Gl. *Otradiosus* et *Ultragium*, 1. [*A outrage*, Démesurément. G. Guiart. tom. II, p. 195, vers 523 (14011.) Outrecuidance, présomption. Partonop. vers 2582. Wackern. pag. 41. Roman de Renart, tom. I, p. 33, vers 878. Chants historiques, t. I, p. 31.]

OUTRAGEUX, OUTRADIEUX, Excessif. Gl. *Otradiosus*.

* **OUTREBRISIER**, Se briser et tomber de l'autre côté. Garin le Loh. t. I, p. 135 :

> Si que les huis font des gons arachier
> Et que la barre font toute outrebrisier.

Roi Guillaume, pag. 55 :

> Que le pesne et les gons peçoient
> A force l'uis outre envoient.

Voyez *Oltre*.

1. **OUTRÉE**, Adjudication au plus offrant et dernier enchérisseur. Gl. *Ultragium*, 1.

* 2. **OUTRÉE**, Cri des pèlerins de Terre Sainte. Chants historiques, t. I, pag. 105. Roman de Renart, t. II, p. 144, v. 13462. Gl. *Ultreia*.

* **OUTRÉEMENT**, Absolument, tout à fait. Roi Guillaume, pag. 120. Laborde, pag. 307. G. Guiart, tom. I, pag. 67, v. 1100, pag. 83, vers 1509. *Outrement*, P. Paris, Catalogue, tom. I, pag. 158.

OUTREPLUS, Surplus, excédant. Gl. *Ultragium*, 1.

1. **OUTRER**, Défaire, ruiner, tailler en pièces. Gl. *Ottragium*. [Voyez *Oultré*.]

2. **OUTRER**, Achever, finir. *Outrer un marché*, Le conclure. Gl. *Ottragium*.

* **OUTRES**, Partonop. vers 9553 :

> Li outres de l'eslection
> N'apent à nul se à vos non.

Voyez *Outrée*, 1.

OWELÉE, Certaine mesure de grain. Gl. *Ovele*.

OUVRAINGNE, Ouvrage, travail d'artisan. Gl. *Ouvragium*.

1. **OUVRÉE**, Toute espèce d'ouvrage. Gl. *Operagium*, 1.

2. **OUVRÉE**, Autant de vigne qu'en peut labourer un homme dans un jour. Gl. *Operata*.

OUVREINGNE, Ouvrage. Gl. *Ouvragium*.

OUVRIERE, Nom de l'emploi d'une des trois demoiselles attachées au service de la reine. Gl. *Ouvreria*.

* **OUVROUER**, Boutique. Gl. *Fenestra*, pag. 225[1].

OUVROUER D'ESCRIPTURE, Greffe. Gl. *Operatorium*.

OUVROUOIR, Boutique. Gl. *Operatorium*.

OUZILZ, Osier. Gl. *Oseria*.

* **OXOUSE**. Voyez *Oidive*.

OYANCE, Rente ou redevance qui se payait au jour indiqué à cri public. Gl. *Audientia*, 7.

OYE, Ouie. Gl. *Oya*.

OYER, Celui qui prépare et vend des oies. Gl. *Occa*, et *Auca*, 1.

OYON, Petite oie. Gl. *Ancerulus*.

OYSELER, Chasser aux oiseaux. Gl. *Oisellare*. [Voyez Rayn. tom. II, pag. 155[2], au mot *Auzelar*.]

OYSENCE, Rente ou redevance qui se payait au jour indiqué à cri public. Gl. *Oyencia*.

OZANNE. La FESTE DE L'OZANNE, Le Dimanche des Rameaux. Gl. *Dominica Osanna* et *Festum Ozannæ*.

OZERON, OZERY, Oseraie. Gl. *Ozillarium*.

PAAGE, Péage; d'où *Paageur*, Péager, celui qui exige le péage. Gl. *Paagiarius*, et *Penna*, 4. [*Chemin paaigerez*. Gl. *Via*, pag. 799[1].]

PAALON, Poêlon. Gl. *Paella*.

PAANER, Paître. Gl. *Panasticum*.

PAAST, Past, repas. Gl. *Pastus*.

PACIENT, Le mari qui souffre patiemment les infidélités de sa femme. Gl. *Patientiam præstare*.

PACONNIER, Censier, fermier; s'il ne faut pas lire *Parçonnier*. Gl. *Paconantes*.

PACTAC, PACTACT, Petite monnaie valant deux deniers. Gl. *Patacus*.

PACTION, Pacte, convention. Gl. *Pascissi*.

PACTIS, Contribution dont on convient avec l'ennemi. Gl. sous *Pactum*, pag. 5[2].

PACTISER, Convenir, faire un pacte ou accord. Gl. *Pactare*, sous *Pactum*, pag. 5[2].

PADE, Patte, pied d'une coupe. Gl. *Pata*, 3.

PADOENCE, PADOUENS, Pâturage; du verbe *Padoyr*, et *Paduir*, Paître. Gl. *Paduire*.

PAELE, Poêle. Gl. *Paella*.

PAELER, Tapisser, couvrir de *pailles* ou d'étoffes de soie. Gl. *Paliosus*, sous *Pallium*, 2, pag. 37[1].

PAELETE, Palette à jouer. Gl. *Paeletis.* [Laborde, pag. 163 :
> Cil qui a plus le cuer joli
> Fet melz la paelete.]

PAELLE, Poële, celle qui sert à faire le sel. Gl. *Padena* et *Paella.*

* **PAENIME**, Païenne. Chanson de Roland, stance 141, vers 9 :
> Puis escrient l'enseigne paenime.

PAENISME, Pays habité par des Païens. Gl. *Paganismus,* sous *Pagani,* pag. 9¹.

PAESLERIE, Métier de chaudronnier. Gl. *Padellaria.*

PAFANCHE, Espèce de gros pieu. Gl. *Pafustum.*

PAFFUS, Sorte d'arme, p. e. Hache. Gl. *Pafustum.*

PAGE, Valet, serviteur. Gl. *Pagius,* et *Mango,* 6.

PAGE, Habitant, domicilié en un lieu. Gl. *Pagessius,* sous *Pagus,* pag. 12³.

PAGESIE, Biens fonds donnés à rente, ferme. Gl. *Pagus,* pag. 13¹².

* **PAGIENS**, Païen. Sainte Eulalie, v. 12. 21. *Paians,* Rayn. t. iv, pag. 469¹, au mot *Pagan.*

PAIAGE, Péage, toute espèce d'impôt. Gl. *Pedagium.* [Roi Guillaume, pag. 129.]

PAIELÉE D'ÉAUE, Poële remplie d'eau. Gl. *Paella.*

PAIELLE, Poële, bassin. Gl. *Padella.*

PAIENIE, Pays habité par des païens. Gl. *Paganismus,* pag. 9¹. [Aubri, pag. 155¹. Chron. des ducs de Normandie.]

PAIENIME, PAIENISME, Le même. Gl. *Paganismus,* pag. 9¹.

PAIENNIME, Paganisme, la religion des Païens. Gl. *Paganismus,* sous *Pagani,* p. 9¹.

* **PAIENOR, PAENOR**, Païen, des païens. Agolant, pag. 184² :
> Girars feri si un roi paiennor...
> Qui chevauchoient vers la gent paienor...
> Et molt i muert de la gent paenor...

Flore et Blancefl. vers 231 :
> Livres lisaient paienors.

Voyez le Gloss. sur la Chanson de Roland, aux mots *Paienor* et *Paienur.* Rayn. t. iv, pag. 469², au mot *Payanor.*

PAIER, Payement. Gl. *Paga,* sous *Pacare.*

PAIER AVANT LA MAIN, Payer d'avance, avant que la marchandise soit livrée. Gl. *Pacare.*

PAIGE, Valet, serviteur. Gl. *Pagius.*

PAIGNON DE CIRE, Petit pain de cire. Gl. *Panicellus.*

PAIL, Pieu, gros bâton. Gl. *Paillerium,* 1.

1. **PAILE**, Etoffe de soie. Gl. *Paliosus,* sous *Pallium,* 2, p. 36². [Étoffe précieuse; drap, étoffe. Flore et Blancefl. vers 39 :
> Moult par est boins et ciers li pailes
> Ainc ne vint mindres de Cesaile.

Partonop. vers 10329 :
> Faite fu d'un mervellos palie
> Qui por tréu vint de Tesaille.

Palie de Frise, vers 10636. *Palie Alexandrin,* v. 1622. Chanson de Roland, st. 34, vers 13. *Pailes de Bonivent,* Flore et Blancefl. vers 438. Voyez Partonop. vers 1453, 2393, 10014, 10607, 10791, 10801. — Aubri, pag. 159¹ :
> En sa chambre entre tote desafulée,
> D'un graut paile a une robe ostée
> Et une cape qui fu de voir forrée.

Pag. 159² :
> Et la contesse en pur un paile bloi.

Gérard de Vienne, vers 2045. Agolant, pag. 173². *Palle, Paylle, Plaie,* Vie de saint Thomas de Contorb. vers 34, 155. *Pali,* Rayn. tom. iv, pag. 401², au mot *Palli.*

2. **PAILE**, Tenture, tapisserie. Gl. *Palla,* 2. [Voyez *Paile,* 1. Chron. des ducs de Norm. tom. i, pag. 426, vers 9939, t. ii, p. 23, v. 15946. Partonop. v. 10823, 10808.]

3. **PAILE**, Poile, drap, dont on couvre un cercueil. Gl. *Paliosus,* sous *Pallium,* 2, pag. 36³.

PAILHIER, Tas et amas de paille. Gl. *Paillerium,* 2.

PAILHON, Poêlon. Gl. *Paella.*

PAILLADE, Paille étendue par terre pour se coucher. Gl. *Paillerium,* 2.

PAILLE, Étoffe de soie. Gl. *Paliosus,* sous *Pallium,* 2, pag. 36², et [*Palla,* 2. *Pailles emperials.* Gl. *Panni imperiales,* pag. 61³.]

PAILLÉE. FAIRE UNE PAILLÉE, Étendre des gerbes dans l'aire d'une grange pour les battre. Gl. *Paillerium,* 2.

PAILLER, Tas de paille. Gl. *Berga.*

* **PAILLERS**. Gl. *Palearii.*

PAILLETTE, Morceau de bois fort mince. Gl. *Paillerium,* 2.

PAILLEUL, Mur de bauge. Gl. *Paleus.*

1. **PAILLIER**, Machine de cuivre sur laquelle porte et joue une cloche. Gl. *Paalerium.*

2. **PAILLIER**, Tas de paille, lieu où on la serre. Gl. *Paillerium,* 2.

3. **PAILLIER**, Paille qui a servi de litière aux chevaux. Gl. *Paillerium,* 2.

* 4. **PAILLIER** †. Gl. *Patrinarius.* Voyez *Palatin.*

* **PAILLIZ**, Paillasse. Ruteb. t. i, p. 3.

PAILLŒUL, Mur de bauge. Gl. *Paleus.*

PAILLOLE, Paillette d'or. Gl. *Paleola. Paglola,* et *Plata,* 1, pag. 293³.

PAILLUEL, Paillasse. Gl. *Palearitium.*

PAIN, L'équivalent d'un boisseau. Gl. sous *Panis,* 2.

PAIN BALLÉ, Gros pain, dans lequel entre la *balle* ou gousse du blé. Gl. *Panis tornatus.*

PAIN DE BRODE, Demi-blanc, fait de froment et de seigle. Gl. *Broda.*

* **PAIN BOUTEIS**, Pain mal façonné. Gl. *Boutare.*

PAIN DE CHAILLY, Sorte de pain blanc. Gl. sous *Panis,* 2.

PAIN CROESNE, p. e. Pain de chapitre, pain de chanoines. Gl. sous *Panis,* 2.

PAIN CURIAL, Pain de cour, tel qu'on en sert aux tables des seigneurs. Gl. sous *Panis,* 2.

PAIN DOUBLEL. Gl. sous *Panis,* 2.

PAIN D'ESCUIER, A l'usage des écuyers ou serviteurs. Gl. *Panis armigerorum.*

PAIN FAITIS et FETIZ, Pain bis. Gl. *Panis tornatus.*

PAIN FEODAL, Qui est dû à raison de fief. Gl. sous *Panis,* 2.

PAIN FEREZ, p. e. Gauffre. Gl. sous *Panis,* 2.

PAIN DE FEU, Redevance due sur chaque feu. Gl. sous *Panis,* 2.

3. **PAIN FORT ET DUR**. Supplice dont en Angleterre étaient punis ceux qui, accusés de félonie, refusaient de répondre au juge. Gl. sous *Panis,* 2, pag. 54³.

4. **PAIN D'HOSTELAGE**, Droit seigneurial sur les *hôtels* ou maisons. Gl. *Panis hospitum,* sous *Panis,* 2.

* 5. **PAIN BIEN LABOURÉ**. Gl. *Laborare,* 6.

6. **PAIN MOLY**, Pain mollet. Gl. sous *Panis,* 2.

* 7. **PAIN MOUFLET**. Gl. *Mofflet.*

8. **PAIN OUBLIERÉ**, Oublie. Gl. *Panis oblialis.*

9. **PAIN PERDU**, Pain passé à la poële. Gl. *Panis perditus.*

10. **PAIN POTE ou PORTE**. Gl. sous *Panis,* 2.

11. **PAIN PRIMOS**. Gl. sous *Panis,* 2.

12. **PAIN SALLIGNON, PAIN DE SEL**, Certaine masse de sel en forme de pain. Gl. *Panis salis.*

13. **PAIN. ESTRE AU PAIN** *et au vin* ou *au sel* de quelqu'un, Être son domestique. Gl. sous *Panis,* 2, pag. 58³.

14. **PAIN. ESTRE EN PAIN**, Se dit d'un fils qui est en puissance paternelle; d'où *Estre mis hors de pain,* pour Être émancipé. Gl. sous *Panis,* 2, pag. 58³.

PAINES, Les bouts de laine ou de fil attachés aux ensubles. Gl. sous *Pannus,* 2.

* **PAINGNON**, Petit pain. Roman de Renart, tom. iv, pag. 42, vers 1138.

PAINNE, Panne, certaine pièce de bois. Gl. *Panna,* 2.

PAINNÉE, Tribut, impôt, charge. Gl. *Pœna,* 3.

PAINTRERIE, L'art de peindre et colorer des images. Gl. *Picturare.*

PAINTURIERS, Peintre. Gl. *Megeicharius.*

PAIRÇONNIÈRE, Femme qui est commune à plusieurs. Gl. *Parcennarii.*

* **PAIRIE**, Comparaison, égalité. Enfants Haymon, vers 804. Voyez Rayn. tom. iv, pag. 414¹, au mot *Paria.*

PAIRIER, Co-seigneur. Gl. *Pararii,* sous *Par,* 3, pag. 77¹.

PAIROL, Chaudron. **PAIROLE**, Chaudière. Gl. *Pairola.*

* **PAIRON**, Perron. Gérard de Vienne, pag. 166¹.

1. **PAIS**, Permission, licence. Gl. sous *Pax,* pag. 157³.

2. **PAIS. FAIRE PAIS**, Faire silence. Gl. *Pacem proclamare,* sous *Pax,* pag. 157³. [*En pais,* En silence, sans dire mot. Partonop. vers 2367, 2404. — Roi Guillaume, pag. 51 :
> Seroit de vos molt tost pais faite,
> En poi d'eure series-vos morte.

Voyez *Pes.*]

* 3. **PAIS**, Baiser. Voyez Gl. *Pacem dare,* pag. 156², et *Osculum pacis,* pag. 741¹. Aubri, pag. 159² :
> Sans messe oir a cascun pais donée.

4. **PAÏS DE GAIGNAGE**, Pays ennemi que le droit de la guerre autorise à piller. Gl. *Gagierius.*

* 5. **PAÏS JURÉ**, Pays compris dans un traité de paix? Gl. *Juratus,* pag. 942³ (*Paix jurées.* Gl. *Pax,* pag. 157².)

* **PAISE**, Paix. Flore et Jeanne, pag. 12.

* **PAISER**, Paier (se), s'Apaiser, se calmer. Roman de Renart, tom. iv, p. 217, vers 2377. Chron. des ducs de Norm. t. i, pag. 573, vers 14249.

PAISEUR, Échevin, conseiller de ville. Gl. *Paciarius*, sous *Pax*, pag. 158³.

PAISIBLETÉ, Paix, tranquillité. Gl. *Pacabilitas*.

PAISIULEMENT, Paisiblement, en paix. Gl. *Paccabilitas*. [*Mer paisive*, Roi Guillaume, pag. 121.]

* **PAISON**, Paisson, Pieu, piquet de tente. Gérard de Vienne, vers 1431. Roman de Renart, t. ii, p. 323, v. 18380. Voyez *Paissel*, et Rayn. tom. iv, pag. 398², au mot *Paysso. Passon*, Garin le Loher. tom. i, pag. 251, not. 3.

* **PAÏSSANT**, Habitant du pays. Partonop. vers 362 :

> Tos les plus nobles païssans.

Vers 517. Gérard de Vienne, vers 3722 :

> Se or l'encontrent païssant à l'issue,
> A cui il ait point de terre tolue.

Aubri, vers 28 :

> Ardent la terre et ariere et avant,
> A grant dolor i sont li païsant.

1. **PAISSE**, Moineau, passereau. Gl. *Passa*.

* 2. **PAISSE**. Gl. *Feudum procurationis*.

PAISSEL, Échalas; d'où *Paisseller*, Échalasser. Gl. *Paissellare*.

* **PAISSEMENT**, Pâture. Chron. des ducs de Normandie.

PAISSIÈRE, Écluse, lieu fermé de pieux. Gl. *Passeria*.

PAISSON, Glandée, ou l'action et le droit de faire paître le gland et autres fruits ou herbes des forêts. Gl. *Paisso*.

PAISTIS, Patis, pâturage. Gl. *Pasticium*.

PAITELER, Remuer les pieds en trépignant. Gl. *Peditare*.

PAIWE, Glandée ou pâturage. Gl. *Paisso*.

PAIX, Maison de la Paix, Hôtel de ville. Gl. *Pax*, pag. 158³.

PAIXENNAGE, Le droit de couper des *paisseaux* ou échalas. Gl. *Paissellare*.

* **PAL**, Bâton, piquet. Chron. des ducs de Norm. Voyez *Paul*.

PALADEL, Pieu, gros bâton. Gl. *Palada*.

PALAIGE, Droit seigneurial dû pour l'attache des bateaux. Gl. *Palagium*.

* **PALAIS**, Grande salle. *Palais votus*, Gérard de Vienne, vers 3155, *Vosu*, v. 3192. *Votis*, Aubri, pag. 153¹. *Palais listé*, Gérard de Vienne, vers 3359. *Palais plenier*, Aubri, pag. 158¹. *Grant palais plainier*, Gérard de Vienne, pag. 166¹. *Grant palais*, Garin le Loher. tom. i, pag. 78. *Palets*, Roman de Renart, tom. iii, pag. 84, vers 22048. *Palis*, Aubri, pag. 155². *Palois*, Partonop. vers 1606, 1848, 5093.

PALANC, Chaussée. Gl. *Palinga*.

PALANDRIE, Vaisseau ou barque plate. Gl. *Palandaria*.

PALANGUE, Levier, sorte de gros bâton. Gl. *Palanga* et *Falanga*.

PALASINE, Tremblement de nerfs; d'où *Palasineux*, Celui qui a cette maladie. Gl. *Polesenus*.

PALATIN, pour Patalin, Sorte d'hérétique. Gl. *Paterinus*, pag. 138¹.

PALAZIN, Palatin, officier du palais d'un prince. Gl. *Palatini*. [Paladin, grand seigneur. Partonop. vers 6505. *Palasin*, vers 2200, 2558, 3736. Garin le Loher. tom. i, pag. 51. *Palaïn*, Agolant, vers 1153 et pag. 1712. Chron. des ducs de Norm. Voyez Rayn. tom. iv, pag. 400¹, au mot *Palaizi*.]

1. **PALE**, Drap, tenture, tapisserie. Gl. *Palla*, 2.

2. **PALE**, Pelle à mesurer le sel. Gl. *Paleta*, 3.

PALÉE, Barrière, lieu fermé de pieux. Gl. *Palada*.

PALEFRENIER du Roi, Le Grand Ecuyer. Gl. *Parafrenarius*, sous *Paraveredi*.

PALEFROY, Cheval de service. Gl. *Palafredus*, sous *Paraveredi*.

PALEIRE, Petite barre de bois. Gl. *Paleria*, 2.

1. **PALER**, Pieu, gros bâton. Gl. *Palada*.

2. **PALER**, Garnir de pieux. Gl. *Palada*.

PALERIE, Serrurerie, le métier de serrurier. Gl. *Paleria*, 2.

PALESEMENT, Clairement, à découvert. Gl. *Palanter*.

PALESONNER, Torcher, faire un mur de bauge. Gl. *Paleus*.

PALESSON, Mur de bauge. Gl. *Paleus*.

PALESTRAGE, Serrure, barre de fer qui garnit une porte. Gl. *Paleria*, 2.

1. **PALET**, Sorte d'armure pour la tête. Gl. *Palettus*.

2. **PALET**, Pieu, levier, gros bâton. Gl. *Palettus*.

3. **PALET**, Escarmouche, principalement celle qui se fait aux palissades d'une ville ou d'un château. Gl. *Paletare*. [Chron. des ducs de Norm. tom. i, pag. 492, vers 11866 (voyez 11860).]

PALETE, Instrument de buis dont se servent les cordonniers pour bien faire revenir le soulier sur la forme. Gl. *Paleta*, 3.

PALETEAU, Paletiau, Lambeau, mauvais morceau de drap, pièce. Gl. *Palectum*.

PALETEIS, Paletis, Escarmouche, principalement celle qui se fait aux palissades d'une ville ou d'un château; d'où *Paleter*, Escarmoucher. Gl. *Paletare*.

PALETOT, Sorte de vêtement, pourpoint, hoqueton. Gl. *Palt-rok*.

PALETRAGE, La garniture d'un coffre, barre de fer qui sert à le bien fermer. Gl. *Paleria*, 2.

PALEUOLE, Paillette, brin de paille. Gl. *Paleola*.

PALICE, Palissade. Gl. *Palicia*. [Chron. des ducs de Norm.]

PALIE. Voyez *Paile*, 1.

PALICH, Grande pelle. Gl. *Paleta*, 3.

PALIOT, Pavillon, couverture; ou plutôt sorte d'étoffe. Gl. *Palla*, 2.

PALIR, Drap, tapis. Gl. *Palla*, 2.

1. **PALIS**, Pieu, palissade. Gl. *Palis*. [G. Guiart, tom. i, pag. 148, vers 3302, 3322.]

2. **PALIS**. Voy. *Palais*.

PALISSEUR, Pâleur. Gl. *Palledo*.

PALIT, Pieu, palissade. Gl. *Palitium*, *Fascennina* et *Stipere*, 3.

PALLAGE, Droit seigneurial dû pour l'attache des bateaux. Gl. *Palagium*.

1. **PALLE**, Chappe, ornement d'église. Gl. *Palla*, 2.

2. **PALLE**, Pelle à mesurer le sel. Gl. *Paleta*, 3.

PALLEMENT, Conférence, assemblée solennelle pour délibérer sur quelque chose. Gl. *Parlamentum*.

PALLER, Tapisser, couvrir de *pailles* ou d'étoffes de soie. Gl. *Paliosus*, sous *Pallium*, 2, pag. 37¹.

PALLETOCQ, Palletot, Sorte de vêtement, pourpoint, hoqueton. Gl. *Palt-rok*. et *Pallata*, 2.

PALLIS, Pieu, palissade. Gl. *Palitium*.

PALMANTS, Palmians, Ceux qui concluent un marché en se donnant mutuellement la main. Gl. *Palmata*, 2.

PALME, Jeu de Palme, Jeu de paume. Gl. *Palma*, 4.

1. **PALMÉE**, Marché conclu en se donnant mutuellement la main. Gl. *Palmata*, 2.

2. **PALMÉE**, Soufflet, coup de la main sur la joue. Gl. *Palmata*, 4.

PALMEIER. Voyez *Paumoier*.

PALOIS. Voyez *Palais*.

PALON, Espèce de pot de terre. Gl. *Palonus*.

PALONNEL, Palonneau. Gl. *Palonus* et *Paronus*.

PALOT, Pelle ou bêche. Gl. *Palus*, 1.

PALPILLOLE, Sorte de monnoie. Gl. *Parpaillola*.

PALPIZON, pour Malpizon, Maladie de cheval. Gl. *Malpitio*.

PALTRAGE, La garniture d'un coffre, barre de fer qui sert à le bien fermer. Gl. *Paleria*, 2.

* **PALU**, Marais, mare. Chronique des ducs de Norm. *Infernal palu*, Aubri, v. 201.

1. **PAME**, Pamoison. *Nostre Dame du Pâme*, Fête de la Ste. Vierge. Gl. *Spasma*, 1. [*Pamaixon*, Wackern. pag. 133. *Paismeisun*, *Pasmeisun*, Chanson de Roland. Voyez *Pasmeson*.]

* 2. **PAME**, Paume. Gl. *Volagius*, 2.

PAMEL, Pamoule, Sorte d'orge. Gl. *Palmola*.

* **PAMOIER**. Voyez *Paumoier*.

PAMPE, Fleuron; d'où *Pampé*, qui se dit d'une étoffe à fleurs. Gl. *Pampa*, 2.

PAMPELUNE. Gl. *Papelina*.

1. **PAN**, Gage, nantissement. Gl. *Paudare*, 1, et *Pannum*.

2. **PAN**, La partie de l'habit qui couvre le côté depuis la ceinture jusqu'en bas. Gl. *Pannus*, 1, et *Pennones*, pag. 188². [Pan du haubert. Agolant, pag. 163¹ :

> Trestuit li pan en sunt sorargenté.

Gérard de Vienne, vers 2911. Roman de Roncevaux, p. 34. — Partonop. vers 574 :

> Les hances bases sor les pans.

Voyez *Pans*.]

3. **PAN** de Fust, Mur fait de bois, cloison. Gl. *Pannus*, 1, et *Sola*, 6. [*Pan de tref*, Garin le Loher. tom. i, pag. 252. *Pan de roche*, pag. 99. — Partie. Partonop. vers 146 :

> Qui grant pan d'Aise ot en ses mains.

Chanson de Roland, st. 67, vers 10 :

> De tute Espaigne aquiterai les pans.]

* 4. **PAN**, comme *Pannonceau. Soustenir, tenir son pan*, Renart le Nouvel, tom. iv,

p. 150, vers 637. Chastel de Couci, v. 1465.

PANAGE, PANAIGE, Droit de paisson, ce qu'on paye pour la paisson des bêtes, toute espèce d'impôt. Gl. *Pastio*, 127³, 128².

PANART, Espèce de grand couteau à deux taillants. Gl. *Penardus*.

PANCARTE, Tableau des droits qu'on doit payer. Gl. *Pancharta*.

* PANCEIL, Pances. Chron. des ducs de Normandie.

PANCHIRE, Armure qui couvre la *panse* ou le ventre. Gl. *Pancerea*.

PANCHON, Instrument propre à la pêche. Gl. *Panchon*.

PANDER, Prendre des gages, saisir. Gl. *Pandare*, 1.

PANE, La peau qui couvrait le bouclier. Gl. *Pannus*, 2.

PANEL, Morceau de grosse toile. Gl. *Panellum*, 3.

1. PANER, Prendre des gages, saisir. Gl. *Pandare*, 1.

2. PANER, Essuyer avec un linge ou un morceau de drap. Gl. *Pannuleium*.

PANESTIER, Boulanger. Gl. *Panestarius*.

PANETER, Boulanger; du verbe *Paneter*, Faire le pain. Gl. *Panetarius*.

* PANIE, Epanouie. Wackern. pag. 84.

PANIERE, pour PANCIERE, Armure qui couvre la *panse* ou le ventre. Gl. *Pancerea*.

PANIFLE, Guenille, haillon. Gl. *Pannuceus*.

PANILLIERE, pour PENILIERE, Partie du corps où croît la marque de la puberté. Gl. *Pelnieria*.

PANITZ, Panis, sorte de plante. Gl. *Panicius*.

PANNANESSE, Femme de mauvaise vie, vêtue de guenilles et de haillons. Gl. *Pannuceus*.

PAKNART, Espèce de grand couteau à deux taillants. Gl. *Penardus*.

1. PANNE, Grand chaudron. Gl. *Panna*, 1.

2. PANNE, Fourrure. Gl. *Pannus*, 2.

PANNECHIER, Faire du pain. Gl. *Panificare*.

PANNEIR, Prendre des gages, saisir; d'où *Pannement*, Saisie. Gl. *Pandare*, 1.

1. PANNER, Le même. Gl. *Pandare*, 1, et *Enseignamentum*.

2. PANNER, Essuyer avec un linge ou un morceau de drap. Gl. *Pannuleium*.

1. PANNETERIE, Le marché ou la halle au pain. Gl. *Panestarius*.

2. PANNETERIE, Ce qui concerne les paniers. Gl. *Panerius*, 1.

PANNETIER, Boulanger. Gl. *Panetarius*.

PANNISE, Saisie, l'action de prendre des gages. Gl. *Pandare*, 1.

PANNONCEAU, Étendard, enseigne, plus particulièrement celle des bacheliers, et quelquefois celle des écuyers. Gl. *Pennones*, pag. 188¹.

PANOC, Ventre, panse. Gl. *Panza*.

1. PANON, Plume dont on garnit une flèche. Gl. *Penna*, 2.

2. PANON, PANONCEL, Étendard, enseigne, plus particulièrement celle des bacheliers, et quelquefois celle des écuyers. Gl. *Pennones*.

PANPAS, Feuille. Gl. *Pampa*, 2.

PANS, La partie de l'armure ancienne qui couvrait le côté. Gl. *Pannus*, 2. Voyez *Pan*, 2.

PANTIERE, Espèce de filet pour prendre certains oiseaux, comme bécasses et autres. Gl. *Panthera*, 1.

PANTOF, Sorte de mesure de grain. Gl. *Pantof*.

PANTONNIER, pour PAUTONNIER, Portier, un homme de peu de chose. Gl. *Pantonarius*.

* PANTUISER, PANTEISER, PANTOILLER, S'agiter, panteler, haleter. Roi Guillaume, pag. 147. Chron. des ducs de Normandie. Voyez Rayn. tom. IV, pag. 411², au mot *Pantaysar*.

PANUFLE, Guenille, haillon. Gl. *Pannuceus*.

PAOLIER, Chaudronnier. Gl. *Paella*.

PAON, Pion, pièce du jeu des échecs. Gl. *Pedones*.

PAONACE, Pourpre, robe de pourpre. Gl. *Paonacius* et *Pavonatilis*.

PAONACÉ, PAONASSÉ, Ce qui est de couleurs variées, comme la queue d'un paon. Gl. *Pavonatilis*.

1. PAONNÉ, Pion, pièce du jeu des échecs. Gl. *Pedones*.

2. PAONNÉ, Ce qui est de couleurs variées, comme la queue d'un paon. Gl. *Pavonatilis*.

1. PAONNIER, Celui qui a soin des paons. Gl. *Pavonarius*.

2. PAONNIER, Piéton, fantassin. Gl. *Pedones*. [Garin le Loher, tom. 1, p. 251.]

PAOUR †, Peur, épouvante. Gl. *Formidines*.

PAPALITÉ, PAPAT, Papauté. Gl. *Papalitas*, pag. 65³.

PAPEGAU, Perroquet. Gl. *Pappagallus*.

PAPEGAY, Salle d'audience. Gl. *Papagali*.

* PAPEILLONNÉS, Chastel. de Couci, vers 1168 :

Un escut drut papeillonnés.

PAPELARD, Hypocrite, faux dévot, [Wackern. pag. 59]; d'où *Papelardie* et *Papelardise*, Hypocrisie. Gl. *Papelardus*, et *Papare*.

PAPER, PAPETER, Mâcher, manger à la façon des enfants. Gl. *Papare*.

PAPIER POUR JOUER, Carte à jouer. Gl. *Papyrus jornalis*.

PAPILLETE, PAPILLOTE, Paillette d'argent. Gl. *Paglola*.

PAPOAIGE, Le bien de ses aïeux, héritage de ses pères. Gl. *Avius*, 1.

PAPPEFILZ, Basse voile. Gl. *Papafigo*, 1.

PAPPELLEUR, Papetier. Gl. *Papetarius*.

PAPPOAUX, Les biens de ses aïeux, héritage de ses pères. Gl. *Avius*, 1.

PAR, PAR SI, Moyennant, à condition. Gl. *Aplanare* et *Pargia*, 1.

PARABBATRE, Détruire de fond en comble. Gl. *Abatare* et *Bullire*, 3.

PARACIS, Compagnie, escorte. Gl. *Parasia*.

PARADE, L'argent qu'on distribue à ceux qui doivent aller à l'offrande d'une messe des morts. Gl. *Parata*, 2.

1. PARAGE, Parenté, affinité. Gl. *Paragium*, 1. [Garin le Loher, tom. 1, pag. 72. Partonop. v. 363. Roi Guillaume, p. 140.]

2. PARAGE, Noblesse, naissance illustre. Gl. *Paragium*, 1. [*De parage*, Flore et Blancefl. vers 47, 284, 524. *Grant parage*, vers 108. Voyez Rayn. tom. IV, p. 425¹, au mot *Paratge*.

3. PARAGE, La portion des cadets assignée par l'aîné. Gl. *Paragium*, 2.

PARAGOIN, Co-seigneur, celui qui possède une terre ou un fief avec un autre. Gl. *Paragium*, 3. [*Parageur*. Gl. *Sequaces*.]

PARAGONNER, Comparer une chose à une autre. Gl. *Paragonisare*.

PARAIGE, Noblesse, naissance illustre. Gl. *Paragium*, 1.

PARAIL, Apparaux, agrès. Gl. *Paramentum*, sous *Parare*, pag. 85¹.

PARAIRE, Foulon, ouvrier qui pare les draps. Gl. *Parator*.

* PARALER. Au PARALER, A la fin. Roman de Renart, tom. IV, pag. 81, 91, 95, vers 2223, 2506, 2619;/

† PARAMENZ, Parure, parements. Sainte Eulalie, vers 7. Voyez Rayn. t. IV, p. 424¹, au mot *Paramen*.

PARAMER, Aimer extrêmement, avec excès. Gl. *Bullire*, 3.

PARANGONNER, Comparer une chose à une autre. Gl. *Paragonisare*.

PARANGUAYRA, L'obligation de fournir des chevaux et des voitures pour les chemins de traverse. Gl. *Parangarea*.

* PARANT, Apparent, évident. Roman de Renart, tom. II, pag. 329, vers 18562.

PARASSOUVIR, Parachever, finir entièrement quelque chose. Gl. *Bullire*, 3.

PARASTRE, Beau-père. Gl. *Paraster* et *Patreus*. [Chanson de Roland.]

PARAX. Lo PARAX, Incontinent, sur-le-champ. Gl. *Jasia*. [Orell. pag. 305.]

PARAY, Paroi, mur, cloison. Gl. *Paries*, 6.

PARAYSON, Bail à moitié ou à une certaine portion des fruits. Gl. *Parceria*.

PARBOUILLY, Bien cuit. Gl. *Bullire*, 3.

PARBOUQUET, Soufflet ou coup de la main sous le menton. Gl. *Barba*.

PARC. DEVOIR LE PARC, Être obligé de garder les bêtes mises dans un parc. Gl. sous *Parcus*, 1.

* 2. PARC, Espace clos dans lequel avait lieu le tournois. Chastel. de Couci, v. 1077, 1409.

PARCEAU, Partie, somme d'argent. Gl. sous *Pars*, pag. 107¹.

PARCENER, Co-héritier, qui a une portion dans un héritage. Gl. *Parcennarii*.

PARCENERIE, Portion, partie. Gl. *Parcennarii*.

PARCETE, Part, portion. Gl. *Parceria*.

* PARCEVOIR, Apercevoir. Gérard de Vienne, vers 3718. Roman de Renart, tom. II, pag. 347, vers 19042. Chastelain de Couci, vers 6733. *Percevoir*, vers 6884. *Sans parcevance de*, Sans qu'on s'en aperçoive, vers 6709.

PARCHARGE, Charge complète. Gl. *Chargia*, 1, et *Bullire*, 3.

PARCHÉE, Territoire sur lequel on a droit d'exiger l'amende, pour le dommage causé par les bestiaux. Gl. *Percheia*, 2.

* PARCHEMIN, Rôle. Agolant, vers 25 :

Soixante mille sunt bien em parchemin.

Pag. 170² :

Quarante mille estes em parchemin.

Garin le Loher. tom 1, pag. 184 :

Qui sunt sept cent en conte et en escrit.

PARCHEUX, Découvert, révélé, connu. Gl. *Celamentum.*

PARCHOIS, Échalas. Gl. *Parchia.*

PARCHON, Partage. Gl. *Parceria.*

PARCHONIER, Parchonnier, Celui qui possède une terre avec un autre, et qui en partage les fruits. Gl. *Parcennarii.*

PARCHONNERIE, Part, portion. Gl. *Parcennarii.*

1. **PARCHONNIER**, Ce qui est partagé entre plusieurs. Gl. *Parcennarii.*

2. **PARCHONNIER**, Complice. Gl. *Parcennarii.*

PARCHYE, Territoire sur lequel on a droit d'exiger l'amende, pour le dommage causé par les bestiaux. Gl. *Percheia,* 2.

PARCIER, Celui qui a une part ou portion dans quelque chose. Gl. *Parcerarius,* 2.

PARCIERE, Part, portion ; d'où *Tenir à Parciere,* Tenir à moitié ou à une certaine portion des fruits. Gl. *Parceria.*

* **PARCION**, Séparation. Chron. des ducs de Norm.

* **PARCLOSE**, Fin, conclusion. Roman de Renart, tom. ii, pag. 304, vers 17869 :

Ou au chief ou à la parclose.

Chron. des ducs de Norm. tom. 1, p. 199, vers 3331. Fabliaux, Jubinal, t. ii, p. 32 :

Ce est la somme de ce e la parclose.

PARCLOUSE, Clos, lieu cultivé et fermé de murs ou de haies. Gl. *Clausa.*

PARÇON, Part, portion. Gl. *Parcennarii.*

PARÇONER, Celui qui partage le danger avec un autre. Gl. *Parcennarii.*

PARÇONNERE, Société, communauté. Gl. *Parcennarii.*

PARÇONNIER, Co-héritier, qui a une portion dans un héritage. Gl. *Parcennarii.* [Copartageant, copropriétaire, participant, qui prend part à quelque chose. Chanson de Roland, st. 35, vers 7 :

Mult orguillus parçunere averez.

Mantel mautaillé, vers 706 :

Bien sachiez que maint chevalier
Est de cest meffet parçonnier.

Girart de Rossillon, Rayn. tom. 1, p. 174 :

Futif de son pays, n'en fut point parsoniers.

Chron. des ducs de Norm. au mot *Parçonere, Parçoniers.* Rayn. tom. iv, p. 434², au mot *Parsonier.*]

PARCOURS, Convention entre deux seigneurs par laquelle leurs serfs pouvaient librement s'établir dans le domaine de l'un ou de l'autre, ou y faire paître leurs bestiaux. Gl. *Percursus,* pag. 197¹.

* **PARCREU**, Qui a toute sa croissance, grand, développé. Aubri, pag. 153¹ :

Asés sui grans parcréus et fornis.

Chron. des ducs de Normandie. Voyez Orell, pag. 237. Rayn. tom. ii, pag. 513¹, au mot *Percreisser.*

PARCYE, Le repas qu'on donnait aux moissonneurs après la moisson. Gl. *Parcennarii.*

1. **PARDESSUS**, Seigneur dominant. Gl. *Per desuper.*

2. **PARDESSUS**, Contre, malgré, nonobstant. Gl. *Per desuper.*

PARDIRE, Achever de dire, de réciter. Gl. *Perdicere.*

1. **PARDON**, Indulgence accordée par le pape ou un évêque. Gl. *Pardonantia.* [*En pardons,* Gratuitement. S. Bernard : *Ceu donевent en pardons k'il avoient pris en pardons,* (lat. quod gratis acceperant gratis dabant). Colin Muset, Wackern. p. 72 :

Tous tens en perdon servirai
Se tost n'en ai autre luwier.

Voyez Roquef. Rayn. tom. iv, pag. 515², au mot *Perdo.*]

2. **PARDON**, La Salutation Angélique, qu'on dit trois fois le jour au son d'une cloche ; à quoi il y a des indulgences attachées. Gl. *Pardonantia.*

3. **PARDON**, Tournois. Gl. *Pardonantia.*

* **PARDONABLES**, Qui pardonne. Chron. des ducs de Norm.

PARDURABLETÉ, Perpétuité. Gl. *Feodagium,* sous *Feodum.* [*Pardurable, Pardurablement,* Roquef. Chron. des ducs de Norm. Rayn. tom. iii, pag. 91¹, aux mots *Perdurablelat,* suiv.]

PARÉ. Mestier de Paré, L'art de fouler ou parer les draps. Gl. *Parator.*

PARECT, Paroi, mur, cloison. Gl. *Paries,* 6.

1. **PARÉE.** Droit de Parée, Celui par lequel les seigneurs voisins peuvent suivre en la terre l'un de l'autre leurs sujets et hommes serfs. Gl. *Parata,* 1.

2. **PARÉE**, Marée. Gl. *Parata,* 3.

PAREEUR, Foulon, ouvrier qui pare les draps. Gl. *Parator.*

1. **PAREIL**, Mesure de grain, la charge d'un âne. Gl. *Parium,* 1.

2. **PAREIL**, Pareilh, Paire. Gl. *Parelius.*

* **PAREILLER**, comme *Apareillier.* Chron. des ducs de Norm. tom. 1, p. 132, vers 1438.

PARELÔTE, Certain droit d'entrée. Gl. *Gruagium.*

1. **PAREMENT**, Mur, rempart, fortification. Gl. *Paramentum,* 4.

* 2. **PAREMENT**, Habit armorié. Chastel. de Couci, vers 946. Voyez *Connoissance.*

PARENSONMET, p. e. pour Par-en-Somme, Au delà, en outre, par-dessus. Gl. *Summarie.*

PARENT, Égal, pareil. Gl. sous *Par,* 1.

PARENTÉ, Liaison par le sang, autrefois du genre masculin. Gl. sous *Parens.*

PARER, Paraître. Gl. *Parere,* 2.

PARER un Fossé, Le relever. Gl. *Parare fossatum.*

PARER une Pomme, La peler. Gl. *Parare,* 4.

PARESI, Parisis, monnaie. Gl. *Parisienses.*

* **PARESTEIR**, Rester, persister. S. Grégoire, Roquef. au mot *Somondre* : *Ne consentoit de paresteir en la congregation,* (lat. consentiret in congregatione persistere).

PARESTRANGLER, Étrangler tout à fait. Gl. *Stragulare.*

* **PARESTRUSSE.** *A la parestrusse, perestrusse,* A la fin. Chron. de Jordan Fantosme, vers 597, 1135. Iᵉʳ livre des Rois, chap. 15, vers 31. Mantel mautaillé, v. 408.

PARET, p. e. Le droit de gîte ou de loger chez son vassal. Gl. *Paretæ.*

PAREUR, Foulon, ouvrier qui pare les draps. Gl. *Parator.*

1. **PAREURE**, Ouvrage de broderie. Gl. *Paratura,* sous *Parare,* pag. 84³.

2. **PAREURE**, Pelure. Gl. *Parare,* 4.

PARFÉS, C'est le nom que se donnaient les Albigeois. Gl. *Perfecti.*

* **PARFIT**, Parfait. Partonop. v. 578. Chron. des ducs de Normandie. *Parfitement,* ibid.

* **PARFONGIÉ**, Ruteb. tom. ii, p. 247 :

Desi adont que je venisse
A Desirrier la (?) parfongié.

Voyez Roquef.

PARFORCER (SE), s'Efforcer, faire tous ses efforts. Gl. *Forçare.*

PARFORCIER, Contraindre par la force et la violence. Gl. *Forçare.*

PARFOURNIR, Parfaire, achever. Gl. *Perfunire.* [*Parfurnir,* Chastel. de Couci, vers 4971, 7686.]

PARGAMINIER, Parcheminier. Gl. *Parguaminerius.*

PARGE, Espèce de cuir. Gl. *Pargia,* 2.

PARGER, Parquer, mettre dans un parc. Gl. *Parcare,* sous *Parcus,* 1.

PARGIE, Amende due au seigneur pour les bêtes prises en dommage. Gl. *Pargia,* 1. [*Pargiet,* Gl. *Spargicia.*]

PARHAUCHER, Élever, exhausser. Gl. *Admontare.*

PARIAGIER, Co-seigneur. Gl. *Paragium,* 3.

PARIBILE, *Bataille paribile.* Gl. *Lex,* pag. 89¹.

PARIGAL, Pareil, égal. Gl. sous *Par,* 1. [St. Thomas de Cantorb. vers 638. *Paringal,* Roi Guillaume, pag. 58.]

1. **PARISIS**, Certaine mesure de terre qui rapporte un parisis de revenu. Gl. *Parisiata.*

* 2. **PARISIS**, Gl. *Moneta,* p. 490², 500³.

PARLANT. Voyez *Plege.*

PARLE, pour Perle. Gl. *Perlæ.*

PARLEMENT, Conférence, assemblée solennelle pour délibérer sur quelque chose, pourparler, entrevue. Gl. *Parlamentum.* [*Parlemeter,* pag. 100¹, Chron. des ducs de Norm.]

PARLEURE, Langage, faculté de parler. Gl. *Parlura.*

* **PARLIER**, Parleur, avocat. Partonop. vers 216 :

Plains de grant sens et bons parliers.

Gl. *Prælocutor.*

PARLOIR aux Bourgeois, Lieu à Paris où se traitaient les affaires de la ville et du commerce. Gl. *Parlatorium,* 1.

PARMENAULEMENT, A perpétuité. Gl. *Vestitura,* 1. [*Vie parmenable,* Enfants Haymon, vers 752.]

PARMENER vie dissolue, Vivre dans la débauche. Gl. *Menare.*

PARMENTIER, Tailleur qui fait et garnit les habits. Gl. *Permentarius.*

PARMI, Moyennant, au moyen de. Gl. *Mediator,* 1. [A travers, par, au milieu, Partonop. vers 2993, 3252, 3262, 7395, 7484, 7938. Roman de Renart. t. ii, p. 307, vers 1795o. *Par moitié.* Flore et Blancefl. vers 1562 :

> Par mi partomes le gaaing.

Voyez Rayn. t. IV, pag. 175¹, au mot *Mei*.]

PARNAGE, Droit de paisson ou de faire paitre ses bêtes. Gl. *Parnagium,* sous *Pastio,* pag. 128³.

PARNE, Pièce de charpente. Gl. *Parnagium.*

* **PARNUS**, Roman de Renart, tom. II, pag. 292, vers 17532 :

> Li desloiaus vilains parnus.

PAROCHIAIGE, Le territoire d'une paroisse. Gl. *Parochiagium,* sous *Parochia.*

* **PAROIR**, Paraître, être visible, sembler. *Pert,* Chastel. de Couci, vers 594. Flore et Blancefl. vers 286. Garin le Loher, tom. I, pag. 171. Roman de Renart, tom. I, p. 22, vers 593. *Perent,* Partonop. vers 7906. *Pere,* vers 1871. Chron. des ducs de Norm. *Se pere,* Guill. Guiart, tom. II, pag. 434, vers 11289 (20271). Voyez Orell. p. 216. Rayn. tom. IV. pag. 427¹, au mot *Parer.*

PAROLE. TENIR A PAROLES, Entretenir quelqu'un, faire la conversation. Gl. *Parola.*

PAROLER, Parler, discourir. Gl. *Parabolare,* pag. 78². [Flore et Blancefl. v. 139. *Qu'il parout,* Qu'il parle. Agolant, v. 179, Chronique des ducs de Norm.]

PARONNE, La pièce de la charrue à laquelle on attèle les chevaux. Gl. *Paronus.*

PAROUE, Selle, harnois de cheval. Gl. *Epyphium.*

PARPAIE, PARPAIEMENT, Parfait payement. Gl. *Perpacare.*

PARPAILLOLE, Sorte de monnaie. Gl. *Parpaillola.*

PARPAIN, Espèce de couteau. Gl. *Parpanus,* et *Cultellus,* pag. 694³.

PARPANHA, Manière de vêtement ou d'ornement, en Languedoc. Gl. *Parinus.*

PARPILLOLE, PARPILLOLLE, Sorte de monnaie. Gl. *Parpaillola.*

PARPOINTE, Courte pointe. Gl. *Perpunctum.*

1. **PARQUET**, Certaine mesure de terre. Gl. *Parcata.*

2. **PARQUET**, Le préau des prisons à Rouen. Gl. *Parquetum.*

3. **PARQUET**, Espèce de jeu. Gl. *Parquetum.*

PARQUIER, Celui qui doit garder les bêtes prises en dommage et mises en parc, comme aussi les prisonniers. Gl. *Parcus,* 1.

PARRASTRE, Beau-père. Gl. *Patreus.* [Orell p. 23.]

PARREAU, Espèce de jeu de petit palet. Gl. *Parrale.*

PARREUX, Co-seigneur, celui qui possède un fief ou une terre avec un autre. Gl. *Paragium,* 3.

PARRIE, Pairie, la dignité de pair. Gl. *Paria,* sous *Par.*

PARRIERE, Carrière. Gl. *Perreria,* 1.

PARRIGUE, p. e. Ferme, métairie fermée de murs ou de fossés. Gl. *Parrigo.*

PARRIN, p. e. pour PARRIGUE. Gl. *Parrigo.*

1. **PARROCHAGE**, Sorte de droit seigneurial. Gl. *Parrochagium,* 2.

2. **PARROCHAGE,** PARROICHAGE, PAROIS-

SAGE, Territoire d'une paroisse. Gl. *Parrochagium,* 1.

PARRONNE, La pièce de la charrue à laquelle on attèle les chevaux. Gl. *Paronus.*

PARROY, Rivage, bord de la mer. Gl. *Paregium.*

1. **PARS**, Troupeau. Gl. *Paria,* 1.

2. **PARS.** FAIRE PARS, Prendre parti, se liguer. Gl. sous *Pars,* p. 107³. Voyez 1083.

* **PAR SOM,** PAR SON, PAR EN SON, Au-dessus de, sur, par-dessus, de plus. Partonop. vers 4887 :

> Li cors pert par som la çainture.

Vers 3237, 7935. Chron. des ducs de Norm. tom. III, pag. 129, vers 35493 :

> Logée fu en teu maniere
> Par son l'eve d'une riviere.

Partonop. vers 10067 :

> Mon roiame et moi par en son
> L'en otroi tot en gueredon.

Par son l'aube, Au point du jour. Partonop. vers 3948. *Parson l'aube esclarcie,* Gérard de Vienne, vers 1241. *Par son l'aube apareissant,* Chron. des ducs de Norm. tom. III, pag. 100, vers 34697.

1. **PARSON**, Pierre, nom propre d'homme. Gl. *Parso.*

2. **PARSON**, Partage, portion d'héritage. Gl. *Parcennarii.*

PARSONNIER, Celui qui possède par partage, qui a sa portion d'héritage. Gl. *Parcennarii.*

PARSONNIERE, Femme qui est commune à plusieurs. Gl. *Parcennarii.*

1. **PART**, Alphabet ou les premiers principes d'une science. Gl. *Pars.* [Partonop. vers 4649 :

> Je sai moult bien totes mes pars.]

2. **PART**, Accouchement. Gl. *Parturitio.*

* **PARTABLE**, MEUBLE PARTABLE. Gl. *Salvatorium.*

PARTAGE. Voyez *Portage.*

PARTAIGIER, p. e. Achever de charger un vaisseau. Gl. *Partagium,* 2.

* **PARTANCIE**, Séparation. Roman de Renart, tom. I, pag. 23, vers 616.

* **PARTANT**, Par conséquent. Garin le Loher. tom. I, pag. 2. *Partant que,* Parce que. Orell. pag. 342. Roquef.

* **PARTENER**, Participants. Saint Thomas de Cantorbery, vers 1444. Voyez Rayn. tom. IV, pag. 435², au mot *Partender.*

* **PARTENIR**, Appartenir. Chron. des ducs de Norm.

PARTEURE, Partage, division. Gl. *Partitura.*

PARTHISANE, Pertuisane. Gl. *Partesana.*

PARTICIPER, Avoir commerce avec quelqu'un, vivre ensemble. Gl. *Participare,* 2.

1. **PARTIE.** FAIRE PARTIE, Intervenir, se rendre partie. Gl. sous *Pars.*

* 2. **PARTIE**, Séparation. Roi Guillaume, pag. 50. *Partage.* Chron. des ducs de Norm. tom. II, pag. 75, vers 17514. *Part,* côté. Roi Guillaume, pag. 54. Voyez Rayn. t. IV, pag. 432², au mot *Partida.*

PARTIERE. MESTAIER PARTIERE, Fermier qui partage les fruits avec le propriétaire. Gl. *Parcerarius,* 1.

1. **PARTIR**, Confiner, être limitrophe. Gl. *Partiri.*

2. **PARTIR**, Partager. Gl. *Partiri.* [Séparer, diviser. *Partir un jeu.* Gl. *Jocus partitus. Geu parti,* Mantel Mautaillé, v. 678. Vers 670 :

> Igaument sont parti li gas.

Wackernagel, pag. 58 :

> Or nos metons en loiaul jugement
> Si iert la raixon de nos dous partie.

Chron. des ducs de Norm. Voyez Rayn. tom. IV, pag. 436¹, au mot *Partir.*

* 3. **PARTIR**, Prendre part. Partonop. vers 89, 91, 7030, 7564.

PARTISSON, Cordon de lin prêt à filer. Gl. *Partitura.*

PARTIT, Sorte de petite monnaie. Gl. *Partitus.*

* **PARTREU**, Trou, pertuis. Roman de Renart, tom. III, pag. 16, vers 20192.

* **PARTURE**, Jeu parti, tenson? Chastel. de Couci, vers 13 :

> Faisoient chans, dis et partures
> En rimes de gentes faitures.

Vers 71. Voyez Diez, *Poesie der Troubadours,* pag. 113. Rayn. tom. IV, p. 435¹, au mot *Partimen.*

PARTURIR, Accoucher. Gl. *Parturitio.*

PARUE, Parade; qui se dit lorsqu'un vaisseau déploie tous ses pavillons, et non pas l'endroit où couchent les matelots. Gl. *Parada,* 1.

PARVINEAU, Palonneau d'une herse; en Champagne, *Peronnete.* Gl. *Parvichalis.*

1. **PARURE**, Orfroi, broderie. Gl. *Paratura,* 2.

2. **PARURE**, Pelure. Gl. *Parare,* 4.

1. **PAS**, Passage dangereux et étroit, gorge de montagne, détroit. Gl. *Passus,* 3. [Garin le Loher. tom. I, pag. 229. Chron. des ducs de Normandie. Roman de Renart, tom. IV, pag. 28, vers 759, 761 ; tom. I, pag. 34, vers 900. Voyez Rayn. tom. IV, pag. 441¹, au mot *Pas.*]

2. **PAS**, Certaine mesure de terre. Gl. *Passus,* 2.

3. **PAS**, Réception dans un corps ou une société. Gl. *Passus,* 7.

* 4. **PAS**, Marche. Garin le Loh. t. I, pag. 218 :

> Trestout le pas n'i ot noise ne cri.

Aller le pas, Avancer, marcher. Pag. 175 :

> Alez le pas, n'aiez soing de fuir.

Pag. 221 :

> Alez vos en le pas vers Saint-Quentin.

Agolant, pag. 185².

> Adont s'en vont François resbaudisant
> Et vont le pas l'un à l'autre prenant.

En mi le pas, En avançant, avant de parvenir. Lai du Corn, vers 555.

PASADOUZ, Espèce de flèche ou dard. Gl. *Passadorium.*

PASAT, Aire, pavé. Gl. *Pasata.*

PASCAGE, L'action de paître. Gl. sous *Pasquerium.*

PASCHE, Pasques. Gl. *Pascha clausum.*

PASCHIER, Pâturage. Gl. *Pasquerium,* pag. 120².

PASCOR, PASCHOR, Printemps. Gl. *Pascio.* [Partonop. vers 6324. *Paskerez,* Jordan Fantosme, vers 64. Voyez Rayn. t. iv, pag. 445², au mot *Pasca*.]

PASMESON †, Pamoison. Gl. *Extasis*. [*Pasmison*, Roi Guillaume, p. 109. Voyez *Pame*, 1.]

PASMOIER, Prendre avec la main, empoigner. Gl. sous *Palma*, 3.

PASMOLE, Paumelle, espèce d'orge. Gl. *Pasinola*.

PASNAGE, Droit de paisson; ce qu'on paye pour la paisson des bêtes. Gl. *Pastio*, pag. 127³, et *Parnagium*.

PASNAIGER, Paître, pâturer. Gl. *Pasnagiarius*.

PASNASIE †, Panais, pastenade. Gl. *Pastinaca*.

PASON, p. e. Sorte d'ornement. Gl. *Pason*.

PASQUEL ANNOTIF, Qui revient au même jour chaque année. Gl. *Pascha annotinum*.

PASQUERET, PASQUEREZ, Pâques, le temps pascal. Gl. *Pascha intrans*, p. 116³.

PASQUES CHARNEUX, Le jour de Pâques, où l'on mange de la chair. Gl. *Pascha carnosum*.

PASQUES CLOSES et **CLUSES**, Le Dimanche de Quasimodo. Gl. *Pascha clausum*, pag. 115².

PASQUES COMMUNIANS ou **ESCOMMICHANS**, Le dimanche de la Résurrection et toute la quinzaine, depuis les Rameaux jusqu'à Quasimodo. Gl. *Pascha communicans*.

PASQUES LES GRANS, Le dimanche de la Résurrection. Gl. *Pascha magnum*.

PASQUES NEVES, Le jour où commençait alors la nouvelle année, qu'on comptait d'après la bénédiction du cierge pascal. Gl. *Pascha novum*. [*Mois de pasques*. Gl. *Mensis paschæ*.]

PASQUIER, Pâturage. Gl. *Pasquerium*, pag. 120².

PASQUIS, Pâtis, pâturage. Gl. sous *Pasquerium*, pag. 120².

1. **PASSADE**, Sorte de péage. Gl. *Arripagium*, sous *Adripare*.

2. **PASSADE**, Partie de jeu. Gl. *Empresia*.

PASSADOR, PASSADOUR, Espèce de flèche ou dard. Gl. *Passadorium*.

PASSAGE, Voyage d'outre-mer, guerre sainte. Gl. *Passagium*.

PASSAGEUR, Passeur, celui qui conduit un bac ou bateau pour passer une rivière. Gl. *Passagiarius*, sous *Passagium*, p. 121³.

PASSAIGE, Lieu où l'on passe un bac, et le droit du passeur. Gl. sous *Passagium*.

PASSAIRE, Potion médicinale passée par la chausse. Gl. *Collatum*, 1.

PASSANT, Sorte de monnaie de Haynaut. Gl. *Passans*, 2.

1. **PASSAVANT**, Machine de guerre, dans laquelle on logeait des soldats. Gl. *Passarinus*.

2. **PASSAVANT**, Sorte de monnaie du Haynaut. Gl. *Passavant*.

1. **PASSE**, But auquel on vise; d'où *Passe*, Jeu où l'on tire à un but. Gl. *Passarela*.

2. **PASSE**, Notaire qui passe les actes publics. Gl. *Passatio*.

3. **PASSE**, Lisière, bord d'une étoffe par sa largeur. Gl. *Passata*, 2.

4. **PASSE**, Moineau, passereau. Gl. *Passa*.

PASSEAU, Passage, sentier. Gl. sous *Passagium*.

PASSELER, Échalasser une vigne. Gl. *Paissellare*.

PASSEMENT, Seing, souscription, et le pouvoir de passer les actes publics. Gl. *Passatio*.

PASSENAGE, Droit de péage qu'on exige des passants. Gl. sous *Passagium*.

PASSEPORTE, Passeport, passe-avant. Gl. *Passare*, 1.

PASSET. ALLER LE PASSET, Marcher à pas lents et mesurés. Gl. *Passuatim*, et *Passus*, 3.

PASSIERE, Écluse, lieu fermé de pieux. Gl. *Passeria*.

PASSION, Mal, douleur. Gl. *Passio*, 2. [*La male passion le torde*, Roman de Renart, tom. 1, pag. 34, vers 884.]

PASSIONAIRE, Livre qui contient l'histoire de la Passion de Jésus-Christ. Gl. *Passionarius*.

PASSIONNAIRE, Livre qui contient l'histoire des martyrs ou des saints en général. Gl. *Passionarius*.

PASSOT, Sorte de dague ou poignard. Gl. *Passotus*.

PAST, Ce qu'on payait pour être reçu dans un corps de métier dont le repas faisait partie. Gl. *Passus*, 7.

* **PASTAIERIE**, Pâtisserie. Gl. *Pastillaria*.

PASTAR, Espèce de petite monnaie. Gl. *Patarus*.

1. **PASTE**, Masse, assemblage d'une même chose en botte. Gl. *Pasta*, 5.

2. **PASTE**. PORTER LA PASTE AU FOUR, proverbe, Payer la sottise d'autrui. Gl. *Pasta*, 5. [*Pastes alixes*. Gl. *Panis*, p. 52¹.]

PASTEILLER, PASTELIER, Se dit du moulin qui pile le *pastel* ou guède. Gl. *Molendinum pastellerium*, pag. 467³.

PASTENC, Pâturage. Gl. *Pastenguum viridarium*.

PASTENOSTRES, Toute espèce de prière, livre de prières. Gl. *Pater-noster*, sous *Pater*.

PASTIGER, Traiter, faire un accord, transiger. Gl. *Pascissi*.

PASTINAGE, Pâturage, pacage, pâtis; du verbe *Pastiner*, Paître, pâturer. Gl. *Pastinagium*.

PASTIS, Contribution dont on est convenu. Gl. *Apatisatio*.

PASTOC, Sorte de bâton pour se soutenir, béquille. Gl. *Potentia*, 2.

1. **PASTOIER**, Pâtissier. Gl. *Pasticerius*.

2. **PASTOIER**, Traiter, faire un accord, transiger. Gl. *Pascissi* et *Pastus*.

PASTORE, Bergère. Gl. *Pastorella*. [*Pastoure*, Wackernagel, pag. 76, 79.]

PASTOUREAU, Berger; c'est aussi le nom d'une faction qui s'éleva en France sous saint Louis, et qui se renouvela encore quelques années après. Gl. *Pastorelli*.

PASTOURGER, Pâturer, faire paître. Gl. *Pastorgare*, 1.

PASTURAGER, Le même. Gl. *Pasturgare*.

PASTURAL, Pré, pâturage. Gl. *Pasturale*, 2.

1. **PASTURE**, Nourriture, éducation. Gl. *Pastura*, 2.

2. **PASTURE**, Paturon. Gl. *Pasturale*, 1.

PASTUREAUL, Pré, pâturage. Gl. *Pasturale*, 2.

PASTURER, Faire paître. Gl. *Pasturare*. [*Paître*, Roi Guillaume, pag. 109.]

PASTURES, Corde avec laquelle on attache les chevaux par le paturon. Gl. *Pasturale*, 1.

* **PATAC**, Petite monnaie. Gl. *Patacus*.

PATACON, Monnaie de Flandre. Gl. *Pataco*.

PATALIN, Sorte d'hérétique. Gl. *Paterinus*, pag. 138¹.

PATEIL, Matras, dard avec une grosse tête. Gl. *Petulum*.

PATEIS, Traité, convention. Gl. *Pascissi*.

PATELIN, Sorte d'hérétique. Gl. *Paterinus*, pag. 138¹.

PATENOTE, Le *Pater*, l'oraison dominicale. Gl. sous *Pater*.

1. **PATERIN**, Qui est destiné à souffrir comme martyr; Nom de certains hérétiques. Gl. *Paterinus*, pag. 137, 138¹.

2. **PATERIN**, Causeur, babillard. Gl. *Paterinus*.

PATERLIE, Certaine prière, ou ce qui sert à prier, comme chapelet. Gl. *Paternoster*.

* **PATERNE**. Voyez Gl. *Paterna*, 2. Guill. Guiart, tom. 11, pag. 171, vers 4414 (13400) : *Par la paterne Dieu*. Jordan Fantosme, vers 548 :

> Suvent apelé par amur sainte paterne aïe.

Chanson de Roland, st. 173, vers 10 :

> Veire patene, ki unkes ne mentis,
> Seint Lazaron de mort resurrexis, etc.

Stance 224, vers 5 : *Veire paterne*. Guillaume d'Orange, cité dans le Gloss. sur la Chanson de Roland :

> Il en jura la paterne veraie...
> Jhesu reclaime la paterne veraie.

Renart le Nouvel, tom. iv, p. 174, vers 1255 :

> Partout es cuers fauvain et guille
> A mis Renart en mainte ville,
> Peu i a de vraie paterne.

Voyez Rayn. tom. iv, pag. 394², au mot *Paterna*. (*Veruya paterna, vera paterna.*)

* **PATIBLER**, Chronique des ducs de Normandie, tom. 11, pag. 221, vers 21880 :

> Jure e patible e noise e gient.

PATINIER, Celui qui fait des patins, dont le métier est appelé *Patinerie*. Gl. *Patinus*, 1.

PATINOUS, Misérable, qui souffre beaucoup. Gl. *Patinus*, 1.

PATIS, Pacte, traité, convention. Gl. *Pascissi* et *Apatisatio*.

PATOIER, Patiner, manier malproprement. Gl. *Maniare*, 3.

PATOUEIL, Bourbier, mare. Gl. sous *Patile*.

PATRATION, Acte, convention. Gl. *Patrare*, 2.

PATREMOIGNE, Patrimoine. Gl. *Matrimonium*.

PATRENOSTRES, Chapelet, ou les gros grains dont il est composé. Gl. sous *Pater*. [Roi Guillaume, pag. 60 :

> Foi que doi sainte patrenostre.

Roman de Renart, tom. III, pag. 35, vers 20703 :

Sa credo et sa paternostre.]

PATROCINER, Plaider, défendre une cause. Gl. *Patrocinari*.

PATRONISER, Conduire un vaisseau en qualité de *patron* ou pilote. Gl. *Patronagium*, 2.

PATRONNAGE, Patronnaige, Certain droit que les patrons d'une église prennent sur ses revenus, offrandes, etc. Gl. *Patronagium*, sous *Patronus*, pag. 148[2].

PATRONNÉE, Dame de lieu, dame de paroisse. Gl. *Patronus*, 148[3].

PATRUISAGE, Droit dû par les marchands fréquentant les foires. Gl. *Pertusagium*.

PATU, Se dit d'un vase qui a une patte ou un pied. Gl. *Pata*, 3.

* **PAU**, Pieu. Gl. *Prodelada*. Renart le Nouvel, tom. IV, pag. 201, vers 1954. Voyez *Paul*, *Pel*.

1. **PAVAGE**, Pavé, le métier de paveur. Gl. *Pavagium*, 2.

2. **PAVAGE**, Impôt pour l'entretien du pavé et des chaussées; d'où *Pavageur*, Celui qui lève cet impôt. Gl. *Pavagium*, 2.

PAVAIL, Pavois, sorte de grand bouclier. Gl. *Pavesium*.

PAVAILLE, p. e. Grosse toile, telle que celle dont on fait les tentes; ou Pauaille, Ustensile de cuisine. Gl. *Pavalhonus*.

PAVAIS, Pavois, sorte de grand bouclier. Gl. *Pavesiatores*, sous *Pavisarii*.

PAVAISEUR, Soldat armé d'un *Pavais*. Gl. *Pavesatus*.

PAVAMENTER, Paver. Gl. *Pavare*.

PAVART, Pavois, sorte de grand bouclier. Gl. *Pavesium*.

PAVAS, Le même. Gl. *Pavesiatores*, sous *Pavisarii*.

PAUBORT, Bâton fourchu. Gl. *Palforca*.

1. **PAUCHE**, Mesure de vin. Gl. *Pauca* et *Metreta*.

2. **PAUCHE**, Servante. Gl. *Pauca*.

PAUCHER, Pêcher; d'où *Paucheur*, Pêcheur. Gl. *Piscator*.

* **PAUCHON**, Sorte de piége, trappe. Roman de Renart, tom. III, pag. 124, vers 23176. *Pauçon*, vers 23201. *Pochon*, vers 23169. Voyez *Penchon*, 1.

* **PAVEILLON**, Papillon. Flore et Blancefl. vers 2351.

* **PAVEMENT**, Dallage, échiquier. Partonop. vers 828 :

Tote (*la cité*) est faite à pavement,
Et quant onques plus i plovra
Li pavemens plus clers sera.

Enfants Haymon, vers 273 :

Or jouent li baron en un lé pavement.

Flore et Blancefl. vers 694. Gloss. sur la Chron. des ducs de Normandie. *Pavementé*, Dallé, carrelé, *ibidem*.

PAVESCHE, Pavois, sorte de grand bouclier. Gl. *Pavesium*.

PAVESCHÉ, Pavescheur, Soldat armé d'un *pavesche*. Gl. *Pavesatus* et *Pavisarii*.

PAVESME, Pavois, sorte de grand bouclier. Gl. *Pavesium*.

PAVESSIER, Soldat armé d'un pavois. Gl. *Pavisarii*.

PAVETIER, ou plutôt Pavesier, Le même. Gl. *Pavesatus*.

PAUFORCHE, Paufour, Paufourche, Fourche, bâton fourchu. Gl. *Palforca*.

* **PAVILLON**. Gl. *Moneta*, pag. 490[3].

PAVISIEUR, Soldat armé d'un pavois. Gl. *Pavesatus*.

PAUKIN, Certaine mesure de grain. Gl. *Polkinus*.

PAUL, Pieu, poteau. Gl. *Paulus*, 3. Voyez *Pau*.

PAULME, Cheoir tout a Paulmes, Tomber sur les mains. Gl. *Palma*, 4. [Tomber en pâmaison, en défaillance, Roman de Roncevaux, pag. 41 :

Chaît à paumes.

Pag. 49 :

Grant plene paume à terre en est chéu.

Aubri, pag. 153[1] :

Paumée chiet en la sale de pris.

Vers 168 :

Elç se paume, ne se pout tenir mie
Et li baron l'ont amont redrecie.

Voyez Rayn. tom. IV, pag. 446[1]; au mot *Pasmar*, ci-dessus *Pame*, 1.

PAUME, Palme, branche ou feuille de palmier; d'où *Paumier*, Pèlerin, qui a fait le voyage de la Terre Sainte, et qui pour preuve en rapporte des palmes. [Aubri, pag. 154[2], 158[1]. Chron. des ducs de Norm. *Paume*, Pèlerinage. Enfants Haymon, vers 864 :

Et s'en la paume muers, dieu ait de moy pitié.]

Gl. *Palma*, 1, et *Palmarius*.

1. **PAUMÉE** †, L'étendue de la main, depuis l'extrémité du pouce jusqu'à l'extrémité du petit doigt. Gl. *Palmus*, 1.

2. **PAUMÉE**, Marché conclu en se donnant mutuellement la main. Gl. *Palmata*, 2. [Voyez Rayn. tom. IV, pag. 403[1], au mot *Palmada*.]

PAUMELE, Espèce de jeu qu'on appelle communément *Main-chaude*. Gl. *Palma*, 4.

PAUMELE DE LIN, Poignée, autant que la main peut contenir. Gl. *Palmela*.

PAUMENT, Lavement des mains. Gl. *Palmare*, 1.

PAUMETTON, Paume; d'où *Cheoir à Paumettons*, Tomber sur les mains. Gl. *Palma*, 4.

PAUMIER. Voyez ci-dessus *Paume*.

PAUMOIER, Prendre avec la main, empoigner. Gl. sous *Palma*, 3. [Gérard de Vienne, vers 2353 :

Et les espiez brandir et paumoier.

Chanson de Roland, st. 89, vers 4 :

Mais son espiet vait li bers palmeiant.

Chastel. de Couci, vers 1179. *Plame sa lance*, Gérard de Vienne, vers 1658.]

PAVOISINE, Pavois, sorte de grand bouclier; d'où *Pavoiseur*, *Pavoisien* et *Pavoisier*, Soldat armé d'un pavois. Gl. *Pavesium*, *Pavesatus* et *Pavisarii*.

* **PAVON** †, comme *Panon*, 1. Gl. *Formidines*.

PAVONESSE, La femelle du paon. Gl. *Pava*.

PAUPELLEUR, Papetier. Gl. *Papetarius*.

PAUQUE, Mesure de vin. Gl. *Pauca* et *Metreta*.

PAUSÉE, Pausé, repos. Gl. *Pausa*.

PAUTONIER, Homme de mauvaise vie, méchant, hautain, un misérable, un gueux, Gl. *Paltonarius*. [Garin le Loher, tom. I, pag. 269. Partonop. vers 7083 :

Moult a dur cuer et pautonier.

Chron. des ducs de Norm. au mot *Pautener*. Rayn. tom. IV, pag. 465[2], au mot *Pautonier*.]

PAUTONNERIE, Méchanceté, arrogance, vie déréglée. Gl. *Paltonarius*.

1. **PAUTONNIERE**, Femme méprisable, livrée à la débauche. Gl. *Paltonarius* et *Pantonarius*.

2. **PAUTONNIERE**, Bourse, gibecière, Gl. *Pantonarius* et *Pontaticum*, p. 346[1].

PAUVRETÉ, Semi-prébende dans l'église de Reims. Gl. *Paupertas*.

PAUVRETEZ, Les parties du corps qu'on doit couvrir. Gl. sous *Paupertas*.

1. **PAYELLE**, Poële. Gl. *Paella* et *Anderius*.

2. **PAYELLE**, Cuve, baignoire de cuivre. Gl. *Payla*.

PAYENNIE, Pays habité par les païens. Gl. *Paganismus*, sous *Pagani*, p. 9[1]. [Galien Restoré, Fierabras, pag. 164[2]. Voyez *Paienie*.]

PAYRE, Certaine redevance sur chaque maison qui se payoit avec une poële ou chaudron, ou la valeur en argent. Gl. *Payeria*.

PAYSCOLLE, Poële. Gl. *Payrollus*.

PEAGERIE, Bureau où l'on paye le droit de péage. Gl. *Pedagiaria*, sous *Pedagium*, pag. 170[2]. [*Chemin péageau*. Gl. *Via*, pag. 799[1].]

PEARDE, Perte, dommage. Gl. *Perda*.

PEASON, Place vague, contenant certain nombre de pieds. Gl. *Peaso* et *Excotere*.

PEAU, Pélisse, habit garni de peaux. Gl. *Pelles*.

PEAUCHON, p. e. Pieu ferré, sorte d'arme. Gl. *Picassa*.

PEAUTRE, Espèce de métal. Gl. *Pestrum*.

PEAZON, Place vague, contenant un certain nombre de pieds. Gl. *Peaso*. [Voyez Rayn. tom. IV, pag. 472[1], au mot *Peazo*.]

* **PEC**, Colline. Gl. *Podium*, 3.

PECCERIS, Pécheresse, femme débauchée. Gl. *Peccatum*.

PECEI, Droit sur les vaisseaux qui se brisent ou échouent. Gl. *Peceium*.

* **PECEILLER**. Voyez *Peteiller*.

PECETE, diminutif de Pièce, morceau. Gl. *Pecia*, pag. 163[1].

PECHÉ DESORDONNÉ, Le péché contre nature. Gl. *Peccatum indicibile*.

PECHIÉ. Femme de Pechié, Femme livrée à la débauche. Gl. *Peccatum*, et *Femina peccati*.

PECHIÉ DU MONDE, Le péché de luxure. Gl. *Peccatum*.

PECHIER, Vase à mettre des liqueurs, certaine mesure. Gl. *Picherus*.

PECHOIEIS, L'action de mettre en pièces, de briser. Gl. *Peciatus*, sous *Pecia*, pag. 163[2].

PECIERE, Pêcheur, libertin. Gl. *Peccatum.*

1. **PEÇOIER**, Mettre en pièces, briser. Gl. sous *Pecia*, pag. 163². [Roi Guillaume, pag. 55. Aubri, pag. 158², 160².]

2. **PEÇOIER**, Détruire, ruiner, saccager. Gl. sous *Pecia*, pag. 163². [*Pechoier*, Garin le Loher. tom. 1, pag. 52.]

PECOL, **Pecoul**, Pied de fauteuil, quenouille de lit. Gl. *Pecollus.* [Partonop. vers 1090, 10302, 10311. Voyez *Picouil.*]

PECOU, Droit sur les vaisseaux qui se brisent ou échouent. Gl. *Peceium.*

PECOUST, Sorte de taille ou d'aide, impôt. Gl. *Pecta*, 1.

PECOY, Droit sur les vaisseaux qui se brisent ou échouent. Gl. *Peceium.*

PECTORAL, Ornement ecclésiastique, qui se mettoit sur la poitrine. Gl. *Pectorale*, 2.

PECUINE, Argent, monnaie. Gl. *Pecunia operata.*

PECZAIS, Droit sur les vaisseaux qui se brisent ou échouent. Gl. *Peceium.*

PEDAGOGIEN, **Pedagogue**, Professeur, qui enseigne les belles-lettres. Gl. *Pædagogium.*

* **PEDAILE**, Infanterie. Complainte sur la mort de Simon de Montfort, Wolf *Uber die Lais*, pag. 459 :

> Tot à cheval
> Fust le mal
> Sauntz nulle pèdaile.

Voyez Halliwell.

PÉDANCE, Pitance, portion monacale. Gl. *Pidantia*, sous *Pictantia*, pag. 246¹.

PEDANENS, Bailli, juge inférieur. Gl. *Pedaneus.*

PEDE, Sorte d'arme. Gl. *Pedalum.*

PEDOIRE, Espèce de pierre précieuse. Gl. *Peritot.*

* **PEÉ**, Pied. Vie de S. Thomas de Cantorb. Chronique des ducs de Norm. tom. 111, pag. 619¹. Hugo de Lincolnia, str. 74.

* **PEESTER**, Roman de Renart, tom. 111, pag. 19, vers 20280 :

> Quant Brichemer
> Vit à la terre péester.

1. **PEGHE**, Poix. Gl. *Pega.* [Voyez Rayn. tom. 1v, pag. 525¹, au mot *Pega.*]

2. **PEGHE**, Certaine mesure des liqueurs. Gl. *Pegar.*

* **PEGNIL** †. Gl. *Pecten*, 4.

PEGOUSE, Espèce de sole, poisson. Gl. *Pegua.*

PEGUAD, Sorte de mesure de vin. Gl. *Pegar.*

PEGUE, Poix. Gl. *Pega*, et *Gema.*

PEJAZ, Sorte de petite monnaie. Gl. *Peja.*

PEILE de Terre, Pièce de terre. Gl. *Pecia terræ*, pag. 163¹.

PEILLE, Morceau, chiffon de papier. Gl. *Pecia terræ*, pag. 163¹.

PEJOR. **Avoir le Pejor**, Avoir du dessous. Gl. *Pejorescere.* [Voyez Rayn. t. 1v, pag. 535¹, au mot *Pieger.*]

PEIREGADE, Sorte de jeu de dés ou de hasard. Gl. *Pedregata.*

PEIS, Paix. Gl. *Pax*, pag. 158².

PEISSEL, p. e. Botte d'un certain poids. Gl. *Pessale.*

---

1. **PEL**, [Pieu. Roman de Renart, tom. 1, pag. 50, vers 1316. Voyez *Pau, Paul, Pey.* Chron. des ducs de Normandie. Rayn. t. 1v, pag. 398¹, au mot *Pal.* Gl. *Pilatus, Suda*]. **Pel de Vigne**, Échalas. Gl. *Palus*, 1.

* 2. **PEL**, Peau. Agolant, vers 518. Gl. *Xerampinus.* Rayn. tom. 1v, pag. 483¹, au mot *Pel.*

PELAGE, Droit seigneurial dû pour l'attache des bateaux. Gl. *Arripagium*, sous *Adripare.*

PELAIGE, Poil. Gl. *Pelagia.*

PELAILLE, Canaille. Gl. *Pelagia.*

1. **PELAIN**, Eau de chaux, qui sert à peler les cuirs. Gl. *Pelanus*, 1. [Roman de Renart, tom. 111, pag. 26, vers 20459.]

2. **PELAIN**, Défaite, déroute. Gl. *Pelanus*, 1.

1. **PELÉ**, Vêtu, couvert de quelque habit que ce soit. Gl. *Pellitus.*

* 2. **PELÉ**, Fruste, effacé. Gl. *Pelatus.*

PELE-FOUANS, Qui fouit avec une pelle. Gl. *Pala*, 3.

PELENX ou **Peleux**, Terre inculte ou légèrement labourée. Gl. *Pelanus*, 1.

PELETE, Pellicule qu'on coupait dans la cérémonie de la circoncision. Gl. *Pellia.*

PELETEUVERIE, Pelleterie, l'art de préparer les peaux. Gl. *Pelleteria*, 1.

PELETRAGE, La garniture d'un coffre ou d'une porte, barre de fer qui sert à les bien fermer. Gl. *Paleria*, 2.

1. **PELICE**, Vêtement garni de peaux, fourrure. Gl. *Pellicia.* [*Pelice grise*, Roman de Renart, tom. 1, pag. 41, vers 1074. Partonop. vers 10635. Roi Guillaume, p. 166. Voyez Rayn. tom. 1v, pag. 484¹, au mot *Pelissa*, ci-dessus *Pelisse.*]

2. **PELICE**. **Deniers de Pelice**, Redevance en pelisses ou en argent pour avoir des pelisses. Gl. *Pellicia.*

* **PELICER**, Arracher la peau, tirer de l'argent. Ruteb. tom. 1, pag. 15 :

> Or veut de l'argent ma norrice,
> Qui m'en destraint et me pélice.

PÉLIÇON, Vêtement garni de peaux, fourrure. Gl. *Pellicia.* [Roman de Renart, tom. 111, pag. 120, vers 23039. *Peliçon, Pelisson gris*, Garin le Loher. tom. 1, pag. 15, 269. *Cort peliçonet gris*, Partonop. vers 5062.]

PELIDO, Sorte de pierre précieuse. Gl. *Pelido.*

PELISSE, Toison. Gl. *Pilla*, 1.

PELLAGE, Droit seigneurial dû pour l'attache des bateaux. Gl. *Palagium.*

PELLE, Perle. Gl. *Perlæ.* [Flore et Blancefl. vers 657.]

PELLIÇON, Vêtement garni de peaux, fourrure. Gl. *Pellicia.*

PELLIR, Ramasser avec une pelle. Gl. *Pela*, 2.

PELOINGE, **Pelonge**, p. e. Étoffe pelue; ou Sorte de peluche. Gl. *Pelorcus.*

PELOTTE, Balle, éteuf. Gl. *Pelota*, 3, et *Ludipes.*

PELUC, Ce qui reste du grain après qu'il a été vanné. Gl. *Pelu.*

PELUE, Paille. Gl. *Palea*, 2.

* **PENAICHIER**, Gérard de Vienne, vers 2306 :

> Et dist Rollan : N'ai soig de penaichier.

PENAIGE, Ce qu'on paye pour la pais-

---

son des bêtes. Gl. *Pasnagium*, sous *Pastio*, pag. 128².

PENANCE, Pénitence, peine, punition. Gl. *Pœnitentes*, pag. 325¹.

PENANCHIER, **Penancier**, Pénitencier, dignité ecclésiastique, confesseur. Gl. *Pœnitentiarius*, 1.

PENANCIER, Pénitent, qui accomplit la pénitence qui lui a été imposée. Gl. *Pœnitentialis*, pag. 2.

PENANT, Pénitent.* Gl. *Pœnitentes*, pag. 325².

PENARDEAU, **Penard**, espèce de grand couteau à deux taillants. Gl. *Penardus.*

PENART, Le haut d'une flèche. Gl. *Penatum.*

PENAS, Panache. Gl. *Penatum.*

PENAUL, Certaine mesure de grain. Gl. *Penaldus.*

PENCEL, Floquet, qu'on attachait à la lance et à l'épée. Gl. *Pennones.*

PENCHENAYRIE, Le métier de faire des peignes; de *Penchenier*, L'ouvrier qui les fait, et le marchand qui les vend. Gl. *Pecchenarius.*

1. **PENCHON**, Instrument propre à la pêche. Gl. *Panchon.* [Trappe. Roman de Renart, tom. 111, pag. 153, vers 23987; pag. 158, vers 24126. Voyez *Pauchon.*]

2. **PENCHON**, L'endroit où l'eau d'un moulin s'écoule, et qui y est arrêtée par une écluse. Gl. *Penchonia.*

PENCHOT, Espèce de pieu. Gl. *Penchonia.*

PENCHUN, Instrument propre à la pêche. Gl. *Gordana*, et *Panchon.*

PENÇON, L'endroit où l'eau d'un moulin s'écoule, et qui est arrêtée par une écluse. Gl. *Penchonia.*

PENCOSSIER, Boulanger. Gl. *Pancosserius.*

PENDANT, Penchant, descente. Gl. *Pendens*, 2. [Fabliaux, Jubinal, t. 1, p. 141. Roman de Renart, tom. 1, pag. 13, v. 340. Comparez tom. 111, pag. 82, vers 21992.]

PENDART, **Pendeur**, Bourreau, celui qui pend les criminels. Gl. *Pendere.*

PENDOUER, Pendoir, ce qui sert à suspendre les bêtes. Gl. *Pendulum*, 2.

PENDOYRE, La partie du ceinturon d'où pend l'épée. Gl. *Pendulum*, 2.

1. **PENE**, Fourrure. Gl. sous *Pannus*, 2. [Partonop. vers 4896, 7451, 7455, 10342, 10635. Flore et Jeanne, p. 23. Voyez Rayn. tom. 1v, pag. 409¹, au mot *Penna.*]

* 2. **PENE**, **Penne**, Bord supérieur, crête. *Pene del escu*, Partonop. vers 8803 :

> Haut très parmi l'escu l'osene
> Desos le bocle, lès le pene.

Vers 3262 :

> En l'eur desus parmi la pene.

Vers 3154, 3237, 3362. Chronique des ducs de Norm. tom. 111, pag. 64, v. 33669 :

> Par sus la pene del escu
> Entre le col e la peitrine
> Li fait passer l'anste fraisnine.

Voyez ci-dessous *Penne*, 2, Gl. *Pinna*, 1 et 5, et *Pannus*, 2.

PENEANCE, Pénitence; d'où *Péneancier*, Pénitencier, confesseur, et *Péneant*, Pénitent. Gl. *Pœnitentes*, pag. 325², et *Pœnitentiarius*, 1.

33

1. **PENEL**, Sorte de filet, panneau. Gl. *Pennellus*, 2.

2. **PENEL**, Espèce de selle ou bât. Gl. *Panellum*, 3. [Couverture de cheval. Roi Guillaume, pag. 114 :

> Sor lor peniax à terre jurent,
> Que estrain ne fuerre n'i ôt.]

3. **PENEL**, p. e. L'endroit où l'eau d'un moulin s'écoule, et qui y est arrêtée par une écluse. Gl. *Penchonia*.

PENELLE, Morceau de grosse toile. Gl. *Panellum*, 3.

PENEN, Bannière, étendard, enseigne. Gl. *Pennones*.

PENENCE, Pénitence. Gl. *Pœnitentes*, pag. 325².

* **PENEOR**, Souffrant, malheureux. Aubri, vers 188.

PENER, Tourmenter, punir, châtier. Gl. *Pœnare*. [Se donner de la peine, s'efforcer. Partonop. vers 9672. Roi Guillaume, pag. 106. *Se pener*, Partonop. vers 8183. *Pené*, Fatigue, vers 2429. Voyez Rayn. t. IV, pag. 488¹, au mot *Penar*. Diez *Altroman. Sprachdenkm.* pag. 50.]

* **PENIBLE**, Dur à la peine, infatigable. Partonop. vers 9356. Chronique des ducs de Norm.

PENIER, Panier. Voy. la plaisanterie à ce sujet au mot *Panerius*, 1.

PENILIERE, **PENILLERE**, La partie du corps où croit la marque de puberté. Gl. *Pelnieria*.

PENJON, Pigeon. Gl. *Pigio*.

PENISSON, Pauvre homme, hébété, stupide. Gl. *Pœnare*.

PENLAURI, Pilori. Gl. *Penlauri*.

PENNAIGE, Ce qu'on paye pour la paisson des bêtes. Gl. *Pasnagium*, sous *Pastio*, pag. 128².

PENNART, Espèce de grand couteau à deux taillants. Gl. *Penardus*.

1. **PENNE**, Éminence, hauteur, colline. Gl. *Penna*, 1.

2. **PENNE**, La peau qui couvrait le bouclier. Gl. sous *Pannus*, 2. [Voyez *Pene*, 2.]

* 3. **PENNE**, Plume. Enfants Haymon, v. 231, et note. Agolant, p. 173². Chron. des ducs de Normandie. Rayn. tom. IV, p. 491¹, au mot *Pena*. Greffe. Gl. *Penna*, 4.

PENNEAU, Flèche de lard, la pièce d'un cochon depuis l'épaule jusqu'à la cuisse. Gl. *Penellum*.

1. **PENNEL**, Sorte de selle ou bât. Gl. *Panellum*, 3.

* 2. **PENNEL**, Sorte de filet, panneau. Gl. *Penellum*.

PENNETTE, diminutif de **PENNE**, Éminence, hauteur, colline. Gl. *Penna*, 1.

PENNILIERE, La partie du corps où croit la marque de puberté. Gl. *Pelnieria*.

PENNON, Étendard, enseigne, plus particulièrement celle des bacheliers, et quelquefois celle des écuyers. Gl. *Pennones*. [Garin le Loher. tom. 1, pag. 25, 95. *Penoncel*, pag. 141.]

PENNONCEAU, Floquet, qu'on attachait à la lance et à l'épée. Gl. *Pennones*, p. 188².

PENNONIER, Porte-étendard. Gl. *Pennones*, pag. 188³.

1. **PENON**, Étendard, enseigne, plus particulièrement celle des bacheliers, et quelquefois celle des écuyers. Gl. *Pennones*, pag. 187³, 188¹, et *Guntfano*.

2. **PENON**, pour Panneau de selle. Gl. *Pennellus*, 1.

PENONCEL, Floquet, qu'on attachait à la lance et à l'épée. Gl. *Pennones*, p. 188².

PENONCELLER, Publier un ban, prendre possession de quelque chose en y posant son *penon* ou sa bannière. Gl. *Pennones*.

* **PENS**, Pensif, Triste. Partonop. v. 1868 :

> Partant m'i tieng et pens et mus.

G. Guiart, t. II, p. 444, v. 11544 (20528) :

> Trompes les plus pensis deduisent.

Voyez Rayn. tom. IV, pag. 497², au mot *Pensiu*. *Pens*, Tristesse. Roman de Renart, tom. II, pag. 233, v. 15899. Rayn. p. 496¹, au mot *Pens*.

* **PENSER**. *Se diex n'en pense*, Si Dieu n'y pourvoit, ne s'en souvient. Gérard de Vienne, vers 1523, 3485. Aubri, p. 162². Garin le Loher. tom. 1, pag. 95. Pag. 45:

> Por amor Dieu, pensez de vostre fil.
> Et dit la dame : Diex en penst, biaus amis.

Jordan Fantosme, vers 941 :

> Ore penst des suens nurrir.

Se penser, Roi Guillaume, pag. 70 :

> Lors s'est de deux batiax pensés.

PENSIONNIER, Celui qui prend des pensionnaires, maître de pension. Gl. *Pensionatus*.

PENT-LARRON, Bourreau, celui qui pend les voleurs. Gl. *Pendere*.

* **PENTECOUSTE**, Jubinal, Jongleurs et Trouvères, pag. 141 :

> Néis l'enfant quant il est nez
> Aporte l'en enmaillolez
> Et en bers et en pentecouste.

PENTOUER, Le lieu où l'on pend les draps pour les faire sécher. Gl. *Pentorium*.

PENTOUR, Perche où l'on pend les draps pour les faire sécher. Gl. *Pentorium*.

PEON, Pion, pièce des échecs. Gl. *Alphinus*. [*A péoin*, A pied. Lai du Corn, vers 68. Voyez Rayn. tom. IV, pag. 471², au mot *Pezo*.]

* **PEOR**, Peur. Partonop. v. 168, 6394.

PEPIN, Jardinier qui cultive des pépinières. Gl. *Pepilio*.

1. **PER DE FRANCE**, Pair. Gl. sous *Par*, 2, pag. 71², 74³. Quelquefois la même chose que baron ou grand seigneur, pag. 73². [Agolant, pag. 171¹, 173¹. Voyez Rayn. tom. IV, pag. 413², au mot *Par*.]

2. **PER**, Échevin, conseiller de ville. Gl. *Pares communiarum*, sous *Par*, 2, pag. 76³.

3. **PER**, Femme, épouse. Gl. *Par*, 1. [Gérard de Vienne, vers 741, 3949. Agol. pag. 170¹. Voyez Fierabras, v. 5003, note.]

4. **PER**, Compagnon, camarade; d'où *Bon per*, Bon compagnon. [*Per à per*, Homme à homme, en nombre égal.] Gl. *Par*, 1.

PERCENER, Cohéritier, qui a une portion dans un héritage. Gl. *Parcennarii*.

PERCERIE, p. e. Pendant d'oreilles. Gl. *Parcetus*.

PERCHE, Petit soulier d'enfant. Gl. *Perchia*, 1.

PERCHEEL, p. e. L'amende due au seigneur pour les bêtes prises en dommage. Gl. *Percheia*, 2.

PERCHOT, Longue perche ferrée, croc. Gl. *Perchia*, 1.

PERÇONNERIE, Partage. Gl. *Parcennarii*.

PERÇONNIER, Cohéritier, qui a une portion dans un héritage. Gl. *Parcennarii*, et *Participes*.

PERCUSSION, Espèce de maladie, apoplexie, ou coup à la tête. Gl. *Percussores*.

PERDE, Perte, dommage. Gl. *Perda*. [Partonop. vers 4249, 4450, 4717, 4755, 10224. (Rime : *deserte*.) Garin le Loher. tom. 1, pag. 231, 234. Wackern. p. 29, 40. Voyez Rayn. tom. IV, pag. 517², au mot *Perda*.]

* **PERDON**. Voyez *Pardon*.

PERDRIAU, Machine de guerre qui jetait des pierres, etc. Gl. *Perdiceta*.

PERDRIER, **PERDRIEUR**, Celui qui chasse aux perdrix, office chez le roi. Gl. *Perdrix*.

PERDURABLE, Qui doit durer toujours. Gl. sous *Pictantia*, et *Ratitudo*.

PERÉ, Poiré, boisson faite de jus de poires. Gl. *Pereius*.

PERECHE, Paresse. Gl. *Acedia*. [*Perece*, Roman de Renart, tom. III, pag. 35, vers 20708. *Perecer*, Ruteb. tom. II, p. 244. Chron. des ducs de Norm. t. III, p. 261, vers 38265.]

PERÉE, Masse d'un certain poids. Gl. *Petra*.

PEREGRINATION, Pèlerinage. Gl. *Peregrinatio*, 3.

* **PERESTRUSIE**. Voyez *Parestrusse*.

PEREY, Poiré, boisson faite de jus de poires. Gl. *Pereius*.

* **PERFIL**. Voyez *Pourfilure*.

PERGE, Ceinture de cuir fort large. Gl. *Pargia*, 2.

PERGÉE, **PERGIE**, Ce qu'on paye au seigneur pour qu'il établisse des messiers. Gl. *Pergea*.

PERGIE, L'amende due au seigneur pour les bêtes prises en dommage. Gl. *Pergia*.

1. **PERIER**, Poirier. Gl. *Pererius*.

* 2. **PERIER**. Gl. *Census*, pag. 376³.

* **PERIERE**. Gl. *Petraria*, 3.

PERILER, Se gâter, devenir mauvais. Gl. *Perilare*.

PERILLER, **PERILLIER**, Périr, faire naufrage. Gl. *Periclitari*, 1, et *Periculare*.

PERILLIER, Mettre en danger, exposer à périr. Gl. *Perilare*.

PERLE, p. e. Pêne d'une serrure. Gl. sous *Vigilia*.

PERLON, Espèce de poisson de mer, rouget. Gl. *Circulus*, 2.

PERMANAULEMENT, **PERMENABLEMENT**, **PERMENAULEMENT**, Toujours, à perpétuité. Gl. *Permanentia*.

PERNAGE, Présent ou redevance en jambons. Gl. *Nefrendicium*.

PERNOCTER, Passer la nuit. Gl. *Pernoctantia*.

PEROLIER, Chaudronnier. Gl. *Parolla*.

PEROLOLISIER, Condamner un criminel au pilori. Gl. *Pilorisare*.

PERONNE, La partie de la charrue à laquelle on attelle les chevaux. Gl. *Paronus*. [*Peronnel*. Gl. *Pareichalis*.]

PERPEIRE, Espèce de poisson de mer. Gl. *Arnoglossus*.

PERPENDICLES, Niveau à pendule. Gl. *Perpendiculum*, 1.

PERPRE, Monnaie d'or des empereurs de Constantinople. Gl. sous *Hyperperum.*

PERPRENDEMENT, Usurpation, tout ce qu'on prend de force et d'autorité. Gl. *Porprensio*, sous *Porprendere.*

PERPRENDRE, Prendre de force, usurper. Gl. *Porprendere.*

PERRAIL, Bord, rivage de la mer. Gl. *Perreia*, 1.

PERRE, Sorte de jeu. Gl. sous *Perralha.*

1. PERRÉE, Certaine mesure de grain. Gl. *Perea.*

2. PERRÉE, Bord d'une rivière, rivage. Gl. *Perreia*, 1.

PERRELLE, Espèce de terre qui entre dans la composition de quelques remèdes. Gl. *Perralha.*

* PERRELOUZ †. Gl. *Silicosus.*

PERRER, Paraître. Gl. *Parere*, 2.

PERREUR, Carrier, celui qui tire et qui coupe la pierre des carrières. Gl. *Perreator.*

1. PERRIER, Le même. Gl. *Perreator*, et *Petrarius.*

2. PERRIER, Poirier. Gl. *Pererius.*

3. PERRIER, Joaillier, bijoutier. Gl. *Perreator.*

1. PERRIERE, Sorte de filet. Gl. sous *Persona.*

2. PERRIERE, Carrière. Gl. *Perreator*, et *Petraria*, 1.

* PERRIN, De pierre. Ruteb. tom. II, pag. 239. Chron. des ducs de Norm. tom. II, pag. 532, vers 30536.

PERROY, Bord, rivage de la mer. Gl. *Perreia*, 1. [Voyez *Pierrin.*]

PERROYER, Tirer ou couper la pierre des carrières. Gl. *Perreator.*

PERS, Couleur bleu foncé, drap de la même couleur, livide, noirâtre. Gl. *Persus.* [Partonop. vers 835.]

PERSEPOUX, Terme injurieux pour les couturiers et tailleurs. Gl. *Persictor.*

PERSEVERATION, Opiniâtreté, entêtement. Gl. *Perseverentia.*

PERSEVERIE, Le droit de poursuivre et de répéter son homme de corps ou serf. Gl. *Perseverentia.*

PERSIN, Persil. Gl. *Petrocinilium.*

PERSINÉE, p. e. Morsure; Langue de vipère; ou Odeur de persil. Gl. *Persina.*

1. PERSONAGE, PERSONNAGE, Bénéfice ecclésiastique, dont le titulaire se nommait *Personne*, cure. Gl. *Personagium*, 1.

2. PERSONAGE, Étendue, district d'une paroisse. Gl. *Personagium*, 1.

1. PERSONNAGE. ÊTRE EN PERSONNAGES, Être constitué en dignité ecclésiastique. Gl. *Personatus*, sous *Persona*, p. 216².

2. PERSONNAGE. JEU DE PERSONNAGES, Action dramatique. Gl. *Personagium*, 3, et *Ludus personarum.*

PERSONNE, Curé. Gl. sous *Personæ*, pag. 2153.

PERSONNERIE, Société, communauté de biens. Gl. *Personarii.*

PERSONNIER, Associé, cohéritier, complice. Gl. *Personarii.*

PERT, Persiste, continue, 3e personne de l'indicatif du verbe *Perter*. Gl. *Persistenter.* [Voyez *Paroir.*]

* PERTENS, comme *Partant ?* Wackern. pag. 56.

PERTINASSEMENT, Opiniâtrement. Gl. *Pertinacia*, 1.

* PERTRIS, Perdrix. Garin le Loher. tom. 1, pag. 270. Flore et Blancefl. vers 1682.

PERTROUBLER, Troubler. Gl. *Perturbia.*

PERTRUISAGE, Droit dû par les marchands fréquentant les foires. Gl. *Pertusagium.*

PERTUISAGE, Droit sur les tonneaux de vin, et p. e. sur toute espèce de marchandises vendues en foire. Gl. *Pertusagium.*

PERTUISEGNE, Pertuisane. Gl. *Pertixana.*

PERTUS, Porte, ouverture. Gl. *Pertuseria.*

PERTUSAGE, Droit sur les tonneaux de vin qu'on met en perce pour vendre. Gl. *Pertusagium.*

PERVERTIR, Se corrompre, devenir méchant. Gl. *Sanctificare.*

PERVESIR, Pourvoir. Gl. *Providere*, 2.

PERY, Poiré, boisson faite de jus de poires. Gl. *Pereius.*

* PES, Paix. *Or atant pes*, Partonop. vers 1777. *Le méisse or en grant pes*, Roman de Renart, tom. III, p. 47, vers 21023. Voyez *Pais*, 1.

PESAC, Cosses de pois. Gl. *Pesait.*

PESAGE, Ce qu'on paye pour les marchandises pesées au poids public. Gl. *Pesagium.*

PESAGGE, Péage, sorte d'impôt. Gl. *Pesagium*, sous *Pedagium.*

PESAMMENT, Durement, à la plus grande rigueur. Gl. *Pesar.*

PESANCE, Peine, [chagrin. Gl. *Pesar.* [Wackern. pag. 28.]

* PESANT, Aubri, pag. 167² :

> Fix sui Basin un riche duc poisant
> Il tint Borgogne une terre pesant.

Tombant, pendant. Partonop. vers 5765 :

> Et il (*le cheval*) vait o son frain pesant
> Les regnes a es pis flottant.

Pénible, dur. Roman de Roncevaux, p. 58 :

> Cestui teing à pezant.

Voyez Diez, *Altroman. Sprachdenkm.* p. 55. Rayn. tom. IV, pag. 494², au mot *Pensar.*

PESATGE, Péage, sorte d'impôt. Gl. *Pesagium*, sous *Pedagium.*

PESAZ, Cosses de pois. Gl. *Pesait.* [Roman de Renart, tom. 1, pag. 20, vers 542.]

PESCAILLE, Toute espèce de poissons pris à la pêche. Gl. *Pisca*, 2.

PESCHAGE, Pêche, l'action de pêcher. Gl. *Pisca*, 2.

PESCHALLE, Toute espèce de poissons pris à la pêche. Gl. *Pisca*, 2.

PESCHEAU, Paisseau, échalas. Gl. *Pesellus.*

PESCHERET. BATELLET PESCHERET, Nacelle de pêcheur. Gl. *Pisca*, 2.

PESCHIER, PESCHIERE, Vivier, étang, pêcherie. Gl. *Piscare.*

PESCHOIRE, Parure de couleur de fleur de pêcher. Gl. *Piscis*, 1.

PESEIL, p. e. Pilori. Gl. *Rumpefetatorium.*

1. PESIEL, Ce qu'on paye pour les marchandises pesées au poids public. Gl. *Pesagium.*

2. PESIEL, p. e. Botte d'un certain poids. Gl. *Pessale.*

PESIERE, Champ semé de pois. Gl. *Peisia* et *Pisetum*, 2.

PESME, Cruel, fâcheux, chagrinant. Gl. *Pesar.* [Très-mauvais. Laborde, p. 228. Partonop. vers 8213. Roman de Renart, tom. v, pag. 57, vers 348. Chron. des ducs de Norm. Voyez Orell, pag. 38. Rayn. tom. IV, pag. 537¹, au mot *Pesme.*]

PESNE, Essuie-main. Gl. *Pesne.*

PESNES, Les bouts de laine ou de fil attachés aux ensubles. Gl. sous *Pannus*, 2.

PESOLS, Pois, légume. Gl. *Pesait.*

1. PESQUERIE, Pêcherie, étang, vivier. Gl. *Pescarium.*

2. PESQUERIE, Sorte de jeu. Gl. *Pisquera.*

1. PESQUIER, Étang, vivier. Gl. *Pescarium.*

2. PESQUIER, Pêcher. Gl. *Pisquera.*

PESSATE, Pièce de terre. Gl. *Pessia.*

PESSEAU. FICHER PESSEAUX, Échalasser. Gl. *Paxillare.*

PESSIEL, p. e. Botte d'un certain poids. Gl. *Pessale.*

PESSOLS, Les bouts de laine ou de fil attachés aux ensubles. Gl. *Pessoillii.*

1. PESSON, Le lieu où paissent les cochons ou autres animaux. Gl. *Pesso.*

2. PESSON, Pieu, échalas. Gl. *Paxillare.*

PESTAIL, PESTEIL, PESTEL, Pilon. Gl. *Pestillum*, et † *Tribulum*. [*Peteil!* Gl. *Alisterium.*]

PESTELER, Briser, casser, écraser. Gl. *Pestare.*

PESTIZ, Pâtis, pâturage. Gl. *Pesticium.*

PESTOIL, Pilon. Gl. *Pestillum.*

PESTOR, PESTEUR, Pâtissier, boulanger. Gl. *Pestarius.*

PESTREUR, Le même. Gl. *Pestarius.*

PESTRIL, L'endroit ou l'on pétrit le pain, fournil. Gl. *Pestarius.*

PESTRIN, Le même. Gl. *Petrinum.* [*Pestrine*, Genes. chap. 40, vers 17. Roquef. au mot *Canistre.*]

PESVISSABLE, Saisissable en garantie, ce qu'on peut prendre en cautionnement. Gl. *Plevimentum*, sous *Plegius*, pag. 304³.

PESUS, Pois, légume. Gl. *Pesait.*

PETAGOGUE, Collége, lieu où l'on enseigne les belles-lettres. Gl. *Pædagogium.*

PETAIL, Matras, dard avec une grosse tête. Gl. *Petulum.*

PETEILLER, Battre, frapper. Gl. *Pestare.* [Roman de Renart, tom. IV, p. 14, vers 351. var. *peceiller.*]

PETELLER, Vexer, persécuter. Gl. *Pestare.*

PETIER, p. e. Se promener à pied. Gl. *Pedare.*

PETIT, Peu. *A petit*, Peu s'en est fallu. Gl. *Parvus*, 1, et *Payla.* [*Petit de*, Fierabras, vers 364 note. Roman de Renart, tom. 1, pag.   , vers 249. Gérard de Vienne, pag. 166² :

> Molt lor est ore petit de ton dangier.]

1. PETITET, Petit, jeune. Gl. *Parvulinus.*

2. PETITET. BIEN PETITET, Très-peu.

Gl. *Parvus*, 1. [*Un petitet*, Un peu. Gérard de Vienne, vers 2973.]

PETITS Frères Bis, Frères mineurs, Cordeliers. Gl. *Bizochi*.

PETRINE, Poitrine. Gl. *Petrina*, 1.

PETRIS, p. e. Tour, fortification. Gl. *Petrecha*.

PETRUISAGE, Droit dû par les marchands fréquentant les foires. Gl. *Pertusagium*.

PETTOUR, Surnom de celui qui, à raison de la sergenterie qu'il possédait en fief, devait entre autres choses, tous les ans, à Noël, faire un pet devant le roi d'Angleterre. Gl. *Bombus*.

PETUEIL, Matras, dard avec une grosse tête. Gl. *Petulum*.

PEU, Colline, montagne, lieu élevé. Gl. *Podium*, 3.

PEUFFERIE, Habits de friperie. Gl. sous *Pecia*, pag. 163².

PEULLEUL, Mur de bauge. Gl. *Paleus*.

* **PEULS**, Brins, pailles. Roman de Roncevaux, pag. 30. *Peus*, Pieux. Partonop. vers 2121. Chron. des ducs de Norm. Voyez *Pel*, 1, et *Pex*.

PEUPLEMENT, Signification, publication; du verbe *Peupler*, Publier, dénoncer. Gl. *Populatus*, 3. [*Peupliés*. Gl. *Vulgulosus*.]

* **PEUREUX**, Épouvantable. G. Guiart, tom. 11, pag. 313, vers 8131 (1711²).

PEVRIER, Épicier. Gl. *Pevrarius*.

PEUSTICET, Petite porte, guichet. Gl. *Posticium*.

PEUTRE, Espèce de métal. Gl. *Peutreum*.

PEUTREL, Poulain, jeune cheval. Gl. *Poledrus*.

PEUTURE, Pâture, nourriture. Gl. *Petura*.

* **PEX**, Pieux. Garin le Loher. tom. 1, pag. 251. Flore et Blancefl. vers 456. Voyez *Pel*, 1.

PEY, Pieu, bâton. Gl. *Peya*.

PEYCHONIER, Poissonnier, marchand de poisson. Gl. *Peissonarius*.

PEYSSEL, Échalas; d'où *Peysseller*, Échalasser. Gl. *Peissellus*.

* **PEZANT**. Voyez *Pesant*.

PEZEAU, Champ semé de pois. Gl. *Pezada*.

PEZELLOUSE. Char Pezellouse, p. e. Corrompue, ou qui a des marques de corruption. Gl. *Pessarius*.

PEZIERE, Champ semé de pois. Gl. *Peisia*.

PFENNING, Denier. Gl. *Pfenning*.

PHANON, Ornement ecclésiastique, manipule. Gl. *Phano*, 2.

PHICHIER, Figuier. Gl. *Phagus*.

PHIÉ, Fief. Gl. *Pheodum*.

PHILATERE, Philathiere, Reliquaire. Gl. *Filaterium*, et *Phylacteria*.

PHILIPPE, Monnaie d'or d'Espagne. Gl. *Philippi*.

PHYSETERE, Souffleur, poisson. Gl. *Fusitera*.

PHYSICIEN, Médecin et chirurgien. Gl. sous *Physica*.

PHYSIQUE, Médecine, l'art de guérir. Gl. *Physica*.

PIARDE, Piassn, Espèce de hache ou coignée. Gl. *Picassa*.

1. **PIAUTRE**, Espèce de métal. Gl. *Pestrum*. [G. Guiart, tom. 11, pag. 163, vers 4215 (13201).

* 2. **PIAUTRE**, Éperons, becs des nefs. G. Guiart, tom. 11, pag. 374, vers 9705 (18687). Voyez Jal, Archéologie navale, tom. 11, pag. 527.

* **PIAUTRER**, G. Guiart, tom. 1, pag. 65, vers 1035 :

> Fuiant s'en vont c'on ne les piautre.

* **PIAX**, Peaux. Flore et Blancefl. vers 1150. Gérard de Vienne, vers 2583. Voyez *Pel*, 2.

PIBLE, Piboust, Peuplier. Gl. *Pibol*.

1. **PIC**, Montagne, lieu élevé. Gl. *Podium*, 3.

2. **PIC**, Coup de taille ou de tranchant d'une épée, ou d'un autre instrument. Gl. *Picum*.

PICASSE, Houe, instrument à remuer la terre. Gl. *Picassa*.

PICAUDE, Piqûre, égratignure, légère blessure. Gl. *Picare*, 3.

PICHER, Vase à mettre des liqueurs, certaine mesure. Gl. *Picherius*, sous *Picarium*.

PICHET, Certaine mesure de sel. Gl. *Pichetus*, 1 [et *Bichonus*].

PICHIER, Vase à mettre des liqueurs, certaine mesure. Gl. *Picherus*. [Et *Bicarium*. *Picier*, Partonop. vers 3971, 3997.]

PICORNER, s'Enivrer. Gl. *Picherus*.

* **PICOT**, Pic. Gérard de Vienne vers 3226 :

> A ferremens n' à picos acerez.

(Vers 1736. *Pix.*) *Picois*, Chron. des ducs de Normandie. *Pikois*, Flore et Blancefl. vers 1792. *Piquois*, G. Guiart, tom. 1, pag. 177, vers 4034; pag. 180, vers 4123. Gl. *Picta*, 2. *Seur le pic et seur le pele*. Gl. *Infoditus*.

PICOIUL de Faux, Le manche, le bâton d'une faux. Gl. *Pecollus*. Voyez *Pecol*.

1. **PICQUIER**, Fouir, ouvrir la terre avec un pic. Gl. *Picare*, 2.

2. **PICQUIER**, Battre le blé ou autres grains. Gl. *Picare*, 3.

PIÉ Cloux, Se dit des petits animaux, comme lapin, lièvre, renard, etc. Gl. *Animalia*, pag. 259³.

PIÉ Main, Certaine mesure. Gl. *Pes manus*, sous *Pes*.

PIÉ Taillé, Coupé, Punition pour le larcin et autres crimes. Gl. *Pes*.

1. **PIECE**, Espace de temps. Gl. sous *Pecia*, p. 163³. [Chastel. de Couci, v. 1117 :

> Ains ne véistes plus plaisant
> Ne ne verrés, ce quit, en pièces.]

Pieça, Orell. pag. 312. Chron. des ducs de Norm.

2. **PIECE**. A Piece, A peine. Gl. *Mouturare*. [*A pieces*, A péché. Partonop. vers 313 :

> Miols vaut bons fils à pieces nés
> Que mauvais d'espouse engenrés.]

3. **PIÈCE** de Candoile, Une chandelle. Gl. *Pecia candelæ*, pag. 163³.

PIECER, Mettre des pièces à un habit, rapetasser. Gl. sous *Pecia*, pag. 163².

PIEDEAL, p. e. Aiguillon, dont on pique les bœufs. Gl. *Pedestallus*.

1. **PIED-LEVÉ**, Certaine redevance due aux chanoines de Reims par l'archevêque. Gl. *Pes*, pag. 223².

2. **PIED-LEVÉ**, Sorte de jeu. Gl. sous *Pes*, pag. 223².

PIEFFUF, Espèce d'arbre, p. e. Bouleau. Gl. *Pafustum*.

PIEMENT, Liqueur faite de miel, de vin et de différentes épices. Gl. *Pigmentum*, 1.

PIENNES, Les bouts de laine ou de fil attachés aux ensubles. Gl. sous *Pannus*, 2.

PIEPOUDREUX, Étranger, marchand forain, qui court les foires. Gl. *Pedepulverosi*.

PIER, Pair. Gl. *Par*, pag. 73³.

* **PIERETAIN**..... Gl. *Pilare*, 3.

PIERGE, Grand chemin, chaussée pavée ou ferrée. Gl. *Pergus*.

1. **PIERRE**, Masse d'un certain poids. Gl. *Petra*.

2. **PIERRE** de Devise, Borne qui divise les terres. Gl. *Divisa*, 4.

3. **PIERRE**. Porter la Pierre a la Procession, Sorte de pénitence publique pour une femme qui insultait une autre femme. Gl. sous *Lapis*.

PIERRECIN, Persil. Gl. *Petrocinillum*.

PIERRIER, Joaillier, bijoutier. Gl. *Perreator*.

* **PIERRIN**, Gravier. Partonop. v. 5578. Voyez *Perroy*.

1. **PIERT**, Pieu, gros bâton. Gl. *Palada*.

2. **PIERT**, Troisième personne de l'indicatif du verbe *Pierre*, Paraître. Gl. *Treffa*. [Voyez *Paroir*.]

PIESCE, Espace de temps. Gl. sous *Pecia*, pag. 163³.

* **PIESQUIER**, Pêcher. Gl. *Vieria*, 2.

PIESSATE, Pièce de terre. Gl. *Pessia*.

1. **PIETAILLE**, Infanterie. Gl. *Pedestrinus* et *Pedones*. [Renart le Nouvel, t. 1v, pag. 197, vers 1844. Voyez *Pedaile*.]

2. **PIETAILLE**, Populace, le menu peuple. Gl. *Pedes*, 2.

PIETOIER, Marcher, se promener. Gl. *Peditare*.

PIETRES, Espèce de monnaie. Gl. *Petrus*, et *Floreni*, pag. 325³.

PIEUCHON, p. e. Pique, hache, ou pieu ferré, sorte d'arme. Gl. *Picassa*.

1. **PIEUMENT**, Liqueur faite de miel, de vin et de différentes épices. Gl. *Pigmentum*, 1.

2. **PIEUMENT**, Mélisse, citronnelle. Gl. *Pigmentus*.

PIEUR, Pire, plus mauvais. Gl. *Pejorescere*.

* **PIEZ**, Pieux. Roman de Renart, t. 1, pag. 49, vers 1290.

PIFART, Sorte d'étoffe. Gl. *Piffarus*.

PIFRE, pour Fifre. Gl. *Piffarus*.

PIGACHE, Sorte de parure, dont les femmes ornaient les manches de leurs robes. Gl. *Pigaciæ*.

PIGMENT, Liqueur faite de miel, de vin et de différentes épices. Gl. *Pigmentum*, 1.

PIGNE, Espèce de peigne à l'usage des couvreurs en chaume; d'où *Pigner*, Se servir de cet instrument. Gl. *Pecten*, 2.

PIGNÉ, p. e. Celui qui a du mal aux parties secrètes. Gl. *Pecten*, 4.

1. **PIGNER**, Se dit du bruit que fait une charrette mal graissée. Gl. *Hugnare*.

2. **PIGNER**. Voy. ci-dessus *Pigne*.

PIGNERESSE, Cardeuse de laine. Gl. *Picturerius.*

PIGNEURE, Saisie, main-mise par autorité de justice. Gl. *Pignùra.*

1. **PIGNIER**, Cardeur de laine. Gl. *Picturerius.*

2. **PIGNIER**, Peigner, accommoder les cheveux. Gl. *Pectinare.*

* 3. **PIGNIER**, Fabriquant de peignes. Gl. *Pectinerius.*

PIGNOLAT, Dragée faite du noyau de la pomme de pin. Gl. *Pignoletum.*

PIGNOLE, p. e. Peine, embarras. *Laisser quelqu'un en la Pignole,* L'abandonner dans le péril. Gl. *Pignolus,* 1.

1. **PIGNON**, Certaine partie d'une maison, p. e. le grenier. Gl. *Pignio.*

2. **PIGNON**, Caque de harengs. Gl. *Pignio* [et *Caquus.*]

3. **PIGNON**, Pennon, étendard, enseigne. Gl. *Pignio.* [Renart le Nouvel, t. IV, pag. 137, vers 305. Chastel. de Couci, vers 3285. Gl. *Pennones,* pag. 188².]

PIGNONCIEL, Bannière, étendard, enseigne. Gl. *Pennones.* [*Pingnonchiel en la banière,* Roman de Renart, tom. IV, p. 108, vers 2976.]

PIGNORER, Saisir, prendre en gage par autorité de justice. Gl. *Pignorare,* sous *Pignus,* pag. 251³.

PIGORIAUS, p. e. Grands chemins. Gl. *Pigri.*

PIGOUR, L'artisan qui fait les mesures appelées *Peghes.* Gl. *Pegar.*

* **PIKOIS.** Voyez *Picot.*

PIL, Sorte d'arme, espèce de massue, ainsi nommée à cause de sa ressemblance avec un pilon. Gl. *Pilus,* 1.

PILAGE, Servitude par laquelle on est tenu de mettre en *pile* ou d'entasser les gerbes ou le foin de son seigneur. Gl. *Pilagium,* 2.

PILATE. En estre Pilate, Se décharger des suites d'une affaire, comme fit Pilate, s'en laver les mains. Gl. *Pilatus.*

1. **PILE**, Sorte de balance, trébuchet. Gl. *Pila,* 10.

* 2. **PILE.** Belle Pile, Grande quantité. G. Guiart, tom. II, pag. 125, vers 3213; pag. 187, vers 4825; pag. 254, vers 6581 (12193, 13813, 15561). *A pile,* En masse, pêle-mêle, tom. I, pag. 63, vers 986; p. 207, vers 4921.

* **PILE A PILER FROMANT** †. Gl. *Pila,* 3. Voyez Gl. *Triblagium.*

1. **PILET**, Javelot, dard. Gl. *Pilatus.*

2. **PILET**, Pilon, ce qui sert à piler. Gl. *Piletus.*

PILETE, Sorte d'arme, espèce de massue, ainsi nommée à cause de sa ressemblance avec un pilon. Gl. *Piletus.*

PILLARET, Pilori. Gl. *Pilloralium,* sous *Pilorium.*

1. **PILLE**, Argent monnayé. Gl. *Pila,* 1.

2. **PILLE**, Certaine mesure de grain. Gl. *Pilla,* 3.

3. **PILLE**, Butin pris sur l'ennemi. Gl. *Pilha.*

* **PILLERET....** Gl. *Pilare,* 3.

PILLETTE, Pilon, ce qui sert à piler. Gl. *Piletus.*

PILLEVILLE, p. e. Plaque. Gl. *Pillevilla.*

PILLEURS, Nom qu'on donnait autre-

fois aux compagnies des gens de guerre qui ravageaient le royaume. Gl. *Pilardi.*

PILLE-VUILLE, Monnaie des évêques de Toul. Gl. *Moneta Baronum* pag. 530².

PILLIÇON, Vêtement garni de peaux, fourrure. Gl. *Pellicio,* sous *Pellicia.*

PILLON, Bonde d'un étang. Gl. *Pillus.*

PILLORISER, Attacher au pilori. Gl. *Pilloralium* sous *Pilorium.*

PILLORY, Ornement de cou pour les femmes. Gl. *Pilloriacum.*

PILONETE, Petit marteau en forme de pilon. Gl. *Piletus.*

PILORIER, Attacher au pilori; d'où *Pilorieusement punir,* Condamner au pilori, et *Pilorisation,* La peine du pilori. Gl. *Pilloralium,* sous *Pilorium,* et *Pilorisare.*

PILOTER, Écraser, broyer avec un pilon. Gl. *Piletus.*

* **PILX**, Pilz, Pieux. Gl. *Pilus,* 1. Voyez *Pel,* 1.

PIMANT, Piment, Liqueur faite de miel, de vin et de différentes épices. Gl. *Pigmentum,* 1. [Gérard de Vienne, v. 2634, 3746. Voyez le Glossaire sur la Chron. des ducs de Norm. au mot *Pimenz. Piument,* Flore et Blanceft. vers 1268, 1675. Partonop. vers 1048.]

PIMENT, Mélisse, citronnelle. Gl. *Pigmentus.*

PIMPELORÉ. Drap Pimpeloré, p. e. A feuilles de pimprenelle, autrefois *pimpinelle.* Gl. *Pannus pimpiloratus.*

PIMPERNEAU, Pimpreneau, Espèce de petit poisson. Gl. *Pipernella.*

PINAGE, Sorte d'impôt. Gl. *Pinagium.*

PINCHEMORILLE, Sorte de sauce. Gl. sous *Salsa,* 1.

PINHADART, Espèce d'arbre. Gl. *Albares,* sous *Albareta.*

PINOT, Pineau, espèce de raisin. Gl. *Pignolus,* 2.

PINPERNEAU, Espèce de petit poisson. Gl. *Pipernella.*

PINPERNEL, Dispos, léger, alerte. Gl. *Pipernella.*

PINSSE, Pièce. Gl. *Pecia,* pag. 163¹.

PINSSINONNER, p. e. Passer un bac. Gl. *Potonnare.*

PINTAGE, Le droit d'étalonner les mesures, et ce qu'on paye pour cela. Gl. *Pinta.*

PINTAT, La moitié de la pinte. Gl. *Pinta.*

PINTIER, Potier. Gl. *Pinta.*

PINTOT, La moitié de la pinte. Gl. *Pinta.*

PIOCHET, Piochon, Pioche, instrument à remuer la terre. Gl. *Piocus.*

PIOER, Piocher, remuer la terre. Gl. *Piocus.*

PIOLER, Parer de différentes couleurs. Gl. *Piola.*

PION, Pione, p. e. Étouppe. Gl. *Piones.*

PIONNAIGE, Le métier et l'ouvrage d'un pionnier. Gl. *Pionarius.*

PIONNIER, Vigneron, parce qu'il fouille et remue la terre. Gl. *Pionarius.*

PIOUR, Pire, plus mauvais. Gl. *Pejorescere.*

1. **PIPE**, Mesure de vin et de grain. Gl. *Pipa,* 1.

2. **PIPE**, Cornemuse, musette. Gl. *Pipa,* 2. [Wackern. pag. 76, 77 : *Chanter en sa pipe.*]

3. **PIPE**, Espèce de bâton. Gl. sous *Pipa,* 2.

4. **PIPE**, Bouton où s'accroche le fermoir d'un livre. Gl. *Pipetus.*

PIPELOTÉ, Ce qui est fort orné. Gl. sous *Bursa,* 1.

PIPER, Jouer de la *pipe* ou musette. Gl. *Pipare.*

PIPERNEAU, Espèce de petit poisson. Gl. *Pipernella.*

PIPIER †, C'est le cri du poussin ou du pigeon. Gl. *Pipiones.*

PIPOLER, Parer avec soin et même avec affectation. Gl. *Piola.*

PIPPÉ, Cornemuse, musette ; d'où *Pipper,* Jouer de cet instrument. Gl. *Pipa,* 2. [*Pippe,* Roseaux. G. Guiart, t. II, p. 200, vers 5168 (14157).]

PIPPRENIAU, Piprenneau, Espèce de petit poisson. Gl. *Pipernella.*

PIQUANT, p. e. Piqûre, légère blessure. Gl. *Picare,* 3.

PIQUE DE Flandre, Sorte d'arme, qui a été fort en usage. Gl. *Pica,* 1.

PIQUEMAN, Bâton garni d'un fer pointu. Gl. *Pica,* 1.

PIQUENAIRE, Soldat dont l'arme principale était une pique. Gl. *Pica,* 1.

PIQUER, Fouler, battre le blé. Gl. *Picare,* 3.

PIQUEROMMIER, Sorte de jeu qui se fait avec des bâtons pointus. Gl. *Pica,* 1.

PIQUIER, Soldat dont l'arme principale était une pique. Gl. *Pica,* 1.

PIQUOINNAGE, Piqûre, marque faite avec un instrument pointu. Gl. *Piquetare.*

* **PIQUOIS.** Voyez *Picot.*

PIQUOT, Espèce d'épée. Gl. *Picta,* 2.

PIRE, Piré, Chemin ferré. Gl. *Pirius,* sous *Pirgius.* [Ruteb. tom. II, pag. 248.]

PIRETOINS, Nom donné par dérision aux Bretons, p. e. Incendiaires. Gl. *Piretum.*

* **PIS**, Pieux, miséricordieux. Partonop. vers 301. Chron. des ducs de Norm. *Pie,* fém. Wolf, *Uber die Lais,* pag. 472. *Piue,* pag. 436. Ruteb. tom. II, pag. 246. Voyez Orell, pag. 30.

PISNE Homme, Bon homme, qui est simple. Gl. *Pisticus.*

PISSECHIEN, Terme d'injure, valet de chiens. Gl. *Piquichini.*

PISSER. Envoyer Pisser quelqu'un, Était regardé comme une injure grave. Gl. *Pissare.*

PISSETEUR, Boulanger. Gl. *Pissa.*

PISSON, Poisson [Flore et Blanceft. vers 1182]; d'où *Pissonerie,* pour Poissonnerie. Gl. *Pissonagium* et *Pissonaria.*

PITANCERIE, L'office du *Pitancier* dans les monastères. Gl. *Pitanciaria.*

PITANCHE. Blei a Pitanche, Le bled destiné à fournir la pitance des moines. Gl. *Pictantia,* pag. 246³.

PITANCIER, Celui qui est chargé de fournir la pitance aux moines. Gl. *Pitancharius.*

PITEUX, Jeux de théâtre dans lesquels on représentait des actions de piété. Gl. *Pius,* 2.

PITIÉ. Donner en Pitié, A titre d'aumône. Gl. *Pietas,* 1.

PITOULONS, Nom donné aux Bretons;

ou p. e. Piétons, ou valets d'armée. Gl.
Piretum.

PITOUX, Jeux de théâtre dans lesquels
on représentait des actions de piété. Gl.
Pius, 2.

* PIUMENT. Voyez *Pimant.*

* PIZ, Pis, Pits, Poitrine. Partonop.
vers 573, 5185. Chron. des ducs de
Norm. etc.

PLACAR, Sorte de petite monnaie. Gl.
Placa, 2.

PLACET, Assignation dans le for ecclésiastique. Gl. *Placitum christianitatis,*
pag. 279².

1. PLACHE, Lieu où s'assemblent ceux
d'une même profession pour parler de leurs
affaires. Gl. *Placea,* 1.

2. PLACHE, Canal, ruisseau tiré d'une
rivière. Gl. *Plaketum.*

PLACQUE, Sorte de monnaie. Gl.
Placa, 2.

PLACTE, Ballot contenant une certaine
quantité de draps. Gl. *Placta,* 3.

PLAET, Droit de relief, toute espèce
d'impôt. Gl. *Placitum,* pag. 281¹.

PLAGE, Pièce de terre. Gl. *Platea,* 2.

* PLAGIER, Mortifier. Chansons Historiques, tom. 1, pag. 109 :

Et la chair vaincre et plagier.

Voyez *Plaier.*

PLAGUE, Plaie, blessure. Gl. *Plaga,* 1.

PLAIDEUR, Juge qui tient les plaids.
Gl. *Placitare,* pag. 282².

1. PLAIDER, Tenir les plaids, y présider. Gl. *Placitare,* pag. 282².

2. PLAIDER, Badiner, plaisanter, s'amuser, railler, se moquer, chercher à en faire
accroire. Gl. *Placitare,* sous *Placitum,*
pag. 282¹.

PLAIDEREAU, Plaideur, chicaneur. Gl.
Placitator.

PLAIDERIAU, Avocat, procureur. Gl.
Placitor, 1.

PLAIDEUR, Procureur de monastère,
celui qui en suit les affaires. Gl. *Placitator.*

PLAIDIER, Badiner, s'amuser, se divertir. Gl. *Placitare,* pag. 282¹. [Partonop.
v. 3973. *N'ot on soing de plaidier,* Chastel.
de Couci, vers 1387, 1439. *Joste à plaidéice,* Chron. des ducs de Norm. tom. 1,
pag. 120, vers 1106.]

1. PLAIDOIER, Celui qui intente et
suit un procès. Gl. *Placitator,* pag. 283¹.

2. PLAIDOIER, Plaider, suivre un procès. Gl. *Placitare,* pag. 282¹.

3. PLAIDOIER, Quereller, contester;
d'où *Plaidoieur,* Querelleur, disputeur. Gl.
Placitare, pag. 282¹.

PLAIDOIR, Le lieu où l'on tient les
plaids. Gl. *Placitorium,* pag. 282³.

PLAIER, Blesser, faire une plaie. Gl.
Plagare.

* PLAIGE, Caution. Flore et Jeanne,
pag. 34 : *Liversés plaiges à Dieu ke vous
ensi le ferés.* Voyez *Plege.*

1. PLAIN, Rue, place publique, rase
campagne. Gl. *Planalium.* [Plaine, Roman
de Renart, tom. 1, pag. 4, vers 78. Chron.
des ducs de Normandie.]

2. PLAIN. Terre Plaine, Qui est cultivée. Gl. *Planum,* 1. [Plaines Armes. Gl.
Arma, pag. 395². *Coustel de plain poing.*

Gl. *Cultellus,* pag. 694³. *Plein lige.* Gl. *Ligium,* pag. 112².]

3. PLAIN Païs, Plaine, plat pays. Gl.
Planum, 1.

* 4. PLAIN Pied, Plain Pas, L'étendue
d'un pied, d'un pas. Partonop. vers 1944,
3251, 10778.

* 5. PLAIN. a Plain, de Plain, Entièrement, tout à fait, directement. Wackern.
pag. 4. Roman de Renart, tom. 11, p. 213,
vers 15329. G. Guiart, tom. 1, pag. 27,
vers 58.

PLAINÉ, Plane, instrument de maréchal.
Gl. *Plana,* 4.

* PLAINIER, Plenier, entier, accompli,
grand. *Siéges plainier,* Gérard de Vienne,
vers 1176. *Esturs pleners,* Chanson de Roland, st. 201, vers 8. *Chemins pleniers.*
Gl. *Via,* pag. 799¹. *Lei plener.* Gl. *Lex,*
pag. 89². *Païs plenier,* Gérard de Vienne,
v. 173². *Palais plainier,* vers 223, p. 166¹.
Cop plainier, vers 228. *Colps pleners,* Chanson de Roland, st. 176, v. 6; st. 247, v. 6.
Don plengnier, Enfants Haymon vers 258.
Voyez Rayn. tom. 1v, pag. 569², au mot
Plener. Gl. *Curia,* pag. 714².

PLAINT, Gémissement, cri douloureux. Gl. *Planctus.*

PLAINTE, Quantité, multitude. Gl.
Plenitudo.

PLAINTEIF, Pays cultivé et bien planté.
Gl. *Planta,* 2.

PLAINTIF, Sac. Gl. *Plenitudo,* 2,
pag. 307¹.

PLAINZ. Procéder de Plainz, Sans
observer les formalités ordinaires. Gl.
sous *Planus,* pag. 291³.

PLAION, Morceau de bois avec lequel
le laboureur fait tourner le coutre de la
charrue. Gl. *Plowshum.*

PLAIREUR, pour Flaireur, Odeur,
parfum. Gl. *Fragrare.*

PLAISAMMENT, Commodément, aisément. Gl. *Placide.*

PLAISANCE, Volupté, plaisir déréglé.
Gl. *Placentia,* 3.

1. PLAISIR, Droit de relief. Gl. *Placitum,* pag. 280³.

2. PLAISIR, Volonté, désir, projet. Gl.
Placitum, pag. 281¹³.

* 3. PLAISIR, S'accorder, plaire. Flore
et Blancefl. vers 309 :

C' à son signor puisse plaisir
Et Blancefior de mort garir.

Garin le Loher. tom. 1, pag. 285 :

Sé il ne vient envers vous à plaisir
Qu'il s'en ralast sain et sauf et garis.

Pag. 286. Wackernagel, pag. 68 :

Et plaisir
Vos doit former.

PLAISSAY, Haie entrelacée. Gl. *Plaissia.*

PLAISSIÉ, Clos, parc fermé de haies.
Gl. *Pleisseicium.* [Palissade. Roi Guillaume, pag. 161. Roman de Renart, tom. 1,
pag. 34, vers 895; pag. 49, vers 1284. *Plaiséiz,* vers 1276. Partonop. vers 10590.]

1. PLAISSIER, Plier, entrelacer. Gl.
Pleisseicium. Voyez *Plasser, Plesseis.*

* 2. PLAISSIER, Courber, abattre, dompter, maltraiter. Partonop. vers 9717 : *Plaiscié.* Vers 1080 : *Plest.* Gl. sur la Chron.
des ducs de Norm. Roman de Rou :
Pleissorent. G. Guiart, tom. 1, p. 98,

vers 1985 : *Plessier.* Plier, tomber, tom. 1,
pag. 102, vers 2084; pag. 117, vers 2498;
tom. 11, pag. 263, vers 6803 (15795). *Se
plessier,* Roman de Renart, tom. 11, p. 324,
vers 18397. Voyez *Plesser.*

PLAIST, Droit de relief. Gl. sous *Placitum,* pag. 276³.

PLAISTRE, Emplacement, masure,
place à bâtir. Gl. *Plastrum,* 1.

1. PLAIT, Assemblée où l'on juge les
procès et où l'on exige les droits seigneuriaux. Gl. *Placitum,* pag. 276³ et suiv.

2. PLAIT, Toute espèce de redevance.
Gl. *Placitum,* pag. 281¹.

3. PLAIT, Dessein, projet, résolution.
Gl. *Placitum,* pag. 281³. [*Affaire,* Roman
de Renart, tom. 1, pag. 13, vers 373. Flore
et Blancefl. vers 1006. Partonop. vers 1304.
Voyez *Ploit.* Traité, convention. Serments
des fils de Louis le Débonnaire, Gérard
de Vienne, vers 3105, 3119, 3860. *Plait
tenir,* Parler, discourir, badiner. Flore et
Blancefl. vers 2363. Aubri, vers 199. Garin
le Loher. tom. 1, pag. 286. Chron. des ducs
de Norm. Voyez *Plaidier. Trover plait,*
Etre accueilli. Partonop. vers 8378. Voyez
Rayn. tom. 1v, pag. 547², au mot *Plag.*]

* PLAITOINE, Plantoine, Platane.
Flore et Blancefl. vers 1863, 2024.

PLAIX, Plaiz, Haie faite de branches
entrelacées. Gl. *Plaissia.*

PLAMÉ, p. e. pour Palmé, Couvert
d'un gant, appelé *Palmaria;* ou La main
ouverte dans toute son étendue. Gl. *Palmaria.*

* PLAMIER. Voyez *Paumoier.*

PLANCHE, Certaine mesure de terre.
Gl. *Piancha,* 1.

1. PLANCHER, Planche, soliveau. Gl.
Plancha, 2.

2. PLANCHER, Planchier, Chambre
haute. Gl. *Plancherium,* 2. [Gérard de
Vienne, pag. 166¹.]

PLANCHIER, Faire un plancher de
quelque matière que ce soit. Gl. *Plancherium,* 2.

PLANCHIERE, Saillie, avance faite de
planches. Gl. *Plancherium,* 2.

PLANCHON, et le diminutif Planchonchel, Épieu, sorte de pique ou bâton de
défense. Gl. *Plansonus.*

PLANCKE, Planche. Gl. *Planca.* [*Planke.*
Flore et Blancefl. vers 1507.]

PLANÇON et le diminutif Plançonnet,
Épieu, sorte de pique ou bâton de défense.
Gl. *Plansonus.* [Branche, Roman de Renart, tom. 1, pag. 36, vers 922. Gl. *Planco,
Plancons Loquetez.* Gl. *Lochea.*]

PLANCQUIER, Plancher. Gl. *Asseratum.*

PLANECE, Plaine. Gl. *Planesium.*

PLANER, Défalquer, soustraire d'une
somme. Gl. *Planare,* 1. [Effacer, 4e livre
des Rois, chap. 21, vers 13, pag. 421 : *Aplanierai si cume l'une sult planier tables de
graife.* (Lat. Delebo Jerusalem sicut deleri
solent tabulæ.)]

PLANIVE. Draps de lanure planive,
Drap uni et d'une seule couleur. Gl. *Planeus.* [*Planéis,* Poli. Garin le Loher, tom. 1,
pag. 298.]

PLANTE, Pépinière, Plant de jeunes
arbres ou de vignes. Gl. *Planta,* 2, et *Plantica.*

1. **PLANTÉ**, Abondance, quantité, multitude. Gl. *Plenitudo.*

2. **PLANTÉ**, Plus, davantage. Gl. *Plenitudo.*

PLANTÉE, Assemblée de jeunes gens des deux sexes, qui se faisait le soir en hiver dans les maisons particulières. Gl. *Plantea.*

PLANTEICE. Rente Planteice, Celle qu'on fait pour une pépinière. Gl. *Plantica.*

PLANTEIR, Marcotte, rejeton de vigne. Gl. *Planterium*, 2.

PLANTEIS, Plant d'arbres ou de vignes. Gl. *Plantata.*

PLANTEYS, Marcotte, rejeton de vigne. Gl. *Planterium*, 2.

PLANTHEICHE. Rente Plantheiche, Celle qu'on fait pour une pépinière. Gl. *Plantica.*

PLANTIN, Branche de saule, d'aulne, de peuplier ou d'autres semblables arbres, qu'on choisit pour planter. Gl. *Plansonus.*

PLANTIS, Plant d'arbres. Gl. *Plantata.*

PLAQUAR, Plaque, Sorte de petite monnaie. Gl. *Placa*, 2.

PLAQUIER, Marquer, faire une *plaque* ou marque à quelque chose. Gl. *Dessigillare.* [*Plake*, Marque, Roman de Renart, tom. iv, pag. 173, vers 1254.]

PLASMER, Former, créer. Gl. *Plasmare.*

PLASSAGE, Plassaige, Ce qu'on paye au seigneur pour le droit de place ou d'étal aux marchés et aux foires. Gl. *Plassagium*, 1.

PLASSER, Plier, entrelacer. Gl. *Plassare.* Voyez *Plaissié.*

PLASSIS, Haie faite de branches entrelacées. Gl. *Plaissia.*

PLASTRE, Emplacement, masure, place à bâtir. Gl. *Plastrum*, 1.

PLASTREAU, Emplâtre. Gl. *Plastegum.*

1. **PLAT.** Maïson Plate, Qui est sans défense, qui n'est pas fortifiée. Gl. *Planus.*

2. **PLAT.** Terre Platte, Qui est en friche, qui n'est pas cultivée. Gl. *Platea*, 2. [*Être à plat,* Être détruit. Gl. *Platus*, 2.]

3. **PLAT** Nuptial, Ce qu'un vassal devait présenter à son seigneur, en viande, pain et vin, le jour de ses noces. Gl. *Missus*, 1.

4. **PLAT**, Emplacement. Gl. *Plattum.*

PLATAGE, Sorte d'impôt qu'on paye pour les marchandises qu'on porte par les places ou par les rues. Gl. *Platagium.*

1. **PLATAINE**, Patène, vase sacré. Gl. *Platina*, 1.

2. **PLATAINE**, Table de marbre. Gl. *Platonæ.* [Pierre de tombeau. Chron. des ducs de Normandie.]

3. **PLATAINE**, comme *Plate*, 3. Voyez *Plateinne.* G. Guiart, tom. ii, p. 478, v. 12409 (21392).

1. **PLATE**, Lingot d'or ou d'argent. Gl. *Blata*, 1.

2. **PLATE**, Barre de fer. Gl. *Plata*, 1.

3. **PLATE**, Gant fait de lames de fer. Gl. sous *Plata*, 1. [G. Guiart, tom. ii, pag. 105, vers 2690 (11671), etc. Cuirasse de fer. Gl. *Equus*, pag. 69³, et *Gorgale.* Renart le Nouvel, tom. iv, p. 193, v. 1756.]

PLATEAU, Planche ou soliveau. Gl. *Planta*, 5.

PLATEINNE, Plaque de toute espèce de métal. Gl. *Plata*, 1.

PLATELÉE, Ce que contient un plat. Gl. *Platellus.*

PLATIAU, Plat. Gl. *Platellus.*

PLATINE, Fer à cheval. Gl. *Plata*, 1.

PLATTE, Ballot contenant une certaine quantité de draps. Gl. *Placta*, 3.

PLATUSE, Plye, espèce de poisson. Gl. *Psetta.*

PLAUDER, Corriger, reprendre. Gl. *Plaudare.*

PLAUJON, Plongeon, amas ou tas de gerbes placées la tête en bas. Gl. *Plongeonus.*

PLAYE a Banlieue, Blessure, qui est punie de bannissement. Gl. *Plaga*, 1.

PLAYE Leyau, Blessure pour laquelle on doit une amende au seigneur. Gl. *Plaga*, 1.

PLAYE Perciée, Plaie ouverte et avec effusion de sang. Gl. *Plaga*, 1.

PLAYER, Blesser, faire une plaie. Gl. *Plagare.*

* **PLAYETTE**, Petite plaie. Enfants Haymon, vers 520.

PLAYON, Morceau de bois avec lequel le laboureur fait tourner le coutre de la charrue. Gl. *Plowshum.*

PLAZEZAGE, Ce qu'on paye au seigneur pour le droit de place ou d'étal aux marchés et aux foires. Gl. *Plassagium*, 1.

PLEBEIENS, Le peuple, la commune. Gl. *Plebeius.*

PLEBEIN. Terre Plebeine, Pays peuplé. Gl. *Populosus*, 1.

PLECTE, Sorte de vaisseau plat. Gl. *Placta*, 1.

PLEDER, pour Plaider, Conduire et défendre une affaire. Gl. *Placitare*, sous *Placitum.*

PLEDURE, Emplacement, lieu vide, propre à bâtir. Gl. *Pleduira.*

PLEET, Assemblée où l'on juge les procès, et où l'on exige les droits seigneuriaux. Gl. *Placitum*, pag. 279².

PLEGE de Droit, Caution ordonnée par justice. Gl. *Plegia*, sous *Plegius.*

PLEGE Parlant, Caution, répondant. Gl. *Plegia*, sous *Plegius*, pag. 302¹.

PLEGER, Cautionner, répondre pour quelqu'un. Gl. *Plegiare*, sous *Plegius.*

PLEGERIE. Mettre en Plegerie, Donner pour caution. Gl. *Plegeria*, sous *Plegius.* [Flore et Jeanne, pag. 35.]

PLEICER, Plier ensemble, entrelacer. Gl. *Hurdare* et *Plectare.*

PLEIDOIER, Quereller, contester, dire des injures. Gl. *Placitare*, pag. 282¹.

PLEIGAIGE, Cautionnement. Gl. *Plegagium*, pag. 303¹.

PLEIGERIE, Caution, répondant. Gl. *Plegeria*, sous *Plegius.*

1. **PLEIN**, Plaine, plat pays. Gl. *Planum*, 1.

2. **PLEIN.** Drap Plein, Qui est uni et d'une seule couleur. Gl. *Planeus.*

* **PLENER**, Plenier. Voyez *Plainier.*

PLENITÉ, Plénitude. Gl. *Plenitudo.*

PLENNE, Plane, outil de tonnelier. Gl. *Plana*, 4.

PLENTÉ, Abondance, plénitude. Gl. *Plenitudo.*

PLENTEIF, Plentiveus, Fertile, abondant en toutes choses. Gl. *Plenitudo.* [Chron. des ducs de Normandie. Roman de Renart, tom. i, pag. 49, vers 1277.]

PLEON, Plant d'osiers ou de saules. Gl. *Planchoneia.*

* **PLESGE**, Caution. Gl. *Vantare*, 2.

PLESSÉE, Clos, parc fermé de haies. Gl. *Plessa*, 2.

PLESSEIS, Le même ; du verbe *Plesser*, Plier, entrelacer, fermer de haies. Gl. *Pleisseicium.*

PLESSER, Plier, baisser. Gl. *Plessa*, 2.

PLESSES, Clos, parc fermé de haies. Gl. *Plessa*, 2.

PLESSEUR, Celui qui fait les haies. Gl. *Plessa*, 2.

PLESSIE, Plessier, Clos, parc fermé de haies. Gl. *Pleisseicium.*

* **PLESSIER**, Plier, dompter. Voyez *Plaissier.*

PLESURE, Emplacement, lieu vide propre à bâtir. Gl. *Pleduira.*

1. **PLET**, Assemblée où l'on juge les procès, et où l'on exige les droits seigneuriaux. Gl. *Placitum*, pag. 279¹.

2. **PLET**, Droit de relief. Gl. *Placitum*, pag. 280³.

3. **PLET**, Toute espèce de redevance. Gl. sous *Placitum*, pag. 281¹.

PLET Centain, Plaid où tous les vassaux d'un canton se doivent trouver. Gl. *Placitum centenarii.*

PLET de l'Epée, Haute justice. Gl. *Placitum spadæ.*

PLETTERIE, Pelleterie. Gl. *Pelleteria*, 1.

1. **PLEVI.** Droit de main Plevie, Celui par lequel le survivant de deux époux succède aux biens du défunt. Gl. *Plevire*, sous *Plegius.*

2. **PLEVI.** Fille Pleviée, Promise en mariage, et même qui est mariée. Gl. *Plevire*, sous *Plegius.* Voyez *Plevir.*

PLEVINE, Promesse faite en justice ou avec serment, garantie. Gl. *Pleuvina*, sous *Plegius.*

PLEVIR, Promettre avec serment, ou en justice. Gl. *Plevire*, sous *Plegius*, p. 304². [Partonop. vers 1560, 3830. Chron. des ducs de Norm. Fabliaux, Jubinal, tom. i, pag. 143 :

N'estes-vous pas la dame qu'espousai et plevi?]

PLEVISAILLES, Fiançailles. Gl. *Plevimentum*, sous *Plegius*, pag. 304³.

PLEURE, Emplacement, lieu vide propre à bâtir. Gl. *Pleduira* et *Pleura.*

PLEVYE, Fiançailles. Gl. *Fiancialia*, et *Plegius*, pag. 304³.

PLICON, Vêtement garni de peaux, fourrure. Gl. *Pellicio*, sous *Pellicia.*

* **PLIER**, Mettre. Chanson de Guiteclin cité dans le Gloss. de la Chanson de Roland :

Justamonz passe avant, son gan au poig li plic,
Guiteclins le reçoit et la bataille otrie.

Gérard de Vienne, pag. 173².

Li roi li a son braz au col ploié...
Et de son chief son chapel jus ploié.

Se plier, S'appliquer. G. Guiart, tom. ii, pag. 135, vers 3485 (12467).

PLIRIS, Sorte d'épice. Gl. *Electuarium*, 1.

PLOIER l'Amende, Payer l'amende. Gl. *Plicare emendam.* [*Plegius*, pag. 304¹. *Emenda*, pag. 37², et *Vadium*, pag. 719¹. Donner caution. Enfants Haymon, v. 296 :

Que justice en soit faite sans ployer, continent.

Voyez *Plevir.*]

PLOIGE, Plège, caution, répondant. Gl. *Plegius*, pag. 302[1].

PLOION, Morceau de bois avec lequel le laboureur fait tourner le coutre à la charrue. Gl. *Plowshum*.

PLOIS DE TOILLES, Toile effilée, charpie. Gl. *Plica*, 5. [*Ploit*, Pli, espèce d'ornement. Partonop. vers 10642, 10670. (Chanson de Roland, st. 189, vers 13 : *Guant ad or pleiet*.) G. Guiart, t. I, p. 116, vers 2477.]

PLOISTRE, Mur de plâtre, cloison. Gl. *Plastrum* , 3.

PLOMBÉE, PLOMÉE, Espèce de massue garnie de plomb. Gl. *Plumbatæ*.

PLOMME, Sonde, règle; d'où *Vivre sans Plommée*, Mener une vie déréglée. Gl. *Plonica*.

1. **PLOMMÉE**, Petite boule de fer ou de plomb. Gl. *Plumbatæ*. [Chron. des ducs de Normandie, au mot *Aplomée*. G. Guiart, tom. I, pag. 240, vers 5788.]

2. **PLOMMÉE**, Le droit qu'on paye au seigneur pour les poids. Gl. *Plumbatæ*.

3. **PLOMMÉE**, Espèce de massue garnie de plomb. Gl. *Plumbatæ*.

PLOMMER, Plomber, couvrir de plomb, Gl. *Plumbata*, 1. [G. Guiart, t. II, p. 144, vers 3698 (12679):

De douleur enduit et plommé.]

PLOMMET, Petit plomb qu'on attache aux draps. Gl. *Plomellus*.

1. **PLONC**, pour Plomb. Gl. *Plumbata*, 1.

2. **PLONC**, Un certain poids. Gl. *Plumbum*, 2.

* **PLONCHIÉ**, Plombé, soudé? Chastel. de Couci, vers 1181 :

Escus avoient embracbiés
Aussi com s'il fuissent plonchiés.

PLONGER, Arranger des gerbes en un tas, les mettre en *Plongeon*. Gl. *Plongeonus*. [*Columna* et *Modulus*.]

PLONGHON, pour Plongeon. Gl. *Plongeonus*.

PLONLRIER, Plonger. Gl. *Plongeonus*.

* **PLONT**, MONNOYE DE PLONT. Gl. *Moneta*, pag. 484[1].

PLOQUIER, Bouclier. Gl. *Bloquerius*.

PLORE, Exception, clause. Gl. *Ploratio*.

PLOREMENS, Pleurs. Gl. *Ploratio*.

PLOREUX †, Lieu où l'on pleure. Gl. *Lacrymatorium*, 1.

PLOTROER, Rouleau pour briser les mottes de terre. Gl. *Plustrum*.

PLOUAGE, Pluie. Gl. *Pluviens*.

* **PLOUMÉE**, Volant? Gl. *Pelota*, 3. Voyez *Plommée*, 1.

PLOUMETIERE, p. e. Redevance que doivent les charrues à labourer; ou Les fonderies de plomb. Gl. *Ploghspenninge*.

PLOUMIER, Pluvier, oiseau. Gl. *Plumarius*.

PLOUQUER, Bouclier. Gl. *Bloquerius*.

1. **PLOUSTRE**, Rouleau pour briser les mottes de terre. Gl. *Plustrum*.

2. **PLOUSTRE**, PLOUTRE, Cadenas, espèce de serrure. Gl. *Plaustrum*, 2.

PLOUTROER, PLOUTROIR, Rouleau pour briser les mottes de terre. Gl. *Plustrum*.

1. **PLOY** D'AMENDE, Consignation, ou payement d'une amende. Gl. *Plicare emendam*.

* 2. **PLOY**, Pli. Mettre la chose *en bon ploy*, Chastel. de Couci, vers 4272. Vers 5770 :

Il la mist adont en tel ploit
Que pour faire che qu'il vouloit.

Vers 3260 :

Car amours le tient en tel ploy.

— *Ploy du genoil* †. Gl. *Fragus*.

PLOYON, Morceau de bois avec lequel le laboureur fait tourner le coutre de la charrue. Gl. *Plowshum*.

* **PLUINE**. CAPE A PLUINE? Roi Guillaume, pag. 104.

PLUMAIL, Toute espèce d'animal qui a des plumes. Gl. *Plumarius*.

PLUMES, Balance, Romaine, peson. Gl. *Plumaceus*.

PLUMET. GARSON PLUMET, Jeune étourdi, qui n'a que du poil follet. Gl. *Plumarius*.

PLURIEUS, PLURIEX, Plusieurs. Gl. *Plurior*. [Orell. pag. 72.]

PLUSAGE, Surplus. Gl. *Plusagium*.

PLUSMART, Plumet. Gl. *Plumagium*, sous *Plumæ*.

PLUVISSAGE, Cautionnement. Gl. *Pluvium*.

1. **POCHE**, Cuiller. Gl. *Pochia*.

2. **POCHE**, Sac; d'où *Pochée*, Ce que contient un sac, sachée. Gl. *Pochia*.

POCHET, Un peu, tant soit peu. Gl. *Parum*.

POCHIN, Mesure de vin. Gl. *Pochonus*.

* **POCHON**. Voyez *Pauchon*.

POCHONNE, Une petite cuiller. Gl. *Pochia*.

POÇONET, POÇONNET, Petit pot. Gl. *Poculum*.

POCQUIN, Certaine mesure de grain. Gl. *Polkinus*.

PODADOINRE, Serpe ou serpette à tailler la vigne; du verbe *Poder*, Tailler, couper. Gl. *Podadoira*.

PODET, Faux, faucille ; ou Serpe, serpette. Gl. *Podadoira*.

* **PODNÉE**, PODNEI, POTHNEI, PONÉE, Arrogance, insolence. Roman de Horn :

Qu'il est preuz e curteis e vaillant sanz podnée.

Ier Livre des Rois, ch. 2, vers 3, pag. 6 : *Laissez dès orè le mult parler en podnée*, (lat. nolite multiplicare loqui sublimia.) Vie de saint Thomas de Cantorb. v. 850 :

Par orgoil grant et par podnée.

Var. *Pompée*. Jordan Fantosme, vers 102 :

Li cuens Tiebaut de France demeine grant podnei.

Var. *pothnei*. Gérard de Vienne, v. 2957 :

S'il li faisoit outraige ne ponée.

Voyez *Ramposner*.

* **POE**, Patte. Roman de Renart, t. III, pag. 112, vers 22816; tom. IV, pag. 442, vers 7604. G. Guiart, tom. I, pag. 227, vers 5429.

POELLERIE, Chaudronnerie, ustensiles de cuivre. Gl. *Paella*.

* **POENE**, Peine. Wackern. p. 15, 35, 71. *Se poent*, Se peine, pag. 60.

POÉR, Pouvoir, puissance. Gl. *Posse*, 1.

POESLE, Poile, dais portatif. Gl. *Pallium*, 2, pag. 363.

POESTAT, Magistrat, officier de justice et de police d'une ville. Gl. sous *Potestas*.

1. **POESTÉ**, District, juridiction, seigneurie. Gl. sous *Potestas*. [Parton. v. 490].

2. **POESTÉ**, Puissance, autorité, domination. [Agolant, pag. 163[1]]; d'où *Avoir en Poesté*, Tenir en son pouvoir. Gl. *Potestas* et *Potestative*.

POESTEIS, Puissant, grand seigneur. Gl. *Potestativus*. [Partonop. v. 442. *Poestis*, vers 148. *Postéis*, vers 6408.]

POESTRIEH, Petite porte, guichet. Gl. *Posticium*.

POETE, Évêque, grand prêtre. Gl. *Poetare* et *Poetizare*.

POÉTÉ, Puissance, autorité, domination. Gl. *Potestas*.

POETRIE, Poésie, l'art poétique. Gl. *Poexia*.

POGEOISE, POGES, Petite monnaie de France. Gl. *Pogesa*.

POHER, District, juridiction, seigneurie. Gl. sous *Potestas*.

POHIERS, Habitants du pays de Poix, et souvent Certains peuples d'une partie de la basse Allemagne. Gl. *Poheri*.

POIAGE, Péage, sorte d'impôt. Gl. *Pedagium*. [Roman de Renart, t. II, p. 368, vers 19633.]

POIER, Pouvoir, puissance. Gl. *Posse*, 1.

POIEUR, Payeur, trésorier. Gl. *Paga*, sous *Pacare*.

POIGEOISE, Petite monnaie de France. Gl. *Pogesius*, sous *Pogesia*. [Voyez *Pugois*.]

POIGNAL, Ce qui remplit la main. Gl. *Poigneia*. [*Fust poignal*, Aubri, p. 175[1]. Voyez Rayn. tom. IV, pag. 668[2], au mot *Ponhal*.]

POIGNANT, Poignard, dague. Gl. *Pugnalis gladius*.

POIGNARS, pour POIGNEIS, Combat, bataille. Gl. *Poingitium*.

POIGNÉE, Soufflet, coup de poing. Gl. *Pugnata*, 2.

POIGNEIS, Combat, bataille. Gl. *Pugna*, 3. [Garin le Loher. t. I, p. 175, 177.]

POIGNEUR, Artisan qui se sert d'alêne. Gl. *Punctorium*.

POIGNIE, Poignée, ce que peut contenir la main. Gl. *Poigneia*.

* **POIGNOIOR**, Cavalier, chevalier, combattant, guerrier. Gérard de Vienne, pag. 173[2]. *Poigneor*, Aubri, pag. 171[1]. Partonop. vers 8200. Roman de Renart, tom. III, pag. 36, vers 20719 :

Devant que tuit li poignéor
Sont venu et li coréor.

Poignières, Partonop. vers 2496. Voyez *Poindre*, et Rayn. tom. IV, pag. 668[2], au mot *Pognador*.

POIGNOTE, Poignard, dague. Gl. *Pugnalis gladius*.

POIHIERS, Habitants du pays de Poix, et souvent Certains peuples d'une partie de la basse Allemagne. Gl. *Poheri*.

POILER, Oter le poil. Gl. *Pilla*, 1.

POILEVILLAIN, Sorte de monnaie d'argent. Gl. *Pillevilla*.

POILLEUX, Poiloux, crasseux, vilain. Gl. *Pilosus*.

POILLIER, Chaudronnier. Gl. *Paella*.

POINCT, pour Poing. *Sur le Poinct*, Sous la peine de perdre le poing. Gl. *Pugnus*, 3.

1. **POINDRE**, Piquer un cheval avec les

éperons. Gl. *Punctare*, pag. 518². [Voyez Rayn. tom. IV, pag. 598, aux mots *Punger* et *Ponhar*.]

* 2. **POINDRE**, Choq, attaque, galop. Partonop. vers 3798, 7921, 8787. Roman de Rénart, tom. I, pag. 21, vers 561.

1. **POING**, Instrument pointu. Gl. *Punctorium*.

* 2. **POING**. Voyez *Pont*, 1.

POINGAL, **POINGNAL**, Poignard, dague. Gl. *Pugnalis gladius*.

POINGNAMMENT, D'une façon piquante. Gl. *Punctorium*.

POIGNNÉE, Coup de poing, soufflet. Gl. *Pugnata*, 2.

POIGNEIS, Combat, bataille, escarmouche. Gl. *Poingitium*.

POINGNEL, Poignard, dague. Gl. *Pugnalis gladius*.

1. **POIGNET**, Sorte de parure attachée à l'extrémité de la manche de l'habit, et qui tombe sur le poignet. Gl. *Poignetus*.

2. **POIGNET**, Mesure dont se servent les meuniers pour prendre le droit de mouture. Gl. *Pognadina*.

POINGNEUR, Officier commis à l'examen de la morue, qui se compte par *Poignée*. Gl. *Pugillator*.

POIGNIE, Poignée, ce que peut contenir la main. Gl. *Poigneia*.

POINGNIERÉE, Poignée, mesure de terre. Gl. *Poingneria*.

POINSOUER, Puisoir, instrument propre à la pêche. Gl. *Pressorium*, 2.

POINSTURE, Piqûre, instrument propre à piquer. Gl. *Punctorium*.

1. **POINT**, Limite, borne, étendue. Gl. *Punctum*, 7.

2. **POINT**. Prendre a Point, Surprendre quelqu'un par ses paroles, mettre à profit ce qu'a dit son adverse partie. Gl. *Punctum*, 1.

3. **POINT**. Quant Poins est, Quand il est temps, à propos. Gl. sous *Punctum*, 8. [Chastel. de Couci, vers 1813 :

> Qu'il estoit bien poins de lessier
> Le behourder pour l'auuitier.

Garder son point, Saisir le moment, v. 1021. *Être à point*, Être en mesure, vers 1022. *Mettre à point*, Mettre à son aise, v. 775. *Mentir à poent*, Exécuter, Wackernagel, pag. 73.]

4. **POINT**. Jouer au Point, Au passe-dix. Gl. *Punctare*, 2.

* 5. **POINT**, Tant soit peu. Roi Guillaume, pag. 62 :

> Se vos de vitaille avés point,
> Donés m'ent.

Flore et Blancefl. vers 2519 :

> Qui en son doner point se fie
> Ne connoist pas sa druerie.

Wackern. pag. 57 :

> S'en son cuer ait point de bonteit menant.

Gérard de Vienne, vers 3723 :

> A cui il ait point de terre tolue.

Pointet, G. Guiart, tom. II, pag. 35, 91, vers 875, 2320 (9841, 11296).

1. **POINTE**, p. e. Poignée de chandelles; ou Pièce de monnaie attachée à un cierge. Gl. *Puncta*, 7.

* 2. **POINTE**, Galop, élan. Voyez *Poindre*.

G. Guiart, t. II, p. 96, v. 1942 (10918.)

* 3. **POINTE**, Partie du navire saillante sur la proue, banne de l'avant. G. Guiart, tom. II, pag. 359, vers 9314, 9327 (18296, 18308). Voyez Jal, Archéologie Navale, tom. II, pag. 374.

POINTER, Observer avec attention. Gl. *Punctum*, 1.

POINTIR, Ponctuer. Gl. *Punctare*, 1.

POINTOIER, Charger de notes un ton, fredonner. Gl. *Punctuatim canere*.

POINTOYER, Jouer au passe-dix; d'où *Pcinture*, L'action d'amener à ce jeu certain nombre de points. Gl. *Punctare*, 2.

* **POINTREL**. Voyez *Poutrel*.

* **POINTURÉ**, Peint, colorié, orné. Gérard de Vienne, vers 1014, 2125, pag. 166¹. Voyez Rayn. t. IV, p. 477¹, au mot *Pinturar*.

POIOR, Moindre, pire. Gl. *Pejorescere*. [Orell pag. 37.]

POIOUS, Colline, lieu élevé, montagne. Gl. *Poiallus*.

POIRE, Sorte de grand bâton. Gl. *Pirum*.

POIRE D'ANGOISSE. Gl. *Pirum angustiæ*.

1. **POIS**, Une livre pesant. Gl. *Pondus*.

* 2. **POIS**. Sor Mon Pois, Malgré moi. Gérard de Vienne, vers 2921 :

> C'est sor mon pois ke me suix combatu.

Partonop. vers 8233 :

> Tot sor lor pois, à quel que paine,
> Sor le ceval le roi l'enmaine.

Voyez *Poist*, 1.

POIS Blanc, Haricot, espèce de fève. Gl. *Pisum*.

POIS de Fil, Certaine quantité de fil. Gl. *Pondus*.

POISE, Certaine quantité de quelques choses mises ensemble. Gl. *Pondus*.

POISENES, Orgueilleux, impérieux. Gl. *Potentivus*. Voyez *Podnée*.

POISON, Potion, médecine; d'où *Poissonner*, Donner une potion. Gl. *Potio* et *Potionare*.

POISSONNAGE, Droit seigneurial sur le poisson qui est vendu au marché. Gl. *Poisonerius*.

POISSONNIER, Office dans les monastères, celui qui devait fournir le poisson et avoir soin des viviers et des étangs. Gl. *Piscionarius*.

POISSONS de Morz, Certaine redevance ainsi appelée à Cone. Gl. sous *Piscis*, 2.

* 1. **POIST**, Pott, Pese. Gérard de Vienne, pag. 166² :

> Cui que poist ne cui non.

Aubri, pag. 175¹ :

> Qui qu'en poit ne qui non.

Roi Guillaume, pag. 66 :

> Mais que bien poist et bien desplaise.

Roman de Renart, tom. III, p. 24, v. 20428 :

> Ou mal vos sache ou bien vos poit.

Voyez *Pois*, 2.

* 2. **POIST**, Pue. Roman de Renart, tom. III, pag. 43, vers 20924.

POITEVINE, Poitevins, Ancienne petite monnaie, Gl. *Picta*, 3.

POITEVINEUR, Celui qui contrefait la monnaie appelée *Poitevine*. Gl. *Picta*, 3.

POITRAL, Poitrail. Gl. *Pectorale*, 1. [Partie du harnais. Agolant, pag. 163². Chastel. de Couci, vers 1056, 1151.]

POITRON, Poitrine. Gl. *Poitrina*.

POIZAGE, Le droit qu'on paye pour les marchandises pesées au poids public. Gl. *Ponderatio*, sous *Pondus*.

POLAGE, Poulaille, volaille. Gl. *Polaglium*.

POLAINE, Pointe dont on ornait autrefois les bouts des souliers. Gl. *Poulainia*.

* **POLDRÉ**, Jonché, couvert. Partonop. vers 10828 :

> Et n'ert pas jonchié de jonc,
> Mais d'inde flor de violete
> Et de levenque menuete
> Estoit poldrée espessement.

Voyez *Poudrer*.

POLE, Sorte de poisson. Gl. *Pole*.

POLENTIER, Celui qui prépare le grain propre à faire la bière. Gl. *Polentarii*.

POLER, Oter le poil, le faire tomber. Gl. *Pilla*, 1.

POLET, p. e. Le bassin d'un port. Gl. *Polmentarium*.

POLICE, Certificat, bulletin. Gl. *Pollex*, 3.

POLICHER, Instrument qui sert à applanir ou polir, rouleau. Gl. *Volutabrum*.

POLICITÉ, Police, gouvernement, administration. Gl. *Politia*, 1.

1. **POLIE**, Lieu où l'on étend les draps pour les sécher ou travailler. Gl. *Polia*, 3.

2. **POLIE**, Sorte de jeu. Gl. *Polia*, 3.

3. **POLIE**, p. e. Écurie, étable. Gl. *Polia*, 2.

POLION, Certaine partie d'une arbalète. Gl. *Polio*.

POLISSEMENT, Ce qui sert à parer ou farder quelque chose. Gl. *Polimen*.

POLITEMENT, Proprement, élégamment. Gl. *Polimen*.

POLKIN, Certaine mesure de grain. Gl. *Polkinus*.

POLLAGE, Redevance en poulets. Gl. *Polagium*.

POLLICE, Certificat, bulletin. Gl. *Pollex*, 3.

POLRE, Marais desséché. Gl. *Polra*.

POLTAT, p. e. Portail. Gl. *Poltat*.

POMADE, Cidre, boisson faite de jus de pommes. Gl. *Pomata*.

POMER. Baston de Pomer, Bâton de commandement, terminé en forme de pomme. Gl. sous *Abatis*.

POMERÉE, Cidre, boisson faite de jus de pommes; ou Jardin fruitier, verger. Gl. *Pometum*.

POMIER, Toute espèce d'arbre. Gl. *Pomerius*.

POMMÉE, Cidre, boisson faite de jus de pommes. Gl. *Pomata*.

1. **POMMEL**, Rotule, petit os rond entre la cuisse et la jambe. Gl. *Pomellus*.

2. **POMMEL**, Sorte d'ornement aux habits d'église. Gl. *Pomellus*.

POMMEROYE, Fruitier; ou Marmelade de pommes. Gl. *Pomarium*.

1. **POMPE**, Parure trop recherchée. Gl. *Pompa*, 1.

2. **POMPE**, Sorte de gâteau que les parrains donnent à leurs filleuls à Noel. Gl. *Pompa*, 2.

* **POMPÉE**. Voyez *Podnée*.

POMPETE, Espèce d'ornement fait de rubans, bouffette. Gl. *Pompeta*.

PONCEL, Ponchel, Petit pont. Gl. *Poncellus*.

PONCHÉE, PONCHIÉE, Sachée, ce que contient une *poche* ou un sac. Gl. *Pochia.*

PONCHONNET, Petit pot. Gl. *Pontetus.*

PONCIER, Effacer avec la pierre ponce. Gl. *Punex.*

* PONÉE. Voyez *Podnée.*

PONGNEL, Certaine mesure de terre. Gl. *Pugillus,* 1.

PONHARDIERE, Certaine mesure de grain. Gl. *Ponhaderanta.*

PONHÈRE, Le même. Gl. *Ponheria.*

PONHIERS, Habitants du pays de Poix, et souvent certains peuples d'une partie de la basse Allemagne. Gl. *Poheri.*

PONIAISE, Le même que POUGEOISE, Petite monnaie de France. Gl. *Pictavensium Comitum denarii,* sous *Moneta Baronum.*

1. PONT. PONT DE L'ESPÉE, La poignée. Gl. sous *Investitura,* pag. 891². [Agolant, vers 220, 280, pag. 163¹. Garin le Loher. tom. 1, pag. 32. Chanson de Roland, aux mots *Poign* et *Punt.* Chron. des ducs de Normandie.]

2. PONT. Pointe. Gl. *Ponta.*

* 3. PONT, PUNT, Plan incliné composé de planches pour monter à la salle....... Chastel. de Couci, vers 2143, 2149, 6651. Chronique des ducs de Norm. t. III, pag. 43, vers 33037. (*Planchier,* Gérard de Vienne, pag. 166¹.) La planche du navire pour l'embarquement. Partonop. vers 704, 716, 775. *Poncel,* vers 1955.

PONTAGE, PONTENAGE, Péage, droit qu'on paye sur et sous les ponts. Gl. *Pontonagium,* sous *Pontaticum.*

* PONTEL, Petit pont. Aubri, p. 168¹.

PONTIF, Petit pont. Gl. *Pontilius.*

PONTIFICAL, Respectable, majestueux. Gl. *Pontificalia,* sous *Pontifex.*

PONTIFICAT, Habits pontificaux. Gl. *Pontificalia,* sous *Pontifex.*

PONTIFIEMENT, Pontificat, règne d'un pontife ou d'un pape. Gl. *Pontificare,* sous *Pontifex.*

PONTIFIER, Élire un pontife, un pape. Gl. *Pontificare,* sous *Pontifex.*

PONT-LEVAIS, PONT-LEVEYS, Pont-levis. Gl. *Pons levator.* [*Pons tornéis, coléis,* Roman de Renart, tom. II, p. 326, v. 18480.]

PONTOIR, p. e. Pont. Gl. *Pontius.*

PONTONAGE, Péage, droit qu'on paye sur et sous les ponts. Gl. *Pontonagium,* sous *Pontaticum.*

PONTONIER, Celui qui fait payer le *pontonage.* Gl. *Pontanarius,* sous *Pontaticum.* [Flore et Blancefl. vers 1512. *Pontenier,* vers 1557.]

PONTTER, Ponctuer. Gl. *Punctare,* 1.

POOCE, Pouce. Gl. *Pollex,* 3.

* POOILLIER, Roman de Renart, t. II, pag. 128, vers 13023 :

De gelines et de pocins.
Il me venoient posillier
Et entre les jambes bechier.

1. POOIR, Pouvoir, puissance. Gl. *Posse,* 1.

2. POOIR, District, juridiction, seigneurie. Gl. sous *Potestas.*

POOIS. TENIR A PLAIN POOIS, Se dit d'un fief, qui ne relève d'aucun seigneur. Gl. sous *Potestas.*

1. POON, Poonné, Pion, pièce du jeu des échecs. Gl. *Pedones.*

* 2. POON, Paon. Aubri, pag. 151², 152¹.

POOSTE, District, juridiction, seigneurie. Gl. sous *Potestas.*

POOSTÉ, Passe-volant, soldat supposé. Gl. *Posta,* 1.

POOTE. HONS DE POOTE, Serf, roturier, sujet à des servitudes. Gl. sous *Potestas.*

POPELICANS, Certains hérétiques, Manichéens. Gl. *Populicani.*

POPILER, Parer, ajuster. Gl. *Pomparc.*

1. POPINE, Poupée d'enfant. Gl. *Oscillum.*

2 POPINE, Sorte d'étoffe. Gl. *Popina,* 2.

POPRE, Pourpre. Gl. *Polpra,* 2.

POPULAIRES, Peuple, habitants. Gl. *Populares.*

POPULIER, Qui est du peuple, habitant. Gl. *Popularus.*

POQUE, Poche, sac. Gl. *Pochia.*

POQUET, Petit cheval, bidet. Gl. *Poquitus.*

POQUIN, Certaine mesure de grain; d'où *Poquinage,* Redevance en grains qui se paye dans cette mesure. Gl. *Polkinus* et *Poquinus.*

* POR ELS, A part. Partonop. vers 8174 :

S'en vont un poi por els ester.

PORAYERE, Marchande de porreaux ou d'herbes. Gl. *Poreta,* 2.

* PORBEER, Regarder de tous côtés, chercher. Ruteb. tom. II, pag. 240.

PORCAING, Le droit que le seigneur tire des pourceaux. Gl. *Porcagium.*

PORCAS, Acquêt. Gl. *Porchaicia.*

* PORCE, Porche d'un palais. Partonop. vers 4058.

PORCER, Partager, ou plutôt Posséder. Gl. *Porçonarius.*

* PORCHACIER, Chercher, procurer, combiner, acheter. Roman de Renart, tom. I, pag. 18, vers 479 :

Tant a coru et porchacié.

Vers 475 :

Si va porchacier son afere.

Gérard de Vienne, vers 3409 :

Ke molt se poine de la pais porchascier.

Flore et Jeanne, pag. 37 : *Ki orent pourkacié son segnor autre femme ke li.* Partonop. vers 7803 :

Là porcheçai hui cest agroi.

Roi Guillaume, pag. 138. *Se poschascier,* Se remuer, s'intriguer. Garin le Loher. t. I, p. 180 :

Porchascié s'est Fromons ce m'est avis.

Dit du Roi Guillaume, pag. 186 :

Espoir qu'i ne fist onques fors que lui pourchacier.

Voyez *Pourchas,* 1.

PORCHAIS, Acquêt. Gl. *Porchaicia.*

* PORCHAZ. Voyez *Pourchas,* 1.

PORCHE, Corps de logis, maison à plusieurs appartements. Gl. *Porchetus,* 2.

PORCHELAINE, Pourpier. Gl. *Porcada.*

PORCHERIE, Troupeau de pourceaux. Gl. *Porcairata.*

PORCHIERE, Sorte d'épieu dont on se sert pour conduire un troupeau de pourceaux. Gl. *Porcairata.*

PORCHINE, PORCINE. *Beste porchine* et *porcine,* Pourceau. Gl. *Porcina.*

* POREL, Porreau. Fabliaux, Jubinal, tom. II, pag. 89. *Poret,* Roquefort, au mot *Porée.*

* PORGARDER, Observer avec attention. Partonop. vers 122, 126.

PORGIR, Abuser d'une femme en lui faisant violence. Gl. *Purgire.* [*Porgesir,* Orell. pag. 174.]

PORGUERIE, pour PORQUERIE, La garde des pourceaux. Gl. *Porcarius.*

PORPAIZ, PORREIS, Marsouin. Gl. *Porpetus,* sous *Porpecia.*

* PORPALLER, Comploter. Agolant, vers 1089 :

Que tiex vet ci vostre mort porpallant.

* PORPARLEMENT, Abouchement, pourparler, complot. Partonop. vers 267, 2930.

* PORPENS, Méditation, pensée. Partonop. vers 4053 :

Un poi se prist à porpenser,
Et en l'angoisse del porpens, etc.

Flore et Blancefl. vers 229 :

En aprendre avoient boin sens
Du retenir millor porpens.

Dit du Roi Guillaume, pag. 185 :

Ne puis trouver pourpens
Par quel point vostre faim puist estre rapaissié.

PORPENSÉ, Médité, réfléchi, de sens froid. Gl. sous *Pensabiliter.*

* PORPENSER, Méditer, penser, imaginer. Voyez *Porpens.* Flore et Blancefl. vers 2567 :

En Gloris n'ot que porpenser.

Roman de Renart, tom. I, pag. 4, v. 87 :

Ne savez bête porpenser.

Voyez Rayn. tom. IV, pag. 499¹, au mot *Perpensar.*

PORPORT, Produit, rente, revenu. Gl. *Porportus.*

PORPORTER, Se dit lorsqu'on fixe la situation des lieux. Gl. *Porportare.*

PORPORTIONNÉ, Partagé en égales portions. Gl. *Proportionarius.*

PORPRE, Habit riche et magnifique; Grand seigneur. Gl. *Purpura.*

1. PORPRENDRE, Prendre de force, s'emparer, usurper. [Ravager. Roman de Rou, Aubri, vers 4. Chanson de Roland, st. 241, vers 4]; d'où *Porprise* et *Porprison,* L'action de prendre de force, usurpation. Gl. *Porprendere.*

* 2. PORPRENDRE, Investir, entourer. Chron. des ducs de Norm. Roquef. Comprendre, contenir. Partonop. vers 500. Voyez Rayn. tom. IV, pag. 633², au mot *Perprendre.* — Gérard de Vienne, v. 465 :

Li dus Gérard les conduisait devant
Sor un destrier ke les saus li porprant.

* PORPRIN, De pourpre, couleur de pourpre. Flore et Blancefl. vers 440 :

Et vingt bliaus indes porprins.

Chron. des ducs de Norm. tom. I, p. 398, vers 9116 :

Vers e vermeilz, indes porprins.

* PORPRIS, PROPRIS, PORPRISE, Enceinte, enclos, lieu. Roi Guill. p. 170, 171. Chron. des ducs de Normandie, Roquef.

PORPRISSON, Enclos, enceinte. Gl. *Porprisia,* sous *Porprendere.*

* PORQUANT. Voyez *Neporquant, Nonporquant.* Partonop. vers 27, 4927.

*** PORQUERIR**, Rechercher, procurer. Flore et Blancefl. vers 1152 :

> Et avec moi trois escuiers
> Qui nostre marcié porquerront
> Et nos cevaus nos garderont.

Garin le Loher. tom. 1, pag. 149 :

> Or sai-je bien que vous l'avez porquis
> Car toujours estes outrageus et mesdis.

Pag. 51 :

> Qui ont lor gent assemblé et porquis.

Voyez *Porquir*. Flore et Blancefl. v. 1018 :

> Quant de ta mort es porquerans.

Porsquist, Chron. des ducs de Norm. t. 1, pag. 497, vers 12027. Voyez Roquef. au mot *Pourquerre*, Orell. pag. 182.

PORQUIERE, Sorte d'épieu dont on se sert pour conduire un troupeau de pourceaux. Gl. *Porcairata*.

PORQUIR SAUDOYERS, s'Attacher des soldats. Gl. *Perquirere*. [Voyez *Porquerir*.]

PORRE, Espèce de massue. Gl. *Porrum*.

*** PORRETE**, Poussière? Ruteb. t. 11, pag. 234 :

> Ainz le par tient on si très nete
> Que jamès nis une porrete
> Ne troveriez ne haut ne bas.

*** PORRIER**, Poussière. Renart le Nouvel, tom. IV, pag. 211, vers 2230 :

> Li destrier
> Al aler font si grant porrier.

*** PORSAINDRE**, Enceindre, saisir. Wackernag. pag. 59 :

> Et malvesties le mont porsaint.

PORSEGUS, Persécuté, tourmenté. Gl. *Prosecutio*, 4. [Orell. pag. 257, 258.]

PORSOIN, Jeune pourceau. Gl. *Porsanus*.

PORSOOIR, Posséder. Gl. *Possessores*.

1. PORT, Gorge de montagne, défilé. Gl. *Portus*, 1.

2. PORT, Lieu où l'on passe un bac. Gl. sous *Passagium*.

3. PORT, Conduite, façon d'agir. Gl. *Portus*, 5.

4. PORT, Autorité, crédit. Gl. *Portus*, 6.

1. PORTAGE, Le droit qu'on paye pour les marchandises qu'on porte sur le dos ou au cou. Gl. *Portagium*, 2.

2. PORTAGE, Certain droit sur les maisons et sur les terres. Gl. *Portagium*, 7.

3. PORTAGE, p. e. Sorte de sauce ; s'il ne faut pas lire *Poreage*. Gl. *Portagium*, 7.

PORTAIGE, Transport de marchandises par mer. Le droit de faire ce transport. Gl. *Portagium*, 1.

PORTAUEL, Petite porte, guichet. Gl. *Portellus*, 3.

1. PORTE, La garde qu'on fait à la porte d'une ville, ou le Guet. Gl. *Porta*, 4. [*Portes tenir*, Partonop. vers 2135.]

2. PORTE, Aumônerie, lieu où l'on distribue les aumônes. Gl. *Porta*, 3.

3. PORTE COULANT, Herse de porte d'une ville ou d'un château. Gl. *Porta levatura*.

*** 4. PORTE**, Service dû ? Voyez Gl. *Porta*, 4. Roman de Renart, t. 11, p. 326, vers 18466 :

> Les ovriers qui les œuvres font
> Amoneste de tost ovrer
> Et de lor porte delivrer
> Et de reparer ses fossez.

PORTE-CHAPPE, Porte-manteau, officier chez le roi. Gl. *Capa*, 1.

PORTEGALOIZE, Sorte d'ornement, parure. Gl *Portugalenses*.

PORTEHORS, Bréviaire, livre portatif à l'usage des ecclésiastiques. Gl. *Portiforium*.

PORTEIS, Portatif. Gl. *Altare portatile*.

PORTELAIN, Dignité du royaume de Naples, à laquelle est attribuée l'intendance sur tous les ports. Gl. *Portulani*.

PORTELETTE, Petite porte. Gl. *Portaletum*.

PORTEPAIX, Ce qu'on donne à baiser au clergé pendant la messe. Gl. *Portapax*.

PORTER (SE), Se comporter. Gl. *Portare*, 1.

PORTEUR DE PARDONS, Distributeur d'indulgences. Gl. *Pardonantia*.

PORTEUR A TABLATE, Billonneur. Gl. *Portare tabulas*.

1. PORTEURE, Enfant qu'une femme a porté dans son sein. Gl. *Portatura*. [*Portée*, Enfants Haymon, vers 777.]

2. PORTEURE, Faculté de concevoir et de porter enfant. Gl. *Portatura*.

PORTINGALOIS, Portugais. Gl. *Portugalenses*.

PORTOUIRE, Vaisseau qui sert à porter la vendange, espèce de hotte. Gl. *Semalis*.

*** PORTRAIRE**, Former, dessiner, peindre. Agolant, vers 650. Flore et Blancefl. vers 448. Voyez Orell. pag. 272.

PORTRAITURE, Effigie, portrait, image. Gl. *Portractura*. [Chastel. de Couci, v. 7658. *Portret*, Dessin. Mantel Mautaillé, v. 194, 254.]

PORTURE, Grossesse. Gl. *Portatura*.

PORVEANCE, Provision. Gl. *Providentiæ*. [Ruteb. tom. 1, pag. 9. *Porvée*, Agol. vers 957.]

1. POSE, Pause, repos, cessation d'agir. Gl. *Pausa*.

2. POSE, Certaine quantité de pierres. Gl. *Posa*.

POSOERA, Sorcière ; ou Femme débauchée. Gl. *Positor*.

POSSE, Pouce. Gl. sous *Pollex*, 3.

*** POSSESSITÉ**, Possessions, propriétés. Enfants Haymon, vers 860.

POSSIER, Posséder, avoir en son pouvoir ; d'où *Possierres*, Possesseur, acquéreur. Gl. *Possessores*.

POSSIVE. TERRE POSSIVE, Héréditaire, qu'on tient de ses pères. Gl. *Possessores*.

POSSONNE, Burette. Gl. *Pochonus*.

POSSUIRE, Posséder, avoir en son pouvoir. Gl. *Possessores*.

POST, Pilier de bois, poteau. Gl. *Postis*, 3.

POSTAGE, Sorte de présent qu'on faisait à Pâques aux jeunes gens. Gl. *Ovum*, 1.

POSTAT, Podestat, magistrat, officier de justice et de police dans les villes libres d'Italie. Gl. sous *Potestas*.

1. POSTE. FAIRE FAUSSE POSTE, Faire passer en revue de faux soldats. Gl. *Posta*, 1.

2. POSTE. HOMME DE POSTE, Serf, roturier sujet à des servitudes. Gl. sous *Potestas*.

POSTEAULX, Amis, ceux qui nous soutiennent. Gl. *Postellum*.

POSTÉE, Travée, l'espace qui est entre deux poutres, et ce qui y est contenu. Gl. *Postea*.

POSTEIS, Puissant, grand seigneur. Gl. *Potestaticus*. [Garin le Loher. t. 1, p. 101.]

POSTEL, Poteau, pieu, jambage de porte. Gl. *Postellum*.

POSTERLE, POSTERNE, Poterne, fausse porte, porte de derrière, petite porte. Gl. *Posterlo* et *Posterula*. [Garin le Loher. tom. 1, pag. 219, 223. Gérard de Vienne, vers 433.]

POSTIS, Le même. Gl. *Posticum*, sous *Posticium*. [Garin le Loher. tom. 1, pag. 142.]

POSTRAIT, Jeté, couché par terre. Gl. *Prostrari*.

POSTULAT, Sorte de monnaie. Gl. *Postulatus*.

POSUEURE, Poêlon, ou grande cuiller. Gl. *Positura*.

POT A CAVE, Celui dans lequel on tire le vin à la cave, broc. Gl. sous *Butta*, 3.

POT LAVOIR, Vaisseau qui sert pour laver. Gl. *Lavatorium*, 2.

POTAGE, POTAIGE, Sorte de légume, comme pois, fève, lentille, etc. Gl. sous *Potagium*, 1.

POTAGIER, Officier de la cuisine-bouche chez le roi, celui qui a soin des potages. Gl. *Potagerius*.

POTANIER, Celui qui reçoit le droit appelé *Pontonage*. Gl. *Pontanarius*, sous *Pontones*.

POTATION, L'action de boire. Gl. *Potare*.

1. POTE. HOMME OU TERRE DE POTE, Qui est sujet à des servitudes. Gl. sous *Potestas*.

2. POTE. MAIN POTE, La main gauche. Gl. *Manus bassa*.

POTÉES DE REIMS, Terres dépendantes de l'église de Reims. Gl. sous *Potestas*.

POTEL, diminutif de Pot, une mesure de vin. Gl. *Potellus*, 1.

POTENCIER, Qui se sert de *potences* ou béquilles pour se soutenir. Gl. *Potentia*, 2.

POTIER, Officier de l'échansonnerie chez le roi. Gl. *Poterius*.

POTINEAU, Pieu. Gl. *Plexicium*.

POTONNER, p. e. Passer un bac ou ponton. Gl. *Potonnare*.

POU, Colline, lieu élevé, montagne. Gl. *Podium*, 3.

POUAILLE, POUALLE, Poêle. Gl. *Paella*.

POUANCE, Peine, châtiment, punition. Gl. *Pœnalitas*, 3.

POUBLEROYE, p. e. Lieu planté de peupliers. Gl. *Populosus*, 2.

POUCHER, Pocher, crever les yeux. Gl. sous *Pollex*, 3.

POUCHET, Sachet, petit sac ; d'où *Pouchie*, Sachée. Gl. *Poucha*, 2.

POUCHIER, Pouce. Gl. sous *Pollex*, 3.

POUDA, Faux, faucille ; ou Serpe, serpette. Gl. *Podadoira*.

POUDRAGE, Toute espèce d'impôt. Gl. *Poudragium*.

POUDRER, Joncher, couvrir le plancher de fleurs ou de joncs. Gl. *Pulveratus*. Voyez *Poldré*.

POUDRETE, Jeu d'enfants aux épingles. Gl. *Pulverea*.

POUDRIERE, Tourbillon de poussière.

Gl. *Pulvis*. [Roman de Renart, t. 1, p. 51, 52, vers 1328, 1364.]

POUENCEL, Pavot. Gl. *Papaver*.

POVERTÉ PROUVÉE. Pour aliéner légitimement un fonds, il fallait prouver qu'on y était contraint par pauvreté. Gl. sous *Paupertas*. [Chansons historiques, t. 1, pag. 114 :

> Sachiés cil sont trop honni qui n'iront,
> S'il n'ont pouerte ou vieillesse ou malage.

Partonop. vers 169.]

POUGEESSE, POUGEOISE, Petite monnaie de France. Gl. *Pogesia*.

POUGNIEUL, Poignée, ce que peut contenir la main. Gl. *Poigneia*.

POULAILLIER, Rôtisseur. Gl. *Poulaillarius*.

POULAIN, Jeu de dés, le même que la rafle. Gl. *Poledrus*.

1. **POULAINE**, Pointe. *Soulier à poulaine*, Dont les bouts se terminaient en pointe. Gl. *Poulainia*.

2. **POULAINE, POULANNE**, Sorte de fourrure venant de Pologne. Gl. sous *Poulainia*.

POULDRE, Jeune jument. Gl. *Poledrus*.

POULEMART, Sorte de gros fil. Gl. *Polomar*.

1. **POULIE**, Lieu où l'on étend les draps pour les sécher ou travailler. Gl. *Polia*, 3.

2. **POULIE**, Sorte de jeu. Gl. *Polia*, 3.

3. **POULIE**, p. e. Écurie, étable. Gl. *Polia*, 2.

1. **POULIER**, Poulailler, lieu où l'on enferme les poules. Gl. *Poulalleria*.

2. **POULIER**, Mettre les draps à la *poulie*. Gl. *Polia*, 3.

POULLYE, Sorte de jeu. Gl. *Polia*, 3.

POULPE, Polype, sorte de poisson. Gl. *Polyppus*.

POULRE, Marais desséché. Gl. *Polra*.

POULSEMENT, L'action de pousser, heurter. Gl. *Pulsatus*.

POULSIS, Choc, combat. Gl. *Pulsatus*.

POULTRAIN, Poulain, jeune cheval. Gl. *Poledrus*.

1. **POULTRE**, Jeune jument. Gl. *Poledrus*.

2. **POULTRE**, pour PLOUTRE, Serrure, cadenas. Gl. *Poledrus*.

POULTRERIE, Espèce de galerie faite de poutres. Gl. *Putura*, 2.

POULZ, La partie de la tête nommée Temple. Gl. *Pulsus*, 2.

POUOIR, Seigneurie, territoire, étendue d'une juridiction. Gl. *Posse*, 3.

POUPÉE, Botte, faisceau de lin ou de chanvre. Gl. *Popera*.

POUPELIN, Peuplier, arbre. Gl. *Populosus*, 2.

POUPPÉE, POUPPIE, Sorte d'étoffe, p. e. Pourpre. Gl. *Poppea*. [Espèce de fourrure. *Poupe*, Roman de Renart, tom. IV, pag. 57, vers 1550 :

> De gris de martre ne d'estule
> De poupes ne d'escurieus.]

POUQUE, Sac. Gl. *Poucha*, 2.

POURAILLE, Les pauvres gens, le petit peuple. Gl. *Pauper*.

POURDOUBIR, Battre d'un bâton, ou autrement. Gl. *Burdillus*.

POURCEL. JETTER AU POURCEL, Sorte de jeu et d'exercice. Gl. *Porchetus*, 1.

POURCHAINTE, Enceinte. Gl. *Porcincta*.

1. **POURCHAS**, Soin, travail. Gl. *Porchaicia*. [*Porchaz*, Chanson du Chastel. de Couci, Laborde, pag. 279. Voyez Rayn. tom. II, pag. 352¹, au mot *Percat*.]

2. **POURCHAS, ESTRE POURCHAS**, Être en état de faire ce qu'on désire. Gl. *Aisatus*.

POURCHELINE. BESTE POURCHELINE, Pourceau. Gl. *Porcina*.

POURE HOMME, Homme du peuple, du commun. Gl. *Pauper*.

POURFIT, Profit, usage. Gl. *Pigio*.

POURFORCEMENT, Contrainte; du verbe *Pourforcier*, Contraindre, forcer. Gl. *Forçare*.

* **POURGINE**, Race, progéniture. Renart le Nouvel, tom. IV, pag. 140, v. 379. Voyez Rayn, tom. III, pag. 460¹, au mot *Progenia*.

POURGUIRE, Poursuivre. Gl. *Porchaicia*.

POURLONGEMENT, Prolongation, délai. Gl. *Prolonguare*.

POUROFFRIR, Se présenter, s'offrir. Gl. *Proferum*.

POURPAL, Sorte de pieu, palonneau, gros bâton. Gl. *Prodelada*.

POURPARTIE, Portion d'héritage. Gl. sous *Perpars*.

POURPAYS, Pays, canton. Gl. *Propagus*.

POURPE, Polype, sorte de poisson. Gl. *Polyppus*.

POURPENDURE, Parvis d'une église, l'enceinte qui en accompagne l'entrée, les bâtiments qui l'environnent. Gl. *Pourprisia*.

POURPOINT, Cotte d'armes. Gl. *Purpunctum*, sous *Perpunctum*. [Renart le Nouvel, tom. IV, pag. 193, vers 1756.]

POURPOINTERIE, Le métier des ouvriers appelés *Pourpointiers* ou faiseurs de pourpoints. Gl. *Perpunctum*.

POURPOIR, POURPOIS, Marsouin. Gl. *Porpecia*.

POURPORTER, Se comporter, quand on parle de l'état d'une chose. Gl. *Proportare*.

POURPOS, Résolution, dessein, ce qu'on se propose de faire. Gl. *Proposta*.

POURPOUL, p. e. Peuplier. Gl. *Populosus*, 2.

POURPRENDRE, Entourer, environner. Gl. *Porprehendere*.

POURPRINSE, POURPRIS, Enclos, enceinte, lieu fermé de murs ou de haies. Gl. *Porprisum*, sous *Porprendere*.

POURPRISSURE, Le même. Gl. *Pourprisura*, sous *Porprendere*.

POURRE, Poudre, poussière. Gl. *Pulvis*.

POURRIERE, Tourbillon de poussière. Gl. *Pulvis*.

POURSEIGNER, Bénir en faisant le signe de la croix. Gl. *Præsignare*.

POURSEOIR, POURSOIER, Posséder, avoir en sa puissance. Gl. *Possessores*.

POURSUIANS LE ROY, Ceux qui recevaient les requêtes pour le roi et en poursuivaient la réponse. Gl. *Prosecutor*.

1. **POURSUITE**, Le droit de suivre et de réclamer un serf qui a quitté son domicile

sans le congé de son seigneur. Gl. *Prosecutio*, 4.

2. **POURSUITE**, Celui qui est à la suite de quelque chose, le gardien d'un troupeau. Gl. *Prosecutio*, 4.

3. **POURSUITE**, Ligue, alliance. Gl. *Prosecutio*, 4.

POURSUIVANT D'AMOURS, Sorte de charge chez le roi. Gl. *Prosecutor amorum*.

POURSUIVANT D'ARMES, Officier subordonné aux hérauts d'armes. Gl. *Prosecutores armorum*.

POURTAGE, Le droit d'entrée qu'on paye aux portes d'une ville. Gl. *Portagium*, 3.

POURTEBOUZ, Officier subalterne de l'échansonnerie. Gl. *Bouterius*.

POURTERRIEN, Tenancier qui tient d'un autre des terres à cens et rente. Gl. *Terrarius*.

POURTERRIER, Sergent, garde forestier. Gl. *Portarius*.

POURTISAINE, Pertuisane. Gl. *Pertixana*.

POURTRAYER, Ressembler, avoir les traits de quelqu'un. Gl. *Protrahere*.

POURTREIRE, Citer en justice. Gl. *Protractus*.

POURTURE, Pourriture, corruption. Gl. *Pus*, 3.

POURVAIN, Provin de vigne. Gl. *Propaginare*, 1.

POURVEANCHE, Provision. Gl. *Providentiæ*.

POURVERRIE, Office claustral, qui est chargé de faire les provisions. Gl. *Provisor refectorii*.

POURVEU, Prudent, sage, avisé. Gl. *Providus*, et *Provisivus*.

POUSOER, Posséder, avoir en son pouvoir. Gl. *Possessores*.

POUSSIER, Pouce. Gl. sous *Pollex*, 3.

POUSSON, Marc d'olives pilées. Gl. *Pulsatorium*.

POUTÉE, Torrent, eau sauvage. Gl. *Putheus*.

1. **POUTRAIN**, Poulain, jeune cheval. Gl. *Poledrus*.

2. **POUTRAIN**, Jeu de dés, le même que la rafle. Gl. *Poledrus*.

POUTRE, Jeune cheval, ou jument. Gl. *Poledrus*.

POUTREL, Jeune et vigoureux cheval. Gl. *Poledrus*. [Wackernagel, pag. 75. Pointrel, Laborde, pag. 190.]

POUTRELLE, Jument. Gl. sous *Poledrus*.

POUTRENIER, Celui qui élève et vend des poulains. Gl. *Poledrus*.

POUVÉMENT, De tout son pouvoir, fortement, hautement. Gl. *Possibiliter*.

POUX, La partie de la tête nommée Tempe. Gl. *Pulsus*, 2.

POY, Colline, lieu élevé, montagne. Gl. *Podium*, 3.

POYASON, Place vide, contenant un certain nombre de pieds. Gl. *Peaso*.

POYPE, Montagne, colline, château bâti sur une hauteur. Gl. *Poypia*.

PRAAGE, Cens dû sur des prés. Gl. *Preagium*.

PRADEAU, Certain bâton à l'usage d'une charrette. Gl. *Pradetum*.

PRAEL, Pré, préau, gazon, herbe verte. Gl. *Pradetum* et *Prata*, 2.

PRAER, Voler, piller, butiner. Gl. *Præda*, 1.

PRAERIE, Prairie. Gl. *Praeria.*

PRAGOIS, Pragoys, de Prague. Gl. sous *Annus* et *Cultellus.*

PRAGUERIE, Sédition sous Charles VII, en 1440, à la tête de laquelle était le Dauphin. Gl. sous *Annus.* [Voyez le Glossaire du droit françois de Ragueau, au mot *Praguerie.*]

PRAIE, Proie, butin. Gl. *Præda*, 1.

PRAIECIER, Prêcher. Gl. *Prædicamentum.*

PRAIER, Voler, piller, butiner. Gl. *Præda*, 1. [Flore et Blancefl. vers 69 :

Viles reuboit, avoirs praoit.

Preer, Roi Guillaume, pag. 139. Prée, Enlevée, Aucasin et Nicolete, Cont. et Fabl. tom. 1, pag. 413. Voyez le Gloss. sur la Chron. des ducs de Normandie, ci-dessus, *Proier*, 1. Predeur, Ravisseur. Rayn. t. IV, pag. 620¹, au mot *Preda*.]

*** PRAIERE**, Partonop. vers 10583 :

Li praiere crie en volant.

PRAINS, Se dit d'une truie qui est pleine. Gl. *Prægnatus*, 2.

PRAINTE, Droit que les églises levaient sur tous les fruits, et principalement sur le blé et le vin, prémices. Gl. *Prienta.*

PRANGERBERO, Sorte de bâton ou fourche pour enlever les gerbes. Gl. *Garbeiare.*

PRANGIERE, L'heure du dîner. Gl. *Prandium.*

PRANRE Mort, Subir la mort, mourir. Gl. *Prendere bellum.*

PRAT, Pré. Gl. *Prata*, 2.

PRATEAU, Petit pré. Gl. *Pratellum.*

1. PREAGE, Cens dû sur des prés. Gl. *Preagium*,

2. PREAGE, Droit qu'a le seigneur de faire paitre ses bêtes dans les prés de ses vassaux. Gl. *Preagium.*

*** PREANT**, Agolant, pag. 185² :

Leur dieu Jupin, Apolin le preant.

PREBANDIER, Sorte de mesure. Gl. *Præbendarius*, sous *Præbenda.*

PRECENTEUR, Precentre, Préchantre, dignité ecclésiastique. Gl. *Præcentor.*

PRECEPTORAT, Commanderie, bénéfice des ordres de chevalerie. Gl. *Præceptoria*, sous *Præceptor.*

PRECIER, Apprécier, mettre le prix à une chose. Gl. *Pretiare.*

PRECIPITER, Presser, demander instamment et avec importunité. Gl. *Præcipitium*, 2.

PRECIPUITÉ, Préciput, avantage. Gl. *Præcipuitas.*

PRECLOTURE, Préciput, droit de l'aîné. Gl. *Præcipuitas.*

PRECOGITÉ, Prémédité. Gl. *Agaitum.*

PRECONISER, Citer en justice, ajourner à cri public. Gl. sous *Præconare.*

PRECOUR, Arbitre d'un différend, médiateur. Gl. *Precator.*

*** PREECHIER**, Prêcher. *Préechement*, Prédication. Chansons Historiques, tom. 1, pag. 216, 217.

1. PREER, Celui qui a soin des prés. Gl. *Pratarius.*

*** 2. PREER**. Voyez *Praier.*

PREFACHIÉ, Fermier, métayer, laboureur. Gl. *Facherius.*

PREFERE, Enquête, perquisition. Gl. *Præferentia.*

PREFIGER, Prescrire, ordonner. Gl. *Præfingere.*

PREHER, Voler, piller, butiner. Gl. *Præda*, 1.

PREIR, Mettre une terre en pré. Gl. *Preagium.*

PREJUDICIABLE, Celui à qui l'on veut causer quelque préjudice. Gl. *Prejudiciabilis.*

PRELEIAIGE, pour Pleigaige, Cautionnement. Gl. *Plegagium.*

*** PREMERAIN**. Voyez *Primerain.*

PRENDRE. Se Prendre, s'Allier. Gl. *Prendere.*

PRENERRESSE, Femme qui prend à bail, fermière. Gl. *Prendimentum.*

PRENEUR, Celui qui lève les impôts ou les *prises.* Gl. *Prendimentum.*

PRENNE, p. e. pour Pienne ou Priene, Maladrerie, hôpital pour les lépreux. Gl. sous *Prendimentum.*

PREPARANCES, Sorte de droit dû au seigneur féodal. Gl. *Præparantiæ.*

PREPOINT, Pourpoint, sorte d'habillement. Gl. *Perpunctum.*

PREPUSE, pour Propaise, Pourpris, clos. Gl. *Porprisagium.*

PRESCHE, pour Fresche, Friche, terre inculte. Gl. *Fresceium.*

PRESCHEMENT, Prédication, sermon. Gl. *Prædicamentum.*

PRESCHER, Admonester, reprendre publiquement. Gl. *Prædicamentum.*

PRESCHEUR, p. e. Quêteur, porteur d'indulgences. Gl. *Prædicator.*

PRÉSENT. Pris a présent Forfait, Pris sur le fait, en flagrant délit. Gl. *Præsens forefactum.*

1. PRÉSENTATION, Représentation, image, portrait. Gl. *Præsentatio.*

2. PRÉSENTATION, Appel de cause suivant le rôle. Gl. *Præsentatio.*

PRESENTIÈRE, Femme prostituée. Gl. *Præsentarius.*

PRESIGNER; Baptiser, parce qu'on verse l'eau sur la tête de l'enfant en faisant le signe de la croix. Gl. *Præsignare.* [Cérémonie qui eut lieu avant l'immersion ?..... Flore et Blancefl. vers 3307 :

Sa corone li prisignierent
Et saintement la baptisierent.

Chron. des ducs de Norm. tom. 1, pag. 453, vers 10753 :

Sempres maneis al primseignier
Li einposa cest non Lohier.
Après le aporta el baptesme.

Baptiser. Agolant, vers 860 :

Crois-tu en dieu et es-tu baptizié?
Oil voir, sire, j'ai esté prinssengnié.

Enchanté par un signe. Chron. des ducs de Norm. tom. 1, pag. 27, vers 710 :

D'arz enchanté e primseignez.

PRESLET, p. e. Garde-manger. Gl. *Pressoriolum*, sous *Pressorium*, 2.

1. PRESME, Proche, parent, allié. Gl. *Proximus.*

2. PRESME, Premier, qui a plus de droit qu'un autre à une chose. Gl. *Primariolus.*

PRESSEOR, Pressoir. Gl. *Pressoriare.*

PRESSEUR, Celui qui met les draps à la presse. Gl. *Pressorium*, 2.

PRESSORIER, Garde ou fermier d'un pressoir. Gl. *Pressoriare.*

PRESSUOER, pour Puisoir, instrument propre à la pêche. Gl. *Pressorium*, 2.

PREST. Faire Prest, Prêter. Gl. *Præstantia*, 3.

PRESTERRES, Prêteur. Gl. *Prestator.*

PRESTHAYE, p. e. Cens, redevance annuelle. Gl. *Presteria.*

PRESTIER, Usufruitier, celui qui possède un fonds par précaire. Gl. *Presteria.*

PRESTINCH, Le lieu où est le pétrin, boulangerie. Gl. *Pristinum.*

PRESTRAGE, Presbytère, maison d'un curé. Gl. *Presbyteragium.*

PRESTRAIGE, Sacerdoce, qualité de prêtre. Gl. *Presbyterium*, 1.

1. PRESTRERIE, Biens appartenant à des prêtres. Gl. *Presteria.*

2. PRESTRERIE, Fonds possédé par précaire. Gl. *Presteria.*

PRESTRIERE, Le même. Gl. *Presteria.*

PRESUMPCIEUX, Présomptueux. Gl. *Præsumptuosus.*

PRESURE, p. e. Arcade, ou Souterrain. Gl. *Presura*, 2.

PREU, Profit, bien, avantage. Gl. *Preu.* [Chastel. de Couci, vers 60. Voyez Rayn. tom. IV, pag. 649¹, au mot *Pro.*]

PREUDES-GENTS, Échevins, ceux qui sont à la tête d'un corps. Gl. *Probus*, 1.

PREUD-HOMMÉEMENT, Prudemment, sagement. Gl. *Prudhomius.*

PREUD-HOMMES, Échevins, ceux qui sont à la tête d'un corps. Gl. *Probus*, 1.

PREVENDIER, Sorte de mesure. Gl. *Præbendarius*, sous *Præbenda.*

PREVOIRE, Prêtre. Gl. sous *Præbenda.*

1. PREUX, Vaillant, brave. Gl. *Probus*, 1.

2. PREUX, Infirme, langoureux. [Bien portant.] Gl. *Probus*, 2.

1. PRIERE, Taille, aide, que le seigneur demande à ses vassaux. Gl. *Preces*, 1.

2. PRIERE, Corvée, droit seigneurial. Gl. *Preces*, 2.

PRIESSE, Chapelle, oratoire. Gl. *Precata.*

PRIEURTÉ, Prieuré, bénéfice ecclésiastique. Gl. *Prioratus.*

*** PRIEUSE**, Prieure, supérieure dans un monastère de filles. Roi Guillaume, pag. 46.

PRIME, Le temps où l'on chante l'office d'église, nommé *Prime.* Gl. *Prima.*

PRIME QUE, Avant que. Gl. *Primule.*

*** PRIMER (Se)**, Se serrer, presser. Chron. des ducs de Norm. tom. 1, p. 213, vers 3753 :

Priement et quassent sei en bas.

Voyez Rayn. tom. IV, pag. 622², au mot *Premier.*

PRIMERAIN, Ancien, devancier, prédécesseur. Gl. *Primariolus.* [Premier. G. Guiart, t. 11, p. 337, vers 8760 (17741). *Primerains*, D'abord, premièrement. Garin le Loher. tom. 1, pag. 45. Roman de Renart, tom. 1, pag. 84, vers 2225. Voyez Rayn. tom. IV, p. 644², au mot *Primeiran.*

PRIMEROLE, Primevère, sorte de plante. Gl. *Ligustrum.*

* **PRIMES**, D'abord, premièrement. Partonop. vers 275. *Dont à primes,* Alors seulement, vers 590, 1488. *Dès primes que,* Du premier moment que. Laborde, p. 219. Voyez Rayn. tom. iv, pag. 644[1], au mot *Primas*, ci-dessus *Prime*, Orell. pag. 343.

PRIMOS, Sorte de pain. Gl. sous *Panis*, 2.

* **PRIMSEIGNER**. Voyez *Presingner.*

1. **PRIN**, Espèce de redevance. Gl. *Priu.*

* 2. **PRIN**, Premier. Gérard de Vienne, vers 3979 :

> Prin jor de mai ont le terme nommé.

Voyez Orell. pag. 42, Rayn. t. iv, p. 643[1], au mot *Prim.*

PRINCE, Seigneur de la cour. Gl. sous *Princeps.*

PRINCE des **AMOUREUX**, **PRINCE DU PUY DE SOTIE**, **PRINCE DES SOTS**, Différentes dénominations du chef d'une société de jeunes gens. Gl. sous *Princeps.*

PRINCÉE, Principauté. Gl. *Principalis dignitas.*

PRINCETÉ, Qualité de prince, principauté. Gl. sous *Princeps.*

PRINCHANTRE, Préchantre, dignité ecclésiastique. Gl. *Præcentor.*

PRINCHON, p. e. Pieu ferré, sorte d'arme. Gl. *Picassa.*

PRINCIER, Grand seigneur, homme de la cour. Gl. *Primicerius.* [Gérard de Vienne, vers 603. Fabliaux, Jubinal, t. ii, p. 89. *Princhier*, Aubri, pag. 158[2]. Chron. des ducs de Normandie.]

PRINCIPAL, On appelait ainsi le présent qu'on faisait à l'église le jour de son enterrement. Gl. *Heriotum*, pag. 661[2].

PRINCIPAUMENT, Directement. Gl. *Principaliter.*

PRINEVERDE, Petit poisson. Gl. *Primavera.*

PRINGALLE, pour *Espringalle*, anciennement Machine de guerre propre à jeter de grosses pierres, et plus récemment un moyen canon. Gl. *Spingarda.*

1. **PRINSE**, Toute espèce de redevance. Gl. *Prinzia.*

2. **PRINSE**, Prise de vivres et ustensiles sur des sujets ou vassaux, pour l'usage du roi ou d'un autre seigneur dans leurs voyages. Gl. *Prisæ* et *Prisia*, 1.

PRINSOIR, Le temps où le jour tombe, la brune. Gl. *Primus somnus.*

PRINSOMME; Le temps du premier sommeil. Gl. *Primus somnus.*

PRINZE, L'action de prendre à bail. Gl. *Prisia*, 4.

1. **PRIS**, Prise de vivres et ustensiles sur des sujets ou vassaux, pour l'usage du roi ou d'un autre seigneur dans leurs voyages. Gl. *Prisæ.*

2. **PRIS**, pour Prise de ville, l'action de se rendre maître d'une ville. Gl. *Prisus.*

* 3. **PRIS**. Voyez *Prison*, 1.

PRISANTIER, Qui se prise, qui a bonne opinion de lui-même, fanfaron. Gl. *Prisare.*

1. **PRISE**, Toute espèce de redevance. Gl. *Prinzia.*

2. **PRISE**, Le droit de prendre pour son usage vivres, denrées et ustensiles. Gl. *Prisæ.*

3. **PRISE**, Le droit d'arrêter quelqu'un et de le mettre en prison. Gl. *Prisia.* 2.

4. **PRISE**, Corps de marchands ou d'artisans. Gl. *Prisia*, 6.

* 5. **PRISE**, Prise, action de prendre le gibier. *Prise corner*, Enfances Roland, pag. 157[1]. *Corner de prise*, Roi Guillaume, pag. 148. Voyez *Corner.*

* **PRISIGNIER**. Voyez *Presingner.*

PRISME, Proche, parent, allié. Gl. *Proximus.*

1. **PRISON**, Prisonnier. Gl. *Priso*, 1. [Enfants Haymon, vers 333, note, p. 154[1]. Roi Guillaume, pag. 149. Roman de Renart, tom. iii, pag. 144, 152, vers 23710, 23944. Chastel. de Couci, vers 7481. *Pris*, Gérard de Vienne, vers 776.]

2. **PRISON**. VIVE **PRISON**, Caution, répondant. Gl. *Prisonia viva.*

PRISONAGE, Ce qu'on paye pour l'entrée et la sortie des prisons. Gl. *Prisonagium.*

PRISTIN, Premier, qui a été auparavant. Gl. *Pristrinus.*

1. **PRIVÉ**, Familier, ami. Gl. *Privatus*, 1. [Partonop. vers 2548. Roman de Renart, tom. i, pag. 7, vers 180. Agol. vers 1262. — Vers 784 :

> Se veuz bataille jà te sera privée.

Voyez Rayn. tom. iv, pag. 647[1], au mot *Privat.*]

2. **PRIVÉ**. **PERSONNE PRIVÉE**, Celui qui n'est point officier de ville, simple habitant. Gl. *Privati.*

3. **PRIVÉ**. **ESTRE A SON PRIVÉ**, A son particulier, avec ses amis intimes. Gl. *Privatus*, 1. [*Parler à privé*, En particulier. Chastel. de Couci, vers 1981.]

* **PRIVÉE**, Latrine. Roman de Renart, tom. ii, pag. 279, vers 17177. Voyez Rayn. tom. iv, pag. 647[2], au mot *Privada.*

* **PRIVEEMENT**, Privement, Secrètement, sans être aperçu. Flore et Blancefl. vers 2396. Fabliaux, Jubinal, tom. ii, p. 28.

PRIVESEL, Garde du sceau privé. Gl. sous *Sigillum*, pag. 246[1].

PRO, Profit, avantage. Gl. *Preu.* [Voyez Rayn. tom iv, pag. 649[1], au mot *Pro.*]

* **PROAICE**. Voyez *Proece.*

PROAIGE, comme *Pro.* Gl. *Proadventiæ.*

PROCACER, Repaître, manger, se rassasier. Gl. *Procare.*

PROCÉDER, Excéder, aller au delà du but. Gl. *Procedere.*

PROCÉDEUX, Processif. Gl. *Procedimenta.*

PROCES, Suite, succession de temps. Gl. *Processus*, 4.

1. **PROCHAINETÉ**, Proximité, parenté. Gl. *Proximus.*

2. **PROCHAINETÉ**, La partie d'héritage, due à titre de proximité et de parenté. Gl. *Proximioritas.*

3. **PROCHAINETÉ**, Proximité, voisinage. Gl. *Proximioritas.*

PROCHAINNITÉ, Alliance, proximité, parenté. Gl. sous *Offerre*, 1.

PROCHES, Suite, succession de temps. Gl. *Processus*, 4.

PROCHIENNEMENT, Prochainement. Gl. *Proximioritas.*

PROCINCTE, Territoire, district, l'étendue d'une seigneurie. Gl. *Procinctus*, 2.

PROCLAMATION, Plainte formée en justice, réclamation. Gl. *Proclamatio.*

PROCOURS, Le droit de pâturage dans des prés qui appartiennent à un autre. Gl. *Procursus*, 1.

PROCULIERRES, Procureur. Gl. *Procurator*, 1.

PROCURATION, Espèce de droit que les papes voulaient exiger des bénéficiers en France. Gl. *Procuratio*, 1.

1. **PROCURER**, Recevoir quelqu'un chez soi, le loger et le traiter. Gl. *Procurare*, 1.

2. **PROCURER**, Suivre une affaire. Gl. *Procurare*, 6.

PRODELH, **PRODIAL**, Sorte de palonneau, pieu, gros bâton. Gl. *Prodelada.*

* **PROECE**, Prouesse, valeur. Laborde, pag. 176. *Proaice*, Chastel. de Couci, vers 763.

PRORGE, Profit, avantage. Gl. *Proadventiæ.* [Voyez *Prou.*]

* **PROERÉ**, Prierai. Agol. vers 825.

PROESME, Proche, parent, allié. Gl. *Proximus.*

PROFRER, Comparaître, se présenter en justice. Gl. *Proferum.*

PROGAINE, **PROGENIÉE**, Race, lignée enfants. Gl. *Progenies*, 1.

PROIE, Bétail, troupeau de bêtes. Gl. *Præda*, 2.

PROIEL, Pré, prairie. Gl. *Pratellum.*

1. **PROIER**, Piller, butiner; d'où *Proieor*, Pillard. Gl. *Præda*, 1. [Voyez *Praier.*]

2. **PROIER**, L'officier ou matelot qui préside à la proue d'un vaisseau ou d'une chaloupe. Gl. *Proreta.*

PROIÈRE, Corvée qu'un seigneur a droit de demander à ses vassaux. Gl. *Preces*, 2.

PROIMETÉ, Proximité, parenté. Gl. *Proximioritas.*

* **PROISIÉ**. Mantel Mautaillé, v. 807 :

> Tant que cle en ait le congié
> De celui qui molt à proisié
> Molt à envis li a doné.

PROISIER, Priser, estimer. Gl. *Renustator.* [Agolant, vers 89 (*Esmer*, vers 83).]

PROISME, Proche, parent, allié, prochain. Gl. *Proximus.* [*En proisme*, Prochainement. Renart le Nouvel, tom. iv, pag. 187, vers 1604 :

> Et demain en proisme morras.

Voyez Rayn. tom. iv, pag. 655[2], au mot *Proyme.*]

PROIX, Sorte de palonneau, pieu, gros bâton. Gl. *Prodelada.*

PROLET, p. e. Licou. Gl. *Prolecta.*

PROLOCUTEUR, Avocat. Gl. *Prælocutor.*

PROMECHE, Proximité, parenté. Gl. *Proximioritas.*

PROMOVEMENT, Réquisition, l'action du procureur du roi qui requiert d'office. Gl. *Promotor*, 2.

PROMOUVEUR, Celui qui est l'auteur ou la cause de quelque action, agresseur. Gl. *Promotor*, 1.

PRONANCE, Prédiction. Gl. sous *Prognosticare.*

PRONONCHIER, Blâmer, faire des reproches. Gl. *Pronunciare.*

PRONUNCIER, Annoncer d'avance, prédire. Gl. *Fissiculare.*

PROOFE, Preuve. Gl. *Abeyantia.*

PROPDANEMENT, Prochainement, au premier jour. Gl. *Prope.*

PROPHANE, Se dit des biens qui ne sont point amortis, comme ceux de l'Église, et qui sont possédés par des séculiers. Gl. *Prophaneitas.*

PROPHETIE, Sentence, maxime. Gl. *Prophetia.*

PROPICE, Propre, convenable. Gl. *Propitius.*

PROPOINT, Cotte d'armes. Gl. *Perpunctum.*

PROPORTIONNABLEMENT, Proportionnément. Gl. *Proportionabiliter.*

PROPORTIONNÉ, Partagé en égales portions. Gl. *Proportionarius.*

PROPOSEMENT, Projet, dessein, ce qu'on se propose de faire. Gl. *Proposta.* [Flore et Blancefl. vers 30.]

PROPRIETAIRE, pour PORTRAITURE, Effigie, portrait. Gl. *Portractura.*

PROPRIETÉ, Fonds, propre, héritage. Gl. *Proprietates.*

PROPRISE, Pourpris, clos, verger. Gl. *Porprisagium.*

PROROMPRE EN LAIDES PAROLES, Se répandre en injures. Gl. *Irrumpere.*

PROS, Prévôt; juge. Gl. sous *Præpositus*, pag. 407[1].

PROSAL. STILE-PROSAL, Prose. Gl. *Prosa.*

PROSIER, Livre d'église qui contient les *Proses*. Gl. *Prosarium.*

PROSMETÉ, Proximité, parenté. Gl. *Proximioritas.*

PROSNET, p. e. Pièce de bois qui avance, barrière. Gl. *Prosnesium.*

PROSTERNER, Mettre à terre, abandonner par terre. Gl. *Prosternari.*

PROSUIANCE, Poursuite d'une affaire. Gl. *Prosecutio*, 2.

PROU, Profit, avantage. Gl. *Preu.*

PROUAGE, District, étendue de la juridiction d'un prévôt. Gl. sous *Præpositus*, pag. 407[1].

PROUAIRE, Prêtre. Gl. *Presbyter.*

PROVANCE, Preuve. Gl. *Probamentum.* [Roman de Renart, tom. III, pag. 31, vers 20576, pag. 54, vers 21225. Voyez Rayn. tom. IV, pag. 651[2], au mot *Proensa*. Chron. des ducs de Norm.]

*** PROVANDIER**, Exercer, faire. Roman de Renart, tom. III, pag. 69, vers 21647 :

Qu'entremetre de tel mestier
Dont vos ne savez provandier.

PROUDEAU, Espèce de palonneau, pieu, gros bâton. Gl. *Prodelada.*

*** PROUDOM**. Aubri, pag. 153[2] :

Sire, por Dieu qui proudom fist son fils.

PROVEAILLE, Provisions de bouche et autres. Gl. *Providentiæ.*

PROUVEUR, Pourvoyeur, office chez le roi. Gl. *Provisor hospitii.*

PROVENCEAUX, Monnaie des comtes de Provence. Gl. *Provinciales.*

*** PROVENCHIER** †, Certaine mesure. Gl. *Batus*, 1.

1. **PROVENDE**, Bénéfice ecclésiastique. Gl. *Provenda*, sous *Præbenda.*

2. **PROVENDE**, Provisions de bouche. Gl. sous *Præbenda.*

3. **PROVENDE**, Ce qu'on donne à un cheval par jour pour sa nourriture. Gl. *Præbenda equi.*

PROVENDER, Mettre un cheval ou une autre bête en pâture. Gl. *Præbendare equum.*

PROVENDERÉE, Certaine mesure de terre contenant un *provendier* de semence. Gl. *Provendiata.*

1. **PROVENDIER**, Certaine mesure de grain, valant trois boisseaux. Gl. *Provendarius*, 1.

2. **PROVENDIER**, Pourvoyeur, maître d'hôtel. Gl. *Provendarius*, 2.

3. **PROVENDIER**, Domestique ou serviteur à qui l'on fournit le boire et le manger. Gl. *Provendarius*, 2.

PROVENDRE, Bénéfice ecclésiastique. Gl. *Provenda*, sous *Præbenda.*

PROVENISIENS, Monnaie des comtes de Champagne, frappée à Provins. Gl. *Campaniæ Comitum moneta*, sous *Moneta Baronum.*

PROUER, Faire des prouesses, des actions de valeur. Gl. *Probus*, 1. [*Se prover*, Se montrer, être éprouvé. — Eprouver. Ruteb. tom. 1, pag. 7 :

Bien l'oit prové à cest besoing.

Prové, Convaincu. Flore et Blancefl. vers 2075 :

Cele qui puet estre provée
Desfaite est et en fu jetée.

Serf prové, Partonop. vers 177.]

PROUERE, Prêtre. Gl. *Presbyter.*

PROUFFIT, Bordure, ornement d'habits. Gl. *Porfilium.*

PROUHA, Espèce de palonneau, un gros bâton. Gl. *Prodelada.*

PROVIDADOUR, Magistrat de Venise, que nous appelons aujourd'hui *procurateur.* Gl. *Providitor.*

PROVINCIAUX, Monnaie des comtes de Provence. Gl. *Provinciales.*

PROVIS, Pourvu, garni. Gl. *Providere*, 2.

PROVISIENS, Monnaie des comtes de Champagne, frappée à Provins. Gl. *Campaniæ Comitum moneta*, sous *Moneta Baronum.*

1. **PROVISION**, Prévoyance, précaution. Gl. *Provisio*, 1.

2. **PROVISION**, Imposition, taille sur les habitants d'une ville pour ses propres besoins. Gl. *Provisio*, 1.

3. **PROVISION**, Remède, soulagement. Gl. *Romeus.*

PROULIERE, Trait, ce qui sert à tirer une charrette. Gl. *Prodelada.*

PROVOIER, Réparer, dédommager. [Priser, estimer.] Gl. *Providere*, 2.

*** PROVOIR**, Regarder, voir au-loin. Wackern. pag. 58 :

Cuers est monteis en l'engairde,
D'iluec provoit et esgairde
Per lui où puist eschaipeir.

Voyez Orell. pag. 211. Rayn. t. v, p. 537[2], au mot *Provezir*.

PROVOIRE, Prêtre. Gl. sous *Præbenda.*

*** PROVOS**, Prévôt. Partonop. vers 354.

PROUVAIN, Provin de vigne. Gl. *Propaginare*, 1.

PROUVANCHE, Preuve. Gl. *Probamentum.*

PROUVENDE, Provisions de bouche. Gl. sous *Præbenda.*

PROUVENDERÉE, Mesure de terre contenant un *prouvendier* de semence. Gl. *Provendiata.*

PROUVENDIER, Mesure de grain, valant trois boisseaux. Gl. *Provendarius*, 1.

PROUVINS, Monnaie des comtes de Champagne, frappée à Provins. Gl. *Campaniæ Comitum moneta*, sous *Moneta Baronum.*

PROUVOIRE, Prêtre. Gl. sous *Præbenda.*

*** PRUECH**. Roman de Renart, tom. IV, pag. 43, vers 1176 :

Et li prieus dont pruech ala
Renart, mais il ne l'a trové.

Partonop. vers 7846 :

Et serai vostre cevaliers,
Pruce que vos atendés à moi.

PRUER, Gouverner la proue d'un vaisseau. Gl. *Prorcta.*

PRUESTÉ, Probité, honneur. Gl. *Probus*, 1.

PRUNELÉ, Boisson faite de prunelles et d'eau. Gl. *Prunellum.*

PSALMISTER, Psalmodier, chanter des psaumes. Gl. *Psalmocinare.*

PUBLIAUMENT, Publiquement. Gl. *Publiciter.*

PUBLIER, Répandre, rendre commun, mettre dans l'usage public. Gl. *Publicare*, 2.

PUCELEITÉ, Pucelle, jeune fille. Gl. *Pucella.*

PUCELLE, Femme de chambre. Gl. *Pucella.* [Jeune femme. Lai du Corn. v. 13 :

E trente mile puceles
Qui dames, ki damaiseles.

Voyez vers 206. Rayn. tom. IV, pag. 546[2], au mot *Piucela*.]

PUCH, Puits. Gl. *Puthcus.* [*Puch d'infer*, Partonop. vers 9882. *Puc d'infier*, Renart le Nouvel, t. IV, p. 135, v. 234, 242.]

PUCHAGE, Office concernant la décharge des sels qu'on tire d'un bateau. Gl. *Puenchatge.*

PUCHEOIR, Puisoir, l'endroit où l'on va puiser l'eau à la rivière. Gl. *Puthcus.*

PUCREREL, PUCHETTE, Instrument propre à la pêche. Gl. *Pressorium*, 2.

PUCHOIR, Puisoir, l'endroit où l'on va puiser l'eau à la rivière. Gl. *Puthcus.*

PUCIN, Poussin, poulet. Gl. *Pucinus.*

PUEILLE, Registre, journal. Gl. *Polium*, 2.

PUEPLOIEMENT, Signification, publication; du verbe *Pueploier*, Publier, dénoncer. Gl. *Populatus*, 3.

PUER, Hors, dehors. Gl. *Foras.* [Ruteb. tom. II, pag. 229. Chastel. de Couci, vers 5836. Voyez Orell. pag. 326.]

PUERPRE, Couches de femme. Gl. *Puerperium.*

PUESCH, Colline, lieu élevé, montagne. Gl. *Podium*, 3.

PUEUR, Puanteur. Gl. *Inpuricia.*

PUGNEIS, Escarmouche, combat, bataille. Gl. *Pugna*, 3.

PUGNERADE, Mesure de terre. Gl. *Pugneria.*

PUGNET, Mesure de grain. Gl. *Pugnetus.*

PUGNEZ, pour Punais. Gl. sous *Cenitus.*

PUGNIE, Poignée, plein la main. Gl. *Pugnata*, 1.

PUGNIÈRE, Mesure de grain. Gl. *Pugneria.*

PUGNIMANT, Punition, peine. Gl. *Punimentum.*

PUGNISSEUR, Bourreau, exécuteur des supplices imposés par la justice. Gl. *Punimentum.*

PUGNIVIMUS, Lettres d'un juge ecclésiastique, pour attester la punition du coupable soumis à sa juridiction. Gl. *Pugnivimns.*

* **PUGOIS**, Petite monnaie de France. Aubri, pag. 163¹ :

> Il ne donroient por aus tos deus pugois.

Voyez *Poigeoise.*

PUI, Colline, lieu élevé, montagne. Gl. *Podium*, 3. [Sommet, Partonop. vers 4336, 7898. Roman de Renart, tom. IV, pag. 61, vers 1676.]

1. **PUIER**, Monter une montagne. Gl. *Puiale.* [Partonop. vers 685. Agolant, vers 88, 482. Roman de Renart, tom. III, pag. 92, vers 22266.]

2. **PUIER**, Appuyer, s'appuyer. Gl. *Appodiare*, sous *Podium*, 2.

PUIGNOT, Poignet, sorte d'ornement, parure. Gl. *Pugnale.*

PUING, pour Poing. Gl. *Pugnus*, 3.

PUINHAL, Poignard, dague. Gl. *Punhalis gladius.*

PUIR, Devenir pire. Gl. *Pejorescere.* [Roman de Renart, t. II, p. 368, vers 19651 :

> Se jo le puis aus mains tenir
> Je li ferai mes jens puir.]

PUIRE, Offrir, présenter. Gl. *Præsentare*, 1.

* **PUISON**, Potion, poison. Partonop. vers 4004, 4183. Voyez le Gloss. sur la Chron. des ducs de Norm.

PUISOT, Descente à la rivière, petit port. Gl. *Puisotum.*

PUISOUIR, Puisoir, instrument propre à la pêche. Gl. *Pressorium*, 2.

PUISSEOIR, L'endroit où l'on va puiser l'eau à la rivière. Gl. *Putiatorium.*

PUISSETTE, Pochette, sachet. Gl. *Punga.*

PUISSOUER, Puisoir, instrument propre à la pêche. Gl. *Pressorium.*

* **PULE**, Peuple. Ruteb. tom. II, p. 251,

257. Renart le Nouvel, tom. IV, pag. 133, vers 208, 210.

PULENT, **Pullent**, Puant, dégoûtant. Gl. *Inpuricia.* [Roman de Roncevaux, pag. 44. Voyez le Glossaire sur la Chronique des ducs de Normandie.]

* **PUMEL**, Boule, pomme, pommeau. Partonop. vers 841, 1027, 3560, 10303. Voyez Rayn. tom. IV, pag. 594¹, au mot *Pomel.*

* **PUMELEIZ**, Pommelé. Gérard de Vienne, vers 1814.

PUNAISIE, Mauvaise odeur, puanteur, Gl. *Inpuricia.*

PUNIMENT, Punition, peine. Gl. *Punimentum.*

PUNISSEMENT, Le droit de punir, droit de justice. Gl. *Punimentum.*

* **PUNS**, Pommes. Flore et Blancefl. vers 1687. Voyez Rayn. tom. IV, pag. 593¹, au mot *Pom.*

PUPILLANCE, Faiblesse, impuissance. Gl. *Pupillarietas.*

PUPILLARITÉ, Minorité, état de pupille. Gl. *Pupillarietas.*

1. **PUPILLE**, Orphelin. Gl. *Pupillarietas.*

2. **PUPILLE**, Pensionnaire, élève. Gl. *Pupillarietas.*

PUPILLETÉ, Minorité, état de pupille. Gl. *Pupillarietas.*

PUR REGEANT, Qui n'est obligé qu'à la résidence. Gl. *Purus*, 1.

* 2. **PUR**, Simple, unique. Aubri, pag. 159² :

> Et la contesse en pur un paile bloi.

Voyez *Purté.*

PUREMENT, Purée. Gl. *Purea.*

PURFERIR, p. e. Reprendre un mur, recrépir. Voyez *Purferir.*

PURGE, Justification, l'action de se purger de ce dont on est accusé. Gl. *Purgatio.*

PURGIR, Abuser par violence d'une femme. Gl. *Purgire.*

PURIFICATION, Relevailles, cérémonie ecclésiastique. Gl. *Purificatio.*

PURIFIER, Relever une femme de couches. Gl. *Purificari.*

PURPART, Portion, part. Gl. *Propertia*, sous *Perpars.*

1. **PURPERT**, pour Pure perte. Gl. *Properda.*

2. **PURPERT**, **Purpret**, Confiscation. Gl. sous *Porprendere.*

PURPRENDRE, Prendre de force, usurper, s'arroger. Gl. *Purprisus*, sous *Porprendere.*

* **PURTÉ**, Vérité. Flore et Jeanne, p. 48: *Vint à li, descouvri la purté, et li conta tout l'afaire. La pure*, Roman de Renart, t. I, pag. 1, vers 14 :

> Des deus barons ce est la pure.

PUTAGE, **Putaige**, Débauche avec les femmes. Gl. *Putagium.*

PUTAIN, Homme livré à la débauche des femmes. Gl. *Puta*, 2.

PUTAST, Mare, amas d'eau croupie et puante. Gl. *Puthcus.*

1. **PUTE**, Pucelle, jeune fille. Gl. *Puta*, 2.

2. **PUTE**, Fille ou femme débauchée. Gl. *Puta*, 2, et *Putagium.*

3. **PUTE**, Puant, corrompu, mauvais. Gl. *Puta*, 2.

PUTENIER, **Putieu**, Homme livré à la débauche des femmes. Gl. *Puta*, 2.

1. **PUY**, Colline, lieu élevé, montagne. Gl. *Podium*, 3.

2. **PUY**, Pâturage situé sur une montagne. Gl. *Podium*, 3.

PUYE, Appui, ce qui sert à soutenir. Gl. *Podium*, 2.

PUYNE, Espèce de bois blanc, mis au nombre des mort-bois. Gl. *Boulus.*

PYLER, Pilier. Gl. *Pilar.*

PYMANT, Liqueur faite de miel, de vin et de différentes épices. Gl. *Pigmentum*, 1.

PYOLER, Parer de différentes couleurs. Gl. *Piola.*

PYONNER, Espionner. Gl. *Piones.*

PYPOLER, Ajuster, parer avec soin et affectation. Gl. *Piola.*

QUA   QUA   QUA

QUAC, Certain droit de la terre de Pequigny. Gl. *Quactum.*

QUACUEL, Médaille de cuivre ou de bronze. Gl. *Cacubius.*

QUADRUPLIQUER, Quadrupler. Gl. *Quadruplare.*

QUAHAUMUCE, p. e. Le Carême. Gl. *Quadragesima.*

QUAHOUER, Chandelle de cire, flambeau. Gl. *Quadrellus*, 3.

QUAHUTE, Cahute, cabane, petite et mauvaise maison. Gl. *Cahua*, 2.

QUAIER, Chandelle de cire, flambeau. Gl. *Quadrellus*, 3.

QUAILE, Vigoureux, qui est d'un tempérament fort et ardent. Gl. *Qualea.*

QUAILLIER, Tasse, gobelet, vase à boire. Gl. *Caillier.*

QUAIT, Impôt, taille, sorte d'aide, demandée par les seigneurs dans certains cas. Gl. *Quæsta.*

QUANNIVEIT, Canif, petit couteau. Gl. *Sidipedium.*

* **QUANSÉS**, Partonop. vers 4495 :

> Tos vestus s'est couciés el lit,
> Quansés par haste del delit
> Qu'il taut desirre de s'amie.

Le mscr. 1239 porte *quainsés.*

QUAQUEHAN, Cabale, conspiration, attroupement. Gl. *Caquus.*

QUAQUETER, pour Caqueter, babiller; d'où *Quaqueterel*, Babillard. Gl. *Linguatus.*

1. **QUARANTAINE**, Carême. Gl. *Quarentena*, 1.

2. **QUARANTAINE**, Mesure de terre contenant quarante perches. Gl. *Quarentena*, 3.

3. **QUARANTAINE**, Terme de quarante

jours, pendant lequel il n'était pas permis à celui qui avait reçu une injure de quelqu'un de s'en venger sur ses parents. Gl. *Quarentena*, 5.

QUARANTINE, Quarantaine, trêve de quarante jours. Gl. *Quadragena*, 2.

QUARAT, Carat. Gl. *Quadriatus*.

QUARE, Titre d'un livre fait par demandes et par réponses. Gl. *Quare*, 2.

QUAREIGNON, Mesure de grain, appelée plus ordinairement *Quarte*. Gl. *Carregno*.

QUAREL, Grosse pierre carrée, pierre de taille. Gl. *Quarellus*, 5. [Gérard de Vienne, vers 3227. Partonop. v. 2120. Flore et Blancefl. vers 2043 :

> En quarrel est fais li canal
> De blanc argent et de cristal.

Voy. la Chron. des ducs de Norm.]

QUARENTEYNE, Mesure de terre en Angleterre, contenant quarante perches de seize pieds d'homme. Gl. *Quarentena*, 3.

QUAREOUR, Carrière. Gl. *Quarriarius*.

QUARESME, Carême. *Le jour du grant Quaresme*, p. e. Le jour des Rameaux. Gl. *Quadragesima major*.

QUARESMEL, Le Mardi gras. Gl. *Karena*.

QUARGNON, Mesure de grain, appelée plus ordinairement *Quarte*. Gl. *Carregno*.

QUAROIME, Carême. Gl. *Coquina*.

QUARONNE - PRENANT, Carême prenant, le Mardi gras. Gl. *Quaresmentrannus*.

QUAROUGE, Carrefour. Gl. *Quarrogium*.

QUARRAURE, Quarré. Gl. *Quarellus*, 6.

QUARRE DE LA MAIN, Le dos de la main. Gl. *Dodus*.

1. QUARREAU, Mesure de terre, contenant vingt et un pieds. Gl. *Quarellus*, 6.

2. QUARREAU, Outil de tonnelier, tarière. Gl. *Careda*.

QUARREFOUR, Carrefour. Gl. *Quarrogium*. [*Quarefort*, Méraugis, Fierabras, pag. 170¹.]

1. QUARREL, Trait d'arbalête, matras. Gl. *Quadrellus*, 1. [Voyez Rayn. tom. 11, pag. 287¹, au mot *Cairel*.]

2. QUARREL, Coussin, matelas. G. Guiart, tom. 11, pag. 156, vers 4011 (12995).

3. QUARREL. Voyez *Quarel*.

QUARELLER, Entailler, faire une entaille, une ouverture. Gl. *Quarnellus*.

QUARRIEUR, Carrier, ouvrier qui travaille dans une carrière. Gl. *Quarriarius*.

QUARROGE, Carrefour. Gl. *Quarrogium*.

QUARROY, Grand chemin. Gl. *Quarrum*.

1. QUART, Mesure de vin, contenant une pinte. Gl. *Quarta*, 2.

2. QUART, Petite monnaie, valant quatre deniers. Gl. *Quartarius*, 4.

QUARTARE, Quartier, mesure de terre. Gl. *Quartarius*, 3.

1. QUARTE, Mesure de vin. Gl. *Quarta*, 2.

2. QUARTE, Banlieue, dont l'étendue est de quatre milles, ou qui est composée de quatre villages. Gl. *Quarta*, 4.

QUARTELAGE, Droit royal et seigneurial. Gl. *Carto*, 1.

1. QUARTENIER, Ce qui est dû à raison du droit appelé *Quarte*. Gl. *Quartenerœ partes*.

2. QUARTENIER, Fermier du quatrième des vins vendus en détail. Gl. *Quartanerius*.

* QUARTENOR, De quatre ans, quartanier. Partonop. vers 1832 : *Porc quartenor*. Chron. des ducs de Norm. tom. 1, p. 459, vers 10946 : *Sengler quartenor*. Partonop. vers 587 :

> Li senglers est bien el quart an.

QUARTERANCHE, Mesure de grain en Auvergne et ailleurs, la *quarte* rase. Gl. *Cartarenchia* et *Quartaranchia*.

QUARTERE, Terre dont on rendait au propriétaire la quatrième partie des fruits. Gl. *Quinteria*.

QUARTERECER, Écarteler, supplice. Gl. *Quarterizatio*.

QUARTERENGE, QUARTEROINGHE, Mesure de grain en Auvergne et ailleurs, proprement la *quarte* rase. Gl. *Cartarenchia* et *Quartaranchia*.

QUARTERNEL, Mesure de grain, quartel. Gl. *Quarterenus*.

1. QUARTERON, Quartier, mesure de temps, la quatrième partie de l'année. Gl. *Quartaronum*. [Quart, un des quatre côtés. Partonop. vers 1644.]

2. QUARTERON, Quartier, mesure de terre. Gl. *Quarteria*, 1.

3. QUARTERON, Mesure de vin. Gl. *Quartonus*, 4.

QUARTESNIER, Fermier du quatrième des vins vendus en détail. Gl. *Quartanerius*.

* QUARTIER. Agolant, vers 927 :

> Sus en l'escu, el primerain quartier
> Le feri.

Partonop. vers 9859 :

> Par tel air fiert sor l'escu
> C'un quartier en a abatu.

Gérard de Vienne, vers 234 :

> L'en li aporte un escu de quartier.

Partonop. vers 6871 :

> Un escu...
> D'or et de sinople a quartiers.

Vers 6883 :

> De quartier sont les covertures...
> A quartiers sont li confanon
> Et ses lances et si arçon.

QUARTODECIMAINS, QUARTODECIMANS, Schismatiques, qui célébraient la fête de Pâques le quatorzième de la lune, comme les Juifs. Gl. *Quartodecimani*.

QUARTOIER, Droit seigneurial, provenant de la mesure appelée *Quarte*. Gl. *Quartalagium*.

1. QUARTON, Quartier, terme de payement. Gl. *Quartero*, 2.

2. QUARTON, Mesure de vin. Gl. *Quartonus*, 4.

QUARTONNIER, La quatrième partie d'un boisseau. Gl. *Quartanarium*.

1. QUAS, Cas, fait, accident. Gl. *Cretina*.

* 2. QUAS, QUAZ, Chute. Partonop. vers 8114, Chron. des ducs de Normandie.

1. QUASSER, Battre, frapper. Gl. *Quassare*.

* 2. QUASSER, Casser. Chronique des ducs de Normandie. Roman de Renart, tom. 1, pag. 25, vers 668. Roi Guillaume, pag. 71.

* QUATIR (SE), S'accroupir, se blottir, se cacher. Chastel. de Couci, vers 6571 :

> Lès l'huis se quati en un mont.

Vers 5796 :

> Qui dalès culz erent quatuy.

Voyez Chron. des ducs de Normandie, tom. 1, pag. 213, vers 3753.

QUATRESMIER, Fermier du quatrième des vins vendus en détail. Gl. *Quartanerius*.

QUATRIN, Petite monnaie d'Italie. Gl. *Quatrinus*.

QUAVE, Cave. Gl. *Cava*, 1.

QUEAGE, Droit qu'on paye pour l'entretien des quais, afin d'y pouvoir décharger et charger les marchandises. Gl. *Caiagium*, sous *Caya*.

* QUEBE, Escarcelle? Aubri, pag. 154² :

> Le capel prist, le quebe et le doblier
> Et le bordon grant et gros et plenier.

QUECCE, Caisse, caque, baril. Gl. *Quœssia*.

QUELONGNE, Quenouille et quenouillée. Gl. *Conucula*.

QUEMANDER, Commander, ordonner, et *Quemandement*, pour Commandement. Gl. *Rapoostare*.

QUEMIN, Prononciation picarde, Chemin. Gl. *Queminum*.

QUEMINEL, Chenet. Gl. *Queminea*.

QUEMUGNE, Commune. Gl. *Forisfactum*, sous *Forisfacere*.

QUENASNE, Terme injurieux, en anglais francisé, Vilain. Gl. sous *Quenneya*.

QUENCH, Cuisinier. Gl. *Soliardus*.

QUENETTE, Canette, jeune cane. Gl. *Quaneta*.

QUENIEUX, Sorte de gâteau. Gl. *Coniada*.

QUENIVET, Canif, petit couteau ou poignard. Gl. *Quinivetus*.

QUENNE, Mesure ou vase contenant des liqueurs. Gl. *Quenna*.

QUENNETTE, Bobine. Gl. *Quaneta*.

QUENOISTRE, Connaître, s'instruire. Gl. *Mediare*, 1.

QUENS, Comte. *Quens-Palais*, Comte du palais. Gl. sous *Comes*, 2. pag. 810. [Voyez Rayn. tom. 11, pag. 453¹, au mot *Coms*, Orell, pag. 18. Chron. des ducs de Norm.]

QUENTON, Coin, encoignure. Gl. *Quantonus*.

QUERELENT, Instrument de labourage, p. e. Le soc ou le coutre d'une charrue. Gl. *Querellus*.

QUERELLE, Procès; d'où *Querellères*, Plaideur. Gl. *Querela*.

QUEREUX, Celui qui va cherchant; du verbe *Querre*, Chercher. Gl. *Quœsitor*.

QUERIER, Juge des causes civiles, espèce d'échevin ou conseiller de ville. Gl. *Cora*.

QUERIMONIE, Plainte en justice. Gl. *Querimonia*.

1. QUERIR, [QUERRE] Rechercher, faire une enquête. Gl. *Quœrere*. [Voyez Orell, pag. 180, Rayn. tom. v, pag. 17¹, au mot *Querer*.]

2. QUERIR, Lever une taille, un impôt et toute espèce de droit. Gl. *Quœstare*, sous *Quœsta*.

QUERNEAU, Creneau; d'où *Querneler*, Creneler. Gl. *Quernellus*.

QUEROLE, pour CAROLE, Danse. Gl. *Carola*, 2.

QUERROY, Chemin public, grand chemin. Gl. *Quarrum*.

* 1. QUERS, Chœur. Chronique des ducs

de Normandie. Voyez Rayn. t. II, p. 479¹, au mot *Cor.*

* 2. **QUERS**, Cœur. Flore et Jeanne, pag. 22 : *Ki est de la mesnie vostre pere li plus courtois quers ke on sache.* Voyez le Glossaire sur la Chron. des ducs de Norm. aux mots *Queor, Quor.*

QUERTINE, Crue d'eau, débordement. Gl. *Cretina.*

QUESNE, Prononciation picarde, Chêne. Gl. *Casnus.*

QUESTABLE, **QUESTAU**, Celui qui est sujet à la taille, appelée *Queste.* Gl. *Questales,* sous *Questa.*

1. **QUESTE**, Taille, sorte d'aide, demandée par les seigneurs dans certains cas; d'où *Quester,* Lever cette taille. Gl. sous *Questa.*

2. **QUESTE**, Petit coffre où l'on met son argent et ce qu'on veut le mieux garder. Gl. *Quæstus,* 2.

QUESTEAU, Coffret ou la partie d'un grand coffre où l'on met son argent. Gl. *Quæstus,* 2.

QUESTION, Procès, différend. Gl. *Quæstio,* 2.

QUESTON, Coffret ou la partie d'un grand coffre et armoire où l'on met son argent. Gl. *Quæstus,* 2.

QUESTRESSE, Quêteuse. Gl. *Quæstrix.*

1. **QUESTRON**, Bâtard, le fils d'une prostituée. Gl. *Quæstuarius,* 2. [*Questre,* Roman de Renart, tom. I, p. 17, vers 450.]

2. **QUESTRON**, Coffret ou la partie d'un grand coffre et armoire où l'on met son argent. Gl. *Quæstus,* 2.

QUETAIGNE, Sorte de droit, p. e. Celui du cinquième dans les fruits d'une terre. Gl. *Quintana,* 2.

QUETIF, Captif. Gl. *Captivare,* 2.

QUEVAGE, pour **CHEVAGE**, Capitation, ou chef-cens. Gl. *Quevagium.*

QUEVAL, en Picardie, pour Cheval. Gl. *Passiagiarius.*

QUEVALART, Cavalier. Gl. *Quavalgata.*

QUEUDRE, Coudre. Gl. *Digitabulum.*

1. **QUEUE**, Certain défaut dans la texture des draps. Gl. *Quauria.*

2. **QUEUE**, Pierre à aiguiser couteaux et autres outils. Gl. *Quauria.*

QUEVERON, prononciation picarde, Chevron. Gl. *Quevro.* De même

QUEVÉS, pour Chevet. *Quevés d'un moulin,* L'écluse d'où part l'eau qui fait tourner le moulin. Gl. *Caput molendini,* sous *Caput.*

QUEUGNIETE, Petite coignée ou hache. Gl. *Cugnieta.*

QUEULDRE, Coudre. Gl. *Digitarium.*

QUEVREFEU, Couvre-feu, le signal de la retraite pour le soir. Gl. *Ignitegium.*

QUEURIE, Espèce de bière. Gl. *Couta,* 1.

QUEUTILIER, **QUEUTILLIER**, Tisserand de coutis, qu'on appelait *Queutis.* Gl. *Quiltpoint.*

* **QUEUVENT**, Couvent, reposent. Guill. Guiart, t. II, pag. 336, vers 8724 (17705). *Queuvrent,* Couvrent, tom. I, pag. 148, vers 3319, etc.

1. **QUEUX**, Cuisinier. *Grand Queux,* Ancien grand officier de la couronne. Gl. *Coquus.* [Voyez Rayn. tom. II, pag. 504², au mot *Coc.*]

2. **QUEUX**, [**QUEUZ**, Pierre à aiguiser

couteaux et autres outils. Gl. *Quauria.*

QUIADE, Pot à l'eau, petite cruche. Gl. *Quiada.*

* **QUIAUT**, Cueille. Roman de Renart, tom. II, pag. 355, vers 19272.

QUICAUDAINE, **QUICAUDANNE**, Certain ustensile de ménage. Gl. *Quicaudaina.*

QUIDEL, Sorte de filet, engin propre à la pêche. Gl. *Quidelus.*

QUIEMEZ, Chef-lieu, principal manoir. Gl. *Caput mansi,* sous *Caput,* 3.

QUIERRE, Carne, angle. Gl. *Cornerium,* 1. [Guill. Guiart, tom. I, p. 148, v. 3317 :

Qui entr'eus gietent grosses pierres
  Dars et quarriaus à trenchanz quierres.]

QUIEUÇON. VIN DE LOR QUIEUÇON, De leur cru, de leur propre fonds. Gl. *Roagium,* sous *Rotaticum.*

QUIEVETAINE, Capitaine, chef. Gl. *Cheuptanus.*

QUIEUTE, Matelas, lit de plume. Gl. *Couta,* 1.

QUI-FERY, Jeu où l'on doit deviner celui qui a frappé, et qu'on appelle *Mainchaude.* Gl. *Palma,* 4.

QUI-FUIT, Expression latine employée dans les chartes françaises, en parlant d'un mort. Gl. *Qui-fuit.*

QUIGNET, Coin, angle. Gl. *Cugnus,* 2.

QUIGNON, Coin, angle, la partie de la tête appelée tempe. Gl. *Cornetum,* 1, et *Cugnus,* 2.

QUILLER, Jouer aux quilles. Gl. *Quillia.*

QUING, Coin, morceau de fer qui sert à frapper les monnaies. Gl. *Quonius.*

QUINIGUETE, Espèce de corde. Gl. *Quinale.*

QUINQUART, Sorte de monnaie, valant p. e. cinq deniers. Gl. *Quinquarius.*

QUINQUE, Billard, mail. Gl. *Quinque.*

QUINQUENELLE, Délai de cinq ans qu'on accorde quelquefois à un créancier. Gl. *Quinquenella.*

***QUINT** NATUREL ET COUTUMIER. Gl. *Quintum,* 4.

1. **QUINTAINE**, Droit seigneurial, p. e. Celui qu'on payait pour vendre du vin pendant un certain temps. Gl. *Quintayna.*

2. **QUINTAINE**, Sorte de jeu et d'exercice militaire, qui consistait à frapper d'une lance assez adroitement une figure d'homme armé, pour éviter le coup qu'on en recevait quand on ne la frappait pas comme il faut; la figure même. Gl. *Quintana,* 3. [Gérard de Vienne, v. 365 et suiv. Aubri, pag. 158². Renart le Nouvel, t. IV, pag. 137, vers 306. Voyez Rayn. tom. V, pag. 26², au mot *Quintana,* ci-dessus *Cuitainne.*]

QUINTARIEUX, Joueur de guitarre. Gl. *Quinternizare.*

QUINTE, Banlieue, dont l'étendue était de cinq milles, ou qui était composée de cinq villages. Gl. *Quinta,* 1.

QUINTER, Donner la cinquième partie de quelque chose. Gl. *Quintum,* 4.

QUINTERE, Terre, dont on rendait le quint des fruits au propriétaire. Gl. *Quinteria.*

QUINTIER, Celui qui administre les biens d'une église ou d'un hôpital. Gl. *Quinterius,* 2.

1. **QUINTOIER**, Disposer du quint d'un propre. Gl. *Quintum,* 4.

2. **QUINTOIER**, Payer le quint en sus du cens qui est dû. Gl. *Quintum,* 4.

3. **QUINTOIER**, Faire la quinte en musique. Gl. *Disoantus.*

QUINZENIER, Officier qui commande quatorze hommes. Gl. *Quindenarius.*

QUIQUELIKIKE, Le cri du coq, pour désigner quelque personnage impertinent. Gl. *Archidiaconus.*

QUIRÉE, Sorte d'habillement militaire fait du cuir d'un buffle. Gl. *Quirée.*

QUIRIELLE, pour **KYRIELLE**, Façon de parler pour désigner tous les Saints, et une longue suite de quelque chose. Gl. *Kyrieles.*

* **QUIRIER**, Garnir de cuir. Renart le Nouvel, tom. IV, pag. 162, vers 948 :

Un pont...
Li rois l'avoit tout fait quirier
De quir bouli.

Pag. 163, vers 976 :

Un castiel...
A trois etages et quirié
De cuirs taués.

Pag. 157, vers 842 :

Il estoit enclos de trois murs
Et de fossés quiriés, tous plains
D'aighe, etc.

* **QUIT.** Aubri, v. 96. Chastel. de Couci, vers 1117. Voyez *Cuider.*

* **QUITANCE**, Abandon, don, concession. *En quitance,* sans retour. Chron. des ducs de Normandie. Liberté, exemption. Partonop. vers 6557 :

Qu'il aient pes de tote rien
Et de costume la quitance,
C'est une rien qui foire avance.

* **QUITE**, Quitte, exempt, absous, entier. Garin le Loher. tom. I, pag. 137, 145. Voyez *Cuites.*

* **QUITEMENT**, Entièrement. Chron. des ducs de Norm.

QUITIER, Donner quittance, exempter, céder, se désister. Gl. *Quietare,* sous *Quietus.* [Abandonner, délaisser, tenir quitte. Garin le Loher. tom. I, p. 8. Voyez Rayn. t. V, pag. 231, au mot *Quitar.*]

* **QUIVERT**, Aubri, vers 64. Voyez *Cuivert.*

QUOEZ, Qui a une queue. Gl. *Caudatus.*

QUOIFE, pour **COIFE**, Bonnet, calotte. Gl. sous *Juramentum.*

* **QUOINTISE**, Chastel de Couci, v. 157. Voyez *Cointise,* 2.

* **QUOINTOIER (SE)**, Chastel. de Couci, vers 1328. Voyez *Cointoier,* 2.

QUOIS. ESTRE AU QUOIS, Être libre de faire ce qu'on veut. Gl. *Quietus.* [*Quoi, Quoiement,* Tranquille, tranquillement. Chron. des ducs de Normandie.]

QUOITOUSEMENT, Secrétement, en cachette. Gl. *Coëtus.*

QUOITRON, Bâtard, le fils d'une femme prostituée. Gl. *Quæstuarius,* 2.

* **QUOQUART**, Vaniteux, glorieux. Fabliaux, Jubinal, tom. II, pag. 94 :

Trop haut monte com quoquart,
Chéoir faudra jus Regnart.

QUOQUBINAIGE, pour Concubinage. Gl. *Concubinarius.*

QUOQUE, Quoquet, Sorte de bateau ou vaisseau. Gl. *Coccha*.

QUOQUEBERS, Sot, nigaud, impertinent. Gl. *Coquibus*.

QUOQUILLE, pour Coquille. Gl. *Gambarus*. [Chastel. de Couci, vers 1536. *Quoquillette*, vers 1432.]

QUOQUILLON, Certaine quantité de lin, p. e. une poignée. Gl. sous *Coquilus*.

QUOQUIN, pour Coquin, Mendiant, vagabond. Gl. *Coquinus*.

QUOREIL, Verrou, barre; d'où *Quoreiller*, Fermer une porte d'un verrou ou d'une barre. Gl. *Vectare*.

QUORON, Coin, encoignure, angle. Gl. *Coronnus*.

QUOT. Droit de Quot, Taille, qu'on impose pour payer les messiers qui gardent les moissons et les vignes, à raison de la quotité des terres que chacun a. Gl. *Cotus*, 1.

QUQUERMESSE, Dédicace ou la fête du patron d'une église. Gl. *Dedicatio*.

RAB   RAB   RAC

RAAINDRE, Racheter, payer la rançon. Gl. sous *Redimere*, 2. [Rançonner, mettre à rançon : Roi Guillaume, pag. 162 :

    S'ont mes homes pris et raains.

Voyez le Glossaire sur la Chron. des ducs de Norm. aux mots *Raeinst*, *Raeinz*, *Raensist*. Partonop. vers 1536 :

    Qui nos raient de mort à vie.

Variante *Raaint*.]

RAAMBER, Racheter, faire le retrait d'une terre. Gl. sous *Redimere*, 1.

1. **RAAMIR**, Alléguer en justice une raison pour s'excuser de ne s'être pas rendu à un jour assigné. Gl. *Ratiocinare*, sous *Ratio*, 1.

2. **RAAMIR**, Racheter. Gl. *Redimere*, 2.

RAANCLE, Râlement; d'où *Raancler*, Râler. Gl. *Ragalon*. [Voyez Roquefort, aux mots *Raanclé* et *Raancler*, Orell, pag. 286.]

RAANÇON, Rachat, retrait d'une terre. Gl. sous *Redimere*, 1.

RAAQUE, Mare, amas d'eau bourbeuse. Gl. *Rachia*.

RABACE, Sorte d'instrument pour la pêche. Gl. sous *Rabacia*.

RABACHE, Vêtement qui couvre les jambes et les cuisses, haut-de-chausses. Gl. *Raba*.

RABALE, Sorte d'outil. Gl. *Rabala*.

RABARDAUS. Miracle de la sainte Vierge, Chron. des ducs de Normandie, tom. III, pag. 525, vers 472 :

    Des plus sages font rabardeaus.

Vers 500 :

    Clamais tot quite as rabardaus
    Et les fardeaus et les cordeles.

Rabardel, Tapage. Roquef. Supplém.

RABAS, Rabais, diminution. Gl. *Rabatere*.

RABASSE, Gaude, plante pour teindre en jaune. Gl. *Rabacia*.

RABASTER, comme *Rabater*. Chron. des ducs de Norm. t. III, p. 36, v. 32806. Voyez Rayn. tom. v, pag. 272, au mot *Rabasta*.

1. **RABAT**, Lutin, esprit follet. Gl. *Rabes*.

2. **RABAT**, Relais, retraite d'un mur. Gl. sous *Rabattere*. [G. Guiart, t. 1, p. 77, vers 1357 :

    Mangonniaus refont fière noise
    Là où foudres du rabat issent.]

3. **RABAT**, Sorte de jeu. Gl. sous *Rabattere*.

4. **RABAT** Jour, Le jour tombant, sur le soir. Gl. sous *Rabatere*.

RABATEMENT, Rabais, déduction. Gl. *Rabatere*.

RABATER, Lutiner, faire un bruit extraordinaire. Gl. *Rabes*.

RABATTRE, Biffer, révoquer, abolir. Gl. *Rabatere*.

1. **RABE**, Le gras de la jambe, le mollet. Gl. *Raba*.

2. **RABE**, Rabbe, Navet, espèce de rave. Gl. *Raba*.

RABET, Instrument de musique, p. e. Harpe, luth. Gl. sous *Rabes*.

RABETE, Navet, espèce de rave; ou p. e. Gaude, plante pour teindre en jaune. Gl. *Rabea*.

RABIDER, Accourir. G. Guiart, t. II, pag. 202, vers 5236 (14215) :

    Flamens de l'autre part rabident.

Voyez *Rabine*.

RABIÈRE, Champ semé de *Rabes* ou navets. Gl. *Rabina*.

1. **RABINE**, Espèce de bois qu'on n'a pas coutume d'émonder. Gl. *Raboinus*.

2. **RABINE**, Rapidité, course, galop. Chron. des ducs de Normandie. Voyez *Ravine*, et Rayn. tom. v, pag. 431, au mot *Rabina*.

RABINOS, Rapide. Chron. des ducs de Norm. *Rabinosement*, Partonop. v. 9727 :

    Il laissent corre les cevals...
    Tost vont et rabinosement.

RABOLDERIE, p. e. La place où l'on jouait à la soule, appelée *Rabote*. Gl. *Rabolderia*.

RABOT, Fourgon. Gl. *Rotabulum*, 2.

RABOTE, Soule, espèce de jeu de balon. Gl. *Rabolderia*.

RABRIVER, Se retirer fort vite, s'enfuir à bride abattue. Gl. *Abreviare*. [G. Guiart, tom. 1, pag. 288, vers 6828, t. 11, p. 200, vers 5159 (14147). Voyez *Abriever*, 1.]

RABROUÉE. Jouer aus Rabrouées, C'est lorsqu'on ne joue point d'argent, et que celui qui perd en est quitte pour quelques injures qu'on lui dit en badinant. Gl. sous *Rabolderia*.

RABUQUIER, Faire beaucoup de bruit. Gl. sous *Rabes*.

RAC, Certain droit de la terre de Péquigny. Gl. *Quactum*.

RACACHER, Ramener. Gl. *Racachare*.

RACAMAZ, Etoffe brodée. Gl. *Racamas*.

1. **RACATER**, Racheter, procurer. Roi Guillaume, p. 67. Voyez Roquef. et Rayn. tom. 11, pag. 2752, au mot *Recaptar*.

2. **RACATER**. Voyez *Rachater*.

RACH, Souche. Gl. sous *Racha*, 3.

RACHACIER, Séparer l'or ou l'argent de l'alliage des monnaies. Gl. *Racachare*.

RACHAPLER, Recommencer le combat. Gl. sous *Capulare*.

RACHASSIER, Séparer l'or ou l'argent de l'alliage des monnaies. Gl. *Racachare*.

RACHAT, Droit dû au seigneur à chaque mutation de propriétaire d'un fief; d'où *Rachater*, Payer ce droit. Gl. *Rachetum*.

RACHATER, Racater, Appeler, pour Requêter? Voyez Halliwell, au mot *Rechase*, ou Rayn. tom. 11, p. 3152, au mot *Rechantar*, Faire écho, répéter, resonner. Chanson de Roland, stance, 136, vers 4 :

    Sunent cil graisle e derere e devant
    Et tuit rachatent encuntre l'olifant.

Stance 230, vers 4 :

    Il est mult proz ki sunet l'olifant
    D'un graisle cler racatet ses cumpaignz.

Partonop. vers 1811 :

    Après disner a le cor pris
    C'on ot al dois devant lui mis,
    Bien fait le voit et moult aate,
    Passe les prés et s'en racate.

Voyez vers 1790.

RACHATEUR, Receleur. Gl. sous *Rachaciare*.

1. **RACHE**, Mesure de grain, la même que la rasière. Gl. *Rascia*, 1.

2. **RACHE**, Gale, teigne. Gl. *Porrigium*.

RACHEAU, Souche. Gl. sous *Racha*, 3.

RACHERON, Crachat tiré avec effort. Gl. *Sputaculum*.

RACHETEUR, Receleur. Gl. sous *Rachaciare*.

RACHIER, Cracher avec bruit et effort. Gl. *Rascare*.

RACHINER, Prendre racine. Roi Guillaume, pag. 95.

RACIEN, Monnaie de Reims. Gl. *Remensium archiepiscorum denarii*, sous *Moneta Baronum*.

RACIMAL, Cep, pied de vigne. Gl. sous *Racemus*.

RACION, Prébende ou bénéfice ecclésiastique; d'où *Racionnier*, Celui qui en est pourvu. Gl. *Rationarius*, 2.

RACLORE, Refermer; il se dit d'une plaie qui se guérit. Gl. *Reclaudere*, 3.

RACLUTER, Racler. Gl. *Frustrare.*

RACOINTEMENT, p. e. pour RACOMTEMENT, Rapport d'experts, procès verbal. Gl. *Raportus*, 1.

RACOINTIER, S'est dit du commerce trop libre entre un homme et une femme; terme obscène. Gl. *Cointises*.

RACOISER, Apaiser, rendre *coi* et tranquille. Gl. *Coëtus*.

RACOMPTE, Récit, histoire. Gl. *Recensere.*

RACONSSER, Cacher, dérober à la vue des autres. Gl. *Reconsus*.

RACOUPPI, Le mari dont la femme a fait plus d'une infidélité. Gl. *Copaudus*.

RACROC, RACROQ, Repas de noce ou de la fête du patron d'une église. Gl. *Receptum*, 1.

RACROUPIR, Abaisser, humilier, rendre petit. Gl. *Acroupi.*

RACUSER, Rapporter. Gl. *Accusio.*

RADE, Vif, alerte, gai, ardent. Gl. *Rada*, 2. [Partonop. vers 7301 :

Et cil de Murce et de Gernade
Gens orgellose et fors et rade.

Renart le Nouvel, tom. IV, p. 145, v. 501:

Et comme rade et fort destrier.

Pag. 157, vers 843 :

Et de fossés quiriés, tous plains
D'aighe rade.

Rutebeuf, tom. II, pag. 239 :

La rivière
Qui est coranz et rade et fière.]

* **RADEI**, Courant, rapidité de l'eau. Chron. des ducs de Norm. tom. II, p. 209, vers 21524, pag. 212, vers 21597. *Rador*, Roquef.

RADEMENT, Avec roideur, avec violence. Gl. *Fracha*. Voyez *Rade*. [Chastel. de Couci, vers 1183 :

Les chevaùs radement brocièrent
Et si roidement s'aquointierent, etc.]

RADIER, Espèce de madrier. Gl. *Dyaputa.*

RADOS, Ce qui pare du vent et d'autres injures du temps. Gl. *Redorsare.*

RAEMBERES, Rédempteur. Gl. *Redimere*, 2.

RAEMBIER, Rançonner, exiger injustement de l'argent. Gl. *Redimere*, 2.

RAEMBRE, Racheter. Gl. *Redimere*, 2.

RAEMPLAGE, Addition, supplément. Gl. *Implagium*, 2.

RAEMPLANCE, Accomplissement, perfection. Gl. *Implementum.*

RAENCHON, Rançon. Gl. *Ranso.*

RAENSONEUR, Qui rançonne, pillard. Gl. *Ranso.*

RAENTION, Rançon. Gl. *Ranso.*

RAFAITIER, S'est dit du commerce trop libre entre un homme et une femme; terme obscène. Gl. *Reffianus.*

RAFFARDE, Raillerie, moquerie, dérision; d'où *Raffarder*, railler, se moquer. Gl. *Raffarde.*

1. **RAFFLE**, Sorte de jeu de hasard. Gl. *Raffla.*

2. **RAFFLE**, Gale, croûte d'une plaie. Gl. *Raffla.*

RAFOUR, Four à chaux. Gl. *Rafurnus.*

RAGENLIE, p. e. Terre dont on a fait les couvrailles. Gl. *Rengellagium.*

1. **RAGER**, p. e. pour RAYER, Couler. Gl. *Rigare*, sous *Riga*, 4.

2. **RAGER**, Se dit d'un enfant, qui remue dans le ventre de sa mère. Gl. *Ragunare.*

3. **RAGER**, Être de mauvaise humeur, se fâcher. Gl. *Guerriggiare*, sous *Guerra.*

RAGIER, p. e. Celui qui arrache les souches des arbres abattus. Gl. sous *Racha*, 3.

RAGLORE, Prévôt. Gl. *Raglorium.*

RAGOTE, Injure, reproche offensant. Gl. sous *Ragazinus.*

RAGUOT, Cochon de lait. Gl. *Ragazinus.*

* **RAI**, Rayon. Roi Guillaume, pag. 49 :

J'oï l'escrois, si vi le rai.

Voyez la Chron. des ducs de Norm., le Dictionn. de l'Acad. au mot *Rais*, et ci-dessous *Rais*, 2.

* **RAIANSON**, Rançon. Gérard de Vienne, vers 779.

RAIEMBRE, Racheter, payer sa rançon. Gl. *Redimere*, 2.

RAIEN, Barreau de fer ou de bois. Gl. *Ericius*, 2.

RAIER, Couler. Gl. *Rigare*, sous *Riga*, 4. [*Raer*, Roman de Renart, tom. IV, p. 14, vers 353. Voyez le Glossaire sur la Chron. des ducs de Norm. *Raiier*, Projeter des rayons. Renart le Nouvel, t. IV, p. 227 :

Dusqu'au matin c'on vit raiier
Le soleil.

Voyez *Reer*.]

* **RAIERE**, Raie. Roman de Renart, t. I, pag. 51, vers 1327 :

Entre deus piex en la raiere
Estoit alé en la poudrière.

RAIGNAUBLE, Raisonnable, équitable, juste. Gl. *Rationabilis*, 2.

RAIGNER, Plaider, défendre en justice. Gl. *Ratiocinare*, sous *Ratio*, 1.

RAILLE, Raillerie, dérision. Gl. *Trufare.*

RAILLER, Badiner, folâtrer avec une fille. Gl. sous *Contemporare.*

RAILLON, Espèce de flèche; d'où *Raillonnade*, Le coup de cette flèche. Gl. *Raillo.*

RAIM, Branche d'arbre. Gl. *Rama*, 1. [Voyez le Glossaire sur la Chron. des ducs de Norm. aux mots *Raim*, *Rains* et *Rainz*. *Rainme*, Chansons historiques, t. I, préface, p. 47 :

Vante l'oré et la rainme crollet,
Ki s'antrainme souéif dormet.

Roi Guillaume, p. 142 :

Un cerf qui XVI rains avoit.

1. **RAIMBRE**, Racheter. Gl. *Redimere*, 2.

2. **RAIMBRE**, Faire faire la grosse d'un contrat ou d'un bail. Gl. *Redictare.*

RAIME, Ramée, fagot de branches d'arbre. Gl. sous *Rama*, 1.

1. **RAIN**, Branche d'arbre. Gl. *Rama*, 1. [Voyez *Raim*.]

2. **RAIN**, Bord d'un bois. Gl. *Raina.*

RAINCHE, Bâton. Gl. *Rama*, 1.

RAINDRE, Racheter. Gl. *Redimere*, 2.

RAINNEL, Petite branche d'arbre ou d'arbrisseau. Gl. *Rama*, 1.

RAINSEL, Le même. Gl. *Rama*, 1. [*Raimsel*, Laborde, pag. 190 :

D'un raimsel
Ot fet chapel.]

RAINSER, Battre, donner des coups de bâton à quelqu'un. Gl. *Rama*, 1.

RAJOUVENIR, Rajeunir. Gl. *Rejuvenescere.*

RAIRE, Raturer, effacer. Gl. *Radiare.*

1. **RAIS**, Capitaine, nom d'office et de dignité en Syrie. Gl. *Radiola.*

2. **RAIS**, Rayon, bâton d'une roue. Gl. *Radiola.* Voyez *Rai.*

* 3. **RAIS**, RAIS, RAIZ, Racine. Partonop. vers 307 :

Maus fruis ist de male rais.

G. Guiart, tom. I, pag. 11, vers 146 :

De la rais jusques en la cime.

Voyez *Rayn*. tom. V, pag. 29², au mot *Radiz*, et la Chron. des ducs de Norm.

RAISE, Expédition militaire, incursion sur une terre ennemie. Gl. *Reisa*, 1.

RAISIAU, Réseau, filet. Gl. *Reticula.*

RAISINER, Boire du vin. Gl. *Racemus.*

* **RAISNABLE**, Raisonnable; *Raisnablement*, Raisonnablement. Chron. des ducs de Norm.

RAISNER, Plaider, défendre en justice. Gl. *Ratiocinare*, sous *Ratio*, 1. [Parler. Voyez *Araisonner*, 1. Laborde, pag. 188 :

Je la saluai plus bel
Que je poi raisnier.]

RAISON, Compte. *Livre des Raisons*, Livre de compte. Gl. *Ratiocinium.*

RAISONNABLE, Ce qui est dans un juste milieu. *Cochon raisonnable*, qui n'est ni gras ni maigre. Gl. *Rationabilis*, 1.

RAITER, Accuser, appeler en justice. Gl. sous *Rectum.*

RAIZÉ, Fossé, canal, conduit d'eau. Gl. *Rasa*, 1. [Voyez *Raque.*]

RALER, Retourner, s'en aller. Gl. *Retornare*, 1.

RALER ARIERE, Manquer à un engagement. Gl. *Retrogracidare.*

RALIANCE, Association. Gl. *Ralliare.*

RALIJER, Ralliement. Gl. *Fuga*, 3.

RALOUER, Remettre quelque chose en sa place, par ex. un couteau dans sa gaîne. Gl. *Relocare*, 2.

RAM, pour Rapt, Le droit de connaître de ce crime. Gl. *Ratus*, sous *Raptus*, 1.

1. **RAMAGE**, Sauvage, qui n'est point apprivoisé; d'où *Fillé Ramage*, qui fuit le monde et cherche la retraite. Gl. *Ramagii.* [Voyez le Glossaire sur la Chronique des ducs de Normandie.]

2. **RAMAGE**, Droit qu'on paye au seigneur pour pouvoir prendre ou ramasser les branches d'arbre dans ses bois. Gl. *Ramagium.*

3. **RAMAGE**, Parenté, le parent même en ligne collatérale. Gl. *Ramagium.*

4. **RAMAGE**. CERS RAMAGES, Qui a son bois. Gl. *Ramagius cervus.*

RAMAGEUR, Garde forestier, ou celui qui recevait le droit appelé *Ramage*. Gl. *Ramagium.*

RAMANTEVOIR, RAMANTOIR, Faire souvenir, rappeler en mémoire. Gl. *Rementus.*

RAMASSIERE, Sorcières, qui s'imaginaient aller au sabbat sur un *ramon* ou balai. Gl. *Ramazuræ.*

RAMBRE, Faire faire la grosse d'un contrat ou d'un bail. Gl. *Redictare*.

1. **RAMÉ**, Qui a beaucoup de branches. Gl. *Ramalum*. [Garin le Loher, tom. 1, pag. 19, 97, Jubinal, Fabliaux, tom. 11, pag. 28.]

2. **RAMÉ**. CERS RAMÉS, Jeune cerf à qui le bois commence à pousser. Gl. *Ramagius cervus*.

1. **RAMÉE**, Façon de prendre du poisson avec de la ramée. Gl. *Ramea*, 2.

2. **RAMÉE**, Gort, pêcherie. Gl. *Rameda*.

* **RAMEISSIAUS**, Petits rameaux. Chron. des ducs de Normandie.

RAMENBRER, Se ressouvenir, rappeler à sa mémoire. Gl. *Remembrantia*. [Garin le Loher. tom. 1, pag. 12. *Ramenbrance*, Partonop. vers 440.]

RAMENDEUR, Ouvrier qui raccommode et répare les choses qui en ont besoin. Gl. *Remendator*.

RAMENDURE, Raccommodement, l'action de réparer ce qui est en mauvais état. Gl. *Remendator*.

RAMENTEVOIR, Rappeler à la mémoire. Gl. *Rementus*. [Wackernagel, pag. 43, Orell, pag. 134.]

RAMENTEUR, Celui qui donne un avis, qui fait souvenir. Gl. *Rementus*.

RAMEURE, Le châssis d'une herse. Gl. *Rameria*.

RAMEUX, Rempli de broussailles et de mauvaises herbes. Gl. *Rameria*. [*Uis rameus*, Chastel. de Couci, vers 5845. Voyez *Ramisse*.]

RAMIER, Terre inculte, pleine de broussailles. Gl. *Ramerius*. [Chastel. de Couci, vers 5906.]

RAMILLE, Petite branche d'arbre. Gl. *Ramilia*.

RAMIS, Le même. Gl. *Ramiculus*.

RAMISSE, Clôture faite de petites branches d'arbre. Gl. *Ramilia*.

RAMOISIN, Sorte de monnaie romaine. Gl. *Romesina*.

RAMOISON, Branche d'arbre. Gl. *Ramiculus*.

RAMONCHELER, Relever un bâtiment qui était trop bas. Gl. *Amulgare*.

* **RAMONER**, Balayer. Rutebeuf, tom. 11, pag. 234 :

Il n'i a chambrete petite
Qui ne soit si bien ramonée
Que j'a poudre n'i ert trovée.

RAMONNURES, Balayures, immondices, ordures. Gl. *Ramazuræ*.

RAMPAILLE, Sorte de peau dont on garnissait les habits. Gl. *Rampa*.

RAMPAS, Pâques fleuries, Le dimanche des Rameaux. Gl. sous *Ramus*, 4.

RAMPONE, RAMPOSNE, RAMPOSNE, Raillerie, moquerie, dérision ; d'où *Ramponier*, *Ramponner* et *Ramposner*, Railler, se moquer, rire de quelqu'un. Gl. *Rampogna*. [*Rampodner* (lat. illudere) 3 Livre des Rois, ch. 18, vers 27, pag. 327. *Ramprosnant*, Partonop. vers 7967. *Ramproné*, Roman de Renart, tom. 111, pag. 49, vers 21073, tom. 1v, pag. 130, vers 162. *Ramposner*, Laborde, pag. 194. Jubinal, Fabliaux, tom. 11, p. 23. *Ramposné*, Mantel Mautaillié, vers 625. *Ramponeiz*, Gérard de Vienne, vers 1405. *Ramponé*, Ro-

man de Renart, tom. 111, p. 33, v. 20641. *Remprosner*, Chast. de Couci, vers 6212. Blâmer, faire des reproches. Voyez le Glossaire sur la Chron. des ducs de Norm. et Roquefort, aux mots *Ramprosner*, *Ramproner* et *Ranpodneiz*. Comparez ci-dessus *Podnée*.]

RAMPOS, comme RAMPAS. Gl. sous *Ramus*, 4.

RAMSEL, Rameau, branche d'arbre. Gl. *Rama*, 1.

RAMYER, Jeune et menu bois qui repousse, taillis. Gl. *Ramerium*, 2.

RANCHE, Certain bâton d'une charrette, appelé levier. Gl. *Ranchonum*.

RANCHEABLE, Qui peut retomber et récidiver aisément ; du verbe *Rancheoir*, Retomber, récidiver. Gl. sous *Recidiva*.

RANCHIER, comme RANCHE. Gl. *Ranchonum*.

RANCIEN, Monnaie de Reims. Gl. *Remensium archiepiscoporum denarii*, sous *Moneta Baronum*.

RANCŒUR, Haine cachée et invétérée qu'on garde dans le cœur. Gl. *Rancor*.

RANCONNER, Maltraiter quelqu'un, le battre. Gl. *Rancionare*.

RANCOULLI, Eunuque. Gl. *Ramix*, 1.

RANCUER, Haine cachée et invétérée qu'on garde dans le cœur. Gl. *Rancor*.

RANCUREUSES PAROLES, Qui sentent la haine et la colère. Gl. *Rancor*. [Voyez le Glossaire sur la Chron. des ducs de Norm. Rayn. tom. v, pag. 401, au mot *Rancuros*.]

RANDABLETTÉ, L'obligation de rendre ou de remettre un château ou une forteresse à la volonté du seigneur suzerain. Gl. *Reddibilitas*.

RANDE, Rente, revenu annuel. Gl. *Renda*, 2.

RANDERES, Caution, répondant. Gl. *Reddens*.

* **RANDIR**. Partonop. vers 8051 :

Partonopens le vait ferir
Quanque cevals li puet randir.

Voyez *Randonner*, sous *Randon*.

RANDON. DE RANDON, Avec force et violence, impétueusement. [Gérard de Vienne, vers 1573. Roman de Renart, tom. 111, pag. 97, vers 22405. Chastel. de Couci, vers 1127. *De tel randon*, Agolant, vers 209. *De grant randon*, vers 227. Gérard de Vienne, vers 1573. Roman de Renart, tom. 1, pag. 112, vers 2983, tom. 111, pag. 95, vers 22349; tom. 1v, pag. 199, vers 1902. Fabliaux, Jubinal, t. 1, p. 178. *A grant randon*, Roman de Renart, tom. 1, pag. 239, vers 6439. Orell, pag. 314. Voyez Halliwell, au mot *Randoun*, et Roquefort;] d'où *Randonnée*, Impétuosité. [Partonop. vers 8047 :

Escu pris et lance levée
A point une grant randonée
Que nus ne n'osse à lui joster.

Roman de Roncevaux, pag. 28 :

Trois foiz se pasme tout une randonnée.

(Partonop. vers 5170 :

Trois fois se pasme de randon.)

Renart le Nouvel, tom. 1v, p. 197, v. 1850 :

Cil dedens de grant randounée
Se deffendent.

Ogier le Danois, Chron. des ducs de Norm. tom. 1, pag. 529[2] :

Li borgois ont la grant cloche sonée
Et la petite tot d'une randonée.]

et *Randonner*, Tomber avec impétuosité sur quelque chose. [Gérard de Vienne, vers 689 :

Tant com cheval lor porent randoner.

Voyez *Randir*. Jordan Fantosme, v. 319 :

Li cheval sunt mult bon, qui desuz eus randuent.

Enfances Roland, pag. 157[1] :

Adont s'en vint vers euls quanqu'il pot randonner.

Roman de Renart, tom. 111, p. 99, v. 22468

Et li pors s'en vait randonant.]

Gl. *Randum*. [Voyez Rayn. tom. v, p. 41, aux mots *Randon*, *Randonar* et *Randunada*.]

* **RANDUNÉE**, Discours, harangue. Jordan Fantosme, vers 454 :

Si cum li quens Philipe ad fait sa randunée.

Promptuarium parvum cité par Halliwell : *Randone or long range of words*, lat. *haringa*. Voyez *Randon*.

RANGIER, Renne, bête de somme des pays septentrionaux. Gl. *Rangifer*.

RANGUILLON, Ardillon. Gl. *Rangerium*.

RANPROVER, Réprouver, rejeter. Gl. *Reprovare*.

RANSOURE, Ressort ; étendue de domaine ou de juridiction. Gl. *Ressortum*.

RAON, Bled méteil. Gl. *Rao*.

* **RAONCLE**, Maladie de la peau. Garin le Loher. tom. 1, pag. 89 :

Li rois fu moult de fort mal entrepris.
Ce est raoncles, li Loherens a dit.

Variantes : *Réancles*, *Draoncles*, *Racles*. Roman de Renart, tom. 1, p. 10, v. 241 :

Toz malades plain de raoncle.

Voyez Roquefort, aux mots *Raancler*, *Raancle*, et Gl. *Dracunculus*, *Dranculus*.

RAOUGNURE, Rognure, l'action de rogner ou couper. Gl. *Raonhare*.

RAOULLE, Rôle, mémoire. Gl. *Rotulus*, 1.

RAPAIER, Rapaiser, radoucir. Gl. *Repacificare*. [Roi Guillaume, pag. 61, 160. *Rapaiement*, Adoucissement, Wackernagel, pag. 48.]

RAPALER UN ENTREDIT, Lever un interdit. Gl. *Interdictum*.

RAPAREILLEMENT, Réparation; du verbe *Rapareler*, Réparer, rétablir. Gl. *Reparamentum*.

1. **RAPAREILLIER**, Rassembler, réunir. Gl. sous *Reparamentum*.

2. **RAPAREILLIER**, Réparer, raccommoder. Gl. *Relaxus*. [*Rapaleillier*, Chron. des ducs de Normandie.]

* **RAPARISENT**, Roman de Renart, tom. 111, pag. 2, vers 19813 :

Que nos tel chose i semisiens
Dont nos raparisent fusiens.

RAPARLER, Parler durement à quelqu'un, le maltraiter de paroles. Gl. *Arrationare*.

RAPARLIER, RAPARLLIER, Réparer, rétablir. Gl. *Reparamentum*.

RAPEAU, Renvi au jeu. Gl. *Rapiarius*.

RAPELER, Redemander, réclamer. Gl. *Rapellum*.

RAPENAL. TOISE RAPENALE, Celle dont

on se sert pour mesurer les terres. Gl. *Rapinalis.*

RAPIERE. Espée Rapiere, Sorte d'épée fort longue. Gl. *Rapperia.*

RAPINE, Certain droit seigneurial. Gl. *Rapina*, 3.

RAPLEGIER, Cautionner, répondre pour quelqu'un. Gl. *Replegiare*, sous *Plegius.*

RAPOESTIR, Rapoostir, Remettre un criminel en la puissance de son juge, pour être jugé sur le délit commis par lui dans son district; d'où *Rapoostissement*, L'action de le rendre. Gl. *Rapoostare.*

RAPORT, Cession, transport, abandon. Gl. *Raportatio.*

RAPPARELIER, Réparer, rétablir. Gl. *Reparamentum.*

RAPPEAU, Renvi au jeu. Gl. *Rapiarius.*

RAPPEAUX, pour Rappels. Gl. *Rapellum.*

1. RAPPEL, Révocation, abolition; d'où *Rappeler*, Révoquer, abolir. Gl. *Rapellum.*

2. RAPPEL, Consentement, approbation. Gl. *Rapellum.*

RAPPORT, Droit consistant dans la moitié de la dîme des terres cultivées par les laboureurs de son territoire hors de son district. Gl. *Raportus*, 2.

RAPPROXIMATION, Retrait lignager, fait à titre de proximité; d'où *Rapproximer*, Retraire à ce titre. Gl. *Reapproximare.*

RAPREPIER, s'Approprier. Gl. *Reapropriare.*

RAPROCHER, Faire un retrait à titre de proximité. Gl. *Reapproximare.*

RAQUE, Mare, fosse pleine d'eau bourbeuse. Gl. *Rachia.* [*Rasque*, Roman de Renart, tom. iv, pag. 22, vers 580. *Rasce*, vers 761. *Rasse*, vers 771. Voyez *Rase.*]

RARESCHIER, pour Rafreschir, Réparer, refaire. Gl. *Rafredare.*

RAS. Faire un Ras, Mettre le feu à un tas de bois. Gl. *Farassia.*

RASCASSE, Sorte de poisson de mer. Gl. *Scropeno.*

RASCE. Voyez *Rasque.*

RASCHER, p. e. Ranger, mettre en ordre. Gl. *Rasare*, 2.

RASE, Fossé, canal, conduit d'eau. Gl. *Rasa*, 1. Voyez *Raque.*

RASÉ, Comblé, rempli à ras. Chronique des ducs de Normandie. G. Guiart, tom. ii, pag. 265, vers 6859 (15852) :

    Voit l'autre eschièle plus prochaine
    De banières rasée et plaine.

RASEAU, Filet, bourse. Gl. *Rasellus*, 2.

RASEAU DE VIGNE, Plant de vigne long et étroit. Gl. *Rascia*, 1.

RASENER, Refrapper, donner un second coup. Gl. *Reassignare.*

1. RASER, Se ranger, s'éloigner. Gl. *Rasare*, 2.

2. RASER, Donner des couleurs brillantes à des pierres fausses. Gl. *Rasare*, 2.

RASEUR, Rasoir. Gl. *Rasorium*, 2.

RASGLER, Railler, badiner. Gl. sous *Raffarde.*

RASIERE DE VIGNE, Plant de vigne long et étroit. Gl. *Rascia*, 1.

RASINNÉ, Rapé, vin raccommodé avec des grappes de raisin. Gl. *Racemus.*

RASOTER, Devenir sot. Roi Guillaume, pag. 1256 :

    N'est mie sote
    Ceste; mais mesire rasote.

Voyez *Asoter.*

RASOUAGER, Soulager, tranquilliser. Partonop. vers 10191. Gl. *Asoagier* et *Assoager.*

RASOUR, Rasoir. Gl. *Rasorium*, 2.

RASPLEIT, Râpé. Gl. *Raspetum.*

RASQUER, Cracher avec bruit et force. Gl. *Rascare.*

RASSE. Voyez *Raque.*

RASSENER, Assigner en dédommagement. Gl. *Reassignare.* [Remettre, diriger vers. Rutebeuf, tom. ii, pag. 240 :

    Savoir se nului troveroie
    Qui me rassenast à ma voie.

Voyez *Asener.*]

RASSOLT, Absous; se dit de quelqu'un qui était excommunié. Gl. *Interdictum.*

RASTELIN, Râteau; ce qu'on ramasse au râteau. Gl. *Rastellum*, 1. [*Rasteler*, Râteler. Roman de Renart, tom. iii, pag. 4, vers 19855.]

1. RASURE, L'action de raser. Gl. *Rasio*, 2.

2. RASURE, Rature; d'où *Rasurer*, Raturer, effacer. Gl. *Rasura*, 1.

RAT, Sorte de poisson. Gl. *Uranoscopus.*

RATALENTER, Chercher à plaire. Gl. *Talentum*, 2.

RATASSELER, Raccommoder, rapiéceter. Gl. *Rasunarius.*

RATCANU, Sorte d'étoffe. Gl. *Rastacius.*

RATE, Au *prorata*, à proportion. Gl. *Rata*, 3.

RATÉ, Rongé par les rats et les souris. Gl. *Panis aliz*, sous *Panis*, 2.

RATELER, Traîner comme avec un râteau. Gl. *Rastellare.*

RATEPENADE, Chauve-souris de mer, poisson. Gl. *Erango.*

RATEPENNADE, Chauve-souris, oiseau. Gl. *Ratapennador.*

RATER, Raturer, effacer. Gl. *Rattare.*

1. RATIER, Cachot, cul de basse fosse. Gl. *Raterium.*

2. RATIER, p. e. pour Ratière. Gl. *Raterium.*

RATOURNER, Raccommoder, refaire, réparer. Gl. *Ratornare.*

RATTE. A Ratte, Au *prorata*, à proportion. Gl. *Rata*, 3.

RATURE, Raclure. Gl. *Rasura*, 5.

RAVACE, Ravine, inondation, torrent, ce que les eaux entrainent avec elles. Gl. *Raina.*

RAVAGER, Faire payer une amende. Gl. *Ravale.*

RAVAILLE, Petits poissons. Gl. *Ravanna.*

RAVALER, L'heure de relevée, l'après-dînée. Gl. sous *Hora*, 3.

RAVALOIR, Descendre. Gl. *Hoccus.*

RAVARAT, Sorte de bâton en Auvergne. Gl. *Ravale.*

RAUDE, p. e. Territoire, district. Gl. *Rodium.*

RAUDER, Rire, badiner, railler; d'où *Rauderie*, Badinage, raillerie. Gl. *Rauderius.*

RAVERLON, Espèce de faucille. Gl. *Falcetus.*

RAVIESTIR, Revêtir, mettre en possession. Gl. *Revestire*, 1. [Flore et Jeanne, pag. 14, 15.]

RAVINE, Vitesse, impétuosité, rapidité. Gl. *Raina.* [Renart le Nouvel, tom. iv, pag. 217, vers 2379 :

    Cele part s'en vient la roïne
    Sour un palefroi de ravine.

Pag. 241, vers 2917 :

        Ermeline
    Feme Renart, de grant ravine
    Le siut.

Voyez *Rabine*, 2.]

RAVISER, Raviser, Reconnaître. Enfants Haymon, vers 488 :

    Quant la duchesse ouit son fils Regnault parler
    Adonc ne le pot pas od ce mot raviser.

Vers 691 :

    Bien les va ravisant.

Agolant, pag. 173² :

    Là où li uns l'autre va ravisant.

Chastel. de Couci, vers 6654 :

    Et voit le mercier
    Qu'à paines povoit ravisier.

RAVIVRE, Faire revivre, rétablir. Gl. *Revivere.*

RAVOIER, Ramener, remettre dans la voie. Gl. *Reviare.* [Consoler. Voyez *Avoyer*, 2. Rutebeuf tom. ii, pag. 241 :

    Qui mon corage ravoia
    A hardement et à proéce.

Laborde, pag. 156 :

    Que quant sont grevé
    Tant bel les ravoie.

Pag. 207 :

    Courtoisement
    Et gentement
    Chascuns d'els me ravoie.]

RAVOILLE, Grenouille, ou espèce de crapaud. Gl. *Ravola.*

RAVOIR, Ravine, inondation, torrent, ce que les eaux entraînent avec elles. Gl. *Raina.*

RAUSE, Rausier, Roseau, glaïeul. Gl. *Rausca* et *Rusis.*

RAUSER. Voyez *Reüser.*

RAYER, Rayonner, luire, rendre des rayons de lumière. Gl. *Radiascere.*

RAYERE, Écluse. Gl. *Raeria.*

RAYME, Rame de papier. Gl. *Rama*, 3.

RAZAT, Mesure de grain, rasière. Gl. *Razus.*

RAZE, Fossé, canal, conduit d'eau. Gl. *Rasa*, 1, et *Raza*, 2. Voyez *Rasque.*

RAZIS, Sorte de gâteau. Gl. *Razel.*

1. RE, Roi. Chronique des ducs de Norm.

2. RE, Bûcher. Flore et Blancefl. vers 2924 :

    Là ont trois serf espris un ré.
    Il les a fait andeus mener,
    El fu les commande à jeter.

Partonop. vers 359, 7702. Voyez le Glossaire sur la Chron. des ducs de Norm.

REAGE, Raie, sillon. Gl. *Rega.*

REAGIER, pour Ravager, Lever une amende. Gl. *Ravale.*

REALME, Royaume. Gl. sous *Moneta.*

REALMENT, Réellement, en effet. Gl. *Realiter.*

REANT, Racheté. G. Guiart, tom. ii,

pag. 52, vers 1333 (10299.) Voyez *Raembre*. Rançonné ou Brûlé ? Pag. 169, vers 4112
(13098), t. 1, pag. 213, vers 5070.

REANTER, Se rappeler, se ressouvenir.
Gl. *Reappellare*.

REAULX, Monnaie de France. Gl. *Regales*, 2.

REAUTÉ, Royauté, dignité de roi. Gl.
Regalitas, 1.

REBAIS, Mépris, raillerie, dérision. Gl.
Rauderius.

* **REBALER**, Sauter, rebondir. G. Guiart,
tom. 11, pag. 383, vers 9941 :

> Quarriaus de touz costez rebalent.

REBALCHE, Bascule, cabestan, machine pour élever des fardeaux. Gl. *Rebalca*.

REBATRE, pour Rabattre, diminuer.
Gl. *Rebatum*.

REBEBE, Rebec, sorte de violon. Gl.
Rebeca.

REBENIR, Rendre le salut. Gl. *Benedicite*.

REBERBE, **REBESBE**, Rebec, sorte de
violon. Gl. *Rebeca*.

* **REBILLER**, Revenir en se précipitant.
Gl. *Biller*, 2. G. Guiart, tom. 1, p. 297,
vers 6744 :

> Girart-la-Truie là rebille.

1. **REBINER**, Donner un troisième labour à une terre. Gl. *Rebinare*.

2. **REBINER**, Polir, retoucher un ouvrage. Gl. *Rebinare*.

REBLANDIR, Demander l'agrément du
seigneur, ou des lettres de *pareatis*, pour
faire un acte de justice dans sa terre. Gl.
Reblandimentum. [Flatter, caresser, comme
Blandir. Chron. des ducs de Norm. tom. 11,
pag. 397, vers 26874 :

> De nule rien neu reblandi.

Voyez Rayn. tom. 11, pag. 224¹, au mot
Reblandir.]

REBOIS, Opposition, empêchement. Gl.
Reburns.

REBONT, Repas, festin d'un jour de fête
ou du lendemain. Gl. *Receptum*, 1.

REBORSER, Vider sa bourse. Gl. *Re-
bursare*.

REBOT, Qui est secret, caché. Gl. *Repositus*. [*A rebort*, En cachette, en secret.
Rebunt, cache. *Rebonent*, cachent. *Rebos-
taiz*, Retraites, cachettes. *Reboz*, cachés.
Chron. des ducs de Normandie.]

REBOULE, Bâton à l'usage des bouviers
et des pâtres. Gl. *Rabdus*.

REBOUQUER, Émousser, affaiblir, diminuer. Gl. *Rebusare*.

REBOURCIÉ, Fâcheux, revêche, à qui
rien ne plait. Gl. *Reburrus*.

REBOURER un **DRAP**, Le nettoyer, en
ôter les ordures. Gl. sous *Roboillium*.

REBOURS, Espèce de filet, instrument
pour pêcher. Gl. *Saurarium*.

REBOUTER, Repousser. Gl. *Botare*.

REBOUTI, Rebuté, rejeté, refusé. Gl.
Panis aliz, sous *Panis*, 2.

REBOUTURE, Raccommodage. Gl. *Re-
cauzure*.

REBRACHER, Retrousser, relever. Gl.
Rebrachiatorium.

REBRACHIÉ, Disposé et prêt à agir. Gl.
Rebrachiatorium.

REBRASSER, Retrousser, replier, relever. Gl. *Rebrachiatorium*.

REBRICHE, **REBRIQUE**, Toute espèce
d'écrit distingué par articles. Gl. *Rubricii*.

REBROCQUIER, Remettre des broquet-
tes où il en manque. Gl. *Festissare*, sous
Festissura.

REBULET, La farine dont on a ôté la
fleur. Gl. *Rebuletum*.

RECALER. En **RECALER**, En cachette,
par des voies détournées. Gl. *Recalcare*, 3.

RECAMER, Broder. Gl. *Racamas*.

RECANCHE, Rachat ou Restitution. Gl.
Recatum.

RECANER, Braire, qui se dit du cri de
l'âne. Gl. *Recantus*. [Roman de Renart,
tom. 1v, pag. 13, vers 338.]

RECANETÉ, Lieu secret et obscur. Gl.
sous *Recantus*.

RECAPTE, Ordre ; d'où *Femme de mal
Recapte*, Qui a une conduite désordonnée.
Aller à mal Recapte, Se déranger, mal administrer, mettre du désordre dans ses affaires. Gl. *Recaptare*.

RECAVERONNER, Remettre des chevrons. Gl. *Quevro*.

RECAUPER, Retrancher de nouveau.
Gl. *Discopare*.

1. **RECEANT**, Domicilié. Gl. *Resians*.

2. **RECEANT**, Vassal qui est obligé à la
résidence, et qui ne peut changer de domicile sans l'agrément de son seigneur. Gl.
Residentes.

1. **RECEIT**, Droit de gîte qu'on payait
quelquefois en argent. Gl. *Receptum*, 1.

2. **RECEIT**, Terrier, retraite de lapins et
d'autres animaux. Gl. *Receptaculum*, 2.

RECEITER, Recevoir chez soi, donner
retraite à quelqu'un. Gl. *Receptare*.

RECEIVER, Le même. Gl. *Receptare*.

RECELÉE. A **LA RECELÉE**, En cachette,
à couvert. Gl. *Randum*. [Flore et Blancefl.
vers 2622. Voyez Rayn. tom. 11, pag. 373¹,
au mot *Recelada*.]

RECELÉMENT, Secrètement, furtive-
ment, en cachette. Gl *Recelare*, 1.

RECELLOITE, Réception. Gl. *Receptum*, 1.

RECENSER, **RECENSSER**, Parler, discourir, raconter. Gl. *Recensere*. [G. Guiart,
tom. 11, pag. 291, vers 7548 (16527) :

> Mès li vilains souvent recense :
> Moult remest de ce que fol pense.]

RECEPT, Le droit qu'a un seigneur de
loger et manger chez son vassal, et qu'on
payait quelquefois en argent. Gl. *Receptum*, 1.

RECEPTABLE, Arrière-faix. Gl. *Recep-
torium*, 1.

RECEPTE, Repas de noces. Gl. *Receptum*, 1.

RECEPTER, Recevoir, donner retraite à
quelqu'un. Gl. *Receptare*.

RECEPTION, Communion, l'action de
recevoir la sainte Eucharistie. Gl. *Receptio*, 3.

* **RECERCELÉ**, Bouclé, frisé. Chants
historiques, tom. 1, pag. 17 :

> Blonde ot lo poil, menu, recercelé.

Voyez *Cercelé* et la Chronique des ducs de
Normandie, Rayn. tom. 11, pag. 381², au
mot *Recercelar*.

RECERCIER, Herser, et le temps où l'on
herse. Gl. *Recalcare*.

1. **RECET**, Lieu de retraite et de défense, château, forteresse, tour. Gl. *Receptaculum*, 1. [Lieu de refuge, asile. Partonop. vers 8988. Roi Guillaume, pag. 106.
Voyez le Glossaire sur la Chronique des
ducs de Norm. et Rayn. tom. 11, pag. 280²,
au mot *Recepte*.]

2. **RECET**, Repas, le droit qu'a un seigneur de loger et manger chez son vassal,
et qu'on payait quelquefois en argent. Gl.
Receptum, 1.

RECETER, Recevoir chez soi quelqu'un
pour le cacher, receler, retirer. Gl. *Rece-
tare*, 1. [G. Guiart, tom. 1, p. 78, v. 1376.
Chronique des ducs de Norm. Partonop.
vers 4064 :

> Qui en son cuer s'amor recete.]

RECETEUR, Receleur. Gl. sous *Rechaciare*.

RECEUILLIE, Accueil, réception. Gl.
Recolligere, 2. [Orell, pag. 152.]

* **RECEVOIR**, Concevoir, devenir enceinte. Flore et Blancefl. vers 156.

RECH, Rude, raboteux, en Picardie. Gl.
Rechinus.

RECHACIER, Séparer l'or ou l'argent
de l'alliage des monnaies. Gl. *Rechaciare*.

RECHAITER, Cacher, receler. Gl. sous
Rechaciare.

RECHATER, comme **RECHACIER**. Gl. *Re-
chatare*, sous *Rechaciare*.

RECHEF, Changement, retranchement.
Gl. *Retractare*, 2. [*De rechef*, Rayn. tom. 11,
p. 319¹, au mot *Rescap*.]

RECHERCEMENT, Le droit de faire la
recherche et l'examen des mesures et des
poids. Gl. *Recercatio*.

RECHET, Lieu de retraite et de défense,
château, forteresse, tour. Gl. *Receptaculum*, 1.

RECHIGNER, Rendre un son rude et désagréable. Gl. *Rechinus*. [Grincer. Roman
de Renart, tom. 1, pag. 30, vers 796 :

> Les culz clot et les denz rechingne.]

RECHIGNIER, Gronder, reprendre avec
dureté et aigreur. Gl. *Rechinus*.

RECHIME, Le ciment le plus fort. Gl.
Cimentum, 1.

RECHIN, Qui est dur et de mauvaise humeur. Gl. *Rechinus*.

RECHINOY, Le repas d'après-dinée, le
goûté. Gl. *Recticinium*.

RECHISTRER, Délivrer de prison. Gl.
Recredere, 1.

* **RECHOIR**, Échoir de nouveau. Garin
le Loher. tom. 1, pag. 124 :

> S'autre rechiet si l'aurez voirement.

RECIE, comme **RECHINOY**. Gl. *Recticinium*.

RECINCER, Rincer, laver avec de l'eau
nette. Gl. *Recincerare*.

RECINER, Goûter, faire collation. Gl.
Recticinium.

1. **RECLAIM**, L'action par laquelle on
réclame son bien. Gl. *Reclamium*. [Prière.
Rayn. tom. 11, pag. 402², au mot *Reclam*.]

2. **RECLAIM**, Cri de guerre. Gl. *Reclamium*.

* 3. RECLAIM, Réclamation, accusation. Chastel. de Couci, vers 3810 :

Ne onques n'oy en sa vie
Reclaim, qu'en nul lieu repairast
Où dame ne pucelle âmast.

* RECLAMER, Appeler, implorer, déclarer. Chanson de Roland.

RECLINATION, Inclination, penchant qu'on a pour quelque chose. Gl. Reclinatio.

RECLINATOIRE, Lit, lieu de repos. Gl. Reclinatorium, 1.

* RECLORE, Enfermer. Rayn. tom. 11, pag. 412¹, au mot Reclaure, Orell, p. 263.

1. RECLUSAGE, Prison, retraite. Gl. Reclusagium.

2. RECLUSAGE, RECLUSAIGE, Monastère, hermitage, cellule d'un reclus. Gl. Reclusagium.

RECLUSE, p. e. Ce qu'on paye pour un enclos ou pour une écluse. Gl. sous Reclusania.

RECLUSIE, Hermitage, habitation d'un reclus. Gl. Reclusania.

RECLUTER, Suppléer, ajouter : nous disons Recruter une compagnie. Gl. Reclutare.

* RECOI. Voyez Recoy.

* RECOILLIR, Accueillir, venir au secours. Garin le Loher. tom. 1, pag. 169 :

Se j'ai mestier, pensez de recoillir.

Partonop. vers 2042 :

Or est à larmies recoillis.

Rekiolt, vers 4153. Voyez la Chron. des ducs de Norm. Rayn. tom. 11, pag. 435¹, au mot Recoillir.

RECOITER, Cacher, receler. Gl. Recelare, 1.

REÇOIVRE, Recevoir. Gl. Minagiator.

RECOLICE, Réglisse. Gl. Recalecia.

RECOLLER, Se ressouvenir, rappeler à sa mémoire. Gl. Recollatio.

RECOMANDEMENT, Recommandation. Gl. Recommendisia, 1.

RECOMMANDER, Confier, mettre en dépôt. Gl. Recommendare, 1.

RECOMMANT, Le droit de protection qu'on payait pour être protégé par un seigneur. Gl. Recommendisia, 1.

RECOMPENSATION, Compensation, dédommagement. Gl. Recompensatio.

RECONGNOISSANT, Enquête juridique. Gl. sous Recognitio, 1.

* RECONNISSANCE, Reconnaissance, relief, droit de mutation. Partonop. v. 404 :

Cil establi primes lor loi,
Lor batailles et lor juisses,
Lor costumes et lor francises,
Ses drois et sa reconnissance.

Voyez Reconoisement, Rayn. t. IV, p. 335², au mot Reconnoissensa.

* RECONOISANCE, RECONUISANCE, Signe de ralliement. Chanson de Roland, stance 264, vers 9 :

Munjoie escriet pur la reconuisance.

Gérard de Vienne, vers 4037 :

Elle li ait bailié anseigne blanche
Dont il fist puis mainte reconuisance.

Confession? Contrition? Flore et Jeanne, pag. 69 : Si trespassa dou siecle comme boine et loiaus et eut bielle fin et bonne reconuisanche. Voyez Counisanche, Gl. Recognoscere se, pag. 623¹. Rayn. tom. IV, pag. 335², au mot

Reconoissensa : (Veraya confessio es... regonoyssensa de boca.)

* RECONOISEMENT, Reconnaissance. Agolant, pag. 181¹ :

Quatre deniers en reconoisement
Que de vous tiegne trestout son chasement.

Voyez Reconnissance, Rayn. t. IV, p. 336¹, au mot Reconnoissement. Gl. Recognitio, 8, etc.

* RECONOITRE (SE)? Lai du Corn, vers 272 :

E treitout li haroun...
Qui les femmes avoient
Dount il se reconoient.

RECONSEILLIER, Réconcilier une église, la rebénir. Gl. Reconciliari.

RECONSILIER, Se confesser et recevoir l'absolution. Gl. Reconciliari.

RECONSOLIDER, Réunir, rejoindre. Gl. Resolidare.

* RECONTENDRE, Réclamer, demander, avoir une prétention. G. Guiart, tom. II, pag. 57, vers 1435 (10411) :

Si boir qui après lui vendroient
En cest sens se recontendroient.

Voyez Gl. Recontendere.

RECONVOYER, Reconduire. Gl. Reconvertere, 2.

RECOPEUR, RECOPERESSE, Regratier, regratière. Gl. Regraterius.

1. RECORD, Enquête juridique par témoins. Gl. Recordum, 1.

2. RECORD, Sorte de jugement dont il n'y a point d'appel. Gl. Recordum, 1.

3. RECORD. Cour de Record, Cour souveraine. Gl. sous Recordum, 1.

4. RECORD. Estre Record, Se ressouvenir. Gl. Recors, 1.

RECORDATION, Mémoire. Gl. Recordamen.

RECORDER, Parler, conter. G. Recordari, 2. [Rappeler, répéter, Wackern. pag. 54 :

El besoing voit on l'amin,
Piece ait ke c'est recordei.

Flore et Blancefl. vers 1464 :

Ce m'est avis, se voir recort.

Laborde, pag. 229 :

Si cum Equo qui sert de recorder
Ce qu'autres dit.

Flore et Jeanne, pag. 19 : Or alons à monsegneur et li recordons nos convenences... et fu recordée la fremalle. Faire recort. Partonop. vers 2911 :

Sont jà venu al roi de France
Por recort de la connissance...
Li roi Fursin dist le recort.

Vers 8341 :

Puis li redemande qu'il dit.
Mais il n'a loisir ne respit
De faire de son dit recort.

Voyez les Glossaires de droit, Chron. des ducs de Norm. Rayn. tom. 11, pag. 478², au mot Recordar. — Se recorder à quelqu'un. Se souvenir de quelqu'un, venir au secours de quelqu'un, Chron. des ducs de Norm. tom. 11, p. 270, vers 33352.

* RECORRE, Délivrer un prisonnier. Gérard de Vienne, vers 1108 :

Kant i corut le sien freire Olivier
Ke la recoust au branc forbi d'acier.

Voyez Rescorre et Rescosse, 1.

* 1. RECORS, Souvenir, mémoire, renommée. Chastel. de Couci, vers 871 :

Tant fist que biaus est li recors
De lui.

Voyez Recorder.

* 2. RECORS, Recours, refuge. Laborde, pag. 201 :

Et en li gist tout mes recors.

Voyez Rayn. tom. 11, pag. 493², au mot Recors.

3. RECORS, Permission de faiblage sur le poids de l'espèce. Gl. Recursus, 1.

RECOUPPE, Morceau d'une planche. Gl. Axa.

RECOURCER, Retrousser, relever. Gl. Rebrachiatorium.

RECOURRE, Affaiblir le poids des espèces monnayées. Gl. Rechaciare et Recurrere, 3.

1. RECOURS, Couvert, vêtu. Gl. Recouvertura.

2. RECOURS, Permission de faiblage sur le poids de l'espèce. Gl. Recursus, 1.

RECOUVRER, Réitérer, recommencer. Gl. Recuperare, 8.

* 1. RECOVRER, RECOVRIER, RECOVRÉ, Ressource, secours, action de reprendre. Gérard de Vienne, vers 2589 :

Car né vit arme où il ait recovré.

Agolant, vers 164 :

Tot vo lignages i aura recovrier.

Roman de Rou, vers 5389 :

Moult ont grant duil de sa muillier,
Mais en duil n'a nul recovrier.

Vers 15362 :

En plorer n'a nul recovrier.

Laborde, pag. 204 :

Mon cuer li ai lessié sanz recouvrer...
Si vous l'aviez, onc puis nel recouvrai.

Partonop. vers 9253 :

Ne de taus si bons recovriers
Par les cors de deux cevaliers.

Voyez le Glossaire sur la Chron. des ducs de Norm. Gl. Recuperare, 1. Recuperari. Angl. Recover. Comparez Rescoure.

* 2. RECOVRER, Trouver. Roman de Merlin, Fierabras, pag. 182¹ :

Homme qui ceu vos faice ne poreis recovrer.

Gl. Recuperare, 3. — Recovré, Qui a retrouvé sa force, sa position. Chron. des ducs de Norm. tom. 1, pag. 268, v. 5310 :

Tost furent Franceis recovrez,
Si lor reguenchissent ès vis.

Voyez Rayn. tom. 11, pag. 422², au mot Recobrar. Repousser, parer? Partonop. vers 4235 :

A cuer perdre et à cors honir
A tos bons consaus recovrer
A proier sains merci trover.

RECOY. En Recoy, Secrétement, en cachette. Gl. Repositus. [Aubri, pag. 174². Voyez Roquef.]

RECRAINTE, pour RÉCRÉANCE, Caution, restitution. Gl. Recredere, 1.

RECRANDIS, Paresseux, sans cœur ni courage. Gl. sous Recredere, 1.

RECREANCE, Caution, souvent Restitution. Gl. Recredere, 1.

RECREANDISE, RECREANTISE. [L'action

de s'avouer vaincu dans un combat singulier. Partonop. vers 9601 :]

Li senescaus reçot les gages,
Mès n'en prist pleges ni ostages;
Car n'en queroit faire justise
Autre que la recréandise.]

Paresse, timidité, poltronnerie. Gl. sous *Recredere*, 1.

1. RECREANT, Celui qui dans un combat particulier se rend et s'avoue vaincu;
d'où il a signifié un lâche, un homme sans
courage. Gl. sous *Recredere*, 1. [Partonop.
vers 3821 :

Et se nus hom est qui ce die
Qu'en sions faite felonie,
Contre son cors m'en conbatrai
Et tot recreant l'en ferai.

Roman de Renart, tom. III, pag. 98,
vers 22446 :

Et li pors s'en fuit les trotons
Qui durement vet recreant.

Découragé, mécontent. Roi Guillaume,
pag. 64 :

Li marceant
Qui molt estoient recreant.

Roman de Renart, tom. I, p. 34, v. 897 :

Lors l'ont li marcheant lessié
Qui por mauvés musart se tienent,
Recreant sont et si s'en vienent.

Voyez *Recroire*, 3.]

2. RECREANT, Se dit d'un cheval rendu
de fatigue. Gl. sous *Recredere*, 1.

* RECREANTIE, Renonciation, cessation. Chronique des ducs de Norm. tom. I,
pag. 575, vers 14320 :

Presz sui de faire vostre boen:
Ci ne ferai recreantie
Tant cume dure cl cors la vie.

RECREANTIR, Ralentir l'ardeur du
combat. Gl. sous *Recredere*, 1.

RECREANTISE. Voyez ci-dessus, *Recreandise*.

1. RECRÉER, Renouveler, nommer de
nouveaux échevins, etc. Gl. *Recreare*.

2. RECRÉER, Rendre, restituer. Gl.
Recredere, 1. [Donner, livrer, Agolant,
vers 1087 :

Chevalier sire recreez moi ce brant.

Voyez le Glossaire sur Joinville.]

* RECREIRE, Avouer, faire savoir.
Chron. des ducs de Normandie.

RECRÉU, Lâche, poltron. Gl. sous
Recredere, 1. [Vaincu, qui s'avoue vaincu.
Agolant, vers 303 :

Jà por païens ne sera recréu.

— Fabliaux, Jubinal, tom. II, pag. 25 :

C'or sont li donéor et mort et recréu.

Recréue, Retraite, retirade. Pag. 26 :

Puisque derrier devez corner la recréue.

Voyez Roquef.]

1. RECROIRE, Donner caution, et souvent Rendre, restituer. Gl. *Recredere*, 1.
[Accorder la liberté. Chanson de Roland,
stance 280, vers 9 :

Dist li empereres : Bons pleges en demant,
Trente paiens li plevissent Içial.
Ço dist li reis : Et jo l' vos recrerai.

Stance 281, vers 3 :

Li empereres le recreit par hostage.]

2. RECROIRE, Soupçonner, accuser.
Gl. *Recredere*, 1.

* 3. RECROIRE, se Recroire, Renoncer, se désister, se lasser, se fatiguer,
s'arrêter, cesser. Voyez *Recreant*, 1, et
Recréu. Roi Guillaume, pag. 71 :

Ains s'esforce tant qu'il recroit
Et de son leu mie ne voit;
Ains se recroit en tel maniere
Que il ne puet avant n'arriere.

Pag. 170 :

Après le leu par ci courui
Tant que le (je?) lassai et recrui.

Roman de Renart, tom. I, p. 54, v. 1419 :

Et vint colans vers les gelines...
Jusqu'à cies ne se recroit.

Wackernagel, pag. 18 :

Por cui seux en la voie entreis,
Dont ains n'issi ne ne recrui.

Pag. 49 :

Jà por poene ne por dolor
Ne recrorai ne nuit ne jor.

Voyez le Glossaire sur la Chronique des
ducs de Normandie, au mot *Recreire* ('se),
Roquefort, Rayn. tom. v, pag. 572, au mot
Recreire.

1. RECROIS, Raclure, ce qu'on ôte de
quelque chose en le nettoyant. Gl. *Recrementum*, 1.

2. RECROIS, Recroiz, Enchère. Gl.
Recrementum, 2.

RECROVER, Recouvrer; d'où *Recrove-
ment*, Recouvrement. Gl. *Recouare*.

RECROYANCE, Élargissement de prison
sous caution. Gl. *Recredere*, 1.

RECTORIE, Cure. Gl. *Rector*, 1.

* RECTORITE, Justice? Rhétorique?
Partonop. vers 7336.

RECUEILLETTE, Accueil, réception. Gl.
Recolligere, 2.

RECUERRE, Affaiblir le poids des espèces monnayées. Gl. *Recursus*, 1.

* RECUIT, Fin, madré. Roman de Renart, tom. II, pag. 232, 274, vers 15883,
17042 :

On dit, ce cuit,
Encontre vezié recuit.

RECULET, Lieu retiré, enfoncement.
Gl. *Reculare*.

RECYE, Le repas d'après-dînée, le goûter. Gl. *Recticinium*.

REDESMENTIR, Rendre un démenti par
un autre. Gl. *Dimentiri*.

REDEVABILITÉ, Redevance, impôt.
Gl. *Redhibitio*, sous *Redhibere*.

REDEVABLE, Ce qui est de devoir. Gl.
Redevancia.

REDEVAULETÉ, Redevance, impôt,
taille. Gl. *Redevancia*.

REDEVOIR, Redevance. Gl. *Redhibentia*,
sous *Redhibere*.

REDHIBENCE, Redevance. Gl. *Redhibentia*, sous *Redhibere*.

REDIESME, Redime, Redisme, Le
dixième du dixième; d'où *Rediesmer*, Lever ce droit. Gl. *Redecima*.

REDOIS, Peuples de la Poméranie. Gl.
Redarii.

REDON, Parement, gros bâton de fagot.
Gl. *Reddalle*.

REDONDER, Rebondir, rejaillir. Gl.
Resallire.

REDOS. Seoir a Redos, Être assis derrière le dos de quelqu'un, être dos à dos.
Gl. *Redorsare*.

REDOUBLE, Doublure. Gl. *Reduplicare*.

REDOUBTAUBLE, Redoutable, à qui
l'on doit du respect; qualification donnée
aux évêques. Gl. *Metuendus*. [Voyez Rayn.
tom. III, pag. 88', au mot *Redoptable*.]

* REDOUT, Doute. Roi Guillaume, p. 124 :

Qu'il estoient en grant redout
Savoir se çou ert il u non.

REELENGHE, Domaine, et la juridiction
qui en connaît, Chambre des Comptes.
Gl. *Relanga*.

REEMBEOR, Rédempteur, Gl. *Redimere*, 2.

REEMBRER, Racheter. Gl. *Redimere*, 1.

REENENGHE, Domaine, et la juridiction qui en connaît, Chambre des Comptes.
Gl. *Renengha*, sous *Relanga*.

REER, Couler, verser. Gl. *Reigus*. Voyez
Raier.

REETEIL, Petit filet, et sorte d'ornement de tête pour les femmes. Gl. *Reiculus*.

REEVE, Bailli, prévôt, juge. Gl. *Reva*, 1.

REFAICTURE, Le droit qu'on paye au
seigneur pour prendre dans sa forêt le bois
dont on a besoin pour les réparations
qu'on a à faire. Gl. *Refacta*.

REFAIT, Sorte de poisson de mer, rouget, parce qu'il est gros et gras. Gl. *Circulus*, 2.

REFARDERIE, Raillerie, moquerie,
dérision. Gl. *Raffarde*.

REFECTURE, Le droit qu'on paye au
seigneur pour prendre en sa forêt le bois
dont on a besoin pour les réparations qu'on
a à faire. Gl. *Refacta*.

REFELLON, Sorte de redevance. Gl.
Refello.

REFERENDAIRE, Commissaire chargé
de faire le rapport d'une affaire. Gl. *Referendarii*.

REFERMER, Refaire, rebâtir. Gl. *Re-
fermare*.

REFESTIR, Recouvrir, ou raccommoder
la faîtière d'un toit. Gl. *Festissare*, sous
Festissura.

REFFAITTER, S'est dit du commerce
trop libre entre un homme et une femme;
terme obscène. Gl. *Reffianus*.

REFFECTURE, Repas, droit de gîte. Gl.
Refectio, 3.

REFFEITONNER, Raccommoder, réparer. Gl. *Festissare*, sous *Festissura*.

REFFERIR, Frapper une seconde fois.
Gl. *Rabala*.

REFFIN, Laine fine. Gl. *Reffin*.

* REFFONDRÉ, Submergé. Fabliaux,
Jubinal, tom. I, pag. 178.

REFFOUL, Décharge d'un étang ou d'un
canal. Gl. *Refollum*.

REFFROIDOUER, Vase à mettre-rafraî-
chir le vin. Gl. *Refrigidarium*.

REFIÉ, Arrière-fief. Gl. *Refeudum*.

REFLAISE, p. e. Revers d'un fossé. Gl.
Refletum.

REFLUBLER, remettre sur la tête, recouvrir. Gl. *Refibulare*.

REFONDER, Rembourser, restituer. Gl.
Refundere.

REFORMER, Changer d'avis ou de genre
de vie, même en mal. Gl. *Refformare*.

REFOUL, Décharge d'un moulin ou d'un canal. Gl. *Refollum.*

REFOULÉ, Fatigué, excédé de lassitude. Gl. sous *Recredere*, 1.

REFRAINDRE, Réprimer, réfréner. Gl. *Refrangere.* [Roi Guillaume, pag. 71 :

Mais por çou ne se vaut refraindre.

Terme de musique. Wackernagel, p. 79 :

En sa pipe refraignoit
La voix de sa chanson.

Voyez Rayn. tom. III, pag. 388¹, au mot *Refranher*, Orell, pag. 277. Chron. des ducs de Normandie, aux mots *Refraindre* et *Refrener*.]

REFRAINGNER, s'Abstenir de faire quelque chose. Gl. *Refrangere.*

REFRAIT, Toute espèce de mets qu'on donne outre le pain. Gl. *Refretorium.*

1. REFRECHIR, Réparer, raccommoder. Gl. *Refieri.*

2. REFRECHIR, Répéter, redire. Gl. *Refricare.*

* REFRESELER, Ondoyer, flotter. Chron. des ducs de Norm. Voyez *Freseler.*

REFROISSIER, Se dit d'une terre quand on change la façon de la cultiver. Gl. sous *Refrangere.*

REFROITTOUR, Réfectoire. Gl. *Refretorium.* [*Refreitor*, Chron. des ducs de Norm.]

1. REFUI, Refuge, asile, appui. Gl. *Refugium*, 3. [*Refuit*, Roman de Renart, tom. IV, pag. 24, vers 640 :

En quel refuit
Me puis-jou metre fors du roy.]

2. REFUI, Détour, subtilité, subterfuge. Gl. *Refugium*, 3. [Chastel de Couci, vers 3530 :

Et qu'à luy me rens sans refuy.]

REFUIR, Réfugier, mettre en sûreté, donner asile. Gl. *Refugium*, 3. [Voyez Orell, pag. 154.]

REFUSCICÉ, Renforcé, qui est fort serré. Gl. *Hurdare.*

REGAGIER, Donner de nouveaux gages. Gl. *Rewadiare.*

REGAIRE, Régale. Gl. *Regarium.* [*Regailes*, Pouvoir royal. Chron. des ducs de Norm.]

REGAIRES, C'est le nom qu'on donne en Bretagne à la juridiction et aux fiefs des évêques. Gl. *Regarium.*

REGAL DE MARIAGE, Ce que le vassal qui se marie doit présenter à son seigneur en viande, vin et pain. Gl. *Missus*, 1.

1. REGALE, Le fisc royal, les droits qui appartiennent à la couronne. Gl. *Regalia*, 2.

2. REGALE, Le droit du roi sur le temporel des églises vacantes. Gl. sous *Regalia*, 2.

3. REGALE, L'investiture d'un évêché ou d'une abbaye. Gl. sous *Regalia*, 2.

4. REGALE, Domaine, territoire, même de particuliers. Gl. *Regalia*, 2.

REGALEUR, REGALIER, Administrateur ou économe pour le roi des biens d'une église pendant la vacance du siège. Gl. *Regaliarius* et *Regaliator*, sous *Regalia*, 2.

REGAR, Inspecteur. Gl. *Regardator.*

1. REGARD, Administrateur d'hôpitaux, celui qui est chargé de veiller à quelque chose. Gl. *Regardus.*

2. REGARD, Inspecteur, maître juré d'un métier. Gl. *Regardus.*

3. REGARD, Accord, traité. Gl. *Regardum*, 1.

4. REGARD, Volonté, jugement, ordonnance. Gl. *Regardum*, 5.

5. REGARD, Festin du jour des noces ou du lendemain. Gl. *Receptum*, 1.

6. REGARD, Sorte de redevance annuelle. Gl. *Regardum*, 4.

7. REGARD. LETTRES DE REGARD, Placet, supplique. Gl. *Litera regardi.*

REGARDE, Celui qui est chargé de faire la ronde. Gl. *Regardator.*

REGARDER, Juger, décider, rendre une ordonnance. Gl. *Regardarium.* [Choisir, fixer. Flore et Jeanne, pag. 67 : *Si vos lo ke vous regardés un jour ke vos porés i estre. — Se regarder.* Partonop. vers 729 :

Il se regarde vers sa nef.

Roman de Renart, tom. I, p. 48, v. 1260 :

Fuiant s'en va, si se regarde,
Droit vers le bois grant aléure.]

REGARDEUR, Inspecteur, commissaire pour l'examen des denrées et marchandises. Gl. *Guardatores*, sous *Warda.*

REGARDEURE, Aspect, regard. Gl. *Esgardium*, 2. [Chanson de Raoul de Soissons, Laborde, pag. 218 :

Fet mon vis taindre et pâlir
Sa simple regardéure.]

1. REGART, Ronde, visite des gens de guerre. Gl. *Regardator.*

2. REGART, Défiance, crainte. Gl. *Regardum*, 3. [Attention, Chastel. de Couci, vers 3826 :

Si c'on ne s'en donnast regart.

Chron. des ducs de Norm.]

3. REGART, Festin du jour des noces ou du lendemain. Gl. *Receptum*, 1.

REGAUST, Rebondissement, rejaillissement. Gl. *Resallire.*

REGE, Raie, sillon. Gl. *Rega.*

REGEHIR, REGEIR, Reconnaître, avouer, confesser. [Partonop. vers 4421. Agolant, pag. 185² :

Toz vo pechiez, sanz bouche regehir,
Voeil hui sor moi de par dieu desservir.]

d'où *Regehissement*, Aveu, confession. Gl. *Refiteri.*

REGELRISSELENT, pour RÉGEHISSEMENT, Aveu, confession. Gl. *Fassio.*

* REGENERÉ, Baptisé, chrétien. Agolant, vers 1305 :

Et sunt si bel tuit li regeneré?

(Pag. 185¹ :

De saint baptesme se fist regenerer.)

REGENTATION, Régence. Gl. *Regentia.*

* REGESIR, Être couché, reposer. Chronique des ducs de Norm. Orell, p. 174.

REGESTES, Annales, histoires. Gl. sous *Regestum.*

REGETOORE, Machine propre à prendre des oiseaux. Gl. *Captensula.*

REGIBEIR, REGIBIER, Regimber, ruer. Gl. *Gibetum* et *Repedare.* [G. Guiart, t. 1, pag. 102, vers 2087.]

REGIE, Réglé. *Passet Regie*, Un pas égal. Gl. *Regibilis.*

* REGIEL, Cadeau ? Sainte Eulalie, v. 7 :

Ne por or ned argent ne parament
Por manatce, regiel ne preiament.

REGIET, Saillie, avance. Gl. *Rejectus.*

REGIMENT, Conduite, façon d'agir. Gl. *Regimentum*, 1.

* REGION, Royaume, pays. Partonop. vers 433 :

Rois Marovels fu fils Ludon,
Après lui tint la region.

Chanson du duc de Bretagne, Laborde, pag. 177 :

Itel doit avoir region.

Gérard de Vienne, pag. 166¹ :

Rois Acatan dedans son region.

Voyez Diez, *Alt-Roman. Sprachdenkm.* p. 53, ci-dessous, *Roion*, 2.

REGIPPER, Regimber, dans le sens figuré. Gl. *Repedare.*

* REGIRER, Revenir, retourner. Partonop. vers 4537 :

Et quant recommence à parler
Dont est regierés al plorer.

Voyez Rayn. tom. III, pag. 468¹, au mot *Regirar.*

REGISTEL, Sorte d'herbe. Gl. *Rodorius.*

1. REGISTRE, Usage, coutume, règlement. Gl. sous *Regestum.*

2. REGISTRE, Injure, reproche, outrage. Gl. sous *Regestum.*

REGISTREUR, Celui qui inscrit dans les registres. Gl. *Registrator*, sous *Regestum.*

REGNAUBLE, Raisonnable, équitable, juste. Gl. *Rationabilis*, 2. [Chron. de Jordan Fantosme, vers 302 :

Li vielz reis est redoable, si li faites raisun.

Var. *Regnable.* Mantel Mautaillé, vers 227 :

Ci a bel don
Et molt regnable est à doner.

Voyez *Resnable*, *Resne*.]

1. REGNE, Rêne. Gl. *Retina*, 2. [Partonop. vers 5757 :

Il vit une toise de chesne,
Cele part a torné sa regne.

Gérard de Vienne, vers 1659 :

Tire sa raigne, s'est arriere guenchi.

Agolant, vers 940 :

Puis a sa reigne l'un vers l'autre tirée.

Garin le Loher. tom. I, pag. 235 :

Dusqu'à Verdun n'i a regnes tenu.

Chron. des ducs de Norm. tom. I, p. 109, vers 803 :

Là u lur genz fu avenue
N'i out une pois redue tenue.

Renart le Nouvel, tom. IV, pag. 222, vers 2487 :

Regne ne sache
Dusqu'à tant qu'il vint en la place.

Pag. 101, vers 2792 :

Ains que jou fine conterai
Une partie de son regne,
Ains que jou sache sus mon regne.

(*Antequam lora equi ad se traheret*, Gesta Caroli M. ad Carcassonam, ed. Ciampi, pag. 77, 82, 93, 116.) Voyez Rayn. tom. V, pag. 69¹, au mot *Regna.* — *Prendre parmi la redne, par les rednes*, Chron. des ducs de Norm. — Flore et Blanceff. v. 1205, 1209.]

2. **REGNE**, Certain droit féodal. Gl. sous *Regnum*, 3.

* **REGNÉ**, Royaume, pays. Partonop. vers 178, 226, 258, 360, 459, 7224. *Regnei*, Wackern. pag. 63. *Regne, Regné, Regned, Regnez*, Chron. des ducs de Norm. *Raigne*, Gérard de Vienne, vers 3555. *Reine*, Agolant, vers 34.

REGNER, Plaider, défendre en justice. Gl. *Ratiocinare*, sous *Ratio*, 1. [Ranger. Roi Guillaume, pag. 122 :

> Estoit venus le jour devant,
> Que li rois Guillaume regnant
> D'autre part se marcegndise.]

REGNOIÉ, Renégat, qui a renié sa religion. Gl. *Renegatus*.

REGON. BLEIT DE REGON, p. e. Blé méteil. Gl. *Rao*.

REGONDE, pour Radegonde. Gl. *Radegundis*.

REGORT, Lieu entouré d'eau, petit détroit, golfe. Gl. *Gordus* et *Rigor*.

REGOUTER, Goûter, faire collation. Gl. *Recticinium*.

REGRACIER, Remercier, récompenser, donner des marques de reconnaissance; d'où *Regraciation*, Remerciement, récompense. Gl. *Regratiatio*, sous *Regratiamentum*.

* **REGRES**, Chagrin, regret. Flore et Blancefl. vers 1734 :

> Ses confors fu regrés et plors.

Vers 1306 :

> Ses regrés fu ades en plors.

Regreter, Plaindre. Agolant, vers 352 :

> Et son cheval ot plaint et regreté.

REGRETER, Invoquer, réclamer. Gl. sous *Regreta*.

* **REGRETIER** †, Gl. *Auscionarius*.

* **REGUENCHIR**, comme *Guenchir*. Voyez le Glossaire sur la Chron. des ducs de Norm.

REGUERREDONNER, Récompenser. Gl. *Reguardum*, 3.

REGUEST, REGUET, Garde pendant la nuit, guet. Gl. *Reguayta*.

REGULER, Régler, arranger. Gl. *Regulare*.

REHAITER, REHETIER, Se réjouir, se refaire. Gl. *Alacrimonia*. [Partonop. vers 9289. Chanson du Chastel. de Couci, Laborde, pag. 280. Chron. des ducs de Norm. Voyez *Haiter*.]

REHAVOIR, Ravoir, reprendre. Gl. *Rehabere*.

REHAUTON, Les secondes criblures. Gl. *Rehalto*.

REHORDER, Fortifier de nouveau, rétablir les fortifications d'une ville. Gl. *Hourdare*.

REJAULT, Rebondissement, rejaillissement. Gl. *Resallire*.

REJAUST, Le repas du lendemain d'une fête. Gl. sous *Resallire*.

REIDERIE, Délire, extravagance, de *Reide*, Extravagant. Gl. *Delirus*.

REJECTURE, Ruade, l'action de regimber. Gl. *Repedare*.

REJEHIR, Reconnaître, avouer, confesser. Gl. *Refiteri*.

1. **REILHE**, Droit de relief. Gl. *Relevagium*, sous *Relevare feudum*.

2. **REILHE**, Barre de fer. Gl. *Regula ferrea*. [*Reille*. Roman de Renart, tom. II,

pag. 1030, vers 1383. Raie, tom. III, p. 17, vers 20228.]

REILLIÉ, Réglé, ce qui se fait dans un temps marqué; ou soulagement, secours. Gl. *Regulare*.

REILLON, Sorte de flèche. Gl. *Relho*.

REIMBRER, Racheter. Gl. *Redimere*, 1.

REIME, Fagot de ramilles ou petites branches d'arbre. Gl. sous *Rama*, 1.

REINABLE, Raisonnable. Gl. *Rationabilis*, 2.

REINS, p. e. Bouquet. Gl. sous *Rama*, 1.

REIRETAULE, REIROTAULE, Rétable d'autel. Gl. *Retrotabulum*.

1. **REIS**, Mesure de grain, rasière. Gl. *Resa*, 1.

2. **REIS**, Botte, paquet. Gl. sous *Restis*, 1.

REISE, Mesure de grain, rasière. Gl. *Resa*, 1.

1. **REIZ**. LE REIZ DE LA NUIT, L'entrée de la nuit. Gl. sous *Rasum*, 3.

* 2. **REIZ**. Voyez *Rez*.

REKE, Vivier. Gl. *Reketz*.

REKINGNIÉ, Rechigné, fâcheux. Gl. *Gula*, 3.

1. **RELAIS**, Coude, angle. Gl. *Relassus*.

2. **RELAIS**, Écluse, bonde. Gl. *Relaxus*.

3. **RELAIS**, Baliveau. Gl. *Relictum*.

* **RELAISSER**, Remettre, faire grâce de. Partonop. vers 2510 :

> S'il offre font qui auques vaille
> Si lor relaissons le bataille.

Voyez *Relès*.

RELANQUER, RELANQUIR, Laisser, quitter, abandonner. Gl. sous *Juramentum* et *Reliquare*, 2.

RELATER, Rapporter, raconter. Gl. *Relatare*, 1.

* **RELATIN**, Roi Guillaume, pag. 103 :

> Biax dous fix, dont vos rémanés
> Annit mais dusqu'à le matin.
> N'ai que faire de relatin;
> De ceste priiere n'ai soing.

RELATION, Copie d'un exploit. Gl. *Relatio*, 1.

RELAXANCE, Rélaxation en terme de palais, délivrance. Gl. *Relassare*.

RELAYS, Chose délaissée, abandonnée. Gl. *Relictum*.

* **RELENQUIR**. Voyez *Relinquir*.

* **RELENT**, Humide, mou. G. Guiart, tom. 1, pag. 102, vers 2097, t. II, p. 116, vers 2983.

* **RELÈS**, Relâche, discontinuation, perte. Partonop. vers 7187 :

> Por ço qui volra metre pès
> Por miols justicier sains relès.

Vers 5857 :

> Toz poorox et tot eu pès
> Tant que ge lor face relès.

Vers 8217 :

> Partonopeus r'a lui feru
> D'une fort lance tot à fès
> Que del ceval li fait relès.

Voyez Rayn. tom. IV, pag. 14¹, au mot *Relays*.

RELÉS, Écluse, bonde. Gl. *Relaxus*.

RELEVAGE, Droit de relief. Gl. *Relevagium*, sous *Relevare feudum*.

RELEVÉE, Relevailles. Gl. *Relevata*.

1. **RELEVEMENT**, Droit de relief. Gl. *Relevamentum*, sous *Relevare feudum*.

2. **RELEVEMENT**, Certain usage dans la coutume de Metz. Gl. *Relevamentum*, 3.

1. **RELEVER**, Exempter, délivrer. Gl. *Rellevare*.

2. **RELEVER**, Se dit de la sage-femme qui conduit l'accouchée à l'église. Gl. *Relevata*.

* 3. **RELEVER** (SE), Se soulager, se consoler. Partonop. vers 985 :

> El plus haut liu del dois s'asiet,
> Con sagement qu'il s'en reliet
> Que s'il doit estre desconfis,
> Qu'el plus bel liu soit escarnis.

Voyez vers 5454.

RELEVOISON, Droit de relief. Gl. *Relevium ad misericordiam* et *Relevatio*, sous *Relevare feudum*.

RELICTE, Veuve. Gl. *Relicta*.

RELIEF, Droit seigneurial de diverses espèces. Gl. sous *Relevare feudum*.

RELIEF D'HOME, Amende pécuniaire pour meurtre. Gl. *Releveyum*, sous *Relevare feudum*.

1. **RELIER**, Droit de relief. Gl. *Relevagium*, sous *Relevare feudum*.

2. **RELIER**, Botteler le foin; d'où *Relieur*, Botteleur. Gl. sous *Religare*, 2.

RELIEVEMENT, Soulagement. Gl. *Relevamentum*, 1.

1. **RELIEUR**, Tonnelier. Gl. sous *Religare*, 2.

2. **RELIEUR**, p. e. Ciseleur. Gl. sous *Religare*, 2.

RELIF, Relief. Gl. *Relevagium*, sous *Relevare feudum*.

RELIGE, Délié, libre; d'où il a signifié une veuve. Gl. *Religare*, 1.

RELIGIER, Retirer, retraire. Gl. *Relegere*.

RELIGION, Maison religieuse, couvent. Gl. *Religio*.

* **RELIGNIER**, Être de la lignée, ressembler. Roi Guillaume, pag. 87 :

> Mais s'or ne le puèt engignier,
> Apartenir ne relignier
> Ne doit à manière de fame.

Voyez Rayn. tom. IV, pag. 79¹, au mot *Relinhar*.

RELINQUIR, Laisser, abandonner. Gl. *Reliquare*, 2. [Chron. des ducs de Norm. *Relenquir*, Partonop. vers 5696, 5699. Voyez Rayn. tom. III, pag. 22², au mot *Relinquir*.]

RELLAIS, Écluse, bonde. Gl. *Relaxus*.

* **RELOBER**, Plaisanter. G. Guiart, t. II, pag. 368, vers 9555 (18356). Voyez *Lobe*.

RELOGE, Horloge. Gl. *Relogium*.

RELUMER, Rendre la vue, faire voir clair. Gl. *Reluminatio*.

REMAGIER, Parent, proche, allié. Gl. sous *Ramagium*.

REMAIGNER, Rester, demeurer. Gl. *Remanantum*. [*Remaindre, Remanoir*, Rester, cesser, laisser, en rester là, n'en pouvoir plus. Roman de Renart, tom. 1, pag. 13, vers 331 :

> Atant s'en va Renart joianz
> Et cil remestrent tuit dolenz.

Agolant, vers 315 :

> Jusqu'au talon n'i remest que mollier.

Flore et Blancefl. vers 100 :

> De cui remese enceinte estoit.

Garin le Loher. tom. 1, pag. 159 :

Comment Fromons renoia Jesu-Crist.
Et fu remes entre les Sarrasins.

Chanson de Fournival, Laborde, pag. 156 :

Cortoisie et dire voir
Voit l'en mes mult remanoir.

Chastel. de Couci, vers 7721 :

Faire duel ne li poet valoir,
Pour ce l'estovera remanoir.

Roman de Roncevaux, pag. 36 :

Lansous à li nos espiés acerez,
Puis les laissons, si soit l'estor remez.

Partonop. vers 1271 :

Par poi que trestos n'en remet,
Tant l'a soef et cras trové
Que tot en a le sens torblé.

Voyez la Chanson de Roland, la Chron. des ducs de Norm. Rayn. tom. IV, p. 151[1], au mot *Remaner.* Roquef. Orell, pag. 287, ci-dessous *Remanant* et *Remis.*]

REMAIN, Remaing, Le restant, le surplus. Gl. *Remanantum.*

1. **REMAISANCE**, Droit que payent au seigneur ceux qui font leur résidence sur sa terre. Gl. *Remasencia*, 1.

2. **REMAISANCE**, Remaison, Le bois qui reste dans les forêts après qu'on en a tiré le bois de charpente et de corde. Gl. *Remasencia*, 2.

REMAISONNER, Bâtir ou rebâtir une maison, la faire à neuf ou la réparer. Gl. *Mansionare.*

REMAIZ, Sain-doux, sorte de graisse. Gl. *Rema*, 2.

REMANANS, Biens délaissés, même par mort. Gl. *Remaisancia.*

REMANANT, Le restant, le surplus. Gl. *Remanantum.* [Subsistant. G. Guiart, t. II, pag. 123, vers 3159 (12139) :

Si com li voirs va remanant

A remanant, De reste, qui dure, dont il reste quelque chose. Flore et Blancefl. vers 1683 :

Pertris bistarde et plongeons
Tout en oreut à remanant.

Partonop. vers 85 :

Et ne sont rien à remanant,
Si tost con li giu sont jué
S'en sout tot li profit alé.

Voyez *Remanence*, et Diez, *Alt-Roman. Sprachdenkm*, p. 55. Rayn. t. IV, pag. 151[2], au mot *Remanen*; ci-dessus *Remaigner.*]

REMANANTISE, Les biens délaissés par mort. Gl. *Remanentia*, 2.

REMANDRANCE, Image, figure qui rappelle le souvenir de quelqu'un, portrait. Gl. *Remembrantia.*

REMANENCE, Demeure, résidence. Gl. *Remanentia*, 2. [Wackernagel, pag. 68 :

Dame tous biens et toute cortoisie
Est dedens vos et maint a remanance.]

* **REMANOIS** ? Roi Guillaume, pag. 44 :

Bien le vos di et remanois.

Remantois ? Voyez *Ramentevoir.*

REMASON, Remasurs, Le bois qui reste dans les forêts après qu'on en a tiré le bois de charpente et de corde. Gl. *Remasencia*, 2.

REMAUX, Sain-doux, sorte de graisse. Gl. *Rema*, 2.

REMBRE, Racheter. Gl. *Redimere*, 2.

REMÉ, Resté, délaissé. Gl. *Remaisancia.*

REMEDIER, Donner des remèdes, guérir. Gl. *Remediare.*

REMEIGNANT, Le restant, le surplus. Gl. *Remanantum.*

1. **REMEMBRANCE**, Mémoire, souvenir. [Wackern. pag. 68. Rayn. tom. IV, pag. 186[1], au mot *Remembransa.*] Du verbe *Remembrer*, Se ressouvenir. [Reprendre cœur. Laborde, pag. 152.] Gl. *Remembrantium.*

2. **REMEMBRANCE**, Image, portrait. Gl. *Remembrantia.*

* **REMENANCE**. Voyez *Remanence.*

REMENANT, Le restant, le surplus. Gl. *Remanantum.*

REMERCHER, Marquer, désigner. Gl. sous *Remarcatus.*

REMERIR, Récompenser, rendre un service. Gl. *Remerire.*

REMES, Sain-doux, sorte de graisse. Gl. *Remu*, 2.

1. **REMESSANCE**, Le bois qui reste dans les forêts après qu'on a tiré le bois de charpente et de corde. Gl. *Remasencia*, 2.

2. **REMESSANCE**, Le restant, le surplus. Gl. *Remansa.*

REMIRER, Regarder avec attention. Gl. *Mirare*, 1. [Wackern. pag. 50. Flore et Blancefl. vers 1942. Chron. des ducs de Norm.]

1. **REMIS**, Négligent, qui remet toujours à agir. Gl. *Remissus*, 1.

2. **REMIS**, Fatigué, harassé. Gl. *Frigorosus.* [Chron. des ducs de Norm. *Remes* et *Remis.*]

REMOISON, Le bois qui reste dans les forêts après qu'on en a tiré le bois de charpente et de corde. Gl. *Remasencia*, 2.

REMOLLER, Remémorer, ou raconter. Gl. *Rememorare.*

REMONSTRATION, Remontrance, représentation. Gl. *Remonstrare.*

REMONT, Enchère. Gl. *Recrementum*, 2.

REMONTÉE, L'après-dînée. Gl. *Releveia.*

REMORS, Les restes de chandelles qui ont été mouchées. Gl. *Remorsus*, 2.

REMOT, Éloigné, à l'écart. Gl. *Remotus.*

REMOURS, Remous, Dispute, débat, querelle. Gl. sous *Remonstrare.*

REMOUVOIR, Changer de place. Gl. *Amulgare.*

REMPLAGE, Supplément, addition, remplissage. Gl. *Remplagium.*

* **REMPROSNER**. Voyez *Rampone.*

REMUAGE, Le droit dû au seigneur lorsque les fonds changent de propriétaire. Gl. *Mutagium*, sous *Muta*, 2.

REMUÉ de Germain, Cousin issu de germain. Gl. sous *Remutare.*

REMUEMENT, Le droit dû au seigneur lorsque les fonds changent de propriétaire. Gl. *Remuagium.*

1. **REMUER**, Changer, élire de nouveaux officiers à la place d'autres. Gl. *Remutare.*

2. **REMUER**, Panser, traiter un blessé. Gl. *Remutare.*

REMULE, Espèce de bâton, rame, aviron. Gl. *Rema*, 1.

REMUNERER, Récompenser, dédommager. Gl. *Remunerare.*

REMUTIÉMENT, En cachette. Gl. *Remotus.*

REMYVAGE, Pélerinage. Gl. *Romeus.*

* **RENABLEMENT**, Raisonnablement. Chronique des ducs de Norm.

RENAIRE, Office ecclésiastique dans l'église de Laon. Gl. *Regnarius.*

* **RENARDIE**, Fausseté, ruse. Fabliaux, Méon, tom. 1, pag. 315, tom. IV, p. 187.

RENATURER, Ressembler, être de la même nature. Gl. *Naturare.* [Renart le Nouvel, tom. IV, pag. 128, vers 90.]

* **RENC**, Rang, file. Partonop. v. 8135, 8138, 8143, 8196, 10783, 10786. *Chief du renc*, Chastel. de Couci, v. 1640. *De renc en renc*, Garin le Loher. t. 1, p. 177, 216. Voyez *Rens.*

RENCHE, Certain bâton d'une charrette, appelé aussi levier. Gl. *Ranchonum.*

RENCHEOIR, Retomber. Gl. *Reincidere.*

RENCHERIE, Renchiere, Enchère. Gl. *Incheria.*

RENCLAVE, Ce qui fait partie d'une autre chose, qui y est enclavé. Gl. *Inclausure.*

RENCLUS, Reclus, [*Rencluse*, Flore et Jeanne, p. 38] et son habitation. Gl. *Reclusagium.*

RENÇONEOUR, Qui rançonne les passants, voleur de grands chemins. Gl. *Renso.*

RENÇONNERIE, Pillerie, volerie. Gl. *Renso.*

RENDABLETTÉ, L'obligation de rendre ou de remettre un château ou une forteresse à la volonté du seigneur suzerain. Gl. *Feudum jurabile.*

RENDAGE, Rendaige, Rente, revenu annuel, ce que rend une terre. Gl. *Renda*, 2.

RENDAIGE, Seigneuriage, le droit du seigneur sur la monnaie qu'il fait battre. Gl. *Renda*, 2.

RENDEU, Rendeur, Caution, répondant. Gl. *Reddens*, et *Reddentes*, 1.

RENDEUR, Celui qui récompense. Gl. *Retributor.*

* **RENDIÉ**. Agolant, pag. 173[2] :

Profont l'encline à Karlon le rendié.

1. **RENDRE**, Suppléer, accomplir, exécuter. Gl. sous *Reddere.*

2. **RENDRE**, Déclarer, prononcer. Gl. sous *Reddere.*

RENDU, Moine, frère convers, Rendue, Religieuse, sœur converse. Gl. *Redditus*, 1.

RENDUAL, De rente, ce qu'on paye chaque année. Gl. *Rendualis.*

RENÉÉ, Renégat, qui a renié sa religion. Gl. *Renegatus.*

RENENGHE, Chambre des Comptes; d'où *Reneur*, Maître des Comptes, et *Renenghele*, Livre de compte et des revenus domaniaux. Gl. *Relanga* et *Renengha.*

RENFELONIR la Guerre, Faire la guerre avec plus d'acharnement qu'auparavant. Gl. *Felonice.*

RENFERGIER, Lier de nouveau, remettre dans les fers. Gl. *Disferriare.*

RENFORCIER, Assurer, confirmer. Gl. *Renfortium.*

RENFORSANS, Enchérisseur. Gl. *Renfortium.*

1. **RENGE**, Ce qui est rangé et mis en ordre. Gl. *Rengum.*

2. **RENGE**, Baudrier, ceinturon. Gl. *Rinca.* [Agolant, pag. 152[2] :

Ne de s'espée les renges adrecier.

Partonop. vers 7487 :

> Melior preut atant s'espée,
> Se li a bel del col ostée,
> Des renges l'a par les flans çaint
> Et fait le neut et bien l'estraint.

Chron. des ducs de Norm. tom. II, p. 38, vers 16416 :

> Li a la teste desarmée
> E la renge desoz coupée.

Voyez le Glossaire sur la Chanson de Roland. — Les bouts de la bannière. Chanson de Roland, stance 89, vers 4 :

> Mais sun espiet vait li hers palmeiant,
> Cuntre le ciel vait l'amure turnant,
> Laciet eu sum un gunfanun tut blanc,
> Les renges li batent josqu'as mains.]

RENGELLAGE, Couvrailles. Gl. *Rengellagium.*

RENGRANGIER, Réparer, raccommoder. Gl. *Refortiare*, I.

RENILLÉ, Camard, qui a le nez plat ou coupé. Gl. *Denasatus.*

RENLUMINER, Rendre la vue, faire voir clair. Gl. *Reluminacio.*

RENMANTELLER, Raccommoder le manteau d'une cheminée. Gl. *Festissare*, sous *Festissura.*

RENOIÉ, Renégat, qui a renié sa religion. Gl. *Renegatus.*

RENOISIER, Recommencer à quereller. Gl. *Noisia.*

* **RENOMÉE**, Récit. Aubri, pag. 159² :

> Mais de sorplus ne vos fas renomée.

* **RENOVELEIR**, Avertir de nouveau, faire part de qqche. Wackern. pag. 48 :

> Renoveleir veul la belle en chantant
> Taut soulement k'elle oie la novelle.

RENOUVELLABLE, Qui peut se renouveler. Gl. *Recidivus*, sous *Recidiva.*

RENQUEIONNER, p. e. Remettre des chevilles. Gl. sous *Ouliare.*

RENS. FAIRE RENS ENTOUR SOY, Faire ranger, écarter. Gl. *Reingum.* Voyez *Renc.*

RENTAGE, Terrage, champart. Gl. *Rentagium.*

RENTAL, Qui est chargé d'une rente annuelle. Gl. *Rentagium.*

1. **RENTER**, Payer le terrage ou champart, appelé *Rentage.* Gl. *Rentagium.*

* 2. **RENTER**, Charger, imposer un fardeau. G. Guiart, tom. I, pag. 161, vers 3643, tom. II, pag. 39, vers 999, p. 120, v. 3089, pag. 330, v. 8564 (9965, 12069, 17545).

RENTEUX. TERRE RENTEUSE, Qui est sujette au droit appelé *Rentage*, ou qui est chargée de rentes. Gl. *Rentagium.*

1. **RENTIER**, Fermier des rentes ou revenus d'une ville. Gl. *Rentarius*, 1.

2. **RENTIER**, Celui qui doit une rente. Gl. *Rentarius*, 1. [G. Guiart, t. II, p. 117, vers 3017 (11997). Fabliaux, Jubinal, t. I, pag. 130 :

> Le vilain li a ris, qui n'en fut pas rentiers.

C'est-à-dire, qui ne le faisait pas souvent.]

3. **RENTIER**, Terrier, livre où sont écrits les rentes et cens. Gl. *Rentale.*

RENTIERCER, Mettre en séquestre, en main tierce; d'où *Rentiers*, La chose mise en séquestre. Gl. *Tertiare*, 1.

RENTOURTEILLIER, Remettre en rouleau. Gl. *Escroa.*

* **RENTRESIÉS**. Chastel. de Couci, vers 6037 :

> A coulz de l'ostel prieray
> Que vous soiez errant couchiés
> Et si n'i serés rentresiés.

RENTREVESTISSEMENT, Don mutuel entre mari et femme. Gl. *Revestimentum*, 1.

RENUEF, RENUES, Renouvelé, nouveau. *L'an Reneuf* ou *L'an Renues*, Le nouvel an. Gl. *Renovativus.*

RENVERS, Revers de la main. Gl. *Retromanus.*

RENVOISÉMENT, Avec arrogance, insolemment. Gl. *Renusiator.*

RENVOISI, Injurieux, hautain. [Laborde, pag. 214 :

> Dame qui veut amer doit estre simple en rue,
> En chambre o son ami soit renvoisie e drue.

Voyez *Renvoisier.*] D'où *Renvoisiément*, Insolemment. Gl. *Renusiator.*

RENVOISIER, Se réjouir, s'égayer. [Wackern. pag. 63 :

> Oxillon ki ont estei
> Por la froidure tapin,
> Si renvoixent à matin
> Espris de jolivetei.

Voyez *Envoiser*]; d'où *Renvoisié*, Gai, plaisant, qui aime le plaisir. Gl. *Renusiator.*

RENVOISONS, Rogations, prières publiques pour les biens de la terre. Gl. *Rogationes*, 1.

* **REOIGNER**, Rogner, soustraire. G. Guiart, tom. I, pag. 26, vers 16, pag. 209, vers 4963.

1. **REON**, Certaine mesure ronde. Gl. *Rota*, 7.

2. **REON**, Bouton. Gl. *Rota*, 7.

* 3. **REON**, Rond. Gérard de Vienne, vers 1642. *Réondet*, G. Guiart, tom. I, pag. 142, v. 3164. *A la réonde*, tout autour. Garin le Loher, tom. I, pag. 72, 236. G. Guiart, tom. II, pag. 100, v. 2571 (11548). *A la réondece*, pag. 153, vers 3939 (12923).

REONNER, Labourer une terre en jachère. Gl. *Veractare.*

REORTE, Hart, lien. Gl. *Reorta.*

1. **REPAIRE**, REPAIRIER, Retour. [Roi Guillaume, pag. 61. Wackern. pag. 83. Partonop. vers 6759]; du verbe *Repairer*, Retourner, revenir. [Partonop. vers 664, 669, 5160. Flore et Blancefl. vers 77, 116, 535, 550. Gérard de Vienne, vers 353. Fabliaux, Jubinal, tom. I, pag. 175. Flore et Jeanne, pag. 39. *S'en repaire*, Flore et Blancefl. vers 516. Roi Guillaume, p. 69. *Reperier*, Roman de Renart, tom. I, p. 16, vers 407. *Reparier*, t. II, p. 132, v. 13135. Garin le Loher, tom. I, pag. 131, 137. Voyez Rayn. tom. v, pag. 861, au mot *Repairar.* Choix de poésies des Troubadours, tom. II, pag. 16. Chron. des ducs de Norm.] Gl. *Reparare*, 1.

2. **REPAIRE**, Foire, marché privilégié; d'où *Repairer*, Fréquenter les foires. Gl. *Repairii* et *Reparium.*

* 3. **REPAIRE**, Séjour, demeure. Chanson de Roland, stance 52, vers 1 :

> L'empereres aproismet sun repaire.

Repairer, Demeurer, se retirer. Garin le Loher, tom. I, pag. 131 :

> Li quens Hardres en une cambre vint
> Ou il soloit dormir et repairier.

Voyez Rayn. tom. v, pag. 86², au mot *Repaire.*

REPAIRER, Voir souvent quelqu'un, vivre familièrement avec lui. Gl. *Reperere.*

REPAIRIER, Retour. Voyez ci-dessus, *Repaire*, 1.

REPARON, Sorte de pain de la seconde qualité. Gl. *Reparum*, 1.

REPARRIER, Retourner, revenir. Gl. *Reparare*, 1.

REPARTAIGE, Sciage. *Bois de Repartaige*, Celui qui est fendu et équarri par des scieurs de long. Gl. *Columba*, 4.

* **REPASSER**, comme *Respasser.* Garin le Loher. tom. I, pag. 118.

REPAVE, Certaine mesure de terre. Gl. *Repava.*

* **REPELICER**, Roman de Renart, t. II, pag. 132, vers 13125 :

> Si li refist mal peliçon
> Car avec lui ot un gaiognon
> Qui li repeliça la pel.

1. **REPENTAILLES**, Dédit, peine stipulée dans un marché ou un contrat, contre celui des contractants qui voudrait le rompre. Gl. *Repentalia.*

2. **REPENTAILLES.** [OD REPENTAILLE, Avec regret, malgré elle. Partonop. v. 1274 :

> Quant la dame a se main sentue
> Od repentaille le remue.]

SANS REPENTAILLES, Sans vouloir s'en dédire, sans changer d'avis. Gl. *Repentalia.* [*Sains repentir*, Sans changement. Partonop. vers 8634.]

1. **REPENTIE**, La décharge d'un moulin. Gl. *Repentia.*

2. **REPENTIE**, REPENTIZE, Dédit, peine stipulée dans un marché ou un contrat, contre celui des contractants qui voudrait s'en dédire. Gl. *Repentalia.*

REPENTIN, du latin *Repentinus*, Soudain, subit. Gl. sous *Frischus.*

REPELLER, pour REPELLER, Repousser. Gl. *Repellere.*

REPERRIER, Retourner, revenir. Gl. *Reparare*, 1.

REPEUPLE DE FORESTZ, Repeuplement. Gl. *Popularis*, 2.

REPITER, Sauver, délivrer. Gl. *Respectare*, sous *Respectus*, 4.

REPLAINTE, Ce qui est dû au juge pour la permission de rendre une plainte; ou l'amende pour un cas où il y a lieu à rendre plainte. Gl. *Querela.*

REPLAT, Vallée, lieu enfoncé. Gl. *Replatum.*

REPLEVISABLE, Qui peut être cautionné. Gl. *Replegiabilis*, sous *Plegius.*

* **REPLONGIER**, Se retirer à la hâte. Garin le Loher. tom. I, pag. 243 :

> Qu'Allemant viennent plus de quatre milier
> Qui on chastel les firent replougier.

REPOINDRE, Piquer, continuer de piquer. Gl. *Repunctare.*

REPOINRE, Cacher, tenir caché. Gl. sous *Repositus.*

REPOISTAILLE, Lieu caché, retraite. Gl. sous *Repositus.*

REPONDRE, Cacher, mettre quelque chose en lieu secret. Gl. sous *Repositus*.

REPONRE, Cacher, se tenir caché. Gl. *Repositus*. [Partonop. vers 102, 4468, 4479. Flore et Blancefl. vers 774. G. Guiart, t. II, pag. 170, vers 4393, pag. 188, vers 4861 (13379, 13849). Chron. des ducs de Norm. au mot *Repost*. Reposté, tom. I. Introduct. pag. 14. Orell, pag. 136.]

REPONT, Caché, secret. Gl. sous *Repositus*.

REPONTÉMENT, Secrètement, en cachette. Gl. sous *Repositus*.

REPORTAGE, Droit consistant dans la moitié de la dime des terres cultivées par les laboureurs de son territoire, hors de son district. Gl. *Reportagium*, 1.

REPOS, Berceau d'enfant. Gl. sous *Repositorium*, 2.

* **REPOSÉE**, Flore et Blancefl. v. 2420 :

El baisier a une loée
Qu'il font à une reposée.

Roman de Renart, tom. III, pag. 129, vers 23297 :

Ou quatre vilein m'ont trové
Qui m'ont batu à reposées.

REPOSER, Se tenir caché. Gl. sous *Repositus*.

1. **REPOSITOIRE**, Ciboire, vase dans lequel repose la sainte Eucharistie. Gl. *Repositorium*, 2.

2. **REPOSITOIRE**, Armoire. Gl. *Repositorium*, 2.

REPOST, Caché, secret; d'où *En repost*, Secrètement, en cachette. Gl. *Repositus*. [Chron. des ducs de Norm.]

REPOSTAIL, Refuge, asile. Gl. sous *Repositus*. [Cachette. Voyez le Gloss. sur la Chron. des ducs de Normandie.]

REPOSTAILLE, Lieu caché, retraite. Gl. *Repositus*.

REPOSTÉMENT, Secrètement, en cachette. Gl. sous *Repositus*.

REPOTER, Mentir. Gl. sous *Repositus*.

REPOTISSER, Ravaler, déprimer, avilir. Gl. sous *Repositus*.

REPOURPENSER, Changer de pensée; ou Réfléchir mûrement. Gl. *Recogitare*.

REPOUS, Caché, mis dans un lieu secret. Gl. *Reconsus*.

REPOUSTAILLE, Lieu caché, retraite. Gl. sous *Repositus*.

REPOZ, Berceau d'enfant. Gl. sous *Repositorium*, 2.

REPPAREIL, Réparation, raccommodage. Gl. *Reparamentum*.

REPPELLER, Repousser. Gl. *Repellere*.

REPRENDRE, Relever un fief en en rendant l'hommage, ou en payant le droit de relief, pour en être mis en possession par le seigneur dominant. Gl. *Reprisio feudi*.

REPRINSE, **REPRISE**, Droit de relief. Gl. *Reprisia*, 1.

REPROCER UN COMPTE, Le débattre, le contredire. Gl. *Reprochare*.

REPROUCHER, Répliquer, s'opposer, contredire. Gl. *Reprochare*.

REPROVER, Reprocher. Gl. *Reprobare*.

1. **REPROVIER**, Action qu'on doit réprouver et condamner. Gl. *Reprobare*. [Reproche, Aubri, pag. 160². Agolant, vers 1135. Gérard de Vienne, vers 547.]

2. **REPROVIER**, **RÉPROUVER**, Proverbe.

Gl. *Reprobare*. [Roman de Renart, tom. II, pag. 325, vers 18427. Chron. des ducs de Norm.]

REPROUVER, Reprocher, blâmer. Gl. *Reprobare*.

REPUCER, Regimber. Gl. *Repedare*.

REPULSEMENT, L'action de repousser, de chasser, expulsion. Gl. *Repulsio*.

REPUNTÉMENT, Secrètement, en cachette. Gl. sous *Repositus*.

REPUS, Caché. [Partonop. vers 7394. Chast. de Couci, vers 5902. *A repus*, En cachette. Partonop. vers 2255, 3207. Voyez *Repost*;] d'où *le Dimanche Repus*, pour celui de la Passion; la veille duquel, suivant le rit romain, on cache ou voile les croix et les images des saints. Gl. sous *Dominica* et *Repositus*.

REPUSÉMENT, Secrètement, en cachette. Gl. sous *Repositus*.

REPUTER, Retrancher, chasser quelqu'un d'un corps ou d'une société. Gl. *Reputare*.

REQUENOISTRE, Reconnaître, confesser, avouer. Gl. *Fortia*, 2.

* **REQUERRE**, **REQUERIR**, Attaquer. Gérard de Vienne, vers 1501, 1533 :

Nos ait requis trese' al tautes deça,

Vers 3502 :

S'estoit li pors tot à estal rendu ;
Karlon le voit, à terre est descendu,
Si le requiert com hons de grant vertu,
Tant k'il l'ocist à son branc esmolu.

Roman de Renart, tom. I, pag. 4, vers 75. G. Guiart, tom. II, pag. 8, vers 188, pag. 54, vers 1358 (9153, 10334), etc. Chronique des ducs de Normandie. — Flore et Jeanne, pag. 25 : *Je le dirai monsegnour mon pere l'ounour ke vous me rekairés, car je ne sui pas telle*.

REQUEST, Le repas du jour ou du lendemain des noces. Gl. *Receptum*, 1.

1. **REQUESTE**, Sorte de relief, droit seigneurial. Gl. *Requesta*, 2, et *Requestus*, 2.

2. **REQUESTE**. AVOIR REQUESTE, Être recherché. Gl. *Requisibilis*.

REQUEURE, **REQUEURRE**, Affaiblir le poids des espèces monnoyées. Gl. *Rechaciare*, *Recurrere*, 3, et *Recursus*, 1.

REQUOI. EN REQUOI, Secrètement, en cachette. Gl. sous *Repositus*.

RERE, Raser, faire la barbe. Gl. *Rasare*, 3. [Partonop. vers 1063i :

Cist furent ricement vestu
Et comme roi rés et tondu.

Roman de Renart, tom. I, pag. 42, 43, vers 1081, 1083, 1085, 1125. Chronique des ducs de Normandie, aux mots *Rere*, *Res* et *Reés*. Roi Guillaume, pag. 61 :

Cist m'ont morte et confondue
Cist m'out si pris rese et tondue
Que hors des murs et du plaissié
Ne m'ont vaillant six sols laissié.

Tourmenter (Voyez *Ré*, 2.). Rutebeuf, tom. II, pag. 259 :

Dedens verront lor conscience
Plaine de male pascience,
Qui les rera et brullera
Et forment les tormentera.

G. Guiart, tom. II, pag. 188, vers 4846 (13833) :

... Pour Flamens à mort rere.]

REREBIEZ, La partie du canal d'un moulin où est l'écluse. Gl. *Retrocursus*.

REREFIÉ, Arrière-fief. Gl. *Refeudum*.

REREGUET, Guet de nuit, patrouille, ronde. Gl. *Retroexcubiæ*.

REREVASSEUR, Arrière-vassal. Gl. *Retrovassor*.

RERIGAL, Arsénic rouge. Gl. *Resegale*.

* **RES**. A fleur de terre. Renart le Nouvel, tom. IV, pag. 155, vers 791 :

Et de fossés parfons et les
Et de forte aighe priesque res.

Res à res, joignant, tout près, tom. I, pag. 48, vers 1243 :

Vers la qene descent l'espée
Tot res à res li a coupée.

Gérard de Vienne, vers 2374 :

Et par mi coupe le boin destrier Gascon
Tot contreval reiz à reiz dou roignon.

Voyez *Rere* et *Rez*.

RESACQUER L'ANCRE, La retirer, lever l'ancre. Gl. *Saccare*.

RESAILLE-MOIS, Nom qu'on donnait aux mois de juin et de juillet, parce qu'on y coupe les foins. Gl. sous *Mensis*.

RESAISINE. Restitution, remise en possession ; la façon dont elle se faisait. Gl. *Resaisitio*.

* **RESALENES**, Partonop. vers 9509 :

Cis païens fait grant aatie
De pris et de cevalerie ;
Bien est ore hui resalenés,
Mes l'autrier en ot près d'asés.

RESAUDER, Raccommoder, réparer, guérir. Gl. *Resaudare*.

RESAUL, Mesure de grain, rasière. Gl. *Resale*.

* **RESBAUDIS**, Ranimé, réjoui. Chron. des ducs de Norm. Voyez *Esbaudir*.

RESCAFER, Chauffer. Gl. *Rescaldare*.

RESCAIRE, Aide, secours. Gl. sous *Rescuere*.

RESCHAISONS. VIN EN RESCHAISONS, Vin reposé et tiré au clair. Gl. *Reschaisons*.

RESCINDRE, Abolir, annuler, casser. Gl. *Rescisio*.

RESCONSER, Se retirer, se cacher; d'où *Resconsé*, se dit du soleil couché. Gl. *Reconsus*. [Garin le Loher, tom. I, pag. 20, Chron. des ducs de Norm. Gl. *Esconsser*.]

RESCORRE, Aider, secourir. Gl. *Rescuere*.

1. **RESCOSSE**, RESCOUSSE, L'action de délivrer un prisonnier que l'ennemi emmène. Gl. sous *Rescussa*. [*Rescouse*, Partonop. vers 3799. Secours. Mantel Mautaillé, vers 407.]

2. **RESCOSSE**, RESCOUSSE D'HERITAGE, Retrait lignager. Gl. sous *Rescussa*.

RESCOUCE, Résistance, rébellion à justice. Gl. *Rescoussa*.

* **RESCOULER**, Glisser. G. Guiart, tom. II, pag. 392, vers 10188, pag. 98, vers 2522 (11499, 19170).

RESCOURE, RESCOUIR, Recouvrer, reprendre, délivrer. Gl. *Rescouare*. [Voyez *Escoure*. Roman de Renart, tom. I, pag. 4, vers 74, pag. 22, vers 589. Partonop. vers 3506, 3798. Garin le Loher, tom. I, pag. 133, not. 2 : *Rescoure ses fiés*, Relever. Voyez Orell, pag. 149.]

RESCOUSSE, Résistance, rébellion à justice. Gl. *Rescoussa*.

RESCRILLER (SE), Se glisser, s'avancer. G. Guiart, tom. II, pag. 180, v. 4652. *S'escriller*, pag. 156, vers 4024 (13638, 13007). Voyez *Escriler*.

RESCRIPTION, Exploit, ou copie de l'exploit d'un sergent. Gl. *Rescriptio*.

RESE, Expédition militaire, incursion. Gl. *Reisa*, 1.

RESEANCE, Bourgeoisie. Gl. *Residentia*.

1. **RESEANDISE**, Domicile. Gl. *Reseantisia*, sous *Residentes*.

2. **RESEANDISE**, Sorte de redevance qui se payait tous les trois ans. Gl. *Residentia*.

RESEANT, Vassal obligé à la résidence. Gl. sous *Residentes*.

1. **RESEANTISE**, Bourgeoisie. Gl. *Residentia*.

2. **RESEANTISE**, Droit dû au seigneur pour le domicile ou le droit de bourgeoisie. Gl. *Reseantisia*, sous *Residentes*.

RESECATION, Retranchement d'un corps ou d'une société. Gl. *Reputare*.

RESECHABLE, Qui est riche, qui a des biens fonds. Gl. sous *Res*, 2.

RESEQUER, RESEQUIER, Retrancher, ôter, effacer, chasser quelqu'un d'un corps ou d'une société. Gl. *Reputare*.

RESERIE, L'action de raser. Gl. *Rasio*, 2.

RESEUL, Réseau, filet. Gl. *Rethiaculum*. [G. Guiart, tom. II, p. 250, v. 6475 (15455).]

RESFEANTE, pour RESSEANCE, Résidence. Gl. *Remasencia*, 1.

RESGNABLE, Raisonnable, équitable, juste. Gl. *Rationabilis*, 2. [Fabliaux, Méon, tom. I, pag. 92.]

RESGNAULEMENT, Raisonnablement, suffisamment. Gl. *Rationabiliter*.

RESIDIER, Différer, remettre. Gl. *Residere*, 1.

RESILUER, Résister, contrarier. Gl. *Reselire*.

* **RESIS**. G. Guiart, tom. I, pag. 350, vers 8113 :

Mort i fu d'angoise resis.

Voyez *Rere*.

RESITATION, Résistance, opposition. Gl. *Resistentia*.

RESLEESCHIER, Causer de la joie, en inspirer aux autres. Gl. *Lætifice*.

RESMAILLER, Réparer les mailles dérangées ou rompues d'une cotte d'arme. Gl. *Macula*, 2.

RESNABLE, Raisonnable, juste. Gl. *Rationabilis*, 2. [*Rednable*, Chron. des ducs de Norm.]

RESNE. TENIR RESNE, Tenir compte, avoir égard. Gl. *Ratiocinare*, sous *Ratio*, 1.

RESOIGNER, Craindre, appréhender. Gl. *Respectus*, 7. [Roman de Roncevaux, pag. 35. Enfants Haymon, vers 254. (*Resonnier*.) Aubri, pag. 161². Laborde, pag. 228. G. Guiart, tom. I, pag. 135, vers 1961, pag. 138, vers 3049. Chron. des ducs de Norm.]

RESON, pour Raison. *Mis à Reson*, Appelé en justice. Gl. sous *Ratio*, 1.

RESONGNIER, Craindre, appréhender. Gl. *Respectus*, 7.

* **RESORT**, Action de se retirer, retirade, retraite. Chron. des ducs de Norm. tom. 11, pag. 350, vers 25562 :

N'i a resort
Ne defense contre la mort.

Sans resort, Sans la possibilité de se sauver, sans faute, tom. III, p. 350, v. 41079. Flore et Blancefl. vers 1978, 2280. Dit du roi Guillaume, pag. 178. Partonop. v. 9341. *Faire resort*, se retirer, abandonner. Wackernagel, pag. 21 :

Jà per moi ne per mon tort,
Ne por riens ke je foloi
Ne ferai vers vos resort.

Resorte, G. Guiart, tom. II, pag. 270, vers 6995, pag.;

* **RESORTIR**, Se retirer, abandonner, s'éloigner. Gérard de Vienne, vers 1629 :

La jant Gerard est arier resortie.

Chron. des ducs de Norm. tom. I, p. 390, vers 8894 :

Lascher, faindre ne resortir
Ne se voleit de deu servir.

G. Guiart, tom. I, pag. 80, vers 1427; tom. II, pag. 202, vers 5216 (14205).

* **RESOVAGIÉ**, Radouci, reconcilié. Aubri, pag. 162¹. Voyez *Asoagier*, *Assouager*.

RESOURDRE, Ressusciter, se relever. Gl. *Resurgendus*.

* **RESPAS**, Guérison. Flore et Jeanne, pag. 35 : *Li chevaliers tourna à respas et fu tous garis.*

RESPASSER, Guérir, revenir en santé. Gl. *Repassare*. [*Respassés*, Guéri. Partonop. vers 7524. Chastel de Couci, v. 662. Roman de Renart, tom. I, p. 41, v. 1076. Chron. des ducs de Norm. — Guérir, redonner la santé. Partonop. vers 10030 :

En sa nef od soi l'enmena
Puis le gari et respassa.

Laborde, pag. 179 :

Mes onques talent ne li prist
De moi respasser ne guerir.

Flore et Jeanne, pag. 64, lisez *trespasée*.]

RESPECT, Sorte de redevance annuelle. Gl. *Respectus*, 3.

* **RESPERIR** (SE), Se réveiller. Voyez *Esperir*. Flore et Blancefl. vers 2537 :

K'à paines tote nuit dormi
Contre le jor se resperi.

Chron. des ducs de Norm.

RESPIS, Trêve, suspension de poursuites entre des parties. Gl. *Respectus*, 4.

1. **RESPIT**, Terme, délai. Gl. *Respectus*, 4.

* 2. **RESPIT**, Proverbe. Agolant, p. 170¹ :

Que li vilains le dit en ses respiz :
Li fiz au chat doit prendre la souriz.

1. **RESPITER**, RESPITIER, Différer, donner du *respit*, du délai. Gl. *Respectare*, sous *Respectus*, 4. [Partonop. vers 10478. Gérard de Vienne, vers 1325, 1882, var.]

2. **RESPITER**, RESPITIER, Sauver, tirer d'un danger. Gl. *Respectare*, sous *Respectus*, 4.

RESPLEIT, Râpé. Gl. *Raspetum*.

RESPLOITIER, Terminer par jugement, décider une affaire. Gl. *Respiciare*. [Agolant, vers 876 :

Mes car aiez ce plet tant resploitié.]

RESPOINGNER, Répondre. Gl. *Respondere*, 4.

RESPONCIER, Livre d'église contenant les *respons*. Gl. *Responsonarium*, sous *Responsorium*.

RESPONDS, Caution, répondant. Gl. *Responsalis*, 1.

RESPONNAUMENT, Secrètement, en cachette. Gl. sous *Repositus*.

1. **RESPONS**. PERDRE RESPONS EN COURT, Se dit de celui qui a perdu le droit de porter témoignage en justice, ou de qui la caution n'y est point admise. Gl. sous *Responsum*, 1.

2. **RESPONS**, Répondant, caution. Gl. *Responsalis*, 1.

RESPONSABLE, Le même. Gl. *Responsalis*, 1.

RESPONSION, Redevance annuelle de chaque chevalier de Malte, pour le secours de la Terre Sainte. Gl. *Responsio*, 2.

RESPONSOIRE, Livre d'église contenant les *Respons*. Gl. *Responsoriale*, sous *Responsorium*.

RESQUESSE, Récousse, rébellion à justice. Gl. *Rescoussa*.

RESQUEURE, Recouvrer, reprendre, recourir. Gl. *Rescouare*.

RESQUEUSSE, Recousse, rébellion à justice. Gl. *Rescoussa*.

RESQUEZ, Le bois qui reste dans les forêts après qu'on en a tiré le bois de charpente et de corde. Gl. *Remasencia*, 2.

RESSARCHE, Recherche, perquisition. Gl. *Ressarchia*.

RESSEANDISE, Lieu où l'on fait sa résidence. Gl. *Residentia*.

RESSEANT, Vassal obligé à la résidence, et qui ne peut changer de domicile sans l'agrément de son seigneur. Gl. *Residentes*.

RESSEANTIR, Faire sa résidence en un lieu, et ne le pouvoir quitter sans le consentement du seigneur. Gl. sous *Residentes*.

RESSEANTISE, Droit qu'a un seigneur d'obliger son vassal à résider dans l'étendue de son fief. Gl. *Residentia*.

RESSIE, RESSION, Goûter, le repas de l'après-dinée; d'où *Ressiner* et *Ressionner*, Goûter, faire collation. Gl. *Recticinium*.

RESSOIGNEMENT, Crainte, appréhension. Gl. *Respectus*, 7.

RESSOLS, Ordures, balayures. Gl. *Ramazuræ*.

RESSON, Goûter, le repas de l'après-dinée. Gl. *Recticinium*.

RESSONGNAUMENT, Avec crainte, avec appréhension. Gl. *Respectus*, 7.

RESSONGNER, Craindre, appréhender. Gl. *Respectus*, 7.

1. **RESSORT**, Rebondissement, contre-coup. Gl. *Ressortire*, 2.

2. **RESSORT**, Dédit, peine stipulée dans une convention contre celui des contractants qui voudrait la rompre. Gl. *Ressortire*, 2.

RESSOURDRE, Se relever, se remettre en pied; d'où *Estre ressours*, Être relevé et en pied. Gl. *Resurgendus*.

RESSOURTE, Rejaillissement, contre-coup. Gl. *Ressortire*.

RESSUER, Aiguiser, raccommoder le tranchant d'un outil. Gl. *Recauzare*.

* **RESTAINCHIER**, Étancher. Gérard de Vienne, vers 2726 :

> Longuement buit par sa soif restainchier.

RESTAINDRE, Ratteindre, rattraper. Gl. *Reattingere*.

RESTAIRE, p. e. pour **RESCAIRE**, Aide, secours. Gl. sous *Rescuere*.

* **RESTER**. Voyez *Reter*.

* **RESTIF**. Partonop. vers 5485 :

> S'il les dasmes voloit blasmer
> Et à moi d'eles desputer
> Jo n'en preisce à lui estrif
> Et nel feisce tot restif.

RESTILE, Cultivé; terre qui rapporte tous les ans. Gl. *Restitus*.

RESTOIER, Restituer, dédommager, suppléer ce qui manque. Gl. *Restaurare*, 2.

RESTONG ou **RESTOUG**, Dédommagement, compensation. Gl. *Restaurum*.

RESTOR, Dédommagement, récompense. Gl. *Restaurum*.

* **RESTORT**. Voyez *Resort*.

RESTOUPER, Boucher. Gl. *Macula*, 2.

RESTOUR, Dédommagement, récompense. Gl. *Restaurum*.

* **RESTRAINDRE**, Se replier, se retirer. G. Guiart, tom. II, pag. 262, vers 6792; pag. 294, vers 6739 (15784, 16619). *Restreindre*, Chron. des ducs de Normandie.

RESTRAINTIF, Restringent. Gl. *Restringitor*.

RESTRIDISSE, Lieu étroit, resserré. Gl. *Restringitor*.

RESTRINCTION, Réduction, diminution. Gl. *Restringitor*.

RESTROIT, Détroit, passage étroit et serré. Gl. *Restringitor*.

RESTUYER, Remettre quelque chose dans son étui, l'épée dans le fourreau. Gl. *Estugium*.

RESVER, [S'ébatre. Laborde, pag. 217 :

> Nous venions l'autrier de joer,
> Et de resver,
> Moi et mi conpaing et mi per.

Voyez *Revel*.] **RESVER DE NUIT**, Courir les rues pendant la nuit; d'où *Resveur de nuit*, Coureur de nuit. Gl. *Reventare*, 1.

* **RESVIGORER**, Reprendre de la vigueur. Agolant, vers 552. Chronique des ducs de Norm.

RESURE, p. e. Fossé, canal. Gl. *Rasa*, 1.

RESUSCITEMENT, Résurrection. Gl. *Resurrectio*, 1.

RESWART, Jugement, sentence. Gl. *Resgardum*, 1.

1. **RETAILLER**, Circoncire, retrancher. Gl. *Recutitus*. [Rogner, amoindrir. Renart le Nouvel, tom. IV, pag. 202, vers 1993 :

> Li rois ses sodoiers lor sols
> Retailla, le tierc et tolli.

Pag. 207, vers 2119. Chron. des ducs de Normandie. Voyez Rayn. tom. III, p. 5², au mot *Retalhar*.]

2. **RETAILLER**, Se séparer en plusieurs pelotons. Gl. *Retaiare*. [Séparer, détacher. G. Guiart, t. II, p. 103, v. 2654 (11633) :

> Fait li rois par le retaillier
> Cinc cens arbalestiers baillier
> A ceus qui le navie guient.

Se retailler, Se séparer, se débander, t. I, pag. 79, vers 1396; tom. II, p. 251, v. 6519 (15499).]

RETAILLIER, Récompenser, rendre la pareille. Gl. *Retaliare*.

RETEL, Barrière, herse. Gl. *Restellus*.

RETENAIL, Retenue, réserve, protestation. Gl. *Retentio*, 2.

* **RETENCER**, Roi Guillaume, pag. 97 :

> Et de ceste méisme cose
> Retence dans Foukiers et cose
> Marin.

RETENIR, Entretenir, réparer. Gl. *Retinere*, 2.

RETENTION, Réserve. Gl. *Retenezo*.

1. **RETENUE**, Entretien, réparation. Gl. *Retinere*, 2.

2. **RETENUE**, Troupes à la solde d'un prince, garnison. Gl. *Retenuta*, 2.

RETENURE, Entretien, réparation. Gl. *Retentio*, 6.

RETER, Soupçonner, accuser, appeler en justice. Gl. sous *Rectum*, 1, et *Retare*. [Partonop. v. 597, 2676, 3657, 6417, 8025, 9391, 9500. Roi Guillaume, pag. 65. Fabliaux, Jubinal, tom. II, pag. 27. (*Reter de blasme*). Chastel. de Couci, v. 5437. *Retta*, Lai du Corn, vers 343. *Rester*, Partonop. vers 6415. Aubri, pag. 175². Roman de Renart, tom. II, pag. 149, vers 13579. Voyez Rayn. tom. V, pag. 87², au mot *Reptar*.

1. **RETOUR**, Service que les bateliers se rendent mutuellement au passage des ponts. Gl. sous *Retornus*, 3.

2. **RETOUR**. **DRAPS DE RETOUR**, Espèce d'étoffe. Gl. sous *Retornus*, 3.

3. **RETOUR DE COUR**, Renvoi d'une cause à son propre juge. Gl. *Retornus*, 3.

1. **RETOURNER**, Remener, reconduire. Gl. *Retornare*, 1. [Partonop. vers 616.]

2. **RETOURNER**, Reporter, rendre ce qu'on avait emprunté. Gl. *Retornare*, 1.

3. **RETOURNER**, Rendre, restituer. Gl. *Retornare*, 5.

4. **RETOURNER**, Détourner, écarter. Gl. *Retornare*, 7.

5. **RETOURNER**, Changer, transporter un marché ou une foire d'un jour à un autre. Gl. *Retornare*, 8.

6. **RETOURNER**, Payer le prix d'un marché, ou donner le retour convenu. Gl. *Retornare*, 9.

7. **RETOURNER CAROTTE**, Changer de parti. Gl. *Caravisa*.

RETOURS. **AVOIR RETOURS**, Avoir droit de se retirer dans le château de son vassal. Gl. *Retornare*, 3. [Chastel. de Couci, vers 457 :

> Qui nous a fait très-grant honnour
> Qui ci fist ore son retour.]

RETRACTION, Retrait d'un héritage aliéné. Gl. *Retractio*, 2.

* **RETRAIAMMENT**, Avec regret. Chanson du Chastel. de Couci, Laborde, p. 289 :

> Car qui le suen donne retraiamment
> Son gré en pert.

* **RETRAIANT**, Reflux, marée qui descend. Partonop. vers 7585 :

> Od le montant en flote sont
> Et od le retraiant s'en vont;
> Li retraians les met en mer.

Flore et Blancefl. vers 1381 :

> A retraiant por avoir bort
> Toutes les nés issent du port.

RETRAICTEMENT, Retranchement, restriction. Gl. *Retractare*, 2.

* **RETRAIEMENT**. Chanson, Wackernagel, pag. 48² :

> Ne ne'l di pas por nul retraiement,
> C'ainçois ain muels la mort en paiement,
> Ke bone amor soit per moi essaie.

* 1. **RETRAIRE**, **RETRERE**, Se retirer, s'abstenir, renoncer, ne pas remplir un vœu, etc. Flore et Blancefl. vers 2268 :

> Lacié m'avés, n'en puis retraire.

Partonop. vers 4177 :

> Quant des véus volés retraire.

Se retraire, vers 6074, 6436. Jordan Fantosme, vers 1328. G. Guiart, t. I, p. 110, vers 2313 :

> Car au passer et au retraire
> Au bien gauchir, au traverser, etc.

Tom. II, pag. 71, vers 1808 (10784) :

> François o le roi Challes mouvent;
> A qui que il doie desplaire
> Huimais n'i-a riens du retraire.

Sans retraire, Chastel. de Couci, v. 202 :

> Font que je sui vos vrais amis
> Et serai, dame, sans retraire.

Ruteb. tom. II, pag. 242 :

> Onques puis d'errer ne finâmes,
> Si venimes droit au repere
> De Pénéance sanz retrere.

Chron. des ducs de Normandie. Voyez Rayn. tom. V, pag. 404², au mot *Retraire*.

* 2. **RETRAIRE**, **RETRERE**, Retracer, raconter, exposer, dire. Chanson, Wackern. pag. 65 :

> Vostre valor ne retrairoient mie.

Partonop. vers 3876 :

> Et je vos di que j'ai amie
> Et moult rice et moult debonaire,
> Mais nel vos caut d'aillors retraire.

Vers 5110 :

> Quar on ne doit retraire afiz.

Roman de Renart, tom. I, pag. 34, v. 888. Voyez Orell, pag. 273. Roquef.

* 3. **RETRAIRE**, Tenir des inclinations de sa race, Roi Guillaume, pag. 94 :

> Ne pucent as vilains retraire
> Por noreture qu'il ajeu eient,
> A lor gentillece retraient.

Chanson, Wackern. pag. 13 :

> Fine amor claime en moi per critaige...
> Veul ke de chant et d'onor me retraie.

1. **RETRAIT**, Retraite, refuge, asile. Gl. *Retractus*, 1. [Roi Guillaume, pag. 149 :

> Ains fuit vers un caisne à retrait.]

2. **RETRAIT**, Maison, demeure, logement. Gl. *Retractus*, 1.

3. **RETRAIT**, Farine dont on a tiré la fleur, son. Gl. *Rebuletum*.

4. **RETRAIT**, Copie, ou communication d'un acte. Gl. sous *Retractus*, 1.

5. **RETRAIT DE NONE**, La fin de None, lorsqu'on se retire de l'église. Gl. *Retrahere*, 1.

RETRAITE, **RETRAITE**, Sorte d'amende. Gl. *Retractum*.

* **RETRAITES**, Coup de revers? G. Guiart, t. II, p. 181, vers 4663 (13650) :

> S'entrenvaïssent de retraites
> D'estoz et de táilles diverses.

Pag. 77, vers 1969; pag. 211, vers 5464 (10945, 14444).

*** RETRAITIER**, Dire. Voyez *Retraire*, 2. Partonop. vers 6001 :

> Cest dangier
> De vo non que n'ol retraitier.

RETRAITTIER, Révoquer, annuler ; ou seulement Restreindre. Gl. *Retractare*, 2.

RETRET, Farine dont on a tiré la fleur, son. Gl. *Rebuletum*.

RETRIDISSE, Lieu étroit, resserré. Gl. *Restringitor*.

*** RETROWANGE**, Sorte de poésie. Wackern. pag. 66 :

> Retrowange novelle
> Dirai et bone et belle.

Rotruenge. Jordan Fantosme, v. 1304 :

> Dunc oissiez ces greidles suner par establie,
> N'i aveit pas reprueces ne dite vilanie, ;
> Mes suns e rotruenges e regreter amic,
> De corns et de busines mult bele rebundic.

Voyez *Rotuenge*, Rayn. tom. v, pag. 80¹, au mot *Retroencha*. Roquefort, État de la Poésie, etc., pag. 223. Wolf, *Uber die Lais*, pag. 248. Diez, *Poesie der Troubadours*, pag. 117.

REU, Taxe, imposition portée dans un rôle. Gl. sous *Rotulus*, 1.

REVAIGIER, pour **RAVAGER**, Lever une amende. Gl. *Ravale*.

REUBE, Vol fait par surprise. Gl. *Duellariter*.

REUBER, Voler, piller, ravager. Gl. *Robare*, sous *Roba*. [Partonop. vers 270. Flore et Blancefl. vers 69, 84, 112, 1949. Voyez Rayn. tom. v, pag. 47², au mot *Raubar*, ci-dessous *Rober*.]

REVE, Droit d'entrée ou de sortie sur les marchandises qu'on transporte. Gl. *Reva*, 1.

1. REVEL, Badinage, plaisanterie. Gl. *Revelles*. [Partonop. v. 10102. Ruteb. t. 11, p. 239. Chastel. de Couci, vers 965. Chron. des ducs de Normandie. *Rivel*, Wackern. pag. 74, 75, 76.]

2. REVEL, Déroute, désordre. Gl. *Revelles*. [Querelle, Partonop. vers 9027. Chron. des ducs de Normandie. Voyez Rayn. tom. 11, pag. 208¹, au mot *Revel*.]

3. REVEL, Retard, délai. Gl. *Revelles*.

REVELER, Se rebeller, se révolter [Laborde, pag. 230. *S'est revelé*, Garin le Loher. tom. 1, pag. 67. *Est revelée*, Partonop. vers 2112. Chron. des ducs de Norm. Rayn. tom. 11, pag. 208¹, au mot *Rebellar*;] d'où *Reveleux*, Rebelle, qui se révolte. Gl. *Revellare*.

REVENDAGE, Vente des gages qui n'ont point été retirés. Gl. *Revenderia*.

REVENDAIGE, Revente. Gl. *Revenditio*, sous *Revendere*, 1.

REVENDERIE, Séquestre des gages enlevés par justice. Gl. *Revenderia*.

REVENNES, Criblures. Gl. *Revania*.

REVENU, Jeune bois qui revient sur une coupe de taillis. Gl. *Revenuta*, 2.

1. REVENUE, Le même. Gl. *Revenuta*, 2.

2. REVENUE, L'heure où les bêtes fauves sortent du bois pour pâturer. Gl. *Revenuta*, 2.

1. REVERCHER, Renverser, mettre en désordre. Gl. *Reversare*, 2. [Chron. des ducs de Norm. Rayn. tom. v, pag. 524¹, au mot *Reversar*.]

2. REVERCHER, **REVERCHIER**, Rechercher soigneusement, examiner. Gl. *Reversare*, 2. [Roi Guillaume, pag. 134 :

> Mais se vos port i volés prendre
> On le vos vaura molt cier vendre.
> Molt l'estevera revercier,
> Que le nef vauront revercier
> Premiers li sire et puis li dame.

Roman de Renart, tom. 11, p. 90, v. 12006 :

> Le cortil a trestot cerchié
> Et tot environ reverchié.

Tom. 111, pag. 84, vers 22056 :

> Ne coingnet nul à reverchier.]

REVERENDER, Honorer, marquer du respect. Gl. *Reverendus*?

REVERIE, Bureau où l'on paye l'impôt appelé *Reve*. Gl. *Reverius*.

REVERS. Il paraît que ce terme ajouté à une injure l'augmentait beaucoup. Gl. *Reversatus*, 2.

REVERSALES, Lettres de reconnaissance, aveu et dénombrement. Gl. *Reversale*.

REVERSE, Coup de revers. Gl. *Retromanus*.

REVERSER UN LIVRE, Le feuilleter. Gl. *Reversatus*, 2.

1. REVERSSER, **REVERSER**, Relever, trousser. Gl. *Reversatus*, 2. [Roman de Renart, t. 1, pag. 22, vers 595; p. 32, v. 829.]

2. REVERSSER, **REVERSER**, Tourner de tous côtés une chose pour la mieux examiner. Gl. *Reversare*, 2. [Roman de Renart, tom. 1, pag. 31, vers 815. Voyez *Revercher*.]

REVERTIR, Retourner, retomber. Gl. *Reverti*. [Chron. des ducs de Norm.]

REVESTEURE, Le droit dû pour l'investiture. Gl. *Revestitura*.

REVESTIAIRE, Sacristie. Gl. *Revestiarium*, 1.

*** REVESTIR**, Armer. Garin le Loher. tom. 1, pag. 9. Mettre en possession, rendre maître. Roi Guillaume, pag. 115 :

> Et traversèrent
> Un des dains de vostre forest
> Cist enfant, dont je vos revest.

G. Guiart, tom. 11, pag. 162, vers 4187 (13173) :

> Les autres vers le port ganchissent
> Désireus sont qu'ils s'en revestent.

Voyez *Raviestir*.

1. REVESTISSEMENT, Don mutuel entre mari et femme. Gl. *Revestimentum*, 1.

2. REVESTISSEMENT DE LIGNES, Droit du plus proche parent sur les biens qui proviennent de la ligne dont il descend. Gl. *Revestimentum*, 1.

REVEUR DE NUIT, Coureur de nuit. Gl. *Reventare*, 1.

*** REVIDER**, Venir voir. Roman de Renart, tom. 1, pag. 15, vers 390 :

> Je ne sai rien de tel conpere
> Qui sa conmere ne revide.

REVIERE, Regain. Gl. *Reviore*.

*** REVILER**, Refuser, injurier. Partonop. vers 2318 :

> Partonopeus nul n'en revile.

Vers 8884 :

> Par peor nolui ne revile.

Angl. *Revile*.

REVINDER, Assister, donner de quoi vivre. Gl. *Carcer*, 2.

REVIORE, Regain. Gl. *Reviore*.

*** REVIRER**, Redouter, craindre. Chron. des ducs de Norm. tom. 11, p. 23, v. 15940, pag. 195, vers 21071. Voyez Rayn. t. v, pag. 552, au mot *Revirar*.

REVISITEUR, Visiteur, examinateur ; du verbe *Revisiter*, Examiner. Gl. *Revisitare*.

REVIVRE, Regain. Gl. *Reviore*.

REUL, Taxe, imposition portée dans un rôle. Gl. sous *Rotulus*, 1.

REULE, Règle, ordre, arrangement. Gl. *Regulare*.

REVOIN, Regain. Gl. *Reviore*.

REVOIRE, Sorte de distribution en argent dans l'église du Puy. Gl. sous *Revodum*.

REVOIS. [Roman de Renart, tom. 11, pag. 273, vers 17021 :

> S'engigniez le felon revoit,
> Qui tot amble ce que il voit.]

ESTRE REVOIS, Être convaincu, après un mûr examen, du crime dont on est accusé. Gl. *Revisitare*.

REVOUAGE, **REVOUIAU**, Aide, taille, impôt, que le vassal payait à son seigneur, dans certains cas. Gl. *Roga*, 4.

REUSER, Éloigner, écarter, faire retirer. Gl. *Rusare*. [*Réusé*, Repoussé, reculé. Partonop. vers 8754, 8769, 8836. Chansons Historiques, tom. 1, pag. 178. — Reculer, se retirer. Roman de Renart, t. 11, p. 1040, vers 12395 :

> Et cil commence à réuser
> Et durement à reculer.

Chansons Histor. tom. 1, pag. 174 :

> Diex, qui le mont puet sauver,
> Gart France de raüser.

1. REUVER, Chercher, désirer. Gl. *Reva*, 1.

2. REUVER, Recommander, prier quelqu'un de quelque chose. Gl. *Reva*, 1.

REWARDAGE, L'office d'inspecteur. Gl. *Regardus*.

REYEUR, Barbier, celui qui rase. Gl. *Rasio*, 2.

REYMBRE, Racheter, payer la rançon d'un prisonnier. Gl. *Redimere*, 1.

1. REZ. AU REZ, A l'exception, hormis. Gl. *Rasum*, 3.

2. REZ. LE REZ DE LA NUIT, L'entrée de la nuit. Gl. sous *Rasum*, 3.

3. REZ. A REZ, Entièrement, tout à fait. Gl. *Rasum*, 3. [Voyez *Res*.]

*** 4. REZ**, Chron. des ducs de Norm. tom. 11, pag. 367, vers 26067 :

> E les granz rez à la chauz faire.

Voyez *Ré*.

1. REZE, Expédition militaire, incursion sur une terre ennemie. Gl. *Reisa*, 1.

2. REZE, Sentier, chemin. Gl. *Resa*.

REZEAU, Mesure de grain, rasière. Gl. *Rasellus*, sous *Raseria*.

RIAGAL, **RIAGAS**, Espèce d'arsenic rouge. Gl. *Resegale*.

RIBAUD, **RIBAUDEAU**, Sorte de petit chariot. Gl. sous *Ribaldi*.

RIBAUDAILLE, Terme de mépris, comme Canaille. Gl. sous *Ribaldi*.

RIBAUDEQUIN, Petit chariot, comme affût, qui paraît avoir donné son nom au canon qu'il portait. Gl. *Ribaudequinus*.

RIBAUDERIE, Femmes publiques, prostituées. Gl. sous *Ribaldi.*

RIBAUDIE, Vie débauchée. Gl. sous *Ribaldi.*

RIBAUS, Troupes légères, enfants perdus, valets d'armée, goujats, libertins, débauchés, hommes de néant. Gl. sous *Ribaldi.*

RIBAUSDESQUIN, comme RIBAUDEQUIN. Gl. *Ribaudequinus.*

RIBER, Folâtrer, badiner indécemment avec une femme. Gl. *Ribaldisare.*

RIBLER, Débaucher une femme, vivre dans la débauche avec elle; d'où *Riblerie,* Débauche, libertinage. Gl. *Ribaldisare.*

RIBLEUX, Débauché, adonné aux femmes. Gl. *Ribaldisare.*

1. RIBOULE, Sorte de bâton, plus gros par un bout que par l'autre. Gl. *Rabdus.*

2. RIBOULE, Instrument propre à la pêche. Gl. *Rabdus.*

RICHE-HOMME, Baron. Gl. *Rici homines.*

* RICOISE, Richesse. Partonop. v. 824. *Richeté,* Chron. des ducs de Normandie. Voyez Rayn. t. v, p. 95[1], aux mots *Rictat* et *Riquesa.*

RICTEMENT, Justement, légitimement. Gl. *Rectum,* 2.

RIDDE, RIDDRE, Sorte de monnaie d'or. Gl. *Reyder.*

1. RIDE, Espèce de grosse toile. Gl. *Redo.*

2. RIDE, Sorte de monnaie d'or. Gl. *Reyder.*

* 3. RIDÉ, Froncé, plissé, Partonop. vers 8005 :

    N'usent mais blans cainscs ridés
    Ne las de soie à lor costés
    Ne ces longes mances ridées.

Chastel. de Couci, vers 703 :

    Vouroie une mance de vous,
    Ridée as las, large dessous.

Ridoire, Froncis? Partonop. vers 10120. Voyez *Ridure.*

RIDEL, Rideau, petite éminence. Gl. *Hoga.*

RIDELLE, Gros bâton, sorte de levier. Gl. *Redellus.*

RIDURE, Fuseau. Gl. *Colotriciatorium.*

RIEN, nom général, Chose. Gl. *Roela.* [Voyez Rayn. tom. v, pag. 55[1], au mot *Re.* Orell, p. 70. *Riens née,* Roi Guillaume, pag. 53. Enfants Haymon, vers 973. Chastel. de Couci, vers 390.]

* RIERE, Derrière. Orell, pag. 330. Voy. Rayn. tom. v, pag. 78[2], au mot *Reire.*

RIEREBAN, Arrière-ban, convocation pour aller à la guerre. Gl. *Retrobannus.* [Partonop. vers 2331.]

RIEREFIÉ, RIEREFIEF, Arrière-fief. Gl. *Rerefeodum* et *Retrofeudum.*

RIEREGUET, Celui qui fait le guet pendant la nuit. Gl. *Retroexcubiæ.*

RIÉS, Terre en friche et qui n'est pas labourée. Gl. *Riesa.*

RIEU, Ruisseau, petit bras d'une rivière. Gl. *Riale.*

RIEUGLER, Régler, gouverner, administrer. Gl. *Regulare.*

RIEULÉEMENT, Par ordre, de suite, par rang. Gl. *Regulariter,* 1.

RIEZ, Terre en friche, et qui n'est pas labourée. Gl. *Riesa.*

RIFFLE, Baguette, houssine. Gl. *Rifflctum.*

RIFFLEURE, Eraflure, plaie légère sur la peau. Gl. *Rifflura.*

RIFLART, Sergent qui a commission d'arrêter quelqu'un. Gl. *Rieflare.*

RIGMERIE, Rime. Gl. *Rigmatice.*

RIGOLAGE, RIGOLEMENT, Plaisanterie, risée, raillerie, moquerie. Gl. *Rigolamentum.*

RIGOLER, Plaisanter, railler; se moquer. [G. Guiart, tom. I, p. 252, v. 6097; pag. 310, vers 7084]; d'où *Rigoleur,* Moqueur, plaisant. Gl. *Rigolamentum.*

* RIGOLER (SE), Voltiger, G. Guiart, tom. I, pag. 107, vers 2237 :

    Quarriaus à descochier commencent,
    Par l'air çà et là se rigolent.

Tom. II, pag. 244, vers 6307 (15287) :

    Flambe qui forment s'i rigole.

RIGOLET, Repas du jour ou du lendemain de noce. Gl. *Receptum,* 1.

RIGOLLE, Canal, conduit pour l'écoulement des eaux. Gl. *Rigola.*

1. RIGUER, Traiter quelqu'un durement, avec rigueur. Gl. *Rigorosus.*

2. RIGUER, Arroser de l'eau d'un ruisseau. Gl. *Riguus.*

RIHOTER, Quereller, disputer. Gl. *Riotta.*

1. RILLE, Morceau de porc ou de lard. Gl. *Rielle.*

2. RILLE, Règle à l'usage d'un maçon. Gl. sous *Regula,* 10.

RILLER, Couler, glisser. Gl. sous *Rillonus.*

RILLIE, Droit de relief. Gl. *Releyum,* sous *Relevare feudum.*

RILLON, Rideau, petite éminence. Gl. sous *Roya.*

RIMAIRIE, Rime. Gl. *Rigmatice.*

RIME, Grand bruit, criaillerie, tintamarre. Gl. *Rima,* 2.

* RIMÉ, Bruiné. Chastel. de Couci, vers 6318 :

    Car en cel jour la matinée
    Estoit grescillié et rimée.

Voyez Halliwell, au mot *Rime,* 2. Gelée blanche.

RIMER, Gronder, se plaindre, criailler. Gl. *Rima,* 2.

RINE, p. e. Tour, façon d'agir. Gl. *Rinna.*

RINVÉ, Espèce de poisson. Gl. sous *Rinna.*

RIOT, RIOTE, Querelle, dispute, contestation. Gl. *Riotta.* [P. Pâris, Catalogue, tom. II, pag. 288. Wackern. pag. 59. G. Guiart *passim.* Voyez Rayn. t. v, p. 97[1], au mot *Riota.*]

1. RIOTE, Combat, duel. Gl. *Riotare.*

2. RIOTE. HEURE DE RIOTE, Heure du goûter. Gl. sous *Hora,* 3.

RIOTEUX, Querelleur; d'où *Parole Rioteuse,* Injure, outrage. Gl. *Riotosus,* sous *Riotare.*

RIPILLONS, Restes de poissons. Gl. *Spinaticus.*

RIPOISSE, Instrument à prendre des oiseaux. Cl. *Ripoissa.*

RIQUECHE, Richesse. Gl. *Riquiza.*

RISCONSSER, Cacher; d'où *Soleil Risconssant,* Soleil couchant. Gl. *Reconsus.*

RISSEUR, Querelleur. Gl. *Rissa.*

RISSIE, Goûté, l'heure de ce repas. Gl. *Releveia.*

RISSIR, Sortir, se retirer. Gl. sous *Rissa.* [Orell, pag. 177.]

RISSUE, Goûté, collation. Gl. sous *Hora,* 3.

RISTER, Presser, forcer à faire quelque chose. Gl. sous *Rista.*

RISTIBILLE, Terme injurieux; p. e. Fainéant, qui est sans cœur. Gl. sous *Rista.*

* RIU, Ruisseau, roi Guillaume, p. 110 :

    Au riu d'une clere fontaine.

Roman de Renart, tom. IV, p. 21, v. 565 :

    Jouste le rui d'une fontaine.

Voyez Rayn. tom. v, pag. 99[1], au mot *Riu,* ci-dessous *Ru.*

RIVAGE, Droit qu'on paye pour les marchandises ou denrées qui arrivent par eau. Gl. *Rivagium,* sous *Ripaticum,* 2.

RIVAIGE, Tout l'espace qui est entre une rivière et les terres voisines. Gl. *Rivagium.* [Agolant, vers 66 :

    Quatre grans lües lor rivage en detindrent.]

RIVAL, Morceau d'or ou d'argent. Gl. *Rivellus.*

* RIVEL. Voyez *Revel.*

RIVERETTE, Petite rivière, ruisseau. Gl. *Riveria.*

RIVES, RIVIERS, Les peuples en deçà du Rhin. Gl. *Ripuarii.*

* RIVIERE, Plaine où l'on chasse à l'oiseau. Partonop. vers 1777 :

    Mais ce me dites, se vos plest,
    S'irés demain en la forest,
    Quel vie volrés deméner,
    En bos u en rivière aler.
    Se vos volés aler en bois...
    Dont veres venir liemiers
    Et chiens gentils et bons levriers...
    Et s'aler volés en rivière,
    En une cambre ça ariere
    Troverés esperviers, ostors,
    Girfaus et gentils et pluisors.

Vers 1883 :

    Et vait en bois et en rivière.

Agolant, vers 838 :

    Sot de rivière, d'esperviers et d'osturs,
    Et sot des bois plus que nus veneors.

Roi Guillaume, pag. 116 :

    Des chiens et d'osiaux lor aprenge
    Se' s mainst en bos et en rivière.

Pag. 142 :

    Bien songoit que avis li ere,
    C'ausi com il fust en riviere
    Par mi une forest caçoit
    Un cerf, qui seize rains avoit.

Rivoier, Chasser en rivière. Chronique des ducs de Normandie. Jordan Fantosme, vers 119.

RIULE, RIULLE, Nécrologe, règle monastique. Gl. sous *Regula.*

RIULER, Régulier. *Canones Riulers,* Chanoines Réguliers. Gl. *Regulares,* 3. [*Riuglez chanoines,* Ruteb. t. II, p. 249.]

1. RIZELLE, Gros bâton, espèce de levier. Gl. *Redellus.*

2. RIZELLE, Filet ou machine propre à la pêche. Gl. *Resellus,* 2.

ROABLE, Instrument pour tirer ou ranger la braise dans un four, fourgon. Gl. *Rotabulum*, 2.

ROAGE, Droit seigneurial que doivent les voitures qui passent sur le grand chemin. Gl. *Roaigium* et *Rotaticum*.

ROAIGE. TERRE EN ROAIGE, Celle dont la culture est divisée par roies. Gl. *Roya*.

ROAISONS, Rogations, prières publiques pour les biens de la terre. Gl. *Rogationes*, 1.

ROBARDEL, Curieux d'ajustements, recherché dans ses habits. Gl. *Scema*, 1.

ROBATURE, Vol, larcin. Gl. *Robaria*, 1.

ROBBE-LINGE, Chemise. Gl. sous *Roba*.

ROBE. Couper la robe à une femme au-dessus du cul, c'était la traiter comme une prostituée. Gl. sous *Roba*.

ROBE DE CORPS, Habit de deuil. Gl. sous *Roba*.

ROBE DE SOYE, Y renvoyer quelqu'un, c'était lui reprocher sa naissance. Gl. sous *Roba*.

ROBE-HARDIE, comme COTE-HARDIE, Sorte de vêtement commun aux hommes et aux femmes. Gl. *Hardiota tunica*.

ROBE-LINGE, Chemise. Gl. sous *Roba*.

ROBEMENT, Vol, larcin, pillerie. Gl. *Robaria*, 1.

ROBER, Dérober, voler. Gl. *Robare*, sous *Roba*. [Piller, Partonop. vers 275, 1746. Voyez *Reuber*.]

ROBERIE, Vol, larcin. Gl. *Roberia*, sous *Roba*.

* **ROBERRE**, Voleur. Roman de Renart, tom. 1, pag. 5, vers 117 :

Fu, ce sachiez, moult fort roberre
Et par nuit et par jour fort lerre.

ROBES, Habits que les rois et princes donnaient à leurs officiers aux grandes fêtes de l'année. Gl. *Roba*.

ROBES DE COMPAIGNIE, Habits que le roi et la reine donnaient aux personnes les plus distinguées de leur cour. Gl. *Roba*.

ROBEUR, Voleur, larron, pillard. Gl. *Robator*, sous *Roba*.

ROBIN ET MARION, Sorte de mascarade. Gl. sous *Robinetus*.

ROBINE, Canal, bras d'une rivière. Gl. *Robina*.

ROBINES, Ceps, entraves. Gl. sous *Robina*.

ROBOOUR, ROBOUR, Voleur, larron, pillard. Gl. *Roboria* et *Roberator*, sous *Roba*.

ROC, Pièce des échecs, la tour. Gl. *Fercia*. [Flore et Blancefl. vers 2217. G. Guiart, tom. II, pag. 173, vers 4465 (13451). Chron. des ducs de Normandie.]

1. **ROCE**, Tour, fortification. Gl. *Rocca*.

2. **ROCE**, Rosse, espèce de petit poisson. Gl. *Tramallum*.

ROCELLE, Sorte de pâtisserie, p. e. Rissole. Gl. *Rochab*.

ROCHAL, Cristal de roche. Gl. *Rohanlum*. [Rocher. Agolant, vers 235 :

Les aigues trove qui chient du rochal.]

ROCHAUT, Sorte de poisson. Gl. *Cynædus*.

1. **ROCHE**, Château, forteresse. Gl. *Rupes*.

2. **ROCHE**, Cave taillée dans le roc. Gl. *Roca*, 2.

3. **ROCHE**, Sorte de petit poisson, rosse. Gl. *Rocca*.

1. **ROCHET**, Habillement de toile à l'usage des hommes et des femmes, sarrau, ca-potte. Gl. *Rochetum*.

* 2. **ROCHET**, Lance, fer de la lance? Chastel. de Couci, vers 1656 :

Car il l'atainst dessous l'oye
De son bon rochet bien tempré.

Voyez vers 1641.

ROCQUE, Motte de terre. Gl. *Rocha*, 2.

RODAGE, Droit seigneurial que payent les voitures qui passent par le grand chemin. Gl. sous *Rotaticum*.

RODAS, Bâton, rondin. Gl. *Reddalle*.

RODE. JEU AUX RODES DE FER, Jeu de palet. Gl. *Rodella*.

RODETE, Éperon. *Blanc de la Rodete*, Monnaie d'Allemagne, marquée à un éperon. Gl. *Rodella*.

RODIER, L'artisan qui fait des roues, charron. Gl. *Roderius*, 1.

RODONDON, Espèce de manteau, ainsi nommé à cause de sa rondeur. Gl. *Rodondellus*.

1. **ROE**, Pupitre tournant. Gl. *Rota*, 9.

2. **ROE**, Palet. *Jeu des Roes*, Jeu de palet. Gl. *Rota*, 12.

* 3. **ROE. A ROE**, Tout autour. G. Guiart, tom. 1, pag. 227, vers 5430 :

Tant en a entor lui à roc.

ROÉ, Orné de ronds ou roues. Gl. *Rota*, 3. [*Targe roée*, Gérard de Vienne, vers 2124, 2555. Agolant, pag. 163² :

Et puis li ont son escu aporté,
La guige en fu de paile d'or roé.

Voyez le Glossaire sur la Chronique des ducs de Normandie. (Partonop. v. 10694 :

De siglaton à cercle d'or.)]

ROEIGNIER, pour rogner, tondre, raser. Gl. *Roignare*.

1. **ROELER**, Rouler, précipiter du haut en bas. Gl. *Rotulare*.

2. **ROELER**, Tourner. Gl. *Rotulare*.

ROELLE, Bouclier. Gl. *Roela*. [Roue, rond, cercle. Flore et Blancefl. vers 777 :

Quant aucun dolereus t'apele
Adont torne bien ta roelle.

Vers 856 :

En son bec tint une roelle.
La roelle estoit un topace,
Qui plus estoit clere que glace
Et si estoit douze piés lée.

Voyez Rayn. tom. v, pag. 90², au mot *Rodela*,]

ROER, Aller autour, rôder, tournoyer. Gl. *Rotulare*.

ROERTRE, Hart, lien de menu bois tortillé. Gl. *Roorta*.

ROFFÉE, Gale, croûte de lèpre. Gl. *Rufia*.

ROGAT, ROGATON, Semonce, assignation en cour ecclésiastique. Gl. *Rogatum*, 2.

1. **ROGE**, Sorte de navire. Gl. *Roga*, 5.

2. **ROGE**, p. e. Rempart. Gl. *Roga*, 5.

ROGECEUR, Sergent de cour ecclésiastique, porteur de *Rogats*. Gl. *Rogatum*, 2.

ROGUE DES RIBAUS, pour Roi des Ribaus, Bourreau. Gl. sous *Ribaldi*.

* **ROGUEZ**, Roman de Renart, t. II, pag. 302, vers 17808 :

Car tu as bien Blanchart mengié
Qui moult est et cras et roguez.

Voyez *Rovent*.

ROHAL, Cristal de roche. Gl. *Rohanlum*.

ROIAGE, Droit sur les vins qu'on transporte par charroi. Gl. *Rotaticum*.

ROIAUX, Nom d'une monnaie de France. Gl. sous *Moneta*, pag. 591.

ROICHE, Cave taillée dans le roc. Gl. *Roca*, 2.

ROIDOIER, Rudoyer, traiter durement quelqu'un. Gl. *Magrus*.

ROIÉ, Rayé, qui a des raies ou bandes de différentes couleurs. Gl. *Radiatus*. [*Roie*, Raie. Roi Guillaume, pag. 83. Partonop. vers 10695.]

ROIER, Voyer. Gl. *Ruarius*.

ROIERIERE, Juridiction sur les fonds de terre, justice foncière. Gl. *Roya*.

ROILLIC, Barrière. Gl. *Roilla*. [Partonop. vers 2119 :

Pantoise est costeous bon et bel
De mur de cauc et de quarel
A peus et à grans roilléis.

G. Guiart, tom. 1, pag. 80, vers 1437. *Rolléis*, Garin le Loher, t. 1, p. 229, 231.]

* **ROINANT**, Qui règne, Agolant, pag. 186² :

Jesu reclaiment le pere roïnant.

ROINGNER, Couper, tondre, raser. Gl. *Roignare*.

* 1. **ROION**, Royaume, région. Gérard de Vienne, vers 1581, 3046, pag. 173². Voyez Diez, *Altroman. Sprachdenkm.* pag. 54; ci-dessus *Region*.

* 2. **ROION**. Roman de Renart, tom. II, pag. 116, vers 12725 :

Il est chéuz enz el broion
Qui chevilliez fu el roion.

ROIS, Filets pour pêcher. Gl. *Resellus*, 2.

* **ROISCIÉ**, Rossé, Roi Guillaume, pag. 78 :

Jà n'i ait espargnié baston
Qu'il n'en soit batus et roisciés.

ROISE, Rouissoir, le lieu où l'on fait rouir le lin et le chanvre. Gl. *Roissia*.

ROISSEULE, ROISSOLE, Sorte de gâteau ou gaufre. Gl. *Roisola*.

* **ROISTE**, Roide, escarpé, G. Guiart, tom. 1, pag. 144, vers 3016. *Roistesse*, Chron. des ducs de Norm.

* **ROITIAUS**, Roitelet. Garin le Loher. tom. 1, pag. 190 :

Quant li roitiaus s'est au grant cisne pris.

Voyez la note.

ROLLER, p. e. pour ROSSER, Bâtonner. Gl. *Roilla*. [*Roiller*, Roman de Renart, tom. III, pag. 76, vers 21832, tom. II, p. 102, v. 12330, p. 119, v. 12788, 12808. *Roeliz*, Action de battre. Chron. des ducs de Norm. tom. 1, pag. 280, vers 5661.]

ROMAN, Histoire fabuleuse. Gl. sous *Romanus*. [Roman de Roncevaux, p. 62. Gérard de Vienne, vers 3776. Enfants Haymon, vers 54. Aubri, vers 6. Rayn. tom. v, pag. 107¹, au mot *Roman*.]

*** 2. ROMAN**, Séjour, demeure. Gérard de Vienne, vers 3735 :

> Por Karlemaine le riche roi puissant
> Dont il ne sorent ne voie ne roman.

Voyez *Remain*, Rayn. tom. IV, pag. 151², au mot *Remaner*, *Romanre*.

ROMANCIER, Traduire en langage vulgaire. Gl. *Romanus*.

ROMANIE, L'empire d'Orient. Gl. *Romania*.

ROMANT, Langage vulgaire des Français. Gl. *Romanus*. [Agolant, pag. 174¹, Garin le Loher, tom. 1, pag. 180. Roman de Renart, tom. II, pag. 44, vers 10833; pag. 342, vers 18906. Chronique des ducs de Norm. Rayn. tom. V, pag. 107¹, au mot *Roman*.]

ROMER, Écrire ou conter des histoires ou des fables en langue vulgaire. Gl. *Romanizare*, 2.

ROMESIN, Sorte de monnaie romaine. Gl. *Romesina*. [Chronique des ducs de Normandie.]

ROMIEUX, Pèlerin, Gl. *Romeus*. [Voyez Rayn. tom. V, pag. 107², au mot *Romieu*.]

ROMMAN, Romaine, sorte de balance. Gl. *Romana*.

ROMMESIN, Sorte de monnaie romaine. Gl. *Romesina*.

ROMONŒOU, Pèlerin. Gl. *Romeus*.

ROMPEIS, Terre nouvellement cultivée. Gl. *Rupticium*, sous *Rumpere*.

ROMPRE, Labourer une terre en friche. Gl. *Rumpere*.

ROMPTE, Route dans une forêt. Gl. *Rupta*, 4.

1. ROMPURE, Rupture, fracture. Gl. *Rumpere*.

2. ROMPURE, Morceau, pièce de quelque chose. Gl. *Rumpere*.

RONCHERAI, Lieu rempli de ronces. Gl. *Runcalis*.

RONCHI, RONCI, Roussin, cheval de service. Gl. *Ronchinus*, sous *Runcinus* et *Runchinus*. [*Trais à roncis*, Partonop. vers 1224. *Traîner à roncins*, Garin le Loher, tom. 1, pag. 8.]

RONCIE, Sorte d'arme, espèce de faux. Gl. *Runco*.

RONCINE, Jument de service. Gl. *Runchinus*.

RONCINER, Exiger le service d'un roussin. Gl. *Runchinus*.

1. RONDEAU, Rouleau pour briser les mottes de terre. Gl. *Rondellum*, 1.

2. RONDEAU, Certaine mesure de terre ou de vigne. Gl. *Rondellus*, 4.

RONDELE, Sorte de poisson. Gl. *Rondela*.

1. RONDELLE, Espèce de bouclier rond à l'usage de l'infanterie. Gl. *Rondellus*, 3.

2. RONDELLE, La garde d'une épée, à cause de sa forme ronde. Gl. *Rondellus*, 3.

3. RONDELLE, Petit tonneau, barril. Gl. *Rondella*.

RONFLÉE, Le bruit que fait un cheval par les narines, quand il est en colère ou qu'il a peur. Gl. *Ronflare*.

RONFLER, Renvier; d'où *Jouer à la Ronfle*. Gl. *Ronflare*.

RONSCHER, Arracher les ronces d'un champ pour le mettre en valeur. Gl. *Runcare*, 1.

RONSGE, Épieu. Gl. *Ronsge*.

RONSSINAGE, Service de *roncin* ou *roucin* que doit un vassal à son seigneur. Gl. *Ronzinata*.

ROOIGNER, Couper, tondre, raser. Gl. *Roignare*. [Roman de Renart, tom. 1, pag. 41, vers 1080. *Rouegnier*, Flore et Jeanne, pag. 60 : *Tantos je fise rouegnier mes cheviaus*. Voyez *Rouoignier*.]

ROOITE, ROORTE, Hart, lien de menu bois tortillé. Gl. *Roorta*.

ROOLLON, Le même. Gl. *Roorta*.

ROONDE, Manteau, ainsi nommé à cause de sa forme ronde. Gl. *Rondellus*, 1.

ROORTE, comme ROOITE. Gl. *Roorta*.

ROQUE, Motte de terre. Gl. *Rocha*, 2.

ROQUET, Habillement de toile à l'usage des hommes et des femmes, sarrau, capote. Gl. *Rochetum*.

RORTE, Hart, lien de menu bois tortillé. Gl. *Roorta*.

1. ROS, Certaine mesure de drap. Gl. *Ros*, 3.

2. ROS, p. e. Espèce de clou. Gl. *Ros*, 3.

*** 3. ROS.** Voyez *Rous*.

ROSE. FESTE DE LA ROSE. Gl. sous *Festum*, 1.

ROSEL, Roseau. Gl. *Rosellus*.

ROSES NOSTRE DAME, Taches scorbutiques ou érésipélateuses. Gl. *Morbus B. Mariæ*.

ROSEUL, Sorte de manteau, capote; ou p. e. Coiffe. Gl. *Rondellus*, 1.

ROSIEL, Roseau. Gl. *Rosellus*.

ROSIERE, Lieu rempli de roseaux. Gl. *Roseria*.

*** ROSIN.** Partonop. vers 561 :

> Bele face a blance et rosine.

ROSLE, Livre, histoire écrite. Gl. *Rotulus*, 1.

ROSOL, Sorte d'habillement de tête. Gl. *Retiolum*.

ROSSIÉE, Rouge ou couleur de rose. Gl. *Rossus*, 1.

ROSTE, Terme de la Coutume de Liége. Gl. *Rostum*.

ROSTI, Terme de dérision. Gl. *Rostum*.

1. ROSTIER, Gril. Gl. *Rostum*.

2. ROSTIER, Terre inculte qu'on défriche. Gl. *Rosticum*.

ROSTIR, Se chauffer. Gl. *Rostum*. [Roman de Renart, tom. III, p. 30, v. 20551 :

> Rostissoit
> Sa pance encontre le soleil.

Pag. 49, vers 21094 :

> Où vos vos rotissiez au chaut.]

ROTAGE, Toute espèce de redevance. Gl. *Rotagium*.

ROTE, Instrument de musique, guitare. Gl. *Rocta*.

ROTEIL, Gril. Gl. *Rotherium*.

ROTEMENT, Rudement, fortement. Gl. sous *Rotella*, 2.

ROTEOR, Joueur de *Rote* ou guitare. Gl. *Rocta*.

ROTERIE, Chanson, air propre à jouer sur la *Rote* ou guitare. Gl. *Rocta*.

ROTHEUR, Rouissoir, lieu où l'on fait rouir le lin et le chanvre. Gl. *Rothorium*.

ROTIAUS, ROTIER, Gril. Gl. *Rotherium*.

ROTRUHENGE, pour ROTTUHENCE, Air,

chanson à jouer sur la *Rote* ou guitare. Gl. *Rocta*. [Voyez *Retrowange*.]

ROTTE, Compagnie; troupe de gens de guerre. Gl. *Routa*, sous *Rumpere*.

ROTUENGE, Instrument de musique, guitare, un air ou une chanson à jouer sur cet instrument. Gl. *Rocta*.

ROTURIER, Regrattier; ou celui qui voiture du blé au marché. Gl. *Rotulare*.

ROUABLE, Instrument pour tirer ou ranger la braise dans le four, fourgon. Gl. *Rotabulum*, 2.

ROUAGE, ROUAIGE, Droit seigneurial sur les voitures qui passent par le grand chemin, et particulièrement sur celles qui transportent du vin. Gl. sous *Rotaticum*.

ROUAIN, Ornière. Gl. *Roueria*.

ROUBEUR, Voleur, larron. Gl. *Robator*, sous *Roba*.

ROUCHIER, Ronfler. Gl. *Runcare*, 2.

ROUE, Rôle, état des bornes et des revenus d'une terre. Gl. *Rotulus*, 1.

*** ROUEGNIER.** Voyez *Rooigner*.

*** ROVELER**, Rouler. G. Guiart, tom. 1, pag. 109, vers 2285 :

> Chevaliers par terre rovelent.

ROUELLE, La partie arrondie d'une lance. Gl. *Rostellus*.

ROUENEURE, p. e. Couleur de cheval rouan. Gl. *Rutina*.

*** ROVENT.** Partonop. vers 4863 :

> Atant vint une longe et gente
> A un clair vis, crase et rovente.

Vers 7766 :

> Beax et rovenz et bien forniz.

Roman de Roncevaux, pag. 44 :

> Si a coisi un fontenil rovent.

Voyez *Rouvent* et *Roguez*.

*** ROVER.** Voyez *Rouver*.

ROUGE, Garance. Gl. *Roja*, 2.

ROUGEGOUTE, Certaine couleur. Gl. *Piscis*, 1.

ROUGE-MUSEL, Lépreux. Gl. *Ruber*.

ROUGESYEUX, Sorte de vêtement ou de bonnet. Gl. *Ruber*.

ROUGET, Espèce de poisson. Gl. *Circulus*, 2.

ROUILLER, Rouler, briser les mottes d'un champ avec un rouleau. Gl. *Rondellum*, 1.

ROUILZ, Droit seigneurial sur l'aunage des toiles. Gl. sous *Rotulus*, 2.

ROUIN, Rouge, vermeil. Gl. *Rubricans*.

ROUL, Rouleau avec lequel on brise les mottes d'un champ. Gl. *Rondellum*, 1.

ROULE, Rôle, livre, volume. Gl. sous *Rotulus*, 1.

ROULLIÉE, Étable à cochons. Gl. sous *Roulleta*.

ROUMAINEMENT, A la Romaine, à la façon des Romains; de *Rouman*, Romain. Gl. *Romanizare*, 1.

ROUMANCER, Écrire ou conter des histoires ou des fables en langue vulgaire. Gl. *Romanizare*, 2.

ROUMANCH, ROUMANCHE, Langage vulgaire des Français. Gl. *Romancia*, et *Romanus*.

1. ROUMANT, Le même. Gl. *Romanus*.

2. ROUMANT, Murmure, plainte. Gl. *Romancia*.

ROUMESIN, Sorte de monnaie romaine. Gl. *Romesina.*

ROUMIEUX, Pèlerin. Gl. *Romeus.*

ROUOIGNIER, Rogner, couper, tondre. Gl. *Berta*, 3. Voyez *Rooigner.*

ROUOISONS, Rogations, prières publiques pour les biens de la terre. Gl. *Rogationes*, 1. [Roman de Renart, tom. 11, pag. 134, vers 13194 :

Si revendras après la pasque
Le jocdi de rovoisons
Que l'en menjue les motons.

Voyez Rayn. tom. v, pag. 103², au mot *Rogazo.*]

ROUPIOUS, Qui a la roupie au nez. Gl. *Ropida.*

1. **ROUPTE**, Troupe de gens de guerre, compagnie. Gl. *Rupta*, sous *Rumpere.*

2. **ROUPTE**, Rot, vent de la bouche. Gl. *Ructamen.*

ROUPTURE, Fracture, rupture. Gl. *Ruptura*, 2.

ROUS, Cheval bai. Gl. *Runcinus.* [Roman de Renart, t. 1, pag. 5, 6, v. 101, 150. Agolant, pag. 181¹ :

Ulien monte desus un cheval ros.]

ROUSEAU, Partie de l'épaule. Gl. *Rosellus.*

ROUSINE, Résine. Gl. *Gema.*

ROUSSAILLE, Rosse, espèce de petit poisson. Gl. *Rocea.*

ROUSSE-CAIGNE, Fille débauchée. Gl. *Rufiana.*

ROUSSEL, Sorte de bâton. Gl. *Rosselum.*

ROUSSET, Sorte d'étoffe de couleur rousse. Gl. *Rousetum.*

ROUSSIERE, Lieu rempli de roseaux. Gl. *Roseria.*

ROUSSOLLÉE, Sorte de gâteau ou gauffre. Gl. *Roisola.*

ROUT, Compagnie, corps de troupes. Gl. *Routa*, sous *Rumpere.*

1. **ROUTE**, Instrument de musique, guitare. Gl. *Rocta.* [Rayn. tom. v, pag. 116², au mot *Rota.*]

2. **ROUTE**, Troupe de gens de guerre, compagnie. Gl. *Routa*, sous *Rumpere.* [Rutebeuf, tom. 1, pag. 11 :

Diex n'a nul martir en sa route
Qui tant ait fet.

Garin le Loher, tom. 1, pag. 26 :

En sa compaigne ot maint bon bacheler,
La soie route ne puet nus hons fauser.

Pag. 36 :

Là véissiez les routes assembler.

P. 264 :

Véissiez-vous les routes expeissier.

Ruteb. tom. 11, pag. 236. Renart le Nouvel, tom. 1v, pag. 151, vers 677. Chron. des ducs de Norm. *Rote* et *Rute.* Voyez Rayn. tom. v, pag. 116¹, au mot *Rota.*]

ROUTER, Rompre, briser, casser. Gl. *Rumpere.* { Gérard de Vienne, vers 2944 :

Chascuns el poig tenoit la bone espée,
Lors armeures ont si route et copée, etc.

Voyez Rayn. tom. v, pag. 108², au mot *Rompre.*]

ROUTICHER, Gronder, murmurer, disputer, quereller. Gl. *Riotare.*

ROUTIERS, Pillards, soldats adonnés au pillage; quelquefois, Troupes légères, enfants perdus. Gl. *Rutarii*, sous *Rumpere.*

ROUTURE, Rupture, ouverture. Gl. *Ruptura*, 2.

ROUVART, Égard, considération. Gl. *Regardum*, 1.

ROUVENT, Rouge, vermeil. Gl. *Rubricans.*

ROUVER, Demander, prier. Gl. *Roga*, 4. [Vouloir, ordonner. Sainte Eulalie, v. 22 :

Ad une spede li roveret tolir lo chicef.

Vers 24. Roman de Renart, tom. 1, pag. 43, vers 1114 :

Que la sainte ordre le vos rove.

Agolant, vers 1062 :

Li roi Karlon, qui çà m'a fet torner,
A vos méismes me rova demander, etc.

Flore et Blancefl. vers 2829 :

Li rois rueve qu'il aient pais.

Gérard de Vienne, vers 1178 :

Et si vilment le me roveiz laisier.

Vers 121. Roman de Renart, t. 1, pag. 11, vers 267 :

Tiex hons vos en porroit rover.

Pag. 12 , vers 305. Partonop. vers 4975 :

Acorder à lui ne me ruis
Car tant ai mal que plus n'en ruis.

Vers 8957. Flore et Blancefl. vers 2490 :

Moult lor est bien.
Si cele vie lor durast
Jamais cangier ne le rovast.

Chanson du Chastel. de Couci, Laborde, pag. 262 :

Douce dame, je ne vous os rouver
Ce dont amors ne me rueve pas tere.

Chanson du roi de Navarre, Laborde, pag. 227 :

Et en chantant rouver, ce k'aine n'osai,
Celi que j'aim, etc.

Roi Guillaume, pag. 61 :

Et vos alés querre et rover
Se nule gent porrés trover
Qui por Dieu vos vausist bien faire.

Voyez Orell, pag. 124. Chron. des ducs de Norm. au mot *Ruis*, ci-dessous *Ruever.*]

ROUVIANT, p. e. Revenu; ou Remboursement. Gl. *Crampa.*

ROUVISON, Le temps des Rogations. Gl. sous *Rogationes*, 1.

ROUVOISONS, Rogations, prières publiques pour les biens de la terre. Gl. *Rogationes*, 1.

ROVYBRE, Regain. Gl. *Rovoria*, sous *Rover.*

ROX, Cheval bai. Gl. *Runcinus.*

1. **ROY**, Le premier ou le chef d'une société ou confrérie, le seigneur d'une terre. Gl. sous *Rex.*

2. **ROY**, Huissier d'église, bedeau. Gl. sous *Rex.*

3. **ROY DES RIBAUS**, Officier chez le roi, chargé d'une espèce de police; Prévôt d'une armée; Bourreau. Gl. sous *Ribaldi.*

4. **ROY DE L'ESPINETTE**, Le chef d'une association célèbre à Lille. Gl. *Spinetum.*

5. **ROY D'YVETOT**, Les droits et prérogatives de cette seigneurie. Gl. sous *Rex.*

6. **ROY DE TORELORE**, Terme de dérision, pour signifier un roi imaginaire, ou un homme qui croit que tout lui doit céder. Gl. sous *Rex.*

ROYALTIE, Royauté, la dignité de roi. Gl. *Regalitas*, 1.

ROYAN, Chemin qui sépare deux seigneuries. Gl. *Roya.*

ROYAS, Navet. Gl. *Rabea.*

ROYAULTÉ, Le repas de la veille des rois. Gl. *Regalitas*, 1.

ROYAUMENT, Réellement, en effet. Gl. *Realiter.*

1. **ROYAUX**, Les princes de la famille royale. Gl. *Regales*, 1.

2. **ROYAUX**, Monnaie de France. Gl. *Regales*, 2.

ROYCHE, Cellier, cave taillée dans le roc. Gl. *Roca*, 2.

ROYELLE, Petite roue. Gl. *Rotella*, 1.

1. **ROYER**, Voisin, contigu. Gl. *Roya.*

2. **ROYER**, L'artisan qui fait les roues, charron; d'où *Royerie*, Le métier de *Royer.* Gl. *Rotarius.*

ROYNE, Divertissement des jeunes filles qui s'élisaient une reine. Gl. sous *Regina*, 2.

1. **ROYON**, Certaine mesure de terre. Gl. *Roya.*

2. **ROYON**, Rideau, éminence, petite colline. Gl. *Roya.*

ROYS, Filets pour prendre des oiseaux. Gl. *Resellus*, 2.

1. **ROZ**, Roseau. Gl. *Rausea.*

2. **ROZ**, Certaine mesure de drap. Gl. *Ros*, 3.

ROZEAU, Partie de l'épaule. Gl. *Rosellus.*

RU, Ruisseau, petit bras d'une rivière. Gl. *Riale.* Voyez *Riu.*

RU DU BASTON, Redevance qui se payait en poules. Gl. *Roca*, 1.

RUABLE, Pelle, dont on jette ou avec laquelle on met dans un tas le blé qui a été battu. Gl. *Ruere.*

RUAU, Ruisseau, petit bras d'une rivière. Gl. *Riale.*

RUAUX, Pailles qu'on jette dans une cour ou dans les chemins pour en faire du fumier. Gl. *Ruere.*

RUBINE, Canal à porter bateaux. Gl. *Rubina.*

RUBRICHE, Vermillon, cinnabre. Gl. *Rubrica.*

RUCHE, Certaine mesure de grain. Gl. *Russellata.*

RUCQUE, Ruche d'abeilles. Gl. *Rusca*, 2.

RUDE, Ignorant, malhabile. Gl. *Ruditas.*

RUDELLE, Sorte de gros bâton de charrette, levier. Gl. *Redellus.*

RUDERIE, Rudesse, impolitesse, grossièreté. Gl. *Pertinacia*, 1.

RUDIMENT, Enseignement, instruction. Gl. *Rudire.*

RUE FORAINE, Rue détournée, peu passante. Gl. *Foraneus*, 4.

* **RUER**, Lancer, jeter, précipiter. Garin le Loher. tom. 1, pag. 196 :

Lor escus ont emmi le champ rué.

Roman de Renart, tom. 111, pag. 36, vers 26734 :

Ne prise rien tot lor ruer.

Rutcb. tom. II, pag. 229 :

Et eles l'ont si rué puer.

Fabliaux, Jubinal, tom. II, pag. 26 :

Vostre char ert aus chiens, moi ne chaut qui l'i rue.

Chron. des ducs de Normandie.

RUEVER, Prier, demander, chercher, désirer. Gl. *Reva*, 1. [Voyez *Rouver*.]

RUFFIAN, Recors, aide de sergent. Gl. *Ruffiani*.

RUFFIEN, Débauché, libertin, homme adonné aux femmes. Gl. *Ruffiani*.

* RUI. Voyez *Riu*.

RUIERS, Les peuples en deçà du Rhin. Gl. *Ripuarii*.

RUIL, Rouille, Gl. *Rubiginare*.

RUILE, Règle; d'où *Vie Ruilée*, Vie réglée. Gl. *Regula*, 2. [Gérard de Vienne, vers 362 :

Cil sont laians comme moine rucleit,
Et nos sa fors comme serf esguareit.]

RUILLER, Rouler, briser les mottes d'un champ avec un rouleau. Gl. *Rondellum*, 1.

RUILLON, Tertre, petite éminence, rideau. Gl. sous *Roya*.

RUIOT, Ruisseau d'une rue. Gl. *Ruissellus*.

* RUIRE, Faire du bruit. Renart le Nouvel, tom. IV, pag. 164, vers 1014 :

Si que nus n'i ruit ne ne muit.

RUISER s'Éloigner, se retirer, se ranger. Gl. *Rusare*. [Voyez *Reuser*.]

RUISSELLÉE, Ruisseau. Gl. *Russellus*.

RUISSOLE, Sorte de gâteau ou gaufre. Gl. *Roisola*.

RUISTE, [RUSTE] Impétueux, violent. Gl. *Ruere*. [Grand, fort. — *colp*. Parto-nop. vers 3153, 9848. Chastel. de Couci, vers 1246. Chron. des ducs de Norm. t. 1, pag. 267, vers 5283. — *envaïe*, Gérard de Vienne, vers 3004. — *compaignie*, vers 3008. — *barné*, Jordan Fantosme, vers 1699. — *fierté*, Gérard de Vienne, vers 1728. — *savoir*, Partonop. vers 2466. *Fortune tu es ruste*, Fabliaux, Jubinal, tom. 1, pag. 128. — *tertre*, Agolant, vers 401. *Ruistement capler*, Renart le Nouvel, tom. IV, pag. 148, vers 597. Voyez Rayn. tom. v, pag. 119², au mot *Ruste*.]

* RUIT, Terme de chasse, Courre. Roi Guillaume, pag. 142 :

Molt volentiers aloit en ruit
Des cers sovent après les ciens.

Chron. des ducs de Normandie.

RUIZ, Taille, impôt. Gl. *Rova*, 1.

RULE, RULLE, Boule. *Jeu de la Rule ou Rulle*, Jeu de boule. Gl. *Rulla*.

RUMATIQUE, Se dit d'un lieu humide, propre à donner des rhumatismes. Gl. *Reumaticus*.

RUMOREUX, Querelleur, qui aime le trouble, séditieux. Gl. *Rumorizator*.

RUN, Rang, ordre. Gl. sous *Tremata*. [Renart le Nouvel, tom. IV, pag. 218, vers 2390 :

En rune, en haut et en conseil
Parolent d'un et d'el ensanble.]

RUNGIER, Naziller, parler du nez. Gl. *Runcare*, 2.

RUPPE, Outil de menuisier, espèce de rabot. Gl. *Ruppa*.

RUPTICE, Terre nouvellement cultivée. Gl. *Rupticium*, sous *Rumpere*.

RUPTURIERE, Terre en roture. Gl. *Rupturalia bona*.

RURAL. DE RURALLE CONDITION, Roturier. Gl. *Ruralitas*.

RURALITÉ, Grossièreté, ignorance. Gl. *Ruralitas*.

RURER, s'Éloigner, se retirer. Gl. *Rusare*.

RUSCHE, Certaine mesure de grain. Gl. *Russellata*.

RUSE, Jeu, badinerie. Gl. *Rusare*.

1. RUSER, Éloigner, écarter, faire retirer. Gl. *Rusare*. [Voyez *Reuser*.]

2. RUSER, Fréquenter, voir familièrement quelqu'un. Gl. *Rusare*.

RUSQUE, Ruche d'abeilles. Gl. *Rusca*, 2.

* RUSTE. Voyez *Ruiste*.

RUY DU BASTON, Redevance, qui se payait en poules. Gl. *Rova*, 1.

RUYER, Voyer. Gl. *Ruarius*.

RUYERS, Les peuples en deçà du Rhin. Gl. *Ripuarii*.

RUYLLE, Règle à l'usage d'un maçon. Gl. sous *Regula*, 10.

RUYME, Rhume, catarrhe, fluxion. Gl. *Reumaticus*.

RUYNEUX, Qui cause la ruine des autres. Gl. *Ruinosus*.

RUYOT, Ruisseau, canal pour l'écoulement des eaux. Gl. *Ruissellus*.

RUYOTE. HEURE DE RUYOTE, L'heure du goûter. Gl. sous *Hora*, 3.

RUYOTER, Quereller, disputer. Gl. *Riotare*.

RUZE, Chanson plaisante, air gai. Gl. *Rusare*.

SAC   SAC   SAC

SAAD, Sas, tamis. Gl. *Setaciare*.

SABBAT, Lieu ainsi appelé à Soissons. Gl. *Sabbatum*, 2.

SABELINE, SABLE, Marte zibeline. Gl. *Sabelum*.

* SABLON, Plaine, côte. Gérard de Vienne, vers 1560 :

Li os assemble soz Viane ou sablon.

Agolant, vers 686 :

Tant ot cœru le sablon et erré.

SAC, p. e. Certaine mesure des liquides. Gl. sous *Sacculus*.

SAC. FAIRE LE SAC A UNE FILLE, L'envelopper dans un drap de son lit, en badinant trop librement avec elle. Gl. *Saccus*, 1.

SACARDS, Ceux qui, sous le prétexte d'ensevelir les pestiférés, volent leurs maisons; gens de [illegible] de corde. Gl. sous *Saccarii*.

SACER, Tirer, tirailler. Gl. *Saccare*.

SACHANRE, Sorte de bâton de défense, espèce d'arme ou d'épée.

* SACHANT, Sage, intelligent. Gérard de Vienne, vers 3121 :

Drois emperere, dist Naymes li saichant.

Enfants Haymon, vers 443 :

Si faitement chevauchèrent li damoisel sachant.

Chastel. de Couci, vers 183 :

C'on dist que partout est sachans
Euvoisiés jolis et chantans.

Vers 3044.

SACHE, Fourreau. Gl. *Sedilia*.

SACHEBOUTE, Sorte de lance pour combattre à cheval. Gl. *Sacabuta*.

1. SACHER, Tirer, mettre dehors. Gl. *Saccare*. [Roman de Renart, tom. 1, pag. 25, vers 667. Laborde, pag. 164. G. Guiart, tom. 1, pag. 113, vers 2394. *Sachier au tonel*, Aubri, pag. 158¹. Chron. des ducs de Normandie. Dégainer, tirer l'épée. Enfants Haymon, vers 317 :

Li baron qui là furent, chascun tantot sucha.

G. Guiart, tom. 1, pag. 100, vers 2031; tom. 11, pag. 74, vers 1893 (10896).

2. SACHER, Secouer, tirailler, agiter. Gl. *Saccare*.

SACHETEZ, SACHEZ, Certains religieux, ainsi nommés à cause qu'ils étaient vêtus d'un habit grossier, comme un sac. Gl. *Sacci*.

SACHEUR DE DENS, Dentiste, arracheur de dents. Gl. *Saccare*.

SACHIER, Tirer, mettre dehors. Gl. *Saccare*.

SACIER, Sasser, passer par le sas ou tamis. Gl. *Setaciare*.

SACOUHADE, Saignée copieuse des quatre membres. Gl. *Succusatio*.

SACQUAGE, Droit sur les denrées qui se mettent en sac. Gl. *Saccagium*, sous *Saccare*.

SACQUELET, SACQUIAU, Petit sac, sachet. Gl. *Saccellus*.

SACQUIER, Porte-sac. Gl. *Saccarii*.

SACRAMENTAGE, Le droit que paye

celui qui prête serment. Gl. *Sacramenta-gium.*

SACRE, La fête du Saint Sacrement. Gl. *Sacrum*, 3.

1. SACRÉ, Évêque. Gl. *Sacer*, 2.

* 2. SACRE, Baptisé. Enfants Haymon, vers 852 :

   Ou il mouront par mi ou il seront sacré.

1. SACREMENT, Le sacrifice de la messe. Gl. sous *Sacramentum*, 1.

2. SACREMENT, La partie de la messe qu'on appelle la consécration et l'élévation. Gl. sous *Sacramentum*, 1.

3. SACREMENT, La fête du Saint Sacrement. Gl. *Sacrum*, 3.

4. SACREMENT, Relique, chose qu'on regarde comme sacrée. Gl. sous *Sacramentum.*

SACS, Certains religieux, ainsi nommés à cause qu'ils étaient vêtus d'un habit grossier, comme un sac. Gl. *Sacci.*

SACURBE, Sorte de robe, ou habillement de toile. Gl. *Sacurba.*

SADE, Agréable, charmant, doux. Gl. *Sadonare.* [Laborde, pag. 213, 215. *Sadete*, pag. 214.]

SAEL, Sceau. Gl. *Sigillum*, 1. [*Saeletz*, Scellé. Gérard de Vienne, vers 3228 :

   N'en poroit estre un solz quarelz osteiz
   Tant es li uns an l'autre saeleiz.

Seeler, Agolant, vers 944, pag. 163 ; G. Guiart, tom. II, pag. 75, 140, v. 1905, 3600 (10881, 12582).]

SAFFRANE, Un champ semé de safran. Gl. *Saffranare.*

SAFRE, Orfroi, broderie d'or ou de soie ; d'où *Safré*, Couvert d'orfroi. Gl. *Saffium.* [Chanson de Roland, st. 179, vers 4 :

   Si ad vestut son blanc osberc saffret.

Stance 227, vers 5 :

   Vest une bronie dunt li pan sunt saffret.

Hauberc saffré, Roman de Roncevaux, pag. 29. *Haubert safré*, Gérard de Vienne, vers 700. Aubri, vers 132. Chron. des ducs de Norm. tom. II, pag. 445, vers 28199. Voyez *Desafrer*; et Rayn. t. V, pag. 131, au mot *Safrar*.]

SAGE, Savant, instruit, habile. Gl. *Sagaculus.*

SAGE-HOM DE LOIX, Jurisconsulte. Gl. *Sapientes.*

SAGE-HOMME, Juge, homme de loi. Gl. *Sagibarones.*

SAGEIS, Breuvage de sauge. Gl. *Salviatum*, 2.

SAGERIE, p. e. pour *Sagnie*, Lieu rempli de joncs ou de roseaux, et p. e. Marais. Gl. *Sageria.*

SAGETTIE, SAGITTAIRE, Sorte de vaisseau fort léger. Gl. *Sagetia* et *Sagittaria*, sous *Sagitta*, 1.

SAGITE, Flèche, trait d'arbalète. Gl. *Sagitta*, 2.

SAHIN, Espèce de faucon. Gl. *Sahinus.*

SAICHANCE, Science, expérience. Gl. *Scientialis.*

SAICHEMENT, Secousse, tiraillement. Gl. *Succare.*

SAICHER, Tirer, mettre dehors. Gl. *Succare.*

* 1. SAIE, Soie? Partonop. vers 5073 :

   De cauces de saie bien ate.

* 2. SAIÉ. G. Guiart, tom. II, pag. 88, vers 2262 (11239) :

   L'erbe vert r'est ensanglentée,
   Les buissons et les blez saiez
   Du suuc des morz et des plaiez.

SAIELE, L'action de scier ou couper les blés. Gl. *Secatura.*

SAIELLE, Billet, mandement, écrit scellé. Gl. *Sigillum*, 1.

SAIEN, Sain, graisse. Gl. *Sainum.*

SAIERE, Écharpe à l'usage d'église, ainsi appelée parce qu'elle est d'étoffe de soie. Gl. *Saia.*

SAIETEUR, Fabriquant d'une étoffe appelée *Saie*. Gl. *Sagum*, 2.

SAJETTE ou SAIETTE, Flèche, trait d'arbalète. Gl. *Sagitta*, 2. [Garin le Loher. tom. I, pag. 175. Chron. des ducs de Norm. au mot *Saete*.]

SAIGE, Savant, instruit, habile. Gl. *Sagaculus.*

1. SAIGNE, Ravine, marais. Gl. *Saignia.*

2. SAIGNE, Moelle du sureau. Gl. *Saignia.*

SAIGNÉE, La partie du bras où l'on a coutume de saigner. Gl. *Sanguinare*, 3.

SAIGNOR, Seigneur. Gl. sous *Sella*, 2.

SAIJEL, Écrit où l'on a mis son sceau. Gl. *Movere*, 1.

SAILLARESSE, Danseuse. Gl. *Saltatrices.*

SAILLEUR, Sauteur, danseur. Gl. *Saltatrices.*

SAILLIR, Sortir. Gl. *Saillire.* [Garin le Loher. tom. I, pag. 176 :

   Souvent lor saut, ne les laist dormir mie.

Roman de Renart, t. I, p. 3, v. 55, 65. Sauter, p. 33, v. 870; p. 51, v. 1301, 1305. Orell, pag. 182.]

SAIN, Graisse des animaux. Gl. *Sagimen.*

SAINE, Lieu où l'on peut pêcher avec le filet, appelé *Seine*. Gl. *Seyna.*

SAINER, Saigner, tirer du sang. Gl. *Ensigne.*

SAING, Seing, marque. Gl. *Signator*, 1. [*Sain*. Partonop. vers 519, 641.]

* SAINGLE, SANGLE, Simple, sans doublure. Partonop. vers 7459 :

   Ele a une jupe porprine
   Bien faite à oevre sarasine :
   Saingle est por le caure d'esté.

G. Guiart, tom. II, pag. 159, vers 4104 (14090) :

   Prennent les robes aus bourjoises
   Unes fourées, autres sangles.

Pag. 463, vers 12033 (21016). Gérard de Vienne, vers 894 :

   Del dos li ostent le blanc haubere treslis
   Et remeist sangles èl bliaut de samis.

SAINGLEMENT, Entièrement. Gl. *Simpliciter*, 1.

SAINGNER, Faire le signe de la Croix. Gl. *Signare.* [*Sainnier*, Partonop. v. 9705, 10456.]

SAINGNIER, Saigner, tirer du sang. Gl. *Sanguinare*, 1. [Roman de Renart, t. IV, pag. 30, vers 820 :

   Ne lour plaist saingnie de vainne,
   Si se font saignier à buhot.]

SAINIÉ, Ce qui était accordé à ceux qui avaient été saignés. Gl. *Ensigne.*

1. SAINS, Sorte de vêtement, espèce de tunique. Gl. *Semicinctium.*

2. SAINS, Sans, préposition. Gl. sous *Sella*, 2.

SAINSINE, Sorte de filet à pêcher, p. e. Seine. Gl. *Sagena*, 1.

SAINT, Cloche. Gl. *Signum*, 8.

SAINTEE, Sainteté, titre d'honneur, terme de respect. Gl. *Sanctitas*, 1.

SAINTEURS, SAINTIERS, SAINTIEUX, Serfs, qui doivent service ou cens à une église. Gl. *Sanctuarii*, sous *Sanctuarius.*

SAINTIBLE, Sain, qui est en bonne santé. Gl. *Sanitas.*

SAINTIR, Se sanctifier, devenir saint. Gl. *Sanctificare.*

SAINTISME, Saint, très-saint. Gl. *Santitas*, 1. [*Sainteime*, Agolant, vers 477.]

SAINTS, Serfs qui doivent service ou cens à une église. Gl. *Sanctuarii*, sous *Sanctuarius.*

SAINTUAIRES, Reliques, châsse qui les contient, reliquaire. Gl. *Sanctuarium*, 5.

SAINTUAUX, Clercs, gens d'église. Gl. *Sanctuarii*, sous *Sanctuarius.*

SAINTURIER, Ceinturier, faiseur de ceintures. Gl. *Santurerius.*

SAIREMENT, Serment. Gl. *Vestitura*, 1. [Partonop. vers 2926. Chastel. de Couci, vers 2263.]

SAISINE, Saisie. Gl. *Saisina.*

SAISINEUR, Gardien des effets saisis par justice. Gl. *Saisina.*

SAITIE, Sorte de vaisseau fort léger. Gl. *Saettia*, sous *Sagitta*, 1.

SAKER, Secouer, tirailler, agiter. Gl. *Succare.*

SAKEUR, Porte-sac. Gl. *Saccarii.*

SAL, Sauf, excepté. Gl. *Salvo*, 1.

SAL GRANT, Gros sel. Gl. *Sal amplum.*

1. SALAGE, Gabelle, impôt sur le sel. Gl. *Salagium*, 1.

2. SALAGE, SALAIGE, Droit sur les bateaux de sel. Gl. *Salagium*, 1.

SALANDRE, Sorte de vaisseau pour porter des provisions. Gl. *Salandra.*

SALARIER, Donner à quelqu'un le salaire qui lui est dû. Gl. *Salariare.*

1. SALE, Maison considérable, palais, hôtel. Gl. *Sala*, 1.

2. SALE, Salade, espèce de casque. Gl. *Salada.*

SALECOQUE, Salicoque, crevette. Gl. *Squilla.*

SALEIGNON, Botte de saulx. Gl. *Salneritia.*

SALER, Sceller, apposer le sceau. Gl. *Rasura*, 1.

SALERON, Salière. Gl. *Salerium*, 1.

SALIGNON, Pain de sel blanc. Gl. *Saligium.*

SALINE, Charge de sel, estimée un quintal et demi. Gl. *Salina*, 3.

SALINER, Sauner, faire du sel. Gl. *Salinare.*

SALINIER, Marchand de sel. Gl. *Salinerius*, 1.

SALLE, Cour, tribunal, juridiction. Gl. *Sala*, 1.

SALMOIER, Psalmodier, chanter des psaumes. Gl. *Salmus.*

SALOIGNON, Botte de saulx. Gl. *Salneritia.*

SALPESTREUR, Salpêtrier. Gl. *Salpetra.*

1. SALTERION, Psalterion, instrument musical. Gl. *Salmus.*

2. **SALTERION**, p. e. pour SANTELION, Ceps, entraves. Gl. sous *Salmus.*

1. **SALVAGE**, LETTRE DE SALVAGE, Sauve-garde. Gl. *Salvagardia.*

2. **SALVAGE**, SALVAIGE, Ce qui est dû à ceux qui sauvent les marchandises d'un vaisseau échoué. Gl. *Salvagium,* 1.

SALVANCE, Sauvegarde, protection. Gl. *Salvamentum,* 1.

SALVE, Sauf, excepté. Gl. *Salvo,* 1.

SALVETÉ, Bourg, village, canton, juridiction, district. Gl. *Salvitas.*

SALUYT, Salut, nom d'une monnaie. Gl. *Salus,* 3.

SALYNON, pour SALIGNON, Pain de sel blanc. Gl. *Saligium.*

* **SAMBLANCE**, Mine, minois. Chastel. de Couci, vers 110 :

> Tous ses cuers en envoiséure
> Est de penser à sa faiture
> Et à la jolie samblauce,
> Dont amours l'a navré sans lance.

Voyez *Samblant.*

SAMBLANT, Air du visage, mine. Gl. *Simulatio,* sous *Similare.* [Agolant. p. 179¹ :

> Ne redota ne lui ne son semblaut.

Flore et Blancefl. vers 153 :

> Dont sot ben quel mal ele avoit
> A son sanlant qu'ençainte estoit.

Faire samblant. Roi Guillaume, pag. 154 :

> De riens ne vaurent samblant faire
> Tant qu'il orent les pans véus.

Par samblant, Évidemment. Partonop. vers 3567 :

> Ains estes dolans par samblant
> De ço que nos somes perdant.

Vers 3597 :

> Nuls d'els ne m'amoit par samblant.¹

Voyez Rayn. tom. v, pag. 188², au mot *Semblant.*]

1. **SAMBRE**, pour SAMBLE, Face, visage. *Par le Sambre Dieu,* Sorte de jurement. Gl. *Similare.*

2. **SAMBRE**, pour SOMBRE, La saison où l'on donne le premier labour aux terres. Gl. *Sombrum,* 2.

SAMBUE, Sorte de char à l'usage principalement des dames, litière. Gl. *Sabuta.* [Partie du harnais, *Sambue,* var. *Sanbuie,* Garin le Loher. tom. 1, pag. 298. Chastel. de Couci, v. 687 :

> Car de dames que damoiselles
> Amaineut cent qui moult sont belles,
> Et sont, si comme dit, vestues
> De clocettes, et s'aront sambucs,
> Elles et tout li chevalier
> D'armes qui moult font à prisier.

Voyez Halliwell, au mot *Sambus.*]

SAMBUY. PAR LE SAMBUY, Sorte de jurement. Gl. *Similare.*

* **SAMBUZ**, Sureau. Chroniques Anglo-Normandes, tom. 1, pag. 54 :

> Lez un sambuz
> Après un tremble s'adossa.

Voyez *Same,* Rayn. tom. v, pag. 148¹, au mot *Sambue.*

SAME, Sureau. Gl. *Sambussus.*

SAMET, Étoffe de soie. Gl. *Samitium.*

SAMIGNIE, Étoffe de soie. Gl. *Samitium.*

SAMIER, Sorte de filet. Gl. *Samitium.*

---

* **SAMIN**, De velours, de *samit.* Agolant, pag. 186¹ :

> Renduz vos fust en vostre tref samin.

Ou *ça main,* ce matin?

SAMIT, Étoffe de soie. Gl. sous *Exametum.* [Velours. Voyez *Bliaut*¹, et Rayn. tom. v, pag. 148², au mot *Samit.*]

* **SAMPLE**, Exemple. Vie de saint Thomas de Canterbury, vers 1199.

SAN, Foin ; d'où *Sanail,* Lieu où l'on serre le foin, et *Sanic,* Menu foin. Gl. *Senecia.*

SANCHEZ, Monnaie du royaume de Navarre. Gl. *Sancetti.*

SANCTUAIRES, Reliques et Reliquaires. Gl. *Sanctuarium,* 5.

SANCTUARIE, Franchise, droit d'asile accordé particulièrement aux églises. Gl. *Sanctuarium,* 3.

SANE, Synode, assemblée ecclésiastique. Gl. *Synodus,* 2.

SANER, Panser, guérir. Gl. *Sanare,* 1. [Wackernagel, pag. 12 :

> A sa voix j'ere si sanée,
> Com Priamus quant il moroit
> Nayreis en son flanc de s'espeie
> A nom Tisbe les ieus ovroit.

Voyez *Sener,* Rayn. tom. v, pag. 149², au mot *Sanar.*]

SANG. FAIRE SANG, Blesser jusqu'au sang. Gl. *Sanguis,* 2.

SANG VOLAGE, Blessure légère. Gl. *Sanguis,* 2.

SANGLANT, Terme injurieux et blasphématoire ; d'où *Sanglanter,* Appeler quelqu'un *Sanglant.* Gl. *Sangulentus.*

* **SANGLE**. Voyez *Saingle.*

SANGLER, Ensanglanter, remplir de sang. Gl. *Sanguinare,* 2.

SANGLONNÉE, Caillot de sang. Gl. *Sanguinare,* 1.

SANGMERLÉ, SANGMESLÉ, Qui a le sang agité et troublé, qui n'est pas de sang froid ; d'où *Sangmerleure,* Agitation du sang, colère. Gl. *Sanguinare,* 2. [Roman de Renart, tom. 11, pag. 349, vers 19111 :

> Tant fu li rois fort adolez
> Que il en fu toz sanmellez.

Voyez *Meller.*]

SANGO-FEGIE, Masse informe de sang figé, mole. Gl. *Sanguifluus.*

SANGUIN, SANGUINE, Sorte d'étoffe de couleur sanguine. Gl. *Sanguinus,* 2. [*Marbre sanguin,* Partonop. vers 834. *Lèvre sanguine,* vers 3990.]

SANGUINITÉ, Consanguinité, parenté. Gl. *Sanguinitas.*

SANIC, Menu foin. Gl. *Senecia.*

SANLER, Sembler, penser, croire. Gl. *Similare.* [Voyez *Samblant* et *Sembler.*]

SANNEMENT, Santé, guérison. Gl. *Sanitas.*

SANQUEUE, Jeune dorade, poisson. Gl. *Aurata.*

SANT, p. e. Ceinture. Gl. *Sinta.*

SANTE, Sentier, chemin. Gl. *Senterium.*

SANTINE, Sorte de petit bateau ou nacelle sur la Loire. Gl. *Sentina.*

SANTISME, Saint, très-saint ; qualification donnée aux papes et aux évêques. Gl. *Sanctitas,* 2.

SANTON, Sorte de bâton de défense, espèce d'arme. Gl. *Sapellata.*

SANTUAILLES, Reliques et Reliquaires. Gl. *Sanctuale,* sous *Sanctuarium,* 5.

SAON, SAONNEMENT, Reproche contre un témoin ; d'où *Saonner,* Le reprocher. Gl. *Sonare,* 3, et *Sonatio.*

SAONOIS, Qui est de Savone. Gl. *Souderarius,* sous *Solidata.*

SAP, Sapin. Gl. *Sappus,* 2. [Roman de Renart, tom. 111, pag. 109, vers 22742.]

SAPEIL, Baguette, petite branche d'arbre. Gl. *Sapellata.*

SAPHISTRIN, Saphir d'Allemagne. Gl. *Saphirinus.*

SAPIR, Savoir, connaître. Gl. *Sapere,* 1.

SAPITEUR, Sage et expert estimateur. Gl. *Sapitor.*

SAPMISTE, David, auteur des psaumes. Gl. *Salmus.*

SAPPE, Bâton ferré par un bout, sorte d'arme. Gl. *Sapellata.*

* **SAPPIENT**, Dieu. Enfants Haymon, vers 97 :

> Et nous les conquestasmes au gré du sappient.

SAQUEBOUTE, Sorte de lance pour combattre à cheval, espèce d'épée. Gl. *Sacabuta.*

SAQUÉE, Sachée, plein un sac. Gl. *Sachata.*

SAQUELET, Petit sac, sachet. Gl. *Saqueta.*

SAQUEMENS, Pillards, voleurs, gens de sac et de corde. Gl. *Saccomanni.*

SAQUIER L'IAUE, Tirer de l'eau. Gl. *Saccare.*

SARAGOCIEN, SARAGOSSAN, De Saragosse, ville d'Espagne. Gl. *Cultellus Saragossanus.*

SARCEL, Aiguillon, dont on pique les bœufs. Gl. sous *Sarcilis.*

* **SARCIR**, Couper, tailler. Gérard de Vienne, vers 2785 :

> Mais li brans torne vers senestre partie,
> Si descendi sus la targe burnic,
> De chief an chief l'ait copée et tranchie
> Et le giron de la broigne sarcie.

SARCENET, Etoffe fabriquée chez les Sarrasins. Gl. *Saracenicum.*

SARCHELE, Espèce d'arbre, p. e. dont on fait les cerceaux. Gl. *Serchellum.*

SARCHEU, Cercueil. Gl. sous *Platonæ.*

SARCHIES, Agrès, cordages d'un vaisseau. Gl. *Sarcia,* 1.

SARCU, Cercueil. Gl. *Sarcophagus.* [Renart le Nouvel, tom. 1v, p. 157, vers 832. Chron. des ducs de Norm.]

SARDINAU, Filet pour la pêche des sardines. Gl. *Sardinalis.*

SARERE, p. e. Serrurier. Gl. *Sarralherius.*

SARGE, Serge et le meuble fait de cette étoffe. Gl. *Sarga.* [Flore et Jeanne, p. 25 : *Ses esporons ahoka à la sarge au coron du lit.* G. Guiart, tom. 1, pag. 187, vers 4299 :

> Qui n'est mie close de sarges
> Mès de fossez parfonz et larges.]

SARGER, Serge, pièce de serge. Gl. *Sarga.*

SARGIL, Pièce de serge ; d'où *Sargiller,* Sergier, ouvrier ou marchand de serge. Gl. *Sarga.*

SARORT, Rochet, habit d'église. Gl. *Sarrotus.*

SARPEL, Serpe; d'où *Sarpillon*, Serpette. Gl. *Sarpia*.

SARQUEU, Cercueil, tombeau, sépulcre. Gl. *Sarcophagus*. [Partonop. vers 7720. Chron. des ducs de Norm.]

SARRANS, Les cordons d'une bourse. Gl. *Serare*.

SARRAS, Sarrasson, Sorte de fromage. Gl. *Rassius*.

SARRASINESME, Sarrazinorsin, Le pays des Sarrasins. Gl. *Sarracenia*, sous *Saraceni*.

SARRAZINS, Gueux, qui courent le pays, qu'on appelle plus ordinairement Bohémiens. Gl. *Saraceni*.

SARRAZIONOIS. Jeu Sarrazionois, Combat sanglant. Gl. *Saraceni*.

SARRE, Tenir en Sarre, Gêner, tenir en contrainte. Gl. sous *Serare*.

SARREUR, Moulin à scier du bois. Gl. *Sarritorium*.

SARRIE, Sorte de pannier ou vaisseau qu'on met sur les bêtes de somme. Gl. *Saria*.

SARROT, Rochet, habit d'église. Gl. *Sarrotus*.

SARRUZE, Serrure. Gl. *Sarreuria*.

SARTELION, Ceps, entraves. Gl. sous *Salmus*.

SARTIEL, Petit champ nouvellement défriché. Gl. *Sartellulum*.

SARTIES, Agrès, cordages d'un vaisseau. Gl. *Sarcia*, 1.

* **SARTIZ**, Roman de Renart, tom. iii, pag. 109, vers 22746 :

> Toz est ses visages sartiz
> Et la boche ot lede et mau fete.

SARTRE, Couturier, tailleur. Gl. *Sartor*.

SARTRERIE, Boutique d'un tailleur. Gl. *Sartorium*, 1.

SASOAGE, p. e. Sûr, assuré. Gl. *Sassus*.

SATALLIN, p. e. pour Satanin, Satin. Gl. *Satallin*.

SATEFFIÉ, Satisfait, content. Gl. *Satisfacere*.

SATERIE, Sergenterie, espèce de fief. Gl. *Satelles*, 3.

SATHANIN, Satin. Gl. *Satallin*.

SATIFFIER, Satisfaire, payer. Gl. *Satisfacere*.

SATOIR, Étrier pour aider à sauter à cheval. Gl. *Saltatoria*.

SATON, Sorte de bâton de défense, espèce d'arme. Gl. *Sapellata*.

SAVARRET, p. e. Réservoir de poissons. Gl. *Savarretum*.

SAUBUE, Sorte de char, à l'usage principalement des dames, litière. Gl. *Saubua*, sous *Sabata*.

SAUCERIEL, Petite saussaie. Gl. *Sallicium*.

SAUCHOIE, Sauchois, Saussaie. Gl. *Saucea* et *Saucetum*.

1. **SAUCIER**, Saucière. Gl. *Saucer*.

2. **SAUCIER**, Officier de cuisine chez le roi, qui a soin des sauces et des épices. Gl. *Salsarius*.

3. **SAUCIER**, Saussaie; si ce n'est pas une faute pour Sentier. Gl. *Saucetum*.

SAUCIZ, Sauçour, Sauçoy, Saussaie. Gl. *Saucia*, *Saucetum* et *Salceium*.

SAUDÉE de Terre, Fonds qui rapporte un sol de rente. Gl. *Solidata terræ*.

SAUDENIER, Saudoier, Soldat, homme de guerre, qui est à la solde de quelqu'un. Gl. *Soldenarius*, sous *Solidata*, et *Souderarius*, sous *Solidata*.

1. **SAVELON**, Savon. Gl. *Sabonus*.

2. **SAVELON**, Sablon. Gl. *Sabonus*.

SAVENE, Espèce de nape. Gl. *Savena*.

SAVETONNIER, Savetier. Gl. *Savaterius*.

SAVEUR, Assaisonnement, sauce. Gl. *Sapor*.

SAUF. Remettre une espée en Sauf, La remettre dans son fourreau. Gl. *Salvosa*.

SAUF-ALANT, Sauf-conduit, sûreté pour aller. Gl. sous *Salvum*, 3.

SAUFVEMENT, Ce qui est dû à ceux qui sauvent les marchandises d'un vaisseau échoué. Gl. *Salvagium*, 1.

SAUF-VENANT, Sauf-conduit, sûreté pour venir. Gl. sous *Salvum*, 3.

SAUGÉ. Vin Saugé, Dans lequel on a fait infuser de la sauge. G. *Salviatum*, 2.

SAUGIE, Breuvage de sauge. Gl. *Salviatum*, 2.

SAUGIÉE, p. e. Certaine quantité de petits poissons. Gl. sous *Sauguinarius*. [Roman de Renart, tom. 1, pag. 32, vers 839 :

> Plus de trente harenz......
> Qu'il en menja moult voluntiers,
> Onques n'i quist ne sel ne sauge.]

SAVIR, Savoir. Gl. *Savirum*.

SAULAIE, Saussaie. Gl. *Sauleia*.

SAULCIER, Officier de cuisine chez le roi, qui a soin des sauces et des épices, dont la charge s'appelle *Saulcerie*. Gl. *Salsarius*.

SAULIE, Saussaie. Gl. *Saulia*.

SAULNAIE, Saussaie. Gl. *Salnaria*, 1.

SAULSERON, Saucier, vase où l'on sert les sauces sur la table. Gl. *Salsarolium*.

SAUMANCH, Sorte de filet ou toile pour la chasse. Gl. *Saumanch*.

SAUME, Psaume; d'où *Saumistre*, pour désigner David, auteur des psaumes; et *Saumoier*, Psalmodier, chanter des psaumes. Gl. *Salmus*.

SAUNARIE, Boucherie, tuerie. Gl. *Saunaria*, sous *Salinaria*.

SAUNELAGE, Gabelle, impôt sur le sel. Gl. *Saunaria*, sous *Salinaria*.

SAUNIER, Marchand de sel. Gl. *Saunarius*, sous *Salinaria*.

* **SAUNZ** Deu. Lai du Corn, vers 402 :

> Le meillour ay des trois
> Qui hounkes saunz deu fust roi.

* **SAVOIR**. Faire Savoir, Agir sagement. Roman de Renart, tom. 1, pag. 20, v. 530 :

> Or se gart, qu'il fera savoir.

Fabliaux, Jubinal, tom. 1, pag. 129 :

> N' ai pas créu la voiz, si n'ai pas fait savoir.

Voyez Rayn. tom. v, pag. 123¹, au mot *Saber*.

* 2. **SAVOIR**, Vouloir, entendre. Partonop. vers 454 :

> Mais onques d'autrui cevalier
> Ne volt faire son sodoier,
> Ne savoit nolui retenir
> Qui puis déust de lui partir.

Voyez Orell, pag. 196. *Savoir mon*, p. 307.

SAVOUER, Réservoir pour le poisson. Gl. *Salvarium*.

SAUOUR, pour Sauçour, Saussaie. Gl. *Saucetum*.

SAURAL, Espèce de maquereau. Gl. *Saurus*, 2.

SAURE, Instrument pour pêcher, sorte de filet. Gl. *Saurarium*.

* **SAUS**, Chastel de Couci, vers 550 :

> Ha dame, vos parlers sont saus,
> Mal n'en ay pas, mès bien me plest.

Vers 3212 :

> Et de son argent me dona,
> Tant que mes labeurs est bien saus.

Flore et Blancefl. vers 867 :

> A tant es vous un chevalier
> Mervilleus saus sor son destrier.

Partonop. vers 5195 :

> Un vill garçon, fel et mauvés...
> N'i seroit sax une mesele.

SAUSERON, Saucier, vase où l'on sert les sauces sur la table. Gl. *Acetabulum*.

SAUSIF, Saussaie. Gl. *Sauzaium*.

SAUSSE Cameline, etc. Différentes espèces de sauces en usage autrefois, et dont quelques-unes sont encore connues. Gl. *Salsa*, 1. [— Chastel. de Couci, vers 2464 :

> Il ne pert pas à son samblant
> Certes que soit male ne fausse
> Et que j'aroie amère sausse.

Roman de Renart, tom. 11, pag. 267, vers 16850 :

> A un vilain punés Liétart
> Qui m'a ceste sauce méue.]

SAUSSERON, Saucier, vase où l'on sert les sauces sur la table. Gl. *Salsarolium*.

1. **SAUSSIER**, Officier de cuisine chez le roi, qui a soin des sauces et des épices, dont la charge s'appelle *Sausserie*. Gl. *Salsaria*, 2, et *Salsarius*.

2. **SAUSSIER**, Marchand de sauces préparées, cuisinier. Gl. *Salsa*, 1.

SAUSSIZ, Saussaie. Gl. *Sallicium*.

SAUSTIER, Psautier, les sept psaumes pénitentiaux. Gl. sous *Psalterium*.

SAUT a Moulin, Tout le cours d'eau qui fait tourner un moulin. Gl. *Saltus molendini*.

* **SAUT**. Sauz Menuz, Allure du cheval, Galop? Voyez *Menu*, et *Menuement*. Roman de Renart, tom. 1, pag. 13, vers 341 :

> S'en vet Renars les saus menuz.

Pag. 35, vers 911 :

> Qui s'en venoit les menuz sauz.

Partonop. vers 9751 :

> Partonopeus l'espée trait,
> Menuement les saus li vait.

Voyez Rayn. tom. v, pag. 141², au mot *Saut*. — Mantel Mautaillé, vers 732 :

> Et Girfles i ala le saut.

— Guillaume Guiart, tom. 11, pag. 390, vers 10136 (19117) :

> Là ront les galies enclose
> De plaine venue, à bas sauz.

SAUTELER, Tressaillir. Gl. *Salisatio*.

SAUTIER, Psautier, livre qui contient les psaumes. Gl. *Missale*, 2. [Roman de Renart, tom. iv, pag. 180, vers 1438.]

SAUTIF, Sain, qui se porte bien. Gl. *Subtiliare*, 2.

SAUTOIR, Sautouer, Étrier pour aider à sauter à cheval. Gl. *Staffa*, 2, et *Saltatoria*.

SAUVAGE, Incivil, impoli, peu gracieux. Gl. *Sylvaticus*.

SAUVAGIN, Sauvage, qui habite les forêts. *Chasse Sauvagine*, Chasse aux bêtes fauves. Gl. *Salvasina*.

SAUVARGON, Sauvageon. Gl. sous *Sylvaticus*.

SAUVATIER, Habitant d'un lieu qui est sous la protection d'un seigneur, ou qui est sujet au droit qu'exige le seigneur pour cette protection. Gl. *Salvitas*.

SAUVECHINE, Terre inculte, pleine de ronces et d'épines. Gl. sous *Sylvaticus*. [Voyez *Sauvegine*.]

SAUVEDROIT, L'amende qu'on fait payer à ceux qui fraudent les droits d'un seigneur. Gl. *Salvaria*.

SAUVEGINE, Toute espèce de bêtes fauves. Gl. *Salvasina* et *Sylvaticus*. [Partonop. vers 351 :

> Li plus de France estoit gastine
> De bos plaine et de sauvegine.

Roi Guillaume, pag. 56 :

> Et vivent comme sauvechine
> De la glant et de la faïne.

Roman de Renart, t. III, p. 83, v. 22015 :

> Cent arpens bien en i avoit,
> Moult de sauvagine i avoit
> Et plusieurs bestes à plenté.

Voyez *Sauvechine*, Rayn. tom. v, pag. 147², au mot *Salvaggina*.]

SAUVELAGE, Ce qui est dû à ceux qui sauvent les marchandises d'un vaisseau échoué. Gl. *Salvagium*, 1.

SAUVEMANT, Ce qu'un vassal paye à son seigneur pour être protégé par lui. Gl. *Salvamentum*, 1.

1. **SAUVEMENT**, Sauvegarde, protection. Gl. *Salvamentum*, 1.

2. **SAUVEMENT**, Le droit que fait payer un seigneur pour l'entretien des murs d'une ville ou d'un château. Gl. *Salvamentum*, 1.

3. **SAUVEMENT**, Salut. Gl. *Salvatio*, 1.

4. **SAUVÉMENT**, Sûrement. Gl. *Salve*.

SAUVENIEZ, Ce qu'un vassal paye à son seigneur pour être protégé par lui. Gl. *Salvamentum*, 1.

SAUVEOUR, Réservoir pour le poisson. Gl. *Salvarium*.

SAUVER, Excepter, réserver. Gl. *Salvare*, 6.

SAUVETÉ, Sûreté. Gl. *Salvitas*. [Roi Guillaume, pag. 79. *Soveteit*, Salut. Wackern. pag. 62.]

SAUVETERRE, Sorte d'épée, cimeterre. Gl. *Salvaterra*, 2.

SAUVEUR. Le **Sainct Sauveur**, La fête du Saint Sacrement. Gl. *Sacrum*, 3.

SAUVOIR, Réservoir pour le poisson. Gl. *Salvarium*.

SAWIN, Sciure de bois. Gl. *Barbiarius*.

SAYE, Cheville. Gl. *Sayus*.

SAYLE, Seigle. Gl. *Tercellum*.

SAYN, Graisse des animaux. Gl. *Sagimen*.

SAYNIERE, Instrument de fer ou de bois propre à ôter les ordures et immondices. Gl. *Sanare*, 1.

SAYRIE, Le lieu où les femmes et les filles s'assemblent le soir pour filer; les Picards appellent *Serie* cette assemblée. Gl. *Gynæceum*.

SCABINAL. **Maison Scabinale**, Hôtel de ville où s'assemblent les échevins. Gl. *Scabinalis*, sous *Scabini*.

SCACLOISON, p. e. pour **Sarcloison**, Le temps du sarclage des terres. Gl. *Saclare*.

SCANDALER, **Scandaliser**, Publier, divulguer, surtout quand il s'agit de mal. Gl. *Scandalizare*.

SCANDALH, Sorte de mesure des liquides. Gl. *Scandalium*, 1.

SCANDALISER, **Scandalisier**, Diffamer, déshonorer. Gl. *Scandalizare*.

SCANDALISEUX, Offensant, choquant, qui révolte. Gl. *Scandalizator*.

SCARAMPS, Nom d'une ancienne compagnie de négociants. Gl. *Societas*, 4.

SCAVANCE, Science, savoir, expérience. Gl. *Savirum* et *Scientialis*.

SCELLERAGE, pour **Stellerage** ou **Scesterage**, Droit de mesurage des blés. Gl. *Sestairagium*.

SCERIE, Assemblée du soir, où les femmes et les filles s'occupent à filer. Gl. *Sera*, 1.

SCHACHIER, **Schaquir**, Échiquier. Gl. *Scacarium*, sous *Scacci*, 1.

SCHARSETÉ, Épargne sordide, avarice. Gl. *Escharsellus*.

SCHENAPAN, Vaurien, coquin, voleur. Gl. *Snaphtanus*.

SCHILLING, Schelling, monnaie anglaise. Gl. *Schillingus*.

SCHOLARITÉ, Priviléges des écoliers dans les universités. Gl. *Scholaritas*.

SCIENTEMENT, Sciemment, avec connaissance de cause. Gl. *Scientiose*.

SCIENTEUX, Sage, prudent, avisé. Gl. *Scientiatus*.

* **SCINTE**, Chansons Historiques, tom. I, Introduct. pag. XLVII :

> Or s'en va Orious scinte et marrie
> Des euls s'en vat plorant, de cuer sospire.

SCINTERELLE, Sorte d'insecte ailé, moucheron. Gl. *Scinifes*.

SCINTILE, Petite quantité de quelque chose. Gl. *Scintilla*, 2.

SCIRURGIEN, Chirurgien. Gl. *Sirurgia*.

SCISAILLER, pour Cisailler, couper, rogner avec des cisailles. Gl. *Scisalhæ*.

SCITIVE de Pré, Autant qu'un homme en peut faucher dans un jour. Gl. *Scittivata*.

SCLOUDAGE, p. e. Ce qu'on payait pour le droit d'écluse; ou bien une redevance des marchands de clous. Gl. *Sclusia*.

SCOHERIE, Le marché aux cuirs et des ouvrages de cuir. Gl. *Scorium*.

SCOLARITÉ, Priviléges des écoliers dans les universités. Gl. *Scholaritas*.

SCORION, Escourgeon, espèce d'orge. Gl. *Scario*, 2.

1. **SCOT**, pour Soc, Espèce de chappe, manteau. Gl. *Socca*, 1.

2. **SCOT**, Soc de charrue. Gl. *Soccus*, 2.

SCOTE, Sorte de monnaie. Gl. *Scotus*, 1.

SCOURION, Escourgeon, espèce d'orge. Gl. *Scario*, 2.

SCOUS, Sentinelle, celui qui fait le guet. Gl. *Scubiæ*.

SCOUZ, Sorte de jeu. Gl. *Scotus*, 2.

SCRIBANIE, Greffe. Gl. *Scribania*.

SCRUTINE, Recherche, examen, perquisition. Gl. *Scrutinium*.

SCUCHON, Écusson. Gl. *Scucheo*.

SCULIER, Officier qui a soin de la vaisselle, des plats et des assiettes. Gl. *Scutelarius*, sous *Scutella*, 1.

SCUPIR, Cracher. Gl. *Scupienha*.

* **SCURDANCE**. Voyez *Oscurdance*.

SCURE, Grange. Gl. *Scura*.

SCURÉ, Couvert, protégé. Gl. *Scurotum*.

* **SÉ**, Siége, évêché, etc. Chron. des ducs de Norm.

SEAGE, Le droit de station dans un port. Gl. *Sedes navium*, sous *Sedes*, 4.

SEAILLES, Moisson et les fruits de la terre qu'on scie ou qu'on coupe. Gl. *Secatura*, 1.

* **SEANT**, Flore de Blancefl. vers 551 :

> Dont manderent machons vaillans
> Et boins orfevres bien seans.

SEAUPME, Psaume. Gl. *Salmus*.

SEBELIN, **Sebeline**, Marte zibeline. Gl. *Sabelum*. [Partonop. vers 7454, 10616. Voyez Rayn. tom. v, pag. 188¹, au mot *Sembelin*.]

SEBOLTURE, Sépulture. Gl. *Sepultura*.

* **SEBOUTIR**, Faire mourir. Miracle de la sainte Vierge, Chron. des ducs de Normandie, tom. III, pag. 519, vers 279 :

> Sanglentes bestes, loú-garoul,
> Serez-vos jà nul jor saoul .
> De genz noïer et seboutir,
> D'ames mengier et tranglotir.

SECHAL, pour **Sénéchal**, Celui qui ordonne d'une fête. Gl. sous *Senescalcus*.

SÉCHEUR, Sécheresse, aridité. Gl. *Sicagium*.

SECONDAIRE, Second, celui qui a la seconde place. Gl. *Secundarius*.

SECONT, Selon, suivant. Gl. *Segundus*.

SECORION, **Secourion**, Escourgeon, espèce d'orge. Gl. *Securionus*.

* **SECORIR**, **Secors**. Rayn. tom. II, pag. 494¹, aux mots *Socors* et *Soccorre*. Orell, pag. 147.

SECOURCI, Retroussé. Gl. *Rebrachiatorium*. [*Secourcier*, Retrousser. G. Guiart, tom. I, pag. 273, vers 6643 :

> N'es estuet pas trop secourcier
> Pour leur vestemenz àcourcier.

Secorier, Laborde, pag. 164 :

> Il a reposté sa musele
> Si secorie sa cotele.

Voyez *Escourchié*.]

SECOURS, Poche, ou doublure d'un habit. Gl. sous *Succursus*.

SECRESTAIN, Sacristain. Gl. *Secretarius*, 1.

SECRET, pour Sceau secret. Gl. sous *Sigillum*.

SECRET de la Messe, Le canon, parce qu'il se dit à voix basse. Gl. sous *Secretum*, 1. [*Secré du canon*, Roman de Renart, tom. IV, pag. 13, vers 328. *Secroi*, Partonop. vers 10803.]

SECRETAIN, Sacristain. Gl. *Secretarius*, 1, et *Sacrista*.

SECRETE Royale, Le trésor royal. Gl. *Secreta*, 2.

SECRETERE. **Lieu Secretere**, Salle où s'assemblent les juges ou des échevins de ville. Gl. *Secretum*, 1.

SECTES, Gens habillés de la même façon. Gl. *Secta*, 5.

SECULARE, Séculier, laïque. Gl. *Secularis*.

1. **SÉE**, Fauchée, autant de foin qu'en

peut scier un homme dans un jour. Gl. *Secatura,* 2.

2. **SÉE,** Espèce de cheville de fer. Gl. sous *Sayus.*

3. **SÉE,** Scie ou hache. Gl. *Seccare.*

SEEILLÉE, Seellée, Autant que contient une *Seille* ou seau. Gl. *Selha* et *Situla.*

SEEL, Sceau. Gl. sous *Sigillum.* [*Seeler.* Voyez *Sael.*]

SEELLEUR, Garde du sceau d'une juridiction. Gl. *Sigillarius,* 1.

SEER, Couper, scier. Gl. *Treffa.*

SEERRES, Scieur, celui qui scie ou coupe les blés, le foin, etc. Gl. *Secatura,* 2.

SEETE, Seette, Flèche, javelot, trait d'arbalête. Gl. *Sagitta,* 2.

SEGANCIER, Héritier, descendant. Gl. *Sequaces.*

SEGANZ, Suivant, qui suit. Gl. *Segundus.*

SEGLOUT, Morceau qu'on avale tout d'un coup. Gl. *Glotonus.* [*Seglous,* Sanglots. Ruteb. tom. 11, pag. 232.]

SEGNE, Enceinte, lieu renfermé entre certaines bornes. Gl. *Signum,* 3.

SEGNER, Faire le signe de la croix. Gl. *Signare.*

SEGNORAGE, Seigneurie. Gl. *Signoraticum,* sous *Senior.* [*Signorage,* Chants Historiques, tom. 1, pag. 39.]

* **SEGNORIE,** Seigneurie, droit du souverain. Partonop. vers 177, 320, 485.

SEGNORIR, Faire chevalier, revêtir des marques de la chevalerie. Gl. sous *Miles.*

SEGON, Selon, suivant. Gl. *Segundus.*

SEGORAGE, Droit qui est dû au *segraier.* Gl. sous *Secretarius,* 3.

SEGRAIER, Segrayer, Gruyer, sergent ou officier forestier. Gl. *Secretarius,* 3.

SEGRAIERIE, Segrairie, Droit qui est dû au *segraier.* Gl. sous *Secretarius,* 3.

SEGRAL, Segrayerie, Le même. Gl. *Segreeria.*

SEGRE, Suivre. Gl. *Sequi.*

SEGREAGE, Segreaige, Droit qui est dû au *segraier.* Gl. sous *Secretarius,* 3.

SEGREER, Garde ou sergent forestier. Gl. *Segreerius.*

SEGRETAIN, Sacristain. Gl. *Segrestanus,* sous *Sacrista.*

SEGRETE, Cour fiscale, chambre des Comptes. Gl. *Secreta,* 2.

SEGUENCE, Se dit des jeunes animaux qui suivent leurs mères. Gl. *Sequela,* 7.

SEGURTÉ, Sûreté, assurance. Gl. *Securatio.* [*Segurs,* Rassuré, Partonop. v. 3195.]

SEHAGE, Sciage. Gl. *Seccare.*

SEHUR, Exempt, privilégié. Gl. *Securus,* 3.

SEICTURE, Mesure de pré, autant qu'un homme en peut faucher dans un jour. Gl. *Sectura,* 2.

1. **SEIGLE,** Siècle. Gl. *Sæcularis.*

2. **SEIGLE,** Seau. Gl. *Situla.*

SEIGLON, Mesure de terre contenant environ vingt perches. Gl. *Selio.*

SEIGNAU, Seing, signature. Gl. *Signaculum.*

SEIGNE, Seine, sorte de filet pour pêcher. Gl. *Seyna.*

SEIGNEMENT, Signe, l'action de représenter par signes, pantomime. Gl. *Signare.*

SEIGNER, Marquer, mettre un seing. Gl. *Signator,* 1.

1. **SEIGNEUR,** Mari. Gl. sous *Senior.*

2. **SEIGNEUR,** Beau-père. Gl. *Senior.*

3. **SEIGNEUR par Amont, par Dessus,** Seigneur dominant. Gl. sous *Dominus,* 6.

4. **SEIGNEUR des Chetifs, de Grant.** Nom du chef d'une société de jeunes gens. Gl. sous *Captivare,* 2.

5. **SEIGNEUR Droiturier,** Vrai et légitime seigneur. Gl. sous *Dominus,* 11.

6. **SEIGNEUR de l'Église ou de l'Ordre,** Principal officier d'un monastère et ancien religieux. Gl. sous *Dominus,* 11.

7. **SEIGNEUR Entremoien,** Qui est entre le dominant et le subalterne. Gl. sous *Dominus,* 6.

8. **SEIGNEUR en Loix,** Docteur en Droit. Gl. sous *Dominus,* 11.

9. **SEIGNEUR. Être mis a Seigneur,** Être mis en possession d'une terre ou seigneurie. Gl. *Senior.*

SEIGNEURAGE, Seigneurie, domaine. Gl. *Segniorivum:*

SEIGNEURIABLE, Seigneurial. Gl. *Complanatum.*

SEIGNEURIER, Gouverner, administrer. Gl. *Segnorare.*

SEIGNIE, Le droit de loger et de manger chez son vassal; ou ce qu'il donne en argent pour se rédimer de ce droit. Gl. *Sonneia.*

SEIGNIER, Marquer, mettre un seing. Gl. *Signator,* 1.

* **SEIGNORI,** Signori, Seigneurial, princier, supérieur. *Palais* —, Gérard de Vienne, vers 901. Garin le Loher. tom. 1, pag. 48. *Chatiaus* —, pag. 166. *Cors* —, pag. 44, 48. *Clercs* —, pag. 45. Voyez Rayn. tom. v, pag. 203¹, au mot *Senhoril.*

SEIGNOURIR, Dominer, commander. Gl. *Segnorare.*

1. **SEILLE,** Faucille pour scier ou couper les blés. Gl. *Secatura,* 1.

2. **SEILLE,** Seau, baquet. Gl. *Selha.*

SEILLETTE de Voirre, Bouteille de verre. Gl. *Situla.*

SEILLIE, Mesure des liquides. Gl. *Situla.*

SEILLIER, Le lieu où l'on met les seilles ou seaux. Gl. *Selha.*

SEILLON, Mesure de terre contenant environ vingt perches. Gl. *Selio.*

1. **SEINE,** Lieu où l'on peut pêcher avec le filet appelé *Seine.* Gl. *Seyna.*

* 2. **SEINE.** Fabliaux, Jubinal, tom. 11, page 34 :

> Tant juay ou ly ou seine plat
> Qe par un simple eschek si ly di mat.

SEINGNIÉ, Seing ou paraphe. Gl. *Signetum,* 2.

SEINS, Les Saintes Reliques. Gl. *Sancta,* 2.

SEINT, Cloche. Gl. *Signum,* 8.

SEINTURES, Reliques et Reliquaires. Gl. *Sanctuarium,* 5.

SEJOR. [Repos, délassement. Roman de Renart, tom. 11, pag. 225, vers 15673. Garin le Loher. tom. 1, pag. 80.] Avoir Sejor, Avoir du repos. Gl. sous *Sejornum Regis.* A sejor, En repos, en sûreté. Partonop. vers 4288, 4616. Wackern. p. 76. Flore et Jeanne, pag. 65. Chastel. de Couci, v. 6029, 6282. *Sanz sejor,* G. Guiart, t. 1, pag. 178, vers 4066. Chron. des ducs de Normandie, tom. 1, pag. 337, vers 7332.

Voyez Rayn. tom. 111, pag. 590¹, au mot *Sojorn.*]

SEJORNÉ, Cheval frais, reposé. Gl. *Sejornum Regis.* [Partonop. vers 1610 :

> Mais un ceval i a trové
> Et bel et bon et sejorné.

Vers 2394 :

> Mil murs d'Espsigne sejornés.

Roman de Renart, tom. 11, pag. 207, vers 15207 :

> Quatre chapons bien sejornez.

Voyez Rayn. tom. 111, pag. 590², au mot *Sojornar.*]

1. **SEJOUR,** Maison, hôtel où l'on demeure. Gl. *Sejornum,* sous *Sejornare.*

2. **SEJOUR du Roy,** Écurie des chevaux du roi. Gl. *Sejornum Regis.*

3. **SEJOUR. Beste de Sejour,** Cavale ou vache qui a mis bas, et qu'il faut laisser reposer. Gl. *Sejornare.*

4. **SEJOUR. Estre Sejour,** Être bien traité et reposé. Gl. sous *Sejornum Regis.*

1. **SEJOURNER,** Demeurer, s'arrêter, rester un moment. Gl. *Sejornare.*

2. **SEJOURNER,** Mettre des chevaux à l'écurie pour les rafraîchir et les faire reposer. Gl. *Sejornare.*

SEIPS, Haie, cloison. Gl. *Septum.*

1. **SEL.** L'usage de mettre du sel auprès des enfants qu'on expose, pour marquer qu'ils n'ont point été baptisés. Gl. *Sal.*

2. **SEL,** Sceau. Gl. sous *Sigillum.* [Aubri, vers 66 :

> Si mandés jent par vo sele pendant.]

SELIÉE, Autant que contient une *scille* ou seau. Gl. *Selha.* [Voyez Roquef. au mot *Selge.*]

1. **SELLE. Porter la Selle,** Punition infamante. Gl. sous *Sella,* 2.

2. **SELLE,** Mense, revenu d'un prélat ou d'une communauté. Gl. *Sella,* 6.

SELLETE. Estre mis a la Sellete, y manger, Sorte de pénitence chez les moines et dans l'ordre de Malte. Gl. *Sella,* 5.

SELON, Le long. Gl. *Segundus.* [Voyez Roquef. aux mots *Selon, Sulunc.* Chron. des ducs de Norm. *Selum, Solum.* G. Guiart, tom. 11, pag. 289, vers 7507 (16487) :

> Bons murs espès, bien crénelez ;
> Et porent bien avoir selonc
> Chascun mur cinq toises de lonc.

Roman de Renart, t. 111, p. 2, v. 19795 :

> Renart qui tot le mont deçoit
> Esta selonc, si les semont.

Partonop. vers 1668 :

> Puis est la grans forès solonc.]

* **SELOUS,** Soleil. Gérard de Vienne, vers 1970 :

> Et li selous commença à raier.

SELVE, Bois, forêt. Gl. *Sylva.*

SEMAINE Grasse, Celle qui précède le dimanche gras. Gl. sous *Hebdomada.*

SEMAISE, Mesure de vin à Lyon, contenant deux pots. Gl. *Semaisia.*

SEMAL, Semale, Espèce de vaisseau propre à porter la vendange et à d'autres usages. Gl. *Semalis.*

* **SEMBEL.** Wackernagel, pag. 75. Voyez *Cembel.*

38.

SEMBLABLEMENT, Ensemble. Gl. *Simultim.*

* 1. **SEMBLER**, comme *Assembler*. Chron. des ducs de Normandie, tom. 1, pag. 266.

2. **SEMBLER**, Ressembler, être semblable. Gl. *Similare*. [Flore et Blancefl. vers 575 :

> Onques nus hom si bien sanlaus
> D'or ne vit faire déus enfaus.

Agolant, pag. 179[1] :

> A Durendart péust estre semblaut.

Voyez Rayn. tom. v, pag. 188[2], au mot *Semblar.*]

SEMBUE, Sorte de char, à l'usage principalement des dames, litière. Gl. *Sabuta.*

SEME, Office ou service pour les morts, qui se disait le septième jour d'après la mort, ou pendant les sept jours qui la suivaient. Gl. *Seme.*

SEMEIGNE, Semaine. Gl. sous *Pascha.*

SEMELIER, Cordonnier, savetier. Gl. *Semellator.*

SEMELIN, Semelle de soulier. Gl. *Semellator.*

SEMENTER, Semer, ensemencer. Gl. *Sementare.* [*Semenchié*, Semé, terme de blason. Chastel de Couci, vers 1870.]

* **SEMER**, Priver, dépouiller, séparer. Enfants Haymon, vers 41 :

> Comment Karles les fist de Gascongnie semer,
> Comment reurent leur pais, etc.

Vers 500 :

> Mais je feroye à Karle l'ame du cors semer.

Voyez Rayn. tom. v, pag. 188[1], au mot *Semar.*

SEMETTAIRE, Cimeterre, épée de Turquie. Gl. *Sparus.*

1. **SEMEUR**, Semoir. Gl. *Semeurus.*

2. **SEMEUR**. TERRE SEMEURE, Qui a coutume d'être ensemencée, propre à recevoir la semence. Gl. *Semeurus.*

SEMEURE, Semence. Gl. *Semeura.*

SEMIE, faute pour SENNE, Synode, assemblée ecclésiastique. Gl. *Synodus*, 2.

SEMILLE, Niche, petite malice, tour de gaieté. Gl. sous *Gamba*, 1. [G. Guiart, tom. 11, pag. 144, vers 3713 (12697.) Voyez Roquefort.]

* **SEMILLER (SE)**, S'agiter, se donner du mouvement. G. Guiart, tom. 11, p. 234, vers 6061 (15041). Voyez Roquefort.

SEMINEL, Pain ou gâteau de fleur de farine. Gl. *Simenellus.*

SEMITARGE, Demi-targe, cimeterre, épée de Turquie. Gl. *Targa.*

* **SEMLIE**, Sommeille, dort. Roman de Renart, tom. 11, pag. 292, vers 17526.

SEMOERE, SEMOIRE, Semoir, ce qui sert à mettre le grain que le laboureur sème. Gl. *Semeurus.*

SEMOINER, Semondre, avertir, inviter. Gl. *Submonere.*

SEMOISONS, Le temps des semailles. Gl. *Seminatura*, 2.

SEMON, pour SE AY MON, en sous-entendant compte. Gl. *Semo*, 2.

SEMONCE. ESTRE EN SEMONCE, Se dit à Auxerre du chanoine qui est en tour de donner à dîner aux enfants de chœur, l'une des grandes fêtes de l'année. Gl. *Semoncia.*

SEMONCHE, Semonce, avertissement. Gl. *Semonere.*

SEMONDEUSE, Femme qui invite les parens ou amis d'un mort à son enterrement. Gl. *Semoncia.*

SEMONDRE, Appeler en justice, donner assignation. Gl. *Submonere.* [Orell, p. 137. Rayn. tom. iv, pag. 254[1], au mot *Semondre.*]

SEMONNER, Semondre, avertir, inviter. Gl. *Submonere.*

SEMONNOIR, SEMONNEUR, Celui qui semonce, sergent. Gl. *Submonitor*, sous *Submonere*, pag. 412[1]. [Partonop. vers 2899 :

> Par matinet droit al cler jor
> Sont monté li semonoor
> Et font monter ces cevaliers.]

* **SEMONUS**, Semoncé, averti. Gl. *Semonere.*

SEMOSSE. BESTES ET SEMOSSES, p. e. pour *Bestes de Somme*. Gl. *Semossa.*

SEMPRE, Toujours. Gl. *Semper.* [*Sempres*, Aussitôt, incontinent. Partonop. vers 1006 :

> Et quant li siens mès est assis
> Sempres sont tuit li autre mis.

Vers 5531 :

> Tot afeltré l'amaine ci
> Sempres à la lune luisaut.

Flore et Blancefl. vers 2123 :

> Li portiers a le cuer felon;
> Sempres vous metra à raison
> Et vous par engien respondés, etc.

Voyez Orell, pag. 314, Rayn. t. v, p. 193[2], au mot *Sempre*. Chanson de Roland.]

SENAGE, p. e. Le droit qu'on payait au seigneur pour pouvoir mettre une enseigne. Gl. *Senale*, 2.

SENAILLE, Semaille, semence. Gl. *Senaillia.*

SENCH, Étable à pourceaux. Gl. *Sencha*, 2.

SENDIER, Sentier, chemin. Gl. *Senterium.*

1. **SENÉ**, Sain, qui se porte bien. Gl. *Sanitas.* [Gérard de Vienne, vers 3661 :

> Dame Guibors ki ot le cors sené.]

2. **SENÉ**, Sensé, plein de sens. Gl. *Sensatus.* [Flore et Blancefl. vers 532. Chastel. de Couci, vers 87. Laborde, pag. 158,214. *Mal senée*, Partonop. v. 6985. Voyez Rayn. tom. v, pag. 195[2], au mot *Senar.*]

SENEFIANCHE, Signification. Gl. *Significantia*, 2. [*Senefier*, Signifier. Partonop. vers 107. Roquefort. Voyez Rayn. tom. v, pag. 231[2], au mot *Significanza.*]

SENELÉE, Haie. Gl. sous *Senellus.*

SENER, Panser une plaie. Gl. *Sanare*, 1. [*Guérir*, Enfants Haymon, pag. 180[2] :

> Tel poison leur donna qui tous les va sennant.]

SENESCALISSE, Sénéchale. Gl. *Senescalissa*, sous *Senescalcus.*

SENESCHAL, Économe, maître d'hôtel. [Partonop. vers 1002,] Celui qui est chargé du recouvrement des deniers d'une seigneurie. Gl. sous *Senescalcus.*

SENESCHAL D'UNE ÉGLISE, Celui qui en régit et administre les biens. Gl. sous *Senescalcus.*

SENESTREMENT, Mal, d'une façon désavantageuse. Gl. *Sinistrum.*

* **SENESTRIER**, Gauche, Gérard de Vienne, vers 3463 :

> Ceignent espées à lor flanc senestrier.

Voyez Rayn. tom. v, pag. 201[1], au mot *Senestrier.*

SENGLER, Sanglier. Gl. sous *Singularis.*

SENGNIELLER, Faire le signe de la Croix. Gl. *Signare*, 1.

SENHOR, Seigneur. Gl. *Senhoria.*

1. **SENNE**, Synode, assemblée ecclésiastique. Gl. *Synodus*, 2.

2. **SENNE**, Le livre qui contient les statuts synodaux. Gl. *Senne.*

SENONCHE, p. e. Cours d'eau ou étang. Gl. *Senonchia.*

SENS, Gens sensés et prudents. Gl. *Sensatus.* [— Partonop. vers 77 :

> Cil cler dient ce n'est pas sens
> Qu'escrive estoire d'antif tens.]

SENSCHALE, Sénéchale. Gl. *Senescalissa*, sous *Senescalcus.*

SENSIBLE, Sensé, qui a du sens. Gl. *Sensibilis*, 2.

SENSUALITÉ, Sens, intelligence. Gl. *Sensualitas*, 3.

SENTAINE, Sorte de petit bateau ou nacelle sur la Loire. Gl. *Sentina.*

1. **SENTE**, Fond de cale. Gl. *Sibulus.*

2. **SENTE**, Sentier; d'où *Senteleite* et *Sentelotte*, Petit sentier. Gl. *Senterium.*

* **SENTELLE**, Enfants Haymon, v. 908 :

> De tenir vostre loy je suis en la sentelle.

SENTENCHIER, Celui qui rédige les sentences des juges, greffier. Gl. *Sententiarius*, 2.

SENTENE, SENTINE, Sorte de petit bateau ou nacelle sur la Loire. Gl. *Sentina.*

SENTERET, Sentier, chemin. Gl. *Senterium.*

1. **SENTIR**, Penser, juger, être d'un sentiment. Gl. *Sentire*, 2.

2. **SENTIR**, Pressentir, sonder le sentiment de quelqu'un. Gl. *Sentire*, 2.

3. **SENTIR**, Se dit d'un enfant qui remue dans le ventre de sa mère. Gl. *Sentire*, 2.

* **SENTURETE**, Ceinture. Wackern. pag. 84 :

> Je saut les douls mals léis ma senturete

* **SENUEC**, Sans, privé, séparé. Renart le Nouvel, tom. iv, pag. 130, vers 144 :

> Pinte en fust moult envis senuec.

Voyez Roquef.

* 1. **SEOIR**, Siége. Partonop. v. 10162 :

> De beaus scoirs de rices lis.

Mantel Mautaillé, vers 415 :

> Si l'a jeté sor uns séoir.

* 2. **SEOIR**, Être placé, être situé, être assis. Flore et Blancefl. vers 2050 :

> Par grant engien l'arbres i siet,
> Car li arbres est tos vermeus.
> De cou ot cil moult bons conseus
> Qui le planta : k' à l' asseoir
> Fu fais l'engiens, si con j'espoir.

Partonop. vers 734 :

> Car li vens siet droit del país.

Garin le Loher. tom. 1, pag. 3 :

> Droit à Lyons qui sor le Rosne sist.

Partonop. vers 103 :

> En Aise sist la rice Troie.

G. Guiart tom. 11, pag. 96, vers 2474 (11451) :

> Et Puille ou maintes villes siatrent.

Pag. 141, vers 3627 :
> Qui sus les destriers de pris sistrent.

Voyez *Sir*.

SEOIRS, Manière de s'asseoir et de se tenir assis. Gl. *Demorari*.

SEONNEEUR, Moissonneur, celui qui scie les blés. Gl. *Secatura*, 2.

SEPAÉS, pour Sachiez, du verbe *Sapir*, Savoir. Gl. *Sapere*, 1.

SEPMAINE DOUBLE, Celle qui suit le dimanche de la Trinité. Gl. *Hebdomada Trinitatis*.

SEPMAINNE. C'est une faute pour FENESTRE, Boutique, lieu où l'on expose la marchandise à vendre. Gl. *Septimana*, 2.

SEPME, Office ou service pour les morts, qui se disait le septième jour d'après la mort, ou pendant les sept jours qui la suivaient. Gl. *Septimale*.

SEPOURE, Sépulcre, tombeau. Gl. *Buxtum*.

1. **SEPOUTURE**, Sépulture, enterrement, funérailles. Gl. *Sepultare*.

2. **SEPOUTURE**, Sépulcre, tombeau. Gl. *Sepultura*.

SEPT, Haie, cloison, clôture. Gl. *Septum*.

SEPTEMBRAICHE, SEPTEMBRATE, SEPTEMBRESCE, SEPTEMBRESCHE, La fête de la Nativité de la Vierge, qui se célèbre en septembre. Gl. *Festum Nativitatis B. M.* sous *Festum*, 1.

SEPTENE, La banlieue de Bourges. Gl. *Septena*, 4.

SEPT-TIRES, Septentrional. Gl. *Septemtirius*.

SEPUIT, Enterrement; p. e. faut-il lire *Sepme*, Service pour un mort. Gl. *Sepellicio* et *Septimale*.

SEPULTURER, Donner la sépulture, enterrer. Gl. *Sepultare*.

SEQUANNIE, Souquenille, vêtement de grosse toile. Gl. *Soscania*.

SEQUELLE, Suite, dépendance. Gl. *Sequela*, 8.

SEQUEUER, Secouer, s'agiter, se tirailler. Gl. *Succusatio*.

SEQUILLON, Une petite branche d'arbre qu'on a coupée. Gl. sous *Sequia*.

* **SERAIN**, Soir, nuit. Partonop. v. 5537 :
> Si me deduirai al serain
> Et m'en revenrai puis demain.

Voyez Rayn. tom. v, pag. 206¹, au mot *Seren*.

SERCEL, Cerceau, enseigne ordinaire des cabarets. Gl. *Serchellum*.

SERCELIER, Cerclier, faiseur de cerceaux, tonnelier. Gl. *Serchellum*.

* **SERAINE**, Sirène. Laborde, pag. 217 :
> Car ele chante sanz merci
> Cler comme une seraine.

Pag. 231 :
> Si est de vous comme de la seraine
> Qui par son chant a plusieurs engigniez.

Lai du Corn vers 65 :
> Ne serreine de mer
> N' est tele à escouter.

Voyez Roquef. Rayn. tom. v, pag. 207¹, au mot *Serena*.

* **SERCHIER**, comme *Cerchier*, 2. Enfants Haymon, vers 360. Roquef. au mot *Sercer*.

SEREMENTER, Faire serment, s'engager par serment. Gl. *Sacramentare*.

SERENS, Serans, outil pour préparer le chanvre ou le lin. Gl. *Brustia*, 2.

SERF COUSTUMIER, Celui qui paye argent, avoine et poule. Gl. *Servi consuetudinarii*, sous *Servus*.

SERF PISSENÉ, Le bâtard d'un serf. Gl. *Servus*.

SERGANT, Serviteur, valet. Gl. *Serviens*.

SERGE, Couverture, tapis. Gl. *Serga*.

SERGENS D'ARMES OU A MASSE. Ils gardaient le roi et les châteaux des frontières. Gl. *Servientes armorum*.

SERGENT BARRIER, Qui lève les impôts aux barrières des villes. Gl. *Serviens barrarius*.

SERGENT CHAMPESTRE, Messier, garde des champs. Gl. *Serviens camparius*.

SERGENT DANGEREUX, Celui qui veille aux délits des champs ou des forêts, et surtout au droit du roi dans les bois, appelé *Dangier*. Gl. *Damnum*, 2, et *Dangerium*, 2.

SERGENT DE LA DOUZAINE, Garde du prévôt de Paris. Gl. *Serviens duodenæ*.

SERGENT DES EAUES, Sergent de la juridiction des eaux et forêts. Gl. *Serviens aquarum*.

SERGENT DE L'ESPÉE. Gl. *Servientes spathæ*, sous *Serviens*.

SERGENT FÉODÉ, Celui dont le fief était sujet à différents services et qu'on appelait *Sergenterie fieffée*. Gl. sous *Serviens*.

SERGENT FERMIER, Qui a pris à ferme l'office de sergent. Gl. *Serviens firmarius*.

SERGENT DE NUICT, Celui qui fait le guet pendant la nuit. Gl. *Serviens de nocte*.

SERGENT DE PIEDS, Piéton, fantassin. Gl. sous *Serviens*.

SERGENT PRAIRIER, Qui garde les prairies. Gl. *Serviens pratarius*.

SERGENT DE LA QUERELLE, Qui servait au fait des duels, ou pour le différend et la querelle des parties. Gl. *Servientes querelæ*, sous *Serviens*.

SERGENT VOLANT, Messier, qui pour la garde des champs court çà et là. Gl. *Serviens camparius*.

SERGENTERIE, SERGENTIE, Fief de sergent sujet à divers services. Gl. *Serganteria*, sous *Serviens*.

SERGENTISE, Office de sergent. Gl. *Sergentaria*, sous *Serviens*.

SERGEON, Petite serge. Gl. *Serga*.

1. **SERI**, Le soir. Gl. *Sera*, 1.

* 2. **SERI**, Serein, doux, mélodieux. Flore et Blancefl. vers 1997 :
> Et el vergier au tans seri.

Partonop. vers 18 :
> L'orc est et soef et serie.

Vers 697 :
> La nuis est soes et serie.

Vers 7213 :
> Tosjors i a cler tans seri.

Vers 6321 :
> Li tans est soes et sieris.

Vers 51 :
> Soef flahute (var. *chante bas*) et seri.

Wackernagel, pag. 84 :
> En pouc d'oure oï une voix serie.

Roman de Renart, tom. III, pag. 60, vers 21381 :
> Renart de son seri chanter.

G. Guiart, tom. II, pag. 248, vers 6421 :
> L'aloe qui se seri note.

Voyez Roquef. G. Guiart, tom. II, pag. 83, vers 2125 (11101) :
> Ariva là le pas seri.

Pag. 339, vers 8800 (17781); tom. I, pag. 271. 272, vers 6581, 6623. *A seri*, En secret, clandestinement sans bruit. Partonop. vers 3220 :
> Tot coiement et à seri.

Vers 7384 :
> Céléement et à seri.

Voyez *Sery*, Rayn. tom. v, pag. 206², au mot *Seren*.

SERJANT, Serviteur, valet. Gl. *Serviens*.

SERJANT A CHEVAL, Cavalier. Gl. sous *Serviens*.

SERIE, Assemblée du soir, où les femmes et les filles s'occupent à filer. Gl. *Sera*, 1.

SERJEANTIE, Fief de sergent, sujet à divers services. Gl. sous *Serviens*.

SERIETÉ, Sérénité, tranquillité. Gl. *Serenatio*.

SERLEX, Sellier. Gl. *Selarius*.

SERMEAU, Serpe; p. e. faut-il lire *Fermeau*. Gl. *Ferramentum*.

SERMENT. VILLAIN SERMENT, Blasphème contre Dieu, la Vierge et les saints. Gl. *Juramentum vile*.

SERMENTÉ, Qui a prêté serment. Gl. *Sermentatus*.

SERMONEMENT, Sermon, exhortation. Gl. *Sermo*, 2.

SEROIGNIE, Seigneurie. Gl. *Segnhoria*.

SERORGE, SEROUR, SEROURGE; Beau-frère. Gl. *Sororgius*. [Chron. des ducs de Normandie.]

SERPAULT, SERPAUT, Serpe. Gl. *Sarpia*.

SERPELIERE, Balle de laine d'un certain poids. Gl. *Serpeilleria*.

SERPENTELLE, Petit serpent. Gl. *Serpentella*.

SERPENTINE, Gros canon, coulevrine. Gl. *Serpentina*, 2.

SERPIER, Serpe. Gl. *Sarpia*.

SERPOL, Trousseau qu'on donne aux filles en les mariant. Gl. *Serpol*.

SERQUEU, SERQUEUL, Cercueil, tombeau, sépulcre. Gl. *Sandapila*, sous *Sandapelo* et *Sarcophagus*.

SERRAIS, Valet de chambre. Gl. *Sarrachorides*.

* **SERRE**, Scie. IIe Livre des Rois, ch. 12, v. 31 : *Si fist de serres détranchier.* lat. serravit. Voyez Rayn. tom. I, pag. 383¹, au mot *Cerra*.

SERRER, Enfermer, mettre sous la clef. Gl. *Serare*. [Roman de Renart, tom. III, pag. 110, vers 23019 :
> Sitost con il viedrent à terre
> Et Renart le gouvernail serre.

Serré, Pris, embarrassé. Gérard de Vienne, vers 2556 :
> Jusc' au mei leu de la boucle est colée,
> Kant il la saiche, si la trova serrée,
> De leiz le heuz brise la bone espée.

Voyez Rayn. tom. v, pag. 156¹, au mot *Sarrar*.

SERRER un Bateau, Le tenir droit au moyen d'une corde. Gl. *Serare.*

1. **SERREUSE**, Serrure. Voy. *Sarreuria.*

2. **SERREUSE**, Ceinture ou boucle. Gl. *Sarreuria.*

SERRI, Montagne, colline. Gl. *Serrarium.*

SERTE, Le temps du service d'un valet ou d'un apprenti. Gl. *Servitium.*

SERTÉE, Barrière, clôture. Gl. *Sertura.*

SERVAGE, Service, obéissance. Gl. *Servagium.*

SERVAIGE, Cens ou redevance que doivent les serfs à leur seigneur. Gl. *Servagium.*

SERVANT au Bassin, Celui qui tient le bassin à la cérémonie du lavement des pieds. Gl. *Serviens ad cupam et ad pelvim.*

SERVANT de l'Escuelle, Officier de la table du roi. Gl. *Serviens scutellæ.*

SERVANT de Vin, Officier de la table du roi. Gl. *Serviens vini.* [Chastel. de Couci, vers 1016.]

1. **SERVE**, Boutique, huche, ou réservoir où l'on conserve le poisson et autre chose. Gl. *Salvarium* et *Servatorium.*

2. **SERVE**, Service. Gl. *Servitium.*

SERVEL, La tête. Gl. *Cervella,* 2.

SERVENTAGE, Service ou redevance d'un fief. Gl. *Serventagium.*

SERVEUR, Boutique, huche, où l'on conserve le poisson. Gl. *Servatorium.*

1. **SERVICE**, Prières, office de la Vierge. Gl. *Servitium.* [Roi Guillaume, pag. 40 :

Et molt honora sainte eglise,
Cascun jor ooit son servise.

Gérard de Vienne, vers 972. Flore et Jeanne, pag. 63.]

2. **SERVICE**, Main-d'œuvre, ce qu'on paye pour la façon d'un ouvrage. Gl. *Servitium.*

3. **SERVICE** de la Chambre du Pape, Ce qu'un nouvel évêque paye à la chambre apostolique. Gl. *Servitium cameræ Papæ.*

4. **SERVICE** de Compagnon, Service militaire que fait un vassal accompagné d'autres. Gl. *Servitium socii.*

5. **SERVICE** de Corps, Celui qu'un vassal doit faire en personne. Gl. *Servitium corporis.*

6. **SERVICE** de Court, L'obligation d'assister à la cour ou aux plaids de son seigneur. Gl. *Servitium curiæ.*

7. **SERVICE** Haineux, Taille, corvée, etc. Gl. *Servitium servile.*

8. **SERVICE** d'Ost, Service militaire. Gl. *Servitium militare.*

9. **SERVICE** Trespassé, Le service des années passées. Gl. sous *Servitium.*

SERVICHE, Service que doit un vassal à son seigneur. Gl. *Servitium.*

SERVICIOU, Servante, garde de femme en couches. Gl. *Servitialis.*

SERVIGE, Service pour un mort, anniversaire. Gl. sous *Servitium.*

SERVIR devant Autrui, Être au service de quelqu'un. Gl. *Servire,* 1.

SERVIR son Jour, Comparaître à une assignation. Gl. *Servire,* 1.

SERVIR ne de Tant ne de Quant, Ne servir en aucune manière. Gl. *Servire,* 1.

SERVITERESSE, **Servitеrresse**, Servante. Gl. *Serventa.*

SERVOISE, pour Cervoise, lieu où l'on vend de la bière, ou brasserie. Gl. *Cerevisia.*

SERURGE, Beau-frère. Gl. *Sororinus.*

SERY, Serein, en parlant du temps. Gl. *Serenificare.* Voyez *Seri,* 2.

SESCHAL, pour Sénéchal, Celui qui ordonne d'une fête. Gl. sous *Senescalcus.*

SESINE, Saisie. Gl. *Saisina.*

SESNE, Synode, assemblée ecclésiastique. Gl. *Synodus,* 2.

SESTER, Septier, mesure de vin. Gl. *Sextarium.*

SESTERAGE, Droit de mesurage. Gl. *Sesteragium,* sous *Sextariaticum.*

SESTERÉE, Mesure de terre contenant un *sestier* de semence, ou qui doit un *sestier* de rente. Gl. *Sextarata.*

SESTEROT, Septier, mesure de grain. Gl. *Sextarium.*

SESTRÉE, Certaine mesure de terre. Gl. *Sestra.*

* **SETE**. Roman de Renart, tom. 11, pag. 308, vers 17961 :

Certes grant honte vos a fete
Cil gars, cil leres, ceste sete.

SETERLAGE, Droit de mesurage. Gl. *Sestairagium.*

SETRELLAGE, Le même. Gl. *Sexterlagium,* sous *Sextariaticum.*

1. **SEU**, Sureau. Gl. *Sambussus.* [Fabliaux, Jubinal, tom. 1, pag. 130. *Séur,* pag. 131 :

Au bout de cest courtil droit dessouz un séur,
C'est un arbre qui est en septembre méur.

Voyez *Seur,* 1.]

2. **SEU**, Étable à pourceaux. Gl. *Sudis.*

SEUAGE, p. e. Le droit de station dans un port. Gl. *Sedes navium,* sous *Sedes,* 4.

SEVELIR, Enterrer, inhumer. Gl. *Sepeliatio.* [Garin le Loher. tom. 1, pag. 261 :

Dont les a fait richement sevelir,
Et en deus bieres a il les barons mis.]

SEVERAL, Qui est séparé. Gl. sous *Separale.*

SEUERONDE, La partie du toit qui avance sur le mur. Gl. *Superundare.*

SEUF, Haie, palissade, clôture. Gl. *Sotum,* 1.

SEUIGRE, Suivre. Gl. *Sequi.*

1. **SEULE**, Solive. Gl. *Seullura.*

2. **SEULE**, Cellier, cave. Gl. *Sola,* 5.

* 3. **SEULE**, Siècle. Sermon de saint Bernard, éd. Le Roux de Lincy, pag. 560 : *A cuy est honors et gloire ens seules des seules.* Pag. 535, 567, 569. Sainte Eulalie, vers 24 :

Volt lo seule lazsier, si ruo vet krist.

SEULE-ERAUZ, Le fond d'un canal, qui est en pente pour donner de l'écoulement à l'eau. Gl. *Solum aquaticum.*

1. **SEULLE**, Solive. Gl. *Seullura.*

2. **SEULLE**, Le fond d'un navire ou d'un bateau. Gl. *Sola,* 5.

SEULT, Il est accoutumé, il est d'usage; du verbe *Seuldre* ou *Sieuldre.* Gl. *Nuptiaticum.*

1. **SEUR**, Sureau. Gl. sous *Maium.* [Voyez *Seu,* 1.]

2. **SEUR**, pour Sœur, Qui a les mêmes sentiments et la même conduite. Gl. *Soror.*

SEURAGE, Sûreté, assurance. Gl. *Securatio.*

SEURANNÉ, Suranné, qui a plus d'un an. Gl. *Superannatus.*

SEURATTENDRE, Attendre. Gl. *Subexspectare.*

SEURCORS, Seurcot, Sorte de robe ou d'habit, commun aux hommes et aux femmes. Gl. *Surcotium.*

SEURE, Certain droit, p. e. pour la faculté d'arroser ses prés en y introduisant l'eau par différents canaux. Gl. *Seware.*

* **SEVRÉE**, Séparation. Wackern. p. 58 :

Lou boen Raioul de Soixons, ke sevrée
Ne fist d'amor nul jor de son vivant.

SEVRER, Séparer, diviser en perçant. Gl. *Seperalitas.* [Garin le Loher. tom. 1, pag. 18 :

Faites vos gens serrer en deux moitiés.]

SEURESTAT, Sûreté qu'on donne à son ennemi de ne lui pas nuire pendant un certain temps. Gl. *Status,* 12.

SEURESTIN, p. e. Sureau. Gl. *Sambussus.*

SEURFAIT, Les fruits de la terre, soit arbres, plantes, blés, etc. Gl. *Superficies.*

SEURFET, Coupe d'un taillis, le taillis même. Gl. *Superficies.*

SEURNOMMER, Donner à quelqu'un un autre surnom que celui qu'il porte. Gl. *Supernomen.*

SEURONDE, La partie du toit qui avance sur le mur, auvent. Gl. *Superundare.*

SEURONDER, Déborder, se répandre par dessus. Gl. *Superundare.* [Chastel. de Couci, vers 7665, 7670 :

Seurondans de biens et d'onnours...
De tous biens seurondans et plaine.

Roman de Renart, tom. 1, p. 45, v. 1166 :

De glaçons fu bien serondez.]

SEURPRENDRE, Gagner, se glisser, faire des progrès. Gl. *Surprendere,* 2.

SEURSAILLANT, Officier en second, surnuméraire, celui qui doit remplacer. Gl. *Supersalientes.*

SEURSELIERE, Cotte d'armes faite de laine ou de coton. Gl. *Superpunctum.*

SEURTONTURE, Les extrémités les moins fines des toisons. Gl. *Gratus,* 4.

SEURVENDENGIER, Cueillir des raisins dans la vigne d'un autre. Gl. *Roya.*

SEUWIERE, Seuwyere, Sewire, Canal qui conduit l'eau à un moulin, ou par lequel on décharge un étang. Gl. *Seweria.*

SEXE, Partie du corps humain qui fait la différence du mâle et de la femelle. Gl. *Sexus,* 2.

SEXTELAGE, Droit de mesurage des blés. Gl. *Sextellagium,* sous *Sextariaticum.*

SEXTERADE, Mesure de terre contenant un septier de semence, ou qui doit un septier de rente. Gl. *Sextarata.*

SEXTERAGE, Redevance d'un septier de vin. Gl. *Sextayragium.*

SEYETE, Petite scie; du verbe *Seyer,* Scier. Gl. *Seyatus.*

SEYM, Graisse, suif, sain-doux. Gl. *Seupum.*

SEYNNE, Lieu où l'on peut pêcher avec le filet, appelé Seine. Gl. *Seyna.*

SEYTURE, Mesure de pré, autant qu'un homme en peut faucher dans un jour. Gl. *Setura,* 2.

SEZAILLE, Rognures, ce qu'on a rogné avec des ciseaux. Gl. *Scisalhœ*.

SÉZILE, pour Sicile. Gl. *Siciliani*.

SI, Condition, réserve, exception. *Par si*, A condition. Gl. *Si* et *Commendationes*. [*Sans nul si*, Chastel. de Couci, vers 487.]

SIBLET, Sifflet, d'où *Sibler*, Siffler. Gl. *Sibulus* et *Sibulare*.

SIBOINGNE, pour **Ciboire**, Tabernacle, armoire sur l'autel où l'on garde l'Eucharistie. Gl. *Ciborium*.

* **SIEC**. Chastel. de Couci, vers 4734 :

> Je croy que siec sus mes orcilles,
> Ne sai que penser ne que dire,
> Si bel vous savés escondire.

1. **SIECLE**, Monde, lieux, climats. Gl. *Sœculum*. [Partonop. vers 1711 :

> Ne nul castel tant bien assis
> En tot le siecle, ce m'est vis.

Tos siecles, tos li siecles, Tout le monde, vers 2503, 2655, 7877. *Siecle*, Vie. Laborde, pag. 210 :

> Ensi a son siecle mené
> Jusques ici.

Voyez Rayn. t. v, pag. 175¹, au mot *Secle*.]

2. **SIECLE**. **Homme de Siecle**, Séculier, laïque. Gl. *Sœcularis*.

3. **SIECLE**. **Fillette**, **Chançon de Siecle**, Fille du monde, chanson mondaine. Gl. *Sœcularis*.

SIECLER, Plaire au monde. Gl. *Sœcularis*.

SIEGE, Assemblée, repas de confrérie. Gl. *Sedes*, 6.

SIEGE de Nefs, Le droit qu'on paye pour un vaisseau qui reste quelque temps dans le port. Gl. *Sedes navium*, sous *Sedes*, 4.

SIELE, Selle de cheval. Gl. *Strepa*.

* **SIEME**, Septième. Partonop. v. 7361.

SIENCE, C'est une faute pour **Sieute**, Suite, dépendance. Gl. *Secta*, 12.

SIETTANS, Soixante. Gl. *Sexagenarii*.

SIEU, Suif. Gl. *Seupum*.

SIEUREL, Espèce de maquereau, poisson. Gl. *Saurus*, 2.

SIEURIE, Seigneurie, domaine. Gl. *Signoria*, 1.

1. **SIEUTE**, Suite, juridiction, droit. Gl. *Secta*, 12.

2. **SIEUTE**, S'est dit des différentes pièces d'une parure lorsqu'elles sont de la même étoffe et façon. Gl. *Secta*, 5.

SIEVYR, Suivre. Gl. *Sequi*.

SIGANT, Poulain, veau, ou autre animal, qui suit encore sa mère. Gl. *Sequela*, 7.

SIGE, pour **Siege**, Emplacement. Gl. *Sedes*, 4.

SIGILLIER, Greffier, notaire. Gl. sous *Sigillarius*, 1.

SIGLE, Voile ; d'où *Sigler*, Aller à la voile, naviger. Gl. *Sigla*, 1. [Partonop. vers 730, 731, 763. Chron. des ducs de Norm.]

SIGLETON [**Siglaton**], Sorte de vêtement d'étoffe précieuse. Gl. *Cyclas*. [Et cette étoffe. Gérard de Vienne, vers 2373 :

> Derrier l'arson consui l'Aragon,
> Tranche le fautre dou vermoil siglaton
> Et par mi coupe le buin destrier Gascon.

Aubri, pag. 155\ :

> Si come feme vestus d'un siglaton.

Partonop. vers 10693 :

> Bien fu vestue Melior
> De siglaton à cercle d'or.

Vers 10324 :

> Chiute de dum d' alerion
> Envolsé d'un blanc siglaton.

Chron. des ducs de Norm. tom. II, p. 130, vers 19177. Voyez Rayn. tom. V, pag. 238², au mot *Sisclaton*.]

SIGNACE, **Signance**, Les suites et dépendances d'un droit. Gl. *Sequela*, 8.

SIGNAL, Partie d'un moulin. Gl. *Signale*, 2.

SIGNANCE, Poulain, veau, ou autre animal, qui suit encore sa mère. Gl. *Sequela*, 7.

SIGNE de Justice, Fourches patibulaires. Gl. *Furca*, 1.

SIGNER, Faire signe, appeler par signe. Gl. *Signare*, 3.

1. **SIGNET**, Billet signé ou paraphé. Gl. *Signetum*, 2.

2. **SIGNET**, Signe, représentation. Gl. *Signetum*, 2.

SIGNOR, Seigneur. Gl. *Senior*.

SIGNORER, Dominer, commander. Gl. *Segnorare*.

SIGRE, Suivre. Gl. *Sequi*.

SILENCE. **Estre mis en Silence**, Sorte de pénitence monastique. Gl. sous *Silentium*.

SILLEUR, Moissonneur, celui qui scie ou coupe les blés. Gl. *Selio*.

SILVINIENS, Monnaie du prieuré de Souvigni. Gl. *Sauviniacensis moneta*, sous *Moneta Baronum*.

SIMENEL, Pain ou gâteau de fleur de farine. Gl. *Simenellus*.

SIMONNEL, pour **Simenel**. Gl. *Simenellus*.

SIMPLOIANT, Simple, doux, tranquille. Gl. *Simplex*. [*Simple*. Chastel. de Couci, vers 834 :

> Ne regarder n'os son simple visage.

Garin le Loher, tom. I, pag. 168 :

> Et les puicelles qui ont simples les vis.

Simplement, Doucement. Chastel. de Couci, vers 472 :

> Et nonpourquant ses iex envoie
> Simplement vers le chastelain,
> Esgarder ne l'ose de plain.

Vers 1953 :

> La dame respont simplement.

Voyez Rayn. tom. IV, pag. 562² au mot *Simple*.]

SINACLE, Signe de croix. Gl. *Signum*, 1.

SINAL, Le dessus d'une étable ou d'une bergerie. Gl. *Solarium*, 1.

SINAULT, **Sinaust**, Chambre haute, le dessus d'une bergerie. Gl. *Solarium*, 1.

SINCOPER les Paroles, Couper, diviser les mots, pour leur donner un autre sens que celui qu'ils ont. Gl. *Syncopa*, 1.

SINGLATON, **Singleton**, Sorte de vêtement d'étoffe précieuse. Gl. *Cyclas*.

SINGLE, Voile de navire. Gl. *Sigla*, 1.

SINGNANCE, Suite, dépendance. Gl. *Sequela*, 8.

SINGOIEMENT, Singerie, tromperie. Gl. *Simiaticus*.

SINGULIER, Un particulier, celui qui est de condition privée. Gl. *Singulares*, 2.

SINSENIER, Custode, ce qui couvre le saint Ciboire suspendu au dessus de l'autel. Gl. *Sinsenier*.

SINT, Cloche. Gl. *Signum*, 8.

SIOSTE, Tranquille. Gl. *Matonus*.

SIOU, Terme de dérision et de moquerie. Gl. *Siou*.

* **SIR**, Seoir, convenir. Roman de Renart, tom. IV, pag. 89, vers 2451 :

> Devent aus virent laidir
> Lour roi, cil qui manls deuist sir
> Le soufrirent et biel lor fu.

Roi Guillaume, pag. 137 :

> Molt avoit fait bele jornée,
> Et molt li plot et molt li sist.

Garin le Loher, tom. I, pag. 124 :

> S'en eussiez dit tant...
> Que vous séist la pucelle au cor gent.

Pag. 149 :

> S'il escheoit honor en son pais
> Qui me séist et me deust abelir.

Voyez *Seoir* et Orell, pag. 218.

1. **SIRE**, Seigneur. Terme appliqué à Dieu. Gl. *Siriaticus*. [Fabliaux, Jubinal, tom. I, pag. 174 :

> Le chevalier respont : foi que je doi saint sire.]

2. **SIRE**, Seigneur ou Dame d'une terre. Gl. *Siriaticus*. [Placé après le nom. Garin le Loher. tom. I, pag. 39 :

> Hervis, sire, por amour Dieu mercis.

Agolant, vers 1164 :

> Agolans, sire, ce dist li messagier.

Vers 1188. Garin, pag. 115 :

> Gentis bons, sire, te demande Thieris.

Pag. 203.]

3. **SIRE**, Père, beau-père, parâtre. Gl. *Siriaticus*.

4. **SIRE**, Seigneur. Titre donné aux évêques, abbés et prêtres. Gl. *Siriaticus*.

5. **SIRE de Lois**, Docteur en droit, habile jurisconsulte. Gl. sous *Dominus*, 11.

6. **SIRE**, Terme injurieux, en y ajoutant celui de *Beau* ou d'*Homme* ; ce qui alors signifiait un mari dont la femme est infidèle. Gl. *Siriaticus*.

SIREAU, Geste de mépris, coup de la main sous le menton. Gl. sous *Barba*, 1.

SIRET, diminutif de *Sire*, Seigneur. Gl. *Dominus*.

SIRREURGIE, Chirurgie ; d'où *Sirreurgien*, pour Chirurgien. Gl. *Sirurgia*.

SIRURGIER, Panser, traiter un malade ou un blessé ; d'où *Sirurgiée*, Pansement, remède qu'applique un chirurgien. Gl. *Sirurgia*.

SISAINME, Sixième. Gl. *Sezana*.

SISEL, Ciseau. Gl. *Sciselum*.

SISIAU, Geste de mépris, coup de la main sous le menton. Gl. sous *Barba*, 1.

SISTE, Le sixième de quelque chose. Gl. *Sezana*. [Rutebeuf. tom. II, vers 245.]

SISTIER, Septier, mesure de vin. Gl. *Sextarium*.

* **SITE**, Rang. G. Guiart, tom. II, pag. 75, vers 1907 (10883) :

> Des deus eschiéles desusdites,
> Qui furent, ès premieres sites,
> L'une devant l'autre ordenées.

— Poursuite. Pag. 342, vers 8880 :

> Forment se doutent d'avoir sites.

SIVADE, Avoine. Gl. *Sivada*.

SIVRE, Suivre, poursuivre. Gl. *Sequi.*

SIXTE, Le sixième de quelque chose. Gl. *Sezana.*

SIZEAU, Geste de mépris, coup de la main sous le menton. Gl. sous *Barba*, 1.

SIZEAUL, Sorte de trait d'arbalète. Gl. *Sciselum.*

SKERMUCHE, Escarmouche. Gl. *Scaramutia.*

* **SOAVET**, Doucement. Partonop. vers 1275 :

> Tot soavet en estraignant
> L'a reboutée sor l'enfant.

Voyez Rayn. tom. v, pag. 280², au mot *Suavel.*

SOBRE, Sur, dessus. Gl. *Sobra.* [Voyez Rayn. tom. v, pag. 241¹, au mot *Sobre.*]

SOBREVERS, Se dit de l'eau qui passe par dessus ce qui la contient. Gl. *Sobreversum.*

SOBSTE, Ce qu'on donne en retour dans les échanges. Gl. *Solta*, 2.

SOC, Espèce de chappe, manteau. Gl. *Socca*, 1.

SOCAGE, Service de charrue, ou le rachat en argent de ce service. Gl. *Socagium*, 1.

1. **SOCE**, Qui est en société de quelque chose avec un autre. Gl. sous *Socius.*

2. **SOCE**, Sorte de redevance. Gl. sous *Soca*, 4.

SOCHE, Souche, tronc d'arbre. Gl. *Stoc.*

1. **SOCHON**, Compagnon, camarade, ami. Gl. *Sodes.*

2. **SOCHON**, Bâton, morceau de bois. Gl. *Socus*, 1.

SOCIENE, Servante; ou femme qui est en société pour quelque chose avec une autre. Gl. *Socia*, 3.

SOCINE, Société, association. Gl. *Socina.*

SOÇON, Compagnon, camarade, ami. Gl. *Sodes.*

* **SODANT**, Sultan. Partonop. v. 4567.

SODÉE, Solde, paye d'un homme de guerre. Gl. *Soldada*, sous *Solidata.* [Gérard de Vienne, vers 1024, 2701. Aubri, p. 167¹.]

SODÉE DE TERRE, Fonds qui rend un sol de rente. Gl. *Solidata terræ.*

SODEER, Soldat, homme de guerre qui est à la solde de quelqu'un. Gl. *Souderarius*, sous *Solidata.*

SODOIÉR, Le même. Gl. *Solidarii*, sous *Solidata.* [Partonop. vers 456, 2609. Garin le Loher. tom. 1, pag. 8. Voyez Rayn. tom. v, pag. 249¹, au mot *Soldadier. Soudoiiere*, Servante à gages, prostituée. Flore et Jeanne, pag. 65 : *Il me mande ensi ke je voise à li, et il me prendera à fenme ; ciertes, je ne suis mie soudoiière pour aler à son coumant.* Chronique des ducs de Normandie, tom. ii, pag. 559, vers 31320 :

> Que je auge cum soudciere
> Ne cume povre chamberere.

Rayn. pag. 250¹, au mot *Soudadeira.*]

SODOMYE, Péché contre nature, qui se commet avec des bêtes, bestialité. Gl. *Hæreticus.*

* **SODUIRE**, Souduire, Séduire, tromper, decevoir. Chron. des ducs de Norm. tom. 1, pag. 575, vers 14317 :

> De Lowis pensez soduire
> Qu'isi vos quide toz destruire,
> Asotez-le par vostre sen.

Ruteb. tom. ii, pag. 239 :

> Ce èst del monde li deduis
> Par qoi mains preudom est souduis.

Chastel. de Couci, vers 5686 :

> Or est il aoustré souduis.

Partonop. vers 4966 :

> Qui m'a sosduite à escient.

Gérard de Vienne, vers 1702 :

> Ne nous eschapent li glouton soduiant.

Voyez le Glossaire sur la Chron. des ducs de Norm. au mot *Soduiant*, Roquef.

* **SOEF**, Souef, Suef, Soes, Soues, Doux, agréable, doucement, etc. Partonop. vers 1968 :

> Un batel ont cil de la nef
> Mis jus en l'eve moult soef;
> Un lit i ont fait bon et bel,
> Soef i metent le tousel.

Vers 762 :

> Il l'en est auques plus soef.

Garin le Loher. tom. 1, pag. 146 :

> Vostres chiers oncles qui souef vous norri.

Pag. 149. Agolant, vers 178 :

> Ge l'ai norri soef.

Partonop. vers 697 :

> La nuis est soes et serie.

Flore et Blancefl. vers 2032 :

> Et des autres espisses asses
> I a qui flairent moult soués.

Chanson de Roland, stance 89, vers 14 :

> Seignurs barons, suef pas alez tenant.

Voyez le Gloss. sur la Chron. des ducs de Norm. au mot *Suef*, Roquef. *Soef* et *Souef.* Rayn. tom. v, pag. 280¹ au mot *Suau.*

* **SOELER**, Soûler, rassasier. Roi Guillaume, pag. 60 :

> D'autre mengier me soelés,
> Me chars ne mangera le vostre.

* **SOENTRE**, Soantre, Après, à la suite, Partonop. vers 9931 :

> Et soentre els Urrake vient.

Vers 3449 :

> S'enseigne escrie et el camp entre,
> Si compaignon en vont soentre.

Vers 5882 :

> Et li autre vienent soantre.

Vers 10722, 10771. Chron. des ducs de Norm. tom. 1, pag. 169, vers 2490 :

> Une d'avant ne puis ne suentre
> Ne fu si livrée à dolur.

Tom. 1, pag. 593, vers 14360 :

> Qu'il vousist plus aveir soentre
> Trait od ses mains le quer del ventre.

Tom. iii, pag. 278, vers 39308 :

> E de c'enmaladi soentre.

Voyez Orell, pag. 331. Diez, tom. 11, pag. 394. Rayn. tom. vi, pag. 152, au mot *Soentre.*

SOETURE, Mesure de pré, autant qu'un homme en peut faucher dans un jour. Gl. *Soitura.*

* **SOFFIME**, Sophisme. Roman de Renart, tom. iii, pag. 51, vers 21127.

* **SOFFISANT**. Voyez *Souffire.*

* **SOFFRAINDRE**, Manquer, faire faute,

Chanson du Chatel. de Couci, Laborde, pag. 276 :

> Ne truis qu'en li n'en sa façon soffraigne.

Pag. 300 :

> Or ne cuit nus que granz duel me souffraingne
> Quant de li n'ai confort ne garison.

Voyez Rayn. tom. v, pag. 287², au mot *Sofranher;* Roquef. au mot *Souffraigner.*

SOFFRAITE, Disette, indigence. Gl. *Soffrata.*

* **SOFRANCE**, Suspension. Partonop. vers 3716 :

> Si commande que tot en pés
> En soit li plais et en sofrance,
> Tant com il demorront en France.

Voyez *Souffrance.*

* **SOFRIR**, Soffrir, Supporter, supporter la dépense. Roman de Renart, tom. 1, pag. 149, vers 3974 :

> Or le metez en la charete,
> Car cle n'est pas trop chargie
> Moult bien souferra la hachic.

Garin le Loher, tom. 1, pag. 6 :

> Et faites tant que il soient armés
> De biaus chevaus courans et abrivés,
> Vous estes riches, bien soffrir le pourés.

Pag. 168 :

> Alés à aus maintenant, sans respit,
> A tant de gens com vous porés sofrir.

Pag. 2, 31. Patienter, prendre patience, s'arrêter, attendre. Pag. 191 :

> Mesagiers, frères, vous convient à sofrir.

Roman de Renart, tom. 1, pag. 40, v. 1026 :

> Qu'en la meson Renart por rien
> Qu'il puisse dire n'enterra;
> Et que volez? si souferra.

Pag. 38, vers 982 :

> Renart respont : or vous soufrez
> Tant que li moine aient mengié.

Partonop. vers 7792 :

> Sire, soffrez vos un petit
> Si me dites donc vos venéz.

Chastel. de Couci, vers 4739 :

> Mès je à tant m'en soufferray
> Fors tant que m'en delivreray.

Wackern. pag. 45 :

> Ameir m'estuet, ne m'en puis plux soffrir.

Voyez Rayn. tom. v, pag. 285¹, au mot *Suffrir*, ci-dessous *Souffrir;* Orell, pag. 162.

SOGRE, Beau-père. Gl. *Senior.*

SOICH, Sòc de charrue. Gl. *Soccus*, 2.

SOIEF, Haie, palissade, clôture. Gl. *Sotum*, 1.

SOIER, Scier, couper le blé. Gl. *Secare*, 2. [*Soiéor*, Roman de Renart, tom. ii, p. 134, vers 13184.]

SOIESTÉE, Société. Il se dit des terres dont les fruits se partagent entre le propriétaire et le fermier. Gl. *Soistura.*

SOIF, Haie, palissade, clôture. Gl. *Sotum*, 1. [Roman de Renart, tom. 1, p. 52, 114, vers 1349, 3001. *Soi*, pag. 338, vers 9087.]

SOIGAN ou Soigau, Chirurgien. Gl. *Soniare.*

SOIGNANT, Concubine, femme illégitime. Gl. sous *Sogncia.* [Flore et Jeanne, pag. 25.]

SOIGNANTAGE, Concubinage, commerce illicite avec une femme libre. Gl.

sous *Sogneia*. [Chansons Historiques, tom. I, pag. 20. 22.]

SOIGNE, SOIGNÉE, Bougie, chandelle. Gl. *Sogneia*.

SOIGNÉE, Droit seigneurial, service que doit un vassal, et le rachat en argent de ce service. Gl. *Sogneia*.

SOIGNEMENT, Frais, dépense qu'on fait pour quelqu'un. Gl. *Sonneia*.

SOIGNIE, Droit seigneurial, service que doit un vassal, et le rachat en argent de ce service. Gl. *Sogneia*.

SOIGNIER, Aider, fournir. Gl. *Soniare*. [Roi Guillaume, pag. 117 :

Cevax et reubes lor faisoit
Soiguier tant com il en voloient.]

SOIGNOLE DE PUITS, Machine pour tirer de l'eau d'un puits. Gl. *Ciconia*.

SOIHESTÉS, Société. Il se dit des terres dont les fruits se partagent entre le propriétaire et le fermier. Gl. *Soistura*.

1. **SOILE**, Champ, fonds de terre. Gl. *Oredelfe*.

2. **SOILE**, SOILLE, Seigle. Gl. *Francarium* et *Sigalum*.

3. **SOILE**, Cèle, cache. Gérard de Vienne, vers 1939 :

Treſtot li conte, ne li soile niant.

SOILLART, Souillon, valet de cuisine. Gl. *Soliardus*.

SOIGNIIER, SOINNIIER, Exposer en justice les raisons qui ont empêché de comparaître à l'assignation. Gl. *Essoniare*, sous *Sannis*.

SOIPTURE, Mesure de pré, autant qu'un homme en peut faucher dans un jour. Gl. *Soitura*.

SOIREMENT, Serment. Gl. *Sacramentare*.

SOIS, Haie, palissadé, clôture. Gl. *Sotum*, 1.

SOISON, Quartier de service. Gl. sous *Stagium*.

SOISTE, Société. Il se dit des terres dont les fruits se partagent entre le propriétaire et le fermier. Gl. *Soistura*.

SOITURE, Mesure de pré, autant qu'un homme en peut faucher dans un jour. Gl. *Soiturn*.

SOKEMANRIE, Terre tenue en *Socage*, ou sous la condition du service de charrue. Gl. *Socmanaria*, sous *Socagium*, 1.

SOKET, diminutif de soc de charrue. Gl. *Soket*.

SOL, Solive, poutre. Gl. *Sola*, 6.

1. **SOLABLE**, Solvable, qui a de quoi payer. Gl. *Solubilis*, 2.

2. **SOLABLE**, Quitte, libre, absous. Gl. *Solus*, 2.

SOLAGE, Droit sur le sol ou fonds des terres. Gl. *Solagge*.

SOLAIN, La portion ordinaire qu'on sert à un religieux. Gl. *Solacium*, 5.

SOLAS, Pièce de la monnaie des évêques de Cambrai. Gl. *Solarus*.

SOLATGE, Droit sur le sol ou fonds des terres. Gl. *Solatge*.

SOLATIER, Soulager, aider. Gl. *Solatiari*.

SOLAZ, Soulagement, consolation. Gl. *Solagiamentum*.

SOLDAR, Soldat, homme de guerre,

qui est à la solde de quelqu'un. Gl. *Soldarius*, sous *Solidata*.

SOLDÉE, Solde, paye d'un homme de guerre. Gl. *Soldada*, sous *Solidata*. [Partonop. vers 2603, 7819,7827.]

1. **SOLE**, La plante des pieds, ou la peau de dessous le pied. Gl. *Sola*, 1.

2. **SOLE**, Le fond plat et large d'un navire ou d'un bateau. Gl. *Sola*, 5.

3. **SOLE**, Libre, quitte, qui ne doit rien. Gl. *Solus*, 2.

4. **SOLE**, comme *Soule*, 2. G. Guiart, tom. I, pag. 82, vers 1490 :

Bruiant comme l'en court à soles.

SOLEAU, Soliveau, bois de charpente. Gl. *Soliva*.

SOLÉE DE TERRE, Fonds qui rend un sol de rente. Gl. *Solidata terræ*.

SOLEMENT, Pavé. Gl. *Solamentum*.

1. **SOLEMPNE**, Célèbre, un homme d'une grande réputation. Gl. *Solempnis*.

2. **SOLEMPNE**, Solemnel, authentique. Gl. *Solempnis*.

SOLEMPNEUMENT, Solemnellement. Gl. *Mansionarii*.

SOLENNEL, Célèbre, illustre, de grande réputation. Gl. *Solemnis*.

1. **SOLER**, Soulier. Gl. *Sotulares excolati*, sous *Subtalares*. [*Soller*, Mantel Mautaillé, vers 271. *Sollere*, Roquef.]

2. **SOLER**, Jouer à la *soule* ou au mail. Gl. *Solere*, 1.

3. **SOLER**, Paver. Gl. *Solere*, 2.

SOLEURE, Pavé. Gl. *Solere*, 2.

1. **SOLIER**, Étage de maison, chambre haute. Gl. *Solarium*, 1. [Voyez Halliwell, au mot *Soler*.]

2. **SOLIER**, Soulier. Gl. *Solarius*, 1.

SOLIN, Sol, rez-de-chaussée. Gl. *Solinum*, 3.

SOLITABLEMENT, Sagement, avec prudence. Gl. *Solidus*, 3.

SOLIVURE, Solive et tout ce qui regarde l'emploi qu'on en fait. Gl. *Solivare*.

SOLLE, Solive, poutre. Gl. *Sola*, 6.

SOLLICITEUR, Exécuteur testamentaire. Gl. *Sollicitator*.

SOLLIER, Étage de maison, chambre haute. Gl. *Solarium*, 1.

SOLLIN, Sol, rez-de-chaussée. Gl. *Solinum*, 3.

SOLLIVURE, Solive et tout ce qui regarde l'emploi qu'on en fait. Gl. *Solivare*.

SOLOIE, Saussaie. Gl. *Silicia*.

SOLOIRE, Le jeu de la *soule* ou du mail. Gl. *Solere*, 1.

SOLTIS, Subtil, rare. Partonop. vers 10334 :

Li duns en fu tos de fenis,
D'un oisel qui moult est soltis.

Soltiument, vers 10306 :

Moult sot cil ovrer soltiument.

Voyez *Soutil*.

SOLU, Libre, qui n'est pas marié. Gl. *Solutus*, 1.

SOLUSCIOUN. Lai du Corn. vers 28 :

Ad maundé soun barnage,
Qui ad la soluscioun
Soient ad Karlioun.
Touz vindrent ad cel jour.

Voyez vers 8.

SOMAS. PEAU DE SOMAS. C'est une faute pour *de Damas*. Gl. *Soma*, 2.

SOMATIER, Celui qui a soin des bêtes de somme. Gl. *Saumaterius*, sous *Sagma*.

SOMBRE, SOMBRER, La saison où l'on donne le premier labour aux terres; ce qu'on appelait *Sombrer*. Gl. *Sombrum*, 2.

SOMBRIER, Témoigner son chagrin par des plaintes et des gémissements. Gl. sous *Sombrum*, 2.

SOMBRIN, Certaine mesure de grain. Gl. *Sumberinus*.

SOMEY, Le service qu'un vassal doit à son seigneur avec ses bêtes de somme. Gl. *Sometum*, sous *Sagma*.

1. **SOMMAGE**, Le droit qu'on paye pour la charge d'une bête de somme. Gl. *Summagium*, sous *Sagma*.

2. **SOMMAGE**, Le service que doit un vassal à son seigneur avec ses bêtes de somme. Gl. *Summagium*, sous *Sagma*.

SOMMAICHE, L'obligation de porter les lettres de son seigneur, et de faire les autres commissions qu'il donne. Gl. *Summagium*, sous *Sagma*.

SOMMAIGE, La charge d'une bête de somme, ballot. Gl. *Somilagium*, sous *Sagma*.

SOMMÉE, Le même. Gl. *Somata*, sous *Sagma*.

1. **SOMMELIER**, Officier de cour, qui est chargé de faire porter tout ce qui est à son usage. Gl. *Somarii*, sous *Sagma*.

2. **SOMMELIER**, SOMMELLIER, Nom de différents officiers chez le roi. Gl. *Somarii*, sous *Sagma*.

SOMMER, Faire la somme d'un compte. Gl. *Summare*, 5.

SOMMETIER, Celui qui conduit les bêtes de somme. Gl. *Somarii*, sous *Sagma*.

SOMMIER, Bête de somme, cheval. Gl. *Somarii*, sous *Sagma*.

SOMMIERE. JUSTICE SOMMIERE, Sommaire. Gl. *Summarietas*.

* **SOMONEOR**. Voyez *Semonnoir*.

* 1. **SON**, SOM, Selon. Partonop. v. 10579 :

L'aloete vole en cantant
Son sa nature Deu loant.

Chron. des ducs de Norm. tom. III, pag. 2, vers 31819 :

Qui puis firent son lor pocir.

Pag. 44, vers 33945, tom. I, pag. 26, vers 671, etc.

* 2. **SON**, Air, chant. Roman de Renart, tom. II, pag. 146, vers 13488 :

Et chantoient et spns et lais,
Et sonoient timbres et tabors.

Laborde, pag. 151 :

Et chantoit un son d'amors.

Pag. 181 :

Qu' ele m'aprent et les chans et les sons.

Voyez Wolf, *Uber die Lais*, pag. 4. Rayn. tom. V, pag. 263¹, au mot *Son*. — Chastel. de Couci, vers 2601 :

Quar adès ses chançons trouvoit
Selom ce que son cuer sentoit,
Dont fu de ceste telz li sons.

— Chansons Historiques, t. I, p. 177 :

Bien perdent honor et argent
Cant il ne font ne son ne coi.

SONAYS, p. e. Cureur de privés. Gl. *Soniare*.

SONE, p. e. L'action de curer un puits ou de le réparer. Gl. *Soniare*.

SONER, Payer, satisfaire à une dette. Gl. *Sonare*, 4.

SONGNANTAGE, SONGNENTAGE, SON-GNIANTAGE, Concubinage, commerce illicite avec une femme libre. Gl. *Sogneia*.

* **SONGNER**, Avoir de l'inquiétude, songer. Roman de Renart, tom. IV, pag. 93, vers 2574 :

> Sire, dist Renart, ne songniés.

Pag. 192, vers 1734 :

> N'en soigniés plus, sire, moult bien
> Venrons à cief de cest afaire.

SONGNIER, Aider, fournir. Gl. *Soniare*.

SONGNOLE, Une partie de l'épaule du corps humain. Gl. sous *Sonella*.

SONGNOLLE, Certain instrument ; p. e. une flèche, un trait d'arbalète. Gl. sous *Sonella*.

SONNAU, Sonnette. Gl. *Sonailla*.

1. **SONNER**, Parler, dire, déclarer. Gl. *Sonare*, 2.

2. **SONNER**, Équipoller, être de même valeur. Gl. *Sonare*, 2.

1. **SONNET**, Petit bruit, un pet. Gl. *Sonitus*.

* 2. **SONNET**, Chant. Laborde, pag. 215 ;

> Et dist, je me muir bele, en son sonet.

Voyez *Son*, 2. Rayn. tom. v, pag. 263¹, au mot *Sonet*.

SONNETTE DE FESTE, p. e. Tambour de basque. Gl. *Sonella*.

SONNEUR DE BESTES, Celui qui élève des animaux. Gl. *Soniare*.

SONREIS, Administrateur, économe. Gl. *Soniare*.

SONTISE, Biens propres, domaine. Gl. *Signoria*, 1.

SOPE, Échoppe, boutique, étau. Gl. *Sopa*, 1.

* **SOPEÇON**, Soupçon, inquiétude. Partonop. vers 333. Aubri pag. 154². *Soupeçon*, Flore et Blancefl. vers 1994. Gérard de Vienne, pag. 157². *Soupechon*, Roi Guillaume, pag. 160. Voyez *Soupessonneus* et *Souspeçonner*.

SOPIR, Arrêter, supprimer. Gl. *Sopitivus*.

SOPPER, Chopper, faire un faux pas. Gl. *Assopire*.

SOPPIR, Abolir, supprimer. Gl. *Sopitivus*.

* **SOPRIS**, SORPRIS, Vaincu, saisi. Voyez *Souprendre*.

1. **SOQUET**, Impôt sur le vin et autres denrées accordé en forme d'octroi. Gl. *Soquetum*, 1.

2. **SOQUET**, Sabot. Gl. *Soqua*.

1. **SOR**, Se dit d'un faucon qui n'a qu'un an et qui n'a point encore mué, qui est de couleur jaune et roussâtre. Gl. *Saurus*, 1. [Lai du Corn , vers 513 :

> Ele ont bien fest le cors
> E lés crins luners et sors.

Chron. des ducs de Norm. Voyez Rayn. tom. v, pag. 159², au mot *Saur*.]

* 2. **SOR**. Voyez *Sur*.

SORBITER, Engloutir, absorber. Gl. *Subitare*, 1.

* **SORCAUS**, Partonop. vers 5070 :

> Puis a estroit et bien cauciés
> Ses beles gambes et ses piés
> De cauces de saie bien ate
> Et de buens sorcaus d'escarlate
> Et d'unes hueses fors et dures.

SORCEMÉ, Gâté, taché de marques de pourriture. Gl. *Pessarius*.

SORCERIE, SORCHERIE, Sortilége, maléfice. Gl. *Sorceria*.

SORCERON, Breuvage fait par sortiléges. Gl. *Sorceria*.

SORCIL, Sourcil. Gl. *Superciliose*. [Partonop. vers 556, 4869. Enfants Haymon, vers 700 :

> Il roelle les yeulx, les sourcils va lever.

Aubri, pag. 176² :

> Les sourcieus a baissiés et relevez.

Voyez Rayn. tom. II, pag. 395¹, au mot *Sobrecill* et *Sobrecilha*.]

* **SORCUIDÉ**, Arrogant, présomptueux. Roman de la Rose, vers 8624. *Sorcuidance*, Arrogance, fierté, outrecuidance. Partonop. vers 4722, 7547. Voyez Rayn. tom. II, pag. 430², au mot *Sobrecuiar*.

* **SORDIRE**, Accuser, calomnier, maudire. Chron. des ducs de Norm. tom. III, pag. 34, note :

> Que cil qui preudomme sordist
> A tort.

Roman de Renart, tom. II, pag. 171, vers 14204 :

> Moult sui sordiz de plusors bestes.

Roman de Rou :

> Qui combatre l'a fait malement l'a sordit...
> Assez l'a manachié et assez l'a sordit.

Sourdire, G. Guiart, tom. II, pag. 176, vers 4539 (13525).

* **SORDOIS**, SORDEIS, SORDEOR, Pire. Partonop. vers 1023 :

> Se nus en boit entosche frois
> Suciés jà ne l'en ert sordois.

Vers 3844 :

> Mais miols ne l'en fu ne sordois.

Chronique des ducs de Norm. tom. I, pag. 143, vers 1765 :

> Mal lor en prist , sordeis estast
> Si nostre sire nos laisast

Pag. 600, vers 15078 :

> Le meuz donner, le sordeis prendre.

Tom. II, pag. 28, vers 16106 :

> Qui des dous jeus, s'il puet, le jor
> Li laissera le sordeior.

SORESTIN, p. e. Sureau. Gl. *Sambussus*.

* **SORFAIT**, Excès, arrogance. Partonop. vers 3656 :

> Tant sont irié de lor segnor
> Sorfait feront por soie amor.

Vers 3786. Chron. des ducs de Normandie. Voyez Rayn. tom. III, pag. 263¹, au mot *Sobrefait*.

SORFONDRE, Verser dessus. Gl. *Superfundere*, 2.

SORFRONGNER, Accuser, faire des reproches hautement. Gl. *Superdicere*.

SORGONS, Source, fontaine, ruisseau. Gl. *Sursa*, sous *Surgere*, 1.

SORIER, p. e. Folâtrer, badiner. Gl. *Sorcire*.

SORIR, Dessécher. Gl. *Sorrus*.

SORNER, Railler, se moquer. Gl. *Subsannare*.

SOROGE, Beau-frère. Gl. *Sororinus*, 1.

SORONDER, Abonder, regorger. Gl. *Superundare*. [Ruteb. tom. II, pag. 255 :

> La grant ardor ne la fumée
> Dont il est sorondez et plains.

Chron. des ducs de Normandie.]

SORORGE, Beau-frère. Gl. *Sororgius*.

SORPOIS, Les fruits de la terre, soit arbres, plantes, blés, etc. Gl. *Superficies*.

* **SORPORTER**, Emporter, entraîner. Partonop. vers 4833 :

> Bien l'a ses talens sorportée
> Quant à un garçon s'est coplée.

Voyez Rayn. tom. IV, pag. 609¹, au mot *Sobreportar*.

SORS, Sorcier, ou Bourreau. Gl. *Sortiarius*.

SORSAILLIR, Sauter par-dessus, contrevenir à une convention. Gl. *Supersalientes*.

* **SORSAMBLER**, Ressembler, Partonop. vers 331 :

> Tant sorsamble Hector et Paris.

1. **SORTIR**, Essayer, éprouver. Gl. *Sortiare*.

* 2. **SORTIR**, Échapper. Flore et Blancefl. vers 1019 :

> N'est sous ciel hom, s'il doit morir
> Et de la mort puisse sortir,
> Mix ne vausist estre mesel....
> Que mort avoir ne le trespas.

1. **SORTISSER**, Secouer, ébranler. Gl. *Sorcire*.

2. **SORTISSER**, Prédire, deviner. Gl. *Sortissare*.

* **SORTE**. G. Guiart, tom. II, pag. 126, vers 3237 (12217) :

> Queurent li piéton à granz sortes
> Assaillir les murs et les portes.

Pag. 135, vers 3478 (12459) :

> Et assaillent à si granz sortes
> Qu'il rompent huis et brisent portes.

* **SORTRAIRE**, Voy. *Surtraire*.

1. **SOS**, Solde, frais, dépens. Gl. *Servitium socii*.

2. **SOS**, Solde, paye d'un homme de guerre. Gl. *Soldada*, sous *Solidata*.

SOSCAINGLE, Sous-sangle de cheval. Gl. *Subcingulum*.

* **SOSCREINDRE**, Craindre, soupçonner. Partonop. vers 3535 :

> De nul engien nel soscremoie.

Vers 1611 :

> Mais tant est noirs qu'il le soscrient.

SOSPIRAL, Soupirail, tuyau d'une cheminée. Gl. *Spiraculum*.

* **SOSPIROUS**, Langoureux. Agolant, vers 845 :

> Bien fet de cors estoit et amorous
> De la roine au regart sospirous.

Voyez Rayn. tom. III, pag. 178¹, au mot *Sospiros*.

SOSSON, Compagnon, camarade, ami. Gl. *Sodes*.

SOSTE, Massue, bâton à grosse tête. Gl. sous *Solta*, 2.

1. **SOT**, Le même. Gl. *Sotus*, 2.

2. **SOT**. JEU DES SOTS, Espèce de joûte. Gl. *Jocus*.

SOTE, Massue, bâton à grosse tête. Gl. sous *Solta*, 2.

SOTELETTE, Simple, crédule. Gl. *Sottus.*

* **SOTEREL**, Ruteb. tom. II, pag. 238 :

> Là vi un souc de soteriaus
> Qui juoient aus tumberiaus.

Pag. 239 :

> Vanitez sont li soterel.

1. **SOTIE**, Société de jeunes gens, dont le chef se nommait *Prince des Sots.* Gl. sous *Princeps.*

2. **SOTIE**, Imbécilité, folie, extravagance. Gl. *Sottus.*

SOTIGE, Sorte de redevance. Gl. *Sonneia.*

SOTOUL, Rez-de-chaussée, le bas d'une maison. Gl. *Sotulum.*

SOTUART, Qui a une grosse tête et peu de sens. Gl. *Sotus*, 2.

SOU, Étable à pourceaux. Gl. *Sudis.*

1. **SOUAGE**, Aide, secours, soulagement. Gl. *Solatium*, 3.

2. **SOUAGE**, **SOUAIGE**, Forme, façon. Gl. sous *Sors*, 1.

* **SOUATUME**, **SUATUME**, Agrément, soulagement. Roi Guillaume, pag. 54 :

> Car cui Diex espire et alume
> Del cuer li samble souatume.

Chron. des ducs de Norm. tom. II, pag. 529, vers 30470 :

> N'aveit repos ne suatume.

Voyez Roquef.

SOUAVET, Doucement. Gl. *Suaviter*, 1.

1. **SOUBITER**. FAIRE SOUBITER, Irriter, faire enrager. Gl. *Desubitare.*

2. **SOUBITER**, p. e. pour SORBITER, engloutir, absorber, Gl. *Subitare*, 1.

SOUBKEU, Sous-Cuisinier, aide de cuisine. Gl. sous *Serviens.*

SOUBOURNER, Inviter, engager, attirer à soi. Gl. *Subornare*, 2.

SOUBRAI, Sorte de filet ou d'instrument pour pêcher, et p. e. Gord. Gl. *Subricula.*

SOUBRIQUET, Geste de mépris, coup de la main sous le menton. Gl. sous *Barba*, 1.

SOUBSHOSTE, Manant, qui ne possède aucun héritage en propre. Gl. *Subhospes.*

SOUBSIER, Se soucier, avoir de l'inquiétude. Gl. *Sollicitatus.*

SOUBSLEVER, Enlever par violence, faire un rapt. Gl. *Sublevare.*

SOUBSMANANT, Habitant. Gl. *Submanentes*, sous *Manentes.*

SOUBSOMOSNIER, pour Sous-Aumônier. Gl. *Subeleemosynarius.*

SOUBZAAGÉ, **SOUBZAAGIÉ**, Mineur. Gl. *Subætas.*

SOUBZBRIQUET, Geste de mépris, coup de la main sous le menton. Gl. sous *Barba*, 1.

SOUBZDÉE, Solde, paye d'un homme de guerre. Gl. *Solidata*, Stipendium.

SOUBZDIC, Nom de dignité dans le Bourdelois. Gl. sous *Syndicus.*

SOUBZLEVER, Enlever par violence, faire un rapt. Gl. *Sublevare.*

SOUBZSAINTE, Espèce de large ceinture. Gl. *Subcinctorium.*

SOUBZTOITEUR, Celui qui loge et donne retraite à quelqu'un dans sa maison. Gl. *Tegorium.*

SOUBZTRAIRE, Séduire, engager adroitement. Gl. *Subtrahere.*

SOUBZTRAIT, Hôte, celui à qui l'on donne retraite dans sa maison. Gl. *Subtrahere.*

SOUCANIE, Vêtement de toile à l'usage des femmes. Gl. *Soscania.* [Partonop. vers 8015 :

> Ore usent unes soschanies
> Amples desos, par pans fornies.]

SOUCHAGE, Droit des sergents forestiers sur chaque arbre donné à quelqu'un. Gl. *Socagium*, 2.

SOUCHE, Souci, chagrin, inquiétude. Gl. *Sochire.*

* **SOUCHIER**, Avoir des soupçons. Roman de Renart, tom. I, pag. 11, vers 291 :

> Ne le sevent sor qui souchier.

SOUCICLE, Souci, plante. Gl. *Solsequium*, 2.

SOUCLAVE, Fausse-clef. Gl. *Subclavarius.*

SOUCRETAIN, Sacristain ; d'où *Soucretainerie*, Sacristie. Gl. *Secrestanus.*

SOUDAN, Nom de dignité dans le Bordelais. Gl. sous *Syndicus.*

SOUDÉE, Solde, paye d'un homme de guerre. Gl. *Soldada*, sous *Solidata.*

SOUDÉE DE TERRE, Fonds qui rend un sol de rente. Gl. *Solidata terræ.*

SOUDENIER, Soldat, homme de guerre, qui est à la solde de quelqu'un. Gl. *Souderarius*, sous *Solidata.*

SOUDIC, **SOUDICH**, Nom de dignité dans le Bordelais. Gl. sous *Syndicus.*

SOUDOIER, Soldat qui est à la solde de quelqu'un. Gl. *Solidarii*, sous *Solidata.*

* **SOUDOIIERE**, **SOUDEIERE**. Voyez *Sodoier.*

1. **SOUDRE**, pour Soûde, sorte de plante. Gl. *Sodanum.*

* 2. **SOUDRE**, Livrer, délivrer, acquitter. Chron. des ducs de Norm. tom. I, pag. 454, vers 10781 :

> Li fist aveirs mult aporter...
> Soudre l'en voleit mult e rendre.

Tom. III, pag. 168, vers 36556 :

> Qu'il le li quit e soille e rende

Roi Guillaume, pag. 134 :

> Que nus vaillant un pois li toille
> Que li sires tout ne li soille.

Voyez Orell, pag. 268. Rayn. tom. v, pag. 254¹, au mot *Solvre.*

1. **SOUE**, Solde, paye d'un homme de guerre. Gl. *Soldada*, sous *Solidata.*

2. **SOUE**, Aide, secours, soulagement. Gl. *Solatium*, 3.

* **SOVENIERS**, Qui se souvient, qui pense à. Partonop. vers 303 :

> De grans biens faire soveniers
> Et sages et buens cevaliers.

SOVERAIN, Souverain, supérieur. Gl. *Supranus.*

* **SOUFACHIER**, Soulever, soupeser. Roman de Renart, tom. I, pag. 26, vers 705 :

> Vint à Hersent, si la soufache.

Pag. 33, vers 881 :

> Les paniers a bien soufaichiez.

Tom. III, pag. 121, vers 23088 :

> Et il les a moult soufachiez.

Tom. I, pag. 45, vers 1169 :

> Cil se commence à soufachier.

Variante, tom. v, pag. 63 :

> Ysengrins le veult souzfaichier.

SOUFFÉE, Botte de lin. Gl. *Suffaciatus.*

SOUFFERE. A SOUFFERE, A volonté. Gl. *Sufficiens.*

SOUFFERTE, Dépendance, soumission. Gl. *Sufferta*, 1.

SOUFFIRE, Contenter, satisfaire, plaire. Gl. *Sufficiens.* [Flore et Blancfl. vers 1684 :

> Quant del mangier sont soffissant
> Adont fait aporter le fruit.]

SOUFFIS, SOUFFISANT, Sujet, vassal. Gl. *Sufferta*, 1.

SOUFFLACE, Soufflet bien appliqué. Gl. *Sufflatorium.*

1. **SOUFFLET**, pour Sifflet, l'action de siffler. Gl. *Suffletus.*

2. **SOUFFLET**. METTRE SA TESTE EN UN SOUFFLET, Se dit d'un sot qui en parlant beaucoup ne rend que du vent. Gl. *Sufflatorium.*

SOUFFLETIER, Faiseur de soufflets. Gl. *Sufflatorium.*

SOUFFLEUR, Officier de cuisine chez le roi. Gl. *Sufflator.*

SOUFFRAITE, Disette, indigence. Gl. *Soffrata* et *Sufferta*, 1.

SOUFFRANCE, Patience, tolérance. Gl. *Sufferentia*, 1. [Voyez *Sofrance*, Rayn. t. v, pag. 286¹, au mot *Sufrensa.*]

SOUFFRETÉ, Disette, pauvreté. Gl. *Sufferta*, 1. [Laborde, pag. 159. Roi Guillaume, pag. 51, 56. Voyez Rayn. tom. v, pag. 286², au mot *Sufracha.*]

SOUFFRIR. SE SOUFFRIR, Se contenir, se modérer. Gl. *Sufferentia*, 1. [Voyez *Sofrir.*]

SOUFLACE, Soufflet bien appliqué. Gl. *Sufflatorium.*

* **SOUFLEUR** Chastel. de Couci, v. 29 :

> Et dient en moquois souvent
> Qu'il sont soufleur contre le vent.

SOUFRAITE, SOUFRETE, Disette, nécessité, indigence, besoin. Gl. *Soffrata.*

* **SOUFRANS**, Endurci, robuste. Partonop. vers 2761 :

> Bon cevaliers est et provés
> Soufrans et fors et adurés.

SOUGIE, Inférieur ; il se dit d'une juridiction subalterne. Gl. *Subdictus.*

SOUGITER, Soumettre, subjuguer. Gl. *Subjectare.*

* **SOUGLACIER**, Trembler ? Fabliaux, Jubinal, tom. II, pag. 24 :

> Il n'est nus qui vous voit ces jambes souglacier,
> Qui puis vous achatast.

Voyez Rayn. tom. III, pag. 474¹, au mot *Sobreglatz.*

* **SOUGLAGER**, G. Guiart, tom. I, p. 141, vers 3129 :

> De la grant richèce qu'il treuvent
> Se charchent tuit, ainz qu'il se meuvent...
> Çà et là la vont souglagent.

* **SOUGLOTER**, Sangloter. Partonop. vers 7246 :

> Nel puet nomer et ne porquant
> Balbié l'a en souglotant.

SOUGNANT, Concubine. Gl. sous *Sogneia.*

1. **SOUGNIE**, Droit seigneurial, service qu'un vassal doit à son seigneur, et le ra-

chat en argent de ce service. Gl. *Sogneia.*

2. **SOUGNIE**, Le droit de loger et de manger chez son vassal, ou ce qu'on paye pour ce droit; toute espèce de redevance. Gl. *Sonneia.*

SOUGNIER, Donner, fournir, livrer. Gl. *Soniare.*

SOUGRETAIN, Sacristain. Gl. *Secrestanus.*

SOUHAIDIER, Souhaiter, désirer. Gl. *Pipa*, 2. [Ruteb. tom. II, pag. 240, 249.]

SOUHAUCIER, Accroître, augmenter. Gl. *Superaugmentare.* [Élever. Garin le Loher. tom. I, pag. 36 :

Maintes banieres soubaucier et lever.]

* **SOVIN.** Voyez *Souvin.*

SOUJOURNER, Faire son séjour, habiter. Gl. *Subjurnare.*

SOULAGIER, Se divertir, se récréer. Gl. *Solatiari.*

1. **SOULAS**, Bande, compagnie. Gl. *Solatiari.*

2. **SOULAS**, Pièce de monnaie des évêques de Cambrai. Gl. *Solarus.*

SOULASSER, **SOULASSIER**, Se divertir, s'amuser, badiner. Gl. *Solatiari.*

SOULAZ, Aide, celui qui soulage un autre dans son office. Gl. *Solagiámentum.*

SOULDE, Ce qu'on donne en retour dans les échanges. Gl. *Solta*, 2.

1. **SOULDÉE**, Valeur et équivalent d'un sol ou douze deniers. Gl. *Solidata.*

2. **SOULDÉE**, Solde, paye d'un homme de guerre. Gl. *Soldada*, sous *Solidata.*

1. **SOULE**, Espèce de cellier. Gl. *Sola*, 5.

2. **SOULE**, d'où **SOULER**, Jouer à la balle, à la boule, ou au ballon. Gl. *Soula.*

SOULEGE, Allége. Gl. *Alegium.*

SOULIER, Etage de maison, chambre haute. Gl. *Sotulum.*

SOULIERS A TROIS NOYAUX, etc. Gl. *Subtalares.*

SOULIN, Solive, poutre. Gl. *Sola*, 6.

SOULINE, Certain vaisseau d'une capacité réglée, dont on se sert dans les vendanges. Gl. *Semalis.*

SOULLARDAILLE, Terme de mépris, canaille; de *Soullart*, Homme de néant. Gl. *Soliardus.*

SOULLART, Souillon, valet de cuisine. Gl. *Soliardus.*

SOULLE; d'où **SOULLER**, Jouer à la balle, à la boule, ou au ballon. Gl. *Soula.*

SOULLÉ, Soulier, Gl. *Subtalares.*

SOULPTE. **AVOIR SOULPTE**, Être frappé de quelque chose, en être effrayé. Gl. *Subitare*, 1.

1. **SOULTE**, Ce qu'on donne en retour dans les échanges. Gl. *Solta*, 2.

2. **SOULTE**, Massue, bâton à grosse tête. Gl. *Solta*, 2.

SOULU. **MARIAGE SOULU**, Qui est rompu, qui est dissous par mort ou autrement. Gl. *Solutus*, 1.

SOUMER, Bête de somme, cheval; d'où *Soumatier*, Celui qui en a soin. Gl. *Somarii*, sous *Sagma.*

* **SOUMIS**, Garin le Loher. tom. I, p. 108 :

En plaine terre l'a abatu soumis.

Souvins?

* **SOUMOUNER**, Flore et Jeanne, pag. 22 :

Tant li dist la vielle de teus parolles ke l'aiguillons de nature soumounoit aukes.

SOUPE. **MENGEUR DE SOUPES**, Terme de mépris. Gl. *Sopa*, 3.

SOUPE CROTÉE, Espèce de potage ou de ragoût. Gl. *Crotatus.*

SOUPE DORÉE, p. e. Espèce de gâteau. Gl. *Sopa*, 3.

SOUPE EN EAUE GRASSE, Brouet. Gl. *Adipata.*

SOUPE DE PRIME, Déjeûner avec du vin. Gl. *Sopa*, 3.

SOUPELLETIER, pour **SOUPLETIER.** Gl. *Suppletarius.*

* **SOUPELIS**; Partonop. vers 8017 :

Et vestent ces les soupelis.

Voyez *Surpellis.*

SOUPER, Chopper, faire un faux pas. Gl. *Assopire.*

* **SOUPESER**, Soulever, porter. G. Guiart, tom. II, pag. 45, vers 1143; pag. 75, vers 1915; pag. 302, vers 7833. *Se soupeser*, pag. 257, vers 6665 (10109, 10891, 16814, 15657).

SOUPESSONNEUS, Suspect, accusé. Gl. *Suspiciosus.* [Voyez *Sopeçon.*]

SOUPLETIER, Celui qui supplée à l'office d'un autre. Gl. *Suppletarius.*

1. **SOUPLOIER**, Souplesse, complaisance, soumission. Gl. *Mitificare.*

* 2. **SOUPLOIER**, Se plier, céder à la volonté de quelqu'un. Agolant, pag. 151² :

Quant Rollans ot Karlon si souploier.

Voyez Rayn. tom. IV, pag. 568², au mot *Supplicar*, ci-dessous *Suplier.*

SOUPPLIR, Suppléer. Gl. *Aagiatus.*

* **SOUPRENDRE**, Soumettre, surpasser, vaincre, tromper. Fabliaux, Jubinal, tom. I, pag. 128 :

Que par leur avoir veulent tous leurs amis sou- [prendre.

Partonop. vers 560 :

Les iols a gros, vairs et rians,
Bien envoisiés et souprendans.

Lai du Corn, vers 335 :

Par petit d'encheisoun
Me ad soupris à baundoun.

Partonop. vers 1368, 1772, 4014 :

Bien soutils hom seroit sopris
En tel liu et de tel pucele.

Laborde, pag. 228 :

Loïal amours, de vo mal que ferai?
Confortez-moi, je sui de vos sorpris.

Wackernagel, pag. 41 :

Ains que je fuisse sopris de ceste amor.

Chronique des ducs de Normandie, tom. II, pag. 37, vers 16384 :

De pöur a le quor sopris.

Saupris. Aucassin et Nicolete, Fabliaux, tom. I, pag. 381 : *Il estoit saupris d'amor.* Voyez Rayn. tom. IV, pag. 635², aux mots *Sorprendre* et *Sobreprendre.*

SOUPRESURE, Surprise, tromperie. Gl. *Souspressura.*

SOUPTIU, Ingénieux, qui a beaucoup d'industrie, adroit. Gl. *Subtiliare.* 2.

SOUQUET, Impôt sur le vin et autres denrées, accordé en forme d'octroi. Gl. *Soquetum*, 1.

SOURAIN, Souverain, supérieur. Gl. *Supranus.*

SOURBÉE, Gerbe, ou tas des fruits de la moisson. Gl. *Gagnagium*, 1.

SOURCERIE, Sortilége, maléfice. Gl. *Sorceria.*

SOURCHAIN, Espèce de large ceinture. Gl. *Subcinctorium.*

SOURCLAVE, Fausse-clef. Gl. *Subclavarius.*

SOURDITTE, Femme débauchée, concubine. Gl. *Subtrahere.*

SOURDOIS, Qui parle à l'oreille pour ne point être entendu des autres. Gl. *Surdare.*

1. **SOURDRE**, Lever, soulever. Gl. *Surgere*, 2.

* 2. **SOURDRE**, Se lever, venir, arriver, naître. Gl. Guiart, tom. II, pag. 196, vers 5070 (14058):

Flamens et Alemanz leur sourdent.

Partonop. vers 468 :

Et sorst plentés de bons vasals.

G. Guiart, tom. II, pag. 244, vers 6321 (15301) :

Auquel du fait l'oneur est sourse.

Tom. I, pag. 217, vers 5171; pag. 279, vers 6787. Voyez le Gloss. sur la Chron. des ducs de Norm. aux mots *Sors*, *Sorst* et *Surst*, Orell, pag. 265. Rayn. tom. v, pag. 268², au mot *Sorger.*

SOURE, Troupeau de porcs. Gl. *Surex.*

SOURGETER, **SOURGIETER**, Donner retraite à quelqu'un dans sa maison, lui fournir tout ce dont il a besoin. Gl. sous *Surgere*, 2.

SOURHAUCHER, Accroître, augmenter. Gl. *Superaugmentare.*

1. **SOURIZ**, Mollet, le gras de la jambe. Gl. *Sorilegus.*

2. **SOURIZ.** **BRUSLER LES SOURIZ**, Mettre le feu à une maison. Gl. *Sorilegus.*

SOURMONTANT, Ce qui est au-dessus, l'excédant. Gl. *Superexcrementum.*

SOURNETE, Jeu, badinerie, tour plaisant. Gl. *Subsannare.*

SOUROLLE, Espèce de lampe. Gl. *Suriscula.*

SOUROSTE, Manant, qui ne possède aucun héritage en propre. Gl. *Subhospes.*

SOURPELIS, Surplis, habit d'église. Gl. *Supera*, 2.

SOURRONDE, La partie du toit qui avance sur le mur, auvent. Gl. *Superundare.*

SOURSAILLÉ, Soucieux, chagrin, qui fronce les sourcils. Gl. *Inrisus.*

SOURSEMÉ, Sursemé. *Char soursemée*, Qui a des taches de pourriture. Gl. *Suscematæ carnes.*

1. **SOUS**, Solde, paye d'un homme de guerre. Gl. sous *Solidata.*

2. **SOUS**, Qui est payé, à qui il n'est rien dû. Gl. *Solus*, 2.

SOUSAGÉ, **SOUSAGIÉ**, Mineur. Gl. *Subannis.*

SOUSCELER, Cacher sous, couvrir. Gl. *Subcellatus.*

* **SOUSIR**, Chron. des ducs de Norm. tom. II, pag. 330, vers 25143 :

Un cri jeta et un teu brait
Cum si trestot déust sousir.

SOUSPEÇON, Soupçon. Gl. *Sonare*, 3.

SOUSPEÇONNER, **SOUSPECTIONER**, Soupçonner. Gl. *Suspectus*, 1, et *Suspicare.* Voyez *Sopeçon.*

SOUSPETE, Soupçon. Gl. *Suspectus*, 1.

SOUSPRESURE, Surprise, tromperie. Gl. *Souspressura*.

SOUSQUENIE, Vêtement de toile à l'usage des femmes. Gl. *Soscania*.

SOUSSALOUS, Successeur. Gl. *Successorie*.

* **SOUSSELE**, Housse, chabraque, Flore et Blancefl. vers 1179 :

La soussele ert d'un paile cier.

Voyez Rayn. tom. v, pag. 187², au mot *Soizsella*.

SOUSSIER, Être soucieux, se donner bien des soins. Gl. *Montare*, 3. [G. Guiart, tom. I, pag. 205, vers 4877 :

Soufert ot dure penitance
Par soussier et par remetre.

Tom. II, pag. 308, vers 7998 (16978) :

Defendent si les deus entrées
Sanz trop sousier ne remetre.

* **SOUSSIS**, Chron. des ducs de Norm. tom. III, pag. 153 :

Tant c'um leu avoit eu païs
Soz uns rochers, en un soussis.

SOUSTE, Massue, bâton à grosse tête. Gl. sous *Solta*, 2.

SOUSTECTIER, Mettre à couvert sous un toit, loger. Gl. *Tegorium*.

SOUSTENAGE, Entretien. Gl. *Sustinentia*, 2.

SOUSTENAL, Soutien, appui. Gl. *Apodiamentum*.

1. **SOUSTENANCE**, Entretien. Gl. *Sustinentia*, 2.

2. **SOUSTENANCE**, SOUSTENANCHE, Subsistance, ce qui est nécessaire pour le soutien de la vie. Gl. *Substantia*, 1, et *Sustentativum*.

SOUSTENEMENT, Entretien. Gl. *Pavagium*, 2.

SOUSTENTEUR, Celui qui soutient et favorise un parti. Gl. *Sustentatio*, 2.

SOUSTENU, Entretien. Gl. *Sustinentia*, 2.

SOUSTENUE, Subside, aide. Gl. *Subsidium*.

SOUSTERRER, Enterrer, mettre sous terre. Gl. *Subterrare*.

SOUSTILLIER, Imaginer, s'efforcer, s'étudier. Gl. *Subtiliare*, 2. [Se soutiller, S'ingénier, chercher quelque moyen. Chastel. de Couci, vers 6283 :

Soutille soi de trouver tour.

G. Guiart. tom. I, pag. 134, vers 2941 :

De lui marier se soutille.

Voyez Rayn. tom. v, pag. 284¹, au mot *Subtiliar*.]

SOUSTIVETÉ, Subtilité, détour. Gl. *Subtilitas*, sous *Subtiliare*, 2.

SOUSTOITER, SOUSTOITIER, Loger, retirer chez soi, cacher dans sa maison. Gl. *Tegorium*.

SOUSTRE, Litière. Gl. *Sostrale*.

1. **SOUTAIN**, p. e. Soutiré, vin tiré au clair. Gl. *Subtrahere*.

* 2. **SOUTAIN**, Secret, caché. Belle Beatris, Wackern. pag. 4 :

Ugnes tressaut lou mur, trouve dans un leu soutain
S'amie Beatris, se la prent par la main.

SOUTE, Massue, bâton à grosse tête. Gl. sous *Solta*, 2.

---

* 2. **SOUTE**, Partonop. vers 5258 :

Et il ne lor respont noient.
De lor saluz ne de lor soute.

Chron. des ducs de Norm. tom. II, pag. 331, vers 25188 :

Dunc vait munter, si tient sa veie,
Ne n'a soute, ne ne s'effreie.

Var. *soudiers*. Pour *suite?*

SOUTECTE, Toit, couverture de maison. Gl. *Tegorium*.

SOUTE-MOLOIRE, Espèce de massue, bâton à grosse tête. Gl. sous *Solta*, 2.

SOUTENANCE, Subsistance, ce qui est nécessaire pour le soutien de la vie. Gl. *Apanamentum*.

SOUTIEVESMENT, Subtilement, finement. Gl. *Subtilitas*, 1.

SOUTIEVETÉ, Subtilité, finesse. Gl. *Subtilitas*, 1.

SOUTIF, Subtil, fin, délicat. Gl. *Subtilis*.

SOUTIFFART, Secrètement, sous main, en cachette. Gl. *Subtilitas*, sous *Subtiliare*, 2.

1. **SOUTIL**, Retiré, écarté, secret. Gl. *Subtulum*.

2. **SOUTIL**, Subtil, fin, délicat. Gl. *Subtilis*. [Soutieu, Ruteb. tom. II, pag. 254. Chron. des ducs de Norm.

* **SOUTILLER** (SE). Voyez *Soustillier*.

SOUTIMENT, Ingénieusement, adroitement, avec art. Gl. *Subtiliare*, 2. [Sotilment, Flore et Jeanne, pag. 13. Orell, pag. 292.]

* **SOUTIF**, SOUTIS, Caché, célé, secret. Partonop. vers 56 :

Soutif aler, soutif venir,
Parfont penser et.lonc sospir.

Vers 7383 :

Puis l'en ont mené tot ensi
Célément et à seri
Trosqu'en une cambre soutive.

Chron. des ducs de Normandie. — Partonop. vers 6267 :

Partonopeus n'est pas soutis
Qui a Urrake et Persevis
Qui li dient deduis et gas.

SOUTIVE Pratique, Secrète menée. Gl. *Subtilitas*, sous *Subtiliare*, 2.

* **SOUTIVEMENT**, Doucement, à voix basse, en silence. Partonop. vers 51 :

Soef flahute et seri
Soutivement et coi sains cri.

Vers 6920 :

Parmi un gardin sont venues
Soutivement les deux pucçles.

Vers 4233 :

A poi boivre et à poi mangier
Et à soutivement vellier.

SOUTIVETÉ, Subtilité, finesse. Gl. *Subtilitas*, sous *Subtiliare*, 2.

SOUTOUL, Rez-de-chaussée, le bas d'une maison. Gl. *Sotulum*.

SOUTRERE, Transporter des tonneaux de vin du cellier à la cave et de la cave au cellier. Gl. *Subtrahere*.

SOUVAUDRER, Remuer le feu, l'attiser. Gl. *Subvectare*.

SOUVER, Souffler, inspirer. Gl. *Sufflare*, 2.

SOUVERAIN, Supérieur général d'un ordre, même celui d'une maison religieuse, Président. Gl. *Supranus*.

SOUVERAINNITÉ, Souveraineté, juridiction supérieure. Gl. *Supranus*.

SOUVIN, Couché sur le dos. Gl. *Supes*. [Roman de Roncevaux, pag. 49 :

Soissante mille en gisent mort souvin.

Partonop. vers 7001 :

Atant se pasme et ciet sovine.

Chron. des ducs de Norm. — *Souviner*, Renverser. Laborde, pag. 152 :

Par les flans la pris
Sor l'herbe la souvinai.]

SOUVRAIN, Supérieur général d'un ordre, même celui d'une maison religieuse. Gl. *Supranus*.

SOUZAAGIÉ, Mineur. Gl. *Subœtas*.

SOUZJUGERIE, Charge et office d'un juge subalterne. Gl. *Subjustitiare*.

SOUZOEIN, Qui est élevé au-dessus, supérieur. Gl. *Solarium*, 1.

SOYÉE, Cheville de fer; d'où le diminutif *Soyette*. Gl. *Sayus*.

SOYESTÉ, Société. Il se dit des terres dont les fruits se partagent entre le propriétaire et le fermier. Gl. *Soistura*.

SOYSSES, Suisses. Gl. *Soyssi*.

SOZAIN, Qui est élevé au-dessus, supérieur. Gl. *Solarium*, 1.

SPARALLON, Sorte de poisson de mer. Gl. *Spargus*.

SPARDILLE, Soulier de corde à l'usage des Miquelets. Gl. *Spartea*.

SPÉ, C'est le nom qu'on donne au premier enfant de chœur de l'église de Paris. Gl. *Speces*.

SPEC, Inspecteur. Gl. *Speces*.

1. **SPECIER**, Mettre en pièces. Gl. *Pecia*.

2. **SPECIER**, Épicier. Gl. *Speciator*, sous *Species*, 6.

SPECTABLE, Illustre, titre d'honneur. Gl. *Spectabilis*.

* **SPEDE**, Épée. Sainte Eulalie, vers 22. *Spée*, Livres des Rois.

SPERE, Sphère, machine ronde. Gl. *Spera*, 1.

* **SPIAUTRE**, Epeautre. Enfants Haymon, vers 363 :

Ne spiautre ne forment, de quoi le pain fait on.

SPONGE, Volontaire, libre, de bon gré. Gl. *Expontaneus*.

1. **SPORTULE**, Droit de relief dû au seigneur de fief à chaque mutation. Gl. *Sporta*, 2.

2. **SPORTULE**, Présent qu'on faisait aux juges, épices. Gl. *Sportula*, sous *Sporta*, 2.

SPOURE, Éperon. Gl. *Spourones*.

SPRINGALLE, Espringale, instrument de guerre, qui servait à jeter des pierres. Gl. *Muschetta*.

SPURIEN, Méprisable. Gl. *Emphyteosis*.

SQUNILZEWIN, Sorte de vaisseau à la Rochelle. Gl. *Squnilzewinum*.

STABLEMENT, Établissement, maison. Gl. *Impergrie*.

STAFIER, Étrier. Gl. *Staffa*, 2.

STAICHE, Pieu. Gl. *Staca*, 2.

STAKETTE, Vis, tout ce qui sert à attacher. Gl. *Stacha*.

STALAIGE, Étalage, le droit qu'on paye pour la place où l'on étale. Gl. *Stallagium*, 3.

STALAIZE, Sorte de cens ou redevance; p. e. Le droit d'étalage. Gl. *Stallagium*, 3.

STAMPE, p. e. Trou, l'action de percer, de faire un trou. Gl. *Stampus.*

STANCHE, Écluse, chaussée soutenue par des pieux. Gl. *Stancarium.*

STANDART, Étendart. Gl. *Standardum*, 1.

STER EN DROIT, Comparaître devant un juge. Gl. sous *Stare*, 1. [Voyez Orell, pag. 93.]

STERSHOMME, Séditieux, perturbateur. Gl. *Motivus*, 2.

STEU, en Languedoc, Souche, tronc d'arbre. Gl. *Stoc.*

STICHER, p. e. Battre avec un bâton. Gl. *Sticcare.*

STIER, Septier, mesure. Gl. sous *Stara* et *Stera*, 2.

STIPAL, Ce qui appartient à la souche. *Biens Stipaux*, Ceux qui viennent du grand-père ou de la grand'mère. Gl. *Stipalia bona.*

STIPENDE, Ce qu'on donne à quelqu'un pour son entretien. Gl. *Stipendium*, 1.

STIPENDIER, Qui est aux gages ou à la solde d'un autre. Gl. *Stipendiarius*, 1.

STIPES, Droit de la chambre des comptes sur chaque bail à ferme, ou vente du domaine muable. Gl. *Stilus*, 2.

STIVELÉ, Sorte de chaussure, bottine. Gl. *Stivale.*

STOFFÉEMENT, Se dit de quelqu'un qui est bien accompagné d'hommes et d'équipages. Gl. *Stuffare.*

STOFFEY, Qui est bien garni, à qui rien ne manque. Gl. *Stuffare.*

STOKAIGE, Droit seigneurial sur les maisons. Gl. *Stocagium.*

STOPEIR, Fermer, boucher. Gl. *Stupare.*

STORDOIER, STORDOIR, Moulin à huile. Gl. sous *Stordatus.*

STRADIOT, Sorte de milice. Gl. sous *Strategus* et *Stratiotæ.*

STRÉE, Mesure de terre, la seizième partie d'un arpent. Gl. *Sestra.*

STRELAGE, Droit de mesurage des blés. Gl. *Strelagium*, sous *Sextariaticum.*

STREPITE, Formalités de justice. Gl. *Strepitus.*

STRETE, Embarras, obstacle, difficulté. Gl. *Stretta.*

STREUB, Étrier pour monter à cheval. Gl. *Streva*, sous *Strepa.*

STRICHER, Râcler, ôter d'une mesure de blé ce qu'il y a de trop. Gl. *Stricturator.*

STRIPIT, pour STREPITE, Formalités de justice. Gl. *Strepitus.*

STUPRE, Concubinage, débauche. Gl. *Strupum.*

STURGEON, Esturgeon. Gl. sous *Sturgio.*

SUBBOIS, Bois taillis. Gl. *Subboscus.*

SUBELINE, Marte zibeline. Gl. *Sabelum.*

SUBESTABLIR, pour SOUS-ÉTABLIR, Se dit d'un procureur qui en constitue un autre. Gl. *Stabilire*, 2.

SUBHASTER, Mettre et vendre à l'encan. Gl. *Subhastare.* [Voyez Rayn. tom. 11, pag. 137¹, au mot *Subastar.*]

SUBHAUTON, Les secondes criblures. Gl. *Subhauto.*

SUBJECTION. DROIT DE SUBJECTION, Celui qu'a un seigneur de faire porter ses lettres par ses sujets. Gl. *Summagium*, sous *Sagma.*

SUBLER, Siffler. Gl. *Sibulare.*

SUBRECAP, Couvercle. Gl. *Subrecap.*

SUBREDAURADE, Grande dorade, poisson. Gl. *Aurata.*

SUBTIF, Ingénieux, plein d'industrie, adroit. Gl. *Subtiliare*, 2.

SUBTILIER, SUBTILLER, Imaginer, inventer, s'étudier. Gl. *Subtiliare*, 2.

SUBTILLATZ, p. e. Jeune tilleul. Gl. *Tilliolus.*

SUBVAINCRE, Vaincre, surmonter. Gl. sous *Subvincta.*

SUBURBE, Faubourg d'une ville. Gl. *Suburbium.*

SUC, Le sommet d'une montagne. Gl. *Succus.*

SUCHIER, Rendre doux comme sucre, sucrer. Gl. *Sucarium.*

SUCRION, Espèce d'orge, escourgeon. Gl. *Soucrio* et *Sucrio.*

SUEC, Le soc de la charrue. Gl. *Soccus*, 2.

SUEL, L'aire d'une grange, place publique. Gl. *Suellium.*

*** SUEL**, J'ai habitude. Wackernagel, pag. 19 :

> D'amors dont doloir me suel.

Pag. 24 :

> Plux l'ain ke je ne suel.

Laborde, pag. 274 :

> Car j'aim plus que je ne suille.

Voyez Rayn. tom. v, pag. 253², au mot *Soler.*

1. **SUER**, Payer chèrement une sottise. Gl. *Suare.*

2. **SUER**, SUERE, Cordonnier. Gl. *Sueor.*

SUERFAIS, La coupe d'un taillis, le taillis même. Gl. *Superpositum*, 1.

SUERPLUS, Surplus, excédant. Gl. *Superplus.*

SUERRERIE, Boutique de tailleur ou de couturier. Gl. *Sutrium.*

SUEUR, Cordonnier. Gl. *Sueor.*

1. **SUFFRAGANT**, Coadjuteur d'un évêque dans ses fonctions épiscopales. Gl. *Suffraganei.*

2. **SUFFRAGANT**, L'équivalent. Gl. *Suffragium*, 1.

SUFFRANCE, Suspension d'armes, trêve. Gl. *Sufferentia*, 3.

SUFFRIR. SE SUFFRIR, Se contenir, s'abstenir de poursuivre en justice une action commencée. Gl. *Sufferentia*, 1. [Partonop. vers 3553 :

> Et se ço vos suefre vostre ire.

Voyez Rayn. tom. v, pag. 285², au mot *Suffrir.*]

1. **SUIANCE**, Se dit d'un vêtement dont les ornements sont d'une étoffe de la même espèce. Gl. *Secta*, 5.

2. **SUIANCE**, Sorte de redevance. Gl. *Suiancia.*

SUICHERIE, p. e. Le lieu du marché où se vendent les ouvrages des *sueurs* ou cordonniers. Gl. *Sueor.*

SUIR, Suivre, poursuivre. Gl. *Sequi.*

SUIT, L'obligation de suivre les plaids de son seigneur. Gl. sous *Secta*, 3.

1. **SUITE**. DROIT DE SUITE, par lequel un seigneur suit son serf et peut le réclamer. Gl. sous *Secta*, 4.

2. **SUITE**. FAIRE SUITE, Poursuivre en justice. Gl. *Secta*, 4.

3. **SUITE**. PRENDRE SUITE DE QUEL-

QU'UN, s'Attacher à lui, se mettre à sa suite. Gl. *Sequela*, 2.

SUIVANT, Poulain, veau, ou autre animal qui suit encore sa mère. Gl. *Sequela*, 7.

*** SULENZ**, Souillé? suant? Roman de Renart, tom. 111, pag. 99, vers 22469 :

> Et li pors s'en vet randonant
> Qui de corre fu toz sulenz.

SULIE, pour Surie et Syrie; d'où *Sulient*, pour Surien et Syrien. Gl. *Suria.*

SUMENOUR, Celui qui fait une semonce. Gl. *Submonitor*, sous *Submonere.*

SUMIAL, Grande mesure de vin. Gl. sous *Sumella.*

1. **SUMMATGE**, Service qu'un vassal doit à son seigneur avec ses bêtes de somme. Gl. *Summagium*, sous *Sagma.*

2. **SUMMATGE**, Équipage, bagage. Gl. *Summagium*, sous *Sagma.*

SUMPTUEUX, Dispendieux, qui coûte beaucoup. Gl. *Sumptuositas*, 2.

*** SUN**, Sommité. Agolant, vers 481 :

> Einz n'aresta jusque il vint en sun.

Voyez le Gloss. sur la Chron. des ducs de Norm. au mot *Som* et *Sum.*

SUNS. ESTRE SUNS, Être réputé coupable. Gl. *Sonare*, 2.

SUPERCEDER, Surseoir, suspendre. Gl. *Supercedere*, 2.

*** SUPLIER (SE)**, S'appliquer. G. Guiart, tom. 11, pag. 115, vers 2953 (11933) :

> Et les tourbes qui s'i suplient.

Voyez Souploier, 2.

SUPPEDITER, Mettre sous les pieds, vouloir dominer et être le maître. Gl. *Suppeditare.* [G. Guiart, tom. 1, pag. 331, vers 7634.]

*** SUPERIOR**. Agolant, pag. 184² :

> Rois estoit d'Inde la plus superior.

Voyez *Maire.*

*** SUPERLATIS**, Qui surpasse. Poëme d'Hugues Capet cité par Rayn. tom. 11, pag. 162², au mot *Superlatiu* :

> Et de tous combatans estez superlatis.

SUPPLICATION, Sorte d'oublie, gauffre. Gl. *Supplicatio.*

SUPPOISIER, Soupeser, examiner le poids de quelque chose. Gl. *Supponere*, 2.

SUPPORTER, Remettre une dette, en décharger. Gl. *Supportari.*

SUPPOSER, Terme obscène. Gl. *Supponere*, 2.

SUPPOSTE, Maladie de cheval. Gl. *Superposita.*

SUPS, Soudain, tout à coup. Gl. *Subitare*, 1.

SUQUE, Le sommet de la tête. Gl. *Succus.*

1. **SUR**, Contre, malgré, nonobstant. Gl. *Super*, 1. [Laborde, pag. 295 :

> Qu'il les m'estuet sus mon gré obéir.

Partonop. vers 6415 :

> Vos rit sor vostre vié el vis.

Voyez Rayn. t. v, pag. 241¹, au mot *Sobre.*]

2. **SUR**. VENIR SUR QUELQU'UN, pour Chez quelqu'un. Gl. *Super*, 1.

SURACASER, Donner en arrière-fief. Gl. *Subacasare.*

SURATTENDRE, Attendre. Gl. *Subexspectare.*

SURBEU, Qui a trop bu, qui est ivre. Gl. *Sorbillator.* [Orell, pag. 232.]

SUR-BOUT, Debout, sur les pieds. Gl. *Super*, 4.

SURCEINT, **Surceinte**, Espèce de ceinture fort large. Gl. *Succinctorium*.

SURCILLIERE, Sourcil, l'endroit où sont les sourcils. Gl. *Superciliose*.

SURCOT, Sorte de robe ou d'habit commun aux hommes et aux femmes. Gl. *Surcotium*. [Chastel. de Couci, vers 443, 726; Rayn. tom. ii, pag. 503², au mot *Sobrecot*.]

SURDITE, Femme débauchée, concubine. Gl. *Subtrahere*.

SURDUIRE, Séduire, débaucher une femme. Gl. *Subtrahere*.

SUREFAIT, Les fruits de la terre, soit arbres, plantes, blés, etc. Gl. *Superficies*.

SURESCHEUR, Mari qui est co-héritier avec les frères de sa femme. Gl. *Sororgius*.

SURFAIS, La coupe d'un taillis, le taillis même. Gl. *Superpositum*, 1.

SURGARDE, Le premier garde, le capitaine des garde-chasses. Gl. *Superguardare*.

SURGEON, Source, fontaine, ruisseau. Gl. *Sursa*, sous *Surgere*, 1.

SURGESEUR, Incube, qui couche dessus. Gl. *Incubi*.

SURGIEN, **Surgier**, Chirurgien. *Surgienne*, femme qui exerce la chirurgie. Gl. *Surgicus*.

SURGOIRE, Sorte de vase, p. e. Soucoupe. Gl. *Suriscula*.

SURGUET, Guet, garde de nuit. Gl. *Surta*.

* **SURKE**, Renart le Nouvel, tom. iv, pag. 190, vers 1671 :

> Car on dire eiut :
> Tout surke quanque de cat ist.

SURMARCHER, Dominer, être le maître. Gl. *Supergredi*.

1. **SURMENER**, Différer, ou refuser de rendre justice, de faire droit. Gl. *Superducere*.

2. **SURMENER**, Mal mener, maltraiter. Gl. *Superducere*.

SURMETTRE, Imposer, charger, accuser; d'où *Surmise*, Accusation. Gl. *Supramittere*.

SURMONTEEMENT, Impulsion, qui surmonte la répugnance qu'on a à faire quelque chose, ascendant. Gl. *Superatio*.

SUROGUER, pour Subroger. Gl. *Surrogare*.

SURORER, Surdorer, couvrir d'or. Gl. *Superaurare*.

SURPELIZ, Chemise. Gl. *Superpellicium*.

SURPELLIS, Le grand habit de chœur des religieuses Bénédictines. Gl. *Superpellicium*.

SURPLIER, Suppléer, augmenter, agrandir. Gl. *Superaugmentare*.

SURPLUSAGE, Surplus, excédant. Gl. *Superplus*.

SURPOIDS, Les fruits de la terre, soit arbres, plantes, blés, etc. Gl. *Superficies*.

SURPOST, La coupe d'un taillis, le taillis même. Gl. *Superpositum*, 1.

SURPRIEUX, Sous-prieur d'un monastère. Gl. *Supprior*, 1.

SURPRISE, Impôt extraordinaire. Gl. *Surprisia*.

SURQUERIR Debas, Chercher à exciter des querelles. Gl. *Surrectare*.

SURRIN, p. e. Sureau. Gl. *Sambussus*.

SURSAINTE, Espèce de ceinture fort large. Gl. *Subcinctorium*.

SURSEL, Sarment, bois de la vigne. Gl. *Surus*.

SURSELLE, Couverture d'une selle de cheval. Gl. *Supersellium*.

SURSIELLE, **Sursille**, Sourcil. Gl. *Superciliose*.

SURTAIL. **Chambre de Surtail**, p. e. Chambre du lit. Gl. sous *Surtaria*.

SURTRAIRE, Séduire, corrompre, débaucher une femme. Gl. *Subtrahere*. [Partonop. vers 7355. Voyez Orell, pag. 273.]

SURVIERE, Lanière qui sert à attacher le joug des bœufs. Gl. *Attelatus*.

SURURGIE, Chirurgie. Gl. *Sururgicus*.

SUS, Sorte de vase ou tonneau. Gl. sous *Sus fera*.

* **SUS et Jus**, Tout à fait, partout. Partonop. vers 6, 226, 3706.

SUSAYEUL, **Suselle**, Bisaïeul. Gl. *Superavus*.

SUSPEÇON, Soupçon. Gl. *Sonare*, 3.

SUSPIZ, Suspect ou soupçonné. Gl. *Suspiciosus*.

SUSSOIR, Surseoir, différer. Gl. *Supersedere*.

1. **SUSTANCE**, Subsistance, ce qui est nécessaire pour le soutien de la vie. Gl. *Sustantia*.

2. **SUSTANCE**, Maintien, conservation, soutien. Gl. *Sustinentia*, 2.

SUTER, Sectateur qui est attaché à quelqu'un. Gl. sous *Curia*, 4.

SUYANT, Poulain, veau, ou autre animal qui suit encore sa mère. Gl. *Sequela*, 7.

SUYRIN, Friperie, le lieu où l'on vend des habits ou des souliers. Gl. *Sutorium*.

SUZESLE, Bisaïeule. Gl. sous *Heriotum*.

* **SYAUME**, G. Guiart, tom. ii, p. 186, vers 4811 (13799) :

> Cele ot (ce tesmoingne cest syaume)
> Robert de Nevers, etc.

SYDOINE, Suaire. Gl. *Sindon*.

SYGLATON, Sorte de vêtement d'étoffe précieuse. Gl. *Cyclas*.

SYLLABER, **Syllabifier**, Écrire, spécifier par écrit. Gl. *Syllabicare*.

SYMENEL, Pain ou gâteau de fleur de farine. Gl. *Simenellus*.

SYMPHONIE, Sorte d'instrument musical. Gl. *Symphonia*.

SYNAU, Le dessus d'une bergerie, espèce de grenier. Gl. *Solarium*, 1.

SYOU, Terme de dérision et de moquerie. Gl. *Siou*.

TAACHE. **Frapper en Taache**, Frapper au hasard et sans savoir où portent les coups. Gl. sous *Taschia*, 3.

TABARDE, Sorte de vêtement, manteau. Gl. *Tabardum*.

TABARDIAUS, Se dit de gens peu sages, étourdis, imprudents. Gl. *Tabardum*.

TABART, Sorte de vêtement, manteau. Gl. *Tabardum*.

1. **TABELLIONAGE**, Office et charge de *tabellion* ou notaire. Gl. *Tabellionatus*, sous *Tabellio*.

2. **TABELLIONAGE**, Le droit d'instituer un *tabellion* ou notaire. Gl. *Tabellionatus*, sous *Tabellio*.

TABELLIONER, Rédiger un acte dans la forme qu'il doit avoir, le mettre au net. Gl. *Tabellionare*, sous *Tabellio*.

TABLATE, pour **Tablette**, Balle de marchandises. Gl. *Tabuleta*.

1. **TABLE**, Espèce de crecelle. Gl. *Tabula*, 4.

2. **TABLE**, Jeu de trictrac ou de dames. Gl. *Tabula*, 9. [Voyez le Glossaire sur la Chron. des ducs de Normandie.]

3. **TABLE**, Domaine, biens. Gl. *Tabula*, 13.

4. **TABLE**, Change. Gl. *Tabulam tenere cambii*, sous *Tabula*, 15.

5. **TABLE Ronde**, Tournois, joûte. Gl. *Tabula rotunda*, sous *Tabula*, 15. [Chastel. de Couci, vers 3748.]

6. **TABLE Secque**, Breland, académie de jeu. Gl. *Tabula sicca*, sous *Tabula*, 19.

TABLEAU, Image, portrait; ou Reliquaire qu'on donne à baiser pendant la messe, paix. Gl. *Tabuleta*, sous *Tabula*, 2, et *Tabuleta*.

1. **TABLEL**, Tablette où l'on écrit. Gl. *Tablettus*.

2. **TABLEL**, Petite table. Gl. *Tablettus*.

3. **TABLEL**, Petit coffre ou armoire. Gl. *Tablettus*.

TABLER, Planchéier. Gl. *Tabulare*, 1.

TABLET, Reliquaire, à cause des images ou figures qui y sont ordinairement gravées. Gl. *Tabletum*.

TABLETIER, Porte-balle, petit marchand. Gl. *Tabuleta.*

1. **TABLETTE**, Balle de marchandises. Gl. *Tabuleta.*

2. **TABLETTE**. Manger a la Tablette, Sorte de pénitence ou de punition dans les monastères. Gl. sous *Tabula*, 19.

TABLIAU, Tablette où l'on écrit, l'endroit secret de ces tablettes. Gl. *Tablettus.*

1. **TABLIER**, Échoppe, petite boutique. Gl. *Tabularium*, 1.

2. **TABLIER**, Office ou étude de notaire, greffe. Gl. *Tabularium*, 3.

3. **TABLIER**, Échiquier, damier. Gl. *Tabularium*, 6. [Chron. des ducs de Norm.]

TABOR, Tambour. Gl. sous *Tabur.* [Garin le Loher. tom. 1, pag. 198. Wackernagel, pag. 75 :

> Et quant j'oui lou fleihutel
> Soneir aveuc la tabor.

Esp. *Atambor.* Voyez Rayn. tom. v, p. 292¹, au mot *Tabor.*]

* **TABORIE**, Bruit, vacarme, retentissement des cloches. Moniages, Renouart, Chron. des ducs de Norm. tom. 1, pag. 529, note :

> Graut fu la npise et graut la taborie,
> Li borjois sonent, s'est la cloche boudie.

TABOULER, Faire béaucoup de bruit, frapper à une porte. Gl. *Tabollare.*

TABOUR, Tambour. Gl. sous *Tabur.*

TABOURDER, Tabourer, Faire beaucoup de bruit, frapper à une porte. Gl. *Tabollare.* [Partonop. vers 902 :

> Ne harpe oie ne viele;
> Nus n'i noise ne n'i tabore.

Voyez Rayn. tom. v, pag. 292², au mot *Taborejar.*]

TABOURET, Sorte de parure à l'usage des femmes. Gl. sous *Taborellus.*

TABOUREUR, Tabourin, joueur de tambourin. Gl. *Taborinus.*

TABOURIN, Espèce de petite monnaie, valaut deux deniers. Gl. sous *Taborellus.*

TABULAIRE, La religieuse qui marque à la *tablette* les noms de celles qui ont quelques offices à remplir pendant la semaine. Gl. *Tabularia.*

TABUR, Tambour. Gl. sous *Tabur.*

TABUST, Querelle, débat, contestation. Gl. *Tabussare.*

TABUSTER, Faire beaucoup de bruit en frappant à coups redoublés sur quelque chose. Gl. *Tabussare.*

TABUT, Toute espèce de bruit un peu fort. Gl. *Tabussare.*

TABUTER, Crier fort haut en querellant, disputer avec chaleur. Gl. *Tabussare.*

TAC, Maladie contagieuse, qui régnait à Paris dans les commencements du quinzième siècle. Gl. *Tac*, 2.

TACAAN, Assemblée illicite, émeute, sédition, monopole. Gl. *Tanghanum.*

TACAIN, Séditieux, mutin, brouillon. Gl. *Tanghanum.*

1. **TACHE**, Certaine quantité de cuirs, dix cuirs ensemble. Gl. *Tachia*, 3.

2. **TACHE**, Instrument pour pêcher; p. e. faut-il lire *Cache*. Gl. *Tacha*, 4.

3. **TACHE**, Terrage, champart. Gl. *Tasca*, 2.

---

4. **TACHE**, Qualité, disposition. Gl. sous *Tasca*, 2.

5. **TACHE**, Entreprise, dessein hardi, grand projet. Gl. sous *Tasca*, 2.

6. **TACHE**. Ferir en Tache, Frapper au hasard et sans savoir où portent les coups. Gl. sous *Taschia*, 3.

TACHIBLE, Se dit d'une terre sujette au droit de champart, appelé *Tache.* Gl. *Tachiabilis.*

TACLE, Sorte d'arme défensive, espèce de bouclier. Gl. *Tacla.*

1. **TACON**, Le jeu de mail, la boule qu'on frappe avec le mail. Gl. *Tudatus.*

2. **TACON**, Pièce qu'on met à un soulier; d'où *Taconner*, Raccommoder, rapetacer un soulier. Gl. *Pictatium.*

TACONNIER, Ravaudeur, celui qui met des pièces à un habit, qui le raccommode. Gl. *Supplantarium.*

TACQUE, Certaine quantité de cuirs, dix cuirs ensemble. Gl. *Tachia*, 3.

TACRE, Le même. Gl. *Tachra* et *Tacra.*

* **TAFUR**, Déloyal, trompeur. Agolant, vers 1180 :

> Ves le tafur se prent à aprochier.

Voyez Rayn. tom. v, pag. 294¹, au mot *Tafur.*

TAFFURIER, p. e. Appliquer, accommoder, ajuster. Gl. *Tafuranca.*

TAHIBLE, pour Tachible, qui se dit d'une terre sujette au droit de champart, appelé *Tache.* Gl. *Tachiabilis.*

TAHUC, p. e. pour Tahut, Bière, cercueil. Gl. *Tahutis.*

TAI, Boue, limon, bourbier. Gl. *Ten.* [Partonop. vers 825 :

> Il est entrés en une rue
> Qui de tais est et nete et nue;
> De toi n'i puet avoir nient,
> Car tote est faite à pavement.

Vers 5896. Chron. des ducs de Norm.]

* **TAIGNANS**. Partonop. vers 8577 :

> A euer batéis et taignans.

Var. du mscr. 1239 :

> Cuer bateiz et ateignanz.

Voyez *Ataigne.*

TAIGNON, Essette, outil de tonnelier et d'autres artisans. Gl. *Taratrum.*

1. **TAIL**, Taille, l'action de tailler. Gl. *Talliare*, 1.

* 2. **TAIL**, Coupe. Rayn. tom. iii, p. 3¹, au mot *Talh.*

TAILADE, Sorte d'épée pour frapper de taille, sabre. Gl. *Taillada.*

TAILHE, Faux. Gl. *Talliare*, 1.

TAILLABLIER, Taillable, celui qui est sujet à la taille. Gl. *Talliabilis*, sous *Tallia*, 8.

TAILLAIRE, Collecteur ou receveur des tailles. Gl. *Tailliarius.*

TAILLANDIER, Tailleur, faiseur d'habits, dont le métier s'appelait *Taillanderie.* Gl. *Taillanderius.* [Voyez Rayn. tom. iii, pag. 4¹, au mot *Talhandier.*]

TAILLANS, Ciseaux de tailleur. Gl. *Talliare*, 1.

1. **TAILLE**, District, juridiction, territoire d'une ville. Gl. *Tallia*, 6.

* 2. **TAILLE**, Coup de taille. G. Guiart, tom. ii, pag. 77, vers 1968 :

> Car arméures ont très fines
> Qui tailles et retraites brisent.

TAILLE Franche, Celle qui est due par des personnes de condition libre. Gl. sous *Tallia*, 8.

TAILLE Haut et Bas, Redevance que le seigneur augmente ou diminue à sa volonté. Gl. sous *Tallia*, 8.

TAILLE du Pain et du Vin, Impôt, redevance payée d'abord en pain et en vin, ensuite évaluée en argent. Gl. sous *Tallia*, 8.

TAILLE Personnelle, Celle que doit la personne et qu'on paye par tête. Gl. sous *Tallia*, 8.

TAILLE de la Reine, Certain impôt, appelé *Ceinture de la Reine.* Gl. sous *Tallia*, 8.

TAILLE Serve, Celle que doivent les mainmortables ou serfs. Gl. sous *Tallia*, 8.

TAILLE-BUSSON, Instrument propre à tailler ou couper les buissons, serpe. Gl. *Talliare*, 1.

TAILLÉE, Taille, droit seigneurial sur les biens des vassaux. Gl. *Tallea*, sous *Tallia*, 8.

TAILLEMELLERIE, Le métier de boulanger et de pâtissier. Gl. *Talemarii.*

TAILLENDIER, Tailleur, faiseur d'habits; dont le métier s'appelait *Taillenderie*, Gl. *Taillanderius.*

1. **TAILLER**, Imposer une taille, en faire la répartition. Gl. *Talliare*, sous *Tallia*, 8.

2. **TAILLER**. Estre Taillé, Être fait, avoir de la disposition pour quelque chose. Gl. *Talliare*, 2.

* **TAILLER** (SE), Se mettre à. G. Guiart, tom. 1, pag. 84, vers 1542 :

> A rober le des biens se taille.

Tom. ii, pag. 196, vers 7680 (16661) :

> Dont aucun à crier se taille.

Pag. 371, vers 9625 (18606).

TAILLERIE, Le métier de tailleur, sa boutique. Gl. *Taillanderius.*

TAILLETE, Bois taillis. Gl. *Tailleta.*

TAILLEVACIER, Fourrageur, soldat pillard. Gl. *Talator.*

TAILLEUR, Tranchoir, sorte d'assiette sur laquelle on coupe les viandes. Gl. *Talliatorium.*

1. **TAILLIER**, Établi sur lequel travaille un tailleur. Gl. *Taillanderius.*

2. **TAILLIER**. Espée a haut Taillier, Sabre. Gl. sous *Taillada.*

3. **TAILLIER**. Estre Taillié, Être en disposition, en état, pouvoir. Gl. *Talliare*, sous *Tallia*, 8, et *Talliare*, 2. [Aubri, pag. 183² :

> Gambes bien faites, il n'i ot que taillier.

Partonop. vers 2977 :

> Cauces de fer a bien taillies.]

TAILLIF, Taillable, celui qui est sujet à la taille. Gl. *Talliabilis*, sous *Tallia*, 8.

TAILLOER, Tranchoir, sorte d'assiette sur laquelle on coupe les viandes. Gl. *Talliatorium.*

TAILLOT, Instrument propre à tailler ou couper, serpe. Gl. *Talliare*, 1.

TAILLOUER, Bassin, plat, ou Tranchoir, sorte d'assiette sur laquelle on coupe les viandes et qui sert aussi de palet. Gl. *Talliatorium.* [Voyez Rayn. tom. iii, pag. 4¹, au mot *Taliador.*]

TAINCTURE, Boutique d'un teinturier,

l'endroit où il fait ses teintures. Gl. *Tainturarius.*

* **TAINDRE**, Changer de couleur. Chastel. de Couci, vers 3156 :

> Dont moult m'a fait palir et taindre.

Laborde, pag. 218 :

> Fait mon vis taindre et palir.

Voyez Roquef. au mot *Tains.*

TAINT, Lame d'étain fort mince, tain. Gl. *Tinctum,* 1.

* **TAINTIR.** Voyez *Tentir.*

TAIRELLE, Tarière, outil de plusieurs artisans. Gl. *Taratrum.*

TAISER, Taire. [*Taisir.* Flore et Blancefl. vers 2701 :

> Il les a fait trestous taisir.

Orell, pag. 260. Chron. des ducs de Norm. Roquef. Rayn. tom. v, pag. 310[1], au mot *Tazer*]; d'où *Taisible,* Tacite, non exprimé, et *Taisiblement,* Tacitement. Gl. *Taciturire.*

* **TAISNIERE**, Tannière. Roman de Renart, tom. 1, pag. 22, vers 579. *Tesniere,* pag. 46, vers 1199. Roquef. *Tuinnière.*

1. **TAISON**, Vase creux en forme de tasse. Gl. *Tassa,* 2.

2. **TAISON, TAISSON**, Blaireau. Gl. *Tassus,* 2. [*Taisel,* Chron. des ducs de Norm.]

TAKEHANS, Convention, accord. Gl. *Tanghanum.*

TALAIGE, Sorte de redevance. Gl. *Talagium.*

TALAIRE, Sorte de soulier. Gl. *Talaria.*

TALART, Endroit élevé et qui va en talus. Gl. *Talutum,* sous *Taludare.*

TALEBART, Espèce de bouclier. Gl. *Talaucha.*

. **TALEBOT**, Terme injurieux ; p. e. Pillard, voleur. Gl. *Talator.*

TALEMELIER, TALEMELLIER, Boulanger, pâtissier. Gl. *Talemarii.*

TALEMESTERIE, Le métier de boulanger et de pâtissier. Gl. *Talemarii.*

TALEMETIER, Boulanger, pâtissier. Gl. *Talemarii.*

TALEMOUSE ou **TALMOUSE**, Sorte de pâtisserie. Gl. sous *Talemarii.*

TALENT, Volonté, désir, résolution. Gl. *Talentum,* 2. [Garin le Loher. tom. 1, pag. 122 :

> Je et mes freres Begons au fier talent.

Partonop. vers 1313 :

> Or avés fait tos vos talens.

Doner au talent de qqn., Consentir. Flore et Blancefl. vers 281 :

> S'ele li done à son talent
> Ocirra le hastivement.

Avoir son talent sus qqn., Le haïr. Chastel. de Couci, vers 5438 :

> Ne sai comment
> Ma dame a sus moi son talent
> Et monstre souvent ses riotes.

Voyez *Maltalent.* Chron. des ducs de Normandie. Rayn. tom. v, pag. 296[2], au mot *Talen.*]

* **TALENTER**, comme *Atalenter,* Plaire. Vie de Saint Thomas, Chron. des ducs de Norm. tom. 111, pag. 622[1] :

> Que mult me agrée
> E talente.

* **TALENTIS**, Désireux. Partonop. vers 8920 :

> Hardis et pros et talentis.

Talantis, Chron. des ducs de Norm. Voyez *Maltalent,* Rayn. tom. v, pag. 296[2], au mot *Talentiu.*

TALER, Froisser, faire des contusions. Gl. *Talare,* 2.

TALERALE, pour **TARELARE**, Monnaie de Flandre. Gl. *Tarelares.*

TALEVAS, Espèce de bouclier [*Juer à talevas devant,* Fabliaux, Jubinal, tom. 11, pag. 39]; d'où *Talevassier,* Le soldat qui s'en sert. Gl. *Talavacius* et *Tallavacius.*

TALIERE, Tarière, outil à l'usage de plusieurs artisans. Gl. *Taratrum.*

TALLANT, Volonté, désir, résolution. Gl. *Talentum,* 2.

TALLEMOUZE, Pièce de terre en forme de *Talemouse,* ou de figure triangulaire. Gl. sous *Talemarii.*

TALLURE, Entaille, plaie faite d'un coup de taille. Gl. *Tallium,* 6.

TALOCHE, Espèce de bouclier. Gl. *Talochia.*

TALOS, Morceau de bois, billot. Gl. *Talus,* 1.

TALVASSIER, Le soldat qui est armé du bouclier appelé *talvas.* Gl. *Talavacius.*

* **TAMER (SE)**, S'inquiéter, se préoccuper. Gloss. sur la Chron. des ducs de Norm.

TANANIE, pour Tavernier. Gl. *Tanium.*

TANCER, Disputer, quereller ; d'où *Tançon,* Dispute, querelle. Gl. *Intentio,* sous *Intendere,* 7. [Gérard de Vienne, p. 166 :

> Seignor, fait-il, or laisiez le tancier.

G. Guiart, tom. 1, p. 36, vers 197. Voyez Rayn. tom. v, pag. 345[2], au mot *Tensar.*]

TANCERESSE, Femme d'humeur acariâtre et querelleuse. Gl. *Tensare,* 3.

TANCRIT, Transcript, copie. Gl. *Transcriptum.*

TANDE, Place vide, terrain qui n'est ni bâti ni cultivé. Gl. *Tenda,* 3.

TANDEIS, Espèce de rempart, pour se mettre à couvert des traits de l'ennemi. Gl. *Tendare.*

TANDEUR, Teinturier. Gl. *Tendarius.*

* **TANGRES**, Inquiet, désireux. Flore et Jeanne, pag. 13 : *Puis ke tu es si tangres ke ma fille fust mariée, elle sera asés tos mariée se tu t'i acordes.* Kilian : *Tangher,* Alacer, gnavus. Comparez Gl. *Tanganare.*

TANNER, Faire de la peine, tourmenter. Gl. *Tannare.* [Rutebeuf, tom. 1, pag. 16 :

> Ne m'estuet pas taner en tan,
> Quar le resveil
> Me tane assez quant je m'esveil.

Wackern. pag. 56 :

> J'ai cuer et cors et desir...
> Mis en bone amor servir ;
> Or me tant si grant bonteit,
> Car je sui en prixon mis.

Pag. 57 :

> Tost averiés vostre dame obliée
> Je li lo bien k'elle vos maint tandant.

TANNIERE, Taverne, cabaret. Gl. sous *Tanium.*

* **TANPIER**, Tempête. Gérard de Vienne, vers 3444 :

> Vos soliez estre tant hardi chevalier
> Et plus douté ke foudre ne tanpier.

Voyez *Tempier.*

TANSER, Défendre, protéger, garantir. Gl. *Tensare,* 1. [Gérard de Vienne, vers 1656 :

> Fors fu l'aubers ke maile n'en rompi,
> Ke l'ait de mort tansié et guaranti.]

* **TANT**, Tant, autant, beaucoup, si tellement. Agolant, vers 989 :

> Ce dist du Naymes : Tant lor a il costé.

Partonop. vers 5958 :

> Sa grans beautés tant mar i fu.

Chanson de Roland, st. 148, v. 4, st. 159, v. 1, etc. — *Tant que,* jusqu'à ce que. Roman de Renart, tom. 1, pag. 34, vers 895 :

> Ainz ne fina parmi un val
> Tant que il vint à son plaissié.

Orell, pag. 140, 337. — *Tant com,* Tant que, pag. 346. — *De tant,* Roi Guillaume, pag. 100 :

> Et neporquant de tant bien fist.

Atant, Aussitôt, alors, à ce point. Partonop. vers 1121, 2970, 7487. Flore et Blancefl. vers 2191. Roman de Renart, tom. 1, pag. 18, vers 476. *Lors atant ès,* tom. 1v, pag. 242, vers 2957. Orell, pag. 297. — *Ne tant ne quant,* Ni peu ni beaucoup, le moins du monde. Chron. des ducs de Norm. Voyez *Servir* et Rayn. tom. v, pag. 300[2], au mot *Tant.*

TANTABLE, Se dit d'une plaie qui est assez grande pour recevoir une tente. Gl. *Tenta,* 4.

TANTANT, Autant. Gl. *Tantum,* 2.

TANTE, Sorte de cierge. Gl. *Tante.*

TANTER, Panser une plaie, y mettre une tente. Gl. *Tenta,* 4. [Renart le Nouvel, tom. 1v, pag. 156, vers 822.]

TANT-MOINS, En déduction. Gl. *Tantum,* 2.

TANTOST, Aussitôt, au plus tôt, promptement. Gl. *Mariglerius.*

TAPECUL, La bascule d'un pont-levis, et le pont-levis lui-même. Gl. *Tapare.*

* **TAPIN**, Silencieux, caché. Wackern. pag. 63 :

> Oxillon ki ont estei
> Por la froidure tapin,
> Si renvoixent à matin.

A tapin, Secrètement, incognito. Chron. des ducs de Normandie. — *Tapith.* Roman de Renart, tom. 1v, pag. 85, vers 2335 :

> N'a cil povoir qu'il li eschape
> Tant ait tapith ne corte chape.

Voyez Rayn. tom. v, pag. 302[2], au mot *Tapin, Tapit.*

TAPINAGE. EN TAPINAGE, Secrètement, en cachette. Gl. *Tapinagium* et *Tapinatio.* [Aubri, pag. 154[2].]

TAPPIGNER, Maltraiter, houspiller. Gl. *Tapponare.*

TAPPINAGE. EN TAPPINAGE, Secrètement, en cachette. Gl. *Tapinatio.*

TAPPIR, Boucher, fermer avec un *tapon.* Gl. *Tapare.*

TAPYNAGE, comme ci-dessus *Tapinage.* Gl. *Tapinatio.*

TAQUEHAM, TAQUEHAN, TAQUEHEN, Assemblée illicite, émeute, conspiration, monopole. Gl. *Tanghanum.*

TAQUENIER, Savetier qui met des ta-

cons ou pièces aux souliers, et celui qui en fait autant aux habits. Gl. *Pictatium.*

* **TARBARS**. Roman de Renart, tom. IV, pag. 107, vers 2943. Voyez *Tabart.*

TARD. Heure Tarde, Le soir. Gl. *Tardus.*

TARDITEZ, Retardement, délai. Gl. *Seritas.*

TAREFRANKE, Espèce de poisson. Gl. *Erango.*

TARELARE, Sorte de monnaie de Flandre. Gl. *Tarelares.*

1. **TARGE**, Bouclier; ses différentes formes. Gl. *Targa*, 1. [Agolant, vers 935.]

2. **TARGE**, Tout ce qui sert à couvrir et à défendre des coups qu'on vous porte. Gl. *Targa*, 1.

3. **TARGE**, Épée de Turquie, sabre. Gl. sous *Targa*, 1.

4. **TARGE**, Monnaie des ducs de Bretagne et d'autres pays. Gl. *Targa*, 2.

5. **TARGE**, Sorte de vaisseau de mer. Gl. *Targia*, 1.

1. **TARGER**, Combattre avec une *targe* ou un bouclier, s'en servir. Gl. sous *Targa*, 1.

2. **TARGER**, Targier, Se couvrir comme d'une *targe* ou d'un bouclier. Gl. *Targa*, 1. [G. Guiart, tom. II, pag. 371, vers 9646; pag. 373, vers 9695 (18627, 18676).]

TARGIER, Tarder, différer. Gl. sous *Targa*, 1. [Chastel. de Couci, vers 1461.]

* **TARGIS**, Tardif. Partonop. vers 2026 :

Et del retor ne soit targis.

* **TARJANCE**, Rétard, délai. Chron. des ducs de Norm.

TARJEMENT, Dérision, moquerie, air avantageux; du verbe

1. **TARJER**, Se moquer, se targuer. Gl. sous *Targo.* [Chastel de Couci, vers 608 :

Forment se tient à meschéant
Quant amors ainssi l'a targié,
Que quant cuide avoir amistié
Tant en est plus loing.

Roman de Renart, tom. III, pag. 63, vers 21466 :

... Confrarie.
Que que Renart Tybert tarie.

Attaquer, irriter. Chastel. de Couci, vers 1690 :

Et de grans cos si se largierent
Qu'ambedoi furent estonné.

Deutéronome, chap. 9, vers 8, cité par Roquefort : *Car en Oreb le tariastes, et cil courroucé voleit voy oster* (lat. Nam et in Horeb provocasti eum, etc.). Chron. des ducs de Normandie. Voyez Rayn. tom. v, pag. 306¹, au mot *Targar.*]

2. **TARJER**, Tarder, différer. Gl. sous *Targo.*

1. **TARIN**, Sorte de monnaie d'or. Gl. *Tarenus.*

* 2. **TARIN**? Agolant, vers 138 :

Je puierai d'Aspremont le tarin.

Voyez *Toron.*

TARINLIER, mot douteux. Gl. *Carena*, 1.

TARLETTE, Sorte de vaisseau de bois. Gl. *Tarita.*

TARRER, Remplir de terre. Gl. *Terrare.*

TARSE, pour Tartarie; d'où *Tarsien* pour Tartare. Gl. *Tarsicus.*

TARSENAL, Arsénal. Gl. *Tarsenatus.*

TART. A Tart, Jamais. Gl. *Tardius.* [Agolant, vers 126 :

Tart diroit on la messe à saint Denis,
Jà li cors sainz n'i seroit mes requis.

Tardivement, peu. Flore et Blanceſl. vers 2366 :

S'ele parole c'est à tart.

Partonop. vers 9430 :

Moult en cuide bien traire à chief
Il soit à tart ou soit à brief.

En dernier lieu, enfin. Vers 399 :

A tart i ot un prince sage.

Voy. 6327 ;

A tart dist el : sui mal baillie.

Voyez Rayn. tom. v, pag. 304¹, au mot *Tart.*

TARTAIRE, Sorte d'étoffe de Tartarie. Gl. *Tartara*, 2, et *Tartarinus.*

TARTARINS, Peuples qui habitent la Tartarie. Gl. *Tartarini.*

TARTAVELE, Instrument de bois propre à faire du bruit, espèce de cresselle. Gl. *Tartavella.*

TARTE, Sorte de monnaie. Gl. *Tartaron.*

TARTEVELLE, Lépreux; parce qu'il était obligé de faire du bruit avec une *tartavelle*, pour avertir qu'on s'éloignât de lui : ce qu'on appelait *tarteveler.* Gl. *Tartavella.*

TARTIER, Celui qui vend des tartes par les rues. Gl. *Tarta*, 1.

TASCHE. Frapper en Tasche, Frapper au hasard et sans savoir où portent les coups. Gl. sous *Taschia*, 3. [G. Guiart, tom. II, pag. 211, vers 5451 (14432) :

De bien ferir ne sont pas lasche
Entre les genz le roi en tasche.]

TASQUE, pour Tâche, ouvrage entrepris à forfait. Gl. *Taschia*, 3.

* **TASEL**, Frange. Partonop. vers 9909 :

Puis li afublent un mantel
Dont à or furent li tasel.

Vers 10628. Gl. *Tassellus.* Voyez Rayn. tom. v, pag. 355², au mot *Tesselh.*

1. **TASSE**, Sorte de bourse, poche. Gl. *Taschia*, 1.

2. **TASSE**, Assemblage de quelques arbres, petit bois touffu, touffe d'arbres. Gl. *Tassia*, 2.

1. **TASSEAU**, Toute espèce de chose de forme carrée. Gl. *Tassellus.*

2. **TASSEAU**, Tassel, Pièce d'étoffe de forme carrée, dont les femmes se paraient. Gl. *Tassellus.*

* 1. **TASSEL**, Tasse, Troupe. G. Guiart, tom. II, pag. 193, vers 4990 (13979) :

S'esmeut entre lui et sa gent,
Desquiex il ot là maint tassel.

Pag. 197, vers 5082, pag. 320, vers 8323 (14070, 17304). -

* 2. **TASSEL**, Blaireau. Roman de Renart, tom. I, pag. 144, vers 3819. Voyez *Taison*, 2. Chron. des ducs de Norm.

TASSEMENT, p. e. Palissade. Gl. *Tesura.*

TASSEOUR, Celui qui entasse le foin. Gl. *Tassagium.*

TASSETIER, L'ouvrier qui faisait les bourses appelées *Tasses*; et *Tasseterie*, Son métier. Gl. *Taschia*, 1.

TASTART, Sorte de monnaie, p. e. *Teston.* Gl. *Tastart.*

TATEMON, Homme de peu de sens et de peu de courage. Gl. *Tata.*

1. **TATIN**, Coup. Gl. *Tata.* [Renart le Nouvel, tom. IV, p. 138, 142, v. 318, 436.]

2. **TATIN**, Homme de peu de sens et de peu de courage; d'où *Tatinoire*, lorsqu'il s'agit d'une femme. Gl. *Tata.*

TAUCER, Estimer, apprécier, taxer. Gl. *Taxare*, 1.

TAUDISSER, Se dit d'une fortification faite à la hâte et qui n'est pas régulière. Gl. *Taldum.*

TAVEL, Sorte de bouclier. Gl. *Tavolacius.*

TAVELÉ, Semé de taches, tacheté. Gl. *Tavella.*

TAVELLE, Bâton long d'une demibrassée. Gl. *Tavella.*

TAVERNAGE, L'amende que paye le cabaretier pour avoir vendu du vin audessus du taux fixé par le seigneur. Gl. *Tabernagium*, 1.

TAVERNER, Fréquenter souvent les tavernes. Gl. *Tabernare.*

TAVERNERIE, Droit seigneurial sur ceux qui vendent du vin en détail. Gl. *Tabernaria*, 2.

TAVERNIER, Celui qui fréquente les tavernes. Gl. *Tabernio.*

TAULDIS, pour Taudis, qui se dit pour tout ce qui est mal en ordre. Gl. *Taldum.*

TAULETTE, Balle de marchandises. Gl. *Tabuleta.*

1. **TAULIER**, Tablette, sur laquelle on présente les portions aux religieux dans le réfectoire. Gl. *Tabularius*, 1.

2. **TAULIER**, Établi, table sur laquelle travaillent les tailleurs et autres ouvriers. Gl. *Tabulum.*

TAUPAINÉ, Quelque chose qui a rapport à un moulin. Gl. *Taupia.*

* **TAUSE**, Coup. Gérard de Vienne, vers 137 :

Del gros del poig tel tause te doncy.

TAUSSER, Estimer, apprécier, taxer. Gl. *Taxare*, 1.

TAUTE, Exaction, impôt. Gl. *Duellariter.*

TAX, Sentence, jugement qui taxe une amende. Gl. sous *Taxare*, 1.

TAXEMENT, Droit seigneurial à titre de la protection qu'accorde le seigneur. Gl. *Taussamentum.*

TAXETIER, L'ouvrier qui faisait les bourses appelées *Tasses.* Gl. *Taschia*, 1.

TAY, Boue, bourbier. Gl. *Ten.*

TAYE, Grand'mère, aïeule. Gl. sous *Tayetum.*

TAYEUL, Taillis. Gl. *Tailleta.*

TAYON, Grand-père, aïeul. Gl. sous *Tayetum.* [Enfants Haymon, vers 102.]

TECHE, Qualité, disposition. Gl. sous *Tasca*, 2. [Mauvaise qualité, faute, tache. Partonop. vers 966 :

Là vit grant feu de busce sèche
Qui de fumée ne n'a tèche.

Chron. des ducs de Norm. tom. II, p. 477, vers 11476 :

Senz mal, senz teche e senz malice.

Voyez Roquef.]

TECON, Le jeu de mail, la boule qu'on frappe avec le mail. Gl. *Tadatus.*

* **TEER.** G. Guiart, tom. 1, pag. 180, vers 4122 :

> Commencèment le mur à miner,
> A leur piquois de près le teeut.

TEGNONS, Teigneux. Gl. *Tena*, 2.

TEIL, Écorce de tilleul. Gl. *Telhonus*. [Tilleul. Roman de Renart, tom. III, pag. 122, vers 23108 :

> Un chapon manga tot descuit
> Enmi les chans, desoz un teil.]

TEILLER, Oter, enlever. Gl. *Tollere*.

TEILLIER, Le lieu où travaille le tisserand. Gl. *Telarium*, 2.

TEINGNERESSE, Teinturière. Gl. *Tinctrix*.

TEKE, Qualité, disposition. Gl. sous *Tasca*, 2. [Flore et Blancefl. vers 2645 :

> Tex est amors et tex sa teke.

Renart le Nouvel, tom. IV, pag. 444, vers 7649 :

> Les bones tekes en ostés
> Et les mauvaises i metés.]

TELERIE, Métier de tisserand, de faiseur de toiles. Gl. *Telarius*.

TELERONS, Tisserand ou marchand de toiles. Gl. *Telarius*.

TELIER, Tisserand, faiseur de toile. Gl. *Telarius*.

TELLE, Toile. Gl. *Telarius*.

TELLEMAN, Sorte de jeu. Gl. sous *Telhonus*.

TELLEVACIER, Fourrageur, soldat pillard. Gl. *Talator* et *Foragium*, 2.

TELLIER, Tisserand, faiseur de toiles. Gl. *Telarius*.

TELTRE, Tertre, monticule. Gl. *Tertrum*, 1.

TEMER, Craindre, appréhender. Gl. *Temerare*.

* **TEMIE**, Crainte, inquiétude. Enfants Haymon 955 :

> Et sachiez que li cuers forment li a temie
> De che qu'il laist sa femme, etc.

On *Atemie*. Voyez *Atiner*.

TEMOUTE, Tumulte, grand bruit, émeute. Gl. *Tumultuare*.

TEMPESTATIF, Qui cause du trouble, perturbateur. Gl. *Tempestive*.

TEMPESTE, Temps, saison. Gl. *Tempesta*.

TEMPESTÉ, Qui est hors de lui-même, qui ne se possède plus. Gl. *Tempestare*.

TEMPESTER. ESTRE TEMPESTÉ, Être ravagé par une tempête, par la grêle, la pluie et le vent. Gl. *Tempestare*.

* **TEMPIER**, Tempête, orage. Chron. des ducs de Norm. Aubri, pag. 183² :

> Grate et biuist et maine tel tempier.

Voyez *Tanpier*, et Rayn. tom. v, pag. 321², au mot *Tempier*.

TEMPLE DU VENTRE, Le bas ventre. Gl. *Tempe*, 2.

TEMPLÉ, Se dit d'un porc attaqué de maladie. Gl. *Tempe*, 2.

TEMPLÉE, Soufflet ou coup de poing sur la tempe. Gl. sous *Templatura*.

TEMPLES, L'Ordre des Templiers. Gl. *Templum*.

TEMPOIRE, Temps, saison. Gl. *Tempesta*. [*Tempore*. Chastel. de Couci, v. 24, 7646, 8165.]

<hr>

* **TEMPORAL**, Temps. Chron. des ducs de Normandie, tom. III, pag. 120, v. 35187 :

> El terme d'iceu temporal.

Aubri, pag. 175¹ :

> Je li ferai traire mau temporal.

TEMPORALITÉ, Toute espèce de biens temporels, particulièrement ceux des églises. Gl. *Temporalitas*, 2.

TEMPORIAL, Le premier foin. Gl. *Temporivus*.

TEMPRANCE, Ordre, arrangement, disposition. Gl. *Implementum*.

TEMPRE, De bonne heure, du matin, promptement. Gl. *Temperius*. [Chastel. de Couci, vers 814, 1036. Orell, pag. 315.]

* **TEMPRÉ**, Temperé, en mesure. Roman du roi Horn, Wolf, *Uber die Lais*, p. 464 :

> La pucele a idunc sa harpe bien temprée.

Chastel. de Couci, vers 3305 :

> Où de ses bras faisoit fléaus
> Et du corps englume temprée.

TEMPRÉMENT, Promptement, en diligence. Gl. *Temperius*.

TEMPROIR, Vaisseau à boire, tasse, coupe. Gl. *Temptorium*.

TEMPS MOIENS, Qui est entre deux. Gl. *Tempus medium*.

TEMPTATION, Effort, tentative. Gl. *Disferriare*.

TENANCE, TENANCHE, Fief, héritage, terre. Gl. *Tenentia*, sous *Tenere*, 1.

* **TENANT**, Vassal. Partonop. vers 211 :

> Ses hom liges et ses tenans.

Vers 223.

TENCE, TENÇON, Dispute, querelle, procès. [Roman de Renart, tom. 1, pag. 28, vers 738]; du verbe *Tencer*, Disputer, quereller. [Partonop. vers 8386 :

> Et dames n'ont soing de tencier.

Aubri, pag. 158² :

> Ele l'apele belement sans tencier.

Roman de Renart, tom. III, p. 55, v. 21256 :

> Avoi, vos avez mengié tence,
> Fet Renart, se volez tencier
> Et mellée à moi commencier.

Voyez Rayn. tom. v, pag. 345¹, au mot *Tensa*, etc.] Gl. *Intentio*, sous *Intendere*, 7, et *Tensare*, 3.

TENCER, Défendre, protéger. Gl. *Tensare*, 1.

TENCERRESSE, Femme d'humeur acariâtre et querelleuse. Gl. *Tensare*, 3.

TENDABLE, Qui peut être tendu. Gl. *Tensibilis*.

* **TENDANCE**, Attente, espoir. Chastel. de Couci, vers 7592 :

> Sa dame où avoit sa tendance
> Et son confort et s'esperance.

Voyez Rayn. tom. v, pag. 324², au mot *Atendezo*.

TENDE, Place vide, terrain qui n'est ni bâti ni cultivé. Gl. *Tenda*, 3.

TENDERIE, La faculté de tendre des filets aux oiseaux et ce qu'on paye pour ce droit. Gl. *Tendare*.

TENDREFFLE, Fronde. Gl. *Tendicula*.

TENDRESSE, Jeunesse. Gl. *Teneritudo*.

TENEBREUR, Ténèbres, obscurité. Gl. *Tenebrositas*. [*Tenebrors*, Partonop.

<hr>

vers 4743. *Tenebror*, Ténébreux. Roman de Roncevaux, pag. 11 :

> Haut sunt li pui et li val tenebror.

Voyez Rayn. tom. v, pag. 330¹, aux mots *Tenebror* et *Tenebros*.]

TENEMENT, Fief, héritage, terre. Gl. *Tenementum*, sous *Tenere*, 1.

TENEMENTIER, Tenancier, celui qui tient à ferme ou à cens. Gl. *Tenementarius*, sous *Tenere*, 1.

TENEUR, Taille, espèce de voix, appelée *Teneure*. Gl. *Tenor*, 4.

1. **TENEURE**, Terre, héritage, biens qu'on possède. Gl. *Teneura*, sous *Tenere*, 1.

2. **TENEURE**, Condition, sous laquelle on tient un fief, une terre. Gl. *Tenetura*, sous *Tenere*, 1.

3. **TENEURE**, Possession, jouissance. Gl. *Tenitura*, sous *Tenere*, 1.

TENIAU, Instrument propre à la pêche. Gl. *Tenellus*, 3.

TENOUR, Taille, espèce de voix, appelée *Teneure*. Gl. *Tenor*, 4.

TENSEMENT, Droit seigneurial à titre de la protection qu'accorde le seigneur. Gl. *Taussamentum* et *Tensamentum*, sous *Tensare*, 1.

TENSER, Défendre, protéger, garantir. Gl. *Tensare*, 1. [Partonop. vers 10063, 9428. Wackern. pag. 66.]

TENSERIE, Vol, pillage. Gl. *Tensaria*.

TENSON, Dispute, querelle, procès. Gl. *Intentio*, sous *Intendere*, 7.

TENTER, Panser une plaie, y mettre une tente. Gl. *Tenta*, 4.

* **TENIR** (SE), S'abstenir, s'empêcher. Roman de Renart, tom. II, pag. 208, vers 15215 :

> Par Dieu, fet-il, ne m'apartient
> Cil qui de char mengier se tient.

Pag. 265, vers 16790. Wackernagel, p. 17 :

> Mes fins cuers ne se tenrait
> D'amer jolietement.

Plus bas :

> Et se ne me repuis tenir
> Ke ne m'en plaigne et di por coi.

* **TENTIUX**. Agol. pag. 171² :

> Et Salemon un roi tentiux et ber.

* **TENROR**, Tendresse, attendrissement. Aubri, vers 164 :

> La dame l'ot, au quer en out tenror.

Vers 143. Partonop. vers 10432 :

> Pluisor en plorent tenrement,
> Tant de joie, tant de tenror.

Chastel. de Couci, vers 5664 :

> Car ne veult que mes en souviegne
> Sa dame, ne tenrours l'en viegne.

Tendror, Chron. des ducs de Normandie.

* **TENTIR**, Retentir, résonner. Chastel. de Couci, vers 1520 :

> Tabours sonner, timbres tentir.

Garin le Loher. tom. 1, pag. 107 :

> Cornent encontre, font lor timbres taintir.

Laborde, pag. 292 :

> Et la mauviz qui coumence à tentir.

Pag. 294. Roman de Renart, tom. 1, p. 25, vers 676 :

> Ne l'en orrez un mot tentir.

Chron. des ducs de Norm. Voyez Rayn.

tom. v, p. 347¹, au mot *Tentir*, ci-dessous, *Tintener*.

* TENTON, Bruit. Agolant, vers 204 :

> Et quant il vole si meine tel tenton
> Qu'en l'oist bien le tret à un bodon.

Voyez *Tintin*.

TENUE DE DUCHAINNE, Se disait en Normandie d'un fief relevant immédiatement du duc. Gl. sous *Tenere*, 1.

TENUE MOIENNE, Se dit d'un arrière-fief. Gl. sous *Tenere*, 1.

TENUERE, Possession, jouissance. Gl. *Tenitura*, sous *Tenere*, 1.

TENUITÉ, Pauvreté, indigence. Gl. *Tenuitas*.

1. TENURE, Condition sous laquelle on tient et on possède un fief, une terre. Gl. sous *Tenere*, 1.

2. TENURE, Saisine, possession. Gl. *Tenatura*, sous *Tenere*, 1.

TEOLLERIE, Tuilerie. Gl. *Teolicæ*.

TEQUE, Qualité, disposition. Gl. sous *Tasca*, 2.

TERCEL, Certaine mesure de terre, la troisième partie d'un arpent. Gl. *Tercellum*.

TERCELÉE, Certaine mesure de grain, la troisième partie du septier. Gl. *Tercellum*.

TERCEUIL, Droit seigneurial sur les vignes. Gl. *Terciolagium*.

TERCHIER, Lever le terrage, appelé *Tierce*. Gl. *Tertia*, 4.

TERCHOIS, Carquois, étui à mettre les flèches. Gl. sous *Tercerium*, 3.

TERCIAUBLE, Qui est sujet au droit de terrage, appelé *Tierce*. Gl. *Tertiabilis*.

TERCIERE, Terre sujette au droit de terrage. Gl. *Tertiarium*.

TERÇOEUL, Ce qui reste de la farine après qu'on l'a passée au tamis, son. Gl. sous *Tercolium*.

TERÇUEL, Certaine mesure de terre, la troisième partie d'un arpent. Gl. *Tercolium*.

TERDRE, Essuyer. Gl. sous *Terdrum*.

TERGON, Sorte de grand bouclier. Gl. *Targo*.

TERME, Assise, Audience. Gl. *Terminus*, 5.

TERMENAL, Domaine, héritage, terre. Gl. *Terminale*.

TERMINE, Terme, temps marqué pour quelque chose. Gl. *Terminus*, 3.

TERMINER, ESTRE TERMINÉ, Se dit d'un enfant qui après avoir fait plusieurs efforts pour naître cesse de faire aucun mouvement. Gl. *Terminare*, 4.

TERMOIEUR, Celui qui vend à terme, afin de vendre plus cher. Gl. *Terminarius*, 1.

TERQUE, Goudron. Gl. *Intrire*.

TERRAGE, Terrasse. Gl. *Terragium*, 5.

TERRAGÉ, TERRAGEAU, Terre sujette au droit de terrage. Gl. sous *Terragium*, 1.

TERRAGENS, Le même. Gl. *Terrageria*.

TERRAGERIE, Le droit de terrage et l'endroit où on le lève. Gl. *Terrageria*.

TERRAGIER, Celui qui lève le droit de terrage. Gl. *Terragiator*, sous *Terragium*, 1.

TERRAIGE, Le droit d'étalage aux foires et aux marchés. Gl. *Terragium*, 6.

TERRAIL, Rempart, retranchement, fossé. Gl. *Terrale*, 2.

TERRAILLE, Terreau, fumier. Gl. *Terracium*, 1.

TERRAILLON, Pionnier, celui qui remue la terre. Gl. sous *Terrale*, 2.

TERRAL, Fossé. Gl. *Terrale*, 2. [Renart le Nouvel, tom. IV, pag. 188, vers 1872 :

> Et Belins li moutous s'assaie
> Au mur hurter por effondrer
> … et Bauçans li sainglers
> Avec lui pourcians Wauemers
> A leur musiaus vont deffouant
> Le terral.

Agolant, vers 234 :

> Passer quida d'Aspremont le terral.

Voyez Rayn. tom. v, pag. 351², au mot *Terral*.

TERRASSE, Torchis, espèce de mortier fait de terre et de paille. Gl. *Terratia*, 2.

TERRE MORTE, Terreau, fumier. Gl. sous *Terra*.

TERREASSE, Petite métairie. Gl. *Terratia*, 2.

TERRECHE DE LIN, Botte de lin d'un poids réglé. Gl. *Toppus*.

TERRÉE, Certain ornement d'une selle. Gl. *Terrata*, 2.

TERRELLIER, Creuser la terre, faire un fossé. Gl. sous *Terrale*, 2.

TERRE-MOT, TERRE-MOTE, Tremblement de terre. Gl. *Termotio*.

TERREUR, Terrain, champ, pré. Gl. *Territoria*.

TERRIAU, Vassal ou Fermier, celui qui tient une terre d'un autre. Gl. *Terrarius*.

* TERRIEN, Terrestre, de terre, temporel, indigène. Jubinal, Fabliaux, tom. I, pag. 128, 135; tom. II, pag. 31. Chron. des ducs de Norm. Voyez Rayn. tom. v, pag. 352², au mot *Terren*.

1. TERRIER, Seigneur de beaucoup de terres. Gl. sous *Terrarius*.

2. TERRIER, Le juge d'un territoire. Gl. sous *Terrarius*.

3. TERRIER, Le religieux qui est chargé du recouvrement des cens et autres droits des terres. Gl. *Terrerius*, 2.

4. TERRIER. CHIEN TERRIER, Qui est propre à la chasse des lapins, renards, etc. Gl. *Canis terrarius*.

TERRIÈRE, Lieu d'où l'on tire de la terre. Gl. *Terrarium*.

TERRIERS, Cloison, paroi de terre. Gl. *Terrarium*. [Terrier, ouvrage de fortification. Chron. des ducs de Norm. Gérard de Vienne, vers 2291 :

> La fort citeit, don haut synt li terrier.

Voyez Rayn. tom. v, pag. 352², au mot *Terrier*.]

1. TERRIN, pour TARIN, Monnaie d'or de Sicile. Gl. *Taranus*.

2. TERRIN, Godet, vase de terre pour boire. Gl. *Terrineus*.

TERRIZ, Chaumière, cabane couverte de terre. Gl. *Terracia*.

TERRUERE, Territoire. Gl. *Territoria*.

TERSEL, Certaine mesure de terre, la troisième partie d'un arpent. Gl. *Tercellum*.

TERSENET, Sorte d'étoffe. Gl. *Tersonum*, 1.

TERSER, Essuyer, frotter. Gl. *Reluminacio*. [Terdre, G. Guiart, tom. I, pag. 258,

vers 6257. *Terdent*, t. II, p. 379, v. 9848 (18828). *Tert*, Aubri, vers 95. *Terst*, Partonop. vers 9893. *Ters*, vers 600. Chron. des ducs de Norm. Voyez Rayn. tom. v, pag. 348¹, au mot *Terger*.]

TERTONEZ, p. e. Batteur en grange. Gl. *Terturator*.

TERTRE, Territoire. Gl. *Tertrum*, 2.

TESAIGE, Toisé, mesurage à la toise. Gl. *Tesiata*.

TESCHE, Qualité, disposition. Gl. sous *Tasca*, 2. [Partonop. 6538, 5754. Voyez *Teke*.]

TESÉE, La longueur d'une toise. Gl. *Teisia*.

TESER, Tendre, bander un arc. Gl. *Intendere*, 9.

TESIER, p. e. pour TERIEN, Paroi, cloison de terre. Gl. *Tesiata*.

1. TESMOIGNER, Réputer, tenir quelqu'un pour bon ou méchant. Gl. *Testimoniare*.

2. TESMOIGNER QUELQU'UN, Rendre bon témoignage d'une personne. Gl. *Testimoniare*.

TESMOING, Montre, échantillon d'une marchandise. Gl. sous *Testis*, 3.

TESMOUTE, Tumulte, grand bruit. Gl. *Tumultuare*.

TESSU, Tissu, étoffe ou ruban fait de fils entrelacés. Gl. *Tessutus*.

TESTAMENTEUR, Exécuteur testamentaire. Gl. *Testamentarius*.

1. TESTART, Certaine pièce de bois. Gl. *Testardia*.

2. TESTART, Monnaie d'Angleterre valant dix huit deniers. Gl. *Teston*.

TESTATERESSE, Testatrice. Gl. *Francharium*.

TESTÉE, Projet qu'on a en tête. Gl. *Testa*, 3. [G. Guiart, tom. II, pag. 291, vers 7551 (16531) :

> Qui veulent faire leur testées.

Pour *Tostée*, tom. I, pag. 252, vers 6099 :

> Or ne me pris une testée
> S'assez briefment ne le compere.] .

TESTEMOIGNER, Témoigner, assurer, certifier. Gl. *Testimoniare*.

TESTEMOINE, TESTEMONIE, Témoignage, preuve, approbation. Gl. *Testimonium*.

TESTIÈRE, Armure qui couvrait la tête du cheval dans les combats. Gl. *Testinia*. [Renart le nouvel, tom. IV, pag. 145, vers 499 :

> De cuir bouli oront testières
> Leur cheval.]

TESTMOIGNANCE, TESTMOIGNE, Témoignage, preuve, approbation. Gl. sous *Testimonium*.

TESTMOIGNIER, Témoigner, attester. Gl. *Testimoniare*.

TESTMOINANCE, Témoignage, preuve. Gl. sous *Testimonium*.

TESTUT, Ceinture faite de tissus. Gl. *Testor*.

TESURE, Filet, paneau ; d'où *Tésurer*, Tendre des filets. Gl. *Tensura*, 2, et *Tesura*, 2.

TEUEMENT, Tacitement. Gl. *Taciturire*.

TEULAGIE, Théologie. Gl. *Théodoctus*.

TEURTRE, Tordre. Gl. sous *Torculare*.

TEUX, pour Tel. Gl. *Theuma.*

TEXEUR, Tisserand. Gl. *Textator.*

* **TEXTE**, comme *Tiexte.* Glossaire sur la Chron. des ducs de Normandie.

TEXU, Tissu, ceinture tressée. Gl. *Texus.*

TEXUTIER, Tisserand. Gl. *Textator.*

* **TEYSER**. Fabliaux, Jubinal, tom. II, pag. 34 :

> Là gist un boho e un teyser.

TEZOIRE, Ciseaux, forces. Gl. *Tezoyra.*

THABIT, pour TABIS, Taffetas qui a passé par la calendre. Gl. *Thabit.*

THABOURIN, THABURIN, Sorte de petite monnaie valant deux deniers. Gl. sous *Taborellus.*

THALAMETIER, Boulanger, pâtissier. Gl. *Talemarii.*

THEILLE, Certaine mesure de terre. Gl. *Telia.*

THELOUZAIN, THELOUZIN, Monnaie des comtes de Toulouse. Gl. *Tolosani*, sous *Moneta Baronum.*

THENÇON, Maillet, espèce de massue. Gl. *Tudatus.*

THÉOLOGIZER, Parler de matières théologiques. Gl. *Theologari.*

THÉORIQUE, Vie contemplative. Gl. *Theoricus.*

THESAURIER, Trésorier, celui qui a la garde du trésor d'une église. Gl. *Thesaurarius.*

THESME, Demande libellée. Gl. *Thema*, 2.

THESMOIGNIER, pour Témoigner, déclarer, faire connaître. Gl. *Testimoniare.*

THESURER, Tendre des filets. Gl. *Tensura*, 2.

THEUDRIER, Étranger; p. e. Allemand. Gl. *Theotonisi.*

THEUTES, Téneur, texte. Gl. *Theuma.*

THIERAISSE, THIERESSE, Tiérache, contrée de la Picardie. Gl. *Escrinium* et *Theraschia.*

THIERCELIN, Sorte d'étoffe; p. e. parce qu'elle était tissue de trois espèces de fils. Gl. *Tiercellus.*

THIERRE, Partie du harnois d'un cheval. Gl. *Tingula.*

THIGNEL, Gros bâton dont on se sert pour porter des seaux. Gl. *Tinellus*, 2.

THIOIS, Teutons, Allemands. Gl. *Theotisci.*

THIPHAINE, THIPHANIE, La fête de l'Épiphanie ou des Rois. Gl. *Theophania.*

THIRETIER, Ouvrier ou marchand de *Thiretaines.* Gl. *Tiretanius.*

THIROUERE, Outil de tonnelier, pour tirer et allonger les cercles. Gl. sous *Tiratorium*, 1.

THOI, Boue, limon. Gl. *Ten.*

THOLOSAINS, Monnaie des comtés de Toulouse. Gl. *Tolosani*, sous *Moneta Baronum.*

THONNEU, Tonlieu, droit seigneurial. Gl. *Tonagium.*

THORE, Génisse, jeune vache. Gl. *Thora.*

THORIN, Jeune taureau. Gl. sous *Thora.*

THORON, Éminence, colline. Gl. *Toro.*

THOU, Voûte. Gl. *Tholus.*

THOUÉE, Gros cordage, hansière. Gl. sous *Thouma.*

THOUELLE, Toile. Gl. *Toacula.*

THOULAIS, Monnaie de l'évêque de Toul. Gl. *Moneta Tullensis*, sous *Moneta Baronum.*

THOUNIER, Tonlieu, droit seigneurial sur les marchandises. Gl. sous *Telon.*

THOUREAU, pour Taureau. Gl. sous *Thora.*

THOURIER, Gardien de la tour ou de la prison, geolier. Gl. *Turrarius.*

THROSNE, Le poids public et les émoluments qui en proviennent. Gl. *Thronum.*

THUILLERYE, Le lieu où l'on fait les tuiles. Gl. *Tegularia*, 2.

THUMBER, THUMER, Danser, sauter, bondir. Gl. *Tombare.*

TIBLETE, Sorte de jeu. Gl. *Tibla.*

TIEFANE, La fête de l'Épiphanie ou des Rois. Gl. *Theophania.*

TIELERIE, Tuilerie, lieu où l'on fait les tuiles. Gl. *Teulis.*

TIEN-MAIN, Les montants d'une échelle. Gl. *Teneria.*

TIEPHAGNE, TIEPHAIGNE, TIEPHANIE, La fête de l'Épiphanie ou des Rois. Gl. *Théophania.*

TIERAGE, Terrage, champart. Gl. *Desteglare.*

TIERÇAIN, Certaine mesure des liquides. Gl. *Terceneria.*

TIERCE, Terrage, droit seigneurial sur les fruits de la terre. Gl. *Tertia*, 4.

TIERCE DE NUIT, La troisième heure après le coucher du soleil. Gl. *Tertia*, 1.

TIERCEINNE, La fièvre tierce. Gl. *Tertiarius*, 5.

TIERCELIN, Sorte d'étoffe; p. e. parce qu'elle était tissue de trois espèces de fils. Gl. *Tiercellus.*

TIERCENAL, Arsenal. Gl. *Tarsenatus.*

TIERCERAIN, TIERCERIN. BLÉ TIERCERAIN et TIERCERIN, Qui est mêlé de trois espèces de blés. Gl. *Bladum tertianum* et *Tertionarium blatum.*

TIERCHENERIE, La redevance du tiers des fruits d'une terre. Gl. *Tertiaria*, 3.

TIERÇOIER, Payer le tiers en sus du cens qui est dû. Gl. *Tertiare*, 4.

TIERÇOYER, Enchérir, mettre l'enchère. Gl. *Tertiare*, 4.

TIERDE, L'action d'essuyer. Gl. *Tersorium.*

TIEROIR, Terroir, territoire. Gl. *Territoria.*

1. **TIERS**, Droit qui se lève en Normandie sur les deniers provenant de la coupe des forêts. Gl. *Tertium*, 4.

2. **TIERS**, Sorte de jeu, espèce de colin-maillard. Gl. sous *Tertium*, 1.

TIERSAUBLE, Qui est sujet au droit de terrage appelé *Tierce.* Gl. *Tertiabilis.*

TIERSONNIER, Le tiers du septier, mesure de blé. Gl. *Tertiolum.*

TIESCHE, La langue teutonique ou allemande. Gl. sous *Romanus.*

TIEULERIE, Tuilerie, lieu où l'on fait les tuiles; d'où *Tieulier*, Le marchand qui les vend ou l'ouvrier qui les fait. Gl. *Teulis.*

TIEULETTE, Petite tuile. Gl. *Tegella.*

TIEULLE, Tuile; d'où *Tieuller*, Tuilier, l'ouvrier qui fait les tuiles; et *Tieullerie*, Le lieu où on les fait. Gl. *Tegularia*, 2. *Tegularius* et *Teulis.*

TIEXTE, pour TEXTE, Le livre des Évangiles. Gl. *Textus*, 1.

* **TIFÉ**, Orné, paré, attifé. Flore et Jeanne, pag. 55 : *Et elle ot esté bagnie et tifée et aaisie.* Roquef. *Tiffé.* Voyez Halliwell, au mot *Tife.*

* **TIFFÉURE**, Parure, attifets. Partonop. vers 10121 :

> Cascune met entente et cure
> A aprester sa tifféure.

TIGEAU ou TIGEL, Tige, canon. Gl. *Tigellum.*

TIGNE, Sorte de gros bâton. Gl. *Tigellum.*

TIHAYS, Sorte d'arme ou de bâton de défense. Gl. *Tihanus.*

TIL, Tilleul. Gl. *Tilium.*

1. **TILLE**, p. e. Échinée de porc. Gl. *Tilia*, 2.

2. **TILLE**, Bardeau, douve. Gl. *Tilla.*

TILLETAIGE, Droit qu'on payait au roi au renouvellement des charges et des offices. Gl. sous *Tilla.*

1. **TILLEUL**, Lance faite de tilleul, dont on se servait dans les joûtes. Gl. *Bohordicum.*

2. **TILLEUL**, Bardeau, douve. Gl. *Tiliatus.*

TILLOEL, Tilleul, arbre. Gl. *Tilium.*

1. **TIMBRE**, Paquet de pelleteries attachées ensemble. Gl. *Timbrium.*

2. **TIMBRE**, Tambour. [Chastel. de Couci, vers 1238, 1520. *Tinbres*, Garin le Loher. tom. 1, pag. 107]; d'où *Timbrer*, Jouer du tambour. Gl. *Tymbris.*

TIN, Temple, partie de la tête. Gl. *Timpus.*

TINARDAILLE, Terme de mépris, p. e. le même que *Valetaille.* Gl. *Tinellus*, 2.

TINE, Gros bâton dont on se sert pour porter des seaux. Gl. *Tinellus*, 2.

TINÉE, Ce que contient une *Tine*, vaisseau qui sert à porter la vendange. Gl. *Tineta.*

TINEIL, Le droit qu'on paye pour la place qu'on occupe à un marché ou à une foire. Gl. *Tinnulus.*

1. **TINEL**, Cour, la suite du prince. Gl. *Tinnulus.*

2. **TINEL**, Salle du grand commun. Gl. *Tinellus*, 1.

3. **TINEL**, Sorte de bâton dont on se sert pour porter des seaux. Gl. *Tinellus*, 2. [Roman de Renart, t. II, p. 164, v. 13993 :

> O maçues et o tiniaus
> Li ont bien auné ses buriaus.

Voyez Rayn. tom. V, pag. 363, au mot *Tinal.*]

TINEUL, Gros bâton, levier, espèce d'arme. Gl. *Tinellus*, 2.

TINTENER, Tinter. Gl. *Clingere*, 2. [Voyez *Tentir.*]

* **TINTIN**, Bruit. Renart le Nouvel, t. IV, pag. 211, vers 2228 : -

> Li fier des armes grant tintin
> Rent et grant son.

Chastel. de Couci, vers 1507 :

> Que hiraut mainnent grant tintin.

Voyez *Tenton.*

TINTIRECE, Son clair et aigu des armes qui s'entrechoquent. Gl. *Tinnulus.*

TIOIS, La langue teutonique, l'ancien allemand. Gl. *Theotisci*.

TIPHAGNE, **Tiphaine**, **Tiphaingne**, La fête de l'Epiphanie ou des Rois. Gl. *Theophania*.

* **TIRANT**, Païen, barbare, sorcier. Garin le Loher. tom. ı, pag. ı3 :

> Li tirant font lor remanant mander.

Pag. ıo4 :

> Demain verront maint Turc debareté
> Et maint tirant honnir et vergonder.

Agolant, pag. ı79¹ :

> T'espée firent vif-deable et tyrant.

ı. **TIRE**, p. e. pour **Timbre**, Paquet de pelleteries attachées ensemble. Gl. *Tira*.

2. **TIRE**. A **Tire et de Tire**, Tout droit. Gl. *Tyra*. [*A tire*, En masse, l'un après l'autre, en entier. G. Guiart, tom. ı, pag. ı86, vers 4287; pag. 229, vers 5487; tom. ıı, pag. 225, vers 5839; pag. 408, vers ıo6oı (ı48ı8, ı9583). *Tout à tire*, tom. ı, pag. 2ıo, vers 5oo7. Roi Guillaume, p. ı26. Chron. des ducs de Norm. *Tire à tire*, L'un après l'autre. Roi Guillaume, pag. ı46 :

> La roine tot tire à tire
> Li commença prismes à dire, etc.

Chastel. de Couci, vers 5886 :

> Dont commencha Gobers à dire
> De chief à autre, tire à tire.

Voyez Roquef.]

* 3. **TIRE**, Ennui, fatigue. Chastel. de Couci, vers 4263 :

> Bien trois jours fu en telle tire.

Angl. *To tire*.

* **TIRÉ**, Orné. Flore et Blancefl. vers 4ı :

> Li pailes est ovrés à flors
> Diodés, tirés, bendés et ors.

Voyez Halliwell, au mot *Tire*, 2.

TIREBOUTE, Certain bâton ferré. Gl. sous *Tiratorium*, ı.

TIREMENT, L'action de tirer. Gl. *Tirator*.

* **TIRER** *à quelque chose*, Tenir à quelque chose. Partonop. vers 6533 :

> A ce tirons sor tote rien
> Qu'el se marit et bel et bien.

Vers 9ı29 :

> Si ne voel pas que soit celé
> Que jo tir moult à le beauté.

Vers 7299 :

> Qui tant tire à envoiséure
> Qu'ele ne prent de nul sens cure.

TIRETANIER, **Tiretenier**, Ouvrier d'étoffes appelées *Tiretaines*. Gl. *Tiretanius*.

TIRIACLE, Thériaque. Gl. *Thiriaca*.

TIROT, La partie de la charrue à laquelle sont attachés les chevaux pour la tirer. Gl. sous *Magister*.

TIROUER. La **Croix Tirouer**, Quartier de Paris. Gl. *Tiratorium*, ı.

ı. **TIROUERE**, Le lieu où l'on donne la question aux criminels. Gl. sous *Tiratorium*, ı.

2. **TIROUERE**, Outil de tonnelier pour tirer et allonger les cercles. Gl. sous *Tiratorium*, ı.

TIRPENDIÈRE, p. e. Femme dont la gorge est fort pendante, ou femme de mauvaise vie. Gl. *Trahere*, 5.

TISER, Dénoncer, publier, faire savoir. Gl. sous *Tisica*.

TISOIR, Instrument pour attiser le feu. Gl. *Tissio*.

TISON, Pièce de bois et quille de vaisseau. Gl. *Tiso*.

TISSU, Ceinture tressée. Gl. *Texus*.

TISTRE, Faire un tissu de fil, de laine, de soie, etc. Gl. *Telarius*.

* **TITE**. Renart le Nouvel, t. ıv, p. 44ı, vers 76o7 :

> Le reclus à un povre hermite,
> U il avait lite ne mite,
> Ne sanc, ne car, ne pain, ne grain.

* **TIULÉ**. Agolant, vers 6ı6 :

> Vient à Morel à la crope tiulée.

TIXERAND, pour Tisserand. Gl. *Tisserandus*.

TIXIER, Tisseur, tisserand. Gl. *Tixator*.

TIXTRE, Faire un tissu de fil, de laine, de soie, etc. Gl. *Telarium*, 2, et *Tixator*.

TOAILLE, Serviette, essuie-main. Gl. *Toalia*, sous *Toacula*.

TOAILLOLLE, Turban, à cause qu'il est fait de toile. Gl. sous *Toacula*.

TOCADOIÈRE, **Tocadoire**, Aiguillon dont on touche les bœufs pour les faire aller. Gl. sous *Touquassen*.

* **TOENARS**. Partonop. vers 225ı :

> Cil vont fuiant droit vers Chaars
> Et ont jetés lor toenars.

Var. du mss. ı239, *gité lor corniars*.

TOFFEL, Touffe d'herbes ou d'autres choses. Gl. *Tufa*.

TOILLE, Largeur de la toile, lé. Gl. *Tela*, 2.

TOILLIER, Tisserand ou marchand de toiles. Gl. *Telarius*.

TOISE de Chandoille, Certaine quantité de chandelle, p. e. une livre de cire, divisée en six chandelles. Gl. *Tesa candelæ*.

* **TOISE**. Partonop. vers 8072 :

> Qu'il i mist de l'espiel bruni
> Une molt grant toise parmi.

Vers 5757 :

> Il vit une toise de chesne...
> Chauz gissoit leis un rochoi.

Vers 2557 :

> Li autre se vont conréant,
> A grant desroi vont et à toise.

Vers 55o4 :

> Beles les fist sor tote rien...
> Plenièrement, à larges toises,
> Mal honte sit qui mal lor violt.

* **TOIVRE**, comme *Atoivre*. Partonop. vers 753 :

> Qu'il puet véir tot cler le tref
> Et tot la toivre de la nef.

Voyez Grimm, *Reinhart Fuchs*, p. lıv, not.

TOLAGE, L'action de prendre quelque chose par force. Gl. *Tollagium*.

TOLDRE, Oter, arracher. Gl. *Tollere*.

TOLERRES, Celui qui ôte ou veut ôter quelque chose à un autre. Gl. *Tollere*.

TOLLIR, Oter, enlever. Gl. *Tollire*. [Orell, pag. ı86.]

TOLOISON, Cens, redevance annuelle qu'on est en droit d'exiger. Gl. *Tolagium*.

TOLOIZ, Monnaie de l'évêque de Toul. Gl. *Moneta Tullensis*, sous *Moneta Baronum*.

TOLTE, Taille, impôt, exaction. Gl. *Tolta*, ı.

ı. **TOMBE**, Sépulcre, tombeau. Gl. *Tumba*, ı.

2. **TOMBE**, Châsse qui renferme les reliques et ossements d'un saint. Gl. *Tumba*, ı.

TOMBEL, Tombeau, sépulcre. Gl. *Tumba*, ı.

TOMBEREL, Sorte de supplice. Gl. *Tumbrellum*.

TOMBIER, Orfévre, ouvrier qui fait les châsses pour les reliques. Gl. *Tumba*, ı.

* **TOMBIR**, Retentir, trembler? Renart le Nouvel, tom. ıv, pag. ı45, vers 498 :

> Que l'eu ot au hanir
> Une liue terre tombir.

Vers 5ıo :

> Li tiere et li airs en tombist.

Pag. 2ı9, vers 2440 :

> Menent tel bruit
> De timbres et de cors d'arain
> Que tombir le val et le plain
> En font et la tiere croller.

TOMBISSEMENT, Bruit, fracas. Gl. *Tombare*.

TOMBLIAU, Tombeau. Gl. *Tumullulus*. [*Tomblel*, Flore et Blancefl. vers 544, 553.]

TOMNEU, pour **Tonlieu**, Impôt. Gl. *Teonnium*, sous *Telon*.

TONAIGE, Droit que des particuliers exigeaient de ceux qui ramassaient des paillettes d'or dans les rivières et les montagnes du Languedoc. Gl. *Tonagium*.

TONAIRE, Thonnaire, filet pour la pêche du thon. Gl. *Tonaira*.

TONBEL, Tombe, pierre sépulcrale. Gl. *Tombellum*.

TONDE, pour **Tende**. Gl. *Tondeia*, et *Tenda*, ı.

TONDENTE, Coupe de bois. Gl. *Tonsura nemorum*.

TONDISON, Tonte, le temps où l'on tond les brebis. Gl. *Tondero*.

* **TONDRES**, Amadou, amorce. Partonop. v. 5o69 :

> Et li tondres od le galet.

Voyez Halliwell, au mot *Tonder*; Bosworth, au mot *Tynder*.

* **TONER**, Résonner. Partonop. v. 3o39 :

> Tant fort l'esbahist et estone
> Que l'oïe i'en corne et tone.

TONLIN, pour **Tonlieu**, Impôt. Gl. *Tonlium*, sous *Telon*.

TONLOIER, Celui à qui appartient le *Tonlieu*, et celui qui perçoit cet impôt. Gl. sous *Telon*.

TONNEAU, Mesure de grain. Gl. *Doliata*.

TONNEL, **Tonnelet**, **Tonnellet**, Petit tonneau. Gl. *Tonnellus*, sous *Tunna*.

TONNELIEU, Tonlieu, impôt, droit seigneurial sur les marchandises. Gl. *Tonlium*, sous *Telon*.

TONNENS, pour **Tonneus**, Tonlieu, impôt, taille. Gl. *Tonneurs*.

TONNEU, pour Tonlieu. Gl. *Teonnium*, sous *Telon*.

TONNEUR, Tonlieu, impôt, ou celui qui lève ce droit. Gl. *Tonleum*, sous *Telon*.

TONNY, Tonlieu, impôt, taille. Gl. *Tonneurs*.

TONOLLET, Sorte d'habillement, pourpoint. Gl. *Tonacella*.

TONRE, Instrument pour tondre, ciseaux, forces. Gl. *Tondero.*

TONSEAU, Tonsiau, Peau garnie de sa laine. Gl. *Tonsona.*

TONSER, Tondre, couper les cheveux. Gl. *Tonsona.*

TONSIAU, Toison, et le droit sur les toisons. Gl. *Tonsona.*

TOPE, Terre inculte, pâture. Gl. *Topa.*

TOPENNE, Tertre, pente. Gl. *Toppus.*

TOPPE, Terre inculte, pâture. Gl. *Topa.*

TOQUASSEN, Tumulte, émeute au son du tocsin. Gl. *Touquassen.*

TOQUON, Le jeu de mail, l'instrument avec lequel on frappe la boule. Gl. *Tudatus.*

1. **TOR**, Taureau. Gl. *Torosus.*

*2. **TOR**, Tour, Action de tourner, évolution. Agolant, vers 939 :

> Au tor qui sont à chascun tret l'espée.

G. Guiart, t. II, p. 362, v. 9404 (18384) :

> Pour les uns les autres connoistre
> A trebuchemenz et à tours.

Circonférence. Partonop. vers 500 :

> Ardane ert moult grans à cel jor
> Et porprendoit moult en son tor.

Chronique des ducs de Normandie, Rayn. tom. v, pag. 377¹, au mot *Torn.*

TORAILLE, L'endroit où l'on fait sécher les grains pour faire la bière, et le droit du seigneur sur ce lieu. Gl. sous *Torra.*

TORBE, Troupe, multitude. Gl. *Torba,* 2. [Roi Guillaume, pag. 164. Chron. des ducs de Norm.]

1. **TORCHE**, Sorte d'ornement plissé; p. e. Espèce de fraise; d'où le diminutif *Torchète.* Gl. sous *Torcha,* 3.

2. **TORCHE**, pour Troche, Troc, échange. Gl. *Trocare.*

3. **TORCHE**, pour Troche, Troupe, multitude. Gl. *Trocha,* 1.

TORCHIEZ, p. e. Terre marécageuse. Gl. *Torcia,* 2.

TORCHONNIÈREMENT, Injustement, à tort. Gl. *Tortionarie.*

TORCOEUL, Ce qui reste de la farine, après qu'on l'a passée au tamis, son. Gl. sous *Tercolium.*

TORÇONNÈRE, Tortionnaire, injuste. Gl. *Torçonnerie.*

TORDOIR, Pressoir, moulin à huile. Gl. sous *Torculare.*

* **TORE**. Flore et Blancefl. vers 1383 :

> Le tref ont tost desharneskié
> Et sus dusc' à tores sacié.
> Li vens s'i prent por faire ester.

TORELLAGE, Droit seigneurial sur les *Torailles.* Gl. sous *Torra.*

TORFAIRE, Se détourner de son chemin, s'égarer. Gl. *Tortuus.*

TORFAIT, Torfet, Injustice, dommage, violence. Gl. *Tortus,* 1.

TORGERIE, Tòrgoir, Moulin à huile; d'où *Torgerres* et *Torgeur,* Celui qui en a soin. Gl. sous *Torculare.*

TORGOIR, Instrument pour tordre la cire. Gl. sous *Torculare.*

TORMENTABLEMENT, Avec tourment. Gl. *Tortiliter.*

TORNACE, p. e. Tranchée, fossé. Gl. *Torna,* 4.

TORNAILLE, Tourniquet, ou bâton, qui sert à serrer la corde d'un charriot. Gl. *Tornaglium.*

TORNE, Creux pour recevoir les eaux qui tombent des montagnes. Gl. *Torna,* 4.

1. **TORNER**, Changer de place, de position. Gl. *Tornare,* 2. [Faire un mouvement circulaire. Enfants Haymon, v. 646 :

> Et trois tours tourna.

Retourner, revenir au combat. Voyez *Trestourner,* 2. Ancien poëme après Fierabras, pag. 182² :

> Assez en ont ocis, les atres font fuir,
> Onques lor rois n'osait ne torner ne gainchir.

Garin le Loher. tom. J, pag. 121 :

> Ne tornez plus, dist Isorés li gris,
> Car là est Hues au courage hardi,
> Se estiez cent et tornissiez ensi,
> Tuis ociroit.

Torner, Faire partir, chasser, Roman de Renart, tom. II, pag. 98, vers 12206 :

> Sez-en tu tant servir à cort
> Que nul jugleres ne t'en tort.

Faire torner. Garin le Loher. t. I, p. 26 :

> Les deus batailles firent du champ torner.

Tourner du conseil, En sortir. Pag. 6 :

> Tuit se descordent, du conseil sont tourné.

Flore et Blancefl. vers 345 :

> A tant sont du consel torné.

S'en torner, S'en aller, partir. Roman de Renart, tom. II, pag. 147, vers 13530 :

> Sel comparra ainz qu'il s'en tort.

Pag. 168, vers 14105 :

> Traïnez ert ainz qu'il s'en tort.

Wackern. pag. 4. 117. Détourner. Gérard de Vienne, vers 927 :

> S'ele est pucele, je suix riches asseiz,
> Ne por grant aige n'en doie estre torneiz.

Tourner, avoir une issue bonne ou mauvaise. Partonop. vers 3555 :

> L'esgart suirai de vostre cort,
> Comment qu'à bien n'à mal me tort.

Roman de Renart, t. II, p. 282, v. 17270 :

> Et je sui cil qui soffera
> Ceste aventure à coi qu'il tort.

Pag. 93, vers 12093 :

> G'irai à lui à quoi que tort.

Pag. 99, vers 12236 :

> Tu l'auras à qni que il tort.

Flore et Blancefl. vers 2284 :

> Flores ne caut à coi qu'il tourt.

G. Guiart, tom. II, pag. 235, vers 6081 (15061) :

> Qu'à peril ne li tourge.

Chron. des ducs de Norm. Rayn. tom. v, p. 375², au mot *Tornar,* ci-dessous *Tourner.*]

2. **TORNER** quelqu'un dans son Hostel, Le ramener, le rétablir dans sa maison. Gl. *Retornare,* 1.

3. **TORNER**, Appeler en duel; de *Tornes,* Duel. Gl. *Torna.*

* **TORNÉIZ**, Tornient. Ponz Torneiz, Pont tournant. Roman de Renart, tom. II, pag. 326, vers 18479 :

> Desor fu li ponz tornéiz
> Moult bien tornez toz coléiz.

Glossaire sur la Chron. des ducs de Norm.

Castel Tornient. Roi Guillaume, p. 134 :

> Que le nef tote entire et saine
> Ont traite à port à quelque paine
> Devant le castel tornient.

* **TORNIANT**, Étourdi. Partonop. vers 3027 :

> Un colp si dur et si pesant
> Qu'il part de lui tot torniant.

TORNICLE, Tunique, cotte d'armes. Gl. *Torniclum,* et *Tunica,* 2.

TORNOI, Rang, ligne. Gl. *Tornare,* 2.

TORNOIEMENT, Tournoi, joûte. Gl. *Torneamentum.* [Partonop. vers 6598, 6623. Combat, Garin le Loh. t. I, p. 253. Voyez Rayn. tom. v, pag. 379¹, au mot *Torneiament.*]

* **TORNOIER**, Combattre en guerre. Partonop. vers 2071 :

> G'irai as païens tornoier.

Garin le Loher. tom. I, pag. 242 :

> Devant la porte véissiez tornoier.

— Roman de Renart, tom. III, pag. 53, vers 21202 :

> Si te puisse tornoier fièvre.

Voyez Rayn. tom. v, pag. 378¹, au mot *Torneiar.*

* **TORNOIOR**, Guerrier, chevalier. Agolant, pag. 173² :

> De Dan Girard dirai le poignoior,
> Celui du Frate, le bon tornoior.

TORON, Éminence, colline. Gl. *Toro.*

TORPIE, Croc-en-jambe. Gl. *Gamba,* 1.

* **TORPIN**. Flore et Blancefl. vers 1813 :

> Une tor....
> Haute est amont comme clokier,
> Li torpins est desus d'ormier,
> Longé est soixante piés l'aguille...
> Et il torpin qui est desus
> A bien cent mars d'or fin u plus.

TORQUELON, Torchon, bouchon de paille. Gl. sous *Torqua.*

TORSE de Chambre, pour Torche, grosse chandelle de cire. Gl. *Torsa.*

TORSER, Faire un trousseau, mettre en paquet. Gl. *Trussare,* sous *Trossa,* 3. [Trousser, charger. Partonop. v. 2393 :

> Cent somiers torsés.

Roi Guillaume, pag. 110 :

> Sor un de lor roncis le torsent.

Destorser, pag. 112. Voyez Rayn. tom. v, pag. 434¹, au mot *Trossar.*]

1. **TORSIN**, Le marc de la bière, dresche. Gl. sous *Torculare.*

2. **TORSIN**, Torche, chandelle de cire. Gl. *Tortisius.*

TORSONNIER, Injuste, fait à tort et sans cause. Gl. *Tortionarius.*

TORSONNIÈREMENT, Injustement, à tort. Gl. *Tortionarie.*

TORTE, Pain de seigle, gros pain. Gl. *Panis tornatus.*

TORTEAU, Sorte de maladie, vertiges. Gl. *Tornutio.*

TORTE-LANGUE. Voyez ci-dessus *Corte-langue.*

TORTICIÉ, Tortillé. Gl. *Tortosus.*

TORTIL, Torche, flambeau. Gl. *Tortisius.* [Roman de Renart, tom. III, p. 133, vers 23409.]

* **TORTIR**, Tordre, recourber. G. Guiart,

tom. II, pag. 394, vers 10243 (19225) :

> Là repéust-on esgarder...
> Lances tronçonner et tortir.

Voyez Rayn. tom. v, pag. 382¹, au mot *Torser.*

TORTOER, Tortoir, Tortouer, Bâton avec lequel on tord une corde ou un autre lien qui doit assurer et ténir ferme quelque chose. Gl. *Tortor,* 2.

* **TORT.** A vostre Tort, Par votre faute. Roi Guillaume, pag. 52.

> Que se il muert à vostre tort
> Vostre est la coupe de sa mort.

TORTRE, Tourterelle. Gl. *Tordera.*

TOSICHE, Potion empoisonnée. Gl. *Toxicum,* sous *Toxicare.* [Voyez Rayn. t. v, pag. 438², au mot *Tueissec.*]

TOST et **TART**, Le matin et le soir. Gl. *Tardus.*

* **TOST**, Vite, promptement. Partonop. vers 735 :

> La nés vait tost, li ber est ens ,
> Car à mervelle est bons li vens.

Vers 763 :

> La nés sigle dusqu'à la nuit ,
> Plus tost que cers levriers ne fuit.

Agolant, pag. 180² :

> Si li mandez tost et isnellement...
> De sa corouue vous face tost present.

Aubri, vers 58, 80 :

> Or tost as armes franc chevalier membru.

Garin le Loher. tom. I, pag. 173 :

> Tost, biaus oncles, ses biaumes est jà mis.

Voyez Rayn. tom. v, pag. 388², au mot *Tost.*

1. **TOSTÉE**, Oublie, chose de nulle considération. Gl. *Tosta.*

2. **TOSTÉE**, Sorte de ragoût et de fricassée, rôtie. Gl. *Tostea.*

3. **TOSTÉE**, Soufflet, coup de la main sur la joue. Gl. *Tostea.*

TOSTER, Rôtir, se bien chauffer. Gl. *Tostea.*

* **TOT**, Tout, se joint avec d'autres mots pour leur donner plus d'énergie. Orell, pag. 315. *Tot maintenant,* Gérard de Vienne, vers 3093. *Tot enfin,* Partonop. vers 2370. *Tout partout,* Dit du Roi Guillaume, p. 182. *Tot à pié,* Gérard de Vienne, vers 1128. *Tot à veue,* Partonop. vers 239. *Tote quite,* Roman de Renart, t. II, p. 242, v. 16149, etc. — *Del tot en tot,* tout à fait. Roman de Renart, t. I, p. 194, vers 5215. *Del tot en tot pas ne,* Pas du tout, Flore et Blancefl. vers 2762. — *A tot,* Avec. Voyez *Atot.* Partonop. vers 7932. Roman de Renart, t. II, pag. 347, vers 19055; pag. 362, v. 19462; tom. III, pag. 50, vers 21117; pag. 117, vers 22968. Orell, pag. 319. — *A tout le moins,* Tout au moins, pag. 298. — Voyez Rayn. tom. v, pag. 389², au mot *Tot,* ci-dessous *Tout.*

TOTAGE, Total, toute une somme. Gl. *Totagium.*

TOTDIS, Toujours, aussi, pareillement. Gl. *Planta,* 2. [Diez, *Altrom. Sprachdenkm.* pag. 56. Orell, p 315. *Tos tens,* Partonop. v. 92. Roman de Renart, t. I, p. 12, v. 316. *Totans,* Aubri, vers 90. *Tos jors,* Partonop. vers 170. *Tote jor,* Orell, pag. 72. Roman de Renart, tom. I, pag. 181, vers 4869.]

Marie de France, tom. I, pag. 188. Voyez Rayn. tom. v, pag. 390¹², au mot *Tot.*]

TOTE, Impôt, exaction. Gl. *Tota,* 1.

* **TOTESVOIES**, Toteveies, Toutefois. Orell, pag. 315. Chron. des ducs de Norm. Roquef.

1. **TOUAILLE**, Étoffe de soie, parement d'autel. Gl. *Toaillia,* sous *Toacula.*

2. **TOUAILLE**, Touaillon, Nappe, serviette, essuie-main. Gl. *Toacula.*

1. **TOUCHE**, Plant d'arbres, petit bois. Gl. *Touchia.*

2. **TOUCHE**, Éperon, ce qui sert à toucher ou à piquer un cheval. Gl. *Touchia.*

* 3. **TOUCHE.** G. Guiart, tom. II, p. 313, vers 8119 (17101) :

> Sus la mote ot deus trompéeurs
> Emmi les autres , qui par touches
> Metent tantost trompes à bouches.

TOUCHEAU, Morceau d'or éprouvé à la pierre de touche. Gl. *Touchus.*

TOUCHIEN, Terme injurieux. Gl. *Tuchinus.*

TOUCHIN, Touchis, Pillard, voleur, rebelle, traître. Gl. *Tuchinus.*

TOUCHINER, Se révolter; d'où *Touchinage,* et *Touchinerie,* Rébellion, sédition. Gl. *Tuchinare,* sous *Tuchinus.*

TOUCQUET, Coin, angle. Gl. sous *Tusca.*

TOUDIS, Toudiz, Toujours, sans interruption. Gl. *Toialiter.*

TOUDRE, Oter, enlever. Gl. *Tollere.*

TOUÉE, Gros cordage, haussière. Gl. sous *Thouma.*

TOUELLER, Souiller, gâter, rouler dans un bourbier. Gl. *Compiegnium.*

* **TOUIL.**, Tooilz, Touoilléiz, Touoillement, Presse. Chron. des ducs de Norm. tom II, pag. 154, vers 19908 :

> Ci ont touil, ocise e fule.

Var. *Tooil.* Tom. I, pag. 209, vers 3643 :

> Là est si grauz li ferréiz ,
> Que'm ne vit mais si faiz tooilz ,
> Là sunt en sanc desqu'as genoilz.

Tom. III, pag. 207, vers 37445 :

> En sanc erent vers les jenoiz.
> Ainz que partist icil tooilz, etc.

G. Guiart, tom. I, pag. 80, vers 1436 :

> Li huz à enforcier commence
> Et les greveus touoilléiz.

Tom. II, pag. 40, vers 1002 (9970) :

> Là où li rois Sainz Lois passe
> A merveilleus touoillement.

TOUILLÉ DE BOE, DE SANG, Tout couvert de boue, de sang. Gl. *Sordulentus.* [*Touoillies,* G. Guiart, tom. II, pag. 212, vers 5485; p. 310, v. 8062 (14465, 17043). *Touoillant,* tom. I, pag. 161, vers 3639 :

> Cil qui resont ès tours montés
> Les revont forment touoillant,
> Car il leur gietent plomb boillant, etc.

Angl. *Toil?*

TOULAIER, Celui qui lève le droit de Tonlieu. Gl. sous *Telon.*

TOULDRE, Oter, emporter, enlever. Gl. *Tollere.*

TOULÉ, Tonlieu, impôt, droit seigneurial sur les marchandises. Gl. sous *Telon.*

TOULLOIS, Monnaie de l'évêque de Toul. Gl. *Moneta Tullensis,* sous *Moneta Baronum.*

1. **TOULLON**, Torchon. Gl. *Torsorium.*

2. **TOULLON**, Toulon, Petit tonneau. Gl. *Tonnellus,* sous *Tunna.*

TOULOURER, Tolérer, souffrir. Gl. *Tolerare.*

TOULSAS, Monnaie des comtes de Toulouse. Gl. *Tolosani,* sous *Moneta Baronum.*

* **TOUNOILE**, Tonnerre. Roi Guillaume, pag. 47.

* **TOUOILLEIZ**, Touoillement. Voyez *Touil.*

* **TOUOILLER.** Voyez *Touillé.*

TOUPIN, Toupie, sabot. Gl. *Trocus.*

TOUQUESAIN, Tumulte, émeute au son du tocsin. Gl. *Touquassen.*

TOUQUESAINT, Tocsin. Gl. *Touquassen.*

TOUQUESCHES, Triquoises, tenailles à l'usage des maréchaux. Gl. sous *Tousquata.*

TOUQUET, Coin, angle. Gl. sous *Tusca.*

TOUQUON, Le jeu de mail. Gl. *Tudatus.*

TOUR D'ESCRIPT, Billet par lequel on tire sur un fonds destiné à un autre emploi. Gl. sous *Tornare,* 4.

TOUR DE PAPIER, Tour de rôle. Gl. *Turnus,* 1.

* **TOUR**, Moyen, biais. Chastel. de Couci, vers 2185 :

> Se vous povoie querre tour,
> Sans ma honte et ma deshonnour
> Que vous peusse reconforter.

TOURAGE, Géolage, ce que payent les prisonniers au geôlier. Gl. *Touragium,* et *Toragium,* sous *Turris.*

TOURBEL, Mêlée, troupe de combattans. Gl. *Turbatia.*

TOURBER, Faire des tourbes. Gl. *Turbare,* sous *Turba,* 1.

TOURBERIE, Tourbourie, Terrain propre à faire des tourbes, le lieu où on les fait. Gl. *Torba,* 2, et *Turbaria,* sous *Turba,* 1.

TOURD, Sorte de poisson. Gl. *Turdus.*

TOURECLE, Tourelle. Gl. *Turella.*

TOURET, Rouet à filer. Gl. *Tornum.*

TOURIER, Gardien de la tour ou de la prison, geôlier. Gl. *Turrarius.*

TOURMENTE, Tournoi, joûte. Gl. *Tormentum,* 2.

TOURNAGE, Sorte de redevance annuelle. Gl. *Turnus,* 2.

TOURNANT, Courbure. Gl. sous *Tornatura,* 3.

1. **TOURNE**, Retour qu'on donne dans un échange. Gl. *Torna,* 2, et *Turna,* 1.

2. **TOURNE**, Dédommagement accordé par le juge à celui qui a été blessé; ou l'Amende due au seigneur par celui qui a blessé. Gl. sous *Torna,* 3.

1. **TOURNÉE**, Échange. Gl. *Tornare,* 2.

2. **TOURNÉE**, Houe, instrument pour remuer et retourner la terre. Gl. *Tornaglium.*

1. **TOURNER**, Donner du retour dans un échange. Gl. *Tornare,* 2.

2. **TOURNER**, Changer une pièce contre de la monnaie. Gl. *Tornare,* 2.

3. **TOURNER**, Changer de lieu. Gl. *Tornare,* 2.

4. **TOURNER** Cédulle, Tirer une lettre de change sur un fonds destiné à un autre emploi. Gl. *Tornare,* 4.

TOURNETTE, Rouet à filer; ou Devidoir. Gl. *Tornum.*

TOURNEURE, L'action de tourner. Gl. *Torneura.*

TOURNEURRE, Tonnerre, ville. Gl. *Torneura.*

TOURNICHE, Qui est sujet à des vertiges. Gl. *Tornutio.*

TOURNICLE, Tunique, cotte d'armes. Gl. *Torniclum*, et *Tunica*, 2.

TOURNIÈRE, p. e. Fossé qui entoure une terre. Gl. *Torna*, 4.

TOURNIQUIAU, Sorte de vêtement qui entoure le cou; ou Tunique à l'usage des enfants de chœur. Gl. *Torniclum.*

TOURNOERIE, Sorte de redevance annuelle. Gl. *Turnus*, 2.

TOURNOT, Gros bâton, levier. Gl. *Tornus*, 1.

TOURNOYEMENT, Tournoi, joûte. Gl. *Torneamentum.*

TOUROIT, Rouet à filer. Gl. *Tornum.*

TOUROUL, Petit tourniquet de bois qui sert à fermer une porte ou une fenêtre. Gl. *Turnus*, 3.

TOURRIER, Gardien de la tour ou de la prison, geôlier. Gl. *Turrarius.*

TOURS DE VISCONTE, Plaids généraux d'un comté tenus par le vicomte. Gl. sous *Turnus*, 1.

TOURSE, Trousse, faisceau, paquet. Gl. *Torsellus*, 1.

TOURSÉE, Le même. Gl. *Torsata.*

TOURSEL, Le même. [Flore et Blancefl. vers 1413. *Torsiel*, v. 1429]; d'où le diminutif *Tourselet*, Petit paquet. Gl. *Torsellus*, 1.

TOURSER, Charger, porter un fardeau, une *tourse*. Gl. *Torsata.*

TOURT, Tronc d'église. Gl. *Turriculus.*

1. **TOURTE**, Gros pain, pain bis, et le seigle ou le blé dont on fait ce pain. Gl. *Panis tornatus.*

2. **TOURTE**, Certaine partie d'un moulin. Gl. sous *Torta*, 2.

TOURTEAU, Redevance seigneuriale, qui s'est payée d'abord en gâteaux, et ensuite en argent. Gl. *Torta*, 1.

TOURTELAGE, Espèce de droit seigneurial, différent de la redevance des *tourteaux*. Gl. *Tourtelagium.*

TOURTERIE, Pâtisserie. Gl. *Torta*, 1.

TOURTIS DE CIRE, Pain de bougie. Gl. *Tortitius.*

1. **TOURTRE**, Tordre. Gl. sous *Torculare.*

2. **TOURTRE**, Tourterelle. Gl. *Tordera.*

TOURUIQUIAUX, p. e. Les Térouanois. Gl. *Tarvisii.*

TOUSCHE, Plant d'arbres, petit bois. Gl. *Touchia.*

TOUSE, Troupe, multitude. Gl. *Trocha*, 1. (Jeune fille, jeune femme, maîtresse. Laborde, pag. 173 :

> Biau sire, trop vous hastez,
> Dit la touse, j'ai amant.

Lai du Corn, vers 17 :

> Cil ki ne avoit espouse
> Manyoit oueke sa touse.

Roman de Renart, tom. v, pag. 59, v. 905 :

> Encontre lui sailli s'espouse,
> Hermeline sa genie touse.

Tousete, Laborde, pag. 188. Partonop. vers 8435. Rayn. tom. v, pag. 388¹, aux mots *Toza*, *Tozeta*.]

TOUSEAU, Tousiau, Peau de brebis garnie de sa laine. Gl. *Tonsona.*

* **TOUSEL**, Jeune homme, enfant. Partonop. vers 1140, 1490, 1970. Chron. des ducs de Norm. au mot *Toscaus*, *Tosel.* Rayn. tom. v, pag. 388¹, au mot *Tozet.* Voyez *Touse.*

TOUSER, Tondre, couper les cheveux. Gl. *Tonsona.* [Partonop. vers 6194.]

TOUSIAU, Toison, et le droit sur les toisons. Gl. *Tonsona.*

* **TOUSIR**, Tousser. Partonop. v. 7432. Orell, pag. 123.

TOUSSEMENT, Toux, l'action de tousser. Gl. *Tussitus.*

TOUSTÉE, Rôtie. Gl. *Tostea.*

* **TOUT**, Quoique. G. Guiart, t. 1, p. 8, vers 86; pag. 12, vers 185; pag. 13, v. 211; pag. 16, vers 287, etc.

TOUTE, Cens, redevance qu'on a droit d'exiger. Gl. *Touta*, sous *Tolta*, 1.

TOUZER, Tondre, couper les cheveux. Gl. *Tonsona.*

TRABATEL, Solive, soliveau. Gl. *Trabetus.*

* **TRABUCHEMENT**, Chute, renversement, ruines. Saint Bernard : *Li engle semarent quant il esturent al trabuchement que li altre fisent* (lat. Angeli quoque seminaverunt quando cadentibus aliis ipsi steterunt.) Voyez Roquefort et Rayn. tom. v, pag. 393², au mot *Trabucamen.*

TRABUCHER, Renverser, détruire, démolir. Gl. *Trabucare*, 2.

1. **TRABUCHET**, Machine de guerre pour jeter de grosses pierres. Gl. *Trebuchetum.*

2. **TRABUCHET. FAIRE LE TRABUCHET**, Donner le croc en jambe. Gl. *Trebuchare*, 2.

TRABUQUET, Machine de guerre pour jeter de grosses pierres. Gl. *Trabucha*, sous *Trebuchetum.*

TRAC, Bagages, équipages. Gl. *Traca.*

TRACER, Tracher, Chercher avec soin, suivre la trace; de *Trache*, pour Trace, vestige. Gl. *Pedu*, 1, et *Tracea.* [Roman de Renart, tom. 1, p. 18, v. 480. G. Guiart, tom. 1, pag. 253, vers 6124; pag. 257, vers 6221; tom. 11, pag. 132, vers 3397 (12377). Voyez Rayn. tom. v, pag. 407¹, au mot *Trassa*.]

TRAFIENS, Fourche ou instrument à tirer le fumier hors des écuries. Gl. sous *Trahanderius.*

TRAGELAPHE, Animal qui tient du cerf et du bouc. Gl. *Tragelaphus.*

TRAGIER, Dragier, vase dans lequel on servait des dragées ou des confitures. Gl. *Trageria.*

TRAHANDIER, Ouvrier qui tire la soie. Gl. *Trahanderius.*

TRAHANT, Fourche ou instrument à tirer le fumier hors des écuries. Gl. sous *Trahanderius.*

TRAHIDOSE, Traîtresse, perfide. Gl. *Traditor*, 1.

TRAHITES, Trahitor, Traître. Gl. *Traditor*, 1.

TRAHU, Tribut, impôt, tonlieu. Gl. *Truagium.*

TRAHYNE, Sorte de charrette ou voiture. Gl. *Trainare.*

TRAIANS, Mamelle, pis, mamelon. Gl. *Trahere*, 5. [Chron. des ducs de Norm.]

1. **TRAICT**, Tout ce qui est propre à

être tiré, trait, flèche, javelot. Gl. *Tractus*, 4.

2. **TRAICT. AU TRAICT DE LA MORT**, A l'article de la mort. Gl. *Tractus*, 5.

TRAICTE, Compte de l'argent d'une caisse commune. Gl. *Tracta*, 3.

TRAICTEUR, Juge par commission, ou arbitre. Gl. *Tractator*, 5.

TRAILLE, Treillis, jalousie, grille. Gl. *Trelea.*

* **TRAÏN**, Trahin, Train, conduite. Chronique ascendante des ducs de Norm. Chron. des ducs de Norm. tom. 1, p. xiv :

> Largesse...
> Ne sai ou est reposte, ne truis traio ne place
> Qui ne seit, etc.

Roman de Renart., tom. 1, pag. 6, v. 153 :

> Por ce qu'erent si d'un train
> Estoit Renart niés Ysengrin.

Agolant, vers 28 :

> Se il le trovent, seront li mal voisin,
> De lui feront molt doleros trahin.

Troupe, foule, Chron. des ducs de Normandie. Voyez Rayn. tom. v, pag. 398¹, au mot *Trahi.*

TRAINCHIÉMANT, Décisivement, absolument. Gl. *Trencator.*

TRAINE, Gros bâton, soliveau. Gl. *Traina.*

1. **TRAINEL**, Celui qui conduit un traîneau. Gl. *Trahale.*

2. **TRAINEL**, Chausse-pied. Gl. *Trainellum.*

3. **TRAINEL**, Voyez ci-dessous *Tramel.*

TRAINIEL, Traîneau. Gl. *Trahale.*

TRAIRE, [Tirer, traîner. Voyez Orell, pag. 268. Rayn. tom. v, pag. 398², au mot *Traire*. Roman de Renart, tom. 1, pag. 21, vers 543 : *Trait*, Tiré. — Flore et Blancefl. vers 113 :

> A tant s'en entrent tot ès nes
> Et à vant traient sus les tres.

Roman de Renart, tom. iv, pag. 26, vers 688 :

> Renars areste et trait en sus.

(Voyez *Regne*, 1.) — *Traire ses fis*, Travailler à l'aiguille, Wackern. p. 1. — Partonop. vers 127 :

> Eslise le sens per voisdie
> Si'l traie hors de la folie.

— *Traire à la geste.* Voyez *Geste.*] — *Traire paine*, souffrir. Gl. *Trahere*, 17. [Partonop. vers 660 :

> Car n'ert apris de nul mal traire.

Vers 744. Laborde, pag. 227 :

> Li max que je trai.

Chronique des ducs de Norm., *Traire avant*, Augmenter. Wackern. pag. 31 :

> K'il gairt son prix et se lou traice avant.

— *Traire à chief*, Achever, venir à bout. Partonop. vers 9429. Orell, pag. 270. Chronique des ducs de Norm. Agolant, p. 171² :

> Se de ce champ traient paien à fin
> Jamais en France n'orra messe à matin.

— Tirer des flèches. Roman de Renart, tom. 11, pag. 242, vers 16152, etc. — Couper, frapper de taille. Agolant. pag. 179¹ :

> Il tint Cortain, si le fiert par devant,
> A mont en l'iaume l'a consuit en traiant.

Garin le Loher. tom. I, pag. 130 :

> Je vous trairai à m'espée le chief.

— *Se traire*, Se rendre quelque part. Fabliaux, Jubinal, tom. I, pag. 138 :

> Tant baoit sainte yglise qu'il ne s'i voloit traire.

Roman de Renart, tom. I, pag. 37, v. 947 :

> Il se tret vers une fenestre.

Roman de Rou :

> Garissez-vus, se vus poez,
> Trahez-vus à parfonde mer.

Orell, pag. 269. 270.]

TRAIS. Faire Trais, Faire la répartition d'une taille ou imposition. Gl. *Gita.*

TRAISNAGE, Ce qu'on paye au seigneur pour les marchandises, qu'on mène sur un traîneau. Gl. *Vineragium.*

1. TRAIT. Gens de Trait, Archers. Gl. *Tractus*, 4.

2. TRAIT d'Eufz, Blanc d'œuf. Gl. *Tractus*, 4.

3. TRAIT. Estre Trait, Être atteint, être blessé d'une flèche. Gl. *Trahere*, 3.

TRAITE de Messes, Certain nombre de messes dites de suite. Gl. *Tractus*, 1.

TRAITEL, Tréteau. Gl. *Tradellus.*

TRAITER. Se Traiter, Se pourvoir par devant un juge. Gl. *Tractare*, 10.

1. TRAITEUR, Député pour traiter une affaire. Gl. *Tractator*, 5.

2. TRAITEUR Moyen, Médiateur, arbitre. Gl. *Tractator*, 5.

3. TRAITEUR, Traître; d'où *Traitrement*, Par trahison. Gl. *Traditor*, 1.

* TRAITIE, Portée d'arc? Renart le Nouvel, tom. IV, pag. 162, vers 949 :

> Un pont ... une traitie
> Ot de Jone.

Voyez Rayn. tom. v, pag. 400¹, au mot *Trait.*

TRAITIF. Souspir Traitif, Soupir tiré du fond du cœur. Gl. *Tractus*, 1.

* TRAITIS, Bien fait, régulier. *Cevaliers traitis*, Partonop. vers 1996. *Sorciols traitis*, vers 558. *Sourcils traictifs*, Roman de Gérard de Nevers, cité par Roquefort. *Face traitice*, Partonop. vers 562. *Vis traitiz*, vers 7765. *Doiz traitiz*, Laborde, p. 268. Voyez Rayn. tom. v, pag. 406¹, au mot *Traititz.*

TRAMAILLE, Lieu où l'on peut pêcher au tramail. Gl. *Tramallum.*

TRAMAIRE, Tramail, sorte de filet à pêcher. Gl. *Tramallum.*

TRAMBLABLE, Tremblant, qui branle. Gl. *Toda.*

TRAMEL, ou Trainel, Sorte de filet à prendre des oiseaux. Gl. *Tramallum.*

TRAMETTRE, Envoyer quelqu'un vers un lieu. Gl. *Transmissus.* [Garin le Loher. tom. I, pag. 74. Orell, pag. 249. Chron. des ducs de Norm. Voyez Rayn. tom. IV, pag. 230¹, au mot *Trametre*, ci-dessous *Tremis. Trametre à signor*, Marier. Wackern. pag. 6.]

TRAMIOTEAU, Jeune tremble, arbre. Gl. *Tramblus.*

TRAMMEUR, Tremie du moulin. Gl. *Tremodium.*

TRAMOIS, Menus blés qui ne sont que trois mois en terre, et la saison où on les sème. Gl. *Tremesium et Tremisium.*

TRAMPOIS, pour Trempis, Eau dans laquelle on a fait dessaler de la morue ou autre saline. Gl. *Trampesius.*

TRANC, Fourche ou instrument pour tirer le fumier des étables ou des écuries. Gl. *Trahanderius.*

1. TRANCHE, Instrument qui sert à couper la terre, bêche. Gl. *Trancheia*, 1.

2. TRANCHE, Tranchet, Sorte de couteau. Gl. *Tranchetus.*

TRANCHELART, Grand couteau de cuisine. Gl. *Tranchetus.*

TRANCHEUR, Tranchoir, assiette sur laquelle on coupe les viandes. Gl. *Trencheator.*

TRANCHOER, Palet. Gl. *Trencheator.*

TRANCHOISON, Tranchée, colique, douleur de ventre. Gl. *Trencatæ.*

TRANCHOUOIR, Tranchoir, assiette sur laquelle on coupe les viandes. Gl. *Trencheator.*

TRANKIS, Tranquis, Tranchée, fossé. Gl. *Trencatum.*

* TRANLE, Tremble. Flore et Blancefl. vers 890 :

> Endormi sont desous un tranle.

TRANSAIGE, Le droit de passage. Gl. *Transitorium*, 1.

TRANSCHERESSE, p. e. Sorte de plante ou de fleur. Gl. *Aurica.*

TRANSCHEUR, Transchouer, Palet. Gl. *Trencheator.*

TRANSGLOUTIR, Avaler, engloutir. Gl. *Transgulare*, 1.

TRANSIGÉ, Transaction, convention. Gl. *Mareare.*

TRANSIGIER, Transgresser. Gl. *Transgredare.*

TRANSLAT, Transcript, copie. Gl. *Translatum.* [*Translater*, Transcrire, copier. Roman de Saint-Graal, P. Pâris, Catal. tom. I, pag. 121 : *Escrivain qui après le translatast d'un livre en autre.* — Transférer, faire passer. Premier livre des Rois, ch. IV, vers 21 : *Translatée est la glorie Deu de Israel, kar prise est l'arche.* (lat. : Translata est gloria.) Voyez Rayn. tom. II, pag. 17¹, au mot *Translatar.*]

* TRANSLINE, Terme de blason, Ligne transversale? Chastel. de Couci, vers 1208 :

> Escut de geulles à deus bars
> Portoit, et si avoit encor
> Assis translines de fin or.

TRANSLUISANT, Transparent, diaphane. Gl. *Translucidum.* [Orell, pag. 279. Rayn. tom. IV, p. 110², au mot *Trasluzer.*]

TRANTIS, Troupeau de moutons, de chèvres ou d'autres animaux, composé de trente bêtes. Gl. *Trentanea.*

TRAPANT, Trapen, Trappe, espèce de porte ou de fenêtre dans un plancher. Gl. *Trappa.*

TRAPPAN, p. e. Piége pour attraper des animaux. Gl. *Trappa.*

TRAPPE, Vaisseau à mettre du lait. Gl. *Trappa.*

TRASSE, Fosse, cul de basse fosse; ou Ceps, entraves. Gl. *Trassa*, 2.

1. TRASSER, Chercher avec soin, suivre à la trace. Gl. *Tracea.*

2. TRASSER, En vouloir à quelqu'un, le tracasser. Gl. *Trassa*, 2.

3. TRASSER, Passer légèrement. Gl. *Trassa*, 2.

4. TRASSER, Effacer en râclant ou en raturant. Gl. *Trassa*, 2.

TRASTE, Poutre traversante. Gl. *Trastrum.*

* TRAU, Trou. Partonop. vers 3004 :

> Grant trau r'a fait en son escu.

Roman de Renart, tom. IV, p. 37, v. 994 :

> Dont ne laissa bois ne plaiscié,
> Haie ne champ, trau ne buison.

Voyez Rayn. tom. v, pag. 408², au mot *Trauc.*

* TRAVAIL, Peine, fatigue, souci. Flore et Blancefl. vers 1722 :

> Moult me saule que cou soit gas
> Que vos dras vendés à detoil,
> D'autre mercié avés travail.

Travaillier, Fatiguer, causer de la peine. Vers 2601 :

> De pitié n'es voel esvillier,
> Trop les cremoie à travaillier.

Vers 1269. Partonop. vers 2429 :

> Travellié somes et pené,
> Et moult avons par mer waloré.

Renart le Nouvel, t. IV, p. 201, vers 1963. Voyez Rayn. tom. v, pag. 392¹, au mot *Traballh.* Chron. des ducs de Normandie.

TRAVAYSON, Travée. Gl. *Travayso.*

TRAVEILLAN, Mot générique pour signifier tous les instruments d'un art ou d'un métier. Gl. *Travallus.*

TRAVERS, pour Tréves, Sûreté donnée en justice. Gl. *Treva.*

TRAVERSAIN, Sorte de tonneau en Anjou, demi-pipe, demi-queue. Gl. *Traversenum.*

1. TRAVERSER, Parier contre quelqu'un pour un des joueurs. Gl. *Transversare*, 2.

* 2. TRAVERSER, Changer. Partonop. vers 3303 :

> Ici traverse l'aventure,
> Dont est soés, et ore est dure.

Voyez Rayn. tom. v, pag. 525², au mot *Traversar.*

1. TRAVERSIER, Celui qui lève le droit de *Travers.* Gl. sous *Traversum*, 1.

2. TRAVERSIER, Traversin de lit. Gl. *Traverserium.*

3. TRAVERSIER, Sorte de tonneau en Anjou, demi-pipe, demi-queue, Gl. *Transversariæ.*

TRAVERSIN, Le même. Gl. *Traversenum.*

1. TRAVERSSIER, Le même. Gl. *Traversenum.*

2. TRAVERSSIER, Travessier, Celui qui lève le droit de *Travers.* Gl. sous *Traversum*, 1.

TRAVETE, Soliveau. Gl. *Trabetus.*

TRAVEURE, Partie d'un bateau appelée plus ordinairement *Traversin.* Gl. *Traveya.*

TRAVULSE, Trouble, désordre. Gl. *Travoltus.*

TRAY-LE-BASTON, Commissaires nommés par Édouard Ier, roi d'Angleterre, à la recherche de toute espèce de malfaiteurs; la juridiction de ces juges. Gl. *Tray-le-baston.*

TRAYME, Trame. Gl. *Trama.*

TRAYMEL, Chausse-pied. Gl. *Parco-pollex*.

TRAYN, Train, bagages, équipages. Gl. *Traca*.

1. **TRAYNE**, Poutre, soliveau. Gl. *Traina*.

2. **TRAYNE**, Pièce de bois dont on se sert pour enrayer. Gl. *Traina*.

TRAYNEAU, Filet qu'on traîne pour prendre des perdrix et autres oiseaux. Gl. *Tragum*.

TRAYNNE, Sorte de charrette ou de voiture. Gl. *Trainare*.

TREANT, Houe, instrument à remuer la terre. Gl. sous *Treaga*.

1. **TREBLE**, Triple, trois fois autant. Gl. *Trebium*.

2. **TREBLE**, Trompette. Gl. sous *Trebium*. [Roman de Renart, tom. III, pag. 59, vers 21374 :

    Un benedicamus farsi
    A orgue, à treble et à deschant.

Partonop. vers 10769 :

    Cil clerc cantent en treble vois.

Fabliaux, Jubinal, tom. II., pag. 36 :

    De meyne e de tresble e de bordoun.]

TREBUCHER, Renverser, détruire, ruiner. Gl. *Trabucare*, 2. [Partonop. v. 8147, 8152, 8914. Gérard de Vienne, v. 2097, 2158. Voyez Rayn. tom. v, pag. 394¹, au mot *Trabucar*.]

1. **TREBUCHET**, Machine de guerre pour jeter de grosses pierres. Gl. *Trebuchetum*.

2. **TREBUCHET.** FAIRE LE TREBUCHET, Donner le croc en jambe. Gl. *Trebuchare*, 2.

TREBUKIER, Renverser, abattre. Gl. *Trebuchetum*.

TREBUKIET, TREBUS, Machine de guerre pour jeter de grosses pierres. Gl. *Trebuchetum*.

TRECEAU, Espèce de raisin. Gl. sous *Treccamentum*.

* **TRECERIE**, Tricherie, ruse. Flore et Blancefl. vers 2469 :

    A cui me toli par envie
    Li rois ses pere o trecerie.

Treciés, Trichés, trompés. Partonop. vers 5473 :

    Si doit perir qui s'amor triche,
    Qui dame trice u qui li ment
    Trosqu'elle l'aime loiaument,
    Cil soit par tot le mont treciés.

Trecher, Tricher, tromper. Ruteb. tom. I, pag. 6.

TRECHANT, Fourche, instrument pour tirer le fumier des écuries ou des étables. Gl. sous *Trahanderius*.

TRECHOUOIR, TRECOUER, Tressoir, ornement de tête pour les femmes. Gl. *Tressorium*, sous *Trica*. [Partonop. vers 4863 :

    A cevels blois, lons et delgiés
    Sains treceór li vont as piés.

Vers 10655 :

    En bende fu lor trechéure
    A envoisie fréteure.
    De trechéors fais soutilment
    De fil d'or et de fil d'argent
    Bien ont lor cevels atornés.

Chastel. de Couci, vers 1534 :

    Sires Hues de Rumeingni
    Couvers d'or au vermeil sautoir;
    De vert y avoit un treschoir.]

TREDOULX, Traître. Gl. *Traditor*, 1.

1. **TREF**, Pièce de bois, poutre, plafond. Gl. *Treffa*. [Voyez Rayn. tom. v, pag. 408¹, au mot *Trau*.]

2. **TREF**, Tente, pavillon. Gl. *Treffa*. [Garin le Lohér. tom. I, pag. 252. Chron. des ducs de Normandie.]

3. **TREF**, Voile de vaisseau. Gl. *Treffa*. [G. Guiart, tom. II, pag. 393, vers 10200 (1918). Flore et Blancefl. vers 114, 1358 :

    Du vent orent tos plains lor tres.

Partonop. vers 730 :

    Sigler le vöit tot à plain tref.

Vers 1170. Voyez Jal, Archéologie Navale, tom. I, pag. 176; tom. II, pag. 508.]

TREFFEU, Trépied, ou Siége soutenu sur trois pieds. Gl. *Treffus*.

TREFFILIER, TREFFILLIER, Ouvrier qui fait les chaînons d'une chaîne ou les macles d'une cuirasse. Gl. *Trifilum*.

1. **TREFFOND**, Sorte d'habillement, culotte. Gl. sous *Treffus*.

2. **TREFFOND**, Tire-fond, outil de tonnelier. Gl. sous *Treffus*.

TREFFONS, Cens foncier, seigneurie foncière; d'où *Treffoncier*, Seigneur foncier. Gl. *Treffundus*.

TREFFORER, Percer, faire un trou. Gl. *Transforatus*.

TREFFOUEL, Trépied, ou Siége soutenu sur trois pieds. Gl. *Treffus*.

1. **TREFOUEL**, Garde-feu, ou Plaque de cheminée. Gl. *Repofocilium*.

2. **TREFOUEL**, Grosse bûche, ou souche pour tenir le feu. Gl. *Torres*.

TREGENIER, Voiturier. Gl. *Treginerius*.

TREGET, Fronde, tout ce qui sert à lancer de loin contre quelqu'un. Gl. *Trajectorium*.

TREHANT, Fourche, instrument pour tirer le fumier des écuries ou des étables. Gl. sous *Trahanderius*.

TREHEU, TREHU, Tribut, redevance, impôt, tonlieu, toute espèce de droit seigneurial. Gl. *Truagium*.

TREIDOULX, Traître. Gl. *Traditor*, 1.

TREILLEIS, Se dit d'une armure travaillée en treillis ou chaînons. Gl. *Trilices loricæ*.

* **TREIT.** Roman de Renart, tom. III, pag. 57, vers 21295 :

    Que le service
    Doit l'en dire à treit en l'iglise
    Et faire le mostier moult bel.

Voyez Gl. *Tractus*, 1.

TREIZIÈME, Sorte d'impôt. Gl. *Tredecima*, sous *Trezenum*.

TRELICE, Se dit d'une armure travaillée en treillis ou chaînons. Gl. *Trilices loricæ*.

* **TRELLE**, Treillis. Partonop. v. 10309 :

    Et le trelle et l'enlacéure
    Fist moult soutive par figure.

Voyez Rayn. tom. v, pag. 413, au mot *Treilla*.

TRELLICIÉ, Travaillé en treillis ou chaînons. Gl. *Tralicium*.

TREMATER, Changer l'ordre, prévenir son rang. Gl. sous *Tremaclum*.

TREMBLAY, Tremblaie, lieu planté de trembles. Gl. *Trembleia*.

TREMBLE-TERRE, Tremblement de terre. Gl. *Termotio*.

* **TREMÉ**, Tramé, tissé. G. Guiart, t. II, pag. 317, vers 8237 :

    Sus ses armes une cointise
    De gueules sanz euvres tremées.

TREMELÈRE, Querelleur, qui aime à disputer; ou Celui qui joue volontiers au jeu appelé *Tremerel*. Gl. *Tremerellum*.

TREMÉS, TREMIS, TREMOIS, Menus blés, qui ne sont que trois mois en terre, et la saison où on les sème. Gl. *Tremesium* et *Tremisium*.

* **TREMIS**, Transmis, envoyé. Voyez *Tramettre*. Partonop. vers 1352, 3738, 5565, 5569, 5583.

TRÉMONTAIN, Ultramontain, qui est d'Italie. Gl. *Tramontana*.

TREMOURE, Trémie. Gl. *Faricarpstia*.

TREMPANCE, Délai, prolongation. Gl. *Sufferentia*, 3.

TREMPE, Vin mêlé d'eau à l'usage des domestiques. Gl. *Trempa*.

TREMPOIR, p. e. Saucière. Gl. *Temperare*, 1.

TREMPOIRE, Trempure, poids qui sert à faire moudre d'une certaine manière. Gl. sous *Trempa*.

TREMREAL, Sorte de jeu de hasard. Gl. *Tremerellum*.

TREMUÉE, TREMUYE, Trémie. Gl. *Faricarpstia* et *Tremuia*.

1. **TRENCHE**, Instrument propre à couper la terre, bêche. Gl. *Trenchia*.

2. **TRENCHE**, Éclat de bois. Gl. *Trenchia*.

TRENCHÉEMENT, Décisivement, absolument, sans retour. Gl. *Trencator*.

TRENCHEOR, Sapeur. Gl. *Trenchia*.

TRENCHEPLUME, Canif, petit couteau à tailler les plumes. Gl. *Tranchetus*.

TRENCHER LES ESPERONS, Dégrader un chevalier. Gl. sous *Calcar*, 1.

TRENCHET, Petit couteau à pain. Gl. *Tranchetus*.

TRENCHIÉMENT, Décisivement, absolument, sans retour. Gl. *Trencator*.

TRENCHIER, Saper. Gl. *Trenchia*.

TRENCHIS, Coupe de bois. Gl. *Trenchis*.

TRENCHIZ, Tranchée, fossé. Gl. *Trencatum*.

TRENCHOIR DE PAIN, Tranche, morceau de pain. Gl. *Trenchia*.

TRENET, Ustensile de cuisine, trépied. Gl. *Triparium*.

TRENQUADOR, Arbitre, qui départage les avis, qui décide et tranche la difficulté. Gl. *Trencator*.

TRENQUE, Tranchée, fossé. Gl. *Trencatum*.

TRENSONNER, Couper avec les dents. Gl. *Troncire*.

TRENTEL, Trente messes célébrées pour un mort. Gl. *Trentale*.

TRENTISMES, Trentième. Gl. *Trigenarius*.

TREPANT, Trappe, espèce de fenêtre. Gl. *Trappa*.

TREPEIL, Agitation, inquiétude, tourment. Gl. *Trepalium*. [Voyez Rayn. tom. v, pag. 418¹, au mot *Trepeil*.]

TREPEIS, Trépignement des chevaux. Gl. sous *Trepidare*.

TREPER, Tʀᴇᴘᴘᴇɴ, Sauter, bondir, gambader, tressaillir de joie. Gl. *Trepare*.

1. **TREQUE**, Toque, sorte de bonnet. Gl. *Trescia*.

2. **TREQUE**, Sorte de danse, p. e. Branle. Gl. *Triscare*.

* **TRERS**, Derrière. Voyez *Tries*. Roman de Renart, tom. II, pag. 110, vers 12540:

  Trers le dos liées les pattes.

1. **TRÉS**, Tente, pavillon. Gl. *Treffa*.

2. **TRÉS**, Voile de navire. Gl. *Treffa*.

3. **TRÉS**, Proche, auprès. Gl. *Tres*.

4. **TRÉS**, Dès, depuis. Gl. *Tres*. [Roman de Renart, tom. III, p. 131, v. 23348:

  Je ne manjai tres avant er.

Tom. IV, pag. 201, vers 1961:

  Tres l'aube crevant
  Jusques à miedi sounant.

Tresdont. Partonop. vers 6095:

  Tresdont sai-jo que vos m'amés.

Chastel. de Couci, vers 3515:

  Car tresdont que premiers vo vi.]

TRESALÉ, Qui est passé, qui est presque corrompu. Gl. *Tressalitus*.

* **TRESALER**, Passer. Dit du Roi Guillaume, pag. 158:

  De la pitié qu'elle ot fu sa faim tresalée.

Orell, pag. 143. Rayn. tom. V, pag. 474', au mot *Trasvazer*. Chron. des ducs de Norm. : *Tresvait*. — S'évanouir. Chastel. de Couci, vers 7803:

  Par grant angoisse tresala,
  Longuement fu qu'il ne parla.

TRESBUCHET, pour Tʀᴇʙᴜᴄʜᴇᴛ, Sorte de petite balance. Gl. *Binden*.

TRESCENSEUR, Celui qui doit le *Trescens*; ou Fermier. Gl. *Trecensarius*, et *Trecensus*.

TRESCES, Ceps, entraves. Gl. *Trassa*, 2.

* **TRESCEVANT**, Tombant. Chanson de Roland, st. 245, vers 4:

  L'un mort sur l'altre suvent vait trescevant.

TRESCHE, Sorte de danse, p. e. Branle; d'où *Trescher*, Danser. Gl. *Triscare*. [Agolant, pag. 172':

  Treschent et balent, s'ont les tabors sonez.

Roman de Renart, tom. I, p. 44, v. 1133:

  E li vivier se fu gelez...
  Qu'en pooit par desus treschier.

Chron. des ducs de Normandie. Voyez Rayn. tom. V, pag. 418, aux mots *Trescar* et *Tresca*.]

TRESCHIER, Embarrasser, tromper. Gl. *Tricare*.

* **TRESCHOIR**. Voyez *Trechouoir*.

TRES-CI-QUE, Jusque. Gl. *Très*.

TRESCOPER, Couper, passer devant. Gl. *Trepassus*.

* **TRESDONT**. Voyez *Tres*, 4.

1. **TRESEL**, Sorte de tonneau. Gl. *Tresellus*.

2. **TRESEL**, Certaine quantité de toile ou d'étoffe. Gl. *Tresellus*.

TRESELER, Carillonner. Gl. *Trasellum*, 2.

TRESFONCIER, Seigneur foncier; de

Tresfond, Fonds de terre, le cens foncier. Gl. *Treffundus*.

* **TRESGETER**, Barioler, entremêler. Partonop. vers 10706:

  A lioncels d'or tresgetés.

Flore et Blancefl. vers 573:

  Entremis i sont à cristal
  D'or et d'argent tot li esmal
  Desor la tombe tresjetés.

Vers 1987:

  D'arain est trestous tresjetés.

Voyez Rayn. tom. III, pag. 471', au mot *Trasgitar*.

* **TRESIR**, Avaler. Chron. des ducs de Norm. tom. II, pag. 4, vers 15384:

  Certes jeo poindrai lui el maigre;
  Si amer morsel e si aigre
  Li quid encor faire tresir,
  Dunt tart sera au repentir.

TRESLICE, Se dit d'une armure travaillée en treillis ou chainons. Gl. *Trilices loricæ*. [*Haubert Tresliz*, Chron. des ducs de Norm. Garin le Loher. etc.]

TRESLISSER, Treillisser, mettre une grille. Gl. *Treilliare*.

* **TRESLUE**, Roman de Renart, tom. II, pag. 318, vers 18234:

  Sachiez ne li fu mie bel,
  Que vers lui n'a mestier treslue.

TRESNOER, Passer une rivière à la nage. Gl. *Transnadare*.

* **TRESOÏR**, Entendre distinctement. Contes et Fabl. tom. III, pag. 394:

  Si qu'on tresoï
  L'uis du bercil, quant il l'ouvri.

1. **TRESPAS**, Passage dangereux et étroit, gorge de montagne. Gl. *Passus*, 3. [Roman de Renart, tom. II, pag. 135, vers 13211:

  Cist siecles n'est fors un trespas.

Pag. 159, vers 13865:

  Quant vint au trespas d'une rue.

Ruteb. tom. II, pag. 233:

  Par le trespas d'une vilete.

Mantel Mautaillié, vers 462:

  Et si croi-je que en gisant
  Li avint ce à uns trespas.]

2. **TRESPAS**, Droit de passage, tribut. Gl. *Trepassus*.

3. **TRESPAS**, p. e. Ardillon d'une boucle. Gl. *Trepassus*.

* 4. **TRESPAS**, Crime, délit. Hugo de Lincolnia, st. 16:

  Et si tu mentu as
  Sur les juz de tel trespaz.

Orell, pag. 29. *Trespassement*, Chron. des ducs de Norm.

TRESPASSÉ, Se dit de ce qui est passé il y a longtemps. Gl. *Trepassus*.

* **TRESPASSER**, Passer, dépasser, violer. Roman de Renart, tom. I, pag. 20, v. 526:

  Ses mantenz est trespassez.

Pag. 3, vers 45:

  Por ce qu'il orent trespassé
  Ce qu'il lor avoit commandé.

Roi Guillaume, pag. 156:

  Si d'un seul mot ne li trespasse.

Roman de Rou:

  Les voies qu'il ourent trespassées
  Et les voies ont retornées.

Ruteb. tom. II, pag. 353:

  Que mortéus hom ne puist pensser
  Qui a la mort à trespasser.

Mourir. Chastel. de Couci, vers 7824. Voyez *Respasser*, Chron. des ducs de Norm. Rayn. tom. IV, pag. 444², au mot *Traspassar*.

* **TRESPENSÉ**, Inquiet, triste. Partonop. vers 4427:

  Partonopeus est trespensés.

Vers 4296. Gérard de Vienne, vers 1879. Jordan Fantosme, vers 1978. Chastel. de Couci, vers 292. Flore et Blancefl. v. 2573:

  Li rois ot son cuer trespensé.

TRESPESSAULES, Les biens passagers de ce monde. Gl. *Trepassus*.

TRESPOU, p. e. Sorte d'ornement et de parure. Gl. sous *Trespes*.

1. **TRESQUE**, Monnaie de Flandre, valant huit deniers. Gl. sous *Trescia*.

2. **TRESQUE**, Jusque. Gl. *Très*. [Orell, pag. 327. Voyez *Trosque*.]

TRESSAILLIR, Sauter par-dessus, passer. Gl. *Tressalitus*. [Wackern. pag. 4:

  Ugues tressaut lou mur.

Omettre, passer sous silence, Roquef. Orell, pag. 185. — Faire un écart, s'écarter. Partonop. vers 3133:

  Mais tot à son grant esme faut
  Car Partonopeus li tressaut;
  Il est tressallis sor senestre
  Et lait le roi venir sor destre.

Vers 5788:

  Et il li tressalt par effroi.

(Vers 3353:

  Li rois le fist de gré faillir,
  Par un poi en travers saillir.)

—Être subitement ému. Partonop. v. 1141. Flore et Blancefl. vers 150. *Se tressaillir*, Roman de Renart, tom. I, p. 54, v. 1407:

  Por le songe s'est tressailliz.

Voyez Rayn. tom. V, pag. 142², au mot *Trassalhir*.]

TRESSALIT, Renégat, qui a quitté sa religion. Gl. *Tressalitus*.

TRESSAULT, L'action de sauter et d'enjamber. Gl. *Tressalitus*.

TRESSILLIER, pour Tʀᴇꜰꜰɪʟʟɪᴇʀ. Gl. *Trifilum*.

TRESSIR, Faire un tissu. Gl. *Tricare*.

TRESSON, Tressoir, ornement de tête pour les femmes. Gl. *Tressorium*, sous *Trica*.

TRESSOURIER, Garde du trésor royal. Gl. *Thesaurarius*.

* **TRESSUER**, Transpirer, se couvrir de sueur. Roman de Renart, tom. II, p. 370, vers 19692:

  Et la pel dou dos li tressue.

Flore et Blancefl. vers 152:

  Sovent fremir et tressuer.

Marie de France, tom. I, pag. 522:

  D'ire et de maltalent tressue.

Roman de Renart, tom. I, pag. 16, v. 419:

  De maltalent tressue et art.

Voyez Rayn. tom. V, pag. 290², au mot *Trassuzar*, Chron. des ducs de Norm.

* **TRESTANT**, Tant. Dit du roi Guillaume, pag. 187 :
> Se le truant mentoit, que trestant le batroient
> Que jusques à un an les costes li deudroient.

G. Guiart, tom. II, pag. 142, vers 3839 (12823) :
> C'un trestent seul ne s'en esquippe.

* **TRESTOS**, Tout. Partonop. vers 231, 1270, 5644. *De par trestot*, De partout, de tous les côtés, vers 7891. Roquef. Orell, pag. 72. Chron. des ducs de Norm. au mot *Treitout*.

TRESTOUR, Détour, adresse, finesse. Gl. *Trestornatus*. [Retour. Partonop. vers 318, 1849, 2221.]

1. **TRESTOURNER**, Détourner, écarter. Gl. *Trestornatus*. [Fabliaux, Jubinal, t. I, pag. 141 :
> La resue du cheval cele part trestourna.

Agolant, pag. 172¹ :
> Secora vos, ja n'en iert trestorné.

Flore et Blancefl. vers 2917 :
> Moult volentiers dont trestornaissent
> Le jugement, se il osassent.

Partonop. vers 4360 :
> Qu'il le trestort de tous dolors.

Roman de Renart, t. II, p. 345, v. 18990 :
> Cil diex qui maint en trinité,
> Fait Renart, vos trestort voz ires.

Partonop. vers 6720 :
> Co que lor avés créanté
> Ne puet mais estre trestorné.

Trestorné, Égaré, perverti, vers 9035 :
> Ains i esgart al dire droit
> Itel qui trestornés ne soit.

Chron. des ducs de Normandie.]

2. **TRESTOURNER**, Retourner, faire tourner. Gl. *Trestornatus*. [Se retourner, aller en arrière, revenir au combat. Partonop. vers 2218 :
> Partonopeus fuit tries se gent,
> Et lor trestorne moult sovent.
> A un trestor ocit Farés.

G. Guiart, t. II, p. 86, v. 2212 (11188) :
> François vers Courradin trestournent.

Garin le Loher. tom. I, pag. 217 :
> Nos sommes ci emmi le sien païs
> Ne li porrons trestorner ne guenchir.

Pag. 175. Chastel. de Couci, vers 853. Laborde, pag. 295 :
> Chanson va t'en pour faire mon message
> Là où je n'os trestorner ne guenchir.

Voyez *Torner*, 1. — *Trestornée*, Retour? G. Guiart, tom. II, pag. 322, vers 3371 (17352) :
> A trestornées et à vires.

Voyez Rayn. tom. v, pag. 381¹, au mot *Trastornar*.]

TRETEAU, p. e. pour Terceau, Tiercelet, le faucon mâle. Gl. *Trestellus*.

1. **TREU**, Tribut, redevance, impôt, tonlieu. Gl. sous *Trutanus*. [Partonop. vers 3098, 9263, 10329. Agolant, v. 1106, pag. 180², Chron. des ducs de Normandie. Voyez Rayn. tom. v, pag. 421¹, au mot *Trabug*.]

2. **TREU**, Blateau ou Blutoir. Gl. *Treu*, 2.

TREUAGE, Treuaige, Tribut, redevance, impôt, tonlieu. Gl. *Truagium*, et sous *Trutanus*.

TREVAL. Par le Treval des Champs, A travers les champs. Gl. *Traversia*, 1.

TREUBLEUR, Truble, instrument pour pêcher. Gl. *Tribla*.

TRÈVE, Sûreté donnée en justice entre les parties. Gl. *Treva*.

TREVEURE, L'action de trouver. Gl. *Troef*.

TREUIL, Treul, Pressoir. Gl. *Trolium* et *Trullare*.

TREULAGE, Tribut, impôt. Gl. sous *Trutanus*.

TREULLE, Treuil, gros cylindre de bois autour duquel tourne la corde d'un puits. Gl. *Treu*.

TREULLOUR, Celui qui gouverne le pressoir, et qui en reçoit les droits. Gl. *Trullare*.

TREUSAIGE, Tribut, impôt, tonlieu. Gl. *Truagium*. [Gérard de Vienne, vers 2519.]

TREUTAGE, Le même. Gl. *Truagium*.

TREYVE, Carrefour. Gl. *Trebium*.

TREZ, Grosse pièce de bois, poutre. Gl. *Treffa*.

TREZAIN, Le treizième. Gl. *Trezenum*.

TRIACLE, Thériaque. [Agolant, v. 1163 :
> Plus het l'un l'autre que triacle venin.]

D'où *Triacleur*, et *Triaclier*, Celui qui la vend ou la débite. Gl. *Triaculum*.

TRIAGE, p. e. pour Terrage ou Tierçage. Gl. sous *Triare*, 1.

TRIAL, Preuve par témoins ou autrement, jugement rendu sur enquête et preuves. Gl. *Triallum*, sous *Triare*, 2.

TRIANT, Mamelle ou Mamelon. Gl. *Trahere*, 5.

TRIATEL, p. e. Le nom d'une métairie. Gl. *Triatel*.

TRIBART, pour Tabart, Sorte de vêtement. Gl. *Tabardum*.

TRIBERT, Celui qui cause du trouble, perturbateur; ou Débauché. Gl. *Tribulare*, 2.

TRIBOL, Tribou, Peine, affliction. Gl. *Tribulare*, 1.

TRIBOU, Commotion, secousse. Gl. *Tribulare*, 2. [Chanson de Colin Musez, Wackernag. pag. 75 :
> A termine de pascor,
> Lors veut faire un triboudel,
> Car j'ain moult tribou martel
> Brut et bernaige et bandor...
> Triboudaine et triboudel.]

TRIBOUIL, Trouble, tumulte, querelle. Gl. *Tribulare*, 2. [Chronique des ducs de Normandie.]

1. **TRIBOULER**, Vexer, faire injustice à quelqu'un. Gl. *Tribulare*, 1. [Garin le Loher. tom. I, pag. 182. Troubler. Partonop. vers 3696 :
> Mais la joie c'ont li François...
> Lor parlement i tribola.

2. **TRIBOULER**, Se donner bien des mouvements, s'intriguer; il se prend en mauvaise part. Gl. *Tribulare*, 2.

TRIBOULERRES, Tribouleur, Celui qui vexe, qui fait des injustices. Gl. *Tribulare*, 1.

TRIBULAGE, Sorte de tribut en Angleterre. Gl. *Tribulagium*.

TRIBULER, Se démener, agir avec vivacité. Gl. *Tribulare*, 2.

* **TRIBUNEL**. Voyez *Cribunel*.

TRIBUNES, Celui qui commande trente hommes; ou Celui qui reçoit les impôts. Gl. sous *Tribunus*.

TRICHART, Édifice à trois étages. Gl. *Trichorus*.

TRICHERESSEMENT, Avec fourberie. Gl. *Tricator*.

TRICHERRES, Trompeur adroit, escamoteur. Gl. *Tricator*.

TRICHEUR, Chicaneur, homme à mauvaises difficultés. Gl. *Tricator*.

TRICHOT, d'où Trichotoier, Appeler quelqu'un *Trichot*, Terme très-injurieux en Bigorre. Gl. *Tricator*.

TRICOPLIER, Sorte de domestique. Gl. *Trotarius*, sous *Trotare*.

TRICOTE, Espèce de billard. Gl. *Tricolus*.

TRIDOR, Traître, perfide. Gl. *Traditor*, 1.

TRIE, Espèce de colombier. Gl. *Tria*.

TRIEGE, Territoire. Gl. sous *Triare*, 1.

TRIEL, Preuve par témoins; du verbe *Trier*, Discuter ou prouver un fait. Gl. *Triare*, 2.

TRIEPIÉ, Personnat dans l'église cathédrale d'Avranches. Gl. *Triparius*.

* **TRIES**, Derrière. Partonop. v. 2217 :
> Partonopeus fuit tries se gent.

Vers 8761 :
> Tries les rens les voit assambler.

Voyez *Trers*, et Rayn. tom. v, pag. 407², au mot *Tras*.

* **TRIESTRES**. Partonop. vers 1827 :
> Par deux et deux à grant esploit
> S'en vont li chien as triestres droit,
> E il a pris le liemier.
> Si a trové dedens son tor
> Trace d'un grant porc quartenor...
> E il a ses chiens descoplés.

Voyez Gl. *Trista*, Halliwell, au mot *Triste*, 3.

TRIEVE, Trêve, sûreté donnée en justice entre les parties. Gl. *Treugare*.

TRIFFILIER, Ouvrier qui fait les chaînons d'une chaine, ou les macles d'une cuirasse. Gl. *Trifilum*.

TRIFOIRE. OEvre Trifoire, L'art de mettre en œuvre; pierre montée. Gl. *Triforium*. [Flore et Blancefl. vers 497 :
> D'or avoit descure un oisel
> A trifoire et à neel.

Vers 569 :
> Si fu entaillie environ
> De la trifoire Salemon.

Lai du Corn, vers 41 :
> Li corn estoit de iveure
> Entaillez de trifure.

Partonop. vers 821 :
> Une tor...
> De liois est blanc com yvoire
> Orré menu d'œvre triforie.

Roman d'Alexandre, Chron. des ducs de Normandie, tom. II, pag. 514² :
> Les listes sunt d'or fin à trifoire fondu.]

TRIGALLE, Cabaret, auberge, lieu où l'on donne à boire et à manger. Gl. *Triculus*.

TRIGOT, Tricot, gros bâton. Gl. sous *Trigum.*

TRIKEEUR, Trompeur adroit et rusé. Gl. *Tricator.*

TRIMBLET, Espèce de jeu de hasard, p. e. le Trictrac. Gl. *Trinquetum.*

TRIMESSE, Sorte de pelleterie. Gl. *Trimenstruum.*

TRINGLET, Espèce de jeu de hasard, p. e. le Trictrac. Gl. *Trinquetum.*

TRINGUEL, Le même. Gl. *Trinquetum.*

TRINQUEBASSON, p. e. pour TRINQUE-BUISSON, Serpe, instrument propre à trancher ou à couper les buissons et les broussailles. Gl. *Besogium.*

TRINQUET, Espèce de jeu de hasard, p. e. le Trictrac. Gl. *Trinquetum.*

TRIOUER. LA CROIX DU TRIOUER, Quartier de Paris. Gl. *Tiratorium,* 1.

1. TRIPER, Parier au jeu. Gl. *Transversare,* 2.

2. TRIPER, TRIPETER, Danser, sauter, bondir. Gl. *Tripare.* [Wackern. pag. 78. Chastel. de Couci, vers 3133. Voyez Rayn. tom. v, pag. 417², au mot *Trepar.*]

TRIPHOIRE. OEvre TRIPHOIRE, L'art de mettre en œuvre; pierre montée. Gl. *Triforium.*

TRIPLIQUIER, Donner des troisièmes défenses, terme de pratique. Gl. *Triplicatio.*

TRIPOT, Halle au blé. Gl. *Triporticus.*

TRIQUE, Endroit où peuvent mouiller les vaisseaux ; si ce n'est pas un nom de lieu. Gl. *Triquetum.*

TRIQUEHOUSE, Guêtre, chaussure qu'on met par-dessus les bas. Gl. *Housellus.*

TRIQUET, Espèce de jeu de hasard , p. e. le trictac. Gl. *Triquetum.*

TRIQUOTONET, p. e. Palette ou rouleau de bois. Gl. sous *Triquetum.*

TRISTEUR, Tristesse, chagrin, mélancolie, fâcherie. Gl. *Tristatio.* [*Tristor,* Partonop. vers 3502, 3652. Chants Historiques, tom. 1, pag. 25. Voyez Rayn. t. v, p. 427¹, au mot *Tristor.*]

TRIUMPLE, Jeu de cartes, la Triomphe. Gl. *Triumphus,* 1.

TRIUWE, Trêve, suspension d'armes. Gl. *Treuvia,* sous *Treva.* [Agolant, v. 973 :

 Senz trius prendre se sunt entresgardé.

Roman de Renart, t. III, p. 15, v. 20174 :

 Li rois les trives li rendi,
 Par les cornes es mains le prent,
 Une grant mace destent
 Si l'en dona parmi la teste.

Voyez Rayn. tom. v, pag. 409², au mot *Trega.*]

1. TROCHE, Bouquet, assemblage de fleurs ou de pierres précieuses, branche qui a plusieurs rameaux. Gl. *Trocha,* 1.

2. TROCHE, Troupe, multitude. Gl. *Trocha,* 1.

3. TROCHE, Troc, échange; d'où *Trocher,* Troquer. Gl. *Trocare.*

TROEF, Sorte de droit seigneurial. Gl. *Troef.*

TRŒVE, Essaim d'abeilles trouvé dans un bois. Gl. sous *Abollagium.*

TROICHE, Bouquet de fleurs ou de perles et d'autres pierres précieuses. Gl. *Trocha,* 1.

TROIGE, Étable à pourceaux. Gl. *Troga.*

TROIL, Pressoir. Gl. *Trolium.*

TROINSAILLE, p. e. Morceau de bois, échalas. Gl. *Tronçonnus.*

TROMPE, Trompette ou Guimbarde. Gl. *Trompa.*

1. TROMPER, Trompetter. Gl. *Trompare.*

2. TROMPER. SE TROMPER, Se moquer, railler. Gl. *Trompator.*

TROMPETTE, Celui qui lance les pots à feu, qu'on appelle aussi *Trompe.* Gl. *Trumpettis.*

1. TROMPEUR, L'ouvrier qui fait les trompettes. Gl. *Trompare.*

2. TROMPEUR, Celui qui sonne de la trompette. Gl. *Trompare.*

TROMPILLE, Trompette et celui qui en sonne, crieur public. Gl. *Trompillator.*

1. TRON, Tronçon, morceau. Gl. *Trosso.* [Chron. des ducs de Norm. aux mots *Trois, Tros* et *Trus.*]

* 2. TRON, Ciel, firmament. Partonop. vers 1710 :

 La vile...
 N'a plus bele desos le tron.

G. Guiart, tom. 1, pag. 197, vers 4663 :

 Roan estoit d'antiquité
 La plus orgueilleuse cité
 Qui fust tant con queurre le trosne.

Voyez Rayn. tom. v, p. 428¹, au mot *Tro.*

TRONCER, Couper par morceaux, tailler. Gl. *Troncire.*

TRONCHET, Billot, morceau de bois. Gl. *Tronchetus.*

TRONCHONNER, Briser, rompre, mettre en pièces. Gl. *Troncire.*

TRONCHONNEUS, Chicaneur, rusé, faux. Gl. *Troncire.*

TRONÇONNER, Couper le cou, décapiter. Gl. *Troncire.*

TRONEAU, TRONEL, Balance romaine, peson. Gl. *Trona.*

* TRONESIE, Trône. Enfants Haymon, vers 805 :

 Vierge...
 Car tu fus élevée en haulte tronesie.

Vers 743 :

 Qui fustes estorée en haulte tronisie.

TRONNE, Sorte d'arbre; ou Buisson. Gl. *Tronus.*

TRONNEAU, Balance romaine, peson. Gl. *Trona.*

TRONQUET, Tronc d'église. Gl. *Troncus.*

TRONSONNER, Briser, rompre, mettre en pièces. Gl. *Troncire.* [Agolant, v. 938 :

 Molt pres du fer la lance est tronçonée.

Gérard de Vienne, vers 2159 :

 Kant ses chevals fu parmi tronseneiz.]

TROP, Beaucoup, fort, extrêmement. [Flore et Jeanne, pag. 44 : *Et aveuc tout çou il estoit si tres eureus comme trop.*] *Trop plus,* Beaucoup plus. Gl. sous *Tropus,* 2. [Voyez Rayn. tom. v, pag. 432², au mot *Trop.*]

* TROPEL, Troupe, bande, grand nombre. Dit du Roi Guillaume, pag. 190 :

 Oï fu son apel
 De plusseur marcheans qui furent u tropel.

Flore et Blanceff. vers 2217 :

 Au roc en prist un grant tropel
 Et dist eskec.

Tropelet, Petite troupe. G. Guiárt, tom. II,

pag. 377, vers 9800 (18781). Voyez Rayn. tom. v, pag. 432¹², aux mots *Tropel* et *Tropelet.*

TROPHEREUX, Hautain, insolent, arrogant. Gl. *Triumphosus.*

TROPIER, Livre d'église, qui contient les proses. Gl. *Troparium.*

TRORTE, Croc, perche ferrée par un bout. Gl. *Truda.*

TROSE, Troupe, multitude. Gl. *Trocha,* 1.

TROSER, Charger d'une trousse un cheval. Gl. *Trussare,* sous *Trossa,* 3.

TROSNE, Poids public et les émoluments qui en proviennent. Gl. *Thronum.*

* TROSQUE, Jusque. Voyez *Tresque,* 2. Partonop. vers 414, 1474, 1706, 7647. *Trusque,* vers 7717. Chron. des ducs de Norm. Voyez Rayn. tom. v, pag. 427², au mot *Tro.*

TROSSE, L'obligation de botteler le foin de son seigneur. Gl. *Trossa,* 1.

TROSSER, Plier bagages, charger. Gl. *Trussare,* sous *Trossa,* 3. [Roman de Renart, tom. v, pag. 58, vers 850 :

 Les deus hardiax a encontrez
 Et sor son dos les a trossez.

G. Guiart, tom. 1, pag. 141, vers 3127 :

 Chascun en prent, chascun s'en trousse.

Voyez Rayn. tom. v, pag. 434¹, au mot *Trossar.*]

TROTE-A-PIÉ, Valet qu'on envoie en commission, messager. Gl. *Trotarius.*

1. TROTIER, Le même. Gl. *Trotarius.* [Aubri, pag. 158² :

 Grant joie mainent nis li garçon trotier.

(Pag. 157¹ :

 Fist son cheval garder
 A un garçon, qu'il ot après lui fet troter.)]

2. TROTIER, Cheval qui va le trot, trotteux. Gl. *Trotare.* [Aubri, pag. 175¹ :

 Un grant carcou li font è col lacier
 Si le levèrent sur un roci trocier.

(Pag. 174² :

 Le roi Auri eumainent le troton
 En une corde à guise de larron.)]

Voyez Rayn. tom. v, pag. 435¹, au mot *Trotier.*

TROTURER, Marcher à pas précipités. Gl. *Trotare.*

TROUBLE, Troupe, multitude. Gl. *Triba.*

TROUBLEUR, Celui qui cause du trouble, perturbateur, querelleur. Gl. *Tribulare,* 2.

TROUCEAU, Trousseau ; ce qui s'entend tant des meubles du mari que de ceux de la femme. Gl. *Trosellus.*

TROUCHE, pour TRENCHE, Morceau, éclat de bois. Gl. *Trenchia.*

TROVEURE, L'action de trouver; ou Chose trouvée. Gl. *Troef.*

1. TROUSER, Faire un trousseau, mettre en paquet. Gl. *Trussare,* sous *Trossa,* 3.

2. TROUSER, Enfler, gonfler. Gl. *Trucinare.*

1. TROUSSE, Droit seigneurial sur les bêtes à laine. Gl. *Trossa,* 1.

2. TROUSSE, Certain ouvrage de charpentier. Gl. *Trossa,* 2.

3. TROUSSE, Carquois garni de flèches. Gl. *Trossa,* 3.

TROUSSELET, Trousseau qu'on donne à une fille qu'on marie. Gl. *Trossellus.*

TROUSSER, Charger un cheval d'une trousse, mettre en paquet. Gl. *Trussare*, sous *Trossa*, 3.

TROUSSOIRE, Trousseau, paquet. Gl. *Trossarius*, sous *Trossa*, 3.

TROUSSOUERE, Ceinture, parce qu'elle sert à trousser les habits. Gl. *Trossellus*.

TROUTE, Truite, poisson. Gl. *Truta*.

TROUVAIGE, Chose trouvée. Gl. *Troef*.

TROUVÉE DE FOURCHE, Corvée due au seigneur dans la fenaison; p. e. faut-il lire *Courvée*, pour Corvée. Gl. *Trossa*, 1.

TROUVEMENT DE MER, Droit seigneurial sur les choses qui arrivent et qu'on trouve sur le rivage. Gl. *Troef*.

TROUVEUR, Celui qui trouve. Gl. *Troef*.

TROUVEURE, Chose trouvée, essaim d'abeilles trouvé dans un bois. Gl. *Troef*.

TROYE, Truie. Gl. *Troia*, 1.

TROYNE, p. e. Clos, verger. Gl. *Tronus*.

1. **TRUAGE**, Tribut, impôt, tonlieu. Gl. *Truagium*.

2. **TRUAGE**, Ce qu'on paye pour sa bienvenue. Gl. *Truagium*.

TRUAND, Mot générique pour signifier un mauvais sujet. Gl. *Trutanus*.

TRUANDAILLE, Troupe de mendiants, de coquins. Gl. *Trutanus*.

TRUANDER, Mendier, faire le métier de *Truant*, ce qu'on appelait *Truandise*. Gl. *Trutanus*. [Roman de Renart, t. 1, p. 39, vers 998.]

TRUANT, Mendiant, coquin, imposteur. Gl. *Trutanus*. [Garin le Loher. tom. 1, pag. 269.]

TRUBART, **TRUBERT**, Débauché, adonné aux plaisirs de la chair; ou Perturbateur, qui met le trouble partout. Gl. *Tribulare*, 2.

1. **TRUBLE**, Petit filet attaché au bout d'une perche. Gl. *Trubla*.

2. **TRUBLE**, Bêche ou pioche. Gl. *Trenchia*.

TRUE, Tribut, impôt, tonlieu. Gl. *Truagium*.

TRUEF, Sorte de droit seigneurial. Gl. *Troef*.

TRUEIL, **TRUEL**, Pressoir. Gl. *Trolium*.

TRUENDERIE, Fausseté, mensonge. Gl. *Truttannum*, sous *Trutannare*.

TRUEVÉ, Tribut, impôt, redevance. Gl. sous *Trutanus*.

TRUEVER, Trouver. Gl. sous *Trutanus*.

TRUFE, Plaisanterie, badinerie, bagatelle. Gl. *Trufa*.

TRUFEEUR, Celui qui ne débite que des bagatelles, plaisant. Gl. *Trufator*, sous *Trufa*.

TRUFER, Moquer, railler. Gl. *Trufare*, sous *Trufa*.

1. **TRUFFE**, Ornement de tête pour les femmes. Gl. *Trufa*.

2. **TRUFFE**, Plaisanterie, badinerie, bagatelle. Gl. *Trufa*.

TRUFFLER, s'Amuser, se réjouir. Gl. *Trufare*.

TRUFFLET, Coup sur la joue, soufflet. Gl. *Trufare*.

TRUFLE, Plaisanterie, raillerie, moquerie. Gl. *Trufa*.

TRUHANDER, Mendier, faire le métier de *Truant*. Gl. sous *Trutanus*.

1. **TRUIE**, Machine de guerre pour jeter de grosses pierres, suivant Froissart; ou plutôt, pour couvrir ceux qui approchaient

des murs pour les renverser. Gl. *Troia*, 1.

2. **TRUIE**, Espèce de poisson. Gl. *Citula*.

TRUIETTE, Redevance annuelle, rente seigneuriale. Gl. *Truagium*.

TRUIFLET, p. e. Quelque chose qui servait à la parure des femmes. Gl. *Trufa*.

TRUILLAIGE, Pressurage, le droit du pressoir bannal. Gl. *Trullare*.

TRUILLER, Pressurer. Gl. *Trullare*.

TRULLE, Plaisanterie; ou Ruse, finesse. Gl. *Trufa*.

TRUMEL, Gigot de mouton. Gl. *Trumulieres*.

TRUMELEUR, p. e. Débauché, adonné aux plaisirs de la chair. Gl. *Trumelator*.

TRUMELIERE, Armure des cuisses, cuissart. Gl. *Trumulieres*.

TRUMIAU, Jambe. Gl. *Trumulieres*.

TRUPERIE, Tour d'adresse, de passepasse. Gl. sous *Trahere*, 5.

TRUPPENDIERE, Fille ou femme débauchée. Gl. sous *Trahere*, 5.

TRUQUAISE, **TRUQUOISE**, Triquoise, tenaille à l'usage des maréchaux. Gl. sous *Tousquata*.

TRUT, Tour, ruse, finesse. Gl. *Trufa*.

TRUTIN, Menteur, imposteur, calomniateur. Gl. *Trutanus*.

TRUY, Carrefour. Gl. *Trebium*.

TRYANT, Sorte de filet pour pêcher. Gl. *Tragum*.

TUAINGNE, Vigne sauvage, p. e. Lambrusque. Gl. *Tuagna*.

TUCHIN, Pillard, voleur, rebelle, traître; d'où *Tuchinerie*, Rébellion, révolte. Gl. *Tuchinare*, sous *Tuchinus*.

TUDIELLE, Nom de lieu, p. e. Tudèle, ville de la Navarre. Gl. *Tudela*.

TUEL, Tuyau, canal, conduit, le canon d'une serrure. Gl. *Tuellus*, 2. [Voyez Rayn. tom. v, pag. 438², au mot *Tudel*.]

TUERDOIR, Bâton avec lequel on tord une corde ou autre lien pour assurer quelque chose. Gl. *Tortor*, 2.

* **TUET**. G. Gaimar, Chron. Anglo-Norm. tom. 1, pag. 8 :

Si lance pris par le tuet,
Si com eco fust un bastonet.

TUFFE, Touffe ou assemblage de plumes. Gl. *Tufa*.

TUFFIER, Carrière de tuf. Gl. *Tuffosus*.

TUICION, Garde, défense. Gl. *Tuitio*, 1.

TUIERS, p. e. pour Écuyers. Gl. sous *Tutor*, 2.

TUIRIAX, Sorte de vêtement, pourpoint. Gl. sous *Fermeilletum*.

TUITION, Tutele. Gl. *Tuitio*, 2.

TULIEU, Certain ustensile de ménage. Gl. sous *Tuleria*.

TUMBÉE, Chute, l'action de tomber. Gl. *Tombare*.

TUMBER, Faire tomber, jeter par terre. Gl. *Tombare*.

TUMBERIEL, Chute, l'action de tomber. Gl. *Tumbrellum*.

TUMBLE, Le même. Gl. *Tombare*.

TUMER, Danser, sauter, bondir, faire des tours de farceur. Gl. *Tombare*. [Renart le Nouvel, tom. iv, pag. 223, vers 2511 :

Dansent, tument, espringhent, balent.]

TUMEREAU, **TUMEREL**, Tombereau. Gl. *Tumbrellum*.

TUMERIAU, Machine de guerre pour jeter de grosses pierres. Gl. *Tumbrellum*.

TUNE, Certaine partie d'une charrue. Gl. *Tunna*.

TUNGLET, pour **TRINGLET**, Jeu de hasard, p. e. le Tric-trac. Gl. *Trinquetum*.

TUNICLE, pour **TUNIQUE**, Cotte d'armes. Gl. *Tunica*, 2.

TUOISON, L'action de tuer, d'égorger les animaux. Gl. *Battitura*, sous *Battere*, 1.

TUORTONOIR, Pressoir. Gl. sous *Torculare*.

TUPIN, **TUPPIN**, Pot de terre; d'où *Tuppinier*, Celui qui les fait ou qui les vend, potier. Gl. *Tupina*, 2.

TUPINEIZ, **TUPYNEIS**, Joûte, sorte d'exercice militaire. Gl. *Tupina*, 1.

TURAUT, Toral, élévation de terre, tertre. Gl. *Turella*, 2.

TURBARIE, Terrain propre à faire des tourbes. Gl. *Turbariæ*, sous *Turba*, 1.

TURBE. **ENQUESTE PAR TURBE**, Terme de pratique. Gl. *Turba*, 2.

TURBIL, Trouble, confusion, discussion, dispute. Gl. *Turbatia*.

TURCOPLES, Troupes légères des Turcs; *Turcopler*, Celui qui les commande. Gl. *Turcopuli*.

TURÉE, Turcie, levée, digue. Gl. *Turella*, 2.

TUREL, Tourelle. Gl. *Turellus*.

TURELUPINS, Certaine secte des Vaudois. Gl. *Turlupini*.

TURELURE, Sorte de fortification, p. e. Herse. Gl. sous *Turella*, 3.

TURET, But que l'on place sur une élévation de terre. Gl. *Turella*, 2.

TURGEAULT, Toral, élévation de terre, tertre. Gl. *Turella*, 2.

TURLUPINS, Certaine secte des Vaudois. Gl. *Turlupini*.

TURQUEMANS, Nation sauvage. Gl. *Turcomannus*.

TURQUOIS, Turquin, bleu foncé. Gl. *Pannus Turquinus*, sous *Pannus*, 2.

TURQUOISE, Triquoise, tenaille à l'usage des maréchaux. Gl. sous *Tousquata*.

TURS, pour Turcs, Sarrasins. Gl. *Turcomannus*.

TURTRE, Tourterelle. Gl. *Turturella*.

TUSTER, Heurter, frapper à une porte. Gl. *Tustare*.

TUTELE, **TUTELLE**, Pension où l'on élève des jeunes gens et des écoliers. Gl. *Tutella*.

TUTERIE, Tutelle. Gl. *Tutella*.

TUTERRESSE, Tutrice. Gl. *Tutella*.

TUTEUR, Maître de pension où l'on élève des jeunes gens et des écoliers. Gl. sous *Tutella*.

TUTION, Tutelle. Gl. *Tuitio*, 2.

TUTIRIE, Tutelle. Gl. *Tutella*.

TUTOIER un homme marié était regardé comme une injure atroce. Gl. *Tuisare*.

TUTRIE, Tutelle; d'où *Tutreisse*, pour Tutrice. Gl. *Tutella*.

TUYAU, Couronne, la partie qui est au-dessus du sabot d'un cheval. Gl. *Tuellus*, 1.

TYEPHAINE, La fête de l'Épiphanie ou des Rois. Gl. *Theophania.*

1. **TYMBRE**, Tambour. Gl. *Tymbris.*

2. **TYMBRE**, pour Timbre, Casque. Gl. *Tymbris.*

TYMPANISER, Timbrer, imprimer. Gl. *Tympanizare.*

TYNAU, Gros bâton dont on se sert pour porter des seaux. Gl. *Tinellus*, 2.

TYOIS, La langue teutonique, l'ancien allemand. Gl. *Theotisci.*

TYOLLE, Morceau, éclat de bois. Gl. sous *Tilla.*

TYPHAGNE, La fête de l'Épiphanie ou des Rois. Gl. *Theophania.*

TYRETEINNE, Tiretaine, sorte d'étoffe de laine. Gl. *Tiretanius.*

TYSON. Pièce de bois et quille de vaisseau. Gl. *Tyso.*

VAI   VAL   VAN

V, pour G. **Vaudir**, pour **Gaudir**, Gauchir, se détourner. Gl. sous *Gaudiose.*

U, pour le datif *Au.* Gl. *Usuatus*, sous *Usuare*, 2.

U, pour Avec, dans une Charte de 1309 : *Et U ce nous est requis humblement*, etc.

VAARIS, Vagabond, ou Étranger, inconnu. Gl. sous *Vagabunditer.*

VACABONDER, Mener la vie d'un vagabond. Gl. *Vagabunditer.*

VACANS, Toute espèce de choses dont le maître n'est pas connu, espaves. Gl. *Vacantia*, 3.

VACANT, Absent. Gl. sous *Vacantes.*

VACCANS, dans l'ordre de Malte, se dit des revenus échus depuis le 1er mai après la mort d'un titulaire, jusqu'au même jour de l'année suivante. Gl. *Vacantia*, 2.

VACHE. Jouer aux Vaches, Sorte de jeu. Gl. sous *Vacca mascula.*

VACHERIE, Droit sur les troupeaux de vaches qu'on mène paître quelque part. Gl. *Vaccaticum.*

VACHETTE. Jeu de la Vachette. Gl. sous *Vacca mascula.*

VACHIN, Cuir de jeune vache. Gl. *Vaccinia.*

VACQUANT, Le revenu d'un bénéfice, qui est devenu vacant. Gl. *Vacans.*

VACQUE. Hostel Vacque, Maison qui n'est point habitée. Gl. *Vacantes terræ.*

* **VAER**. Voyez *Véer.*

VAFOLART, Sorte de grand couteau en Dauphiné, poignard. Gl. sous *Vafa.*

VAGANT, Vagabond, qui n'a point de domicile. Gl. *Vagabundus.*

VAGE, Vache, Certain officier municipal. Gl. *Vacui.*

VAGUE, Se dit d'une terre inculte. Gl. *Vacantes terræ.*

VAGUE de la Foire, p. e. Fin, clôture d'une foire. Gl. sous *Vagus*, 1.

VAGUE. Laissier Vague, Ne point user de quelque chose, l'abandonner. Gl. sous *Vacuus.*

VAGUETTE, p. e. La façon de regarder une femme qu'on trouve jolie. Gl. *Vagisare.*

VAICHIN, Cuir de jeune vache. Gl. *Vaccinia.*

* **VAIE**, Voie. Voyez *Veie.* G. Guiart, tom. 1, pag. 94, vers 1886 :

> Fames, dont les vaies sont plaines,
> Crient harou à granz alaines.

VAIERIE, Voirie, juridiction d'un voyer. Gl. *Vaieria.*

VAILLANCE, Valeur, prix. Gl. *Valentia*, 2.

1. **VAILLANT**, Sorte de monnaie étrangère, denier d'argent. Gl. *Valens*, 3.

* 2. **VAILLANT**, Précieux. Mantel Mautaillé, vers 29 :

> Robes de diverses manières,
> Molt furent vaillans les mains chières.

Flore et Blanceñ. vers 491 :

> Li coupiers est ciers et vaillans.

VAILLART, p. e. L'opposé de vaillant ; ou Vieillard. Gl. *Valens*, 2.

VAILLENT, Sorte de monnaie étrangère, denier d'argent. Gl. *Valens*, 3.

1. **VAIN**, Se dit d'une terre inculte. Gl. *Vaccantes terræ.*

2. **VAIN**, Abattu, faible, languissant, sans courage. Gl. *Vanitas*, 2. [Voyez *Fain.* Partonop. vers 3524, 5172, 7151, 7508. Chron. des ducs de Normandie.]

3. **VAIN**, L'automne, la saison où l'on cueille les fruits appelés *vains* ou *gains* ; et une espèce de grain ou d'orge. Gl. *Gagnagium*, 1.

VAIR, Se dit de ce qui est de plusieurs couleurs. Gl. *Varius*, 1. [*Iols vairs*, Partonop. vers 559, 3988. Wackern. pag. 45. Gérard de Vienne, vers 641. *Euz vers*, Laborde, pag. 217. Roquef. Rayn. tom. v, pag. 459r, au mot *Vair.* Chron. des ducs de Normandie.]

VAIRE, Vair, sorte de pelleterie. Gl. *Vares.*

VAIRÉ, Émaillé, qui est de diverses couleurs. Gl. *Varius*, 3.

VAIRON, Se dit de ce qui est de plusieurs couleurs. Gl. *Varius*, 1. [Partonop. vers 6879, 6881, 6893. Fabliaux, Jubinal, tom. II, pag. 23. *Ceval ver*, Partonop. vers 6788.]

VAISSELET, Certaine petite mesure. Gl. sous *Vaissellus.*

VALAIS, Sorte d'instrument propre à la pêche. Gl. *Varlognia.*

VALANCE, Valeur, prix. Gl. *Valentia*, 2.

VALCHEIRE, Dot assignée sur un fonds de terre. Gl. *Vercheria.*

VALENCHENOIS, Certaine mesure de terre en usage dans le territoire de Valenciennes. Gl. *Valenchenæ.*

VALER, Aider, donner du secours. Gl. *Valere.*

1. **VALET**, pour Balet, Galerie, espèce de portique. Gl. *Baletum.*

2. **VALET**, Nom qu'on donnait aux jeunes gens de la première qualité, avant qu'ils eussent été faits chevaliers ; Écuyer ; Jeune homme qui n'est pas marié. Gl. sous *Valeti.* [Partonop. vers 7390 :

> Viennent à le cort li vallet
> Cui l'on doit fere cevaliers.

Roi Guillaume, pag. 121 :

> La terre tenoit en sa main
> Un vallés, niés le roi Guillaume.

Garin le Loher. tom. I, pag. 240, 241, 291. Partonop. vers 2275, 7382. — Garçon d'écurie, vers 5674. — Enfant mâle. Flore et Blanceñ. vers 169 :

> Vallés fu nés de la payene
> E mescine ot la crestyene.

Roman de Rou, tom. I, pag. 316.]

VALETERIE, La jeunesse ou les gens non mariés qu'on appelait *Valets.* Gl. *Valleteria.*

VALEUEIRS, Velours. Gl. *Valludellum.*

* **VALISANT**, Vaillant. Gérard de Vienne, vers 1031 :

> Ke il n'i perde valisant un denier.

VALLANT, Petite monnaie des évêques de Cambrai. Gl. *Valens*, 3.

VALLER, Valoir. Gl. *Valentia*, 2.

VALLET, Valleton, Nom qu'on donnait aux jeunes gens de la première qualité, avant qu'ils eussent été faits chevaliers ; Écuyer ; Jeune homme qui n'est pas marié. Gl. sous *Valeti.*

VALLOIS, Sorte d'instrument propre à la pêche. Gl. *Varlognia.*

VALOYS, Monnaie des comtes de Valois. Gl. *Valozius.*

VALVASSEUR, Vassal, celui qui tient un fief d'un autre. Gl. *Vavassores.*

VALUE, Valeur, prix. Gl. *Valutare.*

VA-LUI-DIRE, Terme injurieux. Gl. *Vaditur.*

VAMON, Sorte de maladie, abcès ou goître. Gl. *Vammum.*

VAN, Mesure de charbon. Gl. *Vannus.*

VANDAGE, Vente. Gl. *Vendagium*, 1.

VANDER ou Vandre, pour Bander, tendre, allonger. Gl. *Vendere.*

VANDUE, Vente. Gl. *Vendicia.*

VANÉE, Boîte de paille. Gl. *Vanata.*

VANNAGE, L'action de vanner le blé. Gl. *Vannatio.*

VANNER, Berner, faire sauter en l'air quelqu'un dans une couverture appelée *vanne*. Gl. *Vanna*, 1. [Voyez Rayn. t. v, pag. 867¹, au mot *Vaneiar.*]

VANS, p. e. pour Vaus, Sorte de petit vaisseau ou navire. Gl. sous *Vacheta*, 1.

VANTANCE, L'action de se vanter, vanterie. Gl. *Vantare*, 2.

1. **VANTER** sen Plesge, p. e. Le dégager, Gl. *Vantare*, 2.

* 2. **VANTER**. Voyez *Venter.*

VANTIER, Garde forestier. Gl. *Vantarius*, 2.

* **VANVOLE**, Mauvaise raison. Roman de Renart, tom. 11, pag. 314, vers 18133 :

Et se cest mandement refuse
Et par sos vanvoles s'escuse,
De la moie part le desfie.

VAQUE, Vache, prononciation picarde. Gl. *Vaqua.*

VAQUIERS, Nom de certains sectaires ou séditieux vers l'année 1320. Gl. *Vaccarius.*

VARDE, Garde; d'où *Varder*, Garder. Gl. *Vergaium.*

VARENCHE, Garance, graine pour la teinture. Gl. *Waranchia.*

VARENNE, pour Garenne. Gl. *Warenna.*

VARETON, Trait d'arbalète. Gl. *Veretonus.*

VARGAIGNE, pour Bargaigne, Convention, traité, marché. Gl. *Vargaigne.*

1. **VARIER**, Disputer, contredire. Gl. *Variare*, 2. [Enfants Haymon, vers 765 :

Trois noms et un seul Dieu, qui nel croit il varie.]

2. **VARIER** quelqu'un, Le faire changer de sentiment. Gl. *Variare*, 2.

VARISON, Champ garni de ses fruits, les grains qui sont encore sur pied. Gl. *Guaractum.*

1. **VARLET**, Apprenti, compagnon de métier. Gl. *Valetus*, sous *Valeti.*

2. **VARLET**, Le manche d'une faux. Gl. sous *Valeti.*

VARXENNE, La saison du premier labour des terres. Gl. *Versana*, 2.

VAS, Église, chapelle. Gl. *Vasso.*

VASAUS, Brave, courageux, intrépide. Gl. *Vassaticum*, sous *Vassus*, 2.

1. **VASE**, Cercueil, tombeau. Gl. *Vas*, 1.

2. **VASE**, Sorte d'épée, grand couteau. Gl. *Vas*, 2.

* **VASELEMENTE**, Vaisselle. Flore et Jeanne, pag. 45 : *Nous avons priés de six cents livres de meuble, ke en deniers, ke en vaselemente d'argent.* Voyez *Vessellement.*

VASLÉS, Nom qu'on donnait aux jeunes gens de la première qualité, avant qu'ils eussent été faits chevaliers; Écuyer; Jeune homme qui n'est pas marié. Gl. sous *Valeti.*

VASSAL, Vassaus, Homme d'un courage distingué, brave, intrépide. Gl. *Vassaticum*, sous *Vassus*, 2.

VASSAUMENT, Fidèlement, avec attachement. Gl. *Vassaticum*, sous *Vassus*, 2. [Bravement, vaillamment. Chron. des ducs de Norm.]

1. **VASSE**, pour Vassal, feudataire, celui qui tient un fief d'un autre. Gl. *Vassus*, 2.

* 2. **VASSE**, comme *Vast*, Destruction, gâchère. Roman de Rou :

La terre était en vasse, le païs estoit mal.

1. **VASSELAGE**, Courage, grandeur d'âme, belle action. Gl. *Vassaticum*, sous *Vassus*, 2.

2. **VASSELAGE**, Le droit du seigneur féodal sur son vassal. Gl. *Vassaticum*, sous *Vassus*, 2.

VASSER, Régler, aligner. Gl. sous *Vasare.*

VASSEUR, Vassal, celui qui tient un fief d'un autre. Gl. *Vassor* et sous *Vavassores.*

VASSURE, Espèce de grange, lieu couvert, où l'on serre le foin et le grain. Gl. *Vas*, 5.

VATARON, Monnaie de Flandre, de la valeur de douze deniers. Gl. *Vataron.*

VATE, p. e. pour Bate, Le bâton du fléau qui bat les gerbes. Gl. *Batator.*

VAVASOR, Vavassour, Vavasseur, Vassal, celui qui tient un fief d'un autre. Gl. *Vavassores.* [Partonop. vers 2587, 2613. Garin le Loher. tom. 1, p. 144.]

VAVASSERIE, Rente ou redevance due sur le fief appelé *Vavassourie.* Gl. sous *Vavassoria.*

VAVASSOIRE, Femme qui est sous la domination d'un prince souverain. Gl. sous *Vavassores.*

VAVASSOUR, Vassal, celui qui tient un fief d'un autre. Gl. sous *Vavassores.*

VAVASSOURIE, Arrière-fief. Gl. *Vavassoria.*

VAUCEL, Vaucelle, Vallon. Gl. sous *Vallo*, 1, et *Vauchellus.* [Garin le Loher. tom. 1, pag. 170. Laborde, pag. 189.]

VAUCHIERE, Rame, ou Rameur. Gl. *Vogherii.*

VAUCRER, Errer çà et là, par vaux et par monts, aller de côté et d'autre. Gl. *Vaxare.* Voyez *Walcrer.*

VAUDE, Guède, pastel. Gl. *Vailda.*

VAUDERIE, L'hérésie, la secte des Vaudois. Gl. sous *Valdenses.*

VAUDIR, Gauchir, se détourner. Gl. sous *Gaudiosus.*

VAUDOISIE, Assemblée nocturne des sorciers, sabbat. Gl. *Valdenses.*

VAUDOIX, Celui qui a commerce avec une bête. Gl. *Valdenses.*

VAUGUEUR, Rameur. Gl. *Vogherii.*

VAULARDIE, p. e. Halle; ou Jardin, verger. Gl. *Vaulardia.*

VAULDOYERIE, Sorcellerie. Gl. *Valdenses.*

VAULE, Sorte de bâton, pieu. Gl. *Vallo*, 2.

VAULTE, Voûte souterrain; d'où *Voutis*, pour Voûté. Gl. *Volsura* et *Volta*, sous *Volutio.*

VAU-PUTE, Péché contre nature. Gl. *Puta*, 2.

VAUTRIER, Chasser le sanglier; d'où *Vautreur* et *Vautrieur*, Chasseur, braconnier. Gl. *Vautrarius.*

VAYN, L'automne, la saison où l'on cueille les fruits appelés *vayns* ou *gains*. Gl. *Gagnagium*, 1.

UCAGE, Ucaige, Ban, encan, proclamation; le revenu qui en provient. Gl. *Hucha*, 2.

UCHE, Huche, coffre, armoire. Gl. *Ucha*, 2.

* **VEABLE**, Visible. Orell, pag. 87, Roquef.

VEAGE, Voyage. Gl. *Viagium*, 1.

VEAGE de la Croix, Croisade, voyage en la Terre Sainte. Gl. *Viagium*, 1.

* **VEAUS**, Veals, veax, viaus, se viaus, etc. Donc, cependant. Chronique des ducs de Norm. Fabliaux, Jubinal, tom 11, p. 26. Roman de Renart, t. 111, p. 68, v. 21616. Partonop. vers 6987 :

Quant ne moru iluec vias
Qu'il me tenist veaus en ses bras.

Vers 7533 :

Et que cil voie veals s'amie
Qui plus fera cevalerie.

Vers 7583 :

Et doinst veaus une carité.

Orell, pag. 347.

VEDOIL, Espèce de faux ou serpe, sorte d'arme. Gl. *Vedale.*

* **VEDVE**, Veuve. Deuxième livre des Rois, chap. xiv, vers 5 : *Jo sui une vedve, kar mis mariz est morz.* Chronique des ducs de Norm.

1. **VÉE**, Défense, ban publié pour défendre quelque chose. Gl. *Vetum.* [Voyez Rayn. tom. v, pag. 474², au mot *Veda.*]

2. **VÉE**, Voie, chemin. Gl. *Via*, 1.

VÉEL, Veau. Gl. *Vagula.* [Roman de Renart, tom. 111, pag. 38, vers 20777.]

1. **VÉER**, Défendre, prohiber, refuser. Gl. *Vetare.* [Wackernagel, pag. 10 :

Maix la contesse de Bric,
Cui commant je n'os véeir
M'ait commandeit à chanteir.

Pag. 65 :

Et pues ke vos iestes sa muedre amie,
Ne die nuls k'il vos séust véeir
Kank'il poroit as autres refuseir.

Partonop. vers 3994 :

Qui rien li vée il est vilains. -

Vers 6008 :

Et me véés vostre parler.

Vers 9585. Roman de Renart, tom. 1, p. 9, vers 220 :

A une bien tranchant espée
La voie a à celui véée.

G. Guiart, t. 11, p. 24, vers 600 (9567) :

Lendemain au saint roi se rendent
Sanz li vaer portes ne ponz.

Chron. des ducs de Norm. Voyez Rayn. tom. v, pag. 474¹, au mot *Vedar.*

* 2. **VEER**, Veeir, Voir, regard. Chron. des ducs de Norm.

VÉEUR, Commissaire nommé pour voir les lieux qui sont en contestation. Gl. *Visores*, sous *Visus.*

VEFVÉ, Vefveté, Viduité, veuvage. Gl. *Viduitas*, 2.

VEGILLE, Vigile, veille d'une fête. Gl. *Vigilia.*

VEGOIGNOIS, Canton du comté de Blois. Gl. *Vegoigniensis pagus.*

VEHE, Défense, ban publié pour défendre quelque chose. Gl. *Vetum.*

VEHIER, Voyer, viguier, espèce de juge,

dont la juridiction et l'office s'appelaient *Veherie.* Gl. *Veherius* et *Viaria,* sous *Viarius,* 1.

* VEIE, Voie. Troisième livre des Rois, chap. 3, vers 11 : *E n'ad pas tenud mes veies.* (Lat. Et non ambulaverit inviis meis.) Voyez *Voie.*

VEILLANCE, Veille, l'action de veiller. Gl. *Pernoctantia.*

1. VEILLE, Danse, réjouissance, fête, Gl. *Vigilia.* [G. Guiart, tom. II, pag. 372. vers 9673 (18654).]

2. VEILLE, Nerf de bœuf. Gl. *Vigilia.*

3. VEILLE, Vrille; d'où *Veillette,* Petite vrille. Gl. sous *Vigilia.*

* 4. VEILLE. EN VEILLES, Éveillé. Enfants Haymon, vers 673 :

  Si tost qu'il ert en veilles le chef l'iray trenchant.

VEILLOLE, Lanterne de verre pour veiller. Gl. *Vigilis.*

VEINE ORIGINALLE, ORIGINELLE, Qui est comme l'origine et le principe de la vie, la veine cave ou pulmonaire. Gl. *Organalis.*

VEINES DE LA MÈRE, p. e. Celles qu'on appelle *Umbilicales.* Gl. sous *Vena,* 6.

* VEINTRE, Vaincre. Chanson de Roland. Chron. des ducs de Norm. Diez, *Altrom. Sprachdenkm.* pag. 22.

VEIRRÉ, Émaillé. Gl. *Verreria.*

* VÉISON, Défense. Gérard de Vienne, vers 2824 :

  Fors d'un pomier don lor feis véison.

* VEIZÉ, VEZIÉ, Habile, rusé. Chron. des ducs de Norm. etc.

VEL, pour Je veux. Gl. *Octava,* 2.

VELE, Voile de navire. Gl. *Vela.*

VELLE, Plumes d'oie. Gl. *Auces.*

VELLEVUESÉE, Vrille, outil de tonnelier. Gl. sous *Vigilia.*

VELLIER, Vieil, vieux; ou p. e. Celui qui veille, qui guette. Gl. *Velius.*

VELLUYAU, Velours. Gl. *Villosa.*

* VELONNIE, Grossièreté, vilenie. Wackernagel, pag. 16 :

  Et tous jors jolis serai
  Et sens velonnie.

Pag. 19 :

  Per cortoisie depuel
  Velonnie et tout orguel.

Voyez *Vilonie.*

VELVET, Velours. Gl. *Villosa.*

VENAVE, Le droit de pêcher ou de prendre du poisson à la *venne* d'un moulin. Gl. *Venna,* 1.

VENANGE, Vendange; d'où *Venangier,* Vendanger. Gl. *Vendeniæ.*

VENÇON, Vente. Gl. *Ventio.*

VENDAGE, VENDAGNE, VENDAIGE, Vente. Gl. *Vendagium,* 1.

VENDE, VENTE, Droit seigneurial sur les biens fonds qui se vendent. Gl. *Venda,* 2.

VENDENGEOR, Celui qui doit vendanger pour son seigneur. Gl. *Vindemiator.*

VENDENGERESSE, Vendangeuse. Gl. *Vindemiator.*

VENDIER, Celui qui perçoit les droits du marché pour le seigneur. Gl. *Ventarius,* sous *Venda,* 1.

* VENDRE (SE), Vendre cher sa vie. Roman de Roncevaux, pag. 34 :

  Mort sont mi home, griez en sui et dolans,
  Vendu se sont envers les mescréans.

Chanson de Roland, st. 159, vers 12 :

  E or sai bien n'avons guaires à vivere,
  Mais tut seit fel cher ne se vende primes.

VENDUE, Vente. Gl. *Vendicia.*

VENEIGIER, VENEINGIER, Vendanger. Gl. *Vendeniæ.*

1. VENEL, Sorte d'étoffe. Gl. *Venelanus.*

2. VENEL, Tombereau. Gl. sous *Venella,* 2.

VENELLE, Ruelle, passage étroit, ruelle de lit. Gl. *Venella,* 1.

VENENGE, Vendange; d'où *Venengier,* Vendanger. Gl. *Vendeniæ.*

* VENERES, Chasseur. Partonop. v. 585. *Veneor,* Roi Guillaume, pag. 145. Voyez Rayn. tom. v, pag. 482¹, au mot *Venaire.*

VENET, Sorte de filet pour pêcher. Gl. *Venetum.*

VENGEMENT, Droit quelconque pour réclamer une chose aliénée. Gl. *Vendicatio.* [Vengeance. Partonop. vers 3622. Chron. des ducs de Normandie.]

VENIAUMENT, Bonnement, sans méchanceté. Gl. *Venialiter.*

VENICE, pour Véronique. Confrérie des marchands et marchandes de toiles, établie à Saint-Eustache sous le nom de sainte *Venice.* Gl. *Veronica.*

VENIR DE BAS, Se dit d'un enfant illégitime. Gl. *Venire.*

VENIR A TERRE, Naître, venir au monde. Gl. sous *Venire.*

* VENIR. MIOLS VENIR, Mieux valoir, convenir. Roi Guillaume, pag. 52 :

  Mix vos vient de lur et de mirre
  Encenser vos lits et vos cambres.

Partonop. vers 2513 :

  Miols vient avant querre bon plait
  Qu'atendre que noals soit fait.

Vers 9868 :

  Miols venist le glot aillors estre.

Orell, pag. 167.

VENNE, Haie, clôture. Gl. *Venna,* 1.

VENNEAU ou VENNEL, Espèce de tuile. Gl. *Vennella.*

VENKELIER, Ce qui sert à hausser et à baisser la charrue. Gl. sous *Venna,* 1.

VENOAGE, p. e. Droit sur les denrées qui se vendent au marché. Gl. *Donum,* 2.

VENOINGE, Vendange, d'où *Venoingier,* Vendanger. Gl. *Vendeniæ.*

VENOISON, Venaison, gibier. Gl. *Venatio,* 1.

VENOYGE, Vendange. Gl. *Vendeniæ.*

* VENT. MIS AU VENT, Pendu. Roman de Renart, tom. II, pag. 297, vers 17684 :

  S'essiliez ere de la terre
  Ou se ge cre mis au vent.

(Pag. 301, vers 17792 :

  Gel' feisse metre à la bise.)

— Ne vent ne voie, t. III, p. 91, v. 22232 :

  Atant est remese la chace
  Que nus n'en sot ne vent ne voie.

VENTAILE, Écluse, ce qui contient l'eau d'un canal ou d'un étang, ventail. Gl. *Ventellum.*

1. VENTAILLE, Ce qui ferme l'ouverture d'un casque, par où l'on respire. Gl. sous *Ventaculum.* [Partonop. vers 6821 :

  Après li lace le ventaille...
  Urrake aporte un elme cler.

Vers 9618 :

  Li a lucié le ventaille,
  Un elme à cercle d'or desus.

Agolant, pag. 168² :

  Sor (?) maint vert hiaume la ventaille fermée.

Garin le Loher. tom. 1, pag. 168. Chron. des ducs de Norm. Rayn. tom. v, p. 500¹, au mot *Ventalha.*]

2. VENTAILLE, Porte d'une écluse, ordinairement Ventail. Gl. *Ventalium.*

1. VENTE, Droit sur les denrées qui se vendent au marché, ou le droit d'étalage. Gl. *Venta,* 2.

2. VENTE, Prix, valeur d'une chose qui est à vendre. Gl. *Venta,* 2.

* VENTELER, Voltiger au vent. Garin le Loher. tom. 1, pag. 25 :

  Là véissiez maint penon venteler.

Pag. 58. Chronique des ducs de Normandie, Chanson de Roland.

* VENTELET, Petit vent, bise. Roi Guillaume, pag. 133 :

  Et li vent orent trive prise;
  Mais un ventelés molt soués
  Venta tous seus, qui fu remés
  Por l'air monter et balliier.

VENTER, Jeter au vent. Gl. *Ventare.* [Agolant, vers 802. Lai du Corn, vers 400. Roman de Renart, vers 4225. — Souffler le feu. Roman de Renart, tom. 1, pag. 36, vers 926. — Venter, souffler, p. 30, v. 776. Agolant, vers 491, 508. Flore et Blancefl. vers 596, 605. Wackern. pag. 21. — Voltiger au vent, Garin le Loher. t. 1, p. 36. Voyez Rayn. tom. v, pag. 499², au mot *Ventar.*]

VENTEROLLE, Droit seigneurial sur les fonds qu'on vend, distingué de celui des lots et ventes. Gl. sous *Venda,* 2.

1. VENTIER, Celui qui perçoit les droits du marché pour le seigneur. Gl. *Ventarius,* sous *Venda,* 1.

2. VENTIER, Celui qui achète une coupe de bois. Gl. sous *Venda,* 3.

1. VENTILLER, Répandre, faire courir un bruit. Gl. *Ventilare.*

2. VENTILLER UNE CAUSE, L'examiner, la discuter pour la juger, Gl. *Ventilare.*

VENTOISE, Ventouse. Gl. *Ventosa,* 1.

VENTOSER, Appliquer les ventouses. Gl. *Ventosa,* 1.

VENTRAIL, Tablier, parce qu'il couvre le ventre. Gl. *Ventrale.*

VENTRAILLER (SE), Se vautrer; ou p. e. Se coucher sur le ventre. Gl. *Ventricola.* [Se ventrouiller. Roman de Renart, tom. 1, pag. 30, vers 793 :

  En un gason s'est ventrilliez.

(Vers 813 :

  Le gorpil trovent enversé).]

VENTRAILLES, Entrailles, intestins. Gl. sous *Venter.*

1. VENTRE, Matrice. Gl. *Venter.*

2. VENTRE. FRANC VENTRE, Femme de condition libre. Gl. *Venter.*

* 3. VENTRE, Poitrine. Partonop. vers 4530 :

  U le cuer de mon ventre trait.

G. Guiart, tom. 1, pag. 338, vers 7815 :

  En ceste guise s'acorderent;
  Et tantost à Kalles manderent
  Ce qu'il pensoient en leur ventres.

VENTRÉE, Aliments, ce qui remplit le ventre. Gl. *Venter.*

VENTRIÈRE, Sage-femme. Gl. *Venter.* [Dit du Roi Guillaume, pag. 184.]

VENTRILLON. Jesir a Ventrillon, Être couché sur le ventre. Gl. *Ventricola.*

VENUE, Revenu, profit. Gl. *Venuta.*

VENUGE, Instrument pour pêcher. Gl. *Bigo.*

VEOIR. Se faire a Veoir, Se faire voir, se montrer. Gl. *Facere videri,* sous *Facere,* 16.

VEOUR, Celui qui est chargé d'examiner les dégradations des bois. Gl. *Visores,* 2.

1. **VER**, Vallée, prairie. Gl. *Verceillum.*

* 2. **VER.** Voyez *Vair* et *Vairon.*

* 3. **VER**, Vers. Rutebeuf. tom. 1, p. 16 :

Cist mot me sont dur et diver,
Dont mult me sont changié li ver
Envers antan.

Pag. 25.

* 4. **VER**, Printemps. Tristan, P. Pâris, Catalogue, tom. 1, pag. 138 : *Tout meintenant que la grant froidure de cestui y-ver sera trespassée et nous serons en la douce saison que l'on apele le tens de ver.* Voyez Rayn. tom. v, pag. 503², au mot *Ver.*

VERBAUMENT, Verbalement, de bouche. Gl. *Verbaliter,* 2.

VERBELER, Parler, prononcer trop vite et peu distinctement. Gl. *Balbuzare.*

VERBODE, Règlement qui n'est que pour un temps. Gl. *Verbum.*

VERCAUPE, Le sommet de la tête. Gl. *Vertex.*

1. **VERCHIÈRE**, Dot assignée sur un fonds de terre. Gl. *Vercheria,* 1.

2. **VERCHIÈRE**, Verger, ou terre cultivée joignant la maison. Gl. *Vercheria,* 2.

VERCOLLE, Espèce de bricole. Gl. *Vercolenium.*

VERD, Drap de couleur verte. Gl. sous *Viride,* 2.

VERDAGE, L'office de gardien des bêtes qui paissent dans un bois, et l'émolument qui en provient. Gl. *Viride,* 1.

VERDERIE, Office et juridiction de *verdier,* ou garde forestier. Gl. *Viridaria.*

VERDOIER, Tâter quelqu'un, le provoquer au combat, l'appeler sur le pré. Gl. *Viridare.*

VEREC, Tout ce que la mer jette sur le rivage. Gl. *Verecum.*

VERECONDER, Couvrir de honte, déshonorer. Gl. *Verecundia,* 2.

VERECQ, Tout ce que la mer jette sur le rivage. Gl. *Wreckum.*

VERECUNDENS, Honteux, qui manque de hardiesse. Gl. *Verecundiosus.*

VEREGLAZ, Verglas; d'où *Vereglacier,* Faire du verglas. Gl. *Gelicidium.*

VERGAGE, Le droit de jaugeage. Gl. *Vergaium.*

VERGAT, Sorte de filet pour la pêche. Gl. *Vergatum.*

1. **VERGE**, Certaine étendue autour du lieu qu'habite le roi. Gl. sous *Virga,* 5.

2. **VERGE**, Charge ou office de sergent. Gl. *Virga,* 5.

3. **VERGE** Pelée, Bâton, dont on a ôté l'écorce, attribut des femmes débauchées. Gl. *Virga,* 3.

VERGELÉ, Rayé de diverses couleurs. Gl. *Virgulatus.*

VERGERON, Petite verge, houssine. Gl. *Virgunculosus.*

VERGEUR, Jaugeur; du verbe *Vergier,* Jauger, mesurer avec une verge. Gl. *Vergaium.*

* **VERGIÉ**, Vergier, comme *Verié.* Gérard de Vienne, vers 2438 :

Et fiert Rollan sor l'elme qu'est vergié.

Vers 2879 :

Grant cop li done sor son elme vergier.

VERGIER, si ce n'est pas une faute pour Verserot, La saison du premier labour des terres. Gl. *Versana,* 2.

VERGINE, Verge, certaine mesure de terre. Gl. *Virga,* 6.

VERGISANT, Sorte de gros bois vieux. Gl. *Arbores jacentivas,* sous *Arbor,* 1.

VERGLACIE, Verglas. Gl. *Gelicidium.*

VERGNE, Aulne, arbre. Gl. *Vergna.*

VERGNER, Soutenir les bords d'une rivière ou d'un fossé avec des branches d'arbre ou avec des pieux. Gl. *Guerignagium.*

VERGOIGNER, Couvrir de honte et d'infamie. Gl. sous *Paragium.* [Voyez Rayn. tom. v, pag. 503², au mot *Vergognar.*]

VERGOINGNOIS, Canton du comté de Blois. Gl. *Vegoigniensis pagus.*

VERGOLAY, Nom d'une fête, qui p. e. se faisait au printemps. Gl. *Vergolay.*

VERGONDER, Déshonorer, couvrir de honte et d'infamie. Gl. *Verecundia,* 2, et *Verecundium.* [*Se vergonder,* Devenir honteux. Partonop. vers 1279 :

Li enfes auques s'en vergonde.

Chron. des ducs de Norm.]

VERGONDEUX, Honteux, qui manque de hardiesse. Gl. *Verecundiosus.*

VERGONNER. Se Vergonner, Avoir honte, avoir de la pudeur. Gl. *Verecundiosus.*

1. **VERGUE**, Verge, certaine mesure de terre. Gl. *Virga,* 6.

2. **VERGUE**, Aune, mesure de drap. Gl. *Virga,* 6.

VERGUHE, Verger; en Périgord. Gl. *Verguetum.*

VERIAL, Ouverture, fenêtre, soupirail fermé d'un châssis. Gl. *Veriale,* 2. [Voyez Rayn. tom. v, pag, 476², au mot *Veirial.*]

VERJAT, Instrument propre à la pêche. Gl. *Vergatum.*

VERIE, Certain office de cuisine; p. e. celui de la nettoyer et de la laver : en ce cas il faudrait lire *la Laverie.* Gl. *Veria.*

VERIÉ, Qui est de diverses couleurs, émaillé. Gl. *Varius,* 3.

VERIEL, Pâturage, lieu abondant en herbes. Gl. *Veriale,* 1.

VERIERE, Vitre. Gl. *Verreriæ.*

VERISIER, Vitrer, garnir de verres. Gl. *Vitrare.*

VERITÉ, Déposition de témoins; Enquête juridique; Plaid, assise. Gl. *Veritas,* 1.

VERLENC, pour Breland, jeu de hasard. Gl. *Berlenghum.*

VERMAIL, Vermeil, rouge. Gl. sous *Vermiculus.*

* **VERMELLET**, Vermeil. Partonop. vers 567 :

Bouce a petite, grosse levrete,
Toute alumée, vermellete.

Voyez Rayn. tom. v, pag. 509², au mot *Vermellet.*

VERMILLAGE, Vermullage, p. e. Le droit qu'on paye pour que les cochons puissent fouiller dans une forêt. Gl. sous *Vermiculus.*

VERMINE, Insecte, ver. Gl. *Vermen.*

* **VERMS**, Vers, Dragon, serpent, bête malfaisante. Chron. des ducs de Norm. tom. 1, pag. 7, vers 116 :

La terre est abitation
As poeples des humains lignages,
As verms e as bestes salvages.

Partonop. vers 675 :

De serpens et de wivres grans
Et de venimos vers volaus.

Chanson de Roland, st. 56, vers 3 :

El destre braz li morst uns vers si mals.

Vers 8 :

La destre oreille al pramer ver trenchat.

Voyez Rayn. tom. v, pag. 510¹, au mot *Ver,* et comparez *Vers.*

VERNÉ, Orné, garni. Gl. *Vernare,* 3.

VERNEY, Vernois, Vernoy, Aulnaie, lieu planté d'aulnes, autrefois appelés *Vernes.* Gl. *Verniacum.*

VERNIR, Se dit des femmes qui mettent du rouge. Gl. *Vernicium.*

VERNOT, Sorte de filet; ou Instrument pour pêcher. Gl. *Vernale.*

VEROLAGE, Droit de Verolie, Le droit de moulin bannal. Gl. *Verolagium.*

VERPIR, Déguerpir, abandonner. Gl. *Verpire.*

* **VERRÉ**, Vitré, garni de vitres. Partonop. vers 10822 :

Et bien verrées les fenestres.

Voyez Rayn. tom. v, pag. 476¹, au mot *Veirin.*

VERRERIE, Verriere, Vitre. Gl. *Verreriæ.* [Fenêtre. Flore et Blancefl. vers 250. Dit du Roi Guillaume, pag. 176.]

* **VERRINE**, Verre? Flore et Blancefl. vers 2886 :

Sa face de color très-fine
Plus clere que ne n'est verrine.

Voyez *Voirine.*

VERROILH, Nom qu'on donnait aux offrandes dans quelques églises. Gl. *Verrolus.*

VERROUL, Sorte d'arme, ou épieu. Gl. *Verrolus.*

VERRUEIL, Sorte de filet, en Normandie. Gl. *Vertebolum.*

VERS, Verrat, le mâle d'une truie. Gl. *Homicidium,* 1. [Voyez Rayn. tom. v, pag. 503¹, au mot *Ver.*]

VERSAINNE, Se dit d'une terre préparée pour la semence. Gl. *Versana,* 2.

VERSANE, Certaine mesure. Gl. *Versana,* 3.

VERSELLER, Chanter des psaumes alternativement par versets. Gl. *Versilare.* [*Verseillier,* Roman de Renart, tom. 11, pag. 207, vers 15202. *Versillier,* G. Guiart, tom. 1, pag. 334, vers 7710.]

1. **VERSER**, Employer, dépenser. Gl.

Versare, 2. [*Verser une bourde*, Dire un mensonge. Roman de Renart, t. IV, p. 21, vers 562 :

    Et Ysengrin li vierse
    Une bourde pour lui deçoivre.]

* 2. **VERSER**, Tomber. Garin le Loher. tom. I, pag. 14 :

    Com il suut près voient lor gent verser...
    Et maint vassal trebuchier et verser.
    Des Lohereus nos font téls cçns verser.

Pag. 37 :

    As ars Turquois font notre gent verser.

Comparez *Berser*.

VERSERET, VERSEROT, La saison du premier labour des terres. Gl. *Versana*, 2.

VERSSANE, Certaine mesure. Gl. *Versana*, 3.

1. **VERT**, Feuille ou branche verte d'une forêt. Gl. *Viride*, 1.

* 2. **VERT**, Vair, Partonop. vers 5084 :

    De bon vert et de gris novel.]

VERTAIL, Terme de tonnelier. Gl. *Vertebrum*.

VERTAY, VERTEIL, Espèce de bouton qu'on met à un fuseau pour le faire tourner plus aisément. Gl. *Vertebrum*.

VERTEMOULA, VERTEMOULTE, Certain droit usité en Normandie. Gl. *Vertemoula*.

VERTEVELLE, Gond. Gl. *Vertevella*.

VERTIR, Tourner, changer. Gl. *Vertere*, 1, et *Vertitus*. [Garin le Loher. tom. I, pag. 79 :

    Qu'en autre soit li suen consaus vertis.

— Pag. 227 :

    Quel part iront et où pouront vertir.

Chastel. de Couci, vers 7074 :

    Chascuns vers son ostel verty.

Voyez Rayn. tom. v, pag. 517², au mot *Vertir*.]

VERTON. SAINT MARTIN DE VERTON, La saint Martin d'hiver. Gl. *Festum S. Martini*.

VERTOQUER, Mettre un tonneau en état de servir. Gl. sous *Vertebrum*.

* **VERTU**, Force ; miracle. Roman de Renart, tom. I, pag. 26, vers 687 :

    De tel vertu à soi la tire.

Flore et Blancefl. vers 653 :

    Pieres i a qui vertus ont
    Et moult grans miracles i font.

Gérard de Vienne, vers 718 :

    Par cel apostre por cui Deus fait vertu.

Chanson de Roland. Voyez Rayn. tom. v, pag. 514², au mot *Vertut*, Gl. *Virtus*.

VERTUEUX, Fort, robuste, vigoureux. Gl. *Virtuosus*.

VERVELLE, Anneau qu'on attachait au pied du faucon. Gl. sous *Vervilium*.

VERUQUE, Aulne ou Saule. Gl. *Veruhia*.

VERZEUL, Verveux, espèce de filet pour prendre du poisson. Gl. *Vervilium*.

VESARDE, Peur, frayeur, épouvante. Gl. *Vesanior*.

* **VESCI** QUE, Jusque. Chastel. de Couci, vers 3665 :

    S'elle n'i est, ralés-vous-ent ....
    Vesci que à un autre point,
    Que vous y venrez mieux à point.

VESINETÉ, Voisinage. Gl. *Vicinium*.

VESKE, Évêque. Gl. *Episcopus*.

VESOCH en Albigeois, ailleurs *Besog*, Serpe, houe, pioche. Gl. *Besogium*.

VESPIAIRE, VESPICE, Celui qui arrache les épines et les broussailles, qui défriche une terre. Gl. *Vespa*.

VESPRE, Soir. Gl. sous *Vesperæ*. [Partonop. vers 589, 10562.]

VESPRÉE, Veillée, assemblée du soir. Gl. sous *Vesperæ*.

VESQUE, Évêque. Gl. *Episcopus*.

VESSELLEMENT, VESSELLEMENTE, Vaisselle, vaisseaux pour le service de la table. Gl. *Vessellamentum*, sous *Vessella*. [Halliwell, *Vesselment*. Voyez *Vaselemente*.]

1. **VEST**, Ce qu'on paye au seigneur pour le droit d'investiture. Gl. *Vestitura*, sous *Vestire*, 1.

2. **VEST**, La cession que fait un propriétaire. Gl. *Vestitura*, sous *Vestire*, 1.

VESTEMENT, Ornement d'église. Gl. *Vestis*.

VESTES, Lots et ventes, droit seigneurial. Gl. *Vestitura*, sous *Vestire*, 1.

VESTEUR, Celui qui a soin de ce qui concerne le vêtement. Gl. *Vestiarius*.

VESTEURE, Habit, tout ce qui sert à vêtir. Gl. *Vestura*, 1.

1. **VESTIAIRE**, Vêtement, habit d'église. Gl. *Vestiarium*.

2. **VESTIAIRE**, Lieu où l'on conserve les habits, les bijoux et même l'argent. Gl. *Vestiarium*.

1. **VESTIR**, Donner l'investiture, mettre en possession. Gl. *Vestire*, 1.

2. **VESTIR**, Orner, décorer. Gl. *Vestire*, 3.

VESTISON, Investiture. *Faire Vestison*, Mettre en possession. Gl. *Vestitio*.

VESTUE, Saisine, possession. Gl. *Vestitio*, sous *Vestire*, 1.

1. **VESTURE**, Habit, tout ce qui sert à vêtir. Gl. *Vestitura*, 1.

2. **VESTURE**, Ce qu'on paye au seigneur pour le droit d'investiture. Gl. *Vestitura*, sous *Vestire*, 1.

3. **VESTURE**. METTRE EN VESTURE, Donner l'investiture, mettre en possession. Gl. *Vestura*, sous *Vestire*, 1.

4. **VESTURE**, Les fruits dont une terre cultivée est garnie. Gl. *Vestura*, sous *Vestire*, 2.

VESTUSVELUÉ, Qui est vêtu ou couvert de velours. Gl. *Velludellum*.

VESVAIGE, Le droit qu'a le mari en Normandie de jouir par usufruit des biens de sa femme morte, quand il en a eu un enfant né vif ; d'où *Vesvé*, La jouissance de ce droit. Gl. *Viduitas*, 2.

VESVET, Viduité, veuvage. Gl. *Viduitas*, 2.

1. **VETE**, Celui qui fait le guet. Gl. *Wactæ*.

2. **VETE**, Sorte d'arme. Gl. sous *Vetum*.

VETER, Défendre, prohiber. Gl. *Vetatum*.

VETUEILLER, VETUIELLER, Avitailler, fournir des vivres. Gl. *Receptare* et *Vitellatio*.

VEU, pour VOEU ou VOUT, Figure de cire qui représentait celui qu'on désirait de blesser ou de tuer en la piquant. Gl. sous *Votum*, 4. [*Veu*, Vœu, Roquef. —-*Je*

veu, Je voue, je jure. Agolant, pag. 168² :

    Mes par mon chief, nos lor contrediron,
    Ge veu à dieu et à son glorios non.

Voyez Rayn. tom. v, pag. 573¹², aux mots *Vot* et *Vodar*.]

VEUDER, Vider, quitter, sortir d'un lieu. Gl. *Tallium*, 6.

VEUDIR, Gauchir, éviter en se détournant. Gl. sous *Gaudiosus*.

VEUE, Jugement, examen, enquête, descente sur les lieux qui font l'objet d'un procès. Gl. *Veuta* et sous *Visus*.

VEVETÉ, VEUFVETÉ, Viduité, veuvage, les droits d'une veuve. Gl. *Viduitas*, 2.

VEUGLAIRE, Machine de guerre, arme à feu. Gl. *Veuglaria*.

VEUILLE, Ruelle de lit ; p. e. pour *Venelle*. Gl. *Venella*, 1.

* **VEUL.** MON VEUL, A ma volonté. Wackern. pag. 18 :

    Dès k'cnpris et comenciet l'ais
    Jai mon veul ne t'en partirai.

Fab'iau de l'Escuiruel :

    Volez le vous ? Oïl mon veul,
    Aus mains le tenisse-je ore..

Voyez Rayn. tom. v, pag. 561¹, au mot *Vol* et ci-dessous, *Voel*.

* **VEUS**, Vide. Wackernagel, pag. 6 :

    Li dus est remonteis de joie mes et veus.

Roquef. *Veude*.

* **UEVRE**, comme *Oevre*. Partonop. vers 3062, 6900. Roman de Renart, t. I, pag. 27, vers 720, pag. 32, vers 852 var.

VEUVETÉ, Viduité, veuvage. Gl. *Viduitas*, 2.

UI, Aujourd'hui. Gl. *Inceptum*.

VIAGE, Rente ou pension viagère, revenu annuel d'une terre. Gl. *Viagium*, 2.

VIAGERESSE, Usufruitière, celle qui jouit d'une rente ou d'une pension viagère. Gl. *Viagerius*.

VIAGIER, Usufruitier. Gl. *Viagerius*.

1. **VIAIRE**, Visage. Gl. *Viarium*. [Partonop. vers 4876, 10708. Chastel. de Couci, vers 618, 6616. *Viare*, Gérard de Vienne, vers 642. Aubri, pag. 174¹. Chron. des ducs de Norm. Voyez Rayn. t. v, p. 534², au mot *Veiaire*.]

* 2. **VIAIRE**, Avis, manière de voir. Chron. des ducs de Norm. tom. II, p. 513, vers 30108 :

    Ne me fu avis ne viaire
    Que j'en déusse autre rien faire.

Pag. 565, vers 31458 :

    Sire, fet-ele, ce m'est viaire
    Que, etc.

Pag. 142, vers 19525 :

    Mais ne nos est pas à viaire
    Que, etc.

Pag. 387, vers 26635 :

    Kar ce li estoit à viaire.

Tom. I, pag. 197, vers 3264 :

    C'en est le mielz, ço m'est viaire.

Voyez Rayn. ibid.

VIANDE, S'est dit du pain et de toute espèce de nourriture. Gl. *Vianda*. Chron. des ducs de Norm.

* **VIANDIER**, Riche, hospitalier. Chron. des ducs de Norm. Voyez *Vivendiers*.

VIANOIE, Toison. Gl. *Vianenses.*

* **VIAS**, VIAZ, A l'instant même, sur-le-champ. Chron. des ducs de Norm. Partonop. vers 6987, 7184. Roman de Renart, tom. IV, pag. 47, vers 1297 :

> Que morir vos covient vias.

VIAUL, Chemin, sentier. Gl. *Viaculum.*

1. **VIAUTRE**, Chien de chasse. [Partonop. vers 534. *Veltre*, Chanson de Roland, stance 56, vers 6]; d'où *Viautrer*, Châsser avec des chiens. Gl. *Canis veltris*, sous *Canis*, 2 et *Vautrarius.*

2. **VIAUTRE**, Péager, celui qui fait payer le péage. Gl. sous *Vecticare.*

VIBAILLIF, Celui qui fait en second les fonctions de bailli. Gl. *Vicebaillivus.*

VICAIRE, Celui que les gens de mainmorte sont obligés de fournir au seigneur suzerain du fief. Gl. sous *Vicarius.*

VICAIRIE, Chapelle, bénéfice ecclésiastique. Gl. *Vicaria*, sous *Vicarius.*

VICARIAT, Procuration. Gl. *Vicarius.*

1. **VICE**, Injure, calomnie. Gl. *Vitius.*

* 2. **VICE**, Rusé, habile. Chron. des ducs de Normandie. Voyez *Viseus.*

VICES, Fonction, emploi, charge qu'on exerce pour un autre. Gl. *Vices*, 2.

VICONTAGE, VICONTAIGE, Sorte de droit dû aux vicomtes. Gl. *Vicecomitatus*, sous *Vicecomes* et *Vicontagium.*

VICONTÉ, Le même. Gl. *Vicecomitatus.*

VICONTIER, Vicomte; d'où *Justice Vicontière*, Moyenne justice. Gl. *Vicecomes.*

VICTOIRE, Fête, réjouissance publique. Gl. *Victoriosus.*

VICTORIEN, Victorieux, celui qui a vaincu. Gl. *Victoriosus.*

VICTORIER, Remporter une victoire. Gl. *Victoriare.*

VIDAILLE, La visière d'un casque. Gl. *Viseria.*

VIDAMÉ, L'hôtel d'un vidame. Gl. *Vicedamus.*

VIDAMESSE, La femme d'un vidame. Gl. *Vicedomina.*

VIDAMETÉ, Office et dignité de vidame. Gl. *Vicedominium.*

VIDECOQ, Grosse bécasse. Gl. *Videcoqs.*

* **VIDNÉ**. Voyez *Visné.*

VIDOMNAT, Dignité de *vidomne*, pour Vidame. Gl. *Vicedognatus.*

1. **VIE**, Voie, chemin. Gl. *Via*, 1.

2. **VIE**, FILLE DE VIE, Qui mène une vie débauchée. Gl. *Vita.*

* **VIÉ**, Interdit, défense. Partonop. vers 4244 :

> Tel l'aurai se me guerpissiés
> Sains moi veoir oltre mes viés.

Chronique des ducs de Normandie, t. II, pag. 27, vers 16076 :

> N'i troverent vié ne content.

Voyez *Vée*, 1.

1. **VIEILLE**, Espèce de poisson. Gl. *Turdus.*

2. **VIEILLE**, VIELLE, Meule de foin, de paille, etc. Gl. sous *Viellare.*

VIEILLEUR, Vétusté. Gl. *Vetustitas.*

VIELOOR, Joueur de vielle ou de violon. Gl. *Viellator*, sous *Vitula.*

* **VIELZ**, Vieux. Chanson de Roland, st. 40, vers 2 :

> De Carlemagne ki est canuz e vielz.

Partonop. vers 208 :

> Tant que Nestor li viols chenus.

Lisez *Viels*, comme au mscr. 1239. *Viés*, vers 8539.

VIENAGE, Le droit qu'on payait pour la sûreté des grands chemins. Gl. *Wienagium*, sous *Guida.*

VIENTRAGE, pour VIEUTRAGE. Gl. *Vecticare* et *Vineragium.*

1. **VIER**, Pêcherie, gord. Gl. sous *Vieria*, 2.

2. **VIER**, VIERG, Viguier, juge subalterne. Gl. *Vigerius.*

* 3. **VIER**, comme *Veer*, Défendre. Chron. des ducs de Norm. t. I, p. 527, v. 12893 :

> Mais ce ne vout pas consentir
> Li reis, ainz le vie e defent.

VIERE, Visage, mine. Gl. *Viarium.*

* **VIEREL**, Verrou. Renart le Nouvel, tom. IV, pag. 236, vers 2826 :

> Renart l'uis desferme à le clef
> Et puis entre ens trestot souef
> Et puis le referme au vierel.

Desvierillée, pag. 239, vers 2857.

VIERG, Le premier magistrat d'Autun. Gl. *Vergobretus.*

VIERSCHARE, Tribunal de justice en Flandre. Gl. *Vierscara.*

1. **VIESE**, Se dit d'une chose défendue. Gl. *Vietatio.*

2. **VIESE**, Chose passée, usée. Gl. *Viezeria.*

VIESIER, Fripier, celui qui raccommode et vend de vieux habits et autres meubles. Gl. *Viezeria.*

VIES-WARE, Friperie; d'où *Vies-warier*, Fripier. Gl. *Viezeria.*

VIEUSTRAGE, VIEUTRAIGE, Droit sur les marchandises qu'on fait *vieutrer* ou voiturer. Gl. *Vecticare.*

VIEUTANCHE, Mépris, dérision. Gl. *Vilipendium.*

VIEUTRER, Voiturer. Gl. *Vecticare.*

VIF. FAIRE FEU VIF, pour signifier, Faire sa résidence, être domicilié. Gl. sous *Focus.*

VIFZ, Escalier tournant en façon d'une vis. Gl. *Vis*, 2.

VIGNAU, Vigne. Gl. *Vignalis.*

VIGNERON, Cabaretier; d'où l'on appelle à Lille *vigneron* la cloche de la retraite des bourgeois, parce qu'après qu'on l'a sonnée les cabarets doivent être fermés. Gl. *Campana bibitorum.*

VIGNIER, Messier, garde des vignes. Gl. *Vinearius.*

VIGNOU, VIGNOY, Vignoble. Gl. *Vinoblium* et *Vignoblum.*

* **VIGOR**, Vigueur. Partonop. v. 2246 :

> Il les sostient à grant vigor.

Voyez Rayn. tom. v, pag. 543¹, au mot *Vigor.*

VIGUIER, Lieutenant. Gl. *Vigerius.*

VIILLE, Vrille. Gl. sous *Vigilia.*

VILAIN, Serf, homme de mainmorte, roturier. Gl. sous *Villani.*

VILAIN LIEU, Celui qui ne jouit d'aucune franchise. Gl. sous *Villani.*

VILANER, Injurier, outrager. Gl. sous *Villania.*

* **VILE**, Ferme. Roman de Renart, t. I, pag. 49, vers 1271 :

> La vile séoit en un bos,
> Moult i ot gelines e cos,
> Anes, malarz et jars et ocs ;
> Et mesire Costant Desnoes
> Uns vilains qui moult est garniz
> Manoit moult près du plaiséiz.

Garin le Loher, tom. I, pag. 166 :

> Ardent les villes, la fumée en issit,
> La proie chassent et maint vilains sont prins...
> Qu'ensemble estoit li chevalier gentil
> Aus bonnes villes, aus chatiaus signoris ;
> Or sunt aus villes, aus bors et aus maisnis
> Et aus buissons ensemble o les herbis.

Voyez Rayn. tom. v, pag. 546², au mot *Vila* et Gl. *Villa.*

VILEIN, Serf, homme de mainmorte, roturier. Gl. sous *Villani.*

VILEINE. DONNER A VILEINE, Donner à cens et à rente. Gl. *Vilania*, sous *Villenagium.*

1. **VILENAGE**, Terre ou héritage tenu à cens, à rente et autres services. Gl. sous *Villenagium.*

2. **VILENAGE**, Lieu où habitent des *vilains* ou serfs. Gl. sous *Villenagium.*

1. **VILLAIN**, Roturier, paysan, serf. Gl. sous *Villani.*

2. **VILLAIN**, Espèce de poisson, meunier. Gl. sous *Villani.*

3. **VILLAIN**, Sorte de chandelier de bois. Gl. sous *Villani.*

1. **VILLANIE**, Parole injurieuse et outrageante. Gl. *Villania.*

2. **VILLANIE**, Blessure, plaie considérable. Gl. *Vileniare.*

1. **VILLE** D'ARREST, Dans laquelle les marchands forains peuvent arrêter et saisir les biens et les personnes de leurs débiteurs. Gl. *Arresti villa*, sous *Arrestum*, 1.

2. **VILLE** BAPTICE ou BATEICHE, Celle qui n'a point de commune. Gl. *Villa legis.*

3. **VILLE** DE LAY, pour VILLE DE LOY, Celle qui a une commune et qui se gouverne par ses propres lois et coutumes. Gl. *Villa legis.*

4. **VILLE**. PERDRE LA VILLE, Être banni. *Rendre la Ville*, Rappeler du bannissement. Gl. sous *Villa.*

VILLENAGE, Cens ou rente sur une terre; d'où *Mettre en Villenage*, Soumettre à un cens ce qui en était exempt. Gl. sous *Villenagium.*

VILLENER, Blesser grièvement. Gl. *Vileniare.*

VILLETTE, Petite vrille. Gl. sous *Vigilia.*

VILLEUR, Celui qui veille, qui fait le guet. Gl. *Vigilator.*

VILLOIS, VILOIS, Village, hameau. Gl. *Villare.*

VILLUSE, Velours. Gl. *Villosa.*

* **VILMENT**, Vilement, avec mépris. Roman de Renart, tom. I, pag. 8, vers 199 :

> Moult en puet-l'en vilment parler.

Voyez Rayn. tom. v, pag. 544², au mot *Vilmen.*

VILONIE, VILONNIE, Parole injurieuse et outrageante. Gl. *Villania.* [Wolf, *über die Lais*, pag. 473 :

> Qui ne vos avoncha mie
> Novelles de vilonie.

Voyez *Velonnie.*]

VILTANCE, Mépris. Gl. *Vilipendium.* [Roman de Renart, tom. 1, p. 18, v. 468. G. Guiart, tom. 1, pag. 90, vers 1790.]

VIMAIRE, Orage, tempête, toute espèce d'accident qu'on ne peut prévenir, force majeure. Gl. *Vimarium.*

VIMOI, Osier. Gl. *Vimus.*

1. **VIN BASTART**, Vin mêlé d'eau. Gl. *Vinum bastardum.*

2. **VIN BOUTÉ**, Qui est gâté, vin aigri. Gl. *Vinum betatum.*

3. **VIN DE BUFFET**, Vin mêlé d'eau. Gl. *Vinum buffeti.*

4. **VIN LE CONTE**, Droit seigneurial sur les vignes. Gl. *Vinum Comitis.*

5. **VIN DE COUCHIER**, Présent en viande et en vin, ou en argent, que les nouveaux mariés donnaient aux jeunes gens du lieu, pour avoir la liberté de coucher avec leurs femmes. Gl. *Vinum maritagii.*

6. **VIN DE COUCHIER**, qu'on donnait à certains officiers de chez le roi. Gl. *Vinum cubitus.*

7. **VIN DE MARIAIGE**, Ce qu'un artisan paye à ses compagnons quand il se marie. Gl. *Vinum maritagii.*

8. **VIN DE MOITIÉ**, Qui se partage entre le propriétaire de la vigne et le vigneron. Gl. *Vinum medietarium.*

9. **VIN D'OST**, Certain impôt pour les frais de la guerre. Gl. *Vinum hostis.*

10. **VIN POIREAU**, Cidre. Gl. *Vinum piraceum.*

11. **VIN DE SAC**, Fait de lie de vin et d'eau, coulés par un sac. Gl. *Saccatum et Vinum saquatum.*

12. **VIN DE SAINT JEHAN**, Vin fort, capiteux, ou venant d'un endroit de ce nom. Gl. *Vinum S. Johannis.*

13. **VIN DE TAINTE**, Dont on se sert pour donner de la couleur à d'autre vin. Gl. *Vinum tinctum.*

VINADE, Corvée que doit un sujet à son seigneur pour mener son vin. Gl. *Vinada, 1.*

1. **VINAGE**, Droit seigneurial sur les vignes. Gl. *Vinagium, 2.*

2. **VINAGE**, Droit sur le vin pressuré au pressoir bannal. Gl. *Vinagines,* sous *Vinagium, 2.*

3. **VINAGE**, VINAIGE, Droit de péage et toute autre espèce d'impôt. Gl. *Vinagium,* sous *Guida,* et *Vinagium, 5.*

4. **VINAGE**, VINAIGE, Pot-de-vin, vin du marché. Gl. *Vinagium, 6.*

VIN-DONNER, Présent en viande et en vin, ou en argent, qu'un nouveau marié donnait à ses compagnons le jour de ses noces. Gl. *Vinum maritagii.*

1. **VINER**, Cultiver la vigne, provigner. Gl. *Vineare.*

2. **VINER**, Vendre, débiter du vin. Gl. *Vineare.*

VINGNEUR, VINGNIER, Messier, garde des vignes. Gl. *Vinearius.*

VINGTAIN, Les murs d'une ville, son enceinte. Gl. *Vintenum.*

VINIER, Marchand de vin. Gl. *Vinarius.*

VINOTÉ, Droit seigneurial sur les vignes. Gl. *Vinatum.*

VINOTIER, Marchand de vin. Gl. *Vinatarius.*

VINTISME, Vingtaine. Gl. *Vintenum.*

VINTRERIE, Office ou charge de *Vintre* ou geôlier. Gl. *Vinctura, 2.*

VIOLER, Jouer de la vielle ou du violon, et même de la lyre. Gl. *Vitula.*

VIOLET, Petite voie, sentier. Gl. *Violetum,* sous *Violus.*

VIOLETÉ, Profanation. Gl. *Violentia.*

VIOLEUR, Violateur, celui qui viole et rompt un traité. Gl. *Fraiterius.*

VIOLIER, Certain ouvrage de maçonnerie. Gl. *Violarium, 2.*

* **VIOLS**, Vil, vile. Partonop. v. 1328 :

    N'en doit estre pas viols tenue.

  Vers 2551 :

    Povres et viols fu et caitis.

Vers 2573 :

    Ses viols parens a tos francis.

Vers 8539 :

    Viols dras et viés avoit vestus.

Voyez *Vis,* 3, et Rayn. tom. v, pag. 545¹, au mot *Vilzir.*

VIPILLON, Goupillon pour asperger. Gl. *Vispilio.*

VIQUET, Guichet. Gl. *Guichetus.*

* **VIR**, Voir. Roi Guillaume, pag. 125.

VIRAILLE, Courroie, lanière, fouet de cuir. Gl. *Vira, 2.*

* **VIRANZ**, G. Guiart, tom. 11, p. 325, vers 8440 :

    Maint en a là preuz et viranz.

VIRATON, Trait d'arbalète. Gl. *Veretonus.*

VIRE, Trait d'arbalète. Gl. *Vira, 2.* [? G. Guiart, tom. 11, pag. 322, vers 8369 (17359) :

    Quant il sentent l'acier ès jues,
    Qu'en leur abat là par granz ires
    A treslournées et à vires.]

VIRELAN, Monnaie d'argent des ducs de Bourgogne pour la Flandre. Gl. *Virlanus.*

VIRELI, Sorte de jeu, ou badinage peu décent. Gl. *Vireli.*

1. **VIRER**, Chasser, mener devant soi. Gl. *Virare, 3.*

* 2. **VIRER (SE)**, Se tourner, se diriger. Partonop. vers 8807 :

    Partonopeus à lui se vire...
    Sel sorprent et fiert en son tor.

VIRETON, Trait d'arbalète. Gl. *Veretonus,* et *Vira, 2.*

VIREULLE, Virole. Gl. *Virola.*

* **VIRGENE**, Vierge. Roi Guillaume, pag. 57 :

    Tos sains et totes virgenes aime.

VIRGINE, Verge, certaine mesure de terre. Gl. *Virga, 6.*

VIRGRAIN, Criblures, menues pailles. Gl. *Vogranum.*

VIRLAIN, VIRLAN, VIRLEN et VIRLLAN, Monnaie d'argent des ducs de Bourgogne pour la Flandre. Gl. *Virlanus.*

VIROEULE, Virole. Gl. *Virola.*

VIROLET, Girouette. Gl. *Virare, 1.*

VIRONNER, Tourner autour. Gl. *Virare, 1.*

VIRSCARE, Sorte de tribunal et de juridiction en Flandre. Gl. *Virscara.*

UIS, Porte, entrée. Gl. *Huisserium.*

* 1 **VIS**, Visage. Garin le Loher. t. 1, pag. 86 :

    Li vis li sue et la face environ.

Partonop. vers 3988 :

    Iols gros et vairs, vis cler et frenc.

Chron. des ducs de Norm. Rayn. tom. v, pag. 534¹, au mot *Vis.*

* 2 **VIS**, Vif, vivant. Chron. des ducs de Norm. tom. 11, pag. 34, vers 16266 :

    Ne quide pas ne li est vis
    Que jà un sol en eschat vis.

Voyez le Glossaire sur cette Chron. Garin le Loher. tom. 1, pag. 31 :

    Godins l'entent, à poi n'enrage vis.

Pag. 152 :

    N'ai tant de terre où me cuichasse vis.

* 3. **VIS**, Vile, vile. Voyez *Viols.* Roman de Renart, tom. 1, pag. 19, vers 497 :

    Pute orde vis, pute mauvese.

Gérard de Vienne, vers 586 :

    Lai n'espairgnoit li plus jones l'anné,
    Ne li pluis viz le haut prince chasé.

Chron. des ducs de Norm. Roquef.

* 4. **VIS**, Avis. Chron. des ducs de Norm. Rayn. tom. v, pag. 534², au mot *Vis,* Roquef.

* **VISABLEMENT**, Visiblement, face à face. Ruteb. tom. 11, pag. 249 :

    Et des Jacobins ensement
    Qui voient Dieu visablement.

Voyez Rayn. tom. v, pag. 533², au mot *Vesiblament,* et Chron. des ducs de Norm. au mot *Visaument.*

VISADMIRAL, Celui qui exerce les fonctions de châtelain ou de garde d'un château. Gl. *Amir.*

1. **VISAGE**. FAUX ou FOL VISAGE, Masque. Gl. *Visagium.*

2. **VISAGE**. FAIRE VISAGE, Faire face. Gl. *Visagium.*

VISAIGE, La partie du chaperon qui enveloppait le visage. Gl. *Visagium.*

VISANCE, Apparence. Gl. *Visagium.*

VISER, Examiner, observer, reconnaître. Gl. *Visores, 2.*

* **VISEUS**, Habile, intelligent. Renart le Nouvel, tom. 1v, pag. 134, vers 221 :

    C'est que faire chevalier voel
    A cest haut jour mon fil Orguel...
    Qu'il est viseus, larges, hardis.

Roi Guillaume, pag. 144 :

    La dame fu sage et viseuse
    Si nel torna mie à huiseuse.

Comparez *Veizé* et *Vize.* Voyez *Voisos.*

VISITACION, Visite, inspection. Gl. *Visores, 2.*

VESLE, Vrille ou forest. Gl. sous *Vigilia.*

* **UISME**, Huitième. Partonop. v. 6165.

VESMIERE, Oseraie. Gl. *Vismeria.*

VESNAGE, Voisinage. Gl. *Vicinium.*

VISNÉ, Village, hameau. Gl. *Vicinia.* [Voisinage. Voyez le Gloss. sur la Chron. des ducs de Norm. au mot *Vidnez.*]

VISQUEUX, Vicomte. Gl. *Vicecomitatus.*

UISSE, L'ouverture d'un casque, par où l'on peut voir, visière. Gl. *Viseria.*

UISSERIE, Office et dignité dans la cour des comtes de Flandre. Gl. *Huisserius, 2.*

UISSIER, Sorte de vaisseau propre au transport des chevaux. Gl. *Bussa.*

1. **VISTE**, Espèce de vase, urne sépulcrale. Gl. *Vista*, 5.

* 2. **VISTE**, Prompt, vite. G. Guiart, t. 1, pag. 118, vers 2533 :

 Anglais sont vistes durement.

Rutebeuf, tom. 11, pag. 245 :

 On ne te saura jà tant viste
 Que tu montes l'eschaillon siste.

VIT DE BEUF, Nerf de bœuf. Gl. sous *Vigilia*.

VITAILLES, VITAILLOURS, Vivres, toute espèce d'aliments. Gl. *Vitalia*, 2, et *Vitellatio*.

VITALIER, Vivre ou amasser des vivres. Gl. *Vitalia*, 2.

VITIGAL, Droit seigneurial, tribut, péage. Gl. *Vectigalia*.

VITUPERABLE, Injurieux, offensant. Gl. *Vituperosus*.

VITUPERI, Lampe dans le pays de Mande. Gl. *Vituperosus*.

* **VIVAINE**, Vivante. Wolf, *Über die Lais*, pag. 473 :

 Desor toi n'a signorie
 Nule feme vivaine.

VIVE. ESTRE EN VIVE, Être inquiet, être en alerte. Gl. *Vivendus*.

VIVELOTTE ou VIVENOTTE, Ce qui appartient à une veuve pour son vivre, sur les biens de son mari. Gl. *Vitalitium*.

* **VIVENDIER**, Libéral, hospitalier. Flore et Blancefl. vers 3211 :

 Sages hom et hardis guerriers
 Et biax et larges vivendiers.

Voyez *Viandier*.

VIVEROU, Garenne, ou Vivier. Gl. *Viverius*.

VIVIER, Boutique où l'on conserve le poisson. Gl. *Vivierium*.

VIVRE, Vipère. Gl. *Viverita*. [Roman de Renart, tom. 1, pag. 27, vers 718.]

VIVRE NATUREL, Pension viagère, le nécessaire pour vivre. Gl. *Victus*, 1.

VIVRET, Vivier, étang. Gl. *Vivarius*.

VIUTÉ, pour VILTÉ, Se dit de quelque chose qui est vil. Gl. *Vilipendium*. [Roman de Renart, tom. IV, pag. 77, vers 2138 :

 J'en aroi viuté
 A souffrir.

Laborde, pag. 170. Voyez Rayn. tom. v, pag. 544², au mot *Viltat*, *Viutat*. Chron. des ducs de Norm. au mot *Viltet*.

1. **VIZ**, Escalier tournant en façon d'une vis. Gl. *Vis*, 2.

* 2. **VIZ**? Agolant, pag. 163² :

 Quant Hiamont voit l'enseigne à viz Girart
 Desos la tor qui reflamboie et art,

* **VIZE**, Habile, rusé. Chron. des ducs de Norm. Voyez *Vice*, 2.

* **ULLER**, USLER, Hurler. Roman de Renart, tom. 1, pag. 19, vers 495 :

 Il ulle et bret come desvez.

Gérard de Vienne, pag. 157¹ :

 Et les chiens d'autre part et glatir et usler.

Voyez Rayn. t. v, p. 445², au mot *Ulular*. **ULTER**, Heurter; d'où *Ultement*, Heurtement, choc. Gl. *Ultare*.

UMAGE, faute pour VINAGE, Sorte de péage. Gl. *Winagium*, sous *Guida*.

* **UMBRAIGE**, Sombre, obscur. Wackernagel, pag. 40 :

 Cui il gitait de la prixon umbraige.

Umbrei, Obscurité, ténèbres. Chron. des ducs de Norm. Voyez Rayn. t. IV, p. 368², au mot *Ombraill*, Roquef. *Umbrage*.

UMBRIER, Se mettre à l'ombre, se cacher. Gl. sous *Umbrale*.

UMDÉER, Ondoyer, jeter de l'eau sur la tête d'un enfant, en attendant les cérémonies du baptême. Gl. *Undeiare*.

UMEAU, UMELAGE, Houblonnière. Gl. *Humularium*.

* **UN**, Même, égal. Chastel. de Couci, vers 1859, 1881, 1892. Roman de Renart, tom. 1, pag. 5, vers 114 :

 Moult par furent bien d'un lignage
 Et d'unes meurs et d'un corage.

Voyez Rayn. tom. v, pag. 446², au mot *Uns*. — *Uns*, *Unes*, La paire. Partonop. vers 5549 :

 Uns esperons li a cauciés.

Vers 5075 :

 Et d'unes hueses fors et dures.

Roi Guillaume, pag. 104 :

 Unes hueses de vaćé.

Mantel Mautaillé, vers 557 :

 Le mantel qui gisoit à terre
 Or i covient ataches querre...
 Et il en i mist demanois
 Unes qu'il prist en s'aumosnière.

Chastel. de Couci, vers 1086 :

 Couvert d'unes armes d'argent
 Au lyon de geulles fourchie.

Voyez Orell, pag. 14, Rayn. t. v, p. 447¹, au mot *Uns*.

UNCTION. ESTRE MIS EN UNCTION, Recevoir l'extrême-onction. Gl. *Unctio*.

UNIFIER, Unir, ne faire qu'un. Gl. *Unificare*.

UNIGAMIE, Monogamie. Gl. *Unigamus*.

UNIVERSITÉ, Communauté de ville. Gl. *Universitas*.

UNXION. FAIRE METTRE EN UNXION, Faire administrer l'extrême-onction. Gl. *Unctio*.

VOAILLOR, Celui qui veut du bien à quelqu'un, qui l'aide et le favorise, partisan. Gl. *Valitor*, sous *Valere*.

VOAIN, L'automne, la saison où l'on cueille les fruits appelés *vains* ou *gains*. Gl. *Gagnagium*, 1.

VOCATION, Manière de faire entendre quelque chose par signes. Gl. *Vocatio*, 1.

VOCHE, ou p. e. NOCHE, Paitrin. Gl. sous *Vocamentum*.

VOCHER, Citer, appeler en justice. Gl. *Vocare*.

VOÉ, Voie, chemin. Gl. *Voa*, 2.

VOEIRE, Verre à boire. Gl. *Vitrum*.

* **VOEL**, VOIL, VOL, VUEL, Volonté. Roman de Renart, tom. III, p. 131, v. 2335² :

 Je vos enseignerai mon voil.

Partonop. vers 8945 :

 Et l'éuscent lor voel ocis
 Assés plus volentiers que pris.

Vers 2538 :

 Jamais n'en levera, son vuel.

Vers 9884 :

 Se li paien en fissent duel
 Gregnor le feïscent, mon vuel,
 Quant li sodans chaï mors jus.

Gérard de Vienne, vers 343 :

 Tot l'ait Karlon son vol or exsillie.

Chron. des ducs de Norm. au mot *Vol*. Rayn. tom. v, pag. 561², au mot *Vol*, ci-dessus *Veul*.

VOER, Appeler, citer en justice. Gl. *Vocare*.

* **VOER**, Desirer ? Chanson du Chastel. de Couci, Laborde, pag. 262

 Me fet chanter de la plus debonnere
 Qu'on puist el mont ne voer ne trouver.

VOGE, Espèce de serpe. Gl. *Vougetus*.

VOGEMENT, Appel en justice, assignation; du verbe *Vogier*, Citer, appeler en justice. Gl. *Vocamentum*.

VOGUE, Fête du patron d'un lieu où il y a concours de peuple. Gl. *Vogues*.

VOGUEUR, Rameur. Gl. *Vogherii*.

VOI, Vuide. Gl. *Vacuamentum*.

VOIAGE, Bateau ou voiture qui passe. Gl. *Voiagium*.

VOIAGIER, Messager, commissionnaire. Gl. *Voiagium*.

VOICTURON, Voiturier, charretier. Gl. *Voictura*.

1. **VOIDE**, Guède, pastel. Gl. *Vailda*.

2. **VOIDE**, Nul, qui n'a aucun effet. Gl. *Evacuare*, sous *Vacuus*.

VOIDIE, Félonie, trahison, tromperie. Gl. *Bausia*.

VOIE, Voyage, pèlerinage. Gl. *Via ultramarina*, sous *Via*, 1. [Gérard de Vienne, vers 3997. Roman de Renart, tom. III, pag. 37, vers 20752; tom. 1, pag. 29, v. 751. Chron. des ducs de Norm. au mot *Veie*. — Roi Guillaume, pag. 56 :

 Mais cil toutes voies s'en vont.

Voyez *Totesvoies*. — Partonop. vers 144 :

 En Aise sist la vice Troie
 Si fu ciès d'Aise et flors et voie.]

VOIERE, Juridiction du seigneur voyer, voierie. Gl. *Voieria*.

VOIERÉ. CHEMIN VOIERÉ, Frayé, par où l'on a coutume de passer. Gl. *Via viaria*, sous *Via*, 1.

VOIEUL, Qui a de la voix, qui sait chanter. Gl. *Vocalis*.

VOILLE, Nom d'un quartier du château de Saumur. Gl. sous *Velum*.

VOILLER, pour AEULLER ou EULLIER, Remplir un tonneau jusqu'à l'œil ou bondon. Gl. *Implagium*, 2.

1. **VOIR**, Vrai, certain. Gl. sous *Videri*.

* 2. **VOIR**, Vœu. Roi Guillaume, pag. 40 :

 Qu'il en ot fait voir et pramesse.

Voyez *Vol*.

VOIRE, Vérité. Gl. *Veritas*, 1. [Garin le Loher. tom. 1, pag. 160. Roman de Renart, tom. 1, pag. 2, vers 17; pag. 25, vers 669; pag. 53, vers 1383.]

VOIRIE, VOIRIERE, Vitre. Gl. *Verreriæ*.

VOIR-JURÉ, Juge des causes civiles, échevin. Gl. *Veridici*.

VOIR-JURÉ D'EAUWE, Inspecteur juré pour les eaux. Gl. *Visores*, 2.

VOIRRE, Verre. Gl. *Vitrinus* et *Vitrum*.

VOIRRIÈRE, Vitre. Gl. *Vitreæ.*

VOIRRINE, Pierre fausse, faite de verre. Gl. *Verrinæ.*

1. **VOISDIE**, Félonie, trahison, tromperie. Gl. *Bausia.* [Habileté, sagesse. Partonop. vers 3269 :

    Or poés oïr grant voisdie.

Vers 126 :

    Et de la sage et de la fole
    Eslise le sens par voisdie.

Voyez *Boisdie.*]

2. **VOISDIE**, Sorte d'étoffe. Gl. *Voisdius.*

* **VOISE**, Aille, *Voisent*, Aillent. Garin le Loher. tom. 1, pag. 89 :

    Vostre home voisent chascuns en son païs.

Roman de Roncevaux, pag. 60 :

    Voisent monter mi comte et mi vassal.

Aubri, vers 59 :

    Gardés que Ture ne se voisent gabant.

Vers 70 :

    Ne lairoie...
    Que je ne voise envaïr maintenant.

Pag. 154² :

    Ne leroie...
    Que je ne voise la contesse veïr.

Partonop. vers 3211 :

    Por ço conmande...
    Voisent ester en pais et coi.

Vers 634 :

    Et lor commande...
    Le voisent querre tote nuit.

Vost, Agolant, vers 451 :

    Qui ne noient mescroira la chançon
    Vost à Compiegne; là le mist du Naymon.

VOISINAL. Chemin Voisinal, Chemin de traverse. Gl. *Via convicinalis*, sous *Via*, 1.

VOISINÉ, Voisinité, Voisinage. Gl. *Vicinium.*

* **VOISOS**, Sage, habile. Partonop. vers 7180 :

    Qui trop est sages et voisols.

Vers 2436 :

    L'autrier paru as plus voisos.

Voyez *Viseus.*

VOITURE, Billard. Gl. *Voictura.*

VOITURON, Voiturier, charretier. Gl. *Voictura.*

VOIVE, Veuve; d'où *Voivée*, Viduité, veuvage. Gl. *Viduitas.*

VOIVRE, Vipère, couleuvre. Gl. *Viverita.*

1. **VOIX.** Il est Voix, Il est bruit, on dit. Gl. *Vox*, 1.

2. **VOIX.** Prendre la Voix du roy, Proclamer au nom du roi. Gl. sous *Vox*, 6.

* 1. **VOL.** Voyez *Voel.*

* 2. **VOL**, Vœu. Partonop. vers 10744 :

    Pros.
    Lor promesses font et lor vols
    L'un à l'autre foi à porter.

Voyez *Voir*, 2; *Voul*, 2; et Rayn. tom. v, pag. 573², au mot *Vot.*

1. **VOLAGE**, Passant, qui n'est pas domicilié, étranger. Gl. sous *Volagius*, 2.

2. **VOLAGE**, Idiot, imbécile. Gl. sous *Volagius*, 2.

3. **VOLAGE.** Sang Volage, Blessure légère, d'où il sort peu de sang. Gl. *Volagius*, 2.

VOLAINE, Espèce de serpe. Gl. *Volana.*

VOLAIZ, Branches d'arbre abattues par le vent ou autrement. Gl. *Volatus*, 4.

1. **VOLANT**, Passant, qui n'est pas domicilié, étranger. Gl. *Volagius*, 2.

2. **VOLANT**, Sorte de poisson. Gl. *Rondela.*

3. **VOLANT**, Espèce de serpe. Gl. *Volana.*

VOLATURE, Volaille. Gl. *Volatile.*

1. **VOLÉE**, Le mouvement d'une balance qui hausse et qui baisse. Gl. *Volatus*, 1.

2. **VOLÉE**, Aile, levier qui traverse le cabestan. Gl. *Volatus*, 1.

3. **VOLÉE** d'Assée, Le soir, le temps du passage des bécasses. Gl. *Volatus*, 1.

* **VOLENTÉIS**, Dispos, sain. Garin le Loher. tom. 1, pag. 270, 274 :

    Coment diaubles est-il donques garis ?
    Oïl voir, sire, fors et volentéis.

1. **VOLET**, Trait d'arbalête, javelot. Gl. *Voletus.*

2. **VOLET**, Volete, Coiffure de femme, bavolet. Gl. *Voletus.*

* **VOLETER.** Partonop. vers 1307 :

    Li cuers li muet molt et volete.

* **VOLILLE**, Volatile, volaille. Flore et Blancefl. vers 1677 :

    De boin mangier ont à fuison
    Et volilles et venison.

VOLIN, Vollain, Vollant, Espèce de serpe. Gl. *Volana.*

VOLONTAIREMENT, A sa volonté, à sa fantaisie. Gl. *Voluntarium.*

VOLONTARIEUX, Qui a de la volonté, courageux, brave. Gl. *Voluntarius*, 2.

1. **VOLTE**, Voûte, souterrain, prison, cachot. Gl. *Volta*, sous *Volutio*. [Partonop. vers 5339, 5260.]

2. **VOLTE**, Soufflet. Gl. sous *Volta*, 4.

* **VOLTIS**, Voti, Voru, Voûté. Partonop. vers 557 :

    Les sorciols a noirs et voltis.

Escu votis, Gérard de Vienne, vers 847, 2349. *Palais votus*, vers 3155. *Palais vosu*, vers 3192.

VOLTURE, Volaille. Gl. *Volatile.*

VOLU, Voûté. Gl. *Volutio.* [Aubri, pag. 174¹ :

    Les piés volus et le pis bien quarré.]

1. **VOLUME**, Rouleau de parchemin écrit. Gl. *Volumen.*

2. **VOLUME**, faute pour Volaine, Espèce de serpe. Gl. *Volumen.*

VOLUNTAIRE, Sorte de vaisseau. Gl. sous *Voluntarius* 2.

VOLUPTUOSITÉ, Volupté, plaisir. Gl. *Voluptuositas.*

VOMBERY, Vombry, L'automne, la saison où l'on cueille les fruits de la terre. Gl. sous *Gagnagium*, 1.

VOMIR. Estre Vomie, Se dit de la tête qui a reçu une blessure ou une entaille. Gl. *Vomere.*

VOOUGE, Sorte d'arme. Gl. *Vanga.*

VORENON, Sorte de gaine ou de fourreau. Gl. *Vorenon.*

VORLETE, en Viennois, Pilon. Gl. *Vorleta.*

VORREROT, pour Verserot, La saison du premier labour des terres. Gl. *Versana*, 2.

VOSOIER, Parler à quelqu'un par *Vous*. Gl. *Vosare.*

VOSTE, Lieu voûté, prison, cachot, souterrain. Gl. *Vosta*, 2.

VOSTER, Aller autour, tournoyer. Gl. *Vosta*, 2.

VOTE, Cave, lieu voûté. Gl. *Vota*, 2.

VOTIST, Qui est consacré par un vœu, voué. Gl. *Votivus.*

VOVADE, Corvée ou service dû au seigneur avec deux bœufs. Gl. *Bohada*, sous *Bovagium.*

VOUAIR, Voir, examiner. Gl. *Sustinentia*, 2.

VOUCHER, Appeler, citer en justice; d'où *Vouchement*, Appel, assignation. Gl. *Vocamentum* et *Vocare.*

VOUDERON, Marchandise, négoce de toiles. Gl. sous *Voucla.*

* **VOUE**, Voie. Roman de Renart, t. 1, pag. 26, vers 684 :

    Aiaz se redresce por aidier
    Sa fame qui va male voue ;
    Si l'a saisie par la quoue.

VOUER. Se Vouer en quelqu'un, S'en rapporter à lui. Gl. *Votum*, 2.

1. **VOUGE**, Vougesse, Espèce de serpe. Gl. *Vougetus.*

2. **VOUGE**, Sorte d'arme; d'où *Vougier*, Le soldat qui s'en servait. Gl. *Vanga.*

1. **VOUL**, Image de cire qui servait aux sortiléges. Gl. *Vultivoli.*

2. **VOUL**, Vœu. Gl. *Votum*, 4. Voyez *Vol*, 2.

3. **VOUL.** A la Voul, Cri pour invoquer le secours de la justice. Gl. *Vua*, 1.

VOULAIN, Voulant, Espèce de serpe. Gl. *Volana.*

VOULÉE, Volet, petit colombier. Gl. *Tria.*

VOULENTEULX, Volontaire, qui ne fait que ce qu'il veut. Gl. sous *Voluntarius*, 2.

VOULENTEUX, Qui a de la bonne volonté pour quelqu'un, affectionné. Gl. sous *Voluntarius*, 2.

VOULENTIZ, Volontaire, entêté, opiniâtre. Gl. sous *Voluntarius*, 1.

VOULER. Faire Vouler le Dragon, Déployer le drapeau. Gl. *Volare*, 2.

VOULET, Coiffure de femme, bavolet. Gl. *Voletus.*

1. **VOULGE**, Espèce de serpe. Gl. *Vougetus.*

2. **VOULGE**, Sorte d'arme; d'où *Voulgier*, Le soldat qui s'en servait. Gl. *Vanga.*

1. **VOULRIE**, Droit d'un père sur ses enfants. Gl. *Viaria*, sous *Viarius*, 1.

2. **VOULRIE**, Le cens dû à l'avoyer. Gl. *Vouueria*, sous *Viarius*, 1.

VOULST, Visage, image. Gl. sous *Vultus.*

VOULSURE, Voûte. Gl. *Vossura.*

VOULT, Visage, face. Gl. *Vultus.*

VOULTE, Cave, lieu voûté, souterrain. Gl. *Volta*, sous *Volutio.*

VOULTE d'OEfs, Omelette. Gl. sous *Volta*, 4.

VOURE, p. e. pour Voirre, Qui est de verre. Gl. *Verrinæ.*

VOUST, Image de cire qui servait aux sortiléges. Gl. *Vultivoli.*

VOUSTER, Faire des voltes. Gl. sous *Vosta*, 2.

VOUSTRE, Illégitime, bâtard, adultérin. Gl. sous *Adulterium*.

1. VOUT, Visage, mine. Gl. *Vultus*. [Voyez le Glossaire sur la Chron. des ducs de Norm. au mot *Volt*.]

2. VOUT, Toute espèce d'effigie. Gl. *Vultus*.

VOUTET, Boutique où l'on conserve le poisson. Gl. sous *Vota*, 2.

VOUTI, Ce qui est en forme de voûte. Gl. *Volutio*.

VOUTOIER, Traiter mal et avec mépris. Gl. *Vilipendium*.

VOY, comme GOY, Sorte de serpe. Gl. *Goia*, 1.

VOYART, en Bourbonnois, comme ailleurs GOYART, Sorte de serpe. Gl. *Goyardus*.

1. VOYER, Celui qui fait valoir une terre. Gl. *Viarius*, 2.

2. VOYER, Traire. Gl. *Viare*, 1.

VOYETTE, Petite voie, sentier. Gl. *Viola*, 1.

VOYN, L'automne, la saison où l'on cueille les fruits appelés *vains* ou *gains*. Gl. *Gagnagium*, 1.

VREC, Tout ce que la mer jette sur le rivage. Gl. *Wreckum*.

* **VRETÉ**, Vérité. Roi Guillaume, p. 153. *Verté*, Roman de Roncevaux, pag. 60.

VREVIEUX, Verveux, sorte de filet à prendre du poisson. Gl. *Vervilium*.

UBLÉE, Sorte de mesure, espèce de redevance ou de gâteau. Gl. *Urna*, 2.

US, Porte, entrée. Gl. *Huisserium*.

USAGE, Droit, tribut, impôt. Gl. *Usaticum*.

1. USAGER, User du droit d'*Usage* dans un bois ou dans des pâturages. Gl. *Usare*.

2. USAGER, USAGIER, Celui qui a droit d'*Usage* dans des bois ou dans des pâturages. Gl. *Usuagiarius*, sous *Usagium*.

USAGIÉ, Ordinaire, accoutumé. Gl. *Usagiarius*, 1.

USAIGE. SE METTRE A BON USAIGE, Se corriger, suivre un meilleur parti. Gl. *Usagium*.

1. USAIRE, Usage, service, utilité. Gl. sous *Usare*.

2. USAIRE, Celui qui a droit d'*Usage* dans des bois ou dans des pâturages. Gl. *Usare*.

USÉ, Qui est en usage, usité. *Avoir Usé*, Avoir coutume. Gl. *Usuatus*, sous *Usuare*, 2.

* **USEL**, Sorte de chaussure. Roman de Renart, tom. II, pag. 135, vers 13223 :

> L'en ne feroit ouan usel
> Ne chaucemente de ta pel.

Voyez *Heuse*.

USELEIR, Prêter à usure, donner à intérêts. Gl. *Usurare*.

USER, Usage, service, utilité. Gl. sous *Usare*.

USER LE CORPS NOSTRE SEIGNEUR, Recevoir la sainte Eucharistie. Gl. *Usuatus*, sous *Usuare*, 2. [Dit du Roi Guillaume, p. 185 :

> Jà, se Dieu plest, mez dens
> N'usseront vostre char.]

USFRUIT, Usufruit, jouissance. Gl. *Usufructare*.

USINE, Ustensiles de ménage, meubles. Gl. *Usina*.

USLAGE, p. e. Qui est sans loi; de Banni, proscrit. Gl. *Uslact*.

USSCHER, Vaisseau propre à transporter des chevaux. Gl. *Ussarius*.

USSIR, pour ISSIR, Sortir. Gl. *Jasia*.

USTAGE, Droit qu'on paye au seigneur pour son domicile, droit de bourgeoisie ou de résidence. Gl. *Ustagium*.

USTAIGE, Pirate, corsaire. Gl. *Utlaga*.

USUAIRE, Droit d'usage dans les bois ou dans des pâturages. Gl. *Osuaria*.

USUGE, Usage, le droit d'user de quelque chose. Gl. *Usagium* et *Usago*.

USURE, Droit ou redevance établie par la coutume. Gl. *Usaria*, 2.

USURER, Rendre avec usure, donner plus qu'on n'a reçu. Gl. *Usurare*. [Preter à usure. Roman de Renart, tom. 1, pag. 8, vers 195.]

UTDICH, terme flamand francisé, Digue, terre formée par les jets de la mer. Gl. *Utdicus*.

UTILLEMENS, Meubles, ustensiles de ménage. Gl. *Ustensilia*.

UTLAGE, Banni, proscrit. Gl. *Utlaga*. [Chron. des ducs de Normandie, *Ulage*.]

* **VUEL**. Voyez *Voel*.

VUGLAIRE, Machine de guerre, arme à feu. Gl. *Veuglaria*.

VUIDE, Délivrance, expulsion ; l'action de chasser. Gl. *Vuidangia*.

VUIDE TERRE, Qui n'est point cultivée, ou ensemencée. Gl. sous *Vacuus*.

VUIDECOC, Grosse bécasse. Gl. *Videcacus*.

VUIOT, Houe, instrument propre à remuer la terre. Gl. *Hoellus*.

VUISSIER, Navire propre à transporter des chevaux. Gl. *Huisserium*.

* **VUITÉ**. Voyez *Viuté*.

VUITOIER, Traiter mal et avec mépris. Gl. *Vilipendium*.

VULGAIRE, pour VEUGLAIRE, Machine de guerre, arme à feu. Gl. *Veuglaria*.

VULGAUMENT, Vulgairement. Gl. *Vulgaricus*.

VULGUESSIN, Vexin. Gl. *Soula*.

VUORGE, Espèce d'arme en forme de serpe. Gl. sous *Vougetus*.

VYNGUAE, Sorte de péage. Gl. *Winagium*, sous *Guida*.

UZ, Cri de plusieurs personnes. Gl. *Huesium*.

WAAGNAIGE, Froment, toute espèce de blé. Gl. *Vaanagium*.

WAAGNERIE, Labour, culture de la terre. Gl. *Vaanagium*.

WACARME, interjection, Hélas. Gl. *Wacharmen*. [Renart le Nouvel, tom. IV, pag. 239, vers 2882 :

> Flament seut, si cria : Waskarme,
> Illere Renart goude kenape.]

WAGE, Gage, nantissement, ce qu'on donne pour sûreté. Gl. *Wagium*, sous *Vadium*.

WAGIERE, Engagement, hypothèque. Gl. *Wagium*, sous *Vadium*.

WAGUA, p. e. Le gardien ou fermier du poids public, appelé *Waghe*. Gl. *Waga*.

WAIDE, WAIDELE, Guède, pastel. Gl. *Waida* et *Waisda*, sous *Guaisdium*.

WAIGNON, Laboureur, fermier. Gl. sous *Vecticare*. [Chien, comme *Gaignon*. Roi Guillaume, pag. 99 :

> Que batu ot com un waignon.]

WAIN, Fantôme. Gl. *Vanitas*, 2.

WAINGNAIGE, Terre labourable; d'où *Waingnié*, Cultivé, labouré. Gl. *Vaanagium*.

* **WAIRES**, Guère, comme *Gaires*. *Dusqu'à ne waires*, Tantôt, presque. Roi Guillaume, pag. 89 :

> Que bien sarés dusqu'à ne waires
> Se je vos ai gabée u non.

Pag. 143 :

> Si m'ert avis que jou cacoie
> Le plus grant cerf que jou véisse,
> Dusqu'à ne waires le presisse.

WAISDE, Guède, pastel. Gl. *Waisda*, sous *Guaisdium*.

WAITAGE, Impôt pour le guet d'une ville. Gl. *Guetagium*, sous *Wactæ*.

* **WAITE**, Guetteur, sentinelle. Jordan Fantosme, vers 626, var. :

> La nuit fait ses waites sun hoste eschewaiter.

Voyez *Gaite*, 2.

WAITER, WAITIER, Faire le guet. Gl. sous *Wactæ*.

WAITIER. SE WAITIER, Se garder, se garantir. Gl. sous *Wactæ*.

* **WALCRER**, WAUKRER. Voyez *Vaucrer*. Partonop. vers 2429 :

> Travellié somes et pené
> Et moult avons par mer walcré.

Roi Guillaume, pag. 133 :

> Mais adès waukrent et cancelent,
> Car trois jors dura li orés.

WALER, Dépenser son bien en des amusements frivoles et des fêtes. Gl. *Galare.*

WALESCH, Le langage wallon. Gl. *Wallus.*

WALLES, Le pays des Wallons. Gl. *Wallus.*

WALLRIN, Wallon. Gl. *Wallus.*

WANBAIS, Espèce de vêtement contre-pointé. Gl. *Wanbasium*, sous *Gambeso.* [Roi Guillaume, pag. 149 :

> Ambedoi com guerroier ont
> Genoillières et wanbisous.]

1. **WANT**, pour Gant. Gl. sous *Wantus.*

2. **WANT**, Droit seigneurial qu'un vassal doit à chaque mutation. Gl. *Chirothecæ.*

WAP, Terme injurieux ou impoli. Gl. *Wap.*

WAPES, Qui est sans force et sans vigueur. Gl. *Wap.*

WARANCE, Garance, plante pour la teinture. Gl. *Waranchia.*

WARANDISON, Wаrantie, Garantie. Gl. *Warandia* et *Warandisia*, sous *Warantus.*

WARAS, Fourrages, mélange de différentes choses propres à la nourriture des animaux. Gl. *Warachia.*

WARAT, Botte de fourrage. Gl. *Waratus*, sous *Warachia.*

WARCOLE, Vêtement et ornement du col. Gl. *Vercolenum.*

WARD, Juré, garde de métier. Gl. *Guardatores*, sous *Warda.*

WARDELLE, p. e. Botte; s'il ne faut pas lire *Waidelle*, comme ci-dessus. Gl. *Hardeia.*

WARENNE, pour Garenne. Gl. *Warenna.*

WARESCHAIX, Commune, pâturage entouré de fossés. Gl. sous *Waterscapum.*

WARET, Jachère, friche. Gl. *Warectum.*

WARIS, Se dit de la monnaie qui est bonne et de poids. Gl. sous *Denarius.*

WARISON, Les grains qui sont encore sur pied, champ garni de ses fruits. Gl. *Garactum.*

WARNESTURE, Fortification, tout ce qui sert de défense. Gl. *Warnimentum.*

WAROQUEAU, Waroquiau, Gros bâton, barre, levier. Gl. *Varochium.*

WAROUL, Espèce de loup. Gl. *Varolus.*

WARPOIS, Espèce de pois ou de vesce. Gl. *Garrobis.*

WARRAGE, Droit seigneurial que doivent les domiciliés dans une terre. Gl. sous *Warachia.*

WARTE, Sorte de droit seigneurial. Gl. *Warta.*

WASCHIE, Waskie, Wasquie, commune, pâturage entouré de fossés. Gl. *Waschium.*

WASIER, p. e. Terre formée par la vase de la mer. Gl. *Wasshum.*

WASON, Wasson, Gazon. Gl. *Wazo.*

WAST, Destruction, dégât, ravage; d'où *Faire Wast*, Ravager, détruire. Gl. *Vastum*, 1.

* **WASTER**, comme *Gaster*, 2. Consommer. Roi Guillaume, pag. 121 :

> De la nef descargier se hastent
> Tout le jour i usent et wastent.

WASTELIER, Wаstillier, Pâtissier,

---

faiseur de *Wastiaux* ou gâteaux. Gl. *Wastellus.*

WASTIS, Pâturages; ce qu'on paye pour le droit de pâturage. Gl. sous *Vastum*, 1.

WAUDE, Espèce de guède ou pastel. Gl. *Waida*, sous *Guaisdium.*

WAUDIR, Gauchir, éviter un coup en se détournant. Gl. sous *Gaudiosus.*

WAUDRÉE, Escouvillon, ce qui sert à balayer le four. Gl. sous *Wauda.*

* **WAUKERANS**. Flore et Blanceſl. vers 1287 :

> Par mon cief n'est pas marceans,
> Gentix hon est et waukerans.

WAULE, Waulle, Gaule, verge, houssine; d'où *Waulette*, Petite gaule. Gl. *Waula.*

WAUPE, pour Taupe. Gl. *Talpis.*

WAUSKRIE, Commune, pâturage entouré de fossés. Gl. *Waschium.*

WAUVE. Femme Wauve, Femme abandonnée, qui vit dans la débauche. Gl. *Wayf.*

WAYER Draps, p. e. Les suspendre à une perche, qu'ils appelaient *Gayar.* Gl. sous *Gajardus.*

WECTELOIX, Banni, proscrit. Gl. *Utlaga.*

WEDE, Guède, pastel; d'où *Wedelle*, Graine, semence de guède. Gl. *Wede.*

WEKESIN, Vexin. Gl. *Acra*, 1.

* **WENKEUE**. Roman de Renart, t. IV, pag. 114, vers 3150 :

> Fu toute Roume saielée
> De ses tours et de ses wenkeues.

WERBLE, Parole; d'où *Werbler*, Parler, discourir. Gl. *Verbosare.*

WERBLOIER, Parler haut, réciter. Gl. *Verbosare.*

WERIER, Faire la guerre. Gl. *Werriare*, sous *Guerra.*

WERISCAP., Werixhas, Commune, pâturage entouré de fossés. Gl. *Waterscapum.*

WERP, Cession, abandon. Gl. *Guirpimentum* et *Wirpitio*, sous *Guerpire.*

WERRE, Guerre; d'où *Werrier*, Faire la guerre. Gl. sous *Guerra.*

WERVELE, Vache nouvellement couverte. Gl. *Wervela.*

* **WESSAIL**, A votre santé. Lai du Corn, vers 546 :

> Al roi ad dist : Wessail!
> Le corn mist à sa bouche.

Rapports de Fr. Michel, pag. 59 :

> Si jo vus dis trestoz : Wesseyl!
> Deshaiz cit qui ne dira : Drincheyl!

Voyez *Guersai*, Gl. *Vesseil* et *Washayl.* Halliwell, aux mots *Wassail* et *Drinkhail.*

WETAIGE, Impôt pour le guet d'une ville. Gl. *Guetagium*, sous *Wactæ.*

WEZ, Gué, lieu où l'on peut pêcher. Gl. *Vadum*, 1.

WIART, Voile dont on couvre le visage. Gl. *Viarium.*

WIDE, Délivrance, expulsion, l'action de chasser. Gl. *Vuidangia.*

WIDECOC, Grosse bécasse. Gl. *Videcacus.*

WIDISVE, Chose de néant, qui n'a rien de réel. Gl. *Vacuus.*

WIENAIGE, Droit de péage sur les voi-

---

tures qui passent sur les terres d'un seigneur. Gl. *Wienagium*, sous *Guida.*

WIERE, Wierre, Guerre. Gl. *Exoniari*, sous *Sunnis*, et *Werra*, sous *Guerra.*

WIGNAIGE, Droit de péage; d'où *Wignageur*, Celui qui le perçoit. Gl. *Wienagium*, sous *Guida.*

WIGNORON. Entre deux Wignorons, Entre chien et loup, sur le soir. Gl. *Hora tarda.*

* **WIGRE**, Espèce de javelot, Chanson de Roland, st. 158, vers 9 :

> Lançuns à lui, puis si l' laissums ester.
> E il sí firent darz e wigres asez.

Stance 152, vers 10.

WIHOT, Le mari dont la femme est infidèle, d'où *Wihoterie*, Son état. Gl. *Willot.*

WILHOMME, comme Prud'homme, Juré d'un métier. Gl. *Paciarius*, sous *Pax.*

WILLOT, Le mari dont la femme est infidèle. Gl. *Willot.*

WILPS, Le même. Gl. *Willot.*

1. **WINAGE**, Le droit qu'on payait pour la sûreté des grands chemins. Gl. *Winagium*, sous *Guida.*

2. **WINAGE**, Toute espèce de droit et d'impôt. Gl. *Vinagium*, 5.

WINDAS, pour Guindas, Espèce de cabestar. Gl. *Windasium.* [Partonop. v. 6162.]

WINGNRON, Cabaretier; d'où à Lille on appelle *Wingnron* la cloche de la retraite des bourgeois, parce qu'après qu'on l'a sonnée les cabarets doivent être fermés. Gl. *Campana bibitorum.*

WINIGEUR, Celui qui reçoit le *Winage* ou péage. Gl. *Vinagium*, 5.

WINLEKE, Publication de vin à vendre. Gl. *Winleke.*

WINNAGE, Toute espèce de droit et d'impôt. Gl. *Wienagium*, sous *Guida.*

WIQUET, Hameau; il se dit par mépris d'une petite ville. Gl. *Viculus.* [Petite porte, guichet. Renart le Nouvel, tom. IV, pag. 236, vers 2810 :

> Rois, ore me bailliés le clef
> Que vous avés de cel wiket.

Pag. 443, vers 7619 :

> Au postis vient, fiert du maillet,
> Li preudom ouvri le wiket.

Chron. des ducs de Norm. tom. 1, p. 154, vers 13709 :

> Ne trespassez mais les wichesz.]

WIREWITE, Juridiction, tribunal pour la taxe des amendes. Gl. *Willot.*

WISENX. Cheval Wisenx, Cheval de service, soit pour le charroi, soit pour le labour. Gl. *Usina.*

WISEUS, Oisif, paresseux; de *Wiseuse*, Oisiveté, paresse. Gl. *Desidius.*

1. **WISINE**, Usine, comme moulin, forge, etc. Gl. *Usina.*

2. **WISINE**. Beste Wisine, Animal de service pour le charroi ou le labour. Gl. *Usina.*

WISLOT, Wisloth, Le mari dont la femme est infidèle. Gl. *Willot.*

WISON, Témoin. Gl. *Wissel.*

1. **WIT**, Vuide, qui ne porte rien. Gl. *Passagiarius.* [Partonop. vers 10838.]

2. **WIT**, pour Huit. Gl. *Octimber.*

* **WITART**, Renart le Nouvel, tom. IV, pag. 455, vers 7956 :

> Clerc et lai, witart et witarde.

WITAVE, Huitaine, octave. Gl. *Octava*, 2.
WITE, Voile dont on coûvre le visage. Gl. *Viarium*.
WITEFALE, p. e. Mascarade, bal masqué. Gl. *Trepare*.
WITEL, Mesure de grain, moitié d'un quarteau; d'où *Witelée*, Mesure de terre contenant un *witel* de semence; et *Wite-*

lage, Le droit sur cette mesure. Gl. *Witellus.*
WITEMBRE, Octobre, autrefois le huitième mois de l'année. Gl. *Octimber.*
WITIVE, Huitaine, octave. Gl. *Octava*, 2.
* **WIVRE**, Vipère. Partonop. vers 675 :

> De serpens et de wivres grans.

Flore et Blancefl. vers 1869 :

> Car là u est serpens ne wivre
> N'autre vermine n'i puet vivre.

Voyez *Vivre.*

* **WOUPIL**, comme *Goupil*, Renard. Roi Guillaume, pag. 119 : *Gorges de woupil.*
WOUE, Abbreuvoir, gué. Gl. *Wedia.*
WUASON, Gazon. Gl. *Wazo.*
WYDART, p. e. La décharge d'un moulin. Gl. *Huydardus.*
1. **WYNAGE**, Droit de péage. Gl. *Wicnagium*, sous *Guida.*
2. **WYNAGE**, Droit sur les voitures qui mènent du vin. Gl. *Winagium*, sous *Guida.*

YMA   YSO   ZIR

XAINTURE, pour Ceinture. Gl. *Xaintura.*
XANOTIER, p. e. Celui qui est chargé du soin des canaux. Gl. *Xanoterius.*

YAUETTE, Petit ruisseau. Gl. *Aquale.*
YAUUER, Arroser, jeter de l'eau. Gl. *Aquare.*
YAUYER, Évier. Gl. *Aquarium*, 2.
YBENNS, Ébene. Gl. *Ybenns.*
YCHIDE, Certaine rente annuelle. Gl. *Ychigare.*
YDRIE, Vase à liqueurs, cruche. Gl. *Ydria.*
YERRE, Lierre. Gl. sous *Yeraca.*
YEULAGE, Acclamation, cri de joie. Gl. sous *Yeraca.*
* **YEUWE**, Cavale, comme *Eque.* Roman de Roncevaux, pag. 60 :

> Quatre yeuwes grans, ce saichiez par verté,
> Qui sont sauvaiges et de grant cruauté.

YEUYER, Évier. Gl. *Aquarium*, 2.
YGLISE, pour Église. Gl. *Ecclesia.*
YMAGERIÉ, Brodé en figures. Gl. *Ymaginatus.*
YMAGIER, Sculpteur, graveur. Gl. *Imaginaria.*
YMAGINATION, Pensée, réflexion. Gl. *Ymaginatio.*
YMAGINÉ, Orné de figures, sculpté;

d'où *Ymaginerie*, Sculpture, et *Ymaginette*, Petite figure. Gl. *Ymaginatus.*
YMAIGE, Image, figure. Gl. *Imaginatio*, 2. [*Ymage*, Flore et Blancefl. v. 581, 860.]
YMAL, Émine, certaine mesure de grain. Gl. *Hemina.*
* **YNIAUS**, Égaux. Roi Guillaume, pag. 82 :

> Tex que tos yniaus les en fist
> N'i orent nient ne cis ne cist.

Voyez *Ingal.*
1. **YRAIGNE**, Paneau de fil d'archal. Gl. sous *Irangia.*
2. **YRAIGNE**, Espèce d'étoffe. Gl. sous *Irangia.*
3. **YRAIGNE**, Araignée. Gl. sous *Irangia.*
1. **YRÉ**, Aire, cour. Gl. *Ira*, 2.
2. **YRE**. Peser en Yres, p. e. De façon que la languette de la balance soit droite. Gl. *Ira*, 2.
YRINGE, Orange. Gl. *Irangia.*
YROIS, Irlandais. Gl. *Erigena* et *Irenses.*
YSLEMENT, Insulaire, qui habite une île. Gl. *Insularius.*
* **YSOPÉ**, Flore et Blancefl. vers 495 :

> Ne péust sans autre clarté
> Cler vin connoistre d'ysopé.

YSSEROP, Sirop. Gl. *Collatum*, 1.
YSTRE, Sortir; Provenir, lorsqu'il s'agit de revenu. Gl. *Isshac.*
YTROPICE, Ytropisiée, Hydropisie; d'où *Ytropite*, pour Hydropique. Gl. *Morbus S. Eutropii.*
YVERNAIGE, Blé qu'on sème avant l'hiver, seigle. Gl. *Hybernagium.*
YVRAING, Ivresse, l'état d'un homme ivre. Gl. *Ebriare.*
YVRAISSE, Yvresse, Se dit d'une femme ivre. Gl. *Ebriare.*
YVROIN, Ivrogne, adonné au vin. Gl. *Ebriare.*
YVROIS. En Yvrois, Comme un homme ivre. Gl. *Ebriare.*

ZARDRE, Maladie de cheval, courbe ou éparvin. Gl. *Zarda*, 1.
ZATOUIN, Satin. Gl. *Zatouy.*
ZEGRE, Nom d'un saint en Flandre. Gl. *Crassarius.*
ZEWERP, Terme flamand, qui signifie une terre formée par ce qu'apporte la mer. Gl. *Zewerp.*
ZINDOR, L'oreille. Gl. *Zindor.*
ZIRARME, pour Gisarme, Sorte d'arme lance, demi-pique. Gl. *Gisarma.*

FIN DU GLOSSAIRE FRANÇAIS.

EXTRAITS DES OBSERVATIONS

SUR

L'HISTOIRE DE SAINT LOUYS,

ESCRITE PAR JEAN SIRE DE JOINVILLE.

1850

EXTRAITS DES OBSERVATIONS

SUR

L'HISTOIRE DE SAINT LOUYS.

A

AAGIATUS. *Madame ma mère... me tient en bail et m'y tiendra encore jusques à quatre ans, parquoy elle joist de toutes mes chouses, et n'ay puissance encores de riens faire.* Joinville, pag. 98; *Observations,* pag. 93.] D'où on peut inferer qu'en la principauté d'Antioche, ou du moins à l'égard des princes, on observoit l'usage, receu universellement en France, qui fixoit alors la majorité et l'âge requis pour tenir les fiefs et gouverner son bien, à vingt-un ans. Car d'ailleurs, suivant les *Assises du royaume de Hiérusalem,* l'âge de majorité pour les mâles estoit de quinze ans, et pour les filles, de douze accomplis; les uns et les autres ne pouvans tenir fiefs qu'ils n'eussent atteint cet âge, pendant lequel temps de minorité le bail, ou tuteur, deservoit le fief. Au chap. 167 : *Se fié escheit à enfant merme d'aage, quant il a quinze ans complis, se il veut entrer en saisine, il doit venir devant la court, et le seignor, et dire li : Sire, je ay quinze ans d'aage, ou plus,* etc. *Et quant il aura prové son aage, il se puet mettre en son fié toutes les fois que il veut, sans ce que nul que le baillage tiegne de celui fié, li en puisse contredit mettre pour achaison de baliage, que nul baill ne puet nule chose dire qui vaille contre la preuve de l'aage de l'esir : et se il n'ere chevalier quant il fait la preuve de son aage, se il fait que sage, quant il aura son aage prové : Sire, donnés moi un respit raisonable de moi faire chevalier, pour faire vous le service que je vous dois de mon fié,* etc. Puis elles ajoûtent que le seigneur lui doit donner respit de quarante jours, n'est que lui-même le fasse chevalier; après quoi il est tenu de le recevoir à homage. Ce qui est repeté, quant à l'âge requis pour la majorité, aux chap. 170 et 190.

AMIR. *Celui des chevaliers de la Haulcqua qui mieux s'esprouvoit et faisoit des faiz d'armes, le souldan le faisoit admiral.* Joinville, pag. 56; *Observations,* pag. 77.] C'est-à-dire, ainsi que le sire de Joinville explique ce mot *admiral,* capitaine, ou gouverneur de province et de place, chef d'armée, ou de troupes. Ce mot vient de l'arabe *amir,* ou *emir,* qui signifie Seigneur, selon Guill. de Tyr, l. 21, ch. 23; Rigord, en l'an 1195; Sanudo, l. 3, part. 3, ch. 5; Mariana, en l'*Hist. d'Espagne,* l. 6, ch. 11; Victor Cayet, *in Paradigm. 4 linguar.;* M. de Marca, en son *Hist. de Bearn.* l. 2, ch. 2, n. 11; *Leunclav. Watsius,* et autres. La même chose est remarquée par le sire de Villerval, en ses *Voyages* manuscrits, au chap. *De la condition et nature des soudans, de leurs amiraux, et esclaves,* etc. : *Item a toûjours,*

comme on dit, ledit soudan de Babylone, tant au Kaire, comme assez prés là, environ dix mille esclaves à ses gaiges, qu'il tient comme ses gens d'armes, qui lui font la guerre quand il en a mestier, montez aucuns à deux chevaux, et les autres qui en ont plus ou moins. Et est assavoir que iceux esclaves sont d'estranges nations, comme de Tartarie, de Turquie, de Bourgerie (Bulgarie), de Honguerie, de Sclavonie, de Walasquie, et de Roussie, et de Gresse; tant de pays chrestiens que d'autres : et ne sont point appellez esclaves du soudan, s'il ne les a acheptez de son argent ou ne lui sont envoyez de present d'estranges terres. Et en ces esclaves chy se confie du tout pour le garder de son corps, et leur donne femmes et casals, chevaux et robes, et les met sus de jonesse petit à petit, en leur monstrant la maniere de faire la guerre; et selonc ce que chascun se prent, il fait l'un amiral de dix lances, l'autre de vingt, l'autre de cinquante, et l'autre de cent, et ainsi en montant deviennent l'un amiral de Hierusalem, l'autre roy et amiral de Damasq, l'autre grant amiral du Kaire, et ainsi des autres officiers du pays. Ce mot d'amiral est exprimé diversement dans les auteurs. Ils sont nommez par les Grecs ἀμηραὶ, ἀμηραῖοι, et par les Latins du moyen temps *amirabiles, admiraldi,* etc. Tant y a qu'il est constant que nous avons emprunté de ces nations infidéles le terme d'amiral, que nous donnons vulgairement aux chefs des armées navales, parce qu'elles appelloient ainsi les leurs.

B

BALISTA. *Car nul ne tiroit d'arc, d'arbaleste, ne d'autre artillerie.* Joinville, pag. 44; *Observations,* pag. 74.] On n'a jamais reputé parmy les François pour une action de valeur de tuer son ennemy avec l'arc, l'arbaleste, ou autre artillerie. On ne faisoit état que des coups de main, d'espées et de lances, où on rendoit des marques d'adresse; et c'est pour cela que l'on interdit avec le temps l'usage des arbalétes, comme encore des fléches et des traits empoisonnez : et parce qu'il ne suffit pas de se deffaire simplement de son ennemy par quelque voye que ce soit; mais il importe, pour le vaincre, d'employer la belle force, et de se servir des armes qui marquent la dexterité de celuy qui les employe. Il est constant que ces sortes d'armes ont esté deffenduës par les papes de temps en temps, et particulierement au concile tenu à Rome sous le pape Innocent II, l'an 1139, c. 29. Et l'empereur Conrad fut un des princes chrestiens qui en interdirent l'usage pour cette méme raison, ainsi que nous apprenons de Guillaume de Dole, qui

44.

vivoit avant l'an 1200, lorsqu'il introduit Raoul de Houdanc, et luy fait dire que cét empereur deffendit l'arbaléte :

> Par effort de lance et d'escu
> Conqueroit toz ses ennemis :
> Ja arbalestriers n'i fu mis
> Por sa guerre en autoritez,
> Par avoir et par mauvaistié
> Les tiennent ore li haut home.
> Por demi le thresor de Rome
> Ne vosist-il, n'à droit, n'à tort,
> Qu'uns en eut un preud home mort.

D'où il est aisé de juger qu'il faut interpreter favorablement les termes du poëte breton, au l. 2 de sa *Philippide*, lorsqu'il dit que Richard I, roy d'Angleterre, inventa les arbalestes, ce que l'on doit expliquer de l'usage de cette sorte d'armes, qu'il fit revivre de son temps. Ce que Brompton dit en termes formels : *Ipse siquidem hoc genus sagittandi, quod arcubalistarum dicitur, jamdudum sopitum, ut dicitur, in usum revocavit.* Ce qui est tellement vray, que nous lisons à toutes rencontres dans les histoires des premieres guerres saintes, qu'on se servoit des arcs et des arbalétes.

BEDUINI. *Je vieulx dire quelque chose et quelles gens sont que les Beduns.* Joinville, pag. 48 ; *Observations*, pag. 75.] Le sire de Joinville confond ici et ailleurs les Beduins avec les Assassins, quoy que Jacques de Vitry, en son *Hist. de Hiérusalem*, c. 12 (d'où il semble avoir tiré ce qu'il dit de ces peuples), Aython, c. 35, 51 et 55, en fassent deux différentes nations. Sanudo, l. 2, part. 4, c. 38 ; l. 3, part. 14, ch. 2, aprés Albert d'Aix, l. 12, ch. 31, et Jacques de Vitry, dit formellement qu'ils estoient Arabes; que leur demeure estoit vers Halape et Crach, dans l'Arabie, et que les Assassins habitoient un canton de la province de Phœnicie, enfermé de montagnes, prés de Tortose. Quoy qu'il en soit, tous les auteurs conviennent que les Beduins estoient des peuples errans et vagabonds. L'*Histoire de l'expédition Asiatique de l'empereur Frederic I*, au tom. 5 des leçons de *Canisius*, en parle de la sorte : *Est autem consuetudo incolarum illius terræ, qui Sylvestres, Turci, sive Beduini dicuntur, carere domibus, et omni tempore degendo in tabernaculis de pascuis ad pascua se transferre cum gregibus et armentis. Hi semper in armis ad bella proni sunt et accincti,* etc. Il faut conferer notre auteur avec Jacques de Vitry et Sanudo, aux lieux citez, touchant les opinions du destin qu'ils tenoient, et leurs façons de vivre et de combatre, qui sont conformes en tout à ce que le sire de Joinville en a écrit. Arnoul de Lubec, l. 7, ch. 10, Brocard en la *Description de la Terre Sainte*, et autres, ont encore parlé de ces peuples.

BELFREDUS. *Fit faire deux baffraiz, que on appelle chas chateilz; car il y avoit deux chateilz devant les chas et deux maisons durriere pour recevoir les coups que les Sarrazins gettoient à engis.* Joinville, pag. 37 ; *Observations*, pag. 67.] Le beffroy est une espèce de machine de guerre, en forme de tour, faite de charpenterie, à divers étages, pour les approches des villes, dans laquelle on mettoit certain nombre de soldats, qui décochoient leurs arbalestes et leurs arcs par-dessus les murailles, sur ceux qui défendoient les places. Ces machines rouloient ordinairement sur quatre roues, et afin que le feu gregeois, ou d'artifice, ne leur pûst nuire, on les couvroit de cuirs de bœuf ou de cheval bouillis. Froissart, au 1 vol., ch. 110, décrit ainsi les beffrois : *Les Anglois avoient fait charpenter deux beffrois de gros mesrien à trois estages, et estoient ces bef-*

frois au lez de la ville, tous couvers de cuir boullu, pour deffendre du feu et du trait. Le *Roman de Garin* :

> La veissiés ces perrieres venir,
> Ces mangoniax et geter et flair,
> Et les berfrois as chastiax assaillir,
> Et ces archers durement aatir.

La *Chronique de Bertrand du Guesclin* :

> Un grant beffroy de bois orent fait charpentér,
> Et le firent adonques à Arques apporter,
> Jusques prés des fossés ils le firent traisner,
> Grande plenté de gent y pouvoit bien entrer.

Guillaume le Breton, au livre 2 de sa *Philippide*, nomme cette espèce de machine *belfragum*, et la décrit ainsi :

> Cratibus et lignis rudibus belfragia surgunt,
> Turribus alta magis et mœnibus, unde valerent
> Agmina missilibus telisque quibuslibet uti,
> Devexosque hostes facili prosternere jactu.

Et au livre 7 :

> Parte alia turres, quibus est belfragia nomen,
> Roboribus crudis compactæ atque arbore multa,
> Intactis dolabra, ruditer quibus ascia solos
> Absciderat ramos, sic educuntur, ut usque
> Aera sub medium longo volumine tendant,
> Ut doleat murus illis depressior esse.

Guillaume de Malmesbury, au l. 4 de son *Hist. d'Angleterre*, nomme cette machine berfroy : *Alterum (machinamentum) fuit pro lignorum penuria terris non magna, in modum ædificiorum facta (berfreid appellant), quod fastigium murorum æquaret.* Comme aussi Simeon de Dunelme, en l'an 1123 : *Videns autem rex se non, ac disposuerat, proficere, ligneam turrim, quam berfreit vocant, erexit.* Orderic Vital, l. 8, l'appelle *berfredus : Ingentem machinam, quam berfredum vocitant, contra munitionem erexit.* Et au l. 12 : *Carpentarios berfredum facientes docebat.* Rolandin, en sa *Chronique*, l. 1, ch. 8 ; l. 4, ch. 2 ; l. 6, ch. 6 ; l. 12, ch. 6, la nomme *bilfredus*, et Frederic I, empereur, en une epitre qui se lit dans Guillaume Heda, en l'an 1190, *verfredus.* Cette sorte de machine est souvent décrite par les auteurs du moyen temps, qui toutefois en suppriment le nom, comme dans Tudebod, l. 5, pag. 805 ; Albert d'Aix, l. 6, ch. 11 ; l. 7, ch. 3 ; Guibert, en son *Hist. de Hierus.*, l. 6, ch. 18 ; l. 7, ch. 6 ; Guill. de Tyr, l. 8, ch. 12, 15, 18 ; l. 20, ch. 16 ; Suger, en la *Vie de Louys VII*, ch. 10 ; Robert. Monach., l. 7 ; Radevic., l. 2, de *Gest. Frider.*, ch. 62 ; Anna Comnena, pag. 384 ; Acropolita, pag. 190 ; Vegetius, l. 4, ch. 17, 18 ; Gilles, moine d'Orval, en la *Vie d'Alberon II, évesque de Liége*, ch. 35 ; et enfin Sanudo, l. 2, part. 4, ch. 22, enseigne la façon de la construire. Le *Roman de Garin* depeint ailleurs cette machine, sans la nommer :

> Un engin fet, de tel parler n'oï,
> Qui ot de haut cent piés tos enterins.
> Prés de la porte fist venir tel engins,
> A set estages tot droit de fust chesnin,
> Arbalestriers i a mis jusqu'à vint,
> Bien fit cloés, couvert de cuir boli.

On a appliqué depuis ce nom de *beffroy* aux hautes tours des villes frontières, où l'on met le guet pour veiller à leurs seuretez, et une cloche que l'on sonne pour avertir les sentinelles et les gardes des portes. Et ensuite cette cloche a esté employée pour servir à marquer les temps de retraite des habitans et des garnisons en leurs logis, et autres usages publics, d'où elle est appellée *campana bannalis* dans Hocsemius, en la *Vie de Hugues*, *evesque de Liege*, ch. 23. *Statuta* Gildæ Scot., c. 28 : *Nullus regratarius emat pisces, fœnum, avenas..... ante pulsationem campanæ in berefrido.* La *Chronique de Flandres* fait souvent mention des beffrois des villes. Et delà est arrivé que ces tours et les cloches qui y sont élevées ont fait partie des priviléges des communes, comme nous apprenons d'une ordonnance de Charles le Bel de l'an 1322, par laquelle il prive ceux de Laon, pour certain meffait, du droit de commune, d'échevinage, de mairie, de seau, de cloche, *de beifroy*, et de jurisdiction.

Le *chat* estoit proprement une machine faite à guise de galerie couverte (d'où Anne Comnene, en son *Alexiade*, pag. 383, luy donne le nom de ϛοὰ), que l'on attachoit aux murailles, sous laquelle ceux qui la devoient sapper estoient à couvert. Guillaume le Breton, au l. 7 de sa *Philippide :*

> Huc faciunt reptare catum, tectique sub illo
> Suffodiunt murum.

Le Moine de Vaux de Sarnay, ch. 48 : *Die quodam comes noster machinam quamdam parvam, quæ lingua vulgari catus dicitur, faciebat duci ad fodiendum castri murum.* Voy. encore les ch. 52 et 63. Le même Guillaume le Breton décrit ainsi cette machine, au l. 2 :

> .... Testudo texitur, ut sub
> Illis tuto latens muri queat ima subire
> Fossor, et erectis ipsum succidere parmis.

Radevic, au l. 2 de l'*Hist. de Frederic I*, ch. 63 , décrivant le siége de Créme, dit que les habitans pour se défendre de ceux qui montoient à l'escalade, ou qui descendoient des beffrois, et des tours de bois, sur leurs murailles, se servoient de chats, pour les aller attaquer jusques dans leurs machines : *Magnaque audacia super muros, et in suis machinis, quas cattas appellant, operiuntur, et cùm admoverentur pontes* (les ponts des beffrois) *ipsi eos vel occuparent vel dejicerent, murumque scalis ascendere nitentes vario modo deterrerent.* Rolandinus, lib. 8, cap. 13; Chron. Antonii Godi Vicentini, pag. 20, etc. Mathieu Paris, en l'an 1236; Jo. de Beka in Arnoldo, 49; Episc. Traject.; Suffrid. Petri in Joan. Heinsberg. Episc. Leod. c. 17; le Moine de Padoue, lib. 2, Chr. cap. 8 ; Guillaume de Puylaurens, cap. 30 ; le duc de Cleves, en son *Traité de la Guerre*, pag. 57, et autres auteurs ont parlé de cette machine, dont Vegèce, l. 4, ch. 15, a donné la description, comme encore Aimoin, au l. 3 de son *Hist. de France*, ch. 71. Guillaume Guiart, parlant du siége de Boves par Philippes Auguste :

> Devant Boves fit l'ost de France,
> Qui contre les Flamans contance,
> Li mineur pas ne soumeillent,
> Un chat bon et fort appareillent,
> Tant euvrent dessous, et tant cavent,
> Qu'une grant part du mur destravent.

Et en l'an 1205 :

> Un chat font sus le pont atraire,
> Dont pieça mention feismes,
> Qui fit de la roche meismes ,
> Li mineur desous se lancent,
> Le fort mur à miner commencent,
> Et font le chat si aombrer,
> Que riens ne les peut encombrer.

On s'en servoit encore pour combler les fossez, afin de

faire approcher les beffrois prés les murailles, qui estoit proprement l'usage des *musculi* des anciens, suivant le méme Vegece, l. 4, ch. 16. Jacques de Vitry, l. 3, pag. 1142 : *Cati duo ad fossatum implendum magnis sumptibus compositi fuerunt.* Joignez ce que le sçavant Lipse écrit, lib. 1 Πολιορκητικῶν; *Dial.* 7; et Angelo Portenari, *Della Felicità di Padua*, l. 5, cap. 5, pag. 165, lesquels en ont donné la figure et la description. Le roy saint Louys fit donc faire deux beffrois, ou tours de bois, pour garder ceux qui travailloient à la chaussée; et ces beffrois estoient appellez *chats chateils*, c'est-à-dire *cati castellati*, parce qu'au-dessus de ces chats il y avoit des espéces de châteaux. Car ce n'estoit pas de simples galeries, telles qu'estoient les chats, mais des galeries qui estoient défenduës par des tours et des beffrois. Saint Louys en l'épître de sa prise, parlant de cette chaussée : *Saraceni autem è contra totis resistentes conatibus machinis nostris quas erexeramus, ibidem machinas opposuerunt quamplures, quibus castella nostra lignea, quæ super passum collocari feceramus eumdem, conquassata lapidibus et confracta combusserunt totaliter igne Græco.* Le sire de Joinville dit qu'il y avoit deux *chateils* devant le chas, et deux maisons derrière pour recevoir les coups que les Sarrazins *jettoiont à engins*, c'est-à-dire, ainsi que j'explique ce passage, que les chats, ou galeries, estoient défenduës de ces tours, qui devoient porter tout le faix des pierres, que les ennemis jettoient continuellement avec leurs perrieres sur les chats. Et mémes je crois que l'étage inferieur de ces tours estoit à usage de chats et de galeries : à cause de quoy ces chats de cette sorte estoient appellez *chas châtels*, c'est-à-dire, comme je viens de remarquer, chats fortifiez de châteaux. L'auteur qui a décrit le siége qui fut mis devant Zara par les Vénitiens en l'an 1346, lib. 2, cap. 6, *apud Joan. Lucium, De Regno Dalmat.*, nous represente ainsi cette espéce de chat : *Aliud erat hoc ingenium, unus cattus ligneus satis debilis erat confectionis, quem machinæ Jadræ sæpius jactando penetrabant, in quo erat constructa quædam eminens turris duorum propugnaculorum. Ipsam duæ maximæ carrucæ supportabant.* Et parce que ces machines n'estoient pas de simples chats, elles furent nommées *chats faux*, ou *faux chats*, qui avoient figure de beffrois et de tours, et neantmoins estoient à usage de chats. Et c'est ainsi que l'on doit entendre ce passage de Froissart, 1 vol., ch. 121 : *Le lendemain vindrent deux maîtres engingneurs au duc de Normandie, qui dirent que s'on leur vouloit livrer du bois et ouvriers, ils feroient quatre chauffaux (*quelques exemplaires ont *chats) que l'on meneroit aus murs du chastel, et seroient si hauts, qu'ils surmonteroient les murs.* D'où vient le mot d'*eschaffaux*, parmy nous, pour signifier un plancher haut élevé. Voyez le *Recueil de Bourgogne* de M. Perard, p. 395.

BORDELLUM, pag. 729 [3]. *Le bon roy trouva jusques à ung gect de pierre prés, et à l'entour de son paveillon, plusieurs bordeaux, que ses gens tenoient.* Joinville, pag. 32; *Observations*, pag. 63.] Le mot de *bordel*, pour designer un lieu infame, *lupanar*, vient de ce qu'ordinairement les garces et autres gens de cette farine habitoient les petites maisons, qu'en vieux langage françois on nommoit *bordels*, du diminutif de *borde*, qui signifie maison, et probablement a esté emprunté du *bord* des Saxons-Anglois, où ce mot a la méme signification. Un titre d'Eadgar, roy d'Angleterre, *in Monastic. Anglic.*, tom. 1, pag. 37 : *Videlicet 5 mansas, cum 15 carucis terræ, cum 18 servis, et 16 villanis, et 10 bordis, cum 60 acris prati,* etc. Un titre de Pons de Montlor, de l'an 1219, au Registre de Carcassonne, de la Chambre des Comptes de Paris, f°. 39 : *Et ibidem sci-*

licet in strata fiet borda communis ad levandum pedagium.
Le *Roman de Garin* :

> N'i a meson, ne borde, ne mesnil.

Voyez le *Glossaire* de Spelman. Du mot de *borde* est venu le mot de *bordel*, pour marquer une petite maison. Le même *Roman* :

> N'i ot bordel, qui tant parfu petis,
> Mien escient chevalier n'i gesist.

Et la *Chronique de Bertrand du Guesclin* :

> Et bonne ville aussi garnie bien et bel,
> C'on nommoit Saint-Maissens, dehors ot maint bordel.

Guillaume de Jumiéges, l. 7, ch. 14 : *Domunculam circumdedit cum familia : Sorengus vero expergefactus de bordello exiit, et fugiens in vinarium exire voluit.* Et enfin le *Monasticum Angl.*, tom. 2, pag. 206 : *Et ortum ante portam atrii cum bordello.* Voyez la *Coutume de Sole*, tit. 12, art. 2. Il y en a mémes qui estiment que le terme de *bort* chez les Gascons, qui s'en sont servis autrefois pour désigner un bâtard, a tiré son origine de celuy de *bordel*, comme nez *incerto patre* et dans ces lieux publics. Voicy un titre, entre autres, qui justifie l'usage de ce mot, et m'a esté communiqué par M. d'Herouval : *De par le roy. Nostre chancelier, nos gens de nos comptes et nostre audiencier. Nous avons quitté de grace especiale au bort de Rabastens tout nostre droit tant de finances que de chancelerie, et du seel de deux cartes en cire verte, l'une de legitimation, et l'autre de nobilitation*, etc. *Donné à l'opital de Corbeil le 20e jour de fevrier l'an 135x.*

BURDARE. *Escoute le service de Dieu... devotement... et par especial à la messe depuis que la consecracion du corps Nostre Seigneur sera, sans bourder, ne truffer avecques autrui.* Joinville, pag. 126; *Observations*, pag. 116.] *Bourder.* Dire des bourdes, rire, folastrer. Henry de Knighton : *In tantum erat affabilis domino regi, quod burdando petebat a rege nundinas sibi concedi pro leporariis et canibus emendis.* Delà vient le mot de *bourdeurs*, qui estoient ces farceurs ou plaisantins qui divertissoient les princes par le récit des fables et des histoires des romans. Les *Statuts* manuscrits *de l'Ordre de la Couronne d'épines*, ch. 22 : *En celuy saint disner soit bien gardé que hiraux et bordeurs ne fassent leurs offices, mais à la collation du roy, et en présence des vaillans chevaliers, se pourront bien reciter en lieu d'instrumens bas aucunes dities à la loüenge de Dieu*, etc. Aucuns estiment que ce mot vient des *behourds*, qui estoit une espéce de tournois et de joûte qui ne se faisoit que par divertissement. Mais Joseph Scaliger sur Ausone croit qu'il vient du mot de *burra*, dont ce poëte se sert en ces vers :

> At nos illepidum rudem libellum,
> Burras, quisquiliasque, ineptiasque
> Credemus gremio cui fovendum.

Scaliger, écrivant à ce sujet, dit qu'Ausone s'est servi d'un terme receu de son temps dans la Guyenne, où encore à présent on appelle des *bourres* des bagatelles.

Truffer, Tromper en jouant, railler. *Guillelmus Brito, in Vocabul.* : *Nuga dicitur trufa, unde nugor, aris, nugas facere.* Le roman du *Chevalier au Barisel* :

> Mais que gi vois pour aus trufer.

Trufari, dans *Cæsarius Heisterbach.* l. 5, c. 29; et en la *Vie de*

la B. *Angela de Fulginio*, c. 23, apud Boland. Willelm. Thorn. p. 2064, etc.; Guill. Guiart. :

> Et ne cuit pas emplir mes pages
> De trufes, ne de fanfelués,
> Dont les histoires sont veluës.

C

CATUS. Voyez *Belfredus.*

CENDALUM. *Et avoir fai* ses atours de bon sendal renforcé. Joinville, pag. 5; *Observations*, pag. 34.] *Sendal* ou *cendal*, qui est ce que nous appellons *taffetas*. Les Italiens disent *zendado* et *zendalo*; les auteurs latins du moyen temps expriment aussi ce mot diversement : Hariulfus, in *Chr. Centul.*, lib. 3, cap. 3 : *Melnæ sericæ 3. Ex pisce 1, ex cendalo 4.* Chron. Fontanell. cap. 16 : *Casulas 5, cindadas 12 coloris diversi.* Concil. I Salisburg. : *In pileis suffuraturas non habeant nisi forte de nigro centato, vel parmo.* Concil. Senon. A. 1346, cap. 2 : *Prohibens a parte exteriori almutias de cendesco, seu de velueto deferre.* Rolandin., in *Chr.* lib. 4, cap. 9 : *Tunc accessit unus de popularibus Paduæ ad cendatum pendens de sublimi antenna Carocii*, etc. Nos poëtes se servent souvent de ce mot. Philippes Mouskes, en la *Vie de Chilperic* :

> Si prisent mult or et argent,
> Muls, et palefrois et cevaux,
> Et vairs et gris, et bons cendaus.

Le *Roman de Garin le Loherans* :

> La veissiés ces haubers endosser,
> Et ces enseignes de ceuc au venteler.

Le compte d'Estienne de la Fontaine, argentier du roy, de l'an 1351, qui est en la Chambre des Comptes de Paris : *Pour 2 botes de cendal de graine, 120 escus. Pour une botte de cendal jaune, 52 escus*, etc.

COOPERTORIUM. *Le trouvasmes gisant sur son couvertoir de menu ver, dont il estoit envelopoé.* Joinville, pag. 33; *Observations*, pag. 65.] En ce temps-là les couvertures de lits estoient ordinairement faîtes de peaux de prix, d'où vient que les auteurs les comprennent parmi les plus riches meubles. Le *Roman de Garin* :

> Les palefrois, les muls et les roncins,
> Coutes de soie, et couvertoirs hermins,
> Tot departi as chevaliers de pris,
> Qu'il n'en retint vaillant un parisis.

Au testament de Jeanne, reyne de France et de Navarre, de l'an 1304, *les dras, couver ouërs, coutepointes*, sont nommez entre les meubles de prix : mais particulierement nos auteurs parlent de ces riches couvertoirs de peaux exquises, au sujet des céremonies qui se pratiquoient lorsqu'on faisoit des chevaliers dans les temps de paix. Car aprés qu'ils avoient esté baignez, ils estoient mis dans un lit de parade, couvert de riches couvertures, où ils estoient visitez de leurs amis. L'auteur de l'*Ordene de Chevalerie*, aprés avoir dit comme Saladin fut mis au baing par Huës de Tabarie, avant que de lui donner l'ordre de chevalerie, il ajoûte qu'*il le mena en son lit tout nouvel, si le coucerens, et li dit : Sire, chis lit vous donne...... au grant cité de paradis,' que vos devés conquerre par vo chevalerie; et quant il ot jéu, il le leva, et li vesti blanke reube desliée de lin, à de soie.* Le même *Roman* en vers :

> Aprés si l'a du baing osté,
> Si le coucha en un bel lit,
> Qui estoit fait par grant delit :
> Sire, fait-il, che segnefie,
> L'on doit par sa chevalerie.
> Conquerre lit en paradis,
> Ke Diex otroie à ses amis :
> Car chou est li lis de repos,
> Qui là ne sèra, moût i ert sos.

La méme chose est observée dans l'ordoñnance et la maniere de créer et de faire les chevaliers du Baing, selon la coûtume d'Angleterre, rapportée par Edouard Bisse, auteur anglois, en ses *Notes sur Nicolas Upton*, p. 21 : *Ce fait, les escuiers gouverneurs prendront l'escuier hors du baing, et le mettront en son lit, tant qu'il soit seiché, et soit ledit lit simple, sans courtines.* Durant cette ceremonie, ceux que l'on faisoit chevaliers paroissoient premierement en l'état d'escuiers, puis de chevaliers, quand ils en avoient receu l'ordre. Durant le premier, leurs couvertures n'estoient pas si riches, ni de si exquises fourrures, qu'au second; car il n'appartenoit qu'aux chevaliers d'user de couvertures de vair et d'hermines. C'est ce que j'apprens du compte d'Estienne de la Fontaine, argentier du roy, de l'an 1351 : *Pour cent quatre aunes de noire brunette en plusieurs pieces, pour faire à chascun desdits nouveaux chevaliers couvertoir et demi fourrez de dos d'escuriaux de Calabre à couvrir leurs lits pour leurdit estat d'escurie, quatre-vingts-trois escus. Pour deux draps mabrez vermeillez de grant moison de Broisselles, pour faire à chascun desdits chevaliers nouveaus couvertoir et demi-fourré de menu vair, qu'il orent pour leurdit estat de chevalerie.* Mémes parmi les livrées que nos rois donnoient aux princes du sang, et aux officiers de leur hostel, estoient ces riches couvertures. Un rouleau de la Chambre des Comptes de Paris intitulé : *Pro robis datis militibus D. Philippi et gentibus cameræ suæ. Pro robis dominorum Joann. et Petri, et Roberti, filiorum regis; pro scallatis radiat. et tiretan. persia et viridi pro coopertorio, 88 lib.; pro foraturis dictarum robarum, etc., et pro duabus culcitris punctis pro dictis Petro et Joanne, etc. D. Robertus Atrebat. pro roba de samito, roba de panno aureo foratis de erminis, et 4 pannis ad aur. ad unum coopertorium foratum de erminis, quod factum fuit pro D. Hemondo, et una culcitra puncta cum fundo panni aurei, quæ fuit facta pro filio regis Aragoniæ.* Chez les Romains les couvertures de lits estoient pareillement de riches étoffes, ainsi que le P. Sirmond a observé sur Sidonius, l. 1, epist. 2. Voyez nostre auteur, p. 64.

CRUCES NIGRÆ, CRUCES BANNALES, pag. 678[12]. *Celui jour portoit-on les croiz en procession en plusieurs lieux en France et les appelloit-l'on les Croix noires.* Joinville, pag. 14; *Observations*, pag. 43.] Durantus, *in Rationali divinor. Offic.*, lib. 6, c. 102, remarque que cette procession qui se fait le jour de Saint-Marc, et que toute l'eglise reconnoît sous le nom de *Litania major*, instituée par le grand saint Gregoire pape, pour les raisons qui sont remarquées en sa vie écrite par Jean Diacre, et les auteurs qui ont traité des offices divins, est encore reconnuë sous le nom de *Croix noires*, à cause qu'on couvre les autels et les croix de noir en ce jour-là, en memoire de la grande mortalité qui arriva à Rome en suite de la peste, ce qui donna sujet à ce grand pape d'instituer ces prieres publiques : *Litania hæc dicitur Gregoriana, vel Romana. Vocatur etiam Cruces*

nigræ, quoniam in signum mœroris ex tanta hominum strage, et in signum pœnitentiæ homines nigris vestibus induebantur, et cruces et altaria nigris velabantur. Ce qui convient à ce que saint Gregoire méme écrit en l'épitre à l'evesque de Ravenne, où il appelle cette procession *tempus cineris et cilicii*, et à la remarque que l'auteur du *Micrologue*, ch. 57, fait à ce sujet, disant que les saints Peres ont ordonné pour cette raison qu'elle se feroit, *non equitando, non vestibus pretiosis utendo, sed in cinere et cilicio*. Quant à ce que le siré de Joinville dit, qu'on appelloit en certains lieux cette procession *les Croix noires*, c'est suivant la façon de parler de ce temps-là, auquel on appelloit toute sorte de processions *les croix*. Ainsi dans Wolfard Prétre, au l. 3 des *Miracles de sainte Wauburge*, ch. 2, n. 11, la semaine des Rogations est appellée *Hebdomada Crucium*, et plus bas : *Accidit ut eo tempore quo per universum mundum cruces in Rogationibus solenniter fieri solent, etc.* Jean Robert, en ses *Commentaires sur la vie de saint Hubert*, ch. 4, observe qu'encore à present dans le Luxembourg on appelle *croix* toutes les processions : et celles qui se font dans le détroit et dans l'étendue des paroisses *croix bannales*.

1. **CRUX**, pag. 680. *S'il y a nul à qui j'aye jamés fait aucun tort, et qui se vueille plaindre de moy, se tire avant.* Joinville, pag. 22; *Observations*, pag. 52.] Ceux qui avoient pris la croix et se préparoient à ces longs et fâcheux voyages de la Terre Sainte avoient coûtume avant que de partir de disposer de toutes leurs affaires, de faire leurs testamens, et de partager leurs enfans. Et comme leur retour estoit tres-incertain, tant pour les difficultez des chemins que pour le hazard et le peril de la guerre, dont les évenemens sont toûjours douteux, ils faisoient ordinairement tout ce que ceux qui se preparent à la mort ont accoûtumé d'observer, comme de restituer les biens envahis et usurpez, soit sur les eglises, soit sur les particuliers, pour la décharge de leurs consciences. Les titres sont pleins de ces restitutions des biens d'eglise faites par nos chevaliers avant leur départ pour la Terre Sainte. Le sire de Joinville, quoy qu'il ne se sentît coupable d'aucune de ces usurpations, pour satisfaire neantmoins au devoir de sa conscience, se mit en état, avant que d'entreprendre son voyage, de reparer le tort qu'il pourroit avoir fait à ses voisins, s'il s'en rencontroit aucun qui lui en fist la moindre plainte. Ainsi Hugues IX, comte de la Marche, *in procinctu itineris transmarini constitutus*, fit son testament en l'an 1248, lequel est au Trésor des Chartes du roy, qui contient ces mots entre autres : *Deinde statuo quod si hæreditatem alicujus detinerem minus juste, nec inde satisfecerim, circa articulum mortis meæ solvo, restituo, et penitus quito : dummodo coram executoribus testamenti mei probare potuerint cognita veritate.* Aussi plusieurs estiment que la plûpart des monasteres qui ont esté bâtis sur la fin du onziéme siecle et aux suivans n'ont esté fondez que des restitutions que les grands seigneurs faisoient avant que de s'engager dans ces longs voyages. Voyez M. Perard, en ses *Mémoires de Bourgogne*, p. 202.

2. **CRUX**, pag. 680. *Je engage à mes amys grant quantité de ma terre.* Joinville, pag. 23; *Observations*, pag. 52.] La dévotion de nos premiers conquerans de la Terre Sainte, jointe au courage et au desir d'acquerir de la gloire et de la reputation dans les guerres, estoit si extraordinaire, qu'ils ne faisoient pas seulement difficulté d'abandonner leurs familles et leurs pays, mais mémes d'aliener et d'engager les plus belles terres de leurs biens. Orderic Vital, liv. 9, parlant de la premiere entreprise des guerres saintes : *Mariti dilectas conjuges*

domi relinquere disponebant. Illæ vero gementes, relicta prole cum omnibus divitiis suis, in peregrinatione viros suos sequi cupiebant. Prædia vero hactenus chara, vili pretio nunc vendebantur, et arma emebantur, quibus ultio divina super allophylos exerceretur. Henricus Huntindonensis, au livre 7 de son Histoire d'Angleterre : *Hoc est miraculum Domini temporibus nostris factum, sæculis omnibus inauditum, ut tam diversæ gentes, tot fortissimi proceres, relictis possessionibus splendidis, uxoribus et filiis, omnes una mente loca ignotissima, morte spreta, petierint.* Et Anne Comnene, au liv. 10 de son *Alexiade*, écrivant sur ce sujet, et parlant de nos paladins, καὶ σχηματιζόμενοι κατὰ τῶν Τούρκων ἀπέρχεσθαι εἰς, ἐκδίκησιν τοῦ ἁγίου τάφου, τὰς ἰδίας ἐπίπρασκον χώρας. L'histoire de ces guerres nous apprend que Godefroy de Bouillon, Raymond, comte de Saint-Gilles, Guillaume, duc de Normandie, Boëmond, duc de la Pouille, Harpin, comte de Bourges, et autres grands seigneurs, vendirent ou engagerent leurs duchez et comtez pour fournir à la dépense d'une si longue entreprise, tant leur ferveur estoit grande; à l'imitation desquels le sire de Joinville, et suivant l'exemple de ses ayeuls, ne feignit pas d'engager la meilleure partie de son bien, quoy qu'il fust peu considerable alors, à cause que sa mere en jouissoit sous le titre de douaire. Cette facilité que les croisez apportoient à vendre et à engager leurs biens, pour subvenir aux frais et à la dépense de leur voyage, donna matiere à cette belle réponse que Philippes Auguste fit à Jean, roy d'Angleterre, lequel, ayant pris la croix, et depuis ayant envoyé ses ambassadeurs à Philippes pour lui demander, *ut aliquam partem terræ suæ, quam bello acquisierat, ei pro certa pecuniæ quantitate reddere dignaretur,* ce roy lui fit cette repartie pleine d'esprit : *Mirabile et inauditum esse ut crucesignatus vellet emere, qui potius distrahere deberet, si suæ peregrinationi insisteret, sicut deberet.* Ce sont les termes d'Alberic en l'an 1215. Voyez Guibert, lib. 2 *Hist. Hieros.*, cap. 6, et Math. Paris, A. 1240 et 1250, p. 355 et 517.

CURIA, 7. *Pour m'en retorner en court de Romme entre desloiaux gens, comme il y a.* Joinville, pag. 110 ; *Observations,* pag. 99.] C'est la plainte ordinaire des auteurs de ce temps-là sur les abus de la cour romaine, contre lesquels ils ont invectivé avec tant d'aigreur, que le cardinal *Baronius* et plusieurs autres ont creû que ces traits de médisance avoient esté parsemez avec addresse par les heretiques dans les livres qu'ils ont fait imprimer, comme dans Mathieu Paris, et autres historiens, particulierement anglois : ce qui est toutefois peu probable, estant constant que cette plainte estoit alors universelle, comme on peut recueillir de l'entretien que Jean de Sarisbery, evesque de Chartres, eut sur ce sujet avec le pape Adrian IV, ainsi qu'il témoigne lui-même, lib. 6, *Polycr.* cap. 24; estant d'ailleurs une chose digne de remarque, que le legat, suivant l'autorité du sire de Joinville, traite ceux de cette cour de *déloyaux.* Le Reclus, ou le Moine de Moliens qui vivoit sous le regne de Henry II du nom, roy d'Angleterre, en son roman manuscrit qu'il a intitulé *de Charité,* s'étend fort sur cette matiere, n'épargnant ni le pape ni les cardinaux, et invectivant sur l'avarice et les desordres qui regnoient alors en cette cour. Et quoy que je n'ajoûte pas une entiere créance à ces invectives, ce livre n'étant qu'une satyre continuelle contre les desordres de toutes les professions, je ne laisserai pas de donner ici un échantillon des plaintes de ce poëte. [Manuscrit de la Bibliothèque royale, n° 7071², f° 143.]

 §. O Carité, la [*à Rome*] me dit-on
 Que tu jadis en la maison
 Del pape estoies conseilliere,

 Dont ala li cours par raison :
 Mais tu n'i fus c'une saison,
 Car on te mist en la foriere,
 Par conseil d'une pautoniere,
 C'est convoitise la boursiere,
 Qui ne redoute traïson
 Faire, tant a pecune chiere,
 Fel cuer tapist soubs belle chiere,
 Quant on li fait d'argent poison.

 §. Je n'ois pas se grant bien non
 Dire du pape par son nom,
 Papes ne set com argens sonne,
 Onques n'i tendi son giron,
 Mais cil qui li sont environ,
 Font souvent blasmer sa personne;
 Tel maisnie entour lui fuisonne,
 Dont male nouvelle resonne,
 Car volentiers sert du baston
 Au povre, si que tout l'estonne,
 Ne doit servir sers qui bastonne,
 Au pape, mais à Pylaton.

 §. Ne puet povres en court entrer,
 S'il ne se voet faire fautrer,
 Mainte teste y a on autrée,
 Li fus fait wit pot espautrer,
 Hom wis ne poet la porte outrer,
 Mais au portant est ire outrée,
 Qui porte il a pais encontrée,
 Bele chiere fait à l'entrée
 Li portiers quant voit ens entrer
 Dont espoire argent ou rentrée,
 Convoitise est toute esventrée,
 Ja ne sara tant enventrer.

 §. Quant je me fui mis el retour,
 De la grant court si fis un tour,
 Là où mainent li cardonal,
 Mais tous les trouvai d'un atour,
 Chà et là tout sont mercatour
 Li bas et li hault curial,
 Quel sont amont, tel sont aval,
 Par tout trouvai porte venal ;
 Moi souvient, passé sont maint jour,
 Que uns homs dist un mot ital,
 Je ne voel plus estre loial
 Ne plus preudom de mon signour.

Et plus bas :

 §. Carité tu n'as pas masure
 En Roume qui le gent mesure,
 Roume mesure home comment
 La bourse est grans non l'estature,
 La lois se taist quant ors murmure,
 Drois se tapist à son d'argent.
 Se je voel descrire briefment
 Coment on vit Roumainement :
 Roumains a langue seche et dure
 Ne poet parler sans oignement
 Et ses huis siet tant secement,
 Qu'il ne poet ouvrir sans ointure.

Voyez les *Recherches de Pasquier,* lib. 3, ch. 21.

D

DAGGER, *Ung de nos genz d'armes gecta sa dague à ung de ces Turcs, et lui donna entre les coustes, et emporta la dague en son corps, et en mourut.* Joinville, pag. 50; *Observations*, pag. 76.] Ce mot est encore connu parmy nous pour une espece de petit couteau ou de poignard; les Espagnols l'appellent *dagas*, et les Anglois *dagger*. Les statuts de Guillaume, roy d'Écosse, ch. 23: *Habeat equum, hubergeon, capitium e ferro, et cultellum qui dicitur dagger.* Thom. Walsingham, p. 252 : *Extracto cultello, quem dagger vulgo dicimus, ictum militi minabatur.* Voyez le même auteur, en la p. 332; H. Knighton, *in Edw. III*; la *Chr. de Flandr.*, p. 232; Monstrelet, 1 vol., ch. 94, etc.

E

ELEEMOSYNARIUS, 1, 2. *Car le sage homme, tandis qu'il vit, doit faire tout ainsi que bon executeur d'un testament; c'est à savoir que le bon executeur premierement et avant autre euvre il doit restituer et restablir les tors et griefz faiz à autrui par son trespassé.* Joinville, pag. 7; *Observations*, pag. 37.] La charge des exécuteurs des testamens consiste particulierement en l'accomplissement des legs pieux, et en la distribution des aumônes des testateurs. D'où vient qu'ils sont appellez *eleemosynarii* dans les *Capitulaires* de Charles le Chauve, tit. 43, § 12; et ailleurs *eleemosynatores*, en une ancienne charte rapportée par M. Perard, en ses *Memoires de Bourgogne*; *erogatores*, dans les *Loix des Lombards*, l. 2, tit. 20, § 5; et *erogatarii*, *in synodo Pontigon.*, cap. 14. Balde, *ad l. nulli c. de Episc. et cleric.*, se sert de ce dernier mot pour les exécuteurs testamentaires, qui semble être tiré des jurisconsultes du moyen temps, qui font mention de ceux qui distribuoient les vivres aux soldats, que la loy 16, *Cod., de Castrensi pecul.*, lib. 12, nomme *erogatores militaris annonæ*, et desquels saint Gregoire a parlé, lib. 7, *Ind.* 2, *epist.* 77 et 130; comme encore Cassiodore, *lib.* 12, *epist.* 11; le *Glossaire Grec-Latin* ἐξοδιάζω, *erogo, expendo;* ailleurs, ἐξοδιασμὸς, *erogatio, distributio.* Browerus, lib. 2, *Antiq. Fuld.*, cap. 10, remarque que dans les monasteres il y avoit un officier, nommé *Testamentarius, penes quem fuit dispositio piorum legatorum, seu ab exteris ea, seu a domesticis proficiscerentur, velut hac in re fidelium testamenta exequerentur.* C'est le même qui est appellé ordinairement *eleemosynarius*, et dont la fonction est décrite par Lanfrancus, *in Decreto pro ord. S. Bened.*, c. 8, sect. 3, et Udalricus, lib. 3, *Consuet. Cluniac.*, cap. 24. Le sire de Joinville se raille icy de ceux qui, aprés avoir bien volé durant le cours de leur vie, croyent s'acquiter envers Dieu en faisant quelques aumônes aux monasteres et aux églises. *Non probatur largitas, si quod alteri largitur alteri extorqueat, si injuste quærat et juste dispensandum putet*, ainsi que saint Ambroise écrit, l. 1, *de Offic.* c. 30; et saint Pierre Chrysologue, au *Sermon* 54 : *Audeo dicere, qui de fraude Deo offert, cumulat crimina, non emundat : quia Deus in tali munere exuvias suorum pauperum, non misericordias intuetur. Sine causa Deo plorat, quem juste causa pauperis ploraverit Deo.*

EXCOMMUNICATIO, pag. 136². *Tous les prelats de France se trouverent à Paris pour parler au bon saint Louys et lui faire une requeste.* Joinville, pag. 13; *Observations*, pag. 40.] Cette assemblée des prelats de France se fit, suivant le sire de Joinville

pour faire des remonstrances au roy saint Louis, sur le mépris que les heretiques, c'est-à-dire les albigeois, faisoient des excommunications des évesques, demandans qu'ils fussent contraints de se faire absoudre, et de retourner par ce moyen à l'union de l'Église, par saisie ou confiscation de leurs biens, implorans à cét effet le secours et l'assistance de l'autorité royale. Cette assemblée doit avoir esté faite entre l'an 1247, que Guy de Mello, évesque d'Auxerre, qui y porta la parole, commença à tenir le siége épiscopal, et l'an 1270, qui fut celuy de son decés. Et ainsi on ne peut pas rapporter à cette assemblée l'ordonnance que le roy saint Louys fit sur le même sujet, l'an 1228, qui se trouve aux registres x, xxvi et xxvii, du Trésor des Chartes du roy.

F

FIRMACULUM, FERMALIUM, FERMEILLEIUM. *La çainture, fermail et chappel d'orfin.* Joinville, p. 20; *Observations*, p. 48.] Le fermail estoit une espece de medaille, ou enseigne, comme les enseignes de pierreries, dont on use aujourd'huy, qui s'appliquoit, non-seulement sur l'espaule en l'assemblage de la fente du manteau, de même que le *latus-clavus* des capitaines romains, mais aussi au chaperon sur le devant, comme les enseignes de pierreries : et à la guerre, au camail ou bien en la cotte d'armes, ou en autre lieu apparent. Les femmes le portoient sur la poitrine. Froissart, 2 vol., ch. 154 : *Et si eut pour le prix un fermail à pierres precieuses, que madame de Bourgogne prit en sa poitrine.* C'est pourquoy le *Glossaire Latin et François* manuscrit tourne le mot de *monile* par celuy d'*affiche*, ou *fermail;* ailleurs : *Redimiculum, aournement à femme, comme fermail, couronne, ou chainture.* Joannes de Janua appelle cét ornement *Fibularium, quod apponitur mantello, vel per quod immittuntur fibulæ, ne dissipetur mantellum.* Mais je crois qu'il a voulu mettre *fibulatorium*, que le *Glossaire Grec Latin* dit estre un diminutif de *fibula.* Πόρπη, *fibula.* πόρπη, ὑποκοριστικῶς, *fibulatorium.* Ce mot se trouve dans Trebellius Pollio, en la *Vie de Regillianus*, et dans Anastase Bibliothecaire, en l'*Histoire des Papes*, p. 72 et 197. *edit. regiæ.* Constantin Porphyrogenite, *de Administ. Imp.*, cap. 53, use de celuy de φιβλατούρα. Voyez Chifflet, *in Anastasi Childerici Regis*, cap. 16, où il traite amplement *de fibulis aureis et gemmatis veterum*, et Saumaise, *in Not. ad Tertull. de Pallio*, p. 62, 63.

FUNDA, 1. *Ilz boutèrent le feu par tous les endroiz de la soulde.* Joinville, pag. 31; *Observations*, pag. 62.] Suivant le sire de Joinville, *la soude* estoit une suite de boutiques de marchans. Mais il y a erreur, et faut restituer *la fonde*, ainsi qu'il est imprimé dans l'édition de Bourdeaux. Le traité fait entre Guermond, patriarche, et les barons de Hierusalem d'une part, et Dominico Michiel, doge de Venise, d'autre, au sujet de l'entreprise du siége de la ville de Tyr, l'an 1123, rapporté en l'*Histoire de Guillaume, archevesque de Tyr*, l. 12, ch. 25 : *Ipse rex Hierusalem et nos omnes duci Venetorum de funda Tyri ex parte regis festo Apostolorum Petri et Pauli trecentos in unoquoque anno byzantios saracenatos ex debiti conditione persolvere debemus.* Où le mot de *funda Tyri* n'est autre chose que le revenu qui se tiroit du commerce, et de la bourse commune des marchands. Car *funda* signifie une bourse dans Macrobius, l. 2 *Saturnal.* c. 4, dans S. Bonaventure, en la *Vie de saint François*, ch. 7, et quelques auteurs grecs citez par Meursius en son *Glossaire*, v. Φοῦνδα; d'où peut-être il est arrivé qu'en quelques villes d'Alemagne, du Pays-Bas, et d'Angleterre, les lieux publics destinez pour le commerce et pour l'assemblée des marchands et des marchandises ont retenu le nom de *bourses* : acause que là estoit la bourse commune des compagnies des marchans, qui est l'etymologie que Jean Bap. Grammay, aprés quelques autres, donne à ces lieux, en la *Description d'Anvers*, ch. 12.

G

GAMBESO. *Je trouvai illec prés ung gaubison d'estouppe, qui avoit esté à ung Sarrazin.* Joinville, pag. 46; *Observations*, p. 74.] Il faut lire *ganbison*, qui est le nom de cette sorte de vétement. Un rouleau de la Chambre des Comptes de Paris de l'an 1322 : *Adæ armentario 40 sol. 4 den. pro factione gambesonorum.* Un compte des baillis de France de l'an 1268 : *Expensæ pro cendatis, bourra ad gambesones, tapetis,* etc. Un titre de Henry, seigneur de Suilly, de l'an 1301, pour les franchises de la ville d'Aix : *Quicumque vero 20. librarum, vel amplius habebit de mobilibus, tenebitur habere loricam, vel loricale, et capellum ferreum, et lanceam. Qui vero minus de 20 libris habebit de mobili, tenebitur habere gambesam et capellum ferreum, et lanceam.* Roger de Hoveden, en l'an 1181, use du mot de *wanbasia*, et en la p. 614 de celuy de *wanbais*. Un rouleau de la Chambre des Comptes de Paris contenant l'inventaire des biens meubles de l'execution du roy Louys Hutin, de l'an 1316 : *Item une cote gamboisée de cendal blanc. Item deux tunicles, et un gamboison de bordures des armes de France. Item une couverture de gamboisons broudées des armes le roy. Item 3. paires de couvertures gamboisiées des armes le roy, et unes indes jazequenées. Item un cuisiaux gamboisez. Item unes couvertures gamboisées de France et de Navarre.* J'ay fait voir en mes *Observations sur Ville Hardouin*, n°. 88, que le gamboison estoit un vélement contrepointé, garny de bourre, ou de laines entassées, et battuës avec du vinaigre, que Pline, l. 8, ch. 48, dit resister au fer. Nicetas décrit ainsi le gambeson, en la *Vie de l'empereur Isaac*, l. 1. Cette sorte d'ouvrage est appelé *coactile*, dans Ulpian, l. 25, § 1, *D. de auro Arg.*, etc., et dans le *Gloss. Lat. Grec.*, où il est traduit par le mot de πιλωτὸν : les ouvriers y sont nommez *coactiliarii* : et *lanarii coactores* dans une ancienne inscription; d'où les sçavans estiment que les termes de *feltrum* et *filtrum* dans les auteurs du moyen temps, et d'ἀφίλτρον chez les Grecs, ont la même signification.

GUILLATOR. *Et il gyncha tant que le coup ne l'ataignit mie.* Joinville, pag. 102; *Observations*, pag. 95.] Le Lusidaire :

> Entre els se mit come lupars,
> Sos fist guenchir de toutes pars.

Le traducteur de Guill. de Tyr, l. 20, ch. 20, traduit le mot *declinare* par celuy de *guenchir*. Voyez le *Gloss. sur Ville-Hard.*

H

HÆRETICI. *Mais doit l'omme lay, quant il oit mesdire de la foy chrestienne, defendre la chose non pas seulement de parolles, mais à bonne espée tranchant, et en frapper les mesdisans et mescreans à travers du corps, tant qu'elle y pourra entrer.* Joinville, pag. 12; *Observations*, pag. 39.] C'estoit la pensée et la maxime de ce temps-là, qu'il faloit exterminer les heretiques

par le tranchant de l'espée, et par le feu : d'où nous lisons que souvent les heretiques ont esté condamnez à estre brûlez vifs, particulierement sous le regne de saint Louys, auquel on faisoit vivement la guerre aux albigeois. Voyez ce que deux sçavants Grecs de ce siecle ont écrit sur ce sujet, Nicolaus Alamannus, *in Not. ad Procopii Hist. arcanam, p.* 55, 56, 1 edit. et Leo Allatius, *lib.* 2 *de Concord. utriusque Eccl. cap.* 13, n° 2. Mais Agathias, au l 1, de son *Histoire*, tient que l'erreur en fait de religion est pardonnable, dautant, dit-il, que ceux qui embrassent des opinions erronées et heretiques s'y portent ordinairement par une ferme créance qu'ils ont que ce sont les veritables. Et Theodore Balsamon, sur le *Nomocanon* de Photius, tit. 9, ch. 25, dit qu'il ne peut concevoir comment le concile tenu à Constantinople sous le patriarcat de Michel Oxiste ait condamné les bogomiles, qui estoient des heretiques de ce temps-là, au feu, veu que jusques là on ne lit pas qu'aucun canon ait decerné peine de mort contre les heretiques. Aussi, quelques sçavans personnages se sont efforcez de monstrer, par de solides raisons, qu'il faloit reduire les heretiques plûtôt par les voyes de la douceur que par celles de la rigueur. Voyez la *Preface de M. de Thou sur son Histoire*, et le traité imprimé à Magdebourg l'an 1554 qui a pour titre : *De Hæreticis, et an sint persequendi, et quomodo cum eis agendum sit, doctorum virorum Sententiæ.*

HANAPERIUM, pag. 622. *Et vous promets que je vous donneray tant, que la couppe ne sera pas mienne, mais vostre.* Joinville, pag. 83; *Observations*, p. 86.] L'auteur de l'édition de Poitiers explique ainsi ce passage : *Et n'espargneray mes thrésors à recompenser les merites de ceux qui auront fait leur devoir, jusques que ma couppe, en quoy je boi, ne sera pas mienne, mais vostre.* Mais je crois qu'il s'est mépris, car *coupe* en cét endroit signifie thrésor : parce que lors que les princes de ce temps-là vouloient faire des largesses à leurs sujets, ils se faisoient apporter les pieces d'or et d'argent en des couppes d'or, et les leur distribuoient, aprés que les beraux avoient crié *largesse;* ce qui se faisoit ordinairement aux grandes festes, c'est-à-dire, lors que les rois tenoient leurs *cours plenieres*, que quelques titres qualifient *Couronnées*, parce qu'ils y paroissoient la couronne en teste et avec leurs habits royaux. Cét usage des largesses est décrit fort au long par un heraud d'armes, qui vivoit sous le regne de Henry VI, roy d'Angleterre, en un traité manuscrit *De l'office des herauds, et des poursuivans d'armes*, et par Thomas Milles, en son livre *de Nobilitate politica vel civili,* pag. 59, 72, 199, duquel nous apprenons qu'encore à present en Angleterre on fait les criz de largesse en françois. Le *Cérémonial de France*, tom. 2, pag. 742, dit qu'à l'entrevuë des rois François Ier et Henry VIII, prés de Guines, l'an 1520, durant le festin, *Il y eut largesse criée par les roys d'armes et herauds, ayans un grand pot d'or bien riche.* Ces couppes et ces pots estoient appelez d'un terme plus vulgaire *hanaps.* Un vieux poëte françois dans Fauchet, l. 2, ch. 14 :

> N'en vol prendre cheval, ne la mule afeltrée,
> Peliçon, vair ne gris, mantel, chape fourrée,
> Ne de buens parisis une grant henepée.

Où Fauchet explique mal ce dernier mot par *poignée* : car *henepée* en cet endroit veut dire : un *hanap plein de deniers parisis.* Et delà est arrivé qu'en Angleterre on appelloit le thrésor royal *l'hannepier*, ainsi que Spelman a observé en son *Glossaire*, non que ce terme signifie une espéce de papier où l'on mettoit l'argent, suivant sa pensée, mais parce que le thrésor du roy se distribuoit par *hannepées*; et dans des couppes, lors qu'il exerçoit ses liberalitez. Un titre du roy Richard II, dans le *Monasticum Anglic.*, tom. 1, pag. 943 : *Rex*, etc., *cum de gratia nostra speciali, et pro quodam fine quem Elizabeth, quæ fuit uxor .... nobis solvit in hanaperio nostro, concesserimus*; etc. Et au tom. 11, pag. 2, un titre de Henry IV : *De gratia tumen nostra speciali et pro centum marcis quas prior et conventus ...... nobis solverunt in hanaperio nostro, concessimus*, etc.

HOMINIUM. *Le roy manda à Paris tous les barons de France, et leur fist faire fuy et hommage et jurer que loyaulté ils porteroient à ses enfans s'aucune malle chose avenoit de sa personne.* Joinville, pag. 23; *Observations*, pag. 53.] Le roy Louys VIII, son pere, estant tombé dans une grande maladie à Montpensier, de laquelle il mourut, exigea un semblable serment des barons qui estoient alors en sa cour, comme nous apprenons des lettres de ce roy qui se lisent au *Cartulaire de Champagne* de la Chambre des Comptes de Paris, intitulé, *Liber principum* : LUDOVICUS *D. G. rex Francorum, universis amicis et fidelibus suis; ad quos litteræ præsentes pervenerint, salutem et dilectionem. Noverit universitas vestra quod dum nos apud Monpencier gravi valetudine corporis laborare contigisset, timentes de periculo regni post decessum nostrum, provida deliberatione; et præhabito salubri consilio, mandavimus dilectos et fideles nostros prælatos et barones, bituricensem et senonensem archiepiscopos, belvacensem, noviomensem, et carnotensem episcopos, comitem Boloniæ, comitem Montisfortis, comitem de Sacrocæsare, et Joannem de Nigella; eosque rogavimus adjurantes, ut jurarent: coram nobis se quam citius posset, si de nobis humanitus contingeret; Ludovico, majori filio nostro, fidelitatem et homagium tamquam domino et regi bona fide facturos, et quod procurarent quod ipse, quam citius fieri posset, coronaretur in regem*, etc. *Actum apud Monpancier, an.* 1226, *mense novemb.* Il y a de semblables lettres de ces mêmes barons au *Cartulaire de Champagne* de la Bibliotheque du roy, fol. 132, lesquelles se voyent encore au Trésor des Chartres du Roy, Layette, *Meslanges*, et dont l'inventaire est inséré au 1 tome du *Cérémonial de France*, pag. 142. Le roy Charles VI pourveut de la même maniere à la seureté de la succession royale par ses lettres patentes, leuës publiquement à haute voix en la grande Chambre du Parlement, le roy seant en son lit de justice (ce sont les termes des lettres), le lendemain de la feste de Noël 26 décembre 1407, en présence du roy de Sicile, des ducs de Guienne, de Berry, de Bourbon, et de Baviere, des comtes de Mortain, de Nevers, d'Alençon, de Clermont, de Vendôme, de Saint-Paul, de Tancarville, etc., du connétable, des archevesques de Sens et de Bezançon, des évesques d'Auxerre, d'Angers, d'Évreux, de Poitiers, et de Gap, du grand maitre d'hostel, et de tous les officiers des cours souveraines : par lesquelles lettres le roy déclare; et veut que son aisné fils, et les aisnez fils, et ses successeurs en quelque petit aage qu'ils soient et puissent estre au temps de son decez et de ses successeurs soient incontinent au temps dudit decez dits, appellez, et reputez roys de France, et à iceluy royaume succédans, soient couronnez et sacrez roys incontinent aprés son decez, et de ses successeurs, ou au plustost que faire se pourra, sans qu'aucun autre, tant soit prochain du lignage, puisse entreprendre bail ou regence et gouvernement du royaume. Toutefois avenant que sondit fils fust mineur d'ans, veut que le royaume soit gouverné par les bons avis, deliberations, et conseil des reynes leurs meres, si elles vivoient, des plus prochains du lignage et sang royal qui lors seroient, et

aussi par les advis et conseil des connétable et chancelier de France, et des sages hommes du conseil. Ces lettres se trouvent en un registre de la Chambre des Comptes de Paris cotté H, contenant les chartes et les lettres de Louys, duc de Guienne, dauphin de Viennois, et dans le traitté *De la Majorité des roys* de M. du Puy. Le roy saint Louys, avant son départ, laissa la regence de son royaume à la reyne Blanche de Castille, sa mere. Les lettres qu'il luy fit expedier sur ce sujet se lisent aux *Preuves des Libertez de l'Église Gallicane*, ch. 16, n° 12; joignez le ch. 15, n° 27, 28. Il y a un titre, du mois de fevrier 1249, au *Cartulaire* du prioré de Lihons en Sangters, de l'ordre de Cluny, ch. 12, qui justifie qu'en cette qualité elle prenoit seance aux parlemens avec les barons de France : *Coram nobis cognoverunt quod judicatum fuit per veram sententiam in curia domini regis, per Blancham, reginam Franciæ, et alios barones, qui debent et possunt de jure in curia domini regis judicare, quod*, etc.

HOSTIS, 2, pag. 714². *Un prebstre... alla vers les Sarrazins sa curasse vestue, son chappel de fer sur la teste et son espée soubs l'essellé.* Joinville, pag. 50; *Observations*, pag. 75.] Anne Comnene, au l. 10 de son *Alexiade*, p. 292, reprocha aux Latins de ce que parmy eux, à peine les ecclésiastiques ont achevé de prendre les ordres de prétrise, qu'ils endossent le harnois, s'arment de la lance et de l'épée, et vont à la guerre, ce qui est étroitement défendu chez les Grecs. Pierre Diacre, au l. 4 de la *Chronique du mont Cassin*, fait la même remarque, en introduisant un Grec parlant ainsi à un Latin : *In occidentali climate propheticum illud videmus impletum, erit ut populus, sic sacerdos, cum pontifices ad bella prodeant, ut papa vester Innocentius.* Et sans doute ce n'est pas sans sujet que les Grecs ont fait si souvent ce reproche aux Latins : veu que quoy que par tous les canons des conciles il soit défendu aux prêtres de manier les armes, et de se trouver dans les occasions de bataille, nous voyons neantmoins que souvent ils s'y sont rencontrez et ont combatu comme les autres. Ainsi nous lisons qu'Ebles, abbé de Saint-Germain-des-Prez, et Gosselin, évesque de Paris, combatirent vaillamment contre les Normans, qui avoient assiégé cette capitale de la France; et non-seulement ils ont combatu contre les infidéles, mais encore contre les chrétiens, témoin l'évesque de Beauvais, qui à la bataille de Bovines jetta par terre d'un coup de masse le comte de Sarisbery. Gregoire de Tours, lib. 4 de son *Hist.*, ch. 43; l. 5, ch. 20; l. 8, ch. 39, et autres écrivains de nôtre histoire fournissent une infinité d'exemples de cecy, que je passe pour ne me pas engager en une matiere de trop longue haleine. Je remarque seulement que le cardinal Baronius, en l'an 888, se plaint de ce que nos historiens donnent des louanges aux évesques et aux abbez qui se trouvoient dans les combats, acause de leur valeur et de leur adresse, quoy qu'ils meritassent d'estre blâmez, comme personnes qui contrevenoient au devoir de leurs charges et comme violateurs des canons. Voyez l'épitre du pape Adrian à Charlemagne au tom. 3 des *Hist. de France*, p. 794, *Petr. Damian.*, l. 1, ep. 15, et le sire de Joinville, p. 78.

HUISSERIUM. *Et fut ouverte la porte de la nef pour faire entrer nos chevaulx.* Joinville, pag. 24; *Observations*, pag. 55.] Je me suis servi de ce passage en mes *Observations sur l'Histoire de Geoffroy de Villehardouin*, n° 14, pour justifier que les navires à portes et à huis estoient nommées *huissieres, usaria, useriæ et uisseriæ*, dans quelques auteurs latins, qui est un terme qui avoit exercé les sçavans, et particulierement

Freher, qui s'estoit persuadé que ce mot estoit corrompu de celuy de *lusoriæ*, qui estoit le nom qu'on donnoit à certains vaisseaux du Danube. Philippes de Meziers, en la *Vie de saint Pierre Thomas*, *patriarche de Constantinople*, ch. 15, n° 87, les appelle disertement *huisseria : Videlicet* 60 *navigia inter galeas, et alia navigia militum armatorum ;* et au n° 91 : *inter galeas, huisseria, ligna, naves, et alia navigia.* Ces navires sont appelées *usserii* dans le traité d'entre les Venitiens et les princes chrétiens contre les Turcs, apud Raynald. in *Annal. Eccl., A.* 1334. n° 8; *visers*, dans Roger de Hoveden et Brompton, en l'an 1190; *uscieri*, dans Jean Villani, l. 8, c. 49; l. 9, c. 92; l. 10, c. 107; *usiheri*, dans Justinian en l'*Hist. de Gennes*, en l'an 1293. Guillaume, archevesque de Tyr, l. 20, c. 14, parle encore de ces *huis*, et de ces portes des palandries, ou passechevaux, en ces termes, qui autorisent puissament ce que j'avance pour l'origine de ce mot : *Erant sane in præfato exercitu naves longæ rostratæ geminis remorum instructæ ordinibus, bellicis usibus habiliores, quæ vulgo galeæ dicuntur,* 150. *In his majores ad deportandos equos deputatæ, ostia habentes in puppibus ad inducendos educendosque eos patentia, pontibus etiam, quibus ad ingressum et exitum tam hominum quam equorum procurabatur commoditas, communitæ,* 60. Où Hugues Plagon, ancien interprete de cét auteur, a ainsi tourné ce passage, *autres nefs, que l'en claime huissiers à passer chevaux.* Non-seulement on donnoit le nom de *huissiers* à ces sortes de navires, mais encore aux fausses portes des sales et des chambres, ajustées en forme de chassis : le compte d'Estienne de la Fontaine, argentier du roy, de l'an 1350 : *Pour* 10 *sergettes vermeilles pour mettre aux huissieres et fenestrages de la chambre du roy.*

J

JANIZARI. *De tels genz sortoit des enfans que le souldan faisoit nourrir et garder.* Joinville, pag. 55 ; *Observations*, pag. 77.] C'est encore la coutume des Turcs de composer leur principale milice, qui est celle des janissaires, des enfans de tribut, envoyans à cét effet de cinq ans en cinq ans des commissaires dans les provinces de leur obeïssance, pour en enlever les enfans des chrétiens, qu'ils font instruire en leur loy, et ausquels ils apprennent les exercices de la guerre. Ces soldats ainsi aguerris, ne connoissans ni leurs parens, ni leur extraction, ne reconnoissent pour pere et pour protecteur que le Grand Seigneur ; ce qui est parmy les infidéles une des principales et des meilleures maximes de leur politique, quoy que contraire à la loy de la nature. Voyez sur ce sujet Guillaume de Tyr, l. 13, ch. 23; Aython, ch. 50; Sanudo, l. 1, part. 3, ch. 2; l. 2, part. 2, c. 6; Pachymeres, en son *Hist.* manuscrite, l. 3, c. 3; Jean Leon, en sa *Descript. d'Afrique*, l. 9, p. 275; et particulierement le *Discours et les remarques* de M. de Breves, ambassadeur pour le roy en Turquie, au traité qu'il a fait *Des moyéns asseurez de ruiner le Turc.*

IGNIS GRÆCUS. *Par lequel engin* (*la perrière*) *ilz nous gettoient le feu gregois à planté.* Joinville, pag. 39 ; *Observations*, pag. 71.] Baldric, l. 3 de l'*Histoire de Hierusalem*, p. 125 : *Ignem quem græcum vocant, in machinam jacere.* Πῦρ ῥωμαϊκόν, dans Theophanes : *ignis romaicus*, dans Paul Diacre, l. 21 *Historiæ Miscellæ*, ce feu estant ainsi appellé acause qu'il fut inventé premierement chez les Grecs, par Callinique, architecte, natif d'Heliopolis, ville de Syrie, sous Constantin le Barbu, ainsi que le même Theophanes a écrit : et aussi parce que les Grecs

furent longtemps les seuls d'entre tous les peuples qui en conservérent l'usage, lequel ils ne communiquérent que rarement à quelques-uns de leurs alliez, ainsi que j'ay remarqué en mes *Observations sur l'Histoire de Ville-Hardouin*, n° 113. Anne Comnene dit que ce feu estoit composé de poix, et autres gommes qui se tirent des arbres, meslé avec du souffre, et le tout broyé ensemble. Abbon, au l. 1 *Des Guerres de Paris*, en a aussi donné la composition en ces vers :

> Addit eis oleum, ceramque, picemque ministrans,
> Mixta simul liquefacta foco ferventia valde,
> Quæ Danis cervice comas uruntque trahuntque.

L'auteur de l'*Histoire de Hierusalem*, p. 1167, met aussi de l'huile dans cette composition; du moins il la nomme *oleum incendiarium, quod ignem græcum vocant ;* et c'est peut-estre la naphte, que Procope, au l. 4 *de la Guerre des Goths*, chap. 11, dit que les Grecs appelloient Μηδείας ἔλαιον, et les Medes, la naphte : d'où Lambec, en ses *Observations sur Codin*, estime qu'il faut corriger Μηδίας ἔλαιον, l'huile de Medie, et que c'est pour cela que les mêmes Grecs ont donné le nom à ce feu artificiel de Μηδικὸν πῦρ, qui se rencontre dans *Cinnamus*, p. 308, et le même *Codin*, p. 7, de l'édition royale. Quoy qu'il y en ait d'autres qui veulent que la naphte fust nommée Μηδείας ἔλαιον ou πῦρ, parce que Medée, au recit de Pline, l. 2, ch. 105, brûla l'épouse de Jason avec ce feu. Tant y a que Procope, au lieu cité, nous apprend qu'en la composition de ces feux artificiels on y méloit la naphte avec le souffre et le bitume. Jacques de Vitry, l. 3, ch. 84, dit qu'en certaines contrées de l'Orient il y a une fontaine, *ex cujus aquis ignis græcus efficitur, quibusdam aliis admixtis, qui postquam vehementer fuerit accensus, vix aut nunquam potest extingui, nisi aceto et hominum urina, et sabulo.* Adam de Breme, ch. 66, rapporte quelque chose de semblable d'un lieu du Nort, qu'il nomme *olla Vulcani, quam incolæ græcum vocant ignem.* Vanoccio Biringuccio, au l. 10 de sa *Pyrotechnie*, chap. 9, a décrit toutes les matieres qui entrent en la composition des feux artificiels desquels les Grecs se servoient particulierement pour brûler les vaisseaux ennemis, d'où Theophanes, p. 295, appelle le feu πῦρ θαλάσσιον, et en la p. 352, πῦρ ὑγρὸν, *feu de mer, feu liquide.* Or ils se servoient de ce feu sur la mer en deux façons : La premiere estoit dans les brûlots qu'ils emplissoient de ce feu, et qu'ils faisoient voguer dans les armées navales des ennemis, qu'ils embrasoient en cette maniere. Ces brûlots sont nommez par le même Theophanes, p. 294 et 352, κακαβοπυρφόρος, c'est-à-dire navires à feu ; et j'ay fait voir ailleurs que les Grecs se servoient particulierement pour cét usage de cette sorte de vaisseaux qu'ils nommoient χελάνδια, d'où nous avons emprunté le mot de *chaland*, qui est le nom que l'on donne aux bâteaux qui sont sur les rivieres de Seine et de Loire, et d'où aussi les Parisiens ont nommé *pain chaland* celuy qui leur est amené dans ces bâteaux. Ce n'est pas que l'usage des brûlots ne fust avant l'empire de Constantin le Barbu : car Theophanes, p. 100, nous apprend que sous celuy de Leon le Grand, Genseric, roy de l'Afrique, brûla avec des vaisseaux qu'il remplit de bois et de matieres seiches, qu'il laissa voguer au gré du vent, toute l'armée navale des Grecs; ce qui sert à justifier le P. Mambrun, en son *Constantin*, que l'on avoit blâmé d'avoir établi l'usage des brûlots dès le regne de cét empereur : à quoy il a répondu en sa *Préface* de l'édition de l'an 1659. Nous avons d'autres exemples de ces brûlots en l'*Histoire* de Theophanes, p. 294, 331, 352; dans Abbon, p. 503; et autres auteurs. L'autre usage des feux artificiels sur la mer estoit dans les navires de course, qu'ils nommoient δρόμωνες, mettans sur la prouë dés grans tuyaux de cuivre, avec lesquels ils souffloient ce feu dans les vaisseaux des ennemis. L'empereur Leon, en ses *Tactiques*, chap. 19, n° 6, en parle ainsi : Ἐχέτω δὲ πάντως τὸν σίφωνα κατὰ τὴν πρώραν ἔμπρθοσεν χαλκῷ ἠμφιεσμένον, ὡς ἔθος, διὰ τοῦτο ἐσκαυασμένον πῦρ κατὰ τῶν ἐναντίων ἀκοντίσοι. Il en parle encóre âux n°ˢ. 46 et 52 ; d'où nous apprenons que ce sont ces navires qui sont appellés par Theophanes, p. 294, δρόμονες σιφωνοφόροι. Quant à l'usage du feu gregeois dans les batailles sur terre, il estoit différent : car il y avoit des soldats qui avec des tuyaux de cuivre le souffloient dans les armées ennemies. C'est ce qu'Anne Comnene, au l. 13 de son *Alexiade*, exprime en ces termes : Τοῦτο (τὸ πῦρ) μετὰ θείου τριβόμενον ἐμβάλλεται εἰς αὐλίσκους καλάμων, καὶ ἐμφυσᾶται παρὰ τοῦ παίζοντος λαβρῷ καὶ συνεχεῖ πνεύματι · καθ' οὕτως ὁμιλεῖ τῷ πρὸς ἄκραν πυρί, καὶ ἐξάπτεται. Quelquefois on jettoit des épieux de fer, aigus, environnez d'huile, de poix, d'étouppes, etc., avec lesquels on brûloit les machines, dont nous avons des exemples dans Albert d'Aix, l. 7, chap. 3 et 5, et dans une lettre au sujet de la prise de Damiette, qui se lit aux *Additions sur Mathieu Paris*, p. 108. Joinville en parle ailleurs : *Et commencèrent à tirer à nous grant foison de piles avec feu gregois.* Quelquefois on jettoit du feu dáns des fioles et des pots, comme il se recüeille de cette lettre, et du même Albert d'Aix, l. 10, ch. 4, et de Leon, en ses *Tactiques*, ch. 19. n° 55. Enfin on le jettoit avec des perriéres et des arbaletes à tour, áinsi que le sire de Joinville nous enseigne en cét endroit. Albert d'Aix, l. 7, ch. 5, remarque que *hujus ignis genus aqua erat inextinguibile.* Mais il y avoit d'autres matieres avec lesquelles on l'éteignoit ; sçavoir, le vinaigre et le sable. Mathieu Paris, en l'an 1219 : *Nam ignis græcus, de turri eminus projectus, fulminis instar veniens, pavorem non minimum fidelibus incussit ; sed per liquorem acetosum et sabulum et cætera extinctoria, est subventum.* L'Histoire de Hierusalem : *Ignis iste perniciosò fœtore, flammisque livientibus silices et ferrum consumit ; et cum aquis vinci nequeat, arena respersus comprimitur, aceto perfusus sedatur.* Jacques de Vitry, l. 3, chap. 84, y ajoûte l'urine, et Cinnamus, au lieu cité, écrit que souvent on couvroit les navires de draps trempez dans du vinaigre pour s'en garantir. Je passe en cét endroit les autres remarques que j'ay faites au sujet du feu gregois en mes *Observations sur Ville-Hardouin.*

JOCUS PARTITUS. *Un chevalier qui fut prins au bordel, auquel on partit un jeu, ou que la ribalde, etc.* Joinville, pag. 95 ; *Observations*, pag. 91.] C'est-à-dire qu'on donna l'alternative. Le *Roman de Garin* :

Mauvésement nos est li jeus partis.

L'*Ordéne de chevalerie* de Hues de Tabarie :

Li Princes Hues respondi,
Puisque m'avés le giu parti,
Je prendrai donc le raiembre,
Se j'ai de quoi jel puisse rendre.

Raoul de Houdanc, au *Roman de Meraugis de Portesguez* :

Un giu vous part, que volés faire,
Se volés miex tancer que taire.

Voyez Fauchet, l. 2, de Poëtes Fr. ch. 107.

JURAMENTUM INHONESTUM, p. 938[3]. *Tous ceulx qu'il povoit actaindre d'avoir fait aucun villain serement... il les faisoit griefvement pugnir.* Joinville, pag. 120 ; *Observations*, pag. 103.] Guill. de Nangis, p. 364, et Geoffroy de Beaulieu, ch. 32, appel-

lent ce vilain serment *inhonestum juramentum.* Les *Statuts* manuscrits *de l'Ordre de la Couronne d'Épines*, dressez par un celestin sous le regne de Charles VI : *Celui qui tant seulement jure le vilain serment*, etc. Voyez l'*Indice de Ragueau.* Cette grande rigueur de saint Louys envers les blasphemateurs ne fut pas approuvée par le pape Clement IV, qui lui addressa une bulle, qui est au Trésor des Chartes du Roy, layette *Contre les blasphemateurs*, tit. 1, et 2, donnée à Viterbe le douziéme de juillet l'an quatriéme de son pontificat, par laquelle, après s'estre plaint du grand nombre des blasphemateurs qui sont en France, il le prie de vouloir établir des peines temporelles contre eux, sans toutefois user de mutilation de membres, ni de peine de mort, n'entendant pas exclure la censure canonique, ni faire préjudice à la constitution du pape Gregoire son prédecesseur : *Sed auxilio mutuo utriusquè gladium credimus adjuvandum, et ut spiritualis manualem dirigat, et manualis spiritualem fulciat et sustentet.* Et par la bulle de méme datte qu'il addressa au roy de Navarre, comte de Champagne, il l'exhorte de reprimer les desordres qui se commettoient journellement dans les blasphémes : ne lui conseillant pas toutefois d'imiter le roy de France, pour les peines qu'il avoit ordonnées contre les blasphemateurs, en ces termes : *Sed fatemur quod in pœnis ejusmodi tam acerbis, eorumdem vestigiis charissimum in Christo filium nostrum regem Francorum illustrem non deceat inhærere, sed aliæ poterunt reperiri citra membri mutilationem et mortem, quæ a dictis blasphemiis temerarios homines poterunt cohibere. Quocirca serenitatem tuam monendam duximus et hortandam, quatenus tuam reputans tui redemptoris injuriam, prædicto regi Francorum consulas et suadeas, quod ad regnum suum ab hac labe purgandum salubriter statuat de suorum consilio procerum quod ad Dei honorem et gloriam viderit statuendum. Dat. Viterbii 11. Id. Aug. Pontif. nostri A. IV.* Cette épitre est au *Cartulaire de Champagne* de la Bibliotheque du roy, f° 64. Il est probable que ce fut ensuite des remontrances du pape que le roy saint Louys changea les peines du corps contre les blasphémateurs en peines pecuniaires, par une ordonnance qui se lit au 10ᵉ registre du *Trésor des Chartes du roy*, f° 54. [*Ordonnances des rois de France*, tom. 1, pag. 99.]

Voyez les *Constitutions de Clement III* et *de Gregoire IX*, aux Decretales, tit. *de Maledicis.* L'on n'a pas laissé toutefois d'ordonner encore depuis le regne de saint Louys des peines corporelles contre les blasphemateurs, particulierement dans les cas où les peines pecuniaires n'ont pû arrêter le cours des blasphemes. Et sans aller rechercher les ordonnances des rois subsequens, je me contenteray de rapporter les termes d'une de Jean II, duc de Bourbonnois et d'Auvergne, donnée au château de Molins, le penultiéme jour de fevrier l'an 1474, par laquelle ce prince, voulant éteindre et abolir les blasphemes dans ses États, ordonna que ceux qui en seroient atteints et convaincus *paieroient pour la première fois la somme de cinq sols tournois, et une livre de cire à l'eglise du lieu qui, par reparations ou autrement, en aura mieux besoin : et pour la seconde fois doublant ladite peine, c'est à sçavoir dix sols et deux livres de cire ; et pour la tierce fois d'estre mis et lié au pilier, et si pour la quartefois il y renchoit, ordonne l'oreille estre attachée audit pilier, et s'il y renchoit jusqu'à la cinquiéme fois, veut que la langue lui soit percée d'un fer chaud à plein jour de marché, et s'il persiste, il ordonne le bannissement perpetuel de ses Estats.* Il se voit une ordonnance de Richard, roy des Romains, donnée à Soleurre, au mois de juillet l'an 1257, qui ordonne des peines contre les blasphemateurs, suivant la qualité de leurs blasphemes, mémes de mort : *Si quis data industria et deliberato animo per Dei nomen, potentiam, misericordiam, baptismum, sacramentum, martyrium, passionem, vulnera, virtutem, et similes sermones blasphemos juraverit, in primis ut damnatæ blasphemiæ delictum inter publica crimina numeretur, deinde in ipsum reum ultionis gladio animadvertatur. Si quis vero ex ira aut prava consuetudine deliquerit, quoties dejerasse aut blasphemasse auditus fuerit, toties pro unoquoque blasphemo dicto vel juramento, singulos solidos judici, in cujus districtu crimen commisisse deprehensus fuerit, toties pro unoquoque blasphemo culpabilis judicetur (nisi tamen ita graviter blasphemasse convincatur, quod morte dignus existimetur), decernimus, ut secundum criminis circumstantias pro judicis arbitrio atrocius in corpore et vita puniatur.*

L

LIENTERIA. *Le roi, qui avoit la maladie de l'ost et la menoit son comme les autres.* Joinville, pag. 61 ; *Observations*, pag. 78.] Le *Lapidaire* manuscrit, au chap. *Des émathystes* : *Elé osté morte char de plaie, et estanche menisoun.*

M

MALUS. *Jamais ne lui ouy nommer ne appeller le deable, si n'avoit esté en aucun livre, là où il le faillist nommer par exemple.* Joinville, pag. 120 ; *Observations*, pag. 106.] Nos premiers chrétiens eurent le diable en telle horreur, comme estant l'ennemy du genre humain et des bonnes ames qui servent Dieu, qu'ils faisoient mesmes scrupule de le nommer : c'est pour cela que nous lisons que les Peres de l'Église ont affecté de le qualifier du nom de *Mauvais*, en le nommant simplement *Malus*, comme Tertullien, lib. *de Pœnitentia*, c. 5 ; lib. *de Patient.*, c. 11, 14 ; *de Cultu fœmin.* 2, 5 ; l. 2, *ad Uxor.* c. 6 ; saint Cyprian, *de Orat. Dom.*, c. 10 ; saint Paulin, *epist.* 4. *ad Sever. Natali* 4, 5 et 7 ; d'où vient que plusieurs estiment qu'il est entendu sous ce nom en l'*Oraison Dominicale* : *Sed libera nos a malo.* C'est la pensée de saint Jean Chrysostome, d'Euthymius, de Theophylacte, d'Origene sur cette oraison, et autres. Nos poëtes françois le nomment presque toujours *Maufez*, parce qu'il fait le mal, et qu'il en est auteur, ou parce qu'il est difforme, et mal-fait, d'où nous avons formé le mot de *mauvais*, qui est à présent en usage. Le *Roman de Garin* :

Mult sçait de guerre, maufez li ont appris.

Guillaume Guiart en l'an 1802 :

Vilains braient come maufez, etc.

MISELLI. *Estre mezeau et ladre.* Joinville, pag. 6 ; *Observations*, pag. 34.] Ces deux mots sont synonymes, et signifient les lepreux, dont le nombre estoit grand alors, et particulierement en la Terre Sainte. Nangis, en la *Vie de Dagobert* : *Leens estoit demouré un mezel, qui s'étoit bouté et mussié en un anglet.* Philippes de Beaumanoir, chap. 62 : *Quant mesiax appelle home sain, ou quant li homs sain appelle un mesel, li mesiax pot mettre en defence, qu'il est hors de la loy mondaine.* La *Vieille coutume de Normandie*, manuscrite : *Li mezel ne poent estre hiers à nullui, partant que la maladie soit apparoissante communément, mais ils tendront leur vie l'eritage que il*

avoient ains qu'il fussent mezel. Les *Assises de Hierusalem*, ch. 128 : *Qui se vaut clamer par l'assise d'esclaf, ou d'esclave, qui ait acheté, qui soit mesel, ou meselle, ou que il chiet de mauvais mau.* Le *Reclus de Moliens* :

Que tes oreilles estoupas
Au mesel pauvre pelerin
Lazaron, sans qui tu soupas.

Les Italiens se servent du mot de *miselle*, et entre autres, Jean Villani, l. 8, c. 108. Les auteurs latins les nomment aussi *miselli.* Mathieu Paris, en l'an 1254 : *Ecclesiæ Sancti-Juliani, ubi miselli, et ecclesiæ Sanctæ-Mariæ de Pratis, ubi miseliæ vix habent vitæ necessaria. Miselli de Meleduno*, en un titre de l'an 1165, dans les *Mélanges hist.* du père Labbe. Voyez la *Vie de saint Cler, abbé de Vienne*, dans *Bolandus*, ch. 3, n. 6, d'où il paroist assez que le terme a esté pris du latin *misellus*, miserable. Les hospitaux où ces mezeaux se retiroient sont appellez *misellariæ* dans les anciennes chartes. Une de l'an 1245, au reg. des *Comptes de Tolose* de la Chambre des Comptes de Paris ; fol. 45 : *Concessit Galhardæ de Mets et Bertrando de Miravel, leprosis, et omnibus fratribus et sororibus, domus misellariæ portæ Narbonensis, etc.* Voyez les *Memoires de Languedoc* de Catel, p. 262. Le mal de lepre est aussi designé par le même terme. Le *Glossaire Latin-François* : *Lepra, elephantia : mesellerie.* Le *Pelérinage de l'humaine lignée* :

Homs, qui ne set bier discerner
Entre santé et maladie,
Entre le grant meselle-ie,
Entre le moienne et le menre, etc.

MISSA NAVALIS, pag. 499 [3]. *Et se alla getter en croix devant le corps precieux de Notre-Seigneur.* Joinville, pag. 8 ; *Observations*, pag. 38.] Geoffroy de Beaulieu, ch. 29, écrit que le roy saint Louys, estant obligé de se mettre en mer pour retourner de la Terre Sainte en France : *Ex devotione sua fecit poni in navi corpus Domini J. C. pro communicandis infirmis, ac pro se ipso et suis ; quando sibi expediens videretur, et quia alii peregrini quantumcumque magni hoc facere non solebant, obtinuit super hoc a domino legato licentiam specialem. Hunc autem sacrum thesaurum in loco navis dignissimo et convenientissimo fecit poni, et pretiosum tabernaculum ibi erigi ; pannisque sericis et aureis operiri*, etc. Nostre auteur, en la pag. 112, remarque encore la même chose au sujet du corps de Notre-Seigneur qui estoit dans le vaisseau de saint Louys. Il est neantmoins constant qu'avant ce temps-là les fidèles qui se mettoient en mer avoient coutume de porter avec eux la sainte Eucharistie. Saint Ambroise, lib. *de obitu Satyri fratris* : *Qui priusquam perfectioribus esset initiatus mysteriis, in naufragio constitutus, cum ea qua veheretur navis, scopuloso illisa vado, et urgentibus hinc atque inde fluctibus, solveretur, non mortem metuens, sed ne vacuus mysterii exiret e vita, quos initiatos esse cognoverat, ab his divinum illud fidelium Sacramentum poposcit, non ut curiosos oculos inferret arcanis, sed ut fidei suæ consequeretur auxilia.* Saint Grégoire témoigne la même chose, l. 3, *Dial.*, c. 36, et Mathieu Paris, en l'an 1247, écrit qu'un cardinal legat du pape en Angleterre ; *cum navem ascensurus esset, ... jussit euidam fratri de Ordine Prædicatorum in ipsa missam celebrare, quod et factum est, non sine multorum, qui hoc non præviderant, admiratione.*

N

NACARA, 1. *Le tumulte qu'ilz menoient avecques leurs cors et naccaires.* Joinville, pag. 28; *Observations,* pag. 59.] Les Italiens disent *nacara* et *gnacara.* Philippo Venuto dit que c'est un *stromento musico, col quale i fanciulli cantano il san Martino.* Piétro de la Valle, dans ses *Voyages,* ep. 6, écrit que l'on appelle ainsi une espece de tambour, qui est en usage parmi la cavalerie alemande, que nous appellons vulgairement *tymbales.* Jean d'Orronville, en l'*Histoire de Louys, duc de Bourbon,* chap. 76, attribue pareillement les nacaires aux Sarazins d'Afrique : *Le roy de Thunes, le roy de Tramesson, et le roy de Belgie* (Bugie) *vindrent devant Afrique en leurs conrois, selon leur coustume, à tout leurs naguéres, tabours, cymbales, freteaux, et glais.* Et l'auteur de la *Vie de Louys VII,* chap. 8, les attribue aussi aux Turcs : *Tympanis et nacariis et aliis similibus instrumentis resonabant,* où l'imprimé porte mal *macariis.* L'édition de Poitiers a aussi le mot de *macaires,* p. 31. Nos François emprunterent ensuite cét instrument des infidéles, et s'en servirent dans leurs guérres. La *Chronique de Bertrand du Guesclin* :

> Naquaires et buisines y pouvoit on oïr.

Et Sanudo, l. 2, part. 4, ch. 20, 21 : *Sint quatuor tubatores, tibicines, tibiatores, et qui sciant pulsare nacharas, tympana seu tamburla.* Un rôlle de la Chambre des Comptes de Paris, qui a pour titre, *Les personnes qui sunt du mesnage Mons. de Poitiers : Ce sont les menestrels de Mons. de Poitiers. Raoulin de Saint-Verain, menestrel du cor sarazinois. Andrieu et Bernart trompeurs, Pariset de nacaires, Bernart de la tempeste.* Guillaume Guiart nomme ces instruments *Anacaires,* en l'an 1214 :

> Tabours, trompes, et anacaires,
> En tant de lieu çà et là sonnent,
> Que toute la contrée estonnent.

Et plus bas :

> Lors oissiés tentir buisines
> A grant paine et à labours,
> Cors, anacaires et tabours.

Les Grecs recens usent aussi du mot d'ἀνάκαρα, d'où ils ont formé celuy d'ἀνακαριςαι, *joueurs de nacaires,* dont Nicetas, en la *Vie de Manuel,* l. 5, en celle d'*Isác,* l. 1, et Codin se servent. Le roman manuscrit de *Belissaire,* écrit en langue grecque vulgaire : Παίζουν τρουμπέτες, ὄργανα, τουπάκια, ἀνακάραδες. Le vieux *Dictionnaire Latin-François* donné au public par le père Labe en ses *Étymologies françoises,* traduit le mot de *tinctitare,* par *jouer des naquaires :* ou *tinctitare* est notre *tinter;* ailleurs, *tarantarizare : tromper,* ou *naguairer, c'est jouer de nagaires.*

P

PAGANISMUS, pag. 9¹. *Ce souldan estoit le plus puissant roy de toute paiennie.* Joinville, pag. 26; *Observations,* pag. 58.] *Paganismus,* terres des payens, comme *Christianismus,* terres des chrétiens dans les auteurs latins du moyen temps. Le *Roman de Garin le Loheran,* manuscrit :

> De paiennie amenrons paiens tant.

L'Ordène de Chevalerie, manuscrit :

> Dont a Huë le congié pris,
> C'aler s'en veut en paiennie.

La *Chronique* manuscrite *de Bertrand du Guesclin* :

> Se un tel estoit roy au païs de Surie,
> Et de Jerusalem, de Thebe, et d'Angourie,
> Dessous luy soûmettroit toute paiennie.

Je parleray du mot de *paganismus* en mon *Glossaire Latin.*

PRESBYTER JOANNES, pag. 431³. *Le peuple des Tartarins qui estoient subgetz à Prebstre-Jehan d'une part et à l'empereur de Perse d'autre part.* Joinville, pag. 90; *Observations,* p. 89.] C'est une vieille erreur, qui est à présent dissipée, que l'empire du Prétre-Jean est le royaume des Abyssins en Afrique. Ce seul passage du sire de Joinville suffit pour la détruire, faisant assez voir que le royaume du Prétre-Jean estoit en Asie, et le même que celuy des Indes; ce qui est confirmé clairement dans une épître du pape Alexandre III, qui se lit dans Raoul de Dicet, Mathieu Paris, et Brompton en l'an 1180 et 1181, et une autre lettre d'un prieur de l'ordre des freres prêcheurs, dans le même Mathieu Paris, en l'an 1237, pag. 301. Guillaume de Tripoli, dans Gerard Mercator, raconte qu'au temps de la prise d'Antioche par les François, l'an 1098, Coirem Cham estoit seigneur ou roy des regions orientales de l'Asie : aprés la mort duquel un certain prétre nestorien s'empara de ce royaume, et fut nommé Prétre-Jean. Alberic, en l'an 1145, a parlé de luy amplement, et dit qu'on tenoit qu'il estoit de la race des mages, dont il est parlé dans l'Évangile : peut-estre a-t-il avancé cette opinion sur ce qu'il avoit leû qu'il commandoit aux pays que l'Écriture sainte nomme Gog et Magog. Et, en l'an 1165, il dit que ce prince envoya ses ambassadeurs aux empereurs Manuel et Frederic. Il en parle encore en l'an 1170. A celuy-cy succéda son frère Wth Cham, qui fut défait par Chingis, Cham, ou roy des Tartares, avant l'an 1200, ainsi que Paolo Veneto raconte, au l. 1, ch. 51 et 52. Ce roy des Indes, selon Vincent de Beauvais, l. 30, chap. 69 et 87; l. 32, chap. 10 et 93; et Sanudo, l. 3, part. 13, ch. 4, se nommoit David, et estoit fils du Prétre-Jean. Alberic en fait mention en l'an 1220 et 1222. Le même auteur en l'an 1197, et Paolo Veneto, l. 1, ch. 74, ajoûtent que les Tartares ayant subjugué le royaume des Indes, et tué le roy, y en établirent un autre, qui estoit de la race du Prétre-Jean, auquel ils imposérent tribut. Voyez le même Paolo, l. 2, chap. 30 et 32. Ce roy estoit chrétien, ainsi que Vincent de Beauvais témoigne formellement au l. 32, ch. 92 et 93, écrivant encore que Chingis Cham prit sa fille en mariage; ce que Thomas de Cantimpré et Sanudo disent formellement. Et mémes nos anciens héraux donnent pour armes au Prétre-Jean un écu *d'or au crucifix d'azur, à costé de deux escorgées de mémes.* Il y a quelques auteurs qui ne demeurent pas d'accord que ce prince, qui a donné le nom et l'origine à ces rois des Indes, ait esté prétre; et estiment que cette erreur s'est glissée acause qu'ils se faisaient nommer en langue persienne *Prestegiani,* qui veut dire en latin *Apostolicus,* ou un roy chrétien et orthodoxe, et qu'en cette qualité il faisait porter devant soy, comme les archevesques et les primats, une croix, par laquelle il vouloit faire voir à ses peuples qu'il estoit le défenseur et le protecteur de la religion chrétienne : c'est la pensée de Joseph Scaliger, lib. 7 *de Emendat. tempor.,* et de quelques autres. Mais il n'est pas bien constant quelles furent les provinces de l'Asie que ces princes possedérent, dont l'étendue fut telle, qu'on

dit que ce premier Prêtre-Jean-subjugua et rendit tributaires
septante-deux rois. Le pere Kirker estime qu'il commandoit
à ces vastes pays du Catay, et nous apprend que le premier
qui a introduit dans l'Europe cette fausse opinion, touchant
le nom du Prêtre-Jean, qu'on donne au roy des Abyssins, a
esté Pierre Covillon, qui fut envoyé en ambassade vers ce roy
par Jean II, roy de Portugal, lequel ayant appris que le Prêtre-
Jean estoit un prince chrétien, et des plus puissans, creût
qu'on appelloit ainsi le roy des Abyssins, parce qu'il estoit pareillement puissant, et faisoit aussi profession de la religion
chrétienne.

PROBUS, 1. *Dieu le vueille faire preuhomme et preudomme.*
Joinville, pag. 104; *Observations*, pag. 96.] Saint Louys mettoit la difference entre *preuhomme*, et *preudhomme*, en ce
que le preuhomme estoit un homme preux, c'est à dire vaillant et hardy de sa personne; et preudhomme, un homme
prude ou prudent, de bonne conscience, et craignant Dieu.
Les mots de *preu* et de *preuhomme* tirent leur origine du
latin *probus*, qui dans les auteurs du moyen temps signifie un
homme vaillant, d'où les François ont formé le mot de *preux*.
Saxon le Grammairien, au l. 2 de son *Hist. de Danemarc* :
Assit eidem, ut probus est quisque, procul hinc procul este fu-
gaces. Un ancien epitaphe dans les *Antiq. de Bezançon* de
Chifflet :

Hîc Renaude jaces, vir amabilis, et probe miles.

Ainsi le mot de *probitas* se trouve employé pour le courage et
la valeur dans Gauterius Cancell. *de Bellis Antioch.*, pag. 444.
Roderic, archevêque de Tolede, en son *Hist. d'Espagne*, l. 2,
ch. 14, et dans cét extrait d'un *Decret du conseil de Sienne* publié par Christophle Forstner : *Quod Mariscalco et militibus*
theutonicis pro remuneratione probitatis, quam fecerunt heri con-
tra inimicos communis Senensis, debeant donari et dari de pecu-
nia communis D. *libræ denariorum Senensium.* Et de ce mot
nous avons formé celuy de *proüesse*, les Espagnols *prozza*, et
les Italiens *prodezza.* Saint Louys donc s'est arrété à la signification que ce mot avoit de son temps, où plûtot regardé à
la maniere qu'il se prononçoit.

PULLANI, 2. *Et sachez que l'on appelle les païsans de celle*
terre poulains. Joinville, pag. 82; *Observations*, pag. 84.] L'Auteur de la *Vie de Louys le Gros* explique la force de ce mot au
ch. 24 : *Pullani dicuntur qui de patre Syriano et matre Franci-*
gena generantur. A quoy se rapporte ce que Sanudo, l. 3, part. 8,
ch. 2, dit sur le même sujet : *Illustrium virorum qui ad*
Terræ Sanctæ tuitionem, perfectamque illius de jugo servitutis li-
berationem in ipsa manserunt, degeneres filii, qui ab illis de-
scenderunt, ut rubigo de argento, amurca de oleo, fex de vino,
possessionum illorum successores, non morum, Pulani vocantur.
Jacques de Vitry, l. 1, ch. 67, parle encore de ces poulains,
et dit qu'ils furent ainsi nommez parce qu'ils estoient origi-
naires de la Pouille : *Pullani dicuntur qui post Terræ Sanctæ*
liberationem ex ea oriundi exstiterunt ; vel quia recentes, et quasi
novi pulli, respectu Surianorum reputati sunt ; vel quia princi-
paliter de gente Apuliæ matres secundum carnem habuerunt.
Cum enim in Occidentali principum exercitu paucas mulieres,
respectu virorum, adduxissent nostri, qui in Terra Sancta re-
manserunt, de regno Apuliæ, eo quod propius esset aliis regio-
nibus, vocantes mulieres, cum eis matrimonia contraxerunt.
Voyez le même auteur au ch. 72. Il est encore probable que
nos François donnerent ce nom à ceux qui estoient sortis de
ces conjonctions irregulieres, acause qu'ils ressembloient à ces

jeunes poulains échappez qu'on ne peut arréter, *Illustrium*
virorum degeneres filii, ains que Sanudo écrit. Le sire de Joinville dit que l'on appelloit ainsi les paysans de la Terre Sainte,
et que ce terme passoit pour une injure en son temps : ce qui
est confirmé par ces vers du *Roman de Garin le Loherans* :

Quant li gloton lecheor de pulin
Ma terre gastent, mes homes m'ont ocis.

Ailleurs :

Dex, dit Fromond, com puis enragier vis,
Par trois garçons lecheor de pulin,
Que l'empereres me tient en si por vil.

La *Chronique* manuscrite de *Bertrand du Guesclin* se sert souvent aussi de ce mot pour injure, et pour un terme de mépris :

Là peut-on voir maint Sarazin pulant, etc.
Un autre chevalier à Herry le pulant, etc.
En un sac fu boutés rois Pietre le pulant.

Le sire de Joinville parle en quelque endroit d'un lieu de la
Terre Sainte appellé *Passepoulain*, qui probablement a tiré
son appellation des Poulains. Tandis que les François possedoient l'empire de Constantinople, on appelloit Gasmoules
(Γασμοῦλοι) ceux qui estoient nez d'un François et d'une
femme grecque, ou, pour user des termes de Pachymeres, en
son *Hist.* manuscrite, l. 4, ch. 25, δυγενεῖς, καὶ Ρωμαίων γυναικῶν
γεννηθέντες τοῖς Ἰταλοῖς. Je me persuade que nos François les
nommérent, non *Gasmoules*, mais *Gastemoules*, par forme de
dérision, comme si les enfants issus de ces mariages, qui leur
sembloient irreguliers, acause de la difference des nations,
et mémes des créances, avoient en quelque façon gâté et souillé
le ventre de leurs meres, qui est le moule où se forment les
enfans. Ainsi dans Antioche ceux qui estoient issus de peres
armeniens, ou grecs, habitans d'Antioche, et de meres tur-
ques estoient appellez *Turcati* : les Turcs, peu avant que cette
place vinst en la puissance des François, ayant donné des
femmes de leur nation aux habitans d'Antioche, qui en man-
quoient, ainsi que nous apprenons de Raymond d'Agiles.

R

RECREDITI, pag. 632[3]. *J'amais mieulx estre poulain que che-*
valier recréu comme ilz estoient. Joinville, pag. 83; *Observa-*
tions, pag. 85.] C'est-à-dire, qui se confessoit vaincu : c'est la
force de ce mot *recreu*, qui est tiré de l'usage des duels. Car
quand l'un des combatans se voyoit terrassé par son ennemy,
et qu'il reconnoissoit ne pouvoir plus combattre, il luy avouoit
qu'il estoit *recreant*, ou *recreu*, c'est-à-dire qu'il n'en pouvoit
plus, et confessoit qu'il estoit vaincu. Les *Assises* manuscrites
du royaume de Hierusalem, aux endroits où il est parlé des
gages de bataille, introduisent l'appellant, ou le défendeur,
disans ces paroles devant le juge : *Je suis pret de le prouver de*
mon cors contre le sien, et le rendray mort ou recreant en un
oure dou jour, et veez cy mon gage, etc. Les usages manuscrits
de la cité d'Amiens, parlans du champion : *Et prendra l'a-*
voué par le puing destre, et l'en levera comme parjures et desloial,
et par son cors ou par ses armes qui presente en present tel le
fera ou mort, ou recreant se rendra en une heure du jour. Les
mémes *Assises*, ch. 94, au sujet du duel pour cause de meurtre :
Les gardes dou champ se doivent traire cele part, et estre plus
prés que il porront de yaus, si que l'un dit le mot dou recreant,

que il puissent ouïr, et se il le dit, et il l'oient, il doivent mainte-
nant dire à l'autre, laissés, assés avés fait, et maintenant celui
prendre, et livrer au commandement dou seignor, et le seignor le
doit maintenant de là faire trainer jusques as fourches, et pendre
le par le goule, et de celui qui aura esté occis, tout n'ait il dit le
mot, recreant. De sorte que le sire de Joinville repoussoit en
cette occasion l'injure par l'injure; et comme on le traitoit de
poulain, il appelloit ces seigneurs *chevaliers recrús,* c'est-à-dire
coüarts et lâches. Les mêmes *Assises,* ch. 190 : *Et se un homme*
qui a fié, qui soit conneu à vil, recreant, coüart, ou que il soit
bossu, etc. Robert de Bourron, en son *Roman de Merlin,* manuscrit : *Car aprés chou que je mesmes recognoistroie ma re-*
creandise, n'aurois jou jamais honnour : et certes miex vaurroie
jou morir cent fois, si cent fois poioie morir, que une seule fois
dire ú faire chose qui tornast à recreandise. La *Charte de la*
commune d'Amiens de l'an 1269 : *Qui juratum suum recredi-*
tum, traditorem, willot, id est coup, appellaverit, 20 *sol. per-*
solvet.

RICI HOMINES. *Mon frère de Vauquelour et tous les riches*
homs du païs. Joinville, pag. 22; *Observations,* pag. 51.]
Nostre auteur se sert encore de cette façon de parler en
d'autres endroits de son *Histoire* pour désigner les barons et
les grands seigneurs d'un pays, à l'imitation des Espagnols,
qui divisent leur noblesse en trois ordres, des *ricos ombres,*
des *cavalleros,* et des *infançons,* qui sont ceux qu'on appelle en France les barons, les chevaliers, et les escuiers.
Par le terme de baron on entendoit generalement tous ceux
qui avoient droit de porter la banniere dans les guerres, que
l'on appelloit vulgairement bannerets, et que les memes Espagnols nomment d'un mot plus specifique, *ricos hombres de se-*
ñera. Hieronymus Blanca, in *Comment. Rer. Aragon.,* parle
souvent de ces riches hommes, ou plûtôt de ces *ricombres* espagnols, qui sont ordinairement appellez *riçi homines* dans les
titres latins. M. d'Oyenart en a aussi touché quelque chose
en sa *Notice de Gascogne,* livre 2, chap. 4. comme aussi André Bosch, l. 3, *dels Titols de Honor de Cathalunya,* pag. 320,
qui nous apprend qu'en Arragon et en Catalogne il y avoit
deux sortes de ces riches hommes, sçavoir les *richs homens de*
natura, et les *richs homens mesnaders.* Les premiers sont nommez *ricos ombres naturales del regno* au l. 1 des *Fors de Na-*
varre, ch. 1. Plusieurs ont estimé que les *ricombres* furent
ainsi nommez en Espagne de la syllabe *ric,* qui se rencontre
à la fin des noms de la plupart des roys goths; mais je crois
qu'il est plus probable que ce terme vient d'un autre, qui a esté
commun aux peuples du nort, *ric,* qui se trouve à la fin des
noms propres de la plûpart de leurs chefs, qui signifie *riche,*
d'où les Alemans ont formé celuy de *riick,* les François celui
de *riche,* et les Espagnols celui de *rico,* pour désigner une
personne opulente en biens. Et parce que les grands seigneurs
sont ordinairement riches et puissans en terres, on les a ainsi
qualifiez, encore que tous ceux qui abondoient en biens ne
passoient pas pour *riches hommes,* la naissance, les fiefs, les
seigneuries relevées, donnant seules cette qualité. C'est ce qui
a fait dire à Bosch, que *los richs homens* (d'Arragon, qui en
Castille sont appellez *magnats*) *eran aixi anomenats no per ser*
richs, o tenier molt bens, sino per esser de clart linatge y pode-
rosos, qui eran aquells senyors, que tenien senyoria en los feus,
ques anomenavan honors, etc. Et quant à cette façon de parler
observée en France, nous en avons un exemple dans un titre
françois inseré dans l'*Histoire* de Mathieu de Paris, en l'an 1247,
pag. 83, et dans une ordonnance de Philippes le Hardy, du mois
de décembre 1275, qui est au 2ᵉ registre du Trésor des

Chartes du roy, fol. 49 et 58 : *Et se l'en trouvoit aucun riche home*
coustumier de faire encontre les ordonnances, nous voulons, etc.
Guillaume Guiart, en l'an 1302 :

> Males et tentes là estoient,
> Où li riche home la nuit gisent.

Plus bas :

> Es rens dehors sont li riche home,
> Tres bien armés jusques és plantes.

Et ailleurs souvent. Gasse ;

> Moult i out riches homs, gran fu la baronie;

les *Assises de Hierusalem,* manuscrit, ch. 202 : *Et se il avient*
que le chef seignor se doute d'aucun de ses riches homes, que il
ait chastiau, ou cité, ou ville, et que il ait peuple d'armes. Dans
les titres latins ils sont nommez *divites homines.* Un rouleau
de la Chambre des Comptes de Paris intitulé, *pro robis datis*
militibus D. Philippi (filii S. Ludovici) et gentibus cameræ suæ.
comes Drocensis, dom. de Borbonio, G. filius comitis Flandr.
pro robis samiti, etc., *pro coopertoriis,* etc., *pro tribus dextrariis*
et tribus palefridis dictorum divitum hominum 300. *libr.;* où l'on
voit que ce titre de riches hommes est donné aux enfans des
roys et aux grands seigneurs. Au contraire, le commun peuple
est reconnu dans Guillaume Guiart sous les termes de *pauvres*
hommes. En la *Vie de Philippes Auguste* :

> En cele part que j'ay descrite,
> Que li rois Jouan leur ot dite,
> Ou li poure homme de l'ost ierent.

S

SCACCI, 1. *Après que le souldan avoit joué aux eschéez.*
Joinville, pag. 27; *Observations,* pag. 59.] Ce jeu a esté de tout
temps fort en usage parmi les Turcs et les Sarazins, comme
nous apprenons d'Elmacin, l. 2, chap. 7; d'Aython, chap. 53, et
de Ducas, en son *Hist.,* chap. 16 : mêmes il a pris son nom d'un
mot turc, ou arabe, *scach,* qui signifie roy, acause de la principale piéce des eschecs, qui est le roy, comme il est marqué
dans le *Pandecte* de Leunclavius, n. 1, 102, 179. Les Grecs du
moyen temps et ceux d'aprésent le nomment Ζατρίκιον, ainsi
que Saumaise sur Pline, et Meursius, en son *Glossaire,* ont observé. Anne Comnene, au livre 22 de son *Alexiade,* où elle se
sert de ce mot, écrit qu'il fut inventé par les Assyriens. *Voyez* la
Chronique de Haynaut de Jacques de Guyse, 1 vol., pag. 53, 54,
et M. Ménage en son *Glossaire François.* Lucanus, in *Paneg. ad*
Pisonem, a décrit élegamment le jeu des eschecs, et après luy
Hieronymus Vidas.

SCALA, 1. *Il fist eschaller ung orfèvre en braies et chemise*
moult villainement à grant deshonneur. Joinville, pag. 120;
Observations, pag. 106.] L'échelle estoit une marque de haute
justice, au haut de laquelle on faisoit monter un criminel pour
l'exposer à tout le peuple, et luy faire souffrir la honte que
son crime meritoit. Les *Coûtumes d'Auxerre,* art. 1, *de Sens,*
art. 1 et 2, *de Nivernois,* tit. 1, art. 15, et *de Bourbonnois,*
art. 2, parlent de cette espece de supplice, duquel on voit des
vestiges à Paris en l'échelle du Temple. Il en est encore fait
mention aux *Assises de Champagne,* qui se conservent en la
Chambre des Comptes de Paris, *fol.* 78, en ces termes : *Visa ap-*
presia facta super hoc quod major et Scabini de Pruvino dicebant

se esse et fuisse in bona saisina faciendi et habendi scalam a tempore dominorum Campaniæ prædecessorum D. regis apud Pruvinum, in medio vico ante domum Dei pruvinensem, ad ponendum ibidem malefactores jurantes inhonesta juramenta, et justitiandi eosdem in scala, sive puniendi secundum loci consuetudinem, et secundum delictorum quantitatem, inventum fuit et probatum dictos majorem et juratos intentionem suam sufficienter probasse. Quare pronunciatum fuit per curiæ consilium, quod ibidem, prout esse consueverat, salvo jure D. regis, scala fiet et remanebit.

SCOTI. *Car vraiement je aymerois mieulx que un Escossois vint d'Escosse, ou quelque autre loingtain estrangier, qui gouvernast le peuple du royaume bien et loiaument, que tu te gouvernasses mal à point et en reprouche.* Joinville, pag. 4; *Observations*, pag. 33.] Je ne sçay si le sire de Joinville parle icy des Escossois comme des peuples tres-éloignez de la France, et qui habitoient ce qui est appellé *ultima Thule*; ou bien s'il a voulu marquer l'humeur de cette nation, qui se plaisoit tellement aux grands voyages, qu'il n'y avoit presque point de royaumes où ils ne se répandissent en grand nombre : ce que Walafridus Strabo, au livre 2 de la *Vie de saint Gal*, ch. 46, a remarqué. D'où vient que nous lisons que presqu'en tous les endroits de la France il y avoit des hospitaux fondez pour eux, dont il est parlé dans les *Capitulaires* de Charles le Chauve, tit. 6, et 23, in *Synodo Meld.* cap. 14, et au titre de la fondation de l'abbaye de Walcourt, au diocése de Namur, rapporté par Miræus, in *Diplom. Belg.* lib. 2, cap. 22. Voyez sur ce sujet Innocent. Ciron. lib. 1, *Observat. Jur. Canon.*, cap. 13.

SENEX DE MONTANIS. *Le viel prince de la Montaigne.* Joinville, pag. 87; *Observations*, pag. 87.] Tous les auteurs qui ont écrit des guerres saintes demeurent d'accord que le Vieil de la Montagne, qui est nommé *Vetulus*, ou *Senex de Montanis*, commandoit aux Assassins, qui habitoient, comme j'ay remarqué ailleurs, dans les montagnes de la Phœnicie, d'où ce prince fut nommé le Seigneur des Montagnes : ce que le sire de Joinville attribue aux Beduins, qu'il confond en cet endroit avec les Assassins. Arnoul de Lubec, l. 7, ch. 10, en parle de la sorte : *In terminis Damasci, Antiochiæ et Alapiæ, est quoddam genus Saracenorum in montanis, quod eorum lingua vulgari Heissesim vocatur.* Et plus bas : *In montibus habitant, et sunt quasi inexpugnabiles, quia in munitissimis castris recipiuntur,* etc. Puis il décrit le palais, et la maniere d'agir de ce prince, qui est conforme à ce que le sire de Joinville et la plûpart des auteurs qui ont parlé des guerres saintes en racontent, et entre autres Guillaume de Tyr, l. 14, ch. 19; l. 20, ch. 21; Mathieu Paris, en l'an 1150; Guill. de Neubourg, l. 4, ch. 24; l. 5, ch. 16; Jacques de Vitry, l. 1, ch. 13 et 14; l. 3, p. 1126; Vincent de Beauvais, l. 31, ch. 93; Sanudo, l. 3, part. 14, ch. 2, etc. C'est de ces auteurs que celui qui a fait le *Traité de la Terre d'Outre-mer*, manuscrit, a puisé ce qu'il écrit des Assassins et de leur prince, en ces termes : *En cele terre de Damas et d'Antioche a une maniere de Sarazins, con appelle Haussassis, et li autres les appellent les gens le Vieil de la Montaingne. Icele gent vivent sans loi, et menjuënt char de porc contre le loi des Sarazins, et gisent à toutes les femes qui puent trouver; à lors meres, à lors serors, si hantent és montaignes, és grans tours qu'ils ont fetes. Chiele terre est mult plaine de bestes sauvages, dont il vivent. Si est leur sire mult crueux, et mult loin de toutes gens, de Sarazins, et de chrestiens : car il en soloit mult ochire sans raison. Chil sires a mult de biax palais et fors qui sont enclos de fors murs, et si les fet mult bien garder, con n'y puist entrer, fors que par une*

entrée. En chiel palais fait il mettre les fiex de ses villains, jà puis chil enfant n'en isteron devant chou que li maistres qui les apprent et enseigne, lor comande. Car il doivent obéir as comandemens de lor seignor, et dient que par chou puent il avoir Paradis, et non autrement, et li maistres li apprend divers langages. Car jà puisque il sont enclos en chel palais n'en isteront devant che que lor Sires lor comande à venir devant lui, si leur demande se il veulent obéir à ses comandemens, parcoi pourront avoir Paradis. Cil lor respondent si come lor maistres les a appris, oil volentiers en toutes manieres. A dont lor donne lor sires un grant coutel agu, et les envoic là où il veut, por cheli ochire qu'il het, et sachiés qu'il l'ochira, se il puet avenir, coi qu'il aviengne d'aus ne de mort, ne de vie. Quant au nom de ces peuples, Arnoul de Lubec écrit qu'ils sont nommez en leur langue *Heissessin*. Guillaume de Tyr parlant d'eux : *hos tam nostri quam Saraceni (nescimus unde deducto nomine) Assissinos vocant.* Le Juif Benjamin les appelle *Hassissim*, d'un nom qui approche de celui de χασύοτοι, que Jean Phocas leur donne en la *Description de la Terre-Sainte*, ch. 3; et celui-ci n'est pas éloigné du nom de Χάςοι qu'Anne Comnene, au l. 6 de son *Alexiade*, p. 178, et Nicetas, en la *Vie de l'emp. Isaac.*, l. 1, n. 1, et en celle d'*Alexis*, l. 3, n. 6, leur attribuent. Tant y a que de ces appellations ont esté formées celles d'*Hansesisii*, dans Guill. de Neubourg, et d'*Assidæ*, dans le moine de Saint-Marian d'Auxerre, p. 93; d'*Accini* et d'*Assassi*, dans Roger Hoveden, p. 716, 751; d'*Arsacidæ* dans Rigord, et enfin d'*Hakesins* dans Philippes Mouskes.

SERPEILLERIA. *Entre les chevaliers... j'en congneu bien quarante de la court de Chæmpaigne qui estoient tous deserpillés et mal atournez.* Joinville, pag. 89; *Observations* pag. 88.] L'auteur de l'édition de Poitiers a tourné ce mot *deserpillez* par celui de *deschirez*. En la *Coûtume d'Anjou*, art. 44, et en celle du *Maine*, art. 51, les *desserpilleurs* et *desrobeurs* sont synonymes. En effet, dans l'*Ancienne coûtume d'Anjou*, *esserpillerie* est une espéce de larcin : *Quant l'en tout à home le sien de nuits ou de jours, en chemin ou en bois, tel larcin est appellé esserpilerie.* Les *Établissements de saint Louys*, qui ont les mémes termes, portent *escharpelerie*. De sorte qu'en cét endroit *deserpillé* signifie une personne à qui on a enlevé ses habits. Ce mot peut venir de *sarpe*, avec laquelle les jardiniers coupent les branches des arbres, ou plûtôt d'*escharpe*, l'*escharpillerie*, estant un vol de l'escharpe, c'est-à-dire d'habit. M. Ménage dit son sentiment sur l'étymologie de ce mot en ses *Origines de la langue françoise*, pag. 789.

SPATHA, 1. *Une espée d'Almaigne en sa main.* Joinville, pag. 43; *Observations*, pag. 73.] Guillaume Guiart, en la *Vie de Philippes Auguste*, parle de ces espées d'Alemagne :

> A grans espées d'Alemagne
> Leur trenchent souvent les poins outre.

Et en la description de la bataille de Bovines il dit que les Alemans combatoient avec des espées gresles et menuës :

> Alemans uns coutiaus avoient,
> Dont aus François se combatoient,
> Graïlles et agus à trois quieres,
> L'en en peut ferir sas pierres.

Et parlant de la bataille de Benevent, il leur donne de longues espées :

> Car les deus mains en haut levées,
> Gietent d'une longues espées,
> Souef tranchans à larges meures.

L'empereur Nicephore Phocas, dans Luitprand, en son Ambassade, reproche aux Alemans leurs longues espées. Dans les vieilles ordonnances de la ville de Paris il est parlé des espées de Lubec. Au contraire, les François avoient coûtume de se servir de courtes espées. Guillaume Guiart :

> Li François espées reportent,
> Courtes et roides, dont ils taillent.

Et en l'an 1301 :

> Espées viennent aus servises,
> Et sont de diverse semblance;
> Més François qui d'accoustumance
> Les ont courtes, assés legieres,
> Gietent aus Flamens vers les chieres.

SURCOTIUM. *Le pan de son surcot.* Joinville, pag. 8; *Observations*, pag. 38.] Espéce d'habit ou de robe commun aux hommes et aux femmes. Le compte d'Estienne de la Fontaine, argentier du roy, de l'an 1351 : *Pour trois pieces et demie de fin velluau en graine, baillés audit Eustache pour faire un surcot, un mantel à parer, et un chappeau fourré d'ermines pour le roy à la feste de l'Estoille, etc. ; pour ledit surcot, une fourrure tenant trois cens quarante-six ermines, les manches et poignets dudit surcot soixante; la garnache trois cens trente-six, etc.* Philippes Mouskes, en la *Vie de Charlemagne* :

> A tousjors en ivier si ot
> A mances un nouviel surcot,
> Fourré de vair et de goupis,
> Pour garder son cors et son pis.

Le roman du *Dit du Chevalier* :

> Ains qu'on vist l'aube crever,
> A le court vint devant disner,
> Son surcot ala despouiller.

Isaacus Pontanus, en la *Description de Danemark*, pag. 801, remarque que parmy les Danois le mot de *serk* signifie un habillement de femme. Il pourroit estre que les François ont emprunté ce terme des Normans qui vinrent souvent ravager la France; mais il est plus probable que ce vétement fust ainsi nommé parce qu'il se mettoit sur la cotte. Ensuite on donna ce nom aux robes des hommes. Tant y a que je crois que c'est cette sorte d'habit dont Reginon a entendu parler en l'an 753 : *Et vidi ante altare D. Petrum, et magistrum gentium D. Paulum, et totà mente illos recognovi de illorum surcariis,* où j'estime qu'il faut restituer *surcotiis.*

T

TABUR. *Le son des naccaires, tabours et cors sarrazinois, qu'il avoit en sa gallée.* Joinville, pag. 29; *Observations*, pag. 61.] Il est parlé du *cor sarazinois*, en l'extrait du rolle de la Chambre des Comptes de Paris que j'ay rapporté cy-dessus [Au mot *Nacara*, 1]. La *Chronique* manuscrite de Bertrand du Guesclin en fait aussi mention :

> Trompes et chalemelles, et cors sarazinois.

J'ay pareillement traité amplement des *naccaires*; il ne reste plus que de dire quelque chose des *tambours*, dont nous avons pareillement emprunté l'usage des Sarazins. Le sire de Join-

ville nous fait voir qu'on les appeloit de son temps *tabours*; ce qui est confirmé par le *Roman de Garin* :

> Les tabours sonnent por les chevaux lesdir.

Et par Guillaume Guiart, en l'an 1202 :

> Né mena trompes ne tabours.

Jacques Millet en la *Destruction de Troie* :

> Faites ces trompettes sonner,
> Tabours, menestriers, et clarons.

Sanudo, l. 2, part. 4, ch. 21, se sert du mot de *tamburtum*. Les Espagnols les nomment *altambors*. Bonaventura Pistofilo, 1 *part. della Oplomachia*, estime que ces mots ont esté formez du grec τάμβος, ces instruments ayant esté inventez pour donner de l'étonnement et jetter l'effroy. Mais il est constant que ce terme, aussi bien que l'usage des tambours, a pris son origine des Sarazins et des Arabes. Lucas Tudensis, parlant de la mort d'Almanzor, chef des Sarazins en Espagne : *Dic quæ in Canatanazor sucoubuit, quidam quasi piscator, quasi plangens, modo chaldáico sermone, modo hispanico clamabat, dicens : En Canatanazor perdio Almanzor el tambor; id est in Canatanazor perdidit Almanzor tympanum, sive sistrum, hoc est lætitiam suam.* Roderic, archevesque de Tolède, en l'*Histoire des Arabes*, ch. 37, attribue pareillement les tambours aux Sarazins : *Et continuo atamoribus (leg. altamoribus) propulsatis, civium multitudinem convocavit.* Comme aussi Joannes Cameniata, lorsqu'il décrit la prise de la ville de Thessalonique par les Sarazins d'Afrique, l'an 904 : Οἱ δὴ τὸ τάχος λεχθεῖσι τόποις, ταῖς ναυσὶ διασπαρέντες, βοῇ τε χρησάμενοι βαρβαρικῇ καὶ τραχεία, ἐώρμησαν τῷ τείχει, ταῖς κώπαις ἐλαύνοντες, καὶ τοῖς ἐκ τῶν δερρέων κατασκευασμένοις τυμπάνοις. Où ces *tympana ex corio facta* ne sont autres que les tambours, que l'empereur Leon, en ses *Tactiques*, ch. 18, § 113 et 142, attribue pareillement aux Turcs. A quoy l'on peut rapporter la description de cét instrument que fait saint Isidore, lib. 2 *Orig.*, c. 21 : *Tympanum est pellis, vel corium ligno ex una parte extensum.* Ce qui se peut aussi adapter aux *tymbales*, qui est une espece de vase de cuivre arrondi, et couvert par le haut d'une peau fort étendue, où nos tambours sont composez d'un grand cercle de bois, fermé des deux côtez de peaux étendues.

TOACULA. *Les Sarrazins, lesquelz avoient osté leur toailles de leurs testes.* Joinville, pag. 61; *Observations*, pag. 79.] Leurs turbans, qui sont faits ordinairement de serviettes ou d'autres linges entortillez; le sire de Joinville, en la pag. 102 : *Et saichez que de celles toüailles ils recevoient de grans coups. Pourtant les portoient-ils quant ils alloient en bataille ; et sont entortillées l'une sur l'autre durement.* Vincent de Beauvais, l. 32, ch. 55, parlant de Saphadin : *Ipse quidem Saphadinus, equitans filios suos visitaturus, involvitur pura syndone caput.* Ce que le *Traité* manuscrit des *Voyages d'outremer* a ainsi traduit : *Saphadins li peres, quant il chevalche, va voir ses fiex, si chevalche sa teste couvert d'un vermeil samit.* Voyez Leunclavius in *Pand. Turc.* n° 240. Les auteurs latins du moyen temps ont tourné diversement ce mot de *toüaille.* La *Chronique de Fontenelle* use du mot de *toacula.* Odoric de Frioul de *toalia*, le *Ceremonial romain* manuscrit de *tobaica*, Jean de Genes, ou de *Janua*, de *togilla.* Kero Mon. : *Mappula, Duuahila.*

TRUFA. Voyez ci-dessus *Burdare.*

W

WACTÆ. *Ilz tuerent la guette du seigneur de Corcenay.* Joinville, pag. 33; *Observations*, pag. 66.] La sentinelle. La *Chronique de Bertrand du Guesclin :*

> Y avoit une gaite toute jour à journée,
> Qui sonnoit un bacin, quant la pierre est levée.

Ces vers nous donnent à connoître que celuy qui fait la sentinelle dans les beffrois, et qui sonne le tocsin des alarmes, est de là appellé *bechinator* dans quelques ordonnances du roy Édouard touchant la charge de senéchal de Gascogne, in *Reg. Constabul. Burdegal. fol.* 80 : *Item ordinatum est quod sit unus bachinator ad supervidenda omnia castra et fortalitia regis in toto ducatu.* Au compte de l'Hostel du roy de l'an 1312 : *Gueta Luparœ, gueta Castelleti, gueta Parvi Pontis.*

DISSERTATION XX.

DE LA RANÇON DE SAINT LOUYS.

Et bailloit-on les deniers au pois de la balance. Joinville, p. 76; *Observations*, pag. 81.] On reconnoit de ce discours que ce que Louys Lasserré, proviseur du college de Navarre, a mis en avant sur ce sujet, en la *Vie de saint Louys*, laquelle il a dediée avec celle de *Saint Hieróme*, à Louyse de Bourbon, abbesse de Fontevraud, et qui a esté imprimée sans le nom de l'auteur, l'an passé, n'a esté que sur une erreur populaire : écrivant que la rançon du roy ayant esté arrêtée à huit cens mille bezans d'or, elle fut aussi-tôt forgée à Paris en pareil nombre de bezans, sous la foule du peuple, et envoyée par Charles, comte d'Anjou, son frere, que le roy saint Louys avoit renvoyé exprés en France pour cét effet. Peut-estre ce que Mathieu Paris raconte, en l'an 1250, p. 521, a donné lieu à cét auteur d'avancer cecy, cét argent ayant esté envoyé de France durant qu'il estoit aux environs de Damiete, attaqué de tous côtez par les Sarazins. C'est encore une autre erreur populaire, que saint Louys paya pour sa rançon autant d'or qu'il pesoit, et qu'il se fit mettre à cét effet dans une balance : le terme de bezans ayant formé l'équivoque. La *Chronique* manuscrite de *Bernard du Guesclin :*

> Un jour estoit li princes (de Galles) levés de son disner,
> En chambre de retrait estoit voulu aller,
> Avecque ses barons aus espices donner,
> Et tant que li baron prirent à deviser
> Et d'armes et d'amours, et beaus fais recorder,
> De mors, de chevaliers, de prisons racheter,
> Et de pluseurs estats, et des fais d'outremer ,
> Et comme saint Louys pour son ame sauver,
> Se laissa prendre en Tunes, et il se fit peser
> De fin or en balance, pour son cors delivrer.

Je ne veux pas oublier en cét endroit ce que j'ay remarqué dans le registre de la Chambre des Comptes de Paris, intitulé *Noster*, qui m'a esté communiqué par M. d'Herouval, que pour fournir la rançon de saint Louys on emprunta, ou plûtost l'on prit sur la dépense de son hostel la somme de 167,102 livres. L'extrait que j'en ay tiré nous apprenant plusieurs circonstances qui regardent le regne de saint Louys et des autres rois de France, j'ay creû que j'obligerois le public si je l'inserois entier en cét endroit.

Domina Margareta, comitissa Valesii, mater regis Philippi de Valesio, obiit in festo S. Silvestri anno 1299.

Dom. Catharina, comitissa Valesii, imperatrix CPolitana , obiit mart. post S. Silvestrum 1307.

D. Carolus, comes Valesii, pater reg. Philippi de Valesio, ob. 16 *die decemb.* 1325.

Ludovicus de Valesio, filius dicti comitis et frater dicti regis , ob. 2 *die nov.* 1328.

Rex Philippus de Valesio recessit de Pissiaco de nocte 13 *die junii* 1330, *pro eundo in Massiliam et Avenionem peregre.*

Comes Pictavensis ob. an. 1271.

S. Ludovicus obiit crastino S. Barthol. 1270, *pro cujus redemptione captœ fuerunt per hospitium suum, an.* 1250, 167,102 *lib.* 18 *sol.* 8 *d. tur.*

Rex Philippus, filius suus, obiit ante Candelos an. 1285.

Rex Philippus Pulcher, filius dicti regis Philippi, ob. an. 1316.

Rex Joannes, filius reg. Ludovici, obiit in œtate 8 *dierum.*

Rex Philippus Magnus, filius regis Philippi Pulchri, et frater regis Ludovici, obiit 2 *jan.* 1321.]

Rex Carolus , frater dicti regis Pulchri et Ludovici, obiit 1 *febr.* 1327.

Militia dictorum trium fratrum fuit in Pentecoste 1313.

Rex Philippus de Valesio natus fuit an. 1293, *et devenit ad regnum mense febr.* 1327. *Coronatus fuit die S. Trinit.* 1328, *et habuit victoriam contra Flamingos* 23 *august.*

Ad Magdalenam 1294 *dicitur incepisse secundum viagium Vasconiœ pro guerra.*

Anno 1324 *incœpit alia guerra Vasconiœ.*

Terra ducatus Aquitaniœ fuit in manu regis Franc. ab O. S. (Omnib. Sanctis) 1299 *usque ad* 3 *diem post O. S.* 1304 , *quo fuit reddita regi Angliœ.*

Expensœ hospitii S. Ludovici ultra mare pro anno finito ad Ascen. 1251, 48,558 *lib.* 14 *sol.* 1 *den. tur., et pro gentibus armorum et navigiis ,* 240,600 *l.* 14 *d. tur. apud Accon. et Tyrum.*

Redemptio dicti sancti eodem anno 167,102 *lib.* 18 *s.* 8 *d. tur.*

Dieta sine guerra et redemptione pro expensis per diem 133 *lib.* 9 *den. tur.*

Expensœ ejus hospitii pro anno finito ad Ascensionem 1252, 56,407 *lib.* 18 *sol.* 10 *d. tur., et pro gentibus armorum et navigiis* 212,164 *lib.* 13 *sol.* 1 *den. tur. apud Acconem et Cœsaream ac Castellum.*

Dieta sine guerra 154 *lib.* 10 *s.* 10 *den. tur. pro expensis per diem.*

Expensœ ejusdem hospitii pro anno finito ad Ascens. 1253 60,680 *lib.* 10 *s.* 10 *d. tur., et pro guerra seu gentib. armorum ac navigio* 270,547 *lib.* 15 *s.* 5 *den. tur. apud Joppem. Dieta sine guerra pro expensis per diem* 166 *lib.* 4 *s.* 11 *d. ob. tur.*

Dictus S. Ludovicus expendit pro passagio ultramarino ab Ascens. Dom. 1247 *usque ad Ascens.* 1256, *per* 5 *annos* 1,537,570 *lib.* 13 *s.* 5 *d. ob. tur., et arripuit iter circa Omnes Sanctos* 1248, *et rediit an.* 1254.

Dom. Karolus, comes Valesii, pater regis Philippi de Valesio, expedit. pro viagio Romaniœ pro toto 115,960 *lib.* 19 *s. tur. fort. ab anno Dom.* 1302 *usque ad ann.* 1313.

Valor omnium terrarum domini Vales., pro uno anno 24,000 *lib. fort.*

Valor Regni super thesaur. 2,334,000 *lib.*

Expensæ totalis pro coronamento S. Ludovici, mense nov. 1223, 40,334 *lib.* 14 *s. p. captæ super regem per comput. hospit. mense no.*

Expensæ totalis coronationis regis Philippi Audacis, filii sui, 12,931 *lib.* 8 *s. id captum per compotum hospitii ad O. S.* 1271.

Expensæ totalis pro coronatione reginæ consortis suæ 22,564 *lib.* 12 *s.* 5. *d. prout in magna recepta Ascens.* 1275.

Expensæ totius coronationis regis Philippi Pulchri 24,560 *lib.* 72 *sol. p. captæ per templum ad candelos,* 1285, *et pro militia sua* 14,684 *lib.* 12 *d. captæ in magna recepta Omn. Santor.* 1284.

Expensæ coronationis regis Ludov., filii sui, 20,824 *lib.* 15 *s.* 2 *d. ob. p. captæ per compotum hospit. ad Nativit. Dom.* 1315.

Expensæ hosp. reg. S. Lud. pro anno 1271, 111,688 *lib.* 14 *sol.* 2 *d. p.*

Expensæ { *Hospitii reg. Philippi Pulchri pro anno* 1301, 267,888 *lib.* 14 *s.* 10 *d.*

Hosp. Ludovici, filii sui, pro anno 1315, 209,771 *lib.* 16 *s.* 2 *d.*

Hosp. Philippi Magni, fratris dicti Ludo., 184,332 *lib.* 19 *s.* 11 *d. pro uno an.*

Hosp. Karoli, fratris sui....

Hosp. Philippi de Valesio, regis moderni, pro an. 1329, 347,457 *lib.* 17 *s.* 6 *d.*

INDICES.

INDEX

SEU

NOMENCLATOR SCRIPTORUM

MEDIÆ ET INFIMÆ LATINITATIS.

In hoc parando condendoque *Indice* onus mihi longe majus imposui quam primo constitueram. Nam cum quidam ex familiaribus meis animadverterent, complures in hoc nostro Glossario laudari scriptores quorum nec esset apud literatos usus omnino communis, neque nomina ipsa satis explorata, rem haud ingratam lectoribus facturum me existimarunt, si et ætatem qua singuli vixere, et ubinam typis editi reperirentur, levi calamo adnotarem : cum ex iis nonnulli non seorsim vulgati, sed in aliorum auctorum majoribus voluminibus, vel in scriptorum alicujus literariæ facultatis, aliisque ejusmodi collectionibus quodammodo delitescant. Sed dum monentibus morem gerere, remque ipsam aggredi statui, intervenere ecce alii, qui cæteros etiam illaudatos inferioris latinitatis scriptores, laudatis adjungendos censerent, ævo pariter quo quisque floruit breviter indicato : cum præsertim res sit ab instituto nostro haud aliena, scireque intersit, in quorum gratiam, quibusve elucidandis nostra hæc qualiscumque lucubratio insudarit. Parendum igitur mihi utcumque fuit amicis etiam atque etiam id efflagitantibus, licet imparato, et qui ad hoc argumentum nihil fere comparaveram, imo neglexeram, quibus poterat aliquatenus adornari. Huc accedit, quod plerosque ex rarioribus mutuo acceptos ab amicis, vel ex majoribus desumptos bibliothecis, ac redditos libros hanc in rem consulere haud jam promptum esset, et quod urgente acrius typographo ad id aggrediendum haud satis superesset otii ac temporis. Ne tamen eorum exspectationi non responderem, operi manum admovi, licet serius quam argumenti dignitas postularet, Indicemque hunc ita digessi, ut lector inde potius primis quasi labris rem delibet,

quam satiatus abscedat, cum aliæ occupationes et temporis angustia neque prolixiorem neque accuratiorem esse sinerent. Nominatos enim fere duntaxat inveniet, neque omnes tamen, etsi plerosque, mediæ ætatis latinos scriptores, adjunctis annorum quibus vixere characterismis, sumptoque initio a collabente latinitate, quod circa Antoninorum AA. tempora accidisse constat, ad medium usque quintum decimum sæculum, quo studiosorum opera rursum Latini eloquii splendor effloruit. Sed et interdum quo ex iis aliquot, maxime qui in Glossario nostro laudantur, loco reperiantur, obiter indicamus. Id enim satis esse existimamus ad institutum nostrum, cum liceat plura nosse cupientibus illos consulere, qui de bibliothecis commentarios conscripsere, quorum nomina congessit Philippus Labbeus, eo in libello quem BIBLIOTHECAM BIBLIOTHECARUM inscripsit. In eo quippe recensentur qui catalogos scriptorum, vel secundum scientiarum artiumque facultates, vel secundum nationes, vel denique secundum dignitates, ac religiosorum ordinum sodalitates contexuere. Quæ quidem in hoc Indice fere semper hunc in finem adnotare curavimus, ut lector qui alia de quolibet scriptore, vel quæ ille scripserit, rescire voluerit, continuo ad ejusmodi catalogos confugere valeat : interim, dum exsurgat vir aliquis eruditus qui tot jam publicata de scriptoribus volumina in unum quasi fascem cogat, non prætermissis etiam qui a veteribus laudantur scriptoribus, ignotis modo et temporum injuria absumptis, et qui supersunt hactenus ineditis, quorum prostant indices evulgati, quamquam fateor id non exigui esse studii ac laboris.

Sed et huic catalago ex iis quos subinde laudamus, librorum indices aliquot subjunximus, quorum auctores hactenus incerti : præterea codicum manuscriptorum , latinorum, græcorum et vernaculorum : gallicorum etiam scriptorum, italicorum, hispanicorum, qui superioribus , sæculis vixere, editique prostant : catalogum tabulariorum, seu, uti vocant, chartulariorum, unde desumptæ tot, quæ adducuntur, veteres tabulæ : ac denique recentiorum scriptorum, qui complura alia diplomata ac vetera monumenta suis inseruere lucubrationibus ; ac proinde nobis suppeditarunt. Quos quidem indices absit ut ad multiplicis lectionis ostentationem annectamus, quod suspicari quis posset, quando in his consultum esse voluimus unius commodo lectoris, qui etiam expensa laboris nostri molestia, si in immenso hoc quasi pelago a recta interdum

via forte deflexerimus, indulgentius condonabit. Tametsi non dissimulandum, hosce perinde indices non ea accuratione digestos, ut multa, quæ in eos debuissent referri, non elapsa sint : cum id consilii, ut attigimus, serius ab amicis, sed et ab ipso typographo suggestum sit, ac editione ferme confecta. Proinde non miretur quis si alia interdum laudata in Glossario deprehendat quæ in indicibus non reperiantur.

Hic denique monendus lector , in auctorum mediæ ætatis nomenclatore, cum conciliorum volumina laudantur, Labbeanam , ut dum citatur Bibliotheca Patrum, postremam, hoc est, Lugdunensem editionem intelligi debere.

MONITUM CARPENTERII.

Rem certe gratissimam literatis omnibus præstitit Cangius, cum hunc scriptorum mediæ ætatis Indicem immenso composuit studio : nondum quippe, ut verbis ipsius utar, exsurrexerat vir eruditus Fabricius, qui undique accurata prorsus diligentia conquisitos scriptores, editos ineditosve, in unum quasi fascem collegit, perfecitque tandem quod optabat Cangius, hujus laboris æquus æstimator; quo confecto, et ubi necesse fuit, emendato, illos tantum a nobis laudatos auctores in Indice adjiciendos censuimus, quos non vidit vir doctissimus, quia tum non erant editi, aut alio quolibet casu consulere non potuit. Non ingens quidem eorum numerus, cum potiorem operam dederimus in evolvendis manuscriptis codicibus, unde ampliorem et minus tritam messem demetendam non temere existimavimus. Horum codicum, regestorum pariter

et chartulariorum justo prolixiorem, ut quibusdam forte videbitur, subjungimus notitiam, in quo lectori consultum voluimus, ut facilius et expeditius quæ sibi judicaret utilia, sive in re judiciaria, sive literaria posset reperire. Scriptorum vero qui diplomata veteraque monumenta nobis suppeditarunt, catalogum, quem a prænominibus instituit Cangius, a cognominibus potius ducendum putavimus, quod plerique iis magis noti sunt quam illis. Accedunt postea auctores et opera quorum lectiones in Glossario et Supplemento emendantur, ut unum sub aspectum subjectas cum lector habuerit cujusque editoris vitiosas lectiones, eas in libris suis manu corrigere possit, aut si typis iterum mandentur, typographus vitia quæ debeat vitare continuo cognoscat.

A

ABBO, Floriacensis Abbas, vix. an. 970. *tom.* 2. *Analect. Mabillonii pag.* 248. *et tom.* 1. *Miscell. Baluzii pag.* 409. *Vide Hist. Academ. Paris. tom.* 1. *pag.* 543.

ABBO, Monachus S. Germani Paris. vix. an. 892. *tom.* 2. *Hist. Franc. pag.* 499, *in Normannicis Duchesnii pag.* 35. *etc. tom.* 9. *Spicileg. pag.* 79.

ABEDOC. Clerici vetus Canonum Collectio, scripta Haëlhucar Abbate Hiberno dispensante, *in Bibl. Sangerman. Cod.* 572. *Vide Spicil. tom.* 9. *pag.* 232. *et Marten. Anecd. tom.* 1. *pag.* 492.

ABLAVIUS, scriptor Historiæ Gothorum, *laudatur a Jornande.*

ABSALON, Abbas S. Victoris, scripsit sermones, *in Bibl. Victoriana.*

ABSALON, Spinchirbacensis in diœcesi Trevir. Abbas, vix. an. 1120. vel rectius 1210. ut putat Fabricius *in Bibl.; edit. Colon. an.* 1534.

ACCA (S.), Hagulstadensis Episcop. ob. an. 740. *Vide Cod.* 141. *Bibl. Sangerman.*

ACCOLDUS, Florentinus, Ordin. Prædic. vix. an. 1260.

ACCURSIUS, Florentinus Jurisconsultus, vix. an. 1226. ob. an. 1259.

ACERBUS Morena, Laudensis, Historiam Ottonis Morenæ patris continuavit. *Edit. a Felice Osio.*

ACHARDUS, Bridlingtonensis Canonicus Regularis, ex Abbate S. Vict. Paris. factus Episc. Abrinc. an. 1162.

ACHARDUS, Clarevallensis Monachus, de Vita S. Gotselini Eremitæ, edit. Duaci, an. 1626. vix. circ. an. 1140.

ACHARDUS, Abbas S. Victoris, scripsit sermones. Idem Fabricio qui supra Bridlingtonensis.

ACHELNOTUS (S.), vel Egelnotus, aut verius, Æthelnotus, sive Ethelnothus, Cantuariensis Archiepiscopus, obiit, 3. Kal. Novemb. an. 1038.

ACHOLIUS, qui scripsit Acta Valeriani Imp. vix. sub Claudio. *Vopisc.*

ACTONUS Dominicanus, Anglus, Ordin. Præd. vix. an. 1410.

A CUTHEIS, de Gestis Spalatinorum, desinit in an. 1452. *Edit. a Jo. Lucio in Hist. Dalmat.*

ADALARDUS (S.), Abbas Corbeiensis, vix. an. 820. *tom.* iv, *Spicileg. pag.* 1; *tom.* 5. *SS. Ordinis Benedic. pag.* 757.

ADALBERO, Elwangensis Abbas, scriptor vitæ S. Hariolphi Abbat. Elwang. ob. an. 909.

ADALBERO, qui et Ascelinus, Episcopus Laudunensis, an. 977. vix. sub Roberto Rege. *Ejus carmen edit. ab Hadriano Valesio.*

ADALBERTUS, Diacon. auctor Speculi ex Moralibus S. Gregorii MS. *in Bibl. Victoriana. Vide Marten. tom.* 1. *Anecd. pag.* 84.

ADALBERTUS Floriacensis Monach. *tom.* viii. *Bol. pag.* 302.

ADALBERTUS, Spaldingensis in Anglia Monachus, vix. au. 1160.

ADALGISUS, Monach. S. Theodorici Remensis, vix. sæculo XII. *tom.* 1. *SS. Ord. Bened. pag.* 622.

ADAMANNUS, vel Adamnanus, auctor Itinerarii Terræ Sanctæ, vix. an. 690. *Edit. a Gretzero, et Mabillonio tom.* 4. *SS. Ordinis Bened. pag.* 499.

ADAMANTIUS Martyrius, Grammaticus, quem non semel laudat Cassiodorus.

ADAMANTIUS, Scotus, scriptor vitæ S. Columbæ, *tom.* 5. *Canisii.*

ADAMUS, Anglicus, Theologus Parisiensis.

ADAMUS Barchingensis, Shirbornensis in Anglia Monachus, vix. an. 1217.

ADAMUS de Basseia, Canonicus Insulensis. *Vide Sander. pag.* 138.

ADAMUS de Bocfeld, Anglus, Ord. Min. Philosophus, sæculo XIV. *Wadd.*

ADAMUS, Bremensis Canonicus, vix. circa an. 1080. *Edit. non semel.*

ADAMUS Bucfeldus, Anglus, Mathematicus, non distinguendus, ut putat Fabricius, ab Adamo *de Bocfeld* supra.

ADAMUS Burlæus, Anglus, Philosophus, circa an. 1337.

ADAMUS Carthusianus, Anglus, Theologus, vix. an. 1340.

ADAMUS, Cisterciensis Ord. Monachus, Anglus, vix. an. 1366.

ADAMUS, Clericus Claromontani Episcopi, auctor Chronici ab an. 1218. ad an. 1270. MS. *in Bibl. Carmelit. Claromont.*

ADAMUS, Dorensis, in Anglia Monachus, vix. an. 1200.

ADAMUS Esthonus, Londinensis et Herefordensis Episcopus, Theologus, vix. an. 1390.

ADAMUS, Eveshamensis, Anglus, vix. an. 1160.

ADAMUS Goddamus, Anglus, Ord. Min. Theolog. vix. an. 1320. Idem Fabricio, qui infra *Adamus Wodehamensis.*

ADAMUS Hemlingtonus, Anglus, Carmelita, Theolog. ob. an. 1420.

ADAMUS Hibernicus, Ord. Min. Theolog. vix. an. 1320.

ADAMUS Littleton, in Diction. Latino-Barbaro, vix. an. 1533.

ADAMUS de Marisco, Anglus, Eliensis Episcop. vix. an. 1257.

ADAMUS Muremuthensis, Londinensis Canonic. Hist. vix. ann. 1380. scripsit ab an. 1302. ad an. 1336. *Vide Caveum ad an.* 1342.

ADAMUS Nizardus, Anglus, Grammaticalia quædam scripsit, vix. an. 1340.

ADAMUS, Abbas de Persenia, Ord. Cisterc. Episc. Cenonam. vixit ante ann. 1100. [circa 1190.] *Vide Baluz. tom.* 1. *Miscell. pag.* 423.

ADAMUS, Ord. Præd. scripsit in Magist. Sentent. vix. an. 1355.

ADAMUS, Ord. Præmonstrat. vix. circa an. 1100. ob. an. 1180. *Edit. Paris. an.* 1518. *fol.*

ADAMUS Saxlighamus, Anglus, Carmel. Theol. vix. circa an. 1350.

ADAMUS, Silvanectensis Episc. ab an. 1230. ad 1250. scripsit Homil. *Vide Oudin. tom.* 3. *pag.* 156.

ADAMUS de S. Sulpitio, in Job. *Vide Sander. part.* 2. *pag.* 171.

ADAMUS de S. Victore, Canon. Regul. S. Vict. Paris. ob. 8. Jul. an. 1177.

ADAMUS Wodehamensis, Anglus, Ord. Min. Theolog. ob. an. 1358. Vide supra *Goddamus.*

ADELAGUS, Bremensis Archiepiscopus, vix. ætate Flodoardi, ad quem Epist. scripsit. *Edit. in Bibl. Patr. tom* 17.

ADELARDUS, Anglus, Benedict. Bathon. circa an. 1100. *in Cod. Thuanno.* 530. *Vide Marten. tom.* 1. *Anecd. pag.* 292.

ADELBERTUS, Abbas Heidenheimensis, vix. sub Eugenio III. *Edit. a Gretzero cum Philippo Eystetensi pag.* 318.

ADELBODUS, Episcopus Trajectensis, ob. an. 1027. *tom.* 5. *Bol. pag.* 542. *Vide Sigeb. c.* 138.

ADELMANNUS, Leodiensis Scholasticus, Sigeberto *Almannus*; Episcopus Brixiensis, an. 1061. *tom.* 1. *Analect. Mabillonii pag.* 420. *in Bibl. Patrum.*

ADELMUS, vel **ADALHELMUS**, Sagiensis Episcop. vix. an. 880. *tom. 4. SS. Ordinis Bened. pag.* 220. *tom.* 11. *Bollandi pag.* 62. *et tom.* 11. *Gall. Christ. col.* 679.

ADELPHUS, Abbas Ord. Bened. vix. circ. an. 1150.

ADEMARUS, Cabanensis Monach. S. Eparchii, vix. an. 1030. *tom.* 2. *Bibl. Labbei, pag.* 151. 271. *tom.* 1. *Analect. Mabillonii pag.* 418. *in Normannicis Duchesnii pag.* 19.

ADEMARUS, aliis **ADELMUS**, Francorum Historicus, vix. sub Carolo Magno. *Vide Aimoin. lib.* 4. *extremo, et Vossium.*

ADENULFUS, Archiepisc. Capuanus, ob. an. 1050. *tom.* 6. *Ughelli pag.* 514. *tom.* 2. *Boll. pag.* 551.

ADEODATUS (S.), PP. ob. 26. Jun. an. 676. *Vide Concilia.*

ADILREDUS, Abbas Ord. Cisterc. ob. an. 1166.

ADO, Trevirensis, cui Martyrologium adscribit Lipomanus, vix. an. 1070.

ADO, Viennensis Episcopus, ob. 16. Decemb. an. 874. *Vide tom.* 6. *Canisii pag.* 444. *et tom.* 12. *Spicileg. pag.* 135.

ADREVALDUS, Monach. Floriacensis, vix. anno 859. *tom.* 8. *Bol. pag.* 305. *tom.* 12. *Spicileg. pag.* 30. *tom.* 2. *SS. Ord. Benedict. pag.* 333. *in Bibl. Floriac. etc.*

ADRIANUS, Præpositus Malbod. in Hist. Translat. S. Aldegundis.

ADRIANUS DE VETERI-BUSCO, Monach. S. Laur. de Rebus Leodiens. *tom.* 4. *Ampl. Collect. Marten.*

ADSO, Monach. Dervensis, ob. an. 992. *tom.* 2. *SS. Ord. Bened. pag.* 67.

ADSO, cogn. **HERMIRICUS**, Abbas Luxoviensis, circa an. 1050. *tom.* 5. *SS. Ord. Bened. pag.* 451.

ADTO, Monachus Casinensis, Agnetis Imperatricis Capellanus, vix. an. 1070. *Petr. Diac.*

ÆGIDIUS ASSISIAS, Ord. Min. scripsit *Verba aurea*, ob. an. 1262. *Edit. Antverp. an.* 1534.

ÆGIDIUS, Aureæ vallis Monachus, de Gestis Episcop. Leodiensium, vix. an. 1251. *tom.* 2. *Historiæ Leodiens. pag.* 1.

ÆGIDIUS DE BELLAMERA, Episc. Avenion. in Comment. ad Decret. etc. ob. an. 1392.

ÆGIDIUS, Doctor Bononiensis, cujus est Ordo Judiciarius de Foro Ecclesiastico, *in Bibl. Sangerm. c.* 243. 435.

ÆGIDIUS CARILLUS ALBORNOTIUS, Hispañus, Cardinal. ob. an. 1364. Fabricio, *Ægidius Albornotius de Carrino*, Archiep. Tolet. et Card. ob. an. 1377.

ÆGIDIUS CARLERIUS, Decan. Cameracensis, ob. an. 1472. *Ejus Elogium edidit Jo. Launoius, ubi de ejus scriptis. Vide tom.* 3. *Canisii part.* 2. *pag.* 189. *tom.* 12. *Concil. pag.* 1159.

ÆGIDIUS COLUMNA, Archiepisc. Bituricensis, ob. 22. Decemb. an. 1316.

ÆGIDIUS, Corboliensis, Medicus, vixit sub Philippo Augusto, non an. 700, ut vult Trithemius. *Vide Hist. Academiæ Parisiensis tom.* 2. *pag.* 718. *et Naudæum de Antiquit. Scholæ Medicæ pag.* 35.

ÆGIDIUS DE FOSCARIIS, Bononiensis, Jurisconsult. vix. an. 1220.

ÆGIDIUS DE FOENO, Anglus, Philosophus, vix. an. 1350.

ÆGIDIUS GUILLELMUS MISSALIUS, Aquitanus, Ord. Min. Theolog.

ÆGIDIUS HISPANUS, Ord. Min. scripsit Sermones Sanctorum.

ÆGIDIUS DE LUGNACO, Ordin. Min. Theologus.

ÆGIDIUS LUSCINUS, Ordinis Prædic. Theologus, vix. anno 1270.

ÆGIDIUS MUSIUS, Abbas S. Martini Tornac. Chronicon perduxit ad an. 1343. quo vixit. MS. *Vide Sander. pag.* 128.

ÆGIDIUS PARISIENSIS, Auctor Poëmatis inscripti ad Ludovicum, Philippi Aug. Reg. Franc. filium. MS. *Vide Miscellanea Labbei et Naudæum de Antiq. Scholæ Medicæ Paris. pag.* 36. 37, *et supra in Ægid. Corboliensi.*

ÆGIDIUS, Archiepisc. Rotomagensis, vix. an. 1315. *tom.* 4. *Spicileg. pag.* 270. Alius Ægidius Rotomagensis *Archidiaconus* vixit an. 1113.

ÆGIDIUS DE ROMA, Augustinianus, Archiepiscop. Bituricensis, ob. 22. Decemb. an. 1316. Idem qui supra *de Columna.*

ÆGIDIUS DE ROYA, Abbas Montis-regalis, Chronicon perduxit usque ad an. 1478. *Edit. ab Andr. Schotto.*

ÆLFRICUS, vel **ALFRICUS**, Abindonensis Abbas, deinde Cantuariensis Archiepiscopus, ob. an. 1006. *Ejus Grammaticam Anglo-Saxonico-Latinam edidit Somnerus.*

ÆLIUS DONATUS, Grammaticus, præceptor sancti Hieronymi.

ÆLIUS LAMPRIDIUS, *edit. inter Scriptores Historiæ Augustæ.* vix. sub Constantino Magno.

ÆLIUS MAURUS, vix. sub Severo ac Caracalla. *Vide Vossium.*

ÆLIUS SABINUS, Historicus, sub Pupieno et Balbino AA. *Capitolin.*

ÆLIUS SPARTIANUS, Scriptor Historiæ Aug. vix. sub Diocletiano. *Vide Casaubon. Salmasium et Vossium.*

ÆLNOTHUS, Cantuariens. Monach. de Vita et Passione S. Canuti Regis Daniæ. *Edit. a Meursio an.* 1631. vix. an. 1105.

ÆLREDUS, Rievallensis in Anglia Abbas, ob. an. 1166. *Edit. Duaci* 1616. *etc.*

ÆMILIANUS PARTHENIANUS, Histor. *laudatur a Vulcatio Gallicano in Avidio Cassio.*

ÆNEAS, Parisiensis Episcopus, vix. an. 860. *tom.* 7. *Spicil. pag.* 1. *tom.* 8. *Concil. pag.* 476.

ÆSOPUS, Interpres Callisthenæ, vix. sub Constantino Imp. *Vide Gaun. ad Lib. De Vita Mosis pag.* 225.

ÆTHICUS, Cosmographus, vix. post Constantinum Magnum. *Vide Voss. de Hist. Lat. pag.* 692. *et quæ observamus in Constantinopoli Christiana.*

AGATHO (S.) PP. ob. 10. Jan. an. 682. *Vide Concil. Baron. etc.*

AGGENUS URBICUS, *edit. inter Agrimensores.*

AGNELLUS, Episcopus, scripsit contra Arrianos.

AGNELLUS, Ravennensis Episcopus, vix. circa an. 824. *Edit. in Bibl. Patrum, tom.* 5.

AGNES ASSISIAS, Virgo, Germana S. Claræ Monialis, vix. an. 1220. *Willot.*

AGOBARDUS, Archiepiscopus Lugdunensis, vix. an. 840. *Edit. a St. Baluzio.*

AGRŒTIUS, Grammaticus, scripsit de Orthographia ad Eucherium Episcopum. *Edit. inter Grammat. Putschii.*

AHYTO, Basileensis Episcopus, vix. an. 822. *tom.* 6. *Spicil. pag.* 691.

AIDANUS AUVINAS, Northumbrensis, Lindisfarnensis Episcop. ob. prid. Kal. Sept. an. 651.

AIGRADUS, Monach. Fontaneliensis, vix. sæculo VIII. *tom.* 2. *SS. Ord. S. Bened. pag.* 1048.

AIGRADUS, Monach. de Vita S. Ansberti Archiep. Rotomag. ob. circ. an. 700. *tom.* 4. *Bollandi pag.* 347.

AILERANUS (S.) Scoto-Hibernus, cogn. *Sapiens*, vix. circa sæculum VII. *in Bibl. Patr. tom.* 12. *et in Operibus S. Columbani edit. Lovan. an.* 1667.

AILMERUS, vel **ELMERUS**, Cantuariensis Monach. ob. an. 1130.

AIMARUS, Lugdunensis Episcopus an. 1282. *tom.* 8. *Spicileg. pag.* 253.

AIMERICUS DE PEIRACO, Abbas Moissiacensis, de Gestis Caroli Mag. ad Joan. Ducem Bituric. *in Cod. Reg.* 1344.

AIMERICI PICAUDI Rythmus de S. Jacobo Apostolo, *in Bibl. Sangerman. Cod.* 608.

AIMOINUS, Floriacensis Monachus, patria Petricorius, vix. an. 986. *in Bibl. Flortac. tom.* 8. *Bol. pag.* 324. *tom.* 3. *Hist. Franc. etc. Vide Sigeb. c.* 101.

AIMOINUS, Monach. S. Germani Paris. scriptor miraculor. ejusdem S. Germani, vix. an. 890. *tom.* 2. *SS. Ord. S. Bened. pag.* 359. *tom.* 5. *pag.* 643. *Vide Vossium pag.* 308.

AIO, Croilandensis Monachus, Histor. ob. an. 974.

AITHONUS, Armenus, Aithonis Armeniæ Regis nepos, au. 1290. *Edit. a Reineccio et aliis.*

ALANUS, Teukesburiensis Abbas, ob. ann. 1201.

ALANUS BEAUCLIFFUS, Anglus, Theolog. an. 1230.

ALANUS DE INSULIS, ob. an. 1294. *Ejus Opera omnia edita Antverpiæ, an.* 1654. *Vide Hist. Academiæ Paris. tom.* 2. *pag.* 719.

ALANUS DE LINNA, Anglus, Carmel. Theologus, ob. an. 1420.

ALANUS DE RUPE. *Vide Sander. part.* 2. *pag.* 84.

ALBANUS, Anglus, ad S. Albanum Monachus.

ALBERICUS, Diacon. Cardin. Monach. Casinensis, vix. ann. 1084. *Vide Paul. Diac. et J. B. Marum, Bolland.* 22. *Jan.*

ALBERICUS GENTILIS, JC. de Jure Canonico.

ALBERICUS DE ROSATE, Bergomensis, Jurisconsult. vix. an. 1350.

ALBERICUS, Monachus Trium Fontium, ejus Chronicon, MS. desinit in an. 1242.

ALBERICUS VEERUS, ex Comitum Oxoniensium familia, vix. an. 1250.

ALBERIUS, vix. circa an. 1230. *tom.* 6. *Ughelli pag.* 25.

ALBERTANUS, Brixiensis Causidicus, *De arte loquendi et tacendi, edit. an.* 1483 *et* 1491. vix an. 1246 al. 1208.

ALBERTINUS, Ordin. Min. scripsit Sermones, etc.

ALBERTINUS, Mantuanus, August. Theologus, vix. an. 1400.

ALBERTINUS MUSSATUS, Patavinus, de Gestis Henrici VII. Imp. etc. *Edit. a Felice Osio an.* 1636. ob. prid. Kal. Jul. an. 1329. *Vide Vossium pag.* 792. *Portenar. in Patavio pag.* 273 *et Murat. tom.* 10. *Script. Ital.*

ALBERTUS, scriptor Vitæ S. Guillelmi Eremitæ, cujus fuit discipulus. *Vide Bollandum tom.* 4. *pag.* 448.

ALBERTUS, Aquensis Ecclesiæ Canonic. et Custos, vix. an. 1110. *in Gestis Dei pag.* 184. *et apud Reineccium.*

ALBERTUS, Argentinensis, Chronicon perduxit ad an. 1378. *Edit. ab Urstisio.*

ALBERTUS ARNHEMIUS, cognomento RIVET, Cartusianus, ob. ann. 1444.

ALBERTUS A BONSTETTEN, scriptor Vitæ S. Nicolai Tolentini, qui excessit an. 1306. *Vide Sur.* 10. *Septemb.*

ALBERTUS, aliis **ALBERTONUS**, Brixianus, Ord. Præd. vix. an. 1340. *Vide Sander. pag.* 180. 189.

ALBERTUS B DREPANO, Siculus, Carmelita, ob. an. 1297. vel 1307.

ALBERTUS, Frisingensis Episcop. scriptor Vitæ SS. Kiliani, Colomani et Tornani, ob. an. 1359.

ALBERTUS GALIOTI, Parmensis, Jurisconsult. vix. c. a. 1230.

ALBERTUS, Halberstadensis Episcop. Theolog. ob. an. 1365.

ALBERTUS LEODIENSIS, Monach. vix. an. 880. idem Fabricio, qui *Lobiensis*, Abbas Gemblac. circa an. 980.

ALBERTUS MAGNUS, Ord. Prædicat. Episcop. Ratisponensis, vix. ann. 1280. *Ejus opera Lugduni edita* 21. *vol.*

ALBERTUS, Metensis Monach. Benedict. Historic. vix. an. 1038. *Sigebert. Trith.*

ALBERTUS, Augustinian. Montis Vinearum Patavii Prior, scriptor Vitæ B. Beatricis Atestinæ, etc. vix. an. 1230.

ALBERTUS PATAVINUS, Augustinian. Ægidii Romani discipulus, ob. an. 1328.

ALBERTUS PATAVINUS, cogn. NOVELLUS, Augustin. Theolog. vix. an. 1293. [1492.] *Vide Portenarium in Patavio pag.* 452.

ALBERTUS, Patriarcha Hierosolymitan. auctor Regulæ Carmelitarum, vix. an. 1190.

ALBERTUS PISANUS, Ord. Min. Magister Gener. ob. an. 1239. *Wadd.*

ALBERTUS SARTIANUS, Mediolanens. Ord. Min. ob. an. 1450.

ALBERTUS, Saxo, Augustin. Theolog. vix. circa an. 1031. [1332.] *Possev. Vide Fabr. Bibl.*

ALBERTUS, Sigebergensis, Bened. Theol. vix. an. 1450.

ALBERTUS, Stadensis Abbas, Chron. perduxit ad an. 1256. *Edit. a Steinhemio an.* 1587.

ALBERTUS SCHOVIUS, Osnabrugensis Decanus, vix. an. 1445.

ALBRICIUS, Londinensis, vix. an. 1217. *Edit. inter Script. Mytholog.*

ALBUINUS, Presbyter, de Virtutibus et Vitiis, MS. *Vide Marten. tom.* 1. *Anecd. pag.* 668.

ALCUINUS, Abbas S. Martini Turon. ob. 10. Maii an. 804. *Edit. a Duchesnio. Vide præterea tom.* 2. *Spicileg. pag.* 631. *tom.* 9. *pag.* 111. *tom.* 2. *SS. Ord. Bened. pag.* 189. *tom.* 3. *pag.* 601. *et tom.* 1. *Miscell. Baluz. pag.* 365.

ALDERISIUS, in Geographia Nubiensi.

ALDHELMUS, vel **ALTHELMUS**, Abbas Malmesburiensis, deinde Episcop. Schireburnensis, ob. 28. Maii an. 709. *In Epist. Hibernicis Usserii, tom.* 5. *Canisii part.* 2. *pag.* 798. *in Bibl. Patr. tom.* 13. *etc.*

ALDOBRANDINUS CAVALCANTES, Florentinus, Augustinian. Theol. *Possevin.*

ALDOBRANDINUS PAPARONUS, Ord. Præd. an. 1287. *tom.* 8. *Bol. pag.* 181.

ALDRICUS, Senonensis Episcopus, ob. an. 840. *Vide Epistolas Lupi Ferrariensis.*

ALDRICUS, Anglus, Jurisconsult.

ALEXANDER I. PP. ob. 3. Maii an. 132. *Vide Concil. etc.*

ALEXANDER II. PP. ob. 21. April. an. 1073. *Vide Concil. etc.*

ALEXANDER III. PP. ob. 27. Aug. an. 1181. *in Concil. post Petrum Cellensem, tom.* 5. *Spicileg. pag.* 572. *tom.* 24. *Biblioth. Patr. pag.* 1519. *etc. Vide Lud. Jacob.*

ALEXANDER IV. PP. ob. 25. Maii an. 1261. *in Concil. tom.* 6. *Spicileg. pag.* 485. *Vide Lud. Jacob.*

ALEXANDER V. PP. ob. 3. Maii an. 1410. *Vide Lud. Jacob.*

ALEXANDER ALEMANNICUS, Saxo, dictus *Doctor illibatus*, Ord. Min. Theolog.

ALEXANDER DE ALEXANDRIA, Ord. Min. General. Minister, Theolog. ob. an. 1314.

ALEXANDER DE ANCILLA, Florentinus, Decret. Doctor, vix. an. 1355. *Vide Lambec. lib.* 2. *Bibl. Cæsar. pag.* 385.

ALEXANDER, Aquicinctensis Abbas, scriptor Vitæ Sancti Gossuini Abbatis, vix. circa ann. 1100. [1200.] *Edit. Duaci an.* 1620.

ALEXANDER, Abbas S. Augustini Cantuar. vix. an. 1217.

ALEXANDER DE CAMPO-LONGO, Patavinus, Jurisconsult. Prior Sancti Leonardi Patavii, ob. anno 1405. *Scard.*

ALEXANDER, Cantuariensis Monach. vix. an. 1120.

ALEXANDER, Celesini, rectius Telesini, Cœnobii Abbas, de Rebus Rogerii Comitis Siciliæ, sub quo vix. *tom.* 3. *Histor. Hispan.*

ALEXANDER, Essibiensis, Canon. Regul. vix. anno 1220.

ALEXANDER DE HALES, Anglus, Ordinis Min. Theolog. insignis, ob. 6. Kal. Sept. an. 1250.

ALEXANDER MAGIUS, cogn. BASSANUS, Patavinus, Jurisconsult. vix. circa an. 1400. *Vide Scardeon. pag.* 242.

ALEXANDER, Monach. auctor Chronici Monasterii S. Bartholomæi de Carpineto, vix. sub Celestino III. PP. *tom.* 9. *Ughelli pag.* 1231.

ALEXANDER NECKAM, Anglus, Abbas Verolamensis, ob. an. 1227. multa scripsit, quorum quædam edita. *Vide Historiam Academiæ Paris. tom.* 2. *pag.* 725.

ALEXANDER DE S. ELPIDIO, Italus, Augustin. Eremitar. Magister General. vix. ann. 1330.

ALEXANDER DE TARTAGNIS, Imolensis, JC. ob. an. 1487.

ALEXANDER DE VILLA-DEI, Dolensis, Ord. Min. auctor Doctrinalis, vix. ann. 1240.

ALEXANDER, Vulturnensis Episcopus, de Vita S. Alberti Episc. etc. *tom.* 9. *Bollandi pag.* 434.

ALEXANDER WENDOCUS, seu WENEDOTIUS, Cambrensis, ob. an. 1238.

ALEXANDRI II. Regis Scotiæ Statuta, *edita a Joan. Skenæo in LL. Scotic.* ob. an. 1249.

ALEXANDRI, Cicestrensis Canonici, Laus Sapientiæ divinæ, *in Bibl. Sangerman. Cod.* 798.

ALEXANDRI, Conventrensis Episcopi, Constitutiones, sub an. 1237. *tom.* 11. *Concil. pag.* 515.

ALFREDUS, Beverlacensis Ecclesiæ Thesaurarius, Historicus, ob. an. 1136.

ALFREDUS, cognom. MAGNUS, Angliæ Rex, cujus multa habentur, ob. an. 901. *Vide Pitseum, Bromptonum, Lambardum, tom.* 9. *Concil. Bedam edit. Anglo-Saxon. etc.*

ALFREDUS, Malmesburiensis Abbas, deinde Cridiensis Episcopus, vix. an. 990.

ALFREDUS, Osvii Nordamhumbrorum Regis filius nothus, ob. an. 705.

ALFREDUS, cogn. PHILOSOPHUS, Anglus, vix. an. 1270.

ALGERUS, Leodiensis Scholasticus, vix. an. 1130. *in Biblioth. Patr. tom.* 21. *tom.* 1. *Analector. Mabillon. pag.* 303.

ALIPHAS, Anglus, Gregorii Ariminensis auditor, in 1. Sentent.

ALMANNUS, Monach. Altivillarensis, vix. an. 868. *tom.* 1. *SS. Ord. Bened. pag.* 368. *tom.* 2. *Analect. Mabillonii, pag.* 89. *in Metropoli Remensi, tom.* 1. *pag.* 402. *Sigebert. cap.* 98.

ALPHANUS, vel ALPHARUS, Hispanus. Ord. Min. vix. an. 1320.

ALPHANUS, Monachus Casinensis, Archiep. Salernitanus, Gregorio VII. PP. coævus. *Ejus Carmina edidit Ughellus tom.* 2. *pag.* 1085. *Vide Paul. Diac. J. B. Marum, Vossium, etc.*

ALPHONSI I, Lusitaniæ Regis, *Constitutiones Militum S. Michaelis, sive de Ala,* an. 1166.

ALPHONSI Philosophi Clericalis Disciplina. *In Bibl. Sangerm. Cod.* 798.

ALPHONSUS BONIHOMINIS, Hispanus, Ord. Præd. vix. an. 1336. *Vide Sander. part.* 2. *pag.* 107.

ALPHONSUS X. Castellæ Rex, scriptor Tabularum Astronomicarum, vix. ann. 1270.

ALPHONSUS CICARELLUS de Menavia, *in Bibl. Mss. Labbei.*

ALPHONSUS, Hispalensis Episcopus, Augustinianus, vix. an. 1340.

ALPHONSUS TOSTATUS, Episcopus Abulensis, ob. an. 1454.

ALPHONSUS VARGAS, Archiepiscop. Hispalensis, ob. 26. Decemb. an. 1366.

ALTFRIDUS, Episcopus Mimigardefordensis, vix. an. 848. *tom.* 8. *Bol. pag.* 642. *tom.* 5. *SS. Ord. Benedict. pag.* 15.

ALVARDUS Cadurcensis, Ordinis Prædicatorum Theolog. ob. circa an. 1334.

ALVAROTUS Patavinus, Jurisconsult. ob. 27. Jun. an. 1453.

ALVARUS Cordubensis, scriptor Indiculi luminosi, et Vitæ

S. Eulogii, vix. an. 854. *tom.* 1. *Bibl. Patr. tom.* 7. *Bol. pag.* 90.

ALVARUS PELAGIUS, Ord. Min. Episcopus Silvensis, auctor libri de Planctu Ecclesiæ, etc. vix. an. 1340.

ALUISIUS MARSILLUS, Italus, August. Theologus, vix. an. 1380.

ALULFUS, Monach. S. Martini Tornac. auctor Gregorianæ, *editæ tom.* 1. *Analect. Mabillonii p.* 312.

ALYPIUS Antiochenus, in Descript. Orbis.

AMALARIUS FORTUNATUS, Archiepiscopus Trevirensis, ob. an. 814. *in Bibl. Patr. tom.* 2. *Capitul. Baluzian. p.* 1352. *tom.* 1. *Analector. Mabillon. pag.* 419. *tom.* 2. *pag.* 96. *tom.* 7. *Spicileg. pag.* 164. *tom.* 14. *Bibl. Patr.* Perperam edit. *Attularius* apud *Sigebert. cap.* 87.

AMALARIUS, Metensis Episcopus, auctor Regulæ Canonicorum in Concilio Aquisgr. an. 816. etc.

AMALRICUS AUGERII, scriptor Chronici Pontificalis, vix. sub Urbano V.

AMANDUS, Prior Monasterii Aquicinctin. vix. an. 1113. scripsit de Vita et morte Odonis Episcop. Camerac. MS.

AMATUS, Episcopus, et Casinensis Monach. scripsit Histor. Normannorum ineditam, vix. an. 1070. *Vide Paul. Diac. et J. B. Marum.*

AMBROSIUS AUTBERTUS. Vide *Autbertus.*

AMBROSIUS CALEPINUS, August. ob. 30. Novembr. an. 1510.

AMBROSIUS, Camaldulensis Abbas, Italus, vix. an. 1450. [Alterum quem an. 1340. vixisse scribit Cangius, nullum fuisse asserit Fabricius.]

AMBROSIUS (S.), Episcopus Mediolanensis, ob. 4. April. an. 397.

AMBROSIUS, Mediolanensis, scriptor Chronici Ord. Prædic. *Leander Albert.*

AMBROSIUS MERLINUS, vix. an. 480.

AMEDEUS, Monach. Cisterciensis, Episcopus Lausannensis, vix. an. 1144. *Edit. a Theophilo Rainaudo, et tom.* 20. *Bibl. Patr. pag.* 1278.

AMMIANUS MARCELLINUS, cujus exstat Historia, vix. sub Gratiano et Valentiniano.

AMPHIBALUS junior, cogn. SIMENUS, Britannus, vix. an. 569.

AMULO, Archiepiscopus Lugdunensis, vix. an. 850. *Ejus Epistolas cum Agobardo edidit Steph. Baluzius, in Bibl. Patr. tom.* 14. *pag.* 329.

ANASTASIUS I. PP. ob. 27. April. an. 402. *Vide Concil. et Lud. Jacob. et tom.* 5. *Spicileg. p.* 582.

ANASTASIUS, Abbas Romanus, S. E. R. Bibliothecarius, vix. an. 876. *Ejus Complura extant. Vide tom.* 12. *Bibl. Patr.*

ANASTASIUS, Presbyter et Apocrisarius Romæ, vix. an. 665. *In Collectaneis Anestasii Bibl. et tom.* 12. *Bibl. Patr. pag.* 858.

ANATOLIUS, Alexandrinus, Laodicensis Episcopus, vix. sub Caro et Probo AA. *Vide Bucherium in Canone Paschali, pag.* 439.

ANDOINUS DE ROCCA, Abbas Cluniacens. Cardin. ob. an. 1369.

ANDREAS AGNELLUS, Ravennensis Archiepiscop. sub Ludovico Pio. *Vide Hieron. Rubeum.*

ANDREAS, Arelatensis, de Orig. et Gestis Francor. *In Bibl. Puteana, Cod.* 1138.

ANDREAS, Aulæ Regiæ Capellanus, vix. an. 1170. *Ejus Amatoria edita Dortmundæ an.* 1610.

ANDREAS BILIUS, Mediolanensis, Augustin. vix. an. 1420. *Vide Murat. tom.* 19. *Script. Ital.*

ANDREAS, Monachus Fontebraldensis, de morte Roberti

de Arbrissello, edit. oum Vita ejusdem Roberti, vix. an. 1150.

ANDREAS DANDULUS, Venetorum Dux, Chronicon Venetum MS. perduxit ad an. 1253. [1280. *Edit. apud Murat. tom.* 12. *Script. Ital.*]

ANDREAS, Hispanus, Episcopus Megarensis, Cardinalis, vix. an. 1437.

ANDREAS HORNUS, Anglus, Jurisconsult. vix. sub Edw. II. circa an. 1320.

ANDREAS LEUCANDER, alias WHITEMANNE, Ramesiensis in Anglia Abbas, vix. an. 1020.

ANDREAS DE LUXEMBURGO, Cardin. Episc. Camerac. an. 1396. *tom.* 9. *Spicil. pag.* 294.

ANDREAS SYLVIUS, Prior Marcianensis, ob. an. 1194. *Ejus Chronicon edit. a Raph. de Beauchamps in Hist. Merovingica.*

ANDREAS, Palatioli in Monte viridi in Etruria Abbas 3. de Vita S. Vualfridi Abbat. ejusdem Monasterii, *tom.* 4. *Boll. pag.* 842. *et tom.* 4. *SS. Ord. Bened. pag.* 196.

ANDREAS MORELLUS, in Epist. *Amstel. an.* 1702.

ANDREAS, Ratisponensis Presbyter, auctor Chronici Ducum Bavariæ, vix. sub Sigismundo Imper. *tom.* 4. *Anecd. Pezii part.* 3. *pag.* 275.

ANDREAS REDUSIUS, scriptor Annalium Tarvisinorum, ad an. 1420. quo vixit. Ejus Chron. Tarvis. edidit Murat. *tom.* 19. *Script. Ital.*

ANDREAS A SANCTA-CRUCE, Patricius Romanus, scripsit Collat. Concilii Florent. *Edit. inter Concil.*

ANDREAS, S. Victoris Parisiis Monachus, Anglus, vix. an. 1150. *Vide Cod. Thuan.* 275. *et Pitseum.*

ANDREAS SAUSSAYIUS, in Martyrol. Gallic.

ANDREAS SUENONIS, Archiepisc. Lundensis, circa an. 1110. *Ejus habentur Leges Scanicæ.*

ANDREAS THEVETUS, in Cosmographia.

ANDREAS, Trajectensis, Monachus Spanheimensis, vix. an. 1445.

ANDREAS DE YSENIA, JC. in Comment. utriusque Juris.

ANGELICUS GRIMALDI E GRISACO, Gallus, Card. ob. 16. Kal. Apr. an. 1387.

ANGELOMUS, Lexoviensis Monachus, vix. anno 855. scripsit in Libros Regum. *t.* 15. *Bibl. Patr. p.* 307. *Sigebert. c.* 86.

ANGELUS ACCIAIVOLUS, Episcopus Ostiensis, Cardin. ob. an. 1407. Diversus ab Angelo Acciajolo, Episcopo Florentino, qui obiit ann. 1357.

ANGELUS E CINGULO, *Clarenus* dictus, Italus, Ordin. Min. ob. ann. 1294. [post an. 1317.]

ANGELUS A NUCE, in Notis ad lib. Leon Ostiensis.

ANGELUS RUMPLERUS, in Hist. Monast. Formbac. *tom.* 1. *Anecd. Pezii.*

ANGELUS SALVETTUS, Senensis, Ord. Minor. Minister Generalis, ob. an. 1423.

ANGELUS TANCREDUS, Aretinus, Ordinis Minor. scriptor Miracul. S. Francisci, vix. circa an. 1246.

ANGELUS DE UBALDIS, Perusinus, Jurisconsult. Baldi frater, vix. an. 1423.

ANGILBERTUS, Abbas Corbeiensis, an. 865. *tom.* 2. *Analect. Mabillonii pag.* 657.

ANIANUS, Vir spectabilis, jubente Athalarico Theodosianum Codicem compegit, et aliquot Joannis Chrysostomi Homilias in Latinam linguam vertit. *Edit. post Bedam in Epist. S. Pauli, et cum Joan. Chrysost.*

ANIANUS, Abbas Aldeburgensis, scripsit Chron. ad an. 1457. *Vide Sander. pag.* 245.

ANIANUS MAGISTER, Auctor Computi edit.

ANICIUS MANL. TORQUAT. SEVER. BOETIUS, in Consolatione Philosophiæ, *edit. an.* 1656. ob. an. 524.

ANNIBALDUS CECCANUS, Neapolitanus Archiep. Cardinal. Tusculan. vix. an. 1327.

ANSCHARIUS, primus Archiepisc. Bremensis, *tom.* 4. *SS. Ord. Bened. pag.* 401.

ANSCHERUS, Abbas Centulensis, vix. sæculo XI. *tom.* 5. *Bollandi pag.* 401; *tom.* 5. *SS. Ord. S. Bened. pag.* 123.

ANSEGISUS, Abbas Lobiensis, vix an. 840.

ANSEGISUS, Luxoviensis et Fontanellensis Abbas, vix. sub Carolo Magno et Ludovico Pio, quorum Capitularia collegit.

ANSELLI Archidiaconi Glossulæ super Psalterium, MSS. in Bibl. Vatic. non alius forte ab Anselmo Laudunensi, ut suspicatus est Jac. le Long.

ANSELMI, Ord. Minor. Descriptio Terræ Sanctæ, *tom.* 6. *Canisii pag.* 1289.

ANSELMI DE MONTE LEONIS Glossæ in Mathæum MSS. *Cod. Reg.* 246. idem qui infra *Laudunensis.*

ANSELMI Peripatetici Rhetorimachia, MS. *Cod. Thuan.* 589. ANSELMUS BOOT, in Hist. Lapidum, *edit. Adr. Tollii.*

ANSELMUS (S.), Archiep. Cantuariensis, ob. 21. April. an. 1109. *Ejus opera collegit et edidit Gabriel Gerberonus Benedict.*

ANSELMUS, Gemblacensis Abbas, Chronicon Sigeberti deduxit ad an. 1135. quo vixit. *Edit. a Mirœo.*

ANSELMUS Havelbergensis Episcopus, non longe ab Albi flu. vix an. 1146. *Edit. tom.* 13. *Spicileg. pag.* 88. *Vide Eisengr.*

ANSELMUS, Laudunensis Decanus et Scholasticus, vix. an. 1110. *Vide Henric. Gandav. Sander. part.* 2. *pag.* 171, etc.

ANSELMUS, Leodiensis Canonicus, scripsit Histor. Episcop. Traject. et Leodiens. vix. an. 1050. *tom.* 1. *Hist. Leod. pag.* 99.

ANSELMUS, Episcopus Lucensis, S. R. E. Cardin. ob. 18. Mart. an. 1086. *tom.* 6. *Canisii pag.* 202. 235. *in Bibl. Patr. tom.* 27. 28. *Vide Sigeb. c.* 161.

ANSELMUS, Episcopus Marsicanus, *edit. Colon.* 1570.

ANSELMUS, Mon. Remensis, vix. an. 1050. scripsit Itinerarium Leonis IX. PP. a Roma in Galliam. *Vide Sigeb.* cap. 152.

ANSELMUS DE RIBODIMONTE, an. 1100. *tom.* 7. *Spicileg. pag.* 191.

ANSO, Abbas Lobiensis, ob. an. 801. *tom.* 10. *Bollandi pag.* 560, *tom.* 11. *pag.* 375. *tom.* 3. *SS. Ord. Benedict. pag.* 564.

ANTERUS PP. ob. 3. Jan. an. 238. *Vide Concil. et Lud. Jacob.*

ANTONINUS (S.), Ord. Prædic. Archiepisc. Florentinus, ob. 2 Maii an. 1459. *Edit. seorsim.*

ANTONINUS, qui Gennadio *Honoratus*, Constantinæ in Africa Episcopus, apud *Baron. an.* 437. *tom.* 8. *Bibl. Patr. p.* 665.

ANTONINUS PLACENTINUS, Monachus, in Itiner. Hierosol. edit. *Andegav. an.* 1640.

ANTONIUS ANDREAS, Ord. Minor. ob. circa an. 1320. *Edit. Venet. an.* 1578.

ANTONIUS DE BUTRIO, Bononiensis, JC. ob. an. 1408. non Octob. *Fichard.*

ANTONIUS CARTOLARUS vel CARTULARIUS, Patavinus, de Vita et Moribus Philosophorum, ob. an. 1440.

ANTONIUS CORARIUS, Venetus, Episcopus Bononiensis, et Patr. Constantinop. Cardin. ob. an. 1445.

ANTONIUS DE CREMONA, Ord. Minor. scripsit Quadragesimale.

ANTONIUS DUGDALIUS, in Antiquit. Warvic.

ANTONIUS FABRICIUS BLEYNIANUS, JC. in Institutionibus rei beneficiariæ.

ANTONIUS FRANCISCUS GORI, in Columbario Libertorum et Servorum Liviæ.

ANTONIUS Gaynerus, Papiensis, Medicus, vix. an. 1440.

ANTONIUS Genuensis, Augustinianus, vix. anno 1418.

ANTONIUS Godus, Vicentin. Chron. scripsit ab an. 1194. ad an. 1260. *Edit. cum Albertino Mussato a Felice Osio et a Murat.* tom. 8. *Script. Ital.*

ANTONIUS Ilerdensis, Ord. Minor. Philosoph. et Theolog.

ANTONIUS Loisellus, in Tract. de Ordinibus.

ANTONIUS Lucensis, Ord. Min. vix. an. 1320.

ANTONIUS Massanus, Etruscus, Ord. Min. vix. an. 1430. *Wadd.*

ANTONIUS Matthæus, de Nobilitate, de Principibus. *Amstel. an.* 1636.

ANTONIUS a Montefalcone, Italus, Ord. Min. scriptor Vitæ B. Claræ a Montefalcone. *Vide Wadding.* an. 1308. et 1491.

ANTONIUS de Padua (S.), Lusitanus, Ord. Minor. ob. 13. Jun. an. 1231. *Ejus habentur Conciones.*

ANTONIUS de Parma, Monach. Camaldul. vix. an. 1420.

ANTONIUS Raudensis, seu Raudinus, Italus, Ord. Min. vix. circa an. 1420. *In Bibl. Thuana.*

ANTONIUS de Ripalta, in Annal. Placent. ab an. 1401. ad 1463. tom. 20. *Murat. Script. Ital.*

ANTONIUS a S. Angelo, Patavinus, JC. vix. an. 1394.

APOLLONIUS, Romanæ urbis Senator, sub Commodo Imp, *Hieron.*

APPONIUS, vix. sæculo VII. *In Bibl. Patr. tom.* 14. *pag.* 98.

APRIGIUS, Episcopus Pacensis, vix. an. 530. *Isidor. etc.*

APULEIUS Madaurensis, vix. sub Antoninis Marco et Philosopho.

AQUILA, Romanus, *edit. inter Rhetores.*

AQUILIUS Severus, Hispanus, sub Valentiniano. *Vide S. Hieron.*

ARATOR, S. R. E. Subdiaconus, Poeta Christianus, vix. an. 534. *Edit. seorsum, et tom.* 10. *Bibl. Patr. Vide Sirmond. ad Ennodium pag.* 99.

ARCHANGELUS Neapolitanus, Cavæ, seu S. Justinæ de Padua Monachus, auctor Hist. Monast. Cavensis.

ARCIMBOLDUS, Mediolanensis, auctor Catalogi Hæreticorum.

ARCULFUS, Episcop. auctor Itinerarii Terræ Sanctæ, quod a Beda abbreviatum est. *Vide eundem Bedam lib.* 5. *Hist. cap.* 16.

ARDO, seu Smaragdus, Mon. Anianensis, vix. circa an. 824. *tom.* 4. *Bollandi pag.* 610. *tom.* 5. *SS. Ord. Benedict. p.* 191.

ARIALDUS, Casinensis Presbyter, vix. an. 1080. *Petr. Diac.*

ARIBO, Episcopus Frisingensis, sub exitum sæculi VIII. *tom.* 3. *SS. Ord. Bened. pag* 500.

ARIBO, Archiepiscop. Moguntinus, ob. an. 1031. *Vide Sigeb. cap.* 140.

ARLOTTUS de Rainone, Vicentinus, scriptor Hist. Vicentinæ.

ARLOTUS, Ordinis Minor. Magister Generalis, Etruscus, vix. an. 1290. Apud Fabric. ob. an. 1287.

ARLUNUS Bernardinus, Historicus. *Vide Vossium.*

ARNALDUS Albertinus, Majoricensis, Pacensis Episcopus.

ARNALDUS de Verdala, Episcopus Magalonensis, ob. an. 1352. *de Episcopis Magalon. tom.* 1. *Bibl. Labbei pag.* 793.

ARNALDUS de Via, Cadurcensis diœcesis, Joannis XXII. nepos, Cardin. ob. an. 1338.

ARNO, Archiepiscop. Saltzburgensis, vix. sub Carolo Magn. *Edit. tom.* 2. *Canisii, et in Metropoli Salisburg. tom.* 2. *pag.* 484.

ARNOBIUS, Afer, Siccensis, Rhetor, scribebat an. 297. vix. usque ad an. 326.

ARNOBIUS Junior, vix. circ. an. 460. *Edit. Coloniæ an.* 1596. *et in Bibl. Patr. tom.* 8. *pag.* 203.

ARNOLDUS, Altahensis Monach. scriptor Vitæ S. Godeharti, *editæ a Surio tom.* 7, vix. ar. 1030.

ARNOLDUS, Carnotensis Abbas Bonæ Vallis, vix. an. 1170. *Edit. an.* 1609. *et tom.* 22, *Bibl. Patr. pag.* 1260. *Vide Henr. Gandav.*

ARNOLDUS, Corbeiensis in Saxonia Monach. vix. an. 1030.

ARNOLDUS, Lubecensis Abbas, Chronicon Slavorum Helmoldi perduxit ad Ottonem IV. Imp. *Edit. a Reineccio, ejusque Appendix ab Erpoldo Linderbrogio in Hist. Slavica.*

ARNOLDUS, Archiepiscop. Narbonensis, de Victoria ad Navas Tolosæ, an. 1212. *tom.* 1. *Ughelli pag.* 191.

ARNOLDUS de Roterodamis, seu de Hollandia, Canon. Regular. vix. an. 1424.

ARNOLDUS de Villanova, Medicus, vix. anno 1305.

ARNOLDUS, Vogburgensis, S. Emerammi Monach. de Miraculis ejusdem Sancti, tom. 2, *Canisii* p. 35. vix. sub Henrico IV. *Vide Aventin.*

ARNULFUS Sagiensis, *tom.* 3. Murat. Script. Ital. an idem qui mox *Arnulphus Lexoviensis?*

ARNULPHUS, Aretinus, Canonicus ac Diaconus; circ. an. 1080. scripsit Vitam SS. Floridi et Amantii, *in Cod. Naudæano* 27.

ARNULPHUS, Lexoviensis Episcop. ob. 3. Aug. an. 1182. *Ejus Epist. editæ* an. 1588. *Vide tom.* 2. *Spicileg. et post tom.* 13. *pag.* 246. *et tom.* 22. *Bibliot. Patr.*

ARNULPHUS, Monachus, Poeta. *Vide Sigeb. c.* 157.

ARNULPHUS a Monte S. Eligii. Canonic. Regularis ejusdem Monast. *Vide Valer. Andr.*

ARSENIUS, Leodiensis, S. Mariæ de Florentia Abbas, vix. an. 1442.

ARVODOLPHUS, scriptor Vitarum aliquot Sanctor. circ. an. 1160. *Wicelius.*

ASAPHUS (S.), Episcopus, Britannus, vix. an. 590.

ASCLEPIODOTUS, Historicus, vix. sub Diocletiano. *Vide Vopiscum.*

ASCLEPIUS, Afer, Episcopus Vagensis, seu Baiensis, vix. an. 440. *Gennad.*

ASTESANUS, Ord. Minor. Theologus, vix. an. 1317.

ASTESANUS alter, Ordinis Minor. Theologus, vix. eodem sæculo.

ASTRONOMUS, qui Vitam Ludovici Pii scripsit ab an. 776. ad 840. *Edit. a Pithæo, Duchesnio tom.* 2. *et tom.* 6. *novæ Collect. Hist. Franc.*

ATHELARDUS, vel Adelardus, Bathonensis in Anglia Monachus, Mathematicus, vix. an. 1130.

ATHELSTANUS, Angliæ Rex, ob. an. 939. *Hujus Leges habentur apud Bromptonum et Lambardum.*

ATILIUS Fortunatianus, *edit. inter Grammaticos Putschii.*

ATTO II. Episcopus Vercellensis, vix. an. 945. *tom.* 8. *Spicileg. pag.* 1.

AUCTUS, Florentinus, Vallis Umbrosæ Monach. scriptor Vitæ Bernardi Uberti Cardinal. etc. vix. sub Lothario II. circ. ann. 1147.

AUDENTIUS, Episcopus Hispanus, *de quo Gennad.*

AUDOENUS (S.), qui et Dado, Archiepiscop. Rotomagensis, auctor Vitæ S. Eligii, ob. anno 672. *tom.* 5. *Spicileg. pag.* 147. 301.

AUDRADUS, Monachus, vix. sub Carolo Calvo, *tom.* 2. *Hist. Franc.* 390. *Vide Bibl. MSS. Labbei pag.* 57.

AUGUSTINUS (S.), Episcop. Hipponens. ob. 28. Aug. an. 430.

AUGUSTINUS DE ANCONA, qui et TRIUMPHUS dictus, Augustin. Archiep. Nazarenus, ob. ann. 1328. *Edit. Romæ* 1590.

AUGUSTINUS PATRICIUS DE PICCOLOMINIBUS, in Hist. Conc. Basil. *tom.* 13. *Concil. Labbei.*

AUGUSTINUS DE ROMA, primus Cantuariensis Archiep. ob. an. 604.

AUGUSTINUS DE ROMA, Augustinian. Archiepisc. Nazarenus, ob. an. 1445.

AVITUS, Presbyter Hispanus, vix. circa an. 418. *Gennad.*

AVITUS, Viennensis Episcop. ob. 5. Feb. an. 520. aut 521. *Edit. a Sirmondo et al. Adde eundem Sirmondum ad Ennod. pag.* 67. *tom.* 5. *Spicileg. pag.* 110. *Bibl. Labbei tom.* 1. *pag.* 226. *et tom.* 1. *Miscell. Baluz. pag.* 355.

AUMINUS KELDUS, Scotus, Episcopus electus, ob. an. 1298. *Demsterus.*

AUNARII Episcopi Epistola ad Stephanum Presbyterum, de scribenda S. Germani Episcopi Autisiodorensis Vita, *in Bibl. Sangerman. Cod.* 633.

AURELIANUS, Arelatensis Episcop. an. 550. *inter Epistolas tom.* 1. *Hist. Franc. in Regulis Monasticis Holstenii.*

AURELIANUS, Clericus Remensis, Musicus, vix. an. 900. *Vide Sigebert. cap.* 110. *et Barthium l.* 45. *Advers. cap.* 7. 21.

AURELIUS APOLLINARIS, Numeriani Imp. Vitam iambis scripsit. *Vopisc.*

AURELIUS FESTIVUS, scriptor Vitæ Firmi Tyranni, vix. sub Aureliano. *Vopisc.*

AURELIUS MACROBIUS, in Saturnalibus.

M. AURELIUS OLYMPIUS NEMESIANUS, Carthaginens. Poeta, auctor Cynegetici, *editi a Pithœo, etc.* vix. sub Caro Imp.

AURELIUS PHILIPPUS, scriptor Vitæ Alexandri Imp. *Vide Lamprid.*

AURELIUS VERUS, scriptor Vitæ Alexandri Severi, *laudatur a Lampridio.*

AURELIUS VICTOR, ab Andrea Schotto editus, vix. sub Constantio et Juliano Impp. *Vide eundem Schottum et Vossium.*

AUSONIUS, Burdegalensis, Consul Romanus, ob. circa an. 394.

AUTBERTUS in Apocalypsim, *ex Bibl. alias Thuana.*

AUTBERTUS, Abbas Casinensis, de Vita SS. Paldonis, Tatonis, etc. *tom.* 6. *Ughelli pag.* 458. ob. an. 837. Kal. Mart. *De aliis scriptis vide Paul. Diac. et J. B. Marum.*

AUTBERTUS, cogn. AMBROSIUS, Abbas S. Vincentii ad Vulturnum, ob. an. 778. *tom.* 3. *SS. Ord. Benedict. pag.* 423. *tom.* 13, *Bibl. Patr. pag.* 403. *Vide Sigeb. cap.* 91.

AUXILIUS, de Translationibus Episcoporum et Ordinationibus a Formoso PP. factis, *in Append. tom.* 12. *Annal. Baronii, apud Morinum, t.* 17, *Bibl. Patr. p.* 1. *Vide Sigebert. c.* 112.

AZO, Bononiensis, Jurisconsult. vix. circa an. 1200. *Vide Fichard.*

AZO, vel Asso, Dervensis Monach. scriptor Vitæ SS. Bercharii, Frodeberti, etc. ob. an. 992.

B

BACHIARIUS, vel BACCIARIUS, vix. tempore S. Augustini, *tom.* 6, *Bibl. Patr. pag.* 88, *Vide Gennad. etc.*

BAGAROTUS, JC. vix. an. 1200.

BALBUS MENSOR, *edit. inter Gromaticos.*

BALDRICUS Aurelianensis, ex Burguliensi apud Andegavos Abbate, Episcopus Dolensis; adeoque neutiquam in duos distrahendus, ut docet Fabricius, ob. an. 1131. *Ejus carmina, edita tom.* 4. *Hist. Franc. pag.* 251. *Adde Gest. Dei pag.* 81.

tom. 7. *Spicil. pag.* 196. *tom.* 4. *Bol. pag.* 758. *tom.* 5. *pag.* 603.

BALDRICUS, Noviomensis Episc. ob. ult. Maii an. 1112. Ejus Chron. Camerac. edidit Colvenerius. *Vide tom.* 8, *Spicil. pag.* 169.

BALDUINUS DE AVENIS, vix. c. an. 1285. *Ejus Genealogiæ editæ tom.* 7. *Spicileg. pag.* 584.

BALDUINUS Imp. Constantinopol. ob. an. 1205. Ejus exstant Epistolæ de Urbis expugnatione, *apud Arnold. Lubecens. Innocentium III. Doutremannum, etc.*

BALDUINUS DEVONIUS, Angl. Cantuariens. Archiep. ob. an. 1193.

BALDUINUS DE MARROCHIO. *Vide Sander. in Bibl. MSS. Belg. pag.* 202.

BALDUINUS, Ninivensis, Ord. Præmonst. scripsit Chron. a Christo nato ad an. 1294. quo ipse obiit, MS. *Valer. Andr. Sander. pag.* 22.

BALDUINUS PADERBORNENSIS, Parochus, Histor. vix. an. 1418.

BALDUINUS, Sordensis Abbas, *in Bibl. Victori.*

BALDUS, Perusinus, Jurisconsult. ob. 28. April. an. 1400.

BALTHARIUS vel BALTHERUS, Seckinganus Mon. auctor Vitæ S. Fridolini, quam Notkero Balbulo inscripsit circa an. 900. *Vide Alamannica Goldast. tom.* 2. *pag.* 195. *tom.* 6. *Bol. pag.* 433.

BANCHINUS, Londinens. Monach. Theol. vixit an. 1382.

BANCK, in Taxa Cancellariæ Romanæ.

BARBERINUS in Documentis amoris cum glossis Ubaldini.

BARDUCCIUS PETRUS DE CANIGARIIS, an. 1380. *tom.* 11. *Bol. pag.* 959.

BARNABAS BRISSONIUS, de Verborum jurid. significatione.

BARTHOLOMÆUS BREM, Angl. Philosoph.

BARTHOLOMÆUS, Brixianus, Jurisconsult. et Histor. vix. an. 1240. ob. an. 1250.

BARTHOLOMÆUS DE BRUGIS in Aristotelem, *ex Bibl. Victor.*

BARTHOLOMÆUS CAPOVACENSIS, Patavin. JC. vix. an. 1348.

BARTHOLOMÆUS, Cartusiensis, vix. an. 1446.

BARTHOLOMÆUS CASTELLUS, in Lexico medico a I. P. Brunone aucto, *Lipsiæ an.* 1713.

BARTHOLOMÆUS, Cluniacensis, scripsit Sermon. *Sander. pag.* 180.

BARTHOLOMÆUS, Duniacensis. *Vide Sander. in Bibl. MSS. Belg. pag.* 351: Leg. auctore Fabricio, *Cluniacensis.*

BARTHOLOMÆUS FACIUS, Genuens. Histor. vix. an. 1440.

BARTHOLOMÆUS FLORARIUS, auctor Florarii, Anglus, vix. an. 1420.

BARTHOLOMÆUS GAETANUS, scriptor Historiæ Brixiensis, ob. an. 1404.

BARTHOLOMÆUS GLANVILLUS, cogn. ANGLICUS, Ordinis Minor. auctor libri de Propriet. rerum, editi, etc. vix. an. 1360.

BARTHOLOMÆUS GRAUWISE, Anglus, Ord. Min. vix. circa an. 1360.

BARTHOLOMÆUS, Iscanus, id est, Exoniensis Episcopus, ob. an. 1184. *Vide Pœnitentiale Theodori edit. a Jac. Petito.*

BARTHOLOMÆUS DE LUCA, in Chron. MS. ex Bibl. Vaticanæ Cod. 574. *Laudatur a Ghirardacco in Hist. Bononiensi l.* 6.

BARTHOLOMÆUS NEOCASTRENSIS, Siculus, auctor Poematis quod *Messana* inscribitur, seu de Rebus a Petro Aragoniæ Rege in Sicilia adversus Carolum I. gestis. *Meminit Surita.*

BARTHOLOMÆUS, Ordin. Minor. ob. 4. Novemb. circa an. 1380.

48

BARTHOLOMÆUS Osa, Bergomensis, scripsit Histor. Romanor. Pontificum et Imper. vix. an. 1340.

BARTHOLOMÆUS DE Pisis, Ord. Præd. de Casibus conscientiæ, *in Bibl. Victor.*

BARTHOLOMÆUS Roquacallius, Carmelitarum Ordinis Magister Generalis, et Massiliensis Episcop. vix. an. 1433.

BARTHOLOMÆUS, Ruræmundanæ Cartusiæ Prior, ob. 4. Id. Jul. an. 1446.

BARTHOLOMÆUS DE Saliceto, JC. vix. an. 1390.

BARTHOLOMÆUS DE S. Concordio, Ord. Prædic. Pisanus dictus, ob. circa an. 1347. *Vide Sander. pag. 209.*

BARTHOLOMÆUS Scriba, in Annal. Genuens. *tom.* 6. *Murat. Script. Ital.*

BARTHOLOMÆUS DE Tolomæis, scriptor Vitæ B. Luthesii, *edit. tom.* 11. *Boll. pag.* 597.

BARTHOLOMÆUS Vicentinus, Ord. Prædic. vix. an. 1260. *Vide Leand. Albert.*

BARTHOLOMÆUS, Episcop. Urbinensis, Augustinianus, vix. an. 1410. *Vide Cod. Reg.* 428.

BARTHOLOMÆUS DE Yano, Ord. Min. *Vide Wadding. an.* 1435.

BARTHOLUS DE Saxoferrato, JC. celebris, ob. an. 1355. ætat. 45.

BASILIUS, Ancyræ Episc. scripsit Latine contra hæreses, vix. sub Constantio. *Vide Socrat. lib.* 2, *cap.* 30.

BASSATIUS, Abbas Casinensis, ob. 16. Kal. April. an. 856. *Vide Petr. Diacon.*

BASSETUS, in Aresta Parlamenti Dalphinalis.

BAUDEMONDUS, Mon. Elnonens. aliis Blandinens. Abbas, scriptor Vitæ S. Amandi, vix. ann. 657. *Ed. tom.* 3. *Bol. pag.* 848. *tom.* 2. *SS. Ord. Bened. pag.* 710.

BAUDOVINIA, Monialis, scripsit Vitam S. Radegundis, Reginæ Franc. sub qua vixit, id est, circa an. 590. quo Radegundis obiit, *tom.* 1. *SS. Ord. Bened. pag.* 326. *Surius* 13. *Aug.*

BEATUS, Presbyter, adversus Elipandum Toletanum Episc. *in Auctario Stewartii.*

BEBIANUS, Poeta, *edit. cum Victore Massiliensi, an.* 1560. *pag.* 96.

BEDA, cogn. Venerabilis, ob. 26. Maii an. 735. *Ejus opera* 3. *tom. edita. Vide præterea tom.* 7. *Spicileg. pag.* 126. *tom.* 2. *SS. Ord. Bened. pag.* 1001. 1631. *Jacob. Waræum, etc. Bolland. tom.* 1. *pag.* 943. *tom.* 8. *pag.* 97.

BELLATOR, Presbyter, Origenis Latinus Interpres, vix. an. circ. 530. *Cassiodor. de Divin. lect. cap.* 6. *Sigebert. cap.* 88. *Trithem. etc.*

BELLESARIUS, Scholasticus, *tom.* 1. *Analector. Mabillonii pag.* 361. *tom.* 5. *Bibl. Patr. pag.* 472.

BELTRAMUS DE Mignanellis, Senensis, vix. an. 1416. *Vide Lambec. lib.* 2. *Bibl. Cæsar. pag.* 977.

BENEDICTUS I. (S.) PP. ob. 30. Jul. an. 579. *Vide Concil. et Lud. Jacob.*

BENEDICTUS II. PP. ob. 7. Maii an. 685. *Vide Concil. et Lud. Jacob.*

BENEDICTUS III. PP. ob. 26. Febr. an. 858. *Vide Concil. et Lud. Jacob.*

BENEDICTUS VII. PP. ob. 10. Jul. an. 984. *Vide Lud. Jacob. et Lambec. tom.* 2. *Bibl. Cæs. pag.* 645.

BENEDICTUS VIII. PP. ob. 28. Febr. an. 1024. *Vide Lud. Jacob.*

BENEDICTUS XI. PP. ob. 6. Jul. an. 1304. *De ejus scriptis vide Lud. Jacob.*

BENEDICTUS XII. PP. ob. an. 1342. 25. April. *Ejus Statuta Benedictina edidit Brolius post Chron. Casinense. De aliis scriptis vide Lud. Jacob.*

BENEDICTUS (S.), Ord. sui nominis Fundator, ob. 21. Mart. an. 543. *tom.* 9, *Bibl. Patr. etc.*

BENEDICTUS, Anianæ Abbas, in Concordia regularum, ob. an. 821. *Vide Menara. et sæc.* 3. *Bened.*

BENEDICTUS, Abbas, scripsit Histor. Henrici II. Regis Angl. sub quo vixit.

BENEDICTUS Bacchinius, in Hist. Monast. Podolironensis.

BENEDICTUS Biscopius (S.), Wiremuthensis Abbas, cujus Vitam scripsit Beda, ob. an. 703.

BENEDICTUS, Icenus, seu Nortfolcensis, Augustin. Cardicensis Episcopus, ob. an. 1340.

BENEDICTUS, Abbas Massiliensis, scripsit lib. de Fide Catholica et potestate Ecclesiæ, MS. *in Bibl. reg.*

BENEDICTUS, Petroburgensis Monachus, Anglus, scriptor Vitæ S. Thomæ Cantuar. et Gestorum Henrici II. et Ricardi I. ab an. 1170. ad 1199. *edit. Hearnii an.* 1735.

BENEDICTUS Raimundus, filius Raphaelis Cumani, JC. vix. an. 1447.

BENEDICTUS Sala, Patavinus, JC. vix. an. 1445.

BENEDICTUS Taracredus, Fabricio, Tamacredus, Tomacredus vel Tomacellus aliis, Perusinus, Ord. Prædicat. vix. an. 1260.

BENEDICTUS, Veronensis, Ord. Præd. Theolog. vix. an. 1420.

BENEDICTUS, Urbevetanus, Ord. Prædicat. Theol. vix. an. 1260. *Vide supra Ben. Taracredus.*

BENNO, Cardinalis, scripsit de Vita Hildebrandi, seu Gregorii VII. PP. sub quo vixit. *Edit. a Reineccio : de quo vide Baron. Nomenclatorem, et al.* vix. an. 1092.

BENTIVENGA DE Bentivengis, DE Aquasparta, Umber, Ord. Min. Episcop. Tudertinus, Cardin. sub Nicolao III. PP.

BENVENETUS DE Campesanis, Poeta. *Vide Vossium de Hist. Lat. pag.* 795.

BENVENUTUS DE Reabaldis, Imolensis, auctor *Augustalis* editi cum Petrarcha, vix. sub Carolo IV. Imperat.

BERARDUS, Monachus Celestinus, S. Petri Celestini discipulus, scripsit ejusdem PP. Vitam. *Exstat MS.*

BERCHARII Presbyteri Hist. Episcopor. Virdunensium, ad ann. 888. quo vixit. *Edit. t.* 12. *Spicilegii Acheriani p.* 251.

BERCHTOLDUS Hochbergerus, Campidonensis Abbas, de Laude Martyrum, vix. an. 1181.

BERENGARIUS, Hæresiarcha, an. 1052. *tom.* 2. *Spicileg. pag.* 510. *Vide Sigeb. cap.* 154. *et al.*

BERENGARIUS Stedalli, Vasco, Episcop. Biterrensis, Cardinal. Tusculan. ob. an. 1321. *Vide Sander. part.* 2. *pag.* 116, *et Possevin.*

BERENGAUDI, viri Ecclesiastici, expositio in Apocalypsin, *in Bibl. Sangerman. Cod.* 556. *et in Bibl. Reg. Cod.* 864.

BERENGOSUS, Abbas S. Maximini Trevirensis, de Inventione S. Crucis, vix. circa an. 1110. t. 12, *Bibl. Patr. p.* 349.

BERLINI liber Abaci, *in Bibl. Victoriana.*

BERNALDUS, Constantiensis Presbyter, vix. sub Gregorio VII. PP. *Edit. a Tergnagelio et Gretzero.*

BERNALDUS, Gallus, Archidiac. Bracarensis, de Vita B. Geraldi Archiep. Bracar. cujus fuit coætaneus, t. 3. *Miscel. p.* 179.

BERNARDINUS DE Busto, Ord. Min. scripsit *Mariale* Alex. VI. PP. inscriptum, ob. post annum 1500. *Edit. Mediol. ann.* 1494.

BERNARDINUS DE Roma, Carmelita, Episc. Sutrensis, Cardinalis, vix. an. 1322.

BERNARDINUS DE Rosergio, ex Canonico Regulari, Archiep. Tolosanus, vix. an. 1460.

BERNARDINUS (S.), Senensis, Ord. Minor. ob. 20. Mart. an. 1444. *Ejus opera seorsim edita.*

BERNARDUS Albertus, de Variis morbis, MS. *in Bibl. Mss. Lab. pag.* 5o.

BERNARDUS de Ambasia, Carmelita, et Cardinal. vix. an. 1364.

BERNABDUS Angrianus, Bononiensis, Carmelita, vix. an. 139o.

BERNARDUS Ayglerius, Abbas Lerinensis, deinde Casinensis, et S. R. E. Cardin. ob. an. 1282.

BERNARDUS Balbius, Episcop. Papiensis, ob. an. 1213. tom. 1. *Ughelli*, pag. 1097.

BERNARDUS de Bessa, Aquitanus, Ord. Minor. vix. an. 1278.

BERNARDUS Bissus, Monachus Casinensis, in Hierurgia.

BERNARDUS de Breydenbach, Decanus Mogunt. an. 1488, in Itinere Hierosolymit.

BERNARDUS, Abbas Casinensis, vix. c. an. 135o. Vide supra *Bern. Ayglerius.*

BERNARDUS, Monachus Casinensis, scripsit Vitam B. Amici, vix. ann. 1120. *Petr. Diac. c.* 37.

BERNARDUS e Castro S. Vincentii, Italus, Ord. Prædic. vix. an. 1316. *Vide Leandr.* Idem Fabricio, qui infra *Bernardus Guidonis.*

BERNARDUS (S.), Abbas Clarevallensis, ob. 20, Aug. anno 1153. *Edit. seorsim. Vide tom.* 13. *Spicil. pag.* 165.

BERNARDUS, Claromontanus, Ord. Præd. Theolog. vix. anno 1292.

BERNARDUS, Cluniacensis, de Contemptu Mundi, metro. *Vide Sander. pag.* 225.

BERNARDUS, Mon. Cluniacensis, deinde Episcop..... vix. an. 1050, scripsit Consuetudines ejusdem Ord. MSS. *in Bibl. Saugerman. Vide Henric. Gandav.* et infra *Bern. Morlanensis.*

BERNARDUS, Presbyter, Compostellanus, JC. vix anno 1250. *Vide Simler. et Miræum*, pag. 3o2.

BERNARDUS, Mon. Corbeiensis in Saxonia, vix. an. 1070.

BERNARDUS, Dapifer, Mon. Melicensis, vix. an. 1362. *apud Lambecium, tom.* 1. *Bibl. Cæsareæ, pag.* 628.

BERNARDUS Desclos, in Hist. Cataraniæ.

BERNARDUS Dorna, natione Provincialis, JC. Azonis auditor, vix. an. 124o.

BERNARDUS, Fontis-Calidi Abbas, contra Valdenses, vix. sæculo XII. *Edit. a Gretzero*, et *tom.* 24. *Bibl. Patr. p.* 1585.

BERNARDUS e Franchoven, scriptor Homiliar. vix. an. 124o. [circ. 1410. *Vide Echard. tom.* 1. *pag.* 752.]

BERNARDUS, Abbas S. Galli, circa an. 883, *tom.* 5, *Canisii, part.* 2. *pag.* 728.

BERNARDUS de Gordonio, medicus Monspessul. circa an. 13o5. *in Bibl. Victor. Vide Sander. part.* 2. *pag.* 89.

BERNARDUS Guidonis, Ord. Prædic. Episc. Lodovensis, vix. an. 132o, *apud Catellum in Comitib. Tolosanis, part.* 2. *pag.* 37. *tom.* 1. *Bibl. Labbei, pag.* 629. *tom.* 2. *pag.* 265. 275. 511. tom. 4. *Bol.* pag. 711.

BERNARDUS, Hildesheimensis Episcopus. *Vide Possevin.*

BERNARDUS Lombardus, Grammaticus. *Vide Sander. p.* 2o3.

BERNARDUS, Monachus, cognom. *Sapiens*, in Itinerario Terræ Sanctæ, an. 97o. *Edit. tom.* 1. *SS. Ord. Bened. pag.* 523. *Vide Pitseum, pag.* 827.

BERNARDUS, Mon. de Discipl. Musicæ artis, vix. an. 1124.

BERNARDUS de Montfaucon, Benedictinus, in Diario Italico, Antiquitate explicata cum Suppl. Bibliotheca Bibl. etc.

BERNARDUS, Morlanensis, Anglus, Monachus Cluniacensis, cujus liber exstat de Contemptu Mundi, vix. an. 114o. *Edit. Bremæ*, an. 1597 *et Luneburgi*, an. 164o.

BERNARDUS Noricus, Monachus in Chremsmunster, de

Rebus Boiorum, *laudatur ab Aventino. Vide Pez. tom.* 1. *Script. Austr. pag.* 1296.

BERNARDUS Parentinus, Ord. Prædic. Theolog. vix. an. 134o.

BERNARDUS Pezius, Benedictinus Mellicensis, in Thesauro Anecd. ann. 1721 et seqq.

BERNARDUS, Prior Cartusiæ *Portarum*, ob. an. 1152. *Ejus Epistolas aliquot edidit Petrus Franciscus Chiffletius.*

BERNARDUS, Ord. Præd. in 4. libros Sentent. vix. an. 1292.

BERNARDUS de S. Blasio, German. vix. circ. an. 1066. *Simler. Possevin.*

BERNARDUS, Monachus, Saxo, scripsit contra Henricum IV. Imp. *Sigebert. cap.* 165.

BERNARDUS, cogn. Silvester, Ultrajectensis Clericus, in Theodulum comment. scripsit, etc. Is forte qui ut Poeta eximius laudatur a Gervasio Tilesberiensi. *Vide Sigebert. cap.* 156. *Sander. part.* 2. *pag.* 327. *Cod. Reg.* 954. *Bibl. Victor. et Glossar. in* Cisimus.

BERNARDUS Thesaurarius, de Acquisitione T. S. ab an. 1095, ad 123o. *Edit. tom.* 7. *Murat. Script. Ital.*

BERNARDUS de Trillia, Nemausensis, Ord. Præd. Theolog. vix. an. 1291. *in Bibl. Victor.*

BERNARDUS de Ubertis, Florentinus, Abbas Vallis Umbrosæ, S. R. E. Cardin. ob. an. 1133.

BERNENSIS, Ord. Præd. vix. an. 1314.

BERNITIUS, Lincolniensis, Anglus. *Vide Pitseum, p.* 827.

BERNO, Augiæ Divitis Abbas, ob. 7. Jan. an. 1014, *t.* 18. *Bibl. Patr. Vide Alamann. Goldasti, pag.* 198. *et Sigeb. c.* 156. *Consule Fabr. Bibl.*

BERNOLDUS, Constantiensis Ecclesiæ Presbyter, vix. an. 1060. *Edit. a Gretzero et Tengnagelio. Vide infra in* Bertholdus.

BERTHA, Sanctimonialis, de Vita S. Adelheidis Abbatissæ Vilicensis, vix. sub Conrado II. Imp. Sur. 5. *Febr. tom.* 3. *Bollandi, pag.* 714.

BERTHARIUS, Abbas Casinensis, auctor libri *Antictmenon*, ob. an. 883. *Vide Glossar. in v.* Sabbatum.

BERTHOLDUS, Constantiensis Presbyter, vix. an. 1110 : *Ejus Chron. edidit Urstisius.*

BERTHOLDUS, Mon. S. Galli, vix. an. 1281. *apud Goldast. in Alamann. tom.* 1. *pag.* 15o.

BERTHOLDUS de Maisberch, Philosophus, vix. an. 132o. [circ. 1454. *Vide Fabr. Bibl.*]

BERTHOLDUS, Monach. Miciacensis, vix. sub Jona Aurelian. Episc. *tom.* 1. *SS. Ord. Bened. pag.* 591.

BERTHOLDUS, Abbas Zuifaltensis, scripsit de Origine ejusdem Monasterii. *Vide Alam. Goldasti, tom.* 2. *pag.* 199.

BERTHOLDUS, Ratisbonensis, Ord. Min. Philosophus et Theologus, ob. an. 1272.

BERTRAMUS de Alem. *V. Sander, part.* 2. *pag.* 213.

BERTRAMUS, Presbyter et Monach. vix. an. 83o. *Vide Sigebert. et Miræum c.* 95.

BERTRAMUS Fizalanus, Anglus, Carmelita, Theologus, ob. 17. Mart. an. 1424.

BERTRAMUS, Gallus, Ord. Præd. Episc. Tefelicensis, et Suffraganeus Metensis, ob. 13. Kal. Februar. an. 1383.

BERTRAMUS Reoldus, scriptor Vitæ S. Francæ Virg. *Edit. tom.* 11. *Bollandi pag.* 38o. vix. an. 1326.

BERTRANDUS Agerius de Turre, Cadurcens. diœces. Ord. Minor. Archiep. Salernitan. Cardinal. ob. circ. an. 1324. *Vide Fabricium.*

BERTRANDUS, Aquensis Advocatus, in Consiliis.

BERTRANDUS Argentræus, in Consuet. Brit. *Edit. an.* 1608.

BERTRANDUS, Casæ Dei Monach. scriptor Vitæ B. Roberti Fundator. et Abbat. Casæ Dei, vix. an. 1160. *tom. 2 Bibl. Labbei pag.* 637. tom. 11. *Bol. pag.* 326.

BERTRANDUS DE DEUCIO, Uticensis diœces. Cardin. ob. 21. Oct. an. 1355.

BERTRANDUS LAGERIUS DE FIGIACO, Ord. Min. Episcop. Glandatensis, S. R. E. Cardin. ob. 6. Id. Nov. an. 1392.

BERTRANDUS, Ord. Minor. Mediolanensis, Cardinalis, vix. an. 1325.

BERTRANDUS MONTIS FAVENTINI, JC. ob. an. 1348.

BERTRANDUS PARAYTE, Tolosanus, Augustin. Theologus, circa an. 1420.

BERTRANDUS PASTORIS, Tolosanus, Augustin. Philosophus, vix. an. 1390.

BERTRANDUS E TRILLIA, Ord. Præd. Theolog. vix. an. 1296. Vide supra *Bernardus de Trillia*.

BERTRANDUS DE TURRE, Aquitanus, dictus *Doctor famosus*, Ord. Min. Cardinal. ob. an. 1334. *Vide supra Bertr. Agerius.*

BERTRUSIUS, Idem videtur Fabricio, qui *Bertruccius*, Medicus Lipsiensis, circa an. 1452. *Vide Sander. part.* 2. *pag.* 89.

BESOLDUS, de Ordine equestri.

BEULANUS, Presbyter, Britannus, Nennii Magister, vix. an. 600.

BINDUS SENENSIS, Ord. Min. vix. an. 1300.

BLANDINUS, Monachus, de Miracul. S. Agathæ, *tom.* 3. *Bollandi pag.* 643.

M. **BLASII**, Ordin. Min. Circius, *in Bibl. Sangerman. Cod. bis.*

BLASIUS ANDROMARI, aliis ANDERNARIUS, Gallus, Carmelita, Theologus, an. 1378.

BLASIUS, Cæsenas, Rituum Pontificii Sacelli Magister, scripsit *Diaria Pontificia, MS.*

BLASIUS ORTYZIUS, in Decretis Doctor et Canonicus Toletanus, in Itinerario Adriani VI. PP. an. 1523. *tom.* 3. *Miscel. Baluz. pag.* 351.

BLEGABRIDUS LANGUARIDUS, Cambrensis, qui Hoeli Bon. Regis Walliæ Leges in Latinum vertit. *Edit. in Concil.* vix. an. 914.

BOBOLENUS, Presbyter, de Vita S. Germani Abbat. Grandival. *tom.* 5. *Bolland. pag.* 264. *et sæc.* 2. *Benedict.*

BODINUS de Republica, *edit. Paris.* an. 1577.

BOETIUS DE DAOIA, Ord. Prædic. circa an. 1350. *Vide Sander. pag.* 197.

BOISILUS (S.), Anglus, Mailrosensis Abbas, vix. an. 702.

BOMEOLOGNINUS E GABIANO, Bononiensis, Ord. Præd. Theolog. vix. an. 1320.

BONACURSIUS, qui scripsit de hæresi Catharorum, vix. circ. an. 1160. *tom.* 13. *Spicileg. pag.* 63.

BONAGUIDA, Aretinus, JC. vix. an. 1230. appellatus *Vicedominus.*

BONAVENTURA AESINUS, Ord. Min. Concionator.

BONAVENTURA BADUARIUS DE PERAGA, Patavinus, Ord. S. Augustini, Cardinal. ob. an. 1389.

BONAVENTURA BRIXIANUS, Ord. Min. de Regula Musicæ.

BONAVENTURA E CALLIO, Ord. Min.

BONAVENTURA (S.) FIDANZA, Balneoregiensis, Minorita, Cardinalis, ob. 15. Jul. an. 1274.

BONAVENTURA, Patavinus, Augustinianus, Cardinal. Theologus, vix. an. 1320.

BONCOMPAGNUS, Bononiensis, circa an. 1215. scripsit Artem dictaminum, MS. et de Obsidione Anconæ, *tom.* 6. *Script. Ital. Murat.*

BONETUS, Ord. Min. Theologus, vix. sub Clemente V. PP.

BONIFACIUS (S.) I. PP. ob. 25. Oct. an. 423. *Vide Concil. et Lud. Jacob.*

BONIFACIUS II. PP. ob. 17. Oct. an. 531. *Vide Concil. etc.*

BONIFACIUS III. PP. ob. 12. Nov. an. 606. *Vide Concil.*

BONIFACIUS (S.) IV. PP. ob. 8. Maii an. 614. *De ejus scriptis vide Lud. Jacob.*

BONIFACIUS V. PP. ob 25. Oct. an. 625. *V. Concil.*

BONIFACIUS VIII. PP. ob. 11. Octob. an. 1303. *De ejus scriptis vide Lud. Jacob. et al.*

BONIFACIUS IX. PP. ob. an. 1404. 1. Oct. *De ejus scriptis vide Lud. Jacob.*

BONIFACIUS, scriptor Vitæ S. Livini, *tom.* 2. *SS. Ord. Bened. pag.* 448.

BONIFACIUS (S.), Moguntinus Archiep. ob. 5. Jun. an. 754. *Habentur ejus Epistolæ, apud Baronium, Serrarium, et al. Vide præterea tom.* 9. *Spicil. pag.* 63.

BONIFACIUS FERRARIUS DE VALENTIA, Catalanus, Cartusianus, frater S. Vincentii Ferrarii, vix. an. 1420.

BONIFACIUS DE MORANO, in Chronico Mutinensi, *tom.* 11. *Script. Ital. Murat.*

BONIFACIUS in Arestis parlamenti Provinciæ.

BONITUS, Subdiacon. Eccles. Neapolit. de Vita S. Theodori Ducis, vix. sub Gregorio Archiep. *tom.* 4. *Bolland. pag.* 30.

BONIZO, Placentinus Episcopus, auctor *Paradisi Augustiniani,* ob. an. 1089. *Vide Lambec. lib.* 2. *Bibl. Cæsar. pag.* 790.

BONOMINUS, Bergomensis Medicus, vix. an. 1350.

BONSEMBLANTES, Patavinus, Augustin. Theolog. *Hujus ut æqualis meminit Petrarcha.*

BOSTONUS, Buriensis in Anglia Monachus, Historicus, vix. an. 1410.

BOUHIER, Præses parlam. Burgundici, in Disquisitione in marmora Græca D. *Le Bret.*

BRAULIO, Episc. Cæsaraugust. vix. an. 650. *Ed. tom.* 1. *SS. Ord. Bened. pag.* 206.

BRENCMANNUS, in Historia Pandectarum.

BRENLANLIUS, Britannus, Astrologus, vix. an. 1340.

BRICMORUS, Anglus, cogn. *Sophista*, Philosophus Oxoniensis.

BRIDFERTUS, Ramesiensis, in Anglia Monachus, vix. an. 980.

BRISTANUS, Croylandensis, in Anglia Monachus, vix. an. 870.

BRITHWALDUS (S.) vel BERTHWALDUS, Glasconiensis in Anglia Monach. scriptor Vitæ S. Egwini Wigorn. Episc. ob. an. 731.

BRITONIS MILITIS Regulæ amoris. *Vide Sander. part.* 2. *pag.* 213.

BROCARDUS, Argentoratensis, Ord. Præd. auctor Descriptionis Terræ Sanctæ. *Edit. an.* 1519. *et a Canisio tom.* 6. *et alibi non semel.*

BRODÆUS, in Consuet. Paris secundæ edit.

BRUNETUS LATINUS, Dantis præceptor, auctor libri, qui *Thesaurus* inscribitur, ob an. 1295.

BRUNO (S.), Ordinis Cartusiensis Institutor, ob. 6. Octob. an. 1101.

BRUNO, Coloniensis Archiep. ob. an. 965. scripsit in Pentateuchum. *Vide Sixtum Sen.*

BRUNO, Herbipolensis Episcop. ob. 17. Maii an. 1045. tom. 18, *Bibl. Patr. pag.* 65.

BRUNO, Monachus, scriptor Hist. Belli Saxonici, *edit. a Frehero inter Hist. German.* vix. an. 1082.

BRUNO, Mon. Casin. Episcop. Signiensis, Cardinalis, ob.

28. Jan. an. 1125. *Ejus opuscula edita Venetiis an.* 1651. *Vide tom.* 12, *Spicileg. pag.* 79, *et Petr. Diac. c.* 33, *tom.* 20. *Bibl. Patr. pag.* 1294.

BRUNO, Rhutenorum Archiep. Germanus, ob. an. 1008.

BRUTIUS, Historicus, *laudatur ab Hieronymo in Chronico Eusebiano.*

BULGARUS, JC. vix. circ. an. 1190. *Vide Fichard.*

BURCHARDI, Balernensis Abbatis subscriptio in Vitam S. Bernardi, *in Bibl. Sangerman.* c. 584.

BURCHARDUS, Argentinensis, Capellanus Alex. VI. PP. cujus acta ab an. 1492. ad 1505. scripsit. *Edit. ab Eccardo tom.* 2.

BURCHARDUS, Dorcestrensis, Giribennensis, in Anglia Monachus, vix. an. 870.

BURCHARDUS, Mon. S. Galli, vix. an. 1204. *Edit. in Alemannicis Goldasti.*

BURCHARDUS Mangepheldius, Compilator Wichbildi Magdeburgensis, vix. sub Ottone IV. Imperat.

BURCHARDUS, Notarius Friderici I. Imp. de ejus Victoria ad Mediolanum. *Edit. inter Script. Germ.*

BURCHARDUS (S.), Nuisscellensis in Anglia Monachus, ob. 2. Febr. an. 791.

BURCHARDUS Wittenbergensis, in Epistola de Balsamationibus corporum.

BURCHARDUS, Episcop. Wormaciensis, ob. 14. Octob. ann. 1026.

C

CADOCUS Ventolugius, Britannus, vix. an. 570.

CADUCANUS, Britannus, Monachus Durensis, ob. an. 1225.

CÆLIUS Aurelianus, Siccensis, Medicus, Galeno superior, cum illius non meminerit.

CÆSARIUS (S.), Arelatensis Episcop. ob. 27. Aug. an. 543. *Edit. seorsim, et tom.* 8. *Bibl. Patr.*

CÆSARIUS, Monachus in *Heisterbach*, Teutonicus, vix. an. 1220. Alius *Cæsarius ex Abbate Prumiensi. Vide Hist. Trevir. Joan. Nic. ab Hontheim.*

CAFFARUS, in Annalibus Genuens. *apud Murat. tom.* 6. *Script. Ital.*

CAJETANUS, patria Vicentinus, Canonicus Patavinus, vix. an. 1430.

CAIUS (S.) PP. ob. 22. April. ann. 296. *Vide Concil. et Lud. Jacob.*

CALIXTUS I. (S.) PP. ob. 14. Sept. an. 226. *Vide Concil. et Lud. Jacob.*

CALIXTUS II. PP. ob. 13. Decemb. an. 1124. *tom.* 20. *Bibl. Patr. pag.* 1278. *De ejus scriptis v. Lud. Jacob.*

CALVINUS, in Lexico Juridico.

CAMILLUS Peregrinus, in Hist. Principum Langobard. *tom.* 2. *Script. Ital. Murat.*

CAMPANUS, Lombardus, Astronomus, vix. an. 1030.

CANDIDUS, Arrianus, ad Marium Victorinum Rhetor. de Generatione divina. *Vide Sander. pag.* 140.

CANDIDUS, Monachus Fuldensis, scriptor Vitæ S. Egilis, vix. sub Lothario I. Imp. *tom.* 5. *SS. Ord. Bened. apud Browerum de Siderib. Germaniæ, et in Antiq. Fuld. Vide Pitseum pag.* 828.

CANDIDUS, Dicta de Imagine Mundi, *in Bibl. Sangermanensi Cod.* 561.

CANISIUS, de Antiquis lectionibus.

CANUTI Regis Leges, *apud Bromptonum, Lambardum, Spelmannum et Labbeum,* vix. an. 1032.

CAPPIDUS, Stauriensis, Rerum Frisicarum scriptor, vix. sub Henrico Aucupe. *Siffrid.*

CAPREOLUS, Episcopus Carthaginiensis, vix. ann. 432. *Ejus Epistolam ad Vitalem edidit Sirmondus. Edit. etiam in Bibl. Patr. tom.* 7.

CARADOCUS, Lancarvanensis, Britannus, vix. an. 1150.

CAROLI de Aquino Lexicon militare.

CAROLI Saxi, Doctoris Parisiensis Sermo de S. Bernardo, *in Bibl. Sangermanensi Cod.* 603.

CAROLUS Calvus Imp. ob. an. 877. *Ejus Capitularia edita a Sirmondo et Baluzio.*

CAROLUS Magnus Imp. ob. an. 814. *Ejus Capitularia edita a Pithœo et aliis, ut et liber de Imaginib. etc. Epistolæ vero in Codice Carolino.*

CAROLUS IV. Imp. Vitam suam scripsit, *editam a Reineccio et Frehero,* ob. an. 1378.

CASSIODORUS, Senator, ob. post an. 562.

CASTELLUS de Castello, in Chronico Bergomensi, *tom.* 16. *Script. Ital. Murat.*

CASTERTONUS, Norwicensis Monachus, Theolog. vix. an. 1382.

CATALDINUS de Bonis Compagnis, vix. tempore Concilii Basileensis.

CATHARINA (S.) Senensis, Ord. S. Dominici, ob. 29. April. an. 1380. *Ejus opera edita.*

CATO Saccus, Papiensis, JC. quem audivit Jaso de Maino circa an. 1465.

CAVEUS, in Scriptoribus Ecclesiast. *Genev. an.* 1705.

CEDMONUS, cogn. Simplex, Monachus Pharensis in Anglia, ob. an. 676. *Beda lib.* 4. *Hist. c.* 24.

CELESTINUS I. (S.) PP. ob. 6. April. an. 432. *Vide Concil. et Lud. Jacob.*

CELESTINUS III. PP. ob. 8. Jan. 1198. *Vide Concil.*

CELESTINUS IV. PP. ob. 8. Mart. an. 1244. *Vide Lud. Jacob.*

CELESTINUS V. (S.) PP. antea Petrus de Murrone dictus, ob. 8. Jun. an. 1296. *Ejus scripta edita Neapoli an.* 1640, *tom.* 25. *Bibl. Patr. pag.* 754.

CELESTINUS VI. PP. ob. 8. Octob. an. 1341. *Vide Lud. Jacob.*

CELESTINUS, Pelagianus. *Vide Gennad.*

CELSUS, Armachanus Episcopus, vix. anno 1120. *Simler.*

CENCIUS de Savellis, S. R. E. Cardinalis et Camerarius, auctor Ceremonialis Romani, qui laudatur *a Baronio et Nic. Alamanno non semel, et exstare dicitur in Bibl. Barbarina.* Idem qui Honorius III. PP. *Vide infra.*

CENSORINUS scriptor libri de Die natali, vix. an. 238. *Edit.*

CEOLFRIDUS, Abbas S. Petri et Pauli, dehinc Wiremuthensis et Girovicensis in Anglia, ob. apud Lingonas in Gallia an. 716. cujus Vitam scripsit S. Wicbertus. [Cangius abbatem S. Petri et Pauli diversum facit ab abbate Wiremuthensi.]

CEREALIS, Castulensis in Mauritania Africæ Episc. vix. circa an. 490. *In Bibl. Patr. tom.* 8, *pag.* 671. *Gennad.*

CHARLONYUS, ad Hist. Inculism. Corliœi.

CHARTUITIUS, Episcopus Ungarus, scriptor Vitæ S. Stephani, Regis Ungariæ, *edita a Surio* 20. *Aug. et in Script. Hungar. pag.* 268, vix. circa an. 1100.

CHILIENUS, Monach. Inis-kiltrahensis Cœnobii, de Vita S. Brigidæ, metro, *tom.* 3, *Bol. pag.* 141.

CHIMENTELLUS, de Honore Bisellii, *Bonon. an.* 1666.

CHRASONIUS Gorippus, auctor Joannidos. *Laudatur a Cuspiniano.* [Fl. Cresconius Corippus.]

CHRISCONIUS, Africanus Episcop. auctor Breviarii Canonum. *Edit. seorsim, et in Bibl. Patr.* vix. sub Leontio Imp. *Vide Cedren. in eodem Leontio, et Labb. tom. 6; Concil. p.* 1381.

CHRISOLANUS, Archiep. Mediolanensis.

CHRISTIANI, Abbatis S. Petri in Valle Carnot. Sermones et Flores Scripturarum. *In Bibl. Sangerman. Cod.* 769, *et* tom. 3, *Analect. Mabil. pag.* 351.

CHRISTIANUS, Aquitanus, in Evangelium Matthæi; neutiquam, Fabricio teste, distinguendus a Christiano Druthmaro, Mon. Corb. qui vix. an. 855. *Edit. an.* 1530 *et in Bibl. Patr. tom.* 15, *pag.* 86. *V. Sigebert. cap.* 72.

CHRISTIANUS, Moguntinus Archiep. Friderici I. Archicancellarius, ejus Vitam scripsit, vix. an. 1170.

CHRISTIANUS DE SCALA, scripsit Vitas S. Ludomillæ et S. Wencesl. vix. an. 990. *V. Bohusl. in Hist. Boh. lib.* 1. *c.* 10.

CHRISTIANUS SCHLEGELIUS, in Dissert. de Nummis Jenensibus an. 1697. et in alia de Num. antiq. Gothanis etc. *Francof. an.* 1717.

CHRISTOPHORUS DE BONDELMONTIBUS, vix. an. 1422. *In Cod. Reg.* 1214. *Thuano* 42.

CHRISTOPHORUS DE CASTILIANO, Mediolanensis, JC. vix. an. 1420.

CHRISTOPHORUS MARCELLUS, Editor Ceremonialis romani vix sub Pio II PP. [Leone X.] cujus fuit amanuensis.

CHRISTOPHORUS MOLHUSENSIS, Angl. Ord. Præd. Theolog. vix. circa an. 1350.

CHRISTOPHORUS MULLERUS, in Introduct. ad Hist. Canoniæ Sand-Hippolyt. *tom.* 1. *Miscel. Duellii.*

CHRODOGANGUS, vel **GRODEGANGUS**, Episcop. Metensis, vix. an. 767. *tom.* 1. *Spicileg. pag.* 205 *et in Conciliis Labbeanis tom.* 7. *pag.* 1443. *Vide Meurissium.*

CHROMATIUS, Episcop. Aquileiensis, ob. 2. Dec. circ. an. 410. *tom.* 5. *Bibl. Patr. pag.* 976.

CIAMPINUS, in Examine libri Pontificalis, seu Vitarum Rom. Pontificum, an. 1689.

CICARDI Abbatis Chronicon MS. dicitur asservari *in Bibl. S. Galli.*

CINUS, Pistoriensis, ex nobili Simbaldorum familia, JC. vix. an. 1330.

CLARA (S.), Assisias, Ord. Min. ob. an. 1253.

CLAREMBALDUS, Atrebatensis Diaconus, in Boetium de Trinitate.

CLARICON MAGISTER. *Vide Sander.* pag. 198.

CLARIUS, Monach. Floriacensis, deinde S. Petri Vivi, auctor Chronici ejusdem monasterii S. Petri, quod desinit in an. 1284. *tom.* 2. *Spicileg. pag.* 705.

CLAUDIANUS, Poeta, vix. sub Honorio.

CLAUDIANUS MAMERTUS, Viennensis Episcopus, vix. sub Zenone.

CLAUDIUS CASTELLANUS, Canon. Paris. in Vocabul. Hagiologico, *edit. tom.* 1, *Diction. Menag.*

CLAUDIUS CLEMENS, Scotus, Bedæ discipulus, vix. an. 810. *Vide Simler.*

CLAUDIUS, ejus Chronicon *edit. tom.* 1. *Bibl. Labbei,* vix. an. 814.

CLAUDIUS EUSTHENIUS, Historicus, vix. sub Diocletiano. *Vopisc.*

CLAUDIUS, Hispanus, Taurinensis Episcopus, ob. circa an. 824. *tom.* 14, *Bibl. Patr. pag.* 139. 197. *tom.* 1. *Analect. Mabillonii pag.* 30. *Vide Bibl. MSS. Labb. pag.* 24.

CLAUDIUS MAMERTINUS, Auctor Panegyrici Maximiano, sub quo vixit, dicti. *Edit. inter Panegyr.*

CLAUDIUS MAMERTUS, Presbyter, S. Mamerti Viennensis Episcopi frater, ob. circa an. 466.

CLAUDIUS MARIUS VICTOR, aliis **VICTORINUS**, Rhetor Massiliensis, vix. sub Theodosio et Valentiniano, *t.* 8, *Bibl. Patr.*

CLAUDIUS MENESTERIUS, de Arte Heraldica.

CLAUDIUS, Taurinensis Episcopus, vix. sub Lud. Pio. *Vide Dugdalum.* Idem Fabricio, qui supra *Hispanus.*

CLAVIUS, de Algebra seu Scientia numerorum.

CLEDONIUS, Romanus Senator, Constantinopolitanus Grammaticus, *inter Grammaticos Putschii.*

CLEIRACUS ad Leges maris Oleronenses.

CLEMENS II. PP. ob. 9. Octob. an. 1047. *V. Concil.*

CLEMENS III. PP. ob. 26. Maii an. 1191. *De ejus scriptis vide Lud. Jacob.*

CLEMENS IV. PP. ob. 29. Novemb. an. 1268. *De ejus scriptis vide Lud. Jacob. et Opusc. Louselli pag.* 688.

CLEMENS V. PP. ob. mense Aprili an. 1314. *De ejus scriptis consulendus Lud. Jacob.*

CLEMENS VI. PP. ob. 6 Decemb. an. 1352. *De cujus scriptis vide Lud. Jacob. præterea tom.* 4. *Spicil. pag.* 271. *tom.* 10. *pag.* 221.

CLEMENS, de Vita Carol. M. *Laudatur a Lazio in lib. de Republ. Romana.*

CLEMENS, Claudiocestrensis, Langthoniensis Canonicus Regularis, ob. an. 1170.

CLIMITONUS LANGLEIUS, Anglus, Philosophus et Astronom. vix. an. 1350.

CLUVERIUS, in Antiqua Germania.

COGITOSUS, de Vita S. Brigidæ Virg. *t.* 5. *Canisii part.* 2. *pag.* 625. *tom.* 3. *Bol. pag.* 129. *De ætate, vide Vossium.*

COLMANNUS, cogn. **SAPIENS**, Anglus, vix. anno 1200.

COLUMBANUS (S.), vix. circa an. 565. *Vide Regulas Monastic. Holstenii, Epist. Hibernicas Usserii, tom.* 1. *Canisii, tom.* 12. *Bibl. Patr. pag.* 1. *etc.*

COMMODIANUS, Gazæus, vix. temporibus Silvestri I. PP. *Edit. a Rigaltio, et tom.* 7, *Bibl. Patr. Vide Gennad.*

CONANTIUS, Palentinus in Hispania Episcopus, vix. sub Cindasuindo Rege. *Ildefons.*

CONGELLUS, Britannus, vix. an. 530.

CONNOVITIUS, Sacerdos, de Vita S. Hildegundis, vix. an. 1190. *tom.* 10, *Bol. pag.* 782.

CONRADI Fabularius MS. laudatur.

CONRADUS ALDENDORP, Germanus, Carmelita, Azotensis Episcop. Historic. vix. an. 1390. *Vide Fabricium.*

CONRADUS DE ALTZEIP, Moguntinensis diœcesis, vix. an. 1370. *Simler.*

CONRADUS, Brawilleressis Monachus, de Vita B. Wolphelmi Abbat. ejusd. Monast. vix. circa an. 1130. *Edit. tom.* 11. *Bollandi pag.* 77 *et apud Sur.*

CONRADUS, Dalmata, de Laudibus S. Crucis, vix. an. 1156.

CONRADUS DE FABARIA, Presb. S. Othmari, *edit. a Goldasto in Alamannicis.*

CONRADUS, Germanus, Ord. Præd. scriptor Vitæ S. Dominici, cir. an. 1290. *Vide Leandrum.*

CONRADUS DE HALBERSTAD, Ord. Præd. qui primus Concordantias Bibliorum scripsit, vix. an. 1290.

CONRADUS, Hildeshemensis Episcopus, vix. circa an. 1221.

CONRADUS, Monach. Eirsaugiensis, vix. an. 1190.

CONRADUS A LICHTENAW, Uspergensis Abbas, Chron. perduxit ad an. 1229. *Edit. inter Scriptor. German.* ob. an. 1240.

CONRADUS DE MARBURCH, de Vita S. Elizabeth Reginæ Hungariæ, cui a confessionibus fuit. *Edit. in Symmictis Allatii pag.* 269.

CONRADUS, Mildeviensis Abbas, Concionator. *Possevin.*

D

DEODUINUS, Leodiensis Episcopus, aliis DURANDUS dictus, sed minus bene. *Vide Fabr. Bibl.* Vix. sæc. XI. *tom.* 18. *Bibl. Patr. pag.* 531.

DESIDERIUS (S.), Episcop. Cadurcensis, ob. 19. Nov. an. 660. *Ejus Epistolæ editæ a Canisio tom.* 5; *tom.* 1. *Hist. Franc. tom.* 8. *Bibl. Patr. pag.* 579.

DESIDERIUS, Longobardus, circ. an. 1260. cujus sunt Disputationes contra statum Monachorum. *Laudatur a S. Thoma.*

DEUS-DEDIT (S.) PP. ob. 8. Novemb. an. 617. *Vide Concil.*

DEUS-DEDIT FRITHONA, Westsaxo, Cantuariensis Archiepisc. ob. an. 664.

DEUS-DEDIT, S. R. E. Cardinalis S. Petri ad vincula, vix. an. 1086. ob. an. 1099.

DEXTER, Paciani, qui Barcilonensis Episcopus fuit, filius, vix. sub Theodosio M. cujus nomine *editum a Bivario Chronicon fictitium.*

DIEMO, Ord. S. Bened. scripsit Vitas SS. vix. an. 1131.

DIETHMARUS, Helmovardiensis Abbas, scriptor Vitæ S. Modoaldi, vix. an. 1107. [rectius, cujus rogatu Stephanus abb. Leod. hanc vitam scripsit. *Vide Fabr. Bibl.*]

DINAMIUS, Patricius, de quo *Gregor. Turon. lib.* 6. c. 7. 11. *tom.* 2. *Bol. pag.* 774. *Sigeb. cap.* 114. *edit. in Chronolog. Lerinensi*, *tom.* 1. *SS. Ord. Bened.* pag. 105. *Vide Gloss. in Patricius.*

DINUS DE GARBO, Florentinus, Medicus, vix. circ. an. 1300.

DINUS MUGELLANUS, JC. vix. circ. an. 1301.

DIOCLEATES, Presbyter, de Regno Slavorum, *edit. Lat. a Jo. Lucio in Hist. Dalmatica, et Ital. ab Orbino.*

DIOMEDES, in Arte grammatica.

DIONOTUS AVONIUS, Britannus, Banchorensis Abbas, ob. an. 603. *Pitseus.*

DIONYSIUS (S.) PP. ob. 26. Decemb. an. 272. *Vide Concilia, etc.*

DIONYSIUS, EXIGUUS dictus, natione Scytha, Romanus Abbas, vix. circ. ann. 533. *Vide Concil. tom.* 2. *Analect. Mabillonii pag.* 1 *etc.*

DIONYSIUS, Historicus, *cujus meminit Jornandes de Reb. Getic. c.* 19. [nec Latine scripsit, nec historicus est. *Vide Fabr. Bibl.*]

DITMARUS, Mersburgensis Episcopus, *cujus Chronicon edit. inter Hist. German.* vix. an. 1010.

DODECHINUS, Presbyter *in Longenstein*, vix. an. 1140. *Edit. inter Scriptor. German.*

DOLABELLA, Agrimensor, *edit. inter Gromaticos.*

DOMINICUS DE BARTA, Aquitanus, Ord. Minor. ob. ann. 1343.

DOMINICUS BONAVENTURA FESSIS DE FABRIANO, Picenus, Ord. Min. vix. an. 1340. *tom.* 11. *Bol. pag.* 984.

DOMINICUS CAPRANICA, Romanus, Cardin. ob. an. 1458.

DOMINICUS Foroliviensis, Ord. Min. de Officio Inquisitorum.

DOMINICUS GEORGIUS RHODIGINUS, de Liturgia Rom. Pontif. in solemni celebratione Missarum, *Romæ an.* 1731.

DOMINICUS DE GRAVINA, in Chronico ab anno 1333. ad 1350. *tom.* 12, *Script. Ital. Murat.*

DOMINICUS MACRUS, in Hierolexico, *Romæ an.* 1667.

DOMINICUS PANTALEO, Florentinus, Ord. Min. Theolog. ob. an. 1376.

DOMINICUS DE S. GERMINIANO, JC. vix. an. 1430.

DOMINICUS SINAZZA, e Fabriano, Ord. Præd. vix. ann. 1314.

DOMINICUS, Tolosanus, Ord. Præd. Theolog. et Episcop. Apamiensis circa ann. 1330.

DOMNIZO, Presbyter et Mon. Bened. qui Vitam Comitissæ Mathildis heroico carmine scripsit, vix. sub Henrico IV. *Edit. a Tengnagelio* an. 1612 *et tom.* 5. *Script. Ital. Murat.*

DONATUS, a quo Donatiani Hæretici, sub Constante et Constantio. *S. Hieron.*

DONATUS, Monachus, cujus exstat Regula ad Virgines, inter Holstenianas, vix. an. 660. *V. Ildefons.*

DONATUS, Diacon. Ecclesiæ Metensis, tom. 2. *SS. Ord. Bened. pag.* 1069.

DONATUS E S. AGATHA, Ord. Min.

DOROTHEUS MONOEUS, Hibernus. *Wadd.*

DRACO, seu DROGO, Monach. Bergensis, vix. sæculo XI. *tom.* 3. *SS. Ord. Bened. pag.* 301.

DRACONTIUS, Hispanus, poeta Christianus, vix. sub Theodosio Jun. circ. an. 440. *Edit. an.* 1560 *et tom.* 9. *Bibl. Patr. pag.* 724.

DREPANIUS FLORUS, Poeta, quem Baronius eum esse putat, cujus meminit Sidon. 5. *Ep.* 11. *Edit. a Morello an.* 1560 *et tom.* 8. *Bibl. Patr. pag.* 667.

DROGO, Hostiensis Episcopus et Cardinalis, vix. tempore S. Bernardi, *tom.* 21. *Bibl. Patr. pag.* 341.

DROGO, Morinensis Episcopus, scriptor Vitæ S. Godelevæ Mart. *editæ a Surio* 6. *Jul.* ob. an. 1079.

DUBRICIUS (S.), cogn. GUAINIUS, Britannus, ob. an. 522.

DRUSIANUS, Florentinus, Medicus, vix. c. an. 1300.

DUDO, Decanus S. Quintini, vix. sub Roberto Rege. *Edit. in Normannicis Duchesnii p.* 49. *Vide Hemereum, p.* 107. III.

DUNGALUS, Diaconus, vix. sub Carolo M. et Ludovico Pio. *Edit. a Massono, et tom.* 14. *Bibl. Patr. pag.* 196. Idem forte cum

DUNGALO Recluso, qui vix. pariter sub Carolo M. *Edit. tom.* 10. *Spicileg. pag.* 143.

DUNSTANUS (S.), Cantuariensis Archiepiscop. ob. an. 988. vel 1001. *Vide Pitseum.*

DURANDUS CAMPANUS, Gallus, a confessionibus Reginæ Franciæ et Navarræ, vix. an. 1340.

DURANDUS A S. PORCIANO, Ord. Præd. Episcop. Aniciensis, deinde Meldensis, ob. 23. Sept. an. 1333.

DURANDUS, Troarnensis Abb. vix. an. 1060. *Edit. post Lanfrancum Acherii, et tom.* 18. *Bibl. Patr. pag.* 419.

E

EADMERUS, cogn. CANTOR, Cantuariensis Monachus, vix. an. 1121. *Edit. a Seldeno, et inter Opera S. Anselmi ult. Edit. tom.* 3. *SS. Ord. Bened. pag.* 196. *tom.* 10. *Bollandi pag.* 866. *tom.* 11. *pag.* 293. *Vide Pitseum.*

EALREDUS, vel AILREDUS, Rievallensis Abbas, ob. prid. Id. Januar. an. 1166. *De ejus scriptis multa Pitseus, et Seldenus ad Script. Anglic. pag.* 27. *Edit. in eod. vol. et apud Bolland. tom.* 1. *pag.* 293.

EAMBALDUS junior, Senioris in Eboracensi Archiepiscopatu successor, vix. an. 800.

EBBO, Archiepiscop. Remensis, vix. an. 840. *tom.* 7. *Spicileg. pag.* 175.

EBBO, Presbyter et Monachus, scripsit Vitam S. Ottonis, Episc. Bamberg. *apud Gretz. et tom.* 1. *Jul. pag.* 425.

EBERHARDUS, Altahensis, Archidiacon. Ratispon. Chronic. perduxit ad an. 1305. *Edit. tom.* 1. *Canis. et apud Freher.*

EBERHARDUS (S.), discipulus S. Harvici Salisburg. Epi-

scopi, cujus Vitam scripsit, *editam tom. 2. Canisii,* vix. an. 1030.
Vide Fabr. Bibl.

EBERHARDUS Mainardus, Moguntinus, Carmelita, vix.
an. 1403.

EBERHARDUS de Parentinis, Ord. Præd. Tolosanus, vix.
an. 1339. *Vide Lambec. lib. 2. de Bibl. Cæsarea pag. 775.*

EBRARDUS, Betuniensis, vix. anno 1212. *Edit. a Gretzero
in Valdensib. et tom. 24. Bibl. Patr. pag. 1525. Vide Præfat.
nostram* n. 45.

ECCO a Repgow, auctor Speculi Saxonici, vix. sub Ottone IV et Friderico II.

ECHARDUS, in Bibliotheca Fratrum Præd.

ECHARDUS Lubinus, in Antiquario, *edit. Amstel.* an. 1594.

ECKARDUS, primus Abbas S. Laurentii Uraugiensis in diœcesi Herbipolensi, vix. an. 1130. *Vide Trith.*

ECKBERTUS, Schonaugiensis Abbas, vix. an. 1160. *In Bibl.
Patr. tom.* 23. *pag.* 600. *Vide Trith.*

ECKBERTUS, Clericus Leodiensis, vix. an. 1060.

ECKEHARDUS junior, Monach. S. Galli, vix. sub Lothario II. Imp. *tom.* 2. *Alaman. Goldasti pag.* 196. *tom.* 5. *Canisii part.* 2. *post pag.* 728. *tom.* 6. *pag.* 934.

. **ECKEHARDUS** minimus, Decanus S. Galli, vix. circ. an.
1220. *Vide Alamannica Goldasti pag.* 232. *Canisium, Bolland.
tom.* 9. *pag.* 579.

ECKHARDUS, Theutonicus, Ord. Præd. vix. an. 1430.

EDGARUS, Angliæ Rex, ob. an. 975. *Ejus Leges habentur
apud Bromptonum et Lambardum, in Concil. Anglic. et Labbeanis. Vide Selden. in Not. ad Eadmer.*

EDMUNDI, Angliæ Regis, Leges, *apud Bromptonum, Lambardum, in Concil. Anglic. et Labbeanis, etc.* vix. circ. an. 944.

EDMUNDUS Albonus, Anglus, Monachus, vix. an. 1340.
Pitseus.

EDMUNDUS (S.), cogn. Rich, Archiepisc. Cantuariensis,
ob. 16. Nov. an. 1240. *in Bibl. Patr. tom.* 25. *pag.* 316. Vide
Fabric. in Eadmundus.

EDMUNDUS Dinterus, cujus exstat Chron. Brabant. MS. ob.
an. 1448.

EDMUNDUS, Monachus, Anglus, vix. an. 1120. Idem Fabricio, qui supra *Eadmerus.*

EDMUNDUS Stottonus, Glasconiensis in Anglia Monachus.

EDWARDUS, Anglus, Historiam perduxit ad annum 1202.

EDWARDUS (S.), Angliæ Rex, Confessor, cujus Leges Latine
editæ exstant, ob. prid. Non. Jan. an. 1066.

EDWARDUS, Cantuariensis, Monachus, qui Vitam S.
Thomæ scripsit, vix. an. 1171.

EDWARDUS Coxus, Anglus, ad Litletonem.

EDWARDUS Dinleius, Anglus, Carmelita, vix. an. 1450.

EDWARDUS Kirketonus, Anglus, Sermones scripsit.

EGBERTUS, Archiepisc. Eboracensis, vix. an 766. *Edit.
apud Warœum in Epist. Bedæ, tom.* 6. *Concil. pag.* 1586. *et
seqq. apud Morin. post libros de Pœnit. pag.* 21. *Vide Pitseum.*

EGBERTUS, Anglus, Episcopus Lindisfarnensis, ob. an. 698.
vel potius an. 730. Fabricio rectius an. 821. *Vide Angl. Sacr.
tom.* 1, *pag.* 698.

EGBERTUS, Monachus Lindisfarnensis, Anglus, ob. an. 729.

EGBERTUS, Leodiensis Clericus, Poeta. *Vide Sigeb. cap.* 146.

EGEHARDUS, Uraugiensis Abbas, auctor Chronici de Episcopis Hildesheimensib. *editi a Browero an.* 1616. vix. an. 1290.

EGESIPPUS, vide infra *Eugesippus.*

EGILWALDUS, S. Burchardi Wirceburgensis diœcesis Monachus, vix. c. an. 1000. *Edit.* tom. 3. *SS. Ord. Bened. pag.* 700.

EGINHARDUS, Abbas Seligenstadiensis, scriptor Vitæ

Caroli M. et Annal. Franc. obiisse dicitur 25. Jul. an. 843.

EGINUS, Monach. de Vita S. Ansovini Episc. Camerini,
vix. an. 963. tom. 7. *Bol. pag.* 322.

EGWINUS Wiccius (S.), Anglus, cujus Vita edita a S. Bercivaldo Cantuariensi Archiep. ob. an. 716. *Vide Pits. et Vossium.*

EINHARDUS, Spirensis Episcopus, de Ecclesiæ Ceremoniis,
vix. an. 1058.

ELBODUS, Britannus, Venedotarum Archiep. vel potius
Venetorum Episc. in Anglia, vix. an. 610.

ELDADUS, seu Heldanus, Britannus, Glocestrensis Episcop. vix. an. 490.

ELDEFONSUS, Episcopus, vix. an. 845. *Edit. a Mabillonio
cum Dissert. de Azymo.*

ELERIUS, Monachus in Cambria, vix. an. 660.

ELEUTHERIUS (S.) PP. ob. 26. Maii an. 194. *Vide Concil.*

ELEUTHERIUS (S.), Episc. Tornacensis, ob. an. 529. Ejus
exstant Sermones, *editi ab Andrœa Schotto, et tom.* 8. *Bibl.
Patr. pag.* 1124. *Vide Sander. pag.* 308.

ELIAS de Annibaldis, a S. Heredio, seu de S. Irier, apud
Lemovicenses, Ord. Min. Episcopus Uticensis, Cardin. ob.
an. 1367.

. **ELIAS** Cortonensis, Ord. Min. ob. an. 1253.

ELIAS, Dunensis Abbas. *Sander. pag.* 180. ob. an. 1203.

ELIAS de Eveshamo, Angl. Monach. Bened. Histor. vix.
an. 1270.

ELIAS, Presbyter, auctor Florilegii, etc. vix. seculo XII.
tom. 22. *Bibl. Patr. pag.* 736. Male inter Latinos refertur, cum
Græce scripserit. *Vide Fabr. Bibl.*

ELIAS Rubeus, Anglus, vix. an. 1280.

ELIAS Schedius, de Diis Germanorum.

ELIAS Trickinghamus, Anglus, Bened. Historic. vix.
an. 1270.

ELIGIUS (S.), Episcop. Noviomensis, ob. 2. Decemb.
an. 665. Habentur ejus Sermones *in Bibliot. Patrum tom.* 12, etc.

ELIZABETH, Sanctimonialis in Schonaugia, soror Ecberti
Abb. Florini Schonaug. non, ut monet Fabricius, Regis, *ejus
Visiones variæ laudantur,* vix. circ. an. 1140.

ELIZABETHA (S.), Hungariæ Regis filia, cujus exstant Revelationes, an. 1227.

ELUODUGUS, cognomine Probus, Britannus, vix. an. 590.

EMANNUS de Valle de Moura, de Incantationibus seu
Ensalmis, *Eborœ* an. 1620.

EMERICUS, Elephantiacensis vel Elwangensis in Germania
Monachus, scriptor Vitæ S. Magni, vix. sæculo IX.

EMICHO, Schonaugiensis Abbas, scripsit carmine Vitam
S. Elizabeth Virg. et Abbatissæ, vix. circ. an. 1200.

EMMO, de Qualitate vitæ futuræ. *Vide Sander. pag.* 271.

EMPORIUS, Rhetor. *Edit. inter Rhetores.*

ENCOLPIUS, Historicus, vix. sub Alexandro Imp. *Vide
Lamprid.*

ENERVINUS vel potius Evervinus, Steinveldensis Præpositus, vix. sub S. Bernardo. *Vide Sander. pag.* 309.

ENGELBERTUS, Abb. Admontensis, vix. an. 1177. *Vide
Chron. MS. Alberici hoc anno, edit. a Schotto, et tom.* 15, *Bibl.
Patr. pag.* 362.

ENGELBERTUS, Abb. Ord. Cisterc. scriptor Vitæ S. Hadwigis Ducissæ, *editæ a Surio* 15. *Octob.* vix. circ. an. 1260.

ENGELBERTUS Cultifex. *Vide Sander. part.* 2. pag. 214.

ENGELBERTUS, S. Matthiæ Trevirensis Abbas, Poeta, vix.
an. 987.

ENGELBERTUS Maghe, Abbas Bonæ Spei in Hannonia,
Chronicon sui Monasterii edidit an. 1704.

ENGELHARDUS, Lanchaimensis Abbas, scriptor Vitæ

S. Mechtildis Abbatissæ Dissenensis, vix. circ. an. 1200. *tom.* 5.
Canisii.

ENGELMODUS, Suessionensis Episc. vix. sæculo IX. *tom.* 14.
Bibl. Patr. pag. 353.

ENNODIUS, Ticinensis Episcop. ob. 17. Jul. an. 521. *Edit.
Basileæ, deinde a Sirmondo, et tom.* 6. *Bibl. Patr. pag.* 312.

EPHIBIUS, Abbas, an. 696. *tom.* 12, *Spicileg. pag.* 101.

EPIPHANIUS, Salaminæ Cypri Episcop. vix. circa an. 400.
Vide Epist. 60 *Hieronymi.*

EPIPHANIUS SCHOLASTICUS, clarus circa an. 510. scripsit
Hist. Ecclesiast. quam *tripartitam* appellavit. *Edit.*

ERCHAMBERTI Fragmentum de Majorib. domus, *edit.
tom.* 1. *Hist. Franc. pag.* 780.

ERCHAMBERTI Annotat. in Evangel. S. Joannis, MSS.

ERCHEMBERTUS, al. HEREMBERTUS, Diacon. Monach.
Casinensis, auctor Hist. Longobard. ad an. 880. Edit. ab Anton. Caracciolo an. 1626. vix. sub Carolo III. Imp. *Vide
Petr. Diacon. et J. B. Marum, præterea Bibl. MSS. Labbei
pag.* 10.

ERCHINFREDUS, Abbas Melicensis, vix. circa an. 1136.
tom. 2. *Bibl. Cæsareæ pag.* 611.

ERCOMBERTUS, Angl. Ord. Bened. Grammaticus.

ERGANBALDUS, Abbas, de Vita S. Trudperti, etc. *tom.* 11.
Bollandi pag. 427.

ERHARDUS, Monachus Benedictinus, vix. c. an. 1030.

ERICUS X, Daniæ Rex, auctor narrationis de Origine gentis
Danorum, *editæ ab Erpoldo Lindenbrogio,* ob. an. 1459.

ERICUS OLAUS, Decanus Upsaliensis, vix. an. 1448. *Ejus
Hist. Suecica edita a Loccenio an.* 1654.

ERMANRICUS, Abbas Elewangensis, vix. post an. 800.
tom. 4. *Canisii pag.* 544. 732. *tom.* 4. *SS. Ord. Bened. pag.* 419.

ERMENGARDUS, seu ERMENGAUDUS, contra Valdenses, *edit.
a Gretzero, et tom.* 24. *Bibl. Patr. pag.* 1602.

ERMENOLDUS, Diacon. et Monach. *tom.* 4. *Canisii
pag.* 544. 732.

ERMENTARIUS, Abbas Trenorchiensis, vix. ann. 843. *Edit.
a Chiffletio in Tornutio, et tom.* 5, *SS. Ord. Benedicti pag.* 537.

ERMOLDUS NIGELLUS, Poeta, vix. sub Ludovico Pio, cujus
Gesta versibus elegiacis scripsit. *Vide Lambecium lib.* 2. *Bibl.
Cæsareæ pag.* 359. *et Murat. tom.* 2. *p.* 2. *Script. Ital.*

ERNESTUS, Abbas Ord. S. Bened. de Laude Martyrum,
vix. an. 1048.

ERNULFUS, Episc. Roffensis, an. 1115. *tom.* 2, *Spicileg. pag.* 410. 431.

ESAIAS, Abbas sæc. VII. *tom.* 11, *Bibl. Patr. pag.* 384.
scriptor Græcus, de cujus ætate non constat. *Vide Fabr. Bibl.*

ETHARDUS, Monach. Bened. in Pentateuchum, vix. ann.
1050. idem Fabricio, qui supra *Erhardus.*

ETHELBERTUS, Cantiorum in Anglia Rex, ob. 24. Febr.
an. 616.

ETHELREDI, Angliæ Regis, Leges, *apud Brompton. Lambardum, Spelmannum, Labbeum, etc.* vix. anno 1012.

ETHELREDUS, Wardensis in Anglia Abbas, ob. an. 1220.

ETHELULFUS, Rex Angliæ, Egberti Magni Regis Filius,
ob. ann. 857.

ETHELWERDUS, Patricius, regio Anglorum sanguine natus, *cujus Historia edita exstat inter Histor. Anglic.* vix. an. 1090.

ETHELWODUS, Anglus, Wintoniensis Monach. vix. an. 980.
An alius sit a sequenti, incertum.

ETHELWOLDUS (S.), Wintoniensis Episcop. ob. 1. Aug.
ann. 984.

ETHELWOLFUS, Monachus Anglus, vix. an. 750. *Edit.
tom.* 6. *Act. SS. Bened. pag.* 302.

ETHERIUS, Episcop. Uxamensis, adversus Elipandum Toletan. *Edit. a Stewartio in Auctario et tom.* 13. *Bibl. Patr.
pag.* 353.

EVAGRIUS, Interpres Vitæ S. Antonii scriptæ a S. Athanasio, *tom.* 2. *Bolland. pag.* 120. *etc.*

EVAGRIUS, Monach. *Edit. ab Holstenio, et in Bibl. Patr.
tom.* 27. *pag.* 469.

EVANTUS, Abbas, circ. an. 590. *Edit. tom.* 5. *Canisii part.* 2.
pag. 553. *et in Bibl. Patr. tom.* 11. *pag.* 1092.

EVARISTUS (S.) PP. ob. 26. Octob. an. 121. *Vide Concilia.*

EUCHERIUS (S.) junior, Archiep. Lugdun. ob. 22. Jun.
an. 454. *In Chronolog. Lerinensi et alibi, tom.* 2. *Agobardi
pag.* 155. *in S. Paulino Chiffletii pag.* 86. *tom.* 2. *Bibl. Labbei
pag.* 665. *tom.* 6. *Bibl. Patr. etc.*

EVERHELMUS, Altimontensis, deinde Blandiniensis Abbas, ob. an. 1069. *Sur.* 25. *Maii, tom.* 2. *Bolland. pag.* 638.

EVERWINUS, Sancti Mauritii in agro Trevirensi Monach.
et dehinc Abbas S. Martini Trevir. scriptor Vitæ S. Simeonis
Syracusani, vix. an. 1040. *Vide Acta SS. tom.* 1. *Jun. pag.* 89.

EVERWINUS, Steinfeldensis Monast. præpositus circ.
an. 1146. *Vide Bibl. Præmonst. pag.* 305.

EVESHAMENSIS Monachus, Anglus, scripsit Hist. Richardi II. ab an. 1377. ad 1399. *Edit. ab Hearnio anno* 1729.

EUGENIUS I. (S.) PP. ob. 2. Jun. an. 657. *V. Concil.*

EUGENIUS II. (S.) PP. ob. 11. Aug. an. 827. *Vide Ludov.
Jacob.*

EUGENIUS III. PP. ob. 3. Jul. an. 1153. *Vide Ludov. Jacob.*

EUGENIUS IV. PP. ob. 23 Febr. an 1447. *Vide Ludov. Jacob.*

EUGENIUS, Carthaginiensis Episcop. sæc. V. tom. 8. *Bibl.
Patr. pag.* 683. *Vide Genead. etc.*

EUGENIUS junior, Toletanus Episcop. sæcul. VII. de quo
S. Ildefonsus et alii. *Edit. a Sirmondo, et tom.* 12. *Bibl. Patr.
pag.* 344.

EUGESIPPUS, de Distantiis locorum Terræ Sanctæ, *edit. ab
Allatio in Symmictis part.* 1. *pag.* 104. vix. anno 1040.

EUGIPPIUS, Afer, Abbas, auctor Thesauri ex S. Augustino, etc. vix. ante mille annos. Hunc fictum a Sigeberto expungit Fabricius in Bibl.

EUGIPPIUS, Abb. Lucullanensis, ob. circ. an. 578. scripsit
Vitam S. Severini, *quam primus edidit Welserus, deinde Canisius tom.* 6. *et Bollandus tom.* 1. *pag.* 484.

EULOGIUS (S.), Martyr et Episcop. Cordubensis, ob. 11.
Mart. an. 859. *Edit. tom.* 4. *Hispaniæ Illustr. et tom.* 15. *Bibl.
Patr. pag.* 242. *tom.* 10. *Bol. pag.* 565.

EUMENIUS, Augustodunensis, scriptor Panegyrici in Constantinum M. sub quo vixit.

EVODIUS, Uzalensis Episcop. in Africa, S. Augustini discipulus, vix. an. 420.

EVRARDI DE TREMAUGONIO, J. U. Doctoris, propositum
factum an. 1371. etc. *In Biblia Sangermanensi cod.* 645.

EVRARDUS, Decanus Rotomagensis, an. 1438. *Ejus elogium
et scripta vide apud Joannem Launoium in Hist. Collegii Navarrei.*

EUSEBIUS (S.) PP. ob. 26. Septemb. an. 311. *Vide Concilia.*

EUSEBIUS, vulgo EMISSENUS, aliis GALLICANUS, dictus, cujus Sermones non semel editi, tandem ab Andr. Schotto recensiti, *et tom.* 6. *Bibl. Patr. sub sæculo* 5.

EUSEBIUS, Episcop. Mediolanensis, vix. an. 450. *Trith.
Vide Bibl. Patr. tom.* 27. *pag.* 479.

EUSEBIUS, Vercellensis Episcop. de quo S. Hieron. et alii,
vix. sæc. IV. *Edit. in Fragm. S. Hilarii, et tom.* 5. *Bibl. Patr.*

EUSIGNIUS, Scriptor Vitæ S. Basilisci Mart. *Bolland. tom.* 1.
Mart. pag. 237 *et* 3. *pag.* 241.

EUSTACHIUS DE BALNEO REGIO, Cardin. Albanensis, ob. an. 1283. Idem prorsus atque S. Bonaventura supra.

EUSTACHIUS LEUSIUS, Vallis Serenæ Abbas, vix. anno 1216.

EUSTATHIUS, Interpres Literarum S. Basilii, edit. ad calcem operum ejusd. an. 1721. Vide Cassiod. de Divin. Lect. vix. circ. an. 440.

EUTROPIUS, Abbas, de Remediis contra vitia, etc. tom. 27. Bibl. Patr. pag. 480.

EUTROPIUS, Presbyter, circ. an. 430. Vide Gennad.

EUTROPIUS, Presbyter, Longobardus, vix. an. 900. tom. 1. Monarch. Goldasti pag. 9.

EUTROPIUS, Valentinæ Ecclesiæ in Hispania Episcopus, vix. sub Mauricio A. Isidor.

EUTROPIUS, Sophista, Italus, scriptor Breviarii Rerum Romanarum, vix. sub Valente Imp.

EUTYCHES, Grammaticus, Prisciani auditor, edit. a Putschio inter Grammatic.

EUTYCHIANUS (S.) PP. ob. 8. Dec. an. 283. Vide Concilia.

F

FABIANUS (S.) PP. ob. 20. Jan. an. 253. Vide Concilia.

FABIUS CECILIANUS, Historic. apud Vopiscum.

FABIUS MARCELLINUS, Scriptor Vitæ Alexandri Severi, laudatur a Lampridio.

FABRETTUS, in Inscriptionibus.

FACETUS, seu auctor Poematis sic inscripti, laudatur ab Ugutione. Edit. cum Theodolo, et al.

FACUNDUS, Hermianensis Episcop. vix. an. 550. Edit. a Sirmondo an. 1629 et in Bibl. Patrum tom. 10. pag. 109. Vide præterea tom. 3. Spicileg. pag. 106.

FALCKENSTENIUS, in Antiquit. Nordgavensibus.

FALCO BENEVENTANUS, auctor Chronici Beneventani, quod perduxit ad an. 1140. Edit. a Caracciolo an. 1626 et a Murat. tom. 2 et 5. Script. Ital.

FALCO, Monach. auctor Chronici Trenorchiensis, editi a Chiffletio in Trenorchio.

FASTIDIUS PRISCUS, Britannus, vix. an. 420. Gennad.

FAUSTINUS BUTURINUS, scripsit Carmen de Genere vestimentorum, MS. Labb. in Bibl. MSS. pag. 207.

FAUSTINUS, Diacon. Schismaticus, vix. an. 392. Vide tom. 5. Bibl. Patr. pag. 637.

FAUSTINUS, Episcop. tom. 6. Spicileg. pag. 89. 118.

FAUSTINUS, Presbyter, vix. sub Theodosio M. Vide Gennad.

FAUSTUS, Monach. discipulus S. Benedicti, scriptor Vitæ S. Mauri Abb. vix. an. 600. Bolland. tom. 1. pag. 1039. tom. 1. SS. Ord. Bened. pag. 274.

FAUSTUS, Monach. Lerinensis, deinde Reiensis Episcop. ob. 27. Jan. circ. an. 480. tom. 5. Canisii part. 2. pag. 428. tom. 8. Bibl. Patr.

FAUSTUS, Mon. scriptor Vitæ S. Severini Abbat. Agaun. cujus fuit discipulus, tom. 1. SS. Ordin. Benedict. pag. 568.

FEDERICUS CHRYSOGONUS, Jadertensis, de Modo collegiandi, Venet. an. 1528.

FELICIS FABRI Historia Suevorum.

FELIX I. (S.) PP. ob. 30. Maii an. 275. Vide Concilia.

FELIX II. (S.) PP. ob. 29. Jul. an. 358. Vide Concil.

FELIX III. (S.) PP. ob. 25. Febr. an. 492. Vide Concil.

FELIX IV. (S.) PP. ob. 12. Octob. an. 530. Vide Concil.

FELIX, Croylandensis Monachus, Angl. vix. an. 730. Ejus Vita S. Guthlaci, edita tom. 10. Bolland. pag. 38.

FELIX MANILIUS, de Vita S. Gebehardi Episcop. Constantiens. tom. 6. Canisii pag. 477.

FELIX, Episcop. Toletanus, vix. an. 693. tom. 6. Bollandi pag. 785. post Ildefons. de Script. Eccles.

FERIUS HILPERICUS, heroico carmine descripsit congressum Caroli M. et Leonis PP.

FERRANDUS, Diacon. Carthagin. scriptor Vitæ S. Fulgentii, et Breviar. Canonum, vix. an. 548. Vide Appendicem ad Isidor. cap. 11.

FERREOLUS (S.), Ucetiensis Episcop. in Regulis Monast. Holstenii.

FERREOLUS LOCRIUS, in Chronico Belgico.

FERRETUS VICENTINUS, Historicus, vix. ann. 1317. Vossius.

FESTUS RUFUS, V. C. scripsit Historiæ Romanæ Compendium ad Valentinianum Imp.

FICARDUS, Cirencestrensis, Speculum Historiale.

FILESACUS, de Idololatria magica.

FLAVIUS CLAUDIUS GORDIANUS FULGENTIUS, V. C. lib. 24. scripsit per singulos literis singulis diminutis, id est, in quorum singulis aliqua semper deest litera, etc. Vide Sander. 2. part. pag. 23.

FLAVIUS VOPISCUS, Syracusius, editus inter Scriptores Historiæ Augustæ, vix. sub Constantino M.

FLETA, seu Commentarius Juris Anglici scriptus circ. an. 1340. Edit. Londini an. 1647.

FLODOARDUS, vel. FRODOARDUS, Canonicus Remensis, ob. 28. Mart. an. 966. edit. non semel. Vide Sigebert. cap. 131 et Præfat. ad tom. 2. SS. Ordin. S. Benedicti, § 64.

FLORENTIUS, Abbas, scriptor Vitæ S. Judoci. Edit. a Surio 13. Decemb.

FLORENTIUS, Presbyter Tricastinus, tom. 2. SS. Ord. Bened. pag. 139.

FLORENTIUS, Wigorniensis Monachus, Historiam deduxit ad an. 1119. Edit. inter Hist. Angl. ob. eodem an. Non. Jul.

FLORIANUS DE S. PETRO, Bononiensis, JC. vix. an. 1435.

FLORUS MAGISTER, Diaconus Lugdunensis, vix. sub Lothario I. Imp. tom. 1. Analect. Mabillon. pag. 388. tom. 12. Spicileg. pag. 48. tom. 15. Bibl. Patr. Vide Hist. Acad. Paris. tom. 1. pag. 579.

FLOTILDÆ Virginis in territorio Remensi Visiones sub an. 940. edit. tom. 2. Histor. Franc. pag. 624.

FOLCARDUS Beneventanum Chronicon ab an. 1113. perduxit ad an. 1140. Laudatur a Baronio. Idem Fabricio, qui supra Falco Beneventanus.

FOLCARDUS, Monachus Bertinianus, circ. an. 1050. scripsit Vitas SS. Audomari et Bertini. Vide tom. 3. SS. Ordin. Bened. pag. 433.

FOLCARDUS, Angl. S. Salvatoris Cantuariensis Monachus, vix. an. 1066.

FOLMARUS, Præpositus Trieffenstenii, seu Petræ Stillantis in Franconia, vix. sub Alexandro III. PP. Edit. a Gretzero in Valdensib. tom. 1. pag. 329. 338.

FONTANELLA, JC. de Pactis nuptialibus.

FONTANINI Antiquitates Hortæ. De Corona ferrea an. 1719. Discus argenteus votivus veter. Christ. an. 1727. etc.

FORMOSUS (S.) PP. ob. 14. Decemb. an. 896. Vide Concilia.

FORTANERIUS, seu SERTORIUS VASSELLI, Aquitanus, Ord. Min. Patriarcha Gradensis, Cardin. ob. an. 1362.

FORTUNATIANUS, natione Afer, Episcopus Aquileiensis, sub Constantino Imp. S. Hieron.

FORTUNATUS, seu VENANTIUS HONORIUS CLEMENTIANUS FORTUNATUS, Italus, Episcopus Pictaviensis, vix. an. 565. Edit. seorsim, et tom. 8. Spicil. pag. 391. tom. 1. SS. Ord. Be-

ned. pag. 108. 234. 319.' *tom.* 2. *pag.* 1100. *Bolland. tom.* 1. *pag.* 790. *tom.* 6. *pag.* 57. *tom.* 10. *pag.* 427.

FRANCISCUS DE ABBATE, de civitate Astensi, Ord. Min. *Sander. pag.* 180.

FRANCISCUS DE ACCOLTIS, Aretinus, JC. vixit an. 1300.

FRANCISCUS, Accursii JC. filius, Florentinus, JC. vixit circ. an. 1276. *Vide Seldenum ad Fletam pag.* 525.' *etc.*

FRANCISCUS AB AQUA PUTRIDA, Neapolitanus, Philosophus, Ord. Min. vix. circ. an. 1340.

FRANCISCUS DE AREGATIS, Cremonensis, Ordin. Min. ob. an. 1427.

FRANCISCUS ASCULANUS, dictus *Doctor succinctus*, Ord. Min. vix. an. 1344.

FRANCISCUS (S.), Assisias, fundator Ord. Min. ob. 4. Octob. an. 1226.

FRANCISCUS DE BACHONO, Catalanus, Carmelita, vix. circ. an. 1410.

FRANCISCUS BERNARDUS, Ferrariensis, de Antiq. ecclesiast. epistol. genere.

FRANCISCUS DOMINICUS BENCINUS, in Dissert. de Literis encyclicis, *Taurini an.* 1728.

FRANCISCUS FABBIANENSIS, Ordin. Min. ob an. 1322.

FRANCISCUS GOTHUS, Ordin. Min. Theolog.

FRANCISCUS GRATIANUS vel GRAVANUS, Genuensis, Ordin. Præd. vix. an. 1312.

FRANCISCUS DE LUCHANIS ejus *Liber de Justitia. Exstat in Cod. Reg.* 1837.

FRANCISCUS MARTINI, Carmelita, Catalanus, vix. an. 1390.

FRANCISCUS MAYRONIS, Scotus, Minorita, Joannis Scoti auditor, ob. an. 1325.

FRANCISCUS, Patritius Venetus, ob. an. 1454.

FRANCISCUS PETRARCHA, Italus, ob. 18. Jul. an. 1374. *Ejus opera Latina edita prostant.*

FRANCISCUS PIPINI, de Bononia, Ord. Præd. Itiner. Terræ Sanctæ, an. 1320. *Vide Sander. pag.* 284.

FRANCISCUS DE PLATEA, Cremonensis, Ord. Min. Canonista, vix. an. 1442.

FRANCISCUS, Pragensis Canonicus, scripsit Hist. sui temporis, vix. an. 1325.

FRANCISCUS RICHARDUS de Mediavilla, Franciscanus, scripsit Quodlibeta, *in Bibl. Victor.*

FRANCISCUS RUBEUS DE PIGNANO, Picenus, Ord. Min. Theol. vix. circ. an. 1300.

FRANCISCUS DE SACRA-QUERCU, in Etymolog.

FRANCISCUS SIXTUS, Senensis, in Bibliotheca Sancta.

FRANCISCUS XIMENIUS, Elnensis Episcopus, et Patriarcha Hierosol. vix. circa an. 1400.

FRANCISCUS ZEBARELLA, Patavinus, Cardin. JC. ob. an. 1417.

FRANCO, Afflighemensis Abbas, vix. an. 1109. *tom.* 21. *Bibl. Patr. pag.* 293.

FRANCO, Scholasticus Leodiensis, vix. an. 1060. *Vide Sigeb. c.* 164.

FRECULFUS, Episcop. Lexoviensis, ob. an. 850. *Exstat ejus Chronicon seorsim edit. et tom.* 14. *Bibl. Patr.*

FREDEGARIUS, Scholasticus, Chronicon Francicum perduxit, jubente Childebrando Comite, ad Pipini consecrationem. *Edit. tom.* 1. *Hist. Franc. cum ejusdem Chronico jussu Nebelongi Comitis continuato.*

FREDEGISUS, Diaconus, de Nihilo et Tenebris, *tom.* 1. *Miscel. Baluz. pag.* 403. vix. sub Carolo M. et Ludov. Pio.

FRETULFUS, Boiorum antiquus Hist. *Laudatur ab Aventino.*

FRIDEGODUS, Cantuariensis Monach. Angl. scriptor Vitæ

S. Wilfridi Episcop. Eborac. vix. an. 959. *tom.* 3. *SS. Ord. Bened. pag.* 169. *tom.* 5. *pag.* 722. *Vide Pitseum.*

FRIDERICUS II. Imp. ob. ar. 1254. Ejus exstat liber *de Arte venandi per falcones. Vide Baluz. tom.* 1. *Miscell. pag.* 446.

FRIDERICUS CLOSNERUS, Scriptor rerum Argentinensium usque ad an. 1362.

FRIDERICUS SANDEUS, in Consuet. feudales Gelriæ.

FRISCHII Vocabularium Latino-Germ.

FRISINGFELDUS, Anglus, Grammaticus.

FROTHARIUS, Episcop. Tullensis, an. 813. *Ejus Epistolæ editæ tom.* 2. *Hist. Franc. pag* 712.

FRUCTUOSUS (S.), Bracarensis Episc. ob. an. 665. *In Regul. Monast. Holstenii.*

FRUTOLPHUS, S. Michaelis Bambergæ Monachus, vixit an. 1144.

FULBERTUS, Episcop. Carnotensis, ob. 10. April. an. 1028. *Ejus opera edita. Vide præterea tom.* 2. *Spicileg. pag.* 827.

FULBERTUS, Monach. Rotomagensis, *tom.* 2. *SS. Ord. Bened. pag.* 952. *Vide Sur.* 15. *Septemb.*

FULCHERIUS, Carnotensis, scriptor Historiæ Hieros. ab an. 1095. ad an. 1127. *Edit. in Gestis Dei, et tom.* 4. *Hist. Franc. pag.* 816.

FULCOIUS, Subdiaconus Meldensis, auctor Vitæ metricæ S. Pharonis, *in Bibl. Sangerman. Cod.* 738.

FULCONIS Historia viæ Herosolimit. *tom.* 4. *Hist. Franc. pag.* 890. vix. circa an. 1100.

FULCONIS, Comitis Andegavensis, Hist. Comitum Andegav. *Edit. tom.* 10. *Spicileg. pag.* 392.

FULCUINUS, Abbas S. Bertin. *Vide Valer. Andream.* Idem qui mox

FULCUINUS, Abbas Lobiensis, vix. an. 990. *tom.* 6. *Spicileg. pag.* 541. *tom.* 5. *SS. Ord. Bened. pag.* 622. *tom.* 10. *Bol. pag.* 563.

FULCUS, Episcopus Papiensis, cujus Sermones laudantur, *in Hist. Eccl. Placentinæ tom.* 2. *pag.* 141. ob. an. 1229.

FULGENTIUS FERRANDUS, Carthaginensis Eccles. Diacon. vix. sæc. VI. *Edit. a P. F. Chiffletio, et tom.* 6. *Bibl. Patr.*

FULGENTIUS (S.), Episcop. Ruspensis, ob. 1. Jan. an. 529. vel 533. *Ejus opera habentur.*

FULVIUS ASPRIANUS, Historicus, *cuius meminit Vopiscus in Carino.*

G

GABRIEL BARELETA, Ord. Præd. circa an. 1470. in Sermonibus, *edit. Lugd. an.* 1516. *et* 1527.

GABRIEL CLAUDERUS, in Methodo balsamandi.

GABRIEL DE SPOLETO, Augustinianus, vix. an 1417. *Trith.*

GALBERTUS, Notarius, scriptor Vitæ S. Caroli Comit. Flandriæ, vix. an. 1130. *tom.* 6. *Bollandi. pag.* 179.

GALFREDUS BABION, Anglus.

GALFREDUS, Burtonensis Abbas, Anglus, vix. an. 1216.

GALFREDUS CHAUCERUS, Poeta, nobilis Angl. pleraque Anglice scripsit, quædam Latine, ob. 25. Oct. an. 1400.

GALFREDUS EGLINUS, Anglus, Mathematicus.

GALFREDUS, vel GODEFRIDUS DE FONTIBUS, Angl. Ord. Min. Theologus, dictus *Doctor Venerandus.*

GALFREDUS GRANDFELDUS, Anglus, Augustinian. Theologus, ob. an. 1340.

GALFREDUS HARDIBIUS, Anglus, Monachus, Theolog. ob. circa an. 1360.

GALFREDUS Hemlingtonus, S. Albani in Anglia Monachus, vix. an. 1150.

GALFREDUS Lingius, Anglus, Ord. Min. auctor Chronici, vix. an. 1390.

GALFREDUS Marshallus, Anglus, Monachus Glasconiensis, Philosophus.

GALFREDUS, Monumethensis Archidiaconus, dehinc Episcop. Asalphensis, cujus exstat Chronicon Britann. vix. an. 1152.

GALFREDUS Romevallis, Angl. Ord. Cisterc.

GALFREDUS de Vinosalvo, Poeta, cujus passim habetur Poetria MS. vix. an. 1199.

GALFREDUS Watertonus, Buriensis in Anglia Monachus, Theol. vix. an. 1350.

GALLUS Antipater, Historicus, *de quo Pollio in Claudio.*

GALLUS, Abbas Aulæ Regiæ in Bohemia, vix. circ. an. 1370. *Trith.*

GALLUS (S.), Confessor, ob. 16. Octob. an. 640. *tom. 5. Canisii part.* 2. *pag.* 896. *tom.* 2. *Bibl. Patr.*

GALO, Parisiensis Episcopus, et S. R. E. Cardinal. vix. an. 1104.

GALONIS, S. R. E. Cardinalis, Constitutiones, sub an. 1208. *tom.* 11. *Concil. pag.* 32.

GALVANEUS Flamma, Mediolanens. Ord. Præd. cujus laudantur Chronicon majus et Manipulus florum, a Puricello et aliis, vix. an. 1336. *Vide Vossium de Hist. Lat. pag.* 498. 512. *Possevin. et Murat.* tom. 12. *Script. Ital.*

GARGILLUS Martialis, Scriptor Vitæ Alexandri Imp. *Vide Lamprid.*

GARIDELLUS, in Hist. Plantarum Aquensium.

GARINUS, Abbas S. Victoris Paris. scripsit Sermones, *in Bibl. Victor.*

GARINUS, Ord. Præd. de Vita B. Margaretæ Hungaricæ, vix. an. 1340. *tom.* 2. *Bol. pag.* 900.

GARNERIUS, Mon. scriptor Vitæ S. Valeriani, *edit. a P. Chiffletio in Trenorchio.*

GARSIAS, Hispanus, JC. vix. an. 1290.

GASPAR, Veronensis, de Gestis Pauli II. PP. MS. *Laudatur a Lud. Jac.*

GASPARDUS Barthius, in Glossario, *tom.* 3. *Reliq. MSS. Ludewigi.*

GASPARDUS de Soif, Monach. Valcellensis, scrips. circa initia sæculi XV. Compendium super Gestis Abbatum ejusd. Monast.

GASPARINUS, Bergomensis, Grammaticus, vix. circ. an. 1420. *In Bibl. Victor.*

GAUDENTIUS, Episcop. Brixiæ, ob. an. 418. aut circiter, de quo Baron. an. 386. n. 6. etc. *tom.* 5. *Bibl. Patr. pag.* 942.

GAUFREDI Carmen de 5. Partibus Rhetoricæ, *laudatur ut MS.*

GAUFREDI de Grimovilla Summa, *in Bibl. Sangerman. Cod.* 344.

GAUFREDUS Alievantus, Anglus, Carmel. Theol. vix. an. 1340.

GAUFREDUS, Altacumbæ Abbas in Cantica Cantic. de Vita S. Petri Tarantasiensis Episc. et de Vita S. Bernardi, vix. an. 1180. *Vide Sander. pag.* 268. *Sur.* 8. *Maii.*

GAUFREDUS, Autisiodorensis, Abaelardi auditor, vix. circa an. 1209. [1142.] *Vide Alberici Chronicon MS. hoc anno.*

GAUFREDUS de Bello-Loco, Ord. Præd. de Vita et conversat. S. Ludovici IX. Regis Franc. cui fuit a confessionibus. *Edit. tom.* 5. *Hist. Franc. pag.* 444.

GAUFREDUS, Episcop. Carnotensis, an. 1132. *tom.* 3. *Spicileg. pag.* 154.

GAUFREDUS Grossus, Mon. scriptor Vitæ S. Bernardi Abb. Tiron. vix. an. 1130. *Edit. a J. B. Soucheto, et Boll. tom.* 10. *pag.* 222.

GAUFREDUS Malaterra, scriptor rerum in Apulia a Germanis gestarum, vix. circ. an. 1100. *Edit. a Surita, tom.* 4. *Script. Hispan. apud Murat. tom.* 5.

GAUFREDUS de Monte, Abbas S. Honorati, de potestate et auctoritate Concilii Basiliensis. *Vide Sander. part.* 3. *p.* 39.

GAUFRIDUS de Trano, Papæ Capellanus, vix. an. 1290. [ob. an. 1247.] *Trith. Sander. pag.* 204. *Vide Henr. Gandav. p.* 55.

GAUTERIUS, de Bellis Antiochenis, *edit. in Gest. Dei pag.* 441. vix. an. 1115.

GAUTERIUS, Monach. Cluniac. de Miracul. B. M. Virg. *tom.* 1. *Bibl. Labbei pag.* 279.

GEBEHARDUS, Augustanus Episc. vix. an. 1016.

GEBEHARDUS, Episc. Constantiensis. *Vide Alamannica Goldasti pag.* 196. 198.

GEBHARDUS, Salisburgensis Episcop. an. 1088. *Edit. cum Domnizone an.* 1612.

GELASIUS (S.), I. PP. ob. 21. Nov. an. 496. *Ejus opera edita cum Conciliis, et tom.* 8. *Bibl. Patr.*

GELLIUS Fuscus, Historicus, cujus meminit Trebell. Pollio.

GENNADIUS, Massiliensis Presbyter, vix. an. 490.

GENTILIS Fulginas, Medicus, vix. an. 1310. *Trith. Linden.*

GENTILIS de Monteflorum, Picenus, Ord. Min. Cardinal. ob. an. 1312.

GENTILIS, de Jure et Dignitate Patriciorum.

GEORGIUS Agricola, de Pondere et temperatione monetarum.

GEORGIUS, Altaichensis in Bavaria Mon. auctor Chronici ejusdem Monasterii.

GEORGIUS Benignus, Ragusæus, Ordin. Minor. Archiep. Nazarenus, Theologus, vix. an. 1400. Fabricius emendat 1500.

GEORGIUS Chadleius, Anglus, Theolog. vix. an. 1366.

GEORGIUS Grævius, in Notis ad Isidori Glossas.

GEORGIUS Hickesius, in Thesauro linguarum Septentrionalium.

GEORGIUS Stella, in Annal. Genuens. *tom.* 17. *Script. Ital. Murat.*

GEORGIUS a Tensera vel Tempseca, Brugensis, Histor. *laudatur a Meiero et Locrio.*

GERALDUS II. Episcopus Cadurcensis, an. 1096. *tom.* 8. *Spicileg. pag.* 360.

GERALDUS, Grandimontanus Prior, de Vita S. Stephani Fundat. Ord. Grandimont. *tom.* 4. *Bollandi pag.* 205.

GERALDUS, Lemovicensis, Ord. Præd. vix. an. 1256. *Edit. Duaci* 1619. 4°.

GERALDUS, Medicus. *Vide Sander. pag.* 194.

GERARDI Maurisii, Vicentini, Historia Eccelini tyranni, *edita cum Alb. Mussato. Vide Vossium pag.* 467.

GERARDUS, Mon. Afflighemensis, de Statu Mundi.

GERARDUS de Alvernia, cujus exstat Chron. ad an. 1274. *In Bibl. Putean. an.* 1185.

GERARDUS Bergomensis, Augustinianus, Savonensis Episcop. vix. sub Clemente VI. PP.

GERARDUS Blancus de Gainaco, Parmensis, Cardin. ob. an. 1315.

GERARDUS de Bononia, Carmelita, ob. an. 1317.

GERARDUS Capogistus Niger, Mediolanensis, scripsit libros feudorum, vix. sub Friderico I.

GERARDUS de Castris, Carmelita, vix. an. 1424.

GERARDUS Coloniensis, Ordin. Præd. vix. an. 1314.

jectis, ab anno 900. usque ad an. 1045. scripsit, ob. circa an. 1050. *tom.* 4. *Hist. Franc. tom.* 10. *Collect. Hist. Franc. Vide Acta SS. t.* 1. *Jan. pag.* 57. *et Comment. Acad. Inscript. tom.* 8. *pag.* 549.

GOBELINUS, Germanus, Carmelit. vix. an. 1305.

GOBELINUS Persona, Bilefeldensis Decanus, auctor *Cosmodromi* editi, vix. an. 1418.

GOBERTUS, Laudunensis, de Vita Clericorum. *Vide Sander. part.* 2. *pag.* 240.

GODEFRIDI Remensis Carmina varia. *Vide Bibl. Labbei p.* 59.

GODEFRIDUS Calvus, Bituricensis Archiepiscop. scriptor Vitæ S. Guillelmi Briocensis Episcopi, *editæ a Surio* 29. *Jul. et tom.* 7. *Jul. Act. SS.* vix. sæculo XIII.

GODEFRIDUS Cornubiensis, Anglus, Carmelita, Philosophus, vix. an. 1320.

GODEFRIDUS, qui scripsit contra Mendicantes, vix. an. 1283. *Vide Hist. Academiæ Paris. tom.* 3. *pag.* 680.

GODEFRIDUS de Fontanis, Cameracensis Episc.. ob. an. 1238. *Vide Hist. Academiæ Paris. tom.* 3. *pag.* 680.

GODEFRIDUS, ad S. Pantaleonem Coloniæ Mon. Chron. perduxit ad an. 1237. *Edit. inter Script. German.*

GODEFRIDUS, Spirensis Episcop. vix. ann. 958.

GODEFRIDUS a S. Victore, scripsit Microcosmi libros tres et Sermones, *in Bibl. Victor.*

GODEFRIDUS, Abbas Vindocinensis, ob. circ. an. 1130. *Edit. a Sirmondo, et tom.* 21. *Bibl. Patr.*

GODEFRIDUS Viterbiensis, Presbyter, auctor *Panthei, edit. inter Scriptor. German.* vix. sub Friderico I.

GODEFRIDUS Wintoniensis, Monachus, ob. an. 1107.

GODELBERTUS, Presbyter, vix. an. 500.

GODELBERTUS, Sacerdos, Britannus, vix. anno 498.

GODESCALCUS, Canonicus Leodiensis, vix. c. an. 770. *tom.* 3. *SS. Ord. Bened. tom.* 1. *Hist. Leodiensis pag.* 321.

GODRICUS (S.), Eremita, Anglus, ob. an. 1171. *Vide Matth. Paris, Pitseum, etc.*

GODWINUS, Sarisberiensis Ecclesiæ Canon. et Præcentor, vix. an. 1272.

GOFFRIDUS Babion, Andegavensis. *Vide Sander.* 2. *part. pag.* 23.

GOLDSCHERUS, S. Matthiæ Trevirensis Monach. vix. an. 990. *tom.* 2. *Bollandi pag.* 918.

GOMBANDUS de Uligia, Aragon. Ord. Præd. Theolog. vix. an. 1420.

GOMESANUS, Presbyter Pampilonensis, *in Cod. Reg.* 1183.

GONDISALVUS de Vallebona, Gallecus, Ord. Min. Minister Generalis, ob. an. 1313.

GORDIANUS, Placidi Martyris et aliorum Vitam scripsit, sed quæ ex eo circumferuntur dubiæ habentur fidei. *Vide Mabil. sæc.* 1. *Bened. pag.* 45.

GORDIANUS Cæsar, pater, scripsit versibus Antoniniada, seu Vitam Antonini Pii, et Antonini Marci. *Capitolin.*

GORDONI, Monachi S. Germani Paris. Commentar. in Evangelium S. Joannis. *In Bibl. Sangerman. Cod.* 90.

GORIUS, in Inscriptionibus antiquis.

GOSBERTI Epitome Prisciani laudatur.

GOSLENUS, Suessionum Episcop. medio sæc. XII. in Symbolum et Orat. Domin.

GOSSELINUS, Monach. Anglus, vix. an. 1000 *tom.* 3. *Bolland. pag.* 348. *tom.* 10. *pag.* 37. *Vide Pits.*

GOSSUINUS Bossutus, Villariensis in Brabantia Monachus, de Vita Arnulfi Conversi, qui ob. an. 1228.

GOSUINI Carmen, quomodo capta fuit Alcasar, *apud Ant. Brand. in Lusit. Monarch. l.* 4. *pag.* 265.

GOTESCALCUS, Monachus Orbacensis. *Vide Bibl. Labbei pag.* 59.

GOTHARDUS, Hildesheimensis Episcopus, vix. ann. 1024.

GOTOFREDUS Rulmanus, Auctor Operis diplomatici.

GOTSELINUS, Monach. S. Bertini, de Miraculis S. Galli. *Vide Alamannica Goldasti tom.* 2. *pag.* 195.

GOUDEFRIDI de Fontibus, Theol. tractatus Quodlibetici. *In Bibl. Sangerman. c.* 628.

GRATIANUS, Monachus S. Felicis Bononiæ, Canonum compilator, obiisse dicitur an. 1151.

GRATIANUS, Florentinus, Augustin. Theolog. vix. an. 1431.

GREGORIUS I. (S.), cogn. Magnus, PP. ob. 12. Mart. an. 604. *De ejus operib. multa Lud. Jacob.*

GREGORIUS II (S.) PP. ob. 11. Februar. an. 731. *Vide Concil. et Lud. Jacob.*

GREGORIUS III. (S.) PP. ob. 28. Novemb. an. 741. *Vide Concilia.*

GREGORIUS IV. PP. ob. an. 843. *Vide Concil.*

GREGORIUS V. PP. ob. 18. Febr. an. 998. *Vide Lud. Jacob.*

GREGORIUS VII. PP. ob. 24. Maii an. 1085. *Ejus Epist. editæ in Concil.*

GREGORIUS VIII. PP. ob. 16. Decemb. an. 1187. *Vide Concil.*

GREGORIUS IX. PP. ob. 22. Aug. an. 1241. *Ejus Opera seorsim edita.*

GREGORIUS X. PP. ob. 10. Jan. an. 1276. *Vide Lud. Jacob.*

GREGORIUS XI. PP. ob. 27. Mart. an. 1378. *Vide Lud. Jacob.*

GREGORIUS XII. PP. ob. 4. Jul. an. 1415. *Vide Lud. Jacob.*

GREGORIUS de Arimino, Ord. S. Augustini Generalis, ob. an. 1358. *Edit.*

GREGORIUS Bæticus, Eliberitanus Episcop. vivebat adhuc an. 392.

GREGORIUS Bridlingtensis, Anglus, Canonicus Regularis.

GREGORIUS Britannus, Ord. Præd. *Edit. Venetiis, etc.*

GREGORIUS, Monach. Casinensis, Tarracinensis Episc. vix. sub Alexio Comneno Imp. *Vide Petr. Diacon. et J. B. Marum.*

GREGORIUS, Monachus Casinensis, Episcop. Suessanus, Poeta, vix. an. 1120. *Petr. Diac.*

GREGORIUS Huntingtonus, Angl. Ramesiensis Monach. vix. an. 1255.

GREGORIUS, Monach. in Chronico Farfensi ab an. 681. ad an. 1104. *tom.* 2. *part.* 2. *Script. Ital. Murat.*

GREGORIUS Noëllus, Angl. Theologus.

GREGORIUS Trapezuntius, Secretar. Apostol. vix. an. 1435.

GREGORIUS, Episcopus Turonensis, ob. 17. Nov. an. 595. vel 600. ut aliis placet. *Non semel edit. demum in Bibl. Patr. tom.* 3; *Bolland. tom.* 1. *pag.* 168.

GREGORIUS, Wintoniensis, Angl. Monach. Bened. Historicus, vix. an. 1290.

GRIFFINUS, Cambrensis, Theologus, Ordin. Præd. circ. an. 1500.

GRIMLAICUS, Sacerdos, cujus exstat *Regula Solitariorum edita ab Acherio et Holstenio,* vix. sæc. IX.

GRIMOALDUS, Abbas Benedictin. de Sacramentis, *edit. a Pamelio cum Sacramentario Gregorii M. anno* 1571.

GRUPENIUS, in Originibus Pyromontanis.

GRUTERUS, in Inscriptionibus supposititiis.

GUAIFERIUS, Salernitanus, Monachus Casinensis, vix. an. 1060. *Vide Petr. Diac. c.* 29. *edit. apud Ughell. tom.* 7. *pag.* 1363. *tom.* 4. *Bolland. pag.* 531. *tom.* 6. *pag.* 304.

GUALDO, Corbeiæ veteris Mon. de Vita S. Anscharii Archiepisc. Hamburg. versu, vix. an. 1070. *t.* 3. *Bolland. p.* 427.

GUALO, Cambrensis, Poeta, vix. an. 1170.

GUALTERUS, cogn. ANGLICUS, Panormitanus Archiepisc. ob. an. 1177.

GUALTERUS, Aurelianensis Episcop. *cujus exstant Capitula, apud Cellotium, Baluzium, et tom. 8. Concil. Labbei.*

GUALTERUS BAKERUS DE SWINBORN, Anglus, Augustin. Histor. vix. an. 1320.

GUALTERUS BEDERICHWORTUS, Anglus, Buriensis Monach. Theolog. ob. circ. an. 1350.

GUALTERUS, BIBLIOTHECARIUS interdum appellatus, vix. an. 1181. Idem Fabricio, qui *Gualterus*, Anglus, S. Albani Monachus circ. an. 1180.

GUALTERUS BRINKLÆUS, Angl. Ord. Min. Theolog. vix. an. 1310.

GUALTERUS BRITHO, vel BRITTE, Angl. Mathematicus, vix. an. 1390.

GUALTERUS DE BRUGIS, Ord. Min. Episcopus Pictavensis. ob. 22. Jan. 1307. *Valer. Andr.*

GUALTERUS BUCDENUS, Anglus, Ordin. Prædic. Theologus.

GUALTERUS BURLAUS, Anglus, Theologus, multa scripsit, ex quibus quædam edita prostant, vix. an. 1337. *Vide Sander, pag.* 202.

GUALTERUS DE CASTELLIONE, Insulanus, scriptor *Alexandreidos*, editæ an. 1513. 1558. *Henr. Gandav.*

GUALTERUS CATHCHEPOLLUS, JC. Anglus.

GUALTERUS CATTONUS, Anglus, Ordin. Minor. Theolog. ob. an. 1343.

GUALTERUS CEPTONUS, Anglus, Ordin. Minor. Theologus.

GUALTERUS, Constantiensis, Angl. Lincolniensis Episcop. deinde Archiepisc. Rotomagensis, vix. an. 1199.

GUALTERUS, Conventriensis Monachus, Historicus, vix. an. 1270.

GUALTERUS CORNUTUS, Archiepiscop. Senonensis, de susceptione Coronæ spineæ, etc. an. 1239. *t. 5. Hist. Franc. p.* 407.

GUALTERUS DANIEL, Rievallensis Monach. ob. an. 1170. al. 1270.

GUALTERUS DISSÆUS, Anglus, Carmelita, Theolog. ob. an. 1404. 25. Jan.

GUALTERUS DUFFELDIUS, Angl. Philosophus.

GUALTERUS DURIDENTIS, Angl. Theolog.

GUALTERUS ELVEDENUS, Anglus, Mathemat.

GUALTERUS ESTONUS, Anglus, Carmelita, Theolog. vix. an. 1350.

GUALTERUS, Eveshamensis Monach. Angl. vix. an. 1240.

GUALTERUS, Excestrensis, Angl. Ord. Præd. Histor. vix. an. 1301.

GUALTERUS, alias DE INSULIS dictus, Flander, Episcop. Magalonensis, vix. an. 1129. *Trith. Henric. Gandav. Sammarth. Vide tom.* 1. *Analector. Mabillonii pag.* 289.

GUALTERUS GALENIUS, aliis CALENIUS, Oxoniensis Archidiac. ob. an. 1120.

GUALTERUS HEMMINGFORDIUS, Angl. Canon. Regul. Historic. ob. an. 1347.

GUALTERUS HILTONUS, Angl. Ord. Cartus. Theolog. vix. an. 1433.

GUALTERUS JORSIUS, al. JOYCE, Ordin. Præd. Theolog. vix. an. 1310.

GUALTERUS KELLANUS, Angl. Carmelita, Theolog. vix. an. 1367.

GUALTERUS MAPUS, Angl. Oxoniensis Archidiaconus, Poeta, vix. an. 1210. *Vide Seldenum ad Fletam pag.* 524.

GUALTERUS, Abbas S. Martini Laudunensis, an. 1148. *tom.* 2. *Spicilegii pag.* 145. 446.

GUALTERUS DE MAURITANIA, Episcopus Laudun. vix. an. 1156. *Vide t.* 2. *Spicileg. p.* 459 *et Cod.* 656. *Bibl. Sangerman.*

GUALTERUS DE MONTE, vel DE MONTIBUS, Anglus, Lincolniensis Eccles. Cancellarius vix. ann. 1210.

GUALTERUS MORGANIUS, Angl. Philosophus, vix. an. 1219.

GUALTERUS PARCHERUS, Anglus, Sacerdos.

GUALTERUS PICTAVENSIS. Vide *G. De Brugis.*

GUALTERUS RECLUSUS, Anglus, vix. an. 1280.

GUALTERUS REGINALDUS, Anglus, Wigorniensis Episcop. Theolog. ob. an. 1327.

GUALTERUS DE S. ALBANO, Anglus, Historicus.

GUALTERUS A S. VICTORE, ejusdem Monasterii Monachus, *cujus exstant libri* 4. *MSS. contra Abaelardum, in Bibl. Victorina*, vix. an. 1180. *V. Hist. Acad. Paris. tom.* 2. *pag.* 404. 629.

GUALTERUS TERINGTONUS. Anglus, JC.

GUALTERUS, Tervauensis Archidiacon. scriptor Vitæ S. Caroli Comit. Flandriæ, vix. an. 1127. *Edit. a Sirmondo et Bollando tom.* 6. *pag.* 163.

GUALTERUS WIBURNUS, Angl. Ordin. Min. vix. an. 1367.

GUALTERUS WINTERBORNUS, Angl. Ord. Præd. Cardinalis S. Sabinæ, Theologus, ob. an. 1305.

GUARNERIUS, Abbas Resbacensis, *tom.* 5. *SS. Ord. Benedict. pag.* 644.

GUERRICUS, Abbas Igniacensis, obiit 19. Aug. circ. an. 1157. *Edit. an.* 1539. *et tom.* 23. *Bibl. Patr. pag.* 169.

GUIARDUS, seu GUIDO DE LAUDUNO, Episcopus Cameracensis, an. 1247. *Valer. Andr.*

GUIBERTUS, Abbas Gemblacensis, vix. an. 1137. *Apud Lambecium tom.* 2. *Bibl. Cæsar. pag.* 904. Idem qui mox

GUIBERTUS MARTINUS, Abbas Gemblacensis, ob. an. 1208. *Valer. Andr.*

GUIBERTUS, Novigenti Abbas, *cujus Opera seorsim edita ab Acherio*, ob. an. 1124.

GUIBERTUS, Sommersetensis in Anglia Monachus, Philosophus et Historic.

GUIBERTUS, Tornacensis, Ord. Min. vix. an 1263. *Vide Henric. Gandav. Sander. pag.* 162. *Valer. Andr. tom.* 5. *Bolland. pag.* 196. *Histor. Academiæ Paris. tom.* 3. *pag.* 682. *etc.*

GUIDO, Ambianensis Episcop. ab an. 1058. ad 1076. de Gestis Guillelmi Nothi regis Angliæ. *Laudatur a Guillelmo Gemeticensi l.* 6. *c.* 43.

GUIDO, Aretinus, Monach. Musicus, vix. an. 1028. *Sigeb. et alii.*

GUIDO BAISIUS, Concordiensis Episcopus, ob. an. 1347.

GUIDO DE BASOCHIS. *Vide Sander. pag.* 215.

GUIDO DE BAYPO, Archidiaconus Bononiensis, JC. vix. an. 1290.

GUIDO, Bobiensis Abbas, scripsit *Statuta Canonicorum Regularium*, vix. an. 1039

GUIDO BONATUS, Forojuliensis, Astrologus, vix. an. 1284. *Edit. Venet. an.* 1506.

GUIDO, Bononiensis Archid. in Decret. *Vide Sand. pag.* 177.

GUIDO, Episcopus Cameracensis, circ. an. 1309. *Valer. Andr.*

GUIDO, Casinensis Presbyter et Monach. vix. an. 1115. *Vide Petr. Diac. c.* 41.

GUIDO, Cisterciensis Abbas, S. R. E. Cardinalis, an. 1187. *Vide Privileg. Ord. Cisterc.*

GUIDO, Clarevallensis Abbas, *tom.* 2. *Miscell. Baluzii.*

GUIDO COLUMNA, Siculus, auctor Chronici, vixit an. 1287.

GUIDO, Abbas Monast. de Cruce S. Leufredi in Normannia, vix an. 1030. idem qui infra *Guitmundus.*

GUIDO, Abbas S. Dionysii in Francia, scripsit Sanctuarium, in Bibl. Victor.

GUILLELMUS, Minorita, Constantiensis Episcop. an. 1240. *tom.* 25 *Bibl. Patr. pag.* 329.

GUILLELMUS COPINGERUS, Oxoniensis Professor.

GUILLELMUS et ALBRIGETUS CORTUSII, in Histor. de Novitatibus Paduæ et Lombardiæ ab an. 1256. ad an. 1464. *Edit. cum Albert. Mussato.*

GUILLELMUS COVENTRIENSIS, Angl. Carmelita, vix. an. 1360.

GUILLELMUS DE CREMONA, Ordin. S. August. Episcop. Novariensis, Cardinal. vix. an. 1340.

GUILLELMUS DE CUMO, sive DE CUNIO, Gallus, JC. vix. an. 1310.

GUILLELMUS DALINGUS, Anglus, Philosophus.

GUILLELMUS DALTONUS, Anglus, Medicus.

GUILLELMUS DANDUS, aliis ANGLICUS dictus, Ord. Servorum Mon.

GUILLELMUS DASTINUS, Anglus Philosophus.

GUILLELMUS DEI, ejus Synodale Tutelensis Ecclesiæ, *in Bibl. Sangerman. Cod.* 799.

GUILLELMUS, S. Dionysii Monach. vix. circa an. 1220.

GUILLELMUS DOROCHUS, Angl. Mathemat. vix. an. 1360.

GUILLELMUS DURANDUS, seu DURANTI, vulgo SPECULATOR dictus, Episcop. Mimatensis, ob. 1. Novemb. an. 1296.

GUILLELMUS EDON, Ord. Minor. Theolog.

GUILLELMUS EGMUNDANUS. *Vide Valer. Andr.* et infra *Guillelmus, cog. Procurator.*

GUILLELMUS EGMUNDUS, Angl. Augustin. Theol. vix. an. 1390.

GUILLELMUS ENCURTUS, Angl. Ord. Præd. Theol. vix. an. 1340.

GUILLELMUS EPISCOPI, Abbas S. German. a Pratis, ejus Commentaria in vetus Testamentum, *in Bibl. S. Germ. Cod.* 55.

GUILLELMUS EXONIENSIS, vel DE EXCESTRIA, Theol. vix. an. 1330.

GUILLELMUS DE FALGARIO, Tolosan. Ord. Min. vix. an. 1290.

GUILLELMUS FARINERIUS, Aquitanus, Ord. Min. Minister Generalis et Cardinal. ob. an. 1361.

GUILLELMUS FLETÆUS, Anglus, August. ob. an. 1380.

GUILLELMUS FOLVILLUS, Anglus, Ord. Minor. ob. an. 1384.

GUILLELMUS FULGINAS, Ord. Min. *Volaterr.*

GUILLELMUS GAINESBURGUS, Angl. Ord. Min. Wigorniensis Episcop. vix. an 1310.

GUILLELMUS GATADEGHUS, Parmensis, S. R. E. Cardinalis, Bibliothecarius Apostol. ob. circa an. 1256.

GUILLELMUS GILLINGHAMUS, Angl. Cantuariensis Monach. Historic. vix. an. 1390.

GUILLELMUS PETRI DE GODINO vel GODIVO, Baionensis diœcesis, Ord. Præd. ob. an. 1336.

GUILLELMUS, Gratianopolit. Eccl. Canon. scripsit an. 1163. Vitam Margaretæ comitissæ Albon. *Edit. a Salvaingo et Chifflet. Vide tom.* 6. *Ampl. Collect. Marten. pag.* 1201.

GUILLELMUS GRISAUNTUS, Angl. Philosoph. et Medicus, pater Urbani V. PP. vix. an. 1350.

GUILLELMUS GUARRONIS, Ord. Min. Præceptor Joan. Scoti, vix. an. 1270.

GUILLELMUS HAMERUS, Novesianus, Ord. Præd. vix. an. 1264. Longe junior est, Fabricio auctore.

GUILLELMUS HANABERGUS, Anglus, Carmelita, Theolog. ob. an. 1311.

GUILLELMUS HANSIOCUS, Anglus, Carmelita Theolog. vix. an. 1413.

GUILLELMUS HAUCKIUS, Anglus, Theologus.

GUILLELMUS HENTISBERIUS vel *Heytisbury*, Angl. Philosophus, vix. an. 1380.

GUILLELMUS HERBERTUS, Anglus, Ord. Min. Theolog. ob. an. 1333.

GUILLELMUS HERVIUS, Buriensis in Anglia Monachus, Theologus.

GUILLELMUS, Hirsaugiensis Abbas, ob. 3. Non. Jul. an. 1091.

GUILLELMUS HOLMUS, Angl. Ord. Min. Med. vix. an. 1416.

GUILLELMUS HOTHUNUS, vel HODONUS, vel DE ODONE, Anglus, Ordin. Præd. Theolog. ob. an. 1298. Idem qui infra *Guillelmus Odo.*

GUILLELMUS HUET, Anglus, Ord. Min.

GUILLELMUS DE JANICEA Ord. Min. Idem forte qui mox *Guillelmus de Lancea.*

GUILLELMUS JORDANUS, Anglus, Ordin. Prædic. Theologus, vix. an. 1370.

GUILLELMUS KINGESHAMENSIS, Angl. Ord. Præd. vix. an. 1262.

GUILLELMUS DE LA MARE, vel LAMARENSIS, Angl. Theolog. Ord. Min. vix. an. 1290.

GUILLELMUS DE LANCEA, Aquitanus, Ord. Min. de Diæta salutis. *Vide Sander. pag.* 356.

GUILLELMUS LANGHTONENSIS, Angl. Canonicus Regular. vix. an. 1230.

GUILLELMUS LEMESTERUS, Angl. Ordin. Minor. Theologus.

GUILLELMUS DE LICHEFELDIA, Angl. Theol. ob. an 1447.

GUILLELMUS LIDLINGTONUS, Anglus, Carmelita, Theolog. ob. an. 1309.

GUILLELMUS LINCOLNIUS, Anglus, Carmelita, vix. an. 1360.

GUILLELMUS LINDWODUS, Angl. JC. Episc. Menevensis, cujus habentur editi *Commentarii in Constitut. Cantuar. etc.* ob. an. 1446.

GUILLELMUS LISSEIUS, vel LISSOVIUS, Anglus, Ord. Minor. Theol. vix. an. 1340.

GUILLELMUS LOMBARDUS, de Orthographia. *Vide Sander. pag.* 204.

GUILLELMUS LUBBENHAMUS, Angl. Carmelita, Philosophus, ob. an. 1361.

GUILLELMUS, Ord. Præd. Lugdunensis Archiepisc. falso reputatus, ob. ante annum 1260. *Trith. Sander. pag.* 181. *part.* 2. *pag.* 89.

GUILLELMUS MACLEFELDUS, Angl. Ordin. Præd. ob. an. 1304. Idem qui infra *Guillelmus Messelechus.*

GUILLELMUS major, Andegavensis Episcop. an. 1290. *tom.* 10. *Spicileg. pag.* 247. *et tom.* 13. *post indicem pag.* 227. *tom.* 11. *pag.* 211.

GUILLELMUS, Malmesburiensis Monachus, cogn. *Somersetus*, an. 1125. 1148. *inter Histor. Anglic.; tom.* 5. *SS. Ord. Bened.* pag. 726.

GUILLELMUS DE MANDAGOTO, Archiepisc. Ebredun. dehinc Aquensis, Cardinal. ob. an. 1324.

GUILLELMUS MANUSFELDUS, Angl. Ordin. Prædic. Theol. vix. an. 1320. Idem qui supra *Maclefeldus.*

GUILLELMUS, S. Martini Tornacensis Monachus, scriptor *Bernardini*, vel *Florum S. Bernardi*, vix. sæcul. XIII. *Vide tom.* 1. *Analect. Mabillonii pag.* 318. *Sander. pag.* 141. *Valer. Andr. etc.*

GUILLELMUS MAULIUS, Anglus, Monachus.

GUILLELMUS DE MAURITANIA, vix. an. 1120. *Vide Notas ad Robertum Pullum pag.* 332.

GUILLELMUS MESSELEGHUS, Angl. Ordin. Præd. Theol. vix. circ. an. 1304.

GUILLELMUS DE MILITONA, vel MELITONA, Ord. Min. Theolog. vix. an. 1260. *in Bibl. Victor.*

GUILLELMUS Milverleius, Angl. Philosoph. vix. an. 1350.

GUILLELMUS, Moguntinus Archiepiscop. ob. an. 968. Chronicon scripsit.

GUILLELMUS de Monte Lauduno, Abbas Majoris Monasterii, vix. an. 1210. *Trith. Vide Sander. pag.* 129.

GUILLELMUS de Monte, vel de Montibus, Anglus, Lincolniensis Eccles. Cancellarius, vix. an. 1210. *Vide Sander. part.* 2. *pag.* 172.

GUILLELMUS de Nangiaco, S. Dionysii in Francia Monach. fidus quidem, sed intricatus scriptor Vitæ S. Ludovici et Philippi ejus filii; scripsit et duo chronica, quorum unum ab anno 1113. ad an. 1301. editum est tom. 11. Spicileg. p. 405. alterum hactenus ineditum, cujus versio Gallica, ipsomet Guillelmo interprete, notissima est. Obiit post annum 1300. *Vide tom.* 5. *Hist. Franc. pag.* 326. *et Comment. Acad. Inscript. tom.* 8. *pag.* 560.

GUILLELMUS Neubrigensis. Vide infra *Guillelmus Parvus.*

GUILLELMUS Northonus, Angl. Ord. Minor. vix. an. 1403.

GUILLELMUS Nottinghamus, Anglus, Ordin. Min. Theolog. ob. an. 1336.

GUILLELMUS Occamus, Angl. Ord. Min. Joannis Scoti auditor, multa scripsit, ex quibus quædam edita, ob. secundum quosdam 20. Septembr. an. 1320. at secundum alios 10. Aprilis an. 1347. *Vide Pitseum, et Monarchiam Goldasti.*

GUILLELMUS Odo, seu de Odone, Ord. Prædic. Dublinensis Archiepisc. ob. an. 1298. *Vide supra Hothunus.*

GUILLELMUS de Oona, Angl. Theolog. dictus *Doctor Fundatus,* circ. an. 1270. Idem qui infra *Guillelmus de Waria.*

GUILLELMUS de Oppenbach, Theutonicus, vix. circ. an. 1390.

GUILLELMUS Pachentonus, Anglus, Historicus, vix. an. 1380.

GUILLELMUS Paghamus, aliis de Pagula dictus, Anglus, Carmelita, Theolog. vix. an. 1280.

GUILLELMUS de Pagula, Anglus, Theolog. ob. circ. an. 1350.

GUILLELMUS Paris, Anglus, Sacerdos.

GUILLELMUS, Parisiensis Episcop. ob. 30. Mart. an. 1249. *Ejus opera Venetiis edita. Vide Bibl. Patr. pag.* 329.

GUILLELMUS Parvus, Anglice *Little, Neubrigensis* vulgo dictus, Canonicus Regularis, *cujus exstat Hist. Anglor. edita a Picardo et al.* vix. an. 1200.

GUILLELMUS Pavillon, in Observat. ad Dianam Monmorenc. *Paris.* 1603.

GUILLELMUS Pepinus, Ebroicensis, Ord. Præd. vix. an. 1500. *Edit. Paris. an.* 1624.

GUILLELMUS Peralt, Ord. Prædic. Gallus, vix. an. 1280. *Trith. Sander. pag.* 191.

GUILLELMUS, cogn. Peregrinus, Anglus, vix. an. 1200.

GUILLELMUS Petri, Cardin. et Episcop. Sabiniensis, ejus tractatus *de Potestate Papæ et Prælatorum Ecclesiæ, in Bibl. Sangerman. Cod.* 294.

GUILLELMUS, Petroburgensis, Ramesiensis Monachus, vix. an. 1188.

GUILLELMUS Pictavensis, de Professione Monastica, *in Bibl. Sangerman. Cod.* 400.

GUILLELMUS Pictavensis, Lexoviorum Archidiac. de Gestis Guillelmi Ducis Normannor. et Regis Anglor. sub quo vixit, *edit. in Normannicis Duchesnii pag.* 178.

GUILLELMUS, Placentinus, Medicus, vix. an. 1240.

GUILLELMUS de Podio Laurentii, scripsit Hist. Bellorum contra Albigenses usque ad an. 1271. *edit. a Catello, et tom.* 5. *Hist. Franc. pag.* 666.

GUILLELMUS, cogn. Procurator, Egmundanus Monachus, Chronici Egmundani continuator, vix. an. 1332. *edit. ab Andr. Schotto, etc.*

GUILLELMUS Radingius, Anglus, Carmelita, vix. an. 1312.

GUILLELMUS de Ramesey, Angl. Croylandensis Abbas, ob. an. 1180.

GUILLELMUS Read, Theologus Oxoniensis, Episc. Cicestriensis, vix. an. 1367.

GUILLELMUS Remingtonus, Anglus, Ord. Cisterciens. Theologus, vix. an. 1390.

GUILLELMUS Rievallensis, Monachus, scriptor Historiæ Angl. vix. an. 1160.

GUILLELMUS Rishangerus, Angl. ad S. Albanum Monach. *cujus exstat Historia post Matth. Paris* ob. an. 1312.

GUILLELMUS Rothwellus, Anglus, Ord. Præd. Theologus, vix. an. 1360.

GUILLELMUS de Rubione, Aragonius, Ord. Min. vix. an. 1333. *Edit.*

GUILLELMUS Ruysbrokius, Angl. Ordin. Min. vix. an. 1293. vel 1253.

GUILLELMUS de Saccovilla, scripsit Sermon. *Sander. pag.* 183.

GUILLELMUS Safontis, Tolosanus, Augustin. Theolog. vix. an. 1350. vel 1433.

GUILLELMUS de Samuco, Carmelita, Gallus, vix. an. 1280.

GUILLELMUS, S. Albani Monachus, cujus Vitam scripsit, vix. an. 1170.

GUILLELMUS de S. Amore, Theolog. Paris. vix. an. 1270. *Vide Hist. Acad. Paris. tom.* 3. *pag.* 685.

GUILLELMUS de Sancta Fide, Angl. Carmelita, Theolog. ob. an. 1372.

GUILLELMUS a S. Godialdo, Mathematicus, vix. an. 1293.

GUILLELMUS de S. Lo, Abbas S. Vict. Paris. scripsit Sermones, ob. an. 1349. *in Bibl. Victor.*

GUILLELMUS, S. Theodorici Abbas, auctor Vitæ S. Bernardi, etc. vix. an. 1140. *Vide Bibl. Cisterc. et tom.* 22. *Bibl. Patr.*

GUILLELMUS de Sauvilliaco, Tolosanus, Carmelita, Theologus, ob. an. 1348.

GUILLELMUS, Rex Scotiæ, ejus Assisæ et Statuta, *edita a Skeneo in Legib. Scoticis an.* 1609. ob. an. 1214.

GUILLELMUS Seitonus, cogn. *Eximius,* Medic. Oxon.

GUILLELMUS Senghamus, Anglus, Theologus, vix. an. 1260.

GUILLELMUS Shirburnus, Anglus, Theolog. vix. an. 1390.

GUILLELMUS Shirwodus, Anglus, Theologus, ob. an. 1249.

GUILLELMUS Sladius, Angl. Devoniensis Monachus, Philosophus, vix. an. 1380.

GUILLELMUS Somnerus, in Glossario, etc.

GUILLELMUS de Southamptonia, Anglus, Ord. Prædic. Theolog. vix. an. 1340.

GUILLELMUS Starnefeldius, Anglus, Carmelita, Theolog. Histor. vix. an. 1390.

GUILLELMUS, Stephanides, seu Stephanus, Londinensis, Cantuariensis Monachus, scriptor Vitæ S. Thomæ Cantuar. vix. an. 1190.

GUILLELMUS Sudderuis, Westmonasteriensis Monachus.

GUILLELMUS Sudre, Lemovicensis, Ord. Præd. Episcopus Massiliensis, Cardin. ob. an. 1373.

GUILLELMUS Suttonus, Anglus, Mathematicus, vix. an. 1450.

GUILLELMUS, S. Theodorici Remensis Abbas, scriptor Vitæ S. Bernardi Clarevall. cujus æqualis fuit. *Surius* 20. *August.*

GUILLELMUS DE THOCO, Ordin. Præd. scriptor Vitæ S. Thomæ Aquin. *tom.* 6. *Bol. pag.* 657.

GUILLELMUS THORNE, Augustiniani Cantuariæ Cœnobii Monachus, vix. an. 1380. *Edit. Londini an.* 1652.

GUILLELMUS DE THOSAN, Ord. Cisterc. *Vide Sander. p.* 171.

GUILLELMUS DE TORNACO, Ord. Præd. Theolog. vix. circ. an. 1292. *Valer. Andr.*

GUILLELMUS DE TORTONA, Ord. Min. Philosoph.

GUILLELMUS TRIPOLITANUS, Ord. Præd. vix. an. 1273. *tom.* 5. *Hist. Franc. pag.* 432. *et in Bibl. Victor.*

GUILLELMUS, Tyri Archiepiscopus, adhuc superstes an. 1188. *Edit. in Gestis Dei, et alibi.*

GUILLELMUS VENTURA, in Chronico Astensi, *tom.* 11. *Script. Ital. Murat.*

GUILLELMUS DE WARIA, Anglus, Ordin. Minor. vix. an. 1270. Idem qui supra *de Oona.*

GUILLELMUS WELS, alias FONTANUS, Angl. Augustin. Theolog. ob. 9. Kal. April. an. 1421.

GUILLELMUS WETHLEIUS, Angl. Boetii Commentator, vix. an. 1310.

GUILLELMUS WICCAMUS, Angl. Eboracensis Archiepiscopus, ob. an. 1285.

GUILLELMUS WILTONUS, Anglus, Philosophus.

GUILLELMUS WITTELESEIUS, Angl. Cantuariensis Archiepiscopus, ob. an. 1374.

GUILLELMUS WODFORDUS, Angl. Ordin. Minor. Theolog. ob. an. 1397.

GUILLELMUS WORCESTRIUS, Anglus, Medicus et Historicus, circ. an. 1380.

GUILLIMANNUS, in Expositione vocum inferioris ævi.

GUINIBERTUS scripsit rationem prognostici, *in Bibl. Victor.*

GUITELINUS, Londinensis Episcop. vixisse dicitur an. 444.

GUITMUNDUS, Gallus, Archiepiscop. Aversanus, S. R. E. Card. vix. an. 1060. *in Bibl. Patr. tom.* 18.

GUNTHERIUS, Elnonensis Monach. scriptor Martyrii SS. Cyrici et Julittæ, carmine, vix. an. 1090. *Sigeb. c.* 168.

GUNTHERUS, Bambergensis Episcop. an. 1064. scripsit *Itinerarium Terræ Sanctæ.*

GUNTHERUS, Monach. Parisiensis in Helvetia, *de Expugnat. C. Poleos* an. 1204. *tom.* 5. *Canisii part.* 2. *pag.* 358. vix. an. 1210. idem creditur Auctor *Ligurini editi inter Hist. Germ.*

GURDESTINUS, Monach. de Vita S. Winwaloei Abbat. *tom.* 6. *Bol. pag.* 256.

H

HADRIANUS I. PP. ob. 26 Decemb. an. 795. *Habentur ejus Epistolæ in Cod. Carolino, in Concil. etc. Vide Lud. Jacob.*

HADRIANUS II. PP. ob. 1. Novemb. an. 872. *In Concil. tom.* 6. *Canisii pag.* 413. 438.

HADRIANUS III. PP. ob. 9. Maii an. 885. *Vide Synodum VIII.*

HADRIANUS IV. PP. ob. 1. Septemb. an. 1159. *Vide Lud. Jacob.*

HADRIANUS V. PP. ob. 18. Aug. an. 1276. *Vide Nomenclat. Cardinal. et Lud. Jacob.*

HADRIANUS, Cartusiensis, scripsit *de Remediis fortuitorum, edit.* vix. an. 1410. *Vide Sander.* 2. *part. pag.* 42. *etc.*

HAGANO, Episcopus Bergomensis, an. 840. *tom* 2. *Analect. Mabillonii pag.* 81.

HAIMERANUS, Reginaburgensis Præpositus, de scriptoribus Ecclesiasticis, vix. sub Henrico IV. *Aventin.*

HAIMINUS, Mon. S. Vedasti Atrebat. Alcuini discipulus, de Miracul. S. Vedasti *tom.* 3. *Bolland. pag.* 801.

HAIMO, Cantuariensis Archidiaconus, ob. 9. Octob. an. 1054.

HAIMO, Eboracensis Monach. Scriptor Martyrii S. Abbonis Floriacensis, vix. an. 1010.

HAIMO DE FEVERSHAM, Angl. Ord. Min. Minister Generalis, ob. an. 1270. aliis an. 1244.

HAIMO, Halberstadensis Episc. ob. 27. Mart. an. 853. *Vide tom.* 12. *Spicileg. pag.* 27.

HAIMO, Hirsaugiensis Monachus, Scriptor Vitæ B. Willelmi Abbat. Hirsaug. vix. an. 1092.

HALDOINUS, Abbas Monast. Altivillarensis, vix. c. an. 852. *tom.* 1. *Analect. Mabillonii pag.* 416.

HALITGARIUS, Episc. Cameracensis, ob. 25. Jun. an. 830. vel 832. *Ejus pœnitentiale edit. a Canisio tom.* 5. *part.* 2. *pag.* 227. *Menardo in Sacrament. Gregorii M. Morino in lib. de Pœnitentia, tom.* 14. *Bibl. pag.* 926.

HALTAUSIUS, in Calendario Germanico medii ævi.

HANNIBALDUS DE CECCANO, Romanus, Archiep. Neapolitan. Cardinal. ob. an. 1350.

HANNIBALDUS HANNIBALDENSIS DE MOLAVIA, Romanus, Ord. Prædic. Cardinal. ob. an. 1272.

HARIGERUS, Lobiensis Abbas, ob. an. 1007. *tom.* 1. *Hist. Leodiensis pag.* 1. *tom.* 8. *Bol. pag.* 35.

HARIULPHUS, Abbas Aldenburgensis, de Miracul. S. Petri apud Aldenburgum. *Vide Sander. pag.* 225. Duos Hariulphos sequentes ab eo minime distinguendos esse censet Fabricius in Bibl.

HARIULPHUS, scriptor Chronici Centulensis ab an. 625. ad an. 1088. *tom.* 4. *Spicileg. pag.* 419. *tom.* 5. *Boland. p.* 98.

HARIULPHUS, Abbas Aldeburgensis. *Vide Valer. Andr.*

HARMANNUS, Abbas S. Galli, cujus Historia *laudatur ab Eckehardo Jun. c.* 4.

HARTHMANNUS, Monach. S. Galli, *tom.* 5. *Canisii part.* 2. post *pag.* 728. *Vide Conrad. de Fabaria c.* 3.

HASMONIUS, Monach. de Abbrevatione Historiarum, MS.

HEBERNUS, vel HERBERNUS, Turonensis Archiep. de Miraculis S. Martini, etc. vix. an. 887. *Vide Baluz. tom.* 7. *Miscel. pag.* 169. *Sander. part.* 2. *pag.* 217.

HEDDA (S.), vel HEDDIUS, aliis HEADA, Anglus, Wintoniensis Episcop. ob. circa an. 704. *Pits.*

HEDDIUS, cogn. STEPHANUS, Angl. Monachus Cantuar. vix. an. 720. *ejus de Vita S. Wilfridi liber edit. tom.* 5. *SS. Ord. Bened. pag.* 671.

HEDERICUS, Monach. Italus, vix. an. 640.

HEGESIPPUS, de Bello Judaico et Excidio Hierosolymitano, vix. post Constantinum M. *Vide Henr. Valesium ad Ammianum pag.* 108. *et Vossium de Hist. Lat. pag.* 707.

HEGESIPPUS junior. *Vide supra Eugesippus.*

HEIDENRICUS, Hallensis in Saxonia Præpositus, de Cura Pastorali, vix. an. 1137.

HEIMERICUS DE CAMPO, Germanus, Theologus, vix. an. 1438. *Vide Sander. part.* 2. *pag.* 166.

HEISTERIUS, in Institutionibus Chirurgicis.

HELGALDUS, sive HELGAUDUS, Monach. Floriacensis, scripsit Vitam Roberti, regis Franc. *Edit. a Pithœo, et Duchesnio tom.* 3. *Hist.* vix. sub eod. Rege.

HELIAS DE ROPIACO, Monach. Capellanus Henrici, regis Angl. vix. an. 1164. *tom.* 2. *Bibl. Labbei pag.* 237.

HELINANDUS, Monach. Frigidi Montis, vix. sub Philippo Aug. *Ejus Chronic. edit. in Bibl. Cisterciensi.*

HELIZABETH, Abbatissa Schonaugiensis, ob. an. 1165.

HELMODUS, Canonicus Butsoniensis, vix. an. 1168. *Edit. cum Arnoldo Lubecensi.*

HELPERICUS, *Sigeberto c.* 145. CHILPERICUS, Monach. S. Galli, de Computo Ecclesiastico, vix. an. 980. *Vide Analect. Mabillonii tom.* 1. *pag.* 113.

HELVIDUS, Auxentii discipulus, adversus quem scripsit S. Hieronymus, *quem-vide, ut et Gennad.*

HELWICUS, Turingus, auctor *Rationarii Austriæ, etc.* an. 1265. 1275. *tom.* 2. *Bibl. Lambecii pag.* 627.

HEMOALDUS PROVIDUS, Anglus, an. 740.

HENRICUS DE ALEMANNIA, super Ethica. *Vide Sanderum pag.* 199.

HENRICUS DE AMONDIVILLA, Chirurgus Philippi IV. regis Franc. an. 1306. de Chirurgia.

HENRICUS DE ANDERNACO, Carmelita, Theolog. vix. circ. an. 1390.

HENRICUS I. Rex Angliæ, cogn. BELLO-CLERICUS, cujus Leges exstant editæ, ob. an. 1135.

HENRICUS II. Rex Angliæ, ob. an. 1189. *Vide Pitseum.*

HENRICUS DE AQUILA, Germanus, Carmelita, Theol. vix. an. 1330.

HENRICUS, Aquilonipolensis, Poeta, auctor Adolpheidos et Poem. de Primordiis Lubicanæ Urbis, *edit. ab H. Meibomio an.* 1620. vix. circ. an. 1460.

HENRICUS DE ARENA, Anglus, Carmelita, ob. an. 1399. Fabricius emendat 1299.

HENRICUS, Augiæ divitis Abbas, scriptor Vitæ S. Pirminii, vix. an. 1220.

HENRICUS DE BALMA, vel DE PALMA. *Vide Sand. pag.* 171.

HENRICUS BEDERICUS, Angl. Clarensis Monach. Theologus, vix. an. 1380.

HENRICUS BLAUFORDUS vel BLANCFORDUS, ad S. Albanum in Angl. Monach. Histor. *Laudatur a Thoma Walsinghamo an.* 1425. *Edit. ab Hearnio an.* 1729.

HENRICUS Bono, auctor Chronici Gandesheimensis.

HENRICUS BOYCK, Germanus, Carmelita, Croatiensis Episcopus, vix. an. 1360.

HENRICUS BOYK, vel BOUHIC, Brito Armoricus, Leonensis, Decretista, vix. c. an. 1390. scripsit an. 1349.

HENRICUS DE BOYO, Brito, Carmelita, Theol. vix. an. 1450.

HENRICUS DE BRACTON, JC. Angl. vix. sub Henrico Rege an. 1240. *Edit. an.* 1569. *Vide Pitseum et Seldenum ad Fletam c.* 2. § 2.

HENRICUS, Britenawiensis Abbas, Philosophus, Orator et Poeta, vix. an. 1132.

HENRICUS BRUNDSHAW vel BRADSHAUS, Angl. Monach. Bened. scriptor Vitæ S. Uneburgæ [Werburgæ] Virg. vix. an. 1346. [ob. an. 1513.]

HENRICUS DE BRUXELLIS, Monachus Afflighem. Compotista, vix. circ. an. 1310. *Henric. Gandav. et Trith.*

HENRICUS DE CALETO, Ord. Min. Lucanus Episc. Theolog. vix. an. 1316.

HENRICUS CALTEIZENIUS. Vide Henr. *Kalteyzen.*

HENRICUS, Cantuariensis Archiepiscop. an. 1422 *tom.* 12. *Concil. pag.* 343. 350. 439.

HENRICUS CHICHILERUS, S. R. E. Cardinalis, ob. an. 1445.

HENRICUS, Abbas Clarevallensis, deinde S. R. E. Cardi-

nalis, Episcopus Albanus, sub Alexandro III. PP. *Vide tom.* 12. *Baronii.*

HENRICUS I. Abbas Cluniacensis, vix. an. 1308. *in Bibl. Cluniac. pag.* 1542.

HENRICUS A CLINGENBERG, Constantiensis Episc. scriptor Histor. Comitum Habspurgensium, vix. an. 1300.

HENRICUS CONSTANTIENSIS, vix. an. 1368.

HENRICUS COSSEIUS, vel COSTESAIUS, Anglus, Ord. Min. Theolog. ob. an. 1336.

HENRICUS DE COSVELDIA, Teutonicus, Cartusiensis, Theol. ob. an. 1410. *Trith. Sander. part.* 2. *pag.* 173.

HENRICUS CRIATEDUS vel CRIXTEDUS, Anglus, Monach. in Regulam S. Benedicti.

HENRICUS DANIEL, Angl. Ord. Præd. Philosophus, vix. an. 1379.

HENRICUS DE DOLENDORPIO, Carmelita, Theol. vix. an. 1340.

HENRICUS, Archiepisc. Ebredunensis, Cardinal. vulgo *Hostiensis* dictus, vix. an. 1250. Vide infra *Henr. de Segusia.*

HENRICUS DE EIMECK, dictus *Magister Angelus*, Saxo, Theol. ob. an. 1430.

HENRICUS DE ERFORDIA, Mindensis, Ord. Præd. vix. an. 1355.

HENRICUS ESSEBURNUS, Angl. Ord. Præd. vix. an. 1280.

HENRICUS FERRARIENSIS, Ord. Præd. vix. an. 1390.

HENRICUS DE GANDAVO, Archid. Tornacensis, ob. 8. Sept. an. 1293. *Edit. Vide Valer. Andr. et Possevinum.*

HENRICUS DE GAUDA, Teutonicus, Theologus, vix. an. 1435.

HENRICUS GORRICHEN, Germanus, Theol. vix. an. 1430.

HENRICUS GULPEN, Abbas S. Ægidii Nurembergensis, Theol. vix. an. 1417.

HENRICUS DE HACHEMBURG, Ord. Præd. Theol. vix. an. 1400.

HENRICUS DE HANNA, vel DE HARENA, Anglus, Carmel. ob. an. 1299.

HENRICUS HARCLEIUS, Anglus, Theologus, vixi an. 1396.

HENRICUS HARPHIUS, Ord. Min. *Vide Sander. part.* 2. *p.* 137.

HENRICUS DE HUDA, Angl. Ord. Min. vix. an. 1350.

HENRICUS HUNTINDONENSIS, Archidiac. Lincolniensis, vix. an. 1150. *Exstat inter Histor. Anglic. Adde tom.* 8. *Spicileg. pag.* 178. *et Cod. Reg.* 511. *Vide Pitseum et alios.*

HENRICUS IV. Imper. ejus Epistolæ aliquot editæ a *Reinneccio, cum illius Vita*, ob. an. 1106.

HENRICUS ISNENSIS, Abbas Benedictinus in Suevia, vix. an. 1348.

HENRICUS KALKARIENSIS, cogn. ÆGER, Cliviensis, Cartusianus, vix. an. 1408.

HENRICUS KALTEYZEN, Confluentinus, Ord. Præd. Archiep. Nidrosiensis et Cæsariensis, vix. an. 1433. ob. an. 1465. *tom.* 4. *Canisii part.* 2. *pag.* 1. *tom.* 12. *Concil. pag.* 1249.

HENRICUS KNYGHTON, Angl. Canonicus Regularis Leicestrensis, *cujus Historia edita inter Histor. Anglic. an.* 1652. vix. an. 1395. *Vide Selden. in Præfat. pag.* 47.

HENRICUS DE LANGENSTEIN, dictus *de Hassia*, Teutonicus, Theolog. ob. an. 1428.

HENRICUS DE MALINIS, scripsit Speculum Divinorum, *in Bibl. Victor.*

HENRICUS, Marionowensis, Germanus, Carmelita, Episcopus, vix. an. 1440.

HENRICUS MAUNSFELDIUS, Angl. in Boetium.

HENRICUS A MONTEJARDINO, Genuensis, Ordin. Minor. Theolog. vix. an. 1350.

HENRICUS OXONIENSIS, Angl. Ord. Min.

HENRICUS, Rebdorffensis Monachus, annales ab

an. 1295. ad an. 1362. quo vixit, perduxit. *Edit. a Frehero.*

HENRICUS Rosla, Nienborgensis, Saxo, vix. an. 1287. *Edit. a Meibomio an.* 1652.

HENRICUS, Saltereiensis in Anglia Monachus, vix. an. 1140.

HENRICUS de Segusia, Ord. Præd. Gallus, Archiepisc. Ebredun. deinde Cardinalis Ostiensis, ob. an. 1281. Ejus est *Summa*, quæ vulgo *Ostiensis* dicitur.

HENRICUS Selderus, an. 1340. *In Cod. Reg.* 1090.

HENRICUS, Archiepiscop. Senonensis, an. 1132. *tom.* 3. *Spicileg. pag.* 158.

HENRICUS de Snikenberg, de Sphæra, etc. *Vide Sander. pag.* 193.

HENRICUS Stain, Utinensis Præpositus, Histor. *Vide Aventin. lib.* 4.

HENRICUS Stephani, ejus Thesaurus Græcus.

HENRICUS Steronis, Monach. Altahensis, scripsit annales ab an. 1152. ad an. 1273. *tom.* 1. *Canisii pag.* 279. *et apud Freher.*

HENRICUS Suinesius, Glasconiensis Abbas, Poeta, vix. an. 1190.

HENRICUS Suso, Suevus, Ord. Præd. ob. 23. Jan. 1365.

HENRICUS Theuto, Ord. Præd. Alberti M. discipulus vix. an. 1290.

HENRICUS, Canonicus Tornacensis, scriptor Vitæ Eleutherii Episcop. Tornac. circ. an. 1140.

HENRICUS, ex Scholastico Trevirensi Episcop. Vercellensis, vix. sub Gregorio VII. *Sigebert. c.* 160.

HENRICUS de Verlis, Teutonicus, Ordin. Minor. Theolog. vix. an. 1390; 1440. ex emendatione Fabricii.

HENRICUS de la Vile, Anglus, Philosophus.

HENRICUS de Vrimaria, Augustinianus, Theologus, vix. an. 1340.

HENRICUS Vrimarius, seu Frimarius, Thuringus, Augustin. *Edit.*

HENRICUS Wichinghamus, Angl. Carmelita, Theologus, ob. 2. Mart. an. 1447.

HENRICUS, Wintoniensis Episcopus, circ. an. 1190. scripsit *de Inventione corporis Arthuri.*

HEPIDANNUS, Mon. S. Galli, vix. an. 1072. ut ipse testatur in Præfat. ad Vitam S. Wiboradæ. *Edidit Goldastus, et ex eo Duchesn. tom.* 3. *Histor. Franc. pag.* 141.

HERARDI, Turonensis Archiepiscopi, Capitula, *tom.* 8. *Concil. pag.* 637. vix. an. 866.

HERBERNUS. Vide supra Hebernus.

HERBERTUS, Turrium Sardiniæ Archiepiscopus, de Miracul. *edit. a P. Chiffletio in S. Bernard.* vix. an. 1178.

HERBORDUS, Scholasticus, scripsit Vitam S. Ottonis Bamberg. Episcopi, *apud Gretzer. in Divis Bamberg.*

HEREBERTUS Boshamus, Anglus, scriptor *Vitæ S. Thomæ Cantuar.* vix. an. 1181.

HEREMPERTUS, Lozinga, Trifordiensis Episcop. ob. an. 1120.

HEREMPERTUS, auctor Hist. Longobardicæ, *edit. a Caracciolo an.* 1626.

HERENUS de Boio, Armoricus, Carmelita, Theologus, vix. circ. an. 1330.

HERICUS, Monac. Altisiodor. vix. sub Carolo C. *tom.* 1. *Bibl. Labbei pag.* 531. *Vide tom.* 1. *Analect. Mabillonii pag.* 413. 415. *Vide Codd.* 547, 632. 633. *Bibl. Sangerman.*

HERIGERUS, Abbas Laubiensis, cujus sunt Gesta Episcoporum Leodicens. ob. an. 1107. *Val. Andr.*

HERIMANNUS, Abbas S. Martini Tornacensis, scriptor

Historiæ ejusdem Monast. ad an. 1160. *tom.* 12. *Spicileg. pag.* 358.

HERIVEUS, Remensis Archiepiscop. Caroli Simplicis Cancellarius, obiit an. 922. *tom.* 17. *Bibl. Patr. pag.* 246.

HERMANNUS, scripsit de Astrolabio, etc. *Vide Sander. pag.* 199. Idem qui mox *Hermannus Contractus. Vide Fabr. Bibl.*

HERMANNUS, Altaichiensis Abbas, scripsit de Rebus Bavaricis. *Laudantur ab Aventino.*

HERMANNUS, Augustanus, Ord. Præd. Theol. vix. an. 1355.

HERMANNUS Brucher, Northusianus, Ordin. Min. vix. an. 1376.

HERMANNUS de Campo-Veteri, Westphalus, Ord. Cisterciensis, vix. an. 1440.

HERMANNUS, Monach. Cisterciensis Ordin. vix. an. 1440.

HERMANNUS Contractus, Monachus S. Galli, vix. an. 1040. *Ejus Chronicon edit. a Canisio tom.* 1. *et aliis.*

HERMANNUS, Eremitarum in Noricis, seu Waldsassensis Abbas, Theolog. vix. an. 1214. Laudatur ab Ægid. Gelenio in Colonia.

HERMANNUS de Lerbeke, Ordin. Præd. Auctor. Chronici. Comitum Schawenburgensium, *editi ab H. Meibomio an.* 1620. vix. an. 1414.

HERMANNUS, Mindensis, Ord. Præd. vix. an. 1270. a præcedente neutiquam diversus, auctore Fabricio.

HERMANNUS, Monach. de Miraculis S. Mariæ Laudun. ad Bartholomæum Episc. Laudun. *edit. post Guibertum p.* 526.

HERMANNUS Neuvalds, de Proba aquæ frigidæ.

HERMANNUS de Petra, Ord. Cisterc. ejus Sermones. *Vide Sander. pag.* 314.

HERMANNUS de Saxonia, Ordin. Min. de Casib. conscientiæ.

HERMANNUS de Schildis, Augustinianus, Theolog. vix. an. 1340.

HERMANNUS Petra de Stutdorp, Cartusiensis, Theologus, ob. an. 1428.

HERMIAS, Philosoph. Christianus, Græce scripsit, cujus versio Latina exstat *tom.* 4. *Bibl. Patr.*

HEROLDUS, Hirsaugiensis Monachus, de Laude Martyrum, vix. an. 1149.

HERRANDUS, aliis Stephanus, Germanus, Abbas Ilsemburgensis, al. Episcopus Halberstadensis, ob. an. 1107. *Vide Trith.*

HERVARDUS, Archidiac. Leodicens. vix. an. 1200. *tom* 2. *Analect. Mabillonii pag.* 536.

HERVEUS, Dolensis Monach. in Isaiam, ad Joan. Abbat. Dolensem, MS. vix. an. 1130.

HERVEUS Natalis, Armoricus, Ord. Præd. Prior Gener. ob. Narbonæ an. 1325. *Vide Sander.* 2. *part. pag.* 39. *Bellarm.*

HESSO, Scholasticus. vix. an. 1120. *edit. a Tengnagelio cum Domuizone an.* 1612.

HETTO, Abbas Augiensis, deinde Episcopus Basileensis, vix. an. 924. *tom.* 5. *SS. Ord. Bened. pag.* 263.

HIEREMIÆ Judicis, Compendium Moralium notabilium. *Vide Sander. pag.* 225. Idem cum sequente.

HIEREMIAS de Montanione, Patavinus JC. scripsit Compendium sapientiæ, ob an. 1300. *Scardeon Sander. pag.* 199.

HIERONYMUS Magius, in Miscellaneis suis.

HIERONYMUS de Monte Brixiano, de Finibus regundis.

HIERONYMUS Otho, Perpiniacensis, Carmelita, Episcop. Elnensis, vix. an. 1420.

HIERONYMUS, Pragensis, Eremita Camaldulensis, de Vita S. Romualdi, ob. an. 1440. *tom.* 4. *Bolland. pag.* 124.

HIERONYMUS ᴀ Sᴀɴᴄᴛᴀ Fɪᴅᴇ, ex Judæo Christianus. sæc. XV. *tom.* 26. *Bibl. Patr. pag.* 528.

HIERONYMUS ᴅᴇ S. Mᴀʀᴄᴏ, Anglus, Ord. Min. Philosophus.

HIERONYMUS (S.), Stridoniensis, Presbyter, ob. 30. Septembr. an. 420.

HIERONYMUS Vᴀʟʟᴇɴsɪs, Patavinus, Poeta, vix. an. 1443.

HIERONYMUS Vɪᴛᴀʟɪs, in Lexico mathematico.

HIERONYMUS Zᴀɴᴇᴛᴛɪ, in Dissert. de Origine et antiquitate monetæ Venetianæ, an. 1750.

HIGINUS, auctor *Prædestinati*, ut ex Hincmaro et aliis quidam volunt. *Edit. a Sirmondo, et tom.* 27. *Bibl. Patr. p.* 543.

HILARIUS (S.), Archiepisc. Arelat. ob. 5. Maii an. 454 vel 449. *Edit. seorsim, et tom.* 2. *Bol. pag.* 17.

HILARIUS (S.), Pictavensis Episcopus, ob. 13. Jan. an. 367. aut seq.

HILARUS (S.) PP. ob. 10. Sept. an. 467. *in Concil.*

HILDA, Abbatissa, in *Heretheu*, in Anglia, obiit anno 680.

HILDEBERTUS, Moguntinus Archiep. vix. anno 938. scripsisse dicitur aliquot Vitas Sanctorum.

HILDEBERTUS Episcopus Cenomanensis, deinde Archiepisc. Turonensis, ob. 18. Decemb. an. 1139. *Vide tom.* 4. *Spicileg. pag.* 244. *tom.* 13. *in Append. pag.* 260. *tom.* 1. *Analect. Mabillonii pag.* 293. *Bibl. Cluniac. pag.* 414. *tom.* 21. *Bibl. Patr. etc. tom.* 9. *Bol. pag.* 83. *tom.* 11. *pag.* 634.

HILDEFONSUS, Archiep. Toletanus, vix. an. 662. *tom.* 12. *Bibl. Patr. tom.* 1. *Spicileg. p.* 310.

HILDEGARDIS, Abbatissa S. Ruperti in diœcesi Moguntina, cujus extant Revelationes, ob. an 1180. *Vide Chron. MS. Alberici an.* 1140. 1153. 1169. 1170. *Trith. et Sander. part.* 2. *pag.* 168. *tom.* 23. *Bibl. Patr. pag.* 535.

HILDEGARIUS, Episcop. Meldensis, vix. sub Carolo C. *tom.* 2. *SS. Ord. Bened. pag.* 610.

HILDEMARUS, in Regulam S. Bened. *in Bibl. Sangerman. Cod.* 667.

HILDERICUS, Pauli Diaconi Aquileiensis auditor, Abbas Casinensis, ob. an. 834. *Vide Petr. Diacon. etc.*

HILDUINUS, Anglus, Theologus.

HILDUINUS, Abbas S. Dionysii, cujus exstant *Areopagitica*, obiisse dicitur 30. Oct. an. 842.

HILDUINUS, Abbas Laubiensis, deinde Episcop. Veronensis, et Archiepiscop. Mediolan: scripsit Gesta Abbat. Laubiensium, vix. an. 920.

HILOWARDUS, Episcop. Halberstadensis, vix. an. 990. *tom.* 1. *Bibl. Labbei pag.* 682.

BILLINUS, Monachus Corbeiensis, de Martyrio S. Foliani.

HINCMARUS, Episcop. Laudunensis, vivebat adhuc an. 868. *Edit. cum Hincmaro Remensi.*

HINCMARUS, Archiepisc. Remensis, ob. 23. Dec. an. 882. *Edit. a Sirmondo* 2. *tom. Vide præterea Concilia Labbei tom.* 8. *pag.* 568. 1732. 1901. *etc. tom.* 2. *Spicileg. pag.* 882.

HIPPOLYTUS, Florentinus, Ord. Min. scriptor Miraculor. S. Æmilianæ de Circulis, vix. an. 1248.

HIPPOLYTUS, Portuensis Episcopus, seu Martyr, vix. an. 229. *apud Bucherium in Canone Paschali pag.* 289.

HOELI Boni, Principis Walliæ, Leges, *tom.* 9. *Concil. p.* 600. *et in Concil. Anglic.* vix. an. 940.

HOMOBONUS, Cremonensis Episc. an. 1223. *tom.* 7. *Bolland. pag.* 753.

HONORATUS, Constantinæ in Africa Episcopus. *Gennad.*

HONORATUS, Massiliensis Episcop. scriptor Vitæ S. Hilarii Arelat. etc. *Gennad.*

HONORIUS (S.) I. PP. ob. 11. Oct. an. 638. *Vide Concil. et tom.* 12. *Bibl. Patr.*

HONORIUS II. PP. ob. 14. Febr. an. 1130. *Vide Concilia.*

HONORIUS III. PP. ob. 18. Mart. an. 1227. *De ejus Epistolis aliisque scriptis, vide Lud. Jacob.*

HONORIUS IV. PP. ob. 11. April. 1287. *Vide Lud. Jacob.*

HONORIUS, Augustodunensis, cogn. Soʟɪᴛᴀʀɪᴜs, quibusdam Scholasticus, aliis Presbyter, aliis denique Abbas Ord. S. Benedicti dictus, vix. an. 1130. secundum al. an. 1220. *Ejus Opera edita ab Andr. Schotto, et tom.* 20. *Bibl. Patr. p.* 963.

HONORIUS, Monachus Anglus, vix. an. 1090.

HONORIUS, Scholasticus, vix. sæculo VI. *tom.* 1. *Analect. Mabillonii pag.* 367.

HORATII vetus Interpres, a Cruquio editus an. 1579.

HORMISDA (S.) PP. ob 6. Aug. an. 523. *Vide Concilia.*

HROSWITA, Monialis Gandersheimensis, vix. sub Ottone M. Imp. *Ejus Opera edita an.* 1501.

HUBERTINUS ᴅᴇ Cᴀsᴀʟɪ, Ord. Minor. deinde Cartusiensis, vix. an. 1300.

HUBERTUS ᴅᴇ Bᴏʙɪᴏ, JC. vix. circa an. 1230.

HUBERTUS ᴅᴇ Bᴏɴᴀᴄᴜʀsᴏ, Ital. JC. vix. c. an. 1230.

HUBERTUS Gᴜᴀʟᴛᴇʀᴜs, Anglus, Cantuariensis Archiepiscop. ob. an. 1205.

HUBERTUS, scriptor Vitæ S. Gudilæ Virg. vix. post an. 1047. *Bolland. tom.* 1. *pag.* 514.

HUBERTUS, Ord. Præd. in Regulam S. August. *In Bibl. Victor.*

HUCARIUS, Levita, Anglus, Cornubiensis, vix. an. 1040.

HUCBALDUS, Elnonensis Monach. ob. 1. Jul. an. 937. vel 930. *Edit. tom.* 2. *Bolland. pag.* 1040. *tom.* 2. *SS. Ord. Bened. pag.* 710. 937. *Vide Sigeb. c.* 107. *Trith. Val. Andr. Vossium, etc.*

HUGO, Argentoratensis, Ord. Præd. Theol. vix. an. 1296.

HUGO Aᴛʀᴀᴛᴜs, Anglus, S. R. E. Cardinalis, ob. an. 1287.

HUGO Bʟᴀɴᴄᴜs, Tridentinus, Cardinalis, vix. sub Clemente III. Antipapa.

HUGO Cᴀɴᴅɪᴅᴜs, anglice Wɪᴛʜᴇ, Anglus, Petroburgensis Monachus, vix. an. 1217.

HUGO, Carnotensis, circa an. 1055. scripsit adversus Adelmannum Brixiensem Episcopum.

HUGO ᴅᴇ Cᴀsᴛʀᴏɴᴏᴠᴏ, Ord. Min. dictus *Defensor Doctoris Subtilis*, Theolog. circa an. 1315.

HUGO ᴅᴇ Cʟᴇᴇʀɪs, Miles, de Majoratu et Seneschallia Franciæ, etc. vix. sub Ludov. VI. reg. Franc. *Edit. in Notis ad Gauffrid. Vindocin. et tom.* 4. *Hist. Franc.*

HUGO, Abbas Cluniacensis. *Bibl. Clun. pag.* 491. *tom.* 2. *Spicil. pag.* 401. 447. *etc.*

HUGO III. Abbas Cluniac. an. 1157. *tom.* 2. *Spicil. pag.* 400.

HUGO V. Abbas Cluniac. ab. an. 1199. ad 1236. *Bibl. Cluniac. pag.* 1458.

HUGO, Compostellanus Archidiac. de Translat. S. Fructuosi, etc. *tom.* 10 *Bolland. pag.* 436.

HUGO ᴅᴇ Dɪɴᴀ, Gallus, Ord. Min. vix. an 1280.

HUGO ᴅᴇ Dɪᴛᴛᴏɴᴀ, vel Dᴜᴄᴛᴏɴᴀ, Anglus, Ord. Præd. Theolog. vix. an. 1340.

HUGO Eᴛʜᴇʀɪᴀɴᴜs, Tuscus, vix. an. 117.. in *Bibl. Patr. tom.* 22. *pag.* 1176.

HUGO Fᴀʟᴄᴀɴᴅᴜs, de Calamitatib. Siciliæ a Rogerio Comite Siciliæ ad Guillelmum II. Reg. sub quo vix. *Edit. a Tornaceo et a Murat. tom.* 7. *Script. Ital.*

HUGO Fᴀʀsɪᴛᴜs, de Miracul. S. Mariæ Suession. vix. an. 1132. *Edit. a Mich. Germano Bened. cum Hist. ejusdem Monasterii.*

HUGO, Abbas Flaviniacensis, antea Mon. S. Vitoni Virdun. scripsit Chronicon, quod vulgo Virdunense inscribitur, quod perduxit ad an. 1102. quo vixit, *edit. tom.* 1. *Bibl. Labbei, p.* 75.

HUGO, Floreffiensis, Ord. Præmonst. vix. an. 1227. *Bolland. tom.* 1. *pag.* 863. *vide Valer. Andr.*

HUGO, Floriacensis Monach. scripsit Chrou. *edit. tom.* 3. *Hist. Franc. pag.* 142.

HUGO DE FOLIETO, Gallus, Prior S. Laurentii in Agro Ambian. ex Monacho Corbeiensi Cardinal. vix. an. 1120. *Cod. Reg.* 1830. *Trith. Sander. pag.* 191. 224.

HUGO FRANCIGENA, Mon. Salvaniensis circa an. 1170. de Exordio ejusd. Monast. *tom.* 3. *Miscel. Baluz. pag.* 205.

HUGO DE HIBERNIA, Ord. Min. vix. an. 1360.

HUGO KIRKESTEDUS, Monach. Ord. Cisterc. Hist. vix. an. 1220.

HUGO LEGATTUS, ad S. Albanum Monachus, Architrenii et Boetii Commentator, vix. an. 1400.

HUGO Lingonensis Episcop. vix. au. 1031. *Edit. post Lanfrancum Acherii, et tom.* 18. *Bibl. Patr. Vide Cod. Reg.* 1831. *et Sangerman.* 588.

HUGO, Archiep. Lugdunensis, au. 1094. *tom.* 5. *Spicil. p.* 552.

HUGO MANCHESTRENSIS, Angl. Ord. Præd. Theol. vix. an. 1294.

HUGO MATISCONUS, Anglus, de Gestis Clarorum Militum, MS.

HUGO METELLUS, Canonic. Regularis, vix. ætate S. Bernardi.

HUGO DE MIROMARI, Archidiac. Magalon. dehinc Cartusianus, circa an. 1220. de Miseria Hominis, *in Cod. Thuano* 73.

HUGO, Mitisconensis (male pro Matisconensis) de Gestis Militum memorabilibus lib. 8 metrice. *Sander. pag.* 185.

HUGO NARBONENSIS, Ord. Min. Theologus.

HUGO NOVANTUS, Neustrius, Coventriensis Episc. ob. an. 1098. *Vide Vossium de Hist. Lat. pag.* 782.

HUGO DE NOVOCASTRO, Dunelmensis, Ord. Min. Theolog. vix. anno 1284. Idem qui supra *de Castronovo.*

HUGO DE ORCHIIS, Auctor libri quem inscripsit *Musa*, in hac voce.

HUGO A PALMA, Cartusianus, de Triplici via, etc.

HUGO PANCERA, Ord. Min. de Contemptu Mundi, vix. an. 1312.

HUGO DE PETRIBURGO, Anglus, Historic. Vide supra *Hugo Candidus.*

HUGO, Pictavinus, scriptor Hist. Vezeliacensis ab an. 846. ad an. 1147. *tom.* 3. *Spicil. pag.* 468.

HUGO, Portugalensis Episc. Historic. *cujus meminit Vasæus c.* 4.

HUGO, Præmonstratensis Abbas primus, scripsit Vitam S. Norberti. *Edit. a Surio* 17. *Jul.*

HUGO DE PRATO, Etruscus, Ordin. Min. vix. an. 1312.

HUGO, Prior S. Jacobi Paris. in Genesim, *ex Bibl. Victor.*

HUGO, Readingensis Abbas, vix. an. 1181.

HUGO, Rotomagensis Archiep. ob. an. 1164. *Edit. post Guibertum Acherii pag.* 690. *et tom.* 22. *Bibl. Patr.*

HUGO DE S. CARO, seu DE S. THEODORICO, Ord. Præd. vulgo dictus *Hugo Cardinalis*, obiit 19. Mart. an. 1260.

HUGO DE S. LAURENTIO, ejus Columba deargentata laudatur. *Vide supra Hugo de Folieto.*

HUGO DE S. NEOTO, Angl. Carmel. Theol. ob. an. 1340.

HUGO A S. VICTORE, natione Saxo, ob. 11. Febr. an. 1140. *Henr. Gandav. Trith. Bellarm. etc.*

HUGO SEGUINUS, Ord. Præd. Archiep. Lugdun. et Cardin. ob. an. 1328.

HUGO, Senensis, Italus, Medicus, vix. an. 1430.

HUGO, Archidiac. Turonensis, sub Roberto Rege, *tom.* 2. *Analect. Mabillonii pag.* 439. *Vide Bibl. Labbei pag.* 200.

HUGO, Sletstadensis, vix. circ. an. 1400.

HUGO SOTOVAGINA, Eboracensis Archidiaconus.

HUGO SUETHUS, Anglus, Ord. Præd. Theologus, sæculo XV.

HUGO VIRLEIUS, Anglus, Carmel. Theolog. vix. an. 1344.

HUGOLINUS, JC. vix. c. an. 1190.

HUGOLINUS, Patriarcha Constantinop. August. vix. an. 1290.

HUGOLINUS DE SANCTA MARIA IN MONTE, Picenus, Ord. Min. *Wadd.*

HUMBERTUS V. Generalis Præd. ob. an. 1276. *tom.* 25. *Bibl. Patr. pag.* 424.

HUMBERTUS, Abbas Præliacensis, in lib. 4. Senten. vix. an. 1377. *Vide Sander. pag.* 168. *part.* 2. *pag.* 217.

HUMBERTUS, Silvæ Cancidæ Episcopus, Cardin. Monach. Tullensis, vix. an. 1054. *tom.* 11. *Buronii, tom.* 6. *Canisii pag.* 114. *tom.* 18. *Bibl. Patr.*

HUMELBERGIUS ad Serenum Sammonicum.

HUMFREDUS, Glocestrensis Dux, et Pembrochiæ Comes, ob. an. 1447.

HUNFREDUS NECTONUS, Angl. Carmelita, Theol. ob. an. 1303.

HUNFREDUS WANLEIUS de Antiquit. Literarum Septentrional.

HUNIBALDUS, *cujus Francorum Historia dubiæ fidei circumfertur*, vix. sub Justino juniore.

HYGINUS, Gromaticus. *Edit. a Scriverio et Rigaltio.*

HYGINUS (S.) PP. ob. 11. Jan. an. 158. *Vide Concil.*

I

JACOBUS, Alexandrinus Ord. Min. Philosophus, idem forte, qui infra, *Jacobus de Blanchis.*

JACOBUS DE ALTAVILLA, Abbas Ebirbacensis, Ord. Cisterc. vix. an. 1360. *Vide Trith. Sander. pag.* 168. *etc.*

JACOBUS, cogn. ANGLICUS, Ord. Cisterc. vix. an. 1270.

JACOBUS AQUINAS, Ord. Præd. scripsit contra Guillelmum de S. Amore.

JACOBUS I. Rex Aragon. edidit an. 1247. *Foros regni Aragonum*, in urbe Oscæ. *Edit. cum Foris Aragon. an.* 1624. *etc.*

JACOBUS DE ARENA, Parmensis, JC. vix. an. 1300.

JACOBUS, Atrebas, Abbas S. Martini in diœcesi Camerac. vix. an. 1220. *Valer Andr.*

JACOBUS AURIAS, in Annal. Genuens. *apud Murat. tom.* 6. *Script. Ital.*

JACOBUS BALDUINI, JC. Odofredi auditor, vix. an. 1240.

JACOBUS DE BELVISIO, vel DE BELLOVISO, JC. vix. an. 1270.

JACOBUS DE BENEDICTIS, dictus JACOPONUS, Tudertinus, Ord. Min. ob. an. 1306. *Vide Cod. Reg.* 880.

JACOBUS BERTALDUS, Vegiensis Episcop. scripsit Jus Consuetudinarium Reip. Venetæ an. 1245. *Vide Lambec. lib.* 2. *de Bibl. Cæsar. pag.* 953.

JACOBUS DE BLANCHIS, sive DE ALBIS DE ALEXANDRIA, Ord. Min. vix. sub Roberto rege Siciliæ. Idem forte, qui supra *Jacobus Alexandrinus.*

JACOBUS BOURGOING, de Origine et Usu vulgarium vocum.

JACOBUS BRACELLIUS, Genuensis, Auctor *Histor. Belli Hispaniensis*, etc. vix. sub an. 1440.

JACOBUS A BRUGIS, Flander, Carmelita, vix. an. 1310. *Valer. Andr.*

JACOBUS DE BUTRIGARIIS, JC. Bartholi Præceptor, vix. an. 1320.

JACOBUS CAJETANUS DE STEPHANESCIS, Romanus, S. R. E. Card. scripsit Vitam S. Petri Celestini PP. et Coronationem

Bonifacii VIII. PP. ob. an. 1343. *Vide Bzovium in Bonif. et tom.* 25. *Bibl. Patr. pag.* 936.

JACOBUS, Caroliloci Abbas, scripsit Quodlibeta, etc. *in Bibl. Victor.* Idem f. qui infra *Jacobus de Thermis.*

JACOBUS DE CESSULIS, Ordin. Præd. vix. an. 1295. *In Bibl. Reg. Vide Lambec. lib.* 2. *de Bibl. Cæsar. pag.* 848.

JACOBUS COLUMNA, Ord. Præd. Auctor Chronici ad an. 1340. Male, ut monet Fabricius, pro *Joannes de Columna.* Vide infra.

JACOBUS DE DELAYTO, in Annal. Estensibus ab an. 1393. ad 1409. *tom.* 8. *Script. Ital. Murat.*

JACOBUS DE DONDIS, Patavinus, Medicus, dictus *Aggregator,* vix. an. 1355.

JACOBUS, Forliviensis, Medicus, vix. an. 1430.

JACOBUS DE FURNO, alias FORNERII, Cardin. ob. an. 1342. *Vide Hist. Academ. Paris. tom.* 4. *pag.* 994.

JACOBUS GELU, Archiep. Turon. an. 1414. in Vita sua, *tom.* 3. *Anecd. Marten. col.* 1947.

JACOBUS GOTHOFREDUS, ad Codicem Theodosianum.

JACOBUS GRUITROEDIUS, Leodiensis, Cartusiensis Theolog. ob. an. 1472. *Vide Sander. part.* 2. *pag.* 81. *Valer. Andream, etc.*

JACOBUS GUISIUS, Ordin. Min. *cujus sunt Annales Hannoniæ,* MSS. ob. an. 1398.

JACOBUS HENRICUS DE ALBA, Italus, Ord. Min. vix. an. 1340.

JACOBUS HENRICUS BORN, in Commentariis. *Lipsiæ an.* 1742.

JACOBUS IZELGRINUS, Ordin. Min. de Rhetorica. *Vide Sander. pag.* 204.

JACOBUS LAUDENSIS, Ord. Min. Theolog. vix. an. 1350.

JACOBUS DE LAUSANNA, Ord. Præd. vix. circa an. 1370. *Trith. Possevin. Vide Sander.* 2. *part. pag.* 135. 181. *et Cod. Sangerman.* 242. 435.

JACOBUS A LEOCATO, Siculus, Carmelita, Theolog. circa an. 1490.

JACOBUS DE LOBEL, Insulensis, in Historia Plantarum.

JACOBUS MAGNI, Toletanus, [Tolosanus, ex emendatione Fabricii], August. vix. an. 1415.

JACOBUS MALVETIUS, Brixiensis, Medicus, vix. an. 1432. Exstat ejus Chronicon, *tom.* 14. *Script. Ital. Murat.*

JACOBUS E MEVANIA, Ord. Præd. ob. an. 1301.

JACOBUS DE MUMEIO, JC. *in Bibl. Victor.*

JACOBUS ODO, *Perusinus*, Ord. Min. Auctor *Francischinæ,* etc.

JACOBUS DE OSANA, Ordin. Præd. ob. an. 1314. Idem videtur qui supra *de Lausanna.*

JACOBUS DE PARTIBUS, Canonicus Tornacensis et Parisiensis, Medicus, vix. sub Carolo VII. rege Francor. *Vide Lindenum.*

JACOBUS PASSAVANTIUS, Florentinus, Ord. Præd. ob. an. 1357.

JACOBUS PICININUS, Dux Venetus, in Comment. rerum ab ipso gestarum an. 1452. *tom.* 20. *Script. Ital. Murat.*

JACOBUS, Presbyter, de Miracul. S. Zenonis Episc. Veron. *tom.* 10. *Bolland. pag.* 76.

JACOBUS DE RAVENNA, Locharingus, JC. vix. an. 1300.

JACOBUS REBUFFUS, JC. Gallus, ob. 21. Mart. anno 1428.

JACOBUS RICKIUS, JC. de Defensione probæ aquæ frigidæ, etc.

JACOBUS DE S. ANDREA, Senensis, Ordin. Prædic. Theolog. vix. an. 1262.

JACOBUS SCALZA, Urbevetanus, vix. an. 1262.

JACOBUS DE SENIS, cogn. DE TUNDO, Ord. Min. Histor. vix. an. 1330.

JACOBUS SOLDIUS, Florentinus, Ord. Servorum, Theolog. ob. an. 1440.

JACOBUS SUEDORICUS, Germanus, Ordin. Minor. vix. an. 1439.

JACOBUS DE SUSATO, Ord. Præd. Histor. vix. circ. an. 1415.

JACOBUS DE THERAMO, Aversanus Archidiacon. vix. an. 1390. *Trith. Vide Sander. part.* 2. *pag.* 38. 39.

JACOBUS DE THESSALONIA, Ord. Præd. vix. circ. an. 1410.

JACOBUS DE THERMIS, Abbas Caroli-Loci, Diœces. Silvanect. vix. an. 1312. *Vide Sander. part.* 2. *pag.* 106.

JACOBUS DE VITERBIO, Neapolitanus Archiepisc. August. vix. an. 1310.

JACOBUS A VITRIACO, Episcopus Acconensis, et Cardin. ob. 30. April. 1244. *Vide Marten. tom.* 3. *Anecd. pag.* 268.

JACOBUS DE VORAGINE, Ord. Præd. Archiepisc. Genuensis, ob. an. 1294. al. 1298.

JACOBUS WILLELMUS IMHOFF, in Genealogiis, etc.

JACOBUS ZINIDOLUS, Placentinus, Ordin. Prædic. Theolog. vix. an. 1420.

JANUARIUS NEPOTIANUS, Breviator Valerii Maximi. *Vide tom.* 1. *Bibl. Labbei pag.* 669.

JANUS FREY, in libro cui titulus: *Admiranda Galliarum, Paris. an.* 1628.

JANUS GUILLELMUS LAURENBERGIUS, in Antiquario, *Lugdun. an.* 1622.

JANUS A SUOLA, JC. et Theolog. vix. an. 1331.

JAROSLAUS, Canon. Præmonst. Bohemus, scripsit Hist. Bohem. vix. an. 1160.

IDACIUS CLARUS, Episcop. Hispanus, vix. an. 386. *tom.* 5. *Bibl. Patr. pag* 726. *Vide Isid.*

IDACIUS, Lemicensis, Aquarum Flaviarum Episcopus, Chronicon perduxit ad. an. 467. *Edit a Sirmondo, Labbeo, etc.*

IDALUS, Episcopus Barcinonensis, an. 680. *tom* 1. *Spicileg. pag.* 316.

IDIOTA, Liber sic inscriptus, cujus auctor post an. 800. vixisse dicitur. *Vide Raimundus Jordanis* in Bibl. Fabricii.

JESSE, Episcopus Ambianensis, vix. an. 802. *in Bibl. Patr. tom.* 14. *pag.* 67.

IGLACUS, Monach. Anglus, de Vita Sigwini Abbat. vix. an. 740.

IGNATIUS MARIA COMI, in Opusculis Philologicis, *Venet. an.* 1733.

ILDEFONSUS (S.), Archiepisc. Toletanus, ob. 23. Jan. an. 667. vel 669.

ILTUTUS, seu ELGUTUS, Morganensis, Britannus, vix. an. 520.

IMBRICO, Herbipol. Episc. ob. an. 1309, [1147.] *Miræus.*

INAS, Anglorum Occidentalium Rex, *cujus Leges Latine habentur apud Bromptonum, Spelmann. Lambardum in Concil. etc.* ob. an. 724.

INGELRANNUS, Abbas Centulensis, vix. an. 1035. *tom.* 2. *SS. Ordin. Bened. pag.* 201. *tom.* 11. *Boland. pag.* 459.

INGOBERTUS, Caroli M. scriba. *Vide Alemannum de Lateranensibus Parietinis pag.* 116. 123. 134.

INGULFUS, Londiniensis, Croylandensis Abbas, cujus monasterii Historiam scripsit. *Edit. inter Histor. Angl.* ob. an. 1109.

INNOCENTIUS I. (S.) PP. ob. mense Jul. an. 417. *Vide Concilia.*

INNOCENTIUS II. PP. ob. 24. Sept. an. 1143. *Vide Concil. tom.* 2. *Spicileg. a pag.* 458. *et Lud. Jacob.*

INNOCENTIUS III. PP. ob. 16. Jul. an. 1216. *Ejus Opera seorsim edita.*

INNOCENTIUS IV. PP. ob. 13. Decemb. an. 1254. *Ejus Opera seorsim edita.*

INNOCENTIUS V. PP. ob. 22. Jun. an. 1276. *Ejus Opera seorsim edita.*

INNOCENTIUS VI. PP. ob. 12. Sept. an. 1362. *De scriptis, vide Nomenclat. et Lud. Jacob.*

INNOCENTIUS VII. PP. ob. 6. Novemb. an 1406. *De scriptis, vide Lud. Jacob. etc.*

INNOCENTIUS, Agrimensor, vix. sub Constantio, edit. *a Rigaltio. Vide Ammianum.*

JOACHIMUS, Abbas Florensis in Calabria, vix. an. 1201. *Vide Chron. MS. Alberici hoc anno et Trith.*

JOANNES I. (S.) PP. ob. 21. Maii an. 526. *Vide Concilia.*

JOANNES II. (S.) PP. ob. 26. Jun. an. 535. *Vide Concilia.*

JOANNES IV. PP. ob. 12. Oct. an. 641. *Vide Concil. tom. 12. Bibl. Patr.*

JOANNES V. PP. ob. 2. Aug. an. 686. *Vide Concil. et Lud. Jacob.*

JOANNES VII. PP. ob. 18. Octob. an. 707. *Vide Concilia.*

JOANNES VIII. PP. ob. 15. Decemb. an. 882. *Ejus Epistolæ complures editæ in Concil. tom. 9.*

JOANNES IX PP. ob. an. 905. *Vide Concil.*

JOANNES X. PP. ob. an. 928. *Vide Lud. Jacob.*

JOANNES XI. PP. ob. an. 937. *Vide Lud. Jacob.*

JOANNES XII. PP. ob. prid. Idus Maii an. 964. *Vide Concil. et Lud. Jacob.*

JOANNES XIII. PP. ob. an. 975. *Vide Concil. etc.*

JOANNES XV. PP. ob. 7. Maii an. 996. *Vide Concil. et Lud. Jacob.*

JOANNES XVI. aliis XVIII. PP. ob. 18. Jul. anno 1009. *Vide Lud. Jacob.*

JOANNES XVIII. vel XIX. PP. ob. 8. Novemb. an. 1033. *Vide Lud. Jacob.*

JOANNES XIX. vel XXI. PP. ob. 19. Maii. an. 1277. *Varia ejus scripta edita, inedita, recenset Lud. Jacob.*

JOANNES XXI. vel XXII. PP. ob. 4. Decemb. an. 1334. *De ejus Scriptis et Epistolis editis et MSS. Ludovicus Jacob.*

JOANNES XXIII. PP. ob. an. 1419. *Vide Lud. Jacob.*

JOANNES, Abbas, qui vix. circ. an. 1070. ejus libellus de scripturis et verbis collectus. *Vide tom. 1. Analect. Mabillonii pag. 133.*

JOANNES, Abbas, Scriptor Vitæ S. Glodesindis Virg. *apud Surium 25. Jul. et tom. 1. Bibl. Labbei pag. 724.*

JOANNES, Episcop. Abrincensis, deinde Rotomag. Archiepiscop. *de Offic. Eccles. edit Rotomagi,* ob. an. 1079.

JOANNES ACTONIUS, vel DE ACTONA, Angl. vix. an. 1290.

JOANNES ÆGIDIUS seu DE S. ÆGIDIO, Anglus, Theol. vix. an. 1253.

JOANNES ÆGIDIUS, August. *Vide Bibl. Labbei pag. 205.*

JOANNES ÆGIDIUS, Zamorensis, Ordin. Minor. vix. an. 1300.

JOANNES AGNUS, Gandensis, Ord. Præd. ob. an. 1296. *Valer. Andr.*

JOANNES AILINUS MANIACUS, Notarius, de Bello Forojuliensi, an. 1387. *Vide Murat. tom. 3. Antiq. Ital. med. ævi col.* 1189.

JOANNES ALDARUS, Anglus, historiographus.

JOANNES DE ALEMANNIA, Augustin. *Vide Sander. part. 2. pag.* 137.

JOANNES DE ALERIO, Tolosanus, Carmelitarum Magister Generalis ob. an. 1342.

JOANNES DE ALES, Anglus.

JOANNES DE ALTONO, Anglus, JC. Idem qui supra *Joannes de Actona.*

JOANNES AMALIN, AMALIUS, sive AMELINUS, Gallus, Ord. Min. Theolog. *Vide Wadd.*

JOANNES AMELINUS, S. R. E. Cardin. vix. an. 960. Fabricio ignotus.

JOANNES AMUNDISHAMUS, ad S. Albanum in Anglia Monach. vix. an. 1450.

JOANNES DE ANANIA, Archidiac. Bononiens. JC. ob. circ. an. 1455.

JOANNES DE ANCONA, Canonista. *Vide Sanderum, pag.* 117.

JOANNES ANDEVERUS, Anglus, Theologus.

JOANNES ANDREÆ, Bononiens. JC. ob. 7. Jul. an. 1348.

JOANNES ANDREAS PALETIUS, Scriptor Vitæ S. Constantii Mart. *edit. a Surio et Bolland. tom. 2. pag.* 932.

JOANNES, Rex Angliæ, cujus exstant Statuta varia, ob. an. 1217.

JOANNES ANGLICUS, Ordin. Minor. Theolog. *Vide Wadding.*

JOANNES ANGLICUS, qui in Universalia Scoti scripsit, *edit.* vix. an. 1390.

JOANNES DE ANNOSIS. *Vide Sander. part. 2. pag.* 218.

JOANNES ANTONIUS CAMPANUS, Apruntinus Episcopus, ob. an. 1477. *tom.* 26. *Bibl. Patr.*

JOANNES, Archicantor Romanus, vix. an. 679. *Possevin.*

JOANNES ARDERNUS vel ANDERNUS, Angl. Medic. vix. an. 1370.

JOANNES S. Arnulphi Metensis Abbas, de Vita Joan. Abbat. Gorziensis, *apud Labbeum, et tom.* 5. *Bol. pag.* 690.

JOANNES ASCULANUS, Ord. Minor. vix. an. 1270.

JOANNES ASSERIUS, Menevensis in Anglia Monach. Shirburensis Episcop. vix. an 909.

JOANNES AVONIUS, Angl. Carmelita, Theol. et Mathemat. ob. an. 1350.

JOANNES DE AURBACH, Bambergens. Presbyter, vix. circ. an. 1415. [1469.]

JOANNES BACONDORPIUS, aliis DE BACONE, Angl. Carmelita, Theol. multa scripsit, *de quibus Pitseus, et alii,* ob. an. 1346.

JOANNES DE BADO-AUREO, Angl. de Armis et insignibus, *ed. ab Edw. Bissæo.*

JOANNES BALBUS, Genuensis, Ordin. Præd. Theologus, vix. an. 1280.

JOANNES BALISTARII Catalanus, Carmelitar. Magister Generalis, ob. an. 1374.

JOANNES BAMPTONUS, Angl. Carmelita, Theolog. vix. an. 1341.

JOANNES BANDINUS DE BARTHOLOMÆIS, in Hist. Senensi, *tom.* 20. *Script. Ital. Murat.*

JOANNES, Barensis Archidiacon. de Translat. S. Nicolai, etc. de Inventione S. Sabini, vix. ann. 1100. *t.* 7. *Ughelli p.* 860.

JOANNES BARNINGHAMUS, Angl. Carmelita, Theol. ob. 22. Jan. an. 1448. Idem qui infra *Bernegamus.*

JOANNES BARWICANUS, Ord. Minor. Theol. vix. an. 1340.

JOANNES BASILEENSIS, Augustinian. Theologus, ob. 15. Octob. an. 1371. [1391.]

JOANNES BASILIUS, Patavinus, de Familiis Patavinis, vix. sub Henrico VII. Imper.

JOANNES BASINGSTOCHIUS, Angl. vix. an. 1252.

JOANNES BASSETUS, Anglus, Historicus.

JOANNES DE BASSINEO, Doctor. Prophetia, *in Bibl. Victor.*

JOANNES BASSOLIUS, Ord. Min. discipulus Joannis Scoti, vix. an. 1322.

JOANNES BATUS, Anglus, Carmelita, Theolog. ob. 7. Kal. Febr. an. 1429.

JOANNES, S. Bavonis in Flandria Abbas, vix. circ. an. 1390.

JOANNES A BAYONO, de Abbatibus Mediani-Monasterii.

JOANNES DE BAZANO, in Chronico Mutinensi, *tom.* 15. *Script. Ital. Murat.*

JOANNES DE BEKA, Trajectensis Canon. scriptor Historiæ Episcoporum Trajectensium, *bis editæ,* vix. an. 1350.

JOANNES BELETUS, floruit in Ecclesia Ambianensi, an. 1182. ut auctor est Albericus in Chron. MS. *edit. cum Durandi Rationali. Vide Henric. a Gandavo, Trith. et Pits. pag.* 869.

JOANNES BELMEIS, Anglus, Eboracensis Thesaurarius, vix. an. 1194.

JOANNES DE BELNA, Inquisitor Carcassonensis, an. 1318. *Vide Baluz. tom.* 1. *Miscel. pag.* 211.

JOANNES BERARDI, scriptor Chronici Casauriensis, ab an. 854. ad an. 1182. *tom.* 5. *Spicileg. pag.* 361. *et tom.* 3. *Hist. Franc. pag.* 544.

JOANNES BERBERIUS, in Vocabul. utriusque juris.

JOANNES BERNEGAMUS, Anglus, Carmelita, Theologus, vix. an. 1430. Idem qui supra *Barninghamus.*

JOANNES BERTACHINUS, de Firmo, JC. vix. an. 1465.

JOANNES, Bertinianus Monach. de, Vita S. Bernardi Pœnitent. *tom.* 10. *Bol. pag.* 675.

JOANNES BESTONUS, Anglus, Carmelita, Theologus, ob. an. 1428.

JOANNES BEVER, Anglus, Westmonasteriensis Monachus, Historicus, vix. an. 1306. Ejus Chronicon edidit Hearnius an. 1735.

JOANNES BEVERLACIUS (S.), Eboracensis Archiep. ob. Non. Maii an. 723.

JOANNES BEVERLAIUS, Anglus, Carmelita, Theologus, vix. an. 1390.

JOANNES, Biclariensis in Hispania Abbas, deinde Gerundensis Episcopus, Chronicon perduxit ad an. 594. *Edit. a Canisio, et tom.* 4. *Hist. Hispan. Vide Isid.*

JOANNES BLACWEIUS, Anglus, Ordin. S. Trinitat. Grammaticus, vix. an. 1447.

JOANNES DE BLANASCO, Burgundus, JC. Bononiensis, vix. an. 1256. *in Bibl. Victor.*

JOANNES BLOMENDAL, vel BRUMENDAL, Germanus, Ord. Min. vix. an. 1330.

JOANNES BLONDUS, Anglus, Theologus, ob. anno 1248.

JOANNES BLOXHAMUS, Anglus, Carmelita, Theologus, ob. an. 1334.

JOANNES BLOXHAMUS, Oxoniensis Doctor, vix. an. 1394.

JOANNES BOCATIUS DE CERTALDO, Italus, Florentinus, ob. an. 1376.

JOANNES BOCKINGHAMUS, Anglus, Theologus, vix. an. 1398.

JOANNES BONDUS, de Aquilegia, ejus Usus seu Ars dictandi literas, *in Bibl. Sangerman. Cod.* 531.

JOANNES DE BONONIA, ejus Summa Tabellionatus officii, etc. MS.

JOANNES BONUS, Patavinus, scripsit de Familiis Patavinis, vix. an. 1334.

JOANNES BOSIANUS, Cremonensis, JC. Azonis præceptor, vix. an. 1200.

JOANNES, Bossinensis in Hungaria Episcopus, Friburgensis, Ord. Præd. vix. an. 1250.

JOANNES BOSTOK. Vide infra *Joannes Whetamstedus.*

JOANNES BOTLESHAMENSIS, Anglus, Ord. Præd. Theolog. vix. an. 1388.

JOANNES BOTRELLUS, Angl. Carmel. Philos. vix. an. 1400.

JOANNES BRAMMART, Aquensis, Carmelita, vix. c. an. 1350.

JOANNES BRANDO, Monachus, Dunensis, scripsit Chron. ad an. 1431. *Sander. pag.* 183.

JOANNES BREVICOXA, Episcop. Gebennensis, an. 1449. *Ejus elogium et scripta vide in Histor. Collegii Navarrei.*

JOANNES, Bridlingtonensis Abbas, Anglus, ob. 6. *Id.* Octob. an. 1379.

JOANNES BROMIARDUS, Angl. Ord. Præd. Theolog. cujus quædam edita, vix. an. 1390.

JOANNES BROMIUS, Anglus, Augustin. ob. an. 1449.

JOANNES BROMPTONUS, Jornallensis Abbas, Chronicon Angl. perduxit ad an. 1198. *edit. an.* 1652. *ubi de eo multa Seldenus.*

JOANNES BURCHARDUS vel BUCCHARDUS, Ceremoniarum Papaliam Magister, vix. sub Julio II. PP. *Lud. Jacob.*

JOANNES BURGENSIS, Petroburgensis in Anglia Abbas, Histor. vix. an. 1340.

JOANNES DE BURGO, Anglus, Auctor libri inscripti *Pupilla oculi* editi, etc. ob. an. 1386.

JOANNES BURIDANUS, super Librum Esther, *in Bibl. Victor.*

JOANNES BURIENSIS, Abbas, Anglus, Historicus, ob. an. 1280.

JOANNES BURLÆUS, Anglus, Carmelita, Theolog. ob. an. 1333.

JOANNES BUSCHIUS, Canonicus Regul. an. 1475. de Reformat. Monast. *apud Leibnit. tom.* 2. *Scrip. Brunsvic.*

JOANNES BUSCHUS, scriptor Chronici Windeseimensis, edit. a Rosweido, vix. an. 1470.

JOANNES CACHENG, Friburgensis, Ordin. Prædic. Theolog. vix. an. 1335.

JOANNES, Cæsaraugustanus Episcop. vix. sub Sisebuto et Suinthilane Regibus. *Ildefons.*

JOANNES CALDERINUS, Bononiensis, JC. Joannis Andreæ filius adoptivus, vix. an. 1340.

JOANNES A CALVISIANO, Ordinis Prædic. *Vide Possevin.*

JOANNES E CAMBICO, Ord. Præd. vix. an. 1295.

JOANNES CAMENIATA, de Excidio Thessalonicæ.

JOANNES CAMPENSIS, Carmelita, Theolog. vix. an. 1404.

JOANNES CAMPSCENUS, aliis CAMPSENSIS, et CANSCON, Anglus, Carmelita, Theol. vix. circa an. 1341.

JOANNES CANALES, Italus, Ordin. Min. vix. an. 1450.

JOANNES, cogn. CANONICUS, Ord. Min. Joannis Scoti auditor, vix. an. 1320.

JOANNES, Canonicus Regularis, Anglus, vix. an. 1250.

JOANNES CANTIANUS, Anglus, Ord. Min. vix. an. 1248.

JOANNES CAPISTRANUS, Ord. Min. ob. 3. Octob. an. 1456. *edit.*

JOANNES CAPREOLUS, Ord. Præd. Theol. vix. an. 1415. *edit.*

JOANNES E CARCASSONA, Narbonensis, Augustin. Theol. vix. an. 1350.

JOANNES DE CARDALHACO, Archiep. Tolosanus, scripsit sermones et orationes MS. ob. an. 1390.

JOANNES CARMESSONUS, scriptor Vitæ B. Thomasi Patr. CP. vix. an. 1360. *Vide Acta SS. tom.* 2. *Jan. pag.* 995.

JOANNES, Cartusiensis ex Monasterio Portarum, vix. an. 1150. *Edit. a P. Chiffletio, et tom.* 24. *Bibl. Patr. pag.* 1505.

JOANNES DE CASANOVA, Aragonius, Episcopus Elnensis, Ordin. Præd. S. R. E. Cardinal. ob. an. 1436.

JOANNES, Abbas Casinensis, an. 915. *Vide Petr. Diac. et J. B. Marum.*

JOANNES CASSIANUS, Monachus, ob. 23. Jul. circ. an. 448. *Edit. a Gazeo, et tom.* 7. *Bibl. Patr.*

JOANNES, Castellensis in Diœcesi Eystetensi Mon. vix. circa an. 1390.

JOANNES CAXTONUS, Anglus, Ord. Min.

JOANNES DE CECCANO, Auctor Chronici Fossæ novæ. vix. an. 1217. *Edit. tom.* 1. *Ughelli.*

JOANNES CHARLERIUS, a patria GERSONUS cognominatus,

Doctor et Cancellarius Parisiensis, ob. an. 1429. 12. Jul.

JOANNES CHELMESTONUS, Angl. Carmel. Theolog. vix. an. 1290.

JOANNES CHILLINGWORTHUS, Angl. Medic. et Mathemat. vix. an. 1360.

JOANNES CHILMARCUS, Angl. Math. vix. an. 1390.

JOANNES E CHINIVETO, Gallus, Carmelita, Theol. vix. an. 1340.

JOANNES CHRISTOPHORI, Moguntinus, Ordin. Præd. Theol. vix. an. 1260.

JOANNES CHRISTOPHORUS OLEARIUS, in Isagoge ad Numophylacium Bracteatorum.

JOANNES, Cimeliarcha Ecclesiæ Neapolit. vix. an. 1362. tom. 9. Bollandi pag. 34. et apud Chifflet. in S. Paulino.

JOANNES CLIPSTON, Anglus, Carmelita, Theolog. ob. an. 1378.

JOANNES CLYN, Hibernus, Ord. Min. Histor. vix. an. 1349.

JOANNES COLLÆUS, Carmelita, vix. an. 1440.

JOANNES DE COLLEMEDIO, Archidiac. Morinensis, vix. an. 1140. tom. 2. Bol. pag. 794.

JOANNES COLTON, Anglus, vix. an. 1410. Male ex Fabricio; nam defunctus erat an. 1404.

JOANNES DE COLUMNA, Ord. Præd. Messanensis Archiepisc. scripsit Mare Historiarum, vix. an. 1255.

JOANNES E CONDETO, Hannoniensis, Carmelita, Theolog. vix. an. 1380.

JOANNES CONSTABLIUS, Anglus, Poeta, etc.

JOANNES, CORNUBIENSIS dictus, et Magister Joannes. Petr. Diac. c. 38.

JOANNES CRESEIUS, Angl. Carmelita, ob. an. 1450.

JOANNES CUSPINIANUS; Medicus et Poeta, in Epistolicis Questionibus, ob. 29. Apr. an. 1529. Vide Lambecii Bibl. Cæsar. tom. 1. pag. 32.

JOANNES DE DACIA, de Philosophia, etc. Vide Sander. pag. 193. 204.

JOANNES DANCK, de Saxonia, Philosoph. vix. an. 1330.

JOANNES DANIEL SCHOEPFLINUS, in Alsatia illustrata, Dissertat. de Bracteatis, etc.

JOANNES DASTINUS, Anglus, Philosophus.

JOANNES DATUS, Imolensis Episcopus, Augustin. Theolog. ob. an. 1360. [1460.]

JOANNES DECHTUS, Viconiensis, Ord. Præm. Canonic. vix. an. 1384.

JOANNES DEDECIUS, Anglus, Philosophus.

JOANNES DEIRUS, Angl. Theol. vix. an. 1360.

JOANNES DEMUSSIS, in Chronico Placentino, tom. 16. Script. Ital. Murat.

JOANNES DE DEO, Hispan. Decretista, vix. Bononiæ an. 1347. Vide Sander. pag. 177. et Pœnitentiale Theodori edit. a Petito pag. 377. Trith. etc.

JOANNES DERCLINGTONUS, Anglus Ord. Præd. Theol. Archiep. Dublinensis, ob. an. 1284.

JOANNES DESTIGIUS, Anglus, de Vocabulis Bibliorum.

JOANNES DIACONUS, Casinensis, scriptor Vitæ S. Gregorii M. vix. an. 874. tom. 1. SS. Ord. Bened. pag. 398. tom. 7. Bol. pag. 139.

JOANNES, Diacon. et Monach. Casinensis, Poeta, vix. an. 1170.

JOANNES, Diaconus Neapolitanus, Auctor Chronici Episcopor. Neapolit. vix. circa an. 890. Vide tom. 7. Bollandi pag. 22. tom. 8. pag. 32. et Murat. tom. 1. part. 2. Script. Ital.

JOANNES DIACONUS, Veronensis Canonic. Hist. scripsit a Julio Cæsare ad Henricum VII. Imp.

JOANNES DE DICTAMINIBUS, Canonista. Sander. pag. 177.

JOANNES DIEPPURG, dictus de Francfordia, vix. an. 1430.

JOANNES DIVINUS, de Doctrina cordis. Vide Sand. pag. 359.

JOANNES DOMINICI, Florentinus, Ordin. Præd. Cardinal. ob. an. 1420. Vide Trith.

JOANNES DOMINICUS AULÆSIUS, in Opusculis.

JOANNES DONDUS, seu HOROLOGIUS, Patavinus, Medicus et Mathemat. ob. an. 1380.

JOANNES DRIBROCUS, JC. Angl.

JOANNES DRITONUS, seu DE ARIDA-VILLA, Angl. Philosoph. vix. an. 1260.

JOANNES DUMBLETONUS, Anglus, Theol. vix an. 1320.

JOANNES DUNS, a villula Dunstane in Northumbria, ubi natus est, sic dictus, cognomine Scotus, Ord. Min. Doctor Subtilis, ob. 8. Nov. an. 1308.

JOANNES DE DUREN, Ordin. Min. vix. circa an. 1412.

JOANNES EBORACENSIS, Carmelita, Theol.

JOANNES EDÆUS, Guallensis, Ord. in. Theol. ob. Man. 1406.

JOANNES EITONUS, Anglus, de Usura MS.

JOANNES ELIGERUS DE GONDERSLEVEN, Teuton. Philosoph. circa an. 1350.

JOANNES ELINUS, vel HELINIUS, Angl. Carmel Theol. ob. an. 1379.

JOANNES EREMITA, scriptor Vitæ S. Bernardi, editæ a P. Chiffletio an. 1660. vix. circa an. 1180.

JOANNES DE ERFORDIA, Thuringus, Ord. Min. vix. circa an. 1350. Trith. Sander. pag. 204.

JOANNES ERNESTI, Teuton. Theol. vix. an. 1440.

JOANNES DE ESCULO, Ord. Min. Generalis Minister, vix. an. 1270.

JOANNES ESTWODUS, Anglus, Mathematicus, vix. an. 1360.

JOANNES EVERISDENUS, Anglus, Buriensis Monachus, Theol. et Histor. ob. circ. an. 1336.

JOANNES FABER, JC. Inculismensis diœcesis, vix. an. 1340.

JOANNES FABRI, Abbas, S. Vedasti, deinde Episcopus Carnotensis, ob. an. 1390.

JOANNES DE FABRIANO, Theol. et Philosophus, Bononiensis, ob. an. 1348.

JOANNES FELMINGHAMUS, Anglus, Philosophus.

JOANNES FELTONUS, Angl. Theolog. vix. an. 1440.

JOANNES FERRARIENSIS, Ord. Min. scripsit Annales Estenses ab. an. 1409. ad. 1454. tom. 20. Script. Ital. Murat.

JOANNES, Abbas Fiscanensis, ob. an. 1078. tom. 1. Analect. Mabillonii pag. 221.

JOANNES FLETUS, Westmonasteriensis Monachus, Historicus.

JOANNES FOLSHAMUS, Angl. Ord. Carmel. Theologus, ob. 18. April. an. 1348.

JOANNES FORDON, vel DE FORDUN, Angl. Abbas Fordensis, [qui Joanni Anglorum ab an. 1199. ad 1216. regi a confessionibus fuit. Alius vero est Joannes Fordun, Scotus,] auctor Scotichronici [usque ad an. 1066.] vix. an. 1360. Vide Seldenum ad Scriptores Anglic. pag. 19. et Fabricii Bibl.

JOANNES FORTESCUE, Capitalis Justitiarius et Cancellarius Angl. vix. an. 1460. sub Henrico VI. Edit an. 1599. et 1616.

JOANNES FRANCIOGIA, de Abbatisvilla, ex Archiep. Bisuntino Cardinal. ob. circ. an. 1240.

JOANNES DE FRARINC, de Eucharistia et aliis Christianæ religionis Mysteriis, in Bibl. Sangerman. cod. 330.

JOANNES FRASQUETI, Monachus S. German. Autis. scripsit Chronicon, MS.

JOANNES FRIBURGENSIS, Ordin. Præd. Episcopus Ossu-

nensis, [Bossinensis, emendante Fabricio,] in Hungaria, ob.
[eodem teste, an. 1252.] an. 1314. *Edit. Vide Lambec. lib.* 2.
Bibl. Cæsar. pag. 814. 873.

JOANNES FRIHITORIS, Parisiensis , Theologus, Ord. Præd.
vix. an. 1290. Fabricio circ. an. 1379.

JOANNES FRUMENTARIUS , Monachus Glocestrensis, Theologus, vix an. 1440.

JOANNES FUST, Teutonicus, Carmelita, vix. circ. an. 1370.

JOANNES GANWER, Teutonicus, Carmelita, vix. an. 1440.

JOANNES DE GARLANDIA, Angl. vix. an. 1040. *Ejus Synonyma edita an.* 1495. *Chymica an.* 1560.

JOANNES GASCOINIUS, Anglus, Theolog. vix. an. 1382.

JOANNES GASTISDENUS, Angl. Medic. vix. an. 1320.

JOANNES GATTUER, cogn. TEUTONICUS, Carmelita, vix. an. 1440. Idem qui supra *Ganwer.*

JOANNES DE GEDUNO, de Anima. *Vide Sander. part.* 2. *p.* 89.

JOANNES GEORGIUS ECCARDUS, in Leg. Salic. in Comment. de Rebus Franc. Orient. *Edit. Wirceburg. an.* 1729. *etc.*

JOANNES GEORGIUS KEYSLERUS, in Antiquit. Septentr. et Celticis, an. 1720.

JOANNES GERBRANDUS A LEYDIS , Carmel. Chronicon Hollandiæ perduxit ad an. 1417. *Edit. a Sewertio an.* 1620.

JOANNES GERSEN, Abbas Vercellensis, auctor libri *de Imitatione Christi.*

JOANNES GERSON, Remensis diœcesis, Doctor Parisiensis, ob. an. 1429. *Ejus opera seorsim edita.*

JOANNES GLUEL, Teutonicus, Carmelita, vixit circ. an. 1390.

JOANNES DE GMUNDEN , Germanus, Mathematicus, ob. an. 1442.

JOANNES GOBII, junior, Ordin. Prædic. *Sander. pag.* 191.

JOANNES GODARDUS, Angl. Cisterc. Mathematicus, vix. an. 1250.

JOANNES GODWICUS, Angl. Augustin. Theologus, ob. circa an. 1360.

JOANNES GOLDESTONUS, Angl. Carmelita, Theolog. vix. an. 1320.

JOANNES GOLEIN, Normannus, Carmelita , vix. circ. an. 1370.

JOANNES, Abbas Gorziensis, *tom.* 5. *SS. Ord. Bened.* Idem qui supra *Joannes Abbas S. Arnulphi Metensis.*

JOANNES GOWERUS, Nobilis Angl. Historicus, etc. ob. an. 1402.

JOANNES GRAMMATICUS, Angl. vix. an. 1270.

JOANNES GRANDISONUS, Angl. aliis Burgundus, Exoniensis Episcopus, vix. an. 1370.

JOANNES GRAUNER, Carmelita , Theolog. vix. an. 1440. Idem qui supra *Joannes Granwer.*

JOANNES GRAYUS, Angl. Norwicensis Episcop. etc. ob. an. 1217.

JOANNES GRITSCH , Basileensis, Ord. Min. Theologus, vix. an. 1430.

JOANNES, cogn. GROSSUS, Carmelitarum Prior Generalis, vix. an. 1400. *edit.*

JOANNES GUALENSIS, vel WALLEIS, Angl. Ord. Min. multa scripsit, e quibus quædam edita, vix. an. 1260.

JOANNES GUALLENSIS, junior, Angl. Theol. vix. an. 1346.

JOANNES GUENTUS, Cambrensis, Ord. Min. Theol. ob. an. 1348.

JOANNES GUIJONIUS, in Dissertat. de Magistrat. Augustodun. fori.

JOANNES GULDENER, Germanus, Carmelita, Theologus, vix. an. 1340.

JOANNES, Hagustaldensis , vel Hagulstadensis Prior, *cujus Historia edita inter Anglic. an.* 1652. vix. an. 1190.

JOANNES DE HAIDA, Angl. Poeta, vix. an. 1280.

JOANNES HAINTONUS, Angl. Carmelita, Theolog. ob. an. 1428.

JOANNES HAUTIVILLENSIS, in Anglia natus, ad S. Albanum Monachus, auctor *Archithrenii*, vix. an. 1180. *Vide Pitseum.*

JOANNES HEREFORDENSIS, Anglus.

JOANNES HERINGIUS, de Molendinis.

JOANNES DE HESDINIO, Ord. Hóspital. S. Joan. Hierosol. vix. an. 1390.

JOANNES DE HESE, Trajectensis Presbyter, cujus exstat *Itinerarium Judicum*, an. 1389. *Edit. an.* 1565.

JOANNES HICKELEIUS, Anglus, Augustin. ob. an. 1381.

JOANNES DE HIDA, Anglus, Wintoniensis, Monachus, vix. an. 1284.

JOANNES HILDESEMENSIS, Carmel. vix. an. 1370.

JOANNES HILTONUS, Anglus, Ordin. Minor. ob. an. 1376.

JOANNES HINTONUS, cogn. SOPHISTA, Anglus Philosophus.

JOANNES, Hispalensis, de Astrologia, *edit.*

JOANNES, Hispanus, in Decretales, *in Cod. Thuano* 162.

JOANNES HOCSEMIUS, Leodiensis Canonicus, de Gestis Pontificum Leodiensium, vix. an. 1348. *Edit. tom.* 2. *Histor. Leodiens. pag.* 273.

JOANNES HOFMANNUS, Misnensis Episcopus, vix. an. 1418.

JOANNES HOLIBROCUS, seu DE SACRO FONTE, Anglus, Mathematicus, vix. circ. an. 1450.

JOANNES HORINGERUS, Anglus, vix. an. 1310.

JOANNES, Horitensis Archidiaconus , circ. an. 1170.

JOANNES HORNEBIUS, Anglus, Carmelita, vix. an. 1374.

JOANNES HOVEDENUS, Londinensis, Theol. vix. an. 1275.

JOANNES DE JANUA , Ord. Præd. *Catholicon*, seu Lexicon absolvit an. 1286. *Vide Præfat. Cangii num.* 47.

JOANNES DE IMENHUSEN, Germanus, Theol. vix. an. 1300.

JOANNES DE IMOLA, JC. ob. 18. Febr. an. 1435.

JOANNES DE INDAGINE, Erphordiensis, Cartusianus, auctor Chronici, ob. an. 1475.

JOANNES JOLIAHAN, Anglus, Carmelita, Theolog. vix. an. 1348.

JOANNES YORKUS, Anglus, Carmelita, Theolog.

JOANNES IPERIUS, Abbas S. Bertini, cujus est Chron. ejusdem monasterii ab. an. 590. ad. an. 1294. ob. an. 1303. Fabricio an. 1387.

JOANNES, Italus, Monach. Cluniac. scripsit Vitam S. Odonis Abbat. Cluniac. cujus fuit discipulus. *In Bibl. Cluniac. p.* 14.

JOANNES KENINGALUS, Angl. Carmelita, ob. 28. April. an. 1451.

JOANNES DE KIKULLEU, de Gestis Ludovici Hungariæ regis, cui fuit a secretis, *edit. cum Twroczio, pag.* 92.

JOANNES KYLLYNGWORTH, ejus Canones tabularum. *Vide Sander. part.* 2. *pag.* 37.

JOANNES KININGHAMUS, Anglus, Carmelita, Theol. ob. 4. Id. Maii an. 1399.

JOANNES LANGDENUS, Anglus, Cantuariensis Monachus, dehinc Episcop. Roffensis, Histor. ob. an. 1420.

JOANNES LANGHAMUS, Angl. Augustin. Philosoph.

JOANNES LANGTONUS, Anglus, Carmel. Histor. ob. an. 1434.

JOANNES LATHBERIUS, Angl. Ord. Min. Theolog. vix. an. 1406.

JOANNES, Laudensis Monach. discipulus S. Petri Damiani, cujus Vitam scripsit. *Inter Opera Petri Damiani, et tom.* 5. *Bol. pag.* 416.

JOANNES LAUNOIUS, Doctor Sorbonicus, in variis Opusculis.

JOANNES Lelandus, cogn. Senior, Grammatic. Angl. ob. penult. April. an. 1428.

JOANNES Lemovicensis, alias Launha, de Stylo Dictionario, etc. vix. sub Theobaldo Navarræ rege. *Vide Sander. pag.* 204. 302.

JOANNES Leo, Romanus, Ord. Præd. de Gestis Concilii Basileensis, MS.

JOANNES le Lievre, in Statutis Eccl. Viennensis.

JOANNES Ligdatus, Buriensis in Anglia Monach. Theolog. multa scripsit, *de quibus Pitseus,* ob. an. 1440.

JOANNES Lignanus vel de Ligniano, JC. Bononiensis, vix. an. 1380. 1400. *Mantua. Vide Cod.* 294. *Bibl. Sangerman.*

JOANNES de Ligneriis, Philosoph. vix. an. 1330.

JOANNES, Lombariensis Episc. Basileensis, vix. circ. an. 1420.

JOANNES Londinensis, Auctor Chronici Anglici,

JOANNES Loneius, Anglus, Carmelita, Theolog. ob. an. 1390.

JOANNES Longiacus, Aquitanus, vix. sub Clemente VII. PP.

JOANNES Lossensis, Ord. Bened. scripsit Leodicensem Hist.

JOANNES Lous, Angl. Augustin. Theolog. ob. an. 1436.

JOANNES Luccus, Angl. Theolog. vix. an. 1420.

JOANNES Ludovicus de la Cerda vocabula Latino-Barbara excerpsit, quæ Petro Cellensi nuncupavit, ex Adversar. Sacr. cap. 180. et 183.

JOANNES Ludovicus Lambertakius vel Lambertacius, Patavinus, JC. Auctor Statutor. Patavin. vix. an. 1382. *Mantua.*

JOANNES Lutterellus, Oxoniensis Academiæ Cancellarius, Theol. vix. an. 1340.

JOANNES, Macrobii deflorator, de differentiis Græci Latinique sermonis, *edit. inter Grammaticos Putschii p.* 2770.

JOANNES Major, Angl. Theolog.

JOANNES Malvernæus, Anglus, Histor. vix. an. 1342.

JOANNES de Mandevilla, Nobilis Angl. cujus habetur *Itinerarium,* etc. ob. Leodii 17. Nov. an. 1372.

JOANNES Mandwithus, Anglus, Mathematicus, vix. an. 1346.

JOANNES Marcanova, Patavinus, Poeta, Medicus et Antiquarius, vix. an. 1445.

JOANNES Marchinellus, Carmelita, Leodicensis, Theolog. vix. an. 1410.

JOANNES de Marcia. *Vide Sander. part.* 2. *pag.* 170.

JOANNES Marfeldus, Anglus, Medicus, circa an. 1490.

JOANNES Markeleius, Angl. Ord. Min. Theol. ob. an. 1376.

JOANNES de Marliano, Medicus, vix. an. 1430.

JOANNES Marro, vel de Mare, Anglus, Carmelita, Theolog. ob. 18. Mart. an. 1407.

JOANNES Marsicanus, S. R. E. Cardinal. Episc. Tusculanus, ob. sub Paschali II. PP.

JOANNES de Matiscona, JC. scripsit super 4. lib. Institut. *In Bibl. Victor.*

JOANNES Mathias Florinus, in Opusculis.

JOANNES Mauburnus, sive a Bruxella. *Vide Sander. part.* 2. *pag.* 56.

JOANNES Maxentius, Scytha, et Presbyter Antiochenus, vix. an. 525. *Edit. cum S. Fulgentio et tom.* 10. *Bibl. Patr.*

JOANNES Mearus, Norwicensis Monach. Theolog.

JOANNES a Mechlinia. *Vide Sander. part.* 2. *pag.* 56.

JOANNES de Mediolano, scripsit Floreas Medicinæ, *in Bibl. Victor.*

JOANNES, Mercius dictus, quia in Regno Merciorum natus, vix. an. 1150.

JOANNES Michael Heineccius, de Veteribus Germanorum aliorumque Nationum Sigillis, *Francof. an.* 1709.

JOANNES Minius, seu de Muro-Vallium, Picenus, Ordin. Minor. Minister Generalis, deinde Cardinal. ob. an. 1312.

JOANNES Miræus, qui et Lilleshulus, Anglus, Monachus, vix. an. 1403.

JOANNES Molinetus, in Calendario.

JOANNES de Molinis, Gallus, Carmelita, vix. an. 1360.

JOANNES Monachus, Diœcesis Ambian. Episcop. Meldensis, et Cardinal. Fundator Collegii sui nominis Parisiis, ob. 22. Aug. an. 1313.

JOANNES, Monach. Casinensis, Medicus, Constantini Africani discipulus, ob. an. 1072. *Petr. Diac. c.* 35.

JOANNES Monachus, Ord. Celestinorum, ac S. Petri Celestini discipulus.

JOANNES, Monachus Majoris monasterii, Scriptor Vitæ Gaufredi ducis Normann. et Gestorum Consulum Andegavensium, vix. sub Ludovico VII.

JOANNES de Monte Casale, Genuensis, Ord. Min. Theol. vix. circ. an. 1300.

JOANNES de Montesono, Ord. Præd. sub Urbano VI.

JOANNES Morlandinus [rectius, teste Fabricio, *de Molinis,* vel *de Molendinis*], Lemovicensis, Ord. Præd. Cardin. ob. an. 1358.

JOANNES Moven, Londirensis Episcopus.

JOANNES Multonus, Anglus, Carmelita, ob. an. 1400.

JOANNES de Muris, Pitseo de Muriis, Anglus, de Musica. *Cod. Reg.* 384.

JOANNES a Naone, de Familiis Patavinis, *laudatur a Felice Osio.*

JOANNES Nider, Ord. Præd. Teutonic. vix. an. 1430. Scripsit Tractatum *de Timorata Conscientia.* Vide *Timoratus* in Gloss.

JOANNES Noblet, Gallus, Carmelita, vix. circa an. 1435.

JOANNES Nonantulanus, scripsit Vitam S. Fortunati Episcopi Eugubini, *tom.* 1. *Ughelli pag.* 707.

JOANNES Noviomensis, ejus Summa, *in Bibl. Collegii Claromontani Paris.*

JOANNES Nuscensis, Montis Virgin. Mon. scriptor Vitæ S. Guillelmi, vix. circ. an. 1200.

JOANNES Oczko, Bohem. Archiep. Pragensis et Cardin. ob. an. 1381.

JOANNES Olveius sive Olney, Angl. Ord. Cartus. vix. an. 1350.

JOANNES Ovinhellus, Angl. Carmelita, Theol. ob. an. 1438.

JOANNES Oxfordius, vel de Oxonio, Norwicensis Episcop. ob. an. 1200.

JOANNES Oxraccus, Anglus, Philosophus.

JOANNES, Canonic. de Novo Burgo, Angl. Histor. vix. an. 1257.

JOANNES de Palencia, in Ordinario Fratrum Prædicat.

JOANNES Palmerus, Angl. JC. vix. an. 1433.

JOANNES de Paloma, Barcinonensis Archidiac. vix. an. 1420. Idem qui mox *Polemarius.*

JOANNES de Parisiis, cogn. Pungens-Asinum, Ord. Prædic. vix. an. 1303. *tom.* 2. *Monarchiæ Goldasti. Vide Trith. et Hist. Academiæ Paris. tom.* 4. *pag.* 967.

JOANNES Parisis, dictus Qui-Dort, de Potestate Regia et Papali, et de Christo et Anti-Christo. *In Bibl. Sangerman. Codd.* 294. 602. *Vide Fabricii Bibl.*

JOANNES de Parma, Bononiensis, Ordin. Minor. Minister General. vix. an. 1260.

JOANNES Paschallus, Angl. Carmelita, Theol. ob. an. 1361.

JOANNES Peccamus, Anglus, Ordin. Min. Theol. multa scripsit, *de quibus Pitseus, et alii,* ob. an. 1292.

Vitas Patrum sui Ord. *Romæ edit. an.* 1587. *Vide Sander.* 2. *part. pag.* 56. 82. *et Miræum.*

JORDANUS Ruffus, Calaber, de Cura equorum ad Fridericum Imp. MS. *exstat etiam Gallice.*

JORDANUS Saxo, vel de Saxonia, Ord. Præd. Theol. Parisiensis, ob. Magister Gener. sui Ord. an. 1237. *Edit. Romæ an.* 1587. *Vide Fabr. Bibl.*

JORNANDES Ravennensis Episc. vix. sub Justiniano Imp. *Edit. seorsim, et tom.* 11. *Bibl. Patr.*

JOSEPHUS de Aguirre, Cardinalis, in Concil. Hispanicis.

JOSEPHUS Barbarus, Venetus, cujus exstant *Itineraria ad Tanaim, et in Persiam, an.* 1446. *Edit. post Persica Bizarri.*

JOSEPHUS Garampi, in Disquisit. de Sigillo Garfagnano et in Dissert. ad Legendam B. Chiaræ (Claræ) Ariminensis.

JOSEPHUS Iscanus, seu Excestrensis, Anglus, Poeta, cujus exstat *Poema de Bello Trojano, etc.* vix. an. 1173. seu, ut vult Pitseus, an. 1210. *Vide Hist. Academiæ Paris. tom.* 2. *pag.* 751.

JOSEPHUS Laurentius, Lucensis S. T. D. in Amalthea, *Lugd. edit. an.* 1664.

JOSEPHUS Parez, in Dissert. Ecclesiasticis.

JOSEPHUS, Sacerdos, an. 846. *tom.* 12. *Spicileg. pag.* 600.

JOSSELINUS de Cassanis, Decretista.

IRENÆUS (S.), Episcop. Lugdunens. ob. an. 201. *Incertum Latinene an Græce scripserit.*

IRNERIUS, JC. dictus Lucerna Juris, ob. circ. an. 1190. *Fichard.*

ISAAC ex Judæo, cujus *Librum fidei edidit Sirmondus*, vix. ante an. 400. *Edit. etiam tom.* 20. *Bibl. Patr. Vide Gennad.*

ISAACI, Episcopi Lingonensis, Canones, *editi a Sirmondo, Labbeo, Baluzio, etc. Vide Cod.* 658. *Bibl. Sangerm.*

ISAACUS, Abbas de Stella, Ord. Cisterc. vix. sub finem sæculi XII. *tom.* 1. *Spicil. pag.* 345. *Vide Possevinum.*

ISIDORUS Asturicensis, vix. an. 675.

ISIDORUS (S.), Episcop. Cordubensis, vel Pacensis, ut alii volunt, Cæsaraugustanus, quem vulgo *Seniorem* vocant, ut ab Hispalensi distinguatur.

ISIDORUS (S.), Episcop. Hispalensis, ob. 4. April. an. 636. *Ejus opera seorsim edit. Vide tom.* 1. *Spicil. pag.* 286.

ISIDORUS Mercator, quem Possevinus eumdem cum Hispalensi esse putat. *Vide Concil.*

ISIDORUS, Episcop. Pacensis, vix. an. 754. *Ejus Chronicon edit. a Sandovallio an.* 1615.

ISO Magister, Monach. S. Galli, ob. an. 871. *Vide Alamannica Goldasti tom.* 1. *pag.* 230. *et Prudentium Weitsii in Not. pag.* 771.

JUHELLUS, Archiep. Turonensis, an. 1233. dehinc Remensis ad an. 1250. quo obiit, *tom.* 2. *Spicil. pag.* 606. *tom.* 11. *Concil. pag.* 476.

JULIANUS, seu Julius, Anglus, JC.

JULIANUS Antecessor, vix. circ. tempora Justini junioris.

JULIANUS, Capuanus Episcopus, Pelagianus, ob. sub Valentiniano. *Gennad.*

JULIANUS Pomerius (S.), Episcop. Toletanus, ob. 8. Mart. an. 690.

JULIANUS, Toletanus Episcop. diversus a Juliano Pomerio, vix. circa an. 680. *Edit. tom.* 1. *Hist. Franc. pag.* 821. *tom.* 12. *Bibl. Patr. pag.* 590. *tom.* 2. *Bol. pag.* 536.

JULIANUS Verrochius. Vide supra in *Joannes.*

JULIUS (S.) I. PP. ob. 12. April. an. 352. *Vide Concil.*

JULIUS Aterianus, Historicus, de quo *Trebellius Pollio.*

JULIUS Cæsarinus, Romanus, Episc. Grossetanus, Cardin. ob. an. 1444.

JULIUS Capitolinus, *edit. inter Scriptores Historiæ Augustæ*, vix. sub Constantino M.

JULIUS Firmicus Maternus, de Erroribus prophanarum Religionum, vix. an. 340. *Edit. seorsim.*

JULIUS Florus, Auctor Chronici de Rebus Aquitanicis a Carolo C. ad an. 1140. *Miræus.*

JULIUS Pomerius, natione Maurus, Abbas Arelate, vix. an. 500. non diversus, Fabricio teste, a *Juliano Pomerio* supra.

JULIUS Severianus, *edit. inter Rhetores.*

JULIUS Titianus, pater Titiani qui junioris Maximini præceptor fuit. *Vide Vossium.*

JULIUS Urgelitanus. Vide infra *S. Justus.*

JUNCKERUS, in Introductione ad Geographiam medii ævi.

JUNCTA Bevagnas, Ord. Min. vix. an. 1350. *Bolland. tom.* 5. *pag.* 300.

JUNILIUS, Episcop. Africanus, vix. circa an. 552. *In Bibl. Patr. tom.* 10. *pag.* 339.

IVO, Episcop. Carnotensis, ob. 23. Decemb. an. 1115.

JUSTINIANUS (S.), Episcop. Valentinus in Hispania, vix. an. 540. *Vide Isidor. etc.*

JUSTINUS, Argentoratensis Episc. vix. an. 680.

JUSTINUS Lippiensis, scripsit *Lippiflorium*, seu Poema de Rebus gestis Comitum Lippiensium, *edit. ab H. Meibomio an.* 1620. vix. sub Simone Episc. Paderbon. an. 1274.

JUSTUS, Cisterciensis Abbas, an. 1300. *tom.* 26. *Bibl. Patr.*

JUSTUS, Toletanus Episc. vix. an. 633. *Vide Ildefons.*

JUSTUS (S.), Episcopus Urgelitanus, vix. an. 540. *tom.* 9. *Bibl. Patr. pag.* 731. *et tom.* 3. *Spicil. pag.* 1111.

JUVENCUS, Hispanus, Presbyter et Poeta, vivebat an. 329.

K

KAMBERTUS Primatius, Bononiensis, Ord. Præd. Castellanus Episc. vix. an. 1314. Aliis, ut monet Fabricius, *Lambertus*, sive *Rambertus Primaditius.*

KEBIUS Corinius, Cornubiensis, vix. an. 380.

KENETHI, Regis Scotorum, Leges Ecclesiasticæ, *tom.* 7. *Concil. Labbei pag.* 1777. vix. an. 840.

KENTIGERNUS, Episcopus Glascoensis, vix. an. 566.

KERO, Monach. S. Galli, vix. sub Pipino Rege, *ejus Glossas in Regulam S. Benedicti edidit Goldastus in Alemannicis.*

KILIANUS, in Etymologico Teutonico.

L

LABORANS, Cardin. tit. S. Mariæ trans Tiberim an. 1182. *Vide Bibl. MS. Labbei pag.* 51.

LACTANTIUS Firmianus, Crispi Cæsaris Magister, vivebat adhuc an. 328. *Edit. non semel. Vide Miscel. Baluz. tom.* 2.

LAMBERTUS, Ardensis Ecclesiæ Presbyter, Scriptor Hist. Comitum Guinensium, vix. sub Philippo Aug. *Edit. a Duchesnio in Hist. Guinensi, ex Cod. Thuano* 240.

LAMBERTUS, Episcopus Atrebatensis, an. 1093. *tom.* 5. *Spicil. pag.* 543.

LAMBERTUS de Legia, Poeta, vix. an. 1080. *Vide Trithem.*

LAMBERTUS Parvus, Mon. S. Jacobi in urbe Leodic. scripsit Hist. Rerum Leodiens. ab an. 988. ad an. 1194. quo obiit, MS.

LAMBERTUS, Schaffnaburgensis, Monach. Bened. vix. an. 1077. *Exstat inter Historic. Germ.*

LEONARDUS Utinensis, Ord. Præd. vix. an. 1445.

LEONINUS de Porta S. Petri, Scriptor Historiæ Vicentinæ, vix. an. 1354.

LEONIUS, Presbyter, Canonicus S. Victoris. Paris. scripsit metro Historias veteris Testamenti. *In Bibl: D. Jolii Cantoris Paris. Eccl. et Victor.*

LEONIUS Leotardus, de Usura.

LEONTIUS, Arelatensis Episcopus, vix. an. 460. *tom. 5. Spicileg. pag.* 578.

LEONTIUS, Nicopolitanus, vitiose, teste Fabricio, pro Neapolitanus, in Insula Cypro Episcop. vix. an. 610.

LEOVIGILDUS, Cordubensis Presbyter, vix. an. 716. duobus fere sæculis junior est ex Nic. Antonio. *Vide Fabr. Bibl.*

LEPORIUS, Presbyter, Britannus, vix. ante S. Augustin. *Edit. a Sirmondo, et tom. 7. Bibl. Patr. Vide Gennad.*

LETALDUS, Monachus, vix. an. 990. *t. 2. Bolland. p.* 762. *tom. 1. SS. Ord. Bened. pag.* 598. *tom. 5. pag.* 434. *Cod. Reg.* 541. 627.

LETBERTUS, Canonicus Insulensis, deinde S. Rufi Abbas. *Sander. pag.* 154. *Vide Pitseum pag.* 295.

LETI Epistolæ.

LEUCKFELDUS, in Antiquit. Gandersh. etc.

LEVOLDUS, Northovius, cujus Chronic. Markanum desinit in an. 1358. *Edit. a Meibomio.*

LIBERATUS, Carthaginensis Diacon. vix. circ. an. 570. *Edit. in Concil. et nuper cum Notis J. Garnerii.*

LIBERIUS (S.) PP. ob. 9. Sept. an. 367. *Vide Concil. Bibl. Patr. Lud. Jacob. etc.*

LIBERIUS, Poeta, de Sedulio Acrostich. scripsit, *edit. cum Sedulio.*

LICENTIUS, Hipponensis, cujus exstat carmen ad S. Augustin. *Edit. cum eod. Augustino, et a P. Pithœo, etc.*

LICINIANUS, Episcop. Carthaginis Spartariæ, vix. sub Mauricio Aug. *Isid. Vide tom. 2. Spicileg. pag.* 368.

LICINIUS Rufinus, Auctor Collationis Legum Mosaïc. *Edit. a Pithœo.*

LINTBERTUS, Hirsaugiensis Abbas, vix. an. 840.

LIOS (f. Eliæ) Monachi, Libellus Sacerdotalis heroïco, sed rudi carmine compositus, *in Bibl. Sangerman. Cod.* 634.

LISIARDUS, Episcopus Suessionensis, de Vita S. Arnulphi, Episcop. Suession. *edit. a Surio* 15. *August.* ob. an. 1127.

LIUDGERUS, Episcopus Mimigardensis, vix. an. 781. *t. 4. SS. Ord. Bened. pag.* 319.

LIVINUS, Episcopus et Martyr, vix. an. 633. *Inter Epist. Hibernicas Usserii. Vide tom. 2. SS. Ord. Bened. pag.* 404.

LIVINUS, Gallus, Ord. Min. vix. an. 1345.

LOCCENIUS, in Antiquit. Sueo-Gothicis.

LOLLIUS Urbicus, Historicus, vix. sub Macrino et Heliogabalo. *Vide Vossium.*

LOMBARDUS Sirichius, Pataviensis, Petrarchæ discipulus, *edit. cum Petrarchæ Operibus.*

LOTSALDUS, Monachus, de Vita S. Odilonis, Abbat. Clun. *In Bibl. Clun. et apud Bolland. tom. 1. pag.* 65.

LOVATUS, Patavinus, Poeta, vix. sub Henrico VII. Imp. *Vide Vossium de Hist. Lat. pag.* 794.

LUCAS Assisias, Ordin. Minor. vix. au. 1440.

LUCAS Bosdenus, Anglus, Carmelita, Theologus, vix. an. 1340.

LUCAS, S. Cornelii Leod. Abbas, Ord. Præm. vix. circ. an. 1140. *Edit. tom. 14. Bibl. Patr.*

LUCAS Mannellus, Florentinus, Ordin. Prædic. Theologus, vix. an. 1345.

LUCAS Manzolus, Florentinus, Ord. Humiliatorum, Episcop. Fesulan. Cardin. ob. 4. Sept. an. 1411.

LUCAS Patavinus, Ord. Min. ob. an. 1245.

LUCAS, Tudensis Episcop. ob. an. 1250. *Edit. inter Hist. Hispan. In Valdensib. Gretzeri, tom. 25. Bibl. Patr. et tom. 9. Bolland. pag.* 330.

LUCIFER, Episcop. Calaritanus, ob. c. an. 370. *Edit. a Tilio an.* 1568. *et tom. 4. Bibl. Patr.*

LUCIUS I. (S.) PP. ob. 4. Maii an. 257. *Vide Concil. etc.*

LUCIUS II. PP. ob. 25. Febr. an. 1145. *Vide Concil.*

LUCIUS III. PP. ob. 25. Novemb. an. 1185. *Vide Concilia et Lud. Jacob.*

LUDGERUS (S.), Episc. Monasteriens. ob. 26. Mart. an. 809.

LUDIGERIUS, Cellensis Abbas tertius, circ. an. 1220.

LUDOLPHUS, Augustanus Episcop. de Miraculis S. Udalrici, ob. an. 996.

LUDOLPHUS, Bebemburgius, Bambergensis Episcopus, an. 1240. *tom. 26. Bibl. Patr. pag.* 88. Vide *Lupoldus.*

LUDOLPHUS, Presbyter, de Vita S. Severi, Episc. Ravenn. *Edit. tom. 3. Boland. pag.* 88. vix. an. 840.

LUDOLPHUS Saxo, Cartusianus, Scriptor Vitæ Christi, vix. circ. an. 1330.

LUDOLPHUS, Suchensis Ecclesiæ Parochus, scripsit libr. *de Terra Sancta, etc.* an. 1336.

LUDOVICUS Alamannus, Episcop. Maclovieusis, dehinc Archiepiscopus Arelat. Cardin. ob. 6. Sept. an. 1450.

LUDOVICUS Barbo, Abbas S. Justinæ de Padua, vix. an. 1440.

LUDOVICUS de Caerleon, Guallensis, Mathem. ob. au. 1369.

LUDOVICUS de Castilione Aretino, Ordin. Minor. vix. circ. an. 1320.

LUDOVICUS Marchentus, Veron. Poeta, vix. an. 1330.

LUDOVICUS le Pelletier, in Epitome fundationis S. Nicolai Andegav.

LUDOVICUS Pontanus de Roma, JC. vulgo Romanus dictus, ob. an. 1439.

LUITBERTUS, Moguntinensis Archiepiscopus, vix. an. 863. *tom. 16. Bibl. Patr. pag.* 764.

LUITHPRANDUS, Ticinensis Diac. deinde Episcop. Cremonensis, vivebat adhuc an. 870.

LULLUS (S.), Angl. cujus exstant aliquot epistolæ, ob. an. 784.

LUPOLDUS de Bebenburg, Bambergensis Episcop. Canonista, ob. an. 1363. *Edit.*

LUPUS de Oliveto, rectius, teste Fabricio, *de Olmeto*, vel *Ulmeto*, Hispanus, vix. an. 1420.

LUPUS Protospatha, de Reb. Neapolitanis usque ad an. 1102. *Edit. a Caracciolo.*

LUPUS Servatus, Abbas Ferrariensis, vix. an. 860. *Edit. a Baluzio et aliis.*

M

MACER, qui de Virtutibus Herbarum scripsit, *edit. 1. cum Comment. Guill. Gueroaldi.*

MACHUTUS Cambrius, aliis Maclovius dictus, Britannus, vix. an. 560.

MACROBIUS, Presbyter, Donatista, vix. circ. an. 420. *Gennad.*

MÆONIUS Astyanax, Historic. vix. sub Gallieno. *Vide Trebell. Pollion. in Macriano.*

MAGNO, cujus exstat Liber de Notis Juris Regi Carolo (M. forte) inscriptus, *inter Grammaticos Putschii.*

MAGNUS, Richobergensis, Noricus, Scriptor Chronici, vix. sub Henrico VI. *Aventin.*

MAGNUS, Archiepiscop. Senonensis, de Baptismo. MS. vix. an. 810.

MAGO, Agrimensor. *Edit. inter Gromaticos.*

MALACHIAS HIBERNICUS, Ordin. Minor. vix. an. 1310.

MALLEOLUS (FELIX), Doctor Bononiensis, de Exorcismis et adjurationibus, etc. ob. an. 1456.

MALSCHANI Ars, *in Bibl. Sangerm. Cod.* 540.

MANEGAUDUS, in Psalmos et Epistolas S. Pauli. *Henric. Gandav. c.* 28.

MANFREDUS DE MONTE IMPERIALI, de Simplicibus, *in Cod. Reg.* 334.

MANFREDUS, Potentiæ in Lucania Episcopus, an. 1119. de Vita S. Gerardi Episcop. Placentini, *apud Ughell. tom.* 7. *pag.* 178.

MANFREDUS TERDONENSIS, Ordin. Minor. vix. an. 1360.

MANNI, in Observationibus ad Sigilla antiqua, *Florent. an.* 1739.

MAPHÆUS VEGIUS, Laudensis, S. Petri in Urbe Canon. ob. an. 1457. *tom.* 26. *Bibl. Patr.*

MARBODUS, Cambrensis, si Pitseo credimus, Redonensis Episcop. an. 1123. *tom.* 21. *Bibl. Patr. t.* 13. *Spicileg. p.* 395. *tom.* 3. *Bolland. pag.* 487. *tom.* 4. *pag.* 682. *tom.* 11. *pag.* 317. *Vide Hist. Academiæ Paris. tom.* 1. *pag.* 522. *etc.*

MARCELLINUS (S.) PP. ob. 26. April. an. 304. *Vide Concilia, etc.*

MARCELLINUS (S.), Anglus, Scriptor Vitæ SS. Swiberti, Willibrodi, etc. vix. an. 761. *Sur. et Bolland.* 1. *Mart.*

MARCELLINUS COMES, Chronic. perduxit ab an. 379. ad an. 535. *Edit. a Schonhovio, Sirmondo, et aliis.*

MARCELLUS I. (S.) PP. ob. 16. Jan. an. 309. *Vide Concilia.*

MARCELLUS EMPIRICUS, vix. sub Theodosio M. *Edit. a Jano Cornario, qui Burdegalensem putat.*

MARCELLUS, Presbyter, Scriptor Vitæ S. Felicis, quam Leoni Nolano Episcopo dicavit, *tom.* 1. *Bolland. pag.* 946.

MARCERIUS, Anglus, Historiographus.

MARCHELMUS, Anglus, S. Marcellini frater, vix. an. 772.

MARCHESINUS E REGIO LEPIDI, Ord. Min. Auctor *Mamotrecti*, vix. circ. an. 1300.

MARCHISIUS SCRIBA, in Annal. Genuens. *tom.* 6. *Script. Ital. Murat.*

MARCULFI Formulæ, *editæ a Bignonio, deinde a Stephano Baluzio*, vix. circ. an. 660. *Vide Labbeum tom.* 6. *Concilior. pag.* 530.

MARCUS (S.) PP. ob. 7. Octob. an. 336. *Vide Concilia.*

MARCUS, S. Benedicti discipulus, de quo *vide Petrum Diac. et Martinenghi Poemata tom.* 2.

MARCUS DE SUMMA RIPA, Italus, Ordin. Minor. vix. an. 1419.

MARCUS VENETUS, scripsit de *Regionibus Orientis*, an. 1272. *Edit. non semel.*

MARCUS, Viterbiensis, Ordin. Min. Cardinalis, ob. an. 1369.

MARCUS ULMENSIS, Ord. Min. vix. an. 1400.

MARCWARDUS, Abbas Fuldensis, vix. an. 1170. *apud Brower. l.* 3. *Antiq. Fuld. c.* 18.

MARCWARDUS DE WADSASSEN, Germ. Ordin. Cisterc. vix. an. 1353.

MARIANUS FLORENTINUS, Ord. Min. scripsit Chronicon sui Ordinis, vix. an. 1430.

MARIANUS SCOTUS, ob. an. 1086. *Ejus Chronicon edit. inter Histor. German. Sigeb. c.* 159.

MARIANUS, Toletanus Episcop. vix. an. 527. *Vide Ildefonsum.* Male *Marianus* pro *Montanus*, ut monet Fabricius.

MARINUS I. PP. ob. 18. Januar. an. 884. *Vide Lud. Jacob.*

MARINUS II. PP. ob. an. 946. *Vide Lud. Jacob.*

MARINUS SANUTUS, Venetus, scripsit Secreta Fidelium Crucis. *Edit. in Gest. Dei,* vix. an. 1324.

MARIUS, Aventicensis, seu Lausanensis Episcopus, vix. an. 623. *Ejus Chron. edit. tom.* 1. *Hist. Franc.*

MARIUS GEORGIUS, Venetus, Ordin. Servitarum, Philosophus et Theolog. an. 1381.

MARIUS MAXIMUS, Historicus. *Vide Vossium.*

MARIUS MERCATOR, vix. an. 430. *Edit. a Jo. Garnerio S. J. Gerberono, tom.* 2. *Concil. p.* 1512. *ult. edit. t.* 27. *Bibl. Patr.*

MARIUS PLOTIUS, Sacerdos, Romanus, Grammaticus, *edit. inter Grammaticos Putschii.*

MARIUS VICTOR, seu VICTORINUS, vix. an. 430. aut 440. *Vide Bibl. MSS. Labbei pag.* 24. *et Cod. Reg.* 774.

MARQUARDUS HERGOTT, Monach. S. Blasii, in vet. Disciplina monastica, *edit. Paris. an.* 1726.

MARSILIUS AB INGEN, Coloniensis Canonicus, Theologus, Heidelberg. ob. 20. Aug. an. 1394. *Edit.*

MARSILIUS MENANDRINUS, Patavinus, vix. an. 1319. *Edit. an.* 1599. *tom.* 2. *Monarca. Goldasti, et alibi. Vide Chron. Nangii an.* 1317. *et Lambecium lib.* 2. *de Bibl. Cæsarea p.* 257.

MARTIANUS MINUTIUS FELIX CAPELLA, vix. sub Mauritio. *Vide Vossium de Hist. Lat. pag.* 712. *et de Poetis Lat. pag.* 66.

MARTINIANUS, Monachus, de Monachorum laude et institutione, *in Bibl. Sangerman. Cod.* 456.

MARTINUS I. (S.) PP. ob. 12. Nov. an. 654. *Vide Concil.* Collectanea *Anastasii et tom.* 7. *Bibl. Patr.*

MARTINUS II. PP. ob. 23. Mart. an. 1285. *Vide Lud. Jacob.*

MARTINUS III. PP. ob. 20. Febr. an. 1421. *De ejus scriptis vide Lud. Jacob.*

MARTINUS, cogn. ABBAS, JC. vix. temporibus Azonis, hoc est circ. an. 1200. *Vide Wadding.*

MARTINUS ALVEWICUS, Anglus, Ordin. Minor. Theolog. ob. an. 1336.

MARTINUS DE ARLES, in Tract. de superstit. *Romæ an.* 1560.

MARTINUS DE BOSCO GALTERI, Ordin. Min. de Vita Mariæ de Malliaco, vix. an. 1415. *tom.* 8. *Bolland. pag.* 737.

MARTINUS BOUQUET, et Continuatores Benedictini Congregat. S. Mauri, in Collectione Histor. Franc.

MARTINUS DE CLIVO, Cantuariensis Monachus.

MARTINUS CORBENUS, Tolosanus, Augustin. Theologus, vix. an. 1330.

MARTINUS, ex Dumiensi Abbate, Archiepisc. Bracarensis, ob. an. 580. *In Bibl. Patr. et in Concil. tom.* 10. *Spicil. pag.* 626. *Vide Sigeb. c.* 127.

MARTINUS DE FANO, JC. vix. an. 1300.

MARTINUS JUNIOR, de Geometria, etc. MS.

MARTINUS DE LAUDUNO, Prior Cartusiæ Vallis S. Petri in diœcesi Laudun. *tom.* 27. *Bibl. Patr.*

MARTINUS POLONUS, Ord. Prædic. Archiepiscopus Gnesnensis, ob. an. 1278. *Habetur ejus Chron.*

MARTINUS, Presbyter. Auctor Chronici quod perduxit usque ad Inocentium III.

MARTINUS RAIMUNDI, Ord. Præd. Auctor *Pugionis fidei.*

MARTINUS DEL RIO, in Disquisitionibus magicis.

MARTINUS SCULTHROFIUS, Anglus, Carmelita, Theologus, vix. an. 1430.

MICHAEL SMALFELDIUS, Anglus, Ord. Cisterc.

MICHAS MADIUS DE BABBEZANIS, cujus Chron. desinit in an. 1330. *Edit. a J. Lucio in Hist. Dalmatica.*

MICROLOGUS, seu ejus Scriptor. *Vide Sander. Bibl. MSS. pag. 114. Possev. et Glossar. in hac voce. Edit. in Bibl. Patr. tom. 14. An. 1085. vixisse volunt.*

MILO CRISPINUS, Cantor Beccensis, scripsit Vitas aliquot Abbatum Beccensium. *Edit. post Lanfrancum Acherii,* vix. circa an. 1150.

MILO, Monach. Elnonensis sub Carolo C. ob. an. 871. *Ejus Poema de Calvis edit. Adde tom. 2. SS. Ord. Bened. pag. 719. Sur. 6. Febr. Bolland. tom. 3. pag. 873. Vide Valer. Andr.*

MINUTIUS FELIX, Causidicus Romanus, vix. initio sæculi III.

MODESTUS, de Vocabulis rei militaris.

MODOINUS, Augustodunensis Episc. vix. an. 835. *Edit. tom. 14. Bibl. Patr.*

MOLINÆUS ad Consuetud. Paris.

MOLINETUS, in Historia Summorum Pontificum.

MONACHUS, Florentinus, Archiep. Acconensis, de Recuperata Ptolemaide, *edit. cum Will. Tyrio an. 1564.*

MONALDUS, Dalmata, Ordin. Min. Archiep. Beneventanus, vix. an. 1330.

MONALDUS, Justinopolitanus, Dalmata, Ord. Min. vix. an. 1332.

MONETUS, seu MONETA, Ord. Præd. contra Catharos. MS. vix. an. 1225.

MORGUESIUS, in Statuta Provinciæ.

MUNDINUS, Medicus, de Anatom. vix. an. 1315. ut ipse *testatur pag. 170. Edit. an. 1550.*

MUNIO, Mindoniensis in Hispania Episc. scriptor Hist. Compostellanæ, ob. an. 1299. *Vide Vasæum c. 4;* circa an. 1130. ut emendat Fabricius ex Nic. Antonio; annus vero 1299, pertinet ad alium Munionem Ordin. Præd. Generalem et Episc. Palent.

MUSÆUS, Presbyter Ecclesiæ Massiliensis, vix. an. 450. *Gennad. etc.*

MYRSONTIUS TOGATUS, Agrimensor, *edit. inter Gromaticos.*

N

NAGOLDUS, Cluniacensis Mon. scriptor Vitæ S. Odonis Abbat. Clun. cujus fuit discipulus.

NALDINUS, in Chorographia Ecclesiast. civit. et diœc. Justinop.

NALDUS, Florentinus, Historicus et Poeta, circa an. 1470. *tom. 18. Script. Ital. Murat.*

NANNO STAURIENSIS, Friso, Philosoph. vix. an. 880.

NAZARIUS, Auctor Panegyrici Constantino M. Imp. dicti, *edit. cum 12. Panegyr.*

NEBRIDII Epistolæ ad S. Augustinum. *In Bibl. Victor.*

NELLUS S. GEMINIANI, Florentinus, JC. vix. an. 1423.

NENNIUS, Banchorensis Abbas, *de cujus scriptis Pitseus et alii.* vix. an. 620.

NEOTUS ALDULPHUS (S.), Haristocensis in Anglia Mon. ob. pridie Kal. Aug. an. 883.

NEVELONIS, Corbeiensis Mon. varia Patrum loca, *in Bibl. Sangerman. Cod. 394.*

NICETAS, Dacorum Episc. cujus non semel meminit S. Paulinus. *Vide Bibl. MSS. Labbei pag. 26; Gennadio Niceas Romanianæ civit. episcopus.*

NICETIUS, Episcopus Trajectensis, an. 563. *tom. 3. Spicileg. pag. 1.*

NICETIUS, Trevirensis Episcop. vix. an. 560. *Vide Concil.*

NICOLAUS I. (S.) PP. ob. 13. Nov. an. 867. *Ejus Epist. exstant in Concil. Vide tom 12. Spicil. pag. 42.*

NICOLAUS II. PP. ob. 5. Non. Jun. an. 1061. *Vide Concil.*

NICOLAUS III. PP. ob. 22. Aug. an. 1280. *De ejus scriptis vide Lud. Jacob. etc. tom. 11. Spicil. pag. 356.*

NICOLAUS IV. PP. ob. 4. April. an. 1292. *De ejus scriptis vide Lud. Jacob.*

NICOLAUS V. PP. ob. 24. Mart. an. 1455. *De ejus script. vide Lud. Jacob. tom. 4. Spicil. pag. 356.*

NICOLAUS V. Antipapa, antea *Petrus de Corbario*, ob. 23. Aug. an. 1330. *Vide Lud. Jacob.*

NICOLAUS AIMERICI, Ord. Præd. Inquisit. hæret. *in Bibl. Victor.*

NICOLAUS, S. Albani in Anglia Mon. vix. an. 1140.

NICOLAUS ALBERGATUS, Ord. Cartusian. Episcop. Bononiensis, Card. ob. an. 1443.

NICOLAUS ALEXANDRI DE BUSCO, JC. *in Bibl. Victor.*

NICOLAUS AMATUS, in 1. et 2. lib. Aristot. vix. an. 1397. *in Bibl. Sangerman. Cod. 306.*

NICOLAUS, Ambianensis, de Fide Catholica. *Vide Sander. pag. 361. Ejusdem Chronicon in Cod. Puteano 125.*

NICOLAUS AB AQUAPENDENTE, Italus, Aug. Theol. vix. an. 1460.

NICOLAUS AB AQUAVILLA, Ordin. Min. vix. 1317.

NICOLAUS DE ARIMINO, Ordin. Min. de vita B. Raynaldi Archiep. Ravennensis, *edit. tom. 7. Ughelli pag. 1210. 1220.* vix. an. 1413.

NICOLAUS ASTONUS, Angl. Theol. Oxon. Cancel. an. 1360.

NICOLAUS BAIARDUS, Angl. Ord. Præd. Theolog. vix. an. 1410. non Anglus, sed Gallus, et ad an. 1250. referendus, auctore Fabricio in Bibl.

NICOLAUS DE BIBERA, Teuton. vix. an. 1290.

NICOLAUS E BITONTO, Ord. Min. vix. an. 1413.

NICOLAUS BOCASINUS (S.), Tarvisinus, Ord. Præd. Card. ob. an. 1304. 6. Jul.

NICOLAUS BOTLESHAMUS, Angl. Carmel. Theol. ob. an. 1435.

NICOLAUS BOTRONTINENSIS in Albania Episc. de Rebus gestis Henr. VII. in Italia ab an. 1310. ad 1315. *tom. 9. Script. Ital. Murat.*

NICOLAUS DE BRAIA, scripsit heroico carmine Gesta Ludovici VIII. regis Franc. sub quo vixit. *Edit. tom. 5. Hist. Franc. pag. 290.*

NICOLAUS BRECHENDOLUS, Angl. Grammatic.

NICOLAUS BRUNFELDUS, Anglus, Histor.

NICOLAUS BUNGEIUS, Anglus, Histor. vix. an. 1440.

NICOLAUS BURGENSIUS, Eques Senensis, Scriptor Vitæ S. Peregrini, *edit. tom. 1. Bol. pag. 837.* vix. an. 1330. [circ. an. 1483.]

NICOLAUS CAMUSATUS, in Hist. critica diariorum.

NICOLAUS, S. R. E. Card. et Bibliothecarius, vix. sub Lucio II. PP.

NICOLAUS CANTILUPUS, Cambrensis, Carmelit. Theologus, ob. 27. Septemb. an. 1441.

NICOLAUS CARACCIOLUS, Neapolit. Ord. Præd. ob. an. 1389.

NICOLAUS, Carmelitarum Ord. Prior Generalis, vix. an. 1270.

NICOLAUS, Clarevallensis Mon. S. Bernardo ab Epistolis, vix. an. 1152. *In Bibl. Patr. tom. 22. et tom. 2. Miscel. Baluz.*

NICOLAUS DE CLEMENGIS, Doctor Paris. ob. circ. an. 1440. *Ejus elogium et scripta recensentur in Hist. Academiæ Par.*

tom. 5. pag. 908. et in Hist. Collegii Navarrei. Vide tom. 7. Spicil. pag. 138.

NICOLAUS DE CURBIO, Ordin. Min. Episcopus Asisinat. scripsit Vitam Innoc. PP. IV. ab an. 1243. ad 1254. tom. 7. Miscel. Baluz. pag. 353.

NICOLAUS DE CUSA, S. R. E. Card. Episc. Brixiensis, ob. prid. Id. Aug. an. 1464.

NICOLAUS DINCHELSPUHELIUS, Suevus, vix. tempore Concilii Constantiensis. Vide Miraeum.

NICOLAUS, Dunelmensis, Mon. Cluniacensis, vix. an. 1169.

NICOLAUS DURHAMUS, seu DUNELMENSIS, Carmelita, Theolog. vix. an. 1370.

NICOLAUS EIMERICUS, Gerundensis, Ord. Praed. vix. an. 1358.

NICOLAUS FACHINEHAMUS, Anglus, Ord. Min. Theolog. ob. an. 1407.

NICOLAUS FALCONUS, vitiose Salconus, Aithoni Historiam, jussu Clementis V. in Latinum vertit e Gallico an. 1307.

NICOLAUS FARINULA, Ord. Praed. Philippi Pulcri, regis Franc. a Confessionib. ob. an. 1323.

NICOLAUS FERNEHAM, Anglus, ob. an. 1241.

NICOLAUS DE FLII, Dunelmensis Episcop. Hist. Anglus, vix. an. 1201.

NICOLAUS, Florentin. Med. ob. an. 1412. [1012.] Trith. Sander. pag. 195.

NICOLAUS DE FRACTURA, Abbas S. Vincentii ad Vulturnum, in Reg. S. Bened. scripsit an. 1299. In Bibl. Sanger. Cod. 806.

NICOLAUS GALLICUS, Carmel. 7. Prior. General. vix. an. 1270.

NICOLAUS GELANTIUS, Episc. Andegav. ejus Statuta synodalia an. 1269. edita tom. 11. Spicil. pag. 201.

NICOLAUS GORHAMUS, Angl. Ord. Praed. Theol. multa scripsit ex quibus quaedam edita, ob. circa an. 1400.

NICOLAUS GORRAUS, Angl. Ord. Praed. vix. an. 1350. in Bibl. Victor.

NICOLAUS GUERCIS, in Annal. Genuens. tom. 6. Script. Ital. Murat.

NICOLAUS DE HANAPIS, ex dioecesi Remensi. Ord. Praed. Patriarcha Hieros. ob. an. 1288. Edit. Vide Sander. pag. 182. 270. 271.

NICOLAUS DE HANQUEVILLA, Ord. Min. circa an. 1300. Vide Sander. pag. 270.

NICOLAUS DE HARCILEG, Friburgensis, Ordin. Praed. Theolog. vix. an. 1355.

NICOLAUS HASTIFRAGUS, Anglice Breakspeare, ob. an. 1159. Ejus quaedam edita exstant. Vide Pitseum.

NICOLAUS HOSTRESHAMUS, Anglus, Medicus, vix. an. 1443.

NICOLAUS DE JAMSILLA, de Rebus gestis Friderici II. Imper. tom. 8. Script. Ital. Murat.

NICOLAUS JAQUERIUS, Ord. Praedic. Insulis, vix. an. 1442. scripsit contra Valdenses.

NICOLAUS INSULENSIS DE FURNO. Vide Sander. part. 2. p. 135.

NICOLAUS DE LAINE, S. Gerardi Abbas, ob. an. 1448.

NICOLAUS, Leodiensis Canon. de Gestis S. Lamberti, vix. circ. an. 1120. tom. 1. Hist. Leodiensis pag. 371. tom. 1. Analect. Mabillonii pag. 303. Valer. Andr.

NICOLAUS LINNENSIS, Anglus, Carmelita, Mathematicus, vix. an. 1370.

NICOLAUS DE LIRA, Ordin Min. ob. 23. Octob. an. 1340.

NICOLAUS LOKMAN, German. Ord. Min. Theol. vix. an. 1440.

NICOLAUS LE MAISTRE, de Bonis Ecclesiast.

NICOLAUS MANIACUTIUS, Canon. Regular. S. August. circ. an. 1180. in Bibl. Victor.

NICOLAUS MARIANUS, Mantuanus, Ordin. Praed. vix. an. 1312.

NICOLAUS MONARDUS, in Hist. Simplicium ex novo orbe delatorum, edit. Clusii.

NICOLAUS, Montignius, Castelli S. Martini ad Scarpum Abbas, Scriptor Annalium Monasterii Viconiensis, etc. vix. an. 1308.

NICOLAUS, Mutinensis, JC. vix. an. 1340.

NICOLAUS MUTIUS, Venetus, Ordin. Minor. vix. an. 1238.

NICOLAUS DE NEAPOLI, JC. vix. an. 1300.

NICOLAUS Nus, vix. circ. an. 1130. Vide Sander. part. 2. p. 131.

NICOLAUS OCCAMUS, Anglus, Ord. Min. Theologus, vix. an. 1120. [1320.]

NICOLAUS ORESMIUS, Episcop. Lexoviensis, vix. an. 1378. Ejus elogium contexuit Jo. Launoius in Hist. Collegii Novarrei. Exstat tom. 26. Bibl. Patr.

NICOLAUS, Siculus, Panormitanus Episcop. vix. an. 1435.

NICOLAUS DE PENNAFORTI, Auctor Summae Theologicae, in Bibl. Sangerman. Cod. 525.

NICOLAUS PONTIUS, Oxoniensis Theologus, vix. an. 1410.

NICOLAUS A PRATO, seu MARTINI, Tuscus, Ord. Praed. S. R. E. Card. ob. an. 1341. [1321.]

NICOLAUS RADCLIFFUS, Anglus, ad S. Albanum Monach. ob. an. 1390.

NICOLAUS RISTONUS, Anglus, vix. an. 1410.

NICOLAUS RITZONIS, Catanensis, Carmel. vix. circ. an. 1390.

NICOLAUS ROSELLI, Majoricensis, Ordin. Praedic. ob. an. 1362.

NICOLAUS, S. Crucis in Austria Monachus, vix. circ. an. 1410.

NICOLAUS SALCONUS, male pro Falconus; quod vide supra.

NICOLAUS A S. MARTINO, ex agro Mantuano, Ord. Praedic. vix. an. 1312.

NICOLAUS SECUNDINUS, Constantinop. scripsit de Rebus Turcicis usque ad captam Constantinopolim, edit. Lovanii.

NICOLAUS SMEREGUS, Notarius Vicentinus, Chronicon scripsit ab an. 1200. ad an. 1279. Edit. a Felice Osio cum Albertino Mussato an. 1636. a Murat. tom. 8. Script. Ital.

NICOLAUS SPECIALIS, de Rebus Siculis ab an. 1282. ad 1337. in Append. ad Marc. Hispan. et tom. 10. Script. Ital. Murat.

NICOLAUS STANFORDIUS, Anglus, Ord. Cisterc. vix. an. 1310.

NICOLAUS SUAPHAMUS, Anglus, Carmel. Theol. ob. an. 1449.

NICOLAUS, Suessionensis Monach. scriptor Vitae S. Godefridi Episcop. Ambian. qui ob. an. 1118. cujus aequalis fuit. Sur. 8. Novemb.

NICOLAUS DE SUSATO, Teuton. vix. an. 1417.

NICOLAUS TEUTONICUS, Ord. Praed. Theolog. vix. an. 1355. Idem qui supra Nicolaus de Harcileg.

NICOLAUS TREVERRTH, Ord. Praedic. in Senecae Tragoed. MS. vix. an. 1360. non diversus a sequenti.

NICOLAUS TRIVETTUS, Angl. Ordin. Praedic. Chronic. perduxit ab an. 1126. ad an. 1307. Edit. tom. 8. Spicileg. p. 438. De aliis scriptis vide Pitseum, qui eum obiisse an. 1326. scribit.

NICOLAUS TUDESCHUS, Abbas Siculus, Archiepisc. Panormit. Cardin. ob. an. 1443.

NICOLAUS VOIGELT, Friburgensis, vix. an. 1438.

NICOLAUS UPTONUS, Anglus, JC. cujus Libri editi a Byssaeo, vix. an. 1441.

NICOLAUS WALKINGTONUS, Anglus, Kirkehamensis Monach. vix. an. 1193.

NICOLOSA SANUTA, pro restitutione ornamentorum matronalium. Vide Sander. part. 2. pag. 221.

NIGELLUS Wirekerus, Anglus, Monach. et Præcentor Eccl. Christi Cantuar. vix. an. 1220.

NINIANUS (S.), Britannus, ob. an. 432. *Sixtus Sen. Pitseus*, etc.

NITHARDUS, S. Angilberti filius, Caroli M. ex filia nepos scribebat an. 844. *Edit. tom.* 2. *Histor. Franc. pag.* 359.

NIZO, Mediolacensis Abbas, de Vita S. Basini Trevir. Archiepiscop. vix. circ. an. 1070. *Bol. tom.* 6. *pag.* 315.

NORBERTUS (S.), Ord. Præd. Fundator, Archiepiscop. Magdeburgensis, ob. 6. Jun. an. 1134. *In Bibl. Patr.*

NOTCHERUS, Altivillar. Abbas, vix. an. 1095. *tom.* 6. *Act. SS. Bened. pag.* 154.

NOTGERUS, Leodiensis Episcop. ob. 10. Ap. an. 1007. *tom.* 1. *Hist. Leod. tom.* 3. *Bol. pag.* 372.

NOTHELMUS, Londinensis, Cantuar. Archiepiscopus, ob. an. 739.

NOTINGUS, Episcopus Constantiensis, ob. an. 934. *Vide Alamannica Goldasti tom.* 2. *pag.* 154.

NOTKERUS Balbulus, Monachus S. Galli, Auctor Librorum 2. de Gestis Caroli M. ob. an. 912. *Vide Alamannica Goldasti tom.* 2. *pag.* 195. *tom* 5. *Canisii part.* 2. *post pag.* 728. *tom.* 6. *pag.* 761.

NOTKERUS *Medicus*, *tom.* 5. *Canisii part.* 2. *post p.* 728.

NOVATIANUS, Romanæ urbis Presbyter, Auctor hæresis Novatianorum, vixit sub Gallo et Volusiano. *Hieron.*

NOVATUS, Catholicus, *edit. in Regul. Holstenii, in Bibl. Patr. tom.* 5.

NUNO Sancius, Dom. Rossilionis, an. 1217. *tom.* 8. *Spicileg. pag.* 366.

O

OBERTUS ab Orto, cujus crebra in Libris Feudor. mentio, quorum etiam conditor dicitur, vix. sub Friderico I.

OBERTUS Cancellarius, in Annal. Genuens. *tom.* 6. *Script. Ital. Murat.*

OBERTUS Stanconus, in Annal. Genuens. *ibid.*

OCTAVIANUS Romanus, Auctor libelli *Cato* inscripti, qui in scholis circumfertur, ut censet Goldastus.

OCTAVIANUS Ubaldinus, Florent. Cardinalis, ob. an. 1272.

OCTAVIUS Horatianus, Afer, Vindiciani, qui sub Valentiniano floruit, discipulus, scripsit Rerum Medicar. lib. 4. *Edit. an.* 1532.

ODERICUS de Portu Naono, seu de Foro Julii, Ord. Min. scripsit Itiner. an. 1331. etc. *apud Wadding. in Annal. Minor. Bolland. tom.* 1. *pag.* 986. *tom.* 9. *pag.* 51. ob. an. 1331. 14. Jan.

ODERISIUS, Abbas Casinensis, ob. 4. Non. Decemb. an. 1105. *Vide Petr. Diac.*

ODILO (S.), Cluniacensis Abbas, ob. 1. Jan. an. 1049. *in Bibl. Cluniac. pag.* 279. *tom.* 2. *Spicileg. pag.* 386. *tom.* 7. *Bibl. Patr.*

ODILO, Monach. S. Medardi Suession. sub initium sæculi XI. *tom.* 5. *SS. Ord. Bened. pag.* 387. 411.1

ODILO, Abbas S. Remigii, vix. an. 1125. *tom.* 1. *Analect. Mabillonii pag.* 334.

ODINGTONUS, Eveshamensis in Anglia Monach. Philosophus, vix. an. 1280.

ODO, Astensis, Monach. Benedict. circ. an. 1120. *tom.* 20. *Bibl. Patr.*

ODO I. Belvacensis Episcopus, vix. sub Carolo C. *Bolland. tom.* 1. *pag.* 461.

ODO, ex Scholastico Aurelianensi, Abbas S. Martini Tornac. dehinc Cameracensis Episcopus, ob. an. 1113. *Edit. ab Andr. Schotto, in Bibl. Patr. tom.* 22. etc. *Vide Henr. Gandav.*

ODO, Canonicus Regul circ. an. 1160. *tom.* 2. *Spicileg. pag.* 113.

ODO (S.), Cantianus, Cantuariensis Monach. deinde Abbas Monasterii de Bello, ob. an. 1160. [1172.] *Vide tom.* 2. *Analect. Mabillonii.*

ODO de Cicestre, ejus Summa de Pœnit. *in Bibl. Sangerman. Cod.* 323.

ODO I. (S.) cogn. Musicus, Cluniacensis Abbas, ob. an. 944. 1. Decemb. *Edit. in Bibl. Cluniac. in Bibl. Patr. tom.* 17. etc.

ODO de Diogilo, Monach. deinde Abbas sancti Dionysii in Francia, de Profectione Ludovici VII. reg. Franc. in Orientem, sub quo vixit, *edit. a P. F. Chiffletio.*

ODO, Fossatensis Monac 1. scripsit Vitam Burchardi Comitis Corboilensis, *edit. tom.* 3. *Histor. Franc. pag.* 115. *et a Brolio.*

ODO, Abbas Glannofoliensis, *Bolland.* 15. *Jan. tom.* 1. *SS. Ord. Bened. pag.* 274.

ODO, Abbas Morimundensis. *Vide Bibl. MSS. Labbei p.* 208. *et Vossium de Hist. Lat. pag.* 782. ob. an. 1161.

ODO, Episc. Parisiensis, vix. an. 1197. *In Concil. tom.* 10. *pag.* 1801.

ODO de Senonis, JC. de Judiciis possessoriis, *in Bibl. Victor.*

ODO Severus, Cantuar. Archiepisc. ob. an. 959. *tom.* 9. *Concil. pag.* 609.

ODO Shirton, vulgo dictus Magister Odo, Ord. Cisterc. Angl. vix. an. 1181.

ODO, de Castro Rodulphi, Abbas Ursicampi, Episcopus Tuscul. an. 1249. *tom.* 7. *Spicileg. pag.* 354.

ODO, Abbas Ursicamp, deinde Episcopus Prenestinus sub Eugenio III. PP. ejus laudantur Quæstiones, etc. *Vide Fabric.*

ODOFREDUS, vel Ottofredus, Beneventanus, JC. Bononiensis, Azonis, vel, ut alii, Jacobi Balduini auditor, ob. an. 1265.

ODORANNUS, Monach. S. Petri Vivi Senon. Chron. perduxit ad an. 1045. *Edit. tom.* 2. *Hist. Franc. pag.* 636.

OGERIUS Panis, in Annal. Genuens. *tom.* 6. *Script. Ital. Murat.*

OLBERTUS, Gemblac. Abbas, vix. an. 1008. *tom.* 3. *Bol. pag.* 845. *Vide Sigeb. c.* 242.

OLDONIUS, Cellæ novæ in Hisp. Monachus, Auctor Rationalis divinorum offic. vix. an. 1227.

OLDRADUS Bisdominus, Senensis, Ord. Præd. an. 1287. *tom.* 8. *Bol. pag.* 181.

OLDRADUS de Ponte, Laudensis, Italus. JC. Dini auditor, vix. an. 1310.

OLIVERIUS, aliis Elmerus, Malmesbur. Monach. Mathemat. ob. circ. an. 1060.

OLIVERIUS, S. Bavonis Prior, de Eucharist. vix. an. 1449.

OLIVERIUS Saxo, Germ. ex Scholastico Coloniensi Episcop. Paderborn. dehinc Sabin. et Cardin. sub Honorio III. PP. de Captione Damiatæ, *edit. in Gestis Dei pag.* 1185. vix. an. 1220.

OLYMPIUS, Hispan. Episcop. cujus scripta laudat S. August. vix. an. 405. *Vide Gennad.*

OMNIBONUS, Leonicenus, vix. an. 1420.

ONESIMUS, Probi Imp. Vitæ Scriptor, sub eo vixit. *Vopiscus.*

ONOFRIUS, Florent. Archiepiscop. Augustin. vix. an. 1430. [ob. an. 1403.]

OPTATIANUS Porphyrius, scripsit Panegyr. Constant. M. sub quo vix. *Edit. a Velsero, et in vet. Poemat. Pithœi, etc.*

OPTATUS, Milevit. Episc. ob. 4. Jun. circ. an. 370.

ORDERICUS Vitalis, Monach. Utic. vix. an. 1141. *Edit. in Normannicis Duchesnii.*

ORIENTIUS (S.), Tarrac. Episcop. vix. an. 517. *Edit. Salmanticœ an.* 1599. *Vide Sigeb.*

ORIESIS (S.), Abbas Ægyptius, æqualis S. Pachomii, vix. an. 340. al. 400. *tom. 5. Canisii part. 2. pag.* 913. *Bibl. Patr. tom. 8. etc. Vide Gennad.*

OSBERNUS, al. Osbertus, Cantuar. Monach. de Vita S. Elphegi, etc. vix. an. 1020. ut Pitseus, 1074. *Edit. Bolland. tom. 10. pag.* 631.

OSBERNUS Claudianus, seu Claudiocestrensis, Monach. Anglus, vix. an. 1140.

OSBERTUS Clarentius, vel de Stoc Care, Anglus, Westmonaster. Monach. vix. an. 1136. *Vide Pitseum.*

OSBERTUS, Carmel. Anglus, vix. circ. an. 1340. ob. an. 1330. ex Fabricio, non diversus a sequenti.

OSBERTUS Pickenghamus, Anglus, Carmelita, Theolog. ob. an. 1330.

OSIUS, Cordubensis Episcop. vix. an. 390.

OSMUNDUS, Astoric. Episcop. vix. an. 1059. *tom. 1. Analect. Mabillonii pag.* 287.

OSTFORUS, vel Osfertus, Anglus, Wigorn. Episcopus, ob. an. 704.

OSWALDUS, Cartusianus, Anglus, vix. an. 1450.

OSWALDUS Odontus, Eborac. Archiepiscop. ob. an. 992. *Vide Pitseum.*

OSWALDUS, Wigorn. Monach. vix. an. 1010.

OTFRIDUS, Monach. Weissenburg. Rhabani Mauri auditor, vix. an. 870. *Edit. tom.* 16. *Bibl. Patr. Vide Trith. et Lambec. lib.* 2. *Bibl. Cœs. pag.* 415.

OTHELGRIMUS, scriptor Vitæ S. Ludgeri, cujus discipulus fuit, vix. circ. an. 830. *Edit. a Sur. Browero, etc.*

OTHLONUS, Fuldensis Monach. scriptor Vit. S. Pyrminii et S. Bonifacii, vix. an. 1000. *Edit. a Canisio tom.* 4. *part.* 2. *pag.* 493. *Serrario in Histor. Mogunt. tom.* 4. *SS. Ord. Bened. pag.* 28.

OTTO Candidus de Alerano, ex Marchionibus Montisf. Cardin. ob. an. 1251.

OTTO de Castrorodulphi, Bituric. diœc. Card. Episcop. Tuscul. ob. an. 1275.

OTTO, Frising. Episcop. ob. 21. septemb. an. 1158. *Exstat inter Hist. Germ. et tom.* 5. *Script. Ital. Murat.*

OTTO, Mindensis Epise. scripsit Itinerarium suum Hierosolim. ob. an. 1324. *Chron. Mindense.*

OTTO Morena, scriptor Rerum Laud. usque ad an. 1168. vix. sub Frider. I. Imp. *edit. a Felice Osio.*

OTTO de S. Blasio, vix. an. 1210. ejus Chron. *editum ab Urstisio.*

OTTOBONUS Scriba, in Annal. Genuens. *tom.* 6. *Script. Ital. Murat.*

OUDARIUS, Historicus Semilatinus, etc. *Gesner.*

OVIDIUS de Vetula, vix. sub Joanne Vatatze Imp. *Edit. ann.* 1534. *et* 1610.

P

PACIANUS, Barcinon. Episcop. ob. 9. Mart. circ. 360. *S. Hieron. et in Bibl. Patr.*

PALFURIUS Sura, Historic. vix. sub Valeriano et Gallieno Impp. *Trebell.*

PANDULPHUS, Capuanus, Presbyt. Casin. vix. an. 1060. *Vide Petr. Diac.*

PANDULPHUS, Mon. Casin. Ostiensis Episc. ob. an. 1134. *Vide Petr. Diac.*

PANDULFUS Pisanus, S. R. E. Card. ob. sub Celestino III. PP.

PAPIANUS, JC. vix. sub Theodorico, rege Ostrogoth.

PAPIAS, Lombardus, Grammaticus clarus an. 1053. scripsit Glossar. *edit. primum Mediol. an.* 1476. *deinde sœpius alibi.*

PAPYRIUS Massonus, in Notitia Galliæ.

PARCI Lexicon criticum.

PARISIUS de Creta, Auctor Chronici Veronens. ab an. 1117. ad 1278. *tom.* 8. *Script. Ital. Murat.*

PASCHALIS I. (S.) PP. ob. 12. Mart. an. 824. *Vide Lud. Jacob.*

PASCHALIS II. PP. ob. 18. Jan. an. 1118. *Ejus Epist. habentur in Concil. tom.* 3. *Spicil. a pag.* 126.

PASCHASINUS, Lilybei in Sicilia Episc. vix. an. 443. *Vide Isid. Bucher. in Can. Paschali pag.* 75. *et Concil.*

PASCHASIUS, S. R. E. Diac. ob. 3. Maii circa an. 312. *In Bibl. Patr. tom.* 8. *pag.* 807.

PASCHASIUS Rathbertus, Corbeiensis Abbas, ob. 26. April. an. 851. *Vide tom.* 12. *Spicil. pag.* 1. *tom.* 5. *SS. Ord. Bened. pag.* 453. *tom.* 14. *Bibl. Patr. Bolland. tom.* 1. *pag.* 96.

PASTOR de Albernaco, Gallus, Ord. Min. Archiep. Ebred. Card. ob. an. 1354.

PASTOR, Episc. contra Priscill. scripsit. *Gennad.*

PATERIUS, S. R. E. Notarius et Secundicerius, S. Greg. M. discip. vix. an. 600. *Edit. cum eod. Gregorio.*

PATRICIUS (S.), Hibernorum Apost. ob. an. 492. *Ejus Opusc. edidit Warœus an.* 1656. *Vide Pitseum.*

PAULINUS, Auctor Tractatuum de initio Quadragesimæ, etc. *Gennad.*

PAULINUS, Aquil. Patriarcha, ob. 11. Jan. an. 802. *In Bibl. Patr.*

PAULINUS Diaconus, scriptor Vitæ S. Ambros. etc. vix. an. 418. *Vide Isid. Bar. hoc an. n.* 12. 13. 14. 15.

PAULINUS (S.), Nol. Episcop. ob. 22. Jun. an. 431. *Edit. a Rosweido et P. F. Chiffletio.*

PAULINUS Petricordius, seu Petricoriensis dictus scriptor Vitæ S. Mart. Nolano junior. *Vide Bibl. MSS. Labbei pag.* 65.

PAULINUS, Presbyter, discip. S. Ephrem. *Gennad.*

PAULUS I. PP. ob. 28. Jun. an. 767. *Vide Concil. et Lud. Jacob.*

PAULUS, vel Paululus, scriptor Vitæ S. Erardi Ratisp. Episc. *Bol. tom.* 1. *pag.* 535.

PAULUS, Aquileiensis Diac. et Mon. Casin. vix. sub Carolo M. *Vide Petr. Diac. et J. B. Marum ad eumd. ubi de ejus scriptis.*

PAULUS, Bernrietensis, Augustin. Episc. Augustanus, *edit. Ingolstad. an.* 1610. *tom.* 10. *Bol. pag.* 552.

PAULUS Bonetus, Narbon. Carmel. vix. circ. an. 1400.

PETRUS Opmerus, in Chronologia.

PETRUS, Ostiensis, *in Cod. Reg.* 895. non diversus a continuatore Chron. Leon. Ostiens. auctore Fabricio.

PETRUS Paludanus, Ord. Præd. Patriarcha Hierosolymit. vix. an. 1330.

PETRUS Pariselli, Monach. S. Germani Prat. ejus Sermones, *in Bibl. Sangerman. Cod.* 396.

PETRUS Parochia, vix. post an. 1406. *Vide Launoium in Hist. Collegii Navarrei.*

PETRUS Passerinus, Utinensis, scriptor Diarii Rerum Forojuliensium, vix. an. 1356.

PETRUS Pateshullus, Anglus, Augustin. Theologus, vix. an. 1390.

PETRUS de Paulo, Patritius Jadrensis, Auctor Memorialis, quod desinit in an. 1408. *Edit. a Jo. Lucio in Hist. Dalmatica.*

PETRUS Paulus Vergerius, Justinopolit. vix. an. 1420.

PETRUS de Pennis, Ordin. Prædic. *Vide Leandr. Albert.*

PETRUS de Perpiniano, dictus de Rivo, Catal. Carmelita, vix. circ. an. 1320.

PETRUS Pictaviensis, Cluniac. Prior major, multa scripsit, *de quibus Possevinus, et Vossius,* vix. an. 1130.

PETRUS, Pictav. Abbas S. Victoris Paris. cujus Pœnit. exstat in Bibl. Victorina. *Vide Pœnitent. Theod. pag.* 341. *et tom.* 22. *Bibl. Patr.*

PETRUS, Pictav. Cancell. Eccles. Paris. in Sententias Petri Lombardi, vix. an. 1200. *Vide Hemereum de Acad. Paris.*

PETRUS Pictor,. Canonic. Audomar. ejus Carmen de Sacramento Altaris, *in Bibl. Sangerm. Cod.* 658.

PETRUS Pilichdorfius, contra Vald. *Edit. a Gretzero in Scriptorib. Valdens. et tom.* 25. *Bibl. Patr.*

PETRUS, Ord. Præd. Prior Provincialis in Francia, circ. an. 1270.

PETRUS de Pratis, Doctor in Decretis, Episcop. Regiensis, dehinc Archiepisc. Aquensis et Cardinalis an. 1320.

PETRUS, Prior S. Joannis Senon. vix. sub Ludovico VI. rege Franc. *Edit. tom.* 4. *Hist. Franc. pag.* 540.

PETRUS Quesvellus, Anglus, Ord. Min. Theol.

PETRUS Raimundi, de Insula Grassa, Gallus, Ord. Carmel. Prior Generalis, vix. an. 1343.

PETRUS, Remensis, Prior Provincialis Ord. Præd. scripsit Sermones festivales. *Vide Sander. pag.* 128. *part.* 2. *pag.* 166.

PETRUS de Riga, Remensis Canonicus, Auctor libri inscripti *Aurora,* etc. vix. circ. an. 1160. *Vide Bibl. MSS. Labbei pag.* 65. *Trith.*

PETRUS, Rippon. in Anglia Canon. vix. an. 1190.

PETRUS de Rosenhem, Mellicensis in Austria Monachus, vix. an. 1420.

PETRUS Russellus, Anglus, Ord. Min. Theol. vix. an. 1410.

PETRUS de S. Fide, Anglus, Ord. Carmel. Theol. ob. 8. Nov. an. 1452.

PETRUS de S. Flora, Medicus, *in Bibl. Victor.*

PETRUS de Saxonia, Teut. Ordin. Minor. vix. circ. an. 1300. vel 1319.

PETRUS Scala, Veron. Ord. Præd. auctor Postillæ scholasticæ in Joannem, etc.

PETRUS, Senon. Archiepiscop. vix. an. 1356.

PETRUS de Spira, Teut. Augustin. vix. circ. an. 1410.

PETRUS Stoccus, seu Stockes, Anglus, Carmel. Theolog. ob. 28. Jul. an. 1399.

PETRUS Subesti, de Cultu Vineæ Domini.

PETRUS Sulpinus, Tolos. Ord. Minor. Vasatensis Episcopus, vix. an. 1340.

PETRUS Swaningtonus, Anglus, Carmelita, vix. an. 1270.

PETRUS, Theanensis, Diac. et Monach. Casin. vix. an. 1080. *Petr. Diac. c.* 39.

PETRUS Thomas (S.), Carmelita, Patriarcha Constantinopol. *cujus exstat Vita edita.*

PETRUS Tudebodus, Sacerdos Sivriacensis, vix. an. 1100. *Edit. tom.* 4. *Hist. Franc. pag.* 773, *et in Gestis Dei incerto nomine.*

PETRUS, Vallis Sarnaii Monach. Ord. Cisterc. scripsit Hist. Bellorum contra Vald. usque ad an. 1218. *Edit. a Camusato, et tom.* 5. *Hist. Franc. pag.* 554.

PETRUS de Ubaldis, JC. Baldi frater, vix. circ. an. 1400.

PETRUS, Viconiensis, Ordin. Præm. Canonicus, Theologus, vix. an. 1323.

PETRUS Victor, in Descriptione Romæ.

PETRUS de Vineis, Lett. Friderici II. Imp. Cancell. ob. an. 1249.

PETRUS, Vir disertissimus, ejus Exceptiones Legum Romanarum ad Odilonem, etc. *In Cod. Reg.* 1817.

PETRUS Urbevetanus, n Epist. de Reformatione Ecclesiæ militantis, vix. an. 853. *In Bibl. Victor.*

PHILASTRIUS, Brixiæ Episcopus, ob. 1. August. an. 387.

PHILIPPUS Aubinus, Anglus, Astronomus.

PHILIPPUS de Bergomo, Ord. S. Benedict. vix. circ. an. 1350.

PHILIPPUS Beverlaius, Anglus, Monach. Philosophus.

PHILIPPUS Bostonus, Anglus, Carmelita, ob. an. 1320.

PHILIPPUS Brusserius, Savonensis, Ord. Minor Hist. vix. an. 1340.

PHILIPPUS, Cancellarius Paris. cogn. Grevius, vix. an. 1237. *Edit.*

PHILIPPUS Corneus, Perusinus, JC. ob. an. 1462.

PHILIPPUS, 39. Eichstadianus Episcop. de Vita S. Walburgis *edit. tom.* 5. *Canisii part.* 2. *pag.* 563. 605.

PHILIPPUS, Elnonensis Abbas, *laudatur a Meiero an.* 1161.

PHILIPPUS, Episc. de Paschate, *apud Bucherium in Canone Paschali pag.* 469.

PHILIPPUS, Eystetensis Episc. *edit. a Gretzero an.* 1617. *tom.* 5. *Bol. pag.* 553.

PHILIPPUS Ferrariensis, Tolos. al. Siculus, Pacensis Episc. ex Ord. Carmel. vix. circa an. 1396.

PHILIPPUS Florentinus, dictus Ultranensis, Ord. Min. vix. an. 1313.

PHILIPPUS Gualterus, Auctor *Alexandreidos,* vix. an. 1175. *edit. Lugduni an.* 1558. *Vide Hist. Acad. Paris tom.* 2. *pag.* 740.

PHILIPPUS Harvengius de Eleemosyna, Abb. Bonæ spei, an. 1159. *Ejus Opera edita Duaci an.* 1620. *tom.* 2. *Spicil. pag.* 453. *tom.* 3. *Bol. pag.* 857. *tom.* 10. *pag.* 773.

PHILIPPUS a Limborch, in Hist. Inquisit. cui additus est Liber sentent. inquisit. Tolos. ab an. 1307. ad an. 1323.

PHILIPPUS Mazerius, Ambian. diœc. Cancell. regni Cypri, vix. an. 1370. *tom.* 2. *Bol. pag.* 995.

PHILIPPUS e Monte Calerio, in Subalpinis, Ord. Min. vix. an. 1344.

PHILIPPUS, Otterburgensis Abbas, vix. circa an. 1410. al. 1430.

PHILIPPUS e Pera, Ordin. Præd. vix. an. 1310.

PHILIPPUS Perusinus, Ord. Min. Histor. vix. an. 1280.

PHILIPPUS, Presbyter S. Hieronymi auditor, ob. Martiano et Avito regnantibus. *Gennad.*

PHILIPPUS, Presbyter, n Job, *in Biblioth. Sangerm. Col.* 61.

PHILIPPUS Repingtonus, Canon. Regul. Lincolniensis Episc. Theol. vix. an. 1408.

PHILIPPUS Riboti, Catalanus, Carmel. Histor. vix. circa an. 1365. *Edit.*

PHILOTHEUS, Monachus, inter opera S. Bernardi.

PHOCAS, Grammaticus, *edit. inter Grammatic. Putschii.*

PHŒBADIUS, Aginnensis Episcop. vix. an. 392. *in Bibl. Patr. etc.*

PIGNORIUS, de Servis, *edit. an.* 1674.

PILEUS, Modicensis JC. vix. circa an. 1200.

PILEUS de Prata, Ravennens. Archiep. an. 1378. *tom.* 4. *Spicil. pag.* 301.

PITHŒUS, in Excerptis, vett. Formulis, Comit. Campaniæ et Adversariis.

PIUS I. (S.) PP. ob. an. 166. vel 167. *Vide Concil.*

PIUS II. PP. qui et *Æneas Silvius*, ob. 15. Aug. an. 1464. *Ejus opera seorsim edita. Vide Spicil. tom.* 4. *pag.* 400. *tom.* 7. *pag.* 305. *tom.* 8. *pag.* 292.

PLACENTINUS, Italus, JC. vix. an. 1200.

PLACIDI Legerii, Mon. S. Germani Prat. Sermones, *in Bibl. Sangerman. Cod.* 390.

PLEGUINUS, Anglus, cujus meminit Beda, vix. an. 740.

PLINIUS, Medicus, hujus meminit Marcellus Empiricus, qui utrumque Plinium laudat, *edit. Romæ an.* 1509. *et alibi.*

POGGIUS Braccolinus, Florentinus, vix. circa an. 1420. scripsit Hist. Florent. ab an. 1350. ad 1455. *tom.* 20. *Script. Ital. Murat.*

POLEMEIUS Silvius, cujus *Laterculi fragmenta edidit Bol. in Præfat. ad tom.* 1. *cap.* 4. §. 3. vix. an. 448.

POMPEII, Grammatici Liber et Commentum artis Donati, *in Bibl. Sangerm. Cod.* 522.

PONTIANUS (S.) PP. ob. 19. Nov. an. 237. *Vide Concil.*

PONTIUS, Diac. S. Cypriani, et ejus Vitæ scriptor, ob. 8. Mart. post an. 258.

PONTIUS Carbonellus, Catal. Ord. Min. S. Ludovici Tolos. Episc. magister et rector, Theol.

PORCARIUS, Abbas, *tom.* 27. *Bibl. Patr. pag.* 483.

PORCELLIUS, Neapolit. Poeta, vix. sæculo XIV.

POSSIDIUS, aliis Possidonius, Afer, Episcopus Calamensis, S. Augustini auditor, cujus Vitam scripsit, vix. an. 430.

POSTIMIANUS, Mon. de Conversatione SS. Patrum Ægyptiorum, etc.

POTAMIUS, Episcop. an. 355. *tom.* 2. *Spicil. pag.* 366.

POTHO, Prumiensis Abbas, vix. an. 1152. *In Bibl. Patr. tom.* 21. *pag.* 489.

PRÆPOSITIVUS, seu Magister Præpositivus, Cancellarius Paris. vix. an. 1217. *Vide Jac. Petitum in Pœnit. Theod. pag.* 365. *et Cod.* 557. *Bibl. Sangerm.*

PRIMASIUS, Adrumeti in Africa Episcop. vix. an. 552. *tom.* 11. *Bibl. Patr. pag.* 142. *Vide Cod.* 94. *Bibl. Sangerm.*

PRISCIANUS, Grammat. vix. sub Justiniano.

PRISCILLIANUS, Abilæ Episc. vix. sub Maximo Tyranno. *Hieron.*

PROBA Falconia, de qua multa Hieron. et alii. Scripsit Virgilio-Centones, non semel edit. vixit sub Theodosio Jun.

PROFACIUS, Anglus [natione Judæus, patria Massiliensis], Mathemat. vix. an. 1260. [circ. 1350.].

PROSPER (S.), Aquitanus, cujus Chron. perducitur ad an. 455. *Edit. a Pithœo, Labbeo, etc.* alia scripsit.

PROSPER, Regiensis Episc. *tom.* 13. *Spicil. pag.* 254. *tom.* 8. *Bibl. Patr.*

PROTERIUS, Patriarcha Alexandrinus, an. 455. *V. Isid. et Bucher. in Canon. Paschali pag.* 82.

PRUDENTIUS Amœnus, Hisp. scripsit Diptychon utriusque Testamenti. *Vide edit. Prudentii Clementis an.* 1613. *pag.* 319.

PRUDENTIUS Aurelius Clemens, Hispanus, Poeta Christianus, vix. an. 405.

PRUDENTIUS Clemens Major, Monachus, Germ. scripsit Hymnos, vix. an. 780.

PRUDENTIUS, Tricassinæ civitatis Episc. ob. an. 861. *tom.* 15. *Bibl. Patr. pag.* 467.

PTOLEMEUS de Luca, Ordin. Præd. Torcellanus Episc. auctor Chron. *edit. Lugd. tom.* 5. *Hist. Franc. pag.* 893. *tom.* 23. *Bibl. Patr.* vix. an. 1342.

PUBWELLUS, cogn. Sophista, Angl. Philosoph.

PULEX de Custoza, Vincentinus, Poeta, vix. an. 1310.

Q

QUALICHINUS, scripsit Historiam Alexandri M. versibus, an. 1236. MS.

QUINTIANUS, Asculanus Episc. *Vide Bibl. MSS. Labbei p.* 27.

QUINTUS Julius Hilarion, auctor Chron. quod *edit. tom.* 6. *Bibl. Patr. pag.* 373. vix. circa an. 400. *Vide Lambec. lib.* 2. *Bibl. Cæsar. pag.* 853.

QUIRICUS, Barcinonensis Episc. vix. an. 650. *tom.* 1. *Spicil. pag.* 311. *tom.* 2. *Analect. Mabillonii pag.* 76.

R

RABANUS Maurus, Moguntiensis Archiep. ob. 4. Febr. an. 856. *Ejus Opera edita. Vide præterea Stewart. pag.* 635. *tom.* 6. *Canisii pag.* 688. *tom.* 2. *Capitular. pag.* 1378. *tom.* 8. *Conc. pag.* 1845. *tom.* 1. *Miscel. Baluz. etc.*

RADBODUS, Noviomensis, scripsit Vitam S. Medardi, Episc. Noviom. *Cod. Thuano* 593. *Vide Bolland. tom.* 6. *pag.* 84. *tom.* 10. *pag.* 32.

RADBODUS (S.), Ultrajectinus Episc. ob. an. 917. *Vide Trith. Valer. Andr. etc.*

RADEVICUS, Frisingensis Canon. Ottonis Frisingensis sacellanus et Continuator, *edit. cum eod. Ottone.*

RADULPHUS Actonus, Anglus, Theol. vix. an. 1320.

RADULPHUS, S. Albani in Anglia Mon. vix. an. 1150.

RADULPHUS Ardens, Pictavus, vix. an. 1100. *Ejus Sermones editi.*

RADULPHUS Baldoccus, Anglus, Lond. Episc. Histor. ob. an. 1313.

RADULPHUS Bockingus, Anglus, Ordin. Prædic. vix. an. 1270.

RADULPHUS Brito, ejus Quæstiones super Librum de Anima. *In Bibl. Sangerm. Cod.* 327.

RADULPHUS, Cadomensis, scripsit Gesta Tancredi reg. Sicil. *apud Marten. tom.* 3. *Anecd.*

RADULPHUS, Coggeshalensis, Anglus, Mon. Cisterc. vix. an. 1228. *Ejus exstat Chron. Terræ Sanctæ in Bibl. S. Victoris Paris. MS. Edidit Marten. tom.* 5. *Ampl. Collect. Vide Pitseum.*

RADULPHUS de Diceto, Anglus, *cujus Historiæ habentur editæ cum Hist. Angl.* vix. an. 1210.

RADULPHUS, Eleemosynarius, Anglus, Monach. Westmon. ob. an. 1160.

RADULPHUS, Flaviacensis Mon. vix. an. 912. *Edit. Col. an.* 1536.

RADULPHUS Fresburnus, Anglus, Carmel. vix. an. 1274.

RADULPHUS de Hengham, Angliæ Justitiarius, ob. an. 1309. *Edit. Londini, an.* 1616.

RADULPHUS Kelleius, Angl. an. 1345. Archiep. Casseliensis, ob. 20. Nov. an. 1361.

RADULPHUS Londinensis, Anglus. Theologus.

RADULPHUS a Longo Campo, Anglus, scripsit Comment. in Anticlaudianum.

RADULPHUS Marrhamus, Anglus, Augustin. Histor. vix. an. 1380.

RADULPHUS Niger, Anglus, vix. an. 1217.

RADULPHUS, Ord. Præd. de Vita S. Richardi Episc. Cicestr. vix. an. 1270. *tom.* 9. *Bol. pag.* 292.

RADULPHUS de Praellis, Magister hospitii Caroli V. reg. Franc. *Vide Bibl. MSS. Labbei pag.* 65.

RADULPHUS Rediptorius, Anglus, Ord. Min. Theol. vix. an. 1350.

RADULPHUS Remingtonus, Anglus, Histor.

RADULPHUS de Rivo, Tungrensis Decanus, de Gest. Episc. Leodiens. ob. 3. Nov. an. 1403. *tom.* 3. *Hist. Leod. p.* 1. *tom.* 26. *Bibl. Patr. pag.* 289. *Vide Valer. And.*

RADULPHUS Spaldingus, Anglus, Carmel. Philosoph. ob. an. 1390.

RADULPHUS Strodus, Anglus, vix. an. 1370.

RADULPHUS, Trudonensis Abbas, scriptor Chron. ejusd. Monast. et Vitæ Lietberti Episcopi Camerac. vix. circa an. 1078. *tom.* 9. *Spicileg. pag.* 675. *tom.* 2. *Analect. Mabillonii pag.* 499. 535.

RADULPHUS, Villariensis Mon. *Vide Valer. Andr.*

RADULPHUS de Ulmonte, Gallus, vix. an. 1368. *Vide Hist. Acad. Paris. tom.* 4. *pag.* 827. 987.

RAGIMBERTUS, S. Valerici Abbas, de ejusd. S. Valerici Vita, cui prope coævus fuit, *tom.* 9. *Bol. pag.* 16.

RAIMUNDUS de Agiles, al. de Agilers, Canonicus Podiensis, Auctor Histor. Hierosol. in Gestis Dei, vix. an. 1100.

RAIMUNDUS de Altoponte, Gallus, Augustin. Theolog. vix. an. 1402.

RAIMUNDUS Boquierius, Narbonensis, Ordin. Carmel. Generalis Magister, ob. an. 1388.

RAIMUNDUS de Canillac, Gallus, Archiepisc. Tolos. Card. ob. an. 1373.

RAIMUNDUS de Capua, Ord. Præd. Magister Generalis, ob. an. 1399. *tom.* 10. *Bol. pag.* 792. *tom.* 11. *pag.* 853.

RAIMUNDUS Duellius, in Miscellaneis.

RAIMUNDUS Hugonis, Ord. Præd. an. 1368. *tom.* 6. *Bol. pag.* 725.

RAIMUNDUS Lullus, 3. Ord. S. Francisci, ob. 26. Mart. an. 1315.

RAIMUNDUS Montanerius, in Chron. Reg. Aragon.

RAIMUNDUS de Pennaforti (S.), Ordin. Præd. ob. 6. Jan. an. 1275. *Ejus Summa edita.*

RAIMUNDUS, Ord. Præd. edit. *Coloniæ an.* 1502.

RAIMUNDUS Sebeide, Hispanus, vix. an. 1430.

RAINALDUS, Subdiaconus et Mon. Casin. Poeta. *Vide Petr. Diac. cap.* 44. *et J. B. Marum.*

RAINALDUS, ex Comitibus Marsorum, S. R. E. Card. ob. an. 1165.

RAINALDUS, Prior S. Eligii in Isaiam, etc. MS.

RAINALDUS, Lingonensis Episcopus, de Vita S. Mamantis, *edit. in Bibl. Floriac.*

RAINALDUS, ex Vezeliacensi Abbate Lugdun. Archiep. scripsit Vitam S. Hugonis Abbat. Cluniac. *edit. in Bibl. Clun. et tom.* 11. *Bol. pag.* 648. *Vide Henric. Gandav.*

RAINALDUS I. Remensis Archiep. an. 1093. *t.* 5. *Spicil. p.* 519.

RAINAUDI Gibbonii, Mon. S. Germani Paris. Commentaria Græca in Lucam, cum Scholiis Latinis. *In Bibl. Sangerman. Cod.* 85. 86. 87.

RAINERIUS de Arsendis, Foroliviensis, JC. Bartholi præceptor, vix. an. 1330. *Vide Portenarium in Padua pag.* 228.

RAINERUS Alemanni, Auctor *Faceti*, editi cum Catone et aliis. *Vide Sander. pag.* 206.

RAINERUS, Cellensis Mon. scriptor Vitæ Gisleni, vixit sæculo XI. *tom.* 2. *SS. Ord. Bened. pag.* 788. 796.

RAINERUS Sachonus, Placentinus, Ord. Præd. contra Valdenses, *edit. a Gretzero, et in Bibl. Patr.* vix. an. 1254.

RAINERUS, S. Jacobi Leodic. Prior, scripsit Hist. Leodic. ab an. 1194. ad an. 1230. MS.

RAINERUS, S. Laurentii prope Leodium Mon. de Gestis S. Lamberti, vix. circa an. 1130. *tom.* 1. *Hist. Leodiensis p.* 411.

RAINERUS, scriptor Translat. SS. Eutychetis et Acutii, vix. an. 773. *tom.* 6. *Ughelli pag.* 898. *et Caracciol. pag.* 349.

RAINHAMUS, Anglus, Philosophus.

RAMANTIUS, Ord. Præd. vix. an. 1350.

RANGERIUS, Lucensis Episcop. scripsit carmine Vitam S. Anselmi Episc. Lucens s. *Domnizo l.* 2. *c.* 3.

RANULFUS de Glanvilla, Anglus, vix. sub Henrico II. reg. Angl. an. 1230. *Edit. Londini, an.* 1604. *Vide Pitseum.*

RANULPHUS Higdenus, Anglus, Cestrensis Mon. auctor Chron. etc. ob. an. 1377. *Vide Selden. in Præf. ad Script. Angl. pag.* 48. *et Pitseum.*

RANULPHUS Lokesleius, Angl. Ordin. Minor. Theolog. vix. an. 1310.

RAPHAEL Cumanus, al. Comensis, JC. vix. an. 1416.

RAPHAEL Fulgosius, Placentinus, JC. vix. an. 1416.

RASO Bonus-Vicinus, Steinfeldensis, Ord. Præm. Canon. vix. an. 1238.

RATHERIUS, Veron. Episc. ob. an. 974. *tom.* 1. *Hist. Leodiensis pag.* 179. *tom.* 2. *Spicil. pag.* 161. *etc. tom.* 12. *pag.* 37. *tom.* 3. *SS. Ord. Bened. pag.* 250. *tom.* 9. *Concil. p.* 1268. *Vide Trith. Valer. Andr. etc.*

RATPERTUS Turegiensis, S. Galli Mon. Chron. ejusd. Monasterii perduxit ad an. 783.

RATRAMNUS, Corbeiensis Mon. circ. an. 860. *tom.* 1. *Spicil. pag.* 318. *tom.* 1. *pag.* 1. *tom.* 15. *Bibl. Patr. pag.* 442.

RECTUNUS, scriptor Vitæ S. Margaritæ, cui coævus fuit, MS.

RECUPERATUS vel Recuperus de Petramala, Aretinus, Ord. Præd. an. 1287. *tom.* 8. *Boland. pag.* 181. 210.

REGINALDUS, Anglus, Cantuar. Monach. Poeta.

REGINALDUS, Eystet. Episcop. Scriptor Vitæ SS. Willibaldi, Nicolai, Blasii et Unibaldi vix. an. 965.

REGINALDUS Langhamus, Anglus, Ord. Min. Theologus, vix. an. 1410.

REGINALDUS de Piperno, Anglus, Theologus.

REGINALDUS, Ordin. Prædic. S. Thomæ Aquinat. socius.

REGINALDUS de Puteolis. *Vide Sander. pag.* 169.

REGINALDUS, Umber, Ordin. Minor. Theologus, vix. an. 1300.

REGINO, Prumiensis Abbas, vix. usque ad an. 908. *Ejus habentur Annales et Libri de Eccles. Disciplina.*

REIMANNUS sive Ousmannus, scriptor Vitæ S. Cadroc, Abat. *tom.* 6. *Bolland. pag.* 474.

REIMBALDUS, Canon. Leodiensis, de Vita Canonica, etc. *Vide Sander. part.* 2. *pag.* 255.

REINHARDUS de Fronthoven, Teut. Ord. Præd. vix. circ. an. 1415.

REMBERTUS, Hamburgensis Archiepiscop. de Vita S. Anscharii, cui ille successit, tom. 3. Bol. pag. 408;

REMEDIUS, Curiensis Episcopus, vix. an. 813. *Vide tom.* 2. *Alamannic. Goldasti pag.* 154. 157.

REMIGIUS, Autissiodorensis Monach. vix. an. 890. *in Bibl. Patr. tom.* 16. *Cod. Reg.* 514. Vide *Sigeb. c.* 123. *Bellarm. etc.*

REMIGIUS, in Donatum. *Vide Sander. pag.* 206.

RENARDUS, Magister, *in Cod. reg.* 1655.

RENATUS Profuturus Frigeridus, Historicus, cujus meminit *Gregor. Turon. l.* 2. *Hist. Franc.*

RENATUS, Vindocin. Monach. Poeta, *in Cod. Reg.* 1069.

RESTITUTUS, Londinens. Archiepisc. vix. an. 350.

RHEMNIUS Fannius, Grammaticus et Poeta, Arnobii discipulus, scripsit Carmine de Ponderibus et Mensuris, *edit. a Pithœo et al.*

RHETICIUS, Augustodunensis Episcop. vix. an. 313. cujus meminit Gregor. Turon. *Vide Gall. Christian. tom.* 4.

RICCOBONI, de Gymnasio Patavino.

RICERUS, Italus, S. Francisci socius, *edit. an.* 1554. *Lovanii.*

RICHARDUS Adagonista, Anglus, JC. vix. an. 1210.

RICHARDUS, Anglicus, Medicus, vix. an. 1230.

RICHARDUS, Armachanus Archiepiscopus, vix. an. 1357. *Trith. Pits. Vide Cod.* 324. *Bibl. Sangerman.*

RICHARDUS Aungervillus, Dunelm. Episcopus, vix. an. 1349.

RICHARDUS Barrus, Anglus, Theologus.

RICHARDUS Belgravius, Anglus, Carmel. Theologus, vix. an. 1320.

RICHARDUS, Belliloci Abbas, in Vita S. Rodingi ibid. Abbat. *tom.* 6. *Act. SS. Bened. pag.* 531. vix. circ. an. 1050.

RICHARDUS Billinghamus, Anglus, Philosophus, vix. an. 1360.

RICHARDUS Blitonius, Anglus, Carmelita, Theologus, ob. an. 1334.

RICHARDUS de Buri, Dunelm. Episcopus; vix. an. 1350.

RICHARDUS Cambrius, Histor. Anglus.

RICHARDUS, Canon. Regul. Angl. vix. an. 1200.

RICHARDUS, Cantuar. Archiep. ob. an. 1184.

RICHARDUS, Casinensis Abbas, scripsit in Regul. S. Bened. vix. an. 1256.

RICHARDUS Castriconensis, Anglus, Ordin. Præd. vix. an. 1270.

RICHARDUS Chefferus, Anglus, Norwicensis Monachus, vix. an. 1354.

RICHARDUS Chillingtonus, Anglus, Decanus Eccles. Lond. Theol. vix. an. 1360.

RICHARDUS, Cicestrensis, Westmonast. Monachus, Historic. vix. an. 1348.

RICHARDUS Clapoellus, vel Clapwellus, Anglus, Ord. Præd. Theol. vix. an. 1290.

RICHARDUS Clunjac. Monach. Historicus, vix. an. 1160.

RICHARDUS Coninghtonus, Anglus, Ord. Min. Theologus, ob. an. 1330.

RICHARDUS Cornubensis, Anglus, Ordin. Min. Theologus.

RICHARDUS Cricliaden, Canon. Regular. Theologus, vix. an. 1310.

RICHARDUS Depedalus, Anglus, Carmelita, vix. an. 1381.

RICHARDUS, Divisiensis, Anglus, Wintoniensis Monachus, vix. an. 1190.

RICHARDUS Dominicanus, seu Ordin. Prædic. Theologus.

RICHARDUS, Eliensis Monach. Angl. vix. an. 1220.; ob. an. 1195. ex Fabricii Bibl.

RICHARDUS Estesleius, Anglus, de Vita Pandionæ Virg.

RICHARDUS Fastolfus, Fontanus in Angl. Abbas, vix. an. 1150.

RICHARDUS Feribrigus, Anglus, Philosophus, vix. an. 1360.

RICHARDUS Fizacrius, Oxoniensis, Ordin. Præd. ob. an. 1248. [1348. *Vide Fabric.*]

RICHARDUS Flemingus, Lincoln. Episcopus, vix. an. 1430.

RICHARDUS Folshamus, Norwicensis Monach. vix. an. 1410.

RICHARDUS e Grandisilva, Gallus, Monachus, de Laude Claræ-Vallis, *edit. cum S. Bernardo.*

RICHARDUS Grasdalus, Anglus, Historicus, vix. an. 1420.

RICHARDUS Greckeladensis, Anglus, Canonic. Regular. ob. circ. an. 1310.

RICHARDUS Grimcastrius, Anglus, Histor.

RICHARDUS, Hagustaldensis Monach. et Prior, cujus Histor. *edita inter Hist. an* 1652. ob. an. 1190.

RICHARDUS Kendallus, Anglus, Grammat. vix. an. 1431.

RICHARDUS Lavinghamus, Anglus, Carmelita, Theolog. multa scripsit, *de quibus Pitseus*, ob. an. 1381.

RICHARDUS Ledredus, Londinensis, Ord. Min. ob. an. 1360.

RICHARDUS, cogn. Magnus, Angl. Theolog. Cantuar. Archiep. ob. an. 1231.

RICHARDUS Maidstonus, Anglus, Carmel. Theolog. ob. 1. Julii an. 1396.

RICHARDUS Malumbra, vel de Malumbris, Cremonensis, JC. vix. an. 1310.

RICHARDUS, Medicus. Vide supra *Anglicus.*

RICHARDUS Melcheshamus, Angl. Ordin. Cisterc. Theologus.

RICHARDUS Midletonus, seu de Mediavilla, Anglus, Ord. Min. Theolog. ob. an. 1300. *in Bibl. Victor.*

RICHARDUS de Montibus, Lincoln. Cancellar. Theologus.

RICHARDUS Northallus, Anglus, Carmelita, Theolog. Archiep. Dubliniensis, ob. an. 1397.

RICHARDUS Nottinghamus, Anglus, Theolog. vix. an. 1320.

RICHARDUS Parisiensis, de 12. Patriarchis, *in Biblioth. Sangerman. Cod.* 199.

RICHARDUS Petronus, Senensis, Cardin. vix. an. 1300.

RICHARDUS Phisaia, Anglus, Ord. Præd. vix. an. 1270. *Vide Rich. Fizacrius.*

RICHARDUS, Pictaviensis, Ord. Cluniac. Historic. vix. circ. an. 1260.

RICHARDUS, Pictaviensis, ejus Chronicon MS. laudatur a Frehero.

RICHARDUS Pluto, Monachus Cantuariensis vix. an. 1181.

RICHARDUS Porlondus, Anglus, Ordin. Minor Theologus.

RICHARDUS, Abbas de Pratellis, Theolog. *in Bibl. Sangerm. Cod.* 607.

RICHARDUS, Præmonstratensis, Anglus, Abbas vix. an. 1190.

RICHARDUS Radulfus, Armachanus Archiepiscopus, ob. an. 1359.

RICHARDUS, Ordin. Min. Remensis Archiepiscopus, vix. an. 1270.

RICHARDUS Ringstedus, Anglus, Theologus.

RICHARDUS, cogn. Rollus, dictus etiam Hampolus, Anglus, Eremita, multa scripsit, *de quibus Pitseus*, ob. an. 1349. *Edit. tom.* 26. *Bibl. Patr.*

RICHARDUS Rufus, Anglus, Ord. Min. dictus *Philosophus admirabilis*, vix. an. 1250.

RICHARDUS Ruys, Anglus, Ord. Min. Theol.

RICHARDUS (S.), cogn. Sacrista, Anglus, Ord. Cisterc. de Harmonia.

RICHARDUS de S. Angelo, Casin. Monach. in Regulam S. Benedicti, *in Bibl. Sangerm. Cod.* 802.

RICHARDUS de S. Germano, Chron. perduxit ad an. 1243. *Edit. tom.* 3. *Ughelli.*

RICHARDUS a S. Laurentio, Pœnitentiarius Rotomag. de Viris illustr. Ord. Cisterc. MS.

RICHARDUS a S. Victore, natione Scotus, ob. 10. Mart. an. 1173. *Edit.* 2. *tom. Ughelli.*

RICHARDUS, Sarisberiensis Episcop. ejus Constitutiones sub an. 1216. *Edit. tom.* 11. *Concil. pag.* 245.

RICHARDUS Scropus, Eboracensis Archiepiscop. ob. 8. Jul. 1405.

RICHARDUS de Senis. *Vide Rich. Petronus.*

RICHARDUS, Sophista. *Vide Sander. pag.* 201.

RICHARDUS Stadleius, Anglus, Ordin. Cisterc. Theologus, vix. an. 1336.

RICHARDUS Stravanellius, Angl. Ord. Præd. vix. an. 1295.

RICHARDUS Snetishamus, Angl. Theologus, vix. an. 1420.

RICHARDUS, Syracusanus, Presbyter, Anglus, vix. an. 1181. *Rad. de Diceto, Pitseus, etc.*

RICHARDUS Tenettus, Anglus, Carmelita, Philosophus, vix. an. 1390.

RICHARDUS Tetfordiensis; Anglus, Theologus.

RICHARDUS, cogn. Theologus, Anglus, Canon. Regul. vix. an. 1240.

RICHARDUS Ullerstonus, Anglus, Theologus, vix. an. 1430.

RICHARDUS Walingfordus, Anglus, ad S. Albanum Monach. Mathemat. obiit an. 1326.

RICHARDUS Wetersetus, Angl. Acad. Cantabrig. Cancellar. vix. an. 1350.

RICHARDUS Wichius, Anglus, Theologus, vix. an. 1390.

RICHARDUS Wichius, Anglus, Cicestrensis Episcopus, ob. an. 1252.

RICHARDUS Wickinghamus, Anglus, Carmel. Theologus, ob. an. 1381.

RICHERIUS de Licestra scripsit Summam, *in Bibl. Victor.*

RICHERIUS, S. Martini Metensis Abbas, de Vita S. Martini Episcopi Turon.

RICHERIUS, Monachus, Auctor Hist. Abbatiæ Senonensis, vix. an. 1167. *tom.* 8. *Spicileg. pag.* 271.

RICIUS Polentonus, Patavinus, vix. an. 1413. *Vide Vossium de Hist. Lat.*

RICOBALDI, Ferrariensis, Chron. totius orbis, *in Cod. Puteano* 1166. *Edit. tom.* 9. *Script. Ital. Murat.*

RICULFUS, Helenensis Episcop. an. 915. *Edit. in Not. ad Reginon. de Eccles. discipl.*

RICULFUS, Suessionensis Episcopus, vix. an. 889. *Vide Concilia tom.* 9.

RIGORDUS, qui Rigoldus et Rigottus dicitur, Occitanus; S. Dionysii in Francia Monachus, Medicus et regis Franc. Historiographus, scriptor accuratus Vitæ Philippi Aug. ab an. 1179. usque ad an. 1206. sub quo vixit, *edit. tom.* 5. *Hist. Franc. Vide Comment. Acad. Inscript. tom.* 8. *pag.* 529.

ROBERTI Anglici Quadrans *in Bibl. Sangerman. Cod.* 615.

ROBERTUS Alingtonus, Anglus, Theologus, Philosophus, vix. an. 1400.

ROBERTUS de Arbrissello, Fundator Ord. Fontis Ebraldi, ob. an. 1117.

ROBERTUS Avesberiensis, Anglus, Historicus, vix. circ. an. 1349. *Edit. ab Hearnio an.* 1720.

ROBERTUS Baconus, Anglus, Londin.

ROBERTUS Balsacus, Anglus, vix. an. 1450.

ROBERTUS de Bardis, Cancellarius Paris. *in Cod. Reg.* 182.

ROBERTUS Bastonius, Anglus, Carmelita, ob. circ. an. 1310.

ROBERTUS de Bellofoco, Sarisber. Canon. vix. an. 1190. *Pits.*

ROBERTUS de Bertiis, de Sacramentis, in libr. Sentent. de Formula conscribendarum Epistolarum, etc. *in Bibl. Sangerm. Cod.* 334. 661.

ROBERTUS Blondelli, vixit sub Joanne rege Franc. *in Cod. Reg.* 935.

ROBERTUS Bridlingtonus, Angl. Ord. Cisterc. Theologus.

ROBERTUS de Brugis, primus Abbas Dunensis, an. 1138. *Sander. pag.* 182.

ROBEETUS, Cantuar. Archiep. an. 1300. *tom.* 11. *Conc. pag.* 1402. 1439.

ROBERTUS Canutus, Angl. Canonicus Regularis, vix. an. 1170.

ROBERTUS, Casin. Abbas, vix. an. 1045.

ROBERTUS, Mon. Celestinus, S. Petri Celestini discipulus, cujus Vitam scripsit, MS.

ROBERTUS Cenalis, de Ponderibus et Mensuris, *edit. Paris. an.* 1547.

ROBERTUS Cervinus, al. Carewalii, Anglus, Theol. et Philosoph. vix. an. 1326.

ROBERTUS Cestrensis, Anglus, Historicus.

ROBERTUS Chorcon, Card. *Vide Jac. Petitum in Pœnit. Theod. pag.* 367.

ROBERTUS Cibollius, Paris. Theol. ob. an. 1459. *Vide Hist. Collegii Navarrei.*

ROBERTUS Colman vel *Colmannus*, Anglus, Ord. Min. Theol. vix. an. 1428.

ROBERTUS Contonus, alias Cothon, Angl. Ord. Min. Theol. vix. an. 1340.

ROBERTUS Crucius, Anglus, Ord. Min. Theol. et Philosoph. vix. an. 1300.

ROBERTUS Cursonus vel Curtonus, Mon. Westmon. vix. an. 1218.

ROBERTUS Dodefordus, Anglus, Rames. Mon. vix. an. 1270.

ROBERTUS Dominicanus, Ord. Præd. Anglus, Theologus.

ROBERTUS Eliphatus, Angl. Ord. Min. Theolog. vix. an. 1340.

ROBERTUS Feribrigus, Angl. Philosoph. vix. an. 1350. supra *Richardus* appellatur.

ROBERTUS Fininchamus, Angl. Ord. Min. vix. circa an. 1460.

ROBERTUS de Flamesborc, Canon. S. Victoris; Auctor Pœnitentialis, *in Bibl. Sangerm. Cod.* 312.

ROBERTUS Foliothus, Anglus, Herefordiensis Episc. vix. an. 1170.

ROBERTUS, Gallus, Carmel. vix. circ. an. 1350.

ROBERTUS Gentilis, Angl. Benedictinus, Theol.

ROBERTUS de Glocestria, Anglus, Histor.

ROBERTUS, Glocestrensis Dux, vix. an. 1140.

ROBERTUS Goulet scripsit Compendium Jurium et Consuetudinum Universitatis Paris.

ROBERTUS Grimmus, Anglus, Benedict. vix. an. 1320.

ROBERTUS Grosseteste, Anglice Greathead, Lincolniensis Episc. ob. 7. Id. Octob. an. 1153. *Multa scripsit, e quibus quædam edita. Vide Pitseum, Prynneum tom.* 3. *Libert. Angl. pag.* 1134. 1185. *et ejusd. Roberti librum de Cessatione Legalium, edit. Londini, an.* 1658.

ROBERTUS Hardebius, Anglus, Carmelita, vix. an. 1450.

ROBERTUS Herefordensis, Angl. Histor. patria Lotharingus, ob. an. 1095.

ROBERTUS Holkot, Angl. Ord. Præd. vix. an. 1349. *Multa scripsit, ex quibus quædam edita.*

ROBERTUS Humbletonus, Anglus, Ord. Præd. Theol. vix. an. 1390.

ROBERTUS Hundeslavus, Angl. Ord. Sanctissimæ Trinitatis, Theolog. vix. an. 1430.

ROBERTUS Ivorius, Anglus, Carmelita, Theol. ob. an. 1392.

ROBERTUS, Ketensis, Anglus, Pampilonensis Archiep. ob. an. 1143.

ROBERTUS Kilwarbius, Angl. Ord. Præd. Card. et Episcop. Port. multa scripsit, ob. an. 1280.

ROBERTUS de Leicestria, Anglus, Ord. Min. Theol. ob. an. 1348.

ROBERTUS de Licio, de Passione Domini. *Vide Sander.* part. 2. *pag.* 137.

ROBERTUS, Lingonensis Episcopus, *in Cod. Reg.* 153. 862.

ROBERTUS, Lirensis Mon. in Evang. S. Joannis, *in Cod. Reg.* 2201.

ROBERTUS Magister, de Divinis Officiis. *Vide Sander.* pag. 137.

ROBERTUS Malchotius, de Hæresibus. *Vide Sander.* pag. 173.

ROBERTUS, S. Mariani Altissiodorensis Mon. cujus Chron. *editum a Camusato,* ob. an. 1212.

ROBERTUS Mascallus, Angl. Carmelita, Hereford. Episcop. ob. 21. Decemb. an. 1417.

ROBERTUS de Meleduno, Episcopus Hereford. ob. an. 1153. *Vide Sander. pag.* 169. *Hist. Acad. Paris. tom.* 2. *pag.* 585. *et alibi.*

ROBERTUS, Abbas de Monte, seu S. Michaelis de Periculo maris, Chron. Sigeberti perduxit ad an. 1148. *Edit a Miræo, Acherio post Guibertum et al.*

ROBERTUS, Omeskircus, Angl. Carmel. Theol. ob. an. 1382.

ROBERTUS, Archidiac. Ostrevand. de Vita S. Ayberti Presb. vix. an. 1150. *tom.* 9. *Bol. pag.* 673.

ROBERTUS Oxfordius, Angl. Ord. Præd. vix. an. 1270.

ROBERTUS Paululus, Ambianensis, ejus libri 3. de Divinis Officiis, *editi apud Hugonem a S. Victore sub titulo Eruditionis Theologicæ, in Bibl. Sangerm. Cod.* 658.

ROBERTUS Plimtonus, Angl. Canonic. Regul. vix. an. 1320.

ROBERTUS Perscrutator, Anglus, Ordin. Min. Mathematicus, vix. an. 1326.

ROBERTUS Pullus, aliis Pulleinius, Angl. S. R. E. Card. ob. an. 1146. *Ejus Opera seorsim edita.*

ROBERTUS, S. Remigii Remensis Mon. auctor Hist. Hierosol. *edit. in Gestis Dei, et al.* vix. an. 1100. vel 1120.

ROBERTUS Ribuerbius, Anglus, Theologus, vix. an. 1250. idem qui supra *Robertus Kilwarbius.*

ROBERTUS Richius, Angl. S. Edmundi Archiep. Cantuar. frater, vix. an. 1248.

ROBERTUS Ringstedus, Anglus, Theologus.

ROBERTUS de Romana, Diac. Saponariæ. *Ughell. tom.* 7. *pag.* 681.

ROBERTUS Rosus, Angl. Carmel. Theol. ob. 16. Decemb. an. 1420.

ROBERTUS de Russia, Ordin. Minor. Theolog. ob. an. 1280.

ROBERTUS, S. Vigoris in Neustria Abbas, vix. an. 1087. *tom.* 1. *Analect. Mabillonii pag.* 125.

ROBERTUS Salopiensis, vulgo de Shrosbery, Salopiensis Abbas, vix. an. 1140.

ROBERTUS, Sarisberiensis Episcop. dehinc Cardin. vix. an. 1410.

ROBERTUS I. Rex Scotiæ, ejus Statuta, *edita a Skenæo in Legib. Scoticis an.* 1609.

ROBERTUS III. Rex Scotiæ, ejus Statuta, *ibid.* ob. an. 1406.

ROBERTUS, cogn. Scriba, Anglus, Canonicus Regul. vix. an. 1180.

ROBERTUS de Sorbona, Fundator Collegii sui nominis Parisiis, vix. an. 1252. *In Bibl. Patr. tom.* 8. *Spicil. pag.* 247.

ROBERTUS de Sothindona, regi Anglor. Henr. III. ab Epistolis, vix. an. 1250.

ROBERTUS de Swapham, Anglus, auctor Chron. Monast. Petroburg. vix. sub Henrico III.

ROBERTUS Tavernebus, Anglus.

ROBERTUS Tumbleius, Angl. Croyland. Mon. Philosophus.

ROBERTUS, Walciodorensis Monachus, de Vita S. Forannani, *edita tom.* 11. *Bolland. pag.* 808. vix. circa an. 1158.

ROBERTUS Waldebius, seu de Walbi, August. Eborac. Archiep. Theolog. ob. an. 1399.

ROBERTUS Walsinghamus, Angl. Carmel. Theol. ob. an. 1310.

ROBERTUS Wanthamus, Angl. Grammat.

ROBERTUS Weisus, Anglus, Bened. Grammat. auctor Catholici Parvi.

ROBERTUS Winchelseius, Anglus, Theologus, ob. an. 1313.

ROBERTUS Worsopus, Angl. August. Theolog. ob. an. 1350.

ROBOAS, Diac. et Mon. Casin. scripsit Vitam S. Leonardi, vix. an. 1120.

RODERICUS Ximenes, Tolet. Archiep. *cujus exstant Historiæ, Hispanica et Arabum,* ob. an. 1245.

RODOLPHUS Goclenius, in Lexico Philosophico, *edit. an.* 1615.

RODOLPHUS Tortarius, Floriac. Mon. *in Bibl. Floriac. tom.* 8. *Bol. pag.* 336.

RODULPHUS e Bussella, Suevus, Theologus, vix. an. 1430.

RODULPHUS Orphodius, Ordin. Prædic. Theol. vix. an. 1242.

ROFREDUS, Beneventanus, Jurisconsultus, vix. circ. an. 1215.

ROGERIUS, Abellinensis Episc. *tom.* 4. *Bol. pag.* 764.

ROGERIUS Calcagninus, Florent. Ord. Præd. ob. an. 1290.

ROGERIUS, Casæ Novæ Mon. scriptor Vitæ B. Placidi Rhodiensis, qui ob. an. 1248. *tom.* 6. *Ughell. pag.* 898.

ROGERIUS Hovedenus, Historiam perduxit usque ad an. 1199. *Edit. inter Hist. Anglic. Vide Pitseum.*

ROGERIUS Ivonius, vel Jongus, Anglus, de Computo.

ROGERIUS Magister, seu Magister Rogerius, de Destructione Hungariæ, per Tartaros an. 1252. *Edit. post Thwroczium.*

ROGERIUS, Mon. Ord. S. Bened. scriptor Vitæ S. Brunonis Cartus. vix. circa an. 1040.

ROGERIUS, Trevirens. Archiep. vix. an. 914.

ROGERIUS Vacarius, Longobardus, Abbas Beccensis, Jurisconsultus, an. 1149. *Vide Seldenum ad Fletam pag.* 509.

ROGERUS Albanus, Angl. Carmelita, Hist. ob. an. 1450.

ROGERUS Baconus, Anglus, Ord. Min. Philosoph. multa scripsit, *ex quibus quædam edita,* ob. an. 1284.

ROGERUS Cestrensis, Mon. Anglus, Hist. Angl. scripsit usque ad an. 1339. quo vixit.

ROGERUS, Cisterciensis Ord. Mon. Angl. vix. an. 1181.

ROGERUS Computista, Burnensis in Anglia. Mon. vix. an. 1360.

ROGERUS Conwaius, Anglus, Ord. Min. ob. an. 1360.

ROGERUS, Croyland. Mon. scriptor Vitæ S. Thomæ Cantuar. vix. an. 1214.

ROGERUS Dimoccus, Angl. Ord. Præd. Theolog.

ROGERUS, Fuldensis Mon. Vitas aliquot Sanctorum scripsit circa an. 1156.

ROGERUS Glactonus, vel Glastonus, Anglus, August. Theol. ob. an. 1340.

ROGERUS, Hereford. vix. an. 1170. *Vide Pitseum.*

ROGERUS Ivonius, vel de S. Ivone, Angl. Mon. Theol. vix. an. 1420.

ROGERUS Marshallus, Anglus, Mathemat.

ROGERUS Nigellus, Angl. Black, Westmonast. Mon. ob. an. 1241.

ROGERUS Rugosus, Angl. Ordin. Min. Theolog.

ROGERUS, Salisberiensis, vix. an. 1160.

ROGERUS Suisetus, vel Suinshdus, cogn. Calculator, Angl. Ord. Cisterc. Mathemat. vix. an. 1350.

ROGERUS Tuifordus, Angl. Augustin. Theolog. vix. an. 1390.

ROGERUS Walthan, Angl. vix. an. 1250.

ROGERUS Welpedalus, Angl. Mathemat. vix. circa an. 1368.

ROGERUS de Windesora, Angl. Mon. in Cœnobio S. Albani, vix. an. 1255. [ob. an. 1237. ex Fabricii Bibl. cui idem est atque]

ROGERUS Windoverus, Angl. Hist. vix. an. 1217.

ROGO Fretellus, Antioch. Archidiac. de Locis et Patriarchis Hierosolym. usque ad Arnulphum III. MS. [Vide Fabric. tom. 2. pag. 204. Græsse tom. 2. part. 3. pag. 1052.]

ROLANDINUS Patavinus, cogn. Grammaticus, cujus exstant *Chron. lib. 12. edit. cum Albertino Mussato, et Ars notaria edita Taurini an. 1479. deinde cum Glossis Lugduni*, vix. an. 1263. *Vide Trith. Voss. et Murat. tom. 8. Script. Ital.*

ROMERIUS, Reginonis Chronic. ab an. 907. ad an. 977. al. 1467. perduxit. *Vide Simler. et Possevin.*

ROMUALDUS (S.), Camaldul. Abbas, ob. an. 1023.

ROMUALDUS, Salernit. Archiep. Chron. perduxit ad an. 1177. *Exstat MS. in Bibl. Reg. edit. t. 7. Script. Ital. Murat.*

RORICI, Monachi, Gesta Francor. a gentis origine ad Chlodovei I. obitum, *edit. tom. 1. Hist. Franc.*

RORICUS Wittonus, Anglus, Ord. Min. Theol. scripsit in Evangelia.

ROSETUS, scripsit in Sententias. *Vide Sander. pag. 169.*

ROSTANGNUS, Cluniac. Monach. vix. an. 1206. *In Bibl. Cluniac. pag. 1482.*

ROSWITA, Sanctimonialis in Saxonia, vix. circ. an. 1120. *Ejus opera seorsim edita.*

ROTH, Comment. historico-antiquit. de Imagunculis Germano-magicis.

RUDOLPHUS de Frameinsberg, Bavarus, cujus Itiner. T. S. *exstat tom. 6. Canisii*, vix. sub Carolo IV. Imperat.

RUDOLPHUS, Fuld. Monach. circ. an. 850. *tom. 3. Bolland. pag. 512. tom. 4. SS. Ord. Bened. pag. 245.*

RUDOLPHUS, S. Trudonis Abbas, vix. an. 1109.

RUFFINUS, V. D. Grammat. Antiochensis, *edit. inter Grammat. Putschii.*

RUFFINUS, Aquileiensis Presbyter, ob. circ. an. 418. *Vide Gennad. etc.*

RUFFINUS, Palæstinæ provinciæ Presbyter, cujus nomine *edit. a Sirmondo Liber precum, etc., et tom. 27. Bibl. Patr.*

RUFFINUS Scirrius, Assisias, consanguineus S. Claræ, vix. an. 1248.

RUFIERUS, Abbas, de Vita S. Martini, carmine, MS. *in Bibl. S. Martini Tornac.*

RUFUS Festus Avienus, cujus habentur Poemata, vixit sub Theodosio M. Imp.

RULANDI Dictionarium chymicum.

RUODEPERTUS, Magister et Monachus S. Galli. *Vide Alamannica Goldasti tom. 2. pag. 13. 87. Exstat Ruodberti Vita S. Theodori, Episcopi Sedurensis, in Cod. Thuano 275.*

RUPERTUS, Lympurgensis in diœcesi Spirensi Abbas, vix. an. 1124.

RUPERTUS, Ord. Præd. vix. an. 1320.

RUPERTUS, Tuitiensis Abbas, ob. 4. Mart. an. 1135. *Opera ejus varia edita. Vide Bolland. tom. 7. pag. 475.*

RURICIUS, Lemovicensis Episcopus, vix. an. 506. *Ejus Epistolas edidit Canisius, tom. 8. Bibl. Patr.*

RUSTICUS, S. R. E. Diac. Card. Episcop. Fesulanus, vix. an. 550. *In Bibl. Patr. tom 10.*

RUSTICUS Elpidius, V. C. Exquæstor, scripsit picturas veteris ac novi Testamenti, carmine, *edit. a J. Fabricio, et t. 9. Bibl. Patr. pag. 462. Vide Bibl. MSS. Labbei pag. 64.*

RUTHARDUS, Hirsaug. Monach. scriptor Vitæ S. Bonifacii, ob. an. 865.

RUTILIUS Claudius Numatianus, vir Consularis, cujus exstat Itinerarium carmine scriptum, vix. sub Theodosio et Honorio.

RUTILIUS Lupus, *edit. inter Rhetores Pithœi.*

S

SABBATIUS, Episcop. provinciæ Gallicanæ, vix. an. 440. *Gennad.*

SALIMBENUS de Salimbenis, Ord. Min. Historic. vix. an. 1287.

SALIPHILAX, Britannus, de Genealogia regum Britannorum. *Vide Pits. pag. 175.*

SALLA, Fabricio Saba, Malaspinæ, de Rebus Siculis ab an. 1250. ad 1276. *tom. 6. Miscel. Baluz.*

SALOMON, Constantiensis Episcop. carmina scripsit, *edit. a Canisio tom. 5. et tom. 16. Bibl. Patr.* vix. an. 895.

SALONIUS, S. Eucherii filius, Episcop. *tom. 8. Bibl. Patr. pag. 401.*

SALVATUS, scriptor Vitæ S. Martini Presbyt. in Lusitania, cujus fuit discipulus, vix. an. 1160. *Bolland. pag. 1131.*

SALVIANUS, Massiliensis Presbyter, vix. an. 440.

SALVIDIENUS, scriptor Vitæ Saturn. Tyr. *apud Vopiscum.*

SALVUS, Alveldensis Abbas, ob. an. 962. *Vide Miræum de Script. Eccles. pag. 102.*

SAMSON Cordubensis, Hispan. Abbas S. Zoili, ob 21. Aug. an. 890.

SAMSON Demeta, Britannus, Archiepisc. vix. an. 567.

SAMSON, Dorovernens s, Cantuar. Monachus, vix. an. 1170.

SAMUEL Andreas, de Balsamationibus Veterum.

SAMUEL Benlanius, Britannus, vix. an. 650.

SAMUEL Pitiscus, in lexico Antiquitatum Romanarum.

SANCTES de Arduinis, Pisaur. Medic. vix. an. 1430.

SAN-LEODEGARIUS, in Resolut. civilibus.

SAXIUS, in Pontificale Arelatense.

SAXO, Grammatic. scriptor Hist. Danicæ, *quam illustravit Stephanus Stephanius, vix. circa an. 1200.*

SCHILTERI Glossarium Teutonicum et Institutiones Juris publici.

SCIPIO Maffeius, in Observat. literariis.

SEBASTIANUS, Benedict. Monach. scripsit Vitam S. Hieronymi, ut auctor est Petrus Diac. vix. an. 56o. *Vide Vossium.*

SEBASTIANUS, Salmanticensis Episcop. vix. an. 870. *Ejus Hist. edita a Sandovallio an.* 1615.

SECUNDINUS, Episcop. S. Patricii ex sorore Daverca nepos. *Vide Waræum in Opuscul. S. Patricii pag.* 146.

SECUNDUS, Historiæ Longobard. scriptor, vix. sub Heraclio. *Warnefrid. lib.* 3. *cap.* 29.

SEDATUS, Episcop. Biterrensis, ut quidam volunt, *tom.* 11. *Bibl. Patr. pag.* 1093.

SEDULIUS, Presbyter Poeta, vix. circ. an. 43o. aut 44o. scripsit Opus Paschale, *edit. seorsim, et tom.* 4. *Bibl. Patr. pag.* 458. *etc.*

SEDULIUS, Scotus, Sacræ Scripturæ interpres, floruisse dicitur an. 818. *Vide Bellarm.*

SEFRIDUS, scriptor Vitæ S. Ottonis Episcop. Bamberg. *apud Cretz. in Divis Bamberg.*

SEHERUS, primus Abbas Calmosiacensis, de Primordiis ejus. Monast. *tom.* 3. *Anecd. Marten. col.* 1161.

SELDENUS, in Histor. de Decimis; ejusdem Mare clausum.

SENATUS Bravonius, Wigorn. Abbas, ob. an. 1170.

SEPTIMIUS, scriptor Vitæ Alexandri Severi, *laudatur a Lampridio.*

SERENUS Sammonicus, ab Antonio Caracalla occisus, multa scripsit, *de quibus Vossius, et Humelbergius ad lib. de Medicina, edit. non semel.*

SERGIUS I. (S.), PP. ob. 9 Sept. 701. *Vide Concil.*

SERGIUS II. PP. ob. 12 April. an. 847. *Vide Lud. Jacob.*

SERGIUS III. PP. ob. an. 910. *Vide Lud. Jacob.*

SERGIUS IV. PP. ob. 13. Mart. an. 1012. *Vide Possev. et al.*

SERLO, Abbas de Eleemosyna in Brabantia, in Orationem Dominicam, *in Bibl. Sangerman. Cod.* 663. *Vide Opera Philipp. ejusdem loci Abbat.*

SERLO, Fontanensis in Anglia Monach. vix. circ. an. 1160. *Vide Hist. Angl. edit. an.* 1652. *pag.* 331.

SERTORIUS Gualensis, Anglus, Ordin. Min. Magister Gen. Archiepisc. Raven. Patriarcha Gradens. Cardin. designatus ob. an. 1362. *Pits. Trith. Possev.*

SERVATIUS Ædicellus, Agrippinas, Vitam S. Willebrordi metro scripsit.

SERVUS-DEI, Episcop. vix. an. 48o. *Gennad.*

SEVALUS, Eborac. Archiepisc. ob. an. 1258.

SEVERIANUS, Gabal. Episcop. ob. sub Theod. Jun. *Gennad.*

SEVERINI, Abbatis, Sermones in Natali SS. Innocent. *in Bibl. Sangerm. Codd.* 464. 491. 495. 496. 500.

SEVERINUS, Episc. *tom.* 27. *Bibl. Patr. pag.* 478.

SEVERI, Imp. Historia Vitæ suæ, *laudatur à Capitolino, in Ciodio Albino.*

SEVERUS, Malacitanæ Sedis Episcop. vixit sub Mauricio Aug. *Isid.*

SEVERUS, Minoricens. Episcop. *Vide Bar. an.* 418. n. 6o.

SEVERUS Sanctus, id est Endelrichus, Rhetor, *inter Poetas Pithœanos pag.* 449. vix. an. 395.

SEVERUS Sulpitius, vix. c. an. 400. *Ejus exstant Historia Eccles. et Vita S. Martini, præterea Epist. tom.* 5. *Spicileg. pag.* 532. *Vide Gennad. etc.*

SEXTUS Aurelius Victor, alius a Victore, quem *Schotti* vocant, vix. sub Theodosio.

SEXTUS, de Resurrectione, vix. sub Severo Imp.

SEXTUS Rufus, vir Consularis, qui Historiæ Romanæ Epitomen scripsit, vix. sub Valentiniano Imperat.

SIAGRIUS, de Fide adversus Hæreticos scripsit. *Gennad.*

SIBERTUS de Beka, Geldrensis, Carmelita, vix. an. 1320.

SIBERTUS, S. Pantaleonis Colon. Prior, vix. an. 1136. *tom.* 2. *Analect. Mabillonii pag.* 495.

SIBRANDUS, Frisius, Horti Mariæ Abbas, scriptor Vitæ S. Siardi ejusdem loci Abbatis, ob. an. 1238.

SICARDUS, Cremonensis Episcop. Historicus, vix. an. 1160.

SIDONIUS Apollinaris, Arvernorum Episcopus, obiit 23. Aug. an. 482. *Ejus opera illustrarunt Colvius, Savaro, Sirmondus, etc.*

SIFFRIDUS, Misnensis Presbyter, Chronicon perduxit ad an. 1307. *Edit. cum Hist. German.*

SIGEARDUS, S. Albani Monachus, *tom.* 5. *Canisii part.* 2. *pag.* 648.

SIGEBERTUS, Gemblacensis Monach. obiit 5. Oct. an. 1113. *Edit. seorsim. Vide præterea tom.* 3. *Bolland. pag.* 227. *Sur.* 1. *Febr.* 23. *Maii*, 15. *Nov. etc. Vide eundem Sigeb. c.* 171.

SIGEBERTUS, cogn. Pius, Orientalium Saxonum in Anglia Rex, ob. an. 652.

SIGIBERTUS, Corbeiensis Monach. scriptor Vitæ S. Voymonis Bremensis Archiepiscop. vix. an. 905.

SIGISMUNDUS Meisterlinus, de Rebus Noriberg. *tom.* 8. *Reliq. MSS. Ludewigi.*

SIGOARDUS, Remensis Canonicus, sub Fulcone Archiepiscopo, *t.* 1. *Labbei p.* 362. *t.* 1. *Hist. Academ. Paris. p.* 288.

SIGWOLFUS, Monachus, Anglus, vix. an. 790.

SILVESTER Giraldus, Cambrensis, *edit. cum Hist. Anglic.* ob. an. 1210. *De ejus scriptis multa Pitseus.*

SILVIUS Bonus, Britannus, Rhetor et Poeta, vix. an. 410.

SIMEON, Dunelmensis Præcentor et Monach. *cujus habentur scripta inter Histor. Anglic.* vix. an. 1164.

SIMON, Afflighemensis Monach. *Vide Henric. Gandav. et Trith.*

SIMON Ailwardus, Anglus, Poeta, *de Ludo Scacorum*, vix. an. 1456.

SIMON Alcoccus, Anglus, Theol. vix. an. 1380.

SIMON Baringuedus, Tolosanus, Augustin. Theologus, vix. an. 1390.

SIMON de Borsamo, Archiepisc. Mediolan. Cardin. ob. an. 1381.

SIMON Bredonus, seu Biridanus, Angl. Astrologus, vix. an. 1386.

SIMON Burnestonus, Angl. Ord. Præd. Theolog. vix. an. 1337.

SIMON de Cassia, Augustinianus, vix. an. 134o. idem qui mox *Fidatus.*

SIMON Corbeiensis, al. e Corbilo, Gallus, Carmelita, Theol. vix. an. 1312.

SIMON de Covino, an. 1348. *In Biblioth. Reg.*

SIMON de Cremona, Augustinianus, ob. an. 1348.

SIMON Dominicanus, i. Ord. Præd. Theologus.

SIMON Fevershamensis, Anglus, Philosophus, vix. circa an. 1370.

SIMON Fidatus, dictus a Cassia, Augustinianus, ob. 2. Febr. an. 1348. Vide paulo ante.

SIMON Fraxinus, vulgo Ashe, Herefordiensis Canonicus, Poeta, vix. an. 1200.

SIMON Gandavensis, Londinensis, Theol. Sarisburiensis Episcopus, vix. an. 1298.

SIMON, Monach. Hafflighemensis, vix. circa an. 1310. *Vide Sanderum pag.* 134. Vide supra *Afflighemensis.*

SIMON Hentonus, Angl. Ordin. Præd. Theol. vix. an. 1360.

SIMON Jacumæus, Gyratii Episc. deinde Thebanus Archiepiscopus, vix. an. 1400.

SIMON de Janua, cujus sunt notæ aliquot marginales in Alexandrum Iatrosophistam, *edit. an.* 1504. *et* 1528. ejusd. Clavis Sanationis, *edit. an.* 1486. 1510. *et* 1514. vix. circa an. 1300. *Vide Cod. Reg.* 334.

SIMON Islepus, Cantuariensis Archiep. ob. an. 1366.

SIMON Langhamus, Cantuariensis Archiepiscopus, ob. an. 1376. *Vide tom.* 2. *Concil. pag.* 2034. *et Pits.*

SIMON Langtonus, Stephani Cantuar. Archiep. frater, ob. an. 1248.

SIMON Mephamus, Cantuar. Archiep. ob. an. 1333.

SIMON Southraius, Angl. ad S. Albanum Monach. Theol. vix. an. 1382.

SIMON de Spira, German. Carmelita, vix. circa an. 1340.

SIMON Stochius, Angl. Ord. Carmelitarum Magister, ob. 16. Maii an. 1265.

SIMON Sudberius, Cantuar. Archiepisc. ob. an. 1381.

SIMON de Tornaco, Theologiæ Professor, vix. an. 1216. al. 1284. *Vide Sand. pag.* 169. *Henric. Gandav. Trithem. etc.*

SIMON Tornaquitius, Florentinus, Mon. Bened. [f. leg. Augustin. qui ob. an. 1429. de quo in Fabricii Bibl.]

SIMON Tunstedus, Angl. Ord. Min. Philosophus, ob. an. 1369.

SIMON Wichinghamus, Angl. Carmelita, Theol. vix. an. 1360.

SIMPLICIANUS, Episcopus, S. Augustini familiaris. *Gennad.*

SIMPLICIUS (S.) PP. ob. 2. Mart. an. 483. *Vide Concil.*

SIMPLICIUS, S. Benedicti discipulus; ob. an. 576. *Vide Petr. Diacon et J. B. Marum.*

SIRE, Raul, de Gestis Frider. I. Imper. *tom.* 6. *Script. Ital. Murat.*

SIRICIUS (S.) PP. 22 Febr. an. 398. *Vide Concil.*

SIVIARDUS, Anisolensis Abbas, vix. ineunte sæculo VIII. *tom.* 1. *SS. Ord. Bened. pag.* 642.

SIXTUS I. (S.) PP. ob. 6. April. an. 142. *Vide Concil.*

SIXTUS II. (S.) PP. ob. 6. Aug. an. 261. *Vide Concil.*

SIXTUS III. (S.) PP. ob. 28. Mart. an. 448. *Vide Concil. et tom.* 7. *Biblioth. Patr. pag.* 804.

SLEYDANUS, in Continuat. Hist. Sacræ Severi.

SMARAGDUS, alias Ardo dictus, Anianensis Mon. ob. 7. Mart. 843. multa scripsit. *Vide Codd.* 171. 269. 358. 370. 371. 412. 413. 493. 525. *Bibl. Sangerm.*

SMARAGDUS, S. Michaelis ad Mosam Abbas, floruit an. 820. *tom.* 5. *Spicileg. pag.* 1. *Vide Honor. Augustod. cap.* 6.

SOMNIATORIS Monachi Postillæ in Evangelia, *in Bibl. Sangerman. Cod.* 709.

SOTER (S.) PP. 22. April. an. 179. *Vide Concil.*

SOZOMENUS, Pistoriensis, scriptor Historiæ universalis, vix. sæc. XIV *Volaterr. Vide Murat. tom.* 16. *Script. Ital.*

STANTONUS, Anglus, Mathematicus.

STEPHANARDUS Flamma, Historiam carmine confecit, ut observat Jovius in Vicecomit. Mediolan. vix. an. 1290. *Vide Galvaneus supra et Possevin.*

STEPHANUS I. (S.) PP. ob. 2. Aug. an. 260. *Vide Concil.*

STEPHANUS III. PP. ob. 26. April. an. 757. *In Concil. et in Cod. Carolino.*

STEPHANUS IV. PP. ob. 1. Febr. an. 772. *Vide Concil.*

STEPHANUS V. PP. ob. 25. Jan. an. 817. *Vide Lud. Jacob.*

STEPHANUS VI. PP. ob. an. 891. *Vide Concil.*

STEPHANUS VII. PP. ob. an. 909. *Vide Concil.*

STEPHANUS IX. PP. ob. an. 943. *Vide Lud. Jacob.*

STEPHANUS X. PP. ob. 28. April. an. 1028. *In Concil. et Bibl. Patr.*

STEPHANUS, Anglicus, Carmelita, Theol. vix. an. 1417.

STEPHANUS, Anglus, Jurisperitus.

STEPHANUS, Augustodunensis Episcopus, vix. an. 950. *Edit. in Bibl. Patr.*

STEPHANUS Bisuntinus, Ord. Præd. Magister Generalis, ob. an. 1294.

STEPHANUS Brickingtonus, Angl. Cantuariensis Mon. Hist. vix. an. 1380.

STEPHANUS Brounus, Anglus, Monach. Theol. vix. an. 1340.

STEPHANUS, Cantuariens. Archiep. an. 1205. *tom.* 3. *Spicil. pag.* 55. 137. 179.

STEPHANUS, Cellæ novæ in Hispania Mon. de Vita S. Rudesindi Dumiensis Episcopi, vix. circa an. 1200. *t.* 6. *Bol. p.* 107.

STEPHANUS de Chalmeco, Cartusiæ Portarum Monach. *tom.* 2. *Bibl. Patr.*

STEPHANUS III. Cisterciensis Abbas, Auctor *Chartæ caritatis, edit. in Nomastico Cisterc.*

STEPHANUS de Conty, natus de Ambianis, Mon. ac Officialis Corbeiensis, cujus exstat Historia sui temporis, *in Cod.* 520. *Bibl. Sangerman.* vix. sub Carolo VI.

STEPHANUS Eitonus, vel Edonus, Angl. Canon. Regularis, Historicus, vix. an. 1320. [Fabricio Eddius vel Heddius *t.* 2. *pag.* 80.]

STEPHANUS Gilletus, Burgundus, Carmelita, vix. an. 1320.

STEPHANUS, Grandimontensis Ordinis Fundator, cujus Regula edita Divione an. 1645. ob. an. 1124.

STEPHANUS, Halberstadensis Episcop. vix. an. 1107.

STEPHANUS Hardingus, Shiburnensis Monach. et primus Molismensis Abbas, ob. an. 1133.

STEPHANUS Langtonus, Angl. Theologus, ob. an. 1228.

STEPHANUS, Monachus et Abbas Leodiensis, de Vita S. Modoaldi, vix. an. 740. *Sur.* 13. *Maii.*

STEPHANUS, Leodiensis Episc. de Gestis S. Lamberti, vix. an. 903. *tom.* 1. *Hist. Leod. pag.* 351. *Vide Sigebert. c.* 125.

STEPHANUS, Lugdunensis, Cardinalis.

STEPHANUS de Mediolano, Ordin. Præd. de Gestis Mediolanensium, carmine scripsit, vix. circa an. 1262.

STEPHANUS, Meldensis Episcopus. *Vide Sangerm. Cod.* 514.

STEPHANUS Messalahus, Anglus, Mathemat.

STEPHANUS le Moyne, in Notis ad Varia Sacra.

STEPHANUS, Parisiensis Episc. an. 1277. *tom.* 25. *Bibl. Patr. pag.* 329.

STEPHANUS Patringtonus, Anglus, Carmelita, Theol. ob. an. 1417.

STEPHANUS, Presbyter Africanus, scriptor Vitæ S. Germani Autissiod. vix. an. 584.

STEPHANUS de Provincia, JC. vix. an. 1330.

STEPHANUS, Rhedonensis Episc. de Vita S. Guillelmi Firmati, vix. an. 1178. *tom.* 11. *Bol. pag.* 334.

STEPHANUS Rotomagensis, Beccensis Monach. cujus complura habentur *in Bibl. Sangerm. Cod.* 771.

STEPHANUS de Salazacho, Lemovicensis, Ord. Præd. an. 1290. *Vide Bolland. tom.* 6. *pag.* 655.

STEPHANUS de S. Genovefa, *in Cod.* 16. *Bibl. Sangerm.*

STEPHANUS, S. Pantaleonis Colon. Monach. de Inventione S. Maurini Abb. vix. an. 990. *Sur. tom.* 3. 10. *Jun.*

STEPHANUS, S. Victoris Paris. Canonicus Regular. *tom.* 2. *Spicil. pag.* 691.

STEPHANUS Scropus, Anglus Histor. vix. an. 1399.

STEPHANUS de Senis, Cartusiensis, *tom.* 11. *Bol. pag.* 961.

STEPHANUS Stampensis, Normannus, S. R. E. Cardinalis, ob. an. 1289.

STEPHANUS, Trudonensis Monach. vix. an. 1082.

STEPHANUS a Vicomercato, Mediolanensis, Ord. Præd. Auctor Chronic. metric. vix. an. 1292. *Leander.*

STEPHANUS, Ulyssibonensis Eccl. Præcentor, de Mirac. S. Vinc. Mart. *apud Ant. Brandaon. tom.* 3. *Monarch. Lusit. pag.* 298.

STEPHANUS, Wittebiensis Monach. Angl. vix. an. 1080.

STEPHELINUS, Monach. de Miraculis S. Trudonis. *Vide Sander. pag.* 270.

STEYERUS, in Comment. ad Hist. Alberti II.

STRUVIUS, in Actis literariis.

SUENO Aggonis, auctor Historiæ Danicæ editæ a Stephanio, vix. an. 1203.

SUENONIS Leges Danicæ Castrenses.

SUETONIUS Optatianus, Historicus, cujus meminit Vopiscus in Tacito.

SUGERIUS, Abbas S. Dionysii in Francia, ob. an. 1152. *tom.* 4. *Hist. Franc. pag.* 281. 493. *tom.* 1. *Analect. Mabillonii pag.* 328. *Doublet. etc.*

SULCARDUS, Westmonasteriensis Monach. Historic. vix. an. 1070.

SULPITIUS Alexander, Historiæ Francorum, scriptor cujus meminit Gregorius Turon. lib. 2. Hist. Franc.

SULPITIUS Victor, editus inter Rhetores Pithœanos.

SYLVERIUS (S.) PP. ob. 20. Jun. an. 540. *Vide Concil.*

SYLVESTER I. (S.) PP. ob. 31. Dec. an. 335. *Vide Lud. Jacob. Possevinum et alios.*

SYLVESTER II. (S.) PP. antea Gerbertus, et Archiepisc. Remensis, ob. 12. Maii an. 1003. *Multa scripsit, de quibus Lud. Jacob. et alii.*

SYMMACHUS, edit. a Jureto et aliis. *Vide tom.* 5. *Spicileg. pag.* 583. ob. an. 526.

SYMMACHUS (S.) PP. ob. 19. Jul. an. 514. *Vide Concil.*

SYMPHOSIUS, Poeta, scriptor Ænigmatum, edit. non semel. *Vide Bibl. Sangerman. Cod.* 598.

T

TAGENO, Pataviensis Decanus, scriptor Historiæ Expeditionis Friderici I. in T. S. *editæ inter Hist. German.* vixit sub eodem Imp.

TAIO, Cæsaraugustanus Episcop. vix an. 650. *tom.* 2. *Analect. Mabillonii pag.* 68.

TANCREDUS, JC. Hetruscus, Bononiæ Archidiac. ob. an. 1240.

TANGMARUS, Hildeshemensis Presbyter, de Vita Bernwardi Hildeshem. Episc. *edit. a Browero,* vix. circa an. 1010.

TATIUS Cyrillus, Historicus, vix. sub Constantino M. *Capitolin.*

TATWINUS, Anglus, Cantuariensis Archiep. ob. an. 734.

TERENTIANUS Maurus.

TERENTIANUS, Vir Consularis, sub Juliano et Joviniano. *Vide Sur.* 26. *Jun.*

TERTULLIANUS, Afer, ob. circa an. 215. *Ejus Opera illustrarunt præ ceteris Rhenanus, Pamelius, Rigaltius, etc.*

TERVANUS, Scotorum Episcopus, vix. an. 440.

TETRADIUS, Cæsarii Arelat. nepos, *tom.* 8. *Bibl. Patr.*

THADDÆUS, Florentinus Medicus, an. 1280.

THADDÆUS, Abbas Scotorum Ratisponæ, vix. an. 1457. *edit. tom.* 4. *Canisii part.* 2. pag. 471.

THADDÆUS, Notarius Vincentinus, de Eccelino Romano, *edit. cum Mussato pag.* 32,

THEBAUDUS, Besuensis Monachus, *tom.* 2. *Bibl. Labbei pag.* 605.

THEGANUS, Trevirensis Chorepiscopus, de Gestis Ludovici Pii, sub quo vixit, *tom.* 2. *Hist. Fr.*

THELESINUS, vel Theliesinus *Helius,* Britannus, vix. an. 540.

THELIAUS, Londavensis Archiepiscopus, alias *Eliud* dictus, Britannus, vix. an. 563.

THEMISTIUS, de Locis dialecticis, *in cod. MS. S. Germani Paris.*

THEOBALDUS, auctor Vitæ S. Guillelmi Eremitæ, *tom* 4. *Bollandi pag.* 450.

THEOBALDUS Anglicus, Ordin. Cartus. vix. an. 1328.

THEOBALDUS, Stampensis Sacerdos, Angl. S. R. E. Cardinal. ob. circ. an. 1289. ut habet Pitseus, alii circ. an. 1108. *tom.* 3. *Spicileg. pag.* 132.

THEOBALDUS, Veronensis Episcop. Augustinian. ob. 19. Nov. an. 1331.

THEODEMARUS, Monach. Bened. vixit sub Carolo M. *edit. a Brolio cum Chronico Casin. pag.* 797.

THEODOLUS, Italus, Liber carmine scriptus, singulis tetrasticis, edit. cum Catone, Matthæo Vindocin. et al. *Joannes Chrysostom. composuit hoc opus, et vitans arrogantiam, intitulavit nomine Theodoli. Ita apud Sand. pag.* 139. *Vide Sigebert. c.* 135. *Trith. et Vossium* 169. *pag.* 747.

THEODORICUS, Abbas Ord. Benedict. de Vita S. Hildegardis, vix. an 1200.

THEODORICUS, S. Albani apud Moguntiam Mon.

THEODORICUS de Appoldia, Erfordiensis, Ord. Præd. Scriptor Vitæ S. Dominici, *edit. a Surio* 4. *Aug.* vix. circ. an. 1300.

THEODORICUS, Bernensis, Ord. Præmonstr. vix. circ. an. 1160.

THEODORICUS, Casinensis Monach. vix. an. 1012. *Vide Petr. Diac. et J. B. Marum.*

THEODORICUS Engelhusius, auctor Chronici Chronicorum, quod perduxit ad an. 1410.

THEODORICUS de Friburgo, Germanus, Ordin. Prædic. Philosophus, vix. an. 1270.

THEODORICUS, Hirsfeldensis Monachus, scriptor Vitæ S. Benedicti, etc. vix. an. 1042.

THEODORICUS, S. Matthiæ Trevirensis Monach. de Invent. S. Celsi, vix. an. 1000. *tom.* 5. *Bollandi pag.* 396. *Sur.* 23. *Febr. Vide Trithem.*

THEODORICUS a Niem, Verdensis Episc. auctor libri *de Schismate,* etc. editi a Schardio, vix. an. 1380.

THEODORICUS, Ordin. Prædic. de Arte equos medicandi, MS.

THEODORICUS, Thuringus, Ord. Præd. de Vita S. Elizabeth. reg. Hungar. *tom.* 5. *Canisii part.* 2. *pag.* 147. *Vide Lambec. lib.* 2. *Bibl. Cæsar. pag.* 878.

THEODORICUS, Trevirensis Archiepisc. scriptor Vitæ S. Lutrudis, ob. an. 970. *Sur.* 22. *Sept.*

THEODORICUS, Trudonensis Abbas, ob. an. 1107. *Sur.* 8. *Jul.* 25. *Nov. tom.* 2. *SS. Ord. Bened. pag.* 394. 1069. *Vide Sigeb. c.* 170. *Trith. etc.*

THEODORICUS de Valliscolor, seu de Vaucouleur, de Vita S. Urbani IV. PP. carmine, edit. a Massono.

THEODORICUS Urias [Vrie], Augustinianus, vix. an. 1412.

THEODORUS I. PP. ob. 14. Maii an. 649. *Vide Concil. et tom.* 12. *Bibl. Patr.*

THEODORUS, Cantuariensis Archiep. cujus Fragmenta edidit Jac. Petitus, vix. an. 680. *Vide Concilia tom.* 6. *et Concil. Spelmanni, præterea Spicilegium Acher.*

THEODORUS Eremita, seu Campendonensis, auctor Vitæ S. Magni seu Magnoaldi, cujus sodalis fuit, obiit sub Pipino Reg. *tom.* 5. *Canisii part.* 2. *pag.* 919. *Vide Alaman. Goldasti pag.* 231.

THEODORUS, Scotorum Archiepiscopus, auctor Pœnitentialis, de quo Spelmannus in Concil. et Jacob Petitus, vix. an. 690.

THEODOSIUS Macrobius, scriptor Saturnalium, vix. sub Theodosio Imp.

THEODULFUS, Aurelianensis Episcop. ob. an. 821. *edit. a Sirmondo et al. adde tom.* 5. *Spicileg. pag.* 127. *tom* 1. *Analect. Mabillonii pag.* 376.

THEONAS, Episcop. circ. an. 400. *tom.* 12. *Spicileg. pag.* 545. *Laudatur a Pithœo in Glossar. ad Julian. Antecess.*

THEOPHANUS, Diaconus, Monach. Casinensis, vix. an. 855. *Vide Petr. Diacon.*

THEOPHILUS Raynaldus, in Tract. de Monit. et Excommunicat.

THEOTINCHUS, Presbyter, sub Carolo C. *tom.* 2. *Capitular. Baluzii pag.* 1309.

THEUDOINUS, Catalaunensis Præpositus, vix. circ. an. 868. *tom.* 2. *Analect. Mabillonii pag.* 86.

THEUDUS, S. Pauli de Radiolo Abbas, scripsit Vitam S. Benedicti, et in ejus regulam, ob. an. 1095.

THICHONIUS, cujus meminit S. Augustinus et Gennadius, *tom.* 6. *Bibl. Patr. pag.* 49.

THILMANNUS de Hachenberg, Germanus, Ord. Min. vix. circ. an. 1412.

THIMO, S. Michaelis Bambergensis Monach. vix. an. 1146. Scripsit Vitam S. Ottonis, Episcop. Bamberg. *apud Gretzer. in Divis Bamberg.*

THIOTFRIDUS, Eptarnacensis Abb. vix. an. 1110. *edit. an.* 1619. *et tom.* 12. *Bibl. Patr.*

THIUREDUS Doverensis Monach. Anglus, Musicus, ob. an. 1371.

THOMÆ Chronicon ab Augusto ad Rudolfum Imper. *in Cod. Reg.* 227. *post Martini Poloni Chron.*

THOMAS, auctor libri Ænigmatum. *Vide Sigebert. c.* 133.

THOMAS Alcherus, Anglus, Theologus.

THOMAS Almericus, Cremonensis, scripsit Eventus Italiæ sui temporis et Gesta Frider. I. Imper vix. circ. an. 1198. *tom.* 1. *Cremonæ liter.*

THOMAS Antonii, Senensis, Ord. Præd. scriptor Vitæ S. Catharinæ de Senis, vix. an. 1430.

THOMAS de Aquino (S.), Doctor Angelicus, Ord. Præd. ob. 7. Mart. an. 1274.

THOMAS, Archidiaconus, auctor Historiæ Salonitanæ.

THOMAS de Argentina, Ordin. S. Augustini Generalis Magister, ob. an. 1357. *edit.*

THOMAS Arundelius, Cantuar. Archiepiscopus, ob. an. 1415.

THOMAS Asheburnus, Anglus, Augustin. Theologus, vix. an. 1382.

THOMAS Bajocensis junior, scriptor Officiarii Eboracensis Ecclesiæ, vix. an. 1169.

THOMAS de Balliaco, Caucellarius Ecclesiæ Parisiensis, Theolog. ob. an. 1328. *Hemeræus de Academ. Paris.*

THOMAS Basinus, Episcop. Lexov. an. 1447. inter cætera

scripsit Breviloquium peregrinat. quod MS. exstat *in Bibl. Victor.* ob. an. 1491. *Vide Gall. Christ. tom.* 11.

THOMAS Becchingbtonus, Anglus, Theolog. vix. an. 1350.

THOMAS Borstallus, Anglus, Augustin. Theolog. vix. an. 1290.

THOMAS Bradwardinus, Anglus, Mathematicus, multa scripsit, ex quibus quædam edita, ob. circ. an. 1350.

THOMAS Brintonus, vel Brampton, Angl. Norwicensis Monachus, vix. an. 1380.

THOMAS Bromius, Anglus, Carmelita, Theolog. ob. an. 1380.

THOMAS Bucchinghamus, Exoniensis Theolog.

THOMAS Bungeius, Anglus, Ord. Min. Theolog. vix. an. 1290.

THOMAS Cabhamus, Wigorniensis Episcopus, Theologus, vix. an. 1316.

THOMAS Cantipratanus, Canonicus Regul. vix. an. 1280. *Edit. a Colvenerio.*

THOMAS (S.), Cantuariensis Archiep. ob. 4. Kal. Jan. an. 1171. *Ejus Epistolas aliquot edidit Stapletonus. Vide Pitscum.*

THOMAS de Capua, Cardinalis, ob. an. 1243. *In Cod. Reg.* 278. *in Sangerman.* 798. *et in Bibl. Victor.*

THOMAS, Cardinalis, tit. S. Petri ad vincula, natione Anglus, Ord. Præd. vix. an. 1380.

THOMAS Castelfordus Angl. Benedictinus, Historicus, vix. an. 1320.

THOMAS de Cellano, Ord. Min. scriptor libelli de Vita S. Francisci, vix. circ. an. 1230.

THOMAS de Ceperano, Ord. Min. vix. an. 1250.

THOMAS Chilledenus, Anglus, JC.

THOMAS Clantonus, Angl. Ord. Præd. Theolog.

THOMAS Colbius, Anglus, Carmelita, Theologus, ob. an. 1406.

THOMAS, Cracoviensis, ejus Dialogus de Ratione sumendi Corpus Domini, *in Cod. Thuano* 773.

THOMAS Cranleius, Dublinensis Archiepiscopus, ob. an. 1417.

THOMAS Daudo, Anglus, Carmelita, Histor. ob. an. 1436.

THOMAS Diaconus, Flander, Histor. an. 1333.

THOMAS Dockingus, Anglus, Ord. Min. Theol. vix. an. 1270.

THOMAS Donatus, Venetus, Ord. Præd. Venetiar. Patriarcha, an. 1492.

THOMAS, Abbas Dumdramensis, Scotus, vix. an. 1439.

THOMAS, Eboracensis, Angl. Ord. Min. an. 1260.

THOMAS Eclesyonus, Anglus, Ordin. Min. vix. an. 1340.

THOMAS Edwarstonus, Angl. Augustin. Theol. ob. an. 1396.

THOMAS, Eliensis Monach. vix. an. 1170. *tom.* 2. *SS. Ord. Bened. pag.* 378.

THOMAS Elmhamus, Angl. Histor. vix. sub Henrico V. *Edit. ab Hearnio an.* 1727

THOMAS Erastus, de Divinatrice magia.

THOMAS Fazellus, de Rebus Siculis.

THOMAS de Garbo, Florentinus, Medicus, vix. an. 1340.

THOMAS Graius, Scriptor libri inscripti: *Scala mundi. Vide Vossium.*

THOMAS Halensis, seu de Hales, Angl. Ord. Min. Theol. vix. an. 1340.

THOMAS de Hanneia, Anglus, Grammat. vix. an. 1360.

THOMAS Haselbachius, Germanus, Theol. vix. sub an. 1410. *Edit.*

THOMAS Hasilwodus, Angl. Canonicus Regular. Historic. vix. an. 1321.

THOMAS, Hibernicus. *Vide Sander. pag.* 174.

THOMAS Hilleiensis, aliis de Illeia, Anglus, Carmelita, Theol. vix. an. 1290.

THOMAS Hyde, de Religione Persarum.

THOMAS, Ismaelita, Angl. Ord. S. Brigittæ Monach. vix. an. 1430.

THOMAS Jorsius, seu Joyce, Angl. Ordin. Præd. Theol. ob. an. 1311.

THOMAS a Kempis, Canonicus Regularis Montis S. Agnetis, in Chron. ejusdem Monast. ob. an. 1471.

THOMAS Langfordus, Angl. Ord. Præd. Theol. et Histor. vix. an. 1320.

THOMAS Langleius, Hulnensis in Anglia Monach. Poeta, vix. an. 1430.

THOMAS Lavinghamus, Angl. Philosophus.

THOMAS de Lentino, Ord. Præd. Patriarcha Hierosolymitanus, vix. an. 1260. *Sur.* 29. *April. tom.* 2. *Bol. pag.* 686.

THOMAS Lilus, Angl. Ord. Præd. Theol. ob. an. 1360.

THOMAS, Lincolniensis Archidiacon. Theol. vix. an. 1253.

THOMAS Liber, Rankwillensis, vix. an. 1200. *Vide Alamannica Goldasti tom.* 2. *pag.* 199.

THOMAS Lombardus, Ord. Præd. Cardinalis sub Clemente VII. Antipapa.

THOMAS Lumbæus, Anglus, Carmelita, Theolog. ob. an. 1390.

THOMAS Madox, in Baronia Anglica et Formul. Anglic.

THOMAS Maldonus, Anglus, Carmelita, Theol. ob. an. 1404.

THOMAS, Monemuthensis Monachus, vix. an. 1160.

THOMAS de la Moore, Anglus, Miles, cujus Historia edita cum Hist. Anglic. vix. an. 1326.

THOMAS Netterus, vulgo Waldensis, a patria sic dictus, Anglus, Carmel. obiit Rotomagi 3. Nov. an. 1430.

THOMAS Norwodus, Anglus, Ord. Præd. Theolog. vix. an. 1320.

THOMAS de Novomercato, Anglus, Philosoph. Carleolensis Episcop. vix. an. 1410.

THOMAS Ocleffus, Anglus, vix. an. 1410.

THOMAS Otterbornus, Angl. Ordin. Min. Histor. vix. an. 1411. Auctor Chron. Anglic. *edit. ab Hearnio an.* 1732.

THOMAS Palmerus, Anglus, Ord. Præd. Theol. vix. an. 1410.

THOMAS Peverellus, Anglus, Carmelita, Theol. ob. an. 1418.

THOMAS Philologus, de Modo collegiandi, *Ravennat. an.* 1565.

THOMAS Pontius, seu Pontinus, Cantuariensis Monachus, Theolog. vix. an. 1332.

THOMAS Radburnus, Menevensis in Anglia Episc. Historicus, vix. an. 1418.

THOMAS Radcliffus, Lincolniensis Episcop. vix. an. 1370.

THOMAS Reinesius, in variis Lectionibus.

THOMAS Ringstedus, Banchorensis Episcop. ob. an. 1370.

THOMAS Ringstedus junior, Angl. vix. an. 1440.

THOMAS a S. Victore, Canonicus Regularis Abb. S. Andreæ Vercellensis, Theolog. ob. an. 1260.

THOMAS Sarisburiensis, Theologus, Anglus, *de Arte Prædicandi.*

THOMAS, Spalatensis Archidiaconus, scripsit Hist. Episcop. Salonitanorum usque ad an. 1266. *Edit. a Jo. Lucio in Hist. Dalmatica.*

THOMAS Spermannus, Angl. Ord. Præd. Theol. vix. an. 1300.

THOMAS Sprottus, Angl. Benedict. Historicus, vix. an. 1274. *Edidit Hearnius an.* 1719.

THOMAS Stacius, Angl. Mathematicus, vix. an. 1440.

THOMAS Straveshavus, Anglus, Ordin. Minor. Theol. ob. an. 1346.

THOMAS Stubs, Angl. Ord. Prædic. cujus exstat liber de Eboracensibus Archiep. inter Histor. Angl. vix. an. 1360. *Vide Pitseum et Seldenum.*

THOMAS Stureiensis, Angl. Augustin. Theolog. vix. an. 1370.

THOMAS Suttonus, Angl. Ord. Præd. Philosoph. et Theolog. vix. an. 1290.

THOMAS Varoye. Scotus, Poeta, an. 1390.

. THOMAS, Viconiensis, Ord. Præmonstrat. Canon. Theol. vix. an. 1326.

THOMAS Virleius, Anglus Theologus.

THOMAS Walleis, seu Guallensis, Ord. Præd. multa scripsit de quibus Antonius Senensis, Pitseus et alii, vix. an. 1333.

THOMAS Walsinghamus, ad S. Albanum in Anglia Monach. cujus Hist. edita a Camdeno, vix. an. 1440.

THOMAS Wiccius, Anglus, Canonicus Regularis, Historicus, vix. an. 1290. Vide mox *Wicket.*

THOMAS Wichingamus, Angl. Carmelita, vix. an. 1372.

THOMAS Wicket, Angl. Histor. Canon. Regul. circa an. 1295.

THOMAS Winchecumbus, Angl. Eveshamensis Monachus. Historicus.

THOMAS Wintertonus, Angl. Augustianus. Theol. vix. an. 1382.

THOMAS Wodbrigius, Anglus, Historicus.

THOMASINUS, Ferrariensis, Ord. Præd. vix. circa an. 1410.

THOMASSINUS, Oratorianus, de Disciplina Ecclesiastica.

THOMELLUS, Flander, scripsit de Laudibus Balduini Insulani Comitis Flandriæ, etc. vix. an. 1070.

THURIBIUS, Astoricensis Episcopus, *apud Ambrosium Moralem lib.* 11. *c.* 26.

TIBERIANUS, Bæticus, de quo S. Hieron.

TIBERIANUS, Poeta, sub Constantino M. Præfectus Prætorio Galliar. *Vide Lacarrium.*

TIBERIUS Claudius Donatus, scriptor Vitæ Virgilii Maronis.

TICHONIUS, Afer, vix. sub Theodosio M. *Gennad.*

TIDERICUS Langen, Canonicus Eimbecensis et Goslariensis, vix. an. 1300. *Edit. a Meibomio an.* 1652.

TIRECHANUS, Episc. Hibernus, vix. post med. sæc. VII. *apud Waræum de Script. Hibern. et tom.* 1. *Jul. Act. SS. p.* 631.

TITIANUS, Rhetor, Gallus, vixit sub Theodosio. Hujus meminit Ausonius.

TOBIAS, Monachus, Anglus, ob. an. 722.

TOXOTIUS Senator, Poeta, cujus meminit Capitolinus.

TRAIMUNDUS, al. Transmundus, Clarevallensis Monachus, vixit sub Ludovico VII. rege Franc. *Ejus Epistolæ editæ tom.* 4. *Hist. Franc. pag.* 477. *Vide Cod.* 798. *Bibl. Sangerman.*

TREBELLIUS Pollio, editus inter Scriptores Historiæ Augustæ, vix. sub Constantino Chloro.

TRETERII Diaconi Homiliæ, *in Cod. Thuano,* 27.

TRUMHERUS, Lichefeldensis Episcopus, vix. an. 700.

TRUSIANUS, Florentinus, Cartusianus, Medicus, vix. an. 1300.

TRUSTANUS, vel TRUSTINUS, Eboracensis Archiepiscopus, ob. an. 1139. vel 1140.

TUNDALUS, Hibernus, Cassellensis, Cartusianus, scripsit librum Apparitionum suarum, vix. an. 1148.

TURDULUS GALLICANUS, Historic. de quo Vopiscus in Probo.

TURGOTUS, Dunelmensis Monachus, ob. an. 1115.

TURPINUS, aliis TILPINUS, Remensis Archiepisc. vix. sub. Carolo M. cujus fabulosa Historia ejusdem Turpini nomine circumfertur, cujus auctor sat antiquus.

TURRIGIANUS, de Cryptis Vaticanis.

TURTIUS RUFUS ASTERIUS QUINTUS, V. C. Exconsul ordinarius atque Patricius, *post Sedulium Aldinæ edit. Vide. Bibl. MSS. Labbei pag. 23.*

TUTELO, Monachus S. Galli, cogn. ITINERARIUS, Poeta, Pictor et Musicus, circa finem sæc. IX. *tom. 5. Canisii part. 2. post pag. 728.*

V

VAIRUS, de Fascinationibus.

VALERIANUS, Cemelenensis Episcop. vix. an. 455. *Ejus Sermones editi a Sirmondo, Rainaudo, etc.*

VALERIUS, Abbas, scriptor Vitæ S. Fructuosi Bracarensis Episcopi, *tom. 2. SS. Ordin. Bened. pag. 581.*

VALERIUS, Asturicensis Archipresbyter, Vitas Patrum Orientalium collegit. *Rosweid.*

VARRO, de Lingua Latina, de Re Rustica.

UBERTINUS DE ILIA, Italus, Casalensis, Ord. Min. vix. an. 1325. *Vide Wad. et Sander. 2. part. pag. 137.*

UDALRICUS de Argentina, Ord. Præd. vix. circ. an. 1280.

UDALRICUS, Augustanus Episcop. *Vide Alamannica Goldasti tom. 2. pag. 96. et Possevinum.*

UDALRICUS, Cluniacensis Monachus, scriptor Consuetudinum Cluniacensis Monasterii, vix. circ. an. 1100. *Edit. tom. 4. Spicil. pag. 21.*

UDALRICUS, in Commentar. Aponii et Lucæ Abbatis, *tom. 14. Bibl. Patr. pag. 128.*

UDALRICUS, al. HERICUS, HERLINGER A WEMBERG, Abbas, scriptor Chronici sui Monasterii, vix. an. 1253.

UDALRICUS A LENTZBURG, Curiensis, Episcopus, ob. an. 1355. *Voss.*

UDASCALCUS, Abbas, vix. circ. an. 1150. *tom. 2. Canisii pag. 203. Vide Alamannica Goldasti tom. 2. pag. 198.*

VEGETIUS RENATUS, scripsit de Re milit. libros 4. *edit.* vix. sub Valentiniano.

VEGOIA, Agrimensor, edit. inter Gromaticos.

VENERICUS. Vide infra *Wenericus.*

VERECUNDUS, Africanus Episcop. scripsit carmine de Resurrectione et de Pœnitentia. *Vide Appendicem Isidori.* Laudatur etiam Verecundus Presbyter in Canticum Exodi.

VERNERIUS, Bononiensis, JC. vix. an. 1200.

VERUS, Arausionensis Episcopus, de Vita Eutropii Episcop. vix. circ. an. 760.

VESPUTIUS SPURINNA, de Contemptu sæculi, *apud Barthium lib. 4. Adversar.*

UFFINGUS, Monachus Wertinensis, de Vita S. Ludgeri Episcop. Mimigardensis, etc. vix. sub Ottone II. aut III. circ. an. 1000. *tom. 8. Bolland. pag. 659. Surius 4. Sept. Vide Suffridum Petri.*

VICTOR I. (S.) PP. ob. 28. Jul. an. 202. *Vide Concil.*

VICTOR III. PP. obiit 15. Sept. an. 1087. *Ejus Dialogi editi*

Romæ et Parisiis. De aliis scriptis vide Petrum Diac. de Viris Illustr. Cassin. c. 18. Possevin. Lud. Jacob. et al. tom. 18. Bibl. Patr.

VICTOR, Capuanus Episcopus, scripsit adversus Victorii Canonem Paschalem an. 545. vix. an. 480. *tom. 3. Bibl. Patr.*

VICTOR, Cartennensis in Mauritania Episcop. vix. circ. an. 450.

VICTOR Tununonensis, vel Tunnonensis, in Africa, auctor Chronici editi non semel, ob. Constantinopoli an. 566.

VICTOR Uticensis, vel Vitensis, in Africa, ob. 11. Aug. circ. an. 488. *Edit. an. 1566. et a P. F. Chiffletio.*

VICTORIANUS BUCONIUS, Castellianæ in Mauritania Episcop. vix. an. 450.

VICTORINUS, Afer, S. Hieronymi in Rhetorica Præceptor, vix. sub Constantio. *Edit. a Sirmondo, et tom. 4. Bibl. Patr.*

VICTORINUS, Gennadio, qui aliis CLAUDIUS MARIUS VICTOR, Rhetor Massiliensis, qui Genesim carmine expressit, vix. sub Theodosio et Valentiniano, *edit. an. 1560. Vide Miræum de Script. Eccl. pag. 103.*

VICTORINUS (S), Petabionensis in Pannonia Episcopus, passus 2. Nov. an. 302. vel 303. *Hieron. Bellarm. edit. tom. 3. Bibl. Patr.*

VICTORIUS, Trithemio VICTORINUS, Aquitanus, cujus exstat Canon Paschalis, vix. an. 460. *Gennad.*

VIGILANTIUS, Presbyter, Gallus, Hæreticus, contra quem scripsit S. Hieronymus, etc.

VIGILIUS (S.), PP. ob. an. 555. *Vide Concil.*

VIGILIUS, Afer, Tapsensis Episcopus, multa contra Arianos scripsit circ. an. 550. *Edit. a P. F. Chiffletio, et in Bibl. Patr.*

VIGILIUS Diaconus, Scriptor Regulæ Monachorum.

VIGILIUS (S.), Tridentinus Episcopus, ob. 26. Jun. an. 400. vel 405.

VIGNOLIUS DE MAROLIO, seu D. Bonaventura Cartusianus.

VILCO JAERSMA, Frisius, Historicus, circ. an. 1120. *Suffrid. Petri. Vossius pag. 399.*

VINCENTIUS BELVACENSIS, Ordin. Prædic. vix. an. 1240. *Ejus opera 4. tom. edita.*

VINCENTIUS CADLUBCUS, Cracoviensis Episcop. Hist. Polonicæ scriptor, ob. an. 1226.

VINCENTIUS CARSULANUS, Ordin. Præd. scripsit Histor. PP. *Vide Volaterr.*

VINCENTIUS E CASALI, Ordin. Prædic. Theolog. vix. an. 1217.

VINCENTIUS CIGALTIUS, de Bello Italico.

VINCENTIUS, Conventriensis, Anglus, Ord. Min. vix. an. 1251.

VINCENTIUS FERRERIUS (S.), Valentinus, Ord. Præd. ob. 5. April. an. 1419.

VINCENTIUS GRUNER, Germanus, vix. an. 1410.

VINCENTIUS, Lirinensis Monachus, cujus exstat Commonitorium adversus Hæreses, etc. vix. an. 434.

VINCENTIUS MARIA FONTANA, in Constitutionibus Fratrum Prædicat.

VINCENTIUS METULINUS, in Notis ad Græcismum.

VINCENTIUS, Presbyter, Gallus, scripsit in Psalmos.

VINDICIANUS, Comes Archiatrorum sub Valentiniano Aug. *Vide Marcellum Empir. pag. 26. 253. Edit. an. 1536.*

VIRGILIUS SOLIVAGUS, Hibernus, ob. an. 784.

VITALIANUS (S.), PP. ob. 27. Jan. an. 669. *Vide Concilia.*

VITALIS CANEL, Oscensis Episcopus, vix. sub Jacobo I. rege Aragon. *Vide Molinam in Repertorio pag. 72. 159.*

VITALIS DE FURNO, Vasatensis diœces. Ord. Min. Cardinalis, Episcopus Albanensis, ob. 16. Augusti an. 1327.

WIPPONIS Presbyteri Panegyricus ad Henricum II. Imp. *tom. 2. Canisii pag.* 191. *idem de Vita Conradi Salici apud Pistorium,* vix. an. 1040.

WITECKINDUS, in Polo ecclesiastico.

WITIKINDUS, Corbeiæ Saxonicæ Monach. vix. an. 973. *Ejus exstat Historia Saxonica.*

WITMUNDUS DE CRUCE HELTONIS, Monachus, cogn. Sapiens, de S. Trinitate, ad Erfastum, *in Bibl. Sangerman. Cod.* 724. *Vide supra* Guitmundus.

WITRHEDUS Presbyter, Anglus, vixit an. 730.

WLPHINUS BOETHUS, scriptor Vitæ S. Juniani Confessoris, etc. vixit sub Ludovico Pio rege Franc. *tom. 2. Biblioth. Labbei pag.* 669. *tom.* 1. *SS. Ordin. Benedict. pag.* 307. *tom.* 5. *pag.* 440.

WNWOCUS, Cambrensis, scriptor Vitæ S. Albani, vix. an. 970.

WOLFARDUS, Presbyter, Hasenrietanus, de Vita S. Walpurgis, vix. sæculo IX. *tom.* 4. *Canisii pag.* 720, *tom.* 4. *SS. Ordin. Benedict. pag.* 287. *tom.* 5. *Bolland. pag.* 523. *Sur. tom.* 7. *etc.*

WOLSTANUS, Wintonensis Monachus, vixit an. 1000.

WOLSTANUS (S.). Glavorniensis Abbas, deinde Wigorniensis Episcopus; obiit 4. Kalend. Februar. an. 1095.

WORGRESIUS, Glascoriensis Abbas, vix. an. 630.

Z

ZACHÆI, Christiani et Apollonii Philosophi, Consultationum libri tres scripti c. an. 500. *tom.* 10. *Spicileg. pag.* 1.

ZACHARIAS (S.) PP. ob. 15. Mart. an. 752. *Vide Concil. et Lud. Jacob.*

ZACHARIAS, Chrysopolitanus Episcop. vix. circa an. 1110. *tom.* 19. *Bibl. Patr.*

ZENO (S.), Veronensis Episcop. et Martyr, passus 20. April. circa an. 260. *tom.* 3. *Bibl. Patr. etc.*

ZEPHERINUS (S.) PP. ob. 26. Aug. an. 221. *Vide Concil.*

ZIXILANES, Toletanus Episcop. vix. an. 371. *tom.* 2. *Bollandi pag.* 536. *tom.* 2. *SS. Ord. Bened. pag.* 517.

ZOZIMUS (S.) PP. ob. 26. Dec. an. 418. *Vide Concilia.*

AUCTORES GRÆCI

IN GLOSSARIO LAUDATI.

Anna Comnena.
Antiochus (S.).
Athanasius (S.).
Athenæus.
Basilius (S.).
Cedrenus.
Clemens Alexandrinus.
Constantinus Porphyrogenitus.
Cyrillus (S.).
Dionysius Areopagita (S.).
Ducas, in Hist. Byzantina.
Ephrem (S.).
Epiphanius (S.).
Evagrius Scholasticus.
Gregorius Nazianzenus (S.).
Gregorius Nissenus (S.).
Hero.
Hesychius.
Ignatius Diaconus.
Joannes Cantacuzenus.
Joannes Chrysostomus (S.).

Joannes, Citri Episcopus.
Joannes Euchaita.
Jobius Monachus, apud Photium.
Josephus, in Antiquit. Judaicis.
Nicephorus Gregoras.
Nicetas Choniata.
Nilus Monachus.
Pachymeres.
Paulus Silentiarius.
Philoxenus, in Glossis.
Phranzes.
Plutarchus.
Porphyrius.
Socrates, in Hist. Ecclesiast.
Sophocles.
Sozomenus, in Hist. Ecclesiast.
Suidas, in Lexico.
Synaxaria.
Theodoretus, Cyri Episc.
Theodorus Balsamon.

OPUSCULA ET SCRIPTA ΑΔΕΣΠΟΤΑ,

SEU QUORUM SCRIPTORES ANONYMI,

QUÆ IN GLOSSARIO LAUDANTUR.

A

Acta Alexandri III. PP. laudantur non semel a Baronio.

Acta Episcop. Cenomanens. tom. 3. Analect. Mabill.

Acta Inquisitionis adversus Petrum de Palude, tom. 1. Miscel. Baluz. pag. 165.

Acta Lipsiensia.

Acta Literaria Suecica.

Acta Exauctorationis Ludovici Pii Imp. t. 2. Hist. Fr. p. 331.

Acta Murensis monasterii, tom. 2. Script. Bamberg.

Acta Rotomagensium Archiepiscoporum, quorum auctor vixit sub Gregorio VII. tom. 2. Analector. Mabillonii pag. 424.

Acta SS. Tharaci et Sociorum Mart. apud Baron. an. 290.

Acta Tullensium Episc. quorum auctor vixit initio sæc. XII. tom. 3. Anecd. Marten. col. 989.

Admonitio Synodalis, edita a Baluzio cum Reginone pag. 602. 607. 609.

Alamannicæ Ecclesiæ Anniversarii, tom. 2. Alamannic. Goldasti pag. 189.

Amœnitates literariæ Schelhornii, cum Supplemento.

Analecta Cœnobii Flaviniacensis, tom. 1. Bibl. Labbei p. 469.

Anales Cæsenates, tom. 14. Script. Ital. Murat.

Annales Colmarienses ad an. 1303. editi ab Urstisio.

Annales Francici breves ad an. 790. tom. 2. Hist. Fr. pag. 3.

Annales Francorum ad an. 800. tom. 2. Hist. Franc. pag. 6.

Annales Francorum ad an. 808. ex Cod. Tiliano, tom. 2. Hist. Franc. pag. 11.

Annales Francor. ab an. 769. ad an. 806. tom. 2. Hist. Franc. pag. 21.

Annales Rerum Francicar. plebeii Loiselliani ab an. 741. ad an. 814. tom. 2. Hist. Franc. pag. 24.

Annales Francorum Fuldenses ab an. 714. ad an. 900. edit. tom. 2. Hist. Fr. pag. 531.

Annales Francor. Bertiniani ad an. 882. edit. tom. 3. Hist. Fr. pag. 150.

Annales Rerum Francicar. Metenses ab an. 687. ad an. 904. edit. tom. 3. Hist. Franc. pag. 262.

Annales Francor. ab an. 726. ad an. 796. tom. 2. Bibl. Labbei pag. 733.

Annales Francorum veteres editi a P. Lambecio, lib. 2. Bibl. Cæsar. pag. 366.

Annales Mediolanenses, tom. 16. Scrip. Ital. Murat.

Annales Mutinenses, tom. 11. ejusd. Murat.

Annales Rerum Pisanarum ab an. 971. ad an. 1176. edit. tom. 3. Ughelli.

Annales Sclavici scripti circa an. 1288. edit. ab Erpoldo Lindenbrogio inter Scriptor. Rer. Septentrionalium.

Anonymus de Rebus Friderici II. Imp. Conradi et Manfredi, filiorum, edit. tom. 9. Ughelli pag. 752.

Anonymus Hasenrietanus laudatus passim a Gretzero in episcopis Eystetensibus.

Anonymus de Suevorum Origine, edit. a Goldasto.

Anonymus de Arte Architeconica, seu Vitruvii Epitome, edit. apud Vascosanum an. 1540.

Anonymus de Constantino M. post Ammianum Valesii.

Antiquitates Vosagenses.

Auctor incertus de Limitibus, edit. inter Gromat.

Auctor Philomelæ carminis.

Auctor Prædestinati, quem Primasio aliqui tribuunt.

B

Benedictio Dei, seu Commentariolus quomodo Deus præcipue per Psalmos benedicendus ac laudandus sit. Edidit Stewartius.

Benedictionalis Rotomagensis Ecclesiæ, edit. a Jacob. Petito cum Pœnitentiali Theodori pag. 281.

Bibliotheca Ascetica.

Bibliotheca Germanica.

Breviarii Casinensis sub an. 1109. Excerpta, edit. a Jacob. Petito cum Theodori Pœnitentiali pag. 306.

Breviarium Historiæ Pisanæ, tom. 6. Script. Ital. Murat.

Breviarium Sarisberiense, edit. an. 1556.

Breviloquus, edit. an. 1482.

Bullarium Casinense.

Bullarium Cluniacense.

Bullarium Fontanellense, seu S. Vandregisili.

Bullarium Romanum magrum et ejusd. continuatio.

C

Canones Hibernienses scripti circa sæculum VIII. tom. 9. Spicileg pag. 1.

Capitula Monachorum Sangallensium an. 817. tom. 2. Capitul. Baluzii pag. 1382. tom. 5. Vitar. SS. Ord. Bened. pag. 741.

Capitula Monachorum ad Augiam directorum, tom. 2. Capitul. Baluzii pag. 1380. et tom. 5. Vitar. SS. Ord. Bened. pag. 748.

Capitula data Presbyteris, Diaconis, etc. tom. 2. Capitul. Baluzii pag. 1374.

Carmen de origine atque primordiis gentis Francorum, cujus auctor vixit sub Carolo C. edit. a Thoma Aquinate Carmelita an. 1644.

Carmen de Laude vitæ Monasticæ, in Notis Sirmondi ad Gotefridum Vindocineusem pag. 69.

Carmen de Laude S. Joan. B. edit. cum Victore Massil. an. 1560.

Carmen de Miseria vitæ humanæ, apud Barthium lib. 44. Adversar. c. 7.

Carmen de Spiritu Sancto, apud eumd. lib. 1. c. 3.

Catalogus brevis Episcoporum Chyemensium, tom. 6. Canisii sub finem.

Catalogus Episcoporum Eboracensium ad an. 971. tom. 1. Bibl. Labbei pag. 322.

Catalogus Abbatum Floriacensium, tom. 1. Miscel. Baluzii.

Catalogus Pontificum Romanorum usque ad Liberium, apud Bucher. in Canone Paschali pag. 269.

Ceremoniale Romanum.

Charta Divisionis Imperii Caroli M. tom. 2. Histor. Franc. pag. 88.

Charta Divisionis Imperii Ludovici Pii, ibidem pag. 327.

Chartæ Parensales, edit. cum Marculfo a Bignonio et Baluzio.

Chronicon Monasterii Acutiani, sive Farfensis in Ducatu Spoletano, ab an. 669. ad Ottonem I. Imp. tom. 3. Hist. Franc. pag. 650.

Chronicon Albigensium Episcoporum et abbatum Castrensium, ab an. 647. ad an. 1211. tom. 7. Spicileg. pag. 335.

Chronicon Monast. S. Albini Andegav. ab an. 929. ad an. 1200. alterum, ab an. 786 ad an. 1106. tom. 1. Bibl. Labbei 4. 275. 280.

Chronicon Andegavense, ab an. 678. ad an. 1251. tom. 1. Bibl. Labbei pag. 283.

Chronicon Anonymi Galli, edit. in Synopsi Merovingica.

Chronicon Anonymi, ab an. 1096 ad an. 1272. apud Catelium post Hist. Tolosan.

Chronicon Aquitanicum, ab an. 834. ad an. 1025. tom. 1. Bibl. Labbei pag. 291.

Chronicon Atinense desin. an. 1356. edit. tom. 1. al. 10. Ughelli, et tom. 7. Script. Ital. Murat.

Chronicon Augiense, tom. 1. Miscel. Baluz. pag. 496.

Chronicon Aulæ regiæ, apud Matth. Paris. Vide infra.

Chronicon Auriliacensis Abbatiæ ad an. 1139. tom. 2. Analector. Mabillonii pag. 237.

Chronicon breve Autisiodorense ad an. 1174. tom. 1. Bibl. Labbei pag. 292. 405.

Chronicon breve Barcinonense, ab an. 885. ad an. 1311. tom. 10. Spicileg. pag. 621.

Chronicon Beccensis Abbatiæ, edit. a Luca Acherio post Lanfrancum.

Chronicon Beneventani Monasterii S. Sophiæ, edit. tom. 8. Ughelli pag. 562.

Chronicon S. Benigni Divionensis ad Cyclos Paschales, ab an. 753. ad an. 1223. tom. 1. Bibl. Labbei pag. 293.

Chronicon Aulæ Regiæ seu Bohemiæ, ab an. 1317. ad an. 1333. edit. inter Histor. Bohem.

Chronicon S. Stephani Cadomensis, ab an. 633. ad an. 1293. in Normann. Duchesnii pag. 1015.

Chronicon Cavense. Vide Bolland. tom. 6. pag. 335. et Murat. tom. 7. Scrip. Ital.

Chronicon Monasterii Cavensis, edit tom. 7. Ughelli.

Chronicon Clarevallense, ab an. 1147. ad an. 1192. editit Petr. Franc. Chiffletius cum Odone de Diogilo et aliis an. 1660.

Chronicon Corbeiæ novæ, edit. cum Witikindo ab Henrico Meibomio.

Chronicon Cremonense, ab an. 1096. ad 1232. tom. 7. Script. Ital. Murat.

Chronicon breve S. Dionysii in Francia, ad an. 1234. tom. 2. Spicileg. pag. 808.

Chronicon Divionensis Monasterii, desinens in an. 1135. tom. 1. Spicileg. pag. 353.

Chronicon de Divisionibus et generationibus Gentium, tom. 1. Bibl. Labbei pag. 198.

Chronicon Dolensis Cœnobii, ab an. 917. ad an. 1345. tom. 1. Bibl. Labbei pag. 315.

Chronicon Abbatum Abbatiæ Domni-Martini, seu D. Judoci in Nemore, versibus conscriptum. Vide Stapletonum in S. Thoma Cantuar. pag. 135.

Chronicon Engolismense, ab an. 914. ad an. 991. tom. 1. Bibl. Labbei pag. 323.

Chronicon Estense, tom. 15. Scrip. Ital. Murat.

Chronicon Fiscamnense ad an. 1220. t. 1. Bibl. Labbei p. 325.

Chronicon Floriacense ad an. 1028. t. 3. Hist. Franc. p. 354.

Chronicon aliud Floriacense, tom. 2. Miscell. Baluz. pag. 305.

Chronicon Fontanellense, seu S. Wandregisili, tom. 2. Hist. Franc. pag. 387.

Chronicon Fontanellensis Abbatiæ ad an. 1053. tom. 3. Spicileg. pag. 185.

Chronicon Fossæ-Novæ ad an. 1217. tom. 7. Script. Ital. Murat.

Chronicon breve Franc. ad Robertum Regem, tom. 3. Hist. Fr. pag. 356.

Chronicon breve Franc. ad an. 1137. t. 3. Hist. Franc. p. 356.

Chronicon breve in Monasterio S. Galli scriptum, ab an. 748. ad an. 926. tom. 3. Hist. Fr. pag. 466.

Chronicon aliud S. Galli ad an. 814. tom. 1. Miscel. Baluz. pag. 494.

Chronicon breve Franc. ad an. 810. ex Bibl. S. Dionysii, tom. 3. Hist. Franc. pag. 125.

Chronica Regum Franc. ad an. 855. t. 1. Bibl. Labbei p. 330.

Chonicon brevissimum Franc. tom. 1. Hist. Franc. pag. 781.

Chronica Regum Francor. breviter digesta usque ad Ludovici Pii filios, tom. 1. Hist. Franc. pag. 797.

Chronicon Gemblacensis Monasterii, ab an. 922. ad an. 1013. tom. 6. Spicileg. pag. 505.

Chronicon Gottorum seu Lusitanum, tom. 3. Monar. Lusit. pag. 271.

Chronicon Hildensheimense, ab an. 714. ad an. 1138. edit. tom. 3. Hist. Franc. pag. 504.

Chronicon Incerti auctoris ad an. 1167. in Auctario P. Stewartii pag. 717.

Chronicon Kemperlegiense, tom. 1. Miscel. Baluz. pag. 520.

Chronicon Prioratus S. Launomari de Magenciaco apud Arvernos, tom. 6. act. SS. Bened. pag. 254.

Chronicon Laurishamensis Monasterii edidit Freherus tom. 1. Rer. German. et ex eo Duchesnius tom. 3. Hist Fr.

Chronicon Lemovicense, ab an. 538. ad an. 1037. tom. 1. Bibl. Labbei pag. 332.

Chronicon Leodiense, ab an. 400. ad an. 1132. tom. 1. Labbei pag. 334. 405.

Chronicon Malleacense, seu S. Maxentii in Pictonibus, ad an. 1041. tom. 2. Bibl. Labbei pag. 190.

Chronicon Manniæ Insulæ, edit. in Britann. Camdeni, desinit in an. 1266.

Chronicon S. Martini Masciacensis in Biturigibus, ab an. 722. ad an. 1013. tom. 2. Labbei pag. 732.

Chronicon Abbatiæ S. Medardi Suession. ab an. 947. ad an. 1269. tom. 2. Spicileg. pag. 781.

Chronicon duplex S. Michaelis in Periculo maris tom. 1. Bibl. Labbei pag. 347. 349.

Chronicon S. Michaelis Virdunensis, edit. tom. 2. Analector. Mabillonii pag. 374.

Chronicon Mindeuse, ab an. 780. ad an. 1474. edit. a Meibomio an. 1620.

Chronicon Modoetiense, apud Murat. tom. 12. Script.

Chronicon vetus Moissiacense ad an. 819. tom. 3. Hist. Franc. pag. 130.

Chronicon Montis-Sereni, seu Lauterbergense, desinens in an. 1225. edit. Vide *Conradus.*

Chronicon Morigniacensis Monasterii, ab an. 1107. ad an. 1147. edit. tom. 4. Hist. Franc. pag. 359.

Chronicon Mosomensis Monasterii, ab an. 971. ad an. 1033. tom. 7. Spicil. pag. 623.

Chronicon Nonantulanum, seu Abbatum ejusdem Monasterii, apud Ughellum tom. 5. pag. 477.

Chronica Normanniæ, ab an. 1139. ad an. 1259. in Normannicis Duchesnii pag. 977.

Chronicon de Gestis Normannorum in Francia ab an. 823. ad an. 896. tom. 3. Hist. Franc. pag. 524.

Chronicon incerti Auctoris de reb. Normannorum, in Normannicis Duchesnii pag. 32.

Chronicon Novaliciensis Monasterii, ab Hugone et Lothario ad Conradum Salicum, tom. 3. Hist. Franc. pag. 635.

Chronicon Novaliciense, hujus Excerpta edita tom. 1. Hist. Franc. pag. 223.

Chronicon Monachi Paduani, ab an. 1207. edit. cum Albertino Mussato.

Chronicon Parmense, apud Murat. tom. 9. Script. Ital.

Chronicon Monachi Patavini, apud eumd. tom. 8.

Chronicon Ecclesiæ S. Pauli Narbonensis, ab an. 890. ad an. 1332. edit. a Catello post Hist. Tolosan.

Chronicon S. Petri Catalaunensis, ab an. 1009. ad an. 1223. tom. 1. Bibl. Labbei pag. 296.

Chronicon Pisanum, ab an. 698. ad an. 1126. edit. tom. 3. Ughelli.

Chronicon Pisanum, ab an. 1101. ad an. 1267. edit. tom. 3. Ughelli.

Chronicon Placentinum, apud Murat. tom. 16. Script. Ital.

Chronicon Reicherspergense, desinit in an. 1194. edit. a Gewoldo an. 1611.

Chronicon breve Remense ad an. 1190. tom. 1. Bibliot. Labbei pag. 358.

Chronicon Rotomagense ad an. 1344. t. 1. Bibl. Labbei p. 364.

Chronicon Salisburgense, usque ad an. 1475. tom. 6. Canisii pag. 1252. et tom. 2. Miscel. Duellii.

Chronicon Savigniacense, tom. 2. Miscel. Baluz. pag. 310.

Chronica Sclavica, usque ad an. 1487. edit. ab Erpoldo Lindenbrogio inter Scriptores Rerum Septemtrional.

Chronicon Siciliæ, apud Marten. tom. 3. Anecd.

Chronicon Tarvisinum, apud Murat. tom. 19. Script. Ital.

Chronicon Trium Tabernarum, edit. tom. 9. Ughelli.

Chronicon Trudonense, desinit in an. 1138. edit. tom. 7. Spicileg. Hujus auctor Rodulfus, Abbas ejusdem Monasterii.

Chronicon Abbatiæ Valciodorensis ad an. 1229. tom. 7. Spicil. pag. 513.

Chronicon Vezeliacense, ab an. 660. ad an. 1316. tom. 1. Bibl. Labbei pag. 394.

Chronicon S. Victoris Massiliensis ad Cyclos Paschales, ab an. 539. ad an. 1563. tom. 1. Bibl. Labbei pag. 339.

Chronicon Villariensis Cœnobii desin. in an. 1222.

Chronicon breve S. Vincentii Metensis ab an. 511. ad an. 1279. tom. 1. Bibl. Labbei pag. 344.

Chronicon Monasterii S. Vincentii prope Vulturnum in provincia Capuana, tom. 3. Hist. Franc. pag. 672.

Chronicon Virzionense, ab an. 843. ad an. 1221. tom. 2. Labbei pag. 737.

Chronicon S. Vitoni Virdunensis, ab an. 952. ad an. 1598. tom. 1. Bibl. Labbei pag. 400.

Chronicon Archiepiscoporum Upsaliensium, usque ad an. 1344. edit.

Chronicon Weingartensis Monachi ad an. 1197. tom. 1. Canisii.

Chronicon Wirziburgense, ab an. 687. ad an. 1100. tom. 1. Miscel. Baluz. pag. 501.

Chronologia regum Gothorum Hispanorum ad tempora Caroli Martelli, edit. tom. 1. Hist. Franc. pag. 818.

Chronologia Abbatum Cluriacensium, in Bibl. Cluniac. p. 1618.

Cisoniensis Ecclesiæ Origo sive Historia, t. 12. Spicileg. p. 488.

Codex Carolinus, seu Epistolarum volumen quas Romani Pontifices miserunt ad reges Francor. Carolum Martellum, Pipinum et Carolum M. ædidit Gretzerus, et ex eo Duchesnius tom. 3. Hist. Franc. pag. 701. Vide Lambecium, lib. 2. Bibl. Cæsareæ pag. 320.

Codex diplomaticus regni Poloniæ et magni ducatus Lituaniæ. Vilnæ, an. 1758.

Codices manuscripti regis Angliæ, Lond. an. 1734.

Collatio Legis Mosaicæ, edita a Petro Pithœo.

Collectio antiqua Canonum pœnitentialium, tom. 2. Spicileg. pag. 1.

Collectio Historica Chrorographica, ex Anonymo qui sub Alexandro Imp. vixit, et aliis, tom. 2. Canisii pag. 579.

Commentaria Academiæ Inscriptionum.

Commentaria ad Hist. geneal. domus *de Chabannes.*

Commentaria literaria Magnæ Britanniæ.

Concilium Arvernense an. 1096. tom. 4. Anect. Marten.

Constitutiones Neapolitanæ.

Constitutiones Siculæ Friderici I.

Constitutiones Theresianarum.

Constitutum de Monasteriis Regni Francor. tom. 2. Hist. Franc. pag. 323.

Consuetudines S. Augustini Lemovic.

Consuetudines Floriacensis Monast. in Bibl. Floriacens. Joan. a Bosco.

Consuetudines veteres Floriacensis Cœnobii, editæ a Joanne a Bosco in Bibl. Floriacensi pag. 390.

Consuetudines Canon. regul. de Monteforti diœc. Maclov. tom. 4. Anecd. Marten.

Consuetudines et jura Monasterii de Regula an. 977. tom. 2. Bibl. Labbei.

Continuator Aimoini, edit. a Brolio cum Chronico Casinensi. Vide tom. 3. Hist. Franc.

Continuator Historiæ Episc. Virdunensium.

Corpus Diplomaticum.

Corrector, liber sic inscriptus, edit. cum Pœnitentiali Theodor. pag. 358.

D

Decisiones Rotæ.

Declarationes Congregationis S. Justinæ.

Decreta Calomani, S. Ladislai et S. Stephani reg. Hungar.

Depositio Episcoporum, apud Bucherium ad Canonem Paschalem pag. 267.

Descriptio Orbis, a Jacobo Gotofredo edita, quam Alypio Antiocheno quidam adscribunt.

Descriptio Victoriæ Caroli I. regis Siciliæ an. 1266. tom. 5. Hist. Franc. pag. 826.

Detectio Corporum SS. Dionysii, Rustici, et Eleutherii, sub Henrico I. rege Francor. tom. 3. Hist. Franc. pag 157.

Dialogus creaturarum, *Liber jocundis fabulis plenus, per Gerardum Leeu in oppido Goudensi inceptus, munere Dei finitus est an. Domini 1481.* Ita legitur ad calcem libri.

Diurnus Romanus.

E

Emmæ Anglorum reginæ, Richardi I. Normannorum Ducis
filiæ, Encomium, edit. in Normannicis Duchesnii pag. 163.
Auctor coætaneus.
Ephemerides Monasterii S. Galli, in Alamannicis Goldasti
tom. 1. pag. 155.
Epistolæ Obscurorum Virorum.
Epistolarum volumen ad Ludovicum VII. reg. Franc. tom. 4.
Hist. Franc. pag. 557.
Exegesis in Missæ Canonem ex Scriptoribus Ecclesiasticis ex-
cerptus, edit. an. 1548. hujus auctor Florus Lugdun. Vide
Baluzium ad Capitul. pag. 1129.
Exordium Monast. de Tavouca. t. 3. Monarch. Lusit. p. 284.
Expeditio Asiatica Friderici I. Imp. t. 5. Canisii part. 2. p. 44.

F

Feoda Normanniæ, in Normannicis Duchesnii pag. 1037.
Floretum Philosophicum, Paris. an. 1649.
Flos Florum, chronicon hoc titulo crebro laudatur a Scripto-
ribus Italicis.
Fori Alcaçonæ æra 1267. tom. 5. Monarch. Lusit. pag. 307.
Fori Aragonenses, edit. an. 1624.
Fori Beneharnenses et Bigorrenses an. 1095. apud Marcam
lib. 9. Hist. Beneharn. c. 6.
Fori Leirenenses, tom. 5. Monarch. Lusit. pag. 282.
Fori Morlanenses an. 1220. apud Marcam lib. 5. Hist. Be-
neharn. c. 1.
Fori Navarræ, apud Marcam in Hist. Beneharn.
Fori Oscæ.
Formulæ Andegavenses, tom. 4. Analect. Mabill.
Formulæ Baluzianæ, tom. 2. Capitular. pag. 558.
Formulæ veteres Exorcismorum et Excommunicationum, t. 2.
Capitul. Baluz. pag. 639.
Formulæ veteres incerti Auctoris, et secundum Legem Ro-
manam, editæ cum Marculfo a Bignonio et Baluzio.
Formulæ Lindenbrogianæ editæ cum Legib. antiq. ab iisdem
Lindenbr. et Baluzio.
Formularium Pœnitentiale, apud Jac. Petitum in Pœniten-
tiali Theodori pag. 347.
Fragmentum Hist. Franc. a Ludovico Pio ad Robertum regem,
tom. 3. Hist. Franc. pag. 334.
Fragmentum Hist. Aquitanicæ, tom. 2. Hist. Franc. pag. 632.
tom. 4. pag. 80.
Fragmentum Hist. Francicæ a Roberto ad Philippum I. tom. 4.
Hist. Franc. pag. 85.
Fragmentum Hist. Franc. de Henrico I. rege, tom. 4. Hist.
Franc. pag. 148.
Fragmentum de Petragoricensibus Episcopis, tom. 2. Bibl.
Labbei pag. 737.
Fragmentum de Statu Saracenorum, an. 1273. tom. 5. Hist.
Franc. pag. 432.
Fragmentum de Vita Phil. III. reg. Franc. tom. 5. Hist. Franc.
pag. 548.
Funus Joannis Galeaz, tom. 16. Script. Ital. Murat.
Genealogia de qua ortus est Carolus. M. tom. 2. Spicileg.
pag. 801-803.

G

Genealogia Francorum regum, ad Dagobertum Juniorem,
tom. 5. Spicil. pag. 800.
Genealogia Ludovici VI. tom. 5. Spicil. pag. 805.
Genealogia Rollonis, Ducis Norman. tom. 5. Spicileg. pag. 806.
Genealogia regum Francor. tom. 1. Hist. Franc. pag. 793-794.
Genealogia B. Arnulfi, Metensis Episcopi, tom. 2. Hist.
Franc. pag. 642.
Genealogia Caroli M. tom. 5. Canisii part. 2. pag. 688.
Genealogia Dominorum Bellismensium, tom. 1. Bibl. Labbei
pag. 661.
Genealogia Dominorum Dolensium et Gastri Radulphi, tom. 2.
Bibl. Labbei pag. 740.
Genealogia regum Daniæ, edita a Stephano Stephanio, cujus
scriptor vixit circ. an. 1270.
Genealogia Ducum Normannor. in Normannicis Duchesnii
pag. 213.
Gesta Balduini de Luxemburgo, Archiepisc. Trevir. tom. 1.
Miscel. Baluz. pag. 93.
Gesta consulum Audegavensium, quorum auctor creditur
Joannes, Monachus Majoris Monasterii, t. 10. Spicileg. p. 399.
Gesta Dagoberti I. reg. Franc. scripta a Monacho S. Dion.
coævo, edita tom. 1. Hist. Franc.
Gesta Dominorum Ambasiensium, tom. 10. Spicileg pag. 511.
Gesta Francorum, usque ad regem Theodoricum II. perducta,
edita tom. 1. Hist. Franc.
Gesta Francorum expugnantium Hierusalem, an. 1095. in
Gestis Dei pag. 561.
Gesta Hadriani I. PP. apud Ughellum tom. 2. pag. 113.
Gesta Legationis Ambassiatorum Ludovici Ducis Andegav.
ad Judicem Sardiniæ.
Gesta Ludovici VII. reg. Franc. tom. 4. Hist. Franc. pag. 390.
Gesta Philippi Augusti reg. Franc. tom. 5. Hist. Franc. p. 257.
Gesta Ludovici VIII. reg. Franc. tom. 5. Hist. Franc. pag. 284.
Gesta Majoris Episcop. Andegav. tom. 10. Spicileg.
Gesta Manfredi et Conradi, reg. Siciliæ, tom. 8. Script. Ital.
Murat.
Gesta Normannor. in Francia, ab an. 837. usque ad an. 896.
in Normannicis Duchesnii pag. 1.
Gesta Stephani regis Anglor. in Normannicis Duchesnii p. 927.
Gesta Trevirensium Archiepisc. ab an. 880. ad an. 1455.
tom. 4. Ampl. Collect. Marten. col. 141.
Gesta Triumphalia per Pisanos facta de Captione Hierusalem
et Civitatis Majoricarum, etc. tom. 3. Ughelli pag. 852.
Glossarium Arabico-Latinum.
Glossarium Cambronense.
Glossarium Theotiscum Lipsii.

H

Historia Afflighemensis Monast. ad an. 1083. tom. 10. Sipicil.
pag. 511.
Historia Andaginensis Monast. tom. 4. Ampl. Collect. Marten.
col. 913.
Historia Antverpiensis, Bruxel. an. 1717.
Historia Episc. Autisiodorensium, cujus scriptor Henricus,
auctor Vitæ S. Germ. creditur, tom. 1 Bibl. Labbei p. 409.
Historia Archiepisc. Bremensium, edita cum Scriptoribus
Rerum Septemtr. Lindenbrogii, desinit in an. 1380.
Historia Cabilonensis.

Historia fundationis Monast. S. Clementis insulæ Piscariæ, tom. 6. Ughelli pag. 1291.

Historia Condomensis Monast. ad an. 1371. tom. 13. Spicil. pag. 432.

Historia Cortusiorum, tom. 12. Script. Ital. Murat.

Historia Decollatorum 900. Monachorum S. Vincentii Vulturnensis, edita tom. 6. Ughelli pag. 472.

Historia Drocensis.

Historia Pontif. et Comit. Engolismensium, scripta circa an. 1159. tom. 2. Bibl. Labbei pag. 149.

Historia Monast. S. Florentii Salmur. tom. 5, Ampl. Collect. Marten. col. 1081. et tom. 3. Anecd. ejusd. col. 843.

Historia de Fratribus conscriptis, apud Goldast. tom. 2. Alamann. pag. 180.

Historia fundat. Monast. Gozecensis, edita post Chron. Montis Sereni, desinit in an. 1135.

Historia de Guelfis Principibus, auctore Weingartensi Monacho, tom. 1. Canisii.

Historia Hierosolymitana auctoris incerti ab an. 1177. edita in Gestis Dei pag. 1150.

Historia Monast. S. Laurentii Leodiensis, tom. 4. Ampl. Collect. Marten. col. 1035.

Historia Ludovici VI. reg. Franc. tom. 5. Hist. Franc. pag. 412.

Historia erectionis Archiepisc. Magdeburg. edita ab Henr. Meibomio cum Witikindo.

Historia fundat. Monast. Melicensis, edita a Lambecio lib. 2. Bibl. Cæsar pag. 627.

Historia Monast. S. Michaelis de Passiano, Lucæ an. 1741.

Historia Miscellanea, apud Murat. tom. 1. part. 1. Script Ital.

Historia brevis Comit. Nivernensium ad an. 1160. tom. 1. Bibl. Labbei pag. 399.

Historia Novientensis Monast. t. 3. Anecd. Marten. col. 1125.

Historia Obsidionis Jadrensis, an. 1344. apud Jo. Lucium de Regno Dalmatico.

Historia Pontesiani vicariatus.

Historia Comit. Provinciæ ex familia Comit. Bracinon. tom. 1: Bibl. Labbei pag. 353.

Historia Rotonensis Monast. in Armorica, tom. 6. Act. SS. Bened. pag. 188.

Historia Episc. Salisburgensium, auctore S. Eberardi discipulo, tom. 1. Canisii pag. 147.

Historia Monast. Selebiensis in Anglia, cujus auctor vixit an. 1154. tom. 1. Bibl. Labbei pag. 594.

Historia Episcopatus Silvæducensis, Bruxel. an. 1721.

Historia Trevirensis ad an. 1122. tom. 12. Spicil. pag. 196.

Historia Viconiensis Monast. ad an. 1115. tom. 12. Spicil. pag. 533.

Historia fundat. Monast. S. Viti in Gladbach, diœc. Colon. scripta circa an. 974. ibid. pag. 622.

Historia Wambæ regis, tom. 2. Hist. Franc.

Homagia Nobilium Bressiæ an. 1272. apud Guichenon. in Hist. Bressensi pag. 14.

Homilia de Decimis, tom. 2. Capitul. Baluzii pag. 1376.

Hymnus Alphabeticus in laudem S. Patricii, edit. a Jac. Wareo cum opuscul. S. Patricii, Secundino Episc. adscribitur.

I

Index Errorum quibus Valdenses infecti sunt, edit. a Gretzero cum scriptorib. Rer. Valdens. tom. 1. pag. 309.

Institutio Militum Stellæ an. 1351. tom. 10. Spicileg. pag. 215.

Iter Camerarii Scotiæ, edit. a Skenæo an. 1609.

Itinerarium Burdegalense.

Jus Feudale Saxonum, edidit Goldastus.

Jus Municipale vetus comitatus Campaniæ.

Jus Vicentinum.

K

Kalendarium Romanum vetus, sub Constantio Aug. an. 354. apud Bucherium in Canon. Paschali pag. 275. et Lambecium in Bibl. Cæsar.

Kalendarium vetus, seu ordo solaris anni, tom. 10. Spicileg. pag. 130.

L

Laudes domus Auriæ Januensis, apud Murat. tom. 21. Script. Ital.

Laudes Papiæ, apud eumdem tom. 11.

Leges Adelstani regis, apud eumdem tom. 8.

Leges Alvredi regis Westsaxonici.

Leges Edwardi Confessoris reg. Angl.

Leges Henrici I. reg. Angl.

Leges Palatinæ Jacobi II. reg. Majoric. inter Acta SS. tom. 3. Junii.

Leges Inæ reg. Westsax. apud Bromptonum.

Leges Kanuti regis.

Leges regni Poloniæ et magni ducatus Lithuaniæ, edit. an. 1732.

Leges Presbyterorum Northumbrensium circ. an. 978. in Concil. Angl. et Labb.

Lex Angliorum et Werinorum.

Libellus de Remediis peccatorum, tom. 4. Anecd. Marten. col. 21.

Liber de Compositione Castri Ambasiæ et ipsius Dominorum gestis, tom. 10. Spicileg. pag. 511.

Liber Comitis, seu Lectionarius, tom. 2. Capit. Baluzii pag. 1309.

Liber Faceti, edit. an. 1490.

Liber de Morimundensis Cœnobii Desolatione an. 1237. tom. 4. Ughelli pag. 183.

Liber Niger Scaccarii Anglici.

Liber Promission. maleficii.

Liber Usuum Ordinis Cisterciensis, edit.

Libri Sacramentorum Ecclesiæ Rom. edit. Romæ an. 1680. a Thomasio.

M

Maceriæ Insulæ Barbaræ.

Magna Charta, seu de Libertatibus regni Angliæ an. 9. Henrici III. edita cum Statutis regum Angliæ, Londini an. 1618. 8°.

Manipulus Florum.

Martyrologium Gellonense, tom. 13. Spicil. pag. 388.

Martyrologium S. Hieronymi, tom. 5. Spicil. pag. 617.

Memoriale Potestatum Regiensium, tom. 8. Script. Ital. Murat.

Miscellanea eruditæ Antiquitatis.

Missale Gothicum, Francicum, Gallicanum vetus, edit. Romæ an. 1680.

Modus tenendi Parlamentum Angliæ, tom. 12. Spicil. p. 559.

Monachus Engolismensis, de Vita Caroli M. Imp. tom. 2. Hist. Franc. pag. 68.

Monachus Malmesburiensis, in Vita Edwardi II. edit. ab
Hearnio an. 1729.
Monachus S. Mariani Autisiodor. edit. Camusati an. 1608.
Monachus Sangallensis, de Gestis Caroli M. tom. 1. Canisii
pag. 360. et tom. 2. Hist. Franc. pag 107.
Monumenta inedita Rerum Germanicarum, etc. Lipsiæ an. 1740.

N

Narratio Clericor. Remensium de Ebbone Archiepisc. tom. 2.
Hist. Franc. pag. 340.
Narratio de Monacho Cenomanensi ad canonicam Vitam et
habitum converso, tom. 2. Capit. Baluzii pag. 1476.
Narratio de Monasterii Malleacensis Devastatione facta a Gau-
frido de Liziniano, scripta circ. an. 1230. tom. 2. Bibl.
Labbei pag 238.
Nomina Potestatum Paduæ, edit. cum Mussato pag 120.
Nomina Militum ferentium bannerias, etc. sub Philippo Aug.
rege Franc. tom. 5. Hist. Franc. pag. 262. et seqq. Vide
Normann. Duchesnii.
Nomina Militum et Armigerorum exercitus Fuxi an. 1271.
tom. 5. Hist. Franc. pag. 550.

O

Observantiæ regni Aragonensis.
Obsidio Jadrensis an. 1344. edita a Joanne Lucio in Historia
Dalmatica.
Olla Patella, Versus Grammatici recentioris, sic dicti quod ab
hisce verbis incipiant, editi cum Synonymis Guidonis de
Fontenero, an. 1515.
Ordinarius Præmonst. Ordinis, in Bibl. Præmonst. pag. 892.
Ordinationes Collegii Orielensis et Statuta Universit. Oxoniens.
ab Edwardo VI. sancita, edit. Hearn. an 1729.
Ordinationes Regum Francorum a DD. *de Lauriere et Se-
cousse* editæ.
Ordinis Cartus. Institutiones, tom. 1. Bibl. Labb. pag 638.
Ordo Conversationis Monasticæ, qui in Codd. MSS. Memo-
riale Monachorum inscribitur, edit. ab Haefteno in Dis-
quisit. Monast. pag. 1061. ubi de ejus auctore, de quo etiam
Mabill. in Præfat. ad tom. 5. Vit. SS. Ord. S. Bened. n. 172.
Ordo qualiter Philippus I. in Regem consecratus est, tom. 3.
Hist. Fr. pag. 161.
Ordo Inclusorum, seu Regula, exstat apud Raderum in Bavaria
sancta, et Haeft. in Disq. Monast. pag. 83.
Ordo Officii Gothici; tom. 3. Concil. Hispan.
Ordo Romanus, edit. Mabillonii.
Origines Cisterciensis Ord. tom. 1. Bibl. Labbei pag. 640.
Origines Murensis Monast. ed. Spirembergii an. 1627.
Origo et fundatio Monasterii Windbergensis, Ordin. Præ-
monst. tom. 6. Canisii pag. 400.
Origo prima Ordinis Vallis Scholarium, tom. 1. Bibl. Labbei
pag. 391.
Origo Comitum Vindocinens. tom. 1. Bibl. Labb. pag. 661.

P

Panegyricum Carmen de laudibus Berengarii Augusti, edit. ab
Hadriano Valesio.
Passio Domini facta in civitate Attinensi an. 1062. apud
Ughell. tom. 6. pag. 854.

Patriarchium Bituricense, seu Historia Patriarcharum Archiep. Bituricensium, auctore Monacho Sansulpitiano, edit.
tom 2. Bibl. Labbei.
Poema de Carolo M. Rege, et Leonis PP. ad eumdem adventu
edit. a Canisio et tom. 2. Hist. Fr. pag. 188.
Poeta Saxonicus, de Gestis Caroli M. vix. sub Arnulfo Imp.
edit. a Reineccio et Duchesnio tom. 2. Hist. Fr. pag. 136.
Polyptychus Monast. Fossatensis, tom. 2. Capit. Baluz. p. 1387.
Pomerania Diplomatica, sive Antiquitates Pomeranicæ, Fran-
cofurti ad Viadrum an. 1707.
Præclara Francor. facinora, seu Chronicon Simonis, Comitis
Montisfortis, ab an. 1201. ad an. 1215, edit. a Catello, et
tom. 4. Hist. Fr. pag. 764.
De Præfectis Urbis Libellus, edit. a Cuspiniano, Onufrio, et
Bucherio.
Privilegia Ecclesiæ Hammaburgensis, edit. ab Erpoldo Lin-
denbrogio inter Scriptores rerum German. Septemtr.
Probationes jurium domus electoralis Bavariæ ad regna Ro-
hemiæ et Hungariæ.
De Processione S. Genovefæ Paris. tom. 1. Bibl. Labb. p. 662.
Provinciale Cantuariensis Ecclesiæ.

Q

Quoniam attachiamenta, seu Leges Baronum Scotiæ, edit. a
Joan. Skeneo in Legib. Scoticis an. 1609.

R

Recuperatio Terræ Sanctæ. edit. in Gestis Dei tom. 1. pag. 316.
cujus auctor fuit Patronus regius causarum Ecclesiasti-
carum in Ducatu Aquitaniæ.
Refutatio errorum quibus Valdenses distinentur, edit. a
Gretzero cum aliis Script. contra Valdenses tom. 1. pag. 291.
Regiam Majestatem, seu Leges Scoticæ, editæ a Joan. Skeneo
Edinburgi an. 1609.
Regimina Paduæ, tom. 8. Script. Ital. Murat
Regula Magistri scripta circ. an. 700. ut observat Mabill. in
Præfat. ad tom. 5. SS. Ord. Bened. pag. 120.
Regula Tarnatensis, edita ab Holstenio.
Regula cujusdam Patris, edita ab Holstenio.
Regula cujusdam Patris ad Virgines, edita ab Holstenio.
Regula consensoria, edita ab Holstenio.
Relatorium de Capta Santarem ab Alphonso rege Aragon.
an. 1185. tom. 3. Monarch. Lusitan. pag. 289.
Relatorium de Fundatione Monast. S. Vincentii ad muros
Lisbonæ, ibid. pag. 291.
Revelatio de Statu alterius sæculi, edit. cum Joan. de S. Vic-
tore de Utilitate tribulat. auctor vix. an. 1190. Vide c. 30.
Ritus Aniciensis Ecclesiæ.

S

Schelestrati Antiquitates ecclesiasticæ illustratæ.
Schola Salernitana, edit. an. 1622.
Speculum Saxonicum, seu Jus provinciale, edidit Goldastus.
Statuta Abbatum Ord. S. Benedicti in provincia Narbon.
an. 1226. tom. 6. Spicileg. pag. 30.
Statuta Academiæ Paris. circ. an. 1370. tom. 6. Spicileg. p. 381.
Statuta Eccles. Æduensis, tom. 4. Auecd. Martenii.

Statuta Eccles. Andegavensis, an. 1423. ibid.
Statuta pro Angliæ regni reformat. an. 1041. tom. 12. Spicil. pag. 559.
Statuta Collegii Ardacensis, tom. 1. Miscel. Duellii.
Statuta Eccles. Argentinensis, tom. 4. Anecd. Marten.
Statuta civitatis Astæ.
Statuta S. Audoeni Rotomag. tom. 4. Anecd. Martenii.
Statuta Eccles. Avenion. ibid. et civitatis ejusdem, edita an. 1570.
Statuta Eccl. Aurelian. tom. 7. Ampl. Collect. Marten.
Statuta Eccl. Barchinon. tom. 4. Anecd. Marten.
Statuta Eccl. Biterrensis, an. 1368. ibid.
Statuta Cadubrii.
Statuta Eccl. Cadurcensis, tom. 4. Anecd. Marten.
Statuta Eccl. Cenoman. tom. 7. Ampl. Collect. Marten.
Statuta Monast. S. Claudii auctoritate Nicolai V. PP. edita.
Statuta Eccles. Constant. in Norman. tom. 4. Anecd. Marten.
Statuta Dalphinalia, edit. an 1619.
Statuta Davidis II, regis Scotiæ.
Statuta Equitum Teuton. lib. 2. Miscel. Duellii.
Statuta Genuæ, edit. Venet. an 1567.
Statuta Gildæ Scoticæ, edit. a Jo. Skeneo an. 1609.
Statuta Eccles. Leodiensis, tom. 4. Anecd. Marten.
Statuta Eccles. Lugdun. an. 1251. tom. 9. Spicil. pag. 71.
Statuta S. Martini Turon.
Statuta Massiliensia, edit. an. 1656.
Statuta Mediolanensia.
Statuta Eccl. Meldensis, tom. 4. Anecd. Marten.
Statuta civitatis Metensis.
Statuta Monast. Montis-Olivi, tom. 1. Anecd. Marten.
Statuta Montis-Regalis, edit. an. 1570.
Statuta Mutinensia.
Statuta Eccles. Nannet. an. 1289. tom. 4. Anecd. Marten.
Statuta regni Neapolitani.
Statuta Eccl. Nemaus. tom. 4. Anecd. Marten.
Statuta Odonis Episc. Paris.
Statuta Ordinis Cisterc. tom. 4. Anecd. Marten. et tom. 6. Annal. Bened.
Statuta Ordinis Grandimont. tom. 4. Anecd. Marten.
Statuta Ordinis Præmonst. an. 1294. in Bibl. Præmonst. pag. 784.
Statuta Ordinis de Sempringham, in Monast. Angl. tom. 2.
Statuta Pallavicinia, edit. an. 1582.
Statuta Perusina.
Statuta Eccl. Pictav. tom. 4. Anecd. Marten.
Statuta Placentiæ.
Statuta Castri Redaldi, edit. an. 1594.
Statuta Riperiæ.
Statuta Roberti I. regis Scotiæ.
Statuta Eccl. Ruthenensis, tom. 4. Anecd. Marten.
Statuta Saluciarum reformata an. 1582. edita Taurini an. 1583.
Statuta civitatis Saonæ.
Statuta Suavii Abb. S. Severi, tom. 1. Anecd. Marten.
Statuta Synod. Eccl. Tornac. edit. Insulis an. 1726.
Statuta Eccl. Trecor. an. 1372. tom. 4. Anecd. Marten.
Statuta Eccl. Tutelensis an. 1328. ibid.
Statuta Vercellensia an. 1334. edit. an. 1541.

Statuta Veronensia.
Supplex Libellus Monachorum Fuldensium Carolo M. oblatus, apud Brouverum in Antiq. Fuld. pag. 212.
Synodus Parmensis, tom. 9. Script. Ital. Murat.
Synopsis Criticorum.

T

Thesaurus diplomatum et numismatum Scotiæ, Edimburgi an. 1739.
Thesaurus historiæ Helveticæ, Tigori an. 1735.
Thuringia sacra, sive Historia Monast. Thuringiæ.
Tractatus singularis de Jure Catalli et Hereoti, edit. Paris. an. 1683.
Traditiones Fuldenses editæ cum M. Chronico Belg.
Triumphus S. Remacli, cujus Auctor vix. an. 1100. tom. 2. Hist. Leod. pag 517.

V

Valesianus Anonymus de Constantino M.
Visitatio Provinciarum Bituricensis et Burdegalensis per Simonen Archiepisc. Bitur. an. 1284. tom. 2. Anal. Mabill. pag. 613.
Visitatio Thesaurariæ S. Pauli Londin.
Vita Adriani III. PP. tom. 3 Script. Ital. Murat.
Vita Andreæ Abb. Casalis S. Bened. tom. 2. Spicileg. pag. 518.
Vita S. Apollinaris Episc. Valentiæ ad Rhodanum, tom. 6. Ampl. Collect. Marten. col. 777.
Vita S. Bibiani Episc. Sancton. ibid. col. 757.
Vita Garnerii Præpositi S. Stephani Divionensis, apud Perardum in Burgundicis pag. 124.
Vita S. Gilberti de Sempringham, tom. 2. Monast. Anglic.
Vita B. Giraldi de Salis, com. 6. Ampl. Collect. Marten. col. 989.
Vita S. Godonis Abb. Oyensis in diœc. Trec. ibid. col. 793.
Vita Gregorii PP. X. scripta circ. an. 1290. edit. a Petro Maria Campo Canonico Placentino an. 1651.
Vita Henrici IV. Imper. edit. a Reineccio an. 1581. et Frehero.
Vita Henrici a Zwifaltach Suevi, etc. tom. 5. Canisii part. 2. pag. 670.
Vita Hervei Burgidolensis scripta circ. an. 1111. tom. 2. Spicil. pag. 514.
Vita Lietberti, Episcopi Cameracensis, tom. 9. Spicil. p. 675.
Vita Ricciardi S. Bonifacii Comitis, edita a Felice Osio cum Albertino Mussato an. 1636. ob. Ricciardus an. 1253.
Vitæ Patriarcharum Aquileiensium, tom. 3. Anecd. Murat.
Vitas Sanctorum innumeras ab Anonymis conscriptas hic omittimus.
Vocabularium utriusque Juris.

W

Wichbild Magdeburgeuse, edidit Goldastus.

SCRIPTORES VERNACULI, GALLICI, ITALICI, HISPANICI, ANGLICI, ETC.

Alain Chartier, Historiographe de France sous Charles VII.
Armorial général de la France.
Assises du Royaume de Jérusalem, edit. de la Thaumassière.
Berger, Des grands chemins de l'Empire.
Berry, premier Heraud d'armes en l'Hist. Chronol. des Charles VI. et VII.
Le Blanc, Traité des Monnoies.
Borel, Trésor des antiquités Gauloises et Françoises.
Bouquet, du Droit public de France.
Le Brun, Exposition de la messe.
Brussel, de l'Usage des Fiefs.
La Caille, Histoire de l'Imprimerie.
Cerémonial de l'Église de Saint-Brieuc, Bibl. du Roi cot. 1589.
Cheviller, de l'Origine de l'Imprimerie à Paris.
Christine de Pise, Trésor ou Cité des Dames, Vie de Charles V, etc. morte sous Charles VI.
Chronique de Flandres.
Chronique scandaleuse de Louis XI.
Coustumes des Villes de France.
Desmollets, Meslanges Historiques et Littéraires.
Dubos, Histoire critique, et de la Ligue de Cambray.
Enguerrant de Monstrellet en sa Chronique.
Establissemens de S. Louis.
Fabliaux et Contes des Poëtes François, 1756.
Fauchet, de la Milice Françoise.
Favyn, Théatre d'Honneur.
Foy, Notice des Diplomes relatifs à l'Histoire de France, 1765.
François Rabelais, edit. de 1711.
Geoffroy de Villehardouin, edit. de 1657.
Georges Chastellain en l'Hist. de Jacques de Lalain.
Grand Record de Liege.
Guillaume de Nangis, Annales du regne de S. Louis, edit. du Louvre.
Guillaume Stanford, des Plets de la Couronne.
Histoire d'Artus, Duc de Bretagne, Connétable de France.
Histoire du Mareschal Boucicaut.
Histoire ecclésiastique et civile de Verdun, Paris 1746.
Honorat Bonnor, en l'Arbre des Batailles.
Hosier, des Chevaliers du Saint-Esprit.
Jacques de Hemricourt au Miroir d'Hasban, des Guerres de Liege, vix. an. 1398.
Jacques Moisant de Brieux, Origines des anciennes Coutumes et de différentes façons de parler. Caen 1672.
Jean Bouteiller, en sa Somme rurale, vix. an. 1402.
Jean Britton, Evesque d'Herefort, aux Loix d'Angleterre, mort en 1275.
Jean Froissart, en sa Chronique.
Jean sire de Joinville, en l'Histoire de saint Louis, edit. de Du Cange et du Louvre.
Jean Juvenal des Ursins, en l'Histoire de Charles VI. etc.
Jean d'Orronville, dit Cabaret, en l'Histoire de Louis III, duc de Bourbon.
Jean de Saintré, edit. de 1724.

Journal des Audiences, edit. de 1707.
Journaux de Trévoux.
Littleton, vix. an. 1533.
Loix de Guillaume le Bâtard, roy d'Angleterre.
Maittaire, Annales typographiques.
Mémoires de Condé, édit. in-4°.
Mercures de France.
Monet, Inventaire des Langues Françoise et Latine.
Nouveau Traité de Diplomatique, par deux Religieux de la Congrégation de S. Maur, 6 vol.
Octavien de S. Gelais, au Vergier d'Honneur, auquel ont eu part André de la Vigne et plusieurs autres Poëtes du même temps, nommé d'abord, *Ressource de la Chrestienté.*
Pierre de Fontaines, en son Conseil.
Poulain, des Monnoies.
Satyre Menippée, edit. de 1699.
Taillepied, Antiquités et Singularités de la ville de Rouen.
Tessereau, Histoire de la Chancellerie.
Triomphes de l'Abbaye des Conards, edit. de Rouen 1587.
Vie de S. Louis, écrite par le Confesseur de la Reine Marguerite, edit. du Louvre.
Wicquefort, Ambassade de Figueroa.
Vocabolario degli Accademici della Crusca.
Albertus Acharisius, in Vocabulario Italico.
Ariostus.
Boccacius.
Dantes.
Franciscus Petrarcha.
Gioanni, Matteo et Filippo Villani Hist. Fiorent.
Il Fiorino d'oro antico illustrato, Florent. an. 1738.
Vita di Ezzelino terzo da Romano, auctore Pietro Gerardo Paduoano suo contemporaneo, in Venetia an. 1560. At Vossius in Hist. Lat. Festum Longinum recentiorem scriptorem, hujusce vitæ auctorem esse observat.
Diccionario de la lengua Castellana, por la real Academia Española an. 1726.
Didacus Ximenes, in Lexico Eccles. lingua Hispana.
Franciscus Sobrinus, in Diction. Hispano-Gall.
Sebastianus de Cobarruvias, in Thesauro linguæ Castellanæ.
Conquesta de la Illa de Menorca an. 1286. apud Mich. Carbonellum.
Cronica del Rey En Pedro d'Arago, desinit in an. 1380. edita a Mich. Carbonello.
Cronica de Dom James, primer Rey d'Arago, per En Ramon Montaner, edit. en Barcelona an. 1562.
Cronica del Cid Ruy Dias Campeador, en Salamanca, an. 1546.
Libellus Catalanicus.
Maestro Fray Gonçalo de Berceo, vetus Poeta Castellanus.
Ælfricus, in Glossario Saxonico.
Robertus de Glocester, in Poemate Anglico.
Thomas Blount, in Nomolexico Anglic.
White Kennett, Antiquit. Ambrosden.

LIBRI LATINI MANUSCRIPTI

QUI IN GLOSSARIO LAUDANTUR,

CUM ADNOTATIONE ÆTATIS EORUMDEM.

A

Ægidius Corboliensis, de Virtutibus Antidotorum, sub Phil. Aug. rege Franc.

Ægidius Parisiensis, circa an. 1200.

Alexander Iatrosophista, de Passionibus, anonymo interprete, cum Glossis sæc. XIII. *Cod. Reg.* 6881. (al. 1188.)

Andreas Floriacensis, de Miraculis S. Benedicti, et in Vita S. Gauzlini Archiep. Bitur. *Cod. Bibl. Vatic.* 592.

Annales Francorum Victoriani.

Anonymi Dictionarium Juris civilis et canonici. *Cod. Reg.* 4611.

Anonymi Expositio vocabulorum Sacræ Scripturæ. *Cod. Reg.* 346.

Antiquitates Benedictinæ a Stephanotio ex pluribus Tabulariis excerptæ, *ex Bibl. S. Germ. Prat.*

Antiquitates Tricassinæ.

Antonius Colardus in Commentariis Rerum Remensium usque ad annum 1584.

Aratus, Hyginus, Beda, etc. *Cod. alias S. Martialis Lemov. scriptus sæc. XI exeunte aut XII. ineunte, nunc Reg.* 7887.

Aresta Palarmenti Paris. Literæ Regum Franc.

B

Bestiarius, seu Liber de Natura bestiarum soluta oratione, scriptus XIV. sæc. *Cod. Reg.* 6838. *B.*

Bullæ Pontif. Rom. *Cod. Reg. alias* 9822. 2.

C

Calendarium et Obituarium Eccl. Camerac. scriptum XV. sæc. *ex hujus Tabul.*

Calendarium B. Mariæ Graciacensis.

Calendarium et Ordinarium S. Martialis Lemov. XIII. sæc. *Cod. Reg.* 1138.

Cantatorium Abbat. S. Huberti. *Codex ante 600. annos exaratus, ejusd. Monast. Historiam continens.*

Capitula et Statuta Basilicæ SS. Laurentii et Damasi. *Cod. Reg.* 4203.

Catalogus Episcoporum Carnotensium, *ex Tabul. ejusd. Eccl.*

Ceremoniale Eccl. Carnotensis, scriptum paulo post annum 1193. *ex hujus Tabul.*

Ceremoniale, seu Rituale S. Mariæ Crassensis, scriptum ante annum 1200, *Cod. Reg.* 933.

Ceremoniale, seu Ordinar um S. Petri Aureæ-vallis, scriptum XV. sæc. *Cod. Reg.* 983.

Chartæ authenticæ, *ex Bib'. Regia.*

Chartæ authenticæ tribus voluminibus contentæ, *ex Bibl. S. Germ. Prat.*

Chartæ ad Historiam Francicam spectantes, *Cod. Reg. alias* 8542. 6.

Chartæ ad Ducatum Britanniæ pertinentes. *Cod. Reg. alias* 8542. 3.

Chartæ descriptæ ex authenticis, quæ exstant in castro Nannetensi, *a N° alias* 8357. 2. *usque ad* 8357. 13. *in Bibl. Reg.*

Chartæ ad Burgundiam pertinentes. *Cod. Reg. alias* 9484. 2.

Chartæ ad diversa spectantes. *Cod. Reg. alias* 8428. 3.

Chronicon ab an. 1107. ad an. 1430. scriptum a Monacho Cisterc. an. 1466. *Cod. Reg.* 5950.

Chronicon Alberici Monachi Trium Fontium, desinens in an. 1241. nunc edit. tom. 2 Access. Histor. Leibnit.

Chronicon Asserii Menevensis, Episc. Schirebur. qui obiit an. 909. Opus fabulis aliisque ineptiis refertum, non ineleganter tamen transcriptum ex vetustissimo exemplari. *Cod. Reg.* 6236. Editum inter Scriptores Rerum Anglic. Londini, 1691.

Chronicon S. Bertini.

Chronicon Cameracense, *ex Tabul. ejusd. Eccl.*

Chronicon Comodoliacense, *ex Fragm. histor. Stephanotii tom. 2. in Bibl. S. Germ. Prat.*

Chronicon Abbatum Corbeiensium, auctore Ant. *de Coulencourt*, Officiali ejusd. Monast. qui scripsit usque ad an. 1529. *ex Tabul. Corb.*

Chronicon Eusebii et Isidori Hispal. a Petro, Bechinni filio, continuatum ad mortem Richardi, reg. Angl. an. 1199. ineunte sæc. XIV. scriptum. *Cod. Reg.* 4999. *A.*

Chronicon Francicum, desinens in Carolo V. *ex Bibl. al. Thuana.*

Chronicon Lemovicense, auctore Gerardo de Fracheto Ord. Præd. mortuo an. 1271. scriptum sæc. XIV. et XV. *Cod. Reg.* 5005.

Chronicon Montispessulani, ab an. 1204. ad an. 1502. *Cod. Reg.* 4656.

Chronicon Ecclesiæ Nanretensis.

Chronicon Nonantulanum.

Chronicon Regum Franc. *ex museo D. de Cangé.*

Chronicon Saxonicum seu Magdeburgense, *ex Bibl. S. Germ. Prat.*

Chronicon Sublacense, scriptum circa annum 1380. *ex ead. Bibl.*

Codex scriptus prima manu circa medium sæculum XIII.

altera annis centum circiter elapsis, in quo ᵣcontinentur
1° Statuta civitatis Avenionis an. 1243; 2° Chartæ plures,
quæ ad regimen, privilegia, pedagia ejusdem spectant.
3° Assignationes᷈ hospitiorum pro curia Rom. sub Joanne
XXII. PP. in eadem urbe. *Cod. Reg.* 4659.

Codex scriptus an. 1060. in Archivis Eccl. Cathedralis Veronensis.

Codex Eccl. Camerac. continens Epistolas Yvonis Carnot. etc.
scriptus ineunte sæcul. XIII. *ex ejus Tabul.*

Codex᷈Eccl. Carnot. ant. circ. 400. *ex ipsius Tabul.*

Codex olim 134. S. Martialis Lemov. *nunc reg.* 3851. *A.*

Codex Cardinalis Ottobonii.

Codices Regii, olim Duchesnii, 20. 21. 22. 29. 56. 57.

Codices aliquot Sorbonici.

Columnarium, quod et Comœdia sine nomine inscribitur :
sex actibus expeditur non ineleganter compositis; stilo tamen nonnihil impedito : scriptus sæc. XIV *Cod. Reg.* 8153.

Computus decimæ in Italia collectæ an. 1278. pro subsidio
T. S. *Cod. Reg.* 5376.

Computus redituum comitatus Pontivi an. 1554. *ex Tabul. Abbatisvillæ.*

Computi varii Eccl. S. Vulfranni Abbavil. *ex ejus Tabul.*

Computus subsidii a Faydito Guiraudonis collecti annis 1326.
et seqq. ad debellandos rebelles et hæreticos partium Italiæ.
Cod. Reg. al. 9434.

Computus redituum ad fabricam Eccl. Æduensis pertinentium an. 1295. *Cod. Reg.* 5529. *B.*

Computus præposituræParis. an. 1333. *ex Cam. Comput. Paris.*

Computus Arnulfi *Boucher,* Thesaurarii guerrarum, a 5. Junii 1390. usque ad ult. Jan. 1392. *Cod. Reg. al.* 9436. 3.

Constitutiones regum Aragonum Ildefonsi, Petri I. Jacobi I.
Petri II. Alphonsi I. Jacobi II. Alphonsi II. Petri III. Joan-
nis, Martini, Ferdinandi, Alphonsi III. Elienoræ reginæ
Petri III. uxoris, et Mariæ reginæ Alphonsi III. uxoris.
Cod. Reg. 4671.

Constitutiones capitulares Eccl. Barcinonensis sub Francisco
Patriarcha Jerosol. et Episc. Barcin. an. 1423. *Cod.
Reg.* 4332.

Constitutiones Ordinis Carmelitarum an. 1462. *Cod. Reg.* 4351.

Consuetudines Arkenses an. 1231. *ex Tabul. S. Bertini.*

Consuetudines Auxitanæ, *ex meis (Carpenterii) schedis.*

Consuetudines villæ *de Buzet* an. 1273. scriptæ sæc. XV.

Consuetudines Cameracenses, *ex Tabul. Eccl. ejusd. urbis.*

Consuetudines Catalaniæ. *Cod. Reg.* 4671.

Consuetudines inter dominos et vasallos in Catalania. *Ex Bibl.
al. Thuana.*

Eædem cum Usaticis Barcinonensibus multisque Statutis regum Aragonum. *Cod. Reg.* 4673.

Consuetudines Eccl. Coloniensis, *ex Tabul. Eccl. Atrebat.*

Consuetudines Monasterii S. Crucis Burdegalensis ante
an. 1305. *ex Bibl. S. Germ. Prat.*

Consuetudines Divionenses sæc. XIV. scriptæ. *Cod. Reg.* 4653.

Earumdem codex alter, ex museo D. *Marion* Canonici olim
Camerac.

Consuetudines Dombenses an. 1325.

Consuetudines Floriacenses.

Consuetudines Fontanellenses.

Consuetudines Furnenses, *ex Tabul. Audomar.*

Consuetudines S. Genovefæ, scriptæ prima manu post annum 1300. *ex Tabul. ejusd. Abbat.*

Consuetudines S. Juliani in Lingonibus.

Consuetudines villæ *de Machau* in pago Regitestensi.

Consuetudines Neapolitanæ cum glossis. *Cod. Reg.* 4624. *A.*

Consuetudines Perpiniani a Jacobo rege Aragonum concessæ
dehinc a Guirardo, comite Russillionis, confirmatæ an. 117?

Consuetudines Monast. Solemniacensis.

Consuetudo Normanniæ, quam ex Gallico in Latinum sermonem vertit JC. Normannus, circa annum 1250. nonnullis
ad ipsas leges explicationis seu exempli gratia additis. *Cod.
Reg.* 4651. Hanc edidit Ludewigus ex mendoso codice,
tom. 7. Reliq. MSS.

Eadem Gallice, scripta XIV. sæc. *Cod. Reg.* 4652.

Consuetudo Tolosana, *ex museo al. Abb. de Crozat.*

Corrector. *Cod. Bibl. S. Vict. Paris.* 804. Edit. ad calcem Pœnitent. Theodori.

Curiæ generales Catalaniæ, *ex Bibl. al. Thuana.*

Cursus Normanniæ, id est, Jura et Consuetudines quibus
regitur Ducatus Normanniæ. Jura ducis. Varia Scacarii
ejusdem Ducatus. Quæ notantur scripta an. 1430. *Cod.
Reg.* 4653.

D

Dotatio Collegii de Marchia, per Guill. de Marchia et Benvi-
num de Wnivilla fundati, ejusdemque Statuta confirmati
an. 1423. per Joannem Patriarch. CP. Eccl. Paris. admi-
nistratorem. *Cod. Reg.* 4221.

E

Elenchus Chartarum quæ continentur in primo et secundo
Chartul. Asperimontis, scriptis ineunte sæc. XV. *ex
Bibl. Reg.*

Epigrammata. *Cod. Reg.* 8492.

Expositio compendiosa beneficiorum.

F

Fabularius magistri Chuonradi, Cantoris Ecclesiæ Turicensis,
dictæ *de Mure,* Constant. diœc. ab eo scriptus an. 1273. a
quo ordine alphabetico quidquid ad fabulam spectat ex-
ponit. *Cod. Reg.* 8169. *A.*

Festi Vocabularium Latinum. *Cod. Reg.* 7574.

Flos Historiarum. *Cod. Reg.* 5515.

Folquinus, Levita Sithiensis, *ex Tabul. S. Bertini.*

Formulæ instrumentorum in curia Massiliensi usitatæ circa
sæculum XIV. et XV. *Cod. Reg.* 7657.

Formulæ in foro Senensi usitatæ an. 1414. *Cod. Reg.* 4726.

Formulare instrumentorum, scriptum post annum 1336. Idem
quod Summa notariæ Rollandini. *Cod. Reg.* 4165.

G

Galfridi de Vinosalvo Poetria, *ex Bibl. al. Thuana.*

Gesta quarumdam Sororum Ord. Præd. *Cod. Reg.* 5642.

Glossæ ad Alex. Iatrosophistem. Vide *Alexander.*

Glossæ Biblicæ, *ex Bibl. Reg.*

Glossæ ad Boetium de Consol. *ex Bibl. S. Germ. Prat.*

Glossæ ad Canones Concil. *ex Bibl. Reg.*

Glossæ ad Cod. Theodos. *ex Bibl. Reg.*

Glossæ Corbeienses.

Glossæ Medicæ. *Cod. Reg. al.* 1486.

Glossæ ad Disticha Magistri Cornuti, seu Joannis de Garlandia, *ex Bibl. al. Thuana.*

Glossæ ad Prudentium, *ex Bibl. S. Germ. Prat.*

Glossarium S. Andreæ Avenion. sæc. XII. exaratum, *ex Tabul. hujus Monast.*

Glossarium Aniciense ann. circ. 700.

Glossarium Græco-Lat. *ex Bibl. S. Germ. Prat.*

Glossarium Latino-Græc. *ex ead. Bibl.*

Glossarium an. circ. 700. veteri Canonum collectioni præmissum. *Cod. al. Seguerianus.*

Glossarium vetus. *Cod. Reg.* 7613.

Glossarium Lat. scriptum sub finem sæc. X. *Cod. Reg.* 7641.

Glossarium vetus a litera *A* usque ad verbum *Cavere;* scriptum sæc. XII. *Cod. Reg.* 7646.

Glossarium Latinum literis *A*, *Q*, aliisque subsequentibus mutilum, scriptum circa finem XII. aut initia XIII. sæc. *Cod. Reg.* 7691.

Glossarium antiquum, charactere Longobardico exaratum, *in Bibl. Reg. (ex Bibl. D. Jolii Cant. Eccl. Par.) et S. Germ. Prat.*

Glossarium Latino-Gall. *ex Bibl. S. Germ. Prat. et ex Bibl. al. Thuana.*

Glossarium Montis S. Eligii Atrebat.

Glossarium Latino-Gall. XIII. sæc. *Cod. Reg.* 7692.

Glossarium Latino-Gall. ex alio minus accurate descriptum sæc. XV. *Cod. Reg.* 7679.

Glossaria duo Latino-Gallica ann. 1348. et 1352. parum accurate scripta sæc. XV. *Cod. Reg.* 4120.

Glossarium Gallico-Lat. scriptum studiose XV. sæc. *Cod. Reg.* 7684.

Glossarium Latino-Italicum, ex museo olim Pr. *de Mazaugues,* ab Italo recentiori linguæ suæ non admodum perito concinnatum et parum accurate scriptum.

Glossarium seu Florilegium Provinciale-Latinum sæc. XIV. *Cod. Reg.* 7657.

Grammaticorum collectio IX. sæc. facta. *Cod. Reg.* 7530.

Guillelmus Brito Ord. FF. Min. in Vocabulario biblico, scripto circa an. 1356. *Cod. Reg.* 521. *et in Bibl. Corbeiensi.*

H

Hildevaræ Ravennat. Testamentum, *in Bibl. Reg.*

Historia S. Albini Ord. Cisterc. auctore Guill. *Gauthier.*

Historia S. Andreæ Avenion. auctore Claudio *Chantelou, ex Bibl. S. Germ. Prat.*

Historia Beccensis Monasterii.

Historia fundationis Bonæ-Vallis in diœc. Carnot. *ex schedis Duchesnii.*

Historia S. Cypriani Pictav. *ex Bibl. S. Germ. Prat.*

Historia Gemeticensis Monasterii, *ex ead. Bibl.*

Historia B. Mariæ de Blancha.

Historia fundationis Abbat. Miratorii in diœc. Lugd. *ex schedis Andr. Duchesnii.*

Historia Montis-Majoris, auctore Claudio *Chantelou, ex Bibl. S. Germ. Prat.*

Historia Rothonensis Monast. in Armorica, *ex schedis Andr. Duchesnii.*

Historia Monast. S. Tiberii.

Hymni cum glossis, scripti sub finem sæc. XIII. *Cod. Reg.* 1092.

I

Index Beneficiorum Ecclesiæ Constantiensis.

Instrumenta litis cujusdam inter Pontium de Belloforti et Officialem Lingon. an. 1337. et seqq. *Cod. Reg.* 5190.

Inventarium bonorum Ducis Bitur. factum per Archiep. Bitur. an. 1416. *ex Cam. Comput. Paris.*

Inventarium Ecclesiæ Aniciensis.

Inventarium Chartarum Monast. Athanatensis Lugd. vulgo *Aisnay,* an. 1519. *Cod. Reg.* 5421.

Inventarium Ecclesiæ Auxitanæ an. 1360.

Inventarium Ecclesiæ Noviomensis an. 1419.

Inventarium Chartarum regiarum per Lud. *Louet,* factum an. 1482. *Cod. Reg.* 6765.

Inventarium privilegiorum et instrumentorum ad S. R. Ecclesiam spectantium in Palatio Avenionis inventorum, confectum jussu Arnaldi Archiep. Auxit. S. R. E. Camerarii, an. 1366. *Cod. Reg.* 5181.

Inventarium regestorum Cameræ Comput. a Carolo V. usque ad Carolum VIII. *Cod. Reg.* 5991. *A.*

Inventarium Chartarum Castri *de Jaucourt* an. 1392. *Cod. Reg. al.* 9847.

Inventarium Chartarum ad baroniam de Mercorio spectantium, scriptum circa an. 1500. *ex Bibl. Reg.*

Inventarium Chartarum B. Mariæ Monasteriensis in Argona an. 1309.

Inventarium recens descriptum thesauri Sedis Apost. factum sub Bonifacio VIII. PP. an. 1295. *Cod. Reg.* 5180.

Inventarium an. 1329. Aliud an. 1377. *ex. Tabul. S. Vict. Massil.*

Inventarium an. 1476. *ex Tabul. D. de Flamarens.*

Joannes Tilleberiensis, *ex Bibl. al. Thuana.*

Joannis Bapt. Cotelerii Observationes Sacræ, *olim in museo* Pr. *de Mazaugues.*

Jordanus Rufus Calaber, de Medicina equorum, *ex Bibl. al. Thuana.*

Julius Solinus, de Mirabilibus Mundi, ad cujus calcem leguntur carmina, quæ nomina vocum animalium edocent, scriptus XIV. sæc. *Cod. Reg.* 6816.

Jura, reditus et alia quævis bona ad Parochiam de Thoissiaco, Archipresbyteratui Sedelocensi unitam, pertinentia, descripta an. 1383. *Cod. Reg.* 5529. *B.*

L

Landulfus de Columna, qui et *Sagax* appellatus, Canonicus Carnot. de Pontificali Officio. *Cod. alias Bibl. Colbert.*

Leonius Presbyter, Canonicus S. Vict. Paris. circa an. 1154. *ex Bibl. al. Jolii Cantoris Eccles. Paris.*

Leudæ majores Carcasscnæ a Phil. Pulcro an. 1289. ut credunt, concessæ, et vernacule reditæ an. 1544. *ex museo meo* (*Carpenterii*).

Leudarium seu Charta Leudarum minutarum Carcassonæ an. circ. 1250. quo inst tutæ putantur, vel circa annum 1356. quo restitutæ sunt, *ex museo meo* (*Carpenterii*).

Liber albus Domus publicæ Abbavil. *ex ipsius Tabul.*

Liber albus Eccl. Arelatensis.

Liber albus Episc. Carnot. *ex ipsius Tabul.*

Liber anniversariorum Monast. Solemniacensis.

Liber ceremoniarum Eccl. Rom. *Cod. Reg.* 938.

'Liber censuum et redituum Castellaniæ Arciacensis ad Albam (*Arcis sur Aube*) an. 1375. *Cod. Reg. al.* 9494. 5.

Liber censuum Episc. Autiss. an. circ. 1290. *ex ejus Tabul.*

Liber censuum Calomontis.

Liber censuum et redituum terræ *d'Estilly* prope Cainonem an. circ. 1430. *Cod. Reg. al.* 9493.

Liber censualis, seu Polypticus, S. Germ. Prat. sub Irminone Abbate, initio sæc. IX. exaratus, *ex ejusdem Monast. Tabul.*

Liber primus pitanciarum S. Germ. Prat. scriptus an. 1259. ubi anniversaria, reditus et census ejusdem Monasterii. Alter scriptus an. 1400. in eod. vol. contentus, *ex eod. Tabul.*

Liber censualis, seu Terrearium, Montis Letherici an. 1548. *Cod. Reg. al.* 9493. 6. 6.

Liber censuum Eccl. Rom. a Cencio camerario compositus an. 1192. *Cod. Reg.* 4188.

Liber Differentiarum, *ex Bibl. S. Germ. Prat.*

Liber flavus Episc. Massil. *ex ejus Tabul.*

Liber homagiorum Episc. Carnot. debitorum, dictus *Le Parchemin de l'Évéché*, *ex ejus Tabul.*

Liber juramentorum Eccl. Carnot. præstitorum an. circ. 400. *ex ipsius Tabul.*

Liber niger Episc. Carnot. *ex ipsius Tabul.*

Liber niger Eccl. Paris. *ex ipsius Tabul.*

Liber niger, seu Chartularium Prioratus S. Petri Abbavil. scriptus primum an. 1487. *ex ejusd. Tabul.*

Liber niger primus et secundus Eccl. S. Vulfranni Abbavil. *ex ejus Tabul.*

Liber Ordinis S. Vict. Paris. seu Regula Canonicorum ejusd. Abbatiæ, *ex ipsius Bibl.*

Liber privilegiorum Eccl. Carnot. sign. 69. *ex ejus Tabul.*

Liber Ramesiensis.

Liber ruber Eccl. Arelatensis.

Liber ruber ab an. 1290. ad an. 1336. *ex Cam. Comput. Paris.*

Liber ruber folio magno, item folio parvo Domus publicæ Abbavil. *ex ejus Tabul.*

Liber ruber Eccl. S. Vulfranni Abbavil. *ex ipsius Tabul.*

Liber salicus Eccles. S. Thomæ Argent. *ex ipsius Tabul.*

Liber synodalis Eccl. S. Flori sub Archambaldo Episc. an. 1342. *Cod. Reg.* 1595.

Liber viridis Episc. Carnot. an. circ. 400. *ex ipsius Tabul.*

Liber viridis Castelleti Paris.

Liber viridis B. Mariæ Crassensis, *ex ejus Tabul.*

Liber viridis Episc. Massil. *ex ejus Tabul.*

Liber primus et secundus Statutorum pro artificibus et mercatoribus Paris. *ex Cam. Comput. Paris.*

Libertates concessæ Barcinonensibus a Petro rege Arag. an. 1285.

Libertates villæ S. Desiderii in Campania an. 1228.

Libertates villæ Montisbrusonis an. 1223.

Literæ Philippi Pulcri ad senescallum Bellicadri scriptæ, quæ monetas in ea provincia currentes atque milites, quos ad exercitum Flandrensem mittere tenebatur, spectant. *Cod. Reg. alias* 8409.

M

Martinus, Ord. Præd. in Vocabulario Juris Canonici, scripto per Joannem Erlebach de Asschaffenburg an. 1446. *Cod. Reg.* 4151.

Martyrologium Ecclesiæ Aquensis.

Martyrologium seu Obituarium Corboliense, scriptum prima manu post annum 1520. et ante 1523. *Cod. Reg.* 5185. E.

Martyrologium Prioratus S. Fidis de Longavilla diœc. Rotomag. scriptum prima manu sæc. XIV. *Cod. Reg.* 5198.

Martyrologium et Necrologium Abbat. Hederensis, scriptum XIII. sæc. *Cod. Reg.* 5258.

Aliud XIV. seculi. *Cod. Reg.* 5258. A.

Martyrologium et Necrologium Eccl. Paris. scriptum an. circ. 1300. *Cod. Reg.* 5185. C. C.

Martyrologium Eccl. SS. Stephani et Sebastiani Narbon. scriptum prima manu circa finem sæc. XIII. in capite legitur Testamentum cujusdam Guillelmi Monetarii an. 1213. *Cod. Reg.* 5255.

Memoriale Historiarum, scriptum sæc. XV. *Cod. Reg.* 4948.

Memorialia Cameræ Comput. Paris.

A. et A 2. ab an. 1321. ad an. 1322.

B. ab an. 1330. ad an. 1347.

B 2. ab an. 1332. ad. an. 1345.

C. ab an. 1346. ad an. 1359.

D. ab an. 1359. ad an. 1381.

E. ab an. 1381. ad an. 1394.

F. ab an. 1395. ad an. 1404.

G. ab an. 1404. ad an. 1412.

H. ab an. 1412. ad an. 1424.

Memoriale sign. *Croix* ejusd. Cam.

Missale antiquum Burdegalense. *Cod. Reg.* 871.

Missale antiquum Carnotense, *ex Tabul. hujus Eccl.*

Missale S. Joannis in Valle, an. circ. 400. *ex ipsius Tabul.*

N

Necrologium Altorfense in Alsatia.

Necrologium S. Aviti Aurelian.

Necrologium S. Aureliæ Argent.

Necrologium Eccl. Autissiodor.

Necrologium Eccl. Bituric.

Necrologium Eccl. Carnot. vetus. Aliud recens ex antiquioribus aliisve instrumentis compositum a D. *Patin* ejusd. Eccl. Subcantore, qui obiit an. 1711. *ex Tabul. Carnot.*

Necrologium Monast. Casalis S. Bened. *ex ejus Tabul.*

Necrologium Corbeiense, *ex Tabul. ejusd. Monast.*

Necrologium de Cruce S. Leufredi, scriptum prima manu circa finem sæc. XIII. *Cod.* Reg. 5549.

Necrologium Abbat. *de Daoulas*, diœces. Quimperleg.

Necrologium Fratrum Minor. Silvanect. *ex Tabul. eorumdem.*

Necrologium B. Mariæ de Argentolio.

Necrologium S. Martialis Lemov. scriptum XII. sæc. *Cod. Reg.* 5243.

Aliud ejusd. Eccl. scriptum post annum 1149. *Cod. Reg.* 5244.

Necrologium Eccl. Meldensis, scriptum XV. sæc. *Cod. Reg.* 5185. G.

Necrologium S. Mellani Pontisar.

Necrologium Eccl. Pariensis.

Necrologium vetus Eccl. Remensis.

Necrologium S. Roberti Cornillionis prope Gratianop. scriptum XIV. sæc. *Cod. Reg.* 5247.

Necrologium Eccles. Rotomagensis, scriptum an. 1329. *Cod. Reg.* 5196.

Aliud scriptum XV. sæc. *Cod. Reg.* 992.

Aliud scriptum an. 1627. *Cod. Reg.* 993.

Necrologium vetus S. Salvatoris Aquensis.

Necrologium S. Saturnini Carnot. ann. amplius 500.

Necrologium Eccl. Tullensis.

Necrologium Eccl. Vivariensis.

Nonii Marcelli Vocabularium, *Cod. Reg.* 7576.

Normanniæ feuda, cum regesto eorumdem feudorum sub Philippo Aug. et Statutis Scacarii Normanniæ, ex antiquiori codice descripta. *Cod. Reg.* 4653. *A.*

Notitia vetus. *Cod. Reg.* 3562.

O

Obituarium Eccl. Ambianensis, scriptum XV. sæc. *Cod. Reg.* 5535.

Obituarium Eccl. Autissiodorensis, *ex ejus Tabul.*

Obituarium Bellijoci an. circ. 900. vel 1000.

Obituarium vetus Monast. Fiscamnensis.

Obituarium S. Geraldi Lemovicensis.

Obituarium S. Joannis Carnot. scriptum initio XIV. sæc. *Cod. Reg.* 991.

Obituarium Eccl. Lingonensis, scriptum an. 1505. cum additamentis recentioribus. *Cod. Reg.* 5191.

Obituarium Eccl. Lugdunensis.

Obituarium B. Mariæ de Medunta, scriptum circa annum 1350. *Cod. Reg.* 5250.

Obituarium Eccl. Morinensis.

Obituarium S. Petri Insulensis, *ex ejus Tabul..*

Ordinarium Eccl. Ambianensis an. 1337.

Ordinarium antiquum Eccl. Cameracensis. Aliud scriptum circa finem XV. sæc. *ex ejus Tabul.*

Ordinarium Capellæ Regis, sæc. XV. *Cod. Reg.* 1435.

Ordinarium S. Firmini Ambian.

Ordinarium Eccl. Lexoviensis sæc. XIII.

Ordinarium Eccl. Lugdunensis.

Ordinarium Abbat. Piperacensis.

Ordinarium Eccl. Rotomagensis sæc. XV. *Cod. Reg.* 1213.

Ordinarium Eccl. S. Vulfranni Abbavil. XIV. sæc. scriptum, *ex ejus Tabul.*

Ovidius. Vide *Poema.*

P

Pancharta Abbat. S. Stephani de Vallibus apud Xautones.

Papias, *ex Tabul. Eccl. Bituric.*

Paris de Grassis, de Ceremoniis observatis in celebritatibus capellæ papalis, post annum 1514. scriptus. *Cod. Reg.* 1229.

Pastorale magnum et parvum Eccl. Paris. *ex ejus Tabul.*

Patrimonium S. Petri, scriptum exeunte sæc. XIV. *Cod. Reg.* 4189.

Peregrinus in Speculo Virginum, *ex Bibl. S. Germ. Prat. sign.* 367.

Petri Cantoris Summa MS.

Petrus Pictor, Canonicus Audomar. circa an. 1200. de Sacramento altaris, *ex Bibl. S. German. Prat. sign.* 658.

Poema versibus hexametris, in quo varia ludorum genera explicantur, seu Pseudo-Ovidius. *Cod. Reg.* 5055.

Pœnitentiale vetus, scriptum sæc. XII. *Cod. Reg.* 3878. *ex Bibl. Thuana.*

Poletus, Gall. *Pouillé,* Matisconensis an. 1513.

Polypticus Eccl. Autissiodor. scriptus XVI. sæculo. *Cod. Reg.* 4812.

Polypticus Abbat. Fiscamnensis, *ex ejus Tabul.*

Pontificale characteribus Saxonicis sæculo IX. ut videtur, scriptum. *Cod. Reg.* 943.

Pontificale Eccl. Autissiodorensis, *ex ejus Tabul.*

Pontificale Eccl. Elnensis scriptum jussu Hieronymi Episc. per Joan. *de Caudrelies,* Presbyterum Picardum, an. 1423. *Cod. Reg.* 967.

Pontificale Monast. Gemeticensis, *ex ejus Tabul.*

Pontificale Moguntinum sub Christiano Archiepisc. scriptum manu Frederici monach. Benedictini, circa annum 1200. *Cod. Reg.* 946.

Pontificale Eccl. Sagiensis. *Cod. Reg.* 1224.

Pontificale provinciæ Senonensis ad usum Eccl. Paris. *Cod. Reg.* 962.

Pontificale Eccl. Virdunensis. *Cod. Reg. al.* 969.

Pontius Provincialis, *ex Bibl. al. Thuana.*

Privilegia et Statuta Ordinis Præmonstratensis sæc. XIII *Cod. Reg.* 4394.

Privilegia curiæ Archiepisc. Remensis, scripta an. 1269. *Cod. Reg.* 5210.

Protocollum vetus, scriptum sæc. XIV. *Cod. Reg.* 4184.

R

Raphanus de Caresinis, Cancellar. Venet. Chronicon Andr. Danduli ab an. 342. perduxit ad an. 1387. *in Bibl. Reg.*

Regula Fontis-Ebraldi. *Cod. Reg.* 4392.

Reparationes factæ in senescallia Carcassonæ an. 1435.

Rituale Sacramentorum administrandorum recens, sed eleganter scriptum. *Cod. Reg.* 938.

Rituale hospitalis S. Jacobi Meledunensis, cui subjiciuntur Obituarium ejusd. domus et Ordinarium Eccl. Senon. sub finem XIII. sæc. *Cod. Reg.* 1206.

Rituale Eccl. Lugdunensis, ut videtur, scriptum recenti manu, sed eleganti. *Cod. reg.* 940.

Rituale Eccl. Ratzlosseræ vel Ratgosseræ, scriptum sæc. XIII. *Cod. Reg.* 935.

Rituale Ceremoniarum Eccl. Senonensis, scriptum sæc. XIII. *Cod. Reg.* 934.

Rituale S. Stephani Toloseni.

Rituale Eccl. Vivariensis.

Rosarius Arnauldi de Villanova. *Cod. Reg.* 7149.

S

Sacramentarium S. Gregorii, *ex Bibl. Eccl. Belvacens.*

Sermones et Orationes Joan. de Cardalhaco Episc. Bracharensis, et postea Tolosani, ab anno 1378. ad 1390. *Cod. Reg.* 3294.

Servitium quod debet Episcopus Ebroicensis. *Cod. Reg.* 963.

Simon Januensis Subdiaconus, Capellanus et Medicus Nicolai IV. PP. in Lexico Medicinæ. *Cod. Reg.* 6959.

Smaragdi Grammatica, *ex Bibl. S. Germ. Prat.*

Speculum Dominarum an. 1459. *Cod. Reg.* 6784.

Speculum Sacerdotum a P. 3. de Amoribus scriptum an. 1326. *Cod. Reg.* 3445.

Stationes, Processiones et Obitus Eccles. Paris. XV. sæc. *Cod. Reg.* 986.

Statuta Concilii habiti an. 1099. in Ecclesia B. M. de Prato. *Cod. Reg.* 4653.

Statuta Ecclesiæ Aquensis.

Statuta urbis Arelatis.

Statuta synodalia Eccl. Atrebatensis, cum excerptis quorum-

.dam Conciliorum provinciæ Remensis sæc. XV. exéunte.
Cod. Reg. 1610.

Statuta Capituli Audomarensis, *ex ejus Tabul.*

Statuta Avellæ ex antiquioribus descripta et publicata an. 1496.
Cod. Reg. 4624.

Statuta Augerii Episc. Conseran. *ex Bibl. S. Germ. Prat.*

Statuta urbis Avenionis an. 1243. vel 1244. scripta XV. sæc.
ex museo meo (Carpenterii).

Statuta et Privilegia Universit. Aurelianensis circa finem XIV.
sæc. *Cod. Reg.* 4223. *A.*

Statuta Capituli Autissiodor. *ex ejus Tabul.*

Statuta Eccles. Briocensis an. 1450. renovata an. 1471. *Cod.
Reg.* 1589.

Statuta synodalia provinciæ Burdegalensis sæc. XIV. *Cod.
Reg.* 1590.

Statuta synodalia Eccl. Carcassonensis. *Cod. Reg.* 1613.

Statuta synodalia Eccl. Carnotensis an. 1526. 1538. 1550. etc.
ex ejus Tabul.

Statuta Caroli I. regis Siciliæ.

Statuta antiqua Cisterciensis Ordinis, *ex Codd. Clareval. et
Hardenhousano.*

Statuta Ordinis Cluniacensis, *ex Tabul. B. M. Deauratæ
Tolos.*

Statuta Cumanæ an. 1458. *Cod Reg.* 4622.

Statuta Facultatis utriusque juris, edita an. 1438. *Cod. Reg.*
7212. *A.*

Statuta Florentiæ, edita et scripta circa annum 1400. *Cod.
Reg.* 4621.

Statuta reformationis Ordinis Fontis-Ebraldi. *Cod. Reg.* 4393.

Statuta Ecclesiæ Forojuliensis.

Statuta Gaufridi *Le Marhec* Episc. Corisopit. an. circ. 1380.
Cod. Reg. 1547.

Statuta Capituli Glandatensis an. 1327.

Statuta synodalia Guidonis Episc. Lexoviensis an. 1321. *Cod.
Reg.* 4653.

Statuta hospitalis S. Jacobi de Alto-Passu Paris. an. circ. 1240.
ex Tabul. Archiep. Paris.

Statuta Monasterii Lirinensis an. 1453.

Statuta Collegii Magistri Gervasii Christiani, qui obiit 10.
Maii an. 1382. *Cod. Reg.* 4354. *A.*

Statuta Mantuæ sub finem XIV. sæc. edita, recentiori sed accurata manu descripta. *Cod. Reg.* 4620.

Statuta Massiliensis civitatis, cum capitulis pacis juratæ inter
Carolum Andegaviæ, Provinciæ et Forcalquerii Comitem,
et Massilienses, scripta per Joan. Darnaudi, qui vivebat
ann. 1277. 1295. et 1305. *Cod. ex museo meo (Carpenterii).*

Statuta Montispessulani. *Cod. Reg.* 4656.

Statuta Petri Patriarchæ Jerosol. Ordin. Prædic. an. 1337.

Statuta synodalia Petri de Pradis Episc. Castrensis, an. 1358.
edita et scripta. *Cod. Reg.* 1592. *A.*

Statuta antiqua Eccl. S. Petri Rothonensis in Armorica. *Cod.
Reg. al.* 9612. *L.*

Statuta Pontii, Episc. Conseranensis, an. 1364. *ex Bibl. S. Germ.
Prat.*

Statuta Concilii Pontisaudomarensis an. 1279. *Cod. Reg.*
4653.

Statuta synodalia Eccles. Reatinæ an. 1303. et 1315. *Cod.
Reg.* 1556.

Statuta Monialium S. Salvatotris Massil. *ex Tabul. S. Vict.
Massil.*

Statuta Taurini edita an. 1360. accurate, sed recens, scripta.
Cod. Reg. 4622. *A.*

Statuta Capituli S. Thomæ Argent. *ex ejus Tabul.*

Statuta et Privilegia Universit. Tolosanæ. *Cod. Reg.* 4222.

Alter 4223. continens ea quæ ad Collegia Tolosæ instituta
spectant, descripta ex authenticis a Baluzio.

Statuta Eccl. Tullensis in unum collecta an. 1497. *Cod.
Reg.* 4333.

Statuta Eccles. Turonensis Latino simul et Gallico idiomate,
in synodo an. 1396. sancita, scripta sæc. XV. *Cod. Reg.*
1237.

Statuta Vallis-Serianæ, scripta et edita an. 1460. *Cod. Reg.*
4619.

Statuta Comitatus Venaissini per Clementem VII. PP.

Alia per Eugenium IV. PP. an. 1443. *Cod. Reg.* 4660.

Statuta S. Victoris Massil. *ex ejus Tabul.*

Statuta S. Victoris Paris. recentissime scripta. *Cod. Reg.*
4335.

Stephanus de Infestura, qui partim Italice, partim Latine
scripsit de Rebus Romæ habitis a morte Bonifacii VIII PP.
usque ad 4. Februarii an. 1494. *Cod. Reg.* 5158.

Stilus fori Normannici ab anno circ. 1420. ad an. 1480. *Cod.
Reg. al.* 9849. 4.

Synodale Ecclesiæ Andegavensis.

T

Templarii. Inquisitio contra ipsos. *Cod. Reg.* 5376.

Terrearium Apchonii in Arvernia, cujus primum instrumentum est an. 1511. 27. Maii, *ex Biblioth. S. Germ. Prat.*

Terrearium Bellijocense an. 1529. *Cod. Reg.* 6016.

Terrearium villæ *de Busseul* in Arvernia, scriptum circa annum 1410. *Cod. Reg.* 6017.

Terrearium Castellionis ad Sequanam ad authenticum 7. Jul.
an. 1491. collatum. *Cod. Reg. al.* 9898. 2.

Terrearium Humberti *de Villars*, domini *de Chatelard.*

Terrearium Insulæ Adami.

Terrearium S. Nicetii deserti in Bressia.

Terrearium Philippi et Stephani *d'Aubeigny*, dominorum *de
Nerenx* an. 1418. *Cod. Reg. al.* 9899.

Terrearium Thossiacense.

Tractatus de Febribus, scriptus a Petro de Alamannia an.
1454. Alius de Variolis et Morbillis, scriptus a Lamberto
Nerden. Cod. Reg. 6983.

Tractatus Guidonis de Vigevano de Papia, medici Henrici
Imper. dehinc reginæ Joannæ de Burgundia, cui titulus :
Texaurus regis Franciæ acquisitionis T. S. ultra mare, scriptus an. 1335. cujus pars secunda est de Machinis bellicis quæ ibi delineantur. *Cod. Reg. al.* 9640. 3. Ejusdem *de modo conservandi sanitatem Cod. reg. al. Colbertinus*
5080.

Tractatus de Laude et Utilitate Musicæ, a magistro Egidio
Carlerii, Decano Cameracens. *Cod. Reg.* 7212. *A.*

Tractatus de Piscibus, auctore anonymo Occitanico, erudite
et curiose scriptus. *Cod. Reg.* 6838. *C.*

Tractatus de Re militari et Machinis bellicis eleganter depic-
tis, auctore Paulo Sanctino Ducensi, sub eo tempore quo
primum in usu fuit pulvis tormentarius, hoc est circa annum 1330. vel 1340. *Cod. Reg.* 7239.

Twingeri Vocabularium Latino-Germ. et Germanico-Lati-
num.

V

Valentinensium et Diensium comitum aliquot testamenta et alia quæ ad hos comitatus spectant, recenti et minime accurata manu descripta. *Cod. Reg.* 6008.

Ugutio, Pisanus Episc. *ex Bibl. Collegii Navar. Paris.*

Visitationes seu Diarium Odonis Archiep. Rotomag. ab anno 1248. ad an. 1269. ubi quædam historica nullibi reperienda delitescunt. *Cod. Reg.* 1245.

Usatica regni Majoricarum.

Usatici Barcinonenses. *Cod. Reg.* 4671. *ex Bibl. Thuana.*

Usus Canonicorum regular. Plenipedensis, diœc. Bitur. *ex eorum Tabul.*

Usus Culturæ Cenomanensis, *ex ejus Tabul.*

Usus B. Mariæ Deauratæ Tolos. *ex ejus Tabul.*

W

Warnerius in Scotum Poetam, *ex Bibl. al. Thuana.*

ACTA, MIRACULA, TRANSLATIONES, VITÆ SANCTORUM, MSS.

Acta S. Budoci, Abb. Dolensis.
Acta S. Euflami.
Acta passionis S. Eulaliæ.
Acta S. Golveni.
Acta S. Hamonis, Monachi Savignei.
Acta S. Hoarvei.
Acta S. Hugonis, Episc. Rotomag.
Acta S. Judicaelis, Principis Armorici.
Acta S. Lauri.
Acta S. Maudeti, Solitarii in Armorica.
Acta passionis S. Maximi Mart.
Acta S. Mevennii, Abb. Gaeli in Armorica.
Acta S. Nonani.
Acta S. Petroci, Solitarii in Armorica.
Acta S. Samsonis.
Acta S. Victuri, Episc. Cenoman.
Acta S. Yvonis.
Exceptio S. Florentini apud Latiniacum.
Miracula S. Angilberti.
Miracula S. Florentii.
Miracula SS. Floriani et Florentii.
Miracula S. Victoris.
Miracula Urbani V. PP.
Passio S. Andeoli.

Passio SS. Chrysanti et Dariæ.
Translatio S. Vandregesili, *ex Cod. Reg.* 5506.
Vita S. Amatoris, Episc. Autiss.
Vita S. Arigii, Episc. Vapicensis.
Vita S. Caroli, M. jussu Friderici Imp. scripta, *ex Bibl. Reg.*
Vita S. Castoris, Episc. Aptensis.
Vita S. Ermelandi.
Vita S. Firmini, Episc. Ambian.
Vita S. Gaugerici, Episc. Camerac.
Vita S. Gauzlini, Archiep. Bituric.
Vita B. Israelis, Canonici Doratensis.
Vita S. Leonorii, Episc. Armorici.
Vita S. Magnobodi, Episc. Andegav.
Vita S. Martialis, exarata sæc. circ. XI. vel XII. *ex Cod. Reg.* 5576.
Vita S. Montanæ, Abbat. Ferrariarum.
Vita S. Pauli, Episc. Armorici.
Vita S. Rigoberti, *ex Bibl. B. M. Roncensis.*
Vita S. Romani Mart.
Vita S. Romarici.
Vita S. Torpetis Mart. Pisani.
Vita S. Urbani, Episc. Lingon.
Vita S. Wenwaloei, Abb. Landevenec.

LIBRI ALIQUOT GRÆCI MSS.

Στέφανος λέξεων, *ex Cod. Reg.*
Glossæ Nomicæ, *ex Cod. Reg.*
Glossæ Gr. Lat. *ex Bibl. S. Germani Paris.*
Hist. Belisarii.

Lexicon Gr. *Cod. Reg.* 930.
Lexicon Ἰατρικόν, *Cod. Reg.* 1673.
Lexicon κατὰ ἀλφάβητον. *Cod. Reg.* 2062.

SCRIPTORES GALLICI VERNACULI

QUI SOLUTA ORATIONE SCRIPSERUNT, MSS.

Les Assises du Royaume de Jérusalem, *ex Adversariis Peirescianis*.

Brunet Latin.

Cérémonial.

Chronique de Guillaume de Nangis et son Continuateur.

Chronique de France, qui finit en l'an 1322.

La Cité de Dieu, traduction de Raoul de Presles.

Compte des Revenus du Comté de Boulogne.

Compte de Barthelemi du Drach, Trésorier des Guerres en 1350.

Compte d'Estienne de la Fontaine, Argentier du Roi en 1350. 1351.

La vieille Coustume de Normandie, *ex Cam. Comput. Paris*.

Guillaume le Seur, en l'Histoire de Gaston, Comte de Foix, *ex Schedis Andr. Duchesnii*.

Henry de Gauchy [nommé deux fois Henri de Gand dans un MS. de M. le Chancelier Daguesseau], auteur de la traduction de Gilles de Rome. *Vide Comment. Acad. Inscript. tom. 17. pag. 733.*

Histoire de France, *ex Bibl. al. Memmiana*.

Histoire des Guerres d'Outremer.

Histoire de la mort de Richard, roy d'Angleterre.

Histoire de li Normant, ou des Normans qui conquirent la Pouille, dédiée a Desidere ou Didier, Abbé du Mont-Cassin, et divisée en dix livres, *ex Adversariis Andr. Duchesnii*.

Hugues Plagon, en la version de Guillaume de Tyr. *Edit. tom. 5. Ampl. Collect. Marten*.

Jacques Valere, en son Traité de Noblesse.

Jean de la Gogue, Prieur de S. Gildas, en l'Histoire des Princes de Deols en Berry.

Jean de Langres de la Consolation de Boece.

Les Instituts en Roman.

Le Lignage de Coucy.

Le Livre des Moralités.

Le Livre du Secret de l'art de l'Artillerie et Cannonerie, *ex Cod. Reg. 4653.*

Mémoires de Toussaint Carette, écrits en 1575.

Miroir Historial, compilé et ordonné du Latin en François par J. Abbé de Saint-Vincent de Laon, *ex Schedis Andr. Duchesnii*.

Olivier de la Marche.

Philippes de Beaumanoir, auteur de la Coustume de Beauvaisis [en 1283. *ex Cod. ejusd. ætatis, in Museo meo* (Carpenterii).]

Provinciaux, ou recueils de Blazons.

Roman d'Abladâne.

Roman de Giron le Courtois.

Roman de Hues de Tabarie

Roman de la Malemarastre.

Roman de Merlin par Robert Bourron.

Roman de Turpin.

Les sept Sergenteries de la Vicomté du Pontaudemer, *ex Cod. Reg. 4653.*

Sermons d'un anonyme au XIV siècle, *ex Bibl. S. Vict. Paris. Cod. 874.*

Le Songe du viel Pélerin, par Philippe de Maisieres, composé en 1389.

Statuts des Armoiers et Coustepointiers de Paris.

Statuts des Bénedictines de la Congrégation de Chez-Albenoit, *ex Tabul. S. Germ. Prat.*

Statuts de Gauthier, Seigneur de Commerci, en 1263.

Statuts de l'Ordre de la Couronne de l'Espine.

Statuts de l'Ordre militaire du S. Esprit au droit desir, institué par Louis roi de Naples, en 1352.

Statuts des Echevins de Maizières.

Statuts de la ville d'Yères en Provence, de 1237.

Traité des Tournois de la Table ronde.

Le Trésor de Burnet, *ex Cod. scripto an. 1323. in Museo meo (Carpenterii).*

Vies des Saints, par un anonyme, écrites à la fin du XIII siécle ou au commencement du XIV. *ex Bibl. S. Vict. Paris. Cod. 28.*

Le Voyage d'Outrémer du Comte de Pontieu.

Le Voyage de Prusse de Guillaume de Lannoy, Seigneur de Villerval.

Les Usages de la Cité d'Amiens.

Les Usages de la Forêt de Brotonne, *ex Cod. Reg. 4653.*

Les Usages de la Vicomté des eaux de rivière de Rouen.

POETÆ GALLICI VERNACULI VETERES, MSS.

Les Adventures arrivées en France depuis 1214. jusques en 1412.

Anonyme, de la Bibl. de S. Germain des Près.

La Bataille du Carême et du Charnage.

La Bataille des Sept Arts.

Baudouin de Condé.

Le Bestiaire, écrit en 1323. *ex Museo meo (Carpenterii)*.

La Bible de Guiot de Provins.

La Bible de Hugues de Bersi, Moine de S. Germain des Près.

Le Brut d'Angleterre, par maistre Eustace.

Le Caton en Roman.

Le Chariot de Nismes.

Li Chastellains de Coucy.

Chrestien de Troyes, vers 1150.

Chronique de Bertrand du Guesclin.

Chronique de France depuis l'an 1214. jusques en 1296. *ex Tabul. S. Maglorii Paris.*

Colin Muset.

Consolation de Boece, *ex Museo meo (Carpenterii)*.

Coquillart.

Le Débat du Cœur et de l'OEil.

Le Despirement du Corps.

Le Doctrinal.

Les Enseignemens Trebor de vivre saigement.

Gages Brulez, Auteur de Chansons du temps de Thibaud, roi de Navarre.

Gasse, Poëte ancien, Auteur de plusieurs Romans.

Gautier de Mets, Auteur de la Mappemonde en 1245. *ex Bibl. Reg.*

Gautier, Moine de S. Médard de Soissons et Prieur de Vic-sur-Aisne, Auteur des Miracles de la Vierge en 1219.

Généalogie de la Vierge, écrite en 1323. *ex Museo meo (Carpenterii)*.

Gilles de Viezmesons.

Guillaume Guiart, en son Histoire de France.

Guillaume de la Perene, de la Guerre d'Italie en 1378.

Guillaume de Villeneuve.

Guilloche, Poëte sous Charles VIII. *ex Bibl. Reg.*

Helinand, en son Poëme de la Mort.

Histoire de Jean IV, Duc de Bretagne.

Le Honeste Fortune.

Hugues de Villeneuve.

Jacques Millet, de la Destruction de Troie.

Jean de Condé.

Jean Erard.

Jean de Mehun, en son Testament.

Jean Monjot d'Arras.

Invention de la Sainte Croix, ancien Poëme.

Lancelot du Lac.

Li Lusidaire.

Martial de Paris, Vigiles de Charles VII, etc.

Nicod, en ses Cantiques.

L'Ordene de Chevalerie de Huë de Tabarie.

Ovide.

Le Pélerinage de humaine lignée, par Guillaume de Guigne-ville, Moine de Chaalis, composé en 1332. *ex Bibl. Reg.*

Perrin d'Angecourt, auteur de Chansons.

Philippes Mouskes, Evesque de Tornay, en son Histoire de France, *ex Bibl. Reg.*

Pierre de Langtoft, en sa Chronique.

Les Proverbes d'Esope, par Marie de France.

Les Rebours de Mathiolus.

Le Reclus de Moliens. L'auteur du Riche homme et du Ladre le cite avec éloge.

René Mace de Vendôme.

Robert Gaguin, le Passetemps de l'Oisiveté.

Le Roman d'Aie d'Avignon et Garnier.

Le Roman d'Albéric de Bourgogne.

Le Roman d'Alixandres, *ex Cod Reg. 7190.*

Le Roman d'Amile et d'Amy.

Le Roman d'Artus.

Le Roman d'Athis, par Alexandre de Paris.

Le Roman d'Auberée.

Le Roman d'Aubery.

Le Roman d'Audigier, *ex Bibl. S. Germ. Prat.*

Le Roman de Bertain.

Le Roman de Blanchaudin.

Le Roman des Braies.

Le Roman de la Chantepleure.

Le Roman de Charité.

Le Roman de Chastié Musart.

Le Roman du Chevalier au Barisel.

Le Roman du Chevalier Deliberé, composé en 1483.

Le Roman de Cleomades.

Le Roman de Cortois d'Artois.

Le Roman de la Diablerie.

Le Roman du Dit du Chevalier.

Le Roman de Floire.

Le Roman de Florance et de Blanche Flore.

Le Roman de Florimond, par Aymon de Chastillon, en 1180.

Le Roman de la Fontaine des Amoureux.

Le Roman de Fouques de Candie.

Le Roman de Garin le Loherans.

Le Roman de Gautier d'Avignon.

Le Roman de Gaydon.

Le Roman de Girard de Vienne, par Bertrand le Clerc.

Le Roman de la Guerre de Troyes, par Benoist Sainte-More.

Le Roman de Guillaume au Courb-nez (nez aquilin).

Le Roman de Guillaume de Dole.

Le Roman de Guillaume au Faucon.

Le Roman de Guiteclin.

Le Roman de Huon de Mery.

Le Roman de S. Jean-Baptiste.

Le Roman de Jordain de Blaye.

Le Roman de Judas Maccabée.

Le Roman de Kanor.

Le Roman de Sainte Leocade, par un Moine de S. Médard de Soissons.

Le Roman des Miracles du Chevalier.

Le Roman de Narcisse.

Le Roman d'Ogier le Danois.

Le Roman de Parise la Duchesse.

Le Roman de Partenay ou de Lezignan.
Le Roman de Partonopex.
Le Roman de Perceval le Galois.
Le Roman de Philippe de Macédoine.
Le Roman de la Prise de Jérusalem par Titus.
Le Roman de Pyramus et Tysbé.
Le Roman du Renard.
Le Roman de Renaud de Montauban.
Le Roman du Riche homme et du Ladre, par un Chanoine de la Fere sur Oise, en 1352. *ex Bibl. Reg.*
Le Roman de Robert le Diable.
Le Roman de Roncevaux.
Le Roman de la Rose, commencé par Guillaume de Lorris et achevé par Jean de Meun.
Le Roman de Rou et des Ducs de Normandie, composé par Maistre Vacce, Chanoine de Bayeux, natif de l'Isle de Grenezay, en l'an 1160.
Le Roman de Siperis de Vineaux.

Le Roman de Thibaud de Mailly.
Le Roman du Duc Varin au XII° siècle.
Le Roman de la Violette.
Romance d'Aucassin et de Nicolette avec la Chastelaine de S. Gilles.
Le Rosier de S. Denys.
Le Songecreux.
Le Temple de Mars, par Jean Moulinet de Valencienne, qui vivoit en 1477.
Thibaud Roi de Navarre.
Thibaud d'Argies, Auteur de Chansons.
Vie de Jésus-Christ, écrite en 1323. *ex Museo meo (. Carpenterii).*
Vie de S. Denis Aréopagite
Vie de Sainte Marie.
Recueil d'anciens Romans, écrit au XIII° siècle, *in Bibl. S. Germ. Prat.*

POETÆ PROVINCIALES.

Aimery de Sarlat.
Anselme Faidit.
Bertrand d'Allamanon.
Blacasset.
Foulques, Evêque de Toulouse.
Gerard de Borneil.
Guillaume Figuiere, vers 1210.

Guillaume de la Tour.
Lanfranc Cicala.
Pierre de Rouvre.
Rostaing Berenger.
Histoire des Poëtes Provençaux par Chasteuil Gallaust, autrefois du Cabinet de M. le Pr. de Mazaugues.
Chronique de Montpelier, en prose.

TABULARIA, REGESTA.

REGESTA CHARTOPHYLACII REGII PARIS. sign. A. B. C. D. EE. I.
L. M. N. in quibus continentur literæ plurium scriniorum.
Regestum I. seu Repertorium Petri de Stampis, continens
Chartas antiquiorum regestorum.
Regestum III. in quo intitulationes libri, sine asseribus
dicti, et aliquot Chartæ.
Regestum IV. al. III. ann. 1309. et 1314.
Regestum V. ubi Computus Roberti de Seris, clerici seu
thesaurarii Radulfi Augæ Comit. ab an. 1332. ad an. 1344.
Regestum XI. ubi plures literæ Alfonsi Comit. Pictav. et Tolos.
Regestum XIII. al. II. vel XV. ann. 1308, et 1309.
Regestum XVI. sub Philippo Pulcro.
Regestum XVII. al. XVI. bis.
Regestum XXIV. seu Terrearium Castellaniæ *d'Ybois*, factum
per Joan. Danglada et Geraldum Bertrandi, notarios, an. 1408.
Regestum XXX. sub S. Ludovico et Philippo III.
Regestum XXXI. ab anno 1234. ad. an. 1264.
Regestum XXXIV. sub Philippo Aug.

REGESTA SUB PHILIPPO PULCRO.

XXXIV. bis.
XXXV. et XXXVI quæ ad bellum Flandrense spectant.
XXXVII. ab an. 1302. ad an. 1305.
XXXVIII. ab an. 1299. ad an. 1307.
XL. ann. 1307. et 1308.
XLI. ann. 1308. 9. 10. et 11.
XLII. ann. 1308. et 1309. idem quod supra XIII.
XLIV. ann. 1307. et 1308.
XLV. ann. 1309. et 1310.
XLVI. ann. 1310. 11. et 12.
XLVII. ann. 1309. 10. 11. et 12.
XLVIII. an 1312.
XLIX. an. 1313.
L. an. 1314. et 1315.

SUB LUDOVICO X.

LII. ann. 1314. et 1315.

SUB PHILIPPO V.

LIII. ann. 1316. et 1317.
LIV. al. XVI. ann. 1316. et 1317.
LV. al. XVIII. ann. 1317. 18. et 19.
LVI. ann. 1317. 18. et 19.
LVII. an. 1316.
LVIII. al. XVII. ann. 1317. 18. 19. et 20.
LIX. ann. 1319. et 1320.
LX. ann. 1320. et 1321.

SUB CAROLO IV.

LXI. ann. 1321. 22. et 23.
LXII. ann. 1323. 24. et 25.
LXIII. deficit.
LXIV. ann. 1325. 26. et 27.

SUB PHILIPPO VI.

LXV. ann. 1327. et 1328.
LXV bis. ann. 1328.
LXVI. ann. 1329. 30. 31. 32. 33. et 34.
LXVII. ann. 1329.
LXVIII. ab an. 1331. ad an. 1349.
LXIX. incœptum die Veneris tertia Martii 1334.
LXX. ann. 1336. et 1337.
LXXI. ann. 1337. 38. 39. et 40.
LXXII. ann. 1339. 40. 41. 42. et 43.
LXXIII. ann. 1339. 40. et 41.
LXXIV. ann. 1340. 41. 42. 43. et 44.
LXXV. ann. 1342. 43. 44. 45. et 46.
LXXVI. ann. 1345. 46. et 47.
LXXVII. ann. 1347. 48. et 49.
LXXVIII. ann. 1347. 48. 49. et 50.
LXXIX. ann. 1347. 48. 49. et 50.

SUB JOANNE REGE.

LXXX. ann. 1350. et 1351.
LXXXI. ann. 1351. 52. et 53.
LXXXII. ann. 1353. et 1354.
LXXXIII. ann. 1354.
LXXXIV. ann. 1354. 55. et 56.
LXXXV. ann. 1356. et 1357.
LXXXVI. ann. 1357. et 1358.
LXXXVII. ab an. 1357. ad an. 1360.
LXXXVIII. ann. 1360.
LXXXIX. ab an. 1356. ad an. 1361.
LXXXX. ab. an. 1357. ad. an. 1361.
LXXXXI. ann. 1361. 62. et 63.
LXXXXII. ann. 1361. 62. et 63.
LXXXXIII. ann. 1362. et 1363.
LXXXXIV. ann. 1363. et 1364.
LXXXXV. ann. 1363. et 1364.

SUB CAROLO V.

LXXXXVI. ann. 1364.
LXXXXVII. ann. 1366. et 1367.
LXXXXVIII. ann. 1364. 65. et 66.
LXXXXIX. ab an. 1360. ad an. 1368.
C. ann. 1368. 1369. et 1370.
CI. ab an. 1363. ad an. 1371.
CII. ann. 1369. 1370. et 1371.
CIII. ann. 1371. et 1372.
CIV. ann. 1372. et 1373.
CV. ann. 1373. et 1374.
CVI. ann. 1374. et 1375.
CVII. ann. 1375.
CVIII. ann. 1375. et 1376.
CIX. ann. 1375. et 1376.
CX. ann. 1376. et 1377.

CXI. ann. 1377.
CXII. ann. 1377. et 1378.
CXIII. ann. 1378.
CXIV. ann. 1378. et 1379.
CXV. ann. 1379.
CXVI. ann. 1379. et 1380.
CXVII. ann. 1380.
CXVIII. ann. 1380.

SUB CAROLO VI.

CXIX. ann. 1381.
CXX. ann. 1381. et 1382.
CXXI. ann. 1381. et 1382.
CXXII. ann. 1382. et 1383.
CXXIII. ann. 1383.
CXXIV. ann. 1383. et 1384.
CXXV. ann. 1384.
CXXVI. ann. 1384. et 1385.
CXXVII. ann. 1385.
CXXVIII. ann. 1385. et 1386.
CXXIX. ann. 1386.
CXXX. ann. 1386. et 1387.
CXXXI. ann. 1386. et 1387.
CXXXII. ann. 1387. et 1388.
CXXXIII. ann. 1388.
CXXXIV. ab an. 1380. ad an. 1389.
CXXXV. ann. 1388. et 1389.
CXXXVI. ann. 1389.
CXXXVII. ann. 1389.
CXXXVIII. ann. 1389. et 1390.
CXXXIX. ann. 1390.
CXL. ann. 1390. et 1391.
CXLI. ann. 1391.
CXLII. ann. 1391. et 1392.
CXLIII. ann. 1392.
CXLIV. ann. 1392. et 1393.
CXLV. ann. 1393.
CXLVI. ann. 1394.
CXLVII. ann. 1394. et 1395.
CXLVIII. ann. 1395.
CXLIX. ann. 1395. et 1396.
CL. ann. 1396.
CLI. ann. 1396. et 1397.
CLII. ann. 1397.
CLIII. ann. 1397. et 1398.
CLIV. ann. 1398. 1399. et 1400.
CLV. ann. 1400. et 1401.
CLVI. ann. 1400. 1401.
CLVII. ann. 1402. et 1403.
CLVIII. ann. 1403. et 1404.
CLIX. ann. 1404. et 1405.
CLX. ann. 1405. et 1406.
CLXI. ann. 1406. et 1407.
CLXII. ann. 1407. et 1408.
CLXIII. ann. 1408. et 1409.
CLXIV. ann. 1409. et 1410.
CLXV. ann. 1410. et 1411.
CLXVI. ann. 1411. et 1412.
CLXVII. ann. 1412. 13 et 14.
CLXVIII. ann. 1414. et 1415.
CLXIX. ann. 1415. 16. et 17.
CLXX. ab an. 1415. ad an. 1419.

CLXXI. ab an. 1418. ad an. 1421.
CLXXII. ann. 1420. 21. et 22.

SUB HENRICO VI. REGE ANGLIÆ.

CLXXII bis, ann. 1422. 23. et 24.
CLXXIII. ab an. 1424. ad an. 1427.
CLXXIV. ab an. 1427. ad an. 1430.
CLXXV. ab an. 1430. ad an. 1434.

SUB CAROLO VII.

CLXXVI. ab an. 1440. ad an. 1450.
CLXXVII. ann. 1444. 45. et 46.
CLXXVIII. ann. 1446. et 1447.
CLXXIX. ann. 1447. 48. et 49.
CLXXX. ann. 1449. et 1450.
CLXXXI. ann. 1451. 52. et 53.
CLXXXII. ann. 1453. et 1454.
CLXXXIII. ann. 1455. 56. et 57.
CLXXXIV. ab an. 1442 ad an. 1455.
CLXXXV. ab an. 1450. ad an. 1457.
CLXXXVI. ann. 1449. et 1450.
CLXXXVII. ab an. 1454 ad an. 1458.
CLXXXVIII. ann. 1458. et 1459.
CLXXXIX. ab an. 1454. ad an. 1461.
CLXXXX. ann. 1459. et 1460.
CLXXXXI. ab an. 1453. ad an. 1457.
CLXXXXII. ann. 1460. et 1461.

SUB LUDOVICO XI.

CLXXXXIII. Deficit.
CLXXXXIV. ab an. 1465. ad an. 1473.
CLXXXXV. ab an. 1467 ad an. 1477.
CLXXXXVI. ann. 1469. et 1470.
CLXXXXVII. ab an. 1468. ad an. 1474.
CLXXXXVIII. ann. 1461. et 1462.
CLXXXXIX. ann. 1463. et 1464.
CC. ab an. 1466. ad an. 1481.
CCI. ab an. 1466. ad an. 1478.
CCII. ann. 1465. et 1466.
CCIII. ann. 1476. et 1477.
CCIV. ab an. 1473. ad an. 1476.
CCV. ab an. 1477. ad an. 1480.
CCVI. ab an. 1476. ad an. 1483.
CCVII. ann. 1480. 81. et 82.
CCVIII. ann. 1480. 81. et 82.
CCIX. ab an. 1480. ad an. 1483.

Regesta ex Chartophylaciis regiis Aquensi, Atrebatensi, Monspessulano, Tolosano.

Regestum Joannis de S. Justo, *ex Cam. Comput. Paris.*

Regestum *Pater*, ab an. 1204. ad an. 1330. *ex ead. Cam.*

Regestum *Noster*, ab an. 1256 ad an. 1315. ex ead. *Cam.*

Regestum *Quies in cœlis*, ab an. 1223. ad an. 1330. *ex ead. Cam.*

Regestum sigu. duplici litera I. rubra, continens homagia feodorum Aquitaniæ annis 1273. et seqq. præstita, *ex ead. Cam.*

Regestum feodorum comtat. Clarimontis ejusque redituum, *ex ead. Cam.*

Regestum feodorum comitat. Pictaviensis, inscriptum *Le Grand Gauthier de Poitou*, in quo continentur recognitiones exhibitæ Joanni duci Bitur. et Alvern. comiti Pictav. *ex ead. Cam.*

Regestum sign. *Vienne, ex ead. Cam.*

Regestum sign. *Bel* ann. 1310. et seqq. *ex ead. Cam.*

Regestum donorum Caroli Pulcri et Philippi de Valesio, *ex ead. Cam.*

Regestum Chartarum tempore Joannis ducis Bitur. ab an. 1360. ad an. 1416. *ex ead. Cam.*

Regestum aliud sub eodem duce, ab an. 1395. ad an. 1413. *ex ead. Cam.*

Regestum forestarum comitat. Alenconii, Perticensis, etc. jussu Mariæ de Hispania, comit. Alencon. scriptum, *ex ead. Cam.*

Regestum Cameræ Comput. Bitur. ab an. 1421. ad an. 1436. *ex ead. Cam. Paris.*

Regestum Cameræ Comput. Paris. cujus initium, *Ordinatio regia an.* 1256. et finis, *Intitulatio eorum quæ continentur in Libro quodam rubro thesauri regii. Cod. Reg. al.* 8406.

Regesta Cameræ Comput. Aquensis.

Regesta *Mandat* et *Probus* Cameræ Comput. Dalphin.

Regesta Chartarum ex eadem Camera recens extractarum, quarum prima est Testamentum Abbonis patricii Rom. *Cod. Reg.* 5456.

Regesta Cameræ Comput. Insul. sign. *le Papier aux ayselles* et *le Papier velu.*

Regesta Cameræ Comput. Provinciæ sign. *Armorum, Columba, Rubei.*

Regestum 2. Parlamenti Paris. sign. *Olim,* scriptum, ut videtur, a Nicolao de Carnoto.

Aliud etiam sign. *Olim,* ab an. 1254. ad an. 1318.

Regesta ejusd. Parlamenti, inscripta *Jugez ou Arrests, Lettres et Commissions, etc. ex Museis DD. Pr. Ogier et Durey de Meinieres,* quorum

I. a mense Nov. an. 1319. ad an. 1334.

II. a mense Nov. an. 1343. ad an. 1352.

III. a mense Nov. an. 1338. ad ann. 1343. et 1351.

IV. a mense Nov. an. 1352. ad an. 1363.

V. a mense Nov. an. 1363. ad an. 1369.

VI. a mense Nov. an. 1369. ad an. 1377.

VII. a mense Nov. an. 1377. ad an. 1388.

VIII. a mense Nov. an. 1388. ad an. 1397.

IX. a mense Nov. an. 1397. ad an. 1404. ubi ad calcem de annis 1334. 35. et 36.

X. a 13. Jan. an. 1360. ad an. 1388.

XI. a mense Nov. an. 1404. ad an. 1417.

XII. ab anno 1318. ad an 1358.

Regesta duo ejusd. Parlamenti, quæ *Manualia placitatorum* nuncupantur, ab anno 1364. ad an. 1391. *ex Museo D. Ogier.*

Regestum Chartarum ab an. 1225. ad an. 1402. *Cod. Reg. al.* 8448. 2. 2.

Regestum Chartarum sub S. Ludovico pro partibus Occit. expeditarum, quibus aliquot adduntur Phil. III. et IV. *Cod. Reg. al.* 9653. 5. A.

Regestum Philippi Pulcri, ann. 1310. et 1311. *Cod. Reg. al.* 9607. 3.

Regestum, in quo plura authentica continentur, quorum præcipua sunt : Crimina a Ludovico Rom. rege contra Joannem PP. XXII. objecta. Inquisitio contra Templarios. Fragmenta cujusdam Regesti in quo multa ad Ecclesiam Rom. pertinentia. Leges Rotharis, Liutprandi aliorumque regum Italiæ et Longobardiæ. *Cod. Reg.* 5376.

Regestum in quo multa quæ ad domum *d'Albret* spectant. *Cod. Reg. al.* 9573. 2. 2.

Regestum Alexandri IV. PP. *ex Bibl. Reg.*

Regestum comitatus Andegavensis.

Regesta capituli Antissiodorensis.

Regestum senescalliæ Bellicadri.

Regestum censuum comitatus Bigorræ.

Regestum constabulariæ Burdegalensis.

Regestum feodorum Burgundiæ.

Regesta capitularia Eccl. Cameracensis.

Regestum in quo plura ad comitat. Campaniæ spectantia, scriptum sæc. XVI. *Cod. Reg. al.* 8312. 5.

Regestum feodorum Campaniæ.

Regestum de feudis et negotiis senescalliarum Carcass. Bellic. Tolos. Caturc. et Ruthen. ubi præcipue de iis quæ sub Simone et Amalrico comit. Montisf. acta sunt. *Cod. Reg. al.* 8407. 2. 2.

Regesta capitularia Eccl. Carnotensis.

Regesta capitularia Eccl. Lugdun. *ex Cam. Comput. Paris.*

Regestum Castri Lidi in Andibus.

Regestum Castri Meliandi.

Regestum, seu Terrearium, comitat. Clarimontis, scriptum circa annum 1320. *Cod. Reg. al.* 9493. 5. 5. A.

Regestum Commerciacense.

Regesta Consilii et Parlamenti, ab anno 1364. ad an. 1528. *Cod. Reg. al.* 9823.

Regestum communiæ Divion. *ex Bibl. Petav.*

Regestum Domus publicæ Ambianensis.

Regesta Domus publicæ Duacensis. Aliud S. Petri ejusd. urbis.

Regesta Domus publicæ Parisiensis.

Regestum Chartarum ad Eccl. Ebroicensem pertinentium, ab an 1254. ad an. 1591. *Cod. Reg.* 5201. A.

Regestum feodorum Franciæ.

Regestum Chartarum quæ ad Eccl. Colleg. S. Gengulfi in ducatu Barrensi pertinent, descriptum XVI. sæc. *ex Bibl. Reg.*

Regestum parvum S. Germani Prat. scriptum ante annum 1300. *ex ejus Tabul.*

Regestum redituum comitat. Hannoniæ an. 1265. *ex Cam. Comput. Insul.*

Regestum Honorii III. PP.

Regestum Inculismense.

Regestum Joannis XXII. PP. ejusd. ætatis. *Cod. Reg.* 4114.

Regestum sign. *Abbaye de Josaphat, etc. Cod. Reg.* 5185. I.

Regestum feodorum Eccl. Lingonensis.

Regestum Chartarum ad ducatus Lotharingiæ et Barri spectantium, *ex Bibl. Reg.*

Regestum Ludovici regis Siciliæ et ducis Andegav.

Regestum in quo multa ad jurisdictionem Archiepiscopi, capituli et civitatis Lugdun. pertinentia, scriptum eleganter ineunte XV. sæc. *Cod. Reg. al.* 9852. 3. 3.

Regestum in quo multa ad jurisdictionem ejusdem Eccl. pertinentia. *Cod. Reg. al.* 9872.

Aliud de eadem re, una cum Chartis, quæ ad vicariatum imperii ducibus Sabaudiæ concessum spectant. *Cod. Reg. al.* 9873.

Aliud ad eamdem Ecclesiam pertinens. *Cod. Reg.* 5186.

Regestum authenticum secretariatus Caroli de Alenconio, Archiep. Lugdun. an. 1365. *Cod. Reg.* 5187.

Regestum primum Magnorum dierum Trecensium, ab an. 1367. ad an. 1395. *Cod. Reg. al.* 8357. 4. 4.

Regestum tertium feodorum Episcop. Metensis, *ex Bibl. Reg.*

Regestum sign. *Reprises des fiefs de l'Evéché de Mets. Cod. Reg. al.* 9861. 2. 2.

Regestum Chartarum ad Eccles. Narbonensem spectantium. *Cod. Reg. al.* 9640. 3.

Regestum Nemausensis senescalliæ.

Regestum censuum et redituum Episcop. Nivernensis, an. 1287. exaratum. *Cod. Reg.* 5207.

Regesta Normanniæ.

Regestum sign. *Nostre Dame de Clery*, in quo plures Chartæ Ludovici XI. etc. *Cod, Reg.* 5185. H.

Regestum Nundinarum Trecensium.

Regesta Peiresciana.

Regéstum Pinconiense.

Regestum Chartarum scriptum sæc. XIII. ad cujus calcem habentur Chartæ ad Monast. Rivipullense spectantes. *Cod. Reg.* 5132.

Regestum ubi Arestum Parlamenti Paris. an. 1390. quo jus feudale in marchionatum Saluciarum Dalphino Viennensi asseritur, Duce Sabaudiæ idem reclamante; et alia ad id pertinentia. *Cod. Reg.* 6015.

Regestum comitum Tolosæ.

Regestum Parlamenti Tolos. a 15. Nov. an. 1456. ad 21. Aug. 1465. *Cod. Reg. al.* 9879. 6.

Regestum ubi plura ad urbem Trecensem spectantia. *Cod. Reg. al.* 9827. 4. 4.

Regestum sign. *Varia*, in quo multa quæ ad Brabantiæ ducatum, sub Henrico et Joanne præsertim ducibus, pertinent. *Cod. Reg. al.* 10197. 2. 2.

Regestum de Vouta in diœc. Vivar.

Regestum Chartarum scriptum XIII. sæc. inter quas habentur anniversaria S. Martialis Lemov. *Cod. Reg.* 5137.

Regestum sign. *Varia*, in quo plurima promiscue collecta sunt, quæ ex authenticis a 200. circiter annis sunt transcripta. *Cod. Reg.* 5956. A.

Regestum 200. circ. ann. in quo varia continentur. *Cod. Reg. al.* 9824. 7.

Acta Inquisitionis Carcassonensis contra Albigenses ann. 1308. et 1309. *Cod. Reg.* 4269.

Acta notarii Senensis, ab an. 1283. ad an. 1287. *Cod. Reg.* 4725.

Acta publica curiæ præsidialis Ebroicensis.

Assisiæ Campaniæ.

Schedæ Lud. *Aubret* Dombensis historiographi.

Schedæ Joan. Lud. *Brunet*, Paris. Advocati.

Schedæ Joan. Ant. *Chaix*, Aquensis Advocati.

Schedæ D. *Courbon de Terney*, Canonici et Archidiaconi Eccl. Carnot.

Schedæ viri doctissimi *Falconet*.

Schedæ Joan. *Le Beuf*, ex Academia Inscript.

Schedæ doctissimi viri D. *de Foncemagne*.

Schedæ D. *Le Fournier*, S. Vict. Massil. Benedictini.

Schedæ Mabillonii, *ex Bibl. S. Germ. Prat.*

Schedæ D. *le Maréchal de Fricourt*, Bellovacensis prætoris primarii.

Schedæ CL. V. Præsidis *de Mazaugues*.

Schedæ D. *Mutte*, Ecclesiæ Cameracensis Decani.

Schedæ D. *Pocquet*, juris Gallici Professoris in Academia Andegav.

Schedæ viri doctissimi D. *Schœpflin*, in Academia Argent. professoris regii.

Schedæ Cl. V. D. *de St. Vincent*, Præsidis in parlamento Provinciæ.

TABULARIA SEU CHARTULARIA

ECCLESIARUM, MONASTERIORUM, ETC.

Tabularium Abbat. Absiensis.
Tabularium Abbat. Accincti, vulgo *Acey*.
Tabularium Abbat. S. Acheoli Ambian.
Tabularium Abbat. S. Albini Andegav.
Tabularium Abbat. Altæ-Ripæ.
Tabularium Abbat. S. Amantii.
Tabularium Eccl. et Episc. Ambianensis.
Tabularium Abbat. S. Andreæ Avenion.
Chartularium Eccl. S. Andreæ Viennensis.
Tabularium Eccl. Aniciensis.
Tabularium Eccl. Aptensis.
Chartularium Abbat. Aquicinctensis.
Tabularium Archiep. Arelatensis.
Tabularium Prior. S. Arnulfi Crispiac.
Tabularium Abbat. de Arovasia.
Chartularium Abbat. Arremarensis, scriptum circa medium
   XIV. sæc. *Cod. Reg.* 5432.
Chartularium Abbat. Athanacensis Lugdun.
Tabularium Eccl. et Civit. Audomarensis.
Chartularium Eccl. Augustodunensis.
Chartularium Eccl. S. Aviti Aurelian. scriptum exeunte
   sæc. XIII. vel ineunte XIV. *ex Bibl. S. Germ. Prat.* 446.
Tabularium Abbat. Auriliacensis.
Chartularium Eccl. S. Austregisili Bitur.
Chartularium S. Autberti Camerac.
Tabularium Eccl. et Episc. Autissiodorensis.
Chartularium Eccl. Auxitanæ.
Chartularium Abbat. Barbellensis, transcriptum ex authen-
   tico, jubente Colberto. *Cod. Reg.* 5466.
Tabularium Eccl. S. Bartholomæi Bethun.
Tabularium Cartusiæ de Bassavilla.
Tabularium Abbat. Beccensis.
Chartularium Prior. Bellævallis diœc. Tull. *Cod. Reg.*
   al. 9852. 8.
Tabularium Cartusiæ Belli-Larici.
Tabularium Abbat. Belliloci in Lemovic.
Tabularium Abbat. Belliportus.
Tabularium Eccl. Bellovacensis.
Tabularium Abbat. S. Benigni Divion.
Chartularium Archiep. Bituricensis.
Chartularium Abbat. Blandiniensis seu S. Petri Gandensis,
   sign. *Privilegia de Harnes*, non una manu scriptum et ex
   diversis quaternis compactum.
Tabularium Abbat. Bonævallis.
Chartularium Abbat. Boniportus, scriptum sæc. XIV. *ex Bibl.
   S. Germ. Prat.*
Tabularium Abbat. Bosonisvillæ.
Tabularium Abbat. Brivatensis.
Tabularium Abbat. Burgi-Medii apud Blesas.
Tabularium Abbat. Burguliensis.

Tabularium Abbat. Buzeii.
Tabularium Eccl. Cabilonensis.
Tabularium Eccl. Cadurcensis.
Tabularium Abbat. Calensis.
Chartularium Abbat. Camalariensis diœc. Anic.
Tabularium Senatus Camberiacensis.
Tabularium Eccl. et Civit. Cameracensis.
Tabularium Abbat. Cameræ-Fontis.
Chartularium Campaniæ, sive Liber principum, *ex Cam.
   Comput. Paris.*
Chartularium Campaniæ, quod *Thuanum* appellat Cangius,
   scriptum medio circ. XIII. sæc. *Cod. Reg.* 5992.
Chartularium Campaniæ, ad usum, ut videtur, Blanchæ co-
   mitissæ scriptum, ab an. 1199. ad an. 1246. *Cod. Reg.* 5993.
Chartularium Campaniæ. *Cod. Reg.* 5993, A.
Tabularium Abbat. S. Carauni Carnot.
Tabularium Eccl. Carcassonensis.
Chartularium Eccl. Carnotensis, in quo multa quæ ad ritus
   et consuetudines hujus Ecclesiæ pertinent, an. circ. 300.
Aliud feodorum ejusd. Eccl.
Aliud sign. *de Nobilitate Eccl. Carnot.*
Chartularium cantoriæ Eccl. Carnot.
Tabularium Abbat. Caroli-Loci.
Tabularium Abbat. de Casa Dei.
Chartularium Abbat. Casalis S. Benedicti.
Chartularium Abbat. Casauriensis, in regno Neapol. scriptum
   circa annum 1200. *Cod. Reg.* 5412.
Tabularium Abbat. Cassaniensis in Bressia.
Chartularium Eccl. colleg. de Castellione super Indriam.
Tabularium Castri Brientii.
Tabularium Castri Naunetensis.
Tabularium Castrei Vitreii.
Chartularium Abbat. Celsinianensis, recens ex authentico de-
   scriptum et ad illud per Baluzium collatum. *Cod. Reg.* 5454.
Tabularium Abbat. Cervi-Frigidi.
Tabularium Abbat. Clarevallis.
Chartularium Abbat. Clarifontis.
Tabularium Eccl. Colleg. S. Clodoaldi.
Tabularium Abbat. Cluniacensis.
Chartularium ejusd. Abbat. ubi privilegia Rom. Pontif. alio-
   rumque Episc. immunitates et dona Regum, Principum,
   Optimatumque huic monasterio concessa ab ipsius incuna-
   bulis usque ad an. 1300. *Cod. Reg.* 5458.
Aliud, ubi de iis potissime Ecclesiis quæ a Cluniaco depen-
   dent, quod ex veteri Chartulario descripsit Baluzius an. 1701
   exeunte. *Cod. Reg.* 5459.
Tabularium Abbat. Conchensis in Ruthenis.
Tabularium Abbat. Corbeiensis.
Chartularium magnum nigrum ejusd. Abbat. scriptum a Joan.
   Candas præposito an 1295.

Aliud sign. *Cæsar*.
Aliud sign. *Daniel*.
Aliud sign. *Esdras*.
Aliud sign. *Ezechiel*.
Aliud sign. *Nehemias*.
Tabularium Episc. Corisopitensis.
Chartularium Abbat. S. Cornelii Compend. scriptum prima manu sub finem XIII. sæc.
Tabularium Abbat. Crisenonensis.
Tabularium Abbat. S. Crispini Magni Suession.
Tabularium Abbat. S. Crispini in Cavea Suession.
Tabularium Abbat. S. Crucis Burdegal.
Tabularium Abbat. S. Crucis Quimperleg.
Tabularium Abbat. S. Crucis Talemontensis.
Tabularium Abbat. Curiæ Dei.
Tabularium Abbat. S. Cypriani Pictav.
Tabularium Eccl. S. Cyrici Nivern.
Tabularium Abbat. Dalonensis in Lemov.
Chartularium Eccles. Colleg. S. Petri Insul. sign. *Decanus*.
Tabularium Abbat. Dervensis.
Chartularium Abbat. Sancti Dionysii prope Paris. scriptum ineunte sæc. XIV. *Cod. Reg.* 5415.
Tabularium Abbat. S. Dionysii de Capella in Biturigibus.
Tabularium Abbat. S. Dionysii Exoldunensis.
Tabularium Abbat. S. Dionysii Lemovicensis.
Tabularium Prior. S. Dionysii Novigenti Rotroci.
Chartularium Abbat. S. Dionysii Vergiacensis, scriptum circa finem XIII. sæc. *Cod. Reg.* 5529. A.
Tabularium Prior. de Domina in Delphinatu.
Tabularium Prior. Domni-Martini.
Chartularium Domus Dei Pontisarensis.
Chartularium Prior. Doncheriensis.
Tabularium Abbat. S. Ebrulphi.
Tabularium Eleemosynariæ Montismorilionis.
Tabularium Eleemos. S. Pauli Viennensis.
Tabularium Abbat. S. Eligii Noviom.
Tabularium Abbat. Elnonensis.
Tabularium Abbat. S. Eparchii Inculism.
Chartularium Abbat. de Escureyo.
Tabularium Abbat. Faræ-Monasterii.
Chartularium Prior. S. Fiacrii.
Chartularium Abbat. Fidemiensis.
Tabularium Capituli S. Firmini Ambian.
Tabularium Prior. de Firmitate Walcheri.
Tabularium Abbat. Fiscamnensis.
Chartularium primum et secundum Flandriæ, *ex Cam. Comput. Insul.*
Tabularium Abbat. Flaviniacensis.
Tabularium Abbat. Flinensis prope Orchesium.
Tabularium Abbat. S. Florentii Salmur.
Tabularium Eccl. S. Flori in Arvernis.
Tabularium Abbat. Floriacensis.
Tabularium Abbat. Foisniacensis vel Fusniacensis.
Tabularium Abbat. Fontanellensis seu S. Vandregisili.
Tabularium Abbat. Fonts-Danielis.
Tabularium Abbat. Fontis-Ebraldi.
Tabularium Abbat. Forensis.
Tabularium Abbat. Frigidi-Montis.
Chartularium Prior. S. Fromondi, *ex Tabul. Cerisiac.*
Tabularium Abbat. S. Fusciani diœc. Ambian.
Tabularium Abbat. Gellonensis.
Tabularium Abbat. Gemeticensis.
Chartularium Eccl. S. Gengulfi Tullensis.

Tabularium Abbat. S. Genovefæ Paris.
Chartularium Abbat. S. Germani Prat. sign. tribus crucibus, scriptum circa initium sæc. XIII.
Aliud sign. *Æ.* ab an. 1256.
Aliud sign. *AD.* scriptum an 1270.
Aliud Richardi, dicti *de Lautre*, Abb. ejusd. monast. ab an. 1363. ad an. 1387.
Aliud jussu Guillelmi III. Richardi successoris, scriptum.
Tabularium Abbat. S. Gildasii de Nemore.
Tabularium Abbat. Gimontensis.
Chartularium Eccl. Glasguensis seu Glascoviensis in Scotia, a Baluzio ex veteri descriptum an. 1697. *Cod. Reg.* 5540.
Chartularium Godefridi Dom. Asperimontis, ab an. 1347. usque ad Pascha an. 1354 *ex Bibl. Reg.*
Tabularium Abbat. Gorziensis.
Tabularium Eccl. Gratianopolitanæ.
Chartularium ejusd. Eccl. sub Hugone Episc.
Chartularium Prior. de Guildo, vulgo *Gouy*, scriptum an. 1541. *Cod. Reg.* 5447.
Chartularium Guillelmi Comitis Hannoniæ, circa initium sæc. XIV. scriptum. *Cod. Reg. al.* 10196. 2. 2.
Tabularium Eccl. Hamensis.
Tabularium Abbat. Hederensis.
Chartularium Henrici V. et VI. reg. Angl. in quo describuntur Chartæ ad ducatum Aquitaniæ et civit. Burdegal. pertinentes. *Cod. Reg. al.* 8387. 4.
Tabularium Abbat. S. Jacuti.
Tabularium Abbat. S. Illidii Claromont.
Tabularium Abbat. S. Joannis Ambian.
Chartularium Abbat. S. Joannis Angeriacensis, recens et parum accurate scriptum. *Cod. Reg.* 5451.
Chartularium Abbat. S. Joannis de Aurel. in Lemov.
Chartularium Abbat S. Joannis de Jardo, scriptum circa annum 1400. *Cod. Reg. al.* 8353. 2. 2.
Chartularium Abbat. S. Joannis Laudunensis, scriptum medio circ. XIII. sæc.
Tabularium Abbat. S. Joarnis Tolos.
Chartularium Abbat. S. Joannis in Valle.
Tabularium Abbat. Jotrensis.
Tabularium Abbat. S. Judoci ad Mare.
Tabularium Abbat. S. Juliani Cenoman.
Tabularium S. Juniani Nobiliacensis.
Tabularium Eccl. S. Justi Lugdun.
Chartularium Abbat. Landevenecensis.
Chartularium Abbat. Latiniac. anno. circ. 1513. scriptum.
Tabularium S. Laudi Andegav.
Chartularium Prior. Lehmensis, scriptum circa finem sæc. XIII. *Cod. Reg.* 5460.
Chartularium Eccl. de Leproso.
Chartularium Abbat. Lezatensis.
Chartularium Eccles. Lingonensis scriptum sub Joanne Episc. an. 1329. *Cod. Reg.* 5188.
Aliud a 200. circiter annis ex antiquiori descriptum. *Cod. Reg.* 5189.
Tabularium Abbat. Loci-Regii Bitur.
Tabularium Eccl. Lugdunensis.
Tabularium Abbat. S. Lupi prope Aurel.
Tabularium Abbat. S. Lupi Trecensis.
Tabularium Eccl. Macloviensis.
Chartularium Eccl. B. Magdalenæ Castrodun.
Chartularium Abbat. S. Maglorii Paris. scriptum an. 1330. *Cod. Reg.* 5413.
Tabularium Abbat. Maimacensis.

Tabularium Abbat. Majoris Monasterii.
Chartularium ejusd. Abbat. pro agro Castrodun. *ex Bibl. S. Germ. Prat.*
Aliud pro pago Vindocinensi, scriptum sæc. XII. ineunte. *Cod. Reg.* 5442.
Chartularium Abbat. S. Marcelli Cabilon.
Tabularium Abbat. B. Mariæ Andegav. vulgo *le Roncerai.*
Tabularium Abb. B. Mariæ de Bono-Nuntio Aurel. et Rotom.
Chartularium Abbat. B. Mariæ de Buxeria, primum *de Asseraule*, scriptum sub initia sæc. XIV. *Cod. Reg.* 5463.
Tabularium Prior. B. Mariæ de Charitate.
Chartularium Abbat. B. Mariæ Dolensis, vulgo *Deols* et *Bourg-Dieu*, in pago Bitur. *ex Bibl. S. Germ. Prat.* 1072.
Tabularium Prior. B. Mariæ de Gornaco.
Chartularium Abbat. B. Mariæ Graciacensis.
Chartularium Abbat. B. Mariæ de Josaphat.
Chartularium Abbat. B. Mariæ de Lilio, scriptum prima manu sub finem sæc. XIII. altera medio circ. sæc. XIV. *ex Bibl. S. Germ. Prat.* 1611.
Tabularium Abbat. B. Mariæ Longipontis, diœc. Paris.
Tabularium Abbat. B. Mariæ Maidunensis.
Chartularium Abbat. B. Mariæ Monasteriensis in Argona, scriptum circa finem sæc. XIII.
Tabularium Cartusiæ B. Mariæ de Parco.
Tabularium Abbat. B. Mariæ de Prato Rotomag.
Tabularium Abbat. B. Mariæ Santonensis.
Tabularium Abbat. S. Mariani Autiss.
Tabularium Abbat. S. Martini de Altopodio in Ruthenis.
Chartularium Abbat. S. Martini Augustodun. scriptum jussu Joan. *Rolin*, Cardinalis et Episc. hujus urbis et ejusd. monast. abb. an. 1462. *Cod. Reg.* 5422.
Chartularium Abbat. S. Martini de Camarcio.
Tabularium Abbat. S. Martini Pontisar.
Chartularium Abbat. S. Martini Sagiensis.
Tabularium Eccl. S. Martini Turon.
Tabularium Abbat. nunc Prior. S. Martini Vertavensis.
Chartularium Abbat. Masciacensis.
Tabularium Civitatis Massiliensis.
Tabularium Eccl. Matisconensis.
Chartularium Abbat. S. Mauri Fossatensis, cujus authenticum exstat in Tabul. Archiep. Paris. *Cod. Reg.* 5416.
Tabularium Abbat. S.Mauri ad Ligerim.
Chartularium Abbat. Maurigniacensis, scriptum circa finem sæc. XIII. *Cod. Reg.* 5648.
Chartularium Eccl. S. Mauritii Viennensis, scriptum sæc. XI. exeunte, cui recentiores aliquot Chartæ secunda manu subjunctæ sunt.
Tabularium Abbat. S. Maxentii Pictav.
Tabularium Abbat. S. Medardi Suession.
Tabularium Abbat. Medii-monasterii Bitur.
Tabularium Abbat. S. Melanii Rothon.
Tabularium Eccl. Meldensis.
Tabularium Abbat. S. Michaelis de Ulteriori Portu.
Chartularium Abbat. Miciacensis.
Tabularium Episc. Mimatensis.
Chartularium Abbat. Miseracensis.
Tabularium Abbat. Molismensis.
Tabularium D. de Montesquivo.
Tabularium Abbat. Montis S. Eligii in Atrebat.
Chartularium Abbat. Montis S. Martini, scriptum exeunte sæc. XIII. *Cod. Reg.* 5478.
Tabularium Abbat. Montis-Martyrum Paris.
Tabularium Abbat. Montis S. Michaelis.

Tabularium Abbat. Montis-Olivi.
Tabularium Abbat. Montis-Rivi.
Tabularium Abbat. Moyssiacensis.
Chartularium Episc. Murensis in Lucania, ubi eæ tantum Chartæ continentur quæ circa medium sæculum XVI. exaratæ sunt. *Cod. Reg.* 5184. A.
Tabularium Abbat. Nantoliensis in Pictonibus.
Tabularium Eccl. Narbonensis.
Tabularium Prior. Neronis Villæ.
Tabularium Prior. S. Nicasii de Mellento.
Tabularium Abbat. S. Nicasii Remensis.
Tabularium Eccl. Nivernensis.
Tabularium Eccl. Noviomensis.
Chartularium Prior. S. Oricoli Sindunensis, vulgo *Senuc*, scriptum manu recenti. *Cod. Reg.* 5431.
Chartularium Episc. Parisiensis, non una manu, nec uno tempore scriptum. *Cod. Reg.* 5526.
Chartularium Prior. Persiaci in Burgund. edit. a Perardo a pag. 22. ad pag. 46.
Tabularium Abbat. S. Petri Carnotensis.
Tabularium Abbat. S. Petri de Cella-Froini Inculism.
Tabularium Abbat. S. Petri Generensis.
Tabularium Eccl. Colleg. S. Petri Insulensis.
Chartularium Abbat. S. Petri de Monte, diœc. Metensis, scriptum XIV. sæc. *ex Bibl. S. Germ. Prat.* 406. 2.
Tabularium Prior. S. Petri de Paredo in Burgundia.
Chartularium Abbat. S. Petri Puellarum Bitur.
Tabularium Abbat. S. Petri de Regula.
Tabularium Abbat. S. Petri de Rilleio.
Chartularium Abbat. S. Petri in Sithiu, vulgo S. Bertini Audomar. ex authentico descriptum jussu Colberti an. 1671. *Cod. Reg.* 5439.
Tabularium Abbat. S. Petri Virsionensis.
Tabularium Abbat. S. Petri Vosiensis.
Tabularium Abbat. de Pietate Dei, vulgo *l'Espau.*
Tabularium Abbat. Piperacensis.
Tabularium Abbat. Pontileviensis.
Chartularium Abbat. Pontiniacensis, eleganter scriptum paulo post annum 1300. *Cod. Reg.* 5465.
Tabularium Leprosariæ Pontis-Audomari.
Tabularium Abbat. Pontis-Otranni.
Tabularium Abbat. Portus-Regii.
Tabularium Abbat. de Precibus.
Tabularium Abbat. Præmonstratensis.
Tabularium Abbat. S. Quintini in insula.
Tabularium Abbat. S. Quintini in monte.
Chartularium Raymundi VII. comit. Tolos. a Baluzio an. 1658. exscriptum. *Cod. Reg.* 6220.
Chartularium Abbat. Regalis-Loci prope Compendium, scriptum an. 1358. *Cod. Reg.* 4534.
Tabularium Abbat. Regniacensis.
Tabularium Abbat. S. Remigii Remensis.
Tabularium Abbat. Resbacensis.
Tabularium Abbat. S. Richarii Centul.
Tabularium Abbat. S. Roberti de Cornilione.
Tabularium Prior. Rodoliensis, vulgo *Reuil.*
Tabularium Principis de *Rohan.*
Chartularium Abbat. Romaricensis, scriptum an. 1385. per Steph. Aubrici de Arolfiis, notarium publicum, *ex Bibl. S. Germ. Prat.*
Chartularium Sabaudiæ, in quo præsertim continentur pactiones habitæ inter comitem Sabaudiæ, delphinum Viennensem et comitem Genevensem. *Cod. Reg. alias.* 9493. 5. 5.

Tabularium comitum Sacricæsaris.
Tabularium Abbat. S. Salvatoris Redonensis.
Tabularium Abbat. S. Saturnini Tolosani.
Tabularium Abbat. S. Satyri Bituricensis.
Tabularium Abbat. S. Savini Tarbeiensis.
Tabularium Abbat. Saviniacensis.
Tabularium Archiep. Senonensis.
Chartularium Abbat. S. Sepulcri Camerac.
Tabularium Abbat. SS. Sergii et Bacchi Andegav.
Tabularium Abbat. S. Sigiranni.
Tabularium Eccl. Silvanectensis.
Tabularium Abbat. Solemniacensis.
Tabularium Abbat. S. Stephani de Vallibus.
Tabularium Abbat. Strumensis.
Tabularium Abbat. S. Sulpitii Bituric.
Tabularium Eccl. Tarentasiensis.
Chartularium Abbat. Thenoliensis, vulgo *Thenailles,* scriptum circ. finem XIII. sæc. *Cod. Reg.* 5649.
Tabularium Abbat. S. Theofredi diœc. Aniciensis.
Tabularium abbat. Trenorchiensis.
Tabularium Trevoltianum.
Chartularium Abbat. SS. Trinitatis Cadomensis.
Tabularium Abbat. Troncheti.

Tabularium Eccl. Tutelensis.
Chartularium E. Abbatiæ Valcellensis.
Chartularium Eccl. regalis Vastinensis.
Tabularium Abbat. S. Vedasti Atrebat.
Tabularium D. Marchioris de Vencia.
Tabularium Abbat. S. Victoris Massil.
Tabularium Abbat S. Vicoris Paris.
Tabularium Abbat. S. Vigoris de Cerasio.
Tabularium Abbat. Villæ-Lupensis.
Tabularium Abbat. Villæ-Magnæ.
Tabularium Abbat. Villæ-Novæ.
Tabularium Abbat. S. Vincentii Cenoman.
Chartularium Abbat. S. Vincentii Laudunensis; scriptum prima manu sæc. XIII.
Chartularium Abbat. S. Vitoni Virdunensis, scriptum inaccurate sæc. XVI. *Cod. Reg.* 5435.
Tabularium Eccl. Vivariensis.
Tabularium Abbat. S. Urbani diœc. Catalaun.
Tabularium Abbat. Ursi-Campi diœc. Noviom.
Chartularium Abbat. S. Ursini Bituric.
Tabularium Eccl. Uzetiensis.
Chartularium Abbat. S. Ymerii.
Tabularium Capellæ S. Yvonis Paris.

DIPLOMATA

ET VETERES TABULAS SUPPEDITARUNT

PRÆTEREA EX SCRIPTORIBUS EDITIS,

PRÆ CÆTERIS,

QUI HIC DESCRIBUNTUR.

A Bosco (Joannes), Cœlestinus, in Vienna et in Bibliotheca Floriacensi.

Acherius (Lucas), Benedictinus, in Spicilegio, in Notis ad Guibertum et S. Lanfrancum.

A Cruce (Guillelmus), in Episcopis Cadurcensibus.

A Jesu (Dominicus), Carmelita, in Vita S. Gerardi Auriliacensis.

Alemannus (Nicolaus), in Parietinis Lateranensibus.

Angelonus (Franciscus), in Historia Interamnensi.

Argentræus (Bertrandus), in Historia Armorica.

Arkelius (Joannes), Episc. Ultrajectensis, in Batavia Sacra, edit. an. 1714.

Balbinus (Bohuslaus), in Epitome Rerum Bohemicarum.

Baluzius (Stephanus), in Capitularibus Regum Franc. et aliis ab eo libris editis.

Baronius (Cæsar), Cardinalis, in Annalibus Ecclesiasticis.

Barralis (Vincentius), in Chronologia Lerinensi.

Beka (Joannes de), in Historia Trajectensi.

Benedictini Congregationis S. Mauri, in Gallia Christiana.

Benedictus, Capucinus, in Historia Tullensi, an. 1707.

Bernerius, in Historia Blesensi.

Bertelius (Joannes), in Historia Luxemburgensi.

Bertoli (Giandomenicus), dom. *de Bribir*, de Antiquitatibus sacris et profanis Aquilejæ, Venet. an. 1739.

Beslius (Joannes), in Historia Pictav. Comitum et in Episcopis Pictavensibus.

Besselius (Godefridus), Abbas Gottwicensis, in Chronico seu Annalibus ejusd. monast. an. 1732.

Bessius (Guillelmus), in Historia Comitum Carcasson.

Bivarius (Franciscus), in Notis ad Maximi et Dextri Pseudo-chronica.

Blanca (Hieronymus), in Comment. Rerum Aragon.

Blondellus (David).

Boissius (Dionysius Salvaingus), in Libro de Usu Feudorum, etc.

Bollandus (Joannes) et Socii, in Actis Sanctorum usque ad vol. 8, mensis Sept.

Bosquetus (Franciscus), in Historia Ecclesiæ Gallicanæ, edit. an 1636.

Bouche (Honoratus), in Historia Provinciæ.

Bouillard (Jacobus), Benedictinus, in Historia S. Germani Prat.

Bourgeois (Oudardus), in Historia S. Marculphi.

Brandaon (Antonius), in Monarchia Lusitana.

Brius (Ægidius), in Historia Comitum Perticensium.

Brolius (Jacobus), in Historia Parisiensi et Chronico Cassinensi.

Browerus (Christophorus), in Annalibus Trevir. et in Antiq. Fuldens.

Buchelius (Arnoldus), in Notis ad Willel. Hedam.

Bulæus (Cæsar Egassius), in Historia Academiæ Paris.

Buzelinus (Joannes), in Gallo-Flandria.

Bzovius (Abrahamus), in Annalibus Ecclesiast.

Calmetus (Augustinus), Benedictinus, in Historia Lotharingiæ, domus de Castelleto, et variis Dissertationibus.

Campus (Petrus Maria), in Historia Eccl. Placentinæ.

Capucinus (Cœlestinus), in Historia Bergomensi.

Caracciolus (Antonius), de Sacris Ecclesiæ Neapolitanæ monumentis.

Carpentarius (Joannes), in Historia Cameracensi.

Carpentarius (Petrus), in Alphabeto Tironiano.

Catellus (Guillelmus), in Historia Comitum Tolosæ et in Historia Occitanica.

Chapeavillus (Joannes), in Scriptoribus Historiæ Leodiensis.

Charlonius (Gabriel), in Comitibus Inculismensibus.

Charvetus, Presbyter-Archidiaconus Viennensis, in Historia ejusd. Ecclesiæ.

Chauveau (Joannes), in Historia Bituricensi.

Chenutius (Joannes), in Historia Bituricensi, etc.

Chiffletius (Joannes Jacobus), in Vesontione, in Vindiciis Hispanicis, etc.

Chiffletius (Petrus Franciscus), in Historia Tornutiana, in Beatrice comitissa, etc.

Chopinus (Renatus), in Libris de Domanio, de Sacra Politia, et aliis.

Christianus (Georgius), de Rebus Moguntinis, edit. an. 1722.

Ciarlantus (Joannes Vincentius), in Samnio.

Colmenarezius, in Historia Segobiensi.

Colonia (Dominicus de), in Historia Literaria Lugdun.

Columbus (Joannes), in Episcopis Valentinis, Vivariensibus, etc.

Constantius (Josephus Bonfilius), in Historia Regni Neapolitani.

Corbinellus, in Historia genealog. Domus *de Gundi*, edit. an. 1705.

Corius (Bernardinus), in Historia Mediolanensi.

Cortensis (Hieronymus), in Historia Veronensi.

Cousinus (Joannes), in Historia Tornacensi.

Cros (Joannes-Bapt.), Abbas S. Emmerami Ratisbon., in Historia ejusd. monasterii.

Da Cunha (Rodericus),Portensis Episcopus, in Episcopis Portensibus.

Dametus (Joannes), in Historia Balearici Regni.

De Bosco (Rainaldus), in Historia S. Audoeni Rotomagensis.

De Rubeis (Joan. Franc. Bern. Maria), Ord. Præd. de Monumentis Eccl. Aquilejensis, Argent. an. 1740.

Diago, in Historia regni Valentiæ, in Comitibus Barcinonensibus, etc.

Dodsworthus et Dugdalus, in Monastico Anglicano, Lond. an. 1655.

Dogiel (Mathias), Clericus Regularis Scholarum piarum, in Codice diplomatico regni Poloniæ et magni ducatus Lithuaniæ. Vilnæ an. 1758.

Doubletus (Jacobus), in Historia monasterii S. Dionysii prope Parisios.

Doutremannus (Petrus), in Constantinopoli Belgica.

Dubravius, in Historia Bohemica.

Duchesnius (Andreas), in Genealogiis, etc.

Dugdalus (Guillelmus), in Historia Warvicensi.

Dunod, in Historia Sequanorum, an. 1735.

Du Pas (Augustinus), in Genealogicis Armoricis.

Duplessis (Tussanus), Benedictinus, in Historia Meldensi et Descriptione geographica et historica superioris Normanniæ.

Fantonus (Sebastianus), in Historia Avenionensi.

Felibianus (Michael), Benedictinus, in Historiis S. Dionysii et Parisiensi.

Fleureau, in Historia Blesensi.

Freherus (Marquardus), in Originibus Palatinis, etc.

Fullonus, in Historia Leodiensi an. 1735.

Gallandus (Augustinus), in Libro de Franco Alodio.

Gariellus (Petrus), in Episcopis Magalonensibus.

Gassendus (Petrus), in Notitia Ecclesiæ Diniensis.

Gattola (Erasmus), in Historia Abbatiæ Cassinensis et Accessionibus ad eamdem, Venet. an. 1733. et 1734.

Gelenius (Ægidius), in Vita S. Engelberti et in Sacrario Agrippinensi.

Germanus (Michael), Benedictinus, in Historia monasterii S. Mariæ Suessionensis.

Gewoldus (Christophorus), post Chronicon Reicherspergense, etc.

Ghirardaccus (Cherubinus), in Historia Bononiensi.

Godefredus (Dionysius), in Historiis Caroli VI. VII. et VIII.

Goldastus (Melchior Haiminsveldius), in Constitutionibus imperialibus, etc.

Golutus, in Historia Comitum Burgundiæ.

Grammaius (Joannes-Bapt.), in Brabantia.

Gretzerus (Jacobus), in Libris de Cruce et in Episcopis Eystetensibus, etc.

Grimaldi (Gregorius), in Historia Legum et Magistratuum Regni Neapolitani.

Guesnaius (Joannes-Bapt.), in Annalibus Massiliensibus et in S. Magdalena.

Guichenonus (Samuel), in Episcopis Bellicensibus, in Bibliotheca Sebusiensi, et in Historiis Sabaudiæ et Sebusiana.

Guillimannus (Franciscus), in Helvetia.

Hansizius (Marcus), in Germania Sacra an. 1727.

Haræus (Florentius), in Historia Castellanorum Illensium.

Heda (Guillelmus de), in Historia Trajectensi.

Hemereus (Claudius), in Augusta Viromanduorum et de Academia Parisiensi.

Henricus (Maximilianus), in Apologia pro Archiepiscopis Coloniensibus.

Hergott (Marquardus), Benedictinus S. Blasii, in Genealogia diplomatica augustæ gentis Habsburgicæ, an. 1737.

Hontheim (Joannes Nicolaus ab), Episcop. Myriophitanus, in Historia Trevirensi, an. 1750.

Hubertus, in Historia Eccles. S. Aniani Aurelianensis.

Hugo (Carolus Lud.), Episc. Ptolem. Abbas Stivagii, in Sacræ Antiquitatis Monumentis, an. 1725, et in Annalibus Ordinis Præmonstratensis, Nancei, an. 1734.

Ignatius Josephus a Jesu Maria, Carmelita discalceatus, in Historia Ecclesiastica et Majorum Abbatisvillæ, et Comitibus Pontivi.

Joffridus (Petrus), in Historia Niceensi.

Jueninus, in Historia Trenorchiensi, an. 1733.

Justellus (Christophorus), in Historiis Arvernensi et Turenensi.

Knippenberg (Joannes), in Historia ducatus Geldriæ, Bruxellis, an. 1719.

Konarski (Stanislas), Clericus regularis Scholarum piarum, in Legibus, Statutis, Constitutionibus et Privilegiis regni Poloniæ et magni ducatus Lithuaniæ, an. 1732.

Kranzius (Albertus), in Metropoli.

Labbeus (Philippus), in Conciliis, Miscellaneis historicis, Bibliotheca MSS. etc.

La Chiesa (Augustinus de), in Historia Pedemontana.

La Faille (G. de), in Annalibus Tolosanis.

La Guille (Ludovicus), in Historia Alsatiæ.

Lambecius (Petrus), in Bibliotheca Cæsarea.

La Mure (Joannes-Bapt. de), in Historia Ecclesiastica Lugdunensi.

Le Beuf, in Historia ecclesiastica et civili Autissiodor. in Historia urbis et diœcesis Paris. etc.

Le Boucq (Petrus), in Historia vicecomitatus de Sebourg.

Le Brasseur, in Historia Ebroicensi.

Leibnitius, in Scriptoribus Brunsvicensibus et in Codice diplomatico.

Le Maire (Franciscus), in Historia Aurelianensi.

Leodius (Hubertus Thomas), de Palatin. Origine.

Lindanus (David), in Teneræmunda.

Lobineau (Alexius), Benedictinus, in Historia Britanniæ.

Locrius (Ferreolus), in Chronico Belgico.

Loisellus (Antonius), in Historia Bellovacensi.

Lucius (Joannes), in Historia Dalmatica.

Ludewig (Joannes Petrus), in Reliquiis Manuscriptorum, an. 1720. et seqq.

Lunig (Joannes Christianus), in Codice Diplomatico Italicæ an. 1727.

Mabillonnius (Joannes), Benedictinus, in Annalibus O. S. B. in Actis SS. ejusd. Ordin., in Diplomatica, in Analectis, in Museo Italico, in Operibus posthumis.

Madox (Thomas), in Formulari Anglicano.

Malbrancus (Jacobus), de Morinis.

Mantelius (Joannes), in Historia Lossensi, Leodii, an. 1717.

Marca (Petrus de), Paris. Archiep., in Historia Beneharnensi, in Marca Hispanica, etc.

Maria (Franciscus), in Historia Comitissæ Mathildis.

Marlotus (Guillelmus), in Metropoli Remensi.

Marrierus (Martinus), in Historia Prioràtus S. Martini de Campis Paris.

Màrtene (Edmundus), Benedictinus, in Thesauro Anecdotorum, Amplissima Collectione, de Antiquis Ecclesiæ Ritibus, etc.

Matthæus (Petrus), in Constitutionibus Apostolicis.

Meibomius (Henricus), in Notis ad Lewoldum, etc.

Ménagius (Ægidius), in Historia Saboliensi.

Menardus, in Historia Nemausensi.

Menesterius (Claudius), in Historia Lugdunensi.

Meurissius, in Historia Episcoporum Metensium.

Miræus (Aubertus), in Diplomatibus Belgicis et ad eadem Supplemento.

, Monachus (Michael), in Sanctuario Capuano.

Moncada, in Historia Catalanica.

Morales (Ambrosius), in Annalibus Hispanicis.

Moretus (Josephus), in Antiquitatibus Navarræ.

Morice (Hyacinthus), Benedictinus, in Probationibus Hist. Britanniæ, an. 1742.

Morinus (Guillelmus), in Historia Vastinensi.

Morlerius (Adrianus), in Historia Ambianensi.

Muratorius (Ludovicus Antonius), in Collectione Scriptorum Italicorum, Anecdotis, Antiquitatibus Italiæ medii ævi, Antiquitatibus Estensibus, etc.

Niquettus (Honoratus), in Historia Fontebraldensi.

Nostradamus (Joannes), in Historia Provinciali.

OEfelius (Andr. Felix), Monacensis, in Collect. Scriptorum Rerum Boicarum, 2. vol. an. 1763.

Oyenartus (Arnaldus), in Notitia Vasconiæ.

Paradinus (Guillemus), in Historia Lugdunensi.

Paschasius (Stephanus), in Disquisitionibus Francicis.

Pelleterius (Laurentius), in Historia monast. S. Nicolai Andegavensis.

Perardus (Stephanus), in Tabulis Burgundicis.

Petitus (Jacobus), in Pœnitentiali Theodori Archiep. Cantuariensis.

Pezius (Bernardus), Benedictinus Mellicensis, in Scriptoribus Rerum Austriacarum et in Thesauro Anecdotorum, an. 1721. et seqq.

Pilonus (Georgius), in Historia Bellunensi.

Pirrus (Rocchus), in Notitia Episcopatuum Siciliæ.

Plancher (Urbanus), in Historia Burgundiæ.

Plantavitius (Joannes), Lodovensis Episcopus, in Historia Episcop. Lodovens.

Pontanus (Georgius Bartholdus), in Bohemia Pia.

Pontanus (Isaacus), in Historia Danica.

Prilusius (Jacobus), in Collectione Legum seu Statutorum regni Poloniæ, edita an. 1553.

Prynneus (Guillelmus), in Libertatibus Ecclesiæ Anglicanæ.

Puccinellus (Placidus), in Zodiaco Eccles. Mediolan.

Puricellus (Joannes), in Monumentis Basilicæ Ambrosianæ Mediolanensis.

Puteanus (Petrus), de Libertatibus Ecclesiæ Gallicanæ, et in Bonifacio VIII.

Rainaldus (Odoricus), in Annalibus Ecclesiasticis.

Resenius (Petrus-Joannes), in Notis ad Jus aulicum Danicum.

Robertus (Joannes), in Historia S. Huberti.

Rodericus (Sanctus), in Historia Hispanica.

Roverius (Petrus), in Reomao.

Rouillardus (Sebastianus), in Meledunensi et in Lehunensi Historiis.

Rubeus (Hierònymus), in Historia Ravennensi.

Ruffius (Antonius), in Historia Comitum Provinciæ.

Ruyr (Joannes), in Antiquitatibus Vosagensibus.

Rymerus (Thomas), in Collectione Diplomatum et Chartarum primæ editionis.

Sammarthani (Petrus Abelius et Nicolaus), in Gallia Sacra.

Sanderus (Antonius), in Gandavo.

Sandius (Federicus), in Consuetudinibus Gelriæ.

Sanjulianus (Petrus), in Historia Burgundiæ.

Schannatus (Fredericus), in Vindemiis Literariis.

Schefferus (Joannes), ad Chronicon Upsaliense, etc.

Schwartzius (Albertus-Georgius), in Historia Finium principatus Rugiæ, an. 1734.

Scobingerus (Bartholomæus), in Notis ad Joachimum Vadianum.

Seldenus (Joannes), in Notis ad Eadmerum, etc.

Serrarius (Nicolaus), in Historia Moguntina.

Severtius (Jacobus), in Archiepiscopis Lugdunensibus, etc.

Sigonius (Carolus), de Regno Italiæ.

Sirmondus (Jacobus), in Notis ad Petrum Cellensem, Goffridum Vindoc. Capitularia Caroli C., etc.

Souchetus (Joannes-Bapt.), in Vita S. Bernardi Tironensis.

Sousa (Antonius Caetanus de), in Historia genealog. domus regalis Pòrtugalliæ, an. 1739.

Sponius (Jacobus), in Historia Genevensi et ejusdem Itinerario.

Stephanius (Stephanus), in Notis ad Saxonem Grammaticum, etc.

Surita (Hieronymus), in Indice Rerum Aragon.

Tannerus (Joannes), in Historia domus Sternbergensis.

Thaumasserius (Thomas), in Consuetudinibus Bituricensibus.

Thiroux (Claudius), in Historia Augustodunensi.

Tolnerus (Carolus Ludovicus), in Historia Palatina.

Turpinus (Thomas), Ord. Præd., in Annalibus Comitum Tervanensium, an. 1731.

Vadianus (Joachimus), de Monasteriis Germaniæ.

Vaissete (Josephus), Benedictinus, in Historia Occitana.

Valesius (Adrianus), in Valesiana, etc.

Van-Gestel (Cornelius), in Historia sacra et prophana Archiepiscopatus Mechliniensis, an. 1725.

Vassorius (Jacobus), in Historia Noviodunensi.

Ughellus (Ferdinandus), in Italia Sacra.

Vignerius (Hieronymus), in Stemmatibus Alsaticis.

Voppius (Joannes), in Historia Aquisgranensi.

Vredius (Oliverius), in Historia comitatus Flandriæ.

Waddingus (Lucas), in Annalibus minorum.

Waldus (Ægidius), in Historia Lobiensi.

Waræus (Jacobus), in Notis ad Opera S. Patricii et in Antiquitatibus Hibernicis.

Wideburgicus (Fridericus), in Origine et Antiquitate marggraviatus Misnici, ann. 1734. et 1735.

Wiguleius (Hondius), in Metropoli Salisburgensi et in Historia monast. Polingensis.

Winkelmannus (Joannes), in Notitia Saxo-Westphalica.

Wormius (Olaus), in Monumentis Danicis, etc.

Yepez (Antonius de), in Chronico Ordinis S. Benedicti.

AUCTORES ET OPERA

QUORUM LECTIONES EMENDANTUR IN GLOSSARIO.

Accessiones ad Historiam Cassinensem Gattolæ, in *Monasterum* et *Planistrum*.

Acherii Spicilegium, in *Ademprum*. *Aggessiones*. *Basurrare*. *Beduini*. *Beleuterion*. *Caratus*. *Catapanus*. *Contramandare*. *Creliaca*. *Cuva*. *Emicadium Exagium* 3. *Forispatriatus*. *Fumaria*. *Guionagium* sub *Guida*. *Hostia* 1. *Inauratus*. *Judæi* p. 910[1]. *Liciæ*. *Metaritia*. *Mittentes*. *Modiata* sub *Modius* 2. *Modiatura* ibid. *Nigosus*. *Nonnones*. *Orrata*. *Paravella*. *Recolere*. *Redigere*. *Retractio*. *Samna*. *Sauma* sub *Sagma*. *Scala* 11. *Sceptrum*. *Scobolerius*. *Semispathium*. *Spera* 1. *Tabula* 12. *Turchonianus*. *Vinopetio*. *Vis* 2.

Achmes, in *Baucalis* sub *Bauca* 1.

Acta Murensia, in *Comprimitialis*. *Curcinbaldus*. *Efora*. *Hobarii* sub *Huba*. *Pancalia*.

Acta Sanctorum Bollandiana, in *Acculitor*. *Adventatus*. *Aqua* 5. *Assecurare* 2. *Binta*. *Camelaucum*. *Camelus* 2. *Castella*. *Caxare*. *Cliothedrum*. *Condamina*. *Critum*. *Evexum*. *FF*. *Filiola* 2. *Focale* 3. *Glosochomum*. *Guimpa*. *Hierocomium*. *Labulum*. *Liteira*. *Maidanum*. *Marra*. *Mausole*. *Medelamium*. *Modiata* sub *Modius* 2. *Musivum*. *Nardus*. *Nigellus* 1. *Noim*. *Observaculum*. *Oletanus*. *Pedules*. *Peteccia*. *Picaria*. *Pittaphium*. *Ractata*. *Regia* 3. *Ripare*. *Salseratus*. *Scotoma*. *Squatus*. *Tenutarius*. *Territorium* 2. *Texuitalis*. *Tonlia*. *Tondurarius*. *Veratonus*. *Vis* 2. *Ultella*.

Acta SS. Montani et Sociorum, in *Cataractarius*.

Adalardi Statuta Corbeiensia, in *Saminator*.

Adamnanus, de Vita S. Columbæ, in *Salatia*.

Adonis Martyrologium, in *Jusum*. *Platonæ*.

Adrevaldus Floriacensis, in *Margulus*.

Ægidius de Roia, in *Frater in Baptismate*.

Ælfrici Glossarium Saxonicum, in *Alsierina*. *Anchiromacus*. *Bajulona*. *Burdo*. *Caupulus*. *Chrysendetum*. *Commercium* 1. *Emicadium*. *Mercedarius*. *Pœblum*. *Panis acrozimus*. *Paponius*. *Posca*. *Sagmarius* sub *Sagma*. *Sradus*.

Æthicus, in *Agiopelagus*.

Agobardus, in *Ecclesia matrix*. *Missale* 2.

Agrimensor vetus, in *Platonæ*. *Porcamis*.

Aimoinus, in *Nosturma*. *Salutaticum*.

Albertus Aquensis, in *Mardrinus*.

Albertus Argentinensis, in *Brigancii*.}

Albertus Stadensis, in *Bormis*. *Theculiola*. *Trutanus*.

Alcuinus, in *Butrista* sub *Butta* 3. *Elegus*. *Esophicus*.

Aldhelmus, Abbas Malmesburiensis, in *Ermulus*.

Alexander III. PP. epistola 52. in *Nactum*.

Altaserra, ad Epistolas Gregorii M., in *Ænea*.

Alypius Antiochenus, in *Adoratores*. *Alithinus*. *Horidia*.

Amalthea, in *Casma*. *Decures*. *Dispariliare*. *Distillarius*. *Ferto*. *Labandria*. *Lectium*.

Ammianus Marcellinus, in *Alitrophagi*. *Mortyr*.

Anastasius Bibliothecarius, in *Afocis*. *Amiantus*. *Antheropsita*. *Antipempton*. *Assirtus*. *Baccellarius*. *Bulla*. *Byssinæ*. *Campagus*. *Cancalus*. *Castriatus*. *Cereostata*. *Clamacterius*. *Clerus*. *Conviare*. *Exafoci*. *Matronæum*. *Monubilis*. *Myxus*. *Olea* 2. *Paratrapeta*. *Quadriporta*. *Sceneca*. *Statio* 1. *Stippa*. *Tega*.

Annales Colmarienses, in *Baddakinus*.

Annales Comitum S. Pauli, in *Assinamentum*.

Annales Francorum Anianenses, in *Peripitisma*.

Annales Francorum Bertiniani, in *Orobiotæ*.

Annales Rerum Pisanarum, in *Batischa*.

Annales Præmonstratenses Eugonis, Abbatis Stivagii, in *Aretum*. *Attinuare*. *Bella* 2. *Celecta*. *Civilis*. *Estragerium*. *Feca*. *Furasium*. *Labium*. *Muncata*. *Paunagium*. *Regale*. *Sagetta*. *Subterales*. *Truncus* 2.

Anonymus, de Gestis Constantini M., in *Lanceolum*.

Anonymus de Modo examinandi Valdenses, in *Commodum* 2.

Anonymus, de Natura Rerum, in *Furix*.

Anonymus priscus, in *Ifungia*.

Anonymus Salernitanus, in *Recentare*.

Anselmus, Havelberg. Episc., in *Provolvens*.

Anselmus Leodiensis, in *Soaniata* sub *Soniare*.

Antiquitates Fuldenses, in *Accolæ*.

Apitius, in *Mammocestis*.

Apuleius, in *Multibarbus*.

Argentreæi Historia Armorica, in *Peceium*.

Armorialis generalis Franciæ, in *Olea* 3.

Arnobius, in *Alapista*.

Arnoldus Lubecensis, in *Odewini*. *Paterca*. *Rivisinus*.

Arriani Periplus maris Rubri, in *Chelandium*.

Asserus, de Ælfredi Gestis, in *Gronnius*.

Aurelius Victor, in *Vermes*.

Balæus, in *Abgatoria*.

Baldricus Noviomensis, in *Discapia*. *Laxare* 2. *Manzer*. *Pervium*. *Vua* 2.

Balsamon, in *Dejejunare*.

Baluzius, in *Abscondere*, *Adramire*. *Æra* 1. *Agius*. *Ambagibalis*. *Arce* 1. *Avesium*. *Brebitarius*. *Bruma*. *Cœcora*. *Cellularii*. *Cestus*. *Clerici* p. 392[3]. *Cioppus*. *Compendium*. *Cumada*. *Delatura*. *Docellum*. *Dyagridium*. *Etleha*. *Excommunicatio* p. 136[3]. *Expontaneus*. *Faecus*. *Feramen*. *Juramentum* p. 928[3]. *Magistri Siclarii*. *Nedfri*. *Nucarius* 1. *Placentinus*. *Populus*. *Precator*. *Prothoncius*. *Prothontinus*. *Pteraria*. *Residium*. *Retributio* 2. *Ruba*. *Salina* 1. *Salinata*. *Screo*. *Scrindus*. *Semispathium*. *Terminare* 1. *Vestigarium*. *Vida*. *Vinericia*. *Upua*.

Baronius, in *Architon*. *Mesinus*. *Paralodium*. *Pleraria*. *Psachnion*. *Stajaria*.

Barthii Glossarium, in *Arenaria* 2.

Batavia Sacra, in *Laquatus*.

Beda, in *Atola.*
Beluga, in *Bausia.*
Bernardi Ordo Cluniacensis, in *Cerea. Coctus* 1. *Helna. Oblatorium.*
Bernardi de Breydenbach Itinerarium, in *Tremus.*
Bernardus Thesaurarius, in *Granella.*
Beslius, in Carolo VI, in *Tuchinatus.*
Bibliotheca Cluniacensis, in *Macstatus. Portaticum.*
Bivarius, in *Compadiatim.*
Blanca (Hieron.), in *Amictatus.*
Blount (Thomæ), Nomolexicon Anglicanum, in *Carno. Ferinesona. Third-peny.*
Bona, Cardinalis, in *Armarius* 2.
Bosquetus, in *Dextri. Miles,* p. 397[3].
Bracton, in *Busones. Coraagium.*
Breviloquus, in *Agaritudo. Apolutium.*
Brissonii Formulæ, in *Capricium. Cutis* 1. *Falx.*
Brolii Chronicon Casinense, in *Ambo.*
Bromtonus, in *Admillus. Ewbrice. Extorpari. Huisserium. Lairwita. Moratum. Obsella. Riculus. Tarennus. Tyhtlan.*
Brussel, de Usu Feudorum, in *Armer. Auna* 2. *Civada. Cunenea. Dispagatio. Dissesire. Fresella. Guerra. Haubergettus. Hominium,* p. 683[2]. *Judæi,* p. 910[3]. *Kidellus. Londa. Loramentum. Ocagium. Ondere. Prada. Russetum. Tachia* 2.
Bullarium Cassinense, in *Compagus. Faus. Jugis. Sarra* 2. *Theclatura. Typarium.*
Bullarium Romanum, in *Haccus. Patinus. Sustivus. Vetochetum.*
Burchardus, de Casibus S. Galli, in *Primarchatus.*
Buzelini Gallo-Flandria, in *Cambellarius* 2. *Denata. Escrowetus. Ferta. Lacuna* 3.

Cæsarius, in *Isicium.*
Cæsarius Heisterbach. in *Mansus,* p. 243[t]. *Sanguinitæ.*
Calepinus, in *Artetica gutta. Fultrum.*
Camillus Peregrinus, in *Gromati. Turmarcha.*
Canisius, in *Ferto. Stater.*
Canones S. Patricii, in *Ductus* 1.
Capitolinus, in *Geniatus.*
Carpentarii Historia Camerac., in *Dietarium* 2.
Casaubonus, ad Athenæum, in *Enceteria.*
Catellus, in *Astringa. Finalis* 1. *Guerra. Messale. Sega. Stanium.*
Catholicon parvum, in *Saber.*
Chapeavillus, in *Gelba.*
Chiffletius, in *Consul* 1, p. 561[3].
Christianus de Scala, in *Crusna.*
CHRONICA,
Alexandrinum, in *Manicium.*
Andrense, in *Calendare. Feudum,* p. 276[2]. *Hominatus. Munie.*
Aulæ Regiæ, in *Menda* 1.
Barense, in *Consacraneus.*
Belgicum Locrii, in *Camina* 1. *Martula. Tenaculum.*
Besuense, in *Conjugla. Falcata. Spera* 1.
Bonæ Spei, in *Winoagium.*
Cassinense, in *Ambo. Aquamanile. Pargana. Fossa* 3. *Gradus* 1. *Piretum. Rotus.*
Cremonense, in *Naudium.*
Flandricum, in *Creantare.*
Fontanellense, in *Calbares. Coccum. Sagum* 1.
Lobiense, in *Burina.*
Maurigniacense, in *Mosarabes.*
Mellicense, in *Crucifer* 2.
Montissereni, in *Plumarium* 1. *Præportare.*

Novalicense, in *Miles,* 397[1].
Reicherspergense, in *Canis* 2, p. 96[1]. *Stiva* 1.
S. Sophiæ Beneventanæ, in *Curvis. Marpahis. Plebictea. Stolizaz.*
S. Vincentii de Vulturno, in *Tero.*
Senoniense, in *Biberagium.*
Windesemense, in *Dentiva.*
Codex Carolinus, in *Olitanus.*
Codex diplomaticus Poloniæ, in *Curocinium. Grandia. Percedere. Surgustium. Ungula.*
Codex Italiæ diplomaticus, in *Avastarium. Auha. Epigramma. Fietus. Guadisagua. Guerra. Laancchil. Mila* 2. *Paratalassius. Præmonialis. Sitamentum. Tercinale. Zerbus. Zogolatus.*
Cœlius Rhodiginus, in *Distillarius.*
Colganus, in *Celia.*
Collectio Histor. Franc. D. Bouquet, in *Cruscire. Sororgius. Venaticum* 2.
Columbus, in *Exagium* 3. *Occlata.*
Columella, in *Ricinosus.*
CONCILIA,
Africana, in *Diaretor.*
Albiense, in *Garmasia.*
Aquisgranense, in *Oleum.*
Arelatense, an. 1234. in *Judæi,* p. 910[1].
Avenionense, in *Placare* 3. *Tasca* 2.
Aurelianense II, in *Apostolium.*
Autissiodorense, in *Pes.*
Basiliense, in *Asiatim.*
Burdegalense, an. 1255, in *Accensa. Mestiva.*
Constantiense, in *Daphardum.*
Duziacense, in *Bauga. Cinctus.*
Grateleanum, in *Laga.*
Hispanica, in *Adpriscrint. Arcus* 1. *Arteribus. Comes* 1. *Deliminatus. Hæreditare* 1. *Illatio* 2. *Langere. Mandatio* 1. *Marmessor. Nutio. Passivus. Phonitus. Pimarium. Postsanctus. Punctum* 2. *Recognoscere. Rehilitio. Relucere. Salma* sub *Sagma. Veges. Verismata. Zamborium.*
Liptinense, an. 743. apud Lalandum, in *Nodsyr.*
Londinense, in *Scatatus.*
Narbonense, an. 1054, in *Aleses.*
Oxoniense, an. 1222, *in Recinium.*
Palentinum, an. 1322, in *Chanria.*
Remense II, in *Confessiones.*
Salisburgense I, in *Aguna. Cendatum.*
Syriæ Provinciæ, in *Repentalia.*
Toletanum III, in *Balare. Testimoniales.*
Constantinus Africanus, in *Arca* 7.
Constantinus Porphyrogenitus, in *Generales* 1.
Constitutiones Frederici I. reg. Sicil., in *Guidame. Noscentia.*
Constitutiones Jacobi reg. Sicil., in *Pisus.*
Constitutiones S. Wilhelmi Hirsaug., in *Carnuncula. Modiolus* 2.
CONSUETUDINES,
Aurelianensis, in *Census capitalis.*
Blesensis, in *Hospes.*
Bononiensis, in *Cambagium* sub *Camba* 3.
Carnotensis, in *Hospes.*
Cenomanensis, in *Residens.*
Claromotensis, in *Gradale* 1.
Fontanelli, in *Deliberari* 1.
Herliacensis, in *Cambagium* sub *Camba* 3.
Namurcensis, in *Dispatriare.*
Nivernensis, in *Assewiare.*
Normannica, in *Mercatum.*

S. Severi, in *Gisarma*.
Silvanectensis, in *Vineragium*.
Tolosana, in *Miselli*.
Trecensis, in *Planum*.
Corpus Diplomaticum, in *Recreduta*.
Cowellus, in *Legespend.*
Cumeanus, de Mensura pœnitentiarum, in *Communio* 4. *Seminalatus.*
Cunradus Fabariensis, in *Neoptolemus*.
Cyrilli Glossæ, in *Depetigo*.

Descriptio Cambriæ, in *Mulvellus*.
Digesta, in *Nyctostrategus*.
Diplomatica (Tractatus novus de Re), in *Affatomia. Barbarostonos.*
Diurnus Romanus, in *Lucina* 2.
Donationes Salisburgenses, in *Jornale*.
Doubletus, in *Frecia. Fortaticum. Gruarius* 1. *Mestaticus. Ruga* 1. *Waterscapum.*
Du Bois, Historia Ecclesiæ Paris., in *Attertium*.
Duchesnius, in *Ambasciare. Aprisiones. Castallus* 1. *Concivium. Disparagare. Dugdus. Junior. Karinsia. Mamerrium. Placa* 1. *Referendarii*, p. 652[3]. *Stallum* 1. *Vestitudo* 1.
Dudo, de Moribus Normannorum, in *Campitor. Capsim. Proteari. Puteulanus.*
Duellius (Raymundus), in *Afflictus. Phavo.*
Durandi Rationale, in *Archischolus*.

Ebrardus, in Græcismo, in *Campulus*.
Eccardus, in Probat. origin. Habsburgo-Austriac., in *Farnum. Kalendæ.*
Eckeardus, de Casibus S. Galli, in *Feltrum*, p. 221[3]. *Panthema.*
Eginhardus, in *Feltrum*, 221[3]. *Igulus.*
Epigrammata vetera, in *Lausera*.
Erasmus, in *Enodus*.
Erkempertus, edit. Caraccioli, in *Embolus*.
Ermenricus, in Vita S. Soli, in *Bimanis*.
Eugesippus, de Locis SS., in *Catarannus*.
Evodius, Uzalensis Episc., in *Ceroferale.*
Expositio Missæ, in *Cantorium*.

Fabri Thesaurus, in *Magistrivus*.
Falco Beneventanus, in *Relevum*.
Faustus Monachus, in *Casula* 3.
Felix, Monachus Girwensis, in *Panselenos*.
Festus, in *Calestra. Cillaba. Cothon. Edecumatus. Noctipuga, Sarpa.*
Filesaci Selecta, in *Bromosus*.
Fleta, in *Blanda* 1. *Bultellus. Conperones. Hudegeld. Lacta. Mulvellus.*
Flodoardus, in *Acla. Ædituus. Domitextile. Vicariatio* sub *Vicarius.*
Flos Florum, in *Decumani* 1.
Folcardus, in Mirac. S. Bertini, in *Nervus*.
Fontanini Antiquitates Hortæ, in *Emulentum. Pontonaticum* sub *Pontaticum.*
Fori Morlanenses, in *Cursus* 4.
Fori Oscæ, in *Villatus*.
Fortunatus, in *Apothecar. Cluere.*
Franciscus, Canonicus Pragensis, in *Baldakinus*.
Freculfus, in *Pseudothyrum. Thauma.*
Freherus, in *Bonnarium. Carvocium. Sarabaitæ.*
Fridegodus, in *Opicizum. Pilotrium.*

Fridericus II, Imperator, in *Flacteria*.
Froissartes, in *Covina. Forsconsiliare. Spingarda.*
Frotharius Tullensis, in *Prasinum*.
Fulbertus Carnotensis, in *Pallium* 2, p. 36[1].
Fulcardus, Abbas Lobiensis, in *Multax*.
Fulcherius Carnotensis, in *Gatus* 1. *Mitrula. Sitarchia.*

Galbertus, de Vita Caroi comit. Fland., in *Manganum* 2. *Vinctura.*
Gallandus, de Franco Alodio, in *Captenere. Census. Condirigere. Relevium ad misericordiam.*
Gallia Christiana Benedictinorum, in *Abonare* 3. *Æsduma. Affersamentum. Allavium. Allevatio. Alvera. Arbostura. Attertium. Aucire. Barracha. Bennarius. Bremagium. Calta* 2. *Campus Marcatus. Capriscolis. Carduvarantia. Cessum. Cherchet. Escartus. Escollata. Fenale. Feriæ* 4. *Feudum*, p. 274[2]. *Filialis. Foedimentum. Foraneitas. Friscinga. Friscum. Garnacha. Geli. Gersinna. Granavium. Guanguagium. Hydra. Implectere. Inoperabilis*, p. 940[1]. *Juramentum. Laus* sub *Laudare* 4. *Macella* 2. *Malgia. Mansus. Mappula. Mornantesius. Mutrella. Ortigia. Parrego. Pasclerium. Personagium. Pertinementum. Pineta. Pœnitentes,* p. 324[1]. *Possessio. Potellus* 2. *Prada. Rafica. Raptaticam. Raptus* 1. *Receptum* 1. *Recula. Reversale. Rolenium. Refia. Salvamentum* 1. *Salvicina. Sarire. Scoba* 2. *Solorium. Subjungere. Submonitor. Tertiarium. Thasca. Thasses. Theolequelarius. Trabaticum. Vaspale. Veredis. Villani.*
Gariellus, de Episcopis Magalon., in *Dolium* 1.
Gaufredus Grossus, in *Prosnesium*.
Gaufredus Vosiensis, in *Garnachia*.
Gauterius Cancellarius, in *Escaramis*.
Gelenius in Colonia, in *Lardum*.
Gervasius Tilleberiensis, in *Scacarium* sub *Scacci* 1.
Gesta Dagoberti regis, in *Foresta*.
Gesta Ludovici VII, in *Nacara* 1.
Ghirardacci Historia Bonon., in *Duplerius*.
Gillebertus, Lunicensis Episc., in *Ciborium*.
Glaber Rodulphus, in *Cacma. Chiripilatio. Chrisma. Palmatie. Salitudo. Scala* 13.
Glossæ Arabico-Latinæ, in *Bombax* 1. *Caballatrium. Cercella. Chirogryllus. Crustibia. Dorx. Fimbrina. Fraternus. Kalculum. Liminare* 2. *Luctatorium. Mambax. Mima. Orbitus. Rinatrix. Sitarchia.*
Glossæ Basilicon, in *Beneficiarii. Cursarii. Nero* 2.
Glossæ Græco-Latinæ, in *Accensor* 1. *Acucula* 1. *Æquitalitas. Afa. Amara. Bauca* 1. *Boia. Brevia* sub *Brevis. Caductor. Cerefolium. Cerilarium. Chamulcus. Chomata. Ciniferus. Cociones. Delentinatio. Deffalescere. Elinguatio. Epidecen. Epilepticus. Exagium* 1. *Gallo. Herbaticus. Lacticularius. Latura. Linteator. Mamiliares. Mancus* 1. *Mansionator. Manua. Matta* 4. *Mazer. Natatoria. Noctianus. Occlata. Oratrix. Phylacteria. Pipiones. Prosilire. Psiatium. Puellarius. Quassum. Quinduplum. Recula. Redhibere. Redimentum. Replaudere. Rogarii. Rosalia. Rucleus. Rudescolum. Runcare* 2. *Rupia. Rurscus. Rusus. Rustica. Sagma. Statuarium* 4. *Stlactarius. Tegenarius. Tergorium. Termentorium. Viocurus.*
Glossæ Latino-Gallicæ, in *Arrivare. Caristia* 2.
Glossæ Latino-Græcæ, in *Aciarium* 2. *Acrumen. Advores. Agaso. Agitatores. Arsa* 2. *Antelabrum. Antitas. Arcaria. Ascopa. Auriculares* 2. *Bauca* 1. *Biclus. Bombus. Botellus* 2. *Cadivus. Calbares. Cavernum. Chamulcus. Cimnifo. Coactiliarius. Cocnilia. Compatriota. Corpodicina. Crespulus. Delphica. Deruere. Desiderata. Desinator. Dictatum. Divolares.*

Ducarius. Duellio 1. *Epilepticus. Hemero. Latrunculator. Limari. Maialis. Massa* 5. *Poelex. Projectum. Pronununtia· Propala. Quassum. Quelle. Reburrus. Remulculare. Reoria. Revelancia. Revidare. Rogarti. Rudescolum. Runcare* 2. *Rupia. Rurscus. Rutica. Sabes. Sagma. Sagmare. Salabræ. Salatia. Salialium. Saltarius. Sarpa. Sartatectum. Saures. Spilabra. Statuarium* 4. *Stentinæ. Steria. Stlactarius. Stludio. Tegenarius. Tergorium. Transenna. Veniæ* 2. *Verbeticina. Veriolæ. Verminatum. Vindigestæ. Viocurus.*

Glossæ S. Benedicti, in *Campsa.*

Glossarium Saxonicum Cottonianum, in *Nyctalmus. Thrymsa.*

Glossarium vetus, in *Bascaudæ. Bracteator. Fulmen. Matrina* 2. *Natio* 1.

Godefridus Monachus, in *Barbota.*

Goldastus, in *Bonnarium. Cozzo. Domalis. Harmiscara. Porprendere. Recaptivare.*

Gregorius VII. PP., in *Fodrum*, p. 334[2].

Gregorius Turonensis, in *Buccus. Condium. Congeries. Milinæ. Recula. Temporive.*

Grimlaicus, in Regula Solitar., in *Metacismus.*

Grosley Disquisitiones, ad Jus Francicum, in *Thespetaticum* et *Vulvaticum.*

Guarinus, Ord. Fr. Prædicat., in *Botellus* 2.

Guesnaii Annal. Massil., in *Cotulosus. Pharnatiæ.*

Guibertus, in *Catellanus. Gumphus. Salbanum.*

Guichenonus, in *Feugia. Motalis. Nautonium. Parocta.*

Guidonis Discipl. Farfens., in *Gliphaticus.*

Guidonis Papæ Consilia, in *Civeragium.*

Guillelmus de Baldensel, in *Baburnus. Butta* 1.

Guillelmus Neubrigensis, in *Glavea.*

Guntherus, auctor Ligurini, in·*Capitalitium.*

Hanquevilla (Nicolaus), in *Effondatus.*

Hansizii Germania Sacra, in *Solarium* 1.

Hariulfi Chronicon Centulense, in *Bonnarium. Calcio. Galnus.*

Helgaudus, in *Anacleta. Bacca* 2. *Lablellus.*

Hemereus, in *Bonnarium. Plasseta.*

Hepidanus, in *Potirium.*

Heroldi Lex Longob., in *Bos. Heere-schild. Submanicatus.*

Hesychius, in *Baburrus. Cupellus. Legium. Mataxa.*

Hildeberti Opera, in *Assimulare. Feriæ* 3.

Histobiæ,
Alsatiæ de la Guille, in *Passio* 4. *Thubaticum.*

Arverniæ Baluzii, in *Evenimentum. Foculare* 2. *Mail. Mercarius. Mesclaria. Pasinola. Persus. Picardus. Præstripticius. Sandale. Venari. Vida.* Alia Justelli, in *Aiacis* 1.

Avenionensis Fantoni Castrucii, in *Crota* 3. *Rapinalis. Sabaterius.*

Australis, an. 1295, in *Libraria.*

Autissiodorensis de Lebeuf, in *Farreum.*

Autissiodorensium Episcoporum, in *Missorium.*

Belvacensis Louveti, in *Carticlus. Escligniatio.*

Blesensis, de Fleureau, in *Marceschia.*

Britanniæ novæ, edit. inter Probat., in *Advenantare. Crasta. Despiccare. Encimum. Infoditus. Molendinum Choiscullum. Recidimatio.*

Burgundiæ Urbani Plancher, in *Balenta. Breveria. Faucidia. Punitissor. Pitius. Vista* 5.

Caroli VI. a Godefredo, in *Plumale. Procax.*

Cassinensis Monasterii a Gattola, in *Passium. Pecta* 2. *Terziatus. Tustaynum.*

Cenomanensium Episc., *de Courvaisier*, in *Palastria.*

Concilii Constantiensis, in *Emenium.*

Cortusiorum, in *Pejana. Tavernica. Tensa* 2.

Dalphinalis, utriusque editionis, in *Ambidolæ. Augmentuosus. Cala. Carnaticum. Crollerius. Ferratura. Mueta* 1. *Necare. Palmisana. Pignio. Pirus. Portarius. Resortium. Tolta. Zenatum.*

Ebroicensium Comitum, *de le Brasseur*, in *Balbinus. Dotosa. Elcambiare. Martellis. Scriptogretensi.*

Engolismensium Comit. et Episc., in *Saravisa.*

Frisingensis Car. Meichelbecki, in *Alpisermus. Waterscapum.*

Guinensis, in *Froristeum.*

Harcuriana, in *Adjuvare* 1. *Arrivare. Bigus. Campipars. Circada. Egentia. Escasura* sub *Escaeta. Fragium. Funambuli. Immerciatus. Lectio. Mediatio. Multurengia. Nichaim. Pasinola. Passagium. Petellum. Platicispate. Quietatus. Sannagina. Scientia. Sentella. Tofta.*

Langobardorum, ab Ignoto Casin., in *Bazia.*

Leodiensis P. Foullon, in *Alevium.* Alia, Barth. Fisen., in *Cappusa.*

Lossensis Joan. Mantelii, in *Curmedia.*

Lotharingiæ a Calmeto, in *Admiseri. Cumma. Inno. Ludium. Mannwerch. Meregeldt. Palatia* p. 25[1]. *Pasfeudum. Restitus. Trescuum. Wifver.*

Lugdunensis Menesterii, in *Camarium* 2. *Feudum*, p. 274[2]. *Foventatio. Gossetus. Pavagium* 1.

Mediani-Monasterii, in *Annona. Feudum*, p. 276[3]. *Oserosus.*

Meldensis Ecclesiæ, in *Interrare.*

Monmorenciaca, in *Cavadia. Siminellus.*

Nemausensis Menardi, in *Aduratio. Edictor. Felesennus. Fenare. Gerlerius. Incariumentum. Indeguare. Paries* 6. *Prisfetus. Renunciatio. Verdesca.*

Noribergensium Rerum Meisterlini, in *Saninus.*

Occitana D. Vaissele, in *Aigucia. Autoltas. Comitatus* 7. *Discapire. Eficare. Exblatare. Fabilia. Gaverlotus. Genium. Garjonus. Huvata. Palestrare. Peccaria. Prodignari. Rancura. Redhibitio. Rescisio. Rossum. Saumanus. Saumaria. Talaucha. Thiuphadus. Venetura* 2. *Unitura. Volatiliaticum.*

Parisiensis Lobinelli, in *Rogilla. Viridisnetum.*

Parisiensis diœcesis, de Lebeuf, in *Coma* 2.

Perticensis Beslii, in *Aldus. Havagium. Ructura.* Alia, de Bry de la Clergerie, in *Distaciavare. Voltura.*

Pinnatensis, in *Adoprare. Testinia.*

Portugaliæ Domus regiæ genealogica, in *Cellum. Nutuere.*

Saboliensis Menagii, in *Libra terræ. Osculum* 2. *Precatura. Preces* 2.

S. Aniani Aurelian. ab Huberto, in *Brausia.*

S. Audoeni Rotomag. in·*Propastura.*

S. Dionysii a Felibiano, in *Palatia*, p. 22[3]. *Palaticum. Sunnis. Transsolvere.*

S. Germani Pratensis a Bouillarto, in *Scala* 12. *Scalus.*

S. Marculfi, in *Acla.*

S. Mariæ Suession., in *Factura* 4.

S. Martini Papæ, in *Psachnion.*

S. Sebastiani Translationis, in *Cliothedrum.*

Sequanorum, auctore Dunod, in *Scorprisia.*

Trenorchiensis Abbatiæ, in *Elenodium. Sospitaticum. Spera* 1. *Vacatio* 2.

Trevirensis, a Joan. Nic. ab Hontheim, in *Croparium. Cutusa. Facietas. Natselde. Tucufa.*

Vastinensis, auctore Morino, in *Casnus.*

Hocsemius (Joan.), in *Gelima.*

Hofmanni Lexicon, in *Romascot.*

Hugo Farsitus, in *Macerio.*
Humelbergius, iu *Aucella* sub *Auca.*

Ingulfus, in *Scema* 1. *Witereden.*
Innocentii III. PP. Epistolæ et Gesta, in *Canthurum. Chryso-bullum. Episimus. Inclinatio. Nactum. Stolium* sub *Stolus* 2. *Vota.*
Innocentius Agrimensor, in *Micidior.*
Inscriptio Smyrnensis, in *Scamnocancellus.*
Interpres vetus Juvenalis, in *Eploceus. Filaterium. Latura. Manua.*
Joannes Diaconus, in *Accubia.*
Joannes de Garlandia, in *Buccellare. Limpidare. Rheno.*
Joannes de Janua , in *Aventare. Bajulona. Camelaucum. Ca-sona. Celium. Cicindela. Cillaba. Corcula. Divoltres. Emola. Enteria. Equaritia. Filocopus. Flamita. Gynæceum. Lapas. Leocrysus. Mala. Mancus* 1. *Noctipuga. Omophagia. Otagia. Paragauda. Potomium. Ptochium. Rematopoea. Remultum. Rosatus. Saber. Tauma.*
Joannes Lucius, de Regno Dalm., in *Mavecharius.*
Joannes Monachus, in *Arctio. Cervicata. Flocus.*
Joannes Presbyter, in *Berroerii. Bidarius.*
Joannes Sarisberiensis, in *Archieperare. Diana. Rutefolium.*
Jonas, in Vita S. Eustasii, in *Callulare. Extrenuitas.*
Isidori Glossæ et Origines, in *Abartenum. Acclibanus. Acha-teon. Adorea. Alebra. Alopus. Alsosus. Altriplex. Angariarius. Apiciosus. Appia* 1. *Asciculus* 1. *Auteritus. Bacca* 2. *Bagula. Bajulona. Barbustinus. Basterna. Basum. Baucalem. Bestirium. Bibliothecarius. Blenones. Bortanea. Brasbrat. Brunicus. Buda. Cærilla. Calcitio. Callicularium. Calvitia. Calutor. Cantabu-lum. Cantricula. Capriolus* 4. *Capsis. Carrio. Castibulum. Catamontem. Catenatium. Caucatus. Cautos. Cerachi. Cido-nes. Cima. Cinctorium. Citix. Civica. Clivior. Coxale. Creare* 1. *Crematium. Curio. Darnus. Decluere. Demundinat. Depagare. Detectus. Devibiæ. Devocare. Dispecare. Distario. Dolabrum. Dorsennus. Duellio* 1. *Ecitum. Enormate. Ergare. Extracau-tio. Extromis. Feliatum. Felibris. Finctus. Fistulare. Flabri. Forceps. Forma* 16. *Fraternus. Fundabulum. Gabata. Gangia. Guva. Jacentia. Jaculum. Ircosus. Lutubris. Leocrysus. Liba-torium. Lignicisimus. Linaria* 2. *Linguitri. Lixe. Lucerna* 1. *Lumbare. Mandrator. Mincius. Missicius. Mundus* 1. *Munimi-na. Muscerda. Narratores. Netorium. Nibarus. Nimiticus. Noncolæ. Nota* 1. *Oblegare. Oblimare. Obrysum. Occamen. Occistrio. Oes. Offendix. Opiferæ. Opinatores. Paganitius. Pagula. Palteum. Parapsis. Pastorium. Pencina. Perizoma. Pipulare. Plemina. Plotei. Polyandrum. Portemia. Præpos. Proculum. Promptria. Pronefas. Propala. Prosnesium. Pti-gmata. Ratiscunt. Recidiva. Redica. Remilicines. Ricula. Sala-tarius. Sarcitector. Scandile. Semiplagium. Silata. Tegorium. Telon. Terimentum. Testinium. Thicinynus. Thoca. Verna-cellus.*
Isidorus Pacensis, in *Æquorabiliter. Crebe. Fatigium. Spulum.*
Isonis Magistri Glossæ, in *Crusna. Testiphadium.*
Iter Camerarii Scotici, in *Simenellus.*
Julius Africanus, in *Pullus.*
Julius Firmicus, in *Conscriptio. Mancius.*
Juranus in Libert. Ausson. in *Manualia* 3.
Jus publicum Franciæ D. *Bouquet,* in *Escuallium* et *Folium* 3.
Justice of Peace, in *Affroiamentum.*

Kennetti Antiquit. Ambrosd. in *Libra ursa. Metteshep.*
Knyghton (Henr.), de Eventibus Angliæ, in *Abacinare. Barra. Liripipium. Pertum.*

Labbeus, in *Appendaria. Cachi. Couca. Dominica. Quinqua-gesimæ. Domneare. Dulia. Impotionatio. Lorica. Magarizare. Nomeria. Tortarii. Vinegeriæ.*
La Cerda (Ludov. de), in *Clenodium. Tempestatio.*
La Faille, Annales Tolosani, in *Dieta* 4. *Mutationes. Unicomis.*
Lambecii Comment. Bibl. Cæsar., in *Heptaticus.*
Lambertus Ardensis, in *Appropiare. Fevatus* sub *Feudum. Gildum. Herkare. Maratoriæ. Misericordia* 2. *Moffula. Pa-tula. Pita* 1. *Rechinus.*
Lamius, in Deliciis eruditorum, in *Aptiare. Erosna* et *Evoratus.*
Laurentius, de Leodio, in *Foragium* 1. *Zeta* 2.
Laurentius, Diaconus Veron., in *Currabius.*
Leges Adelstani regis, in *Hlafordscona. Mulaminum. Staffa* 2.
Leges Aluredi regis, in *Callificium.*
Leges Burgorum Scoticorum, in *Girdella.*
Leges Edwardi regis, in *Machecarii.*
Leges Francorum, edit. Basil., in *Acubicula.*
Leges Henrici I, regis Angl., in *Antejuramentum. Belundinta-Folgare. Futhwita. Hæredipeta. Hurderefot. Juramentum,* pag. 938[1]. *Lada* 1. *Lagen. Mentionalis. Præripium. Rieflare.*
Leges Heydensium Monachorum ab Edgaro rege, in *Massicus. Odonarium.*
Leges Hoeli Boni regis, in *Kemat.*
Leges Kanuti regis, in *Musbota.*
Leges Polonicæ, in *Consultatio.*
Leibnitii Scriptores Brunsvic., in *Communio* 6. *Hure. Meinasme. Missa aurea. Neonides. Savus. Victima. Vinciales.*
Leo, in Tacticis, in *Collocare. Exculcatores.*
Leonis IX. PP. Epistolæ, in *Cicindela.*
Lex Alamannorum, in *Croerola.*
Lex Burgundionum, in *Seandalum* 2.
Lex Familiæ Burchardi, in *Testinum.*
Lex Salica, edit. Heroldi, in *Aptheo. Extelarius.*
Lex Vervini, in *Exartus.*
Liber de Castro Ambasiæ, in *Palatini.*
Liber niger Scacarii Angl., in *Aquarius* 1. *Hominium. Stamarria.*
Liber Orationum edit. Ingolst. an. 1583. in *Manuale* 3.
Limborchius, in *Bauba. Extussire. Justa* 2. *Punheria.*
Lindenbrogius, in *Anaticla. Launechilde. Lectarium. Milarium. Salutaticum.*
Lindwodi Provinciale eccl. Cantuar., in *Porcistetum.*
Lobinelli Historia Brit., in *Capellus* 4. *Centerarius. Octavagium. Voillagium.*
Loisellus, in *Stumones.*
Lucas Tudensis, in *Cova.*
Lucifer Calaritanus, in *Labandago.*
Ludewigi Reliquiæ MSS. in *Advocati. Afflictus. Balista. Ban-novium. Belonardus. Capetium. Conservium. Disparagare. Estorchera. Expressare. Fimarius. Ingratitudo* 2. *Lato. Le-pora. Libatio. Maratoriæ. Mocima. Modo. Monta. Moraliga-tus. Mula* 1. *Partitæ vestes. Pheo. Physiculatus. Plasma* 2. *Potulentum. Promunctorium* 2. *Quæstio* 2. *Ratitudo. Saitus. Saninus. Stamula. Stemma* 3. *Supportare* 2. *Suppullatus. Taxatio. Telum. Trufa. Tutelarius. Vaivus. Warantus.*
Luithprandus, in *Æra* 3. *Delongaris. Entelma. Frustare. Lon-garistis. Parachimumenus. Theristrum.*
Lupus Protospata, in *Centerati.*

Mabillonius, in *Ablatur. Æniolus. Africarium. Alvinianus. Archimonia. Asciola. Auriculare* 2. *Auscolinum. Capa* 1. *Ca-put* 3. *Cartefer. Castallus* 2. *Catigera. Cessum. Colonus. Con-dita* 2. *Dousanna. Esophorium. Exemplatio* sub *Exemplum* 2. *Exordinatio. Exsus. Famulares. Faucidia. Ficatum. Filiolus.*

Finiculum. Foecundis. Foleum. Furnaticum. Inferenda. Judicare. Metanoea. Moniculus. Numerus 2. *Odatus. Paramonarii. Paraveredi. Pastrine. Phœbigena. Proaldiones. Recisa. Redividare. Resta. Roncinari. Salaticus. Salefacienties. Sarantasmum. Scacci* 1. *Scrutinare* sub *Scrutinium. Sersa. Speradorsum. Stipulatio. Tegurium. Terratorium. Typarium. Vinericia. Usiva.*

Maceriæ Insulæ Barbaræ, in *Ola* 2. *Pedesticum.*

Macri Hierolexicon, in *Decarcones. Gradingus. Pyrgibasis. Salsitudo. Sampulla. Tascodrogitæ. Vocibilitas.*

Madox Formulare Anglicanum, in *Flemenfirma. Husbandus. Tofta. Vinnetum.*

Malaterra (Gauffridus) in *Clamucium. Lexa* 2.

Mamotrectus, in *Laricula. Rottarii. Stratores laguncularum.*

Manwodus, in *Legespend.*

Marca, in *Calogeri. Cancellarius. Nitas. Procentinus. Redda. Sarcophagus. Tragina.*

Marcellini et Faustini Libellus precum, in *Arcessitio.*

Marcus Paulus Venetus, in *Catholicus* 3.

Maria Campus (Petrus), in *Clapa. Curadia.*

Marlotus in Metropoli Remensi, in *Acla.*

Martenius, in *Accensa. Aclhesia. Admiratio. Aguinia. Albufferia. Atramentarius. Attendere* 4. *Avesium. Augriales. Bajulus* 3. *Beghardi. Ber. Berlatio. Bonisserius. Botoni. Bragamardus. Capratio. Cartallus* 1. *Coleratus. Combri. Consolatio* 2. *Cortis* 1. *Cota* 4. *Curratoria. Diaconus. Diatapsalon. Dies professo. Diplois. Distidiare. Dorsare. Edelingus. Epibata. Epitogium. Esca* 1. *Eschargaita. Exenium. Expletum* 2. *Febris. Ferum. Fiscatio. Fortia* 2. *Fossorium. Fuga* 3. *Garillæ. Gelta. Glima. Granica* sub *Granea. Grisolaris. Guidator. Helera. Hostriclinium. Huesium. Incrauda. Instius. Iuveneri. Lateres. Legihomines. Leudis. Litura. Livivi. Loquericium. Macellare. Magninus. Marthimonius. Missa,* pag. 438[3]. *Monachium. Moneta,* p. 483[3]. *Mozzetta. Muldio. Naca* 1. *Nepos. Noctissimus. Octonæ. Officiare. Ommutiscere. Opulenda. Ostagio. Palatia,* p. 233[3]. *Panciarius. Parana. Parnium. Partitum. Patimonium. Peractor. Perichelis. Pervaturia. Philastria. Pileus. Pirolus* 2. *Piscaria. Poingitium. Postaticum. Potulentum. Præplare. Præpositus. Presse. Procentinus. Procreator. Prozenetarius. Pullatorium. Pulsatus. Puncta* 5. *Quavalgata. Quoersare. Recidare. Refugium* 3. *Relevium. Replorare. Rescussa. Retrogradari. Revestrati. Ribaudequinus. Roca. Rotella* 2. *Sabanum. Salera. Salmum. Salpeta. Salvinca. Samnaticum. Sarissa. Saticum. Scibilis. Scuferus. Sermotim. Solarium* 1. *Stelgiæ. Subortiari. Subsilis. Subtalares. Templales. Termillum. Terno. Testa* 1. *Thopa. Tidam. Tofta. Tolpri. Tormin. Transgulare* 2. *Transsumere. Trictura. Turcomannus. Vaissela. Vammum. Vaticare. Vestibulum* 2. *Vilatus. Viseria. Volerium. Vosta* 1. *Utis. Waga. Wartole.*

Martinii Lexicon, in *Canaptura. Destina. Endo. Fultrum. Libor* 1. *Residuatio. Stocea.*

Martinus Didacus Daux, in *Collaterii.*

Matthæus Paris, in *Bedeweri. Gisarma. Huesium. Scyphati. Tassale.*

Matthæus Silvaticus, in *Nucha.*

Matthæus Westmon., in *Alvetum* 1. *Aretica. Beghardi. Glavea.*

Mauricii Strategemata, in *Collocare.*

Menardus, in *Acceptor.*

Mercurius Franciæ, in *Accendi.*

Metropolis Salisburg. Gewoldi, in *Canis* 2, p. 96[2]. *Drucula. Lictores* 1.

Meurissius, in *Mannwerch.*

Michael Scotus, in *Alyrumnæ. Crepatura.*

Michalo Lithuanus, de Moribus Moscovit., in *Sobolus.*

Miracula S. Ambr. Senens., in *Retorta* 1.

Miracula S. Ludgeri, in *Phasallus.*

Miræus, in *Alheum. Effestucare. Froristeum. Greva. Haccus. Havotus. Herbegare. Hereberga. Mæria* 4. *Pagentes. Pedatura. Pergus. Quartarium* 1. *Riatus. Samirus. Stacasium. Vanassores. Viscarium. Vua* 2.

Moirenci Libertates, edit. Paris., in *Lorium.*

Monachus Florentinus, in *Grandualis.*

Monachus Paduanus, in *Mura.*

Monachus Vallis Sarnai, in *Faida.*

Monarchia Lusitana, in *Colhares.*

Monasticon Anglicanum, in *Acilium. Acroisia. Armilausa. Batatorium. Bruscia. Brusdus. Cleronomus. Communia* 3. *Desca. Emano. Falda. Famuli. Fossa* 1. *Fragium. Gaminula. Gaymaria. Gersuma. Gravaria. Habitus* 2. *Leporium. Leta. Liminaris. Litium. Marketzeld. Mulneda. Munus* 1. *Musta* 1. *Parcus. Polianesum. Pultura. Spurtis. Steygnatus. Venura. Wayf.*

Monumenta Ecclesiæ Aquilejensis, in *Cogera* et *Fornum.*

Monumenta Sacræ Antiquitatis, in *Areologium. Beliordum. Particus* 3. *Scacatus. Vivalis.*

Morales (Ambros.), in *Gypsa.*

Moreti (Jos.) Antiq. Navar. in *Collatum* 2.

Morinus de Pœnitentia, in *Cervula.*

Muratorius, in *Abautorizare. Accessio* 3. *Ademptare. Allatura* 2. *Anxestata. Arctamentum. Axius. Bimixtæ. Bottinus. Catabriatus. Cestus. Cliophedrum. Codearium. Concludium. Conta. Dictare. Dura. Esono. Excusare* 3. *Fandatus. Fotilitium. Fulsarium. Glera. Gunna* 1. *Incritus. Linguositas* 2. *Mariotio. Mitadela. Mosterinum. Nitas. Novigildum. Ordificium. Ordinamentum. Paniclum. Parinus. Partiates. Pavenses. Perperam. Petrificus. Pictaumus. Pinca* 1. *Plactata. Plebotomare. Porterola. Portilitia. Presa* 2. *Proastium. Procentinus. Proveniensis. Retrogradus. Sarapulus. Stellare* 2. *Tazetum. Terratina. Tonimentum. Transundare. Travacha. Vanetus. Zalous.*

Nicolaus de Braia, in *Plasmare.*

Nilus Monachus, in *Bambalo.*

Nonius, in *Depetigo. Distractor.*

Notitia Imperii, in *Barbaricum.*

Observantiæ Regni Aragon. in *Lansiticus.*

Octavianus Horatianus, in *Durinare. Neutrotus.*

Odo Cluniacensis, in *Reminiculum.*

Odo de Diogilo, in *Stamma.*

Odoricus de Forojulio, in *Roalia.*

Oefelius, in Scriptoribus Rerum Boicarum, in *Tarrater.*

Ordericus Vitalis, in *Absida* 1. *Alonazon. Bajulona. Comes* 1, p. 458[3]. *Frocus* sub *Fraustum. Guilda. Stantor.*

Ordinationes Regum Francorum, in *Adjutores. Admasare. Affinare. Aminuere. Auris. Bauga* 2. *Bennon. Bestalinus. Bocagium. Boverius. Broale. Carmus. Caya. Chora. Civeyragium. Civilis. Commicium. Coudreia. Crammale. Crassa* 1. *Defferratus. Denariata. Dominica. Empor. Escenna. Escrinium. Esquevinessia. Essayum* 2. *Estecha. Excuguathiæ. Femoraile. Fessina. Forificium. Ghisele. Gloa. Godandardus. Gratus* 4. *Havotus. Hostalerius. Imperia. Inchoiacio. Lengueta. Leuca* 2. *Marescallus. Matricularii. Maubeuge. Menesterellus. Mercare. Merum examen. Mesclelana. Mestra. Millenarium. Misterium* 1. *Munus* 5. *Nuptiaticum. Oloata. Palatia. Paratura* 1. *Pascuum. Passata* 2. *Pavagium* 2. *Pelle-*

ganterius. Pilorium. Prælatus. Pressorium 2. Prosecutio 2.
Quarentonum. Rafredare. Rasitoria. Rechaciare. Recursus 1.
Restituere. Rova 1. Scema 1. Secta 12. Sestairagium. Stal-
lum 1. Stilus. Synodus 2. Taagium. Tacra. Thalamum 1.
Theata. Tonneurs. Torica. Transagium. Trenchia. Trutture-
rius. Venustare. Versana 2. Versarius. Veuta. Vintenum.
Zodoaria.
Ordo Romanus, in *Campagus.*
Otto Frisingensis, in *Comitatus* 3.
Otto Morena, in *Cosia. Fastiva. Mexanum.*

Pactus Legis Salicæ, edit. Pithœi, in *Cocina. Exuere. Vipida.*
Papias, in *Abatis. Ablegrigo. Aconomintus. Affator. Affolare.*
Aigatia. Alsosus. Anagriph. Argisteria. Arton. Arumare.
Aventare. Aurographia. Bacca 2. *Bicellum. Bormata. Bulga.*
Buricus. Burthum. Butta 3. *Cadarfreda. Campagus. Capus.*
Caudax. Cema. Cementaria. Cetarius. Cliba. Cociones. Co-
noppi. Cordavia. Cristaticum. Cronis. Dalum. Defolcare. De-
gina. Degræ. Deplere. Digitamentum. Dinidor. Diplomatarius.
Diribitorium. Dirivere. Discolus. Disdonare. Diurium. Ede-
cumatus. Edipnia. Effexegesis. Enceteria. Enfiteare. Epartus.
Equonomus. Errator. Exemptor. Exorius. Extreus. Fasma. Fe-
liatum. Fibebella. Flavi. Focillares. Formastrum. Frenisculi. Fri-
bola. Fulfrea. Fuma. Furaculum. Garathinx. Genubius. Ger-
gonius. Gorrida. Hibitum. Hirsi. Istega. Kalculum. Lactantia.
Lamnisca. Lanisca. Lapsivosus. Latos. Legicrepa. Leocrysus.
Lepitudo. Lumentum. Mallum. Mandrator. Marinola. Mar-
tyria. Mavortini. Mincius. Musivum. Nauficus. Nausia. Norga.
Orca 1. *Orculus. Ormilla. Pantonium. Paregorizare. Piones.*
Plotei. Politogum. Portemia. Pseudoforum. Ruga 1. *Sabanum.*
Suber. Salabræ. Sarreuna. Satiger. Scandile. Statuarium 1.
Staupus. Stemphiaci. Stoplum. Thema 1.
Pas (Augustinus du), in *Pleuvina* sub *Plegius.*
Paschasius Radbertus, in *Marsa* 1.
Pasquier (Étienne), in *Sufracematus.*
Passio S. Maximi, in *Farinola.*
Passio S. Seraphiæ, in *Demultare.*
Paulus Diaconus, in *Hegumeni.*
Paulus Venetus, in *Camoca.*
Pausanias, in Atticis, in *Gessum.*
Pelagius, in *Cartica.*
Perardus in *Abjectire. Absus. Aclonia. Bacinus* sub *Bacca* 2.
Baucalis sub *Bauca* 1. *Bracharia. Bubulterium. Canava* 2.
Casula 3. *Diotinum. Estunum. Factura* 3. *Hesta. Juisium.*
Pactum. Tremesium. Vernale.
Petiti (Jac.) Pœnitentiale Theodori, in *Benna* 4.
Petronii Fragmenta, in *Abacium. Æcrophagiæ. Artisellium.*
Athlana. Gingiliphus. Matarus. Nebula 1. *Obrysum. Peri-*
dopare. Ricium.
Petrus Blesensis, in *Acroisia.*
Petrus Cluniacensis, in *Superpositio* 3.
Petrus Comestor, in *Acroisia.*
Petrus Crescentius, in *Guvus. Pasturale* 1. *Qualea. Spavenus.*
Petrus Damianus, in *Balaustium. Biglosus. Corynetus. Minuere.*
Pidrisigula.
Petrus de Vineis, in *Bura. Comes* 1, p. 451[3]. *Hogaster. Podere.*
Recalcare.
Pezius, in *Canna* 5. *Liquarium. Martarus. Tenca.*
Philastrius, in *Ascodrogitæ.*
Philoxeni Glossæ, in *Cambiare. Degunere.*
Pirminii Excerpta de Sacris Scripturis, in *Cervula. Scarpsus.*
Pithœi Excerpta et Glossæ, in *Adfrutabulum. Aularius. Bas-*
satum. Capriolus 4. *Cerachi. Commodum* 2. *Enormate. Fan-*

culum. *Finctus. Fraternæs. Fundabulum. Lavina. Pipiones.*
Raricere. Rariolus. Rosinosus. Talax. Tegorium. Terimentum.
Pittoni Historia Aquensis, in *Pavisarii.*
Plautus, in *Amascus.*
Plinius, in *Panothi.*
Plinius Medicus, in *Amarecare. Magdalium.*
Pomponius Mela, in *Panothi.*|
Pontanus in Consuet. Blesens., in *Affictum.*
Pontanus (Isaac.), in *Bibliæ* 1. *Birrus.*
Pontificale Benignianum, in *Pisteugis.*
Privilegia Equitum S. Joar. Hierosol. in *Immerciatus. Proge-*
nitalis. Quercula. Remaræum. Revacatio. Spontualitas.
Procopius, in *Farius* 2.
Prudentius, in *Artetica guxta.*
Pseudo-Ovidius, in *Almuccbala.*
Puricellus, in *Cisa. Curatura. Portulaticum. Roboretum. Supe-*
rista.

Raderus, in Bavaria Sancta, in *Bombax* 1. *Miranimus.*
Radevicus, in *Bandora.*
Radulphus Ardentius, in *Retrogradus.*
Radulphus de Diceto, in *Coriscum. Protosevastus. Sagitta* 1.
Rainaldus, in *Bever. Caniferi.*
Rainerius, in *Mascellare. Peristerium.*
Regestum, Constabul. Burdegal., in *Juramentum,* p. 936[2].
Regino, in *Retiatus.*
Regula Magistri, in *Caucus* 2. *Exagella. Hyema. Vigiliæ.*
Reinerius, in Catalogo Hæret., in *Palmarius.*
Remigius Autissiodor., in *Mummentum.*
Res Moguntinenses, in *Precorciare.*
Ricardus Hagustaldensis, in *Botolos.*
Richardi de S. Germano Chronicon, in *Blida. Trebuchetum.*
Riculfi Testamentum, *Bitioz. Cussinus. Salvare* 1.
Rigordus, in *Giga* 1.
Robertus Avesburiensis, in *Winagium* sub *Guida.*
Rocchus Pirrus, in *Assa* 1. *Conecta. Encaustum.*
Rogerus Hovedenus, in *Lecussio. Glavea. Mahum. Mancusa.*
Pirotaus. Rumpere. Tendeheved.
Rosla (Henricus), in *Enargia.*
Rotharis Regis Longob. edictum, in *Miffio.*
Rubeis (Joan. Franc. Bern. Maria de), Ord. Præd., in *Cogera*
et *Fornum.*
Rubeus (Hier.), in Hist. Ravenat., in *Furnire.*
Rubeus (Joan.), in Vita Bonifacii VIII, in *Orbiculare* 1. *Vinipa.*
Ruffinus, in Vitis Patrum, in *Lactorones.*
Rymerus, in *Affevatus. Anaritare. Annelatus. Ardicus. Avesti-*
latum. Bokeram. Canentatum. Canibuca. Collare 3. *Conellum.*
Cuphia. Discapum. Enactus. Favo. Fereum. Havia. Impriso-
namentum sub *Priso* 1. *Kaskettum. Lauda* 1. *Limen. Ma-*
mium. Nisi 2. *Obligantia. Plusagium. Pocagium. Prosopoperia.*
Proxmetum. Racenius. Revesticorium. Rici. Salmata sub
Sagma, bis. *Salcenomania. Salvistrum. Sanutum. Seccheria.*
Sesperabilis. Soldi obolorum sub *Solidus* 2. *Sozus. Succarum.*
Telon. Tracta 1. *Transumalis. Traversum* 1. *Trona. Trufa.*
Vernum 2. *Victualio. Vinaria. Upotheca. Waterscapum. Wayf.*
Wekkum.

Salmasius ad Lampridium, in *Castrum.*
Salvaingus Boissius, in *Tasca* 2.
Sammarthani, in *Affari. Aphus. Barnagium* 1. *Berra. Cambuta.*
Cauciarius. Cessura. Pleisseicium. Rufia.
Sanctuarium Capuanum, in *Adobare* 1. *Aretheca. Faia* 2. *For-*
mata;

Sanctus Aldhelmus de Virginitate, in *Cauanna. Cistelium. Rasum* 4. *Sablo.*

S. Anselmus, in *Edecumatus. Resaisire* sub *Saisire.*

S. Audoenus, in *Billeus. Canua. Celli. Cumbus. Liniamentum* 2. *Telocium.*

S. Augustinus, in *Pactimonium. Psalliani.*

S. Aurelianus, in *Macio.*

S. Bonifacii Archiep. Mogunt. Epist. in *Precatorium* 1.

S. Columbanus, in *Calcalenteris. Contupicta. Corvatæ. Metreta. Micrologus.*

S. Cyprianus, edit. Pamelii, in *Thlibomenus.*

S. Gregorius Magnus, in *Ænea. Canterma. Catacumbæ. Collatum. Collocare. Comes* 1, p. 458[3]. *Sabanum.*

S. Hieronymus, in *Ascodrogitæ. Fagolidori.*

S. Zeno Veronensis, in *Bromosus.*

Sandovallius, in *Stacatus.*

Sanjulianus, in *Metearia* 1.

Sanutus, in *Reselula.*

Savaro, in *Alberga.*

Schaunatus, in *Millio. Sufarratus.*

Schola Salernitana, edit. 1622. in *Accuguratio.*

Seldenus, in *Caciare. Carticellus.*

Senator, in *Forma* 11.

Seneca, in *Distillarius.*

Sigebertus, in *Foricus* 1.

Silvester Giraldus, in *Ratula.*

Simeon Dunelmensis, in *Pentaemtarchus.*

Skeneus, de Verb. Signif., in *Gaugettum.*

Somnerus, in *Abacinare. Amabrevitas. Burghard. Sclavina.*

Spelmannus, in *Accolæ. Bancus*, p. 561[3]. *Bloyhorn. Carno. Cuva. Esumare. Gallinagium. Mastinus. Nosturna. Puniata. Rusellus. Sarabaitæ. Tirogrillum. Tiuphadus. Voranta.*

Sponius (Jacobus), in *Deputati.*

Stanihurstus, in *Bernacæ.*

Statuta Corbeiensia antiqua, in *Cavalarii.*

Statuta Massiliensia, in *Balista. Dissullare. Faus. Frossa. Paves. Poïnanderia. Reta* 1. *Scarum. Stabula* 2. *Transverseris.*

Statuta Mediolanensia, in *Disfilatus.*

Statuta Montis-Regalis, in *Scandalum* 2.

Statuta Ordinis de *Sempringham*, in *Sagum* 2.

Statuta Placentiæ, in *Recevere.*

Statuta S. Claudii, in *Flarnis. Visola.*

Statuta Saonæ, in *Pronunciatio, Rustica. Scalvare.*

Statuta Synodalia Eccl. Tornac., in *Pignatorius.*

Statuta Vercellensia, in *Trentenarium.*

Statuta Willelmi regis Scotiæ, in *Gisarma.*

Statutum Richardi I. reg. Angl., in *Salina* 1.

Statutum S. Ludovici, an. 1255, in *Pecia.*

Stephanotius, in *Bonata. Carneria* 4. *Carrha. Curtariata. Capuum. Raida. Flagium. Hæresis. Lentena. Nocumentum* 2. *Pasquerium. Recipiabilis. Sablo. Terramentum. Travicticum.*

Stephanus (Henricus), in *Cociones. Lacus.*

Stephanus Tornacensis, in *Cucullus. Relevare feudum.*

Stephanus Ulyssiponensis, in *Cirogillinæ.*

Suaresius, in *Collomellinus. Posticium.*

Suetonius in *Paradoxi.*

Suffridus Petri, in *Baldakinus.*

Sugerius, in Vita Ludovici Grossi, in *Macaria.*

Suidas, in *Commodum* 1. *Epidecen.*

Supplementum Antiquarii, in *Arescere. Artare* 1. *Aurunculus. Auxilia* 2. *Barbarra. Cantus* 2. *Cloax. Comestores. Consalaneus. Cordicia. Cupplantare. Delliones. Dispensor. Eleutherium. Elicatores. Entoridia. Exagies. Expatrare* 1. *Ferunia. Glix.*

Jecorus. Ister. Istita. Lacus. Lancla. Larsus. Lucerius. Ostiari. Residuatio. Retium. Ructuari.

Synodicum adversus tragœdiam Irenæi, in *Appar.*

Sydonus VIII, in *Diacitrinus.*

Synodus Coloniensis an. 1280, in *Ablingere.*

Synodus Herbipolensis, in *Communicatura.*

Synodus Nemausensis, in *Horologium* 3.

Synodus Romana II, in *Finctus.*

Synodus Sodorensis, in *Herdocho* sub *Heriotum.*

Synodus in Trullo, in *Dejejunare.*

Templariorum Regula, in *Honorosus.*

Tertullianus, edit. Rigaltii, in *Protervire. Rustare. Salticus.*

Thaumasserius, in *Hereditare* 4. *Orcillum. Patus* 2. *Præco vini. Sallarinum. Scartio. Vesperalius.*

Theodoretus, in *Ascodrogitæ.*

Theodosii Codex et Novellæ, in *Ascodrogitæ. Canterma. Percidus. Reda. Spernuus.*

Theophanes, in *Brachialium. Lectisternium.*

Thwroczius, in *Aggregarius. Arma* 1. *Herbaperiarum. Sartanea.*

Tironis Notæ, in *Bicellum. Lecticocessium. Manciparius.*

Traditiones Fuldenses, in *Accolæ. Camisa. Pulvillus.*

Tragurianum Fragmentum, in *Baburrus.*

Trebellius Pollio, in *Caucus* 2. *Cumacus.*

Trivettus (Nic.), in *Arnaldia. Rumpere.*

Turnebi Adversaria, in *Asciscolum. Bromosus. Opinatores.*

Valafridus Strabo, in *Litura.*

Varro de Lingua Latina, in *Lepista.*

Udalrici Consuet. Cluniac., in *Cratones. Horda. Nuxa.*

Vegetius, in *Polychrestus. Seplasiarius. Trepidare.*

Ughelli Italia sacra, in *Adulturum. Ana. Antipempton. Aphytrearia. Archiphonista. Armaria* 1. *Artagium. Atina. Bafumaria. Baldakinus. Batatorium. Boreales. Calciarium. Canava* 2. *Canusum. Cendalum. Chartulati. Clamacterius. Comestes. Contectalis. Cota* 1. *Curatura. Emprosopus. Famuli. Ferquidus. Funda* 1. *Galum* 1. *Gammadium. Gynœceum. Herimanni. Leporareatoria. Manua. Marpahis. Modiaticum* sub *Modiatio. Moneta Baronum. Morganegiba. Munimina. Nactum. Navaticum. Obrysum. Opsticare. Pantanum. Parens. Peristerium. Pileatio. Prædecarius. Protosyncellus. Rotatus* 4. *Sacconalia. Servus Apostolorum. Stadarius. Stanete. Stausare. Stillariæ. Theclatura. Valcatorium. Ventilare. Vineragium. Urca. Vulatio.*

Ugutio, in *Aciculus. Ambigonius. Amona. Ancliones. Aventare. Babugus. Cicindela. Colaphista. Corcula. Dalum. Epidecen. Filatorium. Guva. Lavarcha. Licentia. Noctianus.*

Visitatio thesaurariæ S. Pauli, London. an. 1295, in *Carola. Glegellatus. Tarsicus.*

Vitæ

Aldrici Episcopi Cenoman., in *Cenna.*

B. Andreæ de Caterannis, in *Saginale.*

B. Joannis, Abb. Gorziens. in *Imapus.*

B. Roberti de Arbresello, in *Vinagium* 2.

B. Rogerii, Abb. Ellantii, in *Aggrantia.*

Oldegarii, Episc. Barcin. in *Leudis.*

S. Adelheidis, in *Duciculus.*

S. Bernardi, in *Spissamentum.*

S. Desiderii, Episc. Cadurc., in *Archimetropolitanus. Electubilia.*

S. Gallæ, in *Meta* 1.

S. Joannis, Episc. Tragur., in *Artæria.*

S. Liudgeri, Episc. Mimigard., in *Sarculum.*

S. Neoti, Abbatis, in *Lyrides.*

S. Petri Cavensis, in *Circa* 3.
S. Popponis, Abbatis, in *Excubiæ* 3.
S. Radegundis, in *Pontones.*
S. Romani, Abb. Jurensis, in *Cingulum* 2.
S. Samsonis, Episc. Dolens. in *Bribethus. Pilax.*
S. Thomæ, Cantuariensis, in *Prolecta.*
S. Willibaldi, in *Cicindela.*
Vitæ Abbatum S. Albani, in *Camaeus.*
Vocabularium utriusque juris, in *Auxaria. Bipharia. Gynœ-ceum. Parafernalia. Paragauda. Salviaria. Sylva.*
Vopiscus, in *Doga* 2.
Vossius, in *Mesiela. Tempestatio.*
Uptonus (Nicolaus), in *Chivachirs.*

Waddingi Annales Minor., in *Cadius. Pertallus.*
Walsinghamus (Thomas), in *Alodis. Arcetica. Defolcare. Lassatinus. Votorie.*

Wandelbertus de Miraculis S. Goaris, in *Duciculus.*
Widradi, Abb. Flavin., Testamentum, in *Dies legitimus. Linum.*
Wiguleius Hondius, in *Cruciferus.*
Wildebrandus ab Oldenborg, in Itin. T. S., in *Catholicus* 3.
Willeharduinus, in *Baiuarius.*
Willelmus Brito, in *Arsinum. Candus. Exametum. Occillare. Panselenos.*
Willelmus Heda, in *Huslotum.*
Willelmus Malmesbur., in *Flamineum.*
Willelmus Thorn, in *Apparatus. Armilausa. Brusdus. Carcasium. Condis. Longellus. Plumale.*

Yepez (Ant. de), in *Aciralis. Acitara. Agmen. Aliphasis. Almafil. Alsos. Diptycha. Docrum. Elitigare. Galnabis. Geronticon. Humiliatorium. Lentrus. Pradisterium. Vodum.*

INDICES

AD GLOSSARIUM

MEDIÆ ET INFIMÆ LATINITATIS.

Cum Glossarium nostrum eat per literas, ut veteris grammatici verbo utar, nemo est qui hic minime necessarios Indices statim existimet. Sed et neque ipsemet diffiterer, si ejusmodi esset ut sola duntaxat vocabula cum singulorum explicatione ac notione contineret. Verum cum multa complectatur quæ extra lineam, et quasi data occasione, fusiore interdum parergo enucleantur, tum circa rerum origines et initia, tum etiam circa usus, ritus, moresque pridem obsoletos, haud inutile forte videbitur si ex iis præcipua seligantur, eaque lectori index aliquatenus ob oculos proponat. Sed et pleraque ex vocabulis ipsis sub singulis facultatum, artium, ac rerum, quæ in eo describuntur, argumentis redegi, ut uno intuitu quæ ad ea pertinent deprehendat. Neque tamen in hoc conficiendo indice ita sum scrupulosius versatus, ut quæ interdum varie apud scriptores verba describuntur, atque adeo diversas subinde habent notiones, complecti necessarium duxerim, ne nimius essem, cum aliunde, ut fatear quod res est, jam longo, ut sic dixerim, defessus itinere laborem utcumque refugerim. Cujusmodi vero sit in accuratis istis indicibus conficiendis, si quis nosse velit, legat Josephi Scaligeri epistolas 23. 68. 73. 155. 157. 313. 314. 418. 422. 423, etc. In quibus toties ingratum Gruterianarum inscriptionum indicis laborem a se susceptum queritur, in quo decem ad minimum menses continuos mediastini typographi (ita correctores illos vocat) munus obierit, dum tam multa præclara, et quæ suo ordini reddi deberent, colligit, precibus amicorum victus, eorumque, ut ait, blanditiis delinitus.

INDICUM SYLLABUS.

I.

EXCURSUS

CIRCA RERUM ORIGINES, RITUS OBSOLETOS,

MORESQUE PRISCOS,

ALIAQUE PECULIARI OBSERVATIONE DIGNA, QUÆ FUSIORI INTERDUM PARERGO IN HOC GLOSSARIO
PERTRACTANCTUR : EX QUIBUS QUÆ AD RES FRANCICAS ILLUSTRANDAS SPECTANT SELEGIMUS,
EO QUI SUBSEQUITUR INDICE RECENSENDA.

Abjurationis-ritus. In *Abjurare.*
Adorationis Imperatorum ritus. In *Adorare.*
Adulterii pœnæ variæ. In *Adulterium.*
Advocati Ecclesiarum, eorum munus, jura, etc. In *Advocatus.*
Ægros baptizandi ritus. In *Clinici.*
Afforestandi, seu silvam in forestam convertendi ritus. In
Foreste.
Alapa Militaris, in Militum creationibus. In *Alapa.*
Alapam dare, et aurem torquere in testimonium. In *Alapa.*
Alodis, cujusmodi prædii species fuerit. *In hac voce.*
Altarium redemptiones. In *Altare.*
Anglici Reges venationi impensius dediti. In *Foreste.*
Anni per autumnos interdum putati. In *Autumnus.*
Annulus pronubus. In *Annulus.*
Annulo misso aliquem accersere. In *Annulus.*
Annulo junceo aliquem desponsare. In *Annulus.*
Apocrisiarii Constantinopolim a Summis Pontificibus identi-
dem missi. In *Apocrisiarius.*
Apocrisiariorum S. R. E. munus et series. *In hac voce.*
Applicandi, et in campis sub tentoriis excubandi ritus. In
Applicare.
Aqua tepida in sacrificio adhibita. In *Aqua.*
Aquæ frigidæ et ferventis purgationis ritus. In *Aqua.*
Aquilam vertere. In *Aquila.*
Aquilam in dorso figurare. In *Aquila.*
Arbores a paganis cultæ. In *Arbor.*
Archidiaconorum munus et dignitas. *In hac voce.*
Arma seu insignia in degradationibus inversa. In *Arma.*
Arma deponebant pœnitentes. In *Arma.*
Arma mutare in signum fœderis. In *Arma.*
Armis Militem instruendi ritus. In *Adobare.*
Armis cingebatur et induebatur qui Miles fiebat. In *Arma.*
Armigeri cum Militibus mensæ non assidebant. In *Baccalarii.*
Armigerorum dignitas. *In hac voce.*

Armorum et insignium origo. In *Arma.*
Assecurationum ritus. In *Assecurare.*
Assisas publicas, seu judicia tenendi ritus. In *Assisa.*
Asyla Ecclesiarum, et immunitates. In *Dextri* et *Pax.*
Asylorum, et Ecclesiasticarum immunitatum fines ac limites.
In *Dextri.*
Aures testium torquere, etc. In *Auris.*
Auxiliorum seu extraordinariarum præstationum species. In
Auxilium.

Bacillis cæsi tyrones qui in hastiludiis probe se non gesserant.
In *Baculare.*
Baculi Episcopales fracti in eorum degradationibus. In *Baculus.*
Baptizandæ mulieres an nudæ omnino fontem ingressæ. In
Alba.
Baptizatorum vestis. In *Alba.*
Barbam tangendi, seu primam lanuginem incidendi ritus. In
Barba, et in *Barbatoria.*
Barones in Francia, Anglia, etc. In *Baro.*
Basilicæ tumulis Magnatum impositæ. In *Basilica.*
Benevalete, formula adscripta Bullis Pontificiis. *In hac voce.*
Bibere in honorem alicujus, in amore Sanctorum, etc. In
Bibere.
Bonæ indolis titulus vulgo datus junioribus principibus. In
Indoles.

Calcaria Militibus amputata in degradationibus. In *Calcar.*
Calceamenta deferre, præbere. *In hac voce.*
Calceorum rostra et aculei. In *Pigaciæ, Poulainia,* et *Rostra.*
Campagorum usus quorum fuit. *In hac voce.*
Campanæ pulsatæ in adventu virorum nobilium, Episcopo-
rum, etc. *Ibid.*
Campanarum usus et inventio apud Latinos et Græcos, earum
baptismus. *In hac voce.*

Falsandi judicium, seu appellandi a judicio, ratio. In *Falsare*.
Fasciola, apud Monachos, quid. *In hac voce*.
Ferri candentis examinis ritus. In *Ferrum candens*.
Festi asinorum celebrandi ritus apud Rotomagenses. In *Festum*.
Festorum Ecclesiasticorum series, et nominum ratio. In *Festum*.
Festuca, signum traditionis, ritus. In *Festuca*.
Feudorum origo. In *Beneficium*, et *Feudum*.
Feudorum variae nomenclaturae et species. *In hac voce*.
Fidelitatis sacramentum, ab hominio diversum. In *Fidelitas*.
Fidelitatem, non homagium praestant Episcopi. In *Fidelitas*.
Fidei mentitae crimen. In *Fides*.
Filiolis, seu filiis spiritualibus, dona data a Patrinis. In *Filiolatus*.
Filum de pallio projicere in signum condonatae injuriae. In *Filum*.
Flagellatio quomodo inflicta. In *Flagellatio*.
Foagii exigendi ratio. In *Foagium*.
Fraternitatum Ecclesiasticarum ratio. In *Frater, Fraternitas*.
Fratriagii, seu freragii ratio. In *Frater*.

Gavelkindi ratio apud Anglos. *In hac voce*.
Gastaldorum nomen, munus, dignitas. *In hac voce*.
Gradus cognationum in matrimoniis. In *Cognatio*.

Harmiscarae ritus. *In hac voce*, et in *Processio*.
Hereoti, seu melioris catalli praestatio, qualis. In *Catallum*, et *Hereotum*.
Hominiorum variae species, ritus varii. In *Hominium*.
Hostis, seu eundi in exercitum obligatio, de qua multa in v. *Hostis*.
Hundredos tenendi ratio, in Anglia. In *Hundredus*.

Jacentibus columnis opus novum impedire. In *Jacere*.
Jejunia varia Ecclesiastica. In *Jejunium*.
Idola appellati Pseudo-Pontifices. In *Idolium*.
Ignis Graeci et confectitii origo et usus. In *Ignis*.
Ignis sacer, quo Hierosolymis quotannis lampades S. Sepulchri accendi solerent, qui autores meminerint. In *Ignis*.
Igne probatae reliquiae. In *Ignis*.
Ignitegii origo et usus. *In hac voce*.
Imperatoris titulum sibi adscripsere Reges Bulgariae, Anglo-Saxonum, Hispaniae. In *Imperator*.
Imperium quando divisum. In *Imperator*.
Inclusorum in Monasteriis vita. In *Inclusi*.
Indictionum variarum origo et usus. *In hac voce*.
Infantes ac pueri appellati juniores Principes ac Barones qui nondum suae tutelae essent. In *Infans*.
Infantionum Hispanicorum ordo, conditio, privilegia. *In hac voce*.
Infantium, seu juniorum monachorum ac etiam oblatorum modestia. In *Infans*.
Inscriptiones ineditae. In *Dua, Scamnocancellus*.
Intercedebant Episcopi pro reis causa cognita. In *Intercedere*.
Interdicti Ecclesiastici formula. In *Interdictum*.
Intestatorum bona fisco cessere. In *Intestatio*.
Investitio per chirothecae traditionem. In *Chirotheca*.
Investiturarum varii ritus. *In hac voce*.
Joannes Scotus unde Erigena dictus. In *Erigena*.
Irminsul apud Saxones cultus. *In hac voce*.
Jubilaei origo. *In hac voce*.
Judicium S. Spiritus, quale. In *Judicium*.

Juramentorum et sacramentorum varii ritus, variae formulae. In *Juramentum*.
Juratarum in Anglia ritus. In *Jurata*, et *Juratores*.
Justitiarii capitales in Anglia, eorum munus. In *Justitia*.

Kalendarum Januariarum ludicra et ineptiae serius in Gallia desitae. In *Kalendae*.

Ladae, et purgationis per ladam ratio fusius explicata. In *Lada*.
Lampades Imperatoribus et majoribus dignitatibus praelatae. In *Lampadarii*.
Lancea S. Mauritii inter Imperatorum Germanicorum Cimelia. In *Lancea*.
Laternarum cornearum, et militarium origo. In *Laterna*.
Laudes seu acclamationes dictae Principibus in sacris Liturgiis, earum ritus varii et formulae. In *Laus*.
Laudis perennis ratio et ritus in Monasteriis. In *Acoemeti*.
Lauratarum imaginum ritus varii. In *Lauratum*.
Lectorum Ecclesiae munus. *In hac voce*.
Ledonis et Malinae nomina unde, etc. In *Ledo*.
Leges variae unde in singula regna inductae, earum variae nomenclaturae, origines, et auctores. In *Lex*.
Legitimatio per subsequens matrimonium quando inductum. In *Legitimatio*.
Leoninorum versuum nomenclatura. In *Leonini*.
Ligeitas in hominiis in quo consistat. In *Ligius*.
Lupanaria publica tolerata. In *Gynaeceum*.

Mandati, seu ablutionis pedum, apud Monachos ritus varii. In *Mandatum*.
Mansorum diversae species. In *Mansus*.
Mantum, Summorum Pontificum vestis propria, unde *Immantari* dicuntur. In *Mantum*.
Manufirmarum, seu fundorum ad vitam datorum, origo et usus. *In hac voce*.
Manumissionum ritus varii. *In hac voce*.
Manus impositio Ecclesiastica, etc. In *Manus*.
Manus mortua, quid. In *Manus*.
Marabotinorum et Maravedinorum Hispanicorum nomen unde. In *Marabotinus*.
Marani Hispanici unde. *In hac voce*.
Marcarum variae species, et pretia. *In hac voce*.
Marescalli varii, horum dignitas, munus, jura, etc. *In hac voce*.
Martyres interdum dicti qui non pro confessione nominis Christi violenta morte obierant. *In hac voce*.
Matricularii, pauperes in matriculam relati : de iis multa. In *Matricula*.
Matrimonii libertas, seu licentia maritalis. In *Maritagium*.
Mazerina vasa quae. In *Mazer*.
Mediatoribus seu Internuntiis intervenientibus concessa Ecclesiis praedia. In *Mediator*.
Membranae purpureae. *In hac voce*.
Mensale dividebatur seu lacerabatur ejus qui insignibus et clypeo careret. In *Mensale*.
Mensis intrans, exiens, stans, restans, qui. *In hac voce*.
Mercata cur diebus Sabbati praesertim concessa. In *Mercatum*.
Meschita Constantinopolitana. *In hac voce*.
Militaris ordinis consequendi ritus. In *Miles*.
Ministellorum in Palatiis et praeliis munus. *In hac voce*.
Ministerialium apud Germanos conditio, et dignitas. *In hac voce*.
Missa, Missae variae, nominis etymon, etc. *In hac voce*.

Mixtum apud Monachos, quid. *In hac voce.*
Monachi ad succurrendum qui dicti. In *Monachus.*
Monasteria regalia, eorum conditio, ubi et de Abbatibus regalibus. In *Monasterium.*
Monetæ variæ, res Monetaria. In *Moneta.*
Monetarum Belgicarum veterum nomina et species variæ. In *Leones.*
Monogrammatum usus, figuræ. In *Monogramma.*
Murrhina vasa, sequioribus seculis, Mazerina dicta. In *Mazer.*
Musivarium opus, de quo multa. *In hac voce.*

Nomen duplex interdum viris datum. In *Binomius.*
Nominis impositio, mutatio, etc. In *Nomen.*
Nomina imposita in Baptismo. In *Binomius.*
Nonarum ex agris præstatio. In *Nona, ubi multa.*
Notæ librariæ, musicæ, etc. In *Nota.*
Nuntiatio novi operis per jactum lapilli. In *Nuntiatio.*
Prima novæ nuptæ nox redempta. In *Marchetum.*

Oblatarum conficiendarum ratio : oblatæ super defunctorum corpus positæ, etc. *In hac voce.*
Oblatorum in Monasteriis, cum infantium tum adultorum origo. In *Oblati.*
Obnoxiationis, seu in servum ultro se dandi, forma ac ritus. *In hac voce.*
Oleum benedictum ad depellendos morbos. In *Oleum.*
Organorum musicorum inventio, usus. *In hac voce.*
OEconomi Ecclesiarum. *In hac voce.*
Osculum, cum in sacris tum in prophanis. *In hac voce.*

Pagani cur interdum appellati infantes, et unde paganorum nomenclatura. *In hac voce,* pag. 8³.
Pallium Archiepiscopale de quo plura. *In hac voce.*
Pallio cooperiendi filios natos ante matrimonium ritus. In *Pallium.*
Panes varii. In *Panis.*
Paschatis variæ nomenclaturæ, variaque epitheta. *In hac voce.*
Patriam abjurandi ritus. In *Abjurare.*
Penoncellos deferre quibus competiit. In *Penones.*
Persona, Personatus, dignitas Ecclesiastica, de qua plura. *In hac voce.*
Placita, ubi ea tenebantur, etc. *In hac voce.*
Pœnitentes, Pœnitentia publica et privata, etc. *In hac voce.*
Pœnjtentium Reconciliatio. In *Reconciliatio.*
Potare nomine matrimonii. In *Potare.*
Precariarum et Præstariarum ratio. In *Precaria.*
Primatum Ecclesiasticorum dignitas. *In hac voce.*
Principum, statim atque renuntiati essent, imagines in provincias missæ. In *Lauratum.*
Prioratuum Ecclesiasticorum origo. In *Obedientiæ.*
Psalmi varii. *In hac voce.*
Purgationis per Eucharistiam ratio et usus. In *Eucharistia.*

Quadragesimæ variæ. *In hac voce.*

Rationale Episcoporum, quid. *In hac voce.*
Regis titulus concessus Reginis. In *Rex.*
Regradationis pœna. In *Mensa,* et *Regradatio.*
Reliquiæ inter spinas depositæ et alii in Reliquiis ritus. In *Reliquiæ.*
Reorum evasionis culpa in vicanos refusa. In *Escapium.*
Reos clamore persenquedi forma. In *Haro* et *Huesium.*

Sancti e quorum sepulchris manna, seu liquor odorus effluit. In *Manna.*
Sanguis Dominicus in calicem vino plenum refusus, quo populus communicabatur. In *Calix.*
Scabinorum vox. In *Scabinus.*
Scacarium Francicum, Anglicum, etc. *In hac voce.*
Scriptores, scriptoria in Monasteriis. In *Scriptor.*
Secundo-geniti primogenitis præferuntur in aliquot provinciis. In *Burgenglisch.*
Sellæ gestatio, pœna nobilium. In *Sella.*
Sellarum equestrium origo. In *Sella.*
Senatoris Romæ dignitas. In *Senator.*
Sepulchra cancellis muniri solita. In *Cancellus.*
In Sepulchris corpus corpori non inferebatur. In *Bisomum.*
Sergentiæ feudorum species, eæ diversi generis. In *Serviens.*
Servi servorum Dei titulus usurpatus ab Episcopis, Summis Pontificibus, Principibus etc. In *Servus.*
Servorum seu glebæ adscriptitiorum matrimonia. In *Forismaritagium.*
Servorum conditio, etc. In *Servus.*
Servientes ad Legem in Anglia, eorum dignitas ac prærogativa. In *Serviens.*
Servitiorum variæ species. *In hac voce.*
Sigilla pendentia quando primum usurpata, Sigillum Secreti, etc. In *Sigillum.*
Signorum seu signis quidpiam denotandi apud Monachos variæ species. In *Signum.*
Stapedum usus et origo. In *Staffa.*
Subscriptiones rubrica, seu per cinnabarim exaratæ. In *Cinnabar.*
Superpositio Jejunii, Psalmorum, quid. In *Superpositio.*
Syncelli Summorum Pontificum, Patriarcharum, etc. *In hac voce.*

Templariorum ordo, Magistrorum Templi catalogus. In *Templarii.*
Testes per aurem attracti. In *Auris.*

Vassi, Vassalli, qui. In *Vassus.*
Versus politici qui dicti. In *Politici.*
Vestibus candidis induti baptizati. In *Illuminare.*
Vexilli erectio dominii symbolum. In *Vexillum.*
Viæ militares quatuor Angliæ. In *Erminstreat.*
Vicedominorum dignitas, munus. *In hac voce.*

II.

EXCURSUS CIRCA RES FRANCICAS,

SEU QUÆ AD HISTORIÆ FRANCICÆ COGNATIONEM ET ΚΡΙΤΙΚΉΝ SPECTANT.

Abbates Laïci. In *Abbacomites.*
Alebretensis familiæ nomen unde. In *Leporetum.*
Ampulla Remensis. In *Ampulla.*
Annuli Regii cura penes quem fuit. In *Annulus.*
Annum a Kl. Martii olim auspicati Franci, interdum a Natali.
Dom. deinde a Paschate, etc.
Sed et annos a Christi Passione iidem auspicati, præterea
a transitu seu morte S. Martini. In *Annus.*
Apanagiorum apud Francos ratio et usus. In *Apanagium.*
Apocrisiariorum apud Francos quod fuerit munus. In *Apocrisiarius.*
Archiatrorum Regum Franciæ series. In *Archiatri.*
Archicancellarii in Francia. *In hac voce.*
Ardentes, qui in Francia. *In hac voce.*
Auriflamma Francorum. *In hac voce.*

Baculi Regum Franciæ cujusmodi fuerunt. In *Baculus.*
Bagaudæ Gallici qui? *In hac voce.*
Bajuli Regis seu Pædagogi apud Francos, eorum dignitas, et
series. *In hac voce.*
Bajulorum, seu Ballivorum in judiciis apud nostros munus,
sacramentum, et origo. *In hac voce.*
Balthei Francorum. In *Baldrellus.*
Barones qui dicti apud nostros. In *Baro.*
Basilei appellati Francorum Reges. In *Basileus.*
Benedictiones Regum Franciæ. In *Benedictio.*
Bersarii in Regum Palatiis qui? In *Bersare.*
Blavotini et Bloetini qui dicantur apud Guill. Britonem. *In hac voce.*
Bombardarum origo, et usus in Gallia. *In hac voce.*
Bullis aureis diplomata sua muniebant Reges Francici. In *Bulla.*
Burgesia Regia apud nos. In *Burgensis.*
Buticularii Franciæ dignitas et munia. In *Buttis.*

Calcaria veterum Francorum. In *Calcar.*
Cambellanorum Franciæ dignitas et munus. *In hac voce.*
Camerariorum Franciæ dignitas et munus. *In hac voce.*
Campus Martii et Maii apud Francos. *In hac voce.*
Cancellarii in Regum Franciæ Palatiis qui dicti. *In hac voce.*
Caorcini in Francia qui dicti. *In hac voce.*
Capa S. Martini, quæ fuerit. *In hac voce.*
Capella S. Martini. *In hac voce.*
Capellanorum et Archicapellanorum apud Francos dignitas,
eorum series. In *Capellanus.*
Capetus unde dictus Hugo Rex. *In hac voce.*
Capitales seu *Captaux,* qui et unde dicti in Francia. In *Capitalis.*

Capitaneorum seu Gubernatorum majorum munus apud no-
stros. In *Capitaneus.*
Capitolia varia in Gallia. *In hac voce.*
Capitulorum seu Capitularium libri apud Francos. In *Capitulum.*
Carolo M. cur Magni nomen tributum. In *Magnus.*
Crines nutriebant Reges Gallorum. In *Criniti.*
Curia Franciæ. In *Curia.*
Curiæ Coronatæ, in quibus Franciæ Reges coronati sedebant
ac procedebant. In *Curia.*

Decimæ Saladinæ. In *Decimæ.*
Dies magni Trecenses. In *Dies.*
Domesticorum apud Francos dignitas. In *Domesticus.*
Domicelli dicti Regum Franciæ filii. In *Domicellus.*
Dominæ appellatæ Regum Franciæ filiæ. In *Domicellæ.*
Dona annua Regibus Fr. fieri solita. In *Donum.*
Drudes apud Francos qui? *In hac voce.*
Ducum sub 1. et 2. Regum stirpe dignitas. In *Dux.*
Durandal, ensis Caroli M. In *Durissimus.*

Eleemosynarii Regum Franc. horum series; et dignitas. In *Eleemosynarius.*
Emancipationis apud Francos formula. In *Emancipatio.*

Falconariorum apud Francos dignitas et munus. In *Falco.*
Fasciæ crurales Francorum. In *Fascia,* et in *Caliga.*
Fert, Divisiæ Ducum Sabaudiæ vox unde. *In hac voce.*
Flavi appellati a Scriptoribus Franci. In *Flavus.*
Forestæ Francicæ præcipuæ. In *Foreste.*
Franciæ nomen unde et quando ortum. In *Francia.*
Fraxineti in Provincia situs. In *Marrones.*

Gabellæ apud nostros origo. In *Gablum.*
S. Germani in Laia oppidi nomen unde. In *Leda.*
Gista Regum Franciæ. In *Gistum.*
Gradus, seu *Gras,* in Occitania, pro trajectu maritimo. In *Gradus.*
Gravionum dignitas, munus. *In hac voce.*
Gynecæorum apud Francos ratio. In *Gynæceum.*

Hæredes apud nostros nude dicti prædiorum paternorum hæ-
redes, adhuc infra ætatem. In *Hæres.*
Haro, clamoris ita dicti, origo et usus. *In hac voce.*
Hastæ, Francis propriæ. *In hac voce.*
Heraldorum Regis in Francia creationis ritus. In *Heraldus.*
Herebannum, de quo plura. *In hac voce.*
Hutinus unde dictus Ludovicus Rex Fr. *In hac voce.*

Solidi Francici. In *Solidus.*
Spathæ seu enses Francorum. In *Spatha.*
Submonitionum in Parium judiciis formulæ, ritus. In *Submonitio.*
Supranominum apud nos origo. *In hac voce.*

Talliæ assidendæ apud nostros ratio. In *Tallia.*
Telonearii dignitas in aula Regum Franciæ. *In hac voce.*
Templum, ædes Templariorum Parisiis, in qua reconditus et asservatus thesaurus regius. *In hac voce.*
Tertiarum origo in Francia. *In hac voce.*
Torneamentorum repertores Franci. In *Torneamentum.*
Torturæ apud nostros usus et ratio. In *Gaggare.*
Treugæ Dei origo in Francia, ejus historia. In *Treuga.*

Tribuni in Francia qui olim dicti. *In hac voce.*
Turris de *Maubergeon* Pictavis nomen unde. In *Malbergum.*

Valdenses Hæretici, varia eorum nomina, et variæ sectæ. In *Valdenses, Aginnenses, Albanenses, Albigenses, Arnaldistæ, Bagnolenses, Barrini, Bonihomines, Bulgari, Cathari, Comistæ, Comunelli, Concordenses, Consolati, Dulcinistæ, Leonistæ, Ordibarii, Ortlibienses, Passagini, Pauperes, Pisti,* etc.
Venationem semper exercuere Francici Principes. In *Foreste.*
Vexillum Regale in Francia. In *Vexillum.*
Vexillum S. Martini. In *Vexillum.*
Vicecomites in Normannia. *In hac voce.*
Usurarii exagitati, damnati in Francia. In *Usurarius.*

III.

ÆDES, PUBLICÆ, PRIVATÆ, ÆDIUM PARTES.

*Abberagium.	Ascensorium.	*Baticius.	Borda.	Caminata.
*Abbeuvratorium.	Astrum.	Batifollum.	Bordellus.	Canava.
*Abevratorium.	*Atans.	Batischæ.	Bostar.	*Candor.
Accubitus.	Atriamentum.	*Batissamenta.	Botatorium.	Cantarum.
Acutum.	Atrium.	*Batistorium.	Botha.	Capanna.
*Aguasserium.	Attegia.	*Batuda, 4.	*Botigia.	Capdolium.
Agulia.	*Augerea.	*Baudatum.	*Botoerum.	Capitellum.
Amasatus.	*Aulæum.	*Baugium, 3.	Bovellum.	Capitolium.
Ambulatorium.	Aviarium.	*Bea.	*Bougia.	Capitulum.
Amœna.	Aurilegium.	*Beale.	*Bougius.	*Cappara.
Anaticla.	Auvanna.	Beccharia.	Boviale.	Capparitia.
Andamius.	*Aygeria.	Bedum.	Bovolcaritia.	Carbonaia.
Androna.	Bacia.	*Beguta, 2.	Bracina, etc.	*Carniceria.
Angarium.	Bacifollum.	Belfredus.	Brachiale.	Carvale.
Angustiportum.	Bafumaria.	Berbicaria.	Breviarium.	Carvarium.
Anpits.	Balastrum.	Bercaria.	Bubulcaria.	Casa.
*Antefenestra.	*Balcatorium.	*Besale.	Bubulterium.	Casalinum.
Antemurale.	Balcones.	*Betfrerius.	Bugia.	Casarina.
*Anteporta.	*Baletum.	*Beyum.	*Butuarium.	Casata.
*Antesolarium.	Balingium.	*Biale.	*Cabalatinus.	Casellum.
*Antevanna.	Ballastrum.	Bicellum.	Caballatrium.	Cassarum.
*Antiania.	Ballatorium.	Billicus.	*Cabana.	Cassinum.
*Antica.	Ballistraria.	*Bina, 2.	*Cabanacum.	Catabulum.
Antiparies.	Ballium.	Binna.	Cabannaria.	Cauponia.
*Apenticium.	Balustrum.	Bisomum.	*Cabaretus.	Caya.
Apertorium.	Baphium.	Bisturris.	*Cafagium.	*Celamen.
Apogæum.	*Baptalarium.	*Biyum.	*Cahua, 2.	*Celarium.
Apotheca.	*Bardatum.	Bladataria.	Caldararia.	*Celerium.
Appendaria.	Basanium.	*Blancaria.	Caldicum.	*Celeste.
Appendicium.	Basinduca.	Bohellum.	*Calidus furnus.	Cella.
Applicium.	*Basta, 2.	*Bocairia.	*Calpanna.	Cellarium.
Arcovolus.	Bastia.	Boçaria.	*Calqueria.	Centimolus.
Arcus.	Bastida, etc.	*Bocatorium.	Camara.	Cerclarium.
Arenæ.	*Bastitorium.	*Bocharia.	Camaradum.	Cervinaria.
Armaria.	Bastonicum.	Bodia.	Camba.	*Chapitellum.
Armatorium.	Batalliæ.	Bodium.	Cambra.	*Chappa.
Arsena.	*Batannum.	*Bodium, 2.	Camera.	Chartularium.
Arsenalis.	Batatorium.	Boel.	Cameraria.	*Chassum.
*Arsitium.	*Batentearius.	*Bora.	*Camerula, 1.	*Choua.

IV.

ÆDES SACRÆ, MONASTICÆ, EARUM PARTES, OFFICINÆ MONASTICÆ, ETC.

V.

AFFINITATES, COGNATIONES.

VI.

AGRIMENSORIA, AGRORUM MODI, URBES, OPPIDA, CASTRA, VILLÆ, FLUVII, CAMPI, ETC.

VII.

ARBORES, STIRPES, HERBÆ, SILVÆ.

ARBORUM NOMINA.

*Acera.
*Acripomum.
Adamatica.
*Æsculus.
*Albarus.
Alberus.
Alierus.
Amandalarius.
*Arabla.
*Arablius.
Arbor.
Arcilaurus.
*Attefectum.
Avellanarius.
Bolluca.
*Bolum.
*Boula, 1.
*Boulus.
*Bourdena.
*Bruttus.

*Cades.
Cadex.
Camborta.
Canopus.
Capillamentum.
Capito.
*Carmus.
Casnus.
Castegneta.
Cerefarius.
Cerca.
*Cerasarius.
Chalba.
*Charmen.
*Chesnus.
*Coinus.
*Collera.
*Cor.
*Corallus.
*Corberius.

Cornolium.
*Cotanum.
*Coudra.
*Durnus.
*Eussinus.
Expalmitare.
*Ficaria.
*Francischus.
*Frasnea.
*Frassinus.
*Freyno.
*Galliquercus.
*Gemmaria.
*Genevrus.
*Haistria.
*Hastra.
*Jarro.
*Jayna.
Ivus.
*Laresus.

Lauriendrum.
*Licius.
*Malus fagus.
*Marensalix.
*Marsalix.
Melarium.
*Mellerius.
*Melus.
Mizela.
*Modula.
Morarius.
*Nemus.
*Neplarius.
Nixa.
*Nochus.
*Noerium.
*Nucarius.
*Nugeir.
*Pereclipion.
*Pinea.

*Popiller.
*Quorra.
*Ruvor.
*Sachus fagus.
*Saja.
*Sallita.
*Salta.
*Sambussus.
*Sappetus.
*Sappus.
*Spinnelbaum.
*Tilium.
*Tramblus.
*Trembleia.
*Tremblus.
*Tremulus.
*Vernus.
*Ulmatellus.

SILVÆ, FORESTÆ, ET QUÆ AD REM SYLVATICAM PERTINENT.

*Advenablatus.
*Agia, 1.
Agistare.
Albareta.

*Alberia.
*Alevamum.
*Allevamentum.
Alnedus.

*Alneium.
*Altenum.
*Amarenus.
*Arboreta.

Arboretum.
Arbustatus.
*Aubenia.
*Avellaneta.

*Baivarius.
*Barbarellum.
*Basticium.
*Baugium, 2.

Berra.
*Blanchia.
*Bocagium.
*Bochetus.
*Bocius, 1.
*Boessonus.
*Boichetus.
*Boina.
*Boisonus.
Boissonus.
*Boleria.
*Booleyum.
*Borium.
*Boscagium.
Boscus.
*Bostus.
*Boychus.
Brausa.
Brena.
Brogalia.
Brolium.
*Brossa.
*Brua,
Bruaria.
*Bruillium.
Bruscale.
*Bruscia.
Bucceria.
*Busareum.
Busca.
*Buschetus.
*Buxeria.
Cablicia.
*Capellus.
*Castagnaretum.
Castanaretum.
*Cathena, 1.
*Cedua.
Ceppagium.
Cerritum.
Cesa.

*Cesina.
*Cimalia.
*Cimeyæ.
Combri.
Concisa.
*Concisio.
Coopertio.
Coopertum.
*Copa, 4.
*Coudreia.
*Creissiamentum.
*Crescentia.
*Cuparia.
*Cursus, 11.
Defensum.
*Deffaia.
Densetum.
Devezum.
*Disrumpere.
*Drofdenn.
*Efforestare.
*Emunda.
*Eschartare.
*Esluare.
*Estallus.
*Evolatus.
*Exaltare.
Exartus.
Exemplum.
Expeditare.
*Explectivus.
Extruncare.
*Fachia.
Fagia.
Fagus.
Faia.
*Fania.
Fannatio.
Faus.
*Fenestra.
*Foagium.

Foesia.
Fogagium.
Foresta.
*Forestella.
*Frafugetum.
*Fraschetum.
*Fraxinata, etc.
Fustis.
Gaium
Grava.
*Gravium.
*Guerna.
*Guidationes.
*Habellanietum.
*Haiota.
*Hebergiare boscum.
*Heisa.
*Hesteren.
*Iblosus.
*Incretus.
Indagines.
*Intersiccum.
Kaneium.
Laeia.
*Laya.
*Lazana.
*Leagium.
Leda.
Leigium.
Lucanar.
Lucarius.
*Maeria.
*Mailliolus.
*Meoletum.
*Merica.
*Monstreia.
*Morthbosch.
Mosplea.
*Mostra.
*Nogadera.
Nogareda.

*Novella.
*Novellare.
*Novitus.
*Nucarium.
*Nucelletum.
*Nuscentum.
*Oseraria, etc.
*Ostensio.
*Ozeria, etc.
*Palmerium.
*Parcus.
*Pastionalis.
*Pessunia.
*Planita.
*Plansona, etc.
*Plantagium, etc.
*Plantea, etc.
*Plantum.
*Populosus.
*Porum.
*Quesnetum, etc.
*Quintum folium.
*Ramerium.
*Receptio nemorum.
*Recrebita.
*Recrescentia.
Refletum.
Regardum.
*Reguardum.
*Remasencia.
*Remessa.
*Renoyria.
*Revenuta.
Routurare.
*Rupta.
*Saltora.
*Sapetum.
*Scalvamen, etc.
*Scampare.
*Scisura.
Secretarius.

*Sotum.
*Stelarea.
*Stocagium.
*Subaritum.
Subboscus.
*Superficies nemoris.
Superpositum.
Sylva.
*Tagliata.
*Tailea.
*Tailleta.
*Taillinatum.
*Tala.
Talea.
*Talia.
*Talium.
*Talivum.
Tallea.
*Talleicium.
*Tallia.
Talterium.
*Tilletum.
*Torneura.
*Toussa.
*Tusca.
*Tuscha.
*Vaischa.
*Vantaya.
*Vefrondis.
Veneris.
*Venteicium.
*Vergna.
*Verneda.
*Verubia.
Viride.
*Ulmeta, etc.
*Usclada.
*Vuadrus.
Warenua.
Wic.
Wodwardus.

STIRPES, VITES, HERBÆ, ETC.

*Acheletus.
*Agarium.
*Agrumen.
*Amarina.
*Arundinetum.
Assinsium.
Baditis.
*Balcha.
Bansa.
Barta.
Berbigenes.
*Berbovaca.
Bersa.
Bismalua.
*Boraginus.
*Bouket.
Buranexa.
Calcacrepa.
Calliomarcus.
*Camomilla.
Canamellæ.
Capito.
*Cardetum.

Cardo.
*Carectum.
*Careda.
Carolina herba.
*Ceba.
*Centum.
*Ceppa.
*Ceptolus.
Cerefolium.
*Ciminus.
Citrolus.
Citrones.
Cresso.
*Cultella.
*Custica.
*Egrunum.
*Ellera.
*Faba.
*Faciolus.
*Fanafracha.
*Fassolius.
*Fava.
Febrifugia.

Fencemouth.
Feugera.
Feugia.
*Filidrissa.
Fossoriata.
Fulgeria.
Fuxolana.
Gabusia.
*Gariofilum.
*Garreria.
*Garrofa.
*Garroffollum.
Gimaresta.
Gimnaremus.
Gladiolum.
Glastum.
Grosposa.
*Habia.
*Halotus.
*Herbum.
*Hortalia.
Humlo.
*Jarrossia.

*Lascopitium.
Linodella.
Lisca.
*Majoraca.
Malixia.
Malhones.
Manelata.
Mardegena.
*Mede.
Milimendrum.
Mora.
*Pastellum.
Pergula.
Pignolus.
*Rabacia.
*Rafa.
Ravacaulus.
Rausea.
*Rodor.
*Rodorius.
*Romarum.
*Romengueria.
*Ronchus.

Rosa.
Rosarium.
*Rosus.
Rufus.
*Runcus.
*Sagna.
*Salangra.
Signum Salomonis.
Sisaga.
*Sodanum.
Solsequium.
Sparagus.
*Spicus.
Sponsa solis.
Tribliana.
*Tronus.
Turio.
*Vancqua.
*Verbago.
Verdiga.
*Veyriola.

VIII.

ARCHITECTONICA, SEU QUÆ AD ARCHITECTURAM SPECTANT.

IX.

ARTES, ARTIFICES, NEGOTIATIONES, PROFESSIONES.

Amerii.
Armifactor.
*Armurarius.
*Armuserius.
*Aromatarius.
Artidoctor.
Artificiarius.
Artigraphus.
Artillator.
Artista.
*Artocopus.
Assertor.
Assessor.
Aucarius.
Aucellator.
Auditionalis.
Auditor.
Auraria ars.
Aurator.
Aurearii.
Auricindus.
Aurifex.
Aurigraphus.
Auripercussor.
Auriscidus.
*Aurivellerius.
Azemblarius.
*Bacalator.
Baccalarii.
Baccarii.
Bachinator.
Bactroperatæ.
*Bada.
*Badellus.
*Baderius, 1.
Bajula.
Bajulus.
Balneatores.
Bambacarius.
*Banerius.
Bannerii.
*Banquerius.
Barbaricarii.
*Barbarius.
Barbatores.
Barberius.
Barcarius.
Barcaniare.
*Barbiarius.
*Barcheta.
Barigildus.
*Barrarelius.
Barrarius.
*Barrillerius.
Bastangarii.
*Basterius.
Bastonerii.
*Batator.
*Bateria.
*Battitor.
*Baudreius.
*Baxator.
*Bayeta.
Berbecarius.
*Bercharius.
*Biblii.
Bidarius.
*Billatarius.
Billeus.
*Bisauteum.
Bladarius.

*Blanquerius.
Blato.
*Boaterius.
*Bobatterius.
*Bobulcus.
*Bocherius, 1.
Bolendegarius.
*Bolinus.
Bolonæ.
Bombacarius.
*Bonneterius.
*Bordarius.
*Borderius.
*Borratura.
*Borelarius.
*Borrellus.
*Boscaderius.
*Boscator.
Boschero.
*Boterius.
*Boujonator.
*Boulengarius.
*Bourelarius.
*Boutonnarius.
Braciator, etc.
Bracteator.
Breviatores.
Brocarius.
Brodiatores.
*Broudator.
Brunearii.
Bucerius.
Bucharius.
*Bufetarius.
*Buheterius.
Bulgetarius.
Burdus.
*Cabanarius.
*Cabidarius.
*Cacabasius.
Calciarius.
Calcifex.
Calefatus.
Caldararius.
Calerarius.
Caligarius.
*Calligarius.
*Calsaterius.
Calsolarius.
*Calzetarius.
*Calzolarius.
Cambarius.
Camelarius.
*Caminerius.
Camparius.
*Campderius.
*Canabaserius.
*Candator.
*Candelaria.
Candelarius.
*Candelarius.
*Canderius.
Candidarius.
Candidator.
*Canicularius.
Canubitor.
Caorcini.
Caparcus.
Capsarius.
Carbonator.
Carbonellus faber.

Carcerarius.
*Cardator.
Careratores.
*Carlarius.
*Carnacerius.
*Carnassarius.
*Carnasserius.
Carnifex.
*Carnizarius.
*Caro, 1.
Carpentarius.
*Carronnius.
*Carraterius.
*Carrator.
Carrectarius.
*Carrito.
*Carronus.
Caseatrix.
*Cassetarius.
*Casiarius.
Cataractarius.
*Cauderarius.
Cavacequia.
Cavalarii.
Cauno.
*Cederia.
Celer.
*Centerarius.
Centonarius.
*Centurerius.
Ceragius.
Cerarius.
Cerealis.
*Cerereus.
*Ceretanus.
Cerularius.
*Cervinarius.
Cespitarii.
Cetarius.
*Chandellerius.
*Chapellarius.
*Chapuisius.
*Charro.
*Charronnerius.
Chartarius.
*Chasublarius.
*Chanceterius.
*Chaufrerius.
*Cidalarius.
Cinerarius.
Ciniflo.
Cipparius.
*Circularius.
Circulatorius.
*Cisor.
Civilistæ.
Clavicarii.
Clavicularius.
Clausarius.
Cloacarius.
Clostrarius.
*Clusarius.
Clusor.
Coactliarius.
Coactor.
Cocarius.
Cociones.
Coctarius.
*Coctus.
*Codurerius.
Cœnaclarius.

*Coffrerius.
*Cogaster.
*Cogus.
*Cogustronus.
*Coifferius.
*Colerius.
*Collarius.
Collectarius.
Collegiati.
*Collellarius.
Comacinus.
Comestores.
Commentariensis.
Commerciarius.
Commissarii.
Commissionatus.
Comparatores.
Compulsores.
Compotista.
Conchylioleguli.
*Condurarius.
Confector.
Confectuarius.
Conforaneus.
Conreatores.
Consergius.
Constreinus
Contubernales.
*Conzator.
Coquinator.
*Coqulus.
*Coraçarius.
*Coraillator.
*Coramarius
*Corarius.
*Coraterius, etc.
Coraula.
Corazarii.
Corbelli.
*Corbio.
*Cordarius.
*Corderius.
Cordex.
*Cordifex.
*Cordo.
*Cordoanarius, etc.
*Corerius.
*Coriarius.
*Corifex.
Cornarius.
Coronarius.
Corpodicina.
Corporicida.
*Corratarius.
Corraterius.
*Correrius.
*Corretarius.
*Corrigiarius.
*Corritor.
Cortisiani.
*Cortuarius.
Corvesarii.
*Cosinerius.
Cosmeta.
*Costorarius.
*Coterius.
*Coudurerius.
*Couraterius.
*Coustepoirtarius.
*Coutelarius.
*Coyrarius.

*Cravarius.
*Credencerii.
Crenkinarii.
*Criagium.
Criaria.
*Criaria.
Cribriones.
*Cultellerius.
*Cultor.
*Cuparius.
*Cupedenarius.
Cupidenarius.
*Cupifer.
Curanderii.
*Curaterius.
Currerius.
*Currifex.
Cursor.
Cusores.
Custos sepulchrorum.
Dapificus.
Dardanarii.
Dealbatores.
*Deaurarii.
Deauratores.
Decimarii.
*Deguarius.
Dendrophori.
Descriptor.
*Destralis.
Deuparius.
*Deymerius.
Dictarii.
Dictati.
Disertor.
Diversoriarius.
Divinus.
Divisor.
Doanerius.
Dogarius.
Dogmatista.
*Dorarius.
*Doreloteria.
*Dorerius.
Draperius.
*Drapifer.
Dromedarius.
Dubleria.
Dulciarius.
Ealscop.
*Egueserius.
Emptor.
*Entassator.
Epistolarius.
Equarius.
*Equitator.
Equitiarius.
Ergata.
Ergaticus.
Ergalabus.
Erogator.
*Eruginator.
*Escobolerius.
*Escofferius.
*Escoparius.
*Escudeleyr.
*Escuerius.
*Esmailliator.
*Espiciarius.
*Espinglarius.
*Esporarius.

*Petrarius.
*Peyrarònus.
*Peyrenarius.
Philippanus.
Picator.
Pigmentarius.
Piperarius.
*Pistenarius.
Pistorissa.
Pistrinarii.
*Pitissator.
*Pixarius.
*Pizzicarius.
Placentarius.
*Plagarius.
*Plastes.
Plasticator.
*Plaustrarius.
Plumarius.
*Poisonerius.
Poledrarii.
Polentarius.
Poletarius.
Pomilio.
Pontanerius.
*Popinarius.
*Porcherius.
*Porquerius.
*Portalis.
*Portionarius.
Portitor.
*Portitor.
Portonarius.
Portulanus.
*Portulanus.
*Posterius.
*Potagerius.
Prælocutor.
Pratarius.
Prestaldi.
Proscholus.
*Prozenetarius.
Pullarius.
*Pupetus.
Purpurarius.
Quadratarii.
Quadrivium.
Quæstionarius.
*Quarrerius.

*Quarriarius.
*Quoquinarius.
*Ranaterius.
*Rangeator.
*Rasunarius.
*Reddituarius.
*Reffianus.
*Regaterus.
Regratarii.
*Retagliator.
Retiatores.
*Revendarolius.
*Revendiculus.
*Reverius.
*Reurnarius.
*Rotarius.
*Sabaterius.
Saccarii.
Sagarius.
*Sagiator.
*Saginarius.
*Salerius.
Salinarii.
*Salinator.
Salsarii.
*Salsator.
Saltarii.
Saminatores.
*Sanguiminutor.
*Sanguinator.
*Sannaderius.
*Sannator.
*Santurerius.
*Sapator.
Saponarii.
*Saralherius.
*Sarcenarius.
Sarcitectores.
Sardocopi.
*Sarralherius.
Sarsores.
*Sartor.
*Sartrinarius.
*Sarturator.
*Savaterius.
*Saxones.
*Sazonator.
*Sbara.
*Scafwardus.

*Scampsor.
*Scarius.
Scasores.
Scenofactores.
Sceptores.
Scissores.
Scribani.
Scriptores.
*Scrotarius.
Scurro.
*Scussellus.
Scutarius.
Scutatores.
Scutellarius.
Seapscip.
*Seatoria.
*Sectator.
Sector.
Sellatores.
Sensales.
*Senturarius.
*Serator.
*Serralherius.
Seplasiarius.
Serrarius.
*Shephirdis.
Siceratores.
*Sigillifaber.
Signarius.
Silicarius.
Simaci.
*Simpulariarius.
Sindonarius.
*Sitularius.
*Soliardus.
Sophistæ.
Spadicarii.
*Spalarius.
Spatarii.
Spatharii.
*Speciarius.
Speculatores.
Squillarii.
*Spiziarius.
Stabularii.
*Stabularius.
Staminarii.
Steoresman.
*Stivandarius.

Stotarii.
*Strazarolus.
Structores.
Sufflatores.
*Surgicus.
*Sutorius.
*Sutrix.
Sylvarii.
Symmachi.
Tabernacularii.
*Tabelerius.
*Taborinus.
*Tailhator.
*Taillanderius.
*Taillator.
*Tailliator.
*Tainturarius.
*Taliator.
*Tallator.
*Tanacerius.
*Tanturerius.
*Tappetarius.
Tavili.
Tectores.
*Tendarius.
*Tenzarius.
*Tessarandarius.
*Testor.
*Texerius.
*Textator.
*Tezolanus.
Theosophus.
Thucarii.
*Tineman.
*Tisserius.
*Tixator.
*Torcimannus
*Trahanderius.
Trapezetæ.
*Treginerius.
*Trencheator.
*Trencolus.
Tretarii.
*Triceolus.
*Triculus.
*Triparius.
*Trompeta.
*Trompillator.
Trotarii.

*Trublator.
*Trutzelmannus.
*Turchemannus.
*Turchimannus.
*Turcimanus.
Turnarius.
*Turquemen.
*Tutuba.
*Tynerarius.
*Vacarius.
Vaccarius.
*Vacinarius.
*Vacquerius.
*Valladerius.
*Vapulator.
Vecticularius.
Vectigaliarii.
Vecturalis.
Vedalarii.
Velarius.
*Ventilatrix.
Ventrix.
Veredarii.
Vestificus.
Vestiplica.
*Veyrerius.
*Viarius.
*Villarius.
Vinatarius.
Vinator.
Vincarii.
Vineator.
Vitellarius.
*Vitreator.
*Unctaria.
*Unguenarius.
*Uquevinus.
*Ursarius
*Usserius.
Utriarius.
Vulnerarius.
Wallactores.
*Warderobarius.
*Winegiator.
*Zavatterius.
*Zoquerius.
*Zythespa.

X.

ANIMALIA, ET QUÆ AD EA PERTINENT VOCABULA.

QUADRUPEDES.

Admissarius.
Affa.
Afferi.
Agminales equi.
Alopex.
Ambulator.

Amiculus.
Amorenses.
Angargnaco.
Animal.
*Apriolus.
*Autalops.

Azemila.
Babewynus.
*Baboynus.
Baca.
Bacharus.
Bacus.

*Bardatus equus.
Bassuaria jumenta.
*Bayardus equus.
Berbix.
Bestia.
Bestialia.

Bestiarium.
Bever.
*Bicha.
Bicula.
*Bischa.
Bissa.

AVES.

* Faxanus.
Fessara.
Franquilinus.
Gaia.
Galerannus.
* Gallinatus.
* Ganita.
Gantæ.
* Gantua.
Gariola.
Gaza.
* Geracis.
* Gerfalchus.
Gistardus.
Glaepta.
Glandara.
Gracula.
* Gragula.
Grifalco.
* Grio.
Griphus.

* Groxilla.
Grua.
Guespa.
Guvus.
* Hairo.
Heiro.
* Herodius.
* Hiero.
Hirundella.
* Hostoarius.
- * Hostorius.
Impulsorium.
Lacertina.
Lanarii.
Landula.
Linosa.
Livercinus.
Macis.
Mallardus.
Malvitius.
Mattineta.

* Maviscus.
* Menidula.
Mergones.
* Milio.
* Mocta.
* Muscardus.
Muscetus.
* Nisus.
* Occa.
* Ocha.
* Osmerillus.
Papagen.
* Pappagallus.
Passa.
* Paverus.
* Pavonus.
Paysanæ.
Pepiones.
* Perdigalis.
* Perdrix.
* Peregrina.

* Piccia.
Pipizo.
Pluerius.
* Polla, etc.
* Pollatura, etc.
Pulcinus.
* Pulla.
Pullicenus.
Pullipasta.
* Quacara.
* Quæstula.
Qualia.
* Quaneta.
Rabanus.
Rallus.
Sacer.
* Salterellus.
Saxaroli.
Siclæ.
Sistaroa.
Smeriliones.

Sparvarius.
* Spervarius.
Spiriolus.
* Sturco.
* Tacula.
* Terziolus.
Teta.
Toda.
Todonus.
* Trizolicus.
Tucus.
Turgni.
* Turturella.
Vanellus.
Vanni.
Vitularius.
* Videcacns.
Volturium.

XI.

CHRONOLOGICA, ET QUÆ AD TEMPORA SPECTANT.

* Accendi.
Æra.
Almanach.
Annus.
* Authentica hebdomada.
Autumnus.
Bendidios.
Bissextus.
* Capricornium.
Caput Jejunii.
Caput Quadragesimæ.
* Careium.
Carementrannus.

Carnelevamen.
Carnicapium.
Carnivora.
Catamane.
Censorius dies.
Clavis.
Computus.
Concurrentes.
Curriculum.
Cyclus.
Data, Datarium, etc.
Decendium.
Dies.
* Ebdomada.

Embolismus.
Epacta.
* Epocha.
Facere.
* Februs.
* Fenalis.
* Fenarium.
Feriæ.
* Foci.
* Gemini.
Gradus.
* Hebdomadalis.
* Jejunales.
* Imperante.

Indictio.
Interlunium.
* Kalenda, e.c.
* Kilianus.
* Lampas.
* Laxatio.
* Luna.
Madius.
Mane.
Manissime.
Maturitas.
* Mirabilium annus.
Mensis.
Nox.

Octimber.
Octodium.
Pullus.
* Quadraginta.
* Quadrigennium.
* Quadrimensis.
* Quadro.
* Quartero.
* Quindena.
* Septemium.
Theseus.
* Terminus paschalis.
Trihorium.
Trimilchi.

XII.

RES CIBARIA, ANNONARIA, POTORIA, CONVIVIALIS.

* Abevragium, r.
Acrumen.
Acutus.
Adeps.
Adescatio.
Adipata.

* Afinata pigmenti.
Agnina.
Albus.
Alebra.
Aletudo.
Alleum.

Aloigna.
* Alonia.
* Aloxinium.
Altile.
Ambulacium.
Amendula.

Amonitio.
Antecœnium.
Arangia.
Armilla.
Artocopus.
Artocreas.

Artona.
Ascaloniæ.
Athera.
Baco.
Baffa.
* Baissiere.

RES ANNONARIA.

* Abladium.
Annona.
*Arao.
*Bailhargia.
*Bailliargia.
*Baladium.
*Balaticum.
*Ballardum.
*Balleinm.
*Barbareatum.
Bladum.
Blava.
Bortren.
*Bracatge.
Brace, etc.
*Brassagium.
*Brayia.
*Breschia.
*Calcatio.
*Calcatura.
*Calma.
Cantabrum.
Cantarinum.
*Cebania.
*Cissorium.

*Crexentum.
Cruata.
*Escorio.
Fromentum.
*Frucheria.
*Frumentum.
*Garrobis.
*Grabotum.
Granum.
*Gruellus.
*Gruinum.
*Grumella.
*Halto.
*Hanto.
Hybernagium.
*Hæstcorne.
*Ibernagium.
*Jernagium.
*Ivergium.
Magadarus.
*Mahiz.
*Majorinum.
*Marçagium.
Marchesia.
*Marcheschia.

*Marchesta.
*Marchialis.
*Marciagium.
*Marsengha.
Marta.
*Martellis.
*Martiaticum.
Mastilio.
Meditaneum.
*Medianus.
*Mediasticus.
*Medioximus.
*Mesaticum.
*Mesclania.
*Mesclelana.
*Mestallum.
*Mestillium.
*Mestolium.
*Mettura.
Milica.
*Millium.
*Minolium.
*Minuta.
*Mitadenquuum.
*Mixteolum.

Mixtolium.
*Moduranchia.
*Molenda.
*Molturengia.
*Monsturagia.
*Mosena.
*Motadenchum.
*Mousturach a.
*Multurengia.
*Mustolium.
*Palmola.
Panicium.
*Panichium.
*Paratum.
*Pomola.
*Rao.
*Revania.
*Saglinum.
*Scario.
Sandalis.
Seatium.
*Secena.
Semalium.
*Semifrumen um.
*Semunclum.

*Sica.
*Sivada.
*Sigalum.
Siglix.
*Solameum.
*Soucrio.
*Spaumeta.
*Speauta, etc.
Spelta.
*Stob.
*Thalamasium.
*Thosella.
*Tozella.
Tremeciatum.
*Tremelagium.
Tremisium.
*Trigum.
*Trimenstrum.
*Trimixtum.
*Valargium.
*Vuergium.
*Warachia.
*Waynum.
*Ymbernagium.

XIII.

COLORES, ET QUÆ AD COLORES SPECTANT.

*Abacinus.
*Adhurium.
*Æreus.
*Acrinus.
Albescitas.
Albianus.
Albineus.
Albitas.
Albor.
Alithinus.
Allasson.
Annulare.
Aquilinus.
*Asur.
Atritudo.
Bagus.
Baiardus.
Bajus.
Balzanus.
Barrus.
Baucens.
*Beretinus.
*Berretinus.
*Biandus.
Bisius.
Blanchardus.
Blata.

Blavus.
*Blodius.
Bloius.
Blundus.
*Brasile.
Bruntus.
Brunus.
*Bruscatus.
Burtuum.
Busius.
Cacabatus.
Cælestinus.
*Calbus.
*Callomelinus.
Candibalus.
Cannavacius.
*Canum.
Canus.
Canutus.
Cardiacus.
Carmesulus.
*Carmusinus.
*Catabriatus.
*Celestinus.
*Chroma.
*Cinabrium.
Cicerculus.

Cinnabar.
*Clarus.
Climpia.
Color.
Coloreus.
Cramesinus.
*Cremesinus.
Criseus.
*Cucium.
*Cuncticolor.
*Descarlatus.
Diacitrinus.
Diaprasius.
Discolorare.
Dosinus.
*Ebeninus.
*Endegus.
Eranes.
*Escallata.
Extrilidus.
Falvus.
Fenaticus.
*Fenicium.
Ferrandus.
*Flamigeus.
Floralis.
Frecia.

Fulgus.
Galnus.
Garancia.
Garancus.
Gersa.
*Giallus.
*Granata.
*Granum.
*Gregius.
*Gresus.
Griseus.
*Guella.
Holablatteus.
Holochrysus.
Holoverus.
*Iafarinus.
*Jaldus.
*Jalidus.
Jalinus.
*Jalus.
Illuminare.
Indus.
Lactinus.
*Lactenus.
*Lacticolor.
Laius.
Lazur.

*Leonatus.
Leucoporphyrus.
Liardus.
Maurorusus.
Melinus.
Melnus.
Melocineus.
*Mino.
Morellus.
*Morelus.
*Muretus.
*Murrechus.
Murretus.
*Narcissus.
*Nidius.
Nigellus.
Oxydeauratus.
Oxypederotinus.
*Paonacius.
*Pardus.
*Pavonatius.
Persus.
*Plumbatus.
Prasinopurpura.
Prasinovultis.
Prasinum.
Profundus.

XIV.

CORPUS, CORPORIS PARTES HOMINUM, ANIMALIUM, ETC.

XV.

DIGNITATES CIVILES, PALATINÆ, MILITARES, HONORES, OFFICIA, ETC.

Tabularii.
Talemanni.
Tata.
Taxeotæ.
Telonearius.
Thainus.
Thesaurarius.
Thesaurensis.
Thetsindus.
Thiuphadus.

*Thyuphadus.
Tractatores.
Tribuni.
Triscamerarius.
Tristatæ.
Tronarii.
Tumburgt.
Tunginus.
Tungravio.
Turcopularius.

Turmarcha.
Tutor.
Tyrannus.
Vacantes.
Vaivoda.
Vergobretus.
Vestararius.
Vesti.
Vestiaritæ.
Vestiarius.

Vestitor.
Vexillarius.
Vexilliferi.
Viarius.
Vicarius.
Vicecomes.
Viceconsul.
Vicedominus.
Vicejudex.
Viceprinceps.

Vigerius.
Villicus.
Vindices.
Virgatores.
Waldegravius.
Wittescalchi.
Zavalmedina.
Zupanus.

XVI.

DIGNITATES ECCLESIASTICÆ ET MONASTICÆ, OFFICIA, MUNIA, ETC.

Abbas, etc.
Abbatissa.
*Abbreviator.
*Accessor, 4.
Accensor.
Acolythus.
Aculus.
Adminiculator.
Advocatus Ecclesiæ.
Advocatus matricularis.
Ædilitas.
Ædituus.
*Alexicavalerius.
*Altariensis.
Altararius.
Altarista.
Annonaria Præpositura.
Antistita.
Antistitium.
Apocrisiarius.
Apostolicus.
Applumbarii.
Arcarius.
Archiacolythus.
Archiantistes.
Archicantor.
Archicapellanus.
Archicerarius.
*Archiclavigerus.
Archiclavus.
Archicustes.
Archidiaconus.
Archidiaconus Eccl. Rom.
Archidiaconus Cardinalis.
Archidiaconus mensæ.
Archielectus.
Archiepiscopus.
Archiepiscopus Palatii.
*Archiflamen.

Archifrater.
Archilevita.
Archimandrita.
Archimandritissa.
Archimetropolitanus.
*Archimysta.
Archiœconomus.
Archipalatinus Præsul.
Archipater.
*Archipherecitæ.
Archiphonista.
*Archiphylax.
Archipolites.
Archipontifex.
Archipræsul.
Archipresbyter.
Archiprotopapatus.
Archisacerdos.
Archisacrista.
Archischolaris.
Archischolus.
Archiscrinius.
Archiscrutinarius.
Archisubdiaconus.
Architriclinus.
*Archon.
*Armarierius.
*Assidui.
Aassisii.
Bacularius.
Bajuli Abbatum, horarum, obituum, Conventuales, Capitularii.
Basilicanus.
Basilicarii.
*Bassinarius.
Beneficium.
Berefellarii.
Bibliothecarius.
*Bollanus.
*Bonisserius.
*Cabiscolis.

*Calinus.
Cambucarius.
Camerarius.
Campanarius.
*Canaparius.
Canavaria.
Cancellarius.
Candelarii.
Canonici Capitulares.
Canonicus.
Cantaria.
*Cantarista.
Cantuaria.
Cantores.
Capellani.
Capitiarius.
Caput scholæ.
Cardinalis.
*Caritaterius.
Catascopus.
Cathedrales.
Catholicus.
*Celeraria.
Cellararius.
Cellerarius.
Cereostarii.
Ceroferarii.
*Cepeti.
Chartophylax.
Chartularius.
Choraules.
Chorespicopi.
Cimeliarcha.
Cipiacus.
Circa.
Circarius.
Circator.
Claviger.
Clausarius.
*Clementini.
Clerici.
*Clergonus.
Cleroproximi.
Clerus.

Cloacarius.
*Coabbates.
Coadjutor.
*Coenobiarka.
Coepiscopus.
Cognitor.
Colideus.
Collectores.
*Commendatarius.
Commendator.
Communarius.
Compulsores.
*Conabbas.
*Conducharii.
Confessores.
Corba.
Corbanus.
Corbillarius.
Corona.
Coronati.
Correarius.
Corrector.
*Corretarius.
*Costurarius.
*Coulter.
Crucifer.
Cubicularius.
Cura.
*Curator.
Curatus.
Curtilarius.
Custos.
Custrix.
David.
Decani.
Decumani.
Defensor.
Definitor.
*Depositaria.
Deputati.
Diacon.
Diacona.
Diaconissa.
Diaconium.

Diaconus, Diaconus Cardinalis, regionarius, Palatinus, Basilicus, Stationarius, testimonialis.
Diaretor.
*Didascalus.
Dignitas.
Discoferæ.
Discretæ.
*Discretus.
Doctor.
Domesticus.
Domicellæ.
*Domicillaris.
*Dompnus.
*Dortelarius.
Dortorarius.
Draconarius.
Draperius.
Ecclesiasticus.
Electi.
Eleemosynarius.
Emendator.
Episcopa.
Episcopus.
Exarchus.
Exclusor.
Exercitator.
*Exhomologista.
*Exocatacœli.
Exorcista.
*Fabricator.
*Festivator.
*Firmarius.
Firmatarius.
Flamines.
Flamita.
*Forisdecanus.
Formarius.
Fossarius.
Frico.
*Gagiarius.
*Gajarius.

XVII.

FESTA CHRISTIANORUM, GENTILIUM, ETC.

XVIII.

GEOGRAPHICA, SEU VOCABULA AD GEOGRAPHIAM
ET TOPOGRAPHIAM SPECTANTIA.

Ad.
Adlobrius.
Adversipedes.
Agaunum.
Agiopelagus.
Agulani.
*Aillemontius.
Albanicus.
Albanus.
Albidia.
Alcheria.
Aldea.
Alliger.
Amoravii.
Annonariæ regiones.
*Arcasia.
Archipelagus.
*Aridagamantia.
*Armorica.
Ascomanni.
Assasini.
Athenasi.
Athanati.
Avalterræ.
*Ausea.
Austria.
Azymitæ.
*Babilonia.
*Baclois.
Baffor.
Bagaudæ.
*Baguarii.
*Bahagnia.
*Baia.
*Balma, 2.
Barbaricini.
Barbaricum.
Barbarus.
*Bardei.
Bascli.
Basclones.
Basculi.
*Bauderius, 2.
Baugarus.
*Baugium, 1.
Beduini.
Befulci.
Besca.
*Bisa.
Bisseni.
*Biverus.
Blavotini.
*Boclearia.
*Bodarii.
*Borarium.
*Bordea.

*Bordellæ.
*Bouclaria.
Bova.
Brabantiones.
Brachium.
Bracus.
Bragus.
Braida.
Braium.
Braiheri.
Breve.
Briva.
Broga.
*Brotellus.
Bryonia.
Buccea.
Bucceavia.
*Burgundiones.
Burgus.
Burgwardus.
Butta.
Campania.
*Campaniensis.
*Campellum.
*Canopicus.
Carbonaria silva.
*Cardinetum.
Chaldæi.
Cimbri.
*Cingarus.
Circius.
*Cismarioæ partes.
*Coçonneria.
Comistæ.
Concordenses.
Condate.
*Consolatus.
Cophti.
*Cornugallia.
*Cossoneria.
Cotulosus campus.
*Craeria.
*Cupedensis.
Curti.
*Cygani.
Dalmatica.
*Danamarca.
*Dardena.
Dunum.
*Elisæi.
*Englerius.
Eporedica.
Erigena.
Erminii.
Ermiostreat.
Escotus.

Esterlingus.
Fatamia.
*Fauces.
*Favergium.
Ferancus.
*Feritas.
*Fertum.
*Flaminghus.
*Flampedes.
Flavi.
*Fontis-bellensis.
Formicæ.
Franci.
Francia.
Francigenæ.
Francisci.
*Francum.
*Fresia.
Frigisci.
Fulcus.
Fusci.
*Fustairia.
*Galatium.
*Galicia.
*Gallawidensis.
*Gavarius.
*Gavotus.
*Geon.
*Geta.
*Gorgonassa.
*Goti.
*Græcensis.
Græciscus.
*Grassus.
Griffones.
*Grossus testiculus.
*Grouinum.
*Grunum.
*Guachia.
*Gualicana.
Guarani.
*Guastaldatum.
*Guianensis.
*Gurguliones.
Guti.
*Habrigeonaria.
Haga.
*Halga.
*Hanteria.
*Hantesia.
*Hassaseri.
Hastingi.
*Hciligowe.
*Helechvelt.
*Heligevorst.
*Helvesuatenses.

Heukini.
*Hibernicus.
*Hierusalem.
*Hismaelitæ.
*Hosseia.
*Humilitas B. M.
*Hyberiensis.
Jacobitæ.
*Isura.
Itinerarium.
*Jungens.
Katherani.
*Kinsica.
*Laasum.
*Lagoletta.
Langobardi.
Latini.
*Latinitas.
Lemmane.
Leti.
*Levans.
*Lieris.
Limane.
Limogia.
Lingua.
*Lotheregnia.
*Lugenfeld.
*Lupara.
*Lutheringus.
*Madualis.
Magarizare.
Mameluchi.
*Mammaluci.
Marani.
*Marca, 2.
*Marchesaticus.
*Marchexatus.
Marchiones.
Mare.
Maritima.
Maronitæ.
*Maroquinæ.
Marrones.
*Massanuti.
*Matrica.
*Maurisalus.
*Media.
*Mediterranea.
*Melisensis.
Merovingia.
*Merulana.
Meta.
Metrocomiæ.
*Moabita.
*Monpensirius.
*Mortua Aqua.

Mosarabes.
Muceranii.
Mudejares.
Muguli.
Munda.
Muselenenses.
Musulmani.
*Naba.
*Navarii.
Nazareni.
Nivicollini.
*Normannigena.
*Norrenses.
*Nortalbinci.
Northintus.
Northius.
Odewini.
*Oppidum.
Optimates.
Orbis.
Orobiotæ.
*Osia.
Osmanni.
Otlingi.
Paga.
Paganismus.
*Pagna.
Pagus.
Palantia.
*Panothi.
*Panthera.
Parigium.
*Parisius.
*Parsanus.
*Parthesium.
*Pasellus.
*Pergomaschæ.
*Phalasia.
*Pheonia.
*Phryges.
Picardia.
*Pichi.
*Placitatorium.
Plagia.
Poheri.
*Porahtani.
*Potiones S. Roumacli.
Provincia.
Pullani.
Purgatorium.
*Redarii.
*Regidonum.
*Restellensis.
Ripuarii.
*Roma,
*Romæus.

*Romancia, etc.
Romania.
*Rotum.
Runcalia.
*Rustice.
*Sacerdotissa.
*Sagona.
*Saissagnesia.
*Sanctivagium.
*Sao.
*Saqualia.
Saraceni.
*Saracinescum.
*Savartesium.
*Savoya.
Saxa.
*Saxonia.

Scallingi.
*Scedingi.
*Scitia.
Scoti.
*Scrikkofinni.
*Secalonia.
*Secana.
*Segonna.
*Sibilia.
*Sibulare.
*Siciliani.
*Sienna.
*Skanor.
*Somnensis.
*Soyssi.
*Spanholes.
Stadingi.

Stapulæ.
Stellinga.
*Subburgus.
*Subtuschera.
*Suessi.
*Suetenses.
*Suria.
Suriani.
*Sustrado.
Syri.
Tartaricini.
*Tarvisii.
Themata.
Theotisci.
*Terasca.
*Tereschia.
*Tersterbantensis.

*Teucri.
*Texerranderia.
*Theraschia.
*Tonneleria.
*Transligerensis.
Turcomannus.
*Turquia.
*Vacca Danica.
*Vacceia.
*Valenchenæ.
Vargi.
*Vascones.
*Vasconizare.
*Verroniwaida.
*Vertigilensis.
*Vesona.
*Vicomercatum.

*Ultraligiriensis.
*Ultramarinus.
*Ultramontanus.
*Ultrapadena.
*Ultrarhodonensis.
*Vosagus.
*Urbicariæ,
*Urbicus.
*Ursaria.
*Vueanna.
*Vulcemenses.
Wesfeldingi.
*Wlpia.
*Yvornye.

XIX.

HÆRETICI, PAGANI, GENTILES.

*Abeliani.
Abstinentes.
Acephali.
Adamiani.
*Adecerditæ.
Adecertitæ.
*Adiaphoristæ.
*Aetiani.
Aginnenses.
*Agnoitæ.
*Agonistici.
*Agynnii.
Albanenses.
*Albani, 2.
Albigenses.
Aliama.
*Alombrates.
*Anciani, 2.
Angelici.
*Anthropomorphitæ.
Antidicomaritæ.
*Antinomi.
*Aparellamentum.
*Apelitæ.
*Aphthartocitæ.
*Apollinaristæ.
Apostatæ.
Apostoli.
Apostolici.
Apotactitæ.
Aquarii.
Arabici.
*Archontici.
*Arianista.
Arnaldistæ.
Ascodrogitæ.
*Astati.
Auditores.
*Bagardi.
Bagnolenses.

Barrini.
Basiani.
*Batitores.
Begardi.
Beguini.
Bema.
Boni homines.
*Bonosiaci.
Borboriani.
Bulgari, etc.
Bugari.
*Buziani.
*Caiani.
*Caioti.
Campitæ.
Canini.
Carracenses.
Cathari.
Catharistæ.
*Cazeri.
Cenones.
*Chorizantium secta.
Circuitores.
*Clancularii.
*Claudianistæ.
Cœlicolæ.
*Colentes.
Collucianistæ.
*Collyridiani.
Comistæ.
Comminelli.
*Companatores.
Concordenses.
*Concorezenses.
*Condormientes.
Consolamentum.
Consolati.
*Consolatio, 4.
*Constoni.
Coronati.

Corrupticolæ.
Credentes.
*Crinitæ.
*Crucesignati.
Crucifratres.
Cunitæ.
*Dactilici.
*Dæmonicoli.
*Deastricola.
*Dechristianatus.
Deipassiani.
Deonarii.
*Dianaticus.
Discernentes.
Dulcinistæ.
*Duliani.
Electi.
Encratici.
Encratitæ.
*Endura.
Enici.
*Esaiani.
Flagellatores.
*Floriani.
Foris esse.
Frediani.
*Gaçari.
Gazari.
Genistæ.
Gens.
Gentiles.
*Giezia.
Gnostici.
*Gomelli.
*Guilielminæ.
*Hæresiarcha.
Hæretici, etc.
Hæsitantes.
*Heidones.
Henriciani. -

*Heregia.
*Heretice.
*Hieracitæ.
Homuncionitæ.
*Hydroparastatæ.
*Impanatores.
Incredentes.
*Josephini.
Leonistæ.
Libellatici.
Lollardi.
Macarii.
*Machometicola.
*Machumetini.
Magaritæ.
Mahum.
*Majoralis.
Manazei.
*Manichæi.
Maronitæ.
Martyriani.
Massiliani.
*Materiarii.
Macarii.
Melchitæ.
*Mesemuthi.
Milites.
*Monothelani.
Montanistæ.
Montenses.
Montesiani.
*Negativi.
*Nundofili.
Ordibarii.
*Ortholci.
Pagani.
*Parermeneutæ.
*Parmeniani.
*Paronistæ.
Pars.

Passagii.
Passalorinchitæ.
*Passionitæ.
Patarea.
*Paterniani.
Paterini.
Patripassiani.
Pauperes de Lu-
  gduno, etc.
*Pepusiani.
*Peratæ.
*Perfecti.
*Petritæ.
*Petrobrusiani.
*Phantasiastæ.
*Photiniani.
Piffli.
*Pincinnati.
Politici.
Populicani.
*Precatores.
*Priscilliani.
*Proapista.
Proselyti.
*Protopaschitæ.
Psalliani.
Quartadecimani.
*Ramorales.
*Rebaptizantes.
*Redemptio, 4.
Refugæ.
Renegatus.
*Rejudaisatio.
*Rhetorii.
Runcarii.
Rupitani.
*Saarii.
Sabatati.
*Sabbatiani.
*Sabelliani.

Saccophori.   ' Segardi.   * Synusiastæ.   * Themistiani.   Turlupini.
Saciani.   * Serabaitæ.   * Tanchelmistæ.   Tornadiz.   * Vadiani.
* Salutatio.   * Sethiani.   Tarabocci.   Traduciani.   Valdeuses.
* Sathaniani.   * Severiani.   Tascodrogitæ.   Tressalitz.   * Valentini.
* Saturniani.   Siscidenses.   * Tertullianistæ.   * Tritheitæ.   * Valesiani.
* Schematici.   Sodales.   * Tessarescædecitæ.   * Tritolitæ.
Schismatici.   * Speronistæ.   Textores.   Turcare.

XX.

LIBRI ECCLESIASTICI, PROPHANI; EPISTOLÆ ECCLESIASTICÆ, CIVILES; CHARTÆ, DIPLOMATA, ETC.

LIBRORUM, EPISTOLARUM, ET CHARTARUM NOMENCLATURÆ.

* Abcdarium.
* Abel.
Absolutoria.
* Acordamentum.
Admonitoria.
Adventoria.
* Aganon.
* Albininum.
* Alleluyarium.
Anagnosticum.
Angarialis.
* Antehebdomadarium.
Antiphonarium.
* Apeamentus.
Apennis.
. Apertæ literæ.
* Aphorismus.
Apices.
Apocha.
Apodixa.
Apologeticum.
Apostolium.
' Apparatus.
* Archiepiscologium.
Auctoritas.
Augustea.
* Aurora.
Baptisterium.
* Barlant.
Benedictionalis.
Bibliotheca.
Bulla.
* Cabrevatio.
* Cabreum.
* Candrum.
Canonicæ Literæ.
Cantatorium.
* Canterellus.
* Cantica.
Cantorium.
Cantulare.
Capibrevium.
Capitulare.

Capitulum.
* Carpsum.
* Catastrum.
Charta.
Chartula.
Chirographum.
* Clarificatorium.
* Clementinæ.
* Codicellulus.
* Codicium.
* Coket.
Collectaneum.
Collectarium.
Collectionis Epistola.
Combinæ.
Comes.
Comicus.
Commemoratorium.
Commendatitiæ Epi-
 stolæ.
Commonitorium.
Communicatoriæ Li-
 teræ.
* Compassum.
Computus.
Conculcatoria Epi-
 stola.
Confessoriæ Literæ.
Conjectorium Danie-
 lis.
Conservatoria.
Consuetudinarius.
* Contestatorii Apices.
* Coquettum.
* Cordiale.
Corpus Juris.
* Cosmodromium.
* Crisoplum.
Cursinarius.
* David.
* Daviticum.
* Debitis.
Decreta.

* Decretales.
* Decretata.
Decretum.
Defetarii.
Delegatoria.
* Denariale.
Deprecatoria.
Desusceptum.
* Deuteresis.
* Deuteronomium.
Diaconicæ Epistolæ.
Dialapis.
* Dietarium.
Dimissoriæ.
Diptycha.
* Divisionale.
Docrum.
Documenta.
Dombec.
Domesdei.
Doxologia.
Draco.
* Duplarium.
* Duplicata.
Duploma.
Ecbolum.
Ecclesiasticæ Literæ.
* Edictalis.
Edictum.
* Elfevus.
Efora.
* Electio.
Eleemosynaria Charta.
Elucidarium.
Emancipatoriæ Li-
 teræ.
Encautaria.
Entelma.
Entolin.
Epanagnosticon.
Epistolæ.
Epistolarium.
Epistolium.

Evangeliarium.
Evectio.
Evidentiæ.
Evindicatorium.
Eulogium.
Evocatoriæ.
* Exceptiones.
* Excerptum.
* Exemplar.
* Expletum.
Expomonogeron.
Expositum.
Expeditoriæ Literæ.
* Exprensa.
* Extensum.
* Extracta.
Extravagantes.
Factum.
Farcitæ Epistolæ.
* Feriale.
Feriales Libri.
* Firmatio.
* Floretus.
* Forbanditoria.
Formales Epistolæ.
Formatæ.
* Fundatitiæ.
* Funeralis.
* Galazanegues.
* Gambitio.
* Garthula.
Geronticon.
Gesta.
* Gestus.
* Glossatus.
* Gradalicantum.
Gradile.
* Greale.
* Guarentiana.
Hæreditaria.
* Hæreditoria.
* Hagiographi.
* Handfeste.

* Heptamaron.
* Hieronticum.
Homiliarius.
Horarius.
Hormesta.
* Horologium.
Hymnarius.
* Imbreviaria.
* Imnarium.
* Imperiales.
Indentura.
Indiculus.
' Infortiatum.
* Innotescentia.
* Kalendarium.
Laureatæ.
* Lectio.
Lectionarius.
* Lectum.
* Lectura.
Legatariæ.
Legenda.
* Letarium.
* Leudarium.
Liber.
* Liberzolus.
* Librunculus.
Literæ.
Lucidarius.
Majestas.
* Malachim.
* Mandatarium.
* Manipulus curatorum.
Manuale.
Manualis.
Mariale.
* Martalogium.
Martilogium.
Martyrologium.
* Matilogium.
* Matinata.
Matricula.
* Matrigolaria.

*Matrilogium.
*Matutinale.
*Memorale.
Memoratorium.
*Memorialis.
*Memorium.
Metropolitanæ Epi-
    stolæ.
Micrologus.
Missale.
Mitrale.
Mixtum.
*Monotessaron.
*Mortilegium.
*Mortuarium.
Mundiburdum.
Munimina.
*Musa.
Nocturnales.
*Notarium.
Notio.
Notitia.
Notoria.
*Notula.
*Novella.
Novellæ.
*Nuptiales Chartæ.
*Obitorium.
*Obscriptio.
Œconomicæ.
Officialis.
*Officiarium.
*Officiolum.
*Oloagiographa.
*Orarium.
Orationes.
Ordinale.
Ordinarius.
*Ordinatio.
Ordo.

*Originale.
Ormesta.
Pacificæ.
*Pagina.
*Pago.
Pandectes.
*Pannormia.
*Panteon.
*Papirus.
*Papyrus.
*Paraffus.
*Paratitla.
*Parcella.
Parensales, etc.
*Pargamenum.
Pariclæ, etc.
*Parlinchiaminus.
*Particula.
Paschales Epistolæ.
*Passatio.
Passionarius.
*Paterium.
*Patitur.
*Patronus.
*Paullinæ.
*Pedicru.
*Percamena.
*Periermeniæ.
*Periphyseon.
*Persichomachia.
*Pharetra.
*Physiologus.
*Pinax.
*Pinnicula.
*Pistolare.
*Pitatio.
*Placeti Litteræ.
*Planctus virginis.
*Plenarium.
Pœnitentiale.

*Poletus.
*Poletum.
Politogum.
*Polietus.
*Polium.
*Pollex.
Polyptychum.
*Positionalis.
*Præceptalis.
Præceptoriæ Literæ.
Præceptum.
*Præsidium regium.
Pragmaticum.
*Praxapostolon.
Precaria.
*Presa.
*Privilegialis Littera.
*Privilegio, etc.
*Procura.
Programma.
*Prophetiæ Merlini.
Prosecutoria.
*Prothogalis.
Proverbiator.
*Psallia.
*Punctuatio.
*Quæstionarium.
*Quare.
*Quartula.
*Quodlibetum.
*Rabaim.
*Reaportus.
RecaptivatoriæLiteræ
*Recessus.
Redemptionale.
*Reditoria.
Refutatorii Libelli.
Regestum.
Regula.
Relatoriæ.

Relatorium.
Relatum.
*Remissoriales.
*Renunciatio.
*Requestus.
*Rescriptio, etc.
*Responsiva.
*Reversale.
*Ricordum.
*Rogalia.
Rogatoriæ.
Romancium.
*Rosarium.
Sacerdotales Literæ.
*Sacerdotalis.
Sacra.
Sacramentales Literæ.
Sacramentarium.
*Sacrarium.
*Saltaris.
Salutatoriæ Epistolæ.
Sanctoralia.
*Scartabellus.
*Schedula.
*Scivias.
*Scroua.
*Semiplantaria.
*Series.
*Sermocinalis.
Sermologus.
Sigillum.
*Signatura.
*Smaragdus.
.Soliloquium.
*Somnialia.
*Speculum puerorum.
*Stabilimentum.
*Stantiamentum.
Starrum.
*Stillus.

*Stracciafoglium.
*Suggestio.
*Sumptum.
*Supericonicæ.
*Supplicatio.
Syllabæ.
*Syngraphum.
Synodalis Liber.
Synodica.
Syñthema.
*Systaticæ Literæ.
*Tacuinum.
*Talmud.
Telligraphia.
Temperantiæ Libel-
    lus.
*Terrerium.
*Testamentale, etc.
*Testatoria.
Testamentum.
Testimoniales.
Textus.
*Thomocharta.
Tomus.
*Tonarius.
Tractatoria.
Tractoria.
Traditoria.
*Transcriptum.
*Triodium.
Triscabina.
*Trisagium.
Viatica.
*Viatici.
Vitaspatrum.
Vocatoriæ.
*Volumen.
*Ympnare.

CÆTERA AD REM LIBRARIAM PERTINENTIA.

Abominarium.
*Abominatio, 3.
*Abreviare
*Abreviatura.
Acceptorium.
*Accus.
*Actum.
*Adsignatio.
*Aiones.
Albo.
Allogus.
Analogium.
*Armararius.
*Annaria.
*Armarius.
Aurigraphus.
Authenticum.
Bannita.
Bargina.
Bibleator.
Bibleus.
Billa.
Billeta.
Breve.
Brevis.
Bulla.
*Bundela.

Butaneum.
Buxus.
Calamarium.
Calcata.
*Callicula, 1.
Camisiæ librorum.
Canon.
Capitale.
Capitaneæ Literæ.
*Carcellus, 1.
Cartellus.
*Cartibellus.
Carticellus.
Catagraphare.
*Ceda.
Centonizare.
*Ceroma.
Cerussa.
Charaxare.
Charta.
Charticinium.
*Chirocrista.
*Chrisma.
*Chronicans.
Chrysobullum.
*Cimerium.
Claspa.

Clausa.
Clausula.
Codex.
Codicella.
Codicium.
*Cognus.
*Cohoperta.
*Colanium.
Conscripti.
*Contentor.
*Contestum.
*Contrarotulatum, etc.
*Contrasigillum, etc.
*Coopertum.
*Copista.
*Corroboramentum.
Cornu.
Cursarii.
*Cyphri.
Deletitia.
Dica.
*Diche.
Dictare.
Dictator, etc.
Dictica.
Dictio.
Dictitium.

Dispositum.
*Divalis.
*Edere.
*Editio.
*Enna.
Encaustum.
Encautum.
Encyclia.
Epitaphium.
*Epistagma.
Excopiare.
Exemplare, etc.
Exemplificare.
Expansale.
Explicit.
Extracta.
Feliciter.
*Filla.
*Flaho.
Fractura.
Francenum.
*Froncina.
*Gamma.
*Gammadium.
*Gemipunctus.
*Graffio.
*Grafia.

*Grammaticaster, etc.
*Grammatofora.
Graphia
Graphium.
*Grossa.
*Gruppus.
*Hœna.
Idiocera.
*Impanalare.
*Inactitare.
*Ingrossare.
*Interlineare.
Intercaraxare.
Intitulare.
*Irrotulare.
*Karacter.
Literalia.
*Laterculus.
Libellare.
Liturarii.
Longaria.
*Mabrana.
*Maranatha.
*Martiniana.
Membrana, etc.
*Membrus.
Miniare.

*Minuta.	Parcamentum.	Rapiarius.	*Rubricii.	*Sisternus.
*Nigrum.	Pergamenum.	Rasorium.	*Runæ.	Soma.
*Notatura.	Pittacium.	*Recipere in notam.	*Scanzelare.	*Subimaginatio.
Notæ.	*Postis.	*Reconditorium.	*Scenochartalis.	Sulcare.
Offendix.	Postillæ.	*Reddite.	*Schedare.	Supercapitulum.
*Orthographia.	*Pressura.	Redorsare.	Scida.	Superdictiones.
Paginaliter.	Protocolum.	*Regrossare.	*Scribaria.	*Superscriptio.
Palea.	Pseudographa.	Regulare.	*Scribenones.	*Tabulare.
Pancharta.	Punctare.	*Rescellus.	*Scriptio, etc.	*Vaccheta.
Panellum.	*Punctum.	*Rotularius.	*Scriptura, etc.	*Vacheta.
Paperes.	Quaternio.	Rotulus.	*Scrivabilis, etc.	Unciales.
Papyrus.	*Quinivetus.	*Rubrica.	*Sexternus.	Zeta.
Paragraphus.	Quinternio.	*Rubricella.	Siricum.	

XXI.

LITURGICA, SEU QUÆ SACRAMENTA ET ECCLESIASTICA OFFICIA SPECTANT.

Abliugere.	Caurico.	*Desca.	Gradale.	Matutinarius.
*Absolutio, 5, 6.	*Celebrare.	Desiderata.	Gradus.	Matutini.
*Ad Accedentes.	Centenarium.	Diæta.	*Grancrenelle.	Mediavita.
*Accommunicare.	Cereus Paschalis.	Diapsalma.	Gratia.	Memento.
*Acrostichis.	*Cessatio.	*Diligentium.	*Hagiosiderum.	Missa.
Actio.	Choræ.	Directaneus.	Historiæ.	Mosarabes.
*Admissatio.	Chrisma.	Discommunicantes.	*Holocausta.	Munus.
*Advigilium.	Christianitas.	Divisio.	Horæ.	Mysterium.
*Afflictio.	Cinis.	Domina.	*Hostia.	Neophytus.
Agenda.	Classicum.	Dominicalis.	Hymnus.	Nocturna, etc.
Agere.	Cœna.	Dominicum.	Hypopsalmus.	Nomen.
Agnus.	Collecta.	Dominus.	Illatio.	Nona.
*Albata, 1.	Commemoratio.	Donum.	Illuminare.	*Novena.
Alleluya.	*Commenda, 7.	*Dringuet.	Immolare.	Novenarius.
*Alta missa.	Commendationes.	Duodecima.	Imponere.	Obitus.
*Altagium	Communio.	Embolis, Embolum.	Incisio.	Oblata.
*Annalis.	Communicare.	Epheta.	Incommunicatus.	Oblatio.
In Altari offerre.	Competentes.	Eucharistia.	Incorporare.	Octava.
Aqua tepida in sacri-	Completa, Completo-	Eulogia.	Indulgentia.	*Occursus.
ficiis adhibita.	rium, etc.	Excommunicatio.	Infantes.	Offerenda.
Aqua.	Confirmare.	Excubiæ.	Infertum.	Offerentium.
Audientes.	Confirmatio.	Execrari.	Inhumanatio	Offerre.
Baculus.	Consecrare.	Exomologesis.	Inoleare.	Offertorium.
*Baptisamentum.	Consignare.	Exorcidiare.	*Introducere.	Officiare.
Baptismus.	Consistentes.	Exorcizare.	Introitus.	Officium.
*Bendellatus.	Consparsus.	*Expalmare.	*Inundatio.	*Offranda.
Benedictio.	*Conspersio.	Exsufflatio.	Itinerarium.	Oleum.
*Bicinium.	*Consummatio.	Extorres.	Kyrieles.	Optari.
*Bifaciare.	Contestatio.	Farcia.	*Lampas.	Opus.
*Bogium, 2.	Contestada.	*Fasciatorium.	Laus, laudes.	Oramen.
Buccella.	Conventus.	*Ferendum.	Lecticulæ.	Oratio.
*Byzantia.	Corona.	Fermentacei.	Lectiones.	*Orgia.
Canon.	Corporatio.	Fermentum.	Levare.	Osculatorium.
Canonizare.	Corpus Domini.	Ferrum.	Liber pacis.	Osculum.
*Cantagium, 2,3.	Credulitas.	Fertura.	Litaniæ.	Panagia.
Cantamissa.	Cruces nigræ, bannales.	Fistula.	Lucernarium.	Panis.
Cantare.	Cursus.	Fons.	Luminaria.	Partes.
*Cantariolum.	*Dealbatus.	Formata.	Mandatum.	Pastor.
*Capitulare, 9.	*Decantare.	Gestantes.	Margarita.	Pax.
Catechumeni.	*Deposuit.	Gloria.	*Matutinale officium.	Peregrinus.

Plenarium.
Pompæ.
Postcommunio.
*Postsanctus.
Prædicare.
Præfatio.
Precatio.
Precatorium.
Prima.
Proprium.
Prosa.
*Proseucha.
*Psallenda, etc.
Psallentia.
Psallentium.
Psalmus.
Psalterium.
Punctum.

Purificare.
Recincerare.
Reconciliare.
Regnum.
*Regressus.
*Relevata.
*Remembrantium.
Requiem.
Responsorium.
*Returnum.
*Revita.
Rogationes.
Regus.
Rota.
Sacramentale.
Sacramentum.
Sacrificium.
*Salinum.

*Salisparsio.
Salve regina.
Salus.
Sancta.
Sapientia.
Sarcalogus.
Schola.
Scrutinium.
Secreta.
*Septena.
Septenarius.
Septimale.
Septimus.
Sepulchrum.
Sequentia.
Servitium.
Servitus.
Signaculum.

Signare.
*Signatio.
Signum.
Sonus.
Statio.
Subscripti.
Suffragia.
Superfusio.
Supermissa.
Superpositio.
Suscipere.
Symbolum.
Sympsalma.
Synaxis.
Synodus.
Tabula.
Te igitur.
Tenebræ.

Tertia.
Tertius, etc.
Thurificare.
Tingere.
Tonsura.
Tonsurari.
Tonus.
*Transitorium.
Tricenarium.
Tricesimus.
Triduana.
Tropus.
Versus.
Vexillum.
Viaticum.
Vigiliæ.
*Vitatorium.
Undeiare.

XXII.

LUDI, LUDICRA, ET QUÆ EJUSMODI SPECTANT.

Acamprassa.
Alphinus.
Arena.
Arenarii.
*Arremedillum.
Aventura.
Azarum.
*Bagordare.
Ballare, Ballatio, Bal-
limathia, Balli-
steum, etc.
Bansatrices.
*Barataria, 2.
Barbatoria.
Barrizare.
*Basclacia.
Basia juvenum.
*Bastaxius.
*Bejannare, etc.
*Belencus.
*Beliordum.
*Bergeretta.
Berlengum.
*Bertellus.
*Biscatia.
*Boclare.
Bohordicum.
*Boula, 2.
*Bouleta.
*Bouquetus.
*Bricola.
Buhors.
Burdare.
Bursare.
*Buschatia.
*Cachia, 3.
Candida.
Cantores.

*Cariolari.
*Carivarium.
*Carola, 2.
*Carticellæ.
Cembellum.
*Ceolla.
*Chalvaricum.
*Charivarium.
Charolare.
*Chavaritum.
Cheolare.
*Chorea.
*Choreare, etc.
*Chuca.
Cibæ.
Circissarii.
Circulator.
*Clicha.
Colores.
*Comonbelou.
Contificium.
Coraula.
Corcula.
Cordex.
Cursus equorum.
Dansare.
Decius.
Deductio.
Detesserare.
Domneare.
*Ebatum.
*Ecperusan.
*Editio.
*Ellaici.
*Ensiludium.
Ephalmatores.
*Epilogus.
Episcopus puerorum.

Equester.
Factionarii.
*Fercia.
*Festizare, etc.
*Festum, 10, 11.
Fortunium.
Funambuli.
Fuscanus.
*Galare.
*Gallardus, Galliardus.
*Gallorum Pugna.
*Gaya Scientia.
Giostra.
Giraculum.
*Gladiatura.
*Glissis.
*Globisare.
*Gralus.
*Grassus.
*Gratiæ.
*Guirla.
*Halteristæ.
Hastiludium.
*Hellebit.
*Houla.
Inciti.
Interludium.
Intermetium.
Jocista.
Joculari.
Jocus partitus.
*Joglaria.
*Jostra.
Jotici.
*Jousta.
Juglatores.
Justa.
Justitia.

Lepuscula.
Ludimentum.
Ludicra.
*Ludipes.
Ludus.
Lusorium.
*Machabæorum Cho-
rea.
*Maium.
*Malus casus.
Manducus.
Mappa.
*Marrella.
*Masquarata.
*Massum.
Matare.
*Mayma.
*Megregrassus.
*Mellat.
*Menesterellus.
*Mimare.
*Mimia.
Mimilogus.
*Mimithemelæ Ars.
*Mimus.
Minator.
Ministelli.
*Montina.
*Mucroludium.
*Noctivalia.
Orciscopalarius.
*Paduana.
Pancratiarius.
Parapallium.
*Passarela.
*Pediva.
*Pedregata.
*Pelota.

Petauristarii.
Pictomacharii.
*Pililudius.
*Pillocellus.
Pirgus.
Polotellus.
*Polverella.
Popularitas.
*Pospilare.
*Praella.
*Pulverea.
*Pulvereta.
*Pulveritia.
*Quadratum.
Quintana.
*Raffla.
*Rauderius.
*Regazollus.
*Regineta.
*Repellus.
*Revelles.
*Rhindalea.
*Rodella.
*Rubata.
Sago jactari.
Samardacus.
*Sardarius.
Satyrici.
Scaci.
Scæneca.
*Scenobata.
*Schurra.
*Scotus.
*Sexta.
*Simulacrum.
*Spineticum.
Stadiodromotus.
Stipadium.

XXIII.

MAGICA, SEU VOCABULA AD MAGIAM, SORTES, AUGURIA, SUPERSTITIONES, ET EJUSMODI SPECTANTIA.

MAGICA.

* Abagha.
Alyrumnæ.
Ancliones.
Aranscarti.
* Ariolus.
* Ariolari.
Arriva.
Artificium.
Aucones.
Aura levatitia.
Azardum.
* Baptisare.
Bivius.
Brevia.
Bröxæ.
* Cabbala.
Cantatores.
Cantellator.
Canterma.
* Caracter, 2.
Caragus.
Caranda.

Carmen.
Cataboliti.
Cauculatores.
Chaldæi.
Chrisma.
Cindator.
Cochlea.
Contraratio.
Constellatio.
Cornu.
Defigere.
Devotare.
Divinus.
Divisio.
Energima.
Energumeni.
* Faccinerius.
* Fachilator, etc.
* Factura, 7.
Facula.
* Fascinare.
Fetilleri.

Frequentidici.
Fulguratores.
* Gazara.
Genesis.
Geniculum.
Geniscus.
Genitialii.
Getia.
Gignadius.
Herba.
Horarius.
Imaginarius.
Incantare.
* Indæmoniatus.
Initiare.
* Instotionatus.
* Invocatio.
* Invultare.
Lac.
Libri nigri.
Ligaturæ.
Literæ.

Luna.
Machina.
* Magicarius.
Magicatus.
Maleficus.
* Malia.
Malitas.
* Malvegator.
Masca.
Mathematici.
Mathesis.
Mechanicus.
Medicamenta.
Nascentia.
Nigromantia.
Nocturnum.
* Obcantare.
Obligatores.
* Obstrigillus.
Paredrus.
Planetarii.
Præcantare.

* Præstigiare.
Prophetæ.
Pulvis.
* Reputatio.
* Scopelismus.
Somniarius.
Somniator.
Sortes.
Sortiariæ.
Specularii.
Stigmata.
Stria.
Striga.
Strioportas.
* Subvertere.
Talamasca.
Tegularia.
Tempestarii.
Vanitas.
Vegius.
Umbræ.
Vultivoli.

SUPERSTITIONES, PAGANIÆ.

* Abominatio, 2.
Abracadabra.
* Aeromantia.
Arbores.
Arietem levare.
Arturum exspectare.
* Assidios.
* Babutzicarius.
* Baphomet.
* Bardicatio.
Bruma.
Cantatores
Cervula.
Chorizantes.
* Conjurium.

Dadsisa.
Didemarii.
Dies tinearum.
* Ensalmus.
Fanatici.
Fastidiatio.
Feriæ.
Fornax.
Fustis.
* Hæresis.
Hostiæ, etc.
Idolium.
Idololatra.
Immolatitiæ Escæ.
Kalendæ.

Maialis.
Malleus.
* Manducare.
* Maniæ.
* Marsi.
* Mavones.
Nedfri.
Nimida.
Nodsyr.
Paganiæ.
Parentalia.
Pedes lanei.
Petra.
Philacterium.

* Psodanna.
* Pura.
Remedium.
* Reputatio.
Sacrivus.
* Saltatrices.
* Saludador.
Saxorum Veneratio.
* Schematizare se.
* Scobaces.
Simulachrum.
* Sorceria.
* Sortiare.
Sostiteum.

Spurcalia.
* Spurcamen.
* Sternutatio.
Strava.
* Strena.
Sulci.
Superventa.
Tauroboliare.
Tectum.
Teda.
* Vaticinissa.
Vetula.
Vinceluna.
Ursus.

AUGURIA.

* Apotelesmata.
* Calceamentum.
* Cancrizare.
* Comminatio.
Confernova.
Confert.

Confervetus.
Conjectorium.
Conoppi.
Emponemb.
Fernova.

Fert.
* Geomantia.
* Geumantia.
* Haospex.
Harenam.

* Horoscopi.
Physiculatus.
Portendiculum.
Prænosticus.
Respector.

Scassarnova.
Scassarvetus.
Scimmassarnova.
Superauguriare.
Viarąm.

DÆMONES, SPECTRA, DII GENTILIUM.

* Abeona.
* Abundia.
* Aliborum.
* Allat.
* Alpha, 1.
* Alraunæ.
* Bensozia.
* Bona socia.
* Cobali.
Contrarius.
Dæmon, etc.
* Deunculus.
* Diabolicum.

Diana.
Diclug.
Dracus.
Dusii.
Ermulus.
Fadus.
* Fatales.
Fauni.
* Ficarius.
Folli dæmones.
Formidamina.
Frea.
Genius.

Genempiros.
Gerulfus.
Gobolinus.
Grant.
Heliogabalus.
* Hellequinus.
Heraclea.
* Herus.
* Holda.
* Jahoc.
Incubi.
Incursus.
Inimicus.

Iniquus.
Irminsul.
Krodo.
Lama.
Larvæ.
Majestas.
* Malatasca.
Malignus.
Malus.
Miratores.
Neptunus.
Obsessus.
Occursus.

Othan.
Pervasatus.
Phantasia.
Pilosi.
* Rabes.
* Salambona.
* Thammus.
Thur.
Tribulantes.
* Vehemoth.
Wodan.
Zabolus.

XXIV.

MEDICA, MULOMEDICA, CHIRURGICA, MORBI, ÆGRITUDINES,
ET CÆTERA QUÆ AD REM MEDICAM SPECTANT.

* Abaptistum.
Ablucinatio.
* Abocellus.
Abominatio.
Accensiuncula.
Accessio.
Accubatus.
Achavum.
Acidonicus.
Acrimonium.
Acroisia.
Acuta.
Admansiones.
Adtractus.
Ægrimonia.
Agaulizare.
Agonizare.
Albulæ.
Alembicum.
Algalia.
Alienatus morbus.
Allopitium.
Alteritas.
* Analensia.
Anatas.
* Anatrope.
* Anghio.

* Anguinalia.
Anilia.
Antidotum.
Antimonium.
* Antras.
* Aporia.
Apostatizare.
Appotiare.
* Aqualentus.
Aragaicus.
Arcetica.
Ardentes.
* Argema.
Arnaldia.
Arpeta.
Arsura.
* Artetica.
Astrosus.
Avortare.
Aurisia.
Auticax.
Barbaricum.
Baruli.
* Bluso.
* Boba.
* Bocia, 4.
* Bonannum.

Bossa.
* Bossia.
* Botius.
Bova.
* Brachirolum.
* Braguerium.
* Buba.
Bullare.
* Burburismus.
* Cacochimia.
Cadivus.
Caducarii.
Cancerare.
* Cancherenea.
Cancrarium.
* Cancrizatus, etc.
Caprizans Pulsus.
* Capipurgium.
Caputpurgium.
Carpia, carpita.
* Caratter.
* Carbunculus.
* Cardialgia.
* Cartanarius.
* Cassida, 2.
Catalepticus.
Cataplasma.

Catapotium.
* Cataracta.
* Catarizare.
* Catharrhus.
* Catarticum.
Cathinia.
* Cauculus.
Cauda.
Causa.
Causarii.
Cedria.
* Cefalalgia.
* Celsus, 1.
Cerotarium.
Cerugia.
* Chephalagricus.
Chronica Infirmitas.
Ciatica.
Cimoxa.
Cingulus.
Cisurgium.
Clapersedra.
* Claudecatio.
* Clicia.
Clinici.
Clocire.
Cloppus.

* Cocale.
Coculæ.
Coleres.
* Collutio.
* Conatio.
Condolomatus.
Conductio.
Confectio.
Consuetudo.
* Contagiatus.
Contagium.
Contractus.
Contritus.
* Convolvulus.
Coppa.
Coralis.
Coriago.
* Cordia.
* Cordiacus.
* Coriza.
Corporatura.—
Cossi.
Covenum.
* Crampa.
Crepatiæ.
* Crepatus.
* Crepido, 1, 3.

XXV.

MENSURÆ ARIDORUM, LIQUIDORUM, PANNORUM; PONDERA.

* Liorale.
* Lispunt.
* Livrale.
* Livratorium.
*Lodis.
*Lothum.
*Loto.
Lotum:
*Lottus.
Lunda.
* Madurieria.
* Maidinum.
*Malcidus.
* Malderatus.
Maltra.
Manata.
Manca.
*Mancaldus.
*Mancaus.
*Manchaldus.
*Mancoldus.
Mancusa.
*Manganaria.
*Mangoldus.
Marca.
*Marchius.
*Marchum.
*Massoda.
*Matta.
*Mayderia.
*Medella.
*Media.
*Mediale.
*Mediola.
*Medualia.
*Megaricus.
*Megeria.
*Megira.
*Mejeira.
*Mella.
Mellerola.
Mencaldus.
*Mencatus.
*Mencoudus.
Mensura.
*Mesalata.
*Mesalis.
Metearia.
*Meteo.
*Meterarium.
*Meterium.
*Metonnus.
*Metze.
*Meytadencus.
*Meyterius.
*Mezelhale.
*Mezetinus.
*Midi.
*Migeria.
*Miliarium.
*Miligrisius.
Mina.
Minellus.
*Minetus.
*Minotus.
*Minula.
Mitta.
*Mitadela.
*Mitadencus.
*Miterium.
*Mitonus.

*Mixterium.
*Modiolus.
*Modium.
Modius.
*Modris.
*Modulus.
*Modura.
*Molla.
*Mollare.
*Moncaldus.
*Mondina.
*Morallus.
Mornantesius.
*Moteonus.
*Moyatus.
*Moyda.
Mudinus.
*Mugius.
*Muiolus.
*Multurarius.
*Muta, 8.
*Muwes.
*Nigeiral.
Novena.
Nudus.
*Octalium.
*Octava.
*Ollata.
*Oma.
*Oncia.
*Padolamento.
*Pagella.
*Pajella.
Paleta.
*Palmus.
*Panellus.
*Panora.
*Pantof.
*Parium.
*Pauca.
*Pauquinus.
*Payrolius.
*Pazellus.
*Peciatum.
Peda.
*Pegar.
*Peguarium.
*Pelvis.
*Pena.
*Penaldus.
Pensa.
*Perea.
*Pesus.
Petra.
*Petrata.
*Pelsa.
*Pezum.
*Picherus.
*Pichetus.
*Picotinus, etc.
*Pikarium.
*Pila.
*Pilla.
*Pincetum.
*Pincta.
*Pingia.
*Pinguetus.
Pinta.
*Pippata.
*Pisa.
*Pisonale.

Poçalis.
*Pochonus.
Pociolus.
*Pogada.
*Pogesale.
*Pognadina.
Poichia.
*Poigneia.
*Poinanderia.
*Poingueria.
*Polenta.
Polkinus.
Pollex.
*Ponderia.
Pondo.
Pondus.
*Poneria.
*Ponga.
*Ponhaderiana.
*Pontetus.
*Poquinus.
*Pozalis.
*Provendarius.
Puginata.
*Pugneta.
Pugnexderra.
*Pugnus.
*Punhaderia.
*Punheria.
*Quadernale.
*Quadrale.
*Quardia.
*Quaretata.
*Quarga.
*Quarrellum.
Quarta.
*Quartaironum.
*Quartaletus.
Quartallus.
*Quartanarium.
*Quartanum.
*Quartaranchia.
Quartarius.
Quartarola.
*Quartarolus.
Quartaronum.
*Quartaronus.
*Quartayro.
*Quartengius, etc.
*Quarterengia, etc.
*Quarterio.
*Quarterium.
*Quarto.
Quartonchia.
*Quartonus.
*Quartuccia.
*Quatellus.
*Quateria.
*Quauda.
*Quinalis.
Quintale.
Quintarius.
*Quintellus.
Rabo.
Raficii.
*Raficius.
Ramich.
*Rasa.
*Rasellum.
Raseria.
*Rasialis.

*Rasium.
*Raspecia.
*Rasum.
*Rasura.
Rasus.
*Raxus.
*Razus.
*Regale.
*Res.
*Resale.
*Roda.
Rota.
Rotulus.
*Roundelettus.
*Rovum.
*Rubbum.
*Rubium.
*Rubrum.
*Russellata.
Saccus.
*Salarga.
Salarius.
*Salez.
*Salvia.
*Salura.
*Sarplare.
*Satta.
Satum.
*Scafilus.
*Scaflus.
Scala.
*Scandaillare.
*Scandale.
*Scandalium.
*Scandilhare.
Scapha.
Scapilas.
Scapula.
*Scaqua.
Scatta.
Sceffilum.
Sceppa.
*Scharreia.
*Schock.
*Scopus.
Scriptulus.
*Scripulum.
Sellus.
*Semaisia.
*Semilotus.
*Semodiale.
*Semodius.
*Septarium, etc.
*Septerium.
*Septuarius.
*Serena.
Sericum.
Sester.
*Setzena.
*Sextanus.
*Sextaria.
Sextarium.
*Sextayralium.
Sicla.
Siclo.
*Simasia.
*Simmera.
*Sistarium.
*Sisterensis.
*Situla.
Smelo.

*Sobra.
*Sola.
*Sombrum.
Someta.
*Stadium.
Stallo.
*Stalo, etc.
Stara.
*Starellus.
*Stariolus, etc.
*Stera.
*Stoldus.
*Stricho, etc.
Strick.
*Sumberinus.
*Summerinus.
*Syemelinga.
Talentum.
*Tara.
*Tasium.
Teisia.
*Temperamentum.
Tensa.
*Tercellum.
*Terceneria.
*Ternarius.
*Tesa.
*Tesia.
*Tessa.
Tetrassarius.
*Thesia.
*Thuminus.
*Tiercellus.
*Tinnhateria.
*Toisa.
Tolffminyug.
*Tornatura.
*Trabuchus.
Trona.
*Trugya.
Trzne.
*Tuaza.
Tublium.
*Tumerellus.
*Tuminus.
*Tumminus.
*Tumulus.
Turnini.
*Vaina.
Vannus.
*Vaxellum.
*Ubartillus.
*Vergaium.
*Versana.
*Verto.
*Vestizo.
*Vierlingus.
*Vinchata.
*Vivenda.
Ulna.
*Voitfueter.
Urna.
*Vroname.
*Utareus.
Waga.
Waya.
*Witellus.
*Ydria.
*Zerla.
*Zuanus.

XXVI.

METALLA, RES METALLARIA.

Absitanum.
*Acciarium.
*Acer.
Alba.
Alquitranum.
*Anbra.
Anchorarii Lapides.
*Arainum.
*Aramen.
Ardesia.
Argentum regis, finum.
Arpaga.
Arsura.
Assaltum.
*Auriacum.

*Auribritum.
Aurum.
Azarum.
*Azerum.
Balluca.
Bamber.
Battutilis.
*Boracum.
*Caiba.
*Calamina.
*Callus.
Cararia.
Carbones fossiles, terrestres, etc.
Carraria.
Chimia.

Cidima.
Cinerastium Argentum.
*Cristallum.
Crustalia.
Cuprum.
Cyprinum.
*Electrum.
Enchori, etc.
Flatura.
Flavor.
Gistum.
Glufia.
*Gressius.
Hullæ.
*Lato.

*Latonnus.
*Ligurius.
*Litazinum.
Litium.
Loys.
Macina.
*Macignus.
*Mestallum.
Metallum.
Mina.
Minera.
*Molibdos.
Olea.
Ora.
*Pestrum.
*Pentreum.

Plata.
Rame.
Regelatum.
*Salepetra.
*Sallepetir.
*Salmitrium.
*Salpeta, etc.
Scaliæ.
Smaragdina.
Specular.
Stagnum.
Stainum.
Talentum.
Tufus.
Turba.
Uzifur.

LAPILLI, GEMMÆ.

Abadir.
*Afroselinum.
Alabandine.
*Aljoufar.
*Allabandena.
Amatixus.
*Ambrum.
Arpaga.
*Balasciolus, etc.
Balascus.
*Balaya.
*Baleis.
*Baleius.
*Balesius.

Beloculus.
Berillus.
*Calcidonia.
Camaehus.
*Cameus.
*Cassidonium.
*Chasto.
*Diadocus.
Diamantes.
*Dobletus.
*Ermaudus.
*Esmaldus, etc.
*Garmau.
*Garnatus.

*Gaudeolum.
*Gaudia.
Gimel.
*Gioia.
*Granatus.
*Granitellus.
*Grenatus.
*Imperlatus.
*Israel.
*Lavia.
*Leocrysus.
Margella.
Mazer.
*Nichilus.

Orphanus.
*Palasius.
*Pelido.
Perlæ.
*Perloci.
*Perlula.
Pernæ.
*Perreia.
*Perreria.
*Pyropus.
Rubinus.
*Rubius.
*Serpentina.
*Smaranda.

*Smeraldinus.
*Stopassis.
*Thopasius.
Topazio.
*Turchesius.
*Turchina.
*Turchisca.
*Turcoisius.
Turkesius.
*Ysmirallus.
*Zaffinus.

XXVII.

RES MILITARIS, SEU VOCABULA AD EAM PERTINENTIA.

MILITES, FACTIONES, ETC.

*Acanzi.
Adcrescentes.
*Ædificatores.
*Affosadare.
Almugavari.

*Aluncaldi.
Apocaligus.
Arbalistæ.
Arcarii.
Arcerii.

Archerarii.
Archerii.
Arcistæ.
*Archiferi.
*Argiraspidæ.

Armati.
Armicolæ.
Arquites.
Auxilia.
Balearii.

Balistarii.
*Banda, 1.
*Banderia, 2.
*Banderium.
*Bayeta.

ARMA.

*Sachs.
*Salvaterra.
Sareza.
*Sarissa.
Saxa.
*Scakana.
*Schiopetus.
*Scimpus.
Scirtum.
Scogilum.
*Sclopetum.
*Scopeta.
*Scopetus.
Scoptrum.
Scorpio.
Scrama.
Secures Danicæ.
*Secursella.
*Segerzonum.
*Selada.
*Semilancea.
Semispathium.
*Sparus.
*Sponto.
Sexaudrus.
Sicca.
Skrep.
Snyrtir.
Sparro.
Sparth.
Spatha.
Splendona.
Spontones.
Subula.
*Tacla.
*Taretta.
Telum.
Tenaculum.
Teutona.
Tigris.
*Tortuosa.
*Tractus.
*Transferius.
Trialemellum.
*Trusale.
*Vafolart.
Vanga.
Vasa.
*Veratonus.
*Veratus.
*Veretonus.
Verones.
Veru.
Zalda. *
Zibynnus.

ARMATURÆ, VESTES MILITARES.

Aclergum.
Aketon.
*Alberc.
*Albergio.
*Alberjo.
Angia.
*Antepectus.
Arma.
*Aspaldum.
*Atirimentum.
*Auquetonnus.
*Auspergotum.
Bacinetum.
Bainberga.
Barbuta.
*Baveria.
*Beinbergæ.
*Bergantina.
*Bloquerius.
*Bocalarium.
*Boclerus.
*Boquellarius.
*Bouclarius.
*Bracciaiulæ.
Branea.
*Brigandina.
*Broquerius.
*Bruma, 3.
Buccula.
*Camberota.
*Cambia, 2.
Camisia.
*Capellina.
Capellum.
Capellus.
Capitium.
*Cappillina.
Carcaissum.
*Cargan.
*Cassettus.
Cataphracta.
*Cerbelleria.
*Cerebrerium.
*Cervella.
*Cervelleria.
*Cervellerium.
*Chirothecæ.
Cinctorium.
*Clamucium.
*Clavengus.
Clibanus.
Clypeocentrus.
Clypeus.
*Cohoperta.
*Coifeta.
*Colectum.
*Coracium.
*Coralia.
*Coratia.
Coratium.
*Corcellus.
*Corsatus.
*Cossalum.
*Cosserium.
*Cossiala.
*Coyratia.
*Cuirena.
*Cuissetus.
*Curaciá.
*Curellus.
*Curiaca.
Coxale.
Duplodes.
*Elmetus.
*Elmus.
Exscutum.
Faretrum.
*Faveria.
Gaina.
*Ganteletus.
*Gaudichetum.
*Genocclales.
*Genualia.
*Georgeria.
*Goniculares.
*Gorgale.
*Gorgeria.
*Gurgeria.
Halsberga.
*Helmus.
*Hermus.
*Jaquetonus.
*Ingancta.
*Lameria.
Lamna.
Lorica.
Loricus.
Lucenna.
Macula.
*Mahona.
Mamillaria.
*Mantus.
Mascla.
Nasale.
Ocularium.
Panceren.
*Panseria.
Parma.
*Pantheria.
Pavenses.
*Panzeria, etc.
*Pavesium.
*Pendulum.
Peraciæ.
Perpunctum.
*Placca.
Plecta.
Priwen.
*Quirec.
*Rotella.
*Salada.
Scamma.
*Schiencheria.
*Schineria.
*Sclavonia.
Scutarium.
*Serveleria.
*Sosarium.
*Spaleria.
*Spallarium.
Spourones.
*Stentarium.
Strantum.
*Tabulaccium.
*Talaucha.
Talavacium.
*Tallavasius.
*Talochia.
Targa.
*Taulachia.
*Tavolacius.
Testinia.
Thoraconactus.
Trilices.
Turcasia.
*Turniclia.
Tymbris.
*Umus.
*Wappenhauben, etc.
Zaba.
*Zimera.
*Zonoxollæ.

MACHINÆ BELLICÆ.

*Amanganare.
*Arganella.
Argumentum.
Ars.
*Athilator.
Artificium.
Asellus.
*Balia, 1.
Barbicalis.
Barbizellum.
Berbices.
*Bercellum.
Biblia.
Bipedile.
*Biffa, 2.
Blida.
Boachiers.
Bombarda.
Bombardella.
Bricola.
*Brida.
*Bulzo.
*Cabia, 3.
Cabulus.
*Calis, 2.
Cancer.
Canones.
Carabaga.
Carcamusa.
*Carellus.
*Carobalista.
*Carrotus.
Catus.
Causia.
Cazafusta.
*Cerbortana.
*Coaleves.
*Coco.
*Colobrina.
*Colubrina.
*Crocaretius.
*Currus.
Domina.
Ericius.
*Estrif.
*Falconeta.
Falconium.
*Frandegulum.
Fundabulum.
*Fundenda.
*Fundibilis, etc.
Fustibalum.
*Gatta.
*Gonna.
*Guarrus.
Gunna.
Gussa.
*Handegarius.
*Hericia.
*Heriço.
*Hersa.
Hirundo.
*Jactatoreum.
Jactatorium.
Ingenium.
*Labdareus.
*Laufetus.
Librilla.
*Locusta.
Lupus.
Malveisin.
Manganum, etc.
*Masafustum.
Matafunda.
*Mortarium.
*Moschetta.
*Musqueta.
Murusculum.
Musclus.
*Onager.
*Panthera.
Pararium.
Paterca.
*Peireira.
Perdiceta.
*Petilio.
Petraria.
*Phavo.
Pixis.
Præcipitaria.
*Præcipitium.
*Prædeira.
Prederia.
*Preteria.
Priapus.
*Prisarola.
*Prodesusium.
*Proponcha.
*Quadrintulus.
*Ribaudequinus.

PROPUGNACULA, MUNIMENTA.

VEXILLA.

CÆTERA AD REM MILITAREM SPECTANTIA.

Gracilis.
*Gualiana.
*Habilimentum.
*Habitio.
Heraldus.
Herebaunum.
Herisliz.
Hostis.
Hurdicium.
Ictus.
*Imboscamentum.
*Imprezia.
Imprisa.
Incastellare.
*Ingegnerus.
*Insultus.
Intersignum.
Itinerarium.
*Ispia.
*Itiscungacbæ.
*Kyrie eleison.
Lacerti.
Lis.
*Massa.
Menetum.

*Merlare.
*Militare.
Minare.
Mons gaudii.
*Monstrantia.
Monstrum.
*Morare ad soldos.
*Mostra.
Nobiscum.
Obsidium.
*Ostensio.
Palaria.
Paletare.
*Palloctitia.
Papilio.
*Pavesatus.
Pharro.
*Poingitium.
*Posta.
*Proba.
*Prœliamentum.
*Prœliare.
*Prœlium.
Protutela.

Pugna.
Quarentena.
*Quavalgata.
*Rayda.
*Raysa.
Rebellare.
Rebellio.
Rebellium.
Reisa.
*Religare.
Retentio.
Retrobannus.
*Retrogachium.
Retrogarda.
*Retroguardia.
*Roeda.
*Rothmagister.
Sagittamen.
Sagittare.
Salinatio.
Salpista.
Salpix.
*Sappa.
Scala.

*Scalamentum.
*Scalare.
Scara.
Scaragaita.
Scholæ.
*Sconficta.
Sconfitta.
*Scorta.
*Scortum.
*Scubiæ.
Sedita.
*Sociales.
*Societas.
Solidata.
Spia.
*Spio.
*Stabilita.
Stabilitates.
*Stillicidium.
Stormus.
*Stremita.
*Strumum.
*Sturma.
*Subguarnimentum.

*Subsidiare.
Subsessæ.
Subsidio.
Tabur.
Tagma.
Talare.
*Talayæ.
*Tambor.
Tenda.
Tenfura.
Tergafuga.
Tesserarii.
Titulus.
Tornatio.
Treva.
Trivulgi.
Trumba.
Trummeta.
Tubare.
*Tupina.
*Tybarud.
*Tzustria.
*Viseria.
*Warnisio.

XXVIII.

MINISTERIA SACRA, VASA, ORNAMENTA ECCLESIASTICA.

*Absida, 6.
Abstersoria.
Accenthuraria.
Acerna.
Acetabulum.
*Alæ.
*Aldorra.
Altare viaticum.
Ama, Amula.
Amendola.
Ampulla.
Analogium.
*Ancona.
Antependium.
*Antimensium.
Apophoretum.
Appellarea.
Applare.
Aquamanile, Aquam- manus, etc.
Arbor.
Arcellina.
Arcus.
Aristato.
Armellum.
Bacchonica.
Bacinus, Bacile, etc.
Basiliscus.
Bazia.
*Benedictarium.

*Benedictorium.
Benna.
*Bicassa.
Cælatura.
Calami.
Calefactorium.
Calix.
Cambuta.
Canna.
Canneta.
Canola.
Canolum.
*Cantarium, 2.
Cantharum.
Cantharus.
Capella.
*Capellaria, 2.
*Capida.
Capitolium.
Capsa.
Capsella.
Carola.
Carrum.
Casella.
*Cassa, 3.
*Cassella, 2.
Cedellus.
*Celatum.
Ceraptum.
*Cercitorium.

Cereaptum.
*Cerostanda.
Cereophalum.
Cereostata.
Ceroferale.
Ceroferarium.
Cerogerulum.
*Chariotus.
Chaussepoin.
*Chilla.
Chrismal, Chrismale, Chrismarium, etc.
Ciborium.
Cicindela.
Cimelia.
Cimiline.
*Ciminile.
Circitorium.
Clamacterius.
Clavis.
Cochlear.
Cogina.
Colum, Colatorium, etc.
Columba.
Communicales.
Concha.
Concinnatio luminum.
*Concus.
Cophinus.

Cornu.
Corona.
Corporale.
Crater.
Craticulæ.
Cresta.
Cupa.
Delphini.
Digitiæ.
Discus.
Dominicalis.
Dorsale.
Ecclesia.
*Eikaristiale.
Emunctoria.
*Encenserium.
Enaphoti.
Endothis.
*Erchia.
Exafoci.
Falden.
Fastella.
Fastigium.
Feretrum.
Ferratum.
*Fiertra.
Filaterium.
Fibula.
*Filiola.
Fimbriæ.

Flabellum.
Flamina.
Florentia.
Fons.
Forcipes.
*Forte.
Freda.
Frontale.
Frontellum.
Fumigatorium.
Fuscina.
Gabata.
*Galeta.
Gamula.
*Gualaderia.
*Gualaderium.
Gestatorium.
*Harsa.
Hercia.
*Herpica.
*Hosterius.
Hichinarius.
Hysopus.
Jesse.
*Incastamentum.
Incensorium.
Incensum.
Infertorium.
Jugulum.
Laterna.

Laudanæ.
Lectica.
Lectoriale.
Lectorium.
Lectricium.
Lectrinum.
Lectrum.
Lectus.
Legatorium.
Legile.
Legivum.
Lichinus.
Lipsana.
Loculus.
Lucerna.
Lucernarium.
Luitrinum.
Luter.
Majestas.
Malum.
Manna.
Manuale.
*Maphors.

Mariola.
Masorica.
Mausolæum.
Metreta.
*Ministerale.
Ministerium.
*Ministrantia.
*Ministraria.
*Misterialum.
Monstrantia.
Musa.
Navicella.
Navicula.
Oblatorium.
Offertorium.
Ostiolum.
Ostrea.
Palergium.
Palla.
Pancalia.
*Pata.
Patena.
*Patina.

Patrocinium.
Pavo.
Pecten.
Peristerium.
Pharus.
Phiala.
Phylacterium.
Pignus.
*Pirgus.
Polycandilum.
Pomum.
*Portapaz.
Postabula.
Postaltare.
*Pronus.
Psilia.
Pugillares.
Purificatorium.
Pyxis.
*Quaternaria.
Regnum.
Regulares.
*Reliquiare, etc.

*Remonstrantia.
Repa.
Repida.
*Retaule, etc.
*Retrotabularium.
*Rosarium.
*Rotabulum.
Saccus.
*Sacellum.
*Sacrosancta.
Salarium.
*Sanctitas
Scutum.
Scypho.
Scyphus.
*Siacata
Sium.
Sparsorium.
Spinetrum.
Stantarium.
Statuarium.
*Stella.
Substratorium.

Sumptorium.
Supracelum.
Surtaria.
Tabula.
Tau.
Tetravelum.
Theca.
Thimiamaterium.
Thoracida.
Thuribulum.
Thuricremium.
Truncus.
Turris.
Tutelli.
Velothyrum.
Ventaculum.
Ventilabrum.
Veronica.
Vestis.
Urceolus.
*Vizach.
Vultus.

XXIX.

MONASTICA, SEU VOCABULA AD REM MONASTICAM SPECTANTIA, ORDINES MONASTICOS, MILITARES, ETC.

Acephali.
Accœmetæ.
Anachoretæ.
*Analabus.
*Ancelarius.
Ancillæ Dei.
*Annualarius.
*Antecapitulum.
*Aquariatus.
Ascetæ.
Ascetriæ.
Asinorum Ordo.
*Assignationes.
*Azzurini.
*Bacinum.
*Bagnum, 1.
*Battimentum.
*Beatæ.
*Becha.
Beghardi.
Beguini et Beguinæ.
*Benedicta.
Bethleectemitæ.
*Bianchi.
Bichini.
*Biczocara.
Bigrinæ.
Birrati.
Bizochi.

Boni homines.
*Cabarlencus.
*Cænarius.
Calogeri.
*Calatravæ.
*Calcearium.
*Calmaldules.
*Camberlingus.
*Cambrerius.
*Capellania, 4.
*Capellum, 2.
Capitulum.
*Capularium.
*Caratheria.
*Carmelini.
*Cartuncuses.
*Carturienses.
Cartusienses.
Castimoniales.
Catenati.
Cellani.
Cellulanus.
*Cepones.
*Choralis.
Christiani de cinctura.
*Cicare.
*Cicothus.
Cionitæ.
Circelliones.

Circumcelliones.
Clausarius.
Claustrales.
Claustrenses.
*Clerica.
Clerici.
*Clusinaria.
Cocti.
Cœlicolæ.
*Cœnobialiter.
Cœnobita.
Cœnobium.
*Cœnodobiolum.
Colidei.
Collatio.
Commissi.
Concellita.
Condonati.
Confessæ.
Confessores.
*Consoror.
Consuetudo.
Continentes.
*Conventuales.
Conventuales.
Conversæ.
Conversare.
Conversi.
Cophti.

*Cordelaria.
*Cordelita.
*Cordiger.
*Correctio
*Corrosarius.
*Cotidiana.
Cruciferi.
Cursitores.
Dati.
*Decretalis.
Deicolæ.
Deodicatæ.
Deodicati.
Deonandi.
Devotæ.
*Devotus.
Disputatio.
Donati.
*Dormentarius.
*Dormitorarius.
Draculum.
*Ducherii.
Emancipatio.
Eremitæ.
*Escobolerius.
Excusati.
Exercitatores.
Exocionitæ.
*Exteriores.

Familiares.
*Fazendarius.
Filiæ.
*Filiæ-Dei.
Filiatio.
Firmitas.
*Frantzchi.
Frater.
*Fratellæ.
Fraterculi.
Fraternitas.
Fratricelli.
*Frustratores.
*Habitus.
Hebdomadarius.
*Heremita.
*Heremitagium.
*Hesicastæ.
*Hesychasterium.
Humiliati.
*Jacobini.
Jacobitæ.
Idiotæ.
Ignosce.
*Incarcerati.
Inclinatio.
Inclusi.
Infanies.
Innubæ.

*Interstare.
Lazari.
Leanes.
Licentia.
*Literata.
Loricati.
*Maanellus.
*Magistra.
*Majellensis.
*Majorina.
Mandritæ.
Mastigia.
*Matmonocus.
Matriculariæ.
*Matrifilias.
Matta.
*Menudetæ.
Meridiana.
*Mesagarius.
Melancœa.
*Mezaciarius.
*Minini.
Minores.
*Minorissa.
Misericordia.
*Moinus.
Monachus.
*Moniacatio.
Monialis.
*Monietas.
Monos.

Morronensis Ordo.
Munditiæ.
Negligentia.
Neophyti.
Nodus.
Nomen.
Nonnus, etc.
Norma.
Novitium.
Novitii.
Nutritiæ.
Nutriti.
Obedientia.
Oblati.
Officiatus.
*Ordinatio.
Ordo.
Pactum.
Palmata.
*Parlamentorium.
Pauperes Christi.
Peregrinatio.
Petegolæ.
Petitio.
Philosophia.
Pictantia.
Pies.
*Pinçocherius.
*Pinzocha.
*Piscionarius.
*Pizocata.

*Pizochera.
Pœnitentes.
Prædicatores.
*Præfectura.
*Præmonachus.
*Primiceria.
*Proabbas.
*Probatio.
*Professa, etc.
Professio.
Promissio.
Proprietarii.
*Prostratio.
Pseudofratres.
*Puellare.
Pulsare.
Pyrocaræ.
Quarentena.
*Receptus.
*Reclausa.
*Reclujarium.,
*Reclusa, etc.
Recordari.
Redditus.
Regula.
*Regulares.
*Regularissa.
Relevatio.
Religio.
Renuictæ.
*Repentidæ.

*Responsio.
*Roncatorium.
Sacci.
*Sacrestana.
*Salvatorium.
*Sanctimonachi.
Sanctimoniales.
*Sanctuciæ.
Sarabaitæ.
*Satrix.
*Savedunenses.
Scala.
Scema.
Scholares.
*Scholaris.
*Scivia.
*Scopetini.
*Scoriati.
Scriptores.
*Semifratres.
Sempectæ.
Septimanarius.
Servi, etc.
*Simbalum.
*Singularitas, etc.
Solatium.
Sorores.
Sororitas.
Spatharii.
Sporta.
Stabilitas.

Stallum.
Status.
Stauria.
Stella.
*Stolicheri.
Stragulati.
*Subpiscionarius.
Superlicentia.
Supplicare.
Suscepti.
Synoditæ.
Tanacetum.
*Templares.
Templarii.
*Templicolæ.
Templum.
*Tercerium.
Terminarii.
*Terrarius.
*Terrerius.
*Tertiaria.
*Teutonicus Ordo.
*Toga.
Velum.
Veniæ.
Vita, etc.

XXX.

MONETÆ, RES MONETARIA.

Abatare.
*Abatua.
*Abenga.
*Acrimontana.
Adrodere.
Adulter.
Ænigma.
Æsculator.
*Africanus.
*Albeyus.
*Alphonsinus.
Ambrosini.
*Anfours.
*Anfuri.
*Anfusini.
*Angovini.
*Angusti.
Ardaricanus.
*Ardicus.
Arnaldensis.
Arnulfinus.
*Articulus.
*Assaisiator.
Asperi.

Asprio.
Assarium.
Assis.
*Attesaal.
Augustalis.
Augustarius.
Aurizum.
*Baciones.
*Bacius.
*Bagatinus.
*Bajocehus.
*Balanzeta.
*Baliardus.
Balishus.
*Balssonaya.
*Bambergensis.
Barbarini.
*Barchin.
*Bastius.
*Batzio.
*Baviardus.
*Bazocare.
Billio.
Binio.

Birmandus.
Blancus.
*Blaffardus.
*Blulardi.
*Bolendinus.
*Bologninus.
*Bonendenus.
*Bordatus, 3.
Bordhalpeny.
Bossanaya.
Brabantini.
Bruna.
*Bruneti.
*Bruxellensis.
*Builio.
*Bullio, 3.
Burgensis.
Byzantius.
Camera.
*Carleni.
*Carlini.
*Carnaus.
*Caroleni.
*Carolici.

Cartanensis.
Casinina moneta.
Cathedra.
Caucii.
*Caveria, 1.
Cema.
Centenionalis num-mus.
*Chalcus.
*Chalongia.
*Chapes.
Chapotenses.
Chatus.
*Chienes.
*Chiqua.
*Clevenchia.
*Clicquardus.
*Clinekardus.
Clocerium.
*Cobolus.
*Coburgensis.
Cocodones.
*Coinus.
Collisum.

*Compaignonus.
*Concutere.
Couflare, etc.
Constantinus.
Conus.
*Copator.
Copkinus.
*Cornutus.
Corona.
Coronatus.
Crematium.
Cristaticum.
Croccardus.
*Crosata.
Cudis.
*Cudius.
*Cugnus.
*Cunagium.
Cuneus.
*Curribilis.
*Cursabilis.
*Cursibilis.
*Cursilis.
Curti.

XXXI.

MORES, SEU VOCABULA QUÆ MORES HOMINUM SPECTANT.

*Acordatus, 1.	*Cupidinenus, etc.	Exorius.	*Hardellus.	Mandones.
*Adfectatus.	*Curialis, 4.	Expudoratus.	*Herlinini.	Mandrator.
*Adversatus.	*Debacchatus.	Expensaticus.	*Hoquelator.	*Mango.
*Affacinatus.	*Deceptiosus.	*Facetus.	*Jalousus.	*Maniacus.
*Affectuosus.	*Deformosus.	Factitiosus.	*Janglaria.	Mattus.
*Alloquax.	*Deordinatio.	*Famidicus.	Idiota.	Mecapus.
*Ambidexter.	*Desidentia.	*Famidus.	*Illator.	*Meligniosus.
*Amoratus.	*Desiderabilis.	*Fantasticus.	*Illomius.	Mentiosus.
Amorosus.	*Despectuose.	Fatigosus.	Improbus.	Mititia.
*Angulosus.	*Desperatus.	*Fatuus.	Impuderatus.	Molles.
Animequus.	*Despitus.	*Favorabilis.	Inactivus.	Moralitas.
*Apporiatus.	*Desplicibilis.	*Fautalis.	Incultio.	*Morosus.
*Arlotus.	*Dexter.	Felibris.	Indisciplinatus.	Morigerositas.
*Arnaldus.	*Diffidatus.	Fellibilis.	Inerticus.	*Motivus.
*Attritus. -	Displacidus.	Femellarius.	Infantiosus.	Mugissor.
*Augmentuosus.	Dissolutus.	Feriferus.	Infantissimus.	Mundicordis.
Babngus.	Distemperatus.	*Filocaptus.	Infrontatus.	*Multividus.
Baburrus.	Docibilitas.	*Filocopus.	*Infrunitor.	Munerarius.
*Bacchatus.	Doctus.	*Filogramus.	Innaturalitas.	Murcus.
*Bagori.	Dogmaticus.	Finus.	*Inpaganus.	Murgisso.
*Baruderius.	Dolidus.	Flammeus.	Inrubidus.	Musardus.
*Bavosus.	Dominalis.	Follis.	Inrudis.	Musca, etc.
*Bausator.	Dominosus.	*Frigidus.	Insuabilis.	Naufragus.
*Benestalis.	*Doxologus.	Fronimus.	Intelligibilis.	Neaniscologus.
*Bestialis.	Drusus.	Frontosus.	*Inutilis.	Necestuosus.
*Bevriotus.	Dubingeniosus.	Fugitivosus.	Joventalis.	Nepotatio.
*Bicornatus.	Ducibilis.	Fulvidus.	*Irreverens.	Nequitiosus.
*Bobinator.	Dulcorosus.	*Gabadeus.	*Justiloquus.	Nesapius.
*Borgnus.	Duplex.	Gabator.	Juventabilis.	Nidering.
*Cafardus.	Duplicarius.	*Gabeo.	*Labruscus.	Nihil fecit.
*Calidiose.	*Duricordius.	*Galator.	Lascivus.	Noctivagi.
*Callorus.	Duricors.	*Galeator.	*Latigradus.	Nuga.
*Calvus.	Durio.	*Ganelo.	Lecator.	Ophisticus.
*Cariosius.	Edecumatus.	Ganeo.	*Ligurgito.	Opinabilis.
*Carnalis, 3.	*Eculentus.	Garcio.	Liguritor.	Opinatus.
*Carnipeta.	Effatuus.	*Gastrimargicus.	Longanimis.	Opinosus.
*Catholicus, 4, 5.	*Effoudatus.	Gaudibundus.	Lubricus.	*Paillator.
Cenodoxus.	*Effractus.	Gaudiosus.	Lunaticus.	*Palhardus.
*Ciarratanus.	*Effrons.	Gayus.	Lupax.	Paltonarius.
*Civilis.	Effronter.	Geniolus.	Magnanimis.	Pandox.
*Codardia.	*Elaboratus.	Gloriabilis.	*Maleabbiatus.	*Pantouarius.
*Concubinarius.	*Elacris.	*Glotonus.	*Malecontentus.	Papelardus.
*Confisus.	Elessior.	Gluto.	Malecreditus.	Philarchicus.
*Conteribusterius.	*Elourdatus.	Gluvidenus.	Malecurtensis.	Philocompus.
*Controversus.	*Epudoratus.	*Gnatonicus.	*Maledicus.	Philopompus.
*Copaudus.	Erraticus.	Goliardus.	*Malexardi.	*Pigritanus.
*Coruca.	*Esperatus.	Gripus.	Malicordis.	Pietas.
*Cothurnosus.	Estrix.	Guillator.	*Malsardus.	Pietosus.
*Crianca.	*Eudoxus.	Guiscardus.	Malivolosus.	*Pincemedallia.
*Cucullus.	Evigilans canem.	Gurdus.	*Malvaygius.	Placibilis.
*Cucurbita.	*Excessivus.	*Habillus.	*Malus clericus.	Pompolentus.

Pomposus.
Pravicordius.
Probabilis.
*Probonus.
Probus.
Promissarius.
Pudorosus.
Puellarius.
Pultrones.
Pusillanimis.
Querelosus.
*Rationabilis.

*Remissus.
*Rudicitas.
*Ruditas.
*Sagaculus.
Salus.
*Sanguinabilis.
*Sathanicus.
*Scandalizator.
Scardus.
Scordalus.
Scorio.
Sensatulus.

*Sensuatus.
Sententiosus.
Serius.
Sobrius.
*Solemnis.
*Solidus.
Sottus.
Statualis.
Strophosus.
Stultatus.
Stuiticines.
Stultiloquus.

Stultomalus.
Subdulus.
Superabundus
Sylvaticus.
Tabernio.
Tetranus.
Timorosus.
*Trapassus.
Tristis.
*Trotanus.
*Trumelator.
Trutanus.

Valetro.
*Valorosus.
Vanagloriosus.
Vaniastutus.
*Ventricola.
Ventosus.
Verbosus.
*Virtuosus.
*Voluntarius.
Vulpio.

XXXII.

MULCTÆ JUDICIARIÆ, MONASTICÆ.

*Accipere, 2.
Angildum.
Bannum.
Blodwita.
Bot, Bota.
Cahslite.
Calumnia.
Camlwrw.
*Compositio.
Cynebot.
Damnum.
*Dangerium, 3.
*Desgagium.
*Destrictus.
*Dupla, 2.
Emenda.
Enach.
Epitimium.
*Eribannum.
*Esmendæ.
*Estorressa.
*Extortura.

*Faillita.
*Famidretum.
*Firma.
*Firmamentum.
Firdwita.
Flemeneswite.
Fletwite.
*Follia.
Footegeld.
Foraneitas.
Forestera.
Fornicium.
*Fredare.
Fredum.
*Freum.
*Frimantia.
Frinigildum.
Furigildum.
*Gaegium.
*Gaigium.
Gersuma.
Gildwite.

Gorsum.
Grithbrech.
*Hacheya.
Harmiscara.
*Hanot.
Herireita.
Herisliz.
Hlotbota.
*Hominagium.
*Hominium, etc.
Immunitas.
Impartitio.
Incurrimentum.
*Interitus.
Justitia.
Kelchyn.
Lacopum.
Laga.
Laghslit.
Lairwita.
Leudis.
Lex.

Lowbote.
Mægbota.
Manbota.
*Mangania.
Marancia.
*Marrentia.
*Messacgaria.
Misericordia.
*Monetabilis pœna.
Mucheunt.
Novigildum.
*Occasio.
Overhernessa.
*Pargea, etc.
*Percheia.
*Pergea.
*Perlucrum.
*Plecta.
Pretium.
*Putatoria.
*Redemptus.
Redhibitio.

Regradatio.
*Remissa.
Repentalia.
*Retráctum.
*Sacramentagium.
*Sacrilegium.
Scyldwita.
Septena.
*Soffrata.
*Sona.
*Stratura.
*Stuth.
Thefbote.
Trigildum.
Triumgeldum.
*Trunchetus.
*Vandel.
Urasda.
Wera.
Werelada.
Wita.

XXXIII.

MUSICA, MUSICA INSTRUMENTA, CANTUS ECCLESIASTICUS, ETC.

Accantare.
Antiphona.
Antistropha.
*Affirmare cantum.
*Arcuare.
Apertio.
Asiatim.

*Autentus.
Barto.
Bemollis.
Bicinium.
Cabellum.
Cantata.
Canticinium.

Canticum.
Cantilena Rollandi.
Cantilenosus.
Cantores.
Cantorium.
Cantus ecclesiasticus.
Capitula.

*Cicada.
*Clavile.
Clavis.
*Conductus.
*Corcizare.
Cornare.
Cornicare.

*Cornator.
*Crispatio.
*Decachordus.
Decentum.
*Declinatorium.
*Diapason.
*Diapente.

MUSICA INSTRUMENTA.

XXXIV.

RES NAVALIS, NAVICULARIA.

NAVIUM NOMINA.

Celones.
Ceola.
*Chalastra.
*Chalonnus.
*Characha.
*Chata.
Chelandium.
Chervigium.
Chimera.
*Chocha.
Classis.
*Cocca, Coccba, Co-cha, etc.
Cogo, etc.
Colimpha.
Concha.
*Conta.
*Copa.
*Copana.
Corbita.
Corimbata.
Corserius.
*Cota.
*Cotta.
*Craiera.
*Cuilla.
Cumba.
Curculiæ.
Currabius.
Cursoriæ.
Curucha.
*Dextreria.

*Dregemundus.
Dromones.
Durcones.
Emptica.
Escauda.
Falcatoria.
*Fando.
Fercosta.
*Filva.
*Fleta.
Flota.
Floze.
*Gabarotus.
*Gactus.
Galea.
Galera.
*Galæa.
*Galla.
Galladellus.
*Gallea.
*Galleris.
Gandeia.
Ganzara.
*Garfales.
Gatus.
Gata, etc.
*Gaurea.
Germundus.
*Gocken.
Golafri.
Gondola.
*Grabella.

Grippa.
*Grippus.
*Hissirus.
*Hulca.
*Hulcum.
Hulka.
Jarrecta.
Jassefatum.
*Jeremita.
Istega.
Judiciariæ.
*Kogge.
*Lahutum.
*Lanciaria.
Latena.
*Laudus.
Legia.
Levamentum.
Lignum.
*Limbus.
*Losboat.
Lusoriæ.
*Manca.
*Mancina.
Madius.
*Marina vasa.
Maranus.
*Monoxyllula.
Musculus.
*Myoparo.
Naca.
*Namphili.

*Nausum.
*Nizardus.
*Nocula.
*Palandaria.
*Palescarmus.
*Pallandiones.
Palmizare.
Palmula.
*Panfilus.
*Panphilus.
Pantonium.
*Panzonus.
*Paralandrinus.
*Parandaria.
Paro.
*Pessonsera.
*Phano.
Placta.
Pontones.
Potomium.
*Prœliabilis navis.
*Pycta.
Rada.
*Razellus.
Sagena.
*Sagnia.
Sagitta.
*Sambucca.
*Sandalia.
*Sandalis.
*Sandalus.
*Sapgiticia.

*Sarzana.
*Scandea.
Schippa.
*Scurlata.
*Scuta.
Sichia.
Sithia.
*Sivara.
Spinachium.
Stellaria.
Targia.
Tarida.
*Tidam.
Trabariæ.
*Trieris.
Vas.
*Vasculum.
*Vassalagium.
*Vasserium.
*Vayssale.
*Vergantinus.
*Vessada.
Ulcus.
*Uloze.
*Uscerium.
*Ussarius.
*Ysicius.
*Zebuthiz.

CÆTERA AD REM NAVALEM PERTINENTIA.

*Abiro.
Adlittare.
Adripare.
*Adurare.
Æquorare.
*Affundare.
*Agea.
Agiama.
*Agumena.
Albagia.
*Amarrare.
*Amplustre.
Ancrima.
*Antenal.
*Aplustre.
Aplutrum.
*Applicamentum.
Arbor.
Armacalci.
*Arrivagium.
*Ars, 4.
Avironatus.
*Bacha.
*Banda.
*Barquerius.
*Batellarius.
*Bellatorium.
Bidens.
Blanpum.
*Bordalus, 2.
*Brusare.
Calafatare.
Calatores.

Calca.
*Calefactus.
Camelus.
Caplum.
Capsa.
Casterium.
Castra.
Cataplus.
Catasiarares.
Cautel.
*Celeuma.
*Ciorma.
Ciurmia.
*Classica.
Classice.
Classici.
Classitarius.
Cloes.
Collus.
*Columba.
Columbarium.
Columna.
Comes.
Comites.
*Conserva.
*Cordicca.
*Corridorium.
*Creca.
Cucurba.
Dalum.
*Derazellare.
*Dorle.
*Dosta.

*Dracena.
Ebba.
Effretare.
Ejectus.
Embola.
Embulum.
Eschipare.
*Esparvagium.
*Esquipare.
*Estornamentum.
Evectio.
Exarcia.
Exfretare.
Expalmentum.
Facere.
*Falca.
Flotzon.
*Fractæ.
Frenellatus.
*Fretta.
*Gabbia.
*Gablerius.
*Grepia.
*Gumenæ.
*Hablum.
*Haffne.
*Havra.
*Hosta.
*Jaable.
Incamatatus.
*Inventarium.
*Issarcia.
Lastagium.

Ledo.
Ligatura.
Malina.
*Mareare.
*Maremma.
*Mariare.
Marinarius.
Marinellus.
*Mariniarius.
*Marniarius.
*Mastus.
*Muta, 7.
*Navale, etc.
Naucherius.
Naviclerus.
Navigerium.
Naupego.
Naupicus.
Nautella.
Nautici.
Nautileni.
*Papafigo.
Paradisus.
*Patronagium.
*Picium.
*Plaga.
Pramekarle.
Primna.
|Prodenses.
Proderius.
*Prohicius.
Pusticæ.
*Quidelus.

*Racci.
Remitores.
*Roda.
*Salvamentum.
*Saorna.
Sarcia.
Sarco.
*Sbandara.
Scala.
Scroter.
Serraculum.
Sigla.
*Sola.
*Stapula.
*Stlata.
Stolus.
*Storus.
Supersalientes.
Supervannum.
Suprapons.
*Talla.
*Temo.
Terzarolus.
*Timonus.
Towagium.
*Transversarium.
*Trinchetus.
*Ubrera.
*Velificare.
*Verrachium.
Voguerii.

XXXV.

PISCES, PISCATURA.

PISCIUM NOMINA.

*Adalus.
Allec.
Anchora.
Anchorago.
Anguillaris.
Angula.
*Armadillus.
*Arnoglossus.
Asco.
Aspratiles pisces.
*Assieiga.
*Babellus.
Balena.
*Berbix.
*Boca.
*Boedus.
*Bogua, 1.
Breisua.
Bresmia.
Brugina.
Cabos.
*Carpa.
*Carpana.
*Carpellus.
*Carpio.
Catus.

*Cegra.
*Celerinus.
*Cepia.
*Citula.
*Clepio.
Colacus.
*Copex.
*Corabus.
*Coracinus.
*Cornuta.
Craspiscis.
Crassantus.
*Creacus.
Dentrix.
*Dorea.
*Dursus.
*Echenais.
Esox.
*Esturjonus.
*Fara.
Flota.
*Fundulus.
Gabbarus.
Gambarus.
Gardio.
Glassanus.

*Gornus.
*Gosengula.
Guaid.
Help.
Khanones.
*Kokkus.
*Lampreda.
Luceus.
*Macerellus.
*Makerellus.
Maquerellus.
*Marlucius.
*Melletus.
*Menusia.
*Mequerellus.
*Merlucius.
*Merluus.
*Mules.
Mulnellus.
*Myllewell.
*Oxgar.
Padelenga.
*Pagellus.
*Perchia.
*Pikerellus.
*Pipernella.

Piscis.
Plada.
Platesia.
Plays.
*Polpra.
*Rocea.
Rotlin.
*Rougeta.
*Rubiculus.
*Rufus.
*Rundula.
*Sæpia.
*Sarda.
*Saumo.
*Scardola.
*Schafa.
*Schanceria.
*Sclave.
*Secheta.
Selures.
*Sercletus.
Sicca.
Simones.
*Sola.
*Spatarius.
Spinaticus.

Spiringus.
*Squatus.
*Stockfish.
*Storio.
*Strionus.
Struthio.
Sturgio.
*Tangua.
*Tenca.
Thokei.
*Thopa.
*Thymellus.
Tinca.
*Tonaira.
*Toutena.
*Trachina.
Tritula.
Trocta.
*Trucha.
*Truita.
*Truta.
*Tunina.
*Turdus.
*Turius.
*Vendesia.
Usones.

CÆTERA AD PISCES ET PISCATURAM PERTINENTIA.

Abardilla.
*Ableia.
*Aboleiare.
*Advaleia.
*Alausar.
Amis.
Angistrum.
*Anguillarum positio.
*Aploidum.
*Apoltats.
Aranea.
Arolus.
Assegia.
Assesia.
*Avalagium.
*Avaloriæ.
*Bagau.
Batuda.
*Benatia.
*Benium.
*Bertavellus.
Bocharius.
*Boliet.

*Bordigala.
*Bovia.
*Boutoir.
*Boyl.
*Bouginus.
*Cabasius.
*Calatum.
*Canatus.
Capsum.
Captura.
*Cippus.
*Clavus.
*Cloea.
*Cobla.
*Cogolara.
*Copertoria.
*Corre.
*Croignim.
*Cumbra.
Dispiscare.
Dursus.
*Entremaillum.
*Escronellum.

*Everclum.
Expegatorium.
*Extonquius.
*Fessina.
Fissina.
*Flota.
Fodita.
Fossina.
Foventatio.
Fria.
*Fronenezze.
*Fuerna.
*Fuscina.
*Ganguilo.
*Garnaria.
Golacia.
*Gortium.
*Gortus.
Graspecia.
*Groea.
*Guada.
*Harengaria.
*Harnasium.

*Heck.
*Jaia.
*Javellus.
Ingenium.
*Juncata.
Juncatica.
Kidellus.
Lorra.
*Lorria.
*Lothosela.
*Manaveria.
*Manea.
*Mangueria.
*Medella.
*Naveria.
*Navissa.
*Naxa.
*Naza.
Panchon.
*Panellus.
Panthera.
*Paratio.
*Paratura.

Paries.
Penellum.
*Pennellus.
*Penthana.
*Percaptura.
*Pescarium.
*Pesquerium.
*Pisca, etc.
*Pisqua, etc.
*Rabacia.
*Radius.
*Rama.
Ramata.
*Ramea, etc.
*Resellus.
*Reta.
Rivale.
*Sachus.
Sagena.
Saltans.
*Salvarium.
*Sardinalis.
Saurarium.

* Savarretum.
Scorticaria.
*Semiplagium.
* Sencha.
Smoltus.
Sordus.
Spadernæ.
* Spiculus.
* Spiringa.

* Stele.
*Steyle.
* Storta.
* Strantgarna.
* Tacha.
* Tartana.
* Tartavella.
* Tays.
* Tensura.

*Tensutum.
Tractus.
Tragal.
Tragum.
Tramallum.
Transversarium.
*Trebula.
*Trubia.
* Trublia.

* Trula.
Trulla.
Trublia.
*Varlognia.
* Vassa.
* Venetum.'
* Vergatum.
* Vernale.
* Verqueria.

*Vertolenum.
*Vervicune.
*Viverium.
*Vivierium.
*Volvolus.
*Yndardus.
Zaclus.

XXXVI.

POENÆ, SUPPLICIA, TORMENTA, ET QUÆ AD EJUSMODI SPECTANT.

Abacinare.
Accabussare.
Adulterii pœnæ.
Annulus.
Ansa.
Aquila.
*Arestara.
Articulus.
*Ascorramentum.
*Asinus, 3.
*Asmerciamentum.
Atia.
Auris, Aurium abscissio.
Baculare.
* Bamnum.
*Bandinum.
*Bandius.
Bargus.
*Barlina.
* Barreiare.
Bastonicum.
Battere.
Batulus.
Benedictione privari.
Biothanati.
Boia.
* Borra, 4.
* Bredewite.
Bullare.
* Bullire, 3.
Byrsagium.
Calcar.
Caldaria.
*Calengium.
Caliba.
* Calonica, 2.
Calvaria.
Canem ferre.
Capillos sibi invicem detondere.
Captio.
Captivare.
Capturæ.

Carcannum.
Carcer, etc.
* Cardi.
Carena.
Carrina.
Castratio.
Cataracta.
Catasta.
Cenitus.
Centenæ.
* Centesimare.
Ceppus.
Character.
*Chaucelletus.
a Christianitate.
Cifeparari.
Cippus.
Cleia.
Colaphus.
* Colare.
Collistrigium.
Collum.
Columbar.
Comatio.
Combustio.
Condemnare.
Corium.
* Costellum.
*Costellus.
Crines.
Cro.
Currere.
*Custellum.
Debilitare.
Decalvare.
Decapitare.
Decervicare.
Decollare.
Dedecus.
Defossus.
Defustare.
Degradare.
Dehonestare.
Dehonorare.

Delapidare.
Demembrare.
Denasatus.
Deodanda.
Depilare.
Depositio.
*Dextræ, 3.
Diabesteria.
Diffactio.
Digitus.
Dirwy.
Disciplina.
Districtio.
Dorsum.
Edorsare.
Efforciare.
*Equitractio.
Equuleus.
Escassa.
*Esquirere.
Estema.
Excommunicatio.
Excoriare.
*Executio.
*Exenterare.
Exenteratio.
*Exherdare.
Exiliare.
Exinterare.
Exoculare.
Exorbare.
Expalmare.
Extemare.
Exterminium.
Extesticulare.
Fames.
Ferrum.
Fidicula.
*Fiduculus.
Flagellatio.
Flammeriare.
* Forestare.
*Forestatio.
Fossa.

Fovea.
Frustare.
Furca.
Fustis.
Gaggare.
* Gallo.
Gehenna.
*Genufragium.
Geola.
Gibetum.
* Giova.
*Gogna.
Grilliones.
Hardes.
Harmiscara.
Henghen.
Ictuare.
Ictus.
Imparticare.
*Impiloramentum.
Incisio.
Incrocare.
Infalistatio.
Infurcare.
*Instalare.
Lampadare.
Lignum.
*Malamansio.
Mancus.
Mastigia.
*Maura.
Maxilla.
Menta.
Monasterium.
Necare.
Nervus.
Palus.
Panis fortis, etc.
Patibulus.
Pendere.
Pedis abscissio.
*Pilleretum.
Pilorium.
*Plantare deorsum.

Plumbatum.
* Pollicibus suspendi,
Præcipitium.
Puteus.
*Quæstio.
Quarterizatio.
*Quata.
Rota.
*Rotatio.
Scala.
Scalciatus.
Scamnum.
Scematio.
Scopæ.
Scorpio.
Scorticare.
Sepeliri, etc.
Submergium.
*Subterratio.
Suggillare.
Superundatio.
Supplicia.
Suspensio.
Talio.
Taringæ.
Taureæ.
Terribulum.
Testæ.
*Thew.
* Tirare.
Tormentare.
Torquimentum.
Torturæ.
Transversariæ.
Trepalium.
*Trochlea.
Trotare.
Truncus.
Trusorium.
Tumbrellum.
Virga.
Ungula.

XXXVII.

PURGATIONES CANONICÆ ET VULGARES, SACRAMENTA, ETC.

XXXVIII.

STATUS ET CONDITIONES HOMINUM.

XXXIX.

SUPELLEX DOMESTICA, RUSTICA.

VASA, RES VASARIA.

*Ablutatorium.
Acceptorium.
Acetabulum.
Acetallum.
Acetrum.
Aciarium.
Æneum.
Ænulum.
Aliphanus.
Alsierina.
*Alveum.
Alveolus.
Ambix.
Ambra.
Ampa.
*Amphorella.
*Ampollata.
Anacleta.
Anax.
*Anceria.
Animatoria olla.
*Annata, 4.
Ansa.
Apophoretum.
Applare.
Aquamanile.
*Aquaricia.
Aristophorium.
Armillum.
Arpago.
Artepta.
Ascopa.
Atanulum.
Athisca.
Atramentale.
Attanuba.
Auxilla.
Bacca, etc.
*Bacale.
Bacario.
*Bachassium.
Bachio.
*Bachus, 2.
Bacia.
*Bacigna.
*Bacignetus, 2.
Bactea.
*Bacianus.
*Bacilena.
*Bacuum.
*Bacynis.
*Badarna.
*Badierna.

*Badus.
Bagerna.
*Bainnadoira.
Bambum.
*Banasta.
*Banastonus.
*Banna.
*Baquetus.
Barile.
Barridus.
*Barrota.
*Bassacha.
Bascauda.
Batea.
Bauca, Baucalis, etc.
Bechin.
Bicarium.
*Bicorna.
*Bicornix, 2.
*Biscornuta.
*Bocale.
*Bocalus, etc.
*Bocia, 2.
*Bota.
*Botallus.
*Botaria.
*Botiglius.
*Bottus.
*Boutellus.
*Broca.
*Brocheronnus.
Bureta.
Butta, Buttis, etc.
*Buttatium.
*Caballata.
*Cabassio.
Cabillinus.
Cacabulum.
Cacavellus.
*Cadeletus.
Cailler.
Caldaria.
Caldus.
Caliclare.
Calvariosa.
Candes.
*Campsacis.
*Canastellus.
*Candilerium.
*Canis, 3.
*Canota.
*Canterata.
Cantharus.

Canthelium.
Capax.
Capis.
*Capitacium.
Capsaces.
*Capserium.
Capsis.
*Caquus.
*Caratellus.
*Carriaria.
*Carusia.
*Cassa, 7.
Caucatus.
Caucus.
*Caudera, etc.
Cavea.
Caupus.
*Cayro.
*Caza.
*Cazia.
*Ceberus.
*Celha.
*Cemalis.
Chargerum.
*Chauderea.
*Chiphus.
*Chopina.
Chrysendetum.
Cibutum.
Cicindela.
*Cifus.
Cimbia.
*Cloquear.
Cochlea.
Compostile.
*Conditus.
*Copa.
*Corba.
Corbecula.
*Corcha.
Cornu.
*Cornuda.
*Cornutum.
*Costarium.
Costarez.
Creche.
Crucca.
*Cruga.
Crucibulum.
Cuba.
*Cubellum.
Cubila.
Cucuma.

Cululli.
Cumera.
Cunctus.
Cupa.
Curialis.
Cuva.
*Cuvella, etc.
Cyphus.
Dibler.
Doga.
*Donna.
*Doublerium.
*Dublarium.
Duciculus.
*Dupplerium.
Dupia.
*Durna.
Eglitræ.
Ejucarum.
Emicadium.
Emola.
*Encabum.
Epulicænium.
*Eques.
*Escuallium.
*Escuella.
*Escutella.
*Estiva.
Fabataria.
Fabricaturæ.
Fabricinium.
Fasculum.
*Ferrata.
Ferratum.
*Fiala.
Fiola.
Flasca.
Flaxa.
Follis.
Fons.
Fretale.
Frivola.
Fruitus.
Fusorium.
*Fustaillia.
Gabata.
Garalis.
Gaster.
*Gaveda.
Gemellarium.
Gemellio.
Gergena.
*Gerla.

*Gerlonus.
Gillo.
*Gobel.
*Gobelletus, etc.
Godetus.
*Gottefflus.
Guva.
*Gracellus.
*Gradalus.
*Grasale.
*Grassale.
Hanapus.
*Horca.
*Jadellus.
*Jalla.
*Jarra.
Infertorium.
Infusorium.
*Justifical.
Justa.
Justitia.
Ketel.
*Lacuna.
*Ladula.
Lancla.
Lassanum.
Lavatorium.
Laudunæ.
Lenticula.
Lepista.
Levit.
*Lochea.
*Luteus.
*Magides.
*Malluviæ.
Manile.
Maninga.
Manulavium.
*Manzerina.
*Maracio.
Mazer.
*Meisa.
Mellarium.
Mensorium.
Merarium.
Mergoræ.
*Metalle.
Metreta.
*Minimata.
*Missarana.
Missorium.
*Modellus.
Mulctra.

*Nappus.
*Naucum.
Obba.
*Ocellus.
Olba.
Olearium.
Olfactorium.
Oliferale.
*Olla.
*Oma.
Ona.
Orca.
*Orcellus.
Orcium.
Orna.
*Padella.
*Padena.
*Paella.
*Pagni.
*Panna.
*Parolla.
Patena.
*Peyrollus.

*Pigarium.
*Pilata.
Pipa.
*Pipotus.
*Pirum.
*Pitalfus.
Pitharia.
*Placta.
Platellus.
*Poteller.
Potus.
Quadrantale.
*Quartinum.
*Quenna.
Recentarium.
Repositorium.
Rotumba.
*Sagamen.
*Sagoma.
*Saitum.
Salitia.
Salomon.
Salsarium.

*Salsarolium.
*Salssayronus.
*Saltseller.
*Salzeria.
*Saria.
*Sarria.
*Saucer.
Scafa.
Scala.
Scapton.
Scirpus.
*Scodella.
Scortia.
*Scudelaria, etc.
Scutra.
*Semalis.
Seria.
Sirascula.
Sitarchus.
Soccus.
Sperum.
Standa.
Staupus.

Stloppum.
Suffusorium.
Sulzita.
Sumptorium.
Suruscula.
Suxta.
*Tacca.
Tacea.
*Taceta.
*Tacia.
*Tassa.
*Tassia.
*Taxea.
*Taxia.
Tina.
*Tineta.
*Tintinabulum.
Toreuma.
Tressellus.
*Trossis.
Trublium.
Truca.
Trullio.

*Trullum.
Tunna.
*Tupina.
Turgeolum.
Typrus.
*Vacilius.
*Vaisellum.
*Vaissalamenta, etc.
Vas.
Vasarium.
*Vasatum.
*Vassella, etc.
Vascio.
Veges.
*Vexelamentum.
*Veyssellata.
Vinageriæ.
Viniforum.
Vitrum.
Urceolus.
Utriciscum.
*Zuber.

ALIA AD SUPELLECTILEM SPECTANTIA.

*Abbanum.
Abacium.
*Abrica.
*Absconcia.
*Absconsa.
Accaro.
Accubitus.
Aciarium.
Acisculum.
Actile.
*Acuarius.
Acucula.
Aczadus.
Adfrutabulum.
Affurabulum.
Agitarium.
*Agucchiarolus.
*Agulia.
*Agullium.
Aichata.
*Aisamenta.
*Alabrum.
*Allectorium.
*Almatracium.
Amalupus.
Amblacium.
Anclena.
Anclidia.
*Andasium.
Andena.
*Antipirgium.
*Antorca.
Aptamentum.
*Arar.
Arsina.
Artabularius.
Artavus.
Artificium.
Arula.
Astraba.
Attillamentum.
Averum, Averii, etc.
*Aysina.
Aulaticum.

Aumarium.
Auriculare.
Axovar.
*Baccale 1.
Baciballum.
*Badillus.
*Baga 2.
Babudum.
Balaium.
*Balança.
*Balansa.
Balanx.
Balinia.
*Banchale.
*Bauchart.
Bancus, Bancale, etc.
*Bangus.
*Bara 2.
*Barocia.
*Bastum.
Bassuaria jumenta.
Basta.
Bastaga.
Basterna.
*Baudrerium.
Bazana.
Becca, Besca, etc.
*Benavesa.
*Benellus.
Benna.
*Bera, 2.
Berciolum.
*Berocata.
*Berrinia.
*Besogium.
Besilium.
Beudum.
Bidubium.
Biga.
*Bigo.
*Bipes.
Birotum.
Bisellum.
*Bistapia.

Blanx.
*Boeta 2, etc.
*Boistia.
*Boldronus.
*Bonecta.
Brander.
Burrene.
*Cabacetus.
*Cabia, 1.
Cacia.
Cadomea.
Caga.
Cama.
Campsa.
*Canada.
Capetum.
Capisterium.
Capitale.
Capitium.
*Carmalherium.
Carnus.
Carreta.
Carruca.
Cascia.
Castibulum.
Castularius.
*Caybla.
Cazola.
*Cela.
*Celoria.
*Chalo.
*Charpa.
Cillaba.
*Cisellus.
*Cisorium.
Cistæ.
Cistellum.
Clenodium.
Clepo.
Clepsydra.
Cliothedrum.
Clusorium.
*Coctorius.
*Cocupendium.

Cœnovehum.
Cofferum.
Cofinus.
*Coffrus, etc.
Collus.
*Conciaturia.
Condus.
Cophinus.
Coppetella.
Corbecula.
Cornu.
Corvilla.
Costrelli.
Cottum.
Cotus.
*Cowele.
Cramaculus.
*Crammale.
*Cratera.
Credentia.
*Crivellus.
*Cubella.
Cubicularis.
Cubiculum.
Cubitale.
Cubitorium.
*Cucchiarius.
Cuculata.
*Cugnieta.
Cultellus.
Curullum.
Cussinus.
Custodia.
Dagus.
*Dalha.
Dapocleorium.
*Dardena.
Deis.
Delphica.
Dentrix.
Desca.
Digitabulum.
Dolabrum.
Dolatoria.

*Donzella.
*Dressaderium.
Dressorium.
Eda.
*Emuscarium.
*Enclugia.
*Endes.
Erinaceus.
Erptia.
*Escoramentum.
*Estauramentum.
*Estoramentum.
Expedimentum.
Falcile.
Faldao.
Faldistorium.
Fallera.
Ferculum.
*Fermalium, etc.
Fertorium.
Fervorium.
Fisco.
Flagellum.
Flassata.
Fodio.
Forfex.
Fossorium.
Frixorium.
Fugillus.
Fulcralia.
Fulcrari.
Furnimentum.
*Gallonnum.
*Gardenappa.
*Garrosseria.
Genuflexorium.
Gerula.
Gestarium.
Gestatorium.
*Gostarium.
*Goyardus.
*Guarnamentum.
Gulbium.
*Haceta.

*Hachio, etc.
*Haudrágua.
*Hemisperium.
*Heptamyxos.
Hercia.
*Herpius.
Herpix.
*Hucellus.
Incisorium.
Instaurum.
Jocalia.
Lampena.
Lectarium.
Lecticocessium.
Lectisternium.
Lectistitium.
Lectuale.
Lectuarium.
Lectumstratum.
Lectus.
Leviga.
Libellare.
Lidorium.
Longellus.
Lucernarium.

Lucibrum.
Lutherium.
*Mainagium.
Mala.
Manta.
Manualia.
Manuaria.
Maratoriæ, etc.
Marra.
Massaritia.
*Massericia.
Matta.
Mensale.
Mensarium.
Ministerium.
Natta.
Navis.
Netorium.
Nutrimen.
Osanna.
Pala.
Palus.
Panellum.
Panga.
Pannulula.

Pectinarium.
Phalera.
Planarati.
Ploum.
Plumarium.
Plumbum.
Psiathium.
*Quadrillus.
*Quadruga.
*Quæssia.
*Quicaudaina.
Rampico.
Recla.
Reclinatorium.
Rhed.
Rhedo.
Rotundarium.
Runcina.
Sabanum.
Sabuta.
*Sagimentarium.
Sagma.
Salaria.
Sapa.
Sarpilleria.

Sartago.
Scamellum.
Scamnale.
Scimpodium.
Scissorium.
Scrippum.
Scriptorium.
Scuditia.
Sedes.
Sediculum.
Serriculum.
Socus.
Soket.
Soliar.
Species.
Spicum.
Spitum.
Spolium.
Spondalis.
Sternum.
Storium.
Straduna.
Stragiola.
Stratilectilia.
Stratorium.

Subjuga.
Subjunctorium.
Subselliæ.
Subtela.
Sudaria.
Suppedaneum.
Tamisium.
Tapesium.
Torale.
Torallum.
Toreuma.
Toxa.
Traga.
Transfossorium.
Trestellum.
Triga.
Triparium.
Tripetia.
Trisiles.
Truella.
Vanga.
Vectorium.
Vertibulum.
Vispilio.
Umbellum.

XL.

TITULI-HONORARII, COMPELLATORII.

*Aba, 2.
Almitas.
Almus.
Altitudo.
Angelus.
Auctoritas.
*Beatissime pater.
Beatitudo.
*Benedicite.
*Carissimus.
Celsitudo.
Christianitas.
Clarissimatus.
Claritas.
Corona.
Dicatio.
Dignatio.
Dignitas.

*Discretio.
*Disgressio.
Dominatio.
Dominus.
Domnus.
Domnula.
Donna.
Egregiatus.
*Egregissimus.
Eminentia.
En, Ena.
Eximietas.
Exspectabilis.
Extremitas.
Filiolitas.
Flavius.
Germanitas.
Gloria.

*Gloriantissimus.
*Gratia.
Honorabilitas.
Honorificentia.
*Humilis, etc.
Illustris.
Indoles.
Infans.
Laudabilis.
Magistratus.
Magnificentia.
*Magnipendissimus.
Magnitudo.
Majestas.
*Metuendus.
*Monarches.
*Mossen.
*Na.

Nobilissimus.
Nobilitas.
*Panhypersebastus.
*Parvitas.
Perfectissimus.
*Perpetuus.
*Piissimus.
Pius.
Porphyrogenitus.
Potentia.
Præcellentissimus.
*Præcipuissimus.
*Præclarissimus.
Præcluis.
*Prælustrissimus.
*Præstantia.
*Providus.
Purpurati.

*Religiositas.
*Reverendissimus, etc.
Reverentia.
Sanctitas.
Sanctitudo.
Ser.
Serenitas.
*Serenissimus.
Spectabilis.
*Splendidissimus.
*Strenuitas.
Sublimitas.
*Supercellens.
Superillustres.
Tantitas.
Tranquillitas.
Venerabilitas.
Venerantia.

XLI.

TRIBUTA, VECTIGALIA, PRÆSTATIONES, EXACTIONES, OPERÆ, SERVITIA, ETC.

*Masuragium.
*Mautstet.
*Megaria.
*Meisonegs.
*Melagium.
*Melleia.
Membragium.
Mensata.
*Mensuragium, etc.
'Mensuraticum.
*Mercaria.
Mercimoniatus.
*Merita.
*Mesio.
*Messa.
'Messale.
*Messerium.
Messio.
*Messis.
Mestiva.
*Mestura.
*Mesuragium.
*Mesusagium.
Militia.
Minagium.
*Minegancia.
*Minellus.
*Minutio.
*Misa.
*Misia.
*Missagium.
*Mixtum.
*Moagium.
*Mocinagium.
*Modiagium.
Modiatio.
*Moditio.
*Modolagium.
*Mogtonagium.
*Moisonna.
*Molegium.
*Molendinaria.
*Molendinatio, etc.
*Molendura.
*Moleria.
*Molneria.
*Molta.
*Monagium.
*Monedagium.
Monetagium.
Monetaticum.
Monetatio.
Montaticum.
*Montitium.
*Mortaillia.
Mortalagium.
Mortalia.
Mortitium.
Mortuarium.
*Mos.
*Mosta.
*Mostonagium.
*Motagium.
Motaticum.
*Mouldura.
*Moultonagium.
*Moultura.
*Mounagium.
*Moutonnagium.
*Muagium.
*Muanda.

*Mucucio.
Mulca.
Mulneragium.
Multatio.
Multonagium.
Multura.
*Munus.
Muragium.
Musella.
Muta.
Mutationes.
Mutuum.
*Nabullum.
Napatica.
Narod.
Navaticum.
Naufragium.
Naulum.
Nauticatio.
Nefrendicium.
*Neiagium.
*Neissac.
*Nertagium.
Nocturna.
Nona.
Nonagium.
Nox.
Nuptæ.
Nuptiaticum.
Obedientia.
Oblata.
Oblatio.
*Obliagium.
Obsonium.
Occasio.
Occursus.
*Octava.
*Octavagium.
Octavarium.
*Offra.
*Oiancia.
*Oneragium, etc.
*Onus.
Operæ.
Operata.
*Optio.
Ordeacum.
*Ost.
Ostensio.
*Otrisiæ.
*Ottroium.
Ovagium.
*Ovele.
*Oveum.
*Ovilegium.
*Ovinum.
*Oxonium.
*Oyentia.
*Pabulaticum.
*Pabulum.
*Pactio.
*Pactionarium.
Pactum.
*Padogutia.
*Pagagium.
*Pagium.
*Pagnagium.
*Pailbum.
*Paironal.
Paladuit.
Palagium.

Palaticum.
*Palea.
*Paletegium.
*Palfrey silver.
*Palheum, etc.
Palificatura.
*Palliales.
*Palliaria.
Panagium.
*Panasticum.
*Pannum.
*Papelina.
*Parangariæ.
Paratæ.
*Paratus.
*Paretæ.
Parochiagium.
*Parvum.
*Pasata.
*Pascairagium.
*Paschagium, etc.
*Pascuagium.
*Pascuarium, etc.
*Pasnagium.
*Pasquerium.
*Passadium.
Passagium.
Passata.
*Passazium.]
*Passibile.
*Passonagium.
*Passorgium.
*Passus.
*Pastagium.
Pastio.
*Pasturagium.
Pastus.
*Patentitium.
*Paticium.
*Patrimonialia.
Patronaticum.
*Paxisgium.
*Payeria.
*Paysnaticum.
*Pazagium.
*Peatga.
*Peaticus.
*Pecca.
*Pecha.
*Pecies.
*Pecta.
*Pecuniaria.
Pedagium.
*Peditura.
Pedocheum.
*Pegagium.
Peissonagium.
Peitæ.
Pelagium.
*Pellagium.
Penygeldum.
*Pennagium.
Pensa.
*Pensus.
*Pentecostalia.
Penygavel.
Peregrinatio.
*Perforagium.
*Perso.
Pertusagium.
*Pesadura, etc.

*Petagium.
*Petercorne.
Petitio.
*Petiva.
*Peyra.
*Pfundtzoll.
*Phalangaicum.
*Phalangeticum.
Picagium.
*Pictavinagium.
Pilagium.
*Pilagium.
Pilaceum.
*Pinagium.
*Pingueia.
*Piraticum.
Piscatores.
*Piscis.
Pissonagium.
*Pitagium.
*Putura.
*Placitamentum.
*Plageagium.
Plaintagium.
*Planchagium, etc.
*Plantaticum.
Plassagium.
Plateaticum.
*Plaza.
Plebes.
*Plobegum.
*Ploghs-penninge.
*Pocagium.
*Polagium.
*Pollastrum.
*Polveragium.
*Pontale.
Pontaticum.
*Pontinium.
Pontonagium.
Pons.
*Porcagium.
Porcellagium.
*Porchetta.
Porcilatio.
*Porragium.
Porta.
*Portatia.
Portaticum.
Portorium.
Portulaticum.
*Portusiacium.
*Postaticum.
Potagia.
*Potagium.
Potus.
*Poudragium.
Præcinctura.
*Præsencium.
Præsentatæ.
Præsentia.
*Præstagium.
*Præstantia.
*Praragia.
Prandium.
*Pratagium.
*Preagium.
Precaria.
*Precatio.
Precatura.
Preces.

*Prendimentum.
*Prensio.
*Presa.
Presbyterium.
*Preseca.
Presentia.
*Presonagium.
*Pressatio.
*Pressoraticum.
*Pressura.
*Pretaria.
Prezechi.
*Prienta.
*Primavera.
*Prin.
*Prinzia.
Prisæ.
*Prisia.
Prisionagium.
*Pristina.
*Proangaria.
*Procensus.
Prodecima.
*Prohibitio
*Pronunciatio.
Propina.
Proponenda.
Proscriptio.
*Protagium.
Provodnarem.
*Proxmetum.
Publicum.
Publicarium.
*Puenchatge.
*Pulagium.
Pulveraticum.
*Purchrecht, etc.
*Quadraticum.
Quadriga.
Quæsta.
*Quarentena.
Quarentenum.
*Quarretum.
*Quarriagium.
Quarta.
Quartagium.
*Quartalagium.
*Quartesima, etc.
*Quarto.
*Quathedraticum.
*Quatisonia.
*Quidagium.
*Quinquaginale.
Quintadecima.
*Quintalagium.
Quintellum.
Quintum.
*Quintum.
Quota.
*Racha.
Rafica.
*Rameragium.
*Rapina.
*Raportus.
*Rasamentum.
Rastellagium.
*Rationamentum.
*Ratorium.
*Razonamentum.
*Recepta.
Receptum.

XLII.

VENATICA, SEU QUÆ VENATIONEM ET AUCUPIUM SPECTANT, VOCABULA.

AUCUPIUM.

XLIII.

VESTES ECCLESIASTICÆ, LAICÆ; RES VESTIARIA.

Abacot.
*Abanec.
*Abilhamentum.
Accubitoria.
Acitara.
Acupictus.
Acus.
Adlicula.
Admasurus.
*Affectura.
Agnafus.
Agnellinus.
Aiot.
Aketon.
Alamanesca.
Alba.
Alfanegue.
*Algotatæ.
Alguexis.
Alicula.
Aliphasis.
Alloverium.
Almucium.
Amictorium.
Amictus.
Amphibalus.
Amphimallus.
Amustia.
Anabala.
Anaboladium.
Anabolagium.
Anciriana læna.
Andromeda.
Angelica vestis.
Anitergium.
Antela.
Antemanica.
*Antiphona, 1.
Arest.
*Arganum.
*Argandum, 3.
*Argavum.
Armilausa.
Armillum.
Armispatha.
Articularius.
Ascopera.
Asemus.
Aspergo.
Atrabaticæ.
Adtogatio.
Averta.
Aurifilum.
Aurifrigia.
Auroclavus.
Aurotextilis.
Baen.
Balandrana.
Baldakinus.

Baldrellus.
Baldringus, etc.
Baltheus.
*Bandegruina.
Bandellus.
*Banoa.
Barbaricum.
Barbaricarii.
Bargilla.
*Barillotus.
*Barmus.
Barracanus.
*Barretum.
Batlinia.
Bauga.
*Bavara.
*Beatillæ.
*Beca.
Belamia.
Beneventanum.
Bernichrist.
Betiu.
*Becchettus.
*Belveria.
*Berreta.
Bever.
*Bialdum.
Bifurcati.
Bigera.
Billeus.
Binda.
Birretum.
Birrus.
Bisaccia.
Bissa.
Bissus.
*Blanchetum.
Blatta.
Bliaudus.
Bluet.
Bombax, Bambax, etc.
Boneta.
*Bonetus.
Boquerannus.
*Borboniensis.
Borra.
*Borreletus.
Botonatus.
Bouratium.
Bracæ, Braccæ, Bragæ.
*Bracchiale.
*Brachale.
Bracharium.
Bracheriolum.
Brachiale.
Brachile.
Brachiolineum.
Brachionarium.
Bracile.

*Bragerium, 2.
Brandeum.
Brando.
*Bratxia.
Bruneta.
Brusdus.
Brustus, etc.
Brycan.
Buda.
Bulga.
Bulgia.
Bulla.
Burda.
Burra.
Bursa.
*Cabanus.
*Cabessium.
Cabsaricius.
*Cahouetus.
*Calabum.
*Calandra, 3.
Calbasius.
Calcar.
Calcia.
Calcio.
Caliendrum.
*Calota.
*Camalottum.
Camasus.
Camelaucum.
Camelotum.
Camellum.
*Camilla.
Camisiæ.
Camisile.
Camoca.
Campestratus.
Camucum.
Canava.
Canevasium.
Candida.
Candius.
*Cantus, 5.
Capa.
Capapellis.
Caparo.
*Capayrona.
Capedulum.
Capella.
*Capelletum, etc.
*Capellina, 2.
*Capellum.
Capellus.
Caphardum.
Capidulum.
Capitale.
Capitegium.
Capitium.
*Capitra.

Capitulare.
Capsa.
Capsula.
Capsana.
*Capularium.
Capulla.
Caputium.
Caracalla.
Carda.
Carpita.
*Casaca.
*Cassana, 2.
Cassidie.
Cassioteus.
*Cassus.
Casternatus.
Casula.
Cataclitus.
Catblattion.
Catsfitulum.
Cattinæ pelles.
*Cavezatura.
*Cavezium.
*Caunaca.
*Cauprita.
*Causia, 2.
Celendra.
*Cenchetum.
Cendalum, Cendatum.
Cento, Centrum, etc.
*Centonium.
*Centura.
*Cerabula.
Cervicorium.
*Cevecellia.
Chaluns.
*Chapa.
*Chapularium.
Chasdium.
*Chevecia.
Chirometrica e.
Chirothecæ.
Chlamys.
*Chopa.
Chrismale.
*Cialfarda.
*Cibanum.
Cilicium.
Cimetum.
Cinctorium.
Cingillus.
Cingula.
Cingulum.
*Cipriana.
Circelli.
Circulus.
Circumrotatus.
Circumtextus.
*Cisclato.

*Clara.
Clavatura.
Clavellus.
Clintinna.
Cloca.
*Cloqua.
*Coccardica.
Coccinum.
Coccula.
Coccum.
Cognitiones.
Cointises.
Colærigeratus.
Colica.
Collectra.
Collestrum.
Collomellinus.
Colobium.
Compernola.
Coninæ pelles.
Consarsum.
Coopertorium.
Copla.
*Coqucia.
*Coquibus.
*Cordata.
Coriosus.
Corneta.
Corona.
Cortina.
Cota.
Cotardia.
*Coticium.
Cotta.
Cottus.
*Courcepita.
Cowyll.
*Coxellus.
*Coyfia.
Cozzo.
*Cratula.
Creare.
*Crespa.
Crinile.
Crocea.
*Crocia.
*Crosina.
Cruralia.
Crurarium.
Crusna, Crusina.
Crusta.
Cubital.
Cucullus, Cuculla.
Cucutium.
*Cuffa.
Culla.
Cultellare.
Cuphia.
Curcimbaldus.

Sacciperium.
Saccus.
*Sacerdotales.
*Sacurba.
Sagana.
Sagia.
Sagitta.
Sagochlamys.
Sagum.
Salacianum.
Saraballa.
Saraca.
Saracenicum.
*Sarbuissinum.
Sarcilis.
*Sarcotium.
Sargineum.
*Sarrotus.
*Sayus.
*Sbernia.
Scafones.
*Scala, 15.
*Scanusia.
*Scapela.
Scapulare.
Scaramanga.
Scarcella.
Schuba..
Sclavina.
Scolatura.
Scrobulla.

*Scuta.
*Secium.
Secta.
Semicinctium.
Sericalis.
Sericoblatta.
Serpentum.
*Serrabarrium.
Seta.
*Sigauda.
Sigla.
Simichenium.
Sindon.
Singiliones.
Siricus.
*Sisurna.
*Sobrecot.
*Socca.
Sona.
Sorcotium.
*Soscania.
*Sotanum.
Spatularia.
Staminea.
Stanium.
Stapio.
Sthema.
Sticharium.
Stigna.
Stigula.
Stola.

Storax.
*Strabulæ.
Stragulum.
Strictoria.
Striga.
Strinctorium.
Stringes.
Strophium.
Struma.
Stunum.
Stuppacium.
Subarmale.
Subcingulum.
Subdiaconalia.
Suffibulum.
*Subcinctorium.
Subtaneum.
Subtile.
Subuncula.
Succa.
Succinctorium.
Suchorna.
Sudarium.
Suffibulatorium.
Superalia.
Superaria.
Superhumerale.
Superinsigne.
Superpellicium.
*Superpunctum.
Supertotus.

Supertunica.
Supraligaturæ.
*Supervestimentum.
Supravestis.
Surcotium.
*Sutana.
Tabardum.
Taccunatus.
Tacolinum.
Taffata.
Tarsicus.
Tartariscus.
Tasca.
Tassellus.
Tebennum.
Teleoporphyrus.
Tessellus.
Textilicinium.
Thabit.
Theristotides.
Theristrum.
Tilptalium.
Tina.
Tipettum.
Tobancula.
Togipurium.
Toragium.
*Torniclum.
Tortus.
Tramoserica.
Trapus.

Triacontasimus.
Triblatton.
Tribunarium.
Trifilum.
*Trocca.
Trogulus.
Tunica.
Tunicella.
*Turcischa.
Tutupia.
*Varnacchia.
Vastrapes.
Ventrale.
Vermiculus.
Villosa.
Vinipa.
Virga.
Virgatus.
Urna.
Wanto.
*Wardecocium.
*Yopa.
*Zaffarda.
Zamblottus.
*Zarabolla.
Zatoûy.
*Zipo.
Zona.
Zuppa.

CALCEI, RÊS CALCEARIA.

Abarca.
Æstivalia.
Alpargates.
*Baas.
*Baluga.
Baralio.
*Baxea.
Blatea.
*Benda.
*Borsegues.
Bota.
Botta.
Calceamentum.
Calcearium.
*Calceus.
Calciare.
Calciarius.
Calciaticum.
Calciacaliga.

*Calciatura.
*Calica.
Caliga.
*Calopedes.
*Calzaius.
*Cambula.
Campagus.
Carpisculus.
*Chiffones.
*Compago.
Cordebisus.
Cordewan.
Cothurnus.
*Crepido, 4.
*Crepitus.
Culpones.
Curcuma.
Cuspus.
Discaligatus.

Diurnales.
Embadia.
*Esclava.
Estivallus.
Feltrum.
Fico.
Foliati.
Formella.
Galeares.
Gallica.
*Galochia.
*Galopedium.
Gamacha.
Joppa.
Linipedium.
Nocturnales.
Osa.
*Pantofla.
*Pata.

*Patinus.
*Pedroles.
Pedules.
*Peperoni.
Pero.
Pigaciæ.
Plantare.
*Plenelli.
Poulainia.
*Revestrati.
Rostra.
*Sabbatum.
Sandalis.
*Scarpa.
Scarpus.
*Scoffones.
Soccus.
Sola.
*Solarius.

*Soletus.
Spartea.
*Stivale.
Subari.
Subtelares.
*Trabucus.
Trainellum.
*Trebucus.
Tubrucus.
Tubuli.
Tzangæ.
*Vardonus.
Udo.
*Unciunculus.
Wandangiæ.
*Zocholæ.

XLIV.

ANGLO-SAXONICA VOCABULA, VEL QUÆ ANGLO-SAXONICÆ LINGUÆ ORIGINEM SUAM DEBENT.

Abarnare.
Absoniare.
Accursa.
Agenfrida.
Agild.
Afeldthyhde.
Anhleta.
Anhlot.
Assnasare.
Astrum.
Ategar.
Ablt.
Averpeny.
Beconagium.
Bellagines.
Berebrectus.
Berewick.
Bernet.
Brighbot.
Bilage.
Blanhornum.
Blodwita.
Blundus.
Bolla.
Bonda.
Bondus.
Borda.
Bordhelpeny.
Bordlode.
Borghum, etc.
Brander.
Brede.
Brigdumum.
Burgemotus.
Burghbote.
Burgh-brech.
Cahslite.
Cenegild.
Chicsetum.
Corsned.
Couthut-laughe.
Crocca-cowellet.
Croftum.
Cynebot.
Cynedomas.
Cyrealh.
Dedbanna.
Derefald.
Dolæ.

Dolg.
Dombec.
Drossatus.
Ealahus.
Ealscop.
Eastintus.
Eia.
Eodobryce.
Eorla.
Erthmiotum.
Ewbryce.
Exfrediare.
Færbena.
Fæstingmen.
Falda.
Faldao.
Falkesmote.
Farding.
Faristel.
Farlegami.
Fastermannes.
Felagus.
Fengeldum.
Feordwendel.
Ferlingus.
Ferfpeken.
Ferthingmanni.
Ferto.
Fithwita.
Firdefare.
Firderinge.
Firdfocne.
Firdwita.
Firebote.
Firlota.
Firma.
Firstalli.
Firstful.
Firth.
Flaxa.
Flemen firma.
Flemeneswite.
Flemensrede.
Flesmongers.
Flet.
Fleta.
Fletgefoth.
Fletwite.
Flima.

Fodrum.
Folcland.
Folgare.
Folkesmote.
Footegeld.
Forathe.
Forda.
Forestel.
Forfang.
Forspecen.
Fosterlean.
Friborga.
Frilazin.
Fritgear.
Frithgildum.
Frithmannu.
Frithstoil.
Fritorga.
Frodmortell.
Furigyldam.
Fryderinga.
Gafulland.
Gamales.
Gangdayes.
Geburscypa.
Gemotum.
Geneath.
Gersuma.
Gewineda.
Gewitnessa.
Gildum.
Giltwite.
Girdella.
Gleiscywa.
Laderunga.
Halsfang.
Hamsoka.
Handhalbenda.
Handgrith.
Handgwith.
Hardpenny.
Headborow.
Henedpeny.
Henefare.
Heordfest.
Herdera.
Herenames.
Heriotum.
Hidgildum.

Hodegelt.
Hornegeldum.
Hræfawnt.
Hredige.
Hringas.
Hurderesest.
Hursta.
Huscarla.
Husbrece.
Imbren.
Impeny.
Infangthefe.
Inlagare.
Inland.
Inlaugha.
Innonia.
Insetenys.
Lafordswic.
Laga.
Lagamannus.
Lagadayum.
Lagan.
Laghshit.
Lancetus.
Landefricus.
Landreap.
Laudimera.
Larwa.
Lastum.
Mægbota.
Mainad.
Mambota.
Melda.
Meldefeoh.
Mergreve.
Mersca.
Midthtrina.
Minegunga.
Misbota.
Miskenninga.
Morganegiba.
Morth, etc.
Mundbrece.
Ordela.
Ordele.
Orgilde.
Overcythed.
Overhernessa.
Penigeldum.

Portsoka.
Pudherper.
Punga.
Reafau.
Reffare.
Rimath.
Rodknygts.
Romepeny.
Romescot.
Romfeah.
Saulskot.
Scatlegt.
Scatz.
Sceitmannus.
Schippeshere.
Scyldwita.
Sega.
Sicha.
Sipessocna.
Streame.
Sublegerus.
Sundernota.
Suthdure.
Swanimotum.
Teada.
Tenmantale.
Tenus.
Thefbote.
Throtebolla.
Thumelum.
Tihla.
Trithinga.
Tythlen.
Unfridmannus.
Ungeasesath.
Unlage.
Usa.
Utlaga.
Utlep.
Waliscus.
Wemminga.
Wera.
Witercila.
Witereden.
Witernamium.
Witersacan.
Wittemon.

XLV.

FORENSIA VOCABULA, SEU FORI AC JURISPRUDENTIÆ MEDIÆ ÆTATIS, SED ET HODIERNÆ.

*Aagiatus.
*Aarath.
*Abandonare.
Abandum.
Abarnare.
*Abaunamentum.
Abstardare.
*Abautorizare.
*Abbatitura.
Abatare.
*Abbocatio.
*Abbotamentum.
*Abbotum.
*Abenevisare.
Abbetator.
Abeiantia.
*Abfestucare.
Abjective.
*Abjicere se.
*Abintestatus.
Abishering.
Abjudicace.
Abjurare.
*Abjuratio, 1, 2.
Abliligatus.
Abmatrimorium.
*Abocator, 1, 2.
Abollagium.
*Abonamentum.
*Abonare, 2, 3.
Abonatus.
Abrccamentum.
*Absacitus.
*Absare.
*Absbrigare.
Abscedere.
Abscondere.
*Absens, 1, 2.
*Absolvere.
*Absolutio, 7.
*Abstinentia, 2.
Abstipulare.
*Abstrigare.
*Absus.
*Acapitagium.
*Acaptis 1, 2.
Accaptare.
*Accaratio.
*Accatum.
*Accensa.
*Accessor, 2.
Accessorius.
Acclamare.
*Acclamatio.
*Accolligere.
*Accomandisia.

*Accomenda.
*Acconcium.
*Accordamentum, 1, 2.
*Accordia, etc.
*Accredere.
*Accrescentia.
*Accurrimentum.
*Accusio.
*Acessare.
*Achaptare.
*Achta, 2.
*Aclamatio.
*Acopiagium.
*Acquesta.
*Acquistum.
Actionare.
Actionarius.
Actor.
Actoria pars.
Acunydare.
Adæquatio.
*Adcapitum.
*Adcensare etc.
*Adclamare.
Adærare.
Additio.
*Addonare se.
Addretiare.
*Adfatomare.
Adfidere.
Adfiliare.
*Adbærentiæ, 2.
Adheredare.
*Adhereditare.
Adimbreviare.
*Adjanciamentum.
Adjornare.
*Adjunctiones.
Adjurare.
Adlegiare.
*Admasare.
Admenturare.
Admigrare.
Administrator.
Admodiare.
Admonitio.
Admonitoria.
Admortizatio.
Adnuntiatio.
*Adprisiare.
Adramire.
*Adresciare.
*Adstipulare.
Adterminare.
Adtrahere.
*Advantagium, 1.

*Advenantare.
*Advenimentum, 1, 2.
*Adventagium, 1.
*Adventura.
Adverare.
*Advestitus.
*Adveutum.
*Advitalitas.
Advocare.
Advotum.
*Aegiatio.
Æqualentia.
*Æsantia.
*Æscaeta.
*Æsncia.
Ætas.
*Affacharia.
Afferatores.
*Affidamentum.
Affidare.
*Affiliatio.
*Affirmamentum.
*Affirmare, 1.
*Affrancatio.
*Affranchisamentum.
*Agiatus.
Aisantia.
Alienigenare.
Allegare.
*Allocagium.
Allocare.
Allocatus.
Alloqui.
*Alluvio.
*Alodatge.
Alodiarius, etc.
Alodis.
Alte et basse.
Amerciare.
*Amessura.
Amicitia.
Amicus.
*Amissionem tenere.
*Amittadare.
*Amleit.
*Amodium.
Amor.
*Amparamentum, 2.
Amparare.
*Amparlarii.
Andigare.
*Anevelle.
*Annexa.
*Annotare.
Annus et dies.
Annus et vastum.

*Anquisitio.
*Antefactum.
*Antenagium.
*Anxesrata.
*Aparibilis.
*Apellidum.
*Apex, 1.
*Apiaster.
*Aposennarium.
Apostoli.
Appartiamentum.
*Appellatio.
Appellatores.
Appellitum.
*Appellum.
*Appensamentum.
*Appentitiun.
*Appiglantia.
*Appoca.
*Appodissa.
*Appointamentum.
Apponere.
Apportionamentum.
*Appressio.
*Apprestum.
*Apprisia.
*Appropinquare, 1.
Appropriare.
Appruare.
Appruator, etc.
*Appunctamentum.
Appunctare.
Aprisia.
*Arendamentum, etc.
Areniare.
Arestum.
*Arrahenes.
*Arrainare.
Arrendatio, etc.
Arrentare.
*Arrestum, etc.
*Arsinum.
*Ascensamentum, etc.
*Asemprivum.
Assecurare.
*Assemperare.
*Assenamentum, etc.
*Assensamentum, etc.
*Assetamentum.
*Assetare, etc.
*Asseurare.
*Assiagium.
*Assidatio, 2.
*Assieta, 1.
*Assignamentum, sqq.
Assisa, etc.

Associare.
*Assolare.
Attachiare.
Attaintus.
*Attenta.
Attractus.
Atturnare.
Auctionarius.
Auctionator.
Auctor.
Auctorizare.
Auctoramentum.
Audientia.
Audire.
*Avenius.
*Aventagium.
*Aventata.
*Aventuræ.
Averare.
*Augmentum.
*Avoare.
*Avoeria.
Avolorii.
*Austregæ.
*Badlia.
*Bagnum, 2.
*Baguga.
*Bailia, etc.
*Bailleta.
*Baillio, etc.
*Bajula, 4, etc.
Bajulus.
*Balia.
Balius, etc.
*Ballia, etc.
*Ballum, 3, etc.
Bancus.
*Bandayragium.
*Banderagium.
Bannum, etc.
*Barata.
Baratum.
Barræ.
*Bastancium.
*Batallia, 2.
*Baulum.
*Benefacere.
*Benefactoria.
Benefactum.
Beneficium.
*Benevisa, etc.
*Bestancium.
*Bidella, 1.
Binæ, ternæ.
Blandimentum, 1.
Blanditia.

CARPENTERII

INDEX RERUM

QUÆ NON SUNT ORDINE ALPHABETICO DISPOSITÆ,

VEL QUAS IN GLOSSARIO

DELITESCERE NON AUTUMARET LECTOR.

A

Abbates, eorum electio in monasteriis, ubi illa locum habebat, non fiebat nisi regis consensu prius expetito, in *Monasteria*, pag. 480 ².

Abbates ex consilio et assensu advocati ejusdem monasterii eligebantur, in *Advocati*, pag. 107 ʳ.

Abbates electi interrogabantur in capitulo Lugdunensi super lectione, cantu et jure, in *Examen* 3.

Abbates pedum, suæ auctoritatis insigne, ut reges sceptrum, interdum ab altari sumebant. Pedum abbatissis jamdiu concessum, in *Baculus* 1.

Abbates Archidiaconorum munere functi, in *Archidiaconus*.

Abbates, appellati *Patriarchæ*, in hac voce.

Abbates et Abbatissæ testamenta condebant, in *Testamentum* 1.

Abbates deponendi ritus, in *Stola* 1.

Abbatiæ concessæ viris ecclesiasticis sub secunda Regum nostrorum stirpe, in *Beneficium* 1, pag. 652².

Ablutio pedum in ecclesiis et monasteriis usitata, in *Mandatum* 9.

Absolutio a duobus Presbyteris moribundo ex consuetudine concessa, in *Pœnitentes*.

Absolutio ad cautelam non occurrit ante Celestinum PP. III. an. 1195. in *Absolutio* 7.

Absolutio mortuorum, qua ratione fiebat, in *Absolutio* 1. et *Imblocatus*.

Absolutionis formulæ notandæ in *Absolutio* 1.

Accipiter nobilitatis insigne præcipuum. Ars aucupandi hujus ope antiquissima, in *Acceptor*, pag. 43 ².

Accipitrem inter Officia divina super pugnum deferre, non penes laicos modo, sed et ecclesiasticos in usu fuit : hujus moris recens et insolitum exemplum, in *Acceptor* et *Decanus* 4.

Acclamationes publicæ seu faustæ adprecationes fiebant Principibus, Romano Pontifici : earum formulæ, in *Cornomannia* et *Laus* 2.

Acta publica, majoris solemnitatis ergo, in ipsis quadriviis perficiebant, in *Quadrivium*.

Acus, ornamentum muliebre, in *Acucula* 1.

Adoptio filialis et fraterna per arma, in *Arma* 1.

Adulteræ tondebantur nervisque bovinis mactabantur, in *Tondere*.

Adulteris pœna ridicula interdum per jocum inflicta. Contra horribili supplicio puniuntur Philippus et Galterus de Alneto adulteri. Pœnitentiæ publicæ subjiciuntur, in *Adulterium*.

Adulterorum diversa pro variis regionibus supplicia, in *Adulterium*.

Ædes, ubi baptismus conferebatur, picturis variis adornatæ. Celebres in Italia ejusmodi ædes, in *Baptisterium*.

Ægyptii olim cadavera domi subrecta in loculo ad parietes statuebant; postmodum in lectulis imposuerunt, in *Mumia*.

Ægyptii Christiani seu monachi, cur appellati *Cophti*, in hac voce.

Agnatio, unde computatur, in *Generatio*.

Agnes, Philippi Augusti filia, uxor Andronici Comneni, in *Cognitiones*.

Agninæ carnes vilissimæ et insuaves a veteribus reputabantur, in *Agnina*.

Alapa seu ictus collo aut humeris, ense vel gladio tyroni ad militarem dignitatem promovendo infligebatur. Hujus moris origo, in *Alapa*.

Alapis se mulctandum proponit, qui veniam ab alio exorat, in *Alapa*.

Albanus, vox contumeliæ : hujus origo. Jus in eorum bona ad solum regem pertinere hodie censetur, in *Albani* et *Albanius*.

Albigenses hæretici, appellati *Bulgari* et *Pifli*, in his vocibus. Eorum abstinentia, in *Endura*. Salutandi ratio, in *Adorare*.

Alborum pia societas in Hispania orta, dehinc per totam Italiam celeberrima, in *Bianchi* et *Dealbati*.

Alebretorum nobilis familia in Vasconibus, unde nomen habet, in *Leporeta*.

Alexius Comnenus, cur Bambacorax cognominatus, in *Bambalo*.

Alphabeti literas in pavimento describendi mos, cum ecclesiæ consecrantur in *Abclurium*.

Alphonsus rex Siciliæ, Victoriosissimi titulo donatus, in *Victoriosus*.

Altacombæ, monasterii in Sabaudia, unde nomen, in *Cumba* 2.

Altare Portalile : hujus mentionem fieri non puto ante finem sæculi VII. in *Altare*, pag. 207 [1].

Altaria per triduum nudabantur apud Cistercienses, cum mulier monasterium intraverat. Ea scopis et fustibus cædebant, quousque rem petitam a Sanctis exorarent mulierculæ, in *Altare* et *Reliquiæ* 1.

Amalasuintæ, Amalafredæ, Amalaburgæ, Amalarici, et similia nomina, unde fluxere, in *Amali*.

Ambianensis Episcopi jura insolita in contrahentes matrimonium abrogata, in *Marcheta*.

Amphitheatra Italiæ et Galliæ memorantur, in *Arenæ* et *Coliseum*.

Ampulla Remensis, in qua Sacrum Chrisma, quo unguntur reges Francorum, asservatur, in *Ampullæ* 1.

Amuleta ad arcendos morbos quidam non omnino improbant; alii una cum Ecclesia, ut magiæ effectus et paganismi reliquias, proscribunt : ea derident medici saniores et probatiores, in *Ligaturæ*.

Amygdalæ die Cinerum distribuebantur canonicis ecclesiæ Morinensis, in *Amigdala*.

Andegavenses comites, Abbates appellantur SS. Albini et Licinii, in *Abbas*, pag. 113.

Angli Sanctos Apostolos visitare cœperunt circa an. 700. in *Scoti*.

Angli literas a Romano Pontifice concessas ad institutionem beneficii ecclesiastici repudiant, atque in posterum prohibent sub pœna capitis, in *Provisio* 2.

Angli, unde per contumeliam dicti *Caudati*, in hac voce.

Anglici Reges veteres Basilei appellationem videntur præ cæteris sibi arrogasse, in *Basileus*.

Anglici Reges Nomannici venationi impensius dediti, in *Foresta* pag. 3512.

Anglicis Regibus cibariæ ac annonariæ præstationes olim factæ, in *Firma* 2.

Anglorum Regum juramenti formula in eorum coronatione, in *Juramentum*, pag. 9401.

Anglorum annos computandi ratio, in *Annus* et *Conquestus*.

Anglorum præcipuum vexillum draconis effigie insignitum erat, in *Draco* 1.

Anglorum olim in hostem debellatum crudelis usus, in *Aquila*.

Anglo-Saxones annos suos per hiemes numerabant, in *Autumnus*.

Anniversariis ut interessent non modo ecclesiastici vel religiosi invitabantur, sed et urbis primarii, quibus pecuniaria distributio fiebat, in *Obitus*.

Anno imperii sui præterito, præsenti et futuro constitutionem contra hæreticos datam notat Fridericus imperator, in *Charta* 1.

Annuli sui traditione in manu offensi, minus legitime actum reparabatur, in *Emenda* 5.

Annulo januæ ecclesiarum tacto, aliquando dejerabant, in *Armella*.

Annulo junceo seu confecto ex palea matrimonio conjunguntur qui illicitam antea inierant copulam, in *Annulus*.

Annulus conceditur abbatibus, in *Abbas* pag. 141.

Antipapæ appellati Idola, in *Idolium*.

Antonini Augusti ad quosdam qui in Ægeo mari naufragium passi erant, obscura responsio enodatur, in *Lagan*.

Apitius ex Hispania oriundus, in *Sabanum*.

Apocalypsis rem obscuram et intellectu difficilem designat, in hac voce.

Appellandi a lata sententia ratio, in *Falsare*.

Aquæ benedictæ usus, in *Aqua* 7.

Aquæ frigidæ et ferventis judicium, seu examen, quo ritu peragebatur : pro Reliquiarum probatione etiam adhibitum, in hac voce.

Aquam Calidam vel tepidam in Sacrificio missæ adhibebant Græci, in *Aqua*, pag. 3232.

Aquitani, unde Pelluti sive Comati dicti, in *Cagoti*.

Aquitaniæ duces, nominat Abbates S. Hilarii Pictav. in *Abbas*. Eorumdem moneta, in *Guianensis*.

Arabum notæ numericæ, ubi et quando in usu, in *Cifræ*.

Aragonum rex homagium præstat episcopo Magalonensi, in *Hominium*.

Arbogast, Bodogast, Salegast, Windegast, Wisogast, quid hæc nomina significent, in *Gastus*.

Arborum cultus, quis et quantus in *Arbor*, p. 3613.

Archicapellanus regius, cur dictus Abbas castrensis, in *Abbas*, pag. 103. Ejus munia in *Capellani* 1.

Archicapellanus nuncupatus Abbas palatii, in *Abbas*, pag. 141.

Archidiaconorum jus in bona defunctorum, in *Abbadia* 1.

Archiepiscopi a Romanis pontificibus jus habent præferendi crucem intra suam provinciam, in *Crux*.

Arechis dux Beneventanorum primus Principis nomenclaturam in Italiam invexit; a qua in cætera regna profluxit ejusmodi titulus, in *Princeps*.

Aresta parlamenti Parisiensis Gallico idiomate pronuntiari cœperunt sub Francisco I. rege, cum Colinus S. Ambrosii Bituricensis, non Vindocinensis, abbas verbum *Debotare* ex quodam aresto Latino cavillatus esset, in *Debotare*.

Argenti fodinæ olim in Gallia, maxime in Delphinatu, haud raræ, in *Argentaria* 1.

Arietem Levare, Decursionis species apud Anglos, in hac voce.

Arma seu insignia Franciæ sub Philippo Pulchro diversa ab iis quibus usus fuisse Clodoveus putabatur, in *Arco*.

Arma auro exornandi ars, a quibus inventa, in *Barbaricum*.

Arma in signum fraternitatis vel fœderis invicem mutarunt, in *Arma* 1.

Armenii Episcopi caput opertum habent, cum sacra peragunt, in *Camelaucum*.

Armorica, unde Letavia appellata, in *Leti*.

Arnaldus de Servola, cognomine Archipresbyter de Vermis, militarium turmarum, quæ *Companiæ* appellabantur, primus dux, in *Sociales*.

Artemisia a Picardis nostris in vigilia nativitatis S. Joannis-Baptistæ colligitur, qua de causa, in *Apotelesmata*.

Arturus Britannus auctor est colaphi militaris, nostris *Colée*, in *Alapa*, pag. 1611.

Asyli ecclesiarum jure quomodo utebantur Angli, in *Abjuratio* 1, et *Pax*, pag. 1571. Intra quod spatium continebatur, in *Dextri*.

Ave-Maria, Beguinarum Parisiensium monasterium, in quod translatæ Sorores tertii ordinis S. Francisci an. 1471. in *Beghardi*.

Augusta apud Occidentales circulis aureis, non coronis, utebantur, in *Circulus*.

Aure privatus a clericatu arcebatur, nisi id fortuito, et non ex pœna, accidisse literis regiis constaret, in *Auris*.

Aurelianenses cives, Baronum appellatione donati, in *Baro*, pag. 6001.

Aurigæ artis magicæ suspecti : ex iis domini lucrum faciebant, operas illorum locando, in *Agitatores*.

Austriæ duces a Friderico I. imperatore creati, inter Archi-
duces censendi ex eodem, in *Archidux.*
Autissiodorensis pagus, *Marteau* nunc dictus, unde nomen
habet, in *Morta* 1.

B

Baculus adhibitus in coronatione regum Italiæ, in *Albanum.*
Bajwarii annos suos per autumnos numerabant, in *Autumnus.*
Ballivi instituebantur per traditionem clavium, in *Baillonus.*
Ballivi officium nobilitati maculam inurere aliquando opinati
sunt, in *Bajulus* 1.
Baptismus campanarum, in *Campana* 2.
Baptizati statim atque de sacro fonte nudi egrediebantur, quod
et de sequiori sexu intelligendum est, stola alba sumpta
Ecclesiæ induebantur, quam sabbato ante octavas Paschæ et
Pentecostes deponebant, in *Alba* 4. Post indutam vestem
candidam, cereus accendebatur, in signum fidei acceptæque
gratiæ, in *Illuminare* 1.
Baptizati in ægritudine primum ab omni cleri gradu, dehinc
a presbyterio duntaxat exclusi; hujus baptismi ritus, in
Clinici.
Baptizati unde appellati Judæi et Mahumetani, quorum reges
et magnates in baptismo erant patrini : iisdem attributi certi
reditus ad victum et vestitum, primum a fisco, dehinc a
monasteriis percipiendi, in *Conversio.*
Barbæ primam lanuginem radendi ritus, in *Barba* 1. et *Barbator.*
Barbæ, capillorum et vestium pilis una cum sigillo Chartæ
obsignatæ, in *Pillum.*
Barbariæ nomen, unde Africanis aliisque regionibus inditum,
in *Barbaricum* et *Barbarus.*
Barcinonis nominis origo, in *Barca.*
Barones, fratrum nomine compellantur a Ludovico VII, rege
Francorum, in *Frater*, pag. 398[2].
Bavarici duces a regibus nostris quondam electi et constituti,
in *Agilolfingi.*
Beatrix Viennensis, Humberto III, Sabaudiæ comiti, marito
superstes vixit, etsi secus existimet Guicheno, in *Alpes*,
pag. 203[3].
Bellovacensis Collegii fundatio, in *Claustrum.*
Benearnenses capæ, in *Bigera.*
Beneficiorum, ut vocant, seu præpositurarum et prioratuum
origo, in *Obedientia* 1.
Beneficiorum ecclesiasticorum commercium, quando et quan-
tum invaluit, in *Præbenda.*
Bernardi nomen male olim nostratibus sonabat, in *Bernarius.*
Bernardus comes Septimaniæ, Judithæ augustæ adulter, in
Emissarius.
Bestiæ agros depopulantes, facta prius monitione, excommu-
nicabantur, etiam his ultimis temporibus, in *Excommuni-
catio.*
Bibacis famosi exemplum, in *Bocale* et *Tappus.*
Bigorrensis moneta, in *Carleni.*
Bituricenses cives, Baronum appellatione donati, in *Baro*,
pag. 600[1].
Bohemi Ecclesiæ catholicæ reconciliati ea conditione, ut
communionem acciperent sub utraque specie, in *Compacta-
tum.*
Bohemiani, Harioli et fatidici homines : eorum in Galliam
adventus et eorumdem e Gallia expulsio, in *Ægyptiaci.*

Boni hominis appellatio jamdiu apud nostrates male audit,
in *Boni homines.*
Bordeu, illustris Aquitaniæ familia, a qua *capitulatus* de Bogio
in Gresliacam gentem transiit, ac deinde in Lebretensem,
in *Capitalis* 1.
Bosphorus, quare Brachium S. Georgii et Turcis Bogasin
dicatur, in *Brachium* 1 et *Butta* 1.
Brasilia vulgo *le Bresil*, unde nomen habet, in *Brasile.*
Brezé (Domini de), senescali ducum Normanniæ, in *Senescalcus*, pag. 182[2].
Bufo in veneficiis adhibitus, non sine successu, si credere vis
in *Buffo* et *Croucheus.*
Burgundiones, hujus nominis etymon, in *Burgus.* Quando et
cur *Salés* cognominati, in *Burgundiones.*
Bursa, præcipuus nostratum olim ornatus, in hac voce.

C

Cæcus colores et staturam animalium discernens, in *Abocellus.*
Calamus quo in scribendo utimur, ad principatum Ludovici
Pii revocari potĕst, in *Penna* 2.
Calceamenta alicui ministrare, obsequii et servitii symbolum,
in hac voce.
Calceorum prominentes et ultra pedum longitudinem prosilien-
tes extremæ partes, in acumen quoddam desinentes; ho-
rum inventor, in *Pigaciæ*, *Poulainia* et *Rostra.*
Caliga. A caliga ad consulatum, Proverbium castrense, in
Apocaligus.
Caliphæ appellationis interpretatio et origo, in *Chalifa.*
Calumniatoris et falsi testis pœna apud Carmelitas, in *Scapu-
lare.*
Campanorum, Gall. *Champenois*, probitas, audacia et virtus
laudantur, in *Campaniensis.*
Canem ferre, Nobilium pœna, in *Canis* et *Harmiscara.*
Canem solebant illum vocare quem ad certamen provocabant,
in *Acunydare.*
Canis, ut latrare contra aliquem non valeat, qua arte fit, in
Canis 2.
Canis mutilatio, ut ad feras insequendas minus pernix esset,
quando introducta et quomodo fiebat, in *Expeditare.*
Canonici laici plures recensentur, in *Canonicus.*
Canonicorum Regularium vestis lineæ forma varia fuit, in
Superpellicium.
Canonicorum Regularium, sive monachorum apud Scotos
jura singularia, in *Colidei.*
Canonis, machinæ bellicæ, nomen, unde effictum, in
Gunna 2.
Canonizationis ritus, unde initium sumsit, in *Diptycha.*
Cantatores in procinctu pugnæ rerum præclare a summis du-
cibus gestarum exempla præliaturis decantabant, ut ad stre-
nue se gerendum excitarentur, in *Cantilena Rolandi.*
Cantiæ reges, unde dicti *Esingæ*, in hac voce.
Cantus ecclesiasticus alternus apud Latinos institutus a
S. Ambrosio, in *Antiphona* 2.
Cantus Gregorianus qualis fuerit, in *Nota* 2.
Cantus Romanus in Ecclesiam Gallicanam illatus a Petro Ro-
mano, quem Adrianus PP. in Galliam misit, petente Ca-
rolo M. in A, pag. 1[2]. et in *Cantus* 1.
Capella, Sacellum, Abbatiola vocatur, in *Abbas*, pag. 153[3].
Capellarum domesticarum institutio et abusus, in *Presbyter
domesticus.*

Capilli super aures attondebantur plebeiis hominibus duello pugnaturis, in *Duellum.*

Capillorum certa dispositio, nobilitatis vel libertatis aut stultitiæ signum, in *Capilli.*

Capillorum abscissio, pœna vulgaris apud Gothos, Hispanos et Francos, in *Decalvare.*

Capitoliorum, quæ in variis urbibus exstitere, enumeratio : an eodem sensu quo apud Romanos accipienda hæc vox, in *Capitolium* 1.

Caprina societas quæ fuerit, et appellationis ratio, in *Bocks.*

Captau, dignitatis nomen, quibusdam ex illustrioribus Aquitaniæ proceribus attributum, qui et unde sic appellati, in *Capitalis* 1.

Caput altari imponere, signum fuit subjectionis et servitutis, in *Altare,* pag. 207[3].

Carcassonensium comitum moneta, in *Arnaldensis.*

Cardinales Reverendissimos compellat imperator, in *Reverendissimus.* Detentos carceribus ecclesiasticis liberant, in *Cardinalis.* Quando pileo rubro uti cœperunt, in *Capellus* 1.

Carmelitæ, cur Barrati Fratres appellati, in *Barrati.* Eorum habitum, uti indecentem, mutat Honorius PP. IV. in *Barrati.*

Carnium abstinentia diebus Lunæ et Martis ante Cineres, sub excommunicationis pœna, ecclesiasticis præcipitur, in *Carniprivium.*

Carolus; hujus nominis interpretatio, in *Ain.*

Carolus Magnus patricii dignitatem non ab imperatore CP. accepit; sed hanc assumpsit, summo Pontifice id enixius postulante, in *Patricius.* Cur Magni cognomen illi tributum, in *Magnus* 1. Scholas publicas in episcopiis instituit, in *Scholæ.*

Carolus Crassus, cur de Bovera cognominatus, in *Bovera.*

Carolus Simplex cognomine Capeti donatus, in *Capetus.* Dictus etiam *Reclausus,* in hac voce.

Carolus VI, amatoria potione insanus factus, in *Amatoria.* Exstant literæ an. 1422. mens. Oct. post ejus mortem, concessæ nomine *Cancellarii aliorumque Franciæ Consiliariorum,* rege nequaquam appellato, quasi tum non fuisset legitimus in regno successor, in *Interregnum.*

Carolus IV, imperator, cur cum in Galliam venit, nullo campanarum sonitu exceptus est, in *Campana* 2.

Carolus V, imperator; hujus responsio ad literas diffidationis Francisci I, regis Francorum, in *Diffidare.*

Cartusienses, unde sic nuncupati, in *Cartunenses.*

Casularum veterum forma, in *Casula* 3.

Catholici et Christiani dicti olim Romani, in *Romanus.*

Cayri, urbis celeberrimæ, nominis origo, in *Alcheria.*

Ceræ varii coloris ad sigilla usus, in *Sigillum* 1.

Cerei accensi in cœmeteris ad animas defunctorum evocandas, in *Cœmeterium.*

Cerei Paschalis particulæ in agnorum vel crucis effigiem formatæ, quibus usibus, in *Agnus* et *Crux.*

Cereis nummos affigendi usus, oblationis gratia, quam antiquus, in *Candela nummata* et *Cereus.*

Cessionis bonorum ritus, in *Cessio, Chrenecruda* et *Corrigia* 3.

Chalesius in Inculismensi agro, primus in Francia Principatus titulo donatus; qui exhinc instituti sunt recensentur, in *Princeps.*

Characteres magici ad curandas febres adhibiti, in *Brevis,* pag. 771 [3].

Charta, scissuris in decussem scalpello factis, nulla declarabatur, in *Incidere.*

Chirothecæ conceduntur Abbatibus, cum sacra peragunt. Iis non utuntur Abbates Præmonstratenses, in *Abbas,* pag. 141.

Chirothecæ exuebantur in salutationibus, reverentiæ causa, in *Chirothecæ.*

Chorepiscoporum institutio et munia, in hac voce.

Christiani, cur ab Ethnicis appellati *Biothanati,* in hac voce.

Christo regnante, formula in Chartis adhibita ad interregnum aliquando significandum, et sæpius ex pio tantum animi affectu, in *Regnans.*

Ciliciæ toparchæ agnominati de Montanis, qua de causa, in *Montana.*

Cineres quatuor anni temporibus benedici atque imponi solitum apud monachos S. Martialis Lemovicensis, in *Cinis.*

Clamores bellici : *Alleluia,* in hoc voce. *Ad brachia, ad brachia,* in *Brachium* 1. *Cantilena Rolandi. Kyrie eleyson. Mons gaudii. Signum* 10.

Claves aureæ, in quibus includebatur de limatura catenarum S. Petri, ad reges et principes olim transmissæ, veluti sacrum contra mala imminentia amuletum, in *Clavis.*

Clavi in arborum truncis fixi, metarum loco, in *Arbor* 1.

Claustrum monachorum viris laicis, nisi fraternitate donati sint, interdictum, in *Frater,* pag. 399[2].

Clemens Marot hæresis accusatus et damnatus ab episcopo Carnotensi, in *Chargia* 4.

Clerici ad sacros ordines, absque facultatibus idoneis ad victum, admitti non debent, in *Titulus* 3.

Clerici ab injuriarum satisfactione se exemptos volebant, in *Clerici.*

Clerici, sive superioris sive inferioris ordinis, duellum per se ipsos inire cogebantur apud Anglos et Scotos, in *Duellum.*

Clerici, servilis antea conditionis, etiam ad presbyteratus ordinem, domino superiore inconsulto, promoti, in servitutem pristinam, non domini proprii, sed superioris, redibant, in *Servus.*

Clerici, ut jure civitatis apud Tornacum potirentur, municipalia onera cum laicis participare debebant, in *Clerici.*

Clerici bona patrimonialia possidentes apud Polonos servitium militare præstare tenebantur, aut illa bona fratribus suis laicis cogebantur dimittere, aut fisco publico addicebantur, in *Clerici.*

Clerico vel monacho mendacii exprobratio non fiebat absque reverentiæ verbo, in *Dementitio.*

Clerus; ejus privilegia et prærogativæ apud Hispanos, in *Alcare.*

Clodovei regis dictum de S. Martino, in *Exaudibilis.*

Clypeorum materia et forma, in *Scutum.*

Cœlestini, quare Barrati nuncupati, in *Barrati Fratres.*

Cœna serotina, unde Collationis appellationem sortita est, in *Collatio* 2.

Cognationis gradus intra quos matrimonia contrahi vetant canones, et qua ratione computantur, in *Generatio.*

Cognominum apud nostrates institutio et usus; ea raro episcopis, clericis, monachis et fœminis imponebantur, in *Cognomen* et *Supranomen.*

Color cæruleus, unde manavit in armorum regiorum insignia, in *Pallium* 1.

Color ruber in armis, unde fecialibus nostris dicitur *Gula,* in hac voce.

Colores varii ad exarandos libros, ex qua materia confecti, in *Aurigrafus.*

Columbæ olim appendebantur sepulcris cum Sanctorum, tum aliorum hominum illustrium, in *Sepulchrum.*

Combalongæ, monasterii in Consorannis, unde nomen, in *Cumba* 2.

D

Episcoporum degradatio baculi episcopalis fractione fiebat, in *Baculus* 1.

Episcopus qui solemnem missam celebravit, primates ex clero qui ei ad altare inservierunt, convivio excipere solet; unde hic usus, in *Nomenclator*.

Episcopus, alterius episcopi Capellanus et Vicarius inscribitur, in *Episcopus*.

Episcopus Innocentium, in *Kalendæ*.

Epistolæ amatoriæ, unde *Poulets* nuncupatæ, in *Polyptychum*.

Equos in mortuorum exsequiis offerendi ritus, in *Heriotum*.

Escorcheurs; unde sic appellatæ quædam apud nos militum turmæ, in *Estorchera* et *Scoriarii*.

Estrée (Domini d'), senescalli comitum Bononiensium, in *Senescalcus*, pag. 182².

Eubœenses seu Nigriponti domini sese inscribebant Duces Agiopelagi, in *Agiopelagus*.

Eucharistia, quæ nunc in os fidelium inseritur, hanc olim de manu sacerdotis manu sua accipiebant, in *Pars*. Purgatio per *Eucharistiam* clericis et laicis communis, in *Eucharistia*.

Eudo, dux Franciæ, seu potius Aquitaniæ, filiam suam Munozæ, ex Maurorum gente, in uxorem dat, in *Austria* 1.

Examen ad crucem, qua ratione fieri solitum, in *Crux*, p. 676³.

Excæcatio, pœna in reos decreta apud veteres et recentiores. Excæcandi modus per ferrum candens, aut pelvim ferream vel æneam, aut alia ratione, quam antiquus, in *Abacinare* et *Plebotomare*.

Excommunicati, ut Ecclesiæ satisfacerent, variis modis, etiam a judicibus laicis, cogebantur, in *Excommunicatio*.

Excommunicatio jurene an injuria ab archiepiscopo lata fuerit, judicant diaconi vel presbyteri, in hac voce.

Excommunicatione interveniente, duellum statutum differebatur; neque idcirco causa cadebat excommunicatus, in *Duellum*.

Excommunicatorum corpora ubivis sepelire, præsertim in sepulcris lapideis vetitum : eorum cadavera, nisi mortui absolverentur, indissolubili compage perdurare creditum, in *Imblocatus*. Ritus absolvendi excommunicatos post mortem, in *Absolutio* 1, et *Cumba* 4.

Excubiæ fiebant in ecclesia Parisiensi ab officiariis episcopi in festo Assumptionis B. M., in *Circa* 3.

Exemptionum a jurisdictione episcopali abusus, in *Monasteria*.

Expositi infantes illius erant qui eos colligebat : sale intra pueriles fascias deposito, innuebant ipsos baptismum non suscepisse, in *Collectus* et *Sal*.

Exsequiæ solemnes celebratæ pro homine qui iis vivus intererat, in *Funeralia* 1.

Exsequiarum agendarum ratio et modus, in *Heriotum*.

Extremam-Unctionem administrandi varii ritus. Vulgi circa illud sacramentum opiniones, in *Extrema-Unctio*.

F

Femina primum suspendio damnata anno 1414. in *Fossa* 1.

Feneratorum vivorum et mortuorum pœna, in *Usurarii*.

Fenestris ædium eorum qui in hastiludiis decertaturi erant, insignia armorum aptabantur; qua de causa, in *Fenestragium*.

Fenestris amicæ astare, et ibi nocturnos concentus facere, antiquus amantium mos, in *Fenestrare* et *Matinata*.

Festa anni præcipua, Paschatis vocabulo nominabantur, in *Alba* 3, pag. 163¹.

Festus dies in honorem Bacchi institutus a Romanis VIII kal. Dec.; quare dictus *Bruma*, in hac voce.

Feudalia servitia, plurima dominorum utilitati, quædam honori tantum, nonnulla risui aut ipsorum oblectamento conducebant, in *Servitium*.

Feudalis domini jus in bona subditorum defunctorum, in *Abbadia* 1.

Feudum Commendare, quid significet, in *Commenda* 3.

Fides altare complectendo asserebatur, in *Altare*, pag. 207³.

Filiorum in patres reverentia, cum ad eos accedebant, in *Salutatoriæ epistolæ*.

Filius adoptivus, qui nunc Filiolus, cui in signum veluti adoptionis legitimæ munus aliquod a patrino conferebatur, in *Adoptari* et *Filiolus*.

Flagellationis cum virgis usus apud monachos, in *Disciplina*, et *Scopæ*.

Flandriæ comitatus, Monarchiæ titulo insignitus, in *Monarches*.

Flavius Gioia, civis Amalphitanus, auctor Pyxidis Nauticæ, secundum quosdam; alii id acceptum Francis referunt, in *Pyxis*.

Forcalcariensis Oppidi etymon, quasi Furnum calcarium, in *Calx*.

Fori ecclesiastici usurpationes, in *Curia Christianitatis*.

Franci ob capillorum colorem nuncupati *Flavi*, in hac voce.

Franci milites armati incedebant, in *Arma* 1.

Francigenæ, qui dicantur Anglis, Belgis, Germanis et Italis, in hac voce.

Francis antiquus est baltheorum alborum usus, in *Escharpia*.

Franciscanorum domus prope Andegavum, unde *Baumette* appellata, in *Balma* 1.

Francisci (S.) nomine consecratum altare anno 32 post ejus mortem a S. Ludovico, rege Francorum. Ejusdem appellationis origo, in *Franciscus* 2.

Francisci Borbonii, San-Paulani comitis, dicterium in ducem Guisium, in *Princeps*, pag. 446².

Francofurtum, unde nomen habet, in *Forda*.

Francorum imperium, quam late olim sese diffudit, in *Francia*.

Francorum mores, in *Franci* 2.

Francorum varia armorum genera extremis sæculis, in *Armatura* 2. et *Spatha* 1.

Francorum ratio annos computandi, in *Annus*.

Francorum reges inscribuntur Abbates S. Aniani Aurel, S. Hilarii Pictav., S. Martini Turon., S. Mauri Fossat. et ad Ligerim, S. Victoris Paris., in *Abbas*.

Francorum reges dicuntur Advocati ecclesiæ Romanæ, in *Advocati*, pag. 105³.

Francorum reges Basilei appellatione donati, quam iis postmodum invidere imperatores CP., in *Basileus*.

Francorum reges cur appellati *Philippi*, in hac voce, num. 2.

Francorum reges semel per seipsos, seu personaliter, jurant, quando scilicet inaugurantur et coronantur; in cæteris vero occasionibus, in quibus solemniter quidpiam subditis pollicentur, id *verbo regio* firmant, in *Juramentum*, pag. 936³.

Francorum regum coronatio, Benedictio nuncupata, in *Benedictio*, pag. 647¹. In ea porrigebatur illis palma, una cum sceptro, in victoriæ adprecationem, in *Palma* 1.

Francorum reges quotannis a proceribus et subditis dona et xenia accipiebant, a quibus ne quidem monasteria eximebantur, in *Campus* 9, et *Donum* 2.

Francorum regum, primi et secundi stemmatis, vestitus ornatusque explicantur ex tabellis Lotharii et Caroli Calvi imperatorum, in *Armigeri*. Vide præterea in *Capilli* et *Criniti*.

Francorum regum prærogativæ in rebus spiritualibus a Romanis pontificibus iis concessæ, in *Privilegium* 2. Ea præsertim notatu digna qua iis indultum est, ut ipsorum eleemosynæ loco sint restitutionis, in *Eleemosyna* 1.

Francorum regibus Catholici nomen prius inditum quam Hispanicis, quibus primum ab Alexandro VI PP. concessum est, in *Catholicus* 1. Quando vero Christianissimi titulus iis peculiari jure attributus, in *Christianitas*.

Francorum regum ministri, aut quivis ex familia regia, non debent, inconsulto rege vel ejus senescallo, excommunicari, in *Excommunicatio*.

Francorum reges nulli subdito homagium faciunt; sed aut vassallum, qui illud suo loco præstet, exhibent ; aut de homagii compensatione paciscuntur, in *Hominium*.

Francorum regis filius clientis professionem præstat episcopo Parisiensi, in *Hominium*.

Fraxineti castri, quod tenuerunt Sarraceni Afri, Marrones appellati, situs, in *Marrones*.

Frugalitas mensarum etiam regiarum, in *Frugalitas* 1.

Fulco, comes Andegavensis, unde cognominatus *Rechinus*, in hac voce.

Fumo caponis census persolutus, in *Census*.

Fundatores ecclesiæ vel monasterii qui fuerint dicti, in *Fundare*.

Funus, qua ratione olim curabant, in *Bardicatio*.

Furta domestica severius punita, in *Latro*.

G

Galatæ, quare Buccellarii dicti, in *Buccellarius*.

Galli veteres Circium ventum pro Deo habebant, in *Circius*.

Galli ab Anglis non videntur accepisse usum balistarum, in *Balista*.

Galli appellatio olim male accepta, in *Gallinatus*.

Gallicanæ urbanitatis usus, in *Carreria* 1, et *Pes*.

Galliciæ et Legionis reges Maurorum regibus, tributi vice, quotannis mittebant 100 puellas, 50 nobiles et 50 plebeias, in *Burdatio*.

Gallina Indica, unde sic appellata, in *Africana*.

Gallorum veterum aliarumque nationum in arbores et lucos religio, in *Arbor* 1.

Gallus gallinaceus, cur in summitate campanariorum imponitur, in *Campana* 2, pag. 61².

Gaufridus II, dominus Pruliaci, a quo comitum Vindocinensium series profluxit, institutor *Torneamentorum;* eorum leges et instituta, in *Torneamentum*.

Gauzlini, archiepiscopi Bituricensis, dies obitus asseritur, in *Fenestra* 4.

Gelasius PP. potius emendator quam auctor Sacramentarii, quod sub ejus nomine fertur, in *Sacramentum*, pag. 153.

Genuenses in vibrandis jaculis maxime industrii, in *Dardus*.

Genuensium legatus apud imperatores CP. titulo Potestatis donatur, ut et alias Venetorum, qui nunc Bajulus dicitur, in *Potestas*, pag. 380².

Germanorum annos computandi ratio, in *Annus*.

Gibelinorum et Guelforum factionum origo et appellationis ratio, in *Gibelini*.

Gismans, Forojuliensis provinciæ familia, unde nomen habet, in *Dienismannus*.

Gladium per mucronem tenere, signum deditionis, in *Gladius* 4.

Gladius qui in regum Angliæ coronatione præfertur, quare cuspide acieque retusus, in *Curtana* 1.

Gloria in excelsis deo, quis illius auctor; quando in usu esse cœpit; ad Matutinas decantatum, in *Hymnus*.

Goffridi vel Geofridi nomen ridicula acceptione usurpatum, in hac voce.

Goffridus, comes Andegavensis, unde cognominatus Grisagonella, in *Gunna* 1.

Golain (Joannes), theologiæ professor, ordinis B. Mariæ de Carmelo, plurium variorumque librorum et actorum interpretationibus celebris, in *Translator*.

Gothorum reliquiæ putantur *Cagoti*, in hac voce.

Goulettæ Africanæ etymon et notio, in *Colax*.

Gradus cognationis et affinitatis intra quos matrimonium contrahi vetant canones, et agnatio computatur, in *Generatio*.

Græci Byzantini, et præsertim ipsi Augusti, cum ex Latinorum gente uxores sibi adsciscerent, earum nomina mutabant : hinc Agnes, Ludovici VII filia, Alexii Comneni uxor, Anna nominata est. Hujus moris ratio, in *Nomen*.

Græcorum annos computandi modus, in *Annus*.

Granaria salis instituit Philippus VI, rex Francorum, in *Gablum*.

Grandimontensium conversorum insolentia, in *Barbatus*, 1.

Grangia, quæ Parisiis vulgo perperam *Batelliere* dicitur, unde nomen habet, in *Bataillentus*.

Gregorius Magnus (S.) artem sutoriam exercuisse dicitur, in *Feriæ*, 2. Sacramentarium, quod illi adscribitur, sitne genuinus hujus pontificis fœtus, jure vocatur in dubium, in *Sacramentum*, pag. 153.

Grimaldæ gentis mentio fit, in *Marrones*.

Grohan, nomen castri prope Andegavum, a Cæsare, ut fertur, exstructi, in *Groa* 2.

Gronaw in agro Brunsvicensi, Groningæ in Frisia, et Gruningæ in episcopatu Halberstadensi, nominis origo, in *Gronnosus*, sub *Gronna*.

Gubernatorum provinciarum apud nos munus, in *Lociservator*. Cum primum commissam sibi adibant provinciam, carceribus detentos liberabant, in *Adventus jocundus*.

Guesclinus militarium turmas, quæ Franciam devastabant, in Castiliam traduxit, in *Compagnia*.

Guido Aretinus diagrammatis musici auctor, in *Gama*.

Guido de Levis, titulo Marescalli fidei a vulgo donatus, quod pro fide catholica contra Albigenses militaret, in *Marescalcus*.

Guillelminæ mulieris famosissimæ errores et deliramenta, in *Guillelminæ sectarii*.

Guillelmus, Rogerii regis Siciliæ filius, cognomine *Mal-Guillelmus*, in hac voce.

Guillelmus abbas Fiscamnensis, ob decorem cognominatus *Puella*, in hac voce.

Gundibaldus quidam e Græcia profectus, Chlotarii regis se filium mentitur, in *Ballomer*.

Guntramnus rex Chundonem, cubicularium suum, qui bubalum venando in Vosago occiderat, capite damnavit, in *Foresta*.

H

Halberstadiensis pœnitens publicus, in *Adam.*

Halex. Hac voce tres pisciculorum, qui sale condiuntur, species indicantur, in *Alecium.*

Hallis pia societas, unde hujus sodales Fratres Kalendarum nuncupati, in *Frater.*

Hannonia, nomine Lotharingiæ aliquando appellata, in *Sigillum* 1.

Hastiludia octavo ineunte sæculo obtinuerunt, in *Nundinæ.* Tirones qui in iis probe se non gesserant, baculis excipiebantur, in *Baculare.*

Heliæ prophetæ qualis fuerit habitus ex Carmelitis, in *Barrati.*

Henricus I, rex Francorum, Victoriosissimi titulo insignitus, in *Victoriosus.*

Henricus, comes Campaniæ, cognomento *Largus,* in hac voce.

Hiberni, Scotorum appellatione sæpius designati, in *Erigena* et *Scoti.*

Hibernorum illustrium cognominibus vox Mac alias, hodie Mac vel O., præponi solet; hujus significatio, in *Mepe* et *O.*

Histricis ordo equester a Carolo Aurelianensi et Vadensi duce institutus, in *Camelaucum.*

Hollandiæ comites, appellati Tutores, in *Tutor* 2.

Homagiorum variæ conditiones et ceremoniæ, in *Hominium.*

Homagium, quod domino flexis genibus præstari debet, ipsius procuratori stando exhibetur, in *Hominium.*

Homagium pro officiis et dignitatibus ecclesiasticis aliquando episcopis præstitum, in *Hominium.*

Homicida olim apud Benearnenses et Bigorritanos vivus sub cadavere illius quem occiderat sepeliebatur, in *Sepeliri.*

Homicidii pœna in bestias quæ hominem interfecerant solemni judicio ad hanc fere usque ætatem decreta, in *Homicidium* 1.

Honesta Barba appellatus Balduinus IV, comes Flandriæ, in *Barba.*

Horologii quod rotis, ponderibus, libraminibus ac campanulis constat, quis inventor, in *Horologium* 2.

Hospitale S. Gervasii ptisanam infirmis subministrare debet, in *Tisana.*

Hospitalitatis reliquiæ, in *Manducare* 1.

Hospitandi juris in ecclesiarum et monasteriorum domibus aut prædiis, quantum reges studiosi, tantum, quando ab eo immunes erant ecclesiastici, id præstare tenacius recusabant, in *Gistum.*

Hostiæ sacræ apud Divionem et Parisios celebres, in *Hostia* 1.

Hugonis nomen pro stolido et inepto acceptum, in *Hugo.*

I

Jacobus, idem alias nostratibus atque rusticus et stolidus. Factionis olim celeberrimæ, sub eadem appellatione, dux et auctores, in *Jaquei.*

Jejunium duplex, in quo positum : quinam illud observaverint et quam ob causam, in *Superpositio* 3.

Ignes accensi in vigilia nativitatis S. Joannis Bapt. unde ortum habent, in *Nedfri.*

Ignis sacri morbus, quantum olim in Gallia invaluerit, in *Ardentes.*

Immaculatæ Conceptionis adversarius super nates publice vapulat, in *Antiphona* 1.

Immersio trina in baptismo usum obtinuit usque ad nostra fere tempora, in *Baptismus.*

Impérator coronatus jus habet in omnibus cathedralibus ecclesiis atque etiam monasteriis per totam Germaniam unum canonicum vel monachum pro arbitrio nominandi, in *Preces* 3.

Imperatores in ambone ecclesiæ coronabantur, in *Ambo.* In cujus ceremoniæ Missa diaconorum vestibus induti Evangelium cantabant, in *Evangelium.* Triplici corona donantur imperatores Germanici, in *Corona.*

Imperatores Occidentales, titulo Advocati Ecclesiæ Romanæ inscribuntur, in *Advocati,* pag. 105[3].

Imperatores, quinam ex principibus compellati, in *Imperator.*

Imperatorum imagines vel statuæ, quæ in provincias mittebantur, quomodo a populis exceptæ, in *Lauratum.*

Incendium avertere putabant veteres in ostio domus quædam verba inscribendo, in *Arse verse.*

Induciæ juridicæ per noctes, non per dies, dinumerabantur, in *Collocare.*

Infans in utero materno adhuc existens baptisari potest, in *Baptismus.*

Inferni porta Parisiis, olim dicta de Ferto, dehinc S. Michaelis, qua de causa, in *Fertum* 4.

Innocentium cœmeterium jussu Philippi Aug. muris cinctum, et qua occasione, in *Cœmeterium.*

Innuptorum erga nuptos alias reverentia, in *Dimentiri.*

Inquisitionis nomen tum primum in Gallia auditum est cum Valdensium hæresis eam inficere incœpit : contra Lutheranos et Calvinistas etiam instituit Franciscus I; quibusnam id officii commissum fuit; eorum usurpata jura non semel coercita, in *Inquisitores.*

Insignia inusitata, aut etiam aliena, nonnumquam in præliis deferebant exercitus duces, in *Cognitiones.*

Insulensis societatis celeberrimæ, sub nomine *de l'Espinette,* institutio, statuta et abrogatio, in *Spinetum.*

Interpunctiones in scriptione, quando certis regulis circumscriptæ, in *Punctare* 1.

Introducendis ad imperatorem hominibus præfecti, eorum officia, in *Admissionales.*

Joannes XIX, PP., cognominatus *Phasianus,* in hac voce.

Joannes Boucicaut, auctor ordinis militaris, pudori fortunisque nobilium feminarum tuendis potissimum instituti, in *Pulchræ.*

Joannes Presbyter, quis fuerit, ejusdem epistola ad Emanuelem imperatorem, in *Presbyter.*

Joannis nomen, diu est quod apud nostrates male audit, in *Joannes.*

Joinvillæ domini, an jure hæreditario senescalli comitum Campaniæ, dubium est, in *Senescalcus,* pag. 182[23].

Italorum annos computandi ratio, in *Annus.*

Itineraria spatia lapidibus Gallos distinxisse ante Romanorum invasionem probabile est, in *Leuca* 1.

Itinerum quæ a nostris *Chemins de Brunehaut* appellantur, unde nomen, in *Via* 1.

Jubilæi nomine, quid apud religiosos intelligatur, in hac voce.

Judæi, Galli castrati ob circumcisionem appellati, in *Capus* 2.

Judæorum annos computandi ratio, in *Annus.* Eorumdem apud Armoricos aliosve conditio, in *Cagoti, Colaphus* et *Judæi.*

Judex a cujus sententia appellabatur, si ex odio vel lucro judicasse appellans criminaretur, cum illo duellum inire tenebatur, in *Appellatio* 1, et *Falsare* 4.

Jurare per Canem ad initum fœdus firmandum; quod ruptum esse mittendo etiam canem significabant, in *Canis.*

Jus quod ecclesiæ debetur, cum quis decedit, a nonnullis parochis exigebatur ab iis qui vitam monasticam amplectebantur, ut qùi in sæculo haberentur pro mortuis, in *Mortuarium* 1.

Jus Applicationis, quid apud Romanos sonabat, in *Commendatus.*

L

Lac, loco aquæ, adhibitum in Hibernia ad baptisandos divitum et magnatum infantes, in *Baptismus.*

Laici ægrotis sacram Eucharistiam deferebant, cum parochus aut presbyter infirmus vel absens erat, in *Eucharistia.*

Laicus, imminente mortis periculo, alterius confessionem audiebat, quam dehinc referebat ad sacerdotem, a quo injunctam pœnitentiam pro defuncto peragere tenebatur, in *Confessio* 3.

Lampreda in ecclesia Carnotensi quid sit, in hac voce.

Lancea qua perforatum est latus Christi, ubinam exstat, in *Lancea.*

Lapides cærulei, vulgo *ardoises,* veteribus incogniti, in *Ardesia.*

Lapilli jactu opus inchoatum prohibebatur, in *Nuntiatio.*

Larvæ prolixioribus barbis et formæ insolentis instructæ, in *Barbator.*

Laternarum cornearum usus antiquissimus : militarium vero inventor Manuel Comnenus imperator, in *Laterna.*

Latronis pœna insolens, in *Latro.*

Laus perennis a Græcisne an a Latinis instituta, ejusque ritus, in *Acoemeti.*

Lecto, loco sedis, cum abbatissa S. Petri, quam annulo donabat, desponsantis ad instar, accumbebat Pistorii episcopus, in solemni ejus in urbem ingressu, in *Annulus.*

Lecto decumbentes, qui certo die in anno inveniuntur, pignore in compotationem insumendo multati, in *Pentecoste* et *Prisio* 3.

Lectos plumeos Anglis interdixit Henricus V, rex Angliæ; cui et animus erat, si regnum Franciæ obtinuisset, vini usum Francis auferre, in *Plumacium.*

Legati apostolicæ sedis crucem præferunt ex concessione Romanorum pontificum jam a sæculo nono, in *Crux.*

Legionarii Galli, cur Alaudæ vocati a Cicerone, in *Alauda.*

Legitimandi filios natos ante matrimonium modus; ipsos scilicet inter nuptiarum sacra solemnia cum patre et matre pallio cooperiendo; unde hic ritus, in *Pallium* 1, pag. 35¹. et *Mantellatus.*

Legitimatio ab Anglis admissa, quantum ad gradus ecclesiasticos; repudiata quoad successionem in bona paterna. Singulare legitimationis apud nostros exemplum, in *Legitimare.*

Lemovicensium comitum moneta, in *Barbarini.*

Lenæ et meretrices Abbatissæ nuncupatæ, in *Abbas,* p. 16¹. Earumdem pœna, in *Capilli* et *Maquerella.*

Lenonum pœna, in *Accabussare.*

Leo IV. PP. auctor *Commendarum* dicitur, in *Commenda* 3.

Leomaniæ vicecomitum moneta, in *Arnaldensis.*

Lepræ morbo infecti, ab hominum consuetudine multis cum ceremoniis ecclesiasticis segregabantur, in *Leprosi.*

Lepræ curandæ remedium, in *Miselli.*

Liardus, monetæ minutioris species, unde dicta, in *Miliarensis.*

Liberi post divortium nati illegitimi spuriique censentur, in *Decevisset.*

Libertatis concedendæ variæ ritus, in *Manumissio.*

Libri sacri in lingua vulgari cum laicis tum clericis prohibentur, in *Romanus,* pag. 755¹.

Ligna, quænam mortua reputentur, in *Boscus.*

Linguæ abscissione, facultas loquendi non adempta, in *Spingere.* 2.

Litaniæ publicæ, Cruces appellatæ, in *Crux,* pag. 678¹.

Literæ regiæ, edicta aut statuta regia in acta parlamenti primum relata anno 1356, in *Homologare.*

Locus in ecclesia ubi stabant viri separatim a mulieribus, in *Pars.*

Londinenses cives, Baronum appellatione donati, in *Baro,* pag. 600¹.

Longobardici scriptores solent nomina quædam masculini generis, per *ora* in plurali feminini efferre, in *Arcora.*

Lotharius, rex Francorum, Orthodoxi titulo insignitus, in *Orthodoxus.* Piissimus et am cognominatus, in *Pius* 2.

Ludendo dejerantium pœna, in *Accabussare.*

Ludovicus; hujus nominis etymon, in *Hlutowigch.*

Ludovicus VI Vilcassinensem comitatum comparat, a quo auriflamma in bellis cœpit præferri, in *Auriflamma.* Victoriosissimi titulo insignitus, in *Victoriosus.*

Ludovicus VII communias primus multiplicavit et auxit, in *Commune* 2. Piissimi nomen obtinuit, in *Piissimus.* Rosa aurea illi missa a summo Pontifice, in *Rosa.*

Ludovicus VIII, Leo mitis cognominatus, qui vulgatius Cor Leonis dicitur, in *Leo. Monpensirius* etiam nominatus, in hac voce.

Ludovicus X, quare dictus *Hutinus,* in hac voce.

Ludovicus XI, in hastiludic Insulis habito contra Balduinum *Gommer,* tunc regem *Spineti,* dimicat, in *Spinetum.* Virtuosissimi titulo donatus, in *Virtuosus.* Ejusdem superstitio, in *Baptismus.*

Lunæ deficienti seu eclipsim patienti olim ex superstitione acclamabant tinnitumque dabant, quasi illi sucurrerent, in *Viceluna.*

Lupanaria publica Parisiis certis ac designatis in locis, in *Gynæceum.*

Lupi cervarii, unde sic appellati, hominibus innocui, in *Moninus.*

M

Maga. Quo nomine Gothi veteresque Germani magas suas vocabant, in *Alraunæ.*

Magia. In solo crimine maleficii seu magiæ hæsit tandem examen per aquam, maxime in quibusdam Germaniæ regionibus, in *Aquæ frigidæ judicium.*

Magistri Requestarum, etiam Dominica die officio suo fungebantur, in *Dominica.* Eorumdem officium, in *Magister.*

Magni consilii institutio a Carolo VIII, anno 1497. in *Consilium* 2.

Magnus Magister hospitii regis senescallo successit, in *Senescalcus.*

Maheutre, vocis Gallicæ, origo, in *Maheria.*

Maialem arborem in compitis et ad ædes puellarum erigendi usus; a quo repudiabantur corylus et sambucus, in *Maium.*

Majestatis titulus honorarius, quibusnam datus, in *Majestas.*

Maio mense superstitiose feriari solebant veteres Galli, in

Compensus. Sequiori ætate, quomodo cælebratus dies primus hujus mensis, in *Maium.*

Major ætas, in *Aagiatus.*

Majores-Domus, sub prima regum Francorum stirpe, *Subreguli* appellabantur, in hac voce.

Maledictis horrendis Chartarum auctoritati olim cavebatur, in *Charta* 1. *Excommunicatio* et *Maledicere.*

Maleficiis ne uterentur pugnam seu duellum inituri sedulo invigilabant, in *Duellum.*

Mallei vel Martelli cognomine appellati quidam viri fortes, qui crebris præliis hostes atterebant, in *Martus.*

Manducare super saccum in aula regis, quid significet, in *Mangerium.*

Manus Loquax, quid hac voce intelligendum est, in *Signum* 9.

Manutergio codices quos ad legendum accipiebant monachi, involvere solebant, in *Armigeri* et *Camisia.*

Mappam scindere et dividere alicui ad mensam sedenti, opprobrio reputabatur, in *Mensa.*

Marcelli, urbis Parisiorum præfecti, rebellio et facinora, in *Bonus.*

Marchiæ comes in regem Neapolitanum, sub nomine Jacobus, electus; dehinc a subditis in carcerem detrusus, in *Portulani.*

Marescalli dignitas una cum certis officiis, iisque potioribus, possideri non poterat, in *Marescalcus.*

Marescallorum, seu Senescallorum, in Francia erat primam aciem ducere, in *Antegarda.*

Mare Waregicum, unde Russis dicitur Mare Balthicum, in *Vargi.*

Mariti qui a sua vapulabat uxore pœna; cui absenti subrogabatur ejus proximior vicinus, in *Asinus* 3.

Martigii festum spurcum et sordidum, quod *Destrau* vocabant, in *Brut* 1.

Martinus, Jurisconsultus celebris sub Friderico I; ab ejus pertinacia in sua opinione tuenda manavit notum proverbium, in *Martinus.*

Martyres interdum dicti qui pro confessione nominis Christi non violenta morte obierant, in *Martyr.*

Maryandi, quare *Buccellarii* dicti, in *Buccellarius.*

Massiliensium inhumanus usus, cum peste afficiebantur, in *Pestilentiatus.*

Mater Fatua Divionensium, in *Abbas,* pag. 131.

Mathurinorum ordo, cur Asinorum cognominatus, in *Asinus* 2, et in *Frater.*

Matisconensis cantoris in contrahentes matrimonium jura restricta, in *Marcheta.*

Matrimonii Sacramento gratia non confertur; ejus benedictio iterari non debet, in *Matrimonium.*

Matrimonium si puella contrahere offerret cum capite damnato, eum a morte liberabat, modo literæ remissionis a rege concederentur, in *Matrimonium.*

Matrimonium contractum esse putarunt, cum partes nomine matrimonii ad invicem biberant : unde natum proverbium : *Boire et manger, coucher ensemble, c'est mariage, ce me semble,* in *Potare.*

Matrimonium dirimitur, cum unus conjugum probatur inhabilis ad actum matrimonii, in *Matrimonium.*

Matthæus Vindocinensis, Abbas S. Dionysii, Clypeus Franciæ appellatur, in *Clypeus* 1.

Matutinum seu nocturnum officium, in Ecclesia Parisiensi, media nocte dicitur ex statuto capituli anno 1359, in *Carillonus.*

Maubergeon, turris in urbe Pictavensi, appellationis origo, in *Malbergium.*

Mauri Africani, quare dicti *Amoravii,* in hac voce. Unde apud Hispanos appellati *Marani,* in hac voce.

Mauri a Vandalis devicti, in Sardiniam cum uxoribus et liberis ablegati, in *Barbaricini.*

Media-Quadragesima ad Dominicam quartam Quadragesimæ assignatur, in *Dominica.* Hanc celebrandi usus inter scholares antiquus, in *Quadragesima.*

Mediceæ genti insignia Franciæ concedit Ludovicus XI, in *Liliosus.*

Medici vocati *Clinici,* in hac voce.

Medicinæ studium Montispessulani celeberrimum; huic scientiæ operam aliquando dederunt clerici et monachi, quæ sæpius tamen iis fuit interdicta, aut saltem ejus exercitatio, in *Physica.*

Mediolanensium ducum moneta, in *Ambrosini.*

Mendacii exprobratio gravi multa puniebatur, in *Mendaciloquus.*

Mensium dies numerandi ratio, in *Mensis.*

Mensurarum aridorum et liquidorum adæquatio ad mensuram Parisiensem, in *Modius* 2.

Mercatorum Italorum in urbe Nemausensi degentium privilegia, in *Langobardi.*

Meretrices, unde *femmes de chemins* et *Cloistrieres* appellatæ, in *Cheminus* 2, et *Clausuræ.* Certis in habitu signis ab honestis mulieribus distinctæ, in *Meretricalis.* Militis aut dominæ mensa et osculo prohibentur, in *Osculum* 2. De comitatu regio erant; pensionibus et donis dotatæ, ibid. Statuta habebant, quæ non violabant impune, ibid. Earum magistræ dictæ Abbatissæ, in *Abbas.* Earumdem pœna, in *Accabussare* et *Capilli.*

Metæ variis arborum notis et incisuris designabantur, in *Arbor* 1.

Metropolitani, non archiepiscopi modo, sed etiam episcopi et Abbates nuncupati, in *Metropolitanus.*

Michaeli Imperatori cognomen Calafati inditum, in *Calafatare.*

Michaelis Scoti varia opera memorantur, in *Cervellerium.*

Mictum mittere, gravioris injuriæ loco habebatur, in *Pissare.*

Miles qui vaccam pauperculæ feminæ abstulerat, aquæ bullientis supplicio occiditur, in *Caldaria.*

Militare servitium in quo positum fuit : illud præstat puer novem annorum; ab eo absolvuntur, qui triginta et quinque annos excesserunt; ita et recens nupti atque ii quorum uxores in puerperio jacent, in *Hostis* 2.

Milites ad dignitatem militarem promovendi ratio, in *Adobare, Alapa* et *Miles.*

Milites cinguli et calcarium donatione creantur; eorumdem ablatione degradantur, in *Cingulum* 1, et *Calcar* 1.

Milites quorum clypeus in hostium potestatem venerat, tamdiu ipsi eorumque liberi pro militibus non habebantur quamdiu acceptum dedecus præliando non vindicassent; unde ad mensam cum aliis militibus sedere non poterant : quod si temere sedissent, tunc a feciali lacerabatur eorum mappa, in *Arma* 3, et *Mensale.*

Milites titulo *Monseigneur* compellabantur, cum cæteri, quantumvis natalibus præclaris editi, proprio tantum nomine appellarentur, in *Siriaticus.*

Milites ab homagio præstando exempti erant cum feudum principale ab homine innobili acquirebatur, in *Hominium.*

Milites Clerici in ecclesiis Lugdunensi et Viennensi, quinam ita appellati; horum munus et officium, in *Miles,* pag. 4033.

Milites regis qui dicti apud nostros, in *Miles,* pag. 4052.

Milites ordinis S. Jacobi *de la Spatha* instituti in Hispania anno circiter 1158, in *Spatharius.*

71

Milites Stellæ instituti a Joanne, rege Franciæ, an. 1351, in *Stella* 1.

Militibus solis an fas esset cæsariem nutrire, dubitatur, in *Armigeri*, pag. 402[3].

Mir, quid veteribus Francis sonabat, in *Ballomer*.

Mitra ad usum episcoporum longe antiquior sæculo X, in *Mitra* 3.

Mitra distincta ab episcopali conceditur abbatibus. Ea non utuntur abbates ordinis Præmonstratensis, in *Abbas*, p. 14[1].

Mitra papyracea, ignominiæ signum, in *Corona* et *Mitra* 3.

Molendina aquatica Augusti ætate, vel paulo ante Augustum inventa, in *Aquimola*. Recentiora sunt quæ *ad ventum* dicuntur; antiquiora tamen Philippo Augusto, rege Francorum, in *Molendinum*.

Monachi Clericorum nomine interdum designantur, in *Clerici*.

Monachi, quod Philosophi Christiani dicerentur, baculum et peram deferebant, in *Bactroperatæ*.

Monachi in radendo barbam aqua herbis aromaticis imbuta utebantur, in *Barba* 1.

Monachorum apud Bavaros in acquirendis bonis, quæ iis comparare ex legibus non licebat, dexteritas, in *Mediator* 1.

Monachus bona quæ jure successionis ad ipsum, si in sæculo remansisset, devenissent, monasterio suo, feudis exceptis, largiri poterat, in *Successio* 2.

Monasterii servitio sese addicendi variæ rationes, in *Oblati* 2.

Monasteriis data aliquando feuda ea conditione, ut monachum presbyterum præstarent, qui divinum officium in castris perageret, in *Hostis* 2.

Monasteriola, quæ majoribus suberant, hodie Prioratus dicta; eorum origo, in *Cella* 1.

Moneta regia in terris baronum qui jure monetæ potiebantur aliquandiu cursum non obtinuit, in *Moneta*, pag. 487[1].

Monetarum Belgicarum veterum nomina et species variæ, in *Leones* 1.

Monetarum adulteratores aquæ bullientis supplicio necabantur, in *Caldaria*; vel comburebantur, in *Ustus*.

Monetis regiis, sub prima regum nostrorum stirpe, eorum effigies imprimebantur, nomine fere semper omisso, in *Monetarius*.

Moniales quæ castitatis votum violaverant, velo religionis ad tempus privabantur, in *Velamen*.

Monœci principi jus cudendi monetam auream et argenteam conceditur anno 1643; et ejus cursus in Francia permittitur an. 1644 et 1652, in *Moneta*, pag. 517[3].

Monrealis eques Rhodius falso dicitur ab Odorico Raynaldo, primus dux militarium turmarum quæ *Compagniæ* appellabantur, in *Sociales*.

Monsieur, unde formata hæc vox, satis nupera, in *Siriaticus*.

Montalbanenses consules Baronum appellatione insigniti, in *Baro*, pag. 600[1].

Morini, unde sic nuncupati, in *Mora* 2.

Mortui vestibus suis pretiosioribus induti humo mandabantur, in *Sepulchrum*. Eos cum suis insignibus et armis publice exponendi antiquus usus, in *Mortuus*.

Mosarabicum officium in usu fuit apud Hispanos usque ad Alphonsum VI, quod tamen adhuc Toleti servatur in sex parochialibus ecclesiis; hujus vocis etymon, in *Mosarabes*.

Mulier utroque sexu instructa memoratur, in *Hermaphroditus*.

Mulier dicitur in jure Anglico, filius natus ex patre qui concubinam in uxorem duxit, in *Mulier*.

Mulieres lectum suum, ut viri equum, ecclesiis in quibus sepeliebantur legare solebant, in *Lectus*.

Mulieres rixosæ, quomodo castigatæ, in *Tumbrellum* et *Villania*.

Mulieres quæ stuprum commiserant in lupanaribus publicis includebantur, in *Ginœceum*.

Mulierum sepulcris fusus appensus in probitatis ac virtutis muliebris argumentum: hinc etiam forte profluxit mos earum insignia in fusis sex, ut heraldice loquar, *lozengiis* describendi, in *Fusus*.

N

Nares apud Polonos præciduntur iis qui quarta vice injustam litem intendunt, in *Calumnia* 1.

Nasi abscissio, genus supplicii apud Occidentales, in *Denasatus*.

Natalis Domini vigilia, quomodo celebrata olim apud Drocenses et Cadomenses, in *Flambellum*. Quod festum nomine Cornu designatur in veteribus festis Danicis, in *Cornu* 1.

Navarræ rex domum Parisiis sub consuetis oneribus et servitiis acquirit, in *Villenagium*.

Navarrensis moneta, in *Carleni*, et *Sancetti*.

Navarrensis Collegii prærogativæ, in *Prothocollegium*.

Naufragorum naves fractæ, resque in iis contentæ, imo et homines qui in ipsis vehebantur, dominorum erant ad quorum littora ejiciebantur, ex antiqua, quantumvis inhumana, consuetudine, quam probi principes abrogare non semel annixi sunt, in *Lagan*.

Nauticæ Pixidis inventio, in *Pyxis*.

Neapolitanus morbus; hujus origo, in *Morbus*.

Negotiatorum veterum aliquot nomina, in *Societas* 4.

Nicopolitanense prælium memoratur, in *Bassa* 1.

Nigriponti domini sese inscribebant Duces Agiopelagi, in *Agiopelagus*.

Nihilfecit, Epitheton quorumdam regum Franciæ; quare ita cognominati, in hac voce.

Noallii, unde nomen habent, in *Cognomen*.

Nobiles aquæ frigidæ judicium per filios suos aliquando subiere, in *Aqua* 7.

Nobilibus præ cæteris adscribi cœpit *Militis* nomenclatura, ineunte circiter sæculo XII, in *Miles*, pag. 402[3].

Nobilitas natalium necessaria ad militis dignitatem consequendam; a qua tamen lege nonnumquam relaxatum est, in *Miles*.

Nobilium, maxime Francorum, consuetudo uxores pari nobilitate illustres matrimonio sibi jungendi, in *Disparagare*.

Nobilium seu Militum, atque adeo procerum ac principum filii qui nondum militarem ordinem erant adepti generatim appellabantur *Valeti*, in hac voce.

Nobilium pœna capitalis, olim apud Græcos, nunc apud nostrates, capitis detruncatio, in *Decollare*. Eorumdem alia pœna, in *Sella* 2.

Nobilium ordini adscribi, pœnæ genus apud Florentinos, in *Magnas*.

Nomen nascentibus filiis impositum a parentibus, cui alia deinde addebantur; quando hæc novorum nominum impositio fiebat, in *Binomius*.

Nominum proprio nomini adscititiorum origo et ratio, in *Cognomen*.

Nominum compendio descriptorum antiquissimus usus; illum induxit in regia diplomata Carolus M., in *Monogramma*.

Nordalingi, unde sic appellati, in *Adalingus*.

Normanni, cur nuncupati *Ligothi*, in hac voce.

Normanniæ ducatus, titulo Imperii et Monarchiæ insignitus, in *Imperium* et *Monarches*.

Parvus, cognomen Alfonsi, regis Castellæ et Toleti, unde natum, in *Rex*.

Paschatis dies, unde a nostris primus anni dicebatur, in *Annus*.

Pastores ecclesiastici et laici vocantur ecclesiarum *Advocati*, in hac voce, pag. 1053.

Patibulum erigendi jus, non ex feudi jure, sed a regis concessione et ben. ficio, habent justitiarii quicumque, in *Furca* 1.

Patri, urgente necessitate, licuit filium suum in servitutem dare, in *Obnoxiatio*.

Patriarchæ majores crucem ubique præferendi jus habent, præterquam in urbe Roma, et ubi adest summus pontifex, vel ejus legatus, dehinc etiam in præsentia cardinalium, in *Crux*, pag. 675¹.

Patriciatus insigne erat apud Romanos, sub imperatoribus Occidentalibus, coronæ simplicioris species, in *Circulus*.

Patrini in duellis adsciti, cum privatim agebantur, in *Duellum*.

Patrinorum et matrinarum in baptismo partes, in *Baptismus*.

Pavana, saltationis species, unde sic. appellata, in *Paduana*.

Pauli Orosii historiæ inscriptio disquiritur, in *Ormesta*.

Paupertatis voto rerum proprietas, non usus, abdicatur, in *Proprietates*.

Pedum Osculum, formula usitata in præstatione sacramenti fidelitatis regibus nostris, in *Osculum* 2.

Pensionum pro victu et vestitu secundogenitis assignatarum ratio et usus, in *Apanare*.

Peregrinantium baculus, unde Burdo appellatus, in *Burdones*.

Peregrinationes in pœnam a judice sæculari indictæ, quæ aliquando pecunia redimebantur. Earum usus tum adeo invaluerat, ut peregrinantes canonici censerentur præsentes divinis officiis, in *Peregrinatio* 3.

Perjuri absentes inverso capite picti apud Florentinos exponebantur, in *Fides*.

Perjurii pœna ridenda potius quam culpæ digna, in *Perjurare*.

Petrus Musandinus celebris Parisiensis medicus, in *Musandinus*.

Philippus frater Ludovici VII thesaurarius ecclesiæ Compendiensis, in *Thesaurarius*.

Philippus Augustus, qui Deodatus et Conquirens dictus, Rex Sacerdotum cognominatus et qua de causa, in *Rex*. Vide *Subjugus*.

Philippus VI, rex Francorum, quare Salinarius nuncupatus, in *Salinaria*.

Philtra amatoria frequentioris olim usus apud nostrates, in *Amatoria*.

Photii criminatio adversus Latinos confutatur, in *Agnus*.

Picardi moribus et lingua seu idiomate a Francis distincti, in *Lingua* et *Picardia*.

Picardiæ prorex primus inscribitur Carolus *de Montmorenci*, an. 1350; exhinc Edwardus *de Beaujeu*, Franciæ marescallus; et an. 1351 Comes Inculismensis Franciæ comestabularius. Hujus vocis incertum hactenus etymon, in *Picardia*.

Pilæ ludus in ecclesiis diebus festis usitatus, in *Pelota* 3.

Pileorum, quos vulgo *Bonnets quarrez* appellamus, origo, in *Almucium*.

Pilorum fibrinorum usus antiquior Carolo VI rege, in *Capellus* 1.

Pileus viridis infamiæ symbolum ex usu, non aliqua lege, statutum, in *Cessio*.

Pilum vestimenti projicere in signum possessionis rei cujuspiam dimissæ, in *Divestire*, sub *Vestire* 1. Pili barbæ, capillorum et vestium una cum sigillo chartæ donationum aut cessionum obsignati, in *Pillum*.

Piper quanti olim habitum, in hac voce.

Pipinus rex conventus publicos, qui kal. Martiis habebantur, ad diem kal. Maiarum transtulit, in *Campus* 9. Cur idem rex in ingressu ecclesiæ prostratus, non supinus, sepeliri voluit, in *Prostrat.*.

Piscis regius quis censeatur, in *Craspicis*.

Placitum. Quia tale est nostrum placitum, Gall. *Car tel est notre plaisir*. Hujus formulæ sensus et origo, in *Placitum*.

Plebeii homines matres suas Dominas compellabant, in *Domina* 4.

Pœnitentes publici arma deponere jubebantur, in *Arma*.

Pœnitentes a confessoribus flagris excepti, in *Flagellatio* 1.

Pœnitentes homicidæ circulis ferreis ab episcopis aut presbyteris aliquando innexi, in *Circulus*, et *Peregrinatio* 3.

Pœnitentiæ publicæ quænam crimina subjecta fuerunt, in *Pœnitentes*. An episcopi, presbyteri et diaconi huic subditi fuerint, disputatur inter eruditos, in *Communio* 4.

Pœnitentiæ impositæ partem exsequendam in se monachi suscipiebant, data ipsis a pœnitente aliqua bonorum suorum eleemosyna, in *Pœnitentes*.

Pœnitentiæ species qua quis palmas allidebat ad pavimentum, in *Palmata* 1.

Pœnitentiæ insolitæ exemplum, in *Pœnitentes*, pag. 325¹, et in *Processio* 1.

Pœnitentium reconciliatio quando et qua ratione fiebat, in *Reconciliatio*.

Pœnitentium publicorum personam repræsentans ultimus canonicorum Augustodunensium die Cinerum etiamnum de ecclesia ejicitur, in *Pœnitentes*.

Pollices sibi olim truncabant ignavi, ne militare cogerentur; sed et hostibus captis aliquando truncatos a victoribus legitur, in *Pultrones*.

Pollicis appositione ad gladium sponsio matrimonii a contrahentibus firmabatur, in *Pollex* 3.

Pontivenses comites nuncupati Abbates S. Vulfranni, in *Abbas*, pag. 113.

Portugalliæ regnum, qua de causa B. Petri juris esse dicatur, in *Denarius*.

Potare in honorem Dei, J. C. et Sanctorum in more fuit apud multas nationes, in *Bibere*.

Prædia in franco allodio possessa, si in forefactum cadunt, ad regem jure regni pertinent, etiamsi in alterius dominio existant, in *Alodis*.

Præfecti mercatorum et opificum Mediolani vocabantur Abbates, in *Abbas*, pag. 143.

Præfectus omnibus regni portitoribus, dignitas palatina apud reges nostros, in *Telon*.

Prælati annulum deferunt in symbolum ecclesiæ ab iis desponsatæ, in *Annulus*.

Præmonstratenses Abbates mitra et chirothecis non utuntur, in *Abbas*, pag. 142.

Præpositus capis apud Francos quis? in *Capus* 1.

Præpositus hospitii regis, an regi ribaldorum successerit, dubium est, in *Ribaldi*.

Præscriptionis jus contra ecclesiasticos non valet, nisi 100 annorum; contra laicos vero præscriptione 40 annorum utitur ecclesia. In re criminali locum non habuisse videtur, in *Præscriptio*.

Præsides parlamenti Parisiensis, honorario cudone insignes, unde *Grands Présidents* appellati, in *Præsidentialis*.

Prætor Genuensis vocatus Abbas populi, in *Abbas*, pag. 142.

Pragensium Annus, quis dictus a nostratibus, in *Annus*.

Presbyter Joannes. Vide *Joannes Presbyter*.

Q

R

Robertus Normannus Apuliæ princeps, unde dictus *Guiscardus*, in hac voce.

Roche des Aubiers, nobilis familia in ducatu Andegavensi, in *Obstare*.

Rolandinus Passagerii civis Bononiensis, non Patavinus, Auctor est Summæ Artis Notariæ, in *Summa* 2.

Roma scindulis contecta fuit annis 470, in *Scindula*.

Romanæ Sedi gratuito primitus a singulis fere regnis catholicis exsoluta pensitatio nomine Denarii S. Petri, postmodum ecclesiastici patrimonii vicem obtinuit atque inter census ecclesiæ Romanæ reputata; quando et quomodo apud Anglos præstita est, in *Denarius*.

Romaricensis Abbatissa Principis titulo donatur a Rudolfo imperatore; hujus abbatiæ conditio ab. 1444, in *Princeps*.

Rosarii origo, in *Capellina* 1.

Ryngstadii, urbis Danicæ, etymon, in *Hringus*.

S

Sabaudiæ ducum vetus lemma *Fert;* quando ab ipsis usurpatum et ejus significatio, in hac voce.

Sacchari veterum ab hodierno discrimen, in *Canamellæ*.

Sacramentorum quibus fides domino juratur, variæ formulæ et conditiones, in *Fidelitas*. Aliorum cujuscumque generis vulgares formulæ, in *Juramentum*.

Sacramentum quod Joannes rex præstitit in vestibulo ecclesiæ episcopo et canonicis in suo Parisios jucundo adventu, in *Perdonare*.

Sacramentum fidelitatis exigebant episcopi ab iis quibus parochiam regendam committebant, in *Fidelitas*.

Sacramentum campionum, in *Duellum*.

Salarium vectigal, quando institutum, in *Gablum*.

Salem in fidelitatis symbolum comedebant olim qui fidem regibus jurabant, in *Sal*.

Salicæ Terræ, quæ dictæ, in *Terra*.

Salingi, unde sic appellati, in *Adalingus*.

Salire supra Sepem, in cessionibus, ut indicetur fores domus jam alii domino traditas esse, in *Palus* 1.

Saltationum variæ species, in *Chorea* et *Paduana Saltatio*.

Saluciarum marchionatus a dalphino Viennensi dependere judicatur, in *Delphinus*.

Salutatio Angelica, a quo et quando instituta, in *Angelus*.

Sancti Joannis Baptistæ vigilia, quomodo apud nostros celebrata, in *Ignis* 2.

Sancti Martini capa vel capella, quæ fuerit, in *Capa* 1, et *Capella* 1.

Sancti Mauritii canonicis concessum ut caputia rubra deferant, et cur, in *Caputium* 1.

Sancti Michaelis festum forte a Carolo M. institutum, in *Archistraticus*.

Sancti Petri clave animalia signata, ut a rabie serventur, in *Clavis*.

Sancti Spiritus Judicium, dicta purgatio vulgaris, qua veri notitia inquirebatur, in *Judicium* 3.

Sanctus Germanus in Laia, unde sic dictus, in *Leda* 3.

Sanctus Lucas nuncupatur Capellanus B. Mariæ Virginis, in *Capellani* 5.

Sandalia concessa abbatibus, in *Abbas*, pag. 142.

Sandionysienses nundinæ, quomodo habitæ, in *Landicum*.

Sanguinem cum sibi minuere, cautionis ergo, volebant domini sæculares, ex jure nonnumquam in monasteria sese recipiebant, cum uxoribus et omni sua familia, ubi iis necessaria a monachis ministrabantur, in *Minuere*.

Sanguinis Dominici guttulam in calicem majorem vino repletum effundendi mos, ut inde populus communicaretur, in *Calix*.

Sarcinatrices ædibus regiis magnatumve olim, ut nunc, astabant, in *Repezzare*.

Satisfaciendi ratio, tradendo scilicet offenso capitis sui tegumentum aut annulum suum, in *Caputium* 1, et *Emenda* 5. Alia tenendo digitis nasum suum per summitatem, in *Nasus*.

Savaro in Originibus Claromontensibus emendatur, in *Alberga*, pag. 1692.

Saxones Occidentales Reginæ nomen non admittebant, sed regis conjugem appellabant, in *Regina* 2.

Saxones ad oras Sequanæ maritimas consederunt, in *Otlingua*.

Saxonum ditio, quantum olim in Germaniam protendebatur, in *Esterlingus*. Hujus nominis etymon, in *Saxa*.

Scacorum ludus : quæ ad hunc spectant exponuntur in *Alphinus*, *Fercia*, et *Scacci* 1.

Scala Templi in urbe Parisiensi, quid hac voce intelligi debeat, in *Scala* 1.

Scaligeri, unde Canes appellati, in *Caganus*.

Scenæ Dei, Christi et Sanctorum, in *Ludus*, *Personagium* 3, et *Moralitas* 2.

Sceptrum, præcipuum regiæ potestatis insigne, cujus formæ, in *Baculus* 2.

Schedarum sortitionem, vulgo *Loterie*, instituendi licentia conceditur literis anni 1595 . in *Loteria*.

Scholastici novelli, unde Bejani appellati, in *Beanus*.

Scoti, *Albani* vocati, in hac voce, pag. 1661. Scotos Boreales Formicas nuncupabant Angli, in *Formica*.

Scurrarum olim apud principes ministerium, in *Ministelli*.

Scuta virorum nobilium, ecrum effigie vel *armis* insignita, tumulis ipsorum appendebantur, in *Clypeus*.

Scutiferi. Iis quantumlibet natalium splendore conspicuis, cum banneretis et militibus sedere ad mensam non licebat; quod baccalariis concedebatur; hujus moris ratio, in *Baccalarii* 3.

Scyphus S. Ludovici servatus in gazophylacio Sandionysiano, in *Mazer*.

Secundogeniti, unde Cadets appellati, in *Capdets*. Iis hæreditatis pars alibi quarta, alibi quinta assignatur, in *Quarta* 12, et *Quintum* 4. Primogeniis præferuntur in aliquot provinciis, in *Burghenglish*.

Secundogeniti prædiorum quæ in hæredii sortem a parentibus acceperant, nomina, vice cognominum, sibi usurparunt, in *Supranomem*.

Sella equestris nuperum est inventum, cujus nulla fere occurrit ante tempora Valentiniani imperatoris memoria, in *Sella* 2.

Sellam ferre, cur nobilibus in pœnam indictum; hujus infamiæ exempla, in *Harmiscara* et *Sella* 2.

Senatorum Romanorum, quæ fuerit sequioribus sæculis dignitas et auctoritas, in *Senatores*, pag. 1762.

Senescallus in solemni regum inauguratione ensem regium deferebat, in *Senescalcus*.

Sententiæ officialium in quamlibet latæ ad valvas ecclesiarum affixæ, publicatæ censebantur, in *Affixio*.

Sepimenta ad claudendos agros fieri non possunt sine domini consensu, in *Inhoc*.

Sepulcra cancellis muniri solita, in *Cancellus* 1.

Sepulcri Dominici lampades quotannis sub vesperam Sabbati Sancti divinitus accendi solebant, in *Ignis*.

Sepulta clave portæ ecclesiæ parochialis, et curato in foveam

T

DISSERTATIONS,

OU REFLEXIONS

SUR

L'HISTOIRE DE SAINT LOUYS

ECRITE PAR JEAN SIRE DE JOINVILLE.

TABLE DES DISSERTATIONS.

DISSERTATIONS,

OU RÉFLEXIONS

SUR

L'HISTOIRE DE SAINT LOUYS.

DES COTTES D'ARMES,

ET PAR OCCASION DE L'ORIGINE DES COULEURS ET DES MÉTAUX DANS LES ARMOIRIES.

DISSERTATION I.

La cotte d'armes a esté le vétement le plus ordinaire des anciens Gaulois : il estoit appellé par eux *sagum*[1], d'où nous avons emprunté le mot de *saye* ou de *sayon*. Sa forme estoit comme celle des tuniques de nos diacres, et mémes quelques-uns de nos auteurs lui en donnent le nom. Pour l'ordinaire elle ne passoit pas les genoux, ainsi que Martial a remarqué,

> Dimidiasque nates Gallica palla tegit[2].

Ils s'en servoient en temps de guerre pardessus la cuirasse, de méme que les chevaliers françois de la cotte d'armes, qui a retenu cette appellation, parce qu'elle se mettoit pareillement dessus les armes : à l'exemple des anciens Grecs, qui usoient d'un semblable vétement pardessus la cuirasse, appellé pour ce sujet ἐπιθωρακί-διον et περιθωρακίδιον dans Plutarque[3], duquel nous apprenons que son principal usage estoit à l'effet de reconnoître les cavaliers des deux partis. Il est fait mention de ces cottes d'armes dans quelques auteurs grecs du moyen temps[4], qui les appellent d'un terme grec barbare, tantôt ἐπιλωρίκιον, tantôt ἐπανοκλίβανον[5], parce qu'on s'en revétoit pardessus la cuirasse. Tzetzes[6] les représente fenduës, ainsi qu'estoient les cottes d'armes.

Les François se servoient dans les commencements d'une sorte de vétement, ou de manteau, qui leur estoit particulier, qui, estant mis sur les épaules, venoit jusques en terre devant et derrière, et par les côtez à peine touchoit aux genoux, qui est la forme du manteau royal de nos rois, aux jours de leurs sacres. Mais depuis qu'ils passerent dans les Gaules, ils quitterent cette sorte d'habit, et prirent la cotte d'armes, ou le sayon des Gaulois, à cause que leur usage leur sembla plus convenable à la profession qu'ils faisoient de la guerre, et moins embarrassante dans les combats : *quia bellicis rebus aptior videretur ille habitus.* Ce sont les termes du moine de S. Gal[1].

Toutefois, comme la nouveauté plaît, et que les François sont naturellement sujets au changement, ils porterent quelquefois les cottes d'armes plus longues, et jusqu'à mi-jambes, et mémes jusques aux talons. C'est ainsi que Nicetas[2] represente la cotte d'armes du prince d'Antioche, seigneur françois, au temps du tournoy qu'il fit à Antioche à l'arrivée de l'empereur Manuel Comnene. Il estoit, dit-il, monté sur un beau cheval plus blanc que neige, revétu d'une cotte d'armes fenduē des deux côtez, qui lui battoit jusques aux talons : ἀμπισχόμενος χιτῶνα διασχιστὸν ποδηνεκῆ. Et Froissart[3] nous dépeint Jean Chandos, chevalier anglois, *aorné d'un grand vestement, qui lui battoit jusqu'à terre, armoié de son armoirie, d'un blanc saint, à deux paux aiguisez de gueules, l'un devant, l'autre derrière.* La Chronique de Flandres[4] parlant de l'empereur Henry de Luxembourg : *Et fut monté sur un grand destrier, et avoit vestu un tornicle d'or (túnica) à aigle noir, et deux manches liées, qui alloient jusque sur la main : et ce tornicle lui pendoit jusqu'à mi-jambe.* Cette forme de cottes d'armes longues se remarque souvent dans les anciens sceaux. S. Bernard[5] a ainsi parlé de celles des chevaliers du Temple : *Operitis equos sericis, et pendulos nescio quos panniculos loricis superinduitis, depingitis hastas, clypeos, et sellas,* etc.

---

[1] Bayff. de Re vest. — [2] L. 1, Epigr. 97 [93]. — [3] In Artax. [cap. 11. περι-θωρακίδιον est la leçon des anciennes éditions, qui ne se trouve dans aucun manuscrit.] — [4] Rigalt. et Meurs. in Gloss. [Meursius a ἐπιλούρικον, ἐπιλώρικον et ἐπιλουρίκιον; Ducange, in Glossar. Med. Græc. col. 836, ἐπιλώρικον et ἐπι-λούρικον.] — [5] [Glossar. Med. Græcit. col. 667, radice κλίβανον; Henr. Stephani Thesaur. ling. gr. ed. Didot, in Ἐπανωκλίβανον.] — [6] Ad Hesiod. [Op. et D. lib. 2, pag. 158 : χιτὼν καὶ φάρφος ἐστι τὸ διεσχισμένον ἱμάτιον ὁ καλούμε-νον ἐπιλώρικον.]

[1] Monach. Sangall. lib. 1, c. 36 [34]. — [2] In Man. lib. 3. — [3] I. vol. ch. 277. — [4] Ch. 51. — [5] In exhort. ad Milit. Templi, c. 2.

1

Mais parce que cette sorte de vêtement estoit presque le seul où les seigneurs, les barons et les chevaliers pûssent faire éclater leur magnificence, à cause qu'il cachoit le surplus des autres habits, et les armes, ils les faisoient ordinairement de draps d'or et d'argent, et de riches pannes ou fourrures d'hermines, de martes zebellines, de gris, de vair, et autres de cette nature. Et c'est des cottes d'armes qu'il faut entendre Albert, chanoine d'Aix-la-Chapelle [1], lorsqu'il décrit les accoûtremens de Godefroy de Bouillon et des autres barons françois, quand ils vinrent se presenter devant l'empereur Alexis Comnene, écrivant qu'ils y parurent *in splendore et ornatu pretiosarum vestium, tam ex ostro quam aurifrigio, et in niveo opere harmelino et ex mardrino, grisioque et vario, quibus Gallorum principes præcipue utuntur.* Et ailleurs [2], racontant une défaite des François, il dit que les Infidèles y firent un grand butin, et emporterent *molles vestes, pelliceos varios, grisios, harmelinos, madrinos, ostra innumerabilia auro texta miri decoris, operis, et coloris.*

L'abus qui se glissa avec le temps dans le port de ces draps d'or et d'argent, et de ces riches fourrures, vint à un tel excès, particulierement dans les occasions de guerre, et aux voyages d'outremer, qu'on en interdit l'usage, comme estant une dépense superfluë et de nul fruit. En celui que le roi Philippes Auguste et Richard roi d'Angleterre entreprirent l'an 1190, entre les ordonnances qui furent dressées pour établir l'ordre dans la milice, il fut resolu que l'on s'abstiendroit à l'avenir du port de l'écarlate, des peaux de vair, d'hermines, et de gris, dont la dépense estoit immense, et plus vaine que nécessaire : *Statutum est etiam — quod nullus vario vel grisio, vel sabellinis, vel escarletis utatur* [3]. Il semble que cét ordre fut encore observé sous le regne de S. Louys, qui en ses voyages d'outremer s'abstint de porter l'écarlate, le vair et l'hermine, *Ab illo enim tempore nunquam indutus est squarleto, vel panno viridi, seu bruneto, nec pellibus variis, sed veste nigri coloris, vel camelini, seu persei* [4]. Le sire de Joinville [5] rend le même témoignage, écrivant *qu'onques puis en ses habits ne voulut porter ne menu vair, ne gris, ne escarlate, ne estriefs et esperons dorez.* Et ailleurs il assure que tant qu'il fut outremer avec ce saint roi il n'y vit pas *une seule cotte brodée.* Comme cet abus continuoit, et qu'il n'y avoit personne qui ne s'incommodât pour se couvrir de ses pannes exquises, on fut obligé en Angleterre [6], aux deux parlemens qui furent tenus à Londres l'an 1334 et l'an 1363, de faire défense à toutes personnes qui ne pourroient dépenser cent livres par an d'user de fourrures. C'est ce qui a donné sujet à deux auteurs alemans [7] de se plaindre de cette manie qui avoit cours de leur temps : *Ad marturinam vestem anhelamus quasi ad summam beatitudinem.* C'estoit particulierement dans les occasions de la guerre, où les grands seigneurs faisoient parétre leur magnificence dans la richesse des habits et des cottes d'armes. Guillaume de Guigneville [8], moine de Châllis :

> Ou sont bannieres desploiées,
> Ou sont byaumes et bachinets,
> Tymbres et vestus veluës,
> A or battu et à argent,
> Et à autre convitoiement.

Ce n'est pas pourtant que j'estime que l'on ait seulement commencé à porter ces riches fourrures depuis les guerres saintes : es-

tant trop constant que les François en ont usé dès le commencement de la monarchie. Eguinard [1] écrit que Charlemagne estoit ordinairement vêtu à la françoise : *Vestitu patrio, hoc est francico, utebatur;* et que durant l'hiver *ex pellibus lutrinis thorace confecto humeros ac pectus tegebat.* D'où nous apprenons que les anciens François se servoient de fourrures dans leurs vétemens, comme les autres peuples septentrionaux. *Rutilius Numatianus* [2], Claudian et *Sidonius* [3] nous representent les Goths, et leurs rois, tout fourrez, y estans appellez *pelliti reges.* Le même *Sidonius* témoigne la même chose des Bourguignons [4]. Odon de Cluny [5] dit que Geraud, comte d'Aurillac, *vestimentis pelliceis super vestibus utebatur, quia genus istud indumenti solent clerici vicissim et laici in usum habere.* A quoy se rapporte ce passage d'Ives, évesque de Chartres [6], ecrivant qu'Estienne, qui se vouloit conserver en l'evesché de Beauvais, avoit attiré la plûpart des chanoines à son party, par le present qu'il fit à chacun d'eux de ces riches fourrures : *quos sibi pelliculis peregrinorum murium, atque aliis hujusmodi vanitatum aucupiis inescaverat.* Roger de Hoveden [7] dit que l'evesque de Lincolne estoit obligé de presenter au roi d'Angleterre, par forme de reconnoissance, un manteau de martes zebellines.

Quelques sçavants se sont persuadez, avec beaucoup de fondement, que les herauds ont emprunté de ces cottes d'armes les métaux, les couleurs, et les pannes, qui entrent en la composition des armoiries. Le savant Marc Velser [8] est un des premiers qui a avancé cette opinion, en ces termes : *Atque ego compertum habeo pleraque insignia, quorum meri colores ex militari primo habitu manasse; seu (quod hactenus eodem recidit) in militum saga migrasse ex clypeis.* Henri Spelman [9], auteur anglois, l'a aussi touchée en son Aspilogie, lorsqu'il écrit que ces riches peaux ont donné lieu aux gentilshommes d'en emprunter les couleurs pour les mettre dans leurs écus et dans leurs armoiries : *Sæpenumero pelles quædam, quibus alias ad honorem et insignia induebantur proceres, colorem clypeis subministrant armeliorum et zebellinorum.* Et après ces grands hommes, un de nos auteurs françois [10] l'a encore avancée, sans la prouver, non plus que les autres, écrivant que *c'est par les vestemens qu'on a introduit l'usage du blazon, c'est-à-dire la pratique des métaux, couleurs et fourrures, et les termes et les regles, particulierement pour le comportement des armoiries observées par les herauz jusques en ce temps.* Cette opinion est tellement plausible, que je ne fais pas même difficulté d'avancer que c'est effectivement de ces cottes d'armes qu'il faut tirer la source et l'origine des métaux, des pannes et des couleurs qui composent aujourd'huy les armoiries. Mais comme elle pourroit surprendre d'abord, si elle n'estoit accompagnée de preuves authentiques, je me propose de continuer cette dissertation, et de prouver que ce que nous appellons vulgairement couleurs, en termes de blazons, n'est pas une simple couleur, comme on a crû jusques à present, mais une panne, ou fourrure, ne plus ne moins, que l'hermine et le vair, que l'on baptize de ce nom. Car quant aux deux métaux qui entrent dans les armoiries, il n'est pas bien difficile de concevoir qu'ils n'ont esté tirés que des cottes d'armes faites de draps d'or et d'argent.

Entre les peaux et les riches fourrures dont les auteurs du moyen temps ont fait mention sont celles de vair, d'hermines, de gris, de martres, ou martes, et autres reprises dans les vieilles *Ordonnances du peage de Paris,* sous le titre de *Pelleterie,* dans la *Cou-*

---

[1] Lib. 2, c. 16. — [2] L. 5 [8], c. 20. — [3] Guill. Neubr. 1. 3, c. 22. — [4] Guill. de Nang. p. 346 [197]. Gaufr. de Belloloc. c. 8. — [5] [Pag. 140.] — [6] Tho. Walsing. in Ed. III. — [7] Helmold. 1. 1, c. 1.; Adam Brem. c. 227 [lib. 4, cap. 18]. — [8] En son Roman ms, du Pelerinage de l'humaine lignée.

[1] In Car. M. cap. 23. — [2] L. 1, Itin. — Claud. in Ruf. [lib. 5. vers. 85]. — [3] L. 7 [in concione post. ep. 9 et carm. 7. vers. 224]. — [4] L. 5, ep. 7. — [5] L. 2, de Vita S. Geraldi c. 3. — [6] Ivo Carn. ep. 104. — [7] An. 1195. — [8] L. 4. Rer. Aug. — [9] Aspilog. p. 76. — [10] Charles Segoing, en son Trésor Héraldique.

tant de Normandie [1], dans le compte d'Estienne de la Fontaine, argentier du roi de l'an 1351, qui est en la chambre des comptes de Paris, et dans divers auteurs. Toutes ces fourrures sont reconnues vulgairement sous le terme général de *pannes*, qui est un vieux mot françois, encore en usage parmi nous pour marquer la fourrure ou la doublure d'un manteau, et qui est particulièrement donné à certaines étoffes de soye, ayant le fil long à guise de peàux, ausquelles elles ont succédé, l'usage des fourrures ayant cessé. Il se trouve en toutes rencontres dans Froissart [2], Monstrelet [3], et autres auteurs de ce temps-là, lorsqu'ils font un dénombrement des meubles les plus précieux. Nos poëtes l'emploient aussi souvent, comme le *Roman de la Rose*, Guillaume Guiart, Martial d'Auvergne en ses *Arrests d'Amour*, le *Reclus de Moliens*, et autres. Quelques écrivains latins l'ont tourné par celui de *pannus*, et entre autres Geoffroy, prieur du Vigeois, en sa *Chronique*, [4] en ce passage : *Barones tempore prisco munifici largitores vilibus utebantur pannis, adeo ut Eustorgius episcopus, vicecomes Lemovicensis, et vicecomes Comborensis arietinis ac vulpinis pellibus aliquoties uterentur, quas post illos mediocres deferre erubescunt.*

Je ne prétends pas m'étendre sur toutes les riches fourrures dont les grands seigneurs se revêtaient : je me renferme seulement en la déduction de celles qui entrent dans la composition des armoiries, dont il y en a deux qui passent et sont reconnues sous le nom de pannes, savoir l'hermine et le vair ; et les cinq autres sous le nom de couleurs, quoiqu'effectivement ce soient pannes, comme le vair et l'hermine, qui est ce que je prétends justifier après que j'aurai dit quelque chose des deux premieres que les herauts ont toujours qualifié pannes et fourrures, acause peut-estre que les pannes de gris, de gueules, de sinople, de sable et de pourpre estans simples de leur nature, et sans mélange d'autres peaux et de figures, elles ont passé avec le temps pour les simples couleurs dont on se servoit pour les exprimer dans les écus : ce que l'on ne pouvoit pas faire de l'hermine et du vair, parce qu'estans des peaux composées, ou du moins diversifiées par la couleur de leur poil, on a été obligé de conserver leurs noms mêmes dans les blazons des écus.

L'hermine est un petit animal de la grandeur et de la forme d'un grand rat, et en effet est une espéce de rat, ainsi nommé par les naturalistes tant grecs que latins. Son museau est pointu et affuronné, sa peau d'une extrême blancheur, à la réserve de l'extrémité de sa queuë, qui est noire. Pline [5] écrit que ces animaux se tiennent cachez tout le temps de l'hyver dans leurs tanieres, et qu'ils ont le goust excellent. Ælian [6] dit qu'ils ont une connoissance de l'avenir, et que lors qu'ils prévoient quelque ruine de bâtiment ils s'en retirent. Il ajoûte ailleurs que dans une isle du Pont-Euxin, nommée Heraclée, parce qu'elle estoit dédiée à Hercules, il y avoit un grand nombre de ces rats, qui avoient du respect pour cette divinité, ne touchans à aucune chose de ce qui lui estoit consacré. Un heraud d'armes qui vivoit sous l'empereur Frederic d'Austriche et Henry roi d'Angleterre, en un traité qu'il a fait du *Devoir des Herauds* remarque une autre propriété de cét animal, qui est qu'il appaise les autres bétes qui sont en dissension les unes avec les autres, et que lors qu'il ne peut les accorder, il se conserve dans la neutralité. S. Hieróme [7] parle en quelque endroit de l'odeur agreable des peaux de ces rats : *Odoris autem suffitus, et diversa thymiamata amomum, cyphi, œnanthe, muscus, et peregrini muris pellicula.* Sigismond d'Herberstein, en sa *Description de la Moscovie* [8], nous apprend qu'il y a des saisons de l'année où les hermines ne sont pas

si blanches, et comme on les debite ordinairement renversées, il y a des marques à la teste et à la queuë, qui font juger aux marchans si elles ont esté prises en bonne saison.

La peau des hermines a esté emploiée de tout temps à usage de fourrure, et a esté en grande estime parmi tous les peuples pour son extrême blancheur. Les rois et les princes en ont usé, comme de l'une des plus exquises, et s'en sont revêtus dans les grandes cérémonies ; et les grands seigneurs en ont fait des cottes d'armes, qu'ils ont portées dans les armées. D'abord on se contentoit de joindre toutes ces petites peaux, et de les coudre ensemble, en laissant pendre les queuës, dont les extremitez, qui sont noires, formoient cette diversité de couleurs qui se rencontrent en la panne d'hermines. Ces peaux ainsi ajustées sont appellées par Ammian [1], dans le passage que je rapporterai incontinent, *pelles silvestrium murium consarcinatæ.* Ce qui a donné sujet aux herauds de blazonner l'hermine d'un seul nom, sans exprimer le blanc et le noir, la nature de cét animal estant telle, que sa peau est naturellement diversifiée de ces deux couleurs. Mais depuis, pour rendre ces fourrures plus unies, on a retranché les queuës, et on a moucheté cette grande blancheur de petits morceaux de peaux d'agneaux de Lombardie, qui sont fort noirs, avec une observation des distances ; en sorte que ce noir ainsi entremeslé servoit à rehausser la blancheur naturelle de la peau de cét animal.

Entre les peuples qui ont le plus usé de ces peaux ont esté ceux d'Armenie, lesquels, suivant l'autorité de *Julius Pollux* [2], avoient un vétement tout particulier, appelé par les Grecs μυωτός, parce qu'il estoit fait de peaux de rats qui naissent en cè pays-là : Ἀρμενίων δὲ ὁ μυωτὸς, ἢ ἐκ μυῶν τῶν παρ' αὐτοῖς συνυφασμένος. Alcuin [3] semble avoir exprimé la force de cè mot au poëme qu'il a fait de Charlemagne, où parlant de Berte sa fille il dit qu'elle avoit à l'entour du col une peau, qu'il appelle *murina*, c'est-à-dire une peau d'hermines, ou de rats de Pont :

Lactea quippe ferunt pretiosam colla murinam.

C'est de l'Armenie que ces petits animaux ont emprunté le nom qu'ils ont aujourd'hui : car comme ils ont esté appellez premierement rats de Pont, *mures Pontici*, non que ce fust un rat de mer, ainsi que la Colombiere a mis en avant en sa *Science Heroïque* [4], mais parce que les peaux estoient apportées en Europe, ou de cette isle dont Ælian parle aux lieux que j'ai citez, et qu'ailleurs il semble placer prés de l'embouchure du Danube [5], ou plutôt, ce qui est plus probable, de la province du Pont en Asie : ainsi dans les derniers siecles on les a nommez rats d'Armenie, ou du moins on a joint cét adjectif à leurs peaux, parce que le debit s'en faisoit en cette province-là, et acause que ces animaux y prennent naissance : d'où vient qu'on appelloit ces peaux vulgairement *peaux d'Armenie*, ou, comme l'on parloit anciennement en France, *peaux des Hermins, ou d'Hermins*, c'est-à-dire des Armeniens, parce que ces peuples avoient coutume de s'en revêtir, suivant l'autorité de *Pollux*. Car en vieux françois [6] on disoit *Hermenie*, au lieu d'Armenie, et *Hermins* au lieu d'Armeniens. Ville-Hardouin parlant de Léon premier roi d'Armenie, ou de la Cilicie, le qualifie *Sire des Hermines*, ou lui-même en quelques epîtres, qui se voient parmi celles du pape Innocent III, se dit *Dominus omnium Armeniorum*. Tudebode [7] se sert toujours du mot d'*Hermenii*, au lieu de celui d'*Armenii*. L'auteur de la Vie de Louys le Gros [8] : *Venerunt in auxilium Soldani Iconiensis Turci duarum Hermeniarum.* Froissart [9] se sert souvent aussi du mot d'Her-

---

[1] Ch. 602. — [2] Vol. 1, ch. 36 ; vol. 2, ch. 117 ; vol. 3, ch. 70. — [3] Vol. 2, p. 78. — [4] Ch. 74. — [5] L. 8, ch. 37 [55]. — [6] L. 6 De anim. c. 40, 41 ; Var. hist. l. 1, c. 11. — [7] L. 2. contra Jovin. — [8] P. 44.

[1] L. 31, cap. 2. — [2] L. 7, c. 13. — [3] T. 2, Hist. Fr. p. 192. — [4] P. 43, 46. — [5] L. 14, de Anim. c. 25. — [6] Apud Odor, Rainal. — [7] L. 2, p. 783, 784, 785, etc. [Auct. Anon. cap. 14, 19, 20.] — [8] Gesta Lud. VII, c. 6. — [9] Vol. 4, ch. 79, etc.

menie, au lieu d'Armenie, comme encore l'auteur du roman de *Garin le Loherans* :

> Ge te donrai mon peliçon hermin ,
> Et de mon col le mantel sebelin.

Et ailleurs :

> Sire, assis l'ont Sarazin et Persent,
> Et Rox et Hongre, et Hermin et Tirant.

Quelques écrivains latins qui ont parlé des peaux d'hermines les nomment *hermellines*, comme Pierre Damian [1], Albert d'Aix [2], et entre les recens Paul Jove et Alexandre Guaguin en leurs *Descriptions de la Moscovie*, d'un terme usité par les Italiens, pour signifier quelque chose venant d'Armenie : dont ils se servent encore pour exprimer l'abricotier, appellé par les Latins *malus Armeniaca*, lui donnans le nom d'*armellino*. Les Espagnols nomment les hermines *armiños*, d'un terme plus approchant du latin *Armenia*.

Or il n'est pas sans exemple que les riches fourrures, qui ont esté en usage parmi les grands, aient esté reconnuës du seul nom adjectif des provinces où elles se debitoient et d'où elles s'apportoient, sans specifier ni le nom ni l'espece de l'animal. C'est ce que je vay faire voir incontinent, lorsque je parleray des martes zebellines. Ce qui n'a pas esté en usage seulement dans les derniers siecles, mais encore a eu lieu dans l'antiquité. Car je remarque que ces mémes peaux d'hermines ont esté autrefois appellées peaux de Babylone, parce qu'elles se debitoient en cette capitale de l'Assyrie, qui est voisine de l'Armenie. Le jurisconsulte Martian [3] en fait mention, comme aussi S. Hierôme [4] en l'une de ses epitres, le Glossaire grec-latin dit que *beneventanum* estoit une espece de peau de Babylonne, Βαβυλωνικοῦ δέρματος εἶδος. L'*Histoire ms. de Bertrand du Guesclin* parle du drap de Benevent :

> Et getta on sur lui un drap de Bonnivent.

Un auteur grec , qui a fait un abregé de la [5] *Description du Monde*, dit que le trafic des peaux de Babylone se faisoit en la Cappadoce : Ἐμπορίας δὲ ταύτας βελτίστας πανταχοῦ πέμπειν αὐτὴν λέγουσι δασυπόδεισιν ἔσθησιν, καὶ Βαβυλωνικὸν πέλλιον. Et Ælian [6], en ses livres *de la Nature dés Animaux*, fait assez voir que ces peaux estoient les mémes que celles d'Armenie, écrivant que les peaux de Babylone estoient peaux de rats , et qu'elles se debitoient chez les Perses , qui les prisoient beaucoup, et en faisoient des robes, ou des couvertures qu'ils appelloient κανυάκας, dont Pollux [7] et Ammian [8] font aussi mention. Les Grecs [9] recens appellent encore à present les hermines πόντικιν, sans ajouter l'espece de l'animal, et non-seulement les hermines, mais encore toutes sortes de rats indifféremment.

Les hermines [10] ne naissent pas seulement dans l'Asie et autres provinces de l'Orient, mais encore dans les pays septentrionaux. Justin [11], au l. 2. de son *Histoire*, dit que les Scythes, qui habitoient les terres occupées par les Tartares et les Moscovites, se servoient de peaux de rats pour vétemens, ignorans l'usage de la laine : *Lanæ iis usus ac vestium ignotus : et quamquam frigoribus continuis urantur, pellibus tamen ferinis aut murinis vestiuntur.* Ne faisant aucun doute qu'il n'ait entendu parler de peaux d'hermines, vu qu'il est constant que la Moscovie et autres provinces voisines abondent en ces animaux ; et ceci est encore confirmé par Ammian Marcellin [12], lorsqu'il parle des Huns, que quelques auteurs qualifient du nom de Scythes : *Indumentis operiuntur linteis, vel ex pel-*

libus silvestrium murium consarcinatis. Martin Cromer [1] dit que les marchans polonois en font grand trafic. Paul Jove et Alexandre Guaguin asseurent le méme des Lappons et autres peuples tributaires du grand duc de Moscovie. Le Juif Benjamin [2] en son *Itinéraire*, et Jean d'Orronville [3] en la *Vie de Louis III, duc de Bourbon*, remarquent aussi qu'il s'en trouve grand nombre dans les forests de la Prusse. *Alderitius*, auteur de la *Geographie Arabe* [4], témoigne qu'il y en a dans quelques forests de l'Afrique ; et enfin la *Chronique ms. de Bertrand du Guesclin* parle en quelques endroits des peaux d'hermines , qui s'apportoient des païs appartenans aux Sarrazins :

> Vestus moult noblement de sendaure et d'orfrois,
> Et de beaus dras ouvers d'hermins sarazinois.

Je ne veux point m'arréter à ce qui regarde le blazon de l'hermine , parce qu'outre que cela est hors de mon sujet, cette matiere d'ailleurs a esté traitée amplement par tous ceux qui ont écrit des blazons [5]. Je remarque seulement que l'hermine éstant l'armoirie des ducs de Bretagne, en estoit aussi la devise. Bretagne, roi d'armes, décrivant l'enterrement du cœur d'Anne duchesse de Bretagne et reine de France, dit qu'à l'en-rée de l'église des Carmes, où il fut déposé, il y avoit un grand écu party des armes de France et de Bretagne, couronné de deux couronnes, et enrichy d'une cordeliere d'or. *Au dessous dudit escu y avoit une ermine faite prés du vif, ayant un fanon d'ermines au col, passante estoit sur une mote de verdure* (que la Colombiere a mal pris pour de l'eau), *et disoit cette dite ermine, A MA VIE, qui est l'antique mot du noble pays et duché de Bretagne.* Ce mot n'est autre, si je ne me trompe, que le cry de guerre des ducs de Bretagne , n'ayant rien de commun avec l'hermine : quoy que je n'ignore pas qu'ils ont encore crié *Saint Yves*, ou *Saint Malo* : se pouvant faire qu'un comte ou duc de Bretagne, s'estant veü en péril dans le combat , avoit imploré l'assistance des siens, en criant qu'on en vouloit à sa vie ; mais cela n'est qu'une pure conjecture. Chifflet [6] remarque encore que Frederic d'Arragon, roi de Naples, institua l'ordre de l'Hermine en l'an 1497, qui pendoit à un collier d'or. Voilà ce que j'ai remarqué de l'Hermine. Maintenant il faut dire quelque chose du vair, avant que de parler des couleurs qui entrent en la composition des armoiries.

Tous les auteurs conviennent que le vair a esté l'une des plus riches pannes ou fourrures dort les princes se soient revétus. Nos herauds qui le reconnoissent et l'admettent dans les armoiries, avec l'hermine, le representent comme parsemé de cloches , les unes en leur forme naturelle, les autres renversées, jointes ensemble. *Cæsar Vecellio* [7], auteur italien, décrivant les habits et la robe d'*Ordelafo Faliero*, qui estoit doge de Venise en l'an 1085, dont la figure se voit sur la porte du trésor de l'église de S. Marc de la méme ville, dit que la robe de ce duc est fourrée de peaux de vair, qu'il represente comme le *papelonné*. Voicy les termes de cet auteur, pour faire voir l'estime que l'on faisoit de ces peaux anciennement : *Il manto dunque era di seta frigiato d'oro, et fodrato di vari pelli, che in quei tempi erano di grandissima stima, et di qui nasce che l'armi et l'insegne di molte famiglie nobili fanno oltre le altre cose queste pelli, che chiamaro vari, et percio si vede, che l'antichi pittori qualunque volta volevano ritrar qualche gran personaggio di auttorità; lo depingevano ordinariamente con un manto fodrato di queste pelli.* La plupart des auteurs [8] écrivent que le vair n'est autre chose

---

[1] L. 2, ep. 2. — [2] L. 2, etc. — [3] L. interdum, 16, § 7, D. de Public. [39, 4]. — [4] Ep. ad Lætam. — [5] Alypii Antioch. Geogr. — [6] De Anim. l. 17, c. 17. — [7] L. 7, c. 13. — [8] L. 23 [c. 6, § 80]. — [9] Moscopul. περὶ σχεδῶν. — [10] Corona pretiosa. — [11] L. 2, cap. 2. — [12] L. 31, cap. 2.

[1] l. 1. — [2] In Itiner. extremo. — [3] Ch. 23. — [4] Geogr. Nubiens. p. 9. — [5] Ceremonial de France, p. 139 de la 1re edit. — [6] In Anast. Child. c. 21. — [7] De gli Habiti antiq. et moderni del mondo, p. 42. — [8] Fauche, 1, 1 ; des Cheval. ch. 2.

qu'une fourrure composée de petits morceaux de peaux d'hermines, et de celle d'une bételette, nommée ᴏʀɪs, lesquels estans découpez et taillez artistement en triangles, representent la figure de diverses cloches renversées les unes contre les autres, les droites estans de gris, les renversées d'hermines, au moyen de ce que le poil venant à s'eslargir au bas du triangle, et à se mesler l'un parmi l'autre, il prend la figure de la cloche, ou d'un verre, d'où quelques-uns ont pensé que cette pelleterie avoit pris son nom : de là on infere qu'au blazon du vair, aussi bien qu'en celui de l'hermine il n'y a point de fonds, c'est-à-dire qu'il n'y a aucune piece chargeante, ni semée : l'argent qui est emploié pour marquer la blancheur de l'hermine ; et l'azur, qui represente le gris, auquel cette couleur tire plus que pas une autre, estant vair : bien qu'improprement on prene aujourd'huy l'azur pour le vair, comme l'on fait les mouchetures noires pour les hermines.

Ces mêmes écrivains [1] ajoûtent que c'est pour cela que le nom de vair a esté donné à cette pelleterie, acause de sa varieté, estant diversifiée de peaux de différentes couleurs, de même que parmi les Latins *vestis varia dicebatur quæ erat discolor diversisque coloribus consuta :* car, suivant le dire de Ciceron, *varietas verbum latinum est, idque proprie quidem in disparibus coloribus dicitur* [2]. Ceux de Babylone semblent avoir esté les premiers qui ont inventé ces sortes de fourrures marquetées et diversifiées. Zonare [3] raconte que Sapor, roi de Perse, qui vivoit du temps du grand Constantin, ayant fait voir à son fils Adarnases, alors jeune enfant, une superbe tente qui lui avoit été envoyée de Babylone, faite de peaux d'animaux qui naissent en ce pays-là, artistement diversifiées et marquetées, il lui demanda ce qu'il luy sembloit de ce riche present : à quoy Adanarses fit réponse que lorsqu'il seroit roi il feroit faire un pavillon sans comparaison plus exquis, et qu'il le feroit faire de peaux d'hommes. Ce que cét auteur rapporte de ce jeune prince pour un présage de sa cruauté, qui lui fit perdre le royaume dans la suite du temps : et faisant voir d'ailleurs en cét endroit que ces peaux de Babylone estoient de diverses couleurs, et comme marquetées : σκήνη ποτὲ τῷ πατρὶ διεκομίσθη ἐκ Βαβυλῶνος δέρμασιν ἐγχωρίοις ποικιλώτερον εἰργασμένη. S. Hierôme [4], si nous croions quelques-uns, écrivant à *Læta*, a parlé de ces peaux marquetées de Babylone : *Pro gemmis et serico divinos codices amet, in quibus non auri et pellis babylonicæ vermiculata pictura, sed ad fidem placeat emendata et erudita distinctio.* Mais je ne doute pas que ce passage ne doive estre entendu du parchemin ou du velin de ces livres, que l'on ornoit de figures, de peintures et de mignatures : car, suivant l'autorité de Pline [5], *colores diversos picturæ intexere Babylon maxime celebravit, et nomen imposuit.* Quoy qu'il en soit, ayant justifié cy-devant que les peaux dont ceux de Babylone faisoient des robes et des couvertures estoient de rats, et Zonare écrivant que la tente de Sapor estoit composée et marquetée de peaux du pays, il est aisé de se persuader qu'ils ont été les inventeurs du vair, qu'ils composerent de peaux d'hermines et de gris, qui sont des animaux qui naissent ordinairement sous les mêmes climats. Quelques sçavans rapportent à ce sujet un passage de Calixène dans Athenée [6] ; mais, selon mon sentiment, cet auteur semble parler des tapis de Perse, diversifiez de couleurs et de figures d'animaux, appellez par Plutarque [7] δαπίδες.

Monet en son *Inventaire des deux langues* écrit que le vair est *une espece d'ecurieu de poil tirant sur le colombin par le haut du corps, et blanc sous le ventre : dont la peau, ce dit-il, sert de fourrure aux manteaux des rois, laquelle on diversifie en quarreaux et tavelures de colombin, et de blanc, ores de plus grand, ores de moindre volume, qu'on appelle, grand vair, ou petit vair.* Un auteur [1] de ce temps parlant des Moscovites, dit qu'ils sont pour la plûpart marchans, et font trafic de peaux de martes zebellines, et de rats musquez, qui est, ce dit-il, nostre ancien menu ver, dont les rois et les grands portoient autrefois des fourrures. Aux comptes d'Estienne de la Fontaine, argentier du roy, des années 1349, 1350 et 1351, au chapitre *des Pannes*, il est souvent parlé *de ventres de menu vair.* Du Pinet, en sa traduction de Pline, semble donner le nom de *rosereaux* aux menus vers. Mais quant à moy, j'estime que ces animaux dont tous ces auteurs parlent ne sont autres que les gris, que le Juif Benjamin [2], suivant la traduction d'Arias Montanus, appelle d'un seul mot *veergares* ou *vairs-gris*, écrivant qu'il s'en trouve un grand nombre dans les forests de Boheme : *Regio omnis montosa est, sylvisque frequentissima, in quibus animalia illa inveniuntur quæ veergares dicuntur, eædemque zibellinæ dictæ.* La traduction de Constantin l'Empereur porte : *Veergares, alias martes scythicæ,* où toutefois ces derniers mots semblent estre des traducteurs, car les zibellines ou les martes sont différentes des gris. Rolandin [3], en sa *Chronique de Padoue*, fait état des vairs de Sclavonie : neantmoins les peaux de gris n'ont pas esté estimées si riches que celles de vair. Le *Cérémonial Romain* [4], parlant des chappes des cardinaux, dit que *a quarta feria majoris hebdomadæ usque ad sabbatum sanctum solebant uti cappis suis obscuris, cum pellibus de griseis, et non de variis, etc.*

Nos derniers herauds [5] (c'est ainsi que je nomme les auteurs de notre temps qui ont traité des armoiries) écrivans au sujet du vair, disent qu'il y a une sorte de vair, dans les blazons, qu'on nomme *beffroy de vair*, ce qui est lorsque le vair est representé en figures plus grandes et qu'il y a moins de traits. Je voudrois qu'ils m'eussent cité quelque auteur de consideration pour leur garand ; car trouvant cette expression impropre, j'aurois peine à la recevoir. Je sçay bien que Claude de S. Julien en ses *Mélanges Historiques* [6], parlant de la maison de Bauffremont, dit qu'elle porte des armes parlantes, sçavoir des *beffrays-mont*, c'est à dire beaucoup de beffrois : *Surquoy il faut noter*, dit cét écrivain, *que ceux se trompent qui blasonnent les armoiries de Bauffremont : vairées d'or et de gueules ; car le vray blazon est : semé de beffrois, ou bauffrois sans nombre ;* termes qui font assez voir que les beffrois sont differens du vair, qui est une panne, où l'autre est une cloche. Car ainsi qu'il dit au même endroit : *Le mot de beffroy signifioit anciennement une grosse cloche, qui picquée donnoit bel effroy, c'est à dire grande frayeur.* Ce n'est pas pourtant que je voulusse admettre cette definition du beffroy, ne me souvenant point avoir leu ailleurs que la cloche du beffroy ait esté nommée beffroy, qui estoit un nom donné ordinairement aux tours de bois dont on se servoit anciennement pour faire les approches, lorsqu'on assiegeoit une place, ainsi que j'ai amplement justifié en mes observations. Il est vray neantmoins que Dominicy [7] a traité de cette façon de parler *battre le beffroy*, c'est-à-dire sonner la cloche de beffroy, et Estienne Pasquier [8] dit que le mot de *beffroy* est corrompu au lieu d'*effroy*, et que *sonner le beffroy* en une ville n'est autre chose que *sonner l'effroy.*

Quoy qu'il en soit, il est fort probable que le vair a esté distingué du gris, en ce que le vair estoit de peaux entieres de gris, qui sont

---

[1] La Rocheflavin, au l. 10 des Parlem. ch. 25, n. 16 ; Fauchet et autres ; Ant. Thylesius, de Colorib. c. 13 ; Alciat. l. 2, Parerg. c. 1. — [2] L. 2, de Finib. cap. 3. — [3] T. 3, p. 11. — [4] Ep. ad Lætam. — [5] L. 8, c. 48 [74]. — [6] L. 4. — [7] In Agesil. cap. 12.

[1] Jean le Laboureur, en la Relat. du voyage de la reyne de Pologne. — [2] In Itin. p. 114, edit. Plant. — [3] L. 2, c. 14. — [4] L. 3, p. 323, b. [Sect. 3, cap. 5.] — [5] Gilbert de Varennes ; la Colomb. — [6] P. 355. — [7] Au traité du Franc aleu, ch. 22. — [8] En ses Rech. l. 8, ch. 62.

diversifiées naturellement de blanc et de gris, ces petits animaux ayans le dessous du ventre blanc, et le dos gris, de sorte qu'estans cousues ensemble sans art, elles formoient une variété de deux couleurs. Mais depuis on en a usé comme aux hermines, qu'on a tavellées de petits morceaux de peaux noires, au lieu des queuës, qui faisoient le même effet : car on a composé le vair des dos de gris, et des peaux des hermines, qu'on a ajustées en triangle, en égale distance, ainsi que j'ai remarqué; et comme pour exprimer le vair dans les armoiries on s'est servi de deux couleurs, sçavoir de l'azur, pour denoter le gris, et de l'argent pour marquer l'hermine : ainsi pour figurer le gris, dont on se servoit dans les cottes d'armes, on a employé l'azur dans les écus et les boucliers, la couleur grise, qui a emprunté son nom de celle du dos de cét animal, estant une couleur qui tient également du noir et du blanc, appellée par les Grecs φαιός, qu'un grammairen grec [1] définit ainsi : φαιός, ὁ μέσον λεύκου καὶ μέλανος, d'où on a formé ensuite le mot de λευκόφαιος, qui est une couleur entre le blanc et le brun, qui n'est autre que la grise : Pline [2] et Martial [3] se sont servis de ce terme, qu'ils ont latinisé. Il y en a même qui estiment avec beaucoup de fondement que la couleur appellée *pseudo-lactinus*, en la *Vie de S. Gregoire le Grand* [4], pape, n'est autre chose que le gris, n'étant pas tout à fait blanche, et tenant du brun, de même que dans *Marcellus Empiricus* [5], la couleur du poil du lion est appellée *pseudo-flavus*, parce qu'elle n'est pas absolument jaune, *colore pseudo-flavo, quasi leonino.* Cét auteur se plait à cette manière d'expression, dans lequel, *pseudocalidus. et pseudoliquidus* [6], c'est ce qui n'est qu'à demy chaud, et à demy liquide.

La seconde couleur qui entre dans la composition des armoiries est LE GUEULE. Ceux qui n'ont pas penetré dans la véritable signification de ce mot se sont persuadez qu'il venoit de *gula*, ou de la gueule des animaux, qui d'ordinaire paréssant sanglanté, exprimoit naturellement le rouge. Mais soit que cette pensée ait quelque probabilité, il est constant que le gueule estoit une espèce de peau teinte en rouge. Saint Bernard nous l'apprend formellement en l'épitre [7] qu'il écrit à l'archevesque de Sens, en ces termes : *Horreant et murium rubricatas pelliculas, quàs gulas vocant, manibus circumdare sacratis.* Donnant à connoitre par cette manière de parler, que ces peaux estoient de rats, c'est-à-dire de rats de Pont ou d'hermines, teintes avec artifice. Brunon [8], qui vivoit quelque temps avant S. Bernard, a ainsi parlé de cette espèce de pelleterie, en son Histoire de la guerre de Saxe : *Unus ex illis cujusdam nobilis ex curia crusinam gulis ornatam quasi furtim præcidit.* Le mot de *crusina*, dont Ditmar [9] se sert encore au l. 5 de son *Histoire*, signifie une espèce d'habit fait de peaux, et est un terme des anciens Saxons. Le *Glossaire d'Ælfrit* : *Mastruca*, vel *Mastruga, Crusne*, et celui de Somner : *Crusene, tunica ex ferinis pellibus, Mastruca.* Anastase Bibliothéquaire [10] en son *Histoire Ecclésiastique*, aprés Theophanes [11], semble faire mention de ces peaux rougies, κόκκινα δερμάτια, *pelles coccineæ*, qui sont peut-estre celles que l'empereur Constantin Porphyrogenite [12] appelle δερμάτια ἀλήθινα, n'est que ces peaux ne soient peaux corroiées, et teintes en écarlate, que Roger de Hoveden [13] appelle *Cordoüan vermeil*, et dont parle *Corippus* [14], lorsqu'il décrit la chaussure des empereurs de Constantinople :

Cruraque puniceis induxit regia vinclis,
Parthica Campano dederant quæ tergora fuco.

Guillaume de la Poüille [1] parlant de ces botines impériales :

— Assumitur imperialis
Purpura, pes dexter decoratur pelle rubenti,
Qua solet imperii qui curam suscipit uti.

Tant y a que le Reclus de Moliens en sa *Patenostre* ms. semble dire que l'on se servoit des peaux de martes, pour les teindre en rouge, les appellant *Sobelines engoulées*, en ces vers :

En tels euvres regnent Deables,
Au regne nostre Creatour
Ne gardent mie chu Seignour,
Qui tant ont dras outre raison,
Cote, surcot, blanchet, plichon,
Houches, mantaus, chappes fourrées,
De sobelines engoulées.

Ce qui se pourroit encore entendre des martes blanches, dont Adam de Bréme [2] parle en quelque endroit de son *Histoire*, qui naissent dans la Norvége. Le *Roman de Garin* donne la même épithète aux hermines; ce qui justifie qu'on se servoit aussi des hermines, pour les teindre en rouge :

Si ot vestu un hermin engolé

Ailléurs :

Et pardessus un hermin engolé.

Il est parlé dans la *Vie de S. Wolphelme abbé* [3], des peaux de beliers rougies, *pelles rubricatæ arietum.* Depuis, pour exprimer cette espéce de pelleterie dans les écus et les boucliers, on s'est servi du vermeillon. Jean de Sarisbery [4] : *Si aurum, minium, colorve alius, quocumque ictu casuve à clypeo excidit, hoc garrula lingua, si licuerit, memoriale facient in sæculum sæculi.*

La troisième couleur dont on se sert dans les blazons est le SABLE. Guillaume Guiart, en l'an 1304 :

Es pennonciaus et és bann eres,
Dont li vent tient maintes enverses,
Reluisent les couleurs diverses,
Comme or, azur, argent, et sable.

Ceux qui ont esté puiser l'origine de ce mot dans le sable noir dont Vitruve [5], *Palladius* [6], et Tnwrocz [7], en son *Histoire de Hongrie*, ont parlé, se sont notoirement mépris. Car on doit tenir pour constant que le sable est une espéce de pelleterie. Philippes Mouskes, en la *Vie de Louys VIII*, autorise assez cette pensée par ces vers :

S'il y avoit assés encor
De rices dras battus à or,
De dras tains, et d'escarlae,
Detranciés à grans barates,
Sables, ermins, et vairs et gris,
As jouvenciaus, et as vious gris.

Un judicieux auteur [8] de ce temps a avancé avec beaucoup de fondement que le mot de *Sable* a esté formé des *martes zebellines*, qui de leur nature sont noires : *Sabulum vero, quod est nigrum, non a sabulo deflexum, sed a muribus Ponticis nigricoloris, quod vocant martres sabelinas vel sabulinas.* Quoy que cét auteur n'ait avancé cette opinion que par simple conjecture, sans l'avoir autorisée d'aucun passage, et qu'il se méprenne en confondant les rats de Pont avec les martes; si est-ce qu'il n'y a pas lieu de la révoquer en doute, aprés ceux que je viens de cotter. Et quant à l'origine de ce mot, j'estime que les martes furent surnommées zebelines,

---

[1] Basil. de Exercit. gramm. — [2] L. 32, c. 10 [38]. — [3] L. 1, ep. 97. — [4] Jo. Diac. l. 4, c. 83. — [5] C. 8. — [6] C. 6, et ult. — [7] Epist. 42. — [8] [Cap. 92.] T. 1. Rer. Germ. Freheri, p. 135. [Pertz, t. 5, Script. p. 366.] — [9] L. 5, p. 54 [cap. 6]. — [10] P. 178. — [11] P. 422. — [12] De Adm. Imp. c. 6. — [13] P. 715. — [14] L. 2, de Laud. Just. v. 105.

[1] L. 1 Rer. Norm. — [2] C. 240. [lib. 4, cap. 31.] — [3] Conrad. Monach. in vita S. Wolphelmi abb. apud Sur. 20. April. — [4] L. 6; Polycr. c. 3. — [5] L. 2, c. 4. — [6] L. 1, de Re Rust. c. 10. — [7] Part 2, c. 3. — [8] Dadin. de Altaserra, l. 3, de Duc. et Com. Provin. c. 3.

ou sabelines, acause de Zibel, ou Zibelet, ville maritime de la Terre Sainte[1], appellée par les anciens *Biblium*, et située entre la ville d'Antioche et le château d'Archas, où elles se debitoient, et d'où elles estoient apportées en Europe. Et comme les rats de Pont furent simplement nommez hermines, parce que les peaux de ces animaux se debitoient en Armenie, il en est arrivé de mêmes des martes, dont les peaux ont esté nommées zebellines, de la ville de Zibel, et en terme plus court Zeble, ou Sable. Guillaume de Neufbourg[2] les appelle *Sabellinæ* simplement, comme encore Arnoul de Lubec[3] en ce passage : *Regina cuilibet militi addidit pelles varias, et pelliculam zobellinam.* Le *Roman de Garin* :

> Or te donrai mon peliçon hermin,
> Et de mon col le mantel sabelin.

Jacques Millet en la *Destruction de Troie* :

> Si est le champ fait de broudure
> De fine marte sabeline.

Cette peau est nommée par Pierre Damian[4] *Pellis Gibellinica*, à l'endroit où il parle d'un ecclésiastique mignon : *Hic itaque nitidulus et semper ornatus incedebat, ita ut caput ejus nunquam nisi gibellinica pellis obtegeret.* Il entend parler de l'aumuce, dont il se couvroit la teste.

Il n'est pas aisé de découvrir l'origine du mot de SINOPLE, dont les herauds se servent pour designer la couleur verte dans les blazons. Car la Colombière s'est trop mépris quand il a dit que le sinople estoit une espéce de craie, ou minéral, qui est propre à teindre en vert, et qui se trouve aux environs de *Sinope*, ville d'Asie, d'autant que le *Sinopis* dont il a entendu parler est une craie rouge, qui se trouve aux montagnes de Sinope, comme nous apprenons d'Auger Busbecq, en son *Itineraire d'Amasie*, avec lequel neantmoins Dioscoride[5] et *Eustathius*[6] ne s'accordent pas, remarquans qu'elle ne naît point vers Sinope, mais qu'elle s'y apportoit de la Cappadoce (où Pline[7] et Strabon[8] écrivent qu'elle croit) et qu'elle s'y debitoit. Quoy qu'il en soit, tous les auteurs conviennent que le *sinopis* estoit une espéce de vermeillon. Il est appelé Ἀσσυρίη μίλτος par *Dionysius*[9], et par Dioscoride μίλτος Σινωπική. *Terentianus Maurus*[10] confond toujours le vermeillon avec le *sinopis* : car où il a dit : *Instar tituli fulgidula notabo milto*; ailleurs il dit : *Ex ordine fulgens cui dat locum sinopis*; et plus bas : *Titulus præscribet iste discolor sinopide.* *Marcellus Empiricus*[11] confond aussi le *sinopis* avec le *minium*, ou le vermeillon. Il est bien vray que Vitruve[12] fait mention d'une craye verte qui croit en divers lieux, et particulierement à Smirne ; mais elle n'a rien de commun avec le *sinopis*. J'avoue aussi que je n'ay pas encore pû découvrir la raison pour laquelle on a donné le nom de Sinople à la pelleterie teinte en vert, et je n'oserois pas asseurer que ce seroit acause qu'elle se debitoit en une ville maritime de la Cappadoce, qu'Albert d'Aix[13] en deux divers endroits appelle *Sinoplum*, et Matheo Villani[14] *Sinopoli*, et que du nom de cette ville, où le trafic s'en faisoit par les Europeans, elle fut appellée Sinople, comme les martes, et les rats de Pont prirent leurs appellations des lieux où telles fourrures se debitoient. L'epitaphe de Gilles de Chin[15], qui fut tué à la bataille d'Azincourt, emploie le mot de sinople, pour exprimer le vert :

> Puis la mort à lui s'ajousta
> En un camp couvert de sinoble,
> U maint prince et maint homme noble
> Finirent en affaire militant.

Reste la cinquiéme couleur des blazons, qui est le POURPRE : quoy qu'elle se rencontre rarement dans les armoiries, si est-ce que Jacques de Guise[1], l'auteur du *Songe du Verger*[2], Sicile heraud d'armes du roi d'Arragon, en son *Blason des couleurs*, et autres l'admettent. Je ne veux pas m'arréter à ce qu'ils en disent ; je remarque seulement qu'en fait de blazons le pourpre est une panne et une espéce de pelleterie, ainsi nommée à cause de sa couleur, fort connue dans le compte d'Estienne de la Fontaine, argentier du roy, qui commence au 26 jour d'avril l'an 1350, et finit au 28 jour d'aoust suivant, au chap. des Pennes et fourrures : *Pour fourrer une robe de 4 garnemens pour ledit Guillaume Poquaire, pour le jour de sa chevalerie, pour les 2 surcos, 2 foureures de grosses pourpres, 4 livres 10 s. etc.*; au même chapitre : *Pour fourrer une robe pour la femme Michelet Gentil, que le roi lui donna en mariage, une foureure de menuës pourpres, 6 livres Par.* Il en est encore parlé souvent dans les comptes suivants, et dans *les Coustumes*, ou peages de Paris, qui sont inserez en un registre de la chambre des comptes[3], intitulé *Noster*, où sous le titre de Mercérie sont ces mots : *Item la piece de porpre et de mesmiaus 4 den.*; et comme cette pelleterie n'a jamais passé entre les plus exquises, sans neantmoins que j'en puisse conjecturer autre raison, que l'on ne se servoit que de peaux grossieres pour les mettre en cette sorte de teinture, cela a esté cause qu'elle se trouve rarement employée dans les blazons.

Toutes ces remarques prouvent suffisamment, comme j'estime, que ce que jusques à present nos herauds ont qualifié couleurs dans les armoiries, sont pannes et fourrures, ne plus ne moins que celles d'hermine et de vair, auxquelles ils ont appliqué cette appellation. Il se voit aussi que les noms qu'ils leur ont attribuez n'ont autre origine que de ceux de ces espéces de fourrures, et qu'ainsi il n'y a pas lieu de faire aucun fondement sur les etymologies ridicules qu'ils leur donnent, ni sur ce qu'ils avancent qu'on a voulu donner des noms inconnus à ces couleurs, pour ne pas rendre la science des armoiries si vulgaire : *Mirum quam stulta sapientia in istis astrologicantur, philosophantur etiam, ac theologissant paludati isti heraldi*[4].

Mais pour retourner aux cottes d'armes : comme aux assemblées publiques, et dans les occasions de la guerre, les seigneurs et les chevaliers y estoient reconnus par des cottes d'armes, lorsqu'on venoit à parler d'eux, ou qu'on vouloit les faire connoitre par quelque marque extérieure, on se contentoit de dire : Il porte la cotte d'or, d'argent, de gueules, de sinople, de sable, de gris, d'hermines, ou de vair : ou, en termes plus courts, il porte d'or, de gueules, etc., le mot de cotte d'armes estant sousentendu. D'où il est arrivé que pour blazonner les armes d'un gentilhomme, nous disons encore aujourd'huy : Il porte d'or, d'argent, à une telle piece. Mais parce que ces marques ne suffisoient pas pour se faire reconnoitre, ou distinguer dans les assemblées solennelles, ou dans les armées, où tous les seigneurs estoient revétus de cottes d'armes de draps d'or et d'argent, ou de ces riches fourrures, ils s'avisèrent dans la suite de les diversifier, en decouppant les draps d'or et d'argent, et les peaux dont ils estoient revétus par dessus leurs armes, ou leurs habits, en diverses figures de différentes couleurs ; observant neantmoins cette regle, qu'ils ne mettoient jamais peaux sur peaux, ni le drap d'or sur le drap d'argent, ou le drap d'argent sur le drap d'or, acause que cela n'auroit eu aucun relief, meslant tousjours les draps avec les pannes. Que si l'on en voioit autrement, parce que ces cottes d'armes n'estoient pas dans le port ordinaire, on di-

---

[1] Sanut. — [2] Will. Neub. l. 3, c. 22. — [2] L. 2, c. 5. — [4] L. 5, ep. 16, et l. 2, ep. 2. — [5] L. 5, c. 61. — [6] Ad Dion. — [7] L. 35, c. 6 [13.] — [8] L. 12. — [9] Ἐν περιηγ, p. 139. — [10] P. 104. c. — [11] C. 14. — [12] L. 7, c. 7. — [13] L. 8, c. 18, 22. — [14] Ad L. 10, c. 63. — [15] Aux Preuves de l'histoire de Guines, p. 689.

[1] En ses Ann. de Hain. 1 vol. p. 24. — [2] C. 148. — [3] Fol. 33, 36. — [4] Cornel. Agrippa, de Vanit Scient.

soit qu'elles estoient faites *pour enquerre*, dautant qu'elles donnoient sujet à tout le monde de demander pourquoy on ne les portoit pas suivant la mode receuë, et s'il y avoit quelque raison particuliere qui obligeât à les porter de la sorte. Auquel propos il me souvient de ce trait du Declamateur [1], qui, parlant d'une statue que le magistrat avoit decernée avec l'habit d'une femme, à celuy qui avoit tué le tyran sous cét accoustrement, dit ces paroles : *Statua ergo tua non transibitur ; habitus faciet ut interrogent transcurrentes.*

Avec ces decoupures on forma des bandes, des faces, des chefs, des lambeaux, et autres pieces que les herauds nomment chargeantes. Le prieur du Vigeois [2] en sa *Chronique* en a ainsi parlé : *Dehinc repertæ sunt pretiosæ ac variæ vestes, designantes varias omnium mentes, quas quidam in sphærulis et lingulis minutissime frepantes, picti diaboli formam assumunt.* Ce qui alla à un tel excés, et se faisoit avec une telle dépense, qu'au concile qui fut tenu à Geytinton en Angleterre l'an 1188, sous le roy Henry II, on fit défense de porter l'écarlate et les riches fourrures, et les habits decouppez : *Ibi statutum fuit — in Anglorum gente ne quis escarleto, sabelino, vario, vel griseo, aut vestibus laqueatis, aut in prandio de cibis ex empto ultra duo fercula uteretur, eo quod rex Angliæ cum omnibus fere Angliæ magnatibus ad Terram Sanctam cum expensis erat non minimis profecturus.* Ce sont les termes de Jean Brompton [3]. *Gervasius Dorobernensis* [4] : *Et quod nullus habeat pannos decisos ac laceatos*, ou *laqueatos*, où le mot de *pannus* fait assez connoître qu'il entend parler des pannes et des fourrures. L'auteur de la *Vie de S. Gerlac* [5], nous apprend que ce saint ermite avoit coûtume d'invectiver contre ces abus, *Milites de percussione et scissura vestium, de oppressione pauperum, de vanitate alearum.... arguebat.* C'est donc ce que Philippes Mouskes, au passage que j'ai cité cy-devant, appelle *des dras teins et d'escarlate, détrantiés à grans barates ;* et parce que les jeunes gens s'attachent ordinairement à ces nouveautez, pour se faire distinguer d'avec leurs peres, qui portoient des cottes d'armes semblables aux leurs, ils en faisoient pendre des lambeaux, soit au col, soit ailleurs, par forme de difference : et c'est de là que les lambeaux dans les armoiries ont pris leur origine, n'estans pas des espéces de rateaux, comme Edward Bisse [6], Anglois, a écrit. Il en est parlé souvent dans les Comptes d'Estienne de la Fontaine, argentier du roy, et particulierement en celuy de l'an 1350 en ces termes : *Pour 7 quartiers de zatoūin d'Inde, et 7 quartiers de fort velluiau vermeil pour faire deux cottes à armer,.... pour un marc, 5 esterlins, de perles blanches à semer le champ desdites cottes, faire les coppons des labeaux pour 160 grosses perles à champoier ledit champ.* Plus bas : *Pour 24 aunes de velluiaux indes fors pour faire 2 couvertures à chevaux pour ledit seigneur, et pour 2 aunes de velluiau vermeil et blanc à faire les labeaux de l'armoirie.* Au même chapitre : *Pour 4 pieces de cendeaux indes et jaunes à faire bannieres et pannonceaux pour ledit seigneur, pour 2 aunes et demie de cendal blanc et vermeil à faire les labeaux.*

Il est arrivé ensuite que les chevaliers ont fait empreindre dans leurs écus, non-seulement la couleur des draps d'or et d'argent, et des riches pannes, qu'ils portoient en leurs cottes d'armes, mais encore la figure de ces decoupures, dont ils ont formé les bandes, les jumelles, les faces, les sautoirs, les chefs, et autres pieces. Quelquefois aussi ils ont parsemé leurs cottes d'armes des figures, soit d'animaux terrestres, soit d'oiseaux, ou choses semblables, qu'ils ont depuis empreintes dans leurs écus, ou bien ils les ont emprun-

tées de leurs écus pour en parsemer leurs cottes d'armes, estant constant que les boucliers ont eu dés la grande antiquité de semblables empreintes : et c'est là la pensée de Velser dans le passage que j'ay allegué de luy. Quelquefois aussi entre ceux qui diversifioient ainsi leurs cottes d'armes, il s'en est trouvé qui n'ont pas voulu les charger d'aucunes pièces, mais se sont contentez de les porter toutes simples sans decoupure, et de conserver dans leurs écus la même couleur qu'ils portoient en leurs cottes d'armes. C'est ce qui nous ouvre la raison pourquoy les comtes et les ducs de Bretagne porterent l'hermine simple dans leurs écus, qui n'estoit autre que parce qu'ils la portoient de la sorte en leurs cottes d'armes. Ainsi les seigneurs d'Albret porterent le gueules, les captaux de Buch en Guienne, de la maison de Puy-Paulin, l'or plein, les seigneurs de S. Chaumont le gris, ou l'azur, parce qu'en leurs cottes d'armes ils portoient les pannes de gueules et de gris, et le drap d'or.

Ce que je viens de rapporter du compte d'Estienne de la Fontaine fait assez connoître que l'on avoit coûtume de broder les cottes d'armes, et de les enrichir de perles, et qu'ainsi ce sont ces *cottes brodées* dont le sire de Joinville entend parler. Ces broderies n'estoient que pour relever et marquer les armes du chevalier, qui y estoient empreintes en relief, en sorte que les mêmes figures et les mêmes couleurs qui se rencontroient dans son écu se trouvoient aussi dans sa cotte d'armes. Guillaume le Breton en sa *Philippide* [1] :

Quæque armaturæ vestis consuta supremo
Serica, cuique facit certis distinctio notis.

Et Guillaume de Nangis en la *Vie de Philippes III* [2] : *Franci vero, subita turbatione commoti, mira celeritate ad arma prosiliunt, loricas induunt, et desuper picturis variis, secundum diversas armorum differentias, se distinguunt.* Et parce que les cottes d'armes estoient parsemées des devises des chevaliers, on les appela des *habits en devises.* Ainsi Masuer [3], parlant des preuves de la noblesse, dit que celle-là en est une *si ipse et alii prædecessores sui consueverint portare vestes en devise, vel alias quas nobiles portare consueverunt.* C'est en ce sens qu'on doit entendre Froissart [4], quand il dit que le comte de Derby vint à Westminster *accompagné de grand nombre de seigneurs, et leurs gens vestus chascun de sa livrée en devise.* C'est à dire ayans tous leurs cottes d'armes armoiées de leurs armes. Monstrelet [5] en l'an 1410, parlant de l'élection du pape Jean XXII, dit qu'à la cavalcade qu'il fit *se trouvèrent le marquis de Ferrare, le seigneur de Malateste, le sire de Gaucourt, et des autres quarante-quatre, tant ducs, comtes, comme chevaliers de la terre d'Italie, vestus de paremens de leurs livrées.* Georges Chastellain [6], *armez et vestus de cottes d'armes, devises et couleurs.* Et Alain Chartier [7], en son poëme intitulé : *La dame sans mercy*, décrivant un cavalier amoureux, et maltraité par les rigueurs de sa maitresse, le represente revêtu de noir *sans devise*, c'est à dire avec une cotte d'armes toute simple, et non armoiée de ses armes, ce qui estoit une marque de deuil,

Le noir portoit, et sans devise.

Ce sont ces devises des cottes d'armes que Sanudo [8] appelle *super-insignia.*

Les cottes d'armes ainsi armoiées estoient une des marques principales de la noblesse, ainsi que Masuer a observé, parce que n'y ayant que les nobles qui eussent le droit de porter le haubert, ou la cotte de mailles, il n'y avoit aussi qu'eux qui eussent celuy de

---

[1] Quintil. Decl. 282. — [2] Gaufrid. Vosiensis, part. 1, cap. 74. — [3] Ad. ann. 1188. — [4] Eod. anno. — [5] C. 9, apud Boland. — [6] In Not. ad Upton.

[1] L. XI. Phil. vers 190. — [2] [Cap. 5, pag. 475, ed. Pith.] — [3] Tit. de Talliis, N. 19. — [4] Vol. 4, ch. 114. — [5] Vol. 1, ch. 62. — [6] Hist. de Jacques de Lalain. — [7] P. 505. — [8] L. 2, part. 4, cap. 8.

porter la cotte d'armes, qui n'estoit que pour couvrir celle de mailles. Et comme ordinairement il n'y avoit que les chevaliers qui portassent l'une et l'autre dans les guerres, de là est arrivé que pour marquer un chevalier les historiens se contentent de le désigner par le seul nom de *cotte d'armes*. Froissart [1] écrit que le sire de Merode perdit en la bataille contre les Frisons, en laquelle Guillaume, comte de Hainaut, fut tué, *trente-trois cottes d'armes de son lignage*, c'est-à-dire trente-trois chevaliers de sa parenté. Et Monstrelet [2], parlant de la victoire remportée à Formigny, près de Bayeux, par les François sur les Anglois, l'an 1450, dit *qu'à cette bataille furent prins prisonniers messire Antoine Kiriel*, etc., *et plusieurs autres capitaines et gentilshommes anglois portans cottes d'armes*. C'est une expression qu'Anne Comnene, en son *Alexiade* [3], a empruntée de nos François, lorsque, racontant les pourparlers qui se firent pour l'entrevue qui se devoit faire entre l'empereur Alexis, son père, et Boëmond, prince d'Antioche, ce prince insista qu'il pourroit se trouver avec l'empereur accompagné de deux cottes d'armes, μετὰ δύο.χλαμύδων, c'est-à-dire avec deux-chevaliers. Cette princesse ayant exprimé la cotte d'armes par le terme de *chlamys* [4], qui estoit un vétement particulier aux gens de guerre et aux cavaliers. D'où vient que pour désigner un cavalier un titre [5] de Philippes I, roy de France, de l'an 1068, use de ces paroles : *Aimericus, quem occultabat militaris habitus et chlamydis obumbrabat aspectus;* termes qui sont tirez de saint Ambroise, en la *Vie de saint Sebastien* [6], si toutefois il en est l'auteur, ce que quelques sçavants semblent revoquer en doute. George Châtellain [7], en l'*Histoire de Jacques de Lalain, chevalier de la Toison d'Or*, attribuë encore assez souvent les cottes d'armes armoiées aux escuiers, en sorte que l'on peut conjecturer que dans les derniers siecles ils ont eu ce privilege, qui auparavant n'avoit appartenu qu'aux chevaliers.

J'ay remarqué que l'on découpoit les pannes, ou fourrures, des cottes d'armes en diverses manières, pour se distinguer les uns des autres. Ces figures et ces découpures sont encore à présent en usage dans les blazons des armoiries, mais dans des termes qui à peine nous sont connus. Ce qui me donnera sujet d'en expliquer quelques-uns des plus difficiles. J'ay dit ce que c'estoit que le *lambel*, lorsque j'ay parlé des découpures des habits.

La *fasce* est, selon mon sentiment, ce qui est appellé par les auteurs latins du moyen temps *fasciola*, qui estoit une espèce de jarretierre pour lier les chausses. Il en est parlé souvent dans les constitutions monastiques [8]. On donnoit encore le nom de *fascia* aux petits sarocs, que les chanoines reguliers de S. Augustin portent lorsqu'ils vont à la campagne, qui n'a de largeur que quatre doits, comme le scapulaire des moines.

Le *pau*, ou le *pal*, n'est rien autre chose que le *palus* des Latins, c'est à dire un pieu, d'où le mot de palissade est demeuré parmy nous.

Le *sautoir* est l'étrier pour monter et pour sauter sur le cheval. Il est appellé par les Latins du moyen temps *strepa* et *stapha*, et par les nouveaux Grecs σκάλα [1]. Le *Ceremonial* ms. dit que l'escuier qui se trouvoit aux tournois ne devoit point avoir *de sautoir* à sa selle. Le Compte d'Estienne de la Fontaine, argentier du roy, de l'an 1352, au chapitre des harnois : *Pour six livres de soye de plusieurs couleurs pour faire las tissus et aguillettes ausdits harnois, faire sautoüers, et conyeres, et tresses à garnir la selle*. Les sçavants ont remarqué que les étriers n'ont esté en usage que vers l'empire du grand Constantin [2].

Les *macles* ont tiré leur nom de *macula*, que *Joannes de Janua* interprete *squamma loricæ*, qui est une petite piéce de fer quarrée, percée de même, dont les hauberts estoient composez, qui est ce que nous appellons cotte de mailles : ces mailles estant enlassées et entassées les unes sur les autres, ensorte qu'elles ne laissoient aucun vuide. Nicolas *de Braya* [3], en la *Vie de Louys VIII* :

Nexilibus maclis vestis distincta notatur.

Et Guillaume le Breton [4] :

Inter
Pectus et ora fidit maculas-toracis, etc.

Et plus bas :

Restitit uncino maculis hærente plicatis.

Nos auteurs ont attribué ce nom aux mailles des hauberts, parce qu'elles avoient la figuré des mailles des rets de pescheurs, qui sont appellées *maculæ* par les Latins [5].

Les herauds [6] representent les *Rustres* de même figure, sauf qu'ils sont percez en rond. Je ne sçay si c'est cét instrument que les Latins appellent *rutrum*, qui estoit une espèce de *fossorium, unde arenæ movenlur, ubi sal efficitur*, ainsi qu'écrit *Joannes de Janua*.

Quant aux *lozanges*, Joseph Scaliger [7] estime qu'elles sont ainsi dites, *quasi Laurengiæ*, parce qu'elles ont quelque rapport à la figure d'une feuille de laurier.

Les *endentures* ont esté empruntées de ces parchemins et de ces titres qui sont appellez *chartæ indentatæ* [8] : parce que, comme on les faisoit doubles pour les deux contractans, on coupoit le parchemin par le milieu en forme de dents, afin qu'on ne pust les falsifier, ceux qui s'en vouloient servir estant obligez de faire voir que les endentures se rapportoient à l'autre original; ces titres sont encore appellez *chartæ partitæ* [9], et pour l'ordinaire, *Chirographes*. Je reserve à en parler à fonds ailleurs.

Les *billetes* sont ce que nous appellons billets, qui ont la figure d'une lettre fermée. Les historiens anglois se servent souvent du mot de *billa*, pour un placet : Guillaume Thorn [10], *Porrectæ fuerunt billæ et petitiones domino regi*. Spelman croit que ce mot a esté formé de *libellus*, d'autres de βιβλίον. Tant y a que l'on en a derivé celui de *billeta*, dans la même signification. *Monasticum Anglican.* [11] : *Secundum quod continetur in quadam billeta, inter sigillum et scriptum ante consignationem affixa.* Mais je ne m'aperçois pas que je m'engage dans une matiere qui est hors de mon sujet.

---

[1] Vol. 4, ch.77.—[2] Vol. 3, p. 27.—[3] L. 10, p. 401.—[4] L. 1, Cod. Th. de habitu quo uti oport.; Nonius. Paulin. ep. 7. — [5] Aux preuves de l'Hist. des Chasteign. p. 179. — [6] C. 3, apud Bol. — [7] C. 54, 55, 64, 68, 71, 72. — [8] Regula Magistri Lanfranc. in Decret. Ord. S. Bened. c. 7, 14; Consuet. Cluniac. l. 3, c. 11; Monach. S. Galli in Carolo M. l. 1, c. 36 [34]; Nebridius Mundeleim, in Antiquar. Monast.

[1] Codin. de offic. cap. 3, num. 9; cap. 5, num. 62. — [2] M. de S. Amand, au tom. 8 de ses Comment. — [3] P. 300. — [4] L. XI, Phil. pag. 371. — [5] Cicero 7 in Verr. II, 5, 11; Stat. l. 2, Theb. — [6] Walafr. Strab. l. 1, de Vita S. Galli, c. 12. — [7] Ad Fest. [ad Varr. pag. 67.] — [8] V. Watsii et Somneri Glossaria. — [9] In Gloss. Lat. Barb. — [10] Cap. 41; Hist. de Knighton, A. 1272, et p. 2721. — [11] Monast. Angl. tom. 1, p. 654.

DES PLAITS DE LA PORTE,

ET DE LA FORME QUE NOS ROIS OBSERVOIENT POUR RENDRE LA JUSTICE EN PERSONNE.

DISSERTATION II.

Si les rois ont esté de tout temps jaloux de leur autorité, et s'ils ont affecté de faire éclater leur puissance sur leurs sujets, aussi bien que sur leurs ennemis ; ils ont aussi voulu signaler la douceur et la modération de leur gouvernement par la distribution de la justice, et par l'établissement des gouverneurs, et des juges en toutes les places de leur royaume, pour la leur rendre en leur nom. Mais comme il arrive souvent que les peuples sont oppressez par ceux mêmes qui sont instituez pour les garantir de l'outrage, et que ceux qui ont l'autorité en main pour les défendre n'en usent que pour en former leurs avantages particuliers, ou a esté pareillement obligé d'avoir recours aux princes, et d'apporter les plaintes à leurs trônes, pour obtenir de leur equité ce que l'abus et l'injustice des juges sembloit refuser. C'est ce qui a donné sujet à nos rois, pour ne pas remonter plus haut, d'établir des justices dans leurs palais mêmes, et d'y présider en personne, pour recevoir et pour décider les plaintes de leurs sujets. Et parce que les grandes affaires de l'Estat, dont ils estoient accablez, ne leur permettoient pas toûjours de vaquer à ces exercices penibles, ils y commettoient en leurs places des comtes, qui y rendoient la justice en leur nom, et décidoient les differents en dernier ressort. Ils envoioient encore ces comtes quelquefois, comme je le justifie ailleurs, dans les provinces éloignées de leurs royaumes, pour soulager leurs sujets, et leur épargner de longs et fâcheux voyages. D'autre part, pour maintenir les juges ordinaires dans leur devoir, et pour veiller à leurs actions, ils envoioient en tous les endroits de leurs Etats des intendans de justice, nommez *missi dominici*, qui examinoient leurs jugemens, reformoient les abus qui se glissoient dans la distribution de la justice, et recevoient les plaintes des sujets du prince.

Les empereurs d'Orient [1] jugerent bien qu'il n'estoit pas aisé à leurs sujets d'aborder leurs palais, ni de présenter leurs plaintes à leurs personnes sacrées, qui sont ordinairement environnées de gardés et de courtisans. C'est pourquoy ils voulurent qu'il y eust un lieu public dans Constantinople où il fust loisible à un chacun d'aller porter ses memoires et ses billets, qui estoient examinez tous les jours par le prince, qui en faisoit justice ; d'où ce lieu fut nommé *Pittacium*, c'est à dire *Billet*. Mais nos rois en ont usé plus genereusement, et se sont gouvernez avec leurs sujets d'une manière plus obligeante et plus facile ; ils ont voulu recevoir eux-mêmes leurs plaintes, et pour leur donner un accés plus libre vers leurs personnes, ils se sont en quelque façon dépouillez de l'éclat de leur pourpre, sont sortis de leurs sacrez palais, et se sont venus seoir à leurs portes, pour faire justice indifferemment à tous ceux qui la leur venoient demander. Ce qu'ils faisoient à l'imitation des Hebreux [2], qui tenoient leurs plaits aux portes des villes, des hôtels, et des temples, tant pour faciliter l'accés des parties, que pour rendre la justice publiquement, et l'exposer à la censure de tous ceux qui y assistoient.

C'est la raison pourquoy nous lisons si souvent dans nos histoires, et dans les chartes anciennes, que les juges des provinces tenoient leurs assises et leurs plaits dans les champs, dans les ruës, dans les lieux publics, devant les portes et dans les cimetières des eglises, ce qui fut depuis défendu par nos rois dans leurs *Capitulaires* [1], à l'égard des lieux sacrez ; et enfin devant les portes des châteaux et des villes, comme on recueille de cet acte qui se lit au *Cartulaire* de l'abbaye de Verdôme [2] : *Perrexit illuc prior noster, ivitque placitum in castro Raynaldi, ante portam ipsius castri quæ est a meridie, ubi interrogatus ille quare saisisset plaixitium nostrum, respondit,* etc. C'est ce que S. Louys et nos rois pratiquoient ordinairement lorsqu'ils vouloient écouter les plaintes de leurs sujets et leur rendre justice : car ils descendoient de leurs trônes et de leurs appartemens, pour venir à la porte de leurs palais ; ou bien alloient dans des lieux publics, où l'accés estoit libre à un chacun, et là, assistez de quelques-uns de leurs plus fidéles conseillers, recevoient les requétes, écoutoient les plaintes, et faisoient expédier promptement les parties ; en sorte qu'elles se retiroient satisfaites de la bonne justice qu'elles y avoient receuë. Cette grande facilité que le roy S. Louys apportoit pour estre approché de ses sujets est fort bien exprimée par le sire de Joinville, en ces termes : *Maintefois ay veu que le bon saint, aprés qu'il avoit oüy messe en esté, il se alloit esbattre au bois de Vicennes, et se seoit au pié d'un chesne, et nous faiscit seoir tous emprés de lui : et tous ceux qui avoient affaire à lui venoient à lui parler, sans ce que aucun huissier ne autre leur donnast empeschement ; et demandoit hautement de sa bouche s'il y avoit nul qui eust partie.* Et peu auparavant, cét illustre auteur nous apprend que cette justice, veritablement royale, puisqu'elle estoit exercée par la personne même du roy, estoit reconnuë pour lors sous le nom de *plaits de la porte*, parce qu'elle se rendoit à la porte du palais, où il estoit libre à un chacun de venir plaider sa cause, de déduire ses interests et d'adresser ses plaintes.

Mais depuis que nos rois eurent établi leurs parlemens pour distribuer la justice à leurs sujets ils les diviserent en diverses chambres et compagnies, suivant la difference et la nature des affaires. Celles qui se pouvoient terminer par plaidoyers estoient jugées de la chambre des plaits, qui est la grande chambre, les autres en celles des enquêtes. Les jugemens qui estoient émanez de ces cours souveraines estoient differents. Car les uns estoient appellez arrests, *arresta*, qui estoient ceux qui estoient rendus publiquement par les juges sur les plaidoyers des advocats, dont la formule estoit : *Quibus rationibus utriusque partis hinc inde auditis, dictum fuit per arrestum curiæ,* etc. Les autres estoient appellez *judicia*, jugemens : et c'estoit ceux qui estoient rendus sur les procés par écrit, et sur les enquétes, ou *aprises*, faites par l'un des juges commis à cét effet, qui en faisoit son rapport à sa chambre. La formule de ces

---

[1] Codin. de orig. Cl'. p. 22, edit. reg.—[2] Zach. 5 ; Amos. 5 ; Deuter. 22 ; Ruth. 4 ; Job. 29 ; Isai. 24 ; Psal. 126.

[1] Car. C. tit. 39 [cap. 12, Carisiac. ann. 873 ; Pertz. leg. tom. 1. pag. 521].—[2] Tabul. Vindoc. Thuani ch. 52.

jugements estoit : *Visa inquesta, et diligenter inspecta*, etc., *pronuntiatum fuit percuriæ judicium*, etc. Il y avoit encore d'autres jugemens, qui estoient nommez *consilia*, qui estoient des délaiz, qu'on donnoit aux parties pour instruire leurs affaires, qui n'estoient pas encore en estat d'estre jugées, avec le conseil de leurs advocats ; la formule de ces prononciations estoit : *Dies consilii assignata est tali, super tali lite, ad aliud parlamentum proximum, aut ad alios dies trecenses*, etc. C'est delà que la forme de prononcer les appointez au conseil, et à écrire et produire, a pris son origine. Enfin il y avoit d'autres jugemens, appellez *præcepta*, ou *mandata*, qui estoient des ordres envoyez par les juges du parlement aux baillis, aux senéchaux, et autres juges inférieurs, par lesquels il leur estoit enjoint d'observer dans leurs assises, et d'y publier les ordonnances qui avoient esté faites au parlement, ou de faire les enquêtes qui leur estoient adressées, ou renvoyées, et généralement tout ce qui leur estoit ordonné de la part des juges du parlement. La formule de ces jugemens estoit : *Injunctum est baillivo tali*, etc.

Il y avoit encore d'autres affaires, qui n'estoient pas de la consequence des autres, et qui se pouvoient terminer par simples exposez et requétes. Ce qui donna occasion d'établir la chambre des requétes, composée de certain nombre de conseillers, duquel le roy en tiroit deux, qui devoient estre à la suite de la cour. Ceux cy, dont l'un estoit clerc, l'autre lay, estoient nommez *poursuivans le roy*, et estoient obligés de se trouver et de seoir chacun jour aux heures accoûtumées, en un lieu commun, pour ouïr les requêtes qui leur estoient adressées. Ils faisoient serment de ne passer aucunes lettres qui fussent contraires aux ordonnances, et de ne délivrer ni passer aucunes des requétes dont la connoissance devoit appartenir au parlement, à la chambre des comptes, ou au trésor, mais de les renvoyer à ces justices, suivant la nature et le sujet de ces requétes. Ils estoient encore obligez de donner avis au roy des requétes d'importance, avant que de les juger, comme de recompense de services, de restitution de dommages, de graces, et de dires contre arrests rendus au parlement. En cette qualité ils estoient logez et deffrayez au dépens du roy, comme il se recueille des ordonnances de Philippes le Bel de l'an 1289, et de Philippes le Long des années 1317 et 1320. Celle de la maison du roy et de la reyne faite à Vicennes au mois de janvier l'an 1285, qui se trouve en un ancien registre[1], et qui n'a pas esté encore donné au public, justifie la même chose, en ces termes : *Clercs du conseil, Maistre Gautier de Chambly, Maistre Guillaume de Pouilly, Maistre Jean de Puseus, M. Jean de Morencies, M. Gilles Camelin, M. Jacques de Bouloigne, M. Guy de Boy, M. Robert de Harrecourt, M. Laurens de Vezins, M. Jean li Duc, M. Philippes Suars, M. Gilles Lambert, M. Robert de Senlis : tuit cist nommez ne mangeront point à court, et prendront chascun cinq sols de gaiges, quant ils seront à court, ou en parlement, et leurs manteaus, quant ils seront aux festes. Monseigneur Pierre de Sargines, Gilles de Compiengne, Jean Malliere, ces trois auront les plez de la porte, et aura ledit Gilles autant des gaiges comme maistre Pierre de Sargines, et mangera avec le chambellan.* L'ordonnance de la maison du roy Philippes le Grand, ou le Long, faite à Lorris en Gâtinois, le jeudy 17 de novembre, l'an 1317, specifie plus particulierement ce qui devoit estre livré par les officiers de la maison du roy à chacun de ceux qui suivoient la cour pour ouïr les requétes[2] : *De ceux qui suivront le roy pour les requestes, aura toûjours à court un clerc et un lay, et se ils sont plus, ils ne prendront riens se ils ne sont mandez, et mangeront à court, et seront*

hebergiez ensemble. Et s'ils ne viennent manger à court, ils n'auront nulle livroison, et prandront chascun trois provendes d'avoine, et trente-deux deniers de gaiges chascun pour leurs varlets, et pour toutes autres choses, fors que chascun aura coustes et feurre à l'avenant. Et se les deux gisent en un hostel, ils auront une mole de busche, et livroison de chandelle chascun deux quayers, et douze menués : et ou temps qu'ils seront en parlement, auront douze sols de gaiges par jour, et ne prandront nulle autre chose à court. Maistre Philippes le Convers, clerc des requestes, poûra venir à court toutes les fois qu'il lui plaira, non contrestant la clause dessusdite d'endroit ceux des requestes, et mangera son clerc en salle, et son escuier aura trois provendes d'avoine pour toutes choses, et n'aura rien plus, ne gaiges, ne autrement.*

De ces ordonnances et reglemens, nous apprenons premierement pourquoy les maîtres des requétes, qui ont succedé à ces juges de la porte, ont encore ce que l'on appelle le droit de manteau, qui n'estoit autre que celuy qui appartenoit à tous les officiers de la maison du roy ausquels on donnoit les livrées, et les manteaux aux festes solennelles et aux changemens des saisons de l'année. En second lieu, il resulte que ces juges de la porte estoient commensaux du roy, et en cette qualité mangeoient avec les autres officiers de son hostel, et avoient droit de busche et d'autres livraisons. Cette qualité de commensaux du roy est aussi ancienne que la monarchie, nos roys n'ayant reconnu les officiers de leur maison que sous cet illustre nom de *convivæ regis*. La loy salique[1] nous en donne une preuve en ces termes : *Si quis hominem romanum convivam regis occiderit*, etc.; et celle des Bourguignons[2] : *Quicumque hospiti venienti tectum aut focum negaverit, 3 solidorum inlatione mulctetur. Si conviva regis est, 6 solidos mulctæ nomine solvat.* La *Vie de S. Agile*, abbé,[3] écrite par un auteur qui vivoit de son temps : *Fuit quidam ex primis palatii optimatibus... nobilissimis natalibus oriundus, ejusdemque regis (Childeberti) conviva et consiliarius, nomine Anohaldus. Jonas*[4], en la *Vie de saint Columban* : *Chanericus, Theodeberti regis conviva.* Enfin *Fortunat*[5], parlant de Condon, domestique :

    Jussit et egregios inter residere potentes,
    Convivam reddens proficiente gradu.

J'avoûe neantmoins que ce titre n'est pas de l'invention de nos roys, et qu'il est probable qu'ils l'ont tiré des empereurs romains, veu que *Claudian*[6] semble l'avoir reconnu en ces vers,

    .... Claro quod nobilis ortu,
    Conviva et domini.

De sorte qu'il est à presumer que ce sont ceux dont parle une loy qui se lit au Code Theodosien[7], *qui et divinis epulis adhibentur, et adorandi principis facultatem antiquitus meruerunt.*

Mais, laissant à part ce qui se peut dire au sujet de cette qualité de commensaux et de domestiques de la maison du roy, je remarque que nos princes continuerent cette coûtume introduite de long-temps dans leurs palais, et observée particulierement et exactement par S. Louys, d'ouïr et de juger les requétes en personne. Charles V, alors regent, en son edit du 27e jour de fevrier l'an 1359, en donne une preuve, et en regle la forme : *Nous tiendrons requestes en la presence de nostre grant conseil chasque semaine deux fois. Nuls de nos officiers, de quelque estat qu'ils soient, ne nous feront requestes, si ce n'est par leurs personnes, sinon nostre chancelier, et nos conseillers du grant conseil, nos chambellans, nos maistres des*

---

[1] Communiqué par M. d'Herouval. — [2] Reg. de la Ch. des Comp. cotté Noster, p. 79.

[1] Tit. 43, § 6. — [2] Tit. 38. — [3] Cap. 1, apud Chifflet. — [4] Cap. 28. — [5] Lib. 7, Carm. 16. — [6] In Eutrop. l. 2, vers. 80. — [7] L. 1, de Comit. et Trib. Schol. (6, 13).

requestes de nostre hostel, nostre confesseur, et nostre aumosnier [1]. Et Charles VI, par son ordonnance du 7ᵉ jour de janvier 1407, veut *que le vendredy soit adonné à lui seant en son conseil pour respondre les requestes des dons, graces, et autrement, que seront rapportées par les maistres des requestes.* De sorte que nous voyons par là que nos roys ont toujours affecté de rendre la justice en personne à leurs sujets, et que les maitres des requêtes ont esté tirez premierement de la chambre des requêtes du parlement, que leur premiere fonction fut de faire le rapport au roy des requétes, et de les juger avec lui, quelquefois mémes sans le roy, ce que le sire de Joinville témoigne en termes diserts, écrivant que S. Louys estant sorty de l'Eglise lui demandoit, et au sire de Neelle et au comte de Soissons, *comment tout se portoit, et s'il y avoit nul qu'on ne peut depescher sans lui; et quant il y en avoit aucuns, ils le lui disoient, et alors les envoioit querir, et leur demandoit à quoy il tenoit qu'ils n'avoient aggreable l'offre de ses gens.* Ce qui nous montre evidemment que les maitres des requétes eurent jurisdiction dans les commencemens de leur institution en l'absence de nos rois, qui avec le temps se dispenserent de ce penible exercice, estant d'ailleurs accablez des affaires importantes de leur État. C'est ce qui donna sujet d'en augmenter le nombre. Mais Philippes de Valois, par l'ordonnance du 8ᵉ jour d'avril 1342, les reduisit à six, trois clercs et trois lais : comme ils s'estoient encore accreus en nombre, Charles V, alors regent, par son ordonnance [2] du 27 de fevrier 1359, les reduisit à huit, sçavoir quatre clercs et quatre lais, comme fit aussi Charles VIII, par sa declaration du 5 de fevrier 1488 [3]. Depuis ce temps-là le nombre des maitres des requétes, aussi bien que leur pouvoir a esté notablement augmenté, et particulierement depuis que la venalité des offices a esté introduite en France.

Quant aux gages des premiers maitres des requétes, je les ay observez dans un compte des aydes [4] imposez pour la délivrance du roy Jean, commençant au premier jour d'avril 1368, en ces termes : *Maistre Pierre Bourneseau, clerc et maistre des requestes de l'hostel du roy, lequel icelui seigneur a retenu son cons. et maistre des requestes de son hostel, en lieu de maistre Anceau Chotart, et lui a ottroié le roy que il ait tels gaiges comme prenoit ledit feu Anceau en son vivant, c'est assavoir six cens francs par an, et iceux gaiges lui a assigné à prendre des deniers des aydes.*

Mais comme les juges embrassent aisément les occasions d'augmenter et d'étendre leur jurisdiction, l'on a esté obligé de temps en temps de limiter et de restraindre celle des maitres des requétes. Philippes de Valois, ensuite des états tenus à Nostre-Dame-des-Champs près de Paris, fit cette ordonnance sur ce sujet, le 15ᵉ jour de fevrier l'an 1345 : *Comme plusieurs de nos sujets se soient dolus de ce qu'ils sont travaillez pardevant les maistres de nos requestes, nous ordonnons que lesdits maistres des requestes de nostre hostel n'aient pouvoir de nul faire adjourner pardevant eux, ne tenir court, ne cognoissance, se ce n'est pour cause d'aucun office donné pour nous, duquel soit debat entre parties, ou que l'en feist aucune demande pure personnelle contre aucun de nostre hostel. Item par tele maniere ordonnons que les maistres de nostre hostel, de nostredite compagne, et de nosdits enfans, n'ayent aucune connoissance, se ce n'est des personnes de nostre hostel, ou cas que l'on feroit quelque demande pure personnelle.* Et plus bas : *Item pource que plusieurs se doulent desdits maistres de nostre hostel, de ce qu'ils taxent plusieurs amendes excessivement, et en prenans grans profits, nous ordonnons que nule amende ne soit taxée par eux, se ce n'est en nostre presence, quant nous orrons nos requestes.*

Je passe en cét endroit ce qui se pourroit dire au sujet de la jurisdiction des maitres des requétes, qui m'emporteroit au delà de ce que je me suis proposé ; je remarque seulement que plusieurs estiment que ces mots qui se trouvent dans les deux editions de nostre auteur au sujet des *Plets de la porte: que maintenant on appelle les requestes du palais*, ne sont pas de lui, mais ont esté ajoûtez dans le texte par forme d'explication : ce qui est probable, non que l'établissement des requêtes du palais soit posterieur au temps du sire de Joinville, comme ils prétendent, mais parce que les requétes de l'hostel et les requétes du palais estoient differentes, quoy que celles de l'hostel fissent originairement partie de celles du parlement, comme j'ay remarqué. Car les anciennes ordonnances qui concernent l'établissement des parlemens justifient pleinement qu'il y avoit des juges députez et destinez pour ouir les requétes. Une de l'an 1291, tirée d'un registre [1] de la Chancellerie de France : *Per totum parlamentum pro requestis audiendis qualibet die sedeant tres personæ de consilio nostro*, etc. Une autre sans date, du méme temps : *A oïr les requestes seront deux clercs et deux lais, et deux notaires qui neant ne recevront par leur serment, et ce que il deliveront li chancelier sera tenu à sceller, si comme il est dessus dit, et ce que il ne pourront delivrer, il rapporteront à ceux de la chambre.* L'ordonnance de Philippe le Long de l'an 1320 parle aussi amplement des maitrés et juges des requestes du parlement, que le roy Charles VII reduisit en un corps separé, composé de presidens et de conseillers, par son edit du 15ᵉ jour d'avril 1453, rapporté aux Ordonnances Barbines [2].

Telle donc a esté la forme observée par nos roys, particulierement de la derniere race, pour distribuer en personne la justice à leurs sujets ; car pour celle qui fut gardée par ceux de la premiere et seconde, je me reserve à en parler cy-après, lorsque je traitteray des comtes du palais. Mais comme le gouvernement du grand et auguste roy S. Louys a esté plein de justice, de legalité, et de fidelité, nos rois l'ont toûjours envisagé comme un riche patron de leurs plus belles actions, et comme un rare exemplaire sur lequel ils avoient à se conformer : jusques là mémes que dans les plaintes que leurs sujets ont faites dans les assemblées des Etats, et dans d'autres occasions, de l'affébl ssement et de l'alteration des monnoyes, ils ont accordé qu'elles fussent remises en l'état qu'elles estoient sous le regne de ce sain roy. Ainsi Charles VIII, ayant déssein de travailler à la reformation de son royaume, et sçachant bien qu'il importoit à un grand prince, comme il estoit, d'écouter lui-même les plaintes de ses peuples, et de leur donner audience dans les occasions les plus pressantes, et où ils ne pouvoient tirer la justice des juges ordinaires, s'enquit curieusement de la forme que S. Louys observoit pour la rendre en personne, et écrivit une lettre sur ce sujet à la chambre des comptes de Paris, dont l'original m'a esté communiqué par monsieur d'Herouval, duquel j'ay parlé tant de fois, qui merite d'estre icy couchée pour fermer cette Dissertation : *A nos amez et feaux les gens de nos comptes à Paris, de par le roy. Nos amez et feaux, parce que nous voulons bien sçavoir la forme que ont tenu nos predecesseurs rois à donner audience au pauvre peuple, et mesme comme monseigneur S. Loys y procedoit : nous voulons et vous mandons qu'en toute diligence faites rechercher par les registres et papiers de nostre chambre des comptes ce qui s'en pourra trouver, et en faites faire un extrait, et incontinent après nous envoiez. Donné à Amboise le 22ᵉ jour de decembre. Signé, Charles, et plus bas, Morelot. Au-dessus est écrit: Apporté le 30ᵉ jour de decembre 1497.*

---

[1] Reg. Pater. — [2] Ord. du parl. f. 111. — [3] V. les Ord. — [4] En la Ch. des C. de Paris.

[1] Ch. 61. — [2] Fol. 150.

DU FRERAGE ET DU PARAGE.

DISSERTATION III.

Nos coûtumes [1] donnent le nom de *frerage*, ou de *fraresche*, aux partages qui se font dans les successions entre freres, d'où vient qu'elles sont ordinairement synonymes ces mots, *frarescheurs* et *coheritiers*, et dans les Etablissements de S. Louys [2], *freragier* est partager avec ses coheritiers ; mais particulierement on appelloit frerage un partage des choses qui d'elles-mêmes semblent ne pouvoir se diviser : par exemple d'une rente fonciere, dont les détenteurs, quoy que plusieurs en nombre, sont obligés au payement de la totalité, comme freres, et representans le premier preneur leur auteur. Ce terme se trouve encore employé souvent pour les partages des fiefs, dont les hommages estoient autrefois indivisibles, parce qu'ils ne se rendoient aux seigneurs dominans, que par un seul, pour la totalité des fiefs qui relevoient d'eux : en sorte que lorsqu'ils estoient divisez, et que quelques portions écheoient aux puinez par droit de *frerage*, c'est à dire de partage entre freres, les puinez en faisoient hommage à l'aîné, qui le faisoit pour le total au seigneur dominant.

Il y a plusieurs titres qui font mention du frerage en cette signification. Chopin [3] rapporte un arrest du parlement de l'an 1269 dans l'enoncé duquel il paroit que la comtesse de Leicestre *petebat, ratione frarargii, partem suam*, dans le comte d'Angoulême : le comte soûtenant, au contraire, que ce comté *non erat partibilis, nisi per apanamentum*, c'est à dire qu'il n'estoit obligé que de luy asseoir un viage sur iceluy, parce que les frerages aussi bien que les *parages* ne pouvoient estre pris sur les baronnies [4]. Mathieu seigneur de Montmorency [5], traitant le mariage d'Erard, son frere, avec Jeanne de Longueval, en l'an 1296, promit dè *faire audit Erart 500 livrées de terre de freraige, prises et assises en la terre de Montmorency*. Dans un registre du Trésor des Chartes du roy, *Domina Margareta, vicecomitissa quondam Thoarcensis, est fœmina ligia domini comitis, et tenet ab eo castellaniam de Bridiers. Item quidquid habet in honore de Coperniaco, ratione frareschiæ suæ*. Il y a d'autres semblables titres dans les *Preuves de l'Histoire d'Auvergne* de M. Justel [6], qui font mention de ce mot de *frayreschia*, en cette signification.

Quant à ce que j'ay dit que les puinez faisoient hommage à l'aîné pour les portions démembrées du fief, cela est justifié par un hommage rendu à Paris [7], le 19 d'octobre l'an 1317, à Guillaume de Melun, archevéque de Sens, par Jean, Robert, et Louys de Melun, ses freres, *tanquam primogenito, causa fratriagii, et prout fratriagium de consuetudine patriæ requirebat, ratione castri de S. Mauricio*. Cela avoit lieu non seulement lorsqu'un fief singulier estoit démembré, mais encore quand il y en avoit plusieurs qui relevoient d'un même seigneur. Car, en ce cas le partage estant fait de tous ces fiefs entre l'aîné et les puinez, ceux qui écheoient aux puinez relevoient de l'aîné par droit de frerage, et les puinez estoient obligez d'en faire hommage à l'aîné, qui le faisoit pour tous ses freres à son seigneur dominant : par exemple, Guillaume de Nangis [8] dit que la terre de Boves, prés d'Amiens, dont il est fort parlé en l'*Histoire de Philippes-Auguste*, et celle de Gournay avoient esté dé-

membrées de la terre de Coucy par frerage ; *Terra de Bovis et de Gornaio a terra de Couciaco per fraternitatis partitionem decisa fuerat*. Acause de quoy la terre de Boves releve encore à présent de celle de Coucy, quoy qu'elle en soit fort éloignée, et qu'elle n'ait rien de commun avec cette seigneurie, mais seulement parce qu'elle a esté un partage des puinez de la maison de Coucy, aux ainez desquels ils ont fait hommage, suivant l'usage qui a esté reçû de tout temps en France, comme nous apprenons d'Othon de Frisingen [1] : *Mos in illa, qui pene in omnibus Galliæ provinciis servatur, remansit quod semper seniori fratri, ejusque liberis, seu maribus, seu fœminis, paternæ hæreditatis cedat auctoritas, cæteris ad illum, tamquam ad dominum respicientibus*.

La raison de cét usage est, à mon avis, parce que les vassaux qui possedoient plusieurs terres, qui relevoient d'un même seigneur, en faisoient un seul hommage : comme si tous ces fiefs, estant reünis en la personne d'un seul possesseur, n'en eussent composé qu'un seul. Estant vray de dire que puisqu'il n'y avoit qu'un vassal à l'égard de tous ces fiefs, il ne devoit y avoir qu'un hommage, si ce n'est que les conditions des hommages pour la diversité des fiefs ne fussent differents. Et encore en ce cas-là le vassal faisoit hommage en même temps de tous ces fiefs, en y specifiant les conditions qui estoient annexées aux hommages d'aucuns d'eux. D'ailleurs, cette coûtume fut d'abord introduite à l'avantage du seigneur dominant, qui ne vouloit pas que ses hommages fussent partagez. Aussi tant s'en faut que son fief fust démembré, et le service amoindry, qu'il en estoit augmenté. Car en cas de guerre tous les puinez qui relevoient de leur ainé se rangeoient sous sa banniere avec leurs arriere-vassaux, et enfloient notablement ses troupes. D'autre côté, les possesseurs des fiefs avoient grand interest de se conserver les hommages de leurs puinez, et de ne pas diminuer leurs fiefs par un eclipsement, qui leur auroit esté tres-dommageable, parce que le service qui leur estoit dû à cause des fiefs auroit passé en la personne du seigneur dominant, qui n'en auroit pas tant receû d'avantage et de profit que le vassal en auroit eu de dommage.

C'est donc à raison de frerages que les comtes de Blois et de Sancerre tenoient leurs comtez du comte de Champagne, leur ainé [2], parce qu'ils les avoient eus en partage, ou *freresche*, et que ces fiefs relevoient originairement d'un même seigneur, qui estoit le roy. La lettre de Ville-Hardoüin maréchal, et de Miles de Braibans, grand bouteiller de Romanie, à Blanche, comtesse de Champagne, rapportée dans les observations sur l'histoire du même Ville-Hardoüin [3] : *Sciatis quod comes Theobaldus Blesensis et comes Sacri Cæsaris sunt vestri homines ligii, et quidquid possident est de feodo vestro ; et Sacrum-Cæsaris est vestrum prædium, sed eum comes tenet in feodum de Campaniæ comitatu*.

Non seulement ces comtes estoient vassaux de la Champagne acause de ces deux fiefs ou comtez ; mais encore acause de plusieurs autres terres, qui sont énoncées dans le registre des fiefs de Champagne [4], lesquelles ils possedoient pareillement par frerage. En voici l'extrait que j'en ay fait, pour justifier quelle a esté l'acquisition

---

[1] D'Anjou, du Maine, de Poictou, etc. — [2] L. 1. — [3] L. 2, de Dom. tit. 4, §8. — [4] Coust. de Tours, art. 129. — [5] A. Du Chesne. — [6] P. 177, 178. — [7] Reg. du Parlem. commençant en 1316, fol. 340. — [8] In S. Lud. A. 1256.

[1] L. 2, de Gest. Frid. c. 29. — [2] Joinville. — [3] N. 4. — [4] Fol. 66.

que saint Louys fit du comte de Champagne, dont le sire de Joinville a fait mention : *Comes Carnotensis et Blesensis tenet comitatum cum omnibus feodis appendentibus a comite Campaniæ, et est suus homo ligius, et Chasteldun, et la Ferté de Vilenuel cum feodis eisdem appendentibus ; et Blesium, et Castrum Renardi, et le Maantiz, et Marchaisnay, et Alucel, et Galardun, quæ sunt de feodo Carnoti, cum omnibus feodis appendentibus ; et Baugenci, et Braceaux, et Vierzin. Comes Andegaviæ tenet Turonum a Ludovico comite Carnoti, Ludovicus comes a domino Campaniæ cum feodis appendentibus. Dominus de Ambasia tenet Calvum montem a Ludovico comite de feodo de Blesio, Ludovicus comes a domino Campaniæ cum feodis appendentibus. Dominus de Virsun tenet Virsun a Ludovico comite, comes Ludovicus a domino Campaniæ. Item dominus de Virsun tenet Manestont a com. Lud., comes Ludov. a domino Camp. Dominus de S. Aniano tenet sanctum Anianum, et Celam, et Remorentin, et Vestam a Ludovico comite de honore de Blesio ; et comes Lud. tenet hoc a domino Camp. et Nogentum le Rotrou similiter, et Brai. Comes de Sacro-Cæsaris tenet Sacrum-Cæsaris cum omnibus feodis appendentibus a domino Camp.; et omnia quæ dominus Erchambaudus de Soilliaco tenet in Bituria de feodo Sacri-Cæsaris, et omnia quæ comes Sacri-Cæsaris habet apud Cercium, et quidquid habet apud Concorceaut; et quidquid habet apud S. Briccium in feodo et in domanio, et quidquid habet apud Chasteillun super Loein, tenet comes Sacri-Cæsaris a domino Campaniæ ; et quidquid tenet est alodum, præter S. Briccium, et .... quod comes Campaniæ tenet a domino rege, et ipse a comite.*

Quoy que dans l'apparence, et pour les raisons que j'ay marquées, les seigneurs n'eussent pas un grand interest à ce que les puinez relevassent ainsi des ainez pour les parts et portions de fiefs qui écheoient dans leur partage, si est-ce que sous le regne de Philippes-Auguste il s'en trouva plusieurs qui firent leur effort pour éteindre cét usage. En effet Eudes duc de Bourgogne, Renaud comte de Bologne, le comte de S. Paul, Guy de Dampierre, et plusieurs autres grands seigneurs de France convinrent ensemble, et d'un consentement universel ordonnerent *Ut a primo die maii quidquid tenetur de domino ligie, vel alio modo, si contigerit per successionem heredum, vel quocumque alio modo divisionem inde fieri, quocumque modo fiat, omnes qui de illo feodo tenebunt, de domino feodi principaliter, et nullo medio tenebunt, sicut unus antea tenebat, priusquam divisio facta esset, et quandocumque contigit pro illo totali feudo servitium domino fieri, quilibet eorum, secundum quod de feodo ille tenebat, servitium tenebitur exhibere, et illi domino deservire, et reddere rachatum et omnem justitiam.* Puis, est ajoûté que cette ordonnance n'estoit que pour l'avenir, à commencer de ce premier jour de may. Ces barons firent autoriser ce resultat par le roy Philippes-Auguste, qui en expédia ses lettres le premier jour de may à Villeneuve le Roy prés de Sens, l'an 1209. Elles sont insérées dans un registre de ce roy qui appartient à M. d'Herouval, dans les *Commentaires* de M. Pithou[1] *sur la Coûtume de Troyes*, dans les *Contredits* de M. de la Guesle, procureur general du parlement pour le comté de S. Paul, et dans Chopin[2].

Je crois que c'est cette ordonnance que l'evesque de Beauvais allegue dans un ancien arrest de l'an 1254, qui porte ces termes[3] : *Episcopus Belvacensis dicebat quod rex Philippus tempore suo statuerat quod de partibus terræ, quas fratres fratribus vel sororibus faciebant, non ad ipsos fratres qui partes faciebant fratribus, vel soribus suis, homagia dictarum partium veniebant, sed ad dominos de quorum feodo ipsi fratres annati[4] tenebant dictas partes quas*

faciebant. J'ay rapporté l'extrait de cét arrest pour faire voir que le resultat des barons se fit de l'autorité du roy, et par forme d'ordonnance. Mais comme elle se passa sans la participation des vassaux, qui n'y furent pas appellez, cela n'eut aussi pas d'effet, du moins universellement : ce que l'on peut assez conjecturer de l'arrest de l'an 1317 pour l'archevesque de Sens dont j'ay parlé. Il semble neantmoins qu'on apporta dans la suite du temps une moderation et un temperament à cette ordonnance, qui fut qu'on laisseroit la liberté aux puinez de relever de l'aîné, ou du seigneur de l'aîné, auquel cas l'on dit qu'ils relevent aussi noblement que leur aîné. Cette liberté se trouve exprimée dans les *Coûtumes* de Mante[1], de Senlis[2], de Troies[3], d'Anjou, et autres. Il y en a encore quelques-unes qui veulent que les puinez ne puissent relever en ces cas de leurs aînez, que pour la premiere fois[4].

La tenuë en *parage* a beaucoup de rapport avec la tenuë en frerage. *Tenir en parage,* selon Bouteiller[5], est lors que l'aîné faisant partage à ses puinez lui abandonne une partie de son fief, par exemple le tiers, ou moins, suivant que les Coûtumes ordonnent; car alors les puinez tiennent en parage de leur aîné la partie qui *leur est écheuë par la raison de parage et de succession. Et alors les aînez font les hommages aux chefs seigneurs pour eux et leurs puinez, et les puinez tiennent des aînez par parage, sans hommage.* Ce sont les termes de la *Coûtume de Normandie*[6]. La tenuë par parage differe de celle par frerage, en ce que par la derniere le puiné estoit obligé de faire hommage à son aîné, d'abord qu'il estoit saisi de partie du fief; ce qui n'estoit pas du *parageau,* c'est à dire du puiné possesseur du fief en parage, qui n'estoit obligé à l'hommage envers son aîné *parager* qu'en trois cas. Le premier, lorsque la parenté venoit à finir, et que l'on pouvoit s'allier par mariage sans dispense, que la *Coûtume de Normandie* reduit au sixiéme dégré inclusivement, celles de Tours et d'Anjou au quatriéme ; le second, quand le parage des puinez estoit transporté à des personnes étranges ; et le troisième, quand le *parageau* en avoit fait hommage au chef seigneur sans le consentement de son aîné, qui pouvait en ce cas obliger le puiné à lui faire hommage. Bouteiller ajoûte que le puiné tient son parage *aussi noblement que l'aîné fait le gros;* ce qui est aussi exprimé dans la *Coûtume d'Anjou*[7] : et qu'en *tenure de parage l'ainsné a sus cellui qu'ainsi tient la justice et la contrainte de ses rentes, et des services qui appartiennent au seigneur souverain, de tort fait à luy, ou à ses gens, et de non plus de chose.* Par les usages d'Orléans[8], celui qui tient en parage a la même justice que l'aîné, et n'est tenu de faire aide ou service qu'au chef seigneur. La *Coûtume d'Anjou* dit que c'est le cas auquel le vassal peut *depecer* son fief au préjudice de son chef seigneur. Celle de Poictou[9] dit la même chose, en ces termes : *Et est un cas auquel le vassal peut empirer le fief de son seigneur ; car ce qui estoit directement en son fief n'est plus qu'en son arrerefief.* Dans cette Coûtume l'aîné *parager* est appellé *chemier,* qui est un terme que les interpretes n'ont pas entendu. Mais il y faut restituer *chemiez,* c'est à dire *chef de mez, caput mansi,* l'aîné et le chef de la maison. Le Cartulaire de l'Eglise d'Amiens : *Cum vero caput mansi obierit, debet 7 sol. pro relevatione.* Je passe les autres circonstances qui regardent les parages, parce que ces matieres ont esté traitées par les commentateurs des coûtumes qui en parlent[10].

---

[1] Art. 14. — [2] L. 2, de Dom. tit. 13, art. 2, et l. 1, de Morib. Paris. tit. 2, art. 12. — [3] M. Pithou ibid. — [4] Aînez.

[1] Ch. 1, art. 5. — [2] Tit. 7, art. 32. — [3] Art. 14. — [4] Amiens, art. 79; Comté de Bourg, ch. 1, art. 18. — [5] En sa Somme Rurale, tit. 84. — [6] Ch. 9, art. 128; Etabl. de S. Louys, l. 1; Coust. de Tours, art. 126; Anjou, art. 213, 220; Blois, ch. 6, art. 71; Angoumois, art. ch. 1, art. 26 ; Preuves de Hist. de Dreux p. 281; — [7] Art. 215. — [8] Part. 207. — [9] Art. 127. — [10] Chop. in Cons. Par. l. 1, tit. 2, § 11, in Cons. And. l. 2.

Bouteiller dit que ces terres sont dit estre tenuës en parage, parce que tant l'ainé que les puinez *sont paraux en lignage*, c'est à dire pareils, égaux, et sortis de méme famille. Et comme le parage n'avoit lieu qu'entre les personnes nobles, et pour les choses sujettes à hommage, ainsi qu'il est porté dans la *Coûtume d'Anjou* [1], le mot de parage a esté pris avec le temps pour la noblesse, non pour la raison que Chopin en rend, *quod* PARIUM *dignitate soli honestentur nobiles, natalibusque generosi*, mais parce que ceux qui tenoient les parages estoient nobles de méme lignage que leurs ainez, et marchoient du pair avec eux. D'où vient que les *Constitutions de Sicile* [2] veulent que les barons soient tenus de marier les filles des chevaliers et des bourgeois dont ils ont la garde et la tutele, *pro modo facultatum, et secundum paragium*, c'est à dire selon leur condition et la qualité de leurs familles : de sorte que si le baron en usoit autrement, on disoit qu'il *déparageoit* sa pupille ; ce que les auteurs latins appellent *disparagare*, comme nous verrons cy-après [3].

Les Etablissements de France selon les usages du Chastellet de Paris, d'Orléans et de Baronnie [4], disent que si quelqu'un se faisoit faire chevalier, *et ne fust pas gentilhomme de parage, tout le fust-il de par sa mere*, il ne le pourroit pas estre de droit, et le roy, ou son seigneur, dans la chastellenie duquel il seroit, pourroit lui trancher ses éperons sur le fumier, et prendre tous ses meubles à son profit, *car usage n'est mie que femme affranchisse homme, mais li hom franchist la femme*. Il resulte de ces termes qu'estre *gentilhomme de parage*, c'est estre gentilhomme de lignage du costé paternel. Car, suivant le sire de Beaumanoir [5], *Gentillesse si est tousjours rapportée de par les peres, et non de par les meres*; ce qui se doit entendre de la noblesse de sang, et non de la noblesse de nom et d'armes, de laquelle nous traitterons dans la suite. En effet, je remarque que le mot de *parage* est emploié dans les auteurs pour la noblesse de sang : et estre issu *de haut parage*, c'est estre descendu d'une famille illustre. Le *Roman de Garin* :

> Jà es tu riche, et trop de haut parage,
> Quatorze comtes as tu de ton lignage.

Guillaume Guiart :

> Pris i fu Mahieu de Mailly,
> Comment qu'au roy de France annuie,

[1] Art. 212. Chop. l. 2, de Dom. tit. 8, § 3. — [2] L. 3, tit. 23. — [3] Dissert. X. — [4] Ch. 128. — [5] Ch. 45.

Et messire Pierre de la Truye ;
Et maint autre de haut parage, etc.

Au contraire, *bas parage* est une famille moins noble. Le *Doctrinal* ms. :

> Celui qui vaillans est, et bel le set avoir,
> S'il est de bas parage, ne vos en puet caloir.

De sorte que *parage* n'est autre chose que *parentage*, et peut-estre il a esté formé de ce mot par abbregé, de mémç que *barnage* de *baronage*. Le méme *Roman de Garin* :

> Ne me laissiez vergonder et honnir,
> Toz nos parage en esteroit plus vil.

Et ailleurs :

> Maugré en aient Fromond et si ami,
> Et li parage, quanques vos estes ci.

Il y avoit dans la Catalogne [1] une espéce de gentilshommes qui estoient appellez *homens de paratge*, qui differoient des autres chevaliers. Les historiens d'Espagne [2] en rapportent l'origine à Ramon Borel, comte de Barcelonne, lequel, manquant de chevaliers et de soldats pour chasser les Mores de Barcelonne, accorda des franchises et des libertez militaires à ceux qui le voudroient accompagner à cheval en cette guerre, et à leurs descendants : et s'estans trouvez au nombre de neuf cens, ils furent nommez *hommes de parage*, parce qu'ils estoient égaux entre eux, en honneur et en condition. Ensuite les roys d'Arragon en créerent d'autres avec les mémes prérogatives, qui sont semblables à ceux des chevaliers, desquels ils ne different que de nom. Mais j'estimerois plûtost qu'ils furent ainsi nommez parce qu'ils passerent avec le temps pour des personnes de haute noblesse. L'evesque de Madaure [3] dit que la ville de Mets fut gouvernée autrefois par les nobles, qui estoient divisez en cinq corps, qui estoient appellez *parages*, ou *paraiges*, qui estoient comme autant de familles, aux privileges desquels les enfants des filles participoient. Ce qui a fait dire à M. Pithou [4] qu'à Mets la mere part au patriciat de Mets, dit parage, *id est liberos pares gignit.*

[1] Curita l. 1, c. 9. — [2] Beuter, l. 2, c. 14 ; Diago, l. 2, c. 3 ; Thomic. c. 29 ; Chialano, en la Hist. de Valentia, tom. 1, c. 27, n. 12, 13 ; André Bosch, del Titols de honor de Catalunya, l. 3, p. 328. — [3] Hist. des Evesques de Mets, en la Preface, p. 17. — [4] Sur la Coust. de Troies, art. 1.

DES ASSEMBLÉES SOLENNELLES DES ROIS DE FRANCE.

DISSERTATION IV.

Dans le premier établissement de la monarchie françoise, nos roys ont choisi une saison de l'année pour faire des assemblées générales de leurs peuples, pour y recevoir leurs plaintes, et pour y faire de nouveaux reglemens et de nouvelles loix, qui devoient estre receuës d'un consentement universel. Ils y faisoient encore une reveuë exacte de leurs troupes et de leurs soldats, acause dequoy [1] quelques auteurs ont écrit que ces assemblées furent nommées champs de Mars, du nom de la deité qui présidoit à la guerre.

[1] Flod. l. 1. Hist. Rem. c. 13 ; Vita S. Remig.

Gregoire de Tours [1], parlant de Clovis : *Transacto vero anno, jussit omnem cum armorum apparatu advenire phalangam, ostensuram in campo Martio suorum armorum nitorem.* Et veritablement il semble que nos François donnerent ce nom à ces reveuës generales des troupes, à l'exemple des Romains, qui avoient coûtume de les faire dans le champ de Mars, proche de la ville de Rome, et où ils exerçoient ordinairement leurs soldats ; d'où vient que nous lisons que la plûpart des grandes villes des provinces qui leur ont

[1] L. 2, Hist. c. 27 ; Aimoin, l. 1, c. 12 ; Gesta Fr. c. 10 ; Flod. Vita S. Rem. ; Vid. Autor. cit. à Rosino, l. 6, c. 11.

appartenu ont eu prés de leurs murs ces champs de Mars, à l'imitation de celle de Rome : ce que la *Vie de S. Eleuthere* [1] remarque à l'égard de celle de Tornay, dont il estoit evesque, *Girolamo dalla Corte* pour celle de Verone [2], et *Velser* [3] pour plusieurs autres. *Trebellius Pollio* [4], en la *Vie de l'empereur Claudius*, fait assez voir que ces exercices de la guerre se faisoient dans les campagnes : *Fecerat hoc etiam adolescens in militia, cum ludicro Martiali in campo luctamen inter fortissimos quosque monstraret.*

Mais il est bien plus probable que ces assemblées furent ainsi nommées parce qu'elles se faisoient au commencement du mois de mars. La *Chronique* de Fredegaire, parlant de Pepin : *Evoluto anno, præfatus rex a kal. mart. omnes Francos, sicut mos Francorum est, Bernaco villa ad se venire præcepit.* Un titre de Dagobert [5] est souscrit *die calendarum martiarum in compendio palatio*, qui estoit le jour auquel on commençoit ces assemblées. Il y a mémes lieu de croire que nos premiers François prirent occasion de commencer les années de ce jour-là ; ce qu'on peut recueillir des termes du *decret* de Tassilon, duc de Baviere [6] : *Nec in publico mallo transactis tribus kalendis martiis post hæc ancilla permaneat.* Car ce qui est icy appellé *mallum publicum* est nommé *placitum* dans Fredegaire [7], *conventus* en ce passage d'Aimoin [8] : *Bituricam veniens, conventum, more Francico, in campo egit.* Ailleurs il le nomme *conventus generalis*.

Cette coûtume de convoquer les peuples au premier jour de mars eut cours longtemps sous la premiere race de nos rois 9. Mais Pepin, jugeant que cette saison n'estoit pas encore propre pour faire la reveuë des troupes, et encore moins pour les mettre en campagne, changea ce jour au premier de may. C'est ce que nous apprenons de Fredegaire [10] : *Ibi placitum suum campo madio, quod ipse primus pro campo martio pro utilitate Francorum instituit, tenens, multis muneribus a Francis et proceribus suis ditatus est.* Quelques Annales [11] rapportent que ce changement se fit en l'an 755 ; et l'auteur de la *Vie de S. Remy*, archevesque de Reims, marque assez que ce fut pour la raison que je viens de dire : *Quem conventum posteriores Franci maii campum, quando reges ad bella solent procedere, vocari instituerunt.* Depuis ce temps-là ces assemblées changent de nom dans les auteurs, dans lesquels elles sont appellées indifferemment *campi magii* ou *madii* [12]. Quelques-uns ont écrit que la ville de *Maienfeld*, au diocese de Coire, au canton des Grisons [13], fut ainsi nommée à cause de ces assemblées qui se tenoient au mois de may : car *Maienfeld* signifie *champ de may*. Non seulement on y traittoit des affaires de la guerre, mais encore generalement de toutes les choses qui regardoient le bien public. Fredegaire [14] : *Omnes optimates Francorum ad Dura, in pago Riguerinse, ad campo madio, pro salute patriæ et utilitate Francorum tractanda, placito instituto, ad se venire præcepit*, ce qui est aussi touché par le moine Aigrad [15], en la *Vie de S. Ansbert*, archevesque de Roüen.

Les roys [16] recevoient en ces assemblées les présens de leurs sujets, ce qui est particulierement remarqué par le passage de Fredegaire, que je viens de citer, et par tous les auteurs [17] qui ont parlé de la grande autorité des maires du palais, lorsqu'ils écrivent qu'ils gouvernoient l'État avec un tel pouvoir, qu'il ne restoit aux princes que le seul nom de roys, lesquels se contentoient de mener une vie casaniere dans leurs palais, et de se faire voir une fois l'an en ces assemblées, où ils recevoient les présens de leurs peuples : *In die autem Martis campo, secundum antiquam consuetudinem, dona illis regibus a populo offerebatur.* Ce sont les paroles de la *Chronique* d'Hildesheim [1]. Ce qui est encóre exprimé par Theophanes, en ces termes, au sujet des rois de la premiere race [2] : Ἔθος γὰρ ἦν αὐτοῖς τὸν κύριον αὐτῶν, ἤτοι τὸν Ῥῆγα, κατὰ γένος ἄρχειν, καὶ μηδὲν πράττειν, ἢ διοικεῖν, πλὴν ἀλόγως ἐσθίειν καὶ πίνειν, οἴκοι τε διατρίβειν, καὶ κατὰ μάϊον μῆνα πρώτῃ τοῦ μηνὸς προκαθέζεσθαι ἐπὶ παντὸς τοῦ ἔθνους, καὶ προσκυνεῖν αὐτούς, καὶ προσκυνεῖσθαι ὑπ' αὐτῶν, καὶ δωροφορεῖσθαι τὰ κατὰ συνήθειαν, καὶ ἀντιδόναι αὐτοῖς, καὶ οὕτως ἕως τοῦ ἄλλου μαίου καθ' ἑαυτὸν διάγειν. Les *Annales de France* tirées de l'Église de Mets [3] remarquent plus particulierement ce qui se pratiquoit en ces assemblées, tant à l'égard des affaires qui s'y traittoient, que de ces présens qui se faisoient aux roys. C'est à l'endroit où il parle de Pepin l'Ancien, maire du palais : *Singulis vero annis, in kalendis martii generale cum omnibus Francis, secundum priscorum consuetudinem, concilium agebat. In quo, ob regii nominis reverentiam, quem sibi ipse propter humilitatis et mansuetudinis magnitudinem præfecerat, præsidere jubebat : donec ab omnibus optimatibus Francorum donariis acceptis, verboque pro pace et defensione ecclesiarum Dei et pupillorum et viduarum facto, raptuque fœminarum et incendio solito decreto interdicto, exercitui quoque præcepto dato, ut quacumque die illis denuntiaretur, parati essent in partem, quam ipse disponeret, proficisci.* Nous apprenons de ce passage la raison pour laquelle Pepin fils de Martel transfera ces assemblées au premier jour de may, et que ce fut pource que la saison, n'estant pas encore assez avancée, l'on ne pouvoit pas mettre les troupes en campagne : de sorte qu'il faloit prescrire le jour auquel les peuples se devoient trouver sous les armes, pour marcher contre les ennemis, estant ainsi obligez de s'assembler une seconde fois. Hincmar [4] archevesque de Reims dit que ces présens se faisoient par les peuples aux roys, pour leur donner moyen de travailler à leur defense et à celle de l'Etat : *Causa suæ defensionis.* Quant à ce qu'il les appelle dons annuels, cela est confirmé par plusieurs passages de nos annales, qui se servent souvent de ces termes. Celles qui ont esté tirées de l'abbaye de S. Bertin [5] : *Ibique habito generali conventu, et oblata sibi* ANNUA DONA *solenni more suscepit, et legationes plurimas, quæ tam de Roma et Benevento quam et de aliis longinquis terris, ad eum venerant, audivit atque absolvit.* Ce qui montre encore qu'on reservoit les occasions de ces assemblées pour recevoir les ambassadeurs, afin de leur faire voir la magnificence de ces cours royales. Ces dons et ces présens sont appellez tantôt [6] *Annualia dona*, et souvent [7] *Annua*, parce qu'ils se faisoient tous les ans, et mémes d'abord au commencement de l'année : à cause dequoy les auteurs leur donnent quelquefois le nom d'étrénes, nos roys en ayant usé comme ces anciens roys romains qui en inventèrent le nom et la coûtume. Un poëte [8] du moyen temps :

Strenæ præterea nitent
 Plures aureolæ munere regio,
Olim principibus probis
 Jani principiis auspicio datæ,
Fausto temporis omine :
 Ut ferret ducibus strenua strenuis
Annus gesta recentior.
 Illas nobilitas Cæsaribus piis,
Rex dignis procerum dabat,

---

[1] C. 2, § 5. — [2] Hist. di Verona, l. 7, p. 415. — [3] L. 5, Rer. Vend. — [4] In Claudio. — [5] In Chr. Fontanell. c. 1. — [6] C. 2, § 12. — [7] Fredeg. A. 766. — [8] L. 4, c. 67. — [9] Id. c. 68, 70, 71, 85. — [10] A. 766. — [11] Annal. Fr. tom. 2 ; Hist. Fr. p. 7, et apud Lab. tom. 2 ; Bibl. p. 734. — [12] Chr. Moiss. A. 777, 790 — [13] Chr. S. Gall. A. 775, et seq. Goldast. — [14] A. 761. — [15] C. 5, n. 22. — [16] Annal. Fuld. — [17] Mar. Scot. A. 750 ; Chr. Tur. A. 670 ; Andr. Sylv. A. 662.

[1] A. 750. — [2] P. 337. — [3] Ad ann. 692. — [4] In Quater. p. 405, apud Cellot ; Annal. Fr. Bert. A. 829 ; Annal. Eghin. A. 827. — [5] Ann. Bert. A. 832, 835, 837. — [6] Annal. Egh. A. 829 ; Bert. A. 864, 869, 874 ; Lup. Ferrar. ep. 32 ; Hincmar. Quatern. — [7] Frot. ep. 21 ; Fert. Symm. l. 1, ep. 4. — [8] Metellus, in Quirinal. tom. 1 Canisii p. 44, 45.

Urbis quas Latiæ tum juveni dedit
Rex Titus Tatius prior,
Festas accipiens, paupere munere,
Verbenas, studio patrum
Soleis posteritás quas creat aureas.
Servant dona tamen
A luco veteri nomine strenuæ.

Du móins je remarque que ces présens sont souvent apppellez *xenia* dans Flodoard [1], en l'*Histoire de l'Eglise de Reims*, qui fait voir que l'usage en estoit en France sous Clovis et les premiers roys; et je crois que c'est pour la méme raison que les tributs que les peuples de Dalmatie [2] payoient aux roys de Hongrie, et à la république de Venise, lorsqu'ils leur ont esté sujets, estoient nommez *strinæ* ou *strinnæ*, d'un terme tiré du latin *strena*, parce que c'estoient des dons gratuits et volontaires, qui ne se faisoient que par forme de reconnoissance. Ce qui semble estre exprimé dans un titre de Sebastiano Ziani, doge de Venise, de l'an 1174, pour les habitants de Trau : *Nolumus ut aliquo modo offendantur, neque tollatur eis aliqua inconsueta strinna, nisi quam ipsi sponte dare voluerint.* Cela est conforme à ce que Constantin Porphyrogenite [3] écrit, que l'empereur Basile, son ayeul, persuada aux Dalmates de payer aux Sclavons, pour acheter la paix d'eux, ce qu'ils avoient coûtume de payer à leurs gouverneurs, et de donner quelque peu de chose à ces mémes gouverneurs, pour marque de dépendance, et de leur soûmission à l'empire.

Je ne doute pas encore que ce n'ait esté à l'exemple de nos roys que les seigneurs particuliers ont emprunté ces expressions de dons pour les levées qu'ils ont faites sur leurs sujets, ayant de tout temps cherché des termes doux et plausibles pour déguiser leurs injustes exactions. Un titre de Guillaume le Bâtard [4] : *Ut liber sit ab omni consuetudine, — geldo, scoto, et auxilio, et dono, et Danegeldo.* Le *Cartulaire* de l'eglise d'Amiens [5] : *In omni territorio communi Nigellæ habent canonici tres partes terragii, et medietatem doni, et in terra vavassorum medietatem terragii, et medietatem doni.* Il est souvent parlé en ce cartulaire de ce *don*, d'où le nom est demeuré encore à présent à la levée qui se fait dans Amiens pour les marchandises qui y entrent par le courant de la riviere. Ce qui justifie que ces dons, qui d'abord n'estoient que gratuits, devinrent à la fin forcez, et passerent avec le temps pour des impositions ordinaires.

Les présens qui se faisoient aux roys n'estoient pas toûjours en argent, mais en espéces, et souvent en chevaux. Ce que nous apprenons de quelques additions à la Loy salique [6], qui ordonnent que ces chevaux auront le nom de ceux qui les présentent : *Et hoc nobis præcipiendum est, ut quicumque in* DONO REGIO *caballos detulerint, in unumquemque suum nomen habeant scriptum.* Et ce afin qu'on sçût qui estoient ceux qui avoient satisfait à ce devoir et à cette reconnoissance, et ceux qui n'y avoient pas satisfait. Ces présens y sont appellez royaux, de méme qu'en une epitre de Frothaire [7] evesque de Thoul, qui confirme encore ce que je viens de remarquer, que ces présens se faisoient souvent en chevaux : *Nam ad horum itinerum incommoda, quæ vel nunc egimus, vel acturi sumus, seu ad* DONA REGALIA, *quæ ad palatium dirigimus, pene quidquid ex optimis equis habuimus, distribuere compulsi sumus.* Nos Annales [8] disent que le roy Pepin ayant défait les Saxons, ces peuples s'obligerent de lui faire présent tous les ans de trois cens chevaux, lorsqu'il tiendroit ses assemblées générales : *Et tunc demum polliciti sunt regis Pipini voluntatem facere, et honores, sive* DONA, *in suo placito præsentandos, id est per annos singulos equos trecentos.* Où le terme d'*honores* merite une reflexion, nous apprenant que les présens qui se faisoient dans ces occasions estoient des présens d'honneur et de reconnoissance; ainsi les Annales [1] d'Eguinard portent ces mots : *Et singulis annis, honoris causa, ad generalem conventum equos* CCC. *pro munere daturos.* Ces chevaux qui se donnoient aux princes par forme de tribut, ou de redevance annuelle, sont appellez *equi canonici* dans le Code Theodosien [2].

Les monasteres n'estoient pas exempts de ces présens. Car, comme ils ne se faisoient que pour subvenir à la necessité de l'Etat, et pour contribuer aux dépenses que les roys estoient obligez de faire pour la conservation de leurs peuples et de leurs biens, les ecclesiastiques y estoient aussi obligez, acause de leurs domaines, qu'ils tenoient pour la plûpart de la liberalité des princes. Ce qui a fait dire à Hincmar [3] : *Per jura regum Ecclesia possidet possessiones.* Le méme écrivain à ce sujet : *Causa suæ defensionis, regi ac reipublicæ vegtigalia, quæ nobis* ANNUA DONA *vocantur, præstat Ecclesia, servans quod jubet Apostolus, cui honorem honorem, cui vegtigal vegtigal, subauditur præstare regi ac defensoribus vestris,* etc. Les Epitres de Frothaire, evesque de Toul, et de Loup, abbé de Ferrieres [4], que j'ai citées, confirment la méme chose. Entre ces monasteres il y en avoit qui estoient obligés de fournir non-seulemennt ces dons et ces présens, mais encore des soldats; il y en avoit d'autres qui n'estoient tenus qu'aux présens; et enfin il y en avoit qui ne devoient ni l'un ni l'autre, mais seulement estoient obligez de faire des prieres pour la santé des princes et de la maison royale, et pour la prospérité des affaires publiques. Il se voit une constitution de l'empereur Louys le Debonnaire [5], qui contient un dénombrement des monasteres de ses Etats *quæ dona et militiam facere debent, quæ sola dona sine militia, et quæ nec dona nec militiam, sed solas orationes pro salute Imperatoris, vel filiorum ejus, ac stabilitate Imperii.* Je crois que c'est de là qu'on peut tirer l'origine des secours d'argent que nos roys tirent de temps en temps du clergé de France, particulierement depuis que les milices des fiefs ont esté abolies. Car au temps que tous les fiévez estoient tenus de se trouver dans les armées des roys et des souverains, les ecclesiastiques estoient pareillement obligez d'y servir, mémes en personne, acause de leurs terres, de leurs regales, et de leurs fiefs [6] : non qu'ils y portassent les armes, comme les seculiers, mais pour y conduire leurs vassaux, tandis que de leur part ils employoient leurs prieres pour la prosperité des armes du prince.

Le camerier, c'est à dire le garde du trésor du roy, avoit la charge de recevoir ces présens, et estoit soûmis en cette fonction à la reyne, à qui elle appartenoit de droit. Hincmar [7], écrivant de l'ordre du palais de nos roys : *De honestate vero palatii, seu specialiter ornamento regali, nec non et de* DONIS ANNUIS *militum, absque cibo et potu, vel equis, ad reginam præcipue, et sub ipsa ad camerarium pertinebat.* Puis il ajoûte qu'il estoit encore de la charge du camerier, de recevoir les présens des ambassadeurs étrangers, c'est à dire qu'il les devoit avoir en sa garde, comme faisans parties du trésor royal. Car d'ailleurs ces dons se faisoient par les sujets aux roys directement, qui les recevoient de ceux qui les leur présentoient, tandis que leurs principaux ministres ou conseillers regloient les affaires publiques [8] : *Interim vero, quo hæc in regis absentia agebantur, ipse princeps reliquæ multitudini in suscipiendis muneribus, salutandis proceribus, ... occupatus erat.*

[1] L. 1, c. 14, 18; l. 2, c. 11, 17, 19. — [2] Apud Jo. Lucium, l. 3, de Regn. Dalm. c. 10, l. 6, c. 2; Statuta Ragusii, l. 7, c. 56. — [3] De Adm. Imp. c. 29. — [4] Tom. 1. Monast. Angl. p. 352. — [5] Tabul. Eccl. Amb. fol. 2, 19, 20, 27. — [6] Capit. ad Leg. Sal. § 13. — [7] Ep. 21. — [8] Annal. Franc. Met. A. 753, 758.

[1] A. 758. — [2] L. 3, de Equor. Conlat. (11, 17). — [3] In Quatern. p. 405, 406. — [4] St. Baluz. ad Lup. Ferr. — [5] Tom. 2, Hist. Franc. p. 323. — [6] Galland, au Traité du Franc aleu, — [7] De ord. Palat. n. 22, opusc. 14, — [8] Id. n. 34, 35.

Ces assemblées générales se tinrent d'abord une fois l'année, au premier jour de mars, ce qui fut depuis remis au premier de may, ainsi que j'ay remarqué. Mais sous la seconde race, comme les Etats de nos princes, et par consequent les affaires s'accrûrent extraordinairement, ils furent aussi obligez de multiplier ces assemblées, pour donner ordre aux necessitez publiques, et pour regler les differents qui naissoient de temps en temps entre les peuples. De sorte qu'ils en tenoient deux, l'une au commencement de l'an, l'autre sur la fin, vers les mois d'aoust, ou de septembre. Hincmar [1] : *Consuetudo autem tunc temporis erat, ut non sæpius, sed bis in anno, placita duo tenerentur.* Et afin que l'on fust certain des jours ausquels elles se devoient tenir, on designoit dans la derniere assemblée le temps de la prochaine ; les Annales de France [2] : *Ubi etiam denuo annuntiatum est placitum generale kalendas septembris Aurelianis habendum.* Et ailleurs : *Ad placitum suum generale, quod in Strimniaco prope Lugdunum civitatem se habiturum indixerat, profectus est.* Hincmar dit que la premiere assemblée, qui se tenoit au commencement de l'année, estoit beaucoup plus solennelle que la seconde, parce qu'en celle-là on regloit les affaires de toute l'année, et l'on ne renversoit pas ordinairement ce qui y avoit esté arresté, qu'avec grande necessité : *Ordinabatur status totius regni ad anni vertentis spatium : quod ordinatum nullus eventus rerum, nisi summa necessitas, quæ similiter toti regno incumbebat, mutabatur.* Et comme on y traittoit des affaires de haute consequence, tous les Etats du royaume estoient obligez de s'y trouver : *In quo placito generalitas universorum majorum, tam clericorum quam laicorum, conveniebat.* Mais quant à l'autre assemblée, qui se tenoit sur la fin de l'an, il n'y avoit que les principaux seigneurs et conseillers qui s'y trouvassent, où l'on regloit les projets des affaires de l'année suivante : et c'étoit en cette seconde assemblée où les roys recevoient les présens de leurs sujets [3] : *Cæterum autem, propter* DONA *generaliter danda, aliud placitum cum senioribus tantum, et præcipuis consiliariis, habebatur. In quo jam futuri anni status tractari incipiebatur, si forte talia aliqua se præmonstrabant pro quibus necesse erat præmeditando ordinare.* Ce qui est confirmé par nos Annales [4] à l'égard des présens, qui se faisoient en cette seconde assemblée, laquelle on remettoit à ce temps-là, acause de la saison plus commode pour les chemins ; car on y venoit à cét effet de toutes les provinces de l'Etat. Les Annales tirées de l'abbaye de Fulde [5] : *Rastizen gravi catena ligatum sibi præsentari jussit, eumque Francorum judicio, et Bajoariorum, nec non et Sclavorum, qui de diversis regni provinciis regi munera deferentes aderant, morte damnatum, luminibus tantum oculorum privari præcepit.*

Ce passage fait voir que dans ces assemblées générales de nos François on ne traittoit pas seulement des affaires d'Etat et de la guerre, mais qu'on y décidoit encore les grands differents d'entre les princes et les seigneurs de la cour. De sorte que si quelque duc, comte, ou gouverneur estoit accusé envers le roy, ou l'empereur, de trahison, de conspiration, ou de lâcheté, il estoit cité à ces assemblées, où il estoit obligé de répondre sur les chefs de l'accusation. Et s'il estoit trouvé coupable, il y estoit condamné par le jugement souverain du prince et des grands seigneurs qui l'assistoient. Ce qui a donné lieu dans la suite des temps à la cour des pairs, dans laquelle les barons, c'est à dire les grands seigneurs, et

ceux qui relevoient immédiatement du roy, estoient jugez par leurs égaux et leurs pairs. Il y a une infinité d'exemples dans nos Annales des jugemens rendus en ces grandes assemblées pour les crimes d'Etat, lesquelles furent appellées pour cette raison *placita*, parce qu'on y décidoit les differents d'importance ; et pour les distinguer des plaits ordinaires, les auteurs [1] les appellent souvent *placita magna et generalia.* Il se trouvera occasion ailleurs de parler de l'origine de ce mot *placitum*, qui est synonyme à celui de *mallum*, comme j'ay remarqué. Ces assemblées générales commencèrent à cesser sur la fin de la seconde race, lorsque toute la France se trouva plongée dans les divisions intestines. Durant la troisième, on en fit d'autres sous le nom de parlemens et d'états généraux, où l'on resolvoit des affaires publiques, et dés secours, que les ordres du royaume devoient faire aux roys pour les guerres et les necessitez pressantes.

Les anciens Anglois semblent avoir emprunté de nos François l'usage de ces assemblées et de ces champs de may ; car nous lisons dans les *Loix d'Edoüard le Confesseur* [2], que ces peuples estoient obligez de s'assembler tous les ans, *in capite kalendarum maii*, où ils renouvelloient les sermens entre eux pour la défense de l'Etat et l'obeïssance qu'ils devoient à leur prince. C'est à cette coûtume qu'il faut rapporter ce que quelques auteurs anglois [3] écrivent en l'an 1094 : *Denuo in campo martii convenere, ubi illi qui sacramentis inter illos pacem confirmavere regi omnem culpam imposuere.* Ce qui montre que quoy que ces assemblées se tinssent au premier jour de may, elles ne laissoient pas toutefois de conserver le nom de champs de mars, et qu'elles furent encore en usage sous les premiers roys Normans.

Les présens mêmes y estoient faits pareillement aux roys. Orderic Vital [4] parlant de Guillaume le Conquerant : *Ipsi vero regi, ut fertur, mille et sexaginta libræ sterilensis monetæ, solidique triginta, et tres oboli ex justis reditibus Angliæ per singulos dies redduntur : exceptis* MUNERIBUS REGIS, *et realuum redemptionibus, aliisque multiplicibus negotiis, quæ regis ærarium quotidie adaugent.* Peut-être que par ces termes de présens royaux cét auteur entend les redevances en espèces, que les peuples estoient obligez de faire de jour en jour, pour la subsistance de la maison du prince, dautant que *in primitivo regni statu post conquisitionem, regibus de fundis suis non auri vel argenti pondera, sed sola victualia, solvebantur,* ainsi qu'écr[it] Gervais de Tilesbery [5]. Mais d'ailleurs il est constant que ces présens faits aux princes par leurs sujets ont esté en usage depuis le temps auquel Guillaume le Bâtard vécut ; veu que nous lisons qu'au royaume de Sicile, où des roys Normans de nation commandoient, les sujets leur donnoient des étrénes au premier jour de janvier. D'où vient que Falcaud [6] remarque que l'amiral Majon ayant esté tué sous prétexte d'avoir voulu s'emparer du royaume, sur ce que l'on avoit trouvé des couronnes d'or dans sa maison, ses amis l'en excuserent, disans qu'il ne les avoit fait faire que pour en faire présent au roy au jour des étrénes, suivant la coûtume : *Falsum enim quidquid ipse cædisque factæ socii adversus admiratum confixerant : nec illum inventa in thesauris ejus diademata sibi præparasse, sed regi, ut eadem in calendis januarii strenarum nomine, juxta consuetudinem ei transmitteret.*

---

[1] Ib. n. 29. — [2] Annal. Fr. Bertin. A. 832, 835. — [3] Hincmar, n. 30. — [4] Annal. Fr. Bert. A. 829, 832, 835, 864, 869, 874. — [5] A. 870.

[1] Chr. Fontanell. A. 851. — [2] C. 35. — [3] Simeon Dunelm. de Gest. Angl. Flor. Wigorn. et Brompton, A. 1094. — [4] L. 4, p. 523. — [5] Apud Selden. ad Eadmer. p. 216. — [6] Hugo Falcand. de Sicil. Calam. p. 657.

DES COURS

ET DES FESTES SOLENNELLES DES ROYS DE FRANCE.

DISSERTATION V.

Outre ces champs de mars, ou de may, et ces assemblées générales que nos roys convoquoient tous les ans pour les affaires publiques, ils en faisoient encore d'autres aux principales festes de l'année, où ils se faisoient voir à leurs peuples et aux étrangers, avec une pompe et une magnificence digne de la majesté royale ; ce qui fut pratiqué pareillement dés le commencement de la monarchie chrétienne. Car nous lisons dans notre histoire[1] que Chilperic estant venu à Tours y solennisa la feste de Pasques avec appareil : *Chilpericus.... Toronis venit, ibique et dies sanctos Paschœ tenuit.* Eguinart[2] témoigne que Pepin observa les mêmes ceremonies aux festes de Pasques et de Noël dans tout le cours de sa vie, ce qui fut continué par ses successeurs. Le même auteur écrit que Charlemagne avoit coûtume de parétre dans ces grandes festes revétu d'habits de drap d'or, de brodequins brodez de perles, et des autres vétemens royaux, avec la couronne sur la teste : *In festivitatibus veste auro texta, et calciamentis gemmatis, et fibula aurea sagum astringente, diademate quoque ex auro, et gemmis ornatus, incedebat.* Thegan[3] fait la même remarque de Louys le Debonnaire : *Nunquam aureo resplenduit indumento, nisi tantum in summis festivitatibus, sicut patres ejus solebant agere. Nihil illis diebus se induit præter camisiam, et feminalia nisi cum auro texta, lembo aureo, baltheo præcinctus, et ense auro fulgente, ocreas aureas, et chlamydem auro textam, et coronam auream auro fulgentem in capite gestans, et baculum aureum in manu tenens.* Je crois que ces deux empereurs françois voulurent imiter en cela ceux de Constantinople, qui avoient coûtume de se trouver dans les eglises aux grandes festes de l'année, revétus de leurs habits imperiaux, et avec la couronne sur la teste, ce que Theophanes[4] nous apprend en la Vie du grand Justinian. Du moins il est constant que Charles le Chauve, fils de Louys le Debonnaire, affecta particulierement de les imiter, ainsi que les Annales de Fulde[5] rapportent : *Karolus rex de Italia in Galliam rediens, novos et insolitos habitus assumpsisse perhibetur. Nam talari dalmatica indutus, et baltheo desuper accinctus, pendente usque ad pedes, necnon capite involuto serico velamine, ac diademate desuper imposito, dominicis et festis diebus ad ecclesiam procedere solebat. Omnem enim consuetudinem regum Francorum contemnens, græcas glorias optimas arbitrabatur.*

Mais ces termes regardent la forme des vétemens et celle de la couronne ; car quant aux habits des François de ces siecles-là, le moine de S. Gal[6] en fait la description, et fait voir qu'ils estoient bien differens de ceux des Grecs. Dautant que nos princes portoient alors au dessus de leurs habits, et de leur baudrier, un manteau blanc, ou bleu, de forme quarrée, court par les côtez, et long devant et derriere. *Ultimum habitus eorum erat pallium canum, vel saphirinum, quadrangulum, duplex, sic formatum, ut cum impo-*

neretur humeris ante et retro pedes tangeret, de lateribus vero vix genua contegeret. Tertullian[1] parle en quelque endroit de ces manteaux quarrez, que les Grecs nomment τετράγωνα. C'est ainsi que Charlemagne est représenté à Rome en l'église de Sainte-Susanne, en un tableau à la mosaïque, où il est à genoux devant S. Pierre, qui lui met entre les mains un étendart bleu parsemé de roses rouges, avec ces caracteres au dessus, †. D. N. CARVLO REX. De l'autre côté est le pape Leon, avec ces mots †. SCISSIMVS D. N. LEO PP. au dessus de la teste de S. Pierre, SCS PETRVS. Au dessous de ses pieds est le fragment de cette inscription,........ DONAS.......: BICTO......IA. Cette forme de manteau s'est tousjours conservée depuis ce temps-là en France. Manuel Comnene, empereur de Constantinople, estant à Antioche, voulant faire voir aux François qu'il n'estoit pas moins adroit qu'eux à manier la lance dans les tournois, y parut à la françoise, couvert d'un manteau qui estoit fendu par la droite, et attaché d'une agraffe, afin d'avoir le bras libre pour combattre[2] : χλαμύδα ἠσθημένος ἀστειοτέραν περὶ τὸν δέξιον ὦμον περονουμένην, καὶ ἀφιεῖσαν ἐλευθέραν τὴν χεῖρα κατὰ τὸ πόρπημα. De sorte que c'est cette espéce de manteau dont il est parlé au testament de S. Everard, duc de Frioul[3] : *Mantellum unum de auro paratum, cum fibulá aureá.* Le compte d'Estienne de la Fontaine[4] argentier du roy, de l'an 1351, décrit ainsi les manteaux de nos roys, des princes du sang, et des chevaliers : *Pour xx aulnes et demie de fin velluiau vermeil de fors, pour faire une garnache, un long mantel fendu à un costé, et chaperon de meismes tout fourré d'ermines pour le roy à la derniere feste de l'Estoille, etc. pour fourrer un surcot, un mantel long fendu à un costé, et chaperon de meismes, que le roy ot d'une escarlate vermeille, pour cause de ladite feste.* Et ailleurs : *Pour le duc d'Orliens, pour fourrer un grand surcot, un mantel fendu à un costé, et chaperon de meismes, que ledit seigneur ot d'une escarlate vermeille.* Ce manteau representoit le *paludamentum* des Romains, et est encore entre les habits royaux de nos princes, d'où les presidens à mortier du parlement les ont empruntez. J'ai fait cette réflexion en passant à l'égard des manteaux des anciens François, acause que le sire de Joinville remarque que le roy de Navarre parut *en cotte et en mantel* à la cour solennelle que le roy S. Louys tint à Saumur en l'an 1242.

Il est constant que non seulement les rois de la seconde race ont solennisé les grandes festes avec ces ceremonies et cét appareil, mais encore ceux de la troisieme. Helgaud[5] parle des cours solennelles que le roy Robert tint aux jours de Pasques en son palais de Paris, où il fit des festins publics. Orderic Vital[6] écrit que le roy Philippes I ayant esté excommunié acause de son mariage avec Bertrade de Montfort, cessa deslors de porter la couronne, et de se trouver à ces festes solennelles : *Nunquam diadema portavit, nec*

---

[1] Greg. Tur. l. 5, c. 2. — [2] Annal. A. 759 et seq.; id. in Carolo M. p. 102. — [3] C. 19. Annal. Met. A. 837. — [4] P. 148; 196; Codin. de off. — [5] A. 876. — [6] L. 1, c. 36.

[1] De Pallio, et ibi Salmasius, p. 56. — [2] Nicet. Chon. in Man. 1, 3, § 3. — [3] Vanderbaer, Miræus [Op. Dipl. tom. I, pag. 21], etc. — [4] En la Cb. des Compt. de Paris, com. par M. de Vion. — [5] In Rob. p. 66, 70. — [6] L. 8, p. 699.

purpuram induit, neque solennitatem aliquam regio more celebravit. Et quoy que le roy S. Louys affectast la modestie dans ses habits, neantmoins il observa toûjours dans ces occasions la bien-seance qui estoit requise à la dignité royale : comme il fit en cette *cour et maison ouverte* qu'il tint à Saumur, où, au recit du sire de Joinville, il fut vétu superbement, et où il ne se vit jamais tant d'habits de drap d'or; et quoy qu'il ne dise pas qu'il y parut la couronne sur la teste, cela est néantmoins à présumer, puisque le roy de Navarre, qui s'y trouva présent, y estoit *moult paré et aourné de drap d'or, en cotte et mantel, la çainture, fermail, et chappel d'or fin.* Nangis [1] confirme cette magificence de S. Louys en ces termes : *In solennitatibus regiis, et tam in quotidianis sumptibus domus suæ quam in parlamentis et congregationibus militum et baronum, sicut decebat regiam dignitatem, liberaliter ac largiter se habebat, etc.* Ce qu'il semble avoir tiré de nostre auteur [2] : *Aux parlemens et etats qu'il tint à faire ses nouveaux establissemens, il faisoit tous servir à sa court les seigneurs, chevaliers, et autres, en plus grande abondance, et plus hautement, que jamais n'avoient fait ses predecesseurs.* Mais ce qui justifie que nos roys portoient la couronne en ces occasions est le testament de Philippes de Valois, qu'il fit au bois de Vincennes le 2 de juillet l'an 1350, par lequel il donna à la reyne Blanche de Navarre, sa femme, tous ses joyaux, *exceptée tant seulement nostre couronne royale, de laquelle nous avons usé ou accoustumé à user en grands festes, ou en solennitez, et de laquelle nous usâmes, et la portâmes à la chevalerie de Jean nostre ainsné fils;* ce sont les termes du testament. C'est donc acause de la couronne que les rois portoient sur la teste en ces grandes festes, que ces cours solennelles sont appellées *Curiæ Coronatæ* dans le titre de la commune qui fut accordée à la ville de Laon par le roy Louys le Jeune, l'an 1138 [3] : *Pro his igitur, et aliis beneficiis, quæ prædictis civibus regali benignitate contulimus, ipsius Pacis homines hanc nobis conventionem habuerunt, quod excepta* CURIA CORONATA, *sive expeditione, vel equitatu, tribus vicibus in anno singulas procurationes, si in civitatem venerimus [nobis preparabunt, quod si non venerimus], pro eis* XX *libr. nobis persolvent.*

La cour des princes est toûjours remplie de courtisans, et c'est assez de dire que le roy est en un lieu, pour inferer qu'il est fréquenté d'un grand nombre de personnes. Ce qui a fait dire à *Guntherus* [4] :

Non est magnorum cum paucis vivere regum.
Quotlibet emittat, plures tamen aula reservat.
Nec princeps latebras, nec sol desiderat umbras :
Abscondat solem, qui vult abscondere regem.
Sive novi veniant, seu qui venère recedant,
Semper inexhausta celebratur curia turba.

Toutefois les roys ont choisi les occasions des festes solennelles pour y faire parétre leur magnificence par le nombre des seigneurs et des prelats qui y arrivoient de toutes parts pour composer leur cour, par l'éclat de leurs habits, et de ceux des officiers de la maison royale, par les splendides festins, les largesses et les liberalitez; et enfin par les grandes cérémonies et particulierement celles des chevaleries, qu'on reservoit pour ces jours-là. Ainsi c'est avec raison qu'on appelloit ces grandes assemblées [5] *Cours plenieres,* [6] *solennelles,* [7] *publiques,* [8] *generales,* [9] *ouvertes.* La *Chronique de Bertrand du Guesclin* :

Et toute sa vaisselle fasse amener droit là,
Pource que cour plainiere, ce dit, tenir voudra.

Ils choisissoient toûjours à cét effet un de leurs palais, ou quelque grande ville capable de loger toute leur suite, comme les *Annales d'Eguinhart* et les auteurs font foy, et entre autres le méme *Guntherus* [1], en ces vers, parlant de l'empereur Frederic I :

Instabat veneranda dies, qua Christus in una
Æqualis deitate Patri, sine temporis ortu,
Natus ab æterno, sub tempore, temporis auctor,
Cœlitus infusa voluit de virgine nasci, etc.
Hunc celebrare diem digno meditatus honore
Cæsar, ubi illustrem legeret sibi curia sedem,
Quæ posset pleno tot millia pascere cornu,
Wormaciam petiit, etc.

Dans la seconde race de nos roys [2], je ne remarque presque que les festes de Pasques et de Noël où ils tinssent ces assemblées; mais dans la troisiéme il y en avoit d'autres. Un titre [3] du roy Robert, par lequel il exempte le monastere de S. Denys de ces cours solennelles, y ajoûte les festes des Roys et de la Pentecoste. Un autre [4], du roy Louys le Gros, de l'an 1133, est ainsi souscrit : *Actum Suessioni generali curia Pentecostes coram archiepiscopis, et episcopis, et coram optimatibus regni nostri.* Ives [5], evesque de Chartres, parle en l'une de ses epitres de la cour, *quæ Aurelianis in natali Domini congreganda erat :* où il fait voir qu'on y traittoit des affaires publiques.

Mais afin que les princes du sang, toute la maison royale, les grands officiers de la couronne, et ceux de l'hostel, ou de la maison du roy, y parussent avec éclat, les roys leur faisoient donner des habits suivant le rang qu'ils tenoient, et qui estoient convenables aux saisons ausquelles ces cours solennelles se celebroient : ces habits estoient appellez *livrées* [6], parce qu'ils se livroient et se donnoient des deniers provenans des coffres du roy, et dans les auteurs latins [7] *Liberatæ,* et [8] *Liberationes;* et souvent *les nouvelles robes.* Mathieu Paris [9], *Appropinquante vero et imminente præclaræ Dominicæ Nativitatis festivitate, qua mutatoria recentia, quæ vulgariter novas robas appellamus, magnates suis domesticis distribuere consueverunt,* etc. Il parle encore ailleurs en divers endroits des robes de Noël [10]. C'est delà qu'on dit que celui qui porte les livrées, ou les robes de quelque seigneur, est censé estre de sa maison. Les loix des barons d'Escoce [11] : *Dummodo non sit persona suspecta, utpote si fuerit tenens suus, vel de familia sua, vel portans robas suas,* etc. Et aujourd'huy nous appellons *livrées* les habits des domestiques et des valets des seigneurs, qui sont ordinairement d'une méme couleur, ainsi que *Corippus* [12] décrit ceux de la suite de Justin :

ætas quibus omnibus una,
Par habitus, par forma fuit, vestisque rubebat
Concolor, atque auro luceban cingula mundo.

Le moine de S. Gal [13] dit que l'empereur Louys le Debonnaire faisoit des présens à ses domestiques, et donnoit des habits à chacun d'eux, selon leurs qualitez : *Cunctis in palatio ministrantibus, et in curia regia servientibus, juxta singulorum personas donativa largitus est : ita ut nobilioribus quibuscunque, aut baltheos, aut flascilones, pretiosissimaque vestimenta a latissimo imperio perlata, distribui juberet; inferioribus vero saga fresonica omnimodi coloris darentur.* Les comptes d'Estienne de la Fontaine, argentier du roy, de l'an 1351, font mention des livrées qui se donnoient à la maison du roy, aux festes de Noël, de la Chandeleur, de la Pentecoste, de la my-aoust,

---

[1] In S. Lud. — [2] Joinville. — [3] Reg. de Philipp. August. appart. à M. d'Herouval. [de l'an 1128. Ordon. tom. 11, pag. 187, § 22.] — [4] L. 4. Ligur. p. 97 [vers 375]. — [5] Monast. Angl. tom. 2, p. 281; tom. 1, p. 44. — [6] Tom. 4, Spicil. p. 550; Goldast. tom. 1, Constit. Imp. p. 366, 208; Thuvrocz. — [7] W. Heda, p. 334, 1. Edit. — [8] Chr. Longipont. — [9] Joinville.

[1] L. 5, p. 110 [vers. 154]. — [2] Eguinhart. — [3] Apud Doublet. p. 823, et in prob. Hist. Montmor. p. 9. — [4] Chr. Longip. p. 8. — [5] Ep. 190. — [6] Compte de l'hostel du roy, de l'an 1285, rapporté dans les Oberv. Rigalt. et Meurs. Gloss. V. Λιβρίον. — [7] V. Spelman. — [8] Will. Malmesb. 1, 2 ; Hist. Nov. p. 178; Houed. p. 738. — [9] A. 1243. — [10] Id. p. 143, 157, 172, 255. — [11] Quoniam attach. c. 13, § 2. — [12] L. 4, de Laud. Justini [vers. 230], p. 57. — [13] L. 2, c. 41.

et de la Toussains, et nous apprennent qu'elles se donnoient aux reynes, aux princes du sang, aux officiers de la couronne, aux chevaliers de l'hostel, qui sont nommez vulgairement *les chevaliers du roy*, et généralement à tous les officiers de la maison du roy et encore à ceux qui estoient faits chevaliers par le roy en ces solennitez. On appelloit encore ces livrées *manteaux*, et en latin *pallia*, parce qu'aux uns on donnoit des manteaux, aux autres des robes. Un compte du trésor de l'an 1300[1] : *Pallia militum de termino Pentecost. etc. Pallia clericorum*, etc. *Robæ valletorum et aliorum hospitii*, etc. En une ordonnance de Charles V, de l'an 1364, pour le parlement : *Wadia et pallia*. Une autre[2] de Charles VII, pour les officiers du parlement, du 24 de fevr. 1439, porte que les présidens, les conseillers, les greffiers et les notaires du parlement seront payez de leurs gages et de leurs manteaux par *debentur*. Ce droit de manteaux appartenoit pareillement aux maîtres des requêtes, aux maîtres des comptes, et aux trésoriers de France, comme on peut recueillir de la lecture des anciennes ordonnances. Cela ne fut pas particulier à nos François, puisque nous lisons dans le *Code Theodosien*[3] que cette coûtume fut encore pratiquée par les empereurs d'Orient, qui donnoient des habits aux officiers de leurs palais : *Olim statuimus ut ultra definitas dignitates nullus nec annonas, nec strenas, perciperet. Sed quia plerosque de diversis palatinis officiis sub occasione indepti honoris strenas et vestes, cæteraque solennia ultra statutum numerum percepisse cognovimus, et id quod ex superfluo præbitum est exigi facias, et deinceps ultra statutas dignitates nihil præberi permittas*. Ces étreines, qui estoient données aux officiers, furent depuis appellées *rogæ*[4].

Helgaud, le sire de Joinville, et les autres auteurs remarquent encore qu'à ces festes solennelles il se faisoit des festins publics, où les roys mangeoient en présence de toute leur suite, et y estoient servis par les grands officiers de la couronne, et de l'hostel, chacun selon la fonction de sa charge. Il y avoit avec cela les divertissements des *menestrels*, ou des menétriers. Sous ce nom estoient compris ceux qui jouoient *des naquaires, du demy-canon, du cornet, de la guiterne latine, de la fluste behaigne* (bohemiene), *de la trompette, de la guiterne moresche et de la vieille*, qui sont tous nommez dans un compte de l'hostel du duc de Normandie et de Guienne, de l'an 1348. Il y avoit encore des farceurs, des jongleurs (*joculatores*) et des plaisantins, qui divertissoient les compagnies par leurs faceties et par leurs comedies; pour l'entretien desquels les roys, les princes, et les simples seigneurs faisoient de si prodigieuses dépenses, qu'elles ont donné lieu à Lambert d'*Ardres*[5] et au cardinal Jacques de *Vitry*[6] d'invectiver contre ces superfluitez de leur temps, qui avoient ruiné des familles entieres. Ce que S. Augustin[7] avoit fait avant eux, en ces termes : *Donare res suas histrionibus vitium est immane, non virtus. Illa sanies Romæ recepta, et favoribus aucta, tandem collabefecit bonos mores, et civitates perdidit, coëgitque imperatores sæpius eos expellere*. Les *Annales de France*[8] justifient encore que les menétriers et les farceurs estoient appellez à ces cours solennelles, lorsqu'elles parlent de Louys le Debonnaire : *Nunquam in risu exaltavit vocem suam, nec quando in summis festivitatibus ad lætitiam populi procedebant thymelici, scurræ, et mimi, cum coraulis et citharistis ad mensam coram eo*, etc. Ils sont appellez *ministrels*, ou *ministelli, quasi parvi ministri*, c'est à dire les petits officiers de l'hostel du roy.

Mais ce qui faisoit particulierement parétre la magnificence des princes en ces occasions estoient les liberalitez qu'ils exerçoient à l'endroit de leurs principaux officiers, leur donnant divers joyaux, et particulierement ceux qu'ils portoient sur leurs habits. Mathieu Paris[1] : *Eodem celeberrimo festo (Natalis Dominici), licet omnes prædecessores sui indumenta regalia et jocalia pretiosa consuevissent ab antiquo distribuere, ipse tamen rex...... nulla penitus militibus distribuit, vel familiaribus*. Enfin comme les anciens empereurs et les consuls de Rome et de Constantinople, lorsqu'ils prenoient possession de leurs dignitez, faisoient répandre quantité de piéces d'or et d'argent, que les auteurs latins appellent *Missilia*, et les Grecs ὑπάτια, ainsi nos roys faisoient crier *largesse* par leurs roys d'armes, et leurs heraux, durant les festins, chacun d'eux tenans en la main de grands *hanaps*, ou de grandes couppes, remplis de toute sorte de monnoyes, qu'ils jettoient dans le peuple. Le compte[2] de Guillaume Charrier, receveur général des finances, qui commence en l'an 1422, confirme ceci en ces termes : *A Touraine et Pontoise, heraux du roy, la somme de 41 ll. 6 s. en 30 escus d'or, à eux donnée par ledit seigneur au mois de may 1448, tant pour eux que pour autres heraux, poursuivans, menestrels, et trompetes, pour avoir le jour de la Pentecoste oudit an crié* LARGESSE *devant sa personne, ainsi qu'il est accoustumé*. Comme encore le quatriéme comte de Mathieu Beauvarlet, receveur général dès finances de Languedoc, qui commence au premier d'octobre 1452 : *A Pontoise, Berry, et Guyenne, heraux du roy, pour avoir crié* LARGESSE *au disner dudit seigneur le jour et feste de Toussains, ainsi qu'il est accoustumé de faire*.

La forme de crier et de publier ces largesses par les roys d'armes dans ces festes sollennelles est ainsi décrite par un heraud qui vivoit sous Henry VI, roy d'Angleterre, en son Traité ms. du devoir et de l'office des herauds et des poursuivans d'armes : *Après heraulx et poursuivans doivent cognoistre quand ils sont devers les princes et grands seigneurs, comme ils doivent crier leurs largesses, lesquelles se crient aux grans festes : et se doit la largesse crier quand ils sont à disner, quand le segont cours et entremais sont servis. Et doit le grand maistre d'hostel en une aumuche ou sachet honnorable appeller le roy d'armes, mareschal, ou herauld, ou poursuivant le plus notable en l'absence de herault, et lui dire : Vecy que monseigneur ou le prince vous présente. Et devant sa table doit crier : Largesse, largesse, largesse! et prendre garde de quel estat il est, et selon les salutations cy-dessus escrites, selon l'estat de quoy est celuy qui fait la feste en la maniere de la salutation qui lui est deuë, doit nommer après : Largesse de tres*, etc., *avec les titres de la seigneurie dont les heraux au devant doivent estre informez, et par prenant garde en cette maniere, apaine peuvent faillir. Et après quand il a crié, tous heraux et poursuivans doivent crier après luy : Largesse! sans dire autre chose, et en plusieurs lieux, au long de la salle, ou palais, doit estre fait en telle maniere que chascun l'oe*, etc. *Et pour mieux faire entendre cris de Largesse, en sera mis deux cy-après, l'un pour l'empereur, l'autre pour le roy*, etc. *Largesse de Ferry le tres-haut des haults de tous princes, empereur auguste, roy des Romains, et duc en Autriche : Largesse, largesse, largesse! Et au premier se doit crier trois fois, et en la fin tous les herauds le doivent crier, et poursuivre tous ensemble seulement : Largesse, etc. Largesse, largesse, largesse de Henry par la grace de Dieu tres-haut et treschrétien et tres-puissant roy Franc des François et Anglois, seigneur d'Irlande; Largesse, largesse, largesse! etc.* Thomas Milles[3], auteur anglois, écrit qu'encore à présent en Angleterre on fait les cris de

---

[1] Communiqué par M. d'Herouval. — [2] Ordon. Barbines, fol. 54 [Ord. IV, pag. 419]. — [3] L. 11, de Palatin. Sacrar. Largit. (6, 30.) — [4] Luithpr. V. Meurs. Gloss. — [5] P. 247. — [6] In Hist. occid. l. 2, c. 3. — [7] Tract. 100, in Jo. cap. 6. — [8] Ann. Met. A. 873.

[1] A. 1251, p. 540. — [2] En la Ch. des Comp. de Paris, com. par M. d'Herouval — [3] De Nobilit. Polit. p. 59, 72, 109.

Largesse, en françois ; ce qui est confirmé par le céremonial[1], lorsqu'il parle de l'entreveuë du roy François I et d'Henry VIII, roy d'Angleterre, entre Guines et Ardres, l'an 1520.

L'usage de ces festes royales, car c'est ainsi que Mathieu Paris[2] les appelle (*regalia festa*), fut introduit en Angleterre par Guillaume le Bâtard, aprés qu'il eut conquis ce royaume. Orderic Vital[3] : *Inter bella Guillelmus ex civitate Guenta jubet afferri coronam, aliaque ornamenta regalia et vasa, et dimisso exercitu in castris, Eboracum venit, ibique natale Salvatoris nostri concelebrat.* Guillaume de Malmesbury[4] écrit la même chose de lui en ces termes : *Convivia in præcipuis festivitatibus sumptuosa et magnifica inibat. Natale Domini apud Glocestriam, Pascha apud Wintoniam, Pentecostem apud Westmonasterium agens quotannis, quibus in Anglia morari liceret ; omnes eo cujuscumque professionis magnates regium edictum accersebat, ut exterarum gentium legati speciem multitudinis, apparatumque deliciarum mirarentur, nec ullo tempore comior, aut indulgendi facilior erat, ut qui advenerant largietatem ejus cum divitiis conquadrare ubique gentium jactitarent.* Les *Annales de France* nous font voir en quelques endroits que nos roys de la seconde race choisissoient pareillement ces occasions pour recevoir les ambassadeurs étrangers.

Guillaume le Roux, fils et successeur de Guillaume le Bâtard, continua ces festes solennelles. Le roy Henry I les célébra pareillement avec de grandes magnificences. Eadmer[5], qui rend ce témoignage de lui, appelle ces jours de solennitez *les jours de la couronne du roy*, parce qu'il la portoit en ces occasions : *In subsequenti festivitate Pentecostes rex Henricus curiam suam Londoniæ in magna gloria et divite apparatu celebravit, qui transactis* CORONÆ *suæ festivioribus diebus, cœpit agere cum episcopis et regni principibus, quid esset agendum*[6]. Il nous apprend encore que les roys se faisoient mettre la couronne sur la teste par l'archevesque, ou l'evesque le plus qualifié, à la messe, qui se disoit le jour de la feste[7] : *In sequenti Nativitate Domini Christi regnum Angliæ ad curiam regis Lundoniæ pro more convenit, et magna solennitas habita est, atque sublimis. Ipsa die archiepiscopus Eboracensis, se loco primatis Cantuariensis regem coronaturum, et missam sperans celebraturum, ad id animo paratum se exhibuit. Cui episcopus Lundoniensis non acquiescens coronam capiti regis imposuit, eumque per dexteram induxit ecclesiæ, et officium diei percelebravit.* Et ailleurs[8] il raconte comme lorsqu'Henry épousa Alix de Brabant, sa seconde femme, Raoul, archevéque de Cantorbery, qui avait le droit de couronner le roy d'Angleterre, aprés avoir commencé la messe, l'ayant apperceu avec la couronne dans son siége, quitta l'autel, et vint lui demander qui la luy avoit mise sur la teste, et ensuite il l'obligea de la tirer. Mais les barons firent tant envers lui, qu'il la luy rendit. Ces cours solennelles cesserent[9] en Angleterre sous le regne du roy Estienne, qui fut obligé d'en abandonner l'usage, acause des grandes guerres qu'il eut sur les bras, et parce que de son temps tous les trésors du royaume furent épuisez. Guillaume de Malmesbury, parlant de Guillaume le Bâtard : *Quem morem convivandi primus successor obstinate tenuit, tertius omisit.* Ce qui est encore témoigné par les historiens anglois, et entre autres par Henry d'Huntindon[10] : *Curiæ solennes et ornatus regii schematis ab antiqua serie descendens prorsus evanuerunt.* Mais Henry II, son successeur, les rétablit, Roger de Hoveden[11], remarquant qu'il se fit cou-

ronner jusques à trois fois avec la reyne Eleonor sa femme, et qu'à la troisiéme fois en une feste de Pasques, l'un et l'autre estant venus à l'offrande, y quitterent leurs couronnes, et les mirent sur l'autel, *voventes Deo, quod numquam in vita sua de cætero coronarentur.* Ce que j'interprete de ces cours solennelles. Le roy Jean en l'an 1201, *celebravit Natale Domini apud* Guildenford, *ubi multa militibus suis festiva distribuit indumenta*[1] ; et au jour de Pasques suivant, estant venu à Cantorbery, *ibidem die Paschæ cum regina sua coronam portavit.* Mathieu de Westminster dit qu'Henry III celebra pareillement ces festes avec appareil en l'an 1249, à Westminster : *Ubi cum dapsili valde convivio, ut solet, dies transegit Natalitios, cum multitudine nobilium copiosa.* Et en l'an 1253 il remarque qu'à une feste qu'il tint à Wincestre à Noël, les habitans de cette ville, *juxta ritum tantæ solennitatis fecerunt (regi) xenium nobilissimum*[2]. Ce qui sert encore pour justifier qu'en ces occasions les roys recevoient des présens de leurs sujets, et que les habitans des villes où ces festes se solennisoient estoient tenus de contribuer à une partie des dépenses : ce qui est exprimé dans le titre de la commune de Laon dont j'ai fait mention. Edouard I les mit aussi en usage, au recit de Thomas de Walsingham[3] : *Rex vero Bristoliam veniens, ibique festum Dominicæ Nativitatis tenuit eo anno.* Comme aussi Edouard II, suivant le même auteur[4] : *Rex iter versus insulam Eliensem arripuit, ubi solennitatem Paschalem tenuit nobiliter et festive.* Où il faut remarquer ces termes de *tenir feste*, qui estoit une expression françoise : Guillaume Guiart, en l'an 1202 [tom. 1, pag. 133, vers 2930], parlant de Philippes Auguste :

> Tint li roys leanz une feste,
> Où moult despendi grant richece.

Les grands seigneurs ont aussi affecté, à l'exemple des souverains, de tenir leurs cours solennelles aux grandes festes de l'année. Un ancien auteur[5] dit que Richard II, duc de Normandie, avoit coûtume de tenir sa cour aux festes de Pasques au monastere de Fescan, qui avoit esté bâti par son pere : *Ibi erat solitus fere omni tempore suam curiam in Paschali solennitate tenere.* Il est souvent parlé des cours plenieres des seigneurs dans les titres, particulierement dans un de Pierre comte de Bigorre[6], qui porte ces mots : *Curia namque ibi erat magna et plenaria.* Mais je crois que ces cours plenieres estoient des assemblées des pairs de fief, et où le seigneur se trouvoit, dans lesquelles on décidoit et on jugeoit les differents des fievez. Il y a au cartulaire de Vendôme[7] un jugement rendu *plenaria curia vidente.* Aussi cette cour pleniere estoit une dépendance des grands fiefs, et qui estoit accordée par le prince. Guillaume le Bâtard la donna à l'église de Dunelme[8] : *Et ut curiam suam plenariam, et vrech in terra sua libere et quiete in perpetuum habeant, concedo et confirmo.* Il se trouve une autre charte d'Henry III, aussi roi d'Angleterre, pour le prioré de Repindon au comté de Derby, qui porte de semblables termes[9] : *Et curiam suam plenariam, præterquam de furtis, et de lominibus comitis,* etc. Ce qui fait voir que ces cours plenieres des seigneurs regardoient pour l'ordinaire leur justice et la connoissance des cas qui en dépendent. Il y a au cartulaire de l'abbaye de Valoires, au diocese d'Amiens, un titre d'Enguerrand vicomte de Pont de Remy, de l'an 1274, par lequel l'abbé et les moines de ce monastere reconnoissent qu'ils sont obligez de le loger et sa suite dans les maisons qui leur appartiennent dans Abbeville, le jour de la Pentecoste, et les trois suivans, et de lui fournir des estables, deux charetes de fourage, des cuisines, des

---

[1] Ceremon. de Fr. tom. 2, p. 742. — [2] A. 1135, p. 51. — [3] L. 4, p. 515. — [4] L. 3, p. 112. — [5] L. 4, Hist. Novor. p. 102. — [6] Id. l. 2, Vitæ S. Anselmi Cant. c. 3. — [7] Id. p. 105. — [8] Lib. 6, p. 137. — [9] Rog. Hoved. part. 2, pag. 491. — [10] L. 8, p. 390 ; Rob. de Monte, A. 1139 ; Gesta Steph. reg. ; Math. Paris, p. 53. — [11] Part. 2, p. 491.

[1] Math. West. A. 1201. — [2] Id. A. 1249, 1253. — [3] P. 52. — [4] Id. p. 104. — [5] Addit. ad Will. Gemet. p. 317. — [6] Reg. Bigorr. fol. 13. — [7] Tabular. Vindoc. fol. 250. — [8] Monast. Angl. tom. 1, p. 44. — [9] Ib. tom. 2, p. 281.

tables, et des napes, au cas que le comte de Pontieu l'obligeât de venir à Abbeville, lorsqu'il y tiendroit sa cour. Ce qui fait voir que les vassaux estoient obligez, à raison de leurs fiefs, de se trouver aux cours solennelles de leurs seigneurs. Conformément à cét usage, j'ay leu un autre titre de Renaud d'Amiens, chevalier seigneur de Vinacourt, de l'an 1210, par lequel il reconnoit qu'il est homme lige d'Enguerrand seigneur de Pinquegny [1], et qu'il lui doit six semaines de service au même lieu avec armes, à ses propres dépens, s'il en a besoin pour sa guerre. Puis ajoûte ces mots : *Et si dictus vice-dominus me pro festo fasciendo summonuerit, ego cum uxore mea per octo dies secum ad custum meum debeo remanere*, etc. Par un autre aveu de l'an 1280, Dreux d'Amiens, seigneur de Vinacourt, reconnoit qu'il doit *huit jours de stages et huit jours de feste* au Vidame d'Amiens ; où il est à remarquer que ce qui est icy appellé *festum* est appellé dans un autre titre du même Enguerrand, de l'an 1218, *dies hastiludii*, et dans un autre de Jean Vidame d'Amiens, de l'an 1271, *le jour du Bouhordeis*, parce qu'en ces jours-là on faisoit des *behourds*, des tournois, et des joustes : et afin que

[1] Tabular. Pinconiensae, p. 57.

ces assemblées fussent plus celebres, les seigneurs obligeoient, ainsi que j'ay dit, leurs vassaux de s'y trouver à leurs dépens, et leur envoioient faire les *semonces* à cét effet. Mais parce que la matiere des tournois et des *behourds* est curieuse, et que leur origine est peu connuë, je prendray icy occasion d'en faire quelques dissertations, qui ne sçauroient estre qu'agréables, puisqu'elles en découvriront la source, et en feront voir l'usage et les abus.

Non seulement les vassaux estoient tenus de se trouver aux festes de leurs seigneurs, mais encore ils y estoient obligez à quelques devoirs particuliers, suivant les conditions des infeodations. Dans un acte passé l'an 1340 [1] Humbert Dauphin donne à Aynard de Clermont la terre de Clermont en Trieves, avec le titre de vicomté, à la charge que lorsque le dauphin, ou son fils aîné, seroit fait chevalier, le vicomte porteroit l'espée devant luy, et qu'aux jours de chevalerie et de mariage il serviroit à cheval, ou à pied, selon que la FESTE le requerroit, pour raison dequoy il prendroit deux plats et quatre assietes d'argent de seize marcs, et si la feste duroit plus d'un jour, un plat de quatre ou cinq marcs chaque jour.

[1] M. de Boissieu, au Traité des Droits Seig. ch. 4.

DE L'ORIGINE ET DE L'USAGE DES TOURNOIS.

DISSERTATION VI.

Tous les peuples qui ont aimé la guerre, et qui en ont fait le principal but de leur gloire, ont tâché de s'y rendre adroits par les exercices militaires. Ils ont crû qu'ils ne devoient pas s'engager d'abord dans les combats sans en avoir appris les maximes et les règles. Ils ont voulu former leurs soldats, et leur apprendre à manier les armes, avant que de les employer contre leurs ennemis : *Ars enim bellandi, si non præluditur, cum necessaria fuerit, non habetur*, dit Cassiodore [1]. C'est pour cette raison que S. Isidore écrit que les Goths [2], qui estoient estimez grands guerriers, *in armorum artibus spectabiles*, avoient coûtume de s'exercer par des combats innocens : *Exercere enim sese telis ac præliis præludere maxime diligunt, ludorum certamina usu quotidiano gerunt*.

Les François, qui ont esté effectivement les plus belliqueux d'entre toutes les nations, les ont aussi cultivez plus que les autres. Ce sont eux qui sont les inventeurs des tournois et des joustes, qu'ils n'ont mis en usage que pour tenir les gentilshommes en haleine, et pour les préparer pour les combats. Ce qui a fait dire à un poëte de ce temps [3] :

Ante homines domuisse feras gens Gallica ab olim
Sanxit, et ad duros belli armorumque labores,
Exercere domi rigidæ præludia pugnæ.

Et comme les tournois ne furent inventez que pour exercer les jeunes gentilshommes, c'est pour cela qu'ils sont appellez par Thomas de Walsingham [4] *ludi militares*, par Roger de Howeden *militaria exercitia*, par Lambert d'Ardres [5] *gladiaturæ*, par l'auteur de l'Histoire de Hierusalem [6] *imaginariæ bellorum prolusiones*; et enfin par Guillaume de Neubourg [7] *meditationes militares, armorum*

[1] L. 1, ep. 40. — [2] Histor. Goth. Init. Roder. Tolet. l. 1, Hist. Hisp. c. 9. — [3] R. P. Leo, B. Ord. FF. Minor. in Paneg. Ludov. XIV, edito A. 1666. — [4] P. 44. — [5] P. 13. — [6] Histor. Hieros. A. 1177. — [7] L. 5, c. 4.

exercitia, belli præludia, quæ nullo interveniente odio, sed pro solo exercitio atque ostentatione virium fiebant.

Alexandre Necham, *Lazius* [1], Chifflet [2], et autres auteurs estiment que le nom aussi bien que l'origine des tournois vient de ces courses de chevaux des anciens qui sont nommez *Trojæ* et *Trojani Ludi*, et qui furent inventez premierement par Enée, lorsqu'il fit inhumer Anchise, son père, dans la Sicile, d'où ces courses passèrent ensuite chez les Romains. On ne peut pas douter que ces jeux troyens n'ayent beaucoup de rapport avec les tournois, comme on peut recueillir de la description que Virgile [3] nous en a donnée : car ils ne consistoient pas dans de simples courses de chevaux, comme le P. d'Outreman [4] a écrit, puisque Virgile témoigne assez le contraire par ces vers :

—pugnæque cient simulachra sub armis,
Et nunc terga fugæ mandant, nunc spicula vertunt
Infensi : facta pariter nunc pace feruntur.

Il est constant, toutefois, qu'il se faisoit d'autres exercices dans les tournois et d'autres combats. Il est mêmes probable que le nom de tournois ne vient pas de *Troja, quasi Trojamentum*, comme les auteurs que je viens de nommer ont écrit, mais plûtot du mot françois *tourner*, qui signifie marcher ou courir en rond. C'est ainsi que *Papias* interprete ce mot de *tornat, in gyrum mittit*. Terme qui ne semble pas nouveau, puisque Paul Diacre [5] et l'empereur Maurice en ses *Tactiques* nous apprennent que celui de *torna* estoit en usage dans les combats, pour obliger les soldats à *tourner* aux occasions qui se presentoient. Aussi plusieurs estiment que ces femmes qui sont appellées *tornatrices* dans Hincmar [6], ont ce nom,

[1] L. 10, Com. de Rep. Rom. c. 2. — [2] In Vesont. 1 part. c. 31; Lud. d'Orleans, ad Tacit. l. 11, p. 578. — [3] L. 5, Æneid.; Sueton. in Jul. et Aug.; Xiphilin.; Papias. — [4] In CP. Bulg. lib. 1, c. 11, § 6. — [5] Hist. Misc. — [6] Tom. 1, p. 714, cap. 3, dist. 5, de consecr.

acause qu'elles dansoient en rond. C'est encore de là que nos anciens François ont emprunté le mot de *returnar*, qui se trouve dans le traité de paix d'entre Louys et Charles le Chauve, son frère [1], et de *retornare* dans les capitulaires du même Charles le Chauve [2], qui est à présent commun parmy nous, pour *revenir de quelque endroit*.

Ces exercices militaires ont esté en usage parmy nos premiers François : du moins Nithard [3] nous apprend qu'ils estoient connus sous la seconde race de nos roys ; car, décrivant l'entrevuë de Louys roy d'Alemagne et de Charles le Chauve roy de France, en la ville de Strasbourg, et racontant comme ils se donnerent toutes les marques d'une amitié reciproque, il ajoûte que pour rendre cette assemblée plus solennelle il se fit des combats à cheval entre les gentilshommes de la suite des deux princes, pour donner des preuves de leur adresse dans les armes : *Ludos etiam hoc ordine sæpe causa exercitii frequentabant. Conveniebant autem quocumque congruum spectaculo videbatur : et subsistente hinc omni multitudine, primum pari numero Saxonorum, Wasconorum, Austrasiorum, Brittonorum, ex utraque parte, veluti sibi invicem adversari vellent, alter in alterum veloci cursu ruebat : hinc pars terga versa protecti umbonibus ad socios insectantes evadere se velle simulabant. At versa vice iterum illos quos fugiebant persequi studebant : donec novissime utrique reges cum omni juventute, ingenti clamore, equis emissis, hastilia crispantes exiliunt, et nunc his, nunc illis terga dantibus, insistunt. Eratque res digna pro tanta nobilitate nec non et moderatione spectaculo. Non enim quispiam in tanta multitudine ac diversitate generis, uti sæpe inter paucissimos, et notos contingere solet, alicui, aut læsionis, aut vituperii quippiam inferre audebat.* On ne peut pas revoquer en doute, après ce passage, que les tournois ne se soient faits devant la troisième race de nos roys.

Cependant les anciennes Chroniques en attribuent l'invention à Geoffroy seigneur de Preuilly, qui fut père d'un autre Geoffroy, qui donna l'origine aux comtes de Vendôme. Celle de Tours [4] rend ce témoignage de lui : *Anno 1066 Gaufridus de Pruliaco, qui torneamenta invenit, apud Andegavum occiditur.* Et celle de S. Martin de Tours [5] : *Anno Henrici imp. 7 et Philippi regis 6 fuit proditio apud Andegavum, Gaufridus de Pruliaco et alii barones occisi sunt. Hic Gaufridus de Pruliaco torneamenta invenit.* D'autre part, nous lisons dans Lambert d'Ardres [6] que Raoul comte de Guines, fils du comte Ardolphe, estant venu en France pour y frequenter les tournois, reçut dans un de ces combats un coup mortel, qui lui fit perdre la vie. Or Raoul vivoit avant Geoffroy de Preuilly : car le même auteur écrit qu'Eustache son fils ayant appris la mort de son pere, vint aussitôt en Flandres, et fit hommage de son comté au comte Baudoüin le Barbu, qui tint le comté de Flandres depuis l'an 989 jusques en l'an 1034.

De sorte que j'estime que ce seigneur n'inventa pas ces combats et ces exercices militaires, mais qu'il fut le premier qui en dressa les loix et les regles, et mêmes qui en rendit la pratique plus commune et plus frequente. Ce qui est d'autant plus probable, que nous ne lisons pas le mot de tournoy avant ce temps-là. D'ailleurs la pluspart des ecrivains étrangers reconnoissent ingenuëment que les tournois estoient particuliers aux François. C'est pourquoy ils sont appellez par Mathieu Paris [7] *conflictus Gallici*, les combats ordinaires des François, en ce passage : *Henricus rex Anglorum junior, mare transiens, in* CONFLICTIBUS GALLICIS *et profusioribus expensis, triennium peregit, regiaque majestate prorsus deposita, totus est de rege translatus in militem, et flexis in gyrum frenis, in va-*

riis congressionibus triumphum reportans, sui nominis famam circumquaque respersit. Raoul de Coggeshall en sa chronique manuscrite rend le même témoignage, écrivant que Geoffroy de Mandeville mourut en la ville de Londres, d'une blessure qu'il reçût, *dum* MORE FRANCORUM *cum hastis vel contis se se, cursim equitantes vicissim impeterent.*

Aussi les auteurs ont remarqué que les François ont esté adroits en ces exercices plus que les autres nations. Le comte Baltazar de Castillon, en son *Courtisan* [1], parle de cette adresse de nostre nation : *Nel torneare, tener un passo, combatere una sbarra.* Et comme la lance estoit la principale arme dont on se servoit en cette sorte de combat, ils y ont tousjours excellé : ce qui a donné sujet à Foucher de Chartres [2] de dire qu'il estoient *probissimi bellatores, et mirabiles de lanceis percussores.* Albert d'Aix [3] fait une description de leurs lances ; et Anne Comnene [4], Nicetas [5], et *Cinnamus* [6] rendent cet honneur à la noblesse françoise d'avoir eu une adresse toute particuliere pour les manier et pour s'en servir dans les occasions.

Les Anglois emprunterent des François l'usage des tournois, qui ne commencerent à estre connus d'eux que sous le regne du roy Estienne, *cum per ejus indecentem mollitiem nullus esset publicæ vigor disciplinæ*, ainsi que Guillaume de Neubourg [7] écrit ; car alors, et sous le regne du roy Henry II, qui succéda à Estienne, les Anglois *Tyronum exercitiis in Anglia prorsus inhibitis, qui forte armorum affectantes gloriam exerceri volebant, transfretantes in terrarum exercebantur confiniis.* Roger de Howeden et Brompton [8] confirment cette remarque, racontant que Geoffroy comte de Bretagne, ayant esté fait chevalier par le roy Henry II, son pere, passa de l'Angleterre en Normandie, et que dans les confins de cette province et de celles de France il se trouva dans les tournois, où il eut la satisfaction de se voir rangé au nombre des chevaliers qui excelloient dans ces sortes de combats. Mais le roy Richard fut le premier qui en introduisit la pratique dans l'Angleterre [9] ; car cet illustre prince, considerant que les François estoient d'autant plus vaillans qu'ils estoient exercez, *tanto esse acriores quanto exercitatiores atque instructiores, sui quoque regni milites in propriis finibus exerceri voluit, ut ex bellorum solenni præludio verorum addiscerent artem usumque bellorum, nec insultarent Galli anglis militibus, tanquam rudibus et minus gnaris.* Mathieu Paris [10] dit la même chose, ce qu'il semble rapporter à l'an 1194 : *Eodem tempore rex Richardus, in Angliam transiens, statim per loca certa torneamenta fieri, hac fortassis inductus ratione, ut milites regni utriusque concurrentes vires suas flexis in gyrum frenis experirentur : ut si bellum adversus Crucis inimicos, vel etiam finitimos, movere decernerent, agiliores ad prælium et exercitatiores redderentur.* Mais ce grand roy est blâmé de ce que, voiant l'ardeur extraordinaire que les siens avoient pour se trouver à ces exercices militaires, il en prit occasion pour lever de l'argent sur ceux qui voudroient y aller [11] : *Rege id decernente, et a singulis qui exerceri vellen indicta pecuniæ modulum exigente.*

Les Alemans ne mirent pareillement les tournois en usage qu'aprés qu'ils les eurent receûs des François. Je sçay bien que *Modius* [12] en fait l'origine beaucoup plus ancienne en ces pays-là, nous ayant donné des tournois qui furent celebrez en Alemagne long-temps avant Geoffroy de Preuilly. Mais aussi ceux qui sont tant soit peu versez dans l'histoire n'ignorent pas que ce livre est remply de fables, et il faut avouer que son auteur a passé les bornes de l'impudence lorsqu'il nous a donné un Antoine marquis de Pont à Mou-

---

[1] Nithard., l. 3, pag. 353, cap. 6. — [2] Tit. 16, § 14. — [3] L. 3, pag. 356, cap. 6. — [4] Chr. Turon. A. 1066. — [5] Chr. S. Matini Turon ; A. Du Chesne, en l'Hist. des Chasteigners. — [6] P. 13. — [7] A. 1179, p. 95.

[1] L. 1. — [2] Fulcher. Carnot. l. 2, c. 41. — [3] L. 4, c. 6. — [4] In Alex. p. 171, 172, 207, 277, 445, 469. — [5] In Man. l. 3, c. 3. — [6] L. 2. — [7] L. 5, c. 4. — [8] A. 1177. — [9] Will. Neub. loco cit. — [10] A. 1194 ; Math. Westm. A. 1194, Id. Neubrig. — [11] Brompton. p. 1261. — [12] Fr. Modius, in Pandect.

çon, Claude comte de Tolose, Paul duc de Bar, Ligore comte de Bourgogne, Sigismond comte d'Alençon, Louys comte d'Armagnac, Philippes comte d'Artois, Antoine comte de Boulogne, et autres princes imaginaires, qui se trouvèrent, à ce qu'il dit, avec l'empereur Henry I en la guerre contre les Hongrois. Il est bien vray que Munster[1] a écrit que les tournois commencerent à paroitre dans l'Alemagne en l'an 1036, en laquelle année il s'en fit un dans la ville de Magdebourg. Que si ce qu'il dit est veritable, cela se fit au même temps que Geoffroy de Preuilly les inventa, n'estant pas hors de probabilité de croire que les Alemans en appprirent l'usage de lui, au même temps que les François.

Mais entre tous les auteurs qui ont écrit des tournois, les Grecs avouént franchement que ceux de leur nation en ont tiré la pratique des Latins, c'est-à-dire des François, qui en furent les inventeurs. Nicephore Gregoras[2] en parle de la sorte : Εἶτα καὶ ἀγῶνας ἐξετέλεσε δύο, μίμησίν τινα τῶν Ὀλυμπιακῶν ἀποσώζοντας,.... οἳ δὴ τοῖς Λατίνοις πάλαι ἐπινενόηνται γυμνασίας ἕνεκα σώματος, ὁπότε σχολὴν ἄγοιεν τῶν πολεμικῶν. Jean Cantacuzene[3] designe plus distinctement le temps auquel on commença à user des tournois dans l'empire d'Orient : sçavoir lorsqu'Anne de Savoie, fille d'Amé IV, comte de Savoye, vint à Constantinople pour y épouser le jeune Andronique Paleologue, empereur (ce mariage se fit en l'an 1326) ; car alors la noblesse de Savoie et de France qui avoit accompagné cette princesse fit des tournois dans cette capitale de l'empire, et en apprit ainsi l'usage aux Grecs : Καὶ τὴν λεγομένην τζουστρίαν, καὶ τὰ τερνεμέντα αὐτοὶ πρῶτοι ἐδίδαξαν Ῥωμαίους, οὔπω πρότερον περὶ τοιούτων εἰδότας οὐδέν. Mais il y a lieu de douter si les tournois ne commencerent à estre celebrez dans l'empire grec que depuis ce temps-là. Car Nicetas[4] nous apprend que l'empereur Manuel Comnene estant en la ville d'Antioche, les Grecs combatirent contre les Latins dans un tournoy ; et lui-même, voulant faire voir qu'il ne cedoit en rien aux François dans la dexterité à manier la lance, il s'y trouva, et y combatit avec ceux de sa nation. Il y a même lieu de croire que ce prince les mit en usage dans ses États ; car Cinnamus[5] écrit qu'estant parvenu à l'empire, il enseigna à ses peuples une nouvelle façon de combattre, leur ordonnant d'user à l'avenir de longs écus, au lieu de ronds ; d'apprendre à manier de longues lances, comme les François, et à monter à cheval ; puis il les obligea de s'exercer entre eux par des combats innocens, qui ne sont autres que les tournois : voicy les termes de cet auteur : Τὰς γὰρ ἐκ τῶν πολεμίων ἀνέσεις, πολέμων αὐτὸς ποιεῖσθαι θέλων παρασκευάς, ἱππεύεσθαι εἰώθη τὰ πολλά, σχῆμά τε πολέμου πεποιημένος, παρατάξεις τινὰς ἀντιμετώπους ἀλλήλαις ἵστα· οὕτω τε δόρασιν ἐπελαύνων τοῖς αὐτοξύλοις κίνησιν ἐγυμνάσαντο τὴν ἐν τοῖς ὅπλοις. Anne Comnene[6] semble encore parler de ces exercices des tournois, et faire voir qu'ils estoient en quelque façon en usage sous l'empire d'Alexis son père : Ἐπιμελῶς τε ἐκπαιδεύειν ὅπως χρὴ τόξον τείνειν, καὶ δόρυ κραδαίνειν, ἵππον τε ἐλαύνειν, καὶ μερικὰς ποιεῖσθαι συντάξεις. Ces dernieres paroles designent assez les tournois, où les combats se faisoient en troupes.

Le principal but de l'usage des tournois estoit pour exercer ceux qui faisoient profession des armes, pour apprendre à les manier, et à monter à cheval, et pour donner des preuves de leur valeur : *pro solo exercitio, atque ostentatione virium*, ainsi qu'écrit Guillaume de Neubourg ; γυμνασίας ἕνεκα σώματος, comme parle Gregoras, et enfin, *ut ex solenni bellorum præludio verorum addisceretur ars ususque bellorum*. Car il est malaisé de faire de belles actions dans les combats si on n'a passé par les exercices militaires, et si on n'a fait les épreuves necessaires pour entreprendre un métier si difficile et si dangereux. Roger de Howeden[1], parlant au sujet des tournois, après s'estre servi du passage de Cassiodore que j'ai cité, ajoûte ces paroles : *Non potest athleta magnos spiritus ad certamen afferre, qui nunquam suggillatus est. Ille qui sanguinem suum vidit, cujus dentes crepuerunt sub pugno, ille qui supplantatus adversarium toto tulit corpore, nec projecit animum projectus, qui quoties cecidit contumacior surrexit, cum magna spe descendit ad pugnam.*

Comme donc on ne combattoit aux tournois que pour y apprendre le métier de la guerre, et pour s'y exercer, aussi on n'y employoit aucunes armes qui pussent blesser ceux qui entroient en lices. Dion écrit que l'empereur Marc-Aurele voulut que les gladiateurs usassent d'épées dont les pointes seroient émoussées et rabatuës, et au bout desquelles il y auroit un bouton : Σιδήριον γὰρ οὐδέποτε οὐδενὶ αὐτῶν ὀξὺ ἔδωκεν, ἀλλὰ καὶ ἀμβλέσιν ὥσπερ ἐσφαιρωμένοις πάντες ἐμάχοντο. Seneque[2] appelle cette sorte d'armes *lusoria arma, lusoria tela*, et nos François *des glaives courtois*, c'est-à-dire des lances innocentes, sans aucune pointe de fer. Le *Traité des chevaliers de la Table ronde* dit que ces chevaliers *ne portoient nules espées, fors glaives courtois, qui estoient de sapin, ou d'if avec cours fers, sans estre trenchans, ne esmolus.* Mémes les *diseurs*, ou les juges des tournois, faisoient faire sermens aux chevaliers qui y devoient combattre, *qu'ils ne porteroient espées, armures, ne bastons affustiez, ne enfonceroient leurs armes, ne estaquettes assises par iceux diseurs*, ainsi qu'il est porté dans un *Traité manuscrit des Tournois*, mais combatroient *à espées sans pointe et rabatuës, et auroit chascun tournoyant un baston pendu à sa selle, et feroient desdites espées et bastons tant qu'il plairoit ausdits diseurs.* Un autre *Traité des Tournois* ajoûte que les chevaliers *tournoioient d'espées rabatuës, les taillans et pointes rompuës, et de bastons, tels que à tournoy appartient, et devoient frapper de haut en bas, sans tirer ne sans saquier.* Le *Cry des Tournois* dans Jacques de Valere, en son *Traité de la Noblesse*, porte que les tournoyans doivent estre *montez et armez de nobles harnois de tournoy, chascun armoié de ses armes, en hautes selles, pissiere, et chanfrain, pour tournoyer de gratieuses espées, rabatuës, et pointes brisées, et de cours bastons.* Et plus bas il est dit qu'ils devoient *fraper du haut en bas, sans le bouter d'estocq, ou hachier, ne tournoyer mal courtoisement. Car en ce faisant il ne gaigneroit riens, ne point de prix d'armes n'auroit, mais l'amenderoit ou dit des juges.* Un ancien auteur écrit à ce sujet que *torneamentum percutiendo, non etiam infringendo, juxta solitum exercetur.* Si donc le tournoiant en avoit usé autrement, il estoit blâmé par les juges du tournoy. Mathieu Paris[3], en l'an 1252, dit que Roger de Lemburne, chevalier anglois, ayant blessé mortellement à la gorge Hernaud de Montigny de la pointe d'une lance non émoussée, *lanceæ mucrone, qui prout debebat non erat hebetatus*, quoy qu'il se dit innocent ; fut neantmoins soupçonné d'avoir usé de trahison en cette occasion ; mais s'il arrivoit que quelqu'un eust blessé ou tué son adversaire avec les armes ordinaires du tournoy, pourveu qu'il n'eust rien fait contre les loix des tournois, il ne recevoit aucun blâme. Ce qui est remarqué particulierement par Gregoras[4] en ces termes : Ἐπεὶ δὲ τὸν τρώσαντα ἢ καὶ ἀποκτείνοντα, συμβὰν οὕτωσί πως, κἂν τοῖς ἀγῶσιν ἀμφοτέροις, ἀνέγκλητον εἶναι σφίσι νόμιμον ἦν.

Ceux qui estoient commis en cette qualité de juges des tournois[5] mesuroient et examinoient les lances des chevaliers et leurs autres armes, et prenoient garde s'ils n'estoient pas liez à leurs selles, ce

<hr>

[1] Geogr. l. 3, p. 896. — [2] L. 10, cap. 3. p. 339. — [3] L. 1, c. 42. — [4] In Man. l. 3, c. 3. — [5] L. 2, p. 134. — [6] L. 15, Alexiad.

[1] P. 580; Math. Westm. p. 375. — [2] Ep. 117, l. 2, Quæst. natur. — [3] P. 566. — [4] Niceph. p. 340. — [5] Descrip. Gregor. victor. obtent. per Carol. Reg. Sicil. tom. 5, Hist. Fr. p. 845.

qui estoit défendu par les loix des tournois, comme il est exprimé au traité ms. que je viens de citer : *A laquelle entrée se tiennent les susdits deux juges et officiers d'armes de la marche, lesquels ravissent leurs espées, pour sçavoir si elles sont raisonnables, et aussi le baston s'il est de maison. Le Cry des tournois : Et lendemain tenir fenestre comme dessus, et aprés disner à l'heure dessus nommée venir és pleins rens, montez et armez à tout lances mesurées et maisonnées de lances de maison, et courtois rochets : c'est asavoir mesurées à la gauge qui y sera commise et ordonnée de messieurs les adventureux, sans estre liez ne attachez. Car se il estoit seu, ne trouvé, jaçoit ce qu'il forjoustast, si perdroit-il sen pris pour la journée : et qui jousteroit de plus longue lance qu'il ne devroit, il perdroit la lance garnie. Et qui jousteroit de forcours, il peut bien perdre et rien gagner.*

Quoy que les inventeurs des tournois et de leurs loix semblent avoir apporté toutes les précautions necessaires pour éviter les inconveniens qui en pouvoient arriver, souvent neantmoins il en survenoit de grands par la chaleur du combat, ou par la haine et la jalousie des tournoyans. Car il y en avoit qui, n'estans pas maitres d'eux-mesmes, se laissoient emporter à la passion et à l'ardeur qu'ils avoient de vaincre, et qui n'observans pas entierement les regles qui leur estoient prescrites, faisoient tous leurs efforts pour renverser leur adversaire, de quelque maniere que ce fust. Il y en avoit d'autres qui prenoient ces occasions pour se venger de leurs ennemis. C'est pourquoy on jugea à propos d'obliger ceux qui se faisoient faire chevaliers, de faire serment qu'ils ne frequenteroient les tournois que pour y apprendre les exercices de la guerre, *se tirocinia non nisi causa militaris exercitii frequentaturos*[1]. Car souvent ces combats, qui d'abord ne se faisoient que par divertissement, et pour s'exercer, se tournoient en querelles et en de veritables guerres. Henry Kinghton[2], parlant du tournois qui se fit à Chalon en l'an 1274, où le roy Edoüard avec les Anglois combatit contre le comte de Chalon et les Bourguignons, dit que les deux partis s'y porterent avec tant de chaleur et de jalousie, que plusieurs y demeurerent sur la place, *adeo ut non torneamentum, sed parvum bellum de Chalon communiter diceretur*. Et Mathieu Paris[3], racontant un autre tournoy, en l'an 1241 : *Fuerunt autem ibidem multi, tam milites quam armigeri, vulnerati, et clavis cæsi, et graviter læsi, eo quod invidia multorum ludum in prælium commutavit.*

Les histoires sont remplies de ces funestes accidens qui arrivoient aux tournois. Raoul, comte de Guines, y perdit la vie, au récit de Lambert d'Ardres[4]. Robert de Hierusalem, comte de Flandres, y fut blessé à mort[5]. Geoffroy de Magneville, comte d'Essex en Angleterre, y fut tué en l'an 1216[6]. Florent, comte de Hainaut, et Philippes, comte de Bologne et de Clermont, perirent pareillement au tournoy qui fut tenu en la ville de Corbie, en l'an 1223[7]. Comme aussi le comte de Hollande à celuy qui fut tenu a Neumague l'an 1234[8]; Gilbert, comte de Pembroch, en l'an 1241[9]; Hernaud de Montigny, chevalier anglois, en l'an 1252[10]; Jean, marquis de Brandebourg, en l'an 1269[11]. Le comte de Clermont y fut tellement blessé, qu'il en perdit l'esprit, l'an 1279[12]; Louys, fils du comte Palatin du Rhin y perdit la vie, en l'an 1289[13]; Jean, duc de Brabant, en l'an 1294[14]. Et plusieurs autres personnes de condition, que je passe, dont les auteurs[15] font mention.

Ces funestes accidens donnerent occasion aux papes d'interdire les tournois, avec de grieves peines, excommuniant ceux qui s'y trouveroient, et défendant d'inhumer dans les cimetieres sacrez ceux qui y perdroient la vie. Innocent II[1], Eugene III, et, après eux, Alexandre III, au concile de Latran de l'an 1179, furent les premiers qui fulminerent leurs anathemes déclamant contre les tournois, et les appellant *detestabiles nundinas vel ferias, quas vulgo torneamenta vocant, in quibus milites ex condicto convenire solent, et ad ostentationem virium suarum et audaciæ temere congrediuntur, unde mortes hominum et pericula animarum sæpe proveniunt.* Ce concile ajoûte ces mots : *Et si quis eorum ibi mortuus fuerit, quamvis ei pœnitentia non denegetur, ecclesiastica tamen careat sepultura.* Innocent III[2] les interdit pareillement pour cinq ans, sous peine d'excommunication. C'est ce qui a fait dire à *Cæsarius*[3] qu'il ne faisoit pas de difficulté d'avancer que ceux qui estoient tuez dans les tournois estoient damnez : *De his vero qui in torneamentis cadunt nulla quæstio est quin vadant ad inferos, si non fuerint adjuti beneficio contritionis.* Il parle ensuite d'une vision qu'un prestre espagnol eut de quelques chevaliers qui avoient esté tuez dans les tournois, qui demandoient d'estre secourus par les prieres des fidéles. A quoy l'on peut rapporter une autre vision, dont Mathieu Paris[4] parle en l'an 1227, écrivant que Roger de Toëny, vaillant chevalier, s'apparut à Raoul son frere, et lui tint ce discours : *Jam et pœnas vidi malorum, et gaudia beatorum; nec non supplicia magna, quibus miser deputatus sum, oculis meis conspexi. Væ! væ mihi! quare unquam torneamenta exercui, et ea tanto studio dilexi.* La *Grande Chronique Belgique*[5] raconte qu'en l'an 1240 il se fit un tournoy à Nuis, prés de Cologne, après la Pentecoste, où soixante tant chevaliers qu'ecuyers ayant perdu la vie, pour avoir esté pour la plûpart suffoquez de la poussiere, on entendit aprés leur mort les cris des demons, qui y parurent en guise de corbeaux et de vautours, au-dessus de leurs corps. C'est donc des termes de ces conciles que les tournois sont appellez par S. Bernard[6], l'auteur de sa vie, *Cæsarius*[7], et Lambert d'Ardres[8], *nundinæ execrabiles et maledictæ.*

Innocent IV n'apporta pas moins de rigueur pour abolir les tournois que ses predecesseurs[9]. Mais, ne pouvant en empécher entierement l'usage, il les défendit pour trois ans, au concile tenu à Lyon l'an 1245, prenant pour pretexte qu'ils empéchoient les gentilshommes d'aller aux guerres d'outremer. On prenoit encore celuy de la dépense que les chevaliers faisoient en ces occasions, que l'on tâchoit d'arréter, aussi bien que toutes les autres, comme superfluës, et qui les mettoient dans l'impuissance de fournir à celles qu'il leur faloit faire pour les guerres saintes. Lambert d'Ardres[10] : *Cum omnino tunc temporis propter Dominici sepulchri peregrinationem in toto orbe interdicta fuissent torniamenta.* Et veritablement les gentilshommes faisoient de prodigieuses dépenses dans ces rencontres, soit acause de la magnificence de leurs habits et de leurs suites et le prix de leurs chevaux, que parce qu'ils estoient souvent obligez d'entreprendre de longs voyages pour en aller chercher les occasions : ce qui a fait tenir ces paroles au cardinal Jacques de Vitry[11], au sujet des peuples, qui souffroient infiniment par ces dépenses des seigneurs : *Maxime cum eorum domini prodigalitati vacantes et luxui, pro torneamentis et pomposa sæculi vanitate expensis superfluis et debitis astringebantur et usuris.* Et le même Lambert[12] parlant des prodigalitez d'Arnoul le Jeune, seigneur d'Ardres : *Licet extra patriam munificus et liberalis, et expensaticus diceretur, et*

---

[1] W. Heda, in Hist. Episc. Traject. — [2] L. 2, de Event. Angl. p. 2459. — [3] P. 383. — [4] P. 13. — [5] W. Malmesb. l. 3, Hist. Angl. p. 105. — [6] Math. Par. p. 194. — [7] Jo. Beka; W. Heda; Jo. a Leydis, l. 22, c. 16. — [8] Godef. Mon. A. 1234, Hist. Archiep. Brem. p. 110. — [9] Math. Paris, p. 383; Math. Westm. p. 305. — [10] Id. f. 566. — [11] Chr. Austral. A. 1269; Chr. Citizense, p. 813 — [12] Gesta Phil III, reg. Fr. — [13] Chr. Austral. A. 1289 — [14] Mag. Chr. Belg. A. 1294. — [15] Chr. de Flandr. ch. 31; Math. Westm. A 1295; Tom. 2, Monast. Angl. p. 220, 222; Petrarch. Epist. Famil. 73; M. Chr. Belg. A. 1240.

[1] Baron. A. 1148, n. 12. — [2] Tom. 5. Hist. Fr. p. 759. — [3] Cæsar. Heist. de Mirac. l. 12, c. 16, 17. — [4] P. 287. — [5] A. 1240. — [6] Ep. 358; Theoder. Abb., in Vita S. Bern. l. 1, c. 11. — [7] L. 7, c. 39; l. 12, c. 17. — [8] P. 13, 29. — [9] Math. Par. p. 455. — [10] P. 250. — [11] L. 2, Hist. Occid. c. 3. — [12] P. 167.

*circa militiam quicquid militantium et torniamentantium consue-
tudo poscebat et ratio, quasi prodigaliter expenderet.*

Le pape Nicolas IV témoigna le même zele pour éteindre les
tournois [1], particulierement en France, où ils se faisoient plus fréquemment que dans les autres royaumes, excommuniant ceux qui
contreviendroient à ces défenses. Et sur ce que le cardinal de Sainte-
Cecile, legat du saint-siege, qui les avoit fait publier, en accorda
la surseance pour trois ans à la priere du roi, il l'en reprit aigre-
ment par la lettre qu'il lui écrivit, qui est inserée dans les *Annales
Ecclesiastiques.*

Clement V interdit pareillement les tournois, principalement
acause du dessein qu'il avoit de faire entreprendre aux princes
chrétiens la guerre contre les infidéles. Sa bulle [2] est datée à Peraen
de Gransille prés de Malausane, au diocese de Bazas, le 14 de septembre l'an 8 de son pontificat, de laquelle j'ay extrait ce qui
sert à mon sujet : *Cum enim in torneamentis et justis in aliquibus
partibus fieri solitis multa pericula immineant animarum et corporum, quorum destructiones plerumque contingunt, nemini vertitur
in dubium sanæ mentis, quin illi qui torneamenta faciunt, vel fieri
procurant, impedimentum procurant passagio faciendo, ad quod
homines, equi, et pecunia et expensæ fore necessaria dinoscuntur;
quorum torneamentorum factura cum gravis pœnæ adjectione a
nostris prædecessoribus est interdicta.*

Mais l'ardeur de la noblesse estoit si grande, pour les occasions
qui s'offroient de donner des preuves de sa valeur dans les temps
de paix, qu'il n'y avoit point d'anatheme ni de bulle des papes
qui en pût arrêter le cours. Ce qui a fait dire à Guillaume de Neubourg : *Licet solemnem illum tironum concursum tanta sub gravi
censura vetuerit pontificum autoritas, fervor tamen juvenum armorum vanissimam affectantium gloriam, gaudens favore principum probatos habere tirones volentium, ecclesiasticæ provisionis
sprevit decretum.* Et Henry de Knighton [3], en l'an 1191 : *Fiebant
interea ad tironum exercitium intermissa diu torneamenta, quasi
bellorum præludia, nonobstante papali prohibitione.*

Comme donc le peril qui se trouvoit dans les combats des tournois estoit si grand [4], que cela a donné premierement sujet aux
papes de les interdire sous les peines d'excommunication, l'on
jugea aussi à propos d'en dispenser au moins les souverains et
les princes de leur sang, acause de l'importance de leurs personnes.
Du Tillet [5] raconte que le roy Philippes-Auguste prit, au mois de
may l'an 1209, le serment de Louys de France, son fils aîné, et de
Philippes comte de Bologne, son autre fils, qu'ils n'iroient en aucun tournoy sans son congé, sous pretexte d'y faire signaler leur
valeur et d'y remporter le prix : leur permettant, toutefois, que
s'il s'en faisoit quelqu'un prés d'eux, d'y aller, sans y porter les
armes comme chevaliers, mais seulement avec l'halecret et l'armet.
Petrarque [6], écrivant à Hugues, marquis de Ferrare, dit qu'il n'appartient qu'à de simples chevaliers de se trouver aux tournois,
qui n'ont pas d'autres moyens ni d'autres occasions pour donner
des preuves de leur valeur et de leur adresse, et dont la mort est
de petite consequence; mais que les princes, pouvans faire éclater
leur courage en mille autres rencontres, et d'ailleurs leur vie
estant importante à leurs peuples, s'en doivent abstenir.

Nous lisons neantmoins que souvent non-seulement les princes
de haute condition se sont trouvez à ces exercices militaires, et
qu'ils y ont combatu comme simples chevaliers, mais mêmes les
empereurs et les roys. Nicetas [7] écrit que l'empereur Manuel Comnene avec les Grecs combattit au tournoy qui se fit à Antioche par
le prince Raymond, et qu'il jeta par terre d'un seul coup de lance
deux chevaliers françois, lesquels il renversa l'un sur l'autre. L'empereur Andronique Paleologue le jeune [1] combatit en personne au
tournoy qu'il fit à Didymotique pour la naissance de Jean son fils.
Edouard III, roy d'Angleterre, combattit en un tournoy dans la ville
de Chalon, comme j'ay remarqué. Froissart [2] dit que Charles VI,
aux noces de Guillaume de Hainaut avec Marguerite de Bourgogne,
solemnisées à Cambray, l'an 1385, *jousta à un chevalier de Hainaut, qui s'appeloit Nicole d'Espinoit.* Le roy François Ier et
Henry VIII, roy d'Angleterre, à leur entrevue [3] qui se fit entre Ardres et Guines, l'an 1520, combatirent au tournoy qui s'y fit. Enfin
le roy Henry II jousta à Paris contre le comte de Montgomery, et
reçut une blessure en l'œil, dont il mourut.

Les princes seculiers interdirent aussi quelquefois les tournois,
mais pour d'autres raisons que celles qu'eurent les papes. Guillaume
de Nangis écrit que S. Louis [4], ayant receu du pape en l'an 1260 les
nouvelles de la défaite des chrétiens dans la Terre sainte et dans l'Armenie par les infidèles, fit faire des prieres publiques, défendit les
tournois pour deux ans, et ne voulut point qu'on s'adonnât à
d'autres jeux qu'à l'exercice de l'arc et de l'arbaléte. Le roi Philippes le Hardy prorogea les défenses qui avoient esté faites pour
un temps des joustes et des tournois, par une ordonnance qui fut
registrée au parlement de la Pentecôte l'an 1280 [5]. Ces prohibitions
se firent particulierement durant les guerres que nos roys avoient
avec leurs voisins, comme on peut recueillir des ordonnances de
Philippes le Bel des années 1304 et 1305, qui se lisent dans un registre du Trésor des Chartes du roy [6]. Dans une autre du penultiéme jour de decembre, l'an 1311, qui est inserée dans un registre de la chambre des comptes de Paris [7], qui m'a esté communiqué par monsieur d'Herouval, dont voicy l'extrait, le même roy
ne prend pas d'autre pretexte que celuy des desordres qui en arrivoient.

*Philippus, D. G. Francorum rex, universis et singulis baronibus,
et quibuscumque nobilibus regni nostri, necnon omnibus baillivis
et senescallis, et aliis quibuscumque justitiariis regni ejusdem, ad
quos præsentes litteræ pervenerint, salutem. Periculis et incom-
modis quæ ex torneamentis, congregationibus armatorum, et armorum portationibus in diversis regni nostri partibus hactenus pro-
venisse noscuntur, obviare volentes, ac super hoc prorsus nostro
[pro futuro] tempore, prout ex officii nostri debito tenemur, salubriter providere, vobis et cuilibet vestrum sub fide qua nobis tenemini,
et sub omni pœna quam vobis infligere possumus, præcipimus et
mandamus quatenus congregationes armatorum et armorum portationes facere, vel ad torneamenta accedere, quas et quæ præsentibus
prohibemus sub pœna prædicta, ullatenus de cætero præsumatis,
nec in contrarium fieri permittatis a quocumque, vosque senescalli,
baillivi et justitiarii nostri prædicti in assisiis, et aliis in locis
vestris ac ressortus eorum facietis prædicta celeriter publicari. Contrarium attentantes capiatis cum eorum familiis, equis, armis, har-
nesiis, necnon terris et hæreditatibus eorum. Quas terras et hæredi-
tates cum aliis eorum quibuscumque bonis teneatis et expletetis sine
omni deliberatione de [vel] recredentia facienda de his sine nostro
speciali mandato. Præmissam torneamentorum prohibitionem du-
rare volumus, quamdiu nostræ placuerit voluntati, ex [et] omnibus
subjectis nostris sub fide qua nobis adstricti tenentur, torneamenta*

---

[1] Od. Raynald. A. 1279, n. 16, 17. — [2] Orig. — [3] P. 2408. — [4] Favyn, tom. 2,
p. 1751. — [5] P. 313. — [6] Ep. ad March. Ferrar. — [7] In Man. l. 3, c. 3.

[1] Niceph. Greg. p. 340. — [2] Vol. 2, c. 154. — [3] Cerem. de Fr. vol. 2, p. 743
— [4] P. 371. — [5] Regist. du parlement — [6] 36e Reg. du Trésor des Chart. du roy,
Chart. 192, 217, 240. [Ordon. tom. 1, p. 420, 421, 426, 484.] — [7] Vol. 1, Memo-
rabil. Cameræ Comput. Paris, f. 16 ; 55e Reg. du Trésor des Chart. du roy. [Or-
don. tom. 1, p. 493.]

hujusmodi prohibemus. Datum Pissiaci, penultima die decemb. an. D. 1311.

Philippes le Long prohiba pareillement les tournois par une ordonnance générale du 23ᵉ jour d'octobre l'an 1318, et dans une autre particuliere du 8 de fevrier de l'année suivante, addressée au bailly de Vermandois. Le roy rend la raison de sa défense en ces termes : *Quar se nous les souffrions à faire, nous ne pourrions pas avoir les nobles de nostre royaume si prestement pour nous aidier à notre guerre de Flandres, etc.* [1].

Quelquefois on a défendu les tournois et les joustes pour un temps, acause de quelque grande solennité, de crainte que les grans seigneurs et les chevaliers, qui desiroient faire parétre leur adresse dans ces occasions, negligeassent de se trouver à ces ceremonies, qui auroient esté moins solennelles s'ils ne s'y fussent pas trouvez. Ainsi le roi Philippes le Bel, ayant dessein de faire ses enfans chevaliers, et d'en rendre la cérémonie plus magnifique, fit une semblable défense, en l'an 1312, par une ordonnance (tirée de l'original qui est conservé en la chambre des comptes de Paris) laquelle je ne feray pas de difficulté d'inserer entiere en cét endroit, d'autant plus qu'elle parle d'une forme de tournois, ou de jouste, qu'elle nomme *tupineiz*, qui est un terme qui m'est inconnu, ne l'ayant pas encores leû ailleurs, et qui peut-estre signifie les tables rondes. Elle m'a esté communiquée avec quantité d'autres pieces par monsieur d'Herouval.

Philippe, par la grace de Dieu roy de France, à nostre gardien de Lions, salut. Comme nous entendons à donner à nostre tres-cher ainzné fils Loys, roy de Navarre, comte de Champaigne et de Brie Palazin, et à nos autres deux fils, ses freres, en ce nouviau temps ordre de chevalerie : et jà pieça par plusieurs fois nous eussions fait defendre generalement par tout notre royaume toutes manieres d'armes et de tournoiemens, et que nuls sur quanques il se pooient meffaire envers nous, n'allast à tournoiemens en notre royaume ne hors, ou feist ne alast à joustes, tupineiz, ou fist autres fais ou portemens d'armes, pource que plusieurs nobles et grans personnes de nostre garde se sont fait faire, et se sont accoustumez de eux faire faire chevaliers esdits tournoiements, et non contrestant cette

[1] [Voyez Ordon. tom. 1, p. 539, 643.]

général defense, plusieurs notles personnes de nostre dite garde aient esté et soient allez au tournoiement par plusieurs fois à joustes, à tupineiz, tant en notre royaume comme dehors, et en autres plusieurs fais d'armes en enfraignaut nostre dite défense, et en iceux tournoiemens plusieurs se soient fait faire chevaliers, et seur ce qu'ils ont fait contre nostre dite defense vous n'ayez mis remede, laquelle chose nous desplaist moult forment : Nous vous mandons et commandons si estroitement comme nous poons plus, et sur peine d'encourre nostre malivolence, que tous ceux que vous saurez de nostre garde qui ont esté puis notre dite defense à tournoiemens, joustes, tupineiz, ou en autres fais d'armes, ou que ce ait esté en notre royaume, ou hors, que vous sans delay les faciez prandre et mettre en prison pardevers vous en mettant en nostre main tous leurs biens. Et quant il seront devers vous en prison, si leur faites amander ce qu'il auront fait contre nostre dite defense : et ce fait si leur recréez leur biens, et avec ce, quant il auront amendé, si leur faites jurer sus sains, et avec ce leur defendez de par nous sus poine d'encourir nostre indignation et de tenir prison chascun un an, et sus poine de perdre une année chascun les fruiz de sa terre, qu'il tendront les ordenances que nous avons fait sus le fait d'armes, qui sont teles : C'est asavoir que nuls ne soit si hardi de nostre royaume qui voist à tournoiemens, à joustes, tupineiz oue en autre fait d'armes, soit en nostre royaume ou hors, jusques à la feste S. Remy prochaine venant, et leur faites bien savoir que encores avons nous ordené que s'il font au contraire de ce, que leur chevaux et leur harnois nous avons abandonné aux seigneurs sous qui jurisdiction il seront trouvé, et quant il auront ensi juré, si leur delivrez leur cors. Encore vous mandons nous que l'ordenance dessusdite vous faciez crier et publier solempnellement, sans delay, par les lieux de vostre garde, où vous saurez qu'il sera à faire, et de défendre de par nous que nuls ne soit si hardy sur la peine dessusdite d'aler aux armes à tournoiemens, joustes, ou tupineiz, en nostre royaume, ou hors, jusques à ladite feste de S.-Remy, et faites cette besoigne si diligemment, que vous n'en puissiez estre repris de negligence, ou de inobedience, auquel cas se il avient, nous vous punirons en tele maniere, que vous vous en apercevrez. Donné à Fontainebliaut, le 28ᵉ jour de decemb. l'an de grace 1312.

DES ARMES A OUTRANCE, DES JOUSTES,

DE LA TABLE RONDE, DES BEHOURDS, ET DE LA QUINTAINE.

DISSERTATION VII.

Les tournois dont je viens de parler n'estoient que jeux et passe-temps, et ne se faisoient que pour exercer la noblesse : c'est pourquoi on n'y employoit que des armes innocentes : et s'il y arrivoit quelquefois de funestes accidens, c'estoit contre l'intention et l'esprit de ceux qui les inventerent, lesquels tâcherent d'y remedier par les regles et les loix qu'ils y prescrivirent. Mais dans la suite des temps on en mit d'autres en usage, où l'on combatoit avec les armes dont on se sert dans les guerres, c'est-à-dire avec des lances et des épées dont les pointes n'estoient pas émoucées.

D'où Mathieu Paris [1] a pris sujet d'appeller cette espéce de tournoy *torneamentum aculeatum*, et *hostile*, parce que les deux partis y venoient aux mains avec des armes offensives, comme avec des ennemis. Nos François lui ont donné le nom d'*armes à outrance*, dautant que ces combats ne se terminoient presque jamais sans effusion de sang, ou sans la mort de ceux qui entroient en lice, ou sans l'aveu et la confession de celui qui estoit terrassé et vaincu.

L'ordonnance de Philippes le Bel [2] pour les duels, et Hardoüin

[1] P. 554, 372. — [2] Dans Favyn, Savaron, etc.; Hardoüin de la Jaille, Ms.

de la Jaille en son traité sur le même sujet, qu'il dédia à René, roi de Sicile, admettent plusieurs cas ausquels on estoit tenu pour vaincu dans les duels : le premier est lorsque l'un des combatans avoûoit le crime dont il estoit accusé, et se rendoit volontairement à son accusateur ; l'autre estoit quand l'une des parties estoit jettée hors des lices, ou qu'elle avoit pris la fuite ; et enfin le troisiéme estoit lorsqu'elle avoit esté tuée dans le combat. Car en tous ces cas *le gage de bataille estoit outré*, ainsi que parle le Roy (auquel endroit André Favyn a mis mal à propos le mot *ottroié*) : c'est-à-dire qu'il estoit terminé par la mort, la fuite, ou la confession de l'une des parties. Car *outrer* signifioit proprement percer son ennemy de l'épée ou de la lance ; d'où nous disons, *Il lui a percé le corps d'outre en outre*. Robert de Bourron, en son Roman de Merlin : *Il ne cuide pas qu'il ait un seul chevalier el monde qui dusques à outrance le puest mener, ou dusques à la mort*. Georges Châtellain [1], en l'Histoire de Jacques de Lalain, chevalier de la Toison d'or, a aussi usé de ce mot en cette signification : *Mais ne demeura gueres de grand haste et ardeur, que le seigneur de Haquet avoit de ferir et outrer messire Simon de Lalain*.

On appelloit donc particulierement *armes à outrance* les combats qui se faisoient avec armes offensives, de commun accord, et de commun consentement, sans aucune ordonnance de juges, et neantmoins devant des juges qui estoient nommez et choisis par les parties, et sous des conditions dont on demeuroit d'accord reciproquement. En quoy ces combats, s'ils estoient singuliers, c'est-à-dire d'homme à homme, différoient des duels, qui se faisoient toûjours par l'ordonnance du juge.

Les armes à outrance se faisoient ordinairement entre ennemis, ou entre personnes de differentes nations, sous de differents princes, avec les défis et les conditions du combat, qui estoient portez par les roys d'armes et les herauds ; les princes donnoient à cét effet des lettres de sauf-conduit à ceux qui devoient combattre dans les endroits des deux États dont on convenoit. Les juges du combat estoient aussi choisis par les princes, et mémes les princes s'y trouvoient quelquefois en cette qualité. Souvent ces défis se faisoient en termes généraux, sans désigner les noms des personnes qui devoient combattre ; mais on y marquoit seulement le nombre de ceux qui devoient faire le combat, la qualité des armes, et le nombre des coups qu'on devoit donner. D'où vient que Jacques Valere, en son *Traité de la noblesse*, appelle cette espéce de combat *Champs à articles, ou à outrance*, acause des conditions qui y estoient apposées ; et Froissart [2], *joustes mortelles et à champ*.

Quoy que le nombre des coups qu'on devoit donner fust ordinairement limité, souvent neantmoins les parties ne se séparoient point sans qu'il y en eust de morts ou de griévement blessez. C'est pourquoi Froissart, décrivant le combat d'entre Renaud de Roye, chevalier picard, et Jean de Holland, chevalier anglois, tient ce discours : *Or, regardez le peril où tels gens se mettoient pour leur honneur exaucer ; car en toutes choses n'a qu'une seule mesaventure et un coup à meschef*. Et ailleurs, racontant le combat d'entre Piérre de Courtenay, chevalier anglois, et le seigneur de Clary en Picardie [3] : *Puis leur furent baillez leurs glaives à pointes acerées de Bourdeaux, tranchans et affilez. Es fers n'y avoit point d'espargne, fors l'aventure, telle que les armes l'envoient*.

Ces combats, quoy que mortels, se faisoient ordinairement entre des personnes qui, pour le plus souvent, ne se connaissoient pas, ou du moins qui n'avoient aucun démélé particulier entre eux ; mais seulement pour y faire parétre la bravoure, la generosité et l'adresse dans les armes. C'est pour cela qu'on avoit encore étably des loix et des regles générales pour cette maniere de combattre, ausquelles, neantmoins, on dérogeoit quelquefois par des conditions dont on convenoit ou qu'on proposoit. La plus ordinaire de ces loix estoit que si on combattoit avec l'épée ou la lance, il faloit frapper entre les quatre membres : que si on frapppoit ailleurs, on estoit blâmé et condamné par les juges. D'où vient que Froissart [1], parlant d'un chevalier qui en cette occasion avoit frappé sur la cuisse de son ennemy, écrit *qu'il fut dit que c'estoit villainement poussé*. La peine de ceux qui n'observoient pas la loi du combat estoit la perte de leurs armes et de leurs chevaux. Le même auteur [2], ailleurs : *Les Anglois virent bien qu'il s'estoit mesfait, et qu'il avoit perdu armes et cheval si les François vouloient*. Il y a une infinité d'exemples de cette espèce de combats dans Mathieu Paris [3], dans le même Froissart [4], dans l'Histoire de Louys duc de Bourbon, écrite par d'Orronville [5] ; dans Georges Châtellain [6], Monstrelet [7], Caxton [8], et autres auteurs, qui font voir qu'ils se faisoient pour l'ordinaire en attendant les occasions d'un combat général entre les nations ennemies, en estant comme le prelude, ainsi que parle Roderic, archevesque de Tolede [9] : *Agareni etiam in modum torneamenti circa ultimam partem castrorum quædam belli præludia attentabant*. Desorte qu'on usoit du terme vulgaire de *tournoier* lorsqu'on faisoit de legers combats contre les ennemis avant la bataille, que lés écrivains nomment *bellum campale*. La lettre d'Arnaud, archevesque de Narbonne, au sujet de la victoire remportée par les roys de Castille, d'Arragon et de Navarre sur les Mores l'an 1212, parlant des escarmouches qui se firent la veille du combat : *Arabibus etiam ex parte ipsorum torneantibus cum nostris, non more francico, sed secundum aliam suam consuetudinem torneandi cum lanceis sine cannis*. Le sire de Joinville [10] parle d'une jouste mortelle que fit un chevalier genois contre un Sarrazin.

Quelquefois les armes à outrance se faisoient entre des personnes qui n'étoient pas ennemies d'état, le défi se proposant contre tous ceux qui voudroient entrer en lices, suivant les conditions qui estoient arrêtées par ceux qui faisoient les défis. Ce genre de combat est appellé par Mathieu Paris [11] *torneamentum quasi hostile :* car comme il ne se faisoit pas entre des personnes ennemies, les effets neantmoins estoient semblables, puisque l'on y employoit les armes dont on se sert dans la guerre contre les ennemis, et que les suites avoient les mêmes perils. Nous avons un exemple singulier d'un tournoy de cette nature, qui fut proposé et entrepris par Jean duc de Bourbon en l'an 1414. Et parce que les lettres de défi qu'il fit publier nous découvrent l'usage de cette espèce de combat, outre que d'ailleurs elles n'ont pas esté publiées, je les insereray en cét endroit, après avoir reconnu que je les ay tirées des memoires de M. de Peiresc [12]. NOUS, JEAN DUC DE BOURBONNOIS, *comte de Clermont, de Fois et de l'Isle, seigneur de Beaujeu, per et chambrier de France, desirans eschiver oisiveté, et explecter nostre personne, en advançant nostre honneur par le mestier des armes, pensant y acquerir bonne renommée, et la grace de la tres-belle de qui nous sommes serviteurs avon n'agueres voüé et empris que nous, accompagné de seize autres chevaliers et escuyers de nom et d'armes, c'est asavoir l'admiral de France, messire Jean de Chalon, le seigneur de Barbasen, le seigneur du Chastel, le seigneur de Gaucourt, le seigneur de la Heuze, le seigneur de Gamaches, le seigneur de*

---

[1] Ch. 55. — [2] Vol. 4, c. 6. — [3] Vol. 4, ch. 6.

[1] Vol. 2, ch. 64. — [2] Vol. 4, c. 12. — [3] P. 492, 554, 372. — [4] Vol. 2, c. 64 ; vol. 3, c. 49, 139 ; vol. 4, c. 6, 12. — [5] Ch. 44. — [6] Ch. 54. — [7] Vol. 1, ch. 14, 23, 52 ; vol. 2, p. 68, 105, 106. — [8] Ad Polychr. 1. ult. c. 7. — [9] Lib. 8, Hist. Hisp. c. 8 ; Ughell. in Episc. Sabin. — [10] P. 102. — [11] A. 1241, p. 372. — [12] Communiqué par M. d'Herouval.

S.-Remy, le seigneur de Monsures, messire Guillaume Bataille, messire Droüet d'Asnieres, le seigneur de la Fayette, et le seigneur de Poularques, chevaliers : Carmalet, Loys Cochet, et Jean du Pont, escuyers, porterons en la jambe senestre chascun un fer de prisonnier pendant à une chaisne, qui seront d'or pour les chevaliers, et d'argent pour les escuyers, par tous les dimanches de deux ans entiers, commençans le dimanche prochain aprés la date de ces presentes, ou cas que plûtost ne trouverons pareil nombre de chevaliers et escuyers de nom et d'armes, sans reproche, que tous ensemblement nous vueillent combattre à pied jusques à outrance, armez chascun de tels harnois qu'il luy plaira, portant lance, hasche, espée et dague, ou moins de baston, de telle longueur que chascun voudra avoir, pour estre prisonniers les uns des autres, par telle condition que ceux de nostre part qui seront outrez soient quittes en baillant chascun un fer et chaisne pareils à ceux que nous portons, et ceux de l'autre part qui seront outrez seront quittes chascun pour un bracelet d'or aux chevaliers, et d'argent aux escuyers, pour donner la où bon leur semblera, etc. Un autre article fait voir que des armes se devoient faire en Angleterre. *Item, et serons tenu, nous, duc de Bourbonnois, quand nous irons en Angleterre, ou devant le juge que sera accordé, de le faire sçavoir à tous ceux de notre compaignie que ne scroient pardeçà, et de bailler à nosdits compagnons telles lettres de monseigneur le roi qui leur seront necessaires pour leur licence et congé, etc. Fait à Paris, le premier de Janvier, l'an de grace 1414.*

Comme il se faisoit des tournois de cette nature, c'est à dire des combats généraux, il s'en faisoit aussi des particuliers [1]. Tel fut le combat de Philippe Boyle, chevalier arragonnois, contre Jean Astley, escuier anglois, qui se fit en la ville de Londres, en présence d'Henry VI, qui en voulut estre le juge, et qui aprés qu'il fut achevé fit Astley chevalier et lui donna cent marcs d'argent. Le même escuier avoit combatu auparavant, de cette sorte de combat, contre Pierre Masse, escuier françois, avec cette condition, que celui qui seroit vainqueur remporteroit le heaume du vaincu, par forme de prix, qu'il presenteroit à sa maîtresse. Ce combat se fit à Paris devant S. Antoine, le 29e jour d'aoust l'an 1428, en présence du roy Charles VII, dans lequel l'Anglois perça de sa lance la teste du François. Quant au chevalier arragonnois, il avoit spécifié dans son défi, qu'il lui avoit esté commandé de se battre à outrance contre toute sorte de chevaliers et d'escuiers, pour l'honneur et le service du roy d'Arragon et de Sicile son maître, et que, n'ayant trouvé personne en France qui eust voulu entrer dans le combat avec lui, il avoit passé dans l'Angleterre pour accomplir son *emprise*, avec cette condition que le vainqueur remporteroit pour marque de la victoire le heaume ou l'épée du vaincu. Tels furent encore les combats que Poton de Saintraille, chevalier, entreprit au mois d'avril l'an 1423, en la ville d'Arras, contre Lionel de Vandonne, chevalier boulonois, et en l'an 1429 contre Nicolas Menton, chevalier, au même lieu, en présence d'un grand nombre de noblesse.

Le mot de tournoy estoit un terme général qui comprenoit tous les combats qui se faisoient par forme d'exercice. Mais proprement on appelloit ainsi ceux qui se faisoient en troupes, et où plusieurs combatoient en même temps contre plusieurs, representans la forme d'une bataille. C'est ainsi que Nicephore Gregoras [2] décrit les tournois des Latins : Μερίζονται κἀνταῦθα κατὰ φυλὰς, καὶ δήμους, καὶ φρατρίας, καὶ ὁπλίζονται πάντες ὁμοῦ ; et Thomas de Walsingham [3], racontant le tournois de Chalon, dont j'ay parlé ailleurs : *Die itaque*

statuto congrediuntur partes, gladiisque in alterutrum ingeminantes ictus, vires suas exercent.

Aprés que ces combats généraux estoient achevez on venoit aux combats particuliers ; car alors ceux qui avoient desseiu de donner des preuves de leur adresse, et de se faire remarquer comme vaillans, entreprenoient des combats singuliers, et y combatoient, ou de leurs espées, ou de leurs lances, contre ceux qui se presentoient. Les coups qu'un châcun devoit donner y estoient limitez pour l'ordinaire à trois. Ces combas estoient appellez par nos François *joustes*. Guillaume de Malmesbury [1] : *Tentavere primo regii prœludium pugnœ facere, quod justam vocant, quia tali arte erant periti.* Il n'est pas aisé de deviner l'origine de ce mot, si ce n'est que nous disions qu'il vient du latin *juxta*, et du françois *jouxte*, parce qu'ils se faisoient de prés, comme se font les combats singuliers. Aussi Gregoras, qui les appelle joustes, τζοῦστρα, aussi bien que Jean Cantacuzene, dit qu'ils representoient une forme de duel, et avoient μονομαχίας ἔνδειξιν. Jean, moine de Mairmoutier [2], en l'*Histoire de Geoffroy, duc de Normandie*, décrivant le tournoy qui se fit entre les chevaliers normans et les Bretons, en suite du mariage de ce duc, dit qu'aprés que l'on eut combatu en troupes, les Normans proposerent la jouste aux Bretons : *Normanni vero confusione inopinata dejecti, singulare certamen Britonibus proponunt.* Et de là vient que le Reclus de Moliens, en son *Miserere*, a usé des termes de gagner joustes au tournoy, c'est-à-dire remporter le prix du combat singulier dans le tournoy. Le *Grande Chronique de Flandres* [3] décrit ainsi la jouste que fit Jean, duc de Brabant, en l'an 1294 : *Sed nobilissimus princeps, cum eo die.... ab omnibus optaretur, ut suœ militiœ probitatem armorum exercitio prœsentibus ostentaret, annuit votis optantium, et circa horam vespertinam armis accinctus, unum ex prœsentibus prœcipuœ probitatis militem ad singularem concursum elegit, cui scilicet eques occurreret, et ambo sese lancearum incursionibus per deputatas ad hoc vices exercerent, etc.*

Les joustes [4] ne se faisoient pas seulement dans les occasions des tournois, mais souvent séparément ; on en faisoit les publications et les cris de la part des chevaliers qui les proposoient, lesquels s'offroient de combatre contre tous venans, seul à seul, dans les lieux qu'ils designoient, et aux conditions qui estoient portées dans les lettres de leurs deffis. Ces combats sont appellez en l'Histoire du maréchal Boucicaut [5] *joustes à tous venans, grandes et plenieres.*

Or, il estoit plus honnorable de combattre aux tournois qu'aux joustes : ce qui paroît en ce que celuy qui combatoit aux tournois pour la premiere fois estoit obligé à son depart de donner son heaume aux rois et herauds d'armes ; comme aussi celui qui combatoit aux joustes pour la premiere fois. Mais celui qui ayant combatu au tournoy venoit à combatre pour la premiere fois à la jouste n'estoit pas obligé de donner une seconde fois son heaume aux herauds, ce qui n'estoit pas de celuy qui ayant combatu à la jouste venoit aprés combatre au tournoy ; car il ne laissoit pas d'estre encore obligé de laisser son heaume. C'est ce que nous apprenons de ces termes d'un traité manuscrit des tournois : *Item pour les nobles qui tournoient, s'ils n'ont autrefois tournoié, doivent leurs heaumes aux officiers d'armes, ores qu'ils ont autrefois jousté ; car la lance ne peut affranchir l'espée, mais l'espée affranchit la lance. Mais il est à noter, si un noble homme tournoie, et qu'il ait paié son heaume, il est affranchi du heaume de la jouste :*

---

[1] Mémoires mss. de Spelman envoyez à feu M. de Peiresc. — [2] L. 10, p. 339. — [3] In Hypod. Neustr.

[1] L. 2, Hist. Novel. p. 187. — [2] L. 1. Hist. Gaufr. p. 23. — [3] A. 1294. — [4] La Colomb. en son Th. d'Honn. tom. 1, p. 48. Cerem. ms. — [5] P. 31. Froiss. vol. 2, ch. 164.

mais le heaume de la jouste ne peut affranchir celui du tournoy. D'où on recueille encore que l'espée estoit l'arme du tournoy, et la lance celle de la jouste.

Ces *joustes plenieres*, dont je viens de parler, estoient proprement ce que l'on appelloit les combats de la *table ronde*, que les auteurs confondent avec les joustes. Car ils remarquent qu'ils differoient des tournois, en ce que les combats des tournois estoient des combats en troupes, et ceux de la table ronde estoient des combats singuliers. Mathieu Paris [1], eu l'an 1252 : *Milites, ut exercitio militari peritiam suam et strenuitatem experirentur, constituerunt unanimiter, non in hastiludio illo quod communiter et vulgariter torneamentum dicitur, sed potius in illo ludo militari qui* MENSA ROTUNDA *dicitur, vires attentarent.* Puis il adjoûte que les chevaliers qui s'y trouverent y jousterent : *Et secundum quod constitutum est in illo ludo martio, illa die et crastina quidam milites anglici nimis et viriliter et delectabiliter, ita ut omnes alienigenœ ibidem præsentes admirarentur, jocabantur.* La bulle de Clement V, de laquelle j'ay fait mention cy-devant, confond pareillement les combats de la table ronde avec les joustes : *Quinetiam in faciendis justis prædictis, quæ* TABULÆ ROTUNDÆ *in aliquibus partibus vulgariter nuncupantur, eadem damna et pericula imminent quæ in torneamentis prædictis; idcirco certa causa idem jus statuendum existit.* C'est donc des joustes qu'il faut entendre ce passage d'Alberic [2] : *Multi Flandriæ barones apud Hesdinum, ubi se exercebant ad Tabulam rotundam, cruce signantur.* Mathieu de Westminster [3], en l'an 1352 : *Factum est hastiludium quod Tabula rotunda vocatur, ubi periit strenuissimus miles Hernaldus de Muntcinni;* en l'an 1285 : *Multi nobiles transmarini.... apud Neuyn in Suanduna, in choreis et hastiludiis, rotundam tabulam celebrarunt;* et en l'an 1295 : *Eodem anno dux Brabantiæ, vir magni nominis, fecit rotundam tabulam in partibus suis,.... et ipse dux, in primo congressu a quodam milite Frqnciæ lancea percussus, obiit ipso die.* Thomas de Walsingham [4] : *Illustris miles Rogerus de Mortuomari apud Kelingworthe ludum militarem, quem vocant rotundam Tabulam, centum militum, ac tot dominarum constituit, ad quam pro armorum exercitio de diversis regnis confluxit militia multa nimis.* Presque la même chose est rapportée de ce Roger de Mortemer dans Mathieu de Westminster [5], en l'an 1279, et en l'*Histoire du Priaré de Wigmore en Angleterre.*

Les anciens romans donnent au fameux Arthus, roy des Bretons, la gloire de l'invention des tournois, des joustes et de la Table ronde. Les Anglois même se persuadent que c'est cette Table qui se voit encore à present attachée aux murailles du vieux château de Wincester en Angleterre ; ce que le sçavant Cambden [6] revoque en doute avec sujet, écrivant que cette table est d'une fabrique bien plus recente. Thomas de Walsingham [7] dit que le roy Edoüard III fit bâtir au château de Windsore une maison, à laquelle il donna le nom de Table ronde, dont le diametre estoit de deux cens pieds. L'ancienne *Chronique de Boheme* [8] est en cette erreur à l'égard du roy Artus : *Accesserunt ad regem quidam juvenes baronum filii, plus levitate quam strenuitate moti, dicentes, Domine rex, per torneamenta et hastiludia.... vestra diffundetur gloria,.... edicite itaque Tabulam rotundam regis Artusii curiam, et gloriam ex hac reportabilis perpetuis temporibus reportandam.*

Plusieurs estiment, avec beaucoup de probabilité, qu'on appella ainsi les joustes, acause que les chevaliers qui y avoient combatu venoient, au retour, souper chez celuy qui estoit auteur de la jouste,

et estoient assis à une table ronde, ce qui se pratiquoit à l'exemple des anciens seigneurs gaulois, qui, au recit d'Athenée [1], avoient coûtume de s'asseoir autour d'une table ronde, ayans châcun derriere eux leur escuier ; et ce, vray-semblablement, pour éviter les disputes qui arrivent ordinairement pour les préseances. Le *Traité des Tournois* remarque que lorsque les chevaliers qui avoient combatu au tournois, ou à la jouste, estoient retournez dans leurs hostels, ils se désarmoient, et se lavoient le visage, puis ils venoient souper chez les seigneurs qui faisoient la ceremonie de ces exercices militaires. Et tandis qu'ils estoient assis à la table pour manger, les principaux juges des tournois, qu'il nomme *Diseurs*, avec le roy d'armes, accompagnez de deux chevaliers, qu'ils choisissoient, procedoient à l'enquête de ceux qui y avoient le mieux reûssi ; ce qui se faisoit de la sorte : ils demandoient l'avis de châcun des chevaliers qui avoient assisté à ces combats, qui en nommoient trois ou quatre de ceux qui s'estoient le mieux aquité de leur devoir, et de ce nombre-là ils s'arrétoient à la fin à un, à qui on donnoit le prix.

Comme les François n'estoient pas moins civils et courtois envers les dames, qu'ils estoient vaillans dans les armes, souvent ils les coustituoient juges des tournois et des joustes. Le vieux Ceremonial manuscrit : *Le roy Arthus d'Angleterre et le duc de Lencastre ordonnerent et firent la table ronde, et les behours, tournois et joustes, et moult d'autres choses nobles, et jugemens d'armes, dont ils ordonnerent pour juger, dames et damoiselles, roys d'armes et heraux.* L'auteur de la *Chronique latine* manuscrite qui commence à l'an 1380 et finit à l'an 1415, décrivant comme Louys II, roy de Sicile, et Charles son frère furent faits chevaliers par le roy Charles VI, en l'an 1389, dit qu'à cette ceremonie on fit des tournois et des joustes, et que le prix en fut donné par les dames : *Tum dominæ, quarum ex arbitrio sententia bravii dependebat, nominarunt quos honorandos et præmiandos singulariter censuerunt.* Le *Traité des Tournois* ne dit pas que les dames en aient esté les juges, mais bien qu'elles donnoient le prix, qui estoit *au mieux frappant une espée de tournoy, et au mieux défendant un heaume, tel qu'à tournoy appartient.* Chez les Grecs les loix défendoient aux femmes de se trouver aux combats gymniques, ainsi que le remarque le scholiaste de Pindare [2], dont la raison est renduë par Ælian [3] en ces termes : ὁ μὲν γὰρ καὶ τῆς ἀγωνίας καὶ τῆς κατ' αὐτὴν σωφροσύνης νόμος ἐλαύνει τὰς γυναῖκας.

On peut ranger sous les joustes *les pas d'armes :* car c'estoient des combats particuliers qui s'entreprenoient par un ou plusieurs chevaliers. Ils choisissoient un lieu, pour le plus souvent en plaine campagne, qu'ils proposaient de défendre contre tous venans, comme un pas, ou passage, qu'on ne pouvoit traverser qu'avec cette condition de combattre celui ou ceux qui le gardoient. Mathieu Paris donne ce nom aux chemins étroits, qui sont appellez dans les auteurs latins *clusæ, clausæ, clausuræ. Dum per quoddam iter arctissimum, quod vulgariter passus dicitur, forent transituri.* Les entrepreneurs de ces pas faisoient attacher leurs armoiries à un bout des lices, avec quelques autres escus de simples mais differentes couleurs, qui désignoient la maniere des *emprises* et des armes avec lesquelles on devoit combatre [4]. De sorte que ceux qui se trouvoient là et venoient à dessein de faire des armes choisissoient la maniere du combat en touchant à l'un de ces escus, qui la spécifioit. Au *pas de l'arc triomphal* [5], qui fut entrepris par François duc de Valois et de Bretagne, et neuf chevaliers de nom et

---

[1] A. 1252. — [2] Alber. Triumf. a 1235. — [3] Math. Florileg. p. 351, 412, 424. — [4] In ed. 1. A. 1280, p. 49. — [5] P. 409 ; tom. 2, Monast. Angl. p. 223. — [6] In Britan. — [7] P. 164. — [8] Chr. Aulæ regiæ; c. 7.

[1] L. 4. Δειπν. — [2] Olymp. od. 7. — [3] De Animal. l. 5, c. 17. — [4] Georg. Chastell. ch. 25, 31. — [5] Cerem. de France.

d'armes de sa compagnie, en la ruë de Saint-Antoine à Paris, l'an 1514, pour la solennité du mariage du roy Louys XII, il eut cinq escus attachez à cet arc triomphal : le premier d'argent, le second d'or, le troisieme de noir, le quatrieme tanné, et le cinquieme gris. Le premier signifioit le combat de quatre courses de lances ; le second, d'une course de lances, et à coups d'espée sans nombre ; le troisiéme, à pied, à pouls de lance, et à coups d'espée d'une main ; le quatrieme, à pied, à un jet de lance, et à l'espée à deux mains ; et le cinquieme estoit pour la défense d'un behourd, ou d'un bastillon. Ces manieres de combats estoient specifiées au long dans les deffis et les articles qui se publioient de la part de l'entreprenant par les herauds d'armes dans les provinces, et dans les royaumes étrangers. A l'endroit de ces escus il y avoit des officiers d'armes qui avoient soin de recueillir et d'enregistrer les noms de ceux qui touchoient aux escus, pour estre dépéchez à tour de rôlle, selon qu'ils avoient touché à ces escus :

Il semble que cette espece de jouste a esté la plus en usage dans les derniers siecles. Nous en avons des exemples dans l'*Histoire de Georges Châtellain* [1], dans la *Science Heroïque* du sieur de la Colombiere, et en son *Theatre d'Honneur* [2]. Le tournois ou la jouste où le roy Henry II perdit la vie estoit aussi un pas d'armes, et parce que le cartel qui en fut publié pour lors n'est pas commun, il ne sera pas hors de propos de l'inserer en cét endroit, comme une piece curieuse pour notre histoire.

DE PAR LE ROY. *Après que par une longue guerre, cruelle et violente, les armes ont esté exercées et exploitées en divers endroits avec effusion de sang humain, et autres pernicieux actes que la guerre produit, et que Dieu, par sa sainte grâce, clemence et bonté, a voulu donner repos à cette affligée chrétienté par une bonne et seure paix, il est plus que raisonnable que chacun se mette en devoir, avec toutes demonstrations de joyes, plaisirs et allegresses, de loüer et celebrer un si grand bien, qui a converti toutes aigreurs et inimitiez en douceurs et parfaites amitiez, par les estroites alliances de consanguinité, qui se font moiennant les mariages accordez par le traité de ladite paix. C'est à sçavoir de tres-haut, tres-puissant, et tres-magnanime prince PHILIPPE, roy catholique dès Espagnes, avec tres-haute et tres-excellente princesse madame Elizabeth, fille aisnée de tres-haut, tres-puissant et tres-magnanime prince Henry, second de ce nom, tres-chrestien, roy de France, notre souverain seigneur ; et aussi de tres-haut et puissant prince Philibert-Emanuël, duc de Savoye, avec tres-haute et tres-excellente princesse madame Marguerite de France, duchesse de Berry, sœur unique dudit seigneur roy tres-chretien, nostre souverain seigneur, lequel, considerant que avec les occasions qui s'offrent et presentent, les armes, maintenant esloignées de toute cruauté et violence, se peuvent et doivent employer avec plaisir et utilité par ceux qui desirent s'esprouver, et exerciter en tous vertueux et loüables faits et actes, fait à sçavoir à tous princes, seigneurs, gentils-hommes, chevaliers et escuyers, suivant le fait des armes, et desirans faire preuve de leurs personnes en icelles, pour inciter les jeunes à vertu et recommander la proüesse des experimentez, qu'en la ville capitale de Paris le* PAS *est ouvert par sa majesté tres-chrestienne, et par les princes de Ferrare, Alfonse d'Est, François de Lorraine duc de Guyse, pair et grand chambellan de France, et Jacques de Savoye duc de Nemours, tous chevaliers de l'ordre, pour estre tenu contre tous venans deuëment qualifiez, à commencer au seizième jour de juin prochain, et continuant jusques à l'accomplissement et effet des emprises et articles qui s'ensuivent.*

La 1ere *emprise à cheval, en lice, en double piece quatre coups de lance et une pour ladame. La* 2e *emprise, à coups d'espée, à cheval, un à un, ou deux à deux, à la volonté des maistres du camp. La* 3e *emprise, à pied, trois coups de pique et six d'espée, en harnois d'homme de pied. Fourniront lesdits tenans de lances de pareille longueur et grosseur, d'espées et piques, aux choix des assaillans. Et si en courant aucun donne au cheval, il sera mis hors des rancs, sans plus y retourner, si le roy ne l'ordonne. Et à tout ce que dessus seront ordonnez quatre maistres de camp, pour donner ordre à toutes choses. Et celuy des assaillans qui aura le plus rompu et le mieux fait aura le prix, dont la valeur sera à la discretion des juges. Pareillement celuy qui aura le mieux combatu à l'espée et à la pique aura aussi le prix, à la discretion des dits juges. Seront tenus les assaillans, tant de ce royaume comme estrangers de venir toucher à l'un des escus qui seront pendus au perron, au bout de la lice, selon les dessusdites emprises, ou toucher à plusieurs d'eux, à leur choix, ou à tous, s'ils veulent ; et là trouveront un officier d'armes qui les recevra pour les enrooller, selon qu'ils voudront, et les escus qu'ils auront touchez. Seront aussi tenus les assaillans d'apporter ou faire apporter par un gentil-homme audit officier d'armes leur escu armoié de leurs armoiries, pour iceluy pendre audit perron trois jours durant, avant le commencement dudit tournoy : et en cas que dans ledit temps ils n'apportent ou envoient leurs escus, ils ne seront receus audit tournoy, sans le congé des tenans. En signe de verité, Nous, Henry, par la grâce de Dieu roy de France, avons signé ce present escrit de nostre main. Fait à Paris, le 22 may 1559. Signé* HENRY, *et* DU THIER.

Montjoye [1], roy d'armes de France, en la description du pas d'armes de l'Arc triomphal dont je viens de parler, remarque que *la cinquieme emprise de ce pas estoit que les tenans se trouveroient dans un behourt, autrement dit bastillon, deliberez se deffendre contre tous venans, avec harnois de guerre.* Ainsi le behourt, estoit une espéce de bastion, ou de château, fait de bois, ou d'autre matiére, que les tenans entreprenoient de défendre contre tous ceux qui voudroient l'attaquer. Cét exercice militaire estoit encore une dépendance des tournois, dont le terme comprenoit tous ceux qui se pratiquoient pour apprendre à la noblesse le métier de la guerre, et ne fut inventé que pour lui enseigner la maniere d'attaquer et d'escalader les places. Spelman [2] ne s'est pas éloigné de cette signification, ayant expliqué le mot de *bohorder*, ou de *bordiare, ad palos dimicare*, c'est-à-dire combattre aux barrieres des places, ce que nos ecrivains françois appellent vulgairement *paleter, quasi ad palos pugnare*, combattre aux lices des villes assiegées.

Le nom de cét exercice militaire est differemment écrit dans les auteurs, qui le nomment tantost *bohourd*, tantost *behourd*. Mais le premier est le plus commun. Le *Roman de Garin*, dont l'auteur vivoit sous Louys le Jeune, usa toujours du mot de *bohorder* :

> Ses escus prennent, bohorder vont és prés.

Ailleurs :

> La veissiez le bon chas el garnir,
> Tresches et baus encontre lui venir,
> Et des vallez bohorder plus de mil.

Alain Chartier [3], au debat des deux fortunes d'amour :

> Joustes, essais, bouhors, et tournoiemens.

Lambert d'Ardres [4], *ut illic bohordica frequentaret et torniamenta.* On a ensuite abregé ce mot en celui de *border*. Le Traité manuscrit des tournois des chevaliers de la table ronde : *Ainsi*

---

[1] Ch. 59, 60. — [2] La Colomb. en sa Science Héroïque, ch. 43, et au vol. 1 de son Theatre d'Honneur, p. 215, 218.

[1] Cerem. de France. — [2] Au mot *Bordiare*. — [3] P. 566. — [4] P. 246.

bordoient et brisoient lances jusques à basses vespres, que la retraite estoit sonnée. Delà celui de *burdare*, dans une semonce d'armes, qui se lit aux additions sur Mathieu Paris, *ad turniandum et burdandum.* Je crois même que c'est de ce mot qu'il faut tirer l'origine du terme de *bourde*, et de *bourder*, dont nous usons ordinairement pour une *chose feinte*, et *mentir*, acause que les combats des *bohours* n'estoient que combats feints. Les statuts de l'Ordre de la Couronne d'épine [1] usent du mot de *bourdeur : En cetui saint disner soit bien gardé que hiraux et bourdeurs ne facent leur office,* où les *bordeurs* sont ceux que les histoires appellent *Menestrels.*

Plusieurs ecrivains usent aussi du terme de *behourd* et de *behourder.* La *Chronique de Bertrand du Guesclin :*

> Encore vous vaulsist il miex aler esbanoier,
> Et serur les behours, jouster et tournoier.

Robert Bourron, au Roman de Merlin : *Alerent li chevalier behourder defors la vile as chans, si alerent li plus jeune pour voir le behourdeis.* La Chronique de Flandres [2] : *Et disoit qu'il voloit aler behourder.* Il n'est pas aisé de deviner d'où ce mot a pris son origine ; car je n'oserois pas avancer qu'il soit tiré du mot de *bord* [3], saxon, qui signifie une maison, un hostel, d'où nous avons emprunté celui de *borde* en la même signification, et qu'ainsi *border*, ou *bohorder*, seroit attaquer une maison, comme on feroit un château. On pourroit encore le deriver de l'aleman *horde* [4], ou *hurde*, qui signifie une claie, dont on se sert pour faire ce que nous appellons *hourdis*, lorsqu'on veut élever quelque bâtiment, parce qu'en ces occasions on élevoit des espéces de châteaux et de bastions, qui n'estoient faits que de bois et de claies. Le mot de *boord* chez les Anglois signifie une table, comme *bord* chez les anciens Saxons [5] ; d'où l'on pourroit se persuader que le *bohourd* seroit le combat de la table ronde, et que ce terme auroit esté introduit par les Anglois.

Mais laissant à part toutes ces etymologies, qui, pour le plus souvent, sont incertaines, il est constant que le terme de *behourd* est pris pour l'ordinaire dans les auteurs que je viens de citer, pour le combat du tournois ou de la jouste. Un titre de Jean, vidame d'Amiens [6], de l'an 1271, parle du *jour du bouhourdeis*, qui est appellé dans un autre du vidame Enguerran, de l'an 1216 : *Dies hastiludii.* Ces jeux et ces combats sont ainsi exprimez dans un compte du domaine du comté de Bologne [7] de l'an 1402, qui est en la chambre des comptes de Paris, sous le chapitre intitulé *Recepte des behourdichs : C'est asavoir que tous ceus qui vendront poissons à haut estal ou marquiet de Boulogne doivent ce jour jouster ou faire jouster à la quintaine que monseigneur leur doit trouver, et doivent jouster de tilleux pelez, ou de plançons d'armes, et les doit-on monstrer au vicomte, qu'ils ne soient cassez de cousteaux, ou autrement. Et ou cas qu'ils ne joustent, ou font jouster, ils doivent à ce jour à ladite viconté 2 sols Par. Neant receu pour l'an de ce compte, pour ce qu'ils firent tous courre.* Ce qui fait voir que l'on exerçoit encore les communes aux exercices de la guerre, pour pouvoir se servir des armes lorsqu'elles seroient obligées de se trouver dans les guerres de leurs seigneurs, ou des princes. C'est à ce même usage qu'il faut rapporter les *jeux de l'espinette*, qui ont esté si frequens dans la ville de l'Ille en Flandres, qui estoient des espéces de tournois et de joustes, qui se faisoient par les habitans, et dans lesquels les grands seigneurs ne faisoient pas de difficulté de se trouver. Ces jeux et ces tournois estoient appellez du terme général de *bouhourd*, ainsi que Buzelin [8] a remarqué, qui ajoûte que quelques-uns en rapportent l'origine et l'institution au roy saint Louys.

Aprés tous ces exercices militaires que je viens de nommer est celui de la Quintaine, qui est une espéce de bust posé sur un poteau, où il tourne sur un pivot, en telle sorte que celui qui avec la lance n'adresse pas au milieu de la poitrine, mais aux extrémitez, le fait tourner ; et comme il tient dans la main droite un baston, ou une épée, et de la gauche un bouclier, il en frappe celui qui a mal porté son coup. Cét exercice semble avoir esté inventé pour ceux qui se servoient de la lance dans les joustes, qui estoient obligez d'en frapper entre les quatre membres, autrement ils estoient blâmez comme maladroits. Il est parlé de la quintaine dans Robert le Moine [1], en son Histoire de Hierusalem : *Tentoria variis ornamentorum generibus venustantur, terræ infixis sudibus scuta apponuntur, quibus in crastinum quintanæ, ludus scilicet equestris, exerceatur.* Mathieu Paris [2] : *Juvenes Londinenses, statuto Pavone pro bravio, ad stadium, quod vulgariter quintena dicitur, vires proprias et equorum cursus sunt experti.* La *Chronique de Bertrand du Guesclin :*

> Quintaines y fist drecier, et jouster y faisoit,
> Et donnoit un beau prix celui qui mieux joustoit.

Une autre chronique manuscrite du méme du Guesclin [3] : *Fist faire quintaines, et joustes d'enfans, et manieres de tournois.* Enfin le Roman de la Malemarastre : *Emmy les prez avoit une assemblée de barons de cette ville, et tant que ils drechoient une quintaine, et qui mieux le faisoit, si avoit grant loange.* Les Grecs mémes ont connu cet exercice, que Balsamon [4] appelle Κυνταναχόνταξ, parce que l'on s'y exerçoit avec le *contus*, ou la lance. Mais je crois qu'il n'a pas bien rencontré lorsqu'il a dit que ce jeu a esté ainsi appellé du nom de *Quintus*, son inventeur. Il est plus probable qu'il fut ainsi nommé parce que les habitans des villes, à qui il estoit plus familier, l'alloient exercer dans la campagne, qui en estoit voisine, et dans la ban-lieuë, que les coûtumes et les titres appellent *quintes*, ou *quintaines* [5]. Isidore [6], *Papias*, et Ælfric, disent que *quintana* est cette partie de la ruë où un chariot peut tourner, *pars plateæ qua carpentum provehi potest.* D'où l'on pourroit recueillir que comme les habitans des villes choisissoient les carfours, comme des lieux spacieux, pour tirer à la quintaine, le nom leur seroit demeuré de ces quintaines, ou carfours. J'ay fait voir cy-devant comme les seigneurs obligeoient leurs sujets de courir la quintaine, sous la peine de quelque amende. Cela est encore confirmé par les remarques que Ragueau [7] fait à ce sujet.

La noblesse estoit tellement portée pour les tournois, que plusieurs en choisissoient les occasions pour s'y faire faire chevaliers. Et tant plus on s'y estoit trouvé, tant plus on estoit en réputation de valeur et d'adresse. Jean, duc de Brabant [8], qui perdit la vie dans une jouste, l'an 1294, s'estoit rencontré en soixante et dix tournois, tant en France, en Angleterre, en Alemagne, qu'autres pais éloignez. De sorte que pour louër un vaillant chevalier on disoit qu'il avoit frequenté les tournois, éloge qui est donné à Roger de Mortemer, chevalier anglois [9], en son epitaphe, qui se voit au prioré de Wigmore :

> Militiam scivit, semper tormenta [10] subivit.

Aussi les rois favorisoient tellement les gentilshommes dans ces occasions, qu'ils ordonnerent qu'ils ne pourroient estre arrétez en leurs personnes, ni leurs biens saisis pour leurs détes, tandis qu'ils seroient aux tournois. Ce que j'apprens d'un ancien acte [11] con-

---

[1] Ch. 22. — [2] Ch. 130. — [3] Somner, in Gloss. Sax. — [4] Kilian. Spelm. v. Hurdicium. — [5] Somner. in Gloss. Sax. — [6] Cartul. de Piquigny. — [7] Communiqué par M. d'Herouval. — [8] L. 3. Gallofl. c. 23. Van der Haer, en ses Châtelains de l'Ille.

[1] L. 5, p. 51. — [2] A. 1253, p. 578. — [3] Ch. 3. — [4] In Nomoc. tit. 13, c. 29. — [5] Chifflet, en sa Beatrix, p. 48. Coust. d'Angers, art. 35. — [6] L. 15, orig. c. 2. Papias. Gloss. Sax. Ælfr. — [7] Au mot Quintaine. — [8] M. Chr. Belg. A. 1294. — [9] Monast. Angl. t. 2, p. 229. — [10] Pour torneamenta. — [11] Reg. du parlem. commençant à l'an 1316. f. 242.

tenant *la vente faite par Jean de Flandres, chevalier, sire de Creve-cœur et d'Alleuz, de onze vint sept livres dix-huit sols huit deniers de rente, avec faculté de le pouvoir prendre, et arrêter, et de tenir, luy, ses hoirs et successeurs, et leurs biens,.... en tournoy, et hors tournoy, en parlement et hors parlement, et nommément par tout où ils seront trouvez, jusques adonc qu'ils auroient fait gré à plain de la rente eschuë, et de la peine, etc. Ladite rente ratifiée par Beatrix de S. Paul, sa femme, et confirmée par le roy, comme sires souverains, au mois de murs 1316, confirmée par le roy en may 1317.*

Je finiray cette dissertation par l'ordonnance faite sur les tournois[1], tirée de l'ancien *Cérémonial*, laquelle est conceuë en ces termes :

C'est la maniere et l'ordonnance, et comment on soulloit faire anciennement les tournois.

ITEM *le cry est tel :* OR OYEZ, SEIGNEURS CHEVALIERS, *que je vous fais asçavoir le grand digne pardon d'armes et le grand digne tournoyement de par les François et de par les Vermandoiciens et Beauvoisins, de par les[2] Poitiers et les Corbeiois, de par les Arthisiens et les Flamens, de par les Champenois et les Normans, de par les Angevins, Poitevins et Tourangeaux, de par les Bretons et Manceaux, de par les Rives[3] et Hasbeynons[4], et de par tous autres chevaliers, qui accordez s'y sont, et accorderent qui venir y vouldront, à estre aus hostieux accompagnez le dimanche après S. Remy, et les diseurs prins, Percheval de Varennes, et Witasse sire de Campregny[5], et conseillers le sire de Meullant et le sire de Hangest, et pour faire fenestre le lundy, pour tournoier le mardy, et de batesist marthe[6], pource qu'il ne auroit pas ses chevaus ne son harnois, il pourroit faire cesser le tournois jusques à jeudy, qu'il est fin de la sepmaine, et qui ne le voudroit attendre, et que l'on tournoyast, ce seroit un tournoyement sans accord,* et doivent le heraut crier, que l'on boute hors les bannieres, blasons, ou housses d'escu, ou enseignes d'armes, pourquoi on puisse tournoier par accord.

ITEM *doivent les diseurs aller avec les herauts aux lieux où les seigneurs donnent à manger aux chevaliers, ou aux places où ils pourroient trouver lesdits chevaliers, qu'ils viennent armez pour tournoier, et prendre les fois desdits chevaliers, qui ne porteront espées, armures, ne bastons affustiez, n'enforceront les armes, estaquées assises par lesdits diseurs, et tiendront le dit desdits diseurs.*

ITEM, *la veille du tournoy doivent faire, s'il leur plaist, les chevaliers mettre les selles sur leurs chevaux, et de leurs escuyers, pincheres et chamfroy de leurs armes, affin qu'on puisse voir et connoistre l'estoffe et l'estat de chascun endroit soy, et ne peut avoir chascun chevalier que deux escuiers, s'il ne veut mentir, tant soit grand sire.*

ITEM *le jour du tournoy doivent les chevaliers aller aux messes, et faire faire les places à l'espée, et doivent les diseurs aller voir la place où le tournoy doit estre fait sans advantage, et attacher les attaches en chascune route, és batailles il y doit avoir deus estachettes de part, et l'autre d'autre part, et là doivent les chevaliers essongniés chevaux et harnois tout asseurez, sans qu'on leur puisse rien meffaire, s'ils ne veulent fiancer leur serment et mentir leur foy.*

ITEM *doivent les diseurs, à l'heure qu'ils verront qu'il sera temps, soit à jour de tournoier au matin, ou aux vespres, faire crier[7] laisser :* et lors se doivent toutes manieres de chevaliers et escuiers eux armer, et doivent les herauts assés-tost après crier : *Issez hors, seigneurs chevaliers, issez hors.* Et quant les chevaliers sont hors, et chascun est retrait en sa banniere, et en sa route, ou en la route de son issué,

les diseurs viennent pardevant les batailles, et font passer ceux qui ont ordonné pour passer, pour faire le tournoy à compte de chascun chevalier, toutefois au dit des seigneurs sous qui ils sont.

ITEM *ce fait, les deux diseurs se doivent mettre en place devant les batailles, et se doivent quitter la foy l'un à l'autre, et lors est le tournoy par accord, et se metront les pays chascun au droit de son issué, et doivent les heraux porter les bannieres, et des communes de chascun pays, selon ce que ils ont accoustumé, et au cas qu'ils ne voudroient quitter leur foy l'un à l'autre, le tournoy seroit sans accord.*

ITEM *si-tost que le roy des heraux et les autres heraux verront que le tournoy aura assés duré, et qu'il sera sur le tard et temps de partir, ils doivent faire lever les estaches, et crier : Seigneurs chevaliers, allez-vous-en ; vous ne pouvez huymais ne perdre ne gagner, car les estachettes sont levées.*

ITEM *quand les chevaliers seront revenus à leurs hostels ils se desarmeront, et laveront leurs visages, et viendront manger devers les seigneurs, qui donnent à manger, et tandis que les chevaliers seront assis au soupper, seront prins lesdits diseurs, avec le roy desdits heraux, accompagnez de deux chevaliers, tels comme ils vouldront prendre, pour faire l'enqueste des bienfaisans, et en l'enqueste faisant, les chevaliers qui parleront diront leurs advis ; ils en nommeront trois ou quatre, ou tant qu'il leur plaira, des bienfaisans, et au derrain ils se rapporteront à un, lequel ils nommeront, et celui emportera la voix, et ainsi ce fait de main en main à tous les chevaliers, et prennent morceaux de pain, et celui qui plus en a, c'est celluy qui passe route ; et ceux qui font l'enqueste font serment qu'ils la feront bien et loyaument.*

ITEM, *et ou cas que le tournoy se feroit sans accord, la partie qui seroit déconfite, celui qui demeurroit derrenier à cheval d'icelle partie desconfite auroit le heaume, comme le mieux deffendant ; et l'autre partie, celui qui seroit le mieux assaillant, auroit l'espée.*

ITEM *le lendemain du tournoy, s'il y a aucun destord de droit d'armes, tant de ceulx gagnez ou pardus, comme des chevaliers tirez à terre, depuis les estaches levées, et comme de tous autres droits, soient d'ostel prins, d'ostel armeures, ou autres choses quelconques, il en est à l'ordonnance et juges des chevaliers.*

ITEM *on doit parler aux eschevins, aux majeurs et gouverneurs des bonnes villes où le tournoy se doit faire, d'avoir prix raisonnable de ce qui est necessaire, c'est à sçavoir de foing, avoyne, nappes, toüailles, et de toute autre vaisselle és hostieux, chascun endroit soy, là où il sera logié, ou faire prix sur les hostelaiges, lits et vaisseaux, et au cheval foing et avoyne dehors ; et est dit que se aucun chevalier n'a dequoy payer son hostelaige, qu'il fasse courtoisement fin et accord.*

S'ENSUIT *la declaration des harnois qui appartiennent pour armer un chevalier et un escuier.*

Premierement un harnois de jambes, couvert de cuir cousu à esguillettes au long de la jambe, jusques au genoüil, et deux attaches larges pour attacher à son barruier[1], et souleres valuës attachez aux gruës.

ITEM *cuissés et poullains de cuir, armoiez de varennes des armes au chevalier.*

ITEM *une chausse de mailles pardessus le harnois de jambes, attachée au brayer, comme dit est pardessus les cuisses, et uns esperons dorez, qui sont attachez à une cordelette autour de la jambe, affin que la molette ne tourne dessous le pied.*

ITEM *uns anolens, et unes espaulieres.*

---

[1] V. le Theatre d'honneur de la Colombiere, t. 1, p. 48. — [2] Picards, ceux des environs de Pois. — [3] Ripuarii, Alemans vers le Rhin. — [4] Hasbanienses. — [5] Campremy. — [6] Sic. in ms. — [7] L'Issez.

[1] Brayer.

ITEM *paus et manchez, qui sont attachez à la cuirie, et la cuirie à tout ses esgrappes sur les espaules, et une seurseliere sur le pis[1] davant.*

ITEM *bracheres à tout les houson, et le han escuçon de la banniere sur le col couvert de cuir, avec les tonnerres pour les attacher au braier, à la cuirie : et sur le bacinet une coiffe[2] de mailles, et un bel orfroy pardevant au front, qui veult.*

ITEM *bracellets attachez aux espaules à la cuirie.*

ITEM *un gaignepain pour mettre ès mains du chevalier.*

[1] *Pectus.* — [2] Al. *Creste.*

ITEM *un heaume, et le tymbre, tel comme il voudra.*

ITEM *deux chaines à attachier à la poitrine de la cuirie, une pour l'espée, et l'autre pour le baston en deux vigeres[1] pour le heaume attacher.*

ITEM *le harnois de l'escuier sera tout pareil, excepté qu'il ne doit avoir nulles chauces de mailles, ne coiffette de mailles, sur le bacinet, mais doit avoir un chappeau de Montauban, et si ne doit avoir nulles bracheres, et des autres choses se peut armer comme un chevalier, et ne doit point avoir de sautour à sa selle.*

[1] In alio ms. *Visieres.*

DE L'EXERCICE DE LA CHICANE,

OU DU JEU DE PAUME A CHEVAL.

DISSERTATION VIII.

Je me suis trop engagé dans la matiere des exercices militaires, pour ne rien dire de la CHICANE, qui y appartient. C'est un sujet qui n'est pas indigne de la curiosité, puisqu'il est connu de peu de personnes, et qu'il nous découvre une espece de manége pratiqué particulierement par les nouveaux Grecs, qui semble avoir esté ignoré dans l'Occident. Il ne leur a pas esté toutefois si particulier qu'on ne puisse dire avec fondement qu'ils l'ont emprunté des Latins, puisqu'il est constant que le nom en est françois, et qu'il est encore en usage parmy nous.

La science et l'adresse de bien manier un cheval, qui est ce que nous appellons *manége*, terme tiré de l'italien, est l'un des exercices des plus necessaires pour ceux qui font le métier de la guerre : aussi nous lisons qu'il a esté pratiqué de tout temps par les Romains et les Grecs, qui inventerent pour cet effet les courses des chevaux. Ils trouverent encore non seulement la methode de les dresser, en telle sorte qu'ils pussent tourner de part et d'autre au gré du cavalier, et au moindre signal qu'il en donneroit; mais ils voulurent que le cavalier apprist à se tenir ferme dessus la selle, sans que pour quelque mouvement extraordinaire du cheval il pust estre jeté par terre, y estant comme collé, et, pour user des termes de Nicetas[1], Οὕτως ἱππότης ὡς εἴπερ τῇ ἐφεστρίδι ἐμπεπερόνητο. Ce sont ces exercices que Suetone[2] appelle *Exercitationes equorum campestres*, parce qu'ils se faisoient dans les campagnes : acause dequoy les chevaux de manége semblent estre nommez *equi campitores*, en deux passages de Dudon, doyen de S.-Quentin[3]. Theodoric, dans Cassiodore[4], appelle encore ces exercices *equina exercitia* : *Si quando enim relevare libuit animum rei publicæ cura fatigatum, equina exercitia petebamus, ut ipsa varietate rerum, soliditas se corporis vigorque recrearet.*

Ces exercices de manége sont encore décrits dans le moine Robert[5], en son Histoire de la guerre sainte : *Aleæ, scaci, veloces cursus equorum, flexis in gyrum frenis non defuerunt*; et dans Radevic[6] : *Cœpitque vertibilem equum modo impetu vehementi dimittere, modo strictis habenis in gyrum, ut huic negotio mos est, revocare,* moxque *varios, perplexosque per amfractus discurrere.* C'est ce qu'Anne Comnene[1], en son *Alexiade*, appelle ἵππον ἐλαύνειν. Mais, entre autres, Procope[2] a décrit elegamment ces exercices dans son histoire des guerres des Goths, dans un passage que je passe à dessein.

Ces chevaux de manége, qui sont si bien appris à tourner à toutes mains et à faire le caracol, semblent estre nommez pour cette raison *sphæristæ* par Gregoire de Tours[3] : *Putasne videbitur ut bos piger palæstræ ludum exerceat? aut asinus segnis inter sphæristarum ordinem celeri volatu discurrat?* On peut aussi appliquer ce passage à ces exercices de chevaux dont les auteurs byzantins font souvent mention, qui estoit celui de jouër à la paume à cheval. Ce jeu est appellé par eux, d'un terme barbare, τζυκανιστήριον, qui estoit aussi le nom du lieu qui servoit à ces exercices. Ce lieu estoit dans l'enclos du grand palais de Constantinople, prés de l'appartement doré, que les Grecs appellent χρυσοτρικλίνιον, ainsi que nous apprenons de Luithprand[4] : *Ex ea parte qua Zucanistrii magnitudo protenditur, Constantinus per cancellos crines solutus caput exposuit.* Codin[5] le place proche des thermes de Constantin; et ailleurs il dit que des quatre galeries ou portiches qui furent construites par Eubule, et qui du palais tiroient vers les murs de terre ferme, l'une avoit sa longueur depuis le *Tzycanisterium* jusques à l'église de S.-Antoine. Scylitzes[6] le place prés de l'hippodrome et la galerie des gardes du palais. Leon le Grammairien[7] parle de la descente pour aller à ce lieu, ou plutôt de l'esplanade de ce lieu, qu'il appelle καταβάσιον τοῦ Τζυκανιστηρίου; et Codin[8] fait mention du Τρικύμβαλον τοῦ Τζυκανιστηρίου. Nous apprenons du même auteur que ce fut l'empereur Theodose le Jeune qui le fit construire, et que Basile le Macedonien l'agrandit.

Ce lieu estoit d'une vaste étenduë, comme on recueille des termes de Luithprand, *qua Zucanistrii magnitudo protenditur.* Ce qu'Anne Comnene[9], Constantin Porphyrogenite[10], et Theopha-

[1] In Alex. Ang. l. 1, n. 3. — [2] In Aug. c. 83. — [3] Dudo, de art. Norm. p. 94, 124. — [4] L. 5, ep. 41. — [5] L. 5 Hist. Hier. p. 51. — [6] L. 3 de Gest. Frid. c. 37.

[1] L. 15, Alex. — [2] L. 4, Goth. c. ult. — [3] L. 1, de Glor. confess. — [4] L. 5, c. 9. — [5] In orig. CP. Lambec. — [6] In Michaele Calaph. — [7] In Leone. — [8] Apud Allat. Græc. recent. Templ. Cod. Lamb. — [9] L. 15, p. 492. — [10] De adm. Imp., c. 4.

nes [1] témoignent encore , et veritablement il faloit qu'il fust bien grand pour pouvoir y faire ces exercices, qu'il ne nous seroit pas aisé de concevoir si *Cinnamus* [2] ne nous en avoit donné la description`, où toutefois il supprime le mot de Τζυκανιστήριον, comme barbare , affectant la pureté du discours dans tous ses écrits. Il dit donc que les anciens inventerent un honneste exercice, qui n'estoit que pour les empereurs, ses enfans, et les grands seigneurs de sa cour , et estoit tel. Les jeunes princes se divisans en deux bandes, en nombre égal, se tenoient à cheval aux deux extremitez d'un lieu spacieux, entendant par là le Τζυκανιστήριον ; puis on jettoit dans le milieu une balle faite de cuir, de la grandeur d'une pomme. Alors les cavaliers des deux bandes partoient à brides abatuës, et couroient à cette balle, tenant châcun en la main une raquette, telle que sont celles dont nous nous servons aujourd'huy pour jouër à la paume, dont l'invention paroit par là n'estre pas si recente, comme Estienne Pasquier [3] nous veut persuader. C'estoit à qui pourroit attrapper cette balle, pour la pousser avec la raquette au delà des limites, qui estoient marquées : en sorte que ceux qui la poussoient plus avant demeuroient et restoient vainqueurs. Cét auteur remarque que c'estoit un exercice dangereux, où l'on couroit souvent risque de sa personne, et d'estre culbuté, ou blessé griévement : *Ludus periculosæ plenus aleæ.* Car il faloit que ces cavaliers courussent à cette balle sans ordre, et pour l'attrapper avec leurs raquettes ils estoient obligez de se pancher des deux côtez jusques en terre. Souvent ils se poussoient et se blessoient reciproquement, et se jettoient les uns les autres à bas de leurs chevaux. Aussi Anne Comnene [4] écrit qu'Alexis son père s'exerçant un jour à ce jeu, Tattice, l'un de ceux qui joüoient avec luy, fut emporté par son cheval vers l'empereur, et le blessa aux genous et au pied, dont il se sentit le reste de sa vie. *Cinnamus* [5] dit pareillement que l'empereur Manuel, petit-fils d'Alexis, s'exerçant à ce jeu de paume (j'use de ce mot, quoy qu'impropre), tomba de son cheval, et se blessa si griévement à la cuisse et à la main, qu'il en fut malade à l'extremité.

Mais j'estime qu'il importe de donner en cét endroit la description que *Cinnamus* nous a tracée de cette *Sphæromachie*, qui est un terme dont Seneque [6] et Stace [7] se sont servis, parce que l'usage n'en est pas connu dans nos écrivains. Je sçay bien que plusieurs n'apppouvent pas ces longues citations en langue grecque, qui n'est pas familiere à un châcun : mais aussi je ne le fais que pour contenter les plus curieux , et pour les soûlager de la peine d'aller chercher ce que je mets en avant dans les auteurs que je cite ; outre que ceux qui n'entendent pas le grec se peuvent contenter de ce que j'en ay écrit. Ἐξῆκε δὲ ὁ χειμὼν, ἀνακεκαθαρμένου δὲ τοῦ ἀχλυώδους, ἐπί τι σωφρονικὸν καθίειν γυμνάσιον ἑαυτὸν εἰθισμένον ὃν Βασιλεῦσι καὶ παισὶ Βασιλέων ἀνέκαθεν. νεανίαι τινὲς εἰς ἴσα διαιρεθέντες, ἀλλήλοις σφαῖραν σκύτους μὲν πεποιημένην, μήλῳ δὲ παρεμφερῆ τὸ μέγεθος, εἰς χῶρόν τινα ὕπτιον ἀφιᾶσιν, ὃς ἂν δηλαδὴ συμμετρησαμένοις αὐτοῖς δόξῃ, ἐπ' αὐτὴν τε οἷόν τι ἄθλόν, ἐν μεταιχμίῳ κειμένην ἀπὸ ῥυτῆρος ἀντιθέουσιν ἀλλήλοις, ῥάβδον ἐν δεξιᾷ χειριζόμενος ἕκαστος, συμμέτρως μὲν ἐπιμήκη, εἰς δὲ καμπήν τινα πλατεῖαν ἄφνω τελευτῶσαν, ἧς τὸ μέσον χόρδαις τισὶ χρόνῳ μὲν αὐανθείσαις, ἀλλήλαις δὲ δικτυωτόν τινα συμπεπλεγμέναις διαλαμβάνεται τρόπον. σπουδὴν μέντοι ἑκάτερον πεποίηται μέρος, ὅπως ἂν ἐπὶ θάτερον προτερήσαντες μεταγάγωσι πέρας, ὃ δηλονότι ἀρχῆθεν αὐτοῖς ἀποδέδασται. ἐπειδὰν γὰρ ταῖς ῥάβδοις εἰς ὁποτερονοῦν ἐπειγόμενος, ὁ σφαῖρος ἀφίκηται πέρας, τούτῳ ἡ νίκη ἐκείνῳ τῷ μέρει γίνεται. ἡ μὲν παιδιὰ

τοιάδε τις ἐστὶν ὀλισθηρὰ πάντη καὶ κινδυνώδης. ὑπτιάζειν γὰρ ἀεὶ, καὶ ἰσχιάζειν ἀνάγκη τὸν ταύτην μετιόντα, ἐν κύκλῳ δὲ τὸν ἵππον περιελίσσειν, καὶ παντοδαποὺς ποιεῖσθαι τοὺς δρόμους, τοσούτοις τε κινήσεων ὑπενηνέχθαι εἴδεσιν, ὅσοις δήπου καὶ τὴν σφαῖράν ξυμβαίνει.

Voilà les termes de *Cinnamus*, qui nous font voir que cét exercice n'appartenoit qu'aux grands seigneurs. Ce que Constantin Porphyrogenite [1] témoigne encore en l'histoire de l'empereur Basile, son ayeul, en ceux-cy : Ἄλλον εὑρήσεις ἰσομήκη τοῦ πρὸς βορρᾶν καὶ ἰσόδρομον δίαυλον, ἄχρι τῆς Βασιλικῆς αὐλῆς καὶ αὐτὸν παρατείνοντα, καθ' ἣν μεθ' ἵππου σφαιρίζειν Βασιλεῦσιν καὶ τοῖς εὐδαιμόνων παισὶ καθέστηκε σύνηθες. C'est donc de là qu'il faut interpreter *Achmet* [2] en ses *Onirocritiques* ou interpretations des songes, lorsqu'il écrit que si quelqu'un a songé qu'il a joüé à la paume à cheval avec l'empereur, ou avec quelque grand seigneur, cela luy pronostique qu'il luy doit arriver autant de bonheur qu'il aura poussé la balle bien loin, et que le cheval sur lequel il estoit monté se sera bien gouverné. De mémes si l'empereur en songe avoit joüé à cét exercice, que cela signifioit que le succés de ses affaires devoit estre heureux ou malheureux, suivant qu'il auroit bien ou mal poussé la balle : ausquels endroits cét auteur se sert du mot de τζυκανίζειν, et de σφαῖραν ἐλαύνειν, pour *joüer à la balle à cheval.* Ce qui fait voir que les termes qui se rencontrent dans Anne Comnene, de εἰς ἱππηλάσιον ἐξιέναι [3], et de σφαιρίζειν [4], sont synonymes à celuy de τζυκανίζειν. Nous apprenons encore de ces auteurs que c'est de ces exercices dont il faut entendre Leon le Grammairien et Scylitzes [5], lorsqu'ils racontent comme l'empereur Alexandre, frere de Leon le Philosophe, aprés quelques excés de débauche, les bains et le sommeil, entreprit d'aller joüer à la paume ; et que durant cét exercice, luy estant survenu des contorsions de boyaux et des douleurs cuisantes, acause de l'abondance du vin et des viandes dont il avoit chargé son estomach, fut obligé de retourner au palais, où il mourut le lendemain d'une aimorragie qui luy prit par le nez et par les parties honteuses. Zonare [6] le dit en termes plus exprés, et montre que lorsque Alexandre joüa à la paume, il estoit à cheval : Ἅπαξ ἀριστήσας μετὰ λουτρὸν, καὶ κοίλη χρησάμενος τῇ γαστρὶ, καὶ ἀπλήστως ἀκρατισάμενος, σφαιρίσαι παρέθετο, καὶ κατατείνας τὸ σῶμα τῇ ἱππασίᾳ, καὶ ταῖς τῆς σφαίρας ἐκτραχηλίσεσι, ῥῆξιν ὑπέστη, καὶ αἷμα διά τε ῥινὸς κενώσας καὶ τῆς αἰδοῦς, μετὰ μίαν ἡμέραν διέλιπεν.

Cette espéce d'exercice ressemble à l'*arenata pila* des anciens, où l'on avoit coûtume de joüer en troupes [7] : *Quam in grege ex circulo astantium spectantiumque emissam, ultra justum spatium excipere et remittere consueverant,* ainsi qu'écrit Isidore [8]. D'où *Sidonius* [9] a pris sujet de dire : *Sphæristerum se turmalibus immiscuit.* C'est pourquoy ce jeu de balle est nommé ἐπίκοινος dans Pollux [10], où, toutefois, quelques-uns lisent ἐπίκονις, parce qu'on y joüoit dans une plaine qu'on parsemoit de sable : acause dequoy ce jeu a pris le nom d'*arenata pila,* ce que Martial [11] fait assez connoitre en divers endroits de ses epigrammes, où il lui donne le nom d'*harpastus,* parce que châcun des partis faisoit ses efforts pour s'arracher et s'enlever la balle. Pollux ayant dit que les joüeurs se partageoient en deux bandes ajoûte que la balle estoit jettée sur la ligne du milieu, et qu'aux deux extrémitez, derriere les lieux où les joüeurs estoient placez, il y avoit deux autres lignes, au delà desquelles on tâchoit de porter la balle, ce qui ne se faisoit pas sans la pousser et repousser auparavant de part et d'autre.

Le jeu de la chole, qui est encore à présent en usage parmy les païsans de nos provinces, a aussi quelque rapport avec ces exercices du *Tzycanisterium*[1] , sauf qu'il se fait entre personnes qui sont à pied. En certains jours solennels de l'année, et le plus souvent aux festes des patrons des villages, les païsans invitent leurs voisins à ces exercices. A cét effet on jette une espéce de balon dans un grand chemin, au milieu des confins de deux villages, et châcun le pousse du pied avec violence, tant que les plus forts le font approcher prés des leurs, qui de cette sorte remportent la victoire et le prix qui est proposé. Lambert d'Ardres, en son *Histoire des comtes de Guines*, en fait mention en ces termes : *Locus qui nunc Ardensium populi frequentatur accessu pascuus erat , et raro cultus habitatore. Mansit tamen in medio agri pascui secus viam, in loco ubi nunc Ardeæ forum rerum frequentatur venalium , quidam cerevisiæ brasiator, vel cambarius, ubi rustici homines et incompositi ad bibendum, vel ad cheolandum, vel etiam herkandum propter agri pascui largam et latam planitiem convenire solebant*[2]. Et mémes j'ose avancer que c'est ce jeu de la balle des anciens appellée *pila paganica*, parce qu'elle estoit en usage parmy les païsans. Martial[3] en a fait aussi la description.

Mais pour retourner au jeu de la balle à cheval que les Grecs appellent *Tzycanisterium*, il semble que ces peuples en doivent l'origine à nos François, et que d'abord il n'a pas esté autre que celui qui est encore en usage dans le Languedoc, que l'on appelle le jeu de la chicane, et en d'autres provinces le jeu de mail ; sauf qu'en Languedoc ce jeu se fait en plaine campagne, et dans les grands chemins, où l'on pousse avec un petit maillet, mis au bout d'un bâton d'une longueur proportionée, une boulle de buis. Ailleurs, cela se fait dans de longues allées plantées exprés, et garnies tout à l'entour de planches de bois. De sorte que *chicaner* n'est autre chose que le τζυκανίζειν des Grecs, qui ont coûtume d'exprimer le C ou le CH des Latins par le TZ, comme *Eustathius* 4 sur *Dionysius* nous apprend ; ce qui est d'ailleurs con-

[1] Lips. ad Senec. ep. 80. — [2] Lamb. Ard. pag. 142. — [3] L. 4, ep. 45. — [4] Schol. ad Dionys. Perieg. p. 100.

firmé par plusieurs exemples que M. Rigaud et *Meursius* en ont donnez en leurs Glossaires. Ensuite, ce que les nostres ont fait à pied les Grecs l'ont pratiqué montez sur des chevaux, et avec des raquettes, qui estoit la forme de leur chicane.

Quant à l'origine de ce mot, comme toutes les conjectures dont on se sert en de semblables rencontres sont pour le plus souvent incertaines, je ne sçay si je dois m'y engager ; car je n'oserois pas avancer qu'il vienne de l'Anglois *chicquen*, qui signifie un poullet : en sorte que chicaner seroit imiter les poullets, qui ont coûtume de courir les uns après les autres pour s'arracher le morceau hors du bec ; ce que font ceux qui joüent à la chicane à la façon des Grecs, jettans une balle au milieu d'un champ, et châcun tâchant de l'enlever à son compagnon.

Quoy qu'il en soit, on ne doit pas, ce me semble, revoquer en doute que le terme de chicane dont nous nous servons aujourd'huy pour marquer les détours des plaideurs (*vitilitigatores*), et que nos vieux praticiens appelloient *barres*, ne soit tiré de ces exercices ; car châcun de son costé, faisant ses efforts pour dilayer par des suites affectées, et par des procedures inutiles, tâche d'embarasser sa partie, les uns et les autres se renvoyans ainsi la balle, comme nous disons vulgairement ; ce que font ceux qui joüent à la chicane, lorsqu'ils se renvoient la balle, et par les embaras qu'ils se forment reciproquement, font durer le jeu plus long-temps.

Je sçay bien que quelques sçavans[1] ont cherché une autre origine au terme de chicane en fait de plaideurs, et qu'il y en a qui le dérivent de σικανὸς, qui, selon Galien, en quelque endroit[2], signifie une malice mêlée de tromperies : rapportans la raison de cette siguification au naturel des Siciliens[3], nommez Σικανοὶ par les anciens, *quorum natura facilis fuit ad querelas*, dit Cassiodore[4]. Il y en a d'autres[5] qui le tirent des termes de *chico* et de *chiqui*, dont l'un est espagnol, l'autre gascon, qui signifient *petit* ; ensorte que chicaner seroit s'arréter aux choses de petite consequence, et aux bagateles.

[1] Simon d'Olive, l. 2, des Quest. de droit, ch. 1. — [2] In Lexic. Hippocr. — [3] Cluver l. 1, Sicil. antiq. c. 17. — [4] L. 1. epist. 3. — [5] Oyhen. in Not. Vasc.

DES CHEVALIERS BANNERETS.

DISSERTATION IX.

La noblesse a toûjours esté dans une particuliere estime en tous les etats de l'univers, et il n'y a presque à present que celui des Turcs où elle n'est pas considerée. Ils déferent tout à la vertu et aux belles qualitez des personnes, sans considerer le sang et la naissance. *Turcæ neminem, ne suorum quidem, nisi ex se pendunt, sola domo Othomanorum excepta, quæ suis censetur natalibus*[1] : ce sont les paroles d'un ambassadeur de l'empereur Ferdinand Ier. Mais la France a esté le royaume du monde où elle a eu les plus grands avantages, y composant un ordre particulier, qui y tient le premier et le principal rang ; les honneurs et les gouvernemens des provinces et des places n'y sont confiez qu'aux gentilshommes, et l'on a toûjours crû que la force de l'Etat reside dans leurs personnes, acause de la generosité naturelle et de la grandeur de courage qui les accompagne.

[1] Busbeq. in itiner, CP.

Encore bien que le caractere de la noblesse soit uniforme, et qu'il est en quelque façon vray de dire qu'un gentilhomme n'est pas plus gentilhomme qu'un autre, si est-ce qu'il y a toûjours eu divers dégrez entre les nobles, qui ont composé des différents ordres entre eux ; car les uns ont esté plus relevez que les autres, à raison des dignitez qui leur estoient conferées par le prince ; les autres par les prerogatives que les qualitez et les titres de chevaliers leur donnoient. Desorte que nous remarquons qu'il y a eu en France trois degrez et trois ordres de noblesse. Le premier est celuy des BARONS, qui comprenoit tous les gentilshommes qui estoient élevez en dignitez, tant acause des titres qui leur avoient esté accordez par les rois, qu'acause de leurs fiefs, en vertu desquels ils avoient le droit de porter la bannière dans les armées du roy, d'y conduire leurs vassaux, et d'avoir un cry particulier. C'est pourquoy ils sont ordinairement reconnus sous le nom de BANNE-

RETS, et souvent sous le terme general de *barons*. Ce qui a fait dire à *Divæus* [1] que *barones vocari solent ii proceres qui vexillum in bellum efferunt*. Le second ordre estoit celui des *bacheliers*, ou des simples chevaliers, et le troisieme celui des *escuiers*.

La noblesse de Bearn [2] estoit pareillement distinguée en barons, en *cavers*, ou chevaliers, et en *dommangers*, ou damoiseaux, qui sont ceux que nous appellons escuiers. Le royaume d'Arragon [3] avoit aussi ces trois ordres dans sa noblesse : le premier estoit celui des *ricos hombres*, le second celui des *cavalleros*, et le troisieme des *infançons*, qui sont les damoiseaux, ou escuiers. Les *ricos hombres*, ou les riches hommes, estoient les principaux barons du royaume. Ils avoient part au gouvernement du pays, et possedoient les grands fiefs mouvans de la couronne. Ils devoient, acause de ces fiefs, servir le prince dans ses guerres, et estoient obligez d'y conduire leurs vassaux sous leurs bannieres, d'où ils furent appellez *ricos hombres de señera*, c'est-à-dire bannerets ; et parce que ces riches hommes qui conduisoient leurs vassaux à la guerre sous leurs bannieres estoient ordinairement revêtus de la qualité de chevalier, il est arrivé delà que ces barons sont reconnus pour le plus souvent sous les noms de chevaliers bannerets.

Les autres chevaliers, qui n'avoient pas cette prérogative, sont nommez vulgairement *bacheliers* c'est-à-dire *bas chevaliers*, acause qu'ils estoient d'un second ordre, et inferieurs en dignité aux barons. C'est la raison pourquoy ils sont nommez *milites secundi et tertii ordinis* dans Brunon [4], en l'*Histoire de la guerre de Saxe*, et dans Guillaume le Breton [5], en ces vers :

> In'tra Murellum cum Simone contulerant se
> Personæ primi multæ, pluresque secundi
> Ordinis.

Et ailleurs il designe ainsi ce second ordre des nobles [6] :

> Exemplo quorum proceres, comitesque, ducesque,
> Ordoque militiæ minor Ecclesiæque ministri, etc.
> Signo se signare crucis properanter avebant.

Dans Mathieu Paris [7] le bachelier est nommé *minor miles*. Guillaume, archidiacre de Lisieux [8], en l'*Histoire de Guillaume le Bâtard*, roy d'Angleterre, appelle les bacheliers *milites mediæ nobilitatis*. Desorte qu'il estoit de ces chevaliers comme de ces comtes du premier, du second et du troisieme ordre, dans la cour des empereurs romains. Mais parce que mon dessein n'est à présent que de parler des chevaliers bannerets, acause que je m'y suis engagé dans mes observations sur l'histoire du sire de Joinville, je ne diray rien ici des chevaliers bacheliers, ni de ce second ordre de noblesse.

J'ay déjà remarqué que le terme de *banneret* estoit général pour le premier ordre des nobles, et qu'il comprenoit les gentilshommes d'une dignité relevée, et qui avoient le droit de porter la banniere dans les armées du prince. La plûpart des auteurs s'en sont servis en ce sens. Rigord, parlant des seigneurs qui furent pris à la bataille de Bovines par Philippes-Auguste : *Eodem vespere cum adducti fuissent ante conspectum regis proceres qui capti fuerant, quinque videlicet comites, et xxv alii, qui tantæ erant nobilitatis, ut eorum quilibet vexilli gauderet insignibus, præter alios quam plurimos inferioris dignitatis.* Guillaume Guiart :

> En esté con ne voit negier,
> Va li rois la ville assiegier,
> O lui mains princes à bannieres, etc.

Monstrelet [9] dit qu'à la bataille d'Azincourt *il fut trouvé qu'à comp-*

ter les princes y avoit mors cent à six vints bannieres. La *Chronique de Flandres* comprend entre les bannerets les ducs et les comtes : *adonc jesirent tous les bannerets à toutes leurs batailles, fors le duc de Bourgogne et le comte d'Armagnac*. Les *Provinciaux*, qui sont les livres des herauds d'armes qui representent les armoiries des nobles de chaque province, reduisent d'ordinaire les nobles sous les deux titres de bannerets et de bacheliers, mettans sous le premier indifferemment les chevaliers bannerets et les ducs, les comtes et les barons.

D'autre part nous voyons que souvent les chevaliers bannerets sont reconnus dans les autres auteurs sous le terme simple de barons [1]. Les loix de Simon comte de Montfort pour les habitans d'Alby, de Carcassonne, de Beziers et de Razez, dressées l'an 1212, comprennent formellement les chevaliers bannerets sous ce nom, les distinguant d'avec les simples chevaliers, qui sont les bacheliers : *Si inde convicti, aut confessi fuerint, dabunt singuli x libras, si fuerint barones : si simplices milites, centum solidos, etc.* Froissart [2] en a ainsi usé en divers endroits de sa *Chronique*, comme lorsqu'il rapporte les noms des grands seigneurs qui passerent avec le roy d'Angleterre en France, l'an 1346 ; et ailleurs, parlant d'un combat qui se fit auprés de Calais : *Tous ceux estoient barons et à banniere*. Et la *Chronique de Flandres* [3], décrivant la bataille de Bonne, a compris sous le mot de *barons* les bannerets : *Tant y eut pris de barons, de bacheliers et de sergents, que ce fut merveille*. Il faut neantmoins demeurer d'accord qu'il y avoit de la difference entre les barons et les bannerets : car on appelloit barons tous les nobles qui possedoient les grands fiefs qui relevoient de la couronne ou de quelque souveraineté. Et parce qu'il n'y avoit point de barons qui n'eussent le droit de faire porter la banniere dans les armées, acause qu'ils possedoient de grandes seigneuries et des terres considerables, qui avoient beaucoup de vassaux, il est arrivé que ce titre a esté communiqué indistinctement à tous les bannerets. Du Tillet [4] dit que le comte de Laval débatit au seigneur de Couëquen, en Bretagne, le titre de baron, soûtenant qu'il n'estoit que banneret et qu'il avoit levé banniere, acause dequoy on se railla de lui, et on l'appela le chevalier au drapeau quarré.

Pour parvenir à la dignité de banneret il ne suffisoit pas d'estre puissant en fiefs et en vassaux, il falloit estre gentilhomme de nom et d'armes [5] ; cette qualité requise estoit essencielle ; et parce que je n'ay pas remarqué que pas un auteur ait bien expliqué la force de ces termes, je me propose d'en dire mon sentiment dans la dissertation suivante.

Le *vieux Ceremonial* [6] décrit ainsi la forme et la maniere de faire les bannerets : *Comme un bachelier peut lever banniere et devenir banneret. Quant un bacheler a [7] grandement servi et suivy la guerre, et qu'il a terre assez, [8] et qu'il puisse apoir gentilshommes, ses hommes, et pour accompagner sa banniere, il peut licitement lever banniere, et non autrement ; car nul homme ne doit porter ne lever banniere en batailles s'il n'a du moins cinquante hommes d'armes, tous ses hommes, et les archiers et arbalestriers qui y appartiennent. Et s'il les a, il doit à la premiere bataille où il se trouvera apporter un pennon de ses armes, et doit venir au connestable, ou aux mareschaux, ou à celuy qui sera lieutenant de l'ost, pour le prince requerir qu'il [9] porte banniere ; et s'il luy octroient, [10] doit sommer les heraulx pour tesmoignage, et doivent*

[1] P. Divæus, l. 7 Rer. Brabant. p. 85. — [2] Hist. de Bearn, l. 6, c. 24. — [3] Hier. Blanca in Comment. Ber. Arag. — [4] De bello Sax. p. 133. — [5] L. 8, Philipp. p. 193. — [6] Lib. 8, p. 121. — [7] A. 1215. — [8] Gesta Guill. p. 207. — [9] Vol. 1, ch. 149, ch. 79.

[1] Galland, au Traité du Franc aleu. — [2] vol. 1, ch. 121, 151. — [3] Ch. 15. — [4] T. 1, p. 431. — [5] Gregor. Tules. l. 6, c. 9. — [6] Ceremonial ms., et celui qui est imprimé avec un livre intitulé la Division du monde, l'an 1539. — [7] Al. longuement. — [8] Al. tant comme il puisse tenir cinquante gentilshommes. — [9] Al. soit banneret. — [10] Al. faire sonner les trompettes pour témoigner.

coupper la queuë du pennon, et alors le doit porter et lever avant les autres bannieres, du dessoubs des autres barons. Il y a en ce même *Cerémonial* un autre chapitre qui regarde encore le banneret, et est conceu en ces termes : *Comme se doit maintenir un banneret en bataille. Le banneret doit avoir cinquante lances, et les gens de trait qui y appartiennent : c'est asavoir les* XXV *pour combattre, et les autres* XXV [a] *pour lui et sa banniere garder : et doit estre sa banniere dessoubs des barons. Et* [2] *s'il y a autres bannieres, ils doivent mettre leurs bannieres à l'onneur, chascun selon son endroit, et pareillement tout homme qui porte banniere.*

J'ay rapporté les termes entiers de ce *Cerémonial*, afin de n'estre pas obligé de les diviser dans la suite de ce discours, et aussi pour avoir sujet de les examiner et de les conferer avec ce que les auteurs ont écrit des bannerets. Et pour commencer par les premieres conditions qu'il requiert pour parvenir à cette dignité, il remarque qu'il faut que celui qui veut se faire banneret soit chevalier, et qu'il ait esté souvent dans les occasions de la guerre : il est constant que ceux qui vouloient *lever banniere* devoient estre chevaliers ; et l'histoire nous fournit une infinité d'exemples, comme ceux qui dans les occasions de la guerre vouloient *lever banniere*, et qui n'estoient pas encore chevaliers, se faisoient donner ce titre avant que de *lever banniere*. La *Chronique de Flandre* [3] : *A ce jour leva banniere le comte de Maubuisson, qui fut au comte d'Armagnac, et fut ce jour nouveau chevalier.* Froissart [4] : *Là furent faits chevaliers, et leverent banniere à une saillie que ceux de La Charité firent hors, messire Robert d'Alençon, fils du comte d'Alençon, et messire Louys d'Auxerre, qui estoit fils du comte d'Auxerre et le frère du comte d'Auxerre.* Et ailleurs [5] il dit que le comte de Nevers, fils du duc de Bourgogne, conducteur des troupes françoises au secours du roy de Hongrie contre le Turc, estant entré dans le païs ennemy y fut fait chevalier par ce roy, *et leva banniere.* Les fils des rois n'estoient pas dispensez de cette loy. Le même Froissart [6], parlant d'une bataille qui fut donnée entre les Escossois et les Anglois : *Adonques fist le comte de Douglas son fils chevalier, nommé messire Jacques, et lui fist lever banniere : et là fist-il deux chevaliers des fils du roy d'Escosse, messire Robert et messire David, et tous deux leverent banniere.*

L'autre condition pour estre fait banneret, et qui estoit la plus necessaire, estoit qu'il faloit estre puissant en biens, et avoir un nombre suffisant de vassaux pour accompagner la banniere. C'est pourquoy les Espagnols appelloient les bannerets *Ricos hombres*, et les François *les riches hommes*, comme j'ay justifié en mes *Observations*. Au contraire, les simples chevaliers sont nommés *pauvres hommes* dans le rôlle des chevaliers qui accompagnèrent saint Louys au voyage de Thunes : *Et est à savoir qu'il doit passer à chascun banneret un cheval, et li chevaux emporte le garçon qui le garde, et doit passer le banneret lui sixieme de personne, et le pauvre homme soi tiers.*

Quant au nombre de vassaux, le *Cerémonial* veut que le banneret ait sous sa conduite cinquante hommes d'armes, outre les archers et les arbalétriers qui y appartiennent : c'est à dire cent cinquante chevaux. Car Froissart [7] dit en quelque endroit que vingt mille hommes d'armes faisoient soixante mille hommes de guerre : chaque homme d'armes ayant deux hommes à cheval à sa suite. Olivier de la Marche écrit que, suivant l'ancienne coûtume, il faloit que le pennon de celui qui prétendoit à cette dignité fust accompagné de vingt-cinq hommes d'armes au moins. Mais les comptes des trésoriers des guerres du roy nous apprennent le contraire, et nous font voir qu'il y avoit souvent des chevaliers bannerets qui avoient un beaucoup moindre nombre de vassaux à leur suite, dont les uns estoient bacheliers, les autres escuiers. Aussi un autre *Cerémonial* veut qu'un chevalier ou escuier, pour estre fait banneret, soit accompagné au moins de quatre ou cinq nobles hommes, et continuellement de douze ou seize chevaux. Il est vray que pour l'ordinaire les chevaliers bannerets allans à la guerre du prince, comme la pluspart estoient grands seigneurs, avoient un bien plus grand nombre de vassaux, entre lesquels il y en avoit des chevaliers, qui avoient pareillement leurs vassaux à leur suite, ce qui formoit une compagnie fort raisonnable sous la conduite du banneret. Et ainsi ce sont les bannerets qu'Albert d'Aix [1] a désignés par ces termes : *Ad quinquaginta in arcu, lancea et gladio ceciderunt viri fortissimi, et usque ad hanc diem in omnibus prœliis invictissimi, singuli redditibus terrarum, et locorum possessionibus ditati, et ipsi equites sub se habentes, alius viginti, alius decem, alius quinque, alius duo ad minus.* Et Geoffroy de Maleterre [2], pour faire voir que Tancrede, pere du fameux Robert Guischard, avoit la qualité de chevalier banneret, et qu'ainsi il n'estoit pas de si basse extraction, comme Anne Comnene [3] et quelques autres auteurs ont écrit, dit qu'il estoit à la cour de Richard II du nom, duc de Normandie, commandant à dix chevaliers : *In curia comitis decem milites sub se habens servivit.*

Le banneret estoit fait par le prince, ou le lieutenant général de l'armée, en cette maniere : le chevalier qui estoit assez puissant en revenus de terres et en nombre de vassaux pour soûtenir l'état et la condition de banneret, prenoit l'occasion de quelque bataille qui se devoit donner, et venoit se présenter devant le prince, ou le chef de l'armée, tenant en sa main une lance, à laquelle estoit attaché le pennon de ses armes enveloppé, et là il faisoit sa requête, ou lui-même ou par la bouche d'un heraud d'armes, et le prioit de le faire banneret, attendu la noblesse de son extraction et les services rendus à l'Etat par ses prédecesseurs ; veu d'ailleurs qu'il avoit un nombre suffisant de vassaux. Alors le prince, ou le chef d'armée, développant le pennon, en coupoit la queuë, et le rendoit quarré, puis le remettoit entre les mains du chevalier, en lui disant, ou faisant dire par son heraud, ces paroles, ou de semblables : *Recevez l'honneur que vostre prince vous fait aujourd'huy, soiez bon chevalier, et conduisez vostre banniere à l'honneur de vostre lignage.* Froissart [4] décrit ainsi cette cerémonie : *Là entre les batailles apporta messire Jean Chandos sa banniere, laquelle encore n'avoit nullement boutée hors de son estuy. Si la présenta au prince, auquel il dit ainsi : Monseigneur, veez-cy ma banniere : je vous la baille par telle maniere qu'il vous plaise la desvelopper, et qu'aujourd'huy je la puisse lever : car, Dieu mercy, j'ay bien dequoy en terre et heritage pour tenir estat comme appartient à ce. Ainsi print le prince et le roy dom Pietre qui là estoit la banniere entre leurs mains, qui estoit d'argent à un pieu aiguisé de gueules, si la desveloperent, et la luy rendirent par la hante, en disant ainsi : Messire Jean, veez-cy vostre banniere : Dieu vous en laisse votre preu faire. Lors se partit messire Jean Chandos, et rapporta entre ses mains sa banniere, et dit ainsi : Seigneurs, veez-cy ma banniere et la vostre ; si la gardez ainsi qu'il appartient. Adonc la prindrent les compaignons, et en furent tous resjouis, et dirent que s'il plaisoit à Dieu et S. Georges ils la garderoient bien, et s'en acquiteroient à leur pouvoir. Si*

[1] *Al.* garder son corps et sa banniere. — [2] *Al.* et s'il y a autres bannieres en honneur, selon qu'ils sont nobles, et pareillement tous hommes qui portent banniere. — [3] Ch. 79, — [4] Vol. 1, ch. 225. — [5] Vol. 4, ch. 18, 72, — [6] Vol. 2, ch. 10. — [7] Vol. 4.

[1] L. 12, c. 31. — [2] L. 1, c. 40. — [3] L. 1. — [4] Vol. 1, ch. 241.

demoura la banniere és mains d'un bon escuier anglois, qu'on appelloit Guillaume Alery, qui la porta seurement ce jour, et qui loyaument s'en acquitta en tous estats. Le même auteur[1] décrit encore ailleurs cette cerémonie en ces termes : *Là furent appellez tous ceux qui nouveaux chevaliers vouloient estre, et premierement messire Thomas Trivet apporta sa bannière toute envelopée devant le comte de Bouquingam, et luy dit : Monseigneur, s'il vous plaist, je desvelopperay aujourd'huy ma banniere, car, Dieu mercy, j'ay assez de revenu pour maintenir estat comme à la banniere appartient. Il nous plaist bien, dit le comte; adonc prit la banniere par la hante, et lui rendit en sa main, disant : Messire Thomas, Dieu vous en laisse vostre preu faire cy et autre part.*

Le pennon ou le pennonceau estoit l'enseigne *du chevalier bachelier*, sous lequel il conduisoit ses vassaux. *Le Cerémonial*, au chapitre *de l'ordonnance du roy quand il va en armes*, le dit en termes exprés : *Après les pages viennent les trompettes, après les trompettes viennent les pennons des bacheliers, aprés les pennons viennent les bannieres des derrains bannerets.* Et à l'endroit où il décrit les cerémonies des obseques : *La quatrieme offrande doit estre d'un cheval couvert du trespassé, et sera monté dessus un gentilhomme, ou amy du trespassé, qui portera sa banniere s'il est banneret, ou, s'il est bachelier, son pennon.* Froissart attribuë pareillement en plusieurs endroits de son histoire les pennons aux bacheliers, et fait voir qu'ils estoient armoiez de leurs armes[2]. Quelquefois les grands seigneurs portoient en même temps la banniere et le pennon. *Le Cerémonial* attribuë ce droit non-seulement aux roys et aux souverains, mais encore aux ducs, aux marquis et aux comtes, et ajoûte que c'est en cela qu'est la différence d'entre le comte et le baron. Mais Froissart[3] nous apprend le contraire, nous représentant divers seigneurs qui n'estoient pas revétus de ces hautes qualitez qui portoient la banniere et le pennon en même temps : *Là estoit messire Hué le Despensier à pennon, et là estoit à banniere et à pennon le sire de Beaumont, messire Hué de Caurelée, et messire Guillaume Helmen, et à pennon sans banniere messire Thomas Dracton,* etc. Mémes Georges Châtelain[4] attribuë une banniere et un pennon en méme temps à un escuier. Il est constant[5] que les souverains avoient la banniere et le pennon; et à l'égard du roy de France sa banniere estoit en la charge du grand chambellan, et son pennon en celle de son premier vallet trenchant. Froissart parle en quelque endroit du pennon du roy de France[6]. Et la raison pour laquelle les grands seigneurs avoient la banniere et le pennon en méme temps est[7] que comme ils avoient un grand nombre de vassaux, les bannerets se rangeoient dans les guerres sous sa banniere, et les bacheliers qui relevoient immediatement d'eux, sous son pennon. Le pennon differoit de la banniere en ce que la banniere estoit quarrée et le pennon avoit une queuë, semblable à ces enseignes que les Latins nommoient dragons. C'est cette queuë que l'on coupoit lorsqu'on faisoit les bannerets.

Comme les bannerets se faisoient aux occasions des batailles, ou de quelques entreprises militaires, ce qui est remarqué par Froissart[8], Monstrelet, Olivier de la Marche, et autres auteurs; il s'en faisoit aussi quelquefois dans les occasions des festes solennelles ou des tournois. Jacques de Valere, en son traité ms. d'*Armes de noblesse* : *S'il est roy ou prince qui soit audit tournoy, et s'il lui plaist peust faire de grace chevaliers, et d'un chevalier un banneret,*

pour alors prendre banniere. E plus bas : Celui qui lieve banniere en tournoy, ou en bataille, doit au roy d'armes, ou heraux de la marche, dix livres parisis.

Cette qualité de banneret en la personne du chevalier le faisoit reconnoître ordinairement sous le nom de *banniere*, comme on recueille des auteurs, et particulierement de ce passage du sire de Joinville, où il écrit qu'il accompagna le roy saint Louys, *lui, troisiéme de bannieres*, c'est à dire avec deux autres chevaliers portans bannieres : *Milites vexilla ferentes,* comme ils sont nommez par Matthieu Paris[1], qui sont appellez *vexillarii* dans une ordonnance de Philippes le Harcy. De là vient le proverbe usité en ce temps-là, *cent ans banniere, cent ans civiere,* pour marquer la decadence des familles, et je ne sçay si on ne doit pas rapporter à ce mot de *civiere* ces deux vers qui se lisent en l'Histoire des archevesques de Breme[2] :

> Erat Dacus nobilis sanguine regalis
> Ex matre, sed genitor miles civeralis;

c'est à dire un chevalier du dernier ordre. Du Tillet dit encore que la famille des bannerets, pour marque de prérogative et de noblesse, estoit appellée *hostel noble et banniere,* et que ce titre est donné à la maison de Saveuses en Picardie, dans un ancien arrest du parlement de Paris. J'ajoûte à ces remarques que dans une ordonnance de Charles VIII, de l'an 1495, pour les droits de geolage, la femme du banneret y est nommée *une dame bannerete.*

Ce nom de *banniere* estoit encore attribué à la terre du chevalier banneret, et estoit ainsi nommée parce qu'elle avoit un grand nombre de fiefs qui en dépendoient, et par conséquent assez de vassaux pour obliger celuy qui en estoit seigneur de lever banniere, ce qui est tellement vray, que le titre de banneret passoit à tous ceux qui la possedoient, mémes avant qu'ils eussent esté revétus du titre de chevaliers. C'est pourquoy dans les comptes de Jean le Mire, de Barthelemy du Drack, de Jean du Cange, et autres trésoriers des guerres du roy, qui sont en la chambre des comptes de Paris, nous y voions *les escuiers bannerets* au service du roy, avec leur suite, composée de chevaliers et d'escuiers; mais avec cette difference que jusques à ce qu'ils eussent esté faits chevaliers ils marchoient aprés les bacheliers, dont ils avoient les gages et la paye, et estoient nommez par leur nom propre, et non point du titre de *Messire,* ou de *Monseigneur,* qui n'appartenoit qu'aux chevaliers. De sorte que les *terres bannieres* estoient comprises sous le nom general de *militiæ,* qui se rencontre souvent dans les titres, pour designer les *fiefs des chevaliers,* nommez *milites feudales*[3] en d'autres, et les *fiefs de haubert,* pour les raisons que nous dirons ailleurs. Car quant aux fiefs des bacheliers, c'est à dire des chevaliers simples, ils semblent estre nommez *baccalariæ* dans divers titres du *Cartulaire* de l'abbaye de Beaulieu en Limosin, que j'ay leus, et dont plusieurs ont esté transcrits par M. Justel, en son *Histoire d'Auvergne et de Turenne.* Il est encore parlé de cette espéce de fief dans les *Coûtumes d'Anjou*[4] et *du Maine*[5]. Quelques écrivains flamans[6] ont donné le dénombrement des terres bannieres du comté de Flandres.

Celuy-là donc qui estoit possesseur d'une terre *banniere,* c'est à dire qui avoit assez de fiefs dépendans pour fournir le nombre de vassaux suffisant pour former un banneret, et qui avoit esté possedée par des bannerets, prenoit l'occasion d'une bataille pour *déployer, développer, lever, relever, et mettre hors sa banniere*[7]; car

---

[1] Vol. 2, c. 54. — [2] Vol. 1, c. 198, 241, 237 ; vol. 2, c. 112, 135, 161 ; vol. 4, c. 18, 21, 79. Chr. de Fland., c. 113. — [3] Vol. 2, c. 135. — [4] Hist. de Jac. de Lalain, c. 68. — [5] Cerémon. de France. — [6] Vol. 4, ch. 18. — [7] Theatre d'Hon. de la Colomb., t. 1, p. 63. — [8] Vol. 1, c. 225 ; vol. 2, c. 125, 159, 164 ; vol. 3, ch. 14 ; vol. 4, ch. 18, etc.

[1] P. 396, 403 ; t. 5, Hist. Fr. p. 553. — [2] P. 116. [ed. Lappenb. pag. 25 : *curialis.*] — [3] In Glos. lat. barb. — [4] Art. 63. — [5] Art. 72. — [6] L'Espinoy. — [7] Froissart et al, passim.

les auteurs se servent de toutes ces façons de parler. Il y avoit, toutefois, difference entre *relever banniere* et *entrer en banniere* : car celui-là *entroit en banniere* qui se faisoit donner par le prince le privilege de banneret, acause d'une ou plusieurs terres dont il estoit possesseur et qui lui fournissoient un nombre de vassaux pour maintenir cette dignité. Et celui-là *levoit* ou *relevoit banniere* qui developpoit et déployoit la banniere de sa terre, qui lui estoit écheuë de succession, ou qui se faisoit banneret acause d'une terre qui avoit eu le titre de banneret, et dont il devenoit possesseur. Nous apprenons cette distinction d'Olivier de la Marche [1], dont je rapporteray ici les termes : *La vey je messire Louys de la Vieville, seigneur de Sains, relever banniere, et le présanta le roy d'armes de la Toison d'or, et ledit messire Louys tenoit en une lance le pennon de ses plaines armes, et dit ledit Toison : Mon tres-redouté et souverain seigneur, voicy vostre tres-humble sujet messire Louys de la Vieville, issu d'ancienne banniere à vous sujete, et est la seigneurie de leur banniere entre les mains de leur aisné, et ne peut ou doit, sans mesprendre, porter banniere quant à la cause de la Vieville, dont il est issu : mais il a par partage la seigneurie de Sains, anciennement terre de banniere, parquoi il vous supplie, consideré la noblesse de sa nativité, et les services faits par ses predecesseurs, qu'il vous plaise le faire banneret, et relever banniere. Il vous presente son pennon armoié, suffisamment accompagné de vingt-cinq hommes d'armes pour le moins, comme est et doit estre l'ancienne coûtume. Le duc lui respondit, que bien fust-il venu, et que voulontiers le feroit. Si baille le roi d'armes un couteau au duc, et prit le pennon en ses mains, et le bon duc, sans oster le gantelet de la main senestre, fit un tour au tour de sa main de la queuë du pennon, et de l'autre main couppa ledit pennon, et demoura quarré, et la banniere faite le roy d'armes bailla la banniere audit messire Loys, et lui dit : Noble chevalier, recevez l'honneur que vous fait aujourd'huy vostre seigneur et prince, et soyez aujourd'hui bon chevalier, et conduisez vostre banniere à l'honneur de vostre lignage. Ainsi fut le seigneur de Sains relevé en banniere. Et prestement se presenta messire Jaques, seigneur de Harchies en Hainaut, et porta son pennon suffisamment accompagné de gens d'armes siens, et d'autres qui l'accompagnoient. Celuy messire Jaques requit à son souverain seigneur, comme comte de Hainaut, qu'il le fist banneret en la seigneurie de Harchies. Et à la verité bien lui devoit estre accordé, car il estoit un tres-vaillant chevalier de sa personne, et avoient, lui et les siens, honorablement servi en toutes guerres. Si lui fut accordé, et fut fait banneret celui jour le seigneur de Harchies. Et de ces deux bannieres je fais difference : dautant que l'un releve sa banniere, et l'autre entre en banniere, et tous deux sont nouveaux bannerets celui jour, comme dit est.* Ce qui sert pour entendre un ancien *Provincial*, ou recueil de blazons, qui aprés avoir donné les armes de chevaliers bannerets de Hainaut, fait un autre chapitre, avec ce titre : *Cy-aprés s'ensuivent les noms et les armes d'aucuns seigneurs à banniere, qu'on a veu en Hainaut, qui sont morts sans relever.* Et ensuite il met, *le sire de Beaumont, frere au bon comte Guillaume, le sire d'Avesnes, le sire de Roeux,* et autres : faisant assez voir par là que ces chevaliers, ou seigneurs, qui possedoient des fiefs de banniere, estoient décedez avant que l'occasion se fust presentée de la relever en quelque rencontre de guerre par la permission du prince.

Je trouve que c'est avec raison que le vieux *Cerémonial* a inferé delà que la banniere est la marque d'investiture du banneret, lorsqu'il dit que le duc reçoit l'investiture par la couronne, le

marquis par le rubis qu'il mettoit au doit du milieu, le comte par le diamant, le vicomte par la verge d'or, et les barons et les bannerets par la banniere. Quoy que ce qu'il met en avant des marquis et des autres dignitez soit sujet à la censure, il est au moins constant que le banneret estoit investy de sa dignité par la banniere. Car comme la banniere est une espéce d'étendart, sous lequel les vassaux se rangent pour aller à la guerre du prince, il est constant que toutes les investitures qui se font des terres, de quelque qualité qu'elles soient, qui donnent le droit à ceux qui les possedent de conduire leurs vassaux à la guerre, se sont toûjours faites par la banniere. C'est ce que nous lisons dans l'ancien Droit des Saxons [1] : *Imperator confert cum sceptro spiritualibus, et cum vexillis sæcularibus feuda omnia illustris dignitatis. Nec licet ei feudum vexilli vacans per annum et diem non collatum tenere.* Et quelque peu aprés il nous fait voir que sous le nom de fief de banniere estoient compris les grandes seigneuries avec dignitez : *Septem vexillorum feuda in Saxonia sunt definita, Ducatus Saxoniæ, Palantia, Marchia Brandeburgensis, Landgravionatus Turingiæ,* etc. Il nomme quelquefois ces grands fiefs *vexilla feudalia,* quelquefois *feuda vexilli* [2]. Le *Droit des fiefs de Saxe* les appelle *Feudovexilla,* ou *feuda vexilla habentia.* Et enfin dans quelques arrests les terres à bannieres y sont nommées *feuda vexillorum,* et les chevaliers *milites vexillati* [3].

Nous lisons souvent dans les auteurs, conformément à ce qui est porté dans le *Droit des Saxons,* qu'en Alemague les duchez et autres grands fiefs estoient conferez par les empereurs par la banniere. Othon, évesque de Frisingen [4], dit que la coûtume estoit en la cour imperiale, *Ut regna per gladium, provinciæ per vexillum a principe tradantur, vel recipiantur.* Ce fut donc suivant cét usage que l'empereur Henry investit son beau-frere du duché de Baviere par la banniere [5], *Cùmque hasta signifera ducatum dedit.* Philippes, roy des Romains, investit en l'an 1207 Thomas [6], comte de Savoye, de ce comté, et autres terres par trois bannieres, *juxta priscam Imperii consuetudinem.* Ce qui s'est encore pratiqué en d'autres royaumes. Car nous lisons [7] que Welphe, marquis de Toscane, cousin germain de l'empereur Frederic I, distribua sept comtez à certains barons, et les en investit avec autant d'étendarts, *baronibus terræ septem comitatus cum tot vexillis concessit.* Ainsi Frederic, roy de Sicile [8], investit Richard, frere du pape Innocent III, du comté de Sore, *per regale vexillum, quod illi transmisit.* Baudoüin II, roy de Hierusalem, en usa de même lorsqu'il donna le comté d'Edesse à Josselin de Courtenay [9] ; comme encore le pape Honorius à l'endroit de Roger, comte de Sicile, lorsqu'il l'investit du duché de la Pouïlle et de Calabre, et le même Roger lorsqu'il donna la principauté de Capoüe à Alphonse son fils [10]. Les comtes de Goritie [11] recevoient l'investiture des ducs de Venise par un étendart de taffetas rouge, et les dauphins [12] de Viennois par l'épée delphinale et par la banniere de S. Georges. Je passe tous les autres exemples qui se peuvent tirer des auteurs qui font de semblables remarques. Ce que je viens de rapporter suffit pour justifier ce que j'ay mis en avant, que tous les grands fiefs sont fiefs de banniere, et que la banniere estoit la marque de l'investiture de cette espéce de fiefs.

Quant aux moindres fiefs qui estoient ornez du titre de banniere,

---

[1] Specul. Saxon. l. 3, art. 60, § 1; art. 58, § 2; art. 62, § 2. — [2] Art. 52, § 3; art. 53, § 1; Jus Feudale Sax. cap. 16, § 3, 4, 7. — [3] Cap. 24, § 1. Ragueau, v. Banneret. — [4] Otho Fris. l. 2, de Gest. Frid. c. 5, 32. — [5] Ditmar. l. 6; Langius. — [6] Guichenon. — [7] Abb. Usperg. — [8] Gesta Innoc. III, p. 27. — [9] Will. Tyr. l. 12, c. 4. — [10] Alexander Cebesin. l. 1, c. 16; id. l. 3, c. 26. — [11] Sansovin. nelle Fami. d'Ital. — [12] A. Du Chesne, en l'Hist. des Dauph. p. 165.

[1] L. 6, ch. 25, p. 241.

ils avoient des privileges particuliers. Car au duché de Bretagne ils avoient droit de haute justice, de lever justice à quatre piliers, et les possesseurs de porter leurs armes en banniere, c'est à dire en un écusson quarré[1]. En Dauphiné les bannerets ont pareillement toute justice dans l'étenduë de leurs seigneuries, et le droit de faire visiter les grands chemins, d'avoir procureur fiscal, les confiscations pour crime d'heresie, et autres prérogatives qui sont remarquées par quelques jurisconsultes de ces pays-là[2].

Les bannerets avoient encore le privilege de cry de guerre, que l'on appelle *cry d'armes*, qui leur estoit particulier, et leur appartenoit privativement a tous les bacheliers, comme ayans droit de conduire leurs vassaux à la guerre, et d'estre chefs de troupes, et d'un nombre considerable de gens d'armes. Mais comme c'est encore une matiere curieuse, et que l'usage de ces cris est peu connu d'un châcun, je reserve à en traiter à fonds dans les dissertations suivantes.

A l'égard des armes en banniere, c'estoit un des principaux privileges des bannerets du duché de Bretagne, et de quelques autres provinces, comme de celle de Poitou[3], dont la coûtume porte en termes exprés, *que tout seigneur qui a comté, vicomté, ou baronnie* (elle designe assez les bannerets par ces mots), *peut en guerre, ou armoiries, porter ses armes en quarré, ce que ne peut le seigneur chastellain, lequel les peut seulement porter en forme d'escusson.* Le traité manuscrit des armes des familles éteintes en Normandie, que j'ay leu parmy les recueils[4] de M. Peiresc, marque cette difference en deux endroits, en ces termes : *Le sire de Mailleville est d'ancien lignage, et porte les armes de Quernoüaille, qui a esté anciennement banniere et chief d'armes, et pour ce sont mises en targe, qui signifie bacheler et banneret.* Et ailleurs, au sujet des armes d'Ermenonville : *Et pour ce que ledit sire d'Ermenonville ne a point portées à banniere, laquelle chose il peut faire selon le devis du livre de Monjoie, comme ailleurs est dit, sont mises icy en targe, qui signifient banneret et bacheler, et se doivent ainsi porter jusques à ce que la banniere en soit relevée.* La figure de la targe est presque quarrée par le bas, et un peu arrondie par

---

le haut, et fendue aussi en haut au premier quartier. Je ne veux pas m'arrêter à ce que Pierre de Saint-Julien et la Colombiere[1] ont écrit, que les bannerets avoient droit de porter au dessus de leurs armes un chappellet, ou cercle d'or, rehaussé de quelques perles, parce que cela est destitué de fondement.

Les chevaliers bannerets, lorsqu'ils alloient à la guerre du roy, avoient le double de la paye des bacheliers. La paye ordinaire des bannerets estoit de vingt sols tournois par jour; celle des chevaliers bacheliers et des escuiers bannerets de dix sols châcun, des escuiers simples de cinq sols, des gentilshommes à pied deux sols, des sergens à pied de douze deniers, et des arbalestriers de quinze deniers. En quelques comptes[2] des tresoriers des guerres du roy de l'an 1340 la paye de l'escuier monté au prix, c'est à dire sur un cheval de prix, est de sept sols tournois, de l'escuier à moindre prix de cinq sols, de gentilhomme à pied de deux sols six deniers, et du sergent et de l'arbalestrier à pied de quinze deniers. Quelquefois le roy augmentoit cette solde, qui s'appelloit la grande paye, et alors il declaroit qu'il n'entendoit pas qu'elle passât pour gages, mais pour une maniere de prest, comme il fit en l'an 1315, ou pour une grace; comme il est énoncé au commencement du compte de Jean du Cange de l'an 1340, dans lequel *on compte par jour aux chevaliers à banniere 30 sols tournois; aux chevaliers bacheliers 15 sols T.; à l'escuier monté sur cheval de 25 livres, et au dessus, 7 sols 6 den.; à l'escuier monté sur cheval de prix dessous 25 livres, 5 sols T.; et à chascun sergent de pied 2 sols T.*

Je pourrois fermer cette dissertation par les bannerets d'Angleterre, que plusieurs auteurs estiment estre les mêmes que les bannerets de France; mais parce que c'est une matiere qui est hors de mon sujet, et que d'ailleurs elle a esté traitée par deux sçavans auteurs anglois, Spelman[3] et Selden[4], je croy qu'il suffit d'y renvoyer le lecteur, outre que peut-estre l'occasion se presentera d'en dire quelque chose ailleurs. Le dernier a aussi traité doctement, à son ordinaire, des bannerets[5] et des fiefs de banniere[6].

[1] D'Argentré. — [2] Fr. Marci, Decis. Delph. to. 1, q. 339 et 386; G. Papæ Decis. 346 et 513. — [3] Coût. de Poitou, art. 1. — [4] Vol. 3.

[1] P. S. Julien, en ses Mesl. Hist. p. 571 ; Science Heroïq. p. 384. — [2] Comptes des tresoriers des guerres. Du Tillet des Trait. d'Angl. p. 218. — [3] Spelm. in Gloss. — [4] Selden. Titles of honor. part. 2, c. 5, § 46. — [5] Seld. part. 2, c. 5, § 25, 39. — [6] Cap. 1, § 26.

DES GENTILSHOMMES DE NOM ET D'ARMES.

DISSERTATION X.

Dans l'état et la condition de la noblesse, il semble qu'il n'y a aucune prérogative qui éleve l'un plus que l'autre, et qu'il en est comme de l'ingenuité parmy les jurisconsultes, laquelle ne reçoit ni le plus ni le moins. Il y a toutefois lieu de présumer que la qualité de *gentilhomme de nom et d'armes* a quelque chose de plus relevé, et est d'un degré plus eminent que de simple gentilhomme : puisque lorsqu'il est besoin de choisir des seigneurs de haute extraction, et dont la noblesse doit entrer en consideration, comme dans les ordres de chevalerie, on a desiré qu'ils fussent revêtus de cette qualité. Philippes[1], duc de Bourgogne, en l'ordonnance de l'ordre de la Toison d'or, veut que les trente-six chevaliers qui y seront admis *soient gentilshommes de nom et d'armes sans reproche.* Le

roy Louis XI, en l'établissement de l'ordre S. Michel[1] : *Ordonnons qu'en ce present ordre y aura trente-six chevaliers, gentilshommes de nom et d'armes sans reproche, dont nous serons l'un, chef et souverain*, etc. Le roy Henry III, en l'art. 15 de celui de l'ordre du Saint-Esprit, veut que ceux qui y entreront soient pareillement *gentilshommes de nom et d'armes de trois races pour le moins.* L'ordonnance de Blois[2] veut *que nul ne soit pourvu aux estats de bailly, ou de seneschal, qui ne soit gentilhomme de nom et d'armes.* L'ordonnance de Moulins[3] et celle d'Orleans[4] requierent seulement qu'ils soient gentilshommes. Cette façon de parler se trouve encore souvent dans les auteurs. En la description du tournoy[5] qui se fit

[1] Locrius, in Chr. Belg. an. 1431; Miræus, in Diplom. Belg. l. 1, c. 98.

[1] Art. 1. — [2] Art. 263. — [3] Art. 21. — [4] Art. 48. — [5] La Colombiere, au Theatre d'honn. tom. 1, c. 13.

à Nancy le 8 octobre l'an 1517, il est specifié que les tenants estoient *six gentilshommes de nom et d'armes, tous de la maison du duc de Lorraine.* Froissart[1] : *Estes-vous noble homme de nom et d'armes.* Et ailleurs : *Ils perdirent environ soixante chevaliers et escuyers, tous de nom et d'armes.* Dans Monstrelet[2] : *Gentilshommes de nom et d'armes sans reproche.* Dans le méme Froissart[3] : *Chevalier du royaume de France de nom, d'armes, et de nation. Nobiles in armis*, en un arrest du parlement de Grenoble de l'an 1496[4]. *Gentilhomme d'armes*, dans Monstrelet[5]. Tous lesquels termes signifient un veritable gentilhomme, et auquel on ne peut reprocher aucun defaut en sa noblesse. Froissart[6], voulant designer un bon François, l'appelle *François de nom et d'armes*; dans l'Histoire du mareschal Boucicault[7], *Renommez de nom et d'armes.* De toutes ces remarques je veux conclure que les gentilshommes de nom et d'armes ont quelque chose qui les releve pardessus le commun. Car en vain on demanderoit ce titre, s'il n'estoit pas plus eminent que celui de la simple noblesse. Mais comme il y a plusieurs opinions sur ce sujet, il est à propos d'en faire la déduction, et de les discuter toutes, avant que de m'engager plus avant sur cette matiere.

Jean Schohier[8], en son *Traité de l'état et comportement des armes*, estime que ceux-là sont gentilshommes de nom et d'armes qui portent le nom de quelque province, ville, bourg, château, seigneurie, ou fief noble, ayant armes particulieres, encore bien qu'ils ne soient seigneurs de telles seigneuries ; et sur ce fondement il forme plusieurs questions. Mais je ne vois pas quelle est la prérogative ni l'eminence de cette noblesse pardessus les autres. Car combien y a-t-il de familles relevées qui n'ont point le nom d'une terre, et lesquelles pour cela ne laissent pas d'entrer journellement dans les ordres de chevalerie, et d'estre admises aux grandes charges où cette qualité est requise ? Avoir le nom d'une terre ne releve pas la personne ni la noblesse. Un duc, ou comte, qui tirera son extraction d'une personne anciennement annoblie, et qui n'a jamais porté le nom d'aucune terre, ne laissera pas d'entrer dans les ordres de chevalerie et de passer pour veritable gentilhomme.

D'autres[9] tiennent que les gentilshommes de nom et d'armes sont ainsi appellez, non acause des armoiries, mais acause des armes, dont ils font profession ; pour les distinguer, disent-ils, des *chevaliers en loys*, qui sont ceux de la robe, que le prince a honorez du titre de chevalérie, et qui ne font aucun métier des armes. Il est parlé de ces chevaliers en loix dans Froissart[10], Monstrelet[11], d'Argentré[12] et autres[13]. Mais qui se persuadera que ç'ait esté la pensée des fondateurs des ordres militaires, et des rois qui ont fait les ordonnances, de restraindre la seule noblesse à l'espée ? D'ailleurs, pourquoy qualifier tels gentilshommes de nom, comme si cette adjection faisoit et ajoûtoit quelque degré à la noblesse de sang.

Il y en a d'autres qui croient que les gentilshommes de nom et d'armes sont ceux qui portent les armes affectées au nom de leur famille, sans toutefois que cette qualité les metté au dessus de ceux que l'on qualifie simplement gentilshommes : cette adjection *de nom et d'armes* n'estant que pour designer une noblesse bien fondée, et sans reproche, dautant qu'entre les preuves dont un gentilhomme se sert pour prouver sa noblesse, il y en a une par laquelle il justifie que le surnom et les armes qu'il porte ont esté portez par son pere, son ayeul, et son bisayeul. Et il semble que c'est là le sentiment d'André Duchesne[1], lequel, écrivant de la maison de Du Plessis, et parlant du cardinal de Richelieu, dit ces paroles : *Il estoit aussi chef des armes de sa maison, composées d'un escu d'argent à trois chevrons de gueulles, lesquelles ses descendans ont tousjours portées et retenuës jusques à present, avec le mesme surnom de du Plessis. De sorte qu'à juste titre il doit participer à la gloire et à la renommée de ceux qui ont esté reconnus de toute antiquité pour gentilshommes de nom et d'armes.* Et en l'histoire de la maison de Bethune[2] : *Les armes ou armoiries sont si propres et si essentielles aux nobles, qu'il n'y a qu'eux qui puissent justement en porter ; d'où vient que pour exprimer la vraie noblesse l'on dit ordinairement qu'il est gentil-homme de nom et d'armes.*

Quoy que cette opinion ait quelque fondement en apparence, toutefois s'il m'est permis de m'en départir, sans blesser l'autorité d'un auteur si judicieux, et de ceux qui l'ont embrassée, je tiens qu'il est plus probable que l'on appelle gentilshommes de nom et d'armes ceux qui peuvent justifier leur noblesse, non-seulement de leur estat, c'est-à-dire par leur pere et leur ayeul, en faisant voir qu'ils ont tousjours fait profession de noblesse, qu'ils ont esté reputez gentilshommes, et que le nom et les armes qu'ils portent ont esté portez par leurs pere et ayeul, qui est la forme ordinaire de justifier une noblesse simple ; mais encore par les quatre quartiers ou lignes. Cecy se faisoit en montrant que leurs ayeul et ayeule paternels, ayeul et ayeule maternels estoient nobles. Ce qui se prouve par le plan de la genealogie, et par les armes des ayeuls et des ayeules, tant du côté paternel que maternel. Dautant que les armes estant les veritables marques de la noblesse, puisqu'elles n'appartiennent qu'aux nobles, celuy qui peut justifier dans sa genealogie que ses ayeuls et ayeules paternels et maternels ont porté des armes ou armoiries, il s'ensuit que ces ayeuls et ayeules sont nobles, et partant qu'il est sorty et issu de parens nobles de quatre diverses maisons, qui est ce que nous appellons lignes.

Je m'explique, et dis qu'il est necessaire à celuy qui se dit gentilhomme de nom et d'armes, de justifier la noblesse de ses ayeuls et de ses ayeules, tant du côté paternel que maternel, qui sont quatre personnes ; dont la premiere est l'ayeul paternel, duquel il faut prouver la noblesse pour justifier que celuy qui est issu de luy est noble de nom, c'est-à-dire de son chef, qui est designé par ce mot : car faisant voir qu'ayant porté le même nom que son ayeul, qui estoit noble, il s'ensuit que luy, qui en est issu, est pareillement noble. Et afin qu'il puisse d'abondant se dire noble d'armes, il luy est necessaire de prouver que son ayeule paternelle, son ayeul et son ayeule maternels estoient nobles : ce qu'il fera en justifiant qu'ils ont porté des armes ou armoiries. Et alors il luy sera loisible de faire apposer à son tombeau, et par tout ailleurs, outre ses armes, celles de ses ayeuls et ayeules, dont il est descendu, et de prendre qualité de gentilhomme de nom et d'armes.

Cecy semble estre expliqué par René, roy de Sicile, aux statuts de l'ordre du Croissant, qu'il institua le 11ᵉ jour d'aoust l'an 1448, où il déclare[3] que *Nul ne pourra estre receu, ne porter ledit ordre, sinon que il soit ou prince, marquis, comte, vicomte, ou issu d'ancienne chevalerie, et gentilhomme de ses quatre lignes, et que sa personne soit sans vilain cas et sans reproche.* Termes qui sont synonymes, et ont même force que ceux qui sont couchez dans les statuts des autres ordres militaires, et dans les edits de nos rois cy-devant

---

[1] Vol. 4, c. 21, 23. — [2] Vol. 1, c. 8, 9. — [3] Vol. 4, ch. 6. — [4] Guido, Papæ Decis. 391. — [5] Vol. 1, ch. 93. — [6] Vol. 1, c. 224. — [7] P. 199. — [8] C. 17. — [9] Jean Chenu, en son livre des Offices, tit. 40, c. 39. — [10] Vol. 1, c. 178; vol. 4, c. 34. — [11] Vol. 1, p. 105, b. 143, b. — [12] Au Traité des Nobles, quest. 14. — [13] Pasq. en ses Recher. 1. 2, c. 16.

[1] En l'Hist. du Plessis, c. 1, p. 10. — [2] En l'Hist. de Bethune, l. 1, c. 5, p. 32. — [3] La Colomb. tom. 1 du Theatre d'honn. c. 7.

rapportez, sçavoir que *nul ne sera admis ausdits ordres s'il n'est gentilhomme de nom et d'armes sans reproche.* Les Statuts ms. de la Jarretière le disent plus clairement, expliquans ces termes, *Item est accordé que nul ne sera esleu compagnon dudit ordre s'il n'est gentilhomme de sang et chevalier sans reproche.* A la suite desquels mots sont ceux-cy pour explication : *Et quant à la déclaration d'un gentilhomme de sang, il est déclaré et déterminé qu'il sera extrait de trois descentes de noblesses, à sçavoir de nom et d'armes tant du costé du pere que de la mere.* Fr. Modius, parlant de ceux qui pouvoient se trouver aux tournois, décrit ainsi cette noblesse de nom et d'armes [1] : *Quisquis recentioris est notæ nobilis, et non talis ut a stirpe nobilitatem suam et origine quatuor saltem generis auctorum proximorum gentilitiis insignibus probare possit, is quoque ludis his exesto.*

Or, ce n'est pas sans raison que les rois et les chefs ou instituteurs des ordres militaires n'ont voulu admettre à ces ordres et aux plus hautes charges de l'État, que ceux qui estoient nobles à bon titre, et sur lesquels il n'y avoit aucun reproche, soit en ce qui concerne la personne, soit pour la naissance et l'extraction ; en un mot, qui estoient gentilshommes de nom et d'armes : dautant qu'en France on a tousjours tant fait d'estime de la noblesse, qu'il n'estoit pas permis aux gentilshommes de prendre alliance ailleurs que dans les familles nobles, à peine de décheoir des principales prerogatives qui appartenoient aux nobles, et d'estre notez en quelque façon d'infamie. Ce qui a eu lieu dés le commencement de la monarchie, les François n'ayant pas voulu admettre au royaume d'Austrasie les enfants du roy Theodoric [2], *quia erant materno latere minùs nobiles*, et ce suivant les premieres loix des Saxons et des peuples septentrionaux, dont parlent Eguinhart et Adam de Breme [3], qui ne souffroient point que les nobles prissent alliance ailleurs que dans des familles nobles : *Generis quoque ac nobilitatis suæ providissimam curam habentes, nec facile ullis aliarum gentium, vel sibi inferiorum connubiis infecti, propriam et sinceram, tantumque sibi similem gentem facere conati sunt. Quatuor igitur differentiis gens illa consistit, nobilium scilicet, liberorum, libertorum, et servorum ; et id legibus firmatum, ut nulla pars in copulandis conjugiis propriæ sortis terminos transferat, sed nobilis nobilem ducat uxorem, et liber liberam, libertus conjungatur libertæ, et servus ancillæ. Si verò quispiam horum sibi non congruentem, et genere præstantiorem duxerit uxorem, cum vitæ suæ damno componat.* Ainsi les Juifs [4], les Samaritains et les Iberes ne permettoient à aucun d'eux de prendre alliance dans les nations étrangères : tant ils faisoient état de la leur, laquelle ils ne vouloient point estre mélangée d'autre sang que de celuy qui le premier leur avoit donné l'estre. Cette estime que l'on a fait en France des alliances par femmes est fondée sur la raison naturelle, dautant que les enfans estant procreez de l'homme et de la femme, et par consequent prenans les qualitez de l'un et de l'autre, ils participent ordinairement à leurs bonnes ou mauvaises inclinations [5]. Car comme les nobles sont procreez d'un sang plus épuré, et qu'à raison de leur nourriture et de leur éducation ils sont portez au bien et à l'honneur par une pente naturelle, il ne se peut presque faire autrement que leurs enfans n'ayent part à ces bonnes inclinations :

> Fortes creantur fortibus et bonis,
> Est in juvencis, et in equis patrum
> Virtus : nec imbellem feroces
> Progenerant aquilæ columbam [6].

C'est pourquoy *Sidonius* [1] a raison de dire : *Est quidem princeps in genere monstrando partis paternæ prærogativa, sed tamen multum est quod debemus et matribus.* Au contraire les enfans qui naissent de ces conjonctions inégales participent aux inclinations basses et viles de leurs peres ou de leurs meres, qui n'ont point de naissance et d'extraction, soit qu'elles passent avec le sang dans leurs personnes, soit que l'education qu'ils contractent dans leur enfance en imprime insensiblement les caracteres. Mais la principale raison qui a donné sujet d'interdire civilement ces sortes d'alliances roturieres aux gentilshommes, a esté parce qu'ils avilissoient par là la noblesse et le lustre de leur famille. C'est celle que Theodose [2] rend lorsqu'il défend aux femmes nobles d'épouser leurs esclaves : *Ne insignium familiarum clara nobilitas indigni consortii fœditate vilescat, et quod splendore forsitan senatoriæ generositatis obtinuerat, contactu vilissimæ societatis amittat.* A quoy est conforme ce que la loy des Wisigoths [3] dit à ce sujet : *Generosa nobilitas inferioris tactu fit turpis, et claritas generis sordescit commixtione abjectæ conditionis.* C'est ce qui est appellé dans la chronique d'Autriche [4] *depressio generis*, et par nos François *abbaissement de lignage ou de mariage.*

Ce que j'ay avancé des gentilshommes qui se mesallioient est tellement vray, qu'à peine on reputoit nobles ceux qui prenoient des alliances roturieres. Les termes du vieux *Ceremonial* au chapitre des obseques le font assez voir, où, après avoir dit que les quatre cierges qui se mettoient aux quatre coings du cercueil, armoiez des escussons et des armes des quatre lignes, devoient estre portez par les plus proches du lignage dont sont lesdites armes, il ajoûte ces mots : *Et par les armes, et ceux qui portent les cierges à l'accompagner, es cognu les quatre lignes se sont [5] dont il est descendu, et quelque ancienneté qu'il ait selon le lignage de quatre lignes il doit estre honoré. Car quand homme a prins ligne de quatre lignes en la maniere susdite, il se peut dire gentil-homme et à qui noblesse appartient. Et se un noble homme d'ancienneté est issu après sa noblesse de quatre lignes non nobles, c'est à sçavoir de celle de [6] l'esle et de suselle, et de mere, il ne se devroit plus nommer gentil-homme ; et pour cette cause tout noble homme doit desirer à soy marier à noble lig ie. Car se ce n'est en celle faute, sa lignie sera tousjours dite noble, quelque chose qu'elle face, combien que le noble homme de sa nature doit tousjours faire nobles œuvres, ou il fait honte à sa nature.*

D'où il est arrivé que tels gentilshommes qui avoient *forligné*, pour user du terme de Monstre et [7] de Georges Chastellain [8], c'est à dire qui avoient pris alliance en maison roturiere, encore qu'ils conservassent le titre de noblesse, et en cette qualité fussent exempts de tailles et d'autres subsides, auxquels les roturiers sont sujets, ils ne pouvoient pas toutefois aspirer aux dignitez eminentes, ni se trouver dans les assemblées des chevaliers aux tournois, ou ailleurs, quoy que leurs enfans peussent parvenir à l'ordre de chevalerie. Car suivant les établissements de France selon l'usage du Châtellet de Paris [9], *S'uns hom de grant lignage prenoit la fille à ung villain à femme, si enfans porroient bien estre chevalier par droit, se il vouloient.* Ils estoient mêmes exclus de toute compagnie de noblesse, et il leur estoit défendu de se trouver aux tournois, ainsi qu'il est formellement exprimé dans le traitté [10] que René, roy de Sicile, a fait sur ce sujet ; où il est porté qu'après que tous les chevaliers et les escuiers qui se doivent pré-

---

[1] Fr. Modius, t. 2, de Hastilud. l. 1, fol. 9, verso. — [2] Aimoin, l. 4, c. 1. — [3] Ch. 5. — [4] Jalcat, in lib. Esther. ; Const. Porp. de adm. Imp. c. 45 ; Benjam. in Itiner. — [5] Fr. l'Alouet, en son Trait. des Nobles, l. 1, c. 4. — [6] Horat.

[1] L. 4, ep. 21. — [2] Nov. Theod. de mulierib. quæ se prop. serv. junxerunt. — [3] L. 5, tit. 7, § 17. — [4] Chron. Austr. a. 1270. — [5] [*Qu'ès trois lignes se font*, Gloss. au mot *Heriotum*, pag. 662.] — [6] Ayeule et bisayeule. — [7] Vol. 1, c. 44. — [8] Hist. de Jacq. de Lalain, c. 2. — [9] Chap. 128. — [10] Traitté des tournois.

senter pour combattre aux tournois sont arrivez dans la ville où ils se doivent faire, *ils envoient dans le lieu de leur assemblée, qui est ordinairement un cloistre, leurs bannieres, heaumes et tymbres ; et là sont rangez par le roy d'armes; puis viennent les juges du tournoy avec les dames, les chevaliers et escuiers, pour les visiter, un heraut ou poursuivant nommant tout haut les noms de ceux à qui ils appartiennent, afin que s'il y a quelqu'un qui ait mesdit des dames, ou commis lascheté ou crime, sur la denonciation desdites dames ou chevaliers, le chevalier tournoiant soit puny selon l'exigence du cas, et empesché de tournoier.* Le roi René rapporte trois cas, outre le premier, qui touche l'honneur des dames, qui meritent punition : le premier est quand un gentilhomme s'est trouvé faux et mauvais menteur en cas d'honneur; le second, quand il se trouve usurier; et le troisième, lorsqu'il s'est rabaissé par mariage, et s'est marié à femme roturiere et non noble. *Desquels trois cas les deux premiers et principaux* (ce sont les propres termes du traitté) *ne sont point remissibles, ainçois leur doit-on garder au tournoy toute rigueur de justice, se ils sont si fols et si outrecuydez d'eux y trouver, après ce que l'on leur aura notifié et bouté leur heaume à terre. Estant à noter que s'il vient aucun au tournoy qui ne soit point gentilhomme de toutes ses lignes, et que de sa personne il soit vertueux, il ne sera point batu de nul pour la premiere fois, fors seulement des princes et grands seigneurs, lesquels, sans luy malfaire, se joüeront à luy de leurs espées et masses, comme s'ils le vousissent battre : et ce luy sera à tousjours mais attribué à grand honneur à luy fait par lesdits princes et grands seigneurs, et sera signe que par grand'bonté et vertu il merite d'oresenavant estre du tournoy : et sans ce que on luy puisse jamais en rien reprouver son lignaige en lieu d'honneur où il se trouve, tant oudit tournoy qu'ailleurs, et là aussi pourra porter tymbre nouvel, ou adjouster à ses armes comme il voudra pour le maintenir ou temps advenir pour luy et ses hoirs.* Nous apprenons de ce passage que la peine que l'on faisoit souffrir à ceux qui ne s'estoient pas bien comportez dans les tournois estoit d'estre bastonné, ou d'estre mis *à la bacule*, terme qui vient de *baculus*. Mathieu Paris[1] parle de cette peine pratiquée dans les tournois, en plusieurs endroits de son *Histoire.*

Quoy que ces mariages fussent permis par les loix canoniques, neantmoins les loix civiles et politiques, ou plutôt les usages introduits par un commun consentement de la noblesse, ont établi des peines pour les empescher. Parmy les Wisigoths[2], une fille noble qui s'estoit mésalliée, *quæ honestatis suæ oblita, personæ suæ non cogitans statum, ad inferiorem forte maritum devenerat,* perdoit la succession qu'elle avoit euë ou devoit avoir de son pere, et estoit excluë de celles de ses freres et sœurs. Par cette raison il n'estoit pas permis aux barons, qui avoient la garde-noble des filles des gentilshommes, de les marier qu'à des personnes nobles,

[1] P. 500, 554, 578, 623. — [2] Lex Wisig. 1. 3, tit. 1, § 8.

et ne pouvoient pas les *déparager* sans encourir la peine qui estoit ordonnée par les statuts[1], et particulierement par celuy de Merton en Angleterre, dont il est parlé dans Littleton[2], et dans les loix des barons d'Escosse[3] : *Hæredes maritentur sine disparagatione,* ainsi qu'il est porté dans la grande charte des franchises d'Angleterre.

De ces remarques il est vray de dire qu'en France on n'a jamais reputé pour veritables gentilshommes que ceux qui estoient gentilshommes de nom et d'armes, c'est-à-dire de quatre lignes. C'est cette noblesse que Pierre de S. Julien[4] en ses *Meslanges paradoxales* qualifie, à proprement parler, *Noblesse de nom et d'armes,* laquelle il soutient ne recevoir ni le plus ni le moins : Un gentilhomme de cette maniere, quoy que pauvre, n'estant pas moins gentilhomme qu'un seigneur riche et opulent, non plus qu'un roy n'est pas plus roy qu'un autre, quoy qu'il soit plus riche : l'étenduë de pays qui est sous sa domination ne le faisant pas plus ou moins souverain. Ce fut là la pensée du roy Eumenes[5], lequel, bien qu'il n'eust plus qu'un château en son pouvoir, toutefois quand il fut question de capituler avec *Antigonus,* roy d'Asie, qui vouloit avoir la prerogative d'honneur sur luy, il fit réponse qu'il ne reconnoîtroit jamais plus grand que soy tant qu'il auroit l'espée au poing.

Pour conclure ce discours, et justifier par d'autres autoritez ce que je viens d'avancer de la noblesse de nom et d'armes, je ne puis pas mieux appuier cette opinion que par les expressions dont on se servoit, il y a deux cens ans, et plus, pour marquer une veritable noblesse. Georges Chastellain[6], historiographe de Philippes le Bon, duc de Bourgogne, en la vie de messire Jacques de Lalain, voulant designer un homme veritablement noble, se sert de diverses façons de parler, mais qui disent toutes la même chose. En sa preface : *Noble venant de toutes lignes, et procréé de droite ligne comme de pere à fils.* Au chap. 32 : *Gentilhomme de toutes lignées, et sans reproche.* Au chap. 33 : *Chevaliers et escuyers, nobles de quatre lignes, sans nulle villaine reproche.* Au chap. 34 : *Chevalier partant de bonne maison et sans reproche.* Et plus bas : *Sans avoir jamais fait faute nulle.* Au chap. 60 : *Nobles de toutes lignes, et sans reproche.* C'est ce qu'il dit ailleurs en termes plus ordinaires, *Gentilhomme, noble, chevalier, escuyer de nom et d'armes*[7], qui sont qualitez et conditions que l'on requeroit en ceux qui se présentoient aux tournois, et dont ils estoient obligez d'apporter attestation bien et deuëment expediée et signée par le seigneur duquel ils estoient sujets, ou de ses officiers. Ce qui se pratiquoit particulierement lorsque les gentilshommes alloient aux royaumes et aux provinces éloignées, où leur noblesse n'estoit pas connue, comme l'on peut remarquer en cette histoire[8].

[1] Math. Par. ann. 1215, et p. 271; Assises de Hier. c. 190; W. Tyr. 1. 12, c. 12. — [2] Sect. 103, 107. — [3] LL. Baron. Scot. c. 91 et 92. — [4] Mesl. Hist. p. 632, 640. — [5] Plut. in Eumen. — [6] En l'Hist de Jacq. de Lalain, p. 4, 86, 170. — [7] C. 24, 48, 54. — [8] Ch. 60.

DU CRY D'ARMES.

DISSERTATION XI.

Les coûtumes particulieres et les loix municipales qui ont déferé aux ainez la prérogative de porter les pleines armes de la famille dont ils sont issus, leur ont presque toutes attribué en même temps le cry d'armes, comme une dépendance de l'écu d'armoiries, avec lequel il est ordinairement placé, tant aux tombeaux et autres lieux qu'en leurs déchiffremens et blazons faits par les herauds. Les coûtumes des Troyes [1], de Chaumont [2], de Bar [3], et de Sens [4], y sont formelles, et portent en termes exprés que *le nom, cry et armes de la maison appartiennent à l'aisné.* René, roy de Sicile, en ses statuts de l'ordre du Croissant, par lui institué le onziéme jour d'aoust l'an 1448, ordonne, entre autres choses, que dans l'église cathedrale d'Angers [5] seront posez et *assis grands tableaux de bois, de la hauteur de quatre pieds ou environ, sur lesquels seront les armes, avec les tymbres et cry d'un chascun des chevaliers et escuyers de l'ordre.* Olivier de la Marche en la préface sur ses *Mémoires,* joint aussi le surnom avec le cry, *et commencerons à cette tres-haute et renommée maison d'Austriche, qui est vostre surnom, vostre cry et premier titre.* La *Chronique de Flandre* [6] se sert du terme de *relever le cry,* c'est à dire le nom et les armes d'une famille : *à l'assembler fut occis le sire de Beaujeu, par trop hastivement assaillir ses ennemis : mais Guichard, son frere, releva le cry de Beaujeu.* Plusieurs ont ignoré l'origine, l'usage et la signification du cry d'armes, et ceux qui en ont touché quelque chose n'en ont pas écrit assez exactement : ce qui m'a porté à en faire la recherche, et de rapporter en cét endroit ce que les livres m'en ont appris.

Le cry d'armes n'est autre chose qu'une clameur conceuë en deux ou trois paroles prononcée au commencement, ou au fort du combat et de la mélée, par un chef, ou par tous les soldats ensemble, suivant les rencontres et les occasions : lequel cry d'armes estoit particulier au général de l'armée ou au chef de chaque troupe. Il est diversement exprimé par les auteurs latins, estant appellé *bellicus clamor* par Paul Diacre [7] et Robert le Moine [8]; *signum militare* par le même Robert [9] et par Guillaume de Tyr; *signum clamoris* dans Raymond d'Agiles [10]; *signum exclamationis* dans Foucher de Chartres [11]; *signum bellicum* dans Guibert [12]; *signum castrorum* dans Radevic [13]; *signum militare* dans Guillaume de Malmesbury [14]; *signum* simplement dans Gilon de Paris [15], *Tudebodus* et Orderic Vital [16]; *symbolum* dans Conrad abbé d'Usperge; *sonus* dans le même *Tudebodus* [17], et *vox* dans Guillaume le Breton [18]. Quelques-uns de nos écrivains se sont servis du mot d'enseigne. Le *Roman de Garin :*

> Chastel escrie por s'ensagne esbaudir.

Ailleurs :

> S'ensagne crie, chevaliers ferez y.

La *Chronique MS. de Bertrand de Guesclin :*

> Chascun crie s'enseigne, sans estre recreans.

En un autre endroit :

> En l'estour se feri, si com l'istoire crie,
> Avec une gent qui sont de la partie,
> De la gent aus Anglois, et leur enseigne crie.

Froissart et quelques autres auteurs usent encore de ce mot.

Comme le bruit et le tintamarre que le tonnerre fait dans les nuës, en même temps que le carreau de la foudre vient à se lancer sur la terre, ajoûte beaucoup à l'étonnement que ce meteore a coûtume de former dans les esprits, il en est de même des cris des soldats qui vont à la charge. Car ces voix confuses, poussées avec allegresse, augmentent l'effroy et l'épouvante des ennemis, qui les prennent pour des preuves indubitables de courage; le silence, au contraire, estant une marque de crainte, laquelle, au dire d'un ancien auteur [1], est le lien de la langue. C'est pourquoy Caton [2], au rapport de Plutarque, entre les perfections d'un bon soldat, vouloit qu'il fust non-seulement hardy et prompt de la main pour l'execution, mais encore que son visage, et particuliérement sa voix, ressentist je ne sçay quoy de martial et qui pût jetter de l'effroy dans le cœur de son ennemy; c'est la raison pourquoy les hommes vaillans sont appellez par Homere βοὴν ἀγαθοί. Aussi l'experience a fait reconnoitre que les cris des soldats [3], mêmes avant la mélée, ont mis plusieurs fois les ennemis en fuite : et a fait que presque toutes les nations du monde ont commencé les batailles par là, suivant la remarque de Cesar [4] : *Neque frustra antiquitus institutum est, ut signa undique concinerent, clamoremque universi tollerent; quibus rebus et hostes terreri, et suos incitari existimaverunt.* Les livres des anciens auteurs [5], tant grecs que Latins, sont remplis de semblables observations, qui ont esté ramassées par ceux qui ont écrit sur la politique de Tacite [6].

Ces cris n'estoient pas toûjours des voix incertaines et confuses, mais souvent articulées, et qui consistoient en la prononciation de quelques mots, par lesquels les soldats s'excitoient les uns les autres à faire quelque action de generosité : *Clamor permistus exhortatione,* dans Salluste [7], lequel cry est pour cette raison appellé des Grecs παρακελευσμός [8]. On remarque que les Germains et les Gaulois, entre tous les peuples, en ont usé plus que les autres : ayant coûtume avant la mélée de s'exciter à la valeur par certaines chansons, ou plutôt clameur, appellée en leur langue *barditus,* du nom des bardes, prêtres gaulois, qui, suivant Ammian Marcellin [9] chantoient en vers, au son de la lyre, les actions vertueuses de leurs rois et de leurs ancétres. Tacite [10], parlant des Germains : *Sunt illis quoque carmina, quorum relatu, quem Barditum vocant, accendunt animos, futuræque pugnæ fortunam ipso cantu augurantur : terrent enim trepidantve preut sonuit acies, nec tam vocis ille quam virtutis concentus videtur ; affectatur præcipuè asperitas soni et fractum murmur objectis ad os scutis, quo plenior et gravior vox*

<hr>

[1] Art. 14. — [2] Art. 8. — [3] Art. 111, 117. — [4] Art. 201. — [5] La Colombiere, tom. 1 du Theatre d'honn. ç. 7, p. 122. — [6] Chr. de Fland. c. 91. — [7] Hist. Misc. l. 18, p. 537. — [8] L. 2, p. 35. — [9] Id. l. 3, p. 41. — [10] P. 140. — [11] L. 1, c. 9. — [12] L. 3, c. 9. — [13] L. 3, c. 26. — [14] L. 4, p. 138. — [15] L. 4. — [16] P. 849. — [17] L. 1, p. 849. — [18] L. 2, Phil.

[1] Achill. Tatius, 1. 2. — [2] Plut. in Cat. majore. — [3] Leon. Tact. c. 20, § 114. — [4] L. 3, Bell. civil. — [5] Scipione ammirato, nel Discorsi polit. l. 14, c. 5. — [6] Jean Gruter, in Discurs. ad Tacit. p. 103. — [7] De bello Jug. — [8] Const. Manasses, p. 231, 1 edit. gr. — [9] L. 15. — [10] De mor. Germ.

repercussa intumescat. De ce cry d'armes des Germains et des Gaulois, les Romains ont retenu le mot de *barditus,* pour signifier le cry des soldats, avant ou dans la mélée : encore qu'il paroisse que Végéce [1] semble lui donner le nom de *Barritus,* acause de la ressemblance de ces cris aux mugissemens que les elephans font ordinairement : *Clamor autem quem Barritum vocant, priùs non debet attolli quam acies utraque se junxerit : imperitorum enim vel ignavorum est vociferari de longe, cùm hostes magis terreantur, si cum telorum ictu clamoris horror accesserit.* Cette coûtume de chanter les loüanges des grands hommes devant les combats s'est encore conservée sous nos rois françois, sous lesquels ces chansons estoient reconnuës du nom de *chansons de Rolland,* parce que l'on y exaltoit les hauts faits du fabuleux Rolland et des anciens palladins françois : Guillaume de Malmesbury [2], parlant de Guillaume le Bâtard, prest à entrer dans le combat : *Tunc cantilena Rollandi inchoata, ut martium viri exemplum pugnaturos accenderet : inclamatòque Dei auxilio, prœlium utrimque consertum.* Ces cris de guerre estoient appellez par les Grecs ἀλαλαγμοὶ, parce que les soldats entrans dans le combat avoient coûtume de prononcer le mot *Alala :* c'est pour la même raison que dans Constantin Manassés [3] ils sont appellez λαλαγαὶ ἀρεϊκαί.

Tel donc a esté l'usage des cris de guerre composez de quelques paroles, qui portoient les soldats à la valeur, et les excitoient à fondre genéreusement sur leurs ennemis. Mais les chrétiens, qui ont toûjours referé le succés des combats à Dieu seul, qui dans les prophetes se dit si souvent le Dieu des armées, et qui donne les victoires et les triomphes à qui il lui plaist, laissant les coûtumes des payens, inventerent des cris d'armes, composez de quelques mots conçûs en termes d'invocation, qui estoient proferez par tous les soldats au même temps que le signal de la bataille estoit donné. Ce qui semble avoir esté mis en usage par le grand Constantin, après qu'il eut embrassé la véritable religion ; Eusébe [4] remarquant qu'il enjoignit à ses soldats d'invoquer Dieu dans les occasions de la guerre ; il leur prescrivit mêmes cette priere, qui est rapportée par le même auteur : Σὲ μόνον οἴδαμεν θεὸν, σὲ βασιλέα γνωρίζομεν, σὲ βοηθὸν ἀνακαλούμεθα, παρὰ σοῦ τὰς νίκας ἠράμεθα, etc. *Nous sçavons que vous estes le seul Dieu, nous vous reconnoissons pour roy, nous invoquons vostre aide, c'est vous qui nous avez donné les victoires, etc.* Cette loüable coûtume continua depuis en la personne de ses successeurs, et generalement de tous les princes chrétiens, qui ne livroient jamais aucun combat qu'ils n'eussent auparavant invoqué l'assistance du Dieu des armées, et que dans les commencemens des batailles ils n'eussent fait proferer à tous leurs soldats son saint nom. Anne Comnene [5], racontant le combat que l'empereur Alexis, son père, livra aux Scythes, dit qu'au même temps qu'il eut fait sonner la trompette, ses soldats, avant que de commencer la mélée, invoquerent tout d'une voix le Tout-puissant, τὸν ὅλων κύριον εἰς ἔλεον μιᾷ φωνῇ ἐπικαλεσάμενοι : *Christi invocata clementia.* Dans Albert d'Aix [6], et *Guntherus* [7] décrivant l'armée de l'empereur Frederic Barberousse, lorsqu'il passa en Italie :

Sic pulchro fœlix acies instructa tenore,
Carmine belligero, longéque sonantibus hymnis,
Divinam sibi poscit opem.

Quoy que ces cris fussent pour le plus souvent differens en paroles, ils estoient neantmoins conceus en termes d'invocation. L'empereur Leon [8], en ses *Constitutions militaires,* prescrivant l'ordre qu'il faut tenir dans les combats, veut qu'avant que de les com-

mencer, et lorsque l'armée est proche de l'ennemy, il y en ait un qui crie à haute voix, βοήθει, *aydez,* et que tous les soldats répondent unanimement, Θεός. Le même empereur [1] témoigne que l'on crioit encore νίκη τοῦ σταυροῦ, ou, comme il est écrit dans *Cedrenus* [2] en la *Vie de Basile,* σταυρὸς νενίκηκε. Cry qui semble avoir esté institué par Constantin après qu'il eut défait Maxence par la puissance de la croix qui parut au ciel à l'instant du combat. Le même *Cedrenus* [3] fait mention d'un autre cry, semblable à celui dont parle Leon, Χριστὲ βοήθει. Et Maurice [4], en ses *Strategiques,* veut qu'avant la bataille les prétres et le général même commencent et entonnent le Κύριε ἐλέησον, qui a servy souvent de cry aux chrétiens. Luithprand [5], parlant du combat d'entre l'empereur Henry I et les Hongrois, *Haud mora bellum incipitur, atque ex christianorum parte sancta mirabilisque vox* Κύριε, *ex eorum turpis et diabolica Hui, Hui, frequenter auditur.* Ditmar [6], evesque de Mersebourg, décrivant une bataille entre les troupes de l'empereur Henry II et les Polonois : *Ut primum castra visis agnovere tentoriis, alta voce per Kyrie eleison socios convocantes, hostes effugarunt.* Et *Robertus Monachus* [7] écrit qu'à la prise d'Antioche les chrétiens y crièrent Κύριε ἐλέησον, afin de se faire distinguer des Turcs, *ut per hoc nostris innotescerent, quod non Turci sed Christiani essent.* L'empereur Rodolfe, en un combat qu'il eut contre Ottocar, roy de Boheme, l'an 1278, fit crier à ses soldats, *Christus, Christus* [8]. L'auteur de la *Vie de S. Germain evesque* [9], qui porta la religion chrétienne dans l'Angleterre, raconte que ce saint s'estant joint aux Bretons, qui devoient combattre contre leurs ennemis, fit crier trois fois *Alleluya,* par les prétres, qui ensuite fut crié par tous les soldats : *Securisque hostibus, qui se insperatos adesse confiderent, Alleluya tertio repetitum sacerdotes inclamant. Sequitur una vox omnium, et elevatum clamorem, repercusso aere, montium inclusa multiplicant.*

Entre les cris dont les Grecs se servoient encore estoit celui de Θεὸς μεθ' ἡμῶν, dont il est parlé dans Anne Comnene, en son *Alexiade,* et dans Vegece [10], *Deus nobiscum :* Νοβίσκουμ, dans les *Strategiques* de Maurice [11]. *Emanuel* en hebreu a la même signification que ce cry d'arme, suivant la remarque de S. Gregoire de Nysse [12], et de *Juvencus,* en son *Histoire Evangelique* [13] :

Hanc cecinit vates futuram ex origine prolem,
Nobiscum Deus est cui nomen.

Les Turcs [14] même ont coutume d'implorer le secours de Dieu dans leurs combats, qu'ils commencent ordinairement par ces mots, *Allah, Allhah,* qui signifient *Dieu, Dieu,* et qui sont les premieres paroles de la priere que Mahomet prescrivit aux siens, *Allah, Allha, vah Cubar Allha,* qui est interpretée par un auteur grec. *Joannes Cananus* [15], décrivant le siége que Bajazet mit devant Constantinople l'an 1422, dit que le sultan, s'approchant des rangs, s'écrioit, *Rasul Rasul Mahometh,* et quelquefois, *Alach taucry Rasul Mahometh.*

Ensuite de cette loüable coûtume, les roys et les princes ont inventé des cris d'armes qui leur ont esté particuliers, et à tous les soldats de leur armée, pour estre proferez dans le commencement ou dans le fort de la mélée. Par ces cris ils invoquoient l'assistance de Dieu dans les perils evidens des batailles, quelquefois par l'intercession de la Vierge, ou de quelques autres saints, qu'ils reclamoient et en la protection desquels ils avoient mis leurs personnes et leurs Etats : car il est vray de dire que les premiers cris d'armes estoient conçûs en termes d'invocation, d'où ils sont

---

[1] L. 3, c. 18, 24. — [2] L. 3, de Gest. Angl.; Alberic. an. 1066 ; Matth. Westmon. p. 223. — [3] Edit. Meurs., p. 233. — [4] L. 4, de Vita Const. c. 19, 20 ; de laud. Const. p. 465. — [5] L. 8, p. 232. — [6] L. 4, c. 52. — [7] L. 7. Ligur. — [8] In Tact. c. 7, § 74.

[1] C. 12, § 69, 106. — [2] P. 572. — [3] P. 781. — [4] L. 3, c. 19. — [5] L. 2, c. 9 ; Conrad. Abb. Usp. p. 213. — [6] L. 5, p. 56. — [7] L. 6, p. 55. — [8] Hist. Austr. an. 1278. — [9] Constantius, in Vita S. Germ. l. 1, c. 19, apud Sur. to. 4. — [10] L. 3, c. 5. — [11] L. 3 c. 19. — [12] Orat. 1. de resurr. Dom. — [13] Juvencus, l. 1 ; — [14] Scipione Ammirato, l. 14, c. 5 ; Saracenica Sylburg. p. 71. — [15] P. 195.

appellez *voces fidei* dans Roderic, archevesque de Tolede [1]; c'est à dire des cris de confiance en l'assistance de Dieu; et s'il y en a eu d'autres, ç'a esté pour quelque rencontre ou excellens faits d'armes qu'ils ont esté choisis par quelques seigneurs particuliers, comme la suite de ce discours le fera voir.

Les François qui se trouverent à la premiere conquéte de la Terre Sainte avoient pour cry general ces mots, *Adjuva, Deus,* ainsi que nous apprenons de Foucher de Chartres [2], et d'un autre ancien auteur [3], ou bien *Eia Deus, adjuva nos,* suivant l'*Histoire de Hierusalem.* Raymond d'Agiles [4] rapporte la cause et l'origine de ce cry à la vision de Pierre Barthelemy, qui trouva la sainte lance au temps que les Turcs assiegeoient la ville d'Antioche sur les nostres : car durant ce siége S. André luy estant apparu plusieurs fois, il luy enjoignit de persuader aux chrétiens d'avoir recours à Dieu dans les fatigues du siége et de là faim qu'ils enduroient, et de prendre dans les combats pour cry d'armes ces mots *Deus, adjuva : Et sit signum clamoris vestri,* DEUS, ADJUVA, *et revera Deus adjuvabit vos,* qui sont les paroles de saint André. Roderic [5], archevesque de Tolede, dit qu'au siége et à la prise de Cordouë sur les Sarrazins d'Espagne, les chrétiens crierent aussi *Deus, adjuva.* Ils ajoustoient quelquefois à ce cry ces mots : *Deus vult* [6], ou, pour parler en langage du temps, et suivant qu'ils sont enoncez en la chronique du Mont Cassin [7], *Diex el volt,* dont l'origine est rapportée au concile de Clermont en Auvergne, où le pape Urbain II, ayant fait une forte exhortation pour porter les princes chrétiens à prendre les armes pour aller retirer la Terre Sainte des mains des infidéles, *ita omnium qui aderant affectus in unum concitavit, ut omnes acclamarent, Deux volt, Deus volt* [8]. Aprés quoy le pape, ayant rendu graces à Dieu, dit entre autres paroles celle-cy : *Sit ergo vobis vox ista in rebus bellicis militare signum, quia verbum hoc a Deo est prolatum, cum in hostem fiet bellicosi impetus congressio, erit universis hæc ex parte Dei una vociferatio, Deus vult, Deus vult.* D'où on recueille pourquoy le cry est appellé *Signum Dei* dans quelques auteurs [9]. Boëmond, qui faisoit la guerre en la Pouille, ayant appris qu'il estoit arrivé un grand nombre de gens de guerre, qui alloient dégager le S. Sepulcre du joug des infidéles, s'enquit à l'instant qui ils estoient, quelles armes ils portoient, et quel cry ils crioient [10]: *Quod signum (hæc gens) in certamine sonat. Cui per ordinem dicta sunt omnia. Deferunt arma jugiter ad bellum congruentia, in dextra, vel inter utrasque scapulas Crucem Christi bajulant, sonum verò Deus hoc. vult, Deus hoc vult, Deus hoc vult, simul una voce conclamant.* Nous lisons [11] qu'ils ont encore crié ces mots, *Christus vincit, Christus regnat, Christus imperat,* que nos rois ont depuis fait graver dans leurs monnoyes d'or et d'argent, et particulierement dans celles que nous appellons escus. *Cæsarius* [12] nous apprend qu'ils crioient encore : *Dieu, aide et le S. Sepulcre, Deus adjuva et sanctum sepulcrum.*

C'est de ces cris de guerre de nos paladins françois, et de nos conquerans de la Terre Sainte [13], que les ducs de Normandie ont receu le leur, conçeû en ces termes : *Diex aie, dame Diex aie,* par lesquels ils reclamoient l'assistance de Dieu, ces mots signifiant *Domine Deus, adjuva :* au lieu dequoy quelques-uns ont pensé qu'ils signifioient, *Nostre dame Dieu aide,* acause de *Dame,* qui signifie en cét endroit *Seigneur.* De fait ceux qui ont écrit l'*Histoire*

d'*Angleterre* [1] les ont tournez par ceux-cy, *inclamato Dei auxilio.* Orderic Vital [2], parlant des premieres guerres saintes : *Illi verò jam acriter pugnantes invenerunt, et signum Normannorum, Deus, adjuva, fiducialiter vociferat sunt.*

Ainsi les seigneurs de Montmorancy avoient pour cry, suivant un Provincial manuscrit : *Dieux, aieve,* ou selon les autres : *Dieu, aide au premier chrestien.* Quelques historiens [3] en rapportent l'origine au premier seigneur de Montmorancy, qu'ils nomment *Lisoie,* qui fut le premier des gentilshommes françois qui embrassa le christianisme avec le roy Clovis, et qui fut baptisé par saint Remy. Ses successeurs ayant de là pris sujet de crier en guerre [4], *Dieu aide au premier Chrestien,* comme estant un honneur deû à cette maison d'avoir produit le premier qui, aprés son prince, ait quitté les erreurs du paganisme, pour embrasser la veritable religion. La maison de Beauffremont en Lorraine et en Bourgogne avoit un cry semblable à celuy de Montmorancy, les seigneurs de cette famille crians en guerre, *Bauffremont au premier chrestien,* ainsi que nous apprenons de quelques *Provinciaux* [5], acause peut-estre qu'un de cette maison fut le premier d'entre les Bourguignons qui vinrent s'établir en ces provinces qui embrassa la foy chrétienne.

Plusieurs princes ont réclamé le secours de la tres-sainte Vierge dans leurs cris, comme les ducs de Bourgogne, dont le cry estoit, selon Monstrelet, Georges Chastellain [6] et quelques herauds, *Nostre Dame Bourgogne* [7]. Les ducs de Bourbon de la maison royale crioient *Bourbon nostre dame,* ainsi que nous apprenons de Jean Dorronville, qui a écrit l'histoire et la vie de Louys, troisiéme duc de Bourbon [7]. Les comtes de Foix avoient pour cry de guerre : *Nostre Dame Bierne* ou *Bearn* [8]. La maison de Vergy ces mots : *Vergy à Nostre Dame* [9]. Froissart fait mention de plusieurs seigneurs qui crioient *Nostre Dame* dans les combats. Le comte d'Auxerre crioit *Nostre Dame Auxerre* [10] : le connétable du Guesclin, *Nostre Dame Guesclin* [11] : le comte de Sancerre, *Nostre Dame Sancerre* [12] : le roy de Portugal, *Nostre Dame Portugal* [13] : le duc de Gueldres, *Nostre Dame Gueldres* [14] : le seigneur de Coucy, *Notre Dame au Seigneur de Coucy* [15] : le comte de Henault, dans Monstrelet [16], crie *Nostre Dame Hainault :* mémes les rois de France, suivant l'autorité d'une chronique manuscrite qui finit au regne de Charles VI [17], laquelle dit que le roy Philippe-Auguste à la bataille de Bovines cria, *Nostre Dame S. Denys Montjoie.*

Les papes avoient aussi leur cry de guerre, aussi bien que les princes seculiers, et crioient, suivant les Provinciaux [18], *Nostre Dame S. Pierre,* invoquans particulierement outre la sainte Vierge le prince des apôtres, que Jesus-Christ a établi chef de son Église, dont ils tiennent la place, en l'honneur duquel ils font des chevaliers appellez chevaliers de S. Pierre [19], et conferent ce degré de chevalier à l'Empereur méme, lorsqu'il vient à Rome pour s'y faire couronner. Gautier, comte de Brienne, estant au royaume de Naples pour poursuivre les droits de sa femme, sçavoir la principauté de Tarente et le comté de Liches, qui luy avoient esté confirmez par le pape Innocent III [20], et ayant esté établi bail et regent du royaume durant la minorité de Frederic, se préparant au combat contre Diepold, lieutenant général des armées de l'Empereur, en présence du legat apostolique, cria *S. Pierre; confortatus in Domino,*

---

[1] L. 8, de Reb. Hisp. c. 6. — [2] Fulch. Carnot. l. 1, c. 18; l. 2, c. 10; l. 3, c. 42, 46, 50; Gesta Franc. expug. Hier. l. 1, c. 26, 43. — [3] Gesta Dei, p. 602. — [4] Raymond d'Agil. p. 153. — [5] Roderic. Tolet. l. 19, de reb. Hisp. c. 16. — [6] Gesta Fran. expug. Hier. l. 1, c. 26. — [7] Chr. Cass. Befly des ducs de Guienne, c. 29. — [8] Rob. Mon. l. 1. — [9] Gesta Fran. exp. Hier. l. 1, c. 8. — [10] Tudebod. l. 1. — [11] Fulch. Car. l. 2, c. 31; Gesta Fran. exp. Hier. l. 1, c. 56; Hist. Hier. p. 607. — [12] L. 10, c. 12. — [13] Loisel en l'Hist. de Beauvais, p. 154.

[1] Wuillelm. Malmesb. l. 4, p. 131. — [2] Orderic. l. 10, p. 798. — [3] Chr. ms. de France parlant de la bat. de Bovines. — [4] Ph. Mor. Doublet, aux Antiq. de S. Denys, l. 1, c. 17. — [5] Provincial ms. — [6] Vol. 1, c. 47; Hist. de Jacq. de Lal. c. 14. — [7] D'Orron. en la vie de Louys duc de Bour. c. 50. — [8] Provinc. — [9] Hist. de la Maison de Vergy, l. 1, c. 3. — [10] Froiss. vol. 1, c. 222. — [11] Vol. 1, c. 222, 245, 312. — [12] Vol. 3, c. 9. — [13] Vol. 3, c. 15. — [14] Vol. 3, c. 119. — [15] Vol. 4, c. 74. — [16] Vol. 1, c. 47. — [17] Chr. ms. en la Bib. de M. de Mes. — [18] Provincial ms. — [19] Cer. Rom. l. 1, p. 56, 76. — [20] Gesta Inn. III, PP. p. 23.

disent les actes de ce pape, *prosiliit ad arma cum suis, et benedictione ac remissione a legato recepta, cum idem legatus maledixisset hostibus, in nomine Domini, comes alta voce sanctum Petrum invocans adjutorem, processit ad pugnam.* Brunon en ses livres de la *Guerre de Saxe*[1] asseure encore que les Saxons de son temps crioient dans les combats *Saint Pierre* : *Ibi quidam de nostris adversarium sibi videns obvium, velut suum salutavit socium, dicens Sancte Petre, quod nomen Saxones pro symbolo tenebant omnes ni ore*, etc.

Outre la chronique manuscrite dont je viens de parler, un *Provincial* cité par les sieurs de Sainte-Marthe, en leur *Histoire genealogique de la maison de France*[2], porte que les rois de France ont pour cry : *Nostre Dame Montjoie saint Denys au tres-chrestien roy de France.* Ce qui semble estre confirmé par la chronique manuscrite de *Bertrand du Guesclin* :

Et approuchent Anglois, en disant Dieu aye,
Montjoie nostre Dame au roy de Saint-Denye.

Toutefois on ne lit point dans les autres *Provinciaux*, ni dans nos histoires, que nos rois aient eu autre cry d'armes que celuy de *Montjoie saint Denys* simplement. Non-seulement ils reconnurent ce saint pour patron de leur royaume, d'abord qu'ils eurent embrassé le christianisme, qu'il avoit établi et cimenté par l'effusion de son sang à Montmartre; mais encore ils voulurent qu'il fust reclamé dans les combats : *Quem ipsius Ecclesiæ sponsum, sub auxilii et honoris titulo, in bellorum discrimine vindicare majestas regia consuevit;* ce sont les termes d'un titre du roy Charles V, du mois de juillet de l'an 1367, rapporté par Claude Emeré, en son traité *De l'Université de Paris*[3]. Orderic Vital[4] dit en termes formels que *Monjoie* estoit le cry des François : *Latitantes verò sub stramine, subito proruperunt, et regale signum Anglorum cum plebe vociferantes ad munitionem cucurrerunt. Sed ingressi, Meum-Gaudium! quòd Francorum signum est, versa vice clamaverunt.* Mathieu Paris[5] dit la même chose : *Quasi pro edicto frequenter proclamante alta et reboante voce eodem Constantino Montis-Gaudium! Montis-Gaudium! adjuvet Dominus, et Dominus noster Lodovicus.* Et ailleurs : *Et facto congressu acclamatum est terribiliter Ad arma! ad arma! hinc Regales! Regales! inde Montis-Gaudium! scilicet regis utriusque insigne.* Le roy Philippes-Auguste cria *Montjoie!* au siége d'Acre, l'an 1191, suivant Guillaume Guiart, et à la bataille de Bovines, l'an 1214, suivant Mathieu de Westminster et la *Chronique de Flandres*[6]. Philippes Mouskes, parlant de la même bataille :

Souvent oissiés à grant joie
Nos François s'escrier Montjoie!

Là même :

Et huçoient à grant haleine,
Quant on avoit sonné l'araine,
Montjoie Dieux et Saint Denys.

Et plus bas :

Et quant on escrie Montjoie!
N'i ot Flamen qui ne s'apploie.

Et ailleurs :

Maintefois oissiez le jour
Crier Montjoie! sans sejour,
Cis mos esmaia les Flamens,
Cis mos leur fu paine et tormens,
Cis mos les a tous abaubis,
Cis mos abati blaus et vis,

Cis cris les esmaia si fort,
Que foible deviennent li fort,
Et li hardy furent coüart,
Les ciés tornérent d'autre part.

Le Roman de Garin :

Montjoie escrie l'ensagne Saint Denis!

Les François crierent *Montjoie Saint Denys!* au siége de Damiete sous saint Louys, en la bataille de Furnes, l'an 1297; en celle du Pont à Vendin, l'an 1303; en la rencontre prés de Ravenberg, en la même année; en la bataille de Mons en Puelle, en l'an 1304, et celle de Cassel, suivant la *Chronique de Flandres*[1]. Monstrelet[2], parlant des François lorsqu'ils firent lever le siége que les Anglois avoient mis devant Montargis, l'an 1426 : *Ferirent vaillamment et de grande volonté sur les logis des Anglois, qui de ce ne se donnoient garde, crians Montjoie Saint Denys!* Et à la prise de Pontoise, l'an 1441, le roy Charles VII et tous les autres seigneurs et capitaines *firent armer et habiller leurs gens, et les exhortérent, tous eux crians à haute voix : Saint Denys! ville gaignée!*

La difficulté n'est pas aisée à resoudre pourquoy en l'invocation de saint Denys, patron de la France, on a ajouté le mot de *Montjoie*. La plûpart de ceux qui en ont écrit[3] ont estimé que le grand Clovis fut le premier qui prit ces mots pour cry, lorsque s'estant trouvé en peril en la bataille qu'il livra aux Allemans à Tolbiac, il reclama l'assistance de saint Denys, qu'il protesta de vouloir adorer à l'avenir, et de reconnoitre pour son Jove, ou son Jupiter, s'il remportoit la victoire sur ses ennemis. Il est bien vray qu'on dit que Clovis reclama en cette occasion le Dieu que Chlotilde, sa femme, adoroit, et protesta que s'il remportoit la victoire, que ce seroit le sien : *Nam ex hoc die tu solus mihi eris Deus, et veneranda potestas :* ainsi que nous lisons dans la *Vie de S. Vaast*, évesque d'Arras[4]. Raoul de Praesles, en la preface de la traduction qu'il fit des livres de saint Augustin de *la Cité de Dieu*, et qu'il a adressée à Charles V, semble convenir que Clovis fut le premier de nos rois qui prit ce cry d'armes, èn ces termes : *Clovis, premier roy chrestien, combatant contre Dandat, qui estoit venu d'Allemagne aux parties de France, et qui avoit mis et ordonné son siége à Conflans Sainte-Honorine, dont combien que la bataille commencée en la vallée, toutefois fut-elle achevée en la montayne, en laquelle est à present la tour de Montjoie, et là fut prins premierement et nommé vostre cry en armes, c'est à sçavoir Montjoie saint Denys!* Estienne Pasquier[5] se persuade qu'il est plus probable que le mot de *Montjoie* a esté pris au lieu de *ma joie*, par Clovis, ou celuy de ses successeurs qui le premier a choisi ce cry d'armes, par lequel il vouloit donner à connoitre que saint Denys estoit sa joie, son espoir et sa consolation, et auquel il avoit toute confiance, ayant emploié un article impropre de *mon*, au lieu de *ma*, ainsi que nous voions que les Allemans, les Anglois, et autres étrangers pratiquent assez souvent quand ils n'ont pas encore acquis une parfaite connoissance de nostre langue; ce qui peut estre arrivé a Clovis, dont les ayeuls estoient sortis de la Germanie. Il semble qu'Orderic Vital, au passage que je viens de citer, avoit ainsi conceü le sens de ce mot, l'ayant tourné par *Meum Gaudium*.

Mais sans faire tort aux sentimens de ces grands hommes, j'estime qu'il est peu probable que le mot de *Montjoie* ait esté pris, ni pour *mon joue*, ni pour *ma joie*, et encore moins pour *moult de joie*, comme veut Rouillard[6]; toutes ces explications estant for-

---

[1]Bruno, de Bello Saxon. p. 137, to. 1 Rer. Germ. Freheri. — [2] L. 1, c. 11. — Cl. Hemer. de Acad. Paris. 1. 2, p. 30. — [4] L. 12, p. 849, a. 1119. — [5] In Henr. III, an. 1222, p. 218. — [6] C. 15.

[1] C. 23, 34, 36, 43, 44, 67, 95. — [2] Vol. 2, p. 32, 186. — [3] Rob. Cœnal.; Fauchet, aux Antiq. de France, l. 2, c. 17. — [4] Vita S. Vedasti, apud Boland. 6. Febr. p. 795. — [5] Pasquier, l. 8 des Recherch. de la France, ch. 21. — [6] Seb. Rouill. en la Vie de S. Isabel, reyne de France.

cées et peu naturelles. Il y a bien plus de fondement de croire que nos rois se sont servis d'un terme pur françois, que non pas déguisé, comme l'on veut se persuader, et que par le cry de *Montjoie saint Denys* ils ont entendu la montagne ou la colline de Montmartre, où saint Denys souffrit le martyre avec ses compagnons, sous *Decius* (laissant a part la question tant agitée des deux saints Denys), car *montjoie* en vieux françois est un diminutif de *mont*, et signifie une colline, qui est la raison pourquoy la tour de Conflans Sainte-Honorine est appelée *la tour de Montjoie*, c'est à dire la tour élevée sur une colline; non que le cry d'armes de nos rois ait pris de là son origine, comme veut Raoul de Praesles : estant constant que la bataille dont il fait mention ne fut pas donnée prés de Paris, mais prés de Cologne. Othon de Frisingen [1], décrivant comme l'empereur Frederic I entra dans Rome par la ville Leonine (qui est le *Borgo*) et par la porte Dorée, dit qu'il descendit avec ses troupes par le penchant d'une *montjoie*, et entra ainsi dans la ville : *Rex castra movens, armatus cum suis per declivum montis Gaudii descendens, ea porta quam Auream vocant, Leoninam urbem, in qua B. Petri ecclesia sita noscitur, intravit.* Ce que Guntherus a ainsi exprimé [2] :

Jamque per oppositi Princeps declivia montis
Adveniens, claram, quam nondum viderat, urbem
Aspicit : huic populi festivum Gaudia nomen
Imposuere loco : si quidem qui mœnia clara
Illa parte petunt, ex illo vertice primum
Urbem conspiciunt, et te, sacra Roma, salutant.

Mais cét auteur se trompe en la raison qu'il rend de cette appellation, qu'il avoit veuë dans Othon, qui ne s'est servy de ce mot, *Mons Gaudii*, que pour exprimer la petite colline qui est prés de Rome par un terme familier et usité de son temps, et particulierement des François, avec lesquels il avoit eu communication en son voiage d'outremer. L'auteur du *Panegyrique de Berenger* [3] a parlé de cette colline :

Interea Princeps collem, qui prominet Urbi,
Præteriens, etc.

Otton Morena [4] la place vers la porte à laquelle il donne le nom de *Viridaria*, du côté de S. Pierre : *Ad portam Romæ quæ dicitur porta Viridaria, quæ est ex parte S. Petri, versus Montem Gaudii veniens.* Et la *Chronique de Mont Cassin* [5] dit que cette colline est celle qui fut appellée par les anciens Mont de Mars : *Misit in occursum ejus in Montem Gaudii, qui et Martii dicitur*, etc. De sorte que ces montjoies prés de Rome ne sont autre chose que ces collines du Vatican appellées *Montes Vaticani* dans Ciceron [6], *Vaticani colles* dans *Festus* [7], au bas desquelles estoit le Champ de Mars. L'auteur qui a écrit des miracles de saint Foursy a aussi fait mention de ce *Mons Gaudii* prés de Rome.

Quelques auteurs latins et françois se servent encore de ce mot *mons gaudii* en cette signification. Adhemar de Chabanois [8] parle de la montjóie ou colline qui est prés de Limoges. Ceux de Languedoc en ont formé leur *mongausi* pour une petite montagne, *monticulus*. Alain Chartier [9], en divers endroits de ses poëmes, pour dire le sommet d'honneur, se sert de ces façons de parler :

C'est d'honneur la droite montjoie.

Ailleurs :

Car je vy d'honneur la montjoie.

Et plus bas :

C'estoit montjoie de doulours.

Doublet [1] remarque que la royale abbaye de Saint-Denis a conservé pour devise de ses armes ces mots, *Montjoye Saint Denis.* La *Chronique* manuscrite *de France* de la bibliotheque de M. de Mesmes donne pour cry au comte de Saint-Paul, à la bataille de Bovines, *Montjoie à Chastillon*, qui estoit composé de celuy du roy et de celuy de sa famille.

Comme les rois de France invoquoient dans leur cry d'armes l'assistance de saint Denis, comme le principal protecteur de leur royaume [2], ainsi les rois de Castille imploroient celle de l'apôtre saint Jacques, patron tutelaire de leurs États, dont le corps et les prétieuses reliques reposent à Compostelle, au royaume de Galice, par ce cry, *San Iago!* qu'ils crioient dans les combats. La *Chronique* manuscrite *de Bertrand du Guesclin*, décrivant la guerre d'entre Pierre le Cruel, roy de Castille, et Henry le Bâtard :

Car j'ay ouy saint Jacques reclamer et huchier.

Ils commencerent à user de ce cry depuis le regne de dom Ramir, roy de Leon [3], qui défit plus de soixante mille Mores l'an 944, en la bataille de Clavijo, laquelle il avoit entreprise à la persuasion de ce saint, qui lui apparut en songe [4], où il lui promit la victoire, et de se trouver lui-même au combat, comme protecteur de l'Espagne; ce qu'il fit, y ayant paru monté sur un cheval blanc, avec un étendart de même couleur, chargé d'une croix rouge, combattant et encourageant les chrétiens. *Ex tunc hæc invocatio inolevit, Deus adjuva et sancte Jacobe*, ainsi qu'écrit Roderic, archevesque de Tolede [5] : quelques auteurs toutefois revoquent en doute la vérité de cette histoire [6].

Les rois d'Angleterre crioient *Saint George!* ainsi que nous apprenons de Froissart, de Monstrelet, et autres [7]. Thomas de Walsingham, parlant d'un combat d'Edouard III, prés de Calais : *Rex Eduardus provide frendens apri more, et ab ira et dolore turbatus, evaginato gladio, sanctum Edwardum et sanctum Georgium invocavit, dicens : Ha sancte Ecwarde! Ha saint George!* Robert d'Artois, combatant en Flandres avec les Anglois contre les François, y cria *Saint George!* Martial de Paris, parlant de la prise de Pontoise, l'an 1437 [8] :

Quand ils se virent les plus forts,
Commencerent à pleine gorge
Crier tant qu'ils peurent alors :
Ville gagnée! vive saint George!

Roger, comte de Sicile, fils de Tancrede, le reclama pareillement dans les combats [9]. La maison de Vienne au duché de Bourgogne crioit *Saint Georges au puissant duc* [10]! La devotion des empereurs et des princes a esté de tout temps tres-grande envers saint Georges; ils l'ont invoqué dans les batailles, et plusieurs d'entre eux, ayant ressenti des secours visibles par son intercession, lui ont dressé des autels et bâty des temples. Les empereurs d'Orient [11] le représentoient dans l'un de leurs douze étendarts dont ils se servoient dans les cérémonies; et ceux d'Occident [12], qui ont eu pareillement une grande confiance en l'intercession de ce saint, en ont un qui se porte conjointement avec l'aigle de l'Empire aux entrées solennelles des empereurs. Les dauphins de Viennois [13] recevoient l'investiture du Dauphiné par l'épée ancienne du delphinat et la banniere de saint Georges. Les Éthiopiens et les Abyssius l'avoient

---

[1] L. 2, De gest. Frid. c. 22. — [2] L. 4. Ligur. initio. — [3] P. 53. — [4] Otto Mor. Landens. A. 1167. — [5] Chr. Cass. l. 4, c. 39. — [6] Ad Attic. l. 13, epist. 33. — [7] Apud Boland. 16. Janv. p. 50. — [8] P. 173, 272 apud Labeum; M. Chron. Belg. an. 1160. — [9] P. 529, 545, 722, 524.

[1] Aux Antiq. de Saint-Denys, l. 1, c. 18. — [2] Suger. in Lud. VI; Loisel aux Mem. de Beauvais, p. 154; Froiss. vol. 3, c. 14. — [3] Lud. Nonnius, in Hisp. — [4] Lucas Tudens. in Chr. æra 880. — [5] Roderic. Tolet. l. 4, c. 13; l. 9, c. 16. — [6] Sandoval, au traité de la bat. de Clavijo. Marca, au l. 3 de l'Hist. de Bearn, c. 7, n. 3. — [7] Henry Knighton, p. 2508; Chron. de Fland. c. 79. — [8] Vigiles de Charl. VII. — [9] Gaufr. Malaterra, l. 2, c. 33. — [10] Le Roy d'armes. — [11] Cedren. Codin. de offic. — [12] Chron. Reichersp. p. 275; Ceremon. Rom. l. 1, p. 50. — [13] A. Du Ches. en l'Hist. des Dauf.

aussi en grande vénération, comme il est remarqué par le *Tasso*[1]. Ceux que l'on appelle *Georgiens* dans l'Orient sont ainsi nommez, acause que dans les batailles contre les infidèles ils invoquent saint George, et parce qu'ils ont une particuliere confiance en son intercession, suivant la remarque du cardinal Jacques de Vitry[2]; laquelle se trouve confirmée par ces vers de Gautier de Mets, tirez de son Roman intitulé *la Mappemonde* :

> Celle gent sont boin crestien ,
> Et ont à nom Georgien :
> Car Saint Georges! crient toûjours
> En bataille, et és estours
> Contre païens, et si l'aourent
> Sur tous autres, et l'honnourent.

L'Église romaine[3] a coûtume de l'invoquer avec saint Maurice et saint Sebastien dans les guerres que les chrétiens ont contre les ennemis de la foy. Enfin c'est le patron des chevaliers; et dans les serments qui se faisoient par ceux qui devoient se battre en duel, il y est appellé *saint Georges le bon chevalier*. Lorsqu'on faisoit les chevaliers, ils se faisoient *au nom de Dieu et de monsieur saint George*. Un auteur ancien[4] remarque que Robert, comte de Flandres, qui se trouva aux premieres guerres saintes, fut surnommé *filius Georgii* parcequ'il estoit vaillant chevalier. Les rois d'Angleterre[5] l'ont choisi pour patron de l'ordre de la Jarretiere, dont le collier porte l'image de ce saint figuré en cavalier delivrant une dame, preste d'estre dévorée d'un serpent. Le cardinal Baronius[6] a donné la raison pourquoy il est ainsi représenté par l'Eglise Romaine ; car les Grecs le figuroient et le dépeignoient autrement, ainsi qu'*Augerius Busbequius*[7] a remarqué. Il y a eu encore d'autres ordres erigez sous son nom, que je passe sous silence, aussi bien que tout ce que le sçavant Selden a ramassé sur le sujet de ce saint[8].

Les ducs de Bretagne avoient pour cry *Malou*, ou, selon quelques *Provinciaux*, *Saint Malo au riche duc*. Monstrelet[9] et Berry, heraud d'armes, en l'*Histoire de Charles VII*, disent que les Bretons à la prise du Pont de l'Arche, l'an 1449, criérent *Saint Yves Bretagne!* L'histoire remarque que Charles, duc de Bretagne, de la maison de Châtillon[10], portoit une devotion si particuliere à ce saint, qu'il voûa d'aller nus pieds jusques à l'église de Triguier, où son corps repose, depuis le lieu de la Rochedarien, où il avoit esté pris en bataille. Froissart[11] écrit que Bertrand du Guesclin, connétable de France et gentilhomme breton, crioit *Saint Yves Guesclin!* Le comte de Douglas, Escossois, dans le même Froissart, crioit *Douglas Saint Gilles!* qui estoit en vénération parmy les Escossois, particulierement dans Edimbourg, capitale d'Escosse. Les Liegeois, dans Monstrelet[12], crient *Saint Lambert!* patron du Liége.

Tous les cris de guerre n'estoient pas toujours conçûs en termes d'invocation ; car souvent ils estoient tirez de quelques devises des ancêtrés, qui avoient leur origine de quelque aventure notable, ou de quelques mots qui marquoient la dignité ou l'excellence de la maison ; ils estoient même quelquefois tirez des armoiries; et le plus ordinairement le simple nom de la famille servoit de cry. Nous avons plusieurs exemples de la premiere sorte de ces cris enoncez en forme de devises, tirées pour la plûpart de quelque action généreuse, ou de quelque discours de bravade tenus dans les occasions de la guerre. Ce sont ces cris qui sont appellez

par Guibert, abbé de Nogent[1], *arrogans varietas signorum*, lorsqu'il parle de nos François qui alloient en la guerre sainte : *Remota autem arroganti varietate signorum, humiliter in bellis fideliterque conclamabunt : Deus id vult.* Ce qui fait voir l'antiquité de ces cris d'armes, et qu'ils estoient en usage parmy nos François avant les guerres d'outremer. Tel fut le cry des comtes de Champagne et de Sancerre, *Passavant li meillor*, ou *Passavant la Thibaut*[2], qui leur fut si familier, qu'aucuns d'eux le portérent en leur contreseel pour devise, comme l'on peut voir en un seau de Thibaut IV, surnommé le Posthume, qui est pendant à une charte de l'an 1217, dont l'original est au trésor de Saint-Martin de Paris, et à une autre, de l'an 1223, qui a esté représenté par M. Perard. La vieille *Chronique de Normandie*[3], après Gasce en son roman, donne aussi à Thibaud I, dit le Tricheur, comte de Chartres, le cry de *Passavant*, au combat qu'il fit contre Richard I, duc de Normandie[4], sur la riviere d'Arque : je reduis encore sous cette espéce de cris de guerre les suivans : le cry de la maison de Montoison en Dauphiné[5] : *A la recousse Montoison*, que Philibert de Clermont, seigneur de Montoison, obtint du roy Charles VIII en la bataille de Fournoüé, ainsi qu'il est amplement rapporté par un auteur de ce temps ; celuy des ducs de Brabant[6], *Lembourg à celui qui l'a conquis*, que Jean I, duc de Brabant, prit aprés avoir conquis le duché de Limbourg, qui lui estoit disputé par le comte de Gueldres, qu'il défit en la bataille de Waronck, l'an 1288 : car les ducs de Brabant[7] avoient avant ce temps-là pour cry *Louvain au riche duc*; le cry de la maison d'Anglure, *Saladin*, ou *Damas*, dont l'origine est racontée par Papire Masson en l'*Éloge du seigneur de Givry*. Mais je serois trop long si par une curieuse recherche j'entreprenois de m'étendre sur l'origine et le sujet de ces cris : c'est pourquoy je me contenteray d'en faire le dénombrement suivant la distinction que j'ay établie cy-dessus.

La maison de Chauvigny en Berry, suivant l'auteur du *Roy d'armes*, avoit pour cry *Chevaliers pleuvent*; mais un *Provincial* manuscrit dit que le seigneur de Chauvigny crie *Hierusalem*, plainement.

Le seigneur de la Chastre : *A l'attrait des bons chevaliers*.

Le seigneur de Culant : *Au peigne d'or*.

Salvaing-Boissieu en Dauphiné : *A Salvaing le plus Gorgius*.

Vaudenay : *Au bruit*[8].

La maison de Savoye[9] crioit quelquefois *Savoye*, quelquefois *Saint Maurice*; et souvent *Bonnes nouvelles*.

Le seigneur de Rosiere en Barrois : *Grand joye*.

Le vicomte de Villenoir en Berry : *A la belle*.

Le seigneur de Chasteauvillain : *Chastelvilain à l'arbre d'or*.

Le seigneur d'Eternac : *Main droitte*.

Le seigneur de Neufchastel en Suisse : *Espinart à l'Escosse*.

Le seigneur de Waurins en Flandres[10] : *Mains que le pas*.

Le seigneur de Kercournadeck en Bretagne : *En Dieu est*.

Ceux de Bar : *Au feu, au feu*.

Ceux de Prie : *Cans d'oiseaux*.

Ceux de Buves en Artois : *Buves tost assis*.

La maison de Molac, *Gric à Molac*: qui signifie, Silence[11].

Messire Simon Morhier, grand maitre d'hostel de la reine de France (ce sont les termes d'un *Provincial*), prevost de Paris sous

---

[1] Canto 2, stanz. 23. — [2] L. 1, c. 79. Sanut. — [3] Baron. ad Martyr.; Godefr. Mon. an. 1190. — [4] Tagano Patav. Hist. Exped. Aslat. Frid. 1, tom. 5. Canis. — [5] Guido Pap. quest. 622; Gesta Franc. exp. Hierus. p. 574; Thom. Smith, de Rep. Angl. l. 1. — [6] Loco cit. — [7] In Itiner. p. 58. — [8] V. Selden. Titles of Honors, et ce que je remarque sur Ann. Comn.; A. du Ches. en l'Hist. de Montmor. l. 1, c. 4. — [9] Vol. 3; Berry, en l'Hist. de Charl. VII, p 168. — [10] Hist. de la mais. de Chastillon. — [11] Vol. 1, c. 120 ; vol. 2, c. 10, 148. — [12] Vol. 1, c. 47; Ægid. Mon. Aur. Vall. c. 18.

[4] L. 2, c 1; Perard, en ses Mem. de Bourg. p. 381. — [2] Pithou, ès Mem. des comtes de Champ. p. 570. — [3] Hist. de Montmor. l. 1, c. 4. — [4] Phil. Monet. en son Traité des armoir. — [5] Hilarion de la Coste, aux Eloges des Dauphins, p. 3, 4. — [6] Chron. de Flandr. c. 29. — [7] Hist. de la Maison de Chastillon, l. 3, c. 8; Provincial ms. — [8] La Colombiere. — [9] M. Guichenon, p. 140. — [10] La Colombiere. — [11] Science heroïque.

7.

Charles VI, et grand partisan des Anglois, crioit : *Morhier de l'extrait des Preux*.

Les chevaliers du Saint-Esprit au droit desir, autrement de l'*Enneu*, ou *del Nodo*, instituez par Louys de Tarente, roy de Sicile, le jour de la Pentescoste l'an 1352, après avoir crié le cry de leurs familles, crioient le cry de l'ordre, qui estoit : *Au droit desir*[1].

Les anciens seigneurs de Preaux en Normandie[2] avoient pour cry : *Cesar Auguste*.

Il y avoit de ces cris de guerre qui marquoient la dignité annexée à la famille dont le prince ou seigneur estoit issu. Ainsi les premiers ducs de Bourgogne avoient pour cry : *Chastillon au noble duc*; les ducs de Brabant : *Louvain au riche duc*; le duc de Bretagne : *Saint Malo au riche duc*; le comte de Mœurs : *Mœurs au comte*; les comtes de Hainault : *Hainault au noble comte*, ou *Hainault* simplement, dans la chronique de Flandres[3]; les comtes Dauphins d'Auvergne : *Clermont au Dauphin d'Auvergne*; les ducs de Milan dans Froissart[4] : *Pavie au seigneur de Milan*. *Renerus*, parlant du comte de Los, *Clamans tertio titulum sui comitatus, scilicet Loz, audacter hostium cuneos penetravit*. Les anciens comtes d'Anjou[5] crioient *Valie*, qui est le nom d'un pays voisin du comté d'Anjou, que l'on nomme Vallée, où est Beaufort. Philippes Mouskes, en la *Vie de Charles le Simple*, parlant des Normans :

> Lors s'en alèrent à gens tantes,
> Qu'ils arsent la cité de Nantes,
> Touraine, et Angers, et Ango,
> Le Mans, et Valie et Poito.

Il y en avoit qui estoient tirez de quelques epithetes d'honneur attribuez aux familles. Ainsi la maison de Bousies en Hainault crioit : *Bousies au bon fier*; les seigneurs de Maldenghen en Flandres : *Maldenghen la loiale*; les seigneurs de Coucy en Picardie : *Coucy à la merveille*, ou, selon d'autres : *Place à la banniere*; les seigneurs de Vilain issus des Chastellains de Gand : *Gand à Vilain sans reproche*[6].

On en remarque d'autres tirez et extraits du blason des armes de la famille : tel estoit le cry des comtes de Flandres : *Flandres au Lyon*; et celui de la maison de Waudripon en Hainault : *Cul à Cul Waudripont*, parce qu'elle porte en armes deux lyons adossez.

Quelques princes parvenus à des royaumes ou principautez souveraines, pour marquer l'origine de leur ancienne extraction, en ont conservé la memoire par le nom de leur famille dont ils estoient issus, qu'ils ont pris pour cry d'armes. C'est pour cela que les rois de Navarre, si nous croyons André Favyn, avoient pour cry de guerre : *Begorre, Begorre*, comme issus et prenans leur extraction des anciens comtes de Bigorre. Jean de Bailleul, roy d'Escosse, retint toujours le cry de sa maison : *Hellicourt en Pontieu*, qui est une baronnie située au comté de Pontieu, laquelle lui appartenoit de son propre, avec les seigneuries de Bailleul en Vimeu et de Harnoy, et qui est à present en la maison de Rouhaut-Gamaches[7]. D'où on recueille l'erreur de Nicolas Vigner, en sa

Bibliotheque historiale, de la Croix-du-Maine, en sa *Bibliotheque françoise*[1], et de Denis Sauvage, sur la *Chronique de Flandres*[2], qui ont crû que ce roy estoit seigneur de Harcourt en Normandie, l'ayant confondu avec Hellicourt, qui est au comté de Pontieu. Dans Froissart[3] le comte de Derby, de la maison de Lancastre, crie : *Lancastre au comte Derby*.

Souvent les rois et les princes ont crié le nom de la capitale de leurs États. L'empereur Othon à la bataille de Bovines cria *Rome*; Philippes Mouskes :

> Li rois Othe pour son reclaim
> Cria Roume trois fois s'enseigne,
> Si come proesse li enseigne.

Ottocar[4], roy de Boheme, en un combat contre les Allemans, cria *Prague, Prague*; les ducs de Brabant crioient *Louvain*, comme j'ay déjà remarqué. Le comte Raymond de Saint-Gilles, en la premiere guerre d'outremer, crio t *Tolose, et acclamata Tolosa, quod erat signum comitis, discessit*, dit Raymond d'Agiles[5]. Et Willebrand d'Oldenbourg[6] écrit que les rois d'Armenie crioient *Navers*, ou *Navarzan*, qui estoit le nom d'un fort château d'Armenie.

Les communes crioient ordinairement le nom de la ville principale de leur contrée. Les Normans, dans Philippes Mouskes[7], crient : *Rouën*; les Gascons, *Bordeaux* :

> Et Ruen escrient li Normant,
> Bretagne huçent li Breton,
> Bourdeaux et Blaves li Gascon.

Les Avalois, qui sont ceux des environs de Cologne, terme que Sauvage n'a pas entendu en la *Chronique de Flandres*[8], crierent à la bataille de Bovines, suivant le même poëte : *Cologne* :

> Li Avalois crient Coulongne.

Les Flamens, revoltez contre leur prince, dont les principaux estoient ceux de Gand, crioient *Gand! Gand!* suivant Froissart[9].

Mais pour le plus souvent le cry d'armes estoit le nom de la maison; d'où vient que nous isons presque à toutes rencontres dans les *Provinciaux*, ou recueils de blasons, *il porte de*, etc., *et crie son nom*; c'est à dire que le cry d'armes est semblable au nom de la famille. Dans Froissart[10], le seigneur de Roye crie : *Roye au seigneur de Roye*. Guillebert de Berneville, en l'une de ses chansons, parlant d'Erard de Valery :

> Va sans t'arrester
> Erard saluer,
> Qui Valery crie.

Ainsi le comte de Montfort en a guerre contre les Albigeois criait *Montfort*, comme Pierre, moine du Vaux de Sarnay[11], nous l'apprend, et après luy Philippes Mouskes. Roderic de Tolede[12], parlant de celuy qui portoit l'étendart du comte Gomez en la bataille contre le roy d'Arragon : *Miles quidam de domo Oleæ, qui vexillum comitis in sua acie præferebat, occiso equo ad terram cecidit, et amputatis manibus, solis brachiis vexillum tenens, non cessabat Oleam! Oleam! fortiter inclamare*.

---

[1] Le Féron, Ordonnances ms. dudit ordre. — [2] Traité ms. des armes des familles de Normandie esteintes. — [3] Chron. de Fland. c. 67; Froissart, vol. 1, c. 63. — [4] Vol. 4, c. 25. — [5] Chappeavill. in not. ad Ægid. aur. Vall. Mon. c. 111. — [6] Hist. de la maison de Gand. — [7] Provinc. ms.

[1] Vigner, sous l'an 1286; Biblioth. Franc. p. 528. — [2] P. 85. — [3] Vol. 1, c. 32. — [4] Hist. Austr. an. 1278, p. 329. — [5] P. 140. — [6] In Itiner. Terr. Sanct. p.139, 140; 11 Loredan. 1. 5, p. 233. — [7] En la Vie de Charlemag. — [8] C. 10. — [9] Vol. 2, c. 97, 98, 143. — [10] Vol. 1, c. 208, 209. — [11] In Hist. Albig. c. 40, 58. — [12] De Reb. Hisp. 1. 7, c. 2.

DE L'USAGE DU CRY D'ARMES,

DISSERTATION XII.

Tous les gentilshommes et tous les nobles n'avoient pas le droit du cry d'armes ; c'estoit un privilege qui n'appartenoit qu'à ceux qui estoient chefs et conducteurs de troupes, et qui avoient banniere dans l'armée. C'est pourquoy ceux-là ont raison qui entre les prerogatives du chevalier banneret [1], y mettent celle d'avoir cry d'armes : d'autant que le cry servoit proprement à animer ceux qui estoient sous la conduite d'un chef, et à les rallier dans le besoin. De sorte qu'il arrivoit que dans une armée il y avoit autant de cris, comme il y avoit de bannieres, châque cry estant pour le particulier de châque compagnie, troupe, ou brigade, ou pour parler en termes du temps, de châque route. D'où vient que Guillaume Guiart se sert du terme de *crier banniere* en l'an 1195 :

> Et l'oïssiez crier Montjoie,
> Que la bataille ne remaingne,
> Saint Pol, Ponti, Drues, Champaingne,
> Melun, Bourgoingne, Ferrieres,
> Et autres diverses bannieres.

Froissart et les autres usent des termes de *crier les enseignes,* comme j'ay remarqué.

Mais outre ces cris particuliers il y en avoit un qui estoit général pour toute l'armée, different du mot du guet, lequel cry estoit ordinairement le cry de la maison du général de l'armée, et de celuy qui commandait aux troupes, si ce n'est que le roy y fust en personne : car alors le cry général estoit celuy du roy. Ce que nous apprenons de Froissart, écrivant de la bataille de Cocherel [2] : *Quand ceux de France eurent toutes ordonnées leurs batailles à leurs advis, et que chascun sçavoit quelle chose il devoit faire, ils parlerent entre eux, et regarderent longuement quel cry pour la journée ils crieroient, et à quelle banniere, ou pennon, ils se trairoient. Si furent grand temps sur tel estat que de crier : Nostre-Dame Auxerre, et de faire le comte d'Auxerre leur souverain pour ce jour : mais ledit comte ne s'y voulut oncques acorder, ains s'excusa moult généreusement, disant : Messeigneurs, grand mercy de l'honneur que me portez et voulez faire ; mais quant à moy, je ne veux point cette charge, car je suis encore trop jeune pour encharger si grand faix et tel honneur, car c'est la premiere journée arrêtée où je fus onques. C'est pourquoy vous prendrez un autre que moy : cy avez plusieurs bons chevaliers, comme monseigneur Bertrand du Guesclin, etc. ; et peu aprés : Si fut ordonné d'un commun accord qu'on crieroit : Nostre Dame Guesclin, et qu'on s'ordonnerait cette journée du tout par ledit messire Bertrand.* Le même Froissart [3] fait encore cette remarque ailleurs touchant le cry général, en ces termes : *Adonc prirent un cry les Escossois, et me semble que tous devoient crier : Douglas S. Gilles* ; et au troisieme vol. [4] : *Là eurent-ils parlement pour sçavoir quel cry ils crieroient ; on voulut prendre le cry messire Bertrand, mais il ne le voulut plus : et encore plus, il dit qu'il ne bouteroit jà hors ce jour banniere, ne pennon, mais se vouloit combatre dessous la banniere de messire Jean de Bueil.* Quelquefois il y avoit deux cris généraux dans une même armée : mais c'estoit lorsqu'elle estoit composée de deux differentes nations.

Ainsi en la bataille qui fut donnée entre le batard Henry de Castille et le roy dom Pietre, on cria de la part des Espagnols : *Castille au roy Henry* ; et de la part des François qui estoient au secours et dans l'armée du même Henry, sous la conduite de Bertrand du Guesclin, on cria : *Nostre Dame Guesclin* [1].

Souvent toutefois dans les batailles on crioit le cry du prince, quoy qu'il n'y fust pas présent. La *Chronique de Flandres* [2], racontant un combat qui fut donné en Gascongne entre le comte d'Artois, général du roy Philippes le Bel, et les Gascons et les Anglois, le comte de Foix, qui estoit joint aux troupes de France, *s'avança et cria Montjoie! à haute voix, et assembla à ses ennemis.* En la bataille de Furnes, l'an 1297, le même comte d'Artois y cria encore *Montjoie.* Il est vray que le cry des comtes d'Artois estoit aussi *Montjoie,* comme il sera dit cy-aprés ; ce qui pourroit faire douter que l'on ait alors crié son cry, plutôt que celuy du roy. Quoy qu'il en soit, on peut justifier par quelques passages de Monstrelet et autres, que l'on a souvent crié le cry du roy de France en son absence. Mais quant au cry du banneret, il ne se crioit point en son absence, quoy que ses troupes fussent en l'armée, comme nous apprenons de Froissart [3].

Le cry général se prononçoit unanimement par tous les soldats en même temps, et avant que de venir aux mains avec les ennemis, ou plutôt dans l'instant de la mélée, et lorsqu'on s'approchoit de prés. Ce qui se faisoit, tant pour implorer l'assistance du Dieu des armées par des cris et des termes d'invocation, que pour s'animer les uns les autres à combatre vaillamment, et à défendre l'honneur et la reputation du général. Ces cris se poussoient avec vigueur et avec alegresse, qui marquoient tout éloignement de frayeur et de crainte : d'où vient que Godefroy, moine de Pantaleon de Cologne [4], dit qu'à la mort d'un certain seigneur alleman qui fut tué par les Turcs : *Omnes clamorem bellicum mutaverunt in vocem flentium.* Aussi Conrad, abbé d'Usperge [5], prend ces cris pour des marques d'arrogance, *Aquitani, mox genitali tumentes fastu, Symbola conclamant,* etc.; aussi bien que Guibert, quand il dit : *Arrogans signorum varietas.* Tudebodus [6], parlant du siége d'Antioche, témoigne que ces cris se prononçoient gaiement : *Cœperunt jocunda voce clamare : Deus hoc vult.* Dans Guillaume Guiart, en l'an 1191 :

> Lors fu Montjoie resbaudie.

Je pourrois confirmer cét usage des crys par un grand nombre d'autoritez, n'étoit que je crains d'ennuier le lecteur par une déduction d'une chose commune, et qui se trouve à toutes rencontres dans les histoires du moyen temps [7]. Je remarque seulement que cette coutume ne nous a pas esté particuliere, et que les peuples les plus barbares l'ont pratiquée à même fin. Joseph à Costa [8] raconte qu'en la bataille que les Mexiquains livrérent aux Tapanecas, sous la conduite du roy Iscoalt et du fameux capitaine Tsacaëllec, le signal ayant esté donné, ils vinrent fondre avec

---

[1] A. Favyn, au Theatre d'Hon. l. 1, p. 24. — [2] Vol. 1, c. 162 ; vol. 2, c. 122 ; vol. 1, c. 122. — [3] Vol. 2, c. 10. — [4] Vol. 3, c. 75.

[1] Froiss. vol. 1, c. 245. — [2] C. 34, 36. — [3] Vol. 2, c. 116, 117. — [4] An. 1190. — [5] An. 1101. — [6] Tudebod. l. 3, p. 793. — [7] Fulch. Car. l. 2, c. 10, 21 ; l. 3, c. 42, 46, 50 ; Froiss. vol. 2, c. 97 ; vol. 3, c. 32, etc. — [8] En l'Hist. des Indes, l. 7, c. 13.

alegresse sur leurs ennemis, crians tous d'une voix, *Mexique!* *Mexique!* se remettans en memoire par ces mots la vertu et l'ancienne gloire de Mexiquains, pour la défense de laquelle ils ne devoient pas épargner ni leurs corps ni leurs vies.

Aux assauts des villes, et lorsqu'on montoit à l'escalade, on crioit ordinairement le cry général [1]; à celuy d'Antioche les pélerins criérent : *Dieu le veult* [2]! à celuy de Hierusalem, les mémes y criérent, *Deus : adjuva* [3], *Deus vult* [4]. A l'assaut de Rosse en la Macedoine les soldats de Raymond, comte de S. Gilles, criérent *Tolose* [5]. A celuy de Rome les soldats de Robert Guichard, duc de la Pouille, montérent à l'escalade, *Guiscardum clamoribus ingeminando* [6]. Ainsi à la prise de la ville de Luxembourg par les Bourguignons, les soldats y criérent *Bourgongne*, comme témoignent quelques vers manuscrits faits en ce temps-là :

> Neantmains par subtile maniere,
> Prit-on la ville en toutes parts,
> Et au prendre eut mainte bannieres
> Desploiées, et tant d'estendars,
> Tant de glaives et tant de dars,
> De lances en la compagnie,
> Qu'ils bouterent hors les soldats,
> En haut criant Ville gagnie.
> Puis pour au chef de la besongne
> Accroistre le nom en tous lieux,
> Crioient : Bourgongne! Bourgongne!
> Trestous ensemble qui mieux mieux.

Le cry général, aussi bien que le particulier, servoit encore aux soldats pour se reconnoître dans la mélée. Nous en avons un exemple dans Brunon au livre qu'il a fait de la guerre de Saxe [7] : *Ibi quidam de nostris adversarium sibi videns obvium, velut suum salutavit socium, dicens : Sancte Petre, quod nomen Saxones pro symbolo tenebant omnes in ore. Ille verò nimium superbus, et tantum deridere nomen exorsus, in ejus vertice librato mucrone; hœc, inquit, tibi tuus Petrus mittit pro munere*, etc. L'on se sert aujourd'huy du terme *Qui vive*. Mais comme le cry estoit connu également des deux partis, il arrivoit souvent que les ennemis s'en prevaloient, et lorsqu'ils estoient en peril de leurs personnes, ils crioient le cry de leur ennemy, et à sa faveur s'evadoient. Pierre, moine de Vaux de Sarnay, en cotte deux exemples en son Histoire des Albigeois [8] : *Dominum etiam Cabareti Petrum Rogerium bis vel ter cepissent, sed ipse cum nostris cœpit clamare : Monsfortis! Monsfortis! præ timore, ac si noster esset, sicque evadens et fugiens, rediit Cabaretum. Et* ailleurs : *Fugientes hostes præ timore mortis exclamabant fortiter : Monsfortis! Monsfortis! ut sic se fingerent esse de nostris, et manus persequentium evaderent arte tali,* etc.

Quant au cry particulier, il estoit ordinairement prononcé par les chefs, pour animer dans la mélée les troupes qui estoient sous leur conduite; et le plus souvent par le chef méme, ou celuy qui portoit sa banniere, qui marchoit devant luy : afin de les porter par les cris d'alegresse à la défendre courageusement. La *Chronique de Bertrand du Guesclin* :

> — lors cria gentement
> Son enseigne et son cry pour resjouïr sa gent.

Guillaume Guiart, en l'an 1207 :

> Li flos des François qui aproche
> Les a en criant envahis,
> A eus, à eus, il sont trahis,
> De toutes parts Montjoie huchent,
> A l'assembler tant en trébuchent.

Le *Roman de Garin* :

> Crient Montjoie por lor gent esbaudir.

Ailleurs :

> Bologne escrie por les siens esbaudir.

Que s'il arrivoit qu'un chevalier banneret commandât à plusieurs bannières ou compagnies, comme le plus ancien ou le plus qualifié, et qu'il fust envoié pour attaquer ou défendre une place, ou contre des troupes ennemies, alors le cry de ce banneret estoit général pour tous ceux qui estoient sous sa conduite. Froissart [1] en fournit quelques exemples.

Comme le principal usage des crys de guerre estoit de les pousser avec vigueur et quelque sorte d'alegresse dans les attaques et dans les occasions où la bonne fortune sembloit favoriser, pour animer davantage les soldats contre leurs ennemis; ainsi lorsqu'un chef estoit en péril, pour estre vivement attaqué ou environné de tous côtez, et hors de pouvoir de se tirer sans l'assistance des siens, luy-méme ou ceux qui estoient prés de luy crioient son cry, afin d'attirer du secours de toutes parts pour le venir dégager. Raymond d'Agiles [2] : *Tandem exclamavimus signum solitum in necessitatibus nostris : Deus, adjuva, Deus adjuva.* Ainsi Robert, duc de Normandie, après la prise de Nicée, voyant ses troupes vivement repoussées par les Turcs, faisant tourner bride à son cheval, et tenant en sa main une enseigne dorée, cria le cry des pelerins, *Dieu le veut!* et par ce moyen les rassura. *Robertus Monachus* [3] : *Et nisi cito comes Normanus, aureum vexillum in dextra vibrans, equum convertisset, et geminatis vocibus militare signum, Deus vult! Deus vult! exclamasset, nostris illa dies nimis exitiabilis esset.* Ce que Gilon de Paris a ainsi exprimé [4] :

> Et nisi dum fugerent, dum palmam pene tenerent
> Turci vincentes, se convertisset in hostes
> Dux Normannorum, signum clamando suorum,
> Lux ea plena malis nostris foret exitialis.

De méme dans Guillaume Guiart, en l'an 1207, le comte de Montfort estant en péril de sa personne, appella ses gens à son aide par le cry de *Montjoie*.

> Douteus de mort prent à crier,
> Pour sa gent vers luy rallier,
> Qu'il a adonc souhaidiez :
> Montjoie saint Denys aidez,
> Vray Diex en qui nous nous fion,
> Secourez vostre champion.
> François qui les cris en entendent,
> Grand erre cele part destendent.

La *Chronique* manuscrite de Bertrand du Guesclin :

> S'enseigne va criant pour avoir le secours.

Froissart [5], parlant du comte de Derby : *Et s'avança si avant du premier assaut qu'il fut mis par terre, et là luy fut monseigneur de Mauny bon confort, car par appertise d'armes il le releva, et osta de tous perils, en escriant : Lencastre au comte d'Erby!* Et ailleurs [6], parlant du comte de Flandres, qui estoit descendu au marché de Bruges, pour faire teste aux Gantois, qui avoient pris la ville, dit qu'il y entroit à grande foison de falots, en criant : *Flandres au Lyon au comte!* D'Orronville [7], en la *Vie de Louys III*, duc de Bourbon, raconte que ce duc faisant armes en une mine au siege de Vertueil contre Renaut de Montferrand, un des siens, qui apprehendoit pour la personne de ce prince, s'escria : *Bourbon! Bourbon Nostre-Dame!* auquel cry Renaut ayant reconnu qu'il avoit affaire au duc de Bourbon, se retira, et s'excusa envers luy. Nous avons quelque chose de semblable en l'*Histoire du maréchal Boucicault* [8], et dans

---

[1] Froiss. vol. 3, c. 102. — [2] Fulcher. l. 1, c. 9; Guibert. l. 5, c. 5; Gest. Franc. Exp. Hier. l. 1, c. 19; Tudebod. l. 3, p. 793. — [3] Gest. Fr. exp. Hier. l. 1, c. 26. — [4] Fulcher. l. 1, c. 18. — [5] Raym. d'Agiles, p. 140. — [6] Malater. l. 3, c. 37. — [7] P. 137. — [8] C. 40, 57.

[1] Vol. 1, c. 208, 209. — [2] P. 163. — [3] L. 3. — [4] Gest. Viæ Hieros. l. 4. — [5] Vol. 1, c. 32. — [6] Vol. 2, c. 98. — [7] C. 50. — [8] Part. 1, c. 17; Froiss. vol. 3, c. 31.

Monstrelet[1]. Philippes Auguste, selon la *Chronique de Flandres*[2], en la bataille de Bovines, ayant eu son cheval abattu ou tué sous luy, cria *Montjoie!* à *haute voix*, et fut aussitost *remonté sur un autre destrier*. La méme chronique, parlant du siege de Damiete entrepris par saint Louys : *Quand les chretiens virent le roy s'abandonner, tous saillirent hors des nefs, prirent terre, et criérent tous à haute voix : Montjoie Saint Denys!* En la bataille de Mons en Puelle, l'an 1304, le roy Philippes le Bel, voyant *que les Flamens àvoient jà tué deux bourgeois de Paris, qui à son frein estoient, et messire Gilbert de Chevreuse qui gisoit mort devant luy, l'Oriflambe entre ses bras, s'escria le noble roy : Montjoie Saint Denys! et se ferit en l'estour.* Tels cris estoient appellez *cris à la recousse*, ainsi que Froissart[3] nous enseigne en plusieurs endroits : *Quand les François les virent issir, et ils ouïrent crier Mauny à la recousse, ils reconnurent bien qu'ils estoient trahis.* Et ailleurs : *Là criérent leurs cris à la recousse.* Et comme par les cris on faisoit venir du secours, il en arrivoit quelquefois inconvenient, specialement dans les querelles particulieres, où ceux qui se battoient crioient les cris de leurs seigneurs, afin d'attirer par ce moyen à eux ceux de leur party et de leur brigade. Ce qui donna occasion à l'empereur Frederic I, en ses *Constitutions militaires*[4], de faire celle-cy : *Si alter cum altero rixatus fuerit, neuter debet vociferari signa castrorum, ne inde sui concitentur ad pugnam;* et cette autre : *Nemo vociferabitur signo castrorum, nisi quærendo hospitium suum.*

Non-seulement on crioit le cry général au commencement de la bataille, mais encore châque soldat crioit le cry de son capitaine, et châque cavalier celuy de son banneret, d'où vient que Guillaume le Breton[5] voulant dire que la bataille n'estoit pas encore commencée, se sert de cette façon de parler,

> .....Nec dum vox ulla sonabat.

Froissart[6], parlant du combat qui se fit au Pont à Comines, l'an 1382, et racontant comme une petite troupe de cavaliers françois attaqua un grand nombre de Flamens, sous la conduite du maréchal de Sancerre, écrit que ce maréchal, avant le combat, leur tint ces paroles : *Tenons-nous icy tous ensemble, et attendons tant qu'il soit jour, et que nous voyons devant nous les Flamens, qui sont à leur fort à leur advantage pour nous assaillir, et quand ils viendront, nous crierons nos cris tous d'une voix, chascun son cry ou le cry de son seigneur à qui il est : jaçoit que tous les seigneurs ne soient pas icy : par cette voix et cris nous les esbahirons, et puis frapperons en eux de grande volonté.* Et au chapitre suivant : *Si dirent entre eux quand ils viendront sur nous (ils ne peuvent sçavoir quel nombre de gens nous sommes), chascun s'escrie quand viendra à assaillir l'enseigne de son seigneur dessous qui il est, jaçoit que il ne soit pas icy, et le cry que nous ferons, et la voix que nous entre eux espanderons, les esbahira tellement qu'ils s'en devront desconfire, avec ce nous les recueillerons aux lances et aux espées.* Puis, parlant du combat : *Là crioit-on : Saint Py, Laval, Sancerre, Anguien! et autres cris qu'ils crierent dont il avoit gendarmes.* La *Chronique de Flandres*[7], rapportant la rencontre prés de Ravemberg en Flandres, vers l'an 1303 : *Aussi-tost que le comte Othe (de Bourgongne) et les autres hauts hommes les virent approcher, incontinent ferirent à eux chascun criant son cry à haute voix, et commença l'estour mult crueux.* Et ailleurs, parlant de la bataille du Pont à Vendin, en la méme année : *Quand les François les eurent*

apperceus *si ferirent en eux, crians leurs cris à haute voix.* La *Chronique manuscrite de Bertrand du Guesclin* :

> François montent à mont, chascun crie son cry.

On crioit encore le cry des chevaliers dans les occasions des tournois, lorsque les chevaliers tournoyans estoient prêts d'entrer en lice, et au combat. Les *Ordonnances du tournoy*[1] dressées par René d'Anjou, roy de Sicile : *Et cela fait, criera ledit roy d'armes par le commandement des juges par trois grandes hallenées, et trois grandes reposées : Couppez cordes, et hurtez batailles quand vous voudrez ; et lorsque le troisiéme cry sera fait, ceux qui seront ordonnez à cordes coupper les coupperont : et adonc crieront ceux qui porteront les bannieres, avec les serviteurs à pied et à cheval, les cris chascun de leurs maistres tournoyans. Puis les deux batailles se assembleront, et se combatteront tant si longuement, et jusques à ce que les trompettes sonneront la retraitte par l'ordonnance des juges.* Georges Châtellain[2] en fournit divers exemples en l'*Histoire de Jacques de Lalain, chevalier de la toison d'Or.* On crioit aussi le cry du seigneur prédominant, lorsqu'on arboroit la banniere au château de son vassal, quand il luy faisoit hommage. Un titre de l'an 1245, contenant l'hommage de *Signis*, veuve de Centulle, comte d'Estrac, et de son fils Centulle, au comte Raymond de Tolose, dit que le viguier de Tolose[3], de l'ordre du comte, monta au principal château, et que là il arbora sa banniere *ratione et jure majoris dominii*; puis, qu'il y fit préconizer et crier à haute voix le cry de guerre du comte, qui estoit, *Tolose. Fecit ascendere vexillum, seu banneriam, dicti domini comitis Tolosani, et ex parte ipsius ter præconizari, et clamare alta voce signum dicti comitis, scilicet, Tolosam.* Un autre, de Raymond Pelet, seigneur d'Alet, de l'an 1717 : *Cæterum ad mutationem domini debetis vos et hæredes vestri* (parlant à Simon comte de Montfort) *levare vexillum vestrum in turri mea de Alesto, et signum, seu edictum vestrum, facere ibi clamare.*

Comme il n'estoit pas loisible aux puinez de prendre les armes de la maison qu'avec brisure, de méme ils ne pouvoient pas en prendre le cry qu'avec difference; dautant que par la regle générale receue universellement, les plaines armes, le nom et le cry de la famille appartenoient à l'ainé, comme je l'ay justifié par quelques articles de nos coûtumes. Ce qui se pratiquoit ordinairement en soustrayant ou ajoutant quelques paroles aux mots qui composoient le cry d'armes. Les exemples s'en peuvent observer en la maison royale de France, dont le cry estoit *Montjoie S. Denys* : car les princes de cette famille ont voulu conserver les marques de cette illustre extraction, non-seulement dans les armes qu'ils ont portées avec brisure, mais encore dans le cry de *Montjoye*, qu'ils ont retenu, auquel mot ils en ont ajouté d'autres pour difference de celuy du roy de France, chef de la maison. Ainsi les derniers ducs d'Anjou crioient *Montjoye Anjou* : ce dernier mot, qui faisoit la difference du cry principal, marquoit l'excellence du duché d'Anjou, qui appartenoit et donnoit le nom à cette branche. Un heraut blasonnant les armes de René roy de Sicile et duc d'Anjou :

> Il crie Montjoye Anjou, car tel est son plaisir,
> Pour devises Chauffrettes il porte d'ardant desir[4].

Charles, comte d'Anjou, combattant contre Mainfroy, roy de Sicile, cria le cry du roy de France son frere, sous les auspices duquel il avoit entrepris cette conqueste, *Et sire Charles suivit l'estour, criant à haute voix Montjoye S. Denys*[5]! Les ducs de Bourgogne[6], tant de la premiere que de la seconde branche, toutes deux issues de la

---

[1] Sous l'an 1437, p. 35. — [2] C. 15, 23, 44. — [3] Froiss. vol. 1, c, 151, 222; vol. 2, c. 162; vol. 3, c. 15. — [4] Radevic. de Gest. Frid. l. 3, c. 26; Gunther. l. 7, Ligur. p. 158. — [5] Philipp. l. 2. — [6] Vol. 2, c. 116, 117. — [7] C. 43, 44.

[1] La Colomb. au Theatr. d'honn. vol. 1, c. 5, p. 75. — [2] Ch. 12, 20. — [3] Registr. de Tolos. p. 109. — [4] A. Favyn. La Colomb. — [5] Chron. de Fland. c. 27. — [6] Chifflet, en ses Chev. de la Toison d'or, p. 3.

maison royale de France, avoient pour cry *Montjoye au noble duc,* ou *Montjoye Saint Andrieu,* acause de la particuliere devotion qu'ils portoient à ce saint, qu'ils avoient choisi pour patron. Les historiens de Bourgogne[1] racontent qu'Estienne, roy de Bourgogne, fut le premier qui prit pour enseigne de guerre la croix de Saint André, et que ce fut lui qui, l'ayant apportée de l'Achaïe, la donna au monastere des religieuses de Weaune proche de Marseille, d'où depuis elle fut transferée en l'église de Saint-Victor, vers l'an 1250, où elle se voit à present. Quelques-uns estiment que cét Estienne roy de Bourgogne n'est autre que Gundioche, qui mourut en la bataille de Châlons contre Attila, dautant qu'il ne se lit point qu'il y ait eu aucun roy de ce nom dans la Bourgogne, et que d'ailleurs l'on pourroit présumer que Gundioche, estant mort catholique, auroit eu le nom d'Estienne au baptéme, quoy que tous les historiens de ce temps-là ne fassent aucune mention de ce nom. Le duc Jean de Bourgogne[2], fils de Philippes le Hardy, la remit en vogue : car lorsque la Bourgogne fut reunie à la couronne de France, les Bourguignons avoient pris la croix droite ; et Philippes le Hardy, qui estoit bon François, l'avoit toujours portée. Ce qui me donne sujet de croire que ce fut le même duc qui prit ce cry d'armes de *Montjoye Saint Andrieu,* que Chifflet, en ses *Chevaliers de la toison d'Or,* remarque avoir esté pris par les ducs. Tant y a que Monstrelet[3], Berry[4], et autres historiens témoignent que depuis ce temps-là la croix de Saint-André a servy d'enseigne aux Bourguignons. Un *Provincial* donne encore pour cry aux ducs de Bourgogne : *Nostre Dame Bourgogne,* et un autre[5] dit que les premiers ducs, c'est à dire de la premiere race, crioient : *Chastillon au noble duc,* peut-estre acause de la seigneurie de Châtillon sur Seine, qui leur appartenoit, et laquelle ils tenoient en fief de l'evesque de Langres.

Les comtes d'Artois, suivant les mêmes *Provinciaux,* crioient : *Montjoye au blanc esprevier;* ce qui peut avoir pris son origine de l'éprevier dont le roy Philippes le Bel fit présent, environ l'an 1293, à Robert II, comte d'Artois[6], ayant ordonné qu'à l'avenir il tiendroit son comté de la couronne de France au relief du même oiseau, qu'il lui seroit loisible de prendre en la fauconnerie du roy. Les lettres patentes en forme de commission decernées, l'an 1330, par le roy Philippes de Valois au duc de Bourgogne, portent ces mots : *Que comme ledit duc, acause de la duchesse sa femme, et comme bail d'icelle, le requiert; que comme la reine Jeanne estoit en possession et saisine, et en sa foy et hommage du comté d'Artois, et du fief de l'Esprevier,* etc. Et c'est pour cela qu'encore à present la cour des pairs de la ville d'Arras dans le seau dont elle se sert a la figure d'un cavalier ayant un éprevier sur la main droite. Les comtes d'Artois le portoient encore pour cimier de

leurs armes, entre un double vol, ainsi que l'on peut voir en une vitre de Saint-Pierre de Lille en Flandres, en la chapelle de Notre-Dame, dont la representation est inserée en l'*Histoire de la maison de Bethune* dressée par André du Chesne[1].

Il semble que cette méme coûtume d'ajoûter quelques mots pour difference aux cris des aînez s'es observée en la maison royale d'Angleterre, dont le cry estoit : *Saint George,* sans addition d'aucun mot. Car nous lisons dans Froissart[2] que le prince de Galles, à la bataille de Poitiers, et à celle de Navaret, cria : *Saint George Guienne,* parce qu'il avoit esté investy du duché de Guienne, ce dernier mot faisant la difference du cry principal, qui appartenoit au roy d'Angleterre. Toutefois je trouve en la *Chronique de Flandres*[3] que Richard roy d'Angleterre estant en la Terre Sainte, au siége de Iaffe, cria : *Guienne au roy d'Angleterre.* A la bataille de Furnes le roy d'Angleterre, dit la méme chronique, *issit hors à bannieres desployées en criant : Guienne! à haute voix, et se ferit en la commune.* Il en estoit de méme de toutes les familles particulieres, dont les puinez crioient le cry ou le nom de la maison, mais avec addition du nom de leurs seigneuries ; et c'est en ce sens qu'il faut entendre les *Provinciaux* quand ils disent que les cadets, dont ils blasonnent les armes, crioient le nom de la famille : car le cry simple, aussi bien que les armes, appartiennent à l'aîné.

Depuis que le roy Charles VI eut étably des compagnies d'ordonnance, et dispensé les gentilshommes fievez d'aller à la guerre, et d'y conduire leurs vassaux, et par consequent d'y porter leurs bannieres, l'usage du cry d'arm es s'est aboly.

Il est aisé d'inférer de toutes ces remarques que je viens de faire, que le cry d'armes est bien different du *Tessera* des Latins, du Σύνθημα des Grecs, et du *mot du guet* des François, quoy que l'un et l'autre consistent en la prononciation de quelques mots, et qu'ils conviennent en quelque chose pour l'usage méme, qui est pour reconnoistre les partis. Car le mot du guet se change tous les jours par le général, *Ne ex usu,* ce dit Vegece[4], *hostes signum agnoscant, et exploratores inter nos versentur impune :* où le cry d'armes est perpétuel, et attaché à la famille, et partant presque autant connu des ennemis que des autres. Neantmoins le mot du guet est quelquefois appellé *cry,* comme dans le *Traitté de la Guerre,* que Philippes, seigneur de Ravestain et duc de Cleves[5], composa pour l'empereur Charles V, et quelquefois *cry de la nuit.* La *Chronique scandaleuse*[6] s'est servie du terme de *nom de la nuit.* Bouteiller, en sa *Somme rurale,* parlant des droits des connétables de France, l'appelle aussi cry de la nuit : *Item à la charge de demander au roy toutes les nuits le cry de la nuit, et de le faire sçavoir aux mareschaux, les mareschaux de le faire sçavoir aux capitaines de gensdarmes.* Et plus bas, parlant du grand maitre des arbalestriers : *Assiet les escoutes, et envoye querre le cry de la nuit.*

---

[1] Parad. De antiq. stat. Burg.; Chifflet, in Vesont. l. 1, c. 48. — [2] Olivier de la Marche, en son Introd. ch. 3. — [3] Vol. 1, c. 127, 192; vol. 2, p. 114. — [4] En l'Hist. de Charl. VII, sous l'an 1418, p. 42. — [5] Preuves de l'Hist. de la Maison de Chast. p. 2; Provinc. ms. — [6] Bersarius, apud Locrium, in Chron. Belg. an. 1292,

[1] L. 3, c. 5. — [2] Vol. 1, c. 162, 241. — [3] C. 9, 36. — [4] L. 2. — [5] Phil. duc de Cleves, en son Traité de la guerre, part. 1, p. 38, 40, 96. — [6] P. 99.

DE LA MOUVANCE DU COMTÉ DE CHAMPAGNE.

DISSERTATION XIII.

Le sire de Joinville écrit que le roy saint Louys, avant que d'entreprendre le voyage d'Afrique en l'an 1248, fit une assemblée de tous les barons de son royaume à Paris, pour donner ordre aux affaires publiques durant son absence, et particulierement s'il arrivoit mal de sa personne. Le roy fit l'honneur à ce seigneur de le convier de s'y trouver; mais il s'en excusa civilement, sur ce que, *n'estant pas son sujet, il ne pouvoit s'engager à lui faire serment.* Ce passage a donné matiere à divers auteurs d'inférer de là que puisque le sire de Joinville n'estoit pas sujet du roy, que le comte de Champagne, duquel il estoit vassal, n'estoit pas aussi vassal du roy, et ne relevoit pas de la couronne de France, mais de l'empire. C'est l'induction que Pierre de Saint-Julien, aux *Antiquitez de Chalon*[1], Pierre Pithou, en ses *Memoires des comtes de Champagne*, et Jean-Jacques Chifflet[2], en la *Défense* qu'il a faite de l'Espagne contre la France, ont tirée. Mais ces auteurs ne se sont point apperçûs de l'ancien usage des fiefs, ou l'ont dissimulé avec dessein, comme je le présume du dernier, qui est trop éclairé dans l'histoire pour estre tombé dans une erreur si grossiere. Dautant qu'il est constant que les arriere-vassaux ne devoient ni serment ni hommage, à raison de leurs fiefs, à leurs seigneurs dominans, ou chefs seigneurs. Et ainsi le sire de Joinville avoit eu juste sujet de refuser de préter le serment de fidélité, et de faire aucun acte de soûmission de vassal au roy; ce qu'il n'auroit pû faire sans se méprendre, c'est à dire sans déroger au devoir de vassal, auquel il estoit tenu envers le comte de Champagne, dont il estoit homme lige, soit acause de la senéchaucée de Champagne, soit pour la seigneurie de Joinville et autres, qu'il possédoit en ce comté.

D'ailleurs, il n'avoit aucune terre qui relevât nuëment du roy, et acause de laquelle il lui dût hommage, comme les autres barons de France, qui seuls estoient appellez à cette assemblée, c'est-à-dire ceux qui relevoient nuëment et immédiatement du roy, et qui lui devoient hommage lige sans reserve : c'est la force du mot de Baron. De sorte que si le sire de Joinville y fut convié par le roy, ce ne fut que par honneur, et parce qu'il estoit alors à la suite de la cour. Car il est sans doute que les arriere-vassaux n'estoient pas convoquez à ces assemblées, et qu'ils ne devoient ni ne pouvoient faire aucun hommage, ou serment de fidelité au souverain, ou au seigneur prédominant, pour leurs fiefs, mais seulement à leurs seigneurs immédiats, qui lui faisoient hommage, tant pour eux que pour leurs vassaux. C'est pourquoy s'il arrivoit quelquefois que le roy ou le chef seigneur exigeât l'hommage ou le serment des arriere-vassaux, ils le faisoient agréer par ses barons, seigneurs prédominans de ces arriere-vassaux : ainsi Geoffroy de Lezignan, II du nom, sire de Vouvent et de Mervent, déclara, par ses lettres du mois d'avril de l'an 1243, qu'il avoit fait hommage à Alfonse, comte de Poitiers, de ses châteaux et fiefs de Vouvent, de Fontenay, de Soubize, et de toute autre terre qu'il tenoit de noble homme Hugues, comte de la Marche, *per licentiam et voluntatem ejusdem comitis*, c'est-à-dire par la permission du comte de la Marche, duquel il relevoit immédiatement. Et le roy Philippes

Auguste, écrivant à Raoul d'Issoudun, I du nôm, comte d'Eu, pour le porter à le servir dans ses guerres de Poitou, offrit de mettre en son pouvoir tout ce qu'il possedoit en Poitou, à condition que pour seureté de sa fidelité et de sa foy il lui remettroit et lui délivreroit tous ses châteaux qu'il avoit en Normandie, et qu'il commanderoit à ses hommes et à ses vassaux de luy faire hommage et service tant qu'il les tiendroit : *Quod vos tradetis ei terram, et fortericias vestras Normanniæ pro habenda securitate, quod vos interim legitime servietis ei, et hominibus vestris præcipietis, ut ei facerent fidelitatem, quod ei legitime servirent usque ad præcictum terminum.* Il y a quelque chose de semblable en un titre de Raymond, vicomte de Turenne, de l'an 1253, aux preuves de l'histoire de ces vicomtes[1], d'où il se recueille evidemment que si le comte de Poitiers ou le roy Philippes-Auguste eussent eu droit d'exiger l'hommage ou le serment de leurs arriere-vassaux, ils n'auroient pas requis le consentement de leurs vassaux leurs chefs-seigneurs.

Ainsi Chifflet s'est par trop mépris lorsqu'il s'est voulu servir de ce discours du sire de Joinville pour en induire la mouvance du comté de Champagne de l'empire, et quoy que d'ailleurs il soit tressçavant et tres-judicieux, c'est avec un aussi foible fondement qu'il emploie quelques passages des auteurs anciens pour la justifier, dont l'un est celuy d'Herman Contract en l'an 1054, qui a pareillement imposé au sieur Pithou, et l'a fait tomber dans la même erreur. C'est à l'endroit où il dit que l'empereur Henry estant à Mayence, Thibaud II, comte de Champagne, fils de Eudes, l'estant venu trouver, *de Galliis veniens, miles ejus effectus est*, c'est à dire se fit son vassal. Ceux qui sçavent l'usage des fiefs n'ignorent pas que l'on peut estre vassal de deux ou divers seigneurs pour diverses seigneuries, et ainsi il n'est pas inconvenient que le comte Thibaud ait fait hommage à l'empereur pour quelque terre qu'il auroit possédée mouvante de l'empire. Il se peut faire encore, que comme il vint au secours de l'empereur (*auxilium suum illi pollicitus est*), il s'engagea à son service avec des conditions qui l'obligeoient à luy faire hommage, soit pour des terres qu'il luy auroit données mouvantes de l'empire, soit pour des fiefs, que l'on nommoit *de bourse*, c'est-à-dire de rentes, ou sommes de deniers, que l'on percevoit sur le trésor du prince, tant que l'on estoit à son service. Du Tillet[2] fournit une infinité de ces sortes d'hommages, que les seigneurs allemans ont faits aux roys de France lorsqu'ils s'engageoient à leur service durant leurs guerres; desquels on ne pourroit pas tirer cette induction, que l'Allemagne relevoit de la France.

Mais voicy une autre preuve convaincante, qui justifie absolument que la Champagne n'a jamais relevé de l'empire. Durant le schisme qui travailla long-temps l'Église sous le regne de Frederic I, Henry, comte de Champagne, s'engagea à l'empereur de luy procurer une entreveuë avec Louys VII, roy de France, pour appaiser et pour terminer ces divisions qui troubloient les esprits des catholiques. Et même s'il s'obligea envers l'empereur que si le roy ne vouloit pas consentir à cette entreveuë il quitteroit son hommage, et se feroit son vassal. Ce que le comte dit en termes for-

---

[1] P. 410. — [2] In Vindic. Hisp. p. 124.

[1] P. 55. — [2] Au recueil des Trait. d'entre les rois de France et d'Anglet.

mels au roy, par forme de menaces [1] : *Si tua majestas noluerit nec prædictis pactionibus acquiescere, nec arbitrio judicum assensum præbere, ego jurejurando juravi quod ad partes illius transibo, et quicquid de fisco regis in feodum habeo, imperatori tradens, ab illo tenebo.* Et sur ce que le roy faisoit quelque difficulté pour cette entreveuë, *venit comes Henricus ad regem, in palatio ducis Burgundiæ, allegans regem nequaquam esse a pactionibus liberum, ideoque se necessario discessurum ab eo, et se traditurum in manu imperatoris, ita ut totam terram quam de feodo regis hactenus tenuerat, modo imperatori traditam ab eo reciperet, et hominium illi faceret.* Quoy que l'histoire remarque que le roy s'estant mis en devoir de sa part d'accomplir cette entreveuë, qui n'eut point d'effet par la faute de Frederic, qui ne se trouva pas au lieu qui avoit esté convenu, le comte Henry soit demeuré d'accord que sa majesté estoit quitte des traittez dont on estoit convenu pour ce regard, il est neantmoins constant qu'attendu que l'empereur en rejettoit la faute sur le roy, le comte Henry, pour satisfaire à sa parole, fut obligé de passer en sa prison. Ensuite, pour obtenir sa liberté il luy accorda de luy faire hommage de quelques places de la Champagne, qu'il tenoit du roy avec le reste de ce comté. C'est ce que nous apprenons d'une ancienne enquête, qui se lit dans le registre de la chambre des comptes de Paris [2], intitulé *Feoda Campaniæ*, où elle est conceuë en ces termes : *Girardus Eventatus dixit, quod super quibusdam conventionibus, quas rex Franciæ et imperator Alemanniæ habebant inter se tempore schismatis, fuit fidejussor comes Campaniæ ex parte regis Franciæ, quod rex conventiones illas teneret : sed cum rex in conventionibus illis tenendis deficeret, comes Campaniæ ivit in captionem imperatoris, tanquam fidejussor ; et cum in captione illa aliquamdiu mansisset, et videret quod rex Franciæ eum non liberaret, petiit ab imperatore ut quitaret eum à captione et fidejussione, et ipse caperet de eo nescio quot castella, et ita factum fuit de quibusdam castellis. Unum est Hyz, quod est juxta Clarum-Montem in Bassigniaco ; aliud est Musterolium in Bassigniaco ; aliud Gollemont versus Bondricourt ; aliud Raucourt, quod comes Barri ; Ducis tenet. Girardus Eventatus nescit nominare alia, sed scit castella illa fuisse plus quam quatuor. Item Conradus, episcopus Metensis et Spirensis imperialis aulæ cancellarius, dicit hæc esse castella quæ comes Campaniæ tenet de imperatore Alemanniæ, et ita invenit in scriptis imperatoris, Burmont, Dampierre, Porsesse, Risnel, la Sessie, Gondricourt, Karnay, Raucourt, Bearazin.* L'enquéte faite sous Maximilian I au sujet des terres de l'Empire, rapportée par Chifflet, fait mention du château de Hais, ou Hyz en Champagne, qu'on a prétendu relever de l'empire.

Le comte de Champagne se départit de la mouvance de France pour ces châteaux, suivant le pouvoir que l'usage reçû pour lors universellement dans les fiefs luy donnoit : par lequel, comme le vassal estoit obligé de servir son seigneur, et lui en faisoit la promesse dans l'hommage, sous peine de commise et de confiscation de son fief; ainsi le seigneur promettoit à son vassal de défendre, tant sa personne que son fief. Nous avons la formule de ces obligations du seigneur en plusieurs titres des comtes de Tholose de la chambre des comptes de Paris, qui sont ordinairement conçûs en ces termes : *Ad hoc nos dictus comes recipientes dictam confessionem et recognitionem fidelitatis et homagium a vobis dicto N. pro prædictis feudis, in forma præscripta, promittimus vobis, quod tam personam vestram quam dicta feuda, et omnia jura quæ in eis habebis, contra quoslibet molestatores qui super hoc eis injuriari voluerint bona fide defendemus.* C'est ce qui a fait dire à Philippes de Beaumanoir, en sa *Coûtume de Beauvaisis* [1], que *li sires doit autant foi et loiaté à son home, come li homs fet à son seigneur.* En sorte que si le vassal estoit attaqué par ses ennemis, et n'estoit pas défendu par son seigneur, le seigneur perdoit sa mouvance, et le vassal pouvoit se donner à un autre seigneur, et relever son fief de luy, qui est presque le cas où le comte Henry prit sujet de relever quelques châteaux de son comté de l'empereur, parce qu'estant son prisonnier pour le fait du roy, le roy ne se mettoit pas en devoir de luy faire obtenir sa liberté. Le *Roman de Garin le Loherans* a touché en divers endroits cet usage :

> Pepins li rois, dont devoie tenir
> Mon fié, ma terre, et trestot mon païs,
> Li rois ne m'est vilainement faillis,
> Mes ma cité ont Sarazin assis,
> Desconfit sont, se vos tenés ami,
> Se vos del siege les povés départir,
> De toi tiendrai ma terre et mon païs.

Et ailleurs :

> Or vien à vos, empereres gentis,
> Que vos ailliés vostre fié garantir,
> Se vos nel faites, mal en somes baillis,
> Et tuit baron doivent de vos tenir.
> J'en parlerai, ce dit le rois Pepin,
> Qui que ge faille, vos ne dois ge faillir.

Il a plusieurs exemples dans l'histoire [2], des renvois, des remises, et des changemens d'hommages en ces cas, dont les formes sont prescrites dans les loix de Henry I, roy d'Angleterre, en ces termes [3] : *Si dominus terram suam, vel feodum suum, auferat homini suo, unde est homo suus ; vel si eum in mortali necessitate deserat, supervacue forisfacere potest cominium suum erga eum : sustinere tamen debet homo dominum suum, si faciet ei contumeliam, vel injuriam ejusmodi, in guerrà 3C dies, in pace unum annum et diem, et interim private per compares, per vicinos, et per domesticos, et per extraneos, per legem requirere eum de recto.* Je me suis un peu étendu sur cette matiere, afin d'expliquer les raisons qui porterent Henry, comte de Champagne, à se soustraire de l'hommage du roy de France pour ces quatre ou cinq châteaux, et à les relever de l'Empire : ce qu'il fit probablement pour donner quelque satisfaction à Frederic, qui ne voulut pas qu'on luy imputât de n'avoir pas tenu sa parole pour l'entreveuë, qui avoit esté arrêtée, s'estant trouvé au lieu designé après la retraite du roy. De sorte que ce fut après cét hommage que Frederic écrivit cette lettre à Henry, où il le qualifie *fidelis et consanguineus suus* [4], d'où Chifflet infere qu'il estoit sujet de l'empereur : ce qui est vray à l'esgard de ces châteaux que je viens de nommer, mais non pas de toute la Champagne. Ce qui paroît assez par la substance et la teneur de ces lettres. Mais avant ce temps-là, lorsque Frederic se servit de luy pour moyenner une entreveuë avec le roy, cét empereur declare en termes formels qu'il n'estoit pas son vassal, mais du roy [5] : *Sane quæcumque necessaria sunt ad conservandam inter nos mutuæ dilectionis integritatem, cum dilecto consanguineo nostro, fidele tuo, Henrico, comite Trecarum, amice et plenarie ordinavimus,* etc.

Le sire de Joinville nous fournit encore une autre preuve de la mouvance de la Champagne de la couronne de France, écrivant que le roy saint Louys et le roy de Navarre l'ayant pressé de vouloir entreprendre avec eux le voyage d'Afrique en l'an 1270, il s'en

---

[1] Hug. Pictav. l. 4. Hist. Vezel. p. 580, 581. — [2] Communiqué par M. d'Herouval, fol. 66.

[1] Ch. 56. — [2] Trésor des Chart. du roy, laiete Flandres cofre 2, sac 2, tit. 20; cofre 3, sac 2, tit. 23. — [3] LL. Henr. 1, cap. 43. — [4] Extat apud Freher. t. 1, p. 306, 309; et Goldast. in Const. Imp. p. 282. — [5] Freher. p. 305; Gold. p. 279.

excusa sur ce que, tandis qu'il avoit esté outremer au voyage précédent, *les gens et les officiers du roy de France avoient trop grevé et foullé ses subgets, tant qu'ils en estoient apovris, tellement que jamais il ne seroit que eux et luy ne s'en santissent.* Car je voudrois demander à Chifflet en quelle qualité les officiers du roy grevoient les sujets du sire de Joinville, si ce n'est parce que le roy saint-Louys estoit seigneur prédominant de la Champagne, et en cette qualité avoit droit d'y envoier ses officiers ; ce qu'il n'au-roit pû faire si elle eust esté une terre dépendante de l'empereur, et si les comtes de cette province eussent esté comtes palatins de l'Empire, comme il s'est faussement persuadé. Ce second point, estant important et curieux, merite d'estre discuté exactement dans une dissertation, ou digression particuliere, où je me propose de découvrir l'origine des comtes palatins de France, et de montrer que les Allemans n'ont emprunté cette dignité que de nous.

DES COMTES PALATINS DE FRANCE.

DISSERTATION XIV.

Sous la premiere et la seconde race de nos rois les comtes faisoient la fonction dans les provinces et dans les villes capitales du royaume, non seulement de gouverneurs, mais encore celle de juges. Leur principal employ estoit d'y décider les differents et les procés ordinaires de leurs justiciables ; et où ils ne pouvoient se transporter sur les lieux ils commettoient à cét effet leurs vicomtes et leurs lieutenans. Quant aux affaires d'importance, et qui meritoient d'estre jugées par la bouche du prince, nos mémes rois avoient des comtes dans leurs palais, et prés de leurs personnes, ausquels ils en commettoient la connaissance et le jugement, qui estoient nommez ordinairement, acause de cét illustre employ, *Comtes du Palais*, ou *Comtes Palatins*. Jean de Sarisbery, evesque de Chartres[1], nous apprend cette distinction, et la fonction de ces comtes, en ces termes : *Sicut alii præsules in partem sollicitudinis a summo pontifice evocantur, ut spiritualem exerceant gladium, sic a principe in ensis materialis communionem comites quidam, quasi mundani juris præsules asciscuntur. Et quidem qui hoc officii gerunt in palatio juris auctoritate, Palatini sunt, qui in provinciis, Provinciales. Utrique vero gladium portant, non utique quo carnificinas expleant veterum tyrannorum, sed ut divinæ pareant legi, et ad normam ejus utilitati publicæ serviant, ad vindictam malefactorum, laudem vero bonorum.*

Mais laissant à part les comtes provinciaux, que l'on ne peut pas revoquer en doute avoir fait office de juges dans les provinces où ils estoient envoiez, il est certain que les comtes du palais ont eu aussi jurisdiction. Ils estoient commis par les rois pour exercer les jugements et pour decider les differents qui leur estoient dévolus, soit par appel, soit en premiere instance, suivant l'importance de l'affaire dont il s'agissoit : nos princes se dischargeans sur eux de ces jugemens, qu'ils leur laissoient, comme à des personnes experimentées, et capables de les terminer dans la justice. Hincmar, archevesques de Reims, en l'épitre qu'il a faite de l'ordre et des charges du palais, justifie cecy en ces termes[2] : *Comitis palatii, inter cætera pene innumerabilia, in hoc maxime sollicitudo erat, ut omnes legales quæ alibi ortæ propter æquitatis judicium palatium aggrediebantur, juste ac rationabiliter determinaret, seu perverse judicata ad æquitatis tramitem reduceret.* D'où il se recueille que les affaires d'importance estoient jugées directement et en premiere instance par les comtes du palais, comme aussi celles qui estoient dévoluës par appel, lorsque les parties se plaignoient de l'injustice du ju-gement rendu par les comtes provinciaux ; ce que le capitulaire de Charlemagne de l'an 797[1], publié par *Holstenius*, montre clairement. Les affaires de cette nature sont nommées *causæ palatinæ* par le méme Hincmar[2], et dans une ancienne notice du monastere de Saint-Denys[3], qui porte ces mots : *Coram Gilone comite, qui causas palatinas in vice Fulconis audiebat vel discernebat.* On appelloit encore ainsi les audiences publiques qui se tenoient par les comtes du palais, comme nous apprenons d'une autre Notice de Charles le Chauve[4] : *Jussit ut præcepta Carlomanni et Caroli, sed et suum præceptum, coram suis fidelibus in generali placito suo apud Donziacum in causis palatinis legerentur.* Et ce n'est pas sans raison que ces plaits publics estoient ainsi nommez, parce que les jugemens estoient prononcez et les plaits tenus par les comtes du palais, dans le palais méme de nos rois. La *Vie de saint Priet*[5], évesque et martyr : *Ad palatium properat, et, ut mos est, apud regis aulam, in loco ubi causæ ventilantur, introiit.*

Hincmar[6] ajoûte que comme il estoit de la charge de l'apocrisiaire, ou du chapelain du palais, d'introduire vers la personne du prince ceux qui avoient à l'entretenir des affaires ecclésiastiques, il en estoit de méme du comte du palais pour les affaires séculieres, l'un et l'autre en prenans les instructions, pour les communiquer, et en faire le rapport au prince. Que si c'estoit une affaire secrete, dont le prince seul dût estre entretenu, ils devoient les luy présenter : *De omnibus sæcularibus causis vel suscipiendi curam instanter habebat, ita ut sæculares prius domnum regem absque ejus consultu inquietare haberent, quousque illa prævideret, si necessitas esset, ut causa ante regem merito venire deberet. Si vero secreta esset causa, quam prius congrueret regi, quam cuiquam alteri dicere, eumdem dicendi locum eidem ipsi præpararet, introducto prius rege, ut hoc juxta modum personæ, vel honorabiliter, vel patienter, vel etiam misericorditer susciperet.* Cassiodore[7] attribuë une semblable fonction au maitre des offices parmi les empereurs romains ; et Eguinard[8] en fournit un exemple, pour les comtes du palais, parlant de Charlemagne : *Cum calciaretur et amiciretur, non tantum amicos admittebat, verum etiam si comes palatii litem aliquam esse diceret, quia sine ejus jussu definiri non posset, statim litigantes introducere jubebat, et velut pro tribunali sederet, lite cognita sententiam dicebat.* Et en l'épitre ix, qu'il écrit à Geboïn, comte du palais : *Rogo dilectionem vestram, ut hunc pagensem,*

---

[1] Epist. 263. — [2] De ord. et offic. palatii, cap. 21, opusc. 14.

[1] § 4. — [2] Ib. c. 33. — [3] Doublet, p. 716. — [4] In append. ad Flod. et apud Hincm. opusc. 60. — [5] Vita S. Præjecti episc. et martyr. c. 3, n. 11, apud Bol. — [6] Cap. 19. — [7] Lib. 6, ep. 6. — [8] In vita Caroli M.

8.

nomine David , necessitates suas tibi referre volentem exaudire digneris : et si causam ejus rationabilem esse cognoveris , locum ei facias ad domnum imperatorem se reclamare.

Non seulement les affaires civiles estoient de leur jurisdiction et de leur connoissance, mais encore les criminelles , comme nous apprenons de l'auteur de la *Vie de saint Leger*, evesque d'Autun [1], et de celle de *saint Cibar*, evesque d'Angoulême [2]. Quant aux affaires ecclesiastiques , Hincmar a fait voir par un ouvrage particulier, dont Flodoard [3] fait mention , qu'il ne lui estoit pas permis d'en prendre connaissance. Mais la principale fonction du comte du palais estoit de décider et de juger souverainement les affaires où le prince avoit interest , soit pour sa personne, soit pour le bien de son État, qui pour cette raison sont appellées *causæ reipublicæ* dans les *Capitulaires* de Charles le Chauve [4], *causæ publicæ* dans les *Annales de France* tirées du monastere de Fulde [5] et dans la *Vie de Francon*, evesque du Mans [6], et *causæ pro salute patriæ et utilitate Francorum* dans la *Chronique* de Fredegaire [7], écrite par le commandement de Nebelong. Par exemple si quelqu'un avoit enfraint la paix et le repos public , et avoit troublé la province par des conspirations ou des assemblées secrétes et illicites, il estoit jugé par ces comtes, ainsi que nous apprenons des *Capitulaires* de Carloman [8] : *Quod si aliquis corrupta pace rapinam exercuerit, per regiam autoritatem, et missi nostri jussionem , ad palatinam adducatur audientiam , ut, secundum quod in capitulis antecessorum continetur, legali mulctetur judicio;* ou si quelqu'un avoit envahi les biens et les possessions du prince. Les *Annales de Fulde* au lieu cité, parlant de Louys II, empereur, *habito generali conventu, tam causas populi ad se perlatas, justo absolvit examine, quam ad se pertinentes possessiones juridicorum gentis recepit.*

Ce fut sur ce fondement que les princes d'Alemagne s'estant soulevez contre Albert, roy des Romains, le citerent devant le comte palatin du Rhin, lui imputans d'avoir fait mourir le roy Adolphe : *Asserentes ad comitem palatinum pertinere, quod sit officium palatinæ dignitatis, ex quadam consuetudine , de causis cognoscere quæ ipsi regi movebantur.* Ce sont les termes de Henry de Rebdorf, en l'an 1300, qui sont conformes au droit ancien des Saxons [9] : *Scultetus est judex culpæ judicis , et palatinus , seu palansgravius, imperatoris judex est : Burgravius vero , id est , perpetuus castellanus, judex est marchionis.* Mais la *bulle d'or* de l'empereur Charles IV, qui attribuë cette même prérogative et ce droit au comte palatin du Rhin, y a mis une restriction : *Et quamvis imperator , sive rex Romanorum , super causis pro quibus impetitus fuerit habeat, sicut ex consuetudine introducium dicitur, coram comite palatino Rheni respondere , illud tamen judicium comes ipse palatinus non alibi præterquam in imperiali curia, ubi imperator, seu Romanorum rex præsens exstiterit, poterit exercere.* C'est par la même raison qu'en Angleterre le comte de Chester, à la dignité duquel celle de comte palatin est attachée, par un privilege special, a droit de veiller sur les actions du roy, et de le corriger, s'il tombe en quelque faute contre les loix de l'État : *Regem, si oberret, de jure potestatem habet cohibendi*, ainsi que parle Mathieu Paris [10]. Ce qui semble avoir pris son origine de ce que les empereurs et les rois se sont soûmis volontairement à la rigueur des loix qu'ils ont eux-mêmes établies , suivant l'exemple de ces bons princes qui instituent des procureurs generaux , non tant pour conserver leurs droits, que pour répondre en jugement

à ceux qui ont à former quelques plaintes contre eux. Pline parlant à Trajan, en son Panegyrique : *Dicitur actori atque etiam procuratori tuo , In jus veni , sequere ad tribunal.*

Il y a lieu de croire que dans la premiere race de nos rois, et mémes dans le commencement de la seconde, la charge de comte du palais n'estoit exercée que par un seul, qui jugeoit les differens, assisté de quelques conseillers palatins , qui sont appellez *scabini palatii*, échevins du palais, dans la *Chronique de S. Vincent de Wlturne* [1] : d'où vient que nous voyons dars le moine de Saint-Galle comte du palais rendant la justice au milieu de ses conseillers : *Comitem palatii in medio procerum suorum concionantem;* où ce n'est pas sans raison qu'il appelle ces conseillers et ces assesseurs *proceres;* car non seulement les échevins du palais, ou les docteurs, *legum doctores*, ainsi qu'ils sont nommez dans un titre de Pepin maire du palais [2], assistoient à ces jugemens, mais souvent les comtes et autres grands seigneurs, et mêmes les evesques qui estoient choisis à cét effet par le roy : toute l'autorité neantmoins residant en la personne du comte du palais. La *Chronique de saint Benigne* de Dijon [3] : *Rodulfus, rex Burgundiam adiit, residensque castro Divion. mense aprili, cum causas suas teneret Robertus, comes palatii, et Gislebertus, comes Burgundiæ, aliique plures, tam comites quam nobiles viri, interpellatus est vicecomes, etc.*

Souvent aussi les comtes du palais ne tenoient pas le premier lieu dans ces assises , quoy que l'instruction et le rapport des affaires leur appartinssent, mais estoient precédez par les archevesques ou evesques, et par d'autres personnes d'une qualité plus eminente. Le *Cartulaire de l'abbaye de Casaure* qui est en la bibliothèque du roy en fournit la preuve , en un jugement qui commence par ces mots : *Dum præstantissimus ac gloriosissimus domnus H Ludovicus imperator per Romaniam transiens fines adisset Spoletinos, pro justitiarum commoditate et malignorum astutia deprimenda , instituit fideles et optimates suos, scilicet Wichosdum, venerabilem episcopum , Adelbertum , comitem stabuli, quos ad distringendum in eodem placto præfecit, et Hucbaldum, comitem palatii , Hechideum, pincernam primum, Ruatemirum, sacri palatii archinotarium, Winigisum, armigerum Begeri optimatem, et fratrem suum Othonem, Bebonem consiliarium, reginarium capellanum, vel de reliquis quampluribus palatii, etc.* On ne peut pas toutefois disconvenir qu'il n'y ait eu en même temps plusieurs comtes du palais; car Eguinard, en une de ses épitres [4], dit en termes exprés qu'Adalard et Geboïn estoient comtes du palais en même temps. Et un titre de Louys le Debonnaire, de l'an 938, qui se lit aux *Antiquitez de l'abbaye de Fulde* [5] est souscrit de ce Gebawinus, ou Gebuinus, et de *Ruadbertus*, qui y prennent qualité de comtes du palais. Il y a un titre du méme empereur dans le Trésor des Chartes du roy, expedié en l'an 819, pour le monastere de Saint-Antonin, qui porte ces mots [6] : *Consilio fidelium nostrorum, quorum nomina hæc sunt, Bernardus, et Emenonus, et Bernardus, et Ranulfus, isti sunt comites palatii nostri.* Delà vient que nous lisons quelquefois les comtes du palais nommez en pluriel, comme dans les anciennes *Formules de Lindenbrog* [7]. Un titre de Louys II, empereur [8] : *In præsentia ducum vel comitum palatii mei.* Un autre, de Pepin, roy de France et d'Aquitaine, pour la méme abbaye de Saint-Antonin : *Ad acclamationes comitum suorum palatinorum, monasterium Sancti-Petri apostoli, quod dicitur Mormacus, situm in pago Caturcino, super fluvium Avanionis, in perpetuum tradidit monasterio B. Antonini Martyris.* Je sçay bien qu'on peut croire que ces comtes palatins n'estoient pas comtes du palais,

---

[1] Vita S. Leodegar. c. 14, t. 1 ; Hist. Fr. p. 611. — [2] T. 2, Bibl. Labb. p. 522. — [3] Flod. lib. 3, Hist. Rem. c. 26. — [4] Tit. 23, § 7. — [5] A. 752. — [6] Gesta Franconis Episc. Cenom. — [7] Fredeg. A. 768, — [8] Tit. 2, § 1. — [9] Spec. Sax. l. 3, art. 52. — [10] A. 1236.

[1] T. 3, Hist. Fr. p. 690. — [2] Doublet, p. 692. — [3] A. 925. — [4] Epist. 11. [5] L. 1, pag. 819. — [6] Tolose, sac 5. — [7] C. 172. — [8] T. 3, Hist. Fr. p. 691.

mais comtes *provinciaux*, qui se trouvoient à la cour au temps de l'expedition de ces patentes, ou bien des seigneurs qui n'avoient que le simple titre de comtes, qui estoient à la suite du prince.

Souvent mêmes les rois assistoient en personne aux assises des comtes du palais [1], et les jugements qui y intervenoient estoient inscrits de leur nom, lesquels ordinairement faisoient mention que le roy lès avoit rendus sur le rapport et à la relation du comte du palais, ou bien qu'il confirmoit ce qui avoit esté arrêté par eux. Marculfe [2] nous a donné la formule d'un jugement prononcé par le roy, et nous en avons l'exemple dans un de Clotaire II, rapporté par M. Bignon, et dans un autre de Charles le Chauve, qui se voit dans les *Mélanges* du P. Labbe, où le comte du palais ne laisse pas de faire la fonction de président et de principal juge. Mais ce qui mût nos rois à multiplier les comtes du palais fut l'accroissement de leurs États, qu'ils étendirent dans l'Allemagne, dans l'Italie, et autres provinces. Car comme il estoit souvent necessaire de faire des enquêtes sur les lieux, mêmes d'y décider les differens, acause de l'éloignement de la cour et de la grande distance de la demeure du prince, souvent ils choisissoient l'un de ces comtes du palais pour se transporter en quelque contrée éloignée, pour y terminer les procés en dernier ressort. Ce qu'ils faisoient, soit que la nature de l'affaire requist celerité, ou que nos rois voulussent épargner la peine de leurs sujets, par des voyages longs et de grande dépense, ou enfin parce qu'il importoit au bien de l'État qu'ils fussent décidez aux lieux où ils avoient pris origine. Eguinard, en ses *Annales* [3], dit que Lothaire ayant eu ordre de son pere, Louys le Debonuaire, de faire ou d'aller exercer la justice en Italie (*ad justitias faciendas*), c'est à dire d'y tenir les plaits, le vint trouver à Pavie : *Qui cum imperatori de justitia in Italia a se partim facta, partim inchoata fecisset indicium, missus est in Italiam Adalhardus, comes palatii, jussumque est ut Mauringum, Brixiæ comitem, secum assumeret, et inchoatas justitias perficere curaret.*

Les empereurs d'Allemagne semblent avoir conservé delà cette coûtume d'envoyer en Italie des comtes du palais, pour exercer la justice souveraine en leur nom et en leur absence, lorsqu'ils y possedoient quelques provinces. Luithprand [4] fait mention d'Odolric, comte du palais, lequel avec plusieurs autres seigneurs s'engagea dans une conspiration contre le roy Berenger, et fut tué par les Hongrois : il peut estre toutefois que ce seigneur exerça la charge de comte du palais sous le même Berenger, lorsqu'il possedoit le royaume d'Italie : car il est constant que les rois d'Italie faisoient exercer leur justice par des comtes du palais, entre lesquels Hubert Marquis se trouve avoir pris ce titre sous les rois Hugues et Lothaire, en une ancienne charte rapportée par Francesco Maria, en la *Vie de la comtesse Mathilde* [5]. Leon d'Ostie [6] parle de Gregoire comte palatin en Italie, qui vivoit vers l'an 1070; mais je ne sçay s'il n'estoit pas de ces comtes qui estoient appellez comtes du palais de Latran, de la dignité et de la fonction desquels il y a une constitution de Louys IV [7], empereur de l'an 1328, rapportée par Goldast. *Guntherus* [8] remarque que de son temps les empereurs avoient un comte palatin en Italie, qui faisoit sa residence ordinaire à Lunello, château qui estoit des dépendances de l'Empire :

> Aspice quam turpi Lunelli nobile castrum,
> Atque palatini sedem, fidosque penateis.

Verterat illa dolo, comitem civeisque vocabat
Perfida, etc.

Et incontineut après il décrit ainsi la fonction de ce comte, en ces vers,

> Et nunc iste comes consors et regius aulæ,
> Ille potens princeps, sub quo romana securis
> Italiæ punire reos de more vetusto
> Debuit, injuste victrici cogitur urbi
> Ut modicus servire cliens, nulloque relicto
> Jure sibi, dominæ metuit mandata superbæ.

Mais il est sans doute qu'il y a erreur en ces vers de *Guntherus*, et qu'au lieu de *Lunelli nobile castrum*, il faut restituer *Lumelli* ou *Lomelli* : car il entend parler des comtes palatins de *Lomello*, dans le district de Pavie, dont il est fait mention dans les patentes de l'empereur Frederic I, de l'an 1164, par lesquelles il donne à Guy, Geoffroy, et Ruffin, qui y sont qualifiez *comites palatini de Lomello*, le château de Poblezano, assis au comté et en l'evesché de Plaisance, et prend tous leurs biens en sa protection. Elles sont inserées dans un grand registre de la chambre des comptes de Paris [1], contenant les privileges des nobles [2] des citez de Pavie, de Cumes, de Verceilles, de Novare, et d'Alexandrie, avec plusieurs autres chartes des empereurs d'Allemagne expediées en faveur de cette famille, desquelles il resulte que les comtes palatins de *Lomello* avoient entre autres prérogatives, à raison de cette dignité, le privilege de porter l'épée devant l'empereur lorsqu'il estoit en Lombardie : pour marque de la justice souveraine, appelée *jus gladii* par les jurisconsultes, qui leur avoit esté accordée dans l'Italie. Ce titre de comte palatin en Italie a esté changé depuis en celui de vicaire de l'Empire, qui a esté donné par les empereurs à divers princes et potentats d'Italie.

Les comtes du palais estant envoyez dans les provinces commettoient quelquefois des lieutenans aux endroits où ils ne pouvoient se transporter, lesquels sont appellez *vicomtes du palais* en la *Chronique de saint Vincent de Wlturne* [3], et *lieutenans* dans une *Notice de saint Martin de Tours* [4], où il est fait mention d'*Adalardus, locum tenens vice Ragenarii comitis palatii*. Quelquefois mêmes les comtes des lieux estoient commis par eux pour juger souverainement en leurs places les differens des parties, comme nous apprenons du cartulaire du monastére de Casaure [5] : *Ego Heribaldus comes, in vice comitis Palatii (Hucboldi scilicet, qui sub Ludov. II. imp. id muneris obiisse dicitur in cod. Tabul.) ad singulas hominum justitias faciendas, vel deliberandas, residentibus mecum Lecinaldo et Erifredo, et Cariprando, bassis domini imperatoris, Adelberto, Joanne, Majulfo judicibus*, etc. Ce titre fait voir encore que les vassaux du prince estoient appellez aux jugements des comtes du palais, avec les juges des lieux : ce qui peut avoir donné l'origine à la justice et à la cour des pairs, qui n'estoient autres que les vassaux d'un seigneur, ainsi nommez, parce qu'ils estoient égaux entre eux, et relevoient également d'un autre. Il est encore parlé de cét Heribald en un autre jugement, rendu la vingt-quatriéme année de l'empire de Louys II, le quatriéme du mois de decemb. indict. 7 au même cartulaire, où la qualité de *comes sacri palatii* lui est donnée. Mais ce qui est remarquable est qu'il y reconnoit lui-même qu'il ne sçait écrire, dans la souscription, en ces termes : *Signum Heribaldi comitis sacri palatii, qui ibi fui; et propter ignorantiam litterarum, signum S. Crucis feci*. D'où il s'ensuit que ces dignitez n'estoient pas toûjours conferées aux personnes sçavantes, et qu'elles n'ont pas toûjours esté du nombre de celles

---

[1] Vita Lud. Pii, A. 812; Capit. Car. M. edit. ab Holstenio, § 4. — [2] L. 1, c. 25. — [3] A. 828. — [4] L. 1, c. 26. — [5] Memoria di Mathilda, lib. 3, v. 43. — [6] L. 3, c. 36. — [7] Tom. 1 Constit. Imper. — [8] L. 3. Ligur.

[1] Com. par M. d'Herouval. — [2] Fol. 31 et seq. et fol. 237 et seq. — [3] Lib. 2, t. 3, Hist. Fr. p. 690. — [4] Pancharta Nigra. — [5] N. 237.

que Cassiodore [1] appelle *litterarum dignitates*, parlant de la charge de questeur.

Comme donc il y a eu des comtes *provinciaux*, ausquels on a commis le vicariat, ou la lieutenance des comtes palatins, pour exercer en leur absence les jugemens souverains, et ceux des affaires qui regardoient le bien de l'État dans le district de leurs comtez ; il y en a eu d'autres qui ont obtenu la dignité de comtes du palais, conjointement avec celle de leurs comtez, ou gouvernemens particuliers, pour en faire la fonction seulement dans leur étenduë, et pour, en consequence du pouvoir qui y est annexé, juger les différens en dernier ressort, ayans à cét effet la puissance et l'autorité royale en toutes choses. Bracton [2], auteur anglois, aprés avoir dit qu'il n'y a que le roy qui puisse juger les traîtres et les criminels de leze-majesté, ajoute : *Et hæc vera sunt, nisi sit aliquis in regno qui regalem habeat potestatem in omnibus, sicut sunt comites paleys.* D'où nous apprenons que Richard I, roy d'Angleterre, a entendu parler de cette jurisdiction, ou justice souveraine, lorsqu'il donne à l'evesque et à l'eglise de Dunelme certaines possessions, *cum dominio et libertatibus comitis palatini*, c'est à dire avec toute haute justice, telle qu'est celle qui appartient au comte du palais [3]. Car ainsi qu'il est énoncé en une ancienne constitution touchant la fonction du comte palatin, rapportée par Goldast [4], le comte palatin *adeo amplam potestatem, jurisdictionem, et auctoritatem habet, ut dempta regia dignitate, nullus omnino justitiariorum ampliorem, sed neque parem habeat.*

Toutefois, en ce cas la dignité de comte du palais n'estoit pas tellement annexée à celle de comte provincial, qu'il ne fust en la liberté du prince de l'en separer, s'il le jugeoit à propos, et d'en priver le comte, si le cas y écheoit, qui pour cela ne laissoit pas de demeurer en la jouissance de sa premiere dignité de comte provincial. Arnoul de Lubec fait voir clairement cette vérité, écrivant au sujet du comte palatin du Rhin [5] : *Palatinus sane qui partes fratris instanter juvabat, continuas minas a Philippo audiebat, quod dignitatem palatii, quam circa Rhenum habebat, perderet nisi a fratre recederet ; dicebat enim se nolle tolerare, quod rebus palatii gravaretur, quas ipse et non alius dispensare videretur,* où il est à observer que le comte palatin est dit avoir eu cette charge aux environs du Rhin : ce qui est conforme à ce que *Guntherus* écrit du comte Herman [6] :

> .... Hermannus, sacræ comes additus aulæ,
> Cujus erat tumido tellus circumflua Rheno.

Les empereurs allemans, suivans le même usage, ont établi des comtes palatins dans les autres provinces de leur Empire, ayant communiqué cette dignité à divers comtes. Quelquefois ils ont donné ce titre à quelques seigneurs dans l'étenduë de la seigneurie des ducs ou des comtes provinciaux, pour y exercer la jurisdiction imperiale en leur nom : car il est hors de controverse qu'il y a eu des comtes palatins dans la Saxe, dont *Rineccius* a donné la genealogie [7], qui estoient autres que les ducs de Saxe : et l'histoire parle souvent des palatins de Schiern et de Witelespach, qui l'ont possedée dans la Baviere, qui avoit ses ducs. Mêmes les palatins du Rhin avoient cette dignité dans la Franconie, qui avoit aussi les siens. La Lusace en a eu pareillement, au recit de Lambert de Schaffnabourg [8]. L'empereur Frederic I joignit ou plûtôt confera la dignité de comte du palais à Othon, son fils, comte de Bourgogne, en l'étenduë de ses États [9]. La *Chronique d'Hildesheim* fait mention

d'un grand nombre d'autres comtes palatins d'Allemagne [1]. Enfin pour user des termes du *Speculum Saxon.* : *Quælibet provincia terræ Theutonicæ habet suum Palansgravionatum, Saxonia, Bavaria, et Franconia* [2].

Les rois de Bourgogne ont eu aussi leurs comtes palatins, entre lesquels je remarque un Odolrie, revétu de ce titre en une patente du roy Conrad de l'an 900, qui se voit dans le *Cartulaire de l'abbaye de Cluny* [3] de la bibliotheque de M. de Thou. La Pologne et la Hongrie ont eu pareillement de tout temps leurs palatins, dont la dignité et l'autorité est grande encore à présent en ces royaumes-là. Mais je ne prétends pas en cét endroit m'étendre sur les comtes palatins d'Allemagne et des autres pays, pource que cette matiere a esté traitée par les auteurs allemans [4], et par le sçavant Selden [5], en son livre *des Titres d'honneur* : aussi je n'ay entrepris cette dissertation qu'au sujet des comtes palatins de France, et pour faire voir que nos rois ont eu ces officiers dans leurs palais dés la naissance de la monarchie, qu'ils les ont conservez longtemps, même bien avant dans la troisiéme race, et enfin que toutes les autres nations ne les ont empruntez que d'eux.

Pour justifier ce que j'avance, je me sens obligé d'en faire succinctement le dénombrement. Le premier donc qui paroit dans nostre histoire avec le titre de comte du palais est *Gucilion*, sous Sigebert, roy d'Austrasie, dans Gregoire de Tours [6]. Le même auteur donne encore cette qualité à *Trudulfe*, et à *Romulfe* sous Childebert, et y fait voir clairement que le comte du palais estoit different du maire du palais, quoy qu'Aimoin [7], l'auteur de la *Vie de saint Drausin* [8], Philippes Mouskes et autres les confondent imprudemment. *Tacilon* fut comte du palais sous Dagobert I [9]. L'auteur de la *Vie de saint Wandril*, la *Chronique de Maillezais*, et *Molanus*, donnent encore ce titre à ce saint sous le même regne, comme plusieurs auteurs à *Badefrid* [10], pere de sainte Austreberte. Une patente de Clovis II, fils de Dagobert, pour le monastre de Saint-Denys, fait mention d'*Aygulfe* comte du palais sous ce roy [11]. La *Chronique de Fredegaire* [12] donne aussi cette qualité à *Berthaire* sous le même Clovis, comme l'auteur de la *Vie de sainte Berthe* à *Rigobert*, pere de cette sainte qui y est nommé comte palatin. *Andobald* est qualifié comte du palais sous Clotaire III, dans un titre de Saint-Benigne de Dijon, et *Chrodebert* sous Thierry I, en la *Vie de saint Leger*, qui probablement est le même que ce *Chunrodebald* dont il est parlé en un titre de l'abbaye de Saint-Denys et dans Miraumont [13]. Quoy que l'auteur de la *Vie de saint Hubert* [14] donne à ce saint la qualité de comte palatin sous le roy Thierry, si est-ce que je n'oserois pas assurer qu'il ait eu celle de comte du palais, laquelle est attribuée par Gregoire de Tours [15] à *Temulfe*, sous le roy Childebert II.

Sous la seconde race de nos rois nous en trouvons plusieurs revétus de cette dignité : et premierement, sous le roy Pepin [16], *Wicbert* : sous Charlemagne [17], *Anselme, Vorade*, ou, ainsi qu'il est nommé en un titre pour l'église de Saint-Pierre de Tréves, *Voradin*, et *Treante* ; sous Louys le Debonnaire, *Regnier* [18], *Bernard* [19], *Ranulfe* [20], *Adhalard* [21], *Bertric* successeur d'Adhalard [22], *Morhard* [23], *Geboin*, et *Ruodbert*, desquels Eguinard fait mention en divers endroits [24] : sous

---

[1] L. 1, ep. 12 ; l. 5, ep. 4 ; l. 8, ep. 18. — [2] L. 3, de Corona, c. 3, § 4. — [3] Tom. 1, Monast. Angl. p. 47. — [4] Tom. 2. Constit. Imper. p. 403. — [5] Arnold. Lubec. l. 6, c. 6. — [6] Lib. 5. Ligur. — [7] In append. ad Witik. — [8] A. 1057. — [9] Gol. l. 2, rer. Suev. c. 37.

[1] An. 1034, 1038, 1085, 1095, 1099, 1105, 1108, 1111, 1113, 1120. Hist. de Mets, p. 309. — [2] Spec. Sax. l. 3, art. 53, § 1. — [3] Fol. 199. — [4] Freher. de Orig. comit. palat. — [5] Part. 2, c. 1, § 33 et seq. — [6] L. 5, c. 19 ; id. l. 9, c. 12, 30. — [7] L. 3, c. 91 ; l. 4, c. 38. — [8] T. 1, Hist. Fr. p. 680. — [9] Gest. Dagob. c. 37. — [10] Vita S. Rictrud. ; Vita S. Aust. c. 1, n. 4. — [11] Flor. Wig. p. 552. — [12] C. 90. [13] Vita S. Leod. c. 14 ; Doublet. — [14] C. 1. — [15] De Mirac. S. Mart., l. 4, c. 6. — [16] Doublet, p. 693. — [17] Eguin. Gesta Franc. Episc. Cenoman. — [18] Vita Lud. P. an. 817. — [19] Vet. carta, an. 819. — [20] Ead. carta. — [21] Eguin. an 822, 823, 824. — [22] Eguin. — [23] Thegan. c. 45. — [24] Eguin. ep. 9 ; Thom. Leod. p. 13.

Lothaire [1], *Ansfrid* : sous Louys II *Rodolfe* [2] ; sous Charles le Chauve, *Adhalard* [3], *Bodrad* [4], *Hilmerad* [5], *Boson* [6], et *Fouques* [7] ; sous Eudes, *Eldouin* : sous Charles le Simple, *Guy* [8] : sous Raoul, ou Rodolphe, *Robert* [9] : sous Louys IV, *Ragenaire* [10] : enfin sous Lothaire fils de Louys, *Heribert III* du nom, comte de Vermandois et de Troyes, que ce roy qualifie *comte de son palais*, en un titre de l'an 980, qui se lit aux *Antiquitez de Troyes* de Camusat [11].

Nous trouvons aussi des comtes du palais dans la troisiéme race de nos rois : entre lesquels *Hugues de Beauvais* paroit avec cette dignité, qu'il obtint du roy Robert, au recit de *Glaber* [12]. Ensuite l'on remarque plusieurs comtes provinciaux revétus de cette qualité, sçavoir les comtes de Champagne, au sujet desquels nous avons entrepris ce discours, les comtes de Tolose, de Guienne, et de Flandres, qui en consequence de ce titre avoient droit d'exercer la justice souveraine, et presque royale, dans l'étenduë de leurs comtez.

A l'égard de ceux de Tolose, plusieurs patentes justifient qu'ils ont pris la qualité de palatins, conjointement avec celle de comtes de Tolose, entre autres le comte Pons, qui vivoit en l'an 1056, qui, en une charte du *Cartulaire de Moissac* s'intitule *Poncius Dei gratia comes palatinus*. Et dans une autre de l'an 1063, qui se voit au même endroit, et est rapportée par M. Catel, en son *Histoire des comtes de Tolose* [13], il est parlé de Pons et de Guillaume, son fils, en ces termes : *Mei seniores ac palatini comites, Poncius, et ejus filius Willermus*. Non seulement ces deux comtes se sont ainsi qualifiez, mais encore Raymond, surnommé de Saint Gillès, comte de Tolose, fils de Pons, et frere de Guillaume, comme nous apprenons de ses monnoyes, entre lesquelles monsieur Charton, conseiller du roy et auditeur en sa chambre des comptes de Paris, tres-curieux en cette sorte d'antiquité, en conservoit une petite d'argent, qui est à présent dans le cabinet des medailles du roy, dont nous representons icy l'empreinte [14]. D'un côté est une croix de Tolose, vuidée, clechée, et pommetée aux extrémitez, telle que fut celle que le grand Constantin éleva dans le marché de Constantinople, semblable à celle qu'il avoit veuë au ciel lorsqu'il combattit Maxence, qui estoit garnie de petites pommes aux extremitez, ἐν τοῖς ἀκρωτηριατοῖς μέρεσι στρογγύλοις μήλοις, ainsi que nous apprenons de Codin, aux *Origines de Constantinople* ; ces mots se trouvent dans le cercle d'alentour : R. COMES PALATII ; à l'autre revers est un croissant surmonté d'une étoile, et pour legende il y a ces mots, DUX MARCHIO PV. c'est à dire *Provinciæ*, d'où il paroit assez que les comtes de Tolose ont eu la dignité de comtes du palais, et qu'en cette qualité ils ont exercé toute la justice qui y estoit attribuée, dans l'étendue de leurs comtez, et aussi qu'on ne peut pas dire, sans s'exposer au ridicule, qu'ils l'avoient obtenue des empereurs d'Allemagne.

Quant aux ducs de Guyenne, la *Chronique de Saint-Estienne de Limoges* semble la leur attribuer, en ces termes : *A. 1137, v. id. april. obiit Willelmus, palatinus comes Pietavensis, ultimus dux Aquitanorum*. J'avoue neantmoins qu'on peut avec justice disputer cette qualité aux comtes de Poitou et aux ducs de Guyenne, veu que dans le grand nombre des titres de ces ducs et de ces comtes, que Besly a inserez en son histoire, il ne se trouve pas qu'ils l'y ayent prise. Au contraire, il est probable que les écrivains de ces

siècles-là se sont servis de ces termes pour designer les pairs de France, comme a fait Mathieu Paris [1], dans lequel l'evesque de Noion est appellé : *Comes palatinus et unus de xii. paribus Franciæ*. Je ne sçay pas mémes si l'on ne doit pas donner ce sens aux paroles de Lambert d'Ardres, lorsqu'il attribué le titre de palatin à Arnoul le Grand, comte de Flandres, fils du comte Baudouin le Chauve : *Hic siquidem Arnoldus cognomento Magnus, vel vetulus, a Balduino Ferreo tertius, a Lidrico Harlebeccense, qui ab incarnatione Domini anno DCCXCII Flandriæ comes factus et constitutus est primus, in genealogiæ lineá sextus computatur comes et palatinus.*

Mais comme je demeure d'accord qu'on peut douter de ces titres de comtes palatins à l'égard des comtes de Poitiers et de Flandres, il faut aussi tenir pour indubitable que les comtes de Champagne en ont jouy depuis leur etablissement, jusques à ce que ce comté a esté reuny à la couronne de France, soit qu'ils aient obtenu cette dignité de temps en temps de nos rois, ou qu'ils se la soient fait confirmer aux investitures ; ou enfin, ce que je tiens plus vraysemblable, qu'ils se la soient conservée, comme descendus des comtes de Troyes, qui en jouissoient au temps de la decadence de ce royaume. Car aprés la funeste bataille de Fontenay, qui commença à épuiser le sang et la noblesse de la France, et ensuite des irruptions des Normans, qui achevérent de déchirer ce miserable État, la plupart des gouverneurs de provinces et des places, méprisans l'autorité ou plutôt la féblesse de nos rois, s'arrogerent en propre leurs gouvernemens, avec les mémes titres et qualitez qu'ils les possedoient, et les transmirent à leurs heritiers. De sorte que les comtes de Troyes s'estant trouvez alors revétus du titre de comtes palatins, leurs successeurs continuerent de le prendre, et de le joindre à celuy de leurs gouvernemens.

J'ay remarqué cy-devant que Heribert III, comte de Vermandois et de Troyes, en estoit revétu en l'an 980, estant probable qu'il le transmit au comte Estienne, son fils : au droit duquel Eudes, comte de Blois et de Chartres, qui, aprés le decés d'Estienne, s'empara, malgré le roy Robert, du comté de Champagne, continua de se dire comte du palais, *comes palatinus*, comme il est qualifié en une charte de Geoffroy, vicomte de Châteaudun, de l'an 1031 [2], et dans le titre de fondation de l'abbaye de Saint-Satur, prés de Sancerre en Berry. L'on voit ensuite le comte Thibaud, fils du comte Eudes, avec le méme titre en une charte de Geoffroy, comte de Mortagne, qui se lit en la bibliotheque de Cluny [3] : Estienne, comte de Blois, fils de Thibaud, paroit avec cette qualité dans Orderic Vital [4], et dans Yves, evesque de Chartres, en une de ses epitres [5], qui dans une autre qualifie Adele femme d'Estienne *palatina comitissa*. Thibaud, fils d'*Estienne*, est pareillement qualifié comte palatin dans Suger, en la *Vie de Louys le Gros* [6].

Ensuite tous les autres comtes de Champagne se sont tousjours inscrits *palatins*, et souvent *cuens palais*, d'un vieux terme françois usité en ces temps-là, et entre autres Thibaud, roy de Navarre, en une charte d'Aubert, abbé de Châtris, au *Cartulaire de Champagne* [7], de la bibliotheque de M. de Thou, en ces termes : *Thibaus, rois de Navarre, de Champagne et de Brie cuens palais*, façon de parler dont le *Roman de Garin le Loherans* se sert quelquefois :

> Et dit li més, merveilles ay oï,
> Quant cuens palés roy de France aatist
> De tornoier, et il li faut einsi.

---

[1] Notit. Eccl. Belg. c. 32. — [2] Annal. Fr. Fuld. an. 857. — [3] Capit. Car. C. tit. 43. — [4] Ibid. tit. 41. — [5] Chron. Fontanell. Mem. de Languedoc. p. 559. — [6] Camusat, p. 87 — [7] Flod. l. 3, Hist. Rem. c. 26. — [8] Tabul. Aremar. — [9] Chron. S. Benigni, p. 426. — [10] Panch. Nigra S. Mart. Turon. — [11] P. 86. — [12] L. 3, c. 2. — [13] L. 1, c. 3. — [14] [Voyez tom. 4 du Glossaire, planche XXV, num. 119.]

[1] A. 1249. — [2] Tab. Clun. — [3] P. 542, 544. — [4] L. 10. — [5] Ep. 49, 136. — [6] C. 9, 20. — [7] Fol. 342.

Et Gautier de Mets en sa *Mappemonde* manuscrite [1] parlant de Char-

> Si manda son fil Loeys,
> Et les barons de lor pays,
> Evesques, dus, et quenspalais.

lemagne, Je ne doute pas aussi que le nom de *conspalatius*, qui est donné dans un titre d'Heribert [2], comte de Vermandois et de Troyes, à Fouques, comte du palais de Charles le Chauve, n'ait esté formé du françois *cuenspalais*, ce Fouques y estant qualifié *imperatoris conspalatius*, de mémes qu'Eldouïn *comes et conspalatius*, en une notice de l'an 898, qui se lit au *Cartulaire de l'abbaye de Montier en Der*, rapportée par André du Chesne aux *Preuves de l'histoire de Vergy* [3]. Quelquefois ils se disoient *palazins* et *cuens palazins*, d'un terme dont Philippes Mouskes s'est pareillement servi, lorsqu'il parle d'Ebroïn maire du palais, confondant, comme j'ay remarqué, les maires avec les comtes du palais :

> Mais lues (Archenoald) moru, et Evrezins,
> Uns rices Ber, quens palazins
> Fu primes fais et mariskaus,
> Et de toute la tiere baus.

Et le méme *Roman de Garin* :

> Or vo dirai del mesage Pepin,
> Qui aloit querre le comte palazin.

Ensuite les comtes de Champagne s'estant apperçus que les empereurs avoient accordé le titre de comtes palatins à plusieurs seigneurs dans l'Alemagne (ce que je crois avoir suffisamment justifié) pour faire voir qu'ils ne tenoient pas cette dignité de l'Empire, mais qu'ils la devoient à la bonté et à la liberalité de nos rois, desquels ils relevoient, se sont souvent intitulez *comtes palatins de France*. Eudes entre autres, dans un titre de l'abbaye du Val-Secret, se dit *Odo, Francorum comes palatinus* [4]. Thibaud IV, fils du comte Estienne, dans une patente de l'an 1147, qu'il expédia pour la maladèrie des Deux-Eaux près de Troyes, se qualifie *gloriosus Francorum regni comes palatinus*; et Henry I du nom, surnommé le Large, ou le Liberal au Nécrologe de Saint-Martin de Troyes, prend le titre de *comes palatinus Galliæ*, ainsi que Camusat [5] a remarqué.

Quelquefois mémes ils ont supprimé le titre de palatins, et se sont dits *comtes de France*, ou *des François* simplement, et par excellence, parce qu'ils estoient presque les seuls qui possedoient le titre de comtes palatins dans le palais de nos rois, dont ils exerçoient la justice souverainement, et comme leurs lieutenans. Heribert, comte de Vermandois et de Troyes, duquel nous avons parlé, en une patente de l'an 969, qui est rapportée par Camusat [6], prend ces titres : *Heribertus, gloriosus Francorum comes*. Et Eudes, qui le premier de la famille des comtes de Chartres posséda le comté de Troyes, est nommé *comes Odo de Francia*, dans Wippon [7], en la *Vie de Conrad le Salique*, dans Wibert [8], en la *Vie du pape Leon IX* : *Odo, vicinæ commarchiæ Francorum comes*; dans le titre de l'abbaye du Val Secret dont j'ay parlé : *Odo, Francorum comes*.

---

palatinus; dans d'autres d'Aymon, archevesque de Bourges, et dans le cartulaire d'Aganon de l'église de Chartres, simplement *comes palatii*. Enfin dans un autre de l'abbaye de Saint-Germain de Paris il y prend ces qualitez : *Ego Odo, comes quarumdam provinciarum Galliæ scilicet et Franciæ*. Le sçavant Chifflet peut faire une serieuse reflexion sur ces mots, qui luy justifient assez que Eudes n'estoit pas comte dans les terres de l'Empire, comme il a voulu persuader, mais en France. Ainsi Thibaut III du nom, comte de Champagne, et Estienne, comte de Meaux, son frere, s'inscrivent *Gratia Dei Francorum comites*, en une charte qui se lit dans le cartulaire du chapitre de Notre-Dame d'Amiens, et qui a esté inserée par M. du Chesne aux *Preuves de l'Histoire de la maison de Coucy* [1]. Le méme Thibaud est encore ainsi qualifié dans une épître à Hugues, abbé de Cluny [2] : *Theobaldus, dei gratiá Francorum comes*; et dans le Cartulaire de l'Abbaye de Bourgueil [3] : *Est autem curtis vel ecclesia ipsa ex fisco Theobaldi, comitis Franciæ*. Enfin Estienne comte de Blois et de Chartres, qui, ayant quitté à son frere puiné le comté de Troyes, retint la dignité de comte palatin, qui sembloit estre affectée à l'aîné de la famille, est appellé par Anne Comnene [4] au livre xi de son *Alexiade*, κόμης Φραγκίας, *comte de France*, titre qui luy est encore donné par Hugues, abbé de Favigny, en sa Chronique [5] : *Et sic Hierosolymam profectus, ab eodem abbate usque ad vicum qui dicitur Pons Arliæ, comitatui ejus Stephano, comite Franciæ, et Roberto, comite Flandriæ, adhærentibus, deductus est*. Que si on vouloit soutenir que les comtes de Champagne n'exercerent pas cette dignité dans toute l'étendue du royaume, il faut au moins tenir pour constant qu'ils l'exercerent en celle du comté de Champagne. Ce qui paroit assez par les lettres du roy Henry, de l'an 1043, par lesquelles il declare que le monastere de Saint-Pierre-du-Mont, au diocése de Châlons, ou plutôt le bourg où il est bâti, avec ses dépendances, *est ab omni banno palatinæ potestatis liberrimum* [6]. Ce qui justifie assez que les comtes de Champagne exerçoient en ce comté les droits annexez à la dignité de comte palatin.

On peut ajoûter à toutes ces remarques celle que Meier [7] fait au sujet des comtes de Flandres, que nous avons dit avoir esté qualifiez comtes palatins, écrivant qu'ils se sont souvent intitulez *comites regni* et *comites Francorum*, probablement acause de cette dignité de comte palatin qu'ils possedoient. Jean du Bosc, en son *Histoire de Vienne* [8], rapporte une ancienne patente, où Charles le Chauve appelle un certain Odulfe, *comes noster Galliarum* : mais je n'oserois pas assûrer qu'il ait fait la fonction de comte du palais. Aprés ces autoritez je n'estime pas qu'il reste aucun sujet de douter que les comtes de Champagne n'ayent possedé la qualité de comtes palatins dans l'étenduë du royaume de France, et qu'ils ne l'ayent euë par la concession de nos rois, et non pas des empereurs, dont ils avoient esté les vassaux, comme Chifflet a avancé.

---

[1] C. 14. — [2] Camusat, p. 83, b. — [3] P. 19. — [4] Apud Sammarth. in Gall. Chr. — [5] P. 329. — [6] P. 85. — [7] A. 1036. — [8] C. 14; Patriarch. Bitur. c. 58.

[1] L. 6, c. 1. — [2] T. 6. Spicileg. p. 409. — [3] Fol. 37. — [4] L. 11, p. 324. — [5] Chr. Vird. A. 1095. — [6] Apud Sammarth. in Gall. Chr. in Abb. — [7] A. 863. — [8] P. 55.

DE L'ESCARCELLE ET DU BOURDON

DES PELERINS DE LA TERRE SAINTE.

DISSERTATION XV.

CASSIAN [1], traitant des habits et des vétemens des anciens moines d'Egypte, dit qu'ils se revétoient d'un habit fait de peaux de chevre, que l'on appelloit *melotes*, et qu'ils portoient ordinairement l'escarcelle et le bâton. Les termes de cét auteur ne sont pas toutefois bien clairs en cet endroit-là : *Ultimus est habitus eorum pellis caprina, quæ melotes vel pera appellatur, et baculus;* car il n'est pas probable que cét habit de peaux de chevre ait esté appellé *pera*. Ce qui a donné sujet à quelques commentateurs de restituer *penula*. Neantmoins Isidore [2] et Papias, comme aussi Ælfric dans son *Glossaire saxon*, ont écrit aprés Cassian que *melotis* estoit la même chose que *pera*. Quant à moy, j'estime que Cassian a entendu dire que ces moines, outre ce vêtement fait de peaux, avoient encore coûtume de porter un petit sachet, et un bâton, dont ils se servoient durant leurs pelerinages. Ce qui se peut aisément concilier, en restituant le mot *appellatur*, ou le sousentendant, aprés *melotes*. Tant y a que Cassian parle du bâton des moines au chapitre suivant; et dans l'une de ses *Collations* [3] il fait assez voir que lorsqu'ils entreprenoient quelque voyage ils prenoient l'un et l'autre : *Cum accepissemus peram et baculum, ut ibi moris est monachis universis iter agentibus.* Le Moine d'Angoulême [4] écrit que le corps de Charlemagne, aprés sa mort, fut inhumé avec tous ses habits imperiaux, et que pardessus on y posa l'escarcelle d'or, dont les pelerins se servent ordinairement, et qu'il avoit coûtume de porter lorsqu'il alloit à Rome : *Et super vestimentis imperialibus pera peregrinalis aurea posita est, quam Romam portare solitus erat.* D'où il resulte que le bâton et l'escarcelle ont toûjours esté la marque particuliere des pelerins, ou, comme parle Guillaume de Malmesbury [5], *solatia et indicia itineris.*

Les pelerins de la Terre Sainte, avant que d'entreprendre leurs pelerinages, alloient recevoir l'escarcelle et le bourdon des mains des prestres dans l'église. Un titre de Sebrand Chabot, qui vivoit en l'an 1135, au Cartulaire d'Absie en Gastine [6]; *Siebrandus Chabot, volens ire Hierusalem, coram Deo et reliquiis SS. accepto baculo et pera in ecclesia B. Nicolai, reconcessit Raynerio abbati et monachis Absiæ terragia.* La Chronique de Beze [7] : *Hugo miles…. in die qua peram assumpsit ad Hierosolymitanum iter faciendum.* Et celle de Vezelay [8] : *Assumpto baculo et pera, quasi B. Dionysii petiturus oracula.* Et cela s'est pratiqué mémes par nos rois, lorsqu'ils ont voulu entreprendre ces longs et fâcheux voyages d'outremer. Car aprés avoir chargé leurs épaules de la figure de la croix [9] ils avoient coûtume de venir en l'abbaye de Saint-Denys, et là, aprés la célébration de la messe, ils recevoient des mains de quelque prélat le bâton de pelerin et l'escarcelle, et mémes l'oriflamme [10], ensuite dequoy ils prenoient congé de S. Denis, patron du royaume. C'est

ainsi que l'on parloit alors. L'auteur de la *Vie de Louys le Jeune* [1], écrivant au sujet de ce roy, lorsqu'il se croisa pour le voyage de Hierusalem : *Venit rex, ut moris est, ad ecclesiam B. Dionysii, a martyribus licentiam accepturus, et ibi, post celebrationem missarum, baculum peregrinationis, et vexillum S. Dionysii, quod oriflambe Gallice dicitur, valde reverenter accepit.* Eudes de Dieuil [2] parlant du roy Louys VII : *Dum igitur a B. Dionysio vexillum et abeundi licentiam petiit, qui mos semper victoriosis regibus fuit,* etc. Et plus bas : *Deinde, sumpto vexillo desuper altari, et pera, et benedictione a summo pontifice, in dormitorium monachorum, multitudini se subducit.* Philippes Auguste [3] en usa de la même maniere, lorsqu'il eut le dessein de passer en la Terre Sainte; car il vint en la même abbaye, *causa licentiam accipiendi,* pour prendre congé des martyrs : puis, *Ab oratione surgens, sportam et baculum peregrinationis de manu Guillelmi, Remensis archiepiscopi, avunculi sui, apostolicæ sedis legati devotissime ibidem accepit.* Richard, roy d'Angleterre, qui partit au même temps que Philippes Auguste pour le même voyage, vint à Tours, *et ibi recepit peram et baculum peregrinationis suæ de manibus Willelmi Turonensis,* ainsi que Roger de Howeden écrit. Brompton [4] dit que ce fut à Vezelay, et Mathieu Paris semble insinuer que ce fut en l'église de Saint-Denys. Mais je crois qu'il y a erreur, et qu'on y a tronqué quelques termes qui se trouvent dans Brompton, qui éclaircissent ce point.

La *Chronique de S. Denys* [5] nous apprend que S. Louys, à son premier voyage de la Terre Sainte, reçût pareillement l'escarcelle et le bourdon dans l'église de Saint-Denys des mains du legat. *Hoc anno (1248) feria* VI *Pentecostes Ludovicus rex accepit vexillum, et peram, et baculum, in ecclesia B. Dionysii, et fratres ejus ab Odone cardinale, et post accepit licentiam in capitulo nostro,* etc. Il fit le même à son second voyage, au recit de Guillaume de Nangis, qui écrit qu'il reçut en l'église de Saint-Denys l'oriflamme *cum pera et baculo peregrinationis.* Ce qui est aussi remarqué dans le petit *Cartulaire de l'evéché de Paris* de la bibliotheque de M. du Puy, en ces termes : *Anno* 1269, *mense martio, pridie idus, die Veneris, dominica, qua cantatur Reminiscere, Ludovicus, rex Franciæ, arripuit iter ad partes transmarinas de S. Dionysio, et ibi accepit peram et baculum peregrinationis suæ, quos benedixit et reddidit sibi in ecclesia S. Dionysii Radulfus episcopus Albanensis, tunc apostolicæ sedis legatus in Francia et partibus transmarinis.* La *Chronique de Flandres* [6] dit que S. Louys, aprés avoir pris l'écharpe et le bourdon en l'église de Nostre-Dame de Paris, vint à Saint-Denys, où il reçut l'oriflamme.

Nos auteurs emploient ordinairement le mot d'écharpe, au lieu d'escarcelle, parce qu'on attachoit ces escarcelles aux écharpes dont on ceignoit les pelerins; d'où les mots de *pera*, ou *perula*,

---

[1] L. de Habitu Mon. — [2] L. 19, c. 24. — [3] 11, c. 3. — [4] In vita Car. M. A. 814. — [5] L. 1, de Gest. Pontif. Angl. p. 221. — [6] Fol. 89. — [7] Chron. Besuense, p. 653. — [8] L. 3, p. 561. — [9] Vita S. Teliai, episc. Landav. apud Bol. 9 Febr. c. 2, n. 6. — [10] Vita Lud. VI.

[1] C. 4. — [2] Od. de Diogil. L. 1. — [3] Rigord. A. 1190. — [4] P. 1173. — [5] A. 1248, tom. 2 Spicil. — [6] Ch. 20.

dans le *Glossaire latin-françois* ms. sont traduits par celuy *d'escharpe*. Guillaume Guiart en l'an 1190 :

> Li rois en icel tems s'apreste,
> Si come Dieu l'en avisa,
> Delà aler où promis a,
> Autrement cuideroit mesprendre,
> L'escherpe et le bourdon va prendre,
> A Saint-Denis dedans l'eglise
> Puis a l'oriflambe requise,
> Que l'abbés de leans li baille.

La *Chonique de France* ms. qui est en la bibliotheque de M. de Mesmes, en cette même année, parlant de Philippes Auguste : *Et print l'oriflambe et l'emporta, et prist l'escharpe et bourdon de la maison de son oncle l'archevesque de Rains, et prist deux chandelles, et deux enseignes de croisettes dessus les châsses au benois Sains*, etc.

Ces escarcelles, ces écharpes et ces bourdons estoient benis par les prétres, qui y prononçoient des prieres et des oraisons, qui se lisent dans le *Sacerdotal romain*, et dans les *Illustrations*[1] du P. le Royer sur l'histoire de l'abbaye de Monstier-Saint-Jean, au diocése de Langres ; à raison dequoy il y avoit de certains droits qui appartenoient aux curez, dont il est fait mention en un titre de Pierre, evesque d'Angouléme, de l'an 1162 : *Quæ offeruntur a peregrinis, cum eis capellanus baculum et peram tradiderit*. Et dans un autre, de Manasses, evesque de Langres, de l'an 1185 : *Reliqua medietas sit presbyteri, cum jure presbyteratus, quod tale est : peræ peregrinorum, oblationes sponsi et sponsæ*, etc. De cet usage observé par les pelerins et ceux qui entreprenoient les voyages d'outremer, de porter des bourdons, les heretiques albigeois prirent sujet de se railler des croisez qui avoient entrepris de les combattre, en les appellant bourdonniers, ainsi que nous apprenons du Moine de Vaux de Sarnay[2] : *Burdonarios autem vocabant peregrinos, eo quod baculos deferre solerent quos lingua communi burdones vocamus.* Quant au mot de bourdon, et pourquoy il a esté appliqué aux bâtons des pelerins, il n'est pas aisé de le deviner. Papias, qui vivoit en l'an 1053, suivant le témoignage d'Alberic, nous fait voir que de son temps il estoit en usage en cette signification : *verubus, virgis ferreis, burdonibus*. Je crois neantmoins qu'on a donné ce nom à ces sortes de bâtons parce que les pelerins pour l'ordinaire, et le plus souvent faisant leurs voyages et leurs pelerinages à pied, ces

[1] P. 611. — [2] C. 62.

bâtons leur tenoient lieu de montures, ou de mulets, que l'on appelloit alors bourdons, et *burdones* dans les auteurs du moyen temps, qui est un terme dont le jurisconsulte Ulpian s'est mémes servi[1]. Everard de Bethune[2] nous définit ainsi le bourdon :

> Burdonem producit equus conjunctus asellæ,
> Procreat et mulum junctus asellus equæ.

Comme les pelerins de la Terre-Sainte, lorsqu'ils entreprenoient leurs voyages, y alloient avec le bourdon et l'escarcelle, ainsi quand ils les avoient achevez et qu'ils estoient sur le point de retourner dans leurs pays, ils coupoient des branches de palmiers, qui sont frequens en la Terre Sainte, et les rapportoient comme une marque de l'accomplissement de leurs pelerinages : Guillaume de Tyr[3], parlant du comte de Flandres : *Completis orationibus, et sumpta palma, quod est apud nos consummatæ peregrinationis signum, quasi omnino recessurus, Neapolim abiit.* Foucher de Chartres[4] semble dire qu'on alloit couper ces branches de palme vers Hiericho : *In Hiericho ramis palmarum cæsis, ad deferendum, ut mos est, omnes assumpsimus, et secunda die iter remeabile cepimus.* Pierre Damian[5] marque encore qu'on les portoit en la main : *Ex Hierosolymitana peregrinatione deveniens, palmam ferebat in manu.* Et Herbert[6] dit que la palme estoit aussi une marque de pelerinage : *Vidit.... stantem, instar alicujus Hierosolymitani palma, pera, et baculo insignitum.* Enfin Gotefroy de Viterbe[7], parlant du retour de ceux qui accompagnerent l'empereur Conrad :

> Palmigerique viri pauci redeunt redivivi.

Roger de Howeden[8] dit que le pape donna des palmes à ceux qui avoient accompagné Philippes Auguste au voyage de la Terre Sainte, quoy qu'ils n'eussent pas accompli entierement leur vœu : *Et licet votum non solvissent, tamen palmas iis distribuit, et cruces collis eorum suspendit, statuens quod essent peregrini.* Les pelerins estant ainsi de retour dans leurs maisons venoient rendre graces à Dieu dans les eglises du bon succés de leurs voyages, et pour marque de l'accomplissement de leurs vœux ils presentoient leurs palmes aux prétres, qui les posoient sur l'autel. La Chronique de Beze[9] : *Pariterque palmas, quas testes peregrinationis suæ a Iericho tulerat, altari superponi rogavit,*

[1] L. item Legato. de Legat. 3 ; V. Cujac. l. 11 Obs. c. 16, et Gloss. nostr. ad script. mediæ Latinit. — [2] De Græcismo. — [3] L. 21, c. 17. — [4] L. 1, c. 22. — [5] L. 2, ep. 15. — [6] L. 1. de Mirac. c. 25. — [7] Part. 17. — [8] P. 712. — [9] P. 574.

DU NOM ET DE LA DIGNITÉ DE SULTAN,

OU DE SOULDAN.

DISSERTATION XVI.

Un auteur[1] de ce temps, en sa préface sur l'*Histoire des Sarazins* écrite par El-Macin, dit que le nom de sultan, ou de soldan, est un terme turc, et qu'il ne fut connu parmy les Arabes que lorsque Tegralbet, seigneur turc, ayant défait les Sarazins et Mesgud, leur prince[2], s'empara de toute leur seigneurie, l'an 1055. Ce seigneur est nommé par El-Macin *Abutalib Mahometh Tegralbet*, par les Grecs *Tangrolipix*, et par Aython *Dogrissa*. Leunclavius, en son *Pandecte*, semble avoir esté aussi de cette opinion, qui d'ailleurs est appuyée de ce que Nicephore *Bryennius*[1], Scylitzes et Zonare écrivent que Tegralbet, aprés avoir empieté la principauté sur les Sarazins, se fit appeller et proclamer sultan, c'est à dire, en leur langue, παντοκράτωρ, καὶ βασιλεὺς βασιλέων, le tout-puissant, et le

[1] M. Watier. — [2] Lenncl. Pand. Turc. n. 235.

[1] L. 1, n. 9.

roy des rois, ainsi que *Bryennius* et *Scylitzes* expliquent ce mot. Mais il y a lieu de revoquer en doute cette proposition avancée par cét auteur, parce qu'il est fait mention des sultans beaucoup auparavant le regne de Tegralbet, dans Constantin Porphyrogenite[1] : comme encore dans Scylitzes et Zonare en la *Vie de Basile le Macedonien*, lesquels font mention du sultan d'Afrique qui vivoit sous cét empereur. Et mémes il y a lieu de croire que les Sarazins ont emprunté ce terme des Persans, veu que les rois de Perse qui florissoient sous les premiers empereurs de Constantinople affectoient d'en prendre le titre; ce que nous apprenons de cette rare médaille d'argent de Chosroes, fils de Cabades, roy de Perse, dont l'empreinte nous a esté communiquée par M. de Saint-Amant, en ses doctes *Commentaires historiques*, et que j'ay jugé à propos de representer encore une fois en cét endroit pour autoriser davantage ce que j'avance. Cette médaille porte en l'un de ses revers cette inscription en caracteres arabes, qui font ces mots écrits en caracteres communs : D'HERB NICHIN MAHER ASSOLTAN ALADHAM YYATH ADDONIA VALDIN KAIKOSRO BEY KAY KABAD; c'est à dire en latin : *Impressio notarum sigilli sultani maximi sive monarchæ, refugii mundi et religionis, Kaikosroæ, filii Kabadis*[*]. Auquel endroit M. de Saint-Amant remarque fort à propos que le terme et le titre de *sultan*, ou d'*assoltan*, n'est autre que celuy de *roy des rois*, que Chosroes prend dans *Menander Protector*[2], en une epitre qu'il écrit à l'empereur Justinian, où il se donne toutes les qualitez qui marquent assez l'extravagance et l'humeur altiere de ces princes : Θεῖος, Ἀγαθὸς, Εἰρηνοπάτριος, Ἀρχαῖος Χοσρόης, Βασιλεὺς Βασιλέων, Εὐτυχὴς, Εὐσεβὴς, etc.; comme encore cét autre Chosroes, fils d'Hormisdas, aussi roy de Perse, dans Theophylacte Simocatta[3], Βασιλεὺς Βασιλέων, Δυνάστευόντων Δεσπότης, Κύριος ἐθνῶν, etc. Ces écrivains grecs ayant ainsi exprimé la force du terme de sultan, suivant *Bryennius*. L'auteur de la *Chronique de Reichersperg*[4] a touché la vanité de ces rois dans leurs titres imaginaires, lorsque, parlant de Chosroes fils d'Hormisdas, il tient ce discours : *Qui in tantam ausus est prorumpere audaciam et superbiam, ut ab incolis vicinarum gentium, quos impetu vastans barbarico suo nefando subjugaverat dominio, et coli se juberet ut Deum, et vocari se regem regum et dominum dominantium.* Mais ce qui confirme la veritable explication de ce mot de sultan, ou plûtôt, que les rois de Perse en ont affecté le titre, est ce que le juif Benjamin écrit en son *Itineraire*[5], où, parlant d'un Senigat Sa, fils de Sa, l'un des plus puissans rois de là

[1] L. 2, de Them. c. 11. [Coripp. de L. Just. lib. III, vers. 390, e conjectura Fogini. Voyez Gibbon, History, etc., ch. 45, not. 5.] — [2] L. I. — [3] L. 4, c. 8; l. 5, c. 13. — [4] A. 610. — [5] P. 79. Edit. Ariæ Mont.

[*] [Nous n'avons pas cru devoir reproduire cette monnaie, dont on trouve un calque exact dans : *Museum Cuficum Borgianum Velitris, illustravit G. Chr. Adler, Altonanus.* Romæ 1732, in-4°, num. C, p. 159, planche XII et pag. 61. Elle a été frappée sous Cai-Chosru, roi des Seldjoukides, qui a régné de 1236 à 1244, et Haiton I, roi de la petite Arménie de 1225 à 1270. Voici la traduction de l'inscription telle que l'a donnée Adler : *Magnus sultanus, splendor mundi et religionis, Cai-Chosru, filius Cai-Cobadi.* — *Cusus in urbe Sis anno 637, æræ vulgaris 1244. Haitom rex Armenorum.* Voyez au reste sur le titre de sultan les *Extraits des Historiens Arabes sur les Croisades*, par M. Reynaud, tom. IV, pag. 177, art. 1. Ce savant académicien a bien voulu nous assurer l'exactitude de l'interprétation d'Adler.]

Perse, dit qu'il s'appelloit en arabe, *Sultan Alporos Alkabir*, c'est à dire le grand roy de Perse, suivant que Benjamin explique ce mot. Il y a méme lieu de croire que les anciens et les premiers rois de Perse ont affecté ce titre de roy des rois, veu qu'il est donné au grand *Cyrus* dans son *epitaphe*, rapporté par *Eustathius* sur *Dionysius*[1], en ce vers :

Ἔνθα δ'ἐγὼ κεῖμαι Κῦρος βασιλεὺς βασιλέων.

De sorte qu'il est vray de dire que les Sarazins et les Turcs ont emprunté des Perses[2] cette dignité de sultan, qui est demeurée particulierement à ceux qui sous l'autorité du calyphe, qui estoit la premiere de l'État, gouvernoient les provinces et les royaumes qui estoient soumis à son gouvernement. Aython[3] parle de la sorte de cette dignité : *Agareni imperatorem sibi elegerunt quemdam de progenie Mahometi, ipsum vocaverunt Caliph, et ordinaverunt quod sedem teneret in Baldach, opulentissima civitate, in qualibet vero aliorum regnorum quæ subjugaverant Agareni, constituerunt unum dominum, quem vocaverunt Soldan.* Ce qui confirme ce que Constantin Porphyrogenite, Scylitzes et Zonare écrivent du sultan d'Afrique. Toutefois cela n'est pas tellement vray, que l'on n'y doive apporter de l'explication : car il est constant que d'abord les gouverneurs des provinces n'estoient pas appellez sultans, mais amiraux, et leurs gouvernements μηραδίαι, par les Grecs[4]. Mais depuis que cette suprème puissance fut ostée aux calyphes, ausquels on ne laissa que l'intendance sur la religion, avec un pouvoir imaginaire sur le reste de l'État, et que le gouvernement des affaires politiques et militaires fut empieté par les sultans, ils devinrent comme la principale dignité du royaume, avec une puissance absolue sur les peuples, quoy qu'en apparence ils respectassent le calyphe, comme leur seigneur, et qu'ils luy rendissent toute sorte de respect, comme il est remarqué par Guillaume, archevesque de Tyr[5]. D'où Orderic Vital[6], faisant allusion au mot de *soldan*, dit qu'ils sont ainsi nommez *quasi soli domini*, dautant qu'ils commandoient à tous les gouverneurs avec pleine autorité. Un autre auteur[7] a fait la méme allusion, en ces termes : *Sicut principes vestri, vel imperatores dicuntur, vel reges, sic apud illos qui præeminent soldani, quasi soli dominantes, vocantur.* Dans la suite, comme la plupart des gouverneurs secouerent le joug du premier sultan[8], et qu'ils se rendirent indépendans de luy, reconnoissant neantmoins le calyphe pour leur seigneur superieur, ils se qualifierent tous sultans, et c'est pour cela que nous voyons dans le sire de Joinville et ailleurs tant de sultans, qui dans quelques autres auteurs[9] sont nommez rois. Quant aux sultans qui les premiers se tirerent de l'obeissance des calyphes, ce furent les enfans de Bouja, ou de Buja, qui estoient de la race d'Isdegerde roy de Perse, dont la posterité finit en la personne de Melec-Rachim, sur lequel Tecralbet empieta le gouvernement, l'an 1055, ainsi que j'ay remarqué, aprés l'avoir tenu l'espace de cent vingt-sept ans. J'espere parler ailleurs plus amplement de toutes ces dignitez des Sarazins et des Turcs.

[1] P. 132. — [2] V. Brisson. de Reg. Per. — [3] C. 25. — [4] Porphyrog. c. 25. — [5] L. 19, c. 17 et 18. — [6] Lib. 11. — [7] Hist. Hier. — [8] Otho Frisiu. l. 7, c. 3; Aython. c. 13. — [9] Zacuth. in Joucasin. El-Macinus.

DU MOT DE SALE,

ET, PAR OCCASION, DES LOIX ET DES TERRES SALIQUES.

DISSERTATION XVII.

Le mot de *sale* signifie vulgairement les grandes chambres de nos maisons, qui sont appellées par Vitruve[1] et les autres auteurs latins *œci*, par Pline[2] et Stace *asarota*. *Philander*, sur le même Vitruve, estime qu'elles sont ainsi nommées *a saltando*, parce que l'on a coûtume d'y faire les festins de noces et d'y danser ; ou bien *a salutatione*, acause que ce sont ordinairement les lieux où les maitres des logis reçoivent ceux qui viennent les saluer, ou visiter, de mémes que ces chambres voisines des Églises que les historiens ecclesiastiques appellent ἀσπαστήρια, et *salutatoria*, où les evesques recevoient ceux qui les venoient voir. Mais comme ce n'est pas là la veritable etymologie de ce mot, ce n'est pas aussi son ancienne signification : car au temps de S. Louys, et beaucoup devant, le mot de *sale* signifioit un palais, une grande maison, comme en cét endroit de l'histoire du sire de Joinville, qui forme la matiere de cette reflexion : *Ce Serrais [Ferrais] estoit celuy qui avoit en garde et gouvernement les pavillons du souldan, et qui avoit la charge de nettoier chascun jour ses salles et maisons.* Hugues de Bercy, qui vivoit sous nostre saint roy, se plaignant que de son temps les princes et les grands seigneurs commençoient à abandonner les villes, pour se retirer à la campagne, se sert pareillement de ce terme en cette signification :

> Mais le roy, li duc, et li comte,
> Aux grandes festes font grant honte,
> Qu'ils n'aiment mais palais ne sales,
> En ordes maisons et en salles
> Se reponent, et en bocages,]
> Lors cours et ert pauvres et umbrages,
> Or fuient-ils les bonnes villes.

Gautier de Mets, en sa *Mappemonde* MS[3], parlant du palais d'Aix la Chapelle, bâti par Charlemagne :

> A Aix sale et capelle fist.

C'est ainsi que les loix des Alemans[4] usurpent celuy de *sala* : *Si quis super aliquem focum in nocte miserit, ut domum ejus incendat, seu et salam, 40 solidis componat. Si enim domum infra curtem incenderit, 52 solidis componat.* L'on voit dans ce passage la différence que ces loix font de celuy qui a brûlé une maison, ou une sale, d'avec celuy qui a brûlé la maison de la basse-court, et ainsi la sale estoit la maison du seigneur, et l'autre la maison du fermier. Cette distinction se reconnait encore dans les loix des Lombards[5], qui font différence de celuy qui avoit le soin du bétail de la *sale*, et de celuy qui estoit *sub massario*, c'est-à-dire le fermier : *Si quis servum alienum bubulcum de sala occiderit, componat solidis* 20. *Si quis servum alienum rusticanum, qui sub massario est, occiderit, componat solidis* 16; où la mort du serviteur et du valet de la sale est punie d'une plus grande amende que celle du valet du fermier : aussi les premiers servoient ceux qui y sont appellez hommes libres, c'est-à-dire gentils-hommes : *De illis vero pastoribus*

dicimus, qui apud liberos homines servierunt, et de sala propria exierunt.* De sorte que *sala* est proprement le château ou la maison d'un seigneur de village. C'est ainsi que ce mot se trouve employé dans une épître du pape Gregoire III à Charles Martel[1], au sujet des Lombards : *Omnes salas S. Petri destruxerunt, et peculia quæ remansèrant abstulerunt ;* comme encore en ce titre de Pierre consul de Rome et duc, de l'an 19 de l'empire de Louys, fils de Lothaire, dans le cartulaire de l'abbaye de Casaure : *Pro solario habitationis meæ, cum area in qua exstat, cum curte et sala, seu capella, quæ inibi ædificata est ;* et plus bas[2], *cum curte, capella, sala, balneo, et viridario ;* et dans le synode de Ravenne tenu sous Jean VIII. P. P. dans la collection romaine d'*Holstenius : Cortes, massas, et salas, tam per Ravennam et Pentapolem,* etc. Hariulfe, en la *Chronique de S. Riquier*[3], l'usurpe encore pour une maison : *Et sic per portam S. Gabrielis, ac per salam domini abbatis ambulando,* etc. Enfin les Gascons, et particulièrement ceux de la basse Navarre, appellent encore aujourd'huy *sales* les maisons des gentils-hommes à la campagne. Guillaume Morin, en l'*Histoire du Gâtinois*[4], dit qu'on appelloit ainsi le château de Paucourt, près de Montargis.

Aventin, en ses *Annales de Baviere*[5], a esté le premier qui a écrit que les *Salii*, dont il est parlé dans les Histoires d'Ammian et de Zozime, et ensuite ceux qui sont appellez *Salici*, ont pris leur nom de *sala*, estant les principaux d'entre les François, qui avoient part au gouvernement de l'État, et qui estoient de la *sale*, c'est à dire de la cour, ou de la maison du prince. Cette opinion a esté suivie par Isaac Pontanus[6], en ses *Origines de François*, et par Godefroy Wendelin[7], qui tiennent que les *Loix saliques* ont pareillement tiré leur nom de ce même mot, estant ainsi appellées parce qu'elles contenaient des reglemens particuliers pour les grans seigneurs et leurs terres, qui y sont appellées *Terræ Salicæ ;* ce qui semble conforme à ce qui s'est pratiqué depuis entre les princes françois, comme on recueille du contraet de mariage de Robert prince de Tarente et empereur de Constantinople avec Marie de Bourbon, de l'an 1347[8], dans lequel l'un et l'autre déclarerent qu'ils entendoient vivre suivant la coûtume des princes du sang de France : *More regalium, et Francorum jure utentes.* Ces auteurs confirment encore l'etymologie et l'origine des loix saliques ; par un usage qui s'est pratiqué longtemps depuis, faisant voir que les princes et les seigneurs rendoient ordinairement leurs jugemens dans leurs *sales*, et dans leurs maisons, et par conséquent y dressoient leurs loix et leurs statuts. Ce qui est conforme à une notice qui se lit au Cartulaire de Casaure[9] : *Dum residissemus nos Odelerius missus Berengarii et Ildeberti comitum in placito, in Marsa, sala publica domni regis, pro singulorum causis audiendis vel deliberandis.* C'est pour cela qu'en plusieurs lieux de la Flandre, du Brabant et du

---

[1] L. 6, c. 5. — [2] L. 36, c. 25. — [3] C. 14. — [4] Tit. 81. — [5] L. 1, tit. 11.

[1] Tom. 3, Hist. Franc. p. 703. — [2] Cap. 17. — [3] L. 2, c. 11. — [4] L. 1, ch. 3. — [5] L. 4, p. 183. — [6] L. 6, Orig. Fr. c. 17. — [7] In natali solo Legum Salic. et in Gloss. — [8] Voyez l'Hist. des Emp. de CP. l. 8, n. 9. — [9] Part. 1.

Haynaut, on appelle encore à présent du nom de *sale* les auditoires publics et les endroits où l'on rend la justice, comme à Lille, suivant le témoignage de Vander Haer, en l'*Histoire des Châtellains de Lille* [1] ; à Valentiennes, et en divers lieux du Brabant rapportez par Wendelin ; et même en Allemagne, au recit de Freher [2], en ses *Origines des Comtes Palatins*. De toutes ces remarques on conclud que les loix saliques sont celles qui ont esté dressées pour les officiers et les gentils-hommes de la maison du prince, ou bien qui ont esté dressées en sa maison, et en sa sale, et où il faisoit encore rendre les jugemens par ses officiers.

Cecy peut estre appuié d'une autre observation que Wendelin fait au sujet des *malberges*, remarquant que les premieres loix saliques qui ont esté faites par les rois de France payens, telles que sont celles qui ont esté publiées par Herold, portent presque à chaque chapitre, ou titre, les lieux où elles ont esté premierement arrétées, qui y sont appellez *malbergia, mallobergia*, ou *malberga*, avec l'addition du nom du lieu. De sorte qu'il estime que ce terme signifie, en vieux idiome thiois, ou aleman, la maison où l'on tenoit les plaids, estant composé de *mallum*, qui signifie *plait*, ou jugement, et de *berg*, qui signifie maison, selon la signification qu'il donne à ce mot, qui n'est pas éloignée de celle que Kilian [3] luy attribué. Mais il y a lieu de revoquer en doute cette etymologie, estant plus probable que *mallobergium* vient du mot de *mallum*, et de *berg*, qui signifie une montagne, de sorte que *mallobergium* signifieroit le mont ou la montagne des plaits, *mons placiti*, ainsi qu'il est tourné dans les loix de Malcolme II [4] du nom, roy d'Escosse, en ces termes : *Dominus rex Malcolmus dedit et distribuit totam terram regni Scotiæ hominibus suis, et nihil sibi retinuit in proprietate, nisi regiam dignitatem, et montem placiti in villa de Scona*; où *Skeneus*, jurisconsulte escossois, fait cette belle remarque : *Montem, seu locum intelligit, ubi placita, vel curiæ regiæ de placitis et querelis subditorum solent teneri, ubi barones compareant, et homagium ac alia servitia debita offerant, et vulgo* OMNIS TERRA *vocatur, quia ex terræ mole et congerie exædificatur, quam regni barones, aliique subditi ibi comparentes, vel coronandi regis causa, vel ad comitia publica, vel ad causas agendas et dicendas, coram rege, in unum quasi cumulum et monticulum conferebant.* De sorte que ceux qui alloient aux lieux où l'on tenoit les plaits, soit pour y faire la fonction de juges, soit pour y plaider devant eux, pour faire voir que les premiers avoient toute sorte de liberté dans leurs jugemens, et les autres dans la poursuite de leurs droits, portoient tous dans le pan de leurs robes de la terre de leurs maisons, ou héritages, et la déchargeoient aux lieux où se tenoient les plaits, et comme il y avoit un grand nombre de plaideurs, ils en formoient une espèce de montagne, où châcun d'eux se tenoit comme dans une terre commune, qui appartenoit également à tous, et qui estoit *omnium terra*, et ainsi indépendante de toutes les puissances seculieres. Partant, je ne fais pas de difficulté de croire que les Escossois n'ayent emprunté ces *monts de plaits* des malberges des premiers François ; et que les François mêmes n'ayent observé ces ceremonies pour la tenuë de leurs *assises*. Nous avons encore un reste de ce nom en la *Tour de Maubergeon* en la ville de Poitiers, que Besly [5] estime estre ainsi appellée des Malberges.

Comme je ne veux pas combattre directement les opinions que ces grands hommes ont avancées au sujet de l'origine des loix saliques, aussi je ne puis pas convenir de tout ce qu'ils en ont écrit. Car quoy

que les Saliens fussent François, et que depuis qu'ils passerent le Rhin on ait appellé ainsi ceux de ces peuples qui tenoient le premier rang entre eux, j'estime pareillement qu'il faut demeurer d'accord qu'avant que les François vinssent dans les Gaules, les Saliens y formoient un peuple particulier : de même que les *Leti*, les *Chamavi*, les *Bructeri*, et les autres qui sont nommez dans les auteurs, composoient pareillement d'autres peuples. Il n'est pas toutefois facile de rechercher l'origine de tous ces noms, qu'ils peuvent avoir empruntez des pays septentrionaux, d'où ils estoient sortis. Cecy est, à mon avis, tres-bien justifié par ceux qui ont fait mention des Saliens : Ammian Marcelin [1], parlant de l'empereur Julian, le dit clairement : *Petit primos omnium Francos, quos consuetudo Salios appellavit, ausos olim in romano solo apud Toxandriam locum habitacula sibi figere præticenter.* Car il n'est pas probable qu'il ait voulu dire qu'il n'y ait eu que les grands seigneurs françois qui aient osé passer dans les terres de l'Empire et y établir leurs demeures ; mais il a dit que les peuples d'entre les François qui estoient appellez Saliens passerent dans les terres des Romains. Aussi Zozime, parlant d'eux, dit qu'ils faisoient une portion de François, τῶν Φράγκων ἀπόμοιρον, c'est à dire que c'estoient des peuples particuliers, qui avec plusieurs autres composoient la nation françoise. Cét auteur écrit que l'empereur Julian entreprit de faire la guerre aux Quades, peuples saxons, qui avoient chassé les Saliens de leurs terres, et les avoient obligez de se retirer dans l'isle de Batavie, qui appartenait alors aux Romains, et qui ensuite s'estoient encore établis dans la contrée de Tessander-Lo au Brabant. Il deffit les premiers, et quoy qu'il eust trouvé mauvais que les Saliens eussent occupé les terres de l'Em[pire], neantmoins il ne voulut pas qu'on leur courust sus, parce q[ue ce] qu'ils en avoient fait n'avoit esté qu'acause qu'ils avoient esté chassez de leurs terres par les Quades. De sorte qu'il les traitta favorablement, et leur permit d'habiter les terres de l'Empire, ce qu'ils firent, ayant quitté la Batavie, et estant venus s'établir dans le Tessander-Lo. *Libanius* [2] fait mention de cecy, quoy qu'en termes généraux, écrivant que ces peuples demanderent des terres à l'empereur, et qu'il leur en accorda, καὶ γὴν ἤτουν, καὶ ἐλάμβανον. Ce que Julian [3] fait encore voir plus disertement, disant qu'il chassa les *Chamaves*, peuples pareillement François, et qu'il reçût les Saliens : ὑπεδεξάμην μὲν μοῖραν τοῦ Σαλίων ἔθνους, Χαμάβους δὲ ἐξήλασα ; où il faut remarquer le mot ἔθνος, qui montre assez que les Saliens furent des peuples, de mémes que les Chamaves, et non pas les principaux seigneurs françois, comme ces auteurs prétendent. Wendelin [4] dit que depuis ce temps-là ils furent employez par les Romains dans l'infanterie, parce qu'ils habiterent un pays plus propre au labourage qu'à nourrir des chevaux de guerre : et que c'est pour cela que dans la *Notice de l'Empire* les *Salii Gallicani* sont sous le commandement du *magister peditum*. C'est aussi pour la même raison que *Sidonius* [5] dit que les Saliens estoient recommandables pour leur infanterie :

> — vincitur illic
> Cursu Herulus, Chunnus jaculis, Francusque natatu,
> Sauromates clypeo, Salius pede, falce Gelonus.

Vignier [6], Savaron, et autres interpretent ce passage de la disposition du corps et des pieds de ces peuples, et estiment même qu'ils furent ainsi nommez *a saliendo* : mais je laisse toutes ces recherches, qui sont à present trop triviales, après ce que tant d'auteurs ont écrit sur ces matieres.

Comme les Saliens s'établirent dans les Gaules avec l'agrément de l'empereur Julian, il est probable qu'ils obtinrent de lui plusieurs

---

[1] L. 1, p. 66. — [2] P. 56. — [3] Etymol. — [4] C. 1. § 2. — [5] En l'Hist. des Comtes de Poitou à la fin du vol.

[1] L. 17. — [2] Orat. Funeb. in mortem Juliani. — [3] Ep. ad Athen. — [4] Pag. 91. — [5] Sid. Carm. 7. — [6] De l'Orig. des anciens Franç.

privileges, qui les firent reconnoître dans la suite pour les principaux d'entre les François. Ce qui a fait dire à Othon, evesque de Frisingen[1], parlant au sujet de la loy salique : *Hac nobilissimi Francorum, qui Salici dicuntur, adhuc utuntur.* Et quelques-uns estiment que l'empereur Conrad fut surnommé *Salicus*, acause de la noblesse de son extraction. Ces prerogatives consisterent principalement dans la franchise des terres qui leur furent accordées par Julian, et que les principaux et les chefs de ces peuples se departirent entre eux, à condition de le servir dans ses guerres et d'y conduire leurs vassaux : ce qui se fit eu égard au nombre de terres que châcun d'eux possedoit. Car c'est de ces distributions des terres militaires que les sçavans tirent l'origine des fiefs, les Romains ayans coûtume de les distribuer à leurs vieux soldats, et mémes aux nouveaux, à condition de les servir dans leurs guerres, particulierement pour la garde de leurs frontières. Ces terres sont nommées κτήματα [στρατιωτικὰ dans une novelle de l'empereur Constantin Porphyrogennete[2], et celles qui estoient obligées à des services de chevaliers sont appellées κλῆροι ἱππικοὶ, dans un decret des Smyrneens donné au public par Selden[3], qui estoient semblables à ces fiefs, qui sont nommez fiefs de haubert, ou de chevalier. C'est donc pour cette raison que ces terres ne passoient pas par succession aux filles, parce qu'elles estoient incapables de porter les armes, et de rendre aucun service de guerre. *Lampridius*[4] dit que l'empereur Alexandre Severe donna aux capitaines et aux soldats qui estoient en garnison sur les frontieres de l'Etat les terres qui avoient esté prises sur les ennemis : *Ita ut eorum ita essent, si hæredes eorum militarent.* C'est là le motif de cét article de la loy salique[5] : *De terra vero salica nulla portio hæreditatis mulieri veniat, sed ad virilem sexum tota terræ hæreditas pervenit.* Ce qui s'est observé longtemps dans l'usage des fiefs, qui ne pouvoient estre tenus que par des hommes et des majeurs; car s'ils écheoient aux filles, lorsqu'elles venoient dans un âge nubile, elles estoient obligées de se marier, au gré du seigneur, à une personne qui pût deservir le fief. Et s'ils écheoient à des mineurs, les tuteurs les deservoient, et mémes s'en disoient seigneurs tant qu'ils les possedoient en cette qualité, comme je l'ai justifié ailleurs[6].

Le partage que les Saliens firent entre eux des terres qui leur furent accordées par l'empereur Julian se fit de la sorte. Les principaux seigneurs et les capitaines distribuerent à leurs soldats les terres pour le labourage, à condition de quelques redevances, et de les suivre dans les guerres. Quant à eux, ils s'en reserverent une partie, avec les chateaux et les plus belles maisons des lieux où leurs lots leur échurent, ou bien ils y en bâtirent, qui furent appellées *sales*, acause que c'estoit la demeure des chefs des Saliens. Et comme ils tenoient ces seigneuries avec toute sorte de franchise, n'estant sujets aux empereurs à raison d'aucune redevance, mais seulement estant obligez de les servir dans leurs guerres; et veu d'ailleurs qu'ils estoient les principaux d'entre les peuples François, il est arrivé que les personnes libres, et non sujettes à ces impositions, ont esté reconnuës dans la suite des temps sous le terme de Francs. Papias : *Liber, Francus homo.* D'où vient que les terres qui estoient possedées par les gentilshommes estoient appellées *mansi ingenuiles*, ce que je reserve à discuter dans une autre occasion.

Ces prérogatives des terres possédées par les François-Saliens ont éclaté particulierement par la comparaison de celles qui furent nommées *letales*, ou *lidiales mansi*, dont *Cæsarius*, abbé de Prum, parle en son *Glossaire*[1] en ces termes : *Ledilia mansa sunt quæ multa quidem dominis commoda ferebant, sed continuo serviebant.* Ils sont appellez *mansi letales et serviles* dans un titre de Louÿs le Debonnaire[2]; et ceux qui les labouroient sont nommez dans les anciennes loix et dans les chartes *liti*, qui estoient une espèce de serfs, d'où le mot de *litge* a esté formé, comme je justifieray ailleurs. Ces terres ainsi sujettes à ces conditions viles, et à des redevances foncieres, sont les mémes qui sont nommées *terræ Leticæ* dans le *Code Theodosien*[3], acause qu'elles furent distribuées par les empereurs aux peuples appellez *Leti* (qui estoient aussi François, ou du moins Gaulois), dans diverses provinces des Gaules, à condition de les labourer, d'en payer les redevances au fisc, et de servir pareillement à la guerre. Il est parlé de ces peuples dans *Ammian*[4], *Zozime*[5], *Eumenius*, et dans le panegyrique qui fut prononcé devant l'empereur Constans, qui marquent assez que cet empereur les reçût dans ses troupes, et leur donna des terres abandonnées, *arva jacentia*, pour les cultiver. Ceux-ci furent distribuez, comme je viens de dire, en diverses provinces des Gaules, comme on peut recueillir de la *Notice de l'Empire*. Il y en a mémes qui estiment que la Bretagne Armorique[6] fut nommée *Letavia*, acause de ces peuples qui l'habiterent. Mais depuis que les François-Saliens se rendirent maîtres de toutes les Gaules, ils établirent la même franchise qu'ils avoient dans leur premiere demeure, en celles qu'ils y conquirent, ayant toutefois laissé les terres qui estoient sujettes à ces impositions en l'état qu'elles estoient lorsqu'ils les envahirent. Et c'est là la véritable origine des terres franches et serviles, comme aussi des fiefs.

---

[1] L. 4, Chr. c. 32. — [2] Apud Carol. Labbeum. — [3] Marmora Arundel. — [4] In Alex. Sev. — [5] Tit. 62. — [6] En l'Hist. de CP.

[1] Apud Brouver. in Ann. Fuld. — [2] Apud Chapeavill. t. 1 Hist. Leod. p. 148. — [3] L. 9, de Censitor. — [4] L. 16. — [5] L. 2. — [6] Cambden. Vita S. Gildæ sup. c. 3, n. 16.

DE LA BANNIERE DE SAINT DENYS,

ET DE L'ORIFLAMME.

DISSERTATION XVIII.

L'oriflamme estoit la banniere et l'enseigne ordinaire dont l'abbé et les moines de la royale abbaye de Saint-Denys se servoient dans leurs guerres particulieres, c'est à dire dans celles qu'ils entreprenoient pour retirer leurs biens des mains des usurpateurs, ou pour empêcher qu'ils ne leur fussent enlevez. Et comme leur condition et l'état ecclésiastique, où ils étoient engagez, ne souffroit pas qu'ils maniassent les armes, ils abandonnoient cette charge à leur avoüé, qui recevoit des mains de l'abbé cette enseigne, avec des céremonies et des prieres dont nous parlerons dans la suite, et la portoit dans les combats. Car c'est là le véritable usage de l'oriflamme, quoy que quelques sçavans en ayent écrit autrement et ayent avancé des choses peu conformes à la vérité : ce qui m'oblige de repasser dessus leurs remarques, et d'examiner diligemment ce sujet, en rapportant l'histoire entiere de cette banniere si fameuse et si celebre dans nos histoires.

Pour commencer par la recherche du nom d'oriflamme, la plûpart des écrivains estiment qu'on le doit tirer de sa matiere, de sa couleur et de sa forme. Quant à sa figure, il est hors de doute qu'elle estoit faite comme les bannieres de nos églises, que l'on porte ordinairement aux processions, qui sont quarrées, fenduës en divers endroits par le bas, ornées de franges, et attachées par le haut à un bâton de travers, qui les tient étenduës, et est soûtenu d'une forme de pique. Ils ajoûtent que sa matiere estoit de soye ou de tafetas, sa couleur rouge, et tirant sur celle du feu, et de la sandaraque, à laquelle Pline[1] attribuë celle de la flamme. Il est vray que pour la couleur, tous les ecrivains conviennent qu'elle estoit rouge. Guillaume le Breton[2], en sa *Philippide*, la décrit ainsi :

> Ast regis satis est tenues crispare per auras
> Vexillum simplex, cendato simplice textum,
> Splendoris rubei, letania qualiter uti
> Ecclesiana solet, certis ex more diebus.
> Quod cum flamma habeat vulgariter aurea nomen,
> Omnibus in bellis habet omnia signa preire.

Guillaume Guiart, en son *Histoire de France*, en la *Vie de Philippes Auguste*, a ainsi traduit ces vers :

> Oriflamme est une banniere,
> Aucun poi plus forte que guimple,
> De cendal roujoiant et simple.
> Sans pourtraiture d'autre affaire.

La *Chronique de Flandres*[3] convient pareillement en cette description de l'oriflamme, en ces termes : *Et tenoit en sa main une lance, à quoi l'oriflamme estoit attaché, d'un vermeil samit, à guise de gonfonon à trois queuës, et avoit entour houppes de soye verte.* Enfin Guillaume de Presles, advocat général, au traité qu'il en a adressé au roy Charles V, la décrit ainsi[4] : *Et si portez seul d'entre les rois, ô roy; l'oriflambe en bataille, c'est à sçavoir un glaive* (lance) *tout doré, où est attaché une banniere vermeille.* Il paroist assez de ces descriptions quelles ont esté la matiere, la couleur et la forme de l'oriflamme. Mais on n'en peut pas induire pour cela que la couleur *vermeille et roujoiante* ait donné sujet au nom d'*oriflamme*. Au contraire il est bien plus probable que ce nom fut donné à cette banniere, du mot *flammulum*, qui dans les auteurs du moyen temps signifie la même chose, comme dans *Vegetius*[1], *Modestus*[2], *Anastasius*[3], et autres[4] : et de la matiere de la lance qui la soûtenoit, qui estoit dorée, ainsi que Guillaume de Presles remarque, et après luy l'auteur de la *Vie de Charles VI*[5], lorsqu'il raconte comme le roy donna la charge de porter l'oriflamme au seigneur d'Aumont : *Sic vexillum ferre dignum duxit, donec ingruente belli necessitate, hastæ aureæ applicasset.* Le nom de *flammulum*, ou de *flamme*, ayant esté donné à cette espèce de banniere, parce qu'elle estoit découpée par le bas en la figure de flammes, ou parce qu'estant de couleur vermeille, lorsqu'elle voltigeoit au vent, elle paroissoit de loin en guise de flammes.

L'oriflamme estoit l'enseigne particuliere de l'abbé et du monastere de Saint-Denys, qu'ils faisoient porter dans leurs guerres par leur avoüé. Car c'estoit là la principale fonction des avoüez, qui, en qualité de défenseurs et de protecteurs des monasteres et des eglises, entreprenoient la conduite de leurs vassaux pour la défense de leurs droits, et portoient leurs enseignes à la guerre : d'où vient qu'ils sont ordinairement appellez les porte-enseignes des eglises, *signiferi ecclesiarum*, comme j'espère justifier ailleurs. Les comtes du Vexin et de Pontoise avoient ce titre dans le monastère de Saint-Denys[6], dont ils estoient les avoüez et les protecteurs, et en cette qualité ils portoient l'oriflamme dans les guerres qui s'entreprenoient pour la défense de ses biens. D'où vient que pour le plus souvent cette banniere est nommée *vexillum Sancti Dionysii*, l'enseigne de Saint-Denys, dans les auteurs, non parce qu'elle estoit conservée en l'eglise de ce monastère, mais parce qu'elle estoit la banniere ordinaire qu'on portoit dans les guerres de cette abbaye. L'auteur de la Vie de Louys VII[7] : *Vexillum B. Dionysii, quod gallice* oriflambe *dicitur.* Le *Roman de Guarin le Loherans* :

> Je vo comant l'enseigne saint Denys.

Plus bas :

> Et Garin porte l'enseigne saint Denise.

Et ailleurs :

> Devant en vient l'enseigne saint Denys,
> Blanche et vermeille, nus plus bele ne vit.

En un autre endroit il luy donne le nom d'oriflamme de S. Denys :

> Les gens Girbert vit venir tos rengiés,
> Et l'oriflambe saint Denys baloier.

Rigord, en l'an 1215 : *Revocatur vexillum B. Dionysii, quod omnes præcedere in bella debebat.* Plus bas : *Adveniunt legiones communiarum, quæ fere ad hospitia processerant, et vexillum B. Dionysii.* Nangis[8], en la Vie de S. Louys : *Præcedente quoque juxta ipsos in alio*

---

[1] L. 35, c. 6. — [2] L. 2, p. 228. — [3] Ch. 67. — [4] Doublet en l'Hist. de S. Denys, l. 1, ch. 41.

[1] L. 2, c. 1. — [2] De vocab. rei Milit. — [3] In Steph. IV. — [4] Rigalt. Meurs. et Fabrot. in Gloss. — [5] Scriptor Vitæ Caroli VI. ex Bibl. Thuana. — [6] A. Du Chesne en l'Hist. de Bethune, l. 1, ch. 3. — [7] Gesta Lud. VII, c. 4. — [8] A. 1249.

nacello B. Dionysii martyris vexillo. Le sire de Joinville, parlant de la même chose, la nomme aussi *la banniere de Saint-Denys.*

Ces auteurs justifient assez par ces passages que l'oriflamme estoit la banniere ordinaire de l'abbaye de Saint-Denys : d'où l'on peut induire qu'elle n'a esté portée par nos rois dans leurs guerres qu'après qu'ils sont devenus proprietaires des comtez de Pontoise et de Mante, c'est à dire du Vexin; ce qui arriva sous le règne de Philippes I ou de Louys le Gros, son fils. Car l'histoire remarque que Simon, comte de Pontoise et d'Amiens, ayant dessein de se retirer au monastere de Saint-Claude, donna à l'abbaye de Cluny [1] la ville de Mante et ses dépendances, et que le roy Philippes s'en estant emparé, vraysemblablement comme d'une place frontiere, et necessaire à l'Estat, sur les plaintes qui luy en furent faites, en fit la restitution à ce monastere, par acte passé à Mante l'an mille soixante et seize, qui est l'année que Simon se retira à Saint-Claude. Mais il y a lieu de croire que le roy s'en accommoda depuis avec les moines de Cluny, dautant que nous lisons qu'incontinant aprés cette place fut en sa possession, et qu'il en disposa comme d'un bien qui luy appartenoit. Car Guillaume de Jumieges [2], parlant du siege que Guillaume le Bâtard, roy d'Angleterre mit devant la ville de Mante, l'an mille quatre-vingts-sept, en laquelle année il mourut, dit en termes formels que cette place appartenoit en propre au roy Philippes. Et Orderic Vital [3] assûre que le même roy voulant appaiser Louys, surnommé le Gros, son fils, qui vouloit se venger de Bertrade de Moutfort, sa belle-mere, qui l'avoit voulu empoisonner, luy fit don de Pontoise, de Mante, et de tout le comté du Vexin. Suger [4] ajoûte que Louys, à la priere de son pere, consentit depuis que Philippes, fils du roy et de Bertrade, jouïst du comté de Mante : et ce en faveur du mariage que le roy et Bertrade procurerent à ce jeune prince avec l'heritiere de Montlhery. Tant y a qu'il paroit assez de ce discours que le comté du Vexin tomba au domaine de nos rois en ce temps-là, et qu'ainsi ce fut en cette qualité qu'ils ont commencé à faire porter l'oriflamme, ou l'enseigne de Saint-Denys, dans leurs guerres : l'histoire n'en faisant aucune mention avant le regne de Louys le Gros : car je ne m'arrête pas au discours de ceux qui ont avancé qu'elle estoit connuë dès le temps de Dagobert, de Pepin, et de Charlemagne, toutes ces histoires, qui ont débité ces fables, estant à bon droit reputées pour apocryphes. Je ne laisseray pas neantmoins de représenter en cet endroit ce qu'ils en disent, et entre autres Guillaume Guiart [5], dont je conserve le manuscrit :

> Li rois en icel tams s'appreste,
> Si come Dieu l'en avisa,
> De là aller où promis a,
> Autrement cuideroit mesprendre,
> L'escherpe et le bourdon va prendre
> A S. Denys dedens l'Yglise.
> Puis a l'Oriflambe requise,
> Que l'abbés de leans li baille;
> Devant lui l'aura en bataille,
> Quant entre Sarasins sera.
> Plus séur en assemblera.
> S'orrois ci la raison entiere :
> Oriflambe est une banniere,
> Aucun poi plus forte que guimple,
> De cendal roujoiant et simple,
> Sans portraiture d'autre affaire.
> Li rois Dagobert la fist faire,
> Qui S. Denys ça en arrieres
> Fonda de ses rentes premieres,
> Si come encore appert leans;
> Es chappléis des mescreans
> Devant lui porter la faisoit,

[1] Preuves de l'Hist. de Coucy, p. 313; Bibl. Clun. p. 527. — [2] L. 7, c. 44. — [3] L. 8, 11, 12, p. 700, 813, 884. — [4] In Lud. c. 8, 17. — [5] A. 1190. [Ed. Buchon tom. 1, pag. 69, vers 1139.]

> Toutes fois qu'aler li plaisoit,
> Bien attachée en une lance,
> Pensant qu'il eut remembrance,
> Au raviser le cendal rouge,
> [De celui glorieux quarrouge,]
> Ou la mort pot au fils Lieu plaire
> Pour nous des peines d'enfer traire,
> Et que quelque part qu'il venist
> De son cher sang li souvénist,
> Qui à terre fut espandu,
> Le jour qu'on lot en crois pendu.
> Et qu'il éust en l'esgardant,
> Cuer de sa foi garder ardant.
> Cil rois qui ainsi en usa
> Maint orgueilleus ost reusa,
> Et vainquit mainte fiere emprise,
> Par lui fust à S. Denys mise,
> Li moine en leur trésor l'assistrent,
> Si successeur aprés li pristrent,
> Toutesfois que ce s'arroierent [*otroierent*],
> Que Turcs ou Paiens s'arroierent [*guerrpièrent*],
> Qui parfaitement sont damnez,
> Ou faus chrestiens condamnez.
> S'a autre vousissent meffaire,
> Ils la vousissent contrefraire,
> D'euvre semblable et aussi plaine.
> Pepins et ses fils Karlémaine,
> Qui tant Sarasins descontrerent
> En maint fort estour la monstrerent,
> Et en mainte diverse place,
> Et Dieu li donna si grant grace,
> Que souvent sans joindre fuioient
> Li contraire qui la veoient,
> Au fuer de gent desconfortée.
> Et coment que l'en l'ait portée
> Par nacions blances et mores,
> Elle est à S. Denys encores,
> Là l'ai-je n'agueres veuë ;

Je ne m'arrête donc pas à toutes ces fables, qui n'ont aucun fondement certain, et non pas mêmes à ce que quelques sçavans ont mis en avant [1], que l'oriflamme estoit connuë avant le regne de Louys le Gros. A l'effet dequoy ils se veulent servir d'une patente du roy Robert de l'an neuf cens quatre-vingts-dix-sept, qui se lit dans *l'Histoire de l'abbaye de Saint-Denys* [2], dont voici les termes : *Hac itaque regiæ largitionis nostræ indulgentia cupimus SS. Martyrum Dionysii, Rustici, et Eleutherii, quibus olim omnem spei nostræ fiduciam commisimus, patrocinia promereri, quatenus hostibus nostris et victrices dextras inferre, ac cum triumpho victoriæ, invicta, annuente Deo, exinde de eorum subjectione vexilla referre.* Car qui ne s'apperçoit pas que ces derniers termes n'ont autre force, et autre signification, que de remporter une victoire. Je ne m'arrête pas encore à ce que quelques auteurs anciens ont donné à l'oriflamme le nom de *banniere de Charlemagne*, par ce que ce n'a esté que sur de fausses traditions, et pour n'avoir pas sceu son origine. Un auteur anglois [3], en l'an 1184, est en cette erreur, écrivant ainsi de cette banniere : *Protulit hac vice rex Francorum Philippus signum regis Karoli, quod a tempore præfati principis usque in præsens, signum erat in Francia mortis vel victoriæ.* Comme aussi l'auteur de la Chronique du monastere de Senone [4] : *Rex vero secum de Parisius vexillum Caroli Magni, quod vulgo auriflamma vocatur, quod numquam, ut fertur, a tempore ipsius Caroli pro aliqua necessitate a secretario regis expositum fuerct, in ipso bello apportaverat.*

Il faut donc tenir pour constant que Louys le Gros fut le premier de nos rois qui, en qualité de comte du Vexin, tira l'oriflamme de dessus l'autel de l'église de Saint-Denys, et la fit porter dans ses armées, comme la principale enseigne du protecteur de son royaume, et dont il invoquoit le secours dans son cry d'armes. Ce fut parti-

[1] Chifflet. in Vind. Hisp. — [2] Doublet, l. 3, ch. 11. — [3] Gervas, Dorob. A. 1184. — [4] L. 3, c. 15.

culiérement lorsqu'ayant appris que Henry V, roy d'Alemagne, venoit en France avec ses troupes[1] : *Communicato cum palatinis consilio, ad Sanctorum-Martyrum basilicam, more antecessorum suorum perrexit, ibique præsentibus regiis optimatibus, pro regni defensione eosdem patronos suos super altare eorumdem elevari pro affectu et amore effecit* : ainsi qu'il est enoncé en une patente de ce roy de l'an 1124, où il ajoûte ces mots : *Præsenti itaque venerabili abbate præfatæ Ecclesiæ Sugerio, quem fidelem et familiarem in consiliis nostris habebamus, in præsentia optimatum nostrorum, vexillum de altario Beatorum-Martyrum, ad quos comitatus Vilcassini, quem nos ab ipsis in feodum habemus, spectare dinoscitur, morem antiquum antecessorum nostrorum servantes et imitantes, signiferi jure, sicut comites Vilcassini soliti erant, suscepimus.* D'où il est evident que le roy Louys ne reçût des mains de l'abbé de Saint-Denys l'oriflamme qu'en qualité de comte du Vexin, *more antecessorum suorum*, c'est a dire en la maniere que les comtes du Vexin, ses predecesseurs en ce comté, avoient coûtume de la recevoir.

Il est arrivé dans la suite que nos roys, qui estoient entrez dans les droits de ces comtes, s'en sont servis pour leurs guerres particulieres, comme estant la banniere qui portoit le nom du protecteur de leur royaume, ainsi que j'ay remarqué, la tirans de dessus l'autel de l'eglise de Saint-Denys, avec les mêmes cérémonies et les mêmes prieres que l'on avoit accoûtumé d'observer lorsqu'on la mettoit entre les mains des comtes du Vexin pour les guerres particulieres de ce monastere. Ces cérémonies sont ainsi décrites par Raoul de Presle, au traité dont je viens de parler, en ces termes : *Premierement la procession vous vient à l'encontre jusque à l'issuë du cloistre, et aprés la procession, atteints les benoits corps saints de monsieur saint Denys et ses compagnons, et mis sur l'autel en grande reverence, et aussi le corps de monsieur saint Louys, et puis est mise cette banniere ploiée sur les corporaux, où est consacré le corps de Notre-Seigneur Jesus-Christ, lequel vous recevez dignement aprés la celebration de la messe; si fait celuy lequel vous avez esleu a bailler, comme au plus prud homme et vaillant chevalier : et ce fait, le baisez en la bouche, et luy baillez, et la tient en ses mains par grande reverence, afin que les barons assistans le puissent baiser comme reliques et choses dignes, et en luy baillant pour le porter, luy faites faire serment solemnel de le porter et garder en grande reverence, et à l'honneur de vous et de vostre royaume.* Juvénal des Ursins[2] a aussi touché ces cérémonies, qui s'observoient, lorsqu'on confioit l'oriflamme au chevalier qui la devoit porter : *Le roy s'en alla à Saint-Denys, visita les corps saints, fit ses offrandes, fit benir l'oriflamme par l'abbé de Saint-Denys, et la bailla à messire Pierre de Villers, lequel fit le serment accoustumé.* Le même auteur ailleurs[3] : *Le roy alla à Saint-Denys, etc.; les corps de S. Denys et de ses compagnons furent descendus et mis sur l'autel. Le roy, sans chapperon et sans ceinture, les adora, et fit ses oraisons bien et devotement et ses offrandes, et si firent les seigneurs. Ce fait, il fit porter l'oriflamme, et fut baillée à un vieil chevalier, vaillant homme, nommé Pierre de Villers l'ancien, lequel reçût le corps de Notre-Seigneur et fit les sermens en tel cas accoustumez : et aprés s'en retourna le roy au bois de Vinciennes.* L'Histoire latine du roy Charle VI dit la même chose en la même année : *His ergo rite peractis, cum rex de manibus ejus (abbatis videlicet) vexillum suscepisset, illud Petro de Villaribus domus regiæ magistro, cum pacifico osculo, tradidit deferendum.* Le même écrivain en l'an 1412 : *Vexilliferum etiam regium multipliciter commendavit (abbas), qui prius percepto eucharistiæ sacramento, inter regem et abbatem flexis genibus, et sine caputio mansit donec verbis finem*

fecit ; et cum publice super corpus Christi jurasset, quod illud usque ad mortem fideliter custodiret, mox illud rex de manu abbatis recipiens, cum pacis osculo, ad collum ejus suspendit, priscorum ceremonias observans.* Enfin cet auteur, en l'an 1414, parlant du seigneur de Bacqueville, qui porta l'oriflamme en cette année-là, remarque encore la forme de porter cette banniere : *Et illud, quasi pretiosissimum monile, a collo usque ad pectus dependens, detulit multis feriis successivis ante regem, donec Silvanectum pervenisset.*

L'oraison qui se recitoit par l'abbé de Saint-Denys, lorsqu'il donnoit l'oriflamme, se voit dans l'histoire de cette abbaye[1] ; mais quant au serment qui estoit fait par celui à qui on en donnoit la charge, je l'insereray en cet endroit, par ce qu'il n'a pas encore esté publié : *C'est le serement que fait le chevalier à qui le roy baille l'oriflambe à porter. Vous jurez et promettez sur le precieux corps de Jesus Christ sacré cy-présent, et sur le corps de monseigneur saint Denys et ses compagnons, qui cy sont, que vous loyalment en vostre personne tendrez et gouvernerez l'oriflambe du roy monseigneur, qui cy est, à l'honneur et profit de luy et de son royaume, et pour doute de mort, ne autre avanture qui puisse venir, ne la delaisserez, et ferez par tout vostre devoir, comme bon et loyal chevalier doit faire envers son souverain et droiturier seigneur.*

Plusieurs sont tombez en cette erreur, qu'ils ont crû que l'oriflamme n'estoit tirée de l'eglise de Saint-Denys que lorsque nos rois avoient de fâcheuses guerres sur les bras pour repousser leurs ennemis, qui venoient attaquer leurs Etats, et pour les défendre contre leurs insultes, *et non mie quant on veut conquester autre pays*, ainsi que Juvénal des Ursins[2] parle en quelque endroit de son histoire, ou bien lorsqu'on faisoit la guerre aux infidèles, ainsi que Froissart[3] a avancé : parce qu'il est sans doute que cette enseigne a tousjours passé pour la principale de nos armées, soit que la guerre fust entreprise pour la défense des frontieres, soit qu'elle fust au dedans contre les ennemis de l'Etat. Mêmes le poëte breton témoigne qu'elle se portoit devant toutes les autres bannieres :

Omnibus in bellis habet omnia signa preire.

Ce que Rigord[4] assure pareillement en ces termes : *Vexillum Sancti-Dionysii, quod omnes præcedere in bella solebat.* Il y en a mêmes qui estiment que le poëte florentin[5] a fait allusion à cette coûtume lorsqu'il a donné le nom à la Vierge, d'*Oriafiamma, Pacifica* : parce que comme l'oriflamme precedoit toutes les autres bannieres, ainsi cette reine des cieux estoit la conductrice des compagnies bienheureuses des saints :

Cosi quella pacifica Oriafiamma,
Nel mezzo s'avvivava ; e d'ogni parte
Per igual modo allentava la fiamma.

Mais afin qu'il ne reste aucun sujet de douter que cette sacrée banniere de Saint-Denys n'ait esté portée en toute sorte de guerre de nos rois, il est à propos d'en donner toute l'histoire, et de marquer exactement les occasions où elle a esté employée.

Pour commencer par Louys le Gros, qui fut le premier qui devint possesseur du comté de Vexin, j'ay remarqué qu'il la fit porter dans ses armées lorsqu'il marcha contre l'empereur Henry V. Son fils Louys VII[6], ayant entrepris le voyage d'outremer en l'an 1147, *Ad iter tantæ peregrinationis venit, ut moris est, ad ecclesiam Beati Dionysii a martyribus licentiam accepturus : et ibi, post celebrationem missarum, baculum peregrinationis et vexillum B. Dionysii, quod Oriflambe gallice dicitur, valde reverenter accepit, sicut moris est antiquorum regum, quando solent ad bella procedere vel votum pere-*

---

[1] Doublet, l. 3, c. 13. — [2] A. 1381. — [3] Id. A. 1382.

[1] Doublet, l. 1, c. 41. — [2] A. 1386. — [3] Vol. 2, c. 125. — [4] A. 1215. — [5] Dante, nel Parad. Cant. 31, vers. 127. — [6] Gesta Ludov. VII, c. 4.

grinationis adimplere [1]. Philippes Auguste, fils de Louys, estant sur le point de faire le même voyage, *Ad ecclesiam beatissimi martyris Dionysii cum maximo comitatu venit, causa licentiam accipiendi. Consueverant enim antiquitus reges Francorum, quod quandocumque contra hostes arma movebant, vexillum desuper altare Beati-Dionysii pro tutela, seu custodia, secum portabant, et in prima acie pugnatorum ponebant* [2]. Le même roy en la bataille de Bovines y porta encore l'oriflamme, ou l'enseigne de Saint-Denys : *Vexillum Sancti-Dionysii, cum signo regali, vexillo scilicet floribus lilii distincto, quod ferebat die illa Galo de Montiniaco, miles fortissimus, sed non dives* [3]. Ce que Guillaume le Breton [4] témoigne encore, en ces vers :

> Ast regi satis est tenues crispare per auras
> Vexillum simplex cendato simplice textum ,
> Splendoris rubei, letania qualiter uti
> Ecclesiana solet certis ex more diebus,
> Quod cum flamma habeat vulgariter aurea nomen,
> Omnibus in bellis habet omnia signa preire ;
> Quod regi [5] præstare solet Dionysius abbas,
> Ad bellum quoties sumptis proficiscitur armis.

Puis, distinguant l'oriflamme de la banniere de France, il ajoûte :

> Ante tamen regem signum regale tenebat
> Montiniacensis, vir fortis corpore, Galo.

Et ainsi il paroit evidemment que Philippes Mouskes, en son *Histoire de France*, s'est mépris lorsqu'il a confondu ces deux bannieres :

> Et par le conseil de sa gent,
> Si a fait bailler esramment
> L'oriflambe de Saint-Denyse,
> A un chevalier par devise,
> Walo de Montigny ot nom,
> Qui moult estoit de grant renom.

L'auteur de la *Chronique de l'abbaye de Senone* [6] est aussi tombé en cette erreur. Louys VIII, fils de Philippe, porta encore l'oriflamme en la guerre contre les Albigeois, au récit du même Philippes Mouskes :

> Armet se sont, et si ont prise
> L'enseigne au roy de Saint-Denyse,
> Vers Avignon û mult ot tors, etc.

Après Louys VIII suit le roy saint Louys, son fils, qui, selon Mathieu Paris [7], fit porter l'oriflamme en la guerre qu'il eut contre Henry roy d'Angleterre, l'an 1242 : *Mane autem facto, ecce nostri Anglici viderunt oloflammam regis Francorum, et eorum papiliones, cum vexillis.* Il la fit encore porter dans les deux voyages qu'il entreprit en la Terre Sainte. Le sire de Joinville en rend le témoignage à l'égard de celuy de l'an 1248 : *A la main destre arriva la Gallée de l'enseigne de Saint-Denys*, etc. Et après luy Guillaume de Nangis : *Rex cum legato sacrosanctam crucem Domini triumphalem deferente nudam et apertam, in quodam nassello erat, præcedente quoque juxta ipsos in alio nassello Beati-Dionysii martyris vexillo.* Guillaume Guiart nomme cette banniere de Saint-Denys l'oriflamme :

> Un autre vaissel les devant,
> Tout parfait d'œuvre au leur pareille ,
> Là est la banniere vermeille,
> Que la gent l'oriflambe appelle.
> Et quel, et joignant à laquelle,
> Sont li frere au roy en estant.

Comme encore Mathieu Paris [8] : *Progrediuntur qui eorum præstantiores videbantur, prævia oloflamma subsecuti.* Quant à l'entreprise de Tunes, les termes de Guillaume de Nangis sont singuliers : *Rebus bellicis in portu Aquarum-mortuarum præparatis, rex devotus*

cum filiis et multis regni proceribus ad sanctum Dionysium patronum suum, secundum antiquam regum Francorum consuetudinem, licentiam accepturus accessit. Itaque martyres beatum Dionysium, Rusticum, et Eleutherium devotissime cum multis precibus interpellans, vexillum de altario Sancti-Dionysii, ad quod comitatus Vilcassini pertinere dinoscitur, quem etiam comitatum rex Franciæ debet tenere de dicta ecclesia in feodum, morem antiquum prædecessorum suorum servare volens, signiferi jure, sicut comites Vilcassini soliti erant suscipere, suscepit cum pera et baculo peregrinationis. Et Guillaume Guiart, parlant d'un combat prés de Thunes, après la mort de saint Louys :

> L'Oriflambe est au vent mise
> A val, lequel va ondoiant
> Le cendal simple roujoiant ,
> Sans ce qu'autre euvre i soit portraite,
> Entour s'est l'ost de France traite,
> Où mainte cointise fretele.

Philippes le Hardy, fils de saint Louys, fit aussi déployer l'oriflamme en la guerre qu'il eut contre Alphonse roy de Castille, l'an 1276. L'auteur de sa vie [1] ayant remarqué qu'avant que de se mettre en chemin : *Ut moris est antiquis Francorum regibus, visitato patrono suo, scilicet sancto Dionysio cum sociis, et audita missa ad altare Martyrum, vexillum Beati-Dionysii de manu abbatis illius ecclesiæ tunc accepit.* Ainsi sous Philippes le Bel, en la bataille de Monts-en Puele, l'an 1304, cette même oriflamme y fut portée par Auseau de Chevreuse, vaillant chevalier, qui y perdit la vie, ayant esté étouffé de la chaleur et de la soif, *qui ferebat tunc, et alias pluries tulerat de præcepto regis, ob fidelitatem et integritatem eximiam,* ainsi qu'un auteur de ce temps-là, cité par Vignier, raconte. Meier écrit que les François la perdirent en cette bataille, et qu'elle fut prise et déchirée par les Flamens. Il est vray que la *Chronique de Flandres* [2] dit que la nuit qui suivit ce combat elle fut à terre sur le champ où la bataille fut donnée. Mais Guillaume Guiart, qui y fut présent, ainsi qu'il raconte luy-même, assure que l'oriflamme qui y fut perduë en ce combat n'estoit pas la veritable, mais une oriflamme contrefaite, que le roy avoit fait élever en ce jour-là, pour échauffer le courage des soldats [éd. Buchon, tom. 2, pag. 440, vers 11444]:

> Aussi li sires de Chevreuses
> Porta l'oriflambe vermeille ,
> Par droite semblance pareille
> A cele, se le voir esgarde,
> Que l'abes de Saint-Denis garde.

Et plus bas [pag. 474, vers 12309] :

> Anssiau le sire de Chevreuse
> Fu, si comme nous apréismes ,
> Estainz en ses armes meismes ,
> Où trop grand chaleur ot retraite,
> Et l'oriflambe contrefaite
> Chaït à terre, et la saisirent
> Flamens, qui aprés s'enfuirent.

Il n'y a donc pas lieu de s'étonner si les Flamens se persuaderent alors qu'ils s'estoient rendus maitres de l'oriflamme, n'ayant pû distinguer la fausse d'avec la veritable. Ce qui est d'autant plus probable, que nous voyons qu'incontinent aprés elle parut encore dans nos armées. Car en l'an 1315, le roy Louys Hutin la fit porter en la guerre qu'il eut contre les mêmes Flamens, et en donna la garde à Herpin d'Erquery [3]. Ensuite nous lisons que Miles de Noiers, chevalier du duché de Bourgogne, la porta en la bataille de Mont-Cassel, l'an 1328. Gilles de Roye, parlant de ce combat : *Ordinavit decem acies, in quarum media, scilicet in quinta, erat rex armatus, et ante ipsum quatuor vexilla cœteris altius elevata, in quorum medio*

---

[1] Rigord , A. 1190. [2] — Odo de Diogilo, l. 1. — [3] Rigord, A. 1215. — [4] L. 2, Philip. p. 228. — [5] Gall. prester. — [6] C. 15. — [7] P. 399. — [8] A. 1260.

[2] Gesta Phil. — [2] C. 47. — [3] Ch. de Fland.

eminebat oloflamma regis. Et plus bas : *Postea rex Franciæ ad Sanctum-Dionysium venit, et obtulit oliflammam suam, qua contra Flamingos usus fuerat.* Le même roy la fit encore élever en ses troupes à la funeste bataille de Crecy, où Miles de Noiers la porta[1], et aussi lorsqu'il alla au secours de Calais, qui estoit assiegée par les Anglois, en l'an 1347[2]. Le même auteur : *Philippus Francorum rex oliflammam suam apud Sanctum-Dionysium accepit, et congregato exercitu venit ad succursum illorum de Calesia, a rege Anglorum obsessorum.* Et Jean Villani[3], parlant de cette expédition : *Fece trarre di San-Dionigi l'ensegna d'oro e fiamma, la quale per usanza non si trae mai, se non à grandi bisogni et necessita del re e del reame. La quale è addogata d'oro e di vermiglio, e quella diede al siri di... (f. Noieri) di Borgogna, nobile gentilhuomo, e prode in arme.* Nous lisons qu'ensuite nos autres rois l'ont fait porter dans leurs guerres par les plus vaillans chevaliers de leur royaume[4]. Car en l'an 1356 Geoffroy, seigneur de Charny, la porta à la bataille de Poitiers. Arnoul d'Audeneham, maréchal de France, fut choisi par le roy Charles V pour la porter en ses armées. La *Chronique de Bertrand du Guesclin*, parlant de ce seigneur,

> Li mareschaus par là, qui fu bien doctrinez,
> Du roy de France fu moult prisiez et amez,
> Car pour le plus preudhomme qui peut estre trouvez
> Li fu li oriflans bailliez et délivrez.

Au Compte[5] de Jean l'Huissier, receveur genéral des aydes, qui est en la Chambre des Comptes de Paris, il y a un mandement du roy, du vingt-sixiéme jour de novembre l'an 1370, par lequel il ordonne de payer la somme de deux mille livres au seigneur d'Audeneham, chevalier, son conseiller etabli pour porter l'oriflamme : *Aux gages de deux mille livres francs par an à sa vie, pour soustenir son estat, lorsqu'il luy commit la garde de son oriflambe.* Aprés la mort d'Arnoul, le roy Charles VI en donna la garde à Pierre de Villiers, seigneur de l'Isle-Adam, grand maitre d'hostel de France, qui la porta dans les guerres de Flandres en l'année 1381 et la suivante[6]. En l'an 1383 Guy de la Trimouille, chevalier, en fut chargé par le même roy, à la recommandation du duc de Bourgogne, lorsque l'on fit marcher les troupes contre les Gantois revoltez[7]. Ensuite l'histoire remarque que Pierre d'Aumont, surnommé Hutin, premier chambellan du roy, en fut chargé en l'an 1412, le roy, comme Juvénal des Ursins[8] écrit, estant venu à Saint-Denys, ainsi qu'il est accoûtumé, et l'ayant prise la bailla à ce seigneur, qui reçût le corps de Notre-Seigneur et fit les sermens ordinaires. Estant décédé incontinent aprés, le roy la donna à Guillaume Martel, seigneur de Bacqueville, son chambellan, qui en fit les sermens, et parce qu'il

estoit avancé en âge, on luy donna pour aide son fils aîné, et Jean de Betac', chevalier[1]. Depuis ce temps-là l'histoire ne fait plus de mention de l'oriflamme, estant probable que nos rois cesserent de la faire porter dans leurs armées depuis que les Anglois se rendirent maitres de Paris et de la meilleure partie de la France, sous le regne de Charles VII, qui, après les avoir chassez, ayant établi une nouvelle maniere de faire la guerre, et institué des compagnies d'ordonnance, inventa aussi la cornette blanche, qui a esté dans la suite la principale banniere de nos armées. Quant à l'oriflamme, l'auteur de l'*Histoire de l'abbaye de Saint-Denys*[2] rapporte qu'en l'inventaire du trésor de cette église, fait par les commissaires de la Chambre des Comptes en l'an 1534, elle se trouve énoncée sous ces termes : *Etendart d'un cendal fort espais, fendu par le milieu en façon d'un gonfanon, fort caduque, enveloppé autour d'un baston, couvert d'un cuivre doré, et un fer longuet, aigu au bout.* Le même auteur ajoûte qu'il a vû cét étendart repris en cét inventaire, encore aprés la reduction de Paris par le roy Henry IV.

Pour conclure cette dissertation, je rapporteray icy les vers de Philippes Mouskes, qui font voir l'estime que l'on faisoit de son temps de l'oriflamme. C'est en la *Vie de Louys VIII* :

> Quar par raison doit-on douter
> France, et le roy par tot le monde,
> Quar c'est la couronne la plus monde,
> Et plus nette et plus deliteuse
> Et adiés plus cevaleureuse;
> France a les cevaliers hardis,
> Et sages par faits et par dis ;
> France tient et porte l'espée
> De justice, et developée
> L'enseigne Saint-Denys de France,
> Ki François oste de souffrance.

Enfin j'ajoute à toutes ces remarques que l'auteur[3] de la *Vie de l'empereur Henry VII* semble lui attribuer, entre ses bannieres, l'oriflamme : *Nec minus exemplo aquilas, aureamque flammam explicans, in Florentiæ fines processit.* Mais il est probable qu'il a entendu par cette façon de parler, ou le *carrocio* des Italiens, ou du moins la principale banniere de ses troupes. De même que le *Roman de Guiteclin* se sert de ce terme pour toute sorte d'enseignes :

> Por tel que en bataille porteras l'oriflor.

Ailleurs :

> Mainte enseigné i baloie tainte en greine
> L'oriflambe Karliu est devant premieraine.

Un autre roman :

> Requourent cele part, où virent l'oriflour.

---

[1] Meier, 1. 12. — [2] Æg. de Roya, A. 1347. — [3] L. 12, c. 85. — [4] Froiss. vol. 1, ch. 164. — [5] Com. par M. d'Herouval. — [6] Juvénal des Ursins, Hist. Caroli VI. — [7] Froiss, vol. 2, c. 114 ; Chron. de Fland. c. 11. — [8] Des Ursins, Vita Car. VI.

[1] Galand, des Estendarts de France ; Texere, etc. — [2] Doublet. — [3] Albert Mussat. de Gest. Henrici VII, c. 2.

DU TOURMENT DES BERNICLES,

ET DU CIPPUS DES ANCIENS.

DISSERTATION XIX.

Le sire de Joinville dit que le sultan de Babylone ou son conseil fit faire au roy des propositions peu raisonnables, croyant qu'il y consentiroit pour obtenir sa délivrance et celle de ceux de sa suite qui avoient esté faits prisonniers avec luy en la bataille de Massoure. Et sur ce que le roy refusa absolument d'y donner les mains, il le voulut intimider, et le menaça de luy faire souffrir de grands tourmens. Mathieu Paris : *Cum frequenter a Saracenis, cum terribilibus comminationibus, sollicitaretur rex ut Damiatam redderet, et noluit ulla ratione, postularunt summam sibi pecuniæ persolvi sine diminutione, vel diuturno cruciatu usque ad mortem torqueretur.* Ce tourment est appellé par le sire de Joinville *les bernicles*, lequel il décrit en ces termes : *Et voyans les Sarazins que le roy ne vouloit obtemperer à leurs demandes, ils le menacerent de le mettre en bernicles : qui est le plus grief tourment qu'ils puissent faire à nully. Et sont deux grans tisons de bois, qui sont entretenans au chef ; et quant ils veulent y mettre aucun, ils le couschent sur le cousté entre ces deux tisons, et luy font passer les jambes à travers de grosses chevilles ; puis couschent la piece de bois qui est là-dessus, et font asseoir un homme dessus les tisons. Dont il avient qu'il ne demeure à celuy qui est là cousché point demy pied d'ossemens, qu'il ne soit tout desrompu et escaché. Et pour pis luy faire, au bout des trois jours luy remettent les jambes, qui sont grosses et enflées, dedens celles bernicles, et le rebrisent derechief, qui est une chose moult cruelle à qui sauroit entendre : et la lient à gros nerfs de bœuf par la teste, de peur qu'il ne se remuë là dedans.* [Pag. 67. ed. reg. p. 72.]

Plusieurs estiment, avec beaucoup de probabilité, que ce tourment n'est autre que le *cippus* des Latins, et le ποδοκάκη des Grecs, qui estoit une espéce de machine de bois composée de telle maniere, qu'on faisoit passer les jambes du criminel par des trous fort éloignez, les faisans demeurer longtemps en cette posture, avec les jambes si écartées et si ouvertes, qu'il leur estoit impossible de se remuer. Notker, en son *Martyrologe* [1] a parlé de ce tourment : *Diu in carcere maceratus, et in cippo missus, deinde in mare demersus est.* Et la Vie de S. Luperc, martyr : *Deinde eum jussit in carcerem trudi, et in arcto cippo extendi.* Mais il est décrit plus exactement par saint Paulin en ces vers [2] :

> Primus supplicii de carcere texitur ordo.
> Ferrea junguntur tenebrosis vincula claustris,
> Stat manibus colloque chalybs, nervoque rigescunt
> Diducente pedes.

Et par Prudence [3] :

> In hoc barathrum conjicit
> Truculentus hostis martyrem,
> Lignoque plantas inserit
> Divaricatis cruribus.

Puis, parlant des trous par où on faisoit passer les jambes du criminel, que le sire de Joinville nomme improprement cheville :

> Duplexque morsus stipitis
> Ruptis cavernis dissilit.

<hr>

[1] 2 janv. — [2] Paul. Nat. 4. — [3] Περὶ Στεφ. In sanct. Vincent.

Ce tourment est encoré exprimé par Lucian [1], où, parlant d'un certain Antiphile, accusé d'avoir volé le temple d'Anubis, il dit que dans la prison on luy faisoit passer les jambes dans les trous d'un bois, en sorte qu'il ne pouvoit les étendre : Ὑπενόσει τοιγαροῦν ἤδη καὶ πονήρως εἶχεν, οἷον εἰκὸς χαμαὶ καθεύδοντα, καὶ τῆς νυκτὸς οὐδὲ ἀποτείνειν τὰ σκέλη δυνάμενον, ἐν τῷ ξύλῳ κατακεκλεισμένα. C'est ce que l'orateur Lysias [2] appelle ἐν τῷ ξύλῳ δεδέσθαι. Harpocration, parlant du ποδοκάκη, dit que c'est τὸ ξύλον τὸ ἐν δεσμωτηρίῳ, et Suidas, comme aussi les gloses dans les Basiliques : Ποδοκάκη, ξύλον τὸ ἐν εἱρκτῇ, ἐν ᾧ τοὺς πόδας ἐμβάλλοντες συνέχουσιν, ὃ παρὰ Ῥωμαίοις καλεῖται κοῦσπος. D'où il se recueille que ce tourment estoit composé de piéces de bois trouées et percées, et que l'on faisoit passer les jambes des criminels par les trous qui estoient éloignez les uns des autres, afin de les obliger à les avoir écartées, en sorte que cela leur causoit une sensible douleur, n'ayant pas la liberté de les rejoindre. Ces piéces de bois sont appellées *transversariæ*, dans une épitre de S. Cyprian [3] : *O pedes compedibus et transversariis cunctabundi, sed celeriter ad Christum glorioso itinere cursuri.*

Il y avoit en cette piéce de bois divers trous, dont les uns estoient plus éloignez que les autres, par lesquels on faisoit passer les jambes du criminel, suivant la qualité de son crime, ou de la peine qu'on vouloit encore luy faire souffrir. Simeon Metaphraste, en la *Vie de saint Lucian*, décrivant le ποδοκάκη, dit que c'est un bois qui a quelque longueur, et est percé en quatre endroits : et que lorsque l'on fait passer les jambes du criminel par les plus éloignez, c'est l'extrémité du supplice, ξύλον δὲ προμηκές ἐστι στρεβλωτήριον, ἀμφοτέρους αὐτοῦ τοὺς πόδας ἐνεβίβαζον, ἐπὶ τέσσαρα τρήματα διελκύσαντες, ὅπερ ἐστὶ τὸ τῆς τιμωρίας ταύτης βαρύτερον. Ce qui convient à la description qu'Eusebe [4] en a fait en son *Histoire ecclesiastique*, où il met jusques à cinq trous : Τὰς κατ' εἱρκτὴν ἐν τῷ σκότει καὶ τῷ χαλεπωτάτῳ χωρίῳ συγκλεισθεὶς, καὶ τὰς ἐν τῷ ξύλῳ διατάσεις τῶν ποδῶν, ἐπὶ τὸ πέμπτον διατεινόμενον τρύπημα. C'est à ces trous éloignez que quelques sçavans [5] rapportent ces vers de Tibulle [6] :

> Spes etiam dura solatur compede vinctum,
>   Crura licet longo cuspite vincta sonent.

où ils restituent ainsi aprés les manuscrits ce second vers : *cuspis* estant cét anneau de fer avec lequel on attachoit la partie inferieure de la lance. De sorte que *cuspis* et *cippus* ont esté formez delà, qui n'est autre chose qu'un anneau de bois, ou un trou dans le bois. Ce qui est confirmé par *Eustathius* sur Homere, qui dit qu'on appelloit ainsi le cercle, ou l'anneau, dans lequel on mettoit le bout de la lance, ὃν ἡ ἀπερινόητος γλῶσσα Κοῦσπον καλεῖ, ἐκ μεταφορᾶς τοῦ περὶ τοὺς πόδας ξυλικοῦ δεσμοῦ. Ces trous donc sont appellez anneaux, et ceux à qui on faisoit souffrir ce tourment, *annulati*, comme on recueille de l'ancien Glossaire, qui traduit ce

<hr>

[1] In Toxari. — [2] Orat. 1 contra Theomnest. p. 117. — [3] Ep. 77. — [4] L. 5, c. 1. — [5] Salm. ad Tertull. Pall. — [6] El. 7, vers 25. L. 2.

mot par celuy de συμποδισθέντες, y restituant *annulati*, au lieu d'*Anati*, ainsi que porte l'imprimé. Apulée s'est aussi servy de cette façon de parler, *pedes servorum annulati*.

Il semble que les jambes, estant ainsi passées, estoient liées étroitement avec des nerfs et des cordes, afin qu'elles ne pussent s'en retirer. C'est ce que saint Paulin dit formellement :

  —— Nervoque rigescunt
 Diducente pedes.

Et Guillaume le Breton, de l'ordre des freres mineurs, en son vocabulaire manuscrit, cite ces vers, tirez probablement de l'auteur du *Grecisme*, qui confirment cecy :

 Nervo torqueris, in cippo quando teneris :
 Membraque firmantur nervis quibus ossa ligantur.

L'épître de S. Phileas, qui se lit dans Eusebe[1] et Nicephore Calliste[2], remarque que les tyrans exercerent toutes sortes de tourmens contre luy et ses compagnons, et entre autres qu'ils leur firent passer les jambes dans des trous d'une pièce de bois, et mêmes jusques au quatriéme, en sorte qu'ils estoient obligez de se tenir renversez : Ἦσαν δὲ οἳ καὶ μετὰ αἰκισμοὺς ἐπὶ τοῦ ξύλου κείμενοι διὰ τῶν τεσσαρῶν ὀπῶν αντιτεταμένοι ἄμφω τὼ πόδε, ὡς κατὰ ἀνάγκην αὐτοὺς ἐπὶ τοῦ ξύλου ὑπτίους εἶναι. Où Gregoire, qui vivoit du temps de ces martyrs, et qui en a décrit les actes[3], explique ainsi cette espece de tourment : *Tanta vero in his crudelitas erat, — ut posteaquam omne corpus vel tormentis, vel verberibus fuisset absumptum, trahi rursum pedibus juberentur ad carcerem, atque nervo pedibus conclusis, recentibus adhuc vulneribus, rejicerentur in solum, testarum fragmentis subterstratum.* De sorte qu'il y a lieu de douter[4] si le *nervus* des anciens estoit le même tourment que le *cippus*, veu que l'on doit tenir pour constant que dans le *cippus* les pieds estoient liez, ce qui a donné sujet à l'orateur Lysias d'user de ces termes, ἐν τῷ ξύλῳ δεδέσθαι, *in ligno poni*, dans les *Actes des martyrs*[5]; et mêmes le criminel y estoit attaché par le col, ainsi qu'on peut remarquer de quelques écrivains, ce qui est aussi spécifié par le sire de Joinville à l'égard des bernicles. Le même auteur ajoûte qu'au tourment des bernicles on faisoit tomber une piéce de bois sur les jambes du criminel, sur laquelle on faisoit asseoir un homme, afin de peser dessus et d'écraser les os. Je remarque quelque chose de semblable en un passage de Gregoire de Tours[6], qui se lit encore dans Flodoard[7] : *Erat enim hujusmodi carcer, ut super struem tignorum axes validi superpositi pulpitarentur, ac deinceps qui eosdem opprimerent, insignes fuerant lapides collocati.*

Aprés toutes ces remarques, je ne fais pas de difficulté d'avancer que l'auteur du *Roman de Garin le Loherans* a entendu parler de ce tourment, sous le nom de *buie*, qu'il décrit en ces vers :

 Sor une coute se gist el palé cler,
 En unes buies avoit les piés boutés,
 A deux[8] chaanes fétes de fer trempé,
 Dont li[9] coron tiennent el mur serré,
 N en pot[10] esir, neque el ciel monter.

Plus bas :

 Devant lui garde, vit un pestel ester,
 Dont l'en soloit les[11] poisons destremper,
 Quand le pestel ot sessi et coubré
 Par tel vertu s'est jus del lit colés,
 Que les grans buies, qui ne porent torner,
 Tranchent la char, li sans en est colés, etc.

En cette description je remarque premierement que le criminel estoit assis sur *une coute*, c'est à dire un lit ; ce qui pourroit faire croire que dans le sire de Joinville il faudroit lire, *il le couchent sur une coûte*, au lieu de *sur le costé*, ce qui est plus difficile à concevoir ; secondement, que les pieds estoient passez dans les trous de ces *buies ;* en troisième lieu, que le criminel estoit attaché au mur, ce qui est aussi observé par le sire de Joinville; et enfin qu'avec une piece de bois qu'il appelle *pestel*, ou poteau, on brisoit la chair du criminel, en sorte que le sang en découloit.

Quant au terme de *buie*[1], il est tiré du latin *boia*, qui signifie une espéce de chaine, ou collier, avec lequel on attachoit le criminel. Papias use du mot de *bogia*, l'auteur[2] des *Miracles de sainte Foy*, de celuy de *bodia*, et Udalric, dans les *Coutumes de l'ordre de Cluny*[3], de celuy de *bóga*. Hugues Plagon, en sa version françoise de l'*Histoire* de Guillaume archevesque de Tyr, l. 11, ch. 22, traduit ainsi ces mots latins, *præcepit eum captum vinculis mancipari*, en ceux-cy, *il fut pris, et mis en bonnes buies*. Or il ne faut pas s'étonner si le *Roman de Guarin* a donné le nom de *buie* au *cippus* des anciens, veu que nous avons remarqué qu'il estoit encore appellé *nervus*, parce que le criminel y estoit attaché avec des nerfs de bœuf, d'où vient que saint Isidore[4] écrit que *boia* est dit *quasi jugum bovis*, les termes de *boia* et de *cippus* estant depuis devenus synonymes, pour ce que l'un et l'autre estoient effectivement des especes de chaines et de colliers. Saint Oüen, en la Vie de saint Eloy[5] : *Cippi etiam fracti, et claudorum bacterii in argumento ostenduntur.* Et comme on lioit les criminels dans les prisons, les concierges sont appellez *chepiers* et *cepiers* dans les *Loix Normandes* de Guillaume le Bâtard[6], et ailleurs : qui sont les mêmes qui sont nommez dans les gloses des *Basiliques* χουσπάτορες, et φυλακισταί.

L'observation que l'on fait à ce sujet, que l'on peut appliquer à ces buies et à ce tourment des bernicles la remarque de Jean Villani[7], a beaucoup de probabilité : sçavoir que saint Louys ayant recouvré la liberté, et qu'estant de retour en France, en memoire de sa prison et des tourments dont on l'avoit menacé, il en fit empreindre les figures en ses tournois, ou monnoies, du côté de la pile, sçavoir les buies et les menottes des prisonniers, jusques à ce que luy ou ses barons en eussent tiré la vengeance. Voicy les termes de cét auteur : *Et come lo re Luis et suoi baroni furoño liberati et ricomperati, furono pagate dette monete, et si ritornarono in Ponente, et per ricordanza della detta pressura, accioche vendetta ne fosse fatta, o per lui, o per li suoi baroni, il detto re Luis fece fare nella moneta del tornese grosso, dal lato della pila le boie da prigioni.* Il est vray que nous ne voyons pas que ces figures, qui se rencontrent dans les tournois de saint Louys et de quelques-uns de ses successeurs, ayent esté empreintes dans les monnoyes de ses predecesseurs rois de France. J'en ay remarqué seulement une presque semblable dans une monnoye d'argent de Philippes d'Alsace, comte de Flandres, que ce comte fit frapper à Alost[8], après qu'il se fut rendu maitre de cette seigneurie, vers l'an 1166; laquelle d'un côté a ces mots, MONETA ALOST., et de l'autre une double legende : la premiere, GRACIA DOMINI DEI NRÌ FACTUS SUM; la seconde celle-cy : PH. COMES FLAND., où toutefois j'avoüe qu'il y a quelque difference pour la figure d'avec les monnoyes de saint Louys.

---

[1] L. 8, c. 11. — [2] L. 7, c. 9. — [3] Apud Boland, 4, Febr. c. 1, n. 4. — [4] V. Baron. ad 3 febr. — [5] Acta Mar. Scillit. apud Baron. A. 202, n. 2; Festus; Isidor. l. 9. — [6] L. 4, de Mir. sancti Mart. c. 26. — [7] L. 4, Hist. Rem. c. 50. — [8] Chaisnes. — [9] Cordons. — [10] Sortir, issir. — [11] Prisons.

[1] Fest. Isid. Papias; Plaut. Glos. Lat. Gr.; Gloss. Ælfr. Sanctus Hier. l. 5, in Herem. c. 27; Metell. in Quir. et al. a nobis laudandi in Gloss. — [2] Anon. de Mirac. sanctæ Fid. c. 14. — [3] Udalric. l. 3, c. 3. — [4] L. 5, c. 27. — [5] Sanctus Audoën. l. 2, c. 77. — [6] Ch. 4. — [7] L. 6, c. 37. — [8] Lindan. in Tenerem. n. 225 ; Hist. des C. de Guines, l. 4, c. 6.

D'autre part, je ne sçay si saint Louys n'auroit pas plûtôt voulu remettre en vogue et en usage la marque que Louys le Debonnaire faisoit empreindre en ses monnoyes, qui estoit une espéce d'église, sommée d'une croix avec cette legende XHRISTANA RELIGIO, où il est à remarquer que ce temple est soûtenu de divers piliers, ce qui me porte à croire que le mot de *pile,* qui est demeuré parmi nous à un revers de nos monnoyes, vient de ces piliers qui s'y voient exprimez, ou du moins en celles de saint Louys, comme à l'autre celuy de *croix,* acause de la croix qui y est représentée. Guillaume Guiart, en l'an 1295 :

> Coment qu'il pregnent, croix, ou pile.

Et la *Chronique de Bertrand du Guesclin :*

> Je n'aime ne crois, ne pile, si ait m'ame pardon.

Le Glossaire latin-françois manuscrit donne le nom de *pile* aux revers des monnoyes : *Nomisma, figure qui est au denier, pile, ou denier.* D'où il semble qu'on peut inferer que nos François ayant donné le nom de pile à ces revers, ont pris ces figures pour des piles ou piliers, ignorans peut-estre que ce fussent des buies, estant vray que ces figures, qui sont aux monnoyes de saint Louys, et d'aucuns de ses successeurs, et mêmes de quelques-uns des barons françois, qui de tout temps ont affecté de faire les leurs approchantes en figure de celles de nos rois, ont quelque rapport avec la description que le sire de Joinville fait des bernicles : car comme il dit que ce tourment est composé de deux piéces de bois, qu'il appelle en cét endroit et ailleurs d'un terme impropre, *tisons,* qui s'entretiennent, c'est à dire qui se joignent par le chef et par le haut, cela se voit dans la figure qui est aux monnoyes de saint Louys, les deux pieces estant percées par le bas, qui pourroit estre l'endroit par où on faisoit passer les jambes du criminel. Quant à l'autre piece de bois, sur laquelle il dit que l'on faisoit seoir un homme, elle semble estre représentée au dessous, percée pareillement par les deux bouts, le surplus de la figure n'estant que pour l'ornement de la monnoye. J'a y veu [1] plusieurs de ces monnoyes qui representent ces buies, tant de saint Louys que de Philippes le Hardy, de Philippes le Bel, du roy Jean, d'Alphonse comte de Poitiers, et d'autres, dont nous verrons un jour les figures dans les curieuses recherches que M. Bouterouë, conseiller en la Cour des Monnoyes, a faites sur ce sujet.

[1] V. les Observ. de Cl. Menard.

DE LA RANÇON DE SAINT LOUYS.

DISSERTATION XX.

Par le traité qui se fit pour la délivrance du roi saint Louys et des autres prisonniers faits à la bataille de Massoure et ailleurs, entre les deputez de sa majesté et du sultan de Babylone, il fut convenu que le roy payeroit au sultan dix cens mille besans d'or, qui valoient alors, au recit du sire de Joinville, pag. 68, cinq cens mille livres : c'est ainsi que porte l'édition de Claude Menard, car celle de Poitiers porte mal deux cens mille besans. Le besan estoit une monnoye d'or des empereurs d'Orient, ainsi appellée du nom de *Byzantium,* qui est la ville de Constantinople. Baldric de Dol [1], en son Histoire de Hierusalem : *Direxerunt itaque legationem Constantinopolim, quæ vocabulo antiquiori Byzantium dicta fuit : unde et adhuc monetas civitatis illius denarios Byzanteos vocamus.* Guillaume de Malmesbury [2] : *Constantinopolis primum Byzantium dicta : formam antiqui vocabuli præferunt imperatorii nummi Byzantini vocati.* Et Guntherus [3], en son *Histoire de Constantinople,* parlant de cette capitale de l'Orient : *Græco nomine Byzantion vocabatur, unde et apud modernos nummi aurei qui in illa formari consueverant, a nomine ipsius urbis byzantii appellabantur.* Ce terme estoit général pour toutes les monnoyes d'or des empereurs de Constantinople, lesquelles ne laissoient pas d'avoir leurs noms chacune en leur particulier. Par exemple on appelloit *michalati* celles qui avoient le nom et la figure de Michel Ducas ; *manuelati,* celles qui avoient esté battuës par l'empereur Manuel Comnène, et ainsi des autres, dont je traiteray ailleurs. Il est parlé de ces besans d'or tres-souvent dans les auteurs [4]. Je trouve mémes qu'il y avait des monnoyes d'argent ausquelles on donnoit ce nom de besans, ayant remarqué dans un titre de l'an 1399, expedié en l'isle de Cypre, par lequel on fait don au couvent des frères prêcheurs de Nicossie, où Hugues de Leziguau, prince de Galilée, avoit esté inhumé, de mille besans blancs de Cypre (*byzantii albi de Cypro*), pour la fondation de l'anniversaire de ce prince.

Mais il ne s'agit pas icy de cette espéce de besans d'or de l'empire de Constantinople : car saint Louys, en la lettre qu'il a écrite au sujet de sa prise et de sa delivrance, Guillaume de Nangis, en la vie du même roy, Vincent de Beauvais [1], et Guillaume Guiart, disent qu'il fut convenu qu'on paieroit au sultan huit cens mille besans sarazinois, auquel nombre le sultan reduisit sa demande, suivant le sire de Joinville. Ces besans sarazinois, qui sont nommez *byzantii saracenati* dans les auteurs de ces siecles-là [2], estoient probablement tant la monnoye des sultans de Babylone que des sultans de Coni ou de la Cappadoce. Ceux-cy estoient plus particulierement reconnus sous le nom de *soldans* ou de sultanins. Guillaume de Nangis [3], Vincent de Beauvais [4], et autres auteurs en parlent souvent. L'une et l'autre de ces monnoyes ne portoient aucune figure, parce que chez les Sarazins et les Turcs, cela est défendu, comme par une maxime opposée à celle des chrétiens : mais ils estoient marquez de caractéres arabes. Théodulfe [5], evesque d'Orleans, les a ainsi exprimez :

> Iste gravi numero nummos fert divitis auri,
> Quos Arabum sermo, sive character arat.

Quelques sçavans [6] se sont persuadez que ces monnoyes des Sarazins ainsi marquées de caractéres arabes avoient esté reconnuës en France sous le nom de barbarins, dont il est parlé dans une épitre de Geoffroy, abbé de Verdôme [7], dans la *Chronique de Saint-*

[1] L. 1. — [2] L. 4, de gest. Angl. — [3] Cap. 15. — [4] Tudeb. 1. 4 ; Capit. Radelch. Princ. Benev. c. 20, 27 et al.

[1] L. 32, c. 101. — [2] Gaut. Cancell. p. 463; Will. Tyr. 1. 12, c. 26.; Vinc. Bell. L. 32, c. 56, 201; Innoc. III. PP. 1. 15. Ep. 173, et al. — [3] Nang. A. 1248. — [4] L. 31, c. 140, 143, 144, 150 ; 1. 32, n. 54. — [5] In Parænesl. — [6] Sirmond. — [7] L. 1, ep. 21.

Martial de Limoges, et en celle *de Saint-Estienne* de la méme ville, en l'an 1263 ; mais les termes de ces chroniques justifient pleinement que ce nom de barbarins estoit celuy de la monnoye des anciens vicomtes de Limoges, encore que j'avoüe qu'il est malaisé de deviner la raison de cette appellation. Quant aux besaus sarazinois qui estoient inscrits des mots arabes, El-Macin en sa Chronique nous apprend que ce fut le calyphe Abimelech, appellé par les Arabes Gabdomelic et Abd-Amalech, qui le premier des princes arabes fit battre de la monnoye, et qui la fit marquer de ces caractéres, ALLAHO SAMADON, qui signifient *Dieu est le seigneur* : car avant ce temps-là les Arabes ne se servoient que de la monnoye de Perse d'argent et de celle d'or des Grecs : ce que cét auteur rapporte à l'an de Notre-Seigneur 695 et Theophanes[1] deux ans auparavant.

Le sire de Joinville remarque en cét endroit, ou du moins donne à connoître, que châque cent mille de besans d'or faisoit la somme de cinquante mille livres d'or. Un auteur anglois[2] dit que toute la somme qui composa la rançon de saint Louys fut de soixante mille livres d'or fin, sans les autres deniers communs, sçavoir les esterlins, les tournois, les parisis, qui allerent à l'infini : *Summa autem redemptionis regis Francorum erat sexaginta millia librarum auri primi et purissimi, absque aliis denariis communibus, videlicet esterlingis, turonensibus, et parisiensibus, qui ad infinitum numerum ascenderunt.* Il appelle *aurum primum* ce que nous disons *or fin*, les Latins *obryzum*; à la différence de l'or allié avec d'autres métaux, qui seroit nommé *secundum*, de méme que l'argent allié avec du cuivre est nommé dans *Cinnamus*[3], δεύτερον, et dans Juvenal ; *tenue argentum, venæque secundæ*. Pour la méme raison l'argent fin est nommé πρώτιστον, dans l'auteur de la narration de l'image de Notre-Seigneur[4], dite τοῦ Ἀντιφωνητοῦ, dans Constantinople, donnée au public par le R. P. Combefis, laquelle fait mention du premier et du second argent, en ces termes : Ὁ μὲν γὰρ κασσίτερος εὑρέθη μεταβληθεὶς εἰς ἀργύριον πρώτιστον, τὸν καλούμενον πεντασφράγιστον. ὁ δὲ μόλιϐδος εἰς ἔλαττον μὲν, δοκιμὸν δέ. ὅμως δὲ αὐτὸς μεταπεποίηται εἰς δεύτερον ἀργύριον. Ainsi en la vie de *Claudius*[5] la moindre huile est appellée *oleum secundum*. Les Espagnols appellent cét argent second *acendrado*, comme nous apprenons de Covarruvias[6].

Mathieu Paris écrit que les Sarazins ayant demandé au roy pour la rançon de ses gens cent mille livres d'or, ils le quitterent pour cent mille marcs d'argent. A quoy se rapporte la lettre du chancelier écrite au comte de Cornoüaille, dans le méme auteur, l'*Histoire des archevesques de Breme*[7], et Sanudo[8]; qui disent que le roy paya les cent mille marcs d'argent. D'où il faut conclure que les huit cens mille besans d'or, à quoy la rançon de saint Louys, ou plûtôt celle de ses gens fut arrétée, valoient alors quatre cens mille livres, et par consequent faisoient en argent cent mille marcs : c'est ce qui est à examiner. Et pour parler premierement de l'evaluation, ou de la reduction des huit cens mille besans d'or à la somme de quatre cens mille livres, il faut présupposer qu'en France la livre a toûjours valu vingt sols, aussi bien qu'à présent, ce que nous apprenons particulièrement de ce passage tiré des *Annales de France*[9] en l'an 882 : *Munera autem talia erant : in auro et argento bis mille libræ, et 70 vel paulo plus, quam libram per viginti solidos computamus expletam.* D'où il s'ensuit que les cent mille besans ayans valu pour lors cinquante mille livres, châque besant en son particulier valoit dix sols en argent, qui est à peu prés le prix que

Raymond d'Agiles donne à la monnoye d'or des Sarazins de son temps, sinon qu'il la fait valoir moins d'un sol, ou deux. Ce qui me feroit croire que les besans sarazinois du temps du sire de Joinville auroient esté plus forts, ou, ce qui est plus probable, que l'or auroit augmenté de prix depuis le temps auquel cét auteur vivoit, qui estoit au commencement du onziéme siécle, et par consequent cent cinquante ans avant le regne de saint Louys. Les termes de cét historien sont : *Volebat nobis dare rex Tripolis quindecim millia aureorum Saracenicæ monetæ, — valebat quippe unus aureus octo vel novem solidos monetæ nostri exercitus.* Ce qui se rapporte encore au prix que Sanudo[1] donne aux besans d'or vieux, qui valoient de son temps quelque peu plus qu'un florin d'or : car le florin, ou denier d'or, valoit dix sols parisis, comme on recueille de quelques titres, encore que pour dire le vray il est malaisé d'établir un fondement certain sur l'evaluation de ces monnoyes, qui s'est diversifiée selon les temps. Par exemple je trouve dans un titre de Godard de Godarville[2], gentilhomme norman, de l'an 1215, que le besant estoit evalué à sept sols de la monnoye courante : *Reddendo inde nobis et hæredibus nostris de ecclesiâ Fiscanensi, singulis annis, ad natale Domini duos byzantios vel quatuordecim solidos monetæ currentis*; et dans un arrest rendu au parlement de Paris[3], en l'an 1282 : *Byzantius auri quem comes Suessionensis debet annuatim ecclesiæ Beatæ-Mariæ Suession. æstimatus fuit octo solidis turon. quam æstimationem procurator ecclesiæ acceptavit.* Quoy que ces estimations des besans d'or regardent peut-estre les monnoyes d'or des empereurs de Constantinople, on en peut neantmoins tirer cette induction, que les besans sarazinois estoient à peu prés de méme poids et de méme prix.

Quant aux cent mille marcs d'argent, ausquels les auteurs que j'ay citez evaluent la rançon de saint Louys, s'ils faisoient la somme des quatre cent mille livres que valoient les huit cens mille besans d'or, il s'ensuit que châque marc d'argent valoit alors huit besans en or, et quatre livres ou quatre-vingts sols en argent, et que châque besant valoit dix sols, qui est le prix que nous leur avons donné. Ce qui ne s'accorde pas avec un titre[4] de l'an 1198, qui fait voir qu'en cette année-là le marc d'argent n'étoit evalué qu'à cinquante sols, d'où il s'ensuivroit que les monnoyes auroient augmenté notablement au temps de saint Louys : ce qui n'est pas hors de créance : veu que nous lisons dans quelques memoires, qui contiennent les evaluations des marcs d'or et d'argent, que ces evaluations changeoient notablement, non-seulement tous les ans, mais mémes presque tous les mois. Par exemple le marc d'argent a valu depuis l'an 1288 jusques en 1295, cinquante-huit sols tournois; la méme année à Pasques soixante et un s. t. ; à la Trinité de 1296, soixante-six s. t.; à Noël suivant, soixante-huit s. t. ; en 1299, quatre livres cinq s. t.; en 1304, six livres cinq s. t. ; et ainsi du reste[5]. On pourroit encore remarquer en cét endroit qu'il y avoit au temps de saint Louys quatre sortes de marcs de differents poids, sçavoir celuy de Troyes, qui estoit le plus général, ayant cours non-seulement en France, mais encore dans les pays étrangers; le marc de Limoges, le marc de Tours, et le marc de la Rochelle, ou d'Angleterre. Mais il se présentera occasion d'en parler ailleurs.

Resteroit à voir si l'on peut accorder Mathieu Paris avec le sire de Joinville : car suivant son calcul il faut que les cent mille livres d'or que les Sarazins demandérent d'abord à saint Louys pour sa rançon ayent valu un million, c'est-à-dire les dix cent mille besans

[1] Zonar. p. 75. — [2] Math. Westm. A. 1251. — [3] P. 33. — [4] P. 642. — [5] Pollio, in Claud. — [6] De vet. numis. Collat. c. 2, n. 6; Georg. Agr. de pretio monet. p. 270, 271. — [7] A. 1250. — [8] L. 3, part. 12, c. 3. — [9] Fuld. A. 882.

[1] L. 1, part. 1, c. 6; v. les Preuves de l'Hist. des Vic. de Turenne, p. 90-127. — [2] Tabul. Fiscanense, fol. 46. — [3] Registre du Parlem. cotte B, fol. 59, et t. 8, oper. Mollnæi. — [4] Roverius, in Reomao, p. 232. — [5] Reg. de la Ch. des Comptes de Paris intitulé Noster, f. 204, 295, com. par M. d'Herouval.

d'or dont parle le sire de Joinville : et en ce cas la livre d'or auroit valu dix besans d'or, et le besant deux sols d'or. Mais je ne veux pas m'engager à présent dans cette discussion, qui est de trop longue haleine ; il suffit que les curieux peuvent avoir recours à ce que les sçavans en ont écrit [1].

Tout cela ne s'accorde pas avec l'extrait d'un registre de la Chambre des Comptes de Paris, que j'ay rapporté sur la page 76 de l'*Histoire* du sire de Joinville [*S. Ludovicus obiit crastino S. Barthol. 1270. Pro cujus redemptione captæ fuerunt, per hospitium suum an. 1250. 167102 lib. 18 sol. 8 d. Tur.*], qui marque que la rançon de saint Louys monta à la somme de cent soixante-sept mille cent deux livres dix-huit sols huit deniers tournois, laquelle fut prise sur les deniers de son hostel. Jean Villani ne s'éloigne pas de ce calcul, écrivant que la rançon de ce prince fut de deux cens mille livres de Parisis. Mais à l'égard de ce qui est rapporté dans cét extrait, cela se doit entendre que cette somme de cent soixante-sept mille cent deux livres fut prise sur celle qui estoit destinée pour la dépense de l'hostel du roy, le surplus des quatre cent mille livres ayant esté pris sur les deniers destinez pour la dépense de la guerre.

[1] Budæus, de Asse ; Covarruv. ; Scaliger ; Sirmond. ad Capit. Car. C.

DES ADOPTIONS D'HONNEUR EN FRÈRE,

ET, PAR OCCASION, DES FRÈRES D'ARMES.

DISSERTATION XXI.

Les anciens Romains n'ont reconnu en quelque façon que ce soit les adoptions en frere, parce qu'elles ne pouvoient estre fondées sur aucune des raisons qui ont introduit l'usage des adoptions : τὴν δὲ ἀδελφοποιΐαν οὐδεμία εἰσάγει πρόφασις, ainsi qu'écrit un jurisconsulte grec [1]. Ce qui a fait dire à Harmenopule [2], que cette sorte d'adoption estoit du nombre et de la qualité de ces choses qui ne se peuvent faire, et qui ne se font pas ordinairement. D'où il s'ensuit qu'on n'y peut pas appliquer les termes de la loy 58 *De Hæred. institut.*, en laquelle *frater dicitur qui fraterna charitate diligitur.* Il est vray toutefois que comme l'étroite amitié qui se contracte entre deux personnes a servi de fondement aux adoptions en fils, qui se faisoient par honneur, ainsi les adoptions honoraires en freres n'ont esté fondées que sur cette amitié reciproque de deux amis qui s'entraimoient d'une bienveillance fraternelle. *Quæ enim potest esse amicitia tam felix, quæ imitetur fraternitatem?* dit le declamateur [3]. Il est donc indubitable que l'origine de ces adoptions soit en fils, soit en frere, ne doit pas estre puisée dans le droit romain, mais dans une pratique et dans un usage qui s'est observé de longtemps parmi les princes barbares et septentrionaux; car ils affectérent d'adopter en fils ou en freres les princes voisins de leurs États, ou leurs enfans, d'une maniére extraordinaire, et qui ne donnoit aucun droit de succession aux enfans, ou aux freres adoptez, ces adoptions estant faites seulement par honneur.

L'adoption en frere se trouve avoir esté pratiquée en deux manieres par les peuples étrangers, que les Grecs et les Latins qualifient ordinairement du nom de barbares. Car parmy ceux dont les mœurs et les façons d'agir ressentoient effectivement quelque chose de rude et d'inhumain; elle se faisoit en se piquant reciproquement les veines, et beuvant le sang les uns des autres. Baudoüin, comte de Flandres et empereur de Constantinople [4], reproche cette detestable coûtume aux Grecs mémes; non qu'ils en usassent entre eux, mais parce que dans les alliances qu'ils contractoient avec les peuples barbares, pour s'accommoder à leurs manieres d'agir, ils estoient obligez de suivre leurs usages, et de faire ce qu'ils faisoient ordinairement en de semblables occasions : *Hæc est*, ce dit-il, *quæ spurcissimo gentilium ritu pro fraterna societate, sanguinibus alternis ebibitis, cum infidelibus sæpe ausa est amicitias firmare ferales.* L'empereur Frederic I avoit fait auparavant ce mesme reproche aux Grecs, ainsi que nous apprenons de Nicetas [1]. Mais ce que les Grecs firent par necessité, nos François qui estoient resserrez dans Constantinople, et attaquez par dehors de toutes parts, furent contraints de le faire, et de subir la méme loy, en s'accommodant au temps, pour se parer des insultes de leurs ennemis. C'est ce que le sire de Joinville dit en ces termes, pag. 94 : *A iceluy chevalier oüi dire, et comme il se disoit au roy, que l'empereur de Constantinoble, et ses gens, sé alliérent une fois d'un roy, qu'on appelloit le roy des Comains, pour avoir leur aide, pour conquérir l'empereur de Grece, qui avoit nom Vataiche. Et disoit iceluy chevalier que le roy du peuple des Comains pour avoir seurté et fiance fraternel l'un l'autre, qu'il fallut qu'ils et chascun de leur gens d'une part et d'autre se fissent saigner, et que de leur sang ils donnassent à boire l'un à l'autre en signe de fraternité, disans qu'ils estoient freres, et d'un sang, et ainsi le convint faire entre nos gens, et les gens d'iceluy roy, et meslérent de leur sang avec du vin, et en beuvoient l'un à l'autre, et disoient lors qu'ils estoient freres d'un sang.* Georges Pachymeres [2] raconte la méme chose des Comains. Et Alberic [3], en l'an 1187, nous fait assez voir que cette coûtume eut pareillement cours parmy les Sarazins, écrivant que la funeste alliance que le comte de Tripoly contracta avec le sultan des Sarazins se fit avec cette cérémonie, et qu'ils y bûrent du sang l'un de l'autre. Je passe ce que Saluste [4], Minutius Felix, Lucian [5] et autres ont dit sur ce sujet, me contentant de remarquer que les Hibernois employoient les mémes cérémonies pour confirmer leurs alliances, et établir une espéce de fraternité avec leurs alliez. Mathieu Paris [6], parlant de ces peuples : *Barbari illi, et eorum duces ac magistratus, sanguinem venæ præcordialis in magno vase per minutionem fuderunt, et fusum sanguinem insuper perturbantes, miscuerunt, et mixtum postea sibi ad invicem propinantes exhause-*

[1] Math. Blast. l. 8. Jur. Græcorom. — [2] L. 4, tit. 6, § 20. — [3] Quintil. decl. 321. — [4] In Epist. de Urb. CP. expugn.

[1] In Isaac. l. 2, n. 5. — [2] L. 3. Hist. c. 3. — [3] Alberic. ms. — [4] In Catil. — [5] In Toxari. — [6] A. 1236.

runt, in signum quod essent ex tunc in antea indissolubili et quasi consanguineo fœdere colligati, et in prosperis et diversis usque ad capitum expositionem indivisi.

Telle fut donc cette alliance et cette adoption fraternelle, qui se pratiquoit par les nations entierement barbares. Mais celle qui fut en usage parmi les peuples qui estoient plus policez et plus civils, quoy que payens, ne fut point soüillée de cette espéce d'inhumanité, ni de cét épanchement de sang reciproque; car elle se faisoit comme l'adoption honoraire en fils, *more gentium*, pour user des termes de Cassiodore[1], c'est-à-dire à la mode des gentils, ou plûtôt des nations étrangères; par les armes, *per arma*, en envoyant les armes, ou bien par un échange reciproque qu'ils en faisoient. C'est ce que nous apprenons particulierement de Geoffroy de Malaterre, en son *Histoire de la conquête de la Sicile par les Normans*[2], écrivant qu'un des plus puissans seigneurs sarazins du Château-Jean, nommé Brahen, feignit de contracter avec Serlon, frere de Robert Guichard, une alliance tres-étroite, afin de le faire tomber dans le piége qu'il avoit dessein de lui dresser, et que l'un et l'autre contractérent cette fraternité par les armes, à la mode des Sarazins de Sicile : *Saracenus autem de potentioribus Castri Joannis, nomine Brahen, cum Serlone, ut eum facilius deciperet, fœdus inierat, eorumque more per arma adoptivum fratrem alter alterum factum vicissim susceperat.* Où l'imprimé porte mal *per aurem,* au lieu de *per arma :* ce que la suite du discours justifie assez, faisant voir que le Sarazin envoya ses armes à Serlon : *Sciat fraternitas adoptivi mei, quod tali vel tali die, etc.* C'est le Sarazin qui parle, appellant ainsi Serlon du titre de frere; puis parlant de Serlon, qui sur le bruit de l'approche des ennemis prit les armes, *arma sibi delata corripiens adoptivi, etc.*

Cette communication des armes estoit reciproque entre les freres adoptifs, se les donnans reciproquement, tant pour attaquer leurs ennemis, que pour se défendre contre eux, ne pouvans donner une plus grande marque de leur amitié qu'en se communiquant ce qu'ils avoient de plus cher. C'est en ce sens qu'on doit entendre ce passage d'Ethelred, abbé de Rieval[3], lorsqu'il raconte comme Edmond, roy d'Angleterre, contracta une étroite alliance avec Knuth, roy des Danois, au sujet du partage du royaume : *Quid plura? annuit Edmundus, et Knutho de regni divisione consentit..... dispositis itaque armis, in oscula ruunt,..... deinde in signum fœderis vestem mutant et arma, reversique ad suos, modum amicitiæ pacisque præscribunt, et sic cum gaudio ad sua quisque revertitur.* Un autre auteur[4] dit en termes plus formels, que ces deux princes contracterent en cette occasion une fraternité, avec les sermens ordinaires : *Ubi pace, amicitia, fraternitate pacto et sacramento firmatâ, regnum dividitur.*

Certes il n'y a pas lieu de douter que cette communication des armes n'ait esté reciproque en cette espéce d'adoption, veu que l'un et l'autre adoptoit, et estoit adopté en frere, et que le nom de freres qu'ils se donnoient emporte avec soi, *et communitatem amoris, et dignitatis æqualitatem,* pour user des termes d'*Eumenius*[5] : ce qui n'estoit pas dans les adoptions en fils, où l'un tenoit lieu de pere, l'autre d'enfant, l'un adoptoit, l'autre estoit adopté, et enfin l'un donnoit les armes, et l'autre les recevoit. Je ne fais pas de doute que ce n'ait esté avec ces mêmes cerémonies qu'Humfroy de Toron, connétable du royaume de Hierusalem, contracta une fraternité avec un grand seigneur turc, auquel *fraterno fœdere junctus erat, et in eo tenacissimus, domesticus erat et familiaris,* ainsi que parle Guillaume, archevesque de Tyr[6].

<hr>

[1] L. 4, etc. — [2] L. 2, c. 46. — [3] Math. Westm. — [4] Florent. Wigor. p. 618. — [5] In grat. act. — [6] L. 17, c. 17.

Cette fraternité se contractoit encore par l'attouchement des armes, en les faisant toucher reciproquement les unes aux autres. Cette coûtume estoit particuliere aux Anglois, avant que les Normans se rendissent maitres de l'Angleterre, principalement lorsque des communautez entieres faisoient entre eux une alliance fraternelle, en usans de cette maniere, au lieu du changement reciproque des armes, qui n'auroit pas pû s'executer si facilement. C'est ce que nous apprenons des loix d'Edoüard le Confesseur[1] : *Cum quis accipiebat præfecturam Wapentachii, die statuto, in loco ubi consueverant congregari, omnes majores natu contra eum conveniebant, et, descendente eo de equo suo, omnes assurgebant ei. Ipse vero, erecta lancea sua, ab omnibus secundum morem fœdus accipiebat : omnes enim, quotquot venissent, cum lanceis suis ipsius hastam tangebant, et ita confirmabant per contactum armorum, pace palam concessa.* Et plus bas : *Quamobrem potest cognosci, quod hac de causa totus ille conventus dicitur Wapentac, eo quod per tactum armorum suorum ad invicem confœderati sunt.* C'est en suite de cette cerémonie que les sujets de ces premiers rois d'Angleterre se qualifioient entre eux freres conjurez, *fratres conjurati,* parce qu'ils faisoient serment de s'aimer et de se proteger, comme freres, contre leurs ennemis, et de maintenir unanimement le royaume contre tous les étrangers qui voudroient l'empiéter. Les mêmes loix d'Edoüard[2] : *Statutum est quod ibi debent populi omnes et gentes universæ singulis annis semel in anno convenire scilicet in capite Maii, et se fide et sacramento non fracto ibi in unum et simul confœderare et consolidare, sicut conjurati fratres, ad defendendum regnum contra alienigenas, etc.* Ce qui eut lieu même après que les Normans se furent emparez de l'Angleterre, comme nous apprenons des loix de Guillaume le Bâtard[3] : *Statuimus etiam ut omnes liberi homines totius regni sint fratres conjurati ad monarchiam nostram et regnum nostrum defendendum.* Où les sujets du royaume sont appellez *freres conjurez,* parce qu'ils s'obligeoient tous par un même serment, à la défense de l'État, et à une mutuelle protection de leurs personnes contre leurs ennemis communs : ce qui se faisoit d'abord avec la cerémonie du tact des armes, dont il est parlé dans les loix d'Edoüard. De sorte qu'en consequence de ce serment, si le royaume estoit attaqué par les ennemis, châcun estoit obligé de prendre les armes, et de se trouver dans les troupes du prince, aprés qu'ils avoient esté sommez par luy, suivant la force de leurs facultez et le nombre des fiefs et des terres qu'ils possedoient, et avec les espéces d'armes qui estoient specifiées par les loix.

Ceux qui furent premierement appellez freres conjurez furent depuis appellez *Jurati ad arma,* soit parce qu'ils avoient fait le serment sur les armes, duquel nous avons plusieurs exemples dans l'histoire, et dont je parleray ailleurs[4], ou acause qu'ils l'avoient fait, lorsqu'ils touchoient la lance et les armes de leur gouverneur, ou enfin parce qu'ils faisoient ce serment à l'effet de prendre les armes pour la défense du royaume. Tout cecy s'apprend de deux semonces, ou de deux ordonnances du roy Henry I, qui ont pour titre, *Mandata super Juratis ad arma,* qui se voient aux additions à Mathieu Paris. De ces remarques il est aisé de voir que M. du Chesne, en son *Histoire de la maison de Coucy*[5], ne s'est pas apperçû de la force du mot *juratus,* en ce vers de Guillaume le Breton[6] :

Cui preerat comitis juratus in arma Radulfus.

l'ayant interpreté comme si Raoul eust esté l'ennemi capital du comte de Flandres : ce qui est entierement opposé à ce que cét

<hr>

[1] C. 32. — [2] Cap. 35. — [3] C. 59. — [4] In Gloss. ad script. mediæ Latinit. — [5] L. 6, ch. 12. — [6] Lib. 2 Phil.

11

auteur dit dans la suite. Ce poëte se servant d'ailleurs de cette façon de parler en un sens contraire, et particulierement en ces vers [1] :

> ...... Tu nuper regis amicus
> Usurpativi contra nos bella gerebas,
> Impia Tancredi juratus in arma, meamque
> Uxorem patris solio privare volebas.

Mais entre tant de ceremonies qui se sont observées pour contracter une fraternité, celle qui a esté pratiquée par les peuples chrétiens est la plus plausible et la plus raisonnable ; car pour abolir et pour éteindre entierement les superstitions qui les accompagnoient, et qui tenoient du paganisme, ils en ont introduit une autre, plus sainte et plus pieuse, en la contractant dans l'église, devant le prêtre, et en faisant reciter quelques prieres ou oraisons : nous en avons la formule dans l'*Euchologium.* Les Grecs donnérent le nom d'ἀδελφοπιστία à cette sorte d'adoption, parce qu'elle se faisoit avec le serment prêté devant le corps de Notre-Seigneur, suivant la remarque du docte Alaman [2]. Ce qui eut aussi lieu dans les adoptions en fils, ainsi que nous apprenons d'une novelle de l'empereur Leon [3], où il est porté qu'elles se faisoient dans l'église, διὰ τελετῆς, c'est à dire avec des prieres, et durant le sacrifice de la messe. Leon le Grammairien [4] rend le même témoignage de l'adoption fraternelle, lorsqu'il raconte comme Basile le Macedonien, depuis empereur, fut adopté en frere par Jean, fils d'une dame nommée Danielis : καὶ ἐλθὼν ἐν τῇ ἐκκλησίᾳ, ἐποίησεν ἀδελφοποίησιν. Dans Constantin Porphyrogenite [5], en la vie de cét empereur son ayeul, où il rapporte la même circonstance, cette espece d'adoption est appellée une fraternité spirituelle, πνευματικὴ ἀδελφότης, parce qu'elle estoit contractée dans l'église devant le prêtre. D'où il faut inferer que *Strategius Magister*, et *Severus Patrice*, dont le premier est qualifié frere adoptif, ἀδελφοποίητος, de l'empereur Justinian, premier du nom, l'autre de Justinian qui fut tué en Sicile, dans les *Origines de Constantinople* de Codin [6], n'avoient contracté cette fraternité que de cette maniere, aussi bien que Nicetas Patrice avec saint Jean l'Aumônier [7], patriarche d'Alexandrie, et Nicephore Bryennius avec l'empereur Romain Diogene, dans Anne Comnene [8].

Hugues Falcand, au traité qu'il a fait des miseres de la Sicile, écrit que Majon, grand amiral de ce royaume, contracta un fraternité avec l'archevesque de Palerme, et en raconte ainsi les circonstances : *Dictum est præterea quod ii, juxta consuetudinem Siculorum, fraternæ fœdus societatis contraxerint, seseque invicem jurejurando astrinxerint, ut alter alterum modis omnibus promoveret, et tam in prosperis quam in adversis unius essent animi, unius voluntatis atque consilii, quisquis alterum læderet amborum incurreret offensam.* Auquel endroit cét auteur a bien remarqué que cette fraternité et cette alliance entre ces deux seigneurs se fit suivant la coûtume qui s'observoit en Sicile ; mais il en a oublié les principales ceremonies, qui sont observées par *Pamphilio Costanzo* [9], en son *Histoire de Sicile*, où, racontant la même chose, il dit que cette fraternité ne fut pas seulement confirmée par des sermens solennels : mais encore par le pretieux corps de Notre-Seigneur, dont l'un prit une partie et l'autre une autre : *Et per agevolare la testura dell' ordita tela, si fece con l'arcivescovo (come si dice in Sicilia) Fratello in Christo, partando si la sacra eucharistia nella communione, et con tema di dio a chi fosse per contaminar la.* On peut rapporter à cette circonstance les paroles que le pape Pascal II [10] tint, durant le sacrifice de la messe, à l'empereur Henry V, avec lequel il s'estoit reconcilié, où, après qu'il luy eut mis la couronne sur la teste : *Cum ad hostiæ confractionem venisset, partem ipse sumens, reliquam imperatori tradidit, dicens : Sicut pars ista vivifici corporis divisa est, ita divisus sit a regno Christi qui pactum istud rumpere ac violare tentaverit.*

Mais entre les exemples de cette espece d'adoption il n'y en a pas de plus singulier que celuy que l'*Histoire de Hongrie* [1] nous représente en la personne de Ladislas, roy de Hongrie, qui pour donner un témoignage certain à Ladislas et a Mathias, enfans du grand Huniades, qu'il leur pardonnoit de tout son cœur l'assassinat qu'ils avoient commis en la personne du comte de Ciley, son oncle, *Utrosque comites, Ladislaum scilicet et Mathæum, fideli sub juramento super sacratissimo corpore Christi præstito in fratres adoptavit.* Enfin les Irlandois semblent avoir pratiqué quelque chose de semblable, suivant l'auteur de la Description de l'Hibernie [2] : *Sub religionis et pacis obtentu ad sacrum aliquem locum conveniunt cum eo quem oppetere cupiunt : primo compaternitatis (l. confraternitatis) fœdera jungunt, deinde ter circa ecclesiam se invicem portant. Postmodum ecclesiam intrantes, coram altari, reliquiis sanctorum appositis, sacramentis multifarie præstitis, demum missæ celebratione, et orationibus sanctorum sacerdotum, tanquam desponsatione quadam indissolubiliter fœderantur.* Mais ce qu'il ajoute, et ce que Mathieu Paris a aussi remarqué que, *ad majorem amicitiæ confirmationem, et quasi negotii consummationem,* ils beuvoient le sang les uns des autres, ressent la barbarie de ces peuples, qui se rendoient par là indignes du nom chrétien. Mauro Orbini [3] écrit encore que Thomas, dernier roy de Bosne, ayant découvert Mahomet II, sultan des Turcs, qui estoit entré dans ses États pour les reconnoitre, afin de les envahir ensuite, comme il fit, *fatta seco certa fratellanza, come usavano quelle genti, lo lascio andare libero.* Mais il est malaisé de deviner quelles furent ces ceremonies avec ce prince infidèle.

Les adoptions fraternelles n'ont pas esté pratiquées seulement par les Grecs et par les autres peuples que je viens de nommer, mais encore par nos François. Notre histoire nous en fournit des exemples, et entre autres Juvenal des Ursins [4], à l'endroit où il parle des divisions des maisons d'Orleans et de Bourgogne : *Tousjours y avoit quelque grumeli entre les ducs d'Orleans et de Bourgongne, et souvent falloit faire alliances nouvelles : tellement que le dimanche vintiesme jour de novembre monseigneur de Berry et autres seigneurs assemblérent lesdits seigneurs d'Orleans et de Bourgongne ; ils ouïrent tous la messe ensemble, et receurent le corps de Notre-Seigneur, et prealablement jurérent bon amour et fraternité par ensemble ; mais la chose ne dura gueres.* Le même auteur, parlant ailleurs des mêmes ducs d'Orleans et de Bourgogne [5] : *Ils avoient promis l'un à l'autre, sur les saints Évangiles de Dieu et sur le saint canon, pour ce corporellement toûchans, présens aucuns prélats et plusieurs autres gens de grand estat, tant du conseil de l'un comme de l'autre, qu'ils ne pourchasseroient mal, domage aucun ne vilenie l'un à l'autre, etc., et furent en outre au regard de ce plusieurs grandes et solennelles promesses en tels cas accoustumez : car en signe et demonstrance de toute affection et perfection d'amour, et d'une vraye unité, et comme s'ils eussent et peussent avoir un mesme cœur et courage, firent, jurérent et promirent solénnellement vraye fraternité et compagnée d'armes ensemble par especiales convenances sur ce faites ; laquelle chose doit de soi emporter telle et si*

---

[1] L. 4 Phil. — [2] Ad Procop. Hist. Arc. — [3] Leo, Nov. 24. — [4] In Basil. — [5] In Basil. c. 10, 53. — [6] Codinus, in orig. a Lambecio editis, p. 53, 72. — [7] Simeon Metaphr. in vita Sancti Joan. eleemos. c. 1, n. 4, apud Boland. — [8] Lib. 10 Alex. p. 276. — [9] Part. 1, lib. 5. — [10] Petr. Diac. l. 4 Hist. Cass. c. 42 ; Masson. in Not. ad ep. Ivon.

[1] Thwrocz, in Ladisl. c. 59. — [2] Silvester Girald. in Topogr. Hibern. dist. 3, c. 21. — [3] Nella Hist. de gli Slavi, p. 370. — [4] A. 1470. — [5] Id. A. 1411.

grande loiauté et amour mutuel, comme sçavent tous les nobles hommes.

Ces paroles, *vraye fraternité et compaynée d'armes,* meritent une observation particuliere, parce que c'est enfin delà que nous apprenons qui sont ceux qu'on appelloit en France *freres d'armes :* qui estoient proprement ceux qui contractoient entre eux une amitié fraternelle, confirmée par sermens, et par la divine eucharistie qu'ils recevoient des mains du prétre, se promettans une protection et un secours mutuel, au cas qu'ils fussent attaquez de leurs ennemis, et protestans de prendre les armes et de défendre celuy d'eux qui seroit attaqué. Le méme des Ursins[1], parlant du duc de Bourgogne : *Au duc d'Orleans mort, peu de temps avant qu'il le fist tuer en la maniere dessusdite, il fist le serment sur le corps de Notre-Seigneur sacré d'estre son vray et loyal parent, et promit d'estre son frere d'armes, portoit son ordre, et luy faisoit bonne chere.* Ainsi dans l'*Histoire de Charles VII* de Berry, heraud d'armes, et dans Monstrelet[2], il est dit que le roy de Castille fut *frere d'armes et allié du roy;* dans l'*Histoire de Bourgogne* de Jacques du Clercq, que le roy d'Arragon et Philippes duc de Bourgogne estoient *freres et compagnons d'armes;* et enfin dans l'*Histoire d'Artus duc de Bretagne et connétable de France,* écrite par Jacques Gruel, que ce duc et le duc de Bourgogne estoient *freres d'armes.* L'emprise à outrance de Jean duc de Bourbonnois et de ses chevaliers, de l'an 1414, que j'ay leué dans les memoires manuscrits de M. Peiresc, touche cette façon de parler : *Item nous tous jurons, promettons, et serons tenus de nous entre-aymer et entretenir en bon et loyal amour,.... et de faire et tenir les uns vers les autres, durant ladite emprise, toute loiauté et confraternité, que freres et compagnons se doivent faire et entretenir.* En tous ces passages les freres d'armes sont encore appelez *compagnons d'armes,* parce qu'ils se promettoient reciproquement de porter les armes ensemble, faisans entré eux une alliance offensive et deffensive, auquel sens Berry, l'auteur de l'ancienne *Chronique de Flandres,* et Georges Châtelain usent de ces termes[3].

Je suis neantmoins contraint d'avouer que ces especes de fraternité n'estoient pas tousjours contractées dans l'église, et avec les ceremonies que je viens de remarquer ; car Monstrelet, en l'an 1458, dit en termes formels que le roy d'Arragon se fit *frere d'armes* du duc de Bourgogne, lequel il n'avoit jamais veu : *Ce roy icy eust esté frere et compagnon d'armes au duc Philippes de Bourgongne: et jaçoit ce que ils fussent loin l'un de l'autre, neantmoins ils s'entraimoient tellement, qu'il portoient les ordres l'un de l'autre, et si ne virent onques l'un l'autre.* Il se peut faire toutefois que ces fraternitez furent contractées entre ces princes absens par leurs ambassadeurs dans l'église, et avec les ceremonies accoûtumées, ou du moins par traitez particuliers. Telle fut celle qui fut contractée entre le roy Louys XI et Charles dernier duc de Bourgogne, comme on pourra voir par cét extrait, tiré de la Chambre des Comptes de Paris, que je dois à M. d'Herouval[4] :

Louys, etc. *A tous,* etc. *Comme puis nagaires bonne paix et amitié ait esté faite et traitée entre nous, et nostre tres-cher et tres-amé frere et cousin le* DUC DE BOURGOGNE, *et pour icelle encore mieux affermer, et en maniere qu'elle soit perpetuellement inviolable, aussi pour y mettre et enraciner plus parfaite et cordiale amour, ait esté fait ouverture de contracter fraternité d'armes entre nous : sçavoir*

faisons que nous, cognoissans le grant bien qui est et peut venir à toute la chose publique de nostre royaume, pour l'union et jointure, et fraternité d'armes d'entre nous et de nostre dit frere et cousin: considerant aussi la grande vaillance, prouesse, honneur, loiauté, sens, prudence, conduite, et autres hautes et excellentes vertus, qui sont en sa personne, et la singuliere et parfaite amour qu'avons especialement à lui par dessus tous autres, Nous, de nostre certaine science, et par grant avis et meure deliberation, avons fait, contracté, et conclud, faisons, contractons, et concluons par ces presentes, bonne, vraye, seure, et loyale FRATERNITÉ D'ARMES *avec nostredit frere et cousin de Bourgogne, et l'avons prins et accepté, prenons et acceptons en nostre seul* FRERE D'ARMES, *et nous faisons, constituons et declarons le sien, et lui avons promis et promettons icelle fraternité continuer et entretenir, sans jamais nous en departir : et avec de le porter, aider, soustenir, favoriser, et secourir de nostre personne, et de toute nostre puissance en toutes ses questions et querelles contre quelconques personnes que ce soient, ou puissent estre, qui peuvent vivre et mourir, sans personne quelconque excepter, et en tous ses affaires, et en toutes choses faire son fait le nostre propre, sans lui faillir de rien, jusques à la mort inclusivement. Toutes lesquelles choses dessusdites, et chascune d'icelles, nous avons promises et jurées, promettons et jurons par la foy et serment de nostre corps sur les saints Évangiles de Dieu, sur nostre honneur, et en parole de roy, avoir et tenir fermes, estables, et agreables, sans jamais venir au contraire en quelque forme ou maniere que ce soit, et quant à ce nous submettons, etc.*

Je puis joindre à ce traité un autre, que je dois aussi à M. d'Herouval, qui n'est pas moins curieux, qui fut fait entre Bertrand du Guesclin, connétable de France, et le seigneur de Cliçon, qui nous apprend quel estoit l'effet de ces fraternitez et de ces ligues offensives et deffensives :

A TOUS CEUX *qui ces lettres verront* BERTRAN DU GUERCLIN, *duc de Mouline, connestable de France, et* OLLIVIER SEIGNEUR DE CLIÇON, *salut. Sçavoir faisons que pour nourrir bonne paix et amour perpetuellement entre nous et nos hoirs, nous avons promises, jurées et accordées entre nous les choses qui s'ensuivent. C'est à sçavoir que nous, Bertran du Guerclin, voulons estre alliez et nous alions à tousjours à vous, messire Ollivier seigneur de Cliçon, contre tous ceulx qui pevent vivre et mourir, exceptez le roy de France, ses freres, le vicomte de Rohen, et nos autres seigneurs de qui nous tenons terre : et vous promettons aidier et conforter de tout nostre povoir toutesfois que mestier en aurez et vous nous en requerrez. Item que ou cas que nul autre seigneur, de quelque estat ou condition qu'il soit, à qui vous seriez tenu de foy et hommage, excepté le roy de France, vous voudroit desheriter par puissance, et vous faire guerre en corps, en honnour, et en biens, nous vous promettons aidier, deffendre, et secourir de tout nostre pooir, se vous nous en requerez. Item voulons et consentons que de tous et quelconques prouffitz et droitz qui nous pourront venir et echoir dore en avant, tant de prisonniers pris de guerre par nous ou nos gens, dont le proufflt nous pourroit appartenir, comme de païs raenconné, vous aiez la moitié entierement. Item ou cas que nous sçaurions aucune chose qui vous peust porter aucun dommage, ou blasme, nous le vous ferons sçavoir et vous en accointerons le plustost que nous pourrons. Item garderons vostre corps à nostre pooir, comme nostre* FRERE. *Et nous, Ollivier seigneur de Cliçon, voulons estre alliez et nous allions à tousjours à vous, messire Bertran du Guerclin, dessus nommé, contre tous ceulx qui pevent vivre et mourir, exceptez le roy de France, ses freres, le vicomte de Rohen, et*

[1] Id. A. 1419. — [2] A. 1445. — [3] Berry, p. 143, Chron. de Fland. c. 78; Georg. Chastel. en la *Vie de J. de Lalain,* c. 46. — [4] Sur le dos est écrit : Minute premierement faite pour M. le greffier, M. Guillaume de Cerisay, de la fraternité d'armes. Il estoit greffier du parlement en l'an 1470; V. Ph. de Commines de l'éd. du Louvre, p. 441.

nos autres seigneurs de qui nous tenons terre, et vous promettons aidier et conforter de tout nostre pooir toutesfois que mestier en aurez et vous nous en requerrez. Item que ou cas que nul autre seigneur, de quelque estat ou condition qu'il soit, à qui vous seriez tenu de foy ou hommage, excepté le roy de France, vous voudroit desheriter par puissance, et vous faire guerre en corps, en honneur, ou en biens, nous vous promettons aidier, defendre, et secourir de tout nostre pooir, se vous nous en requerez. Item voulons et consentons que de tous ou quelconques proufitz et droitz qui nous pourront venir et échoir dore en avant, tant de prisonniers pris de guerre par nous, ou nos gens, dont le proufit nous pourroit appartenir, comme de pays raenconné, vous aiez la moitié entierement. Item ou cas que nous sçaurions aucune chose qui vous peust porter dommage aucun, ou blasme, nous le vous ferons sçavoir et vous en accointerons le plustost que nous pourrons. Item garderons vostre corps à nostre pooir comme nostre FRERE. *Toutes lesquelles choses dessusdites et chacune d'icelles nous, Bertran et Ollivier, dessus nommez, avons promises, accordées, et jurées, promettions, accordons, et jurons, sur les saints Évangiles de Dieu, corporellement touchiez par nous et chacun de nous, et par les foys et sermens de nos corps bailliez l'un à l'autre, tenir, garder, enteriner, et accomplir, l'un à l'autre, sans faire ne venir en contre par nous, ne les nostres, ou de l'un de nous, et les tenir fermes et agreables à tousjours. En tesmoing desquelles choses nous avons fait mettre nos sceaulx à ces presentes lettres, lesquelles nous avons fait doubler. Donné à Pontorson, le 24ᵉ jour d'octobre l'an de grace mil trois cens soixante et dix. Et sur le reply est écrit : Par monsieur le duc de Mouline, connestable de France. Signé,* VOISINS.

Cette sorte de traité n'est pas tant une fraternité qu'une espece d'alliance étroite, ou de ligue offensive et défensive, en vertu duquel les contractans s'obligeoient à un mutuel secours dans les occasions, tel que deux freres seroient tenus de se donner. J'ay leu le traité qui fut fait entre Sigismond roy de Hongrie, marquis de Brandebourg, gouverneur du royaume de Bohème, et Louys II roy de Sicile, duc d'Anjou, du 13 de fevr. 1407, indict. 15, par lequel ils s'unissent ensemble contre Ladislas fils de Charles de Duras, leur ennemy commun, contractans entre eux *amicitiam,* FRATERNITATEM, *unionem, ligam, et fidelem confœderationem.* J'ay encore veû une instruction donnée à M. Moreau de Wissant chambellan, M. Pierre Roger de Bissac, maître d'hostel de M. d'Anjou, et Thibaud Hocie, secretaire du roy, envoyez par le duc d'Anjou au roy de Castille, au sujet du different qu'il avoit pour la succession des rois de Majorque et des comtes de Roussillon et de Cerdagne, qui porte ces mots : *Premierement diront audit roy de Castille donnant ledit monseigneur d'Anjou, pour le tres-grant bien et vaillant de sa personne l'a esleu en* FRERE, *et en siñgulier et especial ami, et mis en lui sa fiance et ferme esperance sur tous les rois et princes du monde, aprés le roy son tres-cher seigneur et frere;*

pour y avoir refuge, et trouver ayde, conseil, et confort en tous ses besoins. En tous les actes de cette ambassade que je tiens de monsieur d'Herouval ces deux princes se traitent toûjours de freres.

Quant à ce que Chifflet [1], en la Deffense de l'Espagne contre la France, écrit que l'on appelloit *freres d'armes* ceux qui estoient chevaliers, et qui portoient le collier d'un même ordre, cela se refute aisément par ce que je viens de remarquer, et encore par un autre passage du même Juvenal des Ursins, lorsqu'il raconte ce qui se fit à la reconciliation des ducs d'Orleans et de Bourgogne : *Et encore pour plus grande confirmation desdites fraternité et compagnée d'armes, ils prirent et portérent l'ordre et le collier l'un de l'autre.* Aussi ceux qui sont chevaliers d'un même ordre de chevalerie ne sont pas appellez *freres d'armes,* mais *freres et compagnons de l'ordre,* comme dans les statuts de celui de Saint-Michel, institué par Louys XI roy de France; *Compagnons de l'ordre,* en celui de la Jarretiere, art. 4. Georges Châtelain, en la Vie de Jacques de Lalain [2] : *Ce gentil chevalier Jacques de Lalain fut éleu à estre frere et compagnon d'icelui ordre de la Toison d'or.*

Enfin, pour achever cette dissertation au sujet des adoptions en freres, je tiens qu'il est fort probable que ces princes et ces seigneurs anglois, qui se disoient entre eux *conjurati,* et *adjurati fratres,* n'avoient contracté cette alliance que par ces mêmes ceremonies. Simeon de Dunelme, en l'Histoire de Wichtrede comte de Northumbelland : *Tandem amicorum instantia reducti in concordiam, alterna sese satisfactione mediantibus amicis placabant, atque adeo in amorem alterutrum sunt adunati, ut fratres adjurati simul Romam tenderent.* Le même auteur [3], en l'*Histoire d'Angleterre,* en l'an 1072 : *Aldredus, nihil mali suspicans, a Carl, conjurato sibi fratre, occiditur.* Roger de Howeden : *Malcolmus, rex Scotorum, sui conjurati fratris Tosti comitatum, id est Northumbriam, fortiter depopulatur.* Et ailleurs il fait parétre le roy Richard, qui qualifie le roy Philippes Auguste *Dominum suum et socium adjuratum in peregrinatione Hierosolymitaná.* Adam de Breme [4] : *Archiepiscopus tempori serviens, ut conjuratos tantum fratres ab invicem divelleret, Hermannum comitem adoptavit in militem.* Ailleurs [5] : *Conjurati sodales;* termes qui font assez connoitre que ces fraternitez estoient contractées avec des sermens solemnels.

Les adoptions en freres n'ont tiré leur source que de semblables adoptions en fils, qui ne se faisoient pareillement que par honneur. Et comme la pratique en a esté fort commune parmy les peuples septentrionaux, et ensuite dans l'Orient et dans l'Occident, et que c'est delà que les sçavans tirent l'origine des chevaleries, je me persuade que j'obligeray les curieux si je donne encore en cét endroit ce que j'ay remarqué sur une matiére assez peu commune.

[1] In Vindic. Hisp. — [2] Ch. 79. — [3] Simeon Dunelm. de Gest. Angl. — [4] C. 159. — [5] C. 247, a). 248.

DES ADOPTIONS D'HONNEUR EN FILS,

ET, PAR OCCASION, DE L'ORIGINE DES CHEVALERIES.

DISSERTATION XXII.

Le mariage est l'un des plus grands biens dont l'homme soit redevable au souverain auteur de la nature, puisqu'il le garantit en quelque façon du tombeau, et le rend participant de l'immortalité. La procreation et la succession continuelle des enfans fait qu'il ne meurt pas; ce qui a fait dire au Sage[1] que celuy-là ne doit pas estre reputé mort, qui laisse son semblable aprés soy : *Mortuus est, sed quasi non esset mortuus, reliquit enim similem sibi.* Cette pensée a donné sujet à certains heretiques[2] de croire que la resurrection des corps, dont il est parlé dans l'*Écriture sainte,* devoit estre interpretée, non à la lettre, mais dans un sens allegorique, sçavoir de la procreation des enfans, qui fait revivre l'homme une seconde fois, et le rend immortel. D'ailleurs, on ne peut pas souhaiter une satisfaction plus grande, dit l'empereur Leon[3], ni des soulagemens plus doux dans le tracas et les chagrins de la vie, et particulierement dans les incommoditez d'un âge avancé, que ceux qu'on tire des enfans. Mais dautant, dit le même prince[4], que cét avantage n'est pas tellement universel, qu'il ne se trouve plusieurs qui en sont privez, les législateurs y ont apporté le remede par l'adoption, et ont suppleé par le secours de la loy aux défauts de la nature. Car ce qui a donné la premiere occasion aux adoptions a esté le défaut des enfans, et particulierement des mâles. Avec le temps on a permis indifferemment d'adopter à ceux qui en avoient comme à ceux qui n'en avoient point. Or, comme l'adoption imite la nature, selon les jurisconsultes[5], ces même législateurs ont voulu que les enfants adoptez fussent semblables en tout, quant aux effets civils, aux enfants naturels; que les peres adoptifs eussent la puissance de la vie et de la mort sur eux, comme sur leurs enfans naturels; que ces enfans prissent le nom du pere adoptif, comme estant entrez et entez dans sa famille; que comme les naturels ils eussent part à leur succession, et que comme eux ils pûssent estre des-heritez.

Ces adoptions ont eu lieu longtemps sous les Romains, mais depuis que les nations du Nord se sont répanduës dans leur empire, on y en a veu parétre une autre espéce, laquelle n'estoit pas tant une adoption qu'une alliance entre les princes, qui se communiquoient par là reciproquement les titres de pere et de fils, et par ce moyen contractoient entre eux une liaison de bienveillance beaucoup plus étroite. Ces adoptions n'estoient que par honneur, et ne donnoient aucune part au fils adoptif en la succession de celui qui adoptoit. C'est pourquoy Nicephore *Bryennius*[6] dit qu'elles ne se faisoient que μεχρὶ λόγου, c'est à dire en apparence et non en effet, n'y ayant rien qui approchât de l'adoption des Romains, que les noms de pere et de fils, qu'ils se donnoient. Ce que Justin fit assez connoître lorsque les ambassadeurs de Cabades, roy de Perse, lui offrirent la paix de la part de leur maitre, au cas qu'il voulust adopter Cosroes, fils de la sœur de ce prince : cét empereur leur ayant fait réponse qu'il le vouloit bien, pourveu que ce fust à la mode des barbares et des étrangers, ὡς βαρβάρῳ προσήκει, mais non pas de cette adoption pratiquée par les Romains, qui donne le droit aux enfants adoptifs dans la succession de celui qui adopte.

Hunimond, roy des Sueviens, fut adopté de cette espéce d'adoption par Theodemir, frere de Walemir, roy des Goths, qui l'ayant fait prisonnier dans un combat, *veniam condonavit, reconciliatusque cum Suevis, eumdem quem ceperat adoptans sibi filium, remisit cum suis in Sueviam.* Ce sont les termes de *Jornandes*[1]. Le même auteur écrit que l'empereur Zenon adopta de cette adoption Theodoric, roy des Goths : non qu'elle eust esté alors en usage dans l'empire d'Orient, mais parce que probablement Theodoric rechercha cet honneur de ce prince, avec lequel il contractoit alliance, suivant la coûtume des peuples de sa nation, qui la pratiquoient en de semblables rencontres. Ce fut donc ainsi que le roy des Herules fut adopté par le même Theodoric[2]; Athalaric, roy des Goths, par Justinian[3], ou, comme le docte Alaman écrit[4], par le même Justin; Cosroes, roy de Perse, par l'empereur Maurice[5]; Boson, par Jean VIII, pape[6]; Louys fils de Boson, par l'empereur Charles le Gras[7] : Isâc et Alexis Comnene, dont le dernier fut depuis empereur, par l'imperatrice Marie, femme de Nicephore Botaniate[8]; Godefroy de Boüillon, duc de la Basse-Loraine, par le même Alexis[9]; Andronique Ducas, par Andronique Comnene le tyran[10]; Jathatin, sultan de Coni, par l'empereur Isâc l'Ange[11]; et enfin le roy de Hongrie, par l'empereur Rodolphe[12].

Cassiodore[13] est celui qui nous a representé les ceremonies qui s'observoient en ces adoptions honoraires, particulierement parmi les peuples du Nord : écrivant que c'estoit un honneur et une faveur considérable chez les nations étrangeres d'estre adopté par les armes : *Per arma posse fieri filium grande inter gentes constat esse præconium.* Ailleurs : *Desiderio quoque concordiæ factus est per arma filius :* termes qui justifient ce que j'ay écrit, que ces adoptions se faisoient pour lier davantage une alliance et une confederation. En un autre endroit : *Gensimundus ille toto orbe cantabiliis solum armis filius factus.* Conformément à ces passages, Jornandes[14], parlant de Theodoric, adopté par Zenon : *Et post aliquod tempus ad ampliandum honorem ejus in arma sibi eum filium adoptavit.* Le même Cassiodore explique encore disertement cette maniere d'adopter, dont il nous a representé la formule, nous apprenant qu'elle se faisoit en revétant celui qui estoit adopté de toute sorte d'armes, qui lui estoient données par celui qui adoptoit : *Et*

---

[1] Eccles. c. 30. — [2] Philastr. de Hæres. — [3] Leo, Nov. 26. — [4] Id. Nov. 27. — [5] § Minorem instit. de adopt. l. 23 de lib. et posth.; Calpurn. Flacc. decl. 30. — [6] L. 4, c. 38; Procop. l. 1 de Bello Pers. cap. 2.

[1] Jornand. de Reb. Get. c. 53, 57. — [2] Cassiod. l. 4, ep. 2. — [3] Cassiod. l. 8, ep. 1. — [4] Aleman. ad Procop. anecd. p. 18, edit. 1. — [5] Evagr. l. 6, c. 16; Theoph. Anast. — [6] Jo. VIII, ep. 119. — [7] Herman. Contr. A. 886.; Annal. Fuld. A. 887. — [8] Niceph. Bryenn. l. 4, c. 38; Anna Com. l. 2 Alex. p. 44. — [9] Albert. Aq. l. 2, c. 16; W. Tyr. l. 2, c. 2; Abb. Usperg. — [10] Nicet. in Andr. l. 1, c. 11. — [11] Acrop. c. 9. — [12] Hist. Austral. 1297. — [13] Senator, l. 4, ep. 2; l. 8, ep. I, 9. — [14] C. 57.

ideo more gentium, et conditione virili, filium te præsenti munere procreamus, ut competenter per arma nascaris filius, qui bellicosus esse dignosceris. Damus quidem tibi equos, enses, clypeos, et reliqua instrumenta bellorum, sed, quæ sunt omnibus fortiora, largimur tibi nostra indicia.

Ces façons de parler, et ces expressions, *inter gentes, more gentium*, etc., montrent que cette sorte d'adoption fut particulierement pratiquée par les peuples barbares, ou étrangers, qui usoient en cette occasion de la tradition des armes. Ce que Procope[1] assure encore en ces termes : Οὐ γράμμασιν οἱ βάρβαροι τοὺς παῖδας ποιοῦν-ται, ἀλλ' ὅπλων σκευῇ. Ce qui me fait croire qu'il faut rapporter à cet usage ce que Gontran[2] pratiqua lorsqu'il adopta Childebert, son neveu, lui ayant mis sa lance entre les mains, pour marque qu'il le tenoit pour son fils. Les *Annales de France* tirées du monastere de Fulde[3], disent qu'en l'an 873 les ambassadeurs de Sigebert, roy des Danois, et d'Halbden, son frere, priérent l'empereur Louys II : *Ut rex dominos suos reges in loco filiorum habere dignaretur, et illi eum quasi patrem venerari vellent cunctis diebus vitæ suæ.* A cét effet, il lui presentérent une épée, dont le pommeau estoit d'or massif. Mais il semble que cette espée n'estoit que pour marquer la forme de leurs sermens : *Jurabant enim, juxta ritum gentis suæ, per arma sua, quod nullus deinceps de regnodo minorum suorum regnum regis inquietare aut alicui in illo læsionem inferre deberet.* C'estoit encore une coûtume établie parmi les Lombards[4], que le fils du roy ne pouvoit seoir à la table de son pere, qu'il n'eust reçû auparavant ses premieres armes des mains de quelque prince étranger.

Les *Histoires Byzantines* n'ont pas spécifié les ceremonies dont les empereurs de Constantinople se servirent lorsqu'ils pratiquérent ces adoptions. Anne Comnene[5] dit qu'Isàc, son oncle, et Alexis, son pere, furent adoptez par l'imperatrice Marie, suivant l'usage reçu en ces occasions : Κατὰ τὸν παρακουλ.ηθήσαντα περὶ τῶν τοιού-των πάλαι τύπων. Albert d'Aix[6], parlant de l'adoption de Godefroy de Boüillon par l'empereur Alexis Comnene, se contente de dire qu'il fut adopté en fils, *sicut mos est terræ* ; et Guillaume, archevesque de Tyr[7] : *adhibita juxta morem curiæ solennitate quadam, quæ in ejusmodi arrogationibus fieri solet, secundum regionis morem.* De sorte qu'il est incertain quelle fut cette ceremonie, et si cette adoption se faisoit par les armes, comme celle des barbares, ce qui d'abord ne paroît pas éloigné de la probabilité. Car l'on ne doit pas trouver étrange qu'en cette occasion l'impératrice Marie ait adopté par les armes les deux freres Comnenes, puisque nous lisons dans Orderic Vital[8] que Cecile, fille de Philippes I, roy de France, et pour lors veuve du fameux Tancréde, prince d'Antioche, donna l'ordre de chevalerie à Gervais, seigneur breton, fils d'Haimon, vicomte de Dol, dont la cérémonie se faisoit avec les armes. Je trouve encore dans un compte de l'hostel du roy, du terme de l'Ascension de l'an 1262, que la reine de France fit le seigneur de Saint-Yon chevalier en une feste de Pasques[9].

Mais d'ailleurs je remarque dans l'*Histoire des guerres saintes* qu'il se pratiquoit anciennement une autre cerémonie pour les adoptions d'honneur, que celle par les armes : qui estoit que celui qui adoptoit faisoit passer l'adopté sous sa chemise, ou son manteau : faisant connoitre par là qu'il le tenoit comme son fils, et comme sorti de lui. Le prince d'Edesse adopta de cette maniere Baudoüin, frere de Godefroy de Boüillon, qui fut depuis roy de Hierusalem :

Balduinum sibi filium adoptivum fecit, sicut mos regionis illius et gentis habetur, nudo pectori suo illum astringens, et sub proximo carnis suæ indumento semel hunc investiens, fide utrimque data et accepta. Ce sont les termes d'Albert d'Aix[1] : Guibert[2], abbé de Nogent, raconte la même chose en ceux-cy : *Adoptationis autem talis pro gentis consuetudine dicitur fuisse modus. Intra lineam interulam, quam nos vocamus camisiam, nudum intrare eum faciens sibi astrinxit : et hæc omnia osculo libato firmavit. Idem et mulier postmodum fecit,* etc. Comme Foucher de Chartres[3], qui accompagna Baudoüin en cette expedition, Guillaume de Tyr[4], et Conrad, abbé d'Usperg, écrivent en termes formels, que celui qui l'adopta estoit un prince grec, qui avoit esté envoyé en cette place par l'empereur de Constantinople pour y commander, il semble plus probable que cette façon d'adopter estoit celle qui estoit pratiquée par les Grecs. Ce que l'on peut encore recueillir de ce que Mauro Orbini, en son *Histoire des Sclavons*[5], remarque que Marie Paleologue, reine de Bulgarie, adopta ainsi Svestislas, qui fut roy du même pays après Smiltze : *Alla fine Maria si ricolse d'adottare per figliuolo esso Svestislav, e questo fece publicamente nella chiesa : abbraciando con una parte del suo manto Svetoslav, et con l'altra Michele figliuolo di ley.* C'est ce qui a donné sujet à Surita[6] de dire que c'estoit la maniere ordinaire des adoptions de ces temps-là ; *adoptionis jus illorum temporum instituto more : rite sancitum tradunt, qui is inoleverat, ut qui adoptaret, per stolæ fluentis sinus eum qui adoptaretur traduceret.* On pourroit encore rapporter à cette ceremonie celle qui est racontée par le sire de Joinville[7], lorsqu'il parle de l'alliance que le prince de la Montagne contracta avec saint Louys par sa chemise et son anneau qu'il lui envoya. Les Grecs adoptoient aussi dans l'eglise, devant les prêtres, qui recitoient des prieres à cét effet, comme nous verrons dans la suite.

Il ne faut pas douter que la chevalerie[8] n'ait tiré son origine de cette espéce d'adoption, qui se faisoit par les armes, et de la cerémonie qui s'y observoit, où l'on revêtoit d'armes pour la guerre celui qui estoit adopté. Ce qui se pratiquoit aussi lorsqu'on faisoit quelqu'un chevalier. Car comme dans ces adoptions d'honneur on présentoit toute sorte d'armes au fils adoptif, pour s'en servir dans les premieres occasions des batailles, ainsi celui qui faisoit un chevalier lui donnoit l'épée, le haubert, le heaume, et generalement le revêtoit de toutes les armes qui sont nécessaires à un bon soldat pour se trouver dans les combats. C'est pourquoy il estoit alors appellé *miles*, parce qu'il commençoit à entrer dans la profession de la guerre, et se faisoit armer de toutes pieces, pour y faire le métier d'un vaillant soldat.

Le Moine de Mairemontier[9], décrivant les cerémonies qui s'observérent lorsque Geoffroy, duc de Normandie, fut fait chevalier, dit qu'on l'équippa de toute sortes d'armes. Voici comme il en parle : *Adducti sunt equi, allata sunt arma,.... induitur lorica incomparabili, quæ maculis duplicibus intexta, nullius lanceæ vel jaculi cujuslibet ictibus transforabilis haberetur. Calciatus est caligis ferreis ex maculis itidem duplicibus compactis : calcaribus aureis pedes ejus astricti sunt : clypeus leunculos aureos imaginarios habens collo ejus suspenditur : imposita est capiti ejus cassis multo lapide pretioso relucens, quæ talis temperaturæ erat, ut nullius ensis acumine incidi, vel falsificari valeret. Allata est ei hasta fraxinea ferrum Pictavense prætendens, ad ultimum allatus est ei ensis de Thesauro regio,* etc. Ce passage fait assez voir qu'anciennement, lorsqu'on faisoit des chevaliers, en les revétoit de toute sorte d'ar-

---

[1] L. I de bello Pers. c. 11. — [2] Greg. Tur. l. 5, Hist. c. 18, l. 7, c. 33. — [3] An. 873. — [4] Paul. Warnefr. de Gest. Langob. c. 33, 34. — [5] Anna Com. l. 2 Alex. — [6] Alb. Aq. l. 2, c. 16. — [7] Will. Tyr. l. 2, c. 2. — [8] L. 11. — [9] En la Ch. des Comptes de Paris.

[1] L. 3, c. 21. — [2] L. 3 Gest. Dei, c. 13. — [3] L. 1, c. 6. — [4] L. 4, c. 2. — [5] P. 464. — [6] L. I Ind. A. C. 1034. — [7] P. 86. — [8] Selden, Titles of honor, part. 2, c. 1. — [9] Jo. Monach. l. 1 Hist. Gauf. Duc.

mes, ce que l'on appelloit *adouber un chevalier*. L'*Ordene de chevalerie de Huës de Tabarie*;

> Sire, chou est li remembrance
> De celuy qui l'a adoubé
> A chevalier, et ordené, etc.

Le *Roman de Garin le Loherans* :

> Fétes mes freres chevaliers le matin,
> Si m'aideront cette guerre à tenir.
> Et dit li peres : Volontiers, biax amis,
> Il les adoube, et chevaliers en fist.

Ailleurs :

> Mon droit seigneur, qui soef me norri,
> Qui m'adouba, et chevalier me fist.

Les vieilles ordonnances qui sont dans les archives de la ville de Padoüe[1] veulent que celuy qui sera podestat de Vicenza *faciat se fieri militem adobatum*.

Mais les expressions les plus ordinaires en ces occasions estoient celles de *donner des armes*, au lieu de dire, *faire un chevalier*[2]. Robert Bourron conjoint le mot d'*adouber*, avec ceux-cy : *Or aten jusques à le matin, que je t'adouberay, et te donray armes*. Dans les auteurs latins il n'y a rien de plus commun que ceux de *armare, dare arma, arma accipere*, dans le même sens. Un titre d'Alfonse, roy de Castille[3], vulgairement appellé l'Empereur, de l'an 1194, porte cette date : *Hæc carta fuit facta eo anno quo dictus imperator armavit filium suum Fernandum militem in Palentia, in festo Natalis Domini*. Guillaume de Malmesbury[4], parlant de la chevalerie de Henry fils de Guillaume le Bâtard : *Anno ætatis 19, in Pentecoste, apud Westmonasterium sumpsit arma à patre*. Howeden, parlant du même Henry, se sert de ces termes : *Filium suum Henricum armis militaribus honoravit*; et Henry d'Huntindon de ceux-cy : *Henricum filium suum juniorem virilibus induit armis*. Le même auteur en un autre endroit[5] : *Henrico, nepoti suo, David, rex Scotorum, virilia tradidit arma*. Une ancienne chronique citée par Selden : *Alexander, rex Scotiæ, Joannem Scotum, comitem de Huntedone, et plures alios nobiles viros, armis militaribus induit in die Pentecostes*. Le *Roman de Garin* se sert aussi en quelques endroits de cette façon de parler :

> Et si vos mandes comme estes amis,
> Que dogniés armes l'enfant Girberc s'en fuis,
> Si hautement que li dus n'en menteist,
> Par grant chierté le vos envoie icy,
> Car bien trovast chevalier en feist.

En un autre endroit :

> Et chevalier a fet de Garnerin,
> C'est li plus janes de tos les fuis Hervi,
> Cheval li donne, armes, et ver et gris.

C'estoit proprement la première occasion où le jeune gentilhomme prenoit des armes : car jusques là s'il s'estoit trouvé dans les combats, ce n'avoit esté qu'à la suite d'un chevalier, et en qualité d'escuyer ou de valet. C'est ce qu'un vieux glossaire[6] appelle *armatura prima*, dautant qu'alors il s'armoit de *pleines armes*, qui est le terme dont on qualifioit les armes du chevalier, et commençoit à devenir soldat, *miles*, qui estoit le titre qui luy estoit donné[7]. Je sçai bien qu'on peut prendre encore ce mot d'*armatura* pour les exercices militaires, qu'Ammian Marcellin appelle *proludia disciplinæ castrensis*.

Nos histoires nous fournissent encore une autre espéce d'adoption d'honneur, qui se faisoit en coupant les cheveux de celuy qui estoit adopté en fils ; lorsqu'elles racontent que Charles Martel envoia Pepin, son fils, à Luithprand, roy des Lombards, afin qu'il luy coupât ses premiers cheveux, et que par cette cerémonie il luy tinst à l'avenir lieu de pere. C'est ce que nous apprenons de Paul Warnefrid, en son Histoire des Lombards[1] : *Circa hæc tempora Karolus, princeps Francorum, Pipinum, suum parvulum filium, ad Luithprandum direxit, ut ejus, juxta morem, capillum susciperet : qui ejus cæsariem incidens, ei pater effectus est, multisque cum ditatum regiis muneribus genitori remisit.* La *Chronique de Novaleze* dit cecy en d'autres termes : *Ut ei, juxta morem, ex capillis totonderet, et fieret ei pater spiritalis, quod et fecit*. Warnefrid fait voir que Pepin estoit alors fort jeune, d'où il faut conjecturer que c'estoit pour la première fois qu'on luy coupoit les cheveux. C'est donc à cette cerémonie[2] qu'on doit rapporter ce qu'Anastase Bibliothecaire[3] raconte de l'empereur Constantin le Barbu, qui envoia au pape Benoît II les floccons de cheveux de Justinian et d'*Héraclius*, ses enfans, voulant donner à connoître par là, ainsi que quelques sçavans ont observé, qu'il vouloit qu'ils reconnussent le pape et le souverain pontife de Rome comme leur père spirituel : *Hic una cum clero et exercitu suscepit mallones capillorum domini Justiniani et Heraclei, filiorum clementissimi principis, simul et jussionem per quam significat eosdem capillos direxisse.*

Cette cerémonie a esté fort en usage parmi les payens, comme on peut recueillir de divers auteurs, et particulièrement de ces vers de Stace[4] :

> Accipe laudatos, juvenis Phœbeie, crines,
> Quos tibi Cæsareus donat puer; accipe lætus,
> Intonsoque ostende Patri.

Elle s'est tousjours pratiquée par les chrétiens, lesquels, ne pouvans et n'osans pas abolir entierement les superstitions des payens, s'accommoderent à la foiblesse de leurs esprits, et aimerent mieux les purifier par des oraisons et des prieres, que de les irriter en voulant les ôter absolument : *Pertinaci paganismo mutatione subvenientes, cum rei in totum mutatio potius irritasset*. Ainsi qu'écrit le venerable Bede. Ammian Marcellin[5] raconte qu'une sedition s'estant élevée dans Alexandrie, la populace payenne se jetta sur *Dracontius*, et sur Diodore Comte, qu'elle fit mourir : le premier, parce qu'ayant la garde du temple, élevé à la Deesse *Moneta*, il l'avoit jetté par terre, après qu'il se fut fait chrétien, ainsi qu'il faut presumer : l'autre, parce qu'ayant esté employé pour edifier une église, il ne laissoit pas de couper les cheveux des jeunes enfans, estimant que cette cérémonie n'appartenoit pas à la religion des chrétiens, mais bien à la leur : *Alter quod dum ædificandæ præesset ecclesiæ, cirros puerorum licentius detondebat, id quoque ad Deorum cultum existimans pertinere*. Ce passage, qui a donné de la peine aux sçavans interpretes de cét auteur, justifie que dans les commencemens de l'Église naissante on continua de couper les cheveux aux jeunes enfans. Mais dans la suite cette cerémonie fut purifiée, et se fit dans les églises. Le livre des Sacremens de saint Gregoire[6] nous représente la priere que le prêtre faisoit dans l'église lorsqu'on coupoit les cheveux pour la première fois aux jeunes enfans, dont le titre est *Oratio ad capillaturam* : il y en a d'autres dans l'*Euchologium* des Grecs[7], qui appellent ces premiers cheveux coupez, *les premices*. Elles font encore voir que dans ces occasions on se choisissoit des parrains : τὸν προσελθόντα δοῦλόν σου τόνδε ἀπαρχὴν ποιήσασθαι κείρασθαι τὴν κόμην τῆς κεφαλῆς αὐτοῦ εὐ-

---

[1] Apud Felic. Osium. — [2] Roman de Merlin, ms. — [3] Chifflet. in Vind. Hisp. p. 395. — [4] L. 5. — [5] Pag. 395. — [6] Apud Rigal. in Gloss. V. Ἀρματούρα. Vide Vales. ad Amm. l. 14. — [7] Chr. Aulæ Reg. c. 13 ; Reg. des Fiefs de Champ. fol. 3, etc. L'ancien Coust. ms. de Norm. part. 2, ch. 25.

[1] De Gest. Long. l. 4, c. 40 ; l. 6, c. 53. — [2] Hariulf. l. 2, c. 1 ; Adrevald. l. 1, de Mirac. S. Ben. c. 14 ; Rad. de Diceto ; Aimoini Cont. l. 4, c. 57. — [3] In Bened. II, p. 57, edit. reg. ; Baron. A. 684. — [4] L. 3 Sylv. in Coma Earini ; Anthol. Gr. l. 6, c. 22. — [5] L. 22. — [6] P. 250, edit. Menardi. — [7] Goar. p. 375.

λόγησον ἅμα τοῦ αὐτοῦ ἀναδόχου. Mathieu *Blastares*[1] ajoûte que le prêtre mettoit ces floccons de cheveux coupez entre les mains du parrain, qui, selon quelques-uns, les envelopoit dans de la cire, où il imprimoit une image de Nostre Seigneur, et les conservoit comme un gage d'une chose qui avoit esté consacrée à Dieu : ὁ ἱερεὺς παραδίδοσι τὰς τρίχας εἰς τὰς χεῖρας τοῦ ἀναδόχου, καὶ αὐτὸς προσκυνήσας τὸν ἱερέα, ἀπολύει. Simeon, metropolitain de Thessalonique, semble dire que le prêtre gardoit ses cheveux dans un lieu sacré ; et Nicetas[2] écrit à ce sujet que ceux qui s'estoient ainsi fait couper les cheveux en conservoient la mémoire par une solennité annuelle, qu'il appelle κουρόσυνα. Cette coupe des cheveux se faisoit, lorsqu'après avoir passé l'âge d'adolescence, on entroit en celle de la jeunesse. L'ancienne loy Salique[3] c'est à dire celle qui fut redigée par nos rois encore payens, ainsi qu'on prétend, nous apprend que la cerémonie de couper les cheveux aux enfans estoit en usage parmi les François, et qu'elle se faisoit au-dessus de l'âge de douze ans : *Si quis puerum infra duodecim annorum non tonsoratum occiserit, etc.* Et ailleurs : *Si quis puerum crinitum sine consilio aut voluntate parentum totonderit, etc.*; termes qui font voir encore que les enfans estoient présentez par leurs pères, qui avec le temps choisirent dans ces occasions un parrain, qui est appellé père spirituel dans la *Chronique de Novalese*; ce que fit Charles Martel lorsqu'il choisit Luitbprand pour couper les cheveux de Pepin, son jeune fils.

La même cérémonie se pratiquoit, lorsqu'on se faisoit couper les premiers poils de la barbe. Aimoin[4] dit que Clovis envoya ses ambassadeurs à Alaric pour traiter de paix avec luy, et le prier de lui toucher sa barbe, c'est à dire la couper, et d'estre par ce moyen son pere adoptif : *Et Alaricus, juxta morem antiquorum, barbam Clodovæi tangens, adoptivus ei fieret pater.* Un autre auteur : *Cum pacem inire cœpissent hujus convenientiæ, ut Alaricus barbam tangeret Clodovæi effectus Patrinus.*

Ce n'est pas sans raison qu'Aimoin se sert de ces termes : *juxta antiquorum morem*, parce qu'effectivement ce n'estoit pas un usage nouveau, mais tres-ancien et qui avoit esté observé tant par les Grecs que par les Romains ; car les uns et les autres avoient coûtume de se faire couper les premiers poils de la barbe par leurs amis, et de les consacrer à leurs deïtez. Ce que *Callimachus*[5], témoigne à l'égard des habitants de l'isle de Delos :

> — παῖδες δὲ θέρος τὸ πρῶτον ἰούλῳ
> ἄρσενες ἠϊθέοισιν ἀπαρχόμενοι φορέουσιν.

Il y a encore quelques épigrammes dans l'anthologie grecque[6], qui justifient cette coûtume sous le titre de ἀπὸ νέων. Les Romains solennisoient les jours ausquels on faisoit cette cerémonie, avec des festins, et beaucoup d'appareil : ce que leurs histoires[7] racontent au sujet des empereurs Auguste, Caligula et Neron : ce dernier donna même à cette solennité le nom de Juvenales, au recit de Xiphilin[8], et ayant fait mettre les floccons de sa barbe dans une boëte d'or, comme fut celle de Trimalcion dans Petrone, il les consacra à Jupiter Capitolin. C'est pour cela que dans quelques Glossaires le mot de *Juvenalia* est interpreté νέων ἑορτή[9]. Dion et Xiphilin font la même remarque des empereurs Helagabale et *Avitus*.

Comme les chrétiens purifiérent la cerémonie de la coupe des cheveux des enfans par des prieres saintes, ils firent le même pour celle des premiers poils de la barbe. Les oraisons que l'Église latine et la grecque ont introduites pour ce sujet sont insérées pareillement dans le livre des Sacremens de saint Gregoire et dans l'*Euchologium* des Grecs. M. de Valois, l'un des plus sçavans que nous ayons aujourd'hui en France, a écrit que cette cerémonie estoit appellée *barbatoria*, terme qui est interpreté dans les Glossaires grecs[1] par celui de πωγονοκουρία, et qui est usurpé en ce sens dans le pretendu fragment de Petrone donné depuis peu au public, que les doctes rejettent avec fondement[2]. De sorte qu'il estime que c'est de cette cérémonie, de laquelle il faut entendre Gregoire de Tours[3], lorsqu'il dit que l'abbesse de Poitiers fut accusée d'avoir souffert qu'on fist cette cérémonie dans l'enclos de son monastere : *Quod vittam de auro exornatam nepti suæ superflue dederit, barbatorias intus eo quod celebraverit.* Mais d'autres[4] veulent que *Barbatorias facere* en cet endroit est faire des mascarades, qui est un terme encore à présent fort commun dans la plûpart des provinces de France, où l'on appelle les masques dont on se sert pour se déguiser *des barboires*, comme en Picardie ; *Barbadoüires* dans le Gevaudan, et *Barbauts*, dans l'Auvergne : parce qu'ordinairement on accompagne ces masques de barbes, faites d'étranges et differentes figures ; ce qui a fait dire à un pere de l'Église[5] parlant des déguisemens qui se faisoient aux bachanales : *In istis diebus miseri homines, et, quod pejus est, etiam aliqui baptizati sumunt formas adulteras, sumunt species monstruosas, etc.* Il y a de semblables paroles dans le décret de la Faculté de Paris de l'an 1444 au sujet de la *Feste des Fols*, qu'on abolit en ce temps-là, et qui n'estoit autre que celle des bachanales. Je sçai bien qu'on peut interpreter ces mots des déguisemens en cerfs, et autres animaux, qui se faisoient en ces rencontres-là.

Dans ces adoptions par la coupe des cheveux, et de la barbe, il se contractoit une affinité spirituelle, qui faisoit donner le nom de pere à celui qui estoit pris pour parrain, et celui de fils à l'enfant de qui on coupoit les cheveux, et le poil de la barbe. Cette même affinité se contractoit avec beaucoup plus de fondement entre les enfants qui estoient baptizez et ceux qui en estoient les parrains ; car en ces occasions, comme les parrains prenoient le titre de peres spirituels, ainsi les baptizez prenoient celuy d'enfans adoptifs. Procope[6] dit que c'estoit la maniere ordinaire d'adopter parmi les chrétiens, lorsqu'il raconte que Belissaire, estant sur son départ pour l'Afrique, adopta ainsi avec Antonine, sa femme, un certain Theodose, qu'il avoit élevé dans sa maison : ἔλουσε μὲν ὁ Βελισσάριος τὸ θεῖον λουτρόν, καὶ χερσὶν ἀνελόμενος ἐνθένδε οἰκείαις, εἰσποιητὸν ἐποιήσατο ξὺν τῇ γυναικὶ παῖδα, ἥπερ εἰσποιεῖσθαι νόμος. C'est en ce sens qu'il faut entendre saint Nicephore[7], quand il écrit que l'empereur *Héraclius* feignit de vouloir faire baptizer son fils, et de le faire adopter ou tenir sur les fonts par *Crispus* : σκήπτεται δὲ ὁ Ἡράκλειος τῷ θείῳ λουτρῷ τὸν υἱὸν καταγλίζειν, υἱοθετεῖσθαι δὲ αὐτὸν ὑπὸ Κρίσπου. Le même auteur se sert encore ailleurs de cette façon de parler : καὶ τὰς ἐκείνων γαμετὰς αἱ τούτων αὐτῶν τῷ θείῳ λουτρῷ ἐτεκνώσαντο σύζυγοι. Alaman[8] rapporte à cette espéce d'adoption l'ordonnance de l'empereur Léon qui condamna celles qui se faisoient sans les cérémonies de l'Eglise, ἄνευ τελετῆς, καὶ ἱερῶν ὠδίνων, *sine ceremoniis, et sacræ regenerationis ritu*, où quelques-uns restituënt ᾠδῶν au lieu d'ὠδίνων[9]. Je n'estime pas toutefois que cette novelle se doive entendre des adoptions qui se faisoient par le

---

[1] In Jure Gr. Ro. Jac. Goar. — [2] Ad orat. S. Greg. Theol. de sancto Bap. — [3] Ed. Heroldi tit. 38, § 1, 11. — [4] L. 1 de Gest. Fr. c. 20; Collect. Hist. apud Canis. tom. 2; antiq. lect. — [5] Hym. εἰς Δῆλον, v. 298. — [6] L. 6, c. 22. — [7] Dio, l. 48, 79; Suet. in Cal. c. 10; in Ner. c. 12. — [8] In Nerone. — [9] Gl. Gr. Lat. V. Petr. Fabr. 1. I; Semest. c. 20; Lips. ad Tacit. l. 24; Savaron. ad Sid Car. 23.

[1] Had. Vales. Not. ad Paneg. Beroag.; Gloss. S. Bened. et Græcolat. — [2] Wagensel. et Valesius. — [3] L. 10 Hist. c. 16. — [4] M. de la Lande, in Gloss. ad Suppl. Conc. Gall. — [5] Faust. Episc. in Serm. in Kal. Jan. — [6] Hist. Arcana, p. 3, edit. 1. — [7] In Heracl. p. 12, edit. 1. — [8] Ad Procop.; Leo, Nov. 24. — [9] Gotbofr.

baptéme, mais generalement des véritables adoptions, ce qu'il designe assez lorsqu'il défend les alliances de mariage entre les freres naturels et les adoptifs, lesquelles n'estoient pas défenduës dans les affinitez qui se contractoient par le baptéme entre les enfans baptisez et les enfans de leurs parrains. C'est donc de ces adoptions par le baptéme dont Theophanes [1] a parlé, quand il raconte que Tzath [2], roy des Lazes, estant venu à Constantinople visiter Justinian, et ayant receu la couronne de luy par honneur, voulut aussi se faire chrétien, et qu'alors l'empereur l'ayant tenu sur les fonts le qualifia son fils : Ὁ δὲ βασιλεὺς αὐτὸν δεξάμενος, ἐφώτισεν αὐτὸν, καὶ υἱὸν ἀνηγόρευσεν. Saint Rembert, en la *Vie de Saint Anschaire* [3], *archevesque de Hambourg*, dit que l'empereur Louys le Debonnaire, ayant persuadé Herold, roy des Danois, de se faire baptizer, *ipse de sacro fonte suscepit, sibique in filium adoptavit.* Ainsi Anlaf, roy de Northumberland, estant venu pareillement visiter Eadmond, roy des Anglois, ce roi le fit baptizer par l'evesque de Wincester : *Confirmari ab episcopo fecit, sibi in filium adoptavit, regioque munere donavit.* Ce sont les termes de Florent de Wigorne [4], qui se sert en cet endroit de celuy de *confirmari*, au lieu de *baptizari* : peut-estre parce qu'anciennement le sacrement de confirmation suivoit immediatement celuy du baptéme [5]. Aussi un autre auteur [6], qui raconte la même chose, se sert du dernier : *Eodem anno rex Anlafum regem.,.. de lavacro sanctæ regenerationis suscepit, regioque munere donavit.* Comme ceux qui sont baptisez reçoivent le nom de fils, ou plûtôt de filleul (*filiolus*, dans les *Capitulaires* d'Herard, archevesque de Tours [7],) ainsi les parrains tiennent lieu de pere en cette cérémonie. Ce qui a fait dire à l'evesque de Poitiers [8] :

Germine qui non est sit tibi fonte parens.

La circonstance que Procope remarque dans le passage que je viens de citer est considerable, qui est que Belissaire, voulant adopter Theodose, le prit entre ses mains pour le présenter au baptéme, χερσὶν ἀνελόμενος ἐνθένδε οἰκείαις, ou plûtôt le prit par la main pour le présenter au prétre ; car Théodose estoit alors avancé en âge, puisque le même Procope [9] écrit qu'incontinent aprés avoir esté baptisé, il suivit Belissaire, en qualité d'homme de guerre, en son expedition d'Afrique. Theophanes se sert du mot de δεξάμενος, et encore à présent nous usons de ceux de *tenir sur les fonts de baptesme.* C'est pourquoy les parrains sont appellez *gestantes* dans saint Augustin [10], ὑποδόχοι, *susceptores*, dans saint Denys l'Areopagite [11], *sponsores* dans Tertullien [12], *fidejussores* dans le même saint Augustin [13] : parce qu'ils portoient leurs enfans entre leurs bras; ou si c'estoient des grandes personnes ils les prenoient par la main, et les présentoient aux prétres, pour estre baptisez, se faisoient pléges de leur foy et de leur créance, respondoient en cette qualité pour eux aux interrogations des prétres ; et enfin ils s'obligeoient de les instruire, et d'en avoir le même soin, comme de leurs propres enfans. Dès lors il se formoit une étroite affinité entre les parrains et les filleuls, qui estoit telle, qu'il ne se pouvoit contracter aucune alliance de mariage entre eux. Le pape Nicolas [14], répondant aux demandes des Bulgares : *Est inter patres et filios spirituales gratuita et sancta communio, quæ non est dicenda consanguinitas, sed potius habenda spiritualis proximitas : unde inter eos non arbitramur fieri posse quodlibet conjugale connubium, quandoquidem nec inter eos qui natura et eos qui in adoptione filii sunt venerandæ Romanæ leges matrimonium contrahi permittunt.*

A l'exemple de ces anciens empereurs et des princes étrangers qui ont adopté par honneur ceux avec lesquels ils ont voulu contracter une alliance étroite, les rois et les princes des derniers siécles ont inventé une autre maniere d'adoption, par la communication qu'ils ont faite de leurs noms et de leurs armes, ou armoiries, à quelques-uns de leurs plus affidez qu'ils ont admis par ce moyen dans leur famille. Ce qui ne s'est fait pareillement que par honneur, sans que pour cela les adoptez pûssent prétendre aux successions et aux autres droits et privileges des maisons. Ainsi nous lisons que Sigismond, roy de Pologne, adopta Emilio Maluezzo, gentilhomme bolonois, et le fit de sa famille : *Fu adoitato et fatto da lui della famiglia sua reale*, comme Sansovino écrit [1]. Le même raconte que *Hercole Bentivoglio* fut adopté de la même maniere en la famille de la Roüere, *Tiberto Brandolino*, et Nicolas comte de Corregio en celle des Visconti; et ajoûte que Louys Sforce, duc de Milan, traita le dernier du nom de fils. Mathias, roy de Hongrie, au recit de cét auteur, adopta de cette adoption Borso, comte de Corregio : *Fu da quel re molto honorato, in tanto che lo fece della sua famiglia, et li dono l'arme, laquel Borso inquarto con l'arme Corregia.* Ferdinand, roy de Naples, adopta Philippes de Croy, comte de Chimay, et lui permit de porter le surnom et les armes d'Aragon [2]. La lettre qu'il lui écrivit à ce sujet, datée de Castelnovo de Naples du 13e jour d'avril 1475, porte ces termes : *Illustrissimo viro Philippo de Croy de Aragonia, comiti Simacensi, amico nostro charissimo, rex Siciliæ. Illustrissime Vir amice nobis charissime, si gratum, ut litteris vestris significastis, quod in nostram domum vos susceperimus, et nostræ domus cognomine, armisque donaverimus, maxime lætamur, etc.* Deux ans [3] après le même roy accorda ce privilege à Jean Bentivoglio, second fils d'Annibal Bentivoglio, par Philippes Salarvol, son ambassadeur, *per lo quale il detto re lo haveva fatto di casa Arragona co suoi figliuoli et descendenti in perpetuo, donando li l'arme et le devise regali, con provisione de quatro mila ducati d'oro l'anno.* Le duc de Milan, ainsi que Jacques Valere [4] écrit, *donna ses armes à Nicolas Piechesino, lequel il lustra et le fit de son lignage.* On peut ranger en cét endroit les adoptions honoraires que la republique de Venise fit de Catherine Cornare, reine de Cypre, qui donna ce royaume aux Venitiens; et de Blanche Capello, fille de Barthelemy Capello, senateur et chevalier venitien, seconde femme de François de Medici, grand duc de Toscane : ayant toutes deux pris le titre de filles de la republique. Les Venitiens permirent aux Cornares de porter les armes de Cypre, parties de celles de leur famille, en consideration d'un présent de cette consequence, que cette reine, qui en estoit issuë, leur fit [5].

On pratique encore à présent dans l'Italie, particulierement dans l'Etat de Gennes, une forme d'adoption, que l'on appelle albergue. Elle se fait par le consentement de toute une famille, qui depute des procureurs pour traiter avec ceux ausquels elle desire communiquer son nom, ses armes et ses prérogatives. Charles Venasque [6] produit deux exemples de cette maniere d'adopter en la famille des Grimaldi, qui ont communiqué leur nom et leurs armes à quelques gentilshommes du surnom d'Oliva et de Ceba, par deux actes passez à Gennes l'an 1448, par lesquels ces gentilshommes sont admis en la famille des Grimaldi, avec faculté de se trouver à l'avenir en toutes les assemblées de la famille, à condition de fournir aux dépenses qu'il conviendra faire, pour la conservation et le maintien de sa dignité. Reciproquement, les procureurs au nom de

---

[1] P. 144. — [2] Anast. Hist. Eccl. — [3] C. 3, n. 10. — [4] P. 610. — [5] Euch. Gr. p. 356. — [6] Simeon Donelm. et Bromp. A. 943. — [7] Cap. c. 7. — [8] Fortunat. l. 5, poëm. 4. — [9] L. 1 de Bello Vand. c. 12. — [10] L. 4, contra Julian. et ep. 23, 105, 107, c. 8. — [11] De Sacr. Hier. c. 2. — [12] De Bapt. c. 18; de Corona Milit. c. 3. — [13] Domin. 1, post. Pasch. — [14] Consult. Bulgar.

[1] Sansovino, nelle Familie Illustr. d'Ital. l. 1, 35, 111, 129, 134, 182, 183, 277, 278. — [2] Scohier, en la Gen. de la Maison de Croy, p. 54. — [3] Sansovino. — [4] En son Traité ms. de la Noblesse. — [5] Bemb. l. 1 Chr. Venet. ; Sansovino ; Est. Luzignan, en ses Geneal. ch. 48. — [6] Geneal. de la Maison de Grimaldi.

la famille de Grimaldi declarent qu'ils reçoivent les adoptez, avec leurs enfans et leur postérité, en la famille de Grimaldi, *cum omnibus signis, insignibus, decore, claritudine, honore, dignitate, cognomento, ac juribus quomodolibet competentibus, et competi-* *turis cæteris antiquis et vera origine Grimaldis.* Saluste Tibere de Corneto, en son *Formulaire* [1], a aussi donné la formule de ces adoptions, ou albergues, que Selden a inserée en ses *Titres d'Honneur* [2].

[1] Impr. à Rome, 1621. — [2] Titles of Honor, part. 2, c. 8, § 3.

SUITE DE LA DISSERTATION PRÉCEDENTE,

TOUCHANT LES ADOPTIONS D'HONNEUR EN FILS, OU DEUX MONNOYES DE THEODEBERT Ier ET DE CHILDEBERT IIe, ROIS D'AUSTRASIE, SONT EXPLIQUÉES.

DISSERTATION XXIII.

Comme dans les veritables adoptions il se contractoit une affinité, non seulement entre le pere adoptif et les enfans qui estoient adoptez, mais encore entre les parens des uns et des autres ; ainsi dans les adoptions d'honneur, quoiqu'elles ne donnassent aucun droit aux successions, l'alliance passoit aux enfans et aux parens de ceux qui estoient adoptez en fils ou en freres. Athalaric, roy des Goths d'Italie, dans Cassiodore [1], écrivant à Justinian, ou plutôt à Justin, comme veut Alaman, dit qu'il a droit de se dire son parent et son petit-fils, puisque Theodoric, son ayeul, avoit eu l'honneur d'être adopté par luy : *atque adeo pacem non longinquus, sed proximus peto, quia tunc mihi dedistis gratiam nepotis, quando meo parenti adoptivi gaudia præstitistis.* Ainsi dans Anne Comnene [2], le faux Diogene qualifie Nicephore Bryennius son oncle, parce que ce seigneur avoit contracté une adoption en frere avec l'empereur Romain Diogene, dont il prétendoit estre le fils.

La qualité de pere que Theodebert Ier et Childebert IIe du nom, rois d'Austrasie, donnent dans leurs lettres, l'un à l'empereur Justinian, l'autre à l'empereur Maurice, pourroit faire présumer qu'il se fit de semblables adoptions d'honneur entre ces princes, en suite des traitez d'alliance qué l'un et l'autre de ces rois firent avec ces empereurs ; car comme ceux qui estoient adoptez s'estimoient honorez lorsqu'ils pouvoient se dire les enfans de ceux qui les adoptoient, il est probable qu'ils leur donnoient en même temps le titre de pere. Conrad, abbé d'Usperg [3], parlant de l'empereur Alexis Comnene, qui adopta de cette maniere quelques-uns de nos princes françois qui alloient à la conquéte de la Terre Sainte : *Singularum turmarum principes Alexius, more suo, sub appellatione* FILIORUM *suscepit, eisdemque post manus acceptas, sacramentaque firmata,... munera dispertivit.* Comme donc Alexis reconnoissoit ces princes sous le nom de ses enfans, il ne faut pas douter qu'ils ne lui ayent donné celui de pere.

Pour commencer par Theodebert, Freher [4] et après lui M. Duchesne [5] ont donné au public trois lettres que ce roi écrivit à Justinian. L'inscription de la premiere ne lui donne autre titre que celui-cy : *Domino illustri, inclito triumphatori, ac semper Augusto, Justiniano imperatori.* Mais dans celles des deux suivantes Justinian y est qualifié pere, en ces termes : *Domino illustri et præcellentissimo domino et* PATRI *Justiniano imperatori.* On recueille de la premiere lettre que cet empereur rechercha le premier l'amitié et l'alliance de Theodebert, pour avec son secours combattre les Goths en Italie ; et, afin de l'y porter plus puissamment, il lui envoya des ambassadeurs et de riches présens. De sorte que comme il n'y avoit pas encore pour lors aucun traité entre ces princes, Theodebert répondant à la lettre de Justinian ne lui donne que le titre qui estoit donné ordinairement aux empereurs. Mais depuis qu'il y eut des traitez entre eux Theodebert donna le titre de pere à Justinian dans les inscriptions des lettres qu'il lui écrivit. Ce qui pourroit faire présumer, comme j'ay avancé, qu'il y eut alors des adoptions d'honneur contractées entre eux, en vertu desquelles Theodebert qualifia Justinian du nom de pere.

L'une des trois lettres [1] que ce prince écrivit à cét empereur marque evidemment qu'il y eut des traitez entre eux, probablement après la mort de Theodat, dont Theodebert semble entreprendre la défense dans la premiere de ces lettres, si ce n'est qu'il entende parler de Theodoric, ce que je tiendrois plus probable, à qui les loüanges qu'il donne à ce prince qu'il défend conviennent beaucoup mieux qu'à Theodat. Procope [2] dit en termes exprés que Theodebert s'obligea de servir l'empereur dans ses guerres d'Italie, écrivant que Vitige, roy des Goths, ayant voulu engager à son secours Childebert, Theodebert et Clotaire, qui commandoient en ce temps-là dans la France, ces princes lui firent réponse qu'ils ne le pouvoient pas faire ouvertement, mais qu'ils lui envoyeroient secretement des troupes tirées des provinces qui leur appartenoient, parce qu'ils s'estoient obligez peu auparavant envers l'empereur de le servir en cette guerre, ἐπεὶ ὀλίγῳ πρότερον βασιλεῖ ἐς τόνδε τὸν πόλεμον ξυλλήψεσθαι ὡμολόγησαν. Où il est à remarquer que Justinian traita avec Childebert, roy de Paris, parce qu'il avoit une partie de ses États dans la Provence, et particulierement la ville d'Arles, comme on peut recueillir de l'auteur qui a écrit la *Vie de Saint Cæsarius* [3], et des epitres du pape Vigilius [4]. Le même Procope [5] rapportant ailleurs l'irruption que Theodebert fit dans les terres qui appartenoient à Justinian dans l'Italie, dit que Belissaire, qui commandoit alors les troupes de l'empereur, écrivit à Theodebert, et se plaignit de ce qu'en cette occasion il avoit si fort méprisé les traitez, qu'il avoit jurez si solennellement avec son maître, qu'il ne faisoit aucune difficulté de les violer, et d'y contrevenir ; ce qui estoit indigne d'un prince puissant, comme il estoit. De sorte qu'il n'y a pas lieu de douter qu'il n'y ait eu des traitez d'alliance

[1] Senator. l. 8, ep. 1 ; Aleman. ad Procop. Hist. Arcan. — [2] L. 10 Alex. — [3] A. 1101. — [4] Freheri Ep. Franc. — [5] To. 1, Hist. Franc. p. 862.

[1] Epist. 19. — [2] L. 1 de Bello Goth. c. 14. — [3] Messian. Presb. l. 1 Vitæ S. Cæs. — [4] Vigilii PP. Epist. apud Baron. A. 538, 28; 545, 4; 546, 61. — [5] L. 2, c. 25.

entre Justinian et Theodebert ; ce qui est d'ailleurs confirmé par Gregoire de Tours [1], lorsqu'il parle de *Mummolus*, qui fut envoyé par Theodebert à Constantinople en qualité d'ambassadeur. Comme donc depuis ces alliances Theodebert commença à traiter l'empereur du titre de pere, ce qu'il ne faisoit pas auparavant, on pourroit présumer que Justinian l'adopta d'une adoption d'honneur, en vertu de laquelle il ait pû prendre celui de son fils. Ce qui est d'autant plus probable, que ces adoptions se faisoient alors assez souvent par les empereurs, lorsqu'ils s'allioient avec les princes étrangers, qui les inventérent et en apportérent l'usage et la coûtume dans l'Europe, où elles estoient inconnuës auparavant. On peut dire la même chose de Childebert Ier, dont je viens de parler, qui traitoit pareillement Justinian du titre de pere, comme nous apprenons de quelques lettres que le pape Pelage [2] écrivit à Childebert, où, parlant de Justinian, il use de ces termes, PATER *vester præcellentissimus imperator.* Aussi je remarque qu'ensuite de ces alliances Childebert et ses sujets [3] avoient des déferences toutes particulieres pour l'empereur, comme s'ils eussent esté ses vassaux.

On peut opposer à cét égard que cette qualité de pere, que Theodebert et les deux Childeberts donnent dans leurs lettres aux empereurs Justinian et Maurice, n'est qu'un style de chancelerie, et que les princes etrangers traitoient ainsi ordinairement les empereurs. C'est ce qu'il y a lieu de revoquer en doute, veu que l'inscription de la premiere lettre de Theodebert semble marquer le contraire, puisqu'elle ne porte pas ce titre, mais seulement celles des deux suivantes, qui furent écrites après les traitez d'alliance. D'ailleurs Marculfe [4], qui n'estoit pas éloigné de ces siécles-là, et qui a dressé les formules, c'est à dire le style de la chancelerie de France, nous apprend que nos rois écrivans à d'autres rois les traitoient de freres, en ces termes : *Domino glorioso atque præcellentissimo fratri, illi regi, in Dei nomine ille rex.* Où le terme de *præcellentissimus* est à remarquer, qui se trouve dans les inscriptions des lettres que Theodebert et Childebert Ier écrivirent à Justinian, et qui est un titre qu'on donnoit même à nos rois, comme on recueille des epitres de saint Gregoire le Grand [5]. Cét usage est conforme à ce que Gregoire de Tours [6] écrit, qu'Alaric, roy des Goths, traitoit du nom de frere le roy Clovis Ier. En second lieu nous ne voyons pas que les princes de ce temps-là écrivans aux empereurs les ayent jamais traitez de peres, mais bien de freres. Constantin le Grand écrivant à Sapor, roy de Perse, lui donne ce titre [7]. L'empereur Justin donne à Cabades, aussi roy de Perse, le nom de frere, dans Theophanes [8] : et Cosroes dans un autre auteur [9] à l'empereur Justinian. Un autre Cosroes en use de même à l'égard de l'empereur Heraclius [10]. Charlemagne [11] dans les lettres qu'il écrivit à l'empereur Nicephore, le qualifie aussi son frere ; ce qui a fait dire à Eguinart que ce prince ayant pris la qualité d'empereur, *invidiam suscepti nominis, Constantinopolitanis imperatoribus super hoc indignantibus, magna tulit patientia, vicitque eorum contumaciam magnanimitate, qua ei procul dubio longe præstantior erat, mittendo ad eos crebras legationes et in epistolis eos fratres appellando.* Dans Anne Comnene [12] l'empereur Alexis traite l'empereur Henry de frere. Isâc l'Ange écrivant à Louys VII, roy de France, au recit d'un auteur [13] de leur temps, *prolixam adulationem depinxit, regem nostrum nominando sanctum, amicum, et fratrem.* Je ne veux pas icy enfler mon discours des autres exemples qu'on pourroit rapporter des rois et des princes qui se sont traitez de freres, parce qu'outre qu'ils ont esté observez par quelques auteurs de ce temps ; je n'ay entrepris que de marquer ceux qui font au sujet des empereurs [1]. De sorte qu'on peut dire qu'on ne lit pas que les rois les ayent qualifiez du titre de peres, hors cette occasion de l'adoption d'honneur. Il est vrai que Cosroes, roy de Perse, écrivant à l'empereur Maurice, lui demande la permission de se dire son fils et son suppliant, Χοσρόης ὁ σὸς υἱός καὶ ἱκέτης [2]. Mais ce fut la seconde qualité qui lui fit rechercher la premiere, estant tombé dans la disgrace de la fortune, qui lui fit reclamer le secours de l'empereur contre Varam, qui l'avoit dépossedé de ses Etats. Mais lorsque les empereurs accordoient les adoptions d'honneur aux princes étrangers, comme la plûpart de ces princes n'avoient pas de peine de leur ceder en dignité, ils ne faisoient pas aussi de difficulté d'embrasser la qualité de fils et de leur accorder celle de peres.

Je ne sçay pas si je dois rapporter à ces traitez d'alliance que Theodebert fit avec Justinian deux monnoyes d'or de ce prince françois qui nous ont esté representées par M. Bouteroüe [3], conseiller en la cour des monnoyes, dans les curieuses et sçavantes recherches qu'il a faites sur celles de nos rois de la premiere race [*]. D'un côté il paroit un prince armé et couvert à la romaine, le javelot sur l'épaule droite, le bouclier dans le bras gauche, sur lequel est empreint un cavalier avec le javelot en la main. La teste du prince est couverte d'une couronne, ou d'un diadéme en forme de casque, dont je feray la description plus exacte dans la Dissertation suivante, et pour inscription on y lit ces mots, DN. THEODEBERTVS. VICTOR ; en l'autre revers est une victoire avec des aisles, tenant de la main droite une longue croix, avec ces caracteres à l'entour, VICTORIA AVCCCI ; au dessous de la figure est le CONOB., qui se rencontre en la plûpart des medailles du Bas-Empire. L'une de ces monnoyes a encore aux côtez et aux pieds de la victoire ces deux lettres R. E.

Cette espèce de monnoye peut recevoir deux explications. Car, en premier lieu, comme elle représente en ses deux faces, ou revers, les mêmes figures qui se rencontrent dans les medailles de Justinian, on pourroit avancer avec beaucoup de fondement que Theodebert, ayant conclu les traitez d'alliance avec cet empereur, dont j'ay parlé cy-dessus, et ayant esté adopté par luy à la mode des gentils (si toutefois on doit présumer cette adoption des termes de ses lettres), pour donner des marques de l'estime qu'il faisoit de son amitié fit empreindre, et la figure et les devises de Justinian, telles qu'il les faisoit marquer dans ses monnoyes, qui sont entierement semblables à celles qui se rencontrent dans les monnoyes de Theodebert, comme on peut aisément recueillir en les conferant avec celles de Justinian, dont Alaman [4] nous a donné l'empreinte. Baronius [5], Lipse [6] et Gretzer [7] nous en ont représenté d'autres de cét empereur avec les mêmes figures, sauf qu'au lieu de javelot il porte un monde croisé. Chifflet, en son *Childeric* [8], nous a pareillement donné les empreintes de plusieurs monnoyes du bas Empire, et entre autres de Theodose le jeune, de Valentinian III, de Marcian, de Leon, de Zenon, de Nepos, et de Basilisque, qui y sont tous figurez avec le même diadéme, le javelot et le bouclier orné de la figure du cavalier ; ce qui peut donner sujet d'inférer que la figure qui se rencontre dans la monnoye de Theodebert est celle d'un empereur.

---

[1] L. 1 de Glor. Mart. c. 31. — [2] Epist. apud Baron. A. 556, 27, 29. — [3] Baron. A. 545, 7. — [4] L. 1, form. 9. — [5] L. 4, ep. 1, 52; 1. 11, ep. 10. — [6] L. 2 Hist. c. 35. — [7] Euseb. 1. 4 de Vita Const. — [8] P. 143. — [9] Menander Prot. in Legat. — [10] Chron. Alex. p. 918. — [11] Alcuin, ep. 111; Eghin.; Baron. A. 871, 54. — [12] L. 2, p. 93. — [13] Odo de Dioglio, p. 15.

[1] Otho Fris. 1. 1 de Gest. Frid. c. 23, 24; tom. 4 Hist. Fr. p. 539; Meurs. in Ἀδέλφατον; Hadr. Valesius, ad Ammian. 1. 17. — [2] Simocatta, 1. 4, c. 11. — [3] En ses monnoyes de France, p. 230. — [*][Voir tom. IV du Glossaire, pl. 1, num. 9.] — [4] Ad Procop. Hist. Arc. p. 145, edit. reg. — [5] A. 527, 62; M. Bouter. p. 132, 133. — [6] L. 3 de Cruce, c. 16. — [7] De Cruce, p. 1855. — [8] In Anast. Child. c. 17.

Quant à l'autre revers, il se trouve pareillement semblable dans les monnoyes de Justinian : ensorte qu'il semble confirmer que la figure qui est representée en l'autre est celle de cét empereur, puisque l'inscription y marque les victoires d'un empereur, ce que l'on ne pourroit pas attribuer à Theodebert, qui ne s'arrogea jamais ce titre, mais se contenta de celuy de roy, qui lui est attribué dans ses autres monnoyes. Le CONOB. estoit particulier pour les monnoyes de l'Empire, ou des empereurs, ne se trouvant que tres-rarement en d'autres. Et parce que l'explication de ces lettres, ou plûtót les conjectures qu'on peut apporter sur ses caractères, ont esté données par les sçavans[1], aussi bien que sur les trois CCC. ou GGG. qui suivent AV. et la lettre I, qui se rencontre aprés ces lettres, je n'en diray rien en cét endroit. Je remarque seulement que les rois goths d'Italie, qui ont toûjours contrecarré les empereurs, et qui, au rapport de Procope, se sont arrogez les mémes ornemens qu'eux, n'ont jamais entrepris de faire graver dans leurs monnoyes ni le CONOB ni le VICTORIA AVGGG. Theodat, qui fut souvent en guerre avec Justinian, et qui eut peine à s'abaisser aux hommages et aux reconnoissances de ses prédecesseurs, paroît dans ses monnoyes avec les ornemens imperiaux, et avec un bonnet ou diadéme fermé, different de celuy des empereurs, avec ces caracteres : DN. THEODAHATVS. REX. Mais quoy qu'en l'autre revers il y ait une victoire postée sur la pointe d'un vaisseau, ou sur un *lituus*, il se contenta d'y faire graver ces mots, VICTORIA. PRINCIP. ou, comme ils se trouvent écrits dans une autre monnoye de cuivre de ce roi, VICTORIIV JRINCIPVM; termes qui semblent marquer ses victoires en particulier, quoy que Baronius estime qu'il voulut par là flater Justinian au sujet de celles qu'il remporta sur le roy des Vandales[2]. Enfin on ne remarque en aucune autre monnoye de nos rois la forme de la couronne qui est figurée en celle de Theodebert : au contraire, ils y paroissent presque toûjours avec le diadéme de perles, ou avec la couronne de rayons, l'ombelle, le mortier, et le casque, comme je feray voir dans la Dissertation suivante.

Il n'est pas sans exemple que des princes ayent fait battre leurs monnoyes sous l'image et la figure d'un autre prince. L'histoire de ce siécle-là, auquel Theodebert vécut, nous en fournit dans les personnes d'Athalaric, de Theodat, de Vitiges et de Thelas, rois des Goths d'Italie, dont les monnoyes ont d'un côté les portraits des empereurs Justin, Justinian, et Anastase, avec l'inscription de leurs noms, et dans l'autre revers une couronne de laurier avec les noms de ces princes au milieu[3]. Il est vrai que ces rois goths rendirent ces deferences aux empereurs en suite de la promesse que Theodoric fit à Zenon, que s'il conquerroit l'Italie sur Odoacre, qui la possedoit, il la tiendroit de luy, et en seroit son vassal. C'est pourquoy nous lisons[4] que Theodoric affecta toûjours de conserver la paix avec les empereurs, jusques-là qu'ayant declaré Athalaric, fils de sa fille, son successeur en ses États, *ei in mandatis dedit, ac si testamentali voce denuntians, ut principem orientalem placatum semper propitiumque haberet*[5]. Ce fut donc sur la politique de ce prince que Totilas[6], l'un de ses successeurs, rechercha d'estre en paix avec Justinian, au recit de Procope. Pour parvenir à l'obtention de cette paix ces princes furent obligez d'accorder les principaux honneurs aux empereurs, et de les reconnoitre pour leurs souverains. Theodat[7] méme s'obligea par le traité qu'il fit avec

Justinian de ne pas souffrir qu'on luy élevât aucune statuë, qu'on ne fist le méme à Justinian, qu devoit avoir la sienne à la droite. Ainsi il est à présumer, quoy que l'histoire n'en fasse pas mention, que dans les traitez de paix que les empereurs firent avec les Goths d'Italie il fut arrété que leurs portraits y tiendroient pareillement le premier lieu.

Je demeure d'accord qu'on ne peut pas dire la méme chose de Theodebert Ier et des deux Childebert : et je conviens que comme nos premiers rois n'ont jamais esté vassaux des empereurs d'Orient, il n'est pas probable qu'ils se soient abbaissez à cette lâcheté, que de consentir par des traitez que leurs monnoyes portassent la figure et les devises des empereurs : mais il n'est pas inconvenient que pour flater ces seigneurs du monde, ainsi qu'on les qualifioit alors, ils n'ayent quelquefois fait battre des monnoyes en leur honneur, et qu'ils n'ayent souffert qu'on y imprimât, ou leurs figures, ou leurs devises, pour gagner par là leurs affections. Car alors nos rois, non plus que les autres monarques, ne faisoient pas de difficulté d'accorder les deferences d'honneur aux empereurs, dont la domination estoit d'une étenduë bien plus grande que celle de ces petits princes, qui se faisoient plus signaler par leur valeur et par leurs armes que par le nombre des provinces qui estoient sous leur gouvernement. C'est pourquoy nous lisons si souvent qu'ils tenoient à honneur de recevoir les titres des dignitez de la cour de l'Empire, qui leur estoient déferez par les empereurs. Ainsi Theodoric, roy des Ostrogoths[1], ayant esté mandé par Zenon en sa cour, cét empereur *digno suscipiens honore inter proceres Palatii collocavit*. Quelque temps aprés il l'adopta d'une adoption d'honneur, et le fit consul ordinaire : *quod summum bonum, primumque in mundo decus edicitur*, ainsi qu'écrit *Jornandes*; car les premieres dignitez qu'il posséda en cette cour furent celles de *magister militum* et de patrice. Sigismond, roy de Bourgogne, y obtint aussi celle de patrice de l'empereur Anastase[2], qui confera pareillement celle de consul à Clovis Ier du nom, qui en fit les fonctions, ou du moins les ceremonies.

C'est donc à ces dignitez qu'il faut rapporter ces termes dont le méme Sigismond roy de Bourgogne use dans la lettre qu'il écrivit à Anastase[3] : *Nam licet mundum latere nequeat vestra prosperitas, et orbem suum radiis perspicuæ claritatis illustret, dulce tamen est, si hi quos militiæ fascibus, ei peculiaris gratiæ pietate sustollitis, quos in extremis terrarum partibus aulæ pollentis contubernio, et veneranda Romani nominis participatione ditatis, specialiter gaudia vestræ perennitatis cognoscant, quæ generaliter cunctis fama concelebrat.* Mais ce que ce prince ajoûte dans la suite montre clairement que ces petits souverains ne feignoient pas de se dire vassaux et sujets de l'Empire, quoy qu'ils n'en relevassent point : *Ornat quippe imperii vestri amplitudinem longinquitas subjectorum, et diffusionem reipublicæ vestræ asserit quod remotius possidemur.* Et dans une autre épitre[4] il tien un semblable discours : *Vester quidem est populus meus, sed me plus servire vobis quam illi præesse delectat. Traxit istud a proavis generis mei apud vos, decessoresque vestros, semper animo Romana devotio, ut illa nobis magis claritas putaretur, quam vestra per militiæ titulos porrigeret celsitudo, cunctisque autoribus meis semper magis ambitum est quod a principibus sumerent, quam quod a patribus attulissent. Cumque gentem nostram videamur regere, non aliud nos quam milites vestros credimus ordinari.* Termes qui font voir que ce prince s'abbaissoit jusques à ce point que de se dire vassal de l'empereur, quoy

---

[1] Anton. Aug. Dial. 7, de numism; Gretzer, tom. 1, de S. Cruce, l. 2, c. 56; Occo p. 566; S.-Amant, tom. 3, p. 503; Chifflet, in Anast. p. 263, 264. — [2] Oct. Strada, p. 230; Baron. A. 534, 72; Monnoye de Theodat appart. à M. du Mont, conseiller à Amiens. — [3] Oct. Strada p. 230, 231, 234; Occo p. 583; Paul. Pet. in Gnorism. p. 9. — [4] Baron. 536, 8; Jorn. c. 57; Frecul. tom. 2, l. 5, c. 18; Senator, l. 1, ep. 1. — [5] Jorn. c. 59. — [6] Procop. l. 3 de Bello Goth. — [7] Id., l. 1, c. 6.

[1] Jorn. c. 57. — [2] Avitus, ep. 7; Greg. Tur. l. 2; Hist. c. 38. — [3] Avit. ep. 69. — [4] Epist. 83, 84.

qu'il fust indépendant de luy. Tant il est vrai que tous les petits souverains de ce temps-là n'estoient rien en comparaison des empereurs, et qu'il n'y en avoit pas un qui ne leur rendist les dernieres soûmissions : *Non minuit majestatem vestram*, dit le même prince, *quod accurrere non omnes valent : satis ad reverentiam vobis debitam sufficit, quod omnes e propriis sedibus vos adorant*. Ce n'est pas que j'estime que le terme de *miles* en cét endroit signifie un vassal, comme il a esté usurpé dans la suite du temps, mais seulement un officier, comme on peut recueillir encore de quelque passage de Gregoire de Tours[1]. En tout cas nous voyons que Theodoric, roy des Ostrogoths, parlant à Zenon, ne fait pas de difficulté de luy tenir ce discours : *Ego qui sum servus vester et filius*[2].

Toutes ces soûmissions de ces petits princes envers les empereurs, dont nous avons d'autres exemples en l'*Histoire Byzantine*, peuvent faire présumer avec beaucoup de fondement qu'ils ont pû s'abaisser à celle de faire frapper de la monnoye en leur honneur, quoy qu'ils fussent indépendans de ce vaste empire quant au gouvernement de leurs États. Car ce que l'on avance si universellement qu'il n'y en a pas que des souverains aient jamais fait fabriquer de la monnoye en leurs terres, sous le nom, la figure, et les marques d'autres princes étrangers, se détruit par les monumens contraires, que l'antiquité a reservés pour nos siecles ; car les antiquaires conservent des monnoyes, ou des medailles, de Roemetalces, roy de Thrace, qui ayant reçû de puissans secours de l'empereur Auguste en la guerre qu'il eut contre Vologese, fit battre une monnoye en l'honneur de cet empereur, où d'un côté est son portrait avec ces mots, ΚΑΙΣΑΡΟΣ. ΣΕΒΑΣΤΟΥ. ; en l'autre revers sont deux visages l'un sur l'autre, que M. Seguin, doyen de Saint-Germain l'Auxerrois de Paris[3], qui nous a donné les empreintes de ces monnoyes, estime estre de ce roy et de sa femme, ou bien d'Auguste, et de Livie, avec ces termes, ΒΑΣΙΛΕΩΣ ΡΟΙΜΗΤΑΛ-ΚΟΥ. Il s'en voit une autre[4], de Demetrius, roy de Syrie, avec cette inscription : ΔΗΜΗΤΡΙΟΥ. ΒΑΣΙΛΕΩΣ., et en l'autre revers : ΣΕΒΑΣ-ΤΟΥ. ΒΑΣΙΛΕΩΣ., qui fait voir qu'elle fut frappée par ce roy en l'honneur du même empereur. M. Seguin[5] nous a donné l'empreinte d'une medaille très-curieuse, d'Herode, roy de la Calcide, que ce prince fit frapper en l'honneur de l'empereur Claudius, dont il estoit amy, avec ces mots au milieu d'une couronne de laurier, ΚΛΑΥΔΙΩ. ΚΑΙΣΑΡΙ. ΣΕΒΑΣΤΩ. ; en l'autre revers est la figure d'Herode, avec ces caractères, ΒΑΣΙΛΕΥΣ. ΗΡΩ...... ΔΙΟΣ. où M. Seguin restituë judicieusement le mot entier de ΦΙΛΟΚΛΑΥ-ΔΙΟΣ, au lieu de ces caracteres effacez. Enfin le public lui est encore redevable de cette belle medaille de Lucille[6], femme de l'empereur *Lucius Verus*, qui porte d'un côté la figure de cette imperatrice, avec ces mots, ΛΟΥΚΙΛΛΑ. ϹΕΒΑϹΤΗ. ; de l'autre une Ceres, avec ces caracteres, ΒΑϹΙΛΕΥϹ. ΜΑΝΝΟϹ. ΦΙΛΟΡΩΜΑΙΟϹ. ; termes qui monstrent clairement que le roy *Mannus*, qui estoit un prince dans l'Arabie, n'avoit fait battre cette monnoye qu'en qualité d'amy et d'allié, et non de sujet de l'Empire, en l'honneur de cette imperatrice, avec laquelle probablement il avait eu quelques entretiens familiers, lorsqu'elle fut à Antioche avec son mary. Il en est de même des monnoyes des Abgares[7], rois des Osrhoëniens et des Edesseniens, où d'un côté ces princes paroissent avec un diadéme ouvert par les côtez en forme de croissant, semblable à la tiare des Perses dont parle *Sidonius*[8] en ce vers :

Flectit Achæmenius lunatam Persa tiaram.

Et de l'autre, les empereurs Marc-Aurele, Septimus Severe, et Gordian III ; car tous les sçavans demeurent d'accord que ces monnoyes furent frappées par ces rois, qui firent empreindre les figures et les titres de ces empereurs, pour une marque d'honneur et d'amitié.

Il n'est donc pas sans exemple que des princes souverains ayent fait battre de la monnoye en l'honneur des empereurs : et je ne sçay pas mêmes si on ne doit pas rapporter à cette pratique et à cét usage celles qui portent le nom de Childeric et de Chlotaire conjointement, où le ϹΟΝΟΒ se rencontre[1] : estant constant que Childeric fit divers traitez avec les empereurs d'Orient, et particulierement avec Tibere, qui le regala de plusieurs présens[2], et, entre autres, de diverses grandes medailles d'or, châcune du poids d'une livre, qui avoient d'un côté son portrait, avec ces mots : TIBERII CONSTANTINI PERPETVI AVGVSTI. ; et de l'autre le même prince dans un char tiré de quatre chevaux, avec ceux-cy : GLORIA ROMANORVM. Quant à Chlotaire, j'ay remarqué qu'il entra pareillement en traité avec Justinian pour la guerre d'Italie, au même temps que Theodebert et Childebert Ier. De sorte qu'on pourroit avancer, non sans fondement, que toutes les monnoyes de nos rois de la premiere race qui ont ces mots : VICTORIA AVGGG. et le ϹΟΝΟΒ., ont esté frappées en l'honneur des empereurs par nos princes, lorsqu'ils ont voulu gagner leurs affections et les engager dans leur protection. M. Petau[3] nous en a représenté une d'or où d'un côté est la figure d'un roy, avec ces mots : VICTVRIA AVGS., et de l'autre une victoire, tenant de la gauche une croix avec ces caracteres : VICTVRIAVG., et au dessous, CON. M. Bouteroüe nous en a donné une autre, qui d'un côté a la figure d'un roy avec le nom du monétaire, DOCCIO MONET. et de l'autre une victoire avec ces mots : VICTORIA AVG. CONOB. Cette monnoye fut frappée à Lyon, comme on peut recueillir d'une qui porte le nom du même monetaire, et celuy de la ville de Lyon. Ce qui me fait avancer, que la plûpart de cette espéce de monnöye fut frappée par les rois de Bourgogne, ou d'Austrasie, qui eurent alliance avec les empereurs. Mais ce qui peut former quelque difficulté sur ce sujet est un passage de Procope[4], qui dit que les rois françois n'avoient pas coûtume de battre leurs monnoyes d'or qu'avec leurs figures, et non avec celles des empereurs, comme les autres princes avoient accoûtumé de faire, indiquant par là les rois goths d'Italie, et nommant aussi entre ces princes les rois de Perse[5]. A quoy l'on peut repliquer que cela est vray à l'égard de nos rois, qui n'ont jamais reconnu les empereurs pour leurs souverains ; mais si Theodebert et quelques autres ont fait imprimer leurs figures et leurs devises, ce n'a esté que pour les flater, et non point par devoir. Ce qui me fait croire que la monnoye de Theodat dont j'ay fait la description, et où la figure de ce prince paroit, fut frappée durant les guerres qu'il eut avec Justinian, ne se trouvant que cette monnoye d'entre celles des rois goths qui n'ait pas la figure des empereurs.

Voilà à peu prés ce qui se peut dire en faveur de cette opinion, touchant l'explication des monnoyes de Theodebert. Mais, comme tout cela n'est fondé que sur des conjectures, on peut aussi tourner la medaille, et dire que ce prince les fit frapper avec ces figures et ces devises pour contrecarrer la vanité de Justinian, qui prenoit dans ses titres celui de FRANCICVS, ou de vainqueur des François. Car l'Histoire[6] remarque que cela irrita tellement ce prince victorieux et magnanime, qu'il résolut de rompre les traitez qu'il avoit faits avec cet empereur, et de passer dans Italie avec une armée

---

[1] L. 4 Hist. c. 36. — [2] Jornand. c. 57. — [3] In select. numis. p. 33. — [4] Occo, p. 82. — [5] P. 41. — [6] P. 152. — [7] M. de Saint-Amant, en ses Comment., tom. 1, p. 636 ; tom. 2, p. 518, 519, 520 ; Occo, p. 437, 438. — [8] Carm. 2.

[1] M. Bouter., p. 219, 304 ; Greg. Tur. — [2] Greg. Tur. l. 6, c. 2. — [3] In Gnorism. — [4] L. 3 de Bello Goth. c. 33. — [5] V. Sirmond ad epist. 78, Aviti. — [6] Agath. l. 1, p. 15, edit. reg.; Proc. loc. cit. ; Vita Sancti Joann. Abb. Reom. l. 2, c. 1, § 4.

de cent mille, ou , selon Freculfe [1] de deux cens mille hommes. Gregoire de Tours [2] dit qu'il y fut en personne jusques à Pavie , qu'il y fit de grands progrés, et qu'enfin ayant esté obligé de retourner en ses Etats à cause de la maladie qui attaqua ses troupes, il y laissa Buccelin et Mummolene pour chefs, qui défirent Narsès, général de l'empereur en plusieurs rencontres, et conquirent une grande partie de l'Italie. Les auteurs rapportent cette entreprise de Theodebert à l'an de Nostre Seigneur 540, c'est à dire deux ans aprés la défaite de Vitiges par Belissaire. De sorte qu'on pourroit avancer avec quelque fondement, que Theodebert, ayant ainsi vaincu Justinian dans l'Italie, et s'estant rendu maitre de la plus grande partie des provinces que les Goths y avoient possedées , il en prit le titre de roy, et comme eux s'arrogea les ornemens imperiaux. Ce qui peut confirmer cette conjecture est l'inscription de ses monnoyes, qui a beaucoup de rapport avec celles des rois goths d'Italie, qui, à l'exemple de quelques empereurs de leur temps, mettoient devant leurs noms ces deux lettres D. N., c'est à dire *Dominus noster*, ce que fait Theodebert en celles-cy, n'ayant pas remarqué qu'aucun de nos rois les ait fait graver dans ses monnoyes.

Theodebert toutefois n'y prend pas le nom de roy, mais seulement le glorieux titre de vainqueur, VICTOR, pour marquer les avantages qu'il remporta, tant sur Justinian que sur ses autres ennemis, et pour montrer qu'il avoit plus de sujet que lui de se l'arroger. Et veritablement il a esté l'un de nos princes qui a le plus signalé sa valeur dans les occasions, qui a le plus remporté de victoires, et qui a eu le bonheur de pousser bien avant toutes ses conquétes. Ce qui a fait dire à Aurelian, archevesque d'Arles, en la lettre qu'il lui écrivit [3] : *Multum namque tuis onusta virtutibus currit fama cum pondere, et veris opinionibus jam adsueta de te tantum didicit non mentiri.* Puis, exaggerant ses hautes actions et son courage invincible : *Cedant si qua sunt mandata literis facta priscorum, supergrederis antiquitatem exemplis, tempora meritis , maximus dominio , quia magnus in voto , felix conscientia, cum pius in vita.* Cette réputation de ce grand prince alla si loin, que Justinian eut la curiosité de sçavoir quelles estoient les provinces qu'il avoit conquises, et qui estoient les peuples qui lui obeïssoient. A quoy Theodebert répondant, il les lui marque avec une espèce de bravade en l'une de ses lettres, en ces termes : *Id vero quod dignamini esse solliciti in quibus provinciis habitemus, aut quæ gentes nostræ sint, Deo adjutore, ditioni nostræ subjectæ, Dei nostri misericordia feliciter subactis Thuringis, et eorum provinciis acquisitis, extinctis ipsorum tunc temporis regibus, Norsavorum gentis nobis placata majestas colla subdidit, Deoque propitio Wisigothis qui incolebant Franciæ septemtrionalem plagam, Pannoniam cum Saxonibus Euciis , qui se nobis voluntate propria tradiderunt, per Danubium et limitem Pannoniæ, usque in Oceani littoribus, custodiente Deo, dominatio nostra porrigitur.* Où il est à remarquer qu'il paroit par ce discours que Justinian n'avoit eu autre pensée que de sçavoir le nombre et la qualité de ses conquétes, et si il avoit étably sa cour et sa residence en quelques-unes, n'ayant pas douté que son partage fust dans la France, comme celui des autres rois.

Il ne faut donc pas s'étonner si toutes ses victoires remportées sur tant d'ennemis lui firent mériter à bon droit cét illustre titre dé vainqueur, qu'il affecta de prendre dans les monnoies qui font la matiere de ce discours, et dans deux autres, l'une desquelles porte ces caracteres à l'entour de la figure, qui est ornée d'un bandeau de perles [4], THEODEBERTI A— ; c'est à dire *Theodeberti Victoris*, le dernier mot estant designé par l'V renversé, que quelques-uns

prennent pour un C. Dans l'autre la teste de ce prince [1] est couverte d'une espéce de diadéme en forme de casque, avec ce mot VICTORIA ; au revers est une tour, sur laquelle est écrit METIS, qui est le nom de la ville de Mets, capitale de l'Austrasie, où elle fut frappée, et à l'entour VICTORIA THEODIBERTI.

Quant à ce que dans les revers de celles dont nous traitons il y a VICTORIA AVGGG. et le CONOB., on peut se persuader que comme Theodebert affecta dans les autres d'y parétre avec les habits et les accoutremens imperiaux, il voulut aussi en ceux-cy faire représenter les devises ordinaires de l'empire, pour marquer à tout l'univers son indépendance et sa souveraineté, et pour contrecarrer et braver en tout la vanité ambitieuse de Justinian, qui avoit témoigné par les titres imaginaires qu'il prenoit si publiquement, que toute la nation françoise estoit soûmise à ses ordres et à son empire. On pourroit encore dire que Theodebert et ceux qui ont fait frapper les monnoyes qui portent les devises des empereurs, dont nous avons parlé, en userent de la sorte pour leur donner un plus grand cours dans les pays étrangers, comme nous voyons que dans la troisiéme race de nos rois les ducs et les comtes qui avoient droit de faire battre monnoye affectoient de les rendre à peu prés semblables en figures à celles des rois. J'ay étallé toutes les raisons qui peuvent autoriser les deux explications pour les monnoyes de Theodebert , laissant à un chacun la liberté de prendre tel party qu'il voudra : *Hæc putavi colligenda, tu sequere quod voles* [2].

Mais si les conjectures qu'on peut apporter sur le sujet des monnoyes de ce prince peuvent partager les esprits des plus sçavans, celle qui a encore esté representée par M. Bouterouë [3], et qui porte le nom de l'empereur Maurice, n'a pas moins formé de differentes opinions. Cette monnoye [*] est d'or, et a d'un côté la figure de cet empereur, avec ces mots à l'entour, DN. MAVRICCIVS PP. AV. De l'autre est la figure du *Labarum*, avec l'A, et l'Ω, qui cependant ne se rencontre en aucune autre des monnoyes de Maurice. A l'entour sont ces mots : VIENNA DE OFFICINA LAVRENTI. Cette derniere inscription m'a fait avancer que cette monnoye a esté frappée en la ville de Vienne en Dauphiné, et par conséquent par un de nos rois, qui vivoit sous l'empereur Maurice, puisqu'il est constant que de son temps les empereurs n'avoient aucune souveraineté dans la France.

Les raisons sur lesquelles j'appuie ma pensée me semblent si fortes que je n'estime pas qu'il y ait lieu d'en douter. La premiere est qu'au temps de Maurice il n'y avoit aucune ville dans l'Europe qui portât le nom de *Vienna* : et ainsi on ne peut pas dire que cette monnoye ait esté frappée ailleurs qu'en la ville de Vienne en France. Je sçay bien que quelques sçavans se sont persuadez qu'elle peut avoir esté frappée à Vienne en Austriche par les Avares, qui la tenoient alors, et qu'il se peut faire que par quelque paix, qui fut concluë entre le chagan, ou le roy des Avares, et Maurice, il fut accordé par ce prince infidéle qu'il feroit frapper ses monnoies dans ses villes avec la figure de l'empereur et ses devises. Mais j'aurois peine à me rendre à cette conjecture pour beaucoup de raisons qu'il est necessaire de déduire avant que de passer plus outre.

L'histoire [4] remarque que les Avares , que quelques auteurs appellent Huns, ou Chuns, qui tenoient au temps de Maurice une partie des Pannonies, et qui habitoient les contrées voisines du Danube,

---

[1] Tom. 2, l. 5, c. 21. — [2] L. 3 Hist. c. 32. — [3] Tom. 1 Hist. Fr. p. 857. — [4] M. Bouter. 231, 232, 233.

[1] Sirmond. ad Avitum. — [2] Terentian. Maur. — [3] P. 136. — [*] [Elle est semblable à celle de Childebert que l'on trouve dans le Glossaire, tom. IV, planche 1, num. 14.] — [4] Paul Warnefr. l. 1 de Gest. Langob. c. 27; Gesta Dagob. c. 28; Theop. Simocatta, l. 7, c. 15.

furent longtemps en guerre avec cét empereur, et qu'ils ne conclurent la paix qu'à condition que, quoy que ce fleuve dût servir de borne aux deux empires, il leur seroit permis neantmoins de le traverser pour aller faire la guerre aux Sclavons. Par ce traité Maurice s'obligea de leur fournir une somme de vingt mille sols d'or, par forme de tribut et pour obtenir la paix de ces peuples inquiets. Il resulte premierement de ce traité que la ville de Vienne en Austriche, si toutefois elle paroissoit alors sous ce nom, estant sur la rive gauche du Danube, estoit par conséquent dans les États du chagan des Avares. En second lieu il n'est pas probable qu'un prince victorieux, et qui avoit obligé cet empereur à lui payer un tribut, eust souffert qu'on forgeât des monnoyes dans ses terres en l'honneur d'un prince à qui il avoit donné la loy. D'ailleurs les écrivains [1] de ce temps-là remarquent que le chagan estoit d'une humeur si altiere, qu'il méprisoit les empereurs, et se donnoit des titres qui marquoient assez sa vanité et son ambition, prenant celui de despote des sept nations, et de seigneur des sept climats du monde. Enfin il n'est pas vray-semblable qu'un prince infidéle, et qui faisoit la guerre, non tant aux sujets de l'Empire qu'à leur religion, en ait voulu faire empreindre les marques dans ses monnoyes, ausquelles il ait voulu donner cours dans ses États. Et quand bien ce prince les auroit fait frapper, il est à présumer que les inscriptions auroient esté en sa langue, qui n'estoit pas la latine, comme furent celles des Huns sous Attila, auquel il avoit succedé.

Quant à la ville de Vienne en Austriche, il est encore constant que si elle subsistoit alors, elle n'estoit pas au moins connuë sous le nom de *Vienna*, qui ne se trouve dans les auteurs que longtemps depuis Maurice. Car à peine les historiens en font mention avant le regne de l'empereur Frederic I. Othon [2], evesque de Frisingen, qui vivoit de son temps, en a parlé en ces termes : *In vicinum oppidum Hyenis, quod olim a Romanis inhabitatum Favianis dicebatur, declinavit.* Où il faut restituer indubitablement *Wienis*, ayant voulu exprimer le nom vulgaire de cette place *Wien*, que plusieurs estiment lui avoir esté donné de la petite riviere de même nom, qui l'arrose. La charte de la fondation de l'abbaye des Escossois, bâtie en cette ville par Henry, duc d'Austriche, l'an 1158, montre evidemment que ce terme de Vienne estoit moderne alors : *Abbatiam.... in prœdio nostro fundavimus, in territorio scilicet Favianœ, quœ a modernis Wienna nuncupatur.* Ce qui est si constant, qu'*Eugippius* [3], qui vivoit au même siécle que Maurice, et qui écrivit la *Vie de saint Severin* vers l'an 511, parlant de cette place, la nomme aussi *Favianis,* en ces termes : *Eodem tempore civitatem nomine Favianis sœva fames oppresserat.* Où Velser, qui a le premier publié cet auteur en l'an 1595, dit ces mots : *In confesso, quod pluribus ostendit Lazius, Fabianis, truncatis utrimque syllabis, et A in E mutata, Wien vulgo esse, Windebona alias.* Et quand on voudroit dire que de *Faviana* on en auroit formé *Viana* dans la suite du temps, on ne rencontreroit pas encore le nom de *Vienna*, qui se trouve en cette monnoye : ensorte que pour l'attribuer à la ville de Vienne en Austriche il faudroit colter un auteur ancien qui l'eust reconnuë sous ce nom, ce qu'il ne seroit pas aisé de rencontrer.

Mais outre ces raisons, qui sont assez fortes, il y en a d'autres, qui ne meritent pas moins une sérieuse reflexion, pour montrer clairement que cette monnoye a esté frappée en France. Je ne veux pas mettre en ce rang celle qu'on peut tirer de ce qu'elle s'y rencontre, ayant esté tirée du cabinet de M. Seguin, dont j'ay parlé, estant probable qu'elle a esté trouvée en France, et qu'elle n'y a pas esté apportée de l'Austriche. Celle qu'on peut tirer du mot MAVRI ꭐCIVS est plus considérable, où l'S du milieu, quoy qu'inutile, est couchée, cette lettre ainsi figurée ne se rencontrant que dans les monnoyes de France, où elle se trouve si souvent, que M. Boutéroue [1], ayant dressé un alphabet des lettres dont nos premiers François usoient, l'y a comprise. D'ailleurs le mot d'*officina*, qui s'y rencontre, semble leur avoir esté familier, pour marquer le lieu où l'on battoit la monnoye, dont il ne faut autre preuve que cette medaille d'or de Julian l'Apostat qui a pour inscription de son revers, OFFICINÆ LVGDVNENSIS. Ce qui fait voir qu'on appelloit ainsi vulgairement en France les forges des monnoyes, ausquelles les Latins donnoient le nom de *moneta*, et les Grecs celui d'Ἀργυροκοπεῖον. Cecy est encore confirmé par un passage de saint Oüen, en la *Vie de saint Eloy*, evesque de Noyon [2], écrivant que le pere de ce saint, ayant reconnu l'adresse de son fils dans les ouvrages des mains, *tradidit eum imbuendum honorabili viro, Abboni vocabulo, qui eo tempore in urbe Lemovica publicam fiscalis monetœ* OFFICINAM *gerebat, a quo in brevi hujus officii usu plenissime doctus, cœpit inter vicinos et propinquos in Domino laudabiliter honorari.* En effet, saint Eloy paroit ensuite en la cour de nos rois en qualité de monetaire, ayant esté employé par eux pour fabriquer les monnoyes du palais, appellées *monetœ palatinœ* dans leurs inscriptions, et dont il est parlé dans les *Capitulaires de Charles le Chauve*, se trouvant nommé avec ce titre en quelques-unes, dont les figures ont esté représentées par M. Boutéroue [3]. Il est vray que ce terme d'*officina* en cette signification n'est pas particulier pour la France, puisqu'il se rencontre dans diverses inscriptions qui se voyent à Rome, dont l'une porte ces mots [4] : P. LOLLIO. MAXIMO. NVMMVLARIO. PRIMO. OFFIC. MONET. ARGENT. Une autre ceux-ci : D. M. M. VLP. SECVNDO. NVMMVLARIO. OFFIC. MONETAE. Et enfin une troisiéme est ainsi conceuë : HERCVLI. AVG. SACRVM. OFFICINATORES. ET. NVMMVLARI. OFFICINARVM. ARGENTARIARVM. FAMILIÆ. MONETARI. Dans la premiere de ces inscriptions le maitre de la monnoye, ou des forges, et qui avoit l'intendance sur tous les autres ouvriers, est appellé *nummularius primus*, et dans la derniere *officinator* : terme qui est synonyme, et est ainsi expliqué dans l'ancien Glossaire grec-latin : *Officinatores*, ἐργαστηριάρχαι. Il est aussi employé en ce sens par Vitruve [5] et Apulée [6], pour des maitres de boutiques. Mais quoy que le terme d'*officina*, pour une forge de monnoye, soit latin, il ne s'ensuit pas pour cela que nos François de ce temps là ne l'ayent pû employer, aussi bien que celui de *monetarius*, qui ne l'est pas moins, pour un maitre de la monnoye, n'y ayant pas plus de raison pour l'un que pour l'autre. Et quoy que l'élegance du discours latin ne regnât pas alors si universellement en France, acause des incursions des nations étrangeres, qui avoient banny l'usage des lettres, il ne laissoit pas d'y avoir un grand nombre de personnes sçavantes, qui écrivoient assez élegamment, particulierement dans les provinces qui avoisinent l'Italie, dont il ne faut autre preuve que les ouvrages de *Sidonius*, d'*Avitus*, d'*Aurelianus*, et autres qui ont vécu sous nos premiers rois. Aussi le même *Sidonius* congratule deux orateurs de son temps de ce qu'ils avoient remis en vogue la pureté de la langue latine, et de ce qu'ils en avoient banny la barbarie [7] ; et Sigismond, roi de Bourgogne, écrivant à l'empereur Anastase, dit qu'il lui envoye un de ses conseillers : *qui quantum ad ignorantiam Gallicanam, cœteros prœire litteris œstimatur* [8]. Tant il est vray que quoy que l'éloquence gauloise, estimée par les anciens [9], ait esté al-

---

[1] Theop. Simocatta, l. 1, c. 3 ; l. 7, c. 7. — [2] L. 1 de Gest. Frid. — [3] C. 3, edit. Welseri, c. 1, § 9, edit. Boland. 8 ; Joan. Irenic. l. 11 ; Exeges, Germ. p. 215.

[1] P. 336, 342, 349, 354, etc. — [2] L. 1, c. 3. — [3] M. Bouter. p. 293, 376 ; Capit. Car. C. tit. 31, § 12. — [4] Gruter, 638, 1 ; 588, 7 ; 45, 3. — [5] L. 6, c. 11. — [6] L. 9 ; Grut. 641, 3. — [7] L. 2, ep. 10 ; l. 4, ep. 18 ; l. 8, ep. 2. — [8] Avit. Ep. 86. — [9] V. Pithœum, in ep. Lim. ad Quintil. Declam. Cressol. l. 1, vacat. autumn.

terée dans le commun du peuple, elle ne laissoit pas de se conserver en certain nombre de sçavans. Mais on pourroit avancer que le mot de *moneta* estoit incomparablement plus élegant que celui d'*officina*, puisque c'est ainsi que les Latins appelloient le lieu où l'on battoit la monnoye; jusque-là même que quelques auteurs l'ont employé pour toute sorte d'officines, comme Seneque [1], Macrobe [2] et *Sidonius Apolinaris* [3].

Ce n'est pas encore un petit argument, à mon avis, pour convaincre que cette monnoye a été frappée en France, de ce que le nom du monetaire s'y trouve exprimé; car je n'ay pas remarqué que cette coûtume se soit observée ailleurs, non pas même dans les monnoyes des rois des Visigoths en Espagne, dont les empreintes nous ont esté données par *Antonius Augustinus*. Le nom même de ce monétaire, qui y est marqué, étoit familier alors dans la province Viennoise, comme on peut recueillir de quelques épîtres d'*Avitus* [4] archevesque de Vienne, qui fait mention en divers endroits d'un *Laurentius*, auquel il donne le titre de *vir illustris,* qui en estoit originaire. D'ailleurs on ne trouve pas que les noms des villes où les monnoyes étoient frappées soient inscrits dans les cercles, sinon en celles de nos rois et en quelques-unes des Visigoths d'Espagne; car en celles du Bas-Empire [5], ils se trouvent souvent exprimez en abregé au dessous de la figure du revers.

Il a été nécessaire d'établir pour fondement de ce que j'ai à dire de cette monnoye dans la suite, qu'elle a été frappée à Vienne en Dauphiné, pour inférer de là que ç'a esté par quelqu'un de nos rois, puisqu'il est certain qu'on ne la peut pas appliquer à Maurice, qui n'a jamais rien possédé dans la France ni dans le royaume de Bourgogne. Pour découvrir cette vérité, et le prince à qui on la peut attribuer, il faut remarquer qu'au temps de cét empereur Gontran étoit roi de la Bourgogne [6], qui après la mort de ses enfans adopta le jeune Childebert II, roi d'Austrasie, son neveu, incontinent après celle de Sigebert I, père de ce prince, qui mourut en l'an 575 [7]. Childebert, en suite de cette adoption, traita son oncle du nom de père, et Gontran [8] le reconnut pour son unique héritier, lui donnant le pouvoir de disposer de toutes choses, et reconnaissant que tout ce qu'il possedoit étoit à luy : *Omnia enim quæ habeo ejus sunt,* ainsi qu'il parle dans Gregoire de Tours : toutefois la correspondance qui devoit être entre ces deux princes fut souvent brouillée durant le cours de leur règne par divers incidents, au sujet des successions des oncles de Childebert [9], et quoy que Gontran se déchargeât souvent de ses affaires sur son neveu, si est-ce qu'il ne laissoit pas d'agir de son chef, jusques à ce que sur la fin de ses jours il s'enferma dans un monastère, où il mourut en réputation de sainteté.

Cela presupposé, il est probable que l'un de ces deux princes fit battre cette monnoye. Mais comme il est aussi à présumer que la ville de Vienne, étant la capitale du royaume de Bourgogne, appartenoit à Gontran, on pourroit en même temps avancer que ce fut lui qui l'y fit frapper en l'honneur de Maurice : car Grégoire de Tours [10] semble confirmer cecy à l'égard de la possession de la ville de Vienne, écrivant que *Sabaudus,* évesque d'Arles estant mort, *Licerius,* referendaire de Gontran, lui succéda, et qu'*Evantius,* évesque de Vienne, estant pareillement décédé, *Virus,* l'un des sénateurs, lui fut substitué par le choix que le roi en fit : ce terme de roy ne

se pouvant entendre que de Gontran, duquel il avoit esté parlé peu auparavant.

Cependant on ne voit pas de raison assez puissante pour porter à croire que cette monnoye fut frappée par Gontran en l'honneur de Maurice, dautant que l'histoire ne parle d'aucuns traitez qu'il ait faits avec cét empereur, mais bien de ceux que Childebert fit avec ce prince. Ce qui m'a fait avancer qu'on la doit plutôt attribuer à Childebert, qu'à Gontran : car comme ces États confinoient à l'Italie, Sigebert, son père, ayant succédé à ceux de Théodebert et de Thibaud son fils, qui en étoient voisins, comme on peut recueillir des guerres que ces princes eurent en Italie, il se présenta souvent occasion de faire des traitez d'alliance entre eux [1]. Il est vray que ce qui donna sujet d'abord à ces pourparlers fut la captivité du jeune Athanagilde, neveu de Childebert, qui avoit esté conduit à Constantinople après la mort d'Ingonde, sa mère. Mais depuis ce temps-là Childebert recherche avec beaucoup d'empressement par ses ambassadeurs l'alliance de Maurice, auquel il donne le titre de père en la plûpart de ses lettres [*] : ce qui pourroit faire présumer la même chose que j'ay remarquée de Theodebert, que ce prince fut adopté par honneur par cét empereur. Il écrivit à cét effet à tous les grands seigneurs de la cour de Maurice, au patriarche, au légat apostolique, à Paul, père de l'empereur, au fils de Maurice, et autres, pour les prier de donner leurs entremises pour l'obtenir. En celle qu'il écrivit au fils de l'empereur, il use de ces termes : *Et quia ad serenissimum àtque piissimum* PATREM *nostrum, genitorem vestrum, Mauritium Imperatorem..... legatarios direximus.* Et dans une autre [2] qui fut adressée à Childebert de la part de Maurice, cét empereur y est traité du titre de père, et l'Impératrice de celui de sœur de ce prince. Ce qui montre que celui de père étoit personnel pour l'empereur, probablement acause de l'adoption d'honneur, et que celui de sœur regardoit le commun des souverains et des rois, qui se traitoient reciproquement du nom de frères [3]. Les conventions de ces traitez furent que Maurice feroit delivrer à Childebert cinquante mille sols, et que Childebert seroit tenu d'aller faire la guerre aux Lombards d'Italie. En suite de ces traitez, Childebert passa dans l'Italie en l'an 584 et obligea ces peuples à demander la paix, laquelle ayant esté arrêtée, il envoya ses troupes dans l'Espagne [4]. Cela n'agrea pas à Maurice, qui se plaignit du mauvais employ de son argent, et de ce qu'il l'amusoit de belles promesses, sans en venir aux effets. Enfin, pressé par ses ambassadeurs [5], il y retourna l'année suivante, et probablement continua cette guerre en sa faveur, veu qu'en l'an 588 il fit demander du secours à Gontran, son oncle, pour chasser les Lombards d'Italie, afin de reprendre cette partie qui avoit appartenu à son père, et de rendre le surplus à l'empereur. Grégoire de Tours [6] remarque qu'il y envoya alors des troupes, après en avoir donné avis à Maurice par ses ambassadeurs, et qu'elles y furent taillées en pièces. Cette bonne intelligence de Childebert avec ce prince reçût quelque alteration par la rencontre d'un mauvais traitement que quelques gentilshommes de la suite de Grippon, ambassadeur de Childebert, qui alloit de sa part à Constantinople, reçût en Afrique [7]. Mais l'empereur ayant satisfait Grippon, Childebert envoya aussitôt ses troupes dans l'Italie, où les chefs trouvèrent les ambassadeurs de Maurice, qui leur donnerent avis d'un grand secours, qui leur arrivoit de la part de leur maitre. Mais, outre que ce secours ne parût pas, la maladie s'estant mise dans les troupes de Childebert, cette entreprise fut sans effet. Enfin les Lombards,

---

p. 25 ; Savaron.; Annæum Rob. Budæum l. 1, de Asse, etc.; L. 1, § 6; D. ad leg. Jul. pecul.; Sidon. Carm. 23.

[1] De Benef. l. 3, c. 35. — [2] L. 1, in Somn. Scip. c. 5. — [3] L. 4, ep. I. — [4] Ep. 7, 41, 42, 43. — [5] M. Bouter. p. 179. — [6] Greg. Tur. l. 5, c. 6, 18, 26. — [7] Id. l. 8, c. 13. — [8] Id. l. 9, c. 20; Aimoin. l. 3, c. 79. — [9] Tom. 2 Spicil. Acheriani p. 41; Sigeb. — [10] L. 8, c. 39.

[1] Greg. Tur. l. 6, c. 40; ep. Fr. tom. I; Hist. Fr. p. 867, 873. — [*] Ib. ep. 25, 39, 42, 44, 45. — [2] Epist. 39. — [3] Greg. Tur. l. 6, c. 42. — [4] Epist. 41. — [5] Greg. Tur. l. 8, c. 18. — [6] Id. l. 9, c. 20, 25. — [7] Id. l. 10, c. 2, 3, 4.

fatiguez des frequentes irruptions des François, envoierent leurs ambassadeurs à Gontran pour obtenir la paix, avec promesse de lui obeïr et de lui conserver la même fidelité que leurs predecesseurs. Gontran renvoya ces ambassadeurs à Childebert, qui les congedia, avec promesse de leur faire sçavoir sa réponse. Ce qui fait voir que cette guerre d'Italie se faisoit avec la participation et sous l'autorité de Gontran. Nous ne lisons pas si Childebert retourna depuis ce temps-là dans l'Italie, ni s'il fit de nouveaux traitez avec l'Empire depuis la mort de Gontran son oncle, ensuite desquels il auroit pû faire frapper cette monnoye en l'honneur de Maurice; mais seulement que Theodoric, son fils, qui lui succéda au royaume de Bourgogne, envoya ses ambassadeurs à cét empereur pour lui offrir son secours contre les Avares [1], au cas qu'il voulust lui fournir de l'argent pour la levée et l'entretenement de ses troupes.

Pour appliquer plus precisément toutes ces observations au sujet de cette monnoye, qui porte le nom de Maurice, je dis qu'il se peut faire que Gontran l'ait fait frapper dans la ville de Vienne, en consequence des traitez d'alliance qu'il eut avec cét empereur pour marque de déference et d'honneur, quoy que l'histoire n'en fasse aucune mention : car il est constant que tous nos rois françois de premiere race eurent et firent des alliances avec les empereurs, ce qu'*Avitus* et les épitres de Theodebert et de Childebert, dont j'ay parlé, disent en termes formels; ce que l'on peut présumer d'autant plus de Gontran, que, comme j'ay remarqué, Childebert son neveu faisoit la guerre en Italie sous son aveu, et encore que notre histoire ne parle pas des traitez qu'il fit avec Maurice, il ne s'ensuit pas qu'il n'en ait pas fait, veu que Procope nous apprend que Childebert I et Chlotaire estoient joints avec Theodebert en ceux que ces princes firent avec Justinian, quoy que nos écrivains ne parlent en cette occasion que du dernier. Il se peut faire encore que Childebert, neveu et successeur de Gontran, la fit frapper dans la ville de Vienne après la retraite et la mort de son oncle, ou même

[1] Theoph. Simoc. l. 6, c. 3.

de son vivant. Car comme il entra en quelque maniere dans le gouvernement des affaires de Gontran, après qu'il en eut esté reconnu heritier, on peut aussi présumer qu'il agissoit avec autorité dans ses États, comme dans les siens. D'autre part, comme il est sans doute que les partages des princes françois de ce temps-là estoient meslez et engagez les uns dans les autres, et que les villes mêmes estoient souvent partagées par moitié, et appartenoient quelquefois à deux et à trois, il n'est pas inconvenient de croire que Childebert ait possédé celle de Vienne de son chef, ou qu'il y ait eu part, puisque nous lisons que Gontran lui fit don de la moitié de Marseille, et qu'il posseda la ville d'Avignon, ces deux places cependant faisans partie du royaume de Bourgogne [1]. Quant à ce qu'on dit que la ville de Vienne n'est pas comprise entre les villes qui appartenoient ou qui échûrent à Childebert par le traité d'Andelo, il ne faut pas s'en étonner, veu que ce traité ne se fit que pour les places qui avoient appartenu à Charibert, ou qui estoient en contestation entre Gontran et Childebert, n'y estant pas parlé non plus de Marseille, d'Avignon, et d'autres, qui constamment appartinrent à Childebert [2]. Tout ce discours peut justifier que l'histoire n'a pas bien éclaircy cette circonstance.

Je me suis un peu étendu sur ces monnoyes, que j'estime effectivement estre de très-riches ornemens pour notre histoire, quand on aura bien penétré dans le veritable motif de ceux de nos princes qui les ont fait frapper. Que si je me suis départy de quelques opinions qui ont esté avancées sur ce sujet, ce n'a pas esté avec un dessein de les combatre directement, mais parce que j'ay crû qu'il importoit de déterrer ces belles antiquitez et d'en rechercher les origines. D'ailleurs, j'ay usé en cette occasion de la liberté qui est donnée à un chacun de produire ses sentimens et ses conjectures sur ces enigmes : c'est ainsi que Prudence [3] appelle les revers des medailles, *argentea enigmata*, dont le sens n'est pas toûjours facile à concevoir.

[1] Marius Aventic.; S. Greg. M. l. 4, ep. 2; Greg. Tur. l. 8, c. 12; Fredeg. Child. c. 5. — [2] Greg. Tur. l. 9, c. 20; l. 7, c. 12. — [3] Hym. in S. Laurent.

DES COURONNES DES ROIS DE FRANCE

DE LA PREMIERE, SECONDE ET TROISIÉME RACE;

DE CELLES DES EMPEREURS D'ORIENT ET D'OCCIDENT, DES DUCS, DES COMTES DE FRANCE, ET DES GRANDS SEIGNEURS DE L'EMPIRE DE CONSTANTINOPLE.

DISSERTATION XXIV.

Aprés avoir examiné assez exactement ce qui se peut dire au sujet des monnoyes de Theodebert I et de Childebert II° du nom, rois d'Austrasie, il ne reste plus que de m'acquiter de la promesse que j'ay faite de traiter des couronnes que nos rois ont portées. Mais d'autant qu'ils ne les ont empruntées que des empereurs romains et de Constantinople, je me trouve engagé de parler en général de toutes les couronnes dont les empereurs ont usé, et, dans la suite, de celles que les princes non souverains ont portées, tant dans l'empire d'Orient que dans la France. Quoy que M. Paschal [1]

[1] Lib. de Coronis.

semble avoir épuisé cette matiere par ses sçavantes et curieuses recherches, j'espere toutefois de faire voir qu'il n'a pas tellement moissonné ces fertiles campagnes, qu'il n'y reste encore un grand nombre d'espics à lever, n'estant pas entré dans ce détail qui regarde le moyen temps, qui cependant est necessaire pour reconnoitre toutes les differences et la diversité des couronnes que les princes qui y ont vécu ont portées.

Pour commencer par celles dont nos rois de la premiere race ornoient leurs testes sacrées, j'en trouve particulierement de quatre sortes. La premiere est le diadéme de perles, fait en forme de bandeau, avec les lambeaux qui pendent au derriere de la teste(1.). Ce diadéme est semblable à celuy qui se rencontre dans la plûpart des medailles des empereurs romains, d'où nos rois l'ont emprunté. L'histoire[1] remarque que Jules Cesar refusa de porter le diadéme. Caligula fit le méme, ses courtisans luy ayant persuadé que cela estoit au dessous du rang qu'il tenoit, et que sa dignité estoit incomparablement plus relevée que celles des rois et des princes[2]. Ce fut donc Helagabale qui porta le premier un rang de perles sur la teste pour diadéme, *quia pulchrior fieret, et magis ad fœminarum vultum aptus* : mais il ne le porta que dans son palais, au recit de celuy qui a écrit sa vie. Aurelian parut ensuite dans le public avec le diadéme. Car c'est ainsi que les sçavants estiment qu'il faut entendre ces mots d'*Aurelius Victor* : *Primus apud Romanos diadema capiti innexuit, gemmisque et aurata omni veste, quod adhuc fere incognitum romanis moribus videbatur, usus est*. En effet, il est constant que les empereurs qui précéderent Aurelian porterent le diadéme, comme on peut recueillir de leurs médailles. Mais particulierement celuy de perles a esté fort en usage depuis le temps du grand Constantin, qui, selon Victor, *habitum regium gemmis et caput exornavit perpetuo diademate*. Cette espéce de diadéme se voit souvent exprimé dans les medailles, mais avec cette difference que quelquefois il est composé d'un double rang de perles, quelquefois il est entremeslé de pierres precieuses enchâssées dans l'or, et de perles ; et enfin quelquefois ce double rang de perles est enrichy et orné à l'endroit du front d'une pierre précieuse, dont la grandeur tient celle des deux rangs de perles (2. 3.). Tel donc a esté le diadéme de Julian l'Apostat, qu'Ammian[3] appelle *ambitiosum diadema, lapidum fulgore distinctum* ; *Libanius*, λιθοκόλλητον ται-νίαν ; Eusebe[4], ἐκ λίθων διάδημα ταινίων. C'est encore à cette espéce de diadéme composé de pierres precieuses qu'il faut rapporter ce que dit *Mamertinus* au Panegyrique de Maximian[5] : *Trabeæ vestræ triumphales, et fasces consulares, et sellæ curules, et hæc obsequiorum stipatio, et fulgor, et illa lux divinum verticem claro orbe complectens, vestrorum sunt ornamenta meritorum*, etc., où il entend marquer l'éclat et le brillant des diamants et des perles. Nous ne voyons rien de semblable dans les monnoyes de nos rois de la premiere race, qui pour l'ordinaire n'ont pour diadéme qu'un seul rang de perles.

Quelquefois ces mémes monnoyes les font voir avec la couronne de rayons (4.). Cette espéce de couronne[6] a esté en usage parmi les rois de la plus grande antiquité, qui pour se rendre plus augustes, et pour se donner plus de majesté, en ornoient leurs testes, afin que, comme le soleil, ils parussent à leurs peuples pleins d'eclat et de lumiere. C'est ainsi que Virgile représente celle du roi *Latinus*[7] :

 ...Cui tempora circum
 Aurati bis sex radii fulgentia cingunt,
 Solis avi specimen.

Il compose cette couronne de douze rayons, parce que c'estoit une opinion receuë parmi les anciens que le soleil en avoit un pareil nombre, que *Martianus Capella*[8] rapporte aux douze mois de l'année. Les historiens romains[9] remarquent qu'on présenta en plein theatre à Jules Cesar une couronne toute éclatante de rayons, et que celle que Caligula prit lorsqu'il voulut s'arroger la divinité estoit semblable. Les medailles des empereurs romains sont pleines de cette espéce de couronne.

Le diadéme dont la teste de Théodebert est couverte est le même que celuy dont les empereurs de Constantinople de son temps se servoient, ainsi que j'ay observé. C'est cette espéce de couronne à laquelle Anastase Bibliothecaire[1] donne en divers endroits le nom de *spanoclista*, terme qui est tiré du grec ἐπανώκλει-στος, c'est-à-dire une couronne couverte par le haut. Constantin Porphyrogenite[2] semble attribuer l'invention de ce diadéme au grand Constantin, écrivant qu'il se servit de cét affublement de teste, que les Grecs appelloient καμηλαύκιον : d'où quelques auteurs latins ont formé *camelaucum, calamaucus*, et *calamaucum*, pour une espéce de chapeau, qu'ils attribuent tantôt aux papes, tantôt aux moines. Sa figure et sa forme estoit en guise d'un casque. Rufin et Bede[3], traduisans ces mots de l'histoire de Josephe, ὑπὲρ τῆς κε-φαλῆς φορεῖ πῖλον ἄκωνον, les ont ainsi tournez en latin : *super caput autem gestat pileum in modum parvuli calamauci, sive cassidis, qui extendebatur supra capitis summitatem*. Theophanes attribuë à Totila, roi des Goths, un de ces chapeaux tout couvert de pierreries, καμηλαύκιον διάλιθον. Anastase[4] et Paul Diacre[5] semblent encore donner ce nom aux turbans des Turcs. Theophanes[6] dit qu'il couvroit les oreilles. Le méme Anastase[7] l'attribuë aux papes, comme aussi Papias[8], qui en donne ainsi la description : *Pileum, calamaucum ex byss[?] rotundum, quasi sphæra, caput tegens sacerdotale, in occipitio vitta constrictum, hoc Græci et nostri tiaram vocant*. Isâc[9], auteur grec, écrit que tous les evesques d'Armenie en ont leurs chefs couverts lorsqu'ils celebrent l'office divin. Et Alassi[10] assûre qu'encore à présent les moines d'Orient le portent au lieu de chapeau. Il en fait la description, et dit qu'il est ainsi appelé parce qu'il fut fait d'abord de poils de chameaux ; ce qui est conforme à ce que *Cedrenus*[11] a écrit. De sorte que ce mot a esté pris indifferemment pour toute sorte de chapeaux.

L'on appela donc ainsi cette espéce de couronne dont Constantin introduisit l'usage, qui n'estoit pas tant une couronne qu'une espéce de couvrechef, ou de bonnet, dont il se servoit ordinairement, lequel, ayant esté enrichy dans la suite du temps de perles et de pierreries, passa pour le principal diadéme des empereurs. Je ne fais pas de doute que ce ne soit ce diadéme qu'un auteur, qui vivoit en son siécle, et qui écrivoit en l'an 448[12], lui attribue particulierement, écrivant qu'il l'inventa, pour arrêter ses cheveux, qui s'écartoient de son front : *Constantinus Senior, qui christianæ religionis ministros privilegiis communivit, diadema capiti suo, propter refluentes de fronte propria capillos (pro qua re saponis ejusdem cognominis odorata confectio est) quo constringerentur, invenit, cujus more hodie custoditur*. Ce qui est tellement vray, que nous voyons que dans la plûpart des medailles de ses successeurs leurs chefs en sont ornez, comme en celles de Constantius, de Gratian, de Valentinian le jeune, de Theodose, d'Honorius, de Marcian, et de quelques autres qui les ont suivis, qui ont esté représentées par Octavius Strada[13], Baronius, Gretzer, et autres, où les portraits des empereurs paroissent de profil. Ces diadémes sont arrondis en forme de casque, tels que Beda décrit les camelauques : ce qui me fait croire que c'est cette espéce de couronne que les Anglois-Saxons appeloient *cyne-helm*[14], c'est à dire *le heaume royal*, parce que leurs rois, qui affecterent le titre de βασιλεὺς, ou d'empereur, emprunterent des Grecs cette sorte de couronne. Elle est composée du diadéme de perles, d'un ou de deux rangs, qui ceint le front, et est lié par le derriere de la teste, avec deux lambeaux, aussi de perles, qui y pendent. De ce diadéme part une espéce de bonnet

---

[1] Sueton. — [2] Lamprid, — [3] L. 21. — [4] L. 4, de Vita Const. c. 7. — [5] C. 3. — [6] M. Bouterouë p. 206, 207, 209, 212, 221. — [7] L. 12, Æneid. — [8] L. 2. — [9] Valer. Flac. l. 4 Argon.; Flor. l. 4, c. 2.

[1] In Vitis PP. — [2] De Adm. Imp. c. 12. — [3] L. 3 de Tabern. c. 8 ; Joseph. 1. 3, c. 8. — [4] Hist. Eccl.; Id. Anast. p. 153. — [5] Hist. Misc. l. 22. — [6] In Zenone. — [7] In Const. PP. — [8] Gloss. Isid.; Odo Fossat. in Vita Burch. — [9] Invect. 2, in Armen. p. 414. — [10] Allat. De utriusq. Eccl. Const. l. 3, c. 8, n. 12. — [11] P. 169; Gloss. Isid.; Gloss. Ælfr. — [12] Ptolemæus Silvius, in Laterculo. — [13] P. 198. — [14] Gloss. Ælfrici.

enrichy de pierreries, au dessus duquel paroit un cercle de perles, rehaussé encore d'un autre ornement en forme de plumes, ce cercle commençant au derrière de la teste, et finissant à l'endroit du front, en forme de creste de casque, d'où ces couronnes sont appelées *cristatæ* par les auteurs[1] qui en ont parlé. Dans celles de Constantius, de Romulus, de Zenon, de Basilisque, d'Anastase, de Justinian, et de Justin, comme les portraits y sont de face, il ne paroit au haut de ce couvrechef qu'une espéce de houppe, qui part du derriere de la teste, à l'endroit où sont les lambeaux de perles (5. 6.).

Cét ornement, qui paroit au dessus de ces diadémes, est appelé par les Grecs recens τύφα et τοῦφα, d'où ils ont donné le nom à cette espéce de couronne, ainsi que nous apprenons de Tzetzes[2], en ces vers :

> Τιάρα σκέπη κεφαλῆς ὑπῆρχε παρὰ Πέρσαις,
> ὕστερον ἐν ταῖς νίκαις δὲ ἡμῖν οἱ στεφηφόροι
> σφαῖς κεφαλαῖς ἐπέθεντο τιάρας, ἤτοι τύφας,
> οἷαν ἔφιππος φορεῖ ὁ ἀνδρίας ἐκεῖνος
> ὁ Ἰουστινιάνειος τοῦ κίονος ἐπάνω.

Quant à ce que cét auteur dit que c'estoit la couronne dont les empereurs grecs se servoient lorsqu'ils retournoient de leurs expeditions militaires, et aprés avoir remporté des victoires sur leurs ennemis, cela peut estre fondé sur la forme de ce diadéme, qui avoit en quelque maniere celle d'un casque. D'ailleurs, nous lisons que Basile Porphyrogenite, aprés avoir défait les Bulgares, entra dans Constantinople en habit de triomphe, ayant cette couronne sur la teste, στεφάνῳ χρυσῷ λόφον ὕπερθεν ἔχοντι ἐστεφανωμένος, ainsi qu'écrit Scylitzes, ou, selon Zonaras[3], Τιάρᾳ ταινιωθεὶς ὀρθίᾳ, ἣν τοῦφαν καλεῖ ὁ δημώδης, *ayant la teste couverte d'une tiare droite, que le vulgaire*, dit cét auteur, *appelle toffe, ou touffe*. Il est constant que comme les empereurs grecs emprunterent la plûpart de leurs ornemens imperiaux des rois de Perse, ils tirerent aussi d'eux cette sorte d'affublement de teste, qui est appelé par Xenophon[4], *Eunapius*[5], et autres, ὀρθὴ τιάρα, *une tiare droite*, laquelle estoit environnée au bas, et à l'endroit du front, d'un diadême, comme estoit la couronne des empereurs dont je fais la description. Le méme Xenophon, parlant de *Cyrus* : εἶχε δὲ διάδημα περὶ τῇ τιάρᾳ. Ce qui me fait croire que la couronne des rois de Perse n'estoit pas beaucoup differente dans la forme de celle de grand prêtre des Juifs[6], dont il est parlé dans l'Exode : *Pones tiaram in capite ejus, et collocabis coronam sacram super tiaram*. Où le mot *corona* est ce qui est appelé ailleurs *lamina*. Pour le mot de τοῦφα, il ne signifie rien autre chose qu'une espéce de houppe, d'aigrette, ou de bouquet de plumes, dont les casques des soldats estoient ornez pour l'ordinaire, comme nous apprenons des ordonnances militaires de l'empereur Leon[7], qui leur donne ce nom, comme encore à ces autres ornemens qui se mettoient aux crouppieres des chevaux. Et comme ce terme est barbare, quoy que Zonare lui ait attribué une origine grecque, il est probable que les nouveaux Grecs l'emprunterent des nations du Nord. Ce qui est d'autant plus vraysemblable, que les Anglois-Saxons, c'est à dire les anciens Alemans, appeloient cét ornement de casque, qui est nommé par les Latins *apex*, *helmes-top*, c'est à dire *la toffe du heaume*, ainsi que nous lisons dans le glossaire d'Ælfric. L'on donne encore pour cette méme raison[1] le nom de *tufa* à une espéce d'étendard dont les empereurs se servoient dans leurs armées, parce qu'il soûtenoit au dessus d'une pique une *touffe* de plumes, qui est un terme qui a passé depuis parmi nous, et qui se voit exprimé dans une ancienne charte françoise rapportée par Edoüard Bisse, en ses notes sur l'Aspilogie de Spelman[2]. Dans la suite du temps, les empereurs, voulans donner des marques exterieures de leur pieté, firent mettre au dessus de ces diadémes une croix, au lieu de ces toffes, ou houppes. Phocas est le premier qui paroît de cette maniere dans ses medailles, et a esté secondé par les autres empereurs qui lui ont succédé. Le P. Gretzer[3] a donné toutes les empreintes des medailles qui representent cette croix au dessus des couronnes.

Je ne doute pas que la couronne que l'empereur Anastase envoya à Clovis[4] avec le brevet de consul n'ait esté de la forme des camelauques, c'est à dire des couronnes fermées. Les auteurs se contentent de la décrire pleine de pierreries[5]. D'autres lui donnent le nom de *regnum*, comme Anastase bibliothequaire[6], écrivant que Clovis en fit présent à l'église de Rome : *Eodem tempore venit regnum cum gemmis pretiosis a rege Francorum Clodovæo Christiano donum Beato Petro Apostolo*. Flodoard lui donne aussi ce nom; et Gregoire de Tours[7] semble dire que ce prince en couvrit sa teste lorsqu'il parut en public en qualité de consul, *imponens vertici diadema*. Ce qui me persuade que ce diadéme estoit une couronne impériale et fermée est que le méme Anastase[8], racontant l'entreveue du pape Constantin et de Justinian Rhinotmete, dit que cét empereur se prosterna en terre devant le souverain pontife, ayant sa couronne sur sa teste; *cum regno in capite sese prostravit*. Cét auteur employe ensuite ce mot de *regnum* en divers passages[9] de son Histoire des Papes, pour les couronnes que l'on faisoit pendre au dessus des autels. L'on donna encore avec le temps ce nom à la couronne des papes : Jacques Cardinal[10], parlant du couronnement du pape Boniface VIII :

> Sic igitur vadens redimitus tempora regno,
> Summus apex propriam signabat acumine dextræ.

Nous ne voyons pas quelle autre raison peut avoir donné le nom de *regnum* à la couronne imperiale, sinon parce qu'elle estoit la marque de la royauté et de la souveraineté. Ou bien parce qu'Anastase, qui semble le premier l'avoir employé en ce sens, ou en tout cas les écrivains ecclésiastiques ont voulu distinguer ce diadéme imperial, et les couronnes qui pendoient sur les autels, d'avec les couronnes de chandeles, ou de lampes, qui pendoient dans les églises, ausquelles ils donnent ordinairement le nom de *corona*, ou de *pharus*.

La troisième sorte de couronne dont les rois de la premiere race ont usé est le mortier, tel que les grands presidens du parlement le portent à présent. Monsieur Boulerouë[11] nous représente deux monnoyes de ces rois avec cet affublement (7. 8.). Il est constant que nos rois l'ont encore emprunté des empereurs de Constantinople, qui en avoient un semblable : ce que l'on recueille d'une vieille peinture à la mosaïque qui se voit en la ville de Ravenne, et que le docte Alaman[12] a représentée en ses observations sur l'histoire cachée de Procope, où l'empereur Justinian paroit avec ce mortier, qui est environné par le bas, à l'endroit du front, d'un rang de perles, et par le haut d'un pareil rang de perles (9.). A l'en-

---

[1] Oct. Strada, p. 228, 254, 255, 264; Alam. ad Procop.; Lips. l. 3, de Cr. c. 15, 16; Chifflet. In Anast. Child. — [2] Chil. 8, c. 184. — [3] In Basil. — [4] De Inst. Cyri, l. 8. — [5] In Proæresio, p. 54; Demetr. l. περὶ Ἑρμηνείας; Joseph. l. 5, c. 15; S. Hieron. ep. 128. — [6] Exod. 29, 7; Ib. v. 30; Levit. 8, v. 9. — [7] In Tactic. c. 6, § 11 et 25; Idem § 3 et 10; Mauric. et Porphyr. in Tactic.; Codin. de Offic. c. 17, n. 48.

[1] Veget. l. 3, c. 5; Beda l. 2; Hist. c. 16; Henr. Huntind. l. 7; Rigalt. Gloss. — [2] P. 104. — [3] T. 1 de S. Cruc. l. 2, c. 52. — [4] Vita Sancti Remig. tom. 1; Hist. Fr. p. 530. — [5] Flod. l. 1. Hist. Rem. c. 15. — [6] In Hormisd. — [7] L. 2 Hist. c. 38. — [8] P. 65, edit. reg. — [9] P. 133, 134, 143, 146, 150, 161, 174, 184, 188, 191, 193, 206, 236. — [10] De Coron. Bon. VIIII. 2, c. 3. — [11] P. 349, 354. — [12] Ad Procop. Hist. Arcan. p. 145, 146, edit. reg.

droit des oreilles pendent de chàque côté deux lambeaux, au bas desquels sont de grosses perlés. Ces ornemens des couronnes sont appelez par les Latins *vittæ*, et par Achmes[1] ἐνώτια, et κρεμαστήρια τοῦ στέμματος. *Octavius Strada*[2] nous a donné l'empreinte d'une medaille de Justinian qui a sur la teste cette espéce de diadéme, mais beaucoup plus riche, n'ayant presque rien de commun avec celui d'Alaman, que la forme (10.). Quant à ce que le même Alaman estime que c'est celui qui est appelé par *Codinus*[3] τροπαιουχία, et ἰουστινιάνειον, il s'est infailliblement mépris, d'autant que cét auteur[4] n'a désigné par ces termes que la couronne, ou le bonnet imperial, dont la teste de Justinian est couverte en sa statuë equestre qu'il fit élever devant le temple de Sainte-Sophie, ainsi que Tzetzes a remarqué. Cette espéce de diadéme a passé dans la seconde et dans la troisiéme race de nos rois. M. Petau[5] nous a représenté une vieille peinture, qu'il dit avoir tirée d'un ancien manuscrit où Charlemagne est figuré avec le mortier (11.). Aux vitres de la Sainte-Chapelle de Paris saint Louys y paroit aussi avec le même ornement. Et Chifflet[6] écrit que dans les vieux tableaux où les comtes de Flandres et de Hainaut sont représentez avec leurs pairs, ils y paroissent avec le mortier. L'on tient même par une traditive que nos rois, ayant abandonné le palais de Paris, pour en dresser un temple à la Justice, communiquerent en même temps leurs ornemens royaux à ceux qui y devoient présider, afin que les jugemens qui sortiroient de leurs bouches eussent plus de poids et d'autorité, et fussent reçus des peuples comme s'ils estoient émanez de là bouche même du prince[7]. C'est donc à ces concessions qu'il faut rapporter les mortiers, les écarlattes et les hermines des chanceliers de France, et des présidens du parlement, dont les manteaux ou les epitoges sont encore à présent faits à l'antique, estant troussez sur le bras gauche, et attachez à l'épaule avec une agraffe d'or, tels que furent les manteaux de nos rois, comme j'ay observé ailleurs. Le mortier du chancelier est de drap d'or, et celuy des présidens de veloux noir, à un bord de drap d'or par en haut. Le nom de mortier est donné à ce diadéme parce qu'il est fait comme des mortiers qui servent à piler quelque chose, qui sont plus larges en haut qu'en bas.

La quatriéme sorte de diadéme[8], ou plutôt de couvrechef que j'observe dans les monnoyes de nos rois est en forme de chapeau pyramidal, qui finit en une pointe, surmontée d'une grosse perle (12.). En d'autres, le diadéme et le rang de perles se rencontrent sur le front, avec les lambeaux (13.). Ce qui peut faire présumer qu'en ceux-cy ce qui couvre la teste est pour un second ornement, ou pour la commodité du prince, qui desiroit avoir la teste couverte. Le bonnet royal dont la teste de Theodahat, roy d'Italie, est ornée dans une de ses monnoyes de cuivre, a quelque rapport pour la forme à celui de nos rois (14.). On peut dire encore que ce chapeau pyramidal estoit l'affublement de teste ordinaire de nos premiers rois, estant fait à guise d'une ombelle, pour se défendre du soleil et de la pluye, tels que furent les chapeaux des derniers empereurs de Constantinople, qu'ils appelloient σκιάδια, parce qu'ils estoient faits pour donner de l'ombre au visage et pour le garantir des ardeurs du soleil. Cette sorte de chapeau est appellé *umbellum* dans un ancien glossaire[9] : *Umbellum*, σκιάδιον : car c'est ainsi que je restituë, au lieu de ces mots : *Libellum*, σκιάδρον, qui n'ont aucun sens : outre que ce mot d'*umbellum* est mis sous le titre des peaux,

dont les ombelles sont faites, qui se plient et s'ouvrent suivant les besoins qu'on en a, ainsi qu'ils sont décrits par Aristophane[1], Ovide[2] :

> Aurea pellebant tepidos umbracula soles.

Claudian[3] :

> ....Jam non umbracula gestant
> Virginibus.

Et ailleurs :

> ....Neu defensura calorem
> Aurea summoveant rapidos umbracula soles.

L'ombelle a esté en usage chez les empereurs de Constantinople, comme j'ay avancé : de sorte qu'il est incertain si nos rois l'ont empruntée d'eux, ou les empereurs de nos rois, ce qui est plus probable. Car Nicetas[4] dit en termes exprés que cette sorte de chapeau avoit esté emprunté des barbares, c'est-à-dire des étrangers, par les Grecs : καὶ πῖλον βαρβαρικὸν τῇ κεφαλῇ περιθέμενος, ὃς εἰς ὀξὺ λῆγων πυραμίδι εἴκασται. Je ne remarque pas qu'il en soit parlé avant la famille des Comnenes. Le même Nicetas[5] estant le premier qui en fasse mention, lorsqu'il raconte comme Andronique le Tyran fut forcé en apparence par les grands seigneurs de la cour de prendre la pourpre imperiale. Car alors, dit cét auteur, l'ayant porté sur le trône, ils tirerent de sa teste le chapeau pyramidal noir, et lui en mirent un de pourpre, ἄλλοι δὲ τὴν καπνυρὰν καὶ πυραμοειδῆ ἐρέαν τῆς κεφαλῆς ἀφελόμενοι, πυρσὴν αὐτῷ περιέθεντο. Ce qui fait voir que les chapeaux des Grecs de ces siécles-là estoient faits en pointe. C'est pourquoy il faut entendre Acropolite[6] de cette sorte de chapeau, lorsqu'il dit qu'Isâc l'Ange, empereur, ayant esté défait par les Bulgares, tous les ornemens et les habits imperiaux vinrent en leur puissance, entre lesquels estoit celuy auquel il donne le nom de πυραμίς. Tel fut encore le chapeau de Michel Paleologue, empereur, fils de l'empereur Andronique le Vieil, qui vint pareillement au pouvoir des Turcs, aprés qu'il eut esté défait par eux : Ἡ βασιλικὴ καλύπτρα, κεκοσμημένη συνήθως τῷ τε λίθῳ, καὶ ταῖς τῶν μαργάρων σειραῖς, ainsi qu'écrit Gregoras[7], dont les termes font voir que ces chapeaux estoient ornez de rangs de perles, et d'une pierre precieuse à la pointe d'enhaut. C'est la forme de ces chapeaux qui paroit dans les medailles de nos rois de la premiere race, à la reserve qu'au lieu de la pierre precieuse, il n'y paroit qu'une perle (15.). Cantacuzene[8], qui appelle ce chapeau βασιλικὸν πῖλον, en fait la même description, et dit qu'il estoit orné d'une pierre precieuse à la pointe de la pyramide, et dans le corps, de divers rangs de perles : c'est à l'endroit où il décrit le couronnement de Mathieu Cantacuzene, son fils : καὶ πῖλον ἐπέθετο τῇ κεφαλῇ, λίθῳ τε κεκοσμημένον καὶ μαργάροις, ὥσπερ ἔθος τοῖς βασιλεῦσι. En un autre endroit[9] il appelle ce chapeau du nom de la pierre precieuse qui se met sur la teste, acause de celle qui estoit sur la pointe : Ὁ ἐπὶ τῆς κεφαλῆς λίθος. Nicephore Gregoras[10] décrit la matiere dont ces chapeaux estoient composez, lorsqu'il dit que sous les premiers empereurs les seigneurs qui estoient avancez en âge sé trouvoient à la cour avec des chapeaux qui avoient la figure d'une pyramide, qui estoient couverts de soye, suivant la dignité d'un chacun : Ἐπὶ τῶν προτέρων βασιλέων ἔθος τοὺς μὲν χρόνῳ προβεβηκότας ἐν τοῖς βασιλείοις χρῆσθαι καλύπτραις, πυραμίδος μὲν ἐχούσαις σχῆμα, σηρικοῖς δὲ ἐνδύμασι, κατὰ τὸ ἀνάλογον ἑκάστῳ ἀξίωμα, καλυπτομέναις. C'est ce taffetas ou ce veloux que le même Gregoras[11] dit avoir esté tout parsemé de perles ; d'où Codin dit que le sciade, ou l'ombelle des

---

[1] Onir. c. 248. — [2] P. 260. — [3] De Off. c. 6, n. 36. — [4] Codin. de Orig. p. 16. — [5] In Gnorism. veter. Numor. — [6] In Child. p. 139; l'Espignoy, en la Nobl. de Flandr. p. 70. — [7] D'Orleans, en ses Ouvert. des Parlemens; La Rocheflavyn, en ses Parlem. 1. 10, cb. 25 ; Ceremon. de France; Chifflet. in Child. p. 139. — [8] M. Bouter. p. 248, 251, 253. — [9] Glossar. S. Bened. cap. de Pellib.

[1] In Avib. — [2] In Fast. — [3] L. 1, in Eutrop; Id. in 4. Consul. Honor. — [4] In Andr. l. 2, n. 11. — [5] In Alex. Max. F. n. 12, 18. — [6] C. 11. — [7] Gregoras, lib. 6. — [8] L. 3, c. 27; l. 4, c. 37. — [9] Id. l. 2, c. 14. — [10] L. 11, extremo. — [11] L. 6.

empereurs, estoit ὀλομάργαρον, tout de perles. Celuy de l'empereur differoit des sciades des autres grands seigneurs de la cour, premierement par cette grande pierre precieuse qui estoit au sommet, en second lieu par la couleur, qui estoit de pourpre; et c'est cette différence qui est remarquée par Codin[2] lorsqu'il dit que le sciade des despotes estoit tout semblable à celuy des empereurs, πλὴν τοῦ κόμβου καὶ τῶν φοινίκων, excepté au nœud, c'est à dire au sommet, et en la couleur de pourpre : car ceux des despotes et des sebastocrators estoient d'une couleur meslée d'or et de pourpre, χρυσοκόκκινα[2]. C'est delà qu'on doit tirer l'explication de la description que Gregoras fait du chapeau pyramidal qu'Andronique Paleologue le Vieil accorda à Muzalon, grand logothete : écrivant qu'il luy permit de porter un couvrechef (καλύπτραν) dessus sa teste couvert d'un taffetas, ou veloux, de couleur meslée d'or et de pourpre dans le corps du chapeau, ne differant de ceux des enfans et des parens de l'empereur qu'aux bords, qui estoient sans aucun ornement : où ceux des parens de l'empereur estoient ornez de clouds ou de petits cercles d'or. Mais il importe de rapporter les termes de cet auteur, parce qu'ils ne sont pas faciles à estre entendus : Δι' ἃ δὴ καὶ τιμήν τινα ταύτην ἔσχεν ἐξαίρετον μόνος τῶν πάλαι τὸ ὅμοιον αὐτῷ προειληφότων ἀξίωμα, καλύπτραν φέρειν ἐπὶ κεφαλῆς χρυσοκοκκίνῳ κεκαλυμμένην ἐνδύματι, ὅσον τὸ ἄνω, καὶ πρὸς τῇ πυραμίδι τῆς ἐπιφανείας χῦμα· ἐν τούτῳ παραλλάττουσαν μόνῳ τοῦ παραπλησίαν εἶναι κατάπαξ τῇ τῶν τοῦ Βασιλέως ἐγγόνων, ὅτι μὴ καὶ τὴν κάτω, καὶ τὴν κοίλην ἐπιφανείαν εἶχε κυκλίσκοις πεποικιλμένην χρυσοειδέσιν, ἀλλὰ λείαν τελείως[3]. Je ne doute pas que Gregoras par ces termes de ἐπιφανεία κοίλη καὶ ἡ κάτω n'ait entendu le bord du chapeau, et cette partie du sciade qui est appelée ἀὴρ par Codin, qu'il dit avoir esté diversifiée de petits clouds d'or, ce qu'il a exprimé par le mot de χρυσοκλαβαρικὸς, c'est à dire auroclavatus. Car ce que Gregoras appelle petits cercles est appelé par Codin petits clouds, qui estoient disposez de telle sorte qu'ils formoient le nom de celuy qui le portoit. Les vieilles peintures et les vignettes qui sont aux impressions des historiens byzantins du Louvre représentent la forme de ces sciades, qui ne differe qu'au bord d'avec ceux de nos rois de la premiere race[4], où il ne paroît pas : ce bord faisant une espéce de bec. Ce qui me fait croire que le chapeau que Charles V, roi de France, avoit sur sa teste lorsqu'il alla au devant de l'empereur Charles IV, qui venoit à Paris[5], estoit de la même forme que les sciades des empereurs de Constantinople : comme on peut recueillir des termes de l'auteur qui a écrit l'histoire de cette entrevue : *Et avait sur sa teste un chapeau à bec, de la guise ancienne, brodé et couvert de perles tres-richement.* Car les sciades estoient faits et ornez de cette maniere (16. 17.).

Enfin le dernier affublement de teste que j'ay observé dans les monnoyes des rois de France de la premiere race est l'aumuce : c'est ainsi que j'appelle ce que M. Bouteroué[6] nomme chaperon; les aumuces ne se portoient pas, comme à present, sur le bras; elles servoient à couvrir la teste, n'estoient pas particulieres aux chanoines, mais tous les hommes les portoient indifferemment. La *Chronique de Flandres* nous apprend que le chapeau se mettoit sur l'aumuce, lorsqu'elle parle de Charles V, qui alla au devant de l'empereur Charles IV, qui venoit en France[7] : *Or issirent-ils hors de Paris, et encontra le roy l'empereur son oncle assez prés de la Chapelle, entre Saint-Denys et Paris; à leur assemblée, l'empereur*

osta aumusse et chaperon tout jus : et le roy osta son chapel tant seulement. Le continuateur de Nangis[1] dit que *l'empereur osta sa barrete et son chaperon, et aussi le roy.* De sorte qu'une barrete, qui est le *birretto* des Italiens, est la même chose que l'aumuce. Nos rois mêmes mettoient l'aumuce avant que de mettre la couronne, ce que nous apprenons du compte d'Estienne de la Fontaine, argentier du roy, de l'an 1351, qui m'a esté communiqué par M. d'Herouval, qui au chapitre *de l'orfaverie* met ces mots, 99 *grosses perles rondes, baillées à Guillaume de Vaudetar, pour mettre en l'aumuce qui soûtint la couronne du roy, à la feste de l'Estoille.* C'est ainsi que ces aumuces sont représentées dans les monnoyes, dont je viens de parler, avec des perles. Je reserve à traiter ailleurs de cette sorte de vétement[2].

Les premiers rois et les premiers empereurs de la seconde race paroissent dans leurs monnoyes la teste ceinte d'un double rang de perles. Dans leurs seaux leurs testes y sont de profil, couronnées d'une couronne de laurier. Le P. Chifflet[3] nous a représenté de cette sorte celuy de Louys le Debonnaire : à l'entour duquel sont ces mots XPE. PROTEGE. HLVDOVVICVM IMPERATOREM. Les annales de France tirées du monastere de Fulde[4] nous apprennent que Charles le Chauve, après s'estre fait couronner empereur, quitta les couronnes et les habits des rois de France ses prédécesseurs, et prit les diadémes et les vétemens des empereurs grecs; s'estant couvert d'habits qui lui battoient jusques aux talons, et pardessus d'un grand baudrier, qui venoit jusques aux pieds, se couvrant la teste d'un affublement de soye, sur lequel il mettoit sa couronne. Voicy les termes de ces annales, qui demandent une reflexion toute particuliere : *Carolus rex, de Italia in Galliam rediens, novos et insolitos habitus assumpsisse perhibetur. Nam talari tunica indutus, et baltheo desuper accinctus pendente usque ad pedes, necnon capite involuto serico velamine, ac diademate desuper imposito, dominicis et festis diebus ad ecclesiam procedere solebat; omnem enim consuetudinem regni Francorum contemnens, græcas glorias optimas arbitrabatur.* Octavius Strada nous a donné deux monnoyes, l'une de Charles le Chauve, l'autre de Charles le Gras, empereurs, qui ont quelque rapport avec cette description : où il est à remarquer que la couronne ou le diadéme se mettoit pardessus le bonnet (18. 19.). C'est ainsi que les empereurs grecs en usoient, comme on peut recueillir de Scylitzes[5], qui donne au roy de Bulgarie (qui portoit la qualité de βασιλεύς, ou d'empereur, aussi bien que l'empereur de Constantinople, et avoit les mêmes ornemens) une couronne d'or, avec une tiare d'écarlate, στέφανου ἐκ χρυσοῦ, καὶ τιάραν νενησμένην ἐκ βύσσου.

Les medailles ou monnoyes des empereurs des siecles voisins du temps de Charles le Chauve représentent leurs diadémes composez d'un double rang de perles, et d'une espéce de bonnet qui est sommé d'une croix, et non d'une couronne d'or massif, si ce n'est que ces perles et ces pierreries n'ayent esté enchâssées dans l'or, ce qu'il est malaisé de distinguer, les figures des empereurs estans de toute leur hauteur, et par consequent les traits n'y paroissans presque point. Anne Comnene[6], en son *Alexiade*, nous a donné la description du diadéme imperial, qui n'est pas beaucoup differente de celuy de Charles le Chauve, écrivant qu'il estoit fait comme la moitié d'une sphere arrondie, qui environnoit la teste de tous côtez, qu'il estoit parsemé de perles et pierreries, les unes relevées et en bosse, les autres enfermées dans la broderie, et qu'aux côtez pendoient des lambeaux de perles. Voici ses termes : Τὸ μὲν γὰρ

<hr>

[1] De Off. c. 3, n. 1. — [2] Id. n. 14. — [3] Gregor. l. 6, p. 122. — [4] V. Acropol. edit. reg. p. 303. — [5] Entrevuë de Charles V et de l'empereur Charles IV. — [6] P. 203, 336, M. 4, 6, 15; p. 364, M. 10; p. 370, M. 18; M. Petau, in Gnorism.; Statuta Massiliens, MSS. A. 1293.; Antiq. de Vienne de J. le Lievre, ch. 26; Hist. de Noyon p. 1313; Chr. Wind. l. 1, c. 42, l. 2, c. 5; tom. 2, Mon. Ang. p. 464; tom. 2, Spicil. p. 132, 133. — [7] Chron. de Flan. c. 105.

[1] Contin. de Nang. MS. — [2] In Gloss. Lat. barb.; Paul. Pet. Asser. Gall. p. 250. — [3] Aux Antiq. de Tour. p. 262. — [4] Annal. Fr. Ful. A. 876; Sigeb. — [5] In Jo. Zimisce. — [6] L. 3, Alex. p. 78.

βασιλικὸν διάδημα, καθάπερ ἡμισφαίριον εὔγυρον, τὴν κεφαλὴν διαδεῖ πανταχόθεν, μαργάροις κοσμούμενον, τοῖς μὲν ἐγκειμένοις, τοῖς δὲ ἐξηρτημένοις. ἑκατέρωθεν γὰρ τῶν κροτάφων ὁρμαθοί τινες ἀπαιωροῦνται διὰ μαργάρων τε καὶ λίθων, καὶ τὰς παρείας ἐπιξέουσι. C'est cette espece de diadéme que Nicetas [1] appelle λιθόστρωτον, *parsemé de pierreries* : et Luithprand [2], parlant de la couronne de l'empereur Conrad, *gemmis pretiosissimis non solum ornatum, sed etiam gravatum.* Tel estoit le diadéme dont Romain Diogene, empereur, se trouve avoir la teste chargée au couvercle d'yvoire d'un livre d'évangiles dans Chifflet [3]. Mais dans la description qu'Anne Comnene a faite du diadéme imperial il n'est point parlé du cercle d'or. J'ay veû une monnoye d'or de l'empereur Alexis, son père, qui a appartenu à M. Charron, auditeur en la Chambre des Comptes de Paris, et qui est à présent dans le Cabinet de médailles du roy, qui est concave ou convexe, et par consequent de l'espéce de celles qui sont appellées καύκια dans une nouvelle de Justinian [4], où Alexis est représenté avec une couronne, ou un diadéme tout fermé, duquel pendent de chaque côté deux lambeaux; mais comme la figure est entiere, et par consequent petite, on n'y peut pas distinguer les traits du diadéme. Il est vétu d'une longue robe ouverte à l'endroit de la droite, de laquelle il tient un νάρθηξ, tel que je l'ay décrit dans le recueil des titres pour l'histoire de Constantinople, tenant de la gauche un monde croisé, et pour inscription il y a ces caracteres au côté droit de la figure, ΑΛΕΞΙΩ. ΔΕCΠΟΤ. A l'autre revers est un Christ assis sur un throne, avec ces caracteres au dessus de la teste IC. HS. et à l'entour, Χ. ΚΕΡΟ. NO. Manuel Comnene, petit-fils d'Alexis, est représenté dans une autre monnoye d'or, avec les mémes figures, excepté que pour inscription du côté de Manuel il y a ces caracteres, ΜΑΝΟΥΙΑ ΔΕCΠΟΤ. ΤΩ ΠΟΡΦΥΡΟΓ. Cette monnoye de Manuel est appellée *Manuelatus*, ou *Manulatus*, dans un traité fait entre les Venitiens et Theodore Lascaris, empereur [5], et *Manlat* dans Arnoul de Lubec. Mais on ne peut pas y distinguer non plus les traits du diadéme. De sorte que le doute reste toûjours, sçavoir si les diadémes des derniers empereurs avoient des cercles et des couronnes d'or, ou si les cercles qui paroissent dans quelques figures que nous avons d'eux estoient faits avec la broderie, comme en celle de l'empereur Michel Paleologue qui se voit à Constantinople dans l'église de Notre-Dame, surnommée Περίβλεπτος, avec les statues de sa femme et de son fils, dont nous avons les figures tirées sur les originaux dans l'histoire de Geoffroy de Villehardoüin de l'édition de Lyon [6]. Le diadéme de Michel y est fait en forme de bonnet, qui excede la rondeur de la teste, et est un peu plus large au haut. Au bas est un cercle à l'endroit du front, garny de pierreries, duquel partent deux autres de même façon, qui prenent du front, et finissent au derriere de la teste, s'eslargissans en haut, et faisans la figure de la mitre de la couronne des empereurs d'Occident, dont je feray aussi la description. Entre ces deux cercles est un gros diamant, et au sommet du bonnet une autre pierre precieuse environnée de perles : à chaque côté de ce diadéme pendent deux lambeaux de perles (20.).

Il ne faut pas douter que les autres empereurs d'Occident qui ont succedé aux empereurs françois n'ayent continué de porter le méme diadéme que Charles le Chauve, et d'autant plus qu'Adam de Brème [7] écrit qu'ils ont toûjours affecté d'imiter les Grecs dans leurs habits et dans leurs ornemens imperiaux. Suger [8] dit que celuy de l'empereur Lothaire estoit composé d'une mitre, et environné par le haut d'un cercle d'or en guise de casque : *Capiti ejus frigium, ornamentum imperiale, instar galeæ circulo aureo circinnatum, imponunt.* De sorte que ce cercle d'or, qui donnoit la forme d'un casque à ce diadéme, prenoit du front, et finissoit au derriere de la teste. L'ancienne chronique de Flandres [1], parlant du couronnement de l'empereur Henry de Luxembourg, tient ce discours : *Le légat avec tous les barons lui mit le diadème en son chef, qui estoit fait en guise de couronne, puis couvert pardessus en aguisant contremont : et pardessus sied une fleur pleine de pierres precieuses, en segnifiance que sa couronne surmonte toutes les autres ; car entre celles des autres rois elle est seule couverte pardessus.* Cette description est defectueuse, n'exprimant pas nettement la forme et la figure de ce diadéme, quoy qu'elle remarque la difference de la couronne imperiale d'avec celle des rois, qui est aussi exprimée par Arnoul de Lubec [2], lorsqu'il parle de Philippes de Suaube, qui avoit esté sacré roy, et salué empereur, *Romanorum Augustus,* écrivant qu'en cette cerémonie sa femme, qui estoit fille d'Isac l'Ange, empereur de Constantinople, y parut avec le cercle d'or, mais non pas avec la couronne, c'est à dire le diadéme imperial : *ibi quoque regina, regio diademate non tamen coronata, sed circulata processit.* Tant y a que dans les derniers siecles la couronne des empereurs d'Occident a esté composée d'un cercle d'or, enrichy de pierreries, et rehaussé de fleurons, comme les autres couronnes des rois, avec une mitre ouverte en forme de croissant à l'endroit du front, ayant en cette ouverture un autre cercle d'or, au haut duquel est une croix (21.). L'auteur du *Cerémonial romain* [3], qui fut secretaire du pape Pie II, décrit ainsi cette couronne des empereurs d'Occident : *Differt forma coronæ imperialis ab aliis : nam ea sub se tiaram quamdam habet in modum fere episcopalis mitræ, humiliorem tamen, magis apertam, et minus acutam : estque ejus apertura a fronte, non ab aure : et semicirculum alium habet per ipsam aperturam aureum, in cujus summitate crux parvula eminet.* Puis il ajoûte : *Et quoniam hanc imperialem coronam bis aut ter in Germania vidimus, dum Cæsar regalia quibusdam principibus concederet, ideo illam exprimere conati sumus.* Chifflet [4] nous a donné la figure de la couronne qu'Alphonse VI, roi de Castille, qui prit le titre d'empereur d'Espagne, porta, et qu'il dit avoir tirée d'un manuscrit, qui a quelque rapport avec la couronne des empereurs d'Allemagne (22.). La couronne qu'une ancienne medaille du roy Abgare donne à ce prince dans les Commentaires historiques de M. de Saint-Amant, n'est pas aussi beaucoup differente du diadéme imperial, sinon qu'il se portoit comme les mitres de nos evesques (23.).

Dans la troisiéme race de nos rois je n'observe qu'une même sorte de couronne dans leurs monnoyes et dans leurs seaux [5], sçavoir un cercle d'or, enrichy de pierreries et rehaussé de fleurs de lys (24.), à laquelle les écrivains byzantins donnent le nom de κρινωνία, comme à celle qui est composée de fleurons, comme furent les couronnes qui sont appelées *hetruscæ* par les Latins, celuy de τετράφυλλον [6]. Ce qui me fait croire que les derniers empereurs de Constantinople emprunterent ces espéces de couronnes de nos François. Codin dit qu'ils s'en servoient en quelques-unes de leurs cerémonies publiques. Dominicy nous a représenté les seaux de Robert et de Henry I, rois de France, avec cette espéce de couronne, où les fleurs de lys sont assez mal figurées (24 *bis.*). Les monnoyes de Philippe le Bel et des rois qui luy ont succedé ont la figure de ces princes avec cette même couronne (25.). Quelques auteurs [7] ont

---

[1] In Alexio, l. 1, n. 2. — [2] L. 2, c. 7. — [3] In lint. Sepul. c. 10. — [4] 105, c. 2, § 1. — [5] Apud Jo. à Puteo, in Geneal. Famil. Las. Arnol. Lub. l. 3, c. 33. — [6] Crusii Turcogr. — [7] C. 149. — [8] In Lud. VI.

[1] Ch. 51. — [2] L. 6, c. 2. — [3] L. 1, Sect. 5, c. ult. — [4] In Vindic. Hisp. p. 104. — [5] Asser. Gall. p. 252, 253. — [6] Codin. de Off. l. 6, n. 18; Tertull. de Coron. Mil.; Martinian. l. 4. — [7] S. Julien, en ses Mesl. Hist. p. 569; Chifflet. in Vind. Hisp.

avancé que ce fut François I qui commença à la porter fermée, pour contrecarrer, à ce qu'ils disent, Charles V, roy d'Espagne, qui avoit esté élû empereur, et pour moustrer qu'il estoit roy d'un royaume qui ne relevoit que de Dieu, et à la souveraineté duquel on peut appliquer ces vers de *Corippus* [1] :

> ....Medias inter super omnia gentes
> Regna micat, claro tantum uni subdita cœlo.

Quoy que cette opinion ait quelque fondement, neantmoins nous lisons [2] qu'à l'entrée de Louys XII dans Paris, l'an 1498, le grand escuyer porta *son heaume et tymbre, sur lequel y avoit une couronne de fines pierres precieuses, et au dessus du heaume, au milieu de ladite couronne, y avoit une fleur de lys d'or, comme empereur.* Ce sont les termes du *Cerémonial de France*, qui semblent marquer que cette couronne estoit fermée, ayant au sommet une fleur de lys. Et aux joûtes qui se firent à l'occasion de cette entrée, nous lisons encore dans le même Cerémonial, qu'*il y fut planté un lys au milieu des lisses, en la grande ruë Saint-Antoine, duquel sortoient six fleurons, et au dessus d'iceux un sion vert, au haut duquel estoit posé un escu de France, à trois fleurs de lys d'or, richement bordé tout autour d'un collier de l'ordre de Saint-Michel, semé de coquilles, et par dessus ledit escu estoit une riche couronne tymbrée en forme d'empereur.* Il faut neantmoins demeurer d'accord que dans les monnoyes de ce prince la couronne n'est qu'un cercle rehaussé de fleurs de lys [3], comme en la monnoye d'or qu'il fit battre au sujet du pape Jules II, qui a pour inscription du côté de la figure du roy, LVDO. FRANC. REGNI NEAP. R., et de l'autre, où est un escu de France couronné, PERDAM BABILONIS NOMEN (26.). Le même roy dans les testons qu'il fit forger à Milan est représenté avec un bonnet retroussé, et une couronne de fleurs de lys sur le retroussis (27.). François Ier est pareillement figuré dans quelques testons avec ce même bonnet : mais il y a cette difference, que la couronne de fleurs de lys est au dessus du retroussis (28.). Il paroit encore en quelques-uns avec une couronne entremeslée de fleurs de lys et de rayons (29.). Et enfin il est représenté en d'autres avec une couronne rehaussée de fleurs de lys et de fleurons, et fermée par en haut, ce qui a esté continué par ses successeurs (30.).

Il est constant que les rois n'ont porté la couronne fermée que dans les derniers siecles : ce qui a donné sujet à l'auteur de l'ancienne chronique de Flandres de dire qu'entre les couronnes des rois, celle de l'empereur est seule couverte par dessus. Mais je ne sçay si l'on doit ajoûter créance à ceux qui ont écrit que François I prit la couronne fermée pour contrecarrer Charles V ; car j'estimerois plûtôt que ce qu'il en fit fut parce qu'il s'apperçut que les rois d'Angleterre, qui lui estoient inferieurs en dignité, la portoient de la sorte, il y avoit longtemps. En effet, non seulement toutes les monnoyes d'or et d'argent de Henry VIII le représentent avec la couronne fermée (31.), mais mêmes dans celles de Henry VI et de Henry VII elle est figurée de la même maniere (32.). Je crois que cette couronne est celle de S. Édouard le Confesseur, dont les rois d'Angleterre sont couronnez au jour de leur sacre, *laquelle couronne est archée en croix*, ce sont les termes de Froissart [4], lorsqu'il raconte les cerémonies du couronnement de Henry IV dit de Lancastre, en l'an 1399. Neantmoins cét Henry, ou du moins Henry V, son successeur, se trouve avec une couronne de fleurs de lys non fermée, dans une monnoye d'argent frappée à Calais, qui représente d'un côté la face entiere, et le bust de ce prince, avec de grands cheveux, et la couronne, telle que je viens de la décrire,

avec ces mots à l'entour, HENRI'. DI'. GRA'. REX. ANGL'. S. FRANC. En l'autre revers est une croix, qui entreprend toute la monnoye avec une double inscription, la premiere, POSVI. DEVM. ADIVTOREM. MEVM ; l'autre, VILLA. CALESIE. Celles d'Édouard III sont semblables.(33.).

Il se peut faire encore que François I prit la couronne fermée, pour se distinguer des princes non souverains, des ducs et des comtes, qui avoient aussi le droit de porter la couronne, et qui la faisoient empreindre dans leurs monnoyes. Le sçavant Selden, en ses *Titres d'Honneur*, a avancé [1] que cette espéce de couronne est d'une invention nouvelle, et qu'en l'an 1200 les ducs et les comtes n'en avoient point. Ce qu'il prouve par un passage de l'histoire de Geoffroy de Ville-Hardouin, qui fait parler ainsi le duc de Venise aux députez du marquis de Montferrat, des comtes de Flandres, de Blois, de Saint-Paul, de Brienne, et autres : *Bien avons qenu que vostre seignors sont li plus hauts homes qne soient sans couronne.* Ce discours semble être formel pour induire que le marquis de Monferrat et les autres comtes ne portoient pas alors de couronnes. En effet, la couronne n'appartient qu'aux rois ; d'où vient, suivant la marque d'un rabin [2], que le roy Assuerus ayant commandé qu'on révêtit Mardochée du manteau royal, et qu'on le fît monter sur le cheval royal, il ne parla point de la couronne, quoy qu'Aman l'eût proposée. Je trouve neantmoins que les ducs, mêmes en France, ont porté couronne bien auparavant ce temps-là. Car nos annales [3] écrivent que Charles le Chauve au retour de Rome vint à Pavie, où il tint ses états, et qu'après avoir étably Boson, frere de sa femme, duc de ces provinces, et l'avoir couronné d'une couronne ducale, il vint en France : *Romam exiens, Papiam venit, ubi et placitum suum habuit ; et Bosone, uxoris suæ fratre, duce ipsius terræ constituto, et* CORONA DVCALI *ornato, et collegis ejus in eodem regno relictis,—ad-monasterium Sancti-Dionysii pervenit.* Nous lisons mêmes qu'au temps de Geoffroy de Ville-Hardoüin les couronnes des ducs estoient aussi en usage. Car Roger de Hoveden [4] raconte que Jean comte de Mortain ayant appris en France la mort de Richard I, roy d'Angleterre, son frere, il se mit en chemin pour aller recueillir la couronne, et que, passant par Roüen, en une feste de Saint-Marc, *accinctus est gladio ducatus Normanniæ, in Matrici ecclesiá, per manum Walteri, Rotomagensis archiepiscopi ; et prædictus archiepiscopus posuit in capite* DVCIS CIRCVLVM AVREVM, *habentem in summitate per circuitum rosas aureas.* M. Besly [5] nous a donné les ceremonies qui s'observoient à la benediction des ducs d'Aquitaine, qu'il a tirées d'un manuscrit de l'église de Saint-Étienne de Limoges, avec ce titre, *Ordo ad benedicendum ducem Aquitaniæ*, où sont ces mots, qui justifient que ces ducs recevoient la couronne : *Post hæc imponit episcopus capiti ducis* CIRCVLVM AUREUM, *cum oratione ista ; etc.* Mais il est incertain si ce ceremonial a esté fait pour les anciens ducs de Guienne, ou pour ceux de la maison d'Angleterre.

Je ne doute pas que les ducs et les comtes de notre France n'ayent paru avec leurs couronnes dans les occasions de cerémonies, et particulierement dans les cours plenieres, ou solennelles, de nos rois : du moins il est constant qu'à leurs sacres les ducs et les comtes qui avoient la qualité de pairs de France, ou ceux qui les ont représentez, s'y sont trouvez avec la couronne sur la teste. Le *Cerémonial françois* [6] dit qu'au sacre de Charles VIII les pairs seculiers y estoient *vestus de manteaux, ou socques de Pairie, renversez sur les épaules, comme un epitoge, ou chappe de docteur,* et

---

[1] L. 3. — [2] Cerém. de France. — [3] Paul. Petau, in Gnorism. veter. Numm. — [4] Vol. 4, c. 114.

[1] Titles of Honor, part. 2, c. 5. — [2] R. Salomon Iarchi, in l. Esther. c. 6, v. 9. — [3] Annal. Fr. Bertin. A. 876 ; Cont. Aimoin. c. 32. — [4] Hoved. p. 792. — [5] En l'Hist. des C. de Poitou. p. 184. — [6] Tom. 1, p. 193.

fourrez d'hermines, ayans sur leurs testes des cercles d'or, les ducs à deux fleurons, et les comtes tout simples. Il fait la même remarque[1] lorsqu'il traite des sacres des rois Henry IV et Louys XIII. Mais ce qui me confirme dans la créance que les ducs et les comtes se trouvoient avec la couronne sur la teste dans les grandes solennitez est que dans la recherche des biens et des meubles du comte d'Eu, connétable de France, qui fut faite aprés qu'il eut esté décapité, on fit la description de toute *sa vaisselle, des couronnes, des chappeaux, des anneaux, des pierreries, des joyaux, et d'autres biens,* comme on voit dans les inventaires faits le dernier de fevrier l'an 1350, et le 18 de mars l'an 1353, qui sont en la Chambre des Comptes de Paris[2]. Car il est probable que ces couronnes étoient des cercles d'or, qui appartenoient à ce connétable en qualité de comte. Il semble même que non seulement les ducs et les comtes avoient le privilege d'en porter, mais encore les simples gentilshommes. Ce qui le pourroit faire présumer est que parmi un grand nombre de seaux que j'ay veus attachez à des lettres originales qui m'ont esté communiquées par monsieur d'Herouval il s'en rencontre plusieurs qui représentent les armoiries des gentilshommes qui n'avoient aucune dignité de duc ou de comte, avec le casque couronné d'une couronne ducale, de laquelle sort un cimier. Ce que j'ay remarqué particulierement aux seaux de Louys vicomte de Thoûars, attachez à des lettres de l'an 1340 ; d'Aymar, sire d'Archiac, de 1343 ; de Jean de Corberon, viguier, chevalier, capitaine de Pierraguers, de 1349 ; de Jean d'Ogier de Montaut, sire de Saint-Front, de 1349 ; d'Arnaud d'Espagne, chevalier, seigneur de Montespan, senéchal de Perigord, de 1351 ; de Jean de Chauvignet, seigneur de Blot, escuyer, de 1380 ; de Jean de Saqueville, chevalier, sire de Blaru, de 1380 ; de Raymond, sire d'Aubeterre, chevalier, de 1395 ; de Guichard Dauphin, chevalier, conseiller et grand maitre d'hôtel du roy, de 1413 ; et enfin de Renaut du Chastelet, conseiller et chambellan du roy, bailly de Sens, de 1479. Ce qui sert à justifier que c'est sans raison que quelques gentilshommes ont crû avoir droit de porter la couronne sur leurs armes parce qu'ils les ont veuës empreintes et figurées dans les tombeaux de leurs ancétres ; ce que j'ay ouy autrefois remarquer au sujet de la maison de Halluin, originaire de Flandres : d'autant que ces couronnes estoient alors usurpées indifferemment par les gentilshommes, qui n'avoient aucune dignité qui leur en donnât le privilege, et ce par un abus de ces siecles-là, qui a passé jusques à nous, où la plûpart de la noblesse s'est arrogé des titres imaginaires de comtes et de marquis, et des couronnes sur leurs armes, sans autre droit que celui que la licence des minoritez de nos princes leur a souffert.

Il est probable que Charles le Chauve a esté le premier de nos rois qui a accordé la couronne aux ducs : et mêmes j'ose avancer que comme il se conforma aux coutumes des empereurs grecs, dont il prit les habits et les ornemens, il suivit aussi en cela leur exemple. D'autant que les empereurs d'Orient accordoient ordinairement la couronne aux Césars, et aux principales dignitez de l'empire, ce qui a eu lieu avant le grand Constantin : car *Constantius Chlorus,* son père, n'estant revétu que du titre de *Nobilissimus Cæsar,* paroit avec la couronne de rayons dans une medaille de cuivre qui a pour inscription : CONSTANTIVS NOB. C.; et à l'autre revers : VIRTVS AVGG. Le jeune *Licinius* paroit avec la même couronne et le même titre dans une autre médaille, aussi de cuivre : LICINIVS. IVN. NOB. C.; l'autre revers ayant pour inscription ces mots : VIRTVS EXERCIT. L'on voit pareillement les figures de

Crispus, et de *Constantius,* enfans de Constantin, qui estoient revétus de cette même dignité avec le diadéme de perles, dans leurs medailles, dont les empreintes ont esté données par Baronius, Gretzer[1], et Saint-Amant[2]. Ce qui est encore confirmé par la plûpart des auteurs byzantins, qui attribuent aux Cesars non seulement la robe de drap d'or et d'écarlatte, ἐσθῆτα κοκκοβαφῆ καὶ περίχρυσον, comme Zozime[3], la *Chronique Alexandrine*[4], et Constantin Manassès[5], mais encore la couronne. Zonaras, en la *Vie de Marcian* : Ἀπήτησε Καίσαρα στέψαι θάτερον υἱῶν αὐτοῦ. Manassès parlant du même Julian :

Ἰουλιανῷ δὲ Καίσαρος ἐκόσμησε στεφάνῳ.

Et au sujet de Tibere designé Cesar, et adopté par Justin :

Πρῶτα μὲν τῷ τοῦ Καίσαρος κατακοσμεῖ στεφάνῳ.

Theophanes, et aprés lui Paul Diacre[6], racontent que Constantin Copronyme accorda à Christophle et à Nicéphore, ses enfans, qu'il avoit creez Cesars, et à Nicetas leur frere, auquel il avoit donné le titre de nobilissime, sçavoir aux Cesars, τὰ Καισαρίκια περικεφάλαια, (Paul Diacre tourne ces mots, *Cæsaricas galeas*); et à Nicetas χλαίναν χρυσὴν καὶ τὸν στέφανον, *une robe de drap d'or et une couronne.* Glycas témoigne encore que Romain Lecapene, ayant obtenu de Constantin, fils de Leon, la dignité de Cesar, fut couronné par lui solennellement. Et Anne Comnene, en son *Alexiade*[7], écrit que l'empereur Alexis, son pere, ayant accordé à Nicephore Melissene le titre de Cesar, pour l'obliger à se désister de ses prétentions sur l'Empire, et ayant institué une nouvelle dignité, sous le nom de sebastocrator, pour Isâc Comnene, son frere ainé, il voulut que l'un et l'autre fussent nommez dans les proclamations publiques, et qu'ils portassent la couronne dans les jours solennels, mais beaucoup differente de celle de l'empereur pour la richesse. Car comme le diadéme impérial estoit tout parsemé de pierreries, et qu'il estoit couvert par dessus, ces couronnes n'estoient parsemées de pierreries que par intervalles, et estoient sans couverture, ἄνευ τοῦ ἐπισφαιρώματος. Nicetas[8] fait mention de la couronne de sebastocrator en la *Vie d'Alexis l'Ange,* sans en faire la description. Mais Nicephore Gregoras[9] nous a donné celle des Cesars, lorsqu'il raconte l'entrée solennelle de Strategopule, auquel Michel Paléologue avoit donné cette dignité, aprés que ce seigneur eut enlevé Constantinople aux François, écrivant qu'il vouloit qu'il marchât par toute la ville revétu des habits de Cesar, et avec une superbe couronne, presque semblable à celles des empereurs, στεφάνῳ πολυτελεῖ καὶ μίκρου δέω λέγειν βασιλικῷ. J'ay remarqué cy-devant que dans l'eglise de Notre-Dame surnommée Περίβλεπτος, à Constantinople, on y voit les statuës de l'empereur Michel Paleologue et de l'impératrice Eudocie, sa femme, entre lesquelles est celle de Constantin Porphyrogenite, leur fils, qui est revétu d'un manteau parsemé d'aigles, attaché sur l'épaule droite, avec une espéce de sceptre en la main, ayant sur la teste un cercle d'or chargé de pierreries, rehaussé par devant d'un diamant enchâssé en or, et autour du cercle d'un rang de perles. Les autres empereurs ajoûterent avec le temps d'autres ornemens aux couronnes des despotes, des Cesars et autres dignitez, dont ils revétoient leurs enfants et leurs parents, selon le degré de faveur qu'ils avoient en la cour de ces princes. Car ils permirent à quelque-uns d'eux de fermer ces couronnes par d'autres cercles d'or, qui sont appelez καμάραι dans les auteurs byzantins. Il semble que ce fut l'empereur Jean Cantacuzene qui inventa cette sorte de couronne en fa-

---

[1] P. 389, 407. — [2] Communiquez par M. d'Herouval.

[1] L. 1, de S. Cr. c. 8. — [2] Tom. 3, p. 566, 587. — [3] L. 2. — [4] A. 10, Zenon. — [5] Const. Manass. in Juliano. — [6] L. 30. — [7] L. 3, p. 78. — [8] In Alex. Ang. l. 1, n. 2. — [9] L. 4.

veur de Manuel et de Jean Azen, freres de sa femme, lesquels il promût à la dignité de sebastocrator, leur ayant accordé de porter des couronnes enrichies de turquoises et de perles, fermées d'un seul cercle par devant[1], στεφάνους διὰ λίθων ἠερανέων καὶ μαργάρων, ἔχοντας ἔκαστον αὐτῶν ἔμπροσθεν ἀνὰ μίαν καὶ μόνην καμάραν. On multiplia ensuite ces cercles de dessus selon la dignité des princes. Car si c'étoit le fils d'un empereur, il portoit la couronne fermée de quatre cercles[2], στέφανον διὰ λίθων καὶ μαργάρων, ἔχοντα καμάρας μικρὰς τέσσαρας ἔμπροσθέν τε καὶ ὄπισθεν, καὶ ἐκ πλαγίων. Que s'il n'estoit que gendre de l'empereur, ou son cousin, cette couronne n'estoit rehaussée que d'un cercle par devant. Mathieu Moine[3], en son *Traité des Dignitez du palais de Constantinople*, a parlé des couronnes des despotes, des sebastocrators et des cesars, et ne fait pas mention de ces differences, se contentant de dire qu'elles sont enrichies de perles :

ὧν κεφαλῆς τὸ κάλυμμα κεκόσμηται μαργάροις.

Les derniers auteurs byzantins, parlans des couronnes de ces di-

[1] Codin. de Off. c. 19. — [2] Id. c. 18, n. 4. — [3] De Off. Palat.

gnitez de l'empire, se servent ordinairement du mot de στέφανος : comme, au contraire, lorsqu'ils parlent des couronnes des empereurs, de celui de στέμμα, comme on peut recueillir de *Codinus*[1] et d'*Achmes*[2], en ses *Onirocritiques* ; mais Anne Comnene n'observe pas ces distinctions.

Ç'a esté encore à l'exemple des princes et des dignitez de Constantinople que les dauphins, fils ainez de nos rois, portent de semblables couronnes, ayant remarqué dans le *Cerémonial de France* qu'à l'enterrement de François, dauphin de Viennois, fils ainé de François Ier, l'effigie de ce prince *avoit par dessus le bonnet de veloux cramoisy une couronne d'or, plus eminente que celle d'un duc, comme déja préparé à succéder au royaume et porter la fleur de lys entiere*. Ces termes ont peut-estre donné sujet à quelques auteurs[3] de former une couronne à ce dauphin rehaussée de fleurs de lys, et fermée de deux cercles, ou branchons en croix, avec une fleur de lys au sommet, n'ayant pas mis plus de cercles, parce que *e numero talium absidum diademati dignitas accedit*, ainsi qu'écrit M. Paschal[4], celle des rois en ayant un plus grand nombre.

[1] C. 17, 18, 19. — [2] C. 247. — [3] MM. de Sainte-Marthe. — [4] L. 9, de Cor. c. 18.

DE LA COMMUNICATION DES ARMOIRIES DES FAMILLES,

OU D'UNE PARTIE, ACCORDÉE PAR LES PRINCES A DIVERSES PERSONNES,

PAR FORME DE PRIVILÉGE OU DE RECOMPENSE.

DISSERTATION XXV.

C'est encore une espéce d'adoption d'honneur que les princes et les rois ont pratiquée lorsqu'ils ont communiqué leurs armes à divers gentils-hommes de leurs sujets, ou étrangers. Car comme les armes sont les veritables marques d'une famille, ceux qui en sont ainsi honnorez semblent devoir participer à ses prerogatives. Ce sont des moyens qu'ils ont choisis pour recompenser les services de ceux qu'ils vouloient gratifier, et aussi pour les attacher plus fortement à l'avenir et leur posterité à leur service. Cette *attribution de partie d'armoiries*, suivant Guy Coquille, en l'Histoire de Nivernois, *se fait avec diminution notable par changement de couleurs, ou diminution de nombre des pieces qui sont és armes des bienfaicteurs, en sorte qu'on peut connoistre qu'ils ne sont pas du lignage, mais qu'ils tiennent par bienfaict.*

Les princes ont encore accordé souvent ce privilege par une marque de protection. Car d'un côté les personnes qui ont esté gratifiées des armes du prince ont une obligation particuliere à le servir, par le souvenir de l'honneur qu'elles ont reçu de luy, et de maintenir la dignité de celuy dont ils portent les armes. *Æneas Sylvius*[1], depuis pape Pie II, écrivant à Adam de Moulins, secretaire du roy d'Angleterre, en faveur du secretaire de l'empereur, qui desiroit avoir le privilege du même roy de porter ses armes, aprés luy avoir représenté les merites de la personne pour laquelle il s'employoit, tient ce discours : *Hominem dignissimum promovebis, qui divisiæ regiæ non minus honoris præstabit, quam ipsa sibi divisia decus præbeat. Scis enim tales res illi committi deberi, qui*

[1] Ep. 80.

tueri earum honorificentiam possint. D'autre part, le prince se trouve engagé en la protection de celuy auquel il a communiqué ses armes, l'ayant reconnu par là pour une personne qui luy est acquise, et qui participe en quelque façon aux prerogatives de sa famille, dont il est obligé de conserver l'honneur.

Ce privilege de porter les armes ou une partie des armes du prince a esté de tout temps estimé tres-particulier, n'ayant esté conféré qu'à ceux qui avoient beaucoup mérité de l'État, et qui luy avoient rendu de signalez services. Ce qui verifie la maxime des politiques[1], qui tiennent que les princes ont souvent des moyens innocens pour recompenser, non-seulement les hommes de merite, mais encore leurs favoris, sans apporter un notable detriment à leurs finances, qui sont les nerfs et le fondement des États : parce qu'effectivement l'honneur, qui est l'unique aiguillon de la vertu, et non la valeur des choses, donne le prix aux recompenses. Les couronnes de laurier et d'autres plantes estoient trop peu de chose à l'égard des belles actions qu'elles combloient de gloire, si une fin plus honorable ne leur eust donné quelque relief. Il n'y avoit rien de plus aisé que ces surnoms que le sénat donnoit à ces grands chefs qui s'estoient signalez dans les combats et qui avoient subjugué les provinces : cependant il ne se pouvoit trouver une plus digne recompense de leur courage qu'en les faisant connoitre à la posterité par l'imposition d'un nom qui comprenoit en peu de lettres leur eloge et leurs beaux faits d'armes, et expliquoit la grandeur et l'excellence de leurs victoires : *Qui uno cognomine*

[1] Scipione Ammirato, nel Discors. Polit. l. 2.

declarabatur non modo quis esset, sed qualis esset, dit Ciceron [1].

Je mets au rang de ces recompenses, faciles en apparence, mais glorieuses en effet, les privileges que les princes ont concedez à leurs sujets, ou autres seigneurs étrangers qui avoient bien mérité de leurs États, de porter leurs armes, ou une partie parmi celles de leurs familles. Aussi ils n'en ont usé qu'envers les personnes de consideration, et qui leur avoient rendu des services signalez, laquelle sorte de recompense se trouve avoir esté pratiquée par les empereurs, les rois, les ducs, et autres princes souverains, comme je vay justifier par des exemples tirez de l'histoire.

Et pour commencer par les empereurs d'Occident, je remarque qu'ils en ont usé plus que tous les autres. OTHON Ier du nom voulut que Louys et Pierre *Del Ponte*, Italiens, portassent au chef de leurs armes l'aigle de l'Empire, et prissent le nom d'*Othoni*. *Ex nostro proprio nomine, cognomine Othonis eorum familiam nominare, et insigniis aquilam superaddere liberalitate augusta concedimus,* ainsi que portent les patentes de cét empereur, dù mois de décembre de l'an 963, rapportées par Sansovino [2], si toutefois elles sont veritables, parce qu'on peut mettre en doute s'il y avoit dés ce temps-là des armoiries stables, et affectées aux familles. OTHON surnommé le Roux donna pour armes à Udalric, duc de Boheme, son gendre, l'aigle de l'Empire, au lieu duquel Vladislas, second roy de Boheme, prit le lion, qui luy fut donné par l'empereur Frederic Ier, aprés qu'il eut fait merveille au siége de Milan [3]. Le méme FREDERIC ayant conféré à *Julio Marioni*, gentil-homme d'*Ugubio*, le titre de comte, il luy donna en méme temps le privilege d'ajoûter l'aigle de l'Empire à ses armes, par ses lettres du mois d'avril l'an 1162 [4]. La maison de *Jovio* [5], en Italie, reconnoit que l'aigle qu'elle porte au chef de ses armes est de sa concession, ausquelles l'empereur Charles-Quint ajouta les deux colonnes d'Hercules, qui estoit sa devise. Conrad *Malaspina* [6] eut en don de l'empereur FREDERIC II un chef de l'Empire pour avoir vaillamment combattu au siége de *Vittoria*, dont il estoit gouverneur, prise d'assaut par les infidèles. Le sire de Joinville [7] écrit que Soecedun, chef des Turcs, qui estoit *le plus vaillant et le plus preux de toute payennie*, portoit en ses bannieres les armes de cét empereur, qui l'avoit fait chevalier, et qui probablement les luy donna. *Matheo*, ou *Maffeo Visconti*, surnommé le Grand, reçut de l'empereur ADOLPHE, avec le vicariat general de Milan et de Lombardie, la permission de porter l'aigle de l'Empire, à un quartier de ses armes [8]. HENRY VII, donna à *Alboino della Scala*, prince de Verone, le privilege de porter un quartier de l'Empire en ses armes, confirmé depuis par l'empereur Louis de Baviere à *Can Grande*, qui porta cét aigle en chef au dessus de l'échelle de gueules [9]. SIGISMOND ayant créé comte de *Sanguinetto Louys del Verme*, gentil-homme de Verone, luy donna l'aigle de l'Empire, l'an 1433, en laquelle année il accorda la méme prerogative à Jean-François de Gonzague, qu'il créa premier marquis de Mantouë, luy donnant pour ses armes quatre aigles de sable [10]. Quelque temps auparavant, sçavoir en l'an 1413, il honora François Justinian, gentil-homme genois et comte du sacré palais [11], de l'aigle de l'Empire, que cette maison porte au chef de ses armes, par ses lettres inserées en l'*Histoire de l'isle de Chio* [12]. Deux ans aprés, estant à Avignon, il permit à Elzeas de Sado, seigneur des Essars [13], gentil-homme provençal, de charger l'étoille de ses armes de l'aigle de sable. Un auteur aleman [14] remarque que dans les actes manuscrits du concile de Constance, qui se conser-

vent dans les Archifs de cette ville-là, on y voit empreintes les armes que cét empereur donna à diverses familles de diverses nations, durant la tenuë du concile : où il ne faut pas douter qu'il n'y en ait beaucoup qui obtinrent en ce temps-là l'aigle de l'Empire. FREDERIC IV créa, en l'an 1451, Borso d'Est, marquis de Ferrare, et luy donna pour armes *d'azur à l'aigle d'argent;* il donna encore l'aigle de l'Empire à *Manfredo*, comte de *Correggio*, estant à Venise, le 23e jour de may l'an 1455. Jean *Roverello* [2] ayant esté fait par le méme empereur comte palatin en l'an 1444, il luy permit de porter l'aigle de sable à côté de ses armes. MAXIMILIAN Ier confera cette méme aigle [3] à Jean *Bentivoglio* IIe du nom, prince de Bologne, pour la porter en un quartier de ses armes, avec cette devise : *Maximiliani munus;* à Alberic *Cibò* [4], prince de Masse, lorsqu'il luy donna le titre de prince de l'empire : et à Raphael *Grimaldi* [5], surnommé de *Castro*, par lettres du 16e jour de janvier l'an 1497, le faisant chevalier et comte palatin. Le méme empereur ayant erigé la ville de Cambray en duché, en faveur de Jacques de Croy [6], evesque, luy permit, et à ses successeurs evesques, de porter au chef des armes de leurs maisons l'aigle de l'Empire, brisé d'un lambel de gueules, par ses lettres patentes du 28e jour de juin l'an 1510. L'empereur CHARLES Quint donna à Maximilien *Stampa* [7], gentil-homme milanois, le marquisat de *Soncino*, et l'aigle de l'Empire au chef de ses armes, pour recompense de sa fidelité en la garde du *Castello di Zobia* de Milan. Nicolas *Grimaldi* [8], seigneur de Montalde, obtint, en l'an 1525, du méme empereur le titre de comte palatin, et l'aigle d'or en champ de gueules au chef de ses armes, qui sont celles des empereurs de Constantinople, semblables à celles que l'empereur MANUEL Paleologue donna à *Castellino Beccaria* [9], qui le reçut et le deffraya à Milan, lorsqu'il y passa pour aller au concile de Florence, ce seigneur s'estant encore employé envers les princes pour luy faire donner le secours qu'il demandoit contre les Turcs.

Si nous venons en France, nous trouverons que les mémes recompenses y ont esté en usage. Saint LOUIS, estant outremer, donna le chef de France à l'Ordre teutonique [10]. Passant par Antioche, il permit au jeune prince Boëmond VI d'écarteler ses armes, *qui estoient vermeillées*, au rapport du sire de Joinville [11], des armes de France. PHILIPPE de Valois, selon quelques-uns [12], permit à Guillaume de la Tour de porter son escu semé de France. Mais M. Justel, en l'*Histoire des Comtes d'Auvergne* [13], estime que cette permission est beaucoup plus ancienne, remarquant qu'au château de la Tour, avant qu'il fust ruiné, on voioit deux écussons des armes de la Maison de la Tour, gravez en une cheminée bâtie l'an 1218, l'un avec la tour simple, qui sont les anciennes, l'autre avec le champ d'azur, semé de fleurs de lys d'or, et la Tour d'argent, qui sont celles que les seigneurs de la Tour d'Auvergne ont portées jusques à présent. Le méme roy [14] permit à messire Pierre de Salvain, seigneur de Boissieu, homme de grand credit dans le conseil d'Humbert, dernier dauphin de Viennois, d'ajoûter à ses armes une bordure de France, pour avoir esté l'un des principaux auteurs de la cession faite de cette province en faveur de la France. Il voulut [15] encore que le cardinal Bertrand chargeât le chevron d'azur de ses armes de trois fleurs de lys d'or, pour avoir deffendu les privileges de l'Église gallicane contre Pierre de Cuigneres, advocat

---

[1] Pro Fonteio. — [2] Nelle Famig. illustri d'Ital. l. 1, p. 33. — [3] Æneas Syl. in Hist. Bohem. c. 18, 24. — [4] Sansovino, p. 343. — [5] Paul. Jov. in Descript. Larii Lacus. — [6] Jean le Laboureur, en la Geneal. de Malasp. — [7] P. 38. — [8] Sansovino. — [9] Joseph. Scalig. in epist. de orig. gentis Scalig. p. 18. — [10] Sansov. l. 1, p. 285, 359. — [11] Giust. nell. Hist. di Gen. l. 5, an. 1413. — [12] P. 116. — [13] Hist. de Prov. p. 557. — [14] Goldast. tom. 2 Rer. Alem. p. 197.

[1] Gen. d'Est. — [2] Sansov. l. 1, p. 275, 392. — [3] Id. l. 1, p. 173. — [4] Jean le Laboureur, en la Gen. de la Maison de Cibo. — [5] Carol. de Venasque, in Gen. Grimald. p. 109. — [6] Jean. Scob. en la Gen. de la Maison de Croy, p. 52. — [7] Leand. Alb. nella Descrp. d'Ital. p. 404. — [8] Carol. de Venasque, in Geneal. Gent. Grimaldæ, p. 114. — [9] Sansovino, l. 1, p. 161. — [10] A. Favyn. — [11] En l'Hist. de S. Louys. — [12] La Roque, en la Gen. de Bourbon, p. 34. — [13] Hist. d'Auvergne, p. 247. — [14] La Colomb. en son Recueil d'Armoiries. — [15] Mathieu de Goussanc, au Martyr. des Chev. de Malthe, p. 50.

au parlement. CHARLES V donna à la famille de Fabre une fleur de lys d'or[1]. Estienne, roy ou empereur de Servie[2], ayant envoyé en France Nicolo Bucchia, son protovestiaire, en l'an 1351, pour rechercher la fille du roy Philippe de Valois en mariage pour son fils Urosc, quoy que cette recherche n'eust eu effet, le roy Charles V, voulant reconnoître la bonne conduite de cét ambassadeur, luy permit de porter une fleur de lys en ses armes. CHARLES VI permit à Jean-Galeas, duc de Milan[3], en faveur de son mariage avec Isabelle de France, fille du roy Jean, et à ses héritiers, d'écarteler ses armes de celles France sans nombre, par lettres patentes du 29e jour de janvier l'an 1394. Le mème roy[4], estant à Tolose, l'an 1389, en présence du duc de Touraine, son frere, du duc de Bourbon, son oncle, et de plusieurs seigneurs de France et de Gascongne, donna à Charles d'Albret, son cousin germain, et à ses descendans, le privilege d'écarteler ses armes, qui estoient simplement de gueules, de deux quartiers de France plein sans briseure, *laquelle chose le seigneur de Labret* (dit Froissart[5]) *tint à riche et grand don.* CHARLES VII permit à Nicolas d'Est, second duc de Ferrare[6], en considération de la ligue et de la confédération qu'il avoit faite avec luy, et du serment de fidelité qu'il luy avoit prété, *de porter les fleurs de lys en son escu à costé droit, avec un bord denté d'or et de gueules, ayant l'ancienne armoirie de Ferrare au côté gauche,* par lettres du 10e jour de may l'an 1432. Il permit encore, suivant un auteur de ce temps[7], aux vicomtes de Beaumont de parsemer leur escu de fleur de lys. Il en donna une à la Pucelle d'Orléans. Chassanée[8] écrit que sous le regne du roy LOVIS XI plusieurs eurent la permission de porter la fleur de lys en leurs armes. Du Tillet dit qu'il permit à Pierre de Medici IIe du nom, seigneur de Florence, et à sa posterité, de porter au chef de ses armes *un tourteau d'azur à trois fleurs de lys d'or,* par lettres du mois de may l'an 1465. Ce qu'André Favyn[9] attribue au roy Louys XII. Tant y a que ce fut le roy LOUIS XII qui donna à Jean *Bentivoglio*[10] IIe du nom, prince de Bologne, le chef des armes de France; et à Jean Ferrier, archevesque d'Arles[11], *un escu d'azur à une fleur de lys d'or,* sur le tout de ses armes. HENRY le Grand octroya au capitaine Libertas, qui delivra la ville de Marseille[12] de la tyrannie de Cazaud, qui l'avoit tenuë longtemps pour la Ligue, et traittoit avec l'Espagnol pour la lui mettre entre les mains, un chef d'azur de trois fleurs de lys d'or, à ses armes de gueules à un château d'argent. Il fit le même à Pierre Hostager[13], gentil-homme de Marseille, qui servit sa majesté en la reddition de cette même place l'an 1596, et lui donna un escu *d'azur à une fleur de lys d'or,* sur le tout de ses armes. Sur semblables considerations, il voulut que le seigneur de Vic, vice-amiral de France, et gouverneur de Calais et d'Amiens[14], qui lui rendit de signalez services durant ses plus fâcheuses guerres de la Ligue, portât pour memoire une fleur de lys d'or en ses armoiries : il en donna pareillement une au sieur Zamet[15]. Louis XIII, son fils, usa de pareille gratification à l'endroit de messire Guichart Deagent, chevalier sire de Bruslon, baron de Viré, premier president en la Chambre des Comptes de Dauphiné, lui permettant de charger l'aigle de ses armes d'un escu *d'azur à la fleur de lys d'or,* et ce pour recompense de la fidelité qu'il avoit fait parétre dans les affaires importantes de l'État où il avoit esté employé. Le chevalier *Morosini*, Venitien, après avoir exercé en France la charge d'ambassadeur de la Republique, fut honoré par le même roy du pri-

vilege de porter trois fleurs de lys en ses armes. Enfin chacun sçait que le roy à présent regnant a permis à Flavio Chigi, cardinal, neveu du pape, legat en France, d'en porter une dans ses armes. L'Espagne et les autres royaumes ont pratiqué le même en plusieurs occasions[1]. Henry III, roy de Castille[2], donna pour armoiries *le château d'or en champ d'azur à la bordure componée d'or et de gueules,* à Dom Ruy Lopes Davalos, qu'il créa comte de *Ribadieu,* et connetable de Castille, en l'an 1390 ; ses successeurs ont esté marquis de *Pescara* et d'*Aquino* en Italie. Le même roy[3] fit porter un quartier des armes d'Espagne à Begues de Villaines, chevalier, renommé dans Froissart, qu'il fit aussi comte de Ribadieu, lesquelles estoient *d'argent à trois lyons de sable à l'orle de gueules.* La *Chronique* manuscrite de *Bertrand du Guesclin* a fait mention de cette gratification :

> Un autre chevalier à Henry le pulant,
> Dont je voi la banniere, dont l'escu est d'argent
> A trois lyons de sable painturez gentement,
> Et sont ' ourlez de gueules, je le voy clerement,
> A deux lyons de pourpre assis faitivement,
> A un cartier d'Espaigne, le noble tenement,
> Et se li a donné une comté présent,
> C'on nomme Ribedieu, le noble mandement,
> Le Besque de Vilaines le nomment toute gent.

Ferdinaud et Isabelle[4], rois de Castille et d'Arragon, pour recompenser Christophe Colomb, Genois, de la découverte des Indes occidentales, outre la dixième partie des revenus royaux, lui donnerent le titre de grand amiral perpetuel des Indes, et pour armes, *l'escu en manteau, le premier de gueules au château d'or, l'autre d'argent au lyon de pourpre, en pointe d'argent ondé d'azur, à cinq isles et un monde croisé d'or,* avec cette devise : POR CASTILLA *y por Leon, Nuevo mundo halla Colon.* Les ducs de Verragua et les marquis de Jamayca aux isles Occidentales sont issus de lui. Alphonse d'Arragon, roy de Naples et de Sicile, ayant donné l'ordre de chevalerie à François Philelphe[5], l'honora d'abondant de ses armes, comme Philelphe témoigne lui-même en deux de ses épîtres.

Les rois de Naples des branches d'Anjou ont usé aussi souvent de ces gratifications[6]: les comtes de *Nicastro,* de la Maison de *Costanzo,* ont obtenu d'eux le privilege de porter en un quartier de leurs armes, *d'azur à six fleurs de lys d'or, au lambel de gueules;* comme encore la Maison d'Andrea en Provence[7], originaire de Naples, laquelle porte *une bordure d'azur à dix fleurs d'or, au lambel de quatre pieces de gueules au-dessus du chef.* Il en est de même de celle d'Alaman, qui porte l'escu d'Anjou en cœur de ses armes; et de celle de Beccaris, au même comté, qui porte *le chef de France, avec le lambel de gueules de trois pieces*[8]. Celle de *la Ratta,* en Italie, porta le lambel semé de fleurs de lys, par la concession du roy Robert[9]. René, roy de Sicile[10], donna à René de Boliers, vicomte de Reillane, gouverneur de Marseille, une bordure à ses armes, componée des armes d'Anjou-Naples, et de Hierusalem, de huit pieces. Alphonse, roy d'Arragon[11], donna, en l'an 1511, à Wistan Browne, gentil-homme anglois, l'aigle de sable (de Naples) pour ajoûter à ses armes. Et Ferdinand aussi, roy d'Arragon, voulut que Henry Guilford, autre gentil-homme anglois, portât une grenade au dessus de ses armes.

L'Angleterre, la Boheme, la Pologne et la Suede fournissent de semblables exemples. Edoüard Ier du nom, roi d'Angleterre, voulut

---

[1] Mathieu de Goussanc, au Martyr. des Chev. de Malthe, p. 288. — [2] Mauro Orbini, nella Istor. degli Slavi, p. 206. — [3] Du Tillet, au Recueil des rois de France, p. 320. — [4] Idem. — [5] Vol. 4, ch. 9. — [6] Du Tillet, ib. — [7] Monstrelet, vol. 2, p. 70. — [8] Concl. 54, n. 40. — [9] P. 1498. — [10] Sansovino, p. 173. — [11] Claude de Valles. — [12] Hist. de Provence, p. 704. — [13] Ibid. p. 1036. — [14] 1. Mercure Franc. 1610, p. 519. — [15] La Colombiere.

[1] Sansovino, p. 18. — [2] A. Favyn, p. 1515: — [3] Chr. de Fr. MS. de la Bibl. de Mesmes. — [3a] al. ouvrez. — [4] Franc. Lopes Gomara, en l'Hist. des Indes, l. 1, c. 17. — [5] L. 11 Epist. — [6] Sansovino, p. 290. — [7] Hist. de Provence, p. 683. — [8] Campanile. — [9] Mem. de M. de Peiresc. — [10] Hist. de Prov. p. 819. — [11] Campanile, p. 78, 216; Civil. p. 150; Math. de Goussanc, Hist. de Prov. p. 436; Thom. Milles, de Nobil. Polit. etc.

que Geoffroy, sire de Joinville[1], partit les armes de sa maison de celles d'Angleterre ; ce que le roy lui accorda pour sa valeur et ses belles actions, ainsi qu'il est porté dans l'inscription de son tombeau. Edoüard IV donna à Louys de Bruges[2], seigneur de la Grutuse et prince de Steenhuse, le comté de Winchester, avec la permission de porter en ses armes un quartier des armes d'Angleterre, sçavoir *de gueules à un leopard d'or armé d'azur*, par ses lettres patentes du 23e jour de novembre, le 14 de son regne. Thomas Manvors, baron de Roz, chevalier de la Jarretiere, obtint du roy Henry VIII[3] le comté de Rutland, avec le privilege de porter au chef de ses armes une partie de celles d'Angleterre, sçavoir *écartelé au 1 et 4 d'azur à deux fleurs de lys d'or, au 2 et 3 de gueules à un léopard d'or ;* tant pour recompense de ses merites, que pour ce qu'il descendoit de la sœur du roy Edoüard IV. Je passe les armes de la Maison de Goulaines[4], *de gueules à 3 demy leopards d'or party d'azur, à la fleur de lys et une demie d'or*, qui sont les armes d'Angleterre et de France à moitié, que l'on dit avoir esté données par un roy d'Angleterre à Alfonse seigneur de Goulaines, en consideration de ce qu'ayant esté employé par le duc de Bretagne son maitre à pacifier les rois de France et d'Angleterre, il en vint à bout, et y reüssit parfaitement. L'empereur Charles IV, roy de Boheme, donna le lyon des armes de ce royaume à Barthole, jurisconsulte, comme il témoigne lui-même en son *Traité des Armes*[5]. Sigismond, roy de Pologne, donna pour armes à Martin Cromer, son historiographe, et son ambassadeur vers l'empereur, un escu *de gueules à un aigle esployé naissant d'argent, ayant au col une couronne de laurier* : auquel l'empereur Ferdinand ajoüta un chef de l'aigle de l'Empire, ce qu'il raconte aussi en la description de la Pologne[6]. Gustave-Adolfe, roy de Suede, donna à Henry Saint-George Richemond[7], roy d'armes, qui avoit porté l'ordre de la Jarretiere au même roy, trois couronnes d'or, qui sont les armes de Suede, pour joindre avec les siennes. Selden, en ses *Titres d'Honneur*[8], en a rapporté les patentes.

Les ducs et les petits princes souverains ont usé pareillement de ces concessions. Jean duc de Lorraine et de Calabre[9] donna les armes de Lorraine à *Virgilio Maluezzo*, comte de *Castelguelfo*, qui l'avoit logé et reçù en sa maison au voyage que ce prince fit en Italie. Le duc de Bourgogne permit à N.... Paterin, son chancelier[10], de porter pour cimier de ses armes un escu armoyé des armes de Bourgogne, avec cette devise : *Le duc me l'a donné*. Louis[11], duc de Bavieres et empereur, passant en Italie l'an 1327, permit à Castruccio, duc de Lucques, de porter les armes de Bavieres. Et l'année suivante, estant à Francfort, il donna à Jacques et à Fancio *de Prata*, comte de Luniciane en Italie, la couronne des armes du duché de Bavieres pour la joindre au lyon de leurs armes. Freher en a rapporté les lettres. L'empereur Robert, prince palatin du Rhin, voulut que *Jacomuzzo Attendula*[1], duquel la famille des *Sforza* en Italie est issuë, ajoütât le lyon du Palatinat à ses armes, qui estoit une grenade.

Les republiques mêmes et les villes ont souvent communiqué leurs armes à des particuliers, comme a fait celle de Venise[2] aux Maisons de *Foscari*, de *Magno*, et de *Nani*, des plus illustres d'entre celles qui ont rang parmy les nobles de cette republique, lesquelles portent en l'escu de leurs armes le lyon de Saint-Marc, qu'ils ont obtenu pour recompense de services. Les chevaliers de Saint-Marc, en la même republique, ont le privilege de porter au cimier de leurs armes un mufle de lyon. La republique de Gennes permit à *Guillelmi Cibo*[3] (d'autres disent à *Arano Cibo*), vice-roy de Naples, de porter au chef de ses armes la croix de gueules en champ d'argent. Ceux de Padoüe[4] donnerent à Richard, comte de *San-Bonifacio*, le privilege de porter les armes de cette ville, conjointement avec celles de sa famille, pour les services qu'il leur rendit en la charge de Podestat. Ceux de Sienne[5] firent le même à l'endroit de Blaise de Monluc, depuis mareschal de France, pour avoir soûtenu vaillamment le siége que l'empereur Charles V mit devant leur ville. Enfin les papes ont fait porter à quelques cardinaux de leurs creatures un chef de leurs armes[6] : comme fit Pie IV, de la Maison de Medici, aux cardinaux *Sorbellon Bonromeo, Altaemps*, et *Jesualdo*. Le pape Jules III, du surnom de *Monté*, aux cardinaux de la Corne et *Simoncello* ; le pape Pie V, aux cardinaux *Mafeo, Santorio, de Cesi, Gallio, Bonello* ; le pape Gregoire XIII, du surnom de *Boncompagno*, aux cardinaux de la Baulme, *Vastavillano*, de Berague, et *Riario*. Quant à ce que Paradin[7] et ceux qui l'ont suivy ont écrit, que l'Ordre de Saint-Jean de Hierusalem pria Amedée IV, comte de Savoye, de prendre les armes de la religion, en memoire des grans services qu'il lui avoit rendus au siége de Rhodes, cela est controversé ; car A. Du Chesne[8] tient que cette croix que les ducs de Savoye portent est l'escu des armes de la principauté de Piémont.

---

[1] V. la Gen. de Joinville. — [2] Raph. Brooke. — [3] Id. — [4] Le roy d'armes. — [5] De Insign. et Arm. n. 2. — [6] L. 1. Polon. — [7] A Catalogue of the Dukes, etc., of England, 1634. — [8] Part. 2, c. 2, § 1. — [9] Sansovino, p. 140. — [10] Science Heroïque, p. 175. — [11] J. Villani, l. 10, c. 38 ; Freher. in Orig. Palat. c. 13.

[1] Paul. Jovius, in Vita Jacomuzzi Attend. c. 18. — [2] Le Arme di tutti li nobili della Citta di Venetia. — [3] A. Favyn, l. 8 du Theatre d'Hon.; Sansovino, et Jean le Laboureur, en la Geneal. de Cibo. — [4] Sansovino, p. 140. — [5] A. Favyn, l. 7 du Theatre d'Honn. p. 1343. — [6] Hist. de Nivernois, p. 189. — [7] Aux annal. de Savoye, l. 2, c. 115. — [8] Hist. de la Maison de Bethune, p. 205.

EXPLICATION DES INSCRIPTIONS DE LA VRAYE CROIX

QUI EST EN L'ABBAYE DE GRANDMONT,

ET DE CELLE QUI EST AU MONASTERE DU MONT SAINT-QUENTIN EN PICARDIE.

DISSERTATION XXVI.

Entre les plus rares reliquaires que la France chrétienne possede aujourd'huy est celuy de la vraye Croix, que l'abbaye de Grandmont en Limosin conserve religieusement, adorable pour le bois sacré qu'il enferme, que Dieu a voulu employer pour servir d'organe à nostre redemption. Ce pieux objet de la devotion des fidéles merite une venération toute particuliere, tant pour son antiquité que pour la main royale qui en a regalé cét illustre monastere. Les inscriptions grecques qui se lisent au dos de ce reliquaire ont exercé la plume d'un des plus sçavans et des plus eloquens personnages de nostre siecle [1], lequel y a fourni de si belles et de si doctes remarques, que c'est une espéce de temerité de s'en départir. Mais comme c'est un champ ouvert à tout le monde, et que dans les choses obscures, et qui sont exposées aux divinations, il est loisible à un chácun de produire ses conjectures, je me donneray la liberté d'étaler icy les miennes, quelque foibles qu'elles soient, sur une matiere peu certaine, aprés m'estre précautionné de ce trait de *Symmachus* [2] : *liceat inter olores canoros anserem obstrepere.*

Ces sortes de reliquaires ajustez en forme de croix, ou mémes contenans des portions du bois sacré, sont reconnus vulgairement par les auteurs grecs du nom de φυλακτήριον, d'où quelques Peres de l'Église et autres auteurs latins ont formé celui de *filaterium*. Saint Gregoire le Grand, pape, en a usé en l'une de ses epitres [3], en ces termes : *Adalowaldo regi transmittere filateria curavimus, id est crucem cum ligno S. Crucis.* Et Richard, prieur d'Hagulstad [4] : *fecit igitur illam (redditionem) cum pulchro filaterio, scilicet cruce argentea in qua.... sanctorum reliquiæ continentur.* D'où il est aisé de restituer ce mot, qui est corrompu, dans l'ancien interpréte de Juvenal : *Nam et Niceteria filateria sunt, quæ ob victoriam fiebant, et de collo pendentia gestabant* [5] ; où l'imprimé porte mal en deux endroits *syllateria.* Nos poëtes françois se servent souvent aussi du mot de *filatiere*, en ce sens : le *Roman de Garin* :

> Porter lor fet et crois et encensiers,
> Les filatires, les seintueres chers.

Ailleurs :

> Ne filatires, ne crucifix dorez.

Et Guillaume Guiart, en la *vie de Louys VIII* :

> Galices, fiertes, filatieres,
> Chapes de cœur, viez sainctuaires.

Il y avoit deux sortes de ces reliquaires; les uns, plus grands, qui se conservoient religieusement dans les églises, pour estre exposez à la venération et à la devotion des fidéles; les autres, plus petits, que les particuliers portoient pendus au col (ce que l'interpréte de Juvenal a touché), pour leur servir comme de préservatif contre toute sorte d'accidens; c'est pour cela que dans la plúpart des auteurs grecs cette espèce de reliquaire est nommé σταυρὸς ἐγκόλπιος, ou simplement ἐγκόλπιον, parce que, comme ils estoient pendus áu col, ils se portoient sur le sein et sur la poitrine. Et cela estoit si ordinaire, particulierement aux Grecs, qu'il n'y avoit presque personne qui ne portât de ces reliquaires, garnis, ou du bois de la vraye croix, ou des reliques des saints, pendus au col [1]. Ils les avoient d'ailleurs en telle venération, que lorsqu'ils vouloient donner quelque assúrance de l'exécution de leurs paroles, ils les tiroient de leur col, et les mettoient entre les mains et en la possession de ceux envers lesquels ils s'engageoient. Les historiens et mémes les Peres grecs [2] fournissent une infinité d'exemples de cét usage, qui fait voir que la croix de Grandmont n'estoit pas un reliquaire qui ait appartenu à aucune église, mais à quelque particulier qui le portoit pendu au col, sa grandeur, qui est fort médiocre, donnant sujet de le présumer : en voicy la description [3] : Il est composé de deux plaques d'argent doré, jointes et adossées l'une contre l'autre : en la partie anterieure est inseré le bois de la vraye croix, en forme de croix patriarchale. A la partie posterieure est l'inscription, qui occupe tout le quadre de la plaque, laquelle se coupe par moitié, et se peut lever, à l'effet peut-estre de découvrir une espéce de mastic qui se trouve étendu et couché entre les deux plaques, qui est d'une composition de baume tres-odoriferant. Et comme cette inscription est le fondement de cette Dissertation, il est à propos de l'inserer icy tout entiere.

> Βραχὺν ὑπνώσας ὕπνον [4] ἐν τριδενδρίᾳ
> ὁ Παμβασιλεὺς καὶ Θεάνθρωπος Λόγος,
> πολλῆς ἐπεβράβευσε τῷ δένδρῳ χάριν.
> ἐμψύχεται γὰρ πᾶς πυρούμενος νόσοις,
> ὁ προσπεφευγὼς τοῖς τριδενδρίας κλάδοις.
> ἀλλὰ φλογωθεὶς ἐν μέσῃ μεσημβρίᾳ
> ἔδραμον, ἦλθον, τοῖς κλάδοις ὑπεισέδυν,
> καὶ τῇ σκιᾷ δέχου με, καὶ καλῶς σκέπε,
> ὦ συσκιάζων δένδρον ἅπασαν χθόνα,
> καί τινα ἔρμον ἐνστάλαζόν μοι δρόσον,
> ἐν Δουκικῆς φυέντι καλλιδενδρίας,
> ἧς ῥιζόπρεμνον ἡ Βασιλὶς Εἰρήνη,
> ἡ μητρομάμμη, τῶν ἀνάκτων τὸ κλέος,
> Ἀλεξίου κρατοῦντος Αὐσόνων δάμαρ.
> ναὶ ναὶ, δυσοπῶ τὸν μὲν φύλακά μου,
> σος δοῦλος Ἀλέξιος ἐκ γένους Δοῦκας.

> Cum brevem dormisset somnum in triplici arbore
> Universi rex, Deus idem ac homo verbum
> Multam gratiam impertitus est ligno.
> Refrigeratur enim omnis morbis inflammatus,
> Quicumque confugit ad ramos triplicis arboris.
> Ast ego perustus in medio meridie,

---

[1] M. François Ogier, en l'Inscript. de la vraye Croix de l'Abb. de Grandmont. — [2] L. 10, ep. 54. — [3] L. 12, ep. 7. — [4] De Episc. Hagulstad. c. 9. — [5] Sat. 3.

[1] Gretzer, tom. 1, de S. Cr. l. 2, c. 27. — [2] Anna Com. l. 2 et 3; Nicet. in vita S. Ign.; Theoph. in Inst.; Rhinot.; Leo Gram.; Nic. Chon. in Andr. l. 2 Octav.; Syn. CP.; Syn. Ephes.; Greg. Niss. in Encom. Macrinæ; D. Chrysost.; etc.; Acropol. — [3] M. Ogier. — [4] V. Leon. Allat. de Lignis S. Crucis, l. 1. Συμμίκτων.

Cucurri, veni, ramos subii,
Tu vero umbra tua suscipe me, et pulchre tege,
O arbor inumbrans totam terram,
Et modicum rorem Hermon mihi instilla,
Qui ortus sum ex stirpe illustri Ducarum,
Cujus stirpis surculus est imperatrix Irene,
Mater aviæ meæ, decus regum,
Conjux Alexii Romanorum Imperatoris.
Certe veneror te unicum servatorem meum,
Ego famulus tuus Alexius, origine Ducas.

Les derniers vers de cette inscription nous apprennent premierement que le seigneur qui a possedé ce reliquaire et cette croix estoit de la famille des Ducas, laquelle a tenu quelque temps l'empire de Constantinople; en second lieu, qu'il se nommoit *Alexis Ducas*, et qu'il estoit descendu de l'imperatrice Irene Ducas, femme de l'empereur Alexis Comnene, laquelle estoit mere de son ayeule. Car j'estime que c'est là la force du mot μητρομάμμη, d'autant que μάμμη et μάμμα signifient parmi les Grecs une ayeule, suivant l'autorité de *Julius Pollux* [1] : d'où il s'ensuit que μητρομάμμη est la mere de l'ayeule, de même que μητρομήτωρ et πατρομήτωρ signifient la mere de la mere, le pere de la mere dans Jean Tzetzes [2], et autres écrivains de ces siecles-là. Je ne veux pas m'étendre sur la noblesse et l'antiquité des familles des Ducas et des Comnenes, parce que c'est une matiere que je traite amplement dans mes Familles d'Orient. Je me contente d'entrer dans la recherche, qui semble estre necessaire, de la personne de cét Alexis Ducas, et de son alliance avec l'imperatrice Irene, dont l'une des filles estoit mere de son ayeule. L'histoire remarque qu'elle en eut quatre, Anne Comnene, dont nous avons la sçavante *Alexiade*, qui épousa Nicephore *Bryennius* Cesar; Marie Comnene, alliée dans les familles des Gabras et des Catacalons; Eudocie, mariée à Constantin Lazitas; et Theodore Comnene, femme de Constantin l'Ange, duquel mariage vinrent les Anges, qui posséderent longtemps l'empire d'Orient après les Comnenes. Nous ne lisons en aucun auteur que ces princesses ayent eu des filles qui ayent esté alliées à des seigneurs du nom de Ducas : quoy que la présomption y soit entiere, dautant que nous rencontrons dans Jean *Cinnamus* [3], qui vivoit sous l'empire de Manuel Comnene, petit-fils de l'empereur Alexis et d'Irene, dont il a écrit l'histoire, un Jean Ducas, auquel il donne l'eloge d'avoir esté un personnage également sçavant et martial, ἀνὴρ ἑρμαϊκὸς ὁμοῦ καὶ ἀρεϊκός, qu'il qualifie συγγενὴς et ἐξάδελφος de l'empereur Manuel, c'est-à-dire son cousin et son proche parent, estant probable que cette alliance provenoit de celle des Ducas avec quelques filles de l'une de ses quatre tantes. Mais il n'est pas bien aisé de dire précisément en quel degré d'alliance ils estoient cousins, parce qu'en premier lieu le terme de συγγενής se prend pour toute sorte de parens, et ainsi on n'en peut pas conjecturer le degré; en second lieu celui d'ἐξάδελφος est équivoque dans la plûpart des écrivains byzantins, car quelquefois il signifie les cousins germains, que les Latins appellent *patrueles*, quelquefois les cousins en degrez inferieurs, comme cousins issus de germains, ou tenans de germains sur l'issu de germain : de sorte qu'on ne peut pas assûrer par là en quel degré Jean Ducas fut cousin de l'empereur Manuel. Mais s'il fut son cousin germain, il faut que ç'ait esté par alliance, et qu'il ait épousé une fille de l'une des quatre filles de l'empereur Alexis et d'Irene : car on ne lit pas que ces filles se soient alliées dans la famille des Ducas, ou bien il faut dire que les enfans de ces filles prirent le surnom de Ducas, acause de leur ayeule, ce nom estant alors tres-illustre. D'ailleurs l'usage de prendre ainsi les surnoms des alliances estoit tres-familier chez les Grecs de ce

temps-là, dont il y a un exemple même en la famille d'une des filles de l'empereur Alexis, mariée à Constantin l'Ange, dont la posterité affecta le surnom de Ducas, et particulierement Jean l'Ange Sebastocrator, issu de ce mariage, comme on peut recueillir de divers endroits de Nicetas . Ce qui peut estre arrivé dans la posterité des autres filles, et dautant plus que nous lisons encore que les enfans d'Anne Comnene, fille aînée de cét empereur, et de *Bryennius*, son mary, prirent et affecterent le surnom de Comnene, laissans celuy de *Bryennius*. Tant y a qu'il y a lieu de se persuader qu'Alexis Ducas, à qui ce sacré reliquaire a appartenu, estoit fils de ce Jean Ducas, cousin germain de l'empereur Manuel, puisque luy-même est qualifié dans l'inscription arriere-petit-fils de l'imperatrice Irene.

Cette conjecture est appuyée de la circonstance des temps : car Jean Ducas commença à parétre sous les premieres années de l'empire de Manuel, dans *Cinnamus*, c'est à dire vers l'an 1145, auquel temps il avoit de glorieux emplois dans la guerre, et vivoit encore vers l'an 1166, suivant le même auteur, qui estoit aussi le temps auquel Alexis Ducas, son fils, vivoit; ce que l'on peut assez conjecturer de celuy auquel ce sacré reliquaire fut apporté en France, qui est designé dans le martyrologe de Grandmont; car il nous apprend qu'il fut donné à ce monastere par Amaury, roy de Hierusalem, en ces termes : *Anno* MCLXXIV, *tempore Guillelmi VI, prioris Grandimontis, susceptio vivificæ Crucis pridie kl. junii, quam prædictus rex Amalricus cum aureo contulit phylacterio, et divina inspiratione illuminatus eamdem per Bernardum venerabilem, Liddensem, episcopum, apud Grandimontem direxit.* Ainsi cette croix fut envoyée à Grandmont l'an 1174 par le roy Amaury, lequel, comme il est probable, l'avoit euë peu auparavant d'Alexis Ducas, qui la possedoit : et mêmes, s'il m'est permis d'user de conjectures, puisque nous n'avons aucun auteur qui nous l'apprene, j'oserois assûrer qu'elle luy fut donnée par Alexis en l'an 1170. Nicetas, *Cinnamus*, Guillaume archevesque de Tyr, le moine de Saint-Marian d'Auxerre, et autres historiens écrivent que l'empereur Manuel eut une telle affection pour les Latins, soit que ce fust par un effet d'inclination naturelle, soit que ce fust par un trait de politique, qu'il s'attira la haine et l'aversion de presque tous ses sujets [2]. Ce qu'il fit assez parétre par les deux mariages qu'il contracta successivement avec deux princesses Latines, mais particulierement lorsqu'il fit épouser Marie sa niece, fille de Jean Comnene Protosebaste, son frere aîné, au roy Amaury : et encore au grand accueil qu'il fit à ce roy, lorsqu'estant pressé et attaqué de tous côtez dans ses États par les infidéles, il vint à Constantinople, en l'an 1170, pour implorer le secours de Manuel : car l'empereur le reçût magnifiquement, le regala de sommes immenses d'or, et de riches présens. Tous les grands de la cour de Manuel et ses plus proches parens s'efforcerent de leur part d'imiter l'empereur, n'y ayant eu aucun d'entre eux qui ne luy eust fait des présens convenables à leurs forces et à sa dignité.

Entre ceux-là, Jean Protosebaste, beaupere du roy, fit éclater sa magnificence, lequel, pour user des termes de l'archevesque de Tyr [3] : *In omnes, tamquam vir inclytus, suam effudit liberalitatem : sed et reliqui principes*, ajoûte le même auteur, *eodem zelo accensi, se mutuo munificentia vincere cupientes, munera domino regi obtulerunt, quibus et materiæ dignitcs, et operis elegantia, et favor non deerat in utroque.* Ces termes me font croire qu'il n'y a pas lieu de douter qu'entre les parens de l'empereur et les grands de sa

---

[1] L. 3. — [2] Chil. 5, c. 17. — [3] P. 117, 138.

[1] Voyez les Familles d'Orient. — [2] Tyr. l. 20, c. 1, 24, 25; l. 21, c. 1, 2. — [3] L. 20, c. 26.

cour, Alexis Ducas n'ait esté l'un d'entre eux qui ait regalé ce roy de ses présens, et qu'il ne lui ait donné ce reliquaire exquis, qu'il auroit tiré de son col pour en faire présent à ce devot monarque, qui d'ailleurs avoit témoigné tant de pieté et de veneration envers toutes les reliques qui estoient alors conservées à Constantinople, lorsque, par le commandement de Manuel, on les luy fit voir toutes et à ceux de sa suite, ainsi que le même archevesque raconte [1]. Alexis ne crût pas lui pouvoir faire un présent qui lui fust plus precieux à son égard, que de cét *encolpe*, que les Grecs tenoient si cher, qu'ils ne le tiroient jamais de leur col que pour des necessitez tres-pressantes, comme j'ay remarqué.

Amaury donc estant devenu possesseur de ce riche joyau, le destina d'abord pour le monastere de Grandmont, dont Guillaume d'Axie estoit alors prieur, ou general de l'ordre; il le mit à cét effet entre les mains de Bernard, evesque de Lidde, qui après la mort de ce prince, arrivée au mois de juillet l'an 1173, l'apporta en France, et le donna au nom du roy aux religieux de Grandmont, qui, pour conserver la memoire d'un présent si exquis, firent graver à la boëte qui enferme cette croix ces vers latins :

> Rex Amalricus sit summi regis amicus,
> Propter dona crucis donetur munere lucis,
> Quando crucem misit, nos Christi gratia visit, etc.

Quant à Bernard evesque de Lidde, au sujet duquel j'ay entrepris cette digression, il estoit François de nation, et avoit esté moine de Deols en Berry. C'est ce que Geoffroy prieur du Vigeois nous apprend en sa *Chronique* [2], en ces termes, *Amalricus, Hierosolymorum rex, portionem non modicam salutaris ligni transmisit de Uret* (forte *Acre*), *per episcopum Sancti Georgii de Rama Grandimontensibus, qui olim monachus exstitit burgi Deolensis.* Bernard estant ainsi moine de Deols, et s'estant acheminé en la Terre Sainte, fut fait premierement abbé du Mont-Thâbor, qui estoit un monastere dépendant de l'archevéché de Bessan, ou de Nazareth [3], et après le decés de Renier, evesque de Lidde, il fut éleu evesque de cette même ville, l'an 1169, ainsi que Guillaume de Tyr [4] écrit en deux divers endroits. Il souscrit encore avec cette qualité d'evesque un titre de Guillaume evesque d'Acre, avec le roy Amaury, et quelques autres prélats, au sujet d'un monastere de l'ordre de Cluny [5], que cét evesque vouloit construire en son diocése. Après le decés du roy Amaury, il vint en France pour y apporter la vraye croix, qu'il avoit eu chargé de porter au monastere de Grandmont, et en passant il vint visiter celui de Deols, où il avoit esté moine. La Chronique de Deols : *Anno* MCLXXIV *dominus Bernardus, Liddensis episcopus, Dolum venit.*

Cét évéché de Lidde [6] estoit le premier des évéchez suffragans du patriarche de Hierusalem, et n'estoit pas different de celui de Rame, ces deux places estant sous une même jurisdiction. D'abord la residence de l'evesque fut à Rame : car les nôtres l'ayant prise, ils y établirent un evesque; mais ayant esté reprise incontinent aprés, et ayant esté ruinée par les Sarrazins, l'evesque transporta le siége de son évéché à Lidde, qui est une ville appellée par les anciens *Diospolis*, et conserva le titre d'evesque de Saint-Georges de Rame, ou de Saint-Georges de Lidde, ainsi que Jacques de Vitry [7] nous apprend. C'est pour cela que nous voyons que Bernard est qualifié *episcopus Sancti-Georgii de Rama* dans la *Chronique du Vigeois*, et ailleurs evesque de Lidde. L'*Itineraire de la Terre Sainte* de Willebrand d'Oldenbourg [8] parle aussi de cette qualité d'evesque de

Saint-Georges de Rame, où toutefois l'imprimé porte mal *Samorgederamus*, au lieu de *San Jorge de Rames*. On appelloit l'evesque de Rames evesque de Saint-Georges, parce que son eglise cathedrale estoit l'eglise de Saint-Georges, à une lieue de Rame, qui fut élevée à l'endroit où ce saint souffrit le martyre, et dont nous avons la description dans Jean Phocas [1], Épiphane Hagiopolite, l'auteur anonyme, et Willebrand d'Oldenbourg, en leurs descriptions de la Terre Sainte, dans Robert le Moine, Baldric, Güibert, Albert d'Aix, et autres historiens des guerres saintes, et enfin dans le docte Selden, en son traité des *Titres d'Honneur*.

Cét illustre reliquaire me pourroit donner de la matiere pour m'étendre plus au long sur de curieuses recherches qui le concernent; mais, outre qu'une sçavante plumé y a desja passé, je me contente d'y ajouter pour derniere observation, qu'en la plûpart de ces reliquaires ou encolpes, c'est à dire qui se portoient sur le sein, il y avoit des vers et des inscriptions, qui marquoient non seulement la confiance que ceux qui les portoient avoient en la vertu des sacrées reliques qu'ils contenoient, mais encore les noms de ceux qui les possedoient ou qui les avoient fait enchâsser. Tels sont les vers de Nicolas Callicles [2], medecin de l'empereur Alexis Comnene, au sujet d'un reliquaire du bois sacré de la vraye croix que l'imperatrice Irene, femme de cét empereur, avoit fait enchâsser; et encore sur un autre semblable, qu'Anne Comnene, leur fille, dont nous avons la docte *Alexiade*, avoit fait pareillement orner, et qu'elle avoit eu en don d'Eudocie, sa sœur, lorsque, s'estant séparée de son mary, elle se retira dans un monastere. Il est inutile de les coucher icy, puisqu'ils ont esté donnez au public, et que je me propose d'en parler en mes observations sur cette *Alexiade*.

Mais puisque je suis sur cette matiere, je veux donner icy ceux qui sont écrits et gravez sur le plus grand et le plus rare reliquaire, d'entre ceux qui contiennent des morceaux de la vraye croix, qui soit en France. Le monastere du Mont Saint-Quentin le possede, et l'on tient par traditive qu'il lui fut donné par Nevelon, evesque de Soissons, à son retour de Constantinople, après sa prise par les François, en échange du bras de saint Morand d'Orleans, et de celui de saint Firmin, evesque et martyr. Il a de hauteur un pied sept pouces et demy, et de largeur un pied quatre pouces. Il est travaillé à la grecque, avec de la marqueterie et des émaux, et enrichy de part et d'autre de nombre de reliques et de figures de divers saints, dont les noms sont écrits. D'un côté, sont des portions de la vraye croix, ajustées dans une figure de croix patriarchale, avec un Christ en croix au milieu, en émail : au haut de cette croix à chàque côté sont deux figures à demy corps, qui semblent estre de Notre-Seigneur et de la Vierge, enfermées chàcune dans un rond : mais les caracteres qui sont au-dessus de ces figures; sçavoir, dans la premiere : X. X. OAP. MI.; dans l'autre ceux-cy : X. OAP. ΓΑΒ. me font croire que ce sont celles de saint Michel et de saint Gabriel, dont les noms sont ou doivent estre ainsi designez, O. ΑΓ. MI. c'est à dire, ὁ ἅγιος ou ἄγγελος Μιχαήλ. O. ΑΓ. ΓΑΒ. c'est à dire, ὁ ἅγιος Γαβριήλ. A côté et à l'entour de la croix sont de semblables figures de saints, qui y sont marquez par leurs noms, en cette sorte : ὁ προφήτης Ζαχαρίας. ὁ προφήτης Σαμουήλ. ἅγιος Πετρος. Ἅγιος Κωνσταντῖνος. Ἅγιος Ἀναστάσιος. ἅγιος Ἰωάννης Καλυβήτης. Ἅγιος Μεθόδιος. ἅγιος Ἀντώνιος. ἅγιος Εὐθύμιος. ἅγιος Σαββᾶς. où le mot d'Ἅγιος est figuré par un A, enfermé dans un O, comme en la vraye croix de Nostre-Dame d'Amiens, que j'ay expliquée ailleurs [3]. Aux

---

[1] L. 20, c. 25. — [2] Chron. Vosiense, c. 69. — [3] Assises de Hiérus. — [4] L. 20, c. 13 et 20. — [5] Bibl. Clun, p. 1432. — [6] Anna Com. p. 328; Alber. Aq. l. 5, c. 42, l. 9, c. 5, 6; Guib. l. 7, c. 1; Bald. l. 4, p. 130; Tyr. l. 10, c. 16, 17; S. Hieron. ep. 27. — [7] In Hist. Hier. c. 57. — [8] Quares. de Elucid. Ter. Sanct. l. 4. Perag. 1, c. 3, 4.

[1] N. 29, etc.; et alii a nobis laudati in Not. ad Annam Com. l. 11. — [2] Edit. ab Hier. Gont. cum Xanthopulo et aliis. — [3] Au traité du Chef de S. Jean Bapt.

bordures du reliquaire il y a d'autres figures, avec ces caracteres : ἅγιος Ἀρσένιος. ἅγιος Κλίμης. ἅγιος Ὀνούφριος. ἅγιος Παῦλος ὁ Κλεομᾶς. ἅγιος Ἀνδρέας ὁ Κρίγης. ἅγιος Ἐφραίμ. ἅγιος Ἀρκάδιος. ἅγιος Ξενοφών. ἅγιος Ἰωάννης. Aux côtez de la croix, qui est double, ainsi que j'ay remarqué, il y a plusieurs petits creux, avec ces inscriptions et ces vers qui marquent les reliques qu'ils contiennent. Ἔσχηκε Χριστοῦ σπαργάνων μικρὸν μέρος. Ἥλων ἔσω τῶν σεβαστῶν τι τρύφος. Σωὴν κἀν τῷ βλύζον αἷμα τῷ κόσμῳ. στέφους ἀκανθίνου δὲ κἀν τῷ τμήματα. Τίμιος λίθος ἐκ τοῦ κρανίου. Λίθος ἐκ τοῦ τάφου. Ἐκ τῆς τοῦ Χριστοῦ φάτνης ; c'est à dire en latin, à la lettre, *Habet seu continet Christi fasciarum parvam partem. Intus est particula venerandorum clavorum. In hoc est etiam sanguis (Christi) vitam dans mundo. Et in hoc sunt segmenta coronæ spinæ. Venerandus lapis ex Calvaria. Lapis ex tumulo. Ex Christi præsepio.* A l'autre côté de ce reliquaire il y a une figure de croix patriarchale, empreinte et faite d'émail, au dessus de laquelle, et aux côtez de la petite croisade,

sonf écrits ces vers, qui marquent le nom du moine qui a fait faire ce reliquaire, et à qui il a appartenu :

> Οἱ τὸν δὲ προσκυνοῦντες εὐσέβει νοΐ
> Καὶ τῷ λόγῳ φέροντες ὑμνὸν εὐμενῆ,
> Εὔχεσθε, κἀμοὶ τῷ μοναχῷ Τιμοθέῳ,
> Ὅπως γένηταί μοι βοηθὸς καὶ λιμὴν,
> Ῥύστης τε τῶν πολλῷ τάχει μου πταισμάτων.
>
> Vos qui mente pia hoc sacrum lignum adoratis,
> Et Verbo hymnum benevolum offertis,
> Orate , et pro me monacho Timotheo,
> Ut sit mihi adjutor et portus,
> Et me confestim a peccatis meis liberet.

Entre les deux croisades i y a quatre figures representées dans des ronds, avec ces caractéres, ἡ σταύρωσις. ἡ ἀποκαθήλωσις. ὁ τάφος. ἡ ἀνάστασις. Acropolite remarque que les Grecs avoient coûtume d'orner ces phylacteres où ils enfermoient le bois sacré, de diverses reliques de saints : j'en omets le passage, de crainte d'ennuier le lecteur par une trop longue digression.

DE LA PREEMINENCE DES ROIS DE FRANCE

AU DESSUS DES AUTRES ROIS DE LA TERRE,

ET, PAR OCCASION,

DE QUELQUES CIRCONSTANCES QUI REGARDENT LE REGNE DE LOUYS VII ROY DE FRANCE.

DISSERTATION XXVII.

Le sire de Joinville dit que saint Louys fut *le plus grand roy des chrétiens.* C'est un eloge qui ne fut pas particulier à ce grand prince, mais qui fut commun à tous les rois de France, acause de l'étenduë de leurs États, leur puissance, et leur valeur. Il se rencontre encore dans un titre d'Amé comte de Savoye, de l'an 1397 [1], en ces termes : *Le roy de France, qui est le plus grand et le plus noble roy des chrétiens.* Mathieu Paris [2], parlant de saint Louys, passe plus avant, et dit que le roy de France estoit le plus illustre et le plus riche d'entre les rois de la terre : *Dominus rex Francorum regum terrenorum altissimus et ditissimus.* Il encherit ailleurs au dessus de cette pensée, écrivant qu'il estoit le roy des rois : *Dominus rex Francorum, qui* TERRESTRIUM REX REGUM *est, tum propter cælestem ejus inunctionem, cum propter sui potestatem et militiæ eminentiam.* Et en l'an 1257, *Archiepiscopus Remensis, qui regem Francorum cœlesti consecrat chrismate, quapropter rex Francorum censetur dignissimus,* etc. C'est pour cette même raison qu'il appelle en un autre endroit le royaume de France *regnum regnorum.*

Ces eloges sont d'autant moins suspects, qu'ils sont donnez à nos rois par un auteur étranger, et qui vivoit sous la domination d'un prince puissant et ennemy de la France. Aussi n'a-t-il rien mis en avant, en cette occasion, qui n'ait esté alors dans le consentement universel de tous les peuples de la terre, et particulierement du monde chrétien. Ce qui paroît assez par ce qu'Anne Comnene [3] écrit en son *Alexiade,* que lorsque nos François entreprirent la conquéte de la Terre Sainte, Hugues comte de Vermandois, frere du roy Philippes Ier, estant prest de partir de son pays, écrivit à l'empereur Alexis Comnene, pere de cette princesse, et lui manda

qu'estant le roy des rois, et le plus grand d'entre les princes qui fussent sous le ciel, il devoit venir au devant de lui, et le recevoir suivant la dignité de sa noblesse : ἴσθι ὦ Βασιλεῦ, ὡς ἐγὼ ὁ ΒΑΣΙΛΕΥΣ ΤΩΝ ΒΑΣΙΛΕΩΝ, καὶ ὁ μείζων τῶν ὑπ' οὐρανόν· καὶ καταλαμβάνοντά με ἤδη ἐνδέχεται ὑπαντῆσαι τὲ καὶ δέξασθαι μεγαλοπρεπῶς, καὶ ἀξίως τῆς ἐμῆς εὐγενείας.

Il est sans doute que Hugues n'écrivit pas en ces termes à l'empereur de Constantinople, veu qu'il n'est pas probable qu'il ait affecté ces titres pompeux de roy des rois, lui qui n'avoit que le titre de comte, et de grand gonfalonier de l'Église en cette expedition. Mais ce qui a imposé à cette princesse est qu'alors le roy de France estoit qualifié de roy des rois par tous les peuples de la terre. De sorte que sur le bruit de cette fameuse entreprise, on disoit par tout que le frere du plus grand de tous les rois estoit le conducteur de ces troupes. Robert le Moine [1], en son histoire, parlant de Hugues : *Is honestate morum, et elegantia corporis, et animi virtute regalem, de qua ortus erat, commendabat prosapiam.* A quoy Guibert [2] ajoute, *et licet alicrum procerum multo major quam ipsius reputaretur autoritas, præsertim apud inertissimos hominum Græcos de regis Francorum fratre prævolarat infinita celebritas.* De sorte qu'il ne faut pas s'étonner si la princesse Anne témoigne en son histoire que ce qui donna le plus de frayeur à son pere fut le bruit, qui courut alors, que le frere du roy des rois devoit entrer dans les terres de l'Empire. Chacun sçait que les rois de Perse ont autrefois affecté ce titre ambitieux de roy des rois, comme ceux des Parthes celui de grands rois [3]. Mais tous ces titres sont des marques et des effets de leur vanité, et sont donnez à beaucoup plus

<hr>

[1] Aux preuv. de l'Hist. de Savoye, p. 244. — [2] A. 1251, 1254, 1257, p. 564, 634. — [3] L. 10.

[1] L. 2. — [2] L. 2 Gest Dei c. 58. — [3] Menander Protector ; Eustath. ad Dion. p. 132 ; Benjamin, Itin. ; Simocatta, L. 4, c. 8, l. 5, c. 13 ; Auson. et al.

juste sujet par les auteurs aux rois de France, ausquels tous les rois de l'univers n'ont pas fait de difficulté de céder la prérogative.

Anne Comnene dit que ce prince françois le porta si haut, acause de la noblesse de son extraction, ses richesses immenses, et son grand pouvoir, qu'il en estoit tout bouffi d'orgueil, et imitoit en cela cét heresiarque *Novatus*, que tous les écrivains ecclesiastiques ont blâmé, particulierement pour son arrogance insupportable, qui est un vice commun à tous les heretiques, *omnes enim tument*, ainsi que Tertullian écrit. Les termes de cette princesse sont : Οὖβος δέ τις ὁ τοῦ ῥηγὸς Φραγκίας ἀδελφὸς φυσσῶν τὰ Ναυάτου, ἐπ' εὐγενείᾳ καὶ πλούτῳ, καὶ δυνάμει. Je les ay rapportez, pour faire voir que son sçavant interprete n'en a pas bien pris le sens en cét endroit, et ailleurs, pour ne s'être pas apperçû que cét hérésiarque, qui est appellé par les auteurs latins *Novatus*, est nommé par les Grecs Ναυάτος[1]. Mais ce qui marque encore la puissance de ce comte est la remarque que cette princesse fait, qu'il partit de la France comme un roy, ou plûtôt en équipage de roy, à la teste d'une nombreuse armée, faisant ainsi parler Godefroy de Boüillon, à Hugues, qui vouloit le persuader de faire hommage à l'Empereur : Σὺ ὡς βασιλεὺς τῆς ἰδίας ἐξεληλυθὼς χώρας μετὰ τοσούτου πλούτου καὶ στρατεύματος, νῦν ἐξ ὕψους τοσούτου εἰς δούλου τάξιν ἑαυτὸν συνήλασας[2].

Je m'étonne qu'Anne Comnene se soit servie du terme de βασιλεὺς lorsqu'elle a dit que le comte de Vermandois se qualifioit le roy des rois, et qu'il partit en équipage de roy, veu que les Grecs affectoient de ne donner cette qualité qu'à leurs empereurs, comme elle fait elle-même en cét endroit, quand elle dit que ce prince estoit frere du roy de France, τοῦ ῥηγὸς Φραγκίας ἀδελφὸς ; et encore lorsqu'elle parle de l'empereur d'Alemagne, qu'elle qualifie toûjours du titre de ῥήξ[3]. *Moleste siquidem ferunt quod eorum (Theutonicorum) rex Romanorum se dicit imperatorem. In hoc enim suo detrahi videtur Imperatori, quem ipsi monarcham, id est singulariter principari omnibus dicunt, tamquam Romanorum unicum et solum imperatorem.* Ce sont les paroles de l'archevesque de Tyr[4], ausquelles sont conformes celles de l'auteur de la *Vie de Louys VII*, roi de France[5], de Luitbprand[6], d'*Helmodus*[7], et autres sur ce sujet. C'est pourquoy la plûpart des auteurs Grecs font scrupule de donner le titre de βασιλεὺς à d'autres princes qu'à leurs empereurs, aimans mieux se servir du terme barbare de ῥήξ[8] lorsqu'ils parlent des autres rois; comme fait Olympiodore[9] au sujet du roy des Huns, Nicetas, et *Cinnamus* en divers endroits, lorsqu'ils parlent des rois de France, d'Angleterre, et de Sicile. *Euagrius*[10] et Procope remarquent plus précisément cette difference, quand ils racontent qu'Odoacre et Théodoric, s'estant emparez de l'Italie, s'abstinrent du titre de βασιλεὺς, et se contentèrent de celui de ῥήξ, quoy qu'ils eussent au surplus toutes les marques de la diginté impériale. Procope[11] ajoûte que les barbares appelloient ainsi leurs princes : Οὕτω γὰρ σφῶν τοὺς ἡγεμόνας οἱ βάρβαροι καλεῖν νενομίκασι. Mais l'empereur Louys II se raille adroitement de la vanité des empereurs d'Orient sur ce sujet, écrivant qu'ils témoignoient estre fort ignorans quand ils estimoient que le mot de *rex* estoit un terme barbare, et que quoy qu'il fust latin, ils dédaignoient de le tourner par un autre terme grec, qui a la même force[12] : *Quod si ita est, quia non jam barbarum, sed latinum est, opertet ut, cum ad manus vestras pervenerit, in lin-*

guam vestram fideli translatione vertatur : quod si actum fuerit, quid aliud nisi hoc nomen βασιλεὺς *rex interpretabitur?* De sorte que quand *Suidas* dit que par le mot de ῥήξ le roy des François estoit désigné ὁ τῶν Φράγγων ἀρχηγὸς, cela se doit entendre de l'empereur d'Occident et d'Alemagne, que les Grecs[1] appellent ordinairement roy des François, et non que le roy de notre France ait esté ainsi appellé par excellence, comme quelques-uns se sont persuadez. Nos annales[2] remarquent que les ambassadeurs de Nicephore, empereur de Constantinople, ayant fait alliance avec Charlemagne, *more suo, id est Græca lingua, laudes ei dixerunt, imperatorem eum et basileum appellantes.* Comme les Grecs refuserent et envierent souvent ce titre de βασιλεὺς aux empereurs françois et alemans, les rois anglois-saxons affecterent particulierement de le prendre, laissant celui de *rex*, comme on peut recueillir de leurs histoires et de leurs patentes[3].

Cette grande estime de la grandeur et de la majesté du roi de France qui a esté parmy les Grecs au temps de l'empereur Alexis Comnene a passé jusques aux derniers siecles. Car lorsque ces peuples se virent dénuez de toute sorte de secours pour se defendre contre les attaques des Turcs, ils envisagerent le roi de France comme le plus puissant et le premier de tous les rois, seul capable de les secourir. La bibliotheque de M. Mentel, docteur en la Faculté de Medecine de Paris, conserve une lamentation écrite en vers politiques, et en grec vulgaire, sur la prise de Constantinople par ces infidéles, qui confirment ce consentement universel de tous les peuples de la Grece touchant cette préeminence de nos rois, qui y sont qualifiez les premiers et les principaux rois de l'Occident, en ces termes :

Ὦ Κωνσταντῖνε Βασιλεῦ τύχης βαρέαν ὁποῦχες,
Θέλω νὰ δώσω εὐθύμησιν τῶν Αὐθέντων τῆς Δύσης,
Ῥῆγαν τὸν ἐκλαμπρότατον καὶ τοῦ Παρής, ὁ πρῶτος,
Προτόαρχος τῶν αὐθέντων τοπάρχων τῆς Δύσης,
Ὦ Φράτζα τιμιωτάτη καὶ πολυφημισμένη,
Φρατζόριδες πολεμισταὶ, ἄνδρες μου στρατιῶται.

Cette dignité et cette préeminence non contesté des rois de France au dessus de tous les princes de la terre me fait croire que *Cinnamus*[4] a trop témoigné sa passion contre eux, lorsqu'il a écrit que le roy Louys VII, surnommé le Jeune, estant arrivé à Constantinople, pour delà passer dans la Terre Sainte, dans la conference qu'il eut avec l'empereur Manuel dans son palais, prit seance au dessous de luy, sur un siége, et beaucoup plus bas : Ἐπειδή τε εἴσω τῶν ἀνακτόρων ἤδη ἐγένετο, ἔνθα βασιλεὺς ἐπὶ τοῦ μετεώρου καθεῖστο, χαμαλή τις αὐτῷ ἐκομίζετο ἔδρα, ἣν σελλίον Ῥωμαΐζοντες ὀνομάζουσιν ἄνθρωποι, ἐφ'ἧς καθιζήσας, τὰ εἰκότα τε εἰπὼν καὶ ἀκούσας, etc. Car il est peu probable qu'un prince si puissant, comme estoit le roy de France, eust voulu s'abaisser si extraordinairement, que de quitter le premier rang à un empereur grec, que les chrétiens de ce temps-là ne reconnaissoient que pour un simple roy[5], particulierement depuis que le titre imperial fut transferé à Charlemagne, dans son propre palais. Il est encore moins à croire que Louys ait pris seance dans ces pourparlers sur un siége plus bas que ne fut celuy de l'empereur. Tous les auteurs latins qui ont parlé de cette entrevuë de ces deux princes conviennent que le roy de France fut reçû dans Constantinople avec beaucoup d'appareil et de magnificence, que tous les princes du sang et les grands seigneurs de la cour sortirent de la ville pour aller au-devant de lui, ce que *Cinnamus* témoigne aussi en termes

---

[1] Euseb. l. 6 Hist. Eccl. c. 35 ; Nicet. in Thes. orth. fidei l. 4, hæresi 27 ; Niceph. Call. l. 6, c. 5 ; Tertull. de Præsc. — [2] Anna Com. l. 6, p. 179 ; l. 10, p. 297. — [3] Anna l. 1, p. 30. — [4] W. Tyr. l. 16, c. 21. — [5] C. 8. — [6] In legat. — [7] L. 2, c. 15. — [8] Meurs. V, Ῥήξ. — [9] Apud Phot. p. 185. — [10] L. 2, c. 16. — [11] L. 1, de bello Goth. c. 1. — [12] Apud Bar. A. 871.

[1] Const. de Adm. Imp. — [2] Annal. Fr. A. 812. — [3] Guil. Bibl. in Hadr. II, PP.; Monast. Anglic. et Hist. Angl. passim. — [4] P. 88. — [5] Provinciale Roman.

formels, et que l'empereur même le vint recevoir jusques dans ses portiches ou galeries. Eudes de Dieuil[1] depuis abbé de Saint-Denys, qui accompagna le roy en ce voyage, en parle de la sorte : *Processimus igitur, et nobis appropinquantibus civitati, ecce omnes illius nobiles et divites, tam cleri quàm populi, catervatim regi obviam processerunt, et eum debito honore susceperunt, rogantes ut ad imperatorem intraret, et de sua visione et collocutione desiderium adimpleret.* L'archevesque de Tyr[2] rend un semblable témoignage, en ces termes : *Interea rex Francorum, penè iisdem subsecutus vestigiis, cum suo exercitu pervenerat Constantinopolim, ubi secretioribus cum imperatore usus colloquiis, et ab eo honorificentissimè, et multa munerum prosecutione dimissus, principibus quoque suis plurimum honoratis, etc.* Ce qui est conforme à ce que le roy même écrivit à Suger[3], abbé de Saint-Denys, auquel il manda qu'il avoit esté reçû de l'empereur, *gaudenter et honorifice.*

Quant à la séance des deux princes, Eudes de Dieuil ne dit pas que le roy de France eust esté assis sur un siége plus bas que celui de l'empereur, mais seulement que deux siéges ayant esté préparez ils s'assirent, et s'entretinrent quelque temps. *Tandem post amplexus, et oscula mutuo habita, interius processerunt, ubi positis duabus sedibus pariter subsederunt.* Et pour faire voir qu'il est probable que les seances des deux princes furent réglées de la sorte que l'un ne pourroit pas avoir d'avantage au-dessus de l'autre, le même auteur raconte[4] que l'empereur Manuel ayant fait prier le roy, qui avoit passé le détroit et estoit dans l'Asie, de retourner en son palais pour y traiter de quelques nouvelles affaires qui estoient survenues, il le refusa et manda à l'empereur *ut in ripam suam descenderet, vel in mari ex æquo colloquium fieret.* Ce qui marque assez que Louys ne voulut pas ceder à l'empereur, ni lui donner cét avantage de l'aller trouver chez luy, mais qu'il se comporta en ces occasions comme avec un prince d'une égale dignité.

Il est vray que Manuel voulut traiter avec l'empereur Conrad, qui avoit devancé avec ses troupes le roy de France pour la forme de l'entrevuë qui se devoit faire entre eux, et avoit voulu exiger de lui des conditions qui ne lui estoient pas honorables. Ce qui obligea Conrad de passer dans l'Asie sans voir Manuel. *Sed alius ingredi civitatem, alius egredi timuit, aut noluit, et neuter pro altero mores suos aut fastus consuetudinem temperavit.* Ce sont les paroles de Eudes de Dieuil, qui justifient assez l'erreur de l'archevesque de Tyr, qui écrit qu'il se fit alors une entrevuë entre ces deux princes. De sorte que Manuel, qui avoit eu passion d'entretenir Conrad[5], de crainte que Louys ne fist le même, et qu'il ne passast dans l'Asie sans le voir, ce qu'il souhaittoit avec passion, fut obligé de lui accorder ce qu'il avoit refusé à Conrad : sçavoir qu'il viendroit au-devant de lui pour le recevoir, ce qu'il fit, estant venu jusques aux galeries des gardes du palais.

Les mêmes contestations pour la forme de l'entrevue se renouvelèrent lorsque Conrad retourna de la Terre Sainte. Car estant arrivé à Éphese, Manuel l'envoya prier de passer par Constantinople. Enfin après plusieurs débats on demeura d'accord qu'ils se verroient tous deux à cheval, et qu'ils se salueroient reciproquement en même temps. Arnoul de Lubec[6] décrit ainsi tous ses démeslez, et l'humeur altiere des princes grecs : *Est quædam detestabilis consuetudo regi Græcorum, qui etiam propter nimium fastum divitiarum suarum imperatorem se nominat, quam tamen dignitatem a Constantino ejusdem civitatis fundatore traxerat, ut*

osculum salutationis nulli offerat, sed quicumque faciem ejus videre meretur, incurvatus genua ejus osculatur. Quod Conradus rex, ob honorem Romani Imperii, omnino detestabatur. Cumque rex Græcorum in hoc consensisset ut osculum ei porrigeret, ipso tamen sedente, nec hoc Conrado regi placuit. Tandem sapientiores ex utraque parte hoc consilium dederunt, ut in equis se viderent, et ita ex parilitate convenientes, sedendo se et osculando salutarent, quod et factum est. Ce qu'Arnoul de Lubec dit en cét endroit, que les empereurs de Constantinople estoient si altiers, qu'ils vouloient que les souverains qui les venoient visiter leur baisassent les genoux, semble estre confirmé par Anne Comnene[1], laquelle raconte que Saisan, sultan de Coni, estant venu trouver l'empereur Alexis, pere de cette princesse, dans son camp, d'abord qu'il l'apperçût descendit du cheval, et lui baisa le pied, τανὺ πεζεύσας, τὸν πόδα ησπάσατο. Mais le roy de France estoit trop grand seigneur pour s'abaisser à ces lâchetez. Aussi l'histoire remarque que Manuel le vint recevoir à l'entrée de son palais, et qu'il envoya hors de la ville au-devant de luy tous les grands seigneurs de sa cour : et qu'à la seconde entrevuë qu'il souhaita avoir avec lui, le roy lui manda que s'il la desiroit, il devoit prendre la peine de le venir trouver sur le rivage de la mer, où il estoit pour lors, ou bien faire cette entrevuë sur la mer, avec egalité de démarche, *vel in mari ex æquo colloquium fieret.* Car c'est ainsi qu'il faut lire, et non *ex equo,* comme porte l'imprimé, veu qu'on ne pouvoit pas faire cette entrevuë à cheval sur la mer, comme fut celle de Conrad avec Manuel dans Constantinople.

Boëmond, prince d'Antioche, faisant la guerre à Alexis Comnene, il se présenta une occasion d'une entrevuë entre ces deux princes pour traiter de quelque accord ; mais Boëmond ne la voulut accepter qu'à condition qu'arrivant dans le camp de l'empereur on envoiroit au devant de lui les princes du sang et les grands seigneurs de la cour, et qu'entrant dans sa tente l'empereur se leveroit de son siége, et lui donneroit la main, et qu'il s'asseoiroit à côté de lui, ce qui fut accomply, καὶ ἐγγὺς τοῦ βασιλικοῦ παρεστήσατο θρόνου. Il est même probable que le siége de Boëmond ne fut pas plus bas que celui de l'empereur, ce qu'Anne Comnene[2], qui raconte ces circonstances, n'auroit pas oublié. Si donc un simple seigneur, qui n'avoit aucune qualité de souverain, obligea Alexis de le traiter d'égal, à plus forte raison doit-on présumer qu'un roy de France ne s'abaissa pas à souffrir les lâchetez ordinaires ausquelles se soumettoient les petits princes voisins de l'Empire, et qui dépendoient d'eux, ou qui estoient leurs tributaires, comme fut le sultan de Coni, et Baudoin III et Amaury, rois de Hierusalem. Ces deux rois estant venus à Constantinople, pour tâcher d'obtenir de Manuel du secours contre les infidéles, ils y furent reçus par cét empereur assez honorablement. Mais dans les pourparlers qu'ils eurent ensemble, l'histoire[3] remarque que les siéges sur lesquels ils furent assis estoient plus bas que celuy de l'empereur. Guillaume de Tyr[4] parlant de l'entrevuë de Baudouin avec Manuel : *Secus eum in sede honesta, humiliore tamen locatus est.* Et il ne faut pas s'en étonner, parce qu'alors les rois de Hierusalem estoient en quelque maniere sous la dépendance des empereurs de Constantinople, jusques-là même que dans les dates des inscriptions on y mettoit leurs noms avant ceux de ces rois. Il s'en voit une encore à présent dans l'église de Notre-Dame de Bethleem, sous un tableau de la présentation de Notre Seigneur au Temple, fait à la mosaique, où il est remarqué qu'il fut fait et achevé sous

---

[1] L. 3. — [2] L. 16, c. 22. — [3] Lud. epist. ad Suger. apud Chiffl. — [4] Odo de Diog. l. 4. — [5] Cinnamus, l. 2, p. 78. — [6] l. 2, c. 15.

[1] L. 15 Alex. p. 478. — [2] Anna Com. l. 13. — [3] Cinnam. p. 201. — [4] L. 18, c. 24; l. 20, c. 1, 24.

l'empire de Manuel Comnene, et aux temps d'Amaury, roi de Hierusalem, et de Raoul, évesque de Bethleem. Elle est conçuë en ces termes :

ΕΤΕΛΗ.ω̄ θ Η. ΤΟΝ. ΠΑΡΟΝ ΕΡΓ ο Ν. ΔΙΑ. Χ ϛ ΡΟϹ [1]

ΕΦΡΑῙ. ΜᾹ [2] ΗϹ ΡΙΟΓ ΑΦ δ   Μ δ ϹΙΑΤΟΡΟϹ

ΕΠΙ ΗϹ ΒΑϹΙΛΕΙΑϹ ΜΑΝ δ ΗΛ. ΜΕΓΑΛ δ.
ΒΑϹΙΛΕS. ΠΟΡΦΥΡΟΓΕΝΝΠΤ δ. Τ δ. ΚΟΜΝΗΝ δ.

ΚΑΙ ΕΠΙ ΤΑϹ ΗΜΕΡΑϹ δ ΜΕΓΑΛΟΥ ΡΗΓΟϹ. ΙΕΡΟ
ϹΟΛΥΜωΝ ΚΥΡοῦ ΑΜΜΟΡΙ

ΚΑΙ ΤΟΥ Ϲ ΑΓΙΑϹ ΒΗθΛΕΕΜ ΑΓΙωΤΑ δ.

ΕΠΙϹΚΟΠ δ ΚΥΡ δ ΡΑ δ Λ' ΝΕΤ ρΛΧΟΖ.

ΙΝΔΙΚ ΟΝ Β.

Cette seconde indiction du regne d'Amaury, roy de Hierusalem, tombe en l'an du monde, selon la maniere de compter des Grecs, 6677, et de Notre Seigneur 1169, d'où je conjecture qu'il faut restituer ainsi les caracteres qui designent les ans du monde, ϛΧΟΖ. Quant à ce Raoul evesque de Bethleem, qui semble estre appelé *Raoullnet* en cette inscription, Guillaume archevesque de Tyr [3] en fait mention en plusieurs endroits de son histoire, où il remarque qu'il fut chancelier du roi Baudoüin III et qu'il fut promû à cét evesché par la faveur du pape Adrian IV, qui estoit Anglois de nation comme lui.

Puisque je me suis trouvé engagé à dire quelque chose de l'entrevuë de Louys VII avec l'empereur Manuel, je tâcheray d'éclaircir encore en cét endroit un poinct de notre histoire qui regarde ce roy. L'auteur qui a écrit sa vie [4] dit qu'estant sur son départ de la Terre Sainte, *in portu Acconensi navigium conscendit , marisque nullo impediente periculo ad regnum proprium reversus est.* Cependant la plûpart de tous les autres écrivains [5] conviennent qu'il

<hr>

s'en falut peu qu'il ne tombât au pouvoir des Grecs, qui estoient alors en guerre avec les Siciliens, dans l'armée navale desquels il s'estoit mis pour estre escorté d'eux. Vincent de Beauvais dit même qu'il fut pris par les Grecs, et que comme on le conduisoit à l'empereur Manuel, qui assiégeoit Corfou, Georges, amiral de Sicile, qui retournoit des environs de Constantinople, où il avoit brûlé les fauxbourgs et les palais d'alentour, ayant même fait décocher des flèches d'or dans celuy de l'empereur, le tira de leurs mains. *Cinnamus* [1] confirme la même chose, et dit qu'il s'en falut peu que le roy ne fust pris ; ce qui arriva, ainsi qu'il écrit, de la sorte. Louys ayant resolu de retourner en France loüa les vaisseaux qui estoient aux ports de la Terre Sainte, et s'embarqua. En chemin il se joignit à l'armée navale des Siciliens, qui couroit la mer, et rencontra celle des Grecs, qui estoit conduite par Churupes. Le combat s'estant livré entre eux, Louys, qui avoit quitté son vaisseau pour entrer dans un des Siciliens, s'y trouva engagé : mais comme il vit le péril dans lequel il estoit, il fit arborer l'étendart d'un des vaisseaux des alliez de l'Empire ; ce qui fut cause que l'on ne l'attaqua pas. Toutefois quelques-uns des siens ne laisserent pas d'estre pris, que l'empereur Manuel renvoya depuis à sa priere, avec tout ce qui leur avoit esté enlevé. Philibert Mugnos , en ses *Genealogies des Maisons illustres de Sicile* [2], rapporte une patente du roy Roger en faveur de Georges Lindolino, qui donne la gloire à ce chevalier d'avoir délivré en cette occasion le roy Louys VII des mains des Grecs. Voicy ce qui regarde cette action : *Maxime tu ipsemet personaliter tamquam præfectus de duabus nostris regiis triremibus nostræ classis maritimæ, cum divino auxilio cooperante, et nostrorum militum, eorumque præfectorum fortitudine, fidelitate, et prudentia, non procul Græcorum hostium, eorumque naves et triremes expulisti, et tandem a captivitate illustrissimum regem Ludovicum VII suosque proceres et Galliæ Magnates manumisisti.* Mais il est sans doute qu'il y a erreur en la date de cette patente, qui porte l'an 1146, auquel temps Louys n'estoit pas encore allé en la Terre Sainte ; ce qui peut faire douter de la fidélité de cette piece. Quoy qu'il en soit, il resulte assez des auteurs que je viens de citer que Fazello [3] s'est mépris quand il a écrit que Louys au retour de ce voyage, ayant esté pris par les Sarrazins, fut delivré par le roy Roger, qui estoit alors en mer avec ses vaisseaux.

---

[1] χειρός. — [2] Μαγίστρου. —[3] L. 16, c. 17; l. 18, c. 20; l. 19, c. 24, 28; l. 20, c. 32; Bibl. Clun. p. 1432. — [4] Hist. Lud. VII, c. 27. — [5] Rob. de Monte. Vinc. Bel. part, 3, l. 27, c. 126; Sanut. l. 3; part. 6, c. 20; M. Chr. Belg. p. 172; Bonfin. Dec. 2, l. 2.

[1] L. 2, p. 93. — [2] L. 4 del Theatro Geneal. delle Famig. di Sicilia. — [3] Tho. Fazel. dec. 2, l. 7, c. 3.

DU PORT ITIUS, OU ICCIUS.

DISSERTATION XXVIII.

Wissan est un petit bourg assis sur le rivage de la mer, au comté de Boulenois, entre Boulogne et Calais, composé d'environ quatre-vingts feux, sans compter trois ou quatre hameaux qui en dépendent. Il n'y a ni portes ni fossez, ou fermetures, à ce bourg, ni même aucuns restes de vieilles murailles qui marquent qu'il ait esté fermé autrefois. Il y a une chapelle au bout du bourg, du côté de Boulogne ; mais l'église paroissiale est au hameau de Sombres, distante environ de deux ou trois cens pas. Entre cette église et le bourg est ce que l'on appelle la Mote du châtel, qui peut avoir en longueur quarante toises, sa figure estant ovale. Il y a au bourg quelques restes de vieux bâtimens que l'on dit avoir servi de magazin pour l'étape des laines que l'on y apportoit d'Angleterre ; et de plusieurs autres, qui justifient que le bourg a esté de plus grande étenduë. En effet Froissart [1] lui donne le titre de *grosse ville* : et les histoires nous font assez voir qu'il estoit considérable pour son port, qui estoit le lieu où l'on s'embarquoit ordinairement pour passer en Angleterre, ce que j'espère demonstrer dans

[1] Vol. 1, c. 182.

la suite, quoi qu'aujourd'huy il n'en reste aucune marque. La *Coûtume de Boulenois* lui donne aussi le titre de ville, et encore à present il y a un maire et des eschevins, qui ont la police et la connoissance des crimes qui se commettent dans le bourg et dans la banlicuë, et ont aussi l'administration de l'hospital. Le comte de Boulogne, de qui ce lieu dépendoit, y avoit un bailly, et depuis que ce comté a esté annexé à la couronne, on y a étably un balliage royal, qui est possédé par le bailly de Boulogne, qui y va rendre justice une fois la semaine. Il y a un petit ruisseau qui passe dans ce bourg, qui prend sa source prés de l'église de Sombres.

Guillaume Camden [1], en sa *Description d'Angleterre*, a le premier écrit que ce lieu estoit l'*Itius portus*, dont César fait mention : car après avoir refuté l'opinion de ceux qui l'ont placé à Calais, il ajoûte ces mots : *Itium igitur alibi quærendum existimo, ad Witsan scilicet inferius prope Blacnest, quod nos Withsan vocamus, verbo ab Itio non abludente. Huc enim omnes ex hac insula transmisisse ex historiis nostris observamus.* Et comme cette conjecture est la plus plausible d'entre celles qui ont esté embrassées par divers ecrivains, je veux m'efforcer en cét endroit de l'établir par de si fortes raisons, et par des autoritez si formelles, qu'il n'y ait plus lieu désormais d'en doûter. Mais auparavant que d'entrer en cette matiere il faut établir pour fondement en peu de mots ce que Cesar dit de ce port; et ensuite je feray voir quelles ont esté les opinions des auteurs sur sa situation; et avant que d'autorizer celle de Camden et la mienne, je les refuteray succinctement, sans m'embarasser en de longs discours, parce que c'est une matiere qui a esté souvent traitée par les sçavans.

Entre les ports les plus commodes et les plus ordinaires pour passer des Gaules en la Grande Bretagne, Cesar [2] en fait mention de trois, qu'il place au pays des Morins : mais il ne donne que le nom d'un, qui est celuy qu'il choisit pour y transporter ses légions, parce qu'il estoit à l'endroit où la mer se retrécit, et où le trajet d'entre les Gaules et l'Angleterre est le plus court : *Omnes ad portum Itium convenire jubet, ex quo portu in Britanniam trajectum commodissimum esse cognoverat, circiter millium passuum triginta a continenti.* Et au livre precedent il place formellement ce port au pays des Morins : *Ipse cum omnibus copiis in Morinos proficiscitur, quod inde erat brevissimus in Britanniam trajectus.* De sorte qu'à l'endroit du port *Itius* le passage d'Angleterre estoit le plus court. Outre ce port, il fait encore mention de deux autres au même pays, l'un qui estoit au dessous, et l'autre au-dessus. Strabon [3] parle aussi du port *Itius*, en ces termes : Παρὰ τοῖς Μορινοῖς ἐστι καὶ τὸ Ἴτιον, ᾧ ἐχρήσατο ναυσταθμῷ Καῖσαρ ὁ θεὸς, διαίρων εἰς νῆσον. Tous les auteurs qui ont écrit sur les *Commentaires* de Cesar, et ceux qui ont traité de la géographie des Gaules, se sont efforcez de rechercher la situation de ce port, de laquelle dépend la connoissance des deux autres qui en estoient voisins : et leurs opinions se sont trouvées tellement partagées, que les plus indifferens ont eu peine à se determiner à laquelle ils devoient se ranger. Je ne veux pas m'arréter à refuter ceux qui ont avancé que c'estoit l'Écluse, Bruges, le Portlet, parce que ces opinions ont trop peu de probabilité. Celle que Turnebe [4] a debitée dans ses *Adversaires* et dans ses *Poëmes*, et qui fut d'abord embrassée par *Ortelius* [5], et enfin a esté nouvellement établie, autorisée, et expliquée par le P. Malbrancq [6], trouvera pareillement peu d'approbateurs, si on y fait une serieuse reflexion. Ces sçavans personnages ayant estimé que l'*Itius portus* estoit la ville de Saint-Omer, sur le rencontre du nom *Sithiu* (que l'histoire [7] et les titres donnent à

cette ville, avant que le monastere de ce saint y fust construit), et sur ce qu'on dit qu'on a rencontré aux environs des anchres, des masts, et des restes de navires enfoûis en terre, ce qu'ils appuient encore sur la situation du lieu, qui represente une espèce de golfe, en sorte qu'il semble que tout ce pays fut autrefois inondé de la mer qui y formoit un large sein : d'où ils concluent que le nom de *Sithiu* lui fut donné, *quasi sinus Itius*, le port, ou plûtôt son entrée, estant vers la pointe de Sangate : ils ajoûtent encore que *Gessoriacum* est le lieu de *Soriete*, prés et en deçà de Saint-Omer :

> Terreus hic olim campus, dum præpete cursu
> Iccius adversæ transmittit carbasa terræ
> Portus, et ad reduces exporrigit ora faselos :
> Dumque sinu Gessoriacum penetrare reducto
> Longius, immissum penitus sals alluit æquor :
> Nnnc cava cæruleo qua gurgite sæpe tenebat
> Pinus iter, sulcos infindit durus arator,
> Exercetque solum, glaucis regiataque divis
> Possidet arva Ceres, campi quæque ante natabant
> Turrita Audomarum muri cinxere corona [1].

Il ne faut que jeter les yeux sur la carte que le P. Malbrancq en a dressée, pour juger du peu de probabilité que peut avoir cette conjecture, qui d'ailleurs a esté refutée par Cluver [2]. Marlian, Meyer, M. le président de Thou, Vigenere, Bertius, et autres ont crû que Calais estoit le port *Itius*, acause de la commodité de son port, et que c'est aujourd'huy le plus ordinaire pour passer de la France en Angleterre. Ce que Camden improuve, acause, ce dit-il, qu'on ne lit pas qu'il soit parlé de Calais, que depuis Philippes de France, comte de Bologne, qui commença à fortifier cette place. Mais il est constant, comme je justifie ailleurs, que c'estoit un port connu avant ce temps-là. Chifflet [3] a esté l'auteur d'une nouvelle opinion, laquelle il a établie avec plus d'érudition que de probabilité, ayant écrit que Mardic, prés de Dunkerke, estoit le port *Iccius*, comme si ce lieu n'avoit pas esté ainsi nommé des deux termes theutons, ou flamans, *mar diik*, c'est à dire *digue de la mer* [4], parce qu'en cét endroit, pour empécher les inondations de la mer, les habitans voisins furent obligez d'y faire des fortes digues, comme en la plûpart des côtes voisines.

Enfin la plus commune conjecture touchant la situation de ce port, et qui a esté embrassée par Cluver, Joseph Scaliger, Nicolas Berger, le P. Boucher [5], M. Sanson, et plusieurs autres, est celle qui le place à Boulogne. Les principales raisons de ces auteurs sont fondées principalement sur ce que Pline [6], Suetone [7], *Florus* [8], Mela [9], Olympiodore, et quelques autres ne reconnoissent point d'autre port en la region des Morins, du moins de plus fameux pour passer des Gaules en Angleterre, que celuy de *Gessoriacum*, que les *Tables de Peutinger* disent formellement estre la ville de Boulogne. En second lieu, ils apportent pour argument que les chemins militaires, ou romains, aboutissoient et finissoient à ce port, au delà duquel ceux qui nous les ont tracez, n'en mettent aucun d'où le passage ait esté ordinaire des Gaules en Angleterre. M. Sanson [10] ajoûte à ces raisons le vent qui lui sert en son trajet, et celui qui empécha les vaisseaux de Cesar d'y aborder. Enfin voilà à peu prés les fondemens de cette opinion, qu'il n'est pas difficile de détruire. Car quoy qu'on doive demeurer d'accord, que *Gessoriacum*, et par consequent la ville de Boulogne, ait esté le principal port et le plus connu de toute la côte des Morins, il ne s'ensuit pas qu'il n'y en ait point eu d'autres d'où l'on passât en la Grande-Bretagne. Aussi Cesar écrivant au sujet de l'*Itius* marque assez le contraire lorsqu'il dit qu'il y en avoit un au dessus

---

[1] In Cantio. — [2] L. 5, de Bello Gall. — [3] L. 6. — [4] L. 8 Ad. c. 21. — [5] In Thes. Geog. — [6] L. 1, Chifflet, in Portu Iccio, c. 7. — [7] Chr. Norm. A. 845, 881.

[1] Turneb. — [2] L. 2 Germ. Ant. c. 28. — [3] De Portu Iccio. — [4] Bertius, de aggerib. c. 13. — [5] In Belg. Rom. — [6] L. 4, c. 16. — [7] In Claud. — [8] L. 1, c. 11. — [9] L. 3, c. 2. — [10] Sur César.

et un autre au dessous de ce port, d'où il s'ensuit qu'il y en avoit au moins trois. Or comme il parle de ces ports comme des plus voisins des côtes d'Angleterre, il ne peut estre entendu que de ceux qui regardent directement le promontoire de ce royaume-là, que les géographes nomment *Cantium* [1], et les Anglois *The Nesse;* et les côtes, que les poëtes nomment *Rhutupina littora*, c'est à dire les côtes de *Richborow*, qui sont au comté de Kent. Ainsi, il faut chercher la situation de ces trois ports de Cesar dépuis Calais jusques à Boulogne, qui est le seul endroit où la mer se retrecit, et où les côtes de deux royaumes se ferment le plus. De sorte que, comme le port *Itius* tenoit le milieu des trois ports de cette côte des Morins, on ne le peut placer ailleurs qu'à Witsan, estant l'endroit où le trajet de la mer est sans contredit le plus court, et ainsi les deux autres ports qui estoient en deçà et au delà de l'*Itius* sont probablement celui de Boulogne et celui de Calais. D'ailleurs, quoy que *Gessoriacum* dés le temps de Cesar ait esté un port et plus grand et plus fameux que les deux autres, il ne s'ensuit pas qu'il ne l'ait pú ou dû laisser pour en prendre un autre, à l'endroit duquel le trajet estoit plus court, pour transporter plûtôt, et avec moins de peril, toutes ses troupes dans la Grande-Bretagne : veu d'ailleurs, comme je le justifieray dans la suite, que nos François en ont toûjours usé de la sorte, ayant laissé le port de Boulogne pour s'embarquer à Wissan, lorsqu'ils ont voulu passer en Angleterre : et même celui de Calais, à l'endroit duquel le trajet est encore plus court que vers Boulogne.

La seconde raison que l'on apporte pour établir le port *Itius* à Boulogne n'a pas plus de fondement, laquelle regarde les chemins romains qui s'y terminent. Je demeure d'accord que les chemins militaires remarquez par Antonin et dans les *Tables de Peutinger* ne passent pas la ville de Boulogne, et qu'ils y finissent. Mais il ne s'ensuit pas delà qu'il n'y ait point eu d'autre port en la côte des Morins, qui ait pú avoir le nom d'*Itius*. Il est bien vray que ces chemins ne furent construits que pour la commodité des marches et des logemens des armées romaines, ce que le sçavant Berger a si bien prouvé, qu'il est inutile de cotter les passages des écrivains qui autorisent cette vérité : et ainsi on pourroit dire qu'il n'est pas probable que Cesar ayant à faire marcher ses troupes dans les frontieres des Morins, pour les transporter en la Bretagne, leur eût fait prendre une autre route que celle qui estoit ordinaire pour les armées. Mais il est constant qu'au temps que Cesar passa dans l'Angleterre les chemins romains n'estoient pas encore faits dans les Gaules, ou du moins dans la Belgique, qu'il n'avoit conquise que nouvellement. D'ailleurs, ces chemins [2], que le vulgaire nomme Chaucées de Brunehaut, ou Chemins ferrez, n'ont esté entrepris dans la Belgique et le reste des Gaules que par Auguste, successeur de Cesar, et par Agrippa, son gendre. Il n'est pas même veritable que les chemins romains ayent fini à Boulogne, veu qu'ils continuoient de Boulogne à Wissan, et qu'ils y sont encore entiers, estant reconnus vulgairement sous le nom de Chemins vers, ou de Chaucées de Brunehaut. Ce qui est confirmé par le P. Malbrancq [3], en sa carte des Morins, et à l'endroit où il donne la description des Chemins romains qui se rencontrent en ces quartiers-là. D'où l'on peut conclure que si les auteurs des itineraires n'ont pas passé la ville de Boulogne, c'est parce qu'ils ont crû que c'estoit le port le plus grand et le lieu le plus commode pour le logement des troupes, estant la circonstance à laquelle les Romains s'attachoient le plus, ne regardans pas en cette occasion les plus courts chemins, *compendia viarum*, mais la commodité

[1] Camden. in Cantio. — [2] Berger, l. 1 des Gr. Chem. ch. 28. 29. — [3] Tom. 1, p. 594.

des logemens des armées, comme Berger a assez justifié. Quant à la raison qu'on tire des vents, cette côte estant exposée aux mêmes vents, et estant assez droite, je n'estime pas qu'on y doive faire grand fondement, quoy que le P. Malbrancq [1] s'en serve pour appuier son opinion sur la situation de ce port, qu'il place vers Sangate.

Mais, selon mon sentiment, la principale raison qui doit convaincre que la ville de Boulogne n'a pas esté le port *Itius* est qu'il est peu probable que cette ville ait eu trois noms differens en même temps, estant certain qu'elle a esté nommée *Gessoriacum* et *Bononia*. Je sçay bien, et il est fort probable, que le premier est celui du *Pagus*, ou de la contrée, où elle estoit située. Mais en tout cas j'ose avancer qu'on trouvera peu de lieux dans la géographie ancienne où une place ait eu deux noms en même temps, hors celui du peuple, ou de la region, qui lui a esté appliqué dans la suite des années : comme par exemple, Paris, appellée *Lutetia*, a eu celui de *Parisii;* Amiens, nommée *Samarobriga*, ou *Samarobriva*, celui d'*Ambiani*, et ainsi des autres, qui sont les noms des peuples et des contrées où les villes estoient situées. Cependant il faudroit dire que la ville de Boulogne auroit esté appellée en même temps *Gessoriacum*, du nom des peuples des environs, et *Itius*, et *Bononia*, d'une particuliere appellation, ce qui n'est guere probable. Et ce que Velser [2] rapporte pour réponse à cette objection ne satisfait pas.

Après avoir refuté cette opinion touchant la situation du port *Itius*, qui est la plus universelle, il ne reste plus qu'à établir celle que j'ay avancée, ou plûtôt celle de Camden, puisqu'il est le premier qui en a fait l'ouverture, quoy qu'il ne l'ait prouvée que legerement. Pour découvrir une place dont les anciens auteurs ont fait mention et dont les noms sont éteints par la suite du temps, ou du moins qui ont esté tellement alterez, qu'à peine il en reste des vestiges qui en puissent donner la moindre connoissance, on a coûtume de se servir de trois argumens principaux, dont le premier est la situation ; le second, les distances d'avec les autres lieux voisins remarqués dans les Itineraires et dans les geographes; et le troisiéme, le rapport des noms anciens avec les nouveaux et ceux d'aujourd'huy. Ces trois raisons nous serviront comme de pierre de touche, ou plûtôt de sonde, pour trouver et pour rencontrer heureusement le port *Itius*, pour la recherche duquel tant d'auteurs se sont si fort travaillez jusques à présent, qu'un d'entre eux a écrit ces paroles [3] : *Fateor a veteribus autoribus perspicue clareque doceri non posse quo olim loco Itius, aut Iccius, fuerit portus : bene quidem quod sub imperio ac ditione Morinorum, et inde brevissimum in Britanniam fuisse trajectum.* Quoy que tant de graves auteurs ayent échoué dans cette recherche, je prendray neantmoins la liberté de m'y engager, sans que j'ose me promettre un plus heureux succés qu'eux, soûmettant sans beaucoup de peine mes conjectures à la censure de ceux qui se piquent de literature et d'erudition.

Pour commencer par la situation, Cesar nous apprend, en termes formels, que le port *Itius* estoit à l'endroit où le trajet de l'Ocean estoit le plus commode : *Ex quo portu commodissimum in Britanniam trajectum esse cognoverat.* Et quand il dit qu'il estoit le plus commode, il entend dire qu'il estoit le plus court, ce qu'il semble specifier en un autre endroit : *Ipse cum omnibus copiis in Morinos proficiscitur, quod inde erat brevissimus in Britanniam trajectus.* D'où il s'ensuit que Cesar en cette occasion chercha non tant la grandeur d'un port, comme la commodité du passage, et l'endroit où le trajet estoit le moins long. Or il est constant, par le rapport

[1] L. 1, c. 9. — [2] Ad Tab. Peuting. — [3] Pont. Heut. l. 2 de vet. Belg. c. 18.

des mariniers, que le trajet de mer à l'endroit de Wissan en Angleterre est plus étroit et plus court qu'à l'endroit de Calais d'une lieuë, ou d'une lieuë et demie, et qu'à l'endroit de Boulogne de deux grandes lieuës. Le trajet à l'endroit du port *Itius*, suivant le rapport de Cesar, estoit d'environ trente mille pas : *Circiter millium passuum triginta a continenti.* Le geographe arabe[1] n'y en met que vingt-cinq. Strabon dit qu'il y avoit trois cens vingt stades, qui font quarante milles. Mais comme ces distances dépendent du lieu où Cesar aborda en Angleterre, qu'on tient avoir esté à Richborow, ou à Sandwick, il est malaisé de prendre un fondement certain sur les distances de ce trajet. Il n'est pas plus facile de tirer argument de la situation du promontoire, que Ptolemée appelle Ἴκιον, ou *Icium*, parce que ce qu'il en écrit est tres-incertain, quoy que le mettant à 22 degrez 15 minutes de longitude, et *Gesoriacum* à 22 degrez 45 minutes, il convient avec la situation du promontoire et du cap le plus voisin de Wissan, qui est la pointe de Blacnez, qui n'est éloignée de Wissan que d'une demy lieuë, et trois de Boulogne : il avance dans la mer une grande demy lieuë, et est la pointe de terre qui avoisine le plus la Grande-Bretagne.

Le nom de Wissan ne favorise pas moins la conjecture touchant le port *Itius* ou *Iccius* : car les manuscrits de César représentent diversement ce mot, aucuns l'écrivant avec un simple C, *Icius*, et les autres avec deux, *Iccius*, et enfin les autres avec un T, *Itius*. La premiere leçon semble estre appuyée par Ptolémée, qui appelle le promontoire voisin de ce port, Ἴκιον ἄκρον. La seconde peut s'autoriser par le nom de ce chef remois, ou de Reims, dont parle Cesar[2], qui le nomme pareillement *Iccius*, et par celui de ces peuples[3] de la Grande Bretagne que les geographes appellent *Wiccii*. Enfin la troisiéme est embrassée par Strabon[4], qui nomme ce port Ἴτιον. Pour rechercher la veritable étymologie et l'origine de cette appellation il faut voir quelle elle peut avoir esté dans le langage gaulois, avant que Cesar l'eust latinisée. Il est probable que Cesar a exprimé la premiere syllabe de ce mot Wi, par l'I simple, et que ce lieu s'appeloit *Wic* ou *Wics*, ou enfin *Wis* et *Wits*, qui estoit une prononciation familiere et ordinaire à la langue gauloise, et qui s'est conservée depuis dans l'alemande et la flamande, qui en tirent leur origine, Cesar n'ayant pú rendre en latin cette syllabe Wi, que par l'i simple, parce que le double W se prononce plus du gozier que de la langue, et se rend comme si l'on disoit *ou* : ce que le latin ne peut pas bien exprimer. Cela posé, voyons quelle peut avoir esté la terminaison de ce mot en idiome gaulois. Si ce lieu a esté nommé en cette langue Wic, Cesar ne l'auroit pas tourné par *Icius* ou *Iccius*, mais par *Icus* : comme il a fait au nom de *Litavicus*, qui est un autre chef gaulois, dont il parle souvent, qui probablement se nommoit *Litawit* ou *Luitwic*, en langue gauloise, d'où on ne doute pas que le nom de *HLudowic*, qui est fréquent dans l'histoire de la seconde race de nos rois, n'ait esté tiré[5]. Car c'est ainsi que Louys le Debonnaire est nommé en ce vers, rapporté par *Busæus*[6] :

> HLudwic justus erat, quo rex non justior alter.

Comme aussi dans les monnoyes qui nous restent de lui, où son nom est ainsi écrit HLVDOVVICVS. Heuter interpréte ce mot de *Luitwich*, qu'il estime estre le méme que *HLudwic, via popularis*, Kilian[7], *populi refugium*, parce que le terme de *Wic* en langage saxon et alleman ancien, signifie tantôt un boulevard, tantôt une maison, et quelquefois un golfe, ou un port[8]. Quant à la prononciation de *Wics*, je ne me souviens pas en avoir remarqué dans les vieux noms alemans tirez de nos histoires, mais bien de *Wits*, *Wiss*, et *Wite*, qui, au rapport de Pontau, en ses *Origines françoises*[1], et de Somner[2], signifient prudent, ou prudence. Mais si le port dont nous parlons estoit nommé parmi les Gaulois *Wics*, *Wits*, ou *Wiss*, Cesar ne l'a pú exprimer que par *Icius*, ou *Itius*, la derniere lettre de ces mots gaulois, qui est l'S, ne se pouvant rendre facilement que par cette terminaison. J'avouë qu'il est malaisé de rencontrer quelque chose de certain dans ces étymologies ; aussi je ne prétens pas m'arréter à celle que quelques-uns[3] donnent à l'*Itius portus*, qu'ils dérivent *ab Itando*, parce qu'on s'y embarquoit pour aller en Angleterre, ni à celle de Heuter[4], qui veut qu'*Iccius* soit dit *quasi Ic-cie, Ic est, video, scilicet portum, aut insulam Britanniam* : car tout cela a fort peu de probabilité. Il y a neantmoins beaucoup de rapport entre l'*Its* ou *Itius* et *Witsan* : estant constant que cette terminaison *an* est commune à beaucoup de noms de places et de familles du Boulenois. Nous remarquerons pourtant dans la suite que les auteurs ont tâché de lui accommoder des étymologies.

Mais j'estime que le principal fondement sur lequel on peut établir le port *Itius* à *Wisan*, et qu'il est aisé de prouver par l'autorité de plusieurs graves auteurs, que ce lieu et le port de *Wissan* a esté celui où de tout temps on s'est embarqué pour passer des Gaules ou de la France en Angleterre, et pour aborder d'Angleterre en France. L'entretien que j'eus sur ce sujet à Paris, dans le cabinet de M. d'Herouval, auditeur des comptes, qui m'honore de son amitié, avec M. Sanson, qu'on sçait estre très-savant en ces matieres, et celui qui a le plus penetré dans la geographie, m'oblige de lui tenir la parole que je lui avançay pour lors, que je lui fournirois plus de soixante passages d'auteurs anciens et irreprochables qui justifieroient cette proposition. Pour entrer en cette preuve j'observeray l'ordre des temps et des siécles où il en est parlé.

Je trouve donc que saint Wlgan[5], compagnon de saint Colomban, vers l'an cinq cens soixante-neuf, passant d'Angleterre en France, *appulit ad portum* WITSAN *appellatum, qui videlicet locus ex albentis sabuli interpretatione talè sortitur vocabulum.* Ce sont les termes de l'auteur qui a écrit sa vie, qui sont conformes, quant à l'etymologie de ce mot, à ce que Lambert d'Ardres[6] a avancé sur le méme sujet, *Britannicum secus portum, qui ab albedine arenæ vulgari nomine appellatur Vuitsand* Ce nom estant composé de *Withe,* qui en idiome anglois et flaman signifie blanc, et *Sand*, qui signifie sable. Et quoy que je ne fasse pas grand fondement sur ces etymologies, je remarque neantmoins que Philippes le Breton[7], parlant des Bloetins, qui habitoient ces côtes de la mer, du côté de Furnes, a observé effectivement que le sable qui est sur ces rivages de la mer tire sur le blanc :

> Inde movens iterum classis legit æquoris undas
> Quod Bloëtinorum candentia littora lambit,
> Quaque marescosos extendit Fandria campos.

Malbrancq[8] confirme cecy à l'égard de Wisan, en ces termes : *Ipsum montem arenosum, qui mire ab ipso pelago in altum exsurgit, non dixeris arenis, sed e cretaceis molibus compactum : tantus enim est candor, tantamque in duritiem abiit, ut solidiore illic non opus sit muro. Et Merula*[9] dit qu'en ces endroits-là *arena est ejus generis, quam urentem vocant. Palladius*[10], et Vitruve[11] parlent de cette espèce de sable blanc.

---

[1] Alderisius, in Geogr. Nub. — [2] L. 2, c. 3. — [3] Camden. — [4] L. 6. — [5] Cluver. in Germ. l. 1, c. 6 ; Pont. Heut. de vet. Belg. p. 225 ; Jos. Scalig. ep. 228. — [6] In Not. ad Ep. 1 Hincm. — [7] In etymol. — [8] Somner.

[1] L. 6, p. 587. — [2] In Gloss. Sax. — [3] Paul. Æmil. — [4] C. 10, p. 48. — [5] Vita S. Wigani, en l'Hist. de l'Abb. de S. Oüen, p. 457 ; Malbr. l. 2, c. 54. — [6] P. 3. — [7] L. 9, Philipp. p. 206. — [8] Loco cit. — [9] L. 3, p. 469. — [10] L. I, c. 10. — [11] L. 2, c. 4.

Édoüin ayant esté envoyé en exil par le roy Athelstan, son frère, en l'an 933, passa de l'Angleterre en France, et arriva à Wissan : *Angusto scilicet a Doeria in* Withsand *mari*[1].

Ce fut vers ce même temps que cette place, ayant esté ruinée par les Normans, fut rétablie par le roy Loüys d'Outremer. Car c'est de ce port que j'estime qu'il faut entendre ces termes de Flodoard[2], en l'an 938 : *Ludovicus rex maritima loca petens, castrum quoddam, portumque supra mare, quem dicunt* Guisum, *restaurare nisus est.* Ce passage ne se pouvant adapter à un autre port : outre que le nom qu'il lui attribue se rapporte à celui de Guizant, qu'Hariufle donne à Wisan, et qu'il est constant que nos François prononçoient le W des Alemans avec le *Gu*, comme nous voyons dans les mots de *Werre, Wage*, et autres que nous enonçons par *guerre, gage*, etc.

Le roy Ethelred ayant esté chassé de son royaume par Swan, roy danois, s'embarqua en l'an 1013 à Wisan pour aller trouver Richard, duc de Normandie[3].

Guillaume de Jumieges[4] écrit qu'Alvred, frere de saint Edoüard, roy d'Angleterre, retournant de France en Angleterre, *portum* Wisanti *petiit et hac transfretans Doroberniam venit.*

Guillaume de Poitou[5], archidiacre de Lizieux, parlant de ce retour d'Alvred, donne en termes diserts à ce port le nom d'*Icius* : *Doroberniam venit Alveradus transvectus ex portu* Icio. Ce passage est singulier pour justifier la situation du port *Itius*.

Eustache[6], comte de Boulogne, passa en Angleterre pour aller visiter le même roy Édouard, *transfretato mari de* Witsand *in Doroviam.*

Geroüin[7], abbé de Saint-Riquier ayant dessein d'aller visiter les terres, que ce monastere possedoit en Angleterre vers l'an 1069, *ad maris ingressum properavit quem nominant plebeiales* Guizant.

Guillaume de Malmesbury[8] remarque encore qu'Estienne comte de Mortain et de Boulogne, neveu du roy Henry, *in Angliam per* Witsand *maturavit adventum.*

Saint Anselme archevesque de Cantorbery[9], ayant esté banny du royaume par le même roy, Withsandvm *appulit.*

Guillaume le Roux[10], ayant laissé son pere à l'extremité en Normandie, passa de son ordre en Angleterre, pour aller prendre possession de ce royaume, *qui mox ad portum qui* Witsand *dicitur pervenit, ibique jam patrem audivit obiisse.*

Henry d'Huntindon[11] dit que le roy Guillaume le Roux, au retour de la Normandie, s'embarqua *apud* Withsand, *unde appulit Doroberniam.*

L'an 1110, le roy Henry[12], ayant accordé sa fille à l'empereur Henry, *misit eam a Dovere usque ad* Witsand.

Les Chanoines de l'eglise de Laon s'y embarquerent pareillement en l'an 1113, lorsqu'ils passerent en Angleterre avec la châsse de Notre-Dame et autres reliques de leur église, pour amasser de l'argent pour la rebâtir, après qu'elle eut esté brûlée, ensuite du massacre de l'evesque Gualdric : *Apud portum qui vocatur* Wissant *a nautis convocati, navem intravimus*[13].

Henry[14], roy d'Angleterre, y aborda de Douvres, en l'an 1155 : *Apud Dovram mare intravit, et appulit* Wisant.

Le géographe arabe[1], qui vivoit vers ce même temps, en fait mention comme du port ordinaire où l'on s'embarquoit pour passer en Angleterre, en ces termes : *Ab illa etiam* (Rouën) *ad urbem* Vadisant *exiguam valde mari adjacentem* LXXX. *M. P. et ex hac urbe conscenduntur naves adeuntes insulam Angliam, quam dividit a continente, fretum habens in longitudine* XXV, *M. P.* d'où nous apprenons la raison pourquoy Lambert d'Ardres[2], qui vivoit au même siecle, lui donne le nom de *Portus Britannicus*, dans le passage que je viens de rapporter.

Saint Thomas[3], archevesque de Cantorbery, s'estant retiré d'Angleterre, vint à Wissan, et au retour de son exil il s'y embarqua pour passer en ce royaume.

Robert[4], comte de Licestre, s'y embarqua aussi en l'an 1173.

Henry II[5], roy d'Angleterre, en l'année suivante y fit embarquer des troupes pour l'Angleterre, et en l'an 1179, *navem ascendens apud* Witsand, *in Angliam rediit.*

En la même année Philippes[6], comte de Flandres, s'y embarqua pour aller en pelerinage au tombeau de saint Thomas:

Louys le Jeune[7], roy de France, ayant dessein de passer en Angleterre pour le même sujet, se mit en mer en ce port. En ce même temps un auteur anglois rapporte qu'estant sur le point du retour de ce voyage, comme il apprehendait la mer, il pria ce saint *ut in illo transitu nullus pateretur ex illo tempore naufragium* : ce que Camden attribuë mal à saint Louys.

Henry[8], roy d'Angleterre, s'y embarqua pour repasser de France en Angleterre en l'an 1180.

Le même roy, aprés avoir fait la paix entre le roy de France et le comte de Flandres, retourna en Angleterre, 1184. *Transfretavit in Angliam inter* Withsand *et Doveram.*

L'année suivante l'evesque de Dunelme[9] et quelques grands d'Angleterre *transfretarunt inter Dovre et* Witsand.

En l'an 1187, le même roy[10] Henry II *applicuit apud* Witsand *in Flandria.*

Un autre auteur en cette année : *Placuit ei sanctum Thomam visitare, sicque per Dovoriam, quo brevis est transitus,* Witsandum *adire*[11].

Baudoüin, evesque de Cantorbery, en 1189, *iter per* Witsandum *paravit in Angliam*[12]. Comme fit encore Geoffroy, archevesque d'York, en l'an 1191[13].

Quelque temps après, Jean, comte de Mortain, frere du roy d'Angleterre, *applicuit in Flandria apud* Wissand[14].

Vers ce même temps Hugues, evesque de Dunelme, passa la mer entre Douvre et Withsan pour venir en France[15].

En 1193, le même comte de Mortain[16] fit équiper une flotte *apud* Witsandum, pour attaquer l'Angleterre.

Le siécle suivant fournit d'autres exemples qui continuent de justifier ce que j'ay avancé. En l'an 1207, les moines[17] qui avoient esté chassez d'Angleterre par le roy Jean se retirerent en France, et vinrent aborder à Wissan.

Mathieu Páris[18], en l'an 1242 et 1243, parle des mariniers de Wissan et de Calais : et en l'an 1251, il dit que le comte de Licestre *navem ascendit apud* Witsand, pour retourner en Angleterre.

En l'an 1299, Jean de Bailleul, roy d'Escosse, ayant esté relâché

---

[1] Monast. Angl. tom. 1, p. 194, 195; Will. Malmesb. l. 2, Hist. Angl. c. 6, p. 53; Math. Westmon. A. 934. — [2] Flodoard. in Chr. — [3] Brompton, p. 892. — [4] G. Gemet, l. 7, c. 9; Walsing. p. 434. — [5] In gest. Guil. Reg. Angl. p. 178. — [6] Will. Malmesb. l. 2 de Gest. Angl. p. 81. — [7] Hariulf. l. 4, c. 22. — [8] Lib. 1 Hist. Novellæ, p. 178. — [9] L. 1, de Gest. Pontif. p. 222; Eadm. l. 2, vitæ S. Anselmi, c. 29. — [10] Ord. Vit. l. 7, p. 659; Fra. de Guil. Conq. p. 32. — [11] L. 7, p. 373; Brom. p. 991. — [12] Sim. Dun. de Gest. Ang. — [13] Herm. l. 2 de Mir. S. Mariæ Laud. c. 4. — [14] Rob. de Mont.; Rad. de Diceto.

[1] Alderis. part. 2, Clim. 6, p. 253. — [2] P. 3, 116. — [3] Ger. Dorob. p. 1413; Howed. p. 520; Vita S. Th. quadrip. l. 3, c. 3. — [4] Rad. de Diceto. — [5] Howed.; Rad. de Dic. — [6] Brompton p. 1126. — [7] Howed. p. 592; Brompton, p. 622; Math. Westm. A. 1179. — [8] Bromp, p. 1140; Howed. p. 622. — [9] Howed. p. 630; Bromp. p. 1240. — [10] Howed. p. 634. — [11] Gervas. Dorob. p. 1487. — [12] Id. p. 1546. — [13] Howed. p. 701; Brompton p. 1224. — [14] Howed. p. 706. — [15] Brompton p. 1240. — [16] Ger. Dorob. p. 1581. — [17] Malbran. l. 11, c. 9. — [18] P. 399, 406, 554.

par Edoüard, roy d'Angleterre, qui l'avoit tenu prisonnier, fut envoyé à Witsan, ainsi qu'il avoit esté convenu, où il fit l'acte qui se voit dans les annales d'Odoric Rainaud[1], qui portent ces mots : *Actum apud* Wissant, *de regno Franciæ supra maré, in hospitio Joannis Stevari.*

En l'an 1327, le sire de Beaumont[2], allant au secours du roy d'Angleterre contre les Escossois, s'embarqua avec ses troupes à Wissan : comme firent l'année suivante les deputez du roy de France vers le roy d'Angleterre[3].

Mais incontinent aprés, la ville de Calais estant tombée en la puissance des Anglois, non-seulement ils fortifierent cette place, et rétablirent et agrandirent le port, mais encore celui de Wissan fut abandonné, et on ne se servit plus que de celui-là pour passer de l'Angleterre en France. D'autre part comme la guerre estoit presque tousjours entre les deux nations, et que la seureté n'estoit pas entiere pour s'aller embarquer à ce port, on choisit plûtôt celui de Boulogne, parce que le lieu estoit plus considérable et plus fort que Wissan, qui d'ailleurs avoit este ruiné et brûlé par les Anglois au temps du siege de Calais[4].

Ce qui justifie encore l'importance du port de Wissan est que de tout temps les comtes de Boulogne y avoient un droit considérable qui se levoit sur les vaisseaux et les personnes qui s'y embarquoient. Il est parlé de ce droit de peage dans le titre de Guillaume, comte de Flandres, pour les coûtumes de Saint-Omer de l'an 1127 : *Si cum Boloniensi comite Stephano concordiam habuero, in illa reconciliatione eos a Theloneo et Swerp apud* Witsant, *et per totam terram ejus liberos eos faciam*[5]. Il en est encore fait mention dans un autre titre, de l'an mil trois cens vingt, en l'*Histoire de la Maison de Dreux*[6].

Le pere Malbrancq[7] raconte qu'en l'an 1192, Renaut, comte de Boulogne, en exempta les moines de Saint-Bertin ; et M. Justel[8] nous apprend que Marie d'Auvergne, femme du seigneur de Malines, et sœur de Robert VI, comte d'Auvergne et de Boulogne, eut pour son partage cinq cens livres de rente sur le passage de Wissan, qui furent depuis échangez en l'an 1320, par Robert VIII du nom, comte d'Auvergne et de Boulogne pour le vicomté de Châteaudun. Mais comme ce port vint à estre comblé à cause qu'il fut abandonné, pour la raison que je viens de marquer, ce droit se leva dans tous les ports de cette côte : ce que j'apprens de deux comptes du domaine du comté de Bologne, qui sont en la Chambre des Comptes de Paris. Dans le premier, qui est de l'an 1402, il y a ces mots : *De la prevosté et passage de* Wyssant *receu à Boulogne, en Ambletenne et ailleurs, environ hors ledit lieu de* Wyssant, *où aucuns sont arrivez ou entrez ou mer, pour passer en Angleterre, ou repasser,* etc. L'autre, de l'an 1478, porte en ces termes : *La pre-*

vosté et passage de Wissant, *que on dit coustume sur la coste de la mer, entre l'eauë d'Estaples et de Gravelingues.* Ce qui justifie premierement que Wissan esto t une dépendance du comté de Bologne, comme il est encore aujourd'huy, et non pas du comté de Guines, quoy que quelques auteurs[1] l'aient ainsi écrit, et encore moins de celui de Flandres, comme veut Roger de Hoveden dans les passages que j'ay citez. En second lieu, ces comptes font voir clairement que dés l'an 1402 il n'y avoit plus de port à Wissan, puisque le peage qui y avoit esté établi se levoit dans les ports voisins. Aussi je ne remarque point qu'il en soit fait mention depuis la prise de Calais, ni qu'on s'y soit embarqué : et la mer et le sable ont tellement comblé le port, qu'on a peine à remarquer le lieu où il a esté. *Ergo bene scripsit Merula*[2] *cosmographus Itium oceano haustum eversumque esse. Cui enim hoc quadret præterquam Wisanto ? Sed portus illic non tam haustus, quam sabulo, uti apparet, obrutus. Haustum enim probant vix ad ea loca clitophanibus, seu dunis, coercitum mare : imo ad oceanum usque habitatur et aratur.* Ce sont les termes du pere Malbrancq[3]. Il y a neantmoins des communes qui s'étendent jusques au village de Tardingem, assez prés du Blaknez, que le Portolano[4] appelle le cap de Witsan, où l'on peut se figurer avoir esté l'endroit où fut le port. Ces communes estant bornées du côté du continent par des terres hautes et élevées, et du côté de la mer par des dunes de sable, forment comme un grand bassin, où la mer a pû couler, soit du côté de Wissan, par le petit ruisseau qui y passe, soit du côté de Tardinghem, par un autre petit ruisseau, qui y coule pareillement. Et il y a lieu de croire que le commerce y ayant cessé, l'on a laissé boucher ce qui composoit l'entrée de ce port par les sables qui y volent en quantité, la côte en cet endroit là estant plate. Ce qui favorise encore cette pensée touchant l'endroit où fut ce port est que le long de ces communes, environ à deux cents pas du bourg, il y a une eminence que l'on appelle le phare, et une maison auprés qui en retient le rom, comme si l'entrée du port de Wissan eust esté en cét endroit-là.

Il ne faut pas s'étonner que nous cherchions aujourd'huy l'endroit du port de Witsan, qui a esté si frequenté dans les siecles passez, veu qu'il en est de même de celui d'Aiguemortes en Languedoc[5], où toutes nos troupes s'embarquoient pour la Terre Sainte, qui paroit si peu à present, que la mer ne vient qu'à demy lieuë delà. Le même est encore arrivé à divers ports de Constantinople, qui y avoient esté faits par les empereurs, dont il ne reste plus aucuns vestiges.

—— Sic toties versa est fortuna locorum.
Vidi ego quod fuerat quondam solidissima tellus,
Esse fretum : vidi factas ex æquore terras[6].

---

[1] Rainald. hoc A. n. 21. — [2] Froiss. vol. 1, ch. 16, 17, 19, 20. — [3] Id. c. 25. — [4] Id. vol. 1, c. 132. — [5] Preuves de l'Hist. de Guines, p. 195. — [6] P. 309. — [7] L. 11, c. 37. — [8] En la Gen. d'Auvergne, l. 2, ch. 17.

[1] Du Chesne, en l'Hist. de Guines, p. 3. — [2] Part. 2, l. 3, c. ult. — [3] L. 1, c. 10. — [4] P. 22. — [5] Catel. — [6] Ovid. 15 Met.

DES GUERRES PRIVÉES

ET DU DROIT DE GUERRE PAR COUTUME.

DISSERTATION XXIX.

Les guerres du comte de Chalon et du comte de Bourgogne, son fils, dont le sire de Joinville parle en son Histoire, me portent à embrasser en cét endroit une matiere tres-importante pour l'intelligence des auteurs, et qui n'a pas encore esté traittée à fond, quoy qu'aucuns l'aient effleurée légerement [1]. Il n'y a rien de plus commun dans tout le cours de nos histoires, et de celles de nos voisins, que ces guerres qui se faisoient entre les barons et les gentils-hommes à la veuë et au sceu du prince souverain, et sans sa participation : en sorte que qui ne sçauroit pas démesler l'origine et l'usage de ces funestes entreprises sur l'autorité royale auroit sans doute bien de la peine à en deviner la source et à en concevoir la pratique. Elles ont esté si universelles, qu'on peut dire que les vassaux des princes entroient avec eux en partage du plus beau fleuron de leurs couronnes, qui estoit le droit de faire et de declarer la guerre. Mais parce qu'il y avoit des regles et des maximes établies et receuës pour cette espece de guerre, je prétens faire voir en cette dissertation quelles elles ont esté, et comme les seigneurs en ont usé en ces occasions. Ce que je propose de puiser particulierement de Philippes de Beaumanoir, en sa *Coûtume de Beauvaisis*, qui n'a pas encore esté publiée, où il a fait un chapitre entier au sujet de cette espece de guerre, qui est le cinquante-neuviéme, auquel il a donné pour titre ces mots : *Comment guerre se fait par coûtume, et comment elle faut, et comment on se pot aidier de droit de guerre*. J'entreprens d'ailleurs cette matiere d'autant plus volontiers qu'elle appartient à l'histoire de saint Louis, puisqu'il est constant qu'il est l'un de nos rois qui a le plus travaillé à aneantir et à détruire ces malheureuses guerres, qui entretenoient toute la France en de perpetuelles divisions.

Ç'a esté un usage observé et reçu de tout temps parmi les nations germaniques, de tirer la vengeance des injures particulieres par la voie des armes, et d'y interesser toute une parenté. Celui qui avoit fait un tort notable à un particulier, ou qui lui avoit causé la mort, se trouvoit avoir sur les bras tous ceux de la famille de l'offensé, qui prenoient les armes pour venger l'injure ou l'assassinat commis en la personne de leur parent. Tacite en a fait la remarque, lorsqu'il parle des Germains [2], *Suscipere tam inimicitias seu patris, seu propinqui, quam amicitias necesse est.* C'est pour cette raison que nous lisons si souvent dans les loix anciennes [3], que lorsque quelque assassinat avoit esté fait, non seulement on en exigeoit la peine sur ceux qui l'avoient commis, mais même sur toute leur parenté. Ces inimitiez mortelles, qui s'entretenoient entre les familles, y sont nommées *faidæ*, que les *Loix des Lombars* [4] traduisent par le mot d'*inimicitiæ* ; terme qui semble estre tiré du Saxon ancien, *fæhth*, ou *fehthe*, et de l'aleman *fhedé*, et *feide*, qui signifie la méme chose [5]. D'où il est arrivé que ce mot a

esté pris pour la vengeance qu'on tire de la mort d'un parent, et dans la suite pour toutes sortes de guerres particulieres, comme en l'ordonnance du roy saint Louys du mois d'octobre mille deux cens quarante-cinq, dont je parleray dans la suite. Nous avons quelques exemples de ces guerres privées sous la premiere race de nos rois, dans Gregoire de Tours [1] et ailleurs.

Mais pour proceder avec quelque ordre en cette Dissertation, il faut voir premierement qui sont ceux qui ont droit de guerre par coûtume, puis entre quelles personnes elle se fait, pour quels sujets, en combien de manieres on la declare, qui sont ceux qui y entrent, ou qui en sont exceptez, et enfin en combien de façons elle finit. Et ensuite, je feray voir comme cette détestable coûtume de faire la guerre entre les vassaux du prince a esté entierement abolie.

Tous les gentils-hommes, selon Philippes de Beaumanoir, avoient droit de faire la guerre : *autre que gentil-homme ne pouot guerroyer*. Et ainsi il en exclud tous les roturiers, qu'il appelle *hommes de poësté*, c'est à dire qui sont sujets à leurs seigneurs, et qui en dépendent absolument, en sorte qu'ils en peuvent disposer selon qu'il leur plaist : ce qui n'estoit pas des vassaux fiévez. Il en exclud pareillement les bourgeois, entre lesquels, s'il arrivoit quelque démêlé, ou pour user de ses termes, *manéces ou deffiëmens, ou mellées sourdent*, le crime commis estoit puny par le juge ordinaire, suivant sa qualité : telles personnes ne pouvans user du droit de la guerre. Par le terme de gentils-hommes on doit entendre tous les fiévez, parce qu'anciennement les fiefs ne pouvoient estre tenus que par les nobles. Les evesques, les abbez, et les monasteres qui avoient des terres de cette nature, avoient aussi ce droit. Et parce que leur condition ne leur permettoit pas de porter les armes, ils faisoient leurs guerres par leurs Vidames, et par leurs avoüez. Ce que le cardinal Pierre Damian [2] ne peut approuver : *Quod mihi plane satis videtur absurdum, ut ipsi Domini Sacerdotes attentent, quod turbis vulgaribus prohibetur, et quod verbis impugnant, operibus asserant.*

D'ailleurs, il ne pouvoit y avoir guerre entre les gentils-hommes d'une part, et les roturiers ou les bourgeois d'autre. La raison est que si le gentil-homme faisoit la guerre à un bourgeois, ou à un roturier, qu'il nomme toûjours *homme de poësté*, le bourgeois ou le roturier, n'ayant pas le droit de faire la guerre, pour n'estre pas revêtu du titre de noblesse, auroit esté souvent maltraité ou tué par les gentils-hommes. De sorte que lorsque le cas arrivoit qu'il y eut quelque notable démélé entre le gentil-homme et le roturier, celuy-cy, pour se mettre à l'abry de l'insulte de son ennemy, requeroit *asseurement*, qui luy estoit à l'instant accordé. Que si le roturier negligeoit de le demander, le gentil-homme en la personne duquel, ou de ses parens, l'injure avoit esté faite pouvoit licitement en poursuivre la vengeance par les armes. Au contraire, si le gentil-homme avoit outragé le roturier, ou le bourgeois,

____

[1] Clement Vaillant, l. 2 de l'ancien Estat de la France; Dadin de Altaserra, l. 2 de Ducib. et Comit. c. 1. — [2] De Morib. Germ. — [3] Lex Saxon. tit. 2, § 5, 6; Wendelin. in Gloss. Salico, v. *Chrenecruda*. — [4] L. 1, tit. 7, § 1, 15; l. 2, tit. 14, § 10. — [5] Lambaud. Spelman. Somner. etc. Lindenbr.]

[1] L. 7, c. 2. — [2] L. 4, ep. 9.

l'un et l'autre ne pouvoient pas poursuivre la reparation de l'injure par la guerre, mais par les voyes ordinaires de la justice. L'usage du royaume d'Arragon [1] semble avoir esté autre à l'égard des infançons ou escuyers. Car si un roturier, ou villain, avoit tué un infançon, si le faict estoit averé, les parents du mort pouvoient lui faire la guerre, c'est à dire tirer la vengeance de l'outrage par la voye des armes. Mais si le faict estoit dénié, avant qu'on en vinst à la preuve, il devoit obtenir *asseurement* des parens du mort. Il y avoit encore plus ; car quoy que suivant les ordonnances du royaume nul ne pût attaquer un autre sans défiance, si est-ce que le roturier, ni l'infançon, n'estoient pas obligez de se défier, si l'un ou l'autre avoit tué l'un de leurs parens, parce que les fors ou coûtumes les tiennent pour défiez ; pourveu toutefois que le crime fust apparent et prouvé. Ce qui fait croire que les usages estoient differens selon les royaumes.

Toute sorte d'injure ne pouvoit pas estre vengée par les voyes de la guerre. Il falloit que ce fust un crime atroce, capital, et public : *Coustume suefre les guerres en Biavaisis, entre les gentixhommes por les vilonies, qui sont faites apparens.* Ce sont les termes de Beaumanoir [2], qui au chapitre suivant en donne l'interprétation par ceux-cy : *Quant aucuns fés avenoit de mort, de mehaing, ou de bature, cil à qui la vilonie avoit esté faite declaroit la guerre à son ennemy.* Ainsi ce qui donnoit sujet à cette espéce de guerre estoit l'atrocité du crime, et qui pour l'ordinaire, dans l'ordre d'une justice reglée, meritoit la peine de mort. Ce qui justifie encore cette proposition est ce qu'il ajoûte, que quoy que le gentil-homme eust droit de poursuivre par les voyes de la guerre la reparation du forfait commis en sa personne, ou de ses parens, en d'autres occasions, que celles de la guerre ouverte entre eux, cela n'empéchoit pas que le seigneur duquel celui qui avoit fait l'injure estoit vassal ne le fist juger et condamner par sa justice, et s'il pouvoit le faire arréter, le livrer au supplice, suivant l'exigence et l'atrocité du crime. Ce qui avoit lieu même encore qu'aprés la guerre la paix se fust ensuivie, si ce n'estoit que ce fust par l'entremise du roy, ou du baron seigneur de la partie qui avoit commis le crime : *car autre signeur ne poeut fere ne soffrir ces manières de pes.* La raison pourquoy le seigneur peut poursuivre la vengeance de tels crimes est *que cil qui font les vilains meffez de cas de crieme ne meffont pas tant seulement à adverse partie, n'à lor lignage, mez au signor qui les ont en garde, et à justice.*

Ce que j'ai remarqué des matieres et des sujets qui donnoient occasion aux guerres particulieres, sçavoir les crimes et les méfaits, ne semble pas estre general pour toutes les provinces. Car nous lisons que souvent on les a entreprises pour des differents meus au sujet des successions et des heritages. Ce qui est encore remarqué par le cardinal Pierre Damian [3] : mais il falloit que ces sortes de guerres eussent esté ordonnées par le seigneur dominant. Ce que j'apprens particulierement d'un litre du Cartulaire de Vendôme [4] : *Quidam miles, nomine Fulcradus, vicarietatem alodiorum voluit calumniari, tantaque instantia perstitit, ut et inde bellum indiceret nobis, judicio comitis Gaufridi. Paratis autem hominibus ad bellum procedentibus, agnovit non esse bonum certamen arripere contra dominum,* etc. Je ne sçay si l'on doit rapporter à ce sujet la constitution de l'empereur Frederic II qui se lit dans Alberic [5], qui défend à ses vassaux de faire la guerre *absque prœcedente querimonia.* Tant y a qu'il est constant que les seigneurs et les gentils-hommes ont souvent entrepris des guerres contre leurs voisins pour d'autres sujets que de crimes. L'histoire nous en fournit une infinité d'exemples, et entre autres notre sire de Joinville, lorsqu'il traite de la guerre qui se mût sous le regne de saint Louys entre le comte de Champagne et la reyne de Cypre, au sujet de la succession de ce comté

Les guerres particulieres ou privées se declaroient en diverses manieres, sçavoir par fait, ou par paroles. Par fait, *quant caudes mellées sourdent entre gentixhommes d'une part et d'autre ;* c'est à dire lorsqu'on en venoit à une querelle ouverte, et à mettre la main aux armes. Et en ce cas, ceux qui estoient présens à la mélée et à la querelle estoient engagez dans la même guerre suivans le party à la suite duquel ils se trouvoient : *Et lors doit-on savoir que quant elles viennent par fet, cil qui sont au fet sont en la guerre, sis-tost come li fez est fet.* Les guerres se declaroient par paroles, *quant li un manece l'autre à fere vilonnie, ou anjude de son cors, ou quant il le deffie de li et des siens ;* c'est à dire, lorsqu'on en venoit aux menaces, ou que l'on faisoit porter les défis ou défiances à son ennemy.

Les défis que les auteurs latins du moyen temps appellent *diffidationes,* se faisoient, ou par paroles, ou par écrit. Ils se faisoient par paroles lorsqu'on envoyoit défier son ennemy, et qu'on lui declaroit la guerre, par des personnes qui la leur alloient denoncer. Et en ce cas ou choisissoit, non des beraux, ou des rois d'armes, mais des personnes de condition, et des chevaliers qui en alloient porter la parole, comme firent les François lorsqu'ils dénoncerent la guerre aux empereurs Isaac et Alexis, en l'an mille deux cens trois, ayant choisi à cét effet Conon de Bethune, Geoffroy de Ville-Hardoüin maréchal de Champagne, et Miles de Braibans chevaliers [1]. Souvent mémes on la faisoit porter par des evesques et des abbez, comme on peut recueillir de nos histoires [2]. Quelquefois ces défis se faisoient par lettres et par écrits, qui sont appellez *Litteræ diffidentiæ* en la chronique d'Austriche. Ce qui est aussi remarqué par Nicolas *de Cusa* [3] cardinal. Le roman de Garin le Loherans remarque une autre forme de defi, en secoüant le pan de sa robe :

> Dist à Girbert, mult me tenez por vil,
> Il prist deus pans del peliçon hermin,
> Envers Girbert les rua et jali,
> Puis li a dit, Girbert, je vos deffi.

Et afin qu'il ne fust pas loisible de surprendre son ennemy, sans lui donner le loisir de se préparer à sa défense, les empereurs ordonnerent qu'on ne pourroit l'attaquer qu'aprés que trois jours se seroient écoulez depuis la défiance, à peine d'estre proscrit et banny et de passer pour traitre. Alberic rapporte une ordonnance de l'empereur Frederic II qui enjoint la même chose, arrétée à Francfort l'an mille deux cens trente-quatre, qui fut renouvellée par deux autres, l'une de Louys de Bavieres, l'autre de Charles IV [4]. Cette derniere ordonne encore que ces défis se doivent faire dans les lieux de la demeure ordinaire de ceux à qui l'on déclare la guerre, pour éviter toute sorte de surprise. Car en ces rencontres on a tâché d'employer toutes les précautions, pour éviter les occasions de trahison ; jusque-là qu'on faisoit passer pour traitres tous ceux qui portoient la guerre à leurs ennemis, avant que de les avoir défiez [5].

L'auteur de la guerre, c'est à dire celui qui la déclaroit et qui se prétendoit offensé par son ennemy, est appellé par Philippes de Beaumanoir *le Quievetaine,* ou le chef *de la guerre.* Quant à ceux qui y entroient avec lui, les premiers estoient ceux de son lignage.

---

[1] Vital. Episc. apud Hier. Blancam, in Comment. rer. Arag. p. 733. — [2] Cb. 60. — [3] L. 4, ep. 9. — [4] Charta 103., — [5] A. 1234.

[1] Villehard. N. 112. — [2] Math. Par. A. 1233, p. 266 ; A. 1340, p. 366. — [3] L. 3, de Concord. c. 31. — [4] Levold. Nortof. in Chr. Marc. A. 1356 ; Froiss. vol. 1, ch. 35 ; Bulle d'or de Charles IV, ch. 17. — [5] Turpin, in Carolo M. c. 17 ; Autor. Hist. Hieros. A. 1177 ; Rainald. A. 1283, n. 21 ; Chr. Austr. A. 1278 ; Villehard. n. 112.

Car la guerre estant ouverte et déclarée, tous les parens du chef de la guerre y estoient compris, sans autre déclaration particuliere, et s'y trouvoient le plus souvent enveloppez malgré eux, sous pretexte de venger l'injure faite à leurs parens, ou de les défendre lorsqu'ils estoient attaquez : estant un fait qui regardoit l'honneur de la famille. Ce qui est justifié dans une *Histoire de France* [1] manuscrite qui est en la bibliotheque de M. de Mesme, à l'endroit où il est parlé de la guerre d'entre le dauphin de Viennois et le comte de Savoye : *Le dauphin requist par lignage plusieurs de ses amis, qui petit lui firent d'aide.* Ce qui a fait dire à Pierre Damian [2] : *Plerique mox ut eis vis infertur injuriæ, ad indicenda protinus bella prosiliunt, armatorum cuneos instruunt, sicque hostes suos acrius forte quam læsi fuerant ulciscuntur.*

Quand je dis que tous les parens des chefs de guerre entroient en guerre avec lui, cela se doit entendre jusques au degré où la parenté finissoit. Anciennement, ainsi que Beaumanoir écrit, on se vengeoit par droit de guerre jusque au septiéme degré de parenté, parce qu'aprés ce degré la parenté estoit censée estre finie, l'Église ne souffrant pas les alliances par mariage, sinon au delà du septiéme. Mais depuis qu'elle s'est relâchée de cette rigueur, et qu'elle les a soufferts au delà du quatriéme, l'usage s'est aussi introduit que les parens qui passoient ce degré n'estoient et ne pouvoient estre compris dans la guerre, comme parens, quoy qu'en fait de successions ceux qui sont plus éloignez en degrez peussent heriter de leurs parens. D'où il conclut que ceux qui sous prétexte de la guerre attaquent les parens de leur ennemy plus éloignez en degré que le quatriéme, se rendent coupables, et se soûmettent à une punition rigoureuse. Gregoire de Tours [3] rapporte quelques exemples à l'égard des parens qui entroient en guerre, ou du moins qui s'interessoient en la vengeance du crime commis en la personne de leur parent, qui est une coûtume qui a passé dans les siecles suivans, où non seulement les nobles mais encore les roturiers se sont maintenus dans ce droit, ou plûtôt dans cette injuste pratique, comme on peut justifier par une infinité de passages d'auteurs. Ils y estoient memes tellement obligez, qu'ils ne pouvoient pas s'en dispenser sans renoncer à la parenté et se rendre par ce moyen incapables de succéder à aucuns de leurs parens, ou de profiter des amendes et des interests civils qui pouvoient arriver des assassinats commis en leurs personnes : ce qui est expressément remarqué ou plûtôt ordonné dans les loix d'Henry Ier du nom, roy d'Angleterre [4]. A quoy quelques sçavans rapportent encore le titre de la loy Salique *De eo qui se de parentilla tollere vult*, où les ceremonies de cét acte sont rapportées [5].

Mais parce qu'il arrivoit souvent que ceux du lignage, ou de la parenté, des chefs de la guerre n'avoient aucune nouvelle de son ouverture, et des défiances qui avoient esté portées, et ainsi estoient surpris par les ennemis de leurs parens, qui leur couroient sus, et les attaquoient avant qu'ils eussent eu avis des défis, l'on arrêta que ceux du lignage n'entreroient en guerre que quarante jours aprés la déclaration et les défiances qui en auroient esté faites, si cé n'estoit qu'ils eussent esté présens au fait, c'est à dire lorsque la guerre s'étoit ouverte par querelle et par voyes de fait. *Car cil qui sont au fet présens se doivent bien garder pour le fét, ne vers cix ne quiert nule trive devant qu'elle est prise par justice, ou par amis.* Mais à l'égard de ceux qui ne s'estoient pas trouvez présens à la mélée, ils avoient quarante jours de tréve, durant lesquels ils avoient le temps et la liberté d'entrer dans la guerre et de faire leurs préparatifs pour cét effet, ou bien de faire leurs

efforts pour rechercher asseurement, ou la tréve, ou la paix. De sorte que ceux qui au préjudice de ces quarante jours accordez aux parens les alloient attaquer, et leur faisoient outrage, soit en leurs personnes, soit en leurs biens, ils estoient traitez comme traitres, et comme tels, s'il y avoit eu quelqu'un de tué, ils estoient trainez et pendus, et leurs biens confisquez. Que s'il n'y avoit que quelque blessure il estoit condamné à tenir prison, et en une amende à la volonté du seigneur qui tient en baronnie. Bouteiller, en sa *Somme Rurale* [1], dit qu'on appelloit ce delay *la quarantaine du roy*; et écrit qu'elle fut ordonnée par saint Louys, qui commença par ce reglement à donner atteinte à cette espece de guerre, daulant que durant ce temps-là la plûpart des parens cherchoient des voyes pour s'en tirer. Philippes de Beaumanoir l'attribue à Philippe le Hardy, son fils. Il est neantmoins constant que saint Louys fut le premier qui l'ordonna, comme on peut encore recueillir des lettres du roy Jean de l'an mille trois cens cinquante-trois, dont je parleray cy-aprés, où la substance de l'ordonnance de saint Louys est rapportée en ces termes [2] : *Videlicet quod quotiescumque aliquæ discordiæ, rixæ, mesleiæ, aut delicta inter aliquos regnicolas in motus calidi conflictu, vel alias pensatis insidiis* (versio Gallica vetus habet, en caude mélée, ou par agait, et de fait apensé), *evenire contingebat, ex quibus nonnullæ occisiones, mutilationes, et aliæ injuriæ sæpissime accidebant, amici carnales hujusmodi mesleias facientium, aut delicta perpetrantium, in statu securo remanebant, et remanere debebant, a die conflictus, seu maleficii perpetrati, usque ad XL dies immediate continuos tunc sequentes, delinquentibus personis duntaxat exceptis, quæ propter eorum maleficia capi et arrestari poterant, tam dictis XL diebus durantibus, quam postea, et in justitiariorum carceribus mancipari, in quorum justitia dicta maleficia fuerant perpetrata, justitiam ibidem de suis maleficiis recepturi secundum delicti qualitatem, prout postulabat ordo juris. Et si interim infra terminum XL dierum prædictorum aliqui de parentela, progenie, consanguinitate, seu affinitate utriusque partium principalium delinquentium aliter quoquo modo facere præsumebat, pro hujusmodi causa vindictam assumere satagendo vel alias, exceptis malefactoribus prædictis, qui, prout fertur, capi et puniri poterant, prout casus exigebant, ipsi tamquam proditores, criminisque convicti, et ordinationum ac statutorum regiorum transgressores puniri et justitiari debebant, per judicem ordinarium sub cujus jurisdictione delicta existebant perpetrata, vel in loco in quo essent ab hujusmodi crimine convicti, seu etiam condemnati. Quæ quidem ordinationes adhuc in pluribus et diversis partibus regni nostri non immerito tenentur, etc.* Il paroit de cette ordonnance que les chefs de la guerre ne jouissoient pas de ce privilege des quarante jours, mais qu'ils entroient d'abord en guerre. Il en estoit de même des parens qui s'interessoient librement dans ces guerres avant ce temps-là, et qui se trouvoient avec armes avec les chefs de la guerre; et parce que cette ordonnance estoit emanée du roy, les juges royaux ont soûtenu autrefois que l'infraction de la quarantaine, même dans les terres des hauts justiciers, estoit un cas royal. Mais, au recit de Bouteiller, il fut jugé qu'il y avoit lieu de prevention en ce cas, et que si les officiers des hauts justiciers prevenoient ceux du roy, la connoissance leur en appartenoit, et ainsi, au contraire, à l'égard des officiers du roy. Il est parlé de cette quarantaine dans l'*Histoire des Évesques de Liege* [3], et *des Comtés de la Mark* [4].

Or parce que ceux du lignage et de la parenté des deux parties estoient compris dans la guerre, Philippes de Beaumanoir resout que deux freres germains ne se pouvoient faire guerre par coû-

---

[1] Fol. 304. — [2] L. 4, ep. 9. — [3] L. 5, Hist. c. 5, 33; L. 8, c. 18; L. 10, c. 27. — [4] C. 88. — [5] Wendelin. in Gloss. ad Leg. Salic. v. Alvinos fustes.

[1] L. 1, ch. 34. — [2] Registre de l'Hostel de Ville d'Amiens. — [3] Jo. Hocsem. in Adolpho à Marka Episc. Leod. c. 23. — [4] Levol. Nort. in Chron. Mark. A. 1356.

16.

tume, et en apporte cette raison, daulant que l'un et l'autre n'ont point de lignage qui ne soit commun à tous les deux, et que celuy qui attouche de parenté également les deux chefs de la guerre ne peut et ne doit s'y engager. De sorte que si deux freres estoient en different ensemble, et l'un d'eux méfaisoit à l'autre, il ne se pouvoit excuser sous pretexte du droit de guerre ; non plus que celuy des parens communs qui seroit engagé au secours de l'un d'eux pour lequel il auroit eu plus d'amitié ou d'inclination : si bien qu'en ce cas le seigneur devoit punir rigoureusement celuy qui avoit méfait à l'autre. Il en auroit esté autrement, dit le même auteur, de deux freres consanguins, ou uterins, entre lesquels il auroit pû arriver guerre, parce que l'un a des parens que l'autre n'a point. Mais quant aux parens communs, et qui approchent et attouchent également de parenté l'un et l'autre, ils pouvoient et même devoient s'excuser d'entrer en guerre.

Quoy que les parens eloignez fussent exclus, ou plûtôt dispensez, de la guerre, ils pouvoient neantmoins s'y engager de leur propre mouvement, en se déclarant pour l'une des deux parties : ce qui se faisoit ou par défis, ou par fait. Par exemple, dit Philippes de Beaumanoir, si quelqu'un alloit au secours et en la compagnie de l'une des parties avec armes ; ou s'il luy prétoit ses armes et ses chevaux, ou sa maison pour l'en aider à combattre son ennemy : en tel cas ce parent se mettroit et s'engageroit dans la guerre par son fait, et s'il luy arrivoit disgrace, ou méfait, celuy qui en seroit l'auteur auroit juste raison de s'en excuser par le droit de la guerre, quoy qu'il fust également parent des deux parties. D'où il conclut que celuy-là se mettoit dans la guerre qui alloit au secours de celuy qui faisoit la guerre, quoy qu'il ne luy eust appartenu en rien de parenté : *Car qui tant ayme les parties qui sont en guerre, qu'il se mette en s'aide et se compaignie, por grever ses ennemis, il se met en la guerre, tout soit ce qu'il ne leur appartienne de lignage.* La *Chronique des comtes de la Mark*[1] nous donne des exemples des défiances envoyées par des parens éloignez, qui confirment ce que Philippes de Beaumanoir écrit à ce sujet, et les auteurs en fournissent d'autres qui justifient que ceux qui entroient en guerre pouvoient encore tirer du secours de leurs alliez ; ce qui se faisoit en suite des traittez d'alliance, et de ligue offensive et défensive, tels que sont ceux que les historiens des maisons de Vergy et d'Auvergne[2], M. de Boissieu[3], le P. Vigner[4], et autres auteurs nous representent.

Quoy que ceux qui s'estoient trouvez au fait qui avoit donné matiere à la guerre y fussent compris comme complices, sans autres défiances que celles qui se faisoient aux chefs de la querelle et à ceux qui avoient fait l'outrage et le méfait, tels complices neantmoins pouvoient se tirer de la guerre en faisant appeller l'ennemy en la justice du seigneur, pour en sa présence dénier avec serment d'avoir jamais consenti au méfait qui avoit donné sujet à la guerre, avec protestation de ne secourir directement ni indirectement sa partie ni ses amis. Et le serment estant fait, le seigneur le devoit asseurer en sa personne seulement, et il devoit demeurer en paix, si ce n'est que la partie adverse ne le voulust directement accuser du fait.

Entre ceux du lignage, les clercs, c'est à dire ceux qui estoient engagez dans les ordres ecclesiastiques, estoient exceptez, comme encore les religieux, les femmes, les enfans mineurs, et aussi les bâtards, si ce n'est qu'ils se missent dans la guerre par leur fait. On exceptoit encore ceux qui s'estoient mis dans les hospitaux et les maladeries, ceux qui au temps que la guerre s'estoit meuë estoient dans les terres d'outremer, ou en pelerinage éloigné, ou envoyez en terres étrangeres par le roy, ou pour le bien public ; parce qu'il auroit esté bien injuste que ceux qui estoient ainsi dans les voyages lointains pûssent estre attaquez ou tuez dans les lieux où ils se seroient trouvez, ou bien en faisant leurs voyages, avant qu'ils eussent rien sceu de la guerre ni des défiances, et ainsi il en seroit arrivé de grands inconveniens, qui n'auroient pas tant passé pour des vengeances que pour des insignes trahisons. Quant aux femmes que j'ay dit estre exemptes du droit de guerre, et ne devoir estre comprises entre les parens qui entroient necessairement dans la guerre, c'est parce que c'est un fait d'armes, dont elles ne sont pas capables. Ce qui nous ouvre la raison pourquoy les loix des Lombars[1] ne vouloient pas qu'elles pûssent profiter de l'amende et des interests civils qui estoient ordinairement accordez aux parens de ceux qui avoient esté assassinez ou tuez. Jusques-là même que si le mort n'avoit laissé que des filles, ces interests passoient aux parens à leur exclusion : *Quia filiæ ejus, eo quod fœmineo sexu esse probantur, non possunt ipsam faidam levare,* où ces termes, *levare faidam,* ne signifient rien autre chose que ce que nous disons lever l'amende, et les interests civils, dont on estoit convenu, ou qui avoient esté ordonnez par le juge. Le motif de cette loy est parce que les filles n'estant pas de condition à porter les armes comme les hommes, elles n'estoient pas en état de tirer la vengeance de l'injure ou du méfait commis en la personne de leurs parens, ni d'obliger ceux qui avoient fait l'attentat à payer des interests civils et l'amende, dont le fruit et le profit ne devoit et ne pouvoit passer qu'à ceux qui par la force des armes les contraignoient à venir à une composition legitime.

Outre ceux du lignage, et les amis qui se déclaroient volontairement pour l'une des deux parties, les vassaux et les sujets des chefs de guerre y estoient compris, et genéralement ceux qui estoient obligez d'aider et de secourir leurs seigneurs, *cix à qui il convient faire ayde par reson de signorage.* Tels sont les hommes de fief, les hostes acause de leurs hostises, les hommes de corps, qui estoient tenus de secourir leurs seigneurs lorsqu'ils estoient en guerre, quoy qu'ils ne leur eussent pas appartenu de parenté. De sorte que tant qu'ils estoient à la suite et au secours de leurs seigneurs, ils estoient censez estre en guerre ; mais lorsqu'ils estoient retournez en leurs maisons, on ne pouvoit pas les attaquer, ni trouver mauvais qu'ils eussent porté les armes pour lui, veu qu'en ces occasions ils s'estoient acquitez des devoirs ausquels la qualité de vassaux et de sujets les obligeoit envers leurs seigneurs. Cecy est exprimé en divers endroits de nos histoires, et particulierement dans les anciennes *Coûtumes du monastere de la Réole* en Güienne[2], qui portent que les vassaux et les hommes de Taurignac, de Saint-Michel, et de Guarzac estoient obligez de venir au secours du prieur, lorsqu'il auroit guerre en son nom, à raison des fiefs qu'ils possédoient dans l'enceinte de la ville.

Ce seroit icy le lieu de parler des fiefs *rendables et jurables,* dont les possesseurs estoient obligez de rendre et de remettre leurs châteaux et leurs forteresses au pouvoir de leurs seigneurs, pour s'en servir contre leurs ennemis dans leurs guerres propres. On pourroit aussi traitter en cét endroit du droit *d'host et de chevauchée,* auquel les vassaux et les sujets estoient tenus durant les guerres de leurs seigneurs, et des diverses conditions de ces droits. Mais ces matieres sont de trop longue haleine, et contiennent trop d'antiquitez pour estre renfermées en cette Dissertation. Je reserve seulement de traitter des fiefs rendables et jurables en la suivante, parce que c'est un sujet assez curieux.

---

[1] Levold, Nort. A. 1303, 1344. — [2] L. 5, c. 2 ; M. Justel, en l'Hist. d'Auvergne, p. 162. — [3] De l'Usage des Fiefs, c. 11. — [4] Aux Gen. d'Alsace, p. 146.

[1] L. I, tit. 9, § 18. — [2] Tom. 2 Bibl. Labbei.

Ceux qui estoient à la solde des deux parties estoient aussi censez estre en guerre tandis qu'ils estoient à leur suite et en leur compagnie, et lorsqu'ils en estoient partis ils estoient hors de la guerre, et on ne pouvoit leur méfaire ni leur courir sus avec justice et sans encourir le blâme.

Encore bien que les gentils-hommes eussent le droit de guerre, si est-ce qu'ils ne pouvoient pas attaquer par cette voye le seigneur duquel ils relevoient, ni le défier ; et s'ils en usoient autrement, ils confisquoient leurs fiefs, particulierement si le seigneur qui estoit appellé de trahison ou de meurtre offroit de s'en deffendre par les voyes de la justice et devant ses pairs[1].

Après avoir traitté de ceux qui entroient en guerre, pour suivre l'ordre que j'ay établi au commencement, il ne reste plus que de voir quelles ont esté les voyes pour la faire finir. Philippes de Beaumanoir en rapporte plusieurs, dont la premiere est la paix. Lorsque la paix estoit faite, signée, et asseurée sous de bonnes cautions et sous de bons pleges, tous ceux qui estoient en la guerre, tant les chefs que les parens et les amis, estoient obligez de la garder. Il n'estoit pas même necessaire que tous les parens et les amis des deux partis qui estoient de la guerre eussent esté présens à la conclusion et à l'arrété de la paix : il suffisoit qu'elle eust esté faite et signée par les deux chefs de la guerre. Que s'il y avoit quelqu'un des parens qui ne voulust pas y donner son consentement et l'accorder, le chef de la guerre au secours duquel il estoit devoit avertir l'autre et lui mander qu'il se donnât de garde de lui, et cét avertissement estoit tellement necessaire, que s'il en fust arrivé inconvenient, ou méfait, il pouvoit estre poursuivi *de paix brisée*. Les chefs de la guerre devoient encore faire en sorte que leurs parens et leurs amis s'abstinssent de tout acte d'hostilité, en leur donnant avis de la conclusion de la paix. Car ce n'auroit pas esté une excuse de dire qu'on n'en auroit pas eu d'avis. D'autre part, ceux qui avoient declaré qu'ils ne vouloient pas entrer en la paix ne pouvoient estre aydez ou secourus par ceux qui avoient fait la paix, ou ceux du lignage qui estoient en la guerre, si ce n'est qu'ils eussent pareillement fait sçavoir à l'autre partie qu'ils ne desiroient pas entrer en cette paix ; autrement on les auroit pû accuser de bris et d'infraction de paix.

Or, la paix se faisoit en trois manieres, sçavoir *par fait et par paroles*, *par fait sans paroles*, ou *par paroles sans fait* : ce qui est ainsi expliqué par Philippes de Beaumanoir. Celuy-là faisoit la paix par fait et par paroles qui mangeoit et beuvoit ou se trouvoit en compagnie avec celuy qui estoit son ennemy, et avec qui il estoit en guerre. De sorte que si après cela il arrivoit qu'il l'attaquât par voye de fait, ou lui fist outrage, il pouvoit estre mis en justice comme traître et pour avoir brisé la paix. Celuy-là faisoit la paix par paroles sans fait qui en présence de ses amis et d'autres personnes d'honneur, ou même devant les juges, declaroit qu'il estoit en paix avec son ennemy, et qu'il la vouloit garder à l'avenir. Ceux qui estoient en paix par fait sans paroles estoient les parens ou ceux qui estoient du lignage des chefs de la guerre qui avoient fait la paix, et qui n'avoient fait aucun mandement ni défiance, mais alloient et conversoient avec ceux qui estoient auparavant leurs ennemis : car ils faisoient assez voir par effet qu'il n'y avoit pas lieu de se garder d'eux, puisqu'ils paroissoient aux yeux d'un chacun pour amis.

Les traittez de paix qui se faisoient pour terminer la guerre par coûtume estoient ordinairement emologuez et enregistrez aux registres des justices des seigneurs dominans. Du moins j'en ay rencontré un qui est inseré dans un registre de la Chambre des Comptes

de Paris[1], contenant les arrests et les jugements rendus en l'an mille deux cens quatre-vingts huit aux grands jours de Troyes, où présidoient pour lors l'évesque de Senlis, maitre Gilles Lambert, monseigneur Guillaume, seigneur de Grancey, et Gilles de Compiegne : et parce que cette piece nous représente la formule de ces traittez, je ne feray pas de difficulté de la donner entiere, sous le titre de *Ballivia de Vitriaco*. *C'est la paix de Raolin d'Argées, et de ses enfans, et de leur lignage, d'une part : et de l'Hermite de Sethenai, et de ses enfans, et de leur lignage, et de totes ses aidans, d'autre part, apportée en la cour de Champagne. Li Hermite jura sur sains li vuitiesme de ses amis, que bien ne li fu de la mort de Raolin d'Argées, ains l'en pesa plus, que biau ne l'en fu : et a doné li Hermite cent livres as amis Raolin le mort pour faire une chappelle, où l'en chantera pour l'ame dou mort : et en doit aler Girard li fils l'Hermite outre mer, et movoir dedans les octaves de la Saint-Remi, et revenir quand il voudra : mais que il aport lettres que il ait esté outremer par le tesmoing de bones gens ; et parmi ce fait, il est boune pais des enfants Raolin d'Argées, et de leur lignage, et de tous leurs aidans d'autre part, et requerent li enfant Raolin à la court, que se li enfant l'Hermite, ou li ami requerent lettres de tesmoignage à la court, que la cour leur doint ; et cette pais ont rapportée li chastelains de Bar, et li sires de Noroie, et messire Gauchier de Cornay, seir qui lesdites parties se mistrent, si com il dient ; et ceste pais la court a recheué, et fait enregistrer, sauf le droit le roy et l'autrui.*

La seconde[2] ou plûtôt la quatriéme maniere de faire cesser la guerre qui se faisoit par coûtume estoit l'asseurement. Le seigneur dominant, ou le roy, commandant aux parties chefs de la guerre de s'asseurer reciproquement, ce qui se faisoit de la sorte : l'une des parties qui ne vouloit pas entrer en guerre, ou qui y estant entrée, parce qu'elle estoit la plus foible, en vouloit sortir, s'adressoit à son seigneur, ou à sa justice, et requeroit que sa partie avec laquelle elle estoit en guerre, ou estoit prest d'y entrer, eust à lui donner asseurement, c'est à dire asseurance qu'il ne luy seroit fait aucun tort, ni en sa personne, ni en ses biens, se remettant au surplus du différent qui avoit causé la guerre à ce que la justice de son seigneur en decideroit. Ce que le seigneur ou sa justice ne pouvoit refuser ; et alors il enjoignoit à son vassal de donner asseurement à sa partie, laquelle estoit obligée de le faire observer par ceux de sa parenté ou de son lignage : en sorte que si l'asseurement venoit à estre enfraint ou brisé, celuy qui l'avoit enfraint et celuy qui l'avoit donné, quoy qu'il fust constant qu'il n'eust pas esté présent au fait, pouvoient estre traduits en la justice du seigneur pour bris, ce qui n'estoit pas de la tréve, de l'infraction de laquelle celuy seul qui l'avoit brisée estoit responsable. Ce qui a fait dire à Philippes de Beaumanoir, que quoy que le lien de la paix qui a esté traittée par les amis communs, ou qui a esté faite par autorité de la justice, soit bon et soit fort, neantmoins le lien d'asseurement est encore plus puissant et plus assûré. L'asseurement différoit de la tréve en ce que *la tréve est une chose qui donne seureté de la guerre el tans que elle dure* ; et l'asseurement aussi bien que la paix estoit pour toujours. Il différoit encore de la paix et de la tréve, en ce que le seigneur pouvoit contraindre ses deux vassaux chefs de la guerre à faire la paix et à accorder la tréve, *més de l'asseurement se devoit-il souffrir, se l'une des parties ne le requeroit*. Il est parlé dans les *Loix des Lombards*[3] des tréves enjointes par le ministere des juges. Il y a une ordonnance de saint Louys, donnée à Pontoise au mois d'octobre l'an mil deux cens quarante-cinq, par laquelle il enjoint à ses baillis, *quatenus de omnibus terris et fai-*

diis suæ bailliviæ ex parte regis capiant et dari faciant rectas treugas, jus faciendo ab instanti Nativitatis B. Joan. Bapt. in V. annos duraturas, sans attendre que les parties les requissent, voulant qu'elles fussent contraintes de les accepter : laquelle ordonnance se fit dans le dessein du voyage d'outremer, qui ne s'executa que trois ans aprés. En quoi il suivit l'exemple de nos premiers conquérans de la Terre Sainte, qui arréterent entre eux, et ensuite de ce qui en avoit esté ordonné au concile de Clermont, *ut pax (quæ verbo vulgari Treuga dicitur) ab omnibus observaretur illibata, ne ire volentibus et ad necessaria discurrere, ullum ministraretur impedimentum.* Ce sont les termes de l'archevesque de Tyr[1] au sujet de cette tréve, qui fut appelée la tréve de Dieu, comme ceux qui sont versez dans nos histoires scavent assez[2].

L'asseurement se demandoit au plus prochain du mort au dessus de quinze ans, s'il y avoit meurtre ou assassinat. S'il n'y avoit que quelque blessure, ou des coups donnez, il se demandoit à celui-là méme qui avoit esté blessé ou frappé. Que s'ils se détournoient ou s'absentoient pour ne pas consentir à la tréve, ou à l'asseurement, le seigneur les devoit faire appeler par quinzaines. Et d'autant qu'il pouvoit y avoir de peril dans les delais, il devoit envoyer des gardes sur celuy de qui on requeroit la tréve ou l'asseurement ; et si lors les delais expirez il ne vouloit pas comparoir en la cour de son seigneur, il estoit condamné au bannissement. Et alors on s'adressoit au plus prochain du lignage pour demander la tréve ou l'asseurement. Ce qui est encore exprimé dans les anciennes *Coûtumes de Tenremonde*[3]. Que si enfin celui-cy ne vouloit pas les accorder, le seigneur prenoit le different en sa main, et faisoit défenses aux uns et aux autres de se méfaire, à peine de confiscation de corps et de biens. Guillaume Guiart[4], en son *Histoire de France*, a représenté fort naïvement cét usage des asseuremens, en la *Vie de Philippes Auguste*, en ces vers :

> Cils[5] d'Angi, et cils de la Marche,
> Que[6], Jouhan orendroit emparche,
> Estoient pour s'amour aquerre,
> Guerroyer en estrange terre.
> Quant ils oient le mauvais fait
> Dont li rois Jouhan si ert mesfait,
> Qu'il ne doivent jamais amer,
> Au roy François s'en vont clamer,
> Pour Dieu li prient qu'il les oie.
> Phelippe au roy Jouhan envoie,
> Et li soupplie doucement
> Qu'aus comtes face amendement
> Du forfait dont se sont clamez,
> Si qu'il n'en soit plus diffamez ;
> Ou sans soi de droit reüser,
> Si viengne en sa cour escuser,
> Et pour avoir pais plus séure,
> Veut que les comtes asséure
> En chemin et en destournée.
> Cils li met certaine journée,
> D'estre en sa cour pour soi deffendre
> De ce dont l'en le veut reprendre,
> Sans faire l'asséurement,
> Com cil qui ne quiert purement
> Fors que leur pais soit fraite et quasse.
> Li rois de France fait la muse,
> Jouhan ne vient, nul ne l'escuse, etc.

Et plus bas :

> Au rois Jouhan tierce fois mande,
> Et par ses lettres li commande,
> Sellées de cire à gomme,
> Come à celui qui est son homme,
> Que vers les comtes face tant,
> Dont il se va entremettant,

> Que chascun apaié s'en tiengne ;
> Ou en sa cour plaidier en viengne,
> Et qu'il veüille asséurer,
> Ou se ce non, il peut jurer,
> Que li rois, qui en lui se fie,
> De lui et des siens le defie.

Que si ni l'un ni l'autre des deux chefs de guerre ne vouloient pas requerir ni demander tréve ou asseurement, le roy saint Louys par son édit ordonna que tous ceux qui tenoient leurs terres en baronnie, quand ils auroient avis des défiances, pourroient obliger les parties à donner tréve ou asseurement, sous les peines enoncées cy-dessus.

L'asseurement estoit reciproqué, c'est à dire que la seureté et la promesse de ne faire aucun méfait à sa partie, ainsi qu'il est porté en la *Coûtume de Bretagne*[1], soit de la part de celui qui la donnoit, et à qui on la demandoit, soit de la part de celui qui la requeroit. Et alors on expedioit des lettres et des actes souscrits des pleiges et des cautions, que les parties gardoient. En voicy un, tiré du *Cartulaire de Champagne* de la bibliotheque de M. de Thou[2] : *Ego Matthæus, dux Lothoringiæ et marchic, notum facio, etc., quod ego Agnetem de Novocastro et Petrum, filium ejus, assecuravi, nunquam in personas eorum manus violentas missurus, sed eos eadem libertate qua ante fruebantur gaudere permittam. Super quo obsides dominam meam B. comitissam Trecensem Palat. et D. meum Th. comitem Campaniæ, filium ipsius comitissæ, etc. Act. anno 1221.* Il y a au quatriéme volume des *Historiens de France*[3] un autre asseurement d'Henry II, roy d'Angleterre, où la seureté donnée est reciproque, avec promesse de faire la paix, qui seroit arrétée par ceux qui y sont nommez.

L'asseurement est une dépendance de la haute justice : en sorte que le bas justicier n'a pas droit de contraindre de donner tréve, ni de faire faire asseurement, comme Philippes de Beaumanoir écrit formellement. Ce qui est aussi specifié dans les *Coûtumes de Troyes*[4], *de Bar-le-Duc*[5], et *de Sens*[6]. Je n'approuverois pas toutefois, ajoute-t-il, que ceux qui se seroient accordé la tréve les uns aux autres devant un seigneur bas justicier, qui n'auroit pas le pouvoir de la recevoir, ou de l'ordonner, se hazardassent de la briser, ou l'asseurement : car les tréves et l'asseurement se peuvent donner sans l'entremise du seigneur ; et celui qui les auroit violez ou brisez ne seroit pas moins coupable, ni sujet à de moindres peines, que si les tréves et les asseuremens avoient esté ordonnez par le roy, *Car trives ou asseuremens se poent faire entre parties par paroles, tout sans justice*[7].

Comme donc il n'appartenoit qu'aux hauts justiciers de donner la tréve, ou l'asseurement, aussi la connoissance de l'infraction ou du bris qui s'en faisoit estoit pareillement de leur ressort. Les Etablissemens de saint Louys[8] : *Se einsinc estoit que uns home eust guerre à un autre, et il venist à la justice pour lui fere asseurer, puisque il le requiert, il doit fere jurer à celui de qui il se plaint, ou fiancer, que il ne li fera domage, ne il, ne li fieu ; et se il dedans ce, li fet domage, et il en puet estre prouvez, il en sera pendus : car ce est appelé trive enfrainte, qui est une des grans trahisons qui soit : et cette justice si est au baron.* Neantmoins je trouve que par arrest du mois de mars 1287[9] les majeurs et les eschevins d'Amiens furent maintenus en la connoissance du bris des asseuremens qui avoient esté faits devant eux, contre le bailly d'Amiens, qui soûtenoit que l'asseurement estoit des dépendances du meurtre, dont la jurisdiction ne leur appartenoit point, mais au roy.

---

[1] Will. Tyr. l. 1, c. 15. — [2] Alberic. 1095 ; Orderic. Vital. l. 9, et al. — [3] Art. 15, apud Lindan. in Teneren. l. 1, c. 9. — [4] MS. A. 1202. [tom. 1, p. 128, vers 2793, 2841.] — [5] C. d'Eu. — [6] R. d'Ang.

[1] Art. 669. — [2] Fol. 207. — [3] Tom. 4, p. 584. — [4] Art. 124. — [5] Art. 39. — [6] Art. 170, 171. — [7] Beauman. ch. 58. — [8] L. 1. — [9] Reg. des Chartes de l'Hostel de Ville d'Amiens, fol. 34.

Or, la tréve ou l'asseurement ne se brisoient pas par un différent survenu de nouveau , et qui n'avoit rien de commun avec le premier sur lequel la tréve ou l'asseurement avoient esté donnez. Ce qui se doit entendre entre ceux du lignage des deux parties qui ne se fiancerent pas la tréve ou l'asseurement. Car ceux qui directement, et en leurs personnes, avoient donné la tréve et l'asseurement ne pouvoient entrer en guerre sans encourir la peine du bris et de l'infraction de l'une et l'autre. Mais ils estoient obligez de se pourvoir par les voyes de la justice. Les *Assises de Champagne*, en l'an 1297 [1] : *Dicebat quod postquam a dicto milite fuerat assecuratus, dictus miles eum cum armis invaserat, et crudeliter vulneraverat, etc. Quare dictus Clericus petebat apponi sibi remedium opportunum, et quædam emenda competens sibi fieret de excessu memorato, etc.* Toute la matiere des asseuremens est traittée fort au long par Bouteiller, en sa *Somme rurale*, dans quelques coûtumes [2], et particulierement dans les *Usages* manuscrits *de la cité d'Amiens*, dont l'extrait mérite d'estre icy inseré : *Se mellée ou maneches ont esté entre les jurez , li maires à la requeste de chiaus qui se doutent , ou sans leur requeste, se li maires doute k'il y ait peril, il fera l'une partie et l'autre asseurer, et tuit chil qui on ara fait le lait autresi. Et li un et li autre feront asseurement plain d'aus et des leur à chiaus, et à leur pourche, qui sunt du contens kief. Mais s'il avenoit que l'une des parties desist, ou les deux parties, qui ne vausissent asseurer de lui ne des siens, pour le peril d'aucun de son lignage, qui ne fust mie en le vile, ou qui fust clercs, ou croisiez, qui ne peust mettre en l'asseurement , il asseuroit tantost plainement, fors de ses amis forains , et des clercs et des croisiez , et donroit un jour suffisant de nommer par nom et par seurnom les clercs et les croisiez, et les forains, et chiaus qui ne porroit mettre en l'asseurance, et sen seroit creable par son sairement k'il en feroit son pooir, sans le sien donner, et à chu pour les converra par nom et par seurnom nommer, et les mettre hors, et en sera hors de l'asseurement, et de chu peril, et tous chu lignages k'il i ara mis en l'asseurement , i seront , et ceus k'il ara mis hors, n'en seront mie. Derekief, quiconques ait asseuré plainement autrui lui et les siens, de lui et des siens, sans mettre ne cler ne croisié hors, et aprés en veulle mettre les clercs et les croisiez hors, il ne porra nul mettre hors. Derekief aucuns estranges ou forains a mellée ne contens à ciax de le vile, et il vient, ou soit atains en le vile, li maires le doit contraindre et retenir tant k'il ait fait aseurement envers celui à qui il a contens, et s'il i a eu caup feru, ne menaches, li maires le tenra tant k'il ait asseuré plainement de lui et des siens, et tant con li païs et le banlieuë s'estent, ne ne porra les forains mettre hors, fors les clercs et les croisiez, et quemandera li maires à son juré faire autre tel aseurement. Derekief, s'aucuns a asseuré, et l'autre partie ne soit mie de le vile, et ne veulle mie aseurer, le partie qui aseure puet requere au majeur k'il soit quite de l'aseurement , puisque cil ne veut mie aseurer. Li maires doit l'aseurement restraindre et r'apeler dusques à che que l'autre partie ait aseuré. Derekief, se li maires quemande aucun à tenir pais, ou à aseurer chelui sans plus de lui sans plus, nus n'est en peril de l'aseurement, se chil meimes ses cors non, et s'i ne fourfait proprement au cors celui, et s'il li mesfaisoit , n'enfraignoit l'aseurement et atains en estoit, on abatroit se maison, ne ne soufferroit on à demourer en le vile duc à tant k'il aroit paié 60 livres, 30 l. à le quemungne, et 30 l. au roi. Derekief, quiconques ait asseuré plainement autrui de lui et des siens, celui et les siens, et se chil qui a aseuré mesfaisoit à nullui de sen lignage, puis k'i les a mis en l'asseurement, on abatroit se maison*

pour l'aseurement k'il arait enfraint, et payera d'amende 60 l. 30 l. au roy, et 30 l. à le quemugne. Et puis k'il ara fait gré à le vile et au roy, il ara sa teneure, et s'il avenoit k'il ne fust mie tenus, il sera bannis de le vile et de la banlieuë de le Chité d'Amiens , dusques à che k'il ara payé che ki devera, et fait gré, et puis r'ara sa teneur. Derekief, se li homes et le feme tant come il sunt ensemble, et leur biens de kemun, li uns ne puet ne ne doit estre asseurez de l'autre. Derekief, s'aucuns a fait à feme aucun fourfait, dont il se doute à lui et as siens, s'ele s'en veut clamer à le justiche, si en ara plain droit, Et feme ne puet aseurer de lui, ne des siens, sans son baron présent. Derekief quiconques ait aseuré de lui plainement de lui et des siens , se feme est en l'aseurement aveuc lui, car li hom est chiez de se feme, et quiconques soit aseurez plainement il et li sien, se feme est aussi en l'aseurement, et est aussi aseurée en l'esgart de l'aseurement. Derekief, aseüremens n'et enfrais, se par ire faite, n'i a eu caus ferus, ou jetez, ou atains, ou mis mains l'un à l'autre. Derekief, puisque chil qui est aseurez fait pais à chelui qui l'a aseuré li aseuremens est cheus plainement. Derekief, puisque chil qui a asseuré, manguë et boit aveuc celui k'il a asseuré, li aseuremens est plainement cheus, et jus mis. ——

La troisiéme maniere de finir la guerre, au rapport de Beaumanoir, estoit quand les parties plaidoient encore par gage de bataille, d'un fait pour lequel ils pouvoient estre en guerre, c'est à dire lorsqu'elles s'estoient pourvuës devant la justice du seigneur, et que le juge avoit ordonné que l'affaire se décideroit par le duel. Car on ne pouvoit pas légitimement tirer la vengeance de l'outrage que l'on avoit reçu de son ennemy par la voye de la guerre, *et par droit de court*, c'est à dire par la voye de la justice. Quand donc la plainte de la querelle avoit esté portée devant la justice du seigneur, le seigneur devoit prendre la guerre en sa main, et défendre aux parties de se méfaire les uns aux autres , et puis leur faire droit, et leur rendre justice.

La quatriéme et derniere maniere de finir la guerre estoit lorsque la vengeance avoit esté prise du crime, ou du méfait, par la justice, pour laquelle la guerre avoit esté entreprise. Par exemple si celuy qui avoit tué un autre estoit apprehendé par la justice, et avoit esté condamné à mort par les formes ordinaires, en ce cas les parens et les amis du mort ne pouvoient pas tenir en guerre les parens de celuy qui avoit commis l'outrage ou le crime.

L'on voit assez par ce que je viens de remarquer, que l'usage de la guerre par coûtume avoit esté non seulement en pratique sous nos premiers Gaulois, mais encore avoit esté retenu par les François, qui leur succéderent, et genéralement par tous les peuples septentrionaux, qui avec le temps s'établirent si puissamment dans les provinces et les terres qu'ils conquirent dans l'empire d'Occident, qu'on a eu bien de la peine à y donner atteinte, et à l'abolir entierement. Cependant cette faculté de se faire ainsi la guerre est contraire au droit des gens, qui ne souffre pas qu'aucun autre ait le pouvoir de déclarer et de faire la guerre , que les princes et les souverains, qui ne reconnoissent personne au dessus d'eux. Qu'il est méme entierement opposé aux maximes chrétiennes, qui veulent qu'on laisse la vengeance des injures à Dieu seul, ou aux juges qui sont établis pour les punir [1] : *Quid enim magis Christianæ legi videtur esse contrarium, quam redhibitio læsionum ?* On n'a pû toutefois y donner atteinte qu'avec beaucoup de peine, et dans la suite du temps : parce ce qu'il sembloit estre établi sur des privileges qui avoient esté accordez aux nobles en consideration des services qu'ils avoient rendus à la conquéte des terres

---

[1] L. 1. ch. 34. — [2] Voyez Ragueau.

[1] Petr. Damian. l. 4, ep. 9.

étrangeres, comme s'ils avoient dû entrer en partage des droits de la souveraineté avec les princes sous les enseignes desquels ils avoient remporté conjointement tant de victoires. Neantmoins, nous lisons que nos rois ont souvent fait leurs efforts pour en abolir la pratique, soit que ces guerres particulieres fissent bréche à leur autorité, ou pource qu'elles causoient trop de divisions dans les peuples, chacun se donnant la liberté de tirer la vengeance des outrages qui avoient esté faits en leurs personnes, et celle de leurs parens, sans y apporter la modération qui estoit requise en telles occasions. Charlemagne [1], qui travailla puissamment à les éteindre, se plaint de ces désordres, qui s'estoient introduits dans ses États, en ces termes : *Nescimus qua pernoxia inventione a nonnullis usurpatum est, ut hi qui nullo ministerio publico fulciuntur, propter sua odia et diversissimas voluntates pessimas, indebitum sibi usurpant, in vindicandis proximis et interficiendis hominibus, vindictæ ministerium : et quod rex saltem in uno exercere debuerat propter terrorem multorum, ipsi impudenter in multis perpetrare non metuunt propter privatum odium : et putant sibi licere ob inimicitiarum vindictas, quod nolunt ut rex faciat propter Dei vindictam.*

Ce fut donc cét empereur qui le premier tâcha d'arrêter ces désordres par ses constitutions, qui se lisent dans les *Capitulaires* [2], et dans les *Loix des Lombards* [3], par lesquelles il ordonna que les comtes et les juges seroient tenus de pacifier les différents qui survenoient en leurs comtez, et d'oster les occasions de division et de guerre entre ses sujets, obligeant les criminels de payer les interests civils aux parties mal-traittées et de leur imposer la paix, et de leur faire faire serment de la garder, enjoignant aux mémes juges de condamner au bannissement ceux qui ne voudroient pas déferer à leurs ordres. Charles le Chauve [4] fit de semblables édits à l'exemple de son ayeul : et Edmond [5], roy d'Angleterre, estimant qu'il estoit de la prudence des rois d'éteindre ces inimitiez capitales entre les familles, *prudentium esse faidas compescere*, voulut qu'avant qu'elles entrassent en guerre, celuy qui avoit commis l'attentat et le méfait offrist d'abord aux offensez, ou à leurs parens, de reparer l'injure et de payer les interests civils, afin de couper par ce moyen le mal à la racine. A l'imitation de ces princes, Frederic I, empereur [6], voulut que tous ses vassaux, de quelque condition qu'ils fussent, observassent la paix entre eux, et que s'il leur survenoit quelque différent, il fust terminé par les voyes de la justice : ce qu'il ordonna sous de grandes amendes. Frederic II fit de semblables prohibitions, qui se lisent dans les *Constitutions de la Sicile* [7], défendant à tous ses sujets de se venger de leur propre autorité des injures et des excez qui auroient esté commis en leurs personnes, soit par voie de presailles ou de represailles, soit par les voies de fait, et par la guerre : les obligeant d'en rechercher la reparation dans l'ordre de la justice, ce qu'il enjoignit aux comtes, aux barons, et aux chevaliers d'observer, sous peine de la vie.

Ces rigueurs et ces menaces des souverains ne pûrent pas toutefois arrêter le cours d'un mal si invétéré, et d'autant plus, comme j'ay remarqué, que les gentils-hommes estoient si jaloux de ce droit, comme d'une marque ou plûtôt d'une participation de l'autorité souveraine, qu'ils n'ont jamais pû consentir à son aneantissement : au contraire, ils se sont fortement opposez lorsque les rois y ont voulu donner quelque atteinte, et mémes se sont soúlevez. C'est pour cela qu'en l'an mil cent quatre-vingts quatorze le traité de la tréve qui avoit esté arrétée entre le roi Philippes Auguste et Richard, roy d'Angleterre, fut rompu [1], parce que le roy de France vouloit que tous ceux qui avoient pris le party de l'un ou de l'autre y fussent compris, sans qu'il leur fust loisible de se mesfaire les uns les autres, ni de se faire la guerre en leur particulier, ce que Richard ne voulut pas accepter, *quia videlicet violare nolebat consuetudines et leges Pictaviæ, vel aliarum terrarum suarum, in quibus consuetum erat ab antiquo ut magnates causas proprias invicem allegarent.* Ce qui fait voir que Richard ne vouloit pas s'attirer la noblesse, en faisant bréche à ses privileges.

Comme donc il n'estoit pas entierement au pouvoir des rois et des souverains d'oster ces abus, acause des interésts des barons et des gentils-hommes, qui composoient la force et la plus illustre partie de leurs Etats, on se contenta d'abord de reprimer les desordres et les inconveniens de ces guerres particulieres, dont les principaux estoient les meurtres, les vols, les pilleries, et les incendies qui se commettoient sous ce prétexte. C'est la plainte que Guibert [2], abbé de Nogent, fait au sujet de ces desordres, qui estoient de son temps, et avant que nos François entreprissent les voyages de la Terre-Sainte : *Erat eo tempore, antequam gentium fieret tanta profectio, maximis ad invicem hostilitatibus toties Francorum regni facta perturbatio : crebra ubique latrocinia, viarum obsessio passim audiebantur; imo fiebant incendia infinita : nullis, præter sola et indomita cupiditate, existentibus causis exstruebantur prælia, et ut brevi totum claudam, quidquid obtutibus cupidorum subjacebat nusquam attendendo cujus esset, prædæ patebat.*

Il estoit donc important d'en arrêter le cours : c'est ce qui fut premierement ordonné au concile de Clermont, en l'an mil quatrevingts quinze, puis en celui tenu à Troies en Champagne par le pape Paschal, l'an mil cent sept : *In quo decrevit, ut per nullam guerram incendia domorum fierent, nec oves aut agni raperentur,* ainsi que nous apprenons des *Chroniques de Maillezais, et de Saint-Aubin d'Angers* [3]. Ce qui fut encore reïteré au concile tenu à Rome [4] l'an 1139 et en celuy qui fut tenu à Reims [5] l'an 1148, d'où je me persuade que ce fut en consequence de ces decrets que les comtes de Flandres firent des défenses tres-étroites, dans l'étenduë de leurs terres, de faire aucun vol ni de semblables attentats durant les guerres particulieres. Gautier, chanoine de Teroüane [6], en fait la remarque en ces termes : *Ab antiquo enim a comitibus terræ nostræ statutum, et hactenus quasi pro lege est observatum, ut quantacunque inter quoslibet homines guerra emergeret, nemo in Flandria quidquam prædari, vel aliquam capere aut exspoliare, præsumeret.*

Il estoit neantmoins permis d'attaquer, de renverser, et méme de brûler les forteresses des ennemis, ces défenses ne regardans que les maisons particulieres. Ce qui est assez expliqué dans la constitution de l'empereur Frederic Ier de l'an mil cent quatrevingts sept, qui se lit dans Conrad, abbé d'Usperge : *Si liber homo ingenuus, ministerialis, vel cujuscumque conditionis fuerit, incendium commiserit pro guerra propria, pro amico, pro parente, vel causæ cujuspiam alterius occasione, de sententia et judicio proscriptioni statim subjectus habeatur. Hic excipiuntur si qui forte manifesta guerra castra manifeste capiunt, et si qua ibi suburbia, aut stabula, aliave tuguria præjacent, igne succendunt.* Je crois qu'il faut rapporter à ce sujet l'ordonnance de Guy, comte de Nevers et de Forest, et de la comtesse Mahaut, sa femme, de l'an mil deux cens quarante, que j'ay leuë dans les memoires de M. de Peiresc : par laquelle ils font défense à leurs sujets : *ne quis aliqua occasione,*

---

[1] Capit. Car. M. 1. 5, § 180. — [2] Capit. Car. M. 1. 4, § 17. — [3] Lib. I, tit. 9, § 34. — [4] Capit. tit. 34, § 10. — [5] Apud Spelm, v. *Faida.* — [6] Radevic. 1. 4, c. 7. — [7] L. 1, t. 8.

[1] Rog. Hoved. p. 741. — [2] L. 1. Hist. Hier. c. 7. — [3] Orderic. 1. 9; Alber. etc.; Chr. Mall. A. 1107; Chr. S. Alb. — [4] Conc. Rom. c. 18. — [5] Ibid. c. 11. — [6] In vita S. Caroli, c. 19.

vel malignitate, in Nivernensi, Autisiodorensi, et Tornodorensi comitatibus, nec infra terminos dictorum comitatuum audeat, vel præsumat de cætero domum diruere, vel incendium perpetrare, sous la peine de hannissement. Il excepte toutefois toutes les forteresses : *Forteritiæ ab hac institutione excipiuntur.* Ce qui fait voir que cette ordonnance fut faite à l'occasion des guerres particulieres ; car comme il estoit permis d'assieger et de prendre les forteresses des ennemis, il estoit aussi loisible de les brûler, autrement s'il y eust eu liberté d'abatre et de brûler indifferemment toutes les maisons de ceux qui estoient en la guerre des deux partis, la campagne eust esté bien-tôt deserte.

Saint Louys, le plus pieux et le plus saint de nos rois, fut celui qui travailla le plus serieusement à abolir absolument l'usage de ces guerres par coûtume, qui estoient si funestes au royaume, que la liberté du commerce, du labourage et des chemins estoit pour le plus souvent ostée. Car non seulement il fit cette belle ordonnance touchant la quarantaine, dont j'ay parlé cy-devant, mais encore il en fit une autre, par laquelle il interdit entierement cette espece de guerre dans l'étenduë de ses Etats. Voicy comme il en parle en l'acte suivant, qui est tiré des registres du parlement [1] : *Ludovicus, etc., universis regni fidelibus in Aniciensi diœcesi et feodis Aniciensis Ecclesiæ constitutis, sal. Noveritis nos deliberato consilio guerras omnes inhibuisse in regno, et incendia, et carrucarum perturbationem. Unde vobis districte præcipiendo mandamus, ne contra dictam inhibitionem nostram guerras aliquas, vel incendia faciatis, vel agricolas qui serviunt carrucis, seu aratris, disturbetis : quod si secus facere præsumpseritis, damus senescallo nostro in mandatis, ut fidelem et dilectum nostrum G. Aniciensem electum juvet fideliter et attente ad pacem in terra sua tenendam, et fractores pacis, prout culpa cujuscumque exigit, puniendos. Actum apud Sanctum-Germanum in Laya, A. D. 1257 mense Januar.* Ce fut probablement en consequence de cette ordonnance, et d'autres semblables des rois successeurs de ce prince, que les gens du roy poursuivirent Odoard, seigneur de Montagu, et Erard de Saint-Verain, gentils-hommes de Ninervois [2], par emprisonnement de leurs personnes, pour avoir assigné et executé une bataille le jour de Saint-Denys l'an mil trois cens huit, en laquelle se trouverent Dreux de Mello, Miles de Noyers, et le dauphin d'Auvergne.

Mais comme ces deffenses ne firent qu'irriter la noblesse, toujours jalouse de ses privileges, le roy Philippes le Bel se trouva obligé de les renouveller plus d'une fois, nonobstant la resistance des barons ; et particulierement en l'an mille trois cens onze, et parce que cette ordonnance est singuliere, et qu'elle n'a pas encore esté publiée, j'estime qu'il est à propos de l'inserer en cét endroit : *Philippus D. G. Francorum rex, Veromand. Ambian. et Silvanect. baillivis et justitiariis nostris, sal. Cum in aliquibus partibus regni nostri subditi nostri sibi dicant licere guerras facere, ex consuetudine, quam allegant, quæ dicenda est potius corruptela, ne temporibus istis pax et quies publica nostri regni eo prætextu turbetur, cum multa damna inde pervenerint, et in periculum reipublicæ pejora sperentur, nisi provideretur de remedio opportuno, omnes guerras hujusmodi, tam ex casibus præteritis quam pendentibus et futuris ; omnibus et singulis subditis nostris prohibemus, sub pœna corporis et bonorum, quam ipso facto volumus incurrere, si contra faciant, cujuscumque status aut conditionis existant ; quam prohibitionem facimus, quousque super his fuerit ordinatum. Prohibemus insuper in partibus et patriis supradictis, sicut in aliis, in quibus consuetudo seu corruptela non fuit, omnes portationes ar-*

morum, et convocationes hominum armorum, sub pœna contenta in alia constitutione nuper per nos edita super istis, quam constitutionem in præsenti prohibitione per vos senescallos et baillivos omnibus baronibus, nobilibus, et aliis subditis nostris senescalliarum et bailliviarum ipsarum, vel earum ressorti publicari præcipimus, ne possint ignorantiam allegare. Dat. Pissiaci, penult. die decemb., An. D. 1311. Trois ans aprés, le même roy reïtera ces deffenses sous pretexte des guerres qu'il avoit contre les Flamens, parce que ses vassaux estant occupez à se faire la guerre les uns aux autres n'auroient pû se trouver en ses armées. Cette seconde ordonnance se voit au premier registre [1] dés Memoriaux de la Chambre des Comptes de Paris, qui m'a esté communiqué par M. d'Herouval : *Philippes, par la grace de Dieu roys de France, à tous les justiciers du royaume ausquiex ces presentes lettres verront, salut. Comme nous, ou temps de nos guerres de Gascongne et de Flandres toutes manieres de guerres, entre toutes manieres de gens, quelque estat et condition que il soient, eussions deffendu et fait deffendre par cry solemnel, et tous gages de bataille avec ce, et aprés que nosdites guerres furent finées plusieurs personnes se soient avanciées de guerre faire entre eus, si comme nous entendons, et maintenant li cuens et li gens de Flandres en venant contre la paix derraine faite entre nous et eus, nous facent guerre ouverte, Nous pour ladite guerre, et pour autres justes causes, defendons sus peines de cors et d'avoir, que durant nostredite guerre nul ne face guerre, ne portement d'armes l'un contre l'autre en nostre royaume, et commandons que tuit gages de bataille soient tenus en souspens, tant comme il nous plaira. Si vous mandons, etc. Donné à Paris, le lundy aprés la Magdelaine l'an 1314.*

La restriction que Philippes le Bel aporte en la premiere de ces deux ordonnances, *quam prohibitionem facimus, quousque super his plenius fuerit ordinatum*, monstre qu'il ne vouloit pas oster entierement ce droit aux gentils-hommes, et sans esperance de le leur remettre en un temps plus commode et plus calme. Mais la noblesse françoise s'estant soûlevée vers ce temps-là, sous pretexte des entreprises des officiers du roy sur leurs franchises et leurs privileges, elle présenta ses articles contenant ses plaintes sur ce sujet, qui furent répondus et apostillez par le roy au mois d'avril l'an mil trois cens quinze. Entre les articles des plaintes des nobles du duché de Bourgogne, des dioceses de Langres et d'Authun, et du comté de Forests, le sixiéme est conceu en ces termes : *Li dit noble puissent et doient user des armes quant lour plaira, et que il puissent guerroier et contregager.* Sur lequel le roy leur accorde les armes et la guerre en la maniere qu'ils en ont usé, et promet de faire faire enquête aux pays comment ils ont accoûtumé d'en user anciennement. Puis il ajoûte : *Et se de guerre ouverte li uns avoit pris sur l'autre, il ne seroient tenu de rendre, ne de recroire, se puis la deffense, que nous sur ce leur auriains fete, ne l'avoient prins.* Guy Coquille a parlé de cette plainte en l'*Histoire de Nivernois* [2]. Quand le roy se sert de ces termes, *ainsi qu'ils ont accoûtumé d'en user*, il semble indiquer que les usages de cette espece de guerre estoient differens. En effet, je remarque que Henry, roy d'Angleterre [3], par ses lettres données à Londres le vingt et uniéme jour d'avril l'an mil deux cens soixante-trois, reconnoist que Raymond, vicomte de Turenne, avoit droit de faire la guerre, mais à ceux seulement qui ne relevoient point de sa couronne, cette restriction estant particuliere : *Et similiter quod si aliquis extra nostram potestatem existens cum armis cum impetierit, cum armis se et terram suam deffendere possit, et si necesse fuerit, impetere.* A quoy l'on peut rapporter ce

---

[1] Olim. fol. 28. — [2] G. Coquille en l'Hist. de Niver. p. 122.

[1] Fol. 61. — [2] P. 122. — [3] M. Justel, aux Preuves de l'Hist. de Tur. p. 62.

qu'Eudes, abbé de Cluny [1], raconte que Geoffroy, vicomte de Turenne, attaqua en guerre Gerard, comte d'Aurillac, qui ne relevoit point du même seigneur que luy.

Mais il est probable que ces promesses de nos rois ne se faisoient que pour ne point effaroucher la noblesse, et qu'ils avoient resolu de tenir rigueur à l'observation de ces deffenses, qui estoient utiles et profitables à ceux mêmes qui les vouloient faire lever, et apportoient un singulier soulagement et un grand repos aux peuples. Ils prenoient neantmoins toujours le pretexte de leur guerre pour interdire à leurs sujets celles qu'ils prétendoient avoir droit de faire pour la vengeance des outrages faits en leurs personnes, ou de leurs parens. Car il n'estoit pas juste que les vassaux du roy s'excusassent sur leurs intérests particuliers, pour ne se pas trouver dans ses armées, comme ils y estoient obligez à raison de leurs fiefs; et d'ailleurs il n'estoit pas raisonnable que tandis qu'ils servoient leur prince dans ses troupes ils fussent attaquez par les voyes de fait dans leurs biens et dans les personnes de leurs parens et de leurs amis. Le roy Jean [2], par ses lettres données à Paris au mois d'avril l'an mil trois cens cinquante trois, sur la plainte qui luy fut faite que les habitans d'Amiens n'observoient pas l'ordonnance de saint Louys pour la quarantaine, et que sans y avoir égard ils entroient d'abord dans la guerre, ou plûtôt dans la vengeance des injures, et commettoient plusieurs excez, ordonna qu'ils seroient tenus de l'observer sous de grieves peines; puis il ajoûte : *Intentionis tamen nostræ non exstitit per prædicta guerras aut diffidationes quascumque inter quoscumque subditorum nostrorum nobilium aut ignobilium, cujuscumque status aut conditionis existant, nostris durantibus guerris, laudare quomodolibet, vel etiam approbare : sed prohibitiones et defensiones nostras super his alias, tam in nostri præsentia quam undique per universas regni nostri partes, per nostras litteras super his factas sollenniter publicatas, maxime dictis guerris nostris durantibus, teneri, et de puncto in punctum firmiter observari, per præsentes volumus et jubemus.* Mais depuis ce temps-là, comme l'autorité royale prenoit de jour en jour de nouveaux accroissemens, le même roy fit d'autres deffenses bien plus rigoureuses sur ce sujet : car j'ay leû dans les registres du parlement [3] une autre ordonnance, du cinquieme jour du mois d'octobre l'an mil trois cens soixante et un, par laquelle il deffend *les deffiemens et les coûtumes de guerroier,* tant entre les nobles que les roturiers, durant la paix comme durant la guerre. Et par une autre, du dix-septiéme de septembre mil trois cens soixante-sept, le roy Charles V deffend les guerres entre ses sujets, nonobstant toutes coûtumes et privileges, et enjoint au prevôt de Paris de punir rigoureusement les infracteurs. Mais ce qui justifie particulierement la vigueur et la rigueur que nos rois ont apportée de temps en temps pour abolir et anéantir entierement ces funestes guerres de coûtume, est la piece qui suit, que j'ay copiée sur l'original [4] qui est en la Chambre des Comptes de Paris.

Audoin Chauveron, *docteur és loix, bailly d'Amiens, à nostre amé Pierre le Sene, receveur de ladite baillie, salut, Nous avons receu les lettres du roy nostre sire, desquelles la teneur ensuit.* Charles, *par la grace de Dieu roy de France, aux baillis de Vermandois et d'Amiens, et à tous nos autres justiciers, ou à leurs lieutenans, salut. Comme par nos ordonnances royaux toutes guerres et voyes de faict soient deffenduës entre nos sujets et en nostre royaume, pour ce que aucuns puissent ne doivent faire guerre durans nos guerres, et nous ayons entendu que* Charles de Longueval, *escuier, sire*

de Maigremont, de sa volonté a deffié et fait deffier nostre amé et feal chevalier Guillaume Chastellain de Beauvais et grant queu de France, et s'efforce ou veut efforcier, par lui et ses adherens, de faire ou vouloir faire grieve audit Chastellain et à ses amis, contre nos ordonances, et attemptant contre icelles, et pour occasion de ce ledit Chastellain, voulant resister contre ledit Charles, s'efforce de faire armées et assemblées de ses amis, et par ce lesdites parties delessent à nous servir en nos guerres, dont il nous déplaist, s'il est ainsi. Pourquoy nous, voulans pourvoir à ces choses, et pour obvier aux perils et inconveniens qui pourroient enssievir, vous mandons et enjoignons étroitement, et à chascun de vous, si comme il appartiendra, en commettant se mestier est, que ausdites parties, et à chascune d'icelles, se trouvées peuvent estre, à leurs personnes, vous deffendez, et faites faire inhibition et deffense de par nous, sur tanques il se peuvent mesfaire envers nous, que il ne procedent en voye de guerre ne de faict les uns contre les autres, mais s'en cessent et desistent du tout, en les contraignant à ce par prinse de corps et de biens, et autrement, si comme il appartiendra. Et ou cas que eux ou l'un d'eux ne pourroient estre trouvez, faites ladite deffense semblablement à leurs amis, adherens, aliez et complices, et à ce contraignez et faites contraindre rigoureusement, et sans deport, les rebelles et autres qui feroient ou persevereroient au contraire par prinse et detention de corps et de biens, en mettant et multipliant et faisant mettre et multiplier mangeurs et degasteurs en leurs hosteux et sur leurs biens, et en faisant descouvrir leurs maisons, se mestier est, par toutes autres voyes et remedes que faire se pourra et devra par raison, jusques à ce qu'il aient cessé ou fait cesser ladite guerre, ou qu'il aient donné ou fait donner bon et seur estat; ensemble et en ces choses procedez, et faites proceder par main armée se mestier est, car ainsi le voulons nous estre fait, nonobstant mandemens et impetrations sur ce faites subrepticement au contraire. Donné à Paris, le 18e jour de may l'an de grace mille trois cens quatre-vingts, et de nostre regne le dix-sept tiéme, ainsi signé par le roy, à la relation du conseil....... Et comme nous eussions esté mainte voye par ledit mandement de contraindre Charles de Longueval, escuyer, seigneur de Maigremont, et aussi messire Guillaume Chastellain de Beauvais, grand queu de France, et leurs amis et complices, pour oster la guerre et voye de faict qui entre icelles parties estoit mené, comme et par le maniere que ou dit mandement est contenu, pour l'enterinement duquel mandement à pour lesdites parties contraindre par le maniere dite, pour ce que de fait il faisoient l'un contre l'autre grans assemblées et chevauchées, nous envoyasmes plusieurs sergeans du roy, nostre sire, atout ledit mandement par devers lesdites parties pour à iceux exposer le contenu d'icely, et les contraindre par toutes voyes raisonnables, lesquelles lettres furent monstrées à noble homme le seigneur de Longueval, et à plusieurs autres du costé dudit Charles, et ledit Charles n'a * ouases prés, et à iceux fait les commandemens et deffenses, selonc la teneur dudit mandement, dusquels commandemens il ne vaulient aucunement obeïr; mais toudis en perseverant s'efforço ent et s'efforceirent de maintenir ladite guerre, et de faire plusieurs g ans chevauchées, tant l'une partie comme l'autre. Et pour ce que par ledit mandement nous estoit mandé seur ce estre pourveu, tant par main armée comme autrement, et que icelles parties perseveroient en guerre de mal en pis, comme dit est, nous et vingt-quatre hommes d'armes en nostre compaignie la û estoient le prevost de Vimeu, le prevost de Fouilloy, et autres le 24e jour de may dernier passé, nous transportasmes en plusieurs des chasteaux et fortereszes appartenans, tant audit seigneur de Longueval, comme au seigneur de Betisy, et à plusieurs autres hors de metes dudit bailliage, et ou bailliage de Vermandois,*

<hr>

[1] In vita Geraldi, l. 1, c. 37. — [2] Reg. aux chartres de l'hostel de ville d'Amiens, fol. 175. — [3] Olim fol. 67. — [4] Communiqué par M. d'Herouval.

la ú estoient lesdis chevaliers, et pour iceux contraindre, les fismes prisonniers du roy nostre sire, aveuc mess. Seigremor de Longueval, mons. Danel, le seigneur de Naves, mess. Broñet de Candoure, mess. Floridas de Basicourt, le seigneur d'Auviller, mess. Hue de Sapegnies, le seig. de Rivry, le seig. de Bouzincourt, le seig. de Glisy, mess. Fremin de Maucreux, dit Florimont, chevaliers, Jean Buridan, Terefu Maquerel, Aubert d'Aveluis, Lionnel de Bouzincourt, Jean seig. de Puceviller, Robert de Beaumont, le Bastart de Belisy, et Simon de Maucreux, escuiers, cousins et amis dudit Charles, en prenant et mettant en la main du roy nostre sire tous leursdis chasteaux et possessions, jusques au secont jour de juillet, que les dessusdis se rendront prisonniers du roy nostre sire, ains et que ladite guerre il aroient mis au nient, et fait amende pour les pors d'armes par aus fait. Et ce fait, nous transportasmes à Mourcourt, ou chastel dudit lieu, pour trouver ledit Chastellain de Beauvais, lequel s'estoit absenté ou au mains ne le peusmes trouver : et pour ce, en la presence de madame sa femme et de plusieurs autres des gens dudit Chastellain, fismes les commandemens et deffenses par la maniere que oudit mandement est contenu, et pour plus icelly Chastellain venir à obeïssance, nous fismes prendre en le main du roy nostre sire ledit chastel de Mourcourt, et icely fismes garder par les gens du roy nostre sire, aveuc toutes les autres possessions à icely appartenans, et si demeurent, et encore seront tous les dessus nommez en procez contre le procureur du roy, adfin qu'il feissent et deussent faire amende au roy nostre sire pour les causes dites. En lequelle exécution, nous et lesdits vingt-quatre hommes d'armes aveuc nous, entendismes et besognasmes, tant en allant que en venant, comme en besongnes, quatre jours. Si vous mandons que des deniers de vôtre recepte vous nous bailliez et delivriez pour chascun jour huit sols à chascun pour ses despens, qui valent dix livres pour jour, pour payer et deffraier lesdites gens d'armes, qui comme dit est ont esté en ladite besongne en nostre compagnie, et icelle somme, qui monte pour les quatre jours à quarante

livres parisis, nous vous ferons deduire et alouër en vos comptes par cely ou ceulx à qui il appartiendra. Donné à Amiens, sous le scel de ladite baillie, le 28e jour de may l'an 1380.

Enfin, pour achever cette dissertation et les remarques sur une matière assez importante pour l'intelligence de nos histoires, Jean le Cocq[1] rapporte deux arrests du parlement de Paris, l'un de l'an mille trois cens quatre-vingts six, par lequel la guerre fût deffenduë entre les sujets du roy, non seulement durant la guerre, mais mémes durant les tréves ; l'autre[2], de l'an mille trois cens quatre-vingt-quinze, par lequel défenses furent faites au comte de Perdiac et au vicomte de Carmain d'une part, et au seigneur de Barbazan en Gascogne d'autre, de se faire la guerre, et de metre en avant, *quod licitum esset eis vel aliis de regno Franciæ, guerram facere regiis guerris durantibus.* Ce qui fait voir que l'on a eu bien de la peine à abroger cette espéce de guerre, puisque, pour ne pas choquer absolument la noblesse, on a apporté de temps en temps ce temperament, qu'ils ne pourroient pas en user durant la guerre du prince. Enfin Loys XI, qu'on dit avoir mis les rois hors de page, n'estant encore que dauphin de Viennois, par ses lettres du dixiéme de decembre mille quatre cens cinquante et un, verifiées en la Chambre des Comptes de Grenoble, abrogea cét article, qui est le quatorziéme des libertez de ceux de Dauphiné, *quo cavetur effectualiter, quod nobiles hujus patriæ, unus contra alium, possunt impune sibi guerram induere, et facere propria auctoritate, donec eisdem ex parte justitiæ fuerit inhibitum*[3]. Mais quoy que cette espece de guerre se soit abolie insensiblement dans la plûpart des royaumes, elle subsiste encore à présent dans l'Alemagne, où les empereurs n'ont pû estre si absolus qu'ils ayent pû empêcher que les princes de l'Empire ne se soient conservez dans cette prérogative ; et d'autant plus qu'elle se trouve avoir esté concedée specifiquement à quelques-uns d'eux[4].

[1] Jo. Galli Quæst. 198. — [2] Quæst. 335. — [3] Guido Papæ decis. 437. — [4] Bibl. Sebus. Cent. 1, c. 31.

DES FIEFS JURABLES ET RENDABLES.

DISSERTATION XXX.

Il n'y a rien de plus commun dans les titres et dans les hommages que ces termes de *jurable et rendable*, qui nous découvrent une espéce de fief, ou plûtôt une condition apposée aux infeodations, de laquelle ceux qui ont traité des fiefs n'ont presque point parlé. Cependant c'est une antiquité dont la connoissance est nécessaire pour l'intelligence des anciennes chartes, et de l'usage qui s'observoit dans la possession des grands fiefs qui avoient des forteresses ; ce qui me donnera sujet de m'étendre sur cette matiere, et d'en rechercher curieusement la pratique, par la conference de divers passages, tant des auteurs que des titres. Je feray voir ensuite que ces obligations que les vassaux avoient de les remettre au pouvoir de leurs seigneurs, ce n'est qu'une dépendance du droit de guerre par coûtume.

Cette espéce de fief est de la qualité de ceux que les feudistes nomment impropres et irreguliers. Henry de Rosental dit que les Alemans l'appellent *Ein offen hauss*, et le decrit en ces termes[1] :

Quando nempe alicui aliquod castrum aut arx ea conditione infeodatur, ut Domino semper ad nutum pateat, ac illi cum suis liber eo sit accessus, vel ut vassallus illud Domino tempore belli contra hostes aut omnes accommodare, et interim eo carere teneatur. La plûpart des titres anciens appellent ordinairement ces fiefs *jurables et rendables*. Le codicille de Robert duc de Bourgogne, de l'an 1302[1] : *Lou fié de Montagu jurauble et rendauble.* Un titre de l'an 1197[2] : *Cepi de Odone, duce Burgundiæ, in feodum et casamentum Auxonam villam meam cum castro, jurabilem et reddibilem sibi et successoribus suis.* Ces termes, qui se rencontrent souvent ensemble dans les vieilles chartes, se trouvent quelquefois divisez ; car il y en a plusieurs où cette sorte de fief est appelé simplement *fief jurable, feudum jurabile.* Un titre de Pons de Mont-Saint-Jean, de l'an 1211[3] : *Cum Theobaldus, Campaniæ comes, concessisset mihi quod ego faciam apud Rie quamdam domum fortem jurabilem ipsi, qualem-*

[1] Tract. de Feud. c. 1, concl. 76.

[1] Aux Pr. de l'Hist. de Bourg. p. 105, de Vergy, p. 219. — [2] Preuv. de l'Hist. de Vergy, p. 122. — [3] Aux Pr. de Vergy, p. 173.

cumque voluero, etc. Un autre, de Robert, comte de Dreux, de l'an 1206 [1] : *Faciam forteritiam quæ erit jurabilis.* Un autre, de l'an 1223 [2] : *Ego recognovi coram ipso Theobaldo forteritias illas esse jurabiles ipsi comiti ad magnam vim et parvam.* Un titre de Gautier, archevesque de Sens, de l'année suivante [3] : *Recognovit coram nobis quod forteritia de Noolun jurata est domino regi ad magnam vim et parvam.* Un autre, de P., comte de Vendôme, de l'an 1242 [4] : *Cum inter nos contentio esset — de feodo de Mesuncellis, et juratione domus de Mesuncellis, etc.*

Ces fiefs sont nommez en plusieurs autres titres simplement *rendables.* Un de l'an 1340 [5] : *Concessit in feudum antiquum et reddibile, etc.* Par un autre, de l'an 1250 [6], le seigneur de la Tour reconnut qu'il tenoit de l'Église de Lyon le château de Saint-André en Reversmont, *semper reddibile.* Un autre, de Eudes, duc de Bourgogne, de l'an 1197 [7] : *Dominus Huo juravit mihi et meis Virgeium reddibile.* La Chronique des evesques de Mets [8] : *Feodum de Maurimont cum appendiciis suis reddibile, et Ruckesuignes reddibile..... aquisivit.* Cette condition de ce genre de fief est appellée *redda* [9] dans un titre de Bernard, abbé de Tulles en Limosin, et *Redditio, et redditus* [10] dans un autre, de l'an 1239 : *Quittavit juramentum et redditionem montis Sancti-Johannis.*

Le terme de *jurable* désigne le serment particulier et la promesse que le vassal faisoit à son seigneur de remettre son château entre ses mains et en son pouvoir toutes les fois qu'il en auroit besoin et qu'il lui en feroit la demande. Ce serment estoit different de l'hommage, et n'estoit que pour la forteresse du vassal, et non pour le surplus de son fief, dont il y a plusieurs formules dans les anciennes chartes. Un titre de Eudes, duc de Bourgogne, de l'an 1197 [11] : *Pro juramento quod mihi fecit idem Huo super dungione Vergeii mihi et successoribus meis reddendo.* Un autre, de Raymond, vicomte de Turenne, de l'an 1253 [12] : *Ego etiam et successores mei tenebimur jurare quod ad magnam vim et parvam.... reddemus castrum Turenis.* L'infeodation du château de Gimel à Renauld, vicomte de Gimel, par Raymond, vicomte de Turenne [13] : *Pro vero isto feodo idem Raynaldus fuit homo litges prædicti vicecomitis Raymundi, et firmavit ei ac juravit castrum de Gimel cum omni prædicta terra, ut quocumque tempore vel quocumque modo, ipse Raymundus, vicecomes Torrennensis, vel ejus successores, jam dicto Raynaldo et ipsius successoribus castrum de Gimel sibi reddi petierint, omni fraude remota, sine ulla dilatione aut occasione reddatur eis.* Un titre de Matfred de Castelnau, de l'an 1221 [14] : *Et promisi in virtute præstiti sacramenti, quod præfatum castrum omni tempore ei redderem.* Il paroit assez de ces remarques qu'il se faisoit un serment particulier different de l'hommage, quoy que souvent l'un et l'autre se fissent conjointement, et au même temps, et que les lettres qui s'expédioient pour les hommages côntinssent aussi les conditions de ces sermens, encore bien que l'un differast de l'autre : car c'est une condition apposée pour la forteresse qui dépendoit du fief, qui pouvoit estre relâchée par le seigneur, sans préjudice à l'hommage qui lui estoit dû. Le titre de Guillaume, seigneur de Mont-Saint-Jehan, de l'an 1239 dont je viens de parler [15] : *Remisit etiam mihi et hæredibus meis, et quittavit juramentum et redditionem montis Sancti-Johannis, Dominio montis Sancti-Johannis, de suo feodo ligio remanente.* Où le mot de *juramentum* est à re-

marquer, qui montre que le serment estoit distinct et different de l'hommage : ce qui est encore exprimé en un titre de Robert, evesque de Clermont, qui sera rapporté cy-après, où *juramentum* et *fidelitas* sont distinguez. Ce qui n'est pas sans fondement : car par le mot de *feauté* est entendu l'hommage, qui n'est qu'un acte de respect et de reverence envers le seigneur que le vassal rend entre ses mains, sans faire aucun serment, ne faisant qu'une simple promesse de fidelité. Mais dans le cas de *la reddition,* en fait de châteaux, le vassal faisoit serment sur les saints Évangiles, ou sur les reliques des saints, ou enfin en une autre maniere, et s'obligeoit aux conditions ordinaires de ces fiefs envers son seigneur. Aussi les feudistes [1] font distinction entre l'hommage et le serment de fidelité que les evesques font au roy, et à ce sujet on rapporte que le pape Adrian soûtint à l'empereur Frederic I que les évesques d'Italie ne lui devoient point hommage, mais seulement le serment de fidelité. On peut neantmoins justifier que les hommages se sont faits avec serment, mais non pas toujours. Je laisse cette matiere pour continuer ce qui est de mon dessein.

Le terme de *rendable* regarde le seigneur dominant, à qui le vassal estoit obligé de rendre son château et sa forteresse dans les occasions et dans ses besoins, en telle sorte qu'il en demeuroit le maître absolu : le vassal même étant obligé d'en sortir avec toute sa famille, comme nous remarquerons dans la suite. J'estime que c'est en cela que ce que les titres appellent *feudum receptabile* differe du *reddibile,* en ce que par la condition du premier le vassal estoit obligé de recevoir le seigneur sans qu'il fust tenu d'en sortir ni sa famille. Je remarque ce terme en un arrest du parlement de Paris, de l'an 1390, où le duc de Lorraine declare [2] qu'il tient du roy, comme comte de Champagne, la ville et le château de Neufchastel, *in feudo receptabili, et non reddibili.* Et dans le testament de Charles duc de Lorraine, de l'an 1424 [3], il est dit que le château de Billestein *sera rendauble et receptauble* au duc et à ses successeurs ; c'est à dire que ceux qui en seront possesseurs seront tenus de recevoir le duc, quand il y viendra pour ses affaires, et de le rendre et lui remettre entierement entre les mains lorsqu'il en aura besoin pour ses guerres. L'hommage d'Estienne, comte d'Auxonne, fait à Eudes, duc de Bourgogne, l'an 1197, porte qu'il sera obligé de recevoir le duc et les siens dans sa place, sans que le comte soit tenu de se retirer [4] : *Juramus Auxonam villam cum castro jurabilem et reddibilem duci Burgundiæ et successoribus, suis contra omnes. Hoc excepto, quod ego et successores mei in prædicto castro mansionem nostram habebimus, et si duci Burgundiæ necessitas incubuerit, prædictum castrum ducem Burgundiæ juvabit, et dux et sui in eodem castro receptaculum suum habebunt.* Puis est ajouté le cas où le comte est obligé d'en sortir, qui est s'il entre dans l'hommage du comte Othon de Bourgogne. De sorte que le *fief receptable* est celui que quelques feudistes appellent *fief de retraite* [5], parce que le vassal est obligé de recevoir son seigneur en son château, et de lui donner retraite, lorsqu'il en a besoin, sans que le vassal soit obligé d'en sortir. Au contraire, le *fief rendable* est lorsque le vassal est obligé de sortir de son château et de l'abandonner à son seigneur. Cette condition est ainsi expliquée en l'hommage que Raymond des Baux, prince d'Orenge, fit à Charles dauphin de Viennois, le 28e jour de juillet l'an 1349, pour les châteaux de Montbruison, de Curaiere, et le Novesan, lesquels il reconnut tenir *in feudum francum et nobile, reddibile tamen, quæ reddibilitas sic intelligitur,*

---

[1] Galland, au Traité du Franc Aleu. — [2] Preuv. de Vergy. — [3] 31e Reg. du Trésor des Ch. du Roy, fol. 21. — [4] Reg. du chasteau du Loir. — [5] Aux pr. de l'Hist. des Dauph. p. 61. — [6] Justel, en l'Hist. d'Auverg., aux Pr., p. 351. — [7] Preuv. de Vergy, p. 151. — [8] Tom. 6, Spicil. p. 674. — [9] Aux Pr de l'Hist. de Turen. p. 39. — [10] Aux Pr. de Vergy, p. 170, 171. — [11] Preuv. de Vergy, p. 151, 193. etc. — [12] Justel, aux Preuv. de l'Hist. de Turen. p. 55. — [13] 34. — [14] 92. — [15] Aux Preu. de l'Hist. des Ducs de Bourg. p. 75.

[1] M. le Maître, au Traité des Regales, ch. 6, 13, 14 ; Radevic. I, 2 ; Coust. d'Anjou, art. 137, 138. — [2] Aux Preuv. de l'Hist. de la M. de Chastillon, p. 106, 107. — [3] Vigner, aux orig. d'Alsace, p. 133. — [4] Preuves de l'Hist. de Vergy, p. 122. — [5] M. Boissieu.

videlicet, quod quotiescumque dominus Delfinus vel sui guerram haberent, vel habere timerent verisimilibus conjecturis, ad ejus requisitionem reddi debeant dicta castra, et ea tenere possit guerra durante cum expensis D. Delfini, nihil accipiendo de redditibus vel exitibus, vel aliis juribus dictorum castrorum: guerra sopita ipsa castra dicto domino principi reddere teneatur: Si vero D. princeps pro bono dominio ipsi D. Delphino redderet ipsa castra, tum dictus Delphinus cum expensis dicti D. principis ipsa debeat custodire.

Tous les seigneurs n'avoient pas le droit et le privilege de se pouvoir faire rendre les forteresses de leurs vassaux. Il faloit qu'ils fussent fondez, ou en droit commun, en coûtume, et en usance generalement receuë dans l'etenduë de leur seigneurie, ou bien en convention particuliere avec leurs vassaux [1]. Le reglement dressé par Alphonse, comte de Poitou et de Tolose, l'an 1269, pour l'extinction et l'abolition du rachat à mercy, désigne ces deux cas, dans lesquels il est permis au seigneur de se faire rendre et remettre le château de son vassal en ces termes : *Et encores porroit nostre sires li cuens devant dis prendre les chasteaus et les forteresses, et de tenir à soi, és cas où il le puet faire par droit, ou par coustume ou par convenance.* De sorte que le seigneur peut avoir ce privilege par un droit commun, reçu de tout temps dans l'étenduë de sa seigneurie. Par exemple en la plûpart des provinces de France, et particulierement en celle de Beauvaisis, tous ceux qui tenoient en baronie avoient cette prerogative, qu'ils pouvoient prendre les châteaux de leurs vassaux pour leurs besoins. Philippe de Beaumanoir, en son *Coûtumier de Beauvaisis* [2], en fait la remarque, en ces termes : *Il cuens et tuit cil qui tiennent en baronie ont bien droit sor lors homes par reson de souverain, que s'il ont mestier des forteresses à lor homes, por lor guerres, ou por mettre lor prisonniers, ou lor garnisons, ou pour eus garder, ou por le profit commun du pays, il les peut penre.* Et plus bas : *Se cil qui tient en baronie prent la forteresse de son homme pour son besoing, etc.*

Cette coûtume de rendre les châteaux des vassaux au seigneur, receuë dans l'étenduë de sa seigneurie, se trouve exprimée en divers titres, et particulierement dans les loix que Simon, comte de Montfort, dressa pour les peuples d'Alby, de Bezieres, de Carcassonne, et de Razez, l'an 1212 : *Omnes barones, milites, et alii domini in terra comitis, tenentur reddere castra et fortias comiti, sine dilatione et contradictione aliqua, irato vel pacato, ad voluntatem suam, quotiescumque voluerit, etc.* Beranger-Guillems [3], seigneur de Clermont de Lodeve, reconnut, en l'an 1271, qu'il estoit obligé de rendre son château à l'evesque de Lodeve, *juxta morem et consuetudinem in recognitionibus castrorum feudalium ejusdem diœcesis observari solitam.* Le même Beranger rendit son château en l'an 1316 à l'evesque Guillaume, *Quemadmodum cæteri ejusdem episcopi vassalli facere consueverunt.* Amé IV, comte de Savoye [4], donna à Thomas de Savoye, comte de Flandres, son frere, le château de Bard, en la Val d'Aouste, l'an 1242, avec cette condition, *Quod ipsum castrum sibi redderet, secundum quod consuetudo est in Valle Augustensi de castris reddibilibus.* Les anciennes *Coûtumes de Catalogne* [5] commencent par ce titre, qui est au premier chapitre : *Aysi comenssen les custumes de Catalunya entre lo senyors, els vassels, los quels tenen castels, ho altre feus, per senyors hor es esgarda feu à homenatge.* Et ensuite est cét article : *Si lo senyor ha demanat al sen vassel que li done postat de castel, o de casa, loqual o la qual te per el, o ayan demanat fermer dret, lo vassel deu fer so que demanat li es ses tota contradictio.* Celles du comté de Bigorre [6],

redigées par Bernard, fils de Centulle, comte de Bigorre, établissent la même usance : *De castello quisquis in terra voluntate et consilio comitis tenuerit, securum comitem faciat, ne iratus, vel absque ira comiti castellum retineat, ne ei quidquid mali inde exeat, nec comes eum lege terræ de castello decipiat.*

Comme il n'estoit pas permis au vassal d'élever aucune forteresse sans le consentement de son seigneur, ainsi qu'il est porté dans les mêmes Coûtumes de Bigorre, *nemo militum terræ castellum sibi audeat facere sine amore comitis*; ainsi ses consentemens ne se donnoient qu'avec cette condition, que les vassaux les remettroient au pouvoir des seigneurs, pour s'en servir dans leurs besoins. Les titres fournissent une infinité de ces conventions entre le seigneur et le vassal touchant la reddition de leurs châteaux. Edoüard, roy d'Angleterre, declare par ses lettres [1] qu'il permet à Gailbard de Blanhas de bâtir une forteresse, *salvo nobis et nostris hæredibus, quod illud fortalitium reddatur nobis, et hæredibus nostris nostroque senescallo vasconensi, et cuilibet alii mandato nostro.* Hugues, duc de Bourgogne, permit, en l'an 1184, à Guy, seigneur de Trichâtel [2], *ut castrum Tilecastri firmaret hoc modo, ipsum vero castrum muro claudi, cujus altitudo a ripa exteriori sit unius lanceæ absque batalliis, et muro antepectorali, etc.*; à condition, entre autres choses, d'hommage lige, et que Guy rendroit le château au duc lorsqu'il l'en requerroit. C'est en ce sens qu'il faut entendre ces termes d'Ildefonse, roy d'Arragon et marquis de Provence, en ses lettres [3] du mois de may 1277 par lesquelles il permet à l'abbé de Saint-Victor de Marseille, et autres, *regia autoritate castella construere, et villas de novo ædificare*, avec tout privilege de franchise et d'immunité, *salva tamen honorificentia et fidelitate, et* POTESTATE *quandocumque nobis placuerit.* Souvent encore les seigneurs qui n'avoient pas ce droit d'exiger de leurs vassaux que leurs châteaux leur fussent rendus, soit par la coûtume, soit par la permission de les élever, l'acqueroient et l'achetoient d'eux. Ainsi Ponce de Mont-Saint-Jehan [4] promit, en l'an 1219, à Blanche, comtesse de Champagne, et à son fils Thibaud, moyennant certaines rentes qu'ils luy donnerent, de les aider de ses forteresses : *Ego juravi eis super sanctos, quod ipsos et hæredes eorum bona fide juvabo de me et gentibus meis, et de forteritiis meis, etc.* Les titres sont pleins de semblables acquisitions.

Ces mêmes titres specifient ordinairement diverses conditions avec lesquelles le vassal estoit obligé de remettre son château et sa forteresse au pouvoir de son seigneur, *sçavoir à grande et à petite force.* La *Coûtume de Bar* [5], qui est la seule de nos coûtumes qui ait parlé de cette espéce de fief, porte que *tous les fiefs du duc de Bar en son bailliage de Bar sont fiefs de danger, rendables à luy à grande et petite force, sur peine de commise.* Les chartes latines [6] tournent pour le plus souvent ces mots : *ad magnam vim et parvam*, qui se rencontrent presque en toutes celles qui font mention de cette espéce de fief. Il y en a une au *Cartulaire du comté de Montfort*, qui met ces termes au pluriel, où Pierre de Richebourg, chevalier, reconnoist, en l'an 1235, qu'il tient sa maison de Richebourg d'Amaury, comte de Montfort, *ad magnas vires et parvas, quotiens suæ placuerit voluntati.* Une autre, de Hugues [7], duc de Bourgogne, de l'an 1184 : *Juravit etiam quod eamdem firmitatem, quotiescumque quæreremus, vel quæri faciemus, cum magna fortitudine, vel*

---

[1] Galland, au Traité du Franc-Aleu. — [2] MS. ch. 58. — [3] Plantavit. in Episc. Lutev. p. 211, 272. — [4] Guichenon, aux Preuv. de l'Hist. de Savoye, p. 90. — [5] MS. — [6] Reg. de Bigorre; Exstat etiam apud Marcam, in Hist. Benearn. p. 815.

[1] Reg. de la Connestablie de Bourdeaux, fol. 207, com. par M. d'Herouval. — [2] Reg. des Fiefs de Bour. com. par M. d'Herouval. — [3] Cartul. de S. Victor de Marseille, fol. 77, vers. com. par M. d'Herouval. — [4] Preuves de l'Hist. de Vergy, p. 173. — [5] Art. 1. — [6] Tom. 4 Hist. Fran. p. 585; Besly, p. 498, 499; Preuves de l'Hist. de Vergy, p. 174, 193, 194; De Betune, p. 112, etc.; de Montm. p. 116, etc. — [7] Reg. des Fiefs de Bourg. part. 1, fol. 93.

parva, absque dilatione reddet. Celle de Hugues[1], seigneur de Partenay, de l'an 1253 : *ad magnam forciam et parvam.* Enfin un titre de Guillaume, comte de Geneve, de l'an 1232[2] : *Ego Guillelmus, comes Gebennensis, notum facio, etc..... quod ego teneo in feodum a nobili viro.... Hugone, duce Burgundiæ, castrum meum de Cleies, ita quod de ipso castro potest ad voluntatem suam guerrare, ad magnas gentes et ad parvas, et cum armis et sine armis.* Ces derniers termes justifient evidemment que toutes ces façons de parler ne sont que pour faire voir que le vassal estoit obligé de remettre son château à son seigneur, soit qu'il y voulust entrer le plus fort, et en faire sortir le vassal, soit qu'il y voulust venir avec sa suite ordinaire pour y exercer les marques de superiorité, comme nous dirons incontinent.

Il y a plusieurs titres qui representent d'autres termes. Celuy de Malfred de Castelnau[3], de l'an 1221 : *Et promisi in virtute præstiti sacramenti, quod præfatum castrum omni tempore eidem redderem, cum forisfacto et sine forisfacto, ad omnem ejus submonitionem vel certi nuntii sui.* Il y en a un autre semblable, de l'an 1190, en l'*Histoire des evesques de Cahors*[4], qui est de Raymond, vicomte de Turenne. Dans le *Cartulaire du comté de Bigorre,* qui se conserve en la Chambre des Comptes de Paris[5], je lis ces mots : *Arnaldus Aragonensis reddidit castros Petro, comiti Bigorrensi, qui vocantur Ors, Luci, Ferrer, Belsen, tribus vicibus in anno, ab ira et sine ira, ab feit et foras feit,* à lui et à se lignage. L'hommage de Fortaner de Gordon, pour plusieurs châteaux qu'il possédoit au diocese de Cahors, fait à Raymond, comte de Tolose[6], l'an 1241, use d'autres termes, qui ont la même signification : *Et promitto vobis per solennem stipulationem, quod hæc prædicta universa et singula reddam et tradam vobis et successoribus vestris, iratus et pacatus, cum delicto et sine delicto, quotiescumque a vobis per vos, vel vestrum nuntium super hoc fuero requisitus, sine omni diffugio atque mora.* Celuy de Hugues Arnauld, au même Raymond, de l'an 1237 qui se lit dans l'*Histoire des vicomtes de Turenne*[7], représente les mêmes mots. Un autre de Centulle, comte d'Estrac, de l'an 1230, en fournit d'autres, mais qui ont la même signification : *Ad commonitionem vestram, vel nuntiorum vestrorum, quotiescumque et quandocumque volueritis, irati vel pacati, cum commisso et sine commisso, vobis reddemus.*

Je crois que toutes ces expressions ont une signification differente de celle de *grande et de petite force,* et qu'elles forment une condition qui regarde les personnes du seigneur et du vassal, au cas qu'ils ayent quelque different ensemble, ce qui est expliqué plus clairement par la formule qui se rencontre ordinairement dans les titres d'*iratus et pacatus,* en vertu de laquelle le seigneur déclare qu'il a droit d'entrer dans le château de son vassal, soit qu'il ait different avec luy, et qu'il y ait de la mesintelligence entre-eux, *iratus, ab ira;* soit qu'il n'ait aucun démeslé avec luy, *pacatus* ou *pacificus,* comme porte un titre de Hugues, comte de la Marche, touchant le château de Belac[8], *et ipsum castrum non debent ei vetare pacifico nec irato.* Un titre d'Ildefonse, roy d'Arragon[9], de l'an 1192 : *Et tu et successores tui dabitis mihi et meis successoribus in perpetuum potestatem, irati et pacati, de Lorda, et de omnibus castellis, munitionibus et fortitudinibus ejusdem comitatus et terræ.* Mais parmi une infinité de titres qui representent ces termes je me contenteray de rapporter cét hommage de Roger de Mirepois[10] :

Ego Rogerius de Mirapeis et Arnaldus Rogerii, et ego Rogerius Isarni, et ego Suffredus de Ma lag, juramus tibi Rogerio comiti Fuxensi, filio Rogerii, et Stephaniæ, castellum Mirapeis ab la forsa, et ab las forsas, quæ nunc ibi sunt et inantea erunt, que nol ten tollam ne non ten decipiam de las forsas quæ nunc ibi sunt, et inantea erunt : et si erit homo aut fœmina qui hoc fecerit, recti adjutores tibi erimus, donec recuperatum habeas, et inantea in sacramento staremus, quod pacificati et pacati reddemus eum, cum totas forcias tibi et tuo misso, quando tu volueris, juramus tibi per Deum, et per istos sanctos. Ce titre semble encore expliquer les termes *grande et petite force,* et faire voir qu'ils regardent les forces qui sont dans le château du vassal, desquelles il doit aider son seigneur, soit que par ces mots on entende les artilleries, soit qu'on les prenne pour les garnisons et les soldats qui gardoient la forteresse. Au traité d'alliance qui se fit en l'an 1266 entre Henry, comte de Luxembourg, et Ferry, duc de Lorraine, le comte promet d'aider en bonne foy le duc contre le comte de Ba*, en bonne foy à son pooir à grant force et à petite.*

Les anciennes *Coûtumes de Ca alogne*[2] disent que le vassal est obligé de mettre son château au pouvoir et entre les mains de son seigneur lorsqu'il lui en fera la demande : et ensuite elles forment cette difficulté au sujet du vassal qui est en procés avec son seigneur pour quelque different qui concerne le fief : car quoy qu'il allegue qu'il en a esté dépouillé par luy, ou d'une partie, et qu'il n'est pas tenu de répondre au seigneur, jusques à ce qu'il luy eust rendu et restitué ce dont il a esté dépouillé, si est-ce, disent ces *Coûtumes,* que le vassal ne doit estre oüi en aucune maniere : dautant qu'en ce qui regarde la feaute, c'est-à-dire les devoirs des vassaux envers les seigneurs, on n'est pas reçû à alleguer aucune raison. *Si lo senyor ha playdeiat ab son vassal en juhezi sobre alcuna cosa, que riquirisca fe, e lo vassal allegua que el es despulat per lo Senyor d'alcuna part del feu, ho d'alcuna altra cosa, per que dyu que no es tengut de respondre al senyor, entro que sia restituit en so de que es despulat, en aquest cas lo vassel no deu essor hoit en neguna manera. Car en so que reque fieltat, e par contradir se sequeys bausia, no es presa neguna defensio.* Cét article semble expliquer disertement le mot d'*iratus,* et justifie que quoy que le seigneur et le vassal soient en different au sujet de leurs fiefs, le vassal neantmoins ne pouvoit pas en ce cas refuser à son seigneur de rendre son château. Il explique encore les termes, *Cum forisfacto et sine forisfacto, cum delicto et sine delicto,* qui sont exprimez par celuy de *Bausia,* comme j'espère le just fier ailleurs[3] : car il dit qu'en ce qui requiert la feauté, par le refus de l'accomplir, il y a lieu à la felonie, et que le vassal ne peut sous pretexte de different se deffendre de rendre sa forteresse à son seigneur. Ainsi le vassal estoit obligé de remettre son château à son seigneur à la premiere sommation, soit qu'il fust en different avec luy acause de son fief, soit qu'il fust en paix, *pacatus.*

Le seigneur avait droit de demander que son vassal remit en son pouvoir son château et sa forteresse pour s'en servir dans ses besoins. C'est ce qui est exprimé en plusieurs chartes. La Chronique de Senone[4] : *Castrum suum Morhanges.... ab eodem duce in feodo recepit, ut si quando ipsi necessitas occurreret illud castrum absque ulla contradictione redderetur.* Un titre de Voldemar, duc de Jutie[5], de l'an 1326 : *Antedictæ vero munitiones, semper nobis, vel nostris veris hæredibus apertæ erunt, ad omnem nostram necessitatem.* L'hommage d'Arnauld Otton[6], vicomte de Lomagne, à Alphonse,

---

[1] M. Perard, p. 260 ; Besly. — [2] M. Perard, p. 425. — [3] Aux Preuv. de l'Hist. de Turenne, p. 42. — [4] La Croix, in Episc. Cadurcens. p. 75. — [5] Census et debita Bigorræ. — [6] Reg. des Comtes de Tolose, fol. 18, com. par M. d'Herouval. — [7] Aux preuves, p. 154. — [8] Reg. des Comtes d'Angoulesme cotté 25. — [9] Hist. de Bearn, l. 6, ch. 9. — [10] Ib. l. 8, c. 11.

[1] Vigner, aux Geneal. d'Alsace, p. 146. — [2] Art. 1. — [3] In Gloss. Lat. Barb. v. *Bosiare.* — [4] C. 121. — [5] Pontan. 1, 7 Rerum Danicar. — [6] Reg. de la Connétablie de Bordeaux, fol. 183.

comte de Poitou et de Tolose : *Dicta etiam feuda iratus et pacatus vobis reddam, quandocumque fuero requisitus, quæ tamen restituere mihi debebitis necessitate finita.* Cette necessité s'entendoit tant pour les grands besoins que pour ceux qui estoient de moindre importance. Un titre de Guillaume de Guierche [1] : *Præterea domino regi juramento astricti sumus quod non denegabimus ei, vel mandato ejus, domum nostram de Segreio in magna vel parva necessitate.* Ces besoins sont remarquez par Philippes de Beaumanoir, au passage que j'ay rapporté cy-devant, sçavoir pour les guerres du seigneur, pour mettre ses prisonniers, pour y avoir sa retraite et s'y faire garder, et pour le profit commun du pays.

Le premier cas se trouve ainsi exprimé en l'hommage de Pierre Bermond, seigneur de Sauve, d'Anduse et de Sommieres, qu'il rendit à Louys VIII, roy de France, l'an 1226 [2] : *Et ego super sacrosancta juravi domino regi, quod omnia castra quæ nunc teneo de ipso tradam ei et hæredibus suis ad magnam vim et parvam, et pro gravandis hostibus suis, quotiens inde a domino rege, vel hæredibus suis, fuero requisitus.* Philippes Auguste [3] donna la terre de Conches à Robert de Courtenay, à condition qu'il seroit tenu, et ses successeurs, de rendre au roy *forteritias prædictorum castrorum, ad guerrandum, et ad magnam vim, et ad parvam.* Berenger-Guillems, seigneur de Clermont de Lodeve : *Etiam castra confessus est reddere decima die, vel infra, ad ejus, ejusque nuntii commonitionem propter bellum.* Un titre de Garcias Arnauld de Navailles, de l'an 1262 : *Encores promeismes et jurasmes à Mons. Edoart, que nos heres à tos jors rendron à li, ò à ses hers, et à lur seneschal, ò à lur certein mesage l'avant dit chasteu de Saut, ... totas las horas que il nos requerunt por lur guerra, que i'n auront en Gasconhe, et les tendrunt tant con lur guerre durra à lur cost, sauve à nos les rentes et les issues des terres. Et quant lur guerre sera fenie, o paix fet sera, o trive prise, eus nos rendrunt o à nos heres les chastiaus avant-dits.*

Que si le vassal faisoit sa demeure dans un autre royaume que celui où son fief estoit situé, et ainsi fust sujet naturel d'un autre prince que celui de qui son fief relevoit mediatement ou immediatement : en ce cas, si les deux princes entroient en guerre ensemble, le vassal estoit obligé d'abandonner ses châteaux au prince ennemy de son prince naturel, pour s'en servir tant que la guerre dureroit. J'ay leû l'original d'un hommage que Nugno Sanche, comte de Roussillon et de Cerdaigne, fit au roy Louys VIII pour les vicomtez de Fenolhedes et de Pierre Pertuse, au camp devant Belpech, au mois d'octobre de l'an 1226, qui porte que le comte fait hommage lige au roy pour ces vicomtez : *Salva fidelitate regis Aragonum, ita tamen quod si aliquo tempore guerra inter nos (c'est le roy de France qui parle) et dominum regem Aragoniæ contra nos, vel hæredes nostros, de eo quod tenet de nobis esset, totum illud nobis, vel hæredibus nostris durante guerra redderetur, et illud teneremus quousque guerra finiretur : qua finita totum illud ad ipsum, vel hæredes suos, sine contradictione aliqua reverteretur.*

L'autre necessité, et l'autre besoin du seigneur, à l'égard des châteaux de son vassal, estoit pour y mettre ses prisonniers, et les y faire garder, ou pour y mettre ses garnisons, c'est-à-dire tant les soldats pour le garder que les vivres et autres necessitez de ses armées. L'hommage de Geoffroy de Lezignen, vicomte de Châtelleraud, du mois de may 1224, au roy Louys VIII : *Quotiens autem, et quando dominus rex erit in partibus Pictaviæ, teneor reddere castrum meum de Vouvent domino regi, vel mandato suo, ad ponendum in eo garnisionem suam, quamdiu erit in partibus Pictaviæ,*

et *in recessu suo rehabebo castrum meum de Vouvent, etc.* Enfin le sire de Beaumanoir dit que le seigneur pouvoit prendre le château de son vassal pour l'utilité publique et pour le profit commun du pays. C'est ce qui fut representé au concile provincial tenu à Wincestre l'an 1139, sous Estienne roy d'Angleterre [1] : *Certe, quia suspectum est tempus, secundum morem aliarum gentium, optimates omnes claves munitionum suarum debent voluntati regis contradere, qui pro omnium pace debet militare.* Conformément à cette maxime, la *Coûtume de Bassigny le Lorrain à Gondrecourt la Marche,* arrétée par le duc de Lorraine le 15 de novembre l'an 1580, porte *que tout vassal du duc est tenu de lui prêter ses châteaux et forteréces pour un temps, pour la conservation de sa vie ou de son pays.*

Comme l'hommage se faisoit à toute mutation du seigneur et de vassal, du moins en la plûpart des coûtumes, ainsi le seigneur avoit droit, en cas de cette mutation, d'entrer dans les châteaux de ses vassaux, d'y exercer les marques de souveraineté, et d'y arborer ses enseignes ; ce qui se pratiquoit avec les ceremonies qui sont remarquées dans les titres. L'hommage de Signis, veuve de Centulle, comte d'Estrac, et de Centulle, son fils, pour le comté d'Estrac, à Raymond, comte de Tolose [2], du mois de novembre l'an 1245, porte qu'après que l'hommage eut esté fait au comte *Petrus de Tolosa, nomine et loco ipsius domini comitis Tolosani, et de mandato ipsius speciali, accessit ad castrum novum de Barbarenc, ad Durbanum, ad Montem Cassinum, et ad Simorrem, et ibi super turrim castri novi, et super turres et portalia aliorum suprascriptorum locorum, ratione et jure majoris dominii, fecit ascendere vexillum, seu banneriam dicti comitis Tolosani, et ex parte ipsius ter præconizari, et clamare alta voce signum dicti comitis, scilicet* TOLOSAM : *et dicta castra et villas pro eodem domino comite, et nomine et loco ipsius recepit, et ab eadem Signi, et Centullo ejus filio, ratione et jure feodi et majoris dominii eidem Petro de Tolosa traditæ fuerunt.* Ainsi Berenger Guillems, chevalier, seigneur de Clermont de Lodeve [3], faisant hommage à Guillaume, évesque de Lodeve, acause de son château de Clermont, en l'an 1316, remit son château au pouvoir de l'évesque, qui y entra, tandis que le seigneur de Clermont avec sa femme, ses enfants et sa famille demeura au dedans de l'enceinte inferieure, c'est à dire dans la basse-court du château, et hors l'enceinte supérieure, qui estoit le château. Aprés quoy l'évesque, entrant avec sa suite en l'un et en l'autre, fit fermer les portes, puis ses escuiers arborérent sa banniere sur les murs, en divers endroits du château, criant à diverses reprises à haute voix, CLERMONT, *Clermont, pour monseigneur l'évesque de Lodeve, et Saint-Genez :* ce qu'estant achevé, l'évesque se retira, et rendit au seigneur de Clermont le château avec les clefs. Par le traité qui fut fait entre Henry, roy d'Angleterre, et Raymond, vicomte de Turenne [4], l'an   , il fut convenu que le vicomte feroit à l'avenir hommage au roy d'Angleterre, et qu'à chaque changement du roy il seroit tenu, pour marque et reconnoissance de souveraineté, *in signum dominii,* de remettre les clefs des châteaux de Turenne et de Saint-Ceré entre les mains du roy, ou de ceux qui seroient commis par lui, lesquels, au nombre de deux ou trois, entreroient dans ces châteaux, sans que le vicomte ni sa famille fussent obligez de se retirer, et là feroient voir la banniere du roy : après quoy les clefs seroient renduës au vicomte, et ceux qui y seroient entrez de la part du roy seroient aussi obligez de se retirer. Arnauld, archevesque de Narbonne, ayant receu, en qualité de duc de Narbonne, l'hommage d'Aimery, vicomte de Narbonne, *recepit palatium, posito signo Ecclesiæ in turri, pro dominio et ducatu,* ainsi que nous lisons dans

---

[1] Reg. de Phil. Aug. appartenant à M. d'Herouval, p. 126. — [2] Reg. de Carcassone, fol. 60. — [3] Reg. de Phil. Aug. p. 85.

[1] Will. Malmesbur. I. 2 Hist. Novellæ, p. 183. — [2] Reg. de Tolose. — [3] Hist. des Ev. de Lodeve, p. 273. — [4] Aux Preuv. de l'Hist. de Turen. p. 62, 70.

l'*Histoire des Évesques de Lodeve* [1], laquelle nous apprend encore que cette cerémonie d'arborer les bannieres pour marque de seigneurie se faisoit avec les fanfares des trompettes : *Et elevato in turris summitate ejusdem episcopi vexillo, buccinaverunt more consueto.*

Cela s'observoit ordinairement, ainsi que j'ay remarqué, lorsqu'on rendoit les hommages pour cette espéce de fiefs où le vassal estoit obligé de desemparer son château, et de le mettre au pouvoir de son seigneur : si ce n'est qu'il y eust convention au contraire. L'hommage du prince d'Orenge, de l'an 1349, dont j'ay parlé cy-devant : *Et in qualibet mutatione domini et vassalli etiam dicta castra redduntur domino Delfino, et suis, tenendo per tres dies, duntaxat cum vexillo delfinali, nihil de bonis dictorum castrorum accipiendo.* Nous en avons un autre exemple, plus singulier, au *Cartulaire de l'archevesché d'Arles*, en ces termes [2] : *Anno Dom. 1263, 5 die mensis febr., in præsentia dominorum P. Aurasicensis episcopi, et Joannis de Arsisio, senescalli de Venaisino, etc., fecerunt homagium D. Florentio Arelatensi archiepiscopo, sub eadem forma et verbis, et juramento, quibus supra proxime Arnaudus, Pontius, et Raimundus de Montedraconis et D. Rixendis uxor D. Pontii de Montedraconis. Acta fuerunt hæc in dicto castro, et desemparato prius castro, cum uxoribus, liberis, et tota familia sua, et apportatis clavibus castelli extra portam ad præsentiam dicti archiepiscopi.* Estant à remarquer que par un autre hommage, que Guillaume, seigneur de Mondragon, fît à l'archevesque d'Arles, l'an 1143, ce seigneur s'oblige de rendre son château à sa semonce. D'où il se recueille que faire entrer ou arborer la banniere dans un château estoit une marque de seigneurie. Ce qui paroist encore assez par la reconnoissance que Jean, sire de Vergy [3], senéchal de Bourgogne, donna au seigneur de Villey, que quoy qu'il fust venu en la maison de Villey, et que ses bannieres y fussent entrées, il declaroit qu'il n'y avoit aucun droit, ni par raison de fief, ni par raison de justice ou de seigneurie.

Non seulement le vassal estoit obligé de remettre ses forteresses au pouvoir de son seigneur, aux deux cas que je viens de specifier, mais encore en toutes occasions, et toutes les fois qu'il en avoit besoin, ou mêmes qu'il voudroit y venir. L'*Histoire des evesques d'Auxerre* [4] dit que Pierre, comte d'Auxerre, rendit le château de Mailly *ad beneplacitum episcopi*, et par son ordre, à Hugues, archidiacre, *qui nomine episcopi castrum ipsum recepit; Et qu'Hervé, comte de Nevers, reconnut qu'il estoit obligé de rendre à l'évesque les tours de Saint-Sauveur, de Châteauneuf, et de Cône, quoties vellet et ad libitum suum.* Raymon de Layrat fît la même reconnoissance à Pierre, evesque de Lodeve, *quoties idem Petrus ibi habitare vellet* [5]. M. de Boissieu [6] rapporte un titre de l'an 1203 par lequel Guillaume de Clermont reprend à hommage de l'eglise de Vienne ses châteaux de Saint-Joire et de Crepol, et s'oblige, *quod ad petitionem archiepiscopi vel canonicorum, omni cessante dilatione, redderet castra ista, vel quandocumque ipsi horum peterent, et inde possent facere placitum et guerram ad libitum suum.* C'est pour quoy dans les hommages, et dans les titres qui parlent de cette nature de fiefs, il est presque toûjours porté que le vassal doit remettre et rendre son château à son seigneur, *ad voluntatem suam, et quotiescumque voluerit*, si ce n'estoit que dans les infeodations ou dans les conventions particulieres faites sur ce sujet il n'y eust des clauses au contraire. Car souvent il y estoit specifié combien de fois en l'an le seigneur pouvoit obliger son vassal à lui remettre son château. Par exemple, dans le traité fait entre Gaston, vicomte de Bearn [1], et Raymond Garsie, seigneur de Navailles, l'an 1205, il est porté que le seigneur de Navailles est obligé de rendre son château au vicomte trois fois l'an : *Est autem conventio talis, quod R. G. debet tradere et reddere domino Gastoni, irato et pacato, et suis successoribus, ter in anno castrum de Navalhes.* Au *Cartulaire de Bigorre* est l'acte suivant [2] : *Raymundus Garsias de Laveda voluit capere Petrum comitem bigorrensem, et ceciderunt in Levitano.... postea R. Garsias finem fecit cum comite, tali pacto, ut omnes castros suos reddidisset tribus vicibus in anno, à lui et à son lignatge, ab feit et ab forafeit, ab ira et sine ira.* Quelquefois encore le temps que le seigneur pouvoit le garder estoit limité. Le traité d'entre le duc de Bourgogne et le seigneur de Vergy, de l'an 1216 [3] : *Et quotiens ego vel mei Virgeium requiremus, nobis redderetur, et possemus illud tenere per quatuordecim dies, si nobis placeret, et amplius tenere non possemus, nisi abbates Cistertiensis et Busseriæ negotium evidens et manifestum viderent, pro quo viros tenere deberemus.* Toutes ces conditions n'estoient pas de droit commun, mais de convention particuliere.

Tandis que le seigneur estoit dans le château, ou dans les places de son vassal, il en estoit tellement le maitre, qu'il avoit le droit d'y exercer tous les actes de justice à l'endroit des habitans, pourveu que les procés n'eussent pas esté commencez, ou terminez du moins. Ce privilege est attribué à l'empereur dans les villes qui sont du ressort de l'Empire, dans le droit ancien des Saxons [4] : *In quamcumque civitatem Imperii rex devenerit, ibi telonea vacabunt sibi et monetæ. Quamcumque etiam provinciam, seu territorium intraverit, judicium illius sibi vacabit, et ei licebit judicare omnes causas quæ eorum judicio non fuerunt incæptæ aut finitæ. Cinnamus* [5], en son *Histoire* remarque que l'empereur Manuel estant arrivé à Antioche, dont Renaud de Châtillon estoit alors prince et seigneur, durant le temps de huit jours qu'il y demeura, toute la justice du prince cessa, et les habitans y furent jugez par les juges de l'empereur : Τοσαύτην γε μὴν δουλοπρέπειαν Ἀντιοχεῖς εἰς αὐτὸν ἐπεδείξαντο, ὥστε αὐτοῦ τοῖς Ρεινάλδου ἐνδιατρίβοντος δόμοις, οὐδεὶς οὐδεμίαν τῶν ἀμφισβαλλόντων παρὰ τοῖς ὁμογενέσιν ἐδικάσατο δίκην, ὅτι μὴ παρὰ Ρωμαίοις. Ce que Manuel fit ensuite du traité qu'il avoit conclu avec Renaud, par lequel ce prince s'estoit obligé, *Præstito corporaliter* SACRAMENTO*, quod domino imperatori Antiochiam ingredi volenti, vel ejus præsidium, sive irato, sive pacato, liberum et tranquillum non denegaret introitum.* Ce sont les termes de Guillaume, archevesque de Tyr [6], qui ajoûte qu'en suite de ce traité on éleva la banniere de l'empereur au dessus de la principale tour du château d'Antioche. Et cét usage estoit tellement constant à l'égard des souverains, lorsqu'ils venoient dans les châteaux et dans les places de leurs vassaux, que nous l'avons veû pratiquer encore de nostre temps par le roy tres-chrestien à présent regnant, lequel estant venu à Avignon le vingtiéme jour de mars l'an 1660 y fut salué par les consuls et les magistrats comme comte de Provence et comme leur souverain. La garde du pape, à qui cette ville appartient, y fut levée, toutes les jurisdictions ordinaires cesserent ; celle du roy y fut établie, et le roy même y donna les grâces, et la liberté aux prisonniers.

Quoy que le vassal fust obligé de remettre son château au pouvoir de son seigneur, lorsqu'il l'en avoit requis, il y avoit toutefois des cas où il pouvoit en faire refus, sans pour cela encourir le crime

<hr>

[1] P. 115; V. Guid. Papæ decis. 160, p. 203, 219, 238. — [2] Livre Noir de l'Arch. d'Arles intitulé Liber auctoritatum SS. PP. fol. 19. — [3] Aux Preuv. de l'Hist. de Vergy, p. 294. — [4] C. 59, p. 489, tom. 1, Bibl. Labei. — [5] Hist. des Ev. de Lodeve, p. 83, vol. III. — [6] De l'usage des fiefs, c. 24.

[1] Hist. de Bearn, l. 6, c. 13, n. 2. — [2] Census et debita Bigorræ. — [3] Aux Preuv. de l'Hist. des D. de Bourg. p. 67. — [4] L. 3, art. 60; Wichbild. Magdeb. art. 8. — [5] L. 4, p. 204. — [6] L. 14, c. ult.

de felonie, ou confisquer son fief. Du moins avant que de le lui livrer, il lui estoit permis de prendre ses précautions, et de demander des seuretez à son seigneur. Par exemple, le seigneur ne pouvoit pas demander le château de son vassal, pour s'en servir contre lui en quelque guerre que le vassal auroit contre un autre, ou bien pour y introduire l'ennemy du vassal. Il y a une piéce ancienne aux preuves de l'*Histoire des Comtes de Ppitou* du sieur Besly [1], qui fait voir que lorsque le vassal avoit quelque sujet de défiance de son seigneur, il pouvoit avec fondement lui demander des cautions ou des hostages, avant que de mettre son château en son pouvoir : *Comes vero dixit ei, si fiducias vult dare tibi, quod inimici tui castrum non habeant, non potes eum tenere.* Et plus bas, parlant du vassal résolu de garder son château, à moins que le seigneur ne lui donne caution : *Misit Hugo omnia necessaria in castrum, et voluit eum tenere contra omnes, si fiducias non darent ei.* A la fin Hugues rendit son château à son seigneur, à condition que son ennemy n'y pourroit entrer sans son consentement, et qu'il ne lui en seroit fait aucun dommage. Il y a un autre exemple de cecy en des lettres de l'an 1199, où Robert, évesque de Clermont, declare [2] : *Quoniam suspecti videmur, ex eo quod Pontius de Captolio contra nos fecit, manente nobis* JURAMENTO *et* FIDELITATE *quod habemus in castro Vertazionis, illud per quinque annos ab instanti festo sanctæ Mariæ Magdalenes non requiremus, sed ex tunc poterimus requirere.* Et de là vient que souvent dans les sermens et les hommages qui se rendoient à l'occasion de cette sorte de fiefs, le vassal apposoit cette condition, que le seigneur n'y pourroit recevoir l'ennemy capital du vassal [3]. L'hommage du seigneur de Clermont de Lodeve à l'évesque de Lodeve, dont j'ay parlé cy-devant, porte expressément que *non reciperet episcopus in dicto castro capitalem inimicum dicti domini de Claramonte.*

Philippes de Beaumanoir [4] propose cette question, sçavoir si un vassal qui a la guerre en son particulier peut estre obligé par son seigneur de lui rendre son château, quand il l'en requiert, et la resout en ces termes : *Avenir porroit que nostres sires aroit besoing de me forteresse et mestier, et moi aussi en tel point en aroie tel mestier, que je seroie en guerre : si seroit perilleuse cose que li autre que mi ami y allassent, ne m'estoient reperant. Car tout ne le vousist pas mes sires, si pourrois-je estre grevex par cex qui de par eus i seroient. Donques en tel cas ne suis pas tenus à baillier me tour au commandement mon seigneur, se ses cors meismes n'i est. Et s'il ne me prent à didier, et à garentir de me guerre, tant con il i sera residens. Car ce que nous avons dit que li signeur pœut penre les forteréces de leurs hommes, c'est à entendre qu'il soient gardé de domage et de peril.*

Lorsque le seigneur vouloit se faire rendre le château de son vassal, il étoit obligé de l'envoyer sommer, ou, pour user des termes de temps-là, il le devoit *semondre.* Et alors le vassal avoit quelques jours pour se préparer à l'y recevoir, ou ses deputez, et pour en faire enlever ses meubles et sa famille. Un hommage que j'ay rapporté cy-dessus, tiré de l'*Histoire des Evesques de Lodeve* [5], porte que le vassal estoit tenu de remettre sa fortesse au pouvoir de son seigneur en dedans dix jours après sa semonce. Le vassal même s'obligeoit, par la reconnoissance qu'il donnoit à son seigneur, de bien traiter son envoyé, et de ne pas souffrir qu'il lui fust fait aucune injure ou aucun dommage. Un titre de Bertrand dé Saint-Amand, de l'an 1131 [6] : *Et quotiens nos ammonueris per te, vel per nuncium tuum, reddemus supradictum castrum, et de ammonitione non vetabimus, et ammonitori damnum vel injuriam non inferemus,*

nec consilio nostro inferetur. J'ay leu un semblable hommage pour le château de Montdragon à l'archevesque d'Arles [1].

Les anciennes *Coûtumes de Catalogue* [2] expriment exactement ce que le vassal estoit obligé de faire après la *semonce* qui lui avoit esté faite de la part de son seigneur, de luy abandonner son château : qui estoit qu'en même temps il estoit tenu d'enlever tous ses meubles, non-seulement du château, mais encore de son enceinte. Puis le seigneur y estant entré, ou son député, devoit faire monter deux ou trois de ses gens en la plus haute tour, et y faire crier à haute voix son nom et son cry, et alors le vassal devoit sortir du château et de son enceinte, ne pouvant y demeurer que par le consentement exprés du seigneur, si ce n'est qu'il n'eust aucun pourpris aux environs du château, où il pust se loger et se retirer [*] : car autrement demeurant dans l'enceinte du château, il tomboit dans le crime de felonie, suivant cette coûtume. Quant au seigneur, il devoit mettre au château autant de gardes qu'il en faloit pour le garder, et dix jours passez, le rendre au vassal. Et parce que ces coutumes n'ont pas encore esté publiées, il est à propos d'en rapporter icy les termes : *Si per lo senyor es demanda postat al vassel del sen castel, deu li esser donada per aquesta manera. Lo vassel premierament gitara totes ses coses del castel, e de tot le terme del castel, e ses iota contradictio e retencio, lo castel delivrara al senyor, e intrat que sera lo senyor, ho altres per el, en la fortalissi del castel, lo senyor fara puyar* II. o III. o *aytans quant-se volra, en lo plus alt de la torre, los quas ab grans vous cridaran, e envocaran lo nom del senyor. E adoncs lo vassel exsira de tot lo castel, e del terme; car no deu remembre aqui, si non aytant quant sera de volentat expressada del senyor; si doncs lo vassel no avia alcu porpri a lou* [*] *dintre lo terme del castel, en lo qual remanir poyria. En altra manera, quant lo vassel seria remanzut en lo terme del castel, no seria entes que agues donada postat, ans seria reputat bauzador, so es que auria feyte bauzia, seyons costuma de Catalunya, e seria bauzador ayiant de temps quo estaria et vigaria de donar plena postat. E lo senyor rezeben la postat, pauzaria francamente, e se nes tot en payament gardes en lo castel, ayiant que necessari fossen à gardar lo dit castel* [**], o *mudar enfre los* X *dies, en aytal cas, ne seria entes que lo vassel, è ques donada plena et liberal postat del castel, e en aytel cas ne correrien al senyor los* X. *dies, ayiant pot que en cas quel vassel remangues en le terme del castel, o ayiant por avo en cas quel vassel tornes enfre los termes abans de temps, mes sé lahores commenssaren a correr los dies, quant lo vassel aura donada plena e liberal postat, e no sera tornat en los termes abans que temps sia.*

Ce qui est dit en ces *Coûtumes* que le seigneur devoit sortir du château de son vassal aprés qu'il y auroit demeuré l'espace de dix jours, qui commençoient à courir de celuy auquel il en avoit esté mis en pleine possession, regarde les usages particuliers de la Catalogne; car en d'autres *Coûtumes* le seigneur pouvoit le retenir tant que sa guerre duroit, laquelle estant finie il avoit encore quarante jours pour en sortir, et pour en retirer ses gens et ses meubles : ce qui est exprimé dans l'acte d'hommage que Mathieu, duc de Lorraine, fit à Blanche, comtesse de Champagne, et à Thibaut, son fils, l'an 1220, pour la châtellenie de Neufchâtel [3] : *Et eis juravi bona fide, et sine malo ingenio, quod quandocumque et quoliescum que fuero requisitus ab ipsis, vel ex parte ipsorum, tradam eis, vel eorum mandato, dictum castrum, forteritiam videlicet et burgum,*

---

[1] P. 392. — [2] Aux Préu. de l'Hist. des Ducs de Bourg. p. 60. — [3] Plantavit. p. 275. — [4] Ch. 58. — [5] Page 274. — [6] Livre Nov. de l'archevesché d'Arles, fol. 34.

[1] Livre Nov. de l'archevesché d'Arles, fol. 33. — [2] Cap. 2. — [*] [Le *Constitutions de Cathalunya*, éd. de 1588, tom. I, pag. 351, porte *propri alou.*] — [**] [E si lo vasall o algu o alguns en nom seu empatxaran lo senyor, que no puxa posar sufficientes guardas en aquell castell,] — [3] Lib. Princ. Com. par M. d'Herouval.

ut ibi ponant de suis gentibus ad voluntatem suam. Ipsi autem infra XL *dies, postquam de ossonio, vel de guerra sua liberati erunt, tenentur mihi reddere per juramentum suum castrum illud ita munitum, et in eo puncto in quo eis traditum fuerit bona fide.* Les mémes termes se rencontrent en une semblable reconnoissance de Guy de Châtillon, fils ainé de Gautier, comte de Saint-Paul, pour ses forteresses de Champagne[1] : *Dictus siquidem comes fecit jurare in animam suam quod infra* XL *dies postquam exierit de essonio suo, dictas forteritias mihi et Hugoni, fratri nostro, vel hæredibus nostris, in eodem statu, in quo easdem recepit, restituet bona fide.* Dans le traité[2] d'entre Eudes, duc de Bourgogne, et Estienne, comte d'Auxonne, de l'an 1197, le duc s'oblige de rendre Auxonne au comte *infra* VII *dies postquam dux negotium suum de castro et villa fecerit;* ce qui fait voir que les usages estoient differents pour cette sorte de fiefs.

Le seigneur ou ses deputez, estant entrez dans une pleine possession du château du vassal, s'ils y trouvoient des vivres, des meubles ou des provisions, ils pouvoient s'en servir avec discrétion, et autant qu'ils en avoient besoin pour eux et pour leurs gardes, tant qu'ils tiendroient le château; que s'ils n'y trouvoient rien qui fust à l'usage de ceux qui estoient établis pour sa garde, en ce cas ils estoient obligez de fournir à la dépense, qui leur devoit estre renduë par le vassal. Les *Coûtumes de Catalogne*[3] : *É si lo senyor, quant rechebra la postat del castel, troba negunes causas del vassel en so castel, o en le terme, lo senyor o les seves gardes poyron aqueles cauzes penre e despendre tempradament aytant que necessari sara, mentre que lo castel tenga. E si non troba res, o si troba cozo que non vaste a ops de les gardes, adoncs lo senyor, et seu, fara les despens, més en pero lo vassel est tengut de retre aqueles al senyor.*

Cecy estoit encore particulier à la Catalogne; car de droit commun et ordinaire la dépense de ceux qui gardoient le château du vassal de la part du seigneur estoit à la charge du seigneur. Philippes de Beaumanoir[4] : *Se cil qui tient en baronie prent la forteresse de son home pour son besoing, ce ne doit pas estre au coust de son home. Car se il i met garnisons, ce doit estre du sien, et s'il y a prisonniers, il les doit fere garder du sien, et s'il empire de rien la forteresse, il le doit refere.* La plûpart des titres toutefois exceptent le foin et la paille du vassal, que le seigneur n'estoit pas obligé de restituer s'ils les avoit consumez tandis qu'il avoit tenu son château. Le traité[5] d'entre Estienne, comte d'Auxonne, et Eudes, duc de Bourgogne, de l'an 1197 : *Et si dux et sui in eadem villa aliquod damnum interim fecerint, præterquam de fæno et stramine, dux infra* XL *dies postquam submonitus fuerit, emendabit.* Un titre de l'an 1216[6] : *Et si dum illud teneremus, per nos, vel per nostros, aliquod damnum, præterquam de fæno et stramine, ibi in rebus suis fieri contingeret, infra* XL *dies postquam requisiti essemus damnum illud restaurabimus.* Pour ce qui est du foin et de la paille, il semble que les vassaux estoient obligez d'en fournir au seigneur en ses guerres, lorsqu'il se trouvoit en la maison du vassal. Un titre de l'an 1208[7] : *Si vero guerram habuerit, obedientiariam in aliquo, excepto fæno et palea, non gravabit.* Aussi ce tribut est fort ancien, et est appelé *fodrum* dans les auteurs du moyen temps, et estoit fourni generalement par tous les sujets du prince, lorsqu'il venoit dans les villes, ou à ses envoyez et à ses commissaires[8]. Frederic Ier, empereur, appelle ce droit, qui estoit dû aux empereurs, *fodrum regale,* en une de ses patentes de l'an 1164[9] ; mais je reserve à en parler en une autre occasion. Si le seigneur ne pouvoit consumer que le foin et la paille du château et de la place de son vassal, à plus forte raison le vassal demeuroit en la jouïssance et en la perception de ses droits qui lui estoient deus : c'est ce qui est exprimé dans un titre de Pierre, vicomte de Castillon, de l'an 1246[1] : *Et hoc non obstante nos vel hæredes nostri, vel successores, redditus nostros de castro et de castellania Albæterræ et pertinentiis eorum libere et integre percipiemus.*

Au surplus, le seigneur devoit user du château de son vassal comme un bon seigneur, et un bon pere de famille, et le luy rendre après que ses guerres ou ses affaires seroient achevées, au méme état qu'il luy avoit esté confié. Les loix de Simon, comte de Montfort : *Et ipse comes, tanquam bonus dominus, in illo statu et valore in quo receperit tenetur reddere eisdem, sine diminutione, aut damno, peractis negotiis suis.* Un titre de l'an 1219[2] : *Dominus Amalricus ita faciat de castro seu de castris et eadem teneat ut bonus dominus.* Il devoit faire en sorte qu'il ne souffrit aucun dommage. Le traité de Raymond Garsie de Navailles, de l'an 1205[3] : *Dominus autem Gasto debet tenere castrum absque damno.* Il estoit obligé de le rendre et de le restituer avec les mémes artilleries, les mémes armes, et autres choses qui servoient à sa défense, qu'il y avoit trouvées. Un titre de Rogèr, comte de Comminges, de l'an 1211[4] : *Et ipse et sui quando prædicta castra mihi reddent, eodem modo mihi munita et garnita reddent quomodo et invenerint munita et garnita die receptionis, sine damno meo, vel meorum.* Enfin il le devoit rendre *sine fraude,* comme parle la Chronique du Vigeois[5] ; *cum integritate,* comme dit celle des evesques d'Auxerre[6]. Mais si le seigneur pour son profit avoit fortifié et amélioré la forteresse qui lui avoit est confiée, le vassal n'estoit pas obligé de luy rendre les améliorations, ainsi que le sire de Beaumanoir a observé en ces termes : *Et s'il l'amende pour estre plus fort, ou plus bel pour son besoing, ses homes ne l'en est tenus à riens rendre, parce que ce ne fut pas fet por li, tout soit ce que li porfit l'en demeure.*

Voilà ce qui concerne les usages et la pratique lorsque le vassal mettoit son château au pouvoir de son seigneur; mais si sans aucune excuse legitime il dilaioit, ou refusoit de le délivrer, après que les semonces avoient esté faites dans l'ordre de la part de son seigneur, alors le château tomboit en commise, et estoit confisqué au profit du seigneur. Le traité de Raymond Garcie de Navailles[7], dont j'ay parlé cy-devant : *Si tamen R. G. nollet tradere castrum domino Gastoni, quacumque hora exigeret, Raymundus Garsias, vel ejus successor, esset proditor et perjurus domini Gastonis, et totius sui generis; et si dominus Gasto per vim posset postea habere castrum de Navalhes, nunquam teneretur reddere illud Raymundo Garsiæ, nec suo successori.* Rigord[8], en la *Vie de Philippes Auguste,* en fournit un exemple en la personne du comte de Bologne : *Petiit rex ab eo ut ei traderet munitiones; quas cum ei, contra jus et consuetudinem patriæ, denegasset, rex, congregato exercitu, accessit ad prædictum castrum,…. et quarto die per vim cepit.* Henry Ier, roy d'Angleterre, en usa de la sorte à l'endroit de Renaud de Bailleul[9] : *Qui fidelitatem regis reliquerat, eique poscenti ut domum suam de Mansione Renuardi redderet, superbe denegaverat.* Comme encore à l'endroit de Hugues de Monfort, qu'il avoit fait sommer de lui rendre son château de Montfort[10] : *Ut munitionem castri Montisfortis sibi redderet.* Car ces seigneurs n'ayant pas voulu deferer aux semonces du roy, leurs places furent assiegées, prises, et confisquées.

---

[1] Lib. Princ. Com. par M. d'Hérouval. — [2] Preuv. de l'Hist. de Vergy, p. 122. — [3] Ch. 2. — [4] Ch. 58. — [5] Gollut, 1. 6, ch. 38. — [6] Aux Preuv. de l'Hist. de Vergy, p. 151, des D. de Bourgog. p. 67. — [7] M. Perard en ses Mém. de Bourgog. p. 327, 329. — [8] S. Julien, aux Antiq. de Mascon; p. 239. — [9] Apud Ughel. in Episc. Reatin.

[1] Reg. d'Angoulesme. — [2] Reg. de Carcassonne, fol. 16. — [3] Marca. — [4] Reg. de Carcassonne. — [5] Ch. Voscense. — [6] Hist. Episc. Autis. p. 500. — [7] Hist. de Bearn. 1. 6, c. 13, n. 2. — [8] A. 1212. — [9] Order. Vit. 1. 12, p. 849. — [10] Id p. 876.

La confiscation toutefois ne suivoit pas à l'instant ce refus ; mais le seigneur estoit obligé de sommer son vassal en sa justice de reparer et d'amender le tort, et d'attendre un certain temps et limité : aprés lequel, si le vassal ne se mettoit pas en son devoir, le fief estoit declaré confisqué au profit du seigneur. En la convention qui se fit entre Roger, évesque de Beauvais, et Francon, seigneur de Gerberoy, l'évesque fait cette promesse à Francon [1] : *Franco, non tibi ero in damno de castello Gerboredo, ut tu illud perdas me sciente, nisi contra me forisfeceris ; et si contra me forisfeceris, postquam nomine hujus sacramenti emendare te submonuero, aut per me, aut per meum missum, duabus quadragesimis emendationem tuam exspectabo ; et si infra duas quadragesimas illud mihi emendaveris, aut emendationem tuam accipiam, aut tibi perdonabo. Et deinceps hanc ipsam convenientiam observabo, si contra me et contra illos homines quos intromittere voluero, illud ipsum castellum Gerboredum non defenderis, et si sacramenta quæ mihi jurasti, et convenientias quibus mecum convenisti, per omnia in fidelitate mea mihi observaveris.* Il est aisé de voir que ce traité regarde le refus que le seigneur de Gerberoy pouvoit faire à l'évesque de Beauvais de lui rendre son château, et s'il le faisoit, l'évesque déclare qu'il attendra deux quarantaines, pour voir s'il ne reparera pas le tort et le refus, et ce suivant la loy des fiefs, qui ne souffroit pas que le seigneur entreprist rien sur son vassal, sous prétexte de quelque attentat que ce fust sur sa personne, ou les droits de sa seigneurie, qu'après quarante jours, pendant lesquels il estoit permis au vassal de se purger de ce que son seigneur l'accusoit ou de l'amender [2]. Il est encore parlé de cette quarantaine en un traité qui fut fait entre l'empereur Alexis Comnene et Boëmond, prince d'Antioche, dans l'*Alexiade* d'Anne Comnene,[3] fille de cét empereur. Tant y a que c'est à cét usage qu'il faut rapporter ces termes de l'hommage de Geoffroy, vicomte de Chastelleraud, de l'an 1224, dont j'ay parlé cy-devant : *Ita quod si egodeficerem de hoc faciendo* (c'est à dire de rendre son château), *Dominus rex sine se mesfacere posse fassignare ad quidquid teneo de eo, et tenere in manu sua donec id esset emendatum per judicium curiæ suæ.*

Comme le vassal confisquoit son fief au profit de son seigneur, par le refus qu'il faisoit de le mettre entre ses mains, de même le seigneur perdoit, non la tenue et la mouvance, mais la *reddition*, c'est à dire le droit d'obliger son vassal de luy rendre son château, lorsqu'il en auroit besoin, et ce s'il en usoit contre la coûtume, et contre la bonne foy qu'il estoit obligé de garder à son vassal. Par exemple, si le seigneur ne vouloit pas restituer à son vassal le château qu'il luy avoit confié, aprés que ses guerres estoient finies et achevées, alors si le vassal pouvoit le reprendre par la force des armes sur son seigneur, il estoit dispensé à l'avenir de cette charge. L'hommage de Raymond Garsie de Navailles à Gaston, vicomte de Bearn : *Si tamen dominus Gasto, vel ejus successor, per suam malitiam nollet reddere castrum Raymundo Garsiæ, vel ejus successori hæc facere.volenti, et R. G. per vim posset recuperare castrum, numquam postea teneretur reddere castrum D. Gastoni, vel suo successori, et ipse Gasto cum suo successore esset proditor et perjurus Raymundi Garsiæ et totius sui generis.*

Philippes de Beaumanoir [1] rapporte plusieurs cas où le seigneur peut *mesfaire*, c'est à dire se rendre criminel envers son vassal, et entre autres s'il se faisoit rendre le château de son vassal, sous pretexte de guerre, quoy qu'il n'en eust point : *Comme s'il disoit : Je l'ay pris pour moi aidier de me guerre, et il n'avoit point de guerre ; dont apparoist-il qu'il ne le feroit, fors por son home grever ; et aussi s'il les prenoit pour mettre ses prisons, et il les y lessoit residens longuement. Et il le peut bien amender, si come il les [2] bienoster de Baesques legerement, et mener en le soe prison ; en tel cas se mefferoit-il envers son home, et aussi s'il faignoit qu'il en eust auscun mestier, et il avoit haine, ou maintes fétes à celi qui la forterece seroit ; ou s'il le fesoit pour ce qu'il vousist porcacier vilonie de se feme, ou de se fille, ou d'autre feme qui seroit en se garde ; en tos ces cas se mefferoit-il.* Puis il ajoûte la voie que le vassal doit tenir en ces cas pour tirer raison de l'injure qui luy est faite par son seigneur, en ces termes : *Et si tost come il font tex desavenans, et delaissier ne le veuroient à le requeste de lor homes, se li homs le denonchoit au roy, barons ne doit ja soffrir plet ordené entre le seigneur et son home en tel cas : ainçois doist tantost fére savoir por quel cause li sires a saisi la forterece de son home ; et s'il voit qu'il l'ait saisie por resnable cause, ou par son loyal besoing, on l'i doit soffrir : et se non, on l'en doit oster, et rendre à son home, et li defendre sor quanques il pot meffere, qu'il ne l'en preigne plus, se n'est por son besoing cler et apparant.*

---

[1] Louvet, aux Antiq. de Beauvais. — [2] Loisel, 1. 5, des Instit. tit. 2, art. 51 ; Pithou sur la Coust. de Troies, art. 11, 12, 24 et 87 ; Brodeau, sur la Coust. de Paris, art. 7. — [3] L. 13, p. 410.

[1] Ch 58. — [2] Sic in MS.

DE

IMPERATORUM

CONSTANTINOPOLITANORUM,

SEU

DE INFERIORIS ÆVI, VEL IMPERII,

UTI VOCANT,

NUMISMATIBUS,

DISSERTATIO.

DISSERTATIONIS

DE

IMPERATORUM CONSTANTINOPOLITANORUM

NUMMIS

SYLLABUS.

DE

IMPERATORUM

CONSTANTINOPOLITANORUM,

SEU

DE INFERIORIS ÆVI, VEL IMPERII,

UTI VOCANT,

NUMISMATIBUS,

DISSERTATIO.

I.

NUMMORUM CONSTANTINOPOLITANORUM NECESSARIA COGNITIO.

Etsi tot viri eruditissimi et in re nummaria antiqua peritissimi de hac liberalium disciplinarum parte copiose hactenus disseruerint, ac luculentos de numismatum figuris et inscriptionibus ediderint commentarios, eos tamen quos inferioris vocant Imperii nummos, fere omnes neglexere, maxime qui post Heraclium regnavere imperatorum Constantinopolitanorum, tum quod male formatas figuras exhibeant, insulsasque, ne dicam ineptas, inscriptiones, tum etiam quod nihil in se fere contineant quod ad arguta illa et ingeniosa veterum numismatum ænigmata accedat. Verum quisquiliarum ejusmodi, quandoquidem postremam istam nummariam supellectilem ita indigitant, doctiorum hominum studio minime videtur indigna cognitio. Licet enim exquisita illa in iis vix occurrant reconditioris eruditionis argumenta, quæ vetustiora numismata passim suppeditant, ac viris literatis divinationum et conjecturarum præbent occasiones, insunt aliquando tamen in istis quæ OEdipo indigeant, qui obscura praveque quantumvis edita pandat oracula atque explicet. Fatendum deinde viliora ista numismata ad ævi quo formati sunt historiam conducere, ab iisque lumen interdum accendi scriptoribus byzantinis. Horum denique notitia ex sese nullam licet contineret utilitatem, aut certe haberet nihil quod distinere debeat liberalem et excultum literis animum, si non magni, aliquanti tamen interest agnoscere quorum sint

principum, et a quibus cusa et formata quæ manibus versamus numismata, et characterum in aversa eorum facie vim vel percipere, vel saltem investigare; quandoquidem nihil frustra in iis positum vel effictum licet arbitrari. Enimvero, ut in antiquioribus numismatibus, præteritorum sæculorum felicem artium peritiam, ingeniorum acre judicium, et præclaras ac sagaces ænigmatum adinventiones demiramur; ita in iis quæ ævi sunt sequioris et labentis Imperii, artificum inscitiam, literarum, atque mechanicarum perinde ac liberalium artium lapsum et interitum; et quod stupendum, apud gentem cui literas et artes orbis debet, licebit deplorare. Licebit, inquam, male formatos ac cusos nummos intueri, pessime insuper effigiatos, barbaros inductos characteres, barbaras etiam ac utraque lingua mixtas persæpe inscriptiones, nullo denique fere genio vel ingenio expressas adversarum partium, si quæ habentur, figuras. Sed hæc sunt infimæ omnino ætatis numismatum; nam ævo Constantini, et qui proxime successerunt augustorum, longe alia occurrit nummorum facies, ut qui et in figuris et ænigmatum descriptionibus vix prioribus cedant. In utroque porro ejusmodi numismatum genere, quæ ad stemmatum byzantinorum illustrationem delineari curavimus, explanando, haud inutilem forte operam nos collocaturos existimavimus, etsi cum qualemcumque divinandi præbent materiam in rebus per se obscuris ac incertis, nobismet conjecturis indulgendi facultatem arrogaremus. Quod quidem hac ratione ita visum est aggredi, ut quæ vel omnibus, vel pluribus ævi sequioris numismatibus conveniunt, in hac dissertatione explicarentur, ut ad eorum accedentibus inspectionem expeditior sit et figuras et characteres dignoscendi via : quæ vero cuique propria sunt, post singula imperatorum stemmata brevioribus notis illustrarentur, in eo quod de familiis augustis byzantinis confecimus opere. Quæ igitur omnibus vel pluribus conveniunt, aut imperatorum effigies, vestes nempe et adjuncta dignitatum insignia ac symbola spectant; aut inscriptiones ab iis quæ in superioris ævi occurrunt nummis diversas; vel denique nummorum ipsorum novas et antiquis incognitas appellationes : quibus quidem observationibus quædam adjungenda duximus, quæ in nummis iisdem prolixiori indigent commentario, tum etiam de spuriis ac adulterinis, atque adeo de iis quos *Contorniatos* vocant. Ita quadripartitum opus adornandum nobis incumbit.

II.

NUMMI CONSULARES.

Atque ut ab augustorum figuris initium ducat instituta disputatio, ex nummis imperatoriis quidam consulares appellantur; in quibus scilicet imperatores aut cæsares consulari habitu effinguntur, iis quibus consulatum gessere annis cusi : nam unicam consulatus dignitatem tanquam imperatoriæ majestatis προσθήκην, ut loquitur Libanius[1], semper ambierunt augusti. Varie autem effictos cernimus : interdum enim *expressa thorace vultus imagine*, ut verbis utar Pollionis, cum stola consulari, sceptro aquiligero in dextra, et corona radiata qua caput cingitur, ut sunt nummi Aurelii Probi apud Tristanum[2], Constantii Chlori, cui pro lemmate, VIRTUS AUGG. et Constantini M., qui in cippo præfert, VOT. XX cususque est anno decimo vel decimo quinto Imperii : nam hisce annis consul fuit Constantinus. Ejusmodi etiam est nummus Crispi Nobilissimi Cæsaris laurea præcincti, cum stola perinde consulari, et sceptro aquiligero, nulla anni consulatus nota. Ter autem consul fuit Crispus[3]; ac primo cum Licinio V., rursum cum Constantino II., denique cum Constantino III. Iis etiam forsan accensendi aliquot ex Licinianis, tametsi sceptrum non præferant. Simili denique figura exhibentur in nummis, non lusca quidem, sed plena facie, protomæ Tiberii Constantini, et Mauricii Tiberii, dextra volumen, læva sceptrum aquiligerum, Phocæ vero loco sceptri crucem[4] ; Philippici denique loco voluminis globum crucigerum tenentium[5]. Nam, etsi post Justinianum in Fastis consules non describantur, certum est tamen longe postea hanc dignitatem obtinuisse, uti mox dicturi sumus, et ad consularem dignitatem referendos videri nummos inferioris ætatis augustorum, in quibus consulari habitu exhibentur.

III.

PARIA CONSULUM EXPRESSA IN NUMMIS.

Interdum par consulum ἐπὶ τοῦ βήματος, ut est apud Themistium[6], seu pro tribunali sedentium, effictum conspicitur. Ita in nummo Constantis imperatoris æreo, majoris formæ, sedet ipse Constans celsior, caput nimbo vel lumine[7] circumdatus, cum binis consulibus, in tribunali, in cujus basi legitur hæc inscriptio, VOT. V., quæ arguit Felicianum et Titianum in eo exprimi, qui

consulatum gerebant, cum Constantinus M. excessit 25 julii, quo pro Constante Augusto[1] vota quinquennaliorum soluta sunt : aut forte Ursum et Polemium, qui sequenti. Consules etiam Constantinum et Constantem repræsentat nummus alter[2] aureus, majoris perinde formæ, pro tribunali sedentes, caputque nimbo exornatos, quibus adstant figuræ duæ stolatæ, laureos ramos porrigentes, cum Christi monogrammate inter utriusque Augusti capita, et hac inscriptione, GLORIA REIPUBLICÆ; nam ter simul consulatum gessere, annis scilicet 339-342-346. Maxime vero inter consulares insignis est nummus aureus Theodosii[3] junioris, in quo Theodosius ipse in sella sedet cum Placidio Valentiniano. Uterque autem habitu consulari dextra volumen, sinistra globum crucigerum tenet, ubi Valentinianus ut puer effingitur, adeo ut ad primum, quo Cæsaris, vel potius ad secundum ejus consulatum, quo Augusti nomen gessit, ut qui cum globo crucigero effingatur, imperii symbolo, referri debeat, cum ætatis annum sextum vel septimum vix tum attigisset. Eorumdem etiam Theodosii et Valentiniani consulum imagines, in altero ipsius Theodosii, qui hunc excipit, ni fallor, habentur. Imperatorum denique paria exhibent perinde nummi Valentiniani senioris[4], Valentis, Gratiani, Valentiniani junioris, Theodosii, Maximi Tyranni, et Victoris, non ut consulum, sed ut imperatoriæ dignitatis consortium et collegarum; quod et indicat globus quem iis in nummis uterque expressus augustus dextra tenet. Nam nec Maximus, nec Victor filius consulatum una gessere, quorum alter ut puer in nummo effingitur.

IV.

HABITUS CONSULARIS.

Ex habitu igitur consulari nummos imperatorum consulares esse deprehendimus. Non de veterum reipublicæ romanæ, sed de citerioris ævi consulum ornatu ac veste hic sermo est, quorum insignia a priorum consulum insignibus si non diversa, saltem non prorsus eadem fuisse, in confesso esse debet. Notum ex scriptoribus priscorum consulum vestes fuisse togas pictas et palmatas, ac trabeas, quod pluribus docuere pridem criticorum filii, tametsi utrumne a se invicem diversæ fuerint, non plane definiunt. Certum pariter istius nomenclaturæ indumenta etiam consulibus sub constantinopolitanis imperatoribus adscribi. Sed cum veterum consulum imagines, sive in statuis, sive in numismatibus dignitatis istius insignium formam materiamque non ita prodant, ut res extra omnem controversiam habeatur, incertum manet an eadem fuerint quæ numismata ac diptycha consularia repræsentant. In iis quippe, maxime in diptychis, ubi habitus consularis universus plene conspicitur[5], Consules tunicis palmatis et togis pictis induti apparent, cui superfunditur fascia latior collum ambiens, cujus pars dextra strictior, a dextro humero recta circa pectus ultra genua descendit, ipsumque humerum ac brachium dextrum circumvolvens, sinistrum humerum amplectitur, explicans sese, latiorque sensim effecta, ac circa dorsum delapsa, rursum a dextro latere per umbilicum transversum agitur, et infimam sinistri brachii partem, qua manui illud conjungitur, involvit, reliqua fasciæ parte retro pendula. Ita quidem in Diptychis

---

[1] In Consulat. Juliani. — [2] Tom. 3, p. 289. — [3] * Crispus et Licinius, an. 318; Crispus et Constantinus II, an. 321; Crispus et Constantinus III, an. 324. — [4] * Vide Bandurii Numismata, tom. 2, pag. 675. — [5] * Vide Bandur. ibid. pag. 698, in *Filepico*, seu *Philippico*. — [6] Orat. II, p. 254. — [7] * Apud Mediobarb. in Constante Tr. Potest. IV, pag. 480, edit. Mediol. 1730.

[1] *Anno 337. — [2] * Nummus regius. Vide Bandur. Numism. in Constante, tom. 1, pag. 349. — [3] * Consule Bandur. ibid. pag. 558. — [4] * Vide Mediobarbum, in Valentiniano seniore Trib. Pot. IV, ad an. 368. — [5] * Vide Senatorem Bonarotam, in Animadv. ad tria diptycha, cujus ectypa exstant in fine ipsius operis, *De antiquis vitris*. Bottarius.

Leodiensi et Bituricensi ab Alexandro Wilthemio descriptis, quæ in Compendiensi apud Sirmondum ad Sidonium, et in numismatibus decussata tantum ad pectus cernitur, forte quod reliqua et inferior corporis pars in iis desit. Sed præstat hoc loco diptychon [1] aliud consulare eburneum (tametsi cujus consulis sit minime constet, cum nulla in eo habeatur inscriptio), ex gazophylacio regio describere, ea qua est forma ac magnitudine; tum ut habitus consularis omnino percipiatur, tum quod quædam contineat, quæ in aliis diptychis non occurrunt. Nam consuli utrimque adstant figuræ muliebres habitu satis insolenti, præsertim quoad ornatum capitis, quarum quæ ad dextram est hastam vel bacillum tenet, altera clypeo læva innititur, seu illa Minerva vel Pallas sit, seu alia quævis dea, cum hisce figuris virtutes designari pro certo sit, ut in Julianæ imagine, de qua mox agemus, et ut ejusce ævi pictores ac sculptores solebant, quod præterea satis docent figuræ aliquot ejusmodi in Notitia Imperii Orientalis [2] descriptæ. Consul vero ipse dextram, qua mappam seu volumen tenet, non erigit, sed in gremio demissam habet.

V.

CLAVUS.

Fasciam istam veterum esse latum clavum quidam censent, qui apud Sosipatrum [3] *impurpurata vestis, id est* ἐμπόρφυρος ἐσθὴς καὶ ἔνηλος, appellatur, et senatorum proprius fuit, qui trabeis aliisque vestibus attexebatur, quas περιπορφύρους et φοινικοπορφύρους vocat alicubi Dio, ut πλατυπόρφυρα ἱμάτια Archippus apud Pollucem [4] : purpuræ quippe nomine limbos vestium donabant. Veteres Glossæ : Κυκλάς, ἡ περὶ τὴν χλαμύδα κυκλοπορφύρα, *limbus*. Alibi : Πορφύρα ὑφασμένη, *clavus*. Gloss. S. Benedicti cap. de Vestimentis : *Clavi*, σημεῖα. *Clavare*, πορφυρῶσαι. Senator [5] in formula Rectoris provinciæ : *Chlamidis tuæ procul dubio clavos intende, quos scias non inaniter positos. Hinc fit ut cum publicum agentes, purpuram cernerent, de vigore Principis semper admonerent.* Septima Synodus, can. 15 : Οὐδὲ ἐκ σηρικῶν ὑφασμάτων πεποικιλμένην ἐσθῆτα ἐπέδυτό τις, οὐδὲ πρωσετίθεσαν ἑτερόχροα ἐπιβλήματα ἐν τοῖς ἄκροῖς τῶν ἱματίων. Sed *clavi* isti *purpurei* limbos vestium proprie spectant, a quibus dictæ ejusmodi vestes *auroclavatæ*, vel *auroclavæ*, uthabet vetus interpres Juvenalis [6] : unde recentiores Græci vocem χρυσοκλαβαρικὸς formarunt. Verum alii fuere postmodum senatorum et consulum *lati clavi*, quorum formam ita describit Acron ad illud Horatii : *Prætextam et latum clavum : latum clavum purpuram dicit quæ in pectore extenditur senatorum.* Græci τὸν κολοβίωνα vocant. *Usum ejus hodie retinent principes, injicientes vesti a cervice ad pectus indumentum ex purpura, vel pellibus pretiosis muris Pontici, vel aliis, dum regio habitu prodeunt in publicum.* Ubi nemo non videt graphice describi ac designari fasciam istam consularem quæ, ad collum convoluta, a cervice ad pectus descendens colobii speciem referebat : quod tunicam absque manicis fuisse testantur passim scriptores. Unde apud Ammianum [7] : *pectoralis illa tunica sine manicis texta,* cujusmodi colobiων Acronis fuit, *regale indumentum* appellatur : non quod revera Acronianus colobiων esset tunica contexta absque manicis, ut diaconorum fuit; sed quod clavus, olim vesti adtextus, deinde ab ea avulsus, ita ad collum et humeros circumvolveretur, et ad pectus deflueret, ut colobii revera speciem præberet. Clavos enim non modo purpuras vestium limbis adtextas vocabant, sed et quasvis

longiores fascias, ut *linteorum clavos latissimos* dixit Ammianus [1], *mappas laticlavias* Petronius Arbiter, *mantilia cocco clavata* Lampridius, in Alexandro Severo. Clavos igitur intelligit Pacatus per *purpuras consulares*, cum, ut diximus eæ vesti consulari olim attexerentur, uti ea effingitur in nummo Augusti, quem designavit Bizæus [2] : quæ neque multum discrepat ab ea qua indutus conspicitur Maximianus cum radiato stemmate in nummo argenteo, in cujus aversa facie scriptum : Pax Augg., nisi quod revera fascia latior collum ambiens, et ante pectus defluens potius videtur. Atque hic quidem colobiων, consulum proprius non omnino fuit, sed senatorum omnium pacificus habitus, ut docet lex 1. Cod. Th. de Habitu (14, 10.) [3] quo uti oportet intra urbem : *Nullus senatorum habitum sibi vindicet militarem, sed chlamydis terrore deposito, quieta coloborum ac penularum induat vestimenta.* Tametsi consulum *colobiones* purpureos fuisse, aut ex pretiosiori alio panno, par sit credere.

VI.

SUBARMALIS.

At cum inter vestes consulares alia occurrat apud scriptores ævi posterioris, quam *Subarmalis* nomenclatura donant, videant eruditi an non ipsa eadem sit fascia, sic appellata, quod sub *armis*, id est sub humeris, circumvolvat pectus, uti effingitur : adeo ut fuerit quod ὠμοφόριον vocavit ætas posterior. Valerianus quippe augustus sic Aurelianum compellat apud Vopiscum [4] : *Cape igitur tibi pro rebus gestis tuis... togam prætextam, tunicam palmatam, togam pictam, subarmalem profundum, sellam eboratam : nam te consulem hodie designo,* etc. Ubi cum *subarmalis* postrema ex vestibus consularibus recenseatur, admodum probabile est eam esse quæ cæteris superfundebatur. Neque sane omnino a subarmali diversa fuit vestis illa quam *succinctorium* nuncupant, uti describitur ab Isidoro [5] : *Redimiculum est quod succinctorium, sive bracile nuncupamus, quod dividens per cervicem, et a lateribus colli divisum, utrarumque alarum sinum ambit, atque hinc inde succingit, ut constringens latitudinem vestiat corpus, atque conjungendo componat : hoc vulgo Bracile, quasi Brachiale vocant, quamvis nunc non brachiorum, sed renum sit cingulum. Succinctorium autem vocatum, quod, ut dictum est, sub brachiis ductum alarum sinum ambit, atque hinc inde succingit.* Quæ quidem succinctorii vel bracilis descriptio, si non subarmalis prorsus, saltem convenit *stolæ* ecclesiasticæ, de qua mox agemus, descriptioni. *Subarmalem* autem, non consulum duntaxat, sed et aliorum magistratuum pacificum fuisse habitum, et quibus ii in solennibus imperatorum processibus ac festis diebus utebantur, pridem alii observarunt ex Spartiano, Trebellio Pollione, et Herodiano. Sed quod Casaubonus dixit fuisse sagum, seu militarem togam sic dictam, quod sub armis fibula annecteretur, vel sub armis rejiceretur, ex auctorum locis ab eo allatis id confici nemo, opinor, dixerit. Neque etiam forte fidem apud plerosque obtinebit, dum *profundum* appellari subarmalem scribit, quasi ποδήρη, id est, *talarem,* cum hoc loco vox *profundus* videatur potius colorem denotare saturum, intensiorem, et subfuscum, ita ut idem sit *subarmalis,* qui Pollioni *cum purpura maura* nuncupatur, id est ex purpura fusca : nam ita Græci βαθὺ interdum usurpant, ut Hesychius, qui καὶ τὸ μέγα, καὶ ὑψηλὸν, καὶ μέλαν significare ait.

---

[1] V. Tabell. 1. — [2] Cap. 159. — [3] L. 1. — [4] L. 7, c. 14. — [5] L. 6, ep. 21. — [6] Ad Satyr. 6. — [7] L. 14.

[1] L. 16. — [2] Ad Aug. dial. tab. 13. — [3] * Colobium differe a latoclavio probat Gothofredus, in Cod. Th. ex L. 19 et 23. Bottarius. — [4] In Aurel. cap. 13. — [5] L. 19 Orig. c. 33.

Hac notioue χλοερὸν βαθυνόμενον, Paullus Silentiarius [1] *viridem colorem saturum* appellat. Sic etiam βυσσὸν Græci pro *profundo*, perinde ac pro *bysso* seu purpura usurpant, atque adeo ἄντι τῆς ὕσγης, ut habet idem Hesychius, sic ut *subarmalis profundus* fuerit ὑσγινοβαφὴς, *hysgino infectus*, ut loquitur Plinius. Quod vero *profundum* vocat Valerianus imperator, *fundatum* appellarunt scriptores ævi inferioris : nam vocem hanc cum *tyria purpura*, aut *blatta* fere semper conjungit Anastasius Bibliothecarius, uti alibi docemus [2]. Igitur *subarmalis profundus* fuerit, nostra quidem sententia, ex purpura intensiore ac satura, atque adeo διβαφής.

VII (VI).

LORUM.

Sed quam hæc ætas *clavum*, vel *subarmalem*, vel alia nomenclatura dixit, fasciam illam consularem posterior *lorum* appellavit, quod lori seu cinguli formam referret. Id enim genus esse ornamenti, quod Silvestro summo pontifici inter alia concessum aiunt a Constantino Magno, jam persuasum habetur. Ita enim Anastasius Bibliothecarius [3], ubi de ejusdem Augusti donatione, ex codice Mazarino : *Deinde diadema, videlicet coronam capitis nostri, simulque phrygium, necnon et superhumerale, videlicet lorum quod imperiale circumdare solet collum.* Ubi Græca habent : ἅμα καὶ τὸ λῶρον, καὶ τὸ ὠμοφόριον, ὅπερ κυκλοῖ τὸν βασιλικὸν τράχηλον. Hic exclamat Laurentius Valla [4] : *Superhumerale ais esse lorum, nec quid sit lorum tenes. Non enim cingulum ex corio factum, quod dicitur Lorum, sentis circundari pro ornamento Cæsaris collo : hinc est quod habenas et verbera vocamus lora. Quod si quando dicantur lora aurea, non nisi de habenis, quæ auratæ collo equi aut alterius pecudis circundari assolent, intelligi potest, quæ te res, ut mea fert opinio, fefellit : et quum lorum circundare collo Cæsaris atque Silvestri vis, de homine, de imperatore, de summo pontifice equum aut asinum aut canem facis.* Ita nugantur plerumque puræ latinitatis ac veteris scientissimi, dum in inferioris ætatis scriptorum salebras et quisquilias incidunt. Sed indulgendum viro alioquin doctissimo, qui nec quid esset *bannum* vel *lorum* in hac donatione ignorasse debuit, cum totam vitam terendis melioribus libris insumpsisset. Perperam vero *lorum* in Græco distinguitur a *superhumerali*, quod unum idemque esse constat, satisque firmat Anastasius. Scio pallii usum summis aliisque pontificibus adscribi longe ante Silvestri atque adeo Constantini M. ætatem : cum Anastasius [5] scribat Marcum PP. constituisse *ut episcopus ostiensis qui consecrat episcopum urbis, pallio uteretur, et ab eodem episcopo urbis Romæ consecraretur.* Sed et auctor Ceremonialis Romani [6], quem Christophorum Marcellum quidam nominant, ab ipso Lino ejus usum ac originem auspicatur. Exstat porro hujusce ornamenti imperatorii nomenclaturæ vestigium insigne apud Leonem Grammaticum in Basilio [7] : Ἐνθρονίζεται καὶ ἐγκαινίζεται ἡ ἐκκλησία, ἣν ἔκτισεν ὁ βασιλεὺς καὶ ἐκαλλώπισε κόσμῳ πολλῷ, παρὰ Φωτίου Πατριάρχου, τοῦ βασιλέως ἐν τῷ αὐτῆς καινισμῷ λῶρον φορέσαντος, καὶ χρήματα πολλὰ δόντος, *Dedicatur ecclesia quam excitavit imperator, ornatuque plurimo decoravit, a Photio patriarcha, imperatore in ejus dedicatione lorum ferente, et multas pecunias erogante.* Est igitur *lorum* quod postea *pallium* dictum est, quod consulum et imperatorum gestamen ac habitus primum fuit. Græci ὠμοφόριον appellavere, latini *superhumerale*, quia ad humeros circumvolveretur, collumque ambiret : unde τὸ κυκλοῦν τὸν τράχηλον ὠμοφόριον Mathæo Blastari, ὃ κύκλῳ περὶ τοὺς ὤμους ἔμπροσθέν τε καὶ ὄπισθεν περιβάλλεται, ut habet Symeon Thessalonicensis [1], et περιτραχήλιον dicitur Germano patriarchæ constantinopolitano, in Hist. Eccles. Proinde ea appellatio indita consularibus ac pontificiis istis ornamentis, quod hæc ætas vestium segmenta *lora* appellaret, ipsasque vestes uno, duobus, tribus aut quinque segmentis distinctas, *monolores, dilores, trilores*, et *pentilores*, ut Vopiscus [2], quæ universim ἱμάτια λώρωτα vocat Achmes [3].

VIII (VII).

PALLIUM.

Simile porro consulari loro esse pallium pontificium ultro fatebitur, qui pallii Sancti Gregorii M. Papæ descriptionem apud Joannem Diaconum [4] in ejus Vita attentius expenderit. Ita enim effingitur, ut haud fere diversum fuisse a consulari loro prorsus evincatur : *Pallio*, inquit, *mediocri, a dextro videlicet humero sub pectore super stomachum circulatim deducto : deinde sursum per sinistrum humerum post tergum deposito, 'cujus pars altera super eundem humerum veniens, propria rectitudine, non per medium corporis, sed ex latere pendet.* Ex qua descriptione colligit Angelus Rocca hanc minime convenire posse Gregorii imagini, quæ in ædicula Sancti-Andreæ Romæ conspicitur ; cujusmodi etiam similes omnino pontificum romanorum complures effigies in sacris ejusdem civitatis ædibus haberi auctor est, in qua quidem imagine pallium Gregorii more latino factum reperitur. Unde colligit, pallium Gregorianum ejus fuisse formæ qua Græcorum pontificum fuit : hi enim, inquit, pro pallio fasciam quamdam seu zonam, latiorem sane ac longiorem quam stolam, sed instar stolæ collo imponunt : dextra tamen ejus pars multo est longior, et ad terram usque defluit, cujus pars major per sinistrum humerum post tergum rejicitur, ita vero ut crux una a tergo maneat, altera ad dextram, tertia ad sinistram appareat, quarta vero ad eam pallii partem quæ ab humero sinistro pendet. Sed et alio loco pallii materiam describit idem Joannes Diaconus [5] : *Pallium ejus bysso candente contextum nullis fuisse cernitur accubiis (acubus) perforatum, sicut vetustissimis musis, vel picturis ostenditur.* Græcorum Homophorium ex lana, non ex lino, contextum fuisse scribit Isidorus Pelusiota [6]. Enimvero ad terram defluxisse patriarchale ὠμοφόριον satis innuit Zonaras, in Copronymo, dum illud Germani patriarchæ constantinopolitani ab Anastasio quodam inter eundum calcatum scribit. In hoc tamen differt consulare lorum in Diptychis expressum a pallio pontificio, quod non modo collum lorum amplectatur, et ad pedes ante defluat, sed etiam a dextro latere circa umbilicum transversum agatur, lævaque manu extrema ejus ora sustentetur [7] : pallium vero pontificium etsi interdum ante et retro ad pedes defluit, interdum etiam pars anterior læva sustentatur pontificis, ut videre est in veteribus tabellis Græcanicis, quas ad illustrationem [hujusce dissertationis et] Historiæ Byzantinæ [hic in tabella 9] delineari curavimus. Pallium id genus consularis ornamenti appellatum nemo forsan mirabitur, qui consulum, in Diptychis, lorum inspexerit, quod sat latitudinis videtur habere, præsertim ubi genua ambit, ut pallii appellatione donari potuerit : cum vestem interiorem totum fere involvat et ambiat. Et sane labente

---

[1] In Descrip. S. Sophiæ, part. 2. v. 227. — [2] In Gloss. — [3] P. 12. — [4] De Donat. Constant. — [5] In Marco. — [6] L. 1, sect. 10. — [7] P. 472.

[1] Symeon Thessalon. de Templo. — [2] In Aureliano, cap. 46. — [3] C. 220. — [4] L. 4, cap. 84. — [5] Id. c. 80. — [6] Lib. 1 epist. 136. — [7] Leo, Imp. Orac. 16, p. 273.

sæculo octavo apud Græcos Byzantinos id nominis habuit : μαν-δύαν enim dixerunt imperatorium istum ornatum qui humeros et scapulas ambit, in *rochi* seu *rocheti* episcopalis formam, ut observat Gretzerus ad Codinum [1] : ex quo stolæ nostratis species quædam ante defluit, ipsi *rocho* adjuncta. Ρούχον enim ad genua usque descendisse auctor est idem Codinus [2] : quo spectant ista ex glossario manuscripto regio [3] : Μανδύας, εἶδος ἱματίου, ὅπερ καλεῖται λουρίκιον. Nisi vox postrema non λῶρον, sed ἐπιλωρίκιον, sagum scilicet militare hoc loco significet, ut apud Leonem, in Tacticis [4], et alios : tametsi ἐπιλουρίκιον civilibus etiam magistratibus non semel adscribat idem Codinus.

IX (VIII).

LORUM CONSULARIUM FEMINARUM.

Id quoque observatione non indignum prorsus existimo, quod non consules duntaxat, sed et *consulares feminas*, uti ab Ulpiano [5] consulum uxores vocantur, eodem ac simili peno perinde habitu usas quo conjuges, colligere sit ex iconismo, qui in vetustissimo Dioscoridis codice scripto habetur in bibliotheca Cæsarea, uti a Petro Lambecio [6], ejusdem curatore doctissimo, describitur : ubi μεγαλοψυχία et φρόνησις habitu muliebri illustrissimæ Julianæ, cujus nomen ibi exaratum legitur, assident : ipsa vero, fascia illa ampliori collum et humeros amplectente, et pectus attingente, exornata conspicitur, in hoc a consulari fascia diversa, quod ista muliebris sinistro brachio non aptetur. Fasciæ colorem non distinxit idem Lambecius, contentus observasse *in medio octogono sedere in throno duabus aquilis suffulto, feminam diademate regio, vestituque partim aureo, partim cœruleo, et calceis rubris, instar imperatricis Constantinopolitanæ exornatam*. Certe ex novella Justiniani [7], consulum uxores, qu'æ συνεκλάμπουσι ταῖς τῶν συνοικούν-των ἀκτῖσι, *radiis maritorum coruscant*, eodem quo ii *schemate*, id est, ornatu donatas licet colligere. Ubi Julianus Antecessor [8], quod Justinianus σχῆμα, *honorem* vocat *consulariæ dignitatis*, et *maritales infulas*. (Scribit Lampridius in Heliogabalo [9], quasdam matronas consulares conjugii ornamentis fuisse donatas : idque veteres imperatores affinibus detulisse, et his maxime quæ nobilitatos maritos non habuerant, ne innobilitatæ remanerent.) Fuit autem Juliana, filia, ut recte conjicit idem Lambecius, Olybrii augusti ex Valentiniani III filia Placidia, et Areobindæ consulis uxor [10].

X.

LORA IMPERATORUM OCCIDENTIS.

Eidem muliebri Julianæ loro propemodum simile videtur illud quo usi sunt Occidentales imperatores. Exstat siquidem in codice Augustano libri Frederici II imperatoris *de Arte venandi per aves rapaces*, icon ejusdem imperatoris sedentis cum paludamento togæ superinjecto, dextra sceptrum liliatum tenentis. Supra togam vero pendet a collo fascia latior, gemmis et lapillis distincta, ad pedes, quæ balteo quodam ejusdem ferme latitudinis circa pectus constringitur, quem *fasciam pectoralem*, seu στηθόδεσμον possumus appellare, ut est in vett. Glossis. Figuram exhibuit editor, qui putat esse Manfredi regis Siciliæ, qui additamenta quædam parentis libro adjecit, hoc argumento, quod imberbis sit, cum aliæ ejusdem

[1] L. 3, c. 14. — [2] L. 14, n. 3. — [3] Cod. 1673. — [4] Cap. 6, n. 26. — [5] L. 1, D. de Senator. (9, 1.) — [6] Lambec. 1. 2 Comm. de Cæsarea Bibl. c. 8. — [7] 105, cap. 2. — [8] Const. 93. — [9] Cap. 4. — [10] V. Tabell. 2.

imperatoris barbatæ, inquit, conspiciantur. Nos vero non tam regium quam imperatorium esse ornamentum omnino censuerimus, quamquam regum etiam fuisse satis evincunt quæ Petrus IV, rex Aragonum, de sui ipsius vestibus regiis scribit : ait enim iis superfusam stolam quæ etiam pectus ambiebat, hisce verbis Catalanicis [1] : *E apres una dalmatica de drap vermell historiat ab obres d'aur et ab fullatyes : mas no i avia perles, ne altres obres, perço que se apparella cuytadament : et daquest drap maieich una estola, que comença en lo muscle esquerra, et traversa al costar dret, et puis er acincta entorn, e eren egualats los caps de la estola, e un maniples, et calces deldit drap sens sabates, etc.*

XI (IX).

FORMA PALLII PONTIFICII.

Ut porro procedente tempore pontificium pallium, apud Latinos præsertim, non fascia fuit libera ac sponte defluens, collumque circumdans, sed ad majorem sacra facientium pontificum commoditatem ita aptata, connexa, ac consuta, ut formam suam antiquam servaret, tribus acubus vel aciculis, quas et *spinas* aut *spinulas* vocabant, casulæ defixa, in anteriori et posteriori parte, et ad humerum sinistrum : in dextra enim acus non figitur : ita a Græcis augustis *lorum*, quod primitus liberum fuit, simplexque fascia collo ac corpori circumfusa, postmodum ad majorem etiam commoditatem superiori vesti, quam, ut diximus, μανδύαν seu ῥούχον nuncupabant, assutum est : ita tamen ut lori veteris formam quadantenus servaret. Id sane omnino deprehendere est in Michaelis et Manuelis Palæologi imperatorum figuris quas delineari curavimus [2] : in quibus non modo nescio quis ornatus collum ambiens describitur, ex quo stolæ seu largioris fasciæ species ante defluit : umbilicum vero circumcingit fascia alia latior margaritis et lapillis adornata, cum limbo ex opere Phrygio, unionibus perinde ac lapillis pretiosis distincto, ubique fasciam ambiente, cujus pars extrema sinistro imperatoris brachio sustentatur, ab eo, ut consulare lorum, pendula. Id genus imperatorii ornamenti διάδημα appellavit ælas posterior, quemadmodum tradit Codinus [3], ut quód vestes cæteras constringat.

XII (X).

STOLÆ SACERDOTUM.

Neque forsan aliunde stolas suas accepere christiani sacerdotes, regiis nempe ornamentis et indumentis donati subinde a principibus : cum et Theodosii junioris nummi aliquot a nobis descripti imperatorem eundem consulem simili stola ad pectus decussata repræsentent ; ut et vetus tabella græcanica Michaelem et Gabrielem archangelos, loro quidem augustali decoratos, sed ad pectus decussato, illud etiam ambiente, et ad sinistram reflexo ; quomodo denique imperator Constantinopolitanus effingitur in Leonis imperatoris Oraculis [4] : adeo ut inde colligere liceat stolam istam aliud non esse quam succinctorium, cujus supra meminimus. Quin etiam stolá interdum nuncupatur ipsum archiepiscopale pallium : quod vulgo dicitur esse *ornamentum ad modum stolæ sacerdotalis, crucibus intextum, super alia ornamenta delatum, humeros ad instar coronæ pectusque circumdans, ante dependens* [5]. Sane stolæ no-

[1] L. 3, c. 16, 33. — [2] * Tabellæ 6, 7. — [3] Codin. de Off. c. 6, n. 34. — [4] 14, 16. — [5] Silvester, in Summa.

mine pallium exerte donant Eadmerus, ubi de sancto Anselmo, archiepiscopo cantuariensi, Alexander II PP., in epistola ad Hugonem, archiepiscopum rotomagensem, et Landulfus de Sancto-Paulo, locis in Glossario nostro descriptis. Collum vero, perinde ac pallium, circumdat stola *ad interiora descendens*, inquit Stephanus Eduensis, decussatimque stringitur, ut consularis fascia, quam fortassis ἱερὰν στολὴν vocat Themistius [1]. Nec scio an stola sacerdotalis, ut consularis, pectus olim amplexa sit, sinistro brachio circumfusa, uti in veteribus tabellis græcanicis homophorium episcoporum interdum delatum observavimus, cum id testari videatur manipulus, qui sinistrum sacerdotis brachium cingit, ita ut pars stolæ olim fuerit, et ab ea postea resecta, ad majorem sacra facientium sacerdotum commoditatem. Jacobus Cardinalis [2], de Coronatione Bonifacii VIII PP :

.....Cubitum lævum cingitque maniplus.

Hisce omnibus addendum insuper, diaconos, apud Græcos, stolam (quam in humero sinistro pro more recepto gestant, ut docent Chrysostomus [3], Euchologium Græcorum [4] et vetus tabella græcanica [5], quam hic describi curavimus, in qua effictus est sanctus Stephanus, præterea Georgii Pachymeris effigies, quam ex codice manuscripto Augustano ejusdem historiæ descripsit Wolphius [6]), cum communicaturi erant, σταυροειδῶς præcingere ante et retro, ita tamen ut pectus ambiat, forma haud omnino diversa ab ea qua *lorum* gestari diximus, ut videre est in tabella, quam delineavit vir eruditissimus Jacobus Goarus [7].

XIII (XI).

CONSULARE SCEPTRUM.

De sceptro eburneo, vel aureo, dignitatis consularis perinde in nummis symbolo, nihil est quod hic dicamus, cum obvia sint quæ in hanc rem conferri possunt; præstat tantum monere in consulis Anastasii sceptro, quod habetur in Diptycho Leodiensi, aquilam corolla laurea ambiri et includi, cui trina virorum capita imminent [8]. In Bituricensi aquila alis expansis circulum vel orbem amplectitur, in quo viri, imperatoris forte, effigies delineatur. Addo denique imperatorum numismata consularia videri, quotquot ejusmodi sceptro in iis conspicui sunt : in quibus est medallio æreus Licinii, in gazophylacio canonicorum regularium Sanctæ-Genovefæ Parisiensis, cum inscriptione in aversa parte, JOVI CONSERVATORI, in quo palmata indutus conspicitur idem augustus. Verum desiit sensim gestamen istud consulare, primusque Phocas imperator pro sceptro aquiligero crucem assumpsit, ut ex nummis ejus docemur, in quibus consulari habitu effingitur, et cum volumine : quod cæteri fere deinceps augusti usurpavere : tametsi postmodum idem sceptrum gestasse Philippicum imperatorem ejus ostendant nummi.

XIV.

AQUILA IMPERII SYMBOLUM.

Hic porro disquirendum videtur an ab ejusmodi consularibus imperatorum sceptris, an vero a Romanorum veterum militaribus aquiligeris signis, in utriusque imperii symbolum, seu, uti vocant, armorum insignia, aquila transierit : quando etiam efficta bi-

ceps, et an revera apud Constantinopolitanos armorum seu insignium usus, saltem sub extrema tempora, obtinuerit : cum ad numismatum Byzantinorum historiam id prorsus pertineat, in quibus aquila interdum conspicitur, uti mox indicabimus. Aquilam pro regiæ ac supremæ dignitatis symbolo fere semper habitam palam est. Scribit Fulgentius [1] in præliis aquilam auream in signis bellicis sibi fecisse Jovem, hincque finxisse poetas ejusce avis ministerio rapuisse Ganymedem ; atque ideo fortassis scholiastes Cæsaris Germanici ad Arati Phænomena [2] aquilam *signum Jovis* appellavit : ut de ea longe antea dixerat Theocritus [3], Διὸς αἴσιος αἰετὸς ὄρνις, Ζηνός που τόδε σῆμα. Aiunt [4] porro Jovem sibi hanc potissimum avem delegisse, quod dum adhuc in cunis esset in Creta insula, nectar eidem quotidie deferret aquila ex scopulis, ut ex oceano ambrosiam columbæ ; vel, ut alii volunt, quod felici aquilæ advolantis augurio victoriam contra Titanas esset consecutus ; vel sane quod aquila ζῶον βασιλικὸν, *animal regium* sit, uti appellatur ab Æschyli Scholiaste [5], et supremi imperii, quod in Jove finxere gentiles, ut est apud Dionysium Areopagitam, symbolum fuerit [6]. Hinc Clearchus Heracleensis tyrannus, cum se ab ipso Jove prodiisse populis vellet persuadere, aquilam, tanquam divinorum istorum natalium præcipuum argumentum, sibi præferri voluit [7]. Scribunt alii [8] Persarum reges aquilam hastæ longiori impositam, vexilli loco, in præliis extulisse ; atque inde Æschylum [9] non alio Xerxem Persarum regem, quam ἀετοῦ nomine indigitasse. Sed et Oseas propheta [10], de Nabuzardano Persarum regis (quem nudo regis nomine semper intelligit Scriptura sacra), legato ac duce verba faciens, hunc aquilæ comparat.

XV.

AQUILA ROMANORUM.

Aquilam porro a Persis accepisse Romanos, nolim pro certo statuere : cum ab ipsis reipublicæ primordiis inter præcipua supremæ dignitatis insignia semper habita sit, tradatque Dionysius Halicarnassæus [11] hanc a Tuscis habuisse Romanos : quibus post inita pacis fœdera regum suorum ornatus præcipuos misere, quos inter fuit sceptrum eburneum aquila insignitum, quod romani consules servavere deinceps tanquam præcipuum dignitatis suæ argumentum. Atque exinde aquila in signis militaribus præcipuum etiam fuit, unicumque fere, ex quo Marius, bello contra Cimbros, cæteris quibus hactenus usi erant in præliis Romani abrogatis, solam aquilam retinuit : quæ quidem aurea erat, quomodo postea depicta est in imperatorum byzantinorum insignibus, et in sacrario perinde aureo solebat asservari [12].

XVI.

AQUILA BICEPS QUANDO INVECTA.

Quando vero biceps aquila invecta fuerit non planum est assequi, cum nec in imperatorum vel consulum nummis, nec in cæteris rei antiquariæ monumentis uspiam occurrat, præterquam in columna Trajani, Romæ, in qua militis clypeo inscripta visitur [13]. Sed

---

[1] Orat. 11, extr. — [2] L. 2, c. 1. — [3] Hom. de Filio prodigo. — [4] P. 254. — [5] Tabella 10. — [6] P. 147. — [7] P. 254. — [8] Vide P. Fabrum, ad 1, 2 de Orig. Juris. Dempster. etc.

[1] Fulgent. lib. 1 Myth. p. 133. — [2] P. 127. — [3] Id. 17, v. 72. — [4] Mœro Byzant. apud Athen. l. 11; Lactant. l. 1; Fulgent.; Isid. l. 8; Orig. c. 3. — [5] P. 61, 135. — [6] * Signum Jovis Olympici, quod Phidias elaboraverat, manu tenebat sceptrum, cui aquila super imposita erat ut docet Pausanias, lib. 5, cap. 12. Bottarius. — [7] Memnon. — [8] Plut. lib. 2 de Fort. Alex.; Justin. l. 16; Xenoph. l. 7 Cyrop.; Philostr. in Hero. — [9] In Persis, p. 135. — [10] C. 8. — [11] L. 3. — [12] Stewech. ad Veget. l. 1, c. 23; l. 2, c. 6; Lipsius, ad Tacit. — [13] Lipsius, in Analect. ad milit. Rom. p. 18.

priores byzantinos imperatores bicipitem aquilam, aut in sceptris consularibus, aut vestibus adtextam detulisse nondum advertimus. Scribit Guillelmus Apuliensis, Romanum Diogenem, eo prælio quo a Turcis cæsus est, agnitum ab iis ex aquila aurea loricæ intexta, sed an bicipiti non indicat [1] :

Indiciis aquilæ, quod plus dabat omnibus armis
Aurea conspicuum loricæ innixa nitorem,
Græcorum dominus cognoscitur.

Quidam Germanos bicipitem aquilam sibi adrogasse existimant, ex quo in clade Variana signa Romanorum et aquilæ duæ in eorum venere potestatem : tertia a signifero, priusquam in manus hostium veniret, in cruenta palude demersa, ut ait Florus [2] : quas quidem binas aquilas diis patriis in lucis ii suspenderint. Ulricus Huttenus [3] :

Vindice ut Arminio, celeris prope rura Visurgis,
Romanas acies miro Germania motu,
Quintiliumque ducem conciderit, unde birostræ
Contigerint aquilæ, traducti insignia regni,
Excussumque jugum, non tantum hæc tempora nossent.

Non enim biceps est aquila, subdit Cuspianus [4], *ut imperitum vulgus credit, sed duæ simul, quarum altera alteram expansis alis obtegit, etc.* Sed hanc sententiam, cui adstipulatur Flaccus Illyricus, jure exagitat cardinalis Bellarminus [5], qui non duas aquilas in insignibus imperatores gerere, sed unam divisam in duo capita, ejusque rei causam esse, *quod imperium esset inter duos principes divisum, quorum alter in Occidente, alter in Oriente sedem habebat.* Cui quidem Bellarmini sententiæ consentanea sunt quæ habet Joannes Georgius Trissinus [6], poeta italicus, lib. 2, de Italia a Gothis liberata :

Il grande imperio, ch'era un corpo solo,
Avea due capi; un ne l'antica Roma,
Che reggeva i paesi occidentali,
E l'altro nella nuova, che dal volgo
S'appella la citta di Constantino.
Questa era capo a tutto l'Oriente ;
Onde l'aquila d'oro in campo rosso,
Insegna imperial, poi si dipinse,
E si dipinge con due teste ancora.

Sed hæ recentiorum conjecturæ ingenii potius acumine quam ipsa nituntur rei veritate, cum biceps aquila longe recentior videatur, præsertim apud Byzantinos : ut pote quæ uniceps in insignibus gentilitiis Palæologorum Montferratensium descripta sit, qua imperium constantinopolitanum designatur; deinde in effigie Constantini Palæologi, Michaelis imperatoris filii, quam initio hujus dissertationis describimus [7], pallium aquilis cum unico capite inspersum conspiciatur. Præterea in prioris Theodori Lascaris, ejusdemque Michaelis Palæologi, imperatorum, nummis, quos exhibuit Octavius Strada, si tamen genuini sunt, pulvilli quibus pedes insistunt, ejusmodi aquilis insperguntur. Ita pariter in Michaelis Palæologi imperatoris pedibus substrato pulvillo ad utrumque latus uniceps effingitur aquila : in Andronici vero ad sinistrum duntaxat, in iis scilicet eorumdem Augustorum imaginibus quas ex codice Augustano historiæ Georgii Pachymeris, Nicephoro Gregoræ præmisit Hieronymus Wolphius.

¹ Lib. 1 de Gest. Norm. p. 28. — ² Lib. 4, c. 12; Tacit. 1. 1. — ³ In Carmine de German. non degeneri. — ⁴ In Cæsarib. — ⁵ De Translat. Imper. Rom. lib. 1, c. 7, § 2. — ⁶ Lib. 2 della Italia liberata da' Goti. — ⁷ Tabella 6.

XVII.

AQUILA BICEPS DESCRIPTA IN NUMMIS BYZANTINIS.

Idem tamen Octavius Strada Theodori Lascaris junioris nummum alium describit, in quo pulvillus aquilis bicipitibus exornatur : quomodo etiam effingitur a Wolphio ex eodem codice Augustano. Sed et Georgius Phranzes [1] solennem apparatum, quo Veneciis exceptus est Joannes Palæologus imperator, describens, ait nautarum qui navem qua ille vehebatur ducebant, pileos bicipitibus aquilis fuisse exornatos ; et in ipsius navigii puppi, binos exaratos leones, hosque inter aquilam bicipitem effictam. Testatur denique vir eruditissimus Ismael Bulialdus [2] etiamnum in eo palatio quod Constantini nomen servat, complura spectari scuta cum aquila bicipiti. Sed quod in eo quod bipas hasce literas ΠΑ præfert, festum Paschatis designari putat, vix viro doctissimo assentiar, cum longe potius Palæologi nominis prima elementa videantur continere. Verum (quod omnem adimit controversiam) habemus præ manibus epistolam Demetrii Palæologi despotæ ad Carolum VI, Francorum regem, quam suo loco damus, cui adtextum est sigillum cereum papyro superfusum, in quo biceps aquila cum binis corollis effingitur : quæ quidem despotæ insignia hisce verbis describuntur in manuscripto *provinciali*, uti vocant, sub Carolo VII exarato : *Le roi depos de Roumenie, de gueules à l'aigle d'or à deux testes abecquié et ampieté de senais.* Habentur etiam in eodem codice armorum insignia imperatoris constantinopolitani : *Le roi de Roumenie, de gueules à trois* (leg. *quatre*) *lettres qu'on appelle B. d'or.* Alio loco : *L'empereur de Constantignoble porte de gueules à quatre surcils* (leg. *fusils*) *d'or.* Describuntur etiam insignia imperatoris trapezuntini : *L'empereur de Trapezonde, d'argent à quatre faices de sable, au quartier de Constantinoble.* Ex quibus primo colligitur familiarum Augustarum insignia hic describi, Palæologæ scilicet, et Comnenæ ; non vero Imperii Orientalis, quæ aquila aurea bicipiti in campo rubeo constabant ; deinde eos qui nigras tres campanulas Comnenis abscribunt [3] pro insignibus, vix fidem mereri, cum potior haberi debeat scriptori horum Augustorum coævo. Denique observationem meretur, quod Demetrius Paleologus non familiæ sed Imperii insignibus usus sit : quasi *aquilæ* propriæ fuerint despotarum quibus etiam horum vestes, pilei, ac cothurni interstinguebantur, ut auctor est Codinus [4]. Ex his igitur videtur omnino confici Byzantinos ævi posterioris augustos bicipitem detulisse aquilam, usosque perinde ac cæteras nationes, armorum insignibus. Quod ultimum firmat præterea Joannes Cantacuzenus [5], quo loco navalem Andronici Paleologi imperatoris ad Chiensem expeditionem proficiscentis apparatum commemorat : ἦν τε ἅμιλλα πολλὴ τοῖς τριηράρχαις, ἑκάστου φιλονεικοῦντος πολυτελείᾳ καὶ λαμπρότητι παρασκευῆς τοὺς ἄλλους ὑπερβάλλεσθαι, καὶ τότε ἄλλα ἐξηρτύοντο πρὸς τὸ μεγαλοπρεπέστερον, καὶ τὰ πληρώματα ἐκόσμουν ἰδίοις παρασήμοις, ἔντε ὅπλοις καὶ ἀσπίσιν· ἦσαν γὰρ οὐ τυχόντων, ἀλλὰ τῶν τε εὐγενῶν καὶ μεγάλα δυναμένων. *Tum non levis trierarchis contentio incidit, dum quilibet cæteros sumptuoso splendidóque apparatu superare nititur, et cum alia magnifice instruit, tum classiariorum arma et clypeos suis insignibus exornat : nec enim de infima plebe, sed viri nobiles et admodum copiosi erant.* Quibus quidem verbis belle describit eam majorum clypeorum seriem quæ in navium marginibus exponi solebat, nostrisque *pavesade*

¹ L. 2, c. 14, p. 133 (Concil. Florent. p. 7, edit. Labbei). — ² In Not. ad Ducam, c. 37. — ³ Ughell, in Episc. Croton. n. 45. — ⁴ De Off. c. 3. — ⁵ L. 2, c. 11.

appellatur, ut ad Villharduinum olim monuimus: Quando vero insignium usus apud Byzantinos cœperit, vix definiri potest; tametsi id plane constet, a Latinis hunc mutuatos, æque etiam ac sultanos seu Saracenicos et Turcicos principes, quorum arma ac insignia in antiquis provincialibus exarantur.

XVIII.

AQUILA OCCIDENTALIS IMPERII.

Neque proclivius est divinare quando occidentales augusti nigram aquilam pro imperii insigni usurparunt. Quis enim supini adeo ingenii est ut præstet fidem nuperis scriptoribus hac de re nugas vendentibus, atque adeo ipsum Joannem Villaneum audiat, scribentem Julium Cæsarem auream detulisse; Augustum et successores nigram, tandemque Constantinum Magnum bicipitem auream in scuto rubeo detulisse? Quis eidem Villaneo [1], Chassaneo [2], et aliquot aliis assensum præbeat, nullo vade, tradentibus Carolum Magnum detulisse pro insignibus scutum bipartitum, parte altera dimidiata aquila nigra in campo aureo, altera liliis aureis in campo cæruleo effictis? Quis denique Miramontii frontem patiatur [3], affirmantis hæcce insignia præferre veteres tabulas Caroli Magni, Ludovici Pii, et Caroli Calvi : quasi non longe alia sint horum augustorum cerea et aurea sigilla, in quibus ipsorum thoracidæ effinguntur? Quis Andreæ Favyno [4] et Varennæo credat, scribentibus Carolum Magnum detulisse pro insignibus auream aquilam in campo cæruleo; nigram vero in campo aureo tum primum usurpatam ab Ottone, qui Saxoniæ ducum, a quibus ortum ducebat, insignium colores servare voluerit? Aquilam sane signum et vexillum fuisse Imperii Occidentalis, Friderico I imperante, testatur Guntherus lib. 7, vers. 504, Ligurini :

> At qua cæsareæ, signum latiale, cohortis
> Regia fulget avis, magnorum densa virorum
> Agmina, ceu magni glomeravit viscera regni.

At de aquilæ colore nigro post Saxonicos augustos, verumne id sit, dubium facit Rigordus [5], quo loco describit Ottonis imperatoris in prælio bovinensi vexillum : *Ab opposita*, inquit, *parte stabat Otho, in medio agminis confertissimi, qui sibi pro vexillo erexerat aquilam deauratam super draconem pendentem in pertica oblonga erecta in quadriga.* Ubi *draco* idem valet quod pannus oblongior, in quo depicta erat aquila aurea : nam *dracones* vexilla fere omnia scriptores appellasse in Glossario docuimus; tametsi Willelmus Brito veram draconis effigiem fuisse scribat [6] :

> Erigit in carro palum, paloque draconem
> Implicat, ut possit procul hinc atque inde videri,
> Hauriat et ventos cauda tumefactus et alis,
> Dentibus horrescens, rictusque patentis hiatu,
> Quem super aurata volucer Jovis imminet ala,
> Tota superficies cujus nitet aurea, solis
> Æmula, quo jactat plus se splendoris habere.

At Chronicon Flandrense [7] draconis figuræ non meminit : *Il y avoit au milieu du char une attache de vingt pieds de haut, et y avoit dessus un aigle doré, de moult riche ouvrage; et avoit les ailes estendues bien longues, et reluisoit si fort, qu'à peine on le pouvoit regarder.* Ex quibus sane colligi videtur posse aquilam non intextam panno alicui, sed sculptorio opere effictam fuisse. Fatendum tamen non inde plane evinci aquilam occidentalium augusto-

rum fuisse auream in armorum insignibus, licet ejusmodi fuerit in eorum vexillis, quod maxime docet Philippus *Mouskes*, in Historia Francorum manuscripta de Ottonis imp. in prælio bovinensi clypeo :

> Quar il porte, ce n'est pas fable,
> L'escut d'or à l'aigle de sable.

Præterea idem Chronicon Flandrense [1], ubi de Henrico VII luxemburgensi : *Et fut monté sur un grand destrier, et avoit vestu un tornicle d'or (tunicam auream) à l'aigle noir,... et un chevalier chevauchoit devant lui, portant une lance en un bichot de sa selle; et pardessus avoit un aigle d'or, qui les ailes avoit ouvertes, et suivoit les bannières, etc.* Sed ex hisce supra allatis patet omnino nondum ea tempestate usurpatam ab Occidentalibus bicipitem aquilam : proindeque in controversiam vocari posse, an jurisconsultum Marianum Socinum [2] jure refellat Carolus Molineus [3], scribentem occidentales imperatores bipartita insignia detulisse, in quorum parte altera dimidia aquila, in altera familiæ insignia descripta erant, usque ad Sigismundum imperatorem, qui cum orientalium augustorum videret inclinare potestatem, Saracenis ac Turcis undique eorum provincias invadentibus, primus aquilam integram ac bicipitem in insignibus adscripserit, quod nec facere ausus fuerat Carolus Magnus, quantumvis potens ac bellicosus, ne Græcos irritaret. Huicce Socini de Sigismundi imperatoris aquilæ bicipitis usurpatione sententiæ favere videtur lemma adscriptum ejusdem augusti sigillo cereo, ut describitur a Marquardo Frehero [4] : ait enim in aversa parte circa aquilam hosce versiculos, nescio quid μυστηριῶδες sonantes, legi : AQUILA EZECHIELIS, SPONTE MISSA EST DE CELIS, VOLAT IPSA SINE META, QUO NEC VATES NEC PROPHETA EVOLAVIT ALTIUS. Ex quibus sane versibus satis apparet imperatoriam Occidentalium dignitatem, se demum imperante, ad summum decus et gloriæ culmen evectam innuere voluisse Sigismundum. Sed erudito scriptori gratiam aliam haberemus si an biceps ista fuerit aquila nobis indicasset. Describit idem Freherus [5] sigillum aureum Carolis IV, imperatoris Sigismundi parentis, adfixum diplomati, quod ille de electione Imperii exaravit, et vulgo *Auream bullam* vocant; in quo imperator coronatus sedet in throno, ad cujus latera habentur bina scuta in cuorum altero aquila, in altero leo effinguntur. Ejusdem imperatoris simile sigillum effictum habetur apud Nicolaum Zyllesium [6], ubi aquila cum unico capite exhibetur, cum hac inscriptione, CAROLUS DEI GRACIA ROMANORUM REX SEMPER AUGUSTUS ET BOHEMIAE REX. Verum cur nigra aquila ab occidentalibus augustis usurpata sit, hactenus incompertum, nisi eo colore effictam dicamus, quod is revera sit aquilæ melioris color, quam ἀετὸν μελανόστην et μέλανα vocant Græci, *valeriam* Latini, qui ideo *aquilam* nominarunt a colore subfusco, quem *aquilum* vocant [7] : de qua quidem aquilæ specie ita cecinit Jacobus Augustus Thuanus [8] :

> Optima et ipsa æquans animis ingentibus illam
> Corporis inferior quamvis sit mole, nec ungue
> Aut rostro tantum valeat, digitisve; sed ortus
> Non mentita suos; animive olita virilis,
> Accipitres collata nothos facit. Hanc quoque nostri
> Valeriam dicunt, Graii melareëton, atrum
> Quod referat rostro, pennisque, atque ungue colorem.

---

[1] Lib. 1, c. 40; 1. 4, c. 3. — [2] Concl. 17. — [3] De Cancellar. p. 29. — [4] Le Roy d'armes. — [5] In Phil. Aug. an. 1215. — [6] Lib. 11, vers. 25. — [7] C. 15.

[1] Cap. 51. — [2] In cap. Cum contingat de foro comp. — [3] In Cons. Par. tit. 1 de Feod. n. 21. — [4] In Not. ad bullam Sigism. post Petr. de Andlo, p. 585. — [5] In Not. ad lib. 2 Petri de Andlo, c. 5; V. Hœppingium, in trac. de Insign. cap. 6, part. 2. — [6] In S. Maximino Trevir. p. 63. — [7] Fest. — [8] L. 1, de Re accipitr.

Atque hic quidem longiori forsan quam par erat de utriusque Imperii aquila observatione sumus digressi, quam tamen haud ingratam fore, vel omnino a proposito alienam, visuram iri speramus : cum et res Byzantinas quoquomodo illustret, et de Græcorum augustorum agat insignibus, quæ subinde in familiis nostris Byzantinis effinguntur.

XIX (XII).

VOLUMEN, VEL MAPPA.

Ut igitur unde divertit, redeat oratio, quæri solet quid illud sit quod consules et imperatores gestant, dextra interdum, quandoque sinistra, chartaceo volumini simile. Id quidem non inferioris omnino ævi Augustis proprium fuit, cum in achata Sanctæ-Capellæ parisiensis, quem æri incidi curavit Tristanus, nescio quis cum volumine effingatur; et Faustinæ et Antonini philosophi prostent nummi[1], quibus pro lemmate adscribitur, VOTA PUBLICA, ubi binæ stant figuræ muliebres, cum viri altera, stolata et palliata, quæ consulis videtur, tenentis dextra simile volumen; alius præterea Aurelii Veri imperatoris, in quo duæ figuræ dexteras jungunt, quæ videntur esse consulum, sinistra volumen perinde tenentium, cum hac inscriptione, CONCORDIÆ AUGUSTOR. TRIB. P. COS. II; alius etiam Commodi imperatoris, cum iisdem figuris, et inscriptione, PIETATI SENATUS COS. V. PP.; denique alius ejusdem Aurelii Veri, in quo imperator et consul dextram Romæ galeatæ sedenti porrigit, sinistra volumen tenens, cum epigraphe, TR. P. VII. IMP. IV. COS. II. Ejusmodi etiam volumen in vetustissimis palliatorum, vel etiam togatorum (atque adeo mulierum), imaginibus sinistra teneri, apud Velserum[2] et Boissardum[3] passim observare est, quos ex conjectura duumviros esse idem Velserus, tametsi falso, opinatur. Exhibet præterea idem scriptor informe aliud στηθάριον, seu mavis thoracidam, viri pariter palliati, cum hocce volumine in sinistra manu. Sed et in codice vaticano scripto an. DC. XCIX. sanctus Petrus simile volumen sinistra tenens effingitur, ut et sanctus Paulus in Ottonis II sepulcro, apud Nicolaum Alemannum[4], in Dissertat. de Lateranensibus Parietinis. Exinde crebrius occurrit in Byzantinorum augustorum nummis, maxime in consulari Juliani cæsaris, qui pro inscriptione præfert, VIRTUS CÆSARIS, nam bis Cæsar consulatum gessit, an. 356 et 357; et in nummo aureo Theodosii junioris, in quo idem Theodosius et Valentinianus III habitu consulari effinguntur; præsertim vero in diptychis consularibus, et fere semper in Tiberii, Mauricii, Phocæ, et Leonis Isauri nummis. Id vero gestaminis mappam esse ludorum edendorum symbolum, quidam volunt : consules enim statim atque renuntiati fuerant, populo Circenses dare consueverant. Quæ quidem mappa in bituricensi diptycho explicata, in compendiensi et Leodiensi, et in omnibus nummis convoluta ac complicata effingitur, sic ut membraneo volumini similis fere sit : in regio vero ita efficta conspicitur, ut extrema in rotunditatem quandam complicata majora cernantur, quam qua manu dextra stringuntur : ut liquido appareat fuisse quiddam tractabile. Nescio an ipsa explicata censeatur esse in eodem diptycho mappa in binis figuris quæ sellæ lateribus adpinguntur, quarum singulæ binis manibus mappas explicatas tenent, in ludorum editionis symbolum : nisi forte eæ mappæ contineant nummorum certam quantitatem, qui efficti quodammodo conspiciuntur, ita ut ad consulum ὑπατέιας, seu missilia referri debeant.

Mappam autem signum fuisse edendorum ludorum, et mappas dictos ipsos circenses apud Marcellinum comitem, Julianum Antecessorem, et Polemæum Silvium in Laterculo notum est : unde μαππᾶσθαι, in glossis Basilicων, dicebatur is qui projectam ab imperatore, vel consule, aut alio magistratu mappam excipiebat, signumque gladiatoribus dabat, quem *mapparium* vocant sanctus Chrysostomus[1], auctor Chronici Alexandrini, Scylitzes, Nicetas Choniates, et alii[2]. Quod si ita se res habet, dicendum perinde videretur a duumviris istis augustanis quorum ex Velsero supra meminimus datas, ut olim a consulibus romanis, civibus suis mappas, seu editos circenses : quod a vero absonum minime videri debet, cum amphitheatra ac circos suos habuisse nobiliores civitates constet. Sed cum sanctos Petrum et Paulum in vetustissimis picturis cum ejusmodi pariter voluminibus depictos deprehendamus, nescio an ea pro mappis circensium generatim usurpari debeant[3]. (Verum longe aliter se res habet quoad mappas consulum, quæ nihil aliud sunt quam mappulæ tergendo naso : quod docet omnino Theophylactus, in cap. 19 Actor. : Τὰ δὲ σιμικίνθια ἐν ταῖς χερσὶ κατέχουσι, οἱ μὴ δυνάμενοι ὡράρια φορέσαι, οἷοι εἰσι οἱ φοροῦντες τὰς ὑπατικὰς στολὰς πρὸς τὸ ἀπομύττεσθαι τὰς ὑγρότητας τοῦ προσώπου. Eadem verba habet OEcumenius, in eadem Acta, ubi post στολὰς, addit, ἢ γουβία. Eo etiam spectant quæ leguntur in glossis Basilic. : Ὀδονάρια καὶ ὀδόνια, ὑφάσματα ἐπιμήκη, ἃ καὶ ὡράρια παρὰ τινῶν λέγονται, ταῦτα δὲ οἱ παλαοὶ [εἰς παλάτιον] εἰσίοντες συγκλητικοὶ ἐπιφερόμενοι, ἐν αὐτοῖς καὶ ἀπεμύττοντο καὶ ἀπέπτυον. CANGIUS IN ADDIT.)

XX (XIII).

ACACIA.

Certe, etsi primis Imperii sæculis mappam revera fuisse id consulum gestaminis concedatur, vel etiam codicillos consulares, quod quidam opinantur; seu magistratuum omnium qui res publicas tractabant, insigne, quod potissimum colligere est ex figuris adjunctis Notitiæ Imperii, in insignibus quæstoris, primicerii Notariorum, magistri Scriniorum, etc., id de veterum Romanorum aliorumque statuis, in quibus eadem in sinistris symbola conspiciuntur, dici non potest, quæ non chartaceorum voluminum, sed mappularum seu sudariorum complicatorum potius speciem referunt. Ut si longe aliud fuit extrema Græcia; siquidem illud idemque sit, quod certe licet arbitrari, quanquam fortasse in aliquo immutatum. *Acaciam* enim vocabant recentiores, fuitque saccus ex panno purpureo confectus, codici similis, terra vel arena plenus, cujus arcanum sic prodit Codinus[4], ubi de imperatore : τὸν δέ γε σταυρὸν ἐν δεξιᾷ φέρει ἀεί · ἐν δὲ τῇ ἀριστερᾷ βλάτιον κώδικι ἐοικός, δεδεμένον μετὰ μανδυλίου · ὃ βλάτιον ἔχει χῶμα ἐντὸς καὶ καλεῖται Ἀκακία, ὡς εἴπη μὲν τὸ τὸν βασιλέα ταπεινὸν εἶναι ὡς θνητὸν, καὶ μὴ διὰ τὸ τῆς βασιλείας ὕψος ἐπαίρεσθαι καὶ μεγαλαυχεῖν. *Crucem in dextra semper portat, in sinistra vero pannum sericum codici similem, ligatum mantili, habetque intus terram vel arenam, et vocatur acacia : quasi dicat illud, imperatorem humilem esse ut mortalem, neque propter Imperii fastigium efferri, neque se tumidum jactare debere.* Eandem acaciæ significationem adscribit Simeon Thessalonicensis, qui quod χῶμα Codinus, χοῦν, *pulverem* vocat : Μετὰ τὸ

---

[1] Apud Biæum, post Augustini Dial. p. 43, 45, 50, 51. — [2] In Aug. Vindelic. p. 116, 228. — [3] In Antiq. Rom. part. 3, fig. 51, 147; part. 4, fig. 56, 57, 119, 123; part. 5, fig. 71; part. 6, fig. 29. — [4] Cap. 10, p. 86, 88.

[1] Orat. de Circo. — [2] Chron. Alex. an. 876; Nicet. in Alex. lib. 3, n. 2; Scylitzes, etc. — [3] *Quæ in manibus apostolorum cernuntur, non utique mappæ; sed vere volumina sunt, tam in anaglyphicis quam in picturis cœmeteriorum, quæ volumina sæpe etiam revoluta et explicata apparent. Vide Romæ subterraneæ tabulas. Bottarius. — [4] De Off. c. 6, n. 27.

λαβεῖν τὸν σταυρὸν εἰς δεῖγμα τῆς εὐσεβείας, καὶ τὴν ἀκακίαν, ὅπερ χοῦς ἐστὶν, σημαίνων τὸ φθαρτὸν τῆς ἀρχῆς, καὶ τὴν ἐκ τούτου ταπείνωσιν, etc. *Cruce in pietatis argumentum, et Acacia suscepta, quæ pulvis est, imperii fragilitatem denotans, et quæ ex ea oritur, abjectionem, etc.* Hocce sane schemate *acacia* depingitur in Michaelis Palæologi imperatoris effigie, quam hic damus [1] : licet in aliis Theodori Lascaris junioris, ejusdem Michaelis, et Andronici senioris imaginibus, quas ex Codice Augustano Historiæ Georgii Pachymeris delineari curavit Hieronymus Wolphius, in voluminis speciem exhibeatur.

XXI (XIV).

NUMMI IN QUIBUS EQUI IMPERATORIBUS APPINGUNTUR.

Sed cum de mappis edendorum circensium symbolo supra quædam præmissa sint, ad eosdem etiam circenses, ac proinde ad consulares nummos referri videntur, qui equum ipsis augustis adpictum præferunt, quem habenis ii dextra prehendunt. Tristanus [2] in Claudio existimat fortunam Imperii eo designari, seu potius ipsum Imperium, pro cujus symbolo equus semper habitus fuerit. Verum circenses datos denotari longe probabilius : nam et in diptychis Leodiensi et Bituricensi equos dextra ductos, quos inde *Dextrarios* nostri appellarunt, ad circenses ludos licet intueri, ab ipsis, a quibus edebantur, aurigis distributi. Quod præter Symmachum [3] satis innuit Capitolinus in Gordiano, ubi de ejus adhuc privati consulatu : *Equos siculos et cappadoces, permittentibus imperatoribus, factionibus divisit, et per hæc populo satis carus, qui semper talibus commovetur.* Et Marcellinus comes, de consulatu Justiniani [4] : *Numerosos præterea, phaleratosque in circo caballos jam donatis quoque impertivit aurigis, una duntaxat, ultimaque mappa insanienti populo denegata.* Ejusmodi porro cum equo nummos Claudii et Numeriani imperatorum exhibet idem vir eruditissimus. (Sed et descripsit Octavius Strada nummum Fl. Julii Constantii August., in quo effictus cernitur spiculum tenens, cum clypeo, in quo circus exhibetur, equum adpictum habens, quem dextra per os prehendit, ex quo conjectura nostra firmatur. — CANGIUS IN ADDIT.) Alium Constantini nobilissimi cæsaris damus, cusum anno votorum vicennaliorum 20 qui pro lemmate BEATA TRANQUILLITAS præfert, ex qua quidem inscriptione perperam Constantino Magno affictus videtur, cum cæsaream is dignitatem paulo ultra biennium tenuerit, Cæsar, quo pater augustus dictus est, anno renuntiatus, ipsoque post annos duos et tres menses exstincto, imperator pariter appellatus : ac proinde vota pro Vicennalibus Constantini M. cæsaris solvi non potuere, qui ad ejusdem dignitatis decennium non pervenerat : ex quo Constantini junioris esse par est credere, in cujus nummis eadem vota in cippo etiam exarata leguntur, sed cum additione JUN. quæ in hoc abest. Neque tamen Constantinus junior consulatum gessit hoc cæsareæ dignitatis votorum Vicennaliorum anno, qui in Christi 326 cadit, adeo ut ex hisce adpictis equis circenses in consulatibus non semper, sed in votorum nuncupatione interdum datos liceat colligere. Idem dicendum videtur de Crispi nobilissimi cæsaris nummo, anno pariter votorum Vicennaliorum cuso, quo consulis dignitatem etiam non obtinuit. Ita denique effingitur Jovianus in medallione, quem suo loco delineamus.

---

[1] Tabella 6. — [2] Tom. 3, p. 191, 316. — [3] L. 4, ep. 8. — [4] P. 60.

XXII (XV).

NIMBUS.

Circulis, sanctitatis apud nos indicibus, ambiri innuimus capita imperatorum Constantii ac Constantis, et Theodosii junioris, ac Placidii Valentiniani in eorum nummis consularibus. Qui quidem circuli videntur consularis dignitatis insignibus accenseri a Mamertino [1], in panegyrico Maximiano dicto : *Trabeæ vestræ triumphales, et sellæ curules, et hæc obsequiorum stipatio, et fulgor, et illa lux divinum verticem claro orbe complectens, vestrorum sunt ornamenta meritorum.* Nam quod Latini *nimbum* dicunt, alii *lumen* appellant, ut Servius, ad illud 2 *Æneid.*, ubi de Pallade :

.....nimbo effulgens, et Gorgone sæva.

Id est, inquit, *nube divina : est enim fulvidum lumen, quod capita deorum tinguit.* Ita etiam Honorius Augustodunensis [2] : *Lumina quæ circa capita sanctorum in modum circuli depinguntur designant quod lumine æterni splendoris coronati fruuntur. Idcirco vero secundum formam rotundi scuti pinguntur, quia divina protectione, ut scuto, nunc muniuntur.* De nimbo ita rursum Servius, ad illud ex 3 *Æneid.* :

Et lunam in nimbo nox intempesta tenebat.

Proprie, inquit, *nimbus est qui deorum vel imperatorum capita, quasi clara nebula nubere fingitur.* Et Isidorus [3] : *Lumen quod circa angelorum capita pingitur nimbus vocatur : licet et nimbus sit densitas nubis.* Sed et quod Anastasii consulis utroque diptycho, Leodiensi scilicet et Bituricensi, affingitur, in conchæ figuram radiatum, nimbus videtur. Ejusmodi igitur luminosis circulis capita sua ambiri augusti voluere, iis etiam postea consulibus communicatis, ut divinitatis speciem quandam sibi assererent, cum nimbis, seu claris nubibus, deos suos ita in picturis ac tabellis ambirent [4]. Hinc tam frequens divinitatis, numinis, ac æternitatis ab iis usurpata vocabula et epitheta, quibus plenæ sunt imperatorum leges, locis pridem ab aliis indicatis [5]. Verum hæc veniam aliquam merentur in augustis, quorum adeo ampla fuit potestas, si recentiorum imperatorum expendatur ambitio, qui hominum omnium vanissimi, ac omni facinorum genere contaminatissimi, provinciis etiam suis pene exuti, et intra Urbis mœnia, paucorumque circumjacentium oppidorum limites coerciti, sanctos sese a subditis, atque adeo ab ipsis Constantinopolitanis patriarchis cæterisque pontificibus compellari voluerunt, ut docemur ex Pachymere [6] : cum eundem titulum summo Romæ pontifici denegarent, quod tradit idem scriptor [7] : contra quam Magnus ipse Constantinus, qui *sanctum* se, vel certe *divum,* appellari prorsus renuit, ut tradit Juvencus, lib. 4. Historiæ Evangelicæ extremo :

> Hæc mihi pax Christi tribuit, pax hæc mihi sæcli,
> Quam fovet indulgens terræ regnator apertæ
> Constantinus, adest cui gratia digna merenti.
> Qui solus regum sacri sibi neminis horret
> Imponi pondus, quo justis dignior actis
> Æternam capiat divina in sæcula vitam.

Hinc formula compellationis vulgata, Δεσπότα μου ἅγιε, quam observare licet non semel in Rationali Peræquatorum sub Alexio Co-

---

[1] N. 3. — [2] Lib. 1, c. 133. — [3] Lib. 19, c. 31. — [4] *De nimbo, cujus mentionem hic facit Cangius, videndus omnino liber cui titulus : Sculture e pitture estratte da cimitteri, etc.* tom. 3, pag. 83. Hoc nimbo ornantur capita nonnullorum heroum in Codicibus Vaticanis qui Virgilii opera continent. Bottarius. — [5] Filesac. l. 1, de Idololatr. Polit. c. l. — [6] L. 6, c. 31; lib. 10, c. 11, 29, 32. — [7] Id. l. 9, c. 5.

mœno exarato, Codino [1], et aliis scriptoribus Byzantinis. Jure igitur Isaacium Angelum suggillabat Fridericus I imperator, ejus legatos alloquens [2] : *Dominus vester sanctum se appellat : mirabilis est sanctitas quæ sanctos viros, honestos, religiosos, benigne, utpote fideles nuncios, in oscula pacis exceptos, in quorum ore non est inventum mendacium, nec iniquitas, subitò consuevit incarcerare, et fame ac nuditate usque ad mortem macerare. Longe faciat a nobis Deus talem sanctitatem.*

XXIII.

CONSULARIS DIGNITAS QUANDO DESIIT.

Atque hæc quidem de consularis dignitatis insignibus : sed quando illa demum desierit apud Byzantinos, non omnino planum est. Illud constat consulum ordinariorum exstinctam dignitatem sub Justiniano, quam sibi solis asseruere postmodum imperatores ipsi, qui perinde, ac jam olim Vitellius, hac videntur ratione *consulis perpetui* titulum sibi adrogasse [3]. Quod et ipse Justinianus exerte ait [4] : Τῷ μὲν βασιλεῖ διηνεκὴς ὕπεστιν ὑπατεία, πᾶσι πόλεσί τε καὶ δήμοις καὶ ἔθνεσι, καὶ ἐφ' ἑκάστης τὰ δοκοῦντα διανέμοντι · προσέρχεται δὲ, ἡνίκα αὐτὸς νεύσειεν, ἡ στολή. Quibus quidem verbis hoc voluit Justinianus, ut vir doctissimus censet [5], cum perpetuum consulatum imperator gerat, vi scilicet ipsa, quatenus omnibus civitatibus, populis, gentibusque seu provinciis, vel pro arbitrio jus reddit, vel imitatione consulum largitur munera, et subditis suis quæ collibitum est distribuit, stolam tamen consularem aliaque insignia principi accedere, cum ipse annuerit. Primus autem Gordianus imp. vestes consulares, *palmatam tunicam et togam pictam*, privatus suas fecit, ut auctor est Capitolinus. (Vetus inscriptio apud Aringh, lib. 3, c. 3, pag. 250, sic clauditur epitaphium cujusdam Draconi : *Depos. VII idus maias, Leone juniore Aug. primum conss.*) Post consulatum igitur Basilii junioris, qui solus magistratum iniit anno 14 Justiniani, Christi 541, nullus consul ordinarius creatus est : quod Justiniani avaritiæ adscribit Procopius [6] : sed anni numerati sunt ab ejus consulatu, hac formula, *Post consulatum Basilii junioris anno* 1, 2, et sic deinceps, usque ad 25, qui incidit in annum quo Justinianus exstinctus est. Tum enim Justinus junior consulatum iniit, cujus solennem apparatum et *processum* pluribus descripsit Corippus [7], et quoad vixit, hanc dignitatem sibi soli adseruit, annis ita recensitis, ut est apud Marium Aventicensem, *anno* 2, 3, 4, *etc.*, *consulatus Justini junioris augusti*. In Chronico Alexandrino sic ejusdem recensentur anni, *anno* 1 *Justini, post consulatum Justini junioris solius*, et ita deinceps usque ad annum quo obiit. Verum adscriptæ Novellis Justini constitutionibus, tum a Scrimgero, tum a Francisco Pithœo post Julianum Antecessorem editis, subscriptiones in recensendis consulatus Justini annis nullatenus sibi cohærent, adeo ut mendis haud carere in plerisque liceat suspicari. Dehinc idem Tiberius imperium et consulatum excepit, ejusque anni hoc modo numerantur in eodem Chronico Alexandrino : *Ind.* 12, *Tiber.* 2, *post consulatum Tiberii Novi Constantini iterum solius*. Deinde anno secundo : *Anno Tiber.* 2, *post consulatum Tiberii Novi Constantini iterum solius*. Deinde, *tertium solius*. Verum longe aliter anni imperii Tiberii Augusti exarati interdum leguntur. Quippe Pragmaticum ejusdem Tiberii *de Filiis colonorum*, editum ab eodem Pithœo, datum dicitur *anno octavo, et post consulatum ejus anno tertio*. Præterea vetus Scheda

adscripta Collectaneo ex libris sancti Augustini ab Eugippio scripto, a viro doctissimo Joanne Mabillonio edita [1] : *Ego Petrus notarius Ecclesiæ Catholicæ Neapolitanæ, ut potui, emendavi sub die iduum decembrium, imperatore domino nostro Tiberio Constantinopolis augusti anno septimo, post consulatum ejusdem augusti anno tertio, indictione quinta decima, obsidentibus Langobardis Neapolitanam civitatem.* Unde plane colligitur annos imperii auspicatum Tiberium a 7 sept. ind. 8, an. 574, quo cæsar et Imperii successor dictus est a Justino. Eo mortuo Mauricius imperium iniit anno Christi 582, quo consul defuit, ut est in Chronico Alexandrino : Ἰνδ. α πρῶτος ἐνίαυτος ἀνύπατος, καὶ ἐκ κοινοῦ δόγματος ἐγράφη· Μετὰ ὑπατείαν Τιβερίου Κωνσταντίνου τοῦ τῆς θείας λήξεως ἔτους τετάρτου. *Indictio prima, primus annus caruit consulibus : atque ex communi decreto scriptum est, Post consulatum divæ memoriæ Tiberii Constantini anno quarto.* At sequenti consulatum iniit Mauricius solus [2]. (Theophanes an. 2 ejusdem Mauricii : Τούτῳ τῷ ἔτει μηνὶ Δεκεμβρίῳ ἰνδ. Β′ ὕπατος ὁ Βασιλεὺς προσαγορεύεται, καὶ πολλοὺς θησαυροὺς τῇ πόλει ἐδωρήσατο. *Hoc anno mensis decembris die vigesimo indict.* 2. *imperator consul est designatus, et multos thesauros urbi largitus est.* Legitur vetus inscriptio apud Reines. pag. 960, quæ sic clauditur : Imp. d. n. Mauritio pp. augusto anno III post consulatum ejusdem an. II ind. iv. — Cangius in Addit.) Exhinc qui excepere Mauricii anni sic numerati, *anno* 2, 3, *etc. post consulatum Mauricii augusti solius* : atque ita deinceps usque ad 20, quo a Phoca tyranno est interemptus, qui statim consulatum cum imperio adiit. Ejus autem primus imperii annus sic in Actis publicis consignatus est [3] : *Consule Phoca solo.* Secundus vero, *Post consulatum Phocæ augusti.* At tertius sic inscribitur : *Post consulatum Phocæ augusti primum.* Deinde quartus : *Post consulatum Phocæ augusti secundum,* et sic deinceps usque ad octavum, qui inscriptus est, *Post consulatum Phocæ augusti sextum,* quo et neci datus est ab Heraclio. Sed cur primus Phocæ consulatus in tertium Imperii annum videatur rejici, cum consulatus ejusdem imperatoris primo et secundo mentio facta fuerit, fateor me non assequi. Exin idem Heraclius imperium auspicatus est indictione 14 octob. 7 a quo quidem die ad 13 januarii in publicis tabulis adscriptum tantum, *anno primo Heraclii imperatoris.* Sed postea ab eodem die ad ultimum decembris decimæ quintæ indictionis additum, *Et consulatu ejusdem religiosissimi domini nostri.* Nam licet, ait auctor Chronici Alexandrini, in publicum curru vectus non processerit, illud tamen tempus ejus consulatui adscriptum est. Annus deinde secundus Heraclii sic notatus : *Secundo post consulatum Heraclii augusti.* Mox a 22 januarii, quo filius Constantinus a patre dictus est imperator, indictione 2 statutum est [4] ut post verba ista solennia, *In nomine,* scriberetur, *Imperii divorum dominorum nostrorum et beneficentissimorum Flavii Heraclii piissimi anno 3 post consulatum ejus anno 2 et Flavii Novi Constantini a Deo protecti filii ejus anno 1 semper augustorum et imperatorum.* Descripsit Beda [5] Epistolam Honorii PP. ad Honorium Dorovernensem ep., quæ ita clauditur : *Data die tertia iduum januariarum* (al. *juniarum*), *imperantibus dominis nostris, piissimis augustis, Heraclio anno vicesimo quarto, post consulatum ejusdem anno vicesimo tertio, atque Constantino filio ipsius anno vicesimo tertio, et consulatus ejus anno tertio : sed et Heraclio felicissimo cæsare item filio ejus anno tertio, indictione septima.* Id est, addit Beda, anno Dominicæ Incarnationis DCXXXIV; quæ quidem adscripta temporis nota mendo haud videtur carere. Siquidem enim, quod tradit Theophanes, Heraclius novus Con-

---

[1] De Off. c. 4, n. 31, c. 8, n. 2. — [2] Tageno Patav. [ap. Freher-Struv. tom. 1, pag. 409.] — [3] Grut. 239, 1. — [4] Nov. 105, § 4. — [5] P. Faber Sanjorian. — [6] In Anecdot. c. 26. — [7] L. 4.

[1] Tom. 2 Analect. p. 11. — [2] Beda lib. 1 Hist. Eccl. cap. 24. — [3] Chr. Alex. — [4] Synodus VIII, Act. 1. — [5] Edit. Chifflet, I. 2 capite 18.

20.

stantinus 1 januarii die, anno VII. Heraclii, Christi DCXVII consulatum iniit, et publice processit, idemque fratrem Heraclium, seu Heracleonam, cæsarem dixit, utriusque dignitatis non potuit esse annus tertius; sed debuit esse decimus septimus. Mortuo Heraclio aug. Heraclius alter, qui et Constantinus nuncupatus est, vulgoque Constans vocatur a scriptoribus, ejusdem Heraclii, ex filio Heraclio juniore Novo Constantino nepos, imperatorium titulum adeptus mense junio indict. 14 post patris obitum sequenti indictione consularem dignitatem iniit. Exstat [1] enim epistola Theodori PP. ad Babolenum Bobiensem abbatem, *data quarto nonas maii, imperii domini piissimi augusti Constantini anno secundo, consulatus primo, indictione prima.* Unde colligitur, consulatum iniisse 1 januarii anno imperii 2 quod mense junio 15 indictionis inierat, cum tertius mense junio inciperet indictione eadem prima. (Synodus deinde sexta œcumenica inita dicitur Constantinopoli, *Constantino* (Pogonato) *imperatore, an. 27, et post consulatum ejus an. 13, Heraclio vero atque Tiberio ejus fratribus an. 22, indict. 3,* Christi scilicet 680; unde colligitur, patre superstite dictum imperatorem, a cujus morte illius consulatus putatur.—CANGIUS IN ADDIT.) Exinde Acta lib. a dæm. virg. an. 713 apud Baronium [2], consulatus Anastasii, seu Artemii imperatoris, mentionem agunt : quorum initium ita concipitur : *Imperante domino nostro piissimo perpetuo augusto Anastasio magno imperatore, anno primo, et post consulatum ejusdem serenitatis anno primo, etc.* Concilium Romanum sub Gregorio II PP. an. 721, celebratum dicitur [3], in ejus præfatione, *imperante domino piissimo augusto Leone, a Deo coronato, magno et pacifico imperatore, anno VI, post consulatum vero ejus anno XVI sed et Constantino Novo imperatore ejus filio an. II mense aprili, indictione IV.* Ubi indubie delenda litera numeralis X, tametsi in subscriptione rursum reperiatur. Copronymus mortuo Leone parente anno 741 junii 18 consularem titulum pariter sibi adscripsit, quod præ cæteris testatur inscriptio Romanæ synodi actæ sub Zacharia PP. anno 744 mensis octobris 25 indict. 14 : *Imperante domino piissimo augusto Constantino imperatore, anno 26 post consulatum ejus anno quinto [4].* Ubi annus imperii numeratur ab anno quo imperator a patre dictus est; consulatus vero ab eo quo in solidum augustus est factus eo exstincto. Sed consulatus Copronymi notam abesse ab aliis codicibus manuscriptis observat Baronius. Certé in epistolis ejusdem Zachariæ pontificis consulatus annus non adscribitur, sed tantum imperii initi ab prima inauguratione, et a patris obitu, hac formula : *Imperante domino piissimo augusto, a Deo coronato, magno imperatore, anno 32 imperii ejus anno 11, indictione 5.* Ita Artabasdus arrepta post soceri Leonis mortem suprema dignitate consul etiam dictus est, quod docet inscriptio a nobis relata in filii Nicephori Elogio [5]. Leonem vero ipsum consularem dignitatem iniisse evincunt ejus nummi, in quibus cum loro et mappa, ejusdem dignitatis insignibus, effictus conspicitur [6] : cum aliquot alii qui eum excepere augusti, non cum mappa, sed cum loro tantum effingantur ; ita tamen ut incertum maneat an revera consulis titulum sibi reservarint. (Denique in concilio Nicæno II illud initum dicitur : Κωνσταντίνου καὶ Εἰρήνης τῆς αὐτοῦ μητρὸς ἔτους ὀγδόου τῆς αὐτῶν ὑπατείας. Ubi observandum etiam per Irenes ὑπατείαν imperii annum indigitari. — CANGIUS IN ADDIT.) Hæc necessario de consulari dignitate hoc loco inserenda duximus, ut cur consularia insignia sibi adrogarint in nummis suis sequioris ævi augusti, planum fieret.

[1] Ughell. tom. 4 Ital. sacr. p. 1331; Margarinus, in Bullario Casin. p. 2. — [2] Baron. an. 713, n. 6. — [3] Othlonus, lib. 2 de Vita S. Bonif. c. 5. — [4] Baron. an. 745, n. 23; Bullar. Casinense, tom. 2, p. 8. — [5] In Stemmat. Byzant. — [6] Vide Gloss. in *Consulatus.*

XXIV (XVI).

CÆSAREA INSIGNIA.

Quæ quidem hactenus dicta sunt, augustorum aut cæsarum qui consulari dignitate florebant, vestes ac indumenta spectant. At cum alia cæsareæ atque imperatoriæ etiam majestatis in ævi sequioris nummis occurrant insignia, quæ vix aut raro habentur in eorum numismatibus qui Constantinum præcesserunt, de iis quædam perinde videntur præmittenda. Ut autem a cæsarum diadematibus initium ducatur, ex quo a Trajano, adscito ad imperium Hadriano, *divisa nomina Cæsarum atque Augusti, inductumque in rempublicam, uti duo seu plures summæ potentiæ, dissimiles, cognomento ac potestate dispari essent,* ut ait Aurelius Victor [1], ii non modo *imperatorii muricis fulgore flagrarunt,* ut verbis utar Ammiani [2], sed et laurea et diademate donati sunt, quod ex eorum nummis colligitur, ubi interdum nuda fascia aut tænia caput cinguntur, ut Constantinus junior in eo qui inscriptionem præfert, PRINCIPI JUVENTUTIS : interdum corona radiata ut Constantius Chlorus in compluribus, præterea Licinius junior in altero, cui inscriptum, VIRTUS EXERCIT. ; et Constantius Constantini M. filius in aureo, cujus aversa pars typo caret. Denique Juliani cæsaris caput, eodem quo is postmodum imperator usus est diademate, duplici scilicet margaritarum linea, cum lapillo ad frontem grandiori, exornatum exhibet ejusdem votorum quinquennaliorum nummus. Ex quibus prorsus evanescit viri doctissimi conjectura [3], qui cæsares diademate usos negat, quod contra evincit etiam Constantini Magni nummus ab ipsomet, Tristano, et Gretzero descriptus, in quo Crispus et Constantinus junior filii cum gemmato diademate effinguntur [4]. Et sane diadema cæsaribus tribuere Zonaram, Theophanem, Manassem, Glycam, et alios, a nobis [5] haud ita pridem est observatum ad Joinvillam, ubi plura de imperatorum ac regum coronis congessimus : quod firmat præterea Eusebius [6]. Nam quod ex scriptoribus aliis diadema soli auguste fastigio vindicatur, id verum omnino : cum in augustis imperatoriæ, in cæsaribus cæsareæ dignitatis symbolum haberetur.

XXV (XVII).

CAMELAUCIUM.

Varias deinde diadematum species in imperatorum Constantinopolitanorum monetis, priscis hauc cognitas, intueri licet ; in quibus præ cæteris illud conspicuum est quo Constantini et successorum capita teguntur. Calyptræ enim speciem præfert, qua totum caput ambitur, vel cassidis, apice, quem τοῦφαν vocabant, decoratæ : quam quidem ab ipso Constantino adinventam auctor est Polemæus Silvius in Laterculo : *Constantinus,* inquit, *senior, qui christianæ religionis ministros privilegiis communivit, diadema capiti suo, propter refluentes de fronte propria capillos (pro qua re saponis ejusdem cognominis ordinata confectio est) quo constringerentur, invenit, cujus more hodie custoditur.* A Constantino igitur inductus istius diadematis usus ad posteros promanavit, non tamen ut gestatum est a Constantino, sed aliquanto diversi : quod ex illius numismatibus licet advertere, ac duobus potissimum, priore, cujus

[1] Victor Schotti. — [2] Lib. 15, p. 49; Olympiod. p. 197. — [3] Spanheim. dissert. 8, p. 682. — [4]* In museo Mediceo Florentiæ Constantini M. protome marmorea conspicitur diademate gemmato exornata. Bottarius. — [5] Dissert. 24. — [6] L. 1 de Vita Constant. c. 18.

aversæ parti inscriptum, SOLI INVICTO COMITI; et altero in quo pro lemmate est, VICTORIÆ LÆTÆ PRINCIPUM. Præterquam enim, quod more cassidum, sub mento Constantinianum istud diadema alligatur, qui imminet apex diversus est ab eo qui postmodum eidem calyptræ surperponitur in successorum imperatorum nummis, et qua ex iis primus Constans Constantini M. filius conspicuus effictus est in eo numismate votivo, quod in clypeo scriptum exhibet, VOT. XXX. MULT. XL. cujusmodi qui subsecuti sunt augustos usos passim testantur eorum nummi. Sed cum de hocce diademate cæterisque fere ævi sequioris augustorum coronis loco jam indicato copiose disseruerimus, his omissis juvat tantum monere posteriores augustos diademata sua fere semper cruce decorasse, cujus moris primus, ex nummis, auctor colligitur Justinus, quem secuti sunt Tiberius, Mauricius, Phocas, et cæteri quorum crucigeros omnes pridem collegérunt Lipsius et Gretzerus [1].

XXVI (XVIII).

GLOBUS CRUCIGER.

Sed et globos cruce perinde insignitos gestant in iisdem imperatores christiani, quos prioris ævi augusti nudos deferebant, quibus se dominos orbis indicarent. *Pilam*, inquit Isidorus [2], *in signo constituisse fertur Augustus, propter nationes sibi in cuncto orbe subjectas, ut magis figuram orbis ostenderet*. Idipsum præterea in nummis præstitit, in quibus orbem sive globum describi curavit : ex quo usus deinceps invaluit, ut aliquot ex iis qui subsecuti sunt imperatores in suis pariter monetis effingi se pariter voluerint cum globo in dextra, quo, ut diximus, universi orbis imperium adeptos se denotarent : hoc enim symbolo teretem terræ figuram semper adumbrarunt. Hinc Martianus Capella [3] *duos globosos orbes, quorum unus auro, electro alius prænitebat, dextra porrectiore corripuisse* Jovem fingit, eoque habitu in deorum consistorio consedisse, quibus cœli et terræ imperium designaretur. Ita auctor est Codinus [4] stetisse Constantinopoli Jovis ejusdem statuam, quæ globos tres dextra tenebat, qui tria, inquit, mundi climata illius subdita dominatui indicarent. Narrat Ammianus [5] *Maximiani statuam cæsaris Antiochiæ, locatam in vestibulo regiæ, amisisse repente sphæram æream formatam in speciem poli, quam gestabat*. Imperatores vero mundi se dominos appellasse satis declarant Caracallæ et Didii Juliani nummi, in quibus uterque globum manu gestat, cum hac epigraphe, RECTOR ORBIS [6]. Et Constantius in obelisci Romani inscriptióne DOMINUS MUNDI dicitur, quam quidem appellationem affectasse præ cæteris tradit Ammianus [7], scribens *confestim a justitia ita declinasse intemperanter, ut æternitatem meam aliquoties subsereret ipse dictando, scribendoque propria manu orbis totius se dominum appellaret*. Sic Juliano in vet. inscriptione idem titulus datus legitur [8]; et apud eundem Ammianum [9] Valentinianus *orbis terrarum dominus* appellatur a quodam Theodosio magistro militum. Scribit Basilius, Seleuciæ episcopus [10], qui imperatorum imagines aspiciunt, cum stupore demirari chlamydem marino flore collucentem, ac diadema lapillorum lumine coruscans : tum, χεῖρα τῷ σφαιροειδεῖ σχήματι τοῦ κόσμου τὸν κύκλον τοῖς δακτύλοις φέρειν νομιζομένην, *manum denique, quæ orbem terrarum, in modum sphæræ formatum, digitis gestare creditur*. Ejusmodi globis in nummis effictis insistunt interdum victoriolæ,

laureas coronas porrigentes imperatori, interdum cruciculæ. Sed posterioris istius usus notam ante Valentiniani tempora in iisdem vix reperire est, tametsi crucis figura variis in locis impressa post Constantinum observetur : nisi ad Constantinum aut Constantium filium referenda sit gemma, cujus ectypon exstat in Dactyliotheca [1] manuscripta Ludovici Chalucii, in qua insculptus globus cruciger, cum A et Ω characteribus, qui Deo adscribi solent, qui, quod de Jove dixit Orpheus [2], est ἀρχὴ πάντων, πάντωντε τελευτή, et hisce aliis in circuitu, SAL. GEN. HUM. CONST.; id est, ut interpretatur idem Chalucius, *Constantius, salus generis humani*, quomodo in nummis indigitantur M. Lepidus, C. Cæsar, Galba, et aliquot alii, nisi hæc ad crucem referri debeant, quod idem censet, atque suadere videntur characteres CONST. globo crucigero subjecti, quibus forte Constantinopolis intelligitur, ut in primo nummo Justini junioris aureo, in quo pene similis effingitur figura. In hoc porro nummo aureo Valentiniani, quem descripsimus, sedet figura stolata et galeata, qua Roma forsitan aut Constantinopolis adumbratur, sinistra hastam, dextra globum tenens, cui crux insistit. Exhinc crucigeros globos in utriusque Theodosii, et aliorum qui subjecti sunt, numismatibus conspicimus. Quin et equestris Justiniani in Augustæo posita statua similem globum sinistra continuit, ut exerte habet Procopius [3] : Ἔχει δὲ, inquit, οὔτε ξίφος, οὔτε δοράτιον, οὔτε ἄλλο τῶν ὅπλων οὐδέν. ἀλλὰ σταυρὸς αὐτῷ ἐπὶ τοῦ πόλου ἐπίκειται, δι' οὗ δὴ τήντε βασιλείαν καὶ τὸ τοῦ πολέμου πεπόρισται κράτος, *non gladium, non hastam, aliudve gestat armorum genus, sed crucem globo impositam, cujus opera imperium ac belli victoriam adeptus est*. Similia ferme habent Cedrenus, Suidas, Glycas, Codinus, et Georgius Pachymeres in ejusdem statuæ descriptione manuscripta. Ac Suidas quidem de globi crucigeri istius significatu hæc commentatur : Καὶ τῇ μὲν ἀριστερᾷ χειρὶ φέρει σφαῖραν, ἐμπεπηγότος τοῦ σταυροῦ ἐν αὐτῇ, ὑποσημαίνοντος ὡς διὰ τῆς εἰς σταυρὸν πίστεως τῆς γῆς ἐγκρατὴς ἐγεγόνει· σφαῖρα μὲν γὰρ ἡ γῆ, διὰ τὸ σφαιροειδὲς τοῦ αὐτῆς σχήματος, πίστις δὲ ὁ σταυρὸς, διὰ τὸν ἐν αὐτῷ σαρκὶ προσηλωθέντα θεόν. *Læva quidem manu globum tenet, cui crux infixa est, quæ significat ipsum propter fidem in crucem, terræ dominum factum. Globus enim is terra est, propter rotundam ipsius figuram : fides vero est ipsa crux, ob incarnatum Deum illi clavis affixum.* (* Sed et nec omittendum est Johannem grammaticum Gazæum in descriptione tabellæ universi, globo crucem imposuisse, quam etiam describit versibus sat comptis, apud Rutgersium, lib. 2 Var. Lect. cap. 7.)

XXVII (XIX).

GLOBUS CRUCIGER INTER INSIGNIA IMPERATOR. OCCID.

A Byzantinis et Orientalibus augustis transiit ad Occidentales globus iste cruciger : nam Carolus Calvus hunc sinistra gestat in ejus imagine quam delineari curavit Steph. Baluzius, tametsi forte necdum imperator. Henrico II imperatori, ut auctor est Glaber Rodulphus [4], sub annum 1013, Benedictus VIII PP. similem globum, a se vel inventum, vel compactum, obtulit : *Præcepit fabricari*, inquit ille, *quasi aureum pomum, atque circumdari per quadrum pretiosissimis quibusque gemmis, ac desuper auream crucem inseri. Erat autem instar speciei hujus mundanæ molis, quæ videlicet in quadam rotunditate consistere perhibetur, ut dum siquidem illud respiceret princeps terreni imperii, foret ei documentum non aliter debere imperare vel militare in mundo, quam ut dignus haberetur vivificæ*

<hr>

[1] In libr. de Cruce. — [2] L. 18, c. 3. — [3] L. 1. — [4] Orig. — [5] L. 25. — [6] Biæus, ad August. p. 52. — [7] L. 15. — [8] Gruter. 1086, 7. — [9] L. 29. — [10] Serm. 2, p. 9.

[1] P. 18. — [2] Hymno in Jovem. — [3] L. 1. de Æd. c. 2. — [4] L. 1, c. ult.

crucis tueri vexillo. Neque ab his absona habet de crucigeri istius imperatorii symboli significatu Chronicon Flandriæ [1] vernaculum, ubi de coronatione imperatoris Henrici Luxemburgii, sub annum 1308 : *Et li mirent en la main senestre une pomme de fin or, et une croix dessus, en signifiance que la pomme, qui estoit toute ronde, signifie le monde, de quoi il estoit souverain gouverneur; et la croix signifioit que toudis il eust la Passion de Notre-Seigneur en mémoire.* Similia etiam tradit Gotefridus Viterbiensis [2], qui globum istum *pallam* appellatum scribit; a teutonico forte *paleyen*, quod orbem sonat : vel a gallico *balle :*

> Aureus iste globus Pomum vel Palla vocatur,
> Unde figuratum mundum gestare putatur,
> Quando coronatur palla ferenda datur.

Infra :

> Crux superest pomo cœli super insita dono, etc.
> Crux et palla simul pariter connexa tenentur :
> Hæc magis, illa minus parte reverenda videntur,
> Hæc ferit, hæc sanat, hæc perit, illa manet.
> Si mundana cupis pugno concludere regna,
> Significata Crucis tibi sunt reverenter habenda :
> Servulus esto Dei, qui tua sceptra regit.

Atque hæc fuit utriusque, maxime Occidentalis, Imperii augustorum pietas, ut inter dignitatis suæ symbola crucem sibi præferri, et globum, cui crux, in quam oculos defigerent, insisteret, gestare voluerint. Narrat Conradus Uspergensis Henrico V in imperatorem electo tradidisse parentem *regalia vel imperialia insignia, crucem scilicet et lanceam, sceptrum, globum atque coronam.* Quem quidem globum crucigerum tenendi, ac imperatori cum inauguratur, porrigendi, comiti palatino Rheni, ex bulla aureâ Caroli IV imperatoris, munus incumbit, qui ita novum augustum compellat : *Accipito globum sphæricum, et omnes terræ nationes Romano imperio subjicito.* Neque tamen imperatoribus proprius ac peculiaris fuit globus inter supremæ dignitatis symbola; nam et gestasse reges nostros, nudos tamen, testatur Roberti regis sigillum, apud Dominicum [3] et alios, ut reges Angliæ Rogerus Hovedenus, Thomas Walsinghamus [4], et Monstrelletus [5]. Etiam crucigeros detulisse Hierosolymitanos reges scribit Coquillius [6]; Poloniæ, Cromerus [7]; Hungariæ, Jessenius [8]; et Daniæ Hogembergius. Sed et *pomum* inter regum aragonensium insignia recensent Gesta Innocentii III PP. [9], ut et Petrus ipse rex Aragonum in Chronico [10], quod de rebus a se gestis conscripsit. Sic autem describitur a Raimundo Montanerio [11], in Historia regum Aragonum, ubi de coronatione Alphonsi regis : *E lo pom era d'aur, e havia al cap una flor ab peres precioses, è sobre la flor una creu molt ricament ordonada de peres precioses.* Octavianus Sangelasius in Viridario Honoris, ait Carolum VIII post fugatum Alphonsum, Neapolim ingressum, *comme roy de France, de Cecille, et Ihérusalem, et qu'il fist grant triomphe et excellence en habillement imperial nommé et appellé auguste, et tenoit la pomme d'or ronde en sa main droite, et à l'autre main son sceptre, etc.* At cum globus cruciger pro imperatorio præsertim symbolo hactenus habitus sit, Franci nostri in regiarum puellarum commutatione acta anno 1614, cum coronam globo crucigero in apice decoratam, Hispanici regis armorum insignibus adpositam in Hispanorum tabernaculis conspexissent, in augusto isto commercio ulterius progredi recusarunt, donec amoveretur; ne hocce symbolo prærogativam aliquam in Francos sibi arrogare viderentur Hispani [12].

[1] C. 61; vide Knightonum, p. 2572. — [2] In Panth. — [3] Assertor Gall. Hist. S. Martin. de Camp. — [4] P. 195. — [5] Vol. 1, c. 266. — [6] In Histor. Nivern. p. 352. — [7] In Polon. l. 2. — [8] In relat. de Coronat. Reg. Math. — [9] P. 134, 135; Epist. Martini IV PP. tom. 5 Hist. Franc. p. 878. — [10] L. 2, c. 10. — [11] C. 297. — [12] 10 Mercur. Gall. p. 94.

XXVIII (XX).

LABARUM.

In inferioris ævi præterea numismatibus vexillum militare, quod *labarum* appellant, ab ipsis principibus sæpe gestari ac teneri advertimus. Illud autem ita effictum est, ut pensilis pannus, fimbriis aliisque ornamentis instructus, et transversario, antennæ specie, ligno affixus, a suprema conti parte funiculis dependeat. Id porro etsi non omnino nuperum, et ante Constantini ævum cognitum (cum istud cernatur in Hadriani et aliorum augustorum nummis inter Romanorum insignia militaria [1], — C. in A.) labari tamen nomenclatura non nisi apud scriptores qui aut ipsius ætate, aut postea floruerunt, vix cognita vel usurpata; adeo ut in dubio sit an Romanorum proprium vexillum fuerit, an vero illud ii a nationibus barbaris acceperint, quod postremum existimare prorsus licet. Nam quod aliquando in priorum imperatorum nummis effictum occurrat, non propterea existimandum est Romanorum fuisse; sed ita in iis exhibetur, ut quibus id vexilli proprium fuit, gentes domitas fere semper denotet. Prostant tria Augusti numismata [2], in quorum duobus figura nuda galeata dextra labarum, seu contum cum quadrato siparo fimbriato tenet, cum hocce lemmate : VOT SUSC PRO SAL ET RED I O M SACR.; id est : *Vota suscepta pro salute et reditu Jovi optimo maximo sacrum.* Cusi nempe bini hi nummi dum Augustus bella cum Germanis gereret, de quibus actum ab eo triumphum, vel certe partam victoriam, indicat alter, in quo scuta germanica bina (cujusmodi visuntur in Vitellii, Domitiani, Antonini, et aliorum monetis) decussatim cum spiculis posita, medic inter utrumque stante labaro. Cui similes pene prostant (Claudii Drusi, Domitiani et Commodi [3]; et alius — C. in A.) Domitiani cum inscriptione, DE GER [4]. Neque alia exprimitur figura in arcu triumphali Marii Avenionensi, in quo spolia de Cimbris, Germaniæ populis, effinguntur, cum eorumdem vexillis et scutis [5]. Unde nuper detectum arcum illum triumphalem, tribus portis insignem, Remis urbe Galliarum celeberrima, a quodam ex iis augustis qui de Germanis victorias adepti sunt, erectum par est credere : in cujus quatuor μεσοστύλοις conspiciuntur rotundi clypei, in quibus effictum imperatoris caput, sed temporum injuria ita deformatum, ut cujus fuerit divinare non liceat. Supra clypeos qui in mediis duobus intercolumniis describuntur efficta conspiciuntur bina labara, decussatim posita, quorum hastilibus, sub siparo, affixi sunt clypeoli alii cum imperatoris imagine. In extremis vero intercolumniis, loco labarorum describuntur bini caducei, decussatim pariter positi : ex quibus satis constat erectum arcum istum triumphalem pace post devictos Germanos consecuta. Sed an Julii Cæsaris, uti vult Bergerius [6], vel Juliani Parabatæ opus sit, quod innuere videtur vir clarissimus, cujus studio illius ectypon æri incisum hoc anno prodiit [7], non omnino quis definiat, tametsi et labari figura ante Constantinianæ familiæ tempora exstructum fuisse conjicere possimus, cum deinde Julianus, cum Germanos debellavit, nondum christianam religionem ejurasset, quod perfecit demum post Constantii mortem, in Illyrico. Ledæ enim imago satis prodit erectum arcum triumphalem ab imperatore gentile. At cum is recentioris ac minus probæ sit architecturæ, proindeque Augusti et priorum Romanorum principum germanicis victoriis adscribi vix possit, sub quibus illa tum maxime florebat; longe potius tribuendus videtur Probo imperatori, qui, ut auctor est Vopiscus [8], *cum ingenti exercitu Gallias petiit, quæ*

[1] Patin. in Thes. Numism. p. 162. — [2] Apud Biæum p. 10, 17. — [3] Patin. in Thes. Numism. p. 51, 175. — [4] Blæus, p. 31, 46. — [5] Joseph de la Pise. — [6] In Histor. Remensi. — [7] * Marlot, Histor. Metrop. Remens. — [8] Cap. 13.

omnes, occiso Posthumio, turbatæ fuerant, interfecto Aureliano, a Germanis possessæ, ubi *tanta prælia feliciter gessit, ut a barbaris sexaginta per Gallias nobilissimas reciperet civitates* (quas inter exstiterit Durocortorum Remorum). *Et quum jam in nostra ripa, imo per omnes Gallias securi vagarentur, cæsis prope quadringentis millibus qui Romanum occupaverant solum, reliquias ultra Nicrum fluvium removit, etc.* Mox subdit, *nec cessatum esse unquam pugnari, quum quotidie ad eum barbarorum capita deferrentur, jam ad singulos aureos singula, quamdiu reguli novem ex diversis gentibus venirent, atque ad Probi pedes jacerent, quibus ille primum obsides imperavit, qui statim dati sunt, deinde frumentum, postremo etiam vaccas atque oves.* Qua quidem victoria pace reddita, coronas aureas Probo omnes Galliæ civitates obtulere, ut ipsemet in literis ad senatum scribit. (Exhinc cusi in Germanicæ istius victoriæ monumentum Probi imperatoris nummi, quibus inscriptum : VICTORIA GERMANICA, quique pro typo tropæum inter duos captivos præferunt. Sed et alter præclarus Probi nummus, a Patino [1] descriptus, imperatorem habitu militari stantem exhibet, sinistra scipionem tenentem, oculis in supplices captivos conversis, cum hac inscriptione : VICTORIOSO SEMPER, quomodo in epitaphio idem augustus VICTOR OMNIUM GENTIUM BARBARARUM appellatur, nam præter Germanos, Gotthos etiam et Sarmatas profligavit. — C. in A.) Unde admodum vero consentaneum ea tum tempestate a Remensibus arcum triumphalem erectum, in quo et victoriæ de Germanis per labarum et pax reddita per caduceos effingerentur. Pannonibus etiam in Hadriani nummo, et Armeniis tribuitur ejusmodi vexillum in binis aliis Antonini nummis [2], in quibus est figura stolata ac pileata humi procumbens, et dextram lacrymabundæ instar admovens oculis, cum clipeo ad genua, et labaro juxta defixo, in quorum altero subjectum lemma, ARMEN. Præterea Sarmatis, in nummo ejusdem Antonini (et in altero M. Aurelii apud Patinum [3]) quibus subjecta inscriptio, DE SARMATIS. Denique in nummo altero Vitellii gradivus effingitur, dextra hastam, sinistra labarum tenens, cum hisce characteribus : CONSENSUS EXERCITUUM; cusus nempe videtur propter partas de Germanis victorias, de quibus etiam erecta in alio ejusdem imperatoris tropæa cernuntur, cum lemmate : GERM. CAPT. Ex quibus licet omnino conficere labarum non Romanorum proprium fuisse ab initio vexillum ; sed a gentibus domitis, Germanis, vel Armeniis, quorum fuit, in victoriarum ex iis adeptarum monumentum vexillis suis hos illud adscripsisse ; cum ex nummorum inspectione devictas provincias, armis maxime quorum apud illos usus erat, denotari palam sit. Nolim porro pro vero præstare quod scribit auctor anonymus de Miraculis sancti Bertini [4], sequiore etiam sæculo, circa scilicet tempora Caroli Calvi, labari appellationem vexillis suis tribuisse Danos : *Pagani in antefati collis cacumine principale vexillum, quod labarum vocari fertur, alto stipiti pro terrore infixere.* Tametsi, uti labarum effingitur, Danorum fuisse vexillum indicare videatur auctor Encomii Emmæ reginæ [5] : *Erat*, inquit ille, de Danis verba faciens, *eis vexillum miri portenti, quod, licet credam, posse esse incredibile lectori, tamen, quia verum est, veræ inseram lectioni. Enimvero dum esset simplicissimo candidissimoque intextum serico, nullius figuræ in eo inserta esset imago : tempore belli semper in eo videbatur corvus, ac si intextus, in victoria suorum quasi hians, excutiensque alas, instabilisque pedibus, et suis devictis quietissimus, totoque demissus.* Eadem ferme de corvis istis habet Asserus [6], qui *reafau,*

seu *reafan*, ut emendat Spelmannus, voce anglosaxonica id vexillum appellatum scribit ; adeo ut incertum maneat an revera *labarum* voce danica ea tempestate dictum fuerit. Sed præsertim ita appellatum sub Constantino M. vexillum, in quo christianæ religioni initiatus, Christi monogramma describi curavit, quod τῶν ἄλλων τιμιώτερον, *cæteris pretiosius et sanctius* haberi, imperatorem semper præcedere, a militibus adorari, et in prœliis a fortioribus exercitus militibus ambiri et stipari præcepit, uti narrant scriptores ecclesiastici [1] : quos quidem milites esse eos plerique autumant quos *præpositos laborum* vocat Codex Theodosianus, cum quod *labarum* Ambrosius, Prudentius, et alii, *laborum* appellent Sozomenus, glossæ veteres apud Turnebum [2], Acta secundæ synodi Nicænæ, et Aldhelmus [3]. Cum igitur labarum vexillum barbaricum fuerit, quod indicare videntur nummi, frustra de ejus nomenclatura hariolantur viri pereruditi, qui de signo hoc militari tam multa commentati sunt, ut iisce disquisitionibus tædeat immorari [4]. Illud autem passim in sequioris ætatis imperatorum nummis cum Christi monogrammate licet intueri ; sed et in ipsius Constantini numismate [5], in cujus aversa parte effingitur cum Christi monogrammate supra siparum, in quo quidem tres globuli describuntur : labari vero hastile draconem premit, cum hac inscriptione : SPES PUBLICA; infra : CONS.

XXIX (XXI).

NARTHEX.

At quod veteres e Latinis perinde ac Byzantinis scriptoribus *labarum* vocabant, posteriores νάρθηκα, seu *ferulam*, appellavere : siquidem imperatorum idem fuit gestamen quod revera videtur, etsi postmodum non eadem omnino forma ac figura. Labarum quippe, uti observatum supra, quadratum fuit, ex panno aut serico confectum, Christi insignitum monogrammate ; narthex vero ferulæ solidæ speciem prætulit, quæ paulo longior quam latior fuit. Unde medicos quosdam νάρθηκας libros suos nuncupasse monitum a nobis ad Alexiadem, quod libri speciem ferulæ omnino referant. Ejusmodi autem narthex præclare effingitur in bulla plumbea Balduini II, imperatoris Constantinopolitani, diplomati anni 1241 appensa : in qua Balduinus, imperatorio habitu sedens, dextra virgam tenet, in cujus parte superiori nescio quid quadratum oblongius eminet fimbria circumdatum, et ad extremos angulos globulis vel margaritis exornatum. Ab inferioribus vero angulis pendent vittæ, margaritis pariter distinctæ. Hastæ extremum claudit globulus, seu margarita grandior, cui minor insistit. Narthecem ipsum exteriorem exornat circulus ovali figura unionibus contextus [6]. At in narthecibus qui effinguntur in nummis apparent fere semper in quinquuncem dispositæ margaritæ ; ita ut liquido evincatur diu servatas labari figuræ, seu Christi monogrammatis reliquias. Scribit Codinus [7] moris esse ut quando imperator gestat stemma, dextra crucem, sinistra νάρθηκα teneat. Simeon vero Thessalonicensis ferulam gestari ab imperatoribus tradit, in potestatis iis indultæ populos subditos castigandi symbolum : Καὶ ἔτι ῥάβδον λαμβάνει, οὐ βαρεῖάν τινα καὶ σκληρὰν, ἀλλ' ἐλαφρὰν καὶ μαλακὴν, διὰ τὸ παιδευτικὸν ἐν πραΰτητι, καὶ μὴ ὀργίλον καὶ φθαρτικὸν, μηδὲ συντρίβειν καὶ

---

[1] In Thes. Numism. p. 14. — [2] Bиæus, p. 40, 46, 50. — [3] Bиæus, p. 47 ; vide Patinum, p. 397, et in Thes. num. p. 169. — [4] L. 2, c. 11, apud Mabillonium. — [5] P. 169, 170. — [6] De Reb. gest. Ælfredi, p. 10.

[1] Euseb. l. 2 Vitæ Const. c. 8; Sozom. l. I, c. 4. — [2] L. 15, c. 16. — [3] Aldhel. de Laudib. Virgin. — [4] Turneb. loco cit. ; Baron. an. 312, n. 23; Dorleans, ad Tac.; Fuller. l. 2 Misc. Sacr. c. 1, l. 4, c. 12; Stewechius, ad Veget. l. 3, c. 17; Gretzer. l. 1 de Sancta Cruce, c. 4; Tristan. tom. 3, Comm. p. 484; Jacob. Gotofr. ad tit. Cod. de Præp. labor. etc. — [5] Apud Baron. — [6]* Villehardouin ed. Ducange, pag. 320, 322; Recueil de chartes, ibid. pag. 4. — [7] De Off. c. 17, n. 37.

ἀφανίζειν. *Insuper etiam virgam assumit, non gravem quampiam et duram, sed levem et mollem, ut nimirum cum mansuetudine castiget, non vero cum iracundia, aut quavis pernicie, neque aut confringat aut perdat.* Ita magistrorum aut pædagogorum ferulas arbitrati sunt sequiores Græci, quæ revera labara exstitere.

XXX (XXII).

DE CODICE EVANGELIORUM AB IMPERATORIBUS GESTATO.

Prostat nummus aureus Basilii imperatoris, apud Octavium Stradam [1] (neque enim hunc alibi videre contigit), in quo Evangeliorum codicem dextra et globum crucigerum sinistra gestat. Alium etiam aureum Constantini nomen præferentem descripsit, quem Porphyrogenito adscribit, cum sit Pogonati, ut ex aversa parte colligitur, ubi imperator codicem perinde sinistra ad pectus gerit : tametsi nolimus omnino præstare fidem exsculptoris, cum existimari possit librum putasse, qui volumen fuit, ut in nummo Theophili aureo apud eundem describitur. Constat tamen interdum effictos imperatores cum Evangeliorum codicibus, tanquam constantis in fidem christianam animi argumento. Scribit quippe Porphyrogenitus [2] in avi vita, in quodam magni palatii triclinio a Basilio exædificato, quod Καινούργιον appellabant, expressum opere musivo in throno sedentem imperatorem operis conditorem, et conjugem Eudociam, imperatoriis indumentis amictos, et coronis redimitos, cum communibus liberis, quorum masculi τόμους ἐπιφερόμενοι conspiciebantur τὰς θείας ἐντολὰς, αἷς στοιχεῖν ἐπαιδεύοντο, περιέχοντας, *libros divina præcepta, quibus ipsi insistere edocebantur, continentes* : feminæ vero et ipsæ βίβλους τινὰς tenebant, νόμων θείων ἐχούσας περιοχὴν, *libros in quibus divinarum legum argumenta descripta erant* : quasi, inquit Porphyrogenitus, in animo habuerit artifex non tantum progeniem masculam, sed et femineam sacris literis initiatam et divinæ sapientiæ participem esse demonstrare. Atque hi quidem libri non alii forte erant ab Evangeliorum codicibus, cum in iis Christi præcepta contineantur (nisi potius hisce verbis intellexerit Porphyrogenitus volumina illa quæ fere semper præ manibus gestabant principes Constantinopolitani uti supra docuimus. — C. in A.). Narrat auctor Chronici Alexandrini [3] Justinianum, excitata Victoriatorum seditione, in circum progressum sedisse in tribunali gestantem manu sanctum Evangelium : ἀνῆλθεν ὁ βασιλεὺς εἰς τὸ ἱππικὸν ἐν τῷ ἰδίῳ καθίσματι βαστάζων τὸ ἅγιον εὐαγγέλιον. In manus scilicet Justinianus sumpserat Evangelii codicem, quo fortasse seditiosæ multitudini fidem faceret indultæ a se pro perperam ab ea perpetratis veniæ, tactis scilicet sacrosanctis Evangeliis, quæ fuit semper apud christianos sacramentorum formula hisce verbis concepta, μὰ τὰς ἁγίας γραφὰς ταύτας, καὶ τὸν θεὸν τὸν λαλήσαντα δι' αὐτῶν, ut est in sexta synodo [4] (in Actis sancti Maximi Conf. p. 32.—C. in A.), et alibi passim. Evangelium tamen gestare solius presbyteri fuisse, neque id juris habuisse imperatorem contendit olim Maximus Monachus [5], in collatione habita in secretario cum principibus, ubi de imperatore, quem sacerdotis titulo donari non posse affirmabat : *Neque baptizat, neque chrismatis confectionem patrat, neque facit episcopos, vel presbyteros aut diaconos. Neque linit Ecclesias, neque indicia sacerdotii fert, superhumerale scilicet et Evangelium, quemadmodum imperii coronam et purpuram.*

<hr>

[1] Strada, p. 301, 305, 298. — [2] In Vita Basil. cap. 58. — [3] P. 780. — [4] Act. 13, 14. — [5] Apud Anast. in Collectan. p. 123, et Baron. an. 656.

XXXI (XXIII).

CRUX IN NUMMIS.

Jam vero imperatorum Byzantinorum pietatis, si qua fuit in principibus qui sceleribus et cædibus supremam hanc dignitatem fere semper consequebantur, argumentum præcipuum fuit, quod crucem, vel Christi monogramma, nummis suis crebro adscriberent, Christi etiam ipsius, interdum et Deiparæ, atque adeo sanctorum imagines effingi curarent. Ac de cruce quidem ut aliquid dicamus, insignis est nummus ille æreus Constantini junioris tum cæsaris in quo crux grandior inter duas figuras militares, tenentes signa militaria, conspicitur, cum hac inscriptione : GLORIA EXERCITUS. Ejusdem præterea cæsaris alter, in quo inscriptum : VICTORIA AUGUSTORUM. Et aurei alii Valentiniani senioris et Valentis, qui pro lemmate præferunt : RESTITUTOR REIPUBLICÆ. Habetur etiam Theodosii senioris alius æreus, in quo imperator captivum sinistra premit, cruce ad latus ejusdem augusti designata ; alius etiam in quo crux sola aversam partem occupat. Ad priorem referri potest quod scribit Theodoritus [1], Theodosium post inita aliquot cum Eugenio tyranno prælia, cum sui ea intermittere suaderent, donec collectis novis copiis auctiorem haberet exercitum, eis intulisse, Non esse committendum ut salutaris crux tantæ argueretur imbecillitatis, Herculisque statuæ tantum tribueretur virtutis, cum ut crux in suo, ita illa in hostium exercitu antecederet. Occurrunt similes alii, maxime sequioris ævi, ubi passim in aversa parte crux habetur, quos inter præcipuus est aureus ille Olybrii augusti, in quo exhibetur idem augustus recto vultu, cum stemmate gemmato et crucigero, et hisce characteribus : DN. ANICIUS OLYBRIUS AUG. In aversæ vero partis medio crux nuda conspicitur, cum hac inscriptione, SALUS MUNDI, infra, CONOB. Quin etiam in iconomachorum augustorum nummis crux ipsa passim conspicitur, quod mirum videri non debet, cum, licet in Servatoris et sanctorum imagines dire grassarentur, crucem tamen privatim et publice effingerent, colerentque, quod monuimus in nostra Constantinopoli christiana, ubi de imagine Chalces. Id præterea diserte firmat quod habetur in Epistola Michaelis et Theophili, imperatorum iconomachorum, ad Ludovicum imperatorem [2], de christianis imagines colentibus : *Primum quidem vivificas et honorificas cruces de sacris templis expellebant, et in eadem loca imagines statuebant, ponebantque lucernas coram eis, etc.* Nam etsi falsum sit ejusce ævi christianos cruces ab ædibus sacris abstraxisse, inde saltem colligitur iconomachos, abdicato cæterarum imaginum cultu, crucem coluisse : (quod sane diserte testatur scriptor, necdum editus, Vitæ sancti Stephani junioris, tradens Copronymum προτιθεμένων τοῦτε ζωοποιοῦ σώματος καὶ αἵματος τοῦ Χριστοῦ, τῶν τε ἀχράντων ξύλων ἐν οἷς Χριστὸς ὑπὲρ ἡμῶν χεῖρας ἐξέτεινεν, καὶ τῶν ἁγίων εὐαγγελίων, eo adegisse populum, ut sacrum imaginum cultum proscriberet. Id ipsum scribit Theophanes, an. XXV ejusdem imperatoris. — C. in A.) Observare est denique cruces cum duplici transversario stipite tum primum conspici in aureo nummo Constantini et Irenes matris, si genuinus est, qua sane forma efficias deinceps a Græcis satis declarant cum figuræ Græcanicæ veteres, tum quæ vivificæ ipsius crucis reliquias servant phylacteria, uti monuit jam olim Gretzerus, atque adeo a nobis observatum in Tractatu de Capite sancti Joannis Baptistæ. Sed cur ita crux cum duplici transversario stipite, majore altero, altero minore, effingerentur, non omnino constat : vix enim eidem Gretzero [3] assentiar, qui inde eum fluxisse ritum

<hr>

[1] L. 5, c. 24. — [2] Baron. an. 824. — [3] De Cruce, p. 1618.

putat, quod patriarchis hacce figura præferretur, quasi id recentioris moris non esset. Longe magis arridet eorum conjectura qui cruces istas duplices profluxisse volunt, ab iis quæ in nummis augustorum Byzantinorum descriptæ visuntur, quas imperator et augusta, sinistra alter, altera læva tenent, ita ut ita efficæ sint, quasi uterque crucem tenuerit, imperator quidem majorem ac cum majore transversario stipite, augusta vero cum minore. Sed et triplici effictam figura crucem dominicam apud Græcos observare est ex pictura Græcanica, quam ex gazophylacio RR. PP. canonicorum Sanctæ-Genovefæ Parisiensis delineari curavimus : constat autem illa quatuor tabellis, in quarum una [1] effinguntur sancta Parasceve, sancta Barbara, et sancta Marina, singulæ dextra crucem tenentes, sed diversa, ut dixi, forma. Nam sancta Parasceve crucem, sicut vulgo dicimus, *recruciatam*, seu in cruciculas in singulis brachiis desinentem; sancta Barbara crucem cum duplici stipite transversario; sancta denique Marina crucem nudam, nisi quod sub extrema globulis exornatur. In altera vero tabella [2], sancta Thecla et sancta Æcatherina cruces *recruciatas* perinde gestant : has inter medius stat sanctus Stephanus, diaconi habitu, stola in sinistrum humerum refusa, in qua ter vox ΑΓΙΟC scribitur [3].

XXXII (XXIV).

CHRISTI MONOGRAMMA IN NUMMIS.

In quibusdam vero nummis sæpe Christi monogramma describitur, quod ab ipso Constantino fluxisse ostendunt ejus nummi, in quorum medio exaratur cum figuris ibidem effictis, in aureo præsertim, cui inscriptum : VICTORIA CONSTANTINI AUG. In alio vero, cassidi adscriptum visitur, quo firmatur quod tradit Eusebius hosce characteres κατὰ τοῦ κράνους detulisse Constantinum [4]. Constat autem Christi monogramma literis majusculis Græcis P. et X, invicem junctis ac implexis; quibus *compendio totum Christi nomen includitur*, ut est apud Primasium Africanum [5]. (Illud etiam ita describitur, a Lactantio in libro de Mortibus Persecutorum, cap. 44 : *Commonitus est in quiete Constantinus ut celeste signum Dei notaret in scutis, atque ita prœlium committeret. Fecit ut jussus est, et transversa X litera summo capite circumflexo, Christum in scutis notat.* Sic enim legendum pro *Christo*. Quod vero Lactantius ait Constantinum præcepisse ut milites scutis suis Christi monogramma inscriberent, id etiam ipsemet indicat Augustus in Epistola ad Saporem, regem Persarum, apud Theodoritum, lib. I Hist. Eccl. cap. 25 : Τοῦτον τὸν Θεὸν πρεσβεύω, οὗ τὸ σημεῖον ὁ τῷ Θεῷ ἀνακείμενος μοῦ στρατὸς ὑπὲρ τῶν ὤμων φέρει. Id ipsum scribit Sozomenus, lib. I, cap. 48, unde omnino conficitur non ad humeros detulisse Christi monogramma milites, sed in scutis, quæ ad sinistrum humerum deferebant, licet aliter idem Sozomenus de eodem augusto scribat : Τὰ τούτων ὅπλα τῷ συμβόλῳ τοῦ σταυροῦ κατεσήμαινε, scuta nempe, uti exhibentur in tabella Justiniani M. quam delineari curavimus in Familiis augustis Byzantinis. — C. in. Add.) Exhinc mos idem in successores derivavit, qui aut in labaro, aut in medio nummo ipso id monogramma descripsere. Præclarus autem ille est Constantii junioris cæsaris æreus in quo ipse vel Constantinus pater militari habitu stat, labarum dextra tenens, in cujus siparo descriptum Christi monogramma, victoria a tergo subsequente, et coronam ejus capiti imponente, cum hocce lemmate : HOC SIGNO

VICTOR ERIS. In medio vero nummo idem monogramma exhibet Constantii imperatoris aureus cum A. et Ω. Decentii perinde cum iisdem characteribus, et inscriptione : SALUS DD NN AVG ET CÆS.; ut et Joviani, sed absque inscriptione : de quorum quidem characterum A. et Ω. Christi monogrammati adscriptorum vi ac significatu multa alii commentati sunt [1] : præterea Justæ Gratæ Honoriæ Augustæ, Severi Tyranni, etc. Habetur præterea ectypon gemmæ insignis in Ludovici Chalucii Dactyliotheca manuscripta [2] quæ est Sanctæ-Genovefæ Parisiensis, in qua Insculptum Christi monogramma, cum hisce characteribus : SALV DOMI NOST AUG LUC.; id est, ut interpretatur idem Chalucius : *Salus Domini nostri Augusti lucet*. Cui quidem ectypo adjungenda alia nummorum Constantii et Decentii inscriptio, apud Cholium [3], in quorum aversa facie simile visitur monogramma, SAL. DD. NN. AVGG. LVCET. Interdum præterea ita effictum erat Christi monogramma, ut crucem referret, cum P transversario stipite trajiceretur. At, quod mirari subit, non ætate duntaxat Constantini M. ejuscemodi Christi monogramma nosci ac describi cœpit, sed et longe antea; cum exstet gemmæ insignis ectypon in laudata Ludovici Chalucii Dactyliotheca [4], cui insculptum Christi monogramma cum A. et Ω. ad latera, et hisce in circuitu characteribus, SAL DO N ALEX FIL LVCE, id est, *Salus Domini nostri Alexandri filii Mammææ lucet*. Sane, etsi gemmam hanc sub Alexandro Mammææ filio sculptam nolimus præstare, fieri tamen potest ut a viro christiano exarata fuerit, qui et ea ætate vixerit et ad Christum pro Alexandri imperii ac vitæ incolumitate preces fuderit, quomodo fere solebant christiani, ut satis indicant verba sancti Cypriani [5] ad Paternum proconsulem : *Nullos alios deos novi*, inquit ille, *nisi unum et verum Deum, qui fecit cœlum et terram, mare, et quæ in eis sunt omnia. Huic Deo nos christiani deservimus, hunc deprecamur diebus atque noctibus, pro nobis, et omnibus hominibus, et pro incolumitate ipsorum imperatorum*. Sed ut verum fatear, fucum facit vox *Domini nostri*, quæ non est omnino istius sæculi. Simile porro monogramma in nummo Maxentii cæsaris observare est apud Cholium [6], ubi scriptum : VOT V MVLT XX VIC CÆ MAXE, i. victoria Cæsaris Maxentii. In alio ejusdem Maxentii, qui pro lemmate præfert, VOT V MVLT X, idem monogramma ex P. et X. implexis conficitur, quod sane stupendum, ut tum a principe christiani nominis hoste infensissimo usurpatum fuerit. Tametsi a paganis interdum notam hanc deorum suorum imaginibus adscriptam observare sit, ut in gemma, in qua Jovis, Apollinis, et Dianæ capita, ut in Deliorum nummis apud Goltzium [7], effinguntur, cum Christi monogrammate Jovis capiti imminente, et hisce characteribus, VIVAS IN DEO F., id est, *vivas in Deo feliciter*. Profert idem Cholius nummum alium, in quo Christi monogramma quadruplex, vel quadrilatera forma conspicitur, cum hac inscriptione, PAX DOM N ÆTER, id est, *Pax Domini nostri æterna*.

XXXIII (XXV).

DE INSCRIPTIONE IC. XC. NIKA.

In quibusdam etiam inferioris maxime ævi nummis crux medium nummum occupat : cum hisce ad quatuor angulos characteribus, IC XC NI KA. Descripsit Gretzerus [8] diploma Fulcheri, patriarchæ hierosolymitani, et Amalrici, prioris ecclesiæ Sancti-Sepulcri, cui appensum fuisse testatur sigillum plumbeum, quod canonicorum

---

[1] Tabella 11. — [2] Tabella 10. — [3] Vide Euchol. Goari, p. 147. — [4] L. 1 de Vita Const. c. 25; Baron. Fr. Angelon. p. 369. — [5] Primasius, in Apocal. lib. 4, c. 13.

[1] Rosweid. ad Paulin. ep. p. 864. — [2] P. 5. — [3] Du Choul, p. 171. — [4] Pag. 18. — [5] Acta S. Cyprian. — [6] P. 255. — [7] Insul. Gr.; Tab. 18; Gretz. tom. 1, l. 2, c. 38. — [8] In horto S. Cruc. part. 1.

ejusdem ecclesiæ fuisse ait, in cujus uno latere crux duplex, quam patriarchalem dicimus, effingitur, cum iisdem characteribus, $\frac{IC-}{NI}\Big|\frac{\cdot XC}{KA}$; in alio vero fabrica dominici sepulcri, cum hacce inscriptione, † SANCTISSIMI SEPULCHRI. (Scribit Christophorus Angelus, cap. 42 De hodierno Græc. statu, Græcos hodiernos nullam crucem agnoscere aut colere, nisi eam quæ hosce characteres præferat, Ἰησοῦς Χριστὸς Νικᾷ, sive, inquit, ea ex argento, sive ex metallo, sive e lignis sit confecta, nam ταῦτα τὰ γράμματα ἀφιερεῖ ἐκεῖνον τὸν σταυρὸν τῷ Χριστῷ, σημαίνοντα ἐκεῖνον τὸν σταυρὸν, ὅτι ὁ Χριστὸς ἐσταυρώθη, διὰ τὰς ἁμαρτίας ἡμῶν, καὶ ἐνίκησε τὸν ἐχθρόν. — C. in Add.) Neque propria omnino Græcis augustis fuit ejusmodi inscriptio, cum et reges nostri in scutis, uti vocant, aureis haucce exarari voluerint, CHRISTUS VINCIT, CHRISTUS REGNAT, CHRISTUS IMPERAT : quibus quidem verbis conceptas fuisse *laudes* Carolo M. dictas Romæ, cum imperator coronatus est a Leone PP. auctor est Radulphus de Diceto [1] : *Christus vincit, Christus regnat, Christus imperat, Karolo Augusto a Deo coronato, magno et pacifico imperatori Romano vita et victoria.* Sed et is fuit crucesignatorum et aliorum clamor militaris [2]. Prostat denique æreus nescio cujus imperatoris, cum stemmate et globo crucigero, et longiori cruce in dextra cum hocce lemmate, EN TOΥTONIKA. Quod illud ipsum est quod circa crucem inscriptum tradunt scriptores, quam in prælio contra Maxentium vidit Constantinus : a quo etiam clamorem militarem suum formavere Græci Byzantini, qui in Tacticis Leonis [3] ita conceptus legitur, Νίκη τοῦ σταυροῦ, seu, ut est apud Scylitzen [4], σταυρὸς νενίκηκε, quod scilicet crux a Constantino in cœlo conspecta victoriæ signum fuerit : unde νικητικὸν σημεῖον appellatur in inscriptione Græca quæ Nicææ legitur [5]. (At eadem verba in ipsa cruce describuntur in figura quæ exarata conspicitur in codice manuscripto operum sancti Gregorii Nazianzeni Bibliothecæ regiæ. — C. in Add.)

XXXIV (XXVI).

CHRISTI EFFIGIES IN NUMMIS.

Jam vero quod ad Christi, vel Deiparæ et sanctorum effigies in nummis descriptas spectat, scribit Joannes Damascenus [6] cusa a Constantino M. numismata, in quibus Christus cum crucis quam in cœlo viderat figura, una facie, ipse vero in altera, efficti conspiciebantur : Πρώτιστον καὶ ἐξαίρετον καλλιέρημα τῆς εἰς Χριστὸν τὸν ἀληθινὸν ἡμῶν θεὸν εὐσεβείας ἐγχαράττει τῷ βασιλικῷ τῆς πολιτείας νομίσματι, τότε οὐρανοφανὲς σημεῖον τοῦ σωτηρίου σταυροῦ, καὶ θεανδρικὸν Χριστοῦ χαρακτῆρα ἐν αὐτῷ μετὰ τοῦ ἰδίου ἀνετυπώσατο· ἐνδεικνύντος τὴν τοῦ ἐπουρανίου βασιλέως αὐθεντίαν πρὸς τὸν ἐπίγειον γεγονυῖαν, etc. *Pietatis in Christum verum Deum nostrum præcipuum argumentum fuit, quod imperatorio ac publico numismati salutaris crucis quod in cœlo viderat signum, Christique Dei hominis venerandam imaginem, cum sua ipsius impresserit, quo scilicet cœlestis regis præ terreno majorem potentiam declararet.* Neque forte alia videtur moneta illa quam Constantino adscribit Joannes Damascenus, ab ea quam σωτηρίκιον vocat anonymus [7], in Antiquitatibus Constantinopoleos, quod in ea Servator effictus esset : ἐν οἷς καὶ χαραγὴ Κωνσταντίνου ἡ λεγομένη σωτηρίκιος χίλια κεντήναρια, etc. At cum inter tot qui ex Constantini supersunt nummis, nullus hactenus repertus sit in quo Christi imago effingatur, verendum maxime ne vox σωτηρίκιος referenda sit ad solum

[1] An. 801. — [2] Tageno Patav. p. 13 (414); Galfridus Monemuth. lib. 2, c. 5. — [3] C. 12, § 69 et 106. — [4] P. 572. — [5] Grut. 1060, 17. — [6] In Synodica ad Theophil. p. 112. — [7] P. 99 ed. Combef.

crucis typum in labaro aut alibi depictum, quem *signum Christi* vulgo appellasse veteres docuimus ad Paulum Silentiarium : nam et σωτήριον σταυρὸν appellabant, ut hcc etiam loco Damascenus : ut vero Synodus Trullana [1], ζωοποιοῦ σταυροῦ σωτήριον. Primus autem qui Christi imaginem in nummis suis descripserit videtur Justinianus Rhinotmetus, cujus aureus habetur expressus apud Stradam [2] et Chiffletium [3], quem illi, ut et Occo, perperam Justiniano Magno attribuunt : is enim in priore facie Christum habet expressum, thorace tenus, dextra benedictionem impartientem, sinistra Evangeliorum codicem tenentem, cum inscriptione : IHS CRISTUS REX REGNANTIUM. In altera Justinianus ipse barbatus (quod Justiniani M. non esse evincit) cum stemmate crucigero, ac *loro*, quod supra descripsimus, cruci majori manum admovens effingitur, hisce characteribus in ora exaratis : DN IUSTINIANUS SERVUS CHRISTI. Exhinc efficta Christi simili modo ac inscriptione cernitur effigies in nummis Basilii et Constantini Porphyrogeniti.

XXXV (XXVII).

NUMMI ZIMISCIANI.

Inprimis vero Joannis Zimiscæ pietatem commendat quod refert Scylitzes [4] eum nempe præcepisse ut in nummis et obolis Christi effingeretur imago, cum id antea neutiquam factum esset : προσέταξε δὲ καὶ ἐν τῷ νομίσματι, καὶ ἐν τῷ ὀβόλῳ εἰκόνα ἐγγράφεσθαι τοῦ Σωτῆρος, μὴ πρότερον τούτου ἐνομένου. Quæ quidem extrema Scylitzæ verba ita capienda esse supra allata conficiunt, ut Joannes Zimisces solum Christum in nummis primus describi curaverit, cum in altera et media eorum facie Græca hæc characteribus Romanis exararentur : JESVS CHRISTVS BASILEVS BASILEON. ἐγράφοντο δὲ, subdit ille, καὶ γράμματα Ρωμαϊστὶ ἐν θατέρῳ μέρει ὧδέ πη διεξιόντα, ΙΕΣΟΥΣ ΧΡΙΣΤΟΣ ΒΑΣΙΛΕΥΣ ΒΑΣΙΛΕΩΝ. Proinde pro Zimisciana moneta haberi debet, in cujus facie altera Christi protome, in altera iidem characteres visuntur. Atque ejusmodi quidem nummi jure etiam σωτηρίκιοι appellari potuere, quos Græci recentiores Constantino Magno ex falso rumore, vel forsan ex imperitia, adscripserunt. Sed incertum omnino an ad hos Zimiscæ nummos referri debeant complusculi alii, qui nulla quidem imperatoris imagine conspicui, Christum, aut eadem qua in Zimiscianis, aut etiam forma alia, atque adeo alia etiam inscriptione effictum præferunt : quos iis adjungere visum est in Stemmatibus nostris augustis Byzantinis, non quod revera Zimiscianos esse velimus asserere, sed quod commodiori vel certiori loco collocari vix potuerint. Ejusmodi autem sunt qui Christi protomen cum inscriptione EMMANOYHA exhibent, cum iisdem quos Zimisciani habent characteribus, nisi quod in horum altero Crux in medio cum gradibus depingitur. In alio [5] describitur perinde crux, cum hisce ad angulos literis, IC XC NI KA. In alterius denique qui EMMANOYHA Christi figuræ adscriptum antica, in postica regum Adorationem cum binis columbulis præfert.

XXXVI (XXVIII).

QUOMODO CHRISTUS IN NUMMIS EFFINGITUR.

In istis porro nummis ita Christus effingitur, ut dextram protendat, binis extensis digitis, tanquam benedictionem impartiens, sinistra vero librum Evangelii teneat : *Divina namque majestas,* ut

[1] C. 78. — [2] P. 265. — [3] Chifflet. de Lint. Sepulcr. p. 212. — [4] P. 683. — [5] Tristan. in Antid. p. 42.

ait Durandus [1], Mimatensis episcopus, *depingitur quandoque cum libro clauso in manibus, quia nemo inventus est aperire illum, nisi leo de tribu Juda; et quandoque cum libro aperto, ut in illo quisque legat, quod ipse est lux mundi, et via, veritas, ac vita, et liber vitæ.* Ita autem a Græcis depingi auctor est Allatius [2]; quod testatur etiam Paulus Silentiarius [3] :

> . . . . ἔοικε δὲ δάκτυλα τείνειν
> Δεξιτερῆς, ἄτε μύθον ἀειζώοντα πιφαύσκων.
> Λαιῇ βίβλον ἔχων ζαθέων ἐπΐίστορα μύθων,
> Βίβλον ἀπαγγέλλουσαν ὅσα χραισμήτορι βουλῇ
> Αὐτὸς ἄναξ ἐτέλεσσεν, ἐπὶ χθονὶ ταρσὸν ἐρείδων.

Videtur autem dextræ digitos protendere, velut si sermonem immortalem annuntiaret, sinistra librum tenens, sacros sermones narrantem, librum pandentem quæ utili consilio rex ipse (Christus) *peregit dum in terris ageret.* Interdum in tabellis Græcanicis, in apertis libri Evangelici foliis, interdum ad ipsa imaginis latera, descripti visuntur characteres græci A. et Ω. designantes Christi divinitatem et humanitatem, ut testatur idem Allatius. Sed ut plurimum cernuntur isti, ιϲ. χϲ., id est, Ἰησοῦς Χριστός. Christi vero nominis literarum contractio perantiqua est : illius siquidem meminit Clemens Alexandrinus [4] : Τὸ δὲ ἰῶτα καὶ ἦτα τοὔνομα σημαίνει τὸ σωτήριον, ut et Epistola quæ Sancto Barnabæ adscribitur [5], qui quidem cháracteres numerum χVIII conficiunt, de quo multa commentati sunt antiqui Patres, et quem Valentini hæretici sectatores ad sua de mundi duratione somnia traduxerunt, ut auctor est sanctus Epiphanius [6]. Sed hæc Christi nomen per ιη. contractum spectant : in nummis autem ac veteribus tabellis fere semper per ιϲ. χϲ. scribitur. In iis porro nummis Christus interdum stans effingitur, ut in præclaro iaspide, cujus ectypon ex museo C. V. Claudii Hardii habetur in egregia illa Dactyliotheca manuscripta Ludovici Chalucii, in foro Ricomagensi Consiliarii Regii, quæ fuit magni Peirescii, deinde V. C. Petri Seguini, modo vero RR. PP. canonicorum regularium Sanctæ-Genovefæ Parisiensis. In eo Christus stans ad genua, dextram protendit binis extensis digitis, sinistra librum tenens, cum hisce characteribus ad latera : IC XC O ΕΛΕΗΜΩΝ. In altera facie insunt hi characteres (olim inscripti Christi statuæ ab Abgaro rege ad urbis Edessæ portam erectæ, ut auctor est Constantinus Porphyrogenitus, ubi de imagine Edessena — C. in Add.) : ✝ ΧΕ Ο ΘϹ Ο ΕΙϹ ϹΕ ΕΛΠΙΖωΝ ΟΥΚ ΑΠΟΤΥΓΧΑΝΕΙ. Id est : *Jesus Christus est misericors. Christe Deus, Qui in te sperat non frustratur.* In aliis nummis Christus in cathedra vel sella sedens effingitur, dextra pariter benedictionem impartiens, altera Evangelium tenens, ut est in veteri tabella [7] Græcanica gazophylacii Sanctæ-Genovefæ Parisiensis, cujus ectypon hic damus (in qua utrimque adstant Deipara et Sanctus Joannes Baptista : quomodo similem tabellam describit, Sophronius patriarcha Hierosolymitanus, in Vita sanctorum Cyri et Joannis, in Synodo VII, act. 4. — C. in Add.). Ita sedentem Christum effictum non uno loco annotat Anastasius in Vitis summorum pontificum, ac in Silvestro : *Fastigium argenteum battutile, quod habet in fronte Salvatorem sedentem in sella.* Et mox : *Item a tergo respiciens in absida Salvatorem sedentem in throno.* Neque tantum in Græcanicis, sed et in venetorum ducum nummis, ita expressum Christum licet intueri, cum adscriptis solitis Græcis characteribus ιϲ. χϲ. adeo ut Veneti Byzantinis augustis potissimum addicti, eorum non mores duntaxat et habitus, sed et monetarum typos amplexi sint. Prostat enim in gazophylacio eorundem RR. PP. canonicorum regularium Sanctæ-Genovefæ Parisiensis nummus argenteus P. Ziani ducis, qui ante annum 1200 vixit, in quo ipse ad dextram togatus et barbatus conspicitur, ad sinistram vero stat sanctus Marcus cum Evangelio, dextra vexillum duci porrigens. Inscriptio hos characteres præfert P. ZIANI $\overset{\text{D}}{\underset{\text{X}}{\text{V}}}$ VENETI. S. M. Habuere etiam Serviæ regum nummi Christi similem figuram, prout expressam exhibemus in nummo Vrosci et Stephani, Serviæ regum, quem inter gentis Palæologæ nummos retulimus, tum quod habitu græcanico principes ii conspicui in illo sint, tum quod ad ejusdem stemma omnino pertineat. Jam vero qua forma a Græcis depingeretur Christus, docet Joannes Damascenus [1] : ait enim χαρακτηριζόμενον καθὼς οἱ ἀρχαῖοι ἱστορικοὶ διαγράφουσιν αὐτοῦ τὴν ἐκτύπωσιν, εὐήλικα, συνόφρυν, εὐόφθαλμον, ἐπίρρινον, οὐλόθριξιν, ἐπίκυφον, εὔχροιον, γενειάδα μέλανα ἔχοντα, σιτόχρουν τῷ εἴδει κατὰ τὴν μητρῶαν ἐμφάνειαν, μακροδάκτυλον, εὐήφωνον, ἡδύλογον, πραότατον, ἥσυχον, μακρόθυμον, ἀνεξίκακον. *Depictum ea forma qua a veteribus historicis describitur, præstanti statura, superciliis junctis ac confusis, venustis oculis, justo naso, crispa cæsarie, subcurvum, eleganti colore, nigra barba, vultu coloris triticei pro materna similitudine, longis digitis, voce sonora, dulci eloquio, lenissimum, quietum, longanimem, patientem.* Ita etiam Christum effictum in basilica Sanctæ-Sophiæ Jerosolymis sua ætate testatur Antoninus monachus [2] : *Ibique remansit imago* (Christi) *habens pedem pulchrum, modicum, subtilem, naturam communem, pulchrum facie, capillum subanellatum, manum formosam, digitos longos : et quantum imago designabat, cum in mundo esset, picta est, et posita in ipso prætorio.* Christi capillos raros ac crispos fuisse apud Græcos constantem fuisse opinionem testatur præterea Theophanes [3] : Φασὶ δέ τινες τῶν ἱστορικῶν, ὅτι τὸ οὖλον καὶ ὀλιγότριχον σχῆμα ἐπὶ τοῦ Σωτῆρος οἰκειότερον ἐστίν. (Quod quidem hausit a Theodoro Lectore Eccl. 1. Sed et crinitum Christum depingi solitum observat præterea Petrus Comestor, in Hist. Eccl. ubi de Nazaræo : *Omni tempore,* inquit, *separationis suæ novacula non transibat super caput ejus : unde forte quidam pingunt Apostolos et Christum crinitos, non in re, sed pro sanctitate.* — C. in Add.) Sane in nummis non tam rari quam promissi effinguntur. Notandum porro in ejusmodi numismatibus potiorem haberi eam partem, atque pro antica accipi debere, quæ Christi protomen præfert : quod, præterquam quod id satis evincit divinæ majestatis dignitas, docent characteres ΚΕΒΟΗΘΕΙ, nummis Alexii et Manuelis Comnenorum in ea facie adscripti, qui, ut verum fatear, diu me torsere et ancipitem tenuere, ut pote in omnibus pessime formati [4]. Neque, opinor, ab hac difficultate expediissem me, nisi succurrisset opportune nummus æreus a R. P. *Du Molinet,* ex eodem PP. canonicorum regularium museo subministratus, in cujus antica, protome imperatoris crucem gestantis effingitur, in posticæ vero medio descripti leguntur characteres isti, etiam male formati : ΚΕΒΟΗΟΗΔΛΟ ϹΟΥ ΙΤΑΙΜΙΡΙ, sed ex quibus tandem conficitur legi debere : ΚΥΡΙΕ ΒΟΗΘΕΙ ΤΩ ΔΟΥΛΩ ϹΟΥ. Reliquorum vero characterum vim nondum percepi. Neque ipse doctissimus Salmasius [5] similem inscriptionem est assecutus in veteri alvei lusorii inscriptione, apud Gruterum [6] : Ο ΔΕ ΠΕΖΩΝ ΤΟΙϹ ΤΑ ΒΟΛΙΑ $\overset{\text{IC}}{\underset{\text{NI}}{}}|\overset{\text{XC}}{\underset{\text{KA}}{}}$ ΚΕ ΒΟΙΘΙ ΤΟΥ ΕΓΡΑΨΑΝΤΟϹ ΑΦΚΑΙ ΠΕΖΟΝΤΕϹ ΙϹ ΤΑ ΒΟΛΙΑ. ΑΜΗΝ. Quæ verba ita

<hr>

[1] L. 1 Ration. c. 3, n. 12. — [2] L. 1 de Cons. utr. Eccl. c. 6, n. 31. — [3] In Descr. S. Sophiæ, part. 2, v. 359. — [4] L. 6 Strom. — [5] C. 7. — [6] L. 1, adv. Hær. tom. 2, n. 14. — [7] Tabella 8.

[1] In Synodica ad Theophil. Imp. p. 114 (Niceph. Cell. lib. I, c. 40). — [2] Itiner. T. S. Antonini Mon. — [3] An. 6. Leon. M. p. 97, et apud Suid. col. 1. — [4] Spanheim. p. 730; Notæ ad Alexiad. — [5] Ad Histor. August. p. 467. — [6] Gruter. 1049, I.

constituenda putavit : ὧδε παιζόντων εἰς τὰ βόλια, Ἰησοῦς Χριστὸς νικᾷ καὶ βοηθεῖ τοὺς γράψαντας αὐτὸν, καὶ παίζοντας εἰς τὰ βόλια. Ego vero ea sic legerim : οἱδὲ παίζοντες εἰς τὰ βόλια, (λέγετε, *dicite dum luditis*) Ἰησοῦς Χριστὸς νικᾷ, καὶ βοήθει τοὺς γράψαντας αὐτὸν, καὶ παίζοντας εἰς τὰ βόλια. Utcumque sit de conjectura nostra, saltem ex his docemur cur in altera Comnenicorum nummorum facie imperatorum nomina tertio casu ponantur : totius enim inscriptionis sententia ita concipitur : ΚΥΡΙΕ ΒΟΗΘΕΙ ΑΛΕΞΙΩι ΔΕΣΠΟΤΗι, vel ΜΑΝΟΥΗΛ ΔΕΣΠΟΤΗι ΠΟΡΦΥΡΟΓΕΝΝΗΤΩι; *Deus adjuva Alexium despotam*, vel *Manuelem despotam Porphyrogenitum*. Cui quidem inscriptioni similis quodammodo est quæ in nummo Heraclii habetur, DEVS ADIVTA ROMANIS. Ita in cereis sigillis imperatorum Caroli M. Ludovici Pii, et Caroli Calvi, inscriptiones, simili sensu leguntur exaratæ : XRE PROTEGE CAROLVM, vel LUDOVICVM IMPERATOREM. (Fuit porro solemnis hæc imperatoribus fieri solita acclamatio, ut docemur ex sancto Athanasio, in Apologia ad Constantium aug. : Καὶ πᾶς ὁ λαὸς εὐθὺς μιᾷ φωνῇ ἐβόα, Χριστὲ βοήθει Κωνσταντίῳ [1].— C. in Add.) Sed et adnotat Scylitzes [2] Græcorum clamorem militarem hisce conflatum verbis, Χριστὲ βοήθει, qui in Leonis Tacticis [3] unico Βοήθει concipitur. In nummis vero Alexii Z pro Ξ in voce ΑΛΕΞΙΩ poni liceat advertere, quod in antiquioribus monumentis factitatum observavit haud ita pridem eruditus Spanhemius [4]. Nummum præterea alium argenteum damus, quem, quantum ex inscriptione conjicere est, Constantini Ducæ imperatoris esse opinamur. Præfert enim in altera facie Christum sedentem in cathedra, cum characteribus valde attritis ΚΕ-..OC, qui, ni fallor, idem sonant quod in Comnenianis, ΚΥΡΙΕ ΒΟΗΘΕΙ. In altera Christus ipse stans, sinistra Evangelii codicem tenens, crucem porrigit Imperatori, cum hac inscriptione... STANTIO DUX. Qui vero *Ducas* interdum Δοὺξ dicitur Scylitzæ.

XXXVII (XXIX).

IMPERATORES A DÉO CORONATI.

Hac igitur figura Constantinus Ducas ab ipso Christo augustam dignitatem adeptum se testatur : a quo et coronatur una cum Eudocia conjuge Romanus Diogenes in diptycho eburneo, quod ære incidi curavimus [5]. Sic porro etiam in tabellis depingi solitos augustos Byzantinos testatur Joannes Euchaïtarum metropolita [6], carmine εἰς στεφανωθέντας ὑπὸ Χριστοῦ :

Οὐ χεὶρ κραταιὰ τοὺς κραταιοὺς δεσπότας,
Ἔστεψε Χριστὸς, καὶ παρέσχε τὸ κράτος.
Non manus fortis fortes imperatores,
Sed Christus coronavit, ipseque imperium dedit.

Et mox, scribens hancce tabellam positam fuisse a monachis Sosthenitis, in templo Sancti Michaëlis :

Οἱ γὰρ μονασταὶ τῆς μονῆς τῆς τιμίας
Τοῦ Σωστενίτου τοῦδε τοῦ Πρωταγγέλου,
Πολλῶν τυχόντες δωρεῶν καὶ πλουσίων,
Ταύτην ἀμοιβὴν τοῖς καλοῖς εὐεργέταις
Ἀντεισφέρουσιν, ἱστοροῦντες εὐτέχνως
Σε, Χριστὲ, τὸν στέφοντα τούτους ἐνθάδε.

Quippe monachi venerandi monasterii Sancti-Michaelis archangeli Sostenitæ, multis donati muneribus et divitiis, vicem reddunt, pingentes artificiose te, Christe, istos coronantem hoc in loco. Atque ita effingi imperatores volebant, quo a Deo solo supremam se con-

secutos auctoritatem ostenderent. Facundus Hermianensis, de Theodosio Magno : *A sacratissimo ejus avo, ter beato et a Deo imperii sceptra sumente Theodosio. etc.* Inde Θεόστεπτοι, a Deo coronati appellati, ut Copronymus in Zachariæ PP. Epistolis, Alexius Comnenus apud Annam [1] filiam, *Manuel* Comnenus apud Theorianum in Legat. et alii passim : quorum exemplo imperatores etiam Occidentis *a Deo coronati* appellati. Hinc Carolo M. imperatori acclamatum a Romanis testatur Eginhardus : *Carolo augusto a Deo coronato, magno et pacifico imperatori vita et victoria* [2]; et in antiquissimis Litaniis ex codice Ecclesiæ Arelatensis, *N. Regi excellentissimo magno et pacifico a Deo coronato vita et victoria*. Ita etiam Ludovicum Pium compellat Amalarius Fortunatus : *Gloriosissime imperator et magnificentissime, ac centies invictissime, a Deo coronate, necnon et conservate et conservande*. Sic alii deinceps Germaniæ augusti compellari amaverunt [3]. Atque eo referri debent Alexii et Manuelis Comnenorum, de quibus supra egimus, nummi aurei in quibus manus de nube exiens eorum capitibus stemma imponit : ut scilicet Θεοστέπτους revera se indicarent : quod etiam a regibus nostris usurpatum colligere est ex tabella Caroli Calvi quam delineari curavit v. cl. Stephanus Baluzius [4].

XXXVIII (XXX).

DEIPARA EFFICTA IN NUMMIS.

Quantus autem erga Deiparam augustorum Byzantinorum cultus fuerit attigimus in Constantinopoli, cujus patrona ac tutatrix semper habita est, ex quo maxime a Constantino M. eidem est dicata. Verum præter ea quæ in hanc rem congessimus ex scriptoribus, imperatorum ipsorum nummi id omnino declarant, in quorum æreis litera M cum subjecta litera A, *Mariam* seu Deiparam indubie denotat, quam in Anastasii Dicori perinde æreis exaratam primum licet observare, a quo ad successores mos idem profluxit. Tanta vero quorundam emicuit erga sanctissimam Virginem observantia, ut eam in nummis suis repræsentari voluerint. Habetur enim Romani Diogenis aureus, in quo ab ipsa sacratissima Deipara diademate donatur, quod ei acceptum tulisse docet adscriptum lemma, ΘΕΟΤΟC. ΡΟΜΑΝω DESP. Id est, Θεοτόκος Ῥωμανῷ δεσπότῃ. Alium ferme similem perinde æreum exhibet Octavius Strada [5], qui quidem, ut opinor, haud diversus est ab eo quem ex V. C. et amicissimi D. *Du Mont*, senatorum Ambianensium decani meritissimi, gazophylacio descripsimus in Notis ad Alexiadem. Eo etiam spectat æneus alter, ab eodem Strada [6] descriptus, cujus facies una Deiparam Christum infantulum in sinu complectentem exhibet, cum solitis characteribus præpostero ordine collocatis, ΥΟ.-ΙΗ, qui alias mihi imposuerat, eum scribi debuerint MP. ΘΥ., id est, Μήτηρ Θεοῦ. In altera vero nummi facie habentur exarati hi characteres ΘΗΚΟ ΡωΜΑΝω ΔΕΣΠΟΤΗ τω ΔΙΟΓΕΝΕΙ, ubi indubie scriptum ΘΚΕ ΒΟΗΘΕΙ, ut in nummo alio aureo ejusdem Diogenis quem damus, et in præclara illa Nicephori Botaneiatæ imperatoris iaspide quæ olim fuit Gasparis Monconisii Lierguii Lugdunensis, et a Joanne Chiffletio, canonico Tornacensi juri publico, est anno 1661 donata, in qua efficta Deipara, utraque palma ante pectus extensa, quemadmodum etiam stans exhibetur in achate orientali apud eundem Chiffletium, cum bina inscriptione perpendiculari, ab altera parte ΜΗΘΗΡ, ab altera ΘΕΟΥ, perinde ac in nummo æreo quem exhibemus inter Zimiscianos, et in alio Isaacii

---

[1] Apophteg. Patr. in Macario num. 19. — [2] P. 781. — [3] C. 7, § 74. — [4] Diss. 2, de Præst. numm. — [5] Vide Tabellam 5. — [6] Joan. Euchaït. p. 53.

[1] Lib. 13, p. 406. — [2] Chron. Farfens. p. 653. — [3] Crantz. in Metrop. l. Γ, c. 10; l. 7, c. 5. — [4] In Not. ad Capitul. — [5] P. 318. — [6] P. 327.

Angeli imperatoris. In iaspide vero habentur soliti characteres, MP. ΘΥ. In circulo autem, qui imaginem ambit, isti leguntur : ΘΚΕ ΒΟΗΘΕΙ ΝΙΚΗΦΟΡΩ ΦΙΛΟΧΡΙCΤΩ DECΠΟΤΙ ΒΟΤΑΝΕΙΑΤΗ. Ubi binas priores voces non percepit vir eruditus, ut nec vim vocis δεσπότης, quæ imperatorum sequioris sæculi propria fuit, quod supra docuimus, cum putavit sculptam iaspidem post abdicatum a Botaneiata imperium. Nec tamen mirum si contracta hæcce vocabula ei imposuere, cum male etiam exarati legantur, et, ut in Alexii et Manuelis Comnenorum nummis, quorum proxime meminimus, R Latinum pro B Græco habeatur. (Deiparæ in hæcce verba invocationem fieri solitam ab iis qui quovis morbo aut dolore afficiebantur, docet in primis Theophanes an. 27 Copronymi : Καὶ εἴπου τις συμπίπτων, ἢ ἀλγῶν, τὴν συνήθη Χριστάνοῖς ἀνῆκε φωνήν, τὸ, ΘΕΟΤΟ΄ΚΕ ΒΟΗ΄ΘΕΙ, ἢ παννυχεύων ἐφώραθη, ἢ ἐκκλεσίαις προσεδρεύων, ὡς ἐχθρὸς τοῦ βασιλέως ἐκολάζετο. — C. in Add.) Iaspidem porro ut singulare Historiæ Byzantinæ monumentum rursum exhibere operæ pretium duximus [1]. Jam vero Deiparam ita fere semper a Græcis depingi solitam docent Græcanicæ tabellæ, eaque in primis quam ex gazophylacio canonicorum Sanctæ-Genovefæ Parisiensis hic damus. Interdum Christi effigies in scuto vel clypeo efficta ab ipsa Deipara utraque manu in sinu tenetur : ut in nummis ejusdem Romani Diogenis et Isaacii Angeli. Is enim apud Græcos maxime mos invaluit, ut sanctorum imagines in clypeis, seu tabellis orbicularibus, depingerentur [2], unde ἀσπίδας ὀμφαλοέσσας vocat Paulus Silentiarius, scuta Anastasius Bibliothecarius. Exstat locus insignis apud Scylitzen [3] in Romano Argyro de ejusmodi Deiparæ imaginem effingendi apud Græcos more ; ubi ait inventam fuisse in æde Blachernensi tabellam Deiparæ Christum ad pectus applicatum tenentis, quæ a Copronymo in istum usque diem per annos trecentos duraverat integra : Εὑρέθη εἰκὼν ὑλογραφικὴ, σανίδιον, ἐπιστήθιον κρατούσης τῆς Θεοτόκου τὸν Κύριον καὶ Θεὸν ἡμῶν, etc. Aliter tamen interdum depictam, et ut Latini solent, in ulnis scilicet Christum gestantem Deiparam, colligi videtur ex Theophane Cerameo [4], scribente in celeberrima illa D. Virginis imagine a' sancto Luca depicta, et quam in Οδηγῶν monasterio asservatam et cultam alibi docemus, depictam hanc ἐν ταῖς ἱεραῖς ὠλέναις ἀγκαλιζομένην τὸν Κύριον. Quomodo etiam describitur a Theodoro Studita in Iambis [5] :

Θείως τοκεύεις ὡς	Εν ἀσπόρῳ τρόπ Ωι
Εκ σοῦ προῆλθε τοῦ	Νέου πόλου φανὸ Σ
Ο τῶν Χερουβὶμ. αἱ	Νος, ἡ πρὶν αἰτί Α
Τὴν νύκτα μειῶν τῆς	Ολης πλάνης παλα Ι
Ον ἀγκαλίζη καὶ	Μάλα γραπτὸν φερει Σ
Κερασμένον σῆ θει	Οειδῶς εἰκόν Ι
Ως δεσπότην τὸ καὶ	Σὸν ὄντων υἱέ Α

Id est ad verbum,

> Divine paris tanquam seminis experte modo
> Ex te prodiit novi cœli lumen,
> Cherubinorum laus, prius causa,
> Noctem imminuens totius erroris prisci,
> Quem ulnis tenes, et valde pictum portas,
> Mixtum tuæ Dei similiter imagini,
> Tanquam dominum et tuum vere filium.

Diogeniano priori similes habentur aurei Joannis Comneni nummi, in quibus scilicet diadema excipit a Deipara, cum hisce characteribus, ιω ΔΕCΠΟΤ; in facie vero altera effingitur Christus sedens. In altero ejusdem augusti Deipara crucem duplicem porrigit ipsi Joanni, cum lemmate ιω ΔΕCΠΟΤ supra caput, et ad latus Deiparæ ΘV. MP. In alio præterea in quo stat ipse Joannes cum narthece et globo crucigero, hisceque literis, ιω ΔΕCΠΟΤ ΠΟΡΦΥΡΟΓΕΝΝ. Aversa facies sacræ Virginis protomen præfert cum utroque brachio expanso, ut in aliis perinde inter Zimiscianos, et Manuelis, Andronici Tyranni, et Isaacii Angeli, et solitis characteribus, MP. ΘV. In alio denique ejusdem Manuelis Deipara Virgo stat facie lusca, brachiis pariter erectis, in precantis speciem : quasi ad Deum preces funderet pro imperii vel urbis incolumitate. (Ita depictam in nova ecclesia a Basilio Macedone in palatio exstructa, testatur Photius in Oratione in ejus Encænia : Ἡ δὲ ἀπὸ τοῦ θυσιαστηρίου ἀνεγειρομένη ἀψὶς τῇ μορφῇ τῆς Παρθένου περιαστράπτεται, τὰς ἀχράντους χεῖρας ὑπὲρ ἡμῶν ἐξαπλώσης καὶ πραττομένης τῷ Βασιλεῖ τὴν σωτηρίαν, καὶ κατ' ἐχθρῶν ἀνδραγαθήματα. Manus vero extendere et expandere, τὼ χεῖρε ἐκτείνειν, ut est, apud sanctum Athanasium [1] in Apologia ad Constantium, et apud Eusebium [2] in Vita Constantini, solitos christianos inter precandum, testatur præ cæteris Tertullianus [3] in lib. de Orat. et in Apolog. Joannes Geometra in Paradiso :

> Εὐχόμενοι τανύουσι σοφοὶ χεῖρας, οἱ μὲν ἐφ' ὕψους,
> Ὕψοσ' ἐπαιρόμενοι, οἱ δὲ κάτωθεν, etc.

Quomodo vero Deipara, dum adhuc in vivis erat, uti volunt, depicta fuerit, sat multis narrat Anonymus de imagine Chalcopratiana, quam Ῥωμαίαν appellabant, apud Lambecium [4]. — C. in Addit.)

XXXIX (XXXI).

SANCTORUM IMAGINES IN NUMMIS. [1]

Neque Christum duntaxat aut sacram Deiparam in nummis suis expressere posteriores augusti Constantinopolitani, sed etiam sanctos quos potiori cultu venerabantur. Isaacii imperatoris binos nummos ex gazophylacio Sanctæ-Genovefæ Parisiensis protulimus, utrumque ex iis quos caucios, seu cavos, vocant, alterum æreum, argenteum alterum, paris magnitudinis, nisi quod adrosi fere sunt characteres, qui in æreo distincte leguntur. Stant in æreo figuræ duæ, prior Isaacii, imperatorio habitu, dextra crucem gestantis : altera Angeli, cum nimbo circa caput, crucem perinde longiorem dextra prehendentis, quam is imperatori porrigit. In nummi ora ac circulo exarati habentur minutiores isti characteres ICΑΑΚΙΟC ΔΕCΠΟΤ. Supra crucem mediam, ΑΓΙΟC ΑΡ. Infra ad lævam X. MI. quibus intelligitur Ἀρχάγγελος, vel Ἀρχιστράτηγος Μιχαὴλ, quem ut patronum sibi adsciverat Isaacius, ob Angeli, quod ei erat, cognomen. In convexa nummi parte Deipara sedet Christum puerulum in clypeo effictum, gremio complectens, cum characteribus solitis MP. ΘV. Ejusdem fere fabricæ monetariæ est nummus aureus quem ad Alexiadem descripsimus, præterquam quod manus de nube profecta diadema capiti imperatoris imponit. Cætera si non instar sunt ejus quem exhibemus, cum in figuris, tum in inscriptionibus, culpa est, ni fallor, illius a quo ectypon acceperamus : nam nummum ipsum inspicere non licuit. Ensem tamen ab Angelo in eo porrigi imperatori observatum a nobis erat in magni Peirescii, qui nummum viderat, Adversariis. Unde ad id referendum videbatur, quod Scylitzes et Zonaras scribunt, Isaacium Comnenum, quod imperatoriam quam consecutus erat dignitatem, non Deo, sed propriæ virtuti adscriberet, in nummis imaginem suam stricto ense insculpendam curavisse : tametsi verendum ne qui

---

[1] In tabella 3, Chron. Orientale, p. 126. — [2] Vide Glossar. nostrum, VV. *Scutum, Surtaria.* — [3] P. 729. — [4] Homil. 20. — [5] Theodor. Studita, in Iambis apud Gretzer, de Cruce.

[1] P. 683. — [2] C. 15, l. 4. — [3] De Orat. c. 17, in Apolog. c. 30. — [4] L. 8, de Biblioth. Cæsar. p. 328.

primus ex iis id tradidit hallucinatus sit, ac imaginem sancti Georgii, quem cum diademate et stricto ense effingere solebant Græci, ut mox dicturi sumus, quæ forte expressa fuit in averso nummo, ipsius imperatoris esse putaverit : nam et in Manuelis Comneni monetis ita effingitur. (Meminit ipse Isaacius in Novella quæ descripta legitur in tomo 2 Juris Græco-Romani, aureorum seu νομισμάτων τῆς προτιμωμένης χαραγῆς τῆς βασιλείας αὐτοῦ. — C. in Add.) Ab hac porro expressa Isaacii Comneni, ensem tenentis, in nummis imagine, Spataphori Italici Roccellæ marchiones [1], Schlafanni et Agulii comites, olim ex Acarnania vel Dalmatia profecti, eundem Isaacium gentis suæ, ac cognominis auctorem, levi sane fundamento, profitentur. Isaacii Angeli nummus alter argenteus in concava sui facie binas pariter exhibet figuras. Prior, quæ est imperatoris, dextra narthecem tenet; altera, quæ est sancti alicujus, caput nimbo ornata, et sago militari induta, sinistram manum pectori admovet, et dextra narthecem imperatori porrigit. Characteres oræ dextræ adscripti, non modo minusculi, sed et pene omnino adrosi sunt, adeo ut aliud nihil expiscari fas fuerit, nisi quod similes videntur iis qui in æreo nummo exarantur. Ad sinistram vero, si bene conjicimus, habetur : ΑΓΙΟC ΑΡ∴Τ∴C Cætera assequi non potuimus. In altera et concava nummi facie sedet, ut in priori, Deipara cum Jesu infantulo, in sinu, solitis literis MP. ΘV.

XL (XXXII).

SANCTI GEORGII IMAGO IN NUMMIS.

In aliquot aliis Joannis et Manuelis Comnenorum nummis æreis effictum cernimus sanctum Georgium, quem μεγαλομάρτυρα vocant Græci, non tamen qua ab iis exhiberi solet specie. Hic enim προτομὴ sancti martyris, uti supra diximus, describitur, nudatum ensem, vel spiculum dextra, clypeum sinistra tenentis. Caput margaritarum linea seu unionibus distincto diademate, instar imperatoris, cingitur. In Manuelis nummo adscribuntur hi characteres Ο, in quo A minutulum includitur, quo ἅγιος vulgo contrahunt Græci, ΓΕΟ͞Ρ·ΓΙΟC, id est ἅγιος Γέωργιος. Nec multum dispar est sancti Georgii figura quam habet Constantini cujusdam προκαθημένου sigillum apud Octavium Stradam [2], in quo stans habitu militari describitur, dextra spiculum tenens, sinistra clypeo, cruce insignito, ac humi defixo innixus, cum hisce characteribus : Ο ΑΓΙΟC ΓΕ. Verum Græci, a quibus immense cultus est, ἔφιππον, seu equitem, fere semper sanctum Georgium depingebant : quod eo habitu non semel, ut aiunt, in præliis adstitisse Græcis, ac pro iis dimicasse conspectus sit. Ita a Constantinopolitanis depictum auctores sunt Nicetas [3], Nicephorus Gregoras [4], Codinus [5], et alii.

XLI (XXXIII).

IMPERATORIS TITULUS OMISSUS IN NUMMIS BYZANTINIS.

Dissertationis hujusce initio, inferioris ævi, seu Constantinopolitanorum imperatorum numismata habere diximus quidpiam peculiare, quodque in superioris ætatis nummis vix reperitur, tum quoad principum ipsorum vestes ac gestamina, tum etiam quoad inscriptiones. At cum de priore hac parte copiose satis, ni fallor, actum sit, ut id quod inscriptiones spectat, eadem procedat methodo, instituti nostri ratio postulat. Ac primo quidem occurrit

Spanheimii viri doctissimi observatio [1], a Constantinopolitanis augustis non plane omnino, quod velle videtur, sed crebro omissum in eorum nummis imperatoris titulum, exceptis forte Juliani æreis, in quibus solitum illud ΙΜΡ. legitur. Constat sane imperatorium hunc titulum a Julio Cæsare in nummis haud receptum, nec ab Augusti successoribus Tiberio, Caio, Claudio etiam, nisi rarius in iis admissum, ut de Tiberio et Claudio asseruit Suetonius, illos a prænomine imperatoris abstinuisse : adeo ut in magna nummorum copia, qui supersunt eorundem principum, vix semel tributum advertere sit. Unde etiam eorum exemplo neglectum ab aliis cæsaribus, ut Severo, Caracalla, Gallieno, et reliquis, quorum nummi frequentius eo carent prænomine.

XLII (XXXIV).

TITULUS DN. IMPERATORIBUS ET CÆSARIBUS TRIBUTUS IN NUMMIS.

Hujus autem loco successere apud Constantinopolitanos binæ istæ literæ, DN., id est *Dominus noster*, quæ in venerationis titulum a populis a quibus cudebantur videntur adscriptæ. Priores certe cæsares *domini* appellari omnino recusarunt : quod de Augusto, Tiberio, et Alexandro Severo exerte scriptores tradunt [2]. Neque tamen omnes intra modestæ istius limites sese continuere, cum Plinius junior Trajanum, ad eum scribens, *dominum* semper compellet : et apud Lampridium [3], Antoninus Diadumenus de Opilio Macrino augusto patre verba faciens *dominum nostrum et augustum* vocet : ac in antiquis denique inscriptionibus [4], Decius Trajanus, Æmilianus, Valentinus, Gallienus et Diocletianus, et qui eos deinceps excepere, *domini nostri* dicantur. Sed vix ante Marcum Aurelium Carum, ejusmodi titulos nummis inscriptos observare est : cujus quidem aureus prostat cum hisce assentatoriis verbis : DEO ET DOMINO CARO AUC. Similes propemodum habentur Diocletiani, in quorum altero ista leguntur : DN. DIOCLETIANO BEATISSIMO ; in alio : FELICISSIMO SEN AUG. ; præterea Maximiani, cum hacce inscriptione : DN MAXIMIANO BEATISSIMO SEN AUG. Verum in hisce nummis tertio casu conceptæ ejusmodi inscriptiones satis declarant cusos a Constantio Chloro et Gal. Valerio Maximiano, quos ii adoptaverant, post abdicatum ab utroque imperium, quod vox SENIORI suadet (quo modo *dominum et parentem nostrum Diocletianum seniorem augustum* adhuc superstitem appellant Constantinus et Licinius in lege 2 Cod. Th. de Censu, edita anno 313), vel certe post eorum excessum, cum istorum aliquot nummorum aversa pars, QVIES, REQVIES OPT. MERIT. vulgo præferat [5]; quæ quidem inscriptio, ut in ipsius etiam Constantii nummis, mortuum augustum omnino significat. Lateres figlinos descripsit Baronius [6], ex basilica Vaticana veteri, in quibus exaratum legitur : DN CONSTANTINUS AVG. In aliis Constantini et Licinii nummis binæ istæ literæ DN in secundo casu exaratæ leguntur : DN CONSTANTINI AVG., ita ut subintelligatur vox *moneta*. In aliis Romuli, Licinii, Constantini junioris, Constantis et subsequentium imperatorum in primo. Delatos eosdem honoris titulos cæsaribus ipsis probant nummi Crispi, Licinii junioris, Constantii, Decentii, Juliani, et aliorum [7]. Sed et ipsis imperatricibus, maxime vero Helenæ Constantii uxori, Constantini M. matri, attributos arguunt inscriptiones veteres, quarum altera, quæ Romæ legitur, hæc præfert : DOMINAE. NOSTRAE. FL. IVL. HELENAE, etc. [8] In nummo Constantini filii ἀποθέω-

---

[1] Jo. Bapt. Laurus, de Annulo pronubo Deiparæ. — [2] P. 361. — [3] In Man. l. 6, n. 5. — [4] L. 8. — [5] De Off. c. 6, n. 23; Dissert. 11 ad Joinvillam, p. 50, 51.

[1] Dissert. 8. — [2] Sueton. Lamprid. — [3] In Diadum. — [4] Grut. 273, 5, 7; 274, 2; 275, 3, 4; 279, 1, etc. — [5] Occo, p. 508, 515, 519, 522, 523, 535, 536, 543, 544, 545. — [6] An. 324, n. 62. — [7] Occo, p. 540, 545, 551, 556. — [8] Grut. 281, 1; 282, 4; 284, 6, 7, 8; 1086, 2; 234, 1; 287, 4.

σιν continente exhibetur illa cum hisce characteribus, DN. MR., id est, *domina nostra mater*, ut quidam interpretantur. In æreo quem delineari curavimus, pro DN. omnino habetur VN., id est, forte, *venerabilis* : quo quidem titulo donatur veteri inscriptione Neapolitana[1] : PIISSIMAE. AC. VENERABILI. DOMINAE. NOSTRAE. HELENAE. AVGVSTAE. MATRI. DOMINI. NOSTRI. VICTORIS. SEMPER. AVGVSTI. CONSTANTINI. ET. AVIÆ. DOMINORVM. NOSTRORVM. BEATISSIMORVM. CÆSARVM. ORDO. ET. POPVLVS. NEAPOLITANVS. Tradit auctor Chronici Alexandrini[2] Gratianum augustum Valeriam Severam matrem; quam Marinam vocat, δέσποιναν, seu *dominam*, appellasse. In alia denique inscriptione Maria Honorii augusti conjux eodem donatur titulo, DOMINO. NOSTRO. HONORIO. DOMINA. NOSTRA. MARIA. Carolum præterea Magnum, ut et summos Romanos pontifices eundem sibi arrogasse, probant veteres aliquot inscriptiones apud Nicolaum Alemannum, in Dissertatione de Lateranensibus Parietinis[3].

XLIII (XXXV).

DESPOTÆ TITULUS IMPP.

Ut porro *domini*, voce Latina, priores Byzantini imperatores, ita et posteriores, δεσπόται, Græco idiomate, cum Latinum tunc exolevisset penitus, appellari voluerunt, sicque in nummis inscribi. Habetur aureus Nicephori et Stauracii, in cujus facie altera effingitur ipse Nicephorus, cum hac incriptione : NIKHΦOPOS BASIΛEV; in aversa vero Stauracius, cum lemmate : STAVRACIB DESPOT. quasi ea ætate δεσπότου appellatio, βασιλέως, seu imperatoris appellationi cesserit : et Stauracius, licet εἰς βασιλέα a patriarcha Tarasio in Sophianæ Ecclesiæ ambone coronatus fuerit, patre superstite, eo titulo ipso parente dignitate se inferiorem testari voluerit. At aliquot ex subsequentibus augustis se in nummis δεσπότας inscripserunt, ut Constantinus, vel Michael Ducas, Nicephorus Botaniates, Romanus Diogenes, Alexius, Joannes, et Manuel Comneni, Isaacius Angelus, Alexius Angelus, et qui postea imperarunt augusti, qui hacce nomenclatura a subditis vulgo etiam ita compellabantur, cum adjectione sanctitatis, hac ratione, δεσπότα μου ἅγιε. Quinetiam ex iis quidam eundem titulum honoris causa proximioribus affinibus communicarunt, primusque, ni fallor, Michael Ducas avunculo, ut est apud Zonaram : quæ quidem honorifica appellatio in præcipuam palatii dignitatem postea transiit, quod alias adnotavimus[4].

XLIV (XXXVI).

FLAVII PRÆNOMEN.

Post expressas basce DN literas, hæ FL. fere semper subsequuntur, quibus indicatur Flavii prænomen, quod sequioris ævi imperatores affectasse, sibique adseruisse eorum nummi satis declarant. Ac gens quidem Flavia, Romanorum stante republica, vix cognita fuit. Vespasianus[5] vero ejusque liberi Titus et Domitianus ex ea orti, imperatoriam adepti dignitatem, splendorem familiæ suæ perinde ac famam conciliavere : cui non modicum dedit incrementum Claudius imperator, qui ab ea genus arcessebat. Huic enim prænomen Flavii attribuit Pollio[6], qui vitam illius descripsit, ut vetus inscriptio a Panvinio relata : IMP. CAES. FL. CLAVDIO. PIO. FELICI, etc. Illud porro, etsi in Claudii nummis nequaquam legatur,

[1] Grut. 284, 2. — [2] P. 702, 704. — [3] P. 42, 43, 110. — [4] In Not. ad Cinnam. p. 468. — [5] Suet. in Vesp. c. 1. — [6] In Claudio.

ab eo ad Constantii Chlori, Claudii ex fratre neptis filii, transiisse familiam constat. Unde idem scriptor de Claudio verba faciens : *Ille*, inquit, *velut futurorum memor, gentes Flavias, quæ Vespasiani et Titi, nolo autem dicere Domitiani, fuerant, propagavit*. Istius igitur affinitatis jure Constantii nomen cum Flavii prænomine licet observare in antiquis inscriptionibus et aliquot illius nummis. Atque inde, non in ejusdem gentis duntaxat, sed et in cæteros ferme augustos Byzantinos, tanquam imperatoriæ dignitatis decus, traductum docent Stemmata nostra Byzantina. Nam, ut Constantino Magno, Constantii filio, proprium quodammodo fuerit, satis innuit Aurelius Victor, scribens *Urbis fanum atque basilicam Flavii* (Constantini) *meritis patres sacrasse, et per Africam sacerdotium decretum Flaviæ genti*. Primus porro Jovianus, post extinctam Constantii Chlori et Constantini M. familiam, id prænominis sibi arrogasse ostendunt ejus nummi, quod ab eorum successoribus deinceps factitatum. Quin et ipse Autharitus, Longobardorum rex, quo familiæ suæ lumen accenderet, Flavii etiam affectavit prænomen, quod fecere postmodum pariter qui eum in ista dignitate excepere[1], ipsique adeo, utrorumque exemplo, Gothici Hispaniæ reges, quod a Recaredo primo factitatum volunt quidam in Concilio Toletano III, ubi Flavii prænomen ei attributum legitur[2]. Nec Romanorum augustis duntaxat, aut regibus Longobardorum vel Gothorum id prænominis proprium fuit, sed et a summis in republica viris, consulibus nempe, prætoribus, præsidibus, et viris clarissimis et patriciis, ævo ipsius Constantini, usurpatum docent Fasti Consulares (sanctus Athan. in Apol. 2 de fuga sua), veteres inscriptiones[3], et diptycha Leodiense, Bituricense, et Compendiense, in quibus Philoxenus et Anastasius consules ordinarii Flavii prænomine donantur, adeo ut templo Flaviæ gentis, quod effictum cernitur in Titi nummo[4], recte conveniat ex eventu adscripta epigraphe, AETERNITATI FLAVIORVM, in quo etiam ludens Martialis[5], simili pene sententia hæc de gente Flavia vaticinatus est :

Manebit altum Flaviæ gentis decus
Cum sole et astris, cumque luce Romana.

Hocce tamen Flaviæ gentis templum a Domitiano excitatum tradit Suetonius[6]. Atque id forte causæ fuit cur scripserit Casaubonus Vespasianum et Titum, qui in censura sua amplissimos ordines variis bellis exhaustos suppleverant, et honestissimos quosque ex Italicis et provincialibus allegerant, eosdem communi Flaviarum gentium nomine appellari voluisse, easdemque gentes Flavias propagasse Claudium, atque in earum numerum novos patricios adscivisse, quasi jam tum prævidisset deferendum imperium uni ex illis gentibus orto. Verum hanc viri doctissimi sententiam merito suggillat Salmasius, cum ante Constantini tempora nemo ex supremis imperii magistratibus vel palatinis proceribus Flavii nomen usurpasse legatur : quod circa ea tempora viris patriciis ab imperatoribus indultum par est credere. Quando vero honorifica ista tandem *Flaviorum* nomenclatura ab augustis desierit usurpari, haud omnino constat. Hac certe non modo donantur Heraclius et Constantinus filius[7], sed et Leo Philosophus, in eorum Novellis[8] : ita ut posthæc viguisse aliquamdiu liceat colligere. At quod Strada id prænominis ex Comnenis ac Angelis imperatoribus attribuit, atque adeo in posteriorum imperatorum nummis descriptum fingit, non indubitatam fidem apud plerosque obtinet ; tametsi constet apud

[1] Paul. Warnefr. l. 3, de Gest. Long. c. 16; Bullar. Casin. tom. 2, p. I, etc.; Regino, an. 517; Baron. an. 744, n. 41. — [2] Bivarius, in Chr. Maxim. p. 73; Chifflet. in Vindic. Hisp. p. 350. — [3] Grut. 1076, 2; 1023, 1; 431, 4; 412, 3; 282, 4; 1079, 14; 175, 5; 406, 1; 1053, 10; 1076, 2; 1054, 8; 192, 12; 392, 3. — [4] Apud Biæum, p. 30. — [5] L. 9, ep. 2. — [6] In Domit. — [7] Jus Gr. Rom. p. 77, 83. — [8] Novellæ Leonis Imp. p. 430, edit. Scrimger.

Waddingum [1], ex manuscripto Cencii, camerarii Vaticanæ biblio thecæ, illud tribui Joanni Ducæ imperatori, sub ann. M CC XXXIII.

XLV (XXXVII).

TITULUS PERPETUI AUGUSTI.

Cæteri imperatorum Byzantinorum, maxime qui ante Leonem M. imperarunt, in nummis tituli, ab iis quos priores in suis sibi adscribunt augusti, vix discrepant. At tum primum advertimus pro hocce titulo, PIVS FELIX AVGVSTVS, qui per PF. solet efferri, hunc, PERPETVVS AVGVSTVS, poni, qui interdum et crebrius per duplex PP. scribitur (in aureo Constantii imperatoris quem delineari curavimus ex gazæo regio, et — C. in A.), in ejusdem Leonis aureis, qui hanc inscriptionem præferunt, DN. LEO. PERP. AVG. ut et in Zenonis, Basilisci et Phocæ : quæ in Anastasii, Justini, Justiniani, Tiberii, Heraclii, et aliquot aliorum, per duplex PP. contrahitur. Enimvero perpetuitatis titulus in inscriptionibus et numismatibus paulo recentioris est ævi. In inscriptione ad Urbinum, Constantius et Maximianus PERPETVI CÆSARES, in alia, Romæ ad arcum Septimii Severi, Valentinianus PERPETVVS AC FELIX SEMPER AVGVSTVS, in alia, circa Brixiam, idem Valentinianus, Valens, et Gratianus, PERPETVI PII FELICES SEMPER AVGVSTI dicuntur [2]. Apud Marium Mercatorem, ejus *Commonitorium* dicitur oblatum *piissimo principi Theodosio semper augusto*.

XLVI (XXXVIII).

TITULUS IMPERATORIÆ, ET TRIBUNICIÆ POTESTATIS, etc.

Neque omnino videntur abrogatæ solennes eæ in priorum imperatorum numismatibus et inscriptionibus epigraphæ, quæ imperatoriæ, vel tribuniciæ, aut consularis dignitatis exactos titulos denotant. Dedimus enim aureum Valentiniani senioris, in cujus aversa facie figura stolata ac galeata sedet, cum hisce characteribus : IMP XXXXII COS XVII PP. Prostant inscriptiones veteres [3] in quibus Constantinus M. PONT. MAX. TRIB. POT. COS. III. PP. indigitatur : in alia vero, PONT. MAX. TRI. P. XXIII. IMP. XXII. PP. Julianus, P M. IMP. VII. CONSS. III.; Valentinianus idem senior et Valens, PONTIF. MAXIMVS. TRIB. POT. VII. IMP. VI. CONS. II.; Gratianus denique in eadem, ut et in alia inscriptione, perinde, PONTIF. MAXIMVS. TRIB. POT. III. IMP. II. CONS. PRIMVM. Atque hanc inscriptionum [4] formulam a militum acclamationibus manasse pridem viri docti observarunt, ex rerum scilicet præclare gestarum, vel expeditionum bellicarum ab ipsismet imperatoribus, aut ab eorum legatis susceptarum numero, cum, ut ait Dio [5], semel tantum uno de bello id nomen liceret adsumere. Pontificis vero maximi titulum in nummis etiam sibi adrogasse Constantinum M. arguit ille à Spanhemio [6] descriptus in quo hi characteres exarati conspiciuntur, PMTRPPP COS IIII PROCOS. Ubi quare proconsularem dignitatem vel titulum sibi adrogarint imperatores disputat idem vir doctissimus. Cur autem pontifices maximi, imperatores christiani interdum appellari voluerint, notum ex Zozimo [7], qui tradit non modo Latii reges, sed et Romanorum imperatores hosce titulos sibi adrogasse, quos neque etiam primo ex christianis respuerint augusti Constantinus M., Valentinianus et Valens, quibus ex ritu veteri pontificium

[1] An. 1233, n. 10. — [2] Grut. 161, 3; 285, 8; 1086, 8. — [3] Grut. 283, 1, 3; 285, 1, 2, 3, 4; 160, 4; 1082, 13. — [4] Spanheim. diss. 8, p. 690. — [5] Lib. 60. — [6] P. 711. — [7] Lib. 4, p. 761, 37.

habitum a gentilibus pontificibus delatum et acceptum ait, sed recusatum a Gratiano, ἀθέμιτον εἶναι χριστιανῷ τὸ σχῆμα existimanti; vel quod de Leone M. imperatore dixit Facundus [1] Hermianensis episcopus, quia noverat, *quod post adventum Domini gentiles tantum principes imperium simul sacerdotiumque tenuerunt, judicavit non decere principem christianum quod fuit aliquando gentilium.* Jam vero cur Valentinianus *consul decimumseptimum* inscribatur, nemo, opinor, attigit, cum semel hanc dignitatem cum filio inierit, adeo ut dicendum sit hæc in longioris vitæ ac imperii vota fuisse adscripta [2].

XLVII (XXXIX).

TITULUS NOVI CONSTANTINI.

Atque hæ quidem appellationes augustis omnibus fuere communes; at ex iis aliæ præ cæteris quosdam spectarunt, ut fuit illa *Novi Constantini,* quæ Tiberio, et Heraclio, Heraclii imperatoris filio, potissimum in nummis adscribitur, voce tamen, *Novi,* expuncta, propter numismatum exiguitatem. Quippe Justinus junior morbo correptus adoptatum Tiberium Cæsarem creavit, et Νέον Κωνσταντῖνον, *Novum Constantinum* appellavit, ut est in Chronico Alexandrino [3]; ubi interdum, suppressa priori voce, nude *Tiberius Constantinus,* quo modo etiam in nummis ejusdem augusti, dicitur. Eadem perinde nomenclatura donatus est a patre Heraclio imperatore, Heraclius filius primogenitus; dictus enim *Heraclius Novus Constantinus,* non *junior,* uti habet interpres : quem errorem erravit etiam in Tiberio; quod præ cæteris arguit subscriptio Novellæ Heraclii [4], quæ *data* legitur *VIII. kalend. maias Constantinopolitanorum dominorum nostrorum piissimorum perpet. augg. Heraclii anno VIIII, et Heraclii Novi Constantini filii ipsius anno VII,* ut et subscriptio diplomatis Honorii PP. apud Ughellum [5] in episcopis Bobiensibus. Neque tamen Tiberio et Heraclio peculiaris fuit hæc appellatio, nisi quod cognominis vice proprie videatur iis indita, Tiberio quidem a Justino prosocero, Heraclio vero juniori a parente, cum hanc cæteri fere ambierint augusti. Marciano enim augusto *Novo Constantino* non semel acclamatum legimus in concilio Calchedonensi, act. 4 et 6; Justino, in Synodo sub Hormisda; Justiniano, in concilio sub Mena, act. 5; Constantino Pogonato, in VI synodo, act. 8, et Constantino filio Irenes, in VII synodo, act. 7. Quinetiam postremi imperatores honorificam istam appellationem affectarunt, quod de Michaele Paleologo testatur inscriptio in æde Deiparæ Peribleptæ Constantinopoli, quam profert Leunclavius [6], firmatque Georgius Pachymeres [7]. Sed et Constantinopolitani ex Francica gente imperatores videntur appellationem eandem usurpasse, quod præ cæteris docet Innocentius III [8], pontifex, qui Balduinum Flandrensem *Constantinum imperatorem* nude vocat, in epistola ad Namurcensem comitem : *Præterea,* inquit, *præsentibus vobis litteris innotescat, quod postquam illustris memoriæ Constantinus imperator sub hostili custodia diem clausit extremum, charissimus in Christo filius noster Henricus, germanus ipsius Constantini frater, imperator illustris, ab universo exercitu Latinorum unanimiter et concorditer fuit in apicem Imperii sublimatus.* Nisi forte mendum sit, legendumque *Constantinopolitanus.*

[1] Lib. 12, cap. 3. — [2] Ammian. lib. 25. — [3] P. 862, 864. — [4] Jus Gr. Rom. p. 83. — [5] Tom. 4, p. 1325. — [6] In Pand. Turc. n. 51. — [7] L. 4, c. 21; l. 13, c. 23. — [8] L. 9, epist. 47.

XLVIII (XL).

NUMMI VOTIVI.

Ex imperatoriis deinde nummis, votivi vulgo appellantur qui vota publica nuncupata, suscepta et soluta pro salute principis in inscriptionibus suis præferunt, vel quod iis quibus suscepta sunt annis cusi ac formati sint. Atque hi quidem, licet ævi inferioris nummorum, seu Constantinopolitanorum imperatorum, non omnino proprii fuerint, habent tamen qui ab iis cusi sunt quiddam peculiare quod in superioris ætatis principum nummis non occurrit. Quod quidem ut legenti planum fiat, lubet votorum istorum originem ab ipsis primordiis summatim repetere. Scribit Dio [1], Augusto, cum primum decennium exivisset, aliud quinquennium, atque eo circumacto, rursum aliud quinquennium, post decennium, ac eo finito aliud item decretum fuisse, ut continuatis decenniis per totam vitam, summam imperii obtinuerit: eamque ob causam posteriores quoque imperatores, licet non ad certum tempus, sed ad vitam imperium esset eis delatum, id deinceps observasse, ut singulis decenniis festum pro ejus renovatione agerent, quod etiam hodie fit, inquit ille. Ad quintum autem decennium Augusto oblatum ac decretum scribit idem Dio. Ex hinc cæteri deinceps augusti, exactis decenniis, principatum sibi confirmari senatusconsulto non petierunt, cum id non inviti retinerent, ut Augustus, sed ultro sibi assererent, quod de Tiberio idem scriptor commemorat, et ex eo Xiphilinus, qui subdit πανήγυριν δεχαετηρίδα, quam δε-χαετοὺς πανήγυριν vocat Eusebius [2], exacto decennio celebrasse. Ita postmodum, eodem Dione auctore, Severus imperator imperii exacto decennio congiaria et annonas militibus distribuit, et populo circenses dedit. Ex hoc igitur recepto more decennalia singulis decenniis celebrata constat, quod præterea firmat Trebellius Pollio in Gallieno Salonino. Sed postmodum obtinuit ut vota publica pro decennalibus feliciter auspicandis et ineundis ederentur cujusque decennii initio, quod ex nummis potissimum Antonini Pii [3] colligimus, quorum alii PRIMI DECENNALES, alii SECUNDI DECENNALES præferunt, alii VOTA SOL. DECEN. II. alii denique VOTA SVSCEP. DECEN. III. Ita tria decennalia inita ab Antonino Pio, qui annos 24 tantum imperavit. In gemma quam habet Dactyliotheca manuscripta Ludovici Chalucii, exstat figura sacrificantis specie, cum hisce characteribus, VOTA SVSC. VICE., id est, *Vota suscepta Vicennaliorum.* In aliis perinde nummis Antonini Philosophi [4] leguntur, PRIMI DECENNALES, et VOTA SVSC. DECENN. et VOTA SOL. DECENN. In nummis Commodi, VOTA DECENN. SVSC. In nummis denique Helvii Pertinacis, qui vix menses quatuor imperavit, VOT. DECENNAL. et in Pupieni Maximi, cujus imperium haud biennii fuit, VOTIS DECENNALIBUS, quæ totidem habentur in Severi Alexandri et Julii Philippi monetis [5]. Profert Cholius [6] nummum alium Diocletiani, qui vicesimum imperii annum vix excessit, in quo scriptum, VOT. XXX. s. Habetur in ejusdem Chalucii Dactyliotheca [7] ectypon gemmæ, cui insculptum, VOT. XXX. s. DI., id est, *Vota Tricennaliorum suscepta, Diocletianus.* Præterea gemmæ aliud ectypon, quæ hosce characteres præfert, MAXI. VOT. XXX. P., id est, *Maximianus, vota Tricennaliorum publica.* Ex quibus perspicuum fit vota decennalia vel decennaliorum suscepta cujusque decennii initio. Alii præterea nummi nude præferunt, VOTA PUBLICA, ut Lucillæ L. Veri uxoris, Hadriani,

Septimii Severi, Caracallæ, Getæ, Macrini, Elagabali, et aliorum: in quibus omnibus sacrificium fere semper effingitur, quod vota ejusmodi pro salute principis et imperii felicitate, cum sacrificiis initio cujusque lustri aut decennii exsolverentur, ut monemus in nostra Constantinopoli, ubi de Tribunali novemdecim accubituum agimus. Atque hæc quidem obtinuere priusquam religionem christianam essent amplexi imperatores [1], a quibus, abrogatis in votis publicis sacrificiis, reliquæ solemnitates servatæ sunt, vel novæ excogitatæ, in quibus illa fuit, ut offerrentur imperatoribus ex more a magistratibus munera, certa nempe aureorum solidorum quantitas ab ipsis principibus definita. Exstat eam in rem insignis epistola Symmachi ad Valentinianum juniorem [2], in qua ait Valentiniano et Valenti *ob decennium minorem summam decretam:* Gratianum, *cum tertium lustrum ævi imperialis exigeret, parciore munificentia honoratum: eidem denique Valentiniano mille sexcentas auri libras decennalibus imperii fastis devotum ordinem promisisse, urbanis ponderibus conferendas, id est, trutinæ largioris examine.* (Quo etiam spectant ista Lactantii in lib. de Mort. Persecut., num. 31, ubi de Maximiano Galerio imperatore: *Quis ergo non bonis suis eversus est, ut opes quæ sub imperio ejus fuerunt, corraderentur ad votum, quod non erat celebraturus.* — C. in Add.) In hac etiam decennaliorum celebritate edebantur circences, eximebantur rei de carceribus, agebantur Deo gratiarum actiones, et distribuebantur pecuniæ per civitates, ut testatur Eusebius [3]. Sed quæ singulis decenniis concipiebantur vota postea singulis quinquenniis sunt exsoluta, quod indicat loco laudato Symmachus. Indeque quinquennalium aut quinquennaliorum votorum inscriptiones in nummis manarunt, ita ut quinquennalium vel quinquennaliorum vota primo initæ dignitatis anno celebrata censeri debeant, decennaliorum post exactum quinquennium, vel ipso quinto exeunte anno, quindecinnaliorum exeunte decennio, vicennaliorum exeunte decimo-quinto dignitatis anno, et ita deinceps. Alia enim sunt *vicennaliorum vota concepta,* alia *edita vicennalia.* Edebantur quippe vicennalia anno vicesimo imperii, vicennaliorum vota anno decimo, aut decimo-quinto. Verbi gratia, Constantinus Magnus vicennalia Romæ edidit ipso Constantino VII et Constantino cæsare consulibus qui fuit imperii vicesimus annus, Christi 326, ut est apud Eusebium, Idacium, et auctorem Chronici Alexandrini: Vota vero vicennaliorum acta imperii decimo-quinto, quod innuit Nazarius in Panegyrico ipsi Constantino dicto: *Quintum decimum annum maximus princeps salutaris imperii degit, sed auguramur jam vicennalia, et venturi fidem superiorum felicitate sancimus.* Cumque eo anno agerentur quinquennalia Licinii junioris, Crispi et Constantini junioris, qui cæsarum dignitate cohonestati fuerant kal. mart. Sabino et Ruffino coss. anno Christi 316 hæc subdit: *Quinquennalia beatissimorum cæsarum occupatos in gaudiis habent, sed in destinatis decenniis jam vota properantia et spes volucres constiterunt, horum dehinc compotes propagabimus optabilis boni seriem.* Atque horum quidem una simulque cæsarum vota nuncupata crebro advertere est in eorum nummis, in quibus legitur: VOT. X. aut XX. CÆSARVM NOSTRORVM; etsi interdum sua cuique vota inscripta, ut in nummo Constantini junioris, VOTA VICENNALIORVM; et in nummis Crispi, in quibus pro lemmate est: BEATA TRANQVILLITAS, et VIRTVS EXERCITVS, et VICTORIÆ LÆTÆ PRINCIPVM, in cippo, clypeo, et labaro descriptum legitur, VOT. XX. quæ quidem vicennaliorum Crispi vota, utpote exacta in ejusdem decennalibus, cadebant in vicennalia Constantini patris: quod indicat Porphyrius in Panegyrico, eidem augu-

---

[1] L. 53. — [2] In Orat. de Laudib. Const. — [3] Occo, p. 257, 264. — [4] Du Choul, p. 156. — [5] Erizzo, p. 452, 335, 336, 429, 430, 515. — [6] Du Choul, p. 253. — [7] P. 56.

[1] Petrus Faber, ad tit. 2 Orig. Jur. p. 764. — [2] L. 10, cp. 26. — [3] L. 8, c. 12, 26; l. 1 de Vita Const. c. 41; l. 3, c. 21.

sto in ipsis vicennalibus dicto in quo dum metro ludit, in medio paginæ corpore, minio hosce characteres depinxit : AVG. XX. CÆ. X. ; id est : *Constantini augusti vicennalia, Cæsaris decennalia.* Ac de Crispo quidem :

> . . . . Tu carmina prome
> Vate Deo digna : aut si quod perferet audens
> Majus opus nectens ; mens tota mole subibit,
> Spe pinget carmen, pangat si cœpta camena,
> Compleat et versu variata decennia picto ,
> Ore secunda vovens sub certo limite metri.

Ubi secunda vota Crispi sunt vota vicennaliorum, de quibus alio loco :

> Sancte pater, rector superum , vicennia læta
> Augusto, et decies crescant solennia natis.

Et de Constantini vicennalibus :

> . . . . . Te tanto in carmine musa
> Et tua de scriptis pingit vicennia metris.

Mox de votis Tricennaliorum :

> . . . . Sæclis da , Constantine, serena ,
> Tempora, summe pio tricennia suscipe voto.

Quæ quidem Constantini tricennaliorum vota concepta leguntur in nummo aureo, clypeo , quem tenet Victoria, inscripta , VOT. XXX. ubi pro lemmate est , VICTORIA CONSTANTINI AVG. Ad quam Constantini eo anno victoriam respexit idem poeta :

> Augusto victore juvat rata reddere vota.

At cum nullam hoc anno victoriam ab hostibus adeptus Constantinus legatur, eam forte nummus iste spectaverit, quam paulo ante fuso Licinio retulerat anno Chr. 325 cum inde gloriosam *victoris* appellationem postmodum ambierit, ut testatur Eusebius [1], quamque nomini suo fere semper præposuit, ut est apud eundem scriptorem, auctorem Chronici Alexandrini, et alios. Nisi referri debeat ad victoriam illam quam se consecutum gloriabatur eo anno 326 quo vicennalia acta sunt, contra Ecclesiæ hostem, postquam episcopos in Concilio Nicæno invicem dissidentes in concordiam revocasset, ut auctor est idem Eusebius [2], adeo ut *victoriam Constantini* ut suam ac propriam in nummis inscribi voluerit. Ex prædictis etiam patet Crispum post edita cæsareæ dignitatis decennalia, quæ in kal. martias in vicennalibus Constantini patris cadebant, ab eo sublatum. Tricennalia porro Constantinopoli edidit idem Constantinus 8 kal. aug. anno imperii tricesimo, ut est apud Idacium et auctorem Chronici Alexandrini : in quorum quidem celebratione panegyricum Constantino ex more dixit Eusebius cæsariensis, qui ejus Historiæ subjicitur, ut ipsemet testatur [3]. Constantius vero filius Romæ vicennalia celebravit ipso Constantino IX et Juliano cæsare II coss. anno imperii vicesimo, Christi 357. Ita denique Arcadius anno imperii quinto, Valentiniano III et Eutropio coss. anno Christi 387. *Quinquennalia propria cum Theodosio Augusto patre suo editionibus ludisque celebrasse dicitur.* 17 *kal. febr.* apud Idacium et Marcellinum comitem. Sic etiam Theodosius Junior quinquennalia, apud auctorem Chronici Alexandrini; decennalia apud eundem Marcellinum, eodemque anno Honorius decennalia; tricennalia idem Honorius; tricennalia perinde Theodosius anno tricesimo imperii, Christi 430, ediderunt. Idem denique Theodosius , apud Marcellinum, anno Christi 439 *octava*, et anno 444 *nona quinquennalia edidit.* Quæ quidem ut singulis lustris edita quinquennalia, ita eorum nuncu-

pata vota cujusque lustri initio, vel potius anno proxime ante exactum lustrum, prorsus evincunt nummi aliquot, ut ille Constantini Junioris cæsaris, in quo $\frac{X}{V}$ inscriptum in clypeo cum lemmate, ROMÆ ÆTERNÆ, nisi decennaliorum aut quindecinnaliorum vota intelligantur : alii Valentis et Gratiani, VOT. XV. MVLT. XX. Præterea ex Nazarii Panegyrico videtur posse colligi eum in quinquennaliorum celebritate dictum fuisse; ut Incerti Panegyricum Maximiniano et Constantino dictum , eo quo idem Constantinus Augustus appellatus est anno, proinde in quinquennaliorum votorum nuncupatione. Nam Constantino, quem *Orientem* imperatorem vocat, dictum insinuans ob *lætitiem* publicam , *qua ei Cæsari additum nomen imperii,* et ob *cœlestium nuptiarum festa* tum celebrata, subdit : *Huic voto propria nunc debetur oratio , quod semel factum, futurum est sempiternum.* Et infra : *Restat ut ipsa illa quæ separatim de virtutibus vestris locutus sum , sicut huic voto congruit, in sermonis finem conjungam.* Erant igitur isti panegyrici *publica* populorum *vota,* quorum edendorum gratia deligebantur oratores diserti, qui in principum laudes excurrerent, et felicia lustra vel decennalia eis adprecarentur, ut in Nazarii laudato panegyrici loco vidimus, votis ipsis in nummis relatis, cum ipsa interdum felicitatis adprecatione, ut in nscriptione veteri, VOTIS VICENNALIB. FELICITER. Et in alia in clypeo exarata, apud Boissardum [1], CÆSARVM DECENNALIA FELICITER. In alia apud Gruterum [2], VOTA FELICISSIMA OB REDITVM NVMERI. In nummo æreo Licinii junioris cæsaris, in corona laurea, VOT. X. FEL. XX. ; et in aureo Constantis medallione in quo exaratum, FELICIA DECENNALIA , et in clypeo, VOT. X. MVLT. XX. ubi felicia decennalia edita anno decimo , quo vicennaliorum vota nuncupata. Neque hic edendorum panegyricorum in dignitatum natalibus mos proprius imperatoribus fuit : cum et in episcoporum cathedræ, seu initi episcopatus Natalibus, editi complures legantur apud Gregorium Nazianzenum, Nyssenum, Chrysostomum, Augustinum, Ennodium, Chrysologum , et alios, ut pridem annotatum a viris doctis [3].

XLIX (XLI).

NUMMUS CONSTANTINI, IN QUO EXARATUM, PLUR. NAT. FEL.

Ad has felicitatis adprecationes et vota pertinet etiam inscriptio illa quæ exarata legitur in Constantini M. cæsaris nummo , PLVR. NAT. FEL., id est, *Plures natales felices.* Is autem, si bene auguror, tum primum cusus videtur, cum nobilissimi cæsaris dignitatem consecutus est a Maximiano augusto et socero. Ejusmodi enim dignitatum, quæ ad imperatorium fastigium veluti gradus erant, dies natales celebrabantur ab omnibus, et fastis inscribebantur. Quod potissimum deprehendere licet ex kalendariis Philocali et Herwartii, et Laterculo Silvii, in quibus natales imperatorum et cæsarum describuntur, suis quique locis adnotati. In iis porro Constantini Magni natales tres adscripti leguntur; primus III kal. martii, alter prid. non. april., tertius denique VIII kal. aug. Ac primus quidem et tertius *dies augustorum* spectant , *qui vel lucis auspicia, vel ortus imperii protulerunt,* ut loquitur lex 2 Cod. Th. de Feriis. Prior igitur ad *genuinum,* uti vocatur a Silvio et in lege 17. Cod. Theod. de Proxim. Comit. etc. *Natalem* Constantini pertinet quo nempe est in lucem editus ; alter quo cæsar ; tertius ad eum quo augustus creatus est. Cæsarem dictum Constantinum

---

[1] L. 2 de Vita Const. c. 19 ; l. 3, c. 58 ; l. 2; c. 45, 47. — [2] L. 3, c. 14. — [3] De Vita Const. l. 4, c. 46.

[1] L. 1. — [2] 22, 3; 46, 7. — [3] Rosweid. ad Paulini ep. 16; Boland. ad 18 Januar.; Sirmond. ad Ennod. etc.

statim postquam Constantius pater augustus est renuntiatus, tradit exerte Aurelius Victor [1]. Constantius vero supremam adeptus est dignitatem kal. april. Diocletiano IX et Maximiano VIII coss. ut est apud Idacium. Quo quidem mense cæsar etiam dictus Constantinus, qui, eodem auctore, *levatus est augustus* VIII *kal. aug.* Qui proinde dies *natalis* est Constantini *purpuræ*, ut loquitur Silvius, ubi de natali imperii Valentiniani ; de quo quidem hæc habet Eumenius in Panegyrico eidem Constantino dicto : *Quamvis igitur ille* FELICISSIMVS *dies proxima religione celebratus, imperii tui natalis habeatur, etc.* Constantinus igitur cæsar dictus est prid. non. april. cujus dignitatis natalis sic describitur ab eodem Silvio : *Prid.* (non. april.) *natalis Constantini. circenses.* Unde colligitur, ut ex aliis hujusmodi kalendariorum locis, hisce natalibus editos quotannis ludos circenses. Plures igitur optantur Constantino *natales felices*, id est, ut quo modo cæsar jam et nobilissimus dictus est, ita et deinceps augustus renuntietur, istiusque novæ ac supremæ dignitatis *natalis* Fastis perinde adscribatur. Natalium vero appellatione donatos dies quibus qui in dignitate quadam inauguratur, alibi pluribus docemus. Ad hæc etiam vota, adprecationes, vel potius publicas populorum acclamationes, referri potest inscriptio illa græca, barbarisque characteribus in medio nummo æreo Theophili imperatoris exarata, cujus geminum aureum habet Octavius Strada [2], ΘEOFILE AVGOVSTE TV NIKAS, id est, *Theophile auguste tu vincas*, ubi NIKAS pro NIKA.

L (XLII).

VOTA MULTA.

Obtinuit deinde ut non felicia duntaxat, sed et multa voverentur decennalia, ut in Constantini M. nummo, in quo descriptum legitur, VOTIS MVLTIS. X; et in alio VOTIS V. MVLTIS X; rursum in alio, X. MVLT. XX. Hinc crebræ ejusmodi fluxere formulæ ac inscriptiones in subsequentium imperatorum nummis, cum populi vota sua ad solam quinquennaliorum aut decennaliorum felicitatem nollent coercere, et si non pro æternitate, saltem pro vitæ et imperii diuturnitate, vota sua nuncuparent. Quo spectant ista Nazarii : *Verum quid agimus vicenis aut jam tricenis annis circumscribendo quæ jam æterna sentimus? Ampliora sunt merita principum quam optata votorum, quinimo in immensum felicis cursus imperii, nec humanorum terminos curent, qui semper divina meditentur.* Et ista Corippi de Laudibus Justini [3] :

Hinc vester primus feliciter excipit annus,
VOTAque PLVRA tuis celebret nova Roma triumphis.

Interdum denique ita populorum concipiebantur vota, ut *sicut* quinquennalia, sic decennalia feliciter exigerentur, hisce characteribus in nummis designata, SIC. X. SIC. XX. et SIC. XX. SIC. XXX.; quam quidem votorum concipiendorum formulam in Constantii et Constantis fratris nummis tantum advertimus. Maxime vero, ac ut plurimum vota ista edebantur de decennio in decennium, uti supra observatum, quod etiam Byzantinorum augustorum nummi docent, in quibus passim exaratum legitur : VOT. X. MVLT. XX. VOT. XX. MVLT. XXX. etc. Exstant præterea bini Licinii imperatoris nummi, in quibus scriptum, VOT. XX., qui quidem annum dominationis fere post decimum quartum cæsus est, ut ait Victor, nisi dicamus cusos ineunte quindecennio. Desiere tandem adscribi nummis ejusmodi vota post exstinctam Theodosii familiam : tametsi in Majo-

riani numismate legimus, nulla quinquennaliorum aut decennaliorum mentione, VOTIS MVLTIS : quo spectant ista Sidonii [1] ad eundem Majorianum :

Sic te Sidonio recocta fuco,
Multos purpura vestiat per annos.
Sic lustro imperii perennis acto,
Quinquennalia fastibus dicentur.

Et in alio argenteo Justiniani, VOT MVLT HTI (forte pro ἔτη), quibus vocibus felicitatem, vel diuturnitatem imperii adprecabantur : ut hæcce, FLOREAS, vel FLVREAS Baduelæ Italiæ regi, in ejus nummis. Cui quidem similis est illa quæ adscripta legitur Philocali Kalendario : VALENTINE FLOREAS IN DEO. VALENTINE VIVAS FLOREAS. VALENTINE VIVAS GAVDEAS. (Passio sancti Savini : *Et statim discesserunt omnes, una voce dicentes : Auguste, tu vincas et cum diis floreas.* — C. in Add.) Istiusmodi adprecationis formulam usurpat Sosipater Charisius in epist. ad filium, Grammaticæ præfixa, quam sic claudit : *Valeas, floreas, vigeasque ævo longissimo, Fili, patri tuo carissime.* Utitur etiam non semel Alcuinus [2]. Et HRabanus Maurus ad Gregorium IV. PP [3] :

Ut valeas, vigeas sanus, et prospera captes,
Hic et in æternum regna superna metas.

(Denique sanctus Athanasius, in Apologia ad Constantinum imp. : Σὺ δὲ θεοφιλέστατε Αὔγουστε, ζήσειας πολλαῖς ἐτῶν περιόδοις. Sed et huc referri potest, vel certe ad hanc formulam, epigraphe Sallustii, nescio cujus, addita numismati apud Car. Patin. in Thes. Numism., PETRONI PLACEAS. Sed de votis decennalibus multa commentatus est vir singularis eruditionis, Henricus Norisius Veronensis, in Dissertatione chronologica de ejusmodi votis, in quam non incideram, dum nostra in lucem primum prodiit. —Cang. in Add.)

LI (XLIII).

ACCLAMATIO Πολυχρονίου.

Atque inde forsan in diuturnioris etiam vitæ et imperii votum, acclamatum principibus Byzantinis Πολυχρόνιον, seu *multos annos*, quod tamen non nuperum : quo spectat inscriptio illa in nummo aureo Constantini Copronymi, C LEON P A MVLΘ, id est, ut interpretor *Constantinus Leoni perpetuo augusto multos annos.* In alio litera θ deest. Qui quidem nummus, ut et hoc obiter adnotemus, cusus videtur quo Leonem filium corona ac diademate donavit Constantinus Copronymus, die festo Pentecostes anno 750. In antica enim facie Constantinus ipse imperatorio habitu effingitur, cum iis quos descripsimus characteribus. In nummi vero facie altera effinguntur iidem Constantinus et Leo, quorum nomina exhibent characteres Græci, CONSTANTINOS S. LEON O NEOS. Ubi cum Leo, Copronymi filius, ὁ Νέος dicatur, ut *minor* Adoni Viennensi [4], qui revera infans erat, non video cur *major* dicatur in subscriptione Bullæ Stephani III PP. quem alii II nominant, pro monasterio Sandionysiano, quam post Doubletum et Sirmondum descripsit vir eruditissimus Joannes Mabillonius, unaque cum eo in archivo ejusdem monasterii in ipsis phyliris exaratam inspeximus non semel, quidquid dicat vir doctissimus [5], quæ sic habet : *Datum* IIII *kal. martias, imperante domno piissimo augusto Constantino, a Deo coronato, magno imperatore, anno decimo octavo imperii ejus, sed et Leone, majore ejus filio, anno quarto indictione*

---

[1] In Epit. — [2] P. 297.— [3] L. 4. vers. 140.

[1] Carm. 13. — [2] Epist. 68, 74, 91, 112. — [3] Poëm. 182. — [4] In Chron. — [5] Daniel Papebroch. in Propyleo ad tom. 2 April. n. 129.

decima. (Nisi revera major filius Constantini aliorum respectu dicatur : quemadmodum apud Bedam, in Chron. lib. 1, cap. 11, Honorius augustus dicitur filius Theodosii minor respectu Arcadii, majoris Theodosii filii. Sed an hoc anno 757 alios habuerit filios Constantinus, ex scriptoribus Byzantinis non plane liquet. — Cang. in Add.) Deinde vereor ne hæc adscripta diplomati temporis nota mendo careat. Cum enim Constantinus Copronymus imperium inierit post parentis obitum, 18 junii Ind. 9 an. Chr. 741, non potuit decimus octavus imperii annus incidere in indictionem decimam IV kal. mart., qui hoc anno 757 et hoc mense erat tantum decimus sextus. Neque id referri potest ad annum quo a patre Copronymus renuntiatus est imperator, qui fuit 720 ipso Paschatis die, 25 martii. Deinde cum Leo filius natus 25 januarii anno 750, ind. 3, et sequenti anno 751 die Pentecostes festo, qui incidit in 5 junii, ab Anastasio patriarcha diademate donatus fuerit, ut habet diserte Theophanes, hoc anno 757 IV kal. mart. Leonis Junioris imperii annus erat sextus, necdum finitus. Fatendum tamen huicce subscriptioni, alterius epistolæ Pauli II PP. quæ exstat apud Rubeum, in Historia Ravennensi [1], subscriptionem convenire : sic enim clauditur : *Dat. non. febr. imp. domino piissimo augusto Constantino, a Deo coronato, magno imp., anno* [*] XL *et pacis ejus anno* XX, *sed et Leone, majore ejus filio, anno* VII, *indictione* XII, ubi pro XL *et pacis* legendum videtur XX *et post coss.* (id est, consulatum) *ejus anno* XX, *etc.*; quæ quidem indictio in annum 759 cadit. Nodum solvent alii. De hac porro Πολυχρονίου formula ita sanctus Augustinus [2] : *Exhibes aliquam solennitatem amicis, audis ibi et bene optantibus tibi, Multos annos vivas.* Et Leo III PP. [3] : *Reversus est ad murum civitatis Constantinopolitanæ, et cœpit cum eis foris muros vocibus magnis laudare* (εὐφημεῖν) *ac dicere, Constantinum magnum imperatorem multos annos.* Synodus VIII [4] : Εὐθὺς γὰρ ὁ καθοσιώμενος Νοτάριος εἶπε, Πολλὰ ἔτη τῶν Βασιλέων. Denique Theophylactus Bulgariensis [5] : Προσκυνεῖ μὲν ἴσως ὁ πολίτης, καὶ μεγαλύνει, καὶ εὐφημεῖ, καὶ προσθήκην ἡμερῶν αἰτεῖται παρὰ τοῦ κρείττονος· Sed hæc vulgata et obvia ; subdam tantum quæ de ejusmodi adprecationibus imperatoribus et patriarchis in Ecclesia fieri solitis habet Codex scriptus Bibliothecæ regiæ [6] : Ὅπως πολυχρονίζουσι τοὺς Βασιλεῖς καὶ τὸν Πατριάρχην ἐν τῇ μεγάλῃ ἐκκλησίᾳ κατὰ τὴν ἑορτὴν τοῦ Χριστοῦ Γεννήσεως, καὶ τῶν Φώτων, καὶ ἐν τῇ μεγάλῃ Παρασκευῇ. Πολυχρόνιον ποίησαι ὁ Θεὸς τὴν κραταιὰν καὶ ἀγίαν βασιλείαν αὐτῶν εἰς πολλὰ ἔτη. Πολυχρόνιον ποίησαι ὁ Θεὸς τὴν θεόστεπτον, θεοπρόβλητον, θεοδόξαστον κραταιὰν καὶ ἀγίαν βασιλείαν αὐτῶν εἰς πολλὰ ἔτη. Τὸν δεσπότην καὶ Ἀρχιερέα ἡμῶν Κύριε φύλαττε, λεγεται δὲ τρὶς, εἰς πολλὰ ἔτη, τρὶς. Εἰς δὲ τὴν τράπεζαν εὔχονται οὕτως, Εἰς τὸ πολυχρόνιον ζωὴ, εἰρήνη, ὑγιεία. εὐόδωσον καὶ κατ' ἐχθροὺς νικὴν τῶν κραταιῶν καὶ ἀγίων ἡμῶν αὐθέντων·καὶ βασιλέων. εἰς τὸ πολυχρόνιον ζωὴ, ὑγιεία, καὶ σωτηρία τοῦ παναγιωτάτου ἡμῶν δεσπότου τοῦ οἰκουμενικοῦ Πατριάρχου, etc.

LII (XLIV).

ANNI IMPERII IN NUMMIS DESCRIPTI.

Ad nummorum præterea Byzantinorum inscriptiones pertinent adscripti in iis augustorum, quorum sunt, imperii anni, quod usurpatum in æreis Justini Thracis, Justiniani, Justini Junioris, Tiberii, Mauricii, Phocæ, Heraclii, et aliquot aliorum, observare est : neque enim in aureis et argenteis ulli reperiuntur exarati [7].

---

[1] Hieron. Rubeus, lib. 5, initio, et in Concil. — [2] De Verb. Dom. serm 39, c. 3. — [3] Ep. 4. — [4] Act. 1. — [5] Instit. Reg. p. 2, c. 14. — [6] 2023. — [7] Spanheim. p. 861.

Scribuntur autem characteribus Romanis. Errare enim constat Alemannum [1], qui in nummis Justini et aliorum, ς Græcum ἐπίσημον, sex denotans scribi putavit, cum sit V barbarum, seu ut a Græco-barbaris tum effingi solebat, quod ex simillibus nummorum inscriptionibus cuivis licet colligere. Quidam etiam indictionem præferunt, ut ille æreus Mauricii, in quo sub I litera, vel columna crucigera, exaratum, IND. II. Cum autem imperaverit Mauricius a decimo tertio augusti, indictione 15, anno Chr. 582, interfectusque fuerit a Phoca, 27 novemb. anno 602, indict. 6, cusam hanc monetam sequitur anno 583 vel 599, quibus incœptæ kal. septembribus indictiones secundæ, eo regnante. Alius habetur perinde æreus Heraclii et Constantini, cui adscriptum, INDICT. XIII, quæ quidem indictio cadit in annum Chr. 625 et 640. Imperavit enim Heraclius ab anno 610 usque ad annum 641. (Nec desunt qui literas nummis cum urbis in qua cusi sunt nomine inscriptas annos imperii designare, ut alii monetariorum notas esse, putant, atque in iis supra laudatus Norisius, in Dissertatione de duobus nummis Diocletiani et Licinii, cap. 6, ubi longe etiam ante instauratam Constantinopolim annos imperii numismatibus adscriptos probat. — Cang. in Add.)

LIII (XLV).

INSCRIPTIONES GRÆCÆ ET IN MEDIO NUMMO.

Enimvero vel inde colligitur Latinas literas diu Constantinopoli cultas, quod imperatorum qui in media vivebant Græcia, et inter Græce loquentes conversabantur, Latinas inscriptiones præferant, usque ad Basilii Macedonis tempora, quibus tum primum Græcæ conspiciuntur, characteribus Latinis interdum etiam pro Græcis adhibitis. Sed et animadversionem aliquam exigit, quod in solis fere Basilii Macedonis et ex ejus familia augustorum numismatibus, pars aversa, imperatorum quorum perinde sunt nomina et titulos, nulla adjuncta figura, in medio nummo contineat, quod in aliis factitatum nondum advertimus; quorum quidem titulorum vice, Joannes Zimisces hosce describi voluit, IESVS XRISTVS BASILEVS BASILEON, ut alibi observamus.

LIV (XLVI).

NOMINA URBIUM IN QUIBUS CUSI SUNT, NUMMIS ADSCRIPTA.

Jam vero, ut quod ad ejusmod sequioris ævi numismatum inscriptiones spectat, absolvamus, adscriptos inferiori eorum posticæ parti characteres, urbium in quibus cusa fuere signantes nomina, tum primum in iis advertere licet : cum ante Maximianum et Diocletianum, vel Probum, vix id usurpatum observetur. Quos quidem characteres videtur intellexisse Auctor Queroli, ubi de solido : *Etiam hic distantia quæritur in auro, vultus, ætas, et color, nobilitas, literatura.* PATRIA, *gravitas, etc.* Erat autem in universo imperio officinarum monetariarum definitus numerus [2], cum alibi excudi monetæ vetarentur : quod a Constantino M. exerte statuitur [3] : *ut in monetis tantum nostris cudendæ pecuniæ studium frequentetur.* Officinæ istæ *monetæ publicæ* et *fiscales* appellantur [4], habebantque suos officiales, de quibus attigimus quædam ad Joinvillam. Cum autem sub Constantino et successoribus hipertitum

---

[1] In Not. ad Procop. p. 42, 1 edit. — [2] Cedr. in Theod. — [3] L. 3, Cod. Th. de Falsa monet. — [4] L. 1, Cod. tit.

esset imperium, Orientemque et Occidentem contineret, statæ
erant et definitæ in Oriente monetariæ officinæ in quibusdam civitatibus; quarum præcipua fuit Constantinopolitana, ex quo scilicet a Constantino Byzantium instauratum fuit. Monetam in
duodecima regione statuit vetus ejusdem Urbis Descriptio; sed in
dubium vocat Gyllius, officinane fuerit monetaria, an vero templum Junoni Monetæ sacrum. Sane vix est probabile sub Theodosio Juniore, seu, ut alii volunt, Honorio, sub quo exarata dicitur, stetisse in urbe christiana fana deorum gentilium, quæ tanto
studio evertenda in aliis curarat Constantinus.

LV (XLVII).

DE LITTERIS *CONOB.*

Varie autem monetam Constantinopolitanam designant nummi:
interdum enim per nudum c., interdum per tres hos characteres,
CON., interdum per hos quatuor, CONS. interdum denique, et ut plurimum, per hosce CONOB. et KONOB., quæ quidem notæ in nummis
ipsius Constantini Magni, a quo urbs ipsa Constantinopolis condita
est, et statuta in ea publica moneta, conspici incipiunt. Licet porro
in eo ferme consentiant eruditi omnes per istud CONOB Constantinopolitanam monetam designari, de characterum tamen vi ac significatu haud omnino ii conveniunt. Ac primum, jure Cedreni [1]
explodunt sententiam, scribentis in Theodosio has literas quinque
descriptas ἐν τοῖς Νικαρίοις, id est, in nummorum parte postica,
in qua effingi solent Victoriarum imagines aut vox VICTORIA exarari, hæcce verba significare: [2] *Civitates omnes nostræ obediant ve-
nerationi;* quasi vero, ut cætera absurda omittantur, vox *venera-
tioni* per B scriberetur apud Latinos, quia apud Græcos recentiores Βῆτα et V Latinum idem sonant. Legerat etiam forsan apud
auctores qui de Notis scripserunt, O B, *obediens* denotare. Etsi
autem in confesso sit apud omnes tribus prioribus literis urbis nomen efferri, de duabus aliis haud similiter constat. Primus autem
Antonius Augustinus [3] dixit auri qualitatem hisce designari quod
istius ævi scriptores *obryzum* appellant, id est coctum, examina-
tissimum ac purissimum, ita ut CONOB. Constantinopoli *obryzum,*
vel *obryzatum,* vel denique *Constantinopolitanum obryzum* denotet: quæ quidem sententia utcunque potest firmari ex iis qui de
Notis scripsere. Quippe apud Magnonem et Paulum Diaconum,
O B. *obriziacum* sonat; ut COMOB., *comitia obryziaca,* seu, ut habet Papias, *obrydiaca,* quod idem est: nam et *obrydium,* pro
obryzo, legitur in Glossario Arabico-Latino. At cum ipsis Constantini M. nummis duntaxat argenteis ac æreis hæ literæ inscriptæ
conspiciantur, omnino conficitur in iis *obryzum,* haud posse intelligi, cum de auro tantum usurpetur, de cujus vocis etymo ac notione
multa commentatus est Salmasius [4]. Plerique igitur, fermeque
omnes scriptores eo concessere, Ortelius scilicet, Occo [5], Gretzerus [6],
Tristanus [7], Chiffletius [8], et alii, ut hisce characteribus CONOB.
Constantinopoli obsignatum, ut COMOB. *Constantinopoli moneta
obsignata,* designari existimarent; quo modo etiam in Trevirensi-
bus monetis vox *obsignata* scripta reperitur, TROB., TROBC., TROBS.,
TROBT., TROS.; et in Aquiliensi Theodosii, M. AQOB.; in Leonis
M. Thessalonicensi, THCOB., quæ in aliis nusquam occurrit. Vix
tamen, ut dicatur quod res est, vocem *obsignare* alia notione usurpatam reperire est, quam pro σφραγίζειν, vel ἐπισφραγίζειν, et
κατασφραγίζειν, ut est in glossis Græco-Latinis. Nam etsi *pecuniam*

obsignatam dixerit Cicero [1], pecuniam sigillo obsignatam intel-
lexit.

LVI (XLVIII).

EÆDEM LITERÆ IN ALIIS NUMMIS QUAM CONSTANTI-
NOPOLI CUSIS.

At scrupulum injicit viro in re nummaria sat perito, apud Ru-
dolphum Capellum, quod in nummis aliquot imperatorum vel tyrannorum Occidentis eædem literæ CON., aut CONOB., exarentur:
verbi gratia in nummis Honorii, Attali, Joannis, Aviti, Jovini,
Petronii Maximi, Eugenii, Majoriani, Romuli, Nepotis, Anthe-
mii, Severi, et aliorum, quos nemo sanus Constantinopoli cusos
dixerit: siquidem, aut qui partito ac diviso ultro imperio Romæ
potestatis suæ et Occidentalis imperii sedem statuerant; aut qui
in Galliis vel in Italia, alibive tyrannidem invaserant, proindeque
nummos suos in civitate, cui non modo imperabant, sed quæ
etiam adversas interdum partes tueretur, suo nomine excudisse
dici non possunt. Id etsi in confesso sit, sententiam tamen supra
allatam, quæ pro indubitata haberi debet, nullo modo labefactat.
De augustis quippe Romanis, qui cum Constantinopolitanis, parti-
tis ultro imperii provinciis, Romæ sedem fixerant, illud licet au-
gurari, amborum in utraque urbe cusa promiscue numismata, ad
mutuæ consensionis, concordiæ, ac etiam benevolentiæ argumentum. De tyrannis vero ita existimari potest, quod cum totius imperii provinciarum, atque adeo urbis metropoleos se esse compotes populis vellent persuadere; vel quod is tum invaluisset usus,
ut characteres isti pro imperatoriarum monetarum præcipua nota
haberentur, ne quid sibi videretur ad supremæ dignitatis symbola defuisse, his etiam insigniisse suas monetas.

LVII (XLIX).

EÆDEM LITERÆ IN NUMMIS FRANCICIS.

Neque enim imperatores Romani duntaxat, et augustæ dignitatis invasores, sed et quidam e Francicis primæ stirpis regibus
idem CONOB. suis perinde nummis aureis adscripsere, quo, ut olim
censuimus, venerationem quandam *Mundi Dominis,* impertirent,
eoque facto dignitate longe se iis inferiores ultro agnoscerent: quæ
etiam fuit Petri Seguini, viri hac in rei literariæ parte scientissimi, sententia. Is enim, dum de commentationibus quas super
Francicis nostris nummis qui hosce characteres præferunt a nobis
prolatæ sunt in XXIII. Dissertatione ad Joinvillam, invicem verba
faceremus, conjecturam de iis allatam probare se omnino affirmabat. Primas autem in iis tenet præclarus ille aureus Theodeberti
Austrasiæ, seu Francorum regis, Justiniano M. imperante cusus,
quem in ea dissertatione quammultis pro virili explicare conati sumus. Ejusmodi etiam est aureus alter quem, nescio quo fundamento, Childeberto I regi adscribit Buterous, nisi quod Lugduni
cusum arguat Doccionis Monetarii nomen, quod in altero, quem
profert, rursum reperitur, cum hisce characteribus, LVCDVNO FIT,
eique civitati tum imperarit Childebertus. Habet autem nummus
iste regis Francici pessime effigiatam imaginem, cum monetarii
Doccionis nomine; in altera vero parte crucem, cum hisce characteribus, VICTORIA AVGVSTOR., et sub cruce, CONOB. Ejusdem, id est
Francicæ ac pessimæ, fabricæ, est nummus alius perinde aureus a
Paulo Petavio [2] senatore Parisiensi descriptus in veterum numi-

---

[1] P. 322. — [2] Notæ Juris editæ cum vett. Gram. p. 1679. — [3] Ant. Aug.
Dial. 7, p. 223. — [4] In l. de Usur. et alibi; De modo usur. cap. 11. — [5] P. 566.
— [6] Tom. 1 de Cruce l. 2, c. 56. — [7] Tom. 3, p. 503. — [8] In Anast.

[1] Orat. pro Cluentio. — [2] In Gnorism. p. 13.

smalum Gnorismate, in cujus utraque facie victvria avc. exaratur, nullo certo indicio cui debeat adscribi principi. Verum quod allatam supra sententiam videtur aliquantum labefactare, est nummus aureus qui Childerici II et Chlotarii III. fratrum nomina præfert, cum characteribus conob. cruci subjectis. Cum enim sub annum 670 uterque vixerit, hac sane tempestate reges nostros cum imperatoribus Constantinopolitanis strictis adeo fœderibus devinctos, ut in eorum honorem nummos suos formarint, vix probari posse haud ægre concedi debet : præsertim cum jam dilabi inciperet augustorum potestas, Saracenis imperii provincias invadentibus ac usurpantibus. Unde quod supra de Romani vel Constantinopolitani imperii tyrannis observatum, dici etiam potest de Francicis nostris regibus, monetas suas, ut majorem iis conciliarent auctoritatem et usum, præcipuis imperatorum Constantinopolitanorum symbolis ac characteribus insigniisse : cum alias *aurum gallicum minore æstimatione taxaretur*, ut est in Majoriani Novella. Quomodo vero ea ætate principes nostri erga Byzantinos augustos, ita proceres Francici, quibus cudendæ monetæ jus fuit, sese gessere erga reges ipsos, monetis suis cum regiæ monetæ symbolis, pondere ac forma, sed deteriori materia cusis, quo qui intra dominationis limites earum usus coercebatur, in totius regni partes sese diffunderet, quæ regiæ monetæ erat prærogativa. Hinc crebræ super procerum usurpatione regum nostrorum querelæ, ad ipsos etiam summos pontifices delatæ, quo anathemate ipso inhiberetur : cum *ex similitudinibus imaginum destruerentur, turbarentur ac vilificarentur* monetæ, ut habet Fridericus II imperator in Diplomate anni 1220, apud Willelmum Hedam [1]. (Hisce porro Francicis nummis adjungi potest alter aureus Recaredi, Wisigothorum in Hispania regis, in cujus antica effingitur protome regis ejusdem imberbis, cum diademate ex unionibus, et hac inscriptione : Reccaredus Rex. In postica, globus cui crux pedata insistit, et ad ejus latera $\frac{M}{V}$ et $\stackrel{..}{.}$ cum hac inscriptione, victoria Aviouv.; sub globo, conob.)

LVIII (L).

ALIÆ OFFICINÆ MONETARIÆ ORIENTIS.

Quod vero ad cæteras Orientis urbes pertinet in quibus erant officinæ monetariæ, has inter *Alexandriam* recenset Ammianus [2]; *Antiochiam* Lampridius [3]; *Cyzicum* Sozomenus [4], et ex eo Nicephorus [5], qui complures in hac urbe tradunt exstitisse monetarios, qui περὶ τὴν τέχνην ἠσχόληντο τοῦ νομίσματος. Alexandrinam monetam præ cæteris spectat nummus ille æreus Justiniani in cujus aversa facie I. et B. inter Christi monogramma describuntur, cum subjectis hisce characteribus, ΑΛΕΞ., qui Alexandriæ cusum denotant, ubi major ecclesia dicata erat Joanni Baptistæ, qui per I. et B. indicatur. Ex quo enim Serapidis fanum a christianis eversum est, Theodosio imperante, in ecclesiam Arcadio cognominem reformatum fuit, ut ait Sozomenus [6] (id est, *Arcadiana* dicta est), Sancto Præcursori sacram, cujus reliquiæ in hanc ædem, vel certe Alexandriam, illatæ postea anno quarto ejusdem Arcadii. Sed incertum an diversa fuerit ab τετραγώνῳ τοῦ ἁγίου Ἰωάννου ἐν Ἀλεξανδρείᾳ, quod anno Leonis M. octavo exstructum narrat Theophanes. Hujus porro Alexandrinæ ædis S. Præcursori dicatæ mentio est apud alios scriptores [7] laudatos in Dissertatione nostra de capite ejusdem sancti Joannis Baptistæ.

<hr>

[1] P. 333 edit. 1; Spicil. Acher. t. 11, p. 392. — [2] L. 22. — [3] In Sever. — [4] L. 5, c. 14. — [5] L. 10, c. 20. — [6] Sozom. l. 7, c. 15; Evagr. l. 3, c. 12; Rufin. l. 2 Hist. Eccl. c. 27. — [7] Theoph. V. Valesium ad Evagrium, lib. 3, c. 12.

LIX (LI).

OFFICINÆ MONETARIÆ OCCIDENTIS.

At in ea imperii parte quæ Occidentis appellatione innotuit sex exstitere potissimum fabricæ monetariæ, ut docet Notitia Imperii, *Sisciæ* scilicet in Pannonia, de qua urbe copiose egit Tristanus ; *Aquileiæ*, et *Romæ* in Italia ; *Lugduni*, *Arelate*, et *Treveris* in Galliis [1] ; quæ quidem ita distributæ erant, ut tres intra præfecti prætorio Italiæ, et totidem intra præfecti prætorio Galliarum jurisdictionis limites essent. Romæ monetam semper exstitisse notius est quam ut firmari debeat. Ad Aquileiensem referendam quidam putant Gratiani, Valentiniani, et Theodosii Constitutionem, qua pœna statuitur in monetarum opifices qui se extraneis matrimonio jungebant [2]. Occurrunt plures nummi in quibus sis. et sisc. describitur, quod ad Sisciam referri debere omnes putant. In Gallicis monetis prima recensetur Lugdunensis in Notitia Imperii. Hujus mentio est in nummo æreo Juliani imperatoris a nobis descripto, in quo exaratum sub bove in ec efficto, lvgd off s. Id est, in *Lugdunensi officina signata*, vel *Lugdunensis officina signavit*. Complures habentur in quibus Arelatensis moneta variis characteribus denotatur. Treverensem vero memorat Trebellius Pollio [3] : *Cusi sunt*, inquit, *ejus* (Victoriæ) *nummi ærei, aurei, et argentei, quorum hodieque forma exstat apud Treveres.* Ejusdem etiam mentio habetur in veteri inscriptione, ubi *Moneta Treverica* nuncupatur [4]. Infiniti propemodum prostant nummi qui hujusce fabricæ characteres exhibent, quod pridem observatum ab Ortelio [5].

LX (LII).

ALIÆ OFFICINÆ MONETARIÆ.

Verum præter recensitas monetas publicas, seu monetarias officinas, alias exstitisse non minus celebres, stante etiam ac imperante Constantiniana familia, ex nummis colligitur : quas inter exstitere Thessalonicensis, Carthaginiensis, Sirmiensis et Cyzicena. Ad Carthaginensem pertinere, vel certe ad monetas Africæ referri potest lex 3, Cod. Th., *de Falsa moneta*, quæ ad Tertullum PC. Africæ scribitur. Labente deinceps imperio, Nicææ et Nicomediæ in Bithynia monetæ publicæ exstitere ; de quibus intelligenda perinde Constantini Constitutio ad Bithynos, l. I, eod. Cod., *de Murilegulis*. Conjicit denique Velserus fabricam monetariam exstitisse Augustæ Vindelicorum, ex hisce characteribus, qui Victoris imperatoris nummo inscribuntur, avps., quos quidem ita interpretatur : *Augustæ Vindelicorum pecunia signata* [6]. Pari etiam argumento *Ambiani* cusum præclarum illum Magnentii nummum æreum dicere licet qui in aversa facie Christi monogramma præfert, cum hac inscriptione, salvs dd nn avg et cæs. et infra, amb. ; nam et in Galliis regnasse in confesso est ex scriptoribus omnibus. Ita in nummis Magni Maximi Tyranni, et filii Victoris, mdps., *Mediolani pecuniam signatam*, interpretari haud absonum a vero fuerit ; nam Maximus Italiam obtinebat cum a Theodosio fusus est, ac proinde Mediolanum [7]. Eædem etiam literæ occurrunt in nummis Arcadii et Honorii. Desiere porro ejusmodi officinarum monetariarum nomina monetis imperatoris adscribi post Michaelem, Theophili filium. Atque ut adscriptæ singulis numismatibus earumdem officinarum notæ facilius a quibusvis percipiantur, visum est characteres ipsos

<hr>

[1] Tristan. tom. 3, p. 284. — [2] L. 10. C. Th. de Murileg. — [3] In Victoria. — [4] Grat. 493, 3. — [5] Itiner. p. 64. — [6] Velser. l. 7 Rer. Vindel. p. 159. — [7] Eutrop. Oros. etc.

cum eorum vi ac notione, quantum conjicere licuit, hocce loco subjicere secundum ordinem literarum :

AAEΞ. *Alexandriæ*. In nummo Justiniani.

AMB. forte *Ambiani*. Magnentii.

AMID.·.·. Constantini M.

ANT. *Antiochiæ*. Constantini M. Juliani.

ANTA. *Antiochiæ*. A. annus I imp. vel nota monetarii. Juliani, Eudoxiæ.

ANTB. *Antiochiæ*. ubi B. annus est imperii secundus, vel potius nota monetarii. Honorii, Heraclii.

ANTΓ. *Antiochiæ*. Γ. annus 3 imperii, vel nota monetarii. Valentiniani, Theodosii, Arcadii.

ANTE. *Antiochiæ*. E. annus 5 imperii, vel nota monetarii. Valentiniani.

ANTH. *Antiochiæ*. Valentiniani. H. nota monetarii, vel annus 8 imp.

ANTP. *Antiochiæ*. P. nota monetarii, vel *Antiochiæ percussa*. Valentiniani, Valentis, Honorii.

ANTS. *Antiochiæ signata*. Arcadii.

APLC. *Percussa Lugduni*. Magnentii. A nota monetarii [1].

AQ. *Aquileiæ*. Constantini M. Constantii, etc.

AQOB. *Aquileiæ obsignata*. Theodosii M.

AQPS. *Aquileiæ pecunia signata*, vel *percussa*, *signata*. Gratiani et Valentiniani junioris.

AQS. *Aquileiæ signata*. Constantini jun. et Constantis.

AQT. *Aquileiæ percussa*, ubi T. pro P. perperam sæpe scribitur. Constantini M. Constantini jun.

ASIS. *Sisciæ*. Constantini M. Licinii, Crispi, etc.

ATR. *Treveris*. Crispi. ubi A. ut et in præcedenti videtur esse nota monetarii.

BI.·.·. Constantii Chlori.

BTR. *Treveris*. Crispi. B. nota monetarii.

BSIS. *Sisciæ*. Vetranionis. In aliis PSIS., id est, *percussa Sisciæ*, habetur. B. nota est monet.

C.·.·. Constantii Chlori.

CAR. *Carthagine*. Justiniani.

CΓ.·.·. Procopii.

CLC. *Cusa Lugduni*. Constantii.

COM. *Constantinopolitana moneta*. Theodosii.

COMOB. *Constantinopoli moneta obsignata*. Arcadii, Jovini, Placidiæ, Valentiniani, Majoriani, Severi.

CON. *Constantinopoli*. Constantini M., Joviniani, Valentis, Theodosii, Anastasii.

CONA. *Constantinopoli*. Mauricii. ⎫
CONΓ. *Constantinopoli*. Phocæ. ⎬ ubi A. Γ. et E. notæ sunt monetariorum.
CONE. *Constantinopoli*. Phocæ. ⎭

CONOB. *Constantinopoli obsignata*. Hannibaliani, Valentiniani, Theodosii, etc.

CONS. *Constantinopoli*. Constantini M., Constantii.

CONSA. *Constantinopoli*, vel *Constantinopoli signata*. A nota monetarii. Juliani.

CONSΓ. *Constantinopoli*. Γ. nota monetarii. Arcadii.

CONSH. *Constantinopoli*. H. nota monet. Honorii.

CONSP. *Constantinopoli*. Valentiniani.

CONSPΓ. *Constantinopoli*. Γ. nota monet. Juliani. Vide Novellas Justini apud Pithœum, p. 241.

CONST. *Constantinopoli*. Constantii, Constantis, Valentis. Vide Novellas Scrimgeri, p. 427. 428.

D.·.·. Constantii Chlori.

EI.·.·. Constantii Chlori.

HERACL. *Heracleæ*. Juliani.

[1] (* Ubi forsan leg. ARLC. id est, *Arelate cusa*. Magnentius enim, ut dictum est supra, regnavit in Galliis. Vide mox *Sar.*)

KAR. *Karthagine*. Justiniani.

KART. *Karthagine*. Justiniani.

KΔ. *Karthagine*. Constantini junioris.

KE. *Karthagine*. Constantii.

KONOB. *Constantinopoli obsignata*. Constantini M.

KONSA. *Constantinopoli*. A. nota monet. Constantii.

KONSAV. *Constantinopoli*. Constantii, Juliani.

KRTC. *Karthagine*. ubi C. pro S. Mauricii.

KRTS. *Karthagine signata*. Constantini Pogonati.

KYZ. *Cyzici*. Constantii Chlori, Justini, Mauricii, Phocæ.

KYZB. *Cyzici*. B. nota monet. Phocæ.

LUG. *Lugduni*. Constantii, Juliani, Julii Nepotis.

LUGD. *Lugduni*. Gratiani, Valentiniani jun.

LUGPS. *Lugduni pecunia signata*, vel *percussa*, *signata*. Valentiniani, Eugenii.

MDPS. *Mediolani pecunia signata*. Maximi, Victoris, Arcadii, Honorii.

MHR.·.·. Constantis.

MKV. *Moneta Carthaginensis*. V. nota monet. Constantini M. Licinii.

MNLB. *Moneta nova Lugduni* cusa. B. nota monetarii. Constantini M.

MOSTQ. *Moneta signata Treveris*. Q. nota monet. Nisi T. pro A. exaratum sit, ita ut *Aquileiæ signata* intelligatur. Constantini M. Licinii.

MOSTR. *Moneta signata Treveris*. Constantii Chlori.

N.·.·. Constantini M.

NHTA.·. Licinii.

NIC. *Nicomediæ*. Anastasii.

NIKO. *Nicomediæ*. Non Nicopoli, ut vult Alemannus. Justini, Mauricii.

NOS.·.·. Constantii Chlori.

PAQ. *Percussa Aquileiæ*. Constantini M.

PAR. *Percussa Arelate*. Constantii.

PARL. *Percussa Arelate*. Constantini M., Licinii, Constantii.

PCON. *Percussa Constantinopoli*. Constantii.

PCONST. *Percussa Constantinopoli*. Juliani.

PERP. *Pecunia Romæ percussa*. Constantini M.

PK. *Percussa Karthagine*. Justiniani.

PL. *Percussa Lugduni*. Crispi.

PLG. et PLC. *Percussa Lugduni*. Constantii Chlori.

PLM. *Percussa Lugduni*. M. nota monet. Constantini M.

PLN. *Percussa Lugduni*. N. nota monetarii. Constantii Chlori.

PR. *Percussa Romæ*. Constantii Chlori, Constantini M., Licinii, Constantii.

PROM. *Percussa Romæ*. Constantii.

PS. *Percussa Sisciæ*. Licinii.

PSIS. *Percussa Sisciæ*. Crispi, Vetranionis.

PTR. *Percussa Treveris*. Constantii Chlori, etc.

QA. pro AQ. *Aquileiæ*. Constantini jun.

R. *Romæ*. Constantini M., Constantii, Juliani.

RA. *Ravennæ*. Heraclii.

RAV. *Ravennæ*. Heraclii, Constantini.

RB. *Romæ*. Constantii. Nisi B. pro P. *percussa*.

RE.·.·. Theodosii.

RM. *Romæ*. Honorii, Severi.

RO. *Romæ*. Gratiani.

ROM. *Romæ*. Justini, Mauricii, Heraclii.

ROMB. *Romæ percussa*. B. pro P. Aviti.

ROMA. Joviani, Justiniani.

ROPS. *Romæ pecunia signata*. Honorii.

RP. *Romæ percussa*. Constantii Chlori, Constantini M.

RPS. *Romæ pecunia signata*. Magnentii.

RS. *Romæ signata*. Licinii, Nepotiani.

RSLC. *Pecunia signata Lugduni.* Ubi R. pro P. Juliani.

RT. *Romæ percussa.* Ubi T. pro P. Constantii.

RVPS. *Ravennæ pecunia signata.* Honorii, Joannis.

S. *Sisciæ.* Constantini M.

SA. *Signata Antiochiæ.* Licinii.

SANB. *Signata Antiochiæ.* B. nota monet., vel annus 2 imperii Martiniani.

S. ARL. *Signata Arelate.* Constantini M.

SAR. *Signata Arelate.* Magnentii, Helenæ.

SC. *Signata Constantinopoli.* Arcadii.

SCON. *Signata Constantinopoli.* Constantii.

SCONS. *Signata Constantinopoli.* Juliani.

SE. *Sisciæ.* Constantii.

SIR. *Sirmii.* Constantini M., Licinii.

SIRM. *Sirmii.* Constantini ju., Joviani.

SIS. *Sisciæ.* Constantini M., Licinii, Constantii, Constantis.

SISCP. *Sisciæ percussa.* Gratiani.

SISPZ. *Sisciæ percussa.* Z. nota monet.

SMA. *Signata moneta Antiochæ.* Juliani.

SMAB. *Signata moneta Antiochiæ.* B. nota monetarii. Constantini M.

SMAN. *Signata moneta Antiochiæ*, vel *sacra moneta Antiochena.* Constantini M. Constantii.

SMANΓ. *Signata moneta Antiochiæ.* Γ. nota monet., vel an. 3 imperii Theodosii.

SMANR. *Signata moneta Antiochiæ.* R. nota monetarii. Constantini M.

SMANS. *Sacra moneta Antiochiæ signata*, vel *signata moneta Antiochiæ.* S. nota Monetarii.

SMANT. *Signata moneta Antiochiæ.* Constantii.

SMANTE. *Signata moneta Antiochiæ.* E. nota monetarii. Constantii.

SMANTS. *Signata moneta Antiochiæ*, vel *sacra moneta Antiochiæ signata.* Constantini M.

SMAQ. *Signata moneta Aquileiæ.* Constantii, Gratiani, Arcadii.

SMAT. *Signata moneta Antiochiæ.* T. nota monet. Constantini M.

SMK. *Signata moneta Karthagine.* Licinii jun. Helenæ.

SMKA. *Signata moneta Karthagine.* Licinii jun.

SMKE. *Signata moneta Karthagine.* Constantini junioris, E. nota monet. Licinii.

SMKE. *Signata moneta Karthagine.* E. nota monet. Arcadii.

SMN. *Sacra moneta nova.* Licinii, Constantii.

SMNA. *Signata moneta nova Antiochiæ.* Martiniani, Theodosii.

SMNC. *Signata moneta nova Constantinopoli.* Constantini M.

SMNΓ. *Sacra moneta nova.* Γ. nota monet. Licinii jun.

SMNKAB. *Signata moneta nova Karthagine.* B. nota monet. Theodosii.

SMNM. *Sacra*, vel *signata moneta nova.* M. nota forte monetarii. Crispi.

SMNS. *Sacra moneta nova signata.* Constantii.

SMRB. *Signata moneta Romæ.* B. nota monetarii. Gratiani.

SMRP. *Sacra moneta Romæ percussa.* Valentis.

SMRQ. Ubi R. pro A. *Signata moneta Aquileiæ.* Constantii, Valentiniani.

SMSISC. *Signata moneta Sisciæ.* Valentis.

SMTA. *Signata moneta.·.* Theodosii.

SMTES. *Signata moneta Thessalonicæ.* Valentiniani.

SMTR. *Signata moneta Treveris.* Maximi.

SMTRS. *Sacra moneta Treveris signata*, vel *signata moneta Treveris.* Constantii.

SMTS. *Signata moneta Treveris.* Constantini M., Valentiniani.

SMTSE. *Sacra moneta Treveris signata*, vel *signata moneta Thessalonicæ.* Delmatii.

ST. *Signata Treveris.* Constantini Chlori, Constantini M., etc.

STR. *Signata Treveris.* Constantini M., etc.

TAR. pro PAR. *Percussa Arelate.* Crispi.

TCON. pro PCON. *Percussa Constantinopoli.* Juliani, Gratiani, Valentiniani junioris.

TEC. *Thessalonicæ.* Justini.

TES. *Thessalonicæ.* Constantii, Constantis, Helenæ, Phocæ.

TESA. *Thessalonicæ.* Arcadii.

TH. *Thessalonicæ.* Constantii.

THEU. *Thessalonicæ urbe.* Justiniani, Tiberii, Mauricii.

THEUP. *Thessalonicæ urbe percussa.* Justini, Justiniani, Tiberii, Mauricii.

TI. forte *Treveris.* Constantini M.

TR. *Treveris.* Constantii.

TRMS. *Treveris moneta signata.* Jovini.

TRO. *Treveris obsignata.* Theodoræ, Constantini M. Constantii. (* Vide Patinum, p. 397.)

TROB. *Treveris obsignata.* Valentiniani junioris.

TROBC. *Treveris obsignata.* Valentiniani junioris.

TROBS. *Treveris obsignata.* Constantini M., Constantini junioris.

TROBT. *Treveris obsignata.* T. nota monetarii. Valentiniani, Gratiani.

TROS. *Treveris obsignata.* Constantini M.

TRP. *Treveris percussa.* Helenæ.

TRPS. *Treveris pecunia signata.* Valentiniani, Gratiani, Valentiniani jun.

TRS. *Treveris signata.* Constantini M., Constantini jun.

TS. *Treveris signata.* Licinii.

TSE. *Treveris signata.* E. nota monet. Constantis.

TSR. *Treveris signata.* R. nota monetarii. Constantini jun.

TT. pro PT. *percussa Treveris.* Constantini M.

XMTA.·.·. Theodosii.

LXI (LIII).

NUMMUS CONSTANTINI M. EXPLICATUS.

Diximus hujusce dissertationis initio in nummis quos delineamus, familiæ præsertim Constantinianæ, præclara haberi interdum ænigmata, quæ ad horum temporum historiam illustrandam non minime conducant, nosque ex iis aliqua quæ paulo fusioris sunt commentarii, in specimen delibaturos, reliquis, si quas exposcunt, brevibus notulis alio loco explicandis; deinde acturos de adulteri-nis, vel etiam incertis inferioris ævi numismatibus, ut nihil relinquatur intactum, quod ad hujusce rei nummariæ partis notitiam videatur pertinere. Ac primus quidem occurrit Constantini M. augusti nummus, qui in aversa parte Constantinum equestrem exhibet, cum hoc lemmate : GLORIA EXERCITUS GALLICANI. Cusus autem Treveris videtur, cum Constantinus, post Maxentium devictum, in Galliam reversus, in ea urbe aliquandiu constitit anno 313, ut ex aliquot Codicis Theodosiani Constitutionibus colligitur [1], et inde in inferiorem Germaniam transiit ob repentinos Francorum in Gallia motus, quos *exercitus Gallicani*, cujus *gloria* ibi prædicatur, ope compescuit [2].

LXII (LIV).

VETUS INSCRIPTIO NUPER DETECTA.

Atque hujus quidem nummi Constantinianei lemmatis occasione veterem inscriptionem hic lubet proponere, quæ nuper detecta

<hr>

[1] L. 2, C. Th. de Annon. l. 1 de Exact. — [2] Zozim. l. 2, p. 677; Incert. Paneg. c. 21.

in ecclesia monasterii Sanctorum Achii et Acheoli, ordinis canonicorum regularium sancti Augustini, ad Ambianum, exercitus Gallicani, ni fallor, meminit, novumque et hactenus inauditum numen a Gallis, seu potius Belgis nostris, ex iis quæ πατρῷοι θεοὶ
(Græcis scriptoribus, *municipes dii* Minucio Felici, *speciales*, Sidonio dicuntur, de quibus præ cæteris sanctus Athanasius in Orat.
contra Gentes) *localiter*, ut verbo utar Ammiani [1], cultum indicat,
quo locupletari potest viri docti Jacobi Sponii libellus de Ignotis
atque obscuris quibusdam Diis. Sic autem illa concipitur :

 PRO SALVTE ET
 VICTORIA EXX G
 APOLLINI ET VER
 IVGODVMNO
 TRIBVNALIA DVA
 SETVBOGIVS ESVGGI
 ·F. D. S. D.

Crebra est in nummis inscriptio [2] : VIRTVS EXERCITVS, GLORIA EXER-
CITVS; at SALUS EXERCITUS rarius habetur, tametsi in nummo
Posthumi occurrat. Sic porro hoc loco legendum arbitror : *Pro salute et victoria exercitus Gallicani*, vel *exercituum Galliæ* : siquidem geminata litera XX pluralem arguat, ut in nummis in quibus exaratum : DEBELLATORI GENTT BARBARR. *Verjugodumni* numinis a Gallis culti, quod hic Apollini adjungitur, nulla, quod sciam,
apud veteres memoria. Utrique autem *tribunalia dua* (sic pro *duo*
usurpatum ab antiquis, ex Quintiliano et aliis docuimus [3]). *Setubo-
gius Esuggi filius de suo dedit.* Ubi *tribunalia* videntur esse stylo-
batæ, in quibus Apollinis et Verjugodumni statuæ consistebant.
Ita vetus inscriptio tribunalia diis erecta declarat : NVMINI. AVGVS-
TOR. DEO. VOLIANO. M. GEMEL. SECVNDVS. ET. C. SEDATVS. FLORVS.
ACTOR. VICANOR. PORTENS. TRIBVNAL. CVM. LOCIS. EX. STIPE. CON-
LATA. POSVERVNT. Huc etiam forte spectat alia : P. AELIVS. VALE-
RIANVS. DOC. VAS. DISOMVM. SIBI. ET. FELICITATI. POSVIT. ET. TRI-
BVNAL. EX PERMISSV. PONTIF. PERFECIT. In qua quidem postrema
inscriptione, *tribunal perfectum ex permissu pontificis*, vel *ponti-
cum*, dicitur, quod e re sacra esset diis *tribunalia* erigere, quæ
in hac quam edimus bina videntur, suo proinde unicuique nu-
mini adscripto, ita ut non dii σύμβωμοι, seu σύνθρονοι, ut est in
veteri inscriptione, apud Boissardum [4], dici potuerint, licet σύνναοι, utpote erectis in uno eodemque templo binis tribunalibus :
tametsi aliquando σύνναοι καὶ σύμβωμοι una simulque erant, ut
dii illi quorum mentio est in veteri inscriptione in insula Delo nuper reperta.

LXIII (LV).

NUMMI ALII CONSTANTINI, IN QUIBUS EXARATUM,
FRANCIA ET ALEMANNIA.

Binos exinde damus Alemanniæ et Franciæ debellatarum a Constantino indices nummos aureos. Superatos autem ac profligatos a
Constantino Francos, passim personant historiæ; sed vix anti-
quius ac illustrius monumentum reperire est in quo regionis ubi
sedes fixere appellatio describatur : tum enim eam Germaniæ partem incolebant quæ est Rheno contermina, atque adeo Cattorum
provinciam. Unde vetus Juvenalis interpres [5], *Cattos gentem
Germanorum, seu Francorum*, fuisse ait. Et Hieronymus [6], quæ

apud *Historicos Germania*, suo ævo *Franciam* vocatam auctor est,
quam *Francorum regionem* alibi vocat : unde *Germanicum* et *Francum* gentem eandem esse volunt veteres glossæ ex bibliotheca
regia [1], Γερμανικὸς, ὁ Φράγκος. *Franciam* etiam dixit Julianus [2], ut
et Claudianus [3]. Sed et sæculis posterioribus id nominis mansit
Franconiæ, quam tum incolebant, quam *Franciam* nude vocat
monachus sangallensis [4]. Quæ quidem appellatio tum Galliæ nostræ indita, cum Franci transmisso Rheno provincias gallicas inse-
derunt. Tum enim Francia appellata est, quo quidem nomine primus usus videtur Gregorius Magnus [5], vetere nihilominus primæ
eorum sedi remanente nomenclatura, quæ ad Novæ Franciæ discrimen, *Antiqua, Magna, Ulterior,* et *Orientalis* dicta : cum Gallia nostra, Francia *Occidentalis, Citerior, Gallicana, Latina* ac
Romana vocaretur. Alter perinde aureus nummus ex gaza illustrissimi Colberti, eodem habitu, quo Franciam prior, devictam Ale-
manniam præfert : ex quo tandem conficit Cl. Spanheimius *Alema-
nos*, non *Alamannos*, appellatas eas gentes de quorum sedibus pluribus disseruit Philippus Cluverius [6].

LXIV (LVI).

NUMMI IN QUIBUS VALLUM DESCRIBITUR.

Binis Constantinianeis aureis tres alii ærei succedunt nummi,
Licinii, Constantini, et Constantini junioris augustorum præferentes nomina, nova, et quæ in antiquioribus haud reperitur, figura conspicui : habentur enim in iis quatuor cantherii, quatuor
aliis oppositi, in quorum superiori divaricatione insistit imperator,
cum hac inscriptione, VIRT. EXERC. Iis porro *vallum* Romanorum
describi putant ex quarto Varronis de Lingua Latina : *Vallum,* inquit, *vel quod ea varicare nemo possit. vel quod singula ibi extrema
bacilla furcillata habent figuram literæ* V, quam sane quáquaver-
sum in nummo expressam cernere est. *Vallos* autem Romani appellabant stipites ac cippos quibus castra muniebantur, non acutos
modo, sed bifurcos. Nam, ut est apud Suidam, Græci vallo ac ag-
geri conficiendo eos vallos seligere solebant in quibus circumcirca
multi magnique rami enati essent, Romani autem qui δύο κεραίας
ἢ τρεῖς ἔχουσιν, *qui bicornes essent aut tricornes.* quomodo *bifurcos
aut trium, aut cum plurimum quatuor ramorum vallos* fuisse, ait
Livius [7]. Virgilius [8] :

 Exacuunt alii vallos furcasque bicornes.

Et alibi :

 Quadrifidasque sudes et acuto robore vallos.

Claudianus lib. 1, in Ruffinum :

 Tum duplici fossa non exsuperabile vallum
 Asperat alternis sudibus.

Vallum, ait Servius [9], *dicitur ipsa munitio : valli vero fustes sunt
quibus vallum munitur.* Willelmus Brito in Vocabul. manuscripto :
*Vallus, li, est palus sic dictus, quod sit validus. Unde vallum dici-
tur Concatenatio palorum circa turrim. Unde scribitur in Conciso,*

 Est vallus palus circa turrim peracutus,
 Mutua vallorum connexio sit tibi vallum.

Rursum :

 Vinetus, vallus, sed vallum convenit urbi.

---

[1] Lib. 19, p. 150. — [2] Occo p. 482. — [3] In Gloss. — [4] Part. 6, fig. 78; Sal-
mas. ad Inscript. Herod. p. 12; Sponius, de Diis ignot. p. 87. — [5] Sat. 4. —
[6] In Vita S. Hilarion.; Chron. an. 327.

[1] Cod. 2062. — [2] Or. 1. — [3] In 1 Cons. Stilich. 1. 1. — [4] L. 1, c. 25; 1. 2,
c. 16. — [5] L. 6, ep. 33; Vide Gloss. — [6] In Germ. antiq. l. 3, c. 4. — [7] L. 33.
— [8] 4 Georg. — [9] Ad 9 Æneid.

Sanctus Hieronymus [1] : *Nonne melius est brevi tempore dimicare, ferre vallum, arma sumere, lassescere sub lorica, et postea gaudere victorem, quam impatientia unius horæ servire perpetuo.* Ut vero ipsi disponerentur *valli* belle explicat Cæsar [2] : *Truncis arborum, aut admodum firmis ramis abscissis, atque horum dolabratis atque præacutis cacuminibus, perpetuæ fossæ quinos pedes altæ ducebantur. Huc illi stipites demissi, et ab infimo revincti, ne revelli possent, ab ramis eminebant. Quini erant ordines conjuncti inter se, atque implicati, quo qui intraverant se ipsis acutissimis vallis induebant. Hos cippos appellabant. Ante hos obliquis ordinibus in quincuncem dispositis, scrobes in trium altitudinem pedum fodiebantur, paulatim angustiore ad summum fastigio. Huc teretes stipites feminis crassitudine ab summo præacuti præusti demittebantur, ita ut non amplius quatuor digitis ex terra eminerent.* Lubet etiam hoc loco valli descriptionem ex Ecclesiastica Bedæ Historia subnectere [3] : *Murus de lapidibus, vallum vero, quo ad repellendam vim hostium castra muniuntur, fit de cespitibus, quibus circumcisis e terra, velut murus exstruitur altus super terram, ita ut inante sit fossa, de qua levati sunt cespites, supra quam sudes de lignis fortissimis præfiguntur.* (Sudes vero ejusmodi in vallis Græci σταυρους et σταυρώματα vocant [4]. — C. in A.) Quod vero exhiberi aiunt in summo vallo militem, qui corollam vallarem tenet, sane in tribus istis quos damus, et manibus versavimus, vallares istæ minime habentur coronæ, sed imperator ipse paludatus globum sinistra tenens, dextram vero prætendens effingitur, tamquam castrorum ac valli præses, vel etiam *pater.* Certe *Matres Castrorum* augustas passim nominatas docent veteres inscriptiones et scriptores [5].

LXV (LVII).

SAPPHIRUS CONSTANTII IMP.

Constantii imperatoris, Constantini filii, nummis, eximiam gemmam, quæ ejusdem augusti Xiphianam venationem exhibet, subdidimus, quod ad ejus spectet historiam : cujus quidem interpretationem Marquardi Freheri, cui debetur, huicce dissertationi, quod in pauca folia contracta rarior sit, subjecimus.

LXVI (LVIII).

NUMMUS CONSTANTIS IN BRITANNIAM TRANSMITTENTIS.

Qui deinde primus inter Constantis nummos prodit, inscriptione perinde ac typo raritatem præfert : est enim ex iis quos medalliones vocant. In hujus facie antica Constans imperator, in postica idem augustus militari habitu exhibetur, parmam læva tenens, dextra hastam, quam in militem in aquas detrusum intorquet : nisi figura illa nuda aquis immersa Oceanum ipsum repræsentet, qui expansis ulnis Constantem in Britanniam transmittentem ultro excipiat : Victoria cum palma et lancea præ manibus proræ insistente, signisque militaribus ad puppim defixis, quibus subsequens intelligitur exercitus, cum hisce characteribus, supra, BONONIA, infra, OCEANEN. vel OCEANVS, nam extremæ literæ aliquatenus detritæ. Quibus quidem Bononia ad Oceanum in Morinis innuitur, ad Italicæ discrimen, aut illius quam ad Dravum fluvium statuunt geographi; quomodo non semel expressa urbium nomina in nummis haud ita pridem observavit vir singularis cruditionis, Spanheimius [6], qui et

istum inspexerat in cimeliarchio regio : in quo quidem numismate trajectum Constantis in Britanniam designari in confesso est. Constans quippe devictis Francis Constantio IV, et Constante coss. uti testantur Socrates [1], Sozomenus, Hieronymus, Idatius, et alii, sequente anno, Christi 343 Placido et Romulo coss. sæva hieme in Britanniam trajecit adversus Scotos et Pictos, ut innuere videtur Ammianus [2] : vel ut Libanius [3], quo rebellionem ibi enatam comprimeret; quam Constantis in Britanniam trajectionem attigit etiam Julius Firmicus, libro de Errore prophanarum religionum, ad Constantem ipsum scribens : *Post excidia templorum in majus Dei estis virtute provecti, vicistis hostes, propagastis imperium; et ut virtutibus vestris gloria major accederet, mutato ac contempto temporum ordine, hieme, quod necdum factum est aliquando, nec fiet, tumentes ac sævientes undas calcestis Oceani : sub remis vestris incogniti jam nobis pene maris unda contremuit, et insperatam imperatoris faciem Britannus expavit.* Annum vero et initæ istius in Britannos expeditionis tempus ndicat omnino subscriptio legis 5 Cod. Th. de Extraord. quæ *data* dicitur *VIII. kal. febr. Bononiæ, Placido et Romulo coss.* Ex qua recte collegit Jacobus Gotofredus perperam Constantium præferre e us auctorem, licet post Sigonium contra sentiat Tristanus [4], qui hunc nummum non viderat : adeo ut vel inde firmetur quod Firmicus et Ammianus tradunt, sæva hieme initam expeditionem. Sed et observationem exposcit quod ait idem Firmicus, *sub remis* Constantini undam contremuisse, sic ut navigiis ramis instructis Oceanus enavigatus, quod secus fere ac hodie, dicatur : quod navis cui Constans insistit, in nummo descripta præterea declarat. Id etiam firmat Cæsar [5] transitum suum in Britanniam commemorans : *Tum rursus æstus commutationem secutus remis contendit, ut eam partem insulæ caperet qua optimum esse egressum superiore ætate cognoverat.*

LXVII (LIX).

NUMMUS JULII SILVANI.

Atque hic præclarus Constantis nummus admonet ut alterum, cujus meminit Arnoldus Ferronus, describamus, Julii Silvani, qui Gallo cæsare a Constantio occiso imperator in Gallia dictus, 28 imperii die a legionibus a quibus præsidium speraverat peremptus est. Licet enim nulla Silvani nomine insignita numismata proferant antiquarii, quodque a Goltzio refertur cum hac inscriptione, DN. FL. SILVANVS. P. F. AVG. incertæ fidei videatur Tristano, ob prænomen Flavii, quod sibi arrogasse Silvanum vix probabile esse censet, Constantinianæ familiæ proprium, ipsa adhuc superstite, testatur tamen Ferronus [6] effossa Burdigalæ ejusdem aliquot : sed quæ non ita describit, ut planum sit qui fuerint eorum typi : *Nuper,* inquit, *apud nos inventa vetera numismata, etc.... Sed et alia inventa numismata Silvani cum Constantis cæsaris majore imagine : nam et hunc verisimile est Aquitaniæ præfuisse. Nam cum apud Gallias postea imperium affectaret, intra triginta dies exstinctum legimus.* Ex quibus quidem videtur Ferronus existimasse cusos ejusmodi nummos Constante ipso superstite, in honorem forte Silvani, qui in Galliis exercitibus præerat, cum et ipse Gallus esset, Boniti perinde Galli ducis filius; uti non semel ab imperatoribus factitatum constat. Nam si augusti titulo in iis donaretur, non dixisset postea imperium in Galliis arripuisse, nisi hæc Aquitaniæ præfecturam spectent. Quod si in iis Silvanus au-

---

[1] Epist. 22. — [2] L. 7 de Bello Gall. c. 73. — [3] L. 1, c. 5. — [4] Thucid l. 6, 7. — [5] Capitol. Pollio, Gruter. — [6] Diss. 9.

[1] L. 2, c. 10. — [2] L. 20, init. — [3] Libanius, in Basil. — [4] Tom. 3, p. 620. — [5] L. 5 de Bello Gall. c. 8. — [6] In Consue. Burdegal. l. 2, p. 248; Goltz. Thes.

gustus nuncuparetur, existimari posset, cum sibi a Constantio metuens, purpuram induisset, patrocinio sese tutari voluisse Constantis exstincti, cui superstiti copiarum dux militaverat, ita ut formata ejus in nummis imagine, et augusti ejusdem et peractæ sub eo militiæ memoria revocata, militum animos magis sibi conciliaret.

LXVIII (LX).

NUMMUS BONIFACII TRIUMPHUM EXHIBENS.

Præ cæteris autem numismatibus, maxime post ævum Constantini, quæ magnorum virorum vel fortissimorum ducum honori quodammodo dicata, ab ipsis augustis cusa sunt, non contemnendæ perinde raritatis est Placidii Valentiniani æreus medallio, quem ex regio Thesauro depromptum in eo opere exhibemus, in cujus antica facie idem conspicitur augustus cum diademate lapillis ac margaritis contexto, incisusque ad vultus latus ramus palmeus. Aversa autem Bonifacium triumphantis specie exhibet : quadrigæ enim insidet ille, militari habitu, στέφανόν τε δάφνης ἀναδησάμενος, καὶ κλάδον κρατῶν, non ἐν τῇ δεξιᾷ, ut triumphantem describit Zonaras[1], sed in sinistra; qua præterea, ut est apud Valerium Maximum[2], *triumphalis currus habenas retinet*, dextra vero una cum corona laurea flagellum tenet. Currus ipse quo vehitur, et quem quatuor trahunt equi, juxta illud Nasonis[3],

Quatuor in niveis aureus ibis equis,

ἐς πύργου περιφεροῦς τρόπον, *instar turris rotundæ* confectus cernitur, uti triumphantium currum repræsentat idem Zonaras. In inferiori nummi parte quatuor describuntur monogrammata. Jam vero Bonifacius, quem ut *virum bellicis artibus præclarum* prædicat Prosper Aquitanus[4], γενναιότατον vocat Olympiodorus[5], tum primum inclaruit', cum Ataulphus Gothus Massiliam, celeberrimam in Galliis urbem, intercipere tentavit. Ejus enim consilio acriter obstitit Bonifacius, a quo vulneratus Ataulphus, vix salvus in sua se tentoria recepit, Massiliensibus Bonifacium liberatorem suum extollentibus ac prædicantibus, quod quidem gestum antequam Ataulpho nupta esset Placidia. At exstinctis ipso Ataulpho[6] et Constantio augusto Placidiæ conjugibus, eidem augustæ, cum a fratre Honorio Constantinopolim relegata est, solus pene fidem servans, ex Africa, cui prætor præerat, pecuniam submisit, obsequia sua impendit, nihilque non egit, ut intermissam, si non amissam, recuperaret illa augustam dignitatem. Erat Bonifacius, inquit Olympiodorus, vir heroicus, qui cum multis sæpe gentibus barbaris strenue pugnavit, paucis interdum copiis adhibitis, interdum pluribus, nunnunquam vero et singulari certamine : atque, ut verbo absolvam', qui Africam a barbaris variisque nationibus provinciam hanc incursantibus liberavit. A Placidia deinde, quæ tum augustam receperat appellationem, ex Africa in Hispanias evocatus, anno 422, ut Castino, magistro militum, contra Vandalos bellum gerenti adesset[7], Castino socium habere dedignante, in Africam est reversus : quod *reipublicæ multorum laborum et malorum sequentium initium fuit*, ait Prosper. Aetius quippe Bonifacium, quocum occultas fovebat simultates, cuique invidebat, ut potestatis suæ potentiori æmulo, ad Placidiam detulit, quasi Africam omnem sibi asserere cogitaret; addiditque verum deprehendi posse, si Romam acciretur. Præmiserat interim Aetius arcanas ad Bonifacium literas, per quas significabat insidiari sibi imperatoris

matrem, et eripere vitam velle. Cum igitur accitus Bonifacius venire renuisset[1], missi sunt Mavortius, Galbio et Saonecis duces, qui bello cum Bonifacio contenderent : quibus cæsis, suffectus est Sigiswltus comes. Gesta hæc anno 427[2], qua tum tempestate evocati ex Hispaniis a Bonifacio in auxilium Vandali in Africam trajecerunt, e qua non nisi sub Justiniano exacti sunt. Aetii interea dolo patefacto, Bonifacius a Placidia in Italiam revocatur. Venit ille, benigneque exceptus, et magistri militum dignitate, qua tum potiebatur Aetius, donatus est, anno 432. Scribit Procopius[3], et ex eo Theophanes[4], Bonifacium, priusquam in Italiam reverteretur, precibus ac promissis amplissimis Vandalos, ut ex Africa decederent, frustra persuadere conatum, cum recusantibus bello contendisse, et ab iis semel ac iterum bello superatum, ac demum auxilia conquisiturum in Italiam trajecisse. Ingens exinde bellum inter Bonifacium reducem et Aetium gestum est; initoque prælio, Aetius Bonifacium secum congredientem vulneravit illæsus, qui tertio post mense ex vulnere quo sauciatus fuerat interiit[5]. Insigne illud est quod refert Marcellinus Comes[6], Bonifacium morientem, Pelagiam uxorem suam, valde locupletem, nulli alteri, nisi Aetio, ut nuberet exhortatum[7]. Hæc necessario præmittenda fuere, ut non modo quis esset Bonifacius in medallione effictus agnosceremus, sed etiam quando nummus idem cusus est a Valentiniano : quod dubio procul post Bonifacii ex Africa reditum, et cum magister militum dictus est, factum existimare licet, non quod ante hæc tempora nullam aliam bellicam expeditionem susceperit, aut victoriam adeptus sit, ex quibus decerni eidem potuerit triumphus : quod prædicta refellunt; sed quod a Valentiniano ætate paululum provectiori cusus videatur medallio, qui antea excudi non potuit, cum antequam idem Valentinianus augustus dictus esset a Theodosio juniore, anno 425, inter Placidiam augustam et Bonifacium bella intercederent, quæ circa annum 422 cœpta, non nisi decennio post sunt sopita : qua tempestate, reverso Bonifacio, Valentinianus, qui tum ætatis, quem in nummo præfert, annum decimum tertium attigerat, seu potius mater Placidia, virum de republica bene meritum, victoriis celeberrimum, innocentem, et per calumniam falso delatum, sibi demereri volens, hocce honoris et benevolentiæ symbolo exornavit. Sed quid denotent subjecta monogrammata, quorum tum primum, ni fallor, usus in nummis, fateor mihi prorsus ignotum, neque ipse forte Apollo divinet. Similem nummum, sed aureum, descripsit Octavius Strada[8], in hoc ab æreo nostro diversum, quod in aureo Bonifacii caput radiis cinctum appareat, currusque non ab equis, sed a cervis, trahatur, quo modo Helagabalum *processisse in publicum quatuor cervis junctis ingentibus*, scribit Lampridius ; et in Aureliani augusti triumpho *currum exstitisse quatuor cervis junctum, qui fuisse dicebatur regis Gothorum*, Vopiscus[9] : nisi quod cornua esse existimavit Strada, palmæ fuerint equorum capitibus affixæ, ut in aliis conspiciuntur[10], maxime Neronis, qui Euthymium præfert in aversa facie, et in eo quem in Honorio descripsimus, qui PANNONI NIKA, pro inscriptione præfert. Severus in Epistola ad Salvium[11] : *Scimus enim palmigeros bijuges, ubi e Circo recesserint, quietissime stabulari. Illos non jugis formido, non ambiguæ palmæ sollicitant, sed demum pacatis adfixi præsepibus, timere jam nesciunt hortatorem, etc.* Cervos autem ejusmodi πλατυκέρωτας, *palmatos*, vocat Julius Capitolinus in Gordiano cap. 3 : quorum scilicet cornua natura finxit in palmas[12]. Monogrammata non omnino eadem sunt

<hr>

[1] Tom. 2, p. 31. — [2] L.4, c. 4, n. 5. — [3] Ovid. 1 de Arte am. — [4] Chron. — [5] Apud Phot. p. 186. — [6] Olymp. p. 195. — [7] Idac. p. 16.

[1] Prosper. — [2] Jornand. p. 57, 113. — [3] L. 1, Vand. c. 3. — [4] P. 89. — [5] Idac. p. 19. — [6] P. 23. — [7] Prosper, p. 205. — [8] P. 187. — [9] In Aureliano. — [10] Bimæus ad Ant. Aug. p. 20. — [11] Tom. 5, Spicil. Acheriani, pag. 535. — [12] Plin. lib. 9, cap. 32 (45).

quæ in æreo, quæ ob nummi forsan exiguitatem haud bene expressit monetarius, aut minus percepit Strada.

LXIX (LXI).

NUMMUS PLAC. VALENTINIANI, IN QUO EXPRESSUS PETRON. MAXIMUS.

Non minoris raritatis est ejusdem Placidii Valentiniani prægrandis nummus alter æreus, quem ad Sidonium laudat Sirmondus [1], cujus antica facies Valentiniani vultum exhibet, cum solita inscriptione, DN. PLA. VALENTINIANVS. P. F. AVG.; altera Petronium Maximum, senatorio, seu potius consulari habitu in sella sedentem, volumen dextra, læva scipionem cum aquila tenentem, nomine hinc inde adscripto, PETRONIVS MAXIMVS V. C. CONS. Quo quidem numismate Petronium Maximum consulem simili pene honore quo Bonifacium prosecutus est Valentinianus, quam ille accepti beneficii gratiam male tandem rependit. Eo autem imperante bis dignitatem hanc obierat Maximus, ac primum anno 433, cum Theodosio; iterum decennio post, cum Paterno : unde Tironi Prospero in Chronico Pithœano, vir dicitur gemini consulatus et patriciæ dignitatis. Ad alterutrum igitur referendus præclarus hic medallio, et forsan ad postremum.

LXX (LXII).

NUMMUS JUSTINIANI, IN QUO EXPRESSUS BELISARIUS.

Bonifaciano suppar propemodum est, quod Petri Gyllii [2] olim fuit, numisma (cujusmodi etiam complura a Genuensi nobile ad insulam Tabracam, Tunetensi littori proximam, inventa accepi a viro Cl. D. Hussono, consule Franciæ, qui ea vidit — C. in A.) in cujus uno latere scalptus erat, inquit ille, Justinianus Belisarium excipiens triumphantem; in altero, Belisarii imago, cum hoc elogio, GLORIA ROMANORVM BELISARIVS. Effictus scilicet fuit in eo numismate Justinianus, quo modo fere tessellato seu musivo opere, in Chalces, quæ palatii Constantinopolitani vestibulum fuit, camera ac fornice, ut auctor est Procopius [3]. Ibi enim, ut is scriptor refert, Belisarius ad imperatorem redux cum exercitu integro exuvias ipsi offerebat, reges ac regna, et quidquid inter homines excellebat. In medio stabant imperator et Theodora augusta, ea uterque specie, ut summam lætitiam præ se ferrent, et festo victoriam celebrarent, captis suppliciterque accedentibus Vandalorum Gothorumque regibus insignem, circumstantibus senatoribus, festumque agentibus. Ita autem Belisarium in Circo excepit Justinianus, ut idem Procopius commemorat [4]. In istis porro justinianeis numismatibus aureis perinde ac argenteis effictum volunt Belisarium Cedrenus, Glycas, et Constantinus Manasses, ὁπλίτην ῥομφαίαν ἐσπασμένον, armatum cum gladio stricto.

LXXI (LXIII).

NUMMUS STILICHONIS.

Adjungine iis quæ modo descripsimus in virorum de republica bene meritorum honorem cusis numismatibus Stilichonis nummi debeant, dubium facit Philostorgius, scribens inter alia affectatæ ab eo tyrannidis argumenta illud fuisse, quod ausus etiam sit num-

---

[1] Lib. 2, ep. 13. — [2] L. 2 de Topograp. CP. c. 12. — [3] L. 1 de Æd. c. 10. — [4] L. 2 Vand. c. 9.

mos cudere sola forma ab imperatoriis discrepantes [1] : Οὕτω δὲ κατάφωρον καὶ ἀδεᾶ τὴν τυραννίδα προσενεγκεῖν τὸν Στελίχωνα, ὡς καὶ νόμισμα, μορφῆς λειπούσης μόνης κόψασθαι : *Ita aperte et confidenter tyrannidem affectasse Stilichonem, ut etiam numisma, sola forma excepta, cuderet.* Quæ de aureo nummo capienda suadet vox νόμισμα, solidis aureis ab ejusce ævi scriptoribus tribui solita. Voce vero μορφὴ habitus imperatorius intelligitur, quem *venerabilem formam* vocat lex 6. Col. Th., *de Indulgentiis criminum.* Verum ab Honorio ejusmodi Stilchonis soceri nummos in rerum præclare gestarum monumentum cusos longe probabilius, cum Stilichoni suo nomine aliunde formandi occasio deessèt ac prætextus, ejusceque rei in viris quantumlibet auctoritate apud imperatores pollentibus factitatæ nullum fere hactenus habeatur exemplum.

LXXII (LXIV).

NUMMI RESTITUTI ET CONTORNIATI.

Longe alterius generis sunt nummi aliquot, ad virorum illustrium qui prioribus sæculis vixerant, revocandam memoriam cusi ab imperatoribus, quorum alii inde *revocati*, alii *contorniati*, ab Antiquariis appellantur [2]. Prioris generis multo plures habentur ab ipsomet Augusto et successoribus cusi, de quibus hic non est sermo : posterioris vero tum primum occurrunt post Constantini M. ævum, atque adeo circa Honorii tempora, in quibus primas tenet æreus ille medallio, in cujus antica parte idem Augustus *majori habitu faciei* effingitur, ut loquitur Constantinus M. in quadam constitutione [3], cum hac inscriptione, HONORIO AVGVSTO : in postica expressus conspicitur vir triumphantis specie, laurea caput cinctus, dextra flagellum, sinistra palmam tenens, curru quadrijugo vectus, cum inscriptione, EVTYMI NICA, ita ut pene geminus sit alterius medallionis, qui a Nerone primum cusus est, in quo altera facie ipse effingitur, cum inscriptione, IMP. NERO. CÆSAR. AVG. P. M. in altera, vir, eodem habitu quo supra, curru perinde quadrijugo vectus, cujus equi palmis ad capita insigniuntur, cum hisce characteribus, EVTYMVS [4]. Quiquidem eximius est Olympiæ victor *Euthymius* seu *Euthymus picta* Locrensis, de quo Plinius hæc ait [5] : *Consecratus est vivus sentiensque ejusdem oraculi jussu, et Jovis deorum summi astipulatu Euthymus pycta, semper Olympiæ victor, et semel victus.* Euthymii istius insignis pugilis meminit præterea Ælianus [6] : hujus autem memoriam revocavit Nero, quod ille quadantenus inter certaminum deos præsides haberetur, utpote consecratus, quo modo fere Olympionicæ omnes apud Ethnicos pro Diis habebantur, ut auctor est Joannes Chrysostomus [7], ipseque Nero circi certamina plus æquo amaret : non vero, uti conjicit Constantius Landus, quod aurigationi impensius studuerit, ut de eo testatur Suetonius. Non enim Euthymius auriga, sed pugil, seu, ut a Plinio vocatur, *pycta*, qua etiam voce, eadem notione, utuntur Seneca et Tertullianus : curru vero vehitur, quemadmodum hieronicæ consueverant deduci coronati per medium stadium, triumphantium ac ovantium specie, palmam deferentes, quæ eorum propria erat [8]. Neronianum Euthymii medallionem revocavit seu recudit Trajanus imperator [9], in cujus facie altera ipse effingitur, cum hac inscriptione TRAIANUS P. F. AVG.; in altera simili habitu Euthymius, nisi quod flagellum dextra tenet,

[1] Philostorg. l. 12, c. 1, n. 2. — [2] Spanheim. diss. 1, p. 44. — [3] L. 1. Cod. Th. Si quis solidi circ. etc. — [4] Occo, p. 134 ; Bizæus, p. 20 ; Constant. Landus, de Veter. Numism. p. 70. — [5] L. 7, c. 47. — [6] L. 7 Var. c. 47. — [7] Hom. 66 ad pop. Antioch. — [8] Petr. Faber, l. 2 agon. c. 10, 11, 12, 25. — [9] Francisc. Angelon. in Hist. Aug. p. 113.

cum in Neroniano spiculum, sed perperam, eidem tribuatur; præterea in Neroniano binæ laureæ invicem colligatæ subsint currui, diductæ in latitudinem. In Trajaniano perinde inscribitur, EVTHYMIVS. Trajanianum servat Gazophylacium Regium. (Alterum præterea Trajani descripsit Car. Patinus, in *Thesauro Numismatum*[1], in quo stat Euthymius inter duos equos, utraque manu laureas tenens, cum hisce characteribus, EVTIMIVS, et infra, TYRIEI CAT. — C. in A.) Neronianum denique et Trajanianum revocavit etiam, uti diximus, Honorius Imperator[2] : sed Honorianus in inscriptione differt ab aliis, cum hæc verba partim exesa præferat, EVTIMI NICA. Quæ quidem eadem ferme sunt quæ præcones efferre solebant, cum quis victor existebat in certaminibus, ut apud Laertium[3], Νιϰᾷ Διέξιππος, et apud Xiphilinum in Nerone, Νέρων Καῖσαρ νιϰᾷ τὸν δὲ τὸν ἀγῶνα. Inde fluxit familiaris apud Græcos Christianos formula, IC. XC. NIKA., et apud Latinos, CHRISTVS VINCIT, CHRISTVS REGNAT, CHRISTVS IMPERAT (cujusquidem postremi lemmatis, Χριστος βασιλεύει, in militaribus tesseris, meminit scholiastes sancti Gregorii Nazianzeni, pag. 35 — C. in A.), cum ii victorias soli Deo adscriberent : ut et rursum illa Græcorum, post devictum a Constantino, virtute crucis quam in cælo, vel in somniis, uti vult Lactantius, viderat, Maxentium, σταυρὸς νενίϰηϰε, de qua egimus. Hinc etiam forsan acclamationes populares ad imperatorem in circis, NIKA, *vince*, a qua famosa illa seditio sub Justiniano nomen accepit, quod esset τὸ σύνθημα τῶν δήμων, *tessera factionum*, ut auctor est Evagrius[4]. (Nam quibus illi favebant, hos acclamatione ista excitabant; quod præ cæteris testatur nummus ille a Carolo Patino in *Thesauro Numismatum* descriptus, pag. 208, in quo effingitur pugil nudus, flagrum dextra, palmam sinistra tenens, cum hac inscriptione, VRSE VINCAS. — C. in A.)

LXXIII (LXV).

NUMMUS ADULTERINUS HERACLII.

Exactis quæ dicenda erant de *contorniatis* nummis, operæ pretium videtur de Byzantinorum augustorum adulterinis quibusdam ac spuriis sermonem facere, quos rei nummariæ periti in suam supellectilem etiam admittunt, non quod revera ipsorum principum quorum effigies repræsentant esse existiment, sed quod saltem antiquioris sint ævi, et aliquid contineant in se dignum observatione. In iis eminet præ cæteris major medallio Heraclii cujus ectypon varie descripsere Lipsius, Octavius Strada, Patinus, Jacobus Oiselius, et alii. Habetur is aureus ac pulcherrimus in Gazophylacio Regio, ejus qua exhibuimus magnitudinis adeptæ ab eo crucis a Persis, ac in urbem regiam relatæ historiam referens : de qua breviter hoc loco videntur refricanda, quæ in hanc rem habent auctores, ut facilius non tam quod verum aut adulterinum subolet numisma, deprehendatur, quam inventoris consilium ac animus. Aiunt igitur beatam Helenam inventis in Hierosolymitana urbe vivificis lignis, horum partem, cum clavis quibus Christi corpus confixum est, misisse ad Constantinum filium ; alteram Macario, Hierosolymitano patriarchæ, auro inclusam servandam commendasse. Ita Theophanes anno 21 Constantini. Hierosolymis vero a Sarbaro et Persis captis, anno 5 Heraclii, sublata etiam vivifica ligna, et abducta sunt in Persidem, cum ipso Zacharia patriarcha. Verum haud multo post, Syroe Persarum rege, post Chosrois patris necem, cum Heraclio fœdus ineunte, institit potissimum Heraclius,

ut vivifica ligna, quæ Hierosolymis in Persidem transtulerat Sarbarus, sibi redderentur : quod ultro pollicitus est Syroes, si uspiam possent inveniri. Exstinctis interea ipso Syroe, Chaboe, Hormisda et Hormisdæ filio, Persarum regibus, Sarbarus regnum persicum, Heraclio adjuvante, adeptus, pace cum Romanis constituta, Ægyptum atque Orientem omnem imperatori restituit : qui dum adhuc in Perside moraretur, ea uti erant cum primum capta sunt obsignata secum deferens, Hierosolymam perrexit, et Modesto patriarchæ ejusque clero monstravit. Ab iis vero integra adhuc sigilla deprehensa sunt, intellectumque sanctissima hæc ligna neque prophanis ac pollutis manibus attrectata, neque ab illis omnino conspecta, eoque nomine actæ Deo gratiæ, et laudes persolutæ. Tum patriarcha clavem, quæ apud se remanserat, domo deferens, adorantibus universis, loculum aperuit. Post hæc erecta illic cruce, imperator eam illico Byzantium remisit : cui cum litauiis ex Blacherniano Deiparæ templo obviam processit Sergius patriarcha, et ad Sophianam Ecclesiam deducens, ibidem illam sustulit indictione 2, anno Christi 629, qui est decimus nonus Heraclii. Paulo post vero Heraclius ipse domum rediens, urbem ingressus est, cursu vectus, quem elephanti quatuor trahebant, cum fausta omnium acclamatione, festis diebus ob victoriam celebratis. Hæc ferme Nicephorus patriarcha Constantinopolitanus in *Heraclii Vita*[1]. Theophanes autem in tota hac narratione Nicephoro haud usquequaque consentit. Quippe, eo auctore, Heraclius anno imperii decimo octavo, confecto persico bello, quod per annos sex duraverat, inito cum Persis fœdere, septimo demum in urbem reversus, ab omnibus cum gaudio et tripudiis exceptus est. Anno vero subsequenti, vere ineunte, urbe profectus, venit Hierosolymam, et venerandis ac vivificis secum delatis lignis, grates Deo persolvit. Cumque in Syria usque ad vigesimum quartum imperii annum, qui est Christi 635, difficillimis bellis incubuisset, rebus quasi desperatis, venerandis iisdem secum inde asportatis lignis, Constantinopolim recessit. Ex Nicephoro igitur illata in urbem vivifica crux anno decimo nono Heraclii, quo Sarbarus regnum Persicum invasit. At cum paulo post tradat Heraclium in urbem reversum, videtur prorsus indicare missam vivificam crucem paulo antequam ex Oriente reverteretur, ubi totos fere sex annos secundo exegerat. Ita quod ait acta indictione secunda, referenda videntur ad annum quo crux recepta est a Persis, non quo relata est in urbem. Proinde ex Theophane, Heraclius sacra secum in urbem ligna asportavit. Quod si ita est, intelligi posset expressus in hoc numismate Heraclii triumphus, cum Constantinopolim rediit. At cum tradat Nicephorus remissam crucem ab Heraclio in Oriente adhuc degente, exceptamque a Sergio patriarcha, Heraclium vero aliquanto post curru vectum, quem quatuor trahebant elephanti, urbem ingressum, videtur potius expressus in nummo triumphi apparatus referri debere ad solennem Heraclii in urbem Hierosolymitanam ingressum; cum scilicet acceptam a Persis vivificam crucem in eam intulit, uti Nicephorus commemorat; cum præterea non elephantis, sed quadrigis instructo curru effictus hic exhibeatur.

LXXIV (LXVI).

ÆDES ANASTASEOS EXPRESSA IN NUMMO HERACLII.

Nec scio an adpensæ ad trabem tres lampades templum ipsum quod a b. Helena Hierosolymis Anastaseos nomenclatura excita-

---

[1] P. 105. — [2] Petr. Faber Agonist. l. 2, c. 13. — [3] Diog. Laert. l. 6 in Diog. Synop. — [4] Evagr. l. 4, c. 13.

[1] Niceph. CP. in Brev.

tum, et in eo reconditam vivificàm crucem tradit Theophanes, non indicent. Nam in ædibus sacris appendebatur trabibus auro, argento, vel ære obductis, vel iis imponebantur luminaria, sive ædium parietibus essent infixæ, sive ex se liberæ, et a fornice catenulis aut funiculis pensiles. Ita porro de iis ædium sacrarum trabibus Leo Ostiensis [1] : *Trabem quoque nihilominus fusilem ex ære cum candelabris numero quinquaginta, in quibus utique totidem cerei per festivitates præcipuas ponerentur, lampadibus subter in æreis uncis ex eadem trabe triginta sex dependentibus. Quæ videlicet ærea trabes æreis æque brachiis ac manibus sustentata, trabi ligneæ, quam pulcherrime sculpsit, et auro colorumque fucis interim fecerat Desiderius exornari, commissa est.* Agunt præterea de ejusmodi trabibus Petrus diaconus casinensis [2], Hariulphus [3], *Chronicon Atinense* [4], Bromptonus [5], et alii. Quod si ita se res habet, iique lychnuchi ædem Ἀναστάσεως referunt, ii forsan fuerint ad Christi sepulcrum appensi, quos sabbato sancto divinus accendebat ignis sub horam vespertinam, siquidem συνῆθες istud θαῦμα, uti ejusmodi miracula vocat Anna Comnena, ea tempestate obtinuerit, de quo tam constans est apud scriptores qui deinceps floruerunt testimonium, ut mirum sit viros eruditos quæ de hac re ab iis proferuntur, in controversiam revocare. Primus sane qui ejus meminerit videtur fuisse Bernardus monachus, qui vixit an. 870 (ut testatur Willelmus Malmesburiensis), in *Itinerario Hierosolymitano*, edito a viro doctissimo Joanne Mabillonio [6], qui rem ut *consuetum prorsus miraculum* commemorat, adeo ut incertum sit quando cœperit, et *an ante tempora Saracenorum fuerit*, inquit idem Malmesburiensis [7]. Sed et perinde quando desierit minime constat, cum tantum ex *Chronico Andrensi*, anno 1177, adhuc hac tempestate visum colligere sit. Septem autem lampadas ibi appensas fuisse testatur Glaber Rodulfus [8]; at anonymus, *de Locis sanctis*, ad triginta sex pependisse scribit [9]. Asservatam porro vivificam crucem in æde Resurrectionis longe ante Heraclium palam est: cum non modo ἐκκλησία ἁγίου σταυροῦ inde dicatur auctori *Chronici Alexandrini* [10], sed et qui crucem in ea servabat presbyter, *custos crucis* dicatür Victori Tunensi [11] in *Chronico*, σταυροφύλαξ Theophani [12], qui Joanni Moscho [13] σκευοφύλαξ τῆς ἁγίας Ἀναστάσεως. Quod sane muneris obibat, Francis nostris Hierosolymitanum regnum obtinentibus, *custodis sanctæ* scilicet *Crucis* titulo insignis, ejusdem ecclesiæ canonicus, particulæ scilicet ejusdem salutaris ligni quæ in ea æde asservabatur. Heraclius igitur recepta a Persis cruce, hanc in Anastasi recondidit [14], donec Constantinopolim relata est. Ita si Heraclii adventus in urbem Hierosolymitanam hic describitur, per lampadas in eo numismate expressas videtur innui ipsa Anastasis in quam illata sunt vivifica ligna : contra, si ejusdem augusti adventus in urbem regiam effingitur, extracta ex eadem Anastasi innuuntur : quam quidem ædem sacram a Modesto patriarcha reædificatam eodem imperante Heraclio tradit Antistes Tyrius [15].

LXXV (LXVII).

IMPERATORES CONSTANTINOPOLITANI IMBERBES, BARBATI.

Jam vero barba quæ lata et promissa Heraclio hic tribuitur, haud multum discrepat ab ea quam præferunt genuini ejus nummi, nisi quod in isto paulo promissior, contra quam tradit Cedrenus [10],

scribens Heraclium, priusquam adeptus esset imperatoriam dignitatem, barbam latam atque promissam nutrivisse, sed imperatorem factum, comam totondisse et barbam, quomodo, inquit, imperatores solent. Ejus verba sunt : Οὗτος ὁ Ἡράκλειος ἦν τὴν ἡλικίαν μεσῆλιξ, εὐσθενὴς, εὔστερνος, εὐόφθαλμες, ὀλίγον ὑπόγλαυκος, ξανθὸς τὴν τρίχα, λευκὸς τὴν χροιὰν, ἔχωντε πώγωνα πλατὴν, καὶ πρὸς μῆκος ἐκκρεμῆ. ὁπηνίκα δὲ πρὸς τὸ τῆς βασιλείας ἦλθεν ἀξίωμα, εὐθέως ἐκείρατο τὴν κόμην καὶ τὸ γένειον τῷ βασιλικῷ σχήματι. *Fuit Heraclius statura mediocri, robustus, firmo pectore, oculis elegantibus, ac non nihil cæsiis, fulvo crine, albus, barba lata atque prolixa. Sed imperator factus extemplo comam totondit, ac mentum rasit, qui est imperatorum habitus.* Quibus quidem verbis innuere videtur Cedrenus solos imperatores barbam decessorum more rasitasse, cæteros vero Græcos nutrivisse. Et sane ante Heraclium barbam rasisse imperatores testantur passim nummi, ipseque auctor *Chronici Alexandrini* [1], quo loco Justinianum describit, quem mentum rasum, ὡς οἱ Ῥωμαῖοι, habuisse ait. Verum ab Heraclii temporibus *moris fuit Orientalibus, tam Græcis quam aliis nationibus*, ut habet Antistes Tyrius [2], *barbas tanta cura et omni sollicitudine nutrire, pro summoque probro et majori quæ irrogari potuerit unquam ignominia reputare, si vel unus pilus euocumque casu sibi de barba cum injuria detraheretur.* Subdit deinde, *barbam ea diligentia conservasse Græcos, tamquam argumentum viri, vultus gloriam, hominis præcipuam auctoritatem :* a quo eadem hausit verba Jacobus de Vitriaco [3]. Characteres, cum Græci tum Latini, non iidem omnino sunt in ejusmodi numismatis ectypis quæ ab aliis describuntur, tametsi haud multum diversi. Sed negotium facessit plerisque vox male exarata, ΑΘΛΟΘΤΗC. Quidam enim, ut Lipsius, legendum putavere ΛΟΓΟΘΕΤΗC, alii ΝΟΜΟΘΕΤΗC. Ego vero ΑΓΩΝΟΘΕΤΗC malim, quo vocabulo recentiores Græci ac Latini, ἀγωνιστὴν, *pugilem* vel, *prœliatorem* indigitabant, ut alibi [4] observamus. Neque in hac voce duntaxat mendum occurrit : nam et voces CΙΔΗΡΑC, (ubi Α pro Δ) et ΠΓΛΑC, (ubi Τ pro Υ, proclivi utrobique mendo habentur) perperam exarantur. Jam vero numisma istud non ejus esse antiquitatis quam Cuspinianus ei adscribit, satis, opinor, ex prælibatis colligitur : quod præterea imperatoris habitus, et augustis Byzantinis prorsus insolens diadema arguit. Inscriptiones deinde Græcæ ac Latinæ ex sacris fere haustæ literis mixtim exaratæ; lux etiam illa quæ Heraclii vultui affunditur, omnino indicant recentioris esse scalptoris alicujus inventum, qui divinæ crucis triumphum exprimere voluerit. Sic porro legendi sunt Græci characteres, ac in antica quidem, ΗΡΑΚΛΕΙΟC. ΕΝ. X̅Ω̅. ΤΩ. Θ̅Ω̅. ΠΙCΤΟC. ΒΑCΙλεὺς. ΚΑΙ. ΑΥΤΟκράτωρ. ΡΩμαίων, ΝΙΚΗΤΗC. ΚΑΙ. ΑΓΩΝΟΘΕΤΗC. ΑΕΙ. ΑΥΓΟΥCΤΟC. In postica vero, ΔΟΞΑ. ΕΝ. ΥΨΙCΤΟΙC X̅Ω̅. ΤΩ. ΘΕΩ. ΟΤΙ ΔΙΕΡΡΑΞΕ. CΙΔΗΡΑC. ΠΥΛΑC. ΚΑΙ. ΗΛΕΥΘΕΡΩCΕ. †. (i. σταυρὸν) ΑΓΙΟΝ. ΒΑCΙλεὺς. ΗΡΑΚΛΕιος. In Lipsiano æreo exarati præterea leguntur hi characteres Græci ad occiput Heraclii, ΑΓΙΟΛΙΝΙC. qui nihil sonant.

LXXVI (LXVII [bis]).

NUMMI IMPP. EX GENTE PALÆOLOGA.

Inter adulterinos nummos, binos etiam ex gente Palæologa exarari curavimus, alterum Joannis, alterum Constantini ultimi imperatoris Constantinopolitani, quos rei monetariæ antiquæ studiosi in numismatum augustorum serie vulgo reponunt, quod indubitatæ

---

[1] L. 3, c. 31, al. 33. — [2] L. 4, c. 73. — [3] L. 2, c. 10; l. 3, c. 3. — [4] An. 1061. — [5] An. 19 W. Nothi. — [6] Cap. 10, tom. 4 SS. Ord. S. Bened. — [7] Vide Gloss. in *Crux*. — [8] L. 4, c. 6. — [9] Anonym. de Loc. SS. c. 1. — [10] In Constant. M. — [11] In Anast. — [12] P. 134. — [13] C 48, 49. — [14] Gretzer, de Cruce, p. 2584. — [15] W. Tyrius l. 1, c. 4. — [16] An. 1. Heracl.

[1] P. 860. — [2] W. Tyrins, l. 11, c. 1; Nicet. in Isaac. l. 1, n. 10. — [3] Lib. 1, c. 74. — [4] In Gloss.

fere fidei post Angelos vix reperiantur. Nescio enim an pro genuinis haberi debeant Theodori Lascaris et Andronici Palæologi aurei qui ab Octavio Strada describuntur, quos vix crediderim fuisse tam elegantis formæ ac exhibentur. Utcumque sit de rei veritate, donec suppetant alii, etiam eos hic et in nostro de Familiis Augustis Byzantinis opere repræsentamus. Mirum sane videri debet quod extremi istius sæculi quod nostris proximum fuit imperatorum Byzantinorum nummi, atque adeo ex Lascarica, Palæologa, vel Cantacuzena gente vix occurrant : nam Theodori Lascaris, quos ibi damus, nummi, ex eodem Strada descripti sunt, penes quem fides erit. Atque id accidisse ex eo prorsus existimare licet, quod ut pessime formati neglecti fuerint ab antiquariis, vel quod a Turcis in proprias monetas conversi : nisi forte quidam ex iis quos Joanni et Manueli Comnenis adscripsimus Palæologorum fuerint ejusdem nomenclaturæ imperatorum; vel, quod longe potius existimaverim, quia postremi isti Constantinopolitani augusti in monetis suis effigies suas ac sua nomina non semper descripserint, proindeque eorum fuerint plerique quos inter Zimiscianos exhibuimus. Michaelis Palæologi nummorum aureorum meminit Georgius Pachymeres [1], aitque recepta a Latinis Constantinopoli, in postica facie, ejusdem urbis figuram effingi curasse, metalli probitate detrita. Sic ille, ubi de Andronico seniore : Ἀλλὰ καὶ τὸ νόμισμα διὰ τὴν χρείαν ἐκιβδηλεύετο, πρότερον μὲν γὰρ ἐπὶ Ἰωάννου τοῦ Δούκα, τὸ δίμοιρον τοῦ ταλάντου τῶν νομισμάτων, χρυσὸς ἦν ἄπεφθος. ὕστερον δὲ ἐπὶ Μιχαὴλ, τῆς Πόλεως ἁλούσης, διὰ τὰς τότε κατ’ ἀνάγκην δόσεις, καὶ μᾶλλον πρὸς Ἰταλοὺς, μεταγράφατο μὲν τῶν παλαίων σημείων, τῆς Πόλεως χαραττομένης ὄπισθεν. Καθυφίετο δὲ καὶ παρακεράτιον τὸ ἐκ χρυσοῦ νομιζόμενον ὡς πεντεκαίδεκα πρὸς θ. τὰ εἰκοσιτέσσαρα γίνεσθαι. Μεταλλαξάντος δ’ ἐκείνου, πρότερον μὲν εἰς δεκατέσσαρα περιέστη πρὸς δέκα. νῦν δὲ, ἀλλὰ καὶ ἐφ’ ἡμισείας τὸ ἄπεφθον καταμίγνυται. *Sed et moneta, ob ejus penuriam, adulterata est. Prius enim sub Joanne Duca nummi dimidium ex puro auro cocto seu obryzo erat. Postea vero Michael, capta urbe, ut haberet unde largitiones necessarias, Italis præsertim, faceret, immutatis notis veteribus, urbis figuram in postica facie expressit, detrita interim metalli bonitate, eo usque ut e viginti quatuor partibus aurei solidi, auri duntaxat puri novem essent, quindecim misturæ sequioris. Post Michaelis mortem, primo quidem decem partes auri purgati ad vitiosas quatuordecim adjectæ sint : nunc vero ad dimidium purum aurum miscetur.* Quæ porro hic dicuntur de urbis figura in nummis Michaelis efficta, pene nos impulere, ut ejus esse existimaremus nummum æreum, in quo imperator cum cruce et globo in altera facie, in altera vero urbis porta triplex, suis turribus et pinnaculis instructa visitur, cum adscripta subtus hac epigraphe, VICTORIA, in receptæ urbis, atque adeo Francorum ab ea expulsorum symbolum. Sed erunt fortasse qui quo augustus ille cingitur diadema vix esse putent istius quod Michael vixit ætatis. Prostat alius Andronici imperatoris aureus prægrandis, in quo urbs Constantinopolis muris suis circumducta exhibetur, Deipara pallium expandente, ac brachia super eam porrigente, tanquam urbis tutatrice ac πολιούχῳ. In altera, coram eadem beatissima Virgine in genua procumbit imperator, supra cujus caput inscriptum ΑΝΔΡΟΝΙΚΟC ΒΑCΙΛ. quæ quidem urbis expressa figurâ suadere potest esse Andronici senioris Palæologi, ita ut parentis monetarum figuras in suis etiam servarit : quod suadere imprimis potest Andronici in Deiparam cultus eximius, qui, ut tradit Pachymeres [2], post debellatum Alexium Philantropenum, in monasterium Hodegorum venit, et coram sacra Deiparæ imagine, toto fere corpore

prostratus, adeptæ victoriæ gratias egit. Sed cum nummus iste sit ex iis quos caucios vocant, cujusmodi cusi habentur ex familia Comnena augustorum, Andronico Comneno Tyranno, interim dum lux alia affulgeat, adscripsimus. Scribit denique Raimundus Montanerius in Historia Catalanica regum Aragonensium Rogerium Florum magnum ducem ab Andronico seniore, cui cum Catalanis militabat, dictum, rogasse imperatorem ut militibus suis stipendia persolveret, eumque monetam cudi curasse probitate longe imminutam, quæ instar erat ducatorum Venetorum, argenteorum scilicet, quorum pretium erat octo denariorum barcinonensium; præterea minutiorem aliam monetam quæ trium denariorum erat, quamque perperam *vincilions* appellatam ait, manifesto errore, pro *miliarision.* Ejus verba sunt [1] : *E com aquesta pau fo feyta, lo megaduch dix à l'emperador que donas paga à la companya, e l'emperador dix que faria, et feu battre moneda en manera de ducat Venetia, que val 8. diners Barceloneses cascu. E axi ell feu ne fer que havien nom vincilions, e non valia tres diners la hu : e volch que correguessen per lo preu daquells qui valen 8. diners, e mana a cascu que prenguessen dells Grechs cavall, o mul, o mula, o viandes, o altres coses que haguessen ops, e que pagassen de quella moneda, e aço feu par mal vici, ço es que entrus hoy e mala vohentat entre los pobles e la host : que tantost que ell hach son enteniment de totes les guerres, volgra quels Franchs fossent tots morts, e fossen fora del imperi.* Verum etsi hodie vix ulla obvia sint postremorum imperatorum, ex gente præsertim Palæologa, numismata, quibus monetariæ supellectilis studiosorum ἀρχεῖα locupletentur, damnum istud quodammodo resarciunt quæ supersunt eorum figuræ, ex quibus habitum imperatorium horum temporum, qui describitur a Codino et aliis [2], licet percipere. Quas inter præ cæteris insignes haberi debent Michaelis Palæologi, Theodoræ augustæ uxoris, et Constantini Porphyrogeniti filii imagines, quæ Constantinopoli in Deiparæ περιβλέπτου æde sacra conspiciuntur, quas delineari curavimus. In qua quidem tabella [3] Theodora effingitur cum τυμπανίῳ in capite, margaritis et lapillis distincto, uti Euphrosyne augusta, Alexii Angeli imperatoris uxor, apud Nicetam Choniatem [4]. Habetur alia haud absimilis ejusdem Michaelis imperatoris effigies descripta ab Hieronymo Wolphio [5], ex codice manuscripto Augustanæ Bibliothecæ Historiæ Georgii Pachymeris, cui diadema capiti impositum non omnino ejusdem est formæ qua in ea imagine a nobis descripta cernitur. Sed et quod *acaciam* vocant, voluminis speciem plane refert. Aliam præterea tabellam [6] damus Manuelis Palæologi et Helenæ augustæ, uxoris, ut et Joannis, Theodori, et Andronici filiorum effigies continentem, ex manuscripto Codice Operum Dionysii Areopagitæ, quem idem Manuel ad monasterium Sancti-Dionysii in Francia, ubi asservatur, per Manuelem Chrysoloram, legatum suum, misit, anno 1408, uti præfert eidem imagini subdita hicque descripta epigraphe, quam, ut et ipsas effigies, benificio viri humanissimi perinde ac doctissimi Joannis Mabillonii, sumus consecuti : Τὸ παρὸν βιβλίον ἀπεστάλη παρὰ τοῦ ὑψηλοτάτου Βασιλέως καὶ Αὐτοκράτορος Ῥωμαίων κυρίου Μανουὴλ τοῦ Παλαιολόγου, εἰς τὸ μοναστήριον τοῦ ἁγίου Διονυσίου τοῦ ἐν Παρυσίῳ τῆς Φραγγίας ἢ Γαλατίας ἀπὸ τῆς Κωνσταντινουπόλεως. δι’ ἐμοῦ Μανουὴλ τοῦ Χρυσολωρᾶ πεμφθέντος πρέσβεως παρὰ τοῦ εἰρημένου Βασιλέως. ἔτει ἀπὸ κτίσεως κόσμου, ἑξακισχιλιοστῷ ἐννεακοσιοστῷ ἑξκαιδεκάτῳ. ἀπὸ σαρκώσεως δὲ τοῦ κυρίου, χιλιοστῷ τεσσαροκοσιοστῷ ὀγδόῳ. Ὅς τις εἰρημένος Βασιλεὺς, ἦλθε πρότερον εἰς τὸ Παρύσιον πρὸ ἐτῶν τεσσάρων.

<hr>

[1] Cap. 210. — [2] Leunclavius, in Pand. Turc. c. 51. — [3] Tabella 6. — [4] In Alex. l. 1, n. 3. — [5] Ad Niceph. Gregor. edit. Basil. an. 1562. — [6] Tabella 7.

[1] L. 12, c. 8. — [2] Lib. 9, c. 13.

LXXVII (LXVIII).

MEDALLIÆ JOANNIS ET CONSTANTINI PALÆOLOG.

Spuriis igitur nummis, ut diximus, nummum accensemus, qui revera non est nummus Joannis Palæologi Manuelis filii, exaratum in medallionis formam a Victore Pisano [1] : cujusmodi complures alios sculptor ille egregius suæ ætatis atque etiam priorum sæculorum illustrium virorum imagines simili figura delineavit. Hanc autem Joannis, quam ex æreo illustrissimi comitis Joannis de Lazara Patavini, marchionis Nicolai filii, damus, sic commendat Paulus Jovius in epistola Italica ad Cosmum, ducem Florentinum, apud Georgium Vassarium [2] : *Oltra questo ho ancora una bellissima medaglia di Giovanni Paleologo, imperadore de' Constantinopoli, con quel bizarro capello alla Grecanica, che solevano portare gl' imperadori, et fu fatta da esso Pisano in Fiorenza, al tempo del concilio d'Eugenio, ove si trovo il prefato l'imperadore, ch'a per riverso la croce di Christo sostentata da due mani, verbi grazia dalla Latina, et dalla Greca.* Nummum denique [3] æreum expressimus Constantini Palæologi ultimi imperatoris ex museo ejusdem, cujus meminimus, comitis, super quo, ut spurio, multa multi commentati sunt, atque in iis Josephus Scaliger et Jacobus Gretzerus. Scaligeri dissertationem, quod in paucis foliis exarata rarior sit, nostræ subjecimus, omissa Gretzeriana, quod in spissioribus de cruce commentariis omnibus obvia sit.

LXXVIII (LXIX).

NUMMI HELENÆ NOMEN PRÆFERENTES.

Porro inter nummos quos exhibemus, vel qui in antiquariorum pinacothecis prostant, habentur aliquot, non incertæ quidem fidei, sed qui dubium præferant quibus sint adscribendi, seu, propter male formatas, detritas, vel denique contractas inscriptiones, vel interdum, quod nullam præferant, cujusmodi sunt non pauci ex inferioris omnino ævi nummis. Interdum etiam alii occurrunt, in quibus cum bini aut plures ejusdem nominis se se offerant augusti, vel augustæ, incertum manet utri debeant adscribi, in quibus maxime sunt Heleniani. Cum enim Helenæ augustæ nummi præferentes nomen ac titulos in eruditorum virorum gazophylaciis serventur complures, atque adeo in Regio octo ærei, non unius omnino figuræ vel ornatus, ac inscriptionis; vix tamen constans est, inter studiosos ejusce supellectilis nummariæ indagatores, cui debeant adscribi, matri-ne Constantini Magni, vel Juliani Parabatæ, vel etiam Crispi, si quæpiam fuit, conjugi. Matrem Helenam augustam renuntiatam, ejusque effigie cusos a Constantino filio aureos nummos testantur Eusebius [4], Sozomenus [5], Nicephorus [6], et Theophanes [7], qui monetam ὡς Βασιλίδι attribuisse aiunt. Ejusmodi autem Helenianos aureos Romæ anno 1398 repertos auctor est Thomas Walsinghamus [8] : *Sub hoc anno, inquit, Romæ repertus est thesaurus Helenæ matris Constantini imperatoris, sub quodam pariete ruinoso. Ipsa vero moneta aurea signata fuit imaginibus dictæ dominæ, habens in circulo nomen ejus scriptum : et valuit una petra xx. sol. de nostra moneta. Cum quo thesauro postea papa fecit reædificari Capitolium, et Castellum Sancti Angeli.* Est autem *petra*, ponderis Anglicani species, constans duodecim libris, ut libra quindecim unciis [9] : quæ quidem *petra* vulgo

in lanipendiis etiamnum usurpatur. Enimvero aurei cujuslibet Helenæ nummi rariores sunt æreis, quorum perinde, ut diximus, inscriptiones, atque etiam capitis ornatus diversitatem quandam arguunt. A binorum quidem [1], qui hosce characteres præferunt, FL. HELENA AVGVSTA, in aversa vero facie, SECVRITAS REIPVBLICAE, prior, nitidissimus, Helenæ caput exhibet tectum nescio qua calyptra desuper reticulata, et in cassidis modum protensa, quæ aures ipsas ac capillos tegit, præterquam eos qui fronti superfunduntur. Ubi fortasse *mitræ*, vel *mitellæ, quas crispantes* vocat sanctus Hieronymus [2], *quibus vertex artabatur innoxius*, exprimuntur, vel *turriti alienis capillis vertices*, de quibus idem scriptor, et Tertullianus hisce verbis : *Affigitis præterea nescio quas enormitates sutilium atque textilium capillamentorum, nunc in galeri modum quasi vaginam capitis, et operculum verticis, nunc in cervicem retro suggestum.* Alter Helenam prodit duplici unionum linea caput cinctam, crinibus ad aurem contractis ac collectis, crispatis aliis fronti imminentibus, uti ferme omnes alii; ita tamen ut superior capitis pars tecta perinde videatur. In tertio qui pro lemmate habet, FL. HELENA AVGVSTA, et in postica, PROVIDENTIAE AVGG. Helenæ capitis pars superior tota reticulo videtur tecta, quod limbulo unionum linea exornato continetur : sic ut ad sinciput, et ad aures, crinibus subsit limbulus, iis tantum circa frontem crispatis et annulatis exstantibus. Aliorum trium nummorum Helenæ nomen præferentium varius itidem in capite et capillis ornatus. His vulgo pro inscriptione est in antica facie, FL. IVL. HELENAE AVG. in postica vero, PAX PVBLICA. Ac prior quidem nescio quam diadematis speciem præfert, quæ ad sinciput latior, ad aures vero, ubi capilli in orbem contrahuntur, arctior, caput stringit: ita tamen ut qua latior est extra caput promineat, uti solent laureæ corollæ in augustorum nummis, crispatis crinibus frontem adornantibus. Diadema autem seu limbus, nisi capillorum contextus vel σειρὰ, uti vocat Naumachius, seu, uti dicimus, *treria* sit, unionum serto in medio discernitur. Neque multum diversus est alter, nisi quod limbulus, qui, ut et prior, ad sinciput in duplex cornu evadit, rarioribus margaritis videtur distinctus. In tertio denique, cujusmodi binos alios servat Gazophylacium regium, Helenæ caput latiore diademate unionibus et lapillis distincto stringitur, capillis ad aurem contractis, et ad frontem crispatis eminentibus. Præter istos Helenæ nummos, alium aureum titulo et capitis ornatu prorsus diversum exhibent Octavius Strada, Tristanus [3] et Chiffletius [4] : is enim Helenam repræsentat absque ullo capitis ornatu, capillis tantum ad occiput collectis et nodatis, cum hac inscriptione, FL. HELENA MAX., seu, ut habet Strada, HELENA MAX., ut Chiffletius denique, HELENA FL. MAX., nisi legatur, FL. MAX. HELENA. In aversa parte stella conspicitur. Ex hac igitur inscriptionum et habitus seu capitis ornatus diversitate tres Helenas confecit idem Chiffletius, quibus totidem istius modi nummorum species adscribit : ac eos quidem in quibus SECVRITAS describitur, Helenæ Constantini matri tribuit; alterum Helenæ Maximæ Crispi uxori; eos denique qui Flaviæ Juliæ Helenæ nomen præferunt, Helenæ Juliani imperatoris conjugi; atque id quidem levioris quantumlibet momenti argumentis stabilire nititur. At Wilthemius [5], quem Chiffletius Juliani uxori tribuit, Constantini matri adscribit, quod, ut ait, in nummi parte aversa crux efficta conspiciatur. Is est quem ex Helenianis quartum delineari curavimus, cujusmodi asservatur æreus in Gazophylacio regio : in quo quidem æreo ita crux efficta conspicitur, ut rectus stipes paulo versus figuram curvetur.

---

[1] (*Bottarius emendat, *Andrea Pisano*.) — [2] In Vitis Pictor. — [3] Tabella 4. — [4] L. 3 de Vita Const. c. 46. — [5] L. 2, c. 1 — [6] L. 8, c. 31. — [7] An. 20 Const. — [8] P. 356. — [9] Fleta, l. 2, c. 12, § 1; cap. 79, § 10.

[1] Vide Relat. de monte Libano. — [2] Epist. 10, 23; Id. Epist. 7 ; Tertull. lib. de Cultu femin. — [3] Tom. 3. — [4] In Anast. — [5] In Icon. Const. M. et Helenæ.

Et sane si revera crux est, Juliani uxori haud potest adscribi, quæ, ut conjux, deorum cultui addicta, Isidis etiam effigie in nummis suis expressa conspicitur, ut censet Tristanus. Ita nummi quos idem scriptor, quem etiam secuti sumus in descriptione nummorum Constantii Chlori, Helenæ matri attribuit[1], neptis fuerint, seu Juliani uxoris. Nam et titulorum diversitas, diversarum augustarum nummos esse arguit. Ac titulorum quidem in eo varietas deprehenditur, quod priores tres nummi, FL. HELENAM AVGVSTAM, tres alii, FL. JVL. HELENAM, aureus denique Tristani et aliorum, FL. HELENAM MAX. appellent : etsi ex veterum nummorum inspectione satis constet variatos interdum augustorum titulos, ita ut validum omnino ex hoc minime conficiatur argumentum. At in tribus posterioribus primo observare est Helenam Juliæ prænomine donari, quo modo in inscriptionibus[1] Helena Constantini mater ; deinde inscriptionem secundo aut tertio casu poni, ita ut si cum secundo monetæ nomen subintelligatur, si cum tertio in Helenæ matris honorem cusos a filio Constantino nummos liceat suspicari, cui præterea PAX PVBLICA adscripta censeri potest, quod ea procurante, Ecclesiæ Christianæ, damnata in Nicæno concilio Ariana hæresi, pax revera reddita sit. Nam et anno 20 Constantini, quo illa a filio augusta appellata dicitur a Theophane, Nicænam synodum celebratam constat. Sed et non minime sententiam hanc firmant expressa in nummis istis diademata, cum coronatam a filio Constantino matrem Helenam tradat idem Theophanes, augustam renuntiatam Eusebius et alii. Nam in sexto nummo lapillis et margaritis distinctum diadema prorsus effingi videtur, nisi quod vittis caret. Sed quod dubium in hisce conjecturis ingerit, illud est potissimum, quod in omnibus ferme, iisque præsertim qui nitidiores sunt, augusta effingatur junior ac formosa, quod in Helenam matrem vix quadrat, quæ anno vicesimo Constantini, cum augusta dicta est, et cusi ejus nomine sunt nummi, si Theophanem audimus, tum ætate provectior erat. De Flavia Helena Maxima, et an illa Crispi uxor fuerit, non minor est difficultas, quam attigimus in Crispi elogio. Utcumque sit de nummis istis Helenianis, quos una omnes Constantini Magni familiæ subjecimus, ut cuique liceat inspicienti quod arriserit statuere, id constat ex iis inditam a vulgo *sanctarum Helenarum* appellationem omnibus ferme numismatibus augustorum Constantinopolitanorum ævi inferioris, maximeque iis quos ejusmodi rerum studiosi, propter male formatos characteres, aut vultus ipsos, vel quod nihil exquisitum contineant, solent aspernari. Quod inde forsan originem habuit, quod non Helenæ duntaxat, ut divis adscriptæ imagines, sed et crucigeros omnes nummos, sacri phylacterii aut encolpii vice, ad collum quilibet appenderet : unde nummorum ejusmodi plerosque videmus perforatos. Quod quidem etiam ante Constantinum obtinuisse observare est ex iis quæ in Anastasi Chiffletius[2] annotavit : tametsi id potissimum tum primum profluxisse censendum sit ex nummis Helenæ Romæ in ejus Thesauro inventis, quæ fortassis summus pontifex, ut feminæ de Ecclesia bene meritæ, distribuerit. Harum vero sanctæ Helenæ monetarum vim mire commendat Bosius[3], aitque præsens esse remedium adversus comitialem morbum.

LXXIX (LXX).

NUMMI UTRIUSQUE THEODOSII.

Qui Theodosii nomen præferunt et titulos nummi, seniori-ne an juniori adscribi debeant non perinde planum est definire :

[1] Gruter.— [2] In Anast. p. 269, 275, 276. — [3] Bosius, 1. 15 de Sig. Eccl. sig. 68, c. 12.

cum in iis vultuum delineatio non adeo sit exacta, priscorum nempe monetariorum intercidente tum peritia ac arte, ut utrius sit liceat advertere. In iis tamen bini sunt aurei, quorum alter SALVS REIPVBLICAE, alter, VOT. XXX. MVLT. XXXX., qui indubitate junioris sunt, cum prior par consulum referat, ipsius Theodosii et Valentiniani, uti supra observatum, alter nonnisi juniori attribui queat, cum senior anno imperii sexto-decimo obierit, ac proinde vicennalia non attigerit, quæ hic describuntur per vota tricennaliorum. Cum vero bini isti nummi Theodosii protomen cum casside, spiculo, ac clypeo præferant, haud inani fortasse, tametsi vix prorsus certa conjectura, similis figuræ nummos juniori, cæteros in quibus figura lusca exprimitur augustus, seniori adscripsimus.

LXXX (LXXI).

NUMMI UTRIUSQUE JUSTINI.

Neque minor est difficultas in discernendis utriusque Justini, senioris scilicet seu Thracis, et junioris, qui et Curopalata vulgo appellatur, nummis. Eos qui imperatorem plena facie exhibent cum camelaucio, clypeo, spiculo, vel globo, seniori adscripsimus, quod cum satis sint bene expressi aut formati, non ea nobis viderentur ætate cusi qua barbaries in orbem romanum invecta est, maxime ævo Justiniani et Justini nepotis, quod præ cæteris evincunt eorum nummi, pessime effigiati, siquidem Justini junioris sint quos ei adfinximus, lusca plerique facie, sed levi, fateor, conjectura : cum in iis qui plena facie sunt exstet æreus qui cusus annotatur Constantinopoli anno decimo imperii, quem vix attigit, cum anno nono, mense secundo exstinctum prodat Marcellinus comes, tametsi cusus dici potest decimo ineunte imperii. Qui vero Justini imperatoris nomina, eumque una cum uxore augusta in eadem sella sedentem, præferunt, indubitanter juniori attribuimus, cum in iis sint qui annum imperii quo cusi sunt duodecimum adscriptum habeant, adeo ut inde firmari possit annus imperii Justini junioris quo excessit, de quo controversia est apud veteres scriptores[1]. Ex eo etiam abunde docemur errare quosdam, tradentes in hisce nummis Justinum seniorem et Justinianum exhiberi, cum Justinianus cæsar sub annum Justini sextum, augustus vero mensibus quatuor ante ejusdem obitum renuntiatus sit, ac proinde collega imperii exhiberi non potuerit anno secundo imperii avunculi, uti præferunt ii nummi : qui præterea seniori non possunt adscribi, cum Euphemiam augustam superstite Justino seniore conjuge exstinctam palam sit ex scriptoribus. Deinde in his nummis uxor imperatori adjungitur anno imperii duodecimo, quem non attigit senior, sed junior, cui Sophia uxor superstes fuit. Feminam esse quæ Justino adjungitur (nam in plerisque adeo sunt attritæ ac evanidæ effigies, ut certum aliquid super hac re elici vix queat) ostendit diversitas gestaminis : nam Justinus globum crucigerum dextra gerit, imperatrix vero crucem oblongiorem sceptri vice, non vero ramum aureum margaritis et unionibus distinctum, quomodo deferre solitas augustas senescente Græcia tradit Codinus[2]. Nam qui ex Octaviano Sada proferuntur ab Alemanno[3], male a scalptore descripti sunt, cum et in iis Justinus barbatus, et quæ adjungitur effigies veluti adolescentis effingantur : priori crux, alteri virga, in dextra, utrique vero in sinistra globus tribuantur ; cum Justinianus, quem exhiberi putat idem Scriptor, non adolescens, sed plena jam ætate et cæsar et augustus dictus sit ; ita ut quos Alemanno inspiciendos præbuit Sada,

[1] Vide Stemma Justini. — [2] De off. c. 17, n. 25. — [3] Ad Procop. p. 42, 44, edit. I.

non diversi sint ab iis nummi quos adscripsimus Justino juniori. Verum longe major est difficultas in enodandis aliquot aliis æreis, quos hisce subjunximus, hac tantummodo fulti ratione, quod ejusce ætatis videantur, cum ex characteribus qui in iis describuntur, licet in quibusdam sat perspicuis, vix quicquam divinari possit. In iis vero bini effinguntur imperatores, vel saltem imperator, cui adsidet augusta conjux, nam facies in omnibus (octo vidimus) ac vestes fere evanidæ sunt, uterque simili diademate conspicui globum crucigerum in medio sustentant; altero dextra, altero sinistra bacillum seu sceptrum gestantibus. Omnes pene Thessalonicæ cusi characteres anomalos repræsentant, quidam hosce male formatos, VTLLVT—TSPP·AVG. quidam, ASS—VNV V, alii—ACVC SC. alii—OSIAN. alii denique—ALOϥNO. In postica autem horum facie anni imperii adscribuntur IIV. IIIII. VI. et VII. adeo ut Justino Seniori et Justiniano adscribi vix debeant, cum Justinianus, ut diximus, anno Justini 6 aut 7 cæsar dictus sit ab avunculo, uti testatur Victor Tunnensis : *Post consulatum II Justini et Apionis, Justinus augustus Justinianum nepotem suum ad senatorum supplicationem invitus cæsarem facit.* Incidit autem consulatus Justini secundus in annum 524, quo Julii 9 imperii annum septimum inibat : unde conficitur anno ejus quinto Justinianum ut avunculi collegam in nummis effingi non potuisse. Sed de hisce nævis lector ac inspector ipse per nos licet decernat. Iis præterea nummis duos aut tres alios æreos subjunximus, Justinoque adscripsimus, nulla alia ferme conjectura quam quod imperatorem et imperatricem exhibeant cum hisce characteribus, DN IV — ΑΑΓ. et hisce, infra easdem effigies, VITA., in aversa vero facie ĸ. cum bisce ANNO VIII. KAR. Unde colligitur Karthagine cusum fuisse, ac proinde saltem ante an. 698. quo in Saracenorum potestatem venit Carthago, Leontio imperante : nisi per IV. Justinianus Rhinotmetus intelligatur, antequam a Leontio imperio deturbatus fuisset. Tertium, nullis characteribus insignem, altera facie imperatorem, altera augustum exhibentem, quod eorumdem videantur ac priores, pariter subdidimus, ut liceat cuique perinde de iis judicium statuere.

LXXXI (LXXII).

NUMMI CONSTANTINI ET CONSTANT. EX FAMILIA HERACLIANA.

Sed præ cæteris jure negotium facessunt Baronio, Gretzero, aliisque in re nummaria peritis viris, numismata aurea et argentea quæ CONSTANTINI ET CONSTANT. nomina præferunt, æreaque alia ejusdem typi nullis characteribus insignita, non una tamen omnia figura, sed diversa. Ac primum quidem ex iis quæ delineari curavimus æreis, altera facie, imperatoris cum promissa satis barba protomen exhibet; altera columnam, vel litteram I. cum hisce characteribus, ANNO I. qui cusum anno imperii primo declarant. Bina ejusdem typi servat gazophylacium Sangenovefanum. Tria exinde alia aurea habentur in Regio, in quorum antica facie duorum pariter imperatorum sunt στηθάρια, quorum prior cum promissa et lata barba, alter barbæ primam lanuginem indutus visitur, cum hisce characteribus, qui in quibusdam ex iis adeo minusculi et pessime formati, ut puncta potius dixeris quam litterarum apices : DN CONSTANTIN S (alii habent ET) CONSTANTIC. In aversa parte crux habetur, gradibus insistens, cum inscriptione male pariter exarata : VICTORIA AVGVST. et CONOB. Ejusdem ferme typi binos aureos Regios, et argenteum unum gazophylacii Sanctæ-Genovefæ damus : nisi quod imperatoris *pogonati* diademati crucigero additur nescio quæ calyptræ species, *camelaucium* forte, cum hisce characteri-

bus, DN. CONSTANT. In postica crux altior globo insistit, ad cujus latera bini imperatores cum globis crucigeris stant, prior altior barbam, non tamen promissam, indutus, alter ut puerulus effinguntur, cum hisce characteribus, VICTORIA AVGVS. CONOB.; ita ut in hocce nummo quatuor a se invicem diversos imperatores effictos par sit credere. Argenteum præterea delineamus, qui est ejusdem gazophylacii Sangenovefani in cujus antica idem cum barba promissa imperatoris vultus, et cum simili, cujus mox meminimus, calyptra, ac globo crucigero, et hisce in circuitu characteribus pessime descriptis, VICTORIA AVGVST. In postica tres stant imperatores, cum stemmatibus et globis crucigeris : medius, altior, cum barba, non tamen promissa; qui ad dextram est, ut puerulus; qui vero ad sinistram, medio altitudine cedens : infra, CONOB. Diversi alium aureum typi exhibemus, in quo tres consistunt imperatores : medius, et altior, cum promissa barba; qui ad dextram est, ut puer ; qui ad sinistram, ut adolescens efficti. In aversa facie crux insistens gradibus effingitur, cum eadem semper inscriptione, VICTORIA AVGVST. CONOB. Ejusdem typi prostat alter æreus, præterquam quod in aversa facie annus imperii vicesimus describitur, et Ravennæ cusus innuitur. Damus præterea æreos alios nullo conspicuos lemmate, quorum facies altera imperatoris cum barba promissa προτομήν, altera iteram majusculam M. cum tribus, ad latera et caput literæ, imperatorum στηθαρίοις. Delineari denique curavimus nummum æreum, in cujus latere altero imperator iste pogonatus, militari habitu, spiculum tenet, cum imperatore alio tunicato ad sinistram stante; in altero annus XXI designatur, quo cusus Constantinopoli. In alio perinde æreo ejusdem Ravennæ cuso, barbatus idem imperator captivum pede dextro proculcat. Atque hi omnes et similis pene typi pessime omnino effigiati sunt nummi, quos, tametsi alicujus ex Heracliana familia imperatoris ex numismatum istius ævi collatione esse pro certo haberi debeat, cui tamen adscribendi non plane constat. Cum enim is Constantinus dicatur, pluresque in eadem Heraclii gente occurrant hac nomenclatura augusti, vix tamen ex iis aliquis reperitur cui et typi et augustorum una ac simul imperantium qui in iis effinguntur numerus, ut et adscriptæ denique imperii annorum notæ conveniant. Nam ut numismatis auctor retegatur, necesse est ut demus aliquem Constantinum qui anno imperii primo ejus fuerit ætatis, ut barbam induisse sat prcmissam dicendus sit, uti exhibetur in primo numismate; in quo cum solus appareat et unicus, tunc temporis imperii collegam non habuisse colligitur. Necesse est præterea ut is Constantinus binos habuerit postea augustæ dignitatis collegas sat adultos, utpote pogonatos sub extremos imperii annos, quos ad vicesimum secundum produxisse quædam ex iis satis declarant, cum alia annos XV. XVII. XX. et XXI. præferant. Nec scio, uti mox observatum, an in aliquot ex iis nummis interdum quatuor diversi efficti sint augusti, qui una imperaverint, quod ex argenteo potissimum, in quo ejus qui medius stat inter binos alios barba non tam promissa, ac est illius qui in antica describitur. Denique ut cujus sint is iusmodi nummi plene doceamur, necesse est ut aut filium qui ut puerulus interdum effingitur, aut fratrem collegam *Constantem*, aut certe *Constantinum* is habuerit : nam cum alterius istius augusti nomen haud omnino exaratum sit, incertum manet *Constans*-ne an vero *Constantinus* appellatus fuerit. Enimvero, ut expendamus cui ex Heracliana familia possint adscribi, primum quidem Heraclio juniori, qui et *Constantinus* nuncupatur in parentis Heraclii nummis, et apud scriptores, uti monemus infra, tribui non possunt; siquidem is diebus centum et tribus post patris excessum tantum regnavit, licet ab eo imperator dictus et coronatus anno Christi 643, annos 28 et dimidium, imperasse dicatur. Quamvis enim filium habuerit *Constantem*, præter-quam quod superstite patre ejus solius nomine ac effigie nulli formati nummi, anno imperii primo barbam induisse dici non potest, qui in cunis existens diademate donatus est. Heraclius porro junioris filius, cui et *Constantini*, cum imperator est appellatus, nomen a populo impositum dicitur, et quem a scriptoribus aliquot Constantem appellari monemus, revera annos regnavit viginti-septem : adeo ut vicesimus secundus imperii annus in nummis istis descriptus convenire eidem queat. Deinde *Constantinum* Pogonatum filium habuit, præterea Heraclium et Tiberium liberos alios, quos forsan corona superstes donaverit, et in nummis secum effingi voluerit. At cum imperator dictus est anno 641, vix ætatis decimum excesserat, utpote natus anno 630. Atque ita primo imperii anno barbatus exhiberi non potuit. Neque vero quomodo Constantino prioris filio convenire possint eadem numismata, omnino percipere licet. Favet sane promissa barba, a qua is cognomen accepit ; favet quod ætate maturior imperium capessivit. Nam imberbem in Siciliam patris necem ulturum profectum aiunt, inde barbatum reversum, Πωγονάτου adeptum cognomen [1]. Favet quod Heraclium et Tiberium, fratres, vel quod filios duos habuerit, Justinianum Rhinotmetum, et Heraclium. Sed obstat quod imberbis dicatur fuisse primo imperii anno, quo is Constantinus barbam etiam promissam induerat ; deinde quod anno imperii decimo septimo obierit, ac denique quod nullos *Constantini* aut *Constantis* nomine filios aut fratres habuerit. Quis igitur ita felix ut nodos istos intricatos solvat. Sane Pogonati parenti magis convenirent ejusmodi nummi, nisi obstaret annus imperii primus in iis adscriptus, in quibus plena jam ætate barbatus apparet : cum et *Constantinum* filium habuerit, imperii forsan collegam, etsi hac de re sileant scriptores ; præterea *Heraclium* et *Tiberium*, quos saltem post patris excessum imperatores appellari voluisse plebem tradunt historici, quod fortasse etiam hac dignitate donati fuissent patre adhuc superstite : ut proinde in nummorum aureorum facie antica *Constantinum*, qui et *Constans* dictus, cum filio *Constantino* Pogonato ; in aversa vero *Heraclium* et *Tiberium* effictos par sit credere. Quid denique si nummus, qui primum imperii annum designat, eidem Pogonato attribuatur, cæteris Constantino parenti adscriptis, ut uterque barbam promissam induerit? Sed cum in hisce difficultatibus fateamur ultro nos cum doctioribus cæcutire, aliis quibus otium erit, et felicior aura aspiraverit, has examinandas relinquimus ; ut Constanti tamen potius quam Pogonato filio ejusmodi nummos pogonatos attribuerimus, id potissimum causæ fuit quod ex iis qui Constantini nudum nomen præferunt, tres ejusdem typi æreos servet gazophylacium Sanctæ-Genovefæ Parisiensis, in quorum adversa parte subscriptæ hæ leguntur literæ, CRTS., quas sic interpretari licet, ut in Mauricii numismate, *Carthagine signata* : quod quidem si ita se res habet, nummi isti Constantiniani Copronymo non possunt adscribi, cum antea, Leontio scilicet imperante, Carthago in Saracenorum venisset potestatem : longe minus etiam Porphyrogenito Leonis Philosophi filio, cujus præterea nummorum facies diversa prorsus fuit.

LXXXII.

NUMISMATA ΤΡΙΚΈΦΑΛΑ.

Hoc porro loco observare licet numismata imperatorum, ex Heracliana maxime familia, quæ tria capita præferunt, τρικέφαλα appellari in artis notariæ formularum commentario, qui τύπος τέχνης

[1] Joel.

τῶν γραμματέων inscribitur, servaturque in Bibliotheca Regia, ex quo sequentia excerpsit Salmasius [1] : Καὶ κατεβλήθησαν ἀπὸ τῶν σῶν χειρῶν εἰς τὰς χεῖράς μου τόσα νομίσματα τρικέφαλα. Ubi quæ hic τρικέφαλα, deinceps ὑπέρπυρα dicuntur ; unde monetas aureas fuisse licet conjicere. Neque forte alia fuere τρικέφαλα quæ in die sancto Paschatis a patriarcha Constantinopolitano dabantur, ut habet Balsamon [2] : ait quippe diebus catecheseon post dominicam τοῦ τελώνου, θυμιάματα, seu incensa, ἀντὶ ῥογῶν καὶ βαΐων, in festo Palmarum, seu τῶν βαΐων, cereos et cruces ; rursum magna feria quarta cereos et incensa ; denique in festo Paschatis ἀσπασμοὺς καὶ τρικέφαλα dari. Quo loco Meursius τρικέφαλα, nescio quid *die Paschatis in signum lætitiæ ob resurrectionem Dei trini populo dari solitum a patriarcha* interpretatur. Leo Allatius [3] qui Balsamonis verba refert, de vocis significatu prorsus silet. Sed cum *rogam*, quæ in hebdomadæ τῆ ξ ἀπόκρεω pro more exhibebatur, in magnæ feriæ tertiæ anniversariam *rogam* rejectam fuisse scribat idem Balsamon, quod ex *Rogatiis* se didicisse ait, seu libris in quibus nomina scripta erant eorum quibus erogabantur *rogæ*, videtur vero simile Balsamonis ætate *rogas* easdem distributas die Paschatis, atque adeo τρικέφαλα, id est, nummos aureos. Ἀσπασμοὺς autem hoc loco *oscula* interpretatur Allatius : sed vereor ne ἀσπασμὸς idem sit cum *roga*, quo modo *salutaticum* et *salutes* dixit Latinorum inferior ætas, ut suo loco docemus : id sane suadere videntur glossæ Gr. Lat. ἀσπασμὸς, *salutatio, amplexus, rogatura*. Ubi pro *rogatura* legendum forsan *roga, thura*, nempe donativum, et θυμίαμα, seu salutatio cum incenso. Neque enim apud Balsamonem, per τρικέφαλον, *tricipitem*, seu trisulcum cereum, quem Græci τρικήριον vocant, intelligi velimus asserere, quem εἰς δόξαν καὶ τύπον τῆς ἁγίας τριάδος formatum scribit Symeon Thessalonicensis [4], cum hac notione vox ista neutiquam reperiatur usurpata. Ut igitur olim *tricipitinam* triumvirorum collegium appelavit Varro, quod eorum capita in una eademque nummi facie exarata essent, ita Byzantini numismata tribus imperatorum capitibus insignia τρικέφαλα nuncuparunt.

LXXXIII (LXXIII).

NUMMI REGUM GOTHICORUM ITALIÆ.

At cur Gothicorum regum Italiæ, qui sub Anastasio, utroque Justino et Justiniano floruere, nummos qui supersunt, aut quos videre contigit, eorundem augustorum nummis, in laudato nostro opere subjecerimus, juvat lectorem admonere. Ea vero potissimum causa fuit, quod horum plerique augustorum effigies et nomina præferant, in aversa vero parte regum istorum exarata nomina et titulos, quod, ut non ita pridem monuimus ad Joinvillam [5], Byzantinis principibus quodammodo obnoxii, hac Italiam conditione possiderent, ut ipsos tanquam supremos dominos agnoscerent, monetamque eorum imagine cuderent, nominibus suis iisdem tantummodo inscriptis. Ejusmodi igitur sunt qui Anastasii, Justini, et Justiniani effigies et nomina præferunt, cum horum regum nominibus : atque adeo, ni fallor, ærei complures [6], Justini solius imagine et nomine insignes (qui ideo forte seniori, non juniori adscribi debuerant), qui in aversa parte monogrammata minuscula RD. aut similia habent : quod ex eo potissimum colligere licet, quod in nummi, qui Justini effigiem et nomen præfert, parte postica, circa idem monogramma, describatur hoc lemma, INVICTA ROMA,

[1] L. de Modo usur. p. 342. — [2] De Incens. Patriarch. die Catechesis. — [3] De Domin. et Hebd. Gr. c. 9. — [4] P. 223 ; Gretzer. in Horto S. Cruc. part. 4, c. 21 ; Goar. ad Euchol. — [5] Dissert. 23, p. 92. — [6] Constant. Laudus p. 135.

24.

quod qui eorundem regum nomina et imagines repræsentant similem habeant inscriptionem, cum iisdem augustis imperantibus, Roma gothicis regibus pareret jam ab ipso Honorio, sub quo in Alarici et Gothorum potestatem venit [1], a Belisario ad romanum imperium tandem revocata, Justino Cos. Ind. 3. Gothicorum Italiæ regum monetarum meminit Additamentum secundum Burgundionum [2] : *De monetis solidorum præcipimus custodire, ut omne aurum quodcunque pensaverit accipiatur, præter quatuor tantum monetas, Valentiniani, Genavensis, et Gothium, qui a tempore Alarici regis adærati sunt, et Ardaricanos. Quod si quiscunque præter istas quatuor monetas aurum pensatum non acceperit, quod vendere volebat, non accepto pretio perdat.* Ubi monetæ *Gothium*, pro *Gothorum*, dicuntur. At, pro *Ardaricanos*, editio Tiliana [3] *Ardaricæ annos* præfert. *Ardaricanos* vero non alios esse existimare licet ab *Alaricanis*, et forte ita legendum. Alarici autem nummos aliquot exhibuimus. Genavensis autem moneta hoc loco appellatur, quæ regum Burgundionum fuit, et in urbe Genevensi cudebatur : nam Geneva regum Burgundiæ sedes fuit, et colligitur ex Fredegario [4]. Denique nummi Valentiniani iidem sunt quos Gundebadus in præfatione ad Legem Burgundionum *Romanos* vocat.

LXXXIV (LXXIV).

NUMMI EXARCHORUM RAVENNATUM.

Delineavimus denique nummos alios aliquot æreos Ravennenses, quos Ravennæ exarchorum esse, vel certe ab iis cusos existimamus, ac proinde Mauricianis subjecimus, quo imperante exarchi isti potissimum floruere. In horum plerisque imago pectoralis effingitur feminæ, caput corona murali exornatæ, cum hac inscriptione, FELIX RAVENNA. In postica ejusdem urbis monogramma describitur, R., scilicet cui A implexum est et E. In aliis aquila cum alis expansis conspicitur, imperii romani signum forsan effingens.

LXXXV (LXXV).

DE CHARACTERIBUS BARBARICIS.

Jam vero priusquam partem hanc de numismatibus Byzantinis absolvamus, præstat de immutata characterum forma, et quando barbaries in iis inducta fuerit, aliquid obiter observare. Inclinante enim imperio, ex quadratis et uncialibus literis, quæ olim obtinuerant, abolitæ aliquot, et vicissim novæ subrogatæ bárbaricæ, quas incertum an a Gothis, barbarisque aliis nationibus acceperint cum Græci tum Latini : an vero scalptorum aut scriptorum vitio, collabente pristina liberalium cæterarumque artium solertia, sensim id inductum existimari debeat. Atque eæ maxime in nummis imperatoris Justiniani conspici incipiunt : sub quo, et imperatoribus qui eum deinceps excepere, effusi undique barbari Romanum omne imperium pervaserunt. Tum quippe novi hi characteres in eorumdem augustorum observantur nummis barbarica quadam efficti forma, et hactenus minime visa : idque præsertim licet intueri in characteribus latinis, B. D. E. M. N. T. V., qui semper nova et insolenti, imo barbara, figura efformantur, adeo ut non immerito Michael Μεθυστὴς imperator in epistola ad Nicolaum I PP. [5] linguam latinam, *barbaram et Scythicam* appellasse videri debeat, quam Græci ipsi, illius fere penitus ignari, perinde ac insignis elegantiæ, omni-

no deturparant. Neque apud Byzantinos duntaxat obtinuit hæcce scribendi ratio, sed et apud Gothicos in Italia reges, atque adeo apud Gallos seu Francos nostros, quod ex regum Franciæ monetis, veteribusque monumentis colligitur : sic ut Claudius Buterous [1] ex variis, quos in iis observarat, characteribus, novum inde alphabetum sibi conficiendum putaverit. Sed nihil, si non artium omnium, certe monetariæ præsertim, postremis hisce sæculis, interitum tantum arguit, quam pessime in nummis augustorum, aliisque, formatæ effigies, rudi adeo stylo, ut virorumne sint an feminarum non proclive sit conjicere. Quinetiam in plerisque characteres ipsi qui in circulis describuntur, punctorum potius quam literarum speciem præferunt, ita ut sæpe nobis divinandum fuerit, ut aliquid expiscaremur, quod sane ncn sine labore adhibitaque similis typi nummorum collatione exegimus : unde si alicubi a nobis erratum est in male adscriptis auctoribus suis numismatibus, ab ejusmodi quisquiliarum amatoribus veniam nos facile consecuturos confidimus.

LXXXVI (LXXVI).

SOLIDUS AUREUS.

Ex quatuor dissertationis hujus partibus, tribus hactenus exactis, quarta et postrema superest de monetarum Byzantinarum propriis appellationibus ; de quibus cum quædam etiam attigerint qui de numismatibus scripserunt, in iis quæ obvia, vel ab aliis dicta sunt, ita versari nobis visum est, ut ea levi calamo perstringamus, reliqua majori cum disquisitione investigaturi. Monetarum igitur aliæ majores, aliæ minores ; aliæ denique aureæ, aliæ argenteæ, aliæ æreæ : harum etiam interdum non una forma. Atque ut ab aureis ordiamur, *solidum* appellarunt, aureum nummum, nova nomenclatura, cum ante Diocletiani tempora vix receptum observaverit Josephus Scaliger [2] : ita ut incertum sit an Lampridius, qui Constantini M. ævo vixit, cum in Alexandro Severo hac voce usus est pro aureo, ut sui sæculi vocem usurparit. Serius etiam receptam innuit Isidorus [3], scribens *solidum apud Latinos alio nomine sextulam dici, quod de iis sex unciæ compleantur, huncque vulgus aureum solidum vocare.* Vetus Agrimensor [4] : *Veteres solidum, qui nunc aureus dicitur, nuncupabant.* Sane Constantinum ipsum, et qui proxime successere, ita *solidum* accepisse docent eorum Constitutiones [5]. Auctor Queroli, loco supra laudato, ut cæteros omittam : *Quid tam simile quam solidus solido? Etiam hic distantia quæritur in auro, vultus, ætas, et color, nobilitas, literatura, patria, gravitas, atque ad scriptulos quæritur in auro plus quam in homine.* Solidus autem Constantinianus fuit quaternorum scripulorum ita ut septem uncias appenderit. Unde conficitur octoginta quatuor solidos in libram auri tum computatos, ut argenti libram veterem apud Plinium [6] et Celsum [7]. At postea Valentinianus [8] senior, aucto jam auri pretio, septuaginta duos solidos in libram auri accepto ferri voluit : quæ quidem libra *occidua* appellatur in actis Sancti Marcellini PP. et in synodo Suessana, locis a Baronio [9], Scaligero, et aliis indicatis, quorum de vocis *occiduæ* nomenclatura variæ sunt sententiæ, quas expendit, sua etiam producta, Jacobus Gotofredus.

[1] Marius Aventic. — [2] § 6. — [3] § 7. — [4] Epit. c. 18, 34. — [5] Nicol. I. PP. Epist. 8.

[1] Pag. 379. — [2] De Re Nummaria p. 52 53. — [3] Lib. 16 Orig. c. 25. — [4] Pag. 332. — [5] L. 1 C. Th. Si quis solidi circul.; l. 1 de Ponder.; l. 1 de Falsa moneta; l. 2 de Conlat. ær. etc. D. l. 1 de Ponderat. — [6] L. 33, c. 9. — [7] Epist. ad Natal. et l. 5, c. 17. — [8] L. 13 eod. Cod de Susceptor. — [9] An. 302.

LXXXVII (LXXVII).

EXAGIUM.

Solidi porro *exagium*, seu pondus, inter Honorii nummorum typos in nostro de Stemmatibus Byzantinis opere ex gazophylacio RR. PP. canonicor. regular. Sanctæ-Genovefæ Paris. delineari curavimus, ejusdem augusti nomine, et exagii appellatione inscriptum. Est autem *exagium* certæ ponderationis genus, inquit Cujacius. Hinc in glossis Græco-Latinis pro quavis pensatione sumitur : Ἐξάγιον, *pensatio*. Et ἐξαγιάζω, *examino, perpendo*. SVB EXAGIO PECORA VENDERE, in veteri inscriptione [1]. Cassianus [2] : *Sive illa quorum pondus ac pretium ærugo vanitatis arrodens exagio seniorum adæquari non sinit*. Et Zeno Veronensis [3] : *Habetis aginam, exagium facite, quemadmodum vultis ponderate*. Ab exagio formata vox *Exagella*, pro legitima et ad trutinam examinata parte hæreditatis, apud Ennodium [4], et *Exagellario titulo* relinquere vel possidere, id est pensato et æquato, in Regula Magistri [5]. Ad exagium vero solidi pertinet Novella Theodosii junioris et Valentiniani de pretio solidi : *De ponderibus quoque ut fraus penitus amputetur, a nobis aguntur exagia, quæ sub interminatione superius comprehensa sine fraude debeant custodiri*. Atque ea sunt exagia solidorum, quibus inscripta erant augustorum nomina, ut in Honorii exagio. Inde postmodum invaluit, ut id vocabuli pro ipso solidi pondere usurpatum fuerit, quia solidus sexta pars unciæ fuerit : ut apud Zonaram, scribentem Nicephorum Phocam imperatorem monetam imminuisse, cum hactenus quodvis numisma, id est, solidus aureus, exagium penderet, μέχρι ἐκείνου παντὸς νομίσματος ἐξαγίου σταθμὸν ἕλκοντος. Exagium igitur usurpatum pro solido, seu solidi pondere : ex quo Saladinus, libro de Ponderibus, solidum solo nomine differre ab exagio ait, ut et poeta inferioris ævi in Glossario laudatus [6] : atque hac notione passim occurrit apud Constantinum Africanum medicum [7], qui sub Alexio Comneno vixit. Exagii etiam crebra est mentio apud anonymum de Ponderibus Nicandro subjectum : ubi στάγιον scribitur, voce contracta ex ς᾽, quæ ἑξ significat, et ἄγιον, licet non ab ἑξ deducatur, quod pridem ab aliis animadversum [8]. Hujus porro quod Honorii nomen præfert, et magni Peirescii, postea V. C. Achillis Harlæi, regii in supremo senatu parisiensi procuratoris, fuit, nunc est RR. PP. canonicorum Sanctæ-Genovefæ Parisiensis, et grana ex nostris.... appendit, figuram jam antea delineari curaverat Buterous [9].

LXXXVIII (LXXVIII).

NOMISMA.

Quod vero solidum Latini sequioris ævi, Græci perinde recentiores νόμισμα appellarunt, cujus quidem vocis varias notiones acute, ut solet, expendit Scaliger in posthumo de Re Nummaria libro. Quod enim Latinis pecuniæ signatæ nomine intelligitur, id Græcis νόμισμα dictum. Isidorus [10], de Solido : *Ipse quoque nomisma vocatur, pro eo quod nominibus principum effigiebusque signatur*. Unde postmodum etiam pro forma, charactere, ac typo nummi usurpatum, ut ex Philostrato [11], et aliis passim constat. Prudentius :

> En Cæsar agnoscit suum
> Numisma nummis inditum.

Concilium Francofordiense an. 794. cap. 5, de Denariis : *Si autem nominis nostri nomisma habent, et mero sint argento, etc.* Sed crebrius pro aureo, ut in hac Constantini Constitutione [1] : *Quicunque adulterina fecerit nomismata, pœnam pro discretione sexus et conditionis suæ diversitate sustineat*. Gregorius Turonensis [2] : *Dantes multa numismatis aurei millia pro redemptione sua*. Ita etiam passim Græci Byzantini, Philostorgius, auctor Chronici Alexandrini, Theophanes, Leo imp. Nicetas, Pachymeres, et alii sine numero.

LXXXIX (LXXIX).

CHRYSINUS.

Solidos deinde istos aureos χρυσίνους appellarunt iidem Græci recentiores. Glossæ Gr. Lat. : Χρύσινος, *solidus*. Phavorinus : Τὸ δὲ χρύσινος μόνον ἀεὶ λέγεται, καὶ δηλοῖ νόμισμα τοῦ χρυσοῦ. Ita Constantinus Manasses χρύσινον et νόμισμα confundit :

> Χρυσίνου γὰρ ὁ μέδιμνος ἀπεμπολεῖτο.

Et mox :

> Δώδεκα γὰρ τὸ χρύσαξον τὸ νόμισμα μεδίμνων
> Ἐκέλευσεν ἀντάξιον εἶναι τοῖς σιτωνοῦσι.

Qua etiam notione vocem hanc usurpant Synodus Chalcedonensis [3], Synesius [4], Palladius in Vita Chrysostomi [5], Dositheus [6], Leo Philos. imp. [7], Anna Comnena [8], Zonaras, Nicetas, Cinnamus et alii. Leunclavius [9] : *Chrysini Græcis a Chryso dicuntur, ut ab auro nobis aurei : quod imitati Turci, suos sive ducatos, quod nomen a Venetorum ducibus profectum arbitror, sive sultaninos, ab altun vocavere. altun ler*. Inde formata vox ἡμιχρύσινος, pro semisse aureo apud Michaelem Apostolium [10].

XC (LXXX).

HYPERPYRUM.

Ut porro a χρυσῷ, χρυσίνους, ita ab obryzo, quod ὑπέρπυρον vocabant, eadem nomenclatura aureos sive solidos dixerunt : est enim Grammaticis ὑπέρπυρος, *supra modum igni excalefactus*, quod obryzo potissimum adscribitur [11]. *Aurum coctum* vulgo in Cod. Theodosiano [12] et apud scriptores appellatur, quod ἄπεφθος χρυσός Themistio et Scholiasti Thucydidis dicitur, ἑξάπεφθος, Simocattæ, nisi legendum sit ἑξάπεφθος, *aurum sexies coctum*, seu *recoctum*, Anastasio Bibliothecario *antipephton* : ita enim legendum in Leone III, uti in Glossario nostro monuimus : *Fecit aquamanus antipemto deauratas paria duo*; ut apud Rainerum, de Inventione Reliquiarum Sanctorum Eutychetis et Acutii apud Ughellum : *Crucem Domini ex auro purissimo fecit admirabili artificio compactam, quod splandoclastum et antipeuton vocabatur*. Ubi *splandoclastum* vox hybrida videtur, composita nempe ex *splendor*, latina, et κλαστός, *fractus*, ut sit aurum ductile in laminas tenuatum : nam in Glossis veteribus manuscriptis Regiis, *obryzum* definitur *splendor auri* : ex qua quidem definitione ὑπέρπυρον appellari etiam potuit, quasi ὑπέρπυρρον, *aurum eximie rutilum* : nam obryzi color πυρρὸς dicitur apud veterem scriptorem de Urinis [13] : Εἶτα τέτακται ὑπόπυρρον κελτικῷ χρυσῷ ἐοικός, καὶ μετ᾽ αὐτὸ τὸ πυρρὸν ὀβρύζῳ εἰκασμένον χρυσῷ. Ubi aurum gallicum, quod *minore æstimatione taxa-*

---

[1] Grut. 647, 6. — [2] Coll. 1, c. 22. — [3] Serm. ad Neoph. 6. — [4] In Vita B. Epiphan. Episc. Ticin. — [5] Reg. Magistri c. 91. — [6] Poeta MS. — [7] Constant. Afric. in libris de Morbor. Curat. — [8] Alciat. l. 2 Parer. c. 23. — [9] But. in nummis Francic. — [10] Lib. 16 Orig. c. 25. — [11] Philostr. l. 1 de Vita Apoll. c. 11.

[1] L. 1 Cod. Th. de Falsa moneta, etc. — [2] L. 4, Hist. c. 33, 37; Anon. l. 4 de Mirac. S. Ben. c. 26; Aimoin. ser. de S. Bened. — [3] Act. 12. — [4] Ep. 129. — [5] Ed. V. C. Emer. Bigoti p. 51. — [6] L. 3. — [7] In Tact. c. 8, § 15. — [8] L. 11, etc. — [9] In Pand. n. 18. — [10] Ep. 56. — [11] H. Steph. — [12] L. 1, C. Th. de Ponder. l. 1, de Auri publ. prosec. — [13] Theophil. de Urinis, p. 31, edit. Frid. Morelli.

tum, ait Novella Majoriani , et colore pallidiore fuit, obryzo, quod *rutilum* est , opponitur. Sanctus Hieronymus ait ista Esaiæ : *Pretiosior erit vir auro, et homo mundo obryzo*, aquilam interpretatum esse obryzum , πυῤῥὸν, quod coloris optimi atque sanguinei est. Sanctus Audoenus, in Vita Sancti Eligii, episcopi Noviomensis : *Cum omnis census in unum collectus regi pararetur ferendus, ac vellet domesticus simul et monetarius adhuc aurum ipsum fornacis coctione purgare, ut, juxta ritum, purissimum et rutilum aulæ regis præsentaretur metallum*, etc. Charta Karlomanni regis apud Beslium, in Regibus Aquitaniæ : *Trecentorum solidorum auri ad purum excocti se noverit pœna mulctandum*. Neque aliud videtur χρυσίον πεπυρωμένον ἐκ πυρός, in Joannis Apocalypsi. Contra aurum quod e metallis eruitur, αὐτόματος, et ἄπυρος χρυσὸς dicitur Agatharchidæ. Ὑπερπύρων autem nomenclaturæ ante primam Francorum nostrorum in Syriam expeditionem mentionem fieri nondum advertimus. Ab iis enim ad hæc sacra bella profecturis , Constantinopolim adeuntibus, vel in Syria ipsa cum Græcis pacta agentibus, aut commercia, tum primum Hyperperorum auditum nomen , quod Græci idiomatis ignari varie depravatum extulere. Tudebodo [1] quippe *purpurati dicuntur : Et vendebant unius aselli onus octo purpuratis, qui appretiati erant centum viginti denariorum solidis*. Eadem habet Baldricus [2]. Sed et Guibertus [3] *byzantios purpuratos* aureos fuisse omnino testatur : *Ut asini unius ex frumento sarcina octo eorum byzanteorum pretio distraheretur, quos ibidem purpuratos vocitant , qui centum viginti nummorum solidis æstimabantur*. At ὑπερπύρων apud Græcos nomen paulo serius occurrit, apud Theorianum [4] scilicet , qui Manuele imperante vixit, scholiastem Harmenopuli, Codinum [5], et aliquot alios. Willelmus Tyrius [6] vocem Græcam retinuit : *Viginti duo millia hyperpyrorum, et tria millia marcarum argenti examinatissimi dicebatur esse largitus*. Hanc etiam ita reddidit Sanctus Antoninus [7]. At postmodum invaluit ut *hyperperum* diceretur. Idem Antistes Tyrius paulo supra : *Dotis autem quantitas erat in centum millibus hyperperorum justi ponderis*, etc. *Yperperum* absque aspiratione dixerunt Innocentius Tertius [8], Thomas archidiaconus Salonensis [9], Vincentius Belvacensis [10], et aliquot chartæ quæ descriptæ leguntur apud Guichenonum, in Bibliotheca Sebusiana [11], et in Probationibus Historiæ nostræ Gallo-Byzantinæ [12] : *Ysperos* denique, *Yperperos*, et *Perpera*, pactum initum inter Michaelem Palæologum et Genuenses, quod nos ibidem perinde descripsimus, in quo interdum duplici PP. designatur hæc moneta. Nam extremis hisce sæculis usus invaluerat, ut non jam *hyperpera*, sed *perpera* ejusmodi monetæ appellarentur. Ita enim hæc vox scripta reperitur apud eundem Innocentium III [13]. Rogerum Hovedenum [14], Guntherum in Historia Constantinopolitana [15], Joannem Lucium [16] in Historia Dalmatica, et alios. Atque inde Franci nostri *perpre* dixerunt. Albericus [17], de Gotofredo Villhardino Achaiæ principe : *Ex quo rex Joannes venerat ad partes illas, mittebat quolibet anno ducenta viginti millia perpres ad conducendos auxiliarios*. Occurrit passim in Tabulis idiomate Gallico conscriptis, ut *perperi*, apud Mathæum Villaneum [18]. Ex qua corrupta nomenclatione nostri Franci Hierosolymitani *purpuratos* formarunt, cum *perpres* tum appellarentur eæ monetæ, voce haud multum abludente a *porpre*, uti ea ætate *purpuram* dicebant. Hyperperos autem aureos fuisse docet præterea pactum inter Michaelem Palæologum et Genuenses initum :

Yperperos aureos et turchifaros. Et Charta Balduini II, imp. Constantinopolitani, an. 1248 : *Comme nos aions emprunté des marcheans vint et quatre mille perpres de or de droit pois de Constantinoble, etc*. Unde a Guiberto cum Byzantiis confunduntur. De hyperperorum pretio egere etiam supra laudati scriptores, Tudebodus , Baldricus , et Guibertus , qui singula hyperpyra valuisse tradunt viginti solidis denariorum. Et Hugo Plagon, in versione Gallica manuscripta Willelmi Tyrii, ait hyperpyrum valuisse septem solidis Parisiensium : *L'empereres dit qu'il lui donnoit en mariage cent mille perpres d'or. C'est une monnoie de Constantinople : une perpre valoit bien sept sols de Parisis. Pardessus dit que li envoiroit dix mille perpres pour les despens et la feste des noces*. Scribit Guntherus [1] hyperpyrum monetam fuisse auream, pretii unius fertonis : *Per totum annum ad quatuordecim dies fisco regio persolvebat nummum aureum, qui perpre vocari solet, ferdoni, id est, quartæ parti marcæ, æquivalens*. Vincentius Belvacensis ait quadringenta hyperperorum millia confecisse quinquaginta septem millia marcarum argenti [2] : *Terra soldani valebat ei quotidie* 400 *millia iperperi, id est,* 57 *millia marcas argenti*. Verum, ut hæc omnia de hyperpyrorum pretio, de quo quædam attigit Scaliger [3], concilientur et comparentur, majoris esset otii , cum præsertim ejus diversitas ut plurimum ex vilitate vel augmento metalli secundum tempora oriatur. Hyperpyrum porro nota ιι designari apud Harmenopuli scholiastem [4] pridem observatum ab eodem Scaligero, qua etiam νόμισμα designari in Rationali Peræquatorum, quod manuscriptum ex Bibliotheca Regia legimus, censet Salmasius : quod certe vel ex eo liquet, quod septuaginta duo ιι dicantur libram conficere , auri scilicet, uti de libra occidua supra diximus τὰ οβ' ιι ποιοῦσι λίτραν μίαν, — τὲ ρ ιι ποιοῦσι λίτραν μίαν καὶ ιι κβ — τὸ ἥμισυ τοῦ ιι ἐστὶ τῆς λίτρας μέρος ρμδι. Ibidem præterea nomisma seu solidus aureus dicitur conficere duodecim milliarenses argenteos : Τὰ δὲ μιλλιαρήσια ὀφείλεις λογαριάζειν δώδεκα τῷ ιι ἐν πάσῃ δημοσίᾳ ἀπαιτήσει. Ab ejusce vero monetæ speciei pensitatione dicti olim *perpyrarii* quidam liberæ conditionis homines in regno Cyprio Lusinianorum [5], quod regi quindecim hyperpyra quotannis pensitare tenerentur. Verum addit Porcacchius [6] hyperpyra ejusmodi, valoris fuisse Marcelli argentei Veneti, cui consentit Leunclavius [7] ex relatione cujusdam Atheniensis. Quod si ita se res habet, consectaneum videtur hyperpyra ista Cypria argentea, non aurea fuisse. Tandem ex supra dictis doceri potest vir eruditus unde dicta sint *perpere*, in cujus vocis origine non minime hallucinatur [8].

XCI (LXXXI).

TALENTUM.

Talentum pro libra Annam Comnenam et scriptores Latinos ætatis inferioris, Theophanem vero anno nono Nicephori Generalis, pro centenario, seu centum libris dixisse, docuimus ad Alexiadem et in Glossario [9]. Sed et pro numismate, seu nummo aureo, usurpatum testatur Hesychius [10] : Τὸ δὲ λεπτὸν ἑξακισχιλιοστὸν Ταλάντου, ὅ ἐστι νόμισμα. Atque sic videtur accepisse idem Theophanes anno primo Michaelis Curopalatæ, quo loco scribit Michaelem mi-

---

[1] L. 2, p. 787. — [2] P. 103. — [3] L. 4, c. 5. — [4] In Legat. — [5] De Origin. p. 72; de Off. c. 5, n. 22. — [6] L. 18, c. 22. — [7] Tom. 3, tit. 19, c. 8, § 3. — [8] L. 13, Ep. 36. — [9] C. 35. — [10] L. 31, c. 75, 143 ; l. 32, c. 16, 289. — [11] P. 199. — [12] P. 2, 10, 12, 13. — [13] L. 13, ep. 155, 159, 162. — [14] P. 593. — [15] C. 18. — [16] P. 471, 472. — [17] MS. an. 1236. — [18] L. 7, c. 73.

[1] Gunther. c. 18. — [2] L. 31, c. 143. — [3] De Re Num. p. 63. — [4] L. 1, tit. 15, § 3. — [5] Loredan. in Hist. Cypr. l. 1 et 5, p. 8, 369. — [6] De Insul. — [7] Pand. — (* [8] Forte hic designatur P. *Bertet*, qui a *puerperio* hanc vocem derivat. Hallucinatur etiam Menagius in Etymol. Italo, v. *Perpero*, qui eam a *perpero*, id est *malo*, descendere autumat. Bottarius.) — [9] Vid. Glossar. — [10] In Κοδράντιος.

litum provincialium, qui bello Bulgarico perierant, uxoribus concessisse πέντε τάλαντα χρυσίου, cum vix probabile sit de centenariis auri hæc intelligenda.

XCII (LXXXII).

BYZANTIUS.

Aureos istos imperatorum Constantinopolitanorum Latini scriptores fere semper *byzantiorum* nomine donant, Græcis ipsis prorsus incognito : ex quo mirari contigit unde nostri vocem inusitatam, nec ævo suo receptam, usurparint, cum Byzantium ab ipsius Constantini ætate urbs ipsa desierit appellari. Baldricus Dolensis [1], Willelmus Malmesburiensis [2], et Guntherus [3] *byzantios*, a Byzantio seu Constantinopoli non denominatos duntaxat, sed et nummos aureos fuisse consentiunt. Hinc *byzantei aurei* apud Tudebodum [4], et *visanti aurei* in Capitulari Radelchisi [5], principis Beneventani, *bizantini aurei*, apud Lambertum Ardensem [6], ut cæteros omittam. Charta Joannis Anthypati, patritii ducis Amalphitanorum, apud Ughellum [7] : *Insuper componere debeat illa persona in cujus manibus hæc charta pervenerit auri solidos quingentos byzantios.* Alia Sikelgaitæ Roberti Guiscardi uxoris, an. 6 ducatus Amalphiæ, ind. 2 : *Componat in suprascriptum episcopium auri solidos byzantios sexcentos.* Rursum alia, anni 1128 : *Tum componere pars infidelis ad partem quæ firma steterit, auri solidos centum byzanteos.* Ita passim *libræ byzanteæ.* Charta Athanasii, archiepiscopi Neapolitani, circa annum 937 : *Componat vobis pœnæ nomine auri libras duodecim byzanteas.* Charta denique Guillelmi, episcopi Nolani, an. 1123 : *Insuper componat vobis... auri libras decem byzanteas.* Ad saracenicas deinde et turcicas monetas transiit byzantiorum nomen; quos, ad Græcanicorum nummorum discrimen, *saracenatos byzantios* appellant plerique scriptorum mediæ ætatis, uti alias docuimus [8]. Neque tantum aureis monetis id vocabuli attributum, sed et argenteis, præsertim in Cyprio Lusinianorum regno. Exstat apud laudatum Ughellum [9] diploma Gregori IX PP. in quo hæc habentur : *Byzanciorum alborum mille et nonaginta duorum percipiendorum in reditibus civitatis Paphensis et territorio ejus.* *Byzancios bonæ platæ*, id est, probi argenti, habet Charta Bermundi de Sancto-Martino Majoricensis, an. 1232, qua scilicet *Nunoni Sancii vendit aliquot alquerias pro mille et quingentis byzanciis bonæ platæ.* Unde colligitur præterea ejusmodi byzantios monetam fuisse Maurorum principum Hispanicorum. Hinc etiam percipere possunt heraldicæ scientiæ studiosi, cur in armorum insignibus globuli aurei et argentei *byzantiorum* donentur appellatione, cum qui alterius sunt coloris *tortelli* dicantur, quia videlicet nummos aureos et argenteos exhibent, quos *bezans* vulgo nos ipsi appellamus [10].

XCIII (LXXXIII).

CONSTANTINOPOLITANI NUMMI.

Quos denique byzantios plerique, ut duximus, vocant, interdum *solidos Constantinopolitanos* nuncupari in veteribus Tabulis, quas passim profert Ughellus [11], observare est. Amatus, Salernita-

nus episcopus, anno 1 Gaimarii principis, ind. 3, circa annum 990 : *Si taliter omnia supra dicta non adimpleverimus,... componere obligavimus et meos successores vobis vestrisque hæredibus ... quatuor millia solidos Constantinopolitanos, etc.* Ita certe hoc loco habetur : verum, ne quid dissimulem, in plerisque chartis quas laudat aut describit Ughellus [1] vox *Constantinopolitani solidi* contracta fere semper legitur. Alia ejusdem Amati, ind. 5 : *Obligavi me ... 500 auri solidos Constantin.* Alia Gisulphi, principis Salernitani, an. 17 principatus, indict. 14 : *Componat ipsi patruo et nepotibus eorum 50 aureos Constant.* In aliis *Constantini solidi* nuncupari videntur. Charta Petri, episcopi Salernitani, circa an. 882 : *Obligamus nos et successores nostros ad componendum vobis ... mille aureos Constantinos.* Unde dubium relinquitur fuerint-ne eæ monetæ Constantini alicujus imperatoris. Charta Joannis, Barensis archiepiscopi, exarata *Constantino simulque cum eo regnante Romano Porphyrogenito filio ejus*, anno quarto ejusdem Constantini, mense januario, indictione ultima : *Vobis obligamus pœnam comprehendi centum Constantini solidos.* Alia Pandulphi, comitis Montis-Oderisii, an. 1027 : *Obligat se et successores suos ad observantiam sub pœna mille solidorum Constantini.* Sed cum omnia pene quæ descripsit Ughellus vetera diplomata, exscriptorum vel typographorum fortassis incuria, de qua is non semel queritur, cum omni accuratione minime edita constet, admodum probabile est exscriptores eosdem aut typographos literram *i.* ad *Constantin.*, quo Constantinopolitani solidi designabantur, adjecisse, cum existimarent aureos illos esse Constantini alicujus imperatoris.

XCIV (LXXXIV).

NUMMI IMPERATORUM NOMINIBUS DONATI.

Licet tamen fateri aureos byzantios eorum quorum erant imperatorum, vel imagines præferebant, nominibus persæpe donatos a scriptoribus. Nam ρωμανάτους appellatos Romani Diogenis nummos testatur Anna Comnena [2], *romanatos* nostris, chartæ veteres Latinæ quas ad ejus Alexiadem laudamus. Falco Beneventanus, an. 1130 : *Hortum suum vendiderat sexaginta romanatos.* Et anno 1131 : *Monet ut illi sexaginta romanatos redderet.* Bulla Alexandri III. PP. an. 1179, apud Ughellum [3] : *Quadraginta et octo romanatos de paradiso, et de altari tantum quod 24 unciarum auri compleat.* Ita *constantinatos*, Constantini Ducæ, *michalatos*, Michaelis Ducæ, *manuelatos* denique Manuelis Comneni imperatoris nummos in veteri instrumento, et *manlat*, voce contracta, vocari apud Arnoldum Lubecensem ibidem annotavimus [4], et in Glossario. (Tradunt præterea continuator Theophanis, lib. 4, num. 22, et Symeon Logotheta, in Basilio, num. 15, eundem augustum, capessito imperio, ex pecunia in regiis thesauris post necem Michaelis decessoris inventa, τὸ νῦν σενσάτον καλούμενον cudi præcepisse : quæ quidem moneta aureane fuerit non indicat, quanquam id verosimile, ut et illam esse in qua cum filio Constantino in solio sedet : nam σένσος, pro *sessu*, seu solio, usurpasse Græcos recentiores pluribus docemus in Glossario mediæ Græcitatis. —C. in A.)

---

[1] L. 1, Hist. Hier. — [2] L. 4. — [3] Hist. CP. c. 15. — [4] L. 4. — [5] Capit. Radelch. c. 20, 27. — [6] P. 163. — [7] Tom. 7, p. 394, 395, 405; Id. tom. 6, p. 127, 298. — [8] Diss. 20 ad Joinvill. — [9] Tom. 7, p. 60. — [10] (* Itali vero *Bisante* illum appellarunt; de quo videsis Menag. in Etymol. Italo. Bottarius.) — [11] Tom. 7, p. 509.

[1] Tom. 7, p. 511; Ibid. p. 504, 509, 511; tom. 6, p. 844; tom. 8, p. 302, 714, 718; tom. 7, p. 501; tom. 7 p. 978; tom. 6, p. 844. — [2] L. 3 Alex. p. 93. — [3] In Arch. Benev. — [4] Notæ ad Alex. p. 322, 401.

XCV (LXXXV).

SEMISSIS.

Jam vero ut ad solidi partes, aliasque minutiores, vel minoris pretii monetas descendamus, quemadmodum *semissem*, dimidium solidum Latini, ita Græci Byzantini ἡμισὺν eadem notione sæpenumero usurpant. Theophanes [1] ait Chaganum dixisse Romanos captivos redditurum se, si κατὰ ψυχὴν, id est *in singula capita*, unum νόμισμα daretur; Mauricio id abnuente, petiisse Chaganum saltem ἀνὰ ἡμισοῦς λαβεῖν κατὰ ψυχὴν. Rationale Peræquatorum sub Alexio Comneno exaratum : Τὸ μὲν νόμισμα, ἤτοι μονὰς, δύο ἡμίσεια ἀποτελεῖ. τοίνυν καὶ τὸ ἥμισὺ ἀπὸ τῶν δύο ἐξέρχεσθαι λέγομεν. Ita sane : nam vox semissis quibusvis monetis etiam convenit, argenteis nempe et æreis, perinde ac aureis, utpote pars dimidia cujusvis nummi. Hinc in aliquot æreis infimæ ætatis, in quibus nullum imperatoris adscriptum est nomen, in aversa parte, circa literam majusculam M. legitur ΕΜΙCΗS, qui quidem characteres *semissem* æreæ alterius monetæ esse indicant.

XCVI (LXXXVI).

TREMISSIS.

Ut porro *semissis* est dimidius solidus, ita *tremissis* tertia pars solidi dicitur, ut est apud Isidorum [2], ubi de Solido : *Hunc, ut diximus, vulgus aureum vocat, cujus tertiam partem ideo dixerunt tremissem, eo quod solidum faciat ter missus* : ubi insulsum etymon. Atque hujus quidem monetæ speciei mentionem tantum fieri apud mediæ ætatis scriptores, pridem observatum a Cujacio [3], Casaubono [4], Salmasio [5], et aliis. Lampridius auctor est ab Alexandro Severo primum aureos tremisses cusos : *tuncque primum tremisses aureorum formati sunt.* Exhinc occurrunt passim *tremisses* apud inferioris ævi scriptores, ac præsertim in Concilio Carthaginensi IV, in Codice Theodosiano, et Justinianeo [6], in legibus barbaricis antiquis, maxime in Ripuaria [7], ubi *tremissis* dicitur constare quatuor denariis, quia solidus est duodecim denariorum : præterea apud Gregorium M. [8]. Paulum Warnefridum [9], Leonem Ostiensem [10], et alios non semel. Hinc τριμίσιον dixerunt Theophanes [11] et Leo Grammaticus [12] : ex quibus *trimisium* confecit Anastasius Bibliothecarius [13]. *Trientem* vero aureum apud Pollionem in Claudio, idem esse quod *tremissis* dicitur, pridem alii adnotarunt, quod et firmat Gregorius Turon. [14] : *Ad domum suum reversus, vidit ante pedes suos aureum in similitudinem trientis : quo assumpto, pensatoque, unius solidi appensus est pondere.*

XCVII (LXXXVII).

TETARTERON.

Tradunt Scylitzes [15] et Zonaras [16] Nicephorum Phocam imperatorem monetas suas pondere imminuisse; et cum ad ea usque tempora nummus omnis *exagium* penderet, id est, *solidum*, uti hanc vocem accipi supra docuimus, τεταρτηρὸν invenisse, statuisseque, ut tributa graviore darentur, largitiones vero ac impensæ

mutilato ac leviori numismate fierent. Ex quibus, redactum solidi pondus ad quartam partem quidam : quo modo *quartarios* vocat Lampridius [1] ; alii solidum quarta legitimi ponderis parte imminutum volunt. Cui postremæ sententiæ favere videntur veteres Tabulæ Constantinopoli scriptæ annc 1064, proinde annis 450 post Phocæ interitum, apud Ughellum [2] : *Hic in urbe Constantinopoli obiit D. Joannes Cajetanus, ... et demisit in vestro episcopio sol. 3, et sol. 5 ad Sancto Erasmo defore, ... toti sunt solidi 35 tetarteron.* Ubi moneta ista solidus dicitur cum adjectione *tetarteron*, ad discrimen aureorum solidorum legitimi ponderis, qui nude *solidi* ibi appellantur, quorum octo efficere dicuntur 35 *solidos tetarteronum* : unde patet ejusmodi monetæ solidum quartam esse partem aliorum solidorum, aut paulo plus ; nam si *tetarteron* fuit solidus quarta parte tantum constans, trigmta duo solidum legitimi ponderis confecissent. Quod autem τεταρτηρὸν Græci, contractius scriptores qui expeditionum Hierosolymitanarum historiam literis mandarunt *tartarones* vocant. Albertus Aquensis [3] : *Imperator ... ducentos byzantios aureos sibi dari jussit : de moneta vero quæ dicitur tartaron, modium unum exercitui illius erogavit.* Et alio, loco : *Per singulas hebdomadas quatuor viri aureis byzantiis onerati cum decem modiis monetæ tartaron, de domo imperatoris duci mittebantur, quibus milites sustentari possent.* Istiusmodi monetæ idem alibi meminit, satisque innuit prorsus diversam fuisse ab aureis et byzantiis nummis, seu solidis ; quod firmat etiam Fulcherius Carnotensis [4], exerte scribens *tartarones* æreos fuisse : *Jussit imperator de auro suo et argento, atque palliis, proceribus nostris dari, et peditibus quoque fecit de nummis suis æneis, quos vocant Tartarones.* Neque nomenclatura al a donantur nummi isti ærei ab Orderico Vitali [5] : *Tartarones quippe quadratos et cupro nummos Thraces vocitant, de quibus in Thracia seu Bithynia provinciales mercimonia sua, sicut philippis aut byzantiis, actitant.* Erant igitur *Tartarones* ex monetarum illarum genere, quas τετραγώνους vocat novella Justiniani [6], cujusmodi, inquit Scaliger, sunt argentei nummuli, quos Græci ἄσπρους vocant, id est *albos*. Certe apud Tartaros vigere etiamnum istius appellationis memoriam, quod fortassis monetæ istæ minutiores e Græcia in commerciis eo transierint, testari videtur Josephus Barbarus [7], in Itinerario ad Tanaim : siquidem *tetarti* idem sit quod *tetarteri*, quod prorsus licet existimare. Ita porro ille sub an. 1436 : *Neque hoc prætereundum videtur (cum mentionem nummi, quomodc tartarico idiomate proferatur, hactenus fecerim) tetarti proprie a bus dicitur, et per hunc colorem, nummum Tartari argenteum, qui alias albus est, intelligunt.* Græci etiam aspros suos albos vocant, Turci Akejen habent, album nobis quoque, et *Zagathiteng album* item nominant. Nec multum refert quod *tetarti* tartarici argentei sint, perinde ac aspri et albi Græcorum aut Turcorum, cum *teta teri* aut *tetartera* Græcorum ex ære fuerint, quandoquidem id appellationis minutioribus monetis quibusvis tributum omnino pro certo sit.

XCVIII (LXXXVIII).

MILIARENSIS.

Enimvero constabat solidus, seu aureus byzantius, duodecim miliarensibus argenteis ; miliarensis autem duobus ceratiis, ceratium denique duodecim follibus æreis, de quibus sigillatim dicendum. Inter augustorum Byzantinorum τὰ λεπτὰ, seu minutiores nummorum species, fuit illa argentea quam *miliarensium* appellatione

---

[1] In Maur. an. 18. — [2] L. 16, c. 25. — [3] Ad lib. 12, Cod. — [4] Ad Lampr. — [5] De Modo Usur. — [6] L. 2, C. de Erog. milit. ann.; L. 16, Cod. de Castr. pec. lib. 12; l. 4. C. Th. De Milit. vest.; l. 2 Ne Comit. etc. — [7] Tit. 23. — [8] L. 9, cp. 29. — [9] L. 5, c. 39. — [10] L. 2, c. 8. — [11] P. 374. — [12] P. 504. — [13] In. S. Silvestro et in Hist. de Exil. S. Martini. — [14] Lib. 4 de Mirac. S. Martini c. 39. — [15] P. 658. — [16] P. 162.

[1] In Alexandro Severo. — [2] Tom. 5, p 1505. — [3] L. 1, c. 16; l. 2, c. 16; l. 8, c. 26. — [4] L. 1, c. 4. — [5] L. 10, p. 791, 792. — [6] 105, c. 3. — [7] P. 453.

vulgo indigitant scriptores : Græci vero μιλιαρίσιον et μιλλιαρήσιον vocitant. Fuit autem miliarensis, nomismatis pars duodecima. Glossæ Basilicων : Κατὰ νόμισμα λαμβάνει μιλιαρήσια ιβ'; et Suidas, μιλιαρίσιον, τὸ τοῦ νομίσματος δωδέκατον, uti restituunt viri docti, pro δέκατον. Constabat etiam miliarensis duobus ceratiis, ceratium vero duodecim follibus : scholiastes Basilicων [1] : °Εν κεράτιον φόλλεις εἰσὶ δώδεκα, ἤτοι μιλιαρησίου ἥμισύ. Et vetus Rationale Peræquatorum, quod παλαιὰ λογαρικὴ inscribitur in codice Regio [2] : ῞Εως ὧδε ὀφείλεις ἀπαιτεῖν δικέρατον καὶ μόνον. ἀπὸ δὲ τοῦ ἡμίσεως καὶ ἔκτου, ἤτοι τοῦ διμοίρου τοῦ ἑνὸς χαράγματος ιί, ὀφείλεις ἀπαιτεῖν καὶ ἐξάφολλον διὰ χαράγματος, λογαριάζειν δὲ δώδεκα μιλλιαρήσια τῷ νομίσματι, ἤτοι τὸ μιλλιαρήσιον ἔχειν φόλλεις κδ' κατὰ τὴν παλαιὰν παράδοσιν τοῦ Αὐγούστου Καίσαρος. Duobus etiam ceratiis valuisse miliarensem omnino indicat Cedrenus [3], scribens Chaganum postulasse ab imperatore pro singulis captivis quatuor ceratia, quæ duos, inquit, miliarenses conficiebant. Scholiastes Basilicων loco laudato : Τὰ οὖν ιβ. κεράτιά εἰσι νομίσματος ἥμισύ. τὸ γὰρ ἀκέραιον νόμισμα ἔχει μιλιαρήσια δώδεκα, ἤτοι κεράτια κδ. Quod etiam firmatur a Theophane [4], scribente Leonem Isaurum lege sanxisse, ut in murorum urbis, qui terræ motu collapsi erant, reparationis sumptus singuli ex incolis miliarensem pensitarent, καὶ ἀπαιτοῦσιν εἰς κανόνα μετὰ ὁλοκοτίνιν τὸ μιλιαρίσιον. Mox addit ab eo deinceps tempore exsolvi solitam pro murorum refectione duorum ceratiorum pensitationem : Ἐντεῦθεν οὖν ἐπεκράτησεν ἡ συνήθεια δίδειν τὰ δύο κεράτια τοῖς διοικηταῖς. Quæ quidem pensitatio δικέρατον dicitur Cedreno, Zonaræ, Manassæ, Glycæ, et aliis. At quærunt viri docti quid sit ὁλοκοτίνιν apud Theophanem loco laudato, et isto Theodoriti in Hist. Eccl. [5] : Ὁ βασιλεὺς ἀπέστειλε πεντακοσίους ὁλοκοτίνους αὐτῷ εἰς δαπάνας, ubi vetus lectio χρυσίνους habet, quam sane vocem firmat Cedrenus, qui præfert hoc loco : Προσετάξαμεν τοῖς διοικηταῖς τῶν θεμάτων ἀπαιτεῖν εἰς τὸν κανόνα κατὰ νόμισμα μιλιαρίσιον ἕν. Ita ὁλοκοτίνιν, vel ὁλοκότινος, idem erit ac νόμισμα, solidus, uti redditur ab Epiphanio Scholastico, vel nummus argenteus, ut ab Anastasio in Historia Ecclesiastica, incerto licet etymo. Sed et idem fuit miliarensis cum argenteo. Rationale : Ἰστέον ὅτι δώδεκα μιλιαρήσια, ἢ δώδεκα ἄργυρα, τῷ νομίσματι λογαριάζονται εἰς Σέκρετον τοῦ Γενικοῦ. τὸ γὰρ μιλιαρήσιον ἀντὶ ἀργυροῦ λογίζεται, τὸ δὲ ἄργυρον ἀντὶ μιλιαρισίου. Μιλιαρισίων vero mentio primum videtur facta sub Honorio, cum scrinium a miliarensibus sub dispositione comitis largitionum statuatur in Notitia utriusque Imperii, ejusdem augusti ævo edita : dein sub Justiniano, qui horum meminit in Novella 105, mox sub Mauricio apud Simocattam [6], sub Heraclio apud Theophanem et Cedrenum anno ejus duodecimo, sub aliis demum apud Porphyrogenitum libro de Administrando Imperio [7], Leonem Grammaticum [8] in Leone Philosopho, Achmetem, et alios. Cedrenus [9] ἀπὸ τῆς μιλιτίας, ἤτοι στρατίας, a militia deducit, quod scilicet ea monetæ specie militum stipendia exsolverentur, cui sententiæ consentanea habent Glossæ Basilicων : ῎Εστι δὲ ἕτερος φόλλις συναγόμενος ἐξ ἀργυρίων λεπτῶν ταῖς στρατιώταις διδομένων, καὶ διὰ τοῦτο μιλιαρισίων καλουμένων. Sed quod subdit Cedrenus, Scipionem pecuniæ inopia laborantem, dum bella Romanos inter et Annibalem exardescebant, ejus usum adinvenisse, vix fidem meretur, cum miliarensium demum nomen auditum fuerit post instauratum a Constantino Byzantium [10]. Neque ab hac Cedreni sententia abludit Epiphanius [11], scribens miliarensium apud Romanos esse στρατιωτικὸν δόρα, militare stipendium : seu, ut habent Glossæ Ba-

silicων, στρατιωτικόν δῶρον. At his adversatur Josephus Scaliger [1] hoc potissimum nixus fundamento, quod si a militia vox hæc deduceretur, non miliarensis, sed militarensis hæc moneta nuncupari debuerit. Verum objectioni scaligerianæ id præsertim opponi potest, quod Græci Byzantini μιλίους appellabant quos Latini milites : quod ex Porphyrogenito et Anna Comnena præsertim colligitur, qui quos Latini magistros militum, unico vocabulo μαΐστρομιλίους appellant, uti ad Alexiadem monuimus. Sed ut incertum esse etymon istud fatendum est, ita videant eruditi an majoris sit fidei illud quod præferunt Glossæ Basilicων [2], miliaresia scilicet sic nuncupata, quod libræ auri millesimam partem conficiant, quovis nomismate duodecim miliarensibus constante : Μιλιαρήσιον, τὸ χιλιοστὸν τῆς τοῦ χρυσίου λίτρας. μιλε γὰρ οἱ Ρωμαῖοι τὰ χίλια καλοῦσι, καὶ οὕτω κατεκερμάτωσε τὸ πόσον τῆς λίτρας, ἵνα δι' αὐτοῦ σώζηται τὰ χίλια μιλιαρήσια, ὥστε κατὰ νομίσματα λαγχάνει μιλιαρήσια ιδ'. Sed pro ιδ' legendum prorsus ιβ', supra enim diximus nomisma constitisse duodecim miliarensibus. Certe huic sententiæ vox miliarensis non repugnat, cum miliarensem porticum, quæ Romæ in Hortis Salustianis exstitit, appellet Vopiscus [3], quam Millenariam Suetonius [4]. Istius etiam monetæ usus transiit in Italiam : quippe apud Ughellum [5] in archiepiscopis Brundusinis, descriptum legitur Diploma Rogerii, Siciliæ regis, anni 1133, ex quo hæc sunt : Concedimus præfato monasterio in terra nostra Misanii villanos 80 demanios nostros, qui reddant singulis annis in duabus datis centum quadraginta michalatos et centum miliarenses. Ubi michalati perinde sunt Michaelis Ducæ imperatoris nomismata, seu solidi aurei, uti supra innuimus. Neque aliunde Provinciales nostri suos millarenses accepere : nam quod suspicatur Scaliger a quodam Muley Rais, Arabum principe, et in Hispania regnante denominatos, et ex Hispania in Galliam invectos, refutatione non eget; quandoquidem an in rerum natura princeps ille unquam fuerit, se nescire ultro fatetur. Millarensium vero massiliensium mentionem in veteribus Tabulis fieri comperio. Pactum initum inter Carolum comitem Provinciæ et Massilienses, art. 20 : De prædictis monetis quæ fiunt in Massilia, habeat dominus comes duodecim denarios Massiliensium minutorum tantum pro marcha argenti fini,..... et eodem modo intelligitur de moneta Millarensium. Horum etiam meminit diploma aliud, quo Berengerus Fredolus, Magalonensis episcopus, Monspeliensibus [6] cudendæ monetæ millarensis dictæ facultatem concedit, ad legem decem denariorum, in toto episcopatu et comitatu, etc. Exstat præterea Diploma aliud Guillelmi Gerundensis, sacristæ, an. 1268, in quo miliarensium mentio fit : Ita tamen quod de miliarensi a nobis et D. Infante Jacobo nobis concesso habendo de quolibet maidino salis ad opus murorum construendorum et reficiendorum, etc. Sed an a miliarensibus minutiores apud nos monetæ quas Liards appellamus nomen et originem ducant, uti vult Pithœus [7], major est difficultas : cum existiment alii ita vocitatam monetam regum Angliæ in Aquitaniæ ducatu ab iis cusam : atque adeo contendant haud diversam a moneta aurea quam nobilem rosatum vulgo dicimus, et quam Regestum quod Brissonis vocant testatur pendere quatuor denarios et sex grana. Addunt præterea Edwardum III, Angliæ regem, primum id genus monetæ fabricasse, quod etiam scribit Seldenus [8] : idque nominis monetæ ejusmodi datum, les hardis, seu, ut tum efferebant, li hardis, deinde liards, quod in ea rex manu ensem nudatum tenens effingatur. Pulinus [9] tradit liardorum istorum alios fuisse aureos, alios

---

[1] L. 25. — [2] Cod. 1024. — [3] An. 18 Mauric. — [4] P. 345; Cedr. p. 458. — [5] L. 2, c. 16. — [6] L. 5, c. 14. — [7] Porph. De Adm. Imp. c. 43. — [8] P. 480. — [9] Cedr. p. 168. — [10] Anon. de Mirac. S. Anastasii Persæ c. 1. — [11] Lib. de Ponder.

[1] P. 55. — [2] Gloss. Basil. p. 72; Petav. ad Epiph. — [3] In Aureliano. — [4] In Neron. c. 31. — [5] Tom. 9, p. 45. — [6] Apud Sammarth. in Episcop. Monspel. n. 31. — [7] Ad Leg. Salic. tit. 1. — [8] L. 2 de Mari clauso, c. 25. — [9] D. Poulin, au Traité des Monnoies de France.

argenteos, alios denique ex materia argento et ære conflata, quam *billonem* dicimus : appellationemque istam, quam certis quibusdam æreis monetis vulgo tribuimus, ab ea monetæ anglicæ specie deductam. Diploma quoddam anni 1400 pro monetis confundit *les hardis* et *les liards de France*, pro tribus denariis : in quo etiam mentio fit *des hardis morlans*, pro duobus denariis et obolo. *Milreis* aureos Lusitanicos a miliarensibus quidam etiam deducunt, vel certe eorum appellationem : quos Henischius [1] ideo censet appellatos quod mille *ræsis* constiterent : *ræsum* autem esse quintam partem ait *cruciferi*, sive unum obolum cum duabus quintis : cum 40 *ræsi* regalem conficiant. Vel ex his saltem conficitur viri doctissimi [2] evanescere conjecturam, qui monetam dictam *les ardis* gothicam esse credidit, atque inde *panes sordidos*, *ardinienses* dictos in Codice Theodosiano [3], quod singuli vænirent singulis *ardinis*, id est quadrantibus, quo modo Tolosates etiamnum quartam partem assis vocant : adeo ut verba hæc, *qui nunc dicuntur sardinienses*, vel, uti legit, *ardinienses*, Aniano interpreti adscribat.

XCIX (LXXXIX).

CERATIUM.

Ut solidus duodecim miliarensibus argenteis, ita miliarensis constabat duobus ceratiis perinde argenteis : *Ceratium* vero duodecim follibus æreis, ut est in Legibus Georgicis [4], et apud Cedrenum [5], anno vicesimo quarto Leonis Isauri ; et si eundem Cedrenum audimus, ab ipsius Numæ temporibus id genus monetæ obtinuit. Duo præterea ceratia miliarensem confecisse, atque inde δικέρατον dici scriptoribus, mox innuimus : quod firmat idem Cedrenus [6], anno decimo octavo Mauricii, qui quatuor ceratia duos miliarenses confecisse scribit, et Theophanes [7], anno octavo Nicephori Generalis, qui unica voce τετρακέρατον dixit quod Epiphanio τετράδραχμον dicitur, sexta scilicet solidi pars ; siquidem *drachma* idem est quod *ceratium*, pars nempe vicesima quarta solidi [8]. Proinde τετρακέρατος semissis fuit moneta illa argentea qua Heraclius *rogas* suas, seu largitiones, fecisse scribit auctor Chronici Alexandrini, anno illius quinto : Τούτῳ τῷ ἔτει γέγονεν ἀπὸ νόμου νόμισμα ἐξάγραμμον ἀργυρὸν, καὶ βασιλικαὶ ῥόγαι δι' αὐτοῦ γεγόνασι, καὶ κατὰ τὸ ἥμισυ τῆς ἀρχαιότητος. *Hoc anno numisma ex lege cusum est argenteum sex scripulorum, et largitiones eo genere nummi factæ, ad semissem veteris moris.* Ubi perperam interpres ἐξάγραμμον, *senis literis insignitum* reddidit : est enim γράμμα idem quod *scripulus*, vel *scriptulus*, unde forte Græci nomen formarunt, quasi a voce *scribere* vox *scriptulus* ducatur, quod punctis olim, seu γραμμαῖς, notarentur nummi, quæ eorum pondera designarent. Isidorus [9] : *Scripulus sex siliquarum pondere constat* [10]. *Hic apud Græcos gramma vocatur.* Glossæ Gr. Lat. : Γράμμα, ὁ σταθμὸς, *scripulum.* Glossæ Lat. Gr.: *Semuncia*, γράμματα δώδεκα. Ita apud Hesychium στατὴρ dicitur esse τετράγραμμος, ut apud Cleopatram in tractatu de Ponderibus, τὸ δινάριον ἔχειν γράμματα δ'. Quanquam apud Hesychium legendum τετράδραχμος censet Scaliger ; quod firmat idem Cleopatræ liber, in quo ὁ στατὴρ ἔχειν δραχμάς δ', et τετράδραχμον vocari dicitur. Apud medicos et cæteros scriptores *ceratium* est ponderis species, de quo præter Isidorum [11], et auctorem de Ponderibus, qui Nicandro subjicitur, copiose egit Pisanus [12].

---

[1] Lib. de asse, p. 217. — [2] Samuel Petitus, lib. 2 Obser. c. 11. — [3] L. 5, Cod. Th. de Annon. civic. — [4] Tit. 2, § 1. — [5] P. 458. — [6] P. 399. — [7] P. 412. — [8] (*Hinc *Crazia*, moneta argentea Florentiæ cusa, minimi pretii inter argenteas. Bottarius.) — [9] L. 16, c. 25. — [10] (**Siliqua*, quod forma et figura corniculum referat, dicta est Græce κερώγτον; unde Florentinæ monetæ, *crazia*, nomen processisse arbitror. Bottarius.) — [11] Isid. l. 16, c. 25. — [12] L. 3 de Numism. c. 1 et 2.

C (XC).

FOLLIS.

Follium autem ut monetæ minutioris crebra mentio est apud scriptores, etiam aliquot qui Constantini ævum præcesserunt, Lampridium [1], sanctum Augustinum [2], Evodium Uzatensem [3], et alios, adeo ut non omnino damnandus videatur auctor Rationalis Peræquatorum, qui ejusmodi monetis pretium inditum ab Augusto Cæsare scribit. Et certe Casaubonus [4] et Salmasius [5] ab ipsis Hebræis vel Chaldæis etymon perinde ac usum arcessunt. Ex quo explodit idem Salmasius Epiphanium, qui *follem* per βαλάντιον reddit : tametsi annotetur in veteribus Glossis manuscriptis *nummos folles dici a sacculo quo conduntur.* Certe sacculus *follis* exerte appellatur apud Fredegarium Scholasticum, cap. 18, cujus lemma est : *De Aureliano qui follem perdidit*, qui in ipso contextu *pera* dicitur. Follium vero alii erant argentei, alii ærei. Follem argenteum τετράδραχμον vocat Epiphanius. Unde idem fuerit quod τετρακέρατον, quod perinde quatuor drachmis constitit. De æreis hic agimus, quo modo intelliguntur a plerisque scriptorum Byzantinorum. Glossæ Græco-Latinæ : Φόλλις, *æs. Folles æris* dixit Lampridius ; *follerales* Marcellinus comes, seu *follares*, ut præfert Sirmondi editio, quasi folles æreos : *Nummis quos Romani Teruncianos vocant, Græci follares, Anastasius suo nomine figuratis placabilem plebi commutationem distraxit.* Lectionem Sirmondi firmat Falco Beneventanus [6], ubi de Rogerio, rege Siciliæ : *Induxit etiam tres follares æreos Romesinam unam appretiatos.* Græcam porro voci originem esse hic indicat Marcellinus, scilicet a φολὶς, φολίδος, *squama* : nam et φολίδα τοῦ χαλκοῦ dixit Hippocrates [7], quod scilicet *folles* instar squamæ æris essent. Atque ita nonnulli ex scriptoribus Græcis cum unico λ habent, ut Procopius [8] : Διακοσίους ὀβόλους, οὓς φόλεις καλοῦσιν. Sic denique Theophanes, et Cedrenus [9], anno vicesimo quarto Anastasii, idem et Zonaras, anno perinde vicesimo quarto Leonis Isauri, auctor Vitæ Sancti Auxentii [10], Glossæ Basilicων, Moschopulus, et alii. Φόλας dixit Harmenopulus [11], a φόλη, uti appellatur ab Epiphanio. Φόλλην dixit etiam Cedrenus, anno septimo Justini Thracis : cæteri *follem* habent. Vetus inscriptio [12] : IS. TVM. INFERET. POENAE. NOMINE. REIP. FOLLES. MILLE. Sic non semel in Codice Theodosiano [13]. Chronicon Alexandrinum, anno decimo sexto Heraclii : Ὁ γὰρ λεχθεὶς ὁ Σεισμὸς γ φόλλεων πιπρασκομένου τοῦ ψωμίου, αὐτὸς ἡ φόλλεων αὐτὸ ἠβουλήθη ποιῆσαι : *quippe Joannes iste Sismus cum offula tribus follibus distraheretur, ipse rem eo deducere conabatur, uti octo follibus id fieret.* Alibi φόλεις habet. Sed missis reliquis scriptoribus, lubet tantum observare, quingentos folles æreos conficere libram argenti, ex L. 3, Cod. Th., de Pistoribus, quæ definit primam prælaram expendere viginti quinque millia follium, et quinquaginta libras argenti ; secundam, viginti millia folium et quadraginta libras argenti : tertiam denique, quindecim millia folllium et triginta libras argenti. Quos vero *senos folles*, quibus libra porcinæ carnis æstimatur, vocat lex tertia, eodem Codice, de Suariis, ἑξάφολον appellat auctor Rationalis Peræquatorum, quo loco ait ita nuncupatam additionem factam *dicerato* a Leone Isauro : Χρὴ δὲ γινώσκειν ὅτι τὸ ἑξάφολλον προσθήκη ἐγεγόνει Λέοντος τοῦ Ἰσαύρου, a qua quidem superindictione ejusmodi tributum unico vocabulo ibidem non semel δικερατοεξά-

---

[1] In Elagab. — [2] L. 22, de Civ. Dei c. 8; l. 3, Contra Crescon. c. 29; serm. 40, in Nov. — [3] Evod. l. 1, de Mir. S. Steph. c. 14. — [4] Ad Lamprid. — [5] L. de Usur. c. 11, extr. Franciscus Francus in Encho Cercopetaviano p. 45 et seqq. — [6] Falco Beneven. an. 1140. — [7] Hippocr. 1. de Visu. — [8] Procop. in Anecd. — [9] Cedr. p. 458. — [10] Vita S. Auxent. n. 7. — [11] Harmenop. in Georg. tit. 2, § 1 et 10. — [12] Grut. 810, 10. — [13] L. 3 de Veter; L. 3 de Pistor.

φόλλον appellatum. Apud Hispanos habetur moneta minutior, quam *foluz* nomenclatura donant, et valere *coronato* seu *coronado*, esseque tertiam partem *blancæ*, scribit Sebastianus Cobarruvias. Sed quod addit vocem esse arabicam, vix ei assentiar, nisi Arabes a Romanis acceperint, eamque ad Hispanos transmiserint.

CI (XCI).

FOLLIS MAJORIS PRETII.

Erant præterea folles alii majoris pretii quam ii de quibus egimus. Tradit Zozimus[1] Constantinum M. describi jussisse magnatum possessiones, iisque tributum imposuisse quod *follem* nominavit, τέλος ἐπιτιθεὶς, ᾧ τινι φόλλιον αὐτὸν ἐπέθηκην ὄνομα. Hinc *follem senatorium* vocat novella Majoriani de Indulgentiis debitorum. Neque tamen unus, sed duo pensitabantur a senatoribus folles, ex lege 2, Cod. Th., de Senatoribus, et l. 1 de Prætoribus. Cujusmodi autem esset *senatorius* iste *census*, uti appellatur a Symmacho[2], docet vir illustris Hesychius Milesius, Historiarum libro sexto in Glossis Basilicωn. Ait enim pro modo facultatum eam fuisse senatoriam pensitationem quam *follem* etiam appellatam innuit, qui variis constitit quantitatibus : a duabus enim auri libris ad octo processisse secundum dignitatis ac facultatum rationem : Ἔστι δὲ καὶ ἕτερος φόλλις διαφόρους ἔχων ποσότητας· ἀπὸ γὰρ δύο χρυσίου λιτρῶν ἀρχόμενος, εἰς ὄκτω προῆει κατὰ τὴν ἀξίαν καὶ τὴν εὐπορίαν τῶν ἀπαιτουμένων. Addit deinde primæ dignitatis viros octo auri libras, secundæ quatuor, tertiæ denique duas pensitasse. Ex quibus primo percipimus, quod ait Zozimus *follem* propria nomenclatura appellatam senatoriam istam pensitationem, quam qui implere non valebant, saltem solidos præstare jubebantur ex lege 4, Cod. Th., de Senatoribus, etc. Sed et ex Hesychii verbis videtur follis iste idem fuisse cum libra auri. Nam lex secunda dicto titulo de Senatoribus, præcipit *duorum follium manere cunctos* (senatores) *indiscretam possessionem, etiamsi possessionem forte non habeant :* Hesychius vero cum *follem* dicit esse censum hominum locupletum, qui a duabus auri libris ad octo progrediebatur, habita facultatum ratione, consequi videtur, binos istos folles esse binas auri libras Hesychii. Proinde hac notione *folles* intelligendi in l. 2 et 3 Quorum appellat. non recip. l. 1 de Prætoribus, et l. 1 de Mensis oleariis, in Codice eodem Theodosiano. Et sane Glossæ Basilicωn exerte dicunt *follem* esse σταθμὸν, seu libram vel pondus, quod appendit denarios 250, hoc est libras 82 et 6 uncias, denario computato pro una libra et tredecim unciis.

CII (XCII).

OBOLUS.

Obolos eosdem esse cum follibus æreis auctor est Procopius, in Anecdotis, quo loco scribit auri staterem, seu nomisma cum decem et ducentis obolis commutatum a nummulariis[3]. Unde de follibus intelligendus videtur Scylitzes[4], cum ait Joannem Tzimiscem imperatorem statuisse ut ἐν τῷ νομίσματι καὶ ἐν τῷ ὀβολῷ, Servatoris insculperetur imago, id est in aureis et æreis minutioribusque nummis. Memorat ibidem Procopius quendam Petrum Barsymen Syrum ἐπὶ τοῦ χαλκοῦ τραπέζης καθήμενον, ob τὴν περὶ τοὺς ὀβολοὺς κλοπὴν famosum, qui quidem ex iis erat quos collybistas, nummu-

larios, et collectarios vocabant, Zonaras[1] τους τὰ λεπτὰ νομίσματα πωλοῦντας, qui vendebant nummos, seu solidos aureos minutulis monetis permutabant, de quibus nummorum venditoribus agit Codex Theodosianus, l. un. Si quis circul. l. 1 et 2 Si quis pecun. conflaverit, et l. 1 de Ponderat.

CIII (XCIII).

LEPTUM, QUADRANŠ, NUMMUS.

Folles igitur ærei et oboli monetis minutioribus accensentur. At Hesychius τάλαντον, id est, solidum dividit in λεπτὰ, νούμμους, κοδράντας, ἀσσάρια; λεπτὸν apud Lucam[2], ὀβολὸν interpretatur Chrysostomus : Δαψιλὴς καὶ φιλότιμος ἡ ἐκ τῶν δύο λεπτῶν ἐλεημοσύνη, τουτέστιν ἐκ τῶν δύο ὀβολῶν. Hesychius ait λεπτὸν esse ἑξακιχιλιοστὸν τάλαντου, ὅ ἐστι νόμισμα ἓν, idemque esse quod κοδράντης, ἢ τὸ τέταρτον τῆς φόλλεως : alibi κοδράντην esse scribit λεπτὰ δύο, ex Evangelista[3] : τὰ δὲ δύο λεπτὰ κοδράντης εἷς, ἤγουν νουμμία τρία. Unde conficit Scaliger solidum dividi εἰς κοδράντας 6000, εἰς λεπτὰ 12000, εἰς νουμμία 18000. Et sane τὰ λεπτὰ per νουμμία numerari docet Rationale Peræquatorum, in quo χαλκῶν νουμμίων crebra mentio occurrit. Ibi enim Alexius imperator statuit διὰ χαλκῶν νουμμίων ἀπαιτεῖσθαι τὰ λεπτὰ ψηφία τῶν τελουμένων δημοσίων, *per æreos nummulos exigi minutos calculos, qui in tributis penduntur :* et καταλογίζεσθαι τὰ νουμία ἐπὶ τῶν τεσσάρων μιλιαρησίων τῷ νομίσματι, ὥστε χρεωστοῦντα ἥμισυ νομίσματος διδόναι μιλιαρήσια β' νουμίων χαλκῶν. Ita νουμίον est minutissima moneta ærea, uti *nummus* usurpatur in Codice Theodosiano[4], et in Novella Theodosii et Valentiniani 25: *Ne unquam intra septem millia nummorum solidus distrahatur, emptus e collectario septem millibus ducentis.* Et in Glossis manuscriptis regiis, νούμμος, τὸ νουμίον exponitur. Quod vero νουμίον alii, Hesychius interdum νόμισμα vocat, cum scilicet ait quadrantem νομίσματα τρία confecisse. Ab ejusmodi *nummis* dictum fortassis *dinummium vectigal*, quod urbis Alexandrinæ singuli cives ab urbis onera pendebant[5] : quemadmodum in Glossis Lat. Gr. *binio* δίνουμμα esse dicitur.

CIV (XCIV).

ASSARIUM.

Assarium præterea idem esse quod λεπτὸν auctor est Hesychius : Ἀσσάριον καὶ λεπτὸν ἕν εἰσιν, ἤγουν ἑξακισχιλιοστὸν ταλάντου, quo loco λεπτὸν cum quadrante confundit, qui est sexmillesima pars solidi, quo modo alibi etiam usurpat. Glossæ veteres ἀσσάριον, νουμμίον vertunt. Ita Suidæ ἀσσάρια, ὀβολοὶ, νομίσματα, et στάμενα, idem sonant, vel certe pro λεπτοῖς, seu minutioribus monetis confunduntur. Et in Glossis Græco-Latinis ἀσσάριον *as* esse dicitur, minimus nempe æris nummus, cum de numerata in ære pecunia agitur, ut observat Cujacius[6]. Sed et de vocis notione ac monetæ valore non sibi constant Græculi isti : quippe in Glossis Regiis manuscriptis[7] ἀσσάριον exponitur πεντανούμιον, ἢ δεκανούμιον, ita ut *assarium* confecerit quinque vel decem νουμία ærea, vel certe appenderit : nam ἀσσάριον pro pondere usurpat Cleopatra de Ponderibus, ubi τετράσσαρον Ἰταλικὸν unciam vocari ait. Apud Marcellum Empiricum de Ponderibus et mensuris, *tetrassarius semuncia est :* unde colligitur assem unciæ quadrantem habuisse.

---

[1] L. 2, p. 699. — [2] L. 10, Ep. 60. — [3] Suidas, in ὀβολός, p. 111, ed. 1. — [4] Scyl. p. 669.

[1] Ad Syn. Trull. — [2] C. 22. — [3] Marc. 12, p. 59. — [4] L. 1 de Medic.; L. 1 de Pretio panis Ostiens. — [5] L. 2, Cod. Th., de Alex. pleb. primat. — [6] L. 7, Obs. c. 33. — [7] Cod. 930.

CV (XCV).

ΣΤΑΜΕΝΑ.

Quod vero ad vocem στάμενα pertinet, a Græculis infimi ævi pro minutiore moneta usurpatam, videtur illa esse quam Odo de Diogilo *stammam* vocat, proclivi mendo, pro *staminam*, uti in Glossario monuimus. Is enim Ludovici VII, Francorum regis, per urbem Constantinopolitanam transitum enarrans, ait a Francis nostris, cum ad Græcorum terras accessissent, *monetas cupreas*, seu æreas, et *stammas* tum primum visas[1] : *Hic primo* (in Græcia) *cupream monetam et stammas offendimus, et pro una earum quinque denarios, et pro duodecim solidis marcam tristes dabamus.* Rursum alio loco[2] : *Ante Palatium, vel etiam in tentoriis, habebamus congruum, si duraret, concambium, minus quam duobus denariis stammam unam, et earum triginta tres solidos propter marcam.* De vocis etymo non constat : nolim enim præstare ita nuncupatas, quod ex stanno ære forsan mixto conflatæ fuerint : nam στάμνον Græci, ut Latini recentiores *stamnum* et *stagnum*, appellant quod veteres *stamnum*. *Nummi stagnei* habentur in Pandectis Florentinis, de quibus Cujacius[3]. Scio aliam arcessi originem voci στάμενα ab Salmasio[4], quæ nescio an perinde ab omnibus probetur. Ait quippe τῶν ἱσταμένων voce proprie significari quæ fœnore dantur : ἵστασθαι enim esse fœnore accipere : præterea Pollucem[5] pro pecunia numerata etiam ἱστάμενα vocem usurpasse, hoc loco : Πέντε χρυσοῦ στατῆρες μνᾶν ἐδύναντο · οἱ γὰρ ἐν τοῖς ἱσταμένοις τῆς μνᾶς τὸ πεμπτὸν στατῆρα ὀνομάζουσι. Sed alii ἐν ἱσταμένοις, *in appensis* rectius, opinor, vertunt.

CVI (XCVI).

ASPRI.

Inter monetas minores argenteas occurrunt etiam eæ quas *aspros*, vel *aspra*, vocant Græci recentiores, cum qua collybistæ, seu *cambitores*, majorem tam argenteam quam auream commutare solent. Unde denarium *asprum* reddunt Glossæ Græco-Latinæ : Δηναρίον, λευκὸν, *asprum* : ubi λευκὸν idem valet quod *album*, et quod *asprum*. Quo spectant ista Hesychii : Λεπταλέον. ἰσχνὸν λεπτόν · λεπτὰς καὶ παχείας, λεῦκος ἐν νόμοις, τὰς δραχμὰς, λεπτὰς μὲν τὰς ἐξωβόλους, παχείας δὲ τὰς πλέον ἐχούσας. Eadem habet Favorinus : ubi λεῦκον in nummis dici observat, idemque esse quod λεπτὸν, deinde drachmam esse, cui opponitur παχεία, quæ Achæis δίδραχμον sonat, ut alibi observat. Notum porro Græcos ἀσπρὸν pro λεύκῳ etiam in colore usurpare[6]. Sed et inde nostri forte minutiores monetas suas argenteas *blancs* vocavere, nisi ii a nostris hauserint, ab argentei metalli scilicet colore. Quod vero ejusmodi minutioribus monetis majores permutarentur, *aspraturam*, κόλλυβον reddunt Glossæ veteres ; est enim collybus quod pro pecuniæ permutatione datur, ut Collybistæ, qui majores pecunias minoribus vendunt ac distrahunt. De his *aspris*, præ cæteris Vincentius Belvacensis[7] : *Etiam suum habet tributum* (super *tributarios terræ Anaph*) *ad minus quindecim drachmas, seu asperos, qui bene valent triginta sterlingos.* Ubi aspri *drachmis* æquiparantur, ut in laudato Hesyhii loco. Præterea Alexius Comnenus, in Rationali Peræquatorum : Τοῦτο γὰρ προσέταξεν ἡ Βασιλεία μου τὸ μὲν χάραγμα νόμισμα διὰ

<hr>

[1] Odo de Diogil. l, 3 de Profect. Lud. VII in Or. — [2] Lib. 4. — [3] L. 11 Obser. c. 1. — [4] L. de Usur. p. 581, 685. — [5] L. 9, c. 6. — [6] Chr. Alex. p. 724, 766, 781, 886; Theophan. p. 144; Const. de adm. Imper. p. 117, etc.; Vide Gloss. — [7] Vincent. Belv. l, 30, c. 75.

τραχέων ἄσπρων νομισμάτων ἀπαιτεῖσθαι, τὰ δὲ λεπτὰ ψηφία διὰ νουμίων χαλκῶν, καταλογίζεσθαι δὲ τὰ νουμία ἐπὶ τῶν τεσσάρων μιλιαρησίων τῷ νομίσματι, etc. Ubi ἄσπρα τραχέα sunt *aspri asperi*, recens cusi, non usu detriti : ut *asperi nummi* efferuntur a Suetonio[1], Persio[2], et aliis : unde etiam ejusmodi *aspris* datam nomenclaturam plerique censent. Ita in eodem Rationali, νομίσματα τραχέα habentur : ᾿Επὶ δὲ ἀπαιτήσει τῶν νομισμάτων τὸ τραχὺ παλαιὸν ἓν ἀπαιτεῖσθαι, βαρεῖαν ἐλογίζοντο τὴν ἀπαίτησιν. De asprorum duplici apud Turcos specie egit alicubi Leunclavius[3].

CVII (XCVII).

CENTENIONALES, MAJORINÆ PECUNIÆ.

Atque ista quidem quæ hactenus diximus minutiores inferioris ævi potissimum monetas fere spectant : verum sub Constantino, vel etiam decessoribus, aliæ fuere, atque in iis quas *centenionales* appellabant, quod centum æreos seu stipes conficerent, quarum usum, ut et *majorinarum*, a Constantio interdictum legere est in Codice Theodosiano[4], centeniona es quidem propter nimiam su exiguitatem, *majorinas* vero propter nimium pondus; tametsi centenionalium postmodum usus permissus fuerit ab Arcadio et Honorio[5]. Eorum enim prorsus repudianda videtur sententia qui centenionales cum centenariis aureis, quorum meminit Lampridius[6], qui centum aureos conficiebant, confundunt ; cum revera centenionales *minutula*, ut loquitur Valerianus in Epistola ad Aurelianum, moneta fuerit, sicque nuncupata, quasi *centenio*, qui centum, ut *binio*, qui binis nummis constabat. Majorinæ vero pecuniæ mentio præterea occurrit in lege sexta de Falsa moneta eod. Cod. quæ ex argento et ære conflatam fuisse arguit. Pœna enim ibi indicitur in flaturarios qui majorinam pecuniam *separato argento ab ære purgant.* Alibi[7] *major moneta* dicitur, cujus quidem species fuit *decargyrus*, nisi eadem sit. Ita porro appellatum volunt[8], aut quod decima tantum ejus pars argentum esset, siquidem majorina pecunia ex argento et ære conflata, vel potius quod decem argenteis æstimaretur, quemadmodum denarium dixerunt Latini qui decem argenteis valeret : Græci vero δεκάχαλκον, quod decem æreis æstimaretur, ita ut decargyrus species fuerit majoris pecuniæ, decem minutis argenteis æstimata.

CVIII (XCVIII).

MONETÆ, CAUCII, QUADRATÆ, etc., DICTÆ.

Minutioris ac pretii vilioris monetæ species quatuor recenset præterea novella Justiniani[9], qua consules in processibus publicis aureos nummos aut argenteos in populum deinceps spargere vetantur, ita tamen, ut ὑπάτια, sed missilia sua facere iis liceat, ἐν μιλιαρησίοις τε καὶ μήλοις, καὶ κευκίοις, καὶ τετραγώνοις συμμέτροις, καὶ τοῖς τοιούτοις. Id autem statuit Justinianus, quod sua ætate consules, perinde ac ipsi augusti, aureos et argenteos nummos missilium vice in populum spargere attentassent, contra quam jus eis erat, cum æs tantum spargere fas esset, quod exerte docet Marcellinus comes : *Marcianus augustus suis statuit edictis ut hi qui consules fieri cupiebant, nihil æris in populum spargerent, sed statutam pecuniam ad reparandum urbis aquæductum dependere-*

<hr>

[1] In Ner. — [2] Pers. sat. 3. — [3] Pand. Turc. n. 18. — [4] L. 1 Si quis pec. confl. — [5] L. 2 eod. tit. — [6] In Elagab. — [7] L. 2 Si quis pec. confl. — [8] Jac. Gotofr. — [9] 105, c. 2, §3.

tur. Igitur monetæ in novella Justiniani memoratæ æreæ fuere; quod tamen de miliarensibus dici non potest, cum eæ argenteæ fuerint, adeo ut Justinianus minutiores monetas sive argenteas, sive æreas, spargere consulibus concesserit. Quid vero per μῆλον intelligatur non constat; quidam, ut Haloander et Scaliger [1], ita nuncupatam monetam istam putant quod *ovem*, quam Græci μῆλον vocant, vel *malum*, expressum haberet. At cum nulla hactenus ovis vel *mali* effigie signata imperatorum visa fuerit, jure ea exploditur sententia. Nec scio an probabilior videatur Cujacii et aliorum conjectura, scribentium ita dictam quod rotunditate sua *malum*, seu pomum, referret, respectu alterius, quam τετράγωνον, seu *quadratam*, vocat Justinianus, cujusmodi, inquit Scaliger, nummulos turcicos videre est, quos *aspros* appellant, aut *tartarones*, quos quadratos fuisse scribit Ordericus Vitalis [2]. *Caucios* vero ita dictos putat Cujacius quod *cauci*, seu caliculi ac scyphi instar, concavæ sint, jure explosa Haloandri, quam temere secutus est Meursius, sententia, existimantis ita nuncupatas quod in. iis cauci, seu calicis figura, repræsentaretur. Nummos concavos aureos, argenteos, et æreos imperatorum Constantinopolitanorum passim videre est, in quibus antica pars ea est quæ est convexa. De cauco vero et recepta ista apud Græcos Byzantinos et Latinos recentioris ævi nomenclatura, plura congessimus ad Alexiadem et in Glossario.

CIX (XCIX).

SCYPHATI.

Incertum autem an ad hanc monetæ Byzantinæ speciem referri debeant nummi quos *scyphatos* vocavit ætas inferior : quod a vero haud procul abesse binæ potissimum suadent conjecturæ. Primo quidem quod *scyphati* nummi videantur fuisse imperatorum Constantinopolitanorum; deinde quod ita appellatos par sit credere quod *scyphi*, seu *cauci*, formam referrent : ita ut Itali, apud quos hæc potissimum obtinuit appellatio, quos Græci *caucios*, a *cauco*, ii *scyphatos*, a *scypho*, quod idem est cum *cauco*, nuncuparint, cum *cauci* vox apud illos insolens ac minus usitata tum esset. Jam vero ut *scyphati* imperatorum Byzantinorum nummi fuisse censeantur, facit Charta exarata imperantibus Constantino et Basilio fratribus anno mundi 6532 (Chr. 1024.) ind. 7, apud Ughellum [3], ex qua hæc excerpsimus : *Ut quia consuetudo est ut fideles recognoscant dominum suum, et honorent de suis bonis, per unumquemque annum scyphatos imperiali curiæ persolvant.* Ex quibus saltem colligitur ejusmodi nummos in thesauros imperatoris illatos. In Italia vero ita postea nuncupatos Siculorum ex gente normannica principum aureos docet Chronicon Casinense [4], in quo *scyphati*, seu, ut habet editio Angeli a Nuce, *schyphati* vocantur, ut et Bulla Anacleti Antipapæ, et altera Innocentii II pro erectione Regni Siciliæ apud Baronium [5] : a quo profertur præterea charta alia Guillelmi, regis Siciliæ, an. 1156, quæ ejusdem *scyphatos* aureos, in Apulia præsertim et Calabria, usum habuisse innuit, cum ibi *schifati de Apulia et Calabria* nominentur.

CX (C).

ΧΑΡΑΓΜΑ, ΣΤΑΤΗΡ.

Ut porro *pecuniam* Latini, sic Græci recentiores quasvis monetas signatas χαράγματα appellarunt : ita usurpant Theophanes [6],

Anna Comnena, Rationale Peræquatorum, Nicetas Choniates, Ducas, Codinus, Achmes, et alii. Sed et interdum στατῆρας vocant, quod nomen Atheniensium, Macedonum aliorumque monetis aureis vulgo tribuitur ; στατῆρα χρυσοῦ dixit Joannes Cinnamus, ἀργυρέους στατῆρας Nicetas. Et Procopius ait staterem aureum confecisse decem atque ducentos obolos. Theophylactus Simocatta στατῆρας μιλιαρισίων habet. Denique scribit Zonaras Nicephorum Phocam, cum invaluisset στατῆρα πάντα βασιλικὸν ἐκτύπωμα φέροντα ἰσότιμον εἶναι τῷ ἄρτι κοπτομένῳ, suâ νομίσματα aliorum præferri jussisse : et Alexium imperatorem, cum pecuniæ inopia laboraret, τινὰ τῶν δημοσίων ἔργων τῶν χαλκουργημάτων destruxisse, et ex iis στατῆρας cudisse.

CXI (CI).

MEDALLIA.

At cur nostri non augustorum duntaxat, sed veteres etiam quosvis nummos omnes, quorum in commerciis nullus amplius usus, *medallias* appellent, inter eruditos controvertitur. Scaliger vocem esse arabicam putavit, quod etiamnum Arabes Christianorum monetas, quæ caput alicujus principis aut imaginem aliam præferunt, *methalias* nuncupent. Sic ille ad Eusebium [1] : Προτομὴν *nos vulgo medaliam vocamus, Arabes etiam methalia : quod nescio quo commercio ab Arabibus ad Italos et Gallos delatum. Ita enim vocant numismata christianorum, quæ expressum caput humanum præferunt.* Sed non advertit vir doctissimus non ab Arabibus ad christianos, sed a christianis, seu Europæis, ad Arabes traductum fuisse id vocabuli : cum in Italia et Gallia monetæ quævis *medalliæ* indigitarentur, communi et ab omnibus recepta quadam nomenclatura. Habetur enim Diploma Guillelmi D. Montispessulani an. 1103, in quo hæc leguntur : *Sextailaricum dono vobis..... et tertium denarium in Arquintali, et medallias, quas donant homines Montispessulani et Longobardi pro Arquintali.* Joffredus [2], in Historia Episcoporum Nicæensium, aliud descripsit anni 1136 in hæc conceptum verba : *Reddunt enim supradicti homines annuatim decem et octo denarios mergolienses, et medallam, et quatuor sextarios avenæ.* Aliud præterea lingua Vasconica exaratum apud Marcam, in Historia Beneharnensi [3] vocem hanc monetis aureis adscribi ostendit, quas *Medailhes d'aur* vocat. Denique Willelmus Brito, Ordinis Fratrum Minorum, in vocabulario manuscripto [4] scribit *obolum* dici *medaliam, id est medietatem nummi.* A *medalia* efficta deinde vox *medaliata*, ut a solido *solidata*, a denario *denariata*, ad designandum *medalliæ* unius proventum, de qua voce diximus in Glossario. Neque porro omnino difficile est hujus appellationis rationem expiscari, cum ipsa semet offerat probabilis admodum conjectura; monetas nempe ita vocitatas a *metallo*, quod *metail* nostri dicunt, e quo conflatæ sunt. Nemo enim ignorat antequam cuderentur monetæ, æs et argentum et magnitudine et certo pondere perpensum pro nummo datum esse, neque impressam metallo figuram, nisi ut ponderis quantitatem indicaret, ut ait Salmasius [5]. Sed et Paulus Venetus testatur sua etiamnum ætate in aliquot Indiæ provinciis levioribus metalli laminis peracta commercia. Atque inde Manilius *factum metallum*, quod Græcis ἐπίσημον dicitur, monetas signatas vocat, ad *infecti*, seu ἀσήμου discrimen :

Et facti mercator erit per utrimque metalli,
Alterum et alterius semper mutabit in usus.

---

[1] Epist. 204. — [2] L. 10, p. 791. — [3] Tom. 7, p. 1361. — [4] L. 3, c. 56, al. 58. — [5] An. 1130, 1189, 1156; Ughell. tom. 8, p. 712; Vide Gloss. — [6] An. 2 Rhinotm.; Anna, p. 128; Nicet. in Man. l. 3, n. 6.

[1] Scaliger. ad Euseb.; Jac. Gotofr. ad Cod. Th. — [2] De Nicæa. — [3] L. 5, c. 13, n. 3. — [4] Joan. de Janua; W. Brit. MS. — [5] De Usur. p. 330, 454, 469, 470.

Maxime vero posterioribus sæculis *metallum* appellarunt quasvis monetas, quod omnis pecunia signata tunc temporis, tam aurea quam argentea appenderetur, non numeraretur tantum, præsertim si usu esset detrita, adeo ut pro solo *metallo,* seu pro sola nummi materia acciperetur. Hinc quod *monetam usualem* alii, *metallum usuale* vocat Senator [1] : *Ut figura vultus nostri metallis usualibus imprimatur, monetamque facis de nostris temporibus futura sæcula commonere.* Quinetiam ipsis interdum nummis inscripta vox *metallum* legitur. Servat enim Gazophylacium Regium bina numismata ærea, quæ olim fuerunt Petri Seguini, viri de re nummaria bene meriti, in quorum uno METAL DELM. id est *metallum delmaticum:* in altero, quod est Trajani, in corona laurea, MET. NOR. id est *metallum noricum,* exaratum conspicitur. Utriusque ectypon describit Buterous in libro de Nummis Francicis [2]. Sed et habentur alia, in quibus præterea vox eadem reperitur : complures enim prostant nummuli argentei Caroli M. in quorum parte altera crux effingitur, cum hac inscriptione, CARLVS REX, in altera, in ipso nummo medio, MET ALLO. Habetur alius cum cruce, et hac inscriptione in circulo, METVLLO, et in averso medio, META LLVM. Alii etiam ejusmodi nummuli Ludovici Pii præferunt in medio, LVDO VVIC, in altera parte crucem cum inscriptione in circulo, METALLUM. Alius ejusdem Ludovici nummulus argenteus vocem hanc exhibet in media parte aversa : in altera autem crucem cum hisce characteribus in circulo, ✝ HLVDOVVICVS IMP. Prostant denique duo alii ejusdem imperatoris, qui in aversa sui parte monetarios typos, seu, uti vocamus, *cuneos* binos et totidem marculos habent, cum hac voce in circulo, METALLVM. Alter horum nummulorum in anticæ medio, LVDO VVIC, alter imperatoris caput, cum hac inscriptione, HLVDOVVICVS IMP. AVG. habent. Cum igitur monetæ istæ *metalli* præferrent vocabulum, inde forte accidit ut *metalli* nomine quævis monetæ a vulgo donarentur : ita ut quemadmodum in suis nummis, MONETA, vocem inscribebant Romani, ita ejusce ævi Franci vocem METALLVM describerent. Quæ quidem quibusvis monetis, eo magis videtur fuisse communis, quo non æreis duntaxat, sed argenteis tribuitur in hisce nummis, atque adeo aureis, siquidem exstitere etiam *medalliæ* aureæ, uti supra observatum.

CXII (CII).

MALLIÆ NOSTRATES.

Quinetiam admodum vero proximum est, a *medalliis* effictum a nostris vocabulum *maille,* quod pro monetis ex quovis conflatis metallo usurpatum constat. Neque enim, quod plerique perperam opinantur, *malliæ* fuere semper monetæ minutiores, ac vilioris pretii, quomodo vocem hanc hodie usurpamus : cum ex antiquis tabulis et monumentis certum sit argenteis et aureis perinde attributam. In veteri quippe Regesto Communis Ambianensis, a Joanne Bargulio, ejusdem civitatis clerico, descripto anno 1453, complures recensentur monetæ aureæ, quæ *malliæ* nomenclatura donantur, cum earum pretio : scilicet, *malliæ Ultrajectenses, malliæ Ernoldi, malliæ Moguntinæ* (de Mens) *et Bethunienses, malliæ Rheni, malliæ postulas, malliæ cum stellulis* (mailles à estoilletes), *malliæ treverenses* (mailles au bon trievron) *et malliæ au bon et mauvais t.,* id est, bono vel malo T. signatæ. Alias *mallias* recenset Robertus Cenalis [3] ævo suo notas, *mallias au chat, mallias au chien, et mallias de Horne,* seu hornenses. *Malliarum* vero *Florentinarum*

nondum omnino exolevit appellatio. In Regesto Curiæ Monetariorum, quod *inter duos asseres* vulgo indigitant [1], fit mentio *malliarum Laudunensium,* quæ *mailles Lovisiennes* ibidem appellantur. Denique in regesto parlamenti, statuta Ludovici XI continente, ejusdem regis diploma describitur anni 1463 pro *nobilitatione* loci *Cauda Vaccæ* dicti, ad Rupellam, in Caroli Cenomanensis comitis gratiam, tenendi a rege in quavis vassalli mutatione ad *malliam auream* pretii duorum denariorum aureorum. Hanc porro de malliarum nostratium appellatione sententiam attigit etiam supra laudatus Cenalis : *Illud,* inquit, *dici potest, quod hi aurei nummi quos Gallice appellamus* mailles, *non ab obolari traxere originem : imo potius ab alia idiomatis nostri nomenclatura, quam dicimus* medailles, *eo quod principis nonnunquam alicujus nomen præferant.* Quibus postremis verbis satis etiam innuit sua ætate hanc obtinuisse sententiam de *medalliis,* quam ut suam protulit Scaliger. Scio quosdam existimasse *mallias* dictas a loricarum ferrearum maculis, quas *mailles* etiamnum dicimus, quod *malliæ* monetariæ, perinde ac loricariæ, quadratæ fuerint : quod quidem quam procul absit a vero, cuivis sani ingenii licet advertere.

CXIII (CIII).

MASCULI.

Alii præterea *mallias* putavere esse id genus nummos quos *masculos* vocant scriptores, ac chartæ veteres aliquot, ita ut propriæ fuerint comitum Pictavensium, ex hoc Goffridi Vindocinensis [2] loco : *Quod si trecentos solidos Pictavensium masculorum vobis daret, etc.* Horum etiam mentio occurrit in Tabulario Angeriacensi [3], et in Tabulario Sancti-Stephani Lemovicensis in Charta anni 1081 : *Solidi ejusdem monetæ masculinæ. Et paulo ante, solidi nummorum pictavinorum.* Unde percipere licet *masculinam* et *pictavinam* monetam eandem fuisse. Quæ quidem vox *masculina* in monetis admonet me ut viri pereruditi lapsum detegam, qui *generis diversi pecuniam* in Concilio Dusiacensi primo, et apud Hincmarum, de monetis aurea et argentea intelligendam existimavit, ita ut aurea mascula, argentea vero feminina moneta fuerit, quod ex sancto Augustino stabilire nititur : quasi hæc verba de pecudibus utriusque sexus non essent capienda, et apud recentiores perinde ac veteres *pecunia* non id sonet. Porro *masculi* dicuntur nummi pictavenses, non quod ii Pictavensium comitum proprii fuerint, sed quod ejusmodi nummi ita denominati ejus essent monetæ speciei quam *malliam* vocant, vel quod universim quasvis monetas *mallias* vocarent. Quocirca si quis ejusce ævi verba Goffridi gallico reddidisset idiomate, indubie dixisset, *trois cens sols de mailles Poitevines* : cum horum temporum scriptores ac commentarienses, qui latine chartas exarare solebant, efferre se debere voce alia quam *masculus* non arbitrarentur, quod ea propius accederet ad nostratem *masle,* quæ *masculum* sonat. Verum si qui *mallias* Pictavensium fuisse proprias obstinatius contenderet, nescio an hoc casu nomenclaturæ istius non esset arcessenda origo ab oppido in Pictonibus, quod *Maille* vocant : cum ex iis fuerit, in quibus stante secunda regum nostrorum stirpe monetæ cuderentur, uti docent Capitula Caroli Calvi [4], ubi *Metulum* et *Metullum* appellatur : quod etiam firmant monetæ ipsæ Caroli M. in quibus vox METVLLO exarata legitur uti annotatum supra. In aliis præterea ejusdem imperatoris nummis, quorum ectypon exhibuit Paulus Petavius senator Parisiensis [5] in anticæ CAROLVS, in posticæ

---

[1] L. 6, Ep. 7. — [2] P. 103; Paul. Petav. in Gnorism. — [3] De Mens. et Ponder.

[1] Vide Gloss. v. Moneta. — [2] L. 1, Ep. 20. — [3] F. 47. — [4] Tit. 31, n. 12. — [5] In Gnorism.

vero medio, MEDOLVS, characteribus barbaris ac Gothicis voces descriptæ leguntur. Verum de postrema hac conjectura statuat quisque quod lubet[1]. Id certe in confesso esse debet, quod *malliarum* nomenclaturam minutioribus monetis attribuant vulgo nostri; id inde fluxisse, quod malliæ Pictavinæ fere semper minutissimæ fuerint : sed et anno 1329 cudi cœpisse *mallias* minutiores 18 *granorum legis argenti regii ad marcam*, ut est in veteri regesto Cameræ Computorum Parisiensis : ex quo necesse est monetas istas minutissimas ac vilis admodum pretii fuisse. Sed longe videtur probabilius *mallias* minutiores, seu *masculos* Pictavenses esse id genus monetæ quam *malliam pitam* dicimus, id est malliam Pictavinam. Nam *Pitæ* (*les Pites*) dicuntur minutiores monetæ Pictonum, quæ *Pictæ*, *Pictavinæ*, et *Pictavenses*, Gallice autem *Poitevins* passim in chartis appellantur : unde vox *Pitancia* et *Pictancia* deducta postmodum, quæ *Pictæ*, seu *Pictavinæ* unius valoris rem significat[1] : nam toto cœlo aberrant qui a Pittaciis etymon deducunt, quod in Glossario plenius probavimus. Hæ porro *Pitæ*, seu *Pictæ*, adeo minutæ erant, ut Willelmus Nangius[2], verba faciens de quadam ad oculi *caudam* seu angulum macula, eam dixerit fuisse *ad modum punctulæ pulicis rubeam, et latam sicut una Pictavina.*

[1] Reg. Noster f. 204, 205.

[1] Vide Gloss. — [2] In S. Lud. p. 394.

CONSTANTINI

IMP. BYZANTINI

NUMISMATIS ARGENTEI EXPOSITIO[1],

JOSEPHI SCALIGERI JUL. CÆS. F.

EX LITERIS ILL. V. JOS. SCALIGERI AD MARQUARDUM FREHERUM.

Tui nummi stemma omne ἐξωνυχισάμην. Judicium de eo meum seorsim hic habes. Dixi quod sentio, non quod fortasse tibi probabo. Non potui tamen hanc operam denegare, magis quia exegisti a me quam quod sententiæ de eo tuæ aliquid adjiciendum a me existimaretur. Vale. Lugduni Batavor. XIV. kal. martii juliani. CIƆ IƆ CII. *(Scaliger. Epistol. lib. 3, ep. 223.)*

Ex aliis. *Scis, mi Frehere, quid de tua in Appium Xiphian diatriba judicem? Nihil potuisse verius dici, nihil exquisitius ; plane persuasisti mihi.... De illo autem grandi nummo tuo Constantini non possum satis mirari qui factum sit, ut ea uno latere recentissimi sæculi, ex altero vetustissimi moris Ecclesiæ vestigia in eo exstent. Sed quando illa tua de Lupoduno et Mosella Ausonii monumenta prodibunt? Avide exspecto, eoque magis quod nihil nisi eximium a te sperare possumus. Vale. IX. kal. martii juliani.* CIƆ IƆ CIII. *(Ibid. ep. 224.)*

[1] Vide Tabellam 4.

JOSEPHI SCALIGERI COMMENTATIO.

Nummus ingens argenteus clarissimi viri Marquardi Freheri, quam recens sit, argumento sunt characteres arithmetici 234, 235 qui ante trecentos aut paulo plures annos ab Arabibus ad nos transierunt, ac primo quidem dissimiles his nostris hodiernis, postea memoria proavorum hac forma interpolati quæ hodie nobis in usu est. Itaque nummus hic cusus aut conflatus est non illo sæculo quo ii a Christianis recepti sunt, sed illo quo interpolati : hoc est, memoria proavorum. Præterea, an unquam a Græcis usurpati sint, merito ut dubitem faciunt libri multi astronomici, logistici, et computorum ecclesiasticorum paulo ante aut post eversionem imperii Constantinopolitani conscripti, quorum omnium numeri non his peregrinis characteribus concepti sunt, sed literis Græcis. Denique illos characteres primi omnium Christianorum Hispani a Mauris, ab Hispanis reliqui Latini Christiani, ab illis Græci acceperunt. Et quidem concedamus accepisse, ii tamen apud Græcos nunquam vulgo noti fuerunt : ut non opus fuerit eos in hoc nummo cudere, ut a paucis tantum intelligerentur. Nobis igitur constat recentissimam quidem nummi conflaturam esse, formas autem incusas et veteres esse, et ex aliquo vetusto libro aut pictura alicujus Ecclesiæ desumptas, cujusmodi multas hodie in gemmis, novitiæ quidem cælaturæ, sed vetustissimi argumenti, videmus. Nunc de formis ipsis agamus. Non audio clarissimum virum Abrahamum Ortelium, qui partem imperatoris equitantis laudabat, tanquam non recentem, aversam νοθεύσεως suspectam habebat. Nos contra sentimus ; aversæ partis argumentum longe vetustius, quam illud imperatoris equitantis, judicamus, cujus pedibus subjectæ stapedæ et omnis ornatus equi quam novitia res sit satis produnt.

Aversæ partis stemmata non uno verbo explicari possunt. Priusquam igitur ad explicationem aggrediamur, sciendum apud veteres Christianos symbola μυστηριώδη alia atque alia fuisse, pro ratione temporum ac diversitate nationum. Ratio temporum primum nullam formam humani vultus, sed aliarum rerum admittebat : postea etiam humanæ formæ admissæ. Nationes orientales alia habuerunt, alia Occidentis Ecclesiæ, in quibus nullum symbolum fuit sine cruce, ut neque Orientalibus. Sed in Occidentali Ecclesia crux statuebatur minio lita, ut Christi fusum sanguinem designaret. Cacumen crucis corona cingebat cum purpureis lemniscis, adjuncta etiam palma ; utrumque νικητήριον debellati hujus sæculi, et mundi triumphati, aut martyrii acquisiti erat. Hoc simplex ab initio erat stemma crucis. Adjectum postea Trinitatis Mysterium, post debellatum impium Arrii dogma. Patrem Deum designabant verba ex rutila nube erumpentia : HIC EST FILIUS MEUS DILECTUS. Filius Deus agni, Spiritus Sanctus Deus columbæ specie significabatur. Alii etiam alia parerga apponebant : XII columbas, quibus apostolos volebant intelligi, quatuor flumina ex rupe manantia. Rupes, seu petra, est Christus, fluenta quatuor Evangelistæ aut Evangelia ipsa. Hæc erant symbola simplicissima illorum temporum, quum formas rerum, aut animalium, non autem humanas auderent pingere. Nam anchoram, navem, piscem, columbam sculpebant, aut pingebant : hominem non item. οὐ γάρ, inquit Clemens, εἰδώλων πρόσωπα ἐναποτυπωτέον οἷς καὶ τὸ προσέχειν ἀπείρηται. In aversa autem parte nummi propositi duæ mulieres sunt : ex quo apparet symbolum non esse vetustissimorum temporum. Argumentum tamen ostendit non esse infimæ vetustatis. Primum igitur ingens solium, aut instar solii conceptaculum nihil aliud est quam hortus ille conclusus et fons signatus in Cantico Canticorum, per quem sacrum regenerationis lavacrum designatur. Ambrosius : *His igitur sacramentis pascit Ecclesiam suam Christus, quibus animæ firmatur substantia. Meritoque videns profectum ejus gratiæ concinentem dicit ad eam : Quam decora, etc, Hortus conclusus, soror mea, hortus conclusus, fons signatus.* In medio hujus κολυμβήθρας exstat minus labrum, quod verius dixeris hortum conclusum. Nam ex eo enascitur lilium convallium juxta illud : *Ego sum flos campi, et lilium convallium ;* de quo loco Hieronymus ad Demetriadem. Decem germina aut fructus emittit. Origenes homilia XVI in Genesim : *At vero Israeliticus honorat decadem perfectionis numerum. Decem enim verba legis accepit, et Decalogi virtute instructus ignota mundo huic sacramenta divina largitione suscepit. Sed et in Novo Testamento similiter venerabilis est Decas, sicut et fructus Spiritus denis exponitur germinare virtutibus.* Non potuimus dare magis idoneum interpretem. Inter lilium erecta est crux instar ligni vitæ, e cujus cacumine quatuor columbæ totidem fluenta eructant. Ea sunt quatuor Evangelia : quemadmodum in Ecclesia Occidentali quatuor fluenta e petra manantia idem significabant. Columbæ sunt quatuor evangelistæ. Et hoc quoque cum Occidentali Ecclesia facit, quæ per columbas coronam crucis circumstantes apostolos intelligebat. Paulinus :

    Cui coronæ sunt corona apostoli,
    Quorum figura est in columbarum choro.

Atqui duo ex evangelistis sunt apostoli, duo apostolorum administri. Aqua illa quæ instar silanorum ex columbis fluens solum complet, est aqua baptismi : et denique omnia reliqua sunt sequela baptismi. Primum duæ columbæ sunt in latere solii, interjecto serpente, superincumbente leone. Sed columbæ cum serpente per se considerandæ sunt, postea serpens simul cum leone. Columbæ cum serpente est id quod Dominus a regeneratis exigit : *Estote prudentes ut serpentes, simplices ut columbæ.* Hoc enim baptizatis occinebatur. Ambrosius, libro de iis qui initiantur mysteriis, capite IV, post alia : *Simul et eorum qui baptizantur, non in specie esse debet, sed vera simplicitas, unde et Dominus ait : Estote astuti sicut serpentes, et simplices sicut columbæ.* Unde manavit illud in vetere Ecclesia proverbium : Μιγνύειν τῇ περιστερᾷ τὸν ὄφιν. Clemens Stromate septimo (pag. 882) : Οὐκ ἄρα ἐπιθυμήσει τινὸς ἑτέρου ὁ ἔχων ἀναπαυόμενον τὸν Θεόν. αὐτίκα πάντα τὰ ἐμποδὼν καταλιπὼν καὶ πᾶσαν περισπῶσαν αὐτὸν ὕλην ὑπερηφανήσας τέμνει διὰ τῆς ἐπιστήμης τὸν οὐρανὸν, καὶ διελθὼν τὰς πνευματικὰς οὐσίας, καὶ πᾶσαν ἀρχὴν, καὶ ἐξουσίαν, ἅπτεται τῶν θρόνων τῶν ἄκρων, ἐπ' ἐκεῖνο μόνον ἱέμενος, ἐφ' ὃ ἔγνω μόνον. μίξας οὖν τῇ περιστερᾷ τὸν ὄφιν, τελείως ἅμα καὶ εὐσυνειδήτως βιοῖ, πίστιν ἐλπίδι κεράσας πρὸς τὴν τοῦ μέλλοντος ἀπεκδοχήν. Ait hominem qui habet ἀναπαυόμενον τὸν Θεὸν, et omni impedimento mundanarum rerum renunciantem (quis est ille, nisi ὁ φωτισθεὶς et baptismo regeneratus ?) miscere columbam serpenti : quod et loco Ambrosii adducto convenit, et rationem tacite reddit columbarum cum serpente subter limbum colymbethræ positarum. Leonis vero cum serpente consideratio pertinet ad victoriam de orco et diabolo. Chrysostomus, in Psalmum XCIII : *Quis est iste Leo ? qui de tribu Juda vicit leonem et draconem, qui significatus est in Psalmo ?* Item : *Diabolus, qui delectatus est in primo homine captivato, exinde captivatus est, Christo resurgente glorificato, qui conculcavit leonem et draconem.* Quare non possumus ignorare cur draco serpenti subjectus sit. Assident solio utrinque oppositæ invicem feminæ duæ in sellis, anus stolata, et puella nuda, nisi qua velat ea quæ pudor celare jubet. Anus est Fides, puella Spes. Anus fingitur, quia antiquior lege. Abraham prima credentum via, ut canit Prudentius,

longe antiquior Mose. Unde et fides Tertulliano in Marcionem victrix vetustatis dicitur. Manu apprehendit, quia fide apprehendimus quæ oculis subjici non possunt. Stolata est, quia Baptismus vocabatur fidei vestimentum : ut Tertullianus scribit cap. XIII libri de Baptismo. Et capite XII, *induere baptismum* dicit. Contra Spes et puellari specie est, quia semper viget ; et nuda, quia omnibus terrenis renuncians, expedita tendit ad cœlum πᾶσαν τὴν περισπῶσαν ὕλην, ut loquitur Clemens, ὑπερηφανήσασα. Ideo aversantis habitu est, et canem tanquam omnes blanditias sæculi calcantis, aut omnes adlatrationes hostium christianæ pietatis. Ideo quemadmodum canem calcat, sic colludit cum columba, quam manu dextra prehendit, simplicitatem unicam sibi cordi esse significans. Merito autem conjunguntur ambæ, quia altera sine altera non est. Chrysostomus in caput XIII prioris ad Corinthios, commate ultimo, in editione latina : *Quæ duo, id est, Fides, et Spes, ita certa sibi mutua vice conjuncta sunt, ut altera sine altera stare non possit. Quicquid enim Fides credendo acquirit, hoc Spes sustinendo præsumit.* Quid quod veteres Novum Testamentum fidei symbolum esse dicebant, vetus autem spei ? Paulinus :

    Lex antiqua novam firmat, veterem nova complet,
    In veteri spes est, in novitate fides.

Denique quid a cathecumeno exigebatur ? Fides. Credo in Deum Patrem, Deum Filium, Deum Spiritum Sanctum, etc. Spes : Spero resurrectionem. Inde illa in vetustissimis monimentis Christianorum : CREDO VIVERE. SPERO RESURGERE. DEPOSITUS IN SPEM RESURRECTIONIS. Quin etiam non solum has duas conjugebant poetæ Gentium, sed etiam et Fidem vestitam et anum inducebant.

    Quam Spes et albo nuda Fides colit
    Velata panno.
    Item : Cana Fides et Vesta.

Cana igitur Fides et velata panno, ut hic et conjuncta Spei. Inde Clemens παροιμιακῶς dixit πιστὶν ἐλπίδι κεράσαι, quemadmodum dixerat μιγνύειν τῇ περιστερᾷ τὸν ὄφιν, alludens nimirum ad hæc vetusta symbola. Pone sellas utriusque astant singulæ aquilæ, renovationem hominis per baptismum significantes ; quod percepto baptismo dicerentur instar aquilæ renovati. Ambrosius de Initiandis, capite VIII : *His ablata plebs dives insignibus, etc. depositis autem inveterati erroris exuviis, renovata in aquilæ juventutem, etc.,* ut nihil sit in hac nummi parte aversa, quod non ad sacramentum baptismi et catechumenos pertineat. Postremo totus apparatus istius præstantissimi symboli clausulam habet felicitatis regni Christi, sub quo securitas ab omni nocumento promittitur capite XI Isaiæ, commate 8, ubi dicitur puerum cum aspide collusurum. Ideo in labri, quod exstat supra aquam, latere visitur puer cauda serpentes duos apprehendens, et secure tractans sine noxa. De quo eleganter Tertullianus in Hermogenem, capite XI : *Quum restituta innocentia, et integritate conditionis, pecora convixerint bestiis, et parvuli de serpentibus luserint, etc.;* IV in Marcionem, cap. XXIV : *Sed bene, quod Creator hanc potestatem etiam parvulis per Esaiam repromisit, conjicere manum in cavernam aspidum, etc. Et utique scimus salva simplicitate Scripturæ, nam nec ipsæ bestiæ nocere potuerunt ubi fides fuerit, etc.* Infra : *Jam tunc eidem viæ, id est, fidei, hanc evacuationem et subjectionem bestiarum pollicetur.* Propter fidem igitur hoc symbolum pueri et serpentum appositum. Quare vides omnia inter se apta, ut aliud ex alio pendeat. Quam vetusta hæc sint, et quam falsus fuerit, doctissimus vir, qui aversam partem hujus numismatis suspectam habebat, ex iis quæ disputavimus, et ex aliis, quæ longe plura afferri poterant, colligi potest. Nobis satis hæc erunt, dum doctiora judicia aliquid melius in medium afferant. Itaque hactenus.

SAPPHIRUS
CONSTANTII
IMP. AUG[1].
EXPOSITA[2].

N. V. MARCO VELSERO, IIVIRO PRÆF. AUG. VIND. MARQUARDUS FREHERUS S.

Verum dico. Nemo est ad quem mittere mea tantum gestiam simul et trepidem. Ita mihi et candor humanitasque tua illicio est, et judicium formidini. Neque satis pudorem solvit ista scriptiuncula, utut argumenti non vulgaris fiducia se attollens. Sed nimirum quem alium petebat nobilissimum antiquitatis pignus, quam omnis elegantiæ et eruditionis arbitrum? Et ut palmam artis ferat, qui cestro gemmam scalpsit; ita qui vel plumbo inclusam, commodius tractandam visendamque exhibeat, nihil peccaverit. Tu quiquid opellæ, non æquus minus quam catus æstimator accipies: neque nescius, parvis tabellis grandium summarum obligationes contineri, et festuca levi agros ingentes tradi solere, magni in te affectus et cultus certum pignus habebis. Vale V. C.

JANUS GRUTERUS.

Nomine quum magnus magnos Constantius inter
  Induperatores Induperator ovet:
Atque idem morti det aprum nimis undique magnum,
  Gemmaque item hoc graphice nonnisi magna notet:
Jure tuæ illa modo famæ, VELSERE, dicantur,
  Teutona quo majus non habet ora decus.
Sed neque magna, FREHERE, tot inter agis minor. imo,
  Imo ipso tete nunc quoque major ades.

Gregorius Nazianzenus in ea oratione qua Juliani imp. (quem Constantius hic noster cæsarem fecit, successoremque habuit) impietatem et vanitatem pro merito exagitat, ubi ad imaginum illam et statuarum ambitionem venit, in quibus ipsi principes adorari gauderent, ait[3] *Imaginibus illis alios aliud quid imperatorum appingere solere: hos quidem civitates clariores dona ferentes: alios autem Victorias capiti serta imponentes, nonnullos militiæ præfectos eos adorantes; quosdam barbarorum devictorum, et pedibus provolutorum, seu cæsorum figuras:* οἱ δὲ (addit denique) θηροφονίας καὶ εὐστοχίας. Utramque gloriolam exprimens quam belluarum isti confectores affectabant: et audaciæ roborisque in adgrediundis depugnandisque feris, et solertiæ dexteritatisque in excipiendis, figendis, collocandis: Herculis nimirum pariter Phœbique

imitatores. Obvia in historiis exempla, non otiosorum tantum et væcordium, quibus ista cura et ostentatio fuit, Neroni, Commodo, Domitiano; sed et laudatorum principum, quibus remissio, ut Trajano, Hadriano, Antonino, Alexandro, et huic Constantio. Nec remissio tantum, sed vero utilis labor habitus, et principe dignus, liberare noxiis feris regionem. Plinius ad Trajanum : *Quæ remissio tibi, nisi lustrare saltus, excutere cubilibus feras, superare immensa montium juga, et horrentibus scopulis gradum inferre, nullius manu, nullius vestigio adjutum; atque inter hæc pia mente adire lucos, et occursare numinibus. Olim hæc experientia juventutis, hæc voluptas erat* : *his artibus futuri duces imbuebantur; certare cum fugacibus feris cursu, cum audacibus robore, cum callidis astu: nec mediocre pacis decus habeatur, submota campis irruptio ferarum, et obsidione quadam liberatus agrestium labor. Usurpabant gloriam istam illi quoque principes qui obire non poterant; usurpabant autem, ut domitas fractasque claustris feras, ac deinde in ipsorum quidem ludibrium emissas, mentita sagacitate colligerent.* Sed præsertim in apris, ferocissima et violentissima ferarum, virtutis venatoriæ palmam posuerunt, ut de fatali Diocletiani apro legimus, et multa in numismatis rei memoria; et Valentiniani junioris imperat. de leone confecto signum marmoreum Ausonii epigrammate celebratum videmus *.

Neque satis ex ære nummos, marmore statuas, monumenta talium facinorum principibus fecisse, sed ad gemmas etiam hoc argumento nobilitandas assentatio laborem protulit: quæ et pretio suo monimenti gratiam apud illos augerent, et durabilitate immortalem apud posteros memoriam promitterent. Hinc elegans Panegyristes æternandorum Theodosii gestorum curam pictoribus pariter cum poetis demandat[1] : *Huc totis, pii vates, doctarum noctium conferte curas, hoc omnibus linguis literisque celebrate; nec sitis de operum vestrorum perennitate solliciti: illa quam præstare historiis solebatis, ab historia veniet æternitas. Vos quoque, quibus secunda sors cessit dare famam rebus, artifices, vulgata illa veterum fabularum argumenta despicite : Herculeos labores, et modicos Liberi triumphos, et Anguipedum bella monstrorum. Hæc potius, hæc gesta solertes manus ducant : his fora, his templa decorentur; hæc ebore reddantur, hæc marmore, hæc in coloribus vivant, hæc in ære moveantur, hæc gemmis augeant pretium.*

Hoc ex genere Sapphirus ista fuit : quæ ut in se vulgaris non erat (ipsa enim vel pura, absque cælaturæ æstimio, tam rara magnitudine, quam coloris vere cærulea serenitate, non parem, non secundum admittit), ita nominatim honori Cæsaris delectam, ipsique a provincia aut procerum aliquo oblatam verisimile est. Cum

---

[1] Vide Tabellam 2. — [2] (* Hæc, ut notat Bottarius, auro contra æstimanda gemma, postquam plurium fortasse imperatorum gazophylacia exornavit, in potestatem tandem venit regis Galliarum, qui eam dono dedit cuidam nobili, invictoque suorum exercituum duci, in grati animi testimonium præmiumque et remunerationem pro parta victoria. Nunc autem, post varios casus atque permutationes, ad manus pervenit marchionis Alexandri Rinuccini, patritii florentini, omnium elegantiarum amantissimi, qui eam magno redemit. Pendet autem 53, ut vulgo dicunt, caratos, et colore nitidissimo splendet, et magnitudini omnino respondet typi illius quem dedit Cangius; verum magis adfabre et elegantius excusa est,) — [2] Orat. IV, cap. 80.

[1] Latin. Pacatus.

hanc gemmam præ aliis gratam principibus etiam Epiphanius scri·
bat [1] : Ἔστι θαυμαστὸς ὁ λίθος καὶ εὐειδέστατος καὶ χαριέστατος.
διὸ καὶ ἐν ταῖς χλιδόσι καὶ ὁρμίσκοις κατατιθέασι τοῦτον, μάλιστα
οἱ βασιλεῖς**. Et quis scit, an non vel ipsa, vel simile ejus quid aliud
sub magni illi Nazianzes Antistitis oculos venerit : qui quidem in
eadem provincia et natus fuit, et episcopatum obtinuit, in qua me-
morabili ista θηροφονίᾳ cum laude defunctum Constantium augustum videmus, etsi alibi non legimus. Nec ad rem tamen parum
facit, quod Ammianus Marcéllinus scribit [2] : *Nec minore studio se-
quuti legati hæc secum ferentes , intenti ad viandum, morasque per
Italiam et Illyricum perpessi diuturnas et graves, tandem transfre-
tati bosphorum, itineribusque lentis progressi, apud Cæsaream
Cappadociæ etiam tum degentem invenere Constantium, Mazacam
antehac nominatam, opportunam urbem et celebrem, sub Argæi
montis pedibus sitam. Et postea : Equitandi et jaculandi, maximeque perite dirigendi sagittas, artiumque armaturæ pedestris per-
quam scientissimus. Et infra : Brevissimis cruribus et incurvis,
unde saltu valebat et cursu. Et Sext. Aurelius Victor de eodem :
Placidus clemensque pro negotio, literarum ad elegantiam pru-
dens, atque orandi genere levi jucundoque; laboris patiens, ac de-
stinandi sagittas mire promptus. Idem in Epitoma : Mirus artifex
in sagittis; a cibo vinoque et somno multum temperans; patiens
laboris, facundiæ cupidus.* Habemus enim quod volumus, venatio-
nis proprias artes dotesque habuisse : apud Cæsaream Cappadociæ
diutule moratum ; ubi specimen se dignum illius εὐστοχίας, in exi-
tiabili apro regionem infestante tollendo, applaudente illa edidisse,
spectatissimus lapillus hic fidem facit.

Sed quid vetat Romani neque per omnia illaudati principis venationem heroicam considerare exactius? cum ignoti juvenis συοθή-
ραν tam accurato stylo depingat, penicillo describat nobis Philo
stratus [3]. Belluam ante omnia mihi inspicite : quam vasto corpore,
quibus setis, quo rostro, quo dente metuenda, plane digna, quæ
non plebeia manu caderet. Nec Erimantheo aut Calydonio minorem
aut mitiorem cernis

    ..... aprum, quanto majores herbida tauros
    Non habet Epirus, sed habent Sicula arva minores.
    Sanguine et igne micant oculi, riget horrida cervix,
    Stantque velut vallum, velut alta hastilia setæ ;
    Fervida cum rauco latos stridore per armos
    Spuma fluit ; dentes æquantur dentibus Indis ;
    Fulmen ab ore venit , frondes afflatibus ardent.

Hesiodicam illam descriptionem implet [4] :

    Οἷος δ' ἐν βήσσῃς ὄρεος χαλεπὸς προϊδέσθαι
    Κάπρος χαυλιόδων φρονέει θυμῷ μαχέσασθαι
    Ἀνδράσι θηρευτῆς, θήγει δέ τε λευκὸν ὀδόντα
    Δοχμωθεὶς, ἀφρὸς δὲ περὶ στόμα μαστιχόωντι
    Λείβεται, ὄσσε δὲ οἱ πυρὶ λαμπετόωντι ἔϊκτην,
    Ὀρθὰς δ' ἐν λοφιῇ φρίσσει τρίχας ἀμφί τε δειρήν.

Nihil hîc de aprorum ira et ferocia ex Aristotele et Æliano refe-
remus, nihil de ignito et fulmineo eorum dente ex Oppiano. Utut
Plinio [5] fides constet, qui apros indicos dentium flexus cubitales
habere scribit, hunc quidem Cappadocem iis telis quæ Græci χαυ-
λιοδόντας vocant, insigniter armatum fuisse ; quibus ceu falce aut
machæra obvia quæque meteret, sterneret, consecaret, notabile nomen arguit [6] ; quod a popularibus sævitiem expertis ei inditum
existimare licet, marini nec ignoti piscis, cui natura [7]

    ... ὑπὲρ γένυν ἐστήριξεν
    Ὄρθιον, αὐτόρριζον, ἀκαχμένον, αὐτῇ σιδήρου

[1] De XII Gem. — [2] Libr. 20. — [3] Icone 29, libr. 1. — [4] In Scuto Hercul. vs. 386
ed. Didot. — [5] Lib. 8, c. 52. — [6] ΞΙΦΙΑΣ. — [7] Oppian. 2. Halieut. vs. 464.

Φάσγανον, ἀλλ' ἀδάμαντος ἰσοσθενὲς ὄβριμον ἄορ.
Οὐ κείνου χρυόεσσαν, ἐπιβρισάντος ἀκωκήν,
Οὐδὲ μάλα στερεὴ παίῃ λίθος οὐτηθεῖσα.
Τοίη οἱ ζαμένης τε πέλει πυρόεσσα τ' ἐρωή.

Hunc talem quantum provinciæ in segetibus, vineis, olivetis (unde prorumpentem videmus), imo et armentis, damni et pauperiei
dedisse putamus ? Καὶ ὁρῶ τὰ ἔργα τοῦ θηρίου. καὶ τὰς ἐλαίας ἐξο-
ρώρυχε, τὰς ἀμπέλους ἐκτέτμηκε, καὶ οὐδὲ συκῆν καταλέλοιπεν, οὐδὲ
μῆλον, οὐδὲ μηλάνθην · πάντα δὲ ἐξήρηκεν ἐκ τῆς γῆς · τὰ μὲν ἀνορύτ-
των, τοῖς δὲ ἐμπίπτων, τοῖς δὲ παρακνώμενος.

    Et modo crescentes segetes proculcat in herba ;
    Nunc matura metit fleturi vota coloni ;
    Et Cererem in spicis intercipit : area frustra ,
    Et frustra spectant promissas horrea messes.
    Sternuntur gravidi longo cum palmite fœtus,
    Baccaque cum ramis semper frondentis olivæ ,
    Sævit et in pecudes : non has pastorve canisve ,
    Non armenta truces possunt deferende tauri.
    Diffugiunt populi, nec sese in mœnibus urbis
    Esse putant tutos, donec CONSTANTIUS ipse, etc.
    Lecta manus juvenum caluere cupidine laudis.

Ὁρῶ δὲ αὐτὸν καὶ τὴν χαίτην φρίττοντα, καὶ πῦρ ἐμβλέποντα, καὶ οἱ
ὀδόντες αὐτοῦ παταγοῦσιν ἐφ' ὑμᾶς, ὦ γενναῖοι [1].

    Jamque aper excitus medios violentus in hostes
    Fertur, ut excussis elisus nubibus ignis.
    Sternitur incursu nemus, et propulsa fragorem
    Silva dat, exclamant juvenes, protentaque forti
    Tela tenent dextra lato vibrantia ferro.
    Ille ruit spargitque canes, ut quisque furenti
    Obstat, et obliquo latrantes dissipat ictu.

Et progressum quidem certaminis suo jam quilibet sibi fingat
arbitrio, aut a similibus exemplis. De Severo imperatore scribit e
Dione Xiphilinus, cum Nisibin venisset, aprum reperisse maximum, qui magno impetu equitem dejecerat atque interfecerat,
dum is viribus confisus conaretur ipsum ; tandem vero triginta
militum opera captum cæsumque, ad Severum fuisse perlatum.
Venationem suam Pisanam ita eleganter describit Cl. Rutilius :

    Otia vicinis terimus navalia silvis ,
    Sectandisque juvat membra movere feris.
    Instrumenta parat venandi villicus hospes,
    Atque olidum doctas nosse cubile canes.
    Funditur insidiis et rara fraude plagarum ,
    Terribilisque cadit fulmine dentis aper :
    Quem Meleagrei vereantur adire lacerti,
    Qui laxet nodos Amphitryoniadæ.
    Tum responsuros persultat buccina colles,
    Fitque reportanti carmine præda levis.

Telorum quoque ad hanc rem non unum genus , jacula, hastæ,
hastilia, conti, enses, cultri, venabula : quorum alia jactu mittun-
tur et vibrantur, alia manu inferuntur et defiguntur [2]. Nimirum
tutior ratio , primo hastis missilibus præludere aut experiri, quæ
vulnere saltem debilitent feram, si non sternant. Neque aliter Me-
leager ipse , de quo ita Naso :

    At manus Æneidæ variat, missisque duabus,
    Hasta prior terra, medio stetit altera tergo.

Neque ille apud Philostratum, eques licet : Ἀπονεῦσαν τοῦ ἵππου
τὸ μειράκιον, καὶ ἐς τὰ δεξιὰ κλῖναν, ἀφίησι τῇ χειρὶ πάσῃ, καὶ βάλλει,
τὸν σῦν κατ' αὐτὸ μάλιστα τὸ συνάπτον τὴν πλάτην τῇ δέρῃ. Idem insigni quadam in gemma apparet, cujus ectypon ad me Patavio
misit eruditissimus vir Nicolaus Fabricius : nimirum eques hastam
intentans apro irritato, jam alteram in tergo fixam habenti, non

[1] Philostr. Imag. lib. 1, cap. 27, § 1, ed. Didot. — [2] Gratius Cyneget.

sine literis, Apr. Et in denario Getæ iviri [1] una parte Diana pha-
retrata conspicitur, altera aper a cane exagitatus, hastile tergo
impactum ferens. Noster quidem Constantius neque militibus et
multa comitum manu cinctus, neque equo sublimis hic conspicitur; et ut canes, retia, tela ei non defuisse credimus, ita manus
potissimum lacertorumque fiducia ferum comminus adgressus apparet,

> ..... hostemque irritat ad iram,
> Splendidaque adversos venabula condit in armos.

Idem [2] in Nerone, Tito, Commodo subinde repræsentant nummi.
Idem de Anthemio prædicat Sidonius, cui puero ludus fuerit

> Inventas agitare feras, et fronde latentes
> Quærere, deprensas modo claudere cassibus artis,
> Nunc toto penetrare veru; tum sæpe fragore
> Laudari comitum, freadens cum bellua ferrum
> Ferret, et iratos exirent arma per armos.

Atque en Constantium, ne quid artis venatoriæ in isto discrimine
abesset, eo ipso statu, nixuque corporis, quem peritissimus magister præscribit; læva telum dirigente, dextra urgente, et pede
utroque brachium suum juvante. Sed quin verba adscribimus artis
a magno imperatore olim traditæ, a magno hic præstitæ [3] : Εἶτα
ὅστις ἂν ᾖ τῶν παρόντων ἐμπειρότατος καὶ ἐγκρατέστατος, προσελθόντα
ἐκ τοῦ πρόσθεν τῷ προβολίῳ παίειν. ἐὰν δὲ μὴ βούληται ἀκοντιζόμενος
καὶ βαλλόμενος κατατεῖναι τὸν περίδρομον, ἀλλ' ἐπανιεὶς ἔχῃ πρὸς τὸν
προσιόντα περιδρομὴν ποιούμενος, ἀνάγκη, ὅταν οὕτως ἔχῃ, λαβόντα τὸ
προβόλιον προσίεναι, ἔχεσθαι δ' αὐτοῦ τῇ μὲν χειρὶ τῇ ἀριστερᾷ πρόσθεν,
τῇ δ' ἑτέρᾳ ὄπισθεν · κατορθοῖ γὰρ ἡ μὲν ἀριστερὰ αὐτοῦ, ἡ δὲ δεξιὰ ἐπεμ-
βάλλει · ἔπροσθεν δὲ ὁ ποὺς ὁ μὲν ἀριστερὸς ἀπτέσθω τῇ χειρὶ τῇ ὁμωνύμῳ,
ὁ δὲ δεξιὸς τῇ ἑτέρᾳ. προσιόντα δὲ προβάλλεσθαι τὸ προβόλιον μὴ πολλῷ
μείζω διαβάντα ἢ ἔμπαλιν ἐπιστρέφοντα τὰς πλευρὰς τὰς εὐωνύμους ἐπὶ
τὴν χεῖρα τὴν εὐώνυμον, εἶτα εἰσβλέποντα εἰς τὸ ὄμμα τοῦ θηρίου, ἐνθυμού-
μενον τὴν κίνησιν τὴν ἀπὸ τῆς κεφαλῆς τῆς ἐκείνου. Denique quod supremam εὐστοχίας laudem implet, non temerarium fortuitumque
infert ictum, sed vulneri cate locum deligit, delectum valide pene-
trat, ex eadem disciplina : Προσφέρειν δὲ πάλιν τὸν αὐτὸν τρόπον καὶ
προτεῖναι ἑνὸς τῆς ὠμοπλάτης ᾗ ἐσφάγη καὶ ἀντερείσαντα ἔχειν ἐῤῥωμέ-
νως. ὁ δ' ὑπὸ τοῦ μένους πρόεισι, καὶ εἰ μὴ κωλύοιεν οἱ κνώδοντες τῆς
λόγχης, ἀφίκοιτ' ἂν διὰ τῆς ῥάβδου προωθῶν αὐτὸν πρὸς τὸν τὸ προβόλιον
ἔχοντα. Hoc est, quod Philostratus signanter dixerat, μάλιστα τὸ
συνάπτον τὴν πλάτην τῇ δέρῃ. Et Homerus de Ulisse [4] :

> Τὸν δ' Ὀδυσσεὺς οὔτησε τυχὼν κατὰ δεξιὸν ὦμον. ·

Macte igitur virtute! Constanti, qui (ut epigrammatarii verbis
utamur) [5]:

> tam certo venabula dirigis ictu :
> Et tua Cappadocem collocat hasta suem.

Utique non sine præsenti ope Dianæ : quæ cælatoris ingenio pone
astat, telum et ipsa gerens, nescio quid satagens. Illam enim ve-
natricem et ἀγροτέραν noscere videor ex habitu : quam ita suc-
cinctam in nummis videmus, et statuis [6]. Minutius Felix Octavio [7] :
Diana interim est alte succincta venatrix, et Ephesia mammis mul-
tis et verrucis exstructa. Si modo paganum numen religioso principi apponere conveniebat, et non potius aliquem comitum socio-

rumque (quod doctissimo itidem viro, Laurentio Pignorio pla-
cuisse video [1]) interpretamur, præ terrore refugientem, nec congressum horribilis monstri sustinentem. Quod ad extollendam Cæsaris virtutem artifex addiderit, qui comites ipse suos turbatos et
timentes præsenti periculo liberaverit : fortior et felicior in vena-
tione ista Cappadocia rege illo Artaxerxe, de quo e Polybio refert
Constantinus Porphyrogeneta imperator [2], cum in eadem regione
inter venandum leo ei occurrisset, ejusque equum invasisset;
oblatum casu Persam quendam stricto acinace regem de vita peri-
clitantem liberasse, leone interfecto : proque tali merito, altissimo
monte conscenso, omnem regionem quam inde circumspicere potuerit dono a rege accepisse, Cappadociæ nomine persico indito.

Quas ergo grates publico hoste sublato liberatori suo provincia
retulit, magnas proculdubio, et plausum triumphalem, et hoc
ipsum forsan donariolum, utut mole exiguum, elegantia et raritate
conspicuum, artifice manu sculptum, honoris ergo ipsi consecra-
vit. Et ipsa quidem spectatrix accubat, dextra ferram demon-
strans, sinistra cornu Amaltheæ tenens : quo symbolo fertilitatem
regionis frugumque abundantiam Geographis notam denotari palam
est [3]. Quo habitu et alias provincias in Noticia Imperii, atque etiam
nummis depictas videmus, et nominatim Cæsaream in nummo uno
atque altero a Cæsariensibus in honorem Antonii iviri cuso, apud
Goltzium [4] : in quibus mulier caput turrita, palmæ ramum cum
cornucopiæ læva gerens, dextram gubernaculo admovens. Quos tamen ad hanc Mazacam nihil pertinere, evidenti palmæ Idumeæ argumento, acute idem vir ille elegantissimi ingenii Fabricius observavit ; sed apud aliam Cæsaream Idumeæ ab Herode rege cusos.
Antonius namque (Appiano teste [5]) Herodem Samariæ et Idumeæ
præfecit : Cæsareamque ejus gentis oppidum recenset Plinius,
quam et ipse et Strabo prius Stratonis turrim vocatam scribunt ;
Vespasianus postea colonia eo deducta Primam Flaviam appellavit, et in nummo quodam Aurelii Cæs. legitur : col. prima. fl
avg. cæsarea. Sed et Mazacæ nomen Antonii tempore nondum in
Cæsaream mutatum : quod sub Tiberio Cappadocia in provinciam
contigisse Eutropius et Eusebius, sub Claudio Sozomenus et Nicephorus, et alii aliter prodidere***. Eam porro jacentem cælator
fecit, sive quod non aliter gemmæ spaciique ratio ferret, sive studiose : ut in nummis subinde provincias afflictas, et bellis aliisque
calamitatibus oppressas et prostratas, salutari demum principum
manu erectas surgere observamus. Et hæc hactenus.

[1] Tab. 20, 22. —[2] De Themat. cap. 2. —[3] Strabo, lib. 12. — [4] Tabula 55. —
[5] Lib. 5, c. 13.

ADDITIUNCULÆ CANGII.

* Ausonius de Gratiano imperatore : *Nemo adductius jacula contorsit : nemo
spicula crebrius jecit, aut certius destinata percussit.* Aurel. Victor de eodem :
*Nihil aliud die noctuque agere quam spiculis meditari ; summæque voluptatis
divinæque artis credere, ferire perite sibi destinata.* — ** Melius disertissimus ille pontificum de quo ita Platina : *Libros plusquam sapphiros et sma-
ragdos charos habuit, quibus chrysolithorum magnam copiam inesse dicebat.* —
*** ΚΕCAΡΙΑ ΚΑΠΠΑΔΟΚΙΑ. Barbarismo Græcanico, aut cælatoris in-
scitia perperam scriptum : res illi generi non nova. Sidonius, epist. 12, lib. 3 :
*Carmen hoc sane quod consequetur, peto ut tabulæ, quantulumcunque est, cele-
riter indatur. Sed vide ut vitium non faciat in marmore lapidicida. Quod
factum, sive ab industria, seu per incuriam, mihi magis quam quadratario livi-
dus lector adscribat.* Ex addit. Cangii.

<hr>

[1] Apud Choul. pag 89. —[2] Apud Æn. Vico Erizzo. —[3] Xenoph. in Cyneget.
L. 2, c. 10. — [4] Odyss. τ. —[5] Martial. —[6] Choul. pag. 89. — [7] Lib. 2.

MATIÈRES

CONTENUES DANS CE VOLUME.

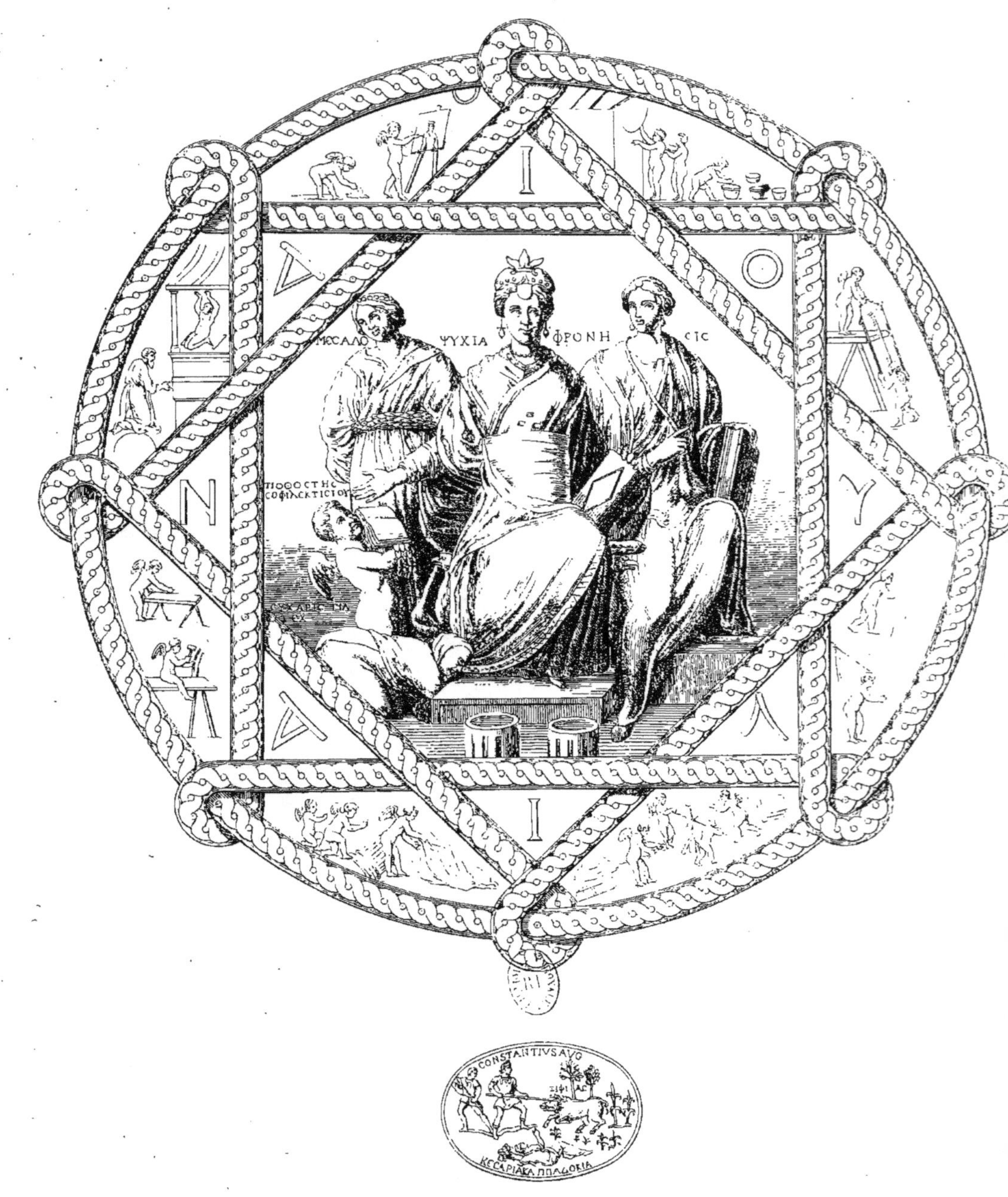
ΨΥΧΙΑ ΦΡΟΝΗCIC
ΠΟΘΟCΤΗC
CΟΦΙΑCΚΤΙCΙΟΥ
CONSTANTIVSAVG
KECCAPIAKA ΠΠΛΑΘΟΝΙΑ

IC XC
PWMANOC
BACIΛEVC
PWMAIWN
EVΔOKIA
BACIΛIC
PWMAIWN

ΜΙΧΑΗΛ ΕΝ ΧΡΙΣΤΩ ΤΩ
ΘΕΩ ΠΙΣΤΟΣ ΒΑΣΙΛΕΥΣ
ΚΙ ΑΥΤΟΚΡΑΤΩΡ
ΡΩΜΑΙΩΝ
ΚΩΝΣΤΑΝΤΙΝΟΣ
ΠΟΡΦΥΡΟΓΕΝΝΗΤΟΣ
ΚΟΜΝΗΝΟΣ
Ο ΠΑΛΑΙΟΛΟΓΟΣ
ΘΕΟΔΩΡΑ ΕΝ ΑΡΙΣΤΩ ΤΩ
ΘΕΩ ΠΙΣΤΗ ΒΑΣΙΛΙΣΣΑ
ΚΑΙ ΑΥΤΟΚΡΑΤΟΡΙΣΣΑ
ΡΩΜΑΙΩΝ Η ΚΟΜΝΗΝΗ

MP
ΘΥ
ΜΑΝΟΥΗΛ ΕΝ ΧΩ ΤΩ ΘΩ
ΠΙΣΟΣ ΒΑΣΙΛΕΥΣ ΚΑΙ
ΑΥΤΟΚΡΑΤΩΡ ΡΩΜΑΙ
ΩΝ Ο ΠΑΛΑΙΟΛΟΓΟΣ
ΚΑΙ ΑΕΙ ΑΥΓΥΣΟΣ
ΕΛΕΝΗ ΕΝ ΧΩ
ΤΩ ΘΩ ΠΙΣΗ ΑΥΓΥΣΑ
ΚΑΙ ΑΥΤΟΚΡΑΤΟΡΙΣΑ
ΡΩΜΑΙΩΝ Η ΠΑΛΑΙ
ΟΛΟΓΙΝΑ
ΙΩ ΕΝ
ΧΩ ΤΩ
ΘΩ ΠΙΣΟΣ
ΒΑΣΙΛΕΥΣ
Ο ΥΙΟΣ ΑΥΤ
ΘΕΟΔΩΡΟΣ
ΠΟΡΦΥΡΟΓΕΝ
ΝΗΤΟΣ ΕΥΤΥ
ΧΗΣ ΔΕΣΠΟΤ
Ο ΥΙΟΣ ΑΥΤ
ΑΝΔΡΟΝΙΚΟΣ
ΑΥΘΕΝΤΟΠΥ
ΛΟΣ ΠΑΛΑΙΟ
ΛΟΓΟΣ Ο ΥΙ
ΟΣ ΑΥΤ

ΙΣ
ΜΡ ΘΥ
ΧΣ
ὁ Ἀπ

Ο ΑΓ
Ο ΑΓ ΙΩ Ο ΧΡ Ο Ο ΑΓ
ΝΙΚΟ ΛΑ ΒΑΣΙ ΛΙΟ

Ο ΑΓ
ΣΤΕΦΑΝΟΣ Ο ΠΡΩΤΟΜΑΡΤΥΣ
Η ΑΓ
ΘΕΚΛΑ
ΠΡΩΤΟΜΑΡΤΥΣ
Η ΑΓ
ΑΙΚΑΤΕΡΙΝΑ

С ГА
НА
НА
ВАРВАРА
С ГА
НА
ПАРАСКЕVН
МАРINA

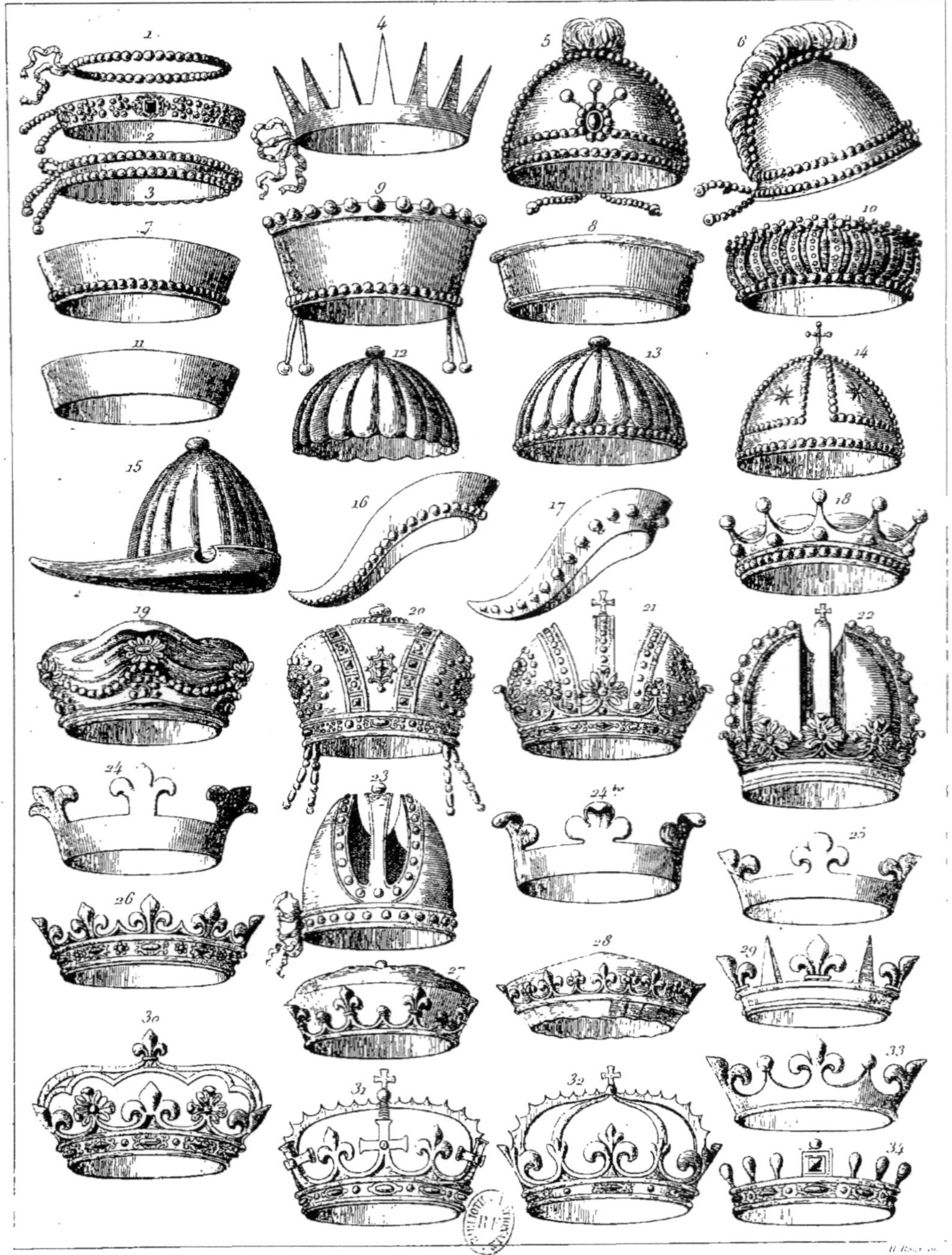

[illegible handwriting]